THE COLLECTION OF THE SUPREME PEOPLE'S COURT'S
JUDICIAL RULES (4rd)

最高人民法院
司法观点集成

〔第四版〕

民事诉讼卷

①

人民法院出版社 编

人民法院出版社

图书在版编目（CIP）数据

最高人民法院司法观点集成. 民事诉讼卷 / 人民法院出版社编. -- 4版. -- 北京 : 人民法院出版社, 2023.6

ISBN 978-7-5109-3785-9

Ⅰ. ①最… Ⅱ. ①人… Ⅲ. ①民事诉讼法－法律解释－中国 Ⅳ. ①D920.5

中国国家版本馆CIP数据核字(2023)第071021号

最高人民法院司法观点集成（第四版）·民事诉讼卷

人民法院出版社 编

责任编辑 王 婷 李 瑞
执行编辑 叶 白
装帧设计 天平文创视觉设计
出版发行 人民法院出版社
地　　址 北京市东城区东交民巷27号（100745）
电　　话 （010）67550617（责任编辑） 67550558（发行部查询）
　　　　 65223677（读者服务部）
客服QQ 2092078039
网　　址 http://www.courtbook.com.cn
E－mail courtpress@sohu.com
印　　刷 天津嘉恒印务有限公司
经　　销 新华书店

开　　本 787毫米×1092毫米 1/16
字　　数 1800千字
印　　张 124.25
版　　次 2023年6月第1版 2023年6月第1次印刷
书　　号 ISBN 978-7-5109-3785-9
定　　价 368.00元（全3册）

汇集最高法院司法观点大成
推动统一法律适用纵深发展

在中国式现代化背景下、全面依法治国进程中，最高人民法院坚持以习近平新时代中国特色社会主义思想为指导，坚持党对司法工作的绝对领导，进一步贯彻落实好党的二十大精神和习近平法治思想，以司法审判工作现代化服务保障中国式现代化，充分发挥监督指导全国审判工作、确保法律正确统一适用的职能作用，紧紧围绕“公正与效率”这个主题，履行为大局服务，为人民司法，促进厚植党执政的政治根基的职责使命，把能动司法贯穿新时代新发展阶段审判工作始终，努力让人民群众在每一个司法案件中感受到公平正义。

为准确理解和适用法律，最高人民法院根据立法法、人民法院组织法的授权，针对人民法院在审判工作中具体应用法律的问题，制定了大量刑事、民事、商事、行政、诉讼程序等司法解释，构建了多层次的司法解释框架体系。制定司法解释是法律赋予最高人民法院的重要职责，是在司法工作中确保法律统一正确实施的重要方式，为人民法院裁判各类案件提供了具体的规则。

为指导各级人民法院做好审判工作，最高人民法院还制定、印发了大量涉及法律适用问题的司法指导性文件、会议纪要、通知等，如《最高人民法院关于印发〈全国法院民商事审判工作会议纪要〉的通知》(法〔2019〕254号)、《最高人民法院、最高人民检察院印发〈关于常见犯罪的量刑指导意见(试行)〉的通知》(法发〔2021〕21号)、《最高人民法院关于虚开增值税专用发票定罪量刑标准有关问题的通知》(法〔2018〕226号)，等等。这些司法政策性文件不能作为裁判依据直接援引，但应当在裁判文书的“本院认为”

部分作为说理依据。此外，在全国性审判工作会议上，最高人民法院院庭长讲话往往涉及一些重大、疑难法律适用问题阐述，也属于司法政策性文件的范畴。

为总结审判经验，发挥案例的指导作用，最高人民法院先后印发《最高人民法院印发〈关于案例指导工作的规定〉的通知》《最高人民法院关于统一法律适用加强类案检索的指导意见（试行）》，确定并统一发布对全国法院审判、执行工作具有指导作用的指导性案例，要求各级人民法院审判类似案例时应当参照。最高人民法院发布的典型案例及裁判生效的案件，也可以作为人民法院作出裁判的参考。

最高人民法院各审判庭、巡回法庭对全国法院相应的审判条线负有指导职责，也会以“答复”“法官会议纪要”“解答”等形式，总结类案审理的裁判规则，阐述对具体法律适用问题的意见或倾向性意见。这些审判业务意见虽然不具有普遍指导意义，但在不同的程度和层面反映和代表最高人民法院的司法态度和立场。

最高人民法院审判庭室在重要法律、司法解释颁布或修正后，通常会组织编写出版法律、司法解释“理解与适用”类图书，从学理分析和实务应用的双重角度，阐明法律、司法解释的精义和适用要点。这些“理解与适用”类图书是法官、检察官、律师等法律实务工作者、专家学者学习和运用法律、司法解释不可或缺的工具书。此外，最高人民法院各审判庭室及法官个人等，对审判工作中的新情况、新问题特别是疑难复杂问题的研究著述，对司法实务也具有一定影响，他们代表最高人民法院法官群体的主流观点，也具有参考性的意义，也是最高人民法院司法观点的组成部分。

为了让广大法律实务工作者能够全面、快捷、方便地查找与了解以上最高人民法院的司法观点，人民法院出版社以近十五年之功，精心打造一套集最高人民法院司法解释、司法政策文件、指导性案例、典型案例、答复、裁判文书与权威著述于一体，兼具检索与研习功能的大型法律适用工具书——《最高人民法院司法观点集成》，自 2009 年起，先后推出该书第一版、第二版、第三版和 2017~2020 年增补版。

各版次出版情况如下：

一、《最高人民法院司法观点集成》第一版

2009年年初，编辑出版《最高人民法院司法观点集成·民商事卷》（第1~3册）；2010年编辑出版《最高人民法院司法观点集成·行政、国家赔偿卷》（第4册）、《最高人民法院司法观点集成·刑事卷》（第5、6册）；2011年续编出版《最高人民法院司法观点集成·民商事卷续》（第7、8册）。

二、《最高人民法院司法观点集成》第二版

根据《最高人民法院2014年第一季度工作要点》（法办发〔2014〕2号）中要求人民法院出版社“做好《司法观点集成》（修订版）的编辑出版工作”的指示精神，人民法院出版社于2014年7月编辑出版《最高人民法院司法观点集成》第二版，含《刑事卷》《民事卷》《商事卷》《民事诉讼卷》《知识产权卷》《行政·国家赔偿卷》。

三、《最高人民法院司法观点集成》第三版

2014年以后，全国人民代表大会及其常务委员会制定了民法总则，修改了刑法、民事诉讼法、行政诉讼法、公司法等一系列重要的法律。最高人民法院也出台了若干重要的司法解释。根据《最高人民法院关于人民法院在互联网公布裁判文书的规定》，中国裁判文书网公布了大量的裁判文书。在此背景下，人民法院出版社对《最高人民法院司法观点集成》进行了全面修订，自2017年8月起陆续编辑出版《最高人民法院司法观点集成》第三版，含《刑事卷》《民事卷》《商事卷》《知识产权卷》《民事诉讼卷》《执行卷》《行政·国家赔偿卷》。

四、《最高人民法院司法观点集成》2017~2020年增补本

《最高人民法院司法观点集成》2017~2020年增补本含《刑事卷》《民事

卷》《商事卷》《民事诉讼卷》4卷，与第三版相关分卷形成无重复衔接和延伸，亦收录第三版中漏收的相关内容。

五、“民法典时代”的《最高人民法院司法观点集成》第四版

2021年起施行的民法典是新中国成立以来第一部以“法典”命名的法律，是新时代我国社会主义法治建设的重大成果。民法典完成了民商事法律规范的法典化、体系化，是我国社会主义法律体系成熟化、科学化的标志，自此我国民事法律制度迈入“民法典时代”。根据习近平总书记关于“民法典专业术语很多，要加强解读。要聚焦民法典总则编和各分编需要把握好的核心要义和重点问题，阐释好民法典关于民事活动平等、自愿、公平、诚信等基本原则，阐释好民法典关于坚持主体平等、保护财产权利、便利交易流转、维护人格尊严、促进家庭和谐、追究侵权责任等基本要求，阐释好民法典一系列新规定新概念新精神”① 的重要指示精神，最高人民法院坚决贯彻落实党和国家重大决策部署，对标民法典立法精神和法律规定，完成对591件司法解释及相关规范性文件、139个指导性案例的清理工作，废止116件，修改111件，不再参照适用指导性案例2件；重点开展了社会关注度高、实践急需的如总则、物权、担保、人格权、婚姻家庭继承、时间效力等配套司法解释制定工作，解决新旧规范衔接适用问题，有针对性地出台了多批司法政策；并在实现司法系统全员培训的基础上，引导刑事、民事、商事、行政、诉讼程序等不同业务条线，对民法典的精神要义、基本原则、条文规范实现统一理解、准确把握，全力保障民法典得到统一实施。

《最高人民法院司法观点集成》第四版的编写根据最高人民法院贯彻落实党的二十大决策部署、推进统一法律适用工作向纵深发展的工作要求开展：

（一）注重对民法典立法精神的贯彻落实

民法典的颁布与实施，不仅对于民法适用具有重要意义，而且对于商法、刑法、行政法、程序法的法律适用等都具有很强的指引作用。在各卷编写中，

① 习近平：《习近平著作选读（第二卷）》，人民出版社2023年版，第317页。

我们从体系化、系统性角度，作出对包括刑事、民事、商事、刑民交叉、行政、行民交叉、诉讼程序等在内的不同业务条线的司法规范、审判会议意见、主流观点、裁判文书、案例评析等的全面清理，做到该更新的更新、该废止的废止、该修改的修改。

（二）注重对新制度、新规则的汇总梳理

2020年以来，民事诉讼法及其司法解释等多部法律、司法解释出台、修改，不仅扩充了各类法律关系的调整内容，调整了各审判门类案件的裁判规则，也对当事人的利益衡量产生了重要影响。各卷的编写既汇集整理了体现新制度、新规则精神实质的各类规范，又认真梳理了体现在最高人民法院裁判文书中的法律适用标准的具体内容。

（三）注重对起到规则填补作用的相关资料的收集整合

“民法典时代”的司法实践仍有许多问题在被不断检验和探索，很多新问题、新情况正在案件的裁判过程中形成规则，对立法规范作出补充、细化。各卷的编写中结合了最高人民法院司法实践，尤其是具体适用民法典条文的最新裁判案例、观点等。

六、《最高人民法院司法观点集成》第四版的编写特点

《最高人民法院司法观点集成》第四版保留了前三版和2017~2020年增补本中仍有适用参考价值的部分内容，重点以2020年以来公布的法律规范、司法解释与司法政策、最高人民法院审理的案例等为素材和依据，删旧增新，逐件修订，并选摘部分最高人民法院法官的著述，针对当前审判实务中难点、疑点、热点以及前沿问题，全面系统地总结和梳理了数千个最高人民法院类案审判实践中的裁判理念和法律适用问题，以帮助读者深入全面地理解和把握最高人民法院指导审判实践的具体方法、办案依据和裁判尺度，对办理案件提供参考、借鉴，推进审判理念现代化。

本书具有三大特点：

（一）全面

本书以最高人民法院司法裁判资源为基础，囊括了最高人民法院发布的

司法解释、司法政策精神、答复、通知、问答、会议纪要，以及指导性案例、公报案例、裁判文书、典型案例等，并选摘了部分最高人民法院大法官著述、主流观点和案例解析等，将散见于各种司法文献资料中的对审判工作具有指导性、参考性的内容进行收集、分类、归纳，内容全面、丰富。

（二）务实

本书收录了最高人民法院各庭、室、局及巡回法庭的审判指导意见和法官对实践中新情况、新问题，尤其是疑难复杂问题的研究著述，解决司法实务工作者在实际办案中遇到难点、疑点、热点以及前沿问题时寻找确定性司法依据的需求问题，对审判实务具有重要参考意义。

（三）新颖

本书对最高人民法院公布的各项司法解释、司法政策文件、指导性案例、裁判文书等的法律效力进行仔细甄别，对因新法、新司法解释等实施而废止或修改的相关规范作出了准确、合理的对应性标注；剔除失效、过时的内容，只选取现行有效的文件和资料，同时增加新内容。对比之前的版本，第四版更新率近80%，新颖性更加突出。

《最高人民法院司法观点集成》第四版包括《刑事卷》《民事卷》《商事卷》《民事诉讼卷》《执行卷》《行政·国家赔偿卷》六卷。

由于我们掌握的资料有限，第四版内容可能有所疏漏；同时，由于我们水平有限，对观点的理解可能不准确，请读者指正，以便再版时及时修订。本书所梳理的最高人民法院司法观点仅供在司法实务中参考适用，并且其中有一定的滞后性，故凡与法律、司法解释有不一致的，或者今后法律、司法解释有新规定的，应当按法律、司法解释规定执行。

本书在编写过程中，引用了最高人民法院有关庭室和法官部分著述的内容，对此表示衷心感谢。

人民法院出版社

二〇二三年四月

凡　例

一、栏目设置

为深入开展统一法律适用工作，加强专业化审判体系建设，推进民事审判理念现代化，《最高人民法院司法观点集成》第四版·民事诉讼卷（以下简称民事诉讼卷）从民事审判实际出发，结合多年来的编写经验和读者反馈，对各栏目具体设定如下：

——最高人民法院司法解释。民事诉讼卷摘编最高人民法院重要的司法解释条文，为了加强条文理解，以附录形式收录相关的最高人民法院主流观点和最高人民法院法官著述等。

——最高人民法院司法政策精神。最高人民法院公布的各种审判指导意见、会议纪要、最高人民法院院长对审判工作有重要指导意义的讲话，最高人民法院各主管副院长在全国性审判工作会议上的讲话是审判工作中不可或缺的参考内容，本卷予以全面收录和摘选。

——最高人民法院答复。由最高人民法院及有关审判业务庭、局、室就下级法院及其他部门对法律适用问题或具体案件的处理问题的请示、函等所作出的答复。

——最高人民法院审判业务意见。包括由最高人民法院各审判业务庭及巡回法庭在各审判专业领域召开专业法官会议后形成的会议纪要、裁判规则等统一法律适用的成果，如“第一巡回法庭法官会议纪要”“第二巡回法庭法官会议纪要”“第四巡回法庭意见”“第五巡回法庭法官会议纪要”等。根据《最高人民法院关于完善人民法院专业法官会议工作机制的指导意见》（法发〔2021〕2号），专业法官会议是人民法院向审判组织和院庭长履行法定职责提供咨询意见的内部工作机制，讨论案件的法律适用问题或者与事实认定高度关联的证据规则适用问题。专业法官会议讨论形成的意见供审判组织和院庭长参考。就此，民事诉讼卷对最高人民法院审判业务意见予以整理收录，还包括各审判业务庭庭长在全国性审判工作会议上的讲话。

——最高人民法院指导性案例、最高人民法院公报案例、最高人民法院裁判文书、最高人民法院公布的典型案例。根据《最高人民法院关于统一法律适用加强类案检索的指导意见（试行）》（法发〔2020〕24号），类案是指与待决案件在基本事实、争议焦点、法律适用问题等方面具有相似性，且已经人民法院裁判生效的案件。类案检索范围一般包括：第一，最高人民法院发布的指导性案例；第二，最高人民法院发布的典型案例及裁判生效的案件。检索到的类案为指导性案例的，人民法院应当参照作出裁判，检索到其他类案的，人民法院可以作为作出裁判的参考。就此，本卷全面整理收录了如下最高人民法院案件，包括：（1）最高人民法院指导性案例。由最高人民法院确立并统一发布的，对全国法院审判、执行工作具有指导作用的指导性案例，各级人民法院审判类似案例时应当参照。（2）最高人民法院公报案例。《最高人民法院公报》除登载最高人民法院终审裁判文书外，所选登的案例都是由最高人民法院正式选编并作为参考性案例公布的，虽然其中大部分案例不是由最高人民法院直接审理的，但通过这些案例分析提炼出的一般性规则，都得到了最高人民法院的认可，直接反映了最高人民法院对有关法律适用问题的具体意见。（3）最高人民法院裁判文书。由最高人民法院审判的、确立了一项新的裁判规则的案例，或者虽然未确立新的裁判规则，但对法律、司法解释中不够具体的规则进行了界定、解释或者例证的案例，包括在中国裁判文书网、法信网上公布的裁判文书。（4）最高人民法院公布的典型案例。最高人民法院公布的典型案例旨在以案例的形式将法律精神传播给社会大众，也是进一步彰显以公开促公正理念，切实推进司法公开工作的重要举措。

——最高人民法院大法官著述。最高人民法院大法官们在演讲、教学和撰写的文章中涉及法律适用问题的精彩内容。

——附录：最高人民法院主流观点。最高人民法院各审判业务庭组织编写的新法、新司法解释理解与适用类图书中代表最高人民法院实务观点的内容。为系统反映最高人民法院贯彻实施民法典的举措成果，全面总结新时代审判经验，本书特广泛收录和大量摘选了我社享有专属出版权的“中华人民共和国民法典理解与适用丛书”“民法典司法解释理解与适用丛书”“最高人民法院实施民法典清理（立改废、继续有效适用）司法解释丛书”“中国民法典适用大全丛书”，以及“最高人民法院新民事诉讼法司法解释理解与适用”“新民事诉讼法条文理解与适用”“最高人民法院新民事诉讼证据规定理解与适用”等最高人民法院审判实务丛书“富矿”，以帮助读者全面快速了解最高人民法院对审判实践中重点难点问题的立场、观点，将民法典的核心精神、基本原则和具体制度贯彻落实到审判执行工作的各方面。

应予说明的是，部分司法解释修正或修订后尚未编写出版相应的新的司法解释理解与适用图书，我们选摘了这些司法解释修正或修订前的理解与适用图书中仍有参考价值的内容。在民事卷的相关部分不再逐一作出说明。

——附录：最高人民法院法官著述。最高人民法院各庭、室、局及巡回法庭的法官发表在最高人民法院审判指导类刊物上的著述。这些著述反映了最高人民法院各庭、室、局及巡回法庭的法官对一些法律问题研究、探讨的情况和倾向性意见，虽尚不具有普遍的指导意义，但具有一定的参考性。

——附录：《民事审判信箱》《司法信箱》等。最高人民法院各庭、室、局主办的审判指导类刊物中的栏目，其内容一般由最高人民法院各庭、室、局的业务骨干以“本书编写组”名义撰写。

二、编辑体例

民事诉讼卷分为管辖、司法责任制与审判组织、诉讼参加人、证据、期间、送达、调解程序、保全与先予执行、诉讼费用、第一审普通程序、简易程序和小额诉讼程序、第二审程序中的相关问题、民事公益诉讼、生态环境损害赔偿诉讼、第三人撤销之诉、特别程序、审判监督程序、公示催告程序、督促程序、涉外民事诉讼程序、仲裁、民刑交叉、其他共二十一章。因应人民法院民事审判庭室审判领域或类案划分的一般分工，个别内容较集中的章再分为若干节，节下再分为专题，总体采用分门别类、提炼观点、串联观点的体例形式。

每个专题的题目力求简明、恰当；涉及民事诉讼法条文有新规定的，优先设置民法典的具体条文，而后是有密切关系的司法解释、司法政策精神、审判业务意见、案例文书等；所有的附录观点则皆位于上述内容之后。对每个专题均提炼出关键词，编制成“索引”，置于书末，以方便读者查阅。

本书在编辑过程中对原文做了必要的提炼，但对其中引用的法律简称、法条序号等均保留原貌，未作更动；对于最高人民法院主流观点、最高人民法院法官著述中引用的法律文件、司法解释已经修改、废止的情形，以脚注的形式作出了标注，对因民法典施行而废止的九部法律及修改的一百余件司法解释等，均作出对应新规范条文的特别注明；本书中所引用的文件和著述，除规范文件外，亦尽量注明其出处。

三、资料来源

本书大多数内容来自以下公开出版物：《最高人民法院公报》、“法律条文理解与适用丛书”“司法解释理解与适用丛书”“最高人民法院新民事诉讼法司法解释理解与适用”“新民事诉讼法条文理解与适用”“最高人民法院新民事诉讼证据规定理解与适用”和以最高人民法院各庭、室、局及巡回法庭名义编写的著作。对作者谨致谢忱。

总 目 录

目 录

第一章 管 辖

一、级别管辖

二、一般地域管辖

三、特殊地域管辖

四、专属管辖

五、专门法院的管辖

六、协议管辖

七、移送和指定管辖

八、管辖权异议

九、其　他

第二章　司法责任制与审判组织

一、司法责任制

二、审判委员会

三、合议庭

四、独任制

五、专业法官会议

六、其　他

第三章　诉讼参加人

一、当事人

二、追加当事人

三、诉讼代理人（代表人）

四、涉公司诉讼参加人

五、其他诉讼参加人

第四章 证 据

一、各类案件的举证责任

二、自 认

三、无须举证证明的事实

四、电子证据

五、印章、签字的证明效力

六、鉴 定

七、举证时限

八、证人和有专门知识的人

九、证据的质证、审核、认定

十、其　他

第五章　期间、送达

一、期　间

二、送　达

第六章 调解程序

一、诉讼调解

二、非诉调解

三、其　他

第七章　保全与先予执行

一、财产保全

二、保全救济

三、其 他

第八章　诉讼费用

第九章　第一审普通程序

一、起诉和受理

（一）起诉的条件

1. 原告与本案有直接利害关系

2. “有明确的被告”

3. 有具体的诉讼请求和事实、理由

4. 人民法院受理民事诉讼的范围

5. 不符合起诉的条件的处理

（二）一事不再理原则及重复起诉的判断标准

（三）合并审理

（四）反 诉

（五）其 他

二、第一审程序中的相关问题

第十章　简易程序和小额诉讼程序

一、简易程序

二、小额诉讼程序

三、程序转换及其他

第十一章 第二审程序中的相关问题

第十二章　民事公益诉讼、生态环境损害赔偿诉讼

一、民事公益诉讼

二、生态环境损害赔偿诉讼

第十三章 第三人撤销之诉

一、提起第三人撤销之诉的主体资格

二、不能提起第三人撤销之诉的情形

三、第三人撤销之诉中的其他问题

第十四章 特别程序

一、宣告失踪、宣告死亡案件

二、确认调解协议案件

三、实现担保物权案件

四、人身安全保护令案件

第十五章 审判监督程序

一、再审申请

二、再审审查

三、再审程序

四、其　他

第十六章　公示催告程序

第十七章　督促程序

第十八章　涉外民事诉讼程序

一、涉外民事诉讼

二、涉外仲裁

三、司法协助

四、其 他

第十九章 仲 裁

一、仲裁协议

二、司法与仲裁

三、其　他

第二十章　民刑交叉

第二十一章 其 他

一、繁简分流与四级法院审级职能定位

二、统一法律适用标准

三、在线诉讼

第一章 管 辖

一、级别管辖

1. 高级人民法院和中级人民法院管辖第一审民商事案件的标准

关键词

高级人民法院 中级人民法院 管辖 第一审民商事案件

最高人民法院司法解释

第九条 经最高人民法院批准的第一审民事案件级别管辖标准的规定，应当作为审理民事级别管辖异议案件的依据。

——《最高人民法院关于审理民事级别管辖异议案件若干问题的规定》（2020年12月29日修正）。

最高人民法院司法政策精神

为适应经济社会发展和民事诉讼需要，准确适用修改后的民事诉讼法关于级别管辖的相关规定，合理定位四级法院民商事审判职能，现就调整高级人民法院和中级人民法院管辖第一审民商事案件标准问题，通知如下：

一、当事人住所地均在受理法院所处省级行政辖区的第一审民商事案件

北京、上海、江苏、浙江、广东高级人民法院，管辖诉讼标的额5亿元以上一审民商事案件，所辖中级人民法院管辖诉讼标的额1亿元以上一审民商事案件。

天津、河北、山西、内蒙古、辽宁、安徽、福建、山东、河南、湖北、湖南、广西、海南、四川、重庆高级人民法院，管辖诉讼标的额3亿元以上一审民商事案件，所辖中级人民法院管辖诉讼标的额3000万元以上一审民商事案件。

吉林、黑龙江、江西、云南、陕西、新疆高级人民法院和新疆生产建设兵团分院，管辖诉讼标的额2亿元以上一审民商事案件，所辖中级人民法院管辖诉讼标的额1000万元以上一审民商事案件。

贵州、西藏、甘肃、青海、宁夏高级人民法院，管辖诉讼标的额1亿元以上一审民商事案件，所辖中级人民法院管辖诉讼标的额500万元以上一审民商事案件。

二、当事人一方住所地不在受理法院所处省级行政辖区的第一审民商事案件

北京、上海、江苏、浙江、广东高级人民法院，管辖诉讼标的额3亿元以上一审民商事案件，所辖中级人民法院管辖诉讼标的额5000万元以上一审民商事案件。

天津、河北、山西、内蒙古、辽宁、安徽、福建、山东、河南、湖北、湖南、广西、海南、四川、重庆高级人民法院，管辖诉讼标的额1亿元以上一审民商事案件，所辖中级人民法院管辖诉讼标的额2000万元以上一审民商事案件。

吉林、黑龙江、江西、云南、陕西、新疆高级人民法院和新疆生产建设兵团分院，管辖诉讼标的额5000万元以上一审民商事案件，所辖中级人民法院管辖诉讼标的额1000万元以上一审民商事案件。

贵州、西藏、甘肃、青海、宁夏高级人民法院，管辖诉讼标的额2000万元以上一审民商事案件，所辖中级人民法院管辖诉讼标的额500万元以上一审民商事案件。

三、解放军军事法院管辖诉讼标的额1亿元以上一审民商事案件，大单位军事法院管辖诉讼标的额2000万元以上一审民商事案件。

四、婚姻、继承、家庭、物业服务、人身损害赔偿、名誉权、交通事故、劳动争议等案件，以及群体性纠纷案件，一般由基层人民法院管辖。

五、对重大疑难、新类型和在适用法律上有普遍意义的案件，可以依照民事诉讼法第三十八条的规定，由上级人民法院自行决定由其审理，或者根据下级人民法院报请决定由其审理。

六、本通知调整的级别管辖标准不涉及知识产权案件、海事海商案件和涉外涉港澳台民商事案件。

七、本通知规定的第一审民商事案件标准，包含本数。

本通知自2015年5月1日起实施，执行过程中遇到的问题，请及时报告我院。

——《最高人民法院关于调整高级人民法院和中级人民法院管辖第一审民商事案件标准的通知》（2015年4月30日，法发〔2015〕7号）。

为适应新时期经济社会发展和民事诉讼需要，准确适用民事诉讼法关于级别管辖的相关规定，合理定位四级法院民商事审判职能，现就调整部分高级人民法院和中级人民法院管辖第一审民商事案件标准问题，通知如下：

一、当事人住所地均在受理法院所处省级行政辖区的第一审民商事案件

贵州省、陕西省、新疆维吾尔自治区高级人民法院和新疆维哥尔自治区高级人民法院生产建设兵团分院管辖诉讼标的额 3 亿元以上一审民商事案件，所辖中级人民法院管辖诉讼标的额 3000 万元以上一审民商事案件。

甘肃省、青海省、宁夏回族自治区高级人民法院管辖诉讼标的额 2 亿元以上一审民商事案件，所辖中级人民法院管辖诉讼标的额 1000 万元以上一审民商事案件。

二、当事人一方住所地不在受理法院所处省级行政辖区的第一审民商事案件

贵州省、陕西省、新疆维吾尔自治区高级人民法院和新疆维吾尔自治区高级人民法院生产建设兵团分院管辖诉讼标的额 1 亿元以上一审民商事案件，所辖中级人民法院管辖诉讼标的额 2000 万元以上一审民商事案件。

甘肃省、青海省、宁夏回族自治区高级人民法院管辖诉讼标的额 5000 万元以上一审民商事案件，所辖中级人民法院管辖诉讼标的额 1000 万元以上一审民商事案件。

三、本通知未作调整的，按照《最高人民法院关于调整高级人民法院和中级人民法院管辖第一审民商事案件标准的通知》（法发〔2015〕7 号）执行。

本通知自 2018 年 8 月 1 日起实施，执行过程中遇到的问题，请及时报告我院。

——《最高人民法院关于调整部分高级人民法院和中级人民法院管辖第一审民商事案件标准的通知》（2018 年 7 月 17 日，法发〔2018〕13 号）。

为适应新时代审判工作发展要求，合理定位四级法院民事审判职能，促进矛盾纠纷化解重心下移，现就调整高级人民法院和中级人民法院管辖第一审民事案件标准问题，通知如下：

一、中级人民法院管辖第一审民事案件的诉讼标的额上限原则上为 50 亿元（人民币），诉讼标的额下限继续按照《最高人民法院关于调整地方各级人民法院管辖第一审知识产权民事案件标准的通知》（法发〔2010〕5 号）、《最高人民法院关于调整高级人民法院和中级人民法院管辖第一审民商事案件标准的通知》（法发〔2015〕7 号）、《最高人民法院关于明确第一审涉外民商事案件级别管辖标准以及归口办理有关问题的通知》（法〔2017〕359 号）、《最高人民法院关于调整部分高级人民法院和中级人民法院管辖第一审民商事案

件标准的通知》（法发〔2018〕13号）等文件执行。

二、高级人民法院管辖诉讼标的额50亿元（人民币）以上（包含本数）或者其他在本辖区有重大影响的第一审民事案件。

三、海事海商案件、涉外民事案件的级别管辖标准按照本通知执行。

四、知识产权民事案件的级别管辖标准按照本通知执行，但《最高人民法院关于知识产权法庭若干问题的规定》第二条所涉案件类型除外。

五、最高人民法院以前发布的关于第一审民事案件级别管辖标准的规定与本通知不一致的，不再适用。

本通知自2019年5月1日起实施，执行过程中遇到的问题，请及时报告我院。

——《最高人民法院关于调整高级人民法院和中级人民法院管辖第一审民事案件标准的通知》（2019年4月30日，法发〔2019〕14号）。

为适应新时代经济社会发展和民事诉讼需要，准确适用民事诉讼法关于中级人民法院管辖第一审民事案件的规定，合理定位四级法院民事审判职能，现就调整中级人民法院管辖第一审民事案件标准问题，通知如下：

一、当事人住所地均在或者均不在受理法院所处省级行政辖区的，中级人民法院管辖诉讼标的额5亿元以上的第一审民事案件。

二、当事人一方住所地不在受理法院所处省级行政辖区的，中级人民法院管辖诉讼标的额1亿元以上的第一审民事案件。

三、战区军事法院、总直属军事法院管辖诉讼标的额1亿元以上的第一审民事案件。

四、对新类型、疑难复杂或者具有普遍法律适用指导意义的案件，可以依照民事诉讼法第三十八条的规定，由上级人民法院决定由其审理，或者根据下级人民法院报请决定由其审理。

五、本通知调整的级别管辖标准不适用于知识产权案件、海事海商案件和涉外涉港澳台民商事案件。

六、最高人民法院以前发布的关于中级人民法院第一审民事案件级别管辖标准的规定，与本通知不一致的，不再适用。

本通知自2021年10月1日起实施，执行过程中遇到的问题，请及时报告我院。

高院和中院管辖第一审民事案件标准

法院级别	管辖第一审民事案件诉讼标的额（N）范围	
高级法院	诉讼标的额50亿元（人民币）以上（包含本数）或者其他在本辖区有重大影响的第一审民事案件。	
中级法院	普通民商事案件	一、当事人住所地均在受理法院所处省级行政辖区的第一审民商事案件 北京、上海、江苏、浙江、广东：1亿元≤N < 50亿元 天津、河北、山西、内蒙古、辽宁、安徽、福建、山东、河南、湖北、湖南、广西、海南、四川、重庆、贵州、陕西、新疆、新疆生产建设兵团：3000万元≤N < 50亿元 吉林、黑龙江、江西、云南、甘肃、青海、宁夏：1000万元≤N < 50亿元 西藏：500万≤N < 50亿元
		二、当事人一方住所地不在受理法院所处省级行政辖区的第一审民商事案件 北京、上海、江苏、浙江、广东：5000万元≤N < 50亿元 天津、河北、山西、内蒙古、辽宁、安徽、福建、山东、河南、湖北、湖南、广西、海南、四川、重庆、贵州、陕西、新疆、新疆生产建设兵团：2000万元≤N < 50亿元 吉林、黑龙江、江西、云南、甘肃、青海、宁夏：1000万元≤N < 50亿元 西藏：500万元≤N < 50亿元
	知识产权民事案件	原则上，500万元≤N < 50亿元（经最高人民法院指定具有一般知识产权民事案件管辖权的基层人民法院，可以管辖诉讼标的额在500万元以上1000万元以下且当事人住所地均在其所属高级或中级人民法院辖区的第一审一般知识产权民事案件，具体标准由有关高级人民法院自行确定并报最高人民法院批准。）
		例外规定： 知识产权法庭审理下列案件： （一）不服高级人民法院、知识产权法院、中级人民法院作出的发明专利、实用新型专利、植物新品种、集成电路布图设计、技术秘密、计算机软件、垄断第一审民事案件判决、裁定而提起上诉的案件； （二）不服北京知识产权法院对发明专利、实用新型专利、外观设计专利、植物新品种、集成电路布图设计授权确权作出的第一审行政案件判决、裁定而提起上诉的案件； （三）不服高级人民法院、知识产权法院、中级人民法院对发明专利、实用新型专利、外观设计专利、植物新品种、集成电路布图设计、技术秘密、计算机软件、垄断行政处罚等作出的第一审行政案件判决、裁定而提起上诉的案件； （四）全国范围内重大、复杂的本条第一、二、三项所称第一审民事和行政案件； （五）对本条第一、二、三项所称第一审案件已经发生法律效力的判决、裁定、调解书依法申请再审、抗诉、再审等适用审判监督程序的案件； （六）本条第一、二、三项所称第一审案件管辖权争议，罚款、拘留决定申请复议，报请延长审限等案件； （七）最高人民法院认为应当由知识产权法庭审理的其他案件。

续表

<table>
<tr><th>法院级别</th><th colspan="2">管辖第一审民事案件诉讼标的额（N）范围</th></tr>
<tr><td rowspan="5">中级法院</td><td rowspan="4">涉外涉港澳台民商事案件</td><td>北京、上海、江苏、浙江、广东：
直辖市中级人民法院以及省会城市、计划单列市、经济特区所在地的市中级人民法院管辖诉讼标的额：2000 万元≤ N < 50 亿元
其他中级人民法院管辖诉讼标的额：1000 万元≤ N < 50 亿元</td></tr>
<tr><td>天津、河北、山西、内蒙古、辽宁、安徽、福建、山东、河南、湖北、湖南、广西、海南、四川、重庆：
直辖市中级人民法院以及省会城市、计划单列市、经济特区所在地的市中级人民法院管辖诉讼标的额：1000 万元≤ N < 50 亿元
其他中级人民法院管辖诉讼标的额：500 万元≤ N < 50 亿元</td></tr>
<tr><td>吉林、黑龙江、江西、云南、陕西、新疆、新疆生产建设兵团：
省会城市、计划单列市中级人民法院，管辖诉讼标的额：500 万元≤ N < 50 亿元
其他中级人民法院管辖诉讼标的额：200 万元≤ N < 50 亿元</td></tr>
<tr><td>贵州、西藏、甘肃、青海、宁夏：
省会城市、计划单列市中级人民法院，管辖诉讼标的额：200 万元≤ N < 50 亿元
其他中级人民法院管辖诉讼标的额：100 万元≤ N < 50 亿元</td></tr>
<tr><td>海事海商案件</td><td>海事、海商案件由海事法院管辖，诉讼标的额上限原则上为 50 亿元。</td></tr>
</table>

——《最高人民法院关于调整中级人民法院管辖第一审民事案件标准的通知》（2021 年 9 月 17 日，法发〔2021〕27 号）。

说明

关于高级人民法院和中级人民法院管辖第一审民事案件的标准，最高人民法院先后发布了《最高人民法院关于调整地方各级人民法院管辖第一审知识产权民事案件标准的通知》（法发〔2010〕5 号）、《最高人民法院关于调整高级人民法院和中级人民法院管辖第一审民商事案件标准的通知》（法发〔2015〕7 号）、《最高人民法院关于明确第一审涉外民商事案件级别管辖标准以及归口办理有关问题的通知》（法〔2017〕359 号）、《最高人民法院关于调整部分高级人民法院和中级人民法院管辖第一审民商事案件标准的通知》（法发〔2018〕13 号）、《最高人民法院关于调整高级人民法院和中级人民法院管辖第一审民事案件标准的通知》（法发〔2019〕14 号）、《最高人民法院关于调整中级人民法院管辖第一审民事案件标准的通知》（2021 年 9 月 17 日，法发〔2021〕27 号）等司法文件，大幅调高中级人民法院管辖第一审民事案件受案起点金额。

2. 解除合同和继续履行合同的诉讼请求均属于财产性诉求，应以合同金额确定案件标的额

关键词

解除合同 继续履行合同 诉讼请求 财产性诉求 合同金额 案件标的额

最高人民法院裁判文书

程建华与宁波御融置业有限公司、湖北中梁地产有限公司）、原审被告上海中梁地产集团有限公司合同纠纷管辖权案［最高人民法院（2019）最高法民辖终85号民事裁定书］

> **裁判要旨：《最高人民法院关于适用〈中华人民共和国民事诉讼法〉的解释》第二百零一条第二款规定："有多个财产性诉讼请求的，合并计算交纳诉讼费；诉讼请求中有多个非财产性诉讼请求的，按一件交纳诉讼费。"无论是要求解除合同的诉讼请求，还是要求继续履行合同的诉讼请求，均应视为对合同内容相关财产的处分，属于财产性诉求，应以合同金额确定案件标的额；同时要求违约金的，以合同金额和违约金数额合并计算诉讼标的额。**

最高人民法院认为，《最高人民法院关于适用〈中华人民共和国民事诉讼法〉的解释》第二百零一条第二款规定："有多个财产性诉讼请求的，合并计算交纳诉讼费；诉讼请求中有多个非财产性诉讼请求的，按一件交纳诉讼费。"无论是上诉人要求解除合同的诉讼请求，还是被上诉人要求继续履行合同的诉讼请求，均应视为对合同内容相关财产的处分，属于财产性诉求，应以合同金额确定案件标的额；同时要求违约金的，以合同金额和违约金数额合并计算诉讼标的额。上述司法解释第五百五十二条规定："最高人民法院以前发布的司法解释与本解释不一致的，不再适用。"因此，尽管最高人民法院《关于执行级别管辖规定几个问题的批复》（法复〔1996〕5号）第一条规定："在当事人双方或一方全部没有履行合同义务的情况下，发生纠纷起诉至法院的，如当事人在诉讼请求中明确要求全部履行合同的，应以合同总金额加上其他请求额作为诉讼标的额，并据以确定级别管辖；如当事人在诉讼请求中要求解除合同的，应以其具体的诉讼请求数额来确定诉讼标的额，并据以确定级别管辖。"但该规定与《最高人民法院关于适用〈中华人民共和国民事诉

讼法〉的解释》第二百零一条第二款的规定不一致，应按照《最高人民法院关于适用〈中华人民共和国民事诉讼法〉的解释》第二百零一条第二款的规定执行。据此，上诉人的起诉和被上诉人的反诉，诉讼标的额均为合同金额加上请求1000万元违约金的数额，即均为1.428亿元，根据《最高人民法院关于调整高级人民法院和中级人民法院管辖第一审民商事案件标准的通知》的有关规定，达到湖北省高级人民法院级别管辖标准，湖北省高级人民法院对上诉人的起诉和被上诉人的反诉均有管辖权。

——中国裁判文书网。

3. 虚增诉讼标的规避级别管辖的处理

关键词

虚增诉讼标的　级别管辖

最高人民法院审判业务意见（第一巡回法庭民商事主审法官会议纪要）

对于虚增诉讼标的额提高级别管辖的，由于主观上有恶意且缺乏证据支持，依法应当予以规制，以维护管辖制度的严肃性，故本案应由原受理法院审理。

附：案情简介

甲公司以乙公司、丙公司为被告提起本案诉讼。法院依法受理后，甲公司变更诉讼请求，将诉讼标的增加至5亿元以上，并提出管辖权异议。法院裁定将本案移送上一级法院审理。上一级法院受理后，乙公司向该院提交《管辖权异议申请书》，认为甲公司将诉讼标的金额增加到5亿元，明显是虚增诉讼标的金额，故意提高审级，不应当支持甲公司的不正当诉讼行为，而应根据管辖恒定原则，确定由原受理法院管辖。甲公司答辩称，因原受理法院法官在办案过程中有明显偏袒被告的行为，故其特意规避级别管辖；诉讼请求金额足有5亿元以上，其中间接损失3.8亿元以上，证据正在不断整理完善当中，本案应当由上一级法院审理。

——最高人民法院第一巡回法庭编著：《最高人民法院第一巡回法庭民商事主审法官会议纪要》（第1卷），中国法制出版社2020年版，第143~144页。

最高人民法院裁判文书

深圳市信泽实业发展有限公司与深圳市南油开发建设有限公司、深圳市

大港投资发展有限公司合同纠纷案［最高人民法院（2018）最高法民终 1174 号民事裁定书］

裁判要旨：人民法院在立案受理阶段对于当事人诉讼请求的金额虽然一般仅作形式审查，并据以确定案件级别管辖，但是对于确有证据证明恶意虚构诉讼请求数额以规避级别管辖的行为，亦应结合具体情况予以适当规制。

最高人民法院认为:《最高人民法院关于审理民事级别管辖异议案件若干问题的规定》第九条规定，对于将案件移送上级人民法院管辖的裁定，当事人未提出上诉，但受移送的上级人民法院认为确有错误的，可以依职权裁定撤销。

人民法院在立案受理阶段对于当事人诉讼请求的金额虽然一般仅作形式审查，并据以确定案件级别管辖，但是对于确有证据证明恶意虚构诉讼请求数额以规避级别管辖的行为，亦应结合具体情况予以适当规制。就本案而言，信泽公司在原审期间提交的管辖权异议答辩文件中，承认其因发现广东省深圳市中级人民法院法官偏袒对方，特意规避级别管辖，且尚未提供证据证明 3.8 亿元损失的事实。另外，信泽公司在其前后提交的诉状文本中，对于所主张损失的数额及成因，表述不同，差异较大。可见，广东省深圳市中级人民法院仅以本案当事人请求数额超过其级别管辖范围为由，将案件移送原审法院管辖，依据确有不足。原审法院如果认为广东省深圳市中级人民法院移送错误，依法应当依职权径行裁定撤销并同时指令其继续审理。信泽公司关于本案应由原审法院继续审理的上诉主张，虽然理据不足，依法不应予以支持，但是，原审法院以本案亦不由其管辖为由直接裁定驳回当事人的起诉，适用法律有失偏颇。广东省深圳市中级人民法院移送本案管辖依据不足，依法一并予以纠正。

——中国裁判文书网。

二、一般地域管辖

4. 依法确定经常居住地

关键词

经常居住地　连续居住　证据规则

最高人民法院司法解释

第三条　公民的住所地是指公民的户籍所在地，法人或者其他组织的住所地是指法人或者其他组织的主要办事机构所在地。

法人或者其他组织的主要办事机构所在地不能确定的，法人或者其他组织的注册地或者登记地为住所地。

——《最高人民法院关于适用〈中华人民共和国民事诉讼法〉的解释》（2022 年 4 月 1 日修正）。

最高人民法院裁判文书

方某与张某离婚后财产纠纷案［最高人民法院（2020）最高法民辖 92 号民事裁定书］

裁判要旨：认定公民的经常居住地，需从三个方面予以考虑，其一，被告必须在该地住满一年；其二，一年时间必须是连续的，不能中断；其三，到起诉时为止，被告还在该地居住。具体到本案，从法院查明的情况看，至起诉时，尚无法确定被告经常居住地。因此，本案应由被告户籍地法院管辖。

最高人民法院认为，本案为离婚后财产纠纷，应适用一般地域管辖有关规定确定管辖法院。《中华人民共和国民事诉讼法》第二十一条[①]规定，对公民提起的民事诉讼，由被告住所地人民法院管辖；被告住所地与经常居住地不一致的，由经常居住地人民法院管辖。《最高人民法院关于适用〈中华人民共和国民事诉讼法的解释〉》第四条规定，公民的经常居住地是指公民离开住

① 现为《民事诉讼法》（2021 年修正）第二十二条。

所地至起诉时已连续居住一年以上的地方，但公民住院就医的地方除外。适用前述规定认定公民的经常居住地，需从三个方面予以考虑，其一，被告必须在该地住满一年；其二，一年时间必须是连续的，不能中断；其三，到起诉时为止，被告还在该地居住。具体到本案，从两地法院查明的情况看，至方某起诉时，尚无法确定张某是否仍在福建省厦门市某区居住。因此，本案应由被告张某户籍地法院即安徽相山法院管辖。

——中国裁判文书网。

附录：最高人民法院主流观点

第一，偶尔离开经常居住地，如探亲、休假等并不构成"连续居住"的中断。

第二，在当事人提居住证、村委会与居委会居住证明等证据出现矛盾时，应按照证据规则进行审查判断，必要时可组织双方当事人质证，依法确定经常居住地。

——最高人民法院民法典贯彻实施工作领导小组办公室编著：《最高人民法院新民事诉讼法司法解释理解与适用》，人民法院出版社 2022 年版，第 95 页。

5. 追索赡养费、扶养费、抚养费案件原告坚持向被告住所地法院起诉的，被告住所地法院具有管辖权

关键词

管辖 追索赡养费、扶养费、抚养费 原告住所地 被告住所地

最高人民法院司法解释

第九条 追索赡养费、扶养费、抚养费案件的几个被告住所地不在同一辖区的，可以由原告住所地人民法院管辖。

——《最高人民法院关于适用〈中华人民共和国民事诉讼法〉的解释》（2022 年 4 月 1 日修正）。

附录：最高人民法院主流观点

追索赡养费、扶养费、抚养费案件的几个被告，住所地不在同一辖区的，《民事诉讼法解释》规定的是可以由原告住所地人民法院管辖，这赋予了原告选择向自己住所地法院起诉的权利。但是，如果原告坚持向被告住所地法院起诉，根据民事诉讼法第二十二条的相关规定，被告住所地法院当然具有管

辖权。

——最高人民法院民法典贯彻实施工作领导小组办公室编著：《最高人民法院新民事诉讼法司法解释理解与适用》，人民法院出版社 2022 年版，第 98 页。

6. 在共同诉讼中，原被告之一住所地不在本辖区的，属于“当事人一方住所地不在本辖区”

关键词

当事人一方住所地不在本辖区

最高人民法院公报案例、最高人民法院裁判文书

赵子文与潘日阳财产侵权纠纷案［最高人民法院（2010）民一终字第 17 号民事裁定书］

裁判摘要：最高人民法院《关于调整高级人民法院和中级人民法院管辖第一审民商事案件标准的通知》中所称的“当事人一方住所地不在本辖区”，是指原告、被告中仅有一方当事人住所地不在本辖区，不包括原告、被告双方当事人的住所地均不在本辖区的情形。在共同诉讼中，原告之一或者被告之一住所地不在本辖区的，属于上述通知所称的“当事人一方住所地不在本辖区”。因第三人是参加他人之间的诉讼，故无论是有独立请求权的第三人还是无独立请求权的第三人，其住所地是否在本辖区不影响案件的管辖。

最高人民法院认为，本案是当事人不服高级人民法院就级别管辖异议裁定而提起的上诉，根据最高人民法院《关于审理民事级别管辖异议案件若干问题的规定》第八条的规定，本院应当依法审理并作出裁定。最高人民法院《关于调整高级人民法院和中级人民法院管辖第一审民商事案件标准的通知》（法发〔2008〕10 号）中所称的“当事人一方住所地不在本辖区”，是指原告或者被告一方当事人住所地不在本辖区，不包括原告、被告双方住所地均不在本辖区的情形。原告、被告双方住所地均不在本辖区的，应当仅按照诉讼标的额标准来确定级别管辖法院。在共同诉讼场合，原告之一或者被告之一住所地不在本辖区的，应当属于“当事人一方住所地不在本辖区”的情形。对于第三人住所地不在本辖区的，无论是有独立请求权的第三人还是无独立请求权的第三人，由于是参加他人之间的诉讼，故基于原被告管辖利益的衡量，不应列为"当事人一方住所地不在本辖区"的情形。本案诉讼标的额在5000万元以上，但当事人双方住所地均不在本辖区，根据最高人民法院《关于审理民事级别管辖异议案件若干问题的规定》第一条的规定，陕西省高级人民法院对本案无管辖权，应移送有管辖权的人民法院审理。因诉称的侵权行为地在陕西省神木县，陕西省高级人民法院应将本案移送陕西省榆林市中级人民法院审理。

综上，原审裁定认为陕西省高级人民法院对本案具有管辖权错误，应予纠正。上诉人提出的撤销原审裁定、将本案移送陕西省榆林市中级人民法院审理的上诉请求成立，应予支持。

——《最高人民法院公报》2010年第7期。

7. 抚养费纠纷确定管辖法院如何认定公民经常居住地

关键词

抚养费纠纷　管辖法院　公民经常居住地

最高人民法院裁判文书

张佳琦与张刚抚养费纠纷案［最高人民法院（2020）最高法民辖91号民事裁定书］

裁判要旨：抚养费纠纷应适用一般地域管辖有关规定确定管辖法院。《中华人民共和国民事诉讼法》第二十一条[①]规定，对公民提起的民事诉讼，由被告住所地人民法院管辖；被告住所地与经常居住地不一致的，由经常居住地人民法院管辖。《最高人民法院关于适用〈中华人民共和国民事诉讼法〉的解释》第四条规定，公民的经常居住地是指公民离开住所地至起诉时已连续居住一年以上的地方，但公民住院就医的地方除外。适用前述规定认定公民的经常居住地，需从三个方面予以考虑，其一，被告必须在该地住满一年；其二，一年时间必须是连续的，不能中断；其三，到起诉时为止，被告还在该地居住。

最高人民法院认为，本案为抚养费纠纷，应适用一般地域管辖有关规定确定管辖法院。《中华人民共和国民事诉讼法》第二十一条规定，对公民提起

① 现为《民事诉讼法》（2021年修正）第二十二条。

的民事诉讼，由被告住所地人民法院管辖；被告住所地与经常居住地不一致的，由经常居住地人民法院管辖。《最高人民法院关于适用〈中华人民共和国民事诉讼法〉的解释》第四条规定，公民的经常居住地是指公民离开住所地至起诉时已连续居住一年以上的地方，但公民住院就医的地方除外。适用前述规定认定公民的经常居住地，需从三个方面予以考虑，其一，被告必须在该地住满一年；其二，一年时间必须是连续的，不能中断；其三，到起诉时为止，被告还在该地居住。具体到本案，从两地法院查明的情况看，至张佳琦起诉时，尚无法确定张刚是否仍在福建省厦门市湖里区居住。因此，本案应由被告张刚户籍地法院即安徽相山法院管辖。

——中国裁判文书网。

8. 夫妻一方或者双方离开住所地的离婚案件的管辖

关键词

离婚诉讼　原告就被告　管辖

最高人民法院司法解释

第十二条　夫妻一方离开住所地超过一年，另一方起诉离婚的案件，可以由原告住所地人民法院管辖。

夫妻双方离开住所地超过一年，一方起诉离婚的案件，由被告经常居住地人民法院管辖；没有经常居住地的，由原告起诉时被告居住地人民法院管辖。

——《最高人民法院关于适用〈中华人民共和国民事诉讼法〉的解释》（2022年4月1日修正）。

附录：最高人民法院主流观点

民事诉讼法第二十二条第一款规定：“对公民提起的民事诉讼，由被告住所地人民法院管辖；被告住所地与经常居住地不一致的，由经常居住地人民法院管辖。”因此，对于夫妻双方均在住所地生活的，一方提起离婚诉讼，应该适用“原告就被告”的一般地域管辖原则，由被告住所地人民法院管辖。但是，具体到夫妻一方或者双方离开住所地的离婚诉讼，如何确定一般地域管辖，民事诉讼法没有作出明确的规定，《92年意见》第12条进行了回应，解决了法律适用过程中存在的问题。2015年《民事诉讼法解释》对《92年意见》第12条进行了以下修改：

一是增加了“可以”的表述，即“夫妻一方离开住所地超过一年，另一方起诉离婚的案件”，原告可以选择向自己住所地的法院起诉。当然，原告能够提供证据证明被告离开住所地后，在暂住地连续居住超过一年的，也可以向该经常居住地人民法院提起诉讼。

二是突破了“居住地”的一般理解。《民事诉讼法解释》第十二条第二款规定，夫妻双方离开住所地超过一年，一方起诉离婚的案件，由被告经常居住地人民法院管辖；没有经常居住地的，由原告起诉时被告居住地人民法院管辖。这也就意味着，如果在双方都离开住所地的情形下，原告能证明被告在暂住地连续居住超过一年的，可以向被告经常居住地法院起诉。原告不能证明被告在暂住地居住超过一年，但是，能够证明被告在暂住地固定居住的，仍然可以向被告暂住地法院起诉。

审判实践中应当注意：

关于流动人口经常居住地的认定，根据《民事诉讼法解释》第四条的规定，是指公民离开住所地至起诉时已连续居住一年以上的地方。但是，具体到夫妻双方离开住所地超过一年，一方起诉离婚的案件，被告没有经常居住地这一特定情形，为减少原告方诉累，《民事诉讼法解释》规定只要原告证明被告有固定住所，即可向被告暂住地法院起诉。同时，这也为人民法院下一步的审理、执行提供了便利。

——最高人民法院民法典贯彻实施工作领导小组办公室编著：《最高人民法院新民事诉讼法司法解释理解与适用》，人民法院出版社 2022 年版，第 102~103 页。

9. 离婚案件涉及不动产财产分割的由被告住所地法院管辖

关键词

离婚诉讼　不动产纠纷专属管辖

附录：民事审判信箱

问题：文某与沙某系夫妻，于 2005 年在 A 市登记结婚，二人户籍所在地均为 A。二人婚后一直居住在 A 市文某父母的家中。2006 年至 2008 年期间，文某与沙某以夫妻名义在其省会城市 B 市购得房产三处。2009 年 1 月，沙某向 B 市法院起诉离婚，并涉及位于 B 市三处房产的财产分割，则该三处不动产所在地法院是否有权管辖？

《民事审判指导与参考》研究组认为：我国民事诉讼法第二十二条规定：“对公民提起的民事诉讼，由被告住所地人民法院管辖；被告住所地与经常居住地不一致的，由经常居住地人民法院管辖。”《民诉法意见》第 4 条规定：

“公民的住所地是指公民的户籍所在地，法人的住所地是指法人的主要营业地或者主要办事机构所在地。”因此，在被告文某户籍在A市的情况下，则A市应是文某的住所地。对于本案的管辖，依据民事属地管辖“原告就被告”的一般原则，在被告住所地即其经常居住地的情况下，则应被告的住所地人民法院管辖，因此本案应由A市法院行使管辖权。

对于民事诉讼法第三十四条第一项“因不动产纠纷提起的诉讼，由不动产所在地人民法院管辖”的规定应理解为不动产作为讼争标的而发生的纠纷，对于夫妻一方起诉离婚涉及不动产分割的案件，则应该依照民事诉讼法第二十二条确定的原则确定案件管辖。在本案中，即使离婚案件涉及不动产财产分割，由于本案是以离婚为前提而包含不动产分割的，则应根据“原告就被告”的原则确定管辖，即由被告李某的住所地法院管辖。当然，如果夫妻双方已经根据法院判决离婚或者协议离婚，而仅仅以涉案房地产分割为诉讼内容，则应适用不动产所在地法院的专属管辖原则。

综上，即使本离婚案件涉及不动产财产分割，也应该由文某住所地A市法院管辖。

——最高人民法院民事审判第一庭编著:《民事审判指导与参考》2010年第2集（总第42集），法律出版社2011年版，第243页。

10. 数个被告住所地不在同一辖区的追索赡养费、抚养费、扶养费案件的管辖

关键词

追索赡养费、抚育费、扶养费案件　管辖

最高人民法院司法解释

第九条　追索赡养费、抚养费、扶养费案件的几个被告住所地不在同一辖区的，可以由原告住所地人民法院管辖。

——《最高人民法院关于适用〈中华人民共和国民事诉讼法〉的解释》（2022年4月1日修正）。

附录：最高人民法院主流观点

民事诉讼法规定“原告就被告”的一般地域管辖原则，宗旨是保护被告的利益和防止原告滥诉，以及便于法院执行。无论是大陆法系还是英美法系，都遵循这一基本准则。但是，对于某些特定类型的案件，双方当事人之间在社会资源的占有上是不对等的，强者占据份额远高于弱者。在此情况下，如

果弱者以强者为被告提起诉讼，以强者住所地确定地域管辖，就会导致实质上的不平等。因此，有必要在确定诉讼管辖时，重新分配强者、弱者之间的诉讼成本、诉讼风险比例，给予弱者一定的保护性关怀，从而实现实质上的正义。一般认为，我国民事诉讼法第二十三条关于“被告就原告”原则几种情形的规定，就具有保护性管辖的因素。

审判实践中应当注意：

如果原告坚持向被告住所地法院起诉，根据民事诉讼法第二十二条的相关规定，被告住所地法院当然具有管辖权。

——最高人民法院民法典贯彻实施工作领导小组办公室编著：《最高人民法院新民事诉讼法司法解释理解与适用》，人民法院出版社2022年版，第98~99页。

11. 申请撤销监护人资格案件的管辖

关键词

撤销监护人资格案件　管辖

最高人民法院司法解释

第十条　不服指定监护或者变更监护关系的案件，可以由被监护人住所地人民法院管辖。

——《最高人民法院关于适用〈中华人民共和国民事诉讼法〉的解释》（2022年4月1日修正）。

最高人民法院司法政策精神

31. 申请撤销监护人资格案件，由未成人住所地、监护人住所地或者侵害行为地基层人民法院管辖。

人民法院受理撤销监护人资格案件，不收取诉讼费用。

——最高人民法院、最高人民检察院、公安部、民政部《印发〈关于依法处理监护人侵害未成年人权益行为若干问题的意见〉的通知》（2014年12月18日，法发〔2014〕24号）。

附录：理解与适用

本条规定案件的管辖法院，主要依据和理由：（1）撤销监护人资格的案件由上述法院管辖，符合民事诉讼法第二十一条、第二十二条、第二十八条[①]关于地域管辖的规定。（2）与2015年《最高人民法院关于适用〈中华人民共和国民事诉讼法〉的解释》一致，司法解释第十条规定，“不服指定监护或变更监护关系的案件，可以由被监护人住所地人民法院管辖。”（3）随着进城务工人员的不断增加，监护侵害行为可能发生在被监护人住所地，也可能发生在监护人住所地，甚至发生在流浪地。侵害行为发生后，往往是行为发生地公安机关先行介入、收集证据，当地民政部门履行临时监护责任、提起诉讼，因此，有些案件由侵害行为地或者监护人住所地的人民法院管辖可能更为适宜。

——张颖新、方芳：《〈最高人民法院、最高人民检察院、公安部、民政部关于依法处理监护人侵害未成年人权益行为若干问题的意见〉的理解与适用》，载江必新主编：《最高人民法院司法解释与指导性案例理解与适用》第三卷，人民法院出版社2015年版，第295页。

12. 对被监禁或被采取强制性教育措施的人提起民事诉讼案件的管辖

关键词

被监禁或者被采取强制性教育措施　管辖

最高人民法院司法解释

第八条　双方当事人都被监禁或者被采取强制性教育措施的，由被告原住所地人民法院管辖。被告被监禁或者被采取强制性教育措施一年以上的，由被告被监禁地或者被采取强制性教育措施地人民法院管辖。

——《最高人民法院关于适用〈中华人民共和国民事诉讼法〉的解释》（2022年4月1日修正）。

最高人民法院裁判文书

江某与黄某指定管辖案［最高人民法院（2016）最高法民辖19号民事裁定书］

最高人民法院认为，《最高人民法院关于适用〈中华人民共和国民事诉讼法〉的解释》第八条是对于原、被告双方均被采取强制性教育措施或被监禁

① 分别为《民事诉讼法》（2021年修正）第二十二条、第二十三条、第二十九条。

时，确定案件地域管辖的规定，对于只有被告方当事人被采取强制性教育措施或被监禁时，应适用《中华人民共和国民事诉讼法》第二十二条第三项和第四项[①]的规定，由原告住所地人民法院管辖；原告住所地与经常居住地不一致的，由原告经常居住地人民法院管辖。本案中，只有被告黄某被监禁，应由原告江某住所地人民法院管辖。广东省茂名市电白区人民法院作为原告住所地人民法院，对本案有管辖权，将案件移送湖南省吉首市人民法院审理属于适用法律错误。

——中国裁判文书网。

附录：最高人民法院主流观点

为便于当事人行使诉讼权利和法院审理案件，民事诉讼法第二十三条第三项和第四项规定，对于被采取强制性教育措施或者被监禁的人提起的诉讼，可以由原告住所地人民法院管辖。但是，对于原告、被告双方被采取强制性教育措施或者被监禁时，如何确定案件的地域管辖，法律没有明确规定。为此，《92年意见》第8条规定："双方当事人都被监禁或被劳动教养的，由被告原住所地人民法院管辖。被告被监禁或被劳动教养一年以上的，由被告被监禁地或被劳动教养地人民法院管辖。"应该说，这一规定遵循了"原告就被告"的一般原则，契合立法本意，有利于解决司法实践中遇到的法律适用问题。2015年《民事诉讼法解释》起草时，根据2013年12月28日第十二届全国人大常委会第六次会议通过的《关于废止有关劳动教养法律规定的决定》，将"劳动教养"改为"强制性教育措施"。

——最高人民法院民法典贯彻实施工作领导小组办公室编著：《最高人民法院新民事诉讼法司法解释理解与适用》，人民法院出版社2022年版，第97页。

13. 申请人住所地法院管辖的情形

关键词

申请人住所地　管辖

最高人民法院审判业务意见

34. 申请人申请承认外国法院判决、裁定，但被申请人在我国境内没有住所地，且其财产也不在我国境内的，可以由申请人住所地的中级人民法院

① 现为《民事诉讼法》（2021年修正）第二十三条第三项和第四项。

管辖。

——《最高人民法院关于印发〈全国法院涉外商事海事审判工作座谈会会议纪要〉的通知》（2021 年 12 月 31 日，法〔民四〕明传〔2021〕60 号）。

14. 涉及不动产的婚姻家庭纠纷案件是否适用不动产专属管辖

关键词

不动产纠纷　婚姻家庭纠纷　地域管辖原则　不动产专属管辖

附录：民事审判信箱

问：涉及不动产的婚姻家庭纠纷案件是否适用不动产专属管辖？

答：根据民事诉讼法第三十三条[①]规定，因不动产纠纷提起的诉讼，由不动产所在地人民法院管辖。有的婚姻家庭纠纷会涉及不动产，比如离婚后财产纠纷、夫妻财产约定纠纷、分家析产纠纷等时常涉及房屋或土地的权属认定、分割等，上述纠纷是否适用该条规定，实践中有不同观点。

我们认为，上述纠纷应当按照一般地域管辖原则确定管辖法院，不可适用不动产专属管辖。理由主要是：第一，根据《民事案件案由规定》，上述纠纷的案由属于第二部分“婚姻家庭、继承纠纷”，而非第三部分“物权纠纷”，而《最高人民法院关于适用〈中华人民共和国民事诉讼法〉的解释》第二十八条第一款规定“民事诉讼法第三十三条第一项规定的不动产纠纷是指因不动产的权利确认、分割、相邻关系等引起的物权纠纷”。第二，婚姻家庭纠纷通常具有复合型，不仅涉及财产关系，还涉及人身关系，不仅涉及不动产，还可能涉及其他财产。比如一宗离婚案件中，可能同时涉及婚姻关系的解除、财产分割和子女抚养；请求分割的夫妻共同财产中，可能同时包括房屋、汽车、存款、股权收益和知识产权收益；房屋也有可能包括位于不同地区的几套房屋。如果适用不动产专属管辖，则可能需要到不同法院提起几个诉讼，无法在同一个案件中处理所有纠纷，无法实现家事纠纷的“一揽子”解决。

——本书研究组：《涉及不动产的婚姻家庭纠纷案件是否适用不动产专属管辖？》，载最高人民法院民事审判第一庭编：《民事审判指导与参考》2019 年第 4 辑（总第 80 辑），人民法院出版社 2020 年版，第 223~224 页。

---

① 现为《民事诉讼法》（2021 年修正）第三十四条。

15. 劳动争议案件管辖的一般规定

关键词

劳动争议　案件管辖

最高人民法院司法解释

第三条　劳动争议案件由用人单位所在地或者劳动合同履行地的基层人民法院管辖。

劳动合同履行地不明确的，由用人单位所在地的基层人民法院管辖。

法律另有规定的，依照其规定。

——《最高人民法院关于审理劳动争议案件适用法律问题的解释（一）》（2020 年 12 月 29 日，法释〔2020〕26 号）。

附录：理解与适用

第一，关于劳动争议案件管辖的一般规定。一是关于用人单位所在地法院管辖。依据民事诉讼法关于地域管辖的基本原则，即原告就被告，劳动争议案件应由一方当事人住所地人民法院管辖。用人单位住所地相对固定，且用人单位相关管理规章往往依据所在地地方性法规、规章等文件制定，因此相对于劳动者住所地，由用人单位所在地法院管辖更为适当。二是关于合同履行地法院管辖。在用人单位所在地与合同履行地不一致的情况下，例如用人单位所在地在上海市黄浦区，合同履行地在北京市通州区，当事人赴用人单位所在地起诉极为不便，因此，《最高人民法院关于审理劳动争议案件适用法律问题的解释（一）》第三条规定可以由合同履行地基层人民法院管辖。三是关于法律另有规定的，依照其规定。例如《劳动争议调解仲裁法》第四十九条规定用人单位申请撤销终局仲裁裁决的，向劳动争议仲裁委员会所在地的中级人民法院提出。

——郑学林、刘敏、于蒙、危浪平：《〈最高人民法院关于审理劳动争议案件适用法律问题的解释（一）〉几个重点问题的理解与适用》，载最高人民法院民事审判第一庭编：《民事审判指导与参考》2021 年第 1 辑（总第 85 辑），人民法院出版社 2021 年版，第 222 页。

16. 用人单位对非一裁终局劳动仲裁裁决不服的，应向有管辖权的基层人民法院提起诉讼

关键词

劳动法　劳动争议　非一裁终局　仲裁裁决

最高人民法院裁判文书

西藏远征包装有限公司劳动争议纠纷案［最高人民法院（2021）最高法民申3548号民事裁定书］

裁判要旨：对于劳动仲裁机构作出的非一裁终局裁决，用人单位不服的，可以自收到仲裁裁决书之日起十五日内向用人单位所在地或者劳动合同履行地的基层人民法院提起诉讼。用人单位向中级人民法院起诉要求撤销仲裁裁决的，人民法院应当向其告知向有管辖权的基层人民法院提起诉讼，用人单位仍坚持起诉的，法院应裁定不予受理。

最高人民法院经审查认为，《中华人民共和国劳动争议调解仲裁法》第五条规定，发生劳动争议，当事人不愿协商、协商不成或者达成和解协议后不履行的，可以向调解组织申请调解；不愿调解、调解不成或者达成调解协议后不履行的，可以向劳动争议仲裁委员会申请仲裁；对仲裁裁决不服的，除本法另有规定的外，可以向人民法院提起诉讼。这里的“本法除另有规定的外”是指该法第四十七条规定的“一裁终局”的情形，同时根据该法第四十九条之规定，用人单位申请撤销的应为“一裁终局”的仲裁裁决。案涉仲裁裁决的数额已超出当地月最低工资标准十二个月金额，远征公司对此亦予以自认，故其不属于“一裁终局”的仲裁裁决。根据《中华人民共和国劳动争议调解仲裁法》第五十条及《最高人民法院关于审理劳动争议案件适用法律若干问题的解释》第八条①之规定，远征公司如不服仲裁裁决，应在收到仲裁裁决书之日起十五日内向用人单位所在地或者劳动合同履行地的基层人民法院提起劳动争议诉讼，但其向一审法院提起诉讼，原审对其起诉不予受理，适用法律并无不当。此外，根据《中华人民共和国民事诉讼法》第三十六条

---

① 该条款对应《最高人民法院关于审理劳动争议案件适用法律问题的解释（一）》第三条第一款。

规定，人民法院依职权移送管辖的对象为已立案受理案件，而本案尚未受理，远征公司关于一审法院对本案不具有管辖权亦应依职权移送的理由并不能成立。

——中国裁判文书网。

17. 对“一裁终局”范围外的劳动争议案件法院级别管辖的确定

关键词

劳动争议纠纷　一裁终局　劳动争议案件管辖权

最高人民法院裁判文书

西藏远征包装有限公司劳动争议纠纷案［最高人民法院（2021）最高法民申3557号民事裁定书］

裁判要旨：《中华人民共和国劳动争议调解仲裁法》第五条规定：“……对仲裁裁决不服的，除本法另有规定的外，可以向人民法院提起诉讼。”其中“本法除另有规定的外”是指该法第四十七条规定的“一裁终局”的情形。对于“一裁终局”范围外的劳动争议案件，当事人可向人民法院提起诉讼的，应由用人单位所在地或者劳动合同履行地的基层人民法院管辖。

最高人民法院经审查认为，《中华人民共和国劳动争议调解仲裁法》第五条规定，发生劳动争议，当事人不愿协商、协商不成或者达成和解协议后不履行的，可以向调解组织申请调解；不愿调解、调解不成或者达成调解协议后不履行的，可以向劳动争议仲裁委员会申请仲裁；对仲裁裁决不服的，除本法另有规定的外，可以向人民法院提起诉讼。这里的“除本法另有规定的外”是指第四十七条规定的“一裁终局”的情形，同时根据该法第四十九条之规定，用人单位申请撤销的应为“一裁终局”的仲裁裁决。案涉仲裁裁决的数额已超出当地月最低工资标准十二个月金额，远征公司对此亦予以自认，故其不属于“一裁终局”的仲裁裁决。根据《中华人民共和国劳动争议调解仲裁法》第五十条及《最高人民法院关于审理劳动争议案件适用法律若干问题的解释》第八条之规定，远征公司如不服仲裁裁决，应在收到仲裁裁决书之日起十五日内向用人单位所在地或者劳动合同履行地的基层人民法院提起劳动争议诉讼，但其向一审法院提起诉讼，原审对其起诉不予受理，适用法律并无不当。此外，根据《中华人民共和国民事诉讼法》第三十六条[①]规定，人民法院依职权移送管辖的对象为已立案受理案件，而本案尚未受理，远征公司关于一审法院对本案不具有管辖权亦应依职权移送的理由并不能成立。

——中国裁判文书网。

18. 实际施工人对发包人提起代位权诉讼的，管辖法院如何确定

关键词

实际施工人　代位权诉讼　管辖

最高人民法院司法解释

第四十四条　实际施工人依据民法典第五百三十五条规定，以转包人或者违法分包人怠于向发包人行使到期债权或者与该债权有关的从权利，影响其到期债权实现，提起代位权诉讼的，人民法院应予支持。

——《最高人民法院关于审理建设工程施工合同纠纷案件适用法律问题的解释（一）》（2020年12月29日，法释〔2020〕25号）。

附录：最高人民法院主流观点

债权人提起代位权诉讼的，应由被告住所地人民法院管辖。实际施工人对发包人提起的代位权诉讼，原则上应由发包人住所地人民法院管辖。但是，实际施工人对发包人提起的代位权诉讼通常涉及建设工程价款债权，涉及建设工程施工合同纠纷。《最高人民法院关于适用〈中华人民共和国民事诉讼法〉的解释》第二十八条第二款规定，建设工程施工合同纠纷按照不动产纠纷确定管辖。根据《民事诉讼法》第三十三条关于专属管辖的规定，由不动产所在地人民法院管辖，即由建设工程所在地人民法院管辖。因此，实际施工人对发包人提起的代位权诉讼涉及建设工程价款债权的，应由建设工程所在地人民法院管辖，不涉及建设工程价款债权的，应由发包人住所地人民法院管辖。

——最高人民法院民事审判第一庭编著：《最高人民法院新建设工程施工合同司法解释（一）理解与适用》，人民法院出版社2021年版，第460页。

---

① 现为《民事诉讼法》（2021年修正）第三十七条。

三、特殊地域管辖

19. 对合同履行地的理解

关键词

合同履行地

最高人民法院司法解释

第十八条 合同约定履行地点的，以约定的履行地点为合同履行地。

合同对履行地点没有约定或者约定不明确，争议标的为给付货币的，接收货币一方所在地为合同履行地；交付不动产的，不动产所在地为合同履行地；其他标的，履行义务一方所在地为合同履行地。即时结清的合同，交易行为地为合同履行地。

合同没有实际履行，当事人双方住所地都不在合同约定的履行地的，由被告住所地人民法院管辖。

——《最高人民法院关于适用〈中华人民共和国民事诉讼法〉的解释》（2022 年 4 月 1 日修正）。

附录：最高人民法院主流观点

对合同履行地的理解要把握以下问题。

1. 民事实体法与民事诉讼法中履行地的含义

合同在一般情况下都是双务合同，即当事人的义务是对应的，而履行地主要是指义务履行地点。在合同有两个义务履行地点的情况下，必须选择其一为确定管辖的履行地点。司法实践中，当事人在不同的履行地点任意起诉或以不同的履行地任意抗辩，以及法律和司法解释对合同履行地认定的缺陷，导致诉权的行使和管辖权的确定出现一定程度的混乱。

（1）民事实体法中的合同履行地。按照通说理解，合同的履行是指合同的双方当事人正确、适当地完成合同中规定的双方应当承担的义务行为，合同的履行地点即为债务人履行债务和债权人接受履行的地方。合同的实质内容，即是双方当事人就彼此的权利义务作出约定。一般而言，合同义务是双务的，一方负有给付义务时，另一方则会负有相应的对待给付义务作为对价。双方约定的义务内容不同，履行的方式也不同，履行地也可能相应地发生变化。当事人为多数时，可以各自约定不同的履行地点。同一个合同的数个给付不必约定相同的履行地点，尤其是双务合同中的两个债务，可以有两个履行地点。换句话说，民法中的合同履行地是与义务或债务的履行相联系的，一个合同关系中各项义务的履行地是相互独立的。

（2）民事诉讼法中的合同履行地。我国民事诉讼法以及相关的司法解释并没有像民法典那样，对合同履行地的确定规定一般原则。司法解释中多只是对具体合同的履行地作出大量细节的规定，显得没有简单的规律可循。一般而言，审判实践中，履行地的确定一般遵循"特征履行地"为主、结合"实际履行地"的判断原则。

第一，特征履行地规则。主流观点认为，在合同约定的众多义务中，尤其是互负债务的双务合同中，必有一个能反映合同本质特征的义务。不同合同的类型彼此相异，主要原因就在于这个本质特征义务的区别。而一般认为，在双务合同中非金钱给付义务是该类合同的区分标志，只有这个特征义务的履行地才是确定管辖应依据的履行地。比如，买卖合同的目的是一方向另一方转移标的物所有权，交付标的物义务是买卖合同的特征义务，因此买卖合同履行地的判断一般应该依据交付标的物义务的履行地确定。同理，加工承揽合同、财产租赁合同、融资租赁合同的履行地为加工行为地、租赁物使用地等，因为这些合同的特征义务就是货物加工、租赁物交付使用等。

第二，实际履行地规则。选取特征义务之后，合同是否实际履行也会影响履行地的确定，这依我国现行法又可分为多种情况。首先，合同没有实际履行的，依据本解释第十八条第三款的规定确定管辖，即"合同没有实际履行，当事人双方住所地都不在合同约定的履行地的，由被告住所地法院管辖"。此外，实际履行中发生履行地点变更的，也可能导致管辖地发生相应变化。但是在这种分类下，法律规定并未穷尽所有情形。比如，对于当事人没有约定履行地点或者有多个履行地的、合同没有实际履行的，立法就处于空白状态。

（3）民事实体法与民事诉讼法对合同履行地的不同认识。我国民事诉讼法中，合同履行地很大意义上是一个纯粹的程序法的裁判概念，只是为了方便法院的管辖确定。而实体法的履行地规则是为了指导合同当事人准确履行债务，促进合同的履行，防范履行风险，减少纠纷的发生。在民事实体法意义上，履行地是为合同项下义务履行服务的，与具体的义务紧密联系，同一合同中往往双方的履行地是多样的。而在民事诉讼法中履行地虽然和部分合同义务有关，但主要根据合同的实体性质判断，且每个合同的履行地一般是固定的。

2.《92 年意见》合同履行地规则的弊端

民事诉讼法未对合同履行地进行定义，而实体法和实体法理论则对合同履行地作了详细阐述。法院在审理合同履行地管辖争议案件时，能否当然援引实体法中的“合同履行地”解决程序法的管辖问题，在2015年《民事诉讼法解释》起草过程中存在争论。一种观点认为，从立法本意上看，两者是同一的。因为民事诉讼法没有对“合同履行地”一词另行作出特殊的规定，不适用合同法对合同履行地的规定无法理依据。大多数观点在阐述如何确定合同案件的管辖权时，明确指出“对履行地约定不明确的合同，应当根据合同法第六十二条的规定确定履行地”。根据实体法理论，可将程序法的合同履行地定义为当事人根据合同约定或者法律规定履行合同义务的地点。要确定合同履行地管辖，首先要确定是否有合同约定，若没有合同约定，可根据合同法第六十一条和第六十二条的规定进行确定。这样一来，不论是口头合同还是书面合同，也不论是否约定了合同履行地以及是否实际履行了合同，任何合同纠纷都有可能依据实体法的合同履行地确定管辖权。另一种观点认为，实体法上的合同履行地具有两个特点：一是不确定性。当事人是因合同的履行产生纠纷才起诉到法院，合同是否需要履行、怎样履行都存在争议，履行合同地点当然也是双方实体争议的一部分，在法院作出实体判决之前，合同履行地实际上无法确定。二是合同履行地具有多样性。根据实体法理论，当事人履行合同义务的地点包括主合同履行地、从合同履行地、随附义务履行地，还有书面约定的履行地、口头约定的履行地、实际履行地等。这两个特点也必然导致合同管辖的混乱及管辖争议的大量存在，进而导致法院先审实体后定管辖和“被告就原告”。因此，该观点认为实体法上的合同履行地存在大量争议是合同管辖混乱的最初根源。

最高人民法院为了减少管辖权争议，对几类常见且易产生纠纷的合同，如买卖、加工承揽、财产租赁、融资租赁、补偿贸易、借款、证券回购、企业联营等合同的合同履行地作了限制性规定，这就产生了一些有名合同（如买卖合同、借款合同等）的合同履行地在程序法中的含义与实体法中的含义不一致的情况。如买卖合同，根据程序法的司法解释，合同履行地仅为书面合同约定的合同履行地或货物交付地。而在实体法含义中，货物到达地、到站地、验收地、接收地、货币接收地当然都是合同履行地。由于司法解释对这些有名合同的合同履行地所作的规定与实体法中的规定不同，故此处合同履行地的含义与实体法中的含义并不同一。民事诉讼法的合同履行地规则与实体法含义的分离，在审判实践中造成合同纠纷的管辖权异议的泛滥，最高人民法院就具体个案的管辖权争议作的批复、通知、复函就多达上百件。因此，确立一个更为简便的规则，就是2015年《民事诉讼法解释》起草本条的出发点。

3. 以程序法的规定为原则结合实体法内容确定合同履行地认定规则

纵观世界上多数国家的立法例，对合同争议都规定了由有争议的债务履行地法院管辖，该履行地一般是指法定的履行地，即实体法规定的履行地，当事人有约定时从约定；或者规定当事人可以在物之实际交付地和给付履行地中选择管辖法院，解决约定履行地与实际履行地不一致时当事人的选择权和处理方式问题。为使合同履行地的确定规则更加简单、明确，减少管辖权异议和争议，2015 年《民事诉讼法解释》关于合同履行地的规定对《92 年意见》的多个条文进行整合。

在 2015 年《民事诉讼法解释》的起草过程中，也有意见认为，对合同履行地没有约定的，按法定处理，理由是：首先，本处的“法定”，是指法律或司法解释对某类有名合同的履行地的具体规定，如《最高人民法院关于审理建设工程施工合同纠纷案件适用法律问题的解释》（现已失效）第二十四条规定：“建设施工合同纠纷以施工行为地为合同履行地。”这样规定明确了约定优先的原则，且基本统一了诉讼法和实体法上的认定标准。由于借款合同的履行地另行规定，本条不涉及。其次，即时清结的合同（如集市买卖）产生的纠纷在交易行为地处理符合“两便”原则，故规定即时清结合同以交易行为地为合同履行地。认为“有约定依约定，无约定依法定，既无约定又无法定则按照合同法第六十二条第三项的规定”确定合同履行地原则更为简单明了，便于适用。但 2015 年《民事诉讼法解释》未采纳该种意见，理由是 2015 年《民事诉讼法解释》已经规定网络买卖合同等几种特殊合同的履行地，为使合同履行地确定只设定一个规则，不再出现“依法定”这种表述为宜。

——最高人民法院民法典贯彻实施工作领导小组办公室编著：《最高人民法院新民事诉讼法司法解释理解与适用》，人民法院出版社 2022 年版，第 110~114 页。

20. 在事实合同关系中，已实际履行特征合同义务的，该特征合同义务履行地即为合同履行地

关键词

事实合同关系　特征履行地　合同履行地

最高人民法院裁判文书

北京康瑞德医疗器械有限公司与中山大学中山眼科中心、原审第三人郭文军计算机软件开发合同纠纷管辖权异议案［最高人民法院（2020）最高法知民辖终 396 号民事裁定书］

裁判要旨：1. 就合同履行地而言，在我国民事诉讼程序审判实

务中，履行地的确定一般遵循“特征履行地”为主、结合“实际履行地”的判断原则，即应当以程序法规定为原则并结合实体法内容来加以确定，民事诉讼法中的“合同履行地”一般是指合同权利义务关系所涉实体义务的履行地点，而非诉讼请求中简单的给付金钱请求所对应的履行地点。

2. 现实中的合同多为互负债务的双务合同，但无论是有名双务合同，还是无名双务合同，任何一种双务合同中均存在最能反映该合同本质特征的合同义务。对于计算机软件开发合同，最能反映该类合同本质特征的合同义务应为计算机软件的开发，而非合同价款的金钱给付义务。在事实合同关系中，已实际履行特征合同义务的，该特征合同义务履行地即为合同履行地。

最高人民法院经审查认为，本案系因计算机软件开发合同纠纷引起的地域管辖权争议，争议焦点为：原审法院对本案是否具有管辖权，原审法院将本案移送至广州知识产权法院是否符合法律规定。

民事诉讼法第二十三条[①]规定，因合同纠纷提起的诉讼，由被告住所地或者合同履行地人民法院管辖。原告可以选择向被告住所地或合同履行地有管辖权的人民法院提起诉讼。第三十四条[②]规定，合同或者其他财产权益纠纷的当事人可以书面协议选择被告住所地、合同履行地、合同签订地、原告住所地、标的物所在地等与争议有实际联系的地点的人民法院管辖，但不得违反本法对级别管辖和专属管辖的规定。根据上述法律规定，对于本案具有管辖权法院的确定，分析如下：

就被告住所地而言，中山眼科中心住所地位于广东省广州市，根据《最高人民法院关于北京、上海、广州知识产权法院案件管辖的规定》第一条、第二条规定，广州知识产权法院对广东省内计算机软件民事第一审案件实行跨区域管辖，该院对本案具有管辖权。

就合同履行地而言，在我国民事诉讼程序审判实务中，履行地的确定一般遵循“特征履行地”为主、结合“实际履行地”的判断原则，即应当以程序法规定为原则并结合实体法内容来加以确定，民事诉讼法中的“合同履行地”一般是指合同权利义务关系所涉实体义务的履行地点，而非诉讼请求中简单的给付金钱请求所对应的履行地点。现实中的合同多为互负债务的双务合同，但无论是有名双务合同，还是无名双务合同，任何一种双务合同中均存在最能反映该合同本质特征的合同义务。对于计算机软件开发合同，最能

①　现为《民事诉讼法》（2021 年修正）第二十四条。

②　现为《民事诉讼法》（2021 年修正）第三十五条。

反映该类合同本质特征的合同义务应为计算机软件的开发，而非合同价款的金钱给付义务。在事实合同关系中，已实际履行特征合同义务的，该特征合同义务履行地即为合同履行地。

如前所述，本案中，康瑞德公司以其与中山眼科中心之间存在计算机软件开发合同纠纷为由提起诉讼，主张已履行软件开发义务，要求中山眼科中心支付合同价款等，根据其起诉时提交的初步证据《软件销售合同》、验收函、《撤场通知函》以及在二审上诉状中的自认，目前无法证实存在书面的合同，一方面无法实施协议管辖，另一方面也仅能认定康瑞德公司与中山眼科中心可能存在事实合同关系，因康瑞德公司的计算机软件开发义务系在中山眼科中心处完成，即本案已实际履行特征合同义务的履行地在中山眼科中心所在地广东省广州市，原审法院将广东省广州市确定为合同履行地，并无不当。

民事诉讼法解释第十八条第一款、第二款规定，合同约定履行地点的，以约定的履行地点为合同履行地。合同对履行地点没有约定或者约定不明确，争议标的为给付货币的，接收货币一方所在地为合同履行地；交付不动产的，不动产所在地为合同履行地；其他标的，履行义务一方所在地为合同履行地。即时结清的合同，交易行为地为合同履行地。以上条款适用范围是发生争议的双方对合同履行地存在合同约定或约定不明确，而在可能存在的事实合同关系中，康瑞德公司已自认合同实际履行，其已完成的合同义务是本案的特征合同义务，其依据以上条款以"接收货币一方所在地"作为合同履行地，主张原审法院对本案具有管辖权，依据不足，本院不予支持。

——中国裁判文书网。

21. 合同中同时约定履约地和交货地的，如何确定管辖法院

关键词

履约地　交货地　管辖法院

最高人民法院裁判文书

江阴市同发机械有限公司与武胜县同鑫电子有限公司、姜天福买卖合同纠纷案［最高人民法院（2021）最高法民辖 57 号民事裁定书］

裁判要旨：合同双方当事人既约定履约地，又同时约定交货地的，交货地属于合同实际履行时双方当事人约定的交货地。履约地属于程序法意义上双方当事人约定的合同履行地，合同履行地人民

法院对案件具有管辖权。

最高人民法院认为：江苏省江阴市人民法院受理的同发公司诉同鑫公司、姜天福买卖合同纠纷一案，与四川省武胜县人民法院受理的同鑫公司诉同发公司、朱惠娟、谢凯毅、谢培金买卖合同纠纷一案，系当事人履行同一案涉合同过程引发争议，基于同一法律事实，以不同诉讼请求分别向两地法院起诉，应当合并审理。《最高人民法院关于适用〈中华人民共和国民事诉讼法〉的解释》第十八条第一款规定，合同约定履行地点的，以约定的履行地点为合同履行地。本案中，案涉合同右上角打印为“履约地点：江苏江阴”，第三条手写约定为“交货地点：四川省广安市武胜县经开区三期标准厂房 B 栋，提货方式：送货上门安装、调试 OK”。分析案涉合同的上述约定，四川武胜县属于合同实际履行时双方当事人约定的交货地，江苏江阴市属于程序法意义上双方当事人约定的合同履行地。在双方当事人关于合同履行地和交货地的意思表示明确具体的情况下，同鑫公司、姜天福关于应当以手写内容载明的“交货地四川武胜”作为合同履行地确定管辖的理由缺乏法律依据，双方当事人约定的合同履行地江苏省江阴市人民法院对本案有管辖权。四川省武胜县人民法院受理的同鑫公司诉同发公司、朱惠娟、谢凯毅、谢培金等买卖合同纠纷一案，应当移送江苏省江阴市人民法院合并审理。四川省武胜县人民法院、四川省广安市中级人民法院作出的管辖权异议裁定，应当一并予以撤销。

——中国裁判文书网。

22. 未实际履行合同的合同履行地的确定

关键词

未实际履行合同　合同履行地

最高人民法院司法解释

第十八条　合同约定履行地点的，以约定的履行地点为合同履行地。

合同对履行地点没有约定或者约定不明确，争议标的为给付货币的，接收货币一方所在地为合同履行地；交付不动产的，不动产所在地为合同履行地；其他标的，履行义务一方所在地为合同履行地。即时结清的合同，交易行为地为合同履行地。

合同没有实际履行，当事人双方住所地都不在合同约定的履行地的，由被告住所地人民法院管辖。

——《最高人民法院关于适用〈中华人民共和国民事诉讼法〉的解释》（2022年4月1日修正）。

附录：最高人民法院主流观点

7. 未履行合同的合同履行地确定

有观点认为，案件没有审理，无法按照实体法的要求来确定合同履行地。《民事诉讼法解释》保留了《92年意见》第18条，即合同没有实际履行，当事人双方住所地都不在合同约定的履行地的，由被告住所地人民法院管辖。我们认为，在对管辖争议处理时，主要根据当事人的主张对合同是否履行作形式审查。江伟教授在《〈中华人民共和国民事诉讼法〉修改建议稿》中提出："因合同纠纷提起的诉讼，可以由有争议的义务的履行地法院管辖，履行地包括合同中约定的履行地或者实际履行地。民法规定的履行地只有在当事人未约定履行地或者约定不明确并且在合同未实际履行时才有适用余地。当事人约定的履行地在确定管辖时适用协议管辖的有关规定。"因此，如果合同没有履行，合同对履行地有约定的依照约定确定管辖，但是，当事人双方住所地均不在合同约定的履行地的，由被告住所地人民法院管辖；合同没有约定履行地也没有实际履行的，也应由被告住所地人民法院管辖。但不能违反专属管辖和级别管辖的规定。

——最高人民法院民法典贯彻实施工作领导小组办公室编著：《最高人民法院新民事诉讼法司法解释理解与适用》，人民法院出版社2022年版，第114页。

23. 买卖合同未约定履行地或约定不明确，如何确定履行地

关键词

买卖合同　未约定履行地　约定不明确　确定履行地

最高人民法院裁判文书

张晨与杭州诚业箱包有限公司、刘庆强买卖合同纠纷案［最高人民法院（2020）最高法民辖34号民事裁定书］

裁判要旨：1. 买卖合同中，双方未约定履行地或约定不明确的，不宜再以送货地、收货地、验货地来确定合同履行地，也不能以实际履行地作为认定标准，而应根据当事人争议或案件纠纷所针对的合同项下的某项特定义务来确定。

2. 原告系因被告违反了支付货款的合同义务而诉请被告给付货款，故争议标的为“给付货币”，按照《民诉法解释》第 18 条的规定，应以接受货币一方所在地作为合同履行地。

最高人民法院认为，根据本案当事人的诉请和涉案合同的基本内容，本案属于“买卖合同纠纷”，滨海县人民法院以此为案由立案。根据《中华人民共和国民事诉讼法》第二十三条[①]：“因合同纠纷提起的诉讼，由被告住所地或者合同履行地人民法院管辖。”故合同履行地与被告所在地的法院对本案均有管辖权。

本案中，双方当事人没有签订书面合同，也没有证据证明其已经约定合同履行地。而对于合同没有约定履行地点或者约定不明确，不宜再以送货地、收货地、验货地来确定合同履行地，也不能以实际履行地作为认定标准，要根据当事人争议或案件纠纷所针对的合同项下的某项特定义务来确定。本案中，原告是因被告违反了支付货款的合同义务，诉请被告给付货款，故本案争议标的为“给付货币”，按照《最高人民法院关于适用〈中华人民共和国民事诉讼法〉的解释》第十八条的规定，应以接受货币一方所在地作为合同履行地，即本案原告张晨的所在地滨海县为合同履行地。本案中，滨海县人民法院作为合同履行地的人民法院，对本案具有管辖权，其裁定移送管辖不当。

——中国裁判文书网。

24. 管辖争议中履行地点无约定或约定不明时合同履行地的认定

关键词

诉讼请求　给付金钱　争议标的　合同具体内容

最高人民法院裁判文书

航电建筑科技（深圳）有限公司与上海盖讯信息技术有限公司劳务派遣合同纠纷案［最高人民法院（2021）最高法知民辖终 73 号民事裁定书］

裁判要旨：民事诉讼法司法解释第十八条第二款关于“合同对履行地点没有约定或者约定不明确，争议标的为给付货币的，接收货币一方所在地为合同履行地”之规定所称“争议标的”，是指当事人诉讼请求所指向的具体合同义务。诉讼请求为给付金钱的，不应

① 现为《民事诉讼法》（2021 年修正）第二十四条。

简单地以诉讼请求指向金钱给付义务而认定争议标的即为给付货币，而应当根据合同具体内容明确其所指向的合同义务。

最高人民法院经审查认为，关于本案管辖法院的确定问题。本案双方当事人虽然约定了仲裁，但是约定的仲裁机构为两个以上，双方未能达成一致，故仲裁协议无效。

民事诉讼法第二十三条[①]规定："因合同纠纷提起的诉讼，由被告住所地或者合同履行地人民法院管辖。"《最高人民法院关于适用〈中华人民共和国民事诉讼法〉的解释》第十八条第二款规定："合同对履行地点没有约定或者约定不明确，争议标的为给付货币的，接收货币一方所在地为合同履行地。"该规定所称"争议标的"是指当事人诉讼请求所指向的具体合同义务。诉讼请求为给付金钱的，不应简单地以诉讼请求指向金钱给付义务而认定争议标的即为给付货币，而应根据合同具体内容明确其所指向的合同义务。本案系劳务派遣合同纠纷，当事人在本案中诉请履行的义务是支付劳务派遣服务费，故可以以此确定合同履行地为接收货币一方所在地。上海市为接收货币一方所在地的合同履行地，本案可由上海市相关有劳务派遣合同纠纷管辖权的基层法院审理。盖讯公司住所地位于上海市长宁区，上海市长宁区人民法院对该案具有管辖权。

根据民事诉讼法第三十五条[②]的规定，两个以上人民法院都有管辖权的诉讼，原告可以向其中一个人民法院起诉。本案中，虽然原审法院对本案不具有管辖权，但盖讯公司选择在上海市的人民法院起诉，故本案应由上海市长宁区人民法院管辖。航电公司住所地等其他管辖连结点的存在，并不影响上海市长宁区人民法院对本案行使管辖权。航电公司主张将本案移送至广东省深圳市福田区人民法院审理的上诉理由缺乏依据，本院不予支持。

——《最高人民法院知识产权法庭裁判要旨摘要（2021）》，中国裁判文书网。

25. 民间借贷合同"接受货币一方所在地"的确定

关键词

民间借贷　合同履行地　接受货币一方所在地

① 现为《民事诉讼法》（2021 年修正）第二十四条。
② 现为《民事诉讼法》（2021 年修正）第三十六条。

最高人民法院司法解释

第三条　借贷双方就合同履行地未约定或者约定不明确，事后未达成补充协议，按照合同相关条款或者交易习惯仍不能确定的，以接受货币一方所在地为合同履行地。

——《最高人民法院关于审理民间借贷案件适用法律若干问题的规定》（2020 年 12 月 29 日修正）。

附录：最高人民法院主流观点

审判实践中，关于本条的适用除了要把握上述理解要点之外，还应注意以下问题：

1．本条中“接受货币一方”的外延因民事实体法或民事程序法视角而有不同。民事程序法框架内的“接受货币一方”应是特指民事实体法上有权接受货币的出借人或借款人，而非现实中的实际收款人。从司法实践情况来看，不少民间借贷纠纷中，借贷双方约定或实际履行给付义务时的给付货币的人或接受货币的人并不是真正的出借人或借款人。故一旦产生纠纷，可能在确定管辖法院时，存在本条中“接受货币一方所在地”是以实际接受货币一方所在地还是合同相对方所在地的争议。我们认为，本条中“接受货币一方所在地”被用于确定法院管辖时，接受货币一方所在地应以合同相对方所在地为准。其理由在于：一方面，民间借贷纠纷中，与案件处理结果有利害关系的人应为出借人或借款人，而不是其指示交付的对象；另一方面，以合同相对方所在地为合同履行地，方便当事人诉讼。例如，在某民间借贷纠纷中，A 为出借人、B 为借款人，约定的代 B 接受货币的人为 C。A、B 均在同一地，而 C 则在异地。如将实际接受货币的 C 所在地确定为合同履行地，则根据《民事诉讼法》第 23 条[①]“因合同纠纷提起的诉讼，由被告住所地或者合同履行地人民法院管辖”及《民事诉讼法解释》第 18 条第 2 款前半段“合同对履行地点没有约定或者约定不明确，争议标的为给付货币的，接收货币一方所在地为合同履行地”之规定，该案的管辖法院就有可能被确定在 C 所在地。显然，这不符合诉讼经济原则。这里要注意与之前最高人民法院于 1991 年《借贷意见》相区分。后者第 5 条则指出，债权人起诉时，债务人下落不明的，由债务人原住所地或其财产所在地法院管辖。这条虽然没有明确债务人是指出借人还是借款人，但从上下文体系解释可知，似应指借款人。显然根据新法优于旧法的基本原则，在借款人不按约定归还借款及其相应利息时，应按本条规定，出借人作为给付货币一方，可以选择以自己所在地为合同履

① 现为《民事诉讼法》（2021 年修正）第二十四条。

行地，向其所在地法院提起诉讼。

民事实体法框架内的“接受货币一方”宜理解为借贷合同约定的现实中的实际收款人，而非指有权接受货币的借款人。诚如上文所言，民间借贷纠纷中存在大量的指示交付情形。也即，双方当事人经常约定由合同外的第三人接受货币。进而，双方当事人在履行各自义务时，应按约定在实际接受货币的第三人所在地履行。如果未在第三人所在地履行，则构成违约。因此，在民事实体法框架下判断接受货币一方所在地时，从实体法角度而言，接受货币一方所在地应以实际接受货币一方所在地为准，如果给付货币一方未按约定在指定的实际接受货币人所在地履行，则构成违约。例如，在某民间借贷纠纷中，A为出借人、B为借款人，约定的代B接受货币的人为C。A、B均在同一地，而C则在异地。如果A直接在B所在地向B交付货币，则与合同约定的将货币交付给C的履行方式不符，构成违约。

2．民间借贷合同的管辖法院因民间借贷合同是否履行而有不同。对此，已废止的《合同法》第210条曾规定“自然人之间的借款合同，自贷款人提供借款时生效”。而《民法典》第679条作出了修改，规定的是“自然人之间的借款合同，自贷款人提供借款时成立。”故《民法典》施行后，自然人之间的借款合同，如贷款人未提供借款时则合同未成立。进而，民间借贷合同未实际履行将产生两种后果：一是自然人之间的借款合同，因出借人未按约定提供借款，而未成立；二是非自然人之间的借款合同签订即成立生效，不受合同是否实际履行的影响。对于前者而言，既然自然人之间的借款合同因出借人未按约定提供借款而未成立，那么就没有对双方当事人产生约束力。故此时在民事实体法上，合同履行地在哪里的法律意义不大。在民事诉讼法而言，根据《民事诉讼法解释》第18条第3款“合同没有实际履行，当事人双方住所地都不在合同约定的履行地的，由被告住所地人民法院管辖。”不管是否为自然人之间的民间借贷合同，只要双方住所地都不在合同约定的履行地的，则依据该款规定，应由被告所在地人民法院管辖。如果当事人双方住所地都在合同约定履行地，则被告住所地与合同履行地重合。此时，不管适用合同履行地还是被告住所地规则，都指向同一个地点。故在适用上并无争议。如果当事人一方在合同约定履行地，则按《民事诉讼法》第23条处理即可。如果民间借贷合同没有约定履行地或约定不明确的，则应该根据《民事诉讼法解释》第18条第2款规定，以接收货币一方所在地为合同履行地。此时，至少有一方当事人的住所地在接收货币一方所在地，故不属于上述第18条第3款调整范围。进而，在合同没有实际履行的情形下，仍可由接收货币一方所在地人民法院管辖。如果民间借贷合同已经开始实际履行，则在合同没有约定或没有明确约定合同履行地的情形下，则当然应依据《民事诉讼法解释》第18条第2款的规定，争议标的为给付货币的，由接收货币一方所在地人民法院管辖。有必要注意的是，关于本款中“争议标的”的理解在学界存在分歧：一种观点认为，应将争议标的理解为诉请义务。即通过原告的诉讼请求来确定合同的履行地。而另一种观点则认为，争议标的应从特征履行地角度定义。首先，关于争议标的的理解，作为民事诉讼中的争议标的，应理解为诉讼标的，即当事人所争议的民事实体法律关系或实体权利。具体到合同关系纠纷，即具体到个案的哪种类型或者性质的合同纠纷，也就是说争议标的的理解，涉及合同的类型或者性质，则也是特征义务说存在的根据。其次，即使将争议标的理解为原告的诉讼请求，其也离不开对诉讼标的的理解。因为原告的诉讼请求在个案当中都是建立在诉讼标的基础之上的具体的请求，诉讼请求不能脱离诉讼标的而存在。因此，诉请义务说中所谓的原告诉讼请求，在具体个案中其本身即是建立在合同的性质或者类型基础之上，不存在抽象的诉讼请求，诉讼请求直接与合同的性质或者类型相联系。因此，诉请义务说也需要考察合同的性质或者类型，这与特征义务说并不存在区别，两者之间的区别仅在于诉请义务说在考察合同性质或者类型后进一步考察的是原告的诉讼请求，而特征义务说考察的是合同的特征义务。虽然学界对该条款“争议标的”表述的理解分歧较大，但就笔者参与《民事诉讼法解释》起草时亲历该条款的修改及最终定稿情况而言，当时之所以在本条款中“给付货币的”前面增加“争议标的”的表述，主要是鉴于当时有效的《合同法》第 62 条已有类似表述，为与民事实体法作一区分，而冠以诉讼法领域特有“争议标的”一词，但并无传统上诉讼标的之意。事实上，给付货币也只是基于特定民事法律关系或民事权利，当事人一方向另一方所承担的约定义务。给付货币本身并不能表征一种民事法律关系或民事权利。因此，从司法实务角度而言，这里的“争议标的”应为合同约定的给付义务。事实上，如果不是为避免重复，《民事诉讼法解释》第 18 条第 2 款后半段“交付不动产”“其他标的”前面本来也应增加“争议标的为”的表述。当然，倘若当时加上，也许理解上更容易趋于一致。此外，这里的“争议标的为给付货币”仅指合同约定履行义务的内容为给付货币，而不包括具有给付货币外在形式，但是法律性质为侵权、不当得利或无因管理等非合同纠纷中，当事人主张以给付货币形式承担民事责任的情形。

3．民间借贷合同的管辖法院不因民间借贷合同是否成立或有效而受影响。《民事诉讼法》第 23 条规定“因合同纠纷提起的诉讼，由被告住所地或者合同履行地人民法院管辖。”从文义解释角度而言，该条中的合同纠纷泛指涉及合同的债权债务纠纷，并未限定为有效合同纠纷。一般而言，合同成立是合同各方当事人就彼此间合同权利义务达成的意思一致。故合同是否成立，属于事实认定的范畴。而合同有效，则属于法律价值判断，是立法者基于社会公共利益和公序良俗等，对个体间通过合同进行的利益处分，是否赋予国家强制力保护所给出的答案。而民事程序法上的合同履行地，多通过特征履行地来确定，与合同本身是否成立、有效等没有必然关联。如果合同没有成立或者成立但无效，则只是产生民事实体法上的相应后果，而不会影响民事程序法上的合同履行地确认。故如果借款人以合同因出借人原因未成立或无效为由，主张出借人承担缔约过失责任，虽然其本质是损害赔偿责任，但仍应按合同纠纷处理，适用合同履行地规则。

4. 借款人在借款到期后非以货币形式履行还款义务产生争议时，仍应由原合同约定接受货币一方所在地法院管辖（即出借人所在地法院管辖）。司法实践中，经常出现借款人借款到期无法归还出借人的借款及利息而以非货币的实务财产进行清偿的情形。一般将这种以他种给付代替原种给付而使原债务消灭的行为称之为以物抵债。在出借人的借款债权已届清偿期，借款人经出借人同意后，以非货币财物清偿借款及其利息的情形，原作为接受货币一方的出借人变更为了接受实物给付的一方。换言之，一旦双方在该实物履行过程中发生争议，一方诉至法院则是否仍应由原接受货币一方的出借人所在地法院管辖可能存在争议：一种观点认为，此时已经没有了接受货币一方，无法依据本条确定合同履行地，故应依据地域管辖“原告就被告”的一般规则处理；另一种观点则认为，即便此时出借人由原合同约定的接受货币一方变更为接受实物的一方，但借款人该实物给付义务仍是基于原货币给付义务而衍生，故如果双方因此产生争议，则仍应适用民间借贷案由。我们更倾向于第二种观点：虽然从形式上看，借款人此时已没有给付货币义务，但这仅是其履行义务方式的变更，并不能改变民间借贷法律关系的性质。而且，这种履行方式的变更一般是由借款人在无力按约定给付货币时提出，对守约方而言，可能是一种不利益。故仍应适用本条，以原合同约定的接受货币一方所在地为合同履行地，从而将管辖法院确定在守约方出借人所在地。这里需要注意的是，如果借款人替代原货币给付义务的履行物为不动产时，则究竟是在出借人所在地法院管辖还是根据专属管辖规定，由不动产所在地法院管辖，本条未予明示，但从有利于查明案件事实、妥善处理纠纷出发，我们更倾向于由不动产所在地法院专属管辖。

——最高人民法院民事审判第一庭编著：《最高人民法院新民间借贷司法解释理解与适用》，人民法院出版社 2021 年版，第 99~104 页。

26. 原告诉求被告支付货币须符合合同特征性义务，才能适用“接收货币一方所在地为合同履行地”的规定确定管辖法院

关键词

合同特征性义务 接收货币一方所在地为合同履行地 管辖法院

最高人民法院裁判文书

堆龙东为实业有限公司、成都百悦大地矿业有限公司与王耕银合同纠纷案［最高人民法院（2019）最高法民辖终385号民事裁定书］

裁判要旨：根据《民事诉讼法解释》第十八条规定，认定合同履行地需要先确认当事人之间的争议标的。争议标的是指双方发生纠纷的合同类型或性质所决定的主要或特征性义务。所以，可能存在支付货币仅是交易对价，而非合同特征性义务的情况。此时，原告向法院起诉主张被告支付货币的，则不属于“争议标的为给付货币的”的情形，从而适用以“接收货币一方所在地为合同履行地”的规定确定管辖法院。

最高人民法院认为，本案的焦点问题在于如何确定合同履行地。就上诉人所称案涉合同的签订地均为四川省成都市的事实，根据《最高人民法院关于适用〈中华人民共和国民事诉讼法〉的解释》第十八条的相关规定，除当事人明确约定外，合同签订地并非是确认合同履行地的依据。同时，上诉人与被上诉人在《股权转让协议》中关于股权转让价款设立监管账户和放款事宜的约定属于双方履行义务方式的约定，也并非对合同履行地的约定。当事人之间签订的多份协议对合同履行地均未有相关的条款表述，仅凭“提交合同履行地法院管辖”的约定无法明确一个具体的合同履行地点，并且双方也并未就合同履行地点达成过新的补充协议。因此，案涉合同的履行地点属于约定不明，应根据《中华人民共和国合同法》第六十一条①、第六十二条②及相关司法解释的规定确定合同履行地。

《最高人民法院关于适用〈中华人民共和国民事诉讼法〉的解释》第十八条第二款规定：“合同对履行地点没有约定或者约定不明确，争议标的为给付

① 对应《民法典》第五百一十条。

② 对应《民法典》第五百一十一条。

货币的，接收货币一方所在地为合同履行地；交付不动产的，不动产所在地为合同履行地；其他标的，履行义务一方所在地为合同履行地。”根据上述规定可知，认定合同履行地需要先确认当事人之间的争议标的。争议标的是指双方发生纠纷的合同类型或性质所决定的主要或特征性义务。就本案而言，当事人之间签订《股权转让协议》《增资入股协议》《合作协议》及多份补充协议，通过收购股权、增资入股以及股权转让等方式使得百悦矿业公司取得堆龙东为公司共计76%的股权，并约定整合各方资源最终促成堆龙东为公司的成功上市。在实现该合同目的的过程中涉及公司债权债务分配、公司治理、财务管理、存货处理等多方面权利义务的履行，支付货币仅是交易对价，而非合同特征性义务。因此，本案的争议标的不属于给付货币，而是其他标的，应当根据履行义务一方所在地确定合同履行地。

本案王耕银起诉堆龙东为公司、百悦矿业公司连带支付货款4580.2511万元及利息主要依据的是《关于堆龙东为实业有限公司等公司并购合作事宜的补充协议二》中关于存货问题的约定：“……根据各方签字确认的盘点结果，丙方应在前述存货销售后向甲方支付款项4580.2511万元……”根据上述约定可知，堆龙东为公司作为合同丙方，为履行义务的一方。因此，本案的合同履行地是堆龙东为公司所在地西藏自治区拉萨市堆龙区，一审法院西藏自治区高级人民法院对本案依法享有管辖权。

——中国裁判文书网。

27. 出借人诉请归还借款本金并支付利息的，应以出借人所在地为合同履行地

关键词

出借人所在地　合同履行地

最高人民法院裁判文书】

黄亚新、甘肃荔昌家居有限责任公司、曾丽钦与戴洪九民间借贷纠纷案

［最高人民法院（2017）最高法民辖终245号民事裁定书］

裁判要旨：本案系民间借贷纠纷，争议标的为给付货币，接收货币一方所在地为合同履行地，但“接受货币一方所在地”实践中存在两种情形，即出借人所在地和借款人所在地。当双方当事人在案涉借款是否出借事项上产生争议时，以借款人所在地为合同履行地；当双方当事人在案涉借款及其利息是否归还事项上产生争议时，

以出借人所在地为合同履行地。

最高人民法院经审查认为，本案的争议焦点是本案合同履行地应如何确定的问题。黄亚新、荔昌公司、曾丽钦起诉要求戴洪九归还借款本金并支付利息，双方未约定案件管辖法院，亦未通过其他方式协商一致确定管辖法院，故请求以其接收货币一方所在地为合同履行地并确定管辖法院。根据《最高人民法院关于适用〈中华人民共和国民事诉讼法〉的解释》第十八条、《最高人民法院关于审理民间借贷案件适用法律若干问题的规定》第三条规定，本案系民间借贷纠纷，争议标的为给付货币，接收货币一方所在地为合同履行地，但“接受货币一方所在地”实践中存在两种情形，即出借人所在地和借款人所在地。当双方当事人在案涉借款是否出借事项上产生争议时，以借款人所在地为合同履行地；当双方当事人在案涉借款及其利息是否归还事项上产生争议时，以出借人所在地为合同履行地。本案黄亚新、荔昌公司、曾丽钦的诉讼请求是要求戴洪九归还借款本金并支付利息，因此本案系因借款归还问题发生的争议，应以出借人所在地即甘肃省为合同履行地；同时，按照《最高人民法院关于调整高级人民法院和中级人民法院管辖第一审民商事案件标准的通知》，黄亚新、荔昌公司、曾丽钦起诉戴洪九请求偿还的借款本息合计为2957.5万元，故依法应由甘肃省高级人民法院管辖。原审根据戴洪九有关黄亚新没有向其出借款项的答辩意见，认为双方为出借争议，并据此确定借款人戴洪九所在地为合同履行地，属适用法律错误，本院予以纠正。

——中国裁判文书网。

28. 不应简单地以原告诉讼请求指向金钱给付义务而认定案件争议标的即为给付货币

关键词

原告诉讼请求　金钱给付义务　案件争议标的　给付货币

最高人民法院裁判文书

山东崇文教育科技有限公司与吉林中软吉大信息技术有限公司技术合同纠纷管辖权异议案［最高人民法院（2021）最高法知民辖终334号民事裁定书］

裁判要旨：1. 当事人在合同中明确约定的履行地点为合同履行地，否则视为没有约定或约定不明。如双方在合同中约定“……

（××日）前交付到甲方单位”的，系对履行交付标的物义务的时间及地点所作约定，而并未明确约定“甲方单位”即合同履行地。2. 民诉法解释第18条第2款规定明确了合同履行地的确定规则，即根据当事人诉讼请求和结合合同履行义务来确定合同履行地。诉讼请求为给付金钱的，不应简单地以诉讼请求指向金钱给付义务而认定争议标的即为给付货币，而应根据合同具体内容明确其所指向的合同义务。

最高人民法院认为：本案系技术合同纠纷管辖权异议上诉案件，根据崇文公司的上诉请求及本案案情，二审争议焦点为原审法院是否对本案具有管辖权。

关于涉案合同是否已约定履行地的问题。首先，“交付到甲方单位”是否已约定了合同履行地的问题。崇文公司主张涉案六份合同第十二条“到甲方单位交付”已约定了合同履行地。根据《民事诉讼法解释》第十八条第一款规定，合同约定履行地点的，以约定的履行地点为合同履行地，即双方当事人在合同中明确约定的履行地点为合同履行地，否则视为没有约定或约定不明。本案中，涉案六份合同第十二条第2项“研究开发成果交付的时间及地点：……前交付到甲方单位”，系对中软公司履行交付研究开发成果义务的时间及地点所作约定，并未明确约定“甲方单位”为合同履行地。故，崇文公司关于“交付到甲方单位”已约定合同履行地的主张缺乏事实依据，本院不予支持。

其次，是否以接收货币一方所在地确定合同履行地的问题。崇文公司认为原审法院不能依据中软公司单方陈述即认定其负有单方付款义务，中软公司诉请中的给付货币是指实体内容的合同义务，违约金是合同违约责任承担形式的货币化，故主张诉讼请求不等同于“争议标的”，不能以给付金钱这种责任承担形式确定合同履行地。根据《民事诉讼法解释》第十八条第二款规定，对履行地点没有约定或者约定不明确，争议标的为给付货币的，接收货币一方所在地为合同履行地；交付不动产的，不动产所在地为合同履行地；其他标的，履行义务一方所在地为合同履行地。即时结清的合同，交易行为地为合同履行地。该款规定明确了合同履行地的确定规则，即根据当事人诉讼请求和结合合同履行义务来确定合同履行地。诉讼请求为给付金钱的，不应简单地以诉讼请求指向金钱给付义务而认定争议标的即为给付货币，而应根据合同具体内容明确其所指向的合同义务。本案中，中软公司的诉讼请求为要求崇文公司支付涉案合同款及违约金，该诉讼请求所指向的主要合同义务为崇文公司向中软公司支付合同款的义务。因本案争议标的为给付货币，适用“接收货币一方所在地为合同履行地”的规则，故崇文公司关于本案接收货币一方不是合同履行地的主张缺乏事实和法律依据，本院不予支持。

关于原审法院对本案是否具有管辖权的问题。崇文公司主张原审法院错误适用民事诉讼法第三十五条①，因本案不存在协议管辖的约定，所以只能适用法定管辖的相关条款，应移送山东省济南市中级人民法院审理。本案中，中软公司作为接收货币一方，所在地即其住所地吉林省长春市高新区可以认定为合同履行地，据此可将中软公司住所地作为管辖连结点，确定管辖法院。根据《民事诉讼法》第二十三条②规定，因合同纠纷提起的纠纷，由被告住所地或者合同履行地人民法院管辖。本案系因技术合同纠纷提起的诉讼，被告住所地即崇文公司住所地人民法院、合同履行地即中软公司住所地人民法院，均有管辖权。根据《民事诉讼法》第三十五条规定，两个以上人民法院都有管辖权的诉讼，原告可以向其中一个人民法院起诉。中软公司作为原告，可以选择向合同履行地即其住所地有管辖权的人民法院起诉，这是民事诉讼法第三十五条赋予原告的选择权。崇文公司关于原审法院错误适用民事诉讼法第三十五条的主张缺乏事实和法律依据，本院不予支持。

因技术合同纠纷属于知识产权民事案件，其管辖法院确定除适用前述民事诉讼管辖一般规定外，还应当适用技术合同纠纷案件级别管辖的特别规定。根据《最高人民法院关于审理技术合同纠纷案件适用法律若干问题的解释》（2020年修正）第四十三条第一款规定，技术合同纠纷案件一般由中级以上人民法院管辖，故中软公司就本案选择向吉林省长春市中级人民法院提起诉讼符合前述法律、司法解释规定，原审法院对本案具有管辖权。

——中国裁判文书网。

29.《民诉法解释》第十八条“接受货币一方所在地为合同履行地”中的“一方”，应仅指合同一方，而不是其他非合同当事人

关键词

接受货币一方所在地　合同履行地　合同当事人　地域管辖

最高人民法院司法解释

第十八条　合同约定履行地点的，以约定的履行地点为合同履行地。

合同对履行地点没有约定或者约定不明确，争议标的为给付货币的，接收货币一方所在地为合同履行地；交付不动产的，不动产所在地为合同履行

---

① 现为《民事诉讼法》（2021年修正）第三十六条。

② 现为《民事诉讼法》（2021年修正）第二十四条。

地；其他标的，履行义务一方所在地为合同履行地。即时结清的合同，交易行为地为合同履行地。

合同没有实际履行，当事人双方住所地都不在合同约定的履行地的，由被告住所地人民法院管辖。

——《最高人民法院关于适用〈中华人民共和国民事诉讼法〉的解释》（2022 年 4 月 1 日修正）。

最高人民法院裁判文书

杨昭平与宁夏申银特钢股份有限公司、黄燕股权转让纠纷案［最高人民法院（2019）最高法民辖终 195 号民事裁定书］

裁判要旨：根据《民诉法司法解释》规定，标的是给付货币的，接受货币一方所在地为合同履行地。这里的“一方”应当指合同一方，即合同的权利义务主体，而不是任何其他依据合同主张权利的非合同当事人。否则，如允许非合同当事人也适用上述规则，合同履行地显然陷入了随时变动的状态。因此，《民诉法司法解释》第十八条所规定的“一方”应仅指合同当事人。非合同一方作为原告依据合同提起给付货币的诉讼时，不应以其所在地作为合同履行地确定地域管辖。

最高人民法院认为：本案的焦点问题是：非合同当事人诉请合同当事人履行给付货币的义务，如何确定地域管辖的问题。

《中华人民共和国民事诉讼法》（以下简称民事诉讼法）第二十三条[①]和《最高人民法院关于适用〈中华人民共和国民事诉讼法〉的解释》（以下简称民诉法司法解释）第十八条明确了因合同纠纷提起诉讼的地域管辖规则。其中，民事诉讼法第二十三条规定：“因合同纠纷提起的诉讼，由被告住所地或者合同履行地人民法院管辖”，民诉法司法解释第十八条对“合同履行地”进一步作出了解释。合同相对人之间因合同纠纷提起诉讼的情况下，自然适用上述规定确定地域管辖。

然而，本案原审原告申银特钢公司并非案涉股权转让协议的相对人，其依据股权转让协议主张股权受让方给付股权转让款，按照其诉讼请求，申银特钢公司系接受货币一方，此时是否以其所在地作为合同履行地，从而确定管辖，存在争议。解决这一问题，首先涉及到民诉法司法解释第十八条第二款规定的“一方”如何理解的问题。

① 现为《民事诉讼法》（2021 年修正）第二十四条。

本院认为，当事人没有约定时，根据标的之不同，民诉法司法解释第十八条第二款从标的物所在地、行为地、权利义务的主体所在地分别确定了合同履行地。根据该规定，标的是给付货币的，接受货币一方所在地为合同履行地。这里的“一方”应当指合同一方，即合同的权利义务主体，而不是任何其他依据合同主张权利的非合同当事人。否则，如允许非合同当事人也适用上述规则，合同履行地显然陷入了随时变动的状态。比如本案，中银特钢公司作为非合同当事人主张给付货币，若另有第三人也主张该合同权利，合同履行地将出现多个和无法确定的情况，这显然不符合逻辑。此外，由于债权可以不经债务人同意而转让，也极易出现债权人随意变更，从而规避管辖、滥用诉讼权利的情况。因此，民诉法司法解释第十八条所规定的“一方”应仅指合同当事人。非合同一方作为原告依据合同提起给付货币的诉讼时，不应以其所在地作为合同履行地确定地域管辖。

此种情况下，应当如何确定地域管辖更为适当，本院在一些类似情况下有一贯的处理原则，可以予以参考。如，《最高人民法院关于适用〈中华人民共和国合同法〉若干问题的解释（一）》第十四条规定：“债权人依照合同法第七十三条的规定提起代位权诉讼的，由被告住所地人民法院管辖”。又如，《最高人民法院关于审理涉及金融资产管理公司收购、管理、处置国有银行不良贷款形成的资产的案件适用法律若干问题的规定》第三条的规定：“金融资产管理公司向债务人提起诉讼的，应当由被告人住所地人民法院管辖。原债权银行与债务人有协议管辖约定的，如不违反法律规定，该约定继续有效”。上述代位权诉讼、债权受让人向债务人提起诉讼，与本案中实际出资人直接起诉股权受让人支付股权转让款的情形相似，均系非合同当事人诉请合同当事人给付货币。据此，形式上本案原审原告与原审被告缺乏直接的合同法律关系，依据民事诉讼法第二十三条之规定，由被告住所地人民法院管辖更为适当。

一审法院认定宁夏回族自治区高级人民法院对本案有管辖权，确有不当。杨昭平的上诉理由成立，本院予以支持。根据《中华人民共和国民事诉讼法》第二十三条和《最高人民法院关于调整高级人民法院和中级人民法院管辖第一审民商事案件标准的通知》第二条的规定，本案应由北京市第三中级人民法院管辖。

——中国裁判文书网。

30. 双方当事人在买卖合同中约定了交货地点，该交货地即本案买卖合同的履行地。作为合同履行地的人民法院，具有管辖权

关键词

买卖合同　合同履行地　管辖权

最高人民法院裁判文书

石国明与李辉买卖合同纠纷案［最高人民法院（2021）最高法民辖52号民事裁定书］

裁判要旨：原、被告签订货物买卖合同后，原告以被告交付的合同标的物与约定不符且无法正常使用为由，提起买卖合同纠纷之诉。双方当事人在买卖合同中约定了交货地点，且由被告负责调试所购设备。因此，该交货地即本案买卖合同的履行地。作为合同履行地的人民法院，具有管辖权。

最高人民法院认为：原告以被告交付的买卖合同标的物与约定不符且无法正常使用为由，提起本案诉讼。根据原告在起诉状中陈述的事实及其起诉时提供的证据显示，双方当事人约定的交货地点在广东省东莞市道××镇，且由被告负责找人调试设备。因此，广东省东莞市道××镇是案涉买卖合同的履行地。东莞一院作为合同履行地的人民法院，具有本案管辖权。恩阳区法院以被告李辉经常居住地不在其辖区为由，将本案移送东莞一院。在本院核实过程中，恩阳区法院提供了李辉居住证的照片，但该居住证的签发日期为2014年10月30日，未发现签注信息。恩阳区法院认定李辉在住所地之外另有经常居住地，证据不够充分。但考虑到本案是因买卖合同标的物引起的纠纷，标的物现处于东莞一院辖区内，由该院审理更便于人民法院查明相关案件事实。

——中国裁判文书网。

31. 信息网络买卖合同管辖纠纷中，通过邮寄方式交付的，收货地的人民法院具有案件管辖权

关键词

合同履行地　管辖　信息网络买卖合同

最高人民法院裁判文书

韩博鑫与珠海市浩逸公司、北京口袋时尚科技有限公司信息网络买卖合同纠纷案［最高人民法院（2021）最高法民辖53号民事裁定书］

裁判要旨：以信息网络订立的买卖合同纠纷提起的诉讼，通过邮寄方式交付的，且有证据证明收货地的，收货地可作为合同履行地，合同履行地的人民法院对案件具有管辖权。

最高人民法院认为，原告韩博鑫以其通过口袋公司微店平台向浩逸公司购买的威士忌不符合食品安全标准为由，提起本案诉讼，本案符合信息网络买卖合同纠纷的法律特征，青羊区法院亦是以此案由立案受理的。《中华人民共和国民事诉讼法》第二十三条[①]规定，因合同纠纷提起的诉讼，由被告住所地或者合同履行地人民法院管辖。《最高人民法院关于适用〈中华人民共和国民事诉讼法〉的解释》第二十条明确规定，以信息网络方式订立的买卖合同，通过信息网络交付标的的，以买受人住所地为合同履行地；通过其他方式交付标的的，收货地为合同履行地。原告起诉时提交的证据初步证明，案涉商品系通过快递方式向原告交付，原告提供的“订单详情”显示收货地址为“四川省成都市青羊区府南街道双清北路”，快递物流已按照该收货地址送达，原告韩博鑫亦在该收货地址签收所购商品。同时，青羊区法院移送的案卷中还有韩博鑫提交的房屋租赁合同，初步证明购物当时其在四川省成都市生活。故青羊区法院作为收货地即合同履行地的人民法院，对本案有管辖权，该院将本案移送香洲区法院审理不妥，本院予以纠正。

——中国裁判文书网。

① 现为《民事诉讼法》（2021年修正）第二十四条。

32. 双方通过微信买卖货物的，由收货地人民法院管辖

关键词

微信　收货地人民法院管辖

最高人民法院裁判文书

曹小明与钟青松、楚超买卖合同纠纷案［最高人民法院（2022）最高法民辖22号民事裁定书］

裁判要旨：原、被告通过微信交流达成买卖协议以订购货物，并约定收货地，故该买卖协议属于以信息网络方式订立的买卖合同。根据《民事诉讼法解释》第二十条规定，以信息网络方式订立的买卖合同，通过信息网络交付标的的，以买受人住所地为合同履行地；通过其他方式交付标的的，收货地为合同履行地。合同对履行地有约定的，从其约定。故本案收货地作为合同履行地，其基层人民法院具有管辖权。

最高人民法院认为，本案系买卖合同纠纷。《中华人民共和国民事诉讼法》第二十四条规定，因合同纠纷提起的诉讼，由被告住所地或合同履行地人民法院管辖。《最高人民法院关于审理侵害信息网络传播权民事纠纷案件适用法律若干问题的规定》第二条规定，本规定所称信息网络，包括以计算机、电视机、固定电话机、移动电话机等电子设备为终端的计算机互联网、广播电视网、固定通信网、移动通信网等信息网络，以及向公众开放的局域网络。本案中，曹小明与钟青松通过微信交流，订购熔喷布，约定通过货运配送，收货地为安徽省安庆市××工业园××道，故案涉买卖合同属于以信息网络方式订立的买卖合同。根据《最高人民法院关于适用〈中华人民共和国民事诉讼法〉的解释》第二十条规定，以信息网络方式订立的买卖合同，通过信息网络交付标的的，以买受人住所地为合同履行地；通过其他方式交付标的的，收货地为合同履行地。合同对履行地有约定的，从其约定。曹小明与钟青松明确约定收货地在安徽省安庆市怀宁县，安徽市怀宁县人民法院作为合同履行地法院，对本案有管辖权。

——中国裁判文书网。

33. 互联网信息网络买卖合同的履行地的确定

关键词

互联网信息网络买卖合同　合同履行地

最高人民法院司法解释

第二十条　以信息网络方式订立的买卖合同，通过信息网络交付标的的，以买受人住所地为合同履行地；通过其他方式交付标的的，收货地为合同履行地。合同对履行地有约定的，从其约定。

——《最高人民法院关于适用〈中华人民共和国民事诉讼法〉的解释》（2022 年 4 月 1 日修正）。

附录：最高人民法院主流观点

《民事诉讼法解释》对以信息网络方式订立的买卖合同的履行地作出了明确规定。关于《民事诉讼法解释》第二十条的理解要把握以下问题。

1. 准确界定通过互联网等信息网络订立的买卖合同范围

《侵害信息网络传播权纠纷规定》第二条规定："本规定所称信息网络，包括以计算机、电视机、固定电话机、移动电话机等电子设备为终端的计算机互联网、广播电视网、固定通信网、移动通信网等信息网络，以及向公众开放的局域网络。"因此，通过上述媒介订立的买卖合同，均可视为以互联网等信息网络方式订立的买卖合同。

2. 准确把握不同性质的互联网信息网络买卖合同的履行地

以信息网络方式订立的买卖合同的标的有无形的数字化产品（如通过信息网络提供权利人许可的可传播的作品、表演、录音录像制品；权利人或其他受托人通过上传到网络服务器、设置共享文件或者利用文件分享软件等方式，将作品、表演、录音录像制品置于信息网络中，使公众能够在个人选定的时间和地点以有偿下载、浏览或者其他方式获得无形的数字化产品），也有有形的商品（如通过邮寄等方式送达的有形商品等）。这两类不同形式买卖合同的履行地的确定以方便确定、便利诉讼为原则，因此规定：通过信息网络交付标的的，以买受人住所地为合同履行地；通过其他方式交付标的的，收货地为合同履行地。

3. 合同对履行地有约定的，从其约定

以互联网等信息网络方式订立的买卖合同，如果双方对合同履行地有明确约定的，从其约定。约定若为格式条款，应符合民法典第四百九十六条的规定。民法典第四百九十七条规定："有下列情形之一的，该格式条款无效：（一）具有本法第一编第六章第三节和本法第五百零六条规定的无效情形；（二）提供格式条款一方不合理地免除或者减轻其责任、加重对方责任、限制对方主要权利；（三）提供格式条款一方排除对方主要权利。"

审判实践中还应当注意：

对以互联网等信息网络方式订立的买卖合同履行地的确定，要按照本条规定进行，但有约定的要按约定确定。民法典第四百六十九条规定："当事人订立合同，可以采用书面形式，口头形式或者其他形式。书面形式是合同书、信件、电报、电传、传真等可以有形地表现所载内容的形式。以电子数据交换、电子邮件等方式能够有形地表现所载内容，并且可以随时调取查用的数据电文，视为书面形式。"这表明了电子合同必然属于民法典合同编的调整范围。电子商务活动中，交易双方当事人进行的是无纸化贸易，通过电子商务系统进行网上谈判，将磋商结果做成文件，以电子文件形式签订贸易合同。明确标的商品的种类、数量、价格，交货地点、交货期、交易方式、结算方式、运输方式、违约责任、服务、索赔等合同条款后，双方用电子数据交换签约或用数字签字签约，形成电子合同，传递订单、提单、保险单等。这些电子单证被记录和保存在磁性介质中，储存于计算机的存储设备内，采用的是电子数据交换和电子邮件形式。此为国内外电子商务市场通行的做法。我国在编纂民法典之时已充分注意到这一点，因此特别规定了"书面合同"包括电子数据交换和电子邮件，以国家立法的形式赋予了电子合同合法的法律地位，传输中的电子数据信息、接受的电子数据信息是双方当事人的意思表示，是确定管辖的依据。

——最高人民法院民法典贯彻实施工作领导小组办公室编著：《最高人民法院新民事诉讼法司法解释理解与适用》，人民法院出版社2022年版，第116~117页。

34. 在侵犯知识产权和不正当竞争案件中，原告通过网络购物取得被诉侵权产品，不能以网络购物收货地作为侵权行为地确定管辖

关键词

网络购物收货地　地域管辖

最高人民法院裁判文书

广东马内尔服饰有限公司、周乐伦与新百伦贸易（中国）有限公司、一审被告南京东方商城有限责任公司不正当竞争纠纷管辖异议案［最高人民法

院（2016）最高法民辖终 107 号民事裁定书］

裁判要旨：由于合同案件与侵犯知识产权及不正当竞争案件存在较大的不同，合同案件一般发生在合同当事人之间，且其影响基本仅限于特定的行为和特定的当事人，而在侵犯知识产权和不正当竞争案件中，当事人通过网络购物方式取得被诉侵权产品，虽然形式上与“以信息网络方式订立买卖合同”并无区别，但其所提出的侵权主张并非仅针对这一特定的产品，而是包含了特定权利的所有产品；其主张也并非仅针对合同的另一方主体，而可能是与此产品相关的、根据法律规定可能构成侵权的其他各方主体。考虑到上述区别，并考虑到侵犯知识产权案件和不正当竞争案件中对侵权行为地的确定有专门的规定，在此类案件中，如果原告通过网络购物方式购买被诉侵权产品，不宜适用民事诉讼法司法解释第二十条的规定来确定案件的地域管辖。

最高人民法院认为，本案的争议焦点为：（一）在侵犯知识产权和不正当竞争案件中，原告通过网络购物取得被诉侵权产品，能否以网络购物收货地作为侵权行为地确定管辖；（二）本案应当如何确定管辖法院。

关于第一个焦点问题。侵犯知识产权案件和不正当竞争案件均属于侵权类案件，《中华人民共和国民事诉讼法》（以下简称民事诉讼法）第二十八条[①]规定，因侵权行为提起的诉讼，由侵权行为地或者被告住所地人民法院管辖。最高人民法院《关于适用〈中华人民共和国民事诉讼法〉的解释》（法释〔2015〕5 号）（以下简称民事诉讼法司法解释）第二十四条规定，民事诉讼法第二十八条规定的侵权行为地，包括侵权行为实施地、侵权结果发生地。侵犯知识产权案件中，由于附着了商标或者其他权利的商品具有大范围的可流通性，如何确定侵权行为地有不同于一般民事纠纷案件的特殊性。《关于审理商标民事纠纷案件适用法律若干问题的解释》（法释〔2002〕32 号）第六条规定，因侵犯注册商标专用权行为提起的民事诉讼，由商标法（指 2001 年修正的商标法）第十三条、第五十二条所规定侵权行为的实施地、侵权商品的储藏地或者查封扣押地、被告住所地人民法院管辖。根据该条规定，在侵犯商标权案件中，除了大量侵权商品的储藏地以及海关、工商等行政机关依法查封、扣押侵权商品的所在地外，仅侵权行为的实施地或者被告住所地可以作为管辖依据，而不再依据侵权结果发生地确定管辖。本案中，新百伦公司认为马内尔公司的侵权行为是基于周乐伦的授权，通过“百伦 BOLUNE”

---

① 现为《民事诉讼法》（2021 年修正）第二十九条。

微信公众账号销售被诉侵权产品，参照前述司法解释规定，新百伦公司可以在马内尔公司被诉侵权行为的实施地以及该公司住所地的人民法院提起诉讼。马内尔公司住所地位于广东省广州市天河区，新百伦公司亦无其他证据证明其在公司住所地之外的其他地区实施了侵权行为，故应以该住所地作为对马内尔公司相应行为确定管辖的依据。民事诉讼法司法解释第二十条规定："以信息网络方式订立的买卖合同，通过信息网络交付标的的，以买受人住所地为合同履行地；通过其他方式交付标的的，收货地为合同履行地。合同对履行地有约定的，从其约定。"该条规定是对民事诉讼法第二十三条、第三十四条关于合同履行地的补充规定。对于以信息网络方式订立的买卖合同，确定被告住所地或者合同履行地存在一定的困难，故司法解释该条进行了明确。由于合同案件与侵犯知识产权及不正当竞争案件存在较大的不同，合同案件一般发生在合同当事人之间，且其影响基本仅限于特定的行为和特定的当事人，而在侵犯知识产权和不正当竞争案件中，当事人通过网络购物方式取得被诉侵权产品，虽然形式上与"以信息网络方式订立买卖合同"并无区别，但其所提出的侵权主张并非仅针对这一特定的产品，而是包含了特定权利的所有产品；其主张也并非仅针对合同的另一方主体，而可能是与此产品相关的、根据法律规定可能构成侵权的其他各方主体。考虑到上述区别，并考虑到侵犯知识产权案件和不正当竞争案件中对侵权行为地的确定有专门的规定，在此类案件中，如果原告通过网络购物方式购买被诉侵权产品，不宜适用民事诉讼法司法解释第二十条的规定来确定案件的地域管辖。一审法院援引民事诉讼法司法解释第二十条的规定，认定南京市既是马内尔公司的侵权行为实施地，也是侵权结果发生地，适用法律不当，本院予以纠正。

——《最高人民法院知识产权案件年度报告（2017）摘要》，中国裁判文书网。

35. 网络环境下销售行为地的确定

关键词

网络环境下销售行为地

最高人民法院裁判文书

宁波奥克斯空调有限公司与珠海格力电器股份有限公司、一审被告广州晶东贸易有限公司侵害实用新型专利权纠纷案［最高人民法院（2018）最高法民辖终93号民事裁定书］

裁判要旨：在网络环境下，知识产权侵权案件中的销售行为地原则上包括不以网络购买者的意志为转移的网络销售商主要经营地、被诉侵权产品储藏地、发货地或者查封扣押地等，但网络购买方可以随意选择的网络购物收货地通常不宜作为网络销售行为地。

最高人民法院认为，（二）关于广东省高级人民法院可否依据侵权行为地或者被告住所地获得单独针对广州晶东公司的本案纠纷管辖权

奥克斯公司主张，根据本案现有证据无法确定被诉侵权产品的发货地、广东省仅是被诉侵权产品的网络购物收货地，因此广东省高级人民法院不能以广州晶东公司的侵权行为地和被告住所地获得管辖权。对此，本院认为，第一，关于依据广州晶东公司的住所地确定管辖的问题。前已论及，广州晶东公司为涉案 15 款被诉侵权产品的网络销售商，其住所地位于广东。显然，广东省高级人民法院可以依据广州晶东公司的住所地获得针对广州晶东公司的本案纠纷管辖权。第二，关于依据广州晶东公司的侵权行为地确定管辖的问题。本案中，广州晶东公司的被诉侵权行为是通过网络销售本案 15 款被诉侵权产品。被诉侵权产品系通过网络进行销售，依据网络销售商的被诉销售行为地确定案件管辖权时，被诉销售行为地的认定既要有利于管辖的确定性、避免当事人随意制造管辖连接点，又要便利权利人维权。在网络环境下，《最高人民法院关于审理专利纠纷案件适用法律问题的若干规定》第五条规定的销售行为地原则上包括不以网络购买者的意志为转移的网络销售商主要经营地、被诉侵权产品储藏地、发货地或者查封扣押地等，但网络购买方可以随意选择的网络购物收货地通常不宜作为网络销售行为地。具体到本案，首先，关于附有出库单的 9 款被诉侵权产品的销售地。从格力公司提交的证明其网络购买涉案 13 款被诉侵权产品的公证书看，其（2017）粤珠横琴第 8191、8192、8193、8194、9195、8196、8197、8198、8199 号公证书附有被诉侵权产品出库单，且出库单上均记载有“佛山 2 号库”字样。该记载表明，上述 9 份公证书涉及的被诉侵权产品的储藏地均在广东省，并可合理推定被诉侵权产品的发货地在广东省。由于上述被诉侵权产品储藏地和发货地均在广东省，因此可以认定广东省为上述被诉侵权产品的销售地。其次，关于未附出库单的其他 6 款被诉侵权产品的销售地。除上述 9 款被诉侵权产品外，其他 6 款被诉侵权产品包括 4 款公证购买的被诉侵权产品及仅有购买发票的 2 款被诉侵权产品均未附出库单。本案现有证据虽不能直接证明该 6 款被诉侵权产品的储藏地或者发货地位于广东省，但根据该 6 款产品与前述 9 款产品的销售主体均为广州晶东公司、购买过程均为通过京东商城网络购买等事实，在没有相反证据的情况下，可以合理推定该 6 款产品的储藏地或者发货地亦位于广东省。可见，基于本案现有证据，可以认定未附出库单的 6 款被

诉侵权产品的销售地亦位于广东省。由于本案 15 款被诉侵权产品的销售地均位于广东省，广东省高级人民法院可以依据广州晶东公司的被诉销售行为地获得针对广州晶东公司本案纠纷的管辖权。第三，关于本案是否属于以网络购物收货地作为侵权行为地确定管辖的问题。奥克斯公司主张，广东省仅是格力公司公证购买被诉侵权产品的收货地，根据最高人民法院（2016）最高法民辖终 107 号裁定确立的规则，不宜适用民事诉讼法司法解释第二十条规定，以网络购物收货地作为侵权行为地确定管辖。前已论及，依据本案现有证据，可以认定或者合理推定格力公司通过网络购买的 15 款被诉侵权产品的储藏地或者发货地均位于广东省。一审裁定关于“无论是下单、发货还是收货，均发生在广东省地域范围内”的事实认定并无明显错误。但需要指出的是，一审裁定以格力公司网络购物的下单和收货行为地作为认定本案被诉侵权产品销售地的依据，适用法律有所不当，本院予以纠正。由于本案被诉侵权产品的储藏地或者发货地均位于广东省，广东省高级人民法院可以据此获得针对广州晶东公司的本案纠纷管辖权。因此，本案并非单纯依据网络购物收货地作为管辖依据的情形，与本院（2016）最高法民辖终 107 号裁定确立的规则并无冲突，一审裁定的上述错误并不影响本案纠纷管辖权的确定。综上，广东省高级人民法院可以依据侵权行为地或者被告住所地获得针对广州晶东公司的本案纠纷管辖权。奥克斯公司关于无法确定本案被诉侵权产品的发货地、广东省仅是本案被诉侵权产品的网络购物收货地等相关上诉主张均不能成立，本院不予支持。

——《最高人民法院知识产权案件年度报告（2018）摘要》，中国裁判文书网。

36. 能否以销售者和制作者为共同被告在侵权产品销售地法院起诉

关键词

销售者　制作者　共同被告　必要共同诉讼　侵权产品销售地

最高人民法院裁判文书

宁波奥克斯空调有限公司与珠海格力电器股份有限公司、一审被告广州晶东贸易有限公司侵害实用新型专利权纠纷案［最高人民法院（2018）最高法民辖终 93 号民事裁定书］

裁判要旨：在专利侵权案件中，如果专利权人将被诉侵权产品

的制造商和销售商作为共同被告提起诉讼，基于诉讼标的的同一性以及防止判决冲突、保护当事人利益等政策原因，该诉讼构成一种特殊的必要共同诉讼。

最高人民法院认为，（三）本案被诉侵权产品的制造商和销售商作为共同被告是否构成必要共同诉讼

奥克斯公司主张，奥克斯公司与广州晶东公司不属于共同侵权，即便假定广东省高级人民法院在本案中对于广州晶东公司具有管辖权，亦不能由此获得对于奥克斯公司的管辖权。奥克斯公司的该上诉主张实质提出了格力公司将奥克斯公司与广州晶东公司作为本案共同被告是否构成必要共同诉讼的问题。本院已经阐明，广东省高级人民法院可以依据广州晶东公司的侵权行为地或者被告住所地获得单独针对广州晶东公司的本案纠纷管辖权。根据奥克斯公司的上诉主张，仍需要进一步阐明奥克斯公司与广州晶东公司作为共同被告是否构成必要共同诉讼。对此，本院分析如下：第一，在侵权纠纷领域，多个被诉行为人共同实施侵权行为时可以基于诉讼标的的同一性构成必要共同诉讼，但是必要共同诉讼的范围并不限于基于共同侵权形成的共同诉讼。在多个被诉行为人分别实施侵权行为造成同一损害时，仍可以基于诉讼标的的同一性以及防止判决冲突、保护当事人利益等政策原因构成必要共同诉讼。对于后一类必要共同诉讼，一旦原告选择在同一案件中对多个被告共同起诉，法院仍可以合并审理而无需征得被告的同意。当然，如果原告选择对多个被告分别起诉，法院并不必然需要在特定诉讼中追加其他关联主体参与诉讼。第二，在专利侵权案件中，如果专利权人将被诉侵权产品的制造商和销售商作为共同被告提起诉讼，该诉讼可以构成后一类必要共同诉讼。原因在于：首先，诉讼标的的同一性。专利权人将被诉侵权产品的制造商和销售商作为共同被告时，尽管制造商和销售商分别实施了不同的侵权行为，但是其侵权行为密切关联。被诉侵权产品制造商制造并售出被诉侵权产品后，下游销售商的销售行为属于制造商制造、销售行为的自然延伸。两者针对的被诉侵权产品相同，均以同一被诉侵权产品落入专利保护范围为基础，且侵权结果部分重叠，从而形成了部分相同的诉讼标的。其次，防止裁判冲突的政策考虑。由于针对被诉侵权产品制造商和销售商的诉讼均以同一被诉侵权产品落入专利保护范围为主要诉讼标的，将两者作为共同被告一并予以审理，可以有效防止或者减少裁判冲突的可能性。再次，经济效果的政策考虑。将针对被诉侵权产品制造商和销售商的诉讼作为必要共同诉讼一并予以审理，既可以避免专利权人分别起诉制造商和销售商时可能造成的双重得利，又可以适度减轻专利权人的维权成本、当事人的诉讼成本以及法院的审理成本。最后，这类必要共同诉讼具有法律依据。《最高人民法院关于审理专利纠纷案

件适用法律问题的若干规定》第六条第一款规定，原告仅对侵权产品制造者提起诉讼，未起诉销售者，侵权产品制造地与销售地不一致的，制造地人民法院有管辖权；以制造者与销售者为共同被告起诉的，销售地人民法院有管辖权。这一规定事实上已经将针对制造者与销售者作为共同被告的诉讼作为后一类必要共同诉讼予以对待。本案中，奥克斯公司系被诉15款侵权产品的制造商，广州晶东公司系被诉15款侵权产品的销售商，格力公司将制造商奥克斯公司和销售商广州晶东公司一并作为共同被告，构成后一类必要共同诉讼。销售商广州晶东公司的被告住所地和销售地法院即广东省高级人民法院对本案具有管辖权。

——《最高人民法院知识产权案件年度报告（2018）摘要》，中国裁判文书网。

37. 股权转让合同纠纷的地域管辖适用被告住所地或者合同履行地人民法院管辖

关键词

股权转让合同纠纷　地域管辖

最高人民法院裁判文书

李承峻与朱丽叶及一审第三人李耀林、湘潭宏通置业有限公司股权转让纠纷管辖权异议案［最高人民法院（2018）最高法民辖终265号民事裁定书］

裁判要旨：股权转让纠纷不涉及公司组织行为的诉讼，仍属于合同性质的民事纠纷，应根据《民事诉讼法》第二十三条[①]关于“因合同纠纷提起的诉讼，由被告住所地或者合同履行地人民法院管辖”的规定确定管辖。

最高人民法院认为，《民事诉讼法》第二十六条[②]规定：“因公司设立、确认股东资格、分配利润、解散等纠纷提起的诉讼，由公司住所地人民法院管辖。”虽然股权转让纠纷作为最高人民法院《民事案件案由规定》第二十一条“与公司有关的纠纷”的子案由予以规定，但并不是所有与公司有关的纠纷均需根据《民事诉讼法》第二十六条来确定管辖。该条是关于公司诉讼案件特

① 现为《民事诉讼法》（2021年修正）第二十四条。
② 现为《民事诉讼法》（2021年修正）第二十七条。

殊地域管辖的规定，并非所有与公司有关的诉讼都属于公司诉讼。《最高人民法院关于适用〈中华人民共和国民事诉讼法〉的解释》第二十二条规定："因股东名册记载、请求变更公司登记、股东知情权、公司决议、公司合并、公司分立、公司减资、公司增资等纠纷提起的诉讼，依照民事诉讼法第二十六条规定确定管辖。"可见，《民事诉讼法》第二十六条规范的公司诉讼，主要是指有关公司的设立、确认股东资格、分配利润、公司解散等公司组织行为的诉讼。本案朱丽叶与李承峻之间的股权转让纠纷不涉及公司组织行为的诉讼，仍属于合同性质的民事纠纷，故本案应根据《民事诉讼法》第二十三条关于"因合同纠纷提起的诉讼，由被告住所地或者合同履行地人民法院管辖"的规定确定管辖。一审适用《民事诉讼法》第二十六条确定本案管辖，属适用法律错误，应予纠正。

——中国裁判文书网。

38. 当事人请求惩罚性赔偿应当按照侵权之诉确定管辖

关键词

管辖　惩罚性赔偿　侵权之诉

最高人民法院裁判文书

吴训刚与宽城区仁福源参茸特产批发商行网络购物合同纠纷案［最高人民法院（2021）最高法民辖31号民事裁定书］

裁判要旨：消费者向经营者请求赔偿，固然存在买卖合同，但其提起惩罚性赔偿诉讼请求，请求权基础为侵权赔偿责任，由此提起的损害赔偿请求之诉应当认定为侵权责任纠纷，应当依照诉争的实际上的产品责任纠纷而不是网络购物合同纠纷确定管辖。

最高人民法院认为，本案管辖争议的焦点是依照吴训刚起诉的网络购物合同纠纷还是诉争的实际法律关系确定案件管辖。民事案件案由反映民事案件所涉及的民事法律关系的性质，在起诉阶段，应当依据当事人主张的民事法律关系的性质来确定案由。同一诉讼中涉及两个以上的法律关系的，应当依当事人诉争的法律关系的性质确定案由。在请求权竞合的情形下，人民法院应当按照当事人自主选择行使的请求权，根据当事人诉争的法律关系的性质，确定相应的案由。

本案中，吴训刚起诉时名义上主张其与仁福源商行存在着网络购物合同纠纷，但从诉讼请求看，吴训刚依据《中华人民共和国食品安全法》第一百四十八条的规定，要求仁福源参茸特产批发商行支付十倍货款的赔偿金。《中华人民共和国食品安全法》第一百四十八条第二款规定，“生产不符合食品安全标准的食品或者经营明知是不符合食品安全标准的食品，消费者除要求赔偿损失外，还可以向生产者或者经营者要求支付价款十倍或者损失三倍的赔偿金；增加赔偿的金额不足一千元的，为一千元。但是，食品的标签、说明书存在不影响食品安全且不会对消费者造成误导的瑕疵的除外。”根据上述规定，生产者生产不符合食品安全标准的食品的，承担惩罚性赔偿责任；经营者经营明知是不符合食品安全标准的食品的，应当承担惩罚性赔偿责任。消费者向经营者请求赔偿，固然存在买卖合同，但其提起惩罚性赔偿诉讼请求，请求权基础为侵权赔偿责任，由此提起的损害赔偿请求之诉应当认定为侵权责任纠纷，故本案吴训刚提起的诉讼应当认定为侵权责任纠纷之下的产品责任纠纷，本案应当依照诉争的实际上的产品责任纠纷而不是网络购物合同纠纷确定管辖。

《中华人民共和国民事诉讼法》第二十八条[①]规定，“因侵权行为提起的诉讼，由侵权行为地或者被告住所地人民法院管辖。”《最高人民法院关于适用〈中华人民共和国民事诉讼法〉的解释》第二十六条规定，“因产品、服务质量不合格造成他人财产、人身损害提起的诉讼，产品制造地、产品销售地、服务提供地、侵权行为地和被告住所地人民法院都有管辖权。”本案中，作为被告的仁福源商行的住所地在吉林省长春市宽城区，虽然吴训刚与仁福源商行约定的网络购物收购地在浙江省温州市洞头区，但不能就此认定浙江省温州市洞头区为吴训刚本案起诉主张的侵权法律关系的侵权行为地，也不能认定浙江省温州市洞头区是案涉产品的制造地、销售地，浙江省温州市洞头区人民法院对本案没有管辖权。

——中国裁判文书网。

39. 票据纠纷中票据支付地及管辖法院如何确定

关键词

票据纠纷　票据支付地　管辖

最高人民法院裁判文书

恒丰银行股份有限公司泉州分行与通榆县农村信用合作社及河南省金色

---

① 现为《民事诉讼法》（2021 年修正）第二十九条。

田野农业发展有限公司票据追索权纠纷案［最高人民法院（2019）最高法民辖终 11 号民事判决书］

裁判要旨：汇票上未载明付款地的，汇票付款人或者代理付款人的营业场所、住所或者经常居住地为票据支付地，可由汇票付款人或者代理付款人的营业场所、住所或者经常居住地法院管辖。

最高人民法院认为：《民事诉讼法》（2017 年修正）第二十五条[①]规定："因票据纠纷提起的诉讼，由票据支付地或者被告住所地人民法院管辖。"《票据纠纷规定》第六条第二款[②]规定："票据支付地是指票据上载明的付款地，票据上未载明付款地的，汇票付款人或者代理付款人的营业场所、住所或者经常居住地，本票出票人的营业场所，支票付款人或者代理付款人的营业场所所在地为票据付款地。代理付款人即付款人的委托代理人，是指根据付款人的委托代为支付票据金额的银行、信用合作社等金融机构。"据此，汇票上未载明付款地的，票据支付地确定的连接点应为"汇票付款人或者代理付款人的营业场所、住所或者经常居住地"。本案中，案涉两张商业承兑汇票并未明确记载付款地，但明确载明"付款人为长春鋆地公司，账号为 6××1，开户银行为民生银行福州温泉支行；付款人开户行行号为 305××××5103，地址为福州市鼓楼区六一北路 × 号金某花园一层"。根据中国人民银行《支付结算办法》第八十九条"商业承兑汇票的付款人开户银行收到通过委托收款寄来的商业承兑汇票，将商业承兑汇票留存，并及时通知付款人。（一）付款人收到开户银行的付款通知，应在当日通知银行付款。付款人在接到通知日的次日起 3 日内（遇法定休假日顺延，下同）未通知银行付款的，视同付款人承诺付款，银行应于付款人接到通知日的次日起第 4 日（法定休假日顺延，下同）上午开始营业时，将票款划给持票人。付款人提前收到由其承兑的商业汇票，应通知银行于汇票到期日付款。付款人在接到通知日的次日起 3 日内未通知银行付款，付款人接到通知日的次日起第 4 日在汇票到期日之前的，银行应于汇票到期日将票款划给持票人。（二）银行在办理划款时，付款人存款账户不足支付的，应填制付款人未付票款通知书，连同商业承兑汇票邮寄持票人开户银行转交持票人。（三）付款人存在合法抗辩事由拒绝支付的，应自接到通知日的次日起 3 日内，作成拒绝付款证明送交开户银行，银行将拒绝付款证明和商业承兑汇票邮寄持票人开户银行转交持票人"的规定，并结合恒丰银行在其《民事起诉状》中所述"2015 年 12 月 23 日、2016 年

---

① 现为《民事诉讼法》（2021 年修正）第二十六条。

② 现为《票据纠纷规定》第六条第二款。

1月22日，上述两张商业承兑汇票出票人的开户行民生银行福州温泉支行分别向持票人民生银行广州分行出具《拒绝付款理由书》”的事实，以及案涉商业承兑汇票票面中关于“此联持票人开户行随托收凭证寄付款人开户行作借方凭证附件”的记载，民生银行福州温泉支行作为付款人长春鍪地公司在案涉商业承兑汇票上载明的开户行，可以认定为案涉商业承兑汇票的代理付款人。原审裁定依据案涉商业承兑汇票载明的代理付款人民生银行福州温泉支行的营业地址，认定本案的票据支付地在福建省福州市，进而根据《最高人民法院关于调整高级人民法院和中级人民法院管辖第一审民商事案件标准的通知》的相关规定，依法确定原审法院对本案具有管辖权，有相应的事实和法律依据，本院应予维持。综上，裁定驳回上诉，维持原裁定。

——中国裁判文书网。

附录：最高人民法院主流观点

根据《票据法》第二十三条、第七十六条、第八十六条规定，汇票上未记载付款地的，付款人的营业场所、住所或者经常居住地为付款地；本票上未记载付款地的，出票人的营业场所为付款地；支票上未记载付款地的，付款人的营业场所为付款地。《票据纠纷规定》第六条规定：“票据支付地是指票据上载明的付款地，票据上未载明付款地的，汇票付款人或者代理付款人的营业场所、住所或者经常居住地，本票出票人的营业场所，支票付款人或者代理付款人的营业场所所在地为票据付款地。代理付款人即付款人的委托代理人，是指根据付款人的委托代为支付票据金额的银行、信用合作社等金融机构。”因此，票据上载明付款地的，票据纠纷可由票据上载明的付款地法院管辖；票据上未载明付款地的，根据不同情形，可由汇票付款人或者代理付款人的营业场所、住所或者经常居住地，本票出票人的营业场所，支票付款人或者代理付款人的营业场所所在地法院管辖。

——江必新主编：《新民事诉讼法条文理解与适用》，人民法院出版社2022年版，第107~108页。

40. 保险代位求偿案件管辖依代位的请求权的性质确定

关键词

保险代位求偿权纠纷　管辖

最高人民法院指导案例

**华泰财产保险有限公司北京分公司诉李志贵、天安财产保险股份有限公

司河北省分公司张家口支公司保险人代位求偿权纠纷案（最高人民法院指导案例 25 号）

裁判要点：因第三者对保险标的的损害造成保险事故，保险人向被保险人赔偿保险金后，代位行使被保险人对第三者请求赔偿的权利而提起诉讼的，应当根据保险人所代位的被保险人与第三者之间的法律关系，而不应当根据保险合同法律关系确定管辖法院。第三者侵害被保险人合法权益的，由侵权行为地或者被告住所地法院管辖。

北京市东城区人民法院认为：根据《中华人民共和国保险法》第六十条的规定，保险人的代位求偿权是指保险人依法享有的，代位行使被保险人向造成保险标的损害负有赔偿责任的第三者请求赔偿的权利。保险人代位求偿权源于法律的直接规定，属于保险人的法定权利，并非基于保险合同而产生的约定权利。因第三者对保险标的的损害造成保险事故，保险人向被保险人赔偿保险金后，代位行使被保险人对第三者请求赔偿的权利而提起诉讼的，应根据保险人所代位的被保险人与第三者之间的法律关系确定管辖法院。第三者侵害被保险人合法权益，因侵权行为提起的诉讼，依据《中华人民共和国民事诉讼法》第二十八条的规定，由侵权行为地或者被告住所地法院管辖，而不适用财产保险合同纠纷管辖的规定，不应以保险标的物所在地作为管辖依据。本案中，第三者实施了道路交通侵权行为，造成保险事故，被保险人对第三者有侵权损害赔偿请求权；保险人行使代位权起诉第三者的，应当由侵权行为地或者被告住所地法院管辖。现二被告的住所地及侵权行为地均不在北京市东城区，故北京市东城区人民法院对该起诉没有管辖权，应裁定不予受理。

——《最高人民法院关于发布第六批指导性案例的通知》（2014 年 1 月 26 日，法〔2014〕18 号）。

说明

指导案例 25 号华泰财产保险有限公司北京分公司诉李志贵、天安财产保险股份有限公司河北省分公司张家口支公司保险人代位求偿权纠纷案，旨在明确保险人代位求偿案件的管辖。该案例裁判要点明确保险人代位行使被保险人对第三者请求赔偿的权利而提起诉讼的，应当根据被保险人与第三者之间的法律关系，而不应当根据保险合同法律关系确定管辖法院。本指导案例澄清了模糊认识，解决了司法实践中的管辖争议，有利于及时受理此类纠纷，维护保险人的合法权益，促进保险事业健康发展。

附录：最高人民法院法官著述

指导案例25号裁判要点确认：因第三者对保险标的的损害而造成保险事故，保险人向被保险人赔偿保险金后，代位行使被保险人对第三者请求赔偿的权利而提起诉讼的，应当根据保险人所代位的被保险人与第三者之间的法律关系，而不应当根据保险合同法律关系确定管辖法院。第三者侵害被保险人合法权益的，由侵权行为地或者被告住所地法院管辖。该裁判要点针对法律和司法解释没有明确规定的保险代位求偿案件管辖问题，依据保险法第六十条第一款、民事诉讼法第二十八条的规定，明确了保险代位求偿案件的管辖。下面结合有关法律规定，围绕裁判要点中保险代位求偿案件的管辖问题予以论证和说明。

保险人依据保险法第六十条的规定，代位行使被保险人对第三者请求赔偿的权利而提起诉讼的案件如何确定管辖法院，法律、司法解释均没有明确规定，审判实践中也存在不同认识。有的认为，应按保险合同纠纷案件来确定其管辖，由被告住所地或者保险标的物所在地的法院管辖；多数意见认为，应按保险人所代位求偿的请求权性质确定管辖法院。本指导案例裁判要点采纳了多数意见。

保险人代位求偿权又称保险代位权，是指财产保险的保险人依照法律规定所享有的，代位行使被保险人向造成保险标的损害负有赔偿责任的第三方请求赔偿的权利。保险人代位求偿权来源于法律的直接规定，属于法定权利，并非基于保险人与被保险人依合同约定而产生。保险法第六十条规定中的第三者，在保险事故发生前为不特定主体，保险人与第三者也没有签订保险合同。因此，保险人以保险合同之外的第三者为被告提起的代位求偿诉讼，不应以保险合同纠纷的管辖原则确定管辖法院，而应按所代位的请求权性质确定案件管辖。

本指导案例中，原告是已经赔偿保险金的保险人，被告是保险合同之外的第三者，即道路交通事故的肇事司机及其所投机动车交通事故责任强制险的保险公司。原告与被告之间原本无法律关系，只是因第三者对保险车辆的损害而造成保险事故，保险人向被保险人赔偿保险金后，在赔偿金额范围内代位行使被保险人对第三者请求赔偿的权利，而保险人所代位的被保险人与第三者之间的法律关系不是保险合同关系而是侵权关系。因此，应按民事诉讼法第二十八条规定的侵权行为管辖原则，确定案件的管辖，而不应当根据保险合同法律关系以保险标的物所在地确定管辖。二被告的住所地和侵权行为地均不在受诉法院辖区，故受诉法院没有管辖权，作出不予受理裁定。

——吴光侠：《指导性案例第25号〈华泰财产保险有限公司北京分公司诉李志贵、天安财产保险股份有限公司河北省分公司张家口支公司保险人代位求偿权纠纷案〉：保险代位求偿案管辖依代位的请求权性质确定》，载最高人民法院研究室编著：《司法研究与指导》总第 7 辑，人民法院出版社 2015 年版，第 178~179 页。

41. 独立保函纠纷案件的管辖

关键词

独立保函欺诈纠纷　管辖权　仲裁

最高人民法院司法解释

第二十一条　受益人和开立人之间因独立保函而产生的纠纷案件，由开立人住所地或被告住所地人民法院管辖，独立保函载明由其他法院管辖或提交仲裁的除外。当事人主张根据基础交易合同争议解决条款确定管辖法院或提交仲裁的，人民法院不予支持。

独立保函欺诈纠纷案件由被请求止付的独立保函的开立人住所地或被告住所地人民法院管辖，当事人书面协议由其他法院管辖或提交仲裁的除外。当事人主张根据基础交易合同或独立保函的争议解决条款确定管辖法院或提交仲裁的，人民法院不予支持。

——《最高人民法院关于审理独立保函纠纷案件若干问题的规定》（2020 年 12 月 29 日修正）。

附录：理解与适用

《最高人民法院关于审理独立保函纠纷案件若干问题的规定》第二十一条对常见的两类独立保函纠纷的管辖权问题作出了相关规定。

第一类是受益人和开立人之间因独立保函而产生的纠纷案件，性质为合同纠纷，当事人在独立保函中载明法院管辖条款或仲裁条款的，从其约定。在独立保函没有约定争议解决条款时，根据民事诉讼法第二十三条的规定，由被告住所地或合同履行地人民法院管辖。《规定》第二十一条第一款参考《联合国独立保证和备用信用证公约》以及《见索即付保函统一规则》的规定，认定开立人住所地为独立保函合同的特征履行地，而不适用民事诉讼法司法解释第十八条关于合同履行地的一般规定，这是审判实践中需要注意的。针对实践中当事人提出独立保函未约定争议解决条款时应适用主合同争议解决条款的主张，第二十一条第一款坚持独立保函的独立性原则，规定受益人和开立人之间独立保函纠纷的管辖问题应独立判断，不受基础交易合同中争议解决条款的约束。

第二类是独立保函欺诈纠纷案件的管辖。该类案件是按合同还是侵权纠纷确定管辖，实践中有两种不同的观点。一种观点认为，独立保函欺诈纠纷是独立保函合同履行纠纷的特殊形态，实质是在开立人不愿行使抗权的情形下由止付申请人代位行使开立人的权利，故应按合同纠纷确定管辖并且受独立保函争议解决条款的约束。另一种观点认为，独立保函欺诈纠纷案件是在履行独立保函合同过程中发生的侵权纠纷，应按侵权纠纷确定管辖。我们持第二种观点。独立保函的当事人为开立人和受益人，保函申请人、指示人等止付申请人不是独立保函的合同当事人，但受益人在独立保函项下的欺诈行为会侵害止付申请人在保函申请关系、指示关系项下的权利，故构成侵害债权的情形，止付申请人有主张侵权救济的权利。《规定》第二十一条第二款规定，独立保函欺诈纠纷的当事人可以书面协议选择争议解决条款，在不能达成协议的情况下，则由被请求止付的独立保函开立人住所地或被告住所地人民法院管辖。当事人主张根据基础交易合同或独立保函的争议解决条款确定管辖法院或提交仲裁的，人民法院不予支持。

上述条款有力保障了独立保函纠纷管辖权判断标准的统一性和可预见性，反映出人民法院充分尊重当事人对争议解决条款的意思自治、有效协调管辖权冲突、减少平行程序发生的务实态度。

——张勇健、沈红雨：《〈关于审理独立保函纠纷案件若干问题的规定〉的理解和适用》，载《人民司法·应用》2017 年第 1 期。

最高人民法院裁判文书

澳大利亚杜罗·费尔格拉私营股份有限公司与大连华锐重工国际贸易有限公司等独立保函欺诈纠纷管辖权异议案［最高人民法院（2017）最高法民辖终 264 号民事裁定书］

裁判要旨：独立保函欺诈纠纷案件由被请求止付的独立保函的开立人住所地或被告住所地人民法院管辖，当事人书面协议由其他法院管辖或提交仲裁的除外。当事人主张根据基础交易合同或独立保函的争议解决条款确定管辖法院或提交仲裁的，人民法院不予支持。保函欺诈法律关系的当事人为三方——保函申请人、保函开立人（包括独立反担保函的开立人）和保函受益人。保函申请人和受益人之间就基础合同担保事宜专门订立仲裁条款，不构成“当事人书面协议由其他法院管辖或提交仲裁”的除外情形。

最高人民法院认为：关于本案争议是否受《担保和赔偿契约》中的仲裁条款约束问题。《最高人民法院关于审理独立保函纠纷案件若干问题的规定》

（以下简称独立保函司法解释）已于2016年12月1日起施行。独立保函司法解释第二十一条第二款规定："独立保函欺诈纠纷案件由被请求止付的独立保函开立人住所地或被告住所地人民法院管辖，当事人书面协议由其他法院管辖或提交仲裁的除外。当事人主张根据基础交易合同或独立保函的争议解决条款确定管辖法院或提交仲裁的，人民法院不予支持。"独立保函属于为基础合同的履行提供担保，因独立保函欺诈产生的争议是否受基础合同当事人专门就担保问题订立的合同中仲裁条款的约束，应当根据独立保函欺诈法律关系的性质具体分析。独立保函欺诈法律关系表现为受益人违反诚信原则，滥用独立保函项下权利进行索款，其不仅损害保函开立人利益，亦损害保函申请人的利益。保函欺诈法律关系的当事人为三方——保函申请人、保函开立人（包括独立反担保函的开立人）和保函受益人。因此，仲裁条款约束力范围应当依据保函欺诈法律关系的特殊性作出判断。首先，独立保函欺诈侵权救济方式具有特殊性，其是在对基础合同进行有限审查的基础上，通过判令保函开立人终止付款义务的方式来提供救济。保函欺诈纠纷裁决的既判力必然扩张到保函开立人，没有开立人出现的纠纷解决程序无法作出具有实际救济效力的裁决。其次，独立保函欺诈侵权纠纷的审理范围具有特殊性，其必然涉及对受益人保函项下单据或文件的真实性以及开立人审查单据义务的判断。因此，即使保函申请人只起诉受益人，保函索款过程的审查仍然是判断是否构成欺诈的前提要件。本案中，尽管保函申请人和受益人之间专门就担保争议约定通过仲裁方式解决，表面上看，独立保函作为基础合同履行的担保手段，因独立保函欺诈产生的争议应当受基础合同当事人专门就担保问题订立之合同中仲裁条款的约束，但鉴于独立保函欺诈侵权纠纷审理范围与救济方式的特殊性，保函开立人做出同意仲裁的意思表示是其受上述仲裁条款约束的前提。本案中，试图解决担保事项争议的仲裁条款存在于华锐公司与杜罗公司作为当事方的《担保和赔偿契约》之中，保函开立人没有以书面形式将上述仲裁条款记载于保函之中亦未以明示方式并入保函，杜罗公司未能提交证据证明保函开立人以其他形式表示受上述仲裁条款约束，因此不能认定保函申请人、受益人和开立人三方当事人就保函欺诈纠纷提交仲裁达成了一致。本案保函申请人和受益人之间虽然就基础合同担保事宜单独订立仲裁条款，但不构成独立保函司法解释第二十一条第二款规定的例外情形。杜罗公司关于《担保和赔偿契约》仲裁条款应适用于本案的上诉理由不能成立，本院不予支持。因本案独立保函欺诈纠纷当事人之间并不存在将纠纷交由其他法院管辖或提交仲裁的合意，依照独立保函司法解释第二十一条第二款的规定，本案应由被请求止付的独立保函开立人住所地或被告住所地人民法院管辖，且诉争标的额在人民币1亿元以上，原审法院作为被请求止付的独立保函开立人住所地法院对本案享有管辖权。

——中国裁判文书网。

42. 重整计划执行阶段发生的有关债务人的诉讼，是否仍由受理破产的法院集中管辖

关键词

重整计划执行阶段　债务人的诉讼　受理破产的法院　集中管辖

最高人民法院裁判文书

江苏国安建筑安装工程有限公司与大庆油田建设集团有限公司、惠生工程（中国）有限公司等建设工程施工合同纠纷案［最高人民法院（2019）最高法民辖14号民事裁定书］

裁判要旨：在破产重整执行期间新发生的有关债务人的民事诉讼，并无与债务人破产重整案件审理相协调的必要，故不应适用《中华人民共和国企业破产法》第二十一条的规定，由受理破产的法院集中管辖。

最高人民法院认为：《中华人民共和国企业破产法》第二十一条规定，“人民法院受理破产申请后，有关债务人的民事诉讼，只能向受理破产申请的人民法院提起。”其目的在于通过集中管辖确保破产程序的有序进行，避免在破产程序进行中发生的有关债务人的民事诉讼，由不同的法院审理导致其与破产案件的审理进度难以协调，影响破产程序的顺利进行，故有必要将这些诉讼集中于审理破产案件的人民法院一并审理。根据《中华人民共和国企业破产法》第八十六条、第八十七条的规定，人民法院裁定批准重整计划或重整计划草案的，重整程序终止。第八十九条规定，重整计划由债务人负责执行。第九十条规定，自人民法院裁定批准重整计划之日起，在重整计划规定的监督期内，由管理人监督重整计划的执行。本案中，国安建筑公司重整计划执行期间的主要工作系债务人执行重整计划，并由管理人进行监督和报告，并无证据表明大丰法院有关破产重整案件的审理工作仍在进行，本案作为在破产重整执行期间新发生的有关债务人的民事诉讼，并无与国安建筑公司破产重整案件审理相协调的必要，故本案国安建筑公司提起的建设工程施工合同纠纷不应适用《中华人民共和国企业破产法》第二十一条的规定。根

据《中华人民共和国民事诉讼法》第三十三条[①]、《最高人民法院关于适用〈中华人民共和国民事诉讼法〉的解释》第二十八条的规定，本案应由建设工程所在地法院管辖。由于本案涉诉标的额达 45360715 元，应由中级人民法院管辖。本案项目所在地在四川省彭州市，故本案应由四川省成都市中级人民法院审理。

——中国裁判文书网。

43. 共同故意侵权行为中被诉侵权行为地的确定

关键词

侵权行为地

最高人民法院裁判文书

圣奥化学科技有限公司与山西翔宇化工有限公司破产管理人等侵害技术秘密纠纷管辖权异议案［最高人民法院（2020）最高法知民辖终 68 号民事裁定书］

裁判要旨：对于共同故意侵权行为而言，各侵权人主观上具有共同意思，彼此的行为之间客观上存在相互利用、配合或者支持，所造成的损害后果在其共同意思的范围内，每一侵权人应对共同意思范围内的全部行为承担责任。因此，每一侵权人被诉侵权行为的实施地和结果地应视为共同故意侵权行为的实施地和结果地。

最高人民法院认为，关于本案被诉侵权行为结果地。前已述及，对于共同故意侵权行为而言，各侵权人主观上具有共同意思，彼此的行为之间客观上存在相互利用、配合或者支持，所造成的损害后果在其共同意思的范围内，每一侵权人应对共同意思范围内的全部行为承担责任。因此，每一侵权人被诉侵权行为的结果地应视为共同故意侵权行为的结果地之一。侵权行为结果地应当理解为侵权行为直接产生的结果的发生地。本案中，陈永刚、王庆峰、李丰年被控共同窃取圣奥公司技术秘密行为。前已述及，陈永刚、王庆峰、李丰年应为案外人 ×× 的窃取行为负责，×× 窃取技术秘密行为的实施地与结果地重合，均在江苏省内，故江苏省是本案共同侵权人的被诉侵权行为结果地之一。

---

① 现为《民事诉讼法》（2021 年修正）第三十四条。

——最高人民法院知识产权法庭官网。

44. 利用信息网络侵害人身权益民事纠纷案件的管辖

关键词

利用信息网络侵害人身权益被告所在地　侵权行为地管辖

最高人民法院司法解释

第二十五条　信息网络侵权行为实施地包括实施被诉侵权行为的计算机等信息设备所在地，侵权结果发生地包括被侵权人住所地。

——《最高人民法院关于适用〈中华人民共和国民事诉讼法〉的解释》（2022 年 4 月 1 日修正）。

附录：最高人民法院主流观点

侵权行为适用被告所在地法或侵权行为地法是各国法院的普遍做法。但是，因特网将全球的计算机及其网络连为一体并构成一个独特的网络空间，同一侵权行为往往同几个地点相联系，物理位置在网络空间中的意义微乎其微，从而使传统管辖权基础在网络空间中发生了动摇。面对纷繁复杂的网络案件，人们不得不寻找新的管辖依据。

网络侵权行为按主体可分为网站侵权（法人）和网民（自然人）侵权，按侵权的主观过错可分为主动侵权（恶意侵权）和被动侵权，按侵权的内容可分为侵犯人身权和侵犯财产权（也有同时侵犯的情况）。网络空间是一个虚拟空间，但它并不是虚幻的，是依赖于现实社会的客观存在，网络中依然存在侵犯人身权的违法行为。宪法第三十九条规定："中华人民共和国公民的住宅不受侵犯。禁止非法搜查或者非法侵入公民的住宅。"第四十条规定："中华人民共和国公民的通信自由和通信秘密受法律的保护。……"《民法典》第一千零二十四条规定："民事主体享有名誉权。任何组织和个人不得以侮辱、诽谤等方式侵害他人名誉权。"

个人数据、个人私事、个人领域是隐私权的三种基本形式，其中以个人数据为特定形式的隐私权保护十分重要。对个人数据的概念，不同国家的法律有不同的陈述。1984 年的《英国数据保护法》给个人数据下的定义是："个人数据是由有关一个活着的人的信息组成的数据，对于这个人，可以通过该信息或者通过数据用户拥有的该信息的其他信息识别出来。该信息包括对有关该个人的评价，但不包括对该个人数据用户表示的意图。"欧洲理事会在 1992 年的《理事会数据保护条例》修改建议稿中规定："个人数据是指有关一个可识别的自然人的任何信息，不局限于以可处理形式存在的信息，它包括任何种类和任何形式的信息，只要这种信息是有关个人的，不论是活着的人或死去的人，并且只要这个人或者这些人是可以识别的。”瑞典、加拿大、美国等许多国家都对个人数据作了类似的规定。信息处理和传播手段的不断发展和计算机网络的广泛应用，使个人数据能通过计算机系统在全球范围内收集、传输和利用，给人们的工作研究提供了方便，同时也使个人数据的网上保护问题变得日益严峻。在网上，个人数据随时都有受侵害的危险。电子邮件可能被黑客截获、浏览、篡改和删除；网上购物填写售后服务卡之后，无数的广告宣传单就会蜂拥而至；许多网络服务提供者能够收集到有关用户的各种信息；在网上接受社会调查时，往往会不经意地泄露个人嗜好、收入等不愿为人所知的事情。根据信息的效益递增规律，当掌握的信息在质和量上达到一定程度后，该信息就会给掌握者带来效益，并且效益的递增率随信息应用范围的扩大而不断上升。因此，当掌握了足够多的信息之后，一些人禁不住金钱的诱惑，以身试法，非法获取、泄露、使用个人数据也就不足为奇了。

《最高人民法院关于审理利用信息网络侵害人身权益民事纠纷案件适用法律若干问题的规定》首次划定个人信息保护的范围，明确利用自媒体等转载网络信息行为的过错认定，以及如何对网络水军进行规制。在该规定中，对非法删帖的用户和网站承担连带责任、过错认定，个人基因、病历等隐私不得随意公开，侵权责任赔偿，以反腐为目的的人肉搜索可免责等都作了具体的规定。同时明确规定，利用信息网络侵害人身权益提起的诉讼，由侵权行为地或者被告住所地人民法院管辖。侵权行为实施地包括实施被诉侵权行为的计算机等终端设备所在地，侵权结果发生地包括被侵权人住所地。

——最高人民法院民法典贯彻实施工作领导小组办公室编著：《最高人民法院新民事诉讼法司法解释理解与适用》，人民法院出版社 2022 年版，第 126~127 页。

45. 侵害信息网络传播权民事纠纷案件的管辖

关键词

信息网络传播权　管辖侵权行为实施地

最高人民法院司法解释

第二十五条　信息网络侵权行为实施地包括实施被诉侵权行为的计算机等信息设备所在地，侵权结果发生地包括被侵权人住所地。

——《最高人民法院关于适用〈中华人民共和国民事诉讼法〉的解释》（2022 年 4 月 1 日修正）。

附录：最高人民法院主流观点

侵害信息网络传播权是指网络用户、网络服务提供者未经许可，通过信息网络提供权利人享有信息网络传播权的作品、表演、录音录像制品的信息网络传播行为；或者通过上传到网络服务器、设置共享文件或者利用文件分享软件等方式，将作品、表演、录音录像制品置于信息网络中，使公众能够在个人选定的时间和地点以下载、浏览或者其他方式获得的提供行为。2012 年 12 月 17 日，为正确审理侵害信息网络传播权民事纠纷案件，依法保护信息网络传播权，最高人民法院颁布了《侵害信息网络传播权纠纷规定》，其中第十五条规定："侵害信息网络传播权民事纠纷案件由侵权行为地或者被告住所地人民法院管辖。侵权行为地包括实施被诉侵权行为的网络服务器、计算机终端等设备所在地。侵权行为地和被告住所地均难以确定或者在境外的，原告发现侵权内容的计算机终端等设备所在地可以视为侵权行为地。"在上述规定起草过程中，也有观点认为，可以随意界定网络服务器、计算机终端等设备所在地，计算机有便捷移动的特征，任何地方都可以视为侵权行为地，这也是无法回避的问题。规定"信息网络侵权行为实施地包括实施被诉侵权行为的计算机等信息设备所在地，侵权结果发生地包括被侵权人住所地"也是为了便于确定管辖。

考虑到司法实践中发生的很多涉外案件，被告住所地和侵权行为实施地均在境外，而侵权结果发生在境内，如果人民法院对此类案件无法行使管辖权，则不能保护权利人的合法权利。为此，应当按照上述规定，如果侵权行为地和被告住所地均在境外的，人民法院对此类案件享有管辖权，便利权利人在我国提起诉讼，切实保护权利人的合法权益。

——最高人民法院民法典贯彻实施工作领导小组办公室编著：《最高人民法院新民事诉讼法司法解释理解与适用》，人民法院出版社 2022 年版，第 127~128 页。

46. 对于侵害信息网络传播权民事纠纷案件，应当依据《最高人民法院关于审理侵害信息网络传播权民事纠纷案件适用法律若干问题的规定》第十五条的规定确定地域管辖

关键词

信息网络侵权结果发生地　确定管辖的依据

最高人民法院裁判文书

张旭龙与北京墨碟文化传播有限公司、程雷、马跃侵害作品信息网络传播权纠纷案［最高人民法院（2022）最高法民辖 42 号民事裁定书］

裁判要旨：信息网络传播权规定第十五条明确规定，只有在“侵权行为地和被告住所地均难以确定或者在境外”的例外情形下，才可以将“原告发现侵权内容的计算机终端等设备所在地”视为侵权行为地。基于信息网络传播权的性质和特点，侵害信息网络传播权的行为一旦发生，随之导致“公众可以在其个人选定的时间和地点获得作品”，其侵权结果涉及的地域范围具有随机性、广泛性，不是一个固定的地点，不宜作为确定管辖的依据。

最高人民法院认为，对于侵害信息网络传播权纠纷民事案件的管辖问题，2013 年 1 月 1 日施行的信息网络传播权规定第十五条规定：“侵害信息网络传播权民事纠纷案件由侵权行为地或者被告住所地人民法院管辖。侵权行为地包括实施被诉侵权行为的网络服务器、计算机终端等设备所在地。侵权行为地和被告住所地均难以确定或者在境外的，原告发现侵权内容的计算机终端等设备所在地可以视为侵权行为地。”2020 年，该司法解释经过修正，前述第十五条规定的内容并未修改，仍然继续施行。该规定是规范侵害信息网络传播权纠纷这一类民事案件管辖的特别规定。

民事诉讼法解释第二十五条规定：“信息网络侵权行为……侵权结果发生地包括被侵权人住所地。”该规定中的“信息网络侵权行为”针对的是发生在信息网络环境下，通过信息网络实施的侵权行为，并未限于特定类型的民事权利或者权益。与之不同的是，信息网络传播权规定第十五条规定的“信息网络传播权”，则是《中华人民共和国著作权法》第十条第一款规定的著作权人享有的法定权利，即“以有线或者无线方式向公众提供作品，使公众可以在其个人选定的时间和地点获得作品的权利。”因此，信息网络传播权规定第十五条是针对信息网络传播权这一特定类型的民事权利，对侵害信息网络传播权纠纷民事案件的管辖作出的特别规定。在确定侵害信息网络传播权民事纠纷案件的管辖时，应当以信息网络传播权规定第十五条为依据。

信息网络传播权规定第十五条明确规定，只有在“侵权行为地和被告住所地均难以确定或者在境外”的例外情形下，才可以将“原告发现侵权内容的计算机终端等设备所在地”视为侵权行为地。基于信息网络传播权的性质和特点，侵害信息网络传播权的行为一旦发生，随之导致“公众可以在其个人选定的时间和地点获得作品”，其侵权结果涉及的地域范围具有随机性、广泛性，不是一个固定的地点，不宜作为确定管辖的依据。

本案中，秦皇岛市为原告住所地，并非被告住所地，亦不属于信息网络传播权规定第十五条规定的侵权行为地。本案也不存在信息网络传播权规定第十五条规定的“侵权行为地和被告住所地均难以确定或者在境外”的例外情形。因此，秦皇岛中院对于本案没有管辖权，河北高院将本案移送北京互联网法院并无不当。

——《最高人民法院知识产权案件年度报告（2022）摘要》，中国裁判文书网。

47. 因申请诉中财产保全损害责任纠纷案件的管辖

关键词

因申请诉中财产保全损害责任纠纷　管辖

最高人民法院司法解释

浙江省高级人民法院：

你院《关于因申请诉中财产保全损害责任纠纷管辖问题的请示》(〔2015〕浙立他字第 91 号）收悉。经研究，批复如下：

为便于当事人诉讼，诉讼中财产保全的被申请人、利害关系人依照《中华人民共和国民事诉讼法》第一百零五条[①]规定提起的因申请诉中财产保全损害责任纠纷之诉，由作出诉中财产保全裁定的人民法院管辖。

——《最高人民法院关于因申请诉中财产保全损害责任纠纷管辖问题的批复》(2017 年 8 月 1 日，法释〔2017〕14 号）。

48. 人民法院不能以公司证券登记结算地为财产所在地获得管辖权

关键词

证券登记结算地　管辖

最高人民法院答复

广东省高级人民法院：

① 现为《民事诉讼法》(2021 年修正）第一百零八条。

关于唐山钢铁集团有限责任公司执行申诉一案，你院《关于深圳中院执行中华乐业有限公司与唐山钢铁集团有限责任公司仲裁裁决一案的情况报告》收悉。经研究，答复如下：

经核查，唐山钢铁集团有限责任公司作为上市公司，其持有的证券在上市交易前存管于中国证券登记结算有限责任公司深圳分公司，深圳市中级人民法院（以下简称深圳中院）以此认定深圳市为被执行人的财产所在地受理了当事人一方的执行申请。本院认为，证券登记结算机构是为证券交易提供集中登记、存管与结算服务的机构，但证券登记结算机构存管的仅是股权凭证，不能将股权凭证所在地视为股权所在地。由于股权与其发行公司具有最密切的联系，因此，应当将股权的发行公司住所地认定为该类财产所在地。深圳中院将证券登记结算机构所在地认定为上市公司的财产所在地予以立案执行不当。

请你院监督深圳中院依法撤销案件及相关法律文书，并告知申请人依法向有管辖权的人民法院申请执行。同时，鉴于深圳中院对被执行人的股权已采取冻结措施，为防止已冻结财产被转移，请你院监督深圳中院做好已控被执行人财产与新的执行法院的衔接工作，避免申请执行人的权益受到损害。

——《最高人民法院〔2010〕执监字第16号函》（2010年7月15日），载江必新主编、最高人民法院执行局编：《执行工作指导》2011年第3辑（总第39辑），人民法院出版社2011年版，第64页。

附录：最高人民法院法官著述

1. 证券登记结算地的性质

证券登记结算机构是为证券交易提供集中登记、存管与结算服务的机构，其所在地即为证券登记结算地。证券登记结算机构通过证券登记，可以确认证券合法持有人和处分权人的资格。证券登记结算公司根据证券发行人、上市公司或证券经营机构提供的股东名册及其持股资料，将股东名册与其持股情况作出统一性认定，借此确认特定股东及持券情况，将其记载于法定表册中。证券托管，有时也称“存管”或“保管”，指托管委托人将其名下持有或受托保管的实物证券，交存给托管人实行代保管的活动。证券结算是将买卖双方及证券公司之间的证券买卖数量和金额分别予以抵销，计算应收应付证券和款项的特殊程序，以实现证券和款项的最少实际交割数量。通过上述分析可以看出，证券登记结算地实际上是证券登记结算机构对股票进行记载、对实物证券进行存放以及对证券买卖数量进行结算的地点。

2. 公司股权所在地的确定

股权有广义及狭义之分，广义的股权，泛指股东得以向公司主张的各种权利，狭义的股权，则仅指股东给予股东资格而享有的、从公司获取经济利益并参与公司经营管理的权利。从这个意义上讲，股权是指股东因出资而取得的、依法定或者公司章程的规定和程序参与事务并在公司中享受财产利益的、具有可转让性的权利。被执行人享有的股权构成被执行人的财产，股权财产价值的实现只能在该股权发行公司获得，股权的发行、转让等行为的效果实质上都是发生在发行公司的住所地。由此可知，发行公司的住所地与股权具有最密切的联系，故应将股权的发行公司住所地认定为该类财产所在地。

3. 如何以财产所在地为连结点确定管辖

股票是财产权（股权）的凭证。通过以上分析可知，权证所在地与财产所在地不是一个概念。股票所代表的财产所在地应当是该股票的发行公司的住所地，而不能是股票的托管地。否则，如将证券登记结算机构所在地视为上市公司的财产所在地，全国执行上市公司股权的案件，深圳或上海中院都将取得管辖权。这也违反了管辖的一般原则。

——朱燕：《中华乐业有限公司与唐山钢铁集团有限责任公司仲裁裁决执行案——法院能否以公司证券登记结算地为财产所在地获得管辖权》，载江必新主编、最高人民法院执行局编：《执行工作指导》2011 年第 3 辑（总第 39 辑），人民法院出版社 2011 年版，第 59~64 页。

49. 由公司住所地人民法院管辖的案件类型

关键词

公司住所地　管辖

最高人民法院司法解释

第二十二条　因股东名册记载、请求变更公司登记、股东知情权、公司决议、公司合并、公司分立、公司减资、公司增资等纠纷提起的诉讼，依照民事诉讼法第二十七条规定确定管辖。

——《最高人民法院关于适用〈中华人民共和国民事诉讼法〉的解释》（2022 年 4 月 1 日修正）。

附录：最高人民法院主流观点

民事诉讼法第二十七条规定，因公司设立、确认股东资格、分配利润、解散等纠纷提起的诉讼，由公司住所地人民法院管辖。本条进一步明确股东名册记载、请求变更公司登记、股东知情权、公司决议、公司合并、公司分立、公司减资、公司增资等纠纷也由公司住所地人民法院管辖。

根据我国的地域管辖制度，除了专属管辖和协议管辖外，往往适用被告特殊地域管辖原则。民事诉讼法确立案件管辖原则时考虑了多项法律价值判断，其中最为主要的是便于当事人诉讼和便于人民法院审理案件及执行裁判。[①]特殊地域管辖原则的确立也遵循了上述基本原则。特殊地域管辖扩大了管辖的选择空间，便于当事人诉讼，也使得当事人有可能自主选择管辖法院，有利于当事人行使诉讼权利。由于当事人对自己选择程序产生的裁判结果往往会比被动接受程序产生的裁判结果有更高的认同感，因此，特殊地域管辖扩大了当事人程序上的自主性，有利于增强法院裁判的信服度，也便于人民法院行使审判权。

1. 公司诉讼管辖即为特殊地域管辖

2005年公司法和2007年民事诉讼法对公司诉讼案件的管辖问题均未作特殊规定，仅《公司法解释（二）》第二十四条规定了解散公司诉讼案件和公司清算案件由公司住所地人民法院管辖。这对于人民法院审理公司诉讼案件造成了不利影响。另外，公司的设立、解散等活动，涉及的资金、人数众多，对社会稳定和公共利益产生的影响较大，客观上也需要加强管理。因此，应当明确规定公司诉讼案件的地域管辖制度。

公司诉讼大多是关于或者涉及公司的组织法性质的诉讼，存在与公司组织相关的多数利害关系人，涉及多数利害关系人的多项法律关系的变动，且胜诉判决往往产生对世效力。由于公司股东等多数利害关系人可能来自不同地区，如果按照被告住所地管辖，将会导致以该等利害关系人为被告的部分案件管辖过于分散，当事人和法院陷于管辖权争议与冲突之中，影响司法效率。而由于许多公司诉讼根本不涉及传统意义上的合同纠纷，因此按照合同履行地管辖也无从谈起。由于侵权行为实施地、侵权结果发生地均可视为侵权行为地，如果按照侵权行为地确定管辖，将会产生多个侵权行为地，也会导致管辖权争议与冲突。而且，很多公司诉讼也非传统侵权法意义上的侵权行为之诉。因此，为了确定公司诉讼的管辖，避免当事人在管辖问题上争执，便利当事人参加诉讼，便利人民法院审理案件，也为了防止发生相同事实相异裁判的情况，公司诉讼应当实行特殊地域管辖，即与公司相关的诉讼由公司住所地人民法院管辖。

2. 对于公司住所地的确定

民法典和公司法对公司住所地的确定都有相应规定。民法典第六十三条规定，法人以其主要办事机构所在地为住所。公司法第十条规定，公司以其主要办事机构所在地为住所。《公司法解释（二）》第二十四条也进一步明确，解散公司诉讼案件、公司清算案件由公司住所地人民法院管辖。公司住所地

---

① 参见最高人民法院民事审判第二庭编著：《最高人民法院关于公司法司法解释（一）、（二）理解与适用》，人民法院出版社2008年版，第439页。

是指公司主要办事机构所在地，公司办事机构所在地不明确的，由其注册地人民法院管辖。

3. 公司诉讼案件管辖的特征

民事诉讼法第二十七条规定的公司诉讼管辖，主要是指有关公司设立、确认股东资格、分配利润、公司解散等公司组织行为的诉讼，也被称为公司组织诉讼。这类诉讼具有如下特征：（1）均是关于公司的组织法性质的诉讼，往往存在与公司组织相关的多数利害关系人，涉及多数利害关系人的多项法律关系的变动，具有团体法性质的诉讼程序和判决方面统一的规律。（2）大多具备形成之诉的性质。所谓形成之诉，又称为变更之诉，是指以改变法律关系为目的的判决，即以形成判决为目的的诉讼。原告改变既有法律关系的请求只有依法院的判决才产生法律关系变更的效力。如允许自由主张，就会给团体法律关系带来不稳定。（3）均关涉公司，许多情况下，被告就是公司。比如，主张公司设立无效的诉讼，主张公司司法解散的诉讼，等等。由于诉的对象是公司的组织法性质的法律关系，判决的效力当然应该及于公司，而且通过将公司作为被告，可以对与公司相关的利害关系人都产生效果。（4）时常出现需进行诉的合并的情形。公司诉讼往往涉及多数利害关系人的多项法律关系的变动，因此就同一个公司的同一个组织法性质的行为会提起数个诉讼。此时，为防止出现相同事实相异判决，法院应进行诉的合并。（5）判决效力具有特殊性。公司诉讼对大部分第三人也发生法律效力即所谓判决的对世效力。为维护公司法律关系的稳定，公司诉讼否认判决的溯及力，一般仅对将来发生效力。基于公司诉讼的上述特点，本条以列举的方式就公司诉讼其他相关案件的管辖作了明确的规定。2020 年修正的《民事案件案由规定》第八部分中与公司有关的纠纷，增加了清算责任纠纷、损害股东利益责任纠纷、损害公司利益责任纠纷、损害公司债权人利益责任纠纷等。

——最高人民法院民法典贯彻实施工作领导小组办公室编著：《最高人民法院新民事诉讼法司法解释理解与适用》，人民法院出版社 2022 年版，第 118~120 页。

50. 损害公司利益责任纠纷管辖法院的确定

关键词

损害公司利益责任纠纷　管辖法院

最高人民法院裁判文书

谭国仁与云南永保特种水泥有限责任公司及原审被告西南水泥有限公司

损害公司利益责任纠纷案［最高人民法院（2019）最高法民辖终 325 号民事裁定书］

裁判要旨：有关公司设立、确认股东资格、分配利润、公司解散等公司组织行为的诉讼，往往涉及与公司组织相关的多数利害关系人的多项法律关系变动，常出现就同一个公司的同一个组织法行为提起多个诉讼的情形。为避免案件管辖过于分散，影响司法效率或产生相同事实相异判决，民事诉讼法第二十六条[①]就公司诉讼管辖作出特殊地域管辖规定。本案系公司以特定董事、股东损害公司利益为由提起诉讼，不符合公司组织诉讼的上述特征，应适用民事诉讼法地域管辖的一般规定而非特殊地域管辖规定。

最高人民法院认为，关于四川高院受理本案是否符合地域管辖要求的问题。有关公司设立、确认股东资格、分配利润、公司解散等公司组织行为的诉讼，往往涉及与公司组织相关的多数利害关系人的多项法律关系变动，常出现就同一个公司的同一个组织法行为提起多个诉讼的情形。为避免案件管辖过于分散，影响司法效率或产生相同事实相异判决，民事诉讼法第二十六条就公司诉讼管辖作出特殊地域管辖规定。本案系公司以特定董事、股东损害公司利益为由提起诉讼，不符合公司组织诉讼的上述特征，应适用民事诉讼法地域管辖的一般规定而非特殊地域管辖规定，故被告之一西南水泥有限公司的住所地人民法院四川高院对本案有管辖权。

——中国裁判文书网。

附录：最高人民法院主流观点

对于损害公司利益责任纠纷管辖法院的确定，司法实践有不同的观点。第一种观点认为，《民事诉讼法》规定的公司诉讼类型为公司组织诉讼，损害公司利益的行为是一种侵权行为，不属于公司组织诉讼，应按照《民事诉讼法》第二十八条[②]的规定，由侵权行为地或者被告住所地人民法院管辖。第二种观点认为，损害公司利益纠纷的股东代表诉讼涉及公司组织关系，是由股东在公司怠于提起诉讼时，代表公司起诉侵害公司利益的股东。为了便于公司和利害关系人参加诉讼，便于公司提供证据或人民法院调查取证，亦便于此后可能发生的强制执行，故对于损害公司利益责任纠纷，应由公司住所地人民法院管辖。第三种观点则认为，应根据损害公司利益责任纠纷的被告

① 现为《民事诉讼法》（2021 年修正）第二十七条。

② 现为《民事诉讼法》（2021 年修正）第二十九条。

类型，分别确定管辖：（1）公司股东滥用股东权利以及“董监高”违反法定义务损害公司利益责任纠纷，应适用公司诉讼的特殊地域管辖规定；（2）他人损害公司利益责任纠纷，应根据侵权行为地、结果发生地或者被告住所地法院确定管辖。从最高人民法院相关案例看，多数采第一种观点，即以侵权行为地、结果发生地或被告住所地作为损害公司利益责任纠纷的管辖法院。参见：最高人民法院（2019）最高法民辖终325号民事裁定书，最高人民法院（2018）最高法民辖终42号民事裁定书，最高人民法院（2018）最高法民辖终90号民事裁定书，最高人民法院（2017）最高法民辖终233号民事裁定书，最高人民法院（2015）民一终字第221号民事判决书，最高人民法院（2014）民二终字第252号民事判决书。

——杨万明主编、郭锋副主编、最高人民法院研究室编著：《最高人民法院新民事案件案由规定理解与适用》，人民法院出版社2021年版，第765~766页。

51. 股东损害公司债权人利益责任纠纷法院管辖的确定

关键词

损害公司债权人利益责任纠纷案　侵权结果发生地　原告住所地　管辖权异议

最高人民法院裁判文书

北京登峰伟业建筑工程有限公司与华宝红、祁自升股东损害公司债权人利益责任纠纷案［最高人民法院（2018）最高法民辖80号民事裁定书］

裁判要旨：根据《中华人民共和国民事诉讼法》第二十八条[①]和《最高人民法院关于适用〈中华人民共和国民事诉讼法〉的解释》第二十四条的规定，侵权行为实施地、侵权结果发生地及被告住所地人民法院对案件均有管辖权。本案案由为股东损害公司债权人利益责任纠纷，登峰伟业公司作为被侵权人，其住所地北京市应当属于侵权结果发生地，故北京市房山区人民法院对本案有管辖权。

最高人民法院认为，民事诉讼管辖权异议审查阶段应当根据当事人主张的法律关系确定案由。本案中，登峰伟业公司虽在诉讼理由中提出华宝红、

① 现为《民事诉讼法》（2021年修正）第二十九条。

祁自升作为相约今晚公司股东，在公司出现解散事由后逾期多年未对公司进行清算，但其诉讼请求是以相约今晚公司股东华宝红、祁自升损害债权人的利益为由，要求股东承担侵权赔偿责任，故本案案由为股东损害公司债权人利益责任纠纷。根据《中华人民共和国民事诉讼法》第二十八条和《最高人民法院关于适用〈中华人民共和国民事诉讼法〉的解释》第二十四条的规定，侵权行为实施地、侵权结果发生地及被告住所地人民法院对案件均有管辖权。登峰伟业公司作为被侵权人，其住所地北京市应当属于侵权结果发生地，故北京市房山区人民法院对本案有管辖权，其在先行受理的情况下将案件移送河南省濮阳市清丰县人民法院不当。河南省濮阳市清丰县人民法院不接收移送材料的行为虽然违反了《中华人民共和国民事诉讼法》第三十六条的规定，应当予以纠正，但该行为不影响本案管辖法院的确定。故北京市房山区人民法院对本案有管辖权。

——中国裁判文书网。

科伦比亚户外传媒广告（北京）有限公司与朱卫东、李庆元股东损害公司债权人利益责任纠纷案［最高人民法院（2018）最高法民辖162号民事裁定书］

裁判要旨：本案中，科伦比亚公司以朱卫东、李庆元为被告提起诉讼，属于上述司法解释规定的股东损害公司债权人利益责任之诉。根据《中华人民共和国民事诉讼法》第二十八条关于"因侵权行为提起的诉讼，由侵权行为地或者被告住所地人民法院管辖"的规定，和《最高人民法院关于适用〈中华人民共和国民事诉讼法〉的解释》第二十四条关于"民事诉讼法第二十八条规定的侵权行为地，包括侵权行为实施地、侵权结果发生地"的规定，本案侵权结果发生地即科伦比亚公司住所地，和两名被告朱卫东、李庆元住所地，均可以作为确定案件管辖法院的连接点。

最高人民法院认为，《最高人民法院关于适用〈中华人民共和国公司法〉若干问题的规定（二）》第十八条第一款规定，"有限责任公司的股东、股份有限公司的董事和控股股东未在法定期限内组成清算组开始清算，应对债权人主张的债权在造成公司财产损失减少的范围内承担赔偿责任"。本案中，科伦比亚公司以朱卫东、李庆元为被告提起诉讼，属于上述司法解释规定的股东损害公司债权人利益责任之诉。根据《中华人民共和国民事诉讼法》第二十八条关于"因侵权行为提起的诉讼，由侵权行为地或者被告住所地人民法院管辖"的规定，和《最高人民法院关于适用〈中华人民共和国民事诉讼法〉

的解释》第二十四条关于“民事诉讼法第二十八条规定的侵权行为地，包括侵权行为实施地、侵权结果发生地”的规定，本案侵权结果发生地即科伦比亚公司住所地，和两名被告朱卫东、李庆元住所地，均可以作为确定案件管辖法院的连接点。北京市通州区人民法院作为科伦比亚公司住所地的法院，在先行受理本案的情况下，将本案移送天津市滨海新区人民法院审理错误，应予纠正。

——中国裁判文书网。

附录：最高人民法院主流观点

根据《民事诉讼法》第28条、《民事诉讼法解释》第24条的规定，损害公司债权人利益责任纠纷，由侵权行为地或者被告住所地法院管辖。侵权行为地包括侵权行为实施地、侵权结果发生地，也就是说股东损害公司债权人利益责任纠纷中，原告住所地法院有管辖权。参见：最高人民法院（2018）最高法民辖80号民事裁定书，最高人民法院（2018）最高法民辖162号民事裁定书。

——杨万明主编、郭锋副主编、最高人民法院研究室编著：《最高人民法院新民事案件案由规定理解与适用》，人民法院出版社2021年版，第768页。

52. 债权人起诉公司股东人格混同的侵权案件管辖权问题

关键词

公司股东人格混同　管辖权异议

最高人民法院裁判文书

酒钢宏兴公司与翼城宏信公司、酒钢翼城公司股东损害公司债权人利益责任纠纷案［最高人民法院（2021）最高法民辖终5号民事裁定书］

裁判要旨：关于债权人起诉债务人及其公司股东人格混同，要求公司与债务人共同承担侵权责任的案件的管辖问题。债务人住所地和侵权行为实施地、侵权结果发生地均在同一地点的，由该地的人民法院管辖。

最高人民法院认为，本案是翼城宏信公司起诉请求确认酒钢宏兴公司、酒钢翼城公司人格混同，追收酒钢宏兴公司相关财产并归入酒钢翼城公司财产的股东损害公司债权人利益责任纠纷。从侵权纠纷的角度看，酒钢翼城公司和翼城宏信公司的住所地均在山西省辖区，原审原告翼城宏信公司主张的侵权行为实施地和侵权结果发生地亦均在山西省辖区，由山西省高级人民法院管辖符合法律规定。一审法院受理本案时酒钢翼城公司尚未被裁定破产，本案不适用《中华人民共和国企业破产法》第二十一条关于破产法院集中管辖的规定。原审裁定认定事实清楚，适用法律正确，酒钢宏兴公司的上诉理由不能成立。依照《中华人民共和国民事诉讼法》第一百七十条第一款第一项、第一百七十一条规定，裁定如下：

驳回上诉，维持原裁定。

本裁定为终审裁定。

——中国裁判文书网。

53. 清算与破产审判庭管辖的案件

关键词

清算与破产审判庭　管辖

最高人民法院司法政策精神

三、职能范围

中级人民法院设立的清算与破产审判庭，职能范围主要包括：1. 审理公司强制清算与企业破产案件；2. 负责公司强制清算与企业破产案件审判工作的调研工作；3. 对下级法院公司强制清算与企业破产案件审判工作进行业务指导；4. 负责相关法院之间公司强制清算与企业破产案件的协调工作；5. 负责破产管理人的管理、培训等相关工作。

四、案件管辖

中级人民法院设立的清算与破产审判庭一般管辖地（市）级以上（含本级）工商行政管理机关核准登记公司（企业）的强制清算与破产案件。省、自治区、直辖市范围内中级人民法院因特殊情况需对公司强制清算与企业破产案件的地域管辖作出调整的，须经当地高级人民法院批准。

——《最高人民法院印发〈关于在中级人民法院设立清算与破产审判庭的工作方案〉的通知》（2016年6月21日，法〔2016〕209号）。

附录：答记者问

清算与破产审判庭是指在法院内部为审理公司强制清算和企业破产案件而设立的专门的审判组织。其中“清算”二字特指我国现行公司法项下的强制清算案件，就破产案件的审理而言，主要包括：

第一，清算与破产审判庭应当依法受理和审理破产清算、重整及和解案件。清算与破产审判庭应充分发挥破产审判职能，推进企业破产法的实施，加快僵尸企业出清步伐，对虽然已经具备破产原因但仍可能适应市场需要、有挽救价值的企业，要充分利用破产重整和破产和解制度，对其进行积极有效的挽救，实现企业再生，促进社会资源充分利用以及多方主体利益共赢；对不具有挽救希望和价值、符合破产清算条件的企业，则应及时启动破产清算程序，促其快速、有序退出市场。通过依法审理各类破产案件，纠正信用定价体系扭曲、缓解汇市压力和防范系统性金融风险，从而为市场创造良好融资环境和创新创业条件，并进一步释放生产要素，更好地发挥市场机制的优胜劣汰功能，促进经济转型升级。

第二，清算与破产审判庭应当加强对破产审判业务的调研和指导，并积极开展破产案件内部协调等工作。破产案件审理具有较强的专业性，清算与破产审判庭应立足于专业审判庭的地位，积极开展对相关审判实务、案件监督管理、司法统计信息、典型案例、管理人队伍建设以及相关业界动态等方面的调研工作，不断提高破产审判工作的专业性水平。加强破产案件审理过程中财产查封、拍卖以及执行等工作的协调，积极推动与地方政府建立企业破产工作统一协调机制，保障处置工作有序开展、稳妥推进，实现法律效果与社会效果有机统一。

第三，依法审理破产衍生诉讼。衍生诉讼由破产案件审判部门集中审理，将减少不同审判部门分别审理的沟通成本，有利于审理破产案件的法官全面了解破产企业的情况，对破产清算工作更好监督指导。在衍生诉讼具体审理中，一是必须按照立案登记制的要求受理审理破产衍生诉讼案件；二是要依法做好破产衍生诉讼案件的管辖，防止滥用管辖来实施地方保护主义；三是要提高审判效率，不得拖延衍生诉讼的审理从而影响破产程序的进程。

就破产案件的管辖而言，主要是出于以下几方面的考虑：一是各地基层法院工作量不均衡，有的基层法院承担了大量清算及破产案件的审理工作，而且随着“僵尸企业”处置工作的推进，以及破产案件立案难问题的逐步解决，基层法院受案数还将上升，如果全部集中到中级法院审理，案多人少的矛盾将更为突出。二是从便利当事人诉讼、提高诉讼效率的角度考虑，对于地域辽阔、交通不便的省份，案件集中到中级法院管辖，将增加各方当事人诉讼成本。一些小微企业的破产案件地域性极强，债务人和财产多集中在基层法院辖区内，如果由中级法院管辖将给法院处置财产造成不便，从而影响办案效率。第三，不利于审判资源的优化配置。如果将管辖权统一上移，中级法院办案压力突增，对基层法院来说也是审判力量的浪费。基于上述考虑，我们对中级法院集中管辖的问题没有作出统一规定，而是建议由各高级法院综合辖区内经济状况、地理环境、审判力量等情况，自行考虑是否由中级法院集中管辖此类案件。

——《充分发挥审判职能作用加快审理公司强制清算与企业破产案件——最高人民法院民二庭负责人就设立清算与破产审判庭答记者问》，载《人民法院报》2016 年 8 月 11 日。

54. 建设工程设计合同纠纷应该如何确定管辖

关键词

建筑工程设计合同纠纷　确定管辖

最高人民法院裁判文书

中外建华诚工程技术集团有限公司与北京贞玉民生药业有限公司建设工程设计合同纠纷案［最高人民法院（2021）最高法民辖 16 号民事裁定书］

裁判要旨：虽然建设工程勘察合同、建设工程设计合同的履行与工地有一定的联系，如设计合同，设计工作必须从工地勘察开始，但设计工作主体实际是在设计单位内完成；勘察合同的履行尽管数据采集等大部分工作在工地进行，但后期作图、报告制作等也是在承揽单位完成，故建设工程勘察合同纠纷、建设工程设计合同纠纷不应适用不动产专属管辖。

最高人民法院认为，本案争议焦点是建设工程设计合同纠纷能否按照不动产纠纷确定管辖。

《最高人民法院关于适用〈中华人民共和国民事诉讼法〉的解释》第二十八条第二款，农村土地承包经营合同纠纷、房屋租赁合同纠纷、建设工程施工合同纠纷、政策性房屋买卖合同纠纷，按照不动产纠纷确定管辖。法律规定不动产纠纷由不动产所在地人民法院管辖，便于受诉人民法院勘验现场，调查收集证据，也便于裁判生效后的执行工作。在实践中，有些涉及不动产的合同纠纷具有一定特殊性，如农村土地承包经营合同纠纷、房屋租赁合同纠纷、政策性房屋买卖合同纠纷，双方的争议除涉及合同的订立、履行等，还涉及当地的土地承包经营政策和房地产宏观调控政策，由不动产所在地法院专属管辖，有利于案件审理与执行。

本案中，建华诚公司以与贞玉民生药业公司存在建设工程设计合同纠纷为由，起诉至法院请求判令支付设计费等费用。《中华人民共和国民法典》第七百八十八条，建设工程合同是承包人进行工程建设，发包人支付价款的合同。建设工程合同包括工程勘察、设计、施工合同。这三种合同均属为建设房屋而订立的合同，但是各自具有不同的特点。工程勘察合同是指发包人与勘察人就完成建设工程地理、地质状况的调查研究工作而达成的协议；设计合同是在建设工程为项目决策提供可行性资料的设计及具体施工设计达成的协议；施工合同主要包括建筑和安装两方面内容。在审理建设工程施工合同纠纷中，建设工程施工合同的履行基本是在建设工程所在地，即不动产所在地，其争议会经常涉及建筑物工程造价评估、质量鉴定、留置权优先受偿、执行拍卖等，故由不动产所在地法院管辖。依照《民事案件案由规定》的有关规定，与建设工程施工合同具有同样性质、具有建筑和安装内容的建设工程分包合同纠纷、装饰装修合同纠纷、铁路修建合同纠纷、农村建房施工合同纠纷，其合同履行基本也在建筑物所在地，故应适用不动产专属管辖，同时建设工程价款优先受偿权纠纷、建设工程监理合同纠纷与建设工程施工具有密切关联性，同样应适用不动产专属管辖。虽然建设工程勘察合同、建设工程设计合同的履行与工地有一定的联系，如设计合同，设计工作必须从工地勘察开始，但设计工作主体实际是在设计单位内完成；勘察合同的履行尽管数据采集等大部分工作在工地进行，但后期作图、报告制作等也是在承揽单位完成，故建设工程勘察合同纠纷、建设工程设计合同纠纷不应适用不动产专属管辖。

本案系建设工程设计合同纠纷，依照《中华人民共和国民事诉讼法》第二十三条[①]，因合同纠纷提起的诉讼，由被告住所地或者合同履行地人民法院管辖。被告贞玉民生药业公司住所地在北京市大兴区，北京市大兴区人民法院对本案具有管辖权。北京市大兴区人民法院在先行受理的情况下，裁定将本案移送河北省滦南县人民法院审理，适用法律不当，应当予以纠正。

——中国裁判文书网。

55. 债权人代位权之诉的法院管辖是否受当事人之间管辖约定的约束

关键词

债权人代位权之诉　管辖　特殊地域管辖

最高人民法院裁判文书

上海城开集团合肥置业有限公司与珠海华润银行股份有限公司债权人代

① 现为《民事诉讼法》（2021年修正）第二十四条。

位权纠纷案［最高人民法院（2018）最高法民辖终 107 号民事裁定书］

裁判要旨：关于债权人代位权之诉的法院管辖是由司法解释规定的一种特殊地域管辖，其效力高于当事人间的约定，本案中，次债务人主张债权人行使代位权应该受次债务人与债务人间约定管辖条款约束与《合同法解释（一）》第十四条规定相冲突，当事人之间管辖条款的约定不能作为债权人对次债务人提起代位权诉讼的管辖依据。

最高人民法院认为，关于债权人代位权之诉的法院管辖是由司法解释规定的一种特殊地域管辖，其效力高于当事人间的约定。本案中，城开集团主张华润银行行使代位权应该受振戎能源公司与城开集团等之间《还款及债务加入协议》第五条的约定管辖条款约束与《最高人民法院关于适用〈中华人民共和国合同法〉若干问题的解释（一）》第十四条规定相冲突，《还款及债务加入协议》第五条不能作为债权人华润银行对振戎能源公司等次债务人提起代位权诉讼的管辖依据，因此，原审法院认为本案管辖法院应为城开集团的住所地法院有法律依据。另外，根据《最高人民法院关于调整高级人民法院和中级人民法院管辖第一审民商事案件标准的通知》第二条的规定，安徽省高级人民法院对当事人一方住所地不在受理法院所处省级行政辖区，诉讼标的额 1 亿元以上一审民事案件享有管辖权。本案中，华润银行住所地不在安徽省，且华润银行的诉讼请求标的额超过了 1 亿元，因此安徽省高级人民法院对本案享有管辖权。综上，城开集团上诉认为本案应由广东省广州市中级人民法院管辖没有事实及法律依据，本院不予支持。原审法院裁定驳回城开集团对管辖权提出的异议适用法律正确，本院予以维持。

——中国裁判文书网。

56. 当事人自行选择由特邀调解组织调解，达成调解协议后向人民法院申请司法确认，应当如何确定管辖法院

关键词

特邀调解组织　调解协议　管辖

最高人民法院司法政策精神

六、当事人自行选择由特邀调解组织调解，达成调解协议后向人民法院申请司法确认的，应当如何确定管辖法院？

答：当事人自行选择由特邀调解组织调解，达成调解协议后向人民法院申请司法确认的，按照以下规则确定管辖法院：（一）调解组织所在地人民法院与名册所属人民法院一致的，由调解组织所在地人民法院管辖；（二）调解组织所在地人民法院与名册所属人民法院不一致的，由名册所属人民法院管辖。（三）调解组织同属多个人民法院名册的，各人民法院均有管辖权，由最先立案的人民法院管辖，但申请由中级人民法院或者专门人民法院确认的，应当符合级别管辖或者专门管辖标准。

——《最高人民法院关于印发〈民事诉讼程序繁简分流改革试点问答口径（二）〉的通知》（2020 年 10 月 23 日，法〔2020〕272 号）。

57. 已经离婚的中国公民且双方均定居国外的离婚诉讼，如果仅就国内财产分割发生纠纷，应当向主要财产所在地人民法院提起诉讼

关键词

离婚　主要财产所在地　管辖　定居国外

最高人民法院司法解释

第十七条　已经离婚的中国公民，双方均定居国外，仅就国内财产分割提起诉讼的，由主要财产所在地人民法院管辖。

——《最高人民法院关于适用〈中华人民共和国民事诉讼法〉的解释》（2022 年 4 月 1 日修正）。

附录：最高人民法院主流观点

对于已经离婚的中国公民且双方均定居国外的离婚诉讼，如果仅就国内财产分割发生纠纷，应当依据《民事诉讼法解释》关于特殊地域管辖的规定，向主要财产所在地人民法院提起诉讼，而不能依据一般地域管辖的规定，向当事人在国内的原住所地法院提起诉讼。离婚后财产分割纠纷，不涉及离婚等身份事项，是纯粹的财产分割纠纷，《民事诉讼法解释》规定由主要财产所在地人民法院管辖，是一种特殊的地域管辖。

《民事诉讼法解释》中的主要财产所在地，是指当事人请求分割的财产中价值最大财产的所在地。如果有多项财产，分别处于不同法院的管辖区域，则应当按照各法院管辖区域内财产价值确定主要财产。

同时要注意，《民事诉讼法解释》所规定的主要财产所在地，包括不动产所在地，也包括其他财产所在地。在既有不动产，又有其他财产时，如何确

定主要财产？例如，分割财产中有1000万元证券在北京，500万元存款在上海，价值50万元的房屋在海南，能否以价值最大的证券所在地北京的法院确定管辖？我们认为，《民事诉讼法解释》有关规定是为便利当事人诉讼、便于法院审理而设计的一种特殊管辖规则，如果主要财产不是不动产且与不动产财产不在同一地点的，可以由该主要财产所在地的法院管辖该案件。

——最高人民法院民法典贯彻实施工作领导小组办公室编著：《最高人民法院新民事诉讼法司法解释理解与适用》，人民法院出版社2022年版，第105~106页。

四、专属管辖

58. 不动产纠纷的专属管辖

关键词

不动产纠纷　专属管辖

最高人民法院司法解释

第二十八条　民事诉讼法第三十四条第一项规定的不动产纠纷是指因不动产的权利确认、分割、相邻关系等引起的物权纠纷。

农村土地承包经营合同纠纷、房屋租赁合同纠纷、建设工程施工合同纠纷、政策性房屋买卖合同纠纷，按照不动产纠纷确定管辖。

不动产已登记的，以不动产登记簿记载的所在地为不动产所在地；不动产未登记的，以不动产实际所在地为不动产所在地。

——《最高人民法院关于适用〈中华人民共和国民事诉讼法〉的解释》（2022年4月1日修正）。

最高人民法院裁判文书

上海爱建信托有限责任公司与上海爱建集团股份有限公司合同纠纷案

［最高人民法院（2017）最高法民辖终19号民事裁定书］

最高人民法院认为，对于法院管辖权的确认，应当以当事人诉争的法律关系的性质为依据。民事诉讼法第三十三条[①]规定，因不动产纠纷提起的诉讼，由不动产所在地人民法院专属管辖；民事诉讼法解释第二十八条规定，民事诉讼法第三十三条第一项规定的不动产纠纷是指因不动产的权利确认、分割、相邻关系等引起的物权纠纷。本案中，爱达公司一方向一审法院诉请的第一项诉讼请求即是要求履行 2005 年签订的《最终处置协议》，该协议明确约定：爱建信托公司“有且仅有哈尔滨爱建地下商贸城 135000 平方米建筑面积及哈尔滨百联购物中心约 16.4 万平方米建筑面积的房地产权益”，其中第一项已经办理了《房屋所有权证》，第二项由爱建信托公司委托爱达公司代为处置，但并未放弃权利。除上述建筑面积外，项目中的其他房地产权利均由爱达公司享有。由上述约定可见，该协议的主要内容是对于双方履行之前的合资、合作开发房地产合同而建设的两座商场所有面积的分割和所有权确认，以及之后如何处理该两处不动产。爱达公司一方诉请要求继续履行该协议，即要求按照协议内容对不动产物权进行处分。根据双方自认，在该协议签订时，两座商场的房屋已经建成，双方签订《最终处置协议》的目的不仅是对合作开发房地产的利润分配等的债权清算，而且是对已经开发的不动产房屋进行的物权分割和确认，因此，按照当事人诉争的法律关系性质来看，本案应当属于上述司法解释所规定的“因不动产的权利确认、分割引起的物权纠纷”的不动产纠纷专属管辖范畴。至于上诉人提出 2005 年的《最终处置协议》已经被 2011 年的《整体框架协议》所替代，该协议是对双方之间整体债权债务的总结，并非房地产合作开发纠纷，应当适用约定管辖的问题。本院认为，爱达公司一方虽然在诉讼请求的第二项要求确认《整体框架协议》无效，但是该诉讼请求是基于确认继续履行《最终处置协议》而衍生的诉讼请求，并非独立于第一项诉讼请求之外，换言之，本案就目前程序性审理阶段来看，爱达公司一方作为原告，其诉争的法律关系是要求确认两座商场的房地产所有权的分割和处置，并非结算双方之间的债权债务关系，因此，不宜按照第二项诉讼请求的内容来确定管辖法院。至于《整体框架协议》是否有效以及是否替代了《最终处置协议》，属于实体审理的范畴，应当通过实体审理解决。上海市第一中级人民法院和上海市高级人民法院在另案审理中驳回了爱达公司一方的管辖权异议，其理由在于另案系债权转让合同纠纷，当事人的诉讼请求是要求债务人清偿债权受让人的债权，故其按照合同纠纷的管辖约定进行审理并无不当，亦不影响本案依照当事人诉争的法律关系确定管辖法院。

——中国裁判文书网。

① 现为《民事诉讼法》（2021 年修正）第三十四条。

深圳市鹏跃投资发展有限公司与陕西长通投资开发有限公司、汇通国基房地产开发有限责任公司等项目转让合同纠纷案［最高人民法院（2016）最高法民辖终 84 号民事裁定书］

最高人民法院认为，民事诉讼法解释第二十八条第一款和第二款规定："民事诉讼法第三十三条第一项规定的不动产纠纷是指因不动产的权利确认、分割、相邻关系等引起的物权纠纷。农村土地承包经营合同纠纷、房屋租赁合同纠纷、建设工程施工合同纠纷、政策性房屋买卖合同纠纷，按照不动产纠纷确定管辖。"根据上述规定，适用专属管辖的不动产纠纷限定在"因不动产的权利确认、分割、相邻关系等引起物权纠纷"，除此以外的其他不动产物权纠纷，不适用专属管辖。"农村土地承包经营合同纠纷、房屋租赁合同纠纷、建设工程施工合同纠纷、政策性房屋买卖合同纠纷，按照不动产纠纷确定管辖"，属于特别规定。本案系因双方履行《项目转让协议书》产生纠纷，深圳鹏跃公司认为长通公司在履行《项目转让协议书》过程中根本违约，请求判令长通公司返还定金，赔偿损失，并适用双倍定金返还原则，汇通国基公司、汇通国基西安分公司同时承担连带清偿责任等，该纠纷不符合民事诉讼法司法解释第二十八条第一款和第二款规定，即不属于民事诉讼法第三十三条第一项规定的不动产纠纷专属管辖的情形。

——中国裁判文书网。

陈国健等与新汶矿业集团地质勘探有限责任公司企业出售合同纠纷案［最高人民法院（2012）民申字第 416 号民事裁定书］

最高人民法院认为：关于本案是否应适用不动产纠纷专属管辖规定的问题。根据侯某某与陈国健签订的煤矿转让合同的内容，双方约定转让的标的为永兴煤矿的资产及企业名下的所有权益，从形式上看是永兴煤矿转让其企业资产，但实际为永兴煤矿的出资人新汶公司转让其在永兴煤矿享有的投资者权益，转让标的不属于不动产，不应适用民事诉讼法第三十四条关于不动产纠纷专属管辖的规定。因双方在合同中明确约有管辖条款，应根据民事诉讼法第二十五条关于协议管辖的规定确定管辖。在《永兴煤矿转让合同》《补充协议》及《还款协议》中，双方对管辖地的选择共进行了三次约定，按时间顺序，应视为以后约定变更之前的约定。在最后签订的《还款协议》中双方约定"以原告方所在地法院管辖"，因此，新汶公司作为原告向其所在的山东省泰安市中级人民法院起诉符合双方的约定，陈国健等人提出应由贵州省有管辖权的法院管辖的理由不能成立。

——中国裁判文书网。

附录：最高人民法院主流观点

1. 不动产纠纷仅限于部分物权纠纷

物权是指人们对物的占有、使用、收益、处分的权利，是财产权的一种。我国民法典将物权分为所有权、用益物权和担保物权。所有权是物权的完整形态，包含了物权占有、使用、收益和处分的全部功能。用益物权是以对物的使用收益为目的的他物权，如土地承包经营权、建设用地使用权、宅基地使用权、地役权等。担保物权是以物的价值担保债权到期能够得到清偿的他物权，如抵押权、质权、留置权等。物权纠纷是基于物权关系而产生的纠纷，它与债权纠纷构成了民事纠纷的常见种类。

物通常分为动产和不动产两类。因不动产物权确认、使用、收益、处分和保护等发生的纠纷统称为不动产物权纠纷。实践中，区分不动产物权纠纷与不动产债权纠纷会产生一些争议，如确认房屋抵押合同无效纠纷究竟属于哪一类纠纷。最高人民法院《民事案件案由规定》明确，按照物权变动原因与结果相区分的原则，确定纠纷的性质和案由。对于因物权变动的原因关系，即债权性质的合同关系产生的纠纷，如物权设立原因关系方面的担保合同纠纷，物权转让原因关系方面的买卖合同纠纷，均是债权纠纷；对于因物权设立、权属、效力、使用、收益等物权关系产生的纠纷，则是物权纠纷。《民事案件案由规定》列举了不动产物权纠纷六类二级案由和三十四类三级案由（不包括质权纠纷），可见在实践中物权纠纷的种类是很多的。

基于专属管辖属于强行性规定，不允许当事人通过合意进行变通，其适用应当尽可能限定在确有必要的范围内。因此，《民事诉讼法解释》第二十八条第一款将适用专属管辖的不动产纠纷限定在“因不动产的权利确认、分割、相邻关系等引起的物权纠纷”。除此以外的其他不动产物权纠纷，不适用专属管辖。

2. 几类特殊合同纠纷适用专属管辖

在实践中，有些涉及不动产的合同纠纷具有一定特殊性。例如，农村土地承包经营合同纠纷、房屋租赁合同纠纷、政策性房屋买卖合同纠纷，双方的争议除涉及合同的订立、履行等，还涉及当地的土地承包经营政策和房地产宏观调控政策，由不动产所在地法院专属管辖，有利于统一裁判尺度以及配合当地政府处理该类案件引起的群体性纠纷。又如，建设工程施工合同纠纷往往涉及建筑物工程造价评估、质量鉴定、留置权优先受偿、执行拍卖等，由建筑物所在地法院管辖有利于案件的审理与执行。因此，《民事诉讼法解释》第二十八条第二款规定：“农村土地承包经营合同纠纷、房屋租赁合同纠纷、建设工程施工合同纠纷、政策性房屋买卖合同纠纷，按照不动产纠纷确定管辖。”

3. 不动产所在地如何确定

不动产实际所在地就是不动产所在地。我国对土地与房屋等实行登记制，凡经有关政府部门登记的，不动产登记簿记载的所在地为不动产所在地。在实践中，不动产实际所在地与登记簿记载的所在地是重合的。

审判实践中应当注意：

继承纠纷中涉及不动产的，是不动产纠纷专属管辖优先抑或继承遗产纠纷专属管辖优先？由于民事诉讼法没有明确规定，其第三十四条第一项与第三项之间有可能发生冲突。现将不动产纠纷限于《民事诉讼法解释》界定的不动产物权纠纷，该问题不解自破。

——最高人民法院民法典贯彻实施工作领导小组办公室编著：《最高人民法院新民事诉讼法司法解释理解与适用》，人民法院出版社 2022 年版，第 132~135 页。

59. 装饰装修合同纠纷是否按照不动产纠纷确定管辖

关键词

装饰装修合同纠纷　不动产纠纷专属管辖

最高人民法院裁判文书

蔡佳佳与南京名工坊装饰工程有限公司装饰装修合同纠纷报请指定管辖案［最高人民法院（2021）最高法民辖 59 号民事裁定书］

裁判要旨：《最高人民法院关于适用〈中华人民共和国民事诉讼法〉的解释》第二十八条第二款规定的建设工程施工合同纠纷，不限于民事案件案由规定的建设工程合同纠纷项下的第四级案由“建设工程施工合同纠纷”，还应当包括该项下的建设工程分包合同纠纷、装饰装修合同纠纷等其他与建设工程施工相关的纠纷。

最高人民法院认为，本案系装饰装修合同纠纷。《最高人民法院关于适用〈中华人民共和国民事诉讼法〉的解释》第二十八条第二款规定，“农村土地承包经营合同纠纷、房屋租赁合同纠纷、建设工程施工合同纠纷、政策性房屋买卖合同纠纷，按照不动产纠纷确定管辖。”该款规定的建设工程施工合同纠纷，不限于民事案件案由规定的建设工程合同纠纷项下的第四级案由“建设工程施工合同纠纷”，还应当包括该项下的建设工程分包合同纠纷、装饰装修合同纠纷等其他与建设工程施工相关的纠纷。故本案应当按照不动产纠纷确定管辖，由不动产所在地法院管辖。安徽省和县人民法院作为不动产所在地法院，将有管辖权的案件移送江苏省南京江北新区人民法院处理不当，本院予以纠正。

——中国裁判文书网。

60. 反诉的管辖

关键词

反诉　管辖

最高人民法院司法解释

第二百三十三条第三款　反诉应由其他人民法院专属管辖，或者与本诉的诉讼标的及诉讼请求所依据的事实、理由无关联的，裁定不予受理，告知另行起诉。

——《最高人民法院关于适用〈中华人民共和国民事诉讼法〉的解释》（2022 年 4 月 1 日修正）。

附录：最高人民法院主流观点

反诉管辖法院的要求。管辖权是法院对特定诉讼行使审判权的前提，故受诉法院须对反诉具有管辖权。反诉只能向受理本诉的同一人民法院提起，且不能违反法律对专属管辖的规定。反诉是在本诉进行中提起的，并且要利用本诉的诉讼程序一并进行审理，因此反诉只能向受理本诉的法院提起。审理本诉的法院对反诉的管辖权，可以基于牵连管辖而获得，但如果反诉属于另一法院专属管辖，受理本诉的法院则无权管辖，本诉的被告只能向有专属管辖权的法院另行起诉。专属管辖多因涉及公共利益而具有强制性，不允许随意变更，具有不可改变性、排他性，由某一法院专属管辖的案件，其他任何法院都无权管辖。这是法律强制性规定，不得违反。

——最高人民法院民法典贯彻实施工作领导小组办公室编著：《最高人民法院新民事诉讼法司法解释理解与适用》，人民法院出版社 2022 年版，第 501 页。

61. 继承纠纷中涉及不动产的，是不动产纠纷专属管辖优先抑或继承遗产纠纷专属管辖优先

关键词

继承纠纷　专属管辖　遗产不动产

最高人民法院司法解释

第二十八条　民事诉讼法第三十四条第一项规定的不动产纠纷是指因不动产的权利确认、分割、相邻关系等引起的物权纠纷。

农村土地承包经营合同纠纷、房屋租赁合同纠纷、建设工程施工合同纠纷、政策性房屋买卖合同纠纷，按照不动产纠纷确定管辖。

不动产已登记的，以不动产登记簿记载的所在地为不动产所在地；不动产未登记的，以不动产实际所在地为不动产所在地。

——《最高人民法院关于适用〈中华人民共和国民事诉讼法〉的解释》（2022 年 4 月 1 日修正）。

附录：最高人民法院主流观点

继承纠纷中涉及不动产的，是不动产纠纷专属管辖优先抑或继承遗产纠纷专属管辖优先？由于民事诉讼法没有明确规定，其第三十四条第一项与第三项之间有可能发生冲突。现将不动产纠纷限于《民事诉讼法解释》界定的不动产物权纠纷，该问题不解自破。

——最高人民法院民法典贯彻实施工作领导小组办公室编著：《最高人民法院新民事诉讼法司法解释理解与适用》，人民法院出版社 2022 年版，第 135 页。

五、专门法院的管辖

62. 我国专门法院的审级设置

关键词

专门法院　审级设置

附录：最高人民法院法官著述

（五）审级设置："专门上诉 + 专地对接"机制

1954 年《人民法院组织法》参照苏联专门法院的上诉机制，明确专门法院的上诉机构为最高人民法院。后来，为便于诉讼和审理，又将上海、天津市高级人民法院作为上海、天津、长江（武汉）水上运输法院的上诉审法院。铁路运输法院 1980 年恢复重建时，曾包含三个层级，即：铁路运输高级法院、铁路运输中级法院、铁路运输法院。到 1987 年，因存在办案周期长、效率低、成本高等弊端，铁路运输高级法院被裁撤，对铁路运输中级法院第一审裁判不服的，上诉至所在地高级人民法院（以下简称高级法院）。

截至目前，我国专门法院审级建制最完整、最系统的是军事法院，包含三个层级；其次是铁路运输法院、林区（业）法院，包含两个层级。总体来看，目前各专门法院的审级设置和上诉机制存在五种模式：

第一种模式：专门上诉制。有系统完备的专门法院组织体系、审级设置和上诉机制。例如，我国共有 34 个军事法院，分为三个审级，其中解放军军事法院 1 个（按高级法院级别设置），总直属和战区军事法院 7 个（按中级法院级别设置），基层军事法院 26 个。三级军事法院审判工作均受最高人民法院监督指导。

第二种模式：专门上诉（越级上诉）+ 专地对接制（分别对接地方高院、基层法院）。专门法院与所在地中级法院同级，审理第一审、第二审案件，可以受理来自地方基层法院的上诉案件，上诉法院为最高人民法院或所在地高级法院。目前，仅知识产权法院采取这种模式。对其所作的第一审裁判，区分案件类型，分别上诉至最高人民法院知识产权法庭或所在地高级法院。

第三种模式：专地对接制（分别对接地方高院、基层法院）。专门法院与所在地中级法院同级，审理第一审、第二审案件，可以受理来自地方基层法院的上诉案件，上诉法院为所在地高级法院。例如，上海、北京和成渝金融法院。

第四种模式：专地对接制（对接地方高院）。专门法院与所在地中级法院同级，只审理第一审案件，上诉法院为所在地高级法院。例如，海事法院仅管辖第一审海事、海商案件。对海事法院裁判的上诉案件，由所在地高级法院审理。

第五种模式：专门上诉制 + 专地对接制（分别对接地方高院、中级法院）。包含两个审理层级，依照管辖案件类型，基层层级法院的第一审裁判可以上诉至对应的上一级法院，也可以上诉至所在地地方中级法院。中级层级法院第一审裁判，上诉至所在地高级法院。例如，铁路运输两级法院、林区（业）两级法院。

——何帆：《新时代专门人民法院的设立标准和设置模式》，载《中国应用法学》2022 年第 3 期。

63. 我国专门法院的布局模式

关键词

专门法院　布局模式

附录：最高人民法院法官著述

（六）布局模式："全覆盖 + 区域制"相结合

党的十八大之前，我国专门法院的布局模式是"行业完整覆盖，兼顾特殊区域"。军事法院实行"属人 + 属地"相结合的管辖制度，管辖范围完整覆盖全军。铁路运输法院则是在铁路局所在地设立中级法院、在铁路管理分局所在地设立基层法院，17 个铁路运输中级法院和 58 个铁路运输基层法院分布在除西藏、海南之外的 29 个省、自治区、直辖市，管辖范围覆盖全国铁路沿线。先后设立的 10 个海事法院，也形成全面覆盖 18000 余公里海岸线、沿海沿江港口、通海可航水域和中华人民共和国管辖海域的海事审判格局。林（业）、油田法院的设立，本来就有保护森林、油气资源的考虑，所以仅在黑龙江、辽宁、吉林、甘肃等特定地区设置。

党的十八大之后，从知识产权法院、金融法院的设置地点、管辖范围和布局情况看，节奏上不再"一步到位"，范围上不再"系统覆盖"，布局上不再"面面俱到"。在选择专门法院驻在地时，会综合考虑区域发展战略、区域辐射效应、经济发展水平、产业集中程度、相关案件数量和专业审判基础等因素。这也是 2014 年 8 月决定将首批知识产权法院设置在北京、上海和广州的原因。

在此之后，区域发展战略和辐射效应，成为确定专门法院设置地点的首要考虑因素。2020 年 12 月决定设立海南自由贸易港知识产权法院时，则更加侧重服务保障海南自由贸易港建设，"进一步扩大海南自由贸易港国际影响力"，加快培育其"参与和引领国际经济合作的竞争新优势"。

此外，2018 年 4 月决定在上海设立金融法院，主要考虑是服务保障上海作为"国际金融中心"的战略定位，推动实现"2020 年将上海国际金融中心基本建成与我国经济实力以及人民币国际地位相适应的国际中心"的战略目标；2021 年 1 月决定在北京设立金融法院，主要考虑是服务保障北京作为"国家金融管理中心"和"国家科技金融创新中心"的战略定位，"防范化解系统性金融风险"；2022 年 2 月决定在重庆设立金融法院，主要考虑是"促进成渝双城经济圈建设健康发展”，打造“内陆开放战略高地”。

地域管辖方面，4个知识产权法院和上海、北京金融法院都是管辖所在省、直辖市内的专业化案件。全国人大常委会在审议设立知识产权法院的决定草案时，部分常委会委员曾提出，“为整合司法资源、统一裁判标准，建议明确北京、上海、广州知识产权法院在全国范围内实行跨省（直辖市）区域管辖”。但法律委员会研究后认为，“在知识产权法院初创阶段，可以先在省（直辖市）范围内实行跨区域管辖，待条件成熟后，逐步实行跨省（直辖市）区域管辖”。所以，后来的设立决定将之表述为：“在知识产权法院设立的三年内，可以先在所在省（直辖市）实行跨区域管辖。”三年之后，基于便利当事人诉讼、集中整合省域司法资源、保持案件数量和审判力量平衡等因素的考虑，知识产权法院均未实行跨省级区域管辖。

地域管辖模式的突破，开始于成渝金融法院。考虑到成渝双城经济圈的特殊性，成渝金融法院实现了跨省级区域管辖，设置地点在重庆市，但管辖重庆市、四川省属于成渝地区双城经济圈范围内的金融民商事、行政案件。但是，最高人民法院在决定草案的说明中也表示：“金融案件跨省级区域管辖目前未有先例，无经验可循，目前《决定（草案）》提出的案件管辖范围是对跨省管辖模式的探索。今后，最高人民法院将根据实际审判工作情况以及成渝双城经济圈的发展建设需要，适时调整完善成渝金融法院的案件管辖。”这也为未来根据跨省管辖运行情况，实事求是优化调整预留了空间。

——何帆：《新时代专门人民法院的设立标准和设置模式》，载《中国应用法学》2022年第3期。

64. 我国专门法院的管理体制

关键词

专门法院　管理体制

附录：最高人民法院法官著述

（七）管理体制：属地管理制

除军事法院管理体制较为特殊外，专门法院主要采取属地管理模式，经费由所在地省级财政或地市级财政保障。院长选任和法官任免方面，专门法院院长一般由所在地的市人大常委会主任会议提请本级人大常委会任免；副院长、庭长、审判员和审判委员会委员，由院长提请所在地的市人大常委会任免。这里“所在地的市”，既可以是北京、上海、重庆、天津这样的直辖市，也包括副省级城市、计划单列市和普通地级市。根据全国人大常委会有关决定和现实运行情况，主要存在两种人大任免模式：

第一种：所在地的省级人大任免模式。例如，北京、上海、海南自由贸易港知识产权法院；北京、上海、成渝金融法院；上海、天津、武汉、南京海事法院。第二种：所在地的市级人大任免模式。例如，广州知识产权法院；广州、宁波、大连、青岛、北海、厦门、海口海事法院。

此外，铁路运输法院等法院过去实行企业党委与所在地高级法院双重管理，以企业党委管理为主的体制，这种“政企不分”体制一直受到诟病，也影响了司法公信力。2004年之后，根据中央部署，原依托企业管理的法院被逐步纳入国家司法管理体系，实行属地管理。改革之后，两级铁路运输法院审判人员主要由所在地省级人大常委会任免，仅杭州、合肥铁路运输法院审判人员由所在地的市级人大常委会任免。

按照全国人大常委会的设立决定和工作惯例，海事法院、知识产权法院、金融法院对所在地的市人大常委会负责并报告工作。实际上一般是由所在地的高级法院在向省级人民代表大会作年度工作报告时，代为报告辖区专门法院工作。当然，为了加强人大监督、彰显运行成效，各专门法院也可以每年向所在地的市人大常委会提交书面工作报告，常委会可以不作审议和决议。

——何帆：《新时代专门人民法院的设立标准和设置模式》，载《中国应用法学》2022年第3期。

65. 我国专门法院的名称表述

关键词

专门法院　法院名称

附录：最高人民法院法官著述

（八）法院名称：“驻在地＋类别”式

专门法院具有跨行政区划管辖的特点，有别于普通地方法院，所以法院名称上虽冠以驻在地地名，但仅是为区分同级其他专门法院，不代表地域管辖范围和对应党政机关，也不嵌入“市”“县”“区”等字样，如南京海事法院、北京金融法院等。2020年在海南省海口市设立的知识产权法院，按照之前的命名方式，名称宜为“海口知识产权法院”。当时，考虑到《海南自由贸易港建设总体方案》中已明确提出设立海南自由贸易港知识产权法院，且使用该名称更有利于扩大国际影响力，故采用了“海南自由贸易港知识产权法院”的名称。另外，军事法院系统相对特殊，最高层级的称中国人民解放军军事法院；中间层级的按战区或直属情况定名，如东部战区军事法院、西部战区第一军事法院、总直属军事法院等；基层层级的按驻在地或直属情况定名，如成都军事法院、驻港部队军事法院、直属军事法院等。

考虑到中文表述习惯，专门法院名称一般不嵌入“人民”二字，但在法院类型上仍是“专门人民法院”。目前仅少部分林业（区）、油田法院在名称中带有“省”或“人民”字样，如黑龙江省林区中级人民法院、辽河中级人民法院、辽河人民法院等。

“基层、中级、高级”的表述，主要对应“地方各级人民法院”。海事法院、知识产权法院、金融法院，虽按照中级法院规格设置，审级亦与中级法院相同，但并未冠以“中级”之名。同理，未来即使设置专门化上诉机构，也不宜称为“海事高级法院”或“知识产权高级法院”，否则易混淆地方各级法院和专门法院的区别。

——何帆：《新时代专门人民法院的设立标准和设置模式》，载《中国应用法学》2022 年第 3 期。

66. 违反专门管辖的约定是无效的

关键词

专门管辖　管辖协议

附录：最高人民法院主流观点

违反专门管辖的约定是无效的。2012 年《民事诉讼法》没有规定协议管辖违反专门管辖是否无效，但最高人民法院的司法解释和相关政策性文件均认为属无效。如当事人约定普通民商事纠纷由海事法院管辖就是无效的。

——最高人民法院民法典贯彻实施工作领导小组办公室编著：《最高人民法院新民事诉讼法司法解释理解与适用》，人民法院出版社 2022 年版，第 138 页。

67. 军事法院管辖的案件

关键词

军事法院　管辖

最高人民法院司法解释

第十一条　双方当事人均为军人或者军队单位的民事案件由军事法院

管辖。

——《最高人民法院关于适用〈中华人民共和国民事诉讼法〉的解释》（2022 年 4 月 1 日修正）。

第一条　下列民事案件，由军事法院管辖：

（一）双方当事人均为军人或者军队单位的案件，但法律另有规定的除外；

（二）涉及机密级以上军事秘密的案件；

（三）军队设立选举委员会的选民资格案件；

（四）认定营区内无主财产案件。

第二条　下列民事案件，地方当事人向军事法院提起诉讼或者提出申请的，军事法院应当受理：

（一）军人或者军队单位执行职务过程中造成他人损害的侵权责任纠纷案件；

（二）当事人一方为军人或者军队单位，侵权行为发生在营区内的侵权责任纠纷案件；

（三）当事人一方为军人的婚姻家庭纠纷案件；

（四）民事诉讼法第三十四条规定的不动产所在地、港口所在地、被继承人死亡时住所地或者主要遗产所在地在营区内，且当事人一方为军人或者军队单位的案件；

（五）申请宣告军人失踪或者死亡的案件；

（六）申请认定军人无民事行为能力或者限制民事行为能力的案件。

第三条　当事人一方是军人或者军队单位，且合同履行地或者标的物所在地在营区内的合同纠纷，当事人书面约定由军事法院管辖，不违反法律关于级别管辖、专属管辖和专门管辖规定的，可以由军事法院管辖。

第四条　军事法院受理第一审民事案件，应当参照民事诉讼法关于地域管辖、级别管辖的规定确定。

当事人住所地省级行政区划内没有可以受理案件的第一审军事法院，或者处于交通十分不便的边远地区，双方当事人同意由地方人民法院管辖的，地方人民法院可以管辖，但本规定第一条第（二）项规定的案件除外。

第五条　军事法院发现受理的民事案件属于地方人民法院管辖的，应当移送有管辖权的地方人民法院，受移送的地方人民法院应当受理。地方人民法院认为受移送的案件不属于本院管辖的，应当报请上级地方人民法院处理，不得再自行移送。

地方人民法院发现受理的民事案件属于军事法院管辖的，参照前款规定办理。

第六条 军事法院与地方人民法院之间因管辖权发生争议，由争议双方协商解决；协商不成的，报请各自的上级法院协商解决；仍然协商不成的，报请最高人民法院指定管辖。

第七条 军事法院受理案件后，当事人对管辖权有异议的，应当在提交答辩状期间提出。军事法院对当事人提出的异议，应当审查。异议成立的，裁定将案件移送有管辖权的军事法院或者地方人民法院；异议不成立的，裁定驳回。

第八条 本规定所称军人是指中国人民解放军的现役军官、文职干部、士兵及具有军籍的学员，中国人民武装警察部队的现役警官、文职干部、士兵及具有军籍的学员。军队中的文职人员、非现役公勤人员、正式职工，由军队管理的离退休人员，参照军人确定管辖。

军队单位是指中国人民解放军现役部队和预备役部队、中国人民武装警察部队及其编制内的企业事业单位。

营区是指由军队管理使用的区域，包括军事禁区、军事管理区。

——《最高人民法院关于军事法院管辖民事案件若干问题的规定》（2012年8月28日，法释〔2012〕11号）。

最高人民法院司法政策精神

6. 依法确定涉军案件范围。涉军案件是指人民法院受理的以军队单位和军人军属为一方当事人的刑事、民事、行政等案件。军队单位是指中国人民解放军现役部队和预备役部队、中国人民武装警察部队及其编制内的企业。军人是指现役军（警）官、文职干部、士兵及具有军籍的学员。军队中的文职人员、非现役工勤人员、在编职工，由军队管理的离退休人员，以及执行军事任务的预备役人员和其他人员，按军人对待。军属是指军人的配偶、子女、父母以及其他与军人有法定扶养关系的亲属。

——《最高人民法院关于进一步加强人民法院涉军案件审判工作的通知》（2010年7月28日，法〔2010〕254号）。

附录：最高人民法院主流观点

对于涉军离婚的诉讼管辖，应区别以下情形：第一，双方当事人都是军人的，由军事法院专门管辖，地方法院没有管辖权。第二，非军人一方对军人一方提起离婚诉讼，如果军人一方为非文职军人，非军人一方可以选择向自己的住所地人民法院起诉，该地方法院可以受理；军人一方为文职军人的，非军人一方可以选择向军人住所地法院起诉，该地方法院可以受理。第三，军人一方对非军人一方提起离婚诉讼，如果军人一方向非军人一方住所地法院起诉，该地方法院可以受理。

——最高人民法院民法典贯彻实施工作领导小组办公室编著:《最高人民法院新民事诉讼法司法解释理解与适用》,人民法院出版社2022年版,第101页。

附录:最高人民法院法官著述

三、关于军事法院管辖民事案件的范围

军事法院民事案件管辖的范围,是司法解释的重点。包括以下几个方面的内容:

(一)关于军事法院民事案件的专门管辖

《规定》第一条第(一)项规定,双方当事人均为军人或者军队单位的案件,由军事法院管辖,但法律另有规定的除外。这是军事法院民事案件管辖范围的一般条款,体现了属人管辖的基本原则,是对2001年《复函》第一条“军事法院试行审理双方当事人都是现役军人、部队管理的离退休干部、军队在编职工或者军内法人的民事案件”的进一步概括和规范。

《规定》第一条第(二)项是关于涉及机密级以上军事秘密案件的管辖规定。1961年1月27日最高人民检察院、最高人民法院、公安部、解放军总政治部联合下发《关于国防尖端部门职工、家属的户口管理、案件处理等问题的通知》中规定,“凡涉及内部机密的民、刑事案件,亦应由军检、军法部门办理。”《中国人民解放军保密条例》第十一条规定,军事秘密分为绝密、机密、秘密三级。绝密级军事秘密是最重要的军事秘密,泄露会使国防安全和军事利益遭受特别严重的损害;机密级军事秘密是重要的军事秘密,泄露会使国防安全和军事利益遭受严重的损害;秘密级军事秘密是一般的军事秘密,泄露会使国防安全和军事利益遭受损害。本项明确规定了涉及机密级及以上军事秘密的案件由军事法院管辖。

《规定》第一条第(三)项、第(四)项是适用涉军特别程序案件的管辖问题。由于军队设立选举委员会的选民资格案件有部队行政管理的特殊性,2007年民事诉讼法第一百六十四条明确当事人因不服选举委员会对选民资格的申诉所作的处理决定提出申请,由军事法院受理;根据2007年民事诉讼法第一百七十四条的规定,对于营区内的财产无主认定案件,由财产所在地军事法院审理。

(二)关于军事法院民事案件的选择管辖

对于当事人一方为军人或者军队单位,另一方为地方当事人的,赋予地方当事人以选择权,就军人职务侵权案件、发生在营区的涉军侵权案件、军人婚姻家庭案件、专属管辖的涉军案件以及适用特别程序案件可以向军事法院或地方法院提起诉讼,既尊重当事人意思自治,又有利于案件的审判和执行。

（三）关于军事法院民事案件的协议管辖

根据2007年民事诉讼法第二十五条规定，对于地方当事人与军人或者军队单位之间发生的合同纠纷，合同履行地或者标的物所在地在营区内，当事人在合同中书面约定由军事法院管辖的，军事法院应当管辖。起草过程中，一些同志提出，应当根据现行第二十五条规定增加协议管辖案件范围，尤其是2012年8月31日审议通过的民事诉讼法修改决定将协议管辖的案件范围从合同案件扩大到所有财产权益案件，但考虑到管辖的确定性，特别是军事法院民事案件审判资源实际，《规定》对协议管辖还是作了相应的限制，仅适用于“合同履行地或者标的物所在地在营区内的合同纠纷”。

（四）专门管辖的除外规定

根据两便原则，对当事人住所地所在省级行政区划内没有军事法院，或者交通十分不便的边远地区的案件，双方当事人同意由地方人民法院管辖的，地方人民法院可以管辖，涉及机密级以上军事秘密的案件除外。之所以这样规定主要是考虑到由于历史原因，至今在江西、宁夏、贵州未设基层军事法院，而且即使在设有基层军事法院的省市，也有不便于当事人起诉的边远地区客观实际。“交通十分不便的边远地区”是参照新修订的刑事诉讼法第一百五十六条第（一）项规定予以确定。

四、关于军事法院与地方人民法院之间管辖权争议的解决

2012年民事诉讼法第三十六条规定为解决管辖争议问题提供了法律依据。据此，《规定》第五条对军事法院与地方人民法院之间相互移送管辖作出规定。该条第一款规定，受理法院发现案件不属于本院管辖的，应当移送有管辖权的法院，受移送的法院应当受理。与一般案件移送管辖不同的是，当受移送的地方人民法院认为受移送案件不属于地方人民法院管辖的，应当报请上级地方人民法院协调处理，而不是由其指定管辖。这是由于军事法院与地方人民法院分属两个系统，上级地方人民法院无权指定军事法院管辖。同理，地方人民法院发现受理的民事案件属于军事法院管辖的，参照前述规定办理。

此外，虽然军事法院与地方人民法院建制不同，但都分为三级，且最高人民法院是其共同的上级法院。因此，《规定》明确军事法院与地方人民法院之间发生管辖权争议，由争议双方协商解决；协商不成的，报请各自的上级法院协商解决；仍然协商不成的，可以报请最高人民法院指定管辖。

五、关于地方当事人诉讼权利的保障

《规定》除了在军事法院民事案件管辖范围方面，明确地方当事人的选择管辖、协议管辖以外，还在以下方面加强对地方当事人诉讼权利的保护：一是规定了军事法院专门管辖的案件，如果当事人住所地省级行政区划内没有可以受理案件的第一审军事法院，或者处于交通十分不便的边远地区，双方当事人同意由地方人民法院管辖的，地方人民法院可以管辖；二是明确了当

事人的管辖异议救济权，规定军事法院受理案件后，当事人对管辖权有异议的，可以在提交答辩状期间提出。异议成立的，裁定将案件移送有管辖权的军事法院或者地方人民法院。

——孙佑海、吴兆祥、孙茜:《〈最高人民法院关于军事法院管辖民事案件若干问题的规定〉的理解与适用》，载江必新主编:《最高人民法院司法解释与指导性案例理解与适用》第一卷，人民法院出版社2013年版，第352~354页。

68. 应区别多种情形认定涉军离婚诉讼的管辖

关键词

专门管辖　离婚诉讼　涉军诉讼　军人军事法院

最高人民法院司法解释

第十一条　双方当事人均为军人或者军队单位的民事案件由军事法院管辖。

——《最高人民法院关于适用〈中华人民共和国民事诉讼法〉的解释》(2022年4月1日修正)。

附录：最高人民法院主流观点

2021年《民事诉讼法》修改废除了《92年民事诉讼法意见》第11条，但是，对于涉军离婚的诉讼管辖，应区别以下情形：第一，双方当事人都是军人的，由军事法院专门管辖，地方法院没有管辖权。第二，非军人一方对军人一方提起离婚诉讼，如果军人一方为非文职军人，非军人一方可以选择向自己的住所地人民法院起诉，该地方法院可以受理；军人一方为文职军人的，非军人一方可以选择向军人住所地法院起诉，该地方法院可以受理。第三，军人一方对非军人一方提起离婚诉讼，如果军人一方向非军人一方住所地法院起诉，该地方法院可以受理。

——最高人民法院民法典贯彻实施工作领导小组办公室编著:《最高人民法院新民事诉讼法司法解释理解与适用》，人民法院出版社2022年版，第101页。

69. 发生在我国管辖海域相关案件的管辖

关键词

海事案件专门管辖

最高人民法院司法解释

第五条 因在我国管辖海域内发生海损事故，请求损害赔偿提起的诉讼，由管辖该海域的海事法院、事故船舶最先到达地的海事法院、船舶被扣押地或者被告住所地海事法院管辖。

因在公海等我国管辖海域外发生海损事故，请求损害赔偿在我国法院提起的诉讼，由事故船舶最先到达地、船舶被扣押地或者被告住所地海事法院管辖。

事故船舶为中华人民共和国船舶的，还可以由船籍港所在地海事法院管辖。

第六条 在我国管辖海域内，因海上航运、渔业生产及其他海上作业造成污染，破坏海洋生态环境，请求损害赔偿提起的诉讼，由管辖该海域的海事法院管辖。

污染事故发生在我国管辖海域外，对我国管辖海域造成污染或污染威胁，请求损害赔偿或者预防措施费用提起的诉讼，由管辖该海域的海事法院或采取预防措施地的海事法院管辖。

——《最高人民法院关于审理发生在我国管辖海域相关案件若干问题的规定（一）》（2016 年 8 月 1 日，法释〔2016〕16 号）。

70. 不同纠纷的重叠交叉与当事人诉由选择对海事案件专门管辖的影响

关键词

海事案件专门管辖　侵权纠纷

最高人民法院司法解释

110. 当事人提起的民商事诉讼、行政诉讼包含本规定所涉海事纠纷的，由海事法院受理。

111. 当事人就本规定中有关合同所涉事由引起的纠纷，以侵权等非合同诉由提起诉讼的，由海事法院受理。

——《最高人民法院关于海事法院受理案件范围的规定》(2016 年 2 月 24 日，法释〔2016〕4 号)。

附录：理解与适用

(三)不同纠纷的重叠交叉与当事人诉由选择对管辖的影响

随着实践的发展，交易方式复杂多样，当事人之间签订一揽子或者综合性的保险合同、运输合同、服务合同等，既包含《规定》所涉合同，也包含其他民商事合同，反映至司法实践中相应出现有些纠纷案件中既有海事纠纷，又有非海事纠纷等多种争议事项或者数个诉讼标的，从尽可能发挥专门审判的专长和防止当事人以合并诉讼客体的方式变相规避海事案件专门管辖的目的出发，《规定》第 110 项规定："当事人提起的民商事诉讼、行政诉讼包含本规定所涉海事纠纷，由海事法院受理。"类似专门管辖优先的规定，可见于《最高人民法院关于审理技术合同纠纷案件适用法律若干问题的解释》(法释〔2004〕20 号)第四十三条第四款关于"合同中既有技术合同内容，又有其他合同内容，当事人就技术合同内容和其他合同内容均发生争议的，由具有技术合同纠纷案件管辖权的人民法院受理"之规定。防止当事人选择案由规避海事专门管辖规定，《规定》第 111 条规定："对于本规定中有关合同所涉事由引起的纠纷，以侵权等非合同诉由提起诉讼的，仍由海事法院受理。"

同时，也应注意到，《规定》所列案件类型在内涵上不可避免地会存在重叠交叉情形，由此可能出现同一纠纷案件可以对应《规定》所列两项以上案件类型，实践中可以根据当事人的意愿，结合海事审判的专业性以及专属管辖、专门管辖的价值目标等因素，予以合理确定。

——张勇健、王淑梅、余晓汉：《〈最高人民法院关于海事法院受理案件范围的规定〉的理解与适用》，载江必新主编：《最高人民法院司法解释与指导性案例理解与适用》第五卷，人民法院出版社 2017 年版，第 518 页。

71. 海事海商纠纷管辖权异议案件的审理

关键词

海事案件专门管辖　管辖异议

最高人民法院司法解释

三、关于海事海商纠纷管辖权异议案件的审理

1. 当事人不服管辖权异议裁定的上诉案件由海事法院所在地的高级人民

法院负责海事海商案件的审判庭审理。

2. 发生法律效力的管辖权异议裁定违反海事案件专门管辖确需纠正的，人民法院可依照《中华人民共和国民事诉讼法》第一百九十八条[①]规定再审。

——《最高人民法院关于海事诉讼管辖问题的规定》（2016 年 2 月 24 日，法释〔2016〕2 号）。

附录：理解与适用

管辖权异议制度的设立对于防止地方保护主义，落实民事诉讼法专属管辖和专门管辖规定，保证诉讼公平，维护当事人合法诉讼权益及实体利益具有重要意义。为充分保证海事案件专门管辖制度的实施，《规定》第三条针对海事海商纠纷管辖权异议案件作出专门规定。在此需要明确的是，本《规定》明确海事行政案件由海事法院专门管辖，海事法院的审判职能随之扩展，被赋予海事行政案件管辖权，由此形成海事法院更为全面、立体的管辖权体系。传统使用的“海事案件”一词的外延和内涵随之发生变化。依据《规定》及《关于海事法院受理案件范围的规定》，海事案件不仅包括传统的海事海商类民商纠纷，也包括海事行政类纠纷。《规定》第三条重在解决传统的海事海商类民事纠纷的管辖权异议，对于海事行政案件的管辖问题应适用第二条规定。

《规定》第三条第一款系关于海事法院上诉审高院内设庭室审理管辖权异议裁定上诉案件职能分工的规定。海事司法实践中当事人不服海事法院一审判决的上诉案件由上诉审高院负责海事海商案件的审判庭审理，但当事人不服海事法院作出的管辖权异议裁定提起上诉的案件由上诉审高院哪个庭室审理，各院做法并不一致。有的由立案庭负责，有的则由负责海事审判的审判庭审理，由此导致裁判尺度不尽一致。鉴于海事程序性案件亦具有专业性强的特点，2000 年最高人民法院进行机构改革时，在内设部门职能分工的规定中明确海事实体性案件和程序性案件均由负责涉外商事和海事海商审判的民四庭进行审理。为此，《规定》以司法解释的形式将海事海商纠纷管辖权异议案件审理的职能分工统一到最高人民法院的做法上来。

《规定》第三条第二款系关于人民法院可依职权审理发生效力的管辖权异议裁定的规定。2012 年修正的民事诉讼法第二百条[②]删除了 2007 年民事诉讼法第一百七十九条关于“违反法律规定，管辖错误”的规定，《最高人民法院关于适用〈中华人民共和国民事诉讼法〉的解释》第三百八十一条进一步规定，当事人认为发生法律效力的不予受理和驳回起诉的裁定错误的，可以申请再审，据此明确排除了当事人因管辖权异议裁定错误申请再审的权利。但

① 现为《民事诉讼法》（2021 年修正）第二百零五条。

② 现为《民事诉讼法》（2021 年修正）第二百零七条。

在海事司法实践中如果对于错误的管辖权异议裁定一律不予纠正，则不利于海事案件专门管辖制度的落实。随着立案登记制的全面实施，诉至法院的案件数量明显上升，因地方法院立案庭对海事法院受案范围及海事诉讼特别程序缺乏相应的了解，错误裁定地方法院受理海事案件的情形时有发生。此外，也不乏个别当事人故意采取变更案由，人为制造管辖连接点等手段规避海事法院专门管辖的情形。由于海事案件审理所涉及的实体法和程序法均不同于一般民事案件，如由地方法院适用普通民事诉讼程序并依据一般实体法律规定审理海事案件，必将出现适用法律错误，当事人合法权益难以依法保护的情形，由此损害人民法院司法权威。依照民事诉讼法的规定，除因当事人的再审申请符合法律规定的情形可以启动再审程序外，对确有错误的判决、裁定，人民法院可以依照职权主动审查，依法启动再审程序，这是法律赋予人民法院自身监督的职权。为保证海事诉讼特别程序法关于海事诉讼专门管辖制度的实施，《规定》明确规定人民法院可按照民事诉讼法第一百九十八条规定，依职权启动再审程序，对违反海事案件专门管辖的管辖权异议裁定予以纠正。

——张勇健、王淑梅、傅晓强：《〈最高人民法院关于海事诉讼管辖问题的规定〉的理解与适用》，载江必新主编：《最高人民法院司法解释与指导性案例理解与适用》第五卷，人民法院出版社 2017 年版，第 509~511 页。

72. 破产衍生海事纠纷的管辖

关键词

破产衍生海事纠纷　管辖

最高人民法院审判业务意见

第一，关于破产衍生海事纠纷的管辖。

依据 2016 年 3 月 1 日开始施行的海事法院受案范围的规定，海事法院受理案件的范围有了大幅度的增加，从原有的 63 项海事案件类型增加至 108 项。这是根据形势发展和实践的需要，为了充分发挥海事法院的职能作用，积极行使国家海洋司法管辖权，服务保障海洋强国战略作出的调整。自该规定实施以来，各海事法院的收案数量和案件类型都有了较大的变化。但同时也应当注意，对于不属于该司法解释规定范围的案件，不能扩大解释、盲目受理。近年来，随着航运市场的低迷，很多大型航运及造船企业面临破产或者重组。依照破产法第二十一条和破产法司法解释（二）第四十七条第三款的规定，人民法院受理破产申请后，所有有关债务人的民事诉讼案件，包括海事纠纷案件，原则上只能由受理破产申请的法院集中管辖，海事法院不应直接受理有关债务人的海事纠纷案件；如果有些海事纠纷确实案情比较复杂、影响较大或者专业技术性较强，受理破产申请的人民法院认为其难以审理的，可以依照民事诉讼法第三十七条第一款的规定报请上级人民法院指定海事法院管辖。

——张勇健：《在全国涉外商事海事审判庭长座谈会上的讲话》（2016年4月7日），载贺荣主编、最高人民法院民事审判第四庭编：《涉外商事海事审判指导》2016年第1辑（总第32辑），人民法院出版社2017年版，第21~22页。

73. 知识产权法院管辖的案件

关键词

知识产权法院　管辖

最高人民法院司法解释

第一条　知识产权法院管辖所在市辖区内的下列第一审案件：

（一）专利、植物新品种、集成电路布图设计、技术秘密、计算机软件民事和行政案件；

（二）对国务院部门或者县级以上地方人民政府所作的涉及著作权、商标、不正当竞争等行政行为提起诉讼的行政案件；

（三）涉及驰名商标认定的民事案件。

第二条　广州知识产权法院对广东省内本规定第一条第（一）项和第（三）项规定的案件实行跨区域管辖。

第三条　北京市、上海市各中级人民法院和广州市中级人民法院不再受理知识产权民事和行政案件。

广东省其他中级人民法院不再受理本规定第一条第（一）项和第（三）项规定的案件。

北京市、上海市、广东省各基层人民法院不再受理本规定第一条第（一）项和第（三）项规定的案件。

第四条　案件标的既包含本规定第一条第（一）项和第（三）项规定的内容，又包含其他内容的，按本规定第一条和第二条的规定确定管辖。

第五条　下列第一审行政案件由北京知识产权法院管辖：

（一）不服国务院部门作出的有关专利、商标、植物新品种、集成电路布图设计等知识产权的授权确权裁定或者决定的；

（二）不服国务院部门作出的有关专利、植物新品种、集成电路布图设计的强制许可决定以及强制许可使用费或者报酬的裁决的；

（三）不服国务院部门作出的涉及知识产权授权确权的其他行政行为的。

第六条　当事人对知识产权法院所在市的基层人民法院作出的第一审著作权、商标、技术合同、不正当竞争等知识产权民事和行政判决、裁定提起的上诉案件，由知识产权法院审理。

第七条　当事人对知识产权法院作出的第一审判决、裁定提起的上诉案件和依法申请上一级法院复议的案件，由知识产权法院所在地的高级人民法院知识产权审判庭审理，但依法应由最高人民法院审理的除外。

——《最高人民法院关于北京、上海、广州知识产权法院案件管辖的规定》（2020 年 12 月 29 日修正）。

附录：答记者问

（一）关于知识产权法院管辖的第一审案件的范围

根据《知识产权法院案件管辖规定》第一条，知识产权法院管辖的第一审案件主要包括三类：一是专利、植物新品种、集成电路布图设计、技术秘密、计算机软件等技术类民事和行政案件；二是对国务院部门或者县级以上地方人民政府所作的涉及著作权、商标、不正当竞争等行政行为提起诉讼的行政案件；三是涉及驰名商标认定的民事案件。对于第一项的技术类案件，司法解释在《全国人民代表大会常务委员会关于在北京、上海、广州设立知识产权法院的决定》（以下简称《决定》）规定的专利、植物新品种、集成电路布图设计、技术秘密民事和行政案件的基础上，根据科技发展趋势、审判实践和国际经验，增加了计算机软件民事和行政案件。实践中，计算机软件案件涉及专业技术事实认定，技术性较强，基层法院审理存在较大难度，有必要由知识产权法院管辖。第二项的行政案件主要是指行政机关涉及知识产权的行政处罚、行政处理决定等行政行为引发的行政案件。由于知识产权法院在辖区范围上与相关中级人民法院存在重叠，因而需要进一步明确该类案件应由知识产权法院管辖。第三项是涉及驰名商标认定的民事案件，为进一步规范和加强驰名商标保护，亦将其纳入知识产权法院管辖范围。

（二）关于知识产权法院跨区域管辖的案件范围

跨区域管辖是《决定》规定的重要内容。根据《决定》要求，在知识产权法院设立的三年内，可以先在所在省（直辖市）实行跨区域管辖。由于北京、上海知识产权法院的辖区分别是整个北京市和上海市，不存在跨区域管辖问题。因此，《知识产权法院案件管辖规定》第二条直接规定了广州知识产权法院跨区域管辖的案件类型，包括第一审专利、植物新品种、集成电路布图设计、技术秘密、计算机软件等技术类民事和行政案件，以及第一审涉及驰名商标认定的民事案件。

（三）关于北京知识产权法院的专属管辖范围

知识产权授权确权类案件由北京知识产权法院专属管辖，该类案件是整个知识产权案件的中枢，在知识产权司法保护中具有极为重要的意义。《知识产权法院案件管辖规定》第五条进一步细化了由北京知识产权法院专属管辖的第一审授权确权案件范围。这类案件主要包括：不服国务院部门授权确权类裁定或者决定的知识产权授权确权类行政案件；与知识产权强制许可有关的行政案件；与知识产权授权确权有关的其他行政行为引发的行政案件。其中，“与知识产权授权确权有关的其他行政行为引发的行政案件”主要是指那些虽不属于授权确权但与之有密切关联的行政行为引发的案件。例如对国家工商行政管理总局商标局商标申请不予受理或者不予续展行为提起诉讼的案件、对国家知识产权局中止专利审查行为提起诉讼的案件。

《知识产权法院案件管辖规定》的最大亮点是，根据全国人大常委会《决定》的精神，彻底实现了知识产权法院及其所在地高级人民法院民事和行政审判“二合一”，即由知识产权法院及其所在地高级人民法院知识产权审判庭统一管辖和审理涉及知识产权的全部民事和行政案件。这体现在：第一，知识产权法院管辖的第一审案件，不仅包括知识产权授权确权类行政案件，还包括涉及知识产权的行政处罚、行政强制措施等引发的普通行政案件。第二，在知识产权法院辖区内，对基层人民法院第一审知识产权民事和行政判决、裁定提起的上诉案件，均由知识产权法院管辖，无论该第一审案件由基层法院知识产权审判庭审理还是由行政审判庭审理。第三，对知识产权法院作出的第一审民事和行政判决、裁定提起的上诉案件，均由知识产权法院所在地的高级人民法院知识产权审判庭审理，不再分由该高级人民法院的知识产权审判庭和行政审判庭各自审理。这是我国知识产权案件审判体制的重大革新，对于统一知识产权案件裁判标准、提升知识产权司法保护品质具有重要意义。

——王闯：《关于〈最高人民法院关于北京、上海、广州知识产权法院案件管辖的规定〉的新闻发布稿》，载江必新主编：《最高人民法院司法解释与指导性案例理解与适用》第三卷，人民法院出版社 2015 年版，第 532~533 页。

74. 垄断民事纠纷案件的管辖

关键词

垄断民事纠纷　管辖

最高人民法院司法解释

第三条　第一审垄断民事纠纷案件，由知识产权法院，省、自治区、直辖市人民政府所在地的市、计划单列市中级人民法院以及最高人民法院指定的中级人民法院管辖。

第四条　垄断民事纠纷案件的地域管辖，根据案件具体情况，依照民事诉讼法及相关司法解释有关侵权纠纷、合同纠纷等的管辖规定确定。

第五条　民事纠纷案件立案时的案由并非垄断纠纷，被告以原告实施了垄断行为为由提出抗辩或者反诉且有证据支持，或者案件需要依据反垄断法作出裁判，但受诉人民法院没有垄断民事纠纷案件管辖权的，应当将案件移送有管辖权的人民法院。

——《最高人民法院关于审理因垄断行为引发的民事纠纷案件应用法律若干问题的规定》(2020 年 12 月 29 日修正)。

附录：最高人民法院法官著述

1. 集中管辖

垄断民事纠纷案件有其特殊性，主要体现在其高度的专业性、复杂性和较大的影响力。由于反垄断民事诉讼刚刚起步，人民法院对于反垄断民事诉讼的规律和特点认识还不够深刻。因此，由审判力量相对充足、审判经验相对较多的法院集中管辖，更有利于尽快提高审判水平、保证审判质量和统一裁判标准。实际上，最高人民法院早在 2008 年 4 月 1 日起施行的《民事案件案由规定》中，就将垄断纠纷与各种不正当竞争纠纷集中规定，统一纳入了知识产权纠纷范畴。这既明确了由人民法院知识产权审判庭统一负责各类垄断民事纠纷案件的审理，也确定了垄断民事纠纷案件要与知识产权案件一样，实行集中管辖。《规定》遵循这一精神，在第三条第一款中明确规定："第一审垄断民事纠纷案件，由省、自治区、直辖市人民政府所在地的市、计划单列市中级人民法院以及最高人民法院指定的中级人民法院管辖。"

考虑到未来垄断纠纷民事案件可能会有增加的趋势，人民法院对垄断纠纷案件的审判经验和审理水平也将进一步提高，为以后合理规划管辖布局留下空间，参照知识产权案件的管辖模式，《规定》第三条第二款规定，基层人民法院经最高人民法院批准，可以管辖第一审垄断民事纠纷案件。

2. 地域管辖

垄断民事纠纷案件既包括侵权纠纷，也包括合同纠纷等其他纠纷。在确定地域管辖时，根据案件具体情况，依照民事诉讼法及相关司法解释有关侵权纠纷、合同纠纷等的管辖规定确定。如果属于侵权纠纷，应由侵权行为地和被告住所地人民法院管辖；如果属于合同纠纷，则由合同履行地和被告住所地人民法院管辖。

3. 移送管辖

如果案件并非以垄断纠纷立案，那么在立案时就不可能适用垄断纠纷案件的集中管辖。但在审理过程中，当事人可能依据反垄断法提出抗辩或者反诉。例如在合同纠纷中，被告以原告实施了垄断行为为由提出抗辩或者反诉。此时，这种抗辩和反诉直接影响着合同的效力，如果受理法院以其没有垄断纠纷案件管辖权为由不予审理或者要求当事人另行起诉，可能会造成不同审理法院对于同一合同的效力判断出现冲突，影响司法的权威性和公信力。即使当事人没有提出抗辩或者反诉，人民法院也可能依职权认为案件需要依据反垄断法作出裁判。这就意味着，该案件属于垄断民事纠纷，需要适用垄断民事纠纷案件的管辖制度。如果审理该案的法院本身不具备垄断民事纠纷案件的管辖权，就可能发生移送管辖问题。在决定是否符合移送管辖的条件时，一方面要维护垄断民事纠纷案件的集中管辖制度，另一方面也要防止当事人滥用垄断抗辩或者反诉拖延诉讼。因此，受诉人民法院应该首先对当事人提出的垄断抗辩或者反诉进行审查，看其是否确有证据支持。如果确有证据支持，则应将案件移送有管辖权的人民法院；如果明显缺乏证据支持，则不应移送管辖。

——朱理：《〈最高人民法院关于审理因垄断行为引发的民事纠纷案件应用法律若干问题的规定〉的理解与适用》，载江必新主编：《最高人民法院司法解释与指导性案例理解与适用》第一卷，人民法院出版社2013年版，第290页。

75. 北京金融法院的金融民商事案件管辖范围

关键词

北京金融法院　金融民商事案件　管辖范围

最高人民法院司法解释

第一条　北京金融法院管辖北京市辖区内应由中级人民法院受理的下列第一审金融民商事案件：

（一）证券、期货交易、营业信托、保险、票据、信用证、独立保函、保理、金融借款合同、银行卡、融资租赁合同、委托理财合同、储蓄存款合同、典当、银行结算合同等金融民商事纠纷；

（二）资产管理业务、资产支持证券业务、私募基金业务、外汇业务、金融产品销售和适当性管理、征信业务、支付业务及经有权机关批准的其他金

融业务引发的金融民商事纠纷;

（三）涉金融机构的与公司有关的纠纷;

（四）以金融机构为债务人的破产纠纷;

（五）金融民商事纠纷的仲裁司法审查案件;

（六）申请认可和执行香港特别行政区、澳门特别行政区、台湾地区法院金融民商事纠纷的判决、裁定案件，以及申请承认和执行外国法院金融民商事纠纷的判决、裁定案件。

第二条 下列金融纠纷案件，由北京金融法院管辖:

（一）境内投资者以发生在中华人民共和国境外的证券发行、交易活动或者期货交易活动损害其合法权益为由向北京金融法院提起的诉讼;

（二）境内个人或者机构以中华人民共和国境外金融机构销售的金融产品或者提供的金融服务损害其合法权益为由向北京金融法院提起的诉讼。

第三条 在全国中小企业股份转让系统向不特定合格投资者公开发行股票并在精选层挂牌的公司的证券发行纠纷、证券承销合同纠纷、证券交易合同纠纷、证券欺诈责任纠纷以及证券推荐保荐和持续督导合同、证券挂牌合同引起的纠纷等第一审民商事案件，由北京金融法院管辖。

第四条 以全国中小企业股份转让系统有限责任公司为被告或者第三人的与证券交易场所监管职能相关的第一审金融民商事和涉金融行政案件，由北京金融法院管辖。

第五条 以住所地在北京市并依法设立的金融基础设施机构为被告或者第三人的与其履行职责相关的第一审金融民商事案件，由北京金融法院管辖。

第六条 北京市辖区内应由中级人民法院受理的对中国人民银行、中国银行保险监督管理委员会、中国证券监督管理委员会、国家外汇管理局等国家金融管理部门以及其他国务院组成部门和法律、法规、规章授权的组织因履行金融监管职责作出的行政行为不服提起诉讼的第一审涉金融行政案件，由北京金融法院管辖。

第七条 当事人对北京市基层人民法院作出的涉及本规定第一条第一至三项的第一审金融民商事案件和涉金融行政案件判决、裁定提起的上诉案件和申请再审案件，由北京金融法院审理。

第八条 北京市辖区内应由中级人民法院受理的金融民商事案件、涉金融行政案件的再审案件，由北京金融法院审理。

——《最高人民法院关于北京金融法院案件管辖的规定》（2021 年 3 月 16 日，法释〔2021〕7 号）。

附录：答记者问

问： 请简要介绍一下《规定》的主要内容

答： 关于金融民商事案件管辖范围，主要条款是第一条至第五条。第一条明确了北京金融法院管辖的第一审民商事案件类型，包括以下六类：第一类是按照最新民事案由规定所列举的涉金融民商事纠纷，包括证券、期货交易、营业信托、保险、票据、信用证、独立保函、保理、金融借款合同、银行卡、融资租赁合同、委托理财合同、储蓄存款合同、典当、银行结算合同等；第二类是目前民事案由规定中没有的新型金融民商事纠纷，包括资产管理业务、资产支持证券业务、私募基金业务、外汇业务、金融产品销售和适当性管理、征信业务、支付业务及经有权机关批准的其他金融业务引发的金融民商事纠纷案件；第三类是涉金融机构的与公司有关的纠纷；第四类是金融机构破产案件；第五类是仲裁司法审查案件；第六类是申请认可、承认和执行港澳台及外国法院裁判案件。第二条规定在我国境外上市公司损害境内投资者合法权益的证券、期货等相关金融纠纷由北京金融法院管辖，该条是我国《证券法》等金融法律域外适用案件的跨区域集中管辖条款，是本《规定》的一大亮点。第三条对在全国中小企业股份转让系统（以下简称“新三板”）精选层挂牌公司所涉有关证券纠纷，实行跨区域集中管辖；第四条、第五条分别规定了全国中小企业股份转让系统有限公司为被告或第三人的相关案件以及住所地在北京市的金融基础设施机构相关金融民商事案件，由北京金融法院管辖。

关于行政案件的管辖范围，主要条款是第六条，规定北京市辖区内应由中级人民法院受理的中国人民银行、中国证券监督管理委员会、中国银行保险监督管理委员会、国家外汇管理局（以下简称“一行两会一局”）等国家金融管理部门以及其他国务院部门和依法被授权的组织因履行金融监管职责引发的第一审涉金融行政纠纷，由北京金融法院管辖。该条突出了北京作为国家金融管理中心的区域功能定位和特点。“一行两会一局”是国家金融管理部门，住所地都在北京市。将这类原由北京市第一中级人民法院管辖的第一审涉金融行政案件集中至北京金融法院管辖，中央层面的金融监管行政争议全部纳入到了北京金融法院审理，使得北京金融法院行政审判站到了一个高起点。鉴于部分国务院部门和法律、法规、规章授权的组织也承担了部分金融监管职责，故其因履行相关职责引发的应由中级人民法院管辖的涉金融行政纠纷，也一并纳入。

关于执行案件的管辖范围，主要条款是第九条、第十条。第九条规定北京金融法院执行其作出的第一审民商事案件和涉金融行政案件生效裁判、金融仲裁裁决；审理相关执行异议、执行异议之诉案件，以及北京市基层人民法院相关执行复议、执行异议之诉的上诉案件。第十条规定国家金融管理部门提起的非诉行政执行案件，由北京金融法院提级管辖，该条体现了北京作为国家金融管理中心的区域功能和定位，也是本《规定》的亮点之一。

——《服务国家金融战略实施　提高金融审判专业化水平——最高法民二庭负责人就〈最高人民法院关于北京金融法院案件管辖的规定〉答记者问》，载《人民法院报》2021 年 3 月 17 日。

76.“新三板”精选层挂牌企业的相关证券纠纷第一审民商事案件，由北京金融法院进行跨区域集中管辖

关键词

“新三板”　精选层挂牌企业的相关证券纠纷　北京金融法院　跨区域集中管辖

最高人民法院司法解释

第三条　在全国中小企业股份转让系统向不特定合格投资者公开发行股票并在精选层挂牌的公司的证券发行纠纷、证券承销合同纠纷、证券交易合同纠纷、证券欺诈责任纠纷以及证券推荐保荐和持续督导合同、证券挂牌合同引起的纠纷等第一审民商事案件，由北京金融法院管辖。

第四条　以全国中小企业股份转让系统有限责任公司为被告或者第三人的与证券交易场所监管职能相关的第一审金融民商事和涉金融行政案件，由北京金融法院管辖。

——《最高人民法院关于北京金融法院案件管辖的规定》（2021 年 3 月 16 日，法释〔2021〕7 号）。

附录：答记者问

问：我们注意到，《规定》有两个条款与“新三板”有关，能否详细介绍一下？

答：《规定》第三条规定，“新三板”精选层挂牌企业的相关证券纠纷第一审民商事案件，由北京金融法院进行跨区域集中管辖。突出了北京金融法院的全国性特色，也有利于统一司法裁判尺度，公正高效审理这类案件。《最高人民法院关于为设立科创板并试点注册制改革提供司法保障的若干意见》（法发〔2019〕17 号）规定：“上海金融法院试点集中管辖科创板上市公司的证券发行纠纷、证券承销合同纠纷、证券上市保荐合同纠纷、证券上市合同纠纷和证券欺诈责任纠纷等第一审民商事案件”。该条比照上述规定，将“新三板”精选层企业的相关证券纠纷，由北京金融法院集中管辖，形成了北京金融法院管辖“新三板”、上海金融法院管辖“科创板”的协调对应关系。

第四条规定，以全国中小企业股份转让系统有限责任公司为被告或者第

三人的与证券交易场所监管职能相关的第一审金融民商事和涉金融行政案件，由北京金融法院管辖。《最高人民法院关于对与证券交易所监管职能相关的诉讼案件管辖与受理问题的规定》（法释〔2005〕1号）规定："指定上海证券交易所和深圳证券交易所所在地的中级人民法院分别管辖以上海证券交易所和深圳证券交易所为被告或第三人的与证券交易所监管职能相关的第一审民事和行政案件。"上海金融法院成立后，此类案件由上海金融法院管辖。因"新三板"所在地在北京，该条比照上述规定，给予"新三板"与上交所、深交所同等的集中管辖待遇。

——《服务国家金融战略实施　提高金融审判专业化水平——最高法民二庭负责人就〈最高人民法院关于北京金融法院案件管辖的规定〉答记者问》，载《人民法院报》2021年3月17日。

77. 以住所地在北京市并依法设立的金融基础设施机构为被告或者第三人的与其履行职责相关的第一审金融民商事案件，由北京金融法院管辖

关键词

金融基础设施机构　北京金融法院

最高人民法院司法解释

第五条　以住所地在北京市并依法设立的金融基础设施机构为被告或者第三人的与其履行职责相关的第一审金融民商事案件，由北京金融法院管辖。

——《最高人民法院关于北京金融法院案件管辖的规定》（2021年3月16日，法释〔2021〕7号）。

附录：答记者问

问：我们还注意到《规定》第五条中有关于"金融基础设施机构"的表述，请问金融基础设施机构是指哪些机构？

答：关于金融基础设施机构的定义和范围，中国人民银行等部门印发的《统筹监管金融基础设施工作方案》将金融资产登记托管系统、清算结算系统（包括开展集中清算业务的中央对手方）、交易设施、交易报告库、重要支付系统、基础征信系统等六类设施及其运营机构纳入我国金融基础设施统筹监管。目前住所地在北京市的金融基础设施机构有7家，分别是：中国人民银行清算总中心、中央国债登记结算有限责任公司、网联清算有限公司、中国证券登记结算有限责任公司、全国中小企业股份转让系统有限责任公司、中

证机构间报价系统股份有限公司、农信银资金清算中心有限责任公司。

金融基础设施机构可能随着市场发展而变化。比如，现有的金融基础设施机构主体可能会出现更名、合并、退出，今后可能出现住所地在北京市的新的金融基础设施机构。实践中，认定金融基础设施机构，应以中国人民银行等主管部门认定为准。基于此，《规定》没有直接列举这些金融基础设施机构名称，而是作出概括性表述，以适应将来的发展变化。

——《服务国家金融战略实施　提高金融审判专业化水平——最高法民二庭负责人就〈最高人民法院关于北京金融法院案件管辖的规定〉答记者问》，载《人民法院报》2021 年 3 月 17 日。

78. 北京金融法院申请再审案件和再审案件的管辖范围

关键词

申请再审案件　再审案件　北京金融法院

最高人民法院司法解释

第七条　当事人对北京市基层人民法院作出的涉及本规定第一条第一至三项的第一审金融民商事案件和涉金融行政案件判决、裁定提起的上诉案件和申请再审案件，由北京金融法院审理。

第八条　北京市辖区内应由中级人民法院受理的金融民商事案件、涉金融行政案件的再审案件，由北京金融法院审理。

——《最高人民法院关于北京金融法院案件管辖的规定》（2021 年 3 月 16 日，法释〔2021〕7 号）。

附录：答记者问

问：《规定》中还规定了申请再审案件和再审案件，请问具体包括哪些案件类型？

答：我国民事诉讼法和行政诉讼法中，除了规定“两审终审”制度外，还规定了审判监督程序，其目的是为了充分发挥司法审判职能作用，及时发现和纠正确有错误的案件，切实保障各方当事人的合法权益。同时，考虑到北京金融法院审判程序的完整性，《规定》第七条、第八条分别对申请再审案件和再审案件的管辖范围进行了规定。需要说明的是，关于“涉金融行政案件”的类型，应参照第六条的规定，限定为因相关部门和组织履行金融监管职责所引起的涉金融行政案件。

关于申请再审案件的范围，指的是当事人对北京市基层人民法院作出的第一审金融民商事案件和涉金融行政案件判决、裁定申请再审的案件。根据《规定》第七条，北京金融法院受理的金融民商事申请再审案件范围，是指北京各基层人民法院作出的涉及本规定第一条第一至三项的民商事案件生效裁判，具体包括：（一）证券、期货交易、营业信托、保险、票据、信用证、独立保函、保理、金融借款合同、银行卡、融资租赁合同、委托理财合同、储蓄存款合同、典当、银行结算合同等金融民商事纠纷；（二）资产管理业务、资产支持证券业务、私募基金业务、外汇业务、金融产品销售和适当性管理、征信业务、支付业务及经有权机关批准的其他金融业务引发的金融民商事纠纷；（三）涉金融机构的与公司有关的纠纷。

关于再审案件的范围，依照我国民事诉讼法和行政诉讼法的相关规定，包括：（1）北京金融法院对其本院已生效判决、裁定、调解书，发现确有错误，认为需要再审的案件；（2）上级人民法院指令北京金融法院对已生效判决、裁定、调解书进行再审的案件；（3）北京金融法院对北京市基层人民法院已生效判决、裁定、调解书进行提审的案件；（4）检察机关抗诉案件。

——《服务国家金融战略实施　提高金融审判专业化水平——最高法民二庭负责人就〈最高人民法院关于北京金融法院案件管辖的规定〉答记者问》，载《人民法院报》2021 年 3 月 17 日。

79. 上海金融法院的金融民商事案件管辖范围

关键词

上海金融法院　金融民商事案件　管辖范围

最高人民法院司法解释

第一条　上海金融法院管辖上海市辖区内应由中级人民法院受理的下列第一审金融民商事案件：

（一）证券、期货交易、营业信托、保险、票据、信用证、独立保函、保理、金融借款合同、银行卡、融资租赁合同、委托理财合同、储蓄存款合同、典当、银行结算合同等金融民商事纠纷；

（二）资产管理业务、资产支持证券业务、私募基金业务、外汇业务、金融产品销售和适当性管理、征信业务、支付业务及经有权机关批准的其他金融业务引发的金融民商事纠纷；

（三）涉金融机构的与公司有关的纠纷；

（四）以金融机构为债务人的破产纠纷；

（五）金融民商事纠纷的仲裁司法审查案件；

（六）申请认可和执行香港特别行政区、澳门特别行政区、台湾地区法院金融民商事纠纷的判决、裁定案件，以及申请承认和执行外国法院金融民商事纠纷的判决、裁定案件。

第二条　下列金融纠纷案件，由上海金融法院管辖：

（一）境内投资者以发生在中华人民共和国境外的证券发行、交易活动或者期货交易活动损害其合法权益为由向上海金融法院提起的诉讼；

（二）境内个人或者机构以中华人民共和国境外金融机构销售的金融产品或者提供的金融服务损害其合法权益为由向上海金融法院提起的诉讼。

第三条　在上海证券交易所科创板上市公司的证券发行纠纷、证券承销合同纠纷、证券上市保荐合同纠纷、证券上市合同纠纷和证券欺诈责任纠纷等第一审民商事案件，由上海金融法院管辖。

第四条　以上海证券交易所为被告或者第三人的与证券交易所监管职能相关的第一审金融民商事和涉金融行政案件，由上海金融法院管辖。

第五条　以住所地在上海市并依法设立的金融基础设施机构为被告或者第三人的与其履行职责相关的第一审金融民商事案件，由上海金融法院管辖。

——《最高人民法院关于上海金融法院案件管辖的规定》（2021 年 4 月 21 日修正）。

附录：答记者问

问：能否请您简要介绍一下修改的主要内容？

答：本次修改的基本原则是根据北京、上海各自的区域功能定位特点，统筹协调北京、上海两地金融法院的管辖范围。在管辖范围和文字表述方面，《规定》原则上与北京金融法院的管辖规定保持了一致，同时根据两地各自特点，予以不同规定。《规定》共十二条，其中新增五条、修改四条，与原规定相比有较大变化。下面予以简要说明：

一是增加了上海金融法院的金融民商事案件管辖范围，主要条款是第一条至第五条。在管辖的民事案由方面，新增了包括独立保函、保理、储蓄存款合同、银行结算合同纠纷。在管辖的金融业务纠纷类型方面，涵盖了资产管理业务、资产支持证券业务、外汇业务、金融产品销售和适当性管理、征信业务、支付业务及经有权机关批准的其他金融业务引发的金融民商事纠纷案件。同时，本次修改还新增了上海金融法院管辖涉金融机构的与公司有关的纠纷。在集中管辖方面，规定在我国境外发生的证券发行、交易、期货交易行为及境外金融机构销售金融产品、提供金融服务而损害境内投资者合法权益的证券、期货等相关金融纠纷，经境内投资者选择，可由上海金融法院管辖；对在科创板上市公司的证券发行纠纷、证券承销合同纠纷、证券上市保荐合同纠纷、证券上市合同纠纷和证券欺诈责任纠纷等，由上海金融法院管辖。同时规定，以上海证券交易所以及依法设立的在沪金融基础设施机构为被告或者第三人的与其履行职责相关的第一审金融民商事案件，由上海金融法院管辖。

二是增加了上海金融法院的涉金融行政案件管辖范围。一是管辖以上海证券交易所为被告或第三人的与证券交易场所监管职能相关的第一审涉金融行政案件。二是对原管辖司法解释第二条进行了修改，除涉上海金融监管机构的行政案件外，增加了对法律、法规、规章授权的组织因履行金融监管职责做出的行政行为不服提起的第一审涉金融行政案件，由上海金融法院管辖。

三是明确了上海金融法院的执行案件管辖范围。《规定》第九条明确，上海金融法院负责执行其作出的第一审民商事案件和涉金融行政案件生效裁判、金融仲裁裁决；办理执行过程中的相关执行异议、执行异议之诉案件；上海市各基层人民法院涉金融案件执行过程中发生的执行复议案件、执行异议之诉上诉案件，亦由上海金融法院审理。

另外，本次修改还进一步完善了上海市各级人民法院金融案件的审级关系。对于上海金融法院受理的金融民商事二审案件范围，限定在上海市各基层人民法院作出的涉及《规定》第一条第一至三项的一审案件。同时，《规定》还明确了上海金融法院的再审案件管辖范围，上海市辖区内应由中级人民法院受理的金融民商事案件、涉金融行政案件的再审案件，由上海金融法院审理。

问：您刚才指出，《规定》修改的一个重要原则就是要符合上海的区域功能定位和特点，请问具体体现在哪些方面？

答：《规定》为强化金融司法服务中央关于上海的区域功能定位和决策部署，主要做了以下努力：

一是通过列举加概括的方式规定新型金融民商事案件管辖范围，为上海金融法院的今后发展预留空间。《规定》第一条第二项在除已列明的新型金融交易业务外，还规定上海金融法院管辖经有权机关批准的其他金融业务引发的金融民商事纠纷案件。例如：根据“十四五”规划及“2035 年远景目标”，我国力争在 2030 年前实现碳达峰、2060 年前实现碳中和，未来可能出现经金融监管机构批准的碳交易市场相关金融衍生品交易纠纷；上海正在以中国自由贸易区（上海）试验区临港新片区为平台，努力推进离岸人民币交易业务，未来可能出现经相关金融监管机构批准的离岸人民币交易业务、国际金融资产交易纠纷等。这些新型金融纠纷，根据前述规定，均由上海金融法院管辖，以统一法律适用，稳定市场对司法裁判的预期。

二是以司法解释的形式明确了对科创板上市公司有关纠纷进行集中管辖。2019 年 6 月，最高人民法院在《关于为设立科创板并试点注册制改革提供司法保障的若干意见》中提出，在科创板首次公开发行股票并上市企业的证券发行纠纷、证券承销合同纠纷、证券上市保荐合同纠纷、证券上市合同纠纷和证券欺诈责任纠纷等第一审民商事案件，由上海金融法院试点集中管辖。《规定》对该司法政策以司法解释形式进行了强化，明确科创板上市公司的相关证券纠纷由上海金融法院集中管辖。此举有利于进一步推动上海金融法治建设，扩大上海金融司法的辐射效应。

三是明确了对上海证券交易所以及依法设立的在沪金融基础设施机构有关涉诉案件进行集中管辖。根据《最高人民法院关于对与证券交易所监管职能相关的诉讼案件管辖与受理问题的规定》，以上海证券交易所为被告或第三人的与证券交易所监管职能相关的第一审民事和行政案件，由其所在地的中级人民法院管辖。上海金融法院成立后，此类案件应由上海金融法院管辖，《规定》对此予以了明确。对包括上海证券交易所在内的在沪金融基础设施机构有关涉诉案件进行集中管辖，不仅有利于维护金融交易规则的稳定、保障交易安全，也是司法防范化解金融风险、维护国家金融安全的重要一环。

——《完善案件管辖范围　充分发挥金融司法职能——最高法民二庭负责人就修改〈最高人民法院关于上海金融法院案件管辖的规定〉答记者问》，载《人民法院报》2021 年 4 月 23 日。

80. 上海金融法院有权管辖境外公司损害境内投资者合法权益案件

关键词

上海金融法院　境外公司损害境内投资者合法权益案件

最高人民法院司法解释

第二条　下列金融纠纷案件，由上海金融法院管辖：

（一）境内投资者以发生在中华人民共和国境外的证券发行、交易活动或者期货交易活动损害其合法权益为由向上海金融法院提起的诉讼；

（二）境内个人或者机构以中华人民共和国境外金融机构销售的金融产品或者提供的金融服务损害其合法权益为由向上海金融法院提起的诉讼。

——《最高人民法院关于上海金融法院案件管辖的规定》（2021 年 4 月 21 日修正）。

附录：答记者问

问：我们注意到，上海金融法院有权管辖境外公司损害境内投资者合法权益案件，与北京金融法院的管辖相同，能否详细介绍一下？

答：正如你所提到的，根据《规定》第二条，上海金融法院有权管辖在我国境外上市的境内公司及境外公司损害境内投资者合法权益的证券、期货纠纷，以及境外其他金融产品和金融服务的提供者损害境内个人或者机构合法权益的金融纠纷。这一条与之前发布的北京金融法院案件管辖规定的相关条款内容一致，这里特别做两点说明：

一是赋予上海金融法院有权管辖此类案件，形成了由上海金融法院和北京金融法院两家金融法院对该类案件实施集中管辖的制度安排。上海作为国际金融中心，金融市场的交易体量大，金融要素市场发达，金融业对外开放程度高，沪港通、沪伦通等国家金融市场对外开放的重大改革措施正在实施之中，跨境证券期货交易等金融活动日益增多。此举有利于进一步提升金融司法服务保障上海国际金融中心的水平，打造国际金融纠纷解决的优选地。

二是关于上海金融法院和北京金融法院对此类案件的管辖协调问题。上海金融法院和北京金融法院都有权管辖境外公司损害境内投资者的金融纠纷，由此可能产生管辖权争议，即北京、上海两个金融法院有可能对同一个案件都有管辖权。实际上，两个法院对同一案件都具有管辖权的情形，在司法实践中常见多发。对此，民事诉讼法第三十五条规定，两个以上人民法院都有管辖权的诉讼，原告可以向其中一个人民法院起诉；原告向两个以上有管辖权的人民法院起诉的，由最先立案的人民法院管辖。第三十七条第二款规定，人民法院之间因管辖权发生争议，由争议双方协商解决；协商解决不了的，报请它们的共同上级人民法院指定管辖。因此，对于此类案件的管辖法院，由当事人提起诉讼时自行选择确定；当事人同时向北京和上海两家金融法院起诉的，案件由最先立案的法院管辖。如两家金融法院发生管辖争议，可以就个案报请共同上级人民法院即最高人民法院指定管辖。

——《完善案件管辖范围　充分发挥金融司法职能——最高法民二庭负责人就修改〈最高人民法院关于上海金融法院案件管辖的规定〉答记者问》，载《人民法院报》2021年4月23日。

81. 上海金融法院受理的再审案件类型

关键词

上海金融法院　再审案件类型

最高人民法院司法解释

第七条　当事人对上海市基层人民法院作出的涉及本规定第一条第一至三项的第一审金融民商事案件和涉金融行政案件判决、裁定提起的上诉案件和申请再审案件，由上海金融法院审理。

——《最高人民法院关于上海金融法院案件管辖的规定》（2021 年 4 月 21 日修正）。

附录：答记者问

问：能否详细介绍一下上海金融法院受理的再审案件类型?

答：本次修改明确了上海金融法院的再审管辖范围，使得上海金融法院的审判程序更加完整，有助于其更好发挥专业审判优势，切实履行审判监督职能。根据《规定》第七条，当事人可向上海金融法院申请再审的案件范围，包括上海市各基层人民法院作出生效裁判的第一审金融民商事案件和涉金融行政案件。需要说明的是，这里的金融民商事案件应限定为《规定》第一条第一至三项的民商事案件类型，具体为:（1）证券、期货交易、营业信托、保险、票据、信用证、独立保函、保理、金融借款合同、银行卡、融资租赁合同、委托理财合同、储蓄存款合同、典当、银行结算合同等金融民商事纠纷;（2）资产管理业务、资产支持证券业务、私募基金业务、外汇业务、金融产品销售和适当性管理、征信业务、支付业务及经有权机关批准的其他金融业务引发的金融民商事纠纷;（3）涉金融机构的与公司有关的纠纷。

关于上海金融法院的再审案件范围，根据《规定》第七条并结合我国民事诉讼法和行政诉讼法的相关规定，包括:（1）上海金融法院对其本院已生效判决、裁定、调解书，发现确有错误，认为需要再审的案件;（2）上级人民法院指令上海金融法院对已生效判决、裁定、调解书进行再审的案件;（3）上海金融法院对上海市基层人民法院已生效判决、裁定、调解书进行提审的案件;（4）检察机关抗诉案件。

——《完善案件管辖范围 充分发挥金融司法职能——最高法民二庭负责人就修改〈最高人民法院关于上海金融法院案件管辖的规定〉答记者问》，载《人民法院报》2021 年 4 月 23 日。

82. 成渝金融法院的金融民商事案件管辖范围

关键词

成渝金融法院 金融民商事案件 管辖范围

最高人民法院司法解释

第一条 成渝金融法院管辖重庆市以及四川省属于成渝地区双城经济圈范围内的应由中级人民法院受理的下列第一审金融民商事案件：

（一）证券、期货交易、营业信托、保险、票据、信用证、独立保函、保理、金融借款合同、银行卡、融资租赁合同、委托理财合同、储蓄存款合同、典当、银行结算合同等金融民商事纠纷；

（二）资产管理业务、资产支持证券业务、私募基金业务、外汇业务、金融产品销售和适当性管理、征信业务、支付业务及经有权机关批准的其他金融业务引发的金融民商事纠纷；

（三）涉金融机构的与公司有关的纠纷；

（四）以金融机构为债务人的破产纠纷；

（五）金融民商事纠纷的仲裁司法审查案件；

（六）申请认可和执行香港特别行政区、澳门特别行政区、台湾地区法院金融民商事纠纷的判决、裁定案件，以及申请承认和执行外国法院金融民商事纠纷的判决、裁定案件。

第二条 下列金融纠纷案件，由成渝金融法院管辖：

（一）境内投资者以发生在中华人民共和国境外的证券发行、交易活动或者期货和衍生品交易活动损害其合法权益为由向成渝金融法院提起的诉讼；

（二）境内个人或者机构以中华人民共和国境外金融机构销售的金融产品或者提供的金融服务损害其合法权益为由向成渝金融法院提起的诉讼。

第三条 以住所地在重庆市以及四川省属于成渝地区双城经济圈范围内依法设立的金融基础设施机构为被告或者第三人，与其履行职责相关的第一审金融民商事案件和涉金融行政案件，由成渝金融法院管辖。

第四条 重庆市以及四川省属于成渝地区双城经济圈范围内应由中级人民法院受理的对金融监管机构以及法律、法规、规章授权的组织，因履行金融监管职责作出的行政行为不服提起诉讼的第一审涉金融行政案件，由成渝金融法院管辖。

第五条 重庆市以及四川省属于成渝地区双城经济圈范围内基层人民法院涉及本规定第一条第一至三项的第一审金融民商事案件和第一审涉金融行政案件的上诉案件，由成渝金融法院审理。

第六条 重庆市以及四川省属于成渝地区双城经济圈范围内应由中级人民法院受理的金融民商事案件、涉金融行政案件的申请再审和再审案件，由成渝金融法院审理。

本规定施行前已生效金融民商事案件、涉金融行政案件的申请再审和再审案件，仍由原再审管辖法院审理。

——《最高人民法院关于成渝金融法院案件管辖的规定》（2022 年 12 月 20 日，法释〔2022〕20 号）。

附录：答记者问

问：根据《规定》，成渝金融法院主要受理哪些案件？

答：《规定》共设置了十一条内容，对成渝金融法院管辖的金融民商事案件、涉金融行政案件、执行案件等三大案件类型进行了全方位明确，对两地金融案件做到了“应管尽管”。在受案类型上，成渝金融法院管辖的辖区内金融民商事案件，主要包括以下六类：第一类是按照最新民事案由规定所列举的涉金融民商事纠纷，包括证券、期货交易、营业信托、保险、票据、信用证、独立保函、保理、金融借款合同、银行卡、融资租赁合同、委托理财合同、储蓄存款合同、典当、银行结算合同等；第二类是目前民事案由规定中没有的新型金融民商事纠纷，包括资产管理业务、资产支持证券业务、私募基金业务、外汇业务、金融产品销售和适当性管理、征信业务、支付业务及经有权机关批准的其他金融业务引发的金融民商事纠纷案件；第三类是涉金融机构的与公司有关的纠纷；第四类是金融机构破产案件；第五类是仲裁司法审查案件；第六类是申请认可、承认和执行港澳台及外国法院裁判案件。另外，成渝金融法院还对境外相关金融活动损害境内投资者合法权益的有关案件和辖区内金融基础设施机构所涉民商事案件，实行集中管辖。

成渝金融法院管辖的涉金融行政案件主要有，辖区内金融监管机构以及法律、法规、规章授权的组织所涉金融行政纠纷、辖区内金融基础设施机构所涉一审金融行政案件。

成渝金融法院管辖的执行案件主要有，负责执行其自身审理的第一审民商事案件和行政案件，审理由此引发的执行异议案件和执行异议之诉案件，审理辖区内基层法院执行金融案件过程中的执行复议案件和执行异议之诉上诉案件。

问：成渝金融法院跨省域管辖四川、重庆两地金融案件，《规定》施行后，两地金融案件的审级关系如何划分？

答：成渝金融法院管辖司法解释的重点和难点在于，要根据成渝金融法院跨省管辖的职能定位，对四川、重庆两地各级法院金融案件的审级关系作出了重新划分。成渝金融法院设立后，《规定》按照全国人大常委会《关于设立成渝金融法院的决定》精神，对四川、重庆两地法院金融案件的审级关系作了如下明确：

1. 关于成渝金融法院的二审管辖范围。《规定》第五条明确，成渝金融法院辖区内基层人民法院作出的第一审金融民商事案件和第一审涉金融行政案件的上诉案件，由成渝金融法院审理。《规定》第十条规定，重庆市以及四川省属于成渝地区双城经济圈范围内各中级人民法院在《规定》施行前，也就是2023年1月1日前已经受理但尚未审结的二审金融民商事案件和涉金融行政案件，由该中级人民法院继续审理。

2. 关于成渝金融法院的再审管辖范围。与二审案件不同，再审管辖的案件是对已生效裁判的申请再审和再审案件。鉴于成渝金融法院跨省域管辖的实际，为保持成渝金融法院设立之前两地已生效裁判的安定性，《规定》第六条明确，成渝金融法院的再审管辖范围为，对《规定》施行后即2023年1月1日后辖区内生效的金融民商事案件、涉金融行政案件，行使中级人民法院审判监督权。也就是说，对于《规定》施行前即2023年1月1日前已生效金融民商事案件、涉金融行政案件的申请再审和再审案件，仍由原再审管辖法院审理。

3. 重庆市高级人民法院管辖成渝金融法院的二审和再审案件。《规定》第八条和第九条明确，当事人对成渝金融法院作出的第一审判决、裁定提起的上诉案件，由重庆市高级人民法院审理。成渝金融法院作出发生法律效力的判决、裁定和调解书的申请再审、再审案件，依法应由上一级人民法院管辖的，由重庆市高级人民法院审理。另外，当事人对成渝金融法院执行过程中作出的执行异议裁定申请复议的案件，由重庆市高级人民法院审查。

——《发挥成渝金融法院职能作用　服务保障成渝地区双城经济圈和西部金融中心建设——最高法民二庭负责人就〈最高人民法院关于成渝金融法院案件管辖的规定〉答记者问》，载《人民法院报》2022年12月21日。

83. 北京、上海、成渝三家金融法院都有权管辖境外金融活动损害境内投资者合法权益案件，如何协调三家金融法院的关系

关键词

成渝金融法院　境外金融活动损害境内投资者合法权益案件

最高人民法院司法解释

第二条　下列金融纠纷案件，由成渝金融法院管辖：

（一）境内投资者以发生在中华人民共和国境外的证券发行、交易活动或者期货和衍生品交易活动损害其合法权益为由向成渝金融法院提起的诉讼；

（二）境内个人或者机构以中华人民共和国境外金融机构销售的金融产品或者提供的金融服务损害其合法权益为由向成渝金融法院提起的诉讼。

——《最高人民法院关于成渝金融法院案件管辖的规定》（2022年12月20日，法释〔2022〕20号）。

附录：答记者问

问：我们注意到，成渝金融法院有权管辖境外金融活动损害境内投资者合法权益案件，与北京、上海金融法院的管辖相同，在此类案件上如何协调三家金融法院的关系？

答：正如您所提到的，根据《规定》第二条，成渝金融法院有权管辖在我国境外上市的境内公司及境外公司损害境内投资者合法权益的证券、期货纠纷，以及境外其他金融产品和金融服务的提供者损害境内个人或者机构合法权益的金融纠纷。这一条与之前发布的北京、上海金融法院案件管辖规定的相关条款内容一致。三家金融法院都有权管辖境外金融活动损害境内投资者的金融纠纷，由此可能产生管辖权争议，即三家金融法院有可能对同一个案件行使管辖权。实际上，多个法院对同一案件都具有管辖权的情形，在司法实践中常见多发。对此，民事诉讼法第三十六条规定，两个以上人民法院都有管辖权的诉讼，原告可以向其中一个人民法院起诉；原告向两个以上有管辖权的人民法院起诉的，由最先立案的人民法院管辖。第三十八条第二款规定，人民法院之间因管辖权发生争议，由争议双方协商解决；协商解决不了的，报请它们的共同上级人民法院指定管辖。因此，对于此类案件的管辖法院，由当事人提起诉讼时自行选择确定；当事人同时向多家金融法院起诉的，案件由最先立案的法院管辖。如多家金融法院发生管辖争议，可以就个案报请共同上级人民法院即最高人民法院指定管辖。

——《发挥成渝金融法院职能作用 服务保障成渝地区双城经济圈和西部金融中心建设——最高法民二庭负责人就〈最高人民法院关于成渝金融法院案件管辖的规定〉答记者问》，载《人民法院报》2022 年 12 月 21 日。

84. 互联网法院管辖的重点纠纷类型

关键词

互联网法院 管辖 受案纠纷类型

最高人民法院司法解释

第二条 北京、广州、杭州互联网法院集中管辖所在市的辖区内应当由基层人民法院受理的下列第一审案件：

（一）通过电子商务平台签订或者履行网络购物合同而产生的纠纷；

（二）签订、履行行为均在互联网上完成的网络服务合同纠纷；

（三）签订、履行行为均在互联网上完成的金融借款合同纠纷、小额借款合同纠纷；

（四）在互联网上首次发表作品的著作权或者邻接权权属纠纷；

（五）在互联网上侵害在线发表或者传播作品的著作权或者邻接权而产生的纠纷；

（六）互联网域名权属、侵权及合同纠纷；

（七）在互联网上侵害他人人身权、财产权等民事权益而产生的纠纷；

（八）通过电子商务平台购买的产品，因存在产品缺陷，侵害他人人身、财产权益而产生的产品责任纠纷；

（九）检察机关提起的互联网公益诉讼案件；

（十）因行政机关作出互联网信息服务管理、互联网商品交易及有关服务管理等行政行为而产生的行政纠纷；

（十一）上级人民法院指定管辖的其他互联网民事、行政案件。

——《最高人民法院关于互联网法院审理案件若干问题的规定》（2018 年 9 月 6 日，法释〔2018〕16 号）。

附录：理解与适用

《最高人民法院关于互联网法院审理若干问题的规定》（以下简称《规定》）第二条在设立互联网法院方案确定的管辖范围内，结合互联网纠纷特点和在线审理需要，细化明确受案类型，凸显案件互联网特性，确保三个互联网法院管辖范围规范统一。几类重点纠纷是：

（一）网络购物合同纠纷

网络购物纠纷是最常见的互联网纠纷之一。考虑到实践中对“网络购物合同”的解释较为广泛，《规定》将其限定于“通过电子商务平台签订或者履行”的网络购物合同。所谓“电子商务平台”，是指在电子商务中为交易双方或者多方提供网络经营场所、交易撮合、信息发布等服务，供交易双方或者多方独立开展交易活动的平台。网络购物合同纠纷主要发生在电子商务平台经营者、平台内经营者和平台使用者之间，交易全程在线、相对固定、整体留痕，适合互联网法院在线审理。实践中，仅通过电子合同形式订立或者履行的买卖合同，不涉及电子商务平台的，暂不纳入管辖范围。

（二）网络服务合同纠纷

进入移动互联网时代，网络服务已成为人们的基本生活需求。据统计，截至 2018 年 6 月，我国网络购物用户和使用网上支付的用户占总体网民比例均为 71.0%，手机网民使用移动支付的比例达 71.9%。2018 年上半年，分别有 30.6%、43.2% 和 37.3% 的网民使用过共享单车、预约出租车和预约专车，74.1% 的网民使用短视频应用。

既然网络服务无处不在，并非所有“涉互联网服务合同”纠纷都适合由互联网法院审理。因此,《规定》将网络服务合同界定为“签订、履行行为均在互联网上完成”的服务合同。传统互联网服务在具体形态上,一般包含三个层次,即:第一,提供接入互联网的物理层服务;第二,提供互联网服务器、存储空间、网站网页、软件、系统等设计、利用、租用、维护、管理等平台应用服务;第三,提供网络社交、网络音视频、网络资讯、网络游戏、网络支付、网络居间等互联网内容或产品服务。

上述第一种服务形态因涉及网线入户等物理接入环节,不具备全程在线特征,而且此类合同基本已被电信服务合同包含,相关纠纷不宜纳入互联网法院管辖。后两种服务形态具有较强的互联网特性,只要符合“签订、履行行为均在互联网上完成”条件,应当由互联网法院管辖。需要指出的是,互联网法院受理的网络服务合同原则上应以明确约定权利义务的要式服务合同为限,不能认为只要接受一般性的、免费的互联网服务即成立网络服务合同关系。

(三)互联网金融借款、小额借款纠纷

《规定》将“签订、履行行为均在互联网上完成”作为管辖互联网金融借款、小额借款纠纷的限定条件。这里的“互联网金融借款、小额借款合同”特指与金融机构、小额贷款公司订立的借款合同,并不包含 P2P 网络借贷平台,互联网法院也不受理 P2P 借贷纠纷。

(四)互联网著作权权属、侵权纠纷

随着我国引导网络文化产业繁荣健康发展的政策陆续出台,网络原创音乐、网络文学、网络游戏等产业发展提速,相关著作权权属、侵权纠纷数量也呈逐年递增趋势。《规定》细化了这类案件的收案标准:

第一,权属案件方面,限定为在互联网上“首次”发表的作品,即“网络作品”。“非网络作品”的权属问题并不因网络传播而改变,互联网特性并不突出,可不纳入管辖范围。

第二,侵权案件方面,要求必须是在互联网上侵害在线发表或者传播作品的著作权或者邻接权的纠纷。之所以包括“在线传播”行为,是因为著作权侵权行为的主体、手段、方式与互联网传播形式密切相关。通过互联网对“非网络作品”实施的侵权行为,会因互联网载体、技术、手段的变化呈现出新的样态,新类型案件较多,便于通过审判创制规则。

(五)互联网行政案件

《规定》明确,因行政机关作出互联网信息服务管理、互联网商品交易及有关服务管理的行政行为而产生的行政纠纷,由互联网法院管辖。根据 2011 年修订的《互联网信息服务管理办法》,“互联网信息服务”是指通过互联网向上网用户提供信息的服务活动,既包括有偿提供的信息或者网页制作等服务活动,也包括无偿提供的具有公开性、共享性信息的服务活动。此外,按照2014年发布的《网络交易管理办法》，互联网商品交易是指“通过互联网（含移动互联网）销售商品或者提供服务的经营活动”。“有关服务”是指“为网络商品交易提供第三方交易平台、宣传推广、信用评价、支付结算、物流、快递、网络接入、服务器托管、虚拟空间租用、网站网页设计制作等营利性服务。”

（六）上级人民法院指定管辖的案件

《规定》授权互联网法院管辖“上级人民法院指定管辖的其他互联网民事、行政案件”。实践中，互联网法院对应的中级、高级人民法院只能对符合本《规定》要求的具体案件进行指定管辖，对类型化案件的指定管辖权、对管辖范围的调整权统一由最高人民法院行使。

——胡仕浩、何帆、李承运：《〈最高人民法院关于互联网法院审理案件若干问题的规定〉的理解与适用》，载《人民法院报》2018年9月8日。

六、协议管辖

85. 协议管辖的形式要件和无效的情形

关键词

协议管辖

《中华人民共和国民事诉讼法》条文】

第三十五条 合同或者其他财产权益纠纷的当事人可以书面协议选择被告住所地、合同履行地、合同签订地、原告住所地、标的物所在地等与争议有实际联系的地点的人民法院管辖，但不得违反本法对级别管辖和专属管辖的规定。

附录：最高人民法院主流观点

管辖协议应当符合法律规定的条件，在下列情形中，管辖协议无效：

1. 针对身份关系纠纷订立管辖协议。对婚姻、收养、监护、扶养、继承纠纷等身份关系纠纷，因涉及社会公共利益和人格权领域的法律范畴，当事人不能自由处分。我国仲裁法第三条规定此类纠纷不能交由仲裁机构仲裁，但能否协议管辖，则有争议。有观点认为，当事人协议管辖只是选择了管辖法院，无论选择哪个法院，被选择的法院仍然要依据实体法和程序法的规定作出裁判，不存在当事人自由处分的问题，故应当允许协议管辖。我们认为，2012 年民事诉讼法将协议管辖的适用范围限定为合同和其他财产纠纷，故目前不宜突破这个范围。

2. 无诉讼行为能力人订立的管辖协议。管辖协议的效力判断，应同时符合民法通则、合同法等民事实体法和民事诉讼法的规定。对欠缺缔约能力的无民事行为能力人或者限制民事行为能力人从事的与其年龄智力不相符的民事行为的效力，应予否定。我国民法通则第十二条、第十三条，合同法第四十七条均有规定。仲裁法第十七条也规定无民事行为能力人或者限制民事行为能力人订立的仲裁协议无效。《选择法院协议公约》第六条（C）也认为，根据先受诉法院地国法律认定一方当事人缺乏缔约能力而签订协议的，非被选择法院有管辖权。

3. 针对不特定法律关系纠纷订立的管辖协议。通说认为，管辖合意须针对一定法律关系所产生的诉讼作出，才为有效。当事人不得预先就不特定的法律关系或者一切诉讼订立管辖协议。这类无任何法律关系基础的管辖协议，通常会损害一方当事人的管辖利益，造成诉讼的不公平和不便利，故为保护一方的管辖利益，不能承认其效力。例如，最高人民法院《关于内地与香港特别行政区法院相互认可和执行当事人协议管辖的民商事案件判决的安排》第三条："本安排所称'书面管辖协议'，是指当事人为解决与特定法律关系有关的已经发生或者可能发生的争议，自本安排生效之日起，以书面形式明确约定内地人民法院或者香港特别行政区法院具有唯一管辖权的协议。"即强调管辖协议须以特定法律关系为基础。

4. 约定不明确的管辖协议。在审判实践中，有两种较为常见的约定不明确的管辖协议：一是约定由守约方所在地法院管辖。要判断何方当事人守约，需要经过实体审理方能确定，在确定管辖权的阶段无法判明，这类约定不明确的管辖协议无法执行，应当认定为无效。最高人民法院《关于金利公司与金海公司经济纠纷案件管辖问题的复函》（法函〔1995〕89 号）认为，"如甲、乙双方发生争议，由守约方所在地人民法院管辖"的约定无效。最高人民法院（2010）民二终字第 39 号民事裁定中也认为，约定由守约方所在地法院管辖的协议无效；二是约定由当地法院管辖。由于何为当地指代不明，常常产生争议。有的理解为当事人住所地，有的理解为合同履行地，有的根据合同类型理解为工程所在地。我们认为，应当综合考量当事人的意思、合同类型及其他因素，能够确定何为当地的，应当认定为有效；不能确定的，应当认定为约定不明确。最高人民法院在（2010）民申字第 809 号裁定书中认为，在施工合同中约定"在合同执行中发生争议，双方应协商解决；协商不成向当地人民法院起诉"所称的当地，系指工程所在地（即合同履行地）。

5. 浮动的管辖（仲裁）协议。对此类管辖协议的效力，执法尺度并不一致，有的法院认为无效，有的法院认为这种条款为部分无效（即约定仲裁的无效）部分有效（约定管辖法院的有效）。我们认为，合同条款的部分有效、部分无效应当是指有多个条款的情形，一个条款很难再划分为部分有效、部分无效，且其约定了两种相互排斥的纠纷解决方式，应当认定为无效。《仲裁法解释》第七条规定："当事人约定争议可以向仲裁机构申请仲裁也可以向人民法院起诉的，仲裁协议无效。但一方向仲裁机构申请仲裁，另一方未在仲裁法第二十条第二款规定期间内提出异议的除外。"因此，如果一方当事人向约定的人民法院起诉，另一方不提出异议的，可认为当事人补正了这类管辖协议的效力。

——最高人民法院民事诉讼法修改研究小组编著：《〈中华人民共和国民事诉讼法〉修改条文理解与适用》，人民法院出版社 2012 年版，第 52~53 页。

86. 应分三个层面确定合同履行地

关键词

合同履行地　管辖　争议标的　给付货币　履行义务一方所在地

最高人民法院司法解释

第十八条　合同约定履行地点的，以约定的履行地点为合同履行地。

合同对履行地点没有约定或者约定不明确，争议标的为给付货币的，接收货币一方所在地为合同履行地；交付不动产的，不动产所在地为合同履行地；其他标的，履行义务一方所在地为合同履行地。即时结清的合同，交易行为地为合同履行地。

合同没有实际履行，当事人双方住所地都不在合同约定的履行地的，由被告住所地人民法院管辖。

——《最高人民法院关于适用〈中华人民共和国民事诉讼法〉的解释》（2022 年 4 月 1 日修正）。

附录：最高人民法院主流观点

根据《民事诉讼法解释》规定，确定合同履行地法院管辖时，分三个层面处理。首先，当事人在合同中对合同履行地点有约定的，则按照约定确定合同履行地，从而确定合同履行的管辖法院，不考虑该合同是否已经实际履行以及实际履行地点是否与约定的不同。其次，如果当事人在合同中对履行地点没有约定或者约定不明确的，则按照合同纠纷中争议标的的种类来分别确定合同履行地。具体分为三种情形：一是争议的标的是给付货币的，则以接收货币一方的所在地为合同履行地；二是争议标的为交付不动产的，以不动产所在地作为合同的履行地；三是争议标的为前述给付货币和交付不动产之外的其他标的的，如动产、财产权利的交付等，则以履行义务一方的所在地为合同履行地。最后，《民事诉讼法解释》第十八条规定了按照合同履行地确定管辖法院的两种特例：一是当事人虽然在合同中约定了履行地，但没有实际履行，且当事人双方住所地都不在合同约定的履行地的，则直接由被告住所地人民法院管辖，不再适用合同履行地确定管辖法院。二是当事人在合同中没有约定履行地点或者约定不明的，即时结清的合同，直接以实际交易行为地为合同履行地。

（1）关于争议标的的理解问题。《民事诉讼法解释》第十八条第二款规定了按照争议标的种类分别确定合同履行地，因此，准确把握争议标的是关键。《民事诉讼法解释》第十八条第二款规定使用“争议标的”一词，主是来源于合同法第六十二条第三项规定并借鉴其他国家合同履行地的确定规则，就是指当事人诉讼请求所指向的合同义务内容，因此，可以称为“涉诉债务”。合同履行地就是合同义务的履行地，合同义务履行地根据合同义务的履行情况，可以是一个履行地，也可以是不同的履行地。双务合同和多务合同，当事人分别负有不同的合同义务，通常每一合同义务都有其履行地，合同法第六十二条第三项规定即如此。当事人因合同义务的履行而发生合同纠纷，起诉到法院时，以合同履行地确定管辖法院的，则以当事人争议的合同义务的履行地作为确定管辖的合同履行地。这既明确简单，又符合纠纷管辖的最密切联系地点的原则。即使是单务合同，如果存在两项以上的不同合同义务时，也可能出现两个以上履行地的情况。发生合同纠纷时，也要以争议的合同义务来确定履行地。对争议标的的理解，特别注意不能把争议标的等同于诉讼请求。合同纠纷中，诉讼请求是基于合同关系主张对方承担的合同责任，主要是违约责任。合同履行地不能按照诉讼请求种类确定，只能依照争议的合同义务确定，也即按诉讼请求所指向的合同义务确定。

（2）关于争议标的为给付货币的理解问题。《民事诉讼法解释》第十八条中的“争议标的为给付货币”，是指争议的合同义务是以给付货币为内容。最为典型的合同义务为给付货币的是借款合同。如果贷款方起诉借款方要求还本付息，争议标的则为借款方负有的向贷款方归还本金和支付利息的义务，接收货币的一方就是贷款方，贷款方可以其所在地为合同履行地，向该地人民法院提起诉讼。如果在借款合同签订后，贷款方违约未交付借款，借款方起诉要求贷款方发放借款的，争议标的就是贷款方负有的向借款方发放借款的义务，接受货币的一方就是借款方，此时借款方可以以其所在地为合同履行地，向该地的人民法院提起诉讼。借款合同中，贷款方需交付借款，借款方需归还借款，双方都有可能成为接收货币的一方，债权人和债务人都有可能成为接收货币的一方，其所在地也都有可能成为合同履行义务一方所在地。借款合同之外的其他合同，如果争议的合同义务内容为给付货币的，也可以适用《民事诉讼法解释》第十八条关于接收货币一方所在地为合同履行地的规定确定管辖法院。例如，买卖合同约定买方负有先支付货款的义务，卖方后交付货物，买方未按照合同支付货款，卖方起诉要求买方支付货款的，争议标的为给付货币，卖方为接收货币一方，卖方所在地可以认定为合同履行地。

（3）关于其他标的以履行义务一方所在地为合同履行地的理解问题。其他标的是指货币和不动产以外的其他标的，包括动产、财产权利等。实践中应当注意，当事人起诉要求对方支付金钱，也即诉讼请求是给付金钱，该金钱给付请求既可能是基于合同中给付货币义务产生的，也可能是基于非给付货币义务产生的。此时不能直接依据诉讼请求确定争议标的，而应按照诉讼请求所指向的合同义务内容来确定争议标的。如买卖合同，甲为出卖货物方，乙为买受方，如甲起诉要求乙支付货款，甲为买卖合同实体履行合同义务一方，需交付货物才能支付货款，甲所在地为合同履行地；如乙起诉要求甲支付违约金或者赔偿损失，争议标的为甲负有的交付货物的义务，则甲为履行义务一方，甲所在地为合同履行地。这与民事诉讼法“原告就被告”的原则是相一致的。这样规定，合同履行地的认定是单一并且是确定的，当事人在合同签订时对管辖是有预期的，不会因争议的产生发生管辖的不确定和混乱。

——最高人民法院民法典贯彻实施工作领导小组办公室编著：《最高人民法院新民事诉讼法司法解释理解与适用》，人民法院出版社 2022 年版，第 110~112 页。

87. 约定的地点与实际履行地发生冲突时，如何处理

关键词

合同履行地　合同签订地不动产所在地　管辖

最高人民法院司法解释

第十八条　合同约定履行地点的，以约定的履行地点为合同履行地。

合同对履行地点没有约定或者约定不明确，争议标的为给付货币的，接收货币一方所在地为合同履行地；交付不动产的，不动产所在地为合同履行地；其他标的，履行义务一方所在地为合同履行地。即时结清的合同，交易行为地为合同履行地。

合同没有实际履行，当事人双方住所地都不在合同约定的履行地的，由

被告住所地人民法院管辖。

——《最高人民法院关于适用〈中华人民共和国民事诉讼法〉的解释》（2022 年 4 月 1 日修正）。

附录：最高人民法院主流观点

当事人在合同中约定某一具体义务的履行地，不仅有实体法上的意义，还可能有诉讼法上的意义。约定由合同签订地、履行地人民法院管辖，但实际签订地、履行地与约定的签订地、履行地不一致时，应当以约定地作为确定管辖权的依据，因为若当事人约定合同履行地，表明双方对管辖有预期，故应尊重当事人的约定。

——最高人民法院民法典贯彻实施工作领导小组办公室编著：《最高人民法院新民事诉讼法司法解释理解与适用》，人民法院出版社 2022 年版，第 113 页。

88. 协议管辖条款在成立要件上存在重大瑕疵的，人民法院不能认定存在有效的管辖条款

关键词

协议管辖　成立要件　重大瑕疵

最高人民法院公报案例、最高人民法院裁判文书

招商银行股份有限公司无锡分行与中国光大银行股份有限公司长春分行委托合同纠纷管辖权异议案［最高人民法院（2015）民二终字第 428 号民事裁定书］

裁判摘要：合同一方当事人签订的《委托定向投资协议》上没有加盖真实的公章或法定代表人签章，故协议中管辖条款在成立要件上存在重大瑕疵，不能认定存在有效的管辖条款。

最高人民法院认为，关于《委托定向投资协议》中管辖条款的效力问题。招商银行股份有限公司无锡分行（以下简称招行无锡分行）提起本案诉讼，向人民法院提交了落款日期均为 2014 年 5 月 30 日的《委托定向投资协议》、《同业存款协议》以及《投资指令》等材料。经吉林公正司法鉴定中心和无锡市公安局物证鉴定所鉴定，上述《委托定向投资协议》和《投资指令》尾部加盖的中国光大银行股份有限公司长春分行（以下简称光大银行长春分行）

的印章及其法定代表人王某坤的名章均与送检的样本印文非同一印章盖印形成。招行无锡分行对该鉴定结论没有异议。招行无锡分行并未向人民法院提交光大银行长春分行在其他场合使用了加盖在《委托定向投资协议》上的“公章”的证据，故不能认定《委托定性投资协议》上的“公章”是真实的。

合同效力是对已经成立的合同是否具有合法性的评价，依法成立的合同，始对当事人具有法律约束力。合同成立之前不存在合同效力的问题。《中华人民共和国合同法》第五十七条关于“合同无效、被撤销或者终止的，不影响合同中独立存在的有关解决争议方法的条款的效力”的规定适用于已经成立的合同，“有关解决争议方法的条款”亦应当真实存在，体现双方当事人真实意思表示，且达成合意。招行无锡分行应当提交具备客观真实性、关联性、合法性的证据，足以证明其依据的“有关解决争议方法的条款”符合法定的成立条件。上述鉴定结论证明《委托定向投资协议》上并没有加盖真实的光大银行长春分行的公章或法定代表人签章，故上述协议中管辖条款在成立要件上存在重大瑕疵，不能认定存在有效的管辖条款。招行无锡分行关于涉案管辖条款具有独立性，即便合同无效亦不影响无效合同中管辖条款的约束力的上诉请求，不能成立，本院不予支持。

——《最高人民法院公报》2016 年第 7 期。

89. 合同约定的争议解决条款中存在两种以上解决方式，双方在签订合同时未进行勾选的，视为未明确约定争议解决方式

关键词

争议解决方式　未明确约定

最高人民法院裁判文书

浙江稠州商业银行股份有限公司与中国民生银行股份有限公司福州分行合同纠纷案［最高人民法院（2019）最高法民辖终 133 号民事裁定书］

裁判要旨：合同约定的争议解决条款中存在两种以上解决方式，且双方在签订合同时未进行勾选的，视为未明确约定争议解决方式，该争议解决条款未生效，当事人请求适用该条款的，人民法院不予支持。

最高人民法院经审查认为：《中华人民共和国民事诉讼法》第三十四条[①]规定："合同或者其他财产权益纠纷的当事人可以书面协议选择被告住所地、合同履行地、合同签订地、原告住所地、标的物所在地等与争议有实际联系的地点的人民法院管辖，但不得违反本法对级别管辖和专属管辖的规定。"约定管辖是当事人在签订合同时或纠纷发生前即约定对纠纷具有管辖权的法院，是当事人对诉讼管辖这一基本诉讼权利的约束与放弃，因此，需要当事人具有明确约定管辖权法院的意思表示。本案中，案涉《转贴现合同》虽然有争议解决方式的条款，但从该条款内容来看，约定的两种解决方式系由双方当事人进行选择，而双方在签订合同时未进行勾选，即并未明确选择争议解决方式。因此，在合同条款没有对管辖进行明确约定的情况下，并不存在浙江稠州银行所称仲裁条款约定无效后适用另一项约定的情形。浙江稠州银行以《转贴现合同》中已约定管辖为由要求一审法院审理本案，无事实与法律依据，一审法院依据法律规定将本案移送被告所在地法院即福建省高级人民法院处理，并无不当。

——中国裁判文书网。

90. 身份关系解除后有关财产争议可协议管辖

关键词

解除身份关系后财产争议　协议管辖

最高人民法院司法解释

第三十四条　当事人因同居或者在解除婚姻、收养关系后发生财产争议，约定管辖的，可以适用民事诉讼法第三十五条规定确定管辖。

——《最高人民法院关于适用〈中华人民共和国民事诉讼法〉的解释》（2022年4月1日修正）。

附录：最高人民法院主流观点

2012年民事诉讼法将适用协议管辖的情形由合同纠纷修改为合同或者其他财产权益纠纷，统一了国内和涉外民事诉讼中协议管辖的适用范围，即国内的民事诉讼，除了合同纠纷这一财产权益纠纷外，其他情形的财产权益纠纷，如因物权、知识产权中的财产权而产生的纠纷，也适用协议管辖。

规定财产权益纠纷可以协议管辖的益处在于：其一，有利于更充分地体

① 现为《民事诉讼法》（2021年修正）第三十五条。

现“两便”原则和当事人自由处分原则。便利群众诉讼和便利法院审判是人民法院立案管辖工作的基本原则。但是，由于实际情况复杂，具体到个案，对当事人或人民法院并不一定方便。扩大协议管辖适用范围，使当事人可以根据民事交往的客观情况和自身的主观条件来选择便于自己进行诉讼的法院，正是对法定管辖缺陷的一种补充。其二，可以减少管辖冲突。无论是明示的还是默示的协议管辖，由于当事人选择的法院是明确的，使被选择法院之外的其他法院即使符合法定管辖规定，也因此丧失了管辖权（专属管辖除外），同时也就失去了争夺管辖权的借口，被选择法院也不易推诿。因此协议管辖范围的扩大无疑也会减少管辖冲突。

在 2015 年《民事诉讼法解释》起草过程中，各地法院普遍提出，当事人已经解除了婚姻、收养等身份关系，但是，仍然有财产纠纷没有得到解决，由此引发诉讼是否适用协议管辖的规定，需要司法解释予以明确。例如，离婚后财产纠纷虽然涉及的财产均为婚姻关系存续期间的夫妻财产，但双方对婚姻解除并不存在争议，存在争议的是财产分割问题，有关婚姻关系的事实已成为处理财产纠纷的证据。因此，没有必要像对待其他婚姻家庭纠纷一样，必须由被告住所地的法院管辖。只要是单纯的因财产纠纷引发的诉讼，在当事人的身份关系已经解除后，允许当事人选择与争议有实际联系的地点包括原告住所地、财产所在地等法院管辖，符合民事诉讼法第三十五条的立法精神。

因解除婚姻关系后单独就财产分割问题发生的争议适用协议管辖制度，而解除收养关系后单独就财产分割问题发生的争议以及同居财产纠纷与前者具有同质性，所以《民事诉讼法解释》第三十四条对其一并规定。

审判实践中应当注意的问题：当事人对本条规定的财产争议约定管辖法院的，必须是与争议有实际联系地点的法院，否则约定无效，应按法定管辖确定管辖的法院。

——最高人民法院民法典贯彻实施工作领导小组办公室编著：《最高人民法院新民事诉讼法司法解释理解与适用》，人民法院出版社 2022 年版，第 142~143 页。

91. 劳动争议案件不适用协议管辖

关键词

劳动争议案件　协议管辖

最高人民法院裁判文书

李继东与北京海天致远劳务服务有限公司劳动争议案［最高人民法院（2020）最高法民辖 24 号民事裁定书］

裁判要旨：协议管辖的适用领域为合同或者其他财产权益纠纷，因身份关系产生民事纠纷的不能协议选择管辖法院。用人单位与劳动者之间的劳动关系，具有人身属性，不适用协议管辖的有关规定。故本案中《劳动合同》里所约定的管辖条款无效。

最高人民法院经审查认为，根据《中华人民共和国民事诉讼法》第三十四条[①]的规定，合同或者其他财产权益纠纷的当事人可以书面协议选择被告住所地、合同履行地、合同签订地、原告住所地、标的物所在地等与争议有实际联系的地点的人民法院管辖，但不得违反本法对级别管辖和专属管辖的规定。可见，协议管辖的适用领域为合同或者其他财产权益纠纷，这里的合同纠纷包括因合同订立、履行、变更、解除、违约等所产生的纠纷，其他财产权益纠纷包括因物权、知识产权中的财产权而产生的民事纠纷，因身份关系产生民事纠纷的不能协议选择管辖法院。劳动争议案件涉及的法律关系为用人单位与劳动者之间的劳动关系，具有人身属性，不适用协议管辖的有关规定。故本案中《劳动合同》里所约定的管辖条款无效。

根据《最高人民法院关于审理劳动争议案件适用法律若干问题的解释》第八条的规定，劳动争议案件由用人单位所在地或者劳动合同履行地的基层人民法院管辖。山东省泰安市泰山区人民法院作为劳动合同履行地的基层人民法院，北京市海淀区人民法院作为用人单位所在地的基层人民法院，对本案都具有管辖权。根据《最高人民法院关于适用〈中华人民共和国民事诉讼法〉的解释》第三十六条规定，两个以上人民法院都有管辖权的诉讼，先立案的人民法院不得将案件移送给另一个有管辖权的人民法院。在原告李继东选择向山东省泰安市泰山区人民法院起诉的情况下，山东省泰安市泰山区人民法院对本案有管辖权，泰安市中级人民法院裁定将本案移送至北京市海淀区人民法院不当。

——中国裁判文书网。

附录：最高人民法院主流观点

劳动合同是否允许协议管辖是有争议的。我们研究认为，法律、司法解

① 现为《民事诉讼法》（2021 年修正）第三十五条。

释对劳动合同的仲裁管辖权和诉讼管辖权都有强制性规定，故不能适用民事诉讼法关于协议管辖的规定，但仍然留下了可供当事人协商管辖的空间（比如存在多个劳动合同履行地场合，约定其中一地法院管辖），故有必要予以规定。最高人民法院〔2010〕民立他字第67号案中，认为约定由用人单位所在地法院管辖的管辖协议无效。

——最高人民法院民事诉讼法修改研究小组编著：《〈中华人民共和国民事诉讼法〉修改条文理解与适用》，人民法院出版社2012年版，第54页。

实践中，如果双方当事人协议选择用人单位所在地或者劳动合同履行地之外的人民法院管辖的，约定管辖条款是否有效，对此存有一定争议。我们认为，根据《民事诉讼法》第三十四条①的规定，协议管辖的适用领域为合同或者其他财产权益纠纷，因身份关系产生的民事纠纷一般不能协议选择管辖法院。劳动争议案件涉及的劳动关系中，用人单位对劳动者具有工作上的管理权，劳动者成为用人单位的一员，具有人身从属性，因此劳动争议案件不属于法律规定可以由当事人约定管辖法院的案件范畴。再者，在普通的民事关系中，民事当事人具有平等的地位，可以自主、充分地表达自己的意愿，而在劳动关系中，劳动者一般处于弱势地位，劳动合同一般都是由用人单位提供的，如果约定管辖有效，用人单位可能会利用约定管辖给劳动者维权造成制约，对劳动者权益保护不利。所以，我们认为，如果用人单位和劳动者在劳动合同中约定的管辖法院不属于劳动合同履行地或者用人单位所在地的法院的，约定应属无效。

——最高人民法院民事审判第一庭编著：《最高人民法院新劳动争议司法解释（一）理解与适用》，人民法院出版社2021年版，第74页。

92. 约定“由当地法院管辖”的管辖协议的效力

关键词

由当地法院管辖　管辖协议

最高人民法院裁判文书

王华与马策合同纠纷报请指定管辖案［最高人民法院（2021）最高法民辖60号民事裁定书］

① 现为《民事诉讼法》（2021年修正）第三十五条。

裁判要旨：当事人仅约定了某一地域的法院，不能按照级别管辖的标准从上级法院往下确定具体的法院，相关管辖协议无效，应当按照法定管辖规定确定法院。

最高人民法院认为，本案系合同纠纷。《最高人民法院关于适用〈中华人民共和国民事诉讼法〉的解释》第三十条规定，“根据管辖协议，起诉时能够确定管辖法院的，从其约定；不能确定的，依照民事诉讼法的相关规定确定管辖。”具体到本案，《期货交易合作协议》约定，如协商未果双方同意在长沙市当地的人民法院诉讼解决。本案的诉讼标的额符合基层人民法院级别管辖标准，但长沙市有多个基层人民法院，无法根据前述管辖协议确定具体的管辖法院，本案应当依照《中华人民共和国民事诉讼法》第二十三条[①]规定，由被告住所地或者合同履行地人民法院管辖。辽宁省法库县人民法院作为被告住所地有管辖权的法院，在先行立案的情况下，将本案移送湖南省长沙市芙蓉区人民法院处理不当，本院予以纠正。

——中国裁判文书网。

附录：最高人民法院主流观点

6. 约定不明确的合同履行地

在审判实践中，有两种较为常见的约定不明确的管辖协议。一是约定由守约方所在地法院管辖。判断何方当事人守约，需要经过实体审理方能确定，在确定管辖权的阶段无法判明，这类约定不明确的管辖协议无法执行，应当认定为无效。《最高人民法院关于金利公司与金海公司经济纠纷案件管辖问题的复函》（法函〔1995〕89号）认为，“如甲、乙双方发生争议，由守约方所在地人民法院管辖”的约定无效。最高人民法院（2010）民二终字第39号民事裁定也认为，约定由守约方所在地法院管辖的协议无效。二是约定由当地法院管辖。由于何为当地指代不明，常常产生争议。有的理解为当事人住所地，有的理解为合同履行地，有的根据合同类型理解为工程所在地。我们认为，应当综合考量当事人的意思、合同类型及其他因素，能够确定何为当地的，应当认定为有效；不能确定的，应当认定为约定不明确。最高人民法院在（2010）民申字第809号裁定书中认为，在施工合同中约定“在合同执行中发生争议，双方应协商解决；协商不成向当地人民法院起诉”所称的当地，系指工程所在地（即合同履行地）。

——最高人民法院民法典贯彻实施工作领导小组办公室编著：《最高人民法院新民事诉讼法司法解释理解与适用》，人民法院出版社2022年版，第

① 现为《民事诉讼法》（2021年修正）第二十四条。

113~114 页。

93. 约定“由守约方所在地人民法院管辖”的管辖协议的效力

关键词

协议管辖　约定守约方所在地法院管辖

最高人民法院答复

湖南省高级人民法院：

你院《关于金利公司与金海公司经济纠纷案件管辖问题的报告》收悉。经研究，答复如下：

金利公司与金海公司在再次补充协议中约定，“如甲、乙双方发生争议，由守约方所在地人民法院管辖。”该约定不符合民事诉讼法第二十五条的规定，应认定协议管辖的条款无效。本案应由被告所在地的人民法院管辖。接此函后，请你院依法撤销一审判决和一、二审裁定，将本案移送有管辖权的法院。

——《最高人民法院关于金利公司与金海公司经济纠纷案件管辖问题的复函》(1995 年 7 月 5 日，法函〔1995〕89 号)。

最高人民法院裁判文书

要某某与北京市第二建筑工程有限公司居间合同纠纷指定管辖案

最高人民法院处理意见：本案原告要某某与北京市第二建筑工程有限公司第十一工程部签订的《信息服务协议》中约定的“一方违约，另一方可到自己居住地基层人民法院或者中级人民法院起诉”，该约定不符合民事诉讼法第二十五条[①]的规定，该协议管辖条款无效。

——苏泽林主编、最高人民法院立案庭编：《立案工作指导》2010 年第 4 辑（总第 27 辑），人民法院出版社 2011 年版，第 131~132 页。

附录：本案解析

在 2004 年 8 月 18 日原告要某某与被告北京二建下属的项目管理公司第十一工程部签订的《信息服务协议》中约定：“一方违约，另一方可到自己居住地基层人民法院或中级人民法院起诉”，原告依据此约定管辖条款向桥东区

① 现为《民事诉讼法》(2021 年修正）第三十五条。

人民法院起诉，桥东区人民法院受理并认定此条款有效。被告北京二建认为此条款无效并提出管辖权异议，但其异议申请先后被桥东区人民法院和张家口市中级人民法院裁定驳回。对于此条款，北京市高级人民法院认为“该约定管辖条款意思表示真实，内容明确具体，表达了双方约定在原告居住地法院诉讼的意愿。法院应当尊重当事人的意思表示，维护当事人的诉讼权利。该协议管辖应为有效。”

2008年6月30日张家口市中级人民法院（2008）张民再终字第59号民事裁定书认为“违约与否只有经人民法院实体审理后才能确认，故双方在合同中约定管辖条款无效”。

关于本案合同中协议选择管辖条款的效力问题，两地法院先后形成两种意见。一种意见认为：该条款的约定有效。其理由是将该条款理解为原告选择自己住所地法院为管辖法院，符合民事诉讼法的规定。这种意见是张家口市中级人民法院和桥东区人民法院一、二审裁定中的观点，北京市高级人民法院也持这种观点。另一种意见认为：该条款的约定无效。其理由是只有法院经过实体审理后，才能确定一方是否违约。

我们认为，该协议选择管辖条款应属无效。理由如下：第一，该协议选择管辖条款不能理解为由原告住所地法院管辖。首先，从字面上理解，一方违约，另一方可到自己居住地基层人民法院或中级人民法院起诉，这是附条件的选择，只有在一方违约的情况下，另一方才能在自己居住地法院起诉。但是，是否违约，并不是当事人所能认定的，只有经过人民法院的实体审理后，才能认定一方是否违约。其次，合同是否有效也是由法院经过审理后才能认定的。如果合同无效，则就不存在违约的问题。第二，最高人民法院法函〔1995〕89号《关于金利公司与金海公司经济纠纷案件管辖问题的复函》中认为：金利公司与金海公司在再次补充协议中约定，“如甲、乙双方发生争议，由守约方所在地人民法院管辖”，该约定不符合民事诉讼法第二十五条的规定，应该认定协议管辖的条款无效。本案中的协议选择管辖条款的情形符合该复函的情形。应当认定该协议选择管辖条款无效。第三，最高人民法院近几年在审理管辖权争议案件中，也遇到过类似的情形，也都认定相关协议选择管辖条款无效。

——张绳祖：《第二审人民法院发回重审的案件应由原审人民法院审理》，载苏泽林主编、最高人民法院立案庭编：《立案工作指导》2010年第4辑（总第27辑），人民法院出版社2011年版，第131~132页。

最高人民法院裁判文书

北京华福工程有限公司与上海浦景化工技术股份有限公司专利实施许可合同纠纷管辖权异议案［最高人民法院（2020）最高法知民辖终172号民事

裁定书］

裁判要旨：合同双方虽然就法院管辖作出约定："任何一方可以向守约方所在地有管辖权的人民法院提起诉讼"，但当纠纷发生时，由于合同当事人是否构成违约以及哪一方构成违约等事实的查明，属于人民法院需要进行实体审理的内容，并非能够在管辖异议程序阶段确定的事实，故当事人上述约定中的"守约方"并不明确，无法依据该约定确定管辖法院，而应当依照法律规定对管辖法院予以确定。

最高人民法院经审查认为，涉案合同的技术实施许可合同中含有专利内容，本案系专利实施许可合同纠纷。首先，关于本案能否依据涉案合同第十八条的约定确定管辖法院。本案中，华福工程公司与浦景化工公司在涉案合同第十八条约定，三方因履行本合同而发生的争议，应协商、调解解决。协商、调解不成的，任何一方可以向守约方所在地有管辖权的人民法院提起诉讼。对此，本院认为，由于涉案合同各方当事人是否构成违约属于需要进行实体审理的内容，并非能够在管辖异议程序阶段确定的事实，故上述约定中的"守约方"并不明确，无法依据该约定确定管辖法院。华福工程公司的相关上诉理由不能成立，本院不予支持。

其次，关于本案管辖法院如何确定。根据《民事诉讼法解释》第三十条第一款规定，根据管辖协议，起诉时能够确定管辖法院的，从其约定；不能确定的，依照民事诉讼法的相关规定确定管辖。《中华人民共和国民事诉讼法》第二十三条①规定，因合同纠纷提起的诉讼，由被告住所地或者合同履行地人民法院管辖；第三十五条②规定，两个以上人民法院都有管辖权的诉讼，原告可以向其中一个人民法院起诉。如前所述，本案起诉时并不能依据涉案合同的相关约定明确管辖法院。根据上述规定，浦景化工公司可以选择向涉案合同履行地或者华福工程公司住所地人民法院提起诉讼。本案中，华福工程公司住所地位于北京市昌平区，根据《最高人民法院关于北京、上海、广州知识产权法院案件管辖的规定》第一条规定，北京知识产权法院对北京市的专利民事一审案件具有管辖权。因此，原审法院对本案具有管辖权，浦景化工公司选择向原审法院起诉符合上述规定，在原审法院已立案受理的情况下，华福工程公司关于将本案移送至其他可能有管辖权法院审理的上诉主张，本院不予支持。

---

① 现为《民事诉讼法》（2021 年修正）第二十四条。

② 现为《民事诉讼法》（2021 年修正）第三十六条。

——中国裁判文书网。

附录：最高人民法院主流观点

6. 约定不明确的合同履行地

在审判实践中，有两种较为常见的约定不明确的管辖协议。一是约定由守约方所在地法院管辖。判断何方当事人守约，需要经过实体审理方能确定，在确定管辖权的阶段无法判明，这类约定不明确的管辖协议无法执行，应当认定为无效。《最高人民法院关于金利公司与金海公司经济纠纷案件管辖问题的复函》(法函〔1995〕89号)认为，"如甲、乙双方发生争议，由守约方所在地人民法院管辖"的约定无效。最高人民法院〔2010〕民二终字第39号民事裁定也认为，约定由守约方所在地法院管辖的协议无效。二是约定由当地法院管辖。由于何为当地指代不明，常常产生争议。有的理解为当事人住所地，有的理解为合同履行地，有的根据合同类型理解为工程所在地。我们认为，应当综合考量当事人的意思、合同类型及其他因素，能够确定何为当地的，应当认定为有效；不能确定的，应当认定为约定不明确。最高人民法院在(2010)民申字第809号裁定书中认为，在施工合同中约定"在合同执行中发生争议，双方应协商解决；协商不成向当地人民法院起诉"所称的当地，系指工程所在地(即合同履行地)。

——最高人民法院民法典贯彻实施工作领导小组办公室编著：《最高人民法院新民事诉讼法司法解释理解与适用》，人民法院出版社2022年版，第113~114页。

94. 约定"向违约方所在地法院提起诉讼"的管辖协议的效力

关键词

违约方所在地法院　管辖协议

最高人民法院裁判文书

天津市中铁物京钢材有限公司与被告天津冶金轧一物流有限公司仓储合同纠纷案［最高人民法院(2019)最高法民辖6号民事裁定书］

裁判要旨：双方在合同中约定，一方违约的，向违约方所在地法院提起诉讼。根据该约定，确定管辖法院，首先要判断是哪一方"违约"。但对当事人违约的认定属于实体审理范畴，无法在管辖权异议审理阶段予以确定。故上述约定属于协议管辖约定不明的情形，

应根据《民事诉讼法》的相关规定确定管辖法院。

最高人民法院认为，《最高人民法院关于适用〈中华人民共和国民事诉讼法〉的解释》第三十条规定：根据管辖协议，起诉时能够确定管辖法院的，从其约定；不能确定的，依照民事诉讼法的相关规定确定管辖。本案中，轧一物流公司与中铁公司在《仓储保管协议》中约定："如发生争议，双方协商解决。达不成一致，若甲方违约向北京市有管辖权的人民法院提起诉讼，若乙方违约向天津市有管辖权的人民法院提起诉讼。"根据该约定，确定管辖法院，首先要判断本案是"甲方违约"还是"乙方违约"。但对当事人违约的认定属于实体审理范畴，无法在管辖权异议审理阶段予以确定。其次要判断在起诉时能否根据"北京市有管辖权的人民法院"或者"天津市有管辖权的人民法院"确定唯一的管辖法院。本案诉讼标的额为5900余万元，根据《最高人民法院关于调整高级人民法院和中级人民法院管辖第一审民商事案件标准的通知》，属于北京市基层人民法院或者天津市中级人民法院管辖的第一审民商事案件。但在北京市基层人民法院、天津市中级人民法院有多个的情况下，无法根据诉讼标的额在起诉前确定唯一具体的管辖法院。故，本案属于协议管辖约定不明的情形，应当根据《中华人民共和国民事诉讼法》第二十三条确定管辖法院。天津市第二中级人民法院作为轧一物流公司住所地法院，对案件有管辖权。天津市高级人民法院裁定将案件移送北京市第二中级人民法院，属于适用法律错误。

——中国裁判文书网。

95. 约定"由各自所在地法院管辖"的管辖协议的效力

关键词

协议管辖　约定各自所在地法院管辖

最高人民法院答复

四川省高级人民法院：

你院川法明传〔1994〕第211号请示收悉。经研究，答复如下：

合同双方当事人约定：发生纠纷各自可向所在地人民法院起诉。该约定可认为是选择由原告住所地人民法院管辖，如不违反有关级别管辖和专属管辖的规定，则该约定应为有效。若当事人已分别向所在地人民法院提起诉讼，则应由先立案的人民法院管辖；若立案时间难于分清先后，则应由两地人民法院协商解决；协商解决不了的，由它们的共同上级人民法院指定管辖。[①]

——《最高人民法院关于合同双方当事人协议约定发生纠纷各自可向所在地人民法院起诉如何确定管辖权的复函》（1994 年 11 月 27 日，法经〔1994〕307 号）。

最高人民法院裁判文书

湖南泰和集团股份有限公司与佛山市南海高达建筑有限公司买卖合同纠纷管辖权争议请示案（最高人民法院民事裁定书）

裁判要旨：当事人在合同中约定“由各自所在地管辖”，应认定该约定有效，双方均可选择由原告住所地人民法院管辖。

最高人民法院经审查认为：

第一，湖南省岳阳市岳阳楼区人民法院受理的泰和公司与高达公司一案，不属于侵权责任纠纷。同意湖南省高级人民法院的意见，岳阳市岳阳楼区人民法院将案件认定为产品侵权责任纠纷是不适当的，此案案由应为买卖合同纠纷。

第二，岳阳市岳阳楼区人民法院受理的泰和公司与高达公司买卖合同纠纷一案与广东省佛山市南海区人民法院受理的泰和公司与高达公司买卖合同纠纷一案均是基于双方当事人签订的《供货合同》及补充附件。两个案件属于基于同一事实、同一法律关系而产生的纠纷，双方当事人分别起诉而形成的管辖权争议案件，为了便于查清案件事实，保证裁判的统一性，由同一法院合并审理为宜。

第三，双方当事人 2011 年 11 月 1 日签订的《供货合同》第十三项第 3 点约定：如发生纠纷，诉讼地为甲方（泰和公司）所在地。后双方于 2011 年 11 月 13 日签订《合同补充附件》约定：如发生争议，双方需共同协商处理，并由各自所在地管辖，同时写明本同补充附件与原供货合同具同等法律效力。结合《供货合同》《合同补充附件》以及《最高人民法院关于合同双方当事人协议约定发生纠纷各自可向所在地人民法院起诉如何确定管辖的复函》的规定，双方关于管辖的约定有效，双方均可选择由原告住所地人民法院管辖。

第四，根据《最高人民法院关于在经济审判工作中严格执行〈中华人民共和国民事诉讼法〉的若干规定》第 2 条的规定，佛山市南海区人民法院 2012 年 12 月 14 日立案，立案在先，岳阳市岳阳楼区人民法院 2013 年 5 月

---

① 本答复已被《最高人民法院关于废止部分司法解释（第十三批）的决定》（2019 年 7 月 8 日，法释〔2019〕11 号）废止，废止原因为“民事诉讼法已规定”。

8 日立案，立案在后，岳阳市岳阳楼区人民法院应将案件移送给立案在先的法院管辖。岳阳市岳阳楼区人民法院受理案件的诉讼标的额为 209.35 万元，符合佛山市南海区人民法院一审管辖标准。故指定广东省佛山市南海区人民法院合并审理两案。

——徐德芳：《约定由各自所在地管辖的效力认定——湖南泰和集团股份有限公司与佛山市南海高达建筑有限公司买卖合同纠纷管辖权争议请示案》，载景汉朝主编、最高人民法院立案庭编：《立案工作指导》2015 年第 1 辑（总第 44 辑），人民法院出版社 2016 年版，第 150~151 页。

青岛金实房地产开发投资有限公司与中国华西企业有限公司管辖权异议案［最高人民法院（2013）民一终字第 129 号民事裁定书］

裁判要旨：合同双方当事人约定，发生纠纷各自可向所在地人民法院起诉。当事人的真实意思是，涉案合同发生争议后，任何一方当事人作为原告提起诉讼，都可选择原告所在地人民法院作为管辖法院，该协议选择管辖的约定是明确的。该约定可认为是选择由原告所在地人民法院管辖，如不违反有关级别管辖和专属管辖的规定，则该约定应为有效。

——中国裁判文书网。

附录：最高人民法院主流观点

管辖协议约定两个以上与争议有实际联系的地点的人民法院管辖，原告可以向其中一个人民法院起诉，该法院具有管辖权。民事诉讼法第二十四条规定："因合同纠纷提起的诉讼，由被告住所地或者合同履行地人民法院管辖。"第三十三条规定："因共同海损提起的诉讼，由船舶最先到达地、共同海损理算地或者航程终止地的人民法院管辖。"第三十四条第三项规定："因继承遗产纠纷提起的诉讼，由被继承人死亡时住所地或者主要遗产所在地人民法院管辖。"上述条文均规定了两个或两个以上的管辖法院供当事人选择。这就意味着，如果合同当事人不约定发生纠纷时的管辖法院，一方当事人完全可以选择被告住所地法院或是合同履行地法院作为管辖法院，但如果双方当事人订立了协议管辖合同或是条款，其选择就是唯一的，即合同或条款中明确约定的那个法院。这样，当事人自己限制了诉权的行使，而且易导致当事人在合同谈判过程中因管辖问题形成僵持局面。对于上述法定的两个以上人民法院都有管辖权的案件，民事诉讼法第三十六条规定，原告可以向其中一个法院起诉；原告向两个以上有管辖权的人民法院起诉的，由最先立案的人民法院管辖。所以，在特殊地域管辖及专属管辖允许当事人选择管辖法院的前提下，对于协议管辖的唯一性是不应该苛求的。因此，只要当事人协议选择了与争议有实际联系地点的管辖法院，可以是一处，也可以是多处，一旦当事人发生纠纷，就可以按协议之约定，选择向其中一个法院起诉。如果双方基于同一法律关系或同一法律事实分别向不同的法院起诉，同样先受理的法院取得管辖权。

——最高人民法院民法典贯彻实施工作领导小组办公室编著：《最高人民法院新民事诉讼法司法解释理解与适用》，人民法院出版社 2022 年版，第 137~138 页。

96. 约定“任意一方住所地法院解决”的管辖协议的效力

关键词

任意一方住所地法院　管辖协议

最高人民法院裁判文书

柳州钢铁股份有限公司与中信银行股份有限公司厦门分行、一审被告厦门拓兴成集团有限责任公司金融借款合同纠纷管辖权异议案［最高人民法院（2014）民二终字第 5 号民事裁定书］

裁判要点：在因诉争合同发生的纠纷当中，任意一方合同主体既有可能成为案件的原告，也有可能成为案件的被告，因此协议管辖条款中约定“将争议提交任意一方住所地人民法院通过诉讼方式解决”，可以理解为当事人协议选择了原告住所地或被告住所地法院管辖。这种约定管辖符合民事诉讼法第三十四条[①]之规定，是当事人真实意思表示，约定的内容清晰明确，且不违反级别管辖和专属管辖的规定。

最高人民法院认为：关于协议管辖条款的效力。《银、企、商合作协议书》第十四条约定有协议管辖条款，“三方同意将争议提交任意一方住所地人民法院通过诉讼方式解决”。该合同主体为三方当事人，即中信银行厦门分行、柳州钢铁公司和拓兴成公司，协议管辖条款的表述应理解为上述三公司中的任一公司住所地法院均有管辖权。《中华人民共和国民事诉讼法》第三

① 现为《民事诉讼法》（2021 年修正）第三十五条。

十四条规定："合同或者其他财产权益纠纷的当事人可以书面协议选择被告住所地、合同履行地、合同签订地、原告住所地、标的物所在地等与争议有实际联系的地点的人民法院管辖，但不得违反本法对级别管辖和专属管辖的规定。"

在因诉争合同发生的纠纷当中，任意一方合同主体既有可能成为案件的原告，也有可能成为案件的被告，因此协议管辖条款中约定"将争议提交任意一方住所地人民法院通过诉讼方式解决"，可以理解为当事人协议选择了原告住所地或被告住所地法院管辖。这种约定管辖符合民事诉讼法第三十四条之规定，是当事人真实意思表示，约定的内容清晰明确，且不违反级别管辖和专属管辖的规定。受理管辖等程序性事项中也应尊重当事人意思自治，《银、企、商合作协议书》中约定的协议管辖条款应认定为合法有效。合同主体中的中信银行厦门分行和拓兴成公司的住所地均在福建省，本案诉讼标的额为一亿元以上，达到了福建省高级人民法院级别管辖标准，中信银行厦门分行按照协议管辖条款的约定向福建省高级人民法院起诉，福建省高级人民法院对案件有管辖权。

——中国裁判文书网。

97. 分公司签订的管辖协议中可以约定由其总公司住所地人民法院管辖

关键词

总公司住所地　管辖协议

最高人民法院裁判文书

江苏中储智运物流有限公司乌海分公司与戴峥其他合同纠纷案［最高人民法院（2020）最高法民辖30号民事裁定书］

裁判要旨：1. 根据民诉法规定，合同或者其他财产权益纠纷的当事人可以协议选择管辖法院，选择范围为被告住所地、合同履行地、合同签订地、原告住所地、标的物所在地等与争议有实际联系的地点的人民法院，但不得违反级别管辖和专属管辖的规定。其中，与争议有实际联系应当是直接的、客观外在的联系，不能将仅存在偶然性关系或者间接性联系作为确定的标准。

2. 分公司签订的管辖协议中，约定由其总公司住所地人民法院管辖，应认为地点与争议有实际联系。但如果约定分公司所在总公

司的关联公司或者控股公司地点的，因与争议缺乏客观直接的联系，应认定管辖协议无效。

最高人民法院认为，《中华人民共和国民事诉讼法》第三十四条[①]规定："合同或者其他财产权益纠纷的当事人可以书面协议选择被告住所地、合同履行地、合同签订地、原告住所地、标的物所在地等与争议有实际联系的地点的人民法院管辖，但不得违反本法对级别管辖和专属管辖的规定。"根据该规定，协议管辖包括三个要件：一是属于合同或者其他财产权益纠纷，因身份关系产生的民事纠纷不能协议选择管辖法院。二是可以协议选择的法院是被告住所地、合同履行地、合同签订地、原告住所地、标的物所在地等与争议有实际联系的地点的人民法院。三是协议管辖不得违反级别管辖和专属管辖的规定。其中，与争议有实际联系应当是直接的、客观外在的联系，不能将仅存在偶然性关系或者间接性联系作为确定的标准。

本案中，中储智运乌海分公司与戴峥签订的《中储智运项目合作协议》中约定"协商不成的，可向南京市鼓楼区人民法院提起诉讼"。关于南京市鼓楼区是否为与争议有实际联系的地点，中储智运乌海分公司提交中储南京智慧物流科技有限公司出具的一份《证明》，表明中储智运乌海分公司系中储南京智慧物流科技有限公司下属子公司江苏中储智运物流有限公司的分公司，中储南京智慧物流科技有限公司住所地位于江苏省南京市鼓楼区。对此，本院认为，江苏中储智运物流有限公司作为中储智运乌海分公司的总公司，因分公司不具有法人资格，其民事责任最终将由总公司承担，如果在分公司签订的管辖协议中，约定总公司住所地法院，应认为与争议有实际联系。但如果约定分公司所在总公司的关联公司或者控股公司地点的，因与争议缺乏客观直接的联系，应认定管辖协议无效。经查询国家企业信用信息公示系统，江苏中储智运物流有限公司位于江苏省金湖县，并不在南京市鼓楼区。中储南京智慧物流科技有限公司住所地虽位于南京市鼓楼区，但与本案争议缺乏客观直接的联系。故双方当事人关于管辖法院的约定无效。从中储物流乌海分公司起诉的内容来看，其诉讼请求之一指向双方合同约定的支付租金的义务。根据《最高人民法院关于适用〈中华人民共和国民事诉讼法〉的解释》第十八条的规定，本案争议标的为给付货币，接收货币一方即中储物流乌海分公司所在地为合同履行地。内蒙古自治区乌海市海勃湾区人民法院对案件有管辖权，其将案件移送江苏省南京市鼓楼区人民法院不当。

——中国裁判文书网。

---

① 现为《民事诉讼法》(2021年修正)第三十五条。

98. 双方约定将争议诉至一方分支机构所在地并不违反民诉法中协议管辖的规定

关键词

一方分支机构所在地　协议管辖

最高人民法院裁判文书

彼高家居用品（上海）有限公司与上海京汇美饰建筑工程有限公司买卖合同纠纷案［最高人民法院（2021）最高法民辖2号民事裁定书］

裁判要点：法人的住所地是指法人的主要办事机构所在地，主要办事机构所在地不能确定的，法人的注册地或者登记地为住所地。据此，住所地不当然是工商注册登记地址。双方合同约定发生纠纷则将争议诉至某一方所在地法院，并在合同中载明该方所在地为该方分支机构的住所地，该约定并不违反民事诉讼法第三十四条[①]协议管辖的规定。

最高人民法院认为，案涉《采购供应合同》第十二条约定："如果协商不成，则任何一方可将争议提交甲方（京汇公司）所在地人民法院诉讼。"该合同载明甲方的所在地为"广州市天河区广园东路颐和大厦A1栋31F"。该地管辖法院为广州市天河区人民法院。

经查，"国家企业信用信息公示系统"网站载明，京汇公司在广州设立了上海京汇美饰建筑工程有限公司广州分公司，该广州分公司的住所为广州市天河区瘦狗岭413号，具体地址是广州市天河区广园东路瘦狗岭路413号颐和大厦，即合同约定的甲方所在地。

本院《关于适用〈中华人民共和国民事诉讼法〉的解释》第三条规定，法人的住所地是指法人的主要办事机构所在地，主要办事机构所在地不能确定的，法人的注册地或者登记地为住所地。住所地不当然是工商注册登记地址。上海京汇美饰建筑工程有限公司广州分公司是京汇公司的分支机构，京汇公司与彼高公司将该分公司的住所地约定作为人民法院管辖地，不违反《中华人民共和国民事诉讼法》第三十四条规定。当事人可否以《中华人民共和国民事诉讼法》第三十四条明文列举之外的地点选择协议管辖法院，本院

① 现为《民事诉讼法》（2021年修正）第三十五条。

（2018）最高法民辖终144号民事裁定已有定论，可资参照。

综上，双方当事人已协议选择本案管辖法院，该约定地点清楚，意思明确，亦无不发生法律效力的事由，应予尊重，另行指定管辖法院缺乏正当理据。

——中国裁判文书网。

99. 约定地点与实际履行地发生冲突时管辖法院的确定

关键词

协议管辖　实际履行地

附录：最高人民法院主流观点

5. 约定的地点与实际履行地发生冲突的处理

当事人在合同中约定某一具体义务的履行地，不仅有实体法上的意义，还可能有诉讼法上的意义。约定由合同签订地、履行地人民法院管辖，但实际签订地、履行地与约定的签订地、履行地不一致时，应当以约定地作为确定管辖权的依据，因为若当事人约定合同履行地，表明双方对管辖有预期，故应尊重当事人的约定。

——最高人民法院民法典贯彻实施工作领导小组办公室编著：《最高人民法院新民事诉讼法司法解释理解与适用》，人民法院出版社2022年版，第113页。

100. 主从合同分别约定不同管辖法院的处理

关键词

主从合同　协议管辖

附录：最高人民法院主流观点

债权人同时以主合同和担保合同合并提起诉讼，主合同或者担保合同有协议管辖条款的应如何认定，主要包括以下几种情形：（1）仅主合同有协议管辖条款，但选择管辖法院与从合同的法定管辖法院不一致；（2）仅担保合同有协议管辖条款，但选择管辖法院与主合同的法定管辖法院不一致；（3）主合同和担保合同均有协议管辖条款，但选择管辖法院不一致。

主合同中的协议管辖条款可拓展到从合同，已为我国及其他国家和地区的诉讼实践所认可。担保合同是以主合同为基础订立的，具有从属性，且订立目的是为了保障主合同的履行。由于通常主合同先于或者同时于担保合同订立，担保人在签订担保合同前应当知晓主合同中的内容，对纠纷的协议管辖法院应有合理的预期。因此，根据主合同协议管辖条款确定案件管辖法院，一般不会构成对担保人的“管辖突袭”。

有协议管辖条款的担保，其实就是附条件的担保。因此，在主合同没有协议管辖条款而担保合同有协议管辖条款的情形，如法院强行合并审理担保合同纠纷，改变协议管辖法院，则可能损害担保人的管辖利益，违背其提供担保的真实意愿。此时如由担保合同协议管辖法院合并审理，则有可能构成对债务人的“管辖突袭”，因为担保合同往往后于主合同订立，债务人事先可能不知道担保合同的内容。

在主合同和担保合同均有协议管辖条款，但选择管辖法院不一致的情形，则构成所谓协议管辖的冲突。对此，《担保法司法解释》第一百二十九条第二款规定：“主合同和担保合同选择管辖的法院不一致的，应当根据主合同确定案件管辖。”这个规定虽然明确，方便执行，但从法理上讲，不合管辖协议的效力不及于第三人的一般原理，损害了担保人的管辖利益，并无公平可言。对此我国台湾地区学者指出：“一般言之，如欠缺拘束第三人之根基，即不及于第三人，如债权人与主债务人间之合意，不得拘束立于保证契约上地位之保证人。”为平衡债权人、主债务人和担保人三方的管辖利益，采取由不同法院分别审理的做法，较为妥当。对债权人而言，其分别与债务人、担保人签订不同的管辖协议，即表明其有接受不同法院分开审理的心理准备，分别审理并不加重其预期的诉讼负担。采取分开审理的办法，还能避免出现债权人在担保合同中乱签管辖协议而不受拘束的情况出现；对担保人而言，对担保合同分开审理，满足了其提供担保的附加条件，保护了其预期的诉讼利益；对债务人而言，无论是合并审理还是分开审理，均不损害其诉讼利益。

——最高人民法院民事诉讼法修改研究小组编著：《〈中华人民共和国民事诉讼法〉修改条文理解与适用》，人民法院出版社2012年版，第58页。

101. 管辖协议违反级别管辖的处理

关键词

管辖协议　级别管辖

最高人民法院裁判文书

四川九龙电力集团有限公司、亚王能源（四川）有限公司与中广核能源

开发有限责任公司股权转让纠纷管辖权异议案［最高人民法院（2017）最高法民辖终10号民事裁定书］

裁判要旨：级别管辖主要解决上下级法院之间就审理一审案件范围的分工问题，级别管辖划分的标准需要根据各地经济社会发展状况、人民法院受案数量等因素进行适时调整。所以，事先通过协议约定管辖的当事人难以知悉争议实际发生时相关人民法院的级别管辖标准。对于管辖协议违反级别管辖的情况，只要当事人约定的地域管辖明确，在约定法院所属或所辖行政区域内具有相应级别管辖权的人民法院，可以依据协议约定行使管辖权。

最高人民法院经审查认为：《中华人民共和国民事诉讼法》第三十四条[①]规定："合同或者其他财产权益纠纷的当事人可以书面协议选择被告住所地、合同履行地、合同签订地、原告住所地、标的物所在地等与争议有实际联系的地点的人民法院管辖，但不得违反本法对级别管辖和专属管辖的规定。"涉案《股权转让协议》第13.2条明确约定，因履行本协议所发生的或与本协议有关的一切争议，签约各方应通过友好协商解决，如果协商不成，协议任何一方均有权向深圳市人民法院提起诉讼。该协议条款约定内容明确，不违反法律规定，为合法有效的管辖权约定条款，应当作为认定本案管辖权的依据。最高人民法院《关于调整高级人民法院和中级人民法院管辖第一审民商事案件标准的通知》第二条规定，当事人一方住所地不在受理法院所处省级行政辖区的，北京、上海、江苏、浙江、广东高级人民法院管辖诉讼标的额3亿元以上一审民商事案件，所辖中级人民法院管辖诉讼标的额5000万元以上一审民商事案件。本案被上诉人在原审起诉时暂定的请求补偿款数额已为4.89亿元，超出了协议约定的深圳市人民法院的管辖标准。但是需要指出的是，级别管辖主要解决上下级法院之间就审理一审案件范围的分工问题，级别管辖划分的标准需要根据各地经济社会发展状况、人民法院受案数量等因素进行适时调整。所以，事先通过协议约定管辖的当事人难以知悉争议实际发生时相关人民法院的级别管辖标准。对于管辖协议违反级别管辖的情况，只要当事人约定的地域管辖明确，在约定法院所属或所辖行政区域内具有相应级别管辖权的人民法院，可以依据协议约定行使管辖权。因此，原审法院根据涉案《股权转让协议》关于地域管辖的约定并结合其级别管辖的受案标准，认定对本案具有管辖权，并无不当。在原审法院依法享有管辖权的情况下，九龙公司、亚王公司又以涉案合同履行所涉股权转让行为及水电站开发建设

① 现为《民事诉讼法》（2021年修正）第三十五条。

行为发生于四川省，即认为本案由四川省高级人民法院审理利于查清案件事实，并据此请求移送本案，不符合法律规定，本院不予支持。

——中国裁判文书网。

湖北鸿鑫建筑工程有限公司与北京六建集团有限责任公司建设工程分包合同纠纷管辖权异议案［最高人民法院（2019）最高法民辖终37号民事裁定书］

裁判要旨：双方当事人在合同中明确约定了管辖法院，但鉴于当事人协议约定管辖时难以知悉争议实际发生的金额和相关人民法院的级别管辖标准，只要当事人约定的地域管辖明确，在约定法院所属或所辖行政区域内具有相应级别管辖权的人民法院，可以依据协议约定行使管辖权。

最高人民法院认为：《中华人民共和国民事诉讼法》第三十四条[①]规定："合同或者其他财产权益纠纷的当事人可以书面协议选择被告住所地、合同履行地、合同签订地、原告住所地、标的物所在地等与争议有实际联系的地点的人民法院管辖，但不得违反本法对级别管辖和专属管辖的规定。"本案中，双方当事人在合同中明确约定："甲、乙双方在执行本合同过程中若发生争议，应首先通过友好协商解决，如经友好协商60日内仍不能达成谅解或取得一致，任何一方均可向北京市海淀区人民法院提出诉讼。"鉴于当事人协议约定管辖时难以知悉争议实际发生的金额和相关人民法院的级别管辖标准，只要当事人约定的地域管辖明确，在约定法院所属或所辖行政区域内具有相应级别管辖权的人民法院，可以依据协议约定行使管辖权。本案被上诉人北京六建公司在原审起诉时的请求赔偿标的额为212517909.05元人民币，超出了协议约定的北京市海淀区人民法院的管辖标准。本案应确定由北京市高级人民法院管辖。

《中华人民共和国民事诉讼法》第三十三条[②]规定，因不动产纠纷提起的诉讼，由不动产所在地人民法院管辖。《最高人民法院关于适用〈中华人民共和国民事诉讼法〉的解释》第二十八条规定，建设工程施工合同纠纷按照不动产纠纷确定管辖。上述关于不动产专属管辖的规定系以由中华人民共和国法院管辖为前提，并不包括不动产在国外的情形。涉案建设工程位于中华人民共和国领域外，不存在由人民法院专属管辖的可能。上诉人关于涉案管辖

① 现为《民事诉讼法》（2021年修正）第三十五条。

② 现为《民事诉讼法》（2021年修正）第三十四条。

协议违反专属管辖规定的主张，不能成立。

本案双方约定的管辖条款，不违反法律规定，合法有效，应当作为认定本案管辖权的依据。原审法院裁定驳回湖北鸿鑫公司的管辖权异议并无不当。上诉人湖北鸿鑫公司所提的上诉理由不能成立。

——中国裁判文书网。

附录：最高人民法院主流观点

根据民事诉讼法规定，协议管辖不得违反专属管辖和级别管辖。但我们认为，违反级别管辖的后果，与违反专属管辖应有所不同：违反专属管辖的，为绝对无效；违反级别管辖的，为相对无效，应当结合具体情况处理。从实践看，主要有三类情况：

第一类为“×× 地 ×× 人民法院管辖”，既约定了地域管辖，又约定了具体管辖法院。由于级别管辖标准的调整变动，可能影响到管辖协议的效力。基于保护当事人的正当预期，尽量减少无效管辖协议的立场，应认为当事人在案件地域管辖上的明确选择有效。

第二类为“×× 人民法院管辖”，没有约定地域管辖，只确立了具体管辖法院。对此有的法院认定为有效，有的法院认定为无效。我们认为，多数情况下，当事人是有在该法院所在地打官司的意思，认定为有效并结合级别管辖规定确定案件管辖法院，符合大多数当事人的真实意愿。

第三类为“×× 地的人民法院管辖”，只约定了地域管辖，没有明确具体法院。对这种情形，应当根据级别管辖规定确定具体的管辖法院。

——最高人民法院民事诉讼法修改研究小组编著：《〈中华人民共和国民事诉讼法〉修改条文理解与适用》，人民法院出版社 2012 年版，第 60 页。

管辖法院的确定，首先考虑地域管辖，其次考虑级别管辖，而在按照诉讼标的额和案件影响程度确定级别管辖法院时，当事人双方在纠纷发生前无法预见今后争执的标的额和案件是否具有重大影响。因此，要求当事人纠纷前约定的管辖法院明确、具体、唯一且不违反级别管辖的规定，在实践中是比较困难的。

即使当事人约定管辖法院不够明确，但只要根据管辖协议约定的地域能够确定具体管辖法院的，管辖协议按照有效处理。常见的情形是，当事人仅约定了某一地域的法院，可以按照级别管辖标准往上确定具体的法院（上级法院相对于下级法院而言是唯一的），但不能按照级别管辖的标准从上级法院往下确定具体的法院（一个上级法院对应的下级法院一般有多个，特殊情况除外）。例如，约定“由天津市的法院管辖”，而案件恰好应当由天津高院作为一审法院的，该案由天津高院管辖，该管辖协议有效；如该案仅达到天津基层法院的管辖标准，由于天津基层法院有多个而无法确定具体的法院，该管辖协议无效，只能按照法定管辖规定确定法院。还有一种常见情况，当事人已约定某一具体基层法院管辖，纠纷发生后超出该院级别管辖标准，是否一律以违反级别管辖为由而认定约定无效？这种约定表明双方当事人愿意在该法院所在地进行诉讼，地域管辖是明确的。出于保护当事人的正当预期，应当认定双方选择的地域管辖是有效的，可以结合级别管辖标准确定具体的管辖法院。

——最高人民法院民法典贯彻实施工作领导小组办公室编著：《最高人民法院新民事诉讼法司法解释理解与适用》，人民法院出版社2022年版，第137页。

102. 合同约定的级别管辖无效，是否影响地域管辖的效力

关键词

级别管辖　地域管辖

最高人民法院裁判文书

安徽华地恒基房地产有限公司与亿阳信通股份有限公司企业借贷纠纷案

［最高人民法院（2018）最高法民辖终110号民事裁定书］

裁判要旨：本案当事人级别管辖的约定违反了级别管辖的规定，应属无效，但从合同约定的角度分析，虽然《借款合同》对级别管辖的约定无效，但不影响对地域管辖约定之效力，即当事人对于地域管辖的约定并不因此而一并无效。

最高人民法院经审理后认为：首先，从合同约定的角度分析，虽然《借款合同》对级别管辖的约定无效，但不影响对地域管辖约定之效力。对于本案管辖问题的约定，应当以《借款合同》为准。但由于本案诉讼标的额为2.1亿余元，依据《最高人民法院关于调整高级人民法院和中级人民法院管辖第一审民商事案件标准的通知》第二条规定，基层人民法院对本案没有管辖权，因此《借款合同》《最高额保证合同》中对于“向合肥市蜀山区法院起诉”的约定违反了《中华人民共和国民事诉讼法》关于级别管辖的规定，应属无效。但是，当事人对于地域管辖也即安徽省合肥市的约定并不因此而一并无效。

关于地域管辖问题,《中华人民共和国民事诉讼法》第二十三条[①]规定:"因合同纠纷提起的诉讼,由被告住所地或者合同履行地人民法院管辖。"关于借款合同履行地,《最高人民法院关于如何确定借款合同履行地问题的批复》(法复〔1993〕10号)规定:"……贷款方与借款方所在地都是履行合同约定义务的地点。依照借款合同的约定,贷款方应先将借款划出,从而履行了贷款方所应承担的义务。因此,除当事人另有约定外,确定贷款方所在地为合同履行地。"

具体到本案,贷款方为华地公司,因此华地公司选择向其住所地人民法院即安徽省高级人民法院提起诉讼,既符合双方《借款合同》的约定,亦符合前述法律规定。

其次,从与本案争议有实际联系地点的角度分析,本案为借款合同纠纷,与本案争议有实际联系的地点并不包括受托人北京银行所在地。《中华人民共和国民事诉讼法》第三十四条[②]规定:"合同或者其他财产权益纠纷的当事人可以书面协议选择被告住所地、合同履行地、合同签订地、原告住所地、标的物所在地等与争议有实际联系的地点的人民法院管辖,但不得违反本法对级别管辖和专属管辖的规定。"该条规定为当事人在协议管辖时可以选择的人民法院作出了指引,即与争议有实际联系的地点的人民法院。而本案中,各方争议为亿阳集团公司是否对华地公司负有债务以及亿阳信通公司应否对此承担担保责任,《委托贷款协议》的当事人之一北京银行并未参与本案诉讼,因此北京银行所在地与本案纠纷并没有实际联系,北京市第三中级人民法院亦不属于与本案纠纷有实际联系地点的人民法院。一审法院裁定将本案移送至北京市第三中级人民法院审理缺乏事实和法律依据,本院予以纠正。

第三,从当事人法律关系主体的角度分析,亿阳信通公司在本案中系担保人,根据担保纠纷应当根据主合同借款纠纷确定管辖的原则,其应当尊重主合同当事人对于管辖法院的选择。本案中,华地公司系贷款人,亿阳集团公司系借款人,根据《最高人民法院关于适用〈中华人民共和国担保法〉若干问题的解释》第一百二十九条第一款规定,因主合同和担保合同发生纠纷提起诉讼的,应当根据主合同确定案件管辖,因此,亿阳信通公司与华地公司之间担保纠纷的管辖应当根据亿阳集团公司与华地公司借款纠纷的管辖来确定。亿阳集团公司在一审法院受理本案后并未就管辖权问题提出异议,视为认可一审法院的管辖权,此种情况下作为担保人的亿阳信通公司提出的管辖权异议,不应得到支持。

——中国裁判文书网。

---

① 现为《民事诉讼法》(2021年修正)第三十四条。

② 现为《民事诉讼法》(2021年修正)第三十五条。

103. 管辖协议违反专门管辖的处理

关键词

协议管辖　专门管辖

最高人民法院司法政策精神

进一步完善海事海商案件专门管辖制度。海事海商案件的专门管辖制度是我国海事审判制度的基础。海事法院应当依法受理案件，当事人不得通过协议方式、地方人民法院不得通过改变案由排除海事法院专门管辖。地方人民法院违反法律规定以及最高人民法院的有关规定受理海事海商案件的，只要一方当事人提出管辖异议，上级人民法院应当予以支持，将案件移送有管辖权的海事法院审理；上级人民法院发现地方人民法院受理海事海商案件的，也可以依职权予以撤销。最高人民法院和各高级人民法院要加大监督力度，确保海事海商案件专门管辖这一法律制度落到实处。2007 年，最高人民法院将对海事海商案件的专门管辖问题进行专项检查，发现违反规定受理案件的，坚决予以纠正并通报。

——《最高人民法院关于海事审判工作发展的若干意见》（2006 年 11 月 9 日，法发〔2006〕27 号）。

最高人民法院裁判文书

庆丰集团松原嘉丰粮食经贸有限公司与营口港务股份有限公司仓储合同纠纷管辖权异议案［最高人民法院（2010）民四终字第 34 号民事裁定书］

裁判要旨：协议管辖的约定内容不仅应遵守级别管辖和专属管辖的规定，一般也不应当违背法律关于专门管辖的规定。因为法律关于专门人民法院与其他地方人民法院之间的分工与权限即各自职责范围的规定，具有必须执行的严肃性；我国民事诉讼法的有关规定未赋予管辖权协议具有调整案件是在专门法院还是在普通法院审理的功能，且案件一审是由专门法院管辖还是由地方普通法院管辖，不仅会因此改变法律规定的特定案件的管辖级别，也会改变特定案件的诉讼途径。这样的结果显然违反民事诉讼法的相关规定精神。故违反法律关于专门管辖规定的管辖权协议条款应认定无效。

——江必新主编、最高人民法院审判监督庭编：《审判监督指导》2011 年第 2 辑（总第 36 辑），人民法院出版社 2011 年版，第 152~153 页。

附录：本案解析

本案《仓储协议》属于港口货物保管合同的范畴，根据法律规定应当属于海事法院专门管辖。但按《仓储协议》对管辖法院的约定，此协议发生纠纷所产生的诉讼只能由庆丰公司所在地的法院管辖，这意味着如果根据双方当事人对管辖法院的约定确定本案诉讼的管辖法院，就将出现要把由海事法院专门管辖的案件交由普通法院管辖，即产生通过协议约定改变专门管辖的情况。能否通过协议约定改变案件的专门管辖？即本案《仓储协议》中改变了案件专门管辖的管辖协议约定条款是否有效？这是本案值得考虑的一个关键问题。

在本案原一审、二审过程中，庆丰公司与港务公司因本案《仓储协议》的履行所形成的诉讼是否为港口作业中产生的诉讼、从而本案是否应由大连海事法院专属管辖，一直争议不休。即使撇开对这一案件是否为港口作业中所形成的诉讼的争议而不谈，根据最高人民法院《关于海事法院受理案件范围的若干规定》第二条第二十一项的规定，本案也应归类为海商合同案件中的港口货物保管合同纠纷案件。如此一来，即使不认为本案属于港口作业中形成的诉讼、从而不应由海事法院专属管辖，但根据最高人民法院《关于适用〈中华人民共和国海事诉讼特别程序法〉若干问题的解释》第一条关于"在海上或者通海水域发生的与船舶或者运输、生产、作业相关的海事侵权纠纷、海商合同纠纷，以及法律或者相关司法解释规定的其他海事纠纷案件由海事法院及其上级法院专门管辖"的规定，本案因港口货物保管合同所产生纠纷形成的诉讼，属于应由海事法院及其上级法院专门管辖的案件，这也存在本案管辖权协议的约定即使不违背法律关于专属管辖的规定但违背专门管辖规定的问题。庆丰公司申请再审主张二审裁定认定的案件基本事实缺乏证据证明、认定事实的主要证据是伪造的、认定事实的主要证据未经质证及二审裁定适用法律错误等，其这样主张的目的还是为了说明本案不属于港口作业中形成的诉讼，不归海事法院专属管辖。不论庆丰公司的再审申请事由是否成立，都不能解决违背专门管辖规定的管辖权协议条款是否有效的问题。不解决这一问题，还是不能得出本案是否应由庆丰公司所在地法院管辖的确切结论。

关于违背专门管辖规定的管辖权协议条款是否有效的问题，因法律尚无明确规定，在实践中无疑会仁者见仁、智者见智。笔者基于以下的理由，倾向于认为违背法律关于专门管辖规定的管辖权协议条款无效。

1. 专门人民法院与其他地方人民法院之间的分工与权限，涉及各不同种类法院之间的职责范围在我国，根据人民法院组织法的有关规定，各专门人民法院的组织和职权是由全国人大常委会规定的，这种规定无疑具有必须执行的严肃性。这就意味着，属于专门法院职责范围的案件，专门法院及其上级法院必须负起审理和监督的责任，而其他法院也不得超越自己的职责范围审理应由专门法院及其上级法院审理的案件。如果当事人协议约定，将应由专门法院管辖的案件交由不具有审理该类案件职责的非专门法院审理，或将应由普通法院管辖的案件交由专门法院审理，将导致通过当事人约定改变不同法院各自法定职责与权限的后果。这很难得到法律的认同。

2. 根据有关的诉讼法理，当事人协议选择诉讼管辖法院的空间其实只是限于地域管辖和事物管辖的范围内，即当事人只能根据案件与法院辖区的隶属关系，在相同职能、级别的不同法院之间协议选择诉讼的管辖法院

根据我国民事诉讼法第二十五条[①]关于“合同的双方当事人可以在书面合同中协议选择被告住所地、合同履行地、合同签订地、原告住所地、标的物所在地人民法院管辖”的规定、最高人民法院《关于适用〈中华人民共和国民事诉讼法〉若干问题的意见》第24条关于“合同的双方当事人选择管辖的协议不明确或者选择民事诉讼法第二十五条规定的人民法院中的两个以上人民法院管辖的，选择管辖的协议无效，依据民事诉讼法第二十四条的规定确定管辖”的规定，认定我国民事诉法所规定的协议管辖只适用于一般合同纠纷的诉讼，也并非没有根据。由此可以认为，我国民事诉讼法规定的协议管辖的适用范围其实更加有限，当然就更不应具有调整案件是在专门法院还是在普通法院审理的功能。由于专门法院与普通法院的分工和权限问题，在性质上不同于相同职能、级别的不同法院之间如何管辖与其辖区有关的第一审民事案件的问题，认可当事人管辖权协议可以违反专门管辖的规定，即意味着不仅认可协议管辖在地域管辖和事物管辖的范围内有发挥作用的空间，还要认可协议管辖可以发挥调整专门法院与普通法院职责权限的功能，这样将导致与通常的诉讼法理不甚吻合。

3. 我国的专门法院——海事法院，不仅所受理的案件相对于普通法院的案件具有特殊的专业性，且在审级制度结构中的层级、审理案件的程序等，相对于普通法院也是不同的

我国的海事法院在审级制度结构中的层级等同于中级法院，而同时我国又专门制定有海事诉讼特别程序法，如一个本来为普通的民事案件选择在海事法院起诉审理，则就会出现在级别管辖的层面上，这个本来依法应由基层法院作为一审审理法院的案件，变成了由中级层面的法院作为其一审审理法院；反之，如果本来依法应属于海事海商范畴的案件，因为允许当事人可以超越专门管辖的范围协议选择非专门法院管辖，则就会出现在级别管辖的层

① 现为《民事诉讼法》（2021年修正）第三十五条。

面上，这个本来依法应由中级层面的法院作为一审审理法院的案件，变成了由基层法院作为其一审审理法院，而在诉讼程序上，也可能导致应当适用海事诉讼特别程序的，却使用了普通诉讼程序。这不仅改变了法律规定的特定案件的级别管辖，也改变了特定案件的诉讼途径。这样的结果显然是违反民事诉讼法第二十五条的规定的。由此也可以理解最高人民法院《关于海事审判工作发展的若干意见》(法发〔2006〕第27号)为什么作出"海事法院应当依法受理案件，当事人不得通过协议方式、地方人民法院不得通过改变案由排除海事法院专门管辖"的规定。

——吴毛旦:《违反专门管辖规定的管辖权协议是否有效——庆丰集团松原嘉丰粮食经贸有限公司与营口港务股份有限公司仓储合同纠纷管辖权异议案》，载江必新主编、最高人民法院审判监督庭编:《审判监督指导》2011年第2辑(总第36辑)，人民法院出版社2011年版，第155~158页。

附录：最高人民法院主流观点

违反专门管辖的约定是无效的。2012年民事诉讼法没有规定协议管辖违反专门管辖是否无效，但最高人民法院的司法解释和相关政策性文件均认为属无效。如当事人约定普通民商事纠纷由海事法院管辖就是无效的。

——最高人民法院民法典贯彻实施工作领导小组办公室编著:《最高人民法院新民事诉讼法司法解释理解与适用》，人民法院出版社2022年版，第138页。

104. 互联网法院案件的协议管辖

关键词

互联网法院　协议管辖　管辖连结点

最高人民法院司法解释

第三条　当事人可以在本规定第二条确定的合同及其他财产权益纠纷范围内，依法协议约定与争议有实际联系地点的互联网法院管辖。

电子商务经营者、网络服务提供商等采取格式条款形式与用户订立管辖协议的，应当符合法律及司法解释关于格式条款的规定。

——《最高人民法院关于互联网法院审理案件若干问题的规定》(2018年9月6日，法释〔2018〕16号)。

附录：理解与适用

为便利当事人诉讼，《最高人民法院关于互联网法院审理若干问题的规定》（以下简称《规定》）第三条明确："当事人可以在本规定第二条确定的合同及其他财产权益纠纷范围内，依法协议约定与争议有实际联系地点的互联网法院管辖。"当事人协议约定由互联网法院管辖，应当符合民事诉讼法确立的"实际联系地点原则"，即相关互联网法院必须与争议有实际连结点。

根据民事诉讼法及相关司法解释关于确定管辖连接点的规定，实际联系的地点可以为：原告住所地、被告住所地、签订或者履行合同的互联网平台经营者住所地等。考虑到互联网平台的缔约特点，侵权类纠纷也可能由当事人事前作出管辖约定，因此被诉侵权行为的网络服务器、计算机终端等设备所在地、被侵权人住所地等也可以作为协议管辖连结点。

为防止电子商务经营者、网络服务提供商利用格式条款订立管辖协议，侵犯消费者或网络用户的诉讼权利，《规定》第三条第二款明确了协议管辖适用格式条款的规则。制定提供格式合同一方未按法律要求对协议管辖条款进行特别提示和说明的，互联网法院应当认定协议约定管辖无效。《规定》所称"电子商务经营者"，是指通过互联网等信息网络从事销售商品或者提供服务的经营活动的自然人、法人和非法人组织，包括电子商务平台经营者、平台内经营者以及通过自建网站、其他网络服务销售商品或者提供服务的电子商务经营者。

——胡仕浩、何帆、李承运：《〈最高人民法院关于互联网法院审理案件若干问题的规定〉的理解与适用》，载《人民法院报》2018年9月8日。

105. 包含专利权转让条款的股权转让协议纠纷的管辖权

关键词

专利权转让条款　股权转让协议　级别管辖　专属管辖

最高人民法院裁判文书

荣阳铝业（中国）有限公司与宝纳丽金门窗系统（苏州工业园区）有限公司股权转让合同纠纷案［最高人民法院（2019）最高法知民辖终158号民事裁定书］

裁判要旨：基于包含专利权转让条款的股权转让合同产生的纠纷，原则上属于股权转让合同纠纷，而非专利权转让合同纠纷，不

宜作为专利案件确定管辖。

最高人民法院认为:《中华人民共和国民事诉讼法》第三十四条[①]规定，合同或者其他财产权益纠纷的当事人可以书面协议选择被告住所地、合同履行地、合同签订地、原告住所地、标的物所在地等与争议有实际联系的地点的人民法院管辖，但不得违反本法对级别管辖和专属管辖的规定。本案中，荣阳铝业公司与宝纳丽金公司于2015年6月17日签订《收购协议》，双方约定荣阳铝业公司以1580万元收购宝纳丽金公司的100%股权，该协议第二条约定“自甲乙双方签约后，乙方所有的包括但不限于注册商标、产品专利等等所有的知识产权属于甲方，乙方应协助甲方尽快完成相关转让手续。”该协议第六条约定“对于执行本合同发生的与本合同有关的争议应本着友好协商的原则解决，如果双方通过协商不能达成一致，任何一方可依法向甲方所在地人民法院起诉。”从本案当事人双方签订的《收购协议》内容来看，双方当事人的约定不仅包含知识产权的转让，还包括股权转让、财务结算、人员安排等内容。因此，本案涉案合同为包含知识产权转让的股权转让合同。本案当事人双方所签署股权转让合同中已明确约定向“甲方所在地人民法院起诉”，而作为“甲方”的荣阳铝业公司所在地，也是被告所在地，可见，该约定并不违反对级别管辖和专属管辖的规定。即，本案应当由作为“甲方”的荣阳铝业公司所在地的广州市增城区人民法院行使管辖权，而不是广州知识产权法院行使管辖权。

——《最高人民法院知识产权法庭裁判要旨（2019）》(2020年4月16日)、《最高人民法院知识产权案件年度报告（2019）》(2020年4月23日)。

106. 补充协议未修改原管辖协议的，由原约定法院管辖

关键词

协议管辖　补充协议

最高人民法院公报案例、最高人民法院裁判文书

德国亚欧交流有限责任公司与绥芬河市青云经贸有限公司合作协议纠纷案［最高人民法院（2006）民四终字第8号民事裁定书］

裁判摘要：涉外合同的当事人在合同中明确约定由合同签订地

---

① 现为《民事诉讼法》(2021年修正)第三十五条。

法院管辖，随后又在其他地方就合同的未尽事宜签订补充协议，但补充协议并未修改原约定管辖条款的，合同中约定管辖的条款的效力不因补充协议的签订而改变，当事人之间发生的合同纠纷应当由合同签订地法院管辖。

最高人民法院认为：本案纠纷为管辖权异议，属于程序问题，解决案件的程序问题应适用法院地法即民事诉讼法。对此，民事诉讼法第三条有明确规定，即“人民法院受理公民之间、法人之间、其他组织之间以及他们相互之间因财产关系和人身关系提起的民事诉讼，适用本法的规定”。

青云公司据以起诉的《“德国科隆中国商品批发商场 D 座”合作协议》第八条第 4 项约定：“如因本协议及本协议涉及项目产生纠纷，……由协议签署地法院管辖仲裁。”本案双方当事人对该协议签订于山东省青岛市无异议。民事诉讼法第二百四十四条规定：“涉外合同或者涉外财产权益纠纷的当事人，可以用书面协议选择与争议有实际联系的地点的法院管辖。”因此，本案双方当事人在合作协议中选择协议签订地法院管辖本案，符合上述法律规定，该管辖条款应认定有效。根据约定，合作协议签订地法院即青岛市的人民法院对合作纠纷拥有管辖权。原审法院驳回德国亚欧公司管辖异议的理由是合作协议的补充协议是在黑龙江省的绥芬河市签订的，因此绥芬河市亦为合作协议的签订地，故原审法院对本案拥有管辖权。上述理由是错误的。本案并不是当事人之间签订的《“德国科隆中国商品批发市场 D 座”合作协议》存在多个签字地点应如何认定协议签订地的问题，而应该是当事人选择了管辖法院后该管辖条款是否有效以及当事人是否变更了管辖条款的问题。本案双方当事人签订合作协议时，明确选择了该协议的签订地法院作为合作纠纷的管辖法院，实际上，在当事人之间已经明确选择了青岛市的人民法院为管辖法院。虽然以后当事人之间又在其他地点对合作协议进行了补充，但补充协议并没有就管辖条款进行任何修改。因此，合作协议中的管辖条款对本案双方当事人具有约束力。在合作协议选择管辖法院条款有效的情况下，原审法院依据所谓补充协议的签订地对合作协议纠纷行使管辖权没有事实和法律依据。德国亚欧公司关于原审法院对本案纠纷没有管辖权的上诉理由成立，原审裁定应予撤销。本院于 1999 年 4 月 9 日发布的《关于各高级人民法院受理第一审民事、经济纠纷案件问题的通知》第二条第二款规定，山东省高级人民法院受理第一审涉外和涉港澳台的经济纠纷案件，争议金额不得低于 3000 万元人民币，而原审原告青云公司起诉的标的额为 2400 余万元人民币，因此，本案应由山东省青岛市中级人民法院管辖。

——《最高人民法院公报》2007 年第 6 期。

107. 合同转让的，合同的管辖协议对合同受让人是否具有约束力

关键词

合同转让　管辖协议

最高人民法院司法解释

第三十三条　合同转让的，合同的管辖协议对合同受让人有效，但转让时受让人不知道有管辖协议，或者转让协议另有约定且原合同相对人同意的除外。

——《最高人民法院关于适用〈中华人民共和国民事诉讼法〉的解释》（2022 年 4 月 1 日修正）。

附录：最高人民法院主流观点

民法典规定了合同转让的三种情形：合同权利的转让、合同义务的转移、合同权利义务的概括转让。债权人可以将合同的权利全部或者部分转让给第三人，债权人转让权利的，应当通知债务人；债务人转移债务、债权债务概括转让，必须征得债权人的同意。实体法的上述规定，解决了合同的可转让性和转让生效的条件两个问题。但是，合同转让后，第三人（受让人）基于受让的合同对转让人提起诉讼，如果原合同存在管辖协议，是否适用协议管辖的约定？根据合同相对性原则，通常情况下，合同中关于管辖法院的约定，只能约束合同双方，而不能约束第三人。但在合同转让中情况则比较特殊。对第三人（受让人）而言，在受让合同前，应推定其对合同约定的内容是明知的，其受让合同权利或承担合同义务同时应视为接受合同关于协议管辖的约定。此外，在司法实践中，因实体法关于转让债权只是规定了通知债务人的程序，并没有设定其他严格条件，债权人为规避原协议管辖约定，可能会采取虚假转让债权给选定的第三人，从而达到恶意规避管辖的目的。因此，《最高人民法院关于适用〈中华人民共和国民事诉讼法〉的解释》关于因转让合同提起的纠纷应适用原合同管辖协议的规定是非常有必要的。

理解《最高人民法院关于适用〈中华人民共和国民事诉讼法〉的解释》第三十三条要注意两种例外情况：第一是受让人不知道原合同有管辖协议的，不受该管辖协议的约束。如补充协议订有管辖条款，当事人转让合同时没有披露补充协议。第二是转让协议另有约定且原合同相对人同意的，也不受原合同管辖协议的约束。也就是说，转让协议的管辖约定与原合同约定不一致，

经过原合同相对人同意后，应该按照转让协议中的约定确定管辖法院。

审判实践中应当注意：

若转让合同无效，不影响协议管辖条款的效力。协议管辖条款作为合同争议解决条款，具有独立性。合同的变更、解除、终止或者无效，不影响协议管辖条款的效力。

——最高人民法院民法典贯彻实施工作领导小组办公室编著：《最高人民法院新民事诉讼法司法解释理解与适用》，人民法院出版社 2022 年版，第 141~142 页。

108. 消费协议格式管辖条款的效力

关键词

格式条款　协议管辖

最高人民法院司法解释

第三十一条　经营者使用格式条款与消费者订立管辖协议，未采取合理方式提请消费者注意，消费者主张管辖协议无效的，人民法院应予支持。

——《最高人民法院关于适用〈中华人民共和国民事诉讼法〉的解释》（2022 年 4 月 1 日修正）。

附录：最高人民法院主流观点

我国民事诉讼法第三十五条关于协议管辖的规定中，没有涉及格式合同中管辖协议的内容。为了防止经营者利用格式合同损害消费者利益，有必要对格式合同中的管辖协议作出限定。2015 年《民事诉讼法解释》第三十一条参照合同法的规定作了规定。

理解《民事诉讼法解释》第三十一条应注意两点：第一，关于如何理解该条规定中的“合理的方式”。实践中，消费者往往关注实体方面的条文要多一些，容易忽视争议解决条款，也不太了解争议解决条款给自己将来可能带来的影响。如果经营者未采取合理方式提请消费者注意涉管辖格式条款，该管辖协议可能无效。这样的规定会督促经营者履行提请注意义务。第二，是否主张管辖协议无效，由消费者决定。管辖协议排除了相对方依法选择管辖法院的权利，也易造成相对方的诉讼不方便，但如果经营者已经采取了合理方式提请消费者注意，即使造成消费者诉讼明显不便，因为消费者已经被告知不利的后果，仍然选择协议管辖，这一意思表示应该得到尊重，不能再认定管辖协议无效。只有当经营者未采取合理的方式提请消费者注意时，消费者主张管辖协议无效，才能得到法院支持。当然在这种情况下，也可以不主张管辖协议无效而接受管辖协议的约束，法院不应依职权介入审查，这也是尊重当事人权利的体现。

审判实践中应当注意：

如果管辖协议被法院认定无效，该协议是自始无效，自始对当事人不发生法律效力。同时，该管辖协议无效并不影响合同其他条款的效力，其他条款仍然有效。

——最高人民法院民法典贯彻实施工作领导小组办公室编著：《最高人民法院新民事诉讼法司法解释理解与适用》，人民法院出版社 2022 年版，第 139~140 页。

109. 跨境消费者网购合同管辖协议的效力

关键词

跨境消费者网购合同　管辖协议　管辖条款

最高人民法院审判业务意见

3. 网络电商平台使用格式条款与消费者订立跨境网购合同，未采取合理方式提示消费者注意合同中包含的管辖条款，消费者根据民法典第四百九十六条的规定主张该管辖条款不成为合同内容的，人民法院应予支持。

网络电商平台虽已尽到合理提示消费者注意的义务，但该管辖条款约定在消费者住所地国以外的国家法院诉讼，不合理加重消费者寻求救济的成本，消费者根据民法典第四百九十七条的规定主张该管辖条款无效的，人民法院应予支持。

——《最高人民法院关于印发〈全国法院涉外商事海事审判工作座谈会会议纪要〉的通知》（2021 年 12 月 31 日，法〔民四〕明传〔2021〕60 号）。

110. 合同同时约定履约地和交货地的，前者为程序法意义履行地，为确定管辖依据地

关键词

合同履约地　合同交货地　程序法意义履行地

最高人民法院裁判文书

江阴市同发机械有限公司诉武胜县同鑫电子有限公司、姜天福买卖合同纠纷案［最高人民法院（2021）最高法民辖 57 号民事裁定书］

裁判要旨：《民诉法解释》规定，合同约定履行地点的，以约定的履行地点为合同履行地。案涉合同约定了“履约地点：××”，还约定了“交货地点：×××”。分析上述约定，前者属于程序法意义上双方当事人约定的合同履行地，后者属于合同实际履行时双方当事人约定的交货地。在双方当事人关于合同履行地和交货地的意思表示明确具体的情况下，一方关于应当以交货地作为合同履行地并确定管辖法院的理由缺乏法律依据。

最高人民法院经审查认为，江苏省江阴市人民法院受理的同发公司诉同鑫公司、姜天福买卖合同纠纷一案，与四川省武胜县人民法院受理的同鑫公司诉同发公司、朱惠娟、谢凯毅、谢培金买卖合同纠纷一案，系当事人履行同一案涉合同过程引发争议，基于同一法律事实，以不同诉讼请求分别向两地法院起诉，应当合并审理。《最高人民法院关于适用〈中华人民共和国民事诉讼法〉的解释》第十八条第一款规定，合同约定履行地点的，以约定的履行地点为合同履行地。本案中，案涉合同右上角打印为“履约地点：江苏江阴”，第三条手写约定为“交货地点：四川省广安市武胜县经开区三期标准厂房 B 栋，提货方式：送货上门安装、调试 OK”。分析案涉合同的上述约定，四川武胜县属于合同实际履行时双方当事人约定的交货地，江苏江阴市属于程序法意义上双方当事人约定的合同履行地。在双方当事人关于合同履行地和交货地的意思表示明确具体的情况下，同鑫公司、姜天福关于应当以手写内容载明的“交货地四川武胜”作为合同履行地确定管辖的理由缺乏法律依据，双方当事人约定的合同履行地江苏省江阴市人民法院对本案有管辖权。四川省武胜县人民法院受理的同鑫公司诉同发公司、朱惠娟、谢凯毅、谢培金等买卖合同纠纷一案，应当移送江苏省江阴市人民法院合并审理。四川省武胜县人民法院、四川省广安市中级人民法院作出的管辖权异议裁定，应当一并予以撤销。

——中国裁判文书网。

111. 当事人约定管辖的法院与争议没有实际联系的应属无效

关键词

协议管辖　约定无效

最高人民法院裁判文书

汪俊杰与俞玉龙、颜志芳民间借贷纠纷案［最高人民法院（2020）最高法民辖 19 号民事裁定书］

裁判要旨：当事人协议选择管辖的范围除被告住所地、合同履行地、合同签订地、原告住所地以及标的物所在地的法院外还可选择其他法院管辖，但必须是与案件争议有实际联系的地点的法院。案涉地点既非当事人住所地地、合同签订地、标的物所在地、原告经常居住地、被告经常居住地，当事人亦不能证明该地点与本案争议有其他实际联系，故本案当事人协议管辖约定应属无效。

最高人民法院认为，《中华人民共和国民事诉讼法》第三十四条①规定，合同或者其他财产权益纠纷的当事人可以书面协议选择被告住所地、合同履行地、合同签订地、原告住所地、标的物所在地等与争议有实际联系的地点的人民法院管辖，但不得违反本法对级别管辖和专属管辖的规定。根据该条规定，当事人协议选择管辖的范围除被告住所地、合同履行地、合同签订地、原告住所地以及标的物所在地的法院外还可选择其他法院管辖，但必须是与案件争议有实际联系的地点的法院，包括原告经常居住地、被告经常居住地、侵权行为地或者代表机构住所地法院，本案选择了与争议没有实际联系的地点的法院管辖，因超出本条规定范围，应当认定其约定无效。具体到本案，南京市雨花台区既非当事人住所地地、合同签订地、标的物所在地、原告经常居住地、被告经常居住地，当事人亦不能证明该地点与本案争议有其他实际联系，南京市雨花台区与本案争议没有实际联系，本案当事人协议管辖约定应属无效，南京雨花台法院对本案不具有管辖权。

——中国裁判文书网。

① 现为《民事诉讼法》（2021 年修正）第三十五条。

112. 互联网借贷系列合同中将非双方住所地及履行地记载为签约地，并约定该签约地法院管辖的条款无效

关键词

互联网金融公司　与争议有实际联系的地点　约定管辖　管辖条款

最高人民法院裁判文书

郭婉铭与重庆度小满小额贷款有限公司等小额借款合同纠纷案［最高人民法院（2022）最高法民辖27号民事裁定书］

裁判要旨：1. 案涉《借款协议》载明了签署地/履行地，并约定发生争议，由该地法院管辖。但出借人、借款人住所地均不在上述地点，现有证据材料无法证明当事人系在此地签订并履行借款协议，该地与双方争议没有实际联系。2. 此类互联网借贷纠纷，出借方一方主体特定、借款方一方主体不特定，存在着面广量大的情形，虽然协议选择管辖法院，系双方当事人的明确约定，但在无证据材料可证明该选择地与争议有实际联系的情况下，如就此认定选择地人民法院是管辖法院，势必造成大量案件通过协议管辖进入约定法院，破坏正常的民事诉讼管辖秩序，故该协议管辖条款无效。

最高人民法院认为：本案系互联网借贷引发的合同纠纷。《中华人民共和国民事诉讼法》第三十五条规定，合同或者其他财产权益纠纷的当事人可以书面协议选择被告住所地、合同履行地、合同签订地、原告住所地、标的物所在地等与争议有实际联系的地点的人民法院管辖，但不得违反本法对级别管辖和专属管辖的规定。案涉《重庆度小满小额贷款有限公司借款协议》系通过互联网方式签订，其中，借款协议载明签署地、实际履行地为北京市海淀区，发生争议，由协议签署地或人民法院管辖，出借人度小满公司、借款人郭婉铭住所地均不在北京市海淀区，现有证据材料无法证明当事人系在北京市海淀区签订并履行案涉借款协议，北京市海淀区与本案争议没有实际联系。此类互联网借贷纠纷，出借方一方主体特定、借款方一方主体不特定，存在着面广量大的情形，虽然协议选择北京市海淀区人民法院管辖，系双方当事人在案涉合同中进行的明确约定，但是，在无证据材料可以证明北京市海淀区与本案争议有实际联系的情况下，如就此认定北京市海淀区人民法院是本案的管辖法院，势必造成大量案件通过协议管辖进入约定法院，破坏正

常的民事诉讼管辖秩序，故案涉协议管辖条款无效。《中华人民共和国民事诉讼法》第二十四条规定，因合同纠纷提起的诉讼，由被告住所地或者合同履行地人民法院管辖。度小满公司住所地位于重庆市北碚区，重庆市北碚区人民法院是本案的管辖法院。重庆市北碚区人民法院将有管辖权的案件移送北京市海淀区人民法院处理不当，本院予以纠正。

——中国裁判文书网。

汤益村与捷信消费金融有限公司金融借款合同纠纷案［最高人民法院（2022）最高法民辖124号民事裁定书］

裁判要旨：对于金融借款合同纠纷案件，借贷双方约定由合同签订地法院管辖，但除此之外，现有证据无法用以证明当事人系在该地签订，该地与案诉争议没有实际联系。此类通过互联网方式订立的借贷纠纷，出借方一方主体特定、借款方一方主体不特定，存在着面广量大的情形，虽然协议选择合同签订地法院管辖系双方当事人的明确约定，但是，在无证据证明该地与争议有实际联系的情况下，如就此认定合同签订地法院系本案管辖法院，势必造成大量的“异地”案件通过协议管辖进入约定法院，破坏正常的民事诉讼管辖公法秩序，故该协议管辖条款无效。

最高人民法院认为，本案系金融借款合同纠纷。《中华人民共和国民事诉讼法》第三十五条规定，“合同或者其他财产权益纠纷的当事人可以书面协议选择被告住所地、合同履行地、合同签订地、原告住所地、标的物所在地等与争议有实际联系的地点的人民法院管辖，但不得违反本法对级别管辖和专属管辖的规定。”本案中，案涉《消费信贷合同条款》载明案涉借款合同在杭州市西湖区签订，约定发生纠纷由合同签订地法院管辖。从一审起诉的情况看，出借人捷信消费金融有限公司、借款人汤益村住所地均不在杭州市西湖区，现有证据材料无法用以证明当事人系在杭州市西湖区签订，杭州市西湖区与本案争议没有实际联系。此类通过互联网方式订立的借贷纠纷，出借方一方主体特定、借款方一方主体不特定，存在着面广量大的情形，虽然协议选择杭州市西湖区人民法院管辖，系双方当事人在案涉合同中进行的明确约定，但是，在无证据材料可以用以证明杭州市西湖区与本案争议有实际联系的情况下，如就此认定杭州市西湖区人民法院是本案的管辖法院，势必造成大量的“异地”案件通过协议管辖进入约定法院，破坏正常的民事诉讼管辖公法秩序，故案涉协议管辖条款无效。《中华人民共和国民事诉讼法》第二十四条规定，“因合同纠纷提起的诉讼，由被告住所地或者合同履行地人民法院管辖。”捷信消费金融有限公司住所地位于天津市经济技术开发区，天津自由贸易试验区人民法院是本案的管辖法院。天津自由贸易试验区人民法院将本案移送杭州市西湖区人民法院处理不当，本院予以纠正。

——中国裁判文书网。

113. 当事人可以选择除“被告住所地、合同履行地、合同签订地、原告住所地、标的物所在地”人民法院之外的其他“与争议有实际联系的地点”的人民法院管辖

关键词

与争议有实际联系的地点　协议管辖

最高人民法院裁判文书

徐州丰利科技发展投资有限公司、毛凤丽与长江证券（上海）资产管理有限公司证券回购合同纠纷案［最高人民法院（2018）最高法民辖终144号民事裁定书］

裁判要点：《中华人民共和国民事诉讼法》第三十四条[①]规定：“合同或者其他财产权益纠纷的当事人可以书面协议选择被告住所地、合同履行地、合同签订地、原告住所地、标的物所在地等与争议有实际联系的地点的人民法院管辖，但不得违反本法对级别管辖和专属管辖的规定。”该条规定赋予了合同当事人通过书面协议选择与争议有实际联系地点的人民法院管辖的权利，虽然从文义看是以列举的方式明确了“被告住所地、合同履行地、合同签订地、原告住所地、标的物所在地”人民法院属于当事人可选择的管辖范围，但亦用“等”字表明当事人还可选择除上述五地之外的其他与“争议有实际联系的地点”的人民法院管辖。该规定在对“争议有实际联系的地点”进行必要指引和限制下，赋予了当事人更多的选择权，意在充分尊重当事人选择管辖法院的意思自治。

最高人民法院认为，关于协议管辖，《中华人民共和国民事诉讼法》第三十四条规定：“合同或者其他财产权益纠纷的当事人可以书面协议选择被告住所地、合同履行地、合同签订地、原告住所地、标的物所在地等与争议有

① 现为《民事诉讼法》（2021年修正）第三十五条。

实际联系的地点的人民法院管辖，但不得违反本法对级别管辖和专属管辖的规定。”该条规定赋予了合同当事人通过书面协议选择与争议有实际联系地点的人民法院管辖的权利，虽然从文义看是以列举的方式明确了“被告住所地、合同履行地、合同签订地、原告住所地、标的物所在地”人民法院属于当事人可选择的管辖范围，但亦用“等”字表明当事人还可选择除上述五地之外的其他与“争议有实际联系的地点”的人民法院管辖。该规定在对“争议有实际联系的地点”进行必要指引和限制下，赋予了当事人更多的选择权，意在充分尊重当事人选择管辖法院的意思自治。具体到本案，徐州丰利公司、长证资管公司与长江证券公司所签《三方协议》第七十四条对管辖问题做了如下约定：“本协议执行中如出现争议，应首先通过友好协商解决。协商解决不成的，甲乙丙三方同意提交丙方所在地法院提起诉讼。”“丙方”即长江证券公司所在地湖北省武汉市是否属于与“争议有实际联系的地点”是解决本案争议的关键问题。

长证资管公司提起本案诉讼是依据其与徐州丰利公司、长江证券公司签订的《三方协议》、《股票质押式回购交易协议书》以及《三方协议补偿协议》，要求徐州丰利公司承担因未依约履行回购义务应承担的责任，依据与毛凤丽签订的《股票质押式回购业务担保协议》要求毛凤丽承担连带清偿责任。在前三份协议中，长江证券公司为签约一方，协议内容亦涉及其在股票质押式回购交易中的权利与义务。因此，长江证券公司虽然不是本案当事人，但作为诉争协议的签约一方、诉争法律关系当事人一方，其住所地湖北省武汉市属于与本案争议有实际联系的地点，该地人民法院可由当事人在协议管辖时予以选择。关于级别管辖问题，根据《最高人民法院关于调整高级人民法院和中级人民法院管辖第一审民商事案件标准的通知》第二条的规定，对于当事人一方住所地不在受理法院所处省级行政辖区的第一审民商事案件，湖北省高级人民法院管辖案件的诉讼标的额应在1亿元以上，而本案达4亿余元，故湖北省高级人民法院管辖本案亦不违反级别管辖的规定。另外，本案诉争法律关系为证券回购合同纠纷，亦不涉及违反专属管辖的问题。因此，《三方协议》对于管辖的约定合法有效，各方应当遵守。徐州丰利公司、毛凤丽上诉提出一审裁定适用法律错误的主张，缺乏事实和法律依据，本院不予支持。

——中国裁判文书网。

114. 合同转让的，合同的管辖协议对合同受让人有效，但转让时受让人不知道有管辖协议，或者转让协议另有约定且原合同相对人同意的除外

关键词

合同转让　管辖协议

最高人民法院裁判文书

北京大唐燃料有限公司与中国银行股份有限公司包头分行债权转让合同纠纷案［最高人民法院（2020）最高法民申1335号民事裁定书］

裁判要旨：合同转让的，合同的管辖协议对合同受让人有效，但转让时受让人不知道有管辖协议，或者转让协议另有约定且原合同相对人同意的除外。

最高人民法院认为，大庆农商行与百瑞信托签订案涉单一资金信托合同，以百瑞信托为通道向通茂公司发放贷款，刘中胜等对通茂公司所负债务提供担保。翌日，济南农商行的员工李丹雨又以该行名义与大庆农商行签订《信托受益权转让合同》，受让大庆农商行对通茂公司享有的债权。因通茂公司未履行债务，大庆农商行提起本案诉讼，请求济南农商行支付转让款1.8亿元及相应违约金，或通茂公司偿还借款本金1.8亿元及相应利息，刘中胜等对通茂公司债务承担连带责任。大庆农商行如认为已将案涉债权转让给了济南农商行，则不再对通茂公司享有债权，自然不应再向通茂公司提出主张。反之，如其向通茂公司主张债务，则表明其认为尚未将债权转让给济南农商行，当然也无权再向济南农商行提出主张。可见，大庆农商行不能基于择一的法律关系同时向通茂公司和济南农商行主张权利，一审法院一并受理对该二人提起的诉讼，既违反了实体法上有关债权转让的规定，也违反了民事诉讼法有关诉讼合并的规定。依据《中华人民共和国民事诉讼法》第五十五条第一款有关“当事人一方或者双方为二人以上，其诉讼标的是共同的，或者诉讼标的是同一种类、人民法院认为可以合并审理并经当事人同意的，为共同诉讼”之规定，合并诉讼以诉讼标的相同或同一种类为前提。但大庆农商行对通茂公司、济南农商行提起的诉讼，分别基于原债权债务关系以及债权转让关系。这是两个相互独立且相互排斥的法律关系，依法不属于能够合并诉讼的情形。一审法院合并受理后，本应对这两个诉讼进行一并审理，但其仅对

大庆农商行对济南农商行的诉讼进行了审理，并未对通茂公司及相关担保人应否承担责任作出认定，也遗漏了诉讼请求。大庆农商行主张，其提起的是备位诉讼。且不说我国民事诉讼法尚未明确承认备位诉讼制度，即便当事人可以提起备位诉讼，其也仅是相同当事人在同一诉讼中提出的两个以上具有先后满足顺序的诉讼请求的预备合并。本案中，大庆农商行系针对不同当事人提出两个诉讼，不符合备位诉讼的法理。综上，一审法院先是受理了两个本不应合并受理的诉讼，受理后又遗漏了诉讼请求，严重违反法定程序，依法应当发回重审。重审时，应当向大庆农商行释明，告知其只能择一提起诉讼；经释明后如其仍然坚持一并起诉的，则应驳回其起诉。

——中国裁判文书网。

115. 主合同约定了仲裁条款，从合同未约定仲裁条款的，从合同的争议解决方式不受主合同仲裁条款的约束

关键词

主合同　从合同　仲裁条款

最高人民法院答复

广东省高级人民法院：

你院（2012）粤高法仲复字第 2 号《关于成都优邦文具有限公司、王国建申请撤销深圳仲裁委员会（2011）深仲裁字第 601 号仲裁裁决一案的请示》收悉。经研究，答复如下：

本案系当事人申请撤销我国仲裁机构作出的涉港仲裁裁决的案件。案涉担保合同没有约定仲裁条款，仲裁庭关于主合同有仲裁条款，担保合同作为从合同应当受到主合同中仲裁条款约束的意见缺乏法律依据。仲裁庭对没有约定仲裁条款的担保合同进行审理并作出裁决，担保人王国建申请撤销该仲裁裁决中涉及其作为担保人部分的裁项的理由成立。鉴于王国建与祈祥、陈建军系共同保证人，三者具有共同的法律地位，且关于该三人责任的裁决共同表述在裁决书第四项中，人民法院宜将该裁项作为一项不可分的裁决予以撤销。

综上，根据《中华人民共和国仲裁法》第七十条、《中华人民共和国民事诉讼法》第二百七十四条第一款第一项[①] 之规定，案涉裁决书第四项以及第六项中关于王国建、祈祥与陈建军共同承担仲裁费用的内容应予撤销。

① 现为《民事诉讼法》（2021 年修正）第二百八十一条第一款第一项。

此复

——《最高人民法院关于成都优邦文具有限公司、王国建申请撤销深圳仲裁委员会（2011）深仲裁字第601号仲裁裁决一案的请示的复函》[2013年3月20日，（2013）民四他字第9号]。

最高人民法院裁判文书

西安迈科金属国际集团有限公司与金川集团股份有限公司保证合同纠纷案［最高人民法院（2017）最高法民辖终47号民事裁定书］

最高人民法院认为，本院《关于成都优邦文具有限公司、王国建申请撤销深圳仲裁委员会（2011）深仲裁字第601号仲裁裁决一案的请示的复函》[（2013）民四他字第9号]的答复意见明确指出："案涉担保合同没有约定仲裁条款，仲裁庭关于主合同有仲裁条款，担保合同作为从合同应当受到主合同中仲裁条款约束的意见缺乏法律依据。"迈科公司上诉主张与该答复意见不符，其该项上诉理由不成立。

——中国裁判文书网。

116. 主从合同约定不同国家或者地区的法院管辖的，如何处理

关键词

主从合同　管辖协议　管辖法院

最高人民法院审判业务意见

4. 主合同和担保合同分别约定不同国家或者地区的法院管辖，且约定不违反民事诉讼法专属管辖规定的，应当依据管辖协议的约定分别确定管辖法院。当事人主张根据《最高人民法院关于适用〈中华人民共和国民法典〉有关担保制度的解释》第二十一条第二款的规定，根据主合同确定管辖法院的，人民法院不予支持。

——《最高人民法院关于印发〈全国法院涉外商事海事审判工作座谈会会议纪要〉的通知》（2021年12月31日，法〔民四〕明传〔2021〕60号）。

117. 主合同和担保合同选择管辖的法院不一致的，应当根据主合同确定案件管辖

关键词

借款合同 主合同 从合同 管辖权异议

最高人民法院裁判文书

恒大地产集团有限公司、恒大地产集团天津有限公司与被上诉人华侨城集团公司及一审被告天津滨侨投资有限公司、天津东方财信投资集团有限公司、一审第三人中国建设银行股份有限公司深圳市分行借款合同纠纷管辖权异议案［最高人民法院（2013）民一终字第 94 号民事裁定书］

裁判要旨：主合同和担保合同发生纠纷提起诉讼的，应当根据主合同确定案件管辖。担保人承担连带责任的担保合同发生纠纷，债权人向担保人主张权利的，应当由担保人住所地的法院管辖。主合同和担保合同选择管辖的法院不一致的，应当根据主合同确定案件管辖。

最高人民法院认为：本案系借款合同管辖权异议纠纷，根据双方当事人的诉辩，本案二审期间争议的焦点为《委托贷款合同担保合同》是否系对原《委托贷款合同》相关条款的重新约定以及能否以该合同约定的管辖条款确定本案管辖的问题。

一、关于《委托贷款合同担保合同》是否系对原《委托贷款合同》相关条款的重新约定问题。2009 年 7 月 21 日，华侨城公司、滨侨公司（原天津华侨城投资有限公司）、深圳建行三方签订了《委托贷款合同》，具体约定了委托贷款的金额、用途、期限、利息、担保、还款、扣税、违约责任、争议解决方式等内容。2011 年 5 月 6 日，东方财信公司、恒大集团公司、恒大天津公司自愿对滨侨公司的借款承担连带保证责任，各方又签订了《委托贷款合同担保合同》，载明“经本协议各方一致同意，就三保证人为滨侨公司提供连带责任担保一事，达成如下协议”，主要约定了保证责任、期限及范围、抵押担保等内容。虽然该合同第一条有“借款期限及偿还”的表述，但条款内容仅是对《委托贷款合同》原借款期限内分期偿还日期的具体化，原借款期限并未发生变化，且没有涉及《委托贷款合同》的其他内容。因此，《委托贷款合同担保合同》不是双方当事人对《委托贷款合同》相关条款重新约定

后形成的新的可以独立存在的合同，而是以《委托贷款合同》为主合同的从合同。

二、关于能否以《委托贷款合同担保合同》约定的管辖条款确定本案管辖的问题。本案主合同《委托贷款合同》与从合同《委托贷款合同担保合同》约定的争议管辖地不相一致：《委托贷款合同》第十五条第十一项约定该合同争议解决方式是向深圳建行住所地人民法院起诉；《委托贷款合同担保合同》第六条则约定发生争议任何一方有权向该合同签订地人民法院提起诉讼，而该合同首页载明“本合同于天津市签署”。《最高人民法院关于适用〈中华人民共和国担保法〉若干问题的解释》第一百二十九条规定：“主合同和担保合同发生纠纷提起诉讼的，应当根据主合同确定案件管辖。担保人承担连带责任的担保合同发生纠纷，债权人向担保人主张权利的，应当由担保人住所地的法院管辖。主合同和担保合同选择管辖的法院不一致的，应当根据主合同确定案件管辖”。本案系华侨城公司基于《委托贷款合同》及《委托贷款合同担保合同》向债务人滨侨公司及保证人恒大集团公司与恒大天津公司主张借款及保证债权而引发的争议，并非仅因《委托贷款合同担保合同》向恒大集团公司与恒大天津公司主张保证责任而发生的纠纷，因此，无论《委托贷款合同担保合同》签订时间是否在《委托贷款合同》之后，其作为从合同关于管辖的约定均不能约束主合同《委托贷款合同》的当事人，亦不应视为系对《委托贷款合同》管辖约定的变更。在《委托贷款合同》及《委托贷款合同担保合同》管辖约定不一致的情况下，依法应当根据主合同《委托贷款合同》约定的管辖条款确定本案的管辖。

本案诉讼标的额为 11 亿元以上，《委托贷款合同》约定的争议解决方式是向深圳建行住所地人民法院起诉，根据本院 2008 年 3 月 31 日发布的《全国各省、自治区、直辖市高级人民法院和中级人民法院管辖第一审民商事案件标准》之规定，广东省高级人民法院管辖诉讼标的额在 3 亿元以上及诉讼标的额在 2 亿元以上且当事人一方住所地不在本辖区或者涉外、涉港澳台的第一审民商事案件；深圳市中级人民法院管辖诉讼标的额在 3 亿元以下 5000 万元以上及诉讼标的额在 2 亿元以下 4000 万元以上且当事人一方住所地不在本辖区或者涉外、涉港澳台的第一审民商事案件，故本案一审依法应由广东省高级人民法院管辖。

——中国裁判文书网。

118. 应当依据管辖条款是否对担保人具有约束力确定管辖

关键词

管辖条款 约束力 担保人

最高人民法院裁判文书

天津滨侨投资有限公司与天津东方财信投资集团有限公司、恒大地产集团天津有限公司追偿权纠纷案［最高人民法院（2019）最高法民辖终220号民事裁定书］

裁判要旨：在担保人起诉债务人时，根据合同相对性原则，通常情况下，合同中关于管辖法院的约定，只能约束合同双方，而不能约束第三人。如果担保人不是主合同的一方，主合同管辖条款就不会对其产生约束力，因此不能按照主合同确定管辖，应当依据管辖条款是否对担保人具有约束力确定管辖。

最高人民法院认为：本案系保证人东方财信公司履行案涉《委托贷款合同担保合同》约定的义务，代债务人滨侨投资公司偿还部分贷款承担了连带保证责任后，提起的追偿诉讼，应当按照《委托贷款合同担保合同》的协议管辖条款确定本案管辖。《委托贷款合同担保合同》第六条约定“本合同在履行过程中发生的争议，由各方当事人协商解决，协商不成的，任何一方有权向本合同签订地人民法院提起诉讼”，该合同亦记载合同签订地为天津市。案涉协议管辖条款清楚明确，合法有效，应该得到执行。滨侨投资公司主张《委托贷款合同担保合同》系《委托贷款合同》的从合同，本院发生法律效力的（2013）民一终字第94号民事裁定已经认定应当按照主合同《委托贷款合同》的约定确定管辖，但该案是债权人华侨城集团公司提起的借款合同纠纷，与本案并非相同法律关系，滨侨投资公司的上诉主张缺乏法律依据，本院不予支持。本案的诉讼标的额为3亿元以上，当事人住所地均在天津市行政辖区，天津市高级人民法院依法对本案具有管辖权。

——中国裁判文书网。

119. 非对称排他性管辖协议的效力认定

关键词

非对称排他性管辖协议　推定

最高人民法院审判业务意见

1. 涉外合同或者其他财产权益纠纷的当事人签订的管辖协议明确约定由一国法院管辖，但未约定该管辖协议为非排他性管辖协议的，应推定该管辖协议为排他性管辖协议。

2. 涉外合同或者其他财产权益纠纷的当事人签订的管辖协议明确约定一方当事人可以从一个以上国家的法院中选择某国法院提起诉讼，而另一方当事人仅能向一个特定国家的法院提起诉讼，当事人以显失公平为由主张该管辖协议无效的，人民法院不予支持；但管辖协议涉及消费者、劳动者权益或者违反民事诉讼法专属管辖规定的除外。

——《最高人民法院关于印发〈全国法院涉外商事海事审判工作座谈会会议纪要〉的通知》（2021 年 12 月 31 日，法〔民四〕明传〔2021〕60 号）。

最高人民法院公布的典型案例

益利船务有限公司与施某某等光船租赁担保合同纠纷案

裁判要旨：协议确定管辖法院是意思自治原则在民事诉讼法领域的体现，当事人达成的非对称排他管辖权协议只要不违反法律强制性规定，且系双方当事人真实意思表示，原则上应认定有效。

基本案情

施某某等人作为连带保证人与船东益利船务有限公司签订《个人担保书》，其中管辖权条款约定，担保人同意香港法院拥有排他管辖权，同时还约定并不限制船东在其他法院提起诉讼。益利船务有限公司向厦门海事法院提起诉讼，请求判令施某某等承担连带保证责任。施某某以香港法院对本案具有专属管辖权为由，提出管辖权异议。

裁判结果

厦门海事法院一审认为，《个人担保书》有关管辖权的约定为非对称排他管辖权条款，即仅在债权人选择香港法院起诉时，香港法院享有排他管辖权，但不排除债权人选择向香港以外的其他法院起诉的权利。该条款应认定为有效。益利船务有限公司未选择香港法院起诉，而是选择厦门海事法院起诉，符合合同约定和内地法律规定。一审裁定驳回施某某的管辖权异议。福建省高级人民法院二审驳回施某某的上诉，维持一审裁定。

典型意义

协议确定管辖法院是意思自治原则在民事诉讼法领域的体现，当事人达成的管辖协议只要不违反法律强制性规定，且系双方当事人真实意思表示，原则上应认定有效。非对称管辖权条款（asymmetric jurisdiction clause）允许一方（通常是债权人方）在多于一个司法管辖区内提起诉讼，但规定另一方（通常是债务人方）只可以在一个特定司法管辖区的法院提起诉讼。本案认定非对称管辖权条款有效，体现了对当事人意思自治的充分尊重，符合国际商事海事交往的发展趋势和实践需求。本案的香港当事人主动选择向厦门海事法院提起诉讼，充分体现了对内地海事司法的信任，也彰显了海事审判服务国家对外开放，积极营造稳定、公平、透明营商环境的不断探索和进步。

——《最高人民法院发布2020年全国海事审判典型案例》，载《人民法院报》2021年8月17日。

120. 合同约定由被告住所地法院管辖后被告住所地发生变更，管辖法院如何确定

关键词

被告住所地法院管辖　被告住所地变更　管辖法院确定

最高人民法院裁判文书

烟台富华达精密电子有限公司与乐融致新电子科技（天津）有限公司（合同纠纷管辖权异议案［最高人民法院（2019）最高法民辖终2号民事裁定书］

裁判要旨：根据《最高人民法院关于适用〈中华人民共和国民事诉讼法〉的解释》第三十二条的规定，双方合同约定由被告住所地法院（甲区法院）管辖，不违反级别管辖和专属管辖的规定，应为合法有效。合同签订后，被告将其主要办事机构由甲区变更至乙区，此项变更并不能改变双方在管辖条款中对被告原住所地的约定。故该案仍应由被告原住所地法院（甲区法院）管辖。

最高人民法院认为，《中华人民共和国民事诉讼法》第三十四条[①]规定："合同或者其他财产权益纠纷的当事人可以书面协议选择被告住所地、合同履行地、合同签订地、原告住所地、标的物所在地等与争议有实际联系的地点的人民法院管辖，但不得违反本法对级别管辖和专属管辖的规定。"故乐融公司和富华达公司在涉案《采购框架协议》中约定发生争议由乐融公司所在地法院解决的管辖约定条款合法有效。《最高人民法院关于适用〈中华人民共和国民事诉讼法〉的解释》第三十二条规定："管辖协议约定由一方当事人住所地人民法院管辖，协议签订后当事人住所地变更的，由签订管辖协议时的住所地人民法院管辖，但当事人另有约定的除外。"本案中，在双方签订的《采购框架协议》首部已明确乐融公司的地址位于天津动漫大厦，故应视为双方均认可乐融公司的住所地位于天津动漫大厦，且达成发生纠纷由该地辖区人民法院管辖的合意。此后乐融公司将主要办事机构所在地变更为北京市朝阳区姚家园路105号院3号楼乐视大厦，并不能改变双方在约定管辖条款中对乐融公司住所地的约定。故一审裁定以乐融公司主要办事机构所在地为北京市朝阳区姚家园路105号院3号楼乐视大厦为由将本案移送北京管辖的认定不当，应予纠正。

——中国裁判文书网。

七、移送和指定管辖

121. 当事人在答辩期间届满后未应诉答辩，人民法院在一审开庭前发现案件不属于本院管辖的，应当移送管辖

关键词

移送管辖　一审开庭前

最高人民法院司法解释

第三十五条　当事人在答辩期间届满后未应诉答辩，人民法院在一审开庭前，发现案件不属于本院管辖的，应当裁定移送有管辖权的人民法院。

——《最高人民法院关于适用〈中华人民共和国民事诉讼法〉的解释》（2022年4月1日修正）。

---

① 现为《民事诉讼法》（2021年修正）第三十五条。

附录：最高人民法院主流观点

民事诉讼法第三十七条没有规定移送管辖的期限，理论上受诉人民法院在案件实体判决前均可以移送。在实践中，确有个别法院是这样做的，即在当事人没有提出异议的情况下，经过开庭审理，甚至已经合议讨论，基于案件重大复杂、形成涉诉信访等情形，以没有管辖权为由移送其他法院审理。这样既浪费司法资源，又增加当事人诉累。2012年民事诉讼法规定了应诉管辖制度，当事人未提出管辖异议并应诉答辩的，视为受诉人民法院有管辖权，这对移送管辖的随时性作了限制。

但还有一种情况，当事人在提交答辩状期间不提出管辖权异议，也不应诉和提出实体答辩意见，仅在开庭前提出受诉人民法院无管辖权的意见，此时如果仅以超过期间提出异议为由不予理会，当事人会以法院受理时有主动审查职能为由而不服。故《民事诉讼法解释》第三十五条规定人民法院在一审开庭前发现受理的案件不属于本院管辖的，应当裁定将案件移送至有管辖权的人民法院。

审判实践中应当注意的问题：

第一，当人民法院移送案件时发现有数个其他人民法院有管辖权，应尊重原告的意见，即原告有选择权，只有当原告拒绝选择时，才由人民法院决定。

第二，移送管辖只能进行一次。受移送的法院认为自己没有管辖权的，不能再行移送或退回移送法院，应该按照管辖权争议处理程序，报请共同上级人民法院指定管辖。

——最高人民法院民法典贯彻实施工作领导小组办公室编著：《最高人民法院新民事诉讼法司法解释理解与适用》，人民法院出版社2022年版，第144页。

122. 如果当事人没有提出管辖权异议，且已经应诉答辩，则视为当事人接受管辖，即使法院认为自己没有管辖权，也不宜再行移送

关键词

管辖权异议　应诉答辩　移送

最高人民法院裁判文书

上海瑞新恒捷投资有限公司与辽阳市财政干部教育中心、国投泰康信托

有限公司与公司有关的纠纷案［最高人民法院（2020）最高法民辖 79 号民事裁定书］

裁判要旨：受案人民法院发现案件不属于本院管辖，有权依据《中华人民共和国民事诉讼法》第三十六条[①]之规定，将案件移送有管辖权的法院。同时为了保护诉讼当事人的合法诉讼权利，避免因为法院对于管辖权的认识存在分歧而损害当事人的利益，减少当事人的诉累，如果当事人没有提出管辖权异议，且已经应诉答辩，则视为当事人接受管辖；如果法院认为自己没有管辖权，应该在被告应诉前移送相关案件至有管辖权的人民法院；如果被告已经应诉答辩，即使法院认为自己没有管辖权，也不宜再行移送。而对于发回重审、指令再审的案件，法院也不应以无管辖权为由移送管辖。

最高人民法院认为，根据《中华人民共和国民事诉讼法》第一百二十七条[②]之规定："人民法院受理案件后，当事人对管辖权有异议的，应当在提交答辩状期间提出。人民法院对当事人提出的异议，应当审查。异议成立的，裁定将案件移送有管辖权的人民法院；异议不成立的，裁定驳回。当事人未提出管辖异议，并应诉答辩的，视为受诉人民法院有管辖权，但违反级别管辖和专属管辖规定的除外"。而根据《最高人民法院关于适用〈中华人民共和国民事诉讼法〉的解释》第三十五条的规定："当事人在答辩期间届满后未应诉答辩，人民法院在一审开庭前，发现案件不属于本院管辖的，应当裁定移送有管辖权的人民法院"。该解释第三十八条明确规定："有管辖权的人民法院受理案件后，不得以行政区域变更为由，将案件移送给变更后有管辖权的人民法院。判决后的上诉案件和依审判监督程序提审的案件，由原审人民法院的上级人民法院进行审判；上级人民法院指令再审、发回重审的案件，由原审人民法院再审或者重审"。

从上述规定来看，受案人民法院发现案件不属于本院管辖，有权依据《中华人民共和国民事诉讼法》第三十六条之规定，将案件移送有管辖权的法院。同时为了保护诉讼当事人的合法诉讼权利，避免因为法院对于管辖权的认识存在分歧而损害当事人的利益，减少当事人的诉累，如果当事人没有提出管辖权异议，且已经应诉答辩，则视为当事人接受管辖，如果法院认为自己没有管辖权，应该在被告应诉前移送相关案件至有管辖权的人民法院。如果被告已经应诉答辩，即使法院认为自己没有管辖权，也不宜再行移送。而对于

---

① 现为《民事诉讼法》（2021 年修正）第三十七条。

② 现为《民事诉讼法》（2021 年修正）第一百三十条。

发回重审、指令再审的案件，法院也不应以无管辖权为由移送管辖。

——中国裁判文书网。

123. 在案件开庭审理之后，除非发现受理案件违反法律关于级别管辖和专属管辖的规定，不得以不具有一般地域管辖权为由移送案件

关键词

级别管辖　专属管辖　一般地域管辖权　移送案件

最高人民法院裁判文书

杨君与云南墘坤城市投资开发有限公司等不当得利纠纷案［最高人民法院（2022）最高法民辖73号民事裁定书］

裁判要旨：在案件开庭审理之后，除非发现受理案件违反法律关于级别管辖和专属管辖的规定，不得以不具有一般地域管辖权为由移送案件。

最高人民法院认为，本案系不当得利纠纷。从一审起诉的情况看，杨君主张与云南墘坤城市投资开发有限公司签订的案涉合同无效，未实际承包昌宁县市政道路及综合管廊部分工程，请求云南墘坤城市投资开发有限公司返回杨君支付的400万元管理费，贵州大地建设集团投资有限公司、贵州大地建设集团第四建筑工程有限责任公司、贵州恒基华融创业投资有限公司作为云南墘坤城市投资开发有限公司股东，在未出资范围内承担偿还责任。本案不涉及不动产纠纷的权利确认、分割等问题，且案涉合同约定的工程分包亦未实际履行，故本案不适用不动产纠纷确定管辖。《最高人民法院关于适用〈中华人民共和国民事诉讼法〉的解释》第三十五条规定，当事人在答辩期间届满后未应诉答辩，人民法院在一审开庭前，发现案件不属于本院管辖的，应当裁定移送有管辖权的人民法院。从上述规定看，受案人民法院发现案件不属于本院管辖，应当在开庭前将案件移送有管辖权的人民法院；在案件开庭审理之后，除非发现受理案件违反法律关于级别管辖和专属管辖的规定，不得以不具有一般地域管辖权为由移送案件。本案中，贵阳市南明区人民法院作为被告贵州大地建设集团投资有限公司和被告贵州恒基华融创业投资有限公司住所地的人民法院，对本案具有一般地域管辖权，且受理本案并不违反法律对级别管辖和专属管辖的规定。在已经进行开庭审理的情况下，贵阳

市南明区人民法院裁定将本案移送保山市昌宁县人民法院处理不当，本院予以纠正。

——中国裁判文书网。

124. 如被告已应诉答辩，即使法院认为自己没有管辖权也不宜再行移送案件

关键词

管辖权　管辖权异议　移送管辖　答辩

最高人民法院裁判文书

杜强华与浙江承御天澍网络科技有限公司计算机软件开发合同纠纷案

［最高人民法院（2020）最高法民辖 82 号民事裁定书］

裁判要旨：如果当事人没有提出管辖权异议，且已经应诉答辩，则视为当事人接受管辖，如果法院认为自己没有管辖权，应该在被告应诉前移送相关案件至有管辖权的人民法院。如果被告已经应诉答辩，即使法院认为自己没有管辖权，也不宜再行移送。

最高人民法院认为：本案属于买卖合同纠纷。本案中，原告起诉后，福建省连江县人民法院于 2019 年 7 月 15 日登记立案。并于 2019 年 7 月 17 日向被告程霜霜发送应诉通知书，被告于 2019 年 8 月 19 日提交相应答辩状，并未就管辖权提出异议。2019 年 8 月 19 日，福建省连江县人民法院开庭审理本案，原告到庭，被告缺席，该院就本案进行审理，并进行法庭调查。后该院裁定将本案移送重庆市酉阳土家族苗族自治县人民法院。

根据《最高人民法院关于适用〈中华人民共和国民事诉讼法〉的解释》第三十五条的规定："当事人在答辩期间届满后未应诉答辩，人民法院在一审开庭前，发现案件不属于本院管辖的，应当裁定移送有管辖权的人民法院"。而根据《中华人民共和国民事诉讼法》第一百二十七条[①]之规定："人民法院受理案件后，当事人对管辖权有异议的，应当在提交答辩状期间提出。人民法院对当事人提出的异议，应当审查。异议成立的，裁定将案件移送有管辖权的人民法院；异议不成立的，裁定驳回。当事人未提出管辖异议，并应诉答辩的，视为受诉人民法院有管辖权，但违反级别管辖和专属管辖规定的

---

① 现为《民事诉讼法》（2021 年修正）第一百三十条。

除外”。

如受案人民法院发现案件不属于本院管辖，有权依据《中华人民共和国民事诉讼法》第三十六条[①]之规定，将案件移送有管辖权的法院。如果当事人提起管辖权异议，法院应该在管辖权异议期间解决相关管辖权争议；如果当事人没有提出管辖权异议，且已经应诉答辩，则视为当事人接受管辖，如果法院认为自己没有管辖权，应该在被告应诉前移送相关案件至有管辖权的人民法院。如果被告已经应诉答辩，即使法院认为自己没有管辖权，也不宜再行移送。

本案中，福建省连江县人民法院受理本案后，且已经于 2019 年 8 月 19 日开庭审理，且被告虽未出庭，但是已经应诉答辩。福建省连江县人民法院即使认为自己没有管辖权，也不能将案件移送其它法院，其移送管辖不当。

——中国裁判文书网。

125. 上级人民法院指定管辖的裁定不可上诉

关键词

指定管辖　管辖权　法定管辖　上诉

最高人民法院司法解释

第四十一条　人民法院依照民事诉讼法第三十八条第二款规定指定管辖的，应当作出裁定。

对报请上级人民法院指定管辖的案件，下级人民法院应当中止审理。指定管辖裁定作出前，下级人民法院对案件作出判决、裁定的，上级人民法院应当在裁定指定管辖的同时，一并撤销下级人民法院的判决、裁定。

——《最高人民法院关于适用〈中华人民共和国民事诉讼法〉的解释》（2022 年 4 月 1 日修正）。

附录：最高人民法院主流观点

上级人民法院指定管辖的裁定不属于民事诉讼法第一百五十七条第一款第一项至第三项规定的情形，是上级人民法院就有管辖权的下级人民法院由于特殊原因不能行使管辖权，或者由于几个法院对案件的管辖发生异议，或者移送来的案件也不属于本院管辖时，需要由上级人民法院指定某一法院管辖的裁定。指定管辖是对法定管辖的补充，其目的是使法院早日确定管辖权，

① 现为《民事诉讼法》（2021 年修正）第三十七条。

及时审判，使当事人的合法权益尽快得到保护。上级人民法院的指定管辖裁定针对两个争议管辖的下级人民法院的请示作出，不得上诉。

——最高人民法院民法典贯彻实施工作领导小组办公室编著：《最高人民法院新民事诉讼法司法解释理解与适用》，人民法院出版社 2022 年版，第 149~150 页。

126. 如何界定上级人民法院指定管辖期间

关键词

指定管辖　管辖争议

最高人民法院司法解释

第四十一条　人民法院依照民事诉讼法第三十八条第二款规定指定管辖的，应当作出裁定。

对报请上级人民法院指定管辖的案件，下级人民法院应当中止审理。指定管辖裁定作出前，下级人民法院对案件作出判决、裁定的，上级人民法院应当在裁定指定管辖的同时，一并撤销下级人民法院的判决、裁定。

——《最高人民法院关于适用〈中华人民共和国民事诉讼法〉的解释》（2022 年 4 月 1 日修正）。

附录：最高人民法院主流观点

我们认为，为确保管辖争议处理的有效性，法院之间就发生的管辖争议报请上级人民法院指定处理期间，可以认定为上级人民法院指定管辖期间。

——最高人民法院民法典贯彻实施工作领导小组办公室编著：《最高人民法院新民事诉讼法司法解释理解与适用》，人民法院出版社 2022 年版，第 150 页。

127. 人民法院依据原告起诉时列明的多个被告中的一个被告确定管辖后，不因该被告不适格而丧失管辖权

关键词

被告适格　移送管辖

最高人民法院公报案例

北京智扬伟博科技发展有限公司与创思生物技术工程（东莞）有限公司、河南省开封市城市管理局居间合同纠纷案［最高人民法院（2008）民申字第1364号民事裁定书］

裁判摘要：一、民事诉讼原告起诉时列明多个被告，因其中一个被告的住所地在受理案件的人民法院辖区内，故受理案件的人民法院可以依据被告住所地确定管辖权。其他被告如果认为受理案件的人民法院没有管辖权，应当在一审答辩期内提出管辖权异议，未在此期间提出异议的，因案件已经进入实体审理阶段，管辖权已经确定，即使受理案件的人民法院辖区内的被告不是案件的适格被告，人民法院亦可裁定驳回原告对该被告的起诉，并不影响案件实体审理，无需再移送管辖。

二、合同履行地是指合同主要义务的履行地。居间合同的主要义务履行地应当确定为居间行为地。

——《最高人民法院公报》2009年第7期。

128. 案件移送管辖后，当事人的诉讼请求是否在另案中通过反诉解决，超出了管辖异议的审查和处理范围

关键词

管辖异议　反诉

最高人民法院公报案例、最高人民法院裁判文书

招商银行股份有限公司无锡分行与中国光大银行股份有限公司长春分行委托合同纠纷管辖权异议案［最高人民法院（2015）民二终字第428号民事裁定书］

裁判摘要：案件移送后，当事人的诉讼请求是否在另案中通过反诉解决，超出了管辖异议的审查和处理的范围，应由受移送的人民法院结合当事人对诉权的处分等情况，依据最高人民法院《关于适用〈中华人民共和国民事诉讼法〉的解释》第二百三十二条、第二百三十三条等的有关规定依法处理。

最高人民法院认为，根据《中华人民共和国民事诉讼法》第三十六条[①]“人民法院发现受理的案件不属于本院管辖的，应当移送有管辖权的人民法院，受移送的人民法院应当受理”的规定，没有管辖权的人民法院可以裁定将案件移送有管辖权的人民法院。本案原告的诉讼请求是否在另案中通过反诉解决，超出了管辖异议的审查和处理的范围，应由受移送的人民法院结合当事人对诉权的处分等情况，依据《民诉法解释》第二百三十二条、第二百三十三条等的有关规定依法处理。故招行无锡分行关于其诉讼请求无法在另案中通过反诉或抗辩实现的上诉理由，本院不予审理。一审裁定关于招行无锡分行依据《委托定向投资协议》所主张的诉请也可在该案中通过反诉解决的认定超出审查范围，本院予以纠正。

本案是否涉及江苏省无锡市中级人民法院审理的相关刑事案件，并非民事案件确定管辖的法定理由，招商银行无锡分行以此主张应由江苏省高级人民法院审理本案的理由不能成立。

——《最高人民法院公报》2016 年第 7 期。

129. 移送管辖时应当注意的问题

关键词

移送管辖　管辖权异议裁定　移送管辖裁定

附录：最高人民法院主流观点

第一，注意区分管辖权异议裁定和移送管辖裁定。对于当事人提出的管辖权异议，人民法院应当以裁定形式进行答复。管辖权异议裁定为可争议、可上诉的裁定，管辖权异议，申请再审和申诉期间，不构成阻止案件进入实体审理程序的理由。根据一审或二审生效管辖权异议裁定，有管辖权的人民法院可以继续对案件进行实体审理。移送管辖的裁定属于不可诉裁定，不符合《民事诉讼法》第一百五十七条第一～三项情形。

第二，尊重当事人的管辖选择权。当人民法院移送案件时，发现有数个其他人民法院有管辖权的，应尊重原告的意见，保障原告的选择权。只有当原告拒绝选择时，才由法院依职权决定。

第三，移送管辖只能进行一次。受移送的法院认为自己没有管辖权，不能再行移送或退回，移送法院应当按照管辖权争议处理程序报请共同上级人民法院指定管辖。

---

① 现为《民事诉讼法》（2021 年修正）第三十七条。

第四，不得重复立案。人民法院在立案前发现其他有管辖权的人民法院已经先立案的，不得重复立案；立案后发现其他有管辖权的人民法院已先行立案的，裁定将案件移送给先立案的人民法院。

——江必新主编：《新民事诉讼法条文理解与适用》，人民法院出版社 2022 年版，第 160~161 页。

130. 移送管辖不能突破级别管辖的规定

关键词

移送管辖　级别管辖

最高人民法院裁判文书

江苏省建工集团有限公司与呼和浩特市新城区保合少镇恼包村民委员会建设工程施工合同纠纷案［最高人民法院（2018）最高法民辖终 75 号民事裁定书］

裁判要旨：移送管辖只能在同一审级、不同地域的法院之间移送，不能突破级别管辖的规定。如果两个法院不属于同一审级，仍应当按照民事诉讼法关于上下级法院案件移交的规定执行。

最高人民法院认为：移送管辖主要有三种情形：第一种是人民法院受理当事人起诉后，认为案件不属于该院管辖范围，依据《中华人民共和国民事诉讼法》第三十六条[①]的规定移送至有管辖权的法院。第二种是受理法院对案件有管辖权，但在立案后发现其他有管辖权的法院已经立案，依据《最高人民法院关于适用〈中华人民共和国民事诉讼法〉的解释》第三十六条的规定，裁定将案件移送给先立案的法院。第三种是当事人分别就同一法律关系或同一事实以不同诉讼请求分别向两个有管辖权的法院提起诉讼，后立案的法院在得知有关法院先立案的情况后，依据《最高人民法院关于在经济审判中严格执行〈中华人民共和国民事诉讼法〉的若干规定》裁定将案件移送给先立案的法院合并审理。对以上三种情形，第一种和第二种针对的是一方当事人提起诉讼的情况，第三种则是针对双方当事人均提起诉讼且属于宜合并审理的情况。需要注意的是，鉴于民事诉讼法及司法解释对上下级法院之间的案件移交问题作了严格限定，包括：上级人民法院只有在属于三种“确有

① 现为《民事诉讼法》（2021 年修正）第三十七条。

必要”情形下，才能将案件移交下级人民法院；下级人民法院认为需要由上级人民法院审理的，可以报请上级人民法院审理。故上述三种移送管辖只能在同一审级、不同地域的法院之间移送，不能突破级别管辖的规定。如果两个法院不属于同一审级，仍应当按照民事诉讼法关于上下级法院案件移交的规定执行。

具体到本案中，首先应判断的是内蒙古自治区高级人民法院对案件是否有管辖权。如果内蒙古自治区高级人民法院对案件有管辖权，则应当根据《中华人民共和国民事诉讼法》第三十八条[①]和《最高人民法院关于适用〈中华人民共和国民事诉讼法〉的解释》第四十二条的规定，由内蒙古自治区高级人民法院报请其上级人民法院批准后，才能移送下级人民法院。如果内蒙古自治区高级人民法院对案件不具有管辖权，则应当根据《中华人民共和国民事诉讼法》第三十六条的规定移送管辖。

在确定案件管辖权阶段，人民法院判断级别管辖的标准，通常以起诉人主张的诉讼请求标的额作为依据，至于诉讼请求是否能够得到支持或者部分支持，则应进入实体审理阶段后依法裁判。本案中，江苏建工起诉主张的诉讼请求标的额为197777990元，并提交了《呼市新城区保合少镇恼包村新农村改造项目工程结算汇总表》《恼包项目甲方已付工程款明细》等证据予以证明。通过对上述证据的初步审查，可以确定江苏建工诉讼标的请求额为197777990元。本案一方当事人住所地不在内蒙古，根据《最高人民法院关于调整高级人民法院和中级人民法院管辖第一审民商事案件标准的通知》，内蒙古自治区高级人民法院对案件有管辖权。一审法院径行以双方《建设工程施工合同》显示的合同价款作为结算依据，实际上系对双方究竟应当以合同约定价款还是实际工作量结算作了实体上的判断，并以此将当事人主张的诉讼标的额197777990元降低至7000万元，不符合管辖权阶段对证据形式审查的要求，应当予以纠正。此外，在内蒙古自治区高级人民法院对本案有管辖权的情况下，其不能以该案应当与呼和浩特市中级人民法院受理案件合并审理为由，突破级别管辖的规定，未报请上级人民法院批准直接将案件交由下级人民法院审理。

——中国裁判文书网。

① 现为《民事诉讼法》（2021年修正）第三十九条。

131. 当事人在诉讼过程中变更其主张的法律关系的性质导致法院无管辖权的，应将案件移送至其他有管辖权的法院

关键词

诉讼过程　管辖权　管辖权异议

最高人民法院裁判文书

能拓能源股份有限公司与邢志刚技术委托开发合同纠纷管辖权异议案

[最高人民法院（2021）最高法知民辖终211号民事裁定书]

裁判要旨：民事案件的案由应当依据当事人主张的民事法律关系性质确定。在诉讼过程中，当事人主张的法律关系性质与法院根据案件事实进行审理作出的认定不一致的，如果当事人变更法律关系的性质和诉讼请求导致法院无管辖权，应当将案件移送至其他有管辖权的法院审理。

最高人民法院认为：本案为技术委托开发合同纠纷管辖权异议上诉案件，当事人争议的焦点问题是原审法院对本案是否具有管辖权。

关于本案属于技术委托开发合同纠纷还是追索劳务报酬纠纷的问题。民事案件的案由应当依据当事人主张的民事法律关系性质确定，在诉讼过程中，当事人主张的法律关系性质与法院根据案件事实进行审理作出的认定不一致的，如果当事人变更法律关系的性质和诉讼请求导致法院无管辖权，应当将案件移送至其他有管辖权的法院审理。本案中，邢志刚的诉讼请求为要求能拓公司支付第二阶段和第三阶段的开发费用56000元。根据邢志刚的主张，本案的争议事项涉及技术委托开发合同纠纷，原审法院据此将案由定为技术委托开发合同纠纷并确定管辖法院并无不当。至于邢志刚主张的技术开发合同能否成立，需经原审法院对本案法律关系的性质进行实体审理之后才能确定，不影响现阶段根据技术委托开发合同纠纷的民事法律关系确定本案管辖权。原审法院如果对法律关系的性质进行实体审理后，发现本案不属于技术委托开发合同纠纷导致原审法院对本案无管辖权的，原审法院则应当将本案移送至其他有管辖权的人民法院处理。

在审查管辖权异议案件时首先需要确定管辖权异议案件审查的法律标准。管辖权异议案件解决的是受诉法院对案件有无管辖权的问题，并未进入案件的实体审理。因此，在管辖权异议阶段，原则上只需审理与建立案件管辖连

结点相关的事实。如果与建立管辖连结点相关的事实同时涉及案件实体争议内容的，只需审查案件初步证据是否能够证成一个可争辩的管辖连结点事实即可，一般不对案件实体争议内容作出明确认定。本案中，邢志刚向原审法院提交的涉案合同约定能拓公司委托邢志刚进行国网江苏泰州配电自动化系统终端遥控操作报文与状态分析模块修理项目的开发工作，微信聊天记录亦显示双方就涉案项目的技术开发及现场调试等问题进行协商。上述初步证据能够证成一个可争辩的管辖连结点事实。

根据《中华人民共和国民事诉讼法》第二十三条[①]规定："因合同纠纷提起的诉讼，由被告住所地或者合同履行地人民法院管辖。"《最高人民法院关于同意南京市、苏州市、武汉市、成都市中级人民法院内设专门审判机构并跨区域管辖部分知识产权案件的批复》第二条规定，南京市中级人民法院管辖发生在南京市技术合同纠纷的第一审知识产权民事案件。本案属于技术合同纠纷，能拓公司的住所地位于江苏省南京市，属于原审法院辖区，故原审法院对本案具有管辖权。能拓公司主张将本案移送至江苏省南京市江北新区人民法院审理的上诉理由，缺乏依据，本院不予支持。

——中国裁判文书网。

132. 双方当事人没有明确约定合同履行地，交货地不等于合同履行地，应移送到有管辖权的法院审理

关键词

买卖合同纠纷　合同履行地　特殊地域管辖　移送管辖

最高人民法院裁判文书

广东安居宝数码科技股份有限公司与重庆浩博实业（集团）有限公司买卖合同纠纷案［最高人民法院（2018）最高法民辖43号民事裁定书］

裁判要旨：双方当事人在合同中约定交货地点，但未明确表示将交货地点作为约定管辖法院所在地，故不能将交货地点认定为双方约定的合同履约地。

最高人民法院认为：本案为买卖合同纠纷。根据《中华人民共和国民事

---

① 现为《民事诉讼法》（2021年修正）第二十四条。

诉讼法》第二十三条[①]的规定，应由被告住所地或者合同履行地人民法院管辖。对合同履行地的确定，《最高人民法院关于适用〈中华人民共和国民事诉讼法〉的解释》第十八条规定，合同约定履行地点的，以约定的履行地点为合同履行地；合同对履行地点没有约定或者约定不明确的，争议标的为给付货币的，接收货币一方所在地为合同履行地。本案中，双方当事人虽然在《安居宝产品购销合同书》上写明了交货地点，但未明确表示将交货地点作为约定管辖法院所在地，故不能直接将上述地点认定为约定的合同履行地点。安居宝公司起诉请求浩博公司支付货款及利息，争议标的为给付货币，安居宝公司为接收货币一方，按照上述规定，本案合同履行地应为安居宝公司所在地。故广东省广州市黄埔区人民法院对本案有管辖权。广东省广州市黄埔区人民法院在先行受理后将案件移送重庆市渝北区人民法院不当。

——中国裁判文书网。

133. 上级法院将自己有管辖的案件交下级法院审理的条件和程序

关键词

管辖权下放性转移　确有必要

最高人民法院司法解释

第四十二条　下列第一审民事案件，人民法院依照民事诉讼法第三十九条第一款规定，可以在开庭前交下级人民法院审理：

（一）破产程序中有关债务人的诉讼案件；

（二）当事人人数众多且不方便诉讼的案件；

（三）最高人民法院确定的其他类型案件。

人民法院交下级人民法院审理前，应当报请其上级人民法院批准。上级人民法院批准后，人民法院应当裁定将案件交下级人民法院审理。

——《最高人民法院关于适用〈中华人民共和国民事诉讼法〉的解释》（2022年4月1日修正）。

附录：最高人民法院主流观点

1. 关于“确有必要”的情形

民事诉讼法第三十九条规定了人民法院将案件管辖权“上交下”只有在

① 现为《民事诉讼法》（2021年修正）第二十四条。

"确有必要"时才能进行。何谓确有必要，根据法律修改的原意，主要考虑到破产衍生诉讼中劳动争议案件数量众多，在一些大型的用工人数众多的企业更是如此，如果全部由中级人民法院审理，二审法院为高级人民法院，不利于矛盾的化解。随着涉及金融案件的增加，有关于证券诉讼的其他诉讼，比如债务人履行合同诉讼、追收债务人对外债权诉讼、撤销债务人处分财产行为诉讼、确认债务人处分财产行为无效诉讼、取回权诉讼、别除权诉讼和抵销权诉讼等案件也大量增加，交下级法院审理，有利于当事人参加诉讼，节约诉讼成本，节约司法资源。一些群体性案件、类型化的案件，必须依靠当地党委政府解决问题，下移管辖有利于矛盾的化解。因此，《民事诉讼法解释》起草时规定"破产程序中有关债务人的诉讼案件""当事人人数众多且不方便诉讼的案件""最高人民法院确定的其他类型案件"属于"确有必要"上交下的情形。破产程序中有关债务人的诉讼案件也就是破产衍生诉讼案件，从人民法院审理此类案件的实际看，有一些破产案件有大量的衍生诉讼案件，有的达到上千件，全部由破产法院审理，不仅破产法院审判压力太大，而且会严重拖延诉讼，不利于保护当事人的利益。此类案件可以通过移交下级法院管辖审理。当事人人数众多且不方便诉讼的案件也即群体性纠纷案件，由于涉及人数众多，社会广泛关注，息诉罢访压力大，往往需要依靠当地党委、政府及各方面的力量共同化解矛盾，维护社会稳定。除上述两类案件以外，可能还会有其他一些需要交下级人民法院来审理的特殊案件，因此，《民事诉讼法解释》第四十二条明确规定最高人民法院可以根据案件实际情况确定是否可以交由下级人民法院审理，作为兜底条款。

2. 关于"上交下"的程序问题

2012年民事诉讼法修改，为充分保护当事人的诉讼权利，规定对于管辖权下放性移转采取裁定的形式。因此，《民事诉讼法解释》第四十二条第二款规定上级人民法院将案件交下级人民法院审理的，应当作出裁定。

审判实践中应当注意：

1. "上交下"的案件需报请上级人民法院批准

《民事诉讼法解释》虽然规定"破产程序中有关债务人的诉讼案件""当事人人数众多且不方便诉讼的案件"可以交下级人民法院审理，但也必须依照法律规定的程序，报上级人民法院批准。

2. "上交下"的裁定不能上诉

"上交下"的裁定不属于民事诉讼法第一百五十七条第一款第一项至第三项规定的情形，而是上级人民法院就应当属于本院管辖的案件交下级法院审理作出的裁定，该裁定不得上诉。

——最高人民法院民法典贯彻实施工作领导小组办公室编著：《最高人民法院新民事诉讼法司法解释理解与适用》，人民法院出版社2022年版，第

150~151 页。

134. 上级法院受理的案件与下级法院审理的案件合并审理应当报请批准

关键词

合并审理 管辖权转移 报请批准

最高人民法院裁判文书

沈阳天北建筑安装工程公司与吉林省霍家店房地产开发有限公司建设工程合同纠纷案［最高人民法院（2015）民一终字第 314 号民事裁定书］

裁判要旨：管辖权转移是《中华人民共和国民事诉讼法》规定的一项重要制度。2012 年《中华人民共和国民事诉讼法》对管辖权转移制度进行了修订，对上级法院将其管辖的案件交下级法院审理进行了限制。上级法院认为自己审理的案件与下级法院审理的案件有合并审理的必要时，也即认为确有必要将自己有管辖权的案件交下级法院审理时，根据《中华人民共和国民事诉讼法》第三十八条[①]第一款的规定，应报其上级法院批准后方可交其下级法院审理。

最高人民法院认为：本案沈阳天北公司诉请霍家店房地产公司支付拖欠工程款及利息、赔偿违约损失，请求标的额为 5800 余万元。吉林省四平市中级人民法院受理的霍家店房地产公司起诉沈阳天北公司建设工程施工合同纠纷案件，霍家店房地产公司诉请给付延期违约金、应扣保修金、返还超额支付工程款、未完工程量及鉴定费共计 2152 万余元。两起诉讼虽系基于同一法律事实发生的纠纷，但两案双方当事人各自的诉讼标的和诉讼请求互相独立。沈阳天北公司依法有权提起诉讼。霍家店房地产公司主张本案系重复诉讼，理由不成立。沈阳天北公司虽然在另案中曾向吉林省四平市中级人民法院提起反诉，但其后撤回反诉，向吉林省高级人民法院提起本案诉讼。根据《最高人民法院关于调整高级人民法院和中级人民法院管辖第一审民商事案件标准的通知》（法发〔2015〕7 号）的规定，吉林省高级人民法院有权管辖当事人一方住所地不再受理法院所处省级行政辖区，诉讼标的额 5000 万元以上的第一审民商事案件。本案一审原告沈阳天北公司的住所地在辽宁省沈阳市，

① 现为《民事诉讼法》（2021 年修正）第三十九条。

不在吉林省高级人民法院所处省级行政辖区，其起诉的标的额为5800余万元。根据上述规定，吉林省高级人民法院对本案具有管辖权。霍家店房地产公司主张本案诉讼是反诉，应根据本诉案件确定管辖法院，理由不成立。综上，霍家店房地产公司提出的管辖权异议理由不成立。吉林省高级人民法院认为本案与吉林省四平市中级人民法院正在审理的霍家店房地产公司诉沈阳天北公司建设工程施工合同纠纷案件系因同一法律关系引起的纠纷，需合并审理，并无不当，但应根据《中华人民共和国民事诉讼法》第三十八条第一款的规定依法处理。吉林省高级人民法院以吉林省四平市中级人民法院正在审理的案件立案在先，裁定将本案移送吉林省四平市中级人民法院审理，没有法律依据，适用法律错误。

——中国裁判文书网。

附录：本案解析

管辖权转移制度是对我国级别管辖制度的补充。该制度设立的主要考量因素应是个案具体情况不同，各级法院之间审判力量配置也存在差异等，因而设立了管辖权转移制度，以调节上下级法院间对个别案件管辖的调整。管辖权转移包括管辖权下移和管辖权上移两种情形，从1982年《中华人民共和国民事诉讼法（试行）》即已确立，在2012年《中华人民共和国民事诉讼法》修订之前，管辖权转移制度没有发生变化。根据2007年《中华人民共和国民事诉讼法》第三十九条规定，上级人民法院有权审理下级人民法院管辖的第一审民事案件，也可以把本院管辖的第一审民事案件交下级人民法院审理。下级人民法院对它所管辖的第一审民事案件，认为需要由上级人民法院审理的，可以报请上级人民法院审理。因此，在2012年《中华人民共和国民事诉讼法》修订前，管辖权是否发生转移的决定权在上级法院。但是，在2012年《中华人民共和国民事诉讼法》修正时，对该制度确定的将下级法院对个案的管辖权转移给上级法院，没有很大争议，而将上级法院对个案的管辖权转移给下级法院，则存在一定争议。主要是认为属于超越职权的行为，剥夺了法律赋予当事人接受高级别审判的权利。同时，也有观点认为，是否将自己有管辖权的案件转移给下级法院的决定权完全在上级法院自身，使得该权利存在被滥用的可能。因此，《中华人民共和国民事诉讼法》对上级法院将有管辖权的案件交下级法院审理的程序进行了修订，对管辖权向下转移进行了限制。即上级人民法院有权审理下级人民法院管辖的第一审民事案件；确有必要将本院管辖的第一审民事案件交下级人民法院审理的，应当报请其上级人民法院批准。之所以规定应报上级法院批准，也即表明了管辖权转移以向上转移为原则，向下转移为特殊。因而对管辖权向下转移的条件严格限制，规定了报上级法院批准，以防止该权利在司法实践中被滥用。

本案中，双方当事人在四平市中级人民法院和吉林省高级人民法院分别提起的诉讼确实是因同一民事关系导致的纠纷，由同一法院管辖，既方便当事人诉讼，也有利于查明事实，正确适用法律。在这种情况下，原则上吉林省高级人民法院可以依法将四平市中级人民法院受理的案件提级审理，与本案合并审理。如其认为确有必要将本案交由四平市中级人民法院审理，则应依法报请最高人民法院批准。吉林省高级人民法院以两案需合并审理，四平市中级人民法院受案在先为由裁定将本案移送四平市中级人民法院审理。根据《中华人民共和国民事诉讼法》第三十五条规定，两个以上人民法院都有管辖权的诉讼，原告可以向其中一个人民法院起诉；原告向两个以上有管辖权的人民法院起诉的，由最先立案的人民法院管辖。因本案系双方当事人各自提起的诉讼，诉讼请求各自独立，由在先立案的法院管辖的规则显然不适用于本案。《中华人民共和国民事诉讼法》第一百四十条规定，原告增加诉讼请求，被告提出反诉，第三人提出与本案有关的诉讼请求，可以合并审理。根据《民事诉讼法解释》第二百二十一条规定，基于同一事实发生的纠纷，当事人分别向同一人民法院起诉的，人民法院可以合并审理。本案双方当事人各自向具有管辖权的不同法院起诉，不应适用当事人分别向同一人民法院起诉时关于合并审理的规定。因此，一审法院以本案与四平市中级人民法院另案系因同一法律关系而引起的纠纷，应合并审理，四平市中级人民法院立案在先为由，将本案移送管辖，显然是没有法律依据的。

——《上级法院受理的案件与下级法院审理的案件合并审理应当报请批准》，载最高人民法院第二巡回法庭编著：《民商事二审典型案例及审判经验》，人民法院出版社 2019 年版，第 26~29 页。

135. 案件提级管辖机制规定

关键词

管辖权　提级管辖　审理期限

最高人民法院司法政策精神

三、完善案件提级管辖机制

第四条　基层人民法院对所管辖的第一审民事、刑事、行政案件，认为属于下列情形之一，需要由中级人民法院审理的，可以报请上一级人民法院审理：

（一）涉及重大国家利益、社会公共利益，不宜由基层人民法院审理的；

（二）在辖区内属于新类型，且案情疑难复杂的；

（三）具有普遍法律适用指导意义的；

（四）上一级人民法院或者其辖区内各基层人民法院之间近三年裁判生效的同类案件存在重大法律适用分歧，截至案件审理时仍未解决的；

（五）由中级人民法院一审更有利于公正审理的。

中级人民法院对辖区基层人民法院已经受理的第一审民事、刑事、行政案件，认为属于上述情形之一，有必要由本院审理的，应当决定提级管辖。

第五条 中级人民法院对所管辖的第一审民事、刑事、行政案件，认为属于下列情形之一，需要由高级人民法院审理的，可以报请上一级人民法院审理：

（一）具有普遍法律适用指导意义的；

（二）上一级人民法院或者其辖区内各中级人民法院之间近三年裁判生效的同类案件存在重大法律适用分歧，截至案件审理时仍未解决的；

（三）由高级人民法院一审更有利于公正审理的。

高级人民法院对辖区中级人民法院已经受理的第一审民事、刑事、行政案件，认为属于上述情形之一，有必要由本院审理的，应当决定提级管辖。

第六条 本办法所称具有普遍法律适用指导意义的案件，是指法律、司法解释规定不明确或者司法解释没有规定，需要通过司法裁判进一步明确法律适用的案件。

第七条 案件报请上一级人民法院审理的，应当经本院院长批准，至迟于案件法定审理期限届满三十日前报送；涉及法律统一适用问题的，应当经审判委员会讨论决定。

第八条 上级人民法院收到下一级人民法院根据本办法第四条、第五条提出的请求后，由立案庭转相关审判庭审查，并应当在十五日内作出下述处理：

（一）同意提级管辖；

（二）不同意提级管辖。

中级、高级人民法院根据本办法第四条、第五条提级管辖的案件，应当报上一级人民法院立案庭备案。

第九条 上级人民法院决定提级管辖的案件，由检察机关提起公诉的，应当同时书面通知同级人民检察院。

原受诉人民法院收到上一级人民法院同意提级管辖的文书后，应当在十日内将案卷材料移送上一级人民法院，并书面通知当事人；对检察机关提起公诉的案件，应当书面通知同级人民检察院，将案卷材料退回检察机关，并书面通知当事人。

第十条 按本办法提级管辖案件的审理期限，自上一级人民法院立案之日起重新计算。

向上一级人民法院报送期间和上一级人民法院审查处理期间，不计入原审案件审理期限。

——《最高人民法院印发〈关于完善四级法院审级职能定位改革试点的实施办法〉的通知》（2021年9月27日，法〔2021〕242号）。

附录：理解与适用

（二）完善案件提级管辖机制

由于三大诉讼法规定的"重大影响""重大、复杂"等案件级别管辖标准相对抽象，各级人民法院确定民事案件级别管辖的标准主要是诉讼标的额，刑事案件主要是罪名与刑罚类别，行政案件主要是作出行政行为机关的级别。实践中，一些具有规则意义或可能存在"诉讼主客场"现象的案件，受诉讼标的额等因素影响，难以进入较高层级法院审理范围。因此，在推动审判重心下沉的同时，更有必要完善上述"特殊类型案件"的提级管辖机制，这也是优化高级、最高人民法院案件结构、实现上下级法院审级良性互动的关键环节。

关于案件提级管辖机制，《民事诉讼法》第三十八条第二款、《刑事诉讼法》第二十四条、《行政诉讼法》第二十四条第二款均有规定。最高人民法院印发的《关于规范上下级人民法院审判业务关系的若干意见》（法发〔2010〕61号）也曾就相关机制运行提出要求。《最高人民法院关于完善四级法院审级职能定位改革试点的实施办法》（以下简称《试点实施办法》）第四条至第十条在三大诉讼法相关规定的框架下，进一步明确了"特殊类型案件"的识别标准和"自下而上流转"的操作流程。

一是明确"特殊类型案件"的标准。将"特殊类型案件"划分为五种情形。其中，第一、二种仅适用于基层人民法院交中级人民法院审理案件的范围（以下简称"基层→中级"），第三、四、五种既属于"基层→中级"范围，也属于中级人民法院交高级人民法院审理案件的范围（以下简称"中级→高级"）。"中级→高级"的案件由高级人民法院一审后，第二审法院就是最高人民法院，有必要设置更为严格的提级管辖条件。前述五种情形分别是：

1. 涉及重大国家利益、社会公共利益，不宜由基层人民法院审理的案件。一些案件诉讼标的额或影响力不大，但裁判结果可能影响到重大国家利益、社会公共利益，由中级人民法院把握政策、衡量利益、统筹协调，在审级安排上更为稳妥。这里的"重大"利益与"不宜由基层人民法院审理"是并列关系，实践中应统筹考虑相关利益的涉及广度、关联深度、覆盖群体、政策依据、政策制定部门和案件审理难度等多重因素，综合判断是否应当上提至中级人民法院管辖。

2. 在辖区内属于新类型，且案情疑难复杂的案件。考虑到我国幅员辽阔，案件分布差异较大，这里的“新类型”仅限于“辖区内”，即在相关基层人民法院或其上一级人民法院辖区内属于新类型，且案情疑难复杂的案件。例如，一些涉及互联网新业态、金融创新产品的案件，在沿海和经济发达地区基层人民法院较为常见，但在中西部部分地区属于新类型疑难案件。这类案件交由当地中级人民法院一审，既可以为辖区其他基层人民法院未来审理类似案件作出示范，也便于高级、最高人民法院在后续上诉、再审程序中及时发现新情况、新问题。如果案件仅属不常见的新类型，但案情相对简单、审理难度不大的，可以仍由基层人民法院管辖。

3. 具有普遍法律适用指导意义的案件。主要指法律、司法解释规定不明确或者司法解释没有规定，需要通过司法裁判明确法律适用的案件，这也是最适宜以提级管辖方式交由较高层级人民法院审理的案件类型。审理这类案件，有利于最高、高级人民法院根据经济社会发展形势，及时填补法律漏洞、解决法律分歧、确立裁判规则。相关裁判也可以成为筛选、确定、废止指导性案例或参考性案例的重要素材。

实践中，可能出现最高人民法院印发的司法解释、司法指导性文件制定时所依据的客观情况发生重大变化，继续适用明显有违公平正义的情况。对于这类案件，也可以报请上一级人民法院审理，但地方各级人民法院和专门人民法院在处理相关案件时，不得对司法解释、司法指导性文件的效力作出否定性评价。最高人民法院通过审理这类案件，可以同步考虑是否修改、废止相关司法解释、司法指导性文件。

4. 上一级人民法院或者其辖区内同级人民法院之间近三年裁判生效的同类案件存在重大法律适用分歧，截至案件审理时仍未解决的案件。这里的“上一级人民法院”，是指在审判工作上有直接监督关系的上级人民法院。实践中，上一级人民法院不同审判机构作出的裁判，可能存在“类案不同判”现象。如果不尽早统一，将令辖区法院无所适从。此外，辖区同级人民法院之间对同类案件的处理，有时也存在重大法律适用分歧，相关裁判若被上一级人民法院一并维持，将不利于法律统一适用，也严重影响司法形象和公信力。明确上述案件可以提级管辖，有利于发挥下级人民法院对上一级人民法院的制约功能，也可以督促上级人民法院更加注重本院及辖区各法院的法律统一适用情况，及时解决法律适用分歧。之所以强调“近三年”，是根据法律修改完善、法制统一进程确定的合理界限，实践中可以从案件受理之日起算。

5. 由中级或高级人民法院一审更有利于公正审理的案件。主要指受地方因素影响较大，又或存在“诉讼主客场”现象，基层或中级人民法院不宜行使管辖权的案件。这类案件由更高层级法院审理，有利于防止外部干预，提升司法公信力。需要指出的是，《试点实施办法》之所以未在条文中使用“诉讼主客场”“跨行政区划”等表述，是因为这类情况较为复杂，不能仅从跨地域等单一要素判断。例如，同样是当事人跨省、自治区、直辖市的案件，既可以是电商购物纠纷，也可以是外来投资纠纷，而前者一般不存在地方干预现象，所以不宜把当事人分处数地的情况都称为“诉讼主客场”。

二是健全案件提级管辖的流转程序。按照《试点实施办法》，下级人民法院对所管辖的第一审案件，认为属于“特殊类型案件”，可以报请上一级人民法院审理。上一级人民法院也有权主动提级管辖有必要由本院审理的案件。对于“下报上”的案件，应当经本院院长批准。涉及法律适用的问题，应当由院长提请审判委员会讨论后，再决定是否报请上一级人民法院审理；涉及其他问题的，可以由院长在充分听取相关审判组织意见后视情决定。值得注意的是，上述考虑都是围绕是否“提级”展开的，不包含有管辖权的人民法院因特殊原因不能行使管辖权，需要报上级人民法院指定其他同级人民法院管辖的情况。

为避免过分迟延，“下报上”案件至迟应当于案件法定审理期限届满三十日前报送，一般不得延长审限后再报。案件已开庭审理的，提级管辖应更加慎重，并做好对当事人的释明工作。试点之初，提级管辖主要依托下级人民法院报请。下一步，有条件、有基础的人民法院可以探索建立当事人申请提级管辖机制，发挥当事人的监督作用，但必须注意与级别管辖异议机制相区别，防止权利滥用。

尽管试点鼓励“特殊类型案件”向上流转，实践中仍应注重发挥金融法院、知识产权法院等专门人民法院、互联网法院在专门管辖和集中管辖方面的优势，由这类法院优先审理新类型、规则型案件，充分发挥其示范作用。

三是完善案件提级管辖的处理方式。案件提级管辖后，可以经上诉、再审程序，由更高层级法院审理。上一级人民法院收到“下报上”的请求，由立案庭转相关审判庭审查后，应当在十日以内作出同意或不同意提级管辖的决定。之所以强调转“相关审判庭”审查，是因为对于案件在辖区内是否属于“新类型”或“具有普遍法律适用指导意义”，具体承担对下审判监督指导职责的审判庭更熟悉情况，由其审查更有利于精准、高效地就是否提级管辖作出判断。

为便于高级、最高人民法院及时了解“特殊类型案件”的流转情况，中级、高级人民法院提级管辖的案件，应当报上一级人民法院立案庭备案，并定期转相关审判庭知晓。对于具有普遍法律适用指导意义的案件，如果中级人民法院审查后，认为有必要再报请高级人民法院管辖的，报送程序上要从严把握，一般应经最高人民法院批准。案件在上下级人民法院之间的流转，不宜占用审理期限，所以提级管辖案件的审理期限，自上一级人民法院立案之日起重新计算。向上一级人民法院报送期间和上一级人民法院审查处理期间，不计入原审案件审理期限。

按照目前的诉讼文书样式要求，下级人民法院报请上一级人民法院提级管辖的，使用请示；上级人民法院依报请决定案件由自己审理的，民事案件使用裁定书，刑事、行政案件使用决定书；不同意的，民事案件使用批复，刑事、行政案件使用决定书。上级人民法院依职权决定审理提级管辖的，民事、行政案件使用裁定书，刑事案件使用决定书。试点期间，各级人民法院可沿用上述文书样式处理相关案件。

——刘峥、何帆：《〈关于完善四级法院审级职能定位改革试点的实施办法〉的理解与适用》，载《人民司法·应用》2021 年第 31 期。

136. 破产派生诉讼系知识产权案件，破产审理法院发现其不具备知识产权案件管辖权的，报请其上级法院指定管辖

关键词

知识产权案件管辖权　指定管辖

最高人民法院裁判文书

圣奥化学科技有限公司与山西翔宇化工有限公司破产管理人等侵害技术秘密纠纷管辖权异议案［最高人民法院（2020）最高法知民辖终 68 号民事裁定书］

裁判要旨：根据《破产法》第二十一条的规定，作为债务人的被告进入破产清算程序影响本案管辖权的确定，有关债务人的破产派生诉讼应由受理破产申请的法院管辖。该破产派生诉讼为知识产权案件，破产审理法院发现其不具备知识产权案件管辖权的，可按照《民事诉讼法》第三十六条[①]的规定报请其上级法院指定管辖。

最高人民法院认为，根据破产法第二十一条的规定，人民法院受理破产申请后，有关债务人的民事诉讼，只能向受理破产申请的人民法院提起。上述规定的立法本意是，破产程序是一种概括式的债权债务处理方式，有关债务人的所有破产派生诉讼全部集中于受理破产申请的法院审理，有利于破产受理法院对破产案件的整体把握，也有利于不同债权人的债权得到公平受偿。若破产派生案件不在同一法院审理，将会出现派生案件与破产案件审理进度不协调、遗漏债权等情形，不利于破产程序的顺利进行，也会损害到债

---

① 现为《民事诉讼法》（2021 年修正）第三十七条。

权人的合法权利。因此，有必要将破产派生案件集中于审理破产案件的人民法院一并审理。本案中，山西省临猗县人民法院于 2019 年 1 月 18 日作出（2019）晋 0821 破 1 号民事裁定，裁定受理翔宇公司破产清算。本案圣奥公司提起诉讼的时间为 2019 年 4 月 29 日，在破产案件受理之后，符合破产法第二十一条关于由破产受理法院统一审理破产派生案件的时间点规定。因此，按照前述法律规定，翔宇公司进入破产清算程序影响本案管辖权的确定。在翔宇公司作为本案被告的情况下，本案应移送山西省临猗县人民法院管辖。

根据《最高人民法院关于北京、上海、广州知识产权法院案件管辖的规定》以及最高人民法院有关部分市中级人民法院内设专门审判机构并跨区域管辖部分知识产权案件的相关批复，涉及侵害技术秘密纠纷的第一审案件，由知识产权法院和部分中级人民法院知识产权法庭管辖。对于北京、上海、广州知识产权法院之外，且未设立知识产权法庭的地区，根据《最高人民法院关于知识产权法庭若干问题的规定》第十四条的规定，有关技术秘密纠纷第一审案件由中级人民法院管辖。因此，山西省临猗县人民法院并无技术秘密纠纷第一审案件管辖权。对此，《最高人民法院关于适用〈中华人民共和国企业破产法〉若干问题的规定（二）》第四十七条第三款规定："受理破产申请的人民法院，如对有关债务人的海事纠纷、专利纠纷、证券市场因虚假陈述引发的民事赔偿纠纷等案件不能行使管辖权的，可以依据民事诉讼法第三十七条的规定，由上级人民法院指定管辖"。据此，破产审理法院发现其不具备相关案件管辖权的，可按照民事诉讼法第三十六条的规定报请其上级法院指定管辖。

——最高人民法院知识产权法庭官网。

137. 具有重复诉讼因素的多起关联案件可视情指定适用集中管辖

关键词

实用新型 重复诉讼 指定管辖 集中管辖

最高人民法院裁判文书

仪征市佳和土工材料有限公司与张振武等侵害实用新型专利权纠纷系列案［最高人民法院（2019）最高法知民终 447 号、470 号民事判决书］

裁判要旨：权利人基于同一专利权，针对同一被诉侵权产品，向同一被诉侵权产品制造商提起多起专利侵权纠纷案件，且各案中

的被诉侵权产品均系在同一时期内制造，各案被诉制造行为实为同一行为，为避免重复判决、实现诉讼经济和保证裁判结果协调，可以视情指定集中管辖。

最高人民法院认为：两案中专利权人均为张振武，被诉侵权产品制造商均为仪征佳和公司，并且发现被诉侵权行为时间相同，被诉侵权行为发生在基本同一时期，起诉立案时间基本相同，一审法院于同日对两案分别作出一审判决，两案区别仅为被诉侵权产品的使用者不同。而对于权利人以制造商为共同被告，只是使用者不同而分别起诉的案件，不得重复判决同一行为人对同一时期的同一被诉侵权产品重复承担民事责任。权利人针对同一专利权、同一被诉侵权产品，在多个案件中均起诉被诉侵权产品的制造商，主张其制造、销售行为侵害专利权，并以由不同使用者所实际使用的被诉侵权产品作为主张赔偿的事实依据的，该种情况下如果被诉侵权产品系同一时期制造的，则不同案件中被诉制造行为实为同一行为，法院应在查明相关事实的基础上对相关案件一并予以集中统筹处理，以避免出现重复判决停止侵害及重复计算赔偿数额等问题。而一审法院对两案于同日分别作出了停止侵害及赔偿损失的判决，对仪征佳和公司的责任承担存在重复处理问题。此外，一审法院对仪征佳和公司是否有权实施涉案专利的事实亦未查清。所以，由于一审法院对有关仪征佳和公司是否有权实施涉案专利及责任承担等基本事实认定不清，应撤销原判，发回重审。根据《最高人民法院关于同意杭州市、宁波市、合肥市、福州市、济南市、青岛市中级人民法院内设专门审判机构并跨区域管辖部分知识产权案件的批复》规定，一审法院现已无权管辖专利案件。考虑到张振武与仪征佳和公司在全国有多起因涉案相同被诉侵权产品侵害涉案相同专利权的诉讼的情况，为统一裁判标准、避免各地法院重复处理，将该两案及现查明的其他相关案件一并指定上海知识产权法院管辖。

——《最高人民法院知识产权法庭裁判要旨（2019）》（2020 年 4 月 16 日）、《最高人民法院知识产权案件年度报告（2109）》（2020 年 4 月 23 日）。

八、管辖权异议

138. 审理级别管辖异议案件的依据

关键词

级别管辖　管辖异议

最高人民法院司法解释

第九条　经最高人民法院批准的第一审民事案件级别管辖标准的规定，应当作为审理民事级别管辖异议案件的依据。

——《最高人民法院关于审理民事级别管辖异议案件若干问题的规定》（2020 年 12 月 29 日修正）。

附录：最高人民法院主流观点

《级别管辖规定》第九条明确规定，经最高人民法院批准的第一审民事案件级别管辖标准的规定，应当作为审理民事级别管辖异议案件的依据。有观点认为，高级人民法院所作的级别管辖规定，既非法律又非司法解释，在裁定书中不宜作为处理级别管辖异议案件的依据。但这里强调的是，高级人民法院作出的级别管辖规定是经过最高人民法院批准，并统一发布后施行的，人民法院和当事人都应当严格遵守，可以在裁判理由部分予以引用。再者，如果不明确将其作为裁判的依据，则裁判文书的理由部分不能让当事人理解和信服。需要说明的是，未经最高人民法院批准，各级人民法院自行作出的级别管辖标准，不能作为处理级别管辖异议的裁判依据。

在级别管辖异议审查中，仍有些需要研究和解决的问题：一是依职权的移送，是用裁定书的形式，还是通知书的形式。从法理上讲，移送管辖的行为，是法院就程序性问题作出的裁定行为，应当采用裁定书的形式。但我国现行的实践中，多采用通知书的形式。二是依职权移送时的原告利益保护问题。德国、法国、日本、我国台湾地区的移送管辖，一般是受诉法院在发现无管辖权时，应原告的请求或者依照职权，裁定将案件移送到有管辖权的法院。移送管辖目的，是节省原告重新起诉的费用和时间，及避免原告诉讼时效期间利益的丧失。从我国民事诉讼法及审判实践看，并无“应原告的请求”移送管辖的程序设计，容易产生移送管辖违背原告意愿和利益的问题。从调研情况看，原告选择法院和法官打官司的情况比较突出，原告不来受移送法院继续诉讼的情况比较常见。有鉴于此，在依职权移送前，最好征求原告的意见：原告不愿意继续诉讼的，可以撤诉；愿意继续诉讼的，可以征求原告意见，将案件移送到原告选择的有管辖权的法院。

——最高人民法院民事诉讼法修改研究小组编著：《〈中华人民共和国民事诉讼法〉修改条文理解与适用》，人民法院出版社 2012 年版，第 76 页。

139. 应诉管辖的认定

关键词

应诉管辖

最高人民法院司法解释

第二百二十三条 当事人在提交答辩状期间提出管辖异议，又针对起诉状的内容进行答辩的，人民法院应当依照民事诉讼法第一百二十七条第一款的规定，对管辖异议进行审查。

当事人未提出管辖异议，就案件实体内容进行答辩、陈述或者反诉的，可以认定为民事诉讼法第一百三十条第二款规定的应诉答辩。

——《最高人民法院关于适用〈中华人民共和国民事诉讼法〉的解释》（2022 年 4 月 1 日修正）。

附录：最高人民法院主流观点

一般认为，应诉管辖，又称默示协议管辖，是指双方当事人没有管辖协议，一方当事人在法院起诉，另一方当事人对该法院行使管辖权不提出异议并应诉答辩的，视为承认受诉人民法院为有管辖权的法院。2007 年民事诉讼法中没有应诉管辖的规定，但在涉外民事诉讼部分规定了默示协议管辖制度。2012 年民事诉讼法将涉外默示协议管辖的规定删除，在第一百二十七条第二款增加了应诉管辖的规定："当事人未提出管辖异议，并应诉答辩的，视为受诉人民法院有管辖权，但违反级别管辖和专属管辖规定的除外。"经过该次修改，民事诉讼法中有关应诉管辖的内容，不只适用于涉外民事案件的审理程序，而是作为一项基本制度在第一审普通程序中得以适用。将应诉管辖的适用范围由原来的涉外民事案件扩大到非涉外民事案件，不仅能为当事人减少讼累，也为法院的管辖赋予正当的法律依据，能够节省司法资源。由于增加了应诉管辖的规定，2012 年民事诉讼法第二百条规定的再审事由中，相应地删除了"违反法律规定，管辖错误的"这一再审事由。若当事人在一审程序中未对管辖提出异议，并应诉答辩的，受诉人民法院即获得了案件的管辖权。而且，当事人不得在判决生效后以管辖错误为由申请再审。此外，1994年仲裁法中也有应诉管辖的相关内容，该法第二十六条规定："当事人达成仲裁协议，一方向人民法院起诉未声明有仲裁协议，人民法院受理后，另一方在首次开庭前提交仲裁协议的，人民法院应当驳回起诉，但仲裁协议无效的除外；另一方在首次开庭前未对人民法院受理该案提出异议的，视为放弃仲裁协议，人民法院应当继续审理。"2009年、2017年仲裁法修正以及2021年民事诉讼法修正时，均保留了前述应诉管辖的规定。

《民事诉讼法解释》第二百二十三条第一款是对当事人提出管辖异议又应诉答辩的情形如何处理的规定。司法实践中，经常出现的一种情形就是，当事人一方面认为受理案件法院没有管辖权，因此提出管辖异议；另一方面，当事人又担心管辖异议被人民法院裁定驳回后，来不及提交书面答辩状。故当事人往往会同时提交管辖权异议申请书和书面答辩状或先后提交管辖权异议申请书和书面答辩状。此种情况下，当事人针对起诉状的内容进行了答辩，是否应当视为应诉答辩，则应结合民事诉讼法第一百三十条第二款进行分析。该款内容为"当事人未提出管辖异议，并应诉答辩的，视为受诉人民法院有管辖权，但违反级别管辖和专属管辖规定的除外。"从文义解释和体系解释可知，立法者认为，应诉管辖必须同时满足两个条件，缺一不可：一是当事人未提出管辖异议；二是应诉答辩。显然，前述同时提交管辖权异议申请书和书面答辩状的情形不符合应诉管辖的条件。至于在提交答辩状期间内，当事人先提交书面答辩状后提交管辖权异议申请书的，也应认定为不符合上述应诉管辖的条件。因此，当事人只要在提交答辩状期间提出了管辖异议，无论其是否针对起诉状的内容进行答辩，都应当认为其行使了管辖异议的诉讼权利，人民法院应当依照民事诉讼法第一百三十条第一款的规定，对管辖异议进行审查。

本条第二款是对民事诉讼法第一百三十条规定的应诉答辩表现形式的规定。针对民事诉讼法第一百三十条第二款规定的"当事人未提出管辖异议，并应诉答辩的，视为受诉人民法院有管辖权"，本条第二款对应诉答辩的具体情形进行了规定。关于答辩应具有什么内容，《民事诉讼证据规定》第四十九条规定："被告应当在答辩期届满前提出书面答辩，阐明其对原告诉讼请求及所依据的事实和理由的意见。"依该条规定，答辩状主要包括两方面的内容：一是被告对原告的诉讼请求的认诺、否认或部分否认，对于否认的部分应当提出依据的事实理由或法律理由；二是被告对原告所依据的事实及理由的自认、否认或部分否认，对于否认的部分也应当提出依据的事实理由或法律理由。司法实践中，常有被告答辩的范围超过原告主张及请求的范围，由于法院仅在原告的请求及主张的事实范围内进行审理，因此，被告的答辩也应限于该范围内。因此，不管答辩是针对诉讼请求的认诺、否认或部分否认，还是针对原告所依据的事实及理由的自认、否认或部分否认，都是在案件实体范围内进行的，不涉及案件审理的程序事项。一旦当事人就案件是否属于法院主管、是否属于受理案件法院管辖等程序性事项发表答辩意见，则说明其已事实上通过答辩形式提出了管辖异议，自然就不属于本条所指应诉答辩的范畴。因此，本条将应诉答辩限定在就案件实体内容进行答辩、陈述或者反诉的范围内，只有针对案件实体方面内容的答辩才可认定为民事诉讼法规定的应诉答辩。而且有必要强调的是，依据民事诉讼法第一百三十条的规定，应诉管辖不得违反级别管辖和专属管辖的规定，当人民法院的管辖违反民事诉讼法第十八条、第十九条、第二十条、第二十一条及第三十四条等有关级别管辖和专属管辖的规定时，受诉法院就不能因当事人的应诉答辩获得管辖权。

审判实践中应当注意的问题：

第一，关于第三人是否有权提出管辖权异议。根据1990年《最高人民法院关于第三人能否对管辖权提出异议问题的批复》可知，有独立请求权的第三人主动参加他人已开始的诉讼，应视为承认和接受了受诉法院的管辖，因而不发生对管辖权提出异议的问题；无独立请求权的第三人参加他人已开始的诉讼，是通过支持一方当事人的主张，维护自己的利益。由于他在诉讼中始终辅助一方当事人，并以一方当事人的主张为转移。所以，他无权对受诉法院的管辖权提出异议。另外，由于民事诉讼法第五十九条第二款规定人民法院判决承担民事责任的无独立请求权第三人，有当事人的诉讼权利义务。该条反向解释即为，人民法院未判决承担民事责任之前，无独立请求权第三人就不是当事人。而根据民事诉讼法第一百三十条的规定，只有当事人才可以提出管辖权异议，故无独立请求权第三人是不能提出管辖权异议的。

第二，关于管辖权异议审理期间原告申请撤诉的处理。实践中，可能出现被告提出管辖权异议后，原告提出撤诉的情形。此时，从法理而言，受理案件法院应先对管辖权异议这一程序性事项进行处理，然后再由有管辖权的法院审查撤诉申请是否合法。但是为提高司法效率，个案中也可以考虑让被告先撤回管辖权异议，然后再准许原告撤回起诉。

——最高人民法院民法典贯彻实施工作领导小组办公室编著：《最高人民法院新民事诉讼法司法解释理解与适用》，人民法院出版社2022年版，第475~477页。

140. 确定管辖权应当以起诉时为标准，结合诉讼请求对证据材料进行形式要件审查以确定管辖

关键词

管辖异议

最高人民法院公报案例、最高人民法院裁判文书

招商银行股份有限公司无锡分行与中国光大银行股份有限公司长春分行委托合同纠纷管辖权异议案［最高人民法院（2015）民二终字第428号民事裁定书］

裁判摘要：审查管辖权异议，注重程序公正和司法效率，既要妥当保护当事人的管辖异议权，又要及时矫正、遏制当事人错用、滥用管辖异议权。确定管辖权应当以起诉时为标准，结合诉讼请求对当事人提交的证据材料进行形式要件审查以确定管辖。

最高人民法院认为，合同经办人张磊的行为是否构成表见代理以及表见代理与管辖协议的效力问题。在对当事人提出的管辖权异议进行审查的阶段，注重程序公正和司法效率，既要妥当保护当事人的管辖异议权，又要及时矫正、遏制当事人错用、滥用管辖异议权。此阶段一般结合诉讼请求对当事人提交的证据材料进行形式要件审查，以认定涉及确定管辖的要素，如原告住所地、被告住所地、合同履行地、合同签订地、财产所在地、侵权行为地、诉讼标的额、案件影响程度以及是否存在有效的管辖条款等。且确定管辖权以起诉时为标准。依据《中华人民共和国合同法》第四十九条[①]"行为人没有代理权、超越代理权或者代理权终止后以被代理人名义订立合同，相对人有理由相信行为人有代理权的，该代理行为有效"以及最高人民法院《关于当前形势下审理民商事合同纠纷案件若干问题的指导意见》第十三条"合同法第四十九条规定的表见代理制度不仅要求代理人的无权代理行为在客观上形成具有代理权的表象，而且要求相对人在主观上善意且无过失地相信行为人有代理权。合同相对人主张构成表见代理的，应当承担举证责任，不仅应当举证证明代理行为存在诸如合同书、公章、印鉴等有权代理的客观表象形式要素，而且应当证明其善意且无过失地相信行为人具有代理权"的规定，

① 对应《民法典》第一百七十二条。

表见代理制度的举证责任较为严格。招行无锡分行在管辖权异议的审查阶段，并未提交形式上清晰明确、内容上无疑意、无争议的证据材料，以证明其有理由相信张磊有代理权签订管辖协议条款，且对光大银行长春分行构成约束，故其不能以表见代理成立为由主张管辖条款发生效力。即使经过实体审理认定表见代理成立，也只涉及案件当事人有关民事责任的承担，不影响人民法院对管辖权异议的处理。招行无锡分行上诉认为，“一审法院一方面认定《委托定向投资协议》对光大银行长春分行不产生效力，另一方面认为如果张磊的行为构成表见代理则该协议对光大银行长春分行将产生效力，存在矛盾”，混淆了不同诉讼程序阶段的不同任务和不同认定标准，该上诉理由不能成立。

——《最高人民法院公报》2016 年第 7 期。

141. 管辖权依法确定后，不因据以确定管辖的依据发生变化而改变

关键词

管辖恒定原则

最高人民法院司法解释

第三十七条 案件受理后，受诉人民法院的管辖权不受当事人住所地、经常居住地变更的影响。

——《最高人民法院关于适用〈中华人民共和国民事诉讼法〉的解释》（2022 年 4 月 1 日修正）。

最高人民法院裁判文书

中国工商银行辽宁省分行营业部与中国人民保险公司武汉分公司证券部武胜营业处不当得利纠纷案［最高人民法院（2008）民提字第 10 号民事判决书］

裁判要旨：人民法院通过形式审查依法确定管辖权后，即便经实体审理后发现据以确定管辖的主要证据不实，基于管辖恒定、程序安定及诉讼经济等原则的考量，对一方当事人要求变更管辖权的诉讼主张，人民法院不予支持。

——最高人民法院民事审判第二庭编：《最高人民法院商事审判指导案例 5 · 下》，中国法制出版社 2011 年版，第 776~789 页。

天津天狮经济发展有限公司与陈勇等专利侵权管辖权争议上诉案［最高人民法院（2000）知终字第 12 号民事裁定书］

裁判要旨：纠纷的性质决定管辖法院的确定。当事人以侵权纠纷起诉，法院不能以审理证实为合同纠纷为由改变管辖法院。

最高人民法院认为，鉴于上诉人持其与陈勇之间的纠纷是合同纠纷而不是专利侵权纠纷，北京市高级人民法院对本案没有管辖权，应移送天津市高级人民法院管辖的理由，请求改变原审裁定，故本院经双方当事人一致同意，主要围绕上诉人与被上诉人争论的双方之间是合同纠纷还是专利侵权纠纷这一焦点问题进行了审查。经审查证实，陈勇对天津天狮经济发展有限公司、天津天狮生物工程公司和天津天狮集团有限公司提起的是侵犯专利权之诉，而不是违约之诉。按照当事人诉讼请求确定人民法院审理范围的原则，符合我国民事诉讼法的规定；人民法院不能擅自改变当事人的诉讼请求。至于被上诉人提起侵犯专利权的诉讼请求能否得到人民法院的支持，上诉人与被上诉人之间究竟存在何种真实的法律关系，属于实体审理的范畴，不应在管辖权异议程序中解决。因此，上诉人以其与被上诉人之间是合同纠纷而不是侵犯专利权纠纷为由，主张原审法院对本案没有管辖权，应移送天津市高级人民法院管辖的上诉请求，本院不予支持。

——最高人民法院办公厅编：《最高人民法院公布裁判文书（2001 年）》，人民法院出版社 2002 年版，第 388 页。

附录：最高人民法院主流观点

管辖恒定原则，是指确定管辖权以起诉时为标准，起诉时对案件享有管辖权的法院，不因确定管辖的事实在诉讼过程中发生变化而影响其管辖权。这一制度在民事诉讼法条文中并没有体现，《民事诉讼法意见》第 34 条和第 35 条规定了这一制度，对确保民事诉讼的安定性、经济性、公正性发挥了应有的作用。因此，2015 年《民事诉讼法解释》保留了原来的条文，并增加了一条（第三十九条），具体规定了适用管辖恒定原则的几种情形。确立管辖恒定原则的主要目的在于保证民事案件及时审理，避免多个人民法院之间互相推诿或争夺管辖权而造成司法资源浪费，减少当事人讼累，推动诉讼快速进行，防止诉讼迟缓，实现诉讼经济要求。

审判实践中应当注意的问题：

受诉人民法院不得将案件移送当事人变更后的住所地、经常居住地人民法院管辖。

——最高人民法院民法典贯彻实施工作领导小组办公室编著：《最高人

民法院新民事诉讼法司法解释理解与适用》，人民法院出版社 2022 年版，第 145~146 页。

142. 适用管辖恒定原则不得违反级别管辖规定

关键词

级别管辖　管辖恒定原则

最高人民法院司法解释

第三十九条　人民法院对管辖异议审查后确定有管辖权的，不因当事人提起反诉、增加或者变更诉讼请求等改变管辖，但违反级别管辖、专属管辖规定的除外。

人民法院发回重审或者按第一审程序再审的案件，当事人提出管辖异议的，人民法院不予审查。

——《最高人民法院关于适用〈中华人民共和国民事诉讼法〉的解释》（2022 年 4 月 1 日修正）。

最高人民法院指导案例、最高人民法院裁判文书

韩凤彬诉内蒙古九郡药业有限责任公司等产品责任纠纷管辖权异议案

［最高人民法院指导案例 56 号、最高人民法院（2013）民再申字第 27 号民事裁定书］

裁判要点：当事人在一审提交答辩状期间未提出管辖异议，在二审或者再审发回重审时提出管辖异议的，人民法院不予审查。

最高人民法院认为，对于当事人提出管辖权异议的期间，《中华人民共和国民事诉讼法》（以下简称民事诉讼法）第一百二十七条[①] 明确规定：当事人对管辖权有异议的，应当在提交答辩状期间提出。当事人未提出管辖异议，并应诉答辩的，视为受诉人民法院有管辖权。由此可知，当事人在一审提交答辩状期间未提出管辖异议，在案件二审或者再审时才提出管辖权异议的，根据管辖恒定原则，案件管辖权已经确定，人民法院对此不予审查。本案中，九郡药业和云洲商厦是案件被通过审判监督程序裁定发回一审法院重审，在一审法院的重审中才就管辖权提出异议的。最初一审时原告韩凤彬的

① 现为《民事诉讼法》（2021 年修正）第一百三十条。

起诉状送达给九郡药业和云洲商厦，九郡药业和云洲商厦在答辩期内并没有对管辖权提出异议，说明其已接受了一审法院的管辖，管辖权已确定。而且案件经过一审、二审和再审，所经过的程序仍具有程序上的效力，不可逆转。本案是经审判监督程序发回一审法院重审的案件，虽然按照第一审程序审理，但是发回重审的案件并非一个初审案件，案件管辖权早已确定。就管辖而言，因民事诉讼程序的启动始于当事人的起诉，确定案件的管辖权，应以起诉时为标准，起诉时对案件有管辖权的法院，不因确定管辖的事实在诉讼过程中发生变化而影响其管辖权。当案件诉至人民法院，经人民法院立案受理，诉状送达给被告，被告在答辩期内未提出管辖异议，表明案件已确定了管辖法院，此后不因当事人住所地、经常居住地的变更或行政区域的变更而改变案件的管辖法院。在管辖权已确定的前提下，当事人无权再就管辖权提出异议。如果在重审中当事人仍可就管辖权提出异议，无疑会使已稳定的诉讼程序处于不确定的状态，破坏了诉讼程序的安定、有序，拖延诉讼，不仅降低诉讼效率，浪费司法资源，而且不利于纠纷的解决。因此，基于管辖恒定原则、诉讼程序的确定性以及公正和效率的要求，不能支持重审案件当事人再就管辖权提出的异议。据此，九郡药业和云洲商厦就本案管辖权提出异议，没有法律依据，原审裁定驳回其管辖异议并无不当。

综上，九郡药业和云洲商厦的再审申请不符合民事诉讼法第二百条第六项[①]规定的应当再审情形，故依照该法第二百零四条第一款[②]的规定，裁定驳回九郡药业和云洲商厦的再审申请。

——《最高人民法院关于发布第 11 批指导性案例的通知》（2015 年 11 月 19 日，法〔2015〕320 号）。

说明

指导案例 56 号韩凤彬诉内蒙古九郡药业有限责任公司等产品责任纠纷管辖权异议案旨在明确当事人在一审提交答辩状期间未提出管辖异议，在二审或者再审发回重审时提出管辖异议的，人民法院不予审查。这就贯彻了管辖恒定原则，避免一些当事人就人民法院依法管辖和审理的案件就管辖问题纠缠不休，拖延诉讼，有利于提高诉讼效率，节约诉讼成本，尽快解决诉讼纠纷，促进社会和谐。

附录：最高人民法院主流观点

按照管辖恒定原则的要求，确定管辖的事实在诉讼过程中发生变化而管

① 现为《民事诉讼法》（2021 年修正）第二百零七条第六项。

② 现为《民事诉讼法》（2021 年修正）第二百一十一条第一款。

辖权不予改变。确定管辖的事实主要分两个方面：地域管辖依据和级别管辖依据。前者主要包括原告住所地、被告住所地、合同履行地、合同签订地、财产所在地、侵权行为地等，后者主要包括诉讼标的额、案件影响程度等。正如《民事诉讼法解释》第三十七条和第三十八条规定的，受诉人民法院的管辖权不因当事人住所地、经常居住地变更以及行政区划变更而改变。但诉讼标的额发生变化，会不会造成级别管辖法院的调整，要具体情况具体分析。如原告增加或减少诉讼请求，其诉讼标的额超过或达不到受诉法院的管辖标准，应该调整级别管辖法院，以防止当事人采取这种方式规避级别管辖法院，损害对方当事人的管辖利益。至于当事人提起反诉，不管其标的额有多大，已表明其愿意接受受诉法院管辖，将本诉与反诉合并审理有利于及时解决纠纷，防止裁判冲突。

具体到第二审人民法院发回重审或者按照第一审程序再审的案件，对当事人提出的管辖权异议要不要审查，在实践中存在不同认识。根据管辖恒定原则，人民法院应不予审查，以维护诉讼的安定性。

——最高人民法院民法典贯彻实施工作领导小组办公室编著：《最高人民法院新民事诉讼法司法解释理解与适用》，人民法院出版社 2022 年版，第 147 页。

143. 人民法院对相关民事案件是否具有管辖权应当以当事人起诉的时间为准，不因确定管辖的因素在诉讼过程中发生变化而受到影响

关键词

管辖恒定原则　管辖权

最高人民法院裁判文书

赤水中南投资置业管理有限公司与江苏南通三建集团股份有限公司建设工程施工合同纠纷案［最高人民法院（2017）最高法民辖终 129 号民事裁定书］

裁判要旨：管辖恒定原则是指人民法院对相关民事案件是否具有管辖权应当以当事人起诉的时间为准，即在当事人起诉时具有管辖权的人民法院不因确定管辖的因素在诉讼过程中发生变化而受到影响。

最高人民法院认为，管辖恒定原则是指人民法院对相关民事案件是否具有管辖权应当以当事人起诉的时间为准，即在当事人起诉时具有管辖权的人民法院不因确定管辖的因素在诉讼过程中发生变化而受到影响。本案江苏南通公司向一审法院提交民事起诉状载明的落款时间为2016年11月28日，一审法院接收该民事起诉状，并加盖了诉讼资料收文专用章，注明的收到日期为2016年11月29日，一审法院的立案时间为2016年11月30日。按照最高人民法院《关于调整高级人民法院和中级人民法院管辖第一审民商事案件标准的通知》的规定，贵州省高级人民法院管辖的第一审民商事案件为"标的额在1亿元以上的第一审民商事案件，以及诉讼标的额在2000万元以上且当事人一方住所地不在本辖区或者涉外、涉港澳台的第一审民商事案件"。本案诉讼标的额为42732121.6元，且江苏南通公司的住所地不在贵州省辖区内，起诉时贵州省高级人民法院对本案有管辖权。最高人民法院2016年12月12日下发《批复》，同意贵州省高级人民法院调整辖区内第一审民商事案件的管辖标准，该确定管辖的因素变化不影响在当事人起诉时即具有管辖权的人民法院受理案件，故江苏南通公司向一审法院提起诉讼符合法律规定。

——中国裁判文书网。

144. 当事人不能以其不是适格被告为由提出管辖权异议

关键词

管辖异议　被告适格

最高人民法院公报案例、最高人民法院裁判文书

鸿润锦源（厦门）房地产开发有限公司与彭雄浑、鸿润集团房地产投资有限公司商品房预售合同纠纷案［最高人民法院（2006）民一终字第34号民事裁定书］

裁判摘要：根据《民事诉讼法》第一百零八条第四项和第三十八条[①]的规定，管辖权异议是指当事人对案件是否属于人民法院受理范围或者是否由受诉人民法院管辖提出的异议。当事人有权提出管辖权异议，但当事人以其不是适格被告为由提出管辖权异议，不符合上述规定，不属于管辖权异议。当事人是否属于适格被告，应当

① 现分别为《民事诉讼法》(2021年修正)第一百二十二条第四项和第一百三十条。

经人民法院实体审理确定。

最高人民法院认为，当事人有权提出管辖权异议。但根据《中华人民共和国民事诉讼法》第一百零八条第（四）项和第三十八条的规定，管辖权异议是指是否属于人民法院主管或管辖的案件。本案鸿润锦源（厦门）房地产开发有限公司以其不是本案适格被告为由提出管辖权异议，不属于民事诉讼法规定的管辖权异议的情形。鸿润锦源（厦门）房地产开发有限公司是否是本案的适格被告，应经人民法院的实体审理确定。一审法院以管辖权异议作出裁定，适用法律错误，应予撤销。

由于一审裁定仅针对鸿润锦源（厦门）房地产开发有限公司提出的管辖权异议作出的，不涉及鸿润集团房地产投资有限公司（HUG YU GOUP LIMITED）的诉讼权利，故本裁定无需列明鸿润集团房地产投资有限公司（HUG YU GOUP LIMITED）在本上诉案中的诉讼地位。

——《最高人民法院公报》2006 年第 12 期。

最高人民法院裁判文书

中国光大银行股份有限公司广州分行与山煤国际能源集团华南有限公司、广州大优煤炭销售有限公司等借款合同纠纷管辖异议案［最高人民法院（2016）民二终字第 411 号民事裁定书］

裁判要旨：管辖权异议是指当事人对案件是否属于人民法院受理范围或受诉人民法院管辖提出的异议。山煤华南公司以光大银行广州分行不是本案适格主体为由提出管辖权异议，不属于民事诉讼法规定的管辖权异议的情形。

最高人民法院认为，管辖恒定原则是指人民法院对相关民事案件是否具有管辖权，应当以当事人起诉的时间为准。即在当事人起诉时具有管辖权的人民法院，不因确定管辖的因素在诉讼过程中发生变化而受到影响。经审查，光大银行广州分行向原审法院提交的民事诉状载明的落款时间为 2015 年 4 月 21 日，原审法院接收该民事诉状，并在其上加盖诉讼资料收文专用章，注明收到日期为 2015 年 4 月 21 日。原审法院据此认定光大银行广州分行的起诉时间为 2015 年 4 月 21 日，有事实依据，本院予以确认。民事诉讼中的立案时间与起诉时间为不同的时间节点，山煤华南公司主张原审法院对本案进行立案的日期为 2015 年 5 月 14 日，故确定本案管辖法院的时间应为该立案日期，依据不足。依据 2015 年 4 月 21 日正在施行的《全国各省、自治区、直辖市高级人民法院和中级人民法院管辖第一审民商事案件标准》的规定，一审法院管辖诉讼标的额在 2 亿元以上且当事人一方住所地不在本辖区的第一审民商事案件。本案诉讼标的额在 2 亿元以上，且运城珠水公司、山西珠水公司的住所地不在广东省辖区内，原审法院对本案有管辖权，光大银行广州分行向该院提起诉讼符合法律规定。依据《中华人民共和国民事诉讼法》第一百一十九条第四项和第一百二十七条第一款[①]的规定，管辖权异议是指当事人对案件是否属于人民法院受理范围或受诉人民法院管辖提出的异议。山煤华南公司以光大银行广州分行不是本案适格主体为由提出管辖权异议，不属于民事诉讼法规定的管辖权异议的情形。故对山煤华南公司该项上诉主张，本院不予审查。

——中国裁判文书网。

145. 因合同性质争议产生管辖权争议的，应按合同的主要内容是否存在特殊要求来确定合同性质

关键词

管辖权争议　民事法律关系性质

最高人民法院裁判文书

江苏太湖锅炉股份有限公司与陕西明德集中供热有限责任公司买卖合同纠纷指定管辖案［最高人民法院（2006）民立他字第 15 号通知］

最高人民法院意见：

（一）江苏省无锡市中级人民法院受理的江苏太湖锅炉股份有限公司与陕西明德集中供热有限责任公司定作合同纠纷一案与陕西省西安市中级人民法院受理的陕西明德集中供热有限责任公司与江苏太湖锅炉股份有限公司买卖合同纠纷一案系基于同一法律事实和同一法律关系而产生的纠纷，依法应当合并审理。

（二）本案双方当事人签订的《工矿产品购销合同》约定三台散装燃煤热水锅炉，型号为 SHL29 － 1.25/115/70A Ⅱ、SHL29 － 130/70A Ⅰ，是依据国家标准生产的，是标准化的通用产品。虽然对锅炉的辅机提出了特殊要求，但是主机价值大于辅机。该合同属于买卖合同性质，该纠纷为买卖合同纠纷。

（三）鉴于两地法院对该案件的管辖争议较大，为了保证对案件实体的公

① 现分别为《民事诉讼法》（2021 年修正）第一百二十二条第四项和第一百三十条第一款。

正审理，保障当事人的合法权益，依据民事诉讼法第三十七条第二款[①]之规定，本院指定本案由安徽省池州市中级人民法院管辖。江苏省高级人民法院、陕西省高级人民法院应当分别裁定撤销本省法院的相关民事裁定，将案件及有关诉讼材料移送至安徽省池州市中级人民法院合并审理。

——苏泽林主编、最高人民法院立案庭编:《立案工作指导》2009 年第 2 辑（总第 21 辑），人民法院出版社 2009 年版，第 88~90 页。

附录：本案解析

从当事人双方签订的购销合同内容上看，供热公司订购的是热水锅炉，虽然陆续制造的三台锅炉是在原锅炉房的基础上进行安装、调试，但是供热公司对锅炉没有提出特殊要求。而且，国家对于锅炉的制造有着严格的规定，制造商必须获得许可证方可进行生产，否则不行。其生产的锅炉均有固定的型号，均为国家统一标准。而锅炉的配套设备在整个锅炉系统中应该属于附件，虽然供热公司对配套设备有约定，但是从主机与辅机的价值看，主机的价值大于辅机的价值，因对主机未有任何特殊要求，按照价值的大小本合同属于购销合同，该纠纷属于购销合同纠纷。

合同约定供热公司向锅炉公司订购锅炉，根据合同内容以及合同本身的名称可以确定为购销合同性质。双方当事人在购销合同中未明确约定管辖地点，但是在合同中约定了交货地点为需方即供热公司工地。根据最高人民法院司法解释关于当事人在合同中未明确约定管辖地点，但是在合同中约定提（交）货地点的，以提（交）货地点为合同履行地。供热公司工地作为交货地点，是本案的合同履行地，该履行地在陕西省西安市，西安市中级人民法院对本案具有管辖权。无锡市中级人民法院应当将案件移送到有管辖权的西安市中级人民法院合并审理。

——周素琴:《关于江苏太湖锅炉股份有限公司与陕西明德集中供热有限责任公司买卖合同纠纷管辖争议案的指定管辖》，载苏泽林主编、最高人民法院立案庭编:《立案工作指导》2009 年第 2 辑（总第 21 辑），人民法院出版社 2009 年版，第 88~90 页。

---

① 现为《民事诉讼法》（2021 年修正）第三十八条第二款。

146. 合同纠纷管辖权异议案件中，认定合同性质应根据合同约定的主要权利义务的内容进行判断

关键词

合同性质　合同约定　主要权利义务

最高人民法院裁判文书

广州广境模型设计有限公司与广州能欣文化科技有限公司计算机软件开发合同纠纷管辖权异议案［最高人民法院（2021）最高法知民辖终230号民事裁定书］

裁判要旨：合同性质的认定应根据合同约定的主要权利义务的内容进行判断。案涉合同符合计算机软件开发合同的特征。合同中既有计算机软件开发合同内容又涉及其他合同内容，双方当事人就计算机软件开发合同内容和其他内容发生争议，向具有计算机软件开发合同纠纷案件管辖权的人民法院提起诉讼，并无不当。

最高人民法院认为，本案为计算机软件开发合同纠纷管辖权异议上诉案件，当事人争议的焦点问题是原审法院对本案是否具有管辖权。

合同性质的认定应根据合同约定的主要权利义务的内容进行判断。本案中，能欣公司与广境公司于2017年6月8日签订的《利添水果产业示范区提升工程——多媒体展示项目合同》在“项目内容”“交货约定”“违约责任”等条款中约定了软件开发服务的内容和违约责任等，符合计算机软件开发合同的特征。广境公司主张本案不是计算机软件开发合同纠纷而是工程承揽合同纠纷与事实不符。合同中既有计算机软件开发合同内容又涉及其他合同内容，能欣公司因与广境公司就计算机软件开发合同内容和其他内容发生争议，向具有计算机软件开发合同纠纷案件管辖权的人民法院提起诉讼，并无不当。

根据《中华人民共和国民事诉讼法》第二十三条[①]规定：“因合同纠纷提起的诉讼，由被告住所地或者合同履行地人民法院管辖。”另根据《最高人民法院关于北京、上海、广州知识产权法院案件管辖的规定》第一条规定，知识产权法院管辖所在市辖区内计算机软件第一审民事案件。广境公司的住所地位于广东省广州市番禺区，属于原审法院辖区，原审法院对本案具有管辖

① 现为《民事诉讼法》(2021年修正)第二十四条。

权。广境公司请求将本案移送广东省广州市番禺区人民法院审理的上诉请求缺乏法律依据，本院不予支持。

——中国裁判文书网。

147. 部分被告未提出管辖权异议的，是否可不列其为当事人及不向其送达裁定书

关键词

管辖权异议　协议管辖

最高人民法院裁判文书

四川成安渝高速公路有限公司与资阳农村商业银行股份有限公司金融借款合同纠纷管辖权异议案［最高人民法院（2020）最高法民辖终47号民事裁定书］

裁判要旨：裁定仅系针对部分被告提出的管辖权异议是否成立，不涉及其他当事人的诉讼权利，为提高诉讼效率，减轻各方当事人诉累，人民法院可在裁定中不将未提出管辖权异议的被告列为当事人，亦不向其送达相关诉讼文书和法律文书，但该裁定的效力仍及于全案当事人。

最高人民法院经审查认为，本案一审被告黎康新、梁文华及泰邦基建发展有限公司在法定期间内均未提出管辖权异议，也未对一审裁定提起上诉，应视为接受受诉法院管辖。因本裁定仅针对成安渝公司提出的管辖权异议是否成立，不涉及一审其他当事人的诉讼权利，为提高诉讼效率，减轻各方当事人诉累，本院在本裁定中不将黎康新、梁文华及泰邦基建发展有限公司列为当事人，亦不向其送达相关诉讼文书和法律文书，但本裁定的效力仍及于全案当事人。

——中国裁判文书网。

148. 提级管辖后是否仍可以仲裁协议提出主管异议

关键词

提级管辖　仲裁协议　主管异议

最高人民法院裁判文书

亚洲光学股份有限公司等诉富士胶片株式会社等委托加工合同纠纷案

［最高人民法院（2019）最高法商初 2 号民事裁定书］

裁判要旨：上级法院仅以下级法院违反级别管辖的规定为由裁定提级管辖，但并未对是否存在仲裁协议、法院是否有管辖权问题作出裁定的，当事人仍有权以存在仲裁协议为由对法院管辖权提出异议。

最高人民法院经审查认为，本案当前争议焦点是，人民法院是否应当审理本案，具体包括以下问题：本案被告能否对法院管辖权提出异议，法院对原告与富士公司之间的纠纷是否有管辖权，富士投资公司、富士投资深圳分公司和富士光电公司是否为本案适格被告。

一、本案被告能否对法院管辖权提出异议

原告认为，广东高院裁定撤销了深圳中院驳回起诉的裁定，并裁定由广东高院管辖，即是认可了人民法院对本案具有管辖权。被告认为，广东高院的裁定并非认可了人民法院对本案具有管辖权，而仅就深圳中院违反法院级别管辖问题进行处理，故本院在进行实体审理前，应先处理法院主管权问题。从前期处理情况看，本案最初是原告向南山区法院起诉，南山区法院以原告在起诉后变更诉讼标的金额至人民币 2 亿余元，超出其管辖金额上限为由，裁定将本案移送深圳中院。深圳中院以存在仲裁协议等为由，裁定驳回起诉。广东高院认为本案诉讼标的金额超过人民币 2 亿元，属于其级别管辖范围，应由其管辖，深圳中院对本案不具有管辖权，遂裁定撤销深圳中院的裁定，本案由广东高院管辖。广东高院仅认定深圳中院违反级别管辖的规定而撤销驳回起诉的裁定，并未对本案是否存在仲裁协议、法院是否有管辖权问题作出裁定。因此，本案提级管辖后，被告仍有权以存在仲裁协议为由对法院管辖权提出异议。

二、法院对原告与富士公司之间的纠纷是否具有管辖权

《中华人民共和国民事诉讼法》第二百七十一条第一款[①]规定：“涉外经济贸易、运输和海事中发生的纠纷，当事人在合同中订有仲裁条款或者事后达成书面仲裁协议，提交中华人民共和国涉外仲裁机构或者其他仲裁机构仲裁的，当事人不得向人民法院起诉。”据此规定，应先确定原告与富士公司之间发生的本案纠纷是否属于仲裁条款的范围。

① 现为《民事诉讼法》（2021 年修正）第二百七十八条第一款。

富士公司与亚洲光学公司、信泰公司分别签订的 8 份《委托开发合同》，除了约定委托开发业务外，还就履行合同过程中涉及的侵犯第三方知识产权问题、所开发产品的商品化等进行了约定。可见，开发产品的商品化即委托加工制造也属于《委托开发合同》的一部分。亚洲光学公司、信泰公司称双方通过往来邮件、电话会议、订单等方式确定了委托加工制造阶段的具体权利义务，形成了委托加工合同关系。尽管《委托开发合同》关于委托加工制造的约定比较简明，但也与双方之后的磋商达成的合意共同确立了委托加工合同关系。即使委托加工合同独立于《委托开发合同》，上述情形至少也说明委托加工是与《委托开发合同》密切相关的。而《委托开发合同》中的仲裁条款为：与该合同相关的所有纠纷，双方未能协商解决的，按照日本商事仲裁协会的商事仲裁规则在东京通过仲裁的方式最终解决。因委托加工是《委托开发合同》的一部分，或者说至少是与该合同密切相关的，故基于委托加工关系发生的纠纷属于仲裁条款范围，也应通过仲裁解决。

亚洲光学公司、信泰公司向日本商事仲裁协会申请仲裁及其与富士公司在仲裁时签订的《确认书》也进一步说明本案纠纷属于仲裁条款范围。亚洲光学公司、信泰公司基于《委托开发合同》向日本商事仲裁协会申请仲裁，请求富士公司向亚洲光学公司、信泰公司支付其为履行美国联邦法院判决而已经向柯达公司支付的赔偿金及利息。亚洲光学公司、信泰公司在本案中对富士公司提出的诉讼请求与仲裁时提出的主要请求实质上并无不同。亚洲光学公司、信泰公司与富士公司均为本案当事人和仲裁案件当事人；仲裁和诉讼的标的，即二者所依据的民事法律关系，均为委托加工合同关系，依据相同的事实；均请求富士公司支付由亚洲光学公司支付给柯达公司的专利费及利息。亚洲光学公司、信泰公司主动申请仲裁，并在仲裁期间与富士公司签订《确认书》，以书面方式明确了所有关联纠纷均适用上述仲裁条款。亚洲光学公司、信泰公司依据《委托开发合同》中的仲裁条款申请仲裁和签订《确认书》，表明其亦认可上述仲裁条款约束委托加工关系，故基于委托加工关系而产生的本案纠纷也受仲裁条款约束。

综上，本案系亚洲光学公司、信泰公司根据委托加工合同关系对富士公司提出有关专利费的诉讼请求，属于《委托开发合同》中仲裁条款的范围，各方应通过仲裁解决，亚洲光学公司、信泰公司不得向法院起诉，法院对本案不具有管辖权。事实上，亚洲光学公司、信泰公司已申请仲裁，且有关仲裁机构已经作出裁决。故应当驳回亚洲光学公司、信泰公司对富士公司的起诉。

三、富士投资公司、富士投资深圳分公司和富士光电公司是否为本案的适格被告

原告在以富士公司为被告的基础上，以富士投资公司、富士投资深圳分

公司和富士光电公司系富士公司在中国的全资子公司、富士公司在中国境内有财产为由，将该三公司也列为被告，并要求该三公司为富士公司的债务承担连带责任。但该三公司均非委托加工合同关系当事人，与原告之间不存在民事法律关系。该三公司为富士公司在中国注册的子公司，均具有独立法人资格，财产也独立于其母公司，故该三公司不是本案的适格被告。原告将该三公司列为被告的理由是该三公司系富士公司在中国的全资子公司，应当承担连带责任，明显缺乏法律依据，是为了制造由人民法院管辖的连接点和规避仲裁条款。因此，应当驳回原告对该三公司的起诉。

综上，亚洲光学公司、信泰公司与富士公司之间存在仲裁条款，亚洲光学公司、信泰公司不得向法院起诉富士公司；亚洲光学公司、信泰公司将富士投资公司、富士投资深圳分公司和富士光电公司列为被告，明显缺乏法律依据。

——中国裁判文书网。

149. 无独立请求权的第三人主动申请或者同意参加诉讼，不能提出管辖权异议

关键词

管辖权异议　第三人　有独立请求权的第三人　无独立请求权的第三人

附录：最高人民法院主流观点

最高人民法院曾就第三人能否提出管辖权异议的问题作出《关于第三人能否对管辖权提出异议问题的批复》(法〔经〕复〔1990〕9号)，该批复规定：有独立请求权的第三人主动参加他人已开始的诉讼，应视为承认和接受了受诉法院管辖，因而不发生对管辖权提出异议的问题；如果是受诉法院依职权通知他参加诉讼，则他有权选择是以有独立请求权的第三人的身份参加诉讼，还是以原告身份向其他有管辖权的法院另行起诉。无独立请求权的第三人参加他人已开始的诉讼，是通过支持一方当事人的主张，维护自己的利益。由于他在诉讼中始终辅助一方当事人，并以一方当事人的主张为转移，所以无权对受诉法院的管辖权提出异议。应当注意的是，在无独立请求权的第三人主动申请或者同意参加诉讼的情况下，其不能再提出管辖权异议，但是在案外人与当事人一方存在仲裁条款、约定管辖条款或者属于专属管辖范围时，其可以对法院通知其参加诉讼的行为提出异议，坚持管辖利益。在此情形下，法院不应通知该案外人作为无独立请求权的第三人参加诉讼。

——江必新主编：《新民事诉讼法条文理解与适用》，人民法院出版社

2022 年版，第 608 页。

150. 当事人依法提出管辖权异议，人民法院如何在程序性审查范围内及时处理

关键词

管辖权异议　诉讼主体适格　管辖协议　地域管辖

最高人民法院裁判文书

振发能源集团有限公司与深圳英大资本管理有限公司管辖权异议案［最高人民法院（2018）最高法民辖终 415 号民事裁定书］

裁判要旨：1. 管辖权异议制度是民事诉讼中对被告提出异议，法院予以程序审查处理的规范总和。对当事人依法提出的管辖权异议，人民法院既要依法保障当事人基本的程序权利，也要依据民事诉讼管辖规定，在程序性审查范围内予以及时处理。

2. 管辖协议作为合同的组成部分或者合同附属的争议解决协议，是当事人意思自治的体现，各方均应接受其拘束，诚信参与诉讼，进而提高纠纷解决的效率。

3. 对当事人以诉讼主体是否适格、是否存在真实的权利义务管辖等为由提出管辖权异议的，需准确把握程序性审查和实体审理的边界，程序的归程序，实体的归实体，程序正义与价值具有独立性、优先性，是实体正义的保障和前提。

最高人民法院认为：本案涉及民事诉讼中地域管辖的确定问题。根据法律规定，对当事人依法提出的管辖权异议，人民法院既要依法保障当事人基本的程序权利，也要依据民事诉讼管辖规定，在程序性审查范围内予以及时处理。本案中，英大公司所主张的法律关系，乃合同法律关系，本案属合同纠纷案件。《中华人民共和国民事诉讼法》第三十四条[①]规定："合同或者其他财产权益纠纷的当事人可以书面协议选择被告住所地、合同履行地、合同签订地、原告住所地、标的物所在地等与争议有实际联系的地点的人民法院管辖，但不得违反本法对级别管辖和专属管辖的规定"。依据上述规定，振发能源公司及原审其他被告与中航公司签订的《信托贷款合同》第 17.2 条及《保

① 现为《民事诉讼法》（2021 年修正）第三十五条。

证合同》中均明确约定：如发生争议，双方应友好协商，未能协商一致的，任何一方均可向贷款人 / 债权人住所地（即江西省南昌市）有管辖权的人民法院提起诉讼。该管辖约定是当事人对管辖利益的真实意思表示，符合意思自治原则，不违反法律、行政法规的强制性规定，合法有效，对签约当事人各方均有约束力。现英大公司基于上述合同中的约定管辖条款，向贷款人 / 债权人中航公司住所地江西省南昌市有管辖权的人民法院提起诉讼，有相应的合同和法律依据。另外，结合本案诉讼标的额，江西省高级人民法院对本案享有管辖权也不违反级别管辖规定。至于作为本案被告之一的振发能源公司所提出的英大公司并非案涉合同当事人、没有合同地位、其与英大公司之间不存在借款合同关系、英大公司不能取代中航公司的合同地位等意见，则属于诉讼主体是否适格的问题，不宜在案件管辖权异议阶段予以审查。原审裁定直接根据《中华人民共和国合同法》第四百零二条的规定，认定英大公司的原告诉讼主体资格，适用法律存在瑕疵，本院予以纠正，但并不影响裁定结果的正确。

——法信网。

151. 当事人诉争的基础法律关系为借款关系，应以当事人诉争的基础法律关系来确定对案件具有管辖权的法院

关键词

债权人　债务人　基础法律关系　管辖权

最高人民法院裁判文书

石河子开发区坤正达物流有限公司与新疆新润天和投资管理咨询有限公司企业借贷纠纷案［最高人民法院（2020）最高法民再 343 号民事裁定书］

裁判要旨：本案债权人对债务人公司提起诉讼的同时，以该公司的股东抽逃出资为由，一并要求股东对公司的债务承担出资不实的补充赔偿责任。债权人对股东的诉讼请求建立在要求公司偿还借款本息基础之上，债权人要求股东承担补充赔偿责任，属于对债权人与债务人之间合同之债的责任主体确定问题，两项诉讼请求合并审理并不违反法律的强制性规定。本案当事人诉争的基础法律关系为借款关系，应以该法律关系确定对本案具有管辖权的法院。

最高人民法院认为：本案是管辖权异议纠纷，审查的主要问题是一审法

院对本案是否有管辖权。

本案中，坤正达公司（甲方）与西部能源公司（乙方）在《还款协议》中约定“甲乙双方因履行本协议所发生的或与本协议有关的一切争议应当友好协商解决。如协商不成，任何一方均有权向甲方所在地人民法院起诉。”上述关于管辖的约定是坤正达公司与西部能源公司的真实意思表示，且不违反级别管辖和专属管辖的规定，应当认定有效。根据《最高人民法院关于新疆生产建设兵团人民法院案件管辖权问题的若干规定》（法释〔2005〕4号）第三条第二款关于“对符合协议管辖和专属管辖条件的案件，依照民事诉讼法的有关规定确定管辖权”的规定，《最高人民法院关于调整部分高级人民法院和中级人民法院管辖第一审民商事案件标准的通知》（法发〔2018〕13号）关于“……当事人住所地均在受理法院所处省级行政辖区的第一审民商事案件贵州省、陕西省、新疆维吾尔自治区高级人民法院和新疆维吾尔自治区高级人民法院生产建设兵团分院管辖诉讼标的额3亿元以上一审民商事案件，所辖中级人民法院管辖诉讼标的额3000万元以上一审民商事案件”的规定，坤正达公司住所地在石河子市，涉案诉讼标的约为9800万元，新疆生产建设兵团第八师中级人民法院对坤正达公司与西部能源公司的企业借贷纠纷有管辖权。

坤正达公司对西部能源公司提起诉讼的同时，以西部能源公司的股东新润天和公司抽逃出资为由，一并要求新润天和公司对西部能源公司的债务承担出资不实的补充赔偿责任。坤正达公司对新润天和公司的诉讼请求建立在要求西部能源公司偿还借款本息基础之上，坤正达公司要求新润天和公司承担补充赔偿责任，属于对坤正达公司与西部能源公司之间合同之债的责任主体确定问题，两项诉讼请求合并审理并不违反法律的强制性规定。本案当事人诉争的基础法律关系为坤正达公司与西部能源公司之间的借款关系，应以该法律关系确定对本案具有管辖权的法院，即新疆生产建设兵团第八师中级人民法院对本案具有管辖权。

——中国裁判文书网。

152. 一审法院作出管辖权异议裁定前，原告申请撤回对已经进入破产程序的被告的起诉的，应当先对原告的撤诉申请作出处理，再确定案件管辖

关键词

管辖权异议　起诉　撤诉　破产清算程序　管辖权恒定

最高人民法院裁判文书

圣奥化学科技有限公司与山西翔宇化工有限公司破产管理人等侵害技术秘密纠纷管辖权异议案［最高人民法院（2020）最高法知民辖终68号民事裁定书］

裁判要旨：管辖权的确定是人民法院可以依职权调查的程序性事项，对于影响确定案件管辖的事实，人民法院可以依职权主动调查，当事人也可以在起诉后予以补充。确定案件管辖原则上以起诉时为准，起诉时对案件具有管辖权的人民法院，不因确定管辖的事实在诉讼过程中发生变化而影响其管辖权，此所谓管辖权恒定原则。但是，在原审法院认定其对案件不具有管辖权的情况下，则缺乏管辖权恒定原则的适用前提。此时，如果在后续程序中出现可能使得原审法院对案件具有管辖权的新事实的，则应该根据新事实确定管辖。

最高人民法院认为：原审法院对圣奥公司撤回对翔宇公司起诉的申请未作处理是否妥当。

如前所述，翔宇公司进入破产清算程序直接影响本案管辖权的确定。同时，翔宇公司进入破产清算程序也是原审法院认定本案应移送受理破产申请的法院管辖的唯一根据。本案中，圣奥公司向原审法院申请撤回对翔宇公司的起诉。根据《民事诉讼法》第一百四十五条第一款[①]的规定，宣判前，原告申请撤诉的，是否准许，由人民法院裁定。据此，若圣奥公司撤回对翔宇公司起诉的申请在原审法院作出管辖权异议裁定前提出，原审法院对圣奥公司的撤诉申请没有作出处理，迳行将案件移送到山西省临猗县人民法院，则有失妥当。若圣奥公司撤回对翔宇公司起诉的申请在原审法院作出管辖权异议裁定之后提出，且裁定尚未送达，由于该撤诉申请直接导致原审裁定丧失事实基础和法律依据，此时原审法院应暂缓送达，先对圣奥公司的撤诉申请作出是否准许的裁定，再根据裁定结果决定是否重新作出管辖权异议裁定。原审法院在收到圣奥公司撤回对翔宇公司的起诉申请之后，并未在送达管辖权异议裁定之前对撤诉申请作出处理，有失妥当。

还应指出，管辖权的确定是人民法院可以依职权调查的程序性事项，对于影响确定案件管辖的事实，人民法院可以依职权主动调查，当事人也可以在起诉后予以补充。确定案件管辖原则上以起诉时为准，起诉时对案件具有

---

① 现为《民事诉讼法》（2021年修正）第一百四十八条第一款。

管辖权的人民法院，不因确定管辖的事实在诉讼过程中发生变化而影响其管辖权，此所谓管辖权恒定原则。但是，在原审法院认定其对案件不具有管辖权的情况下，则缺乏管辖权恒定原则的适用前提。此时，如果在后续程序中出现可能使得原审法院对案件具有管辖权的新事实的，则应该根据新事实确定管辖。本案中，本院已查明圣奥公司已经向原审法院申请撤回对翔宇公司的起诉这一事实，且这一申请是否得到准许将直接决定本案管辖权的确定。因此，在本案管辖权异议上诉审程序中，应当先对圣奥公司申请撤回对翔宇公司的起诉、增加其他被告等作出处理，再确定本案管辖问题。鉴于圣奥公司自愿申请撤回对翔宇公司的起诉，且这一申请并不违反法律的强制性规定，不侵害其他诉讼当事人的利益，应予准许。准许圣奥公司撤回对翔宇公司的起诉后，翔宇公司进入破产清算程序不再影响本案管辖权的确定。

（三）原审法院能否基于本案被诉侵权行为地获得本案管辖权

《民事诉讼法》第二十八条[①]规定："因侵权行为提起的诉讼，由侵权行为地或者被告住所地人民法院管辖。"《最高人民法院关于适用〈中华人民共和国民事诉讼法〉的解释》第二十四条规定："民事诉讼法第二十八条规定的侵权行为地，包括侵权行为实施地、侵权结果发生地。"本案中，原审被告为翔宇公司、晋腾公司、陈永刚，上述被告住所地均在山西省。圣奥公司变更诉讼请求后，被告变更为陈永刚、王庆峰、李丰年、晋腾公司，被告住所地亦均不在江苏省辖区内。因此，本案被诉侵权行为地是原审法院对本案能否具有管辖权的唯一连结点。对此，分析如下：

首先，圣奥公司变更诉讼请求后所指控的侵权行为。变更诉讼请求后，圣奥公司指控陈永刚、王庆峰、李丰年共同窃取圣奥公司技术秘密，该共同窃取行为系与案外人 ×× 共同实施。同时，圣奥公司还指控陈永刚等通过其实际控制的晋腾公司等主体利用非法获取的技术秘密生产销售侵权产品，亦构成非法使用或允许他人使用涉案技术秘密，陈永刚、王庆峰、李丰年及晋腾公司构成共同侵权。

其次，本案被诉侵权行为实施地。对于共同故意侵权行为而言，各侵权人主观上具有共同意思，彼此的行为之间客观上存在相互利用、配合或者支持，所造成的损害后果在其共同意思的范围内，每一侵权人应对共同意思范围内的全部行为承担责任。因此，每一侵权人被诉侵权行为的实施地应视为共同故意侵权行为的实施地之一。本案中，圣奥公司起诉陈永刚、王庆峰、李丰年共同故意侵权，案外人 ×× 的窃取技术秘密的行为发生在江苏省泰州市，即便 ×× 并非本案被告，陈永刚、王庆峰、李丰年作为共同故意侵权人，应对其与 ×× 实施的共同故意侵权行为负责，故江苏省是本案共同侵权

① 现为《民事诉讼法》（2021 年修正）第二十九条。

人被诉侵权行为实施地之一。

最后，本案被诉侵权行为结果地。前已述及，对于共同故意侵权行为而言，各侵权人主观上具有共同意思，彼此的行为之间客观上存在相互利用、配合或者支持，所造成的损害后果在其共同意思的范围内，每一侵权人应对共同意思范围内的全部行为承担责任。因此，每一侵权人被诉侵权行为的结果地应视为共同故意侵权行为的结果地之一。侵权行为结果地应当理解为侵权行为直接产生的结果的发生地。本案中，陈永刚、王庆峰、李丰年被控共同窃取圣奥公司技术秘密行为。前已述及，陈永刚、王庆峰、李丰年应为案外人 ×× 的窃取行为负责，×× 窃取技术秘密行为的实施地与结果地重合，均在江苏省内，故江苏省是本案共同侵权人的被诉侵权行为结果地之一。

——最高人民法院知识产权法庭官网。

153. 被告认为原告故意虚高诉讼标的额、抬高案件级别管辖，提出民事级别管辖异议，人民法院应当进行审查

关键词

级别管辖　诉讼标的额　管辖权异议

最高人民法院裁判文书

潘某华诉浙江省人民政府、嘉兴市人民政府建设工程施工合同纠纷案

[最高人民法院（2017）最高法民辖终120号民事裁定书]

裁判要旨：被告提出民事级别管辖异议，认为原告故意虚高诉讼标的额、抬高案件级别管辖的，人民法院应当进行审查。如原告诉请的标的额明显缺乏依据，经初步审查即可确认原告诉请的标的额存在虚高情形，且足以抬高案件级别管辖的，人民法院可以依法认定被告提出的级别管辖异议成立，裁定将案件移送有管辖权的人民法院审理。

最高人民法院认为：关于人民法院在立案阶段能否审查原告虚高诉讼标的额问题。可从以下三个方面进行分析。第一，从立案登记秩序的角度。立案登记制要求人民法院依法受理案件，做到有案必立、有诉必理，充分保障当事人的诉权，但这并不意味着人民法院在立案阶段对当事人起诉不进行审查。相反，为了保障当事人规范、有效行使诉权，人民法院在立案阶段应当依法对当事人的起诉进行必要审查。《中华人民共和国民事诉讼法》第十七条

至第二十条[①]对我国四级法院管辖的第一审民事案件分别作出了规定。最高人民法院对高、中级人民法院管辖的第一审民商事案件的诉讼标的额标准亦有明确规定。各级法院依照上述规定各自受理属于自己管辖的第一审民商事案件。当事人故意虚高诉讼标的额、抬高案件级别管辖，违反了上述规定，扰乱了立案登记秩序。人民法院对此予以审查，是维护登记立案秩序的职责所在。第二，从诚信诉讼的角度。诚实信用原则是民事诉讼的基本原则，当事人行使权利、履行义务应当遵循诚实信用原则。故意虚高诉讼标的额、抬高案件级别管辖，是对诉权的滥用，违反了诚实信用原则。人民法院对此予以审查，是维护诉讼诚信、防止当事人滥用诉权的必然要求。第三，从诉讼收费的角度。依法交纳诉讼费，是民事诉讼当事人的法定义务，但并非是当事人启动民事诉讼的对价。当事人提起民事诉讼必须符合法律规定的条件，向有管辖权的人民法院起诉，不得规避法律关于级别管辖的规定。尽管依照《诉讼费用交纳办法》规定，当事人应按诉讼标的额交纳诉讼费，诉讼费由败诉方负担，虚高诉讼标的额的当事人最终将承担未获法院裁判支持的诉讼标的额所对应的诉讼费，为其虚高诉讼标的额的行为承担一定的法律后果，但这并不意味着当事人可以承担诉讼费为代价，故意虚高诉讼标的额、提高案件级别管辖，将本应由下级法院管辖的民商事案件，抬高至上级法院审理。综上所述，人民法院在立案阶段对当事人是否虚高诉讼标的额、抬高案件级别管辖问题进行审查，是保障当事人规范行使诉权、维护诉讼诚信和立案登记秩序的必然要求，并不损害当事人诉权。当然，人民法院在立案阶段对当事人是否虚高诉讼标的额的审查是有限度、有条件的，不能代替实体审理工作。通常情形下，人民法院仅围绕原告起诉提交的材料是否符合《中华人民共和国民事诉讼法》第一百一十九条第三项[②]关于“有具体的诉讼请求和事实、理由”的规定进行审查，对原告诉请的标的额应否予以支持，留待案件实体审理阶段解决。但在被告提出原告虚高诉讼标的额的主张，并就此提出级别管辖异议的情形下，人民法院应对原告是否故意虚高诉讼标的额、抬高案件级别管辖进行审查。如经审查，原告确实存在故意虚高诉讼标的额、抬高案件级别管辖的情形，人民法院可以依法认定被告提出的级别管辖异议成立，裁定将案件移送有管辖权的人民法院审理。对于故意虚高诉讼标的额、抬高案件级别管辖的情形，应从主客观两个方面予以把握。主观上，原告有通过虚高诉讼标的额以抬高案件级别管辖的意图，即为规避级别管辖，提高案件审级而故意虚高诉讼标的额。原告主张的诉讼标的额可能无法得到人民法院裁判部分或者全额支持，但主观上并无规避级别管辖意图的，不在此列。

---

① 现为《民事诉讼法》（2021 年修正）第十八条至第二十一条。

② 现为《民事诉讼法》（2021 年修正）第一百二十二条第三项。

客观上要符合两个条件。一是原告诉请的标的额明显缺乏依据，包括缺乏相应证据支撑、主要证据系伪造、证据间存在明显矛盾，以及缺乏法律依据等，人民法院经初步审查即可确认原告诉请的标的额存在虚高情形；二是原告虚高诉讼标的额的行为足以抬高案件级别管辖。

《最高人民法院关于审理民事级别管辖异议案件若干问题的规定》对人民法院在立案阶段进行级别管辖审查也作出了明确规定。该《规定》第一条规定："被告在提交答辩状期间提出管辖权异议，认为受诉人民法院违反级别管辖规定，案件应当由上级人民法院或者下级人民法院管辖的，受诉人民法院应当审查，并在受理异议之日起十五日内作出裁定：（一）异议不成立的，裁定驳回；（二）异议成立的，裁定移送有管辖权的人民法院。"

本案潘某华以浙江省人民政府、嘉兴市人民政府为被告，向浙江省高级人民法院提起诉讼，请求判令两被告共同支付京杭运河（嘉兴段）航道改造工程剩余工程款及迟延付款违约金共计5亿元。但潘某华提供的案涉工程竣工结算书记载案涉工程造价为2778753227元，项目交工验收证明书记载的案涉工程竣工结算总价款为35322.67万元，与浙江省人民政府、嘉兴市人民政府提供的由业主代表、监理代表及潘某华代表施工方签字确认的案涉工程造价决算表所载明的工程决算造价46816761.06元之间差距巨大；其提供的京杭运河嘉兴段2.8km航段护岸加高工程（系案涉工程中的部分工程）施工承包合同记载的合同总价为2502745.16万元，远高于其提供的竣工结算书记载的案涉工程造价及项目交工验收证明书记载的案涉工程结算总价款。潘某华提供的证据明显不符合常理，证据之间存在明显矛盾，其诉请的5亿元诉讼标的额缺乏证据支撑。其主观上虚构诉讼标的额、抬高案件级别管辖的意图明显。嘉兴市人民政府在一审提交答辩状期间提出了级别管辖异议，认为本案不属于浙江省高级人民法院管辖的第一审民商事案件，应由嘉兴市中级人民法院管辖。一审法院依法审查后，认定潘某华存在故意虚高诉讼标的额、抬高案件级别管辖的情形，本案实际争议的标的额不足5亿元，并无不当。潘某华关于一审法院不应在立案阶段对其诉请的诉讼标的额进行审查的上诉理由，不能成立。

——法信网。

154. 普通共同诉讼中被告在答辩期内未提起管辖权异议，对驳回其他被告管辖权异议的裁定无上诉权

关键词

普通共同诉讼　管辖权异议　上诉权

最高人民法院裁判文书

黄某涵与中信银行股份有限公司泉州分行等金融借款合同纠纷管辖权异议案［最高人民法院（2018）最高法民辖终 372 号民事裁定书］

裁判要旨：根据《民事诉讼法》第一百二十七条第一款[①]规定，人民法院受理案件后，当事人对管辖权有异议的，应当在提交答辩状期间提出。当事人未在答辩期内提出管辖权异议，应视为其已默示认可诉讼系属法院享有管辖权。

最高人民法院认为：（一）关于黄某涵对于一审裁定是否具有上诉权的问题。当事人对于一审裁判提起上诉需具备上诉利益。上诉利益的判断标准为将一审裁判的结果与上诉人在一审期间的诉辩主张相比较，当事人一审的诉辩主张如在裁判中未获满足，则视当事人对该裁判具有上诉利益。没有上诉利益的当事人不享有上诉权。根据《中华人民共和国民事诉讼法》第一百二十七条第一款规定，人民法院受理案件后，当事人对管辖权有异议的，应当在提交答辩状期间提出。当事人未在答辩期内提出管辖权异议，应视为其已默示认可诉讼系属法院享有管辖权。本案中，原审被告江西恒达利陶瓷建材有限公司在一审答辩期内提出管辖权异议，而原审被告黄某涵在答辩期内未提起管辖权异议，应视为其已默示认可一审法院对本案具有管辖权，故黄某涵对一审法院作出的驳回江西恒达利陶瓷建材有限公司管辖权异议的裁定缺乏上诉利益，其对一审裁定不享有上诉权。因此，一审法院赋予在一审答辩期内未提起管辖权异议的黄某涵等被告以上诉权，适用法律错误，本院予以纠正。

155. 侵权责任与合同责任竞合情况下，法院管辖应尊重当事人意思自治

关键词

责任竞合　管辖权异议　侵权结果地　意思自治

最高人民法院裁判文书

贵州安泰再生资源科技有限公司、重庆银行股份有限公司贵阳分行等与

① 现为《民事诉讼法》（2021 年修正）第一百三十条第一款。

合肥美的公司电冰箱有限公司管辖权异议案［最高人民法院（2017）最高法民辖终 224 号民事裁定书］

裁判要旨：侵权责任与合同责任竞合情况下，根据意思自治原则，选择请求权基础属于当事人的权利和责任，法院应尊重当事人选择。民事诉讼管辖以“原告就被告”为原则，侵权之诉的管辖为侵权行为实施地、侵权结果发生地和被告住所地。现有司法解释中，除了网络侵权和名誉权纠纷特别规定可以将原告住所地作为侵权结果地外，没有其他明确的特别规定。故从现有关于管辖的法律规定来看，不宜对侵权结果地做扩张解释。

最高人民法院认为：

一、关于合肥美的电冰箱公司是否可以行使侵权责任请求权的问题

首先，本案合肥美的电冰箱公司基于对重庆银行贵阳分行对安泰再生资源公司的 3 亿元融资出具《承诺函》提供担保的信任，与华创证券签订标的为 3 亿元的《华创恒丰 86 号定向资产管理计划资产管理合同》、华创证券与陆家嘴国际信托有限公司签订《单一信托管理合同》、陆家嘴国际信托有限公司又与安泰再生资源公司签订《信托贷款合同》，华创证券将合肥美的电冰箱公司汇人的 3 亿元通过陆家嘴国际信托有限公司发放给安泰再生资源公司导致投资无法收回这一系列合同事实，认为安泰再生资源公司、重庆银行贵阳分行与华创证券的一系列虚假、欺诈行为导致其巨大财产损失。合肥美的电冰箱公司所主张的部分侵权行为以签订、履行合同形式体现，构成了侵权责任与合同责任的竞合。此时当事人可以选择行使其认为有利于实现权利主张的请求权，法院亦应尊重当事人的选择，至于诉求是否成立则属实体审查问题。上诉人安泰再生资源公司和华创证券认为本案为合同纠纷，不存在侵权责任和违约责任竞合问题，一审法院适用法律错误的主张不能成立。

二、关于本案侵权结果地的认定问题

合肥美的电冰箱公司起诉基于的主要事实为，其与华创证券签订《定向资管合同》后，2016 年 3 月 21 日在合肥美的电冰箱公司将 3 亿元款项汇至华创证券专用账户，2016 年 3 月 22 日华创证券通过陆家嘴国际信托有限公司将该款发放给安泰再生资源公司，安泰再生资源公司将其中 3000 万元用于提前偿还银行贷款外，其余资金流向关联企业或个人，大部分资金被取现。可以看出，虽然合肥美的电冰箱公司认为华创证券系共同侵权人，但认定合肥美的电冰箱公司实际损失发生在款项到达安泰再生资源公司后更符合客观情况，一审法院将合肥美的电冰箱公司汇出款项地认定为侵权结果地实属牵强，本案由贵州省高级人民法院审理为宜。

——中国裁判文书网。

156. 作为管辖连结点的信息网络侵权行为的认定

关键词

管辖连结点　信息网络侵权行为　管辖权异议　实用新型

最高人民法院裁判文书

杭州米欧仪器有限公司与宁波拓普森科学仪器有限公司侵害实用新型专利权纠纷管辖异议案［最高人民法院（2019）最高法知民辖终13号民事裁定书］

裁判要旨：本案被诉侵权行为不属于民诉法解释第二十五条规定的信息网络侵权行为，不应当依据民诉法解释第二十五条确定管辖。本案是侵害实用新型专利权纠纷，应以专利案件规定作为确定本案地域管辖的依据。

最高人民法院认为：

（二）关于本案应当如何确定管辖法院

《最高人民法院关于审理专利纠纷案件适用法律问题的若干规定》（以下简称专利案件规定）第五条规定，因侵犯专利权行为提起的诉讼，由侵权行为地或者被告住所地人民法院管辖。侵权行为地包括：被诉侵犯实用新型专利权的产品的制造、许诺销售、销售等行为的实施地，以及上述侵权行为的侵权结果发生地。本案系侵害实用新型专利权纠纷，故本院以上述规定作为确定本案地域管辖的依据。

本案中，拓普森公司指控被诉侵权人米欧公司制造、销售、许诺销售侵害其涉案专利的产品，应当在上述侵权行为地或米欧公司住所地提起民事诉讼。米欧公司住所地在浙江省杭州市，在没有相反证据证明的情况下，可合理推定涉案被诉侵权产品的制造行为也发生在杭州市；米欧公司在上诉期间提交证据证明，其公司网站服务器所在地为杭州市，因此，拓普森公司指控米欧公司许诺销售被诉侵权产品的行为发生在杭州市。上述制造、许诺销售行为的侵权结果发生地也在杭州市。米欧公司销售被诉侵权产品给拓普森公司，宁波市是拓普森公司购买被诉侵权产品的收货地，同时也是该公司的住所地。因此，判断原审法院对本案是否具有管辖权，需分别评判如下问题：一是被诉侵权产品的收货地是否属于被诉销售行为实施地或者侵权结果发生地；二是权利人住所地是否是侵权结果发生地。对此，本院分析如下：

首先，关于销售行为实施地的理解。具体到本案而言，被诉侵权产品的收货地是否属于被诉销售行为实施地。对此，本院认为，专利案件规定第五条规定的销售行为实施地，原则上包括不以购买者意志为转移的销售商主要经营地、被诉侵权产品储藏地、发货地或者查封扣押地等，权利人购买侵权产品的收货地通常不宜被认定为销售行为实施地。本案中，没有证据显示米欧公司的主要经营地、被诉侵权产品储藏地、发货地等在宁波市。尽管被诉侵权产品的收货地与权利人住所地均在宁波市，为方便查明案件事实，遵循“原告就被告”民事诉讼管辖基本原则，也不宜将收货地认定为“销售行为实施地”。

其次，关于侵权结果发生地的理解。侵权结果发生地是侵权行为地的一种情形，应当根据权利人所指控的侵权人和具体侵权行为来确定。具体到本案而言，包括被诉侵权产品的收货地是否属于侵权结果发生地以及拓普森公司住所地是否属于侵权结果发生地。对此，本院认为，首先，本案中，权利人指控米欧公司销售被诉侵权产品的行为侵害其专利权，米欧公司的销售人员通过微信与拓普森公司的代理人达成销售协议，通过邮寄方式交付被诉侵权产品，被诉侵权结果在被诉侵权人的销售行为付诸实施时已实际产生，被诉侵权产品的收货地对侵权行为的实施没有实质影响，不能被认定为侵权结果发生地。其次，侵权结果发生地应当理解为侵权行为直接产生的结果的发生地，不能以权利人认为受到损害就认为其所在地就是侵权结果发生地。对此，最高人民法院（2013）民提字第16号裁定书中已经予以明确，本院在此重申。

——《最高人民法院知识产权法庭裁判要旨（2019）》（2020年4月16日）、《最高人民法院知识产权案件年度报告（2019）》（2020年4月23日）。

157. 作为管辖连结点的零部件使用行为的认定

关键词

实用新型　零部件使用行为　管辖连结点

最高人民法院裁判文书

深圳市贝纳太阳能技术有限公司与上海钧正网络科技有限公司、江苏永安行低碳科技有限公司侵害实用新型专利权纠纷管辖权异议案［最高人民法院（2019）最高法知民辖终201号民事裁定书］

裁判要旨：被诉侵权产品系另一产品的零部件，使用该另一产品的行为亦使作为零部件的被诉侵权产品实现了使用价值，则该使用行为亦构成对于被诉侵权零部件产品的使用，可以作为确定案件管辖的连结点。

最高人民法院认为：本案中，贝纳公司提交的初步证据显示，钧正公司在深圳市投放的共享单车上，使用了被诉侵权的太阳能电池组件产品。钧正公司将被诉侵权的太阳能电池组件产品，组装到共享单车上使用，至少存在组装及实际使用行为。首先，如将太阳能电池组件产品视为零部件组装，可以认定该组装行为属于专利法意义上的使用行为。其次，本案钧正公司除组装行为外，还存在实际使用太阳能电池组件产品，使其真正发挥功能与作用的使用行为。太阳能电池作为组件产品，其实际发挥的功能与作用，系为共享单车接受指令、开关锁等功能提供电能。而能发挥该功能与作用，则是共享单车投放市场营运之后。因此，钧正公司将组装了被诉侵权的太阳能电池组件产品的共享单车投放到深圳市场进行营运之初，为保证共享单车实际被使用时能正常使用，应当维持太阳能电池持续不断地为共享单车开关锁提供电能，该过程需要钧正公司使用电池组件产品，利用太阳能给电池充电。作为营运方，钧正公司也需要对共享单车进行日常维护，使用电池组件产品。钧正公司将共享单车投放市场进行营运，对电池组件产品实际进行使用，显然已经超出其将电池组件产品作为零部件组装到共享单车上的使用范畴。钧正公司作为共享单车的营运方，在向市场投放共享单车的实际经营中，对被诉侵权的太阳能电池组件产品进行使用，此行为并非市场终端消费者的使用行为，属于为生产经营目的的使用行为。该使用行为发生在深圳市，深圳市为侵权行为实施地。一审法院作为使用被诉侵权产品的侵权行为地人民法院，对本案享有管辖权。

——《最高人民法院知识产权法庭裁判要旨（2019）》（2020 年 4 月 16 日）、《最高人民法院知识产权案件年度报告（2109）》（2020 年 4 月 23 日）。

158. 管辖连结点应当根据当事人主张的法律关系的性质确定

关键词

计算机软件开发合同　约定管辖　管辖连结点

最高人民法院裁判文书

天地阳光通信科技（北京）有限公司与陈捷、王运芝清算责任纠纷案

［最高人民法院（2019）最高法民辖 56 号民事裁定书］

裁判要旨：管辖连结点应当根据当事人主张的法律关系的性质确定。技术开发合同中明确约定的管辖条款未违反法律规定，应当据此确定管辖法院。

最高人民法院认为：案件管辖问题应当根据当事人主张的法律关系的性质确定。首先，根据原告天地阳光公司的起诉状，其基于与长沙梓曈公司签订的开发合同，向陈捷、王运芝提出退还已付合同款 70 万元并支付赔偿款 40 万元等诉讼请求。陈捷、王运芝并非开发合同的一方当事人，系因长沙梓曈公司已注销，而陈捷、王运芝承诺承担偿还责任，故作为被告进入诉讼。由于长沙梓曈公司未经依法清算即办理注销登记，本案不属于《最高人民法院关于适用〈中华人民共和国公司法〉若干问题的规定（二）》第二十四条中的"公司清算案件"，故不能依据该条中有关"公司清算案件由公司住所地人民法院管辖"规定确定管辖。其次，虽然陈捷、王运芝并非本案开发合同的一方当事人，但其作为公司股东，在长沙梓曈公司注销登记时作出"如企业存在未清算的债务，全体股东盲愿依法承担清偿责任"的承诺，属于对长沙梓曈公司原债务的承继，应受原法律关系的约束。因此，本案应按基础法律关系即开发合同关系确定管辖法院。第三，天地阳光公司与长沙梓曈公司在开发合同中明确约定纠纷的管辖法院为甲方即天地阳光公司所在地有管辖权的法院，该管辖条款的约定不违反法律法规的规定，为有效条款，应按此约定确定管辖法院。因本案为涉及计算机源代码的技术开发合同纠纷，且原告天地阳光公司的住所地在北京市海淀区，故根据民事诉讼法第三十四条及《最高人民法院关于北京、上海、广州知识产权法院案件管辖的规定》第一条第一项的规定，北京知识产权法院对本案具有管辖权。

——《最高人民法院知识产权法庭裁判要旨（2019）》（2020 年 4 月 16 日）《最高人民法院知识产权案件年度报告（2109）》（2020 年 4 月 23 日）。

159. 境外寄交管辖权异议申请的审查

关键词

境外寄交　管辖权异议

最高人民法院审判业务意见

9. 当事人从中华人民共和国领域外寄交或者托交管辖权异议申请的，应当提交其主体资格证明以及有效联系方式；未提交的，人民法院对其提出的管辖权异议不予审查。

——《最高人民法院关于印发〈全国法院涉外商事海事审判工作座谈会会议纪要〉的通知》（2021 年 12 月 31 日，法〔民四〕明传〔2021〕60 号）。

160. “原就被”原则在当事人协议选择的外国法院拒绝管辖时的适用

关键词

协议选择　外国法院拒绝管辖　与中国法院的合理联系　“原就被”原则的适用

最高人民法院答复

江苏省高级人民法院：

你院《关于原告江苏普泽环境工程有限公司与被告中国水电建设集团国际工程有限公司建设工程施工合同纠纷一案报请指定管辖的请示》〔（2021）苏民辖 254 号〕收悉。

关于本案的管辖问题，我院曾于 2020 年 12 月 25 日对你院（2020）苏民辖 326 号请示进行了答复，指出因双方当事人依据管辖协议在越南法院解决争议的目的确已不能实现，应依据国内民事诉讼的相关规定确定本案的管辖法院，并要求常州市金坛区人民法院依据《中华人民共和国民事诉讼法》（以下简称民事诉讼法）的规定对其是否享有管辖权进行判断。现你院以该案应由被告住所地人民法院管辖，而被告住所地法院位于江苏省高级人民法院辖区之外为由，再次向我院报请。

我院认为，根据民事诉讼法第三十六条[①]之规定，如受理本案的法院认为该案不属于该院管辖，应直接移送有管辖权的人民法院。为提高纠纷解决的效率，经研究，我院答复如下：

案涉工程位于越南，虽然当事人协议选择将争议交由越南法院管辖，但越南法院已经明确拒绝行使管辖权。争议双方均为中国法人，住所地均位于国内。基于当事人约定的管辖法院已经明确拒绝行使管辖权的客观事实，考虑到当事人与中国法院存在合理联系，对中国籍当事人选择在中国法院通过诉讼途径解决争议的程序权利应予以尊重和保护。“原告就被告”系各国普遍

① 现为《民事诉讼法》（2021 年修正）第三十七条。

确立的一项基本的管辖原则，民事诉讼法第二十一条第二款[1]规定："对法人或者其他组织提起的民事诉讼，由被告住所地人民法院管辖。"鉴于本案的客观情况，本案的管辖应依据该规定确定，即由被告住所地对一审涉外民商事案件具有管辖权的法院行使管辖权。根据本案原告诉请涉及的标的额及案件性质，本案应移送北京市海淀区人民法院管辖。

综上，请你院依据民事诉讼法第三十六条的规定，通知常州市金坛区人民法院尽快将案件移送北京市海淀区人民法院。

此复

——《最高人民法院对〈关于原告江苏普泽环境工程有限公司与被告中国水电建设集团国际工程有限公司建设工程施工合同纠纷一案报请指定管辖的请示〉的答复（2021 年 11 月 25 日，（2021）最高法民他 350 号）。

九、其 他

161. 建立与行政区划适当分离的司法管辖制度

关键词

管辖

最高人民法院司法政策精神

（一）建立与行政区划适当分离的司法管辖制度

建立中国特色社会主义审判权力运行体系，必须从维护国家法制统一、体现司法公正的要求出发，探索建立确保人民法院依法独立公正行使审判权的司法管辖制度。到 2017 年底，初步形成科学合理、衔接有序、确保公正的司法管辖制度。

1. 设立最高人民法院巡回法庭。最高人民法院设立巡回法庭，审理跨行政区划的重大民商事、行政等案件，确保国家法律统一正确实施。调整跨行政区划重大民商事、行政案件的级别管辖制度，实现与最高人民法院案件管辖范围的有序衔接。

2. 探索设立跨行政区划的法院。以科学、精简、高效和有利于实现司法公正为原则，探索设立跨行政区划法院，构建普通类型案件在行政区划法院

① 现为《民事诉讼法》（2021 年修正）第二十二条第二款。

受理、特殊类型案件在跨行政区划法院受理的诉讼格局。将铁路运输法院改造为跨行政区划法院，主要审理跨行政区划案件、重大行政案件、环境资源保护、企业破产、食品药品安全等易受地方因素影响的案件、跨行政区划人民检察院提起公诉的案件和原铁路运输法院受理的刑事、民事案件。

3. 推动设立知识产权法院。根据知识产权案件的特点和审判需要，建立和完善符合知识产权案件审判规律的专门程序、管辖制度和审理规则。

4. 改革行政案件管辖制度。通过提级管辖和指定管辖，逐步实现易受地方因素影响的行政案件由中级以上人民法院管辖。规范行政案件申请再审的条件和程序。

5. 改革海事案件管辖制度。进一步理顺海事审判体制。科学确定海事法院管辖范围，建立更加符合海事案件审判规律的工作机制。

6. 改革环境资源案件管辖制度。推动环境资源审判机构建设。进一步完善环境资源类案件的管辖制度。

7. 健全公益诉讼管辖制度。探索建立与检察机关提起的公益诉讼相衔接的案件管辖制度。

8. 继续推动法院管理体制改革。将林业法院、农垦法院统一纳入国家司法管理体系，理顺案件管辖机制，改革部门、企业管理法院的体制。

9. 改革军事司法体制机制。完善统一领导的军事审判制度，维护国防利益，保障军人合法权益，依法打击违法犯罪。

——《最高人民法院关于全面深化人民法院改革的意见——人民法院第四个五年改革纲要（2014—2018）》（2015 年 2 月 4 日，法发〔2015〕3 号）。

附录：最高人民法院主流观点

关于巡回法庭的受案范围。根据《规定》，巡回法庭审理或者办理巡回区内应当由最高人民法院受理的以下案件：（1）全国范围内重大、复杂的第一审行政案件；（2）在全国有重大影响的第一审民商事案件；（3）不服高级人民法院作出的第一审行政或者民商事判决、裁定提起上诉的案件；（4）对高级人民法院作出的已经发生法律效力的行政或者民商事判决、裁定、调解书申请再审的案件；（5）刑事申诉案件；（6）依法定职权提起再审的案件；（7）不服高级人民法院作出的罚款、拘留决定申请复议的案件；（8）高级人民法院因管辖权问题报请最高人民法院裁定或者决定的案件；（9）高级人民法院报请批准延长审限的案件；（10）涉港澳台民商事案件和司法协助案件；（11）最高人民法院认为应当由巡回法庭审理或者办理的其他案件。巡回法庭还依法办理巡回区内向最高人民法院提出的来信来访事项。

综合考虑各种因素，知识产权、涉外商事、海事海商、死刑复核、国家赔偿、执行案件和最高人民检察院抗诉的案件暂由最高人民法院本部审理或者办理。

关于跨行政区划人民法院的案件管辖范围。根据中央通过的试点方案，跨行政区划人民法院经所在地高级人民法院以司法文件形式指定管辖下列案件：（1）跨地区的行政诉讼案件；（2）跨地区的重大民商事案件；（3）跨地区的重大环境资源保护案件、重大食品药品安全案件等；（4）跨行政区划人民检察院提起公诉的案件；（5）高级人民法院指定管辖的其他特殊案件。为保持管辖范围上的连续性，跨行政区划人民法院仍管辖原铁路运输法院受理的刑事、民事案件。

关于知识产权法院的管辖范围。为进一步规范知识产权案件的管辖范围，依法及时受理知识产权案件，保障当事人诉讼权利，最高人民法院于2014年11月发布《关于北京、上海、广州知识产权法院案件管辖的规定》。该规定共八条，主要涉及知识产权法院案件的管辖和审级关系，包括一审管辖、跨区域管辖、专属管辖、二审管辖、上诉管辖以及未结案处理等。具体而言，知识产权法院管辖所在市辖区内的下列第一审案件：（1）专利、植物新品种、集成电路布图设计、技术秘密、计算机软件等技术类民事和行政案件；（2）对国务院部门或者县级以上地方人民政府所作的涉及著作权、商标、不正当竞争等行政行为提起诉讼的行政案件；（3）涉及驰名商标认定的民事案件。其中，广州知识产权法院对广东省内上述第（1）项和第（3）项规定的案件实行跨区域管辖。当事人对知识产权法院所在市的基层人民法院作出的第一审著作权、商标、技术合同、不正当竞争等知识产权民事和行政判决、裁定提起的上诉案件，由知识产权法院审理。当事人对知识产权法院作出的第一审判决、裁定提起的上诉案件和依法申请上一级法院复议的案件，由知识产权法院所在地的高级人民法院知识产权审判庭审理。北京知识产权法院因位于首都，对部分第一审行政案件享有专属管辖权：（1）不服国务院部门授权确权类裁定或者决定的知识产权授权确权类行政案件；（2）与知识产权强制许可有关的行政案件；（3）与知识产权授权确权有关的其他行政行为引发的行政案件。

关于完善环境资源类案件的管辖制度。生态环境具有整体性和区域性的内在特征，相应地也要求进行整体性的司法保护。但是，目前无论是行政执法机关，还是司法机关，基本上都是以行政区划为界行使权力，难以解决行政区之间的污染转移问题与跨行政区划的环境保护问题。三中全会《决定》明确提出，探索建立与行政区划适当分离的司法管辖制度，这与环境资源审判的特点正相契合。一是考虑水、空气等环境介质往往跨行政区划流动这一因素，积极探索与行政区划适当分离的环境资源类案件集中管辖制度。二是考虑我国地区间发展不平衡，各地司法机关承担的业务量也有较大差距，结合各地的环境资源案件量，实行对环境资源案件集中管辖，有效解决跨行政区划污染。三是考虑环境公益诉讼案件涉及社会公共利益、受害者众多的特点，第一审环境民事公益诉讼案件可以由污染环境、破坏生态行为发生地、损害结果地或者被告住所地的中级人民法院管辖。如2015年发布的《最高人民法院关于适用〈中华人民共和国民事诉讼法〉的解释》（法释〔2015〕5号）第二百八十五条规定："公益诉讼案件由侵权行为地或者被告住所地中级人民法院管辖，但法律、司法解释另有规定的除外。因污染海洋环境提起的公益诉讼，由污染发生地、损害结果地或者采取预防污染措施地海事法院管辖。对同一侵权行为分别向两个以上人民法院提起公益诉讼的，由最先立案的人民法院管辖，必要时由它们的共同上级人民法院指定管辖。"

——最高人民法院司法改革领导小组办公室编写：《〈最高人民法院关于全面深化人民法院改革的意见〉读本》，人民法院出版社2015年版，第39、44、47、59页。

162. 巡回法庭的性质和受案范围

关键词

巡回法庭

最高人民法院司法解释

第二条 巡回法庭是最高人民法院派出的常设审判机构。巡回法庭作出的判决、裁定和决定，是最高人民法院的判决、裁定和决定。

第三条 巡回法庭审理或者办理巡回区内应当由最高人民法院受理的以下案件：

（一）全国范围内重大、复杂的第一审行政案件；

（二）在全国有重大影响的第一审民商事案件；

（三）不服高级人民法院作出的第一审行政或者民商事判决、裁定提起上诉的案件；

（四）对高级人民法院作出的已经发生法律效力的行政或者民商事判决、裁定、调解书申请再审的案件；

（五）刑事申诉案件；

（六）依法定职权提起再审的案件；

（七）不服高级人民法院作出的罚款、拘留决定申请复议的案件；

（八）高级人民法院因管辖权问题报请最高人民法院裁定或者决定的案件；

（九）高级人民法院报请批准延长审限的案件；

（十）涉港澳台民商事案件和司法协助案件；

（十一）最高人民法院认为应当由巡回法庭审理或者办理的其他案件。

巡回法庭依法办理巡回区内向最高人民法院提出的来信来访事项。

第四条 知识产权、涉外商事、海事海商、死刑复核、国家赔偿、执行案件和最高人民检察院抗诉的案件暂由最高人民法院本部审理或者办理。

第五条 巡回法庭设立诉讼服务中心，接受并登记属于巡回法庭受案范围的案件材料，为当事人提供诉讼服务。对于依照本规定应当由最高人民法院本部受理案件的材料，当事人要求巡回法庭转交的，巡回法庭应当转交。

巡回法庭对于符合立案条件的案件，应当在最高人民法院办案信息平台统一编号立案。

第六条 当事人不服巡回区内高级人民法院作出的第一审行政或者民商事判决、裁定提起上诉的，上诉状应当通过原审人民法院向巡回法庭提出。当事人直接向巡回法庭上诉的，巡回法庭应当在五日内将上诉状移交原审人民法院。原审人民法院收到上诉状、答辩状，应当在五日内连同全部案卷和证据，报送巡回法庭。

第七条 当事人对巡回区内高级人民法院作出的已经发生法律效力的判决、裁定申请再审或者申诉的，应当向巡回法庭提交再审申请书、申诉书等材料。

——《最高人民法院关于巡回法庭审理案件若干问题的规定》（2016年12月27日修正）。

附录：最高人民法院法官著述

二、关于巡回法庭机构性质

考虑到外界对巡回法庭的机构性质和职能定位存在多种解读，《规定》第二条明确了巡回法庭的机构性质，强调巡回法庭是最高人民法院的重要组成部分。巡回法庭是最高人民法院派出的常设审判机构，不是一个独立的法院，巡回法庭的审级就是最高人民法院审级；巡回法庭作出的判决、裁定和决定，就是最高人民法院的判决、裁定和决定，盖最高人民法院印章。

三、关于巡回法庭受案范围

《规定》第三条和第四条分别从受理的案件和暂不受理的案件两个方面，明确了巡回法庭受案范围。

确定巡回法庭的受案范围，主要依照以下几个原则：

一是依法原则。巡回法庭作为最高人民法院的派出机构，审理或办理的案件必须是根据人民法院组织法、行政诉讼法、民事诉讼法、刑事诉讼法等法律应当由最高人民法院受理的案件。所谓受案范围，也只是在最高人民法院内部进行的职能分工。

二是价值平衡原则。哪些案件适宜放到巡回法庭审理，哪些适宜由最高人民法院本部办理，与巡回法庭的功能定位、价值取向和办案保障等存在密切关系。对于由巡回法庭审理更有利于减轻群众诉累，节约司法成本的，可以放到巡回法庭审理，免去当事人奔波劳苦；对于统一法律适用具有重大指导意义的，或者不宜由巡回法庭审理的，仍应当由最高人民法院本部审理或办理。

三是稳妥有序原则。改革需要探索实践，又要稳妥有序，必须充分考虑最高人民法院的职能定位、案件数量和类型、审判资源配置和内设机构设置等情况，合理确定本部与巡回法庭的分工，并逐步在改革过程中完善。

关于巡回法庭的受案范围，有以下几个问题需要说明：

（一）关于行政和民商事一审案件

《规定》起草过程中，一种意见认为，由最高人民法院审理一审案件应当特别慎重。最高人民法院作为最高审判机关，作出的第一审判决、裁定就是终审的判决、裁定。自最高人民法院建院以来，由最高人民法院审理的第一审案件屈指可数，未来也不宜过多。第二种意见认为，在短期内不能设立跨行政区划高级法院的情况下，由巡回法庭审理在全国有重大影响的第一审行政和民商事案件，符合诉讼法规定，也有利于依法及时公正审理跨省级行政区划的重大案件，确保国家法律统一正确实施。《规定》采纳了第二种意见，在第三条第一款第（一）（二）项对巡回法庭受理的第一审行政、民商事案件范围作出规定。当然，巡回法庭是否受理这类第一审案件，必须综合案件重大复杂程度、社会关注程度等多种因素综合判断，从严掌握。

（二）关于行政和民商事二审、申请再审案件

《规定》起草过程中，一种意见认为，按照四中全会《决定》的表述，巡回法庭应侧重审理跨行政区划重大行政和民商事案件。多数意见认为，跨行政区划案件数量较少，标准亦难确定，试点阶段不宜将受案范围定得过紧。《规定》采纳了多数意见，在第三条第一款第（三）（四）项明确：巡回法庭受理对巡回区内高级人民法院作出的第一审行政或者民商事判决、裁定提起上诉的案件；对巡回区内高级人民法院作出的已经发生法律效力的行政或者民商事判决、裁定、调解书申请再审的案件。

（三）关于刑事案件（略）

（四）关于依照职权提起再审的案件

《规定》第三条第一款第（六）项为依职权启动审判监督程序的案件。是指根据三大诉讼法的规定，最高人民法院对巡回区内地方各级人民法院已经发生法律效力的判决、裁定、调解书，发现确有错误，按照审判监督程序依职权主动提审或指令下级人民法院再审的案件。

（五）关于涉外和涉港澳台案件

《规定》起草过程中，一种意见认为，涉外案件对统一法律适用意义重大，应统一由最高人民法院本部审理。另一种意见认为，涉外案件目前已比较普遍，多数不涉及重大复杂法律问题，可以由巡回法庭审理。最高人民法院审判委员会认为，普通的涉外民事案件如涉外婚姻、涉外继承等在巡回法庭审理，更有利于便利群众诉讼，而涉外商事案件往往要考虑相关法律规则的统一适用，更适宜由最高人民法院本部审理。因此，《规定》第四条明确涉外商事案件由最高人民法院本部审理。

需要强调的是，《规定》所指的涉外商事案件并不包括涉港澳台商事案件。为了方便港澳台居民诉讼，便于开展区际司法协助，向港澳台地区展示最高人民法院的司法形象，《规定》第三条第一款第（十）项将办理涉港澳台民商事案件和司法协助案件列入巡回法庭工作范围。其中，涉港澳台司法协助案件主要包括涉及港澳台的文书送达、调查取证、罪赃移交、裁判认可和罪犯移管（接返）等。

（六）关于程序性事项

《规定》第一条第一款第（八）、（九）项主要涉及适宜由巡回法庭办理的一些程序性事项，包括巡回区内高级人民法院报请指定管辖的案件、巡回区内跨省级行政区划的法院之间的管辖权争议案件、巡回区内高级人民法院报请批准管辖权转移的案件、巡回区内高级人民法院报请批准延长审限的案件等。需要注意的是，由巡回法庭受理的法院之间管辖权争议案件，双方必须在同一个巡回区内，比如广东省广州市中级人民法院和广西壮族自治区桂林市中级人民法院之间的管辖权争议，可以报请最高人民法院第一巡回法庭指定管辖；如果双方不在一个巡回区，如广东省广州市中级人民法院和江苏省南京市中级人民法院之间的管辖权争议，则应由最高人民法院本部指定管辖。

（七）关于依法办理来信来访事项

从落实中央关于巡回法庭就地及时化解矛盾纠纷、便利当事人、回应群众关切的角度考虑，巡回法庭应当依法办理巡回区内向最高人民法院提出的来信来访事项。《规定》起草过程中，多数意见认为，在实行“诉访分离”和涉诉信访制度改革后，不应突出巡回法庭办理信访事项的功能。因此，《规定》强调了“依法办理”，并且把传统意义的信访案件表述为“来信来访事项”。同时需要强调的是，虽然巡回法庭可以接待来访，但也必须是按照有关规定和程序应当由最高人民法院处理的来访事项。根据《人民法院涉诉信访依法终结工作办法》（法〔2014〕359号）依法终结的信访事项，巡回法庭不再办理。

《规定》第三条第一款第（十一）项为兜底条款，供最高人民法院进一步扩大或收缩巡回法庭的受理案件范围使用。

——贺小荣、何帆、马渊杰：《〈最高人民法院关于巡回法庭审理案件若干问题的规定〉的理解与适用》，载江必新主编：《最高人民法院司法解释与指导性案例理解与适用》第四卷，人民法院出版社2016年版，第750~753页。

第二章　司法责任制与审判组织

一、司法责任制

163. 如何理解“人民法院依照法律规定独立行使审判权”，为什么不能将司法责任制理解为“法官独立”

关键词

司法责任制　独立行使审判权　法官独立

附录：最高人民法院主流观点

我国《宪法》第一百三十一条规定：“人民法院依照法律规定独立行使审判权，不受行政机关、社会团体和个人的干涉。”《人民法院组织法》第四条规定：“人民法院依照法律规定独立行使审判权，不受行政机关、社会团体和个人的干涉。”对该条的理解，应当包括以下三个层次：

第一，独立行使审判权的主体是人民法院。人民法院是国家审判机关，其他任何机关都没有司法审判权。实践中，代表人民法院行使审判权的，是独任庭、合议庭、审判委员会、赔偿委员会四类法律规定的审判组织，裁判最终也是以人民法院名义作出的。需要注意的是，尽管司法责任制改革提出“让审理者裁判，由裁判者负责”，但这里的“审理者”不特指法官个体，而是指法定审判组织。法官依法履行法定职责受法律保护，有权就参与审理案件的证据采信、事实认定、法律适用、裁判结果、诉讼程序等问题独立发表意见。但所谓“独立发表意见”只是指发表个人意见。法官个人意见需要符合法定条件、经过法定程序，才能上升为法院意见，具体意见在裁判文书上的表述是“本院认为”，而非“本人认为”。不能将“独立行使审判权”错误理解为“法官独立”。

第二，独立行使审判权不代表法院独立。中国共产党领导是中国特色社会主义最本质的特征。各级人民法院必须认真贯彻落实《中国共产党政法工作条例》，牢牢坚持党对人民法院工作的绝对领导。我国实行人民代表大会制度，国家行政机关、监察机关、审判机关、检察机关都由人民代表大会产生，对它负责，受它监督。最高人民法院对全国人民代表大会及其常务委员会负责并报告工作。地方各级人民法院对本级人民代表大会及其常务委员会负责并报告工作。各级人民代表大会及其常务委员会对本级人民法院的工作实施监督。这与西方基于“三权鼎立”政治体制的“司法独立”有本质不同。

第三，人民法院不得执行任何违反法定职责或法定程序、有碍司法公正的要求。为贯彻落实党的十八届四中全会决定中关于“支持法院、检察院依法独立公正行使职权”的要求，中共中央办公厅、国务院办公厅、中央政法委、最高人民法院先后发布一系列文件，确保人民法院依法独立公正行使审判权。根据上述文件要求，除了不受行政机关、社会团体和个人的干涉，人民法院不得执行任何单位或者领导干部违反法定职责或法定程序、有碍司法公正的要求。对司法工作负有领导职责的机关，因履行职责需要，可以依照工作程序了解案件情况，组织研究司法政策，统筹协调依法处理工作，督促司法机关依法履行职责，为司法机关创造公正司法的环境，但不得对案件的证据采信、事实认定、法律适用等司法裁判行为作出具体干预。对任何单位或者个人干预司法活动、插手具体案件处理的情况，人民法院工作人员应当全面、如实记录。有关机关应当根据相关规定对干预司法活动和插手具体案件处理的相关责任人予以通报直至追究有关责任。

——最高人民法院政治部、最高人民法院司法改革领导小组办公室编:《人民法院全面落实司法责任制读本》，人民法院出版社2021年版，第68~69页。

164. 如何理解“权责统一”的审判权力运行机制

关键词

司法责任制　权责统一　审判权力运行机制

附录：最高人民法院主流观点

审判权力运行机制是司法责任制改革的核心。“权责统一”是完善审判权力运行机制必须坚持的一项核心原则，可以从以下三个方面来理解：

第一，“权责统一”是权力运行的一般规律。权力是责任的来源，责任是对权力的约束。审判权作为对司法案件的判断权和裁量权，是国家权力的一种具体表现形式，遵循权力运行的一般规律，即“有权必有责，用权必担责”。只有坚持“权责统一”，确保享受多大权力，就承担多大责任，才能最大限度防止审判权行使的恣意与任性，形成有效制度约束，促使审判权依法规范运行。

第二，“权责统一”是审判权运行的必然要求。审判权的科学规范运行需以清晰的职责权限为前提，明确各类司法主体到底享有哪些权利，应承担哪些责任，确保权力和责任对等一致。只有坚持“权责明晰、权责统一”，才能形成科学的权力边界、规范的行权方式、合理的责任范围，使司法主体形成明确的行为预期和履职指引，实现法定职责必须为、法无授权不可为。

第三，“权责统一”是责任追究的正当性基础。实践证明，之所以出现审者不判、判者不审、审判效率低下、责任推诿扯皮等情形，与权责不统一有很大关系。传统层层汇报、层层审批的审判权运行模式，导致各类司法主体职责交叉、权力分散、责任不清，看似层层负责，实则无人担责。只有坚持“权责统一”，真正实现权力与责任相匹配，职责与义务相对应，才能理顺审判权行使和司法问责的内在关系，保障责任追究的正当性、公平性、合理性，确保人民法院依法独立公正行使审判权。

——最高人民法院政治部、最高人民法院司法改革领导小组办公室编:《人民法院全面落实司法责任制读本》，人民法院出版社2021年版，第69~70页。

165. 司法责任制是否意味着司法问责制

关键词

司法责任制　司法问责制

附录：最高人民法院主流观点

司法责任制并不等同于司法问责制，司法责任制的内涵可以从广义和狭义两个方面来理解。

在广义上，司法责任制是包含了审判权力运行机制、违法审判责任追究机制、司法职业保障机制和司法质效保障机制在内的，“权、责、利、效”四位一体的制度体系。司法问责仅是司法责任制的部分内涵。司法责任制改革并不以司法问责追责为根本目标，重点在于科学划定审判权力运行边界和各类主体职责，确保审判权力依法独立公正行使。

在狭义上，司法责任也包含两层含义，一是各类司法人员依法应当承担的法定义务，司法责任即司法职责；二是因履职行为不当依法应当承担的不利后果，即对违法审判责任的归责、问责和追责。因此，即便是对司法责任的狭义解释，也不能将司法责任制简单等同于司法问责制。

——最高人民法院政治部、最高人民法院司法改革领导小组办公室编：《人民法院全面落实司法责任制读本》，人民法院出版社 2021 年版，第 70 页。

166. 如何理解司法责任制与民主集中制的关系

关键词

司法责任制　民主集中制

最高人民法院司法政策精神

七、合议庭评议时，如果意见存在分歧，应当按照多数意见作出决定，但是少数意见应当记入笔录。

合议庭可以根据案情或者院庭长提出的监督意见复议。合议庭无法形成多数意见时，审判长应当按照有关规定和程序建议院庭长将案件提交专业法官会议讨论，或者由院长将案件提交审判委员会讨论决定。专业法官会议讨论形成的意见，供合议庭复议时参考；审判委员会的决定，合议庭应当执行。

——《最高人民法院关于规范合议庭运行机制的意见》（2022 年 10 月 26 日，法发〔2022〕31 号）。

附录：最高人民法院主流观点

民主集中制是中国共产党的根本组织原则和领导制度，也是宪法确定的治国理政原则，充分体现了我们党的政治优势、组织优势、制度优势、工作优势。作为组织原则和工作方法，民主集中制应当贯穿于人民法院党建队建、审判执行、司法行政等工作全过程。具体到审判工作，应当从法院整体责任角度，科学、准确地适用民主集中制原则。

第一，在审判组织依法履职尽责上体现民主集中制。民主集中制是在充分民主基础上的集中，必须尊重每个人发表意见的权利、尊重多数人意见，既要防止个人专断、架空集体，又要防止互相推诿、效率低下。按照司法责任制改革要求，合议庭审理案件形成的裁判文书，经合议庭组成人员签署，由人民法院发布。合议制要求合议庭成员平等行权、共同决策、集体担责，绝不允许承办法官一人大包大揽，坚决禁止以各种方式排斥其他合议庭成员参与审理。合议庭内部分歧较大，无法形成多数意见时，可以将案件提交专业法官会议讨论，必要时提请审判委员会讨论，防止议而不决、决而不行。

第二，在院庭长依法监督管理上体现民主集中制。实行民主集中制的前提，在于监督管理者有明晰的职责范围和权力清单，确保民主时充满活力、集思广益，集中时有理有据、决策有力。司法责任制是个整体概念，既包括审判责任，也包括审判监督管理责任。对于疑难、复杂且在社会上有重大影响的“四类案件”，院庭长有权要求独任庭或合议庭报告案件进展和评议结果。对于审判质效、类案同判、纪律作风中存在的问题，院庭长应当依职权提出监督纠正意见。总之，院庭长在权力职责清单范围内按程序履行监督管理职责的，不属于不当过问或干预案件；因怠于或不当行使监督管理权造成严重后果的，应当追究院庭长相应责任。

第三，在构建审判权力运行体系上体现民主集中制。只有构建权责明晰、权责统一、监督有力、运转有序的审判权力运行体系，才有利于民主集中制充分发挥作用。在发扬司法民主方面，要确保机制有序衔接、意见充分发表、行权全程留痕。充分尊重审判组织的主体地位，哪怕院庭长不同意独任庭、合议庭的决定，也只能通过专业法官会议、审判委员会发表意见。对于专业法官会议形成的意见，独任庭、合议庭可以独立决定是否采纳，复议后仍未采纳的，院庭长可以提请审判委员会讨论决定。在正确实行集中方面，要确保院庭长审判监督机制、专业法官会议讨论咨询机制、审判委员会科学决策机制相互呼应、形成合力，不制造任何缺乏监督的空白地带，也不给恣意妄为者留下任何可资利用的制度空间。独任庭、合议庭不采纳专业法官会议意见的，应当在办案系统中标注并说明理由，提请院庭长监督。院长按照审判监督权限要求提请审判委员会讨论的，独任庭或合议庭应当无条件配合。审判委员会是人民法院内部的最高审判组织。对于审判委员会的决定，独任庭或合议庭应当执行，审判委员会讨论案件的决定及其理由应当在裁判文书中公开，法律规定不公开的除外。

各级人民法院要充分理解全面落实司法责任制和严格坚持民主集中制的关系，强化提升广大法院干警的民主集中制意识和认识水平，善于运用民主集中制的组织原则和工作方法干好审判执行工作，推动司法责任制改革全面落地见效。

——最高人民法院政治部、最高人民法院司法改革领导小组办公室编：《人民法院全面落实司法责任制读本》，人民法院出版社 2021 年版，第 71~72 页。

167. 实行随机分案制度后，如何确定案件承办法官

关键词

司法责任制　随机分案制度　案件承办法官

附录：最高人民法院主流观点

司法责任制改革推开后，各级人民法院应当在加强审判专业化建设基础上，实行“随机分案为主、指定分案为辅”的案件分配制度。具体要求是：

第一，根据审判领域类别和繁简分流安排，随机确定案件承办法官，系列性、群体性或者关联性案件原则上由同一审判组织办理。承办法官一经确定，不得擅自变更。因存在法定回避情形或工作调动、身体健康、廉政风险等事由确需调整承办法官的，应当依法由院长、副院长、庭长按权限审批决定，调整理由及结果应当在办公办案平台上公示，并及时通知诉讼当事人。

第二，一般情况下，可以指定分案的案件类型主要包括：（1）重大、疑难、复杂或具有普遍法律适用指导意义的案件；（2）系列性、群体性或关联性案件；（3）与本院或上级人民法院的类案判决可能发生冲突的案件；（4）本院提审的案件；（5）上级人民法院发回重审、指令再审的案件；（6）院庭长根据个案监督工作需要，提出分案建议的案件；（7）其他不适宜随机分案的案件。这些案件也可以直接由院庭长作为审判长或者承办法官审理。

第三，各级人民法院应当结合本院实际，以案件随结随报为基础，科学测算法官办案饱和度，合理确定不同岗位法官的年度工作总量。根据承办法官接受随机分案、指定分案情况、收结案办理情况、承担调研任务和综合事务情况，统筹调配全院案件，实现分案均衡，防止忙闲不均，确保案件分配机制与审判绩效考评机制、绩效奖金分配机制有序衔接。

——最高人民法院政治部、最高人民法院司法改革领导小组办公室编：《人民法院全面落实司法责任制读本》，人民法院出版社2021年版，第74页。

168. 人民法院应当如何运用审判权责清单

关键词

司法责任制　审判权责清单

附录：最高人民法院主流观点

《最高人民法院关于完善人民法院审判权力和责任清单的指导意见》第四条规定，院庭长在正面清单规定范围内依法履行审判监督管理职责的，不属于违反规定过问和干预案件，审判人员在正面清单规定范围内依法履职尽责的，不承担违法审判责任。第十一条规定，各类审判人员有负面清单规定行为的，应当严格按照有关规定认定和追究责任。

根据上述规定，权责清单可以分为正面清单和负面清单。正面清单主要明确不同类型的审判人员在案件办理、审判管理、审判监督等工作中的具体职责，可以用于为院庭长行使审判监督管理权、法官履行办案职责提供依据；负面清单主要明确审判人员违规办案、违法审判、违法监督管理以及违反职业道德准则的具体行为，可以作为业绩考评、追究违法审判责任、实行惩戒、追究纪律责任乃至刑事责任的重要依据。

考虑到权责清单主要以列举形式规定具体权责和负面行为，为确保清单规定的内容能够涵盖审判工作的各个方面，势必需要通过兜底条款来囊括那些暂时还难以列入清单的具体情形。这就需要我们在解释兜底条款时，根据审判工作实际情况，区分正面清单和负面清单，采取不同的解释方法。一般而言，解释正面清单的兜底条款，应当充分考虑到审判工作的裁量性、多样性等特征，在遵循法律、司法解释和司法规范性文件精神的前提下，确保相关审判人员有充分依据完成审判职责，因此可以适当拓展正面清单兜底条款的外延；解释负面清单的兜底条款，则应当结合已列举的负面行为，并依照法律、司法解释的授权性规定和禁止性规定，遵循其内在逻辑，严格限缩兜底条款的涵盖范围，防止因无限扩大审判责任而导致妨碍法官正当履行审判职责。此外，依据负面清单追究审判人员责任时，还应当区分违法审判、违法监督管理、违反职业道德准则、违反工作纪律等不同性质、不同层次行为，防止追责事由泛化、追责单一化。

——最高人民法院政治部、最高人民法院司法改革领导小组办公室编:《人民法院全面落实司法责任制读本》，人民法院出版社 2021 年版，第 87~88 页。

169. 新型审判权力运行机制中如何实现“让审理者裁判”

关键词

审判权力运行机制　让审理者裁判　专业法官会议　审判委员会

最高人民法院司法政策精神

3. 坚持一岗双责、权责一致。加强法院基层党组织建设，以提升组织力、强化政治功能为重点，深入推进人民法院基层党组织组织力提升工程，调整优化基层党组织设置，加强党支部标准化规范化建设，切实把基层党组织建设成为推进人民法院改革发展的坚强战斗堡垒。坚持抓党建带队建促审判，切实加强审判执行机构、审判执行团队的政治建设和业务建设，健全完善审判执行团队的党团组织，提升团队组织力和战斗力。各级人民法院领导干部要在严格落实主体责任上率先垂范，充分尊重独任法官、合议庭法定审判组织地位，除审判委员会讨论决定的案件外，院长、副院长、庭长不再审核签发未直接参加审理案件的裁判文书，不得以口头指示等方式变相审批案件，不得违反规定要求法官汇报案件。严格落实《人民法院落实〈领导干部干预司法活动、插手具体案件处理的记录、通报和责任追究规定〉的实施办法》《人民法院落实〈司法机关内部人员过问案件的记录和责任追究规定〉的实施办法》，法官应当将过问、干预案件情况在网上办案系统如实记录，并层报上级人民法院。

4. 加强基层人民法院审判团队建设。基层人民法院应当根据案件数量、案件类型、难易程度和人员结构等因素，适应独任制、合议制的不同需要，统筹考虑繁简分流和审判专业化分工，因地制宜地灵活组建审判团队。审判团队中法官与审判辅助人员实行双向选择与组织调配相结合，完善团队内部分工，强化审判团队作为办案单元和自我管理单元的功能，切实增强团队合力。统筹内设机构改革与审判团队建设，人员编制较少的基层人民法院可以设置综合审判庭或者不设审判庭，实行“院—综合审判庭”或者“院—审判团队”管理模式；人员编制较多的基层人民法院一般实行“院—审判庭—审判团队”的管理模式。

5. 明确司法人员岗位职责。各级人民法院应当根据法律规定和司法责任制要求，结合法院审级、案件类型、案件数量等实际情况，细化法官、法官助理、书记员等各岗位职责清单和履职指引，并嵌入办案平台。

6. 完善案件分配机制。各级人民法院应当健全随机分案为主、指定分案为辅的案件分配机制。根据审判领域类别和繁简分流安排，随机确定案件承办法官。系列性、群体性或者关联性案件原则上由同一审判组织办理。已组建专业化合议庭、专业审判团队或者速裁审判团队的，可以在合议庭或者审判团队内部随机分案。承办法官一经确定，不得擅自变更。因存在回避情形或者工作调动、身体健康、廉政风险等事由确需调整承办法官的，应当由院长、庭长按权限审批决定，调整结果应当及时通知当事人并在办案平台记载。

7. 全面推进院长、庭长办案常态化。各高级人民法院应当结合实际，科学合理、统一确定辖区内三级法院院长、庭长办案工作量。院领导办案工作量可以本院法官平均办案工作量或办理案件所属审判业务类别法官平均办案工作量为计算基数。科学统筹院领导办案类型，完善配套分案办法，健全院领导主要审理重大疑难复杂案件机制。加强对院长、庭长办案的网上公示和考核监督，充分发挥院长、庭长办案示范引领作用。担任领导职务的法官无正当理由不办案或者办案达不到要求的，应当退出员额。

8. 健全专业法官会议制度和审判委员会制度。各级人民法院应当健全专业法官会议制度，切实发挥专业法官会议统一法律适用、为审判组织提供法律咨询的功能。专业法官会议成员不以职务、等级为必要条件，参会人员地位平等。完善专业法官会议会前准备程序和议事规则，完善配套考核机制，提升专业法官会议质量。

健全专业法官会议与合议庭评议、审判委员会讨论的工作衔接机制。判决可能形成新的裁判标准或者改变上级人民法院、本院同类生效案件裁判标准的，应当提交专业法官会议或者审判委员会讨论。合议庭不采纳专业法官会议一致意见或者多数意见的，应当在办案系统中标注并说明理由，并提请庭长、院长予以监督，庭长、院长认为有必要提交审判委员会讨论的，应当按程序将案件提交审判委员会讨论。除法律规定不应当公开的情形外，审判委员会讨论案件的决定及其理由应当在裁判文书中公开。

9. 健全完善法律统一适用机制。各级人民法院应当在完善类案参考、裁判指引等工作机制基础上，建立类案及关联案件强制检索机制，确保类案裁判标准统一、法律适用统一。存在法律适用争议或者“类案不同判”可能的案件，承办法官应当制作关联案件和类案检索报告，并在合议庭评议或者专业法官会议讨论时说明。

10. 切实减轻审判事务性工作负担。审判辅助事务可以实行集约化管理，建立专门实施文书送达、财产保全、执行查控、文书上网、网络公告等事务的工作团队，提升工作效能。充分运用市场化、社会化资源，探索将通知送达、材料扫描、卷宗归档等辅助事务外包给第三方机构，将协助保全、执行送达等辅助事务委托给相关机构，提高办案效率。

——《最高人民法院关于进一步全面落实司法责任制的实施意见》（2018年12月4日，法发〔2018〕23号）。

170. 如何在新型监督管理机制中落实“由裁判者负责”的要求

关键词

审判监督管理机制　惩戒制度　由裁判者负责　违法审判责任追究

最高人民法院司法政策精神

11. 健全信息化全流程审判监督管理机制。全面支持网上办案、全程留痕、智能管理，智能预警监测审判过程和结果偏离态势，推动审判监督管理由盯人盯案、层层审批向全院、全员、全过程的实时动态监管转变，确保放权与监督相统一。

12. 加强审判、执行工作标准化、规范化建设。完善刑事、民事、行政、国家赔偿、执行等领域审判、执行流程标准，推进标准化、规范化建设与信息化建设深度融合，将立案、分案、送达、庭审、合议、宣判、执行到结案、归档的每个节点均纳入审判监督管理范围，严格落实审限管理，将监督事项嵌入办案平台，实现司法活动全程留痕、违规操作自动拦截、办案风险实时提示。

13. 细化落实院长、庭长审判监督管理权责清单。院长、庭长审判监督管理权力职责一般包括：（1）配置审判资源，包括专业化合议庭、审判团队组建模式及其职责分工；（2）部署综合工作，包括审判工作的安排部署、审判或者调研任务的分配、调整；（3）审批程序性事项，包括法律授权的程序性事项审批、依照规定调整分案、变更审判组织成员的审批等；（4）监管审判质效，包括根据职责权限，对审判流程进行检查监督，对案件整体质效的检查、分析、评估，分析审判运行态势，提示纠正不当行为，督促案件审理进度，统筹安排整改措施，对存在的案件质量问题集中研判等；（5）监督“四类案件”，对《最高人民法院关于完善人民法院司法责任制的若干意见》第24条规定的“四类案件”进行个案监督；（6）进行业务指导，通过审理案件、参加专业法官会议或者审判委员会等方式加强业务指导；（7）作出综合评价，在法官考评委员会依托信息化平台对法官审判绩效进行客观评价基础上，对法官及其他工作人员绩效作出综合评价；（8）检查监督纪律作风，通过接待群众来访、处理举报投诉、日常监督管理，发现案件审理中可能存在的问题，提出改进措施等。各级人民法院要根据法律规定和司法责任制要求，分别制定院长、副院长、审判委员会专职委员、庭长、副庭长的审判监督管理权力职责清单。院长、庭长在权力职责清单范围内按程序履行监督管理职责的，不属于不当过问或者干预案件。院长、庭长应当履行监督管理职责而不履行或怠于履行的，应当追究监督管理责任。

14. 进一步完善“四类案件”识别监管制度。各高级人民法院应当细化“四类案件”监管范围、发现机制、启动程序和监管方式。立案部门负责对涉及群体性纠纷、可能影响社会稳定等案件进行初步识别；承办法官在案件审理过程中发现属于“四类案件”范围的，应当主动向庭长、分管副院长报告；审判长认为案件属于“四类案件”范围的，应当提醒承办法官将案件主动纳入监督管理；审判管理机构、监察部门等经审查发现案件属于“四类案件”范围的，应当及时报告院长。探索“四类案件”自动化识别、智能化监管，对于法官应当报告而未报告的，院长、庭长要求提交专业法官会议、审判委员会讨论而未提交的，审判管理系统自动预警并提醒院长、庭长予以监督。院长、庭长对“四类案件”可以查阅卷宗、旁听庭审、查看案件流程情况，要求独任法官、合议庭在指定期限内报告案件进展情况和评议结果、提供类案裁判文书或者检索报告。院长、庭长行使上述审判监督管理权时，应当在办案平台标注、全程留痕，对独任法官、合议庭拟作出的裁判结果有异议的，可以决定将案件提交专业法官会议、审判委员会进行讨论，不得强令独任法官、合议庭接受自己意见或者直接改变独任法官、合议庭意见。

15. 强化案件质量评查。坚持案件常规随机评查、重点评查、专项评查相结合，重点评查发回重审案件、改判案件、信访案件以及曾纳入长期未结、久押不决督办范围的案件。依托信息化平台对已上网裁判文书、庭审公开情况进行质量评查，质量评查范围应当覆盖所有法官，全面提升法官责任意识。重点从案件评查中发现违法审判线索，并依照有关程序进行调查。严格区分审判质量瑕疵责任与违法审判责任，确保法官依法裁判不受追究、违法裁判必问责任。

16. 严格落实违法审判责任追究制度。各级人民法院对法官涉嫌违反审判职责行为要认真调查，法官惩戒委员会根据调查情况审查认定法官是否违反审判职责、是否存在故意或者重大过失，并提出审查意见，相关法院根据法官惩戒委员会的意见作出惩戒决定。法官违反审判职责行为涉嫌犯罪的，应当移交纪检监察机关、检察机关依法处理。法官违反审判职责以外的其他违纪违法行为，由有关部门调查，依照法律及有关规定处理。

17. 完善司法廉政风险防控体系。各级人民法院应当认真落实党风廉政建设主体责任和监督责任，自觉接受纪律监督、法律监督、舆论监督和社会监督，不断提高公正裁判水平。各级人民法院内部应当充分发挥司法巡查、审务督察、廉政监察员等功能作用，组织人事、纪检监察、审判管理部门与审判业务部门应当加强协调配合，形成内部监督合力。全面梳理办案流程、审限管理等关键节点，分析研判每个节点可能存在的办案风险，加强审判执行活动风险监控智能预警，促进司法廉政风险早发现、早预警、早处置。

——《最高人民法院关于进一步全面落实司法责任制的实施意见》（2018年12月4日，法发〔2018〕23号）。

二、审判委员会

171. 如何正确认识和理解人民法院审判委员会专业委员会会议

关键词

审判委员会　专业委员会会议

最高人民法院司法政策精神

6. 审判委员会会议分为全体会议和专业委员会会议。

专业委员会会议是审判委员会的一种会议形式和工作方式。中级以上人民法院根据审判工作需要，可以召开刑事审判、民事行政审判等专业委员会会议。

专业委员会会议组成人员应当根据审判委员会委员的专业和工作分工确定。审判委员会委员可以参加不同的专业委员会会议。专业委员会会议全体组成人员应当超过审判委员会全体委员的二分之一。

——《最高人民法院关于健全完善人民法院审判委员会工作机制的意见》（2019 年 8 月 2 日，法发〔2019〕20 号）。

附录：最高人民法院主流观点

近年来，部分人民法院根据审判委员会工作实际，探索设立了专业委员会，研究讨论各审判领域的专业性问题，提升了审判委员会的工作效率。《人民法院组织法》第三十六条将之确定为审判委员会的工作形式之一，规定“中级以上人民法院根据审判工作需要，可以按照审判委员会委员专业和工作分工，召开刑事审判、民事行政审判等专业委员会会议”。

第一，关于审判委员会专业委员会的性质。专业委员会会议既不是介于审判委员会与合议庭之间的独立机构，也不是审判委员会下设的二级机构，更不是一个新的机构，只是审判委员会的一种工作方式。

第二，关于审判委员会全体会议与专业委员会会议的联系与区别。审判委员会全体会议与专业委员会会议是审判委员会履行职责的两种会议形式，二者既具有紧密联系，又具有明显区别。一是关于人员组成，全体会议与专业委员会会议组成人员均是审判委员会委员，后者包含于前者之中。二是关于职责范围，全体会议与专业委员会会议均可以讨论决定提交审判委员会的案件或者事项，但任务分工和讨论范围应有所区别，具体情形可以由各高级人民法院根据各地实际予以规定。三是关于程序衔接，一般情况下经专业委员会会议讨论案件或事项的决定，即为审判委员会的决定，无须再提交审判委员会全体会议讨论；但特殊情况下如经专业委员会会议讨论的案件或事项无法形成决议的，或专业委员会认为有必要提交审判委员会全体会议讨论的，仍需要提交全体会议讨论决定。四是关于决定效力，审判委员会是人民法院内部的最高审判组织，其全体会议与专业委员会会议讨论案件的决定，合议庭均应当执行。

第三，关于审判委员会专业委员会的设置。专业委员会会议是审判委员会的一种会议形式和工作方式，其设置及组成需要根据人民法院的审判工作及委员组成情况而定。关于专业委员会会议的类型，一般可分为刑事审判、民事审判、行政审判、民事行政审判、执行等专业委员会会议；中级以上人民法院根据本院的审判工作需要，可以召开其中一种或多种专业委员会会议，也可以仅召开全体会议，不召开专业委员会会议。关于专业委员会会议的人员组成，其组成人员应当为审判委员会委员，中级人民法院可以根据委员的专业特长及业务分工，确定一定数量的审判委员会委员组成不同的专业委员会会议。专业委员会会议组成人员应当根据审判委员会委员的专业和工作分工确定。审判委员会委员可以参加不同的专业委员会会议。专业委员会会议全体组成人员应当超过审判委员会全体委员的1/2。

——最高人民法院政治部、最高人民法院司法改革领导小组办公室编:《人民法院全面落实司法责任制读本》，人民法院出版社2021年版，第112~113页。

172. 人民法院审判委员会工作的职能定位

关键词

审判委员会　合议庭

最高人民法院司法政策精神

7. 审判委员会的主要职能是：

（1）总结审判工作经验；

（2）讨论决定重大、疑难、复杂案件的法律适用；

（3）讨论决定本院已经发生法律效力的判决、裁定、调解书是否应当再审；

（4）讨论决定其他有关审判工作的重大问题。

最高人民法院审判委员会通过制定司法解释、规范性文件及发布指导性案例等方式，统一法律适用。

——《最高人民法院关于健全完善人民法院审判委员会工作机制的意见》（2019年8月2日，法发〔2019〕20号）。

附录：最高人民法院主流观点

审判委员会制度作为审判权力运行体系中特殊的决策机制，是中国特色社会主义司法制度的重要组成部分。一直以来，关于审判委员会职能的规定，散见于人民法院组织法、三大诉讼法等相关法律。2018年修订的《人民法院组织法》第三十七条第一款总结吸收了各地深化司法责任制改革的经验，调整了审判委员会部分职能，将之表述为：总结审判工作经验；讨论决定重大、疑难、复杂案件的法律适用；讨论决定本院已经发生法律效力的判决、裁定、调解书是否应当再审；讨论决定其他有关审判工作的重大问题。最高人民法院 2019 年 8 月 2 日印发的《关于健全完善人民法院审判委员会工作机制的意见》（法发〔2019〕20 号）重申了上述职能。具体含义是：

第一，总结审判工作经验。除了讨论决定特定类型个案，总结审判工作经验是审判委员会的一项重要职能。这里的“审判工作经验”，既包括在证据采信、事实认定、法律适用中的好做法，也包含审判庭、审判团队、法官或审判辅助人员在提升审判质效、司法效能方面的好方法；既可以是值得复制推广的先进经验，也可以是发回重审、改判情况和需要重视解决的突出问题；相关经验和问题既可以是本院的，也可以来自具体审判条线或下级法院。长期以来，由于认识上存在差异，一些法院审判委员会总结审判经验的职能没有得到充分发挥。具体表现在：侧重讨论个案，忽视共性问题；缺乏审判工作经验的发现、提炼、报送机制；只讨论本院问题，不注重对下监督指导。各级法院尤其是中级以上人民法院应当严格贯彻落实新修订的《人民法院组织法》，注重强化总结审判工作经验等宏观指导职能，配套健全完善相关工作机制。

第二，讨论决定重大、疑难、复杂案件的法律适用。从比较法的角度看，无论是美国联邦巡回上诉法院的“满席庭审”，还是日本最高法院的“大法庭”，都是在传统合议庭之外再设置一个人数更多、身份更多元的特殊“大合议庭”，解决重大、疑难、复杂案件的统一法律适用问题。我国法院的审判委员会虽然也具有讨论决定重大、疑难案件的职能，但实践中主要存在以下问题：一是

“重大、疑难”的标准难以确定，缺乏审查过滤机制，审判委员会要么无案可议，要么大量精力耗费在没有规则价值的案件讨论中。二是讨论范围不局限于法律适用问题，还包含大量事实认定问题，不利于司法责任制的落实。《人民法院组织法》第三十七条第一款第二项明确审判委员会只讨论决定重大、疑难、复杂案件的法律适用，厘清了合议庭与审判委员会的关系。实践中，有必要理顺专业法官会议与审判委员会的工作衔接机制，健全提交审判委员会讨论案件的过滤机制，同步完善审判委员会讨论决定法律适用问题的成果转化机制。

一般情况下，案件事实问题与法律适用问题比较容易区分，审判委员会不应讨论案件事实问题，仅在合议庭认定事实的基础上讨论决定法律适用问题。但是，也有些案件的法律适用与事实问题相互交织，二者难以区分，也很难单纯抽象出法律适用问题，在此情况下审判委员会讨论案件时可能会涉及案件事实问题，但案件的事实认定仍然应由合议庭负责，审判委员会仅决定案件的法律适用。

第三，讨论决定本院已经发生法律效力的判决、裁定、调解书是否应当再审。人民法院的生效裁判具有既判力和权威性，一般非经审判监督等法定

程序不得改变。对本院已经发生法律效力的判决、裁定、调解书进行再审，既涉及生效裁判的既判力和权威性，又涉及本院的裁判尺度统一问题。根据《民事诉讼法》第一百九十八条、《刑事诉讼法》第二百五十四条、《行政诉讼法》第九十二条之规定，对本院已经发生法律效力的判决、裁定、调解书是否应当再审，均应当提交审判委员会讨论决定。新修订的《人民法院组织法》吸纳了三大诉讼法上述规定，将讨论决定本院已经发生法律效力的判决、裁定、调解书是否应当再审作为审判委员会的一项重要职能，确保此类案件进入再审程序的正当性和严肃性。

第四，讨论决定其他有关审判工作的重大问题。审判委员会通过讨论决定其他有关审判工作的重大问题，进一步发挥其强化审判监督指导、统一法律适用的作用。在最高人民法院，审判委员会讨论决定的重大问题，体现为《人民法院组织法》第三十七条第二款规定的内容，即“最高人民法院对属于审判工作中具体应用法律的问题进行解释，应当由审判委员会全体会议讨论通过；发布指导性案例，可以由审判委员会专业委员会会议讨论通过”。在地方各级人民法院和专门人民法院，“其他有关审判工作的重大问题”包括分案规则、专业法官会议规则、审判绩效考核规则、审判监督规则、审判管理规则等涉及审判权力运行的规范性文件和具有典型意义的参考性案例。

——最高人民法院政治部、最高人民法院司法改革领导小组办公室编:《人民法院全面落实司法责任制读本》，人民法院出版社2021年版，第109~111页。

173. 人民法院审判委员会工作的运行机制

关键词

审判委员会　专业法官会议　合议庭

最高人民法院司法政策精神

10. 合议庭或者独任法官认为案件需要提交审判委员会讨论决定的，由其提出申请，层报院长批准；未提出申请，院长认为有必要的，可以提请审判委员会讨论决定。

其他事项提交审判委员会讨论决定的，参照案件提交程序执行。

11. 拟提请审判委员会讨论决定的案件，应当有专业（主审）法官会议研究讨论的意见。

专业（主审）法官会议意见与合议庭或者独任法官意见不一致的，院长、副院长、庭长可以按照审判监督管理权限要求合议庭或者独任法官复议；经复议仍未采纳专业（主审）法官会议意见的，应当按程序报请审判委员会讨论决定。

12. 提交审判委员会讨论的案件，合议庭应当形成书面报告。书面报告应当客观全面反映案件事实、证据、当事人或者控辩双方的意见，列明需要审判委员会讨论决定的法律适用问题、专业（主审）法官会议意见、类案与关联案件检索情况，有合议庭拟处理意见和理由。有分歧意见的，应归纳不同的意见和理由。

其他事项提交审判委员会讨论之前，承办部门应在认真调研并征求相关部门意见的基础上提出办理意见。

13. 对提交审判委员会讨论决定的案件或者事项，审判委员会工作部门可以先行审查是否属于审判委员会讨论范围并提出意见，报请院长决定。

14. 提交审判委员会讨论决定的案件，审判委员会委员有应当回避情形的，应当自行回避并报院长决定；院长的回避，由审判委员会决定。

审判委员会委员的回避情形，适用有关法律关于审判人员回避情形的规定。

15. 审判委员会委员应当提前审阅会议材料，必要时可以调阅相关案卷、文件及庭审音频视频资料。

16. 审判委员会召开全体会议和专业委员会会议，应当有其组成人员的过半数出席。

17. 审判委员会全体会议及专业委员会会议应当由院长或者院长委托的副院长主持。

18. 下列人员应当列席审判委员会会议：

（1）承办案件的合议庭成员、独任法官或者事项承办人；

（2）承办案件、事项的审判庭或者部门负责人；

（3）其他有必要列席的人员。

审判委员会召开会议，必要时可以邀请人大代表、政协委员、专家学者等列席。

经主持人同意，列席人员可以提供说明或者表达意见，但不参与表决。

19. 审判委员会举行会议时，同级人民检察院检察长或者其委托的副检察长可以列席。

20. 审判委员会讨论决定案件和事项，一般按照以下程序进行：

（1）合议庭、承办人汇报；

（2）委员就有关问题进行询问；

（3）委员按照法官等级和资历由低到高顺序发表意见，主持人最后发表意见；

（4）主持人作会议总结，会议作出决议。

21. 审判委员会全体会议和专业委员会会议讨论案件或者事项，一般按照各自全体组成人员过半数的多数意见作出决定，少数委员的意见应当记录在卷。

经专业委员会会议讨论的案件或者事项，无法形成决议或者院长认为有必要的，可以提交全体会议讨论决定。

经审判委员会全体会议和专业委员会会议讨论的案件或者事项，院长认为有必要的，可以提请复议。

22. 审判委员会讨论案件或者事项的决定，合议庭、独任法官或者相关部门应当执行。审判委员会工作部门发现案件处理结果与审判委员会决定不符的，应当及时向院长报告。

23. 审判委员会会议纪要或者决定由院长审定后，发送审判委员会委员、相关审判庭或者部门。

同级人民检察院检察长或者副检察长列席审判委员会的，会议纪要或者决定抄送同级人民检察院检察委员会办事机构。

24. 审判委员会讨论案件的决定及其理由应当在裁判文书中公开，法律规定不公开的除外。

25. 经审判委员会讨论决定的案件，合议庭、独任法官应及时审结，并将判决书、裁定书、调解书等送审判委员会工作部门备案。

26. 各级人民法院应当建立审判委员会会议全程录音录像制度，按照保密要求进行管理。审判委员会议题的提交、审核、讨论、决定等纳入审判流程管理系统，实行全程留痕。

27. 各级人民法院审判委员会工作部门负责处理审判委员会日常事务性工作，根据审判委员会授权，督促检查审判委员会决定执行情况，落实审判委员会交办的其他事项。

——《最高人民法院关于健全完善人民法院审判委员会工作机制的意见》（2019 年 8 月 2 日，法发〔2019〕20 号）。

174. 人民法院审判委员会讨论案件的范围

关键词

审判委员会　讨论案件的范围

最高人民法院司法政策精神

8. 各级人民法院审理的下列案件，应当提交审判委员会讨论决定：

（1）涉及国家安全、外交、社会稳定等敏感案件和重大、疑难、复杂案件；

（2）本院已经发生法律效力的判决、裁定、调解书等确有错误需要再审的案件；

（3）同级人民检察院依照审判监督程序提出抗诉的刑事案件；

（4）法律适用规则不明的新类型案件；

（5）拟宣告被告人无罪的案件；

（6）拟在法定刑以下判处刑罚或者免予刑事处罚的案件；

高级人民法院、中级人民法院拟判处死刑的案件，应当提交本院审判委员会讨论决定。

9. 各级人民法院审理的下列案件，可以提交审判委员会讨论决定：

（1）合议庭对法律适用问题意见分歧较大，经专业（主审）法官会议讨论难以作出决定的案件；

（2）拟作出的裁判与本院或者上级法院的类案裁判可能发生冲突的案件；

（3）同级人民检察院依照审判监督程序提出抗诉的重大、疑难、复杂民事案件及行政案件；

（4）指令再审或者发回重审的案件；

（5）其他需要提交审判委员会讨论决定的案件。

——《最高人民法院关于健全完善人民法院审判委员会工作机制的意见》（2019 年 8 月 2 日，法发〔2019〕20 号）。

附录：答记者问

根据新修订的人民法院组织法和“人民法院第五个五年改革纲要”，《最高人民法院关于健全完善人民法院审判委员会工作机制的意见》（以下简称《意见》）明确了应当提交和可以提交审判委员会讨论决定的案件范围。关于应当提交审判委员会讨论决定的案件，按照中央司法体制改革精神，《意见》将涉及国家安全、外交、社会稳定等敏感案件和重大、疑难、复杂案件纳入应当提交审判委员会讨论决定的范围；根据刑事诉讼法、民事诉讼法、行政诉讼法等法律及司法解释规定，《意见》将本院已经发生法律效力的判决、裁定、调解书等确有错误需要再审的案件，同级人民检察院依照审判监督程序提出抗诉的刑事案件，高级人民法院、中级人民法院拟判处死刑的案件纳入应当提交审判委员会讨论决定的范围；其中，高级人民法院、中级人民法院拟判处死刑的案件，既包括拟判处死刑立即执行的案件，也包括拟判处死刑缓期二年执行的案件。同时，根据司法实践需要，《意见》将法律适用规则不明的新类型案件、拟宣告被告人无罪的案件、拟在法定刑以下判处刑罚或者免予刑事处罚的案件也纳入应当提交审判委员会讨论决定的范围。关于“可以提交”审判委员会讨论决定的案件范围，《意见》亦进行了规范，规定下列案件可以提交审判委员会讨论决定：1. 合议庭对法律适用问题意见分歧较大，经专业（主审）法官会议讨论难以作出决定的案件；2. 拟作出的裁判与本院或者上级法院的类案裁判可能发生冲突的案件；3. 同级人民检察院依照审判监督程序提出抗诉的重大、疑难、复杂民事案件及行政案件；4. 指令再审或者发回重审的案件；5. 其他需要提交审判委员会讨论决定的案件。

另外，为有效控制审判委员会讨论案件范围，确保审判委员会更好履行总结审判经验、统一法律适用、研究讨论审判工作重大事项等宏观指导职能，不断提升审判委员会讨论案件质效，《意见》规定拟提请审判委员会讨论决定的案件，应当有专业（主审）法官会议研究讨论的意见，以此作为审判委员会讨论案件的前置过滤机制。

——《健全完善审判委员会工作机制推动司法责任制全面落实——最高人民法院审管办负责人答记者问》，载《人民法院报》2019 年 9 月 23 日。

三、合议庭

175. 合议庭的履职及责任

关键词

合议庭　履职及责任

最高人民法院司法政策精神

一、合议庭是人民法院的基本审判组织。合议庭全体成员平等参与案件的阅卷、庭审、评议、裁判等审判活动，对案件的证据采信、事实认定、法律适用、诉讼程序、裁判结果等问题独立发表意见并对此承担相应责任。

三、合议庭审理案件时，审判长除承担由合议庭成员共同承担的职责外，还应当履行以下职责：

（一）确定案件审理方案、庭审提纲，协调合议庭成员庭审分工，指导合议庭成员或者审判辅助人员做好其他必要的庭审准备工作；

（二）主持、指挥庭审活动；

（三）主持合议庭评议；

（四）建议将合议庭处理意见分歧较大的案件，依照有关规定和程序提交专业法官会议讨论或者审判委员会讨论决定；

（五）依法行使其他审判权力。

审判长承办案件时，应当同时履行承办法官的职责。

四、合议庭审理案件时，承办法官履行以下职责：

（一）主持或者指导审判辅助人员做好庭前会议、庭前调解、证据交换等庭前准备工作及其他审判辅助工作；

（二）就当事人提出的管辖权异议及保全、司法鉴定、证人出庭、非法证据排除申请等提请合议庭评议；

（三）全面审核涉案证据，提出审查意见；

（四）拟定案件审理方案、庭审提纲，根据案件审理需要制作阅卷笔录；

（五）协助审判长开展庭审活动；

（六）参与案件评议，并先行提出处理意见；

（七）根据案件审理需要，制作或者指导审判辅助人员起草审理报告、类案检索报告等；

（八）根据合议庭评议意见或者审判委员会决定，制作裁判文书等；

（九）依法行使其他审判权力。

五、合议庭审理案件时，合议庭其他成员应当共同参与阅卷、庭审、评议等审判活动，根据审判长安排完成相应审判工作。

——《最高人民法院关于规范合议庭运行机制的意见》（2022 年 10 月 26 日，法发〔2022〕31 号）。

附录：理解与适用

（一）关于合议庭履职及责任

《最高人民法院关于规范合议庭运行机制的意见》（以下简称《意见》）第一条首先强调了“合议庭成员平权”原则，即合议庭全体成员平等参与案件的阅卷、庭审、评议、裁判等审判活动，确立了合议庭成员在办案中的平等地位。明确要求合议庭成员应当依照法律规定履职尽责，对案件证据采信、事实认定、法律适用、诉讼程序、裁判结果等问题独立发表意见，并合理确定各自应当承担的责任。

《意见》在其后的第三条至第五条中规定了合议庭成员的具体职责。这里，一方面对合议庭成员实质性履职提出了更高的要求，强调要充分、有效参与案件办理全过程；另一方面，较为准确地体现了司法责任制改革要求的权责相一致原则。在追究违法审判责任时，应当根据合议庭成员是否存在违法审判行为及其情节，合议庭成员发表意见的情况和过错程度，合理确定各自应当承担的责任。

——刘峥、何帆、马骁：《〈最高人民法院关于规范合议庭运行机制的意见〉的理解与适用》，载《人民司法·应用》2022 年第 34 期。

176. 合议庭的产生方式

关键词

合议庭　产生方式

最高人民法院司法政策精神

二、合议庭可以通过指定或者随机方式产生。因专业化审判或者案件繁简分流工作需要，合议庭成员相对固定的，应当定期轮换交流。属于“四类案件”或者参照“四类案件”监督管理的，院庭长可以按照其职权指定合议庭成员。以指定方式产生合议庭的，应当在办案平台全程留痕，或者形成书面记录入卷备查。

合议庭的审判长由院庭长指定。院庭长参加合议庭的，由院庭长担任审判长。

合议庭成员确定后，因回避、工作调动、身体健康、廉政风险等事由，确需调整成员的，由院庭长按照职权决定，调整结果应当及时通知当事人，并在办案平台标注原因，或者形成书面记录入卷备查。

法律、司法解释规定“另行组成合议庭”的案件，原合议庭成员及审判辅助人员均不得参与办理。

——《最高人民法院关于规范合议庭运行机制的意见》(2022 年 10 月 26 日，法发〔2022〕31 号)。

附录：理解与适用

(二) 关于合议庭产生方式

《意见》第二条规定了合议庭的产生方式，主要内容包括：

第一，合议庭可以通过指定或者随机方式产生。这既是适应司法责任制综合配套改革后“以随机分案为主，以指定分案为辅”的制度要求，也兼顾了特定类型案件或专业化案件的审理需要。《意见》第二条第一款同时还规定，审理“四类案件”，或者参照“四类案件”监督管理的案件时，一般应当由院庭长按照职权以指定方式产生合议庭。

第二，院庭长对合议庭成员的指定和调整。按照《意见》第二条第一款和第三款规定，院庭长指定合议庭，或者合议庭成员确定后因回避、工作调动、身体健康、廉政风险等事由，确需由院庭长按照职权调整成员的，应当遵循全程留痕原则，通过办案平台操作，或者形成书面记录入卷备查，确保可以追溯倒查，方便后续监督管理。调整合议庭成员的，还应当将调整结果及时通知当事人。如此规定，一方面，明确了院庭长对合议庭组成的调度权限；另一方面，对院庭长行使相关职权也设置了必要的制约机制，体现了权力制约的双向性，最大限度防止权力滥用。

第三，“另行组成合议庭”的具体内涵。按照《意见》第二条第四款规定，法律、司法解释规定的“另行组成合议庭”，指组成原合议庭的所有法官，以及参与原案审理的法官助理、书记员等审判辅助人员，均不得参与后案的办理工作。

——刘峥、何帆、马骁：《〈最高人民法院关于规范合议庭运行机制的意见〉的理解与适用》，载《人民司法·应用》2022年第34期。

177. 相对固定的合议庭

关键词

合议庭　相对固定

最高人民法院司法政策精神

二（第一款）、合议庭可以通过指定或者随机方式产生。因专业化审判或者案件繁简分流工作需要，合议庭成员相对固定的，应当定期轮换交流。属于“四类案件”或者参照“四类案件”监督管理的，院庭长可以按照其职权指定合议庭成员。以指定方式产生合议庭的，应当在办案平台全程留痕，或者形成书面记录入卷备查。

——《最高人民法院关于规范合议庭运行机制的意见》（2022年10月26日，法发〔2022〕31号）。

附录：理解与适用

（三）关于相对固定的合议庭

考虑到专业化审判和案件繁简分流工作机制在实践中已经普遍推开，需要与之配套相对固定的审判组织，因此《意见》第二条第一款规定，人民法院可以组成相对固定的合议庭，但合议庭成员应当定期轮换交流，以防止合议庭固化带来的弊端。

各级人民法院应当综合考虑自身案件特点和人员构成情况，确定合理的轮换交流的期限和方式，既不能过于频繁，也不宜拉得过长。从实践情况来看，合议庭可以每年替换一部分，也可以三至五年整体轮换交流。

——刘峥、何帆、马骁：《〈最高人民法院关于规范合议庭运行机制的意见〉的理解与适用》，载《人民司法·应用》2022年第34期。

178. 审判长的确定

关键词

审判长

最高人民法院司法政策精神

二（第二款）、合议庭的审判长由院庭长指定。院庭长参加合议庭的，由院庭长担任审判长。

——《最高人民法院关于规范合议庭运行机制的意见》（2022 年 10 月 26 日，法发〔2022〕31 号）。

附录：理解与适用

（四）关于审判长的确定

《意见》第二条第二款规定了审判长的确定方式。司法实践中需要注意：

第一，审判长由院庭长指定。这是诉讼法的明确要求，如《民事诉讼法》第四十四条规定："合议庭的审判长由院长或者庭长指定审判员一人担任"。实践中，一些法院根据随机分案制度，随机确定承办法官和审判长，但在程序上仍须按照诉讼法要求由院庭长指定。

第二，院庭长担任审判长。按照《人民法院组织法》第三十条第二款，"院长或者庭长参加审理案件时，由自己担任审判长。"合议庭成员同时包含院、庭负责人时，由行政职务最高者担任审判长。例如，合议庭成员中既有副院长，也有审判庭庭长时，应由副院长担任审判长。

——刘峥、何帆、马骁：《〈最高人民法院关于规范合议庭运行机制的意见〉的理解与适用》，载《人民司法·应用》2022 年第 34 期。

附录：最高人民法院主流观点

实行法官员额制后，员额法官都具备担任审判长的资格，可以不再设相对固定的审判长。案件由合议庭审理的，根据本院员额法官和案件数量情况，原则上由院长、副院长、庭长按权限指定合议庭中资历较深、庭审驾驭能力较强的法官担任审判长。院庭长参加合议庭审判案件的，由院庭长担任审判长。

——最高人民法院政治部、最高人民法院司法改革领导小组办公室编：《人民法院全面落实司法责任制读本》，人民法院出版社 2021 年版，第 75 页。

179. 合议庭审判长的审判职责如何确定

关键词

司法责任制　合议庭　审判长　审判职责

附录：最高人民法院主流观点

审判长是合议庭的主持者，除应承担合议庭成员共同承担的审判职责外，还应当履行下列审判职责：

（1）确定案件审理方案、庭审提纲、协调合议庭成员庭审分工以及指导做好其他必要的庭审准备工作；

（2）主持、指挥庭审活动；

（3）主持合议庭评议；

（4）依照有关规定和程序将合议庭处理意见分歧较大的案件提交主审法官会议讨论，或者按程序建议将案件提交审判委员会讨论决定；

（5）依法行使其他审判权力。此外，审判长自己承办案件时，还应当同时履行承办法官的职责。

实践中需要注意，审判长不是一种政治待遇和隐性职务。审判长的职责定位应当是实体性事项的参与者和程序性事项的主持者。作为实体性事项的参与者，在对案件的实体审理、评议和裁判上，审判长与合议庭其他成员享有平等的参与权和决策权。作为程序性事项的主持者，审判长在合议庭中对案件的诉讼进程、审理活动和评议活动等行使指挥和协调权力；在合议庭对案件进行实体审理和评议时，行使主持审理、评议进程和协调有关活动的权力。

一般而言，审判长主持的程序性事项包括：开庭前的相关审理准备，开庭时的庭审主持和指挥（如引导当事人围绕案件争议焦点举证质证和辩论，决定诉讼进程中的许可和禁止事项，控制诉讼进程，维持庭审秩序等），以及庭后主持评议、提交专业法官会议或者提请院庭长提交审判委员会讨论决定等。

——最高人民法院政治部、最高人民法院司法改革领导小组办公室编：《人民法院全面落实司法责任制读本》，人民法院出版社2021年版，第75~76页。

180. 合议庭承办法官的审判职责如何确定

关键词

司法责任制　合议庭　承办法官　审判职责

附录：最高人民法院主流观点

承办法官应当履行下列审判职责：（1）主持或者指导法官助理做好庭前会议、庭前调解、证据交换等庭前准备工作及其他审判辅助工作；（2）就当事人提出的管辖权异议及保全、司法鉴定、非法证据排除申请等提请合议庭评议；

（3）对当事人提交的证据进行全面审核，提出审查意见；（4）拟定庭审提纲，制作阅卷笔录；（5）自己担任审判长时，主持、指挥庭审活动，不担任审判长时，协助审判长开展庭审活动；（6）参与案件评议，并先行提出处理意见；（7）根据合议庭评议意见制作裁判文书或者指导法官助理起草裁判文书；（8）依法行使其他审判权力。

承办法官的职责可以分为两大类：一是与合议庭其他成员平等参与案件审理、评议和裁判等审判活动；二是负责处理案件办理过程中产生的具体事务，特别是程序性事务。承办法官应当与合议庭其他成员密切配合，在委托权限范围内以合议庭名义处理具体事务。承办法官可以授权并指导法官助理、书记员完成相关审判辅助工作。

——最高人民法院政治部、最高人民法院司法改革领导小组办公室编：《人民法院全面落实司法责任制读本》，人民法院出版社 2021 年版，第 76~77 页。

181. 合议庭评议案件

关键词

合议庭　评议案件

最高人民法院司法政策精神

六、合议庭应当在庭审结束后及时评议。合议庭成员确有客观原因难以实现线下同场评议的，可以通过人民法院办案平台采取在线方式评议，但不得以提交书面意见的方式参加评议或者委托他人参加评议。合议庭评议过程不向未直接参加案件审理工作的人员公开。

合议庭评议案件时，先由承办法官对案件事实认定、证据采信以及适用法律等发表意见，其他合议庭成员依次发表意见。审判长应当根据评议情况总结合议庭评议的结论性意见。

审判长主持评议时，与合议庭其他成员权利平等。合议庭成员评议时，应当充分陈述意见，独立行使表决权，不得拒绝陈述意见；同意他人意见的，应当提供事实和法律根据并论证理由。

合议庭成员对评议结果的表决以口头形式进行。评议过程应当以书面形式完整记入笔录，评议笔录由审判辅助人员制作，由参加合议的人员和制作人签名。评议笔录属于审判秘密，非经法定程序和条件，不得对外公开。

七、合议庭评议时，如果意见存在分歧，应当按照多数意见作出决定，但是少数意见应当记入笔录。

合议庭可以根据案情或者院庭长提出的监督意见复议。合议庭无法形成多数意见时，审判长应当按照有关规定和程序建议院庭长将案件提交专业法官会议讨论，或者由院长将案件提交审判委员会讨论决定。专业法官会议讨论形成的意见，供合议庭复议时参考；审判委员会的决定，合议庭应当执行。

——《最高人民法院关于规范合议庭运行机制的意见》（2022 年 10 月 26 日，法发〔2022〕31 号）。

附录：理解与适用

（五）关于评议时机

按照此前有关规定，为了确保评议质量，合议庭应当在庭审结束后五个工作日内评议案件。对此，许多地方法院反映，一些案件需要多次开庭，有的开庭后需要进一步调解或者等待被告人退赃，“五个工作日”内往往难以组织评议。经研究认为，不同层级法院对于何时组织评议分歧较大，不同类型的案件对评议时机要求也不相同，应当由合议庭根据案件审理进度和案件具体情况自主决定。因此，《意见》第六条第一款就评议时机问题只是原则性要求“及时评议”，并未作出硬性规定，既是提高办案效率的导向性要求，又便于合议庭合理把握组织评议的时机。

（六）关于在线评议

随着智慧法院建设不断推进，在线诉讼、无纸化办案普遍适用，特别是受新冠疫情影响，除在线开庭、在线调解外，许多地方法院也根据实际需要，越来越多采取在线方式评议案件，确保了疫情期间审判工作不停摆，提高了审判效率，解决了多地、居家、移动办案对合议庭工作的挑战。因此，为有效规范在线评议工作，《意见》第六条第一款对在线评议作出了规定。实践中需要注意以下三点：

第一，明确在线评议的适用条件。线下同场评议仍然是合议庭评议的最主要方式，在线评议仅仅是补充措施。只有在合议庭成员确有客观原因、难以实现线下同场评议，同时根据案件审理进展情况，确需立即组织评议时，合议庭方能适用在线方式评议。并且，基于评议保密原则，在线评议应当依托人民法院办案平台进行，确保系统平台安全可靠。

第二，确保交互评议和连续评议。不论在线评议还是线下同场评议，合议庭成员既不能以提交书面意见的方式参加评议，也不能委托他人参加评议。实践中，一些法院探索以“异步评议”方式提高工作效率，但实际上还是以提交书面意见或录音录像的方式评议，无法实现面对面评议的交互性和连续性，不利于确保办案质量。

第三，严格落实评议保密原则。确保合议庭评议过程和内容不受外界不当干扰，是维护审判权的判断权和裁量权属性、确保司法公正的题中之义，故《意见》在第六条第一款中特别强调“合议庭评议过程不向未直接参加案件审理工作的人员公开”。实践中，未直接参与案件审理的院庭长，按照相关规范性文件，可以采取多种途径和方式行使监督管理权，但不得以“列席”合议庭评议的方式履行监督管理职责。

（七）关于评议时的发言顺序

《意见》第六条第二款基于长期形成的审判实践，部分调整了合议庭评议时的发言顺序，明确了承办法官先行发言、其他成员依次发表意见、审判长总结结论性意见的发言规则。承办法官同时担任审判长的，仍由其先发言，并作最后总结。同时，为了确保实质评议、确保评议质量，防止“形合实独”现象，《意见》第六条第三款明确，合议庭成员权利平等，独立行使表决权，在评议时不得拒绝陈述意见，同意他人意见的，应当提供事实和法律根据并论证理由，不能仅作简单表态。

需要说明的是，按照法官单独职务序列管理制度改革要求，法官等级与行政职级脱钩，合议庭成员就同一起案件行使审判权时，权力平等、共同担责，不存在“谁级别更高，谁审批把关”的问题。这样有利于从职业身份、履行职责等方面保障法官独立表达意见。

（八）关于评议笔录的制作

为了规范评议笔录制作过程，《意见》第六条第四款规定，评议过程应当以书面形式完整记入笔录。同时，为落实工作责任，该款规定评议笔录应当由审判辅助人员制作，并由合议庭成员和制作笔录的审判辅助人员签名。其中，制作人既可以是法官助理，也可以是书记员，具体由合议庭根据审判辅助人员配置情况和工作安排决定。依照法律规定，合议庭评议内容属于审判工作秘密，评议笔录应当归入副卷，除非依照法定条件和程序，否则不得以任何形式公开或者调阅。

（九）关于少数服从多数和民主集中制

《意见》第七条第一款重申了少数服从多数的评议原则，规定如果合议庭评议存在意见分歧，应当按照多数意见作出决定，但少数意见也应当记入笔录。《意见》第七条第二款明确，合议庭可以根据案情或者院庭长提出的监督意见复议；合议庭无法形成多数意见时，审判长应当按照有关规定和程序，建议院庭长将案件提交专业法官会议讨论，或者由院长将案件提交审判委员会讨论决定。

需要特别说明的是，专业法官会议是为审判组织办案提供专业咨询意见的工作平台，讨论形成的意见仅具有参考效力，办案决策和审判责任的承担主体仍然是合议庭；同时，为了体现审判委员会作为人民法院内部最高审判组织的法定地位，《意见》第七条第二款明确，合议庭应当执行审判委员会的决定。

——刘峥、何帆、马骁：《〈最高人民法院关于规范合议庭运行机制的意见〉的理解与适用》，载《人民司法·应用》2022 年第 34 期。

182. 合议庭审理“四类案件”时的监督管理

关键词

合议庭　四类案件　监督管理

最高人民法院司法政策精神

八、合议庭发现审理的案件属于“四类案件”或者有必要参照“四类案件”监督管理的，应当按照有关规定及时向院庭长报告。

对于“四类案件”或者参照“四类案件”监督管理的案件，院庭长可以按照职权要求合议庭报告案件审理进展和评议结果，就案件审理涉及的相关问题提出意见，视情建议合议庭复议。院庭长对审理过程或者评议、复议结果有异议的，可以决定将案件提交专业法官会议讨论，或者按照程序提交审判委员会讨论决定，但不得直接改变合议庭意见。院庭长监督管理的情况应当在办案平台全程留痕，或者形成书面记录入卷备查。

——《最高人民法院关于规范合议庭运行机制的意见》（2022 年 10 月 26 日，法发〔2022〕31 号）。

附录：理解与适用

（十）关于合议庭审理“四类案件”时的监督管理

按照《意见》第二条第一款规定，人民法院审理“四类案件”或者参照

“四类案件”监督管理的案件，一般应当组成合议庭。实践中需要注意以下三点：

第一，合议庭的发现和报告义务。《意见》第八条第一款进一步落实《关于进一步完善“四类案件”监督管理工作机制的指导意见》（法发〔2021〕30号）确立的“全过程识别机制”，要求承办案件的合议庭发现审理的案件属于“四类案件”或者有必要参照“四类案件”监督管理时，应当及时向院庭长报告。

第二，院庭长应当依法履行监督管理职责。《意见》第八条第二款明确了院庭长对合议庭履行监督管理职责的方式，包括要求合议庭报告案件审理进展和评议结果，就案件审理涉及的相关问题提出意见，以及视情建议合议庭复议等。其中，“案件审理涉及的相关问题”既包括认定案件事实和如何适用法律的问题，也包括对案件处理效果会产生重大影响的其他相关事项。

第三，院庭长与合议庭意见分歧时的处理。按照《意见》第八条第二款规定，院庭长对审理过程或者评议、复议结果有异议的，不得直接改变合议庭意见，而应当按照有关规定决定将案件提交专业法官会议讨论，或者按照程序提交审判委员会讨论决定。相关监督管理情况应当在办案平台全程留痕，或者形成书面记录入卷备查。

——刘峥、何帆、马骁：《〈最高人民法院关于规范合议庭运行机制的意见〉的理解与适用》，载《人民司法·应用》2022年第34期。

183. 合议庭和审判团队的职责权限

关键词

合议庭　办案责任制　审判长　承办法官　法官助理

最高人民法院司法政策精神

3. 最高人民法院实行合议庭办案责任制，每个合议庭配备适当数量的法官助理和书记员。在巡回法庭一般以法法官助理、书记员“1 + 1 + 1”的模式配置审判团队。

4. 合议庭原则上随机产生，也可以根据专业化审判需要组成相对固定的合议庭。

5. 合议庭审判长一般由资历较深的法官担任，也可以由承办法官担任。

院长及其他院领导、庭长、副庭长参加审判案件，由其担任审判长。

6. 因专业化审判需要组建的相对固定合议庭和审判团队，人员应当定期交流，期限一般为两年，最长不超过五年。

7. 院长及其他院领导、庭长、副庭长可以审理下列案件：

（1）重大、疑难、复杂、新类型案件；

（2）具有指导意义的案件；

（3）经高级人民法院审判委员会讨论决定，在本院适用二审程序、审判监督程序、国家赔偿监督程序审理的案件；

（4）对本院生效案件启动审判监督程序、国家赔偿监督程序进行再审、重新审理的案件；

（5）其他有必要由院长及其他院领导、庭长、副庭长审理的案件。

院长及其他院领导审理上述案件时，由审判管理办公室协调配合审判业务庭室和相关职能部门，做好指定分案、审判团队配备、诉讼程序运转、司法公开、新闻宣传等服务保障工作。

8. 审判长除承担由合议庭成员共同承担的审判职责外，还应当以下审判职责：

（1）确定案件审理方案、庭审提纲，协调合议庭成员庭审分工并指导做好其他庭审准备工作；

（2）主持、指挥庭审活动；

（3）主持合议庭评议；

（4）将合议庭处理意见分歧较大的案件提交专业法官会议讨论，或按程序层报赔偿委员会、审判委员会讨论；

（5）依照权限签署法律文书；

（6）依法行使其他审判权力。

审判长自己承办案件时，应当同时履行承办法官的职责。

9. 承办法官应当履行以下审判职责：

（1）指导法官助理做好庭前准备及其他审判辅助工作；

（2）就当事人提出的保全、司法鉴定、非法证据排除申请等提请合议庭评议；

（3）对当事人提交的证据进行全面审核，提出审查意见，依法调取必要证据；

（4）制作阅卷笔录，拟订庭审提纲，撰写审理报告；

（5）协助审判长开展庭审活动；

（6）参与案件评议，并先行提出处理意见；

（7）根据合议庭、赔偿委员会、审判委员会多数意见制作并签署裁判文书；

（8）指导审判辅助人员落实院党组关于网上办案、司法公开、电子卷宗、案卷归档等工作要求；

（9）依法行使其他审判权力。

10. 合议庭审理案件时，合议庭其他法官应当认真履行审判职责，共同参与阅卷、庭审、评议等审判活动，复核并在裁判文书上签名。

11. 裁判文书由承办法官、合议庭其他法官、审判长依次签署；审判长作为承办法官的，由审判长最后签署。

依法由赔偿委员会作出决定的案件，裁判文书由赔偿委员会主任委员或经授权的副主任委员签署。

报请审判委员会讨论决定的案件，裁判文书由院长或受其委托的其他院领导签署。

执行死刑的命令由院长签发。

12. 除本规定列明的特殊情形外，院长及其他院领导、庭长对其未直接参加审理案件的裁判文书不再审核签发，也不得以口头指示、旁听合议、文书送阅等方式变相审批案件。

13. 法官助理在法官指导下履行以下职责：

（1）审查诉讼材料，协助法官组织庭前证据交换；

（2）协助法官组织庭前调解，草拟调解文书；

（3）受法官委托或协助法官依法办理财产保全、证据保全等；

（4）受法官指派，协调司法技术辅助部门办理委托鉴定、评估、审计等工作；

（5）受法官委托或协助法官依法调取必要证据；

（6）根据法官要求，准备与案件审理相关的参考资料，研究案件涉及的法律问题；

（7）在法官指导下草拟审理报告、裁判文书；

（8）完成法官交办的其他审判辅助性工作。

14. 书记员在法官指导下履行以下职责：

（1）负责庭前准备的事务性工作；

（2）检查开庭时诉讼参与人的出庭情况，宣布法庭纪律；

（3）负责案件审理中的记录工作；

（4）按照网上办案要求及时上传案件材料，具体落实司法公开各项工作要求；

（5）校对、送达法律文书；

（6）整理、装订、归档案卷材料；

（7）完成法官交办的其他事务性工作。

——《最高人民法院司法责任制实施意见（试行）》（2017 年 7 月 25 日，法发〔2017〕20 号）。

四、独任制

184. 独任庭的审判职责如何确定

关键词

司法责任制　独任庭　审判职责

最高人民法院司法政策精神

（一）独任庭和合议庭司法人员职责

15. 法官独任审理案件时，应当履行以下审判职责：

(1) 主持或者指导法官助理做好庭前会议、庭前调解、证据交换等庭前准备工作及其他审判辅助工作；

(2) 主持案件开庭、调解，依法作出裁判，制作裁判文书或者指导法官助理起草裁判文书，并直接签发裁判文书；

(3) 依法决定案件审理中的程序性事项；

(4) 依法行使其他审判权力。

16. 合议庭审理案件时，承办法官应当履行以下审判职责：

(1) 主持或者指导法官助理做好庭前会议、庭前调解、证据交换等庭前准备工作及其他审判辅助工作；

(2) 就当事人提出的管辖权异议及保全、司法鉴定、非法证据排除申请等提请合议庭评议；

(3) 对当事人提交的证据进行全面审核，提出审查意见；

(4) 拟定庭审提纲，制作阅卷笔录；

(5) 自己担任审判长时，主持、指挥庭审活动；不担任审判长时，协助审判长开展庭审活动；

(6) 参与案件评议，并先行提出处理意见；

(7) 根据合议庭评议意见制作裁判文书或者指导法官助理起草裁判文书；

(8) 依法行使其他审判权力。

——《最高人民法院关于完善人民法院司法责任制的若干意见》（2015 年 9 月 21 日，法发〔2015〕13 号）。

附录：最高人民法院主流观点

根据《最高人民法院关于完善人民法院司法责任制的若干意见》，法官独任审理案件时，应当履行下列审判职责：（1）主持或者指导法官助理做好庭前会议、庭前调解、证据交换等庭前准备工作及其他审判辅助工作；（2）主持案件开庭、调解，依法作出裁判，制作裁判文书或者指导法官助理起草裁判文书，并直接签发裁判文书；（3）依法决定案件审理中的程序性事项；（4）依法行使其他审判权力。

实践中需要注意，独任法官可以根据自身工作习惯，授权并指导法官助理和书记员完成审判辅助事务，但审判权行使和相应的审判责任应当由独任法官完整承担。各级人民法院应当根据自身审判工作实际，对独任法官的审判职责作出细化规定。

——最高人民法院政治部、最高人民法院司法改革领导小组办公室编：《人民法院全面落实司法责任制读本》，人民法院出版社 2021 年版，第 75 页。

185. 扩大独任制适用范围

关键词

独任制　小额诉讼　简易程序　繁简分流

最高人民法院司法政策精神

第十六条　基层人民法院适用小额诉讼程序、简易程序审理的案件，由法官一人独任审理。

基层人民法院审理的事实不易查明，但法律适用明确的案件，可以由法官一人适用普通程序独任审理。

第十七条　基层人民法院审理的案件，具备下列情形之一的，应当依法组成合议庭，适用普通程序审理：

（一）涉及国家利益、公共利益的；

（二）涉及群体性纠纷，可能影响社会稳定的；

（三）产生较大社会影响，人民群众广泛关注的；

（四）新类型或者疑难复杂的；

（五）与本院或者上级人民法院已经生效的类案判决可能发生冲突的；

（六）发回重审的；

（七）适用审判监督程序的；

（八）第三人起诉请求改变或者撤销生效判决、裁定、调解书的；

（九）其他不宜采用独任制的案件。

第十八条 第二审人民法院审理上诉案件应当组成合议庭审理。但事实清楚、法律适用明确的下列案件，可以由法官一人独任审理：

（一）第一审适用简易程序审理结案的；

（二）不服民事裁定的。

第十九条 由法官一人独任审理的第一审或者第二审案件，审理过程中出现本办法第十七条第（一）至（五）项或者第（九）项所列情形之一的，人民法院应当裁定组成合议庭审理，并将合议庭组成人员及相关事项书面通知双方当事人。

由独任审理转为合议庭审理的案件，审理期限自人民法院立案之日起计算，已经作出的诉讼行为继续有效。双方当事人已确认的事实，可以不再举证、质证。

第二十条 由法官一人独任审理的上诉案件，应当开庭审理。

没有提出新的事实、证据的案件，具备下列情形之一的，独任法官经过阅卷、调查或者询问当事人，认为不需要开庭的，可以不开庭审理：

（一）不服民事裁定的；

（二）上诉请求明显不能成立的；

（三）原判决认定事实清楚，但适用法律明显错误的；

（四）原判决严重违反法定程序，需要发回重审的。

——《最高人民法院关于印发〈民事诉讼程序繁简分流改革试点实施办法〉的通知》（2020年1月15日，法〔2020〕11号）。

186. 人民法院审查司法确认案件，可以适用独任制为原则，以适用合议制为例外

关键词

司法确认　合议庭审查　特别程序

最高人民法院司法政策精神

七、《民事诉讼法》第一百七十八条规定了特别程序案件的审判组织，明确选民资格案件或者重大、疑难的案件，由审判员组成合议庭审查，其他案件由审判员一人独任审查。实践中，对于司法确认案件，总体上以适用独任制为原则，以合议制为例外。同时，试点法院应当加强对民间借贷等案件司法确认审查甄别工作，切实防范恶意串通调解、虚假诉讼等行为。对于待确认调解协议的标的额特别巨大，并存在虚假调解可能的，由合议庭审查更显

慎重。按照级别管辖标准，一些司法确认案件虽然应当由中级人民法院、专门人民法院受理，但标的额不大，法律关系较为简单，也可以由审判员一人独任审查。

——《最高人民法院关于印发〈民事诉讼程序繁简分流改革试点问答口径（一）〉的通知》（2020 年 4 月 15 日，法〔2020〕105 号）。

187. 独任制的适用

关键词

普通程序独任制　二审独任制　转换机制

附录：最高人民法院法官著述

五、严格依法适用独任制

新民事诉讼法第四十条、第四十一条、第四十二条、第四十三条、第一百四十条对独任制适用规则作出完善，创设了普通程序独任制、二审独任制审理模式，明确了适用条件、适用案件范围，以及不得适用独任制的负面清单，建立了独任制与合议制转换机制。此次修法的一大亮点就是对独任制适用作出重大调整，解除了独任制与简易程序的绑定关系，适度扩大了独任制适用范围，兼顾了当事人诉讼权利保障和司法效能提升，有利于推动审判组织形式与审理程序的灵活精准匹配。

第一，关于普通程序独任制的适用标准。新民事诉讼法第四十条明确了普通程序独任制的适用标准，即"基本事实清楚、权利义务关系明确"。"基本事实清楚"主要是指案件的核心和关键事实总体清楚，但部分次要事实或者关联事实需要进一步查实，相关事实的查明需要经过当事人补充举证质证、评估、鉴定、审计、调查取证等程序和环节，有必要进行更充分的陈述辩论、适用更完备的审理程序。"权利义务关系明确"即法律适用明确，是指案件法律关系清晰明了，有明确的法律规范与之对应，在解释和适用上不存在空白与争议。

司法实践中，区分适用普通程序独任制与简易程序，可考虑以下因素：1. 案件事实的清晰程度，是否存在有待进一步查证的事实；2. 事实查证的难度和方式，是否需要进行鉴定、评估、审计、调查取证等程序；3. 当事人之间争议大小，是否就法律要件事实存在重大争议；4. 案件审理难度，是否需开展庭前会议、证据交换、多次开庭等。需要注意的是，普通程序独任制案件要严格遵循普通程序的要求，不能适用简易程序的相关简化规则，确保程序环节完整、诉讼活动规范、权利保障到位，严格防止将普通程序独任制作为单纯延长审限的工具。

第二，关于二审独任制适用的范围和条件。新民事诉讼法第四十一条创设了二审独任制审理模式，同时明确限定了适用范围和条件。

从适用范围上看，二审独任制适用在主体范围上限于中级人民法院和专门人民法院，最高人民法院、高级人民法院受理的二审案件不得适用独任制。在案件范围上，限于“第一审适用简易程序审结的”和“不服裁定提起上诉的”第二审民事案件，实践中对此范围不得任意扩大，对一审适用普通程序审结的上诉案件、报请解决管辖权争议案件等，均不得适用独任制。

从适用条件上看，二审独任制适用需满足案件“事实清楚、权利义务关系明确”和“双方当事人同意”两个方面条件。司法实践中，对于符合适用范围的二审案件并非一律适用独任制，应当结合当事人上诉请求、二审提出的事实、证据和理由、一审裁判情况等，综合研判案件的复杂程度、影响大小、纠错可能，确定是否适宜适用独任制。二审独任制适用前，人民法院应当通过书面或者口头方式征求双方当事人意见，征求意见应当在确定开庭前的合理时间内完成。当事人的同意应为明示的同意，可以通过口头或者书面方式作出；口头表示同意的，人民法院应当记录留痕。当事人未明确表示同意的，人民法院不得推定或者变相强制其同意，确保当事人对二审独任制适用的选择权。

第三，关于独任制向合议制的转换机制。立法将审判组织和审理程序绑定关系解除后，客观上存在审判组织的单独转换问题。新民事诉讼法第四十三条对独任制向合议制转换作出规定，既包括了一审程序，也包括了二审程序中的换。

一是在转换情形上，案件审理过程中，发现存在案情疑难复杂、社会影响大、法律适用难度大，以及其他应当适用合议制审理的情形的，人民法院应当及时将案件由独任制转为合议制审理。

二是在转换启动上，除了人民法院依职权转换，立法赋予了当事人对独任制适用的异议权。司法实践中，当事人提出异议的事由主要为“由审判员一人独任审理违反法律规定”的情形，主要是指违背独任制的适用标准、适用范围以及法律规定不得适用独任制的情形。为保障诉讼有序推进，当事人异议一般应当在开庭审理前以书面形式提出，但转换事由在开庭审理后才发现的，也可以在法庭辩论终结前提出，当庭口头提出异议的，应当说明具体理由和依据并记入笔录。

三是在转换形式上，独任制向合议制的转换应当通过裁定方式作出。当事人提出的异议，独任法官提出初步审查意见后，由合议庭进行评议。经合议庭评议，决定转由合议庭审理的，裁定以合议庭名义作出；决定驳回异议的，裁定以独任审判员名义作出。此类裁定也属于不可上诉的裁定。

四是在转换效力上，为保障司法亲历性和发挥合议制制度功能，案件组成合议庭审理后应当再次开庭，但对于审判组织转换前已经依法完成的诉讼行为，依然认定为继续有效，双方当事人已确认的事实，可以不再举证、质证。

第四，关于独任制适用的监督制约。为避免独任制适用不当扩大，防止案件质量下滑和当事人权利保障弱化，司法实践中，各级人民法院应当按照司法责任制综合配套改革相关要求，加强对独任制适用的监督制约。

一是严格把握独任制适用案件范围。对于符合新民事诉讼法第四十二条规定的涉及重大利益、影响社会稳定、产生广泛社会影响、新类型或疑难复杂、法律规定应当适用合议制等6类案件，以及司法责任制相关文件确定的“四类案件”，不得适用独任制。立案部门应当加强对此类案件的识别、标注和提示，将程序分流和审判组织适用有机结合、综合考虑。院庭长应当加强对标注案件的管理监督，对独任制适用不当的，及时作出调整，切实避免架空合议制。

二是充分发挥当事人监督制约作用。尊重二审程序中当事人独任制适用的选择权，保障当事人独任制适用的异议权，充分听取当事人意见，依法进行审判组织形式转换，强化当事人制约监督作用。

三是完善独任制案件质量保障举措。各地法院应当积极健全独任法官审判权责清单，规范独任法官审判权行使；依托信息化手段，加强对独任制案件裁判情况的全过程公开、全流程监督；积极发挥专业法官会议对独任法官的咨询、监督作用，保障独任制案件质量；完善独任制案件评查机制，建立健全法官惩戒工作程序和法官违法违纪退额管理规定，加大违法审判责任追究力度，强化廉政风险防控，确保“独任而不放任”。

——刘峥、何帆、李承运：《正确贯彻实施新民事诉讼法需重点把握的七个问题》，载《人民司法·应用》2022年第10期。

五、专业法官会议

188. 专业法官会议同主审法官会议、法官联席会议、审判长联席会议等会议形式有何异同

关键词

司法责任制　专业法官会议　主审法官会议　法官联席会议　审判长联

席会议

附录：最高人民法院主流观点

近年来，各级人民法院根据改革要求和自身特点，探索建立了不同形式的用于讨论案件法律适用或者裁量标准问题的会议咨询机制，为合议庭或者独任庭裁决案件提供咨询、参考、指导意见。这些会议咨询机制名称各异，有的叫

“主审法官会议”，有的叫“专业法官会议”“法官联席会议”，还有的叫“审判长联席会议”等，但在实质上都是为法官审理案件准确适用法律提供指导和参考、促进裁判规则及法律适用标准统一、总结审判经验、加强审判监督管理的会议工作机制。2020 年 3 月，中共中央办公厅印发的《关于深化司法责任制综合配套改革的意见》，已使用“专业法官会议”来指代各类法官会议咨询机制。因此，最高人民法院 2021 年印发《关于完善人民法院专业法官会议工作机制的指导意见》（以下简称《指导意见》），明确使用“专业法官会议”统一指代各类会议咨询工作机制。

——最高人民法院政治部、最高人民法院司法改革领导小组办公室编：《人民法院全面落实司法责任制读本》，人民法院出版社 2021 年版，第 101~102 页。

189. 如何认识专业法官会议的制度定位

关键词

司法责任制　专业法官会议　制度定位

最高人民法院司法政策精神

一、专业法官会议是人民法院向审判组织和院庭长（含审判委员会专职委员，下同）履行法定职责提供咨询意见的内部工作机制。

二、各级人民法院根据本院法官规模、内设机构设置、所涉议题类型、监督管理需要等，在审判专业领域、审判庭、审判团队内部组织召开专业法官会议，必要时可以跨审判专业领域、审判庭、审判团队召开。

三、专业法官会议由法官组成。各级人民法院可以结合所涉议题和会议组织方式，兼顾人员代表性和专业性，明确不同类型会议的最低参加人数，确保讨论质量和效率。

专业法官会议主持人可以根据议题性质和实际需要，邀请法官助理、综合业务部门工作人员等其他人员列席会议并参与讨论。

——《最高人民法院印发〈关于完善人民法院专业法官会议工作机制的指导意见〉的通知》(2021年1月6日，法发〔2021〕2号)。

附录：最高人民法院主流观点

把握专业法官会议的制度定位，必须将其置于中国特色社会主义审判权力运行体系下统筹考虑。《关于完善人民法院专业法官会议工作机制的指导意见》第一条开宗明义，明确了“专业法官会议是人民法院向审判组织和院庭长（含审判委员会专职委员，下同）履行法定职责提供咨询意见的内部工作机制”。换言之，专业法官会议既非法定审判组织，亦非法定诉讼程序，只是嵌入审判权力运行体系的内部机制或咨询平台。具体而言，包含三重制度属性：

一是辅助决策。专业法官会议讨论形成的意见，仅供审判组织作裁判或院庭长行使审判监督管理职权时参考，不能越位成为决定案件结果的依据。司法实践中，独任庭、合议庭若有充足理由，可以不受专业法官会议讨论意见约束，按照司法责任制要求独立作出判断。另外，即使专业法官会议讨论意见与独任庭、合议庭一致，院庭长也可以根据审判监督管辖权限，按程序将案件提请审判委员会讨论。在这里，还是要明确严格落实独任庭、合议庭办案责任制，充分发挥法官在办案工作中的主导性作用，确保院庭长切实履行审判监督管理职责。

二是咨询参考。专业法官会议提供的只是咨询意见，而非决定性意见。按照“权责一致”原则，审判责任仍应由承办案件的审判组织承担；院庭长履行审判监督管理职权不力的，也应承担相应责任。因此，审判组织不能以“案件经专业法官会议讨论”为由推卸办案责任，院庭长也不能因专业法官会议提供了咨询意见而放弃应有的监督把关之责。当然，对于因案外因素或谋取利益，在专业法官会议上故意发表错误意见的行为，一样应当承担纪法责任。

三是全程留痕。新型审判权力运行体系的重要特点，是落实组织化、公开化的行权原则，客观展现权力运行全过程，实现“办案者受监督、监督者有制约”。专业法官会议的意见虽然仅供参考、咨询之用，但在整个审判权力运行过程中，有着重要的枢纽作用，是推动审判组织复议、院庭长监督、审判委员会讨论的关键节点，绝非可有可无。各级人民法院必须规范专业法官会议的运行机制，确保会议全程留痕、内容入卷备查。这不仅有利于提升主持人、参加人员的责任意识和发言质量，也有利于会议成果转化。

——最高人民法院政治部、最高人民法院司法改革领导小组办公室编：《人民法院全面落实司法责任制读本》，人民法院出版社2021年版，第102~103页。

190. 如何准确把握专业法官会议讨论意见的效力

关键词

司法责任制　专业法官会议　讨论意见效力

最高人民法院司法政策精神

十一、专业法官会议讨论形成的意见供审判组织和院庭长参考。

经专业法官会议讨论的“四类案件”，独任庭、合议庭应当及时复议；专业法官会议没有形成多数意见，独任庭、合议庭复议后的意见与专业法官会议多数意见不一致，或者独任庭、合议庭对法律适用问题难以作出决定的，应当层报院长提交审判委员会讨论决定。

对于“四类案件”以外的其他案件，专业法官会议没有形成多数意见，或者独任庭、合议庭复议后的意见仍然与专业法官会议多数意见不一致的，可以层报院长提交审判委员会讨论决定。

独任庭、合议庭复议情况，以及院庭长提交审判委员会讨论决定的情况，应当在办案平台或者案卷中留痕。

——《最高人民法院印发〈关于完善人民法院专业法官会议工作机制的指导意见〉的通知》（2021年1月6日，法发〔2021〕2号）。

附录：最高人民法院主流观点

《关于完善人民法院专业法官会议工作机制的指导意见》第十一条对专业法官会议讨论意见的效力作了适度区分：经专业法官会议讨论的“四类案件”，独任庭、合议庭应当及时复议；专业法官会议没有形成多数意见，独任庭、合议庭复议后的意见与专业法官会议多数意见不一致，或者独任庭、合议庭对法律适用问题难以作出决定的，应当层报院长提交审判委员会讨论决定。对于“四类案件”以外的其他案件，专业法官会议没有形成多数意见，或者独任庭、合议庭复议后的意见仍然与专业法官会议多数意见不一致的，可以层报院长提交审判委员会讨论决定。

如此规定的主要考虑是：对于“四类案件”，如果专业法官会议经讨论没有形成多数意见，说明案件本身的疑难性、复杂性已达到应当提交审判委员会讨论决定的程度；如果独任庭、合议庭复议意见与专业法官会议多数意见仍不一致，说明分歧较大、难以调和，由审判委员会讨论决定为宜；如果独任庭、合议庭经复议后对法律适用问题仍然难以作出决定，也适合提交审判委员会讨论决定。至于“四类案件”之外的案件，院庭长可以综合考虑案件复杂程度、监督管理需要，决定是否将案件提交审判委员会讨论决定。

——最高人民法院政治部、最高人民法院司法改革领导小组办公室编：《人民法院全面落实司法责任制读本》，人民法院出版社 2021 年版，第 105~106 页。

191. 专业法官会议的讨论范围

关键词

专业法官会议　讨论范围

最高人民法院司法政策精神

四、专业法官会议讨论案件的法律适用问题或者与事实认定高度关联的证据规则适用问题，必要时也可以讨论其他事项。独任庭、合议庭办理案件时，存在下列情形之一的，应当建议院庭长提交专业法官会议讨论：

（一）独任庭认为需要提交讨论的；

（二）合议庭内部无法形成多数意见，或者持少数意见的法官认为需要提交讨论的；

（三）有必要在审判团队、审判庭、审判专业领域之间或者辖区法院内统一法律适用的；

（四）属于《最高人民法院关于完善人民法院司法责任制的若干意见》第 24 条规定的“四类案件”范围的；

（五）其他需要提交专业法官会议讨论的。

院庭长履行审判监督管理职责时，发现案件存在前款情形之一的，可以提交专业法官会议讨论；综合业务部门认为存在前款第（三）（四）项情形的，应当建议院庭长提交专业法官会议讨论。

各级人民法院应当结合审级职能定位、受理案件规模、内部职责分工、法官队伍状况等，进一步细化专业法官会议讨论范围。

——《最高人民法院印发〈关于完善人民法院专业法官会议工作机制的指导意见〉的通知》（2021 年 1 月 6 日，法发〔2021〕2 号）。

附录：理解与适用

《指导意见》第四条第一款列举了五类应当提交专业法官会议讨论的情形。征求意见过程中，部分地方法院建议进一步细化讨论范围，逐项列举“改判”“发回”“再审”“抗诉”或“拟判处死刑或无罪”“新类型”“拟确立新的裁判标准”等具体情形。经研究，“四类案件”已足以涵盖各类需要提交会议讨论的情形，仅从程序角度逐项列举，恐加重部分法院的会议负担，也不符合专业法官会议机制设立初衷。

值得注意的是，2015年《责任制意见》第八条曾规定，合议庭认为所审理的案件因重大、疑难、复杂而存在法律适用标准不统一的，可以将法律适用问题提交专业法官会议讨论。当时的主要考虑是，对于独任庭审理的案件，发现存在重大、疑难、复杂法律适用问题的，应优先将独任制转为合议制，充分发挥合议制作用，不宜直接提交专业法官会议讨论。随着司法责任制的深入推进，一些案件尽管不符合"独转合"条件，但为确保不同独任庭、审判团队之间的法律统一适用，并为独任庭形成内心确信提供参考，有必要赋予独任庭将案件提交专业法官会议的权利。尤其是民事诉讼程序繁简分流改革试点推开后，一审民事普通程序案件、部分第二审民事案件均可以适用独任制，上述需求在试点法院更为迫切。因此，《指导意见》明确，独任庭认为需要提交讨论的，应当建议院庭长提交专业法官会议讨论。

——刘峥、何帆、马骁：《〈关于完善人民法院专业法官会议工作机制的指导意见〉的理解与适用》，载《人民法院报》2021年1月15日。

192. 专业法官会议与审判委员会的关系应当如何把握

关键词

司法责任制　专业法官会议　审判委员会

最高人民法院司法政策精神

十二、拟提交审判委员会讨论决定的案件，应当由专业法官会议先行讨论。但存在下列情形之一的，可以直接提交审判委员会讨论决定：

（一）依法应当由审判委员会讨论决定，但独任庭、合议庭与院庭长之间不存在分歧的；

（二）专业法官会议组成人员与审判委员会委员重合度较高，先行讨论必要性不大的；

（三）确因其他特殊事由无法或者不宜召开专业法官会议讨论，由院长决定提交审判委员会讨论决定的。

——《最高人民法院印发〈关于完善人民法院专业法官会议工作机制的指导意见〉的通知》（2021年1月6日，法发〔2021〕2号）。

附录：最高人民法院主流观点

专业法官会议与审判委员会的关系是一个十分重要的焦点问题。专业法官会议作为服务审判的工作机制，审判委员会作为法定审判组织，实践中二者在性质、职责和功能等方面必然存在一些区别。《最高人民法院关于深化司法责任制综合配套改革的实施意见》第九条明确，“对于依法应当提交审判委员会讨论决定、但不存在内部分歧的案件，可以不提交专业法官会议讨论”。《关于完善人民法院专业法官会议工作机制的指导意见》第十二条细化了可以直接提请审判委员会讨论的情形，即（1）依法应当由审判委员会讨论决定，但独任庭、合议庭与院庭长之间不存在分歧的；（2）专业法官会议组成人员与审判委员会委员重合度较高，先行讨论必要性不大的；（3）确因其他特殊事由无法或者不宜召开专业法官会议讨论，由院长决定提交审判委员会讨论决定的。

作出上述规定的主要考虑是：第一，符合办案实际。一些地方法院提出，一些案件依法必须提请审判委员会讨论，但合议庭内部，或者合议庭与院庭长之间并不存在分歧，如拟判处死刑的案件、人民检察院抗诉案件等。各地法院普遍建议将这类案件直接提请审判委员会讨论，以提升办案效率。第二，减少流转环节。一些“小体量”法院的专业法官会议组成人员与审判委员会委员重合度较高，一律要求专业法官会议先行讨论只会徒增办案环节。第三，兼顾特殊情形。鉴于专业法官会议并非法定办案环节，可以不作刚性要求。

——最高人民法院政治部、最高人民法院司法改革领导小组办公室编：《人民法院全面落实司法责任制读本》，人民法院出版社 2021 年版，第 106 页。

六、其　他

193. 如何科学设定法官助理的岗位职责

关键词

司法责任制　法官助理　岗位职责

附录：最高人民法院主流观点

建立完善法官助理制度是司法体制改革的重要举措。《最高人民法院关于完善人民法院司法责任制的若干意见》对法官助理职责作出了具体规定。《人民法院组织法》第四十八条规定“人民法院的法官助理在法官指导下负责审查案件材料、草拟法律文书等审判辅助事务”，首次从立法层面，确立了法官助理岗位和职责。但实践中，部分法院出现了法官助理定位不明、权责不清，与法官、书记员职责交叉，导致法官助理发挥功能作用不充分。科学设定法官助理岗位职责应注意以下三个问题：

第一，正确认识法官助理职责的审判辅助性质。根据《人民法院组织法》和相关改革文件精神，法官助理主要职责内容是审判辅助事务，法官助理所有工作均以法官的委托、指派、要求、交办为前提，工作情况均应向法官反馈，接受法官的指导、检查和监督，属于业务性辅助工作。因此，法官助理不得通过行使审判权方式独立承办和参与办理案件，不能履行庭审、合议、签发裁判文书等涉及审判权行使的核心职责。

第二，合理确定法官助理职责的具体范围。法官助理职责主要包含七个方面：（1）审查诉讼材料，协助法官组织庭前证据交换；（2）协助法官组织庭前调解，草拟调解文书；（3）受法官委托或者协助法官依法办理财产保全和证据保全措施等；（4）受法官指派，办理委托鉴定、评估等工作；（5）根据法官的要求，准备与案件审理相关的参考资料，研究案件涉及的相关法律问题；（6）在法官的指导下草拟裁判文书；（7）完成法官交办的其他审判辅助性工作。总体上看，法官助理的工作侧重于“业务性”审判辅助工作，在一定程度上介入案件实质性内容处理，具体承担诉讼流程中的部分组织、主持、引导、调研等职责。

第三，坚持原则性和灵活性相结合确定职责分工。各级人民法院可以在上述法官助理职责范围内，结合本院、本庭或团队的审判辅助人员配备，法官助理身份来源，法官助理等级，审理案件类型特点等情况，对法官助理职责进一步作出细化明确和适当调整。比如，对聘任制助理、实习助理或工作年限较短、等级较低的在编助理，应当根据其工作经验和能力确定具体职责，不必搞助理职责“整齐划一”。同时，应当注意在助理职责差异化情况下科学开展业绩考核，合理设置工作质效指标和统计口径，客观计算法官助理工作量，确保业绩考核统筹兼顾，公平合理。

——最高人民法院政治部、最高人民法院司法改革领导小组办公室编：《人民法院全面落实司法责任制读本》，人民法院出版社 2021 年版，第 77~78 页。

194. 如何确定书记员的岗位职责

关键词

司法责任制　书记员　岗位职责

附录：最高人民法院主流观点

书记员是审判工作的事务性辅助人员，在法官指导下开展工作。《人民法院组织法》第四十九条规定："人民法院的书记员负责法庭审理记录等审判辅助事务。"《最高人民法院关于完善人民法院司法责任制的若干意见》明确了书记员工作职责，主要包括：（1）负责庭前准备的事务性工作；（2）检查开庭时诉讼参与人的出庭情况，宣布法庭纪律；（3）负责案件审理中的记录工作；（4）整理、装订、归档案卷材料；（5）完成法官交办的其他事务性工作。

需要注意的是，实践中法官助理和书记员职责存在一些模糊地带，如开庭排期、文书送达、信息录入、文书上网等工作，各地法院职责分配做法不一。总体上，各地法院可以根据自身人员结构、审判资源配备、案件规模类型等情况，灵活确定上述工作的承担主体，但应当在本院或本庭室内保持相对统一，确保工作流程的规范性和绩效考核的公平性。实践中，不能将书记员简单理解为速录员，甚至用只受过速录训练、未经法律培训的速录员替代书记员的工作。

——最高人民法院政治部、最高人民法院司法改革领导小组办公室编：《人民法院全面落实司法责任制读本》，人民法院出版社 2021 年版，第 78~79 页。

195. 如何理解裁判文书签署机制改革

关键词

司法责任制　裁判文书　签署机制改革

附录：最高人民法院主流观点

裁判文书的形成与发布是一个重要的诉讼环节。从表面上看，这是一个形式或技术性问题，实际上却关涉审判权的本质属性能否得到完整体现。改革前，裁判文书的署名权和签发权相分离，即"法官署名、领导签发"，裁判文书签署发布呈"行政化"倾向。过去裁判文书经庭长、院长层层签批，也容易造成庭长、院长以审批案件为由对法官所办案件进行实质性审查，为权力寻租留下制度空间，一些庭长、院长甚至利用审批权干预独任庭或者合议庭审判，甚至擅自改变独任庭判断或者合议庭决议，导致独任庭或者合议庭依法独立公正裁判的职责受到不当干预。另外，院庭长审批的案件经过多个个体讨论、层层签批，看似人人有责，实则人人无责，法官因责任不明而导致自我约束不足、责任感不强、主体意识和能动性不高等问题，最终影响裁判文书质量。

《最高人民法院关于完善人民法院司法责任制的若干意见》第六条第一款明确规定："独任法官审理案件形成的裁判文书，由独任法官直接签署。合议庭审理案件形成的裁判文书，由承办法官、合议庭其他成员、审判长依次签署；审判长作为承办法官的，由审判长最后签署。审判组织的法官依次签署完毕后，裁判文书即可印发。除审判委员会讨论决定的案件以外，院长、副院长、庭长对其未直接参加审理案件的裁判文书不再进行审核签发。"上述规定明确院庭长对其未直接参加审理的案件的裁判文书不再进行审核签发，切实体现法官在裁判中的主体地位。

为全面落实司法责任制，防止放权以后改革又走"回头路"，2017 年 4 月 13 日，最高人民法院印发的《关于落实司法责任制完善审判监督管理机制的意见（试行）》第一条强调，"除审判委员会讨论决定的案件外，院庭长对其未直接参加审理案件的裁判文书不再进行审核签发，也不得以口头指示、旁听合议、文书送阅等方式变相审批案件"。2017 年 10 月 25 日，中共中央办公厅印发的《关于加强法官检察官正规化专业化职业化建设全面落实司法责任制的意见》中明确规定："确立法官的办案主体地位。独任审理案件的裁判文书由独任法官签署。合议庭审理案件的裁判文书由该案合议庭法官签署。除审判委员会讨论决定的案件外，院庭长不签发其未直接参加审理案件的裁判文书。"《人民法院组织法》第三十二条规定，"合议庭或者法官独任审理案件形成的裁判文书，经合议庭组成人员或者独任法官签署，由人民法院发布"，即吸收了裁判文书签署机制改革成果，并将之上升为立法。

第一，关于合议庭审理案件的裁判文书签署。合议庭审理案件形成的裁判文书，由合议庭组成人员签署。合议庭组成人员均为法官的，由合议庭承办法官、合议庭其他法官、审判长依次签署；承办法官同时是审判长的，由审判长最后签署。合议庭组成人员包括法官和人民陪审员的，由合议庭承办法官、人民陪审员、审判长依次签署。合议庭其他成员在签署裁判文书时，可以对裁判文书的结构、表述、说理等提出修改意见反馈给承办法官。审判组织的法官依次签署完毕后，裁判文书即可印发。

第二，关于独任庭审理案件的裁判文书签署。由于独任法官对案件的事实认定和法律适用独立承担责任，裁判文书理应由其署名和签发。在传统审判模式下，有的初任法官因审判经验不足，主动要求院庭长审核把关，具有一定的合理性。但在实行司法责任制以后，实行法官员额制，法官经遴选委员会专业把关后产生，理应具备独立审判案件的工作能力和业务水平，因此院庭长不再审核签署本院（庭）其他员额法官的裁判文书。

第三，关于审判委员会讨论决定的案件裁判文书签署。经过审判委员会讨论决定的案件，在合议庭组成人员签署后，仍由院长或者院长授权的分管副院长签发，最终以人民法院名义发布。

第四，关于裁判文书的发布。《人民法院组织法》第五十三条明确规定："人民法院作出的判决、裁定等生效法律文书，义务人应当依法履行；拒不履行的，依法追究法律责任。"由此可见，人民法院裁判文书的发布主体是人民法院，而非独任庭或者合议庭。

——最高人民法院政治部、最高人民法院司法改革领导小组办公室编：《人民法院全面落实司法责任制读本》，人民法院出版社 2021 年版，第 84~85 页。

196. 如何健全院庭长办案工作机制

关键词

司法责任制　院庭长办案工作机制

最高人民法院司法政策精神

一、各级人民法院院庭长入额后应当办理案件，包括独任审理案件、参加合议庭作为承办法官审理案件、参加合议庭担任审判长或作为合议庭成员参与审理案件，禁止入额后不办案、委托办案、挂名办案，不得以听取汇报、书面审查、审批案件等方式代替办案。

二、各级人民法院院庭长应当根据分管的审判工作，结合专业背景和个人专长办理案件，重点审理重大、疑难、复杂、新类型和在法律适用方面具有普遍指导意义的案件。

五、各级人民法院应当建立保障院庭长办案的工作机制。实行审判团队改革的基层人民法院，庭长、副庭长应当直接编入审判团队，承担相关案件的审判和监督职责；探索将院长、副院长和其他入额院领导编入相应的审判团队审理案件。

各级人民法院应当结合实际，为院庭长配备必要的法官助理和书记员，让院庭长能够集中精力投入开庭审理、评议案件、撰写文书等办案核心事务。

各级人民法院应当严格执行《关于保护司法人员依法履行法定职责规定》及其实施办法，积极争取地方党委政府支持，进一步精简会议文件，压缩管理流程，确保院庭长有更多时间和精力投入办案工作。

六、院庭长分案应当以指定分案为主。各级人民法院应当健全立案环节的甄别分流机制，推动将重大、疑难、复杂、新类型和在法律适用方面具有普遍意义的案件优先分配给院庭长审理。对于特别重大、疑难、复杂的案件，可以依法由院长、副院长、审判委员会委员组成合议庭审理。

七、各级人民法院院庭长办理案件，应当起到示范、引领和指导作用。鼓励院庭长开示范庭，加大院庭长办案的庭审直播工作力度。院庭长办理案件应当同时注意总结审判工作经验，统一裁判尺度，规范指导审判工作。

——《最高人民法院关于加强各级人民法院院庭长办理案件工作的意见（试行）》（2017 年 4 月 10 日，法发〔2017〕10 号）。

附录：最高人民法院主流观点

院庭长办案，是全面落实司法责任制的重要内容。为全面贯彻落实司法责任制，优化审判资源配置，充分发挥各级人民法院院庭长对审判工作的示范、引领和指导作用，中共中央办公厅印发的《关于深化司法责任制综合配套改革的实施意见》，中央政法委印发的《关于严格执行法官、检察官遴选标准和程序的通知》，最高人民法院印发的《关于完善人民法院司法责任制的若干意见》

《关于加强各级人民法院院庭长办理案件工作的意见（试行）》《关于进一步全面落实司法责任制的实施意见》《关于深化司法责任制综合配套改革的实施意见》均对院庭长办案作出明确要求，要健全完善院庭长办案工作机制。

第一，建立院庭长办案网上公示和定期通报机制。各级人民法院院庭长办案任务完成情况应当公开接受监督。高级人民法院审判管理部门负责指导辖区法院测算核定院庭长办案量。上级人民法院审判管理部门每季度应当通报辖区下一级人民法院入额院领导的办案任务完成情况。本院审判管理部门应当定期通报庭长、副庭长办案任务完成情况，包括办案数量、案件类型、审判程序、参与方式、开庭数量等。上级法院应当定期对下级法院院庭长办案情况开展督察，对办案不达标的要进行通报，存在委托办案、挂名办案等问题的，一经发现，严肃问责。

第二，建立院庭长办案考核机制。加强对院庭长办案的考核监督，充分发挥院庭长办案示范引领作用。担任领导职务的法官无正当理由不办案或者办案达不到要求的，应当退出员额。各级人民法院院庭长办案绩效应当纳入对其工作的考评和监督范围。通过严格的考核机制倒逼院庭长办案。

第三，建立院庭长办案保障机制。各高级人民法院应当建立监督管理与办案平衡机制，优化辖区法院审判监督、审判管理、行政管理职责，协调减少院庭长事务性工作负担，不参加超出法院和法官法定职责范围的事务，保证院庭长有时间、精力和条件办案。探索将院长、副院长和其他入额院领导编入相应的审判团队审理案件，如实行审判团队改革的基层人民法院，庭长、副庭长应当直接编入审判团队，承担相关案件的审判和监督职责；结合实际，为院庭长配备必要的法官助理和书记员，让院庭长能够集中精力投入开庭审理、评议案件、撰写文书等办案核心事务；科学统筹院领导办案类型，完善配套分案办法，健全院领导主要审理重大、疑难、复杂案件机制；严格执行中共中央办公厅印发的《保护司法人员依法履行法定职责规定》及其实施办法，落实《关于解决形式主义突出问题为基层“减负”的通知》，进一步精简会议文件，压缩管理流程，确保院庭长有更多时间和精力投入办案工作。

——最高人民法院政治部、最高人民法院司法改革领导小组办公室编：《人民法院全面落实司法责任制读本》，人民法院出版社2021年版，第85~87页。

197. 如何科学设定院庭长办案工作量

关键词

司法责任制　院庭长办案工作量

附录：最高人民法院主流观点

院庭长办案工作量应当设定得科学合理，才能保证院庭长办案有效落实。第一，应当明确院庭长办案工作量的计算范围。院庭长办案工作量包括以

下情形：一是独任审理案件、参加合议庭作为承办法官审理的案件；二是参加合议庭担任审判长参与审理案件的工作量；三是作为合议庭成员（非承办人或审判长）参与审理案件的工作量。主持或参加专业法官会议、监督“四类案件”、协调督办重大敏感案件、接待来访、指挥执行等事务应当计入工作量，纳入岗位绩效考核，但不能以此充抵办案数量。更不得委托办案、挂名办案，不得以听取汇报、书面审查、审批案件等方式代替办案。

第二，应当科学设定院庭长办案工作量。各高级人民法院应当结合实际，科学合理、统一确定辖区内三级法院院庭长办案工作量。办案工作量的确定，应当综合考虑人员数量、案件规模、分管领域、监督任务和行政事务等因素，区分不同地区、层级、岗位，综合运用案件权重系数等方法测算平均办案量，合理确定院庭长每年独立承办和参与审理案件的数量要求，并在办公办案系统公开。办案数量的最低标准应当根据审判工作任务、法官员额编制、辅助人员配置变化情况及时调整。院庭长因承担重要专项工作、协调督办重大敏感案件等，需要酌情核减年度办案任务的，应当报上一级人民法院审批备案。院领导办案工作量可以本院法官平均办案工作量或办理案件所属审判业务类别法官平均办案工作量为计算基数。

——最高人民法院政治部、最高人民法院司法改革领导小组办公室编：《人民法院全面落实司法责任制读本》，人民法院出版社2021年版，第87页。

198. 如何细化院长、副院长，以及庭长、副庭长的审判监督管理权责清单

关键词

司法责任制　院长　副院长　庭长　副庭长　审判监督管理　权责清单

附录：最高人民法院主流观点

细化院长、副院长的审判监督管理权责清单，就是为了明确院长、副院长不仅作为员额法官要办理案件，还应当履行与其职务相适应的审判管理和审判监督职责。主要包括以下几个方面：

第一，根据诉讼法和相关法律规定、司法解释等行使的程序性事项审批权力。例如，决定审判人员是否回避；批准拘传、罚款、拘留；批准延长审限或审查期限；发现生效判决、裁定、调解书确有错误提交审判委员会；签发搜查令等；依照规定调整分案、审判组织成员变更审批等。

第二，宏观的审判管理和监督职责。院长、副院长除依照法律规定履行相关审判职责外，还应当从宏观上指导法院各项审判工作，包括：（1）配置审判资源，包括专业化合议庭、审判团队组建模式及其职责分工；（2）部署综合工作，包括审判工作的安排部署、审判或者调研任务的分配、调整；（3）监管审判质效，包括根据职责权限，对全院审判流程进行检查监督，对全院案件整体质效的检查、分析、评估，分析审判运行态势，提示纠正不当行为，督促各庭或各团队案件审理进度，统筹安排整改措施，对存在的案件质量问题集中研判等；（4）进行业务指导，通过审理案件、参加专业法官会议或者审判委员会等方式加强业务指导；（5）作出综合评价，在法官考评委员会依托信息化平台对法官审判绩效进行客观评价基础上，对法官及其他工作人员绩效作出综合评价；（6）检查监督纪律作风，通过接待群众来访、处理举报投诉、日常监督管理，发现案件审理中可能存在的问题，提出改进措施等。

第三，对特定个案的审判监督管理。《最高人民法院关于完善人民法院司法责任制的若干意见》第二十四条对可以进行事中监督的特定案件类型和监督方式进行了规范，对于有下列情形之一的案件，院长、副院长、庭长有权要求独任法官或者合议庭报告案件进展和评议结果：（1）涉及群体性纠纷，可能影响社会稳定的；（2）疑难、复杂且在社会上有重大影响的；（3）与本院或者上级法院的类案判决可能发生冲突的；（4）有关单位或者个人反映法官有违法审判行为的。对上述四类案件要加强事中审判管理和监督。

庭长、副庭长除依照法律规定履行相关审判职责外，还应当落实审判监

督管理职责。与院长不同的是，诉讼法将一些程序性事项的审批权赋予了院长，因此对这些程序性事项，庭长应当按照最高人民法院或各高级人民法院有关规定层报院长审批。此外，庭长也负责从宏观上指导本庭审判工作，研究制定各合议庭和审判团队之间、内部成员之间的职责分工，负责随机分案后因特殊情况需要调整分案的事宜，定期对本庭审判质量效率情况进行监督，进行业务指导，作出综合评价，检查监督纪律作风以及履行其他必要的审判管理和监督职责。

——最高人民法院政治部、最高人民法院司法改革领导小组办公室编:《人民法院全面落实司法责任制读本》，人民法院出版社 2021 年版，第 88~89 页。

199. 强调院庭长加强审判监督管理，是否意味着司法责任制改革在走“回头路”

关键词

司法责任制　院庭长　审判监督管理

附录：最高人民法院主流观点

第一，改革绝不走“回头路”。这一点是确定无疑的。司法责任制改革方向正确、大势所趋，已经取得的成果来之不易、仍需巩固完善。但随着改革不断推进，审判权力运行过程的监督管理暴露出一些薄弱环节。《法官法》规定，院庭长除履行审判职责外，还应当履行与其职务相适应的职责。对此，当然要根据形势的变化提出新的任务举措，进一步加强院庭长对案件审理工作的监督管理。这是对法律规定的再强调、再落实，也是对司法责任制改革的持续深化和配套完善，绝不是对此前改革的否定。

第二，需要不断提升对司法责任制的认识水平。司法责任制既包括审判组织行使审判职权的责任，也包括院庭长依法行使审判监督管理职权的责任，还包括人民法院对司法裁判承担的政治责任和社会责任。不是只有放权才叫“改革”、加强监督管理反倒成了“开倒车”。只有在坚持有序放权的同时，不断加强有效监督，才是对司法责任制的整体推进。各级法院应当全面梳理办案流程关键节点，建立健全与审权运行新机制相适应的廉政风险防控体系，完善全院、全员、全过程的实时动态监督管理模式，实现全程留痕、实时查询、有效追溯。

第三，加强审判监督管理必须符合审判工作实际。实践中，人民法院审理的许多案件属于重大复杂案件。为了有效确保重大复杂案件审理过程和裁判结果的法律效果和社会效果，维护司法权威和法治统一，加强对这类案件的监督管理，不仅无可厚非，而且十分必要。而院庭长根据审判监督管理规定对"四类案件"进行个案监督，正是上述精神的具体体现。

第四，院庭长的监督管理权也受到监督和制约。院庭长行使审判监督管理职权必须遵循两条重要原则：一是组织化行权，二是全程留痕。院庭长对案件的监督管理职权，除依法行使对程序性事项的审批权外，主要体现为对合议庭复议的建议权，对专业法官会议、审判委员会讨论案件的提请权；院庭长所有的监督管理行为，都必须在案卷和办公平台上全程留痕。院庭长的监督管理职权是"对话型"而非"命令型"，既不能强令独任庭、合议庭屈从己意，也不能把公开的监督管理变成私下的暗箱操作，更不能以个人意志擅自改变独任庭、合议庭的评议结论。否则便属于违法行为，应当按照规定承担责任。有这两条基本原则作为保障，可以确保司法责任制改革符合审判权力运行的客观规律。

——最高人民法院政治部、最高人民法院司法改革领导小组办公室编:《人民法院全面落实司法责任制读本》，人民法院出版社 2021 年版，第 90~91 页。

200. 如何区分院长与副院长、审判委员会专职委员、庭长、副庭长在审判监督管理工作中的权限

关键词

司法责任制　院长　副院长　审判委员会专职委员　庭长副庭长　审判监督管理工作权限

附录：最高人民法院主流观点

根据三大诉讼法及其司法解释相关规定，法律授权对审判活动行使监督管理权的对象主要为院长；根据《法官法》的规定，院长、副院长、审判委员会委员、庭长、副庭长除履行审判职责外，还应当履行与其职务相适应的职责。因此，法律并未对院长与副院长、审判委员会专职委员、庭长、副庭长在审判监督管理工作中的权限作出明确区分，他们之间的权限划分需要综合考虑法律规定、工作惯例、实际需要等因素加以确定。

《人民法院组织法》规定，地方各级人民法院副院长、审判委员会委员、庭长、副庭长由院长提请本级人民代表大会常务委员会任免；副院长可以根据院长委托主持审判委员会会议，协助院长监督本院审判工作，管理本院行政事务。根据人民法院工作惯例和监督管理实际，副院长、审判委员会专职

委员、庭长、副庭长各有分工，在其分管领域内履行审判监督管理职责。因此，副院长、审判委员会专职委员、庭长、副庭长的审判监督管理职责，既来自法律授权，也来自院长委托；具体权限范围则应当根据各院工作实际需要，由院党组会、院长办公会、庭务会等集体研究决定。因此，《最高人民法院关于完善人民法院审判权力和责任清单的指导意见》第四条规定，副院长、审判委员会专职委员可以经院长授权或者委托履行相应的监督管理职责，必要时院长也可以授权或者委托庭长履行相关监督管理职责。

——最高人民法院政治部、最高人民法院司法改革领导小组办公室编：《人民法院全面落实司法责任制读本》，人民法院出版社 2021 年版，第 91 页。

201. “四类案件”的范围界定

关键词

四类案件　监督管理　范围界定

最高人民法院司法政策精神

二、本意见所称“四类案件”，是指符合下列情形之一的案件：

（一）重大、疑难、复杂、敏感的；

（二）涉及群体性纠纷或者引发社会广泛关注，可能影响社会稳定的；

（三）与本院或者上级人民法院的类案裁判可能发生冲突的；

（四）有关单位或者个人反映法官有违法审判行为的。

——《最高人民法院印发〈关于进一步完善“四类案件”监督管理工作机制的指导意见〉的通知》（2021 年 11 月 4 日，法发〔2021〕30 号）。

附录：理解与适用

（一）关于“四类案件”的范围界定

根据实践应用情况和监督管理需要，《最高人民法院关于进一步完善“四类案件”监督管理工作机制的指导意见》第二条适当优化调整了 2015 年《责任制意见》第二十四条规定的“四类案件”范围：将“疑难、复杂且在社会上有重大影响的”，调整为“重大、疑难、复杂、敏感的”；将“涉及群体性纠纷，可能影响社会稳定的”，调整为“涉及群体性纠纷或者引发社会广泛关注，可能影响社会稳定的”；将“与本院或者上级人民法院的类案判决可能发生冲突的”，调整为“与本院或者上级人民法院的类案裁判可能发生冲突的”。

上述调整的主要考虑在于：一是案件的疑难、复杂程度，并不必然与其社会影响成正比，重大、敏感案件也有必要加强监督管理。二是影响社会稳定的案件并不局限于群体性纠纷，有的社会关注度较高，如处理不当，也可能激化社会矛盾，波及社会稳定，必须预先做好防控。三是部分不予受理、管辖权异议、中止或者终结诉讼的裁定，也涉及法律统一适用，不宜将“类案”局限于“判决”。

——刘峥、何帆、马骁、李煜星：《〈关于进一步完善“四类案件”监督管理工作机制的指导意见〉的理解与适用》，载《人民司法·应用》2021 年第 34 期。

202. “四类案件”的分案机制和审判组织

关键词

四类案件　分案机制　审判组织

最高人民法院司法政策精神

九、立案阶段识别标注的“四类案件”，可以指定分案。审理“四类案件”，应当依法组成合议庭，一般由院庭长担任审判长，并根据案件所涉情形、复杂程度等因素，综合确定合议庭组成人员和人数。

案件进入审理阶段后被识别标注为“四类案件”的，院庭长可以根据案件所涉情形、进展情况，按权限决定作出下述调整，调整结果应当及时通知当事人，并在办案平台注明原因：

（一）由独任审理转为合议庭审理；

（二）调整承办法官；

（三）调整合议庭组成人员或者人数；

（四）决定由自己担任审判长。

——《最高人民法院印发〈关于进一步完善“四类案件”监督管理工作机制的指导意见〉的通知》（2021 年 11 月 4 日，法发〔2021〕30 号）。

附录：理解与适用

（五）关于“四类案件”的分案机制和审判组织

《最高人民法院关于进一步完善“四类案件”监督管理工作机制的指导意见》第九条规定，立案阶段识别标注的“四类案件”，可以指定分案。审理“四类案件”，应当依法组成合议庭，一般由院庭长担任审判长，并根据案件所涉情形、复杂程度等因素，综合确定合议庭组成人员和人数。案件进入审理阶段后被识别标注为“四类案件”的，院庭长可以根据案件所涉情形、进展情况，决定由独任审理转为合议庭审理。有必要由人民陪审员参与审理的，可以依照《中华人民共和国人民陪审员法》第十四条至第十六条确定合议庭组成人员和人数。

之所以强调“四类案件”应当由合议庭审理，主要考虑是：既已列入“四类案件”，强化监督管理，应当有配套的组织和程序保障。随着民事诉讼程序繁简分流改革不断深化，独任制适用范围将进一步扩大，强调“四类案件”由合议庭审理，不会给基层、中级人民法院带来过重负担。另外，明确由合议庭审理，并一般由院庭长作为审判长，有利于审慎认定“四类案件”，避免不当标注或任意扩大范围，实现审判资源与监督管理重心精准适配。

——刘峥、何帆、马骁、李煜星：《〈关于进一步完善“四类案件”监督管理工作机制的指导意见〉的理解与适用》，载《人民司法·应用》2021年第34期。

203.“四类案件”的全过程识别机制

关键词

四类案件　全过程识别机制

最高人民法院司法政策精神

八、各级人民法院应当结合本院实际，建立覆盖审判工作全过程的“四类案件”识别标注、及时报告、推送提醒、预警提示机制，明确各类审判组织、审判人员、职能部门的主体责任、报告义务、问责机制。对“四类案件”，应当通过依法公开审理、加强裁判文书说理，接受社会监督。

立案部门在立案阶段识别出“四类案件”的，应当同步在办案平台标注，提示相关院庭长，根据本意见要求确定承办审判组织形式和人员。承办审判组织在案件审理阶段识别出“四类案件”的，应当主动标注，并及时向院庭长报告。院庭长发现分管领域内“四类案件”的，应当提醒承办审判组织及时标注，并要求其报告案件进展情况。审判管理、审务督察、新闻宣传等职能部门在日常工作中发现“四类案件”的，应当及时提示相关院庭长。下级人民法院向上级人民法院移送“四类案件”卷宗材料的，应当在原审纸质卷宗或者电子卷宗中作出相应标注。

对案件是否属于“四类案件”存在争议的，可以按照工作程序层报院庭长决定。案件不再作为“四类案件”监督管理的，撤销相应标注，并在办案平台注明原因。

——《最高人民法院印发〈关于进一步完善“四类案件”监督管理工作机制的指导意见〉的通知》（2021年11月4日，法发〔2021〕30号）。

附录：理解与适用

（四）关于“四类案件”全过程识别机制

《最高人民法院关于进一步完善“四类案件”监督管理工作机制的指导意见》第八条要求各级人民法院结合本院实际，建立覆盖审判工作全过程的“四类案件”识别标注、及时报告、推送提醒、预警提示机制，并分阶段明确了立案部门、承办审判组织、院庭长和审判管理、审务督察、新闻宣传等职能部门的识别责任、报告义务和标注机制。

下级人民法院向上级人民法院移送“四类案件”卷宗材料的，应当在原审纸质卷宗或者电子卷宗中作出相应标注，以便上级人民法院及时研判是否需要在二审、再审阶段将其纳入“四类案件”监督管理。上级人民法院识别判断时，应当结合审级实际和案件阶段性情况，综合考虑案件是否还有必要继续标注为“四类案件”。

对是否属于“四类案件”存在分歧的，按照工作程序，层报相关院庭长解决。具体由哪一级负责人决定，可以根据案件性质和职务权限确定，不宜都报院长。例如，合议庭内部存在分歧的，报庭领导决定；不同职能部门之间存在分歧的，报院领导决定。涉及法律适用问题的，也可以提请专业法官会议讨论。对于已标注为“四类案件”，后因案情或形势发生变化，相关情形不再存在的，可以撤销标注，但应当在办案平台注明原因。

——刘峥、何帆、马骁、李煜星：《〈关于进一步完善“四类案件”监督管理工作机制的指导意见〉的理解与适用》，载《人民司法·应用》2021 年第 34 期。

204.“四类案件”的识别标准

关键词

四类案件　识别标准

最高人民法院司法政策精神

三、“重大、疑难、复杂、敏感”的案件主要包括下列案件：涉及国家利益、社会公共利益的；对事实认定或者法律适用存在较大争议的；具有首案效应的新类型案件；具有普遍法律适用指导意义的；涉及国家安全、外交、民族、宗教等敏感案件。

四、“涉及群体性纠纷或者引发社会广泛关注，可能影响社会稳定”的案件主要包括下列案件：当事人或者被害人人数众多，可能引发群体性事件的；

可能或者已经引发社会广泛关注，存在激化社会矛盾风险的；具有示范效应、可能引发后续批量诉讼的；可能对特定行业产业发展、特定群体利益、社会和谐稳定产生较大影响的。

五、“与本院或者上级人民法院的类案裁判可能发生冲突”的案件主要包括下列案件：与本院或者上级人民法院近三年类案生效裁判可能发生冲突的；与本院正在审理的类案裁判结果可能发生冲突，有必要统一法律适用的；本院近三年类案生效裁判存在重大法律适用分歧，截至案件审理时仍未解决的。

六、“有关单位或者个人反映法官有违法审判行为”的案件主要包括下列案件：当事人、诉讼代理人、辩护人、利害关系人实名反映参与本案审理的法官有违法审判行为，并提供具体线索的；当事人、诉讼代理人、辩护人实名反映案件久拖不决，经初步核实确属违反审判执行期限管理规定的；有关部门通过审务督察、司法巡查、案件评查、信访接待或者受理举报、投诉等方式，发现法官可能存在违法审判行为的；承办审判组织在“三个规定”记录报告平台反映存在违反规定干预过问案件情况，可能或者已经影响司法公正的。

有关单位或者个人反映审判辅助人员有违纪违法行为，可能或者已经影响司法公正的，参照上述情形监督管理。

——《最高人民法院印发〈关于进一步完善“四类案件”监督管理工作机制的指导意见〉的通知》（2021 年 11 月 4 日，法发〔2021〕30 号）。

附录：理解与适用

（二）关于“四类案件”识别标准

征求意见过程中，部分法院建议以列举形式，逐项明确“四类案件”的具体识别标准，方便司法实践中直接适用。我们认为，各级法院人案规模、案件类型、审级职能差异较大，对“四类案件”的范围确定既不宜过于宽泛，也不能过于具体，总体上应有利于实践操作和全过程监督。所以，《最高人民法院关于进一步完善“四类案件”监督管理工作机制的指导意见》第三条至第六条以概括方式，明确了认定“四类案件”时应当考虑的因素。

第一，“重大、疑难、复杂、敏感”的案件主要包括下列案件：涉及国家利益、社会公共利益的；对事实认定或者法律适用存在较大争议的；具有首案效应的新类型案件；具有普遍法律适用指导意义的；涉及国家安全、外交、民族、宗教等敏感案件。其中，“具有普遍法律适用指导意义的”案件，主要指法律、司法解释规定不明确或者司法解释没有规定，需要通过司法裁判进一步明确法律适用的案件。“对事实认定或者法律适用存在较大争议的”案件，主要指人民法院受案和审理过程中，侦查、公诉机关或者社会舆论对案件定性、处理存在较大争议的案件。合议庭内部有分歧意见，不能视为“存在较大争议”。

第二，“涉及群体性纠纷或者引发社会广泛关注，可能影响社会稳定”的案件主要包括下列案件：当事人或者被害人人数众多，可能引发群体性事件的；可能或者已经引发社会广泛关注，存在激化社会矛盾风险的；具有示范效应、可能引发后续批量诉讼的；可能对特定行业产业发展、特定群体利益、社会和谐稳定产生较大影响的。实践中，一些案件虽然所涉“人数众多”，如物业纠纷、涉及同一保险公司的交通事故责任纠纷等，但多数属于简单系列案，不存在群体性事件或激化社会矛盾风险，不宜认定为“四类案件”。

第三，“与本院或者上级人民法院的类案裁判可能发生冲突”主要包括下列案件：与本院或者上级人民法院近三年类案生效裁判可能发生冲突的；与本院正在审理的类案裁判结果可能发生冲突，有必要统一法律适用的；本院近三年类案生效裁判存在重大法律适用分歧，截至案件审理时仍未解决的。之所以明确“近三年”，是为了合理确定相关案件的范围，具体时间可以从案件受理之日起算。

第四，“有关单位或者个人反映法官有违法审判行为”的案件主要包括下列案件：当事人、诉讼代理人、辩护人、利害关系人实名反映参与本案审理的法官有违法审判行为，并提供具体线索的；当事人、诉讼代理人、辩护人实名反映案件久拖不决，经初步核实确属违反审判执行期限管理规定的；有关部门通过审务督察、司法巡查、案件评查、信访接待或者受理举报、投诉等方式，发现法官可能存在违法审判行为的；承办审判组织在“三个规定”记录报告平台反映存在违反规定干预过问案件情况，可能或者已经影响司法公正的。需要强调的是，对法官违法审判行为的反映、投诉和举报，须实名提出并提供具体线索，经人民法院初步核实后，认为可能或者已经影响司法公正的，才能纳入“四类案件”监督管理，实践中不能仅因存在投诉、举报就启动相关措施，干扰法官依法履职。

——刘峥、何帆、马骁、李煜星：《〈关于进一步完善“四类案件”监督管理工作机制的指导意见〉的理解与适用》，载《人民司法·应用》2021 年第 34 期。

205. 随机分案为主、指定分案为辅的案件分配机制

关键词

案件分配　随机分案　指定分案

最高人民法院司法政策精神

三、各级人民法院应当健全随机分案为主、指定分案为辅的案件分配机制。根据审判领域类别和繁简分流安排，随机确定案件承办法官。已组建专业化合议庭或者专业审判团队的，在合议庭或者审判团队内部随机分案。承办法官一经确定，不得擅自变更。因存在回避情形或者工作调动、身体健康、廉政风险等事由确需调整承办法官的，应当由院庭长按权限审批决定，调整理由及结果应当及时通知当事人并在办公办案平台公示。

有下列情形之一的，可以指定分案：（1）重大、疑难、复杂或者新类型案件，有必要由院庭长承办的；（2）原告或者被告相同、案由相同、同一批次受理的 2 件以上的批量案件或者关联案件；（3）本院提审的案件；（4）院庭长根据个案监督工作需要，提出分案建议的；（5）其他不适宜随机分案的案件。指定分案情况，应当在办公办案平台上全程留痕。

四、依法由合议庭审理的案件，合议庭原则上应当随机产生。因专业化审判需要组建的相对固定的审判团队和合议庭，人员应当定期交流调整，期限一般不应超过两年。

各级人民法院可以根据本院员额法官和案件数量情况，由院庭长按权限指定合议庭中资历较深、庭审驾驭能力较强的法官担任审判长，或者探索实行由承办法官担任审判长。院庭长参加合议庭审判案件的时候，自己担任审判长。

——《最高人民法院关于落实司法责任制完善审判监督管理机制的意见（试行）》（2017 年 4 月 12 日，法发〔2017〕11 号）。

206. 各级人民法院院庭长办案数量的最低标准

关键词

院庭长办案　办案数量

最高人民法院司法政策精神

三、各级人民法院院庭长应当作为承办法官办理一定数量的案件。主持或参加专业法官会议、审判委员会、协调督办重大敏感案件、接待来访、指挥执行等事务应当计入工作量，纳入岗位绩效考核，但不能以此充抵办案数量。

四、基层、中级人民法院的庭长每年办案量应当达到本部门法官平均办案量的 50% – 70%。

基层人民法院院长办案量应当达到本院法官平均办案量的 5% – 10%，其他入额院领导应当达到本院法官平均办案量的 30% – 40%。

中级人民法院院长办案量应当达到本院法官平均办案量的 5%，其他入额院领导应当达到本院法官平均办案量的 20% – 30%。

基层、中级人民法院可以根据本院的收结案情况，结合完成审判工作任务的需要，在本意见规定的最低标准基础上，适当提高本院院庭长独立承办和参与审理的案件数量。

高级人民法院和最高人民法院院庭长办案数量的最低标准，分别由高级人民法院和最高人民法院规定。

各级人民法院应当综合考虑法院审级、领导职务、分管领域、所承担的审判管理监督事务和行政事务工作量等因素，综合运用案件权重系数等方法测算平均办案量，合理确定院庭长每年独立承办和参与审理案件的数量要求，并在办公办案系统公开。办案数量的最低标准应当根据审判工作任务、法官员额编制、辅助人员配置变化情况及时调整。

——《最高人民法院关于加强各级人民法院院庭长办理案件工作的意见（试行）》（2017 年 4 月 10 日，法发〔2017〕10 号）。

第三章　诉讼参加人

一、当事人

207.“有明确被告”的认定

关键词

有明确被告　证明　认定

最高人民法院审判业务意见

1. 原告对住所地在中华人民共和国领域外的被告提起诉讼，能够提供该被告存在的证明的，即符合民事诉讼法第一百二十二条第二项规定的“有明确的被告”。被告存在的证明可以是处于有效期内的被告商业登记证、身份证明、合同书等文件材料，不应强制要求原告就上述证明办理公证认证手续。

——《最高人民法院关于印发〈全国法院涉外商事海事审判工作座谈会会议纪要〉的通知》（2021 年 12 月 31 日，法〔民四〕明传〔2021〕60 号）。

208. 分支机构的诉讼主体资格

关键词

分支机构　诉讼主体资格

《中华人民共和国民法典》条文

第七十四条　法人可以依法设立分支机构。法律、行政法规规定分支机构应当登记的，依照其规定。

分支机构以自己的名义从事民事活动，产生的民事责任由法人承担；也可以先以该分支机构管理的财产承担，不足以承担的，由法人承担。

附录：最高人民法院主流观点

根据2012年修正前的《民事诉讼法》第四十九条[①]第一款规定，公民、法人和其他组织可以作为民事诉讼的当事人。根据《最高人民法院关于适用〈中华人民共和国民事诉讼法〉若干问题的意见》第四十条规定，法人依法设立并领取营业执照的分支机构、中国人民银行及各专业银行设在各地的分支机构、中国人民保险公司设在各地的分支机构等属于《民事诉讼法》第四十九条规定的其他组织，具有诉讼主体资格，可以作为当事人参加民事诉讼。2012年《民事诉讼法》修正时并未变更原《民事诉讼法》第四十九条的内容，只是将条文顺序变更为第四十八条。针对修正后《民事诉讼法》的理解与适用问题，《民事诉讼法司法解释》第五十二条规定："民事诉讼法第四十八条[②]规定的其他组织是指合法成立、有一定的组织机构和财产，但又不具备法人资格的组织，包括：（一）依法登记领取营业执照的个人独资企业；（二）依法登记领取营业执照的合伙企业；（三）依法登记领取我国营业执照的中外合作经营企业、外资企业；（四）依法成立的社会团体的分支机构、代表机构；（五）依法设立并领取营业执照的法人的分支机构；（六）依法设立并领取营业执照的商业银行、政策性银行和非银行金融机构的分支机构；（七）经依法登记领取营业执照的乡镇企业、街道企业；（八）其他符合本条规定条件的组织。"根据该规定，依法成立的社会团体的分支机构，依法设立并领取营业执照的法人的分支机构，依法设立并领取营业执照的商业银行、政策性银行和非银行金融机构的分支机构具有诉讼主体资格，可以作为民事诉讼的当事人。需要注意的是，根据《最高人民法院关于适用〈中华人民共和国民事诉讼法〉若干问题的意见》第四十条，中国人民银行及各专业银行设在各地的分支机构、中国人民保险公司设在各地的分支机构亦属于民事诉讼法所指的"其他组织"，可以作为诉讼当事人。《民事诉讼法司法解释》第五十二条虽没有明确规定，但应认为不影响以上分支机构的诉讼主体资格。

——最高人民法院民法典贯彻实施工作领导小组主编：《中华人民共和国民法典总则编理解与适用》，人民法院出版社2020年版，第376~377页。

① 现为《民事诉讼法》（2021年修正）第五十一条。

② 现为《民事诉讼法》（2021年修正）第五十一条。

209. 依法设立并领取营业执照的分支机构具有诉讼主体资格

关键词

分支机构　其他组织　诉讼主体

最高人民法院司法解释

第五十二条　民事诉讼法第五十一条规定的其他组织是指合法成立、有一定的组织机构和财产，但又不具备法人资格的组织，包括：

（一）依法登记领取营业执照的个人独资企业；

（二）依法登记领取营业执照的合伙企业；

（三）依法登记领取我国营业执照的中外合作经营企业、外资企业；

（四）依法成立的社会团体的分支机构、代表机构；

（五）依法设立并领取营业执照的法人的分支机构；

（六）依法设立并领取营业执照的商业银行、政策性银行和非银行金融机构的分支机构；

（七）经依法登记领取营业执照的乡镇企业、街道企业；

（八）其他符合本条规定条件的组织。

第五十三条　法人非依法设立的分支机构，或者虽依法设立，但没有领取营业执照的分支机构，以设立该分支机构的法人为当事人。

——《最高人民法院关于适用〈中华人民共和国民事诉讼法〉的解释》（2022 年 4 月 1 日修正）。

第二十条　保险公司依法设立并取得营业执照的分支机构属于《中华人民共和国民事诉讼法》第四十八条[①]规定的其他组织，可以作为保险合同纠纷案件的当事人参加诉讼。

——《最高人民法院关于适用〈中华人民共和国保险法〉若干问题的解释（二）》（2020 年 12 月 29 日修正）。

最高人民法院裁判文书

中国民生银行股份有限公司太原分行与山西三佳新能源科技集团有限公司、介休市绵山风景区开发有限责任公司等合同纠纷案［最高人民法院（2017）最高法民辖终 69 号民事裁定书］

① 现为《民事诉讼法》（2021 年修正）第五十一条。

最高人民法院经审查认为，《中华人民共和国民事诉讼法》第四十八条[①]规定，公民、法人和其他组织可以作为民事诉讼的当事人。《最高人民法院关于适用〈中华人民共和国民事诉讼法〉的解释》第五十二条第六项规定："民事诉讼法第四十八条规定的其他组织是指合法成立、有一定的组织机构和财产，但又不具备法人资格的组织，包括依法设立并领取营业执照的商业银行、政策性银行和非银行金融机构的分支机构。"民生银行太原分行作为中国民生银行股份有限公司的分支机构，在山西省工商行政管理局依法注册登记，并领取了营业执照。民生银行太原分行依法具备作为本案原告的主体资格。

——中国裁判文书网。

附录：最高人民法院主流观点

在判断保险公司分支机构是否属于民事诉讼法第四十八条[②]规定所指的其他组织时，法院应当着重审查其是否已经领取了营业执照。根据保险监管部门相关设立保险分支机构的规定，保险分支机构应当先经保险监管部门批准，然后持批准文件以及分支机构经营保险业务许可证，才能向工商行政管理部门办理登记注册手续，领取营业执照后方能开展经营活动。对未经保险监管部门批准设立或未领取营业执照即进行经营活动的，法院应当认定其不属于民事诉讼法第四十八条规定的"其他组织"，不能将之作为案件当事人。

我们认为，在保险合同纠纷案中判断保险人是否适格，应当以其是否系订立保险合同的保险公司或者保险公司分支机构为标准。具体而言：（1）各项具体业务均由保险公司承办，保险单或者其他保险凭证也是由保险公司以自己的名义签章后出具的，应当以保险公司作为当事人；（2）各项具体业务均由保险公司分支机构承办，但最终由保险公司审核后由保险公司以自己的名义签发保险单或者其他保险凭证的，应当以保险公司作为当事人；（3）各项具体业务均由保险公司分支机构承办，保险单或者其他保险凭证也是由保险公司分支机构以自己的名义签章后出具的，应当以保险公司分支机构作为当事人。

在民事诉讼法司法解释起草过程中，一些反对意见认为，如严格将保单上记载的保险人作为案件当事人，可能导致保险公司大量涉讼，一方面，保险消费者必须前往保险人即保险公司住所地起诉，不便利诉讼；另一方面，也会对保险公司住所地的法院产生巨大的收案压力。但从部分地区的审判实践来看，这种担忧并无必要。比如上海市和广东省作为我国重要的金融业聚居区，并未因为前述指导意见的出台导致保险合同纠纷案件和伪卡纠纷案件

---

① 现为《民事诉讼法》（2021年修正）第五十一条。

② 现为《民事诉讼法》（2021年修正）第五十一条。

数量出现明显的波动。至于因保险公司在外埠而可能引发的管辖问题，我们认为，在实践中亦不会产生多大障碍。因为，异地诉讼将大幅提高消费者的诉讼成本，引发消费者对保险公司不满。消费者一旦“用脚投保”，放弃将来选择这些需要到外地应诉的保险公司，将对保险公司业务发展严重不利。所以，事实上保险公司多会通过协议管辖和应诉管辖制度，接受保险消费者向最便利于其起诉的法院提起诉讼。特别需要指出，2013 年 1 月 1 日开始实施的民事诉讼法第一百二十七条[①]第二款规定：“当事人未提出管辖异议，并应诉答辩的，视为受诉人民法院有管辖权，但违反级别管辖和专属管辖规定的除外。”根据上述新法律，即使保险消费者选择起诉的法院本无管辖权，只要保险公司基于提升客户服务考虑，接受法院管辖，就完全可以避免保险消费者诉讼成本无谓的提高。

——最高人民法院民事审判第二庭编著：《最高人民法院关于保险法司法解释（二）理解与适用》，人民法院出版社 2013 年版，第 447~448 页。

附录：民事审判信箱

问：原告作为投保人为其丈夫在某保险公司县级营销服务部办理了人身保险业务，保险受益人为原告。保险公司提供了由该公司省分公司批准生效而加盖总公司（住所地在北京）印章的格式合同，而保险费则由该公司的市中心支公司收取并出具了发票。后黄某病亡，为理赔事宜，袁某以该保险公司的县级营销服务部及市中心支公司（均有营业执照）为共同被告诉至法院。该公司市中心支公司辩称，其不是适格被告，应以省分公司为被告。究竟谁是适格被告，合议庭有三种意见：第一种意见认为该公司市中心支公司是适格主体；第二种意见认为应以该公司市中心支公司和省分公司为共同被告；第三种意见认为应以省分公司为被告。请问：哪种意见正确？

答：第一种意见是正确的。理由是：第一，保险公司市中心支公司收取保险费行为，表明其是保险合同的实际履行者，属于适格被告。本案的保险合同虽然是经保险公司省分公司批准生效而加盖总公司的印章，但与原告进行合同协商的是该保险公司县级营销服务部，即要约与承诺发生在原告与该保险公司县级营销服务部之间，市中心支公司收取保险费并出具发票的行为，表明其是保险合同的实际履行人。原告根据合同协商、签订和履行的实际情况，将二者列为被告，符合诚实信用原则，不存在虚列被告争管辖等情形。故第一种意见根据《最高人民法院关于适用〈中华人民共和国保险法〉若干问题的解释（二）》第二十条规定，认定保险公司市中心支公司为适格被告，是正确的。

---

① 现为《民事诉讼法》（2021 年修正）第一百三十条。

第二，本案中的合同是格式合同，应当按照有利于原告一方进行解释。本案原告实际在保险公司县级营销服务部办理的保险业务，市中心支公司收取保险费并出具发票，保险合同是经保险公司省分公司批准生效，加盖的是总公司的印章，保险公司的四级机构均参与了保险合同的签订和履行，如何确定保险合同主体，存在两种以上的解释。根据《中华人民共和国合同法》第四十一条规定：“对格式条款的理解发生争议的，应当按照通常理解予以解释。对格式条款有两种以上解释的，应当作出不利于提供格式条款一方的解释。格式条款和非格式条款不一致的，应当采用非格式条款。应当作出不利于保险公司一方的解释，因此市中心支公司主张其不是适格被告的请求不应予以支持。

——本书研究组：《保险公司支公司有无诉讼主体资格》，载杜万华主编、最高人民法院民事审判第一庭编：《民事审判指导与参考》2015 年第 1 辑（总第 61 辑），人民法院出版社 2015 年版，第 284 页。

210. 见义勇为受害责任纠纷中的诉讼主体

关键词

见义勇为　诉讼主体

《中华人民共和国民法典》条文

第一百八十三条　因保护他人民事权益使自己受到损害的，由侵权人承担民事责任，受益人可以给予适当补偿。没有侵权人、侵权人逃逸或者无力承担民事责任，受害人请求补偿的，受益人应当给予适当补偿。

附录：最高人民法院主流观点

虽然目前理论和实务上对于见义勇为受益人适当补偿责任与侵权人的直接责任是何种关系，是不真正连带责任还是补充责任存有很大争议，但从审判实务的角度看，这都是最终实体裁判结果的问题，并不能与程序上的确定诉讼主体资格问题相混淆。我们认为，从保护当事人诉权的角度讲，见义勇为者可以单独或者一并将侵权人和见义勇为受益人作为被告予以起诉，必要时人民法院也可以依照《民事诉讼法》及《民事诉讼法司法解释》的相关规定，追加见义勇为受益人为共同被告参加诉讼。

——最高人民法院民法典贯彻实施工作领导小组主编：《中华人民共和国民法典总则编理解与适用》，人民法院出版社 2020 年版，第 923~924 页。

211. 继承纠纷的共同诉讼

关键词

继承纠纷　共同诉讼

最高人民法院司法解释

第四十条　继承人以外的组织或者个人与自然人签订遗赠扶养协议后，无正当理由不履行，导致协议解除的，不能享有受遗赠的权利，其支付的供养费用一般不予补偿；遗赠人无正当理由不履行，导致协议解除的，则应当偿还继承人以外的组织或者个人已支付的供养费用。

第四十四条　继承诉讼开始后，如继承人、受遗赠人中有既不愿参加诉讼，又不表示放弃实体权利的，应当追加为共同原告；继承人已书面表示放弃继承、受遗赠人在知道受遗赠后六十日内表示放弃受遗赠或者到期没有表示的，不再列为当事人。

——《最高人民法院关于适用〈中华人民共和国民法典〉继承编的解释（一）》（2020年12月29日，法释〔2020〕23号）。

附录：理解与适用

《最高人民法院关于适用〈中华人民共和国民法典〉继承编的解释（一）》（以下简称《解释》）第四十条规定，继承诉讼开始后，如继承人、受遗赠人中有既不愿参加诉讼，又不表示放弃实体权利的，应追加为共同原告；已明确表示放弃继承的，不再列为当事人。该条确定了继承纠纷作为必要共同诉讼的情形。《最高人民法院关于适用〈中华人民共和国民事诉讼法〉的解释》第七十条也规定，在继承遗产的诉讼中，部分继承人起诉的，人民法院应通知其他继承人作为共同原告参加诉讼；被通知的继承人不愿意参加诉讼又未明确表示放弃实体权利的，人民法院仍应将其列为共同原告。我们认为，将继承纠纷作为必要共同诉讼，对于查清事实，更好地保护所有继承人利益，妥善解决继承纠纷具有重要意义。因此，《解释》对原规定的精神予以保留。考虑到民法典对继承的制度设计是采当然继承主义，只要不明确表示放弃继承的，即视为接受继承；但受遗赠不同，自然人以遗嘱方式作出遗赠虽然是单方行为，但从法律的本质上而言，遗赠行为在某种程度上应当视为一种双方法律行为，遗赠人作出赠与的意思表示，受遗赠人需要接受方可，这就需要双方意思表示达成一致方能成立，如果受遗赠人在法定期限内不做任何意思表示，赠与的合意难以形成，因此，法律规定接受遗赠必须以明示的方式作出意思表示，受遗赠人如果在法定期限内不作出意思表示的，即视为放弃。故《解释》第四十四条区分继承与受遗赠两种不同的制度设计，将原规定中的“已明确表示放弃继承的，不再列为当事人”修改为“继承人已书面表示放弃继承、受遗赠人在知道受遗赠后六十日内表示放弃受遗赠或者到期没有表示的，不再列为当事人”。进一步完善相关程序设计。

——郑学林、刘敏、王丹：《〈最高人民法院关于适用《中华人民共和国民法典》继承编的解释（一）〉若干重点问题的理解与适用》，载最高人民法院民事审判第一庭编：《民事审判指导与参考》2021 年第 1 辑（总第 85 辑），人民法院出版社 2021 年版，第 217 页。

212. 返还彩礼诉讼的当事人的范围

关键词

返还彩礼诉讼　共同被告　当事人

最高人民法院司法解释

第五条　当事人请求返还按照习俗给付的彩礼的，如果查明属于以下情形，人民法院应当予以支持：

（一）双方未办理结婚登记手续；

（二）双方办理结婚登记手续但确未共同生活；

（三）婚前给付并导致给付人生活困难。

适用前款第二项、第三项的规定，应当以双方离婚为条件。

——《最高人民法院关于适用〈中华人民共和国民法典〉婚姻家庭编的解释（一）》（2020 年 12 月 25 日，法释〔2020〕22 号）。

附录：最高人民法院主流观点

在实际生活中，彩礼的给付人和接受人并非仅限于男女双方，还可能包括男女双方的父母和亲属，这些人均可成为返还彩礼诉讼的当事人。在中国的传统习俗中，儿女的婚姻被认为是终身大事，一般由父母一手操办，送彩礼也大都由父母代送，且多为家庭共有财产。而在诉讼中大多数也是由当事人本人或者父母起诉，因此应诉方以起诉人不适格作为抗辩时，以不支持为宜，以便能够最大限度地保护公民的财产权利，也符合社会生活实际。对于被告的确定问题也应作一体处理，诉讼方通常把对方当事人的父母列为共同被告，要求他们承担连带责任。一般习俗是父母送彩礼，也是父母代收彩礼，故将对方当事人父母列为共同被告为宜。

——最高人民法院民事审判第一庭编著:《最高人民法院民法典婚姻家庭编司法解释(一)理解与适用》,人民法院出版社2021年版,第77~78页。

213. 子女主张抚养费诉讼主体的确定

关键词

抚养费　诉讼主体不适格

最高人民法院司法解释

第四十三条　婚姻关系存续期间,父母双方或者一方拒不履行抚养子女义务,未成年子女或者不能独立生活的成年子女请求支付抚养费的,人民法院应予支持。

——《最高人民法院关于适用〈中华人民共和国民法典〉婚姻家庭编的解释(一)》(2020年12月25日,法释〔2020〕22号)。

附录:最高人民法院主流观点

根据《民法典》第一千零六十七条以及《最高人民法院关于适用〈中华人民共和国民法典〉婚姻家庭编的解释(一)》第四十三条规定,在父母不履行抚养费的情况下,未成年子女或者不能独立生活的成年子女,享有要求父母给付抚养费的权利,因而主张抚养费的主体是子女一方。实践中,部分未成年子女的监护人对此存在误解,在父母一方拒不履行抚养义务的情况下,另一方或者监护人往往以自己的名义作为原告起诉对方支付抚养费。这种做法是错误的,未成年子女或者不能独立生活的成年子女才是主张抚养费的适格主体,而与其共同生活的父母一方或者监护人作为法定代理人可以代理子女参加诉讼。虽然都是诉讼参与人,但是二者的诉讼地位是不同的,诉讼实践中必须注意,否则会因为诉讼主体不适格而被裁定驳回起诉。

——最高人民法院民事审判第一庭编著:《最高人民法院民法典婚姻家庭编司法解释(一)理解与适用》,人民法院出版社2021年版,第406页。

214. 有独立财产的村民小组能够成为民事诉讼主体,可以作为原告或者被告

关键词

村民小组　民事诉讼主体　村民大会

最高人民法院司法解释

第六十八条 居民委员会、村民委员会或者村民小组与他人发生民事纠纷的，居民委员会、村民委员会或者有独立财产的村民小组为当事人。

——《最高人民法院关于适用〈中华人民共和国民事诉讼法〉的解释》（2022年4月1日修正）。

附录：最高人民法院主流观点

有独立财产的村民小组能够成为民事诉讼主体，在诉讼中既可以作为原告，也可以作为被告。《最高人民法院关于村民小组诉讼权利如何行使的复函》（〔2006〕民立他字第23号）规定，村民小组可以作为民事诉讼当事人。村民小组为当事人的诉讼应以小组长作为主要负责人提起。小组长以村民小组的名义起诉和行使诉讼权利应当参照1998年村民委员会组织法第十七条[①]履行民主议定程序。所谓民主议定程序就是村民小组在决定村小组重大事项时，必须要召开村民大会形成会议决定，并经村民大会通过。2018年修正的村民委员会组织法第二十六条规定："村民代表会议由村民委员会召集。村民代表会议每季度召开一次。有五分之一以上的村民代表提议，应当召集村民代表会议。村民代表会议有三分之二以上的组成人员参加方可召开，所作决定应当经到会人员的过半数同意。"

——最高人民法院民法典贯彻实施工作领导小组办公室编著：《最高人民法院新民事诉讼法司法解释理解与适用》，人民法院出版社2022年版，第209~210页。

215. 著作权被许可人诉讼资格的认定

关键词

著作权被许可人　诉讼资格

最高人民法院裁判文书

福州大德文化传播有限公司与宁乡县皇家贵族音乐会所著作权权属、侵权纠纷案［最高人民法院（2018）最高法民再417号民事判决书］

裁判要旨：在著作权专有使用权许可的情形下，被许可人可以

---

① 现为《村民委员会组织法》第二十六条。

作为原告提起诉讼。在非专有使用权许可情形下，经著作权人明确授权，被许可人亦可以提起诉讼。

最高人民法院认为，关于著作权许可的法律性质和被许可人诉讼资格认定等相关问题

依据《中华人民共和国民法总则》（以下简称民法总则）第一百二十三条[①]的规定，知识产权属于民事权利；著作权以及与著作权有关的权益作为知识产权的一种，亦属于民事权利。民法总则第一百三十条[②]规定："民事主体按照自己的意愿依法行使民事权利，不受干涉。"依据著作权法规定，著作权许可使用属于著作权人行使权利的方式之一。著作权客体具有无形性特点，可以被多人同时使用，而且著作财产权同一权能可以被多次处分，因此为鼓励作品使用和传播，在不损害国家利益、社会公共利益或者他人合法权益的情形下，应尊重当事人意思自治，允许权利人依法按照自己的意愿许可他人使用其作品。

当著作权被侵害时，被许可使用作品的公民、法人或其他组织是否可以作为原告起诉，著作权法及其司法解释并未作出明确规定。而《中华人民共和国民事诉讼法》（以下简称民事诉讼法）第一百一十九条[③]规定，原告是与本案有直接利害关系的公民、法人和其他组织，因此被许可使用人是否可以作为原告起诉需要审查其与被诉著作权侵权行为是否具有直接利害关系。依据著作权法第二十四规定，著作权许可分为专有使用权许可和非专有使用权许可。《中华人民共和国著作权法实施条例》第二十四条规定："著作权法第二十四条规定的专有使用权的内容由合同约定，合同没有约定或者约定不明的，视为被许可人有权排除包括著作权人在内的任何人以同样的方式使用作品；除合同另有约定外，被许可人许可第三人行使同一权利，必须取得著作权人的许可。"在专有使用权许可的情形下，被许可人作为作品唯一有权使用人，著作权被侵害时其利益直接受损，与被诉侵权行为有直接利害关系，可以作为原告提起诉讼。在非专有使用权许可情形下，被许可人为有权使用作品的人之一，著作权被侵害时其利益亦直接受损，并与被诉侵权行为有直接利害关系。考虑到在非专有使用许可情形下，著作权人也可以使用作品，而且被许可人可能有多个，为维护正常诉讼秩序，参照《最高人民法院关于审理商标民事纠纷案件适用法律若干问题的解释》第四条的相关规定，在经著作权人明确授权的情形下，被许可人亦可以提起诉讼。

---

① 对应《民法典》第一百二十三条。

② 对应《民法典》第一百三十条。

③ 现为《民事诉讼法》（2021年修正）第一百二十二条。

——《最高人民法院知识产权案件年度报告（2020）摘要》，中国裁判文书网。

216. 侵害死者人格利益案件中死者的近亲属具有诉讼主体资格

关键词

死者近亲属　诉讼主体

最高人民法院司法解释

第六十九条　对侵害死者遗体、遗骨以及姓名、肖像、名誉、荣誉、隐私等行为提起诉讼的，死者的近亲属为当事人。

——《最高人民法院关于适用〈中华人民共和国民事诉讼法〉的解释》（2022 年 4 月 1 日修正）。

最高人民法院公布的典型案例

葛长生、宋福宝分别诉洪振快名誉权侵权纠纷系列案

（一）基本案情

葛长生、宋福宝分别诉洪振快名誉权纠纷案，亦由洪振快撰写的《细节》一文以及其于 2013 年 9 月 9 日在财经网发表的《小学课本“狼牙山五壮士”有多处不实》一文（以下简称案涉文章）所引起。《不实》一文写到：据《南方都市报》2013 年 8 月 31 日报道，广州越秀警方于 8 月 29 日晚间将一位在新浪微博上“污蔑狼牙山五壮士”的网民抓获，以虚构信息、散布谣言的罪名予以行政拘留 7 日。所谓“污蔑狼牙山五壮士”的“谣言”其来有自。据媒体报道，该网友实际上是传播了 2011 年 12 月 14 日百度贴吧里一篇名为《狼牙山五壮士真相原来是这样！》的帖子的内容，该帖子说五壮士“5 个人中有 3 个是当场被打死的，后来清理战场把尸体丢下悬崖。另两个当场被活捉，只是后来不知道什么原因又从日本人手上逃了出来。”而后，案涉文章对诸多细节进行了考据性论述。

案涉文章发表后，“狼牙山五壮士”中的葛振林之子葛长生、宋学义之子宋福宝认为，《细节》一文，以历史细节考据，学术研究为幌子，以细节否定英雄，企图达到抹黑“狼牙山五壮士”英雄形象和名誉的目的。据此，葛长生、宋福宝分别起诉至北京市西城区人民法院，请求判令洪振快停止侵权、公开道歉、消除影响。

（二）裁判结果

北京市第二中级人民法院经审理认为，在二审阶段，洪振快一改过去引而不发的手法，在上诉状和庭审中公开否认“狼牙山五壮士”英勇抗敌、舍生取义的基本事实。洪振快的自认足以说明，一审判决认定洪振快撰写文章的行为方式是通过所谓“细节”探究，引导读者对“狼牙山五壮士”英勇抗敌事迹和舍生取义精神产生质疑，从而否定基本事实的真实性，进而降低他们的英勇形象和精神价值，是正确的。二审法院认为，“狼牙山五壮士”英勇抗敌和舍生取义的基本事实，已被大量历史事实和本案审理过程中的证据所证明，洪振快的质疑缺乏事实依据。这些英雄人物及其精神，已经获得全民族的广泛认同，成为民族精神的重要组成部分，是社会公共利益的一部分，中国共产党是中国人民和中华民族的先锋队，代表全国人民的共同利益，没有脱离国家、民族利益之外的任何私利。中国共产党弘扬“狼牙山五壮士”的事迹和精神，体现的也是国家利益和民族利益。因此，洪振快上诉关于“狼牙山五壮士”精神仅仅是狼牙山五壮士后人和相关既得利益者的利益，是中国共产党的利益，不是公共利益的主张不能成立。案涉文章否认“狼牙山五壮士”英勇抗敌的事实和舍生取义的精神，不仅对“狼牙山五壮士”的名誉和荣誉构成侵害，同时构成了对英雄人物的名誉、荣誉所融入的社会公共利益的侵害。综上，洪振快的上诉请求不能成立，判决：驳回上诉，维持原判。

（三）典型意义

近年来社会上通过各种形式诋毁、侮辱、诽谤英雄人物，丑化英雄人物形象，贬损英雄人物名誉，削弱其精神价值的现象时有发生，葛长生、宋福宝分别诉洪振快名誉权侵权纠纷两个案件是这种现象的集中反映。人民法院在审理此类案件中的难点有：一是通过诉讼维护英雄人物包括已经不在世的英雄人物的名誉、荣誉，需要确定原告的范围，这应以现行法及司法解释为依归；二是此类侵权行为所侵害法益的复杂性，英雄人物的个人名誉、荣誉，往往与一定的英雄事件、历史背景、社会共识以及主流价值观相关，并由此与公共利益发生关联。人民法院审理此类案件，应从更为广阔的视野出发，更为全面、准确把握社会公共利益及其表现形态；三是此类侵权行为的表现形态更为多样化，经常表现为学术文章、观点争论等，人民法院应依据现行法更为实质性地把握名誉权侵权行为的表现方式；四是此类案件涉及的利益类型更为复杂，涉及言论自由、学术自由和个人权益的关系，人民法院应在个案中审慎把握，既要保护个人权益，也要防止司法对学术问题、言论自由作出不当干预，要在多个利益之间合理界分。

葛长生、宋福宝分别诉洪振快两个案件的审判，妥当处理了上述四个问题。在确定权利人及原告资格问题上，以现行法及司法解释为依据，认定英雄人物的近亲属享有程序法上的原告主体资格和实体法上的请求权；在侵权行为侵害的法益识别上，分析了“狼牙山五壮士”获得个人名誉及荣誉的历史事实，并以这一英雄群体在我国当代史上发挥的作用为依据，将其精神归纳为民族的共同记忆、民族精神和社会主义价值观的一部分，因而构成了社会公共利益的一部分，法益识别准确；在侵权责任的构成上，分析了文章的写作方法、资料运用、主观目的以及所形成的损害后果，准确运用了侵权责任的构成要件；在利益衡量上，结合个案分析了学术自由、言论自由与权益保护的关系，利益平衡得当。两案的判决保护了英雄人物的名誉和荣誉，维护了社会公共利益。

——《人民法院依法保护“狼牙山五壮士”等英雄人物人格权益典型案例》(2016年10月19日)。

217. 自然人因侵权行为死亡后，其配偶、父母、子女不提起诉讼或放弃起诉权利的，其他近亲属享有诉权

关键词

死者的近亲属　诉讼主体

附录：最高人民法院主流观点

根据民事侵权精神损害赔偿解释第七条的精神，在发生因侵权行为而致人死亡的情形，有权提起精神损害赔偿诉讼的首先是配偶、父母和子女，他们是第一顺位权利人，并且，他们应当作为共同的原告一同起诉，在其中一人起诉、其他人未起诉的情况下，法院应当征求其他人的意见，愿意作为原告参加诉讼的，法院列其为原告，不愿意参加诉讼的，可以不作为当事人，但应当记入笔录，并告其不得再另行起诉。其他近亲属应为第二顺位权利人，只有在配偶、父母和子女不存在的情况下，其他近亲属才有权起诉。其他近亲属有多人的，也应当作为共同原告参加诉讼。

在这里，有一个实务上的问题值得探讨，即自然人因侵权行为死亡后，其配偶、父母、子女不提起诉讼或放弃起诉权利的，其他近亲属是否可以起诉？一般来说，自然人因侵权行为死亡后受到打击最大、感到痛苦最深、最需要给予慰藉和补偿的莫过于其关系最密切的亲属，即其配偶、父母、子女，所以，这些人首先应当享有提起诉讼的权利，这些人存在的，对其他近亲属的起诉应予限制。但如果配偶、父母、子女存在但不起诉，其他近亲属是否有权起诉？司法解释未作规定。我们认为，在此情况下，如果能够证明死者的配偶、父母、子女不起诉或明确表示放弃起诉的权利，其他近亲属起诉的，法院应予受理。因为，从法律上讲，自然人的死亡（尤其是因侵权行为而致非正常死亡）除了给其配偶、父母、子女带来精神痛苦外，也会给其他近亲

属带来一定的精神痛苦，从一定意义上说，他们都是受害人，都有通过法律程序求偿的权利。法律或者司法解释考虑到一般的情形，考虑到社会关系的稳定，允许配偶、父母、子女作为第一顺位权利人提起诉讼，从而限制其他近亲属的起诉要，有其必要性和合理性。质言之，第一顺位权利人的存在是其他近亲属行使起诉权的障碍。如果第一顺位权利人拒绝起诉或明确表示放弃起诉权利，妨碍其他近亲属起诉的障碍则不复存在，其他近亲属则应当有提起诉讼的权利。此其一。其二，从情理上讲，一般而言，家庭成员之间或者亲属之间感情的深浅是同血缘紧密相连的，血缘越近者感情越深，反之亦然。但现实生活中，与此相反的情形也比比皆是。现代社会人们的生活节奏加快，工作紧张，观念变化，家庭关系和家庭结构都发生了很大的变化。很多家庭中，子女离开父母而同祖父母、外祖父母长期共同生活的情况非常普启蒙，他们生活上互相照顾，感情上互为依托，他们之间的感情甚至超过了父母子女之间的感情。更有一种家庭，夫妻之间、父母子女之间感情不好，而同其他近亲属关系密切，感情甚笃。在发生侵权行为而导致自然人死亡的情况下，对其他近亲属的伤害可能会超过对配偶或者父母的伤害，配偶、父母、子女之外的其他近亲属同样是受害人，同样有权要求给予抚慰和补偿。因此，在配偶、父母、子女不起诉或放弃起诉权利情况下的，允许其他近亲属起诉便成为精神损害赔偿制度的应有之义。

——唐德华主编、最高人民法院民事审判第一庭编著：《最高人民法院〈关于确定民事侵权精神损害赔偿责任若干问题的解释〉的理解与适用》，人民法院出版社 2001 年版，第 59~60 页。

218. 业主大会及业主委员会的诉讼主体资格

关键词

业主大会　业主委员会　诉讼主体资格

《中华人民共和国民法典》条文

第二百八十条　业主大会或者业主委员会的决定，对业主具有法律约束力。

业主大会或者业主委员会作出的决定侵害业主合法权益的，受侵害的业主可以请求人民法院予以撤销。

附录：最高人民法院主流观点

业主行使撤销权请求法院撤销的是业主大会或业主委员会的决定，因此，业主撤销权纠纷的被告理论上应当是业主大会或者业主委员会。但我国现行法律中并未就业主大会以及业主委员会在诉讼中的主体资格问题进行明确规定。尤其是涉及业主委员会的案件中，法院大多肯定了业主委员会作为原告进行诉讼的法律地位，但对业主委员会作为被告的案件大多作出不予受理的裁定。实践中应当根据不同情况具体进行界定，可尝试综合衡量考虑案件的实际情况准许业主委员会应诉。

——最高人民法院民法典贯彻实施工作领导小组主编：《中华人民共和国民法典物权编理解与适用》，人民法院出版社 2020 年版，第 392 页。

219. 劳动者和用人单位同时起诉的诉讼地位

关键词

劳动者　用人单位　诉讼地位

最高人民法院司法解释

第四条　劳动者与用人单位均不服劳动争议仲裁机构的同一裁决，向同一人民法院起诉的，人民法院应当并案审理，双方当事人互为原告和被告，对双方的诉讼请求，人民法院应当一并作出裁决。在诉讼过程中，一方当事人撤诉的，人民法院应当根据另一方当事人的诉讼请求继续审理。双方当事人就同一仲裁裁决分别向有管辖权的人民法院起诉的，后受理的人民法院应当将案件移送给先受理的人民法院。

——《最高人民法院关于审理劳动争议案件适用法律问题的解释（一）》（2020 年 12 月 29 日，法释〔2020〕26 号）。

附录：理解与适用

第三，关于劳动者和用人单位同时起诉的诉讼地位。劳动者和用人单位均不服同一仲裁裁决提起诉讼的，2001 年《最高人民法院关于审理劳动争议案件适用法律若干问题的解释》、2006 年《最高人民法院关于审理劳动争议案件适用法律若干问题的解释（二）》有关规定存在冲突。原解释一第九条规定，先起诉的为原告，后起诉的为被告，但是对被告诉讼请求一并审理；2006 年《最高人民法院关于审理劳动争议案件适用法律若干问题的解释（二）》第十一条规定，人民法院应当并案审理，双方当事人互为原告和被告。司法实践中，一是因为当事人均不服同一仲裁裁决提起诉讼的，由于起诉时间不同，负责立案审查人员可能不同，导致法院先后立了两个案子；二是由于当事人可以向用人单位所在地或者劳动合同履行地的人民法院起诉，双方当事人分别选择其一的，也会产生不同法院分别立案的情况。因此，2006 年《最高人民法院关于审理劳动争议案件适用法律若干问题的解释（二）》第十一条规定，依据民事诉讼法对前述情况实行并案审理，既能体现“两便”原则，减轻当事人讼累，防止出现“同案不同判”，也能解决劳动争议案件是否存在反诉机制的理论困惑。并案审理后，双方互为原告和被告。若一方提出撤诉申请并经人民法院裁定准许后，表明其作为原告提起的诉讼消除，其不再以原告身份参加诉讼，但是其在对方当事人为原告所提诉讼中的被告身份没有因撤诉而改变，因此即使一方当事人撤诉，人民法院仍应当根据另一方当事人的诉讼请求对案件继续审理。因此，本解释制定时，将 2001 年《最高人民法院关于审理劳动争议案件适用法律若干问题的解释》第九条和 2006 年《最高人民法院关于审理劳动争议案件适用法律若干问题的解释（二）》第十一条合并，废止前者部分内容，保留后者。

——郑学林、刘敏、于蒙、危浪平：《〈最高人民法院关于审理劳动争议案件适用法律问题的解释（一）〉几个重点问题的理解与适用》，载最高人民法院民事审判第一庭编：《民事审判指导与参考》2021 年第 1 辑（总第 85 辑），人民法院出版社 2021 年版，第 223 页。

220. 劳务派遣侵权案件中，受害人可单独起诉用工单位

关键词

劳务派遣　用工单位　释明　追加被告

最高人民法院司法解释

第五十八条　在劳务派遣期间，被派遣的工作人员因执行工作任务造成他人损害的，以接受劳务派遣的用工单位为当事人。当事人主张劳务派遣单位承担责任的，该劳务派遣单位为共同被告。

——《最高人民法院关于适用〈中华人民共和国民事诉讼法〉的解释》（2022 年 4 月 1 日修正）。

附录：最高人民法院主流观点

《民事诉讼法解释》第五十八条“当事人主张劳务派遣单位承担责任的”中的“当事人”范围，包括劳务派遣侵权案件中的受害人，也包括用工单位。也就是说，如果用工单位认为劳务派遣单位在选任工作人员方面存在过错，也可以要求其承担赔偿责任。审判实践中应当注意，在劳务派遣侵权案件中，受害人可以单独起诉用工单位，如果受害人和用工单位都没有主张劳务派遣

单位承担侵权责任，人民法院在审理过程中认为有必要的，可以进行释明，由当事人决定是否追加被告。

——最高人民法院民法典贯彻实施工作领导小组办公室编著：《最高人民法院新民事诉讼法司法解释理解与适用》，人民法院出版社2022年版，第185页。

221. 共同承揽合同当事人向法院提起诉讼，各方诉讼地位应如何列明

关键词

共同承揽人　共同原告　共同被告　第三人

《中华人民共和国民法典》条文

第七百八十六条　共同承揽人对定作人承担连带责任，但是当事人另有约定的除外。

附录：最高人民法院主流观点

定作人作为原告起诉请求共同承揽人承担连带责任的，应将所有共同承揽人列为共同被告，经人民法院释明，定作人仍仅向一人或其中数人主张权利，人民法院应将其余共同承揽人追加为共同被告；定作人作为原告起诉请求共同承揽人承担按份责任或单独承担责任的，人民法院可根据案件具体情况将定作人未起诉的其他共同承揽人追加为共同被告或第三人。

共同承揽人作为原告起诉请求定作人承担责任的，共同承揽人应为共同原告。某一个或数个共同承揽人首先向人民法院提起诉讼的，人民法院应当通知其他未起诉的共同承揽人。未起诉的共同承揽人明确表示放弃实体权利的，可不予追加；既不愿意参加诉讼，又不放弃实体权利的，仍应追加为共同原告。

——最高人民法院民法典贯彻实施工作领导小组主编：《中华人民共和国民法典合同编理解与适用》，人民法院出版社2020年版，第1892页。

222. 实际施工人有权对发包人提起代位权诉讼

关键词

建设工程施工合同　发包人　实际施工人　代位诉讼权

最高人民法院司法解释

第四十四条 实际施工人依据民法典第五百三十五条规定，以转包人或者违法分包人怠于向发包人行使到期债权或者与该债权有关的从权利，影响其到期债权实现，提起代位权诉讼的，人民法院应予支持。

——《最高人民法院关于审理建设工程施工合同纠纷案件适用法律问题的解释（一）》（2020年12月29日，法释〔2020〕25号）。

附录：最高人民法院主流观点

一、实际施工人对发包人提起代位权诉讼的管辖法院

《合同法司法解释（一）》第14条规定："债权人依照合同法第七十三条提起代位权诉讼的，由被告住所地人民法院管辖。"因此，实际施工人对发包人提起的代位权诉讼，原则上应由发包人住所地人民法院管辖。但是，实际施工人对发包人提起的代位权诉讼通常涉及建设工程价款债权，涉及建设工程施工合同纠纷。《民诉法解释》第28条第2款规定，建设工程施工合同纠纷按照不动产纠纷确定管辖。根据《民事诉讼法》第33条关于专属管辖的规定，由不动产所在地人民法院管辖，即由建设工程所在地管辖。《民事诉讼法》和《民诉法解释》关于专属管辖的规定应优先适用于《合同法司法解释（一）》关于代位权诉讼由被告住所地管辖的规定。因此，实际施工人对发包人提起的代位权诉讼涉及建设工程价款债权的，应由建设工程所在地人民法院管辖，不涉及建设工程价款债权的，应由发包人住所地人民法院管辖。

三、实际施工人对发包人提起的代位权诉讼与相关诉讼的关系

《合同法司法解释（一）》第22条第2款规定："债务人的起诉符合法定条件的，人民法院应当受理；受理债务人起诉的人民法院在代位权诉讼裁决发生法律效力以前，应当依法中止。"因此，实际施工人对发包人提起的代位权诉讼并不妨碍转包人或者违法分包人起诉请求发包人履行债务。但是，在前诉裁判发生法律效力之前，后诉需中止审理。

——最高人民法院民事审判第一庭编著：《最高人民法院建设工程施工合同司法解释（二）理解与适用》，人民法院出版社2019年版，第518~520页。

223. 发包人可以总承包人、分包人、实际施工人为共同被告提起工程质量诉讼

关键词

发包人 总承包人 分包人 实际施工人 共同被告

《中华人民共和国民法典》条文

第七百九十一条 发包人可以与总承包人订立建设工程合同，也可以分别与勘察人、设计人、施工人订立勘察、设计、施工承包合同。发包人不得将应当由一个承包人完成的建设工程支解成若干部分发包给数个承包人。

总承包人或者勘察、设计、施工承包人经发包人同意，可以将自己承包的部分工作交由第三人完成。第三人就其完成的工作成果与总承包人或者勘察、设计、施工承包人向发包人承担连带责任。承包人不得将其承包的全部建设工程转包给第三人或者将其承包的全部建设工程支解以后以分包的名义分别转包给第三人。

禁止承包人将工程分包给不具备相应资质条件的单位。禁止分包单位将其承包的工程再分包。建设工程主体结构的施工必须由承包人自行完成。

附录：最高人民法院主流观点

建设工程施工合同司法解释第二十五条[①]规定："因建设工程质量发生争议的，发包人可以总承包人、分包人和实际施工人为共同被告提起诉讼。"这里的"实际施工人"是指转包和违法分包的承包人，是为了区别总承包人、承包人、分包人等作为合法合同主体的施工人而设的特定概念。该条司法解释虽然是从程序法的角度规定发包人因工程质量提起诉讼可以总承包人、分包人、实际施工人为共同被告，但其实质还是由发包人与总承包人、分包人、实际施工人之间的实体法律关系所决定，即总承包人、分包人、实际施工人应就其施工部分工程质量对发包人承担连带责任。总承包人、分包人对发包人就其施工的工程质量承担连带责任是法律明确规定的，除了《民法典》七百九十一条规定（《民法典》实施前为《合同法》第二百七十二条规定）外，《建筑法》《招标投标法》《建设工程质量管理条例》也有相同的规定。实际施工人就其施工的工程与总承包人、分包人就其施工的部分工程质量对发包人承担连带责任的法理基础是转包、违法分包合同无效，双方应当根据过错对合同无效导致的损失承担赔偿责任。《合同法》第五十八条规定："合同无效或者被撤销后，因该合同取得的财产，应当予以返还；不能返还或者没有必要返还的，应当折价补偿，有过错的一方应当赔偿对方因此所受到的损失，双方都有过错的，应当各自承担相应的责任。"此次《民法典》编纂，吸收了《合同法》第五十八条规定的内容。《民法典》第一百五十七条规定："民事法律行为无效、被撤销或者确定不发生效力后，行为人因该行为取得的财产，应当予以返还；不能返还或者没有必要返还的，应当折价补偿。有过错

---

① 现为《建设工程施工合同司法解释（一）》（法释〔2020〕25号）第十五条。

的一方应当赔偿对方由此所受到的损失；各方都有过错的，应当各自承担相应的责任。法律另有规定的，依照其规定。”总承包人对签订转包和违法分包合同在主观上存在过错，而实际施工人（转包的承包人和违法分包的承包人）明知违法还与总承包人订立合同，在主观上同样存在过错，故依据《民法典》第一百五十七条规定，实际施工人应就其施工部分工程质量与总承包人共同向发包人承担过错赔偿责任。《建筑法》对此也有明确规定。《建筑法》第六十七条规定，承包单位对因转包工程或者违法分包的工程不符合规定的质量标准造成的损失，与接受转包或者分包的单位承担连带赔偿责任。应当注意的是，因为总承包人和分包人之间的分包合同具有合法性，故二者就分包工程出现质量问题，对发包人承担的连带责任，在法律性质上属于违约责任；总承包人与实际施工人之间的转包合同或分包合同是违法的，故二者就转包工程或者违法分包工程对发包人承担的是连带赔偿责任，在法律性质上属于侵权责任。

——最高人民法院民法典贯彻实施工作领导小组主编：《中华人民共和国民法典合同编理解与适用》，人民法院出版社 2020 年版，第 1930~1931 页。

224. 当事人如果只主张挂靠人或被挂靠人独立承担责任的，法院应当只列挂靠人或被挂靠人为当事人

关键词

挂靠人　被挂靠人　诉讼主体

最高人民法院司法解释

第五十四条　以挂靠形式从事民事活动，当事人请求由挂靠人和被挂靠人依法承担民事责任的，该挂靠人和被挂靠人为共同诉讼人。

——《最高人民法院关于适用〈中华人民共和国民事诉讼法〉的解释》（2022 年 4 月 1 日修正）。

附录：最高人民法院主流观点

《民事诉讼法解释》第五十四条主要是解决挂靠主体的诉讼地位问题。审判实践中要注意，应当根据一方当事人的请求来确定另一方当事人。当事人如果只主张挂靠人或者只主张被挂靠人独立承担责任的，人民法院应当只列挂靠人或被挂靠人一方为当事人。当事人主张挂靠人和被挂靠人共同承担民事责任的，人民法院应当将其列为共同诉讼人。人民法院在审查时可以向只列一方为被告的原告给予适当释明。如果原告在起诉时只列挂靠人或被挂靠

人一方的，人民法院经审理依法判决后，当事人不能以遗漏诉讼当事人为由要求发回重审或者申请再审。在二审程序中，可以申请追加当事人或者另行起诉。

——最高人民法院民法典贯彻实施工作领导小组办公室编著:《最高人民法院新民事诉讼法司法解释理解与适用》，人民法院出版社 2022 年版，第 179 页。

最高人民法院裁判文书

石家庄英杰建筑装饰工程有限公司、北京凡德国际贸易有限公司等债权转让合同纠纷案［最高人民法院（2016）最高法民申 3743 号民事裁定书］

最高人民法院认为，韵尚公司与项目部、建工集团二分公司签订《钢材买卖合同》，并依约供应钢材；英杰公司作为案涉钢材的实际购买人、使用人，对欠付韵尚公司 6258415 元货款并无异议。《最高人民法院关于适用〈中华人民共和国民事诉讼法〉的解释》第五十四条规定："以挂靠形式从事民事活动，当事人请求由挂靠人和被挂靠人依法承担民事责任的，该挂靠人和被挂靠人为共同诉讼人"。凡德公司作为承接案涉债权的合法债权人，请求挂靠人英杰公司与被挂靠人的建工集团及建工集团二分公司共同给付钢材款，有相应的事实和法律依据。英杰公司关于建工集团和英杰公司并未违约的主张，由于与本案已经查明的事实不符，且未提供证据予以证明，本院不予支持。一审、二审法院根据合同约定以及本案实际情况，未支持建工集团及建工集团二分公司请求对合同约定的日千分之一的违约金进行调整的请求，系自由裁量权的正当行使，并无不当，且建工集团及建工集团二分公司对此并未申请再审，英杰公司该项申请再审理由理据不足，本院不予支持。

——中国裁判文书网。

225. 调解协议案件当事人如何确定

关键词

调解协议　当事人

最高人民法院司法解释

第六十一条　当事人之间的纠纷经人民调解委员会或者其他依法设立的调解组织调解达成协议后，一方当事人不履行调解协议，另一方当事人向人民法院提起诉讼的，应以对方当事人为被告。

——《最高人民法院关于适用〈中华人民共和国民事诉讼法〉的解释》（2022年4月1日修正）。

附录：最高人民法院主流观点

实践中，当事人除可依《民事诉讼法司法解释》第六十一条规定就相关民事纠纷另行提起诉讼外，还可以在司法确认申请被人民法院驳回后，另行提起诉讼。民事诉讼法第二百零二条规定："人民法院受理申请后，经审查，符合法律规定的，裁定调解协议有效，一方当事人拒绝履行或者未全部履行的，对方当事人可以向人民法院申请执行；不符合法律规定的，裁定驳回申请，当事人可以通过调解方式变更原调解协议或者达成新的调解协议，也可以向人民法院提起诉讼。"根据该条规定，如果人民法院受理了司法确认申请，经过审查，发现申请不符合法律规定的，应当裁定驳回申请，当事人有权选择另行向人民法院提起民事诉讼。应当注意的是，民事诉讼法第二百零二条的规定改变了人民调解法确定的规则。人民调解法第三十三条规定："经人民调解委员会调解达成调解协议后，双方当事人认为有必要的，可以自调解协议生效之日起三十日内共同向人民法院申请司法确认，人民法院应当及时对调解协议进行审查，依法确认调解协议的效力。人民法院依法确认调解协议有效，一方当事人拒绝履行或者未全部履行的，对方当事人可以向人民法院申请强制执行。人民法院依法确认调解协议无效的，当事人可以通过人民调解方式变更原调解协议或者达成新的调解协议，也可以向人民法院提起诉讼。"该条将当事人另行起诉的条件限定为"人民法院依法确认调解协议无效的"，而民事诉讼法第二百零二条规定的条件是"不符合法律规定的，裁定驳回申请"，实践中，应当按照民事诉讼法的规定进行处理。

——最高人民法院民法典贯彻实施工作领导小组办公室编著：《最高人民法院新民事诉讼法司法解释理解与适用》，人民法院出版社2022年版，第189页。

226. 承担按份责任的责任人的诉讼主体资格

关键词

按份责任　共同被告　诉讼主体资格　必要共同诉讼

《中华人民共和国民法典》条文

第一千一百七十二条　二人以上分别实施侵权行为造成同一损害，能够确定责任大小的，各自承担相应的责任；难以确定责任大小的，平均承担责任。

附录：最高人民法院主流观点

我们认为，在按份责任的案件中，原告方可以单独起诉其中的某一责任主体，也可以将他们作为共同被告起诉。依据《民事诉讼法司法解释》第七十三条的规定，必须共同进行诉讼的当事人没有参加诉讼的，人民法院应当依照《民事诉讼法》第一百三十二条[①]的规定，通知其参加；当事人也可以向人民法院申请追加。人民法院对当事人提出的申请，应当进行审查，申请理由不成立的，裁定驳回；申请理由成立的，书面通知被追加的当事人参加诉讼。对于承担按份责任的数个责任人之间是否属于必要共同诉讼的问题，理论和实务中存有很大争议。我们认为，对于按份责任是否构成必要共同诉讼，不能仅从数个责任人在实体上承担的责任具有相对独立性来判断，而仍应回归程序法上关于必要共同诉讼的要求来认定，如果属于诉讼标的同一，当事人具有共同权利义务的情形，则应属于必要共同诉讼。退而言之，即使不属于必要共同诉讼情形的，原告方主张将未被诉的按份责任人追加为共同被告来承担责任的，也未尝不可。此外，如果原告方的诉讼请求并未针对未被诉的按份责任人，基于查明案件事实需要，比如在法定按份责任情形下，为查明各自责任份额的大小，这时可以追加该未被诉的按份责任人为第三人参加诉讼。

——最高人民法院民法典贯彻实施工作领导小组主编：《中华人民共和国民法典侵权责任编理解与适用》，人民法院出版社 2020 年版，第 89 页。

227. 承继注销公司权利义务的主体依法可以提起诉讼

关键词

合同纠纷　合作协议

最高人民法院裁判文书

青岛鸿锦卓越置业有限公司与青岛大丰时代房地产开发有限公司合同纠纷案［最高人民法院（2021）最高法民再 76 号民事裁定书］

裁判要旨：一审法院已经认定鸿锦卓越公司作为原鸿锦置业公司的债权债务承继人，作为合同法律关系的主体，与本案有直接利

① 现为《民事诉讼法》（2021 年修正）第一百三十五条。

害关系，有权以《合作协议书》为依据，针对合同相对方大丰时代公司提起诉讼。

最高人民法院再审认为，原审裁定已经查明，该案一审期间，青岛鸿锦置业有限公司于 2019 年 7 月 2 日注销。鸿锦置业公司 2019 年 4 月 24 日的股东会决议载明，鸿锦置业公司同意被青岛鸿锦卓越置业有限公司吸收合并，合并各方的债权、债务均由合并后的青岛鸿锦卓越置业有限公司承继。青岛鸿锦卓越置业有限公司于 2019 年 9 月 18 日以已吸收合并鸿锦置业公司、承继鸿锦置业公司的债权、债务为由，请求参加本案诉讼，一审法院依法予以准许。

本案的一二审裁定认定的事实共涉及三个协议。一是 2013 年 6 月 28 日大丰时代公司（甲方）与刘满红（乙方）签订的《股权转让协议》，签约双方约定刘满红受让大丰时代公司 100% 股权，股权转让对价为 6188 万，大丰时代公司主要财产为案涉开发"少海曦畔"项目的土地使用权及相关房地产开发资质。二是 2013 年 7 月 29 日刘满红（甲方）与张永滨（乙方）签订的《合作协议书》，约定刘满红向张永滨转让大丰时代公司 50% 股权。三是 2014 年 12 月 10 日甲方大丰时代公司（张永滨）与乙方鸿锦置业公司（刘满红）签订的《合作协议书》，约定大丰时代公司与鸿锦置业公司共同开发"少海曦畔"房地产项目，双方公司以及法定代表人均签字盖章确认，同时还约定刘满红与张永滨暂时不就双方的股权变动办理工商登记。鸿锦置业公司依据 2014 年 12 月 10 日甲方大丰时代公司（张永滨）与乙方鸿锦置业公司（刘满红）签订的《合作协议书》起诉大丰公司，请求人民法院依法解除原鸿锦置业公司与大丰时代公司之间的《合作协议书》，并要求大丰时代公司返还全部投资款及部分收益 5000 万元（暂定，以评估价值为准）。因此，2014 年 12 月 10 日甲方大丰时代公司（张永滨）与乙方鸿锦置业公司（刘满红）签订的《合作协议书》是鸿锦卓越公司提起本案诉讼的请求权基础。鸿锦卓越公司作为原鸿锦置业公司的债权债务承继人，有权以该《合作协议书》为依据起诉合同相对方。首先，《合作协议书》的签约主体为原鸿锦置业公司和大丰时代公司，《合作协议书》首部明确，甲方为"青岛大丰时代房地产开发有限公司（张永滨）"，乙方为"青岛鸿锦置业有限公司（刘满红）"，协议签章处加盖有原鸿锦置业公司与大丰时代公司的公章，原鸿锦置业公司和大丰时代公司自愿订立《合作协议书》并具有受协议书约束的真实意思表示。其次，围绕原鸿锦置业公司和大丰时代公司联合开发"少海曦畔"项目的目的，《合作协议书》对原鸿锦置业公司和大丰时代公司的合同权利和义务进行了明确约定，具体包括合作原则、标的、方式、项目实施和收益等内容。对于《合作协议书》签订后，原鸿锦置业公司与大丰时代公司之间就《合作协议书》

项下合作开发少海曦畔项目有无展开实质具体的合作，需通过实体审理进一步查明。一审法院已经认定鸿锦卓越公司作为原鸿锦置业公司的债权债务承继人，作为合同法律关系的主体，与本案有直接利害关系，鸿锦卓越公司有权以《合作协议书》为依据，针对合同相对方大丰时代公司提起诉讼。再审申请人鸿锦卓越公司的起诉符合《民事诉讼法》第一百一十九条①的规定，本案双方当事人诉讼主体适格，应当进行实体审理。至于原审裁定认定“可以确认鸿锦卓越公司据以提起本案诉讼的该份《合作协议书》，名为合作协议，实为关于大丰时代公司股权的转让合同，转让方与受让方分别为刘满红与张永滨”，也应当就再审申请人鸿锦卓越公司的诉讼请求进行实体审理，依法判决，而不应仅从诉讼主体上予以驳回起诉。一二审裁定适用法律有错误，本院予以纠正。

——中国裁判文书网。

228. 破产撤销权案件中，能否以破产管理人的名义提起诉讼

关键词

破产撤销权　破产管理人　原告主体适格

最高人民法院裁判文书

新光控股集团有限公司管理人与吉林银行股份有限公司长春东盛支行破产撤销权纠纷案［最高人民法院（2021）最高法民再 327 号民事裁定书］

裁判要旨：1.《人民法院破产程序法律文书样式（试行）》参考文书样式 95 虽然明确在有关破产债务人的管理人提起的撤销权诉讼中，应列担任管理人的自然人或者律师事务所、会计师事务所等中介机构为原告，但不能以此规范作为判断破产撤销权纠纷案件原告是否适格的依据。2. 破产撤销权案件中，债务人进入破产程序后，管理人由人民法院指定。将破产管理人列为破产撤销权纠纷案件原告一般来说不会影响到诉讼主体适格的判断。当然，为了避免管理人在诉讼中违反诉讼义务需要承担妨害诉讼的法律责任或者管理人未尽勤勉责任甚至侵权而需要承担赔偿责任时，出现责任主体难以确定等问题，由受案法院向当事人释明或者依职权将作为管理人的具体个人或者中介机构列为破产撤销权纠纷案件的原告。但不能认

① 现为《民事诉讼法》(2021 年修正）第一百二十二条。

定以债务人管理人名义起诉就属于原告主体不适格。

最高人民法院认为：民事诉讼法第一百一十九条[①]第一项规定，起诉必须符合下列条件：原告是与本案有直接利害关系的公民、法人和其他组织。至于如何识别、认定提起诉讼的原告是否适格，需根据相关纠纷案件的类型，结合该类型纠纷的法律规范作进一步分析和判断。本案为破产撤销权纠纷案件，焦点问题在于以债务人管理人名义提起诉讼是否符合此类案件原告主体适格的要件。破产法第三十二条规定，人民法院受理破产申请前六个月内，债务人有破产法第二条第一款规定的情形，仍对个别债权人进行清偿的，管理人有权请求人民法院予以撤销。根据该条规定，债务人进入破产程序后有关撤销权的案件，债务人管理人有权作为原告提起诉讼。至于撤销权案件中，提起诉讼的原告应写明为“某一债务人管理人”还是作为该债务人管理人的某个人或者某中介机构，法律没有明确规定。《人民法院破产程序法律文书样式（试行）》95 明确：“应区分不同管理人类型分别确定原告：管理人为个人的，原告应列为担任管理人的律师或者注册会计师；管理人为中介机构的，原告应列为担任管理人的律师事务所、会计师事务所或者破产清算事务所……”二审法院认为，文书样式 95 系最高人民法院根据破产法及其它相关法律制定，该法律文书样式是对破产撤销权原告诉讼主体的规范，“新光集团管理人”作为原告提起诉讼，属于原告主体不适格，应当驳回其起诉。本院认为，《人民法院破产程序法律文书样式（试行）》虽然不是司法解释，但对于规范有关破产程序的法律文书具有示范和指引功能，各级人民法院在审理相关案件时均应遵照执行。但不能以《人民法院破产程序法律文书样式（试行）》作为判断破产案件或者与破产有关案件诉的要件的法律依据。该文书样式 95 虽然明确在有关破产债务人的管理人提起的撤销权诉讼中，应列担任管理人的自然人或者律师事务所、会计师事务所等中介机构为原告，但不能以此规范为依据作为判断破产撤销权纠纷案件原告是否适格的依据。根据破产法以及《最高人民法院关于审理企业破产案件指定管理人的规定》等相关司法解释的规定，债务人进入破产程序后，管理人由人民法院指定。《最高人民法院关于审理企业破产案件指定管理人的规定》也明确了关于债务人管理人的名册确定、指定及更换等事项，管理人的选任和确定具有法定程序，因此债务人管理人具体由哪些个人或律师事务所、会计师事务所等担任有具体明确指向，将破产管理人列为破产撤销权纠纷案件原告一般来说不会影响到诉讼主体适格的判断。当然，如果基于当事人诉讼权利义务对等原则，为了避免管理人在诉讼中违反诉讼义务需要承担妨害诉讼的法律责任或者管理人未

---

① 现为《民事诉讼法》（2021 年修正）第一百二十二条。

尽勤勉责任甚至侵权而需要承担赔偿责任时，出现责任主体难以确定等问题，也可以参考文书样式95规范，由受案法院向当事人释明或者依职权将作为管理人的具体个人或者中介机构列为破产撤销权纠纷案件的原告。但不能认定以债务人管理人名义起诉就属于原告主体不适格。故二审法院以新光集团管理人作为本案原告主体不适格为由，驳回新光集团管理人的起诉，属于适用法律错误，应予纠正。本案一审法院就当事人诉争的权利义务关系进行审理并作出判决，二审法院以原告主体不适格为由裁定撤销一审判决并驳回起诉，未对本案当事人之间诉争的权利义务关系进行审理。本案应撤销二审裁定，由二审法院对当事人诉争的权利义务关系继续审理并依法作出裁判。基于上述原因，申请人新光集团管理人向本院申请再审所提出的请求本院维持一审判决的再审请求，亦不能获得支持。

——中国裁判文书网。

229. 银行总行在下属支行的民事行为中有权作为原告主张权利

关键词

银行总行　诉讼主体　原告

最高人民法院裁判文书

怡盛海绵（南通）有限公司与秦洪超金融借款合同纠纷案［最高人民法院（2017）最高法民申2461号民事裁定书］

裁判要旨：根据《中华人民共和国商业银行法》第二十二条的规定，“商业银行对其分支机构实行全行统一核算，统一调度资金，分级管理的财务制度。商业银行分支机构不具有法人资格，在总行授权范围内依法开展业务，其民事责任由总行承担。”故银行总行系下属支行权利义务的最终承担者，其作为原告提起诉讼主张权利，并无不当。

最高人民法院认为，认为关于本案诉讼主体的问题。案涉《出口发票融资业务总协议》《最高额保证合同》的签订主体虽是南通农商行姜灶支行，但根据《中华人民共和国商业银行法》第二十二条的规定，“商业银行对其分支机构实行全行统一核算，统一调度资金，分级管理的财务制度。商业银行分支机构不具有法人资格，在总行授权范围内依法开展业务，其民事责任由总行承担。”本案南通农商行系下属支行权利义务的最终承担者，其作为原告提起诉讼主张权利，并无不当。

——中国裁判文书网。

230. 银行分支机构登记为抵押权人时其总行是否有权主张抵押权

关键词

银行总行 银行分支机构 抵押权人

最高人民法院裁判文书

刘光云与湘潭农村商业银行股份有限公司及湘潭市海陆金属材料有限公司等金融借款合同纠纷案［最高人民法院（2017）最高法民申4254号民事裁定书］

裁判要旨：虽登记的抵押权人为银行分支机构，但作为该分支机构的总行当然有权主张抵押权，抵押人有关总行无权向其主张抵押权的主张，没有法律依据。

最高人民法院经审查认为，关于农商银行是否有权向刘光云主张抵押权的问题。如前所述，《承兑汇票协议书》属于刘光云的担保范围，原判决基于《最高额抵押合同》《承兑汇票协议书》《催收通知书》等认定农商银行对案涉借款享有债权及抵押权并无不当。农商银行系昭山支行的总行，农商银行当然有权向刘光云主张抵押权。刘光云有关农商银行无权向其主张抵押权的主张，本院不予支持。

——中国裁判文书网。

231. 可以提起食品安全民事公益诉讼的主体

关键词

食品安全民事公益诉讼 消费民事公益诉讼 诉讼主体

最高人民法院司法解释

第十三条 生产经营不符合食品安全标准的食品，侵害众多消费者合法权益，损害社会公共利益，民事诉讼法、消费者权益保护法等法律规定的机关和有关组织依法提起公益诉讼的，人民法院应予受理。

——《最高人民法院关于审理食品安全民事纠纷案件适用法律若干问题的解释（一）》（2020 年 12 月 8 日，法释〔2020〕14 号）。

附录：最高人民法院主流观点

《最高人民法院关于审理食品安全民事纠纷案件适用法律若干问题的解释（一）》第十三条规定的食品安全民事公益诉讼属于消费民事公益诉讼的细分领域。比较其他国家和地区立法例，提起消费公益诉讼的主体一般有四类，一是消费者团体；二是检察机关；三是行政机关；四是消费者个人。[①]《国务院关于积极发挥新消费引领作用加快培养形成新供给新动力的指导意见》指出，应当“健全公益诉讼制度，适当扩大公益诉讼主体范围”；《消费者权益保护法》第四十七条将可以提起消费民事公益诉讼的主体限定在中国消费者协会以及省级消费者协会的范围内；《民事诉讼法》第五十五条[②]以及《民事诉讼法司法解释》第二百八十四条规定的可以提起公益诉讼主体则具有开放性。根据《消费民事公益诉讼司法解释》第一条的规定，除了中国消费者协会以及省级消费者协会，法律规定或者全国人大及其常委会授权的机关和社会组织亦可提起消费民事公益诉讼。从前述法律法规及司法解释来看，我国关于可以提起消费民事公益诉讼主体的规定总体上具有相对的开放性，为将来的法律规定留出空间，以适应我国社会经济发展和中国特色社会主义法治建设的需要。

——最高人民法院民事审判第一庭编著：《最高人民法院食品安全民事案件司法解释（一）理解与适用》，人民法院出版社 2021 年版，第 149 页。

232. 债权人请求涂销抵押登记的原告主体资格的认定

关键词

债权人　抵押登记　适格原告　原告主体资格

最高人民法院审判业务意见（第一巡回法庭民商事主审法官会议纪要）

根据《中华人民共和国合同法》第八十一条[③]以及《中华人民共和国物权法》第一百九十二条的规定，甲银行将其对 A 公司的债权转让予 C 公司后，

① 参见陶建国等：《消费者公益诉讼研究》，人民出版社 2013 年版。

② 现为《民事诉讼法》（2021 年修正）第五十八条。

③ 对应《民法典》第五百四十七条。

附随于该债权的抵押权亦一并转让予C公司，则乙银行作为A公司的另一普通债权人，案涉抵押登记是否正确与其有直接利害关系，乙银行有权对记载甲银行为抵押权人的抵押登记提出涂销请求。

附：案情简介

甲银行贷款给A公司，由B公司以其所有的房产（以下简称目标房产）为A公司债务向甲银行提供抵押担保，并办理了抵押登记手续。乙银行亦贷款给A公司，系A公司另一普通债权人，同样亦由B公司为A公司债务向乙银行提供连带责任保证担保。随后，甲银行将其对A公司享有的债权及其相关从权利一并转让予C公司。乙银行因A公司、B公司资产有限，债权未能全部受偿，遂起诉请求确认甲银行之债权已消灭，并请求撤销目标房产的抵押登记手续。一、二审法院均以判决的形式驳回乙银行的全部诉讼请求，现乙银行申请再审。

——最高人民法院第一巡回法庭编著：《最高人民法院第一巡回法庭民商事主审法官会议纪要》（第1卷），中国法制出版社2020年版，第61~62页。

233. 债权转让反委托处置的受托人具有原告主体资格

关键词

债权转让　反委托　受托人　原告主体资格

最高人民法院裁判文书

富地长泰酒店投资管理有限公司与中国民生银行股份有限公司青岛分行等质押合同纠纷案［最高人民法院（2021）最高法民申1861号民事裁定书］

裁判要旨：银行和信托公司等签订《特定债权转让合同》后，约定将《委托贷款合同》项下债权全部转让给信托公司，并签订《委托管理协议》，约定信托公司委托银行管理《委托贷款合同》项下债权，银行有权通过诉讼或仲裁追索债务，而且从实际权利人角度，故认定银行具有原告主体资格，不存在缺乏证据证明和适用法律错误的问题。

最高人民法院认为：关于民生银行青岛分行在本案中依法是否具有原告资格的问题。经查，2013年11月28日，民生银行青岛分行、中融公司与富地公司签订《委托贷款合同》，约定民生银行青岛分行作为受托人，中融公司作为委托人，富地公司作为借款人，通过委托贷款的方式向富地公司出借 10 亿元，贷款期限 3 年，年利率为 8.5%；借款人未能按时支付利息的，受托人有权按照逾期罚息利率计收复利。民生银行青岛分行向富地公司发放贷款合计 10 亿元。截至 2018 年 8 月 15 日，富地公司欠付民生银行青岛分行贷款本金 10 亿元及利息、罚息、复利 259587946.33 元。

2013 年 11 月 30 日，民生银行青岛分行与中融公司签订《资金信托合同》，约定民生银行青岛分行为委托人，中融公司作为受托人，以理财产品资金出资设立“中融－富地长泰单一信托”并受让案涉《委托贷款合同》项下债权，信托资金总额为 10 亿元，2013 年 12 月 6 日和 2014 年 1 月 6 日信托资金全部到位。2013 年 11 月 30 日，民生银行青岛分行、富地公司和中融公司等签订《特定债权转让合同》，约定将《委托贷款合同》项下债权全部转让给中融公司（作为“中融－富地长泰单一信托”的受托人），转让价款为 10 亿元，2013 年 12 月 6 日和 2014 年 1 月 6 日转让价款全部支付完毕。2013 年 12 月 3 日，民生银行青岛分行、富地公司和中融公司签订《委托管理协议》，约定中融公司委托民生银行青岛分行管理《委托贷款合同》项下债权，民生银行青岛分行有权通过诉讼或仲裁向富地公司追索债务。2018 年 5 月 21 日，中融公司向民生银行青岛分行出具委托函，委托民生银行青岛分行起诉富地公司。

根据《委托贷款合同》约定的内容，各方形成委托贷款法律关系；根据《资金信托合同》约定的内容，各方又形成信托法律关系。但在本案中，各方均认可本案交易属于通道业务，案涉 10 亿元资金实际来源于民生银行青岛分行。因此，原判决认定，不论本案定性为委托贷款法律关系，还是信托法律关系，从实际权利人角度，民生银行青岛分行具有原告主体资格，不存在缺乏证据证明和适用法律错误的问题。

——中国裁判文书网。

234. 虽未参与合同签署，但在合同实际履行过程中实际承受了主要权利并参与了主要义务履行的，可以认为是合同的一方当事人

关键词

适格被告

最高人民法院裁判文书

沅陵县自然资源局、沅陵县土地储备中心与王勇合同纠纷案［最高人民法院（2021）最高法民申 3579 号民事裁定书］

裁判要旨：对于没有参与合同签署的一方，其在合同的实际履行过程中实际承受了主要权利并参与了主要义务履行，可以将其认定为合同的一方当事人。合同另一方对其提起诉讼的，其可以作为适格被告。

最高人民法院经审查认为，关于自然资源局是否为适格被告的问题。根据原审查明的事实，在《土地储备合作开发协议》实际履行过程中，王勇所付的3000万元合作投资款，均系汇入自然资源局所指定的账户，自然资源局系该款项实际支配者；合作开发土地的对外土地转让合同，均系自然资源局与第三方签订，自然资源局为土地出让方；《关于储备土地与王勇合作开发分成方案的请示》经自然资源局盖章确认，结算人亦为自然资源局，退还王勇投资成本及支付分成款，亦由自然资源局直接支付至王勇；同时时任沅陵县国土资源局局长同时兼任土地储备中心的主任。由此可见，自然资源局虽然不是合作开发协议的签订一方，但在该协议的实际履行过程中，自然资源局已经实际承受了主要权利和参与了主要义务的履行。根据本案具体情况将自然资源局认定为协议的一方当事人是适当的，自然资源局可以作为本案的适格被告。

——中国裁判文书网。

235. 在当事人重合的情况下，当事人缺乏诉的利益；在当事人重合的情形消除后，当事人具有诉的利益

关键词

当事人重合　诉的利益

最高人民法院裁判文书

毕梦逸与山东宝陆地产有限公司等民间借贷纠纷案［最高人民法院（2021）最高法民再199号民事裁定书］

裁判要旨：人民法院受理公民之间、法人之间、其他组织之间以及他们相互之间因财产关系和人身关系提起的民事诉讼。在当事人重合的情况下，当事人缺乏诉的利益；在当事人重合的情形消除后，当事人具有诉的利益。

最高人民法院认为：《中华人民共和国民事诉讼法》第三条规定，人民法

院受理公民之间、法人之间、其他组织之间以及他们相互之间因财产关系和人身关系提起的民事诉讼。据此，毕梦逸因与宝陆公司民间借贷纠纷提起本案诉讼，属于人民法院民事案件的受理范围。同时，宝陆公司业已解散，宝陆公司清算组代表宝陆公司参加诉讼，原审法院认定的“原、被告主体资格实际重合”情形不复存在。毕梦逸的起诉符合《中华人民共和国民事诉讼法》第一百一十九条[①]规定的起诉条件，人民法院应予以受理。

——中国裁判文书网。

二、追加当事人

236. 被追加当事人的诉讼地位

关键词

被追加当事人　诉讼地位　有独立请求权的第三人

附录：最高人民法院主流观点

被追加当事人的诉讼地位要根据案件基本事实及权利义务关系确定，被追加的当事人对诉讼当事人双方的诉讼标的有独立请求权的，列为有独立请求权的第三人，该第三人有权提起诉讼，提出诉讼请求和事实、理由，成为案件的当事人。被追加的当事人对原诉讼当事人双方的诉讼标的，虽然没有独立的请求权，但案件的处理结果同他有法律上的利害关系的，列为无独立请求权的第三人。被追加的当事人若有可能被判决承担民事责任的，可以直接追加为被告。无论人民法院是依申请还是依职权追加被告，在案件审理中都要征求原告对被追加的被告是否承担责任的意见。原告同意向该被告主张权利的，人民法院应根据查明的事实及案件的实际情况，对该被告是否承担责任作出裁判。当原告明确放弃对被追加的被告主张权利，而案件事实和证据证明该被告应承担实体责任，原列被告没有责任时，原告要承担被判决驳回诉讼请求的风险。[②]

——江必新主编：《新民事诉讼法条文理解与适用》，人民法院出版社

---

① 现为《民事诉讼法》（2021 年修正）第一百二十二条。

② 何克权：《民事诉讼追加当事人若干问题研究》，载《人民法院报》2011 年 7 月 13 日，第 7 版。

2022年版，第624页。

237. 利用信息网络侵害人身权益纠纷案件当事人的追加

关键词

信息网络侵害权　人身权益　追加当事人

最高人民法院司法解释

第二条　原告依据民法典第一千一百九十五条、第一千一百九十七条的规定起诉网络用户或者网络服务提供者的，人民法院应予受理。

原告仅起诉网络用户，网络用户请求追加涉嫌侵权的网络服务提供者为共同被告或者第三人的，人民法院应予准许。

原告仅起诉网络服务提供者，网络服务提供者请求追加可以确定的网络用户为共同被告或者第三人的，人民法院应予准许。

——《最高人民法院关于审理利用信息网络侵害人身权益民事纠纷案件适用法律若干问题的规定》（2020年12月29日修正）。

附录：最高人民法院主流观点

首先，利用信息网络侵害人身权益案件的一大特征是涉嫌侵权的网络用户难以确定。主要原因是，我国目前并未实行彻底的实名制，普遍认为，《全国人大常委会关于加强网络信息保护的决定》第六条[①]确立的是有限的实名制，即后台实名、前台可匿名。同时，在移动互联网呈现井喷式发展的背景下，网络服务提供者在提供网络信息服务时也无法对网络用户的身份一一验证，技术上实现的成本也会过巨。所以，如果要求原告必须追加涉嫌侵权的网络用户作为被告，在实践中往往客观不能。但是，在涉嫌侵权的网络用户难以确定的情况下，不能以此否定原告单独起诉的权利。

其次，在原告单独起诉网络服务提供者的情况下，如果后者以侵权信息系网络用户发布为由抗辩且申请追加该网络用户为被告的，涉及原告是否同意的问题。从民事诉讼法的处分原则来看，如果原告坚持仅起诉网络服务提供者或者不请求网络用户承担责任的，则人民法院基于网络服务提供者的请求追加网络用户为共同被告的合理性就会受到质疑，但是人民法院基于事实

---

① 《全国人大常委会关于加强网络信息保护的决定》第六条规定：网络服务提供者为用户办理网站接入服务，办理固定电话、移动电话等入网手续，或者为用户提供信息发布服务，应当在与用户签订协议或者确认提供服务时，要求用户提供真实身份信息。

判断和认定责任的需要，可以将网络用户作为第三人。

最后，实践中，不大可能出现网络服务提供者难以确定的情形，原告单独起诉网络用户的情形也比较少，但是，如果原告仅起诉网络用户，由于网络用户的行为是否侵权是网络服务提供者是否承担责任的前提性问题，因此，网络服务提供者不进入该诉讼，不影响网络用户责任是否成立的判断，但是可能影响其责任范围的判断，同时还会影响网络用户和网络服务提供者之间未来的责任份额。因此，如果网络用户以网络服务提供者应当承担连带责任为由抗辩且要求追加后者的，如果原告同意，则人民法院将其追加为共同被告；如果被告不同意，则可将其追加为第三人。

——杨临萍、姚辉、姜强：《〈关于审理利用信息网络侵害人身权益民事纠纷案件适用法律若干问题的规定〉的理解与适用》，载杜万华主编、最高人民法院民事审判第一庭编：《民事审判指导与参考》2014 年第 4 辑（总第 60 辑），人民法院出版社 2015 年版，第 30~31 页。

238. 当事人在追加必须进行共同诉讼的当事人的申请被人民法院裁定驳回后，如何行使其救济权

关键词

追加当事人　共同诉讼

最高人民法院司法解释

第七十三条　必须共同进行诉讼的当事人没有参加诉讼的，人民法院应当依照民事诉讼法第一百三十五条的规定，通知其参加；当事人也可以向人民法院申请追加。人民法院对当事人提出的申请，应当进行审查，申请理由不成立的，裁定驳回；申请理由成立的，书面通知被追加的当事人参加诉讼。

——《最高人民法院关于适用〈中华人民共和国民事诉讼法〉的解释》（2022 年 4 月 1 日修正）。

附录：最高人民法院主流观点

关于当事人的追加必须进行共同诉讼的当事人的申请被人民法院裁定驳回后，当事人的救济权的问题。少数意见认为，既然是裁定驳回，当事人应当有权上诉，以赋予其救济权利；多数意见认为，根据民事诉讼法规定，当事人可以上诉的裁定限于不予受理裁定、管辖权异议裁定以及驳回起诉裁定，此处的驳回当事人追加申请的裁定，显然不在此列。再者，拟被追加的主体是否属于必须共同进行诉讼的当事人，属于人民法院审查判断的范畴，假若

人民法院审查处理后驳回当事人追加申请有误，由此导致本应参加诉讼的主体（必须共同进行诉讼的当事人）未能参加诉讼的，该主体还可以根据民事诉讼法及《民事诉讼法解释》的规定，对生效裁判申请再审，其救济途径是畅通的。

——最高人民法院民法典贯彻实施工作领导小组办公室编著:《最高人民法院新民事诉讼法司法解释理解与适用》，人民法院出版社2022年版，第217~218页。

239. 民间借贷案件中，与保证人承担保证责任相关联的责任主体的诉讼地位

关键词

民间借贷　追加当事人

附录：最高人民法院主流观点

一、关于反担保人的诉讼地位

在保证合同签订过程中，保证人为了使自己的保证责任履行后能够得到偿还保障而要求主债务人或者主债务人指定的第三人为其提供反担保。当反担保的提供者为主债务人时，则不必为其单设诉讼地位。当反担保是由第三人提供，如果被追偿则面临其在原判决中因没有参与诉讼而无法抗辩，如原判决中的担保责任是否应当承担。虽然从理论上讲反担保人并不享有对债权人的抗辩权，但因没有参加诉讼，并不真正了解案件的诉讼以及担保责任的承担是否真实，反担保人的利益就没有诉讼保护的渠道。当主债务人没有偿还能力，当原判决内容是因主债务人及担保人抗辩不利，乃至于虚假抗辩，这将导致反担保人失去抗辩机会。所以在实践当中，如果征得各方当事人同意，也不排除可以将反担保人作为第三人进行追加。

二、负有监督责任的第三人的诉讼地位

负有监督责任的第三人向债权人保证监督专款专用的，由于其未尽监督义务而导致资金流失的，其应对流失资金承担赔偿责任。虽然第三人并非完整意义上的担保人，但对其不尽监督义务所引起的后果，对债权人的权利则具有了担保性质。所以当债权人起诉第三人时也应当将主债务人列为被告。

三、保证人与物权担保人并存的诉讼地位

当保证与担保物权并存时，应当将保证人和物权担保人作为共同的担保人对待。需要强调的是物的担保人只在所提供物的价值范围内与人保保证人承担连带担保责任。

四、主债务约定仲裁，而担保通过诉讼解决的情形

当主债务按照双方的约定进行仲裁，而对担保债务是通过诉讼解决时，两者如何衔接。特别是一般保证人作为被告时，应当根据仲裁裁决的情况，无论在仲裁裁决之前作出判决还是仲裁裁决之后作出判决，虽不能追加债务人为被告，都应当标明担保债务的偿还顺序。当债权人怠于履行仲裁裁决并超过强制执行期限时，诉讼判决也就失去了承担责任的前提。担保责任虽有判决，但是可以免除，也就是不能强制执行。

五、债权转让和债务转让

当主债权转让或主债务转让时担保责任如何处置债权转让，担保权随之相应的转让，此时只需通知担保人即可。而债务转让需应征得担保人同意，否则担保人可以免责。因此在审查债务转让情况时，一定要着重审查是否征得了担保人的同意。是否追加担保人为诉讼当事人则根据上述分析而定。

六、管辖法院的确定

关于在追加上述相关被告时所涉及的管辖权问题，当债权人和担保人一起提起诉讼时，是以被告人即主债务人所在地确定管辖法院。当债权人只起诉担保人而最终又将主债务人追加为被告时，因为管辖的法院已经确定，当主债务人和保证人的居住地不一致时，既然人民法院已经受理了出借人对于担保人的诉讼，即便将主债务人追加为共同被告，也不宜将管辖法院进行变更。关于主合同和担保合同选择管辖的法院不一致的，应当根据主合同确定管辖，是指主债务人和担保人同时作为被告起诉的，因两个合同约定管辖的法院不一致而适用主合同确定管辖地的情况。

——杜万华主编、最高人民法院民事审判第一庭编著：《最高人民法院民间借贷司法解释理解与适用》，人民法院出版社 2021 年版，第 113 ~114 页。

240. 民间借贷纠纷中几类特殊担保主体追加为共同被告问题

关键词

民间借贷纠纷　民事诉讼　追加保证人　共同被告　担保主体

最高人民法院司法解释

第四条　保证人为借款人提供连带责任保证，出借人仅起诉借款人的，人民法院可以不追加保证人为共同被告；出借人仅起诉保证人的，人民法院可以追加借款人为共同被告。

——《最高人民法院关于审理民间借贷案件适用法律若干问题的规定》（2020 年 12 月 29 日修正）。

附录：最高人民法院主流观点

关于几类特殊担保主体的追加问题，需引起注意。公司的分支机构作为保证人时，应当追加分支机构及其法人作为共同被告。分支机构对外承担保证责任需要经公司股东（大）会或董事会决议。分支机构在未经授权的情况下以自己的名义对外担保，担保行为无效。无效的担保合同如果债权人无过错，责任应当由分支机构的法人承担。债权人有过错的，如疏于审查分支机构的担保是否经公司决议程序，是否与分支机构串通等，应当承担相应的后果，企业法人的责任可以是部分免除或者全部免除。当债权人与分支机构串通由分支机构提供担保时，企业法人不应承担担保责任。分支机构承担的责任无论是合同有效的保证责任，还是无效的赔偿责任，都先以分支机构管理的财产承担，不足部分由企业法人承担。法人及其分支机构作为两个责任主体，虽规定了责任承担顺序，但作为被告追加应当一并追加。当金融机构的分支机构作为担保人时，因为相关法律已经给予了作为分支机构独立的诉讼主体地位，因此，对其因保证而追加为当事人时，则没有必要追加金融机构。关于企业的职能部门对外提供担保时，若需追加担保人为被告，则以其法人为被告，不能够追加职能部门为被告。

——最高人民法院民事审判第一庭编著：《最高人民法院新民间借贷司法解释理解与适用》，人民法院出版社 2020 年版，第 105~114 页。

241. 消费者仅起诉销售者或者生产者的，必要时人民法院可追加相关当事人参加诉讼

关键词

食品药品纠纷　追加当事人

最高人民法院司法解释

第二条　因食品、药品存在质量问题造成消费者损害，消费者可以分别起诉或者同时起诉销售者和生产者。

消费者仅起诉销售者或者生产者的，必要时人民法院可以追加相关当事人参加诉讼。

——《最高人民法院关于审理食品药品纠纷案件适用法律若干问题的规定》（2020 年 12 月 29 日修正）。

附录：理解与适用

具体到食品、药品安全民事赔偿诉讼，考虑到在食品、药品的销售者或者生产者对消费者承担了赔偿责任后，根据造成质量问题的原因不同，还存在最终责任应当由谁承担的问题，故销售者和生产者之间存在追偿权，销售者和生产者也可能有权向其他主体追偿；同时，考虑到被起诉的销售者或者生产者有的并无支付能力，以及找不到被告的情况，或者为查明案件事实之需，依照民事诉讼法的相关规定，《最高人民法院关于审理食品药品纠纷案件适用法律若干问题的规定》对此作了明确规定。

对于何时为必要，由于个案情况的复杂性和差异性，受诉法院应根据民事诉讼法及有关司法解释的规定，结合个案情况综合加以判定。根据我国有关法律的规定，在食品、药品的流通环节，生产者、销售者、运输者或仓储者对保证食品、药品内在质量负有相应的责任。比如胶囊药丸的包装皮存在质量问题，药品生产者使用了该胶囊皮使消费者受到损害。又如有些对运输条件有着较高要求的食品，如果氧化了则会产生有毒物质，而运输者的运输不符合要求造成了食品的氧化，导致消费者食用后中毒。在这些情况下，如果消费者仅起诉生产者，不将胶囊生产者或食品运输者追加到诉讼中来，就无法准确查明食品、药品是否存在质量问题，消费者是否因食用或使用该食品、药品而致人身或财产受到损害等事实，也就不可能对未追加的人是否为侵权人以及是否应承担法律责任问题进行审理，就原告诉称的损害，就只能在现有当事人之间进行评判，这不仅将可能因为其他赔偿义务人在程序上不是诉讼当事人而不能判令其承担民事责任，而且可能由此导致提起诉讼的原告不能获得完整的救济，因此，此时只有追加相关当事人参加诉讼，法院才能通过正当程序在所有涉案主体都参加诉讼的前提下，全面查清案件事实，依法确定民事损害，确定民事赔偿义务人的范围及其相应的法律责任，从而更高程度地实现诉讼公正和实体公正。

对于法院在必要时追加当事人参加诉讼，在司法实践中可区分不同情况加以处理。法律、司法解释对是否应当追加当事人有明确规定的，则应根据法律、司法解释的规定加以处理。没有明确规定的，则可以区分以下情形：第一，如果终局责任人被单独起诉，并且案件事实无需追加当事人即可查明，则一般无需追加当事人参加诉讼。第二，如果非终局责任人被单独起诉，由于追加终局责任人有利于案件事实的查明和最终责任的认定，也有利于非终局责任人追偿权的行使和纠纷的一次性解决，法院可以追加终局责任人参加诉讼。第三，如果非终局责任人被单独起诉，若追加其他非终局责任人有利于查明案件事实又不影响消费者利益实现的，可以追加其他非终局责任人参加诉讼。至于是追加为共同被告还是第三人问题，法官应进行释明，如果原告不愿将其追加为被告，基于“不告不理”之考虑，一般不宜将其追加为共同被告，而是可以考虑将非终局责任人追加列为第三人。

——司伟:《食品、药品民事赔偿诉讼中消费者债权实现的几个程序问题》，最高人民法院民事审判第一庭编:《民事审判指导与参考》2014 年第 1 辑（总第 57 辑），人民法院出版社 2014 年版，第 48~50 页。

242. 融资租赁合同纠纷案件第三人的追加

关键词

融资租赁合同纠纷　第三人参加诉讼

最高人民法院司法解释

第十三条　出卖人与买受人因买卖合同发生纠纷，或者出租人与承租人因融资租赁合同发生纠纷，当事人仅对其中一个合同关系提起诉讼，人民法院经审查后认为另一合同关系的当事人与案件处理结果有法律上的利害关系的，可以通知其作为第三人参加诉讼。

承租人与租赁物的实际使用人不一致，融资租赁合同当事人未对租赁物的实际使用人提起诉讼，人民法院经审查后认为租赁物的实际使用人与案件处理结果有法律上的利害关系的，可以通知其作为第三人参加诉讼。

承租人基于买卖合同和融资租赁合同直接向出卖人主张受领租赁物、索赔等买卖合同权利的，人民法院应通知出租人作为第三人参加诉讼。

——《最高人民法院关于审理融资租赁合同纠纷案件适用法律问题的解释》(2020 年 12 月 29 日修正)。

附录：最高人民法院主流观点

人民法院在审判实践中适用本条时，应当注意以下几个问题：一、第三人参加诉讼的方式和时间

无独立请求权第三人参加诉讼的方式可以自己申请参加，也可以由法院通知。第三人自己申请参加诉讼的，对方当事人原则上有权对第三人参加诉讼提出异议，尤其是被辅助的第三人。法院在收到异议书后应当予以审查，认为异议成立的，应裁决驳回第三人的参加申请。法院通知参加诉讼的，被通知人可以拒绝参加。法院应当尊重第三人的处分权，不能采用强制手段强迫其参加。需要注意的是，实践中应当防止不适当追加无独立请求权第三人。相关主体如果与案件审理结果不具有利害关系的，不能随意将其追加为第三人。在融资租赁纠纷中，出租人与承租人就租赁物质量存在争议时，原则上

应当允许出卖人作为第三人参加诉讼，但值得注意的是，如果有证据证明出卖人已经提供了合同约定或者符合法律规定的产品的，或者案件中的当事人未在规定的质量异议期内提出异议的，或者作为收货方已经认可该产品质量的，则不得将出卖人追加作为无独立请求权的第三人。

无独立请求权第三人参加的时间应是在本诉已经开始且尚未终结诉讼之前，即从被告应诉起到诉讼审理结束止。第三人参加诉讼通常应是在一审程序中，不能在进入二审程序后参加，否则会造成本诉审理的拖延。在二审判决第三人承担实体责任的情况下，还会造成第三人上诉权丧失而不得不将整个案件发挥重审的后果。在融资租赁诉讼中也是如此，不管是在买卖合同纠纷案件中，还是在融资租赁合同纠纷案件中，与案件审理结果具有法律上利害关系的主体都只能在一审中参加诉讼，法院也只能在一审程序中通知相关主体作为第三人参加诉讼。

二、未参加诉讼的第三人可以提起撤销之诉

2012 年修正的民事诉讼法第五十六条增加了第三款[①]规定，前两款规定的第三人，因不能归责于本人的事由未参加诉讼，但有证据证明发生法律效力的判决、裁定、调解书的部分或者全部内容错误，损害其民事权益的，可以自知道或者应当知道其民事权益受到损害之日起 6 个月内，向作出该判决、裁定、调解书的人民法院提起诉讼。人民法院经审理，诉讼请求成立的，应当改变或者撤销原判决、裁定、调解书；诉讼请求不成立的，驳回诉讼请求。根据该规定，如果第三人因不可归责于本人事由未参加诉讼，可以对有错误的裁判提出撤销之诉。该规定适用于所有第三人，故不仅有独立请求权第三人，无独立请求权第三人也可提起撤销之诉。在融资租赁纠纷案件中，不同法律关系当事人以及租赁物实际使用人如因不可归责于本人事由未参加诉讼，且有证据证明之前的裁判确有错误的，可以提出撤销之诉。不同法律关系当事人和租赁物实际使用人知道或者应当知道存在相关诉讼而未申请参加，或者在人民法院通知其参加诉讼的情况下仍未参加诉讼的，则不能再依据民事诉讼法第五十六条第三款提起撤销之诉。

三、承租人诉出卖人的条件

承租人诉出卖人应当证明其与出卖人有民事权利义务争议。在融资租赁交易关系下，承租人应当提供融资租赁合同与买卖合同，以证明其与出卖人存在利害关系。在承租人直接向供货人主张权利的诉讼中，如果未将出租人列为第三人参加诉讼，人民法院应当依职权追加出租人为第三人，以便于查明事实，公平保护各方当事人的合法权益。

——最高人民法院民事审判第二庭编著:《最高人民法院关于融资租赁合

① 现为《民事诉讼法》（2021 年修正）第五十九条第三款。

同司法解释理解与适用》，人民法院出版社2016年版，第379~380页。

243. 连带责任案件中申请追加共同被告的规定

关键词

共同诉讼　追加被告

《中华人民共和国民法典》条文

第一百七十八条　二人以上依法承担连带责任的，权利人有权请求部分或者全部连带责任人承担责任。

连带责任人的责任份额根据各自责任大小确定；难以确定责任大小的，平均承担责任。实际承担责任超过自己责任份额的连带责任人，有权向其他连带责任人追偿。

连带责任，由法律规定或者当事人约定。

附录：最高人民法院主流观点

依据《民事诉讼法司法解释》第七十四条的规定，人民法院追加共同诉讼的当事人时，应当通知其他当事人。应当追加的原告，已明确表示放弃实体权利的，可不予追加；既不愿意参加诉讼，又不放弃实体权利的，仍应追加为共同原告，其不参加诉讼，不影响人民法院对案件的审理和依法作出判决。这一规定对于追加原告的情形作了规定，但对于被告申请追加被告的问题则没有规定。

关于共同诉讼中被告请求追加被告的情形，审判实践中有很大争议。一种意见认为，作为共同被告参加诉讼而原告未起诉或者未申请追加的，人民法院应当行使释明权，原告明确放弃对其诉讼请求的，人民法院不予追加；对于被告申请追加的被告，原告不同意追加且明确放弃对其诉讼请求的，人民法院应当查明该被追加被告应承担的责任并分别处理。如果被追加被告应当承担按份责任，应视为原告对该部分权益的放弃；如果被追加被告应当承担连带责任或补充责任的，法院不应裁决其承担责任。

另一种意见认为，对此应当区分不同情形处理：第一，对于被追加的必须共同进行诉讼的被告，实践中多为应当承担按份责任。该情形下，多名被告之间责任承担需要一并处理，不可分开审理，但原告不同意追加被告且放弃对被追加被告诉讼请求的，人民法院可不予追加，且应当从责任总额中扣除原告放弃的那部分诉讼请求。第二，对于补充责任情形，如果被告申请追加被告的理由是：其本人应当承担补充责任，该被追加的被告应当首先承担赔偿责任，人民法院经审查理由成立的，应当追加。如果原告不同意追加且放弃对被追加被告的诉讼请求，就意味着已经参加诉讼的被告承担补充责任的前提已经丧失。这时，人民法院应当予以释明。如果原告坚持不同意追加且放弃对被追加被告诉讼请求的，人民法院应当驳回原告对已经参加诉讼的（最初起诉的）被告的诉讼请求；如果被告申请追加被告的理由是被追加被告应当承担补充责任，原告不同意追加且放弃对被追加被告的诉讼请求，并不影响已经参加诉讼的被告承担赔偿责任，此时，人民法院可在释明的基础上，根据原告的请求，不予追加被告，但仍应判令已经参加诉讼的被告承担相应的赔偿责任。第三，对于连带责任或者不真正连带责任的情形，任何一个被告均负有对原告承担全部责任的义务，这在诉讼上应为可分之诉，被告申请追加承担连带责任的被告而原告不同意或者坚持不予追加的或者明确放弃对被申请追加被告的诉讼请求的，并不影响已经参加诉讼的被告负有的对原告应当承担的全部赔偿责任，这时人民法院可以不予追加被告参加诉讼。

上述两种意见都有一定道理，但《民事诉讼法司法解释》在起草过程中基于追加被告参加诉讼的情形极为复杂，争议太大且缺乏上位法的明确具体规定，最终没有规定。这虽有一定遗憾，但也为审判实践中根据具体不同的案件类型进行探索留下了空间。《最高人民法院关于审理食品药品纠纷案件适用法律若干问题的规定》第十条第二款规定的“消费者仅起诉挂靠者或者被挂靠者的，必要时人民法院可以追加相关当事人参加诉讼”；《最高人民法院关于审理民间借贷案件适用法律若干问题的规定》第四条规定的“保证人为借款人提供连带责任保证，出借人仅起诉借款人的，人民法院可以不追加保证人为共同被告；出借人仅起诉保证人的，人民法院可以追加借款人为共同被告。保证人为借款人提供一般保证，出借人仅起诉保证人的，人民法院应当追加借款人为共同被告；出借人仅起诉借款人的，人民法院可以不追加保证人为共同被告”；《建设工程施工合同司法解释》第二十六条[①]第二款规定的“实际施工人以发包人为被告主张权利的，人民法院可以追加转包人或者违法分包人为本案当事人。发包人只在欠付工程价款范围内对实际施工人承担责任”等规定都存在着被告申请追加被告或者人民法院依照职权直接追加被告的情形，这些规定都可以在相关案件审理中予以适用。

——最高人民法院民法典贯彻实施工作领导小组主编：《中华人民共和国民法典总则编理解与适用》，人民法院出版社 2020 年版，第 892~894 页。

---

① 现为《建设工程施工合同司法解释（一）》（法释〔2020〕25 号）第四十三条。

244. 共同侵权的侵权责任纠纷与民事诉讼中确定共同被告特别是追加被告的规则衔接

关键词

共同侵权行为　共同诉讼　共同被告　追加被告

《中华人民共和国民法典》条文

第一千一百六十八条　二人以上共同实施侵权行为，造成他人损害的，应当承担连带责任。

附录：最高人民法院主流观点

对于《民法典》第一千一百六十八条的适用，要注意与民事诉讼中确定共同被告特别是追加被告的规则衔接问题。共同侵权的侵权责任纠纷在诉讼中涉及共同被告的确定问题，特别是在原告仅起诉其中部分侵权人时，人民法院能否依职权追加其他侵权人的问题，涉及对共同诉讼有关规则的理解和适用问题。

依据《民事诉讼法司法解释》第七十四条的规定，人民法院追加共同诉讼的当事人时，应当通知其他当事人。应当追加的原告，已明确表示放弃实体权利的，可不予追加；既不愿意参加诉讼，又不放弃实体权利的，仍应追加为共同原告，其不参加诉讼，不影响人民法院对案件的审理和依法作出判决。该条对于追加原告的情形作了规定，但对于被告申请追加被告的问题则没有规定。关于共同诉讼中被告请求追加被告的情形，审判实践中有较大争议。一种意见认为，作为共同被告参加诉讼而原告未起诉或者未申请追加的，人民法院应当行使释明权，原告明确放弃对其诉讼请求的，人民法院不予追加；对于被告申请追加的被告，原告不同意追加且明确放弃对其诉讼请求的，人民法院应当查明该被追加被告应承担的责任并分别处理。如果被追加被告应当承担按份责任，应视为原告对该部分权益的放弃；如果被追加被告应当承担连带责任或补充责任的，法院不应裁决其承担责任。另有意见认为，对于连带责任或者不真正连带责任的情形，任何一个被告均负有对原告承担全部责任的义务，这在诉讼上应为可分之诉，被告申请追加承担连带责任的被告而原告不同意或者坚持不予追加的或者明确放弃对被申请追加被告的诉讼请求的，并不影响已经参加诉讼的被告负有的对原告应当承担的全部赔偿责任，这时人民法院可以不予追加被告参加诉讼。上述两种意见都有一定道理，但《民事诉讼法司法解释》在起草过程中基于追加被告参加诉讼的情形极为复杂，争议较大且缺乏上位法的明确具体规定，最终没有规定，当然这也为审判实践中根据具体不同的案件类型进行探索留下了空间。同时，从民事诉讼程序规定来看，相较于关于某一具体类型案件法律适用问题作出规定的司法解释而言，《民事诉讼法司法解释》具有类似“一般法”的地位。那么，在《民事诉讼法司法解释》对于追加被告等情形没有作出具体规定的情况下，其他司法解释作出规定的，当然要在该司法解释的调整范围内予以适用。比如《最高人民法院关于审理食品药品纠纷案件适用法律若干问题的规定》第十条第二款规定的“消费者仅起诉挂靠者或者被挂靠者的，必要时人民法院可以追加相关当事人参加诉讼”。

在这里要特别说明一下的是，依据《民法典》第一百七十八条的规定，“二人以上依法承担连带责任的，权利人有权请求部分或者全部连带责任人承担责任”。一种观点认为，这一规定实际上对《人身损害赔偿司法解释》第五条的规定作了改变。此前也有专家对该解释第五条提出了不同意见，认为该解释其实改变了连带责任的性质，造成被侵权人不起诉其他连带责任人的，人民法院应当追加；被侵权人不同意追加的，就等于放弃了对未追加的连带责任人的诉讼请求，被诉的连带责任人对于放弃的份额不再承担侵权责任。但也有意见认为，连带责任对外是一个整体责任，无论被侵权人向一个或者数个连带责任人请求承担责任，都不影响被请求的连带责任人对外承担全部责任。对内而言，一个或者数个连带责任人承担了连带责任之后，其内部责任，根据侵权人各自的过错、原因等确定。是否追加被告不影响被请求的连带责任人对全部责任的承担。我们认为，《人身损害赔偿司法解释》第五条主要是从追加诉讼当事人的角度作的规定，与《民法典》第一百七十八条有关连带责任的实体规定并不冲突，而且这一规定对于依法查明案件事实，保护相关当事人诉讼权利，实现纠纷的一次性解决具有积极意义，同时也对当事人放弃相关权利的规则作了规定，在审判实践中具有积极意义。当然，这也涉及与原告主张相衔接、不能给当事人增加过重经济负担的问题，需要在实践中根据具体案件情况予以把握。

——最高人民法院民法典贯彻实施工作领导小组主编：《中华人民共和国民法典侵权责任编理解与适用》，人民法院出版社2020年版，第55~57页。

245. 实际施工人只起诉请求发包人承担责任的，应当追加转包人或者违法分包人为第三人

关键词

建设工程施工合同　追加当事人　实际施工人　转包人　违法分包人

最高人民法院司法解释

第四十三条第二款　实际施工人以发包人为被告主张权利的，人民法院应当追加转包人或者违法分包人为本案第三人，在查明发包人欠付转包人或者违法分包人建设工程价款的数额后，判决发包人在欠付建设工程价款范围内对实际施工人承担责任。

——《最高人民法院关于审理建设工程施工合同纠纷案件适用法律问题的解释（一）》（2020 年 12 月 29 日，法释〔2020〕25 号）。

附录：最高人民法院主流观点

在实际施工人起诉发包人承担责任的情况下，由于实际施工人与发包人没有直接的合同关系，如果只有实际施工人和发包人参加诉讼，难以查清双方当事人之间的权利义务关系。如上所述，在转包和违法分包的情况下，实际施工人向发包人主张权利，请求权基础包括两层法律关系。一是承包人与发包人之间的建设工程施工合同关系；二是承包人作为转包人或者违法分包人与转包或者违法分包中的承包人之间的转包和违法分包关系。实际施工人在完成相应的建设工程施工任务后，基于其与转包人或者违法分包人之间的转包和违法分包关系，取得向转包人或者违法分包人的工程价款请求权。转包人、违法分包人或者实际施工人完成建设工程后，转包人或者违法分包人基于其与发包人之间的建设工程施工合同关系，取得向发包人的建设工程价款请求权。如果依据合同相对性原则，实际施工人向转包人或者违法分包人的工程价款请求权不能对抗发包人，只能向转包人或者违法分包人主张。建筑行业是劳动密集型行业，也是薄利行业，如果转包人、违法分包人对发包人的工程价款债权不能实现，往往也无力履行向实际施工人给付工程价款债权的义务。本条规定出于保护农民工等建筑工人利益的目的，基于建设工程是建筑工人劳动物化的法理基础，赋予实际施工人对转包人、违法分包人享有的工程价款债权以对抗发包人的效力。但该权利必须以实际施工人对转包人、违法分包人享有的工程价款债权和转包人、违法分包人对发包人的建设工程价款债权均合法有效、且均未全部行使为条件。

要查明实际施工人对转包人、违法分包人享有的工程价款债权和转包人、违法分包人对发包人的建设工程价款债权是否合法有效、具体数额，就必须将相关当事人追加为当事人，以便查清相关法律事实。在本解释起草过程，对于人民法院应当追加转包人、违法分包人为当事人没有争议，但对于是将转包人、违法分包人追加为第三人还是追加为被告存在争议。后经研究讨论，多数意见认为将转包人、违法分包人追加为被告不妥。实际施工人作为原告，有权决定选择选择谁作为被告。如果实际施工人一并起诉转包人、违法分包人和发包人，将转包人、违法分包人和发包人作为共同被告并无不当。如果实际施工人只起诉发包人，人民法院追加转包人、违法分包人为共同被告实际侵害了实际施工人作为原告的诉权。如果人民法院将转包人、违法分包人追加为被告后，直接判决转包人、违法分包人承担法律责任，则超出了实际施工人的诉讼请求。从尊重实际施工人的意愿和遵守民事诉讼法相关规定的角度考虑，在实际施工人以发包人为被告主张权利的情况下，人民法院应当追加转包人或者违法分包人为本案第三人。

转包人或者违法分包人被追加为第三人后，可能向发包人提出给付建设工程价款的诉讼请求。实际施工人以发包人为被告主张权利，既依据其对转包人或者违法分包人享有的建设工程价款给付请求权，也依据转包人或者违法分包人对发包人享有的建设工程价款给付请求权，因此，实际施工人对发包人提起的诉讼与转包人或者违法分包人对发包人提起的诉讼具有牵连关系。《民事诉讼法》第一百四十条[①]规定："原告增加诉讼请求，被告提出反诉，第三人提出与本案有关的诉讼请求，可以合并审理。"依据该规定，人民法院对转包人或者违法分包人被追加为第三人后提出请求发包人给付建设工程价款的诉讼请求，可以合并审理。这不仅有助于减少当事人的诉累，提高诉讼效率，也有利于查清案件事实，清结各方当事人之间的债权债务。

——最高人民法院民事审判第一庭编著：《最高人民法院建设工程施工合同司法解释（二）理解与适用》，人民法院出版社2019年版，第504~507页。

246. 人民法院可以追加转包人或者违法分包人为第三人

关键词

实际施工人　发包人　转包人　违法分包人　第三人　代位权诉讼

最高人民法院司法解释

第四十四条　实际施工人依据民法典第五百三十五条规定，以转包人或者违法分包人怠于向发包人行使到期债权或者与该债权有关的从权利，影响其到期债权实现，提起代位权诉讼的，人民法院应予支持。

——《最高人民法院关于审理建设工程施工合同纠纷案件适用法律问题的解释（一）》（2020年12月29日，法释〔2020〕25号）。

---

① 现为《民事诉讼法》（2021年修正）第一百四十三条。

附录：最高人民法院主流观点

实际施工人对发包人提起的代位权之诉，涉及三方当事人之间的两个法律关系，实际施工人与发包人之间并无直接的合同关系。是转包人或者违法分包人通过与实际施工人和发包人分别订立的合同在发包人与实际施工人之间建立起联系。因此，如果转包人或者违法分包人不参加诉讼，将很难查清三方当事人之间的法律关系。债权人以次债务人为被告向人民法院提起代位权诉讼，未将债务人列为第三人的，人民法院可以追加债务人为第三人。实际施工人在对发包人提起的代位权诉讼中，未将转包人或者违法分包人列为第三人的，人民法院可以追加转包人或者违法分包人为第三人。

转包人或者违法分包人被追加为第三人后，向发包人提起履行债务的诉讼请求的，人民法院可依据《民事诉讼法》第一百四十条[①]的规定，一并审理。但是，债务人在代位权诉讼中，对超过债权人代位请求数额的债权部分起诉次债务人的，人民法院应当告知其向有管辖权的人民法院另行起诉。因此，转包人或者违法分包人请求发包人履行债务的标的额，不能超过实际施工人对发包人提起的代位权诉讼的标的额。超过部分，人民法院在代位权诉讼中不应支持，并告知其向有管辖权的人民法院另行起诉。

转包人或者违法分包人可以认同实际施工人的诉讼请求，也可以反驳实际施工人的诉讼请求。在代位权诉讼中，次债务人对债务人的抗辩，可以向债权人主张。债务人在代位权诉讼中对债权人的债权提出异议，经审查异议成立的，人民法院应当裁定驳回债权人的起诉。因此，如果转包人或者违法分包人放弃对实际施工人的抗辩，该放弃行为对发包人不发生效力，发包人仍可向实际施工人主张该抗辩。如果转包人或者违法分包人对实际施工人的诉讼请求提出的抗辩成立，人民法院应驳回实际施工人的诉讼请求。

——最高人民法院民事审判第一庭编著：《最高人民法院新建设工程施工合同司法解释（一）理解与适用》，人民法院出版社2021年版，第460~461页。

247. 保兑仓相关案件审理中可以依职权追加未参加诉讼的当事人为第三人

关键词

保兑仓　追加当事人　无独立请求权第三人

① 现为《民事诉讼法》（2021年修正）第一百四十三条。

最高人民法院司法政策精神

70.【保兑仓交易的合并审理】当事人就保兑仓交易中的不同法律关系的相对方分别或者同时向同一人民法院起诉的，人民法院可以根据民事诉讼法司法解释第221条的规定，合并审理。当事人未起诉某一方当事人的，人民法院可以依职权追加未参加诉讼的当事人为第三人，以便查明相关事实，正确认定责任。

——《最高人民法院关于印发〈全国法院民商事审判工作会议纪要〉的通知》（2019年11月8日，法〔2019〕254号）。

附录：最高人民法院主流观点

民事诉讼法将第三人区分为有独立请求权第三人和无独立请求权第三人。有独立请求权第三人是对当事人双方的诉讼标的有独立请求权的主体。无独立请求权第三人是对当事人双方的诉讼标的，没有独立请求权，但案件处理结果同他有法律上的利害关系的主体。无独立请求权第三人可以申请参加诉讼，或者由人民法院通知他参加诉讼。保兑仓交易中的不同法律关系是基于同一事实发生的，相互之间关系密切，某一法律关系的审理可能会影响到其他主体的利益，故可以追加未参加诉讼的当事人作为无独立请求权的第三人参加诉讼。

——最高人民法院民事审判第二庭编著：《〈全国法院民商事审判工作会议纪要〉理解与适用》，人民法院出版社2019年版，第401页。

三、诉讼代理人（代表人）

248. 可作为诉讼代理人的“当事人的工作人员”的范围

关键词

当事人的工作人员　诉讼代理人

最高人民法院司法解释

第八十六条　根据民事诉讼法第六十一条第二款第二项规定，与当事人有合法劳动人事关系的职工，可以当事人工作人员的名义作为诉讼代理人。

——《最高人民法院关于适用〈中华人民共和国民事诉讼法〉的解释》

（2022 年 4 月 1 日修正）。

最高人民法院司法政策精神

（二）关于诉讼代理人资格问题

36. 以当事人的工作人员身份参加诉讼活动，应当按照《最高人民法院关于适用〈中华人民共和国民事诉讼法〉的解释》第八十六条的规定，至少应当提交以下证据之一加以证明：

（1）缴纳社保记录凭证；

（2）领取工资凭证；

（3）其他能够证明其为当事人工作人员身份的证据。

——《最高人民法院印发第八次全国法院民事商事审判工作会议（民事部分）纪要的通知》（2016 年 11 月 30 日），载杜万华主编、最高人民法院民事审判第一庭编：《民事审判指导与参考》2016 年第 4 辑（总第 68 辑），人民法院出版社 2017 年版，第 27~28 页。

附录：最高人民法院主流观点

2012 年民事诉讼法第二次修正，对"公民"作为诉讼代理人的情形作出了适当限制。根据民事诉讼法第五十八条[①]的规定，律师、基层法律服务工作者之外的人作为诉讼代理人的，限于当事人的近亲属或者工作人员，以及当事人所在社区、单位以及有关社会团体推荐的公民。审判实践中关于"当事人的工作人员"的范围以及如何审查，存在一定争议。为此，《八民会纪要（民事部分）》作出进一步规定，以统一法律适用尺度。

民事诉讼法第五十八条[②]对于何为"当事人的工作人员"没有作出规定。审判实践中，经常出现不具有律师或基层法律服务工作者的人，采取与法人或其他组织签订临时劳务合同，或由法人或其他组织出具虚假工作人员证明方式，以诉讼代理人身份出庭。这种做法明显规避法律的规定，与民事诉讼法修改目的相悖。为此，《关于适用〈中华人民共和国民事诉讼法〉的解释》第八十六条规定："根据民事诉讼法第五十八条第二款第二项规定，与当事人有合法劳动人事关系的职工，可以当事人工作人员的名义作为诉讼代理人。"将法人或其他组织可以委托为诉讼代理人的工作人员范围界定为有合法真实劳动人事关系的职工，既有利于保障当事人的合法权益，也有利于克服公民代理弊端，维护诉讼秩序，符合民事诉讼法修法目的。人民法院在对法人或其他组织诉讼代理人身份进行审查时，特别是审查对方有异议的委托代理人

① 现为《民事诉讼法》（2021 年修正）第六十一条。

② 现为《民事诉讼法》（2021 年修正）第六十一条。

身份时，应立足于具有真实合法劳动人事关系角度。对与当事人不存在劳动关系的法律顾问、与当事人签订以特定诉讼活动为工作内容的劳动合同的人员等，均不属于民事诉讼法第五十八条规定的“当事人的工作人员”，人民法院不应准许其作为诉讼代理人参加诉讼。

对“当事人的工作人员”的审查，核心是对其身份证明材料的审查。审判实践中，一些从事法律职业的律师、基层法律服务工作者为逃避监管和规避税费，经常以其委托人的工作人员身份作为诉讼代理人参与诉讼活动；一些未取得法律职业资格却以代理诉讼谋生的个人（甚至很多为上访老户）也以委托人工作人员为名，包揽诉讼谋取利益。这种情形不仅违反民事诉讼法的规定，也使人民法院的正常审理活动极易受到干扰，影响诉讼程序的有序推进。包揽诉讼的不具备法律职业资格的“讼棍式”或“上访式”的诉讼代理人由于缺乏必要的职业能力，往往不按法定程序参加诉讼活动，不接受法庭的庭审指挥，甚至动辄以上访、闹访、写大字报、举报信的方式作为影响法院审理的主要手段。而冒用单位职工身份参与诉讼活动的行为本身，也不利于司法行政主管部门对法律服务行业进行有效的监管。因此，人民法院通过对当事人的工作人员提交的身份证明资料对上述情形作出有效审查，十分必要。根据《关于适用〈中华人民共和国民事诉讼法〉的解释》第八十八条第（四）项的规定，当事人的工作人员作为诉讼代理人参加诉讼的，需要向人民法院提交的证明材料包括：诉讼代理人除根据民事诉讼法第五十九条[①]规定提交授权委托书，当事人的工作人员应当提交身份证件和与当事人有合法劳动人事关系的证明材料。授权委托书和当事人的工作人员的身份证件，属于一般性要求，审查的重点是合法劳动人事关系的证明材料。根据用人单位的性质不同，判断工作人员的标准也会不同。如企业法人的工作人员，是指与企业有劳动关系的人；事业单位的工作人员，既包括与事业单位有人事关系的人员，也包括与事业单位有劳动关系的人员。就形式意义而言，委托人单位介绍信、本人身份证、上岗证或工作证等身份证明，以及劳动合同、工资表、社会保险资料等，一般认为均属于关于“合法劳动人事关系”的证明材料的范畴。但鉴于实践中介绍信、上岗证、工作证较易伪造、变造，且难以证明受托人与委托单位是否存在真实的劳动或者人事关系，因此，《八民会纪要（民事部分）》第36条对“当事人的工作人员”的身份证明材料作出了进一步规定，明确提出以当事人的工作人员的身份参加诉讼活动，至少应当向人民法院提交以下证据之一证明其身份的真实性：（1）缴纳社保记录凭证；（2）领取工资凭证；（3）其他能够证明其为当事人工作人员身份的证据。

——杜万华主编：《〈第八次全国法院民事商事审判工作会议（民事部分）

① 现为《民事诉讼法》（2021年修正）第六十二条。

纪要〉理解与适用》，人民法院出版社 2017 年版，第 550~552 页。

（3）与当事人有合法劳动人事关系的审查

人民法院在对法人或其他组织诉讼代理人身份进行审查时，特别是审查对方有异议的委托代理人身份时，应立足具有真实合法劳动人事关系角度。

根据用人单位的性质不同，判断工作人员的标准也会不同。如企业法人，工作人员是指与企业有劳动关系的人；事业单位的工作人员，既包括与事业单位有人事关系的人员，也包括与事业单位有劳动关系的人员。从形式角度而言，关于“合法劳动人事关系”的证明材料，诉讼代理人应当提交委托人单位介绍信、本人身份证、上岗证或工作证等身份证明，也可以是劳动合同、工资表、社会保险资料等证明材料，以证实自己与委托单位具有劳动或人事关系。

——杜万华主编:《最高人民法院民事诉讼法司法解释适用解答》，人民法院出版社 2015 年版，第 117~118 页。

问: 民事诉讼中，一些没有律师资格的人是否可以以公司法律顾问的身份代理公司参加诉讼。

答: 民事诉讼法第五十八条第二款规定:“下列人员可以被委托为诉讼代理人:（一）律师、基层法律服务工作者;（二）当事人的近亲属或者工作人员;（三）当事人所在社区、单位以及有关社会团体推荐的公民。”其中，没有律师资格，也不持有基层法律工作者证书的自然人能否代理公司参加民事诉讼，关键是看其是否属于该公司的工作人员。

不少公司设有法律部（法务部）或者任命了专职的法务工作人员，这些与该公司建立了劳动关系的自然人如果代理公司参加诉讼，只要该公司出具了委托代理手续，即可以以该公司法律顾问的身份成为诉讼代理人。如果在诉讼中，对方当事人对以公司法律顾问名义代理公司参加民事诉讼的委托代理人的身份提出异议，则作为被代理人的公司应当提供该法律顾问与公司签订的劳动合同及社保关系证明，以证实其属于该公司的工作人员。因此，与公司没有劳动关系的“法律顾问”，因不属于当事人的工作人员，仅持当事人的授权委托书作为委托代理人参加诉讼，不符合民事诉讼法的规定。

——本书研究组:《与公司没有劳动关系的“法律顾问”，是否只要有委托书即可代理该公司参加民事诉讼》，载最高人民法院民事审判第一庭编:《民事审判指导与参考》2014 年第 1 辑（总第 57 辑），人民法院出版社 2014 年版，第 243 页。

249. 如何处理监护人既作为法定代理人又作为被告的双重身份问题

关键词

无民事行为能力人　限制民事行为能力人　监护人　共同被告

最高人民法院司法解释

第六十七条　无民事行为能力人、限制民事行为能力人造成他人损害的，无民事行为能力人、限制民事行为能力人和其监护人为共同被告。

——《最高人民法院关于适用〈中华人民共和国民事诉讼法〉的解释》（2022年4月1日修正）。

附录：最高人民法院主流观点

无民事行为能力人或限制民事行为能力人的监护人以法定诉讼代理人身份参加诉讼，同时，其也是承担民事责任的主体。如何处理监护人既作为法定代理人又作为被告的双重身份问题，是审判实践中需要注意的问题。在是否承担责任问题上，监护人和被监护人同为共同被告，利益方向应当一致。但在内部赔偿费用支付问题上，特别是对有独立财产的无民事行为能力人、限制民事行为能力人来说，监护人和被监护人的利益方向可能存在不一致，要防止监护人作为法定代理人侵害被监护人权益的行为。一般来说，在无民事行为能力人、限制民事行为能力人有多个监护人为共同被告的情形下，其参加诉讼的法定代理人只能为其中一人，作为无民事行为能力人、限制民事行为能力人的法定代理人，由于有其他监护人的监督，很难侵害被监护人的利益。但在监护人和法定代理人均仅为一人的情况下，就需要防止无民事行为能力人、限制民事行为能力人的法定代理人在诉讼中侵害被监护人的合法权益。

——最高人民法院民法典贯彻实施工作领导小组办公室编著：《最高人民法院新民事诉讼法司法解释理解与适用》，人民法院出版社2022年版，第203页。

250. 无民事行为能力人能否提起离婚之诉

关键词

无民事行为能力人　原告主体资格

附录：民事审判信箱

问： 无民事行为能力人能否提起离婚之诉？具体如何操作？

答： 可以，但需满足一定的条件。无民事行为能力人由于欠缺民事行为能力，其诉讼只能由监护人代理。而离婚具有较强的身份属性，原则上不能代理。但实践中不能排除无民事行为能力人有较多的财产，其配偶既不提出离婚，也不照顾对方，而是利用财产管理人的身份挥霍对方财产的情况发生，如果一概不允许其离婚，可能会出现在合法婚姻的幌子下肆意侵害无民事行为能力人权益的情况。《婚姻法司法解释（三）》确认了在特殊情形下，他人可以代理无民事行为能力人离婚，只有在出现严重损害无民事行为能力人合法权益的时候，才能确认他人代理无民事行为能力人提起离婚之诉。对于无民事行为能力人起诉离婚的问题，《婚姻法司法解释（三）》第八条有明确的规定，"无民事行为能力人的配偶有虐待、遗弃等严重损害无民事行为能力一方的人身权利或财产权益行为，其他有监护资格的人可以依照特别程序要求变更监护关系，变更后的监护人代理无民事行为能力一方提起离婚诉讼的，人民法院应予受理。"即在特殊情形下，无民事行为能力人可以作为原告提起离婚诉讼。所以无民事行为能力人作为原告起诉只是特殊的救济途径，有严格的限定条件。根据《婚姻法司法解释（三）》第八条的规定，其限制条件为无民事行为能力人的配偶有虐待、遗弃等严重损害无民事行为能力一方的人身权利或财产权益的行为。在现实生活中经常遇到无民事行为能力人的配偶一方为了某些财产利益，既不提出离婚，也不履行夫妻抚养义务，甚至擅自变卖夫妻共同财产，此种情况下，无民事行为能力人可以作为原告离婚。侵害无民事行为能力人的利益不仅包括财产利益，也包括人身利益。手段主要为遗弃、虐待但不限于此，比如说家庭暴力等。换言之，只要有严重损害无民事行为能力人权益的行为，无民事行为能力人就可以作为原告提起离婚诉讼。

无民事行为能力人由于不具备辨认能力和控制能力，因此不能自己诉讼，而是由其监护人代理其提起诉讼。这样一来，首先就需要解决程序上的问题，变更无民事行为能力人之配偶的监护权。因为依据法律的规定，配偶是无民事行为能力人的监护人，如果不变更监护关系，会出现法庭上原告席与被告席上是同一人的情况。在《最高人民法院关于适用〈中华人民共和国民事诉讼法〉若干问题的意见》中规定："在诉讼中，无民事行为能力人、限制民事行为能力人的监护人是他的法定代理人。事先没有确定监护人的，可以由有监护资格的人协商确定，协商不成的，由人民法院在他们之间指定诉讼中的法定代理人。"①

——本书研究组：《无民事行为能力人能否提起离婚之诉》，载杜万华主编、最高人民法院民事审判第一庭编：《民事审判指导与参考》2014 年第 4 辑（总第 60 辑）人民法院出版社 2015 年版，第 256 页。

251. 如何认定公民作为诉讼代理人时与被代理人签订的有偿法律服务合同的效力

关键词

公民代理　诉讼代理人　代理费　有偿法律服务合同

最高人民法院司法解释

第八十七条　根据民事诉讼法第六十一条第二款第三项规定，有关社会团体推荐公民担任诉讼代理人的，应当符合下列条件：

（一）社会团体属于依法登记设立或者依法免予登记设立的非营利性法人组织；

（二）被代理人属于该社会团体的成员，或者当事人一方住所地位于该社会团体的活动地域；

（三）代理事务属于该社会团体章程载明的业务范围；

（四）被推荐的公民是该社会团体的负责人或者与该社会团体有合法劳动人事关系的工作人员。

专利代理人经中华全国专利代理人协会推荐，可以在专利纠纷案件中担任诉讼代理人。

——《最高人民法院关于适用〈中华人民共和国民事诉讼法〉的解释》（2022 年 4 月 1 日修正）。

附录：最高人民法院主流观点

根据民事诉讼法第六十一条之规定，当事人的近亲属或者工作人员，当事人所在社区、单位以及有关社会团体推荐的公民均可以被委托为诉讼代理

① 对应《最高人民法院关于适用〈中华人民共和国民事诉讼法〉的解释》第八十三条。

人，这些诉讼代理人都是以公民代理的身份参加诉讼，这与律师或者法律服务工作者参加诉讼不同。律师或者法律服务工作者参加诉讼，可以按照规定收取代理费用，还可以依照相关规定与被代理人订立风险代理合同或者风险代理条款。

《民事诉讼法解释》对公民代理收费问题未作规定。实践中，宜仍按照《最高人民法院关于公民代理合同中给付报酬约定的效力问题的答复》的规定，对于代理合同中约定的高额代理费用不予支持，但可以根据代理行为的完成情况和代理人实际支出的相关费用，对差旅费等实际发生的相关费用予以支持。

——最高人民法院民法典贯彻实施工作领导小组办公室编著:《最高人民法院新民事诉讼法司法解释理解与适用》，人民法院出版社2022年版，第242页。

252. 除了法律直接规定之外，被代理人和代理人列为共同被告的前提是当事人起诉请求二者承担连带责任

关键词

连带责任　被代理人　代理人　相对人　共同被告

最高人民法院司法解释

第七十一条　原告起诉被代理人和代理人，要求承担连带责任的，被代理人和代理人为共同被告。

原告起诉代理人和相对人，要求承担连带责任的，代理人和相对人为共同被告。

——《最高人民法院关于适用〈中华人民共和国民事诉讼法〉的解释》（2022年4月1日修正）。

附录：最高人民法院主流观点

连带责任的一个重要特征是，数个债权人中的任何一个债权人对其享有的同一债权都有权请求各债务人履行全部债务，每个债务人也都负有全部履行的义务。因此，除了法律直接规定之外，被代理人和代理人列为共同被告的前提是当事人起诉请求被代理人和代理人承担连带责任。如果当事人只起诉被代理人或者代理人之中的一人，根据连带责任的法理，被代理人或者代理人均负有全部履行的义务（事后可以向另一方追偿）。该情形下，未被起诉的被代理人或代理人，并非必须共同进行诉讼的当事人，人民法院不需要追

加未被起诉的被代理人或者代理人参加诉讼。

——最高人民法院民法典贯彻实施工作领导小组办公室编著：《最高人民法院新民事诉讼法司法解释理解与适用》，人民法院出版社 2022 年版，第 214 页。

253. 证券纠纷代表人诉讼的启动条件

关键词

证券纠纷　代表人诉讼　启动条件

最高人民法院司法解释

第五条　符合以下条件的，人民法院应当适用普通代表人诉讼程序进行审理：

（一）原告一方人数十人以上，起诉符合民事诉讼法第一百一十九条规定和共同诉讼条件；

（二）起诉书中确定二至五名拟任代表人且符合本规定第十二条规定的代表人条件；

（三）原告提交有关行政处罚决定、刑事裁判文书、被告自认材料、证券交易所和国务院批准的其他全国性证券交易场所等给予的纪律处分或者采取的自律管理措施等证明证券侵权事实的初步证据。

不符合前款规定的，人民法院应当适用非代表人诉讼程序进行审理。

——《最高人民法院关于证券纠纷代表人诉讼若干问题的规定》（2020 年 7 月 23 日，法释〔2020〕5 号）。

附录：理解与适用

《最高人民法院关于证券纠纷代表人诉讼若干问题的规定》（以下简称本解释）第五条确定了代表人诉讼的启动条件。需要说明以下几点：一是设置启动条件的目的在于防止程序被滥用，同时防止程序被搁置。代表人诉讼一旦启动，涉及的原告人数将显著增加，如案件起诉时证据不足事实不清，法院的审理难度将显著加大，可能影响审判效率，甚至影响社会稳定。因此有必要在司法解释中设置启动条件，只有符合法定条件的诉讼才能适用代表人诉讼的程序进行审理。同时，只要当事人的起诉符合本解释第五条的三项条件，人民法院必须适用普通代表人诉讼程序进行审理，避免出现以往代表人诉讼空置的情形，以激活代表人诉讼程序。二是代表人诉讼的启动条件包括四个方面：起诉符合《民事诉讼法》第一百一十九条[①]规定和共同诉讼条件；原告一方人数10人以上；起诉书中确定2~5名符合条件的拟任代表人；原告提交证明证券侵权事实的初步证据。三是取消了前置程序。即便没有相关行政处罚决定或者刑事裁判文书，原告提交有关被告自认材料、证券交易所等给予的纪律处分或者采取的自律管理措施等初步证据证明存在证券侵权事实的亦可。其中，被告自认材料主要是指作为被告的发行人对虚假陈述等行为的相关更正公告，迫于监管压力、舆论压力等原因承认实施了虚假陈述等行为的声明等。四是明确了不符合代表人诉讼启动条件的诉讼分流方式。不符合代表人诉讼启动条件的，人民法院应当适用非代表人诉讼程序进行审理，包括个别诉讼或者共同诉讼形式。立案部门在登记立案后，应当及时将相关材料移送审判部门，由审判部门根据案件情况选择适当的审理程序，切实加快案件审理进程，提高审判效率。

——林文学、付金联、李伟、张凌云：《〈最高人民法院关于证券纠纷代表人诉讼若干问题的规定〉的理解与适用》，载最高人民法院民事审判第二庭编著：《最高人民法院证券纠纷代表人诉讼司法解释理解与适用》，人民法院出版社2021年版，第34页。

254. 特别代表人诉讼的启动方式

关键词

特别代表人诉讼　启动方式

最高人民法院司法解释

第三十二条　人民法院已经根据民事诉讼法第五十四条[②]第一款、证券法第九十五条第二款的规定发布权利登记公告的，投资者保护机构在公告期间受五十名以上权利人的特别授权，可以作为代表人参加诉讼。先受理的人民法院不具有特别代表人诉讼管辖权的，应当将案件及时移送有管辖权的人民法院。

不同意加入特别代表人诉讼的权利人可以提交退出声明，原诉讼继续进行。

——《最高人民法院关于证券纠纷代表人诉讼若干问题的规定》（2020年7月23日，法释〔2020〕5号）。

① 现为《民事诉讼法》（2021年修正）第一百二十二条。

② 现为《民事诉讼法》（2021年修正）第五十七条。

附录：理解与适用

关于《证券法》第九十五条第二款与第三款之间的关系，即特别代表人诉讼的启动方式，《最高人民法院关于证券纠纷代表人诉讼若干问题的规定》（以下简称本解释）起草过程中形成了两种意见：第一种意见是“递进说”，启动《证券法》第九十五条第二款的程序是投资者保护机构后续启动第三款的程序前提。这种观点理由在于：一是从诉讼制度的立法原理上看，《证券法》第九十五条应该是在《民事诉讼法》第五十四条的框架下进行设计，《证券法》不能超越《民事诉讼法》的基本框架创设新的诉讼制度。二是从《证券法》第九十五条三款之间的关系来看，也能看出第二款与第三款之间存在程序上的递进关系，即先进入了第二款规定的普通代表人诉讼程序之后，如果投资者保护机构在这个阶段受到50名以上投资者的委托，可以代表全体权利人向人民法院登记。三是从程序进行的可操作性角度看，在人民法院没有公告确定权利人范围的情况下，投资者保护机构自行征集和确定权利人范围的标准不明确，可能出现对权利人范围的确定“翻烧饼”的情况，不利于程序的稳妥推进。第二种意见是“并行说”，《证券法》第九十五条第二款、第三款之间不存在严格的先后顺序，既可以先由人民法院通过发布公告启动普通代表人诉讼，再由投资者保护机构介入转为特别代表人诉讼，也可以由投资者保护机构先行征集50名以上投资者委托，直接向人民法院提起特别代表人诉讼。这种观点的理由在于：特别代表人诉讼是此次《证券法》修订的最大亮点，有利于降低诉讼成本、提高诉讼效率、震慑证券市场违法违规行为，人民法院用好用足特别代表人诉讼机制符合各方预期。考虑到代表人诉讼制度长期处于休眠状态，为鼓励投资者保护机构提起诉讼，不应再人为设置障碍。本解释最终采纳的是第一种“递进说”。从《证券法》第九十五条的文义看，三款内容在逻辑上存在递进关系。第三款使用的是“参加”而非“提起”，即投资者保护机构是在已有投资者提起普通代表人诉讼的情形下“参加”诉讼。据此，投资者保护机构作为代表人参加诉讼有两个前提：一是人民法院决定采用起诉时人数尚未确定的代表人诉讼程序审理案件，发出权利登记公告，通知投资者在一定期间内向法院登记；二是投资者保护机构受50名以上投资者委托作为代表人参加诉讼。此外，从实际工作的角度看，投资者保护机构依法选择参与法院已经发布权利登记公告的案件，在案件选择、权利人范围划定、权利人征集等方面更容易开展工作，同时也更有利于加强司法与行政监管部门的沟通并降低可能带来的负面影响。

本解释第三十二条的适用应当注意以下问题：一是管辖权的移转。根据本解释第二条，特别代表人诉讼案件实行专属管辖，先受理的人民法院不具有特别代表人诉讼管辖权的，应当将案件及时移送有管辖权的人民法院。二是投资者的退出权。在先登记的权利人不同意加入特别代表人诉讼的可以提交退出声明，原诉讼作为普通代表人诉讼、个别诉讼或者共同诉讼继续进行；人民法院依据本解释第三十三条发布权利登记公告后，投资者明确表示不愿意参加诉讼的，应当在公告期间届满后15日内向人民法院声明退出，声明退出的投资者可以另行起诉。

——林文学、付金联、李伟、张凌云：《〈最高人民法院关于证券纠纷代表人诉讼若干问题的规定〉的理解与适用》，载最高人民法院民事审判第二庭编著：《最高人民法院证券纠纷代表人诉讼司法解释理解与适用》，人民法院出版社2021年版，第42~44页。

255. 境外公司的诉讼代表人资格认定

关键词

境外公司　诉讼代表人　资格认定

最高人民法院审判业务意见

6. 在中华人民共和国领域外登记设立的公司因出现公司僵局、解散、重整、破产等原因，已经由登记地国法院指定司法管理人、清算管理人、破产管理人的，该管理人可以代表该公司参加诉讼。

管理人应当提交登记地国法院作出的判决、裁定及其公证认证手续等相关文件证明其诉讼代表资格。人民法院应当对上述证据组织质证，另一方当事人仅以登记地国法院作出的判决、裁定未经我国法院承认为由，否认管理人诉讼代表资格的，人民法院不予支持。

——《最高人民法院关于印发〈全国法院涉外商事海事审判工作座谈会会议纪要〉的通知》（2021年12月31日，法〔民四〕明传〔2021〕60号）。

256. 不能证明所委托的出庭人员系公司工作人员的，公司应被视为未到庭参加诉讼

关键词

出庭人员　受托人　开庭审理　撤诉

最高人民法院裁判文书

山东春华农业科技有限公司与北京兆信信息技术股份有限公司计算机软

件开发合同纠纷案［最高人民法院（2021）最高法知民终350号民事裁定书］

裁判要旨：公司未提交与受托人之间存在劳动合同关系的证明材料，不能证明所委托的出庭人员系公司工作人员，且公司亦未主张受托人属于《中华人民共和国民事诉讼法》规定的其他代理情形并提供证明，故在法院举行的公开开庭审理中，公司应被视为未到庭参加诉讼，本案按撤诉处理。

最高人民法院认为：《中华人民共和国民事诉讼法》第五十八条①规定："当事人、法定代理人可以委托一至二人作为诉讼代理人。下列人员可以被委托为诉讼代理人：（一）律师、基层法律服务工作者；（二）当事人的近亲属或者工作人员；（三）当事人所在社区、单位以及有关社会团体推荐的公民。"该法第一百七十四条②规定："第二审人民法院审理上诉案件，除依照本章规定外，适用第一审普通程序。"该法第一百四十三条③规定："原告经传票传唤，无正当理由拒不到庭的，或者未经法庭许可中途退庭的，可以按撤诉处理；被告反诉的，可以缺席判决。"本案中，上诉人春华公司未提交与闫某某之间存在劳动合同关系的证明材料，不能证明闫某某系春华公司工作人员，且春华公司亦未主张闫某某属于《中华人民共和国民事诉讼法》规定的其他代理情形并提供证明，故在本院于2021年4月28日举行的公开开庭审理中，春华公司应被视为未到庭参加诉讼，本案按撤诉处理。

——法信网。

257. 外籍当事人委托公民代理的手续审查

关键词

外籍当事人　委托公民代理　诉讼代理人

最高人民法院审判业务意见

7. 根据民事诉讼法司法解释第五百二十八条、第五百二十九条的规定，涉外民事诉讼中的外籍当事人委托本国人为诉讼代理人或者委托本国律师以非律师身份担任诉讼代理人、外国驻华使领馆官员受本国公民委托担任诉讼

① 现为《民事诉讼法》（2021年修正）第六十一条。
② 现为《民事诉讼法》（2021年修正）第一百八十一条。
③ 现为《民事诉讼法》（2021年修正）第一百四十六条。

代理人的，不适用民事诉讼法第六十一条第二款第三项的规定，无须提交当事人所在社区、单位或者有关社会团体的推荐函。

——《最高人民法院关于印发〈全国法院涉外商事海事审判工作座谈会会议纪要〉的通知》（2021 年 12 月 31 日，法〔民四〕明传〔2021〕60 号）。

258. 外国当事人一次性授权的手续审查

关键词

外国当事人　一次性授权　诉讼代理人　诉讼代理行为

最高人民法院审判业务意见

8. 外国当事人一次性授权诉讼代理人代理多个案件或者一个案件的多个程序，该授权办理了公证认证或者司法协助协定规定的相关证明手续，诉讼代理人有权在授权委托书的授权范围和有效期内从事诉讼代理行为。对方当事人以该诉讼代理人的授权未就单个案件或者程序办理公证认证或者证明手续为由提出异议的，人民法院不予支持。

——《最高人民法院关于印发〈全国法院涉外商事海事审判工作座谈会会议纪要〉的通知》（2021 年 12 月 31 日，法〔民四〕明传〔2021〕60 号）。

259. 同一律师事务所的不同律师可以担任同一案件争议双方当事人的代理人

关键词

同一律师事务所　不同律师　同一案件　代理人

最高人民法院裁判文书

杨秀珍与唐新民、赖千桃、安远县立强房地产开发有限责任公司民间借贷合同纠纷案［最高人民法院（2016）最高法民申 3404 号民事裁定书］

裁判要旨：《律师法》第三十九条仅规定律师不得在同一案件中为双方当事人担任代理人，而并未就同一律师事务所的不同律师不得担任争议双方当事人的代理人作出禁止性规定。《律师执业行为规范》中虽有规定，但该文件系全国律师协会制定的行业性规范，不属于法律法规的强制性规定。

最高人民法院认为：本案的争议焦点为：五、原审法院是否剥夺了当事人辩论权利的问题

《最高人民法院关于适用〈中华人民共和国民事诉讼法〉的解释》第三百九十一条[①]规定："原审开庭过程中有下列情形之一的，应当认定为民事诉讼法第二百条[②]第九项规定的剥夺当事人辩论权利：（一）不允许当事人发表辩论意见的；（二）应当开庭审理而未开庭审理的；（三）违反法律规定送达起诉状副本或者上诉状副本，致使当事人无法行使辩论权利的；（四）违法剥夺当事人辩论权利的其他情形。"根据上述法律规定，一、二审法院在本案审理过程中，对于由同一律师事务所的不同律师代理本案，听取了案件双方当事人的意见，在杨秀珍与各被申请人均坚持要求不变更代理律师以及各自向法院提交了《豁免函》情况下，方被准许。此外，《中华人民共和国律师法》第三十九条仅规定了律师不得在同一案件中为双方当事人担任代理人，而并未就同一律师事务所的不同律师不得担任争议双方当事人的代理人作出禁止性规定。《律师执业行为规范》第五十条第（五）项虽然规定在民事诉讼、行政诉讼、仲裁案件中，同一律师事务所的不同律师同时担任争议双方当事人的代理人的，律师事务所不得与当事人建立或维持委托关系，但该文件是全国律师协会制定的行业性规范，而不属于法律、行政法规的强制性规定，故杨秀珍主张双方的代理律师由同一律师事务所的不同律师担任严重违反法律规定、原审法院剥夺了当事人辩论权利的理由因缺乏事实与法律依据，不能成立。

——中国裁判文书网。

四、涉公司诉讼参加人

260. 对公司僵局的产生具有过错的股东仍然有权提起公司解散之诉

关键词

公司解散诉讼　原告主体资格

---

① 现为《民事诉讼司法解释》第三百八十九条。

② 现为《民事诉讼法》（2021 年修正）第二百零七条。

最高人民法院公报案例、最高人民法院裁判文书

仕丰科技有限公司与富钧新型复合材料（太仓）有限公司、第三人永利集团有限公司解散纠纷案［最高人民法院（2011）民四终字第29号民事判决书］

裁判摘要：公司法第一百八十三条既是公司解散诉讼的立案受理条件，同时也是判决公司解散的实质审查条件，公司能否解散取决于公司是否存在僵局且符合公司法第一百八十三条规定的实质条件，而不取决于公司僵局产生的原因和责任。即使一方股东对公司僵局的产生具有过错，其仍然有权提起公司解散之诉，过错方起诉不应等同于恶意诉讼。

最高人民法院认为，关于公司解散是否应当考虑公司僵局产生的原因以及过错。富钧公司上诉认为，仕丰公司委派的董事张博钦擅自离职，不参加董事会会议，人为制造公司僵局，损害富钧公司利益，法院不应支持仕丰公司具有恶意目的的诉讼；仕丰公司则抗辩认为永利公司以欺诈方式取得董事长职位而导致公司僵局。本院认为，公司能否解散取决于公司是否存在僵局以及是否符合公司法第一百八十三条规定的实质条件，而不取决于公司僵局产生的原因和责任。公司法第一百八十三条没有限制过错方股东解散公司，因此即使一方股东对公司僵局的产生具有过错，其仍然有权依据该条规定，请求解散公司。本案中仕丰公司提出解散富钧公司的背景情况为，富钧公司已陷入公司僵局并由永利公司单方经营管理长达七年，仕丰公司持有60%的股份，其行使请求司法解散公司的诉权，符合公司法第一百八十三条的规定，不属于滥用权利、恶意诉讼的情形。至于仕丰公司委派的董事张博钦，是否存在违反董事竞业禁止义务的过错行为、应否承担赔偿富钧公司损失的民事责任，由富钧公司通过另案解决，与本案无涉。

——《最高人民法院公报》2014年第2期。

261. 确认公司决议无效或者不成立诉讼的适格原告

关键词

公司决议效力确认诉讼　原告主体资格

最高人民法院司法解释

第一条　公司股东、董事、监事等请求确认股东会或者股东大会、董事会决议无效或者不成立的，人民法院应当依法予以受理。

——《最高人民法院关于适用〈中华人民共和国公司法〉若干问题的规定（四）》（2020年12月29日修正）。

附录：最高人民法院主流观点

本条所界定的主体范围包括以下几类：（1）股东，对公司的非法行为，作为公司的社员，可以起诉股东会和董事会的决议违法；（2）董事，作为公司权力的行使者，尽管我国公司法理论上并没有明确地对董事权力地位的界定，但是，董事对股东会决议、董事会决议的非法性有权单独起诉，可以视为对公司合法性的监督。（3）监事，依据公司法第五十三条和第一百一十八条，可以直接制止董事和高管人员的非法行为，以起诉的方式纠正股东会决议和董事会的非法性，也属于对公司合法性的监督。上述三类主体的诉权，既包括个体性权利，股东会决议和董事会决议通常会涉及上述三类主体的个体权益，也包括对股东会和董事会合法性的监督权力，属于公司监督权力。（4）"等"，包括与股东会或者股东大会、董事会决议内容有直接利害关系的其他人，这一类和前述行使公司权力并对公司行为的合法性负有责任的情形不同，主要是股东会决议、董事会决议通常会涉及的主体：（1）高级管理人员。股东会或者股东大会决议和董事会决议通常会设定与高级管理人员相关的权利义务，因此，高级管理人员在该决议与其个人相关的时候，构成"直接利害关系"，即民事诉讼法中的"诉因"的条件，故可以起诉。（2）公司员工。公司员工不属于公司内部人员，理论上与公司之间仅仅构成合同关系。但是，在两种典型情况下，员工与股东会或者股东大会决议、董事会决议具有直接利害关系，第一种是通常的设定员工的义务，比如竞业禁止、保密等义务。此类设定员工的义务行为是否有效，在理论上和实践上都可能存在争议，但的确可能会构成对员工权利的侵害。这种内部决议的行为是否可以构成对员工与公司的合同关系的损害，是否必须通过对股东会或者股东大会决议、董事会决议的诉讼来提供救济确有进一步分析的必要，但此种以股东会或者股东大会、董事会决议的方式作出的限制员工权利的行为，通常会涉及集体，而直接通过提起决议效力之诉可以降低员工的救济成本。第二种是员工持股，包括高管人员的管理股，通常是由公司以公司政策的方式，并且以董事会决议或/和股东会决议的方式作出的，通过本条的界定可以直接赋予员工持股不受非法状态侵害的权利。（3）公司的债权人。通常情形下，公司的债权人诸如银行，只是通过合同与公司之间存在着利益关系，而此时的债权人和公司员工的第一种情形类似，即通过对合同的合法性审查即可提供对债权人的救济。

可能与股东会、董事会决议有直接利害关系而符合民事诉讼适格原告条件的债权人主要包括以下情形：第一，债券持有人。债券持有人的权利是作为一种公开发行合约所界定的，股东会或者股东大会决议和董事会决议对债券发行以及可能在发行后通过股东会或者股东大会、董事会决议形成对发行合约的修改，这种情况下，直接赋予债券持有人诉权就可以提供较为快捷、直接的救济；另外一种情形则是如果损害到债券持有人的权利，应当取得债券持有人的投票同意。另外，随着我国公司法规则的完善，双重融资不断地进入公司法之中，诸如优先股等非普通股的证券持有人，在其财产权利保护的时候，也会被看成是债权人。同样，员工持股计划公布之后，在员工持股行权之前，员工依据持股计划或者期权合同所拥有的权利，也属于债权的范畴。第二，可能拥有投票权安排的债权人。随着融资方式的多元化，混合型的证券或者合同安排日益增多，多元融资方式不断涌现，最典型的是优先股等在股权和债权之间属于“过渡”或者“变色”性质的权利。同时，我国商业实践已经在现实中出现了基于合同而产生的特定情形下的参与决策或者限制公司行为的情形。如果不赋予拥有此类权利的债权人以诉权，这种合同中的约定就不能实现，而合同债权人只能拥有请求损害赔偿的权利，这在逻辑上和此类债权应当依据合同法等法律规则得到保护是相悖的。

——杜万华主编:《最高人民法院公司法司法解释（四）理解与适用》，人民法院出版社 2017 年版，第 27~28 页。

262. 公司决议撤销诉讼的适格原告

关键词

公司决议撤销诉讼　原告主体资格

最高人民法院司法解释

第二条　依据民法典第八十五条、公司法第二十二条第二款请求撤销股东会或者股东大会、董事会决议的原告，应当在起诉时具有公司股东资格。

——《最高人民法院关于适用〈中华人民共和国公司法〉若干问题的规定（四）》（2020 年 12 月 29 日修正）。

附录：最高人民法院主流观点

对理论界和实务界有关决议撤销之诉原告范围界定的争议问题，我们进行了认真的研究，最终确定，将范围限定为起诉时具备股东资格的当事人。就这一规定，有必要进一步廓清其内涵和外延，以清晰理解本条解释所确定的公司决议撤销之诉的原告范围：一是限于起诉时有股东资格，作出公司决议时是否享有股东资格在所不问；二是未就股东是否与会、是否享有表决权、持股数量以及表决情况作出限定；三是限于股东，不包括董事和监事。实践中应注意以下问题：

一、对起诉时不具备股东资格的处理

根据本条解释的规定，原告请求撤销股东会或者股东大会、董事会决议的，应当在起诉时具有公司股东资格。故在起诉时已经转让了全部股权而不具备股东资格的，或者公司董事、监事本身并不具备股东资格的，均不符合公司法第二十二条第二款及本条解释规定的条件，应当驳回起诉。

二、如何认定原告是否具有股东资格

当事人提起公司决议撤销之诉的，应当提交工商登记、股东名册等能够证明股东身份的证明文件。

在认缴资本制度下，享有股东资格并不以已经实际缴纳出资作为认定其具有股东资格的必要条件，虽未出资，但明确认缴，并记载于股东名册、工商登记者，应当认定其具备股东资格。

瑕疵出资者虽出资不足，或未按照章程实际出资，但并不意味着其不具备股东资格。如其股东资格并未被剥夺，其出资义务及出资责任客观存在。如无法律或者章程的规定，也不能视为其法定的权利被当然剥夺，仍应当认定其享有撤销公司决议之诉的诉权。

虽尚未办理过户手续，但在先判决已经确认股东资格的，应当认定其具备股东资格，具有公司决议撤销之诉的诉权。

在存有隐名股东和显名股东的情况下，因隐名股东与显名股东之间系委托持股关系，对公司而言，公司法意义上的股东是指显名股东，而非隐名股东，故隐名股东在显名前，不是公司法意义上的股东，不具备公司法第二十二条及本条解释规定的原告资格，应当驳回起诉。

三、对股东资格本身存在争议时的处理

因客观原因不能提交有效证明文件证明其股东资格，或者其股东资格存有争议的，应当先行提出确认股东资格之诉。待确认其股东资格后，方可援引公司法第二十二条及本条司法解释之规定，作为其提起公司决议撤销之诉的权利基础。

但如决议内容本身即为剥夺股东资格，而据此被剥夺资格的股东又对该决议本身提出瑕疵之诉，则仍有进一步讨论的余地。例如，公司章程规定，认缴出资到期3个月之内，认缴出资的股东仍未实际缴纳出资的，经公司股东会1/2表决权通过，可剥夺其股东资格。认缴期限届满，股东甲尚未认缴出资。此时，持股30%的股东，违反公司章程的规定，在会议召开前两天召集股东会，并在两日后的股东会上作出剥夺甲股东资格的决议，有持股40%的股东投票赞成。甲即以决议程序瑕疵为由提出决议撤销之诉。此时，甲是否是适格原告？由于决议本身涉及甲的股东资格，便会形成先确认股东资格，还是先确认决议效力的循环。在此种情形下，因为股东资格的确认本身须涉及该股东会决议的效力问题，而决议内容又系剥夺甲的股东资格，故应当认为甲对该股东会决议有诉的利益，甲具有对该决议撤销之诉的诉权。

——杜万华主编:《最高人民法院公司法司法解释（四）理解与适用》，人民法院出版社2017年版，第57、67~68页。

263. 公司吊销营业执照后的诉讼主体资格认定

关键词

吊销营业执照　诉讼主体资格

最高人民法院裁判文书

张灵敏与被福州港务集团、兴业银行、招商局轮船公司、福马集团、王国荣、张玉南股票权利确认纠纷案［最高人民法院（2021）最高法民终1042号民事裁定书］

裁判要旨：公司被吊销营业执照仅是公司出现解散事由，应依法进行清算后注销登记。在公司未注销登记前，主体资格并未消灭。公司清算期间，仍应以自己的名义进行民事诉讼，公司实际出资人以自己的名义提起有关公司的民事诉讼，缺乏法律依据。

最高人民法院认为，依据《福建兴业银行股份认购协议书》以及福建兴业银行的股东名册，案涉兴业银行3000万原始股的持有人原始权利人为生融公司。由于生融公司并未被注销，即使张灵敏是生融公司的实际出资人，其财产与生融公司的财产也应互相独立。依据《最高人民法院关于适用〈中华人民共和国公司法〉若干问题的规定（二）》第十条规定，虽然生融公司已被吊销营业执照，但本案诉讼仍应以生融公司的名义进行。张灵敏以自己的名义提起本案诉讼，缺乏法律依据。

——中国裁判文书网。

264. 企业法人被吊销营业执照后至被注销登记前，仍具备诉讼主体资格

关键词

企业法人　吊销营业执照　注销登记　具备诉讼主体资格

最高人民法院裁判文书

甘肃省工矿材料集团公司与厦门市中汽国投贸易有限公司、一审被告及二审上诉人广州市花都区恒发房地产开发公司案外人执行异议之诉案［最高人民法院（2021）最高法民申 2470 号民事裁定书］

裁判要旨：吊销企业法人营业执照，是工商行政管理机关依据国家工商行政法规对违法的企业法人作出的一种行政处罚。企业法人被吊销营业执照后，应当依法进行清算，清算程序结束并办理工商注销登记后，该企业法人才归于消灭。因此，企业法人被吊销营业执照后至被注销登记前，该企业法人仍应视为存续，可以自己的名义进行诉讼活动，即具备诉讼主体资格。

最高人民法院认为，关于中汽公司在一、二审程序中诉讼主体资格及对委托诉讼代理人的授权是否合法问题。本院认为，2007 年 6 月 2 日，中汽公司被吊销营业执照。吊销企业法人营业执照，是工商行政管理机关依据国家工商行政法规对违法的企业法人作出的一种行政处罚。企业法人被吊销营业执照后，应当依法进行清算，清算程序结束并办理工商注销登记后，该企业法人才归于消灭。因此，企业法人被吊销营业执照后至被注销登记前，该企业法人仍应视为存续，可以自己的名义进行诉讼活动，中汽公司具备诉讼主体资格。本案一、二审期间，中汽公司向法院出具了加盖有中汽公司公章的身份证明及授权委托材料，又佐以其法定代表人的授权说明，因此，中汽公司委托诉讼代理人的行为合法有效。

——中国裁判文书网。

265. 合作建设法律关系中项目公司能否作为缔约过失责任纠纷适格的原告

关键词

缔约过失责任纠纷　适格原告

最高人民法院裁判文书

御龙公司与优龙公司、昌恒公司缔约过失责任纠纷案［最高人民法院（2020）最高法民再 4 号民事裁定书］

裁判要旨：虽然御龙公司是昌恒公司与优龙公司为履行双方间合资、合作开发房地产合同关系而设立，《合作建设协议书》包含有关设立御龙公司的内容，但御龙公司在签订三方《合作补充协议》时已依法成立，是三方《合作补充协议》的签约主体，依约独立享有民事权利承担民事义务。其在该三方《合作补充协议》已被人民法院生效判决确定无效的情形下，提起缔约过失责任诉讼，与本案具有直接利害关系，享有诉讼权利，符合《中华人民共和国民事诉讼法》第一百一十九条[①]规定的原告起诉条件。

最高人民法院再审认为，人民法院在立案受理阶段判断原告是否符合《中华人民共和国民事诉讼法》第一百一十九条规定的“与本案有直接利害关系”时，只需审查原告是否提交了证明其与相对人因民事法律关系引发争议的相关事实依据。本案中，御龙公司是三方《合作补充协议》的签约人，依约履行合同义务，故其在该三方《合作补充协议》已被人民法院生效判决确定无效的情形下，提起本案缔约过失责任诉讼，与本案具有直接利害关系，符合《中华人民共和国民事诉讼法》第一百一十九条规定的原告起诉条件。虽然御龙公司是昌恒公司与优龙公司为履行双方间合资、合作开发房地产合同关系而设立，《合作建设协议书》包含有关设立御龙公司的内容，但设立协议并不是我国《公司法》规定的公司成立的必要条件，只要公司符合法定条件且依法成立，设立协议就不再对公司产生约束力。御龙公司在签订三方《合作补充协议》时已依法成立，不受《合作建设协议书》及二方《合作补充协议》的影响而独立享有民事权利和承担民事义务，其就三方《合作补充协

---

① 现为《民事诉讼法》（2021 年修正）第一百二十二条。

议》被确认无效而遭受的损失理应享有诉讼权利。至于御龙公司诉讼请求是否具有事实及法律依据、能否得到全部或部分支持，均属于实体审查的范畴，有待于实体审理后依法作出裁判。原审裁定认定御龙公司不具备原告主体资格、不具有诉的利益，适用法律错误，本院予以纠正。

经原审法院查明，御龙公司主张的第一项关于返还土地出让金和土地转让定金 3064 万元的诉讼请求已包含于（2014）三中民终字第 10339 号民事判决认定的 4514 万元之中，该生效判决已对 3064 万元土地出让金和土地转让定金的归属进行了实质审查，并判令由优龙公司返还昌恒公司该笔款项。故御龙公司基于同一事实和相同法律关系提出的第一项诉请，实质上否定了前诉的裁判结果，应认定为重复诉讼，原审裁定驳回御龙公司该项诉请的起诉，处理结果正确。

——中国裁判文书网。

266. 公司破产程序已经被法院裁定终结但公司未办理注销登记前是否具有原告资格

关键词

破产纠纷　原告资格

最高人民法院裁判文书

丁国银与信阳市燃料公司与破产有关的纠纷案［最高人民法院（2021）最高法民申 5079 号民事裁定书］

裁判要旨：根据《最高人民法院关于适用〈中华人民共和国公司法〉若干问题的规定（二）》第 10 条的规定，公司依法清算结束并办理注销登记前，有关公司的民事诉讼，应当以公司名义进行。尽管法院已经裁定终结公司破产程序，但在未提交证据证明公司已被注销的情况下，公司的法人资格仍为存续状态，有权提起民事诉讼。

最高人民法院经审查认为：丁国银主张信阳市燃料公司不具有原告资格，缺乏依据。根据《最高人民法院关于适用〈中华人民共和国公司法〉若干问题的规定（二）》第十条的规定，公司依法清算结束并办理注销登记前，有关公司的民事诉讼，应当以公司名义进行。本案中，信阳市燃料公司存续与否应当以工商行政管理机关是否注销其法人资格为标准。尽管信阳市中级人民法院 2019 年 4 月 19 日裁定终结信阳市燃料公司破产程序，但丁国银未提交证据证明信阳市燃料公司已被注销，故其企业法人资格仍为存续状态，有权提起民事诉讼。

——中国裁判文书网。

267. 其他有原告资格的人申请加入公司决议效力诉讼的处理

关键词

公司决议效力确认诉讼　公司决议撤销诉讼　原告主体资格

最高人民法院司法解释

第三条　原告请求确认股东会或者股东大会、董事会决议不成立、无效或者撤销决议的案件，应当列公司为被告。对决议涉及的其他利害关系人，可以依法列为第三人。

一审法庭辩论终结前，其他有原告资格的人以相同的诉讼请求申请参加前款规定诉讼的，可以列为共同原告。

——《最高人民法院关于适用〈中华人民共和国公司法〉若干问题的规定（四）》（2020 年 12 月 29 日修正）。

附录：最高人民法院主流观点

2. 在一审法庭辩论终结前，其他有原告资格的人申请加入公司决议效力诉讼的处理

对同一公司决议而言，其他有原告资格的人申请加入该诉讼的，应当根据其具体的诉讼请求，确定其诉讼地位。其诉讼请求与原告相同的，可以列为共同原告。如其主张与原告诉请不同，如本诉原告主张否定该公司决议的效力，而申请加入者主张肯定公司决议的效力，则不应列其为共同原告，因其与该决议有法律上的利害关系，可将其列为第三人。

3. 在一审法庭辩论终结后，其他有原告资格的人申请加入公司决议效力诉讼的处理

在一审法庭辩论终结后，其他有原告资格的人申请加入公司决议效力诉讼的，由于本诉的主要审理活动已经结束，可告知其另行起诉。通常而言，如果其诉讼请求及事由与该既有诉讼的原告完全一致，而既有诉讼的判决具有对世性，对其亦有拘束力，故其再行提起同样的诉讼，并无实体上的意义。

——杜万华主编：《最高人民法院公司法司法解释（四）理解与适用》，人民法院出版社 2017 年版，第 95 页。

268. 公司决议效力诉讼中的被告列置与诉讼处理

关键词

公司决议效力确认诉讼　公司决议撤销诉讼　被告　第三人

最高人民法院司法解释

第三条　原告请求确认股东会或者股东大会、董事会决议不成立、无效或者撤销决议的案件，应当列公司为被告。对决议涉及的其他利害关系人，可以依法列为第三人。

一审法庭辩论终结前，其他有原告资格的人以相同的诉讼请求申请参加前款规定诉讼的，可以列为共同原告。

——《最高人民法院关于适用〈中华人民共和国公司法〉若干问题的规定（四）》（2020 年 12 月 29 日修正）。

附录：最高人民法院主流观点

在公司决议效力诉讼中，经常出现原告将股东、董事列为被告，而不是将公司列为被告的情形，或者同时将公司及股东、董事列为被告的情形。根据本条司法解释的规定，只有公司才是公司决议效力诉讼的适格被告，其他主体不是适格被告。故此条解释的意义首先是为原告在起诉时的被告列置进行了一个诉讼上的指引。对于将其他主体列为被告的，应做不同处理：

第一，提起公司决议效力诉讼，但仅将其他股东或者董事列为被告，而未将公司列为被告的处理。根据民事诉讼法第一百一十九条[①]的规定，起诉的条件是有明确的被告，而并未规定“被告必须适格”，故仅从当事人的诉权保护角度来看，如果适格原告提出了明确的被告，则法院应告知原告变更被告，如原告坚持不变更，法院不予受理。如已受理，则应驳回起诉。

第二，既列公司为被告，又列其他股东、董事等公司以外的其他主体为被告的，人民法院应当告知原告将其变更为第三人。原告拒绝变更的，应当驳回其对公司以外的其他主体的起诉。其他股东、董事等利害关系人需要参加诉讼的，人民法院可依法追加列为第三人。

第三，因为在公司决议效力诉讼中，适格被告仅限于公司，故从诉讼管辖的角度看，只有公司住所地的人民法院有管辖权。原告将其他不适格主体列为被告，以此制造“连接点”取得管辖权的，属于恶意规避管辖权的行为，

① 现为《民事诉讼法》（2021 年修正）第一百二十二条。

既是司法资源的浪费，也给其他主体参与诉讼带来不便，不应据此认定由此生成其他主体所在地法院的管辖权。

——杜万华主编:《最高人民法院公司法司法解释（四）理解与适用》，人民法院出版社 2017 年版，第 94~95 页。

269. 何时成为股东不影响其提起股东代表诉讼

关键词

股东代表诉讼　适格原告　股东资格　洁手原则

最高人民法院司法政策精神

24.【何时成为股东不影响起诉】股东提起股东代表诉讼，被告以行为发生时原告尚未成为公司股东为由抗辩该股东不是适格原告的，人民法院不予支持。

——《最高人民法院关于印发〈全国法院民商事审判工作会议纪要〉的通知》(2019 年 11 月 8 日，法〔2019〕254 号)。

附录：最高人民法院主流观点

明确何时成为股东不影响其提起股东代表诉讼后，客观上将使股东更易于提起股东代表诉讼。为防止股东滥用诉权，必须有相应的恶意诉讼防止机制。洁手原则也是对原告股东资格通常进行的一种限制措施。所谓洁手原则，是指原告股东必须与案涉不法行为没有牵连，才有资格提起股东代表诉讼。例如，美国 1997 年标准商事公司法即规定，股东代表诉讼中原告股东必须没有支持、批准或者追认过公司董事会等实施的侵害行为的成员，并在提起诉讼时能公正地、充分地代表公司的利益。否则，股东因为欠缺“纯洁的手”而被禁止起诉。

当股东知道针对公司的不法行为发生时，在其权利范围内，应当对此行为提出异议或者采取积极的行动去维护公司的利益。如果对不法行为，原告股东已经表决同意、批准、默认或者事后追认了该行为，则其应当丧失针对这一行为提起股东代表诉讼的权利。我国虽然没有明确规定这一原则，但是基于诚实信用原则，提起股东代表诉讼的原告股东应当是没有同意、默认或者追认过所诉不法行为的股东。

股东代表诉讼审理过程中，股东身份或者持股数额可能发生变化。如果有限责任公司股东丧失股东身份，例如股东将其所持股份全部转让给他人，则该股东就丧失了在案件中继续以股东身份进行代表诉讼的资格。如果股份有限责任公司的股东将其股份全部或者部分转让，导致原告全部剩余股份达不到合计持股百分之一的要求，则原告股东丧失其代表性。股东代表诉讼应当驳回。

此外，实践中还需要注意，我国现有法律制度体系下，要求股份有限公司股东提起股东代表诉讼的，应当满足180日以上连续持股期间。该期间为股东向人民法院提起诉讼时已期满的持股时间，与涉诉的不法行为发生的时间无关。如果公司成立未满180日，则只要在公司成立后持续持有公司股份就可以提起派生诉讼，不受持股180日期限的限制。

——最高人民法院民事审判第二庭编著:《〈全国法院民商事审判工作会议纪要〉理解与适用》，人民法院出版社2019年版，第207~208页。

270. 股东起诉请求查阅或者复制公司文件材料时应提供证明股东身份的直接证据

关键词

请求查阅或者复制公司文件材料　直接证据

最高人民法院司法解释

第七条　股东依据公司法第三十三条、第九十七条或者公司章程的规定，起诉请求查阅或者复制公司特定文件材料的，人民法院应当依法予以受理。

公司有证据证明前款规定的原告在起诉时不具有公司股东资格的，人民法院应当驳回起诉，但原告有初步证据证明在持股期间其合法权益受到损害，请求依法查阅或者复制其持股期间的公司特定文件材料的除外。

——《最高人民法院关于适用〈中华人民共和国公司法〉若干问题的规定（四）》（2020年12月29日修正）。

附录：最高人民法院主流观点

知情权案件的原告限于股东身份，并非其他民事主体，故起诉时原告就应当提供证据证明其具有股东身份。目前，法院采取登记立案制，立案时间比较短，故要求原告在起诉时能够提供证明股东身份的直接证据。

就有限责任公司而言，公司登记机关的股东登记是相关行政管理部门要求登记的必要条款，只要有公司登记，就必须有股东登记。如果发生诉讼，股东可以提交股东名册或者公司登记机关的登记，任一文件均可。对没有在股东名册或者公司登记机关获得登记的股东，也可以提供公司其他文件或者合同等证明股东身份，如公司章程、股东会决议、出资证明、股权转让合同等。这些公司其他文件材料可能与股东名册或者公司登记一致，如果不一致，且公司不予认可的，说明股东身份有争议，原告应先解决股东身份问题，在股东身份没有争议的情况下才可以行使股东的司法救济权利。

就股份有限公司而言，股东名册或者公司登记机关的登记，可以证明股份有限公司的股东身份。股份有限公司的股票是公司签发的证明股东所持股份的凭证（公司法第一百二十五条），因此，原告起诉时持有股票即可以初步证明股东身份。公司发行记名股票时，股东应被记载于股东名册中（公司法第一百三十条），因而，持股票或者股东名册起诉均可。公司发行无记名股票时，股东是不特定的，股份的转让在转让人和受让人之间交付股票后即发生法律效力，公司无需记入股东名册或者进行其他登记，无记名股票持有人可以原告身份起诉，起诉时持有无记名股票即可证明其股东身份。在证券交易场所认购股票的，由证券登记结算机构出具的持股证明或者其他书面文件证明，起诉时需要提交相关材料证明其持有公司股份的情况（证券法第一百六十条）。

实务中情况比较复杂，有些股东是通过其他途径获得的股份，如受让、继承、接受遗赠或者赠与等，如果起诉原告能够提供合理的依据，应当初步落实原告的股东身份，对公司没有证据推翻股东身份的，应当予以立案。

总之，原告提起知情权之诉时，可以提交公司股东名册、出资证明书、公司登记机关登记、公司发行的记名股票及无记名股票、证券登记结算机构出具的持股证明或者其他书面文件证明其为公司股东。

——杜万华主编：《最高人民法院公司法司法解释（四）理解与适用》，人民法院出版社 2017 年版，第 172~174 页。

271. 非国有企业债务人能否提起不良债权转让合同无效的诉讼

关键词

非国有企业　债务人　转让合同　原告主体资格

最高人民法院裁判文书

内蒙古绿蒙食品工业有限责任公司与内蒙古祥越房地产开发有限公司等所有权确认纠纷案［最高人民法院（2021）最高法民申 5223 号民事裁定书］

裁判要旨：一般而言，债务人并非债权转让合同的签约人，在债权转让法律关系中，债权人对债务人仅负有通知义务，债务人不能突破合同相对性就债权转让合同的效力提起诉讼。《金融不良债权

转让案件工作座谈会纪要》之所以赋予国有企业债务人就不良债权转让合同提起无效之诉的诉权，是因国有企业具备企业法人和国有资产管理机构代理人的双重身份，可最大限度地防止国有资产流失。故该《会议纪要》仅赋予了国有企业债务人原告主体资格，非国有企业债务人不能参照适用。

最高人民法院认为：本案的争议焦点为非国有企业债务人绿蒙食品公司能否提起不良债权转让合同无效的诉讼。一般而言，债务人并非债权转让合同的签约人，在债权转让法律关系中，债权人对债务人仅负有通知义务，债务人不能突破合同相对性就债权转让合同的效力提起诉讼。首先，《会议纪要》之所以赋予国有企业债务人就不良债权转让合同提起无效之诉的诉权，是基于国有企业债务人对不良债权转让合同的效力具有可诉之利益，因国有企业具备企业法人和国有资产管理机构代理人的双重身份，在国有资产监管机构未就金融不良债权转让合同主张无效的场合，国有企业债务人可以国有资产管理机构代理人的身份提起合同无效之诉，最大限度地防止国有资产流失。故《会议纪要》对于提起不良债权转让合同无效诉讼的主体、受理条件和适用范围等有着严格和特定的要求，仅赋予了国有企业债务人原告主体资格，非国有企业债务人不能参照适用。其次，《请示答复》系针对个案的答复，其中“涉及非国有企业债务人的金融不良债权转让纠纷案件，亦应参照适用《会议纪要》的规定”的表述，强调的是要参考《会议纪要》的精神、目的、理念、程序审理非国有企业债务人的相关案件，并非赋予非国有企业债务人与国有企业债务人完全相同的地位和权利，不能得出非国有企业债务人能够突破合同相对性享有提起不良债权转让合同无效之诉的特殊权利救济的结论。综上，本案非国有企业债务人绿蒙食品公司不具备提起不良债权转让合同效力诉讼的原告诉讼主体资格，二审裁定适用法律并无不当。

——中国裁判文书网。

272. 股东请求公司分配利润案件的当事人诉讼地位

关键词

请求公司分配利润　诉讼主体

最高人民法院司法解释

第十三条　股东请求公司分配利润案件，应当列公司为被告。

一审法庭辩论终结前，其他股东基于同一分配方案请求分配利润并申请参加诉讼的，应当列为共同原告。

——《最高人民法院关于适用〈中华人民共和国公司法〉若干问题的规定（四）》（2020年12月29日修正）。

附录：最高人民法院主流观点

一、不同意分配利润股东的诉讼地位

公司利润分配涉及全体股东，不同股东之间的利益诉求可能不完全一致，有股东认为公司应当分配利润，但也有股东可能认为公司不分配利润更符合长远利益，故部分股东起诉公司要求分配利润的，不同意分配利润的股东亦可能基于不同意分配利润的诉求要求参加诉讼，如果该股东并未提出诉请，则此时不同意分配利润股东能否参加诉讼？如参加诉讼，其地位如何？公司向股东分配利润，显然会对其他股东利益有影响，故为保护其他股东的合法权益，应允许其他股东参加诉讼。至于不同意分配利润股东的诉讼地位，从理论上看，将其作为第三人可能更为妥当。

二、股东可否起诉其他股东或者董事

公司是个组织，其是否分配利润是由控制公司的大股东、董事决定，公司长期不向股东分配利润，实质是控制公司的大股东、董事决定不向股东分配利润，股东利润分配纠纷背后通常存在小股东与控股股东、董事之间的冲突。股东是否可以在起诉公司之外，一并起诉控股股东或者公司董事？如果可以，能否合并审理？

我国公司法第二十条第一款规定："公司股东应当遵守法律、行政法规和公司章程，依法行使股东权利，不得滥用股东权利损害公司或者其他股东的利益；不得滥用公司法人独立地位和股东有限责任损害公司债权人的利益。"第二款规定："公司股东滥用股东权利给公司或者其他股东造成损失的，应当依法承担赔偿责任。"第二十一条规定："公司的控股股东、实际控制人、董事、监事、高级管理人员不得利用其关联关系损害公司利益。违反前款规定，给公司造成损失的，应当承担赔偿责任。"第一百五十二条规定："董事、高级管理人员违反法律、行政法规或者公司章程的规定，损害股东利益的，股东可以向人民法院提起诉讼。"新通过的民法总则在第八十三条、第八十四条[①]中，对包括公司在内的营利法人也作出了类似规定。根据以上规定，从理论上说，公司不向股东分配利润，其他股东或者董事、高级管理人员存在以上条文规定的情形，股东亦可向其他股东、董事、高级管理人员提起诉讼。当然，原告股东可能难以证明其实际损失，因为未分配利润如保留在公司，股东的权利价值可通过股权价值得以体现，股东并未遭受实际损失。

---

① 对应《民法典》第八十三章、第八十四条。

股东起诉公司，同时起诉其他股东、董事、高级管理人员的，能否将分别起诉的各个案件合并审理？股东因公司未向其分配利润，虽可能存在分别起诉公司、其他股东以及董事、高级管理人员的情形，但不同诉讼是基于不同的权利基础，按照传统诉讼标的理论，并非同一诉讼标的，亦非类似诉讼标的，似不符合民事诉讼法第五十三条[①]规定的共同诉讼的条件。从诉讼法原理看，不同诉讼的诉讼标的虽不同一、类似，但是当事人之间均是基于公司利润分配产生的纠纷，事实上存在牵连关系，一并审理不仅有利于查明案件事实，亦可一体作出裁判，提高诉讼效率，故有公司法学者明确主张，应将控股股东、董事作为共同被告参加到公司诉讼中。实际上，有民事诉讼法学者甚至认为，不同诉讼的标的虽不同一，但当事人之间存在事实上或者法律上的牵连关系，有必要作为共同诉讼进行处理。如采该观点，将股东围绕利润分配分别起诉公司、其他股东以及董事、高级管理人员的诉讼合并审理，似亦无不可。

——杜万华主编:《最高人民法院公司法司法解释（四）理解与适用》，人民法院出版社2017年版，第281~284页。

273. 股东代表诉讼前置程序中提起直接诉讼的原告及代表原告参加诉讼的人的确定

关键词

股东代表诉讼　前置程序　原告主体资格

最高人民法院司法解释

第二十三条　监事会或者不设监事会的有限责任公司的监事依据公司法第一百五十一条第一款规定对董事、高级管理人员提起诉讼的，应当列公司为原告，依法由监事会主席或者不设监事会的有限责任公司的监事代表公司进行诉讼。

董事会或者不设董事会的有限责任公司的执行董事依据公司法第一百五十一条第一款规定对监事提起诉讼的，或者依据公司法第一百五十一条第三款规定对他人提起诉讼的，应当列公司为原告，依法由董事长或者执行董事代表公司进行诉讼。

——《最高人民法院关于适用〈中华人民共和国公司法〉若干问题的规定（四）》（2020年12月29日修正）。

---

① 现为《民事诉讼法》（2021年修正）第五十九条。

附录：最高人民法院主流观点

在本条起草过程中，针对应当列公司还是董事会还是执行董事、监事会还是监事为原告存在一定争议。各方面的意见对股东代表诉讼前置程序中提起的公司直接诉讼的实质原告为公司并无分歧，但有的意见认为如果列公司为原告，可能会出现没有公司公章而无法立案的情况，因此，应当列董事会或者执行董事、监事会或者监事为原告。其主要理由在于实践中股东代表诉讼主要系针对公司法定代表人怠于行使诉权的情形，因此，法定代表人不提供公司公章、不配合公司机关起诉的可能性较大，但在人民法院立案实践中通常要求提供公司公章才能给予立案。我们认为，根据民事诉讼法第三条关于“人民法院受理公民之间、法人之间、其他组织之间以及他们相互之间因财产关系和人身关系提起的民事诉讼，适用本法的规定”以及《民事诉讼法司法解释》第五十二条关于“民事诉讼法第四十八条[①]规定其他组织是指合法成立、有一定的组织机构和财产，但又不具备法人资格的组织”的规定，董事会或者执行董事、监事会或者监事并非民事诉讼法规定的适格原告。对于在无法使用公章的情况下，股东代表诉讼前置程序中提起的公司直接诉讼如何在人民法院立案的问题，应当通过完善立案工作规则加以解决。此外，还有意见可以列全体董事或者执行董事、全体监事或者监事为原告。我们认为，如此规定可能产生不同意的董事或者监事难以列为当事人、诉讼中意见不一致时难以处理等问题，不便操作。

本条适用中应注意如下问题：

第一，在涉及本条的诉讼之下，董事长或者执行董事、监事会或者监事可能无法提供委任状等文件证明自己的身份，还可能会因为公司权力分配的争议，在确定董事长、执行董事、监事会主席、监事等人的身份时候发生争议。对此，应当结合工商行政管理部门的登记、公司章程以及公司股东会或者股东大会、董事会有效决议等文件予以确定，必要时可通过适当的法律程序先行确定相关人员身份后再行审理本条规定诉讼。

第二，未设监事会、监事的情形。由于我国公司法允许“可以不设监事”的情形存在，当出现董事违反第一百四十九条造成公司损失时，股东是否可以不经请求程序而直接提起诉讼？根据已有的案例，法院对此采取了不同的立场。在 TAT Co.Ltd. 诉陆致成损害公司股东权益纠纷一案[②]中，北京市高级人民法院在公司不设监事会、监事的情形下，依然要求原告履行前置程序。

① 现为《民事诉讼法》（2021 年修正）第五十一条。

② 北京市高级人民法院〔2010〕民高终字 534 号民事判决书。

在黄珍龙与郑锦云等股东损害公司利益赔偿纠纷上诉一案[①]中，福建省高级人民法院认为，在“公司未设监事会和监事，也未设董事会，只有一名执行董事即本案被告”的情形下，原告实际无法履行公司法第一百五十一条规定的前置程序，因而符合起诉条件。我们认为，我国监事会与董事会之间是平行结构又无独立诉权，故在公司未设监事会、监事的情形下，如果“股东确实无法实际履行前置程序”，法院可以裁量允许股东未经前置程序而直接提起诉讼。

——杜万华主编：《最高人民法院公司法司法解释（四）理解与适用》，人民法院出版社2017年版，第525~526、551~552页。

274. 监事会可以在公司董事和高级管理人员侵害公司利益时，代表公司提起诉讼

关键词

监事会　代表公司提起诉讼

最高人民法院裁判文书

李林章、河南金建建设有限公司与姚开明、青海金达成矿业有限责任公司以及原审被告青海保信会计师事务所有限公司、李磊合同纠纷案［最高人民法院（2021）最高法民申2454号民事裁定书］

裁判要旨：目标公司不设监事会，由依法选举的监事可以参照公司法相关规定代表公司委托诉讼代理人。

最高人民法院经审查认为，姚开明是否为本案适格主体的问题。经审查，原审判决确认金达成公司的委托诉讼代理人迟东戈系由监事郑红代表金达成公司委托，并由公司经理张仲秋具体签署授权委托书。本案的原告姚开明作为青海金达成公司的法定代表人，被告李林章作为青海金达成公司的股东，二人均系该公司股东，由董事会或股东会委派诉讼代理人均不适宜。公司法对此情况未作出原则规定，但《中华人民共和国公司法》第一百五十一条规定，监事会可以在公司董事和高级管理人员侵害公司利益时，代表公司提起诉讼。本案系公司与法定代表人之间发生纠纷，因金达成公司不设监事会，由依法选举的监事郑红参照公司法相关规定代表公司委托诉讼代理人是现实

① 福建省高级人民法院〔2010〕闽民终字117号民事判决书。

可行的，也符合立法精神，二审法院也已经对一审判决不当之处加以纠正，二审法院上述做法并无不当。故金建公司主张原审判决认定姚开明为原审适格诉讼主体资格系缺乏证据的再审请求，本院不予支持。

——中国裁判文书网。

275. 作为股东代表诉讼被告的侵犯公司合法权益的“他人”的范围

关键词

股东代表诉讼　被告

附录：最高人民法院主流观点

《公司法解释（四）》第二十四条起草过程中，出现过围绕公司法第一百五十一条第三款所称的“他人”是否有必要进行解释和界定的讨论。征求意见稿将“他人”单列一条的情形，即“公司法第一百五十一条第三款所称的‘他人’，是指公司的董事、监事、高级管理人员以外的其他人”。正式稿中虽然删除了该规定，但理解本条规定仍必须涉及对“他人”及“侵犯公司合法权益”含义的理解，因此，有必要作进一步阐释。

（一）“他人”的范围是否包括外部人

有观点提出，基于公司的派生诉讼主要针对的应当是公司内部关系，尤其是针对董事和高管人员等，因此，是否应当仅限于公司内部人中，除了董事和高管人员之外的人？我们认为，现有公司法理论和实践中关于区分公司内部关系和外部关系的标准并非特别清晰明确。严格地说，公司内部人只包括董事、监事和高级管理人员，而股东、职工等均属于外部人，但他们侵犯公司合法权益并给公司造成损失的行为，显然可以纳入股东代表诉讼的诉因。因此，用公司内部人或者外部人的概念来界定“他人”本身可能造成边界不清晰，不具有可操作性。从前述域外国家（地区）立法例看，对股东代表诉讼指向的被告并无严格限制。从文义上分析，亦很难得出公司法第一百五十一条第三款所称他人仅指公司内部人。

最高人民法院关于公司法的司法解释一贯不认为公司法第一百五十一条所称他人仅指公司内部人。《最高人民法院关于适用〈中华人民共和国公司法〉若干问题的规定（一）》第四条（以下简称《公司法司法解释（一）》）（股东代表诉讼下的期间和比例）的条文释义得到验证，“我国公司法第一百五十二条（2013 年公司法第一百五十一条）将股东代表诉讼的适格被告表述为‘董事、监事、高级管理人员’和‘他人’。而公司的控股股东、实际控制人等亦应解释为包含‘他人’之中，属于适格被告。故我国股东代表诉讼的适格被告就不仅包括了公司的内部人，也包括公司之外的任意第三人，即凡是对公司实施了不当行为而致公司利益受损的人都可能成为股东代表诉讼的被告”。[①]《最高人民法院关于适用〈中华人民共和国公司法〉若干问题的规定（二）》（以下简称《公司法司法解释（二）》）第二十三条的规定也持相同立场，“清算组成员从事清算事务时，违反法律、行政法规或者公司章程给公司或者债权人造成损失，公司或债权人主张其承担赔偿责任的，人民法院应予支持。有限责任公司的股东、股份有限公司连续一百八十日以上单独或合计持有公司百分之一以上股份的股东，依据公司法第一百五十二条（2013年公司法第一百五十一条）第三款的规定，以清算组成员有前款所述行为为由向人民法院提起诉讼的，人民法院应予受理。公司已经清算完毕注销，上述股东参照公司法第一百五十二条（2013年公司法第一百五十一条）第三款的规定，直接以清算组成员为被告、其他股东为第三人向人民法院提起诉讼的，人民法院应予受理。”清算组成员从事清算事务时因故意或重大过失给公司造成损失的，股东有权不经过请求程序（此时公司的清算状态符合“紧急”“难以弥补”的情形，同时，本可代表公司起诉的董事或监事已不再执行职务）而对作为“外部人”的清算组成员提起股东代表诉讼。这一条在本质上被视为代表公司诉讼（准确说是代表全体股东诉讼）——尽管此时公司已经消灭，形式上不再满足代表诉讼的特点。

（二）“他人”侵犯公司合法权益是否仅指侵权行为

有观点认为，他人可能与公司发生的常见法律关系包括侵权和违约两种类型，而如果与公司签订合同，则公司应当属于合同的主体，无需股东为了公司的利益以自己的名义提起诉讼。我们认为，首先，该观点与股东代表诉讼中由股东代表公司行使权利的特征不符，在逻辑上不周延。照此逻辑，他人的侵权行为也应当由公司主张。其次，与“他人侵犯公司合法权益”类似表述，在其他法律法规之中均包括了合同和侵权的两层含义，而且实际上合同和侵权的划分也不清晰。再次，实际上各国均存在类似情形，即股东通过对董事、高管人员的诉讼试图否定与第三人之间构成的合同关系。最后，股东代表诉讼制度的立法本意并不是去处理合同或者侵权，而是通过对董事过失和责任的判断，解决对董事、高管人员的监督和制约问题。

——杜万华主编：《最高人民法院公司法司法解释（四）理解与适用》，人民法院出版社2017年版，第557~558页。

① 最高人民法院民事审判第二庭编著：《最高人民法院关于公司法司法解释（一）、（二）理解与适用》，人民法院出版社2015年版，第90页。

276. 股东代表诉讼中应列公司为第三人

关键词

股东代表诉讼　无独立请求权第三人

最高人民法院司法解释

第二十四条　符合公司法第一百五十一条第一款规定条件的股东，依据公司法第一百五十一条第二款、第三款规定，直接对董事、监事、高级管理人员或者他人提起诉讼的，应当列公司为第三人参加诉讼。

一审法庭辩论终结前，符合公司法第一百五十一条第一款规定条件的其他股东，以相同的诉讼请求申请参加诉讼的，应当列为共同原告。

——《最高人民法院关于适用〈中华人民共和国公司法〉若干问题的规定（四）》（2020 年 12 月 29 日修正）。

附录：最高人民法院主流观点

本条规定应当列公司为第三人参加股东代表诉讼，是指公司应当参加诉讼且其诉讼地位为无独立请求权第三人。公司并非对当事人双方的诉讼标的没有独立请求权，而是怠于行使诉权。

在参加诉讼的方式上，本条规定“应当”旨在强调保障公司的诉权。股东依照公司法第一百五十一条第二款或者第三款规定对董事、监事、高级管理人员或者他人提起诉讼，是为了公司利益而起诉。同时，判决的效力直接约束公司、影响公司利益，诉讼结果由公司承担，公司系基于股东代表诉讼的特殊安排成为第三人。

“应当”之义还在于：作为股东代表诉讼当事人的股东、董事、高级管理人员或者监事应当在收到人民法院发出的受理通知书或者应诉通知书后及时将诉讼通知公司；公司收到通知或者自己知悉诉讼后，应当主动申请参加诉讼；在一审辩论终结前公司没有申请参加诉讼的，人民法院应当通知公司参加诉讼。公司经传票传唤，无正当理由拒不到庭的，不影响案件的审理。

虽然公司是股东代表诉讼的实质原告，对诉讼标的享有请求权，但根据民事诉讼法的规定，作为无独立请求权的第三人，公司除了参加诉讼并享有被动的、消极的程序权利之外，还可以提供相应的证据、发表对诉争问题的意见等，但并不享有积极的诉讼程序权利，如变更、放弃诉讼请求等。

——杜万华主编：《最高人民法院公司法司法解释（四）理解与适用》，人民法院出版社 2017 年版，第 556、559 页。

277. 公司股东请求确认其他股东不具有股东资格，不符合《民事诉讼法》规定的原告“与本案有直接利害关系”的条件

关键词

股东资格　消极确认之诉　适格原告　直接利害关系

最高人民法院裁判文书

沈阳市东陵区南塔村民委员会与沈阳市浑南区市场开发服务中心、沈阳南塔鞋城有限责任公司股东资格确认纠纷案［最高人民法院（2015）民申字第1092号民事裁定书］

裁判要旨：《中华人民共和国民事诉讼法》第一百一十九条[①]规定了起诉必须符合的条件，其中第一项为“原告是与本案有直接利害关系的公民、法人和其他组织”。公司股东起诉请求确认其他股东不享有股东资格，而不是请求确认其自身与公司之间是否存在股东资格关系的，其作为原告起诉，并未主张其与被告之间存在直接的利益关系，原审法院认定其不符合《中华人民共和国民事诉讼法》规定的原告“与本案有直接利害关系”的条件，裁定驳回其起诉正确。

最高人民法院认为：（一）关于本案是否存在“原判决、裁定认定事实的主要证据是伪造的”情形。一、二审法院对本案所涉相关事实未进行审理认定，裁定驳回起诉的理由中也未涉及市场开发服务中心是否实际出资、《验资报告》是否真实，因此，南塔村委会以南塔鞋城公司设立时的《验资报告》内容虚假为由，主张本案原裁定存在认定事实的主要证据是伪造的应当再审的情形，没有事实依据。南塔村委会该申请再审事由不成立。

（二）关于本案原裁定是否存在适用法律错误这一应当再审的情形。《中华人民共和国民事诉讼法》第一百一十九条规定了起诉必须符合的条件，其中第一项为“原告是与本案有直接利害关系的公民、法人和其他组织”，第三项为“有具体的诉讼请求和事实、理由”。本案南塔村委会起诉提出的两项诉请为：1. 确认市场开发服务中心所谓的现金投资 2700 万元为虚假出资；2. 确认市场开发服务中心对南塔鞋城公司不享有股东资格。最高人民法院认

---

① 现为《民事诉讼法》（2021年修正）第一百二十二条。

为，在南塔村委会两项诉请中，确认市场开发服务中心虚假出资是其诉请市场开发服务中心不享有南塔鞋城公司股东资格的事实基础，并不构成具体的诉讼请求。南塔村委会与市场开发服务中心均是南塔鞋城公司登记的股东，南塔村委会起诉请求确认的是市场开发服务中心不享有南塔鞋城公司的股东资格，而不是请求确认其与南塔鞋城公司之间是否存在股东资格关系。一审庭审时，南塔村委会对其诉请解释为：按照股东名册、股东确认书等登记文件，市场开发服务中心对南塔鞋城公司在形式上享有股东资格，但是，如果经法院确认市场开发服务中心的出资为虚假出资，那么市场开发服务中心的股东资格应当丧失，故向法院提起请求。南塔村委会起诉时并未主张其与市场开发服务中心之间存在直接的利益关系。据此，南塔村委会与本案并无直接利害关系。一审裁定认定南塔村委会的起诉不符合法律规定的起诉条件正确，二审法院认为“因此案有政府行为的介入，是行政行为主导的股权分配”，理由虽欠妥，但维持一审法院驳回起诉的裁判结果正确。南塔村委会主张原裁定适用法律错误应当再审的申请再审事由不成立。

——法信网。

附录：本案解析

本案南塔村委会的起诉中，有两项请求：一是确认市场开发服务中心的现金投资为虚假出资，二是确认市场开发服务中心对南塔鞋城公司不享有股东资格。其起诉属于民事诉讼法理论上的消极确认之诉，即请求确认法律关系或权利义务不存在的确认之诉，与之对应的请求确认法律关系或权利义务存在的则为积极确认之诉。

1. 当事人提起消极确认之诉，应符合《中华人民共和国民事诉讼法》关于起诉和受理条件的规定。关于消极确认之诉，《中华人民共和国民事诉讼法》并没有明确的规范。理论界有不同认识，一般认为，《中华人民共和国合同法》关于合同无效情形的规定，《中华人民共和国婚姻法》关于无效婚姻的规定，是较为典型的提起消极确认之诉的依据。司法实践中，消极确认之诉以确认不侵权之诉的形式在知识产权审判领域首先得到较为明确的规范，2009 年出台的《最高人民法院关于审理侵犯专利权纠纷案件应用法律若干问题的解释》规定，当事人可以提起请求确认不侵犯专利权诉讼。2011 年最高人民法院修订的《民事案件案由规定》也规定了确认不侵犯专利权纠纷、确认不侵犯注册商标专用权纠纷、确认不侵犯著作权纠纷的案由。除上述有明确法律依据的消极确认之诉之外，当事人提起消极确认之诉的，应当符合《中华人民共和国民事诉讼法》规定的起诉和受理条件。

2. 当事人请求确认不存在某种事实状态不属于确认之诉的对象，不符合《中华人民共和国民事诉讼法》第一百一十九条规定的“有具体的诉讼请求”

的起诉条件。无论是积极的确认之诉，还是消极的确认之诉，确认之诉对象的范围，原则上以法律关系为限，事实不得作为确认之诉的标的。事实系法律关系发生的原因或前提，属于认识对象的范畴，国家意志不能使其产生、变更或消灭，法官亦无法加以价值判断，故通常不能作为诉讼标的。[①] 本案中，南塔村委会请求确认市场开发服务中心虚假出资是其诉请市场开发服务中心不享有南塔鞋城公司股东资格的事实基础，并不构成具体的诉讼请求。

3. 南塔村委会作为南塔鞋城公司股东，请求确认该公司另一股东没有股东资格，与诉讼标的没有直接利害关系。本案南塔村委会提起的系股东资格确认诉讼，要求确认市场开发服务中心没有南塔鞋城公司的股东资格。在我国公司法理论与司法实践中，股东资格确认一般是指积极确认某主体是否具备公司股东资格。司法实践中，公司股东提起诉讼否认其他股东资格，没有明确法律依据。即使根据《公司法司法解释三》的规定，涉及股东资格的消极确认之诉的主体也应是股东诉公司其不属于该公司股东或公司诉股东其不享有公司股东资格。南塔村委会起诉请求确认的是市场开发服务中心不享有南塔鞋城公司的股东资格，该诉请涉及的是市场开发服务中心和南塔鞋城公司之间的利益，属于该两主体之间的法律关系范围，虽然南塔村委会系南塔鞋城公司的股东，但该利益与南塔村委会并无直接关系。据此，南塔村委会与本案并无直接利害关系，其作为原告起诉不符合《中华人民共和国民事诉讼法》规定的受理条件，原判决裁定驳回其起诉，适用法律并无不当。

4. 关于本案纠纷的适当解决方式。这涉及判断确认之诉中诉的利益标准之方法妥当性问题。所谓方法的妥当性，也称为解决手段的妥当性，关注的是确认判决与其他判决之解决手段之间作用分担问题。详言之，如纠纷当事人之间存在着确认之诉以外的纠纷解决方式，如其他形态的诉讼等，原则上应当否定确认利益的存在。[②] 本案南塔村委会起诉要求确认市场开发服务中心不享有股东资格，实质上属于要求解除股东资格。请求确认未出资是解除股东资格的关联或前提条件。根据《公司法司法解释三》第十八条规定，有限责任公司的股东未履行出资义务或抽逃出资，经催告在合理期限内仍未缴纳或返还，公司以股东会名义解除其股东资格，该股东请求确认解除行为无效，法院不予支持。该条规定所体现的法律的基本精神应理解为解除股东资格应属于公司意思自治范畴的事项，作为公司意思自治范畴内的事项，公司以相关程序作出决议应是可诉的前置条件。一审法院裁定驳回的基本思路也是基于该条规定，认为股东诉请直接剥夺另一股东资格没有法律依据。从另一个角度考虑，公司股东可以基于出资或设立公司的合同关系起诉其他股东补足

① 邬砚：《确认之诉中诉的利益的内涵》，载《人民司法·案例》2014 年第 12 期。

② 邬砚：《确认之诉中诉的利益的内涵》，载《人民司法·案例》2014 年第 12 期。

出资。但是，如果部分股东因虚假出资或者未出资而丧失股东资格，也并不意味着股权就属于其他股东。在这个意义上，南塔村委会与市场开发服务中心是否有股东资格也不存在直接利害关系，其起诉不符合受理条件。

——《公司股东请求确认其他股东不具有股东资格，不符合〈中华人民共和国民事诉讼法〉规定的原告“与本案有直接利害关系”的条件》，载郑学林主编、最高人民法院第二巡回法庭编著：《民商事再审典型案例及审判经验》，人民法院出版社 2019 年版，第 53~55 页。

278. 股东代表诉讼中当事人的诉讼地位

关键词

股东代表诉讼　诉讼地位

最高人民法院司法解释

第二十四条　符合公司法第一百五十一条第一款规定条件的股东，依据公司法第一百五十一条第二款、第三款规定，直接对董事、监事、高级管理人员或者他人提起诉讼的，应当列公司为第三人参加诉讼。

一审法庭辩论终结前，符合公司法第一百五十一条第一款规定条件的其他股东，以相同的诉讼请求申请参加诉讼的，应当列为共同原告。

——《最高人民法院关于适用〈中华人民共和国公司法〉若干问题的规定（四）》（2020 年 12 月 29 日修正）。

附录：最高人民法院主流观点

第一，虽然公司是股东代表诉讼的实质原告，对诉讼标的享有请求权，但根据《民事诉讼法》的规定，作为无独立请求权的第三人，公司除了参加诉讼并享有被动的、消极的程序权利之外，还可以提供相应的证据、发表对诉争问题的意见等，但并不享有积极的诉讼程序权利，如变更、放弃诉讼请求等。

第二，本条并没有规定公司必须在知悉诉讼后向全体股东发出公告或者通知，但公司负有保障股东知情权的义务，理应及时发出该等通知。人民法院亦可根据具体诉讼中的股东代表性、公司的意思表示、可能的诉讼结果是否会影响到其他股东等因素，结合案件的具体情形，决定是否通知其他股东。第三，其他股东应当以与提起诉讼的原告有相同诉讼请求才能参加诉讼。其他股东申请参加诉讼的诉讼请求，如果与提起诉讼的原告诉讼请求不一致，人民法院应当驳回起诉，并告知其另行起诉。本条规定明确将在一审法庭辩论之前作为时间界限，是因为根据《民事诉讼法》第 52 条关于“在案件受理后，法庭辩论终结前，原告增加诉讼请求，被告提出反诉，第三人提出与本案有关的诉讼请求，可以合并审理的，人民法院应当合并审理”① 的规定，在该时间点是民事诉讼中变更诉讼请求、第三人参加诉讼的截止时间。

——杜万华主编、最高人民法院第二庭编著：《最高人民法院公司法司法解释（四）理解与适用》，人民法院出版社 2017 年版，第 559~560 页。

279. 股东提起代表诉讼是否受公司与第三人之间仲裁协议的约束

关键词

股东代表诉讼　仲裁协议

最高人民法院裁判文书

太仓森茂公司与江阴森茂公司、上海跃将公司等损害公司利益责任纠纷案［最高人民法院（2021）最高法民再 293 号民事裁定书］

裁判要旨：股东提起代表诉讼，请求确认公司与第三人签订的协议无效、非协议当事人承担赔偿责任时，不应受公司与第三人签订的协议所约定的仲裁条款约束，应根据民事诉讼法的一般管辖原则确定管辖法院。

最高人民法院再审认为，本案各方当事人再审争议的焦点问题为：人民法院对本案是否具有管辖权；如人民法院有管辖权，具体管辖法院如何确定。

一、关于人民法院对本案是否具有管辖权问题。江阴森茂公司和上海跃将公司签订的落款时间为 2015 年 8 月 5 日的《股权转让协议》虽然约定了仲裁条款，但本案一审原告太仓森茂公司与一审被告上海智伟公司、桐乡森茂公司、大秦木业公司、陈卫、杨伟等均非该协议当事人，且太仓森茂公司在本案中的诉讼请求为确认股权转让协议无效，上海跃将公司、上海智伟公司将所持有的桐乡森茂公司 100% 股权全部返还给江阴森茂公司，如不能返还，则由上海跃将公司、上海智伟公司、大秦木业公司、上海盛江公司、陈卫、杨伟、桐乡森茂公司赔偿损失，故太仓森茂公司提起本案诉讼不应受股权转让协议约定的仲裁条款约束。江阴森茂公司、上海跃将公司、上海智伟公司

① 现为《民事诉讼法司法解释》（2022 年修正）第二百三十二条。

和桐乡森茂公司以案涉股权转让协议约定了仲裁条款为由，提出本案应由上海仲裁委员会仲裁的主张，于法无据，不应支持。本案应由人民法院管辖，二审裁定认定人民法院对本案不具有管辖权错误，最高人民法院予以纠正。

二、关于本案具体管辖法院如何确定问题。《中华人民共和国民事诉讼法》第二十一条规定："对公民提起的民事诉讼，由被告住所地人民法院管辖；被告住所地与经常居住地不一致的，由经常居住地人民法院管辖。对法人或者其他组织提起的民事诉讼，由被告住所地人民法院管辖。"本案大秦木业公司、陈卫、杨伟的住所地均位于江苏省太仓市，属于一审法院地域管辖范围。《最高人民法院关于调整高级人民法院和中级人民法院管辖第一审民事案件标准的通知》（法发〔2019〕14 号）第一条规定，中级人民法院管辖第一审民事案件的诉讼标的额上限原则上为 50 亿元（人民币），诉讼标的额下限继续按照《最高人民法院关于调整高级人民法院和中级人民法院管辖第一审民商事案件标准的通知》（法发〔2015〕7 号）等文件执行。《最高人民法院关于调整高级人民法院和中级人民法院管辖第一审民商事案件标准的通知》（法发［2015］7 号）第二条规定，当事人一方住所地不在受理法院所处省级行政辖区的第一审民商事案件，江苏省高级人民法院管辖诉讼标的额 3 亿元以上第一审民商事案件，所辖中级人民法院管辖诉讼标的额 5000 万元以上第一审民商事案件。本案上海跃将公司、上海智伟公司、上海盛江公司住所地位于上海市，属当事人一方住所地不在受理法院所处省级行政辖区的第一审民商事案件，且诉讼标的额超过 5000 万元，太仓森茂公司向江苏省苏州市中级人民法院提起本案诉讼符合级别管辖的相关规定。据此，一审法院认定其对本案具有管辖权，有事实和法律依据，并无不当。本案太仓森茂公司于 2020 年 4 月向一审法院提起诉讼，《最高人民法院关于调整中级人民法院管辖第一审民事案件标准的通知》（法发〔2021〕27 号）自 2021 年 10 月 1 日起施行，上海跃将公司、上海智伟公司和桐乡森茂公司关于本案应当适用该通知规定、由基层人民法院管辖的主张，显然不能成立。综上，江阴森茂公司、上海跃将公司、上海智伟公司和桐乡森茂公司提出的管辖权异议均不能成立，最高人民法院不予支持。

——中国裁判文书网。

五、其他诉讼参加人

280. 个体工商户是否存在字号并不影响其责任主体的确定

关键词

个体工商户　字号　销户　诉讼主体　诉讼资格

最高人民法院裁判文书

夏琪与刘才英侵害实用新型专利权纠纷案［最高人民法院（2021）最高法知民终1468号民事裁定书］

裁判要旨：在诉讼中，个体工商户以营业执照上登记的经营者为当事人，有字号的以营业执照上登记的字号为当事人，但同时应当注明该字号经营者的基本信息。字号是对当事人主体名称的表述，是否存在字号，亦并不影响责任主体的确定。

最高人民法院认为：本案二审争议的焦点问题为：原审法院裁定驳回夏琪起诉是否正确。依照《中华人民共和国民法典》（以下简称民法典）第五十四条规定，自然人从事工商业经营，经依法登记为个体工商户，个体工商户可以起字号。同时，依照民法典第五十六条规定，个体工商户的债务，个人经营的，以个人财产承担；家庭经营的，以家庭财产承担；无法区分的，以家庭财产承担。可见，个体工商户本质上是自然人从事工商业经营及商事活动资格法律化的体现，是对自然人商事资格的确认，个体工商户的债务，以个人或家庭财产承担，个体工商户注销与否，并不影响其责任主体的确定。同时，《最高人民法院关于适用〈中华人民共和国民事诉讼法〉的解释》第五十九条第一款规定，在诉讼中，个体工商户以营业执照上登记的经营者为当事人，有字号的以营业执照上登记的字号为当事人，但同时应当注明该字号经营者的基本信息。可见，字号是对当事人主体名称的表述，是否存在字号，亦并不影响责任主体的确定。本案中，夏琪起诉时，其提交的赤壁雷梓百货商行的工商登记材料含有具体明确的经营者信息，应当认定为有明确的被告。

夏琪的起诉符合《中华人民共和国民事诉讼法》第一百一十九条[①]第二项以及《最高人民法院关于适用〈中华人民共和国民事诉讼法〉的解释》第二百零九条第一款所规定的条件。原审法院在查明赤壁雷梓百货商行个体工商户已经注销，该字号已不存在，且能够明确经营者信息的情况下，仍将该登记字号列为当事人，属错列诉讼主体。原审法院在错列诉讼主体之后，又以该主体不具备诉讼资格为由驳回夏琪的起诉，属适用法律错误。根据在案证据，本案的原审被告应为赤壁雷梓百货商行的经营者刘才英，本院依法予以纠正。

此外，本案系驳回起诉裁定的二审程序，夏琪关于停止侵权和赔偿等有关实体权利的上诉主张不属于本案审理范围。

——中国裁判文书网。

281. 不能仅依据外国企业中文译名不同认定其非同一主体

关键词

企业中文译名　诉讼主体

最高人民法院公报案例、最高人民法院裁判文书

大连羽田钢管有限公司与大连保税区弘丰钢铁工贸有限公司等物权确认纠纷案［最高人民法院（2011）民提字第 29 号民事判决书］

最高人民法院认为：关于涉案资产的真正受让人是谁的问题。

《转让合同》A 明确规定，涉案资产的受让人是“日本国东京羽田钢管制作所”，而本案当事人羽田制造所的全称为“株式会社羽田钢管制造所”，两者的中文名称并不一致，二审判决据此认定两者并非同一主体。本院认为，两者系同一主体，理由如下：首先，《转让合同》A 中的“日本国东京羽田钢管制作所”在该合同中所加盖的公章和法定代表人人名章与本案当事人羽田制造所的公章和法定代表人人名章是相同的。其次，根据本院另查明的事实，大连羽田公司的唯一投资人系羽田制造所，但是大连羽田公司的营业执照和批准证书中所载的羽田制造所的中文译名均有不同，因此，羽田制造所的中文名称有所不同系出于翻译的原因。再次，本案庭审期间，各方当事人均未对羽田制造所在本案中的主体资格问题再提出异议。因此，本案当事人羽田制造所与《转让合同》A 以及《致函》等证据中提及的“日本国东京羽田钢管制作所”系同一主体。二审判决仅依据中文译名不同即认为不能证明羽田

① 现为《民事诉讼法》（2021 年修正）第一百二十二条。

制造所和“日本国东京羽田钢管制作所”系同一法人，确有不当，应予纠正。

——《最高人民法院公报》2012年第6期。

282. 审判实践中，注意把握民事诉讼主体与民事责任主体的冲突情形

关键词

其他组织　民事诉讼主体　民事责任主体　法人　法人的分支机构

最高人民法院司法解释

第五十二条　民事诉讼法第五十一条规定的其他组织是指合法成立、有一定的组织机构和财产，但又不具备法人资格的组织，包括：

（一）依法登记领取营业执照的个人独资企业；

（二）依法登记领取营业执照的合伙企业；

（三）依法登记领取我国营业执照的中外合作经营企业、外资企业；

（四）依法成立的社会团体的分支机构、代表机构；

（五）依法设立并领取营业执照的法人的分支机构；

（六）依法设立并领取营业执照的商业银行、政策性银行和非银行金融机构的分支机构；

（七）经依法登记领取营业执照的乡镇企业、街道企业；

（八）其他符合本条规定条件的组织。

——《最高人民法院关于适用〈中华人民共和国民事诉讼法〉的解释》（2022年4月1日修正）。

附录：最高人民法院主流观点

其他组织可以作为民事主体进行必要的民事活动，也可以作为民事诉讼主体以自己的名义参加民事诉讼，但其他组织毕竟不是独立的民事责任主体，在其财产不足以单独承担民事责任时，对其他组织负责的法人就要代其承担民事责任或者由行为人承担民事责任。

民事诉讼主体与民事责任主体的冲突情形经常发生，审判实践中，要特别注意把握。例如，公司法第十四条规定，分公司不具有法人资格，其民事责任由公司承担。对分公司能否作为被告参加诉讼，实践中一直存在争议。一种观点认为，因为分公司不能独立承担民事责任，涉及分公司的民事责任时，一律以总公司作为被告，即否认分公司的被告资格；另一种观点认为，分公司可以作为被告参加诉讼，但是民事责任依然由总公司承担；还有一种

观点认为，将分公司和总公司列为共同被告，总公司承担连带责任或补充责任。虽然《民事诉讼法解释》第五十二条第五项规定，依法设立并领取营业执照的法人的分支机构作为其他组织可以成为民事诉讼主体。对于其他组织作为原告提起诉讼，争议不大。但是其他组织能否作为独立的被告存在争议，司法实践中的做法也不统一。

我们认为，民事诉讼法的制定是建立在尊重客观现实与市场规律的基础上的，充分保障当事人的诉讼主体资格。民事诉讼法对法人的分支机构的诉讼主体地位的规定，是对其在作为被告情况下的程序处理，这一规定与实体法中规定的民事责任主体的规定并不冲突。再以总公司和分公司为例，公司法中关于分公司与总公司之间关系的规定是公司内部管理、责任承担的分配。以民事诉讼法为基础，分公司作为被告参加诉讼，在法院判决分公司承担民事责任后，并不免除总公司的责任，总公司仍要对不足部分负有清偿义务。

审判实践中，在当事人只选择法人的分支机构作为被告的情况下，法院可以直接判决法人的分支机构承担法律责任。在原告选择法人为被告，而不以法人的分支机构为被告的情况下，要根据法人的分支机构责任能力大小以及是否有特殊法律规定区别处理。法人的分支机构如果具有较强的偿付能力或者是有特殊的法律规定的，应当以法人的分支机构为被告，而不能以法人为被告。在原告以法人的分支机构与法人为共同被告的情况下，法人的分支机构如果没有较强的支付能力，在判决分支机构承担责任的同时，可以判决法人承担补充责任。

——最高人民法院民法典贯彻实施工作领导小组办公室编著：《最高人民法院新民事诉讼法司法解释理解与适用》，人民法院出版社 2022 年版，第 174~175 页。

283. 民事诉讼并不以当事人亲自到庭参加诉讼为必要，但当事人不到庭难以查明案件事实时，应当要求当事人到庭参加诉讼。

关键词

亲自到庭参加诉讼

最高人民法院审判业务意见

民事诉讼并不以当事人亲自到庭参加诉讼为必要，但当事人不到庭难以查明案件事实时，应当要求当事人到庭参加诉讼。

某案一、二审过程中，一方当事人范某均未到庭参加诉讼。虽然依据民事诉讼法有关规定，范某可以不亲自到庭，但本案中对方当事人反复提出范某未实际支付对价，以及本案可能涉及领导干部职务犯罪问题，范某不到庭难以厘清相关事实。在此情况下，一审法院仅依据《煤矿投资权利及股份权利确认合同书》第一条、第二条的相关约定，认定范某对煤矿进行了投资，依据不足，属认定事实不清。应在重审中，以要求范某出庭应诉等方式，进一步查明其对煤矿投资的具体情况。

——最高人民法院民事审判第二庭:《最高人民法院民二庭近两年发回重审、指令再审案件审理情况（2013 年 1 月）》，载最高人民法院民事审判第二庭编:《商事审判指导》2012 年第 4 辑（总第 32 辑），人民法院出版社 2013 年版，第 26~27 页。

284. 如因法人内部管理行为对外产生利害关系的，法院是否可以不允许其变更法定代表人

关键词

法人内部管理　法定代表人　变更登记　被执行人

最高人民法院司法解释

第五十一条　在诉讼中，法人的法定代表人变更的，由新的法定代表人继续进行诉讼，并应向人民法院提交新的法定代表人身份证明书。原法定代表人进行的诉讼行为有效。

前款规定，适用于其他组织参加的诉讼。

——《最高人民法院关于适用〈中华人民共和国民事诉讼法〉的解释》（2022 年 4 月 1 日修正）。

附录：最高人民法院主流观点

依据公司法的规定，是否变更法定代表人是法人内部管理行为，由法人根据章程决定变更并在登记部门进行变更登记即可。但根据《市场主体登记管理条例》第二十五条规定，公司、非公司企业法人的法定代表人在任职期间发生该条例第十二条所列情形之一的，应当向登记机关申请变更登记。《市场主体登记管理条例》第十二条规定了不得担任公司、非公司企业法人的法定代表人的情形，包括:“（一）无民事行为能力或者限制民事行为能力；（二）因贪污、贿赂、侵占财产、挪用财产或者破坏社会主义市场经济秩序被判处刑罚，执行期满未逾 5 年，或者因犯罪被剥夺政治权利，执行期满未逾 5 年；（三）担任破产清算的公司、非公司企业法人的法定代表人、董事或者厂长、经理，对破产负有个人责任的，自破产清算完结之日起未逾 3 年；（四）

担任因违法被吊销营业执照、责令关闭的公司、非公司企业法人的法定代表人，并负有个人责任的，自被吊销营业执照之日起未逾3年；（五）个人所负数额较大的债务到期未清偿；（六）法律、行政法规规定的其他情形。”当遇有上述情形时，法人必须变更法定代表人。上述为法人应当变更法定代表人的情形。法定代表人的变更是法人的内部管理行为，人民法院一般不应干预。但如果法人的内部管理行为对外产生利害关系时，人民法院是否可以干预，不允许变更法定代表人？当事人是否可以作为行为保全事项在审判程序中申请诉讼保全？例如，利害关系人认为法定代表人的变更将导致判决难以执行或造成当事人损害的，是否可以向人民法院申请禁止变更法定代表人？对此法律、司法解释并没有明确规定。有观点认为，法院作出禁止被执行人变更法定代表人，法定代表人将会主动配合法院工作，有利于保证案件的快速执行。

根据《限制被执行人高消费规定》第三条第二款的规定，被执行人为单位的，被采取限制消费措施后，被执行人及其法定代表人、主要负责人、影响债务履行的直接责任人员、实际控制人不得实施高消费及非生活和工作必需的消费行为。此处所指的法定代表人、主要负责人、实际控制人是债务产生时的三类人员还是执行时的三类人员？执行法院是否有权对执行时已经在诉讼期间被变更的原法定代表人采取拘留、限制措施？诉讼前后及执行时发生变更的，应当以何时的三类人员为限制主体？实务中存在不同的理解和做法。我们认为，单位作为被执行人的执行中，如果单位被采取限制措施，在没有其他证据的情形下，仅能对被执行单位时任的三类人员采取限制措施。

——最高人民法院民法典贯彻实施工作领导小组办公室编著：《最高人民法院新民事诉讼法司法解释理解与适用》，人民法院出版社2022年版，第170~171页。

285. 当事人除可依《民事诉讼法解释》就相关民事纠纷另行提起诉讼外，还可以在司法确认申请被法院驳回后，另行提起诉讼

关键词

另行提起诉讼　司法确认　调解协议

最高人民法院司法解释

第六十一条　当事人之间的纠纷经人民调解委员会或者其他依法设立的调解组织调解达成协议后，一方当事人不履行调解协议，另一方当事人向人民法院提起诉讼的，应以对方当事人为被告。

——《最高人民法院关于适用〈中华人民共和国民事诉讼法〉的解释》（2022年4月1日修正）。

附录：最高人民法院主流观点

实践中，当事人除可依《民事诉讼法解释》第六十一条就相关民事纠纷另行提起诉讼外，还可以在司法确认申请被人民法院驳回后，另行提起诉讼。民事诉讼法第二百零二条规定："人民法院受理申请后，经审查，符合法律规定的，裁定调解协议有效，一方当事人拒绝履行或者未全部履行的，对方当事人可以向人民法院申请执行；不符合法律规定的，裁定驳回申请，当事人可以通过调解方式变更原调解协议或者达成新的调解协议，也可以向人民法院提起诉讼。"根据该条规定，如果人民法院受理了司法确认申请，经过审查，发现申请不符合法律规定的，应当裁定驳回申请，当事人有权选择另行向人民法院提起民事诉讼。应当注意的是，民事诉讼法第二百零二条的规定改变了人民调解法确定的规则。人民调解法第三十三条规定："经人民调解委员会调解达成调解协议后，双方当事人认为有必要的，可以自调解协议生效之日起三十日内共同向人民法院申请司法确认，人民法院应当及时对调解协议进行审查，依法确认调解协议的效力。人民法院依法确认调解协议有效，一方当事人拒绝履行或者未全部履行的，对方当事人可以向人民法院申请强制执行。人民法院依法确认调解协议无效的，当事人可以通过人民调解方式变更原调解协议或者达成新的调解协议，也可以向人民法院提起诉讼。"该条将当事人另行起诉的条件限定为"人民法院依法确认调解协议无效的"，而民事诉讼法第二百零二条规定的条件是"不符合法律规定的，裁定驳回申请"，实践中，应当按照民事诉讼法的规定进行处理。

——最高人民法院民法典贯彻实施工作领导小组办公室编著：《最高人民法院新民事诉讼法司法解释理解与适用》，人民法院出版社2022年版，第189页。

286. 人民法院审查认为仲裁裁决遗漏必须共同参加仲裁的当事人时如何处理

关键词

仲裁裁决　追加诉讼当事人

最高人民法院司法解释

第三十一条　当事人不服劳动争议仲裁机构作出的仲裁裁决，依法提起诉讼，人民法院审查认为仲裁裁决遗漏了必须共同参加仲裁的当事人的，应当依法追加遗漏的人为诉讼当事人。

被追加的当事人应当承担责任的，人民法院应当一并处理。

——《最高人民法院关于审理劳动争议案件适用法律问题的解释（一）》（2020 年 12 月 29 日，法释〔2020〕26 号）。

附录：最高人民法院主流观点

劳动争议案件的仲裁程序与诉讼程序存在着主体不同、程序不同、救济途径不同、法律依据不同等差异，但其及时公正解决劳动争议、保护当事人合法权益、促进劳动关系和谐稳定的目的是相同的。劳动争议案件仲裁前置程序是法院受理劳动争议案件的前提，但不能机械理解。人民法院在审查当事人不服劳动争议仲裁机构作出的仲裁裁决提起的诉讼过程中，如果认为仲裁裁决遗漏了必须共同参加仲裁的当事人的，可依职权或依当事人申请追加，对应当承担责任的被追加的当事人也应一并处理。

——最高人民法院民事审判第一庭编著：《最高人民法院新劳动争议司法解释（一）理解与适用》，人民法院出版社 2021 年版，第 348~349 页。

287. 人民法院未判决无独立请求权第三人承担民事责任的，其不享有上诉权和申请再审权

关键词

无独立请求权第三人　上诉权　申请再审权

最高人民法院裁判文书

丹东君澳食品有限公司与沈阳亚欧物资有限公司、王才、张丽晶及一审第三人广发银行股份有限公司沈阳分行房屋买卖合同纠纷案［最高人民法院（2015）民申字第 2299 号民事裁定书］

裁判要旨：无独立请求权第三人在诉讼中依附于本诉一方当事人而存在，不享有独立的诉讼地位，在人民法院没有判决其承担民事责任的情形下，无独立请求权第三人没有上诉权及申请再审权。

最高人民法院认为：根据上述法律规定，无独立请求权第三人参加诉讼后，对当事人双方的诉讼标的没有独立请求权，只是案件处理结果同他有法律上的利害关系，其在诉讼中依附于本诉当事人一方而存在，并不享有独立

的诉讼地位，在诉讼中的权利受到限制。在人民法院没有判决其承担民事责任的情形下，无独立请求权第三人并无上诉的权利，亦无申请再审的权利。本案中，君澳公司系作为无独立请求权第三人参加本案诉讼，生效判决仅对王才、张丽晶与亚欧公司签订的《房产买卖协议》的效力作出评判，君澳公司并未被判决承担民事责任，故君澳公司并无上诉权及申请再审权。虽然二审判决将君澳公司列为上诉人不当，但该程序瑕疵不足以影响本案的判决结果。

——中国裁判文书网。

附录：本案解析

本案主要涉及无独立请求权第三人在不承担民事责任的情形下，是否享有上诉权及申请再审权的问题。

无独立请求权第三人，是指在民事诉讼中，对原、被告双方争议的诉讼标的没有独立的请求权，但案件处理的结果可能同他有法律上的利害关系，而参加到已经开始的诉讼中进行诉讼的人。

《中华人民共和国民事诉讼法》第五十六条[①]第二款规定："对当事人双方的诉讼标的，第三人虽然没有独立请求权，但案件处理结果同他有法律上的利害关系的，可以申请参加诉讼，或者由人民法院通知他参加诉讼。人民法院判决承担民事责任的第三人，有当事人的诉讼权利义务。"《最高人民法院关于适用〈中华人民共和国民事诉讼法〉的解释》第八十二条规定："在一审诉讼中，无独立请求权的第三人无权提出管辖异议，无权放弃、变更诉讼请求或者申请撤诉，被判决承担民事责任的，有权提起上诉。"一方面，上述规定给予了无独立请求权第三人参加诉讼的权利；另一方面，又对其诉讼权利的实现进行了一定的限制，即其无权提出管辖异议，无权放弃、变更诉讼请求或者申请撤诉，人民法院判决承担民事责任的第三人，有当事人的诉讼权利义务，有权提起上诉。因无独立请求权第三人依附于本案原告或被告参与诉讼，故其并不具有当事人的全部诉讼权利义务，不享有独立诉讼地位。

本案由亚欧公司提起一审诉讼，诉讼请求为：请求确认亚欧公司与王才、张丽晶签订的《房产买卖协议》有效。一审法院经审理，支持了亚欧公司的诉讼请求，二审法院维持原判。本案的生效判决仅是确认了《房产买卖协议》的效力，并未有具体的责任承担。因《房产买卖协议》的签订主体为亚欧公司与王才、张丽晶，君澳公司虽作为一方主体与亚欧公司、王才、广发银行签订了同日的四方协议，并依此作为无独立请求权第三人参加诉讼，但四方协议与《房产买卖协议》分属不同协议，一审法院认定《房产买卖协议》有

① 现为《民事诉讼法》（2021年修正）第五十九条。

效，并未影响君澳公司的合同利益。如前所述，无独立请求权人在诉讼中依附于本诉一方当事人而存在，不享有独立的诉讼地位，在人民法院没有判决其承担民事责任的情形下，无独立请求权第三人没有上诉权，自然亦没有申请再审权，故最高人民法院裁定驳回其再审申请

——《无独立请求权第三人之诉权界定》，载郑学林主编、最高人民法院第二巡回法庭编著:《民商事再审典型案例及审判经验》，人民法院出版社2019年版，第326~327页。

288. 有独立请求权的第三人与无独立请求权的第三人的区分

关键词

有独立请求权的第三人　无独立请求权的第三人

最高人民法院司法解释

第十六条　人民法院审理重婚导致的无效婚姻案件时，涉及财产处理的，应当准许合法婚姻当事人作为有独立请求权的第三人参加诉讼。

——《最高人民法院关于适用〈中华人民共和国民法典〉婚姻家庭编的解释（一）》（2020年12月29日，法释〔2020〕22号）。

附录：最高人民法院主流观点

审判实践中，在个别情况下，第三人有时既可作为有独立请求权的第三人，也可作为无独立请求权的第三人，具体案件中是以有独立请求权的第三人出现的还是以无独立请求权的第三人出现的，应具体问题具体分析。比如，李某作为房屋所有权人起诉承租人陈某，李某之子李某某与陈某之间订有租赁合同，李某某既可以以租赁合同一方当事人的身份，作为有独立请求权的第三人申请参加到其父李某与陈某已经开始的诉讼中去，也可以仅以无独立请求权的第三人身份申请参加诉讼或者由人民法院通知其参加诉讼，陈述陈某已将租赁费交付于李某某的事实，而并不提出任何独立的诉讼请求。人民法院此时应查清李某某的身份，如果李某某对其父李某、陈某有独立的请求权，提出相应诉讼请求，申请参加诉讼并交纳诉讼费用，则系有独立请求权的第三人。不管最终人民法院是否判决其承担民事责任，李某某均有权提起上诉。反之，如果李某某虽然申请参加诉讼，但没有提出具体的诉讼请求，仅是认为如果人民法院最终判决陈某腾退房屋或者李某退还租金等，可能涉及其自身权益，则应认为其是无独立请求权的第三人。若人民法院没有判决

其承担民事责任，根据《民事诉讼法》第五十六条[①]第二款的规定，其无权提起上诉。在审理因重婚导致婚姻无效纠纷的案件中，合法婚姻配偶一方申请参加诉讼的，也应认真审查配偶一方具体的诉讼请求和事实理由，而不能因其合法婚姻中的配偶身份就当然认为，其申请参加诉讼一定是作为有独立请求权的第三人提出相应诉讼请求。

——最高人民法院民事审判第一庭编著:《最高人民法院民法典婚姻家庭编司法解释（一）理解与适用》，人民法院出版社 2021 年版，第 159~160 页。

289. 无独立请求权的第三人是否有提起上诉的权利

关键词

无独立请求权第三人　上诉权

最高人民法院裁判文书

信达公司与博源公司、益宁公司、成伟公司建设工程施工合同纠纷案

［最高人民法院（2021）最高法民申 3137 号民事裁定书］

裁判要旨：第三人在参加一审诉讼时仅提交和发表陈述意见，未向一审法院提交起诉状，亦未提出独立的诉讼请求，不应认定为有独立请求权的第三人。因一审法院未判决该第三人承担任何民事责任，判决结果亦未涉及其实体权益，故其不具有就本案提起上诉的权利。

最高人民法院经审查认为，根据案件事实及法律规定，信达公司的申请再审事由不能成立，理由如下：

信达公司认为，其在本案中的诉讼地位是有独立请求权的第三人，依法享有提起上诉的权利。《中华人民共和国民事诉讼法》第五十六条[②]第二款规定："对当事人双方的诉讼标的，第三人虽然没有独立请求权，但案件处理结果同他有法律上的利害关系的，可以申请参加诉讼，或者由人民法院通知他参加诉讼。"根据上述规定，与案件有法律上的利害关系的第三人可以申请参加诉讼。本案中，博源公司提起本案诉讼时，并未将信达公司列为被告，也未将其列为第三人。经益宁公司申请，一审法院追加信达公司作为第三人而参加诉讼。信达公司虽作为第三人参加诉讼，在一审期间信达公司仅是提交并发

① 现为《民事诉讼法》（2021 年修正）第五十九条。

② 现为《民事诉讼法》（2021 年修正）第五十九条。

表了陈述意见，并未向一审法院提交起诉状，也未提出独立的诉讼请求，故二审法院认定其在本案中仅属一般意义的案件第三人，而非有独立请求权的第三人，并无不当。因一审法院经审理后并未判决由第三人信达公司承担任何民事责任，判决结果亦未涉及其实体权益，故其不具有就本案提起上诉的权利，二审法院以信达公司没有上诉权为由驳回其上诉，并无不当。信达公司作为无独立请求权第三人并无上诉的权利，亦无申请再审的权利。

——中国裁判文书网。

290. 注意区分权利义务受让人以何种身份申请参加诉讼

关键词

无独立请求权第三人　受让人　当事人　诉讼标的转移

最高人民法院司法解释

第二百四十九条　在诉讼中，争议的民事权利义务转移的，不影响当事人的诉讼主体资格和诉讼地位。人民法院作出的发生法律效力的判决、裁定对受让人具有拘束力。

受让人申请以无独立请求权的第三人身份参加诉讼的，人民法院可予准许。受让人申请替代当事人承担诉讼的，人民法院可以根据案件的具体情况决定是否准许；不予准许的，可以追加其为无独立请求权的第三人。

——《最高人民法院关于适用〈中华人民共和国民事诉讼法〉的解释》（2022 年 4 月 1 日修正）。

附录：最高人民法院主流观点

实务中，应注意区分受让人以何种身份申请参加诉讼。该身份会影响人民法院准许其参加诉讼的方式。对于受让人申请以无独立请求权第三人身份参加诉讼，人民法院决定准许的，实践中多采用书面通知或笔录告知的形式。应当注意的是，对于受让人申请替代当事人承担诉讼，人民法院决定准许的，应当作出裁定。

对于受让人申请替代当事人承担诉讼的，人民法院应对受让人的申请进行审查。人民法院审查的主要内容为诉讼标的的转移是否存在，有必要时，人民法院可询问当事人、第三人等。

——最高人民法院民法典贯彻实施工作领导小组办公室编著：《最高人民法院新民事诉讼法司法解释理解与适用》，人民法院出版社 2022 年版，第 527 页。

291. 集团诉讼中人民法院制作的调解书是否可以适用于后诉当事人

关键词

集团诉讼　调解书　后诉

最高人民法院司法解释

第八十条　根据民事诉讼法第五十七条规定向人民法院登记的权利人，应当证明其与对方当事人的法律关系和所受到的损害。证明不了的，不予登记，权利人可以另行起诉。人民法院的裁判在登记的范围内执行。未参加登记的权利人提起诉讼，人民法院认定其请求成立的，裁定适用人民法院已作出的判决、裁定。

——《最高人民法院关于适用〈中华人民共和国民事诉讼法〉的解释》（2022 年 4 月 1 日修正）。

附录：最高人民法院主流观点

《民事诉讼法》第五十七条仅规定了人民法院作出的生效裁定、判决的既判力适用于未参加登记的权利人。倾向性意见认为，调解协议是当事人之间通过让渡部分权利，经过妥协而达成的协议，因而不应当产生约束调解书当事人之外任何人的效力。

——最高人民法院民法典贯彻实施工作领导小组办公室编著：《最高人民法院新民事诉讼法司法解释理解与适用》，人民法院出版社 2022 年版，第 227 页。

292. 二审程序中当事人确定的特殊情形

关键词

二审程序　当事人的确定　第三人　共同诉讼　代表人诉讼

附录：最高人民法院主流观点

第一，一审双方当事人和第三人都提出上诉的，均是上诉人。对此问题之前曾有过讨论：第一种意见是，把一审原告作为上诉人，被告作为被上诉人，一审什么地位，二审相应地在什么地位。第二种意见是，谁先递上诉状，谁是上诉人，后递上诉状的为被上诉人。第三种意见是，互为上诉人和被上诉人。根据《民事诉讼法司法解释》第三百一十七条规定，双方当事人和第三人都提起上诉的，均列为上诉人。人民法院可以依职权确定第二审程序中当事人的诉讼地位。

第二，共同诉讼因为种类不同，所以上诉人和被上诉人的情况也不相同。必要的共同诉讼，争议的诉讼标的是同一的，因此共同诉讼人之间表现出更多的同一性和牵连性。根据《民事诉讼法司法解释》第三十一百九条规定，其中一人或部分人提出上诉的，按下列情况处理：其一，上诉仅对与对方当事人之间权利义务分担有意见，不涉及其他共同诉讼人利益的，对方当事人为被上诉人，未上诉的同一方当事人依原审诉讼地位列明；其二，上诉仅对共同诉讼人之间权利义务分担有意见，不涉及对方当事人利益的，未上诉的同一方当事人为被上诉人，对方当事人依原审诉讼地位列明；其三，上诉对双方当事人之间以及共同诉讼人之间权利义务承担有意见的，未提起上诉的其他当事人均为被上诉人。

普通的共同诉讼，其共同诉讼本身就是可分之诉；因此，共同诉讼人各自保持独立性，他们之间的关系也比较松散。其中一人或部分人的诉讼行为包括提起上诉，对其他共同诉讼人没有实质上的影响，也不发生法律效力，可以独自作为上诉人或被上诉人。

第三，第三人提起上诉的，有独立请求权的第三人，其诉讼地位等同于原告，可以独立提起上诉，以本诉的原告和被告为共同被上诉人或者以其中的一方为被上诉人。无独立请求权的第三人，对于诉讼标的无任何独立请求权，是因案件的处理结果同其有法律上的利害关系而参加到诉讼中的人，其在诉讼中不具有独立的原告或被告的诉讼地位，只是辅助原告或被告参加诉讼，一般无权独立提起上诉，但可以随所参加的当事人一方提起上诉。只有法院判决其承担责任的无独立请求权的第三人可以提起独立上诉。

第四，代表人诉讼的情况比较复杂。我国《民事诉讼法》规定了两种代表人诉讼：一种是起诉时人数确定的，另一种是起诉时人数不确定的。代表人诉讼中代表人上诉，对于被代表的当事人的上诉权如何处理，立法上没有明确规定，学界也有不同认识。《最高人民法院关于证券纠纷代表人诉讼若干问题的规定》对普通代表人诉讼的上诉问题作出了规定，第二十八条规定："一审判决送达后，代表人决定上诉的，应当在上诉期间届满前通知全体原告。原告自收到通知之日起十五日内决定放弃上诉的，应当通知一审法院。被告在上诉期间内未上诉的，一审判决在放弃上诉的原告与被告之间生效，二审裁判的效力不及于放弃上诉的原告。"

——江必新主编：《新民事诉讼法条文理解与适用》，人民法院出版社2022年版，第790~792页。

293. 民事诉讼中当事人死亡的，如何处理

关键词

当事人死亡　中止审理　权利义务承继者　继承人

最高人民法院司法解释

第五十五条　在诉讼中，一方当事人死亡，需要等待继承人表明是否参加诉讼的，裁定中止诉讼。人民法院应当及时通知继承人作为当事人承担诉讼，被继承人已经进行的诉讼行为对承担诉讼的继承人有效。

——《最高人民法院关于适用〈中华人民共和国民事诉讼法〉的解释》（2022 年 4 月 1 日修正）。

附录：最高人民法院主流观点

上诉的案件中，如果出现当事人死亡情形，人民法院依然要按照一般规定，先中止案件的审理，然后依法通知其权利义务承继者参加诉讼，是否终结上诉案件则需要根据民事诉讼法第一百五十四条的规定进行判断。《民事诉讼法解释》第三百二十条规定："上诉案件的当事人死亡或者终止的，人民法院依法通知其权利义务承继者参加诉讼。需要终结诉讼的，适用民事诉讼法第一百五十四条规定。""权利义务承继者"相比"继承人"的范围更大，因为其将自然人当事人扩大到了其他类型当事人。

《民事诉讼法解释》第四百条规定，再审申请人死亡或者终止，无权利义务承继者或者权利义务承继者声明放弃再审申请的，或在给付之诉中，负有给付义务的被申请人死亡或者终止，无可供执行的财产，也没有应当承担义务的人的，人民法院应当终结审查。再审审查过程中，一方当事人死亡，首先应当按照一般规定中止再审审查，并等待死亡当事人的继承人或权利义务承继者承担权利或义务。再审申请人死亡或者终止，无权利义务承继者或者权利义务承继者声明放弃再审申请的，由法院裁定终结再审审查；但对于被申请人死亡的情况，仅在给付之诉中出现负有给付义务的被申请人死亡或者终止，无可供执行的财产，也没有应当承担义务的人时，才会由法院裁定终结案件，也即除给付之诉外的其他类型案件中，即使被申请人死亡，法院依然要对再审申请进行审查。

执行案件中，《民事诉讼法解释》第四百七十三条[①] 规定，"作为被执行人

① 现为《民事诉讼法解释》（2022 年修正）第四百七十一条。

的公民死亡，其遗产继承人没有放弃继承的，人民法院可以裁定变更被执行人，由该继承人在遗产的范围内偿还债务。继承人放弃继承的，人民法院可以直接执行被执行人的遗产”。执行中一方当事人死亡时，首先要裁定中止执行，并等待其继承人继承权利或者承担义务。特殊情形是，追索赡养费、扶养费、抚养费案件的权利人死亡的，无须等待其继承人继承权利，直接由法院裁定终结执行。作为被执行人的公民死亡，遗产继承人没有放弃继承的，人民法院可以裁定变更被执行人，由该继承人在遗产的范围内偿还债务。继承人放弃继承的，人民法院可以直接执行被执行人的遗产，无遗产可供执行，又无义务承受人的，则由法院裁定终结执行。

——最高人民法院民法典贯彻实施工作领导小组办公室编著：《最高人民法院新民事诉讼法司法解释理解与适用》，人民法院出版社 2022 年版，第 180 页。

附录：最高人民法院法官著述

诉讼中当事人死亡，不仅影响诉讼程序的推进，亦可导致当事人权利义务的承担产生实质性变化。

一、诉讼中被告死亡的几种情形

由于目前我国法律规定并不十分明确，司法实践中对此存在不同的处理方式。针对不同情形，分别作如下论述。

（一）有继承人且有遗产

《继承法》第 33 条规定：“继承遗产应当清偿被继承人依法应当缴纳的税款和债务，缴纳税款和清偿债务以他的遗产实际价值为限。超过遗产实际价值部分，继承人自愿偿还的不在此限。继承人放弃继承的，对被继承人依法应当缴纳的税款和债务可以不负偿还责任。”依据上述规定，继承人仅在实际继承遗产的范围内承担清偿债务的责任，自愿清偿部分不以遗产范围为限。虽然法律赋予继承人可以放弃继承以及选择是否参加诉讼的权利，但基于继承人放弃继承可能存在反悔而导致法律状态的不确定，如继承人未明确表示放弃继承或仅以口头形式声明放弃继承，法院均应将其列为当事人参加诉讼。如继承人以书面形式明确表示放弃继承，且不参加诉讼，法院可以不列其为当事人，但如查明该继承人已经实际继承了遗产，仍应将其列为当事人。

（二）有继承人但无遗产

虽然严格意义上，无遗产并不产生继承的法律关系。但因诉讼程序中对遗产线索的调查手段有限，为避免将来新发现遗产以及可能产生的继承关系，应参照（一）中的处理方式，决定是否将继承人列为当事人。

（三）无继承人但有遗产

在无继承人但存在遗赠人的情况下，法院在查明遗赠已执行的情形下，可依据《继承法》第 34 条关于“执行遗赠不得妨碍清偿遗赠人依法应当缴纳的税款和债务”之规定，追加遗赠人为当事人参加诉讼。无人继承又无人受遗赠的遗产，可依据《继承法》第 32 条关于“无人继承又无人受遗赠的遗产，归国家所有；死者生前是集体所有制组织成员的，归所在集体所有制组织所有”之规定，追加资产管理部门和集体组织参加诉讼。

二、列为当事人的继承人应如何承担责任

在二审程序审理的案件中，因当事人发生变更，权利义务的承担也随之发生变化，必然面临对原审判决的改写。对于当事人实体权利义务的承担，依据权利义务对等的基本原则，遗产继承人、受遗赠人、应在其继承、遗赠的遗产价值范围内承担相应的债务清偿责任。一般可表述为“法定继承人在遗产承继范围内连带清偿……不足部分由遗嘱继承人甲（受遗赠人甲）承担 × 分之 ×、遗嘱继承人乙（受遗赠人乙）承担 × 分之 ×……”另外，继承人、受遗赠人作为当事人应承担的诉讼费用亦应在其继承、受遗赠范围内承担。

对于判项本身的表述方式，司法实践中存在较多差异。主要存在以下形式：从是否写明主体变更原因及继承关系来看，大部分判决会写明基于当事人变更或当事人死亡原因对判决予以改判，并对死亡当事人的继承关系予以简单陈述。从改判的表述方式来看，大部分判决采用改判原审判项的方式来表述，也有一些判决采用撤销原审判决，直接改判的方式予以表述。从判决引用的法律及司法解释来看，大部分判决引用《民事诉讼法》第 170 条第 1 款第 2 项关于改判的相关规定作为判决依据，有些亦引用了《继承法》的相关规定。

三、结语

司法实践中，因诉讼中债务人死亡而引发的程序及实体权利变化存在多种复杂情形。目前我国法律及司法解释虽有原则性规定，但缺乏详细程序指引性规范。2021 年 1 月 1 日，《民法典》正式生效，《继承法》随即废止。《民法典》中创设的遗产管理人制度，不仅是对继承制度的重大创新与改革，更为司法实践中妥善解决被继承人清偿债务问题引入了新的机制。《民法典》第 1145 条规定：“继承开始后，遗嘱执行人为遗产管理人；没有遗嘱执行人的，继承人应当及时推选遗产管理人；继承人未推选的，由继承人共同担任遗产管理人；没有继承人或者继承人均放弃继承的，由被继承人生前住所地的民政部门或者村民委员会担任遗产管理人。”第 1146 条规定：“对遗产管理人的确定有争议的，利害关系人可以向人民法院申请指定遗产管理人。”第 1147 条规定：“遗产管理人应当履行下列职责……（四）处理被继承人的债权债务……（六）实施与管理遗产有关的其他必要行为。”依据上述规定，今后债务人在诉讼中死亡，建议可由债权人主动申请或由法院直接追加遗产管理人作为当事人参加诉讼，以妥善解决债权债务问题。遗产管理人参加诉讼不仅能够明确并简化诉讼参加人，有助于诉讼程序的有效推进，亦有利于专业高效地厘清遗产以及债权债务的清偿及执行，对债权人权益的实现起到积极的促进作用。

另外，此类因权利义务承继主体变更而引发的改判，并非对原审认定事实及适用法律的否定，在审判管理及司法统计中，应将此类案件与“实质性”改判案件加以区分，以免影响真实改判率及审判人员绩效的认定。

——刘园园：《诉讼中当事人死亡的程序适用——兰某甲与戴某、兰某乙等民间借贷纠纷案》，载中国应用法学研究所主编：《中华人民共和国最高人民法院案例选》（第六辑），法律出版社2022年版。

294. 追索扶养费案件中被告在审理过程中死亡的，案件应终结诉讼

关键词

追索扶养费　当事人死亡　诉讼终结

附录：民事审判信箱

《中华人民共和国民事诉讼法》第一百五十一条[①]规定：“有下列情形之一的，终结诉讼：……（四）追索赡养费、扶养费、抚育费以及解除收养关系案件的一方当事人死亡的。”该条规定的“一方当事人死亡”，既包括原告死亡的情形，也包括被告死亡的情形，无论哪一方死亡的，案件均应终结诉讼。该条作如此规定，是因为追索赡养费、扶养费、抚育费案件的原告死亡的，提出给付要求的人不存在了；被告死亡，也不能再支付赡养费、扶养费和抚育费。案件审理的实际意义消失，应当终结诉讼。同理，解除收养关系案件的一方当事人死亡的，收养关系已经不复存在，诉讼也没有进行的必要，应当终结诉讼。总之，因上述案件均基于特定的身份关系，争议均发生在特定的当事人之间，案件涉及的权利义务关系在法律上也不存在通过继承而发生转移的可能性。因此，上述案件的任何一方当事人死亡，都会直接导致实体权利义务关系的自然消灭，没有必要继续进行诉讼，因此应裁定终结诉讼。

需要注意的是，终结诉讼裁定的法律效力仅仅体现为诉讼程序的终结，并不涉及案件实体权益的归属，不能依此裁定确定死亡一方当事人的财产归属。

---

① 现为《民事诉讼法》（2021年修正）第一百五十四条。

——本书研究组:《对于追索扶养费的案件，若被告在案件审理过程中死亡的，案件应如何处理》，载最高人民法院民事审判第一庭编:《民事审判指导与参考》2018 年第 1 辑（总第 73 辑），人民法院出版社 2018 年版，第 240~241 页。

第四章　证　据

一、各类案件的举证责任

295. 当事人举证的证明标准

关键词

证明标准　盖然性规则

最高人民法院司法解释

第一百零八条　对负有举证证明责任的当事人提供的证据，人民法院经审查并结合相关事实，确信待证事实的存在具有高度可能性的，应当认定该事实存在。

对一方当事人为反驳负有举证证明责任的当事人所主张事实而提供的证据，人民法院经审查并结合相关事实，认为待证事实真伪不明的，应当认定该事实不存在。

法律对于待证事实所应达到的证明标准另有规定的，从其规定。

——《最高人民法院关于适用〈中华人民共和国民事诉讼法〉的解释》（2022 年 4 月 1 日修正）。

附录：最高人民法院主流观点

根据 2001 年《民事诉讼证据规定》第七十三条第一款的规定，从证明标准角度而言，理论界和实务界存在不同的理解。理论界多数人认为，这表明我国确立了高度盖然性的民事诉讼证明标准，但也有人将这一条内容理解为优势证据标准的规定。审判实践中仍不乏将其理解为优势证据标准并在裁判文书中论述的例子。究其原因，主要是该条规定在技术上存在不周延之处，未科学界定证明案件事实所应达到的程度，亦未采取典型的盖然性规则的表述，造成诸多误解。

为此，在本解释制定过程中，总结了2001年《民事诉讼证据规定》实施的经验，从本证和反证的相互比较的角度出发对盖然性规则进行描述。在诉讼证明的过程中，对待证事实负有举证责任的当事人所进行的证明活动为本证，不负有举证责任的当事人提供证据对本证进行反驳的证明活动为反证。本证证明活动的目的在于使法官对待证事实的存在与否形成内心确信，这种内心确信应当满足证明评价的最低要求即法定的证明标准。而反证的证明活动，其目的在于动摇法官对于本证所形成的内心确信，使其达不到证明评价的最低要求。因此，对于反证而言，其证明的程度要求相比本证要低，只需要使待证事实陷于真伪不明即可。本条对于本证与反证的证明标准和要求的规定非常明确：对待证事实负有举证责任的当事人所进行的本证，需要使法官的内心确信达到高度可能性即高度盖然性的程度才能被视为完成证明责任；反证则只需要使本证对待证事实的证明陷于真伪不明的状态，即达到目的。本条内容也从证明过程的角度反映出本解释对于证明责任内容的理解。

审判实践中应当注意的问题：

其一，诉讼证明活动实际上是围绕本证展开的，反证由其性质决定，是用以挑战本证的证明效果的。对于事实审理者而言，核心是在即使有反证的情况下对本证是否达到高度盖然性的证明标准进行判断。

其二，本证与反证的证明要求不同，反证只需要将本证使法官形成的内心确信拉低到高度盖然性证明标准之下即实现目的。

其三，无论本证还是反证，对其证明效果的判断，都应当是在依照法定程序和要求的所有证据均提供的情况下，结合全部证据所作出的综合评价。

——最高人民法院民法典贯彻实施工作领导小组编著：《最高人民法院新民事诉讼法司法解释理解与适用》，人民法院出版社2022年版，第291~292页。

最高人民法院公报案例、最高人民法院裁判文书

君信创业公司诉绿谷伟业公司等出资合同纠纷案［最高人民法院（2004）民二终字第260号民事判决书］

裁判摘要：双方当事人对同一事实分别举出相反的证据，但均没有足够的依据否定对方证据的，对案件事实负有举证责任的当事人，应承担举证不力的责任。

最高人民法院认为：本案的待证事实为被上诉人绿谷伟业公司在宁夏绿谷制药公司（后更名为宁夏博尔泰力药业股份有限公司）增资扩股过程中是

否存在利用控股优势编造债务进行资金循环手段虚假出资。争议的焦点是对双方证据证明力的认定。

一、上诉人君信公司的主要证据——《宁夏审计厅关于宁夏博尔泰力药业股份有限公司股权投资等有关问题的审计调查报告》经原审法院核实并经质证，系宁夏回族自治区审计厅就博尔泰力药业股份公司中国有资产存在的问题，进驻博尔泰力药业股份公司进行审计调查后向宁夏回族自治区政府领导提交的内部审计调查报告，其中涉及被上诉人绿谷伟业公司出资情况，其证据属性为书证而非司法机关委托审计部门出具的鉴定结论。且该审计报告亦未能直接、充分地证明被上诉人虚假出资的事实，不能作为定案依据：1. 宁夏审计厅的该次审计行为并非法定审计。根据审计法以及《审计法实施条例》的相关规定，审计机关的审计对象是国务院各部门和地方各级人民政府及其各部门的财政收支，国有的金融机构和企业事业组织的财务收支，以及其他依照审计法有关规定应当接受审计的国有企业、国有资产占控股地位或主导地位的企业的财政收支、财务收支。而发起成立第三人博尔泰力药业股份公司的七家发起人的总共 3800 万股份中没有一家是国有企业或国有资产占控股地位或主导地位的企业，因此，不属于审计厅的审计范围。2. 该次审计非争议各方共同委托的审计，系宁夏审计厅就博尔泰力药业股份公司中国有资产存在的问题，进驻博尔泰力药业股份公司进行审计调查后向宁夏回族自治区政府领导提交的内部审计调查报告，其中涉及被上诉人绿谷伟业公司出资情况，属传来证据、间接证据，不具有针对性。3. 该审计报告既未提供审计行为所依据的法律规定和审计过程中使用的证据材料，也未提供审计结论所依据的法律规定和事实依据，故不予认定。关于上诉人在二审过程中提供的两份行政判决书的效力，虽然该审计报告的证明力在这两份行政判决中得到认可，但与本案并无实质性牵连，不能因而增强该证据的证明力。

二、被上诉人提供了其与宁夏绿谷药业公司之间的《兑账单》、公司登记管理机关备案的相关验资报告、被上诉人向第三人的出资凭证、收据和由第三人各方股东共同委托的中介机构出具的审计报告等证据证明其完全真实足额地履行了增资义务。上诉人对被上诉人所提供的证据的证明力不予认可，认为该等文件系由被上诉人及由其控股的公司单方制作或单方委托中介机构出具，均可以伪造或按照被上诉人的意志出具，并请求被上诉人提供其原始的财务账目。针对被上诉人拒不提供其原始账目的行为，上诉人主张适用推定规则，认为上诉人应当提供其财务账目，但其拒不提供，说明该财务账目对其不利，应当推定上诉人主张成立。为此，本院认为，上诉人对被上诉人系列证据证明力的否认以及被上诉人拒不提供原始财务账目的行为，在一定程度上削弱了被上诉人提供的证据的证明力，但并不能必然推导出被上诉人虚假出资的结论。

综上，本院认为：双方当事人对同一事实分别举出相反的证据，但均没有足够的依据否定对方证据，因证据的证明力有限，不能作出对上诉人有利的认定，且君信公司在一、二审中均未对绿谷伟业公司是否构成瑕疵出资申请委托审计，亦未进一步举出对己方有利的证据，故其上诉理由与请求不能成立，本院予以驳回。原审法院认定事实与本院所查明事实基本吻合，且适用法律正确，原审判决应予维持。

——《最高人民法院公报》2005 年第 6 期。

296. 待证事实的证明责任分配

关键词

待证事实　证明责任分配

最高人民法院裁判文书

安徽强正中药饮片有限公司与抚州市临川区东方中信小额贷款有限责任公司等借款合同纠纷案［最高人民法院（2019）最高法民申 2199 号民事裁定书］

裁判要旨：1.《最高人民法院关于适用〈中华人民共和国民事诉讼法〉的解释》第 108 条对举证责任分配作出了规定，法院裁判应严格按照该规定进行，需要考虑的是如何认定现有证据已对待证事实形成高度概然性。

2. 当事人的陈述、自认，虽然可信度不高，仍是法定证据的一种。当自认的事实与查明的事实不符的，不应予以确认。

3. 是否构成表见代理的关键，主要看一方当事人的行为是否已经足以让对方产生合理信赖。表见代理中的合理信赖，需要结合多种因素综合考量。

最高人民法院认为，经审查认为，强正公司的再审申请不属于《民事诉讼法》第二百条[①]规定情形。

（一）强正公司的再审申请不符合《民事诉讼法》第二百条第一项规定情形。

在本院审查过程中，强正公司提交了安徽省亳州市公安局谯城分局出具

① 现为《民事诉讼法》（2021 年修正）第二百零七条。

的受案回执、立案告知书以及谯公（治）鉴通字〔2019〕8、9、12号鉴定意见书，用以证明涉案保证合同上强正公司的印章属伪造。上述鉴定意见书中均载明："检材上的强正公司印文与样本上相同内容的印文不是同一枚印章盖印形成的"。可见，强正公司提交的鉴定意见书仅能证明涉案保证合同上强正公司的印章与公安机关鉴定中作为样本比对的印章并不一致，不足以证明涉案保证合同上的印章是伪造的。并且，在日常商务往来中，公司存在多枚印章交叉使用的情形并不罕见。根据强正公司提供的受案回执及立案告知书，公安机关对于强正公司公章被伪造一案已立案受理，刑事案件暂无结论，如伪造印章罪成立，强正公司可另行主张权利。

（二）强正公司的再审申请不符合《民事诉讼法》第二百条第二项规定情形。

1. 关于2017年8月8日中信公司向纪淞堂饮片公司转账500万元的问题。强正公司主张二审法院认定中信公司于2017年8月8日向纪淞堂饮片公司账户转入借款500万元，与事实不符。首先，中信公司在二审中提交《结算业务申请书》是用以证明中信公司信赖强正公司与纪淞堂饮片公司属同一主体，仅只是工商更名，并不知晓有关股权转让事宜。其在签订案涉协议时，实际控制公司的人及公司唯一股东均为廖中凯，故其信赖利益应予保护，属于善意第三人。其次，该500万元与本案1000万元借款并非同一借款，且该笔借款正在其他法院另案审理。二审法院仅是依据该《结算业务申请书》上所载内容进行客观表述，并未对该500万元进行实质性审理。

2. 关于案涉《转让协议》效力的问题。强正公司主张案涉《转让协议》合法有效，与事实不符。该协议约定将纪淞堂饮片公司、廖中凯所有的土地、房产、股权、机器设备、营业执照等转让给强正公司、吕文福，所有资产转让价格为2660万元，但对于股权和全部财产未分别约定价款，且关于该协议有无实际履行，强正公司没有提供充分证据予以证明。

3. 关于中信公司是否存在违法行为的问题。强正公司主张中信公司存在违规发放贷款的行为，不属于本案审查范围。此外，《民事审判指导与参考》中载明的文章不是裁判依据。故即便违反地方规范性文件，也不能依据该书中止本案审理。

（三）强正公司的再审申请不符合《民事诉讼法》第二百条第三项规定情形。

强正公司关于涉案股东决议（担保）、企业信用报告、资产负债表、利润表、增值税纳税申报表系伪造的主张，不能成立。首先，案涉鉴定意见书并不足以证明强正公司的印章是伪造。其次，除强正公司及廖中凯的陈述外，强正公司并未提供其他证据予以佐证。（四）强正公司的再审申请不符合民诉法第二百条第六项规定情形。

强正公司关于二审法院错误分配举证责任，属于适用法律错误的主张，不能成立。中信公司主张《保证合同》成立，并提交了案涉《保证合同》、股东决议（担保），以上文件均盖有强正公司印章及其法定代表人吕文福私章以及廖中凯的签名。强正公司则以当时实际控制强正公司的股东廖中凯关于印章为其私刻的单方陈述以及公安机关关于检材与样本印章不一致为由抗辩称印章为伪造。依照证据规定第七十三条第一款“双方当事人对同一事实分别举出相反的证据，但都没有足够的依据否定对方证据的，人民法院应当结合案件情况，判断一方提供证据的证明力是否明显大于另一方提供证据的证明力，并对证明力较大的证据予以确认。”综合强正公司、廖中凯之间的利害关系、公司先后或同时使用多枚印章的可能性、授权委托书、公章、股东决议等因素，可判断中信公司提供证据的证明力较大。故原判决以强正公司未提供其他证据补强其已有证据证明力为由，不支持其抗辩，并无不当。

——中国应用法学研究所主编：《中华人民共和国最高人民法院案例选》（第三辑），法律出版社 2020 年版。

297. 过错责任原则和过错推定原则的举证证明责任分配规则

关键词

过错责任原则　过错推定原则　举证证明责任

《中华人民共和国民法典》条文

第一千一百六十五条　行为人因过错侵害他人民事权益造成损害的，应当承担侵权责任。

依照法律规定推定行为人有过错，其不能证明自己没有过错的，应当承担侵权责任。

附录：最高人民法院主流观点

证据制度是现代民事诉讼制度的基石，举证证明责任是证据制度的脊梁。《民事诉讼法》第六十四条第一款[①]规定：“当事人对自己提出的主张，有责任提供证据。”当事人对有利于自己的主张，都应当提出证据，加以证明。当事人对自己提出的诉讼请求所依据的事实或者反驳对方诉讼请求所依据的事实有责任提供证据加以证明。没有证据或者证据不足以证明当事人的事实主张

① 现为《民事诉讼法》（2021 年修正）第六十七条第一款。

的，由负有举证责任的当事人承担不利后果。[①]《民事诉讼法司法解释》对举证证明责任问题作出了规定。其第九十条第一款规定："当事人对自己提出的诉讼请求所依据的事实或者反驳对方诉讼请求所依据的事实，应当提供证据加以证明，但法律另有规定的除外。"第二款规定："在作出判决前，当事人未能提供证据或者证据不足以证明其事实主张的，由负有举证证明责任的当事人承担不利的后果。"这一规定是建立在法律要件分类说的基础上的。民事案件举证责任的分配，原则上应当以当事人主张的权利构成要件为标准，将权利构成要件事实的举证责任分配给权利主张方，对于妨碍权利成立或者消灭权利要件事实的举证责任分配给对方当事人。无论是物权纠纷、合同纠纷还是侵权纠纷案件，在举证责任分配上，除非法律另有规定，都应当遵循举证责任分配的一般规则。具体分配上，应当首先确定案件中当事人主张的法律关系之要件事实，按照该条规定区分权利成立要件和权利消灭或者妨碍要件，在当事人之间进行分配。确定系争法律关系的要件事实，应当依据民事实体法关于民事法律关系构成的要件予以判断。在侵权责任案件中，就是要确定特定侵权责任的具体构成要件和抗辩事由。在过错侵权责任情形中，责任构成要件有四个：一是侵权人实施了侵权行为，二是侵权人实施侵权行为有过错，三是受害人受有损害，四是侵权行为与损害之间有因果关系。这四个方面的构成要件事实均须原告方承担举证责任，在过错推定侵权责任下，责任构成要件与过错侵权责任相同，但侵权行为人无过错是责任抗辩事由，如其不能证明自己没有过错，则直接认定过错存在，责任可以成立。在此应当注意的是，过错推定责任仅是对过错的推定，并不包括对因果关系的推定。也就是说，有关因果关系的举证责任实际上并未转移。但基于此类案件原、被告双方举证能力的差异，基于分担风险以及维护公平正义促进经济社会发展进步的考虑，在因果关系认定上采用事实自证法则或者举证责任缓和的规则，适当降低对因果关系认定的标准。

——最高人民法院民法典贯彻实施工作领导小组主编：《中华人民共和国民法典侵权责任编理解与适用》，人民法院出版社 2020 年版，第 32~33 页。

298. 行为人"暂时没有意识或者失去控制"的举证责任和事实认定

关键词

完全民事行为能力人　举证责任　事实认定

① 王胜明主编：《中华人民共和国民事诉讼法释义》，法律出版社 2012 年版，第 149 页。

《中华人民共和国民法典》条文

第一千一百九十条 完全民事行为能力人对自己的行为暂时没有意识或者失去控制造成他人损害有过错的，应当承担侵权责任；没有过错的，根据行为人的经济状况对受害人适当补偿。

完全民事行为能力人因醉酒、滥用麻醉药品或者精神药品对自己的行为暂时没有意识或者失去控制造成他人损害的，应当承担侵权责任。

附录：最高人民法院主流观点

行为人“暂时没有意识或者失去控制”的事实，应由实施加害行为的完全民事行为能力人承担，因为行为人通常会利用该事实对受害人的责任主张进行抗辩，故依据“谁主张、谁举证”的举证责任分配原则，应由行为人举证证明其实施加害行为时暂时没有意识或者失去控制。审判实践中，对认定行为人“暂时没有意识或者失去控制”这个事实，可能存在举证比较困难、法院认定也比较困难的情况，处理不当可能导致侵权行为人利用《民法典》第一千一百九十条规定规避其应当承担的侵权责任。故人民法院在审理此类纠纷时，遇到有关专业问题，应征询医学专家的意见，正确把握认定行为人“暂时没有意识或者失去控制”的尺度。

——最高人民法院民法典贯彻实施工作领导小组主编：《中华人民共和国民法典侵权责任编理解与适用》，人民法院出版社 2020 年版，第 232 页。

299. 行为人过错的举证责任分配及反社会人格障碍者致人损害的认定

关键词

受害人　过错责任　举证责任分配

《中华人民共和国民法典》条文

第一千一百九十条 完全民事行为能力人对自己的行为暂时没有意识或者失去控制造成他人损害有过错的，应当承担侵权责任；没有过错的，根据行为人的经济状况对受害人适当补偿。

完全民事行为能力人因醉酒、滥用麻醉药品或者精神药品对自己的行为暂时没有意识或者失去控制造成他人损害的，应当承担侵权责任。

附录：最高人民法院主流观点

行为人的过错应当由受害人举证证明，这是一般举证责任规则的要求。行为人抗辩自己无过错的，应当对此举证证明。在现实生活中，有一些人属于反社会人格障碍者，因为他们不讲道德，易于扰乱社会治安并造成危害他人的后果，故又称为违纪型人格障碍。反社会人格不属于精神病，但其心理过程等方面，特别是情感和行为受累的程度远远超过精神正常的人，他们的现实检验能力、是非判断能力和行为能力较一般人差，亦即他们居于精神病和正常人之间。尽管如此，这类反社会人格障碍者在大多数情况下仍然保留辨认自己行为的能力，对他人造成损害时仍应承担侵权赔偿责任。

——最高人民法院民法典贯彻实施工作领导小组主编：《中华人民共和国民法典侵权责任编理解与适用》，人民法院出版社 2020 年版，第 232~233 页。

300. 产品责任的举证责任

关键词

产品责任　举证责任倒置

《中华人民共和国民法典》条文

第一千二百零二条　因产品存在缺陷造成他人损害的，生产者应当承担侵权责任。

附录：最高人民法院主流观点

产品责任实行严格责任，即不论生产者、销售者是否有过错，只要符合产品责任的构成要件，其就应该向受害人承担侵权责任。而且在产品责任中，通常采取举证责任倒置的方法，由生产者、销售者承担更重的举证责任，产品缺陷是否存在的证明，要由生产者、销售者来承担举证责任，其要证明产品没有缺陷，否则就要承担相应的责任。

但这并不意味着受害人就免于承担任何举证责任。具体而言，受害人还要对下列事实承担举证责任：第一，要证明缺陷在产品销售当时即已存在。对此，受害人可以通过三种方式予以证明：使用直接证据，如残缺零件；使用间接证据，如专家证言；使用排除法来排除其他原因。第二，要证明缺陷产品曾经被使用或消费，通常为其本人使用，但也不限于此。第三，要证明自己遭受损害。也就是说，受害人要对自己遭受的损失的具体范围，比如误工费、医疗费、财产损失、精神痛苦承担举证责任。

——最高人民法院民法典贯彻实施工作领导小组主编：《中华人民共和国民法典侵权责任编理解与适用》，人民法院出版社2020年版，第319页。

301. 关于特殊情况下产品责任举证责任的分配

关键词

产品责任　举证责任

最高人民法院指导性案例、最高人民法院公报案例

石鸿林诉泰州华仁电子资讯有限公司侵害计算机软件著作权纠纷案（最高人民法院指导案例49号）

裁判要点：在被告拒绝提供被控侵权软件的源程序或者目标程序，且由于技术上的限制，无法从被控侵权产品中直接读出目标程序的情形下，如果原、被告软件在设计缺陷方面基本相同，而被告又无正当理由拒绝提供其软件源程序或者目标程序以供直接比对，则考虑到原告的客观举证难度，可以判定原、被告计算机软件构成实质性相同，由被告承担侵权责任。

法院生效裁判认为：根据现有证据，应当认定华仁公司侵犯了石鸿林S系列软件著作权。

一、本案的证明标准应根据当事人客观存在的举证难度合理确定

本案在华仁公司无正当理由拒绝提供软件源程序以供直接比对，石鸿林确因客观困难无法直接举证证明其诉讼主张的情形下，应从公平和诚实信用原则出发，合理把握证明标准的尺度，对石鸿林提供的现有证据能否形成高度盖然性优势进行综合判断。

二、石鸿林提供的现有证据能够证明被控侵权的HR－Z软件与石鸿林的S系列软件构成实质相同，华仁公司应就此承担提供相反证据的义务

鉴于HX－Z和HR－Z软件存在共同的系统软件缺陷，根据计算机软件设计的一般性原理，在独立完成设计的情况下，不同软件之间出现相同的软件缺陷机率极小，而如果软件之间存在共同的软件缺陷，则软件之间的源程序相同的概率较大。同时结合两者在加电运行时存在相同的特征性情况、HX－Z和HR－Z型控制器的使用说明书基本相同、HX－Z和HR－Z型控制器的整体外观和布局基本相同等相关事实，法院认为石鸿林提供的现有证据能够形成高度盖然性优势，足以使法院相信HX－Z和HR－Z软件构

成实质相同。同时，由于 HX – Z 软件是石鸿林对其 S 系列软件的改版，且 HX – Z 软件与 S 系列软件实质相同。因此，被控侵权的 HR – Z 软件与石鸿林的 S 系列软件亦构成实质相同，即华仁公司侵犯了石鸿林享有的 S 系列软件著作权。

三、华仁公司未能提供相反证据证明其诉讼主张，应当承担举证不能的不利后果

本案中，在石鸿林提供了上述证据证明其诉讼主张的情形下，华仁公司并未能提供相反证据予以反证，依法应当承担举证不能的不利后果。经本院反复释明，华仁公司最终仍未提供被控侵权的 HR – Z 软件源程序以供比对。

综上，根据现有证据，同时在华仁公司持有被控侵权的 HR – Z 软件源程序且无正当理由拒不提供的情形下，应当认定被控侵权的 HR – Z 软件与石鸿林的 S 系列软件构成实质相同，华仁公司侵犯了石鸿林 S 系列软件著作权。

——《最高人民法院关于发布第十批指导性案例的通知》(2015 年 4 月 15 日，法〔2015〕85 号),《最高人民法院公报》2009 年第 3 期。

说明

本案旨在明确计算机软件著作权侵权案件中的举证责任分配问题。该案例合理界定了当事人双方的举证责任和转移，有利于明确侵权对比标准，保护著作人权的合法权益。

302. 环境侵权案件中存在原被告双方信息不对称和证据偏在现象时，证明妨害规则如何具体适用

关键词

环境侵权　证明妨害规则　举证证明

《中华人民共和国民法典》条文

第一千二百三十一条　两个以上侵权人污染环境、破坏生态的，承担责任的大小，根据污染物的种类、浓度、排放量，破坏生态的方式、范围、程度，以及行为对损害后果所起的作用等因素确定。

附录：最高人民法院主流观点

环境侵权案件中，举证难是制约原告提起诉讼乃至赢得诉讼的重要因素。究其原因，主要在于原被告双方存在严重的信息不对称以及由此带来的证据偏在现象。诸如污染物种类名称、排放方式、排放浓度和排放总量、超标排

放情况，防治污染设施的建设和运行情况，破坏生态的行为方式、破坏范围、损毁程度等对案件审理至关重要的环境信息，均掌握在作为被告的侵权行为人手中。如果没有被告的配合，原告常常无从获知，而被告往往不愿意将不利于自己的信息提供给原告或法院。这种不当妨碍举证的行为，不仅损害了环境侵权受害人的举证权利，还给人民法院查明相关事实，解决当事人纷争带来了不利影响。

修订后的《环境保护法》规定公民享有获取环境信息、参与环境保护和监督环境保护三项具体的环境权利，同时明确了重点排污单位应承担的环境信息公开义务，这为环境侵权行为的受害人行使知情权提供了实体法依据。就重点排污单位应当强制公开的环境信息具体内容，《企业事业单位环境信息公开办法》第九条作出了更为具体的规定："……（二）排污信息，包括主要污染物及特征污染物的名称、排放方式、排放口数量和分布情况、排放浓度和总量、超标情况，以及执行的污染物排放标准、核定的排放总量；……"

为落实原告获取环境信息这一重要权利，实现双方在环境侵权诉讼中举证能力的对等化，根据2001年《民事诉讼证据规定》第七十五条[①]关于被告拒不提供对其不利证据应承担不利后果的规定，《环境民事公益诉讼司法解释》第十三条确立了证明妨害规则，明确规定"原告请求被告提供其排放的主要污染物名称、排放方式、排放浓度和总量、超标排放情况以及防治污染设施的建设和运行情况等环境信息，法律、法规、规章规定被告应当持有或者有证据证明被告持有而拒不提供，如果原告主张相关事实不利于被告的，人民法院可以推定该主张成立"，就环境民事公益诉讼中被告拒不提供重要环境信息的法律后果予以了明确。

在2001年规定基础上，2019年修正的《民事诉讼证据规定》第九十五条重申了证明妨害规则，明确"一方当事人控制证据无正当理由拒不提交，对待证事实负有举证责任的当事人主张该证据的内容不利于控制人的，人民法院可以认定该主张成立"。证明妨害规则系对一般证明责任的补充，是在特殊情形下基于公平原则对负有证明责任的当事人之举证责任的减轻，从而避免机械适用证明责任规则作出裁判带来的不公平。[②]人民法院应当针对环境侵权案件中存在的原被告双方信息不对称和证据偏在现象，强化证明妨害规则的具体适用。在作为原告的受害人请求作为被告的环境污染、破坏生态行为人提供其有关排放污染物名称、排放方式、排放浓度和总量、超标排放情况，

① 2001年《民事诉讼证据规定》第七十五条规定："有证据证明一方当事人持有证据无正当理由拒不提供，如果对方当事人主张该证据的内容不利于证据持有人，可以推定该主张成立。"

② 最高人民法院民事审判第一庭编著：《最高人民法院新民事诉讼证据规定理解与适用》，人民法院出版社2020年版，第829页。

破坏生态的行为方式、破坏范围、损毁程度，以及防治环境污染、生态破坏设备设施的建设和运行情况等生态环境信息，法律、法规、规章规定被告应当持有或者有证据证明被告持有而拒不提供，如果原告主张相关事实不利于被告的，人民法院可以推定该主张成立。

——最高人民法院民法典贯彻实施工作领导小组主编:《中华人民共和国民法典侵权责任编理解与适用》，人民法院出版社 2020 年版，第 530~531 页。

303. 动物致害侵权案件的举证责任分配

关键词

饲养动物损害责任　举证证明　举证责任分配

《中华人民共和国民法典》条文

第一千二百四十五条　饲养的动物造成他人损害的，动物饲养人或者管理人应当承担侵权责任；但是，能够证明损害是因被侵权人故意或者重大过失造成的，可以不承担或者减轻责任。

附录：最高人民法院主流观点

被侵权人无须举证证明动物饲养人或管理人的主观过错，只需就侵权行为的客观构成要件举证即可，即证明动物致害事实、损害结果以及动物致害事实与损害结果之间有因果关系。如果在这个过程中，被侵权人存在故意或重大过失，饲养人或管理人主张免除或减轻责任的，则需举证证明被侵权人存在故意或重大过失，否则承担举证不能的后果。

——最高人民法院民法典贯彻实施工作领导小组主编:《中华人民共和国民法典侵权责任编理解与适用》，人民法院出版社 2020 年版，第 648 页。

304. 可能加害的建筑物使用人免责的举证

关键词

高空抛物侵权责任　加害人　免责　举证

《中华人民共和国民法典》条文

第一千二百五十四条　禁止从建筑物中抛掷物品。从建筑物中抛掷物品或者从建筑物上坠落的物品造成他人损害的，由侵权人依法承担侵权责任；

经调查难以确定具体侵权人的，除能够证明自己不是侵权人的外，由可能加害的建筑物使用人给予补偿。可能加害的建筑物使用人补偿后，有权向侵权人追偿。

物业服务企业等建筑物管理人应当采取必要的安全保障措施防止前款规定情形的发生；未采取必要的安全保障措施的，应当依法承担未履行安全保障义务的侵权责任。

发生本条第一款规定的情形的，公安等机关应当依法及时调查，查清责任人。

附录：最高人民法院主流观点

通常情况下，有可能成为加害人的当事人，如果能够证明如下事项，就可以免责：（1）发生损害时，自己并不在建筑物中。既然不在现场，就没有实施抛物行为的可能，故可以免责。（2）证明自己根本没有占有造成损害发生之物。（3）证明自己所处的位置客观上不具有造成抛掷物致人损害的可能性。必要时可以作为专门性问题，通过鉴定程序来解决。

——最高人民法院民法典贯彻实施工作领导小组主编：《中华人民共和国民法典侵权责任编理解与适用》，人民法院出版社 2020 年版，第 706 页。

305. 新闻报道、舆论监督是否尽到合理核实义务的举证责任

关键词

新闻报道　舆论监督　合理核实义务　举证责任

《中华人民共和国民法典》条文

第一千零二十六条　认定行为人是否尽到前条第二项规定的合理核实义务，应当考虑下列因素：

（一）内容来源的可信度；

（二）对明显可能引发争议的内容是否进行了必要的调查；

（三）内容的时限性；

（四）内容与公序良俗的关联性；

（五）受害人名誉受贬损的可能性；

（六）核实能力和核实成本。

附录：最高人民法院主流观点

在新闻报道、舆论监督侵害名誉权案件中，新闻报道是否构成侵权行为，

其核心要件与新闻主义的新闻观如出一辙：新闻应报道真相，真实再现人类的行为、情感和思想，报道真相作为首要的、公认的新闻职业伦理，也是新闻与其他文学形式的分界线。①

对于报道内容是否真实的举证责任，我国学界多不区分结果举证责任和行为举证责任，而是对两者做一体观察，并衍生出两种对立观点：一是"谁主张，谁举证"，即原告应承担证明报道失实的责任，新闻媒体只有要减免其责任时，才需举证存在合法的抗辩事由。二是"谁报道，谁举证"，即被告新闻媒体有义务证明其刊载或传播的消息为真。我国司法实践多采纳第二种观点。②我国学界普遍认为新闻侵权不具备特殊的构成要件，侵权损害赔偿请求权要成立，应由原告证明侵权行为、具体损害、损害与行为之间的因果关系和行为人过错。这一观点和《名誉权解答》第七条关于侵害名誉权的构成要件的规定是保持一致的。然而在实践中，对侵权行为构成要件中过错和真实报道免责之间的关系，通常存在矛盾：若将过错解释为新闻媒体违反了审查报道内容真实性的审慎义务，原告自然应证明新闻报道失实，其请求权才能成立；若将真实报道免责解释为新闻媒体报道的免责要件（权利妨害规范），则媒体应证明报道内容真实才能免责，不能证明的，原告的侵权请求权就依法成立。原告要证明请求权成立，应证明媒体报道内容失实；媒体要免责，就必须证明其报道内容真实。可见，新闻报道侵权到底是否适用过错推定责任，解释上亦存在两种观点。③

我们认为，新闻报道、舆论监督的内容来自其他消息来源的，需要对两个问题进行认定：一是是否尽到合理核实义务；二是报道内容是否真实。对于是否尽到合理核实义务的举证责任，在前面几次《民法典》人格权编审议稿中都有"行为人应当就其尽到合理审查义务承担举证责任"的规定，但最后审议时，该款被拿掉。对于新闻报道、舆论监督侵权，在《民法典》第五章关于名誉权侵权举证责任和侵权责任法上举证责任而言，都没有将新闻报道、舆论监督侵权作为特殊归责原则进行规定。鉴于该问题实践中比较复杂，争议比较大，立法机关最终没有规定。

——最高人民法院民法典贯彻实施工作领导小组主编：《中华人民共和国民法典人格权编理解与适用》，人民法院出版社 2020 年版，第 293~295 页。

---

① 谢鸿飞：《使用匿名信息源新闻报道侵权案中的举证责任、报道者特权和利益平衡》，载《人民司法》2016 年第 29 期。

② 转引自谢鸿飞：《使用匿名信息源新闻报道侵权案中的举证责任、报道者特权和利益平衡》，载《人民司法》2016 年第 29 期。

③ 谢鸿飞：《使用匿名信息源新闻报道侵权案中的举证责任、报道者特权和利益平衡》，载《人民司法》2016 年第 29 期。

306. 医疗损害责任构成要件事实与免责事由的举证证明责任

关键词

医疗损害责任　举证责任　要件事实　免责事由

《中华人民共和国民法典》条文

第一千二百一十八条　患者在诊疗活动中受到损害，医疗机构或者其医务人员有过错的，由医疗机构承担赔偿责任。

最高人民法院司法解释

第四条　患者依据民法典第一千二百一十八条规定主张医疗机构承担赔偿责任的，应当提交到该医疗机构就诊、受到损害的证据。

患者无法提交医疗机构或者其医务人员有过错、诊疗行为与损害之间具有因果关系的证据，依法提出医疗损害鉴定申请的，人民法院应予准许。

医疗机构主张不承担责任的，应当就民法典第一千二百二十四条第一款规定情形等抗辩事由承担举证证明责任。

——《最高人民法院关于审理医疗损害责任纠纷案件适用法律若干问题的解释》（2020 年 12 月 29 日修正）。

附录：最高人民法院主流观点

《医疗损害责任纠纷司法解释》第四条以构建和维护和谐医患关系为出发点，在大量实证调研和借鉴域外经验做法的基础上，为避免因举证责任分配不当而导致双方实体权利义务显著失衡而激化医患矛盾的问题，充分考虑患者存在医学专业性不足等客观障碍，对患者进行了适当的举证责任缓和。首先，在实践中对于出现的把手术刀、棉纱等遗落在患者身体中，或者诊断为左肾有病却将右肾切除等显而易见的过错，亦无须再由患者进一步提供证明医方有过错的证据，即视为患者一方已经完成了举证证明责任，此即事实自证规则。本章规定诊疗损害责任为过错责任的同时，规定在违反诊疗法规规范，隐匿或者拒绝提供病历资料，遗失、伪造篡改或者销毁病历资料三种情形下推定诊疗行为有过错。这从某种意义上讲，这也是对患者举证证明责任的缓和。其次，对于医疗损害过错及因果关系的举证，本质上还是一个专业判断问题，核心在于谁来申请鉴定的问题，《医疗损害责任纠纷司法解释》第四条即明确了对于患者无法提供证据证明医疗一方有过错和因果关系的，可以通过申请鉴定的方式予以证明，这无疑也是从诉讼程序上对患者一方采取的缓和其举证责任的方法。在此需要注意的是，这一患者申请鉴定的规定不宜理解为排他性规定，即将申请鉴定的权利或者义务都限定在患者一方。最后，免责、减责的情形作为抗辩事由，独立于请求权基础事实。在患者主张诊疗损害侵权赔偿时，医疗机构关于免责、减责事由的主张系抗辩性事实主张，产生独立的举证责任。

——最高人民法院民法典贯彻实施工作领导小组主编:《中华人民共和国民法典侵权责任编理解与适用》，人民法院出版社 2020 年版，第 424 页。

（一）对于诊疗损害责任的构成要件事实的举证证明责任

《中华人民共和国侵权责任法》第五十四条[①]规定是关于诊疗损害责任适用过错责任原则，原告主张损害赔偿责任的，即应当对诊疗行为、过错、损害后果和因果关系承担举证证明责任。

1. 对诊疗行为的认定

诊疗行为是否存在，主要看患者与医疗机构之间是否存在诊疗关系。按照《第八次全国法院民事商事审判工作会议（民事部分）纪要》的精神，对于是否存在诊疗关系，应综合挂号单、交费单、病历、出院证明及其他能证明存在医疗行为的证据加以认定。

2. 对损害后果的认定

“无损害则无责任”，在医疗损害责任纠纷中只有在损害后果实际发生的情况下，才需要考虑是否要由医疗机构承担损害赔偿责任。患者对于医疗损害责任纠纷中的损害事实承担举证证明责任。这就意味着患者必须提供证据证明自己的人身受到损害，即证明自己的生命权、健康权、身体权等权利受到了损害的客观事实。一般要证明以下事实:

（1）哪种权利受到侵害，是生命权、健康权还是身体权；

（2）受到的人身伤害后果是一般伤害、残疾还是死亡；

（3）受到的财产损失，比如医疗费、误工费；

（4）是否存在精神损害。

3. 对《中华人民共和国侵权责任法》第五十八条[②]规定三种情形的认定

《中华人民共和国侵权责任法》第五十八条规定的三种推定医疗机构有过错的情形，首先应当由原告一方提供证据证明这些事实的存在，才可以推定医疗机构有过错。如果原告不能提供证据予以证明，自无法进行过错推定。实践中对于上述三项事实的证明能否达到过错推定的程度，有时也会发生争议，医疗一方提出反驳证据的，法官应综合考虑双方提交的证据的证明力大

① 对应《民法典》第一千二百一十八条。

② 对应《民法典》第一千二百二十二条。

小，按照民事诉讼法解释规定的证明标准，做出认定。

对当事人所举证据材料，应根据民事诉讼法及其司法解释的相关规定进行综合审查。《第八次全国法院民事商事审判工作会议（民事部分）纪要》对此作了大致相似的表述，“对当事人所举证据材料，应根据法律、法规及司法解释的相关规定进行综合审查。因当事人采取伪造、篡改、涂改等方式改变病历资料内容，或者遗失、销毁、抢夺病历，致使医疗行为与损害后果之间的因果关系或医疗机构及其医务人员的过错无法认定的，改变或者遗失、销毁、抢夺病历资料一方当事人应承担相应的不利后果；制作方对病历资料内容存在的明显矛盾或错误不能作出合理解释的，应承担相应的不利后果；病历仅存在错别字、未按病历规范格式书写等形式瑕疵的，不影响对病历资料真实性的认定。”

（二）对于免责或者减责事由的举证证明责任

《中华人民共和国侵权责任法》第三章规定的一般情况下免责和减责情形的内容，如损害是因受害人故意造成的，行为人不承担责任；再如因不可抗力造成他人损害的，不承担责任等。上述免责事由的规定，对于医疗损害责任也是适用的。在医疗损害责任中，如果构成不可抗力造成不良后果，应当依据《中华人民共和国侵权责任法》第二十九条规定免除责任或者减轻责任。例如，医务人员在手术过程中发生地震，造成患者死亡或者不良后果，当然可以免除责任。确定适用不可抗力免责或者减轻责任的规则，应当是医疗机构在正常的医疗活动中造成患者的损害，其直接原因是不可抗力，不是医疗过失所致，因而应当免责。如果不可抗力与医疗过失作为造成损害的共同原因的，则应当根据过错程度和原因力的分析，确定医疗机构减轻责任。①

《中华人民共和国侵权责任法》在医疗损害责任一章第六十条第一款对于医疗损害责任的免责事由作了进一步的特殊规定，“患者有损害，因下列情形之一的，医疗机构不承担赔偿责任：（一）患者或者其近亲属不配合医疗机构进行符合诊疗规范的诊疗；（二）医务人员在抢救生命垂危的患者等紧急情况下已经尽到合理诊疗义务；（三）限于当时的医疗水平难以诊疗。”对于第一项情形，一般而言包括两种类型：一类是患者主观上故意不配合的情形。虽然实践中这一情形相对较少，但在近年来“医闹”问题不断出现的情况下，故意不配合的情形也有多发现象。过失的情况则较为常见，比如不遵医嘱错误用药、错误饮食甚至饮酒等情形导致病症加重甚至出现并发症等的情形，医疗机构不承担赔偿责任。对于患者囿于其医疗知识水平的局限而对医疗机构采取的诊疗措施难以建立正确的理解，从而导致其不遵医嘱、错误用药等与诊疗措施不相配合的现象，是否属于患者一方不配合诊疗的行为问题，我

① 杨立新：《侵权法论（第五版）》，人民法院出版社 2013 年版，第 602 页。

们认为，通常需要根据个案具体情况判断医务人员是否向患者一方履行了相应的告知说明义务或者存在其他过错情形。若医务人员已经尽到相应义务，患者的损害是因患者或者其近亲属不配合的行为所致，则医疗机构对此不应当承担赔偿责任。

对于第二项在抢救生命垂危的患者等紧急情况下，如何判断何为“合理诊疗义务”。立法机关认为，考虑到在紧急情况下，患者生命危在旦夕，抢救时间紧迫，医务人员对患者的病情及病状无法作详细的检查、观察、诊断，难以要求医生具有与平常时一样的思考时间、判断能力和预见能力。对于这种情况，法律对医生在注意程度上的要求相对低于一般医疗时的情形。具体而言，根据现行的诊疗规范，紧急情况下合理的诊疗义务包括如下四个方面：（1）对患者伤病的准确诊断。对患者伤病的准确诊断是正确实施治疗措施的前提。如情况紧急，应当采取控制患者伤病恶化的紧急措施后，再作进一步诊断和治疗。（2）治疗措施的合理、适当，包括治疗措施和治疗用药的适当、合理。（3）谨慎履行说明告知义务。紧急情况下，如果事前告知不可行，那么采取紧急救治措施后仍应履行该项义务。（4）将紧急救治措施对患者造成的损害控制在合理限度之内。结合上述情况，如果医务人员已经尽到在紧急救治情况下医务人员通常应尽到的诊疗义务，即合理诊疗义务的，医疗机构不承担赔偿责任；否则，即便是为抢救生命垂危的患者，但医务人员未尽到紧急救治情况下医务人员应尽到的合理诊疗义务，医疗机构仍难以免除其赔偿责任。[①] 从审判实务的角度讲，如何认定紧急情况下医务人员已经尽到合理诊疗义务，这涉及专业判断问题，必要时可以通过鉴定来解决。

对于第三项规定的“限于当时的医疗水平难以诊疗”，关键在于如何判断“当时的医疗水平”。对医务人员采取的诊疗行为是否存在过错的判断，只能基于当时的医学科学本身的发展，即是否尽到与当时的医疗水平相应的诊疗义务，尽到该项义务的，就视为医疗机构及其医务人员没有过错，对于患者的损害不承担赔偿责任。但对于诊疗行为是否尽到当时医疗水平要求下的义务往往属于专业判断问题，必要时可以通过鉴定来解决。

——杜万华主编：《最高人民法院医疗损害责任司法解释理解与适用》，人民法院出版社 2018 年版，第 89~94 页。

---

① 王胜明主编：《〈中华人民共和国侵权责任法〉条文解释与立法背景》，人民法院出版社 2010 年版，第 240 页。

307. 推定医疗机构过错情形下的举证责任

关键词

推定医疗机构过错　举证责任

《中华人民共和国民法典》条文

第一千二百二十二条　患者在诊疗活动中受到损害，有下列情形之一的，推定医疗机构有过错：

（一）违反法律、行政法规、规章以及其他有关诊疗规范的规定；

（二）隐匿或者拒绝提供与纠纷有关的病历资料；

（三）遗失、伪造、篡改或者违法销毁病历资料。

附录：最高人民法院主流观点

依据《民事诉讼法司法解释》第九十一条第二项的规定，主张法律关系变更、消灭或者权利受到妨害的当事人，应当对该法律关系变更、消灭或者权利受到妨害的基本事实承担举证证明责任。在法律没有特别规定的情况下，对于权利受到妨害的情形采取“谁主张、谁举证”的一般规则。患者主张医疗损害责任，应当依照上述规定对于相应的侵权责任构成要件事实承担举证责任。患者除了证明到医疗机构就诊及损害事实外，还应当举证证明诊疗行为具有过错和因果关系要件。一般而言，医疗损害责任案件具有特殊性，由于其高度专业化、显著的实验性、探索性特点，对诊疗行为是否有过错、过错与患者损害之间是否有因果关系，一般难以通过普通的生活经验知识去判断，需要借助专业的医疗损害鉴定来解决。患者对于过错或因果关系的举证，可以通过申请医疗损害鉴定来解决。

但是，患者能够举证证明医疗机构存在《民法典》第一千二百二十二条规定情形的，不再就医疗机构及其医务人员有过错承担举证责任。这一规则的意义在于缓和患者一方举证责任的规则，其意义在于患者能够证明医疗机构一方有《民法典》第一千二百二十二条规定情形时，直接认定医疗机构有过错，此时其对医疗过错的举证责任即告完成。

同时，为了弥补患者举证能力的不足，考虑到医疗损害责任纠纷本身所涉诊疗行为、诊疗过错的专业性、复杂性的问题，结合《民法典》第一千二百二十二条第一项规定的诊疗行为是否违反“法律、行政法规、规章以及其他有关诊疗规范”的情形，往往不是一目了然的事情，需要通过启动鉴定程序来解决。比如关于是否存在伪造或者篡改病历的问题，有时也需要专门性判断，这时当事人也可以依法向人民法院提出相应的鉴定申请。

——最高人民法院民法典贯彻实施工作领导小组主编：《中华人民共和国民法典侵权责任编理解与适用》，人民法院出版社2020年版，第462~463页。

308. 免责事由的举证责任承担

关键词

医疗机构　免责事由　举证证明责任

《中华人民共和国民法典》条文

第一千二百二十四条　患者在诊疗活动中受到损害，有下列情形之一的，医疗机构不承担赔偿责任：

（一）患者或者其近亲属不配合医疗机构进行符合诊疗规范的诊疗；

（二）医务人员在抢救生命垂危的患者等紧急情况下已经尽到合理诊疗义务；

（三）限于当时的医疗水平难以诊疗。

前款第一项情形中，医疗机构或者其医务人员也有过错的，应当承担相应的赔偿责任。

附录：最高人民法院主流观点

关于《民法典》第一千二百二十四条的适用，要注意有关本条第一款规定免责事由的举证责任承担问题。《医疗损害责任纠纷司法解释》第四条第三款规定："医疗机构主张不承担责任的，应当就侵权责任法第六十条第一款规定情形等抗辩事由承担举证证明责任。"这一规定内容主要涉及制定条文依据调整问题。而由于《民法典》第一千二百二十四条与《侵权责任法》中的这一规定在内容上是一致的，有关规则可以继续适用。据此，就免责事由的举证责任，应当由医疗机构一方承担。同样，若涉及专业判断问题，则医疗机构也可以通过申请鉴定来解决。

——最高人民法院民法典贯彻实施工作领导小组主编：《中华人民共和国民法典侵权责任编理解与适用》，人民法院出版社2020年版，第480~481页。

309. 侵害患者知情同意权责任纠纷中的举证证明责任

关键词

患者　知情同意权　举证责任　医疗损害责任

《中华人民共和国民法典》条文

第一千二百一十九条　医务人员在诊疗活动中应当向患者说明病情和医疗措施。需要实施手术、特殊检查、特殊治疗的，医务人员应当及时向患者具体说明医疗风险、替代医疗方案等情况，并取得其明确同意；不能或者不宜向患者说明的，应当向患者的近亲属说明，并取得其明确同意。

医务人员未尽到前款义务，造成患者损害的，医疗机构应当承担赔偿责任。

最高人民法院司法解释

第五条　患者依据民法典第一千二百一十九条规定主张医疗机构承担赔偿责任的，应当按照前条第一款规定提交证据。

实施手术、特殊检查、特殊治疗的，医疗机构应当承担说明义务并取得患者或者患者近亲属明确同意，但属于民法典第一千二百二十条规定情形的除外。医疗机构提交患者或者患者近亲属明确同意证据的，人民法院可以认定医疗机构尽到说明义务，但患者有相反证据足以反驳的除外。

——《最高人民法院关于审理医疗损害责任纠纷案件适用法律若干问题的解释》(2020年12月29日修正)。

附录：最高人民法院主流观点

我们认为，医疗机构是否尽到说明义务的举证责任，原则上应当由患者承担，因为这实质上是医疗机构及其医务人员是否有过错的问题，由患者来举证，符合医疗损害责任采过错责任原则的基本法理。而且这也涉及专门性问题，通常需要通过鉴定来解决，明确由患者举证，本质上仅是涉及由谁来申请启动鉴定程序的问题。要求医疗机构承担过重的举证责任，也可能会引发医疗机构的保守治疗、过度检查等问题，不仅给医疗机构带来过重的负担，也不利于医学的进步，最终影响的是全体患者的利益。《医疗损害责任纠纷司法解释》第五条对于医务人员违反说明义务案件的举证责任问题作了明确规定。该条内容在“谁主张、谁举证”的基础上，对患者实行一定程度的举证责任缓和。其中，第一款按照过错责任的基本法理，对患者的举证责任作出了规定。这一做法符合上述《民事诉讼法司法解释》第九十一条所确立的举证证明责任分配的一般规则，即主张权利受到妨害的当事人，应当对权利受到妨害的基本事实承担举证证明责任。该条第二款则在实施手术、特殊检查、特殊治疗的情形下对患者一方实行了举证责任缓和，进一步规定了医疗机构提供了患者或者患者近亲属的书面同意[①]证据的，人民法院可以认定医疗机构尽到说明义务，以避免给医疗机构过重的负担，同时又规定了一个除外条款，即在患者提供了相反证据的情况下，仍应认定医疗机构未尽到说明义务，以有效保护患者合法权益。由于医疗机构说明义务的范围问题非常复杂，可能因具体疾病的不同而不同，这涉及专业判断问题，患者可以通过申请鉴定的方式来举证。

——最高人民法院民法典贯彻实施工作领导小组主编:《中华人民共和国民法典侵权责任编理解与适用》，人民法院出版社 2020 年版，第 435~436 页。

（一）关于医疗机构违反说明义务一般情形的举证证明责任

依据本条第一款的规定，患者依据《中华人民共和国侵权责任法》第五十五条[②]规定主张医疗机构承担赔偿责任的，应当按照医疗损害责任举证证明责任的一般规则提交就医疗机构违反告知义务侵权责任构成要件事实相应的证据。具体而言，患者应当依据本解释第四条的规定，提供到该医疗机构就诊的证据、受到损害的证据。对于医疗机构或者医务人员有过错的证据以及诊疗活动与损害事实之间具有因果关系的证据，按照举证责任分配的一般规则也应当由患者一方举证。考虑到这里的医疗机构或者医务人员有过错的证据即为医疗机构未尽到说明义务的证据，医疗机构未尽到说明义务本身及因果关系问题都涉及专业判断问题，而且医疗机构尽到说明义务的问题相对于患者而言属于消极事实，完全由患者进行举证可能会导致患者因专业知识、举证能力等客观原因无法举证，对此也应当适用第四条第二款的规定，即允许患者通过申请鉴定的方式来解决。同时在第二款依据《中华人民共和国侵权责任法》第五十五条的规定明确规定了医疗机构的说明义务，意在导向医疗机构对其尽到说明义务问题也要积极举证。具体而言，对本条规定的把握要注意以下三点：

1. 在价值导向上，本条规定也贯彻了对患者的举证责任缓和的理念，适当减轻了患者对于医疗机构违反说明义务时的举证证明责任，但对于到医疗机构就诊及受到损害这一基本事实则必须由患者承担举证证明责任。

---

① 《民法典》侵权责任编将“书面同意”改为“明确同意”，关于说明义务的要求自然要以《民法典》侵权责任编的规定为准。

② 对应《民法典》第一千二百一十九条。

2. 医疗机构依据《中华人民共和国侵权责任法》第六十条第一款规定主张不承担赔偿责任的，也要承担举证证明责任。就举证责任分配而言，依据本解释第四条的规定，医疗机构仍应对免责事由承担举证证明责任，此可以理解为法律的特殊规定，也符合《最高人民法院关于适用〈中华人民共和国民事诉讼法〉的解释》第九十一条规定的基本精神。对此，医疗机构通常也需要通过申请鉴定来解决。

3. 关于鉴定的申请。相对于患者而言，医疗机构是否尽到告知义务涉及专业判断问题，而且实践中患者可能也难以提交医疗机构违反说明义务的证据，这时患者就需要通过申请鉴定来解决。在此需要注意的是，本条规定与第四条相衔接，此鉴定申请是给患者缓解举证难的一个方法，并非将鉴定申请完全限定为患者一方的义务，医疗机构为维护自身诉讼权益及实体权利可以就有关专门性问题积极举证，也可以通过申请鉴定的方式来确定其过错及原因力的有无、大小。

同其他医疗损害责任纠纷一样，本着彻底化解医患矛盾的需要，对于医疗机构违反告知义务的事实认定，往往需要通过申请鉴定的方式来解决，即强化患者行为意义上的举证责任，通过释明的方式倡导医患双方来申请鉴定，弱化其结果意义上的举证证明责任。必要时，人民法院应当依照《中华人民共和国民事诉讼法》第七十六条第二款[①]的规定依职权启动鉴定。在医疗损害责任纠纷中，由于医患矛盾本身较为敏感，不仅涉及医患关系的和谐，还会影响医疗卫生事业的健康发展，因此，为彻底解决医患纠纷，可能要采取区别于普通民事案件的做法，能够通过鉴定查明案件事实来进行裁判的，尽量减少采用结果意义上的举证责任分配的规则来判决一方当事人败诉。对于双方当事人都申请鉴定的情形，则人民法院要根据案件具体情况，依据《中华人民共和国民事诉讼法》第七十六条第二款的规定依职权启动鉴定。

（二）实施手术、特殊检查、特殊治疗情形下的举证证明责任

考虑到患者的举证能力以及《中华人民共和国侵权责任法》第五十五条第一款规定的实施手术、特殊检查、特殊治疗的情况下医务人员不仅负有告知义务，还有取得患者或者患者近亲属书面同意的义务。为弥补患者举证能力不足可能带来实体处理不公而影响医患纠纷彻底化解的问题，本条第二款对患者作出了进一步的举证责任缓和，规定了对于实施手术、特殊检查、特殊治疗的情形，由医疗机构承担尽到说明义务并取得患者或者患者近亲属的书面同意的举证责任。理由在于：（1）医疗机构客观上掌控着患者的病历资料，医疗机构对其尽到说明义务比较容易完成举证；（2）实施手术、特殊检查、特殊治疗对患者而言影响较大，要求医疗机构承担举证责任，有利于督

① 现为《民事诉讼法》（2021 年修正）第七十九条第二款。

促医疗机构规范诊疗行为，切实维护患者合法权益；（3）在举证责任分配上适度平衡患者与医疗机构之间的关系，也有利于构建和谐的医患关系。

当然，鉴于《中华人民共和国侵权责任法》第五十六条[①]规定了“因抢救生命垂危的患者等紧急情况，不能取得患者或者其近亲属意见的，经医疗机构负责人或者授权的负责人批准，可以立即实施相应的医疗措施”，即在这一情形下医疗机构不能取得患者或者其近亲属意见，当然也就没有取得他们书面同意的可能，故在此情形下医疗机构不必就其尽到说明义务及取得书面同意的问题承担举证责任。

此外，本款又规定了一个除外条款，即在患者提供了相反证据证明的情况下，仍应认定医疗机构未尽到说明义务，以有效保护患者合法权益。因为实践中，书面同意的内容与说明义务的要求有时可能会不尽一致，对于只要患者书面同意的，一概认定医疗机构尽到说明义务，未免过于绝对。故肯定患者或者其近亲属书面同意在形式上具有能够证明医疗机构尽到说明同意义务的证据效力，同时允许患者一方通过反证予以反驳，无疑更加符合审判实践的具体情况，也有利于医患纠纷的彻底化解。当然，由于诊疗活动中说明义务的专业性，这里的反证，患者也可以通过申请鉴定来解决。

——杜万华主编:《最高人民法院医疗损害责任司法解释理解与适用》，人民法院出版社 2018 年版，第 112~115 页。

310. 医疗产品责任案件中如何分配举证责任

关键词

医疗产品责任　举证责任

最高人民法院司法解释

第七条　患者依据民法典第一千二百二十三条规定请求赔偿的，应当提交使用医疗产品或者输入血液、受到损害的证据。

患者无法提交使用医疗产品或者输入血液与损害之间具有因果关系的证据，依法申请鉴定的，人民法院应予准许。

医疗机构，医疗产品的生产者、销售者、药品上市许可持有人或者血液提供机构主张不承担责任的，应当对医疗产品不存在缺陷或者血液合格等抗辩事由承担举证证明责任。

——《最高人民法院关于审理医疗损害责任纠纷案件适用法律若干问题

---

① 对应《民法典》第一千二百二十条。

的解释》(2020 年 12 月 29 日修正)。

附录：最高人民法院主流观点

（一）关于患者的举证证明责任

依据本条规定，患者应当提供使用医疗产品或者输入血液的证据，这些往往需要以病历资料的记载作为证据。在此要注意的是，对于医疗产品责任纠纷，这里还隐含着患者需证明存在诊疗关系事实的证据，这需要综合挂号单、交费单、病历、出院证明以及其他能够证明存在医疗行为的证据加以认定。如果患者不能对此加以证明，则应当按照举证证明责任分配的规则承担相应的不利后果。

对于患者能够证明使用过该医疗器械，或者处方载明某一药品，且有医疗机构开具的发票，即可满足使用医疗产品的证据。但是对于实践中仅是医疗机构开具处方，患者并未在该医疗机构而是到药店购买药品的情形，这时医疗机构并不具备类似销售者之地位，医疗机构并未因该药品的销售而获益，且医疗机构处方开具的药品当然应该理解为是没有缺陷的药品，这时该医疗机构不应该是责任主体，仅以该医疗机构开具的处方不能认定患者完成了医疗产品责任纠纷中有关因果关系的初步证据。进而言之，这一情形不应该属于医疗产品责任纠纷，而应为产品责任纠纷。当然如果这时存在医疗机构诊疗过错，比如误诊误治的情形，如果这一情形与药品缺陷共同造成了损害，则按照民事案件案由确定的规则，这时应属于并列的医疗损害责任纠纷与产品责任纠纷。

（二）关于医疗产品的生产者、销售者以及医疗机构的举证证明责任

1. 对于医疗产品不存在缺陷的举证证明责任

即应当对医疗产品符合有关国家、行业的强制标准或者不存在危及人身财产安全不合理危险情况承担举证证明责任。对此就需要说明一下有关产品缺陷认定标准问题。

对医疗产品缺陷的判断，应该根据《中华人民共和国产品质量法》第四十六条的规定作出，即“是指产品存在危及人身、他人财产安全的不合理的危险；产品有保障人体健康和人身、财产安全的国家标准、行业标准的，是指不符合该标准”。具体如何适用该条标准判断医疗产品是否存在缺陷，则要根据具体案件具体分析。一般来说，产品存在缺陷，即产品存在“不合理危险”。按照标准化法的规定，对在全国范围内需要统一技术要求的产品，由国务院标准化行政主管部门制定国家标准。对没有国家标准而又需要在全国某个行业范围内统一技术要求的产品，由国务院有关行政主管部门制定行业标准，并报国务院标准化行政主管部门备案。如果产品有上述保障人体健康、人身财产安全的国家标准、行业标准的，产品缺陷“是指不符合该标准”的

规定，这是从方便对缺陷产品认定的角度出发作出的规定。需要指出的是，如果产品的各项性能指标都符合该产品的强制性标准，是否可据此判定该产品不存在缺陷呢？某一产品的强制性标准，可能并未覆盖该产品的全部安全性能指标（特别对某些新产品更是如此），在这种情况下，如果因该产品中的某项属于国家强制性标准、行业标准中未作出规定的性能指标不符合保障人身、财产安全的要求，可能造成他人损害的，仍可判定该产品存在缺陷。①

2. 对于免责与减责事由的举证证明责任

从目前已经制定的法律来看，对生产者免除产品责任作出明确规定的主要是《中华人民共和国产品质量法》。该法第四十一条第二款规定，生产者不承担产品责任的情形主要有：

（1）生产者能够证明未将产品投入流通的。产品责任仅发生在投入流通中的产品，如果产品未投入市场流通，则不发生缺陷产品造成他人损害的产品责任。根据《中华人民共和国产品质量法》的规定，产品应当是经过加工、制作，用于销售的产品。这里所讲“未将产品投入流通”，是指生产者生产的产品虽然经过了加工制作，但是没有投入市场流通。

（2）生产者能够证明产品投入流通时，引起损害的缺陷尚不存在的。这里所讲“产品投入流通时”“引起损害的缺陷尚不存在”，是指生产者能够证明其将产品投放市场、转移到销售商或者直接出售给购买者时，产品并不存在缺陷。

（3）生产者能够证明将产品投入流通时的科学技术水平尚不能发现缺陷的存在的。由于科学技术的发展，根据新的科学技术，可能会发现过去生产并投入流通的产品存在缺陷，但该缺陷是产品投入流通时的科学技术水平不能发现的，对此生产者不承担责任。这是生产者当时生产产品时无法掌握、难以预见到的，对其免除责任是合理的。② 这一规则对于医疗产品责任主体同样适用。依据本条第三款的规定，医疗产品的生产者、销售者及医疗机构主张上述免责事由的，要承担相应的举证证明责任。这实际上与《最高人民法院关于民事诉讼证据的若干规定》第四条第六项规定的“因缺陷产品致人损害的侵权诉讼，由产品的生产者就法律规定的免责事由承担举证责任”的基本精神是一致的。

上述有关医疗机构的举证责任事项，比如医疗产品有无缺陷的问题以及医疗损害与医疗产品之间有无因果关系问题，往往涉及专业判断问题，需要

① 王胜明主编：《〈中华人民共和国侵权责任法〉条文解释与立法背景》，人民法院出版社 2010 年版，第 173~174 页。

② 王胜明主编：《〈中华人民共和国侵权责任法〉条文解释与立法背景》，人民法院出版社 2010 年版，第 176 页。

通过申请鉴定来解决。对此，对有关构成要件事实承担举证证明责任的当事人，应当首先作为启动鉴定程序的申请主体。必要时，基于查明案件事实和彻底化解纠纷的需要，人民法院应当依职权委托鉴定。

——杜万华主编：《最高人民法院医疗损害责任司法解释理解与适用》，人民法院出版社 2018 年版，第 144~152 页。

311. 销售企业或经销商的虚假宣传行为与消费者延误治疗是否具有关联的举证责任分配

关键词

虚假宣传行为　消费者权益　举证责任分配

最高人民法院公报案例

颜荷莲、程玉环诉周宜霞、吉林天药科技有限责任公司等侵权责任纠纷案（安徽省高级人民法院民事判决书）

裁判摘要：根据谁主张谁举证的举证规则，销售企业或经销商的虚假宣传行为与消费者延误治疗是否具有关联，以及与消费者死亡是否存在因果关系及参与度如何确定，应由死者近亲属承担相应举证责任。如当事人未能提供证据或者证据不足以证明其事实主张的，依法由负有举证证明责任的当事人承担不利的后果。

法院认为：关于本案受害人苏文菊是否因为涉案产品的宣传延误治疗，苏文菊的死亡与涉案产品是否存在因果关系，上诉人颜荷莲、程玉环是否应承担因客观原因无法鉴定的法律后果的问题。

从苏文菊检查出病症、接受治疗直至死亡的过程来看，2010 年 8 月苏文菊经医院诊断发现其右乳出现肿块并疑似恶性肿瘤时，苏文菊未作进一步检查和治疗，至次年 8 月经医院确诊为右乳癌伴右腋下淋巴结并转移至肝肺等部位，此后苏文菊辗转在多家医院进行治疗，后因医治无效于 2013 年 1 月 5 日死亡。苏文菊作为完全民事行为能力人，在医院诊断其右乳肿块疑似恶性肿瘤时，未及时接受医疗机构诊疗，疏于关注个人生命安危，是死亡的客观原因和主导因素。在上诉人周宜霞得知苏文菊右乳生有肿块时，苏文菊是否罹患乳腺癌尚未经医疗机构确诊。周宜霞作为普通的个体经营者，对右乳肿块的发展、演化及后果不具备医务工作者的专业判断能力。周宜霞在推销“活力宝”产品过程中的不实宣传行为，虽与苏文菊没有通过常规方法、程序治疗自身存在一定牵连，但鉴于苏文菊订购产品的包装盒、瓶身及产品说明书对产品疗效和注意事项予以了提示，苏文菊对此应具备常人的基本辨识能力，主观上对“活力宝”产品属性为“保健品”、产品功能限于“免疫调节、抗疲劳”以及“本品不能替代药物”的注意事项是知情的，其未及时寻医就诊，系其自身对所患肿瘤性质的错误预估和判断所致。同时，癌症为凶险顽症，人类目前的医学科技水平难以治愈。颜荷莲和程玉环称苏文菊贻误诊疗时机，与周宜霞等夸大宣传“活力宝”产品的功效存在关联并致苏文菊死亡，应提供证据予以证明。本案中，上诉人颜荷莲和程玉环虽申请就苏文菊死亡与周宜霞等夸大宣传、贻误治疗时机的因果关系及原因力大小进行鉴定，但因相关鉴定机构对其申请评定的事项无法鉴定等客观原因，致苏文菊死亡、贻误诊疗时机与周宜霞及上诉人天药生物公司违规宣传之间的因果关系及参与度无法确定。因本案系一般侵权赔偿纠纷，根据谁主张谁举证的举证规则，颜荷莲、程玉环应承担相应的不利法律后果。

——《最高人民法院公报》2019 年第 1 期。

312. 确认或否认亲子关系的举证责任

关键词

亲子关系　亲子鉴定　举证责任

最高人民法院司法解释

第三十九条　父或者母向人民法院起诉请求否认亲子关系，并已提供必要证据予以证明，另一方没有相反证据又拒绝做亲子鉴定的，人民法院可以认定否认亲子关系一方的主张成立。

父或者母以及成年子女起诉请求确认亲子关系，并提供必要证据予以证明，另一方没有相反证据又拒绝做亲子鉴定的，人民法院可以认定确认亲子关系一方的主张成立。

——《最高人民法院关于适用〈中华人民共和国民法典〉婚姻家庭编的解释（一）》（2020 年 12 月 25 日，法释〔2020〕22 号）。

附录：最高人民法院主流观点

亲子关系的确认或否认，对于一个家庭以及父母、子女来说，不仅涉及一系列权利义务的产生、消灭，更是人身关系的重大改变，直接影响家庭和睦、社会和谐。人民法院在审查此类案件中证据时，务必慎之又慎，严格依据证据规则对当事人提交的证据审核和认定。对提起亲子关系诉讼的一方当事人来说，其提供的证据可能不够充分，但必须能够形成合理证据链条证明当事人之间可能存在或者不存在亲子关系。其申请亲子鉴定只是对所举证据的一种补充（补强）而不是作为其主张的唯一证据。对其所举证据与待证事实之间的关系可以从两个方面来把握：第一，所举证据是否形成合理的链条，达到使裁判者相信可能确实存在这样的事实；第二，按照民事诉讼证据规则，其举出的证据虽不充分，但足以达到转移举证责任的条件。当然，所谓使裁判者相信，不应理解为某个裁判者的主观臆断，而是指裁判者遵循现代自由心证原则，即依照法定程序，全面、客观地审核证据，依据法律规定，遵循法官职业道德，运用逻辑推理和日常生活经验对证据进行综合判断后得出的结论。[①] 一般而言，请求确认或否认亲子关系，应当提供充分证据予以证明。请求确认亲子关系，应当提供亲子鉴定报告等可证明血缘关系的证据。请求否认亲子关系，一般应当提供证据证明存在下列情形之一：一是在妻子受胎期间，有明显证据证明双方不存在同居的事实，包括异地工作证明、行程证明、证人证言等可以形成完整证据链的综合证据。二是丈夫有生理缺陷或没有生育能力，包括时间不能、空间不能、生理不能。可通过医院医学证明等相关证据综合判断。三是子女和其他人存在血缘关系，包括子女和其他人亲子鉴定报告等证据，可以证明子女和其他人存在生物学意义上的亲子关系。

此外，《最高人民法院关于适用〈中华人民共和国民法典〉婚姻家庭编的解释（一）》第三十九条确定的亲子关系确认或否认之诉中，亲子鉴定报告是重要的证据，对于亲子关系的认定、法官自由心证的形成都起到重要影响。如当事人双方均配合，提供检材做亲子鉴定，则亲子鉴定报告基本对于亲子关系的认定形成决定性作用。而实践中，很多情况是对方当事人并不配合提供检材，法院又不宜强制当事人进行鉴定，在此种情形下导致案件审理缺少亲子鉴定报告作为定案证据，此时就可以依据《最高人民法院关于适用〈中华人民共和国民法典〉婚姻家庭编的解释（一）》第三十九条规定进行推定认定。

——最高人民法院民事审判第一庭编著：《最高人民法院民法典婚姻家庭编司法解释（一）理解与适用》，人民法院出版社 2021 年版，第 373~374 页。

---

① 最高人民法院民事审判第一庭编著：《最高人民法院婚姻法司法解释（三）理解与适用》，人民法院出版社 2011 年版，第 51 页。

313. 父母双方变更子女直接抚养关系的协议，是人民法院判断是否变更子女直接抚养关系的证据之一

关键词

抚养关系 抚养协议 证据

最高人民法院司法解释

第五十七条 父母双方协议变更子女抚养关系的，人民法院应予支持。

——《最高人民法院关于适用〈中华人民共和国民法典〉婚姻家庭编的解释（一）》（2020年12月25日，法释〔2020〕22号）。

附录：最高人民法院主流观点

司法实务中，父母双方变更子女直接抚养关系的协议往往被一方用于作为诉讼中主张变更子女直接抚养关系的证据。该协议如果合法有效，则可直接证明，父母双方均已经同意变更子女直接抚养关系。但是必须强调的是，变更子女直接抚养关系除了考虑父母意愿，还应根据最有利于未成年子女原则，综合考虑双方抚养条件、抚养能力、变更子女生活、学习环境可能给子女带来的影响，以及8周岁以上未成年子女的个人意愿甚至在隔代抚养情形下还要考虑子女与祖父母、外祖父母之间的情感依赖等因素，故人民法院在审理此类案件时，不能产生父母双方一旦达成变更子女直接抚养关系的合法有效协议，就应直接裁判变更子女直接抚养关系的机械理解。也即，父母达成的变更子女直接抚养关系的协议可以作为变更子女直接抚养关系的直接证据，但并不必然导致子女直接抚养关系的变更。此外，就《最高人民法院关于适用〈中华人民共和国民法典〉婚姻家庭编的解释（一）》第五十七条所指协议而言，应是指父母双方就直接变更子女直接抚养关系达成一致且明确的意见。如果协议中关于变更子女直接抚养关系的条款存在理解分歧，从维护未成年子女既有生活学习环境稳定出发，一般不宜依据该协议，作出变更子女直接抚养关系的裁判。例如“若女方在某市有固定的工作或经济能力抚养孩子，并且对子女健康成长有利的情况下，男方同意变更抚养权”是附条件变更直接抚养关系的约定，由于父母双方对该条中何为“在某市有固定的工作或经济能力抚养孩子，并且对子女健康成长有利的情况”存在理解分歧，故不宜据此变更子女直接抚养关系。

——最高人民法院民事审判第一庭编著：《最高人民法院民法典婚姻家庭编司法解释（一）理解与适用》，人民法院出版社2021年版，第499页。

314. 受胁迫一方以缔结婚姻时系因受到胁迫而为意思表示为由，向人民法院请求撤销婚姻应当承担相应的举证证明责任

关键词

撤销婚姻　胁迫　举证证明责任

最高人民法院司法解释

第十八条　行为人以给另一方当事人或者其近亲属的生命、身体、健康、名誉、财产等方面造成损害为要挟，迫使另一方当事人违背真实意愿结婚的，可以认定为民法典第一千零五十二条所称的“胁迫”。

因受胁迫而请求撤销婚姻的，只能是受胁迫一方的婚姻关系当事人本人。

——《最高人民法院关于适用〈中华人民共和国民法典〉婚姻家庭编的解释（一）》（2020 年 12 月 25 日，法释〔2020〕22 号）。

附录：最高人民法院主流观点

《民事诉讼法》第六十四条第一款[①]规定：“当事人对自己提出的主张，有责任提供证据。”《民事诉讼法司法解释》第九十条规定：“当事人对自己提出的诉讼请求所依据的事实或者反驳对方诉讼请求所依据的事实，应当提供证据加以证明，但法律另有规定的除外。在作出判决前，当事人未能提供证据或者证据不足以证明其事实主张的，由负有举证证明责任的当事人承担不利的后果。”受胁迫一方基于其受到胁迫而为意思表示违背其内心真意的事实，提出撤销婚姻关系的请求，就受胁迫的事实主张，依法应当提供证据证明。而且，《民事诉讼法司法解释》第一百零九条规定：“当事人对欺诈、胁迫、恶意串通事实的证明，以及对口头遗嘱或者赠与事实的证明，人民法院确信该待证事实存在的可能性能够排除合理怀疑的，应当认定该事实存在。”该证明标准的规定，明显高于该解释第一百零八条规定的“高度可能性”的一般事实证明标准。

证明标准针对不同证明对象和待证事实，具有不同层次性、多元性特点，这在大陆法系国家和英美法系国家的立法和司法实践中均有体现。我国 2015 年制定《民事诉讼法司法解释》时，明确将对欺诈、胁迫、恶意串通等特殊事实的证明标准，提高到了排除合理怀疑的程度。从相应实体法规定角度看，表述为“足以”等内容的实体法规定，体现了对此类待证事实提高证明标准

---

① 现为《民事诉讼法》（2021 年修正）第六十七条第一款。

的立法倾向，在审判实践中，应当适用高于高度可能性标准的证明标准。在撤销婚姻关系案件审理中，对是否存在胁迫事实，应当注意适用《民事诉讼法司法解释》第一百零九条规定的排除合理怀疑的证明标准，在清晰且令人信服的证据可以证明胁迫事实的情况下，方可认定受胁迫方主张的该等事实存在。

——最高人民法院民事审判第一庭编著：《最高人民法院民法典婚姻家庭编司法解释（一）理解与适用》，人民法院出版社 2021 年版，第 181~182 页。

315. 债务人婚前所欠债务用于婚后家庭共同生活的证明标准

关键词

婚前个人债务　婚后共同债务　证明责任

最高人民法院司法解释

第三十三条　债权人就一方婚前所负个人债务向债务人的配偶主张权利的，人民法院不予支持。但债权人能够证明所负债务用于婚后家庭共同生活的除外。

——《最高人民法院关于适用〈中华人民共和国民法典〉婚姻家庭编的解释（一）》（2020 年 12 月 25 日，法释〔2020〕22 号）。

附录：最高人民法院主流观点

婚前个人债务向婚后共同债务的转化，必须以婚前所欠债务用于婚后家庭共同生活为条件，债权人对此事实应当承担证明责任。在司法实践中，婚前个人债务向婚后共同债务的转化有多种类型：一方婚前举债购置大量结婚用品，婚后为夫妻双方共同生活所需要时，可以转化为婚后共同债务；一方婚前借款装修房屋，该房屋供夫妻双方婚后共同居住或共同使用的。总之，判断一方婚前债务与婚后共同生活之间的因果联系，应当结合债务人举债的目的、用途以及婚后共同生活的需要等诸多因素综合判断。

在实施《最高人民法院关于适用〈中华人民共和国民法典〉婚姻家庭编的解释（一）》第三十三条的过程中，除应当注意对一方婚前债务如何转化为婚后的共同债务的审查外，还要防止另外两种倾向：一是不能将一方婚前的全部债务转移给债务人的配偶，加重夫妻双方中另一方的责任。例如，一方婚前投资经营所负的债务、一方婚前因侵权行为所负的债务、一方婚前为自己亲属的婚丧嫁娶所负的债务、一方婚前因从事违法行为受到国家机关处罚时所负的债务等，只要一方婚前债务与夫妻婚后共同生活无关，不能要求债务人的配偶对该债务承担清偿责任。二是不能对债权人的举证责任设定较为苛刻的要求，使债权人的权利无法获得司法的救济。应当承认，由于一方婚前债务向婚后共同债务的转换，必须以所欠债务用于婚后共同生活为要件，这就使得债权人完成证明责任十分困难。如果我们对债权人承担证明责任的要求过于严苛，实际上无法真正保护债权人的合法权利。如债权人主张债务人婚前所负债务主要用于婚后共同生活，并举证证明了借款的时间、结婚的时间以及结婚时购置的大量物品等，由此可以推定债务人所负债务用于婚后共同生活。此时，人民法院可以要求债务人及其配偶就否认的事实承担证明责任。如果夫妻双方能够举证证明结婚时购置的物品或其他夫妻共同财产的形成，与债务人婚前所举债务无关，债务人的配偶就不应承担该债务的清偿责任；如果双方所持证据均不能完全证明自己的主张时，应当按照《民事诉讼法司法解释》第一百零八条规定的原则处理，即作为主张事实成立的一方，债权人负有举证证明的责任，其所举证据应当需要达到高度可能性证明标准；而对于作为抗辩一方的配偶，虽然其就抗辩主张也应当提供证据予以证明，但因其在诉讼中是防御的一方，其所举证据只要达到让债权人主张的事实达到真伪不明的程度即可。

——最高人民法院民事审判第一庭编著：《最高人民法院民法典婚姻家庭编司法解释（一）理解与适用》，人民法院出版社 2021 年版，第 323~324 页。

316. 诉讼时效期间届满的证明责任

关键词

诉讼时效期间届满　证明责任

《中华人民共和国民法典》条文

第一百九十二条　诉讼时效期间届满的，义务人可以提出不履行义务的抗辩。

诉讼时效期间届满后，义务人同意履行的，不得以诉讼时效期间届满为由抗辩；义务人已经自愿履行的，不得请求返还。

附录：最高人民法院主流观点

关于诉讼时效期间届满的证明责任，实践中存在不一致的认识和做法。有观点认为，应以权利成立后是否超过 3 年为标准分配证明责任，对于超过 3 年的债权，应由债权人承担证明责任，证明债权诉讼时效期间未届满；也有观点认为，时效抗辩为权利妨害抗辩，应由主张一方即债务人承担证明责任；

还有观点为，债权人主张债权，应当由其证明债权诉讼时效期间未届满，法院方能支持。

上述观点没有区分行为意义上的举证责任和结果意义上的证明责任。对于行为意义上的举证责任，为避免出现败诉或真伪不明的后果，双方都有提出证据的需求和义务。但是对于结果意义上的证明责任，是由一方确定承担的，不会因为债权人的不同、主张债权的时间上的不同而有变化。

《民事诉讼法司法解释》第九十一条规定："人民法院应当依照下列原则确定举证证明责任的承担，但法律另有规定的除外：（一）主张法律关系存在的当事人，应当对产生该法律关系的基本事实承担举证证明责任；（二）主张法律关系变更、消灭或者权利受到妨害的当事人，应当对该法律关系变更、消灭或者权利受到妨害的基本事实承担举证证明责任。"根据该条规定，我国《民事诉讼法》对结果意义上的证明责任采取的是法定证明责任，即主张权利受到妨害的当事人，应当对该权利受到妨害的基本事实承担举证证明责任，也即在真伪不明时，由债务人承担诉讼时效届满的证明责任，否则承担不利后果。

需要说明的是，结果意义上的证明责任只在真伪不明时才适用，双方为避免败诉或出现真伪不明，都会积极地行使举证责任，人民法院也应该引导、鼓励当事人提交证据，但是这不是结果意义上的证明责任分配。例如，在上述观点中，对于权利成立时间超过3年的，债权人为避免败诉，会积极对知道或应当知道权利受侵害的时间以及诉讼时效期间存在中止、中断等事由进行举证；而债务人会对权利侵害超过3年等事实进行举证。但是，债权人的举证是为了获得胜诉，从理论上说，因为结果意义上的证明责任在债务人，债权人可以不举证，任由债务人证明诉讼时效届满或者陷入真伪不明。当然，作为一个理性的诉讼当事人，在能够提供证据的情况下是不会放弃行为意义上的举证责任的。

——最高人民法院民法典贯彻实施工作领导小组主编：《中华人民共和国民法典总则编理解与适用》，人民法院出版社2020年版，第972~973页。

317. 公文书证真实性的证明责任

关键词

公文书证　真实性　证明责任

最高人民法院审判业务意见（第一巡回法庭民商事主审法官会议纪要）

公文书证经由具备相应职能、职责的国家机关或事业单位按照法定程序或方式作出，通常具有较强的证明力。但是，公文书证的真实性不能仅凭公文书证的签章以及文件外观推定，而应结合案件具体情况，如证据提出时间，当事人之前是否有提交虚假证据的行为，当事人提交的公文书证与之前陈述、其他证据是否存在矛盾等情形综合判断。本案中易某提交的离婚证虽属公文书证，但其在原审一审中从未主张其与周某已离婚，且其曾提供虚假材料申请补发离婚证，相关行政部门又出具无离婚档案的书面证明。现易某提供第二份离婚证并申请再审，该离婚证的真实性未经证实，且反映的事实明显与本案其他证据反映的事实相矛盾，因此，认定易某未完成证明责任，应承担不利后果。

附：案情简介

原告卢某与被告周某等因借款合同纠纷诉至法院。卢某起诉要求周某等以及周某配偶易某承担连带清偿责任。易某在该案一审及同期其他案件中从未主张其已经与周某离婚。该案二审中易某主张已与周某离婚，但未提供证据予以证明。相反原告卢某提供的由公安机关出具的《常住人口信息表》载明，周某与易某为夫妻关系。一、二审法院判决易某对周某应承担的债务份额承担共同清偿责任。

该案二审判决后，易某以离婚证遗失为由向乙市丙区民政局申请补发离婚证，乙市丙区民政局为易某补发离婚证。卢某与乙市丙区民政局、周某、易某民政行政登记一案中，法院查明易某申请补发离婚证时，提交的形成于1993年8月20日、加盖有原“乙市丁乡人民政府”字样印章的离婚证（以下简称1993年离婚证），经鉴定，印文并非乙市丁乡人民政府当时使用的印章盖印形成。法院终审判决撤销乙市丙区民政局为易某补发的离婚证。

之后，易某以其与周某于1993年已经离婚，不应承担共同清偿责任为由，对周某与卢某借款合同纠纷一案申请再审，并提交一份发证日期为1994年3月18日，加盖乙市丁乡民政办公室印章的离婚证（以下简称1994年离婚证），易某称该证系遗失1993年离婚证后补办，因此前一直没找到故未及时提交。卢某认为该证有涂改痕迹，对真实性不予认可，且提交了一份丙区丁镇民政室出具的《情况说明》予以反驳。该《情况说明》记载：“周某、易某在我丁镇（丁乡）民政室1994年期间无离婚档案属实。”

——最高人民法院第一巡回法庭编著：《最高人民法院第一巡回法庭民商事主审法官会议纪要》（第1卷），中国法制出版社2020年版，第104~105页。

318. 加班事实的举证责任由劳动者承担

关键词

劳动者　加班事实　举证责任

最高人民法院司法解释

第四十二条　劳动者主张加班费的，应当就加班事实的存在承担举证责任。但劳动者有证据证明用人单位掌握加班事实存在的证据，用人单位不提供的，由用人单位承担不利后果。

——《最高人民法院关于审理劳动争议案件适用法律问题的解释（一）》（2020 年 12 月 29 日，法释〔2020〕26 号）。

附录：最高人民法院主流观点

按照我国《民事诉讼法》和《民事诉讼法司法解释》确定的法律要件分类说的举证责任的分配规则，主张权利存在的当事人对作为该权利发生原因的事实承担证明责任，而主张权利不存在（对权利存在争议）的当事人对作为权利消灭原因的事实承担证明责任。劳动者主张加班费的诉讼请求，其法律属性为主张劳动报酬请求权。因此，劳动者应当对劳动报酬请求权发生原因的事实即加班的事实承担举证责任。

由于劳动者承担加班事实的举证责任（客观证明责任），该证明责任的分配也会影响劳动者的举证活动。例如，在劳动者提出加班费的诉讼请求后，如果劳动者未提出证明加班事实存在的证据或者提出的证据难以使法官产生确信，则主观证明责任于此发挥作用，即使用人单位未提出任何相反证据，劳动者也将承担诉讼请求得不到支持的不利后果。如果劳动者提出的证据使法官产生内心确信，而用人单位未提出相反证据或者提出的证据难以动摇法官的内心确信，则用人单位承担不利后果。反之，如用人单位提出的证据能够动摇法官的内心确信，则劳动者仍应承担诉讼请求难以得到支持的不利后果。换言之，加班事实要么存在、要么不存在，法官都应作出相应判决，这些都是主观证明责任发挥作用的场合。但是，如果法官在进行证明评价之后仍然难以产生内心确信，则该事实处于真伪不明的状态，此时客观证明责任发挥作用，由承担证明责任的劳动者承担不利后果。

——最高人民法院民事审判第一庭编著：《最高人民法院新劳动争议司法解释（一）理解与适用》，人民法院出版社 2021 年版，第 517 页。

319. 因用人单位终止劳动合同引发争议的举证责任分配

关键词

用人单位　劳动合同终止　举证责任

最高人民法院司法解释

第四十四条　因用人单位作出的开除、除名、辞退、解除劳动合同、减少劳动报酬、计算劳动者工作年限等决定而发生的劳动争议，用人单位负举证责任。

——《最高人民法院关于审理劳动争议案件适用法律问题的解释（一）》（2020 年 12 月 29 日，法释〔2020〕26 号）。

附录：最高人民法院主流观点

劳动合同终止，是指劳动合同效力被消灭，亦即劳动关系因某种法律事实的出现而终结。劳动合同解除是指在劳动合同履行过程中，由于某些原因导致当事人双方提前解除劳动权利和义务关系。劳动合同解除和终止作为劳动关系消灭的两种情形，虽然两者在成就条件、程序、法律后果、维权手段等诸多方面均存在差异，但从法律效果来看，其结果都是导致劳动关系归于消灭，而且均系因用人单位行使用工管理权引发，加之《最高人民法院关于审理劳动争议案件适用法律问题的解释（一）》第四十四条规定对举证责任倒置适用情形采取的开放性表述方式，因此，根据本条规定的制定缘由和目的，因用人单位终止劳动合同引发的争议，举证责任应当由用人单位对终止劳动合同合法性承担举证责任。

关于劳动合同终止，《劳动法》和《劳动合同法》规定存在差异。根据《劳动法》第二十三条规定，劳动合同期满或者当事人约定的劳动合同终止条件出现，劳动合同即行终止，即劳动合同终止条件分为法定条件和约定条件，亦即用人单位可以和劳动者在劳动合同中约定劳动合同的终止条件。只要约定的终止条件不违背法律、行政法规强制性规定，用人单位可以依据约定终止双方劳动合同。但是，根据《劳动合同法》第四十四条规定，劳动合同的终止条件只有法定条件，取消了约定条件。《劳动合同法》由此调整是为了防止用人单位滥用劳动合同终止的约定条款，随意终止劳动合同。就《劳动法》和《劳动合同法》关于劳动合同约定终止的冲突性规定，学界和实务界普遍认为应当适用《劳动合同法》规定，用人单位不得通过与劳动者约定《劳动合同法》法定终止条件以外的合同终止条件，不得随意终止劳动合同。因此，因用人单位终止劳动合同引发争议时，用人单位应对其终止决定符合法定条件承担举证责任，而不能以其终止决定符合双方约定为由主张合法终止。

——最高人民法院民事审判第一庭编著：《最高人民法院新劳动争议司法解释（一）理解与适用》，人民法院出版社 2021 年版，第 548~549 页。

320. 用人单位承担倒置举证责任的具体内容和范围

关键词

用人单位　劳动合同　举证责任倒置

最高人民法院司法解释

第四十四条　因用人单位作出的开除、除名、辞退、解除劳动合同、减少劳动报酬、计算劳动者工作年限等决定而发生的劳动争议，用人单位负举证责任。

——《最高人民法院关于审理劳动争议案件适用法律问题的解释（一）》（2020 年 12 月 29 日，法释〔2020〕26 号）。

附录：最高人民法院主流观点

《最高人民法院关于审理劳动争议案件适用法律问题的解释（一）》第四十四条规定的举证责任倒置是指由用人单位对劳动者具备被“开除、除名、辞退、解除劳动合同、减少劳动报酬、计算劳动者工作年限等”条件以及用人单位作出决定符合法定程序承担举证责任。如用人单位以劳动者严重违反规章制度为由作出解除双方劳动合同通知或决定，根据《劳动合同法》相关规定，用人单位需对其存在合法有效可以作为用工管理依据的规章制度（劳动纪律）、劳动者存在严重违反该规章制度的事实以及用人单位解除劳动合同符合法定解除程序三方面事实承担举证责任，缺一不可。

——最高人民法院民事审判第一庭编著：《最高人民法院新劳动争议司法解释（一）理解与适用》，人民法院出版社 2021 年版，第 550~551 页。

321. 民间借贷中大额现金交付事实的举证责任分配与证明标准

关键词

民间借贷　大额现金交付　举证责任分配　证明标准

最高人民法院司法解释

第十五条 原告仅依据借据、收据、欠条等债权凭证提起民间借贷诉讼，被告抗辩已经偿还借款的，被告应当对其主张提供证据证明。被告提供相应证据证明其主张后，原告仍应就借贷关系的存续承担举证责任。

被告抗辩借贷行为尚未实际发生并能作出合理说明的，人民法院应当结合借贷金额、款项交付、当事人的经济能力、当地或者当事人之间的交易方式、交易习惯、当事人财产变动情况以及证人证言等事实和因素，综合判断查证借贷事实是否发生。

——《最高人民法院关于审理民间借贷案件适用法律若干问题的规定》（2020 年 12 月 29 日修正）。

附录：最高人民法院主流观点

理解《民间借贷司法解释》第十五条规定，应具体把握以下两方面内容：

一、债权凭证可以推定成立借贷关系

（一）债权凭证具有直接证据效力

对于民间借贷纠纷中经常出现的原告仅凭借据、收据、欠条等债权凭证提起诉讼，要求被告归还借款的情形，司法审查应当如何掌握原则和标准，实践中存在不同观点。一种观点认为，借据等债权凭证是民间借贷法律关系的基本证据，只要该证据的真实性可以认定，就应当据此作出裁判认定。另一种观点认为，借据等债权凭证仅仅是证明民间借贷法律关系的证据之一，除此之外，出借人必须提供其他证据形成完整证据链条，否则人民法院不能确认当事人双方成立借贷关系。

能否依据借据、收据、欠条等债权凭证，认定当事人之间存在真实的民间借贷关系，需要综合考虑债权凭证的种类和性质，以及依据债权凭证是否足以认定当事人之间存在借贷合意，出借款项已经实际交付这两方面事实。

具体而言，民间借贷实务中的借据，是指由借款人书写并签字盖章的债权凭证，表明借款人向出借人借款，一般用于记载出借人、借款人、借款数额、借期、利息、借款时间等内容。收据以及收条，是表明收到他人交来的钱款的凭证，作为债权凭证的收据，必须是由出借人出具给借款人。收条通常适用于自然人之间的借贷关系中，出借人向借款人出具收条，以表明已经收到借款人给付的借款；而收据一般适用于企业作为出借人的借贷关系中，作为入账的会计材料。在收据或者收条上，通常会载明付款人、收款人、收到款项的数额、时间等内容。欠条一般是出借人单方向借款人出具，用以表明所借款项、借期、利息等内容的凭证。当然，有的欠条并不记载明确债权人，而以实际持有欠条的人为债权人。严格来讲，借据与收据（或收条）、欠条等债权凭证在内容和性质上存在区别，顾名思义，借据通常能够直接表明出借人向借款人借款的意思，或者当事人双方具有借贷的合意，而收据（或收条）则更强调款项的实际给付，欠条更强调债务人认可债务的真实存在，如果没有明确记载给付款项或者欠付款项是基于借贷行为的情况下，还需对形成收据（或收条）以及欠条的基础法律关系作出审查。

从实践的情况看，很多民间借贷关系，特别是发生在自然人之间的借款关系，双方当事人并没有签订正式的书面借款合同，往往仅通过由借款人或出借人签写借据或欠条、收条等方式记录借款事实。从理论上分析，由于法律没有要求此类借款关系的发生必须签订书面借款合同，在此类民间借贷纠纷案件中，债权凭证可以作为借款合同关系发生的直接证据。在出借人能够提供真实完整的借款凭证的情况下，一般可以先推定其与借款人之间达成了借款合同关系的合意。但是，在当事人仅能提供债权凭证而对方予以否认的情况下，特别是在被告提供相应证据证明双方之间的款项往来系基于其他法律关系时，人民法院应当对双方之间是否存在借贷合意进一步予以审查，避免过于看重钱款交付事实的审查，而忽视了双方之间借贷合意审查的问题。

同时，在民间借贷案件中，出借人是否实际向借款人履行出借款项的交付义务，需要相应证据予以证明。对于通过金融机构支付的款项，因为存在银行转账支付凭证，通常容易予以证明，而在现金交付的情况下，因货币作为一种特殊的种类物，一旦交付给借款人，往往难与借款人的自有货币区分开来，因而出借人往往只能提供借款合同或者借据、收条、欠条等证据，证明款项已经交付。如果借款人对此不予认可，否认借款真实交付，人民法院可以根据查明案件事实的需要，要求原告补充提交证据，加以综合判断。

（二）被告抗辩借款已经偿还的，双方应继续承担举证责任

根据民事诉讼法的基本理论，举证责任制度最早产生于古罗马法时代，罗马法就举证责任确认了两个基本原则，一是原告有举证之义务；二是肯定者应负举证责任。由此奠定了“谁主张，谁举证”的证明规则，对后世产生巨大影响。到了德国普通法时代，罗马法的举证规则发生演变，进一步确立了原告就其诉讼的原因事实为举证，被告就其抗辩的事件事实为举证的一般原则。而就举证责任分配的规范而言，大陆法系国家和地区，一般采取由实体法和诉讼法共同规定举证责任的分配，我国《民事诉讼法》第 64 条第 1 款规定，当事人应对自己提出的主张承担举证责任。还应注意的是，根据证据法理论，关于当事人的举证责任，存在“行为责任”“危险负担”以及“双重含义”等多种学说。其中，行为责任说认为，举证责任是指在诉讼中，当事人对于自己主张的事实，有提供证据、证词、材料、影像、音频、证人等以证明其行为真实性的责任。危险负担说又称为风险负担说、败诉风险说、结果风险说，认为举证责任是指在案件事实真伪不明时，负有举证责任的一方

当事人应当承担的败诉风险。[1]而双重含义说则认为，举证责任包括行为意义上的证明责任和结果意义上的证明责任这两层含义。前者是指对于诉讼中的待证事实，应当由谁提出证据加以证明的责任，又称形式上的证明责任、主观的证明责任、提供证据的责任；后者是指当待证事实最终处于真伪不明状态时，应当由谁承担因此而产生的不利法律后果，又称为实质上的举证责任、客观的举证责任、说服责任。但无论哪种学说，当事人的举证责任以及举证责任的分配，其目的均在于使实体法更能客观有效地运用在审判实践中，更有利于兼顾法律的公平和公正。

据此，在民间借贷纠纷案件中，出借人向法院提交借据、收据和欠条等债权凭证，被告抗辩所借款项已经偿还的，应当由被告对借款已经偿还的事实提供相应的证据证明，而原告则应就借款事实的存续承担举证责任。具体而言，在民间借贷纠纷的诉讼活动中，被告抗辩已经偿还借款的，将会产生三方面的法律效果：（1）人民法院可以将被告提出的该项抗辩，认为是被告对双方存在真实借款关系作出自认，一般可以直接对该事实予以确认。（2）被告提出借款已经归还的抗辩，属于对权利消灭的主张，应由借款人对主张的相应事实的存在承担举证责任，并应当由其提供证据加以证明。（3）在被告对于已经偿还借款的事实予以证明的情况下，原告应当进一步举证证明，双方的借款关系仍然存续。

二、人民法院应综合认定借贷事实是否发生

（一）综合认定借贷事实的方法

1. 擅于运用自由心证。从理论上讲，事实认定是指法官根据经验法则，通过对证据材料的审查和其证明力的认定、判断、取舍，对比各方当事人不同证据的证明力，推断当事人之间既往法律关系的事实过程。这一过程中所涵盖的对于经验法则的选择与运用，以及对证据证明力的判断等，都不能通过明确的法律规定来实现，要依靠法官在案件审理过程中的自由心证。我国现行法律虽未明确规定自由心证原则，但在相关规定中已经体现了自由心证的精髓和要义，其核心在于法官在对待证据方法、证据资料的证明力以及事实推定方面并非完全自由，仍须受到来自外在和内在两个方面的制约。[2]首先，事实认定在本质上关涉客观事实与法律事实的关系问题。诉讼活动中，法官遵循实体与程序并重的原则，以穷尽方式追求客观事实，以期还原事实真相。但现实中，仍不可避免地存在着客观事实根本无法查清的情况，因此发现真实并非民事诉讼的唯一目标，在一定情况下，它必须向其他更重要的目的让步，当法的价值发生冲突之时，应当将正义与秩序作为价值取舍的最高标准

---

① 参见江伟主编：《民事诉讼法》（第五版），中国人民大学出版社 2011 年版，第 178 页。

② 参见张卫平：《自由心证原则的再认识：制约与保障》，载《政法论坛》2017 年第 4 期。

以追求一种相对的真实，这就决定了人民法院以事实为根据中的“事实”只能是法律事实，只能以证据能够证明的案件事实作为裁判的依据。[①] 其次，法官依据证据材料认定案件事实，是其进行裁判的必经过程，法官应当严格按照法定程序，对证据予以全面、客观的核实，以维护当事人的证据利益，提高事实认定的可靠度。在没有足够的、真实可信的证据来证明案件事实的情况下，法官需要结合经验法则和逻辑法则来综合认定案件事实。因经验法则和逻辑法则的选择和运用对法官的要求很高，并且在既有材料基础之上反向推演所确认的事实，完全有可能被新的证据推翻，为了保证事实认定相对客观，在诉讼程序上，应当允许当事人提出质疑或者补充证据。

2. 证据达到证明标准。当事人提供的证据应当达到一定的证明标准。证明标准，是指法律要求在诉讼中运用证据证明案件事实应当达到的程度，从诉讼法的角度，只有一项事实主张被证明到证明标准以上的确定程度，法官才能认定其为真，否则就只能认定其为伪或者真伪不明。[②] 由于法律传统与法律思维方式的不同，各国法律对证明标准的具体表述存在差异，但总体上可以分为三个层次：合理可能性标准、高度盖然性标准以及排除合理怀疑标准。基于民事诉讼制度的价值，我国现行法律规定，除非对特殊的事实认定时需要灵活采取更高或者更低的标准，民事诉讼的证明标准采取高度盖然性的一般标准。[③]

民间借贷案件的一个重要特点，就是当事人一般较少，法律关系简单，案件证据单一。正是由于这些特点，使得当事人试图通过虚构债务，以民事诉讼方式实现规避法律、逃避真实债务，从而损害国家、集体以及第三人合法权益的情况时有发生。在当前民间借贷市场呈现较为混乱状态，缺乏有效监管的情况下，人民法院对于此类案件的事实审查，应当结合具体案件情况，适当扩展审查的广度和深度，除了对各证据本身真实性、合法性以及与案件事实的关联性予以审查外，还应着重审查各证据之间的相互印证情况，从而对案件的全部证据作出综合判断，避免造成对案件事实的认定错误。具体来说，在确认借款人的还款责任时，必须以出借人实际向借款人交付了借款为事实依据，在没有证据证明借款已经实际交付的情况下，仅凭双方达成的借款合意的书面证据，不能认定双方之间的借款合同已经发生法律效力外，对于出借人提供了借款人出具的收条等凭证证明已经实际交付借款的情况，也要进一步综合全案情况作出判定。

---

① 参见最高人民法院民事审判第一庭编著：《最高人民法院新民事诉讼证据规定理解与适用》，人民法院出版社 2020 年版，第 739 页。

② 参见吴泽勇：《中国法上的民事诉讼证明标准》，载《清华法学》2013 年第 1 期。

③ 参见《最高人民法院关于适用〈中华人民共和国民事诉讼法〉的解释》第 108 条的规定。

（二）综合认定借贷事实的主要因素

在原告以借据、收据、欠条等债权凭证为依据提起民间借贷诉讼，被告否认发生借贷事实的情况下，人民法院除依据当事人提供的债权凭证外，还应综合审查以下事实和因素，对原告主张的借贷事实是否实际发生作出综合判断。

1. 借贷金额。在借贷关系中，借贷金额无疑是重要案件事实，同时也会直接影响当事人之间包括钱款交付方式等各方面的交易安排。通常情况下，人们在对待不同的借贷金额时，采取的谨慎注意程度往往存在差别，在借贷金额不大的情况下，资金交付方式选择多样性、随意性较强，在审理此类案件时，如果出借人主张借款通过现金方式支付，通常通过审查借据等债权凭证的真实性、关联性、合法性，即可完成事实查证，在没有相反证据的情况下，可以确认借贷事实。而在借贷金额巨大时，无论是出借人还是借款人，一般都会对资金交付持较为谨慎的态度。对于大额借贷，人民法院通常应当对借款合同、借据、银行资金往来交付证据、企业会计资料等综合审查认定。对出借人主张通过现金方式支付的大额借贷，在出借人无法提供借据等债权凭证之外的其他证据证明借款已经实际支付的情况下，则应当进一步审查出借人的经济状况、借款人与出借人的关系、交易习惯等相关事实，从而判断当事人的主张是否成立。此外，借贷金额与当事人之间的亲疏关系、当事人的经济能力以及借款来源和用途等相关事实均有不同程度的牵连，查清借贷金额本身不仅是正确审理民间借贷案件借款本金的需要，也是进一步结合其他事实认定借贷关系是否真实发生的必要一环。

2. 款项交付。如前所述，在民间借贷关系特别是自然人之间的借贷关系中，款项的实际交付关系借款合同关系有效成立与否，因而是审理此类案件时必须查明的事实。款项交付事实的查清，一般应当包括交付方式、交付时间、交付地点、交付人和接受交付人的情况等多方面内容。其中，交付方式主要指款项系通过银行转账、票据支付还是现金支付等方式予以实际交付。借款款项的交付方式，往往与上述借款金额有较强的联系。通常小额借贷的支付方式，当事人更愿意选择现金交易，而大额借贷由于涉及巨额现金交付，虽然我国金融现金管制较之发达国家还有较大差距，现金使用频度高、广度大，但巨额的现金交易还是较为少见。在司法实践中，出借人对于难以证明实际交付的借款，往往主张系以现金方式交易从而逃避举证证明款项已经实际交付的事实，对此应当谨慎对待。对于通过银行等第三方系统交付的款项，由于通常可以较为容易地取得第三方出具的款项支付凭证，因而在交付时间、交付地点等因素的查明上并不困难。而对于出借人主张以现金交付的借款，则应当对交付时间、交付地点、交付人和接受交付人等交付细节进一步予以审查确认，从而力求查明款项交付的事实。

3. 当事人的经济能力。审查当事人的经济能力，主要是对出借人的经济状况和钱款来源进行审查，同时也可以结合案件具体情况，对借款人的经济状况和借款用途予以审查，从而更好地查清案件事实，形成借贷事实是否真实发生的内心确信。从商事交易的角度看，出借人出借钱款的来源以及借款人借款的用途等，并不影响借款合同是否成立、是否有效，亦不能成为借款人不按约归还欠款的合法抗辩，因而有观点认为，人民法院在审理民间借贷纠纷案件时，没有必要也没有理由对包括钱款来源、用途等在内的当事人的经济状况进行审查。我们认为，通常情况下这种观点并无不妥，但在当事人对借贷关系是否真实发生存在异议，或者虽然案件当事人双方对借款事实无异议，但人民法院经审理后认为，根据本规定第 19 条的规定，可能涉及虚假诉讼的时候，为了进一步查明借贷关系的真实性，则有必要对当事人的经济能力和财产变动情况等予以审查，从而对交易是否实际发生作出综合判断。

4. 交易方式和交易习惯。从解释论的角度，交易习惯在合同解释和事实认定方面具有举足轻重的作用。当事人对合同条款的理解有争议的，应当按照合同所使用的词句、合同的有关条款、合同的目的、交易习惯以及诚信原则，确定该条款的真实意思。之所以在合同解释上考虑交易习惯，是因为作为交易主体的行为，通常受到习惯的支配，有时当事人之所以没有在合同中作出明确约定，是因为双方对于业已形成的交易习惯均认为自然属于合同内容，无须明示。这种在合同约定不完全时以交易习惯予以补充，合同约定有歧义时以交易习惯予以明确的做法，在比较法上也为很多国家的法律和国际公约所采纳。本规定借鉴这一法律规定，并考虑民间借贷交易的特点，规定了交易习惯作为人民法院综合认定借贷事实时应当考察的因素，在当事人之间存在长期合作关系或者本地区、本行业内存在一定交易习惯的情况下，这些既有的交易方式、交易习惯，可以用来佐证诉争交易的真实性。

实践中，相当数量的民间借贷发生在熟人之间，由于存在密切关系，出于信任或碍于情面，借款合同系口头订立，当事人在交易之初也没有留存书面证据，或者因为法律认知的局限性，借款合同、借据等书面证据很不规范，比如有的借据没有借款人姓名或者借款人姓名写为别名，有的约定利息不明或违法，有的则没有借款时间、借款用途或者大小写金额不一致等。在实际借款和还款过程中，借款人主张已经还清借款，但未收回借据且出借人未出具收据的情况也时有发生。这些书面证据不足或者仅凭书面证据认定案件事实背离事实真相的情况下，结合案件具体事实引入交易习惯，有助于法官从具体事实中辨析出案件事实。需要注意的是，当事人对于自己所主张的交易习惯，需要提供充分证据予以证明。一方面，需要证明确实存在该交易习惯，另一方面该交易习惯应当为双方当事人共同认可和遵循。由于交易习惯的多样性，在认定和适用时，应当特别注意公开性、公认性、合法性原则，除能够证明在双方当事人之间达成的特别交易习惯外，对于更大范围内的交易习惯，应当原则上以一定地域或行业内反复、稳定存在，具有区域或行业内交易主体共同认知和认可的习惯，方能确认为交易习惯，而且交易习惯的运用应当以不具备反证为前提。

5. 证人证言。民间借贷交易的特点决定了很多借贷的发生有中间人介绍、保荐或担保、见证，因此在审查民间借贷案件事实时，证人证言往往也是证明案件事实情况的重要证据，应当予以重视和认真审查。需要明确的是，人民法院在审查证人证言时，应当严格按照《民事诉讼法》和《民事诉讼法解释》等相关法律、司法解释的规定进行，特别是对于客观证据较为薄弱的案件，更要注意甄别证人证言的真实性、合法性，避免证人与当事人之间因利益牵扯等原因提供虚假证言，从而造成事实认定错误。在认定证人证言时，还可以灵活运用对质等方法，以便更好地查清案件事实。

除了证人证言，在民间借贷案件审理中，人民法院对借贷双方当事人本人或者经办人的陈述也应当予以重视。作为交易亲历者，当事人本人或者经办人，应当可以完整、清晰地记述借贷交易的原因、款项交付时间、地点、款项来源、借款用途等细节，要求其到庭接受法庭询问和当事人的交叉询问，通常对于查清案件事实具有帮助。

在具体案件审理中，既要防止当事人以民间借贷的合法形式掩盖债权凭证背后的非法交易，结合当地经济发展水平，个案中当事人的经济状况、支付能力、交易习惯等具体情况，对借款合同、债权凭证的真实性予以审查，并对各证据与案件事实的关联程度、借贷内容相关事实进行必要审查，又要坚持民事活动自愿、公平、等价有偿、诚信的原则，尊重当事人对自己民事权利的处分，避免对借贷相关事实的审查面面俱到，甚至以司法手段过度介入和干涉当事人的交易自由。

——最高人民法院民事审判第一庭编著：《最高人民法院新民间借贷司法解释理解与适用》，人民法院出版社 2021 年版，第 249~260 页。

最高人民法院审判业务意见（民一庭意见）

最高人民法院民一庭意见：民间借贷中，出借人对大额现金交付事实应承担举证证明责任，举证证明标准应达到《最高人民法院关于适用〈中华人民共和国民事诉讼法〉的解释》第一百零八条规定的“高度可能性”标准。在出借人提供的收据与借款合同载明金额一致，但借款人对出借人主张的现金交付事实不予认可的情况下，人民法院应当综合交付凭证、支付能力、交易习惯、借贷金额、当事人关系以及当事人陈述的交付细节经过等因素审查当事人的举证，以认定是否存在借贷关系，而不能简单依据优势证据原则认定大额现金交付事实存在。

附：案情简介

2011年3月24日，张某与王某签订借款合同一份，约定王某向张某借款2850万元，以现金和转账方式交付。借款期限为一年，如王某在约定的还款期限内还款，不收利息；如王某不按约定期限归还借款，将自其借款之日起按年息30%计收利息至还清之日止。王某在《借款合同》上亲笔手书“以王某借据为准”。双方当事人分别在该合同上签字。同日，王某向张某出具收据一张，内容为：“今借到张某现金贰仟捌佰伍拾万元正，借款期限一年，其他约定见借款合同”。当日，张某以自己的名义分两笔向王某转款700万元和800万元。另，张某和王某在签订借款合同之前并不认识。

2012年6月26日，张某向一审法院起诉，请求判令王某偿还借款本金2850万元及其借款合同约定的利息和全部损失。张某为支持其主张的事实，向一审法院提交借款合同、收据各一份，欲证明王某借款本金为2850万元，其中1500万元通过转账方式支付，另有1350万元以现金方式交付。二审中，张某提交了五份书证新证据，包括王某之妻雍某和其表弟李某分别出具的两张收条复印件、张某代理律师对案外人陈某的调查笔录、陈某的证言、信用社给予王某行政开除的决定。

王某答辩称，本案借款本金为1500万元，借款合同约定的借款本金2850万元中有1350万元是利息，其愿意偿还借款本金及法律支持的利息。王某为支持其抗辩理由，向一审法院出示了支付凭证两份，金额共计1500万元，欲证明张某分两次向其转账支付1500万元。

——最高人民法院民事审判第一庭：《民间借贷中大额现金交付事实的举证证明责任与证明标准》，载杜万华主编、最高人民法院民事审判第一庭编：《民事审判指导与参考》2015年第3辑（总第63辑），人民法院出版社2016年版，第152、157页。

最高人民法院公报案例

赵俊诉项会敏、何雪琴民间借贷纠纷案（上海市长宁区人民法院一审民事判决书）

裁判摘要：夫妻一方具有和第三人恶意串通、通过虚假诉讼虚构婚内债务嫌疑的，该夫妻一方单方自认债务，并不必然免除“出借人”对借贷关系成立并生效的事实应承担的举证责任。

出借人仅提供借据佐证借贷关系的，应深入调查辅助性事实以判断借贷合意的真实性，如举债的必要性、款项用途的合理性等。出借人无法提供证据证明借款交付事实的，应综合考虑出借人的经济状况、资金来源、交付方式、在场见证人等因素判断当事人陈述的可信度。对于大额借款仅有借据而无任何交付凭证、当事人陈述有重大疑点或矛盾之处的，应依据证据规则认定“出借人”未完成举证义务，判决驳回其诉讼请求。

上海市长宁区人民法院认为，本案的争议焦点为：原告赵俊与被告项会敏之间的借贷关系是否成立并生效以及在此前提之下被告何雪琴是否负有还款义务。

根据民事诉讼证据规则，在合同纠纷案件中，主张合同关系成立并生效的一方当事人对合同订立和生效的事实承担举证责任。同时，根据《中华人民共和国合同法》规定，自然人之间的借款合同，自贷款人提供借款时生效。故原告赵俊主张其与被告项会敏之间存在有效的借款合同关系，其应就双方之间存在借款的合意以及涉案借款已实际交付的事实承担举证责任。现原告提供《借条》意在证明其与项会敏之间存在借款的合意。关于借款交付，其主张因其无使用银行卡的习惯，故家中常年放置大量现金，200000 元系以现金形式一次性交付给项会敏。对于原告的上述主张，被告项会敏均表示认可，并称其收到借款后同样以现金形式存放，并于 2007 年 8 月 2 日以其中的 10 万元提前归还房屋贷款。被告何雪琴则明确否认涉案借款的真实性。

本案中，首先，原告赵俊在本案中虽表示向被告项会敏主张还款，但项会敏辩称涉案借款用于两被告夫妻共同生活，应由两被告共同偿还。事实上，经法院调查，在两被告的第三次离婚诉讼中，项会敏也始终将本案借款作为夫妻共同债务要求何雪琴承担相应的还款责任。基于本案处理结果与何雪琴有法律上的利害关系，法院依法将其追加为第三人参加诉讼。后因项会敏的上述抗辩，原告申请追加何雪琴为被告。在此过程中，原告及项会敏一再反对何雪琴参加本案诉讼，不仅缺乏法律依据，亦有违常理。何雪琴作为本案被告以及利害关系人，当然有权就系争借款陈述意见并提出抗辩主张。

其次，基于两被告目前的婚姻状况以及利益冲突，被告项会敏对系争借款的认可，显然亦不能当然地产生两被告自认债务的法律效果。并且，项会敏称其于 2007 年 8 月 2 日用涉案借款中的 100000 元提前归还房贷。然而，经法院依职权调查，项会敏银行交易记录却显示当天有 100000 元存款从其名下银行账户支取，与其归还的银行贷款在时间、金额上具有对应性。此外，项会敏银行账户在同期存有十余万元存款，其购房银行贷款也享有利率的七折优惠，再以 5% 的年利率向他人借款用以冲抵该银行贷款，缺乏必要性和合理性。本案于 2013 年 3 月 7 日开庭时，项会敏经法院合法传唤明确表示拒绝到庭。上述事实和行为足以对项会敏相关陈述的真实性产生怀疑。故基于以上原因，原告赵俊仍需就其与项会敏之间借贷关系成立并生效的事实，承担相应的举证义务。

再次，原告赵俊自述其名下有多套房产，且从事经营活动，故其具有相应的现金出借能力。但其亦表示向被告项会敏出借200000元时，其本人因购房负担着巨额银行贷款。为此，法院给予原告合理的举证期限，要求其提供相应的证据证明其资产状况和现金出借能力，并释明逾期举证的法律后果。嗣后，原告明确表示拒绝提供相应的证据。法院认为，原告明确表示放弃继续举证权利，而其提供的现有证据亦并未能证明涉案借款的交付事实以及原告本人的资金出借能力，其陈述的借款过程亦不符合常理，故应承担举证不能的法律后果。对于原告的诉讼请求，法院依法不予支持。至于项会敏个人对涉案借款的认可，因其与原告之间对此并无争议，其可自行向原告清偿，法院对此不予处理。

——《最高人民法院公报》2014年第12期。

322. 欠款借款合同的案件的举证责任

关键词

民间借贷　举证责任分配　证明标准

最高人民法院司法解释

第十六条　原告仅依据金融机构的转账凭证提起民间借贷诉讼，被告抗辩转账系偿还双方之前借款或其他债务的，被告应当对其主张提供证据证明。被告提供相应证据证明其主张后，原告仍应就借贷关系的成立承担举证责任。

——《最高人民法院关于审理民间借贷案件适用法律若干问题的规定》（2020年12月29日修正）。

附录：最高人民法院主流观点

《民间借贷司法解释》第十六条涉及的问题是，在原告仅依据金融机构的转账凭证提起民间借贷关系诉讼，而不能提供借款合同、借据等表明双方当事人之间存在借贷关系的书面证据时，人民法院该如何分配举证责任。

理解本条内容，需主要把握以下几点：

（一）适用前提

本条司法解释适用于作为出借人的原告仅依据金融机构的转账凭证提起民间借贷诉讼的情况。

原告能够提供借款合同的，一般情况下可以直接由原、被告双方围绕该借款合同的签署、实际履行情况等发表意见，不存在借款关系是否存在的证明困难。原告虽然不能提供借款合同，但能够提供借条、借据、收据、欠条等其他债权凭证的，应当按照本规定的规定，依据债权凭证所记载的内容，并结合借贷金额、款项交付、当事人的经济能力、当地或者当事人之间的交易方式、交易习惯、当事人财产变动情况以及证人证言等事实和因素，综合判断认定借贷行为是否实际发生。原告仅能提供证据证明款项支付事实，而无法提供配套的、能够说明款项发生背景的借款合同甚至借条、借据、收据、欠条等债权凭证的，则应当适用本条对双方当事人举证责任的规定，对案件事实作出认定。

（二）被告的举证责任

审判实务中，被告对原告提交的金融机构转账凭证的真实性往往不存异议，因为金融机构出具的凭证真实性容易核实查清。但由于转账凭证只能反映出款项发生了流动及流动方向，对于凭证所反映的转账目的，即使原告方在转账时通过备注、留言等方式予以注明，被告仍可能以转账系偿还双方之前借款或其他债务等为由，从而否认原告提出的借款事实主张。在此情况下，被告所持的抗辩内容，实际上形成了一个新的主张，即双方当事人之间还存在原告所主张的借款关系之外的权利义务关系，而原告所持金融机构转账凭证与案外权利义务关系相对应。按照“谁主张，谁举证”的原则，被告对于其所主张的双方之间存在其他借款关系或者其他债权债务关系等事实应负相应的举证责任，需提供证据予以证明。这样规定主要是考虑到原告作为主张双方之间民间借贷关系存在的一方，虽然没有能够提交借款合同作为直接证据，但提交了款项实际支付的相应证据，即应当认为其对与被告之间存在借贷关系的事实完成了初步举证。此时，被告如果提出双方之间款项支付的其他事实基础，则需对其主张予以举证证明。

（三）原告的举证责任

原告完成初步举证责任后，被告对于原告提出的存在民间借贷关系的主张提出了反对，需对所持反对主张提供证据。人民法院应当对被告所提供的证据予以查明核实，并请原告方对此反对主张进行答辩，人民法院要综合被告所提交证据的记载内容、与金融机构转账凭证的印证程度、原告的答辩意见、其他佐证材料等情况，认定被告的举证责任是否足以推翻原告的主张，该认定将影响到原告应否承担下一步举证责任。

如果被告提供的证据确实充分，足以证明金融机构的转账凭证系在案外其他借款关系或者债权债务关系中产生，而原告对此不能作出合理说明的，可以认定被告的反对主张成立，从而否定原告的主张，此时案件审理程序结束，原告不必再进行下一步举证。

如果被告虽主张存在其他借款关系或者债权债务关系，但是不能提供相应的证据予以证明，或者即使提供了证据，原告能够对其作出合理解释，人民法院可以认定该证据与案涉金融机构转账凭证不具事实和法律关系的，则被告的反对主张不能推翻原告的主张，此时案件审理程序亦能结束，原告也不必再进行下一步举证。

除上述两种较为简单明了的案件情况之外，实践中大多数案件情况为，被告虽然对其反对主张提供了相应证据，但该证据的证明力难以达到确证案外其他债权债务关系存在，也就是双方当事人的主张都有一定道理，却不能完全驳斥对方，人民法院依据现有证据不能认定案件事实。在此情况下，需要原告进一步举证，回应被告提出的反对主张及相应证据，从而使法官能够对双方当事人所举证据进行分析认定，对原告所主张的借款事实是否真实存在作出准确判断。

（四）法律后果

当待证事实的存在与否不能确定、真伪不明时，应由提出主张的当事人对不利后果承担责任和诉讼风险。结合前述举证责任分配的不同情形，在被告对原告主张仅予以否认，而不能提供证据证明款项支付系因双方之间存在其他借款关系或者其他债权债务关系时，应当对其主张的事实不能确定承担不利后果。相应的，在被告提供了相应证据的情况下，由于原告对双方之间存在其所主张的借款关系负有举证责任，因而原告应当进一步针对被告主张提供其他证据以证明其主张。在原告不能提供更充分的证据证明其主张的情况下，即使双方均有未完全履行举证的行为，此时的结果责任仍应归于原告，由原告对此承担相应的不利后果

审判实践中应注意：

一、谨慎对待被告的自认

自认，是指一方当事人对于己不利的事实予以承认的行为。自认可以由当事人本人作出，也可以由其代理人作出。

本条规定了原告仅依据金融机构的转账凭证提起民间借贷诉讼的情况下，被告主张转账系偿还双方之前借款或其他债务，被告应当对其主张提供证据证明，由此可以推断出，当出现与条文规定相反的情形时，即原告虽然仅依据金融机构的转账凭证提起民间借贷诉讼，而被告对此予以认可的，则无需双方进一步举证证明，人民法院即可认定民间借贷关系存在的事实。

一般而言，适用自认规则时不涉及举证责任问题。但需要注意的是，如果在审判过程中遇到原告仅凭金融机构的转账凭证起诉要求归还借款，而被告又对原告主张的借款事实直接予以认可的情况，有可能存在原、被告双方以提起虚假诉讼方式故意损害第三人合法权益的问题，人民法院应当依照本规定，对借贷发生的原因、时间、地点、款项来源、交付方式、款项流向以及借贷双方的关系、经济状况等事实进行综合认定，当发现查明的事实与被告自认事实存在明显矛盾时，人民法院应依据《民事诉讼法解释》第 92 条第 3 款“自认的事实与查明的事实不符的，人民法院不予确认”的规定作出相应处理。

二、适当把握证据的证明力标准

在审判实务中，对于原告所主张的民间借贷行为是否真实发生，原被告双方一般均会提交一定证据或作出相应陈述予以证明，而这些证据可能均不能直接充分有效地证明双方当事人所持主张。考虑到现实民间借贷关系中，出借人、借款人的法律知识储备不足，制作、保留文书的意识不够，相关证据难以达到法律法规所期待的证明力高度，此时，人民法院应当根据《民事诉讼法解释》第108条第1款的规定，充分审查比对证据效力，并结合相关事实，在确信待证事实的存在具有高度可能性的情况下，认定该事实的存在，即对证明标准采取高度盖然性标准即可。

——最高人民法院民事审判第一庭编著:《最高人民法院新民间借贷司法解释理解与适用》，人民法院出版社2021年版，第264—269页。

最高人民法院审判业务意见（民一庭意见）

最高人民法院民一庭意见：对于原告仅依据付款凭证，向人民法院提起民间借贷诉讼，被告否认存在借贷关系并抗辩主张为其他法律关系的，被告应就其抗辩主张承担举证责任。

附：案情简介

池某铭于2011年8月12日向法院起诉，主张孟某向其借款未还。池某铭提供其在中国建设银行账户对账明细等证据。对账明细体现，池某铭向孟某多次转款：2010年1月12日转款20000元、2010年1月14日转款35000元、2010年1月22日转款16000元、2010年2月8日转款150000元、2010年2月12日转款50000元、2010年2月24日转款30000元、2010年3月3日转款20000元、2010年3月5日转款47000元、2010年3月16日转款200000元、2010年4月20日转款9000元。前述款项共计577000元。池某铭诉称：2010年1月12日至2010年4月20日，孟某多次向其借款，其先后向孟某转款共计577000元。前述借款利息按年利率3.5%标准暂计算至2011年8月1日为30666.6元。请求法院判令：（1）被告孟某向其偿还借款本金577000元，并按银行同期存款利率标准支付利息，自出借之日起至判决确定的付款之日止；（2）被告孟某承担本案诉讼费用。被告孟某辩称：其从来没有向原告池某铭借过款项，原告提供的银行对账单不是借条，请求法院予以驳回。

——最高人民法院民事审判第一庭：《原告仅依据付款凭证提起民间借贷诉讼，被告抗辩主张为其他法律关系时应承担举证责任》，载杜万华主编、最高人民法院民事审判第一庭编：《民事审判指导与参考》2015年第3辑（总第63辑），人民法院出版社2016年版，第147、151页。

323. 借款人主张借款本金包含前期利息，应承担举证责任

关键词

民间借贷　转条　举证责任

最高人民法院裁判文书

黎晓军、覃清与广西梧州市华菲电子发展有限公司、广西壮族自治区梧州市电子工业学校等民间借贷纠纷案［最高人民法院（2016）最高法民申1440号民事裁定书］

裁判要旨：民间借贷中的“转条”，指借款期满后借款人不能归还借款，将前期利息计入本金，重新出具债权凭证，再次开始计算利息。借款人主张借款凭证系高息“转条”而来，所记载的本金包含前期高额利息，借款人应承担举证责任。

最高人民法院认为：关于本案的借款本金数额的问题。申请人主张本案借款本金数额为 260 万元，其依据是赖志坚与覃清的对话录音以及覃清草稿。而该录音中，覃清并未认可赖志坚关于借款本金为 280 万元的自述，同时，申请人亦不能说明该录音反映的借款与本案涉及的三张借条所形成借款之间的关系，故该录音并不能证明申请人的主张。申请人主张覃清草稿上的本金数额 558.48 万元是从 260 万元借款本金利滚利所得。但一方面，申请人不能证明其所谓的 260 万元本金如何演变成草稿上所载的本金数额；另一方面，申请人主张的 260 万元本金数额亦远低于一审查明的覃清分 10 次向谢雪莲账户转账的 460 万元，且申请人对此未能合理说明。故申请人关于本案借款本金为 260 万元的主张并不能成立。二审以覃清草稿与三张借条之间的联系，计算出的借款本金数额并无不当之处。

——法信网。

324. 转账凭证附言中标明“借款”用途时，借贷关系的举证责任分配

关键词

转账凭证附言　借款用途　举证责任

最高人民法院裁判文书

沈东红与扬州市中泰运输有限责任公司等船舶营运借款合同纠纷案［最高人民法院（2022）最高法民申 117 号民事裁定书］

裁判要旨：转账凭证的附言中虽然标明了款项用途，但仅是当事人单方备注，不能证明其与对方存在借贷合意。在对方提供证据证明其与当事人存在其他债权债务关系时，当事人仍应当就借贷关系的成立负有证明义务。当事人未能进一步举证证明系借贷关系，原判决对其上诉请求不予支持，并无不当。

最高人民法院认为，根据中泰公司与沈东红于 2019 年 8 月 22 日签订的《合作协议书》第一条“合作基础”载明的内容，中泰公司委托沈东红收回徐荣法的营运权，并将“中泰 101”轮从岳阳城陵矶港带回。舒旭翔与沈东红的通话录音表明沈东红于 2019 年 6 月已实际控制船舶，并与舒旭翔合作经营。现有证据可以证明 2019 年 5 月至 7 月间沈东红实际控制船舶，在 8 月 22 日签订《合作协议书》前中泰公司已经与沈东红合作经营。案涉三笔款项中，沈东红对于 47000 元是向中泰公司支付的借款还是为徐荣法向中泰公司支付的垫付款，主张前后不一。50000 元和 60000 元款项的转账凭证中的附言中虽然标明了款项用途，但仅是沈东红的单方备注，不能证明其与中泰公司存在借贷合意。在中泰公司提供证据证明其与沈东红存在其他债权债务关系时，沈东红仍应当就借贷关系的成立负有证明义务。沈东红未能进一步举证，原判决对其上诉请求不予支持并无不当。

——中国裁判文书网。

325. 双方存在特殊个人关系时不得适用《民间借贷司法解释》第十七条规定分配举证责任

关键词

债权人　债务人　转账凭证　民间借贷诉讼　举证责任

最高人民法院裁判文书

易某厅与涂某、周某民民间借贷纠纷案［最高人民法院（2019）最高法民申 2190 号民事裁定书］

裁判要旨：债权人和债务人双方存在特殊个人关系时，债权人仅依据金融机构的转账凭证提起民间借贷诉讼时，应当对其与债务人存在借款的合意以及实际给付借款承担举证责任。

最高人民法院认为：关于本案法律关系性质的认定。借款合同是借款人向出借人借款，承诺到期返还的合同，合同双方需达成出借和使用资金的合意，自然人之间的借款需出借人实际给付出借款项。本案中，易某厅主张其与涂某之间构成借款关系，并提交三份金额分别为12万、82万和500万的借条以及银行交易明细，以涂某最终借款500万元为由要求涂某归还借款及利息。首先，易某厅依据500万元借条主张权利，其提交的银行交易明细系用以证明已实际给付出借款项。涂某否认双方存在借款合意，主张转款系基于双方特殊个人关系产生的其他法律关系。本案与《最高人民法院关于审理民间借贷案件适用法律若干问题的规定》第十七条规定的“原告仅依据金融机构的转账凭证提起民间借贷诉讼，被告抗辩转账系偿还双方之前借款或其他债务”的情形不符，二审判决适用该条司法解释分配举证证明责任有误。根据《中华人民共和国民事诉讼法》第六十四条第一款[①]之规定，易某厅应当对其与涂某之间存在借款500万元的合意以及其实际给付500万元借款承担举证证明责任。其次，易某厅提交的500万元借条，经鉴定不能确认是否涂某本人书写。从易某厅与涂某的银行交易明细可以看出，双方账户资金往来频繁，从几千元到几十万元不等，且与易某厅主张的500万元（包括82万元在内）借款金额不能对应，在涂某否认转款系借款的情况下，易某厅未能对此作出合理解释。因此，在借款凭证存疑且易某厅主张的借款金额与其提交的转款凭证不能对应的情况下，仅以易某厅与涂某之间存在转款差额为由，尚不能认定易某厅与涂某之间存在借款合意。

——中国裁判文书网。

326. 只要证明还贷的时间发生在婚姻关系存续期间即可证明婚后共同还贷

关键词

证明标准　婚后共同还贷

① 现为《民事诉讼法》（2021年修正）第六十七条第一款。

附录：民事审判信箱

问： 一方婚前贷款购房，离婚诉讼中需要提供什么样的证据，才能证明婚后共同还贷?

答： 只要证明还贷的时间发生在婚姻关系存续期间即可，无须提供特别的证明。否认为共同还贷的一方须承担举证责任。

《婚姻法司法解释（三）》第十条规定：夫妻一方婚前签订不动产买卖合同，以个人财产支付首付款并在银行贷款，婚后用夫妻共同财产还贷，不动产登记于首付款支付方名下的，离婚时该不动产由双方协议处理。依前款规定不能达成协议的，人民法院可以判决该不动产归产权登记一方，尚未归还的贷款为产权登记一方的个人债务，双方婚后共同还贷支付的款项及相应财产增值部分，离婚时应根据婚姻法第三十九条第一款规定的原则，由产权登记一方对另一方进行补偿。因此，如何证明婚后共同还贷，是一个比较重要的问题。对于婚后共同还贷的证明问题，一般需要提供银行还贷的记录单以证明还贷的时间，还要提供结婚证，以证明婚姻关系存续的期间。需要从两个方面掌握。一个是从偿还银行贷款的时间看，还贷的时间只要处于婚姻关系存续期间，一般即可认定是双方用夫妻共同财产还贷，而不必刻意区分还贷的资金来源于夫妻中哪一方的收入。根据婚姻法的规定，夫妻关系存续期间的财产为夫妻共同财产。因此，如果没有反证推翻，一方无须提供特别的证据来证明是用夫妻共同财产偿还的贷款。实践中有些错误认识，即认为夫妻一方还贷时应当保留银行的转账记录，其实这并无实质意义，无论是以哪一方的名字偿还的贷款，只要还贷时间是在夫妻关系存续期间，均属于共同还贷。因为夫妻双方的分工协作不同，即使女方为全职主妇，但在子女教育、老人赡养、家务的操持付出了更多的时间与精力，如果恪守以谁的名义偿还的贷款，以银行转账记录为证明依据的话，无疑对于女方是不公平的。二是看夫妻之间是否约定实行分别财产制或者对涉案房屋的还贷问题有特别的约定。如果双方当事人认可或者一方当事人能够举证证明夫妻已经约定实行分别财产制或者对涉案房屋的还贷问题有特别约定，则分割上述不动产时，则否定《婚姻法司法解释（三）》第十条的适用。换句话说，只要是夫妻关系存续期间偿还的贷款即视为夫妻共同还款，无须提供特别的证据加以证明，否认是夫妻双方共同还贷的一方须承担举证责任。比如认为贷款是一方父母偿还的应当提供父母的还款记录。

——本书研究组：《一方婚前贷款购房，离婚诉讼中需要提供什么样的证据，才能证明婚后共同还贷》，载杜万华主编、最高人民法院民事审判第一庭编：《民事审判指导与参考》2014 年第 4 辑（总第 60 辑），人民法院出版社 2015 年版，第 257~258 页。

327. 旅客依据《食品安全法》规定主张公共交通运输的承运人承担作为食品生产者或者经营者的赔偿责任时，举证责任应如何分配

关键词

食品生产者　食品经营者　食品安全　举证责任

最高人民法院司法解释

第四条　公共交通运输的承运人向旅客提供的食品不符合食品安全标准，旅客主张承运人依据食品安全法第一百四十八条规定承担作为食品生产者或者经营者的赔偿责任的，人民法院应予支持；承运人以其不是食品的生产经营者或者食品是免费提供为由进行免责抗辩的，人民法院不予支持。

——《最高人民法院关于审理食品安全民事纠纷案件适用法律若干问题的解释（一）》（2020 年 12 月 8 日，法释〔2020〕14 号）。

附录：最高人民法院主流观点

承运人为生产者的情况下，由于食品安全责任实行严格责任，旅客无需证明生产者有过错，但是对于食品不符合安全标准及因果关系的举证责任，以及承运人为销售者的情况下，食品安全责任构成要件的举证证明责任究竟由谁承担，存有争议。产品责任理论通常认为应当采取举证责任倒置的做法，原因在于生产者对于生产产品技术的掌握控制、销售者对产品的了解程度导致普通消费者相较于生产经营者而言，无论是经济实力，还是对相关产品技术、工艺等问题，都处于不对等地位，其距离证据较远、举证能力较弱，难以证明产品缺陷以及与损害之间存在因果关系，因此有必要考虑采取举证责任倒置的做法。但是，由于对因果关系的推定及对产品缺陷的举证责任倒置在法律及司法解释当中并没有明确依据，按照“谁主张，谁举证”的原则，旅客主张公共交通运输的承运人承担食品安全责任，应对食品存在不符合安全标准的情形以及由此造成的损失负举证责任。具体而言，旅客要对下列事实承担举证责任：其一，要证明承运人提供的食品不符合食品安全标准的情形在提供时即已存在。至于是否食用不在此限。其二，要证明自己遭受损害，如购买支出费用、误工费、医疗费、精神损失等。其三，要证明不符合食品安全标准的食品与损害后果之间具有因果关系。在具体实践中，为实现消费者与生产者之间的利益衡平，充分保护广大消费者的利益，法官也可以采取一些灵活方法来提高消费者的举证能力，协同确定案件事实。比如，可以依

据《最高人民法院关于民事诉讼证据的若干规定》第三十条的要求，向当事人释明申请鉴定或者依职权委托鉴定，或者依据上述司法解释第九十五条规定，在承运人控制证据无正当理由拒不提交时，对旅客主张该证据内容不利于承运人的，依法认定旅客的主张成立。

——最高人民法院民事审判第一庭编著：《最高人民法院食品安全民事案件司法解释（一）理解与适用》，人民法院出版社 2021 年版，第 59~60 页。

328. 对于“承租人依赖出租人的技能确定租赁物或者出租人干预选择租赁物”事实的举证责任分配

关键词

融资租赁合同　出租人　瑕疵担保免责　举证责任

《中华人民共和国民法典》条文

第七百四十七条　租赁物不符合约定或者不符合使用目的的，出租人不承担责任。但是，承租人依赖出租人的技能确定租赁物或者出租人干预选择租赁物的除外。

附录：最高人民法院主流观点

在融资租赁合同中，出租人瑕疵担保免责是原则，承担瑕疵担保责任是例外。承租人依赖出租人的技能确定租赁物或者出租人干预选择租赁物的事实，多为承租人在要求出租人承担瑕疵担保责任时提出，按照谁主张谁举证的原则，既然承租人主张出租人承担瑕疵担保责任，就应当由承租人举证证明存在该项事实，在无证据证明出租人存在上述行为的情况下，出租人应当免责，只有在承租人有证据证明上述事实存在的情况下，才能要求出租人承担瑕疵担保责任。《融资租赁合同司法解释》第十九条第二款明确规定上述事实的证明责任由承租人承担，符合民事诉讼法关于举证责任分配的原理，在实践中应予肯定。

——最高人民法院民法典贯彻实施工作领导小组主编：《中华人民共和国民法典合同编理解与适用》，人民法院出版社 2020 年版，第 1679 页。

329. 一人公司法人人格否认纠纷案件举证责任分配

关键词

一人公司　法人人格否认纠纷　举证责任分配

最高人民法院公报案例

应高峰诉嘉美德（上海）商贸有限公司、陈惠美其他合同纠纷案（上海市第一中级人民法院二审民事判决书）

裁判摘要：在一人公司法人人格否认之诉中，应区分作为原告的债权人起诉所基于的事由。若债权人以一人公司的股东与公司存在财产混同为由起诉要求股东对公司债务承担连带责任，应实行举证责任倒置，由被告股东对其个人财产与公司财产之间不存在混同承担举证责任。而其他情形下需遵循关于有限责任公司法人人格否认举证责任分配的一般原则，即折中的举证责任分配原则。

上海市第一中级人民法院认为，关于上诉人陈惠美个人是否应承担连带还款责任的问题。法院认为，根据《中华人民共和国公司法》第六十三条之规定，一人有限责任公司的股东不能证明公司财产独立于股东自己的财产的，应当对公司债务承担连带责任。上述法律规定要求一人有限责任公司的股东将公司财产与个人财务严格分离，且股东应就其个人财产是否与公司财产相分离负举证责任。本案中，陈惠美提供了上诉人嘉美德公司的相关审计报告，可以反映嘉美德公司有独立完整的财务制度，相关财务报表亦符合会计准则及国家外汇管理的规定，且未见有公司财产与股东个人财产混同的迹象，可以基本反映嘉美德公司财产与陈惠美个人财产相分离的事实。应高峰认为上述证据不足以证明嘉美德公司财产与陈惠美个人财产没有混同，并提出如下异议：审计报告未反映本案诉讼情况；嘉美德公司一审中提供的银行收支报告反映，应高峰投资后仅一周，嘉美德公司就向均岱公司转移了 96 万余元，包括发放均岱公司员工工资等。法院认为，《中华人民共和国公司法》第六十四条的规定，意在限制一人有限责任公司股东采用将公司财产与个人财产混同等手段，逃避债务，损害公司债权人的利益，因此股东对公司债务承担连带清偿责任的前提是该股东的个人财产与公司财产出现了混同。然而从本案目前的证据材料可以看出，嘉美德公司收到应高峰的投资款后，虽有部分用于支付均岱公司的员工工资及货款等费用，但是，根据双方投资合同的约定，应高峰投资后，均岱公司的业务将全部转入嘉美德公司，因此均岱公司的业务支出与应高峰的投资项目直接有关；这些费用的支出均用于均岱公司的业务支出，并无款项转入陈惠美个人账户的记录，而审计报告中是否记载本案诉讼的情况也与财产混同问题无涉。因此，应高峰提出的异议并不能反映嘉美德公司财产与陈惠美个人财产有混同的迹象，不足以否定上诉人的举证。陈惠美的上诉理由成立，一审判令陈惠美对嘉美德公司的债务承担连带清偿责任不当，应依法予以纠正。

——《最高人民法院公报》2016 年第 10 期。

330. 垄断民事纠纷案件举证责任分配

关键词

垄断民事纠纷　举证责任分配

最高人民法院司法解释

第八条　被诉垄断行为属于反垄断法第十七条[①] 第一款规定的滥用市场支配地位的，原告应当对被告在相关市场内具有支配地位和其滥用市场支配地位承担举证责任。

被告以其行为具有正当性为由进行抗辩的，应当承担举证责任。

第十条　原告可以以被告对外发布的信息作为证明其具有市场支配地位的证据。被告对外发布的信息能够证明其在相关市场内具有支配地位的，人民法院可以据此作出认定，但有相反证据足以推翻的除外。

第十三条　当事人可以向人民法院申请委托专业机构或者专业人员就案件的专门性问题作出市场调查或者经济分析报告。经人民法院同意，双方当事人可以协商确定专业机构或者专业人员；协商不成的，由人民法院指定。

人民法院可以参照民事诉讼法及相关司法解释有关鉴定结论的规定，对前款规定的市场调查或者经济分析报告进行审查判断。

——《最高人民法院关于审理因垄断行为引发的民事纠纷案件应用法律若干问题的规定》（2020 年 12 月 29 日修正）。

附录：理解与适用

原告取证难、证明垄断行为难已经成为制约反垄断民事诉讼的瓶颈。如果不在一定程度上缓解这一难题，垄断行为受害人的权益就难以有效得到维

① 《反垄断法》已于 2022 年 6 月 24 日修正，第十七条现为第二十二条。

护，反垄断民事司法的职能和作用就难以有效发挥。为此，《最高人民法院关于审理因垄断行为引发的民事纠纷案件应用法律若干问题的规定》（以下简称《规定》）根据垄断行为的不同类型对举证责任问题进行了规定。

1. 垄断协议案件的举证责任

反垄断法区分了两类垄断协议：横向协议和纵向协议。该两种协议对于竞争的可能影响具有较大差异。横向协议是在生产或者销售过程中处于同一阶段的经营者（即相互处于竞争关系的经营者）之间达成的协议，对竞争的危害程度往往更大。纵向协议是指在生产或者销售过程中处于不同阶段的经营者（即相互之间不具有竞争关系的经营者）之间达成的协议。对于大多数纵向协议，只有在品牌间竞争不充分的情况下才会产生竞争问题。也就是说，只有在供应商层面或购买商层面或这两个层面同时存在特定水平的市场势力的情况下才可能对竞争有消极影响。针对不同类型的垄断协议以及对竞争秩序的影响程度，有的国家或地区在执法实践中形成了两种认定垄断协议的分析方法：本身违法原则和合理分析原则。前者只关注某种行为是否发生，行为本身就必然具有排除或者限制竞争的效果（即具有违法性）；后者则要求对行为是否具有排除、限制竞争的效果进行具体分析和评估，考虑协议所涉及的市场具体情况、协议实施前后的市场变化、协议的性质和后果等因素综合确定。只有确认该协议确实具有排除、限制竞争的效果时，才能认定构成垄断协议。本身违法原则并非基于逻辑的必然性，而是基于长期实践观察的结果。所以，适用本身违法原则的垄断行为并不是固定不变的。从美国的反垄断执法经验看，本身违法原则越来越局限于有限的情形，即横向固定价格、划分市场、操纵投标等行为，其他横向协议以及纵向协议则通常适用合理分析原则。

反垄断法第十三条第二款[①]对垄断协议规定了排除、限制竞争的效果条件，该规定不仅适用于横向协议，也适用于纵向协议。根据这一规定，经营者之间的协议是否构成反垄断法所禁止的垄断协议，应当以该协议是否具有排除、限制竞争的效果为根本标准。由此，合理规则成为分析协议、决定或者其他协同行为是否构成垄断协议的唯一方法。

根据举证责任分配的一般规则，请求权人应当对其请求权所依据的要件事实承担举证责任；请求权人的对方当事人应当对消除或者妨碍该请求权所依据的要件事实承担举证责任。根据这一规则，垄断协议案件的原告主张损失赔偿请求权的，原则上应当对被诉垄断协议的存在及其具有排除、限制竞争的效果、原告所受损失、被诉垄断协议与所受损失之间的因果关系承担举证责任。被诉垄断协议具有排除、限制竞争的效果的证明是一个复杂的、综

① 现为《反垄断法》（2022 年修正）第十六条。

合评估的过程，一般遵循如下步骤：原告首先对被诉垄断协议具有排除、限制竞争的效果提供证据；如果原告达到了证明标准，则转由被告对被诉垄断协议可能具有的促进竞争的效果提供证据；如果被告提供的证据证明了促进竞争的效果，则原告需要进一步证明该垄断协议在总体上是排除或者限制竞争的。这个过程通常伴随着较为全面的调查和复杂的经济分析。

横向协议对于竞争的危害性更大。经过长期的实践观察，有些特定的横向协议已经被证明在通常情况下都会对竞争具有非常明显的消极效果。固定价格、限制产量、划分市场、限制技术、联合抵制等属于此类横向协议。对于上述横向协议，如果仍然坚持上述举证分配规则，不但会给原告造成过重的举证负担，而且也会不可避免地导致司法资源的浪费，不利于及时制止垄断行为。因此，对于该类横向协议，可以根据经验法则，认定其具有排除、限制竞争的效果的事实成立，转由被告对其行为不具有排除、限制竞争效果承担举证责任。反垄断法第十三条第一款①第（一）到（五）项对这类通常对竞争具有排除、限制后果的横向协议作了明确列举。鉴此，《规定》第七条规定，对于上述五种横向协议，被告应对该协议不具有排除、限制竞争的效果承担举证责任。因此，在这种情况下，原告仅需证明被告实施了特定横向协议即可，由被告对其不构成垄断的抗辩或责任豁免承担举证责任。

需要说明的是，除了反垄断法第十三条第一款第（一）至（五）项明文列举的横向协议外，其他横向协议对竞争是否具有消极效果通常是不确定的，需要具体问题具体分析。因此，对于反垄断第十三条明文列举之外的其他横向协议，原告通常仍需对该协议具有排除、限制竞争的效果承担举证责任。

对于纵向协议，由于其对竞争的影响效果并不确定，原则上仍应适用举证责任分配的一般规则，原告应对该纵向协议具有排除、限制竞争的后果承担举证责任。

2. 滥用市场支配地位案件的举证责任

滥用市场支配地位行为的成立，首先需要证明被告在相关市场内具有支配地位，这同时隐含着需要确定该行为所涉的相关市场。此外，还需要证明该行为属于反垄断法第十七条第一款②规定的情形。根据举证责任分配的一般规则，上述举证责任应由原告承担。根据反垄断法第十七条第一款规定的字面表述，如果拘泥于依据要件事实分配举证责任的一般规则，该款规定的正当性理由应由原告负担举证责任。但这样将导致原告举证困难，不利于原告的权利救济，也不符合反垄断法的立法目的。为此，《规定》第八条第二款明确规定，这类正当性理由应由被告提出抗辩并承担举证责任。

---

① 现为《反垄断法》（2022年修正）第十七条。

② 现为《反垄断法》（2022年修正）第二十二条第一款。

在滥用市场支配地位的行为中，公用企业或者其他依法具有独占地位的经营者滥用市场支配地位的行为具有一定特殊性。公用企业或者其他依法具有独占地位的经营者所在的市场往往是自然垄断或者市场竞争不充分的市场，市场支配地位常常是自身固有或者依法确立的。基于此类市场主体和市场竞争的特殊性，可以适度减轻原告在证明此类市场主体的市场支配地位方面的举证责任。但是，并非所有的公用企业或者其他依法具有独占地位的经营者都当然在相关市场内具有支配地位。因此，在认定该类主体是否在相关市场内具有市场支配地位时，既要适当减轻原告的举证责任，又要坚持认定市场支配地位的市场竞争标准。如果通过对市场结构和竞争状况的分析，结合经济学基本经验和常识，明显能够认定该类主体在相关市场内具有支配地位的，则可以认定其具有市场支配地位，不再要求原告承担过重的举证责任。当然，公用企业或者其他依法具有独占地位的经营者可以提供相反证据推翻这一认定。正是基于这一认识，《规定》第八条规定："被诉垄断行为属于公用企业或者其他依法具有独占地位的经营者滥用市场支配地位的，人民法院可以根据市场结构和竞争状况的具体情况，认定被告在相关市场内具有支配地位，但有相反证据足以推翻的除外。"

在证明被告具有市场支配地位时，原告常常以被告对外发布的信息作为证据。为促进企业行为的诚信和缓解原告证明的困难，《规定》第十条特别规定："原告可以以被告对外发布的信息作为证明其具有市场支配地位的证据。被告对外发布的信息能够证明其在相关市场内具有支配地位的，人民法院可以据此作出认定，但有相反证据足以推翻的除外。"在适用该条时，需要注意被告对外发布的信息所涉及的某类产品市场与具体案件中所界定的相关市场的匹配性和关联性。例如，如果根据被告对外发布的信息所涉某类产品市场及其市场份额可以合理确定被告在案件所涉相关市场中的市场份额超过50%，则可据此认定被告在相关市场内具有支配地位，被告需要对推翻这一认定提供证据。

——朱理：《〈最高人民法院关于审理因垄断行为引发的民事纠纷案件应用法律若干问题的规定〉的理解与适用》，载江必新主编：《最高人民法院司法解释与指导性案例理解与适用》第一卷，人民法院出版社2013年版，第291~293页。

331. 垄断协议豁免的证明责任

关键词

垄断协议豁免　证明责任

最高人民法院裁判文书

东港公司等十三家被诉驾培单位与吉利公司等十五家驾培单位以及原审第三人台州市路桥区浙东驾驶员培训服务有限公司横向垄断协议纠纷案［最高人民法院（2021）最高法知民终1722号民事判决书］

裁判要旨：被诉垄断协议实施者主张涉案协议具有反垄断法第十五条[①]第一款第一项至第五项情形，不构成垄断协议的，应当提供充分证据证明：该协议具有前述五项法定情形所称积极的竞争效果或者经济社会效果；该协议为实现上述效果所必需，因而不会严重限制相关市场的竞争；该协议能够使消费者分享由此产生的利益。被诉垄断协议实施者不能仅仅依赖一般性推测或者抽象推定有关积极的竞争效果或者经济社会效果，而应当提供证据证明有关效果是具体的、现实的。

最高人民法院认为，（一）关于浙东公司统一收取服务费的横向垄断协议能否依法予以豁免

对于原审判决认定涉案十五家驾培单位签订联营协议及自律公约，构成反垄断法第十三条第一款第一项至第三项规定的固定价格、限制商品产销量、分割市场的横向垄断协议，涉案十五家驾培单位和浙东公司均无异议，本院不再进一步审理。根据各方当事人的争议焦点，本院重点审理浙东公司统一收取服务费（每人850元）是否可依法予以豁免的问题。

反垄断法第十五条规定："经营者能够证明所达成的协议属于下列情形之一的，不适用本法第十三条、第十四条的规定：（一）为改进技术、研究开发新产品的；（二）为提高产品质量、降低成本、增进效率，统一产品规格、标准或者实行专业化分工的；（三）为提高中小经营者经营效率，增强中小经营者竞争力的；（四）为实现节约能源、保护环境、救灾救助等社会公共利益的；（五）因经济不景气，为缓解销售量严重下降或者生产明显过剩的；（六）为保障对外贸易和对外经济合作中的正当利益的；（七）法律和国务院规定的其他情形。属于前款第一项至第五项情形，不适用本法第十三条、第十四条规定的，经营者还应当证明所达成的协议不会严重限制相关市场的竞争，并且能够使消费者分享由此产生的利益。"反垄断法对于垄断协议采取一般禁止和特殊豁免相结合的规制方式。根据反垄断法第十三条、第十五条的规定，在认定被诉垄断协议行为是否应当适用豁免时，首先应当界定被诉行为的具

① 现为《反垄断法》（2022年修正）第二十条。

体内容，判断被诉行为是否属于反垄断法第十三条规定所禁止的行为，然后认定被诉行为实施主体提供的证据能否证明该行为存在反垄断法第十五条规定的豁免情形。在具体认定时，如果具有竞争关系的经营者达成固定价格协议、限制产量或者销量协议、划分市场协议等，落入反垄断法第十三条第一款规定的横向垄断协议范围，经营者欲以有关协议具有反垄断法第十五条第一款第一项至第五项规定情形为由主张豁免，则其应当举证证明三项重要事实：第一，有关协议具有上述五项法定情形之一；第二，有关协议为实现上述五项法定情形之一所必需，因而不会严重限制相关市场的竞争；第三，有关协议能够使消费者分享由此产生的利益。

对于上述三项重要事实，经营者应当提供充分证据证明相关协议具有上述五项法定情形之一项下所指积极的竞争效果或经济社会效果，且该效果是具体的、现实的，而不能仅仅依赖一般性推测或者抽象推定。具体就本案中东港公司等被诉十三家驾培单位所援引的反垄断法第十五条第一款第二项规定的豁免情形而言，首先，该经营者需要提供相关证据（例如达成固定价格等垄断协议之前与之后相关市场的服务质量、驾驶培训成本、驾驶培训效率情况等），以对比说明其通过统一服务规范、标准或者实现专业化分工等手段，切实达到提高服务质量、降低服务成本、增进效率的实际效果；其次，该经营者需要提供相关证据证明为实现提高产品质量、降低成本、增进效率所必需，且并未严重限制台州市路桥区为中心的机动车驾驶培训服务市场的竞争；最后，该经营者还需要提供相关证据（例如垄断协议达成之前与之后消费者交费标准、参加培训服务的成本以及便利程度等）证明消费者确实从中受益。就本案中东港公司等被诉十三家驾培单位所援引的反垄断法第十五条第一款第三项规定的豁免情形而言，该经营者需要提供证据证明其作为中小企业相对于某些大企业处于弱势，在竞争中处于不利地位，其签订垄断协议增强了中小企业的竞争力，提高了中小企业的经营效率；同时，该经营者也应当举证证明消费者从中受益的情况。

本案中，浙东公司统一向消费者（驾驶学员）收取的850元服务费中包括制卡费200元，余下650元对应的服务包括统一为驾驶学员提供报名、体检、理论学习培训以及模拟器学习培训等。在浙东公司成立前，上述费用均由涉案十五家驾培单位自行收取。浙东公司统一收取服务费的行为实质性地将上述服务价格予以固定，该部分服务费与涉案十五家驾培单位自行收取的费用共同构成本案中固定价格的横向垄断协议，根据其性质和一般市场规律，该类横向垄断协议一般具有排除、限制竞争的效果。东港公司等被诉十三家驾培单位依据反垄断法第十五条第一款第二项、第三项的规定提出豁免主张，如上所述，其应当提供证据具体证明该横向垄断协议所产生的积极效果，但其未提供证据证明在浙东公司成立前，涉案十五家驾培单位在学员报名、体检、理论学习等服务项目中收费的具体价格，未提供证据证明浙东公司成立后其统一提供服务的行为如何以及在何种程度上实际降低了成本并提高了服务质量、增进了效率，也没有提供证据证明浙东公司固定收取的 850 元费用相比此前各驾校在相关服务项目上自行收取的费用更为低廉。因此，根据东港公司等十三家被诉驾培单位提供的证据，尚不足以认定浙东公司针对统一提供的辅助性服务固定收取 850 元费用的行为构成反垄断法第十五条规定的豁免情形。事实上，如果东港公司等十三家被诉驾培单位继续通过浙东公司统一提供辅助性服务、固定收取部分费用，并维持联营协议中关于其他驾培单位后续加入浙东公司联营经营模式需交纳加盟费的机制，则东港公司等十三家被诉驾培单位实质性地削弱了该十三家被诉驾培单位之间的竞争以及其与未来潜在的相关市场进入者之间的竞争，继续维持排除、限制竞争的效果。原审法院在经营者没有提供真实、有效证据支持其豁免主张情况下，主要根据一般经验推定浙东公司统一提供服务将带来有利于降低成本、提高质量、增进效率以及减少消费者的交通成本和有利于提高中小经营者经营效率、增强中小经营者竞争力的效果，直接认定该项统一收费符合垄断协议豁免情形，不符合反垄断法第十五条关于经营者应当证明垄断协议豁免情形及条件的规定，适用法律有所不当，本院予以纠正。

——《最高人民法院知识产权法庭裁判要旨摘要（2021）》，最高人民法院知识产权法庭官网。

332. 营业信托纠纷案件中举证责任的分配

关键词

营业信托纠纷　举证责任分配　勤勉尽责义务

最高人民法院司法政策精神

94.【受托人的举证责任】资产管理产品的委托人以受托人未履行勤勉尽责、公平对待客户等义务损害其合法权益为由，请求受托人承担损害赔偿责任的，应当由受托人举证证明其已经履行了义务。受托人不能举证证明，委托人请求其承担相应赔偿责任的，人民法院依法予以支持。

——《最高人民法院关于印发〈全国法院民商事审判工作会议纪要〉的通知》（2019 年 11 月 8 日，法〔2019〕254 号）。

附录：最高人民法院主流观点

在信托关系中，委托人将自己的重要资源交由受托人自由裁量，作为一种交换，受托人对委托人承担信义义务，以此来保证行为的谨慎，避免过失和损害委托人利益的行为。《信托法》第25条规定："受托人应当遵守信托文件的规定，为受益人的最大利益处理信托事务。受托人管理信托财产，必须恪尽职守，履行诚实、信用、谨慎、有效管理的义务。"并在此后作了一系列的规定，学说上一般将受托人的义务统称为信义义务，其内容主要包括信托公司对委托人的忠实义务和勤勉义务。

忠实义务的规范主要是禁止规范，即禁止受托人为了受益人以外的人的利益行事。信托公司不能违背受托人的利益而为自己或者他人牟取利益。英美信托法不仅规定了行为不当的受托人应当如何承担责任，而且针对受托人提出一项原则要求，即受托人不得使自己处于受托人职责与利益相冲突的地位，也就是说，受托人只能忠实于受益人利益。我国信托法对受托人的忠实义务以列举的方式作出了明文规定，主要体现在避免关联交易、不得以固有财产与信托财产进行交易、受托人不得享有受托利益等相关违反忠实义务的具体表现形式。忠实义务作为信义义务的核心，目的在于防止受托人将自己的利益凌驾于投资者的利益之上，有效地防范了受托人的机会主义。受托人对委托人的财产具有的自由裁量权，确保受托人行使这一自由裁量权以促进投资者的最佳利益，而不是出于不正当的目的，是至关重要的。

勤勉义务主要是要求受托人积极作为。无论是英美法系中《受信人法》的要求，还是大陆法系勤勉义务中善良管理人的内容，商事信托的勤勉义务都要明显高于民事信托。《美国统一谨慎投资人法》突破了传统谨慎人规则的局限，如每项投资单独判断、忽略通货膨胀风险等，共包含16个条文。其中，第2条规定了勤勉标准、投资组合策略及风险收益目标；第3条规定了分散投资义务，谨慎投资人的勤勉要求；第4条规定了受托人于接受受托人职位或信托财产后的合理期间审查信托财产的义务；第8条规定了判断受托人行为是否勤勉的时点问题，同时还要求受托人要尽到"谨慎投资人"的注意、技能和勤勉以及考虑信托的目的、条款、分配要求以及其他情形。勤勉义务具有警示作用，作为对受托人不当行为的威慑，只要该投资是合理的、符合信托目的的，就不构成勤勉义务的违反。判断受托人是否履行勤勉义务可能会因为信托公司具体的业务和工作性质的不同而不同，因此，勤勉义务很难有一个统一的标准去衡量。

虽然法律规定较为原则，但从商业实践来看，各类资产管理产品的合同文本对于受托人义务的约定显得细化了很多，尽管其中仍然充斥着大量较为模糊的概念。在委托人与受托人之间因受托人是否勤勉尽责发生争议时，举证责任分配问题仍然应当遵循"谁主张、谁举证"的基本原则。无论是受托人还是委托人，如果提出主张，均应当承担举证责任，提交相关证明材料，否则将承担证明不能的不利后果。

值得注意的是，与委托人相比，信托公司、商业银行、证券公司等受托人作为专业机构，在行为主体、决策过程、客观效果、同行业绩等方面提供证据证明其尽到了勤勉谨慎职责更为容易。并且信托合同通常是信托公司的格式文本，随着信托产品的产品结构设计日趋复杂、投资运作专业化程度不断提高，作为金融产品的信托产品与其发行方的关系更加紧密。在信托产品的结构设计和投资运作是否尽责问题上，需要受托人就已经尽责承担举证责任。这种举证责任分配方式，在证据法学理论上称为举证责任的转移，不能等同于完全的举证责任倒置。

审判实践中，无论是主动管理信托，还是事务管理类信托，在审查作为专业金融机构的受托人是否履行了勤勉尽责的义务时，可以从受托人在资产管理产品设立后，进行投资项目立项前的尽职调查材料，投资管理过程中的内部决策流程等审批材料，项目存续过程中的日常管理材料（包括各类凭证、单据、通知和指令），项目清算和风险处置过程中的相关材料等证据着手，审查受托人是否尽了法定的和约定的勤勉尽责义务，并在此基础上确定责任承担。

——最高人民法院民事审判第二庭编著：《〈全国法院民商事审判工作会议纪要〉理解与适用》，人民法院出版社 2019 年版，第 491~493 页。

333.《保险法》第五十七条“必要且合理费用”的举证证明责任如何分配

关键词

保险事故　举证责任分配　减损施救费用

最高人民法院司法解释

第六条　保险事故发生后，被保险人依照保险法第五十七条的规定，请求保险人承担为防止或者减少保险标的的损失所支付的必要、合理费用，保险人以被保险人采取的措施未产生实际效果为由抗辩的，人民法院不予支持。

——《最高人民法院关于适用〈中华人民共和国保险法〉若干问题的解释（四）》（2020 年 12 月 29 日修正）。

附录：最高人民法院主流观点

在司法解释论证过程中，有观点认为，保险事故发生以后，采取防止或减少保险标的损失的施救行为往往是比较危急的情形，由于被保险人在遇到事故时候的慌乱心理，且不具有专业施救知识，其对施救措施是否“必要且合理费用”难以作出正确的判断，故应适用举证责任倒置规则由保险人承担举证责任。我们认为，首先，按照民事诉讼法规定的“谁主张谁举证”的一般举证原则，应由被保险人就其施救费用的主张先行承担举证责任，既要证明采取了什么样的措施、产生了多少费用，又要证明在当时的事故环境其作为一般被保险人采取措施和发生费用的必要性、合理性，这是因为保险人不在当时的事故环境、也不处于被保险人的状态，无法描述和证明其采取措施的必要性和支出费用的必要性。其次，保险人抗辩认为被保险人采取的措施不必要或发生的费用不合理的，应当从这两个方面承担相应的反证责任，只要其反驳的证据和理由不足以推翻被保险人主张的，就应承担相应的施救费用。

——最高人民法院民事审判第二庭编著:《最高人民法院关于保险法司法解释（四）理解与适用》，人民法院出版社 2018 年版，第 117 页。

334. 保险人对是否询问被保险人存在放弃事实负有举证证明责任

关键词

保险合同　保险代位求偿权　举证责任　如实告知义务

最高人民法院司法解释

第九条　在保险人以第三者为被告提起的代位求偿权之诉中，第三者以被保险人在保险合同订立前已放弃对其请求赔偿的权利为由进行抗辩，人民法院认定上述放弃行为合法有效，保险人就相应部分主张行使代位求偿权的，人民法院不予支持。

保险合同订立时，保险人就是否存在上述放弃情形提出询问，投保人未如实告知，导致保险人不能代位行使请求赔偿的权利，保险人请求返还相应保险金的，人民法院应予支持，但保险人知道或应当知道上述情形仍同意承保的除外。

——《最高人民法院关于适用〈中华人民共和国保险法〉若干问题的解释（四）》（2020 年 12 月 29 日修正）。

附录：最高人民法院主流观点

如果保险合同对被保险人在签订保险合同前放弃对第三者的赔偿请求权没有明确约定，而保险人在订立保险合同时询问投保人该事实时，投保人没有如实告知的，在发生保险事故后，保险人可以以投保人违反如实告知义务为由拒绝承担保险责任。因为如果投保人如实告知的，保险人可根据被告知的情况，决定是否承保及是否提高保险费率。保险人若能举证被保险人在订立合同前对放弃损害赔偿请求权有恶意，即故意以损害保险人代位权为目的的，则可以对抗被保险人的保险赔偿金给付请求权。保险人在订立合同时已经知道被保险人放弃的事实或在通常业务中知道或应该知道存在此种条款的，则应承担保险责任。如在海上货物运输方面，各国普遍承认承运人非完全过失责任制，对于航海过失和管理船舶过失造成的货损，承运人是免责的。另外，在国际船舶拖航合同中几乎毫无例外地约定，拖轮、引航员对任何损失不负责任。对此类条款，被保险人无须告知保险人，也不能因此视为被保险人损害保险人的保险代位求偿权。

——最高人民法院民事审判第二庭编著：《最高人民法院关于保险法司法解释（四）理解与适用》，人民法院出版社 2018 年版，第 186 页。

335. 金融消费者权益保护案件中，金融消费者与卖方机构的举证责任分配

关键词

金融消费者权益保护　投资者适当性管理　举证责任分配

最高人民法院司法政策精神

75.【举证责任分配】在案件审理过程中，金融消费者应当对购买产品（或者接受服务）、遭受的损失等事实承担举证责任。卖方机构对其是否履行了适当性义务承担举证责任。卖方机构不能提供其已经建立了金融产品（或者服务）的风险评估及相应管理制度、对金融消费者的风险认知、风险偏好和风险承受能力进行了测试、向金融消费者告知产品（或者服务）的收益和主要风险因素等相关证据的，应当承担举证不能的法律后果。

——《最高人民法院关于印发〈全国法院民商事审判工作会议纪要〉的通知》（2019 年 11 月 8 日，法〔2019〕254 号）。

附录：最高人民法院主流观点

投资者适当性管理的基本内容主要由金融监管部门确定。因此，受诉法院审查卖方机构用以证明其已履行适当性管理的证据时，主要应对照金融监管部门规定的适当性内容进行认定。目前，金融监管部门规定的适当性管理制度主要包括如下方面：（1）了解投资者并对其分类。内容主要包括了解投资者的身份、财产与收入状况、证券投资经验、投资需求、风险偏好等信息，

并在此基础上进行适当分类。(2)了解产品或服务及其分级。内容主要包括了解产品或服务的特征和风险等因素，并在此基础上划定风险等级。(3)投资者与产品或服务的匹配。主要是将金融产品或服务的风险等级与投资者自身的风险承受能力等级按一定原则进行匹配，但也应当综合考虑投资者对流动性、投资期限等其他方面的需求。

——最高人民法院民事审判第二庭编著:《〈全国法院民商事审判工作会议纪要〉理解与适用》，人民法院出版社2019年版，第424页。

336. 承揽合同履行过程中，定作人提供的材料或工作成果在交付前灭失，定作人请求承揽人承担赔偿责任，举证责任应如何分配

关键词

承揽人　承揽合同　保管义务　举证证明责任

《中华人民共和国民法典》条文

第七百八十四条　承揽人应当妥善保管定作人提供的材料以及完成的工作成果，因保管不善造成毁损、灭失的，应当承担赔偿责任。

附录：最高人民法院主流观点

承揽合同履行过程中，在工作成果交付前，定作人提供的材料及工作成果均由承揽人占有、管理，定作人对上述物品的保管情况难以掌握，在此期间上述物品损毁、灭失的，应由承揽人对其尽到妥善保管义务承担举证证明责任，如承揽人不能证明其已尽到妥善保管义务的，应向定作人承担相应的赔偿责任。

——最高人民法院民法典贯彻实施工作领导小组主编:《中华人民共和国民法典合同编理解与适用》，人民法院出版社2020年版，第1883页。

337. 给付型不当得利纠纷中，原告应当对“没有合法根据”承担举证证明责任

关键词

给付型不当得利纠纷　没有合法根据　承担举证证明责任

最高人民法院裁判文书

青岛广和源集团有限公司与青岛金轩置业有限公司不当得利纠纷案［最高人民法院（2021）最高法民申6981号民事裁定书］

裁判要旨：给付型不当得利纠纷中，"没有合法根据"所对应的基础事实，是主张不当得利的一方当事人所作出的给付行为欠缺给付原因，可以通过证明作出给付行为的具体原因、该给付原因自始不存在或者嗣后丧失等积极事实来证明，并非现实中未曾发生、无法证明的消极事实。此类不当得利纠纷中，主张不当得利的一方当事人关于对方取得利益"没有合法根据"的主张，建立在否定自身给付行为的基础上，相较于对方当事人，主张不当得利的一方更有能力对自己的行为提供证据。故在给付型不当得利纠纷中，仍应适用"谁主张、谁举证"原则，由原告对"没有合法根据"承担举证证明责任，而非实行举证责任倒置。

最高人民法院再审认为，关于原审法院对于本案举证责任分配是否错误的问题。首先，根据《中华人民共和国民事诉讼法》第六十四条[①]和《最高人民法院关于适用〈中华人民共和国民事诉讼法〉的解释》第九十一条，除法律另有规定外，主张法律关系存在的当事人，应当对产生该法律关系的基本事实承担举证证明责任。法律对于不当得利纠纷的举证责任规则没有作出特别规定，广和源公司主张金轩公司不当得利，依据前述规定，广和源公司应当对发生不当得利这一基本事实承担举证证明责任。其次，"没有合法根据"是产生不当得利返还请求权的基础要件，广和源公司应当对此承担举证证明责任。本案是因广和源公司向金轩公司转款而引发的不当得利纠纷，案涉资金流转系因广和源公司的行为所致。作为主动引起案涉资金流转的主体，广和源公司关于金轩公司取得案涉资金"没有合法根据"的主张，建立在否定自身转账行为的基础之上，相较于金轩公司，广和源公司更有能力对自身的行为提供证据。再次，在给付不当得利纠纷中，"没有合法根据"所对应的基础事实，是主张不当得利的一方当事人所作出的给付行为欠缺给付原因，可以通过证明作出给付行为的具体原因、该给付原因自始不存在或者嗣后丧失等积极事实来证明，并非现实中未曾发生、无法证明的消极事实。故本案由广和源公司对其向金轩公司转款自始或嗣后欠缺给付原因承担举证证明责任，并无不当。广和源公司关于原审法院对于本案举证责任分配错误的再审申请

---

① 现为《民事诉讼法》（2021年修正）第六十七条。

理由，缺乏法律依据，不能成立。

——中国裁判文书网。

338. 建设工程质量不合格的举证责任

关键词

建筑工程质量　施工人　举证责任

《中华人民共和国民法典》条文

第八百零一条　因施工人的原因致使建设工程质量不符合约定的，发包人有权请求施工人在合理期限内无偿修理或者返工、改建。经过修理或者返工、改建后，造成逾期交付的，施工人应当承担违约责任。

附录：最高人民法院主流观点

建筑工程质量不仅应当符合建设工程施工合同的约定，还必须达到国家规定的强制性标准。施工人承担违约责任的前提是建设工程质量不合格或者不符合合同约定。按“谁主张，谁举证”的原则，如果发包人主张建设工程质量不合格或者不符合合同约定，应当承担举证责任。但是，在建设工程施工合同关系中，承包人具有向发包人交付质量符合约定或者法律规定的建设工程的义务。故承包人应当对其交付的建设工程质量合格承担举证责任。依据当事人约定和法律规定，承包人在向发包人交付建设工程之前，应当先由发包人进行验收。司法审判中，需要根据具体情况对建设工程质量不合格的举证责任进行分配。一是当事人诉至法院时，建设工程尚未竣工验收，亦未交付发包人使用。尚未竣工验收的原因可能主要是建设工程还未到双方当事人约定的竣工验收的时间；或者建设工程虽已经具备双方当事人约定的竣工验收的条件，或者已经到了应当竣工验收的时间，但因一方当事人不配合或者双方当事人难以就竣工验收问题进行有效沟通而不能按时进行竣工验收。在这种情形下，应当根据当事人过错认定过错方应向相对人承担相应的民事责任。如果建设工程还未到双方当事人约定的竣工验收的时间，发包人主张建设工程质量不合格或者不符合约定，则应当承担举证责任。二是当事人诉至法院时，建设工程虽未竣工验收，但已经交付发包人使用。在这种情形下，根据《建设工程施工合同司法解释》第十三条关于“建设工程未经竣工验收，发包人擅自使用后，又以使用部分质量不符合约定为由主张权利的，不予支持；但是承包人应当在建设工程的合理使用寿命内对地基基础工程和主体结构质量承担民事责任”的规定，除地基基础工程和主体结构质量问题外，发包人原则上不能以使用部分质量不符合约定为由主张权利。同时，由于发包人未进行竣工验收擅自使用建设工程，违反相关法律规定，如果其主张建设工程的地基基础工程和主体结构质量不合格或者不符合合同约定，应当承担举证责任。三是当事人诉至法院时，建设工程已经竣工验收，但发包人主张建设工程还存在部分质量问题，影响工程的正常使用，应由发包人承担举证责任。四是当事人诉至法院时，建设工程已经竣工验收，但发包人主张其只是在名义上对建设工程进行了验收，目的是为了及时使用或办理相关手续，但未对建设工程进行实质上的竣工验收。此情形下，发包人应当对建设工程质量不合格承担举证责任。需要注意的是，虽然发包人已经作出了建设工程经竣工验收合格的意思表示，但如果其表示与真实意思不一致，或者表示与客观事实不一致，在当事人对建设工程质量合格提出异议的情况下，仍应当对建设工程质量问题进行查明。建设工程质量是否合格，不仅关系到发包人的利益还关系到不特定或者众多群众的利益，涉及社会公共利益。建设工程经发包人竣工验收合格的事实，只是对建设工程质量的初步证明，不是唯一证明，也不是最终证明。五是当事人诉至法院时，建设工程尚未完工，因双方当事人发生纠纷，承包人已经停止施工。在这种情形下，由于建设工程未竣工，发包人不可能进行竣工验收，原则上应当由承包人对其已施工工程质量合格承担举证责任。但实践中，并不是发包人一旦提出建设工程存在质量问题，就需要承包人申请鉴定机构对建设工程质量进行鉴定，以证明其所施工工程的质量合格。按照"谁主张，谁举证"的原则，如果发包人主张建设工程质量存在问题，应当对建设工程质量存在问题提出初步证据，例如，建设工程存在渗水、地基下沉、墙面或者地面出现裂缝等表面瑕疵，或者经鉴定机构或者专业机构现场勘验，提出建材不符合约定或者法律规定的质量标准、施工工艺不符合约定的专业意见等。在这种情况下，承包人应当提出证据证明其施工的建设工程质量合格的事实。

——最高人民法院民法典贯彻实施工作领导小组主编：《中华人民共和国民法典合同编理解与适用》，人民法院出版社 2020 年版，第 2003~2004 页。

339. 工程承包人对其所遭受的损失应承担举证责任

关键词

承包人　发包人　举证责任

《中华人民共和国民法典》条文

第八百零四条　因发包人的原因致使工程中途停建、缓建的，发包人应当采取措施弥补或者减少损失，赔偿承包人因此造成的停工、窝工、倒运、机械设备调迁、材料和构件积压等损失和实际费用。

附录：最高人民法院主流观点

因发包人的原因致使工程中途停建、缓建的，承包人有权请求发包人赔偿因此造成的停工、窝工、倒运、机械设备调迁、材料和构件积压等损失。按照"谁主张，谁举证"的原则，承包人应当对其所遭受的损失承担举证责任。实践中，认定损失的方式主要有四种：一种是根据建设工程施工合同中的索赔签证认定损失数额；二是由鉴定机构根据建设工程施工合同的履行情况进行鉴定；三是根据建设工程施工合同约定的标准进行计算；四是参照合同履行地的市场价格和实际损失数额进行估算。此外，如果发包人未采取合理措施弥补或者减少损失，对该部分损失也应当由发包人承担。

——最高人民法院民法典贯彻实施工作领导小组主编：《中华人民共和国民法典合同编理解与适用》，人民法院出版社 2020 年版，第 2023 页。

340. 多式联运经营人对全程运输承担的举证责任

关键词

多式联运经营人　货物毁损、灭失　举证证明

《中华人民共和国民法典》条文

第八百三十九条　多式联运经营人可以与参加多式联运的各区段承运人就多式联运合同的各区段运输约定相互之间的责任；但是，该约定不影响多式联运经营人对全程运输承担的义务。

附录：最高人民法院主流观点

若货物发生毁损、灭失或迟延交付，货方需要举证货物的毁损、灭失或迟延交付发生在多式联运经营人接收货物至交付货物期间，而没有义务证明货物毁损、灭失发生在某一运输区段。如果多式联运经营人能够证明货物毁损、灭失发生在某一运输区段的，关于多式联运经营人的赔偿责任和责任限额，则可适用调整该区段运输的法律。如果多式联运经营人不能证明货物毁损、灭失发生在某一运输区段的，则适用本章的有关规定。由于涉及确定货物毁损、灭失的原因以及日后的追偿，多式联运经营人通常会积极举证证明损失发生的运输区段。

如果多式联运经营人明知货损发生的运输区段，为了减少向托运人赔付

的金额而故意隐瞒该事实，并且私下与区段承运人达成赔付协议，即使托运人已经按照货物损失发生区段无法确定时情形获得部分赔偿，一旦托运人有证据证明多式联运经营人有故意隐瞒的情形，仍然有权要求赔偿差额部分的损失。诉讼时效可按照其知道或者应当知道权利受到损害之日起算。

虽然《民法典》没有规定托运人或收货人有权直接向区段承运人进行索赔，但法律对此并没有禁止。如果托运人或收货人能够证明货损发生的具体运输区段，其也可以提起侵权之诉，向该区段承运人进行索赔，按照侵权责任构成要件进行举证。

——最高人民法院民法典贯彻实施工作领导小组主编：《中华人民共和国民法典合同编理解与适用》，人民法院出版社2020年版，第2199页。

341. 第三人知道受托人与委托人之间的代理关系的证明责任

关键词

委托人　受托人　代理关系　第三人　证明责任

《中华人民共和国民法典》条文

第九百二十五条　受托人以自己的名义，在委托人的授权范围内与第三人订立的合同，第三人在订立合同时知道受托人与委托人之间的代理关系的，该合同直接约束委托人和第三人；但是，有确切证据证明该合同只约束受托人和第三人的除外。

附录：最高人民法院主流观点

此处讨论的证明责任是在穷尽全案证据仍真伪不明时由哪一方承担举证不能的不利后果。《民事诉讼法司法解释》第九十一条规定：“人民法院应当按照下列原则确定举证证明责任的承担，但法律另有规定的除外：（一）主张法律关系存在的当事人，应当对产生该法律关系的基本事实承担举证证明责任；（二）主张法律关系变更、消灭或者权利受到妨害的当事人，应当对该法律关系的变更、消灭或者权利受到妨害的基本事实承担举证证明责任。”根据该规定，证明责任分配具有法定性，在理论上采纳法律要件分类说中的规范说，当事人要对对己方有利的主张承担证明责任。如果委托人主张第三人知道受托人与委托人之间的代理关系，要求该合同对其产生约束力，欲直接向第三人主张合同权利义务，那么应当由委托人证明在合同订立时三人知道受托人与委托人之间的代理关系，否则由委托人承担证明不能的不利后果。如果第三人主张合同直接约束其和委托人，欲向委托人主张合同权利义务，那么应由第三人证明其在合同订立时其知道受托人与委托人之间的代理关系。

——最高人民法院民法典贯彻实施工作领导小组主编：《中华人民共和国民法典合同编理解与适用》，人民法院出版社 2020 年版，第 2503 页。

342. 所有人或其他物权人行使原物返还请求权时的举证责任分配

关键词

返还原物请求权　举证责任

《中华人民共和国民法典》条文

第二百三十五条　无权占有不动产或者动产的，权利人可以请求返还原物。

附录：最高人民法院主流观点

第一，关于举证责任分配。须注意的是，所有人或其他物权人行使原物返还请求权时，须证明其权利的存在。[①]权利人须证明其为所有权人或者他物权人，但无须证明相对人为无权占有。一是权利人没有能力或者很难证明相对人为无权占有，盖因无权占有是一种消极事实。二是从物权保护的角度而言，不应加重权利人的举证责任，只要权利人证明自己为物权人，则可以行使物权的追及力。权利人主张返还原物，相对人对此可以提出抗辩，主张其为有权占有，则相对人对此应当承担举证责任。倘若相对人无法证明其为有权占有，则应认定相对人为无权占有，权利人的主张成立。

第二，返还原物请求权的行使，无需考虑相对人的无权占有是否基于过错所导致。权利人只需要证明相对人已实施了侵害物权的行为，构成无权占有，便可以请求相对人返还原物，不必对相对人是否存在主观过错进行举证。返还原物请求权性质上属于物权请求权，并非债权请求权。《民法典》将返还原物请求权在物权编中规定，也说明了返还原物请求权不能等同于债权请求权。物权人履行举证责任，即可请求返还原物。除非相对人能够证明其基于善意取得等构成有权取得。

第三，返还原物请求权，不仅仅适用于所有权。“就所有权及用益物权，均认有物上请求权。”[②]因此，返还原物请求权主要适用所有权的保护，但也适

① 王泽鉴：《民法物权（第 1 册）》，中国政法大学出版社 2001 年版，第 64 页。

② 史尚宽：《物权法论》，中国政法大学出版社 2000 年版，第 11 页。

用于其他物权的保护。

第四，关于返还原物请求权是否适用诉讼时效的问题，在理论上存在不同的观点。一种观点认为，返还原物请求权适用诉讼时效。其理由是，物权请求权虽然不是纯粹的债权，但仍然属于请求权，应适用诉讼时效。另一种观点则认为，返还原物等请求权不适用诉讼时效。其主要理由是，一是物权请求权与物权不可分开，既然物权不适用诉讼时效，则物权请求权也不应适用诉讼时效。物权请求权是物权得以保护的基础，如果物权请求权适用诉讼时效，则物权就成了空虚的权利。二是物权请求权也难以适用诉讼时效，因为物权请求权通常适用于各种持续性侵害行为。①

《民法典》第一百九十六条第二项规定，“不动产物权和登记的动产物权的权利人请求返还财产”的请求，不适用诉讼时效。至于未登记的动产，如果也不适用诉讼时效，则有可能对交易安全构成威胁。对于一般动产，为了保护与返还财产义务人交易的第三人的信赖利益，维护交易安全，一般动产的返还原物请求适用诉讼时效。故《民法典》第一百九十六条仅规定不动产物权和登记的动产物权的权利人请求返还财产的请求，不适用诉讼时效。

——最高人民法院民法典贯彻实施工作领导小组主编：《中华人民共和国民法典物权编理解与适用》，人民法院出版社2020年版，第192~193页。

343. 业主撤销权纠纷诉讼中的举证责任

关键词

业主大会　业主委员会　撤销之诉　举证责任

《中华人民共和国民法典》条文

第二百八十条　业主大会或者业主委员会的决定，对业主具有法律约束力。

业主大会或者业主委员会作出的决定侵害业主合法权益的，受侵害的业主可以请求人民法院予以撤销。

附录：最高人民法院主流观点

司法实践中，主要包括业主实体权益及程序权益受到侵害两种情况下举证责任分配的问题。实体权益受到侵害，是指作为物业管理区域内区分所有人的业主基于建筑物区分所有的合法权利受到业主大会或者业主委员会决定

---

① 王利明：《物权法论》，中国政法大学出版社1998年版，第154页。

的侵害，既包括因业主大会或者业主委员会决定而导致房屋价值受损，也包括业主个人在人身、财产等方面遭受到的重大利益损害。此时，业主应当举证证明其合法权益受到损害。而业主大会或业主委员会应举证证明其决定具备合理性及并未超过大多数业主的容忍义务范围；在超过大多数业主忍受限度的情况下，是否对权益受损的业主的利益进行例外的补偿措施，以增加业主大会或业主委员会决定的合理性水平。业主程序权利受到侵害指的是业主大会或者业主委员会所作出的决定的内容虽然并未侵害业主的合法权益，但其作出决定的程序违反了法律、法规的强制性规定。实践中此类案件主要包括业主因业主大会或业主委员会的表决程序违反了法律、法规的强制性规定而提起撤销之诉。在此情形下，业主需证明其程序性权益受到侵害，业主大会或业主委员会则需举证证明其所作决定程序合法。实践中，关于表决等方面的证据材料都是由业主大会或者业主委员会制作和保管的，业主大会或者业主委员会也有义务确保其所作决定程序合法，在业主因程序权益提起撤销之诉但举证能力有限无法提供证据时，可以依据公平原则适当考虑将举证责任倒置给具有举证能力的业主委员会。

——最高人民法院民法典贯彻实施工作领导小组主编：《中华人民共和国民法典物权编理解与适用》，人民法院出版社 2020 年版，第 392~393 页。

344.“当地习惯”如何证明

关键词

当地习惯　举证责任

《中华人民共和国民法典》条文

第二百八十九条　法律、法规对处理相邻关系有规定的，依照其规定；法律、法规没有规定的，可以按照当地习惯。

附录：最高人民法院主流观点

《民法典》第二百八十九条所规定的习惯依赖于当地相关领域习惯做法的事实查明，同时，作为法官裁判的依据，也具有习惯法的性质。因此，我们认为，主张依据当地习惯进行裁判的当事人应当对该事实承担举证责任，法官亦可以根据审理案件的需要，依职权进行调查。若经过当事人举证和法官依职权查明，均不能确定存在“当地习惯”，或者该习惯违反了法律禁止性规定或者公序良俗的，则应按照《民法典》第二百八十八条规定的基本原则进行裁判。

——最高人民法院民法典贯彻实施工作领导小组主编:《中华人民共和国民法典物权编理解与适用》，人民法院出版社 2020 年版，第 444 页。

345. 证明建筑物系抵押权设立后新增建筑物的举证责任分配

关键词

建设用地使用权　抵押权　新增的建筑物　举证责任

《中华人民共和国民法典》条文

第四百一十七条　建设用地使用权抵押后，该土地上新增的建筑物不属于抵押财产。该建设用地使用权实现抵押权时，应当将该土地上新增的建筑物与建设用地使用权一并处分。但是，新增建筑物所得的价款，抵押权人无权优先受偿。

附录：最高人民法院主流观点

实务中，抵押权人主张其对建设用地使用权及其地上建筑物享有抵押权的，负有证明该建设用地上存在建筑物的初步举证责任。若抵押人抗辩该建筑物属于新增的建筑物及不属于抵押财产，按照“谁主张、谁举证”原则，抵押人应举证证明该建筑物系建设用地使用权抵押权设立后新增的建筑物。实际上，相对于抵押权人，抵押人作为所有人对新增建筑物的建设时间具有较强的举证能力。

——最高人民法院民法典贯彻实施工作领导小组主编:《中华人民共和国民法典物权编理解与适用》，人民法院出版社 2020 年版，第 1139 页。

346. 侵害个人信息纠纷的举证责任

关键词

个人信息　免责事由　举证责任

《中华人民共和国民法典》条文

第一千零三十六条　处理个人信息，有下列情形之一的，行为人不承担民事责任：

（一）在该自然人或者其监护人同意的范围内合理实施的行为；

（二）合理处理该自然人自行公开的或者其他已经合法公开的信息，但是该自然人明确拒绝或者处理该信息侵害其重大利益的除外；

（三）为维护公共利益或者该自然人合法权益，合理实施的其他行为。

附录：最高人民法院主流观点

结合有关审判经验，有关举证责任的分配问题，可以考虑适用如下规则：自然人主张其个人信息受到侵害的，应当提供以下证据：（1）个人信息受到侵害的具体情形；（2）个人信息受到侵害造成相应的损害后果；（3）信息收集者、持有者未经其同意或者未明示收集、使用信息的目的、方式、范围；（4）信息收集者、持有者违反法律、法规收集、使用信息的其他情形。同时，个人信息收集者、持有者主张其不承担侵害个人信息侵权责任的，应当就以下事实承担举证证明责任：（1）收集、使用自然人个人信息遵循了合法、正当、必要的原则；（2）明示了收集、使用信息的目的、方式和范围；（3）征得该自然人或者其监护人同意，法律、行政法规规定无须征得自然人或者其监护人同意的除外；（4）采用了确保个人信息安全的严格技术措施和其他必要措施；（5）其他已经履行法律、行政法规或者双方约定规定的合法收集、使用个人信息义务的情形。这一举证责任分配的规则遵循了举证责任缓和的规则，在现行法律规定的框架下，考虑到原被告双方经济实力、信息不对称等因素，对原被告双方的举证责任作出了适当平衡。突出了原告方在行为意义上的举证责任，明确了被告方在合法收集、使用个人信息即行为合法性方面的举证证明责任。对于双方当事人提供的证据，人民法院应当依照《民事诉讼法司法解释》第一百零八条的规定，并结合日常生活经验法则，认定侵害个人信息侵权责任的构成要件事实是否存在。当然，这仅是目前我们的研究和考虑，有关具体举证责任规则，还需要依据《民事诉讼法》《民事诉讼法司法解释》《民事诉讼证据规定》等法律和司法解释确定，最高人民法院将在进一步总结审判实践经验的基础上，适时出台相关司法解释对这一问题予以进一步明确。

——最高人民法院民法典贯彻实施工作领导小组主编：《中华人民共和国民法典人格权编理解与适用》，人民法院出版社 2020 年版，第 389 页。

347. 可得利益损失赔偿的举证责任

关键词

可得利益损失　赔偿请求权　举证责任

《中华人民共和国民法典》条文

第五百八十四条 当事人一方不履行合同义务或者履行合同义务不符合约定，造成对方损失的，损失赔偿额应当相当于因违约所造成的损失，包括合同履行后可以获得的利益；但是，不得超过违约一方订立合同时预见到或者应当预见到的因违约可能造成的损失。

附录：最高人民法院主流观点

《民事诉讼法》第六十四条第一款[①]规定："当事人对自己提出的主张，有责任提供证据证明。"根据该条规定的举证责任规范要求，守约方应当对可得利益损失赔偿请求权产生的法律事实承担举证证明责任，主要包括：违约方存在违约行为；守约方存在可得利益损失（数额）；所受损失和违约行为之间存在因果关系。实践中，违约方要对应予限制或者减少可得利益损失赔偿数额的抗辩承担举证责任，比如减轻损失规则、损益相抵规则、过失相抵规则、可预见性规则的适用等。对此，《民商事合同指导意见》第十一条规定："人民法院认定可得利益损失时应当合理分配举证责任。违约方一般应当承担非违约方没有采取合理减损措施而导致损失扩大、非违约方因违约而获得利益以及非违约方亦有过失的举证责任；非违约方应当承担其遭受的可得利益损失总额、必要的交易成本的举证责任。对于可预见的损失，既可以由非违约方举证，也可以由人民法院根据具体情况予以裁量。"

——最高人民法院民法典贯彻实施工作领导小组主编：《中华人民共和国民法典合同编理解与适用》，人民法院出版社2020年版，第773~774页。

348. 违约金过高的举证责任分配

关键词

违约金　举证责任

《中华人民共和国民法典》条文

第五百八十五条 当事人可以约定一方违约时应当根据违约情况向对方支付一定数额的违约金，也可以约定因违约产生的损失赔偿额的计算方法。

约定的违约金低于造成的损失的，人民法院或者仲裁机构可以根据当事人的请求予以增加；约定的违约金过分高于造成的损失的，人民法院或者仲

① 现为《民事诉讼法》（2021年修正）第六十七条第一款。

裁机构可以根据当事人的请求予以适当减少。

当事人就迟延履行约定违约金的，违约方支付违约金后，还应当履行债务。

最高人民法院司法政策精神

50.【违约金过高标准及举证责任】认定约定违约金是否过高，一般应当以《合同法》第 113 条[①] 规定的损失为基础进行判断，这里的损失包括合同履行后可以获得的利益。除借款合同外的双务合同，作为对价的价款或者报酬给付之债，并非借款合同项下的还款义务，不能以受法律保护的民间借贷利率上限作为判断违约金是否过高的标准，而应当兼顾合同履行情况、当事人过错程度以及预期利益等因素综合确定。主张违约金过高的违约方应当对违约金是否过高承担举证责任。

——《最高人民法院关于印发〈全国法院民商事审判工作会议纪要〉的通知》(2019 年 11 月 8 日，法〔2019〕254 号)。

附录：最高人民法院主流观点

在违约方请求减少过高的违约金时，应当按照“谁主张，谁举证”原则，由违约方承担证明违约金过高的举证责任。但是，鉴于衡量违约金是否过高的最重要标准是违约造成的损失，守约方因更了解违约造成损失的事实和相关证据而具有较强的举证能力，因此，违约方的举证责任也不能绝对化，守约方也要提供相应的证据。实务中，违约方往往以合同不成立、合同未生效、合同无效或者不构成违约进行免责抗辩而未提出违约金调整请求的，人民法院能否就当事人是否需要主张违约金过高问题进行释明。《民商事合同指导意见》第八条规定，为减轻当事人诉累，妥当解决违约金纠纷，违约方以合同不成立、合同未生效、合同无效或不构成违约进行免责抗辩而未提出违约金调整请求的，人民法院可以就违约金是否过高的问题进行释明，即假设违约成立，是否认为违约金过高。对于已经向违约方进行释明但违约方坚持不提出调整违约金请求的，人民法院应当遵循合同法意思自治原则，一般不予主动调整。但是按照约定违约金标准判决将严重违反公序良俗原则、诚信原则和公平原则并导致利益严重失衡的，人民法院可以根据《民法典》第五百八十五条第二款的规定进行调整。

——最高人民法院民法典贯彻实施工作领导小组主编：《中华人民共和国民法典合同编理解与适用》，人民法院出版社 2020 年版，第 782 页。

---

① 对应《民法典》第五百八十四条。

在违约方请求减少过高的违约金时，应当按照“谁主张、谁举证”原则，违约方负有证明违约金过高的举证责任。但是，鉴于衡量违约金是否过高的最重要标准是违约造成的损失，守约方因更了解违约造成损失的事实和相关证据而具有较强的举证能力，因此，违约方的举证责任也不能绝对化，守约方也要提供相应的证据。根据《最高人民法院关于当前形势下审理民商事合同纠纷案件若干问题的指导意见》第8条规定，人民法院要正确确定举证责任，违约方对于违约金约定过高的主张承担举证责任，非违约方主张违约金约定合理的，亦应提供相应的证据。

——最高人民法院民事审判第二庭编著:《〈全国法院民商事审判工作会议纪要〉理解与适用》，人民法院出版社2019年版，第328页。

349.当事人主张约定的违约金“过分高于造成的损失”的，不需就此承担举证责任

关键词

违约金　反诉　抗辩　举证责任

最高人民法院裁判文书

中国华融资产管理股份有限公司新疆维吾尔自治区分公司与新疆嘉润资源控股有限公司、原审被告青岛安泰信集团有限公司、王志军、官红岩合同纠纷案［最高人民法院（2021）最高法民申4560号民事裁定书］

裁判要旨：当事人以反诉或抗辩的方式提出关于请求人民法院调减违约金的明确主张的，《合同法解释（二）》第二十七条并未对当事人加以更多的义务负担。且根据该解释第二十九条第一款的规定，当事人提出调减违约金主张后，由人民法院综合考量决定如何衡平当事人利益，并无必须由主张一方当事人提供证据的特定举证责任分配原则表述。

最高人民法院认为：（一）关于二审法院分配举证责任是否正确问题。根据《中华人民共和国合同法》第一百一十四条第二款[①]关于“约定的违约金低于造成的损失的，当事人可以请求人民法院或者仲裁机构予以增加；约定的违约金过分高于造成的损失的，当事人可以请求人民法院或者仲裁机构予以

① 对应《民法典》第五百八十五条第二款。

适当减少”以及《最高人民法院关于适用〈中华人民共和国合同法〉若干问题的解释（二）》第二十七条关于“当事人通过反诉或者抗辩的方式，请求人民法院依照合同法第一百一十四条第二款的规定调整违约金的，人民法院应予支持”的规定，当事人以反诉或抗辩的方式提出关于请求人民法院调减违约金的明确主张即可，并未对其加以更多义务负担。而前述司法解释第二十九条第一款关于“当事人主张约定的违约金过高请求予以适当减少的，人民法院应当以实际损失为基础，兼顾合同的履行情况、当事人的过错程度以及预期利益等综合因素，根据公平原则和诚实信用原则予以衡量，并作出裁决”的规定，亦表明当事人提出调减违约金主张后，由人民法院综合考量决定如何衡平当事人利益，并无必须由主张一方当事人提供证据的特定举证责任分配原则表述。本案中二审法院充分考量了案涉债权的来源及其基本性质以及金钱之债的特有属性，在没有相反证据证明除资金占用成本之外确有其他实际损失的情况下，综合认定案涉违约金标准过高应予调减符合前述司法解释规定。故华融公司关于二审法院分配举证责任错误的主张因无事实根据和法律依据而不能成立。

——中国裁判文书网。

350. 瑕疵担保责任减免的举证责任分配

关键词

瑕疵担保责任　举证责任

《中华人民共和国民法典》条文

第六百一十八条　当事人约定减轻或者免除出卖人对标的物瑕疵承担的责任，因出卖人故意或者重大过失不告知买受人标的物瑕疵的，出卖人无权主张减轻或者免除责任。

附录：最高人民法院主流观点

在适用《民法典》第六百一十八条规定时，需要查明两个关键事实：（1）减轻或者免除出卖人瑕疵担保责任的约定是否真实存在；（2）出卖人不告知买受人标的物的瑕疵状况是否存在故意或重大过失。在很多案件中，上述两个关键事实难以查明，通常需要运用证据规则在双方当事人之间分配举证责任。

双方当事人对于是否作出了减免出卖人瑕疵担保责任的约定存在争议时，主张存在约定的一方（通常是出卖人）应首先提交相应证据。在以书面形式订立买卖合同时，出卖人举证较为容易；但在口头订立合同的情形，出卖人完成举证常常存在困难。实践中，口头合同通常是由合同以外的第三方提供证人证言来证明存在免责约定。例如，在即时交易的买卖关系中，双方口头约定买受人当场查验标的物，过后发现问题出卖人概不负责，交易当时在场的与交易无关的第三方或双方共同邀请的见证人均可以作为证人证明免责约定的存在。但需要注意的是，在证明买卖双方是否作出减免瑕疵担保责任的特殊约定时，鉴于该约定对于双方权利义务关系的影响重大，人民法院应严格把握特殊约定成立的证明标准。例如，对于口头约定的情形，如果作为证人的第三方与合同一方存在利害关系，其提供的证言通常应不予采信。

双方当事人对于出卖人是否存在故意或重大过失存在争议时，主张出卖人存在过错的买受人应承担举证责任。故意或重大过失均属主观状态，难以提供客观证据直接证明，因此在已知标的物存在瑕疵的情形下，买受人如果能够证明出卖人尽到合理注意义务即可以发现瑕疵或者根据出卖人的能力、经验及行业地位在通常情形下应该发现瑕疵，但出卖人未发现或未告知买受人的，则可以认定出卖人存在过失；至于是否构成重大过失甚至故意，人民法院可以结合出卖人的具体行为及造成的损害后果作出判断。

——最高人民法院民法典贯彻实施工作领导小组主编：《中华人民共和国民法典合同编理解与适用》，人民法院出版社 2020 年版，第 973~974 页。

351. 侵犯商业秘密民事审判程序中的举证责任

关键词

商业秘密　保密义务　举证责任

《中华人民共和国民法典》条文

第五百零一条　当事人在订立合同过程中知悉的商业秘密或者其他应当保密的信息，无论合同是否成立，不得泄露或者不正当地使用；泄露、不正当地使用该商业秘密或者信息，造成对方损失的，应当承担赔偿责任。

附录：最高人民法院主流观点

《反不正当竞争法》第三十二条规定，在侵犯商业秘密的民事审判程序中，商业秘密权利人提供初步证据，证明其已经对所主张的商业秘密采取保密措施，且合理表明商业秘密被侵犯，涉嫌侵权人应当证明权利人所主张的商业秘密不属于本法规定的商业秘密。商业秘密权利人提供初步证据合理表明商业秘密被侵犯，且提供以下证据之一的，涉嫌侵权人应当证明其不存在侵犯商业秘密的行为：（1）有证据表明涉嫌侵权人有渠道或者机会获取商业秘密，且其使用的信息与该商业秘密实质上相同；（2）有证据表明商业秘密已经被涉嫌侵权人披露、使用或者有被披露、使用的风险；（3）有其他证据表明商业秘密被涉嫌侵权人侵犯。当事人依据《民法典》第五百零一条规定诉请对方当事人承担缔约过失责任的，应当就其与对方当事人订立合同的事实承担举证责任，并提供初步证据证明其商业秘密或应保密的信息被泄露或被使用，其因此存在损失，而对方当事人应就其信息来源和使用的正当性承担举证责任。如果对方当事人能够提供证据证明其信息并非来源于订立合同的过程，或者是其使用的信息有其他合法依据，则原告的诉请难以获得支持。

——最高人民法院民法典贯彻实施工作领导小组主编：《中华人民共和国民法典合同编理解与适用》，人民法院出版社 2020 年版，第 285 页。

352. 无权代理中善意的举证责任承担

关键词

无权代理　善意　举证责任

最高人民法院司法解释

第二十七条　无权代理行为未被追认，相对人请求行为人履行债务或者赔偿损失的，由行为人就相对人知道或者应当知道行为人无权代理承担举证责任。行为人不能证明的，人民法院依法支持相对人的相应诉讼请求；行为人能够证明的，人民法院应当按照各自的过错认定行为人与相对人的责任。

——《最高人民法院关于适用〈中华人民共和国民法典〉总则编若干问题的解释》（2022 年 4 月 1 日，法释〔2022〕11 号）。

附录：最高人民法院主流观点

《最高人民法院关于适用〈中华人民共和国民法典〉总则编若干问题的解释》第二十七条第一句规定“无权代理行为未被追认，相对人请求行为人履行债务或者赔偿损失的，由行为人就相对人知道或者应当知道行为人无权代理承担举证责任”，是针对《民法典》第 171 条第 3 款规定的举证责任安排，即由行为人就相对人非善意或者恶意承担举证责任。第 171 条第 3 款第一句规定：“行为人实施的行为未被追认的，善意相对人有权请求行为人履行债务或者就其受到的损害请求行为人赔偿。”该规定是独立的请求权基础规范，赋予善意相对人在无权代理行为未被追认时，相对人请求行为人履行债务或者赔偿损失的选择权。相对人行使该请求权的前提是其为善意，按照“谁主张，谁举证”的基本原理，似乎应当由相对人证明自己为善意。但是按照证明规律，不知道某项事实是难以证明的，而知道某项事实是容易证明的。显然，适用第171条第3款时，要求相对人就自己不知道且不应当知道（善意）承担举证责任，等于交给相对人一个无法完成的任务，将使《民法典》赋予善意相对人的请求权沦为摆设，很难成功行使。而且，按照社会生活经验，相对人不会自己承认属于恶意相对人，在行为人实施的行为没有被追认时，相对人当然会依据《民法典》第171条第3款规定向法院起诉要求行为人履行债务或者就其损害请求行为人赔偿，并且在起诉状中声称自己属于善意相对人。

综上，为贯彻善意保护理念，《民法典总则编解释》在本条中采取善意推定规则，明确由行为人就相对人非善意承担举证责任。本条第二句规定：“行为人不能证明的，人民法院依法支持相对人的相应诉讼请求；行为人能够证明的，人民法院应当按照各自的过错认定行为人与相对人的责任。”这是对举证责任后果的规定，同时也解决了《民法典》第171条第3款、第4款规定在诉讼中的衔接适用问题。无权代理人不能证明相对人知道或者应当知道无权代理人实施民事法律行为时为无权代理的，推定相对人为善意，相应的诉讼请求依法获得人民法院支持。无权代理人能够证明相对人知道或者应当知道无权代理人实施民事法律行为时为无权代理的，相对人即为非善意，此时就落入了《民法典》第171条第4款的调整范围。即相对人主张无权代理人履行债务或者承担损害赔偿责任的请求不能获得支持，但双方之间仍然存在责任分担的问题，故应由人民法院依职权适用《民法典》第171条第4款的规定，判决行为人与恶意相对人按照各自的过错承担责任（分担损失）。本条规定无权代理中的善意的举证责任，还有一个深层目的——进一步贯彻善意推定规则，确保民商事审判中善意认定的一致性。此前，《民法典物权编解释（一）》第14条已经就善意取得中的善意认定采取了善意推定规则。该条第2款规定：“真实权利人主张受让人不构成善意的，应当承担举证证明责任。”《最高人民法院关于适用〈中华人民共和国民法典〉有关担保制度的解释》第7条也体现了善意推定的基本精神。本条在代理制度中规定善意推定，有利于确保司法实践中规则适用上的一致性。对此，有学者即指出，本规定以“善意推定”为基础，将相对人是否善意的举证责任分配给了无权代理人既实现了与《民法典》第171条第4款规定的贯通与呼应，又与《民法典物权编解释（一）》第14、15条及《最高人民法院关于适用〈中华人民共和国民法典〉有关担保制度的解释》第7条在善意相对人保护人上所采取的善意推定原则在规范体系上保持了一致。

——贺荣主编、杨万明、刘贵祥、郭锋副主编、最高人民法院民法典贯彻实施工作领导小组编著：《最高人民法院民法典总则编司法解释理解与适用》，人民法院出版社 2022 年版，第 397~398 页。

353. 表见代理的举证责任承担

关键词

表见代理　举证责任

最高人民法院司法解释

第二十八条　同时符合下列条件的，人民法院可以认定为民法典第一百七十二条规定的相对人有理由相信行为人有代理权：

（一）存在代理权的外观；

（二）相对人不知道行为人行为时没有代理权，且无过失。

因是否构成表见代理发生争议的，相对人应当就无权代理符合前款第一项规定的条件承担举证责任；被代理人应当就相对人不符合前款第二项规定的条件承担举证责任。

——《最高人民法院关于适用〈中华人民共和国民法典〉总则编若干问题的解释》（2022 年 4 月 1 日，法释〔2022〕11 号）。

附录：最高人民法院主流观点

《最高人民法院关于适用〈中华人民共和国民法典〉总则编若干问题的解释》第二十八条第二款规定举证责任的分配。该款明确相对人就存在有代理权外观承担举证责任，被代理人就相对人存在恶意承担举证责任。关于由被代理人就相对人存在恶意承担举证责任，主要考虑是贯彻善意推定的原则，并与《民法典物权编解释（一）》采取的善意推定的立场保持一致。

人民法院的民事裁判应当以证据支持的事实为根据，依据实体法规定确定民事责任的承担。《民事诉讼法》第 64 条第 1 款规定："当事人对自己提出的主张，有责任提供证据。"当事人对有利于自己的主张，都应当提出证据加以证明。当事人对自己提出的诉讼请求所依据的事实或者反驳对方诉讼请求所依据的事实有责任提供证据加以证明。没有证据或者证据不足以证明当事人的事实主张的，由负有举证责任的当事人承担不利后果。《民事诉讼法解释》对举证责任问题作出了规定。其第 90 条第 1 款规定："当事人对自己提出的诉讼请求所依据的事实或者反驳对方诉讼请求所依据的事实，应当提供证据加以证明，但法律另有规定的除外。"第 2 款规定："在作出判决前，当事人未能提供证据或者证据不足以证明其事实主张的，由负有举证证明责任的当事人承担不利的后果。"根据这一规定，在表见代理关系中，相对人欲证明无权代理人的代理行为属表见代理，便需要证明使表见代理成立的积极事实，即本条第1项中的“存在代理权外观”。反驳诉讼请求往往表现为主张对方的实体权利因妨碍因素而未发生，或主张对方的权利已经消灭，因而要求对反驳诉讼请求所依据的事实负责举证，也就是要求对妨碍权利和消灭权利的要件事实负证明责任。具体到表见代理关系中，本条第1款第2项规定的相对人不知情且无过失系表见代理成立要件之一，在本质上属于消极事实。按照德国学者关于证明责任分配的规范说理论，可认为其属于权利发生规范。但本项的特殊性在于其属消极事实，按照关于证明责任分配的消极事实说，主张消极事实的当事人无需承担举证责任。按照自消极事实说发展而来的基础事实说，主张权利发生的当事人应当对权利发生的要件事实承担证明责任，相对方对权利发生的欠缺要件承担证明责任。这一观点较有道理。虽然，我国《民事诉讼法解释》第90条以法律要件分类说中的规范说为理论依据，但对于法律要件分类说中的一些缺点，如不能很好地兼顾个案公平，则可以通过实体法律和司法解释的特别规定予以矫正。在表见代理中，既然“相对人不知道行为人行为时没有代理权且无过失”是相对人请求被代理人承担无权代理行为责任的条件，相对方即被代理人有必要对权利发生的欠缺要件承担证明责任。这也是这些年我国审判实践中普遍遵循的做法，司法解释对此予以明确，既符合对此事实进行举证的本质，也有利于确保法律适用上的连续性、稳定性。故基于此，本条第2款规定应当由被代理人对相对人不符合第1款第2项中的“不知情且无过失”负证明责任。换言之，被代理人应提供相应证据证明相反事实，指向消极事实不成立，即在与无权代理人为法律行为时，相对人知情或有重大过失。

——贺荣主编、杨万明、刘贵祥、郭锋副主编、最高人民法院民法典贯彻实施工作领导小组编著：《最高人民法院民法典总则编司法解释理解与适用》，人民法院出版社2022年版，第409~411页。

最高人民法院裁判文书

任玉与中国十九冶集团有限公司、许祥、四川汉城建设发展有限公司民间借贷纠纷案［最高人民法院（2020）最高法民申6900号民事裁定书］

裁判要旨：表见代理制度不仅要求代理人的无权代理行为在客观上形成具有代理权的表象，而且要求相对人善意且无过失相信行为人有代理权。相对人主张构成表见代理的，应当承担举证责任。

最高人民法院认为：本案为民间借贷纠纷，再审审查重点为：任玉与十九冶公司之间是否就案涉借款成立民间借贷法律关系。

一、关于任玉与十九冶公司之间就案涉1000万元是否成立民间借贷关系。原审查明，十九冶市场经营部出具的《说明》载明，案涉1000万元系广元市金塔建筑安装有限责任公司（以下简称金塔公司）为承建相关工程向十九冶公司工业安装分公司交纳的保证金，因工程项目未开工，十九冶公司工业安装分公司已根据金塔公司的请求，将该1000万元保证金本金退回金塔公司。关于利息部分，十九冶公司工业安装分公司仅同意督促相关施工单位及时支付，如施工单位未及时支付，将在施工进度款中扣除代为支付。据该《说明》，十九冶公司未与任玉达成借款关系的合意，也无向金塔公司或任玉承担资金利息的意思表示。原审据此认定任玉与十九冶公司之间未达成借款合意，并无不当。任玉称十九冶公司向其借款1000万元，应承担支付相应利息的主张，无事实依据，其该项申请再审理由不能成立，不予支持。

二、关于任玉与十九冶公司之间就案涉1860万元是否成立民间借贷关系。《中华人民共和国合同法》第四十九条①规定："行为人没有代理权、超越代理权或者代理权终止后以被代理人名义订立合同，相对人有理由相信行为人有代理权的，该代理行为有效"。据此规定，表见代理制度不仅要求代理人的无权代理行为在客观上形成具有代理权的表象，而且要求相对人善意且无过失相信行为人有代理权。相对人主张构成表见代理的，应当承担举证责任。本案中，据原审查明，2018年1月8日，承包人十九冶公司与分包人汉城公司就案涉十九冶公司合肥长安汽车有限公司调整升级项目厂房工程施工2标段工程签订劳务分包合同，汉城公司为该工程分包人，许祥非十九冶公司员工。任玉提交的借款总额1860万元的7份《借款合同》中载明的出借人为任玉，借款人为十九冶公司，但加盖的印章为十九冶公司合肥长安项目部，借款经办人为许祥，其身份为该项目部负责人，借款用途为称合肥长安工程项目。原审庭审中许祥认可十九冶公司合肥长安项目部印章是其私刻的，不是十九冶公司的备案印章。该1860万元借款汇入十九冶公司账户，用于汉城公司向十九冶公司交纳工程保证金。根据上述事实及相关法律规定，案涉《借款合同》中虽载明借款人为十九冶公司，但仅加盖了十九冶公司合肥长安项目部的印章，在十九冶公司未明确授权许祥或项目部对外借款的情况下，许祥以项目部名义向任玉借款不能形成具有十九冶公司授予其代理权的表象；任玉仅根据项目部出具的内容为"许祥为该项目负责人，该项目从招标阶段开始，许祥负责全权处理相关事宜"的《证明》，在未进一步审查核实许祥是否取得十九冶公司就对外借款事项有明确授权的情况下，与十九冶公司合肥长安项目部签订《借款合同》，未尽到合理的注意义务，主观上存在过失，任玉主张许祥的借款行为构成表见代理的理由不能成立。此外，十九冶公司合

① 对应《民法典》第一百七十二条。

肥长安项目部出具的《退款协议》载明，对案涉1860万元借款的利息，由十九冶公司合肥长安汽车调整升级项目分包负责人许祥支付。如许祥未结清利息，由许祥、汉城公司办理好相关手续后，可由十九冶公司代付。二审判决据此认定十九冶公司没有与任玉建立借款关系的意思表示，十九冶公司不承担案涉利息还款责任并无不当。

——中国裁判文书网。

354. 真实权利人主张受让人不构成善意的举证责任承担

关键词

真实权利人　善意　举证责任

最高人民法院司法解释

第十四条　受让人受让不动产或者动产时，不知道转让人无处分权，且无重大过失的，应当认定受让人为善意。

真实权利人主张受让人不构成善意的，应当承担举证证明责任。

——《最高人民法院关于适用〈中华人民共和国民法典〉物权编的解释（一）》（2020年12月29日，法释〔2020〕24号）。

355. 施工方所提交的技术交底资料的证明效力应高于先期形成的施工方案

关键词

建设工程施工合同纠纷　技术交底资料　施工方案　施工方式

最高人民法院裁判文书

四建公司与保税中心建设工程施工合同纠纷案［最高人民法院（2021）最高法民申2043号民事裁定书］

裁判要旨：在工程完工后，当双方对某项施工工艺出现重大分歧时，施工人应对其所主张的施工工艺承担举证责任。因技术交底资料是施工人在工程完工后就其施工方式、技术参数等，向发包人出具的资料，是施工行为的一种确认。在无法通过其他证据及现场勘探的方式等推翻技术交底资料所载明的施工工艺时，应根据证据优势

原则及举证证明责任认定技术交底资料的证明力高于施工方案的证明力。

最高人民法院经审查认为，一、关于原审判决对除锈费用、管网工程签证单、配合费、5167740 元利息的认定是否有误的问题。1. 关于除锈费用问题。对于本案建设工程中钢结构除锈的施工方式，双方存在较大分歧。四建公司称施工方式为喷砂除锈，主要依据为《结构设计总说明》《郑州市跨境电子商务综合监管分拨中心工程钢结构加工制作施工方案》《河南省保税物流中心钢结构加工合同》。保税中心称施工方式为抛丸除锈，依据为四建公司所提交的竣工资料中技术交底资料。对此最高人民法院认为，四建公司作为施工方，应对其除锈的施工方式承担举证证明责任。技术交底资料是四建公司在工程完工后就施工方式、技术参数等，向保税中心出具的资料，是施工行为的一种确认。综合双方现有证据，技术交底资料的证明力应高于施工方案的证明力。四建公司称其向保税中心提交的技术交底资料所记载的除锈方式有误，但未提交足够的证据证实。原审判决根据证据优势原则及举证证明责任，认定以抛丸除锈施工方式计算涉案工程除锈费用并无不当。2. 关于管网工程签证单问题。四建公司称保税中心工地现场代表苏心放已在管网工程《现场施工签证单》上签字，故原审判决未支持该项费用有误。对此最高人民法院认为，首先，管网工程《现场施工签证单》上无建设单位、监理单位的签字及盖章，未备注签证时间。其次，签证单上手写内容为“原始资料工程量手续请与保税核实，苏 19.8.6”。从签名“苏”字来看，无法证实签字人员即为四建公司所主张的保税中心工地现场代表苏心放。从落款时间“19.8.6”来看，系在本案一审诉讼期间补签。从内容“原始资料工程量手续请与保税核实”来看，签字人员“苏”并未认可签证单内容，并要求四建公司与保税中心核实。最后，保税中心对签证单不予认可。故原审判决未支持该管网工程签证单的工程价款并无不当。3. 关于配合费问题。四建公司称案涉合同已约定配合费事项，监理记录证实保税中心曾要求四建公司予以配合，保税中心在二审中亦当庭自认存在分包情形，但保税中心拒绝提供分包合同与相关价款，故原审判决仅酌定支持四建公司部分配合费诉求有误。原审已查明，《分拨中心补充协议》《一标段补充协议》第三条第 3 款结算价编制依据中第 3.8 项均约定：“总承包管理费和配合费按发包方与分包单位签订合同价（不含设备费）的 2% 计算”。保税中心在原审中已当庭自认存在分包的情形，并提供《郑州市跨境电子商务综合监管分拨中心精装修工程竣工结算审核书》，证实分拨中心精装修工程（一般行政区）的总包配合费为 183412.64 元，分拨中心精装修工程（招待所）的总包配合费为 85498.05 元，合计 268910.69 元。虽然四建公司称还存在其他分包工程配合费，但四建公司亦未提交初步证据证实除此之外，还有其他工程进行了分包，故原审判决支持上述 268910.69 元配合费并无不当。4. 关于借款利息 5167740 元问题。四建公司称在双方往来的流水中显示其已将该利息支付给保税中心，不应在工程款中扣除。对此最高人民法院认为，四建公司、保税中心之间不仅存在建设工程施工合同关系，还存在借款合同关系，双方互有打款记录。根据涉案的《三方协议》《关于河南省进口物资公共保税中心集团有限公司工程支援款及利息的核对说明》，可以证实四建公司在施工过程中从保税中心处预借 14500 万元工程款，四建公司因此实际支付 5167740 元利息。因保税中心已付款项中仅包含借款本金、退还保证金、保证金利息、工程款等。而四建公司已付款项中包含归还的借款本金及利息 5167740 元。因借款利息 5167740 元应由四建公司承担，故在上述账目冲抵中，该 5167740 元不能进行冲抵，原审判决对此认定并无不当。

——中国裁判文书网。

356. 消费者购买缺陷产品，但未保留消费凭证，能否向产品销售者主张赔偿责任

关键词

消费凭证　民事诉讼证明标准　民事诉讼证据规则　举证责任

最高人民法院公报案例

刁维奎诉云南中发石化有限公司产品销售者责任纠纷案

裁判摘要：消费者主张因购买缺陷产品而导致财产损害，但未保留消费凭证的，人民法院应结合交易产品及金额、交易习惯、当事人的陈述、相关的物证、书证等证据，综合认定消费者与销售者之间是否存在买卖合同关系。在此基础上，依据民事诉讼证明标准和民事诉讼证据规则，合理划分消费者和销售者的举证责任。如果产品缺陷与损害结果之间在通常情形下存在关联性，可认定二者之间具有因果关系。

昆明市中级人民法院二审认为：本案二审争议焦点为，上诉人刁维奎主张其于 2017 年 11 月 3 日驾驶云 × 奥迪轿车至被上诉人经营的云南中发石化加油站加油的事实是否成立；上诉人的车辆受损与被上诉人向其出售的汽油油品之间是否有因果关系；被上诉人应否返还上诉人加油费 430 元，并赔

偿车辆维修费28743元；被上诉人应否向上诉人赔偿租车费13600元。

一、关于上诉人刁维奎主张其于2017年11月3日驾驶云×奥迪轿车至被上诉人经营的云南中发石化加油站加油的事实是否成立。

上诉人刁维奎虽未能提供加油凭证，但根据其提交的《消费者协会受理投诉登记表》2份，可以证实在同一时段有多名消费者（含上诉人）针对油品问题投诉被上诉人云南中发石化有限公司，被上诉人在消费者协会与上诉人协商处理时亦未对上诉人的消费者身份提出异议。另根据《最高人民法院关于民事诉讼证据的若干规定》第七十五条规定："有证据证明一方当事人持有证据无正当理由拒不提供，如果对方当事人主张该证据的内容不利于证据持有人，可以推定该主张成立。"上诉人一审提交的《接处警登记表》可以证实2017年12月7日，上诉人为调取其于2017年11月3日到被上诉人经营的加油站加油的监控录像与被上诉人发生争议而报警的事实，且被上诉人在一审中提交的《情况说明》明确其经营的加油站监控设备正常情况下监控录像的有效保存期限是90天。由此，被上诉人在上诉人于2017年12月7日主张调取监控录像后仍未及时保存并提供相关的监控录像，视为被上诉人持有该证据无正当理由拒不提供，故推定上诉人主张的其于2017年11月3日到被上诉人经营的云南中发石化加油站加油的事实成立。

二、关于上诉人刁维奎的车辆受损与被上诉人云南中发石化有限公司向其出售的汽油油品之间是否有因果关系。

上诉人刁维奎提交的车辆维修《诊断证明》载明："三元催化器、氧传感器、火花塞表面有不明白色物质。据此判断白色物质与发动机工作时的燃烧相关。"由此，可确认上诉人车辆受损部位与汽油的质量高度关联。另云南省产品质量监督检验研究院出具的《检验报告》证实：昆明市五华区市场监督管理局从被上诉人处提取并送检的95号汽油样品经检验不合格，结合同一时段有多名消费者（含上诉人）针对油品问题投诉被上诉人云南中发石化有限公司，依据民事诉讼高度盖然性的证明标准，认定上诉人车辆受损与被上诉人向其出售的油品不合格之间存在因果关系。被上诉人虽对此不予认可，但未提交充足的证据予以反驳。其一审提交的《检验报告》，虽与上诉人提交的《检验报告》均为云南省产品质量监督检验研究院出具，但被上诉人提交的检验报告中送检的样品是其单方取样送检的，而上诉人提交的检验报告中送检的样品系昆明市五华区市场监督管理局取样送检的，被上诉人提交的《检验报告》的证明力显然低于上诉人提交的《检验报告》，故采信上诉人提交的《检验报告》，认定被上诉人向上诉人出售的95号汽油的油品不合格。

——《最高人民法院公报》2020年第12期。

二、自 认

357. 当事人对于己不利的事实自认不符合常理的，人民法院应慎重认定

关键词

虚假诉讼　自认

最高人民法院司法解释

第九十二条　一方当事人在法庭审理中，或者在起诉状、答辩状、代理词等书面材料中，对于己不利的事实明确表示承认的，另一方当事人无需举证证明。

对于涉及身份关系、国家利益、社会公共利益等应当由人民法院依职权调查的事实，不适用前款自认的规定。

自认的事实与查明的事实不符的，人民法院不予确认。

——《最高人民法院关于适用〈中华人民共和国民事诉讼法〉的解释》（2022 年 4 月 1 日修正）。

第三条　在诉讼过程中，一方当事人陈述的于己不利的事实，或者对于己不利的事实明确表示承认的，另一方当事人无需举证证明。

在证据交换、询问、调查过程中，或者在起诉状、答辩状、代理词等书面材料中，当事人明确承认于己不利的事实的，适用前款规定。

——《最高人民法院关于民事诉讼证据的若干规定》（2019 年 12 月 25 日，法释〔2019〕19 号）。

附录：最高人民法院主流观点

一、自认的理解

自认，是指当事人对不利于自己事实的承认。依据自认作出的场合，可以区分为诉讼中的自认和诉讼外的自认。诉讼中的自认是指当事人在诉讼过程中就对方当事人主张的不利于己的事实，于诉讼上陈述其为真实，或称当事人一方所主张的事实，对他方当事人不利，而他方当事人在诉讼上作出承认此项事实的陈述。诉讼外的自认只是影响法官心证的因素，其本身与证明

责任无直接关联，故并非证据法关注的问题。在实行辩论主义的民事诉讼中，自认是对于己不利的事实予以承认的声明或表示。声明，在诉讼中通常表现为一方当事人对另一方当事人主张的于其不利的事实予以直接、积极、明确地承认；而作为一种表示，则既可以为明示的作为，也可以是默示的不作为，既可以由当事人自己作出，也可以由经其授权的诉讼代理人作出。

在诉讼中，自认一经作出，即产生两方面的效果：

1. 对当事人产生拘束力，即当事人一方对另一方主张的于己不利的事实一经作出承认的声明或表示，另一方当事人即无须对该事实举证证明。而且除特定情形外，作出自认的当事人也不能撤销或否认其自认。

2. 对法院产生拘束力，即对于当事人自认的事实，法院原则上应当予以确认，不能作出与自认的事实相反的认定，无法定情形不能否定自认的效力。

二、自认的类型

自认因不同的标准可以划分为不同的类型。除诉讼中的自认和诉讼外的自认以外，在理论上还可以将自认分为：

（一）完全自认与限制自认

根据自认的程度、范围可以划分为完全自认与限制自认。完全自认是对另一方当事人主张的事实的全部自认；限制自认是一种有条件的自认。完全自认能够免除双方的举证责任，而限制自认则要对所负条件按照举证责任负担的原则进一步举证。如在借款合同纠纷中，原告要求被告偿还借款，被告对借款的事实予以承认，但提出已经偿还；或原告曾经同意延长清偿期限，对这种限制自认，应当由被告就已经偿还或同意延长清偿期限而承担举证责任。

（二）明示自认与默示自认

根据当事人意思表示的方式可以划分为明示自认和默示自认。明示自认是指当事人通过言语方式所作出的积极的、明确的承认；默示自认是指当事人通过沉默的方式所作出的消极的承认，又称拟制自认。民事诉讼具有较强的对抗性，如果一方对另一方主张的不利于自己的事实不予自认，应予以反击和辩论；如不予争辩，则视为承认。本规定第四条将审判人员行使释明权作为确认默示自认成立的必要条件。

（三）当事人的自认与代理人的自认

根据责任主体的不同可以划分为当事人的自认和代理人的自认。当事人的自认是指当事人本人所作的承认；代理人的自认是指代理人代表委托人所作的承认，除授权委托书明确排除的事项外，视为当事人的自认，但当事人在场对诉讼代理人的自认明确否认的，不视为自认。

三、自认的特征

自认不能简单归属或等同于当事人的陈述，也不同于普通的证人证言，自认具有如下特征：

1. 自认必须发生在诉讼过程中。只有当事人在诉讼过程中的自认才能够产生相应的法律后果。当事人在诉讼外对不利于自己的案件事实的承认是影响法官心证的因素，而非免除当事人举证责任的法定事由。

2. 自认是当事人陈述于己不利的事实，或者对于己不利的事实明确表示承认。

3. 自认一般应当明确表示，默示自认必须符合法定条件。自认对当事人举证责任的免除和对法院法定程序的改变，充分证明了自认对民事诉讼的约束力和影响力。为了确保自认的真实性和自愿性，我们对自认的成立限定了较为严格的条件，即自认必须是明确表示承认。如果当事人默示自认，即对另一方当事人的陈述既不承认也不否认的，只有在审判人员进行释明后仍然默示的，才能视为承认。

4. 自认必须具有合法性。当事人的自认不能改变现行法律的规定，即不能与现行有效的法律相冲突。

本条延续了2001年《证据规定》对自认的理解，借鉴大陆法系国家和地区的立场，将诉讼上的自认作为举证责任的例外对待。2001年《证据规定》第八条第一款规定的自认的内容为“另一方当事人陈述的案件事实”；《民事诉讼法解释》第九十二条将自认的内容修改为“于己不利的事实”，不仅将自认内容的性质限定为“于自认者不利”的事实，而且将自认的内容扩展为“任何”于自认者不利的事实，不仅限于“另一方当事人陈述”的案件事实，当然也包括证人、鉴定人等的陈述，而且不限于“陈述”此一种证据形式，呈现在诉讼中的所有“于自认者不利”的事实，均能成为自认的内容或对象。本次修改不仅吸收了《民事诉讼法解释》第九十二条关于自认内容的规定，而且进一步扩充自认的内容，将一方当事人陈述的于己不利的事实亦明确为自认的内容；同时，将自认的场合由《民事诉讼法解释》第九十二条“法庭审理中”，扩展至包括“证据交换、询问、调查过程中”。2001年《证据规定》第七十四条既包括对事实的承认也包括对证据的认可，而对证据的认可与自认不能等同，对证据的认可已规定在本规定第八十九条，本条仅保留对事实承认的内容。根据《民事诉讼法解释》第九十六条的规定，涉及身份关系的事实，可能损害国家利益、社会公共利益的事实，公益诉讼，恶意诉讼以及纯粹的程序性事项，人民法院应当依职权调查收集证据。这些事实，不适用自认的规定。在自认的事实与人民法院查明的事实不符的场合，由于事实已经被证据所证明，从发现真实的角度，无当事人自认适用的余地。

在自认的例外情形上，应特别注意《民事诉讼法解释》第九十二条第三款的规定，即“自认的事实与查明的事实不符的，人民法院不予确认”。并非当事人作出的所有的对于己不利的事实的承认，人民法院都予以确认。审判实践中，当事人牺牲较小的利益作于己不利的承认，以换取更大利益的行为并不鲜见。“自认的事实与查明的事实不符”，是指当事人于诉讼上自认的事实，与法官依据法律、司法解释的规定以及在案证据，已经形成内心确信的事实不相符，且当事人的自认亦不能动摇法官心证的情形。

——最高人民法院民事审判第一庭编著:《最高人民法院新民事诉讼证据规定理解与适用》，人民法院出版社 2020 年版，第 94~98 页。

最高人民法院司法政策精神

6. 诉讼中，一方对另一方提出的于己不利的事实明确表示承认，且不符合常理的，要做进一步查明，慎重认定。查明的事实与自认的事实不符的，不予确认。

——《最高人民法院关于防范和制裁虚假诉讼的指导意见》（2016 年 6 月 20 日，法发〔2016〕13 号）。

在当事人举证基础上，要注意依职权查明举债一方作出有悖常理的自认的真实性。对夫妻一方主动申请人民法院出具民事调解书的，应当结合案件基础事实重点审查调解协议是否损害夫妻另一方的合法权益。对人民调解协议司法确认案件，应当按照《最高人民法院关于适用〈中华人民共和国民事诉讼法〉的解释》要求，注重审查基础法律关系的真实性。

——《最高人民法院关于依法妥善审理涉及夫妻债务案件有关问题的通知》（2017 年 2 月 28 日，法〔2017〕48 号）。

最高人民法院公报案例

赵俊诉项会敏、何雪琴民间借贷纠纷案（上海市长宁区人民法院一审民事判决书）

裁判摘要：夫妻一方具有和第三人恶意串通、通过虚假诉讼虚构婚内债务嫌疑的，该夫妻一方单方自认债务，并不必然免除“出借人”对借贷关系成立并生效的事实应承担的举证责任。

出借人仅提供借据佐证借贷关系的，应深入调查辅助性事实以判断借贷合意的真实性，如举债的必要性、款项用途的合理性等。出借人无法提供证据证明借款交付事实的，应综合考虑出借人的经济状况、资金来源、交付方式、在场见证人等因素判断当事人陈述的可信度。对于大额借款仅有借据而无任何交付凭证、当事人陈述有重大疑点或矛盾之处的，应依据证据规则认定“出借人”未完成举证义务，判决驳回其诉讼请求。

上海市长宁区人民法院认为，本案的争议焦点为：原告赵俊与被告项会敏之间的借贷关系是否成立并生效以及在此前提之下被告何雪琴是否负有还款义务。

根据民事诉讼证据规则，在合同纠纷案件中，主张合同关系成立并生效的一方当事人对合同订立和生效的事实承担举证责任。同时，根据《中华人民共和国合同法》规定，自然人之间的借款合同，自贷款人提供借款时生效。故原告赵俊主张其与被告项会敏之间存在有效的借款合同关系，其应就双方之间存在借款的合意以及涉案借款已实际交付的事实承担举证责任。现原告提供《借条》意在证明其与项会敏之间存在借款的合意。关于借款交付，其主张因其无使用银行卡的习惯，故家中常年放置大量现金，200000 元系以现金形式一次性交付给项会敏。对于原告的上述主张，被告项会敏均表示认可，并称其收到借款后同样以现金形式存放，并于 2007 年 8 月 2 日以其中的 10 万元提前归还房屋贷款。被告何雪琴则明确否认涉案借款的真实性。

本案中，首先，原告赵俊在本案中虽表示向被告项会敏主张还款，但项会敏辩称涉案借款用于两被告夫妻共同生活，应由两被告共同偿还。事实上，经法院调查，在两被告的第三次离婚诉讼中，项会敏也始终将本案借款作为夫妻共同债务要求何雪琴承担相应的还款责任。基于本案处理结果与何雪琴有法律上的利害关系，法院依法将其追加为第三人参加诉讼。后因项会敏的上述抗辩，原告申请追加何雪琴为被告。在此过程中，原告及项会敏一再反对何雪琴参加本案诉讼，不仅缺乏法律依据，亦有违常理。何雪琴作为本案被告以及利害关系人，当然有权就系争借款陈述意见并提出抗辩主张。

其次，基于两被告目前的婚姻状况以及利益冲突，被告项会敏对系争借款的认可，显然亦不能当然地产生两被告自认债务的法律效果。并且，项会敏称其于 2007 年 8 月 2 日用涉案借款中的 100000 元提前归还房贷。然而，经法院依职权调查，项会敏银行交易记录却显示当天有 100000 元存款从其名下银行账户支取，与其归还的银行贷款在时间、金额上具有对应性。此外，项会敏银行账户在同期存有十余万元存款，其购房银行贷款也享有利率的七折优惠，再以 5% 的年利率向他人借款用以冲抵该银行贷款，缺乏必要性和合理性。本案于 2013 年 3 月 7 日开庭时，项会敏经法院合法传唤明确表示拒绝到庭。上述事实和行为足以对项会敏相关陈述的真实性产生怀疑。故基于以上原因，原告赵俊仍需就其与项会敏之间借贷关系成立并生效的事实，承担相应的举证义务。

再次，原告赵俊自述其名下有多套房产，且从事经营活动，故其具有相应的现金出借能力。但其亦表示向被告项会敏出借 200000 元时，其本人因购房负担着巨额银行贷款。为此，法院给予原告合理的举证期限，要求其提供相应的证据证明其资产状况和现金出借能力，并释明逾期举证的法律后果。

嗣后，原告明确表示拒绝提供相应的证据。法院认为，原告明确表示放弃继续举证权利，而其提供的现有证据亦并未能证明涉案借款的交付事实以及原告本人的资金出借能力，其陈述的借款过程亦不符合常理，故应承担举证不能的法律后果。对于原告的诉讼请求，法院依法不予支持。至于项会敏个人对涉案借款的认可，因其与原告之间对此并无争议，其可自行向原告清偿，法院对此不予处理。

——《最高人民法院公报》2014 年第 12 期。

358. 为达成调解或和解协议而认可的事实不适用自认规则

关键词

调解协议　和解协议　自认

最高人民法院司法解释

第一百零七条　在诉讼中，当事人为达成调解协议或者和解协议作出妥协而认可的事实，不得在后续的诉讼中作为对其不利的根据，但法律另有规定或者当事人均同意的除外。

——《最高人民法院关于适用〈中华人民共和国民事诉讼法〉的解释》（2022 年 4 月 1 日修正）。

第二十二条　在调解过程中，当事人为达成调解协议作出妥协而认可的事实，不得在诉讼程序中作为对其不利的根据，但是当事人均同意的除外。

——《最高人民法院关于人民法院特邀调解的规定》（2016 年 6 月 28 日，法释〔2016〕14 号）。

附录：最高人民法院主流观点

诉讼调解或和解的过程是当事人双方平等协商，依自愿合法的原则处分其实体权利和诉讼权利，在互谅互让的基础上解决民事纠纷的过程。在这一过程中，当事人为达成调解或者和解协议的目的，往往对一些有争议的事实不再争辩，或者本着息事宁人的态度予以承认。在调解不能达成最终一致的情况下，依 2001 年《民事诉讼证据规定》和《民事诉讼法解释》第一百零七条的规定，这种表面上符合自认特征的诉讼行为不能发生自认的后果。作出这种规定主要考虑：其一，诉讼调解与和解过程中对事实的认可，是以达成协议为目的而作出的妥协和让步，与诉讼对抗过程中对事实的承认存在本质不同；其二，如果承认调解或和解过程中对事实的认可能够发生自认的效果，无异于是对违反诚信原则的肯定，不利于鼓励当事人通过调解或和解的方式解决纠纷。当然，如果当事人双方均同意赋予这种对认可的事实以自认效果，则属于对自己程序利益的处分，人民法院应当予以尊重。

——最高人民法院民法典贯彻实施工作领导小组办公室编著:《最高人民法院新民事诉讼法司法解释理解与适用》，人民法院出版社2022年版，第289页。

《特邀调解规定》第二十二条规定调解中不适用民事诉讼中的自认制度，但不排除诉讼中自认制度的适用。自认制度是指在辩论陈述中，一方对对方所主张的，于己不利的事实主张予以认可的意思表示的制度。根据《关于适用〈中华人民共和国民事诉讼法〉的解释》第九十二条规定:“一方当事人在法庭审理中，或者在起诉状、答辩状、代理词等书面材料中，对于己不利的事实明确表示承认的，另一方当事人无需举证证明。”自认在诉讼上会产生三个方面的法律效力:（1）对方当事人免除对自认事实的举证责任;（2）排除法院对自认事实的审查;（3）对自认一方当事人产生拘束力，不得任意反悔。

但是在诉讼中，如果一方当事人明确表示承认自己在调解过程中为达成调解协议作出妥协而认可的事实，则产生自认的效力，另一方当事人无需举证，而不能以本条的规定进行抗辩，除非按照《最高人民法院关于民事诉讼证据的若干规定》第八条第四款的规定，“在法庭辩论终结前撤回承认并经对方当事人同意，或者有充分证据证明其承认行为是在受胁迫或者重大误解情况下作出且与事实不符的”，否则不能轻易撤回自认。

——李少平主编:《最高人民法院多元化纠纷解决机制改革意见和特邀调解规定的理解与适用》，人民法院出版社2017年版，第446~448页。

最高人民法院裁判文书

东营市七色光房地产开发有责任公司与中国工商银行股份有限公司东营西城支行房地产联合开发合同纠纷上诉案［最高人民法院（2006）民一终字第16号民事判决书］

裁判要旨：最高人民法院《关于民事诉讼证据的若干规定》第六十七条规定：“在诉讼中，当事人为达成调解协议或者和解的目的作出妥协所涉及的对案件事实的认可，不得在其后的诉讼中作为对其不利的证据。”

最高人民法院认为：七色光公司认为，一审法院调解时双方并没有就七色光公司赔偿西城工行580万元达成一致意见，一审法院以调解时七色光公司曾经对该数额予以认可为据，判决七色光公司应该向西城工行支付580万元，违背了最高人民法院《关于民事诉讼证据的若干规定》第六十七条关于“在诉讼中，当事人为达成调解协议或者和解的目的作出妥协所涉及的对案件事实的认可，不得在其后的诉讼中作为对其不利的证据”的规定，应予撤销。西城工行认为，一审判决正确，应予维持。

一审法院根据调解时双方曾对580万赔偿款达成过一致意见、对付款形式没有达成一致意见为由，认为该数额基本反映了双方的真实意思，根据公平原则和诚实信用原则，对该数额应该确认为是西城工行的经济损失和盈余分成。最高人民法院认为，一审判决以七色光公司在调解中对损失的认可作为其承担赔偿责任的依据，明显违背了上述司法解释的规定，最高人民法院依法予以纠正。由于西城工行不得向非自用不动产投资，所以，其请求一审法院判令七色光公司支付收益分成的诉讼请求不能得到支持。其投资的240万只能视为用于解决职工的住房。现在西城工行不能从七色花园项目分得房屋，要求七色光公司赔偿其合理的经济损失，最高人民法院予以支持。在本案审理过程中，西城工行对讼争项目的建筑成本和销售价格，没有举出证据加以证明。西城工行举出的证据并不能直接证明讼争项目是盈利的，更没有举出直接证据证明该项目盈利了多少。但是，由于联合开发合同中关于为西城工行职工解决住房这部分合同内容有效，那么，七色光公司就有义务履行该合同。根据联合开发合同的约定，七色光公司应以每平方米900元的价格销售给西城工行职工。西城工行投资240万元，应购住宅2666.67平方米。联合开发合同没有约定七色光公司何时交付房屋，考虑到该合同签订于2001年11月，七色光公司于2003年5月开始发布售楼广告并与部分购房者签订了预订认购书，七色光公司于2003年5月向山东省东营市中级人民法院提出解除联合开发合同的诉讼，西城工行提出反诉，要求确认联合开发合同有效，最高人民法院推定西城工行要求七色光公司交付房屋的时间在2003年5月。山东省东营市2003年的房屋销售平均价格为每平方米1575.80元，比联合开发合同约定的销售价格每平方米900元高675.80元，那么，西城工行职工的损失为180.2136万元（675.80×2666.67）。七色光公司应赔偿西城工行的损失共为420.2136万元（240万元 + 180.2136万元），并应支付自2003年6月1日之后的利息。本案中，西城工行和七色光公司在履行合同中互有违约行为。西城工行违反了联合开发合同约定的投资义务，只投资了240万元。七色光公司违反了联合开发合同约定的不得擅自销售房屋的约定，对外擅自销售房屋。鉴于双方都有违约行为，其违约程度大致相当，最高人民法院认为双方的其他违约责任可以相互抵消。

——最高人民法院民事审判第一庭编著：《最高人民法院民事案件解析（房地产开发）》第2辑，人民法院出版社2010年版，第19~20页。

359. 执行异议之诉涉及申请执行人利益，不能简单适用自认规则，应结合其他证据认定

关键词

案外人执行异议之诉　自认

最高人民法院裁判文书

姜兴亮与中地长泰建设有限公司、天津市宏业达物业发展有限公司案外人执行异议之诉案［最高人民法院（2021）最高法民申148号民事裁定书］

裁判要旨：在执行异议之诉中，因涉及申请执行人的利益，不能简单地适用自认规则。虽然宏业达公司对收取购房款表示认可，但其不能提供相关的财务记账凭证等证据予以证实。结合尚有部分款项存在姜兴亮取款记录与宏业达公司存款记录不能对应以及收据号码相连，约定房屋面积及付款方式与实际履行不一致等事实，不足以得出姜兴亮确已支付购房款的结论。

最高人民法院经审查认为，判断姜兴亮对案涉房屋是否享有足以排除强制执行的民事权益，重点在于其购房行为是否同时符合《执行异议和复议规定》第二十八条的四项条件，即：（一）在人民法院查封之前已签订合法有效的书面买卖合同；（二）在人民法院查封之前已合法占有该不动产；（三）已支付全部价款，或者已按照合同约定支付部分价款且将剩余价款按照人民法院的要求交付执行；（四）非因买受人自身原因未办理过户登记。本案中，《天津市宏业达物业发展有限公司房屋定购协议》的当事人是姜兴亮和宏业达公司，姜兴亮支付购房款的对象也应当是宏业达公司。武成凤虽为宏业达公司总经理，但无证据显示其具有代表宏业达公司收取购房款的权利。在执行异议之诉中，因涉及申请执行人的利益，不能简单地适用自认规则。虽然宏业达公司对收取购房款表示认可，但其不能提供相关的财务记账凭证等证据予以证实。此外，尚有部分款项存在姜兴亮取款记录与宏业达公司存款记录不能对应以及收据号码相连的情况。结合约定房屋面积及付款方式与实际履行不一致等事实，不足以得出姜兴亮确已支付了4775000元购房款的结论。即便姜兴亮将5万元购房款按照人民法院要求交付执行，亦无法满足《执行异议和复议规定》第二十八条第三项规定的条件。案涉房屋自2012年具备办理过户登记条件，至2018年本案诉讼发生，历时六年，姜兴亮不能提供证据

证明其曾有主张办理案涉房屋过户登记的积极行为。二审判决认定姜兴亮对未能办理过户登记存在一定过错，其对案涉房屋享有的民事权益不足以排除强制执行，并无不当。

——中国裁判文书网。

360. 当事人在另案中以《法律意见书》的形式作出的陈述，可构成本案的自认

关键词

另案陈述　自认

最高人民法院裁判文书

新疆海丰达投资管理有限公司与巴州正圣棉业有限公司、张齐海企业承包经营合同纠纷案［最高人民法院（2021）最高法民申 5411 号民事裁定书］

裁判要旨：当事人在另案中以《法律意见书》的形式作出的陈述，二审法院将此认定为系当事人于该案的自认，并无不当。

最高人民法院认为，关于海丰达公司于另案陈述是否构成本案自认问题。海丰达公司于另案诉讼中以《法律意见书》的形式作出“正圣公司、张齐海与美华公司签订《承包经营合同》，并应农发行巴州分行、农发行新疆分行要求及美华公司出具的书面付款委托，由张齐海向农发行巴州分行账户支付承包费款项 2468 万元”的陈述，二审法院将此陈述认定为系海丰达公司于该案的自认并无不当。由于正圣公司于一审时将《法律意见书》作为反驳证据予以提交，故原审法院将该证据予以认证并与本案其他证据和已查明的事实相对照后综合得出正圣公司、张齐海已经履行付款义务的结论有充分的事实根据，亦不违反法律规定。

——中国裁判文书网。

361. 调解协议或和解协议可在另一诉讼中作为书证

关键词

调解协议　和解协议　书证

最高人民法院审判业务意见（民一庭意见）

最高人民法院民一庭倾向性意见:《最高人民法院关于适用〈中华人民共和国民事诉讼法〉的解释》第一百零七条之规定并未将当事人为达成调解协议或和解协议而认可的全部事实，均排除于在另案诉讼中作为认定事实依据使用的可能。当事人之间已经达成的调解协议或和解协议，在另一诉讼案件中可以作为书证使用。对于其证明力，人民法院应按照法定程序，全面、客观地审核，并根据当事人提交的其他证据，结合相关事实，综合认定待证事实存在的可能性。一方当事人欲推翻调解协议或和解协议所证明事实的，应承担提供相应证据加以证明的证明责任；否则，将承担不利的后果。

附：主要观点及理由

《民诉法解释》第一百零七条是关于诉讼调解或者和解过程中对事实的认可不适用自认规则的规定，是对此种情形下当事人自认的证据能力的排除，旨在保护一方当事人因调解或和解而对某种案件事实的认可不能对后续的诉讼产生不良影响，鼓励当事人以和解方式解决纠纷。对于该条规定的适用范围，应全面准确加以理解。一方面，该条规定的适用情形是在同一案件诉讼过程中，希望达成调解协议或和解协议而未达成，在后续的诉讼中不得将当事人妥协而认可的事实作为对其不利的根据。是故，除该条但书规定的情形外，法律禁止将该种情形下认可的事实作为在同一案件后续诉讼中认定对当事人不利事实的根据。但另一方面，该条规定并未排除将当事人之间已经达成的调解协议或和解协议在另一案件中作为书证使用。事实上，当事人在已经达成的诉讼调解或和解中对有关事实所作自认，在类型上应作进一步区分。该自认的事实可能是当事人对客观事实的认可，如对当事人之间基础法律关系的认可；也可能是对某种事实在一定程度上的妥协和让步，如承包人对发包人欠付工程款金额的让步。对这些不同类型的事实，在另案诉讼中一概排除而使其不产生任何法律效果，不具有合理性。相反，当案件事实真伪不明时，当事人对于前一种类型事实的自认，不仅可以作为证明案件事实的证据使用，而且对于促成法官形成内心确信具有非常重要的作用。法院对该种自认应当根据证据规则，结合当事人提交的其他证据以及案件的有关事实，作为认定案件事实的证据之一综合加以考量。一方当事人欲推翻该种调解协议书或和解协议书所证明的事实的，应根据证据规则承担提供相应证据加以证明的证明责任。本案系王国忠与李明亮、赵波之间的合伙协议纠纷，与杨裕华和以上三人的退伙纠纷系不同案件，《自行和解协议》是李明亮、赵波在本案诉讼中提交的书证，为了证明王国忠、李明亮、赵波之间存在合伙关系，王备华若要推翻此《自行和解协议》的内容，应提供相应的证据证明，其以

《最高人民法院关于适用〈中华人民共和国民事诉讼法〉的解释》第一百零七条为理由排除《自行和解协议》证据效力的主张，不符合该条规定的精神，没有法律依据，二审法院将《自行和解协议》作为认定案件事实的依据，并没有违反法律规定。

——最高人民法院民事审判第一庭:《当事人为达成调解协议或和解协议而认可的事实之证据能力》，载杜万华主编、最高人民法院民事审判第一庭编:《民事审判指导与参考》2016 年第 3 辑（总第 67 辑），人民法院出版社 2017 年版，第 190~191 页。

最高人民法院裁判文书

郭卫红与王备华、李新良合伙协议纠纷案［最高人民法院（2016）最高法民申 1279 号民事裁定书］

最高人民法院认为，《最高人民法院关于适用〈中华人民共和国民事诉讼法〉的解释》第一百零七条规定："在诉讼中，当事人为达成调解协议或者和解协议作出妥协而认可的事实，不得在后续的诉讼中作为对其不利的根据，但法律另有规定或当事人均同意的除外。"该条是关于诉讼调解或者和解过程中对事实的认可不适用自认规则的规定，旨在保护一方当事人因调解或和解而对某种案件事实的认可不能对后续的诉讼产生不良影响，鼓励当事人以和解方式解决纠纷。该条规定适用于同一案件诉讼过程中，当事人希望达成调解协议或和解协议而未达成的情形，此时，在后续的诉讼中，不得将当事人为达成调解协议或者和解协议作出妥协而认可的事实作为对其不利的根据。该条规定一方面未将当事人为达成调解协议或和解协议而认可的全部事实，均排除于在后续诉讼或另案诉讼中作为认定事实依据使用的可能；另一方面亦未排除将当事人之间已经达成的调解协议或和解协议，在另一诉讼案件中作为书证使用。对于此类证据的证明力，人民法院审查判断所遵循的原则与其他证据并无不同，均应按照法定程序，全面、客观地审核，并根据当事人提交的其他证据，结合相关事实，综合认定待证事实存在的可能性。因此，一方当事人欲推翻调解协议或和解协议所证明的事实的，应承担提供相应证据加以证明的证明责任。本案系王备华与李新良、郭卫红之间的合伙协议纠纷，与曾相齐和以上三人的退伙纠纷系不同诉讼，《自行和解协议》能够作为书证在本案中使用，王备华以《最高人民法院关于适用〈中华人民共和国民事诉讼法〉的解释》第一百零七条为依据排除《自行和解协议》证据效力的主张，不符合该条规定的精神，于法无据，二审法院将《自行和解协议》中相关当事人认可的事实作为认定案件事实的依据，并无不当。

——中国裁判文书网。

362. 当事人仅针对载有其签字的书面证据的合法性和关联性提出异议，属于对该签字真实性的自认

关键词

签字真实性　自认

最高人民法院裁判文书

中国信达资产管理股份有限公司辽宁省分公司、贾永德与被上诉人大连乾亿重工有限公司等金融借款合同纠纷案［最高人民法院（2019）最高法民终332号民事判决书］

裁判要旨：当事人虽对载有其签名的书面证据的真实性提出异议，但主要是以并非其本人真实意愿、仅为担保意向并未最终履行等理由作为抗辩，该抗辩理由本质上属于对该书面证据的合法性、关联性的意见，属于对本人签字真实性的自认。

最高人民法院认为，关于贾永德是否应对乾亿装备公司本案债务承担连带保证责任的问题。信达公司主张贾永德应承担连带保证责任的证据主要为《股东承诺书》《担保证明》《担保承诺》，三份证据的一审、二审举证、质证情况如下：1.《股东承诺》信达公司能够提供原件，贾永德一审、二审对其签名的真实性均无异议。2.《担保证明》信达公司提供复印件，一审第一次庭审中，贾永德的质证意见为对真实性有异议，确实在连带责任证明上签字，但属于工行长兴岛支行逼迫签字，并非贾永德真实意愿；一审第二次质证中，贾永德以当时原告工行长兴岛支行未能提供原件，否定签字真实性，但经一审法院释明，贾永德不申请笔迹鉴定；二审中，贾永德在上诉状中认可其出具了该证明，但主张仅为担保意向，工行长兴岛支行同意由乾亿装备公司以自有资产抵押，不要求贾永德承担担保责任，将《担保证明》原件返还贾永德。3.《担保承诺》信达公司能够提供原件，一审第二次质证中进行举证，贾永德的质证意见为真实性不认可，《担保承诺》时间为2012年7月26日，早于借款合同签订时间2012年8月28日，是因为工行长兴岛支行要求贾永德出具担保承诺，但经评估后乾亿装备公司抵押物价值远大于借款金额，故银行决定不需要贾永德保证，经一审法院释明，贾永德不申请笔迹鉴定；二审中，贾永德上诉状称不记得曾出具《担保承诺》，要求对笔迹进行鉴定，庭审中表示一审未申请鉴定理由是考虑鉴定费用。

《最高人民法院关于适用〈中华人民共和国民事诉讼法〉的解释》第三百四十二条规定："当事人在第一审程序中实施的诉讼行为，在第二审程序中对该当事人仍具有拘束力。当事人推翻其在第一审程序中实施的诉讼行为时，人民法院应当责令其说明理由。理由不成立的，不予支持。"本案中，贾永德对《股东承诺书》系本人签字始终无异议；贾永德对《担保证明》《担保承诺》一审中虽提出真实性异议，但主要是以并非其本人真实意愿、仅为担保意向并未最终履行等理由作为抗辩，该抗辩理由本质上属于证据的合法性、关联性意见，相反属于对本人签字真实性的自认。二审中，贾永德对该两份证据签字真实性作出否定，意图推翻其在一审中的自认，根据上述司法解释的规定，理由不能成立。关于贾永德二审中申请对《担保承诺》中"贾永德"三个字进行笔迹鉴定的问题。如前所述，《担保承诺书》能够证明贾永德对本案债务作出连带保证的承诺并对其有拘束力，且贾永德在二审期间否认《担保证明》《担保承诺》真实性的理由不能成立，根据《最高人民法院关于适用〈中华人民共和国民事诉讼法〉的解释》第一百二十一条关于"申请鉴定的事项与待证事实无关联，或者对证明待证事实无意义的，人民法院不予准许"的规定，贾永德二审对《担保承诺》申请笔迹鉴定已无必要，本院对其申请不予准许。

——中国裁判文书网。

363. 诉讼代理人的"自认"并非必须视为当事人的自认

关键词

诉讼代理人　自认

最高人民法院裁判文书

重庆市渝万建设集团有限公司与重庆盛创鑫浩房地产开发有限责任公司、重庆康宏建筑材料有限责任公司建设工程施工合同纠纷案［最高人民法院（2018）最高法民申423号民事裁定书］

裁判要旨：当事人之间存在可能的利益冲突时，其共同委托的诉讼代理人在庭审中作出的对其中一方不利的"自认"不能单独作为认定该事实真实性的依据；该"自认"并非当事人本人自认，当事人对该"自认"不予认可并未违反禁止反言原则。

最高人民法院认为，现有证据不能证明《担保协议书》的真实性。理由如下：

一、虽在重庆仲裁委员会（2007）渝裁（经）字第179号仲裁案（后该案决定同意撤回仲裁申请）的庭审笔录中，记载了盛创地产公司与康宏建材公司的共同委托诉讼代理人对《担保协议书》真实性无异议的质证意见，但盛创地产公司与康宏建材公司作为债务人和担保人在该案中存在可能的利益冲突，该代理人在该案庭审中的发言不能单独作为本案认定《担保协议书》真实性的依据。盛创地产公司委托诉讼代理人在该案中的发言并非当事人本人自认，盛创地产公司在本案中不予认可，并未违反禁止反言的原则。

二、在盛创地产公司明确表示不承认《担保协议书》的真实性且该协议书无盛创地产公司的法定代表人或委托代理人签字的情况下，有关《担保协议书》上所盖印章真伪的鉴定结论系判断该协议书真伪的直接证据。盛创地产公司为证明《担保协议书》系伪造的，在一审审理中申请了司法鉴定并提供了相应的比对样本。作为比对样本的工商行政部门存档资料形成时间在《担保协议书》的订立时间前后，能够反映该期间盛创地产公司印章使用的客观情况，盛创地产公司已经完成相应举证义务。根据司法鉴定意见，《担保协议书》上的印章与工商存档资料上的印章均不一致，原审法院认为《担保协议书》上盛创地产公司印章的真实性存疑并无不当。渝万建设公司认为盛创地产公司应当提交2006年左右公司备案印章样本，或者提供国宾上院项目勘察、设计、施工、土地出让等四份合同原件作为鉴定比对标本。但公安机关并未保存相应档案，前述盛创地产公司与案外人签订的合同是否真实存在，渝万建设公司也未提供充分证据。且即使曾有前述合同，但签订时间距今长达十余年，如盛创地产公司对该合同原件保管不善，也不能推定盛创地产公司在上述合同中使用的印章与案涉《担保协议书》的印章一致。渝万建设公司主张盛创地产公司曾在其他民事法律行为中使用过《担保协议书》上的印章，应举出相应证据予以证明，否则应承担举证不能的后果。

——中国裁判文书网。

三、无须举证证明的事实

364. 生效裁判、仲裁裁决确认的事实，当事人无须举证证明

关键词

生效裁判　仲裁裁决　确认的事实　免除举证责任

最高人民法院司法解释

第九十三条　下列事实，当事人无须举证证明：

（一）自然规律以及定理、定律；

（二）众所周知的事实；

（三）根据法律规定推定的事实；

（四）根据已知的事实和日常生活经验法则推定出的另一事实；

（五）已为人民法院发生法律效力的裁判所确认的事实；

（六）已为仲裁机构的生效裁决所确认的事实；

（七）已为有效公证文书所证明的事实。

前款第二项至第四项规定的事实，当事人有相反证据足以反驳的除外；第五项至第七项规定的事实，当事人有相反证据足以推翻的除外。

——《最高人民法院关于适用〈中华人民共和国民事诉讼法〉的解释》（2022 年 4 月 1 日修正）。

第十条　下列事实，当事人无须举证证明：

（一）自然规律以及定理、定律；

（二）众所周知的事实；

（三）根据法律规定推定的事实；

（四）根据已知的事实和日常生活经验法则推定出的另一事实；

（五）已为仲裁机构的生效裁决所确认的事实；

（六）已为人民法院发生法律效力的裁判所确认的基本事实；

（七）已为有效公证文书所证明的事实。

前款第二项至第五项事实，当事人有相反证据足以反驳的除外；第六项、第七项事实，当事人有相反证据足以推翻的除外。

——《最高人民法院关于民事诉讼证据的若干规定》（2019 年 12 月 25 日，法释〔2019〕19 号）。

附录：最高人民法院主流观点

《民事诉讼证据规定》第十条关于免证事实的规定是在《民事诉讼法解释》第九十三条规定的基础上修改而来，其变化有：（1）将第五项“已为人民法院发生法律效力的裁判所确认的事实”修改为“已为人民法院发生法律效力的裁判所确认的基本事实”（2）将第六项“已为仲裁机构生效裁决所确认的事实”从“有相反证据足以推翻”的梯队转入了“有相反证据足以反驳”的行列中。

（四）人民法院发生法律效力的裁判确认的基本事实

1. 预决事实

当先前有关案件的事实为人民法院的裁判所确定时，便对与之相关联的尚未作出裁判的另一案件的待证事实产生预决的效力。其中，已为先前裁判所确认而作为后一未决案件待证事实的事实，在诉讼法上称为预决的事实。预决的事实之所以不需要证明，一是因为该事实已为人民法院经正当证明程序所查明，客观上无再次证明的必要；二是因为该事实已为人民法院裁判所认定，该裁判具有法律约束力，此种约束力也包括对该事实认定上的不可更改性。预决事实具有预决的效力，须具备一定条件，主要有：

（1）先行案件的法院裁判须是生效的（即确定）；

（2）先行案件裁判所确定的事实与后行案件存在着相关性，即先行案件裁判所确定的事实构成后行案件事实（的一部分或者全部）；

（3）预决事实的证明须遵循正当程序保障原则。

2. 修改重点

本条规定较2001年《证据规定》及《民事诉讼法解释》修改的重点之一，在于第六项免证事实的表述。本条将“已为人民法院发生法律效力的裁判所确认的事实”限缩为“基本事实”。在本次修改《证据规定》的论证过程中，有学者提出，“已为人民法院发生法律效力的裁判所确认的事实”免除当事人举证责任的规定同样违反自由心证原则，应删除。我们经研究认为，“已为人民法院发生法律效力的裁判所确认的事实”免除当事人举证责任的规定，与自由心证原则确实存在一定矛盾。学者的意见有一定道理，将生效裁判书所确认之事实确定为免证事实，相当于直接赋予生效裁判文书以实质证据力而直接加以确认，无异于剥夺了受诉法院对该特殊书证内容之自由判断，妨碍了受案法官对案件事实心证的形成。但是，生效裁判所确认的事实与裁判结果存在密切关系，在我国现阶段尚未建立既判力规则的情况下，容易产生裁判效力相冲突的情形，且对事实认定不一致所导致的相关联裁判结果的不一致，难以排除人民法院作出相互矛盾的裁判，进而损害司法权威，也破坏了法的安定性，且不易被广大社会公众所接受，故现阶段仍然有保留该项规定的必要。同时，考虑到已生效裁判所审理认定的基本事实系人民法院经过审理重点查明的事实，本身已经经过严格的质证与审查程序，故对该项免证事实的范围缩限为“已为人民法院发生法律效力的裁判所确认的基本事实”。

那么，何谓基本事实？在《民事诉讼法》中，出现“基本事实”的地方有两处，一为二审法院对上诉案件的处理方式，即第一百七十条第三项“原判决认定基本事实不清的，裁定撤销原判决，发回原审人民法院重审，或者查清事实后改判”。第二处是第二百条关于再审事由的规定，“原判决、裁定认定的基本事实缺乏证据证明的”。这两处“基本事实”的含义应该是一致的。对于“基本事实”的具体解释，最早体现在2008年11月公布的《最高人民法院关于适用〈中华人民共和国民事诉讼法〉审判监督程序若干问题的解释》(法释〔2008〕14号)第十一条:“对原判决、裁定的结果有实质影响、用以确定当事人主体资格、案件性质、具体权利义务和民事责任等主要内容所依据的事实,人民法院应认定为《民事诉讼法》第一百七十九条第一款第(二)项规定的‘基本事实’。”继而在《民事诉讼法解释》第三百三十五条又规定:“《民事诉讼法》第一百七十条第一款第三项规定的基本事实,是指用以确定当事人主体资格、案件性质、民事权利义务等对原判决、裁定的结果有实质性影响的事实”。因此,按照上述司法解释的规定,在民事诉讼中,只有在先裁判中对确定当事人主体资格、案件性质、民事权利义务等对判决、裁定的结果有实质性影响的事实,才属于已为法院生效裁判确认的“基本事实”,这样的事实也才能成为预决事实,对后行诉讼具有预决效力。就行政诉讼和刑事诉讼,对案件基本事实的界定和理解此处不再展开赘述。简言之,行政诉讼案件基本事实,是与作出被诉具体行政行为的权限、程序和适用法律紧密相关的事实;刑事诉讼案件基本事实,是与犯罪构成要件、定罪量刑密切相关的事实。

发生法律效力的裁判的范围如何?从地域上看,本项规定将“发生法律效力的裁判”明确规定为“人民法院”作出,故此处所涉之司法裁判排除了域外法院裁判,即不包括外国法院作出的裁判,也不涉及我国港澳台地区法院的裁判。从裁判的法律关系性质和案件类型看,就人民法院而言主要有民事、行政、刑事三大类生效裁判。这三类生效裁判所确认的基本事实对后行民事案件事实认定的不同影响,需要具体分析。在具体判断预决事实对后行诉讼的预决效力时,应当综合考量诉讼公正效率、维护判决统一性与三大诉讼的异同等因素,合理权衡它们之间的冲突,以确定合理的处理方法。分析如下:

首先,关于民事诉讼、行政诉讼中的预决事实对于后行的民事诉讼的预决效力问题。原则上,民事诉讼、行政诉讼中的预决事实,对于后行的民事诉讼具有预决的效力。

先行民事裁判中确认的基本事实对后行民事诉讼具有约束力,此自不待言,并且在三大诉讼生效裁判中占有相当大比例。应指出,为生效民事判决所预决的事实,主要是指人民法院通过普通程序作出的判决中认定的事实。依特别程序作出的判决中认定的事实是否也具有预决效力,需要具体分析。这类判决中认定的事实是法院作出判决时的事实状态。判决作出后,有关事实状态可能发生变化,因此法律允许法院依据新的事实状态作出新判决,撤销原判决。故不能笼统地讲依特别程序所做的判决中认定的事实也有预决效力。如法院宣告某人为无民事行为能力人、限制民事行为能力人,或宣告失踪、死亡的判决,可能不足以使这一事实成为预决事实,尤其是在有证据表明被宣告人已成年、或精神状态恢复正常，或被宣告失踪、死亡的人有出现的信息时，则不能认为原宣告判决中的事实有预决效力。这其实和对于法院生效裁判确认之事实，允许对方当事人提出反证来推翻的规定也是一致的。

因为民事诉讼、行政诉讼在证明标准方面相差不大，而且考虑到维护裁判统一性，故一般情况下行政裁判中的预决事实，对于后行的民事诉讼相关联的事项也具有相应的预决效力，比如维持人民政府所作的土地确权决定的行政判决，在后行的有关该土地的侵权诉讼中具有预决效力。

刑事裁判中的预决事实对于后行民事诉讼的预决效力问题。这是一个值得深入研究的问题。对此，有种观点是，刑事诉讼的证明标准（排除合理怀疑）高于民事诉讼的证明标准（优势盖然性）。若刑事判决预决事实对后行的民事诉讼产生预决效力，在后行的民事诉讼中对方当事人试图否定有罪判决的预决事实，则需达到刑事诉讼的证明标准，从而增加对方当事人的证明负担。因此，刑事判决预决事实，对后行的民事诉讼没有预决效力。我们认为，原则上，刑事诉讼中的预决事实对于后行的民事、行政诉讼具有预决效力。比如，法院在刑事判决中认定了被告人以订立合同为手段实行诈骗的事实，那么在后行的因合同无效而产生的损害赔偿诉讼中，则具有预决效力。再如，法院判决被告人犯有重婚罪，其重婚的事实在其配偶提起的离婚诉讼中也能产生预决效力。

我们认为，根据裁判统一性的要求，民事判决与刑事判决对于同一事实真实性的认定应当是一致的，并且相对民事诉讼而言，刑事诉讼中拥有更多更有效的查明事实的手段和措施，且证明标准更高，民事诉讼的证明标准虽为优势盖然性，但尽量逼近案件真相也是民事诉讼所追求的理念，所以刑事判决预决事实在后行的民事诉讼中一般情况下有预决效力。但是，这种预决效力也存在一定例外，应局限在一定范围之内。比如对于无罪判决中预决事实的效力问题，应当具体分析：（1）以被指控的违法行为不存在或者被告人并未参与违法行为等为由而作出的该被告人无罪判决，对以该被告人违法行为为由提起的侵权之诉则应当具有预决效力。（2）无罪判决的作出是因为证据不足、案件事实不清，即未达到刑事案件的证明标准，但是可能符合民事、行政诉讼的证明标准。在刑事附带民事诉讼或者后行的民事诉讼或行政诉讼中，应当根据民事、行政诉讼的证明标准和实体要件事实作出判决，而不受无罪判决所否定的事实的拘束。我国司法解释允许当事人提供相反证据推翻预决事实。本规定明确规定“当事人有相反证据足以推翻的除外”，《最高人民法院关于行政诉讼证据若干问题的规定》第七十条中也规定：如果发现裁判文书或者裁决文书认定的事实有重大问题的，应当中止诉讼，通过法定程序予以纠正后恢复诉讼。

最后，如果从程序保障的角度来看，当出现以下情况时，先行的民事诉讼、行政诉讼和刑事诉讼确认的事实对后行民事诉讼不具有预决的效力：（1）先行的民事诉讼、行政诉讼和刑事诉讼，违背正当程序保障原则，没有给予当事人或公诉人充分主张事实和提出证据并对案件事实证据充分发表意见的机会，或者在当事人主导的诉讼制度中，将当事人未提出的事实或证据作为裁判的基础等。（2）基于正当程序保障原则，当事人以外的其他人在先行的民事诉讼、行政诉讼中，被告人以外的其他人在先行的刑事诉讼中，没有机会就案件事实证据充分发表意见，那么，在该人为当事人的后行民事诉讼或行政诉讼或为被告人的后行刑事诉讼中，该人就预决事实的效力提出了有根据的异议，法官则不应认可预决事实的效力。（3）如果当事人能够证明先行的民事判决、行政判决或者刑事判决的作出存在欺诈或串通，或者提出了在先行诉讼中因正当理由而没有提出的新证据等，法官则不应认可预决事实的效力。此外，法官在考虑到包括收集证据在内的所有情况以后，认为采纳预决事实将会对诉讼的公正性造成显著不利影响时，则不应采纳预决事实，但法官对此应作出充分说明。

此外，司法实践中还会遇到先行民事诉讼对后行刑事诉讼的预决效力问题，这里稍作简述，供读者参考。考虑到判决统一性的要求，民事诉讼的判决应与刑事诉讼的判决对于相关事实的认定是统一的。但是，由于民事、行政诉讼与刑事诉讼所解决案件的性质不同以及由此而决定了诸如证明标准等的不同，故原则上，民事诉讼中的预决事实对于后行刑事诉讼没有预决效力。但也有例外情况，比如具有对世效力的民事形成判决所确认的有关身份关系的事实，对于后行刑事案件应有预决效力，其主要理由是：民事形成判决解决的是有关身份关系的诉讼，如离婚之诉、撤销收养之诉、宣告停止亲权，这些案件因涉及人们最基本的身份关系而包含公益因素，因此，这些案件的形成判决具有对世效力和绝对效力。但在刑事诉讼中同样可以提出充足的反证推翻这类预决事实。

在实际诉讼中，如审理案件的法官并不知道具有预决效力的判决存在，主张存在这个判决的当事人应提出判决书或其副本予以证明，法院有权对自己了解到的预决事实进行司法认知。当有关判决书或其副本提供后，法院不必再对该事实进行调查，主张该事实存在的当事人便免去了举证责任。实践中如果当事人或有关组织、机构请求法院出具判决书法律效力证明，人民法院则可根据案件实际情况和需要出具证明，并加盖院印。参见《关于人民法院如何出具判决书法律效力证明问题的函》（1987 年 11 月 18 日，〔87〕民他字第 65 号）。

对于已为人民法院生效裁判所确认的基本事实，本条要求须"当事人有相反的证据足以推翻的除外"，即要否定法院生效裁判确认的事实，需要证据的证明力达到推翻该事实的程度，即达到提出证据证明相反事实成立的程度，才发生否定其预决效力的效果。

（五）生效仲裁裁决确认的事实

生效仲裁裁决确认的事实，在诉讼法上亦属预决事实之一种。

我们认为，仲裁是偏重效率的解决纠纷的方式，对当事人的程序保障与司法程序相比相对较弱，这也是质疑赋予仲裁裁决预决效力的理由。此外，从赋予生效判决预决效力的苏联和俄罗斯的民事诉讼法来看，其也未规定生效仲裁裁决所确认的事实可以对法院审理相关的案件产生预决效力。但从另一方面看，仲裁裁决虽非法院作出的裁判，但其对当事人的权利义务也具有约束力。根据《中华人民共和国仲裁法》（以下简称《仲裁法》）第九条的规定，仲裁实行一裁终局制度。裁决作出后，当事人就同一纠纷再申请仲裁或者向人民法院起诉的，仲裁委员会或人民法院不予受理。这也表明了仲裁裁决具有确定当事人权利义务关系的作用，生效仲裁裁决禁止当事人就同一事实申请后续的仲裁或诉讼。这种法律效力与生效民事裁判发生的法律效力在确定当事人实体权利义务关系及有关程序上也是一致的。同时，由于其作为纠纷解决方式具有高效便捷的特点，在实践中运用仲裁机制解决纠纷已成为非诉的多元纠纷解决机制中重要的一极。综上，目前情况下，生效仲裁裁决确认之事实对后行民事诉讼可以具有预决效力应予保留。

仲裁裁决预决效力范围的探讨。仲裁裁决预决力的范围，首先应当明确，预决力仅仅针对当事人所主张事实的免证权利，并非既判力的客观范围扩张问题。就预决力的主观范围而言，只有仲裁当事人才受预决力的作用，即后案当事人与前案之当事人相同时，主张免证权利的当事人才可以依据仲裁裁决的预决力要求对方当事人承担反驳义务。对非前案当事人之主体，从保障程序利益的立场出发，不应令其受预决力的拘束，也避免因仲裁合意性特点，使案外人利益受本案当事人合谋之侵害。如果后案中引入了新的当事人，在原有当事人继续参加的情况下，仲裁裁决的预决力是否可以适用。我们认为，应当区分情况，如果新加入当事人与主张预决力的当事人处于相同诉讼（仲裁）地位，可以考虑适用预决力免除该方的证明责任；如果新加入的当事人与主张预决力的当事人处于对立的诉讼（仲裁）地位，则预决效力不能波及该当事人。

对于生效仲裁裁决确认的事实，本条规定提出当事人有“相反证据足以反驳除外”，由先前的“足以推翻”变成了“足以反驳”，这也是相对于《民事诉讼法解释》第九十三条的重要变化。如此，排除仲裁裁决确认的事实作为免证事实的要求降低了，即当事人提出的反证的证明力不必达到推翻该事实的程度，只需要动摇免证事实对法官的心证基础，使其处于真伪不明状态即可。

审判实践中应注意

1. 注意为法院生效裁判所确认的不是一般事实，而是“基本事实”。

2. 在审判实践中应注意不同的免证事实反证要求的区别。注意本条规定对于《民事诉讼法解释》而言，在对免证事实提出反证要求上归类上的变化，主要是对“已为仲裁机构的生效裁决所确认的事实”提出反证要求的变化。对于众所周知的事实、根据法律规定推定的事实、根据已知的事实和日常生活经验法则推定出的另一事实、已为仲裁机构的生效裁决所确认的事实这四项事实，本条规定“当事人有相反证据足以反驳的除外”，即当事人提供的证据能够动摇免证事实对法官的心证基础，使待证事实仍处于真伪不明状态时，则不能发生免除当事人举证责任的效力。而对于已为人民法院生效裁判所确认的基本事实、已为有效公证文书所证明的事实，否定这两类公文书证确认的事实需要证据的证明力达到推翻该事实的程度，即需要达到提出证据证明相反事实成立的程度。本条规定只有在提供的相反证据“足以推翻”这两类生效文书确认的事实时，才发生不能免除举证责任的效果。注意，“已为仲裁机构的生效裁决所确认的事实”已经不需要达到这种程度的证明标准。

3. 对于确为自然规律及科学定理、定律的事实，不允许当事人以相反证据推翻。

——最高人民法院民事审判第一庭编著:《最高人民法院新民事诉讼证据规定理解与适用》，人民法院出版社2020年版，第154~162，第164~165页。

最高人民法院审判业务意见（民一庭意见）

最高人民法院民一庭倾向性意见认为：对于生效裁判中认定的事实，不宜从既判力的角度来理解，而应从生效裁判的事实证明效力的角度进行分析。凡人民法院生效裁判所确认的事实，具有免除后诉当事人举证责任的效力。在后诉当事人有相反证据足以推翻的情况下，后诉法院可以径行对有关事实进行确认，而不必等待前诉判决经过再审程序变更后再行认定。

——宋春雨:《生效裁判的事实证明效力》，载最高人民法院民事审判第一庭编:《中国民事审判前沿》2005年第2集，法律出版社2005年版，第70页。

最高人民法院裁判文书

内蒙古业成房地产开发有限责任公司与内蒙古三A家具有限公司商品楼买卖合同纠纷案［最高人民法院（2007）民一终字第68号民事裁定书］

最高人民法院经审理认为：业成公司以请求解除其与三A公司签订的《商品楼买卖合同》为由再行提起诉讼，人民法院应否受理，应当结合业成公司诉请的依据以及行使诉讼权利的具体情况进行分析判断。

民事诉讼法第一百一十一条第五项[①]规定：“对判决、裁定已经发生法律效力的案件，当事人又起诉的，告知原告按照申诉处理，但人民法院准许撤诉的裁定除外。”依据该法律规定，本案业成公司起诉前，已经最高人民法院（2003）民一终字第59号民事判决确认：双方签订的《商品楼买卖合同》合法有效，继续履行，对于业成公司关于解除双方签订的《商品楼买卖合同》的请求予以驳回。2006年5月22日，业成公司作为原告再次提起诉讼，仍请求解除双方签订的《商品楼买卖合同》，确认三A公司逾期付款的违约责任。该项诉讼请求除了迟延付款违约金数额有所增加和书写的“终止”与“解除”表述存在差异外，与最高人民法院（2003）民一终字第59号民事判决一案诉讼请求与事实理由均相同。因此，如果业成公司对最高人民法院生效的（2003）民一终字第59号民事判决不服，除依法启动审判监督程序对案件重新审理外，不能就同一事实和理由再行提起诉讼主张与生效判决相同的内容。故业成公司的起诉属于“重复起诉”，违反了“一事不再理”的民事诉讼原则，本院予以驳回。

——最高人民法院民事审判第一庭编：《最高人民法院二审民事案件解析》第6集，法律出版社2008年版，第187~194页。

义乌市伟业房地产开发公司与义乌市建筑工程有限公司建筑工程承包合同纠纷案［最高人民法院（2000）民终字第25号民事判决书］

最高人民法院经审理认为：伟业公司与建筑公司签订的《建筑安装工程承包合同》有效，《建筑施工补充协议书》中由建筑公司垫资40万元的约定违反了反不正当竞争的法律规定而无效，补充协议的其他部分有效。以浙江省金华市中级人民法院生效法律文书确认的事实、浙江省建科院《义乌伟业大厦结构检测与结构复算》、浙江省义乌市质检站《伟业大厦等级核定通知书》作为一审判决认定伟业大厦工程质量责任分担的依据是正确的，伟业公司应对伟业大厦工程不合格承担主要责任，建筑公司也应承担一定的责任；伟业公司上诉主张讼争工程不合格是建筑公司违规施工造成缺乏事实依据，本院不予支持。伟业公司使用伟业大厦的时间应以浙江省金华市中级人民法院生效的法律文书确认的时间为准，一审判决认定伟业公司使用伟业大厦的时间应予变更，对建筑公司延期交房的违约金数额亦作相应调整。

——肖扬总主编、最高人民法院民事审判第一庭编：《中华人民共和国最高人民法院判案大系》（民事卷—2000年卷），人民法院出版社2003年版，第65~69页。

① 现为《民事诉讼法》（2021年修正）第一百二十七条第五项。

365. 人民法院发生法律效力的裁判所确认的事实有无证明力及证明力大小的判定

关键词

既决事实　举证责任　证明效力

最高人民法院裁判文书

张某某与海力控股集团有限公司与甘某某建设工程施工合同纠纷案［最高人民法院（2017）最高法民再字第 375 号民事判决书］

裁判要旨：已为人民法院发生法律效力的裁判所确认的事实，当事人无须举证证明。但裁判认定的既决事实并不当然地在后诉中具有证明效力。当事人如有相反证据足以推翻既决事实，则既决事实在后诉中不具有证明效力。即便相反证据足以推翻既决事实，也并不意味着必须首先要通过启动审监程序纠正生效裁判。后诉认定的事实与生效裁判认定的既决事实相矛盾，不能当然地推出生效裁判就确有错误，只是产生生效裁判认定的既决事实不能作为后诉证据使用的法律后果。既决事实在后诉中证明力的大小，取决于该事实与后诉案件待证事实的关联。有的既决事实虽然因为案件的主体交织或者案件事件关联而能够反映出后诉的一部分事实，但与后诉需要查明的待证事实关系不大，则该既决事实虽然已是生效裁判确认的事实，但对后诉需要查明的事实缺乏证明效力。

最高人民法院认为：海力控股集团应对海力控股集团贵阳项目部收取张某某保证金的行为承担民事责任。重庆市涪陵区人民法院的另案判决虽因当事人上诉而未发生法律效力，但该案中出现的相关证据材料不影响作为本案的证据材料使用。海力控股集团与邻水土地整理公司签订的施工合同上加盖的海力控股集团印章，经鉴定机构鉴定，与 2013 年 5 月 9 日海力控股集团对甘某某的授权委托书上加盖的系同一枚印章。海力控股集团虽称不能排除朴某某在海力控股集团承接的项目中使用伪造的印章的可能，但在另案审理的过程中，经重庆市涪陵区人民法院释明，海力控股集团并未申请重新鉴定。故应视为其认可鉴定机构关于两份文件上加盖的系同一枚印章的结论。重庆市涪陵区人民法院在另案中依职权调取的通过海力控股集团账户向邻水土地整理公司缴纳履约保证金的银行回单，和邻水土地整理公司将该工程履约保证金退还至海力控股集团成都分公司账户的银行凭证，经组织质证，海力控股集团对其真实性均予认可，表明海力控股集团应当知晓与邻水土地整理公司相关的该工程项目。在与邻水土地整理公司签订的施工合同上加盖的海力控股集团印章和在对甘某某授权委托书上加盖的海力控股集团印章系同一枚印章的情况下，海力控股集团既然知晓与邻水土地整理公司相关的工程项目，却称完全不知晓授权甘某某成立了海力控股集团贵阳项目部，显与事实不符。江西省南昌县人民法院生效刑事判决认定朴某某犯伪造公司印章罪，与海力控股集团应当知晓授权甘某某成立了海力控股集团贵阳项目部并不矛盾，海力控股集团应对甘某某以海力控股集团贵阳项目部名义收取张某某保证金的行为承担民事责任。至于海力控股集团应当退还张某某保证金的数额，因海力控股集团贵阳项目部与张某某约定，如张某某未能按规定时间进场，将自31天起按人民银行同期贷款利率3倍承担资金利息。该约定已具违约惩罚之性质，与海力控股集团贵阳项目部后又承诺如未在约定时间退还款项，愿承担张某某所交500万元保证金20%的违约金，属对资金占用损失的重复约定，故对张某某在人民银行同期贷款利率3倍之外另又主张500万元保证金20%的违约金，不予支持。

——中国裁判文书网。

深圳市深雕装饰工程设计有限公司与吉林太阳城有限公司太阳家居分公司装饰装修合同纠纷案［最高人民法院（2018）最高法民申3953号民事裁定书］

裁判要旨：根据《最高人民法院关于民事诉讼证据的若干规定》第十条第一款第四项规定，已为人民法院发生法律效力的裁判所确认的基本事实当事人无须举证证明。因此，法院亦可由另案生效判决确认的事实径行认定本案的有关事实。

最高人民法院认为：关于一审、二审法院依据另案生效裁判认定案涉工程施工范围是否有误的问题。太阳城与深雕公司签订的《太阳家居外立面装饰工程合同书》约定，案涉工程施工范围为“太阳家居A、C座外立面现状面积”。对案涉工程施工范围及工程质量问题双方产生争议。太阳城于2014年5月7日提起本案诉讼，认为深雕公司违约，请求赔偿其经济损失；深雕公司于2014年5月28日递交反诉状，其后于2014年6月11日申请撤回了反诉。深雕公司于2014年9月1日提起另案诉讼，请求判决撤销《太阳家居外立面装饰工程合同书》，继续履行双方的口头约定，由太阳城支付变更工程和增加工程的工程款、违约金并赔偿经济损失。另案作出的吉林省长春市中级人民法院（2014）长民一初字第48号民事判决和吉林省高级人民法院（2016）吉民终15号民事判决确认，案涉工程施工范围为A、C座建筑外立面的全部现状面积。深雕公司就另案向本院申请再审，本院经审查已于2017年4月25日作出（2017）最高法民申595号民事裁定予以驳回。另案中，深雕公司申请对装修工程的工程量和工程造价进行鉴定，双方当事人通过抽签选定吉林中信工程建设咨询有限公司作为鉴定单位。由于深雕公司未按照《太阳家居外立面装饰工程合同书》第三条第3项的约定提供施工图纸，导致鉴定不能。在工程造价鉴定上，深雕公司亦不同意按国家定额标准进行鉴定，故另案生效判决确认由深雕公司承担举证不能的不利后果。根据《最高人民法院关于民事诉讼证据的若干规定》第九条规定："下列事实，当事人无需举证证明：……（四）已为人民法院发生法律效力的裁判所确认的事实；……"本案中，太阳城与深雕公司签订的《太阳家居外立面装饰工程合同书》的施工范围为A、C座建筑外立面的全部现状面积，该事实已由另案生效判决确认。因此，一审、二审法院依据另案生效裁判认定本案案涉工程施工范围，有事实和法律依据。

——中国裁判文书网。

366. 生效裁判文书中裁判理由的内容不能被认定为"已为人民法院发生法律效力的裁判所确认的事实"

关键词

生效裁判文书　裁判理由　事实认定　拘束力　既判力

最高人民法院裁判文书

广州乾顺房地产信息咨询有限公司与张家港市滨江新城投资发展有限公司财产损害赔偿纠纷案［最高人民法院（2021）最高法民申7088号民事裁定书］

裁判要旨：人民法院生效裁判文书中裁判理由的内容不能被认定为"已为人民法院发生法律效力的裁判所确认的事实"。一般来说，经人民法院确认的案件事实应在裁判文书中有明确无误的记载或表述。而裁判文书中的裁判理由，则是人民法院对当事人之间的争议焦点或其他争议事项作出评判的理由，以表明人民法院对当事人之间的争议焦点或其他争议事项的裁判观点。但裁判理由部分所涉的相关事实，并非均是经过举证、质证和认证活动后有证据证明

的案件事实，因此不能被认定为裁判文书所确认的案件事实。一般来说，裁判文书中裁判理由的内容无论在事实认定还是裁判结果上对于其他案件均不产生拘束力和既判力。

最高人民法院认为：关于人民法院生效裁判文书中裁判理由内容能否被认定为“已为人民法院发生法律效力的裁判所确认的事实”。乾顺公司主张，广东高院（2017）粤执复281号复议决定书中“本院经审查认为”部分应被理解为《最高人民法院关于适用〈中华人民共和国民事诉讼法〉的解释》（以下简称民诉法解释）第九十三条第五项中规定的“已为人民法院发生法律效力的裁判所确认的事实”。本院认为，人民法院生效裁判文书中裁判理由的内容不能被认定为“已为人民法院发生法律效力的裁判所确认的事实”。民事诉讼裁判文书所确认的案件事实，是在诉讼各方当事人的参与下，人民法院通过开庭审理等诉讼活动，组织各方当事人围绕诉讼中的争议事项，通过举证、质证和认证活动依法作出认定的基本事实。一般来说，经人民法院确认的案件事实应在裁判文书中有明确无误的记载或表述。而裁判文书中的裁判理由，则是人民法院对当事人之间的争议焦点或其他争议事项作出评判的理由，以表明人民法院对当事人之间的争议焦点或其他争议事项的裁判观点。裁判理由的内容，既可能包括案件所涉的相关事实阐述，也可能包括对法律条文的解释适用，或者事实认定与法律适用二者之间的联系。但裁判理由部分所涉的相关事实，并非均是经过举证、质证和认证活动后有证据证明的案件事实，因此不能被认定为裁判文书所确认的案件事实。一般来说，裁判文书中裁判理由的内容无论在事实认定还是裁判结果上对于其他案件均不产生拘束力和既判力。因此，乾顺公司主张的广东高院（2017）粤执复281号复议决定书中“本院经审查认为”部分应被理解为民诉法解释规定的“已为人民法院发生法律效力的裁判所确认的事实”的申请理由不能成立，本院不予支持。

——中国裁判文书网。

367. 生效判决论理部分不属于无须举证证明的事实

关键词

生效判决论理部分　无须举证证明的事实

最高人民法院裁判文书

赵敏与西宁黄河实业有限公司股权转让纠纷案［最高人民法院（2021）最高法民申1456号民事判决书］

裁判要旨：《最高人民法院关于民事诉讼证据的若干规定》第十条规定，已为人民法院发生法律效力的裁判所确认的基本事实当事人无须举证证明。该规定是针对生效判决确认的事实免除当事人的举证责任，生效判决论理部分并不属于无须举证证明的事实。

最高人民法院经审查认为，《374 号判决》是否应作为本案的裁判依据。《374 号判决》查明的事实与本案事实有交叉，两案查明的事实均是对客观事实的陈述，并不冲突。《最高人民法院关于民事诉讼证据的若干规定》第十条规定，已为人民法院发生法律效力的裁判所确认的基本事实当事人无须举证证明。该规定是针对生效判决确认的事实免除当事人的举证责任，而赵敏申请再审所称的原判决针对相同事实作出了与《374 号判决》不同的认定是指判决论理部分，并非是指认定事实部分，《374 号判决》所作出的相关认定不属于法律规定的无须举证证明的事实。再者，《374 号判决》系铭方公司起诉赵敏等人返还出资，主要围绕赵敏等人是否抽逃出资进行审理，与本案的审理范围不同。因此，原判决未以《374 号判决》作为本案裁判依据，适用法律并无不当。

——中国裁判文书网。

368. 对于生效判决中“本院认为”部分的认定，如有证据可以推翻的，在后裁判不受在先裁判的影响

关键词

生效裁判　既判力　举证责任　证据认定　本院认为部分

最高人民法院裁判文书

黄小军与富星商贸广场房产开发（惠州）有限公司合资、合作开发房地产合同纠纷案［最高人民法院（2019）最高法民再 384 号民事判决书］

裁判要旨：已为人民法院发生法律效力的裁判所确认的事实，当事人无需举证证明。人民法院的生效裁判具有既判力，但该效力仅限于生效裁判的判项，对于“本院认为”部分的认定，如有证据可以推翻的，在后裁判不受在先裁判的影响，人民法院可以根据当事人举证情况作出独立认定。

最高人民法院认为：关于 2005 年 2 月 1 日的《协议书》和 2005 年 4 月

1 日的《补充协议书》是否有效的问题。《最高人民法院关于适用〈中华人民共和国民事诉讼法〉的解释》第九十三条规定，已为人民法院发生法律效力的裁判所确认的事实，当事人无需举证证明。人民法院的生效裁判具有既判力，但该效力仅限于生效裁判的判项，对于“本院认为”部分的认定，如有证据可以推翻的，在后裁判不受在先裁判的影响，人民法院可以根据当事人举证情况做出独立认定。

——中国裁判文书网。

369. 人民法院可依据与本案事实存在关联性的另案生效判决确认的基本事实进行裁判，有权对当事人申请鉴定事项进行审查

关键词

另案生效判决　当事人申请鉴定事项

最高人民法院裁判文书

大连博辉国际贸易有限公司与大连金港联合汽车国际贸易有限公司进出口代理合同纠纷案［最高人民法院（2021）最高法民申 928 号民事裁定书］

裁判要旨：1. 另案生效判决确认的基本事实与本案存在关联性，该生效判决具有既判力。当事人虽主张另案生效判决确认的基本事实错误，但未能提供足以推翻该部分事实的相反证据及理由，本案可以依据另案生效判决认定的基本事实进行裁判。

2. 当事人申请鉴定时，人民法院有权对当事人申请鉴定的事项进行审查。对申请鉴定的事项与待证事实缺乏关联性、没必要进行鉴定或者申请鉴定缺乏正当理由的，人民法院可以不予准许。

最高人民法院认为，关于依据另案生效判决确认的基本事实进行裁判是否适当问题。另案 728 号案件与本案均是针对金港公司与博辉公司 2013 年 6 月至 2016 年 12 月期间的汽车进出口代理业务往来。另案 728 号判决所确定的基本事实与本案存在关联性，该生效判决具有既判力。博辉公司虽主张另案 728 号判决确认的基本事实错误，但未能提供足以推翻该基本事实的相反证据及理由。因此，原审法院依据另案 728 号判决认定的基本事实进行裁判，符合法律规定，并无不当，本院具体评析如下：

1. 关于金港公司垫付海关三税款问题。另案庭审中，博辉公司对金港公司所提交的海关三税单等证据的真实性及“税款缴纳明细对照表”中第三项

"税金"的数额均没有异议，另案728号判决据此认定金港公司代博辉公司缴纳海关三税款187312240.65元。博辉公司申请再审中关于无法证明金港公司利用自有资金为博辉公司垫付海关三税款的主张，与另案查明金港公司已缴纳海关三税款的相关事实不符。博辉公司主张其向金港公司借款缴纳部分海关三税款，但未提供借款凭证等证据予以证实，亦不能推翻上述海关三税款由金港公司代缴的事实。

2. 关于博辉公司已付款项问题。另案728号判决根据双方往来款项的银行转账凭证及双方当事人对账情况，认定博辉公司已付款项数额为507960970.84元。本案一审法院认定，在扣除双方无异议的金港公司向博辉公司退款4461309.20元后，博辉公司实际向金港公司付款503499661.64元。博辉公司申请再审中主张大连九如汽车销售服务有限公司代其付款，以及其与金港公司签订税款代缴协议所涉借款均应计入已付款项，但博辉公司在另案及本案原审中均未提出该项主张，亦未提交相关证据，本院不能据此认定原审判决存在错误。

3. 关于金港公司应否返还博辉公司海关三税款问题。博辉公司申请再审中称以购销合同结算的158014095元货款实为博辉公司委托金港公司代缴的海关三税款，应予返还。但在再审审查中，博辉公司明确认可上述158014095元已包含在另案728号判决认定的博辉公司应付款项和已付款项中。案涉购销合同均系博辉公司与金港公司自愿签订并已实际履行。博辉公司申请再审中主张，以不同方式结算存在退税差异，并提交了其自行委托的核算材料，要求对案涉合同款项进行重新结算，但其提交的核算材料未能提供具体、明晰、详尽的计算方式和计算过程及逐笔款项的性质，不足以证明其主张。因此，对博辉公司该项申请再审事由，本院不予采信。

——中国裁判文书网。

370. 刑事裁判认定无罪，并不导致民事案件必然认定侵权行为或违约行为不存在

关键词

民刑交叉案件　预决效力

最高人民法院公报案例、最高人民法院裁判文书

武汉大西洋连铸设备工程有限责任公司与宋祖兴公司盈余分配纠纷案

［最高人民法院（2019）最高法民再135号民事判决书］

裁判摘要：民刑交叉案件中，刑事裁判认定的事实一般对于后行的民事诉讼具有预决效力。但是，先行刑事案件中无罪的事实认定则需要区分具体情况。刑事裁判认定无罪，并不导致民事案件必然认定侵权行为或违约行为不存在，相关行为是否存在还需结合证据进行判断和认定。

最高人民法院认为，《最高人民法院关于民事诉讼证据的若干规定》第十条第一款第六项规定，已为人民法院发生法律效力的裁判所确认的基本事实当事人无需举证证明。该条第二款规定，当事人有相反证据足以推翻的除外。根据该规定，原则上，刑事诉讼中预决的事实对于后行的民事诉讼具有预决效力。这是因为裁判统一性要求民事判决与刑事判决对于同一事实的认定应当是一致的，而且刑事诉讼的证明标准比民事诉讼的证明标准要高，所以先行刑事判决认定的基本事实对于后行民事诉讼具有预决力。

但是，先行刑事案件预决事实的预决力并不是没有条件的。除了先行判决已经生效，先行案件裁判所确定的事实与后行案件事实存在相关性外，预决事实的证明必须已遵循了法定程序。就先行刑事案件对后行民事案件而言，有罪的事实认定当然地构成预决力；而无罪的事实认定则需要区分是因为被告人确实未参与未实施犯罪行为，还是因为证据不足、事实不清。如果是前者则有预决力，如果是后者则因为民事诉讼和刑事诉讼的证明标准不同可能有不同的认定。然而，与本案相关的刑事案件特殊之处在于，刑事起诉并未指控宋祖兴，刑事判决自然不可能涉及宋祖兴是否参与实施犯罪行为，是否构成侵犯商业秘密罪，亦不会就宋祖兴的行为是否违反《离职后义务协议》作出明确认定。因此，宋祖兴与恒瑞谷公司是否有关、关系如何这部分事实在先行刑事诉讼中未涉及，更谈不上经过正当程序查证并认定，因而不构成先行刑事诉讼预决事实，更不能据此直接在后行民事诉讼中认定宋祖兴与恒瑞谷公司无关。

宋祖兴与恒瑞谷公司之间的关系如何，还需要在本案中结合证据进行判断和认定。本院认为根据大西洋公司申请调取的（2016）鄂 0102 刑初 17 号刑事案件侦查卷宗中公安机关在侦查阶段绘制的资金流向图，虽然不是刑事关联案件定案的证据，但鉴于其为客观证据，系对恒瑞谷公司注册资金流转情况的客观描述，且与李艳爽相关账户的资金流水记录以及庭审过程中当事人双方关于恒瑞谷公司注册资金来源的陈述意见能相互印证，可以认定恒瑞谷公司的 1000 万元注册资金全部来源于与宋祖兴或其配偶李艳爽密切相关的公司，该注册资金由李艳爽的账户转至其侄女李叶名下的账户，再转至杨玉祥名下，用于注册恒瑞谷公司。注册完成后，该笔资金又辗转返回李艳爽名下。宋祖兴辩称该注册资金为杨玉祥从李艳爽侄女李叶处借得，其并不知情。

经查，李艳爽侄女李叶系某公司普通职员，无其他大额经济来源和投资收益，且上述注册资金流水显示，多笔注册资金仅是借用李叶名下的银行账户流转汇集至杨玉祥名下用于公司注册，之后又重新流转回李艳爽账户。宋祖兴关于李叶借给杨玉祥 1000 万元注册资金的辩解于情不符，于理不合，本院不予采信。

另，根据公安机关对杨玉祥使用的邮箱 xxxx@163.com 远程勘验记录显示，内有以“宋祖兴”命名的来自 xxxx@126.com 邮箱的关于恒瑞谷公司的“股权代持协议书”等材料，结合我院再审阶段查明的发件邮箱的注册情况和使用人情况等事实，可以认定上述材料系宋祖兴通过其配偶李艳爽发给杨玉祥，用于注册并代持恒瑞谷公司股份的材料。

综合上述证据事实，本院认为，现有证据已足以认定宋祖兴是恒瑞谷公司的实际出资人，其在离职后两年内以隐蔽手段隐名组建了与大西洋公司具有同行业竞争关系的恒瑞谷公司，违反了竞业限制的约定。一、二审法院对相关事实认定有误，本院予以纠正。

根据《最高人民法院关于适用〈中华人民共和国民事诉讼法〉的解释》第一百零八条的规定，对负有举证证明责任的当事人提供的证据，人民法院经审查并结合相关事实，确信待证事实的存在具有高度可能性的，应当认定该事实存在。需要注意的是，前述规定中“高度可能性”是指一种可能的状态，而非必然的性质，对某一证据而言，是否能够达到该种证明效果，可以结合其他证据进行综合评价。

本案中，大西洋公司申请本院调取了其员工在（2016）鄂 0102 刑初 17 号刑事案件侦查卷中的证言、询问笔录，拟证明宋祖兴没有完全归还大西洋公司的保密资料和物品，违反了保密义务。对此，本院认为，上述证据材料虽然是以询问笔录的方式出现，但并不能改变其属于证人证言证据种类的本质。由于上述证据材料系与大西洋公司有利害关系的员工在刑事侦查程序中出具的言词证据材料，且未在先行刑事诉讼中进行过质证。故不能直接用作本案的定案依据，而且在本案中能否作为证据使用还要看其是否符合法律和司法解释对于证人证言这一证据种类的要求。

根据《最高人民法院关于民事诉讼证据的若干规定》的规定，当事人申请证人出庭作证的，应当在举证期限届满前向人民法院提交申请书。人民法院应当要求证人出庭作证，接受审判人员和当事人的询问。本案中，大西洋公司并未申请其员工作为证人到庭作证，且其员工的证人证言亦不属于民事诉讼法规定的当事人因客观原因不能自行收集的证据，因此，上述证据材料不符合法律规定，本院不予采信。但基于已经生效的（2016）鄂 0102 刑初 17 号判决书认定的恒瑞谷公司构成侵犯大西洋公司商业秘密罪，特别是在恒瑞谷公司发现了大西洋公司技术图纸的基本事实，结合本案前述宋祖兴隐名出资设立恒瑞谷公司，是恒瑞谷公司的实际控制人，违反竞业限制约定的认定，可以推定宋祖兴的行为亦违反前述《离职后义务协议》第二条关于保密义务约定这一待证事实存在高度可能性，故大西洋公司的相关主张，本院予以支持。

宋祖兴称，鉴于关联刑事案件未认定其构成侵犯商业秘密罪，故在本案中亦不应认定其相关责任。对此，本院认为，《离职后义务协议》系大西洋公司与宋祖兴依据真实意思表示订立，亦未违反法律、行政法规的强制性规定，故对大西洋公司和宋祖兴具有法律约束力，双方应当按照约定履行自己的义务。同时，刑事案件的证明标准和民事案件证明标准存在差异，且如前所述宋祖兴是否构成侵犯商业秘密罪并不构成先行判决的预决事实，加之本案与关联刑事案件的证据情况亦不完全相同，故宋祖兴的相关主张不能成立。

——《最高人民法院公报》2021 年第 3 期。

371. 生效刑事判决所认定的损失，当事人没有相反证据予以推翻，可以作为民事纠纷所确认的基本事实

关键词

生效刑事判决　损失　相反证据　基本事实

最高人民法院裁判文书

云南澄江澄阳商务有限公司、骏豪控股有限公司、永昌发展有限公司与澄江市人民政府、澄江县旅游总公司等股权转让纠纷案［最高人民法院（2021）最高法民申 3849 号民事裁定书］

裁判要旨：生效刑事判决所认定的事实，若当事人没有相反证据予以推翻，可以作为民事判决的事实依据。

最高人民法院经审查认为，根据案件事实及法律规定，澄阳公司、骏豪公司、永昌公司的申请再审事由不能成立，理由如下：

本案中，澄江市人民政府已向老鹰地公司颁发了项目一期 994.54 亩土地的国有土地使用证即旅游公司转让老鹰地公司股权之前已完成了约定取得土地使用权证等合作条件。因此，澄阳公司、骏豪公司、永昌公司主张旅游公司持有的老鹰地公司股权仅为名义性，实际不享有股东权益，案涉股权并非真正意义上的国有资产的理由不能成立。因旅游公司企业性质为全民所有制，其持有的老鹰地公司股权属于国有资产，按照《国有资产评估管理办法》

规定依法应当评估。根据原审查明，依据澄江县文化旅游广电和体育局（系旅游公司的主管部门）的委托，玉溪正信资产评估事务所对旅游公司持有的老鹰地公司 23.8% 的股权价值进行评估，并于 2015 年 10 月 8 日出具《资产评估报告书》，确认：以 2008 年 6 月 30 日为基准日，在不考虑其他因素的情况下，旅游公司持有的老鹰地公司 23.8% 的股权价值为 4409.95 万元。对此，云南省玉溪市澄江县人民法院（2017）云 0422 刑初 51 号刑事判决认定李某某（时任澄江县人民政府副县长）对旅游公司持有的老鹰地公司股权转让造成国有资产严重流失负有直接责任，构成玩忽职守罪。在该判决书中认定其造成的国有资产流失的金额为 4408.95 万元，云南省玉溪市中级人民法院（2017）云 04 刑终 187 号刑事裁定维持了该案一审判决，并再次确认损失与该案一审判决相同。因此，旅游公司持有的老鹰地公司股权价值为 4409.95 万元是经旅游公司主管部门委托鉴定，为人民法院生效判决予以确认。澄阳公司、骏豪公司、永昌公司未提交相反证据予以推翻，其主张原判决认定案涉股权价值有误，缺乏事实依据。

骏豪公司明知旅游公司是全民所有制企业，仍要求澄江市人民政府将旅游公司持有的老鹰地公司股权进行无偿转让，最终通过澄阳公司与旅游公司签订《股权转让协议书》的方式，以 1 万元价格取得了旅游公司持有的老鹰地公司股权。因此，骏豪公司及其关联公司明知旅游公司持有的老鹰地公司股权属于国有资产，在未依法评估的情况下以 1 万元的价格取得案涉股权，造成国有资产重大流失，原判决据此认定构成恶意串通，导致其民事行为无效，并不缺乏证据证明，适用法律亦无不当。

——中国裁判文书网。

372. 调解过程中已确认的无争议事实在诉讼中当事人无需举证

关键词

无争议事实　免除举证责任

最高人民法院司法政策精神

23. 探索无争议事实记载机制。调解程序终结时，当事人未达成调解协议的，调解员在征得各方当事人同意后，可以用书面形式记载调解过程中双方没有争议的事实，并由当事人签字确认。在诉讼程序中，除涉及国家利益、社会公共利益和他人合法权益的外，当事人无需对调解过程中已确认的无争议事实举证。

——《最高人民法院关于人民法院进一步深化多元化纠纷解决机制改革

的意见》（2016 年 6 月 28 日，法发〔2016〕14 号）。

附录：最高人民法院主流观点

三、适用无争议事实记载机制需要注意的问题

进行无争议事实记载活动，记载内容为当事人双方无争议的事实，故双方当事人都应当遵循实事求是的原则，不得弄虚作假，故意作与基本事实不相符的陈述。还应当遵循意思自治的基本原则，进行无争议事实记载必须征得双方当事人的一致同意，并告知当事人所记载之内容，以及在后续诉讼中将成为“免证事实”的法律后果，且需要双方当事人以书面形式签字确认。

双方当事人无争议事实记载与当事人一方在诉讼中的自认有着本质上的区别：（1）启动不同。前者须经各方当事人同意才能启动，后者由自认人一方自行决定即可。（2）性质不同。前者所记载的事实是双方当事人共同认可，没有争议的事实，可能是对一方有利的事实，也可能是对一方不利的事实；后者自认的事实只能是自认方作出的对已方不利事实的自我认可。（3）方式不同。前者须以书面形式记载并经各方当事人签字认可，后者则没有书面形式的法定要求。（4）后果不同。前者对后续诉讼中各方当事人产生已记载事实的免证后果（特殊情况除外），后者系当事人一方在诉讼中为达成调解或和解，而在调解过程中对不利于已方事实的自认或对权利的自我处分，如果调解不成，该“自认”不得在其后的诉讼中作为对自认方不利的证据。

四、无争议事实记载机制的效力

依无争议事实记载机制记载的事实，经过调解组织或者调解员、双方当事人共同签名后，具有证明效力。当事人在纠纷进入诉讼程序后，记载的事实可以作为证据使用，当事人对记载的事实无需再另行举证证明，但当事人举证证明记载的事实涉及国家利益、社会公共利益和他人合法权益的除外。

人民法院在审理民事案件中，对当事人一方提供的无争议事实记载机制记载的事项，应当进行审查。经审查符合确认条件及程序的，可就记载的事实直接予以确认，不再组织当事人举证、质证。不符合确认条件及程序的，不作为证据采纳。对不予采纳的，人民法院应当告知当事人不予采纳的理由。经审查记载事项不符合确认条件及程序的，人民法院应当将相关情况书面通知原调解组织或者调解员。

——李少平主编：《最高人民法院多元化纠纷解决机制改革意见和特邀调解规定的理解与适用》，人民法院出版社 2017 年版，第 224~225 页。

373. 庭前会议已确认的无争议事实和证据，在庭审中作出说明后可简化庭审举证和质证

关键词

庭前会议　无争议事实　质证

最高人民法院司法解释

第一百零三条　证据应当在法庭上出示，由当事人互相质证。未经当事人质证的证据，不得作为认定案件事实的根据。

当事人在审理前的准备阶段认可的证据，经审判人员在庭审中说明后，视为质证过的证据。

涉及国家秘密、商业秘密、个人隐私或者法律规定应当保密的证据，不得公开质证。

——《最高人民法院关于适用〈中华人民共和国民事诉讼法〉的解释》（2022 年 4 月 1 日修正）。

最高人民法院司法政策精神

9. 发挥庭前会议功能。法官或者受法官指导的法官助理主持召开庭前会议，解决核对当事人身份、组织交换证据目录、启动非法证据排除等相关程序性事项。对于适宜调解的案件，积极通过庭前会议促成当事人和解或者达成调解协议。对于庭前会议已确认的无争议事实和证据，在庭审中作出说明后，可以简化庭审举证和质证；对于有争议的事实和证据，征求当事人意见后归纳争议焦点。

——《最高人民法院关于进一步推进案件繁简分流优化司法资源配置的若干意见》（2016 年 9 月 12 日，法发〔2016〕21 号）。

四、电子证据

374. 电子数据真实性的认定标准与审查要点

关键词

电子数据　证据全面审查　证据采信

最高人民法院司法解释

第九十三条　人民法院对于电子数据的真实性，应当结合下列因素综合判断：

（一）电子数据的生成、存储、传输所依赖的计算机系统的硬件、软件环境是否完整、可靠；

（二）电子数据的生成、存储、传输所依赖的计算机系统的硬件、软件环境是否处于正常运行状态，或者不处于正常运行状态时对电子数据的生成、存储、传输是否有影响；

（三）电子数据的生成、存储、传输所依赖的计算机系统的硬件、软件环境是否具备有效的防止出错的监测、核查手段；

（四）电子数据是否被完整地保存、传输、提取，保存、传输、提取的方法是否可靠；

（五）电子数据是否在正常的往来活动中形成和存储；

（六）保存、传输、提取电子数据的主体是否适当；

（七）影响电子数据完整性和可靠性的其他因素。

人民法院认为有必要的，可以通过鉴定或者勘验等方法，审查判断电子数据的真实性。

——《最高人民法院关于民事诉讼证据的若干规定》（2019 年 12 月 25 日，法释〔2019〕19 号）。

附录：最高人民法院主流观点

关于电子数据真实性的认定标准，学术界、实务界目前尚无统一的理论和实务操作，再加上与电子数据真实性认定相关的技术手段运用不充分、发展不成熟，法官往往是无从下手，难以及时准确地作出判断。甚至一旦涉及技术问题，就要求助于专业鉴定机构等。电子数据真实性判断是一个全面审查证据的过程，在认证过程中，需要考量电子数据的生成、存储、传输所依赖的计算机系统的硬件、软件环境是否完整、可靠，是否处于正常运行状态，是否具备有效地防止出错的监测、核查手段；需要考虑取证主体是否妥当等因素。

法官审查的焦点一般包括如下方面：

1. 该电子数据的存储磁盘、光盘等可移动存储介质是否与打印件一并提交，是否一致；

2. 是否载明该电子数据形成的时间、地点、对象、制作人、制作过程及设备情况等；

3. 制作、存储、传输、出示电子数据的程序和环节是否合法，取证的主体是否有签名盖章等；

4. 内容是否真实，有无篡改、添加、拼凑等伪造变造的情形；

5. 出示的电子数据是否是原件，如不是原件，是否附有无法调取原件的说明等。[①]

在电子数据的认证中，要避免孤立的判断电子数据的真实性，树立综合采信的意识。对于单个证据的判断采信，要结合当事人的陈述、其他在案证据和已查明的案件事实来识别证据之间的辩证关系并判断电子数据内容是否确实、充分。如果经过综合考虑形成了内心确信，应该认定电子数据的真实性。在必要时，也可以通过鉴定、勘验的方法，辅助法官形成心证。

——最高人民法院民事审判第一庭编著：《最高人民法院新民事诉讼证据规定理解与适用》，人民法院出版社 2020 年版，第 816~817 页。

375. 电子数据的范围

关键词

电子数据　庭审

最高人民法院司法解释

第十四条　电子数据包括下列信息、电子文件：

（一）网页、博客、微博客等网络平台发布的信息；

（二）手机短信、电子邮件、即时通信、通讯群组等网络应用服务的通信信息；

（三）用户注册信息、身份认证信息、电子交易记录、通信记录、登录日

① 毕玉谦等：《民事诉讼电子数据证据规则研究》，中国政法大学出版社 2016 年版，第 348 页。

志等信息；

（四）文档、图片、音频、视频、数字证书、计算机程序等电子文件；

（五）其他以数字化形式存储、处理、传输的能够证明案件事实的信息。

——《最高人民法院关于民事诉讼证据的若干规定》（2019 年 12 月 25 日，法释〔2019〕19 号）。

附录：最高人民法院主流观点

电子数据的虚拟化带来人们对其感知、理解的障碍，有些电子数据如电子文档、即时通讯工具的聊天记录可通过电子设备输出或者打印出纸质版本，有些如计算机程序则无法呈现出普通人能够理解的状态。在庭审中展示电子数据，可以根据电子数据的具体类型，借助多媒体设备出示、播放或者演示。必要时，可以聘请具有专门知识的人进行操作，并就相关技术问题作出说明。通常，对于电子邮件的出示，提供该证据的当事人应当提供邮件的来源，包括具体发件人、收件人及邮件提供人、有关人员与当事人的关系，提供邮件生成、接收时间和内容。如果当事人无异议的，可以通过出示邮件纸质件的方式进行质证。对于手机短信类证据的出示，提供该证据的当事人应当向法庭出示该手机短信，并将短信内容、收发件人、收发件时间、保存位置等信息摘录说明。手机短信已经公证的，可以直接将公证文书作为证据出示。法庭审查时着重于发件人与收件人的姓名及手机号码，短信的内容是否完整，是否与其他证据反映的事实矛盾，与案件有无关联性。必要时可以由电信运营商协助进行调查。对于网页的出示，证据提供方应当提供网址、访问时间，并将网页当庭演示，指明网页内容。同时，提供网页的纸质件存档备查。对于微信、阿里旺旺等即时通讯的出示，提供该证据的当事人应当当庭展示聊天记录，说明聊天参与方的昵称、身份等，确认聊天记录的完整性。

——最高人民法院民事审判第一庭编著：《最高人民法院新民事诉讼证据规定理解与适用》，人民法院出版社 2020 年版，第 190 页。

376. 庭审录音录像可作为查处危害法庭安全、扰乱法庭秩序行为的证据

关键词

庭审录音录像　法庭规则

最高人民法院司法解释

第十三条　诉讼参与人、旁听人员违反法庭纪律或者有关法律规定，危

害法庭安全、扰乱法庭秩序的，人民法院可以通过庭审录音录像进行调查核实，并将其作为追究法律责任的证据。

——《最高人民法院关于人民法院庭审录音录像的若干规定》（2017 年 2 月 22 日，法释〔2017〕5 号）。

附录：最高人民法院主流观点

《最高人民法院关于适用〈中华人民共和国民事诉讼法〉的解释》第一百一十条规定，诉讼参与人和其他人应当遵守法庭规则。人民法院对违反法庭规则的人，可以予以训诫，责令退出法庭或者予以罚款、拘留。对哄闹、冲击法庭，侮辱、诽谤、威胁、殴打审判人员，严重扰乱法庭秩序的人，依法追究刑事责任；情节较轻的，予以罚款、拘留。第一百一十一条进一步规定，诉讼参与人或者其他人有下列行为之一的，人民法院可以根据情节轻重予以罚款、拘留；构成犯罪的，依法追究刑事责任：（一）伪造、毁灭重要证据，妨碍人民法院审理案件的；（二）以暴力、威胁、贿买方法阻止证人作证或者指使、贿买、胁迫他人作伪证的；（三）隐藏、转移、变卖、毁损已被查封、扣押的财产，或者已被清点并责令其保管的财产，转移已被冻结的财产的；（四）对司法工作人员、诉讼参加人、证人、翻译人员、鉴定人、勘验人、协助执行的人，进行侮辱、诽谤、诬陷、殴打或者打击报复的；（五）以暴力、威胁或者其他方法阻碍司法工作人员执行职务的；（六）拒不履行人民法院已经发生法律效力的判决、裁定的。

《中华人民共和国法庭规则》（以下简称《法庭规则》）第十七条规定，全体人员在庭审活动中应当服从审判长或独任审判员的指挥，尊重司法礼仪，遵守法庭纪律，不得实施下列行为：（一）鼓掌、喧哗；（二）吸烟、进食；（三）拨打或接听电话；（四）对庭审活动进行录音、录像、拍照或使用移动通信工具等传播庭审活动；（五）其他危害法庭安全或妨害法庭秩序的行为。检察人员、诉讼参与人发言或提问，应当经审判长或独任审判员许可。旁听人员不得进入审判活动区，不得随意站立、走动，不得发言和提问。媒体记者经许可实施第一款第四项规定的行为，应当在指定的时间及区域进行，不得影响或干扰庭审活动。该规则第十九条规定，审判长或独任审判员对违反法庭纪律的人员应当予以警告；对不听警告的，予以训诫；对训诫无效的，责令其退出法庭；对拒不退出法庭的，指令司法警察将其强行带出法庭。行为人违反本规则第十七条第一款第四项规定的，人民法院可以暂扣其使用的设备及存储介质，删除相关内容。该规则第二十条进一步规定，行为人实施下列行为之一，危及法庭安全或扰乱法庭秩序的，根据相关法律规定，予以罚款、拘留；构成犯罪的，依法追究其刑事责任：（一）非法携带枪支、弹药、管制刀具或者爆炸性、易燃性、放射性、毒害性、腐蚀性物品以及传染病病原体进入法庭；（二）哄闹、冲击法庭；（三）侮辱、诽谤、威胁、殴打司法工作人员或诉讼参与人；（四）毁坏法庭设施，抢夺、损毁诉讼文书、证据；（五）其他危害法庭安全或扰乱法庭秩序的行为。

但是，由于我国《刑法》没有规定藐视法庭罪，在司法实践中，对庭审过程中出现的诉讼参与人、旁听人员冲击、哄闹法庭，在法庭上公然殴打对方当事人、辱骂法官的行为，即使涉嫌刑事犯罪，法官除了指挥法警现场制止外，无法像其他法治国家一样，直接追究行为人的刑责，在移送公安机关处理时，往往由于违法行为持续时间不长，在场人要么与违法行为人关系密切而不予如实作证，要么是怕受到违法行为人的打击报复而不敢作证，缺乏充分证据，而不了了之，这不仅对正常的庭审活动造成严重破坏，而且严重影响了司法权威。本次修订重点针对危害法庭安全或者扰乱法庭秩序的行为的处理，与《最高人民法院关于适用〈中华人民共和国民事诉讼法〉的解释》第一百七十六条以及《法庭规则》第十七条、第二十条的相关规定在逻辑上保持了一致，增强了针对性。其不仅起到监督、威慑作用，更重要的是提供处理依据。这对于进一步规范当事人在法庭上的言行、维护庭审的严肃性和法庭秩序、保证诉讼活动顺利进行、树立司法权威均具有积极意义。

——李少平主编：《最高人民法院庭审录音录像司法解释理解与适用》，人民法院出版社 2017 年版，第 154~155 页。

377. 庭审录音录像同步转换生成的庭审文字记录经核对签字后可作为法庭笔录

关键词

庭审录音录像　庭审文字记录　法庭笔录

最高人民法院司法解释

第六条　人民法院通过使用智能语音识别系统同步转换生成的庭审文字记录，经审判人员、书记员、诉讼参与人核对签字后，作为法庭笔录管理和使用。

——《最高人民法院关于人民法院庭审录音录像的若干规定》（2017 年 2 月 22 日，法释〔2017〕5 号）。

附录：最高人民法院主流观点

民事诉讼法及其司法解释均规定法庭笔录“经审判人员、书记员、诉讼参与人核对签字”程序，并将此作为确定其法律效力的必然环节。从实质上看，人民法院通过使用智能语音识别系统同步转换生成的庭审文字记录与书记员电脑打字记录的法庭笔录并无不同，但是，语音转换生成文字，并不必然等同于法庭笔录，还需经过核对签字环节才能够赋予其最终的法律效力，这和书记员记录文字一样，也需要经过核对签字环节才能成为具有法律效力的法庭笔录。这实际上是赋予语音转换生成文字等同于书记员记录文字的同等效力，也是将其作为法庭笔录管理和使用的前提。

实践中应准确把握转换生成的庭审文字记录的适用。本条内容在征求意见时，有意见认为：当事人的文化水平和法律素质参差不齐，在庭审过程中可能会出现重复、无逻辑、宣泄、辱骂性的话语，如果不加整理，直接转换为文字记录附卷，可能会出现记录页数较多但意义不大的情况；庭审时当事人可能会有意回避法官的提问，或者故意规避问题，给出模棱两可含混不清的答案，如果不加整理地转换为文字材料，不利于当事人意见的固定和明确；等等。

我们认为，以智能语音识别系统生成文字的庭审方式，确实对法官的庭审驾驭能力有了更高的要求。实践中，正常情况下，在使用智能语音识别系统同步转换进行庭审记录时，对法官的要求与普通的开庭没有区别。为了便于提升系统记录的准确性，当事人重复、无逻辑的庭审发言内容，法官应当及时主动地提醒诉讼各方庭审过程中应当注意语言规范；对当事人一些过激乃至辱骂性的不当发言，法官一般应予以制止，但书记员对这类与案件审理事实无关的内容一般不做记录。但是，这些当事人的不当发言、法官引导制止的过程，按照诉讼法的规定应当全部记入笔录。民事诉讼法第一百四十七条第一款规定书记员“将法庭审理的全部活动记入笔录”，《最高人民法院关于适用〈中华人民共和国民事诉讼法〉的解释》第一百七十七条规定“训诫的内容、被责令退出法庭者的违法事实应当记入庭审笔录”。该记录也是后续对不当行为人采取惩戒措施的依据。在庭审录音录像条件下，特别是以智能语音识别系统生成文字代替书记员记录的情况下，法官应当更加注重对庭审的驾驭掌控，对当事人重复、无逻辑的发言应当及时予以引导，对辱骂性话语应当依法予以制止。全部庭审经过，包括这些看似与案件审理事实无直接关联的庭审活动，都经由智能语音识别系统生成完整、准确、真实的文字记录。

关于庭审中当事人对某些问题的回答或陈述出现模棱两可、含混不清的情况，以往实践中通常是书记员根据具体情况进行推断后予以明确记录，庭后由当事人签字确认。其实这种方式风险很大，与直接言词原则并不相符：当事人庭后校对笔录时否认该陈述怎么办？即便调取录音录像核对，也确实没有如此清晰明确的表达，这就变成了记录错误要予以补正。更严重的后果就是相关问题就这么永远地“模棱两可”下去了，除非重新开庭再次进行法庭调查。所以，对庭审中当事人的模糊陈述，法官应当即时予以追问，直至得出明确固定的表达，而不应交由书记员进行推断式的记录，从而留下重大隐患。更何况，经过书记员的理解归纳而成的庭审笔录，或多或少会存在偏差，有时候当事人的发言看似繁复冗长、逻辑混乱，但却真实展现了其语气情绪和有关事实细节，对法官特别是未亲历一审庭审的上级法院法官、审判委员会委员等研究案情、形成内心确信是很有价值的。借助回放庭审录音录像中的某一关键片段，合议庭、审判委员会可以进行场景再现式地深入讨论，以便在裁判文书中准确详细地论证形成心证的理由。庭审录音录像以及语音识别系统，正是为全面、客观记录法庭审理活动的全过程提供了便捷、有效的解决方案，有助于法官全面把握当事人的真实意思表示，有利于后续的调解和审判工作。

——李少平主编:《最高人民法院庭审录音录像司法解释理解与适用》，人民法院出版社2017年版，第69~71页。

378. 诉讼参与人对法庭笔录有异议可播放庭审录音录像核对、补正

关键词

法庭笔录　庭审录音录像　申请补正

最高人民法院司法解释

第七条　诉讼参与人对法庭笔录有异议并申请补正的，书记员可以播放庭审录音录像进行核对、补正；不予补正的，应当将申请记录在案。

——《最高人民法院关于人民法院庭审录音录像的若干规定》（2017年2月22日，法释〔2017〕5号）。

附录：最高人民法院主流观点

审判实践中，当事人和其他诉讼参与人要求修改法庭笔录的原因多样，书记员在播放庭审录音录像进行补正时应当在“对诉讼参与人的陈述记录有遗漏或者差错”的原则下，区分不同情况分别处理。

1. 如果对诉讼参与人陈述的争议焦点相关事实（如民事诉讼中，签订合同时间、地点，合同履行的节点、数额等）有遗漏和差错，应予补正。

2. 如果对诉讼参与人陈述的辩论意见有观点上的遗漏和差错，应予补正。

3. 如果当事人和其他诉讼参与人认为自己在庭审中的陈述虽无记录上的遗漏和差错，但陈述不完整，可能影响案件的处理，因而申请对其陈述进行

补充、增加，此种情形不属于补正的范围，不能在法庭笔录中添加。书记员应当告知诉讼参与人以情况说明或代理词的方式向法庭另行提出材料。

4. 如果当事人和其他诉讼参与人在庭审中对于己不利的事实明确表示承认的，构成民事诉讼法上的自认，此时当事人和诉讼参与人在经播放庭审录音录像进行核对无误后，仍申请修改的，应不予以支持。此时，审判人员应当按照《最高人民法院关于适用〈中华人民共和国民事诉讼法〉的解释》第九十二条，比照第二百二十九条的规定，针对当事人和诉讼参与人提出的异议另行进行审理。

民事诉讼法对当事人和其他诉讼参与人阅读法庭笔录、签名时间规定在开庭审理后五日内，但基于本条规定对法庭笔录具有纠错性质，当事人和其他诉讼参与人申请播放庭审录音录像的程序和时间，应当和诉讼法规定的精神保持一致。

——李少平主编：《最高人民法院庭审录音录像司法解释理解与适用》，人民法院出版社 2017 年版，第 80 页。

379. 区块链存证的效力及审查规则

关键词

区块链存证　效力　审查规则

最高人民法院司法解释

第十六条　当事人作为证据提交的电子数据系通过区块链技术存储，并经技术核验一致的，人民法院可以认定该电子数据上链后未经篡改，但有相反证据足以推翻的除外。

第十七条　当事人对区块链技术存储的电子数据上链后的真实性提出异议，并有合理理由的，人民法院应当结合下列因素作出判断：

（一）存证平台是否符合国家有关部门关于提供区块链存证服务的相关规定；

（二）当事人与存证平台是否存在利害关系，并利用技术手段不当干预取证、存证过程；

（三）存证平台的信息系统是否符合清洁性、安全性、可靠性、可用性的国家标准或者行业标准；

（四）存证技术和过程是否符合相关国家标准或者行业标准中关于系统环境、技术安全、加密方式、数据传输、信息验证等方面的要求。

第十八条　当事人提出电子数据上链存储前已不具备真实性，并提供证据证明或者说明理由的，人民法院应当予以审查。

人民法院根据案件情况，可以要求提交区块链技术存储电子数据的一方当事人，提供证据证明上链存储前数据的真实性，并结合上链存储前数据的具体来源、生成机制、存储过程、公证机构公证、第三方见证、关联印证数据等情况作出综合判断。当事人不能提供证据证明或者作出合理说明，该电子数据也无法与其他证据相互印证的，人民法院不予确认其真实性。

第十九条 当事人可以申请具有专门知识的人就区块链技术存储电子数据相关技术问题提出意见。人民法院可以根据当事人申请或者依职权，委托鉴定区块链技术存储电子数据的真实性，或者调取其他相关证据进行核对。

——《人民法院在线诉讼规则》（2021 年 6 月 16 日，法释〔2021〕12 号）。

附录：理解与适用

（四）区块链存证的效力及审查规则

《人民法院在线诉讼规则》（以下简称《规则》）第十六条至第十九条对区块链存证的司法认定问题作出专门规定。近年来，公证机构、第三方存证平台等大力推广区块链技术存证，涉区块链纠纷日益增多。同时，由于效力和审核规则不明，区块链存证领域存在过度夸大区块链证据效力、误导当事人存证，以及混淆法院内部区块链技术应用与区块链存证的界限，利用法院背书等乱象，亟待予以规范。因此，《规则》进一步规范了区块链技术的司法应用，促进区块链存证行业有序发展，有效解决取证难、认证难问题。关于该问题，有四个方面需要注意。

一是关于区块链存证的性质。目前，我国诉讼法上尚无“区块链证据”这一证据类型，所以《规则》未采用这一表述，而是从技术特征角度将之描述为“通过区块链技术存储的电子数据”，其在性质上属于电子数据。需要指出的是，区块链基于自身技术特点，一般情况下并不存储电子数据内容本身，所存储的是经过加密运算所得的哈希值，并经由对哈希值的核验，判断电子数据本身是否被篡改。

二是关于区块链存证的效力。区块链技术基于自身链式数据结构、分布式存储和加密机制等技术特点，能够很大程度上保障数据上链后难以篡改，为人民法院认定证据真实性提供技术支撑。因此，《规则》第十六条明确，“当事人作为证据提交的电子数据系通过区块链技术存储，并经技术核验一致的，人民法院可以认定该电子数据上链后未经篡改，但有相反证据足以推翻的除外”。该规定实际上确立了区块链存储数据的真实性推定效力，但由于区块链技术并不能确保上链存储前的数据必然是客观真实的，因此该推定规则的效力范围仅限于“上链后未经篡改”，并非直接确认区块链存储数据的完整真实性。

三是关于区块链存证的真实性审核规则。虽然区块链技术本身具有防篡改的优势和特点，但这种技术保障并非绝对的，区块链技术的底层架构、共识机制、节点数量和分布，以及存证主体的合法性、存证所依赖的软硬件系统乃至存证技术规范等因素，均可能影响到上链后数据的真实性。

基于《规则》第十六条的推定规则，数据上链存储后的真实性是可推翻的，如果对方当事人提出异议，并提供证据证明或者说明理由的，人民法院应当审查数据上链后的真实性。审查内容包括存证平台的主体的合法性和妥当性、存证硬件系统的安全清洁性和可靠可用性、存证技术和过程的规范性和有效性等方面。

考虑到上述审查内容技术性较强，审判组织主要通过分配证明责任，经当事人举证质证、陈述辩论、听取专家辅助人意见、进行专业鉴定等环节和方式，综合各方意见作出判断。

四是关于上链前数据的真实性审查。区块链技术并不能保证上链存储前数据的客观真实性，若当事人提出异议，人民法院应当审查。第一，关于真实性审查的启动条件。考虑到区块链存证本身即是证据保全的一种方式，提交证据一方已完成举证和说明义务，因此，启动上链前数据真实性审查，不仅需要一方当事人提出异议，还应当要求其提供证据证明或说明理由。人民法院也可以根据案件情况主动进行真实性审查。第二，关于数据真实性审查的内容和方式。结合电子数据真实性审查的一般规定，以及区块链技术存储的特点，审判组织应当着重审查数据的具体来源、生成机制和存储过程，是否有公证机构公证、第三方见证等程序保障，以及能否有关联数据或证据与之印证。第三，关于证明责任分配。当事人对上链前数据真实性提出异议，并提供证据或者说理由的，人民法院应当将证明责任分配给提供区块链存储数据的一方当事人，由数据持有方提供证据证明或说明证据的真实性，不能有效证明或者作出合理说明的，由其承担不利法律后果。

——刘峥、何帆、李承运:《〈人民法院在线诉讼规则〉的理解与适用》，载《人民司法·应用》2021 年第 19 期。

最高人民法院司法政策精神

三、充分运用区块链数据防篡改技术，进一步提升司法公信力

（九）保障司法数据安全。推进人民法院电子卷宗、电子档案、司法统计报表、案件结案状态等司法数据上链存储，确保司法数据防篡改，提升数据安全水平。

（十）保障电子证据可信。健全完善区块链平台证据核验功能，支持当事人和法官在线核验通过区块链存储的电子证据，推动完善区块链存证的标准和规则，提升电子证据认定的效率和质量。

（十一）保障执行操作合规。推动执行案件信息、当事人信息、组织机构信息、执行通知、财产查控、财产处置、案款收发、信用惩戒、执法取证、执行互动、案件报结、卷宗归档等数据和操作上链存证，常态化开展执行全业务流程操作安全审计，进一步规范执行操作行为，探索开展执行查控等敏感操作在线闭环验证，确保可靠无误。

（十二）保障司法文书权威。推动人民法院送达的诉讼文书和送达回执在司法区块链平台统一存储，支持在互联网端查验送达文书，保证送达全流程安全可靠，维护司法权威。

——《最高人民法院关于加强区块链司法应用的意见》（2022 年 5 月 23 日，法发〔2022〕16 号）。

附录：理解与适用

四、《意见》对区块链在司法领域应用的典型场景方向的指引

人民法院在发挥审判执行职能的过程中，存在大量与区块链技术的高可信、防篡改属性相吻合的司法应用场景，这些高度契合的业务场景为区块链技术在司法领域的应用提供了现实基础能力和广阔发展前景。全国诸多法院选择区块链技术作为其数字化业务发展的底层技术之一。《意见》为区块链技术在司法领域的广泛应用和深度融合提供了以下几个方向的指引，各级人民法院可应用司法区块链能力，积极进行下列场景的探索应用：

（一）充分运用区块链数据防篡改技术，为司法数据安全、电子证据可信、执行操作合规、司法文书权威等四个典型应用场景提供技术保障，进一步提升司法公信力

数据防篡改能力是区块链技术的核心能力。区块链技术所应用的对等网络技术可以使区块链每个节点都无差别地储存一份数据，使区块链本身具有良好的容错机制；哈希嵌套的链式存储结构可以保证每个区块的内容的更改都需要更改其他所有前序区块，这样的机制使区块链系统数据更加安全，使其具有不可篡改性；数字签名技术可以记录每条数据的出处，使其具有不可抵赖性；合理的数据模型使每条数据的流转都可以追溯到最初的状态，使其具有可信任性；时间戳技术可以做到对每条数据的生成时间进行明确认定。正是这些技术的组合实现了区块链数据防篡改的能力，使之具备支持保障司法数据、电子证据、操作行为、司法文书真实性的能力。

区块链可以在保障司法数据安全方面发挥作用。相较纸质材料而言，信息时代电子材料等司法数据的易取得性、易复制性、易篡改性使得它的真实性容易受到质疑，必须要保证司法数据的可信安全才能提升司法公信力。司法区块链具备通用的存证和验证能力，在和法院业务系统对接后，支持司法数据自产生至应用、归档的每一环节的存证验证，使通过区块链传输的司法

数据具有高度的安全性和可靠性，并且能够基于网络共识构建一个纯粹的、跨界的“利益无关”信任网络的验证机制，从而打造一个高度安全、深度信任的内外数据流通环境，促进司法数据的可信流转。

区块链可以在保障电子证据可信方面发挥作用。数字经济时代浪潮下电子数据更为多样、复杂，人民法院面对不断涌现的新型案件，取证的技术难度上升、证据认定也更为困难，这些都使“取证难”成了人民法院信息化道路上亟待解决的一个现实问题。而区块链技术的不可篡改性恰好为保障电子证据的可信度提供了技术支撑。当电子证据在区块链上存储，即使某个节点试图进行篡改行为，区块链的多节点共识机制也会起到维护电子证据的作用，保证电子数据存证的真实可信、防篡改。

区块链可以在保障执行操作合规方面发挥作用。目前人民法院在执行环节存在很多直接涉及当事人隐私和权益的如财产查控、财产处置、案款收发、信用惩戒等敏感操作，需要在进行这些执行业务节点操作时进行及时的审计监管，在保证执行的同时也维护当事人的合法权益。因此，可以利用区块链技术将执行过程中涉及的财产查控、处置等信息进行全流程记录，实现全程可追溯，确保执行案件对被执行人财产的查控、处置流程规范可靠。以执行查控可信操作场景为例，审判办案系统在案件审理过程中将立案、裁判、结案三个关键环节的数据上链存证，方便后续验证，并确保在执行办案系统中的节点操作在必要的业务范围内。比如法官对当事人进行财产调查、财产冻结与财产划扣等敏感操作时，在操作前通过区块链进行操作验证，利用前已存证的审判办案系统等信息确保被执行人是真实被立案的当事人、案件被裁判执行且处于未结案状态、进行执行操作的人员是该案件的承办法官等；如果上述条件无法全部满足，则操作会被警告或阻断，如上述条件均满足，则允许进行操作的同时会将操作行为、操作时间、操作人员等信息在区块链上进行存储。通过区块链技术对执行敏感操作的操作前验证、操作后存证将进一步促进执行操作合规。

区块链可以在保障司法文书权威方面发挥作用。互联网技术的普及，使得判决书、裁定书、调解书等被送达的电子文书存在被篡改的风险，也因此引出难验证真伪的问题。为此，保证司法文书的真实性一直是人民法院在开展电子送达工作中所关注的焦点。在区块链技术的支持下，提升电子送达文书真实性的电子送达文书验证场景正在建设中。送达环节中，法院在出具电子文书后，通过电子送达系统发起送达请求，使系统自动生成送达信息，经由送达系统和区块链的对接，送达发出的同时，被送达的原文生成的特征指纹将在司法区块链平台上链存证，并生成存证回执反馈到电子送达系统。电子送达系统会将被送达文书原件发送给当事人，当事人接收送达文书原件后，根据业务要求，也可以选择将生成的签收回执通过司法区块链平台对回执信息原文生成的特征指纹上链存证。若当事人对被送达文书存疑时，可以在司法区块链平台互联网端在线发起验证；核验通过后，司法区块链平台会返回存证编号、存证时间与验证结果等核验信息，以此来保障电子送达文书的真实性。

——孙福辉：《〈最高人民法院关于加强区块链司法应用的意见〉的理解与适用》，载《中国应用法学》2022 年第 4 期。

380. 电子数据作为证据时如何认定原件

关键词

电子数据　证据　证据原件

附录：最高人民法院主流观点

问：电子数据作为证据时如何认定原件？

答：《最高人民法院关于民事诉讼证据的若干规定》（以下简称《证据规定》）第十五条第二款规定：“当事人以电子数据作为证据的，应当提供原件。电子数据的制作者制作的与原件一致的副本，或者直接来源于电子数据的打印件或其他可以显示、识别的输出介质，视为电子数据的原件。”

所谓电子数据是指基于电子技术生成、以数字化形式存在于磁盘、磁带等载体，其内容可与载体分离，并可多次复制到其他载体的，能够证明案件事实的数据。诉讼中应当提交证据原件是各国普遍适用的一项规则，但由于电子数据是存储于电子介质中的电子数据信息，其在证明案件时，需要将数据编码转化为人们可以识别的形式，同时电子数据本质上是一种电子信息，可以实现精确复制，可以在虚拟空间里无限快速传播，因此，在认定原件时应当根据不同情况适用不同判断标准：在调查收集证据的场合，电子证据的原件指最初生成的电子数据及首先固定所在的各种存储介质；在举证、质证和审核认定证据时，应适当进行变通，因为上述环节中电子证据的原始载体本身对案件事实的证明并无决定性意义，发挥事实证明作用的是其转换形成的可识别形式。如果将转换形式视为复制件，会将相当数量的电子证据排除在案件事实证明之外，削弱其应有功能。因此，只要电子数据“功能上等同或基本等同”于原件的效果，即可视为合法有效的原件。《证据规定》第十五条第二款明确“电子数据的制作者制作的与原件一致的副本，或者直接来源于电子数据的打印件或其他可以显示、识别的输出介质”在功能上均等同或基本等同于原件，因此，视为电子数据的原件。

由于电子数据容易出现截取、修改、删除、伪造等情形，法官可以依据以下情形考察电子数据副本是否可视为原件：（1）可准确反映原始数据内容的输出物或显示物；（2）具有最终完整性和可供随时调取查用的电子副本；（3）双方当事人均未提出原始性异议的电子副本；（4）经公证机关有效公正，不利方当事人提供不出反证推翻的电子副本；（5）附加了可靠电子签名或其他安全程序保障的电子副本；（6）满足法律另行规定或当事人专门约定的其他标准的电子副本。

——最高人民法院民事审判第一庭编：《民事审判实务问答》，法律出版社 2021 年版，第 283~284 页。

381. 书证经扫描后存入 U 盘是否具有类同于证据原件的证明效力

关键词

书证　U 盘　证据原件　证明效力

最高人民法院裁判文书

杰雅帝（清远）有限公司与清远市佳利房地产开发有限公司建设用地使用权转让合同纠纷案［最高人民法院（2020）最高法民申 1212 号民事裁定书］

裁判要旨：关于当事人提出“书证扫描件存储于 U 盘属电子数据，U 盘为原始介质，故具有类同于证据原件证明效力”的主张。根据《民诉法解释》第 116 条第 2 款规定，电子数据是指通过电子邮件、电子数据交换、网上聊天记录、博客、微博客、手机短信、电子签名、域名等形成或者存储在电子介质中的信息。为确保证据的真实性，复制件需与原件进行一致性核对。电子数据虽是法律修正过程中新增加的一种证据形式，但这并不说明复制件、扫描件数据化后可不与原件进行核对；人民法院更不能不经审查电子数据证据的真实性就直接视同原件。

最高人民法院认为，本案的争议焦点是杰雅帝公司提交的其所称的新证据是否足以推翻原判决的问题。杰雅帝公司申请再审中向本院提交：交易价款 5500 万元《转让合同》扫描件（载入 U 盘形式提交）、涉及刘丽华电子邮箱往来的四份公证书、广东省清远市清城区人民法院（2018）粤 1802 民初 3710 号民事判决及杰雅帝公司诉状（以下简称清城区法院 3710 号案件材料）、清远市市场监督管理局《核准变更登记通知书》等证据材料，并主张以上新证据足以推翻原判决。本院对前述证据材料具体分析如下：关于《转让合同》扫描件的问题。无论是原审还是在本案中，杰雅帝公司均无法提供其所称交易价格为5500万元《转让合同》的原件，佳利公司亦不认可其提交的合同扫描件的真实性，不认可印章的真实性、不认可“钟卫东”签名的真实性。《中华人民共和国民事诉讼法》第七十条规定，书证应当提交原件。而杰雅帝公司向本院提交的《转让合同》扫描件，一方面无法与原件核对且无其他证据与之相互印证；另一方面杰雅帝公司对其无法提供原件的理由，不能自圆其说，因此，在与原件无法核对的情况下，本院无法确认该扫描件的真实性。至于杰雅帝公司关于U盘中《转让合同》属电子数据，可视为类同原件的主张。根据《最高人民法院关于适用〈中华人民共和国民事诉讼法〉的解释》第一百一十六条第二款的规定，电子数据是指通过电子邮件、电子数据交换、网上聊天记录、博客、微博客、手机短信、电子签名、域名等形成或者存储在电子介质中的信息。为确保证据的真实性，复制件需与原件进行一致性核对。电子数据虽是法律修正过程中新增加的一种证据形式，但这并不说明复制件、扫描件数据化后可不与原件进行核对；人民法院更不能不经审查电子数据证据的真实性就直接视同原件。本案中，杰雅帝公司提供的合同扫描件系由其单方提供，该电子数据的产生与保管过程，既未取得佳利公司的认可，也与案涉合同的约定不符。因此，杰雅帝公司关于《转让合同》扫描件存储于U盘属电子数据，U盘为原始介质，故具有类同于证据原件证明效力的主张，于法无据，不予支持。关于涉刘丽华电子邮箱往来的四份公证书的问题。根据《最高人民法院关于适用〈中华人民共和国民事诉讼法〉的解释》第三百八十七条的规定，杰雅帝公司不仅未说明逾期提交证据的理由，而且该证据无法证明原判决的裁判结果错误，本院不予采信。关于清城区法院3710号案件材料、清远市市场监督管理局《核准变更登记通知书》的问题。另案法律文书与行政机关发出的通知，均与本案纠纷无直接法律关系，且对证明案件基本事实无意义，本院不予采信。因此，杰雅帝公司提交的其所称的新证据，不能证明原判决认定基本事实或者裁判结果错误。

——中国裁判文书网。

382. 微信聊天截图无法核实真实性且亦无其他证据印证，无法形成证据链

关键词

微信聊天截图　其他证据印证

最高人民法院裁判文书

深圳市宝安区聚鑫源美容美发用品厂与金讃洙侵害发明专利权纠纷案
［最高人民法院（2021）最高法知民终2449号民事判决书］

裁判要旨：微信聊天截图没有原件，无法核实真实性。当微信聊天记录的双方身份也无法确认，且亦无其他证据能充分印证时，证据无法形成证据链，不能证明证据提供方的主张。

最高人民法院认为，本案中，聚鑫源用品厂虽主张被诉侵权产品来源于诚叶加工厂并提供了诚叶加工厂的工商信息，但其提供的微信聊天截图没有原件，且存在“三丰美业”和“温州诚叶”两个聊天对象，微信聊天记录的双方身份也无法确认。聚鑫源用品厂虽提供了一张向“温州诚叶”微信转账4050元的截图，但未提供证据原件，无法核实其真实性。此外，“温州诚叶美发用具厂”开具4050元单据的客户对象为“广州三丰”而非聚鑫源用品厂，且该转账记录数额明显与聚鑫源用品厂上诉状中自述其仅向诚叶加工厂进货被诉侵权产品2250元不符。因此，以上证据无法形成证据链，不能证明聚鑫源用品厂销售的被诉侵权产品系向诚叶加工厂采购，故聚鑫源用品厂的合法来源抗辩不能成立，本院不予支持。

——中国裁判文书网。

383. 经过公证的微信聊天记录内容，具备真实性、合法性及与待证事实的关联性，可作为证明案件事实的证据

关键词

公证　微信聊天记录　证明案件事实　证据

最高人民法院裁判文书

湖南一斗米网络科技有限公司与大智汇领教育科技有限公司计算机软件开发合同纠纷案［最高人民法院（2022）最高法知民终92号民事判决书］

裁判要旨：经过公证的微信聊天记录内容，具备真实性、合法性及与待证事实的关联性，可作为证明案件事实的证据。

最高人民法院二审期间，一斗米公司为证明其主张，向最高人民法院提

交了一份证据：（2022）湘长麓证民字第 288 号公证书。拟证明第 3、4、7 组证据中的相关内容已经发布在教盟框架微信群，原审未予采信错误。

大智汇领公司的质证意见为：对该份证据的真实性无异议，但该证据并非新证据，且相关文档为在线文档，随时可以修改，大智汇领公司也未获得查看相关文档权限。

最高人民法院的认证意见为：该证据为经过公证的一斗米公司工作人员谢玉良的微信聊天记录内容，具备真实性、合法性及与本案待证事实的关联性，本院予以采信，至于能否达到其证明目的，将结合在案证据综合认定。

——中国裁判文书网。

五、印章、签字的证明效力

384. 盖章行为的法律效力

关键词

盖章行为　假公章　法律效力

最高人民法院司法政策精神

41.【盖章行为的法律效力】

司法实践中，有些公司有意刻制两套甚至多套公章，有的法定代表人或者代理人甚至私刻公章，订立合同时恶意加盖非备案的公章或者假公章，发生纠纷后法人以加盖的是假公章为由否定合同效力的情形并不鲜见。人民法院在审理案件时，应当主要审查签约人于盖章之时有无代表权或者代理权，从而根据代表或者代理的相关规则来确定合同的效力。

法定代表人或者其授权之人在合同上加盖法人公章的行为，表明其是以法人名义签订合同，除《公司法》第 16 条等法律对其职权有特别规定的情形外，应当由法人承担相应的法律后果。法人以法定代表人事后已无代表权、加盖的是假章、所盖之章与备案公章不一致等为由否定合同效力的，人民法院不予支持。

代理人以被代理人名义签订合同，要取得合法授权。代理人取得合法授权后，以被代理人名义签订的合同，应当由被代理人承担责任。被代理人以代理人事后已无代理权、加盖的是假章、所盖之章与备案公章不一致等为由否定合同效力的，人民法院不予支持。

——《最高人民法院关于印发〈全国法院民商事审判工作会议纪要〉的通知》(2019 年 11 月 8 日，法〔2019〕254 号)。

附录：最高人民法院主流观点

一、关于盖章行为的法律意义

印章是印在文件上表示鉴定或签署的文具，包括公章和私章两种。公章是国家机关、社会团体、企事业单位用自己的名称制作的签名印章，私章则是自然人用自己的名字制作的签名印章。《合同法》第 32 条规定："当事人采用合同书形式订立合同的，自双方当事人签字或者盖章时合同成立。"从该规定看，盖章与签字具有同等效力，都是对书面形式的意思表示的确认。对自然人而言，签字与加盖私章都由其自身完成，二者具有同等效力，一般不存在争议。但公司是个组织体，需要通过特定自然人的签字或盖章才能实现其意志。而该自然人本身同时也是独立的法律主体，在此情况下，确定该自然人的行为是其自身的行为还是代表公司从事的行为就至关重要。而仅凭法定代表人的签字，尚不足以区别某一行为是其个人行为还是公司行为。因此，只能通过加盖公章来区别。就此而言，盖章具有签字所不具备的功能。自然人在合同书上加盖公章的行为表明，该行为是职务行为而非个人行为，应由公司承担法律后果。

二、要确立"看人不看章"的裁判思路

既然盖章行为的本质在于表明行为人从事的是职务行为，而从事职务行为的前提是，该自然人不仅须是公司的工作人员，而且还需要享有代表权或代理权。有代表权或代理权的人盖章确认的合同，自然对公司具有约束力。而无代表权或代理权人加盖的公章，即便是真公章，也不能产生合同有效的预期效果。对合同相对人来说，合同书加盖公章的情况下，其可以信赖公章显示的主体为合同当事人，并推定合同记载的条款系该主体作出的意思表示。至于该意思表示是否自愿真实，盖章之人有无代表权或代理权等问题，均不能通过盖章行为本身直接得到确认。可见，公章之于合同的效力，关键不在公章的真假，而在盖章之人有无代表权或代理权。盖章之人为法定代表人或有权代理人的，即便其未在合同上盖章甚至盖的是假章，只要其在合同书上的签字是真实的，或能够证明该假章是其自己加盖或同意他人加盖的，仍应作为公司行为，由公司承担法律后果。反之，盖章之人如无代表权或超越代理权的，则即便加盖的是真公章，该合同仍然可能会因为无权代表或无权代理而最终归于无效。

三、要注意代表与代理的区别

不论是代表还是代理，都需要遵循前述的裁判思路以及相应的裁判规则。

所不同的是，根据《民法总则》第 61 条第 2 款[①]有关“法定代表人以法人名义从事的民事活动，其后果由法人承受”的规定，法定代表人无须另行授权，就可以一般性地代表公司从事民事活动。即便超越权限对外从事行为，也仅是越权代表，并非无权代表。而除法定代理人外，委托代理一般是一事一授权，代理人变动性很大。在无权代理的情况下，代理人根本就没有代理权，其与所谓的被代理人间并无任何联系。正因如此，《合同法》第 50 条仅有越权代表的规定，而无无权代表的规定。而《合同法》第 49 条有关表见代理的规定，除了越权代理外，还有没有代理权以及代理权终止后等两种无权代理情况下构成表见代理的规定，此点与代表判然有别。另一方面，法定代表人是公司的法定机关，其代表权限来源于法律的明确规定。法定代表人对外从事的行为，即便是越权行为，也是公司对外从事的行为，只不过越权行为不对公司生效罢了。而委托代理情况下，代理人的权限来自被代理人的授权，未经被代理人授权的，其行为与被代理人无关，自然不对被代理人发生效力，而应由代理人自身承担责任。尤其是，法定代表人以公司名义对外从事民事活动，本质上属于履职行为，由其个人承担责任缺乏依据。而无权代理人在根本没有代理权的情况下对外以被代理人名义从事行为，其行为与被代理人没有任何关系，自不应由被代理人承担责任，因此法律才规定由代理人自身承担责任。

四、关于举证责任分配

假公章的认定，往往需要借助举证责任的分配予以解决。通常情况下，是公司以加盖在合同书上的某一枚公章是假公章为由提出合同不成立或无效的抗辩，此时，应由该公司承担举证责任，公司可通过申请鉴定、比对备案公章等方式进行举证。公司举证后，合同相对人可通过举证证明盖章之人有代表权（如为法定代表人或负责人）、代理权（职务代理、个别代理）或其有合理理由相信盖章之人有代表权或代理权等事实，从而主张根据相关规则认定合同对公司有效。此时，公司只能通过举证证明交易相对人为恶意相对人来否定合同的效力。

五、实务问题

1. 仅有法定代表人或代理人的签字，合同未加盖公章的，能否认定为是公司的行为

根据签字等同于盖章的规则，加之盖章问题的本质在于是否有代表权或代理权，故只要有证据证明法定代表人或代理人是以公司名义而非自身名义签订合同的，就应认定为是公司行为，由公司承担法律后果。

2. 先在空白合同书上加盖公章，后确定合同内容的，公章显示的公司应

---

① 对应《民法典》第六十一条第二款。

否作为合同主体承担责任

通常情况下，是先有合同条款后加盖公章，故加盖公章的行为除了表明是公司行为外，往往还有对合同条款予以确认的性质。但在空白合同上加盖公章的场合，则是先加盖公章后有合同内容。此时，务必要严格考察空白合同持有人与公司之间是否具有代理关系，来综合认定合同效力是否及于公司。空白合同持有人确实具有代理权，或足以使交易相对人相信其具有代理权的，在空白合同上添加的合同条款效力及于公司。反之，仅仅根据持有盖章的空白合同这一事实，尚不足以认定其具有代理权，应按无权代理规则处理。

3. 公章的种类与文件的种类是否必须要相匹配

公章种类很多，常见的有公章、财务章、合同专用章、发票专用章。原则上，公章的种类与文件的种类要相匹配，在最高法院（2014）民申字第1号陈某某与国本建设有限公司、中太建设集团股份有限公司民间借贷合同纠纷中，最高人民法院认为，当事人在借款合同上加盖具有特定用途的公司项目资料专用章，超越了该公章的使用范围，在未经公司追认的情况下，不能认定借款合同是公司的意思表示。该观点总体可值赞同，但尚须追根溯源。之所以不认可超出公章特定用途的盖章行为的效力，本质上并非公章本身代表了某种意思表示，而是因为盖章之人缺乏代理权。反之，如果盖章之人确有代理权的，即便超出公章的使用范围，亦不宜认定合同无效。故公章须与文书种类相匹配的要求，并非绝对。即便考虑此种要求，实务中仍需要考虑交易习惯，尽可能保护相对人的合理信赖。借款合同加盖公司项目资料专用章固然不太符合交易习惯，但如加盖的是财务章，似亦在情理之中。故在匹配度的认定上，还要根据通常的交易观念从宽予以认定。

4. 能否以与备案公章不符为由就认定某一枚公章是假公章

司法实践中，公司通常以涉案的某一枚公章为假公章为由提出合同不成立或无效的抗辩，理由则往往是与备案公章不符。公章的备案，既有公安机关的备案，也有工商管理部门的备案。就民商事审判来说，更多地涉及工商管理部门的备案问题。公司使用备案过的公章，即便该公章实际上已经废弃不用了，只要相对人信赖该枚公章仍在使用的，法律就要保护此种信赖。但要求相对人在任一交易活动中都去核查公章的真伪，是不符合交易便捷原则的，因此，相对人不应负有审核某一公章是否为备案公章的义务。故在公司使用备案公章以外的其他公章场合，法院不能以相对人未尽审核义务为由，就认定公司的该枚公章为假公章，除非公司能够举证证明该枚公章确实是伪造的、废弃不用的公章。当然，相对人也可以通过举证证明公司使用的该枚备案公章以外的公章，曾在此前的交易中或者在与其他的交易中使用过等事实，证明该枚公章就是公司的公章。与公章备案相似的是预留印鉴。所谓预留印鉴，是指存款人在银行开立银行结算账户时留存的、凭以办理款项支付结算的权利证明，也是开户银行收付结算的审核依据。预留印鉴约束的对象主要是银行，对交易当事人并无拘束力。在存款人预留印鉴的情况下，银行未尽审核义务，因向他人付款导致存款人损失的，应根据约定承担继续付款责任。

——最高人民法院民事审判第二庭编著：《〈全国法院民商事审判工作会议纪要〉理解与适用》，人民法院出版社 2019 年版，第 289~292 页。

385. 不能认定或推定争议合同文本为当事人真实意思的表示的情形

关键词

争议合同文本　印章　当事人真实意思表示

最高人民法院公报案例、最高人民法院裁判文书

建行浦东分行诉中基公司等借款合同纠纷案［最高人民法院（2001）民二终字第 155 号民事判决书］

裁判摘要：有争议的合同文本经司法鉴定认定，一方当事人的签名系伪造，印章系变造，且经当事人举证和人民法院查证，均不能证明变造的印章为该当事人自己加盖或授意他人加盖，也不能证明该当事人有明知争议合同文本的存在而不予否认、或者在其他业务活动中使用过变造印章、或者明知他人使用变造印章而不予否认等情形，故不能认定或推定争议合同文本为该当事人真实意思的表示。

最高人民法院认为：建行浦东分行与上海中益公司签订的外汇借款合同，内容不违反法律规定，合同上有双方加盖的单位公章，且建行浦东分行按照合同约定将款项交付上海中益公司后，上海中益公司使用了全部款项，并向建行浦东分行支付了部分利息，据此应确认该借款合同合法有效。建行浦东分行按该合同约定向上海中益公司发放贷款，履行了合同义务，上海中益公司却没有按约定向建行浦东分行偿还借款本息，应依法承担相应的民事责任。原审判令上海中益公司向建行浦东分行偿还 450 万美元借款及相应利息并无不当，且上海中益公司对该判项未提起上诉，对此本院依法予以维持。

本案二审争议的焦点是《不可撤销担保书》是否成立。合同法第三十二条规定："当事人采用合同书形式订立合同的，自双方当事人签字或者盖章时合同成立。”该条规定表明，当事人的签字或盖章都可以使合同成立。

当事人的签字，包括自然人本人或其委托代理人签字，企业法人或者其他经济组织的法定代表人、负责人或其委托代理人签字。民法通则第三十八条规定：“依照法律或者法人组织章程规定，代表法人行使职权的负责人，是法人的法定代表人。”第四十三条规定：“企业法人对它的法定代表人和其他工作人员的经营活动，承担民事责任。”企业的法定代表人签字的合同代表了企业的意思表示，可以产生合同成立的法律效果。本案讼争《不可撤销担保书》系法定代表人的签字，不存在委托代理人代理行为，但是对该法定代表人薛钊的签字系他人伪造，薛钊不应对不是由其签名的行为负责，也不能据此认定《不可撤销担保书》的内容反映了中基公司的意思。因此，伪造的签名不能使本案讼争的《不可撤销担保书》成立生效，中基公司不因伪造的法定代表人签字而产生民事责任。

盖章也可以产生合同成立的效果。合同书上盖章的意义在于证明该合同书的内容是印章记载当事人的意思表示，此时合同书上的印模具有证据的作用。加盖真实印章的合同，其权利义务由该当事人承受。本案讼争的《不可撤销担保书》，加盖的是以中基公司贸发部的印章变造后的中基公司印章，不是中基公司的正式印章，《不可撤销担保书》并不当然代表中基公司的意思，当然也不代表中基公司贸发部的意思。

中基公司是否应当依据该《不可撤销担保书》承担担保责任，需要根据本案的相关事实综合判定。如果加盖变造印章的行为是中基公司本人所为，则该印章虽为变造，但仍能代表中基公司的意思表示，中基公司应当承担担保责任。但是，中基公司贸发部的印章在出具《不可撤销担保书》时为中益集团持有，建行浦东分行经办业务人员虽称《不可撤销担保书》是交给中基公司办公室主任章志忠、由该公司盖章，但在原审庭审过程中不能辨认章志忠，其所称的《不可撤销担保书》上的变造印章系由中基公司加盖的事实不能得到印证。因此，建行浦东分行所称《不可撤销担保书》加盖变造印章系中基公司所为没有证据佐证。

原审判决在无证据证实的情况下，认定中基公司在其他业务活动中多次使用了变造后的中基公司公章不当。中基公司贸发部向荷兰银行申请打包贷款的时间发生在中基公司贸发部由中益集团公司经营管理期间，该打包贷款系以中基公司贸发部的名义申请的，该笔贷款后来汇入的 14801103019 账户也是由中基公司贸发部申请开立的，而且在该贷款转账凭证上加盖的也是中基公司贸发部财务章。无证据表明该笔打包贷款申请和划转过程与中基公司有直接联系。虽然在上述 14801103019 账户开户资料中包含有一份中基公司企业法人营业执照复印件，但由于一个企业的营业执照复印件可以从工商部门、税务部门以及企业本身等多个渠道获取，因此，单就中基公司贸发部持有中基公司企业法人营业执照复印件这一事实，不能认定该复印件就是由中基公司向中基公司贸发部提供的。而且，即使认定该复印件是由中基公司提供的，因当时中基公司贸发部由中益集团公司独立经营管理，仍不能认定中基公司对中基公司贸发部设立该 14801103019 账户是知情的，也不能认定中基公司对中基公司贸发部向荷兰商业银行上海分行申请 710990 美元打包贷款是知情的，更不能认定中基公司对上述打包贷款申请文件中使用了变造的中基公司章一事是知情的。即使中基公司知道在某一交易中他人使用变造印章，并对该交易行为予以认可，也是就该交易中他人的代理行为予以认可，其效力仅及于该项代理事务。中基公司在转让上海中益公司部分股权时，使用了合法的印章，该行为可以认为是对成立上海中益公司的行为的追认。如果无此行为或其他追认行为，该变造印章仍不能代表中基公司的意思。而在农行北京分行的开户和与荷兰银行上海分行的信用证交易中，无证据表明中基公司知道变造印章的使用并且追认上述行为。因此，他人多次使用变造中基公司的印章，并不产生该变造印章在每项交易中均能代表中基公司意思的效果。建行浦东分行辩称中基公司用所谓假公章向荷兰商业银行上海分行申请的贷款已经打入中基公司在中国农业银行北京市分行的账户，中基公司不但使用了这笔贷款，并且还归还了这笔贷款，与事实不符，本院不予采信。

建行浦东分行主张其相信变造印章可以代表中基公司的理由一是盖章的过程，二是该变造印章的多次使用。如上所述，建行浦东分行不能证明系中基公司加盖的变造印章，而变造印章的多次使用本身并不产生当然代表中基公司意思表示的效果，况且，建行浦东分行在接受《不可撤销担保书》时，并不知道该印章曾多次被使用，该行是在争议发生后，才收集到有关证据。可见，建行浦东分行在接受《不可撤销担保书》时，并未将该印章的多次使用作为其相信该印章可以代表中基公司意思表示的理由。建行浦东分行作为专业性的金融机构，在从事金融业务时，本应尽到谨慎的注意义务，但其经办人员疏于履行职责，接受加盖变造印章的担保，对此，中基公司无过错，不应承担《不可撤销担保书》项下的义务。

——《最高人民法院公报》2004 年第 7 期。

386. 合同上加盖的印章能否直接推定合同的内容真实

关键词

印章　合同真实性　初步证据

最高人民法院公报案例、最高人民法院裁判文书

陈呈浴与内蒙古昌宇石业有限公司合同纠纷案［最高人民法院（2014）民提字第178号民事判决书］

裁判摘要：印章真实不等于协议真实。协议形成行为与印章加盖行为在性质上具有相对独立性，协议内容是双方合意行为的表现形式，而印章加盖行为是各方确认双方合意内容的方式，二者相互关联又相对独立。在证据意义上，印章真实一般即可推定协议真实，但在有证据否定或怀疑合意形成行为真实性的情况下，即不能根据印章的真实性直接推定协议的真实性。也就是说，印章在证明协议真实性上尚属初步证据，人民法院认定协议的真实性需综合考虑其他证据及事实。

最高人民法院认为，本案原判决昌宇公司对陈呈浴承担投资损失赔偿责任的基础主要是5.3补充协议的可信性和《鉴证报告》的客观性及合法性。综合本案原审及再审期间当事人的陈述及举证情况，本院认为，原判决昌宇公司承担投资损失赔偿责任的事实依据不足。

关于5.3补充协议真实性的认定问题。2011年9月，陈呈浴以与昌宇公司存在5.3补充协议为据，向一审法院提起诉讼。2011年，昌宇公司在本案管辖异议二审期间向福建高院对5.3补充协议上昌宇公司的真实性提出司法鉴定申请，经福建鼎立司法鉴定中心鉴定，鉴定意见为印章真实。本案一审期间，昌宇公司又于2013年5月25日，向一审法院提出《司法鉴定申请书》，除再次对5.3补充协议上加盖公章的真实性提出鉴定申请外，另提出对公章与文字形成的前后顺序、文字形成日期、纸张日期进行鉴定的申请，一审法院经审查对昌宇公司再行提出印章真实性的鉴定申请不予支持，并无不当；但因公章与文字的前后顺序、文字形成日期等对认定协议的真实性亦有重要影响，原审法院以公章与文字形成先后不影响协议真实性的判断为由，不予支持，确有不当。在5.3补充协议真实性的认定上，该协议加盖的印章虽为真实，但因协议形成行为与印章加盖行为具有相对独立性，协议形成行为是双方合意行为的反映形式，而印章加盖行为是双方确认双方合意即协议的行为，二者相互关联又相互独立，在证据意义上，印章真实一般即可推定合意形成行为真实，但在有证据否定或怀疑合意形成行为真实性的情况下，即不能根据印章的真实性直接推定协议的真实性，也就是说，印章在证明协议真实性上尚属初步证据，人民法院认定协议的真实性需综合考虑其他证据及事实。本院认为，本案5.3补充协议的真实性有如下不足：第一，5.3

补充协议对5.1协议的风险负担进行根本变更，不合常理，陈呈浴对此变更不能进行合理说明。根据2004年9月26日陈呈浴、刘景印与昌宇公司签订的《内部承包合同》，陈呈浴等在获得采石生产、定价、销售所属矿山产品权利的同时，对生产、销售活动中所需的资金、物力等均需自行解决，自行承担在生产经营中因自身原因引起的责任；同时，陈呈浴等还需一次性给付50万元开发补偿费，并据商品荒料的价格按比例向昌宇公司交纳补偿金。可见，合作合同的风险主要在陈呈浴一方。之后，双方签订2005年5月1日《补充协议》，决定终止上述《内部承包合同》，该《补充协议》虽有昌宇公司同意以优惠条件与陈呈浴签订新合同之内容，但同年5月1日签订的5.1协议仍有陈呈浴负责生产、销售活动的资金、人力、物力以及税金，承担生产经营活动中因自身原因引起的各项责任义务等内容；同时，5.1协议还对协议履行期间陈呈浴不合理开采、开采权转让、不按约给付补偿金等约定昌宇公司享有单方解除权，并约定因此造成的损失由陈呈浴自行承担。可见，陈呈浴与昌宇公司无论在前的《内部承包合同》还是在后根据昌宇公司给予陈呈浴优惠条件签订的5.1协议，合作风险几乎全部由陈呈浴承担。但5.3补充协议对双方合作合同期间的风险作了完全相反的约定，即合作合同风险完全转移到昌宇公司一方。根据该5.3补充协议内容，无论协议有效或无效、昌宇公司单方或法院判定协议解除或终止，昌宇公司均有义务对陈呈浴除经营损失外的全部投入予以退还。同时，该《补充协议》有关剥夺他方鉴定申请权及明确诉讼管辖地等内容，进一步将风险完全转移到昌宇公司一方。本院认为，在合同当事人的缔约地位并未改变，且依约昌宇公司全部矿山使用补偿费仅240万元的情况下，上述约定超出了合作协议的合理范围，不合常情、常理；陈呈浴对仅时隔一天后签订5.3补充协议根本变更5.1协议内容，虽解释是受到昌宇公司和他人所签合同的影响，但并未提供相关证据予以支持，其解释的可信性不足。第二，5.3补充协议的基本内容存在矛盾，陈呈浴不能合理说明。5.3补充协议第二条规定5.1协议第一条中陈呈浴承担的损失限定为“经营损失”，以与5.3补充协议第一条所涉“投资”相区分。实际上，所谓“经营损失”反映的是投资与收益的关系，而陈呈浴履行协议中所投入的生产经营成本性质上即为投资，5.3补充协议对此又明确约定为自行承担，从而其主张自相矛盾。再审庭审中，陈呈浴对协议正常履行条件下，生产经营成本与投资、生产经营风险不能作出合理说明；同时，其在法庭陈述中也表示主张投资是因为前期没有产品产出而其开挖的风化层对之后的生产带来了方便，如有产品产出，其投资和生产经营风险即自行承担。可见，其主张的生产经营成本与投资无法区分，经营成本是其自愿承担范围。第三，陈呈浴在相关诉讼中从未提及5.3补充协议及管辖问题，不合常理。内蒙古自治区相关人民法院在审理陈呈浴与昌宇公司互为原被告的多起相关诉讼中，陈呈浴均未提及双方曾签订有5.3补充协议，亦未就管辖法院提出异议，其虽解释该5.3补充协议当时无法找到，是多年后在清理个人物品时偶然发现，但其前后陈述发现地点不一，结合该补充协议相关内容对双方关系的重大影响，其解释不合情理。最后，5.3补充协议在形式上还存在甲方、乙方列法及明确协议份数的条款等与之前订约习惯明显差异的情况。综上，根据5.3补充协议的内容、形式及该补充协议的形成过程和再审庭审查明陈呈浴在原审中隐瞒重大事实信息的不诚信行为，同时考虑昌宇公司一直否认自行加盖印章且不持有该协议之抗辩意见，本院对5.3补充协议相关内容的真实性不予采信。

——《最高人民法院公报》2016年第3期。

387.“先盖章后打印”的文件是否有效，其属性应该如何认定

关键词

先盖章后打印

最高人民法院裁判文书

四川国丰建设集团有限公司与南充市高坪区海凤小额贷款有限责任公司借款合同纠纷案［最高人民法院（2019）最高法民申4393号民事裁定书］

裁判要旨：涉案《证明》材料上“原有印章（印模）”处加盖公司印章，与公司使用的印章一致。虽然该《证明》系“先盖章后打印”，但本案无证据证明存在盗盖印章之事实，故该先行盖章行为具有概括性授权和追认属性。

最高人民法院认为，经鉴定，“4.2《证明》”上“原有印章（印模）”处加盖国丰公司印章，与国丰公司于2013年1月20日签订的《巴州区回风东路棚户区改造统购安置项目八号楼工程》、2014年2月10日签订的《裙房工程补充协议》、2014年3月26日签订的《步云楼二期项目合同备案资料》等合同文件上国丰公司使用的印章一致。虽然“4.2《证明》”系“先盖章后打印”，但原审判决认定该先行盖章行为具有概括性授权和追认属性并无不当。根据司法鉴定结论，“3.20《承诺书》”上国丰公司印章与“4.2《证明》”上“现有公章（印模）”、“单位公章（印模）”印章同一。据此，原审判决认定“3.20《承诺书》”对国丰公司有约束力，并不缺乏证据证明。国丰公司无证据证明“4.2《证明》”系海凤公司盗盖印章形成，也未提供证据证明其“现有公章”起用时间晚于“3.20《承诺书》”出具时间。国丰公司该项主张亦不

能成立。

——中国裁判文书网。

388. 非本人签字但盖章真实的能否推定为公司真实意思表示

关键词

签字　盖章　推定

最高人民法院裁判文书

青海豪都华庭房地产开发有限公司与中天建设集团有限公司建设工程施工合同纠纷二审案［最高人民法院（2020）最高法民终1147号民事判决书］

裁判要旨：虽然经鉴定公司签章处的签字非本人所签，但公司印章真实。在没有证据推翻公司印章的真实性，亦无证据证明加盖印章并非出于公司真实意愿情况下，公司加盖印章即表明其对内容予以认可。

最高人民法院认为，关于案涉工程造价问题。《最高人民法院关于审理建设工程施工合同纠纷案件适用法律问题的解释（二）》第十二条规定："当事人在诉讼前已经对建设工程价款结算达成协议，诉讼中一方当事人申请对工程造价进行鉴定的，人民法院不予准许。"本案中，中天公司提交《豪都华庭工程二期竣工决算书》上下册，其中上册首页为《基本建设结算审核定案单》，定案单落款处加盖施工单位中天公司、发包人豪都华庭公司印章，签章日期为2015年10月13日。该决算书形成于案涉工程竣工验收移交使用且工程量结算书亦全部移交豪都华庭公司之后，定案单载明中天公司报审金额为269028603.90元，豪都华庭公司经审核核减31226538.61元，最终审定金额237477195.80元，符合工程款结算的一般流程及模式。虽然经鉴定豪都华庭公司签章处"王海宁"的签字非本人所签，但豪都华庭公司印章真实。豪都华庭公司在定案单中加盖公司印章，即表明其对定案单中的工程造价金额予以认可。豪都华庭公司否认双方进行了决算并形成决算书和定案单，但没有证据推翻定案单中豪都华庭公司印章的真实性，亦无证据证明在定案单中加盖印章并非出于豪都华庭公司真实意愿。因此，一审法院采信该定案单作为认定案涉工程造价的依据，未予支持豪都华庭公司关于应通过鉴定确定案涉工程造价的主张，并无不当。豪都华庭公司申请鉴定定案单中其公司印章与定案单文字形成时序等事项，均不能推翻印章的真实性，一审法院未予准许，并无不当。

——中国裁判文书网。

389. 当事人在合同上签字或盖章后合同依法成立，签字、盖章如无特别约定则并非两者应同时具备

关键词

签字　盖章　特别约定

最高人民法院裁判文书

陈建与二连民贸龙泽房地产开发有限公司、一审第三人江苏盐城二建集团有限公司商品房买卖合同纠纷案［最高人民法院（2017）最高法民再28号民事判决书］

裁判要旨：依据《中华人民共和国合同法》第三十二条[①]之规定，当事人在合同上签字或盖章后合同成立，签字、盖章如无特别约定则并非两者应同时具备。当事人提出的重大交易活动仅有公司印章而无法定代表人签名，不符合商业常理的观点，只是其一方推断，不能据此否定其在合同上加盖印章的真实性。同时，法律亦未对合同上印章形成时间与合同文本形成时间的先后次序作出强制性规定。

最高人民法院再审认为，关于民贸公司印章的真实性。案涉《债权转让协议》中有陈建的签字并加盖了民贸公司、二建公司印章。根据民贸公司的申请，一审法院委托鉴定，鉴定意见是《债权转让协议》上民贸公司加盖的印章为真实印章。民贸公司对该次鉴定意见并无异议。依据《中华人民共和国合同法》第三十二条之规定，当事人在合同上签字或盖章后合同成立，签字、盖章如无特别约定则并非两者应同时具备。民贸公司提出如此重大的交易活动，仅有公司印章而法定代表人王丙江未签名，不符合商业常理。这一观点只是其一方推断，并不能据此否定《债权转让协议》上民贸公司印章的真实性。民贸公司还提出《债权转让协议》上印章形成时间与合同文本形成时间不一致，但法律对两者形成时间的先后次序并无强制性规定。民贸公司否认案涉《债权转让协议》的真实性的理由，本院不予支持。

① 对应《民法典》第四百九十条。

——中国裁判文书网。

390. 不应仅以加盖的印章印文是否真实作为判断合同是否成立的标准

关键词

印章　合同成立

最高人民法院裁判文书

青海宏信混凝土有限公司与海天建设集团有限公司青海分公司等民间借贷纠纷案［最高人民法院（2019）最高法民终1535号民事判决书］

裁判要旨：合同是否成立，应当根据订立合同的签约人于盖章之时有无代表权或者代理权，或者交易相对人是否有合理理由相信签约人有权代表公司或代理公司进行相关民事行为来确定，不应仅以加盖的印章印文是否真实作为判断合同是否成立的标准。案涉《协议书》中有公司负责人签字并加盖公司印章，虽然经鉴定案该印章印文与备案印章印文不一致，但公司负责人持公司印章以公司名义签订案涉《协议书》，足以令交易相对人相信其行为代表公司，并基于对其身份的信任相信其加盖的公司印章的真实性。

最高人民法院认为，关于青海宏信公司与海天青海分公司之间担保合同是否成立的问题。

《中华人民共和国合同法》第三十二条[①]规定："当事人采用合同书形式订立合同的，自双方当事人签字或者盖章时合同成立。"本案中，案涉《协议书》中有海天青海分公司负责人崔文辉签字并加盖海天青海分公司印章。虽然经鉴定案涉《协议书》中海天青海分公司的印章印文与备案印章印文不一致，但因同一公司刻制多枚印章的情形在日常交易中大量存在，故不能仅以合同中加盖的印章印文与公司备案印章或常用业务印章印文不一致来否定公司行为的成立及其效力，而应当根据合同签订人盖章时是否有权代表或代理公司，或者交易相对人是否有合理理由相信其有权代表或代理公司进行相关民事行为来判断。本案中，崔文辉作为海天青海分公司时任负责人，其持海天青海分公司印章以海天青海分公司名义签订案涉《协议书》，足以令作为交

① 对应《民法典》第四百九十条。

易相对人的青海宏信公司相信其行为代表海天青海分公司，并基于对其身份的信任相信其加盖的海天青海分公司印章的真实性。而事实上，从海天集团公司单方委托鉴定时提供给鉴定机构的检材可以看出，海天青海分公司在其他业务活动中亦多次使用同一枚印章。因此，海天集团公司、海天青海分公司以案涉《协议书》中海天青海分公司印章印文与其备案印章印文不一致为由认为海天青海分公司并未作出为案涉债务提供担保的意思表示的主张不能成立。青海宏信公司与海天青海分公司在案涉《协议书》上签章时，双方当事人之间的担保合同关系成立。

——中国裁判文书网。

391. 主张印章真实有效的一方应承担争议印章为对方印章或由对方加盖印章的举证责任

关键词

举证责任　印章

最高人民法院裁判文书

唐兰与程永莉房屋买卖合同纠纷案［最高人民法院（2012）民抗字第55号民事判决书］

裁判要旨：在虚假印章争议案件中，应根据“谁主张、谁举证”的原则，在私章所代表的一方否认该私章为其所有，盖章行为是其所为，即否认与对方成立合同关系时，应由主张合同关系成立的一方当事人承担举证责任，该方当事人应当举证证明该枚私章为对方所有以及盖章的行为为对方所为或对方委托他人所为。

最高人民法院认为：根据唐兰的诉讼请求及相关事实来看，本案争议的核心问题是，以唐兰为卖方、以程永莉为买方的登记号为（九区2000）买卖第7595号的《房地产买卖合同》在唐兰与程永莉之间是否成立，该合同对唐兰是否具有法律拘束力。

依法成立的合同，对当事人具有法律约束力，并受法律保护。当事人达成合意是合同的成立的必备要件。《中华人民共和国合同法》第三十二条[①]规定“当事人采用合同书形式订立合同的，自双方当事人签字或者盖章时合同

① 对应《民法典》第四百九十条。

成立”。该条明确了当事人在合同书上签字或盖章的时间为合同成立的时间，不仅确认了当事人达成合意的外在表现形式为签字或者盖章，而且赋予了盖章与签字在合同成立上同等的法律效力。因此，经当事人签字或者盖章的合同应该是当事人达成合意的体现，对双方当事人具有法律拘束力。依法成立的法人或其他组织均有登记备案的公章，经登记备案的公章对外具有公示效力，所以，通常情况下，法人或者其他组织在对外签订合同时，采用盖章的形式。而自然人的私章没有登记备案的要求，对外不具有公示效力，在私章所代表的一方否认该私章为其所有，盖章行为是其所为时，该方当事人实质是否认与对方当事人达成合意成立了合同关系，此时就涉及到就合同关系是否成立的举证责任的分配问题。根据本院《关于民事诉讼证据若干规定》第五条的规定，在合同纠纷案件中，主张合同关系成立的一方当事人对合同订立的事实承担举证责任。即在双方当事人就合同关系是否成立存在争议的情况下，应由主张合同关系成立的一方当事人承担举证责任。因此，在私章所代表的一方否认该私章为其所有，盖章行为是其所为，即否认与对方成立合同关系时，应由主张证明该枚私章为对方所有以及盖章的行为为对方所为或对方委托他人所为。

就本案来说，唐兰否认合同书上的私章为其所有，也否认在合同书上盖过私章，实质是否认与程永莉订立过涉案房屋买卖合同，在此情况下，程永莉应该举证证明其与唐兰之间成立了房屋买卖合同关系，即私章为唐兰所有且盖章行为也为唐兰所为。原审判决认定唐兰在本案中未举示充分的证据证明其与程永莉之间的房屋买卖行为以及过户登记申请不是其真实意思表示，从而将该举证责任分配给唐兰是错误的。本案历经数次审理，程永莉为主张其与唐兰之间成立房屋买卖合同关系所举证据有两个，一是唐兰于 1998 年 12 月 11 日与重庆渝兴房地产综合开发公司签订《房地产买卖合同》购买该套房屋时，也是在合同上加盖私章，无手写签名。以此说明唐兰此次出售房屋时加盖私章的合理性。二是生效的重庆市第一中级人民法院（2006）渝一中行再终字第 1014 号行政裁定认定的事实。对此，本案认为，该两份证据不足以证明上述待证事实。理由是，一、唐兰于 1998 年 12 月 11 日与重庆渝兴房地产综合开发公司签订《房地产买卖合同》购买该套房屋时，虽然也是在合同上加盖私章，但在唐兰否认与程永莉签订过房屋买卖合同时，程永莉没有举证证明涉案《房地产买卖合同》上“唐兰”的私章和唐兰 1998 年 12 月 11 日与重庆渝兴房地产综合开发公司签订的《房地产买卖合同》上唐兰的私章为同一枚私章。唐兰买受该房屋的时候盖有私章的行为并不必然推导出涉案《房地产买卖合同》上盖有“唐兰”私章就是本案当事人唐兰的私章，也不能证明加盖“唐兰”私章的行为就是唐兰所为。二、（2006）渝一中行再终字第 1014 号行政裁定是以主体不适格为由，从程序上驳回了唐兰的起诉。

该份裁定书上认定的事实，只能证明房屋买卖登记机关对涉案房屋办理过户登记的行为在程序上的合规性，不能证明唐兰与程永莉之间发生了房屋买卖的民事行为。原审判决将行政裁定用于证明唐兰与程永莉之间就涉案房屋成立了房屋买卖合同关系不当。

本案中，除了涉案《房地产买卖合同》外，办理房屋买卖过户登记必备的其他文件，包括《卖方申请书》、收到购房款的《收条》，出现了“卖方”“唐兰”的签名，但这些应该由所谓卖房人亲历亲为的签名却并非唐兰所为，而是购房人程永莉的丈夫向响所书写，然后加盖“唐兰”的私章。作为对外出具的文件，出具人可以签名，也可以盖章或者是签名加盖章。但不论是签名或盖章，必须是真实的，才能确定是出具人的真实意思表示。办理涉案房屋过户登记时，唐兰具有签署自己姓名的行为能力，向响是房地产公司的销售人员，应该知道“代替”他人签名的民事法律后果，尤其是程永莉一方在诉讼中主张唐兰已到办理登记过户现场的情况下。程永莉应该就本应由唐兰亲笔书写的名字却由向响所替代作出合理的解释，但程永莉一方在本次再审庭审中仍不能就为何收到购房款的收据及“唐兰”的签名也由其夫向响所代写作出合理的解释。所以，程永莉既未能举证证明涉案《房地产开发合同》及办理房屋过户登记的相关手续上加盖的“唐兰”的印章为唐兰所有，也未能就本应由唐兰书写并签名的《卖方申请书》及《收条》为何由程永莉之夫书写作出合理的解释，本案没有证据显示唐兰本人有出卖涉案房屋的意思表示，也没有证据表示唐兰曾委托他人办理过户房地产买卖及转移登记。原审认定唐兰与程永莉之间成立房地产买卖合同关系，没有事实依据。

综上，在双方当事人就合同关系是否成立存在争议的情况下，应由主张合同关系成立的一方当事人承担举证责任。唐兰否认与程永莉签订过户房地产买卖合同，程永莉未能充分举证证明其与唐兰之间就涉案房屋成立了买卖合同关系，应该承担举证不能的法律后果。同时，从涉案《房地产买卖合同》的签订及履行过程看，没有证据显示唐兰有出卖涉案房屋的意思表示，也没有证据表明唐兰曾委托他人办理过房屋买卖及转移登记。因此，应该认定唐兰与程永莉之间没有就涉案房屋成立房屋买卖合同关系，涉案《房地产买卖合同》对唐兰没有法律约束力，程永莉应该将其占有的涉案房屋返还给唐兰。

——中国裁判文书网。

392. 被告否认原告所提供书证中签字真实性的，法院应将举证责任分配给哪一方

关键词

连带保证人　担保书　举证责任　司法鉴定

最高人民法院裁判文书

王强与中恒国际租赁有限公司、王广豹、贺娟融资租赁合同纠纷案［最高人民法院（2019）最高法民申5849号民事裁定书］

裁判要旨：债权人请求法院判令连带保证人对债务承担连带清偿责任，提交了由该连带保证人签名的担保书，已完成了初步证明责任；保证人否认担保书上签名的真实性，依法需要提供相应证据加以证明，必要时可通过申请司法鉴定方式予以佐证。

最高人民法院认为：本案再审审查的主要问题为：王强是否应对案涉债务承担担保责任。

《最高人民法院关于适用〈中华人民共和国民事诉讼法〉的解释》第九十条规定："当事人对自己提出的诉讼请求所依据的事实或者反驳对方诉讼请求所依据的事实，应当提供证据加以证明，但法律另有规定的除外。在作出判决前，当事人未能提供证据或者证据不足以证明其事实主张的，由负有举证证明责任的当事人承担不利的后果。"就本案而言，中恒租赁公司作为债权人请求判令王强对案涉债务承担连带清偿责任，向法院提交了王强签名的《担保书》、王强的身份证复印件，完成了自己的初步证明责任；王强否认《担保书》上"王强"签名的真实性，依法需要提供相应的证据予以证明，必要时可以通过申请司法鉴定的方式予以佐证。

基于本案已经查明的事实，在一审过程中，王强曾就此申请鉴定，但随后又撤回鉴定申请；后经一审法院释明，王强再次申请鉴定，但在法院准许后又拒不到庭选择鉴定机构，后鉴定被退回；二审中王强仍未提供证据证明案涉《担保书》上的签名非其本人所签。一、二审判决基于前述事实与民事诉讼证据规则，认定王强依法应承担相应的法律后果，并无不当。王强在《民事再审申请书》中强调"因无钱缴纳鉴定费用，不得已撤回鉴定申请"，认为一、二审法院"完全可以而且很有必要进行变通，由具有深厚经济实力的被申请人（即中恒租赁公司）缴纳鉴定费用，推进司法鉴定程序，如鉴定

结果对申请人（王强）不利，再判令申请人承担相应的不利后果”，于法无据。王强在一、二审诉讼中漠视自己的诉讼权利，推卸自己依法应承担的诉讼义务，拒不配合法院基于其申请进行的司法鉴定工作，明显有违诉讼诚信。对于王强在《民事再审申请书》中又提出“为维护王强的合法权益，愿再次申请进行司法鉴定”的请求，依照《最高人民法院关于适用〈中华人民共和国民事诉讼法〉的解释》第三百九十九条关于“审查再审申请期间，再审申请人申请人民法院委托鉴定、勘验的，人民法院不予准许”的规定，本院不予准许。

——中国裁判文书网。

393. 法律文件只有法定代表人签字而没有公司盖章情形下举证责任的承担

关键词

法定代表人　签字　公司盖章　举证责任

最高人民法院裁判文书

广东省阳江市国土资源局与阳江市练达房地产开发有限公司建设用地使用权出让合同纠纷案［最高人民法院（2016）最高法民申1236号民事裁定书］

裁判要旨：法律文件上仅有法定代表人的签字，而没有公司加盖的公章，对此，对方当事人就要举证证明法定代表人签字时是履行公司的法定代表人职务的行为，而不是法定代表人的私下行为。

最高人民法院认为，第一，关于《回购股权通知》上蓝宁的签字是否是履行保利天然公司法定代表人职务的问题。由于《回购股权通知》上仅有蓝宁的签字，而没有保利天然公司加盖的公章，因此，置信公司就要举证证明蓝宁签字时是履行保利天然公司的法定代表人职务的行为，而不是蓝宁的私下行为。置信公司的法定代表人徐强对此的陈述是，其安排人将《回购股权通知》邮寄给保利天然公司、保利天然公司再邮寄回置信公司，但均没有提供任何证据予以证明。蓝宁对此的陈述是，其签字是保利天然公司的工作人员上报后，其在《回购股权通知》上签的字。签字后，按照保利天然公司发文程序，公司应该对置信公司有回函，应该在《回购股权通知》上加盖公章。但《回购股权通知》上并没有保利天然公司加盖的公章。置信公司也没有收到保利天然公司的回函。本院认为，由于置信公司徐强的陈述和证人蓝宁关于其在《回购股权通知》上签字是代表公司行为的证言，均为孤证，没有其他任何证据予以支持，据此，置信公司徐强的陈述和证人蓝宁的证言，并不能使本院确信蓝宁的签字就是其履行保利天然公司法定代表人职务的行为，而不是蓝宁的私下行为。

本院不敢确信蓝宁在《回购股权通知》上的签字行为是代表保利天然公司的职务行为，还有以下因素支持。以下因素影响了本院的认定，但最终的因素是上段的论述，即置信公司没有完成其举证义务。

第一，选择哪种投资回报方式，是置信公司参与此次项目开发最重要的决定，是双方合作的重要部分。对于如此重要的文书，置信公司采取邮寄的方式向天然保利天然公司寄送《回购股权通知》，本院不太理解。因为这份通知涉及到 1800 万元，完全可以通过电子邮件或者置信公司派人到新疆与保利天然公司签订书面协议的方式进行。这两种方式便于保存证据，而且很难造假。如通过电子邮件发送资料时，会保存发送的时间。

第二，按照置信公司的说法，保利天然公司通过邮寄的方式将《回购股权通知》寄回给了置信公司。置信公司在看到《回购股权通知》上没有盖保利天然公司的公章时，为什么不派人到保利天然公司，要求保利天然公司加盖公章。要知道，置信公司所谓的邮寄给保利天然公司的《回购股权通知》上是加盖了置信公司的公章的（并没有置信公司法定代表人的签名）。按照徐强的说法，置信公司在收到《回购股权通知》时，知道该通知上没有加盖保利天然公司的公章，事后却不采取补救措施，且所谓收到保利天然公司寄回给置信公司《回购股权通知》这一“事实”并没有保留任何证据，本院无法理解。

第三，如《回购股权通知》为真，那徐强就应该按照该通知所载明的“本通知发出之日，我司不再是新疆天然房地产开发有限公司公司，只是该公司名义股东”，自 2011 年 9 月 15 日起，就不再参与天然房地产的管理活动。但实际上，直到 2014 年，徐强还在参与天然房地产的管理。

第四，按置信公司的说法，《回购股权通知》是 2011 年 9 月 15 日发出的，而该公司支付 4000 万元给保利天然公司的时间是 2010 年 9 月 21 日。按照《合作协议书》的约定，如果回购，年收益率是 30%。也就是说，置信公司于 2011 年 9 月 15 日发出的《回购股权通知》（请贵司自收到本通知后 10 日内向我司支付 5800 万元回购款），要求的股权回购款应当是 5200 多万元，而不应该多要近半年的收益近 600 万元。对此，本院不理解。

第五，《合作协议书》第四章投资回报方式中约定，保利天然公司应在置信公司做出选择后 10 日内付款。每逾期一天，需支付违约金 3 万元。保利天然公司提出，置信公司经历了数场诉讼，一个清楚约定明确的违约金一般会得到支持，如果违约金确实过高，对方当事人自然会申请法院酌情减少。但是从 2011 年到置信公司一审起诉时隔 5 年之久，置信公司并没有向保利天然公司主张过，也未向法院提起过诉讼，不符合常理。本院认为，保利天然公司的观点有一定道理，本院对置信公司的此行为不理解。

第六，置信公司在新疆维吾尔自治区乌鲁木齐市中级人民法院一审、新疆维吾尔自治区高级人民法院二审、向本院申请再审、本院提审、提审后开庭、开庭后第一次询问（保利天然公司申请对《回购股权通知》上的笔迹形成时间进行鉴定，这次询问是为鉴定做准备），都没有提到其手里有 2 份《回购股权通知》，直到开庭后的第二次询问（就鉴定比对材料进行质证），承办法官发现《回购股权通知》复印件与徐强提供的原件有明显不符时，徐强才说自己还有一份原件。对此，本院不能理解。

第七，蓝宁自 2012 年 5 月不再是保利天然公司的法定代表人，保利天然公司的法定代表人 2012 年 5 月之后是池城，蓝宁与保利天然公司和池城在本案诉讼之前有多起诉讼。

第八，蓝宁的签字落款时间是 2011 年 10 月 6 日。我们知道，10 月 6 日还在十一长假期间，在这个时间，按照蓝宁的说法，保利天然公司还在上班，徐强还在代表保利天然公司履行职务。对此，本院不能理解。

通过以上分析可知，置信公司的举证没有达到让本院确信蓝宁在《回购股权通知》上的签字就是其履行保利天然公司的法定代表人职务的行为，而不是蓝宁的私下行为的程度，其举证责任没有完成，故应当认定《回购股权通知》没有送达到保利天然公司，对保利天然公司不发生法律效力。既然置信公司举证证明自己选择的是第二种投资回报方式的关键证据不能达到其证明目的，那么置信公司的该主张就不能得到本院的支持。

需要强调的是，置信公司认为，只要《回购股权通知》上蓝宁的签字是真实的，签字时工商登记上记载的保利天然公司的法定代表人是蓝宁，那么即使该通知上没有加盖保利天然公司的公章，蓝宁的签字行为也是履行保利天然公司法定代表人职务的行为，保利天然公司就应当承担相应的后果，而不用考虑签字的地点、场合等等因素。本院认为，蓝宁既是自然人，同时按照置信公司的观点，其也是签字落款时间即 2011 年 10 月 6 日时保利天然公司的法定代表人，那么，置信公司必须证明蓝宁签字时是代表保利天然公司，而不是其私下签字，因为保利天然公司根本不知道有这回事。实际上，为了保证法定代表人签字时是代表公司的职务行为，在我国，在法定代表人签字的同时，往往要求公司加盖公司印章，以保证二者的统一，防止法定代表人在公司不知情的情况下代表公司做出意思表示。本案的《合作协议书》就是如此，既有法定代表人签字，又加盖有公司印章。《回购股权通知》作为履行《合作协议书》的重要方式，也应当采取同样的方式，至少要有双方公司盖章。如果缺少保利天然公司盖章，那么置信公司就有义务证明蓝宁签字的行为是代表保利天然公司的职务行为，而不是私人行为。恰恰在本案中，置信公司的举证没有达到这样的程度，其就应承担相应的不利后果。故置信公司的这一观点，本院难以认同。

本院也在此提醒我国的公司类市场主体，在签订合同时，不管是什么合同，都应当要求对方公司加盖公章。如果对方没有加盖公章，那么应当想方设法要求对方加盖，否则，宁愿相信签字人是个人行为，不能代表公司，因为这样的结果极易引发纠纷，而且在诉讼中处于很不利的地位。

——中国裁判文书网。

总 目 录

第二册目录

六、鉴 定

七、举证时限

八、证人和有专门知识的人

九、证据的质证、审核、认定

十、其　他

第五章　期间、送达

一、期　间

二、送　达

第六章　调解程序

一、诉讼调解

二、非诉调解

三、其 他

第七章 保全与先予执行

一、财产保全

二、保全救济

三、其　他

第八章　诉讼费用

第九章 第一审普通程序

一、起诉和受理

（一）起诉的条件

1. 原告与本案有直接利害关系

2. “有明确的被告”

3. 有具体的诉讼请求和事实、理由

4. 人民法院受理民事诉讼的范围

5. 不符合起诉的条件的处理

（二）一事不再理原则及重复起诉的判断标准

（三）合并审理

（四）反　诉

（五）其　他

二、第一审程序中的相关问题

第十章　简易程序和小额诉讼程序

一、简易程序

二、小额诉讼程序

三、程序转换及其他

第十一章　第二审程序中的相关问题

六、鉴　定

394. 在当事人申请鉴定时，应当对申请事项进行审查

关键词

申请鉴定　待证事实　鉴定意见　证据能力

最高人民法院司法解释

第一百二十一条　当事人申请鉴定，可以在举证期限届满前提出。申请鉴定的事项与待证事实无关联，或者对证明待证事实无意义的，人民法院不予准许。

人民法院准许当事人鉴定申请的，应当组织双方当事人协商确定具备相应资格的鉴定人。当事人协商不成的，由人民法院指定。

符合依职权调查收集证据条件的，人民法院应当依职权委托鉴定，在询问当事人的意见后，指定具备相应资格的鉴定人。

——《最高人民法院关于适用〈中华人民共和国民事诉讼法〉的解释》（2022 年 4 月 1 日修正）。

附录：最高人民法院主流观点

在当事人申请鉴定时，应当对当事人申请鉴定的事项进行审查。如果当事人申请鉴定的事项与待证事实无关联，则鉴定意见必然因欠缺证据的关联性而不具有证据能力，启动鉴定程序没有必要且会造成审判资源的浪费。申请鉴定的事项对于证明案件事实无意义的，也属于没有必要进行鉴定的情形，人民法院不应准许当事人的申请。

——最高人民法院民法典贯彻实施工作领导小组办公室编著：《最高人民法院新民事诉讼法司法解释理解与适用》，人民法院出版社 2022 年版，第 321 页。

395. 另案审理中作出的鉴定意见在本案中只宜作为一般书证

关键词

鉴定意见　书证

最高人民法院公报案例、最高人民法院裁判文书

陈呈浴与内蒙古昌宇石业有限公司合同纠纷案［最高人民法院（2014）民提字第 178 号民事判决书］

裁判摘要：当事人在案件审理中提出的人民法院另案审理中作出的鉴定意见，只宜作为一般书证，根据《中华人民共和国民事诉讼法》第七十六条[①]、第七十八条[②]的规定，鉴定意见只能在本案审理中依法申请、形成和使用。

最高人民法院认为，关于《鉴证报告》的采信及认定问题。根据再审期间本院查明的事实，原审法院采信呼市中院审理陈呈浴诉昌宇公司合作经营合同纠纷一案中委托兴益会计师事务所出具的《鉴证报告》作为认定陈呈浴实际损失的证据，存在如下问题：第一，《鉴证报告》是陈呈浴申请呼市中院委托兴益会计师事务所所作鉴证，因陈呈浴申请撤诉，呼市中院已对该案作出撤诉处理。本案原审期间，陈呈浴并未向原审人民法院提出有关损失鉴定申请，原审法院将陈呈浴提供的该《鉴证报告》作为鉴定意见予以质证和认定，违反《中华人民共和国民事诉讼法》第七十六条第一款之规定，属适用法律错误。同时，依据《中华人民共和国民事诉讼法》第七十八条之规定，鉴定意见即使为原审法院依法委托，该鉴定意见在当事人提出异议的情况下，原审法院亦应通知鉴定人出庭作证，否则不能采信为认定案件事实的证据。第二，本案《鉴证报告》属投入费用鉴证，不能作为认定投资损失事实的依据。该《鉴证报告》在内容上虽列明了陈呈浴开采期间开挖的土方量和石方量及各项费用，但并未说明开挖的石方量中有商品荒料及形成多少商品荒料，即并未包含产品产出情况。根据 2005 年 6 月，昌宇公司委托山西省地质科学研究所进行的《内蒙古和林格尔县榆树沟村花岗岩矿区普查地质报告》及 2005 年 9 月 8 日内蒙古科瑞房地产评估有限公司出具的《内蒙古和林格尔县

---

① 现为《民事诉讼法》（2021 年修正）第七十九条。

② 现为《民事诉讼法》（2021 年修正）第八十一条。

榆树沟村花岗岩矿区普查地质报告评审意见书》，均认为合作开采矿区矿体分布稳定，覆盖层或风化层较薄，裸露地表，陈呈浴所采矿区的平均图解荒料率为 25.03%。上述地质普查报告及评审意见均为采矿的基本资料，陈呈浴作为合作采矿当事人，对此应该明知，其在履行相关开采协议期间并未提出异议。对此，本院予以采信。昌宇公司主张《鉴证报告》所涉石方量中已有部分商品荒料产出，有一定可信性，且得到本院庭审查明事实的佐证，陈呈浴认为没有矿石产品产出，故意隐瞒重要案件事实，违背诚实信用的诉讼原则，对其陈述不予采信。再审期间，陈呈浴于 2014 年 7 月 20 日委托中国冶金地质总局内蒙古地质勘查院所作《内蒙古自治区和林格尔县榆树沟花岗岩矿区覆盖层调查报告》亦对矿区矿体的荒料率予以了调查，但该报告为陈呈浴单方委托，且勘测的是已经开挖的矿坑，矿体因开采已经破坏，无法予以认证，对此，本院不予采信。综上，本院认为，原审根据上述《鉴证报告》认定陈呈浴的投资损失，认定事实和适用法律均有错误，本院予以纠正。

——《最高人民法院公报》2016 年第 3 期。

396. 房地产价值评估报告超过载明的有效期，能否作为证据使用

关键词

房地产价值　评估报告

附录：司法信箱

问：我们在审判实践中遇到以下问题存在争议：在一起 A 公司诉请 B 公司解除合同纠纷案件中，涉及对案涉房产价值进行评估，我们依法委托评估机构进行了评估。评估机构于 2012 年 3 月出具评估报告，报告载明有效期为半年，截至 2012 年 9 月 30 日。目前评估报告已经超过载明的有效期，对判决能否以该评估报告为依据确定 B 公司补偿 A 公司的数额，存在两种意见。

第一种意见认为，评估报告已经明确载明有效期，超过有效期，应视为评估报告失效，不能再作为定案依据。第二种意见认为，评估报告上标注的有效期限，是针对评估标的物在该时间点现状和现值的评估，本案就是解决解除合同当时案涉房产的价值问题，与何时作出判决没有关系，因此，评估报告超过其载明的有效期，仍可以作为证据使用。请问以上哪种意见正确？

答：1999 年《国家标准房地产估价规范》第 8.0.4 条规定，估价报告应记载下列事项：……估价报告应用的有效期。该规范中还明确了估价时点的概念和原则。所谓估价时点是估价结果对应的日期。估价时点原则要求估价结

果应是估价对象在估价时点的客观合理价格。因此，对于评估报告来说，更重要的是估价时点，而不是评估报告有效期。

房地产评估一般是针对评估标的物的现状和现值的评估，对于建筑物、土地等，由于时间经过导致的折旧、市场价格波动等，必定会影响其评估值，因此，对于评估报告尤其是评估现值的报告来说，以估价时点为依据确定一个有效期限体现了评估报告本身的科学性。但从诉讼程序中证据采信的角度看，该有效期并无实质意义。只要评估报告的估价时点在案件所需要的时点，其评估结论就可以作为证据使用。

该案是解除合同纠纷，法院要确定的是解除合同当时案涉房产的现值，因此，如果评估报告的估价时点为本案解除合同之时，评估结论就可以作为证据使用。综上，我们认为你们的第二种意见是正确的。

——《人民司法·应用》2013 年第 3 期（总第 662 期）。

397. 鉴定的启动不是以当事人提出为前提，而是以法官查明事实的需要为前提

关键词

鉴定启动　鉴定申请权

最高人民法院司法解释

第三十条　人民法院在审理案件过程中认为待证事实需要通过鉴定意见证明的，应当向当事人释明，并指定提出鉴定申请的期间。

符合《最高人民法院关于适用〈中华人民共和国民事诉讼法〉的解释》第九十六条第一款规定情形的，人民法院应当依职权委托鉴定。

——《最高人民法院关于民事诉讼证据的若干规定》（2019 年 12 月 25 日，法释〔2019〕19 号）。

附录：最高人民法院主流观点

是否启动鉴定，本质上必须是法官在案件审理过程中对相关专门性问题缺乏判断认定能力的情况下，才会决定通过委托相关鉴定机构通过科学的方法和手段来查明该专门性问题的相关事实。司法鉴定为法院的辅助机关，法官因不具有特别知识而不能知晓的事项，须有专家补其不足，以达到正确判

断之目的。[1]因此，鉴定不是以当事人提出为前提，恰恰是以法官查明事实的需要为前提。为防止鉴定启动的随意性，我们有必要通过设定具体的鉴定申请审查标准，明确鉴定的范围，既要避免当事人滥用鉴定申请权的情形发生，也要避免发生不当剥夺当事人通过鉴定进行举证的基本诉讼权利，更要避免鉴定意见作出后并无法证明相关待证事实的尴尬局面。因此，在实践中应当着重审查以下几个方面：

（1）当事人申请鉴定的事项是否与案件有待查明的事实具有关联性，即该需要通过鉴定方能证明的待证事实是否为案件审理所必须查明的基本事实，或者是否会影响案件的审理程序合法性。实践中，经常会有法人否定相关文书中加盖的印章为其所使用的公章，并提出申请，要求对文书所盖公章与其的备案公章进行比对。殊不知，该印章是否为该法人所有并使用与其备案的公章并非同一概念，一些企业为方便开展业务或者出于其他目的，往往刻制有未经备案的多枚公章，如果法院轻易同意鉴定，则相关鉴定意见作出后是否采信，如不采信又如何解释之前同意启动鉴定的决定，导致案件审理陷入被动，甚至落入异议方特别挖掘的“陷阱”之中。因此，当当事人申请司法鉴定时，法官的第一要务必须是仔细分析鉴定事项与待证事实的关联性问题，如果鉴定事项与待证事实系一一对应关系，则启动鉴定的价值较大，如果鉴定意见仅能为待证事实提供一种可能性论证且无法排除其他可能的，则必须结合案件已经查明的事实和现有证据仔细考虑启动鉴定的意义后再行决定是否准许。

（2）是否必须要通过特殊技术手段或者专门方法才能确定相应的专门性问题，是否已经通过一般的举证、质证手段或者现有证据确实对相关专门性问题无法查明。实践中，一些当事人经常会通过启动鉴定来实现人为混淆视听、拖延诉讼进程或者其他不当的目的。对此，必须要对待证事实查明的方式进行考察，如果发现常规的方式完全可以查明的，则对当事人相关司法鉴定的申请不应予以准许。

（3）对于待鉴定的专门性问题，是否有较为权威的鉴定方法和相应有资质的鉴定机构，是否有明确充分的鉴定材料。实践中经常会遇到一些棘手的专门性问题不在司法鉴定的范围之列，亦无相对应的有资质等级的鉴定机构可供委托，此外，如果鉴定材料不明确不充分的情况下，即便启动鉴定，鉴定人亦无法根据现有条件作出鉴定。

（4）在启动鉴定之前是否已经充分听取了双方当事人的意见。启动鉴定是当事人向人民法院申请查明案件待证事实的重要诉讼权利之一，因此，听

① ［日］三月章：《日本民事诉讼法》，汪一凡译，台湾地区五南图书出版公司1997年版，第466页。

取当事人特别是对方当事人的意见可以有效地防止法官在审查时先入为主或者考虑不周的情形发生。因此，当遇到一些较难把握的鉴定申请或者是否应当依职权启动鉴定的情况时，通过征求当事人对启动鉴定的意见，必要时组织双方当事人进行辩论，无疑将为法官明察秋毫，作出正确选择提供有力的程序保障。

——最高人民法院民事审判第一庭编著:《最高人民法院新民事诉讼证据规定理解与适用》，人民法院出版社 2020 年版，第 314~316 页。

398. 当事人对鉴定意见提出异议，法院未通知鉴定人出庭作证，违反法定程序剥夺当事人辩论权

关键词

鉴定人　鉴定意见　出庭作证

最高人民法院审判业务意见（第二巡回法庭法官会议纪要）

民事诉讼法规定了鉴定人出庭制度，根据《民事诉讼法》第 78 条规定，鉴定人出庭作证的情形有两种，一是当事人对鉴定意见有异议，二是人民法院认为有必要。本案中双方当事人均对鉴定意见提出书面异议，法院未通知鉴定人出庭作证，鉴定人未出庭陈述鉴定意见，亦未接受当事人的质询和询问。在鉴定人未出庭作证的情况下，当事人作为非专业人士难以对鉴定意见进行充分质证，人民法院未履行通知鉴定人出庭作证的义务，违反法定程序剥夺了当事人的辩论权。本案中，法院对鉴定人出具的鉴定异议回复意见未组织双方当事人质证，亦符合《民事诉讼法》第 200 条第（4）项规定的情形，但主要证据未经质证，实质上亦是剥夺了当事人的辩论权。

附：案情简介

甲公司中标乙公司装饰装修工程，双方签订《建筑装饰工程施工合同》。后因工程款结算问题发生争议，诉至法院。在审理过程中，甲公司申请对工程造价进行司法鉴定。法院委托丙咨询公司进行鉴定并出具鉴定意见后，分别向双方当事人送交了鉴定意见，双方当事人亦向法庭提交了书面异议。庭审时，法院未通知鉴定人丙咨询公司出庭作证。后丙咨询公司针对双方对鉴定意见的异议分别作出书面回复。法院未再次开庭对鉴定异议回复意见进行质证，根据双方合同约定、鉴定意见及鉴定异议回复意见，判决乙公司支付甲公司欠付工程款。乙公司申请再审称，鉴定人未出庭作证，法院即作出判决，违反法定程序，剥夺了其辩论权利。

——《鉴定人未出庭作证是否违反法定程序》，载贺小荣主编：《最高人民法院第二巡回法庭法官会议纪要》（第一辑），人民法院出版社 2019 年版，第 235~237 页。

399. 鉴定费交纳的具体适用

关键词

鉴定费交纳　鉴定费负担　司法求助

最高人民法院司法解释

第八条　当事人依法申请对医疗损害责任纠纷中的专门性问题进行鉴定的，人民法院应予准许。

当事人未申请鉴定，人民法院对前款规定的专门性问题认为需要鉴定的，应当依职权委托鉴定。

——《最高人民法院关于审理医疗损害责任纠纷案件适用法律若干问题的解释》（2020 年 12 月 29 日修正）。

附录：最高人民法院主流观点

（一）关于鉴定费的交纳

通常情况下应当适用“谁申请、谁预交”的规则。《诉讼费用交纳办法》第二十条规定：“案件受理费由原告、有独立请求权的第三人、上诉人预交。被告提起反诉，依照本办法规定需要交纳案件受理费的，由被告预交。追索劳动报酬的案件可以不预交案件受理费。申请费由申请人预交。”但是，本办法第十条第（一）项、第（六）项规定的申请费不由申请人预交，执行申请费执行后交纳，破产申请费清算后交纳。同时，其第十二条第一款规定：“诉讼过程中因鉴定、公告、勘验、翻译、评估、拍卖、变卖、仓储、保管、运输、船舶监管等发生的依法应当由当事人负担的费用，人民法院根据谁主张、谁负担的原则，决定由当事人直接支付给有关机构或者单位，人民法院不得代收代付。”概言之，鉴定费的交纳，应当按照谁主张、谁负担的原则处理，这与一般的诉讼费交纳规则一样，但需要注意的是对于鉴定费的交纳，是由当事人直接支付给有关机构或者单位，人民法院不得代收代付。

（二）关于鉴定费的负担

依据《诉讼费用交纳办法》第二十九条的规定：“诉讼费用由败诉方负担，胜诉方自愿承担的除外。部分胜诉、部分败诉的，人民法院根据案件的具体情况决定当事人各自负担的诉讼费用数额。共同诉讼当事人败诉的，人民法院根据其对诉讼标的的利害关系，决定当事人各自负担的诉讼费用数额。”鉴定费的负担也应按照这一规则处理，即由败诉方承担，这也是目前实务中所普遍遵循的规则。

（三）关于当事人确实困难的情形如何救济的问题

对此，从人民法院工作角度，应当按照《中央政法委、财政部、最高人民法院、最高人民检察院、公安部、司法部关于建立完善国家司法救助制度的意见（试行）》（中政委〔2014〕3号）、《最高人民法院关于加强和规范人民法院国家司法救助工作的意见》（法发〔2016〕16号）、《最高人民法院关于对经济确有困难的当事人提供司法救助的规定》（法发〔2005〕6号）等有关政策文件精神来进行司法救助。

在此需要注意的是，这里的救助内容是诉讼费用的缓、减、免（《最高人民法院关于对经济确有困难的当事人提供司法救助的规定》的规定）和提供救助金（《最高人民法院关于加强和规范人民法院国家司法救助工作的意见》的规定），但按照《诉讼费用交纳办法》第六条的规定，“当事人应当向人民法院交纳的诉讼费用包括：（一）案件受理费；（二）申请费；（三）证人、鉴定人、翻译人员、理算人员在人民法院指定日期出庭发生的交通费、住宿费、生活费和误工补贴。”也就是说，有关诉讼费用的缓减免并不包括鉴定费本身。至于人民法院垫付鉴定费规定的适用问题，涉及对确有困难的认定问题。对此，有必要参照上述政策文件的规定，予以认定，比如《最高人民法院关于加强和规范人民法院国家司法救助工作的意见》第十条规定：“救助申请人生活困难证明，主要是指救助申请人户籍所在地或者经常居住地村（居）民委员会或者所在单位出具的有关救助申请人的家庭人口、劳动能力、就业状况、家庭收入等情况的证明。”第三条对于当事人经济困难的情形也作了明确规定。《最高人民法院关于对经济确有困难的当事人提供司法救助的规定》第三条也对申请司法救助的情形作了规定。医疗损害责任纠纷中当事人确有困难的情形可以参照上述规定内容予以确定，对于不符合确有困难要求情形的，则不应适用鉴定费垫付规则。垫付的鉴定费最终负担也应该按照败诉方承担的原则予以确定，如果是确有困难一方当事人承担的鉴定费，则有必要通过探索参照适用诉讼费用减免缓的规则，以彰显司法的人文关怀，而且鉴定费本身毕竟也是《诉讼费用交纳办法》规定的当事人需要交纳的一种费用类型。

——杜万华主编：《最高人民法院医疗损害责任司法解释理解与适用》，人民法院出版社2018年版，第173~174页。

400. 当事人提交鉴定材料及对鉴定材料进行质证

关键词

鉴定材料 质证 委托鉴定 医疗损害鉴定

最高人民法院司法解释

第十条 委托医疗损害鉴定的，当事人应当按照要求提交真实、完整、充分的鉴定材料。提交的鉴定材料不符合要求的，人民法院应当通知当事人更换或者补充相应材料。

在委托鉴定前，人民法院应当组织当事人对鉴定材料进行质证。

——《最高人民法院关于审理医疗损害责任纠纷案件适用法律若干问题的解释》(2017 年 12 月 13 日，法释〔2017〕20 号)。

附录：最高人民法院主流观点

医疗损害责任纠纷案件中涉及的问题往往专业性很强，法官很难作出直接判断，其中的专门性问题一般都要委托鉴定，而鉴定意见往往在案件审理中发挥着举足轻重的作用。由于鉴定意见所涉鉴定事项的复杂性，所需的鉴定材料也多种多样。其中部分鉴定材料容易灭失，或容易被篡改，如诊疗过程中形成的病历以及造成患者人身损害的相关物品，这些证据都存在易灭失和容易被篡改的特性，诊疗所使用的药品或医疗器械在医院随处可见，因其通用性和相似性极有可能被替换，血液和配药等证物可能因时间原因无法保留，还存在病人的实时诊疗情况无法复原甚至患者已死亡等情况。医疗机构对医疗业务的垄断又导致患方获取证据的难度较大，目前紧张的医患关系，又导致医患双方互相之间的信任度都极低，相关鉴定材料的保管、封存是令人关注的重要问题。因此，在发生医疗纠纷之初，即进行证据的固定和保全，有助于医疗损害鉴定的顺利进行，对解决医疗损害责任纠纷具有十分重要的意义。①

病历是医疗损害鉴定的基础，是鉴定材料的核心。医疗损害鉴定的事后性，也决定了鉴定人只能通过病历等鉴定材料还原诊疗过程。病历虽然不能反映诊疗的全貌，但在诉讼中作为证据所固定的事实成为判断整个诊疗活动的核心。因此，将诊疗整个过程尽可能记录在病历中，尽量反映诊疗真实过

① 车玉函:《试论我国医疗纠纷证据保全若干问题和司法鉴定体制的完善》，载《法制与社会》2013 年第 1 期。

程，严格按照诊疗规范操作，将对患者存在损害风险的诊疗行为尽可能详尽的告知，才能有效降低医疗纠纷，保护患者的安全。另外，诊疗活动之后对病历等相关材料的严格规范保管和封存，也是减少医患之间的不信任感，及时有效解决矛盾纠纷的关键。实践中应不断完善《医疗机构病历管理规定》《病历书写基本规范》等相关规定，加强病历资料等管理，为将来可能发生纠纷时的医疗损害鉴定提供良好法律依据，这也有助于减少不必要的争议，及时有效地化解医患矛盾纠纷。

——杜万华主编：《最高人民法院医疗损害责任司法解释理解与适用》，人民法院出版社 2018 年版，第 206~207 页。

401. 当事人申请鉴定超期如何处理

关键词

鉴定申请　鉴定超期　举证期限

最高人民法院司法解释

第三十五条　鉴定人应当在人民法院确定的期限内完成鉴定，并提交鉴定书。

鉴定人无正当理由未按期提交鉴定书的，当事人可以申请人民法院另行委托鉴定人进行鉴定。人民法院准许的，原鉴定人已经收取的鉴定费用应当退还；拒不退还的，依照本规定第八十一条第二款的规定处理。

——《最高人民法院关于民事诉讼证据的若干规定》（2019 年 12 月 25 日，法释〔2019〕19 号）。

附录：最高人民法院主流观点

其一，严格限定当事人提起司法鉴定的期间。当事人就查明事实的专门性问题向法院申请鉴定的，一般应当在举证期限内提出，除非存在当事人提供反驳证据或者对已经提供的证据的来源、形式等方面瑕疵进行补正的特殊情形。此外，法官认为待证事实需要通过司法鉴定证明的，应当及时向当事人释明，并指定提出申请鉴定的期间。对于当事人在二审或者申请再审过程中才提起的鉴定申请，人民法院应当着重审查该鉴定事项在原审时已经作为认定案件事实的争议焦点、当事人未提出鉴定申请的具体事由（包括是否在原审时已经尽到举证责任）、鉴定事项是否为案件主要争议的事实、现有证据是否表明确有启动司法鉴定的必要等，对于不具备上述条件的，对鉴定申请可不予准许。

——杜万华主编：《〈第八次全国法院民事商事审判工作会议（民事部分）纪要〉理解与适用》，人民法院出版社 2017 年版，第 529~530 页。

实践中值得注意的问题是，鉴定超期虽然被视为影响审判效率的顽疾。然而，鉴定超期的原因往往十分复杂，一般集中反映了法官、当事人与鉴定机构及其鉴定人三方的问题。一是实践中法官通过启动鉴定而中断案件的审理，"以鉴止审"，变相通过人为延长鉴定期限来延缓案件的审理周期；二是法官、当事人及鉴定人就鉴定的事项、鉴定意见的要求以及鉴定材料的确定难以达成一致，来回往复的沟通与补充也是导致鉴定时间延长的重要因素，一些当事人诉讼准备活动不到位、怠于行使权利、消极应诉、"挤牙膏"式地提供相应证据，也使得鉴定人在搜集鉴定材料的周期不断拖延；三是鉴定人对当事人拒绝、推迟或消极提供鉴定材料及预交鉴定费用的行为缺乏制约手段，与案件主审法官沟通不畅，两者未能对相关当事人形成实质上的有效引导，导致鉴定周期拉长。因此，法官在适用本条过程中需要注意以下几个方面：

1. 人民法院在委托鉴定时应当根据鉴定事项的难度、鉴定材料的准备等情况，由相关案件的主审法官、法院管理鉴定委托事务工作的职能部门在征询受托的鉴定人意见之后，确定合理的鉴定期限。防止因鉴定期限设定的不科学，而导致鉴定人无法在预定的鉴定期限内完成鉴定事项。

2. 对于鉴定费用的催交、鉴定材料的补充以及新的鉴定项目的增补等影响鉴定周期的行为，应当纳入案件的审判流程管理之中，首先应当报由案件的主审法官指定相应的期间，相应义务人如不在指定期间内完成相关行为的，以视为放弃相关诉讼权利论处；其次由法院管理鉴定委托事务工作的职能部门在法官确定的期间内对相关行为的影响作出评估，并将相应时间在鉴定期限内扣减。

3. 对于鉴定过程中发现鉴定事项涉及复杂、疑难、特殊技术问题或者鉴定过程需要较长时间的，因可能导致鉴定人无法在原定期限内完成鉴定任务，故鉴定人应当及时通知委托的人民法院，由法院询问当事人意见后确定是否对鉴定期限作出调整。

4. 鉴定人未按期提交鉴定书的，委托的人民法院应当审查鉴定人是否存在正当理由。如无正当理由且当事人申请另行委托鉴定人进行鉴定的，人民法院一般应当予以准许。但由于另行委托将浪费大量的时间，应当慎重，必要时可以听取未申请另行委托当事人一方的意见以及鉴定人的申辩之后再行决定。

——最高人民法院民事审判第一庭编著：《最高人民法院新民事诉讼证据规定理解与适用》，人民法院出版社 2020 年版，第 358~360 页。

402. 当事人在二审或者再审中申请鉴定是否准许

关键词

重新鉴定　鉴定意见　鉴定申请

最高人民法院司法解释

第四十条　当事人申请重新鉴定，存在下列情形之一的，人民法院应当准许：

（一）鉴定人不具备相应资格的；

（二）鉴定程序严重违法的；

（三）鉴定意见明显依据不足的；

（四）鉴定意见不能作为证据使用的其他情形。

存在前款第一项至第三项情形的，鉴定人已经收取的鉴定费用应当退还。拒不退还的，依照本规定第八十一条第二款的规定处理。

对鉴定意见的瑕疵，可以通过补正、补充鉴定或者补充质证、重新质证等方法解决的，人民法院不予准许重新鉴定的申请。

重新鉴定的，原鉴定意见不得作为认定案件事实的根据。

——《最高人民法院关于民事诉讼证据的若干规定》（2019 年 12 月 25 日，法释〔2019〕19 号）。

附录：最高人民法院主流观点

在案件进入二审或者再审程序的情况下，对于是否应当启动鉴定方式查明相关事实，法官除了审查该鉴定申请是否与查明案件基本事实有关以及该相关问题是否为必须鉴定才能作出判断等条件外，还需要增加审查一个重要事项，即：原审法院是否就相关待查明事实需要鉴定的问题向当事人作过释明。如果原审法院就相关专门性问题的查明予以了充分关注，并对负有申请责任的举证责任一方当事人作过释明，但该当事人经过释明后仍明确放弃司法鉴定或者未按照要求预交鉴定费用，此时，就需要对当事人放弃鉴定是否有正当理由作专门的询问和审查。我们认为，如果当事人无正当理由未按照原审法院的在指定的期间内申请鉴定，或者申请后未按照要求预交鉴定费用，则可以推定该当事人对相关待证事实的举证权利作了处分，一般可以不再对当事人在二审或者再审中提出的鉴定申请予以准许。

当然，人民法院在二审或者再审中对于相关专门性问题的查明也有例外，比较常见的就是不通过鉴定的方式，凭当事人提供的其他证据也能够证明相关专门性问题。此时，对原审法院以未鉴定为由对涉专门性问题的相关事实不予认定的结论就应当重新审查，并根据现有证据对相关事实依法作出认定。对于当事人在二审或者再审中提交的新的证据，且该证据足以引起与案件基本事实有关的相关专门性问题的认定发生变化的，此时，就需要对该专门性问题客观上是否需要通过鉴定方式来重新审查认定应当专门作出评估，符合鉴定启动条件的，应当予以准许。对于当事人逾期举证的问题，则按照《民事诉讼法》第六十五条[①]的规定进行处理。

此外，根据《民事诉讼法解释》第三百九十九条的规定，审查再审申请期间，再审申请人申请法院委托鉴定的，法院不予准许。但对于当事人自行委托有鉴定资质的鉴定人出具的单方鉴定材料，人民法院可以结合案件的具体情况，决定是否进入再审。

——最高人民法院民事审判第一庭编著：《最高人民法院新民事诉讼证据规定理解与适用》，人民法院出版社2020年版，第394~395页。

403. 财产保全裁定执行中，单方委托鉴定机构出具的鉴定意见的价值

关键词

财产保全裁定　鉴定意见　查封、扣押、冻结财产　委托鉴定

最高人民法院公报案例、最高人民法院裁判文书

熊道海与重庆建安建设（集团）有限公司、贵州建安房地产开发有限公司建设工程施工合同纠纷诉讼财产保全裁定执行案［最高人民法院（2017）最高法执复14号执行裁定书］

裁判摘要：为确定查封、扣押、冻结财产的价值数额，目前法律、司法解释并无明确规定双方是否需共同委托或由人民法院指定的司法鉴定机构来进行评估。单方委托有资质的鉴定机构出具的鉴定意见（评估报告），可作为执行法院认定保全标的物价值的参考依据，并作为执行法院认定是否构成超标的查封、扣押、冻结的判断基准。

最高人民法院认为：本案争议焦点是，诉讼财产保全裁定执行中是否存

① 现为《民事诉讼法》（2021年修正）第六十八条。

在超标的查封情形，是否可以根据 ×× 单方提交的评估报告予以认定。

根据《中华人民共和国民事诉讼法》第一百零二条[①]的规定，诉讼财产保全限于请求的范围，或者与本案有关的财物。本案属诉讼财产保全裁定的执行，查封、扣押、冻结担保人贵州建安公司财产，一般应以诉讼财产保全裁定确定的财产价值为限。因此，在青海高院（2014）青民一初字第 17 – 1 号民事裁定中明确本案保全价值为 2600 万元的情况下，青海高院执行过程中，查封贵州建安公司提供担保的房产数量或范围的总价值不得明显超过保全价值 2600 万元。如果超过，青海高院应根据被执行人的申请，及时解除对超标的额部分财产的查封、冻结。

对于诉讼财产保全裁定执行中，确定查封、冻结财产的价值数额问题，是否需双方共同委托或由人民法院指定的司法鉴定机构来进行评估，目前法律、司法解释并无明确规定。因此，当事人自行委托有资质的司法鉴定机构对案涉房产价格进行评估，并将鉴定意见用于佐证其主张，执行法院经审查予以采纳并认定超额查封的，并不违反法律规定。

本案中，贵州建安公司提供的案涉查封房产评估报告显示，145 套查封房产总价为 5543.92 万元，远超本案诉讼财产保全裁定确定的财产保全价值。《最高人民法院关于民事诉讼证据的若干规定》第七十六条规定："当事人对自己的主张，只有本人陈述而不能提出其他相关证据的，其主张不予支持。但对方当事人认可的除外。"复议申请人熊道海虽不认可鉴定机构的鉴定意见，主张评估价格明显过高，但却未提供任何证据证明其主张。因此，其有关案涉房产评估价格明显过高的主张，本院不予支持。此外，青海高院（2016）青执异 14 号执行裁定中对于超标的查封的部分房产具体房号未予明确，尚不足以得出该裁定不具备生效条件的结论。根据司法实践作法，该院应在向贵州省金沙县房地产管理局发出的协助执行通知书中，逐一予以明确。

——中国裁判文书网。

福建聚宏房地产开发有限公司金融借款合同纠纷执行审查案［最高人民法院（2017）最高法执监 437 号执行裁定书］

裁判要旨：被执行人单方委托有资质的鉴定机构依据正当程序作出的评估报告可以作为执行法院认定保全标的物价值的参考依据。

最高人民法院认为：本案的争议焦点为：本案是否存在超保全标的查封、冻结问题。

① 现为《民事诉讼法》（2021 年修正）第一百零五条。

根据《中华人民共和国民事诉讼法》第一百零二条“保全限于请求的范围，或者与本案有关的财物”之规定，人民法院在作出财产保全裁定时应限于申请人请求的范围或者与案件有关的财物。关于保全裁定作出后应如何具体办理的问题，《最高人民法院关于适用〈中华人民共和国民事诉讼法〉的解释》第一百五十六条作了专门规定，即“人民法院采取财产保全的方法和措施，依照执行程序相关规定办理”。而《查封规定》第二十一条第一款规定：“查封、扣押、冻结被执行人的财产，以其价额足以清偿法律文书确定的债权额及执行费用为限，不得明显超标的额查封、扣押、冻结”。据此，人民法院在依据财产保全裁定采取具体的查封、扣押、冻结措施时，不得明显超出申请保全的标的，以维护被保全人的合法权益。而判断是否存在明显超保全标的查封、扣押或冻结情形，关键是要对被查封、扣押或冻结的财产价值作客观合理的估定，而后才能与保全标的进行比较。具体到本案，则需要对漳州中院查封的聚源广场530套在建房产价值、聚宏公司名下聚源东岸143套房产价值，以及冻结的聚宏公司、聚源公司、黄腾灿、余世昌、吴厦妹、罗增铨、陈智北名下的银行存款数额等作出客观合理之估定或确认。

关于聚源广场530套在建房产的价值。聚宏公司单方委托福建均恒房地产评估有限公司出具了评估报告，该评估公司是具有相应资质的评估公司，其依正当程序作出的评估报告可以作为执行法院认定保全标的物价值的参考依据。但是该评估报告明确其评估目的是为确定该房地产的公开市场价值，同时声明估价结果未将拖欠工程款、已抵押担保债权数额扣除，且没有考虑快速变现、交易税费等特殊交易因素对房地产价值的影响。而聚源广场在建工程的实际现状为：工程整体尚未竣工、前期工程款尚未与建设施工单位决算（聚宏公司法定代表人向法院自述中对此亦予认可）、后续工程建设还需投入约1200万元建设资金。此外，聚宏公司未经抵押权人兴业银行漳州分行同意，自行将47套房产对外销售并收取购房款1392.0899万元。鉴于存在上述工程欠款、工程未完工仍需后续建设资金、部分房产已实际出售等价值瑕疵，以及在建工程司法处置变现过程中可能需要对其整体拍卖、存在相关交易税费、确定拍卖保留价时可依法下浮一定比例等因素，漳州中院最终以案涉评估报告确定的市场价格为基础，参考银行对不动产抵押物变现价值的折价率，结合网络司法拍卖规定最低保留价的下浮比例，折中估算出该530套在建房产的总体价值，并在扣除已知税费及已对外销售房产价值后，估定聚源广场在建工程变现后可用于清偿债务的价值约为1.154316亿元，并无明显不当。聚宏公司提出的应当直接依据案涉评估报告来确定聚源广场530套在建房产价值的申诉理由，与在建房产的实际价值情况不符，不能成立，本院不予支持。

而关于聚源公司名下聚源东岸143套房产的价值，根据漳浦县房管局向该院提供的聚源东岸房产备案登记价格估算，约为 2484 万元；关于漳州中院冻结的聚宏公司、聚源公司、黄腾灿、余世昌、吴厦妹、罗增铨、陈智北名下的银行存款数额，累计有 8 万余元。当事人对于该两项查封、冻结财产的价值并无争议，本院亦予认可。

将上述三项查封、冻结的财产价值相加，结果为 1.4035 亿元，与兴业银行漳州分行申请诉讼保全的标的金额 1.4 亿元基本相当，并不存在明显超标的查封、冻结情形。聚宏公司、聚源公司以超保全标的查封为由，请求解除对聚源广场部分房产、聚源东岸全部房产的查封，以及解除对聚宏公司、聚源公司、黄腾灿、余世昌、吴厦妹、罗增铨、陈智北名下银行存款的冻结，缺乏法律和事实根据，不能成立。

——中国裁判文书网。

404. 一方当事人提出鉴定申请而对方不同意的，法院可启动鉴定程序

关键词

鉴定申请　鉴定程序

最高人民法院裁判文书

江西蓝翔重工有限公司与江西鑫通机械制造有限公司、冀中能源峰峰集团邯郸宝峰矿业有限公司、冀中能源峰峰集团邯郸宝峰矿业有限公司九龙矿侵害实用新型专利权纠纷案［最高人民法院（2020）最高法知民终 624 号民事判决书］

裁判要旨：当事人未申请鉴定，人民法院对专门性问题认为需要鉴定的，应当委托具备资格的鉴定人进行鉴定。按照“举重以明轻”的法律解释原则，在当事人不申请鉴定的情况下，人民法院尚可以根据案件审理需要依职权启动鉴定程序，则对于一方当事人提出鉴定申请，仅是另一方当事人不同意鉴定的情形，更不存在鉴定程序无法启动之理。

最高人民法院认为：（二）关于原审法院以蓝翔公司不同意鉴定为由认为蓝翔公司应承担举证不能的法律后果，进而驳回蓝翔公司的诉讼请求，该处理是否妥当的问题

此争议焦点问题可以进一步细分为两个问题：1. 原审法院以蓝翔公司不

同意鉴定为由即决定终止鉴定程序，是否妥当；2. 原审法院以蓝翔公司不同意鉴定为由认定蓝翔公司应承担举证不能的法律后果，是否正确。对此，本院逐一评述如下：

第一，原审法院以蓝翔公司不同意鉴定为由即决定终止鉴定程序，有失妥当。理由为：首先，根据民事诉讼法第七十六条第一款前半段的规定，当事人可以就查明事实的专门性问题向人民法院申请鉴定。本案中，作为被诉侵权方的鑫通公司于原审庭审当天即向原审法院提交了对被诉侵权产品与涉案专利权利要求 1 的技术特征是否构成相同或等同的书面鉴定申请。鑫通公司申请鉴定的事项与本案待查明的技术事实相关，不违反民事诉讼法关于当事人申请鉴定事项的规定。其次，本案各方当事人于原审当庭围绕涉案专利权利要求 1 记载的技术特征，并结合第 256 号公证书所记载的被诉侵权产品照片，分别发表了比对意见。根据原审庭审比对情况，至少可以确认被诉侵权产品的锁紧机构和液压马达机件设置及运行方式在公证书照片中无法被完整清楚地展示，而各方针对被诉侵权产品是否具备涉案专利权利要求 1 记载的“锁紧机构”“液压马达”等技术特征存在明显分歧。由于原审法院以“证据保全已无事实上的必要”为由当庭驳回蓝翔公司的证据保全申请，庭后又以“被诉侵权产品已被安装在机井内，且与其他大型机械设备配合运转，审判人员已不具备现场勘验的专业条件”为由不支持蓝翔公司的现场勘验申请。由此进一步凸显了通过鉴定方式查明被诉侵权产品是否具备相关争议技术特征这一关键待证事实的必要性。最后，根据民事诉讼法第七十六条第一款①后半段的规定，当事人申请鉴定的，由双方当事人协商确定具备资格的鉴定人；协商不成的，由人民法院指定。依法委托专门鉴定部门对被诉侵权产品进行鉴定。前述规定中的“协商不成”，应当理解为既包括“当事人均同意鉴定，仅对鉴定部门无法协商一致”的情形，还包括“一方当事人申请鉴定，另一方当事人不同意鉴定，导致协商不能”的情形。对于后一种情形，仍然可以由人民法院指定有资质的鉴定机构对相关专门性问题进行鉴定。根据民事诉讼法第七十六条第二款②的规定，当事人未申请鉴定，人民法院对专门性问题认为需要鉴定的，应当委托具备资格的鉴定人进行鉴定。按照“举重以明轻”的法律解释原则，在当事人不申请鉴定的情况下，人民法院尚可以根据案件审理需要依职权启动鉴定程序，则对于一方当事人提出鉴定申请，仅是另一方当事人不同意鉴定的情形，更不存在鉴定程序无法启动之理。事实上，针对蓝翔公司不同意启动鉴定的书面理由，原审法院亦在原审判决中明确回应称，“如启动鉴定程序，对于鉴定过程中发现被诉侵权产品与公证书照片不一

① 现为《民事诉讼法》（2021 年修正）第七十九条第一款。

② 现为《民事诉讼法》（2021 年修正）第七十九条第二款。

致的机件，鑫通公司如不能进行合理解答和提供相关证据，则可以认定为鑫通公司避责更换，从而推定更换机件落入涉案专利权的保护范围。”可见，原审法院并不认为蓝翔公司不同意鉴定的理由具有实质说服力。因此，原审法院最终以蓝翔公司不同意鉴定为由决定终止鉴定，处理难谓妥当。

第二，原审法院以蓝翔公司不同意鉴定为由认定蓝翔公司应承担举证不能的法律后果，难谓正确。理由为：根据民事诉讼证据规定第三十一条第二款的规定，对需要鉴定的待证事实负有举证责任的当事人，在人民法院指定期间内无正当理由不提出鉴定申请或者不预交鉴定费用，或者拒不提供相关材料，致使待证事实无法查明的，应当承担举证不能的法律后果。根据上述规定可知，当事人承担举证不能的法律后果须满足如下构成要件：1. 主体要件：当事人对需要鉴定的待证事实负有举证责任；2. 行为要件：当事人在人民法院指定期间内无正当理由不提出鉴定申请、不预交鉴定费用，或者不提供相关材料；3. 后果要件：致使待证事实无法查明。本案的事实是：被诉侵权人鑫通公司向原审法院提出技术特征比对的鉴定申请，涉案专利权人蓝翔公司则向原审法院明确表示不同意鉴定。可见，本案的情形不符合上述规定构成要件。前已述及，原审法院以蓝翔公司不同意鉴定为由即决定终止鉴定的处理，并不妥当。在本案公证书中的附件照片内容无法清楚完整展示被诉侵权产品的相关争议技术特征、一方当事人鑫通公司已明确提出鉴定申请、原审法院对蓝翔公司提出的对被诉侵权产品进行现场勘验的申请不予支持的情况下，基于审慎稳妥查明案件相关技术事实起见，原审法院根据鑫通公司的鉴定申请，启动鉴定程序是必要的。从在案事实来看，鑫通公司提出鉴定申请后并不存在“拒绝预交鉴定费用”或“不提供相关材料”的情形。亦即，本案并不存在鉴定程序启动后无法推进的法定事由。虽然，蓝翔公司作为涉案专利权人，其负有证明被诉侵权技术方案落入涉案专利权保护范围的举证责任。但是，在蓝翔公司已经通过公证保全手段完成初步举证、蓝翔公司请求原审法院进行证据保全及现场勘验申请均未获支持、相关争议技术特征无法通过公证书照片得到清楚完整展示、被诉侵权人鑫通公司明确申请鉴定的情况下，原审法院理应通过鉴定程序来准确查明相关技术事实。蓝翔公司基于自身诉讼策略考量不同意启动鉴定程序，并不能成为原审法院无法推进鉴定程序的障碍。如果启动鉴定程序并由鉴定部门作出相关鉴定报告，原审法院仍需要依法保障各方当事人对鉴定报告充分发表质证意见的程序权益。如果鉴定报告的结论对蓝翔公司不利，则原审法院可以在充分听取蓝翔公司对鉴定检材、鉴定程序、鉴定结论发表的质证意见的基础上，结合蓝翔公司提交的证据保全公证书记载的相关内容，作出被诉侵权技术方案是否落入涉案专利权保护范围的认定。如果鉴定报告的结论对鑫通公司不利并由原审法院经过必要的质证程序予以采信，则作为鉴定程序申请方的鑫通公司自当承受

"被诉侵权技术方案落入涉案专利权保护范围"的不利后果并自行负担鉴定费。因此，原审法院在本可以根据鑫通公司的申请继续推进鉴定程序的情况下，仅以蓝翔公司不同意鉴定为由即决定终止鉴定程序，进而认定蓝翔公司应为其不同意鉴定的行为承担举证不能的败诉后果，该处理是对民事诉讼证据规定关于鉴定事项证明责任后果规定的不当理解与适用，本院依法纠正。

——中国裁判文书网。

405. 一审未申请鉴定的当事人能否在二审提出鉴定申请

关键词

鉴定申请　举证责任　一审程序　二审程序

最高人民法院裁判文书

厦门万杰隆集团有限公司与厦门港务贸易有限公司、原审第三人中国平安财产保险股份有限公司厦门分公司质押合同纠纷案［最高人民法院（2021）最高法民申 6301 号民事裁定书］

裁判要旨：当事人对人民法院委托的鉴定部门作出的鉴定意见有异议申请重新鉴定，提出证据证明存在下列情形之一的，人民法院应予准许：（一）鉴定机构或者鉴定人员不具备相关的鉴定资格的；（二）鉴定程序严重违法的；（三）鉴定意见明显依据不足的；（四）经过质证认定不能作为证据使用的其他情形。

最高人民法院认为：一、关于鉴定的质押物是否超范围。根据原审查明的事实，万杰隆公司向港务公司提交的清单载明转移至大顺仓库的质押物有 272589 件，而 2019 年 12 月 16 日至 23 日，鑫八闽公司清点时发现物品实际数量为 273787 件。鑫八闽公司称因现场没有吊牌而信息不详的物品有两万多件，无法区分出多出的物品并确定价值，所以实际鉴定 273787 件货物。万杰隆公司称其提供的质押物均有吊牌，但并未提供证据予以证明。即使鉴定范围包括了部分非质押物，根据《最高人民法院关于适用〈中华人民共和国担保法〉若干问题的解释》第八十九条"质押合同中对质押的财产约定不明，或者约定的出质财产与实际移交的财产不一致的，以实际交付占有的财产为准"之规定，本案质押物数量应当以现场清点数量为准，鑫八闽公司现场清点的 273787 件货物均属于本案质押物的鉴定范围。关于港务公司出具的收据，因万杰隆公司未提出相反证据证明，原审法院对收据的真实性予以认可并无不当。二审法院系综合本案现有证据而非仅依据港务公司的收据认定鑫八闽公司的鉴定范围不存在问题，并无不当。

二、关于鑫八闽公司出具的鉴定报告的程序和方法是否符合规范要求。万杰隆公司提出的各项鉴定异议均已在二审质证过程中提出，鑫八闽公司亦在二审出庭接受质询并逐项作出解答，万杰隆公司再审提出的异议缺乏依据，鑫八闽公司的鉴定程序和鉴定方法均按照操作规程进行，原审法院对万杰隆公司的异议不予认可并无不当。且鑫八闽公司的鉴定报告不具有《最高人民法院关于民事诉讼证据的若干规定》第二十七条“当事人对人民法院委托的鉴定部门作出的鉴定结论有异议申请重新鉴定，提出证据证明存在下列情形之一的，人民法院应予准许：（一）鉴定机构或者鉴定人员不具备相关的鉴定资格的；（二）鉴定程序严重违法的；（三）鉴定结论明显依据不足的；（四）经过质证认定不能作为证据使用的其他情形”规定的需要重新鉴定的情形，故二审法院未予批准万杰隆公司重新鉴定的申请并无不当。

三、关于二审法院允许港务公司申请鉴定是否适用法律错误。万杰隆公司作为一审原告，诉请港务公司赔偿质押物损毁造成的损失，则应当由万杰隆公司承担举证责任，证明已损毁质押物的价值。但万杰隆公司在一审中不愿申请司法鉴定，未承担举证责任。港务公司不服一审判决提起上诉，因此负有相应的举证责任，二审法院可以重新确定举证期，由港务公司申请鉴定。且申请鉴定属于当事人应有的诉讼权利，法律并未规定一审未申请鉴定的当事人不能在二审提出鉴定申请，港务公司亦在二审规定的举证期限内提出鉴定申请，并未违反《最高人民法院关于民事诉讼证据的若干规定》第二十七条的规定。故二审法院批准港务公司的鉴定申请并无不当。

——中国裁判文书网。

406. 建设工程质量问题不能以鉴代审

关键词

建设工程质量　鉴定　以鉴代审

《中华人民共和国民法典》条文

第八百零一条　因施工人的原因致使建设工程质量不符合约定的，发包人有权请求施工人在合理期限内无偿修理或者返工、改建。经过修理或者返工、改建后，造成逾期交付的，施工人应当承担违约责任。

附录：最高人民法院主流观点

司法审判实践中，在处理涉及建设工程质量是否合格、是否符合合同约定的问题时，通常会涉及是否应对建设工程质量进行鉴定的问题。实践中有一种不正确的观点，认为建设工程质量问题属于专业问题，必须经过鉴定机构出具鉴定意见才能认定。建设工程质量问题一般可分为两种类型。一种是表面即可见的质量问题，一种是表面不可见的潜在的质量问题。对于前者，并不一定要经过鉴定才能对建设工程质量是否合格作出认定。例如，承包人完成建设工程施工后，发包人在对建设工程进行竣工验收时发现存在地下室渗水等质量问题，请求承包人进行维修，承包人就应当进行维修。再如，承包人在主体工程施工完毕后，由于发包人不能按时支付工程款，工程停工。之后，双方协议解除建设工程施工合同。由于建设工程尚未完工，发包人未进行竣工验收，但在移交未完工工程时，发包人发现墙体、屋顶存在明显裂痕，要求承包人进行修复，承包人未予修复，直接起诉请求发包人支付建设工程价款。发包人以建设工程质量不合格进行抗辩。这种情况下，就不宜再要求发包人对建设工程质量进行鉴定。发包人提供的照片、录像以及人民法院到现场勘察等方式都可以发现建设工程的质量问题。实践中，处理建设工程纠纷案件，应当避免以鉴代审的不良倾向。

实践中的以鉴代审问题主要体现在两个方面：一是凡是涉及建设工程价款或者质量问题，都要求当事人申请鉴定；二是只要鉴定机构出具了鉴定意见，就一率按鉴定意见处理，对于双方争议事项不作分析判断。鉴定机构出具的鉴定意见只是帮助法官对专业问题作出判断的参考意见。有的情况下，无需专业意见法官就可以作出判断，则不必要求当事人申请鉴定。有的情况下，是否采纳鉴定意见，采纳鉴定意见中的哪些部分，需要法院根据当事人举证、质证、辩论的情况以及鉴定人员出庭接受询问的情况作出判断。

——最高人民法院民法典贯彻实施工作领导小组主编:《中华人民共和国民法典合同编理解与适用（三）》，人民法院出版社2020年版，第2004~2005页。

407. 约定以政府审计为结算依据的案件，能否申请工程造价鉴定

关键词

建设工程施工合同　工程造价鉴定

最高人民法院司法解释

第三十三条 人民法院准许当事人的鉴定申请后，应当根据当事人申请及查明案件事实的需要，确定委托鉴定的事项、范围、鉴定期限等，并组织当事人对争议的鉴定材料进行质证。

——《最高人民法院关于审理建设工程施工合同纠纷案件适用法律问题的解释（一）》（2020年12月29日，法释〔2020〕25号）。

附录：最高人民法院主流观点

财政部门或审计部门对工程款的审核，是监控财政拨款与使用的行政措施，对民事合同当事人不具有法律约束力。但如果当事人明确约定以政府审核审计结果作为结算依据的，应尊重当事人意思自治，一方当事人又申请工程造价鉴定的，不应准许。但是如果审核审计长期没有结果致使工程无法计算，或者审核审计结果与工程实际情况不符或者与合同约定不符的，当事人可否申请造价鉴定？实践中对此存有争议。笔者认为，在审核审计长期没有结果的情形下，应当区分情况，如果查明政府部门确实无法进行审核审计的，应当允许通过司法鉴定的方式确定工程造价，解决当事人的纠纷。在审核审计结果与工程实际情况或者合同约定不符的情形下，比如，审计结果存在漏项的，或者采用了与合同约定不符的计价依据的，应当允许当事人就不符部分另行通过司法鉴定确定造价，但申请鉴定的一方当事人应当举证证明不符情形的存在。

——最高人民法院民事审判第一庭编著：《最高人民法院新建设工程施工合同司法解释（一）理解与适用》，人民法院出版社2021年版，第344页。

408. 建设工程价款结算已有结算书，发包人和承包人均同意司法鉴定的，法院或者仲裁机构是否可以启动司法鉴定程序

关键词

建设工程价款结算　结算书　发包人　承包人　司法鉴定　仲裁机构　司法鉴定程序

最高人民法院裁判文书

云南文荣建筑工程有限公司与景洪立丰房地产开发有限公司建设工程施工合同纠纷案［最高人民法院（2020）最高法民再360号民事判决书］

裁判要旨：虽然《最高人民法院关于审理建设工程施工合同纠纷案件适用法律问题的解释（二）》第十二条规定，当事人在诉讼前已经对建设工程价款结算达成协议，诉讼中一方当事人申请对工程造价进行鉴定的，人民法院不予准许。但本案中鉴定程序的启动经过了双方当事人的同意，故原审法院未采信结算书而启动鉴定程序并无不当。

最高人民法院认为：关于鉴定意见是否应被采信的问题。首先，虽然《最高人民法院关于审理建设工程施工合同纠纷案件适用法律问题的解释（二）》第十二条规定，当事人在诉讼前已经对建设工程价款结算达成协议，诉讼中一方当事人申请对工程造价进行鉴定的，人民法院不予准许。但本案中的鉴定程序的启动经过了双方当事人的同意，故原审法院未采信结算书而启动鉴定程序并无不当。其次，虽然本案三个鉴定人中，仅鉴定人黄某3具有注册造价工程师资质，其他二人均非注册造价工程师，但目前并无明确的法律法规规定司法鉴定人员数量须三人以上且全部须具备注册造价工程师资质，否则鉴定意见无效。本案是否应当重新鉴定还应根据鉴定意见是否客观真实、是否存在明显错误予以确定。本案中，文荣公司提出鉴定意见存在错漏的问题，一是未将案涉项目降排水方案计入造价，对此，鉴定机构在二审中已向法院作了回复，称系因该方案中部分工程没有详细的规格尺寸，因资料未提供完整，双方质证无果，故未将该部分计入造价；二是文荣公司提出的花架问题，鉴定机构亦在二审中向法院作了回复，称花架工程造价 1060542 元已计入造价鉴定，至于花架重复施工的问题，因鉴定部门系对文荣公司实际完成的面积进行实测所作出的鉴定意见，故不存在漏算的问题。综上，本案中的鉴定意见并无明显错误或缺陷，原审判决予以采信并无不当。

——中国裁判文书网。

409. 建设工程施工合同纠纷中一审未申请鉴定的在二审中能否申请鉴定

关键词

举证责任　工程质量鉴定　工程造价鉴定　一审程序　二审程序

最高人民法院裁判文书

澄迈裕生置业有限公司与龙元建设集团股份有限公司建设工程施工合同纠纷案［最高人民法院（2021）最高法民终 1302 号民事裁定书］

裁判要旨：《最高人民法院关于审理建设工程施工合同纠纷案件适用法律问题的解释（二）》第十四条第二款规定，一审诉讼中负有举证责任的当事人未申请鉴定，虽申请鉴定但未支付鉴定费用或者拒不提供相关材料，二审诉讼中申请鉴定，人民法院认为确有必要的，应当依照民事诉讼法第一百七十条第一款第三项[①]的规定处理。为进一步查清事实、保障合法权益，根据上述规定，本案应发回一审法院重审，进行工程质量鉴定及工程造价鉴定，同时还应对工程是否存在质量问题、质量维修费用等基本事实予以查明，并对工程款数额、违约责任予以认定。

最高人民法院认为：本案与（2021）最高法民终 1303 号案基本事实相同，本案为裕生公司以建设工程存在质量问题诉请龙元公司支付加固及修复费用、赔偿有关经济损失，（2021）最高法民终 1303 号案为龙元公司诉请裕生公司支付已完成工程量的工程款及利息、窝工损失。涉案建设工程涉及住宅及商业两种使用性质，建设工程的质量安全对于购房者人身和财产权益影响重大，且裕生公司诉讼请求得到支持的前提是涉案建设工程确实存在质量问题。因此，涉案建设工程质量如何是本案必须查明的事实。一审进行质量鉴定的过程中，裕生公司多次拒绝法院工作人员及鉴定人员进入现场勘查，一审法院据此直接认定涉案建设工程质量合格虽有不妥，但主要是因为裕生公司的不配合行为导致质量鉴定无法继续进行。二审庭审中，本院已向裕生公司及龙元公司释明其有配合法院进行鉴定的义务，且裕生公司向本院出具了书面承诺函。《最高人民法院关于审理建设工程施工合同纠纷案件适用法律问题的解释（二）》第十四条第二款规定，一审诉讼中负有举证责任的当事人未申请鉴定，虽申请鉴定但未支付鉴定费用或者拒不提供相关材料，二审诉讼中申请鉴定，人民法院认为确有必要的，应当依照民事诉讼法第一百七十条第一款第三项的规定处理（2021 年民事诉讼法修改后，旧法中的第一百七十条对应新法中的第一百七十七条）。为进一步查清事实、保障合法权益，根据上述规定，本案应发回一审法院重审，进行工程质量鉴定及工程造价鉴定，同时还应对工程是否存在质量问题、质量维修费用等基本事实予以查明，并对工程款数额、违约责任予以认定。发回重审后，若任何一方当事人仍不配合查明事实，可根据具体情况，适用民事诉讼法规定的对妨害民事诉讼的强制措施，或根据《最高人民法院关于民事诉讼证据的若干规定》第三十一条第二款之规定，认定相关当事人承担举证不能的法律后果。

——中国裁判文书网。

---

① 现为《民事诉讼法》（2021 年修正）第一百七十七条第一款第三项。

410. 待证事实须经司法鉴定而当事人拒不配合的，应承担其不利后果

关键词

待证事实　司法鉴定　不利后果

最高人民法院裁判文书

太平洋建设集团有限公司与沈阳雪松经济开发区管理委员会建设工程施工合同纠纷案［最高人民法院（2021）最高法民申 6126 号民事裁定书］

裁判要旨：人民法院根据案件实际和合同约定，认为案涉价款须通过司法鉴定予以确定的，可以向对该待证事实负有举证责任的当事人释明其提出鉴定申请，但当事人拒不提出鉴定申请或不预交鉴定费用或拒不提供相关材料，致使待证事实无法查明的，依法应当承担举证不能的不利后果。

最高人民法院经审查认为，本案再审审查的主要问题是：案涉工程造价应如何确定。

2010 年 8 月 14 日太平洋公司与沈阳浑河商务城管理委员会签订的两份《合同书》，意思表示真实明确，不违反法律、行政法规的强制性规定，合法有效。太平洋公司与沈阳浑河商务城管理委员会的权利义务继受人雪松管委会应予遵循。案涉两份《合同书》均在“六、合同竣工验收与结算”中约定：“3. 工程决算：甲（沈阳浑河商务城管理委员会）、乙（太平洋公司）双方同意各单项工程验收合格后，由乙方编制工程决算书报甲方，甲方委托具有法定审核资质的社会中介机构或区审计局进行工程造价决算审核。”因此，案涉工程造价应委托社会中介机构或审计局审核后确定，系双方自愿达成的合意。浑河新城管理委员会在《竣工结算书》上加盖印章，系其履行案涉《合同书》约定的报送审计资料义务，不能据此认定其已认可《竣工结算书》载明的造价数额即为案涉工程造价。诉讼中，太平洋公司主张应依两份《竣工结算书》确定工程造价，雪松管委会主张应以沈阳市苏家屯区财政事务服务中心出具的《审核结论反馈意见书》确定工程造价，二者主张的工程造价数额差异巨大，难以确定。原审法院综合本案情况，认为案涉工程造价应当通过司法鉴定予以确定，符合案件实际和合同约定，并无不当。

《最高人民法院关于民事诉讼证据的若干规定》第三十一条第二款规定：

"对需要鉴定的待证事实负有举证责任的当事人，在人民法院指定期间内无正当理由不提出鉴定申请或者不预交鉴定费用，或者拒不提供相关材料，致使待证事实无法查明的，应当承担举证不能的法律后果。"一、二审法院在审理中均向太平洋公司释明本案应对工程造价进行鉴定，但太平洋公司均拒绝提出鉴定申请，其依法应当承担举证不能的不利后果。原审判决据此驳回太平洋公司的诉讼请求，亦无不当。如太平洋公司能够提供审计所需资料并实现鉴定，双方可另循途径协商解决。

——中国裁判文书网。

411. 申请鉴定的一方提供检材确有困难时，法院可要求被鉴定签字真伪的一方亲笔签名以供鉴定

关键词

申请鉴定　检材　亲笔签名

最高人民法院裁判文书

台新国际商业银行股份有限公司与林金钻保证合同纠纷案［最高人民法院（2021）最高法民再268号民事裁定书］

裁判要旨：当申请鉴定的一方提供检材确有困难时，被鉴定签字真伪的当事人也是持有鉴定材料的一方，法院可要求其亲笔签名提供笔迹样本以供鉴定。如鉴定机构认为重新签名的样本因时间间隔过长等客观原因导致无法鉴定的，法院可再行根据举证责任分配规则认定案件事实。如鉴定机构认为重新签名的样本因时间间隔过长等客观原因导致无法鉴定的，法院可再行根据举证责任分配规则认定案件事实。

最高人民法院再审认为，本案的争议焦点问题为《担保契约》是否成立以及林金钻是否需要承担保证责任。

本案中，台新银行起诉请求林金钻承担连带担保责任，并提交《担保契约》作为双方成立保证担保法律关系的证据，合同上显示有"Jinzuan Lin"的签名字样，但林金钻对该合同的真实性不予认可，主张前述签名并非其本人书写。因此，《担保契约》的真实性及其上"Jinzuan Lin"的签名是否为林金钻本人书写，是影响认定本案法律关系的关键事实，法院应当予以查明。由于合同上签名是否真实的问题专业性较强，在签署人否认其签字真实性的

情况下，一般应由负举证责任的当事人提出鉴定申请后，法院委托相关的鉴定机构进行笔迹鉴定。如因客观上检材不够充分、完整，或鉴定条件无法达成导致无法鉴定，法院亦可依据举证责任的分配原则和双方当事人的过错程度，对全案证据进行分析，进而对案件关键事实作出认定。

具体到本案，在一审诉讼中，林金钻申请对《担保契约》上的签名进行笔迹鉴定，一审法院于 2019 年 5 月要求台新银行提交相关合同（《主契约》《金融交易总协议》《Banking Facilities》《担保契约》）文件原件作为鉴定材料，台新银行于 2019 年 6 月 20 日向法院提交上述文件原件，但一审法院未启动鉴定程序，以台新银行未能说明合同签订过程为由，推定《担保契约》系于 2015 年 7 月 13 日在香港特别行政区签署，同时结合林金钻的出入境记录显示其在签署日未在香港特别行政区，进一步推定《担保契约》并非林金钻本人签署。一审法院在本案可以委托鉴定的情况下以推定的事实作为前提事实进而以推定方式认定林金钻未签署案涉合同，未注意到适用事实推定应以待证事实无法直接证明作为前提条件，且本案的前提事实，即案涉合同签订地为香港特别行政区这一事实，亦属于推定得出，不属于确定的事实，作为事实推定的前提依据亦不足。因此，一审法院认定案涉合同并非林金钻签署并驳回台新银行诉讼请求，属于认定事实不清。

在二审诉讼中，台新银行申请对《担保契约》上的签名进行笔迹鉴定，二审法院要求台新银行于 2020 年 9 月 21 日前提交经公证认证的《开户表格》作为鉴定比对样本，台新银行于 2020 年 9 月 16 日向法院申请将提交上述材料的期限延至 2020 年 10 月 30 日，2020 年 9 月 25 日二审法院通知台新银行对其延期申请不予准许并于同日以本案无法启动鉴定程序为由认为台新银行未能证明其主张，作出二审判决，维持原判。本院认为，作为鉴定比对样本的文书与作为证据拟证明案件事实的文书在诉讼中的作用和地位并不完全相同，公证认证手续仅对文书形式上真实性、合法性进行审查，并不能对文件内容的真实性、合法性负责，人民法院根据《最高人民法院关于民事诉讼证据的若干规定》第三十四条的规定，通过组织各方对鉴定材料质证同样可以达到这一目的。因此，二审法院要求台新银行须以经公证认证的比对样本进行鉴定，确有不当。同时笔迹鉴定的特殊性在于，当申请鉴定的一方提供检材确有困难时，被鉴定签字真伪的当事人也是持有鉴定材料的一方，法院可要求其亲笔签名提供笔迹样本以供鉴定。如鉴定机构认为重新签名的样本因时间间隔过长等客观原因导致无法鉴定的，法院可再行根据举证责任分配规则认定案件事实。因此，二审法院未经要求林金钻亲笔签名提供检材以供鉴定，而自行作出无法鉴定的结论从而认为本案无法启动鉴定程序，亦有不当。况且，台新银行在 2020 年 10 月 7 日向法院寄送了笔迹鉴定样本等文件，虽晚于法院规定期限且当时已经结案，但二审法院仍应认真研究该事实对案件的影响程度，是否会导致判决结论所依据的前提条件发生变化，据此谨慎处理。

——中国裁判文书网。

412. 当事人单方委托鉴定机构作出的“鉴定意见”之证明力不能等同于民诉法意义上的鉴定意见

关键词

当事人单方委托鉴定　鉴定意见　证明力

最高人民法院裁判文书

宣威市乐丰乡横山煤矿与云南太阳魂实业集团有限公司、彝良县巴抓正友煤矿、夏耀周、宣威市倘塘镇秦家地煤矿、镇雄县高岩煤矿有限公司民间借贷纠纷案［最高人民法院（2021）最高法民申 4579 号民事裁定书］

裁判要旨：根据《中华人民共和国民事诉讼法》的相关规定，作为民事诉讼证据的鉴定意见限于人民法院依当事人申请或依职权委托而形成。当事人单方委托鉴定机构作出的“鉴定意见”，其证明力不能等同于民事诉讼法意义上的鉴定意见。

最高人民法院认为，经审查认为，横山煤矿的再审申请事由均不能成立。理由如下：昆明锦康司法鉴定中心所作出的昆锦司〔2020〕文鉴字第 E2 号《印文鉴定意见书》是横山煤矿 2019 年 12 月 20 日自行委托司法鉴定中心鉴定而形成的，但根据《中华人民共和国民事诉讼法》的相关规定，作为民事诉讼证据的鉴定意见限于人民法院依当事人申请或依职权委托而形成。本案中，横山煤矿在一、二审中，经法院释明后未对《保证合同》上加盖的印章的真实性申请鉴定，而在二审之后自行委托有关机构对《保证合同》上的印章进行鉴定，表明《保证合同》上加盖的“宣威市乐丰乡横山煤矿”印文与样本印文并非同一枚印章所盖形成。但单方委托形成的“鉴定意见”其证明力显然不能等同于民事诉讼法意义上的鉴定意见，且送检的样本并未经对方质证。据此，该“鉴定意见”并不足以推翻原判决认定的基本事实。

——中国裁判文书网。

七、举证时限

413. 当事人举证期限的确定

关键词

举证期限

最高人民法院司法解释

第九十九条　人民法院应当在审理前的准备阶段确定当事人的举证期限。举证期限可以由当事人协商，并经人民法院准许。

人民法院确定举证期限，第一审普通程序案件不得少于十五日，当事人提供新的证据的第二审案件不得少于十日。

举证期限届满后，当事人对已经提供的证据，申请提供反驳证据或者对证据来源、形式等方面的瑕疵进行补正的，人民法院可以酌情再次确定举证期限，该期限不受前款规定的限制。

——《最高人民法院关于适用〈中华人民共和国民事诉讼法〉的解释》（2022 年 4 月 1 日修正）。

最高人民法院司法政策精神

关于举证期限问题。

修改后的民事诉讼法总结审判实践经验，新规定了举证期限制度。在适用举证期限制度时，应当把握以下几点：一是从以往的司法实践看，当事人自行协商确定举证期限的可行性较小，根据修改后的民诉法，举证期限应当由人民法院根据举证的实际情况和当事人的举证能力，以及具体审理情况依职权来确定，也可以由当事人协商确定；二是当事人在该确定的期限内提供证据确有困难，向人民法院申请延长期限的，人民法院经审查后应适当延长；三是对于逾期举证后果的把握，要根据当事人逾期提交证据的具体情况，从当事人的理由、过错程度、该证据在认定案件事实中的地位和作用等方面把握，区分不同情况适用采纳该证据但不予处罚，采纳该证据但予以训诫、罚款处罚以及该证据不予采纳的措施。对逾期证据不予采纳的适用，基于我国国情和现阶段当事人的诉讼能力情况，要审慎严格把握，主要应当适用于当事人出于极端恶意，故意逾期提交证据的情况。

——贺荣:《在全国法院贯彻落实民事诉讼法修改决定座谈会上的总结讲话》(2012 年 9 月 19 日)，载江必新主编、最高人民法院研究室编著:《司法研究与指导》2012 年第 3 辑（总第 3 辑），人民法院出版社 2013 年版，第 50 页。

附录：最高人民法院主流观点

举证期限是举证时限制度的基础，举证期限的确定也是举证时限制度首先需要解决的问题。举证期限在性质上属于民事诉讼的期间，法律对举证期限的规定，意味着当事人负有遵守期间、在期间内完成举证的法定义务。《民事诉讼法司法解释》第九十九条关于举证期限的规定，包含三个方面的内容，即举证期限何时确定、如何确定及除外情形。

1. 关于举证期限何时确定问题

根据 2001 年《民事诉讼证据规定》第三十三条第一款的规定，人民法院应当在送达案件受理通知书和应诉通知书的同时送达举证通知书，并在举证通知书中明确举证期限及逾期举证的后果。这意味着 2001 年《民事诉讼证据规定》是在人民法院受理诉讼的阶段确定举证期限。2015 年《民事诉讼法解释》起草时改变了这种做法，规定人民法院应当在审理前的准备阶段确定当事人提供证据的期限。根据民事诉讼法第十二章第二节的规定，审理前的准备阶段是答辩期届满后至开庭审理前的阶段。这种改变主要基于如下考虑:其一，在案件受理时即指定举证期限，双方当事人举证期限届满时间不一致，当诉讼中出现追加当事人等稍微复杂情况时，由于当事人举证期限届满时间不一，会导致程序操作上的混乱。最高人民法院在 2008 年下发《举证时限规定通知》，也正是为了解决这一问题。其二，根据 2012 年民事诉讼法第一百三十三条的规定，需要开庭审理的案件，都要通过证据交换等方式明确争议焦点。这意味着凡开庭审理的案件，均应有以整理焦点、固定证据为目的的审理前准备。2001 年《民事诉讼证据规定》第三十三条关于在案件受理时指定举证期限的规定，已经不适应立法修改的新要求。其三，在审理前准备阶段，特别是双方当事人到场的情况下指定举证期限，双方期限届满时间相同，有利于诉讼程序的操作。特别是在采取审前会议、证据交换方式进行审理前准备的更是如此。

2. 关于如何确定举证期限问题

在这一问题上，本解释延续 2001 年《民事诉讼证据规定》的思路，规定了人民法院确定和当事人协商并经人民法院准许两种方式。在具体的期限上，2001 年《民事诉讼证据规定》第三十三条第三款规定人民法院指定的期限不少于三十日，本解释规定为第一审普通程序案件不少于十五日。这种变化主要考虑本解释与 2001 年《民事诉讼证据规定》相比，举证期限的起算点从受理时变更为答辩期届满后，从总的时间来看，依本解释规定人民法院确定的举证期限不会少于三十日。关于当事人提供新的证据的二审案件的举证期限问题，2001 年《民事诉讼证据规定》未涉及，《举证时限规定通知》规定的是不受“不少于三十日”的限制。由于二审程序当事人提交新证据的概率不高、数量不多，本解释将其明确为不少于十日。

3. 关于除外情形

2001 年《民事诉讼证据规定》并未规定不受举证期限约束的除外情形。《举证时限规定通知》规定，对于反驳证据允许人民法院酌情指定举证期限。本解释延续了该通知的基本思路，同时增加了补强证据。所谓补强证据，是指用以确认或者证明另一主要证据的真实性或弥补其资格、形式上的瑕疵，以补充或增强其证明力的证据。一般认为，举证期限针对主要证据发挥作用，补强证据作为佐证，不受举证期限的限制。因此，本条规定当事人要求对主要证据在来源、形式上的瑕疵予以补强的，人民法院可以酌情再次确定举证期限，该期限不受前述“十五日”“十日”举证期限的限制。

——最高人民法院民法典贯彻实施工作领导小组编著：《最高人民法院新民事诉讼法司法解释理解与适用》，人民法院出版社 2022 年版，第 272~273 页。

414. 逾期提供的证据视为未逾期的情形

关键词

视为举证未逾期

最高人民法院司法解释

第一百零一条　当事人逾期提供证据的，人民法院应当责令其说明理由，必要时可以要求其提供相应的证据。

当事人因客观原因逾期提供证据，或者对方当事人对逾期提供证据未提出异议的，视为未逾期。

——《最高人民法院关于适用〈中华人民共和国民事诉讼法〉的解释》（2022 年 4 月 1 日修正）。

附录：最高人民法院主流观点

人民法院对当事人逾期提供证据的理由的审查，是连接举证期限和逾期提供证据的后果之间的桥梁。逾期提供证据的后果的适用，必然经过人民法院的审查过程。因此，人民法院如何进行审查，对于举证时限制度的适用具有十分重要的意义。

对当事人逾期提供证据的理由进行审查，是民事诉讼法第六十八条的要求。该条规定，当事人逾期提供证据的，人民法院应当责令其说明理由；拒不说明理由或者理由不成立的，人民法院根据不同情形可以不予采纳该证据，或者采纳该证据但予以训诫、罚款。可见，审查是人民法院适用相应后果的前提。在 2001 年《民事诉讼证据规定》中，并没有人民法院应当对当事人逾期提供证据的理由进行审查的明确规定。但根据 2001 年《民事诉讼证据规定》的相应内容，证据虽然逾期提供，但对方当事人同意质证的和符合新的证据的条件的，不发生证据逾期的失权后果。而对方当事人是否同意质证，特别是逾期的证据是否符合新的证据的条件，非经人民法院审查，无法得出结论。因此，2001 年《民事诉讼证据规定》虽然没有明确规定对逾期证据进行审查及有关的程序上的要求，但审查的内容隐含在新的证据如何判断的条文之中。实践中，人民法院在判断逾期提供的证据是否构成新的证据时，也必然存在审查的过程。

根据民事诉讼法第六十八条的规定，人民法院应当在一定程序之中责令逾期提供证据的当事人说明理由。这是程序公正的基本要求，也是审判实践经验的总结。程序公正的标准有三个方面的内容，即中立、冲突的疏导、裁判。其中冲突的疏导包括四项具体规则：(1) 平等地告知每一方当事人有关程序的事项；(2) 冲突的解决应听取双方的辩论和证据；(3) 冲突的解决者只应在另一方当事人在场的情况下听取对方的意见；(4) 每一方当事人都应有公平的机会回答另一方所提出的辩论和意见。[①] 因此，在当事人逾期提供证据的场合，要求人民法院在一定程序中责令当事人说明理由，意味着必须有对方当事人在场，保障对方当事人发表意见的权利。通过逾期提供证据的当事人的说明，对方当事人的反驳，双方的辩论，以及必要时双方当事人的举证、质证，人民法院对当事人逾期提供证据的理由是否成立能够更好地作出判断。审判实践中，一些人对于程序公正的价值缺乏应有的认识，对于程序公正的标准缺乏应有的知识，在理解和适用民事诉讼法第六十八条的过程中，缺乏应有的程序意识，在判断证据是否逾期问题上，认为双方当事人在场对逾期提供证据的理由发表意见、进行辩论和质证，增加程序的复杂性，没有必要。这种观念是极端错误、非常有害的，2001 年《民事诉讼证据规定》施行的效果不理想，也与此有很大关系。当然，要求人民法院在一定的程序中责令当事人说明逾期提供证据的理由，其目的在于要求人民法院为双方当事人提供程序上的保障，并非要求人民法院另行专门组织双方当事人就逾期提供证据的理

---

① 参见［美］马丁·P. 戈尔丁：《法律哲学》，齐海滨译，上海三联出版社 1987 年版，第 240 页。

由进行辩论和质证。事实上，在具体操作上，可以灵活处理，如在开庭审理过程中一方当事人提出举证期限之内未提供的证据，人民法院可以在其后庭审中先就当事人逾期提供证据的理由进行查明。这里所强调的是，人民法院在这一事关当事人重大利益和程序权利的事项上，应当满足程序公正的基本要求。

关于逾期提供的证据不发生逾期后果即视为未逾期的情形，本条规定了两种。其一为因客观原因逾期提供证据。这里的客观原因包括自然灾害等不可抗力，也包括社会事件以及其他非逾期提供证据的当事人自身所能够控制的因素。其二为对方当事人对逾期提供的证据无异议的。此种情形主要考虑尊重对方当事人在诉讼中的处分权。一方当事人逾期提供证据，会导致相应的不利后果，对方当事人对这种结果享有利益。对方当事人放弃这种诉讼上的利益，是行使处分权的行为，原则上人民法院应当予以尊重。本条解释与2001年《民事诉讼证据规定》相比，在视为未逾期的情形上有所变化。2001年《民事诉讼证据规定》对视为未逾期的情形规定为两种：对方当事人同意质证的和新的证据。在尊重当事人处分权这一点上，本解释与2001年《民事诉讼证据规定》基本一致。但对于除此之外的情形，2001年《民事诉讼证据规定》强调的是新的证据，本解释则从客观原因角度考虑问题。究其原因，主要因为2001年《民事诉讼证据规定》的举证时限制度系以证据失权为原则，对于不发生证据失权后果的视为未逾期的证据，则属于例外情形。这种情形只能通过对新的证据进行解释，才能既与立法相呼应，又能解决实际问题。而2012年民事诉讼法第六十五条新增加的举证时限的规定，则以证据不失权为原则、失权为例外，而依本解释的规定，证据是否失权的判断与逾期提供证据的当事人主观状态存在直接的关系。故本解释与2001年《民事诉讼证据规定》关于举证时限制度的基本思路不同，导致具体规则上的差异。

审判实践中应当注意的问题：

审判实践中，在审查当事人逾期提供证据的理由时，应当注意对双方当事人的程序保障，应当基于程序公正的基本要求，为双方当事人提供平等的发表意见、辩论和举证的机会和相应的程序。否则，既不符合民事诉讼法的本意和民事诉讼的规律，也会对审判的公信力造成损害。

——最高人民法院民法典贯彻实施工作领导小组编著：《最高人民法院新民事诉讼法司法解释理解与适用》，人民法院出版社2022年版，第275~277页。

415. 当事人逾期举证的法律后果

关键词

逾期举证

最高人民法院司法解释

第一百零二条 当事人因故意或者重大过失逾期提供的证据，人民法院不予采纳。但该证据与案件基本事实有关的，人民法院应当采纳，并依照民事诉讼法第六十八条、第一百一十八条第一款的规定予以训诫、罚款。

当事人非因故意或者重大过失逾期提供的证据，人民法院应当采纳，并对当事人予以训诫。

当事人一方要求另一方赔偿因逾期提供证据致使其增加的交通、住宿、就餐、误工、证人出庭作证等必要费用的，人民法院可予支持。

第二百三十一条 当事人在法庭上提出新的证据的，人民法院应当依照民事诉讼法第六十八条第二款规定和本解释相关规定处理。

——《最高人民法院关于适用〈中华人民共和国民事诉讼法〉的解释》（2022 年 4 月 1 日修正）。

附录：最高人民法院主流观点

根据 2021 年民事诉讼法第六十八条的规定，当事人逾期提供证据又无正当理由的，可能面临证据不被采纳，或者证据虽被采纳但遭受训诫、罚款的处罚的后果。《民事诉讼法司法解释》第一百零二条内容可以从以下几个方面理解。

第一，根据当事人逾期提供证据的主观过错程度，适用不同的责任和后果。根据当事人逾期提供证据的主观状态对应不同的后果，是自 2001 年《民事诉讼证据规定》以来最高人民法院对适用逾期举证后果的一贯立场。在 2003 年全国民事审判工作座谈会上我们提出，当事人逾期提供证据是否属于新的证据，在判断时应当考虑当事人主观上是否存在故意或者重大过失。在《举证时限规定通知》第十条关于新的证据的认定问题上，也提出应当结合“当事人未在举证期限或者司法解释规定的其他期限内提供证据，是否存在故意或者重大过失的情形”认定。本条解释也是遵循同样的思路。

第二，当事人因故意或者重大过失逾期提供证据的，原则上发生证据失权后果，但该证据涉及基本事实的证明的，不失权但要予以训诫、罚款。当事人因故意或者重大过失逾期提供证据是否导致证据失权，在司法解释起草过程中争论很激烈，主张故意逾期提供证据绝对失权、因重大过失逾期提供证据的除涉及基本事实证明的原则上失权的观点，与凡涉及对基本事实认定有重要意义的均不能失权的观点，针锋相对。就本条的规定来看，实际上是各种观点的折中。其一，民事诉讼中当事人提供的证据可能涉及案件事实的方方面面，但只有证明要件事实的证据，才是核心和关键的证据，才能最终在待证事实真伪不明时发挥结果意义的举证责任的作用。本条所指的基本事实，与要件事实的含义相同，由于立法上并未使用要件事实的概念，其实质上是对要件事实的替代表述。其二，"该证据与案件基本事实有关"，是指逾期提供的证据对于案件的基本事实有证明价值。人民法院对此应当进行审查，而不能仅依当事人的主张来确定。其三，当事人因故意或者重大过失逾期提供的证据与基本事实有关，尽管不发生失权后果，但人民法院应当对当事人予以训诫和罚款。失权后果是属于证据法上的责任，当事人因故意或者重大过失逾期提供的证据与基本事实有关的，不产生证据法上的不利后果，但其拖延诉讼的行为实质上对民事诉讼造成妨害，因此产生诉讼法上的不利后果。

第三，对于非因故意或者重大过失逾期提供证据的，均不发生证据失权后果，人民法院均应采纳但应当对当事人予以训诫。

第四，无论当事人逾期提供证据是基于什么程度的主观过错，均不能免除对方当事人要求其赔偿相应损失的责任。对方当事人要求其赔偿因逾期提供证据致使其增加的交通、住宿、就餐、误工、证人出庭作证等必要费用的，人民法院可予支持。这种赔偿损失的责任，并非诉讼法上的责任，其实质上属于私法上的责任。

审判实践中应当注意的问题：

第一，当事人因故意或者重大过失逾期提供的证据与案件基本事实有关的，人民法院在审查时应当审查该证据与案件的要件事实的关联性，即审查该证据对于要件事实的证明是否有价值，是否使要件事实的存在更有可能或者没有可能，而不能仅仅根据当事人的主张确定。

第二，人民法院对于逾期提供证据的当事人处以罚款的，应当在民事诉讼法第一百一十八条规定的限额内。根据2019年《民事诉讼证据规定》第五十九条的规定，可以结合当事人逾期提供证据的主观过错程度、导致诉讼迟延的情况、诉讼标的金额等因素，综合确定罚款数额。

——最高人民法院民法典贯彻实施工作领导小组编著：《最高人民法院新民事诉讼法司法解释理解与适用》，人民法院出版社2022年版，第279~280页。

最高人民法院裁判文书

天津福特斯有限公司与天津市蓟县供热服务中心占有物返还纠纷案［最

高人民法院（2015）民一终字第 105 号民事判决书]

最高人民法院认为，针对福特斯公司二审所提交相关证据，嘉信集团于 2015 年 5 月 10 日出具的证明材料及鑫泰物业公司诉华奥公司追偿权纠纷一案的诉讼材料形成于一审程序结束之后，从形式上看，属于二审程序中的新的证据。福特斯公司提交鑫泰物业公司诉华奥公司追偿权纠纷一案的诉讼材料，旨在证明鑫泰物业公司现为本案标的物的使用人和经营者，该证明目的系为说明本案应追加鑫泰物业公司为本案被告一节。本院〔2015〕民一终字第 105 - 1 号民事裁定认定，鑫泰物业公司实际占有使用案涉供热设施系根据供热中心的指示，从占有类型看，属他主占有和辅助占有，其占有状态能否持续，依赖于供热中心的授权意思。据此，鑫泰物业公司并非必须参加本案诉讼的必要共同诉讼人。于此情况下，在对本案当事人诉争实体权利义务的认定和处理过程中，该证据不具有证明力。《中华人民共和国民事诉讼法》第六十五条第二款[①]规定，当事人逾期提供证据的，人民法院应当责令其说明理由；拒不说明理由或者理由不成立的，人民法院根据不同情形可以不予采纳该证据，或者采纳该证据但予以训诫、罚款。《最高人民法院关于适用〈中华人民共和国民事诉讼法〉的解释》第一百零一条、第一百零二条第一款规定，当事人逾期提供证据的，人民法院应当责令其说明理由，必要时可以要求其提供相应的证据。当事人因客观原因逾期提供证据，或者对方当事人对逾期提供证据未提出异议的，视为未逾期。当事人因故意或者重大过失逾期提供的证据，人民法院不予采纳。但该证据与案件基本事实有关的，人民法院应当采纳，并依照民事诉讼法第六十五条[②]、第一百一十五条第一款[③]的规定予以训诫、罚款。本院认为，即使福特斯公司所述逾期提供证据的事由属实，但该情形显然不属于“客观原因”。此外，当事人之间重要协议文件的废止显属本案争议的极端重要事项。但本案事实却表明，福特斯公司在一审期间向法院提交了其现主张已经废止的相关协议等证据，明确提出华奥公司基于该等协议享有案涉资产所有权且其已通过买卖合同等享有案涉供热资产的所有权等权利的诉讼理由，而没有向一审法院提及该重要事实。即便福特斯公司确因交接问题未能如期提交相关证据，但上述事实已使福特斯公司二审所述逾期提交相关“新证据”的理由欠缺起码的合理性。由于福特斯公司逾期提供该等证据不属于客观原因所致，其所持理由也明显不能成立，依照法律、司法解释上述规定，应认定其构成重大过失，本院均应不予采信。但根据有

① 现为《民事诉讼法》（2021 年修正）第六十八条第二款。
② 现为《民事诉讼法》（2021 年修正）第六十八条。
③ 现为《民事诉讼法》（2021 年修正）第一百一十八条。

关证据与案件基本事实的关系，本院就前述六份证据以及嘉信集团于 2015 年 5 月 10 日出具的证明材料分别作出认定。

——中国裁判文书网。

416. 人民法院对于逾期提供证据的当事人处以罚款的，应当在《民事诉讼法》第一百一十八条规定的限额内

关键词

逾期提供证据　主观过错　诉讼迟延　诉讼标的　罚款

最高人民法院司法解释

第一百零二条　当事人因故意或者重大过失逾期提供的证据，人民法院不予采纳。但该证据与案件基本事实有关的，人民法院应当采纳，并依照民事诉讼法第六十八条、第一百一十八条第一款的规定予以训诫、罚款。

当事人非因故意或者重大过失逾期提供的证据，人民法院应当采纳，并对当事人予以训诫。

当事人一方要求另一方赔偿因逾期提供证据致使其增加的交通、住宿、就餐、误工、证人出庭作证等必要费用的，人民法院可予支持。

——《最高人民法院关于适用〈中华人民共和国民事诉讼法〉的解释》（2022 年 4 月 1 日修正）。

附录：最高人民法院主流观点

人民法院对于逾期提供证据的当事人处以罚款的，应当在民事诉讼法第一百一十八条规定的限额内。根据 2019 年《民事诉讼证据规定》第五十九条的规定，可以结合当事人逾期提供证据的主观过错程度、导致诉讼迟延的情况、诉讼标的金额等因素，综合确定罚款数额。

——最高人民法院民法典贯彻实施工作领导小组办公室编著：《最高人民法院新民事诉讼法司法解释理解与适用》，人民法院出版社 2022 年版，第 280 页。

417. 当事人不能仅以对方举证逾期而放弃质证

关键词

逾期举证　质证

最高人民法院公报案例、最高人民法院裁判文书

东方公司广州办事处诉中山市工业原材料公司等借款担保合同纠纷案

［最高人民法院（2004）民二终字第 207 号民事判决书］

裁判摘要：对于当事人在二审期间提供的证据，人民法院可根据案件的具体情况决定质证。经质证后的证据可以作为认定事实的依据。

最高人民法院认为：中山中行与原材料公司和建设总公司于 1995 年 12 月 21 日签订的分别载明借款金额为 200 万美元和 125 万美元的借款担保合同，系当事人之间的真实意思表示，且不违反法律和行政法规的禁止性规定，应当认定合法有效。中山中行已依约履行了发放该贷款的义务。借款期限届满，原材料公司未履行偿还贷款的义务，建设总公司亦未履行担保义务。原材料公司的行为构成违约，应当承担相应的民事责任。上述两笔共计 325 万美元的借款合同约定的还款期限为 1996 年 12 月 21 日，该借款债权的诉讼时效应从还款期限届满之日起算。从本院二审查明的事实看，1998 年 6 月 16 日，中山中行就上述 325 万美元借款向原材料公司和建设总公司进行了催收，故应导致诉讼时效中断。中山中行于 1999 年 9 月 29 日对原材料公司的催收，属于诉讼时效期间内主张权利，原材料公司在该《催收到期贷款通知书》上盖章属于诉讼时效期间内对债务的一种确认。原审判决认为，上述原材料公司的行为是在超过诉讼时效期间后对借款债务的重新确认，应当重新计算诉讼时效，该认定错误，本院予以纠正，但原审判决判令原材料公司向广州办事处偿还借款本金 325 万美元和利息及逾期罚息，并无不当，且原材料公司亦未提起上诉，故本院对原审判决主文第一项予以维持。

本案二审争议的焦点有二：一是建设总公司应否对上述 325 万美元承担担保责任问题；二是 1611031.25 美元借款是否已经发放以及建设总公司应否承担担保责任问题。

一、关于建设总公司应否对上述 325 万美元承担担保责任问题。原审判决判令建设总公司对上述借款不承担担保责任的理由就是债权人没有在保证期间内向其主张权利。二审质证时，广州办事处向本院提交了两份载明时间为 1998 年 6 月 16 日，催款金额分别为 1611031.25 美元和 325 万美元的《催收通知书》，以此证明其向主债务人原材料公司和保证人建设总公司主张权利没有超过两年诉讼时效和两年保证期间。虽然原材料公司和建设总公司不同意对上述证据材料进行质证，但也认可其曾分别以借款人和保证人的身份在该《催收通知书》上签字盖章。本院认为，由于本案系二审，对于当事人在二审中提供的证据材料，本院可以根据个案情况决定主持质证。原材料公司和建设总公司以广州办事处直至二审期间才提供上述证据材料，已超过举证期限为由，不同意质证，并不影响本院根据个案情况对上述证据材料予以审查和采信。因原材料公司和建设总公司对其在《催收通知书》上加盖公章一事予以认可，故应当认定该《催收通知书》是真实的。广州办事处向主债务人原材料公司和保证人建设总公司主张权利没有超过两年诉讼时效和两年保证期间。建设总公司应当对上述325万美元的借款本息承担连带责任。

二、关于1611031.25美元借款是否已经发放以及建设总公司应否承担担保责任问题。（略）

——《最高人民法院公报》2005年第6期。

附录：民事审判信箱

问：实践中，一方当事人逾期提交证据，对方以逾期提交证据为由不予质证，人民法院在审核该证据后予以采信，后当事人以法院未对该逾期提交的证据组织质证抗辩，该理由能否成立？

答：该理由不能成立。《最高人民法院关于适用〈中华人民共和国民事诉讼法〉的解释》（以下简称《民事诉讼法解释》第一百零二条规定，当事人因故意或者重大过失逾期提供的证据，人民法院不予采纳。但该证据与案件基本事实有关的，人民法院应当采纳，并依照民事诉讼法第六十五条、第一百一十五条第一款的规定予以训诫、罚款。当事人非因故意或者重大过失逾期提供的证据，人民法院应当采纳，并对当事人予以训诫。从上述规定可知，对于当事人故意或者重大过失逾期举证提供的证据，人民法院可以根据其同案件基本事实是否有关联，决定是否采纳；对于当事人非因故意或者重大过失逾期举证提供的证据，人民法院应当采纳。而对于案件当事人而言，对于当事人逾期提供的案件证据，也应根据该证据同案件的基本事实是否有关加以质证，而不应仅以该举证逾期而放弃质证，否则其应承担不利的法律后果。如果人民法院法院已经对一方当事人逾期提交的证据，要求对方当事人质证，这说明人民法院已组织当事人对该证据进行质证。至于对方当事人以该证据超过举证期为由不予质证，亦系其对该证据的质证意见，而不能否定法院已经组织当事人对该逾期提交的证据予以质证的事实。

——本书研究组：《当事人一方以对方逾期提交证据而不予质证，人民法院能否采信该份证据》，载杜万华主编、最高人民法院民事审判第一庭编：《民事审判指导与参考》2015年第4辑（总第64辑），人民法院出版社2016年版，第240页。

418. 当事人故意或者重大过失逾期提交重要证据，如何处理

关键词

逾期举证　证据

最高人民法院裁判文书

王某与昆明泰中房地产开发经营有限公司、云南天石网通科技有限公司、云南天石建筑材料有限公司及一审被告倪某、张某民间借贷纠纷案［最高人民法院（2018）最高法民再 116 号民事判决书］

裁判要旨：保证期间的认定直接关系保证人是否承担保证责任，对于债权人的实体权益至关重要，属于证明案件基本事实的证据。即使当事人逾期提交证据存在一定过失，人民法院也不宜轻易否定与案件基本事实有关的证据。另外，若合同中存在表述不规范等瑕疵，人民法院同样也不能轻易否定与案件基本事实有关的证据。

最高人民法院认为：二审中，王某提交了泰中公司、天石网通公司、天石建材公司分别于 2013 年 11 月 21 日、2013 年 12 月 31 日签订的两份《保证合同》作为新证据，拟证明其向泰中公司、天石网通公司、天石建材公司主张对倪某地的 800 万元债务承担连带保证责任的保证期间未过。该两份《保证合同》载明："第五条，保证期间。本合同保证期间为主债权的清偿期届满之日起两年。"而两份《借款合同》中约定的还款期限分别为 2013 年 12 月 20 日、2014 年 1 月 29 日。本案中，王某于 2015 年 3 月 31 日向一审法院起诉，未超过《保证合同》约定的两年保证期间。

王某提交两份《保证合同》作为二审新证据，虽然王某解释一审未提交是因未找到，且合同上存在列明的"保证人"和"借款人"不完全一致等情形，但在没有相反证据否定其真实性的情形之下，二审法院不予采信依据不足。本案中，保证期间的认定直接关系保证人是否承担保证责任，对于债权人的实体权益至关重要，属于证明本案基本事实的证据。根据《民事诉讼法司法解释》第一百零一条"当事人逾期提供证据的，人民法院应当责令其说明理由，必要时可以要求其提供相应的证据。当事人因客观原因逾期提供证据，或者对方当事人对逾期提供证据未提出异议的，视为未逾期"以及第一百零二条"当事人因故意或者重大过失逾期提供的证据，人民法院不予采纳。但该证据与案件基本事实有关的，人民法院应当采纳，并依照民事诉讼法第

六十五条、第一百一十五条第一款的规定予以训诫、罚款。当事人非因故意或者重大过失逾期提供的证据，人民法院应当采纳，并对当事人予以训诫”的规定，即使王某逾期提交证据存在一定过失，人民法院也不宜轻易否定与案件基本事实有关的证据。

王某在二审、再审提交的两份《保证合同》原件形成于一审起诉前，因其未及时向一审法院提交该证据，客观上造成了司法资源的浪费。王某应当对其行为承担相应法律后果。法院认定，二审诉讼费 68920 元应当由王某负担。

——中国裁判文书网。

兰州农村商业银行股份有限公司金城支行不服甘肃省高级人民法院（2022）甘司惩 1 号罚款决定申请复议案［最高人民法院（2023）最高法司惩复 8 号复议决定书］

裁判要旨：《最高人民法院关于适用〈中华人民共和国民事诉讼法〉的解释》第一百零二条规定：当事人因故意或者重大过失逾期提供的证据，人民法院不予采纳。但该证据与案件基本事实有关的，人民法院应当采纳，并依照民事诉讼法第六十八条、第一百一十八条第一款的规定予以训诫、罚款。

按照当事人自述，一审期间其未能按时提交证据的原因是未发现该证据，上述理由应归因于管理不当，属于自身过错。因该证据对案件基本事实认定产生重大影响，二审法院对此予以采信，并认定当事人无正当理由逾期举证存在重大过失，妨害民事诉讼正常进行，作出罚款 5 万元的决定，上述决定符合法律规定，并无不当，本院予以维持。

最高人民法院认为：《最高人民法院关于适用〈中华人民共和国民事诉讼法〉的解释》第一百零二条规定：当事人因故意或者重大过失逾期提供的证据，人民法院不予采纳。但该证据与案件基本事实有关的，人民法院应当采纳，并依照民事诉讼法第六十八条、第一百一十八条第一款的规定予以训诫、罚款。

按照兰州农商银行金城支行自述，一审期间其未能按时提交证据的原因是未发现该证据，上述理由应归因于管理不当，属于自身过错。因该证据对案件基本事实认定产生重大影响，甘肃省高级人民法院对此予以采信，并认定兰州农商银行金城支行无正当理由逾期举证存在重大过失，妨害民事诉讼正常进行，作出罚款 5 万元的决定，上述决定符合法律规定，并无不当，本院予以维持。

——中国裁判文书网。

附录：最高人民法院主流观点

当事人因故意或者重大过失逾期举证的，原则上将致证据失权，即人民法院不采纳该证据。但有些证据事关基本事实，一概不予以采纳，将致法律事实与客观事实明显背离，这很难为社会观念接受，也将在实质上导致案件结果缺乏妥当性。因此，根据《民事诉讼法司法解释》第一百零二条第一款的规定，当事人故意或者重大过失逾期提供的证据，如与基本事实有关，人民法院应当采纳，但应对该当事人进行训诫、罚款。罚款的金额应当根据当事人的过错程度、该证据对基本事实的证明价值以及当事人因此收益情况等加以确定，但根据《民事诉讼法》第一百一十八条第一款的规定，最高罚款金额，个人不能超过 10 万元，单位不能超过 100 万元。另外，其他当事人可以要求逾期举证的当事人赔偿因逾期举证所增加的差旅费、误工费等必要费用，人民法院可加重该当事人的诉讼费用承担。

——江必新主编：《新民事诉讼法条文理解与适用》，人民法院出版社 2022 年版，第 286 页。

419. 对当事人申请延长举证期限的理由，应当围绕当事人在期限内提供证据是否确有困难即是否存在客观障碍进行审查

关键词

举证期限　确有困难　举证能力

最高人民法院司法解释

第一百条　当事人申请延长举证期限的，应当在举证期限届满前向人民法院提出书面申请。

申请理由成立的，人民法院应当准许，适当延长举证期限，并通知其他当事人。延长的举证期限适用于其他当事人。

申请理由不成立的，人民法院不予准许，并通知申请人。

——《最高人民法院关于适用〈中华人民共和国民事诉讼法〉的解释》（2022 年 4 月 1 日修正）。

附录：最高人民法院主流观点

审判实践中应当注意的是，对当事人申请延长举证期限的理由，应当围

绕当事人在期限内提供证据是否确有困难即是否存在客观上的障碍进行审查。根据 2019 年《民事诉讼证据规定》第五十二条第二款的规定，对于“确有困难”的情形，人民法院应当根据当事人的举证能力、不能在举证期限内提供证据的原因等因素综合判断。必要时，可以听取对方当事人的意见。无论理由是否成立，人民法院是否准许，均有通知申请人的义务。在准许时还应当通知其他当事人。

——最高人民法院民法典贯彻实施工作领导小组办公室编著：《最高人民法院新民事诉讼法司法解释理解与适用》，人民法院出版社 2022 年版，第 275 页。

八、证人和有专门知识的人

420. 证人的适格性

关键词

证人资格　证人证言

最高人民法院司法解释

第五十三条　不能正确表达意志的人，不能作为证人。

待证事实与其年龄、智力状况或者精神健康状况相适应的无民事行为能力人和限制民事行为能力人，可以作为证人。

第六十九条　下列证据不能单独作为认定案件事实的依据：

（一）未成年人所作的与其年龄和智力状况不相当的证言；

（二）与一方当事人或者其代理人有利害关系的证人出具的证言；

——《最高人民法院关于民事诉讼证据的若干规定》（2001 年 12 月 21 日，法释〔2001〕33 号）。

421. 证人作证费用请求权的实现方式

关键词

证人作证费用

最高人民法院司法解释

第一百一十八条 民事诉讼法第七十七条规定的证人因履行出庭作证义务而支出的交通、住宿、就餐等必要费用，按照机关事业单位工作人员差旅费用和补贴标准计算；误工损失按照国家上年度职工日平均工资标准计算。

人民法院准许证人出庭作证申请的，应当通知申请人预缴证人出庭作证费用。

——《最高人民法院关于适用〈中华人民共和国民事诉讼法〉的解释》（2022 年 4 月 1 日修正）。

422. 专家辅助人的作证规则

关键词

专家辅助人　当事人陈述

最高人民法院司法解释

第一百二十二条 当事人可以依照民事诉讼法第八十二条的规定，在举证期限届满前申请一至二名具有专门知识的人出庭，代表当事人对鉴定意见进行质证，或者对案件事实所涉及的专业问题提出意见。

具有专门知识的人在法庭上就专业问题提出的意见，视为当事人的陈述。

人民法院准许当事人申请的，相关费用由提出申请的当事人负担。

第一百二十三条 人民法院可以对出庭的具有专门知识的人进行询问。经法庭准许，当事人可以对出庭的具有专门知识的人进行询问，当事人各自申请的具有专门知识的人可以就案件中的有关问题进行对质。

具有专门知识的人不得参与专业问题之外的法庭审理活动。

——《最高人民法院关于适用〈中华人民共和国民事诉讼法〉的解释》（2022 年 4 月 1 日修正）。

423. 法院对专家辅助人不作资格审查

关键词

专家辅助人　诉讼辅助人　证人　诉讼代理人　资格审查

最高人民法院司法解释

第一百二十二条　当事人可以依照民事诉讼法第八十二条的规定，在举证期限届满前申请一至二名具有专门知识的人出庭，代表当事人对鉴定意见进行质证，或者对案件事实所涉及的专业问题提出意见。

具有专门知识的人在法庭上就专业问题提出的意见，视为当事人的陈述。

人民法院准许当事人申请的，相关费用由提出申请的当事人负担。

——《最高人民法院关于适用〈中华人民共和国民事诉讼法〉的解释》（2022 年 4 月 1 日修正）。

附录：最高人民法院主流观点

第一，专家辅助人能否参与到法庭审理，取决于人民法院的决定，人民法院认为当事人申请专家辅助人出庭没有必要的，可以驳回当事人的申请。

第二，专家辅助人的诉讼地位是诉讼辅助人，因此，其出席法庭审理时不能被视为证人在证人席陈述意见，而是与当事人及其诉讼代理人在法庭上的位置保持一致。

第三，专家辅助人是否具备相应的资格和能力，取决于当事人的认识，人民法院对专家辅助人不作资格上的审查。

——最高人民法院民法典贯彻实施工作领导小组办公室编著：《最高人民法院新民事诉讼法司法解释理解与适用》，人民法院出版社 2022 年版，第 324 页。

424. 专家辅助人在法庭上的活动限于与专门性问题相关的范围

关键词

专家辅助人　专门性问题开庭审理

最高人民法院司法解释

第一百二十三条　人民法院可以对出庭的具有专门知识的人进行询问。经法庭准许，当事人可以对出庭的具有专门知识的人进行询问，当事人各自申请的具有专门知识的人可以就案件中的有关问题进行对质。

具有专门知识的人不得参与专业问题之外的法庭审理活动。

——《最高人民法院关于适用〈中华人民共和国民事诉讼法〉的解释》（2022 年 4 月 1 日修正）。

附录：最高人民法院主流观点

专家辅助人在法庭上的活动限于与专门性问题相关的范围，专门性问题之外的其他问题，专家辅助人不能参与。故在法庭对涉及专门性问题的事实调查结束后，应当责令专家辅助人退出审判区。专家辅助人在有关专门性问题的事实调查过程中超出专门性问题范围发表意见、进行陈述的，审判人员应当及时制止。

——最高人民法院民法典贯彻实施工作领导小组办公室编著：《最高人民法院新民事诉讼法司法解释理解与适用》，人民法院出版社2022年版，第325页。

425. 专家证人与“有专门知识的人”的实质性差别

关键词

专家证人　有专门知识的人　出庭作证

最高人民法院司法解释

第八十三条　当事人依照民事诉讼法第七十九条[①]和《最高人民法院关于适用〈中华人民共和国民事诉讼法〉的解释》第一百二十二条的规定，申请有专门知识的人出庭的，申请书中应当载明有专门知识的人的基本情况和申请的目的。

人民法院准许当事人申请的，应当通知双方当事人。

——《最高人民法院关于民事诉讼证据的若干规定》（2019年12月25日，法释〔2019〕19号）。

附录：最高人民法院主流观点

注意条文背后的法理，明确有专门知识的人的性质。自2002年开始，有观点认为，2001年《证据规定》第六十一条“具有专门知识的人员”性质为专家证人。经过我们多方解释、论证、澄清，理论界和实务界普遍认可“具有专门知识的人员”专家辅助人的性质以及诉讼辅助人的地位。但是，近年来，特别是2012年《民事诉讼法》修正后，一些学者和实务工作者对《民事诉讼法》第七十九条做了不正确的解读，尤其是在不了解立法背景、制度演进以及域外制度内容及运行状况的情形下所作出的解读，混淆审判实践中的

---

① 现为《民事诉讼法》（2021年修正）第八十二条。

认识，将“有专门知识的人”理解为专家证人的情况仍然一定程度上存在。

事实上，尽管专家证人和“有专门知识的人”都是基于当事人的聘请并经法庭准许进入民事诉讼之中、对当事人的诉讼活动提供帮助、由当事人承担其相关费用或支付报酬、在诉讼活动中参照或者适用证人作证的规则，但专家证人与“有专门知识的人”的相似是表面化的，二者存在实质性差别。

（1）二者功能的不同。“有专门知识的人”在诉讼中的功能只是单一的协助当事人就有关专门性问题的提出意见或者对鉴定意见进行质证，回答审判人员和当事人的询问、与对方当事人申请的“有专门知识的人”对质等活动也是围绕着对鉴定意见或者专业问题的意见展开的。法律、司法解释对于“有专门知识的人”活动范围、方式的规定，与解决审判实践中对鉴定意见质证困难的初衷密不可分。辅助当事人充分有效地完成诉讼活动才是“有专门知识的人”最主要的功能，其并不承担法官“专业助手”的职责。而专家证人的功能则是双重的。他在诉讼中，既要在事实发现上为法庭提供帮助，也要辅助当事人进行诉讼。而辅助法庭事实发现的功能是其最主要和优先的功能。

这种功能在英国《民事诉讼规则》实施前，在一个1993年的判例中，民事诉讼中专家证人的职责就已经被确定为“就其专业知识范围内的事项，以客观地无偏见的意见的方式，为法庭提供独立的帮助”，“专家证人绝不应当承担辩护律师的角色”。而英国《民事诉讼规则》35.3更将其明确为“①专家的职责是就其专业知识范围内的事项为法庭提供帮助；②这种职责优先于其对聘请他或向他支付报酬的人的责任”。专家证人的这种功能与大陆法上鉴定人的功能非常接近。

在大陆法系国家，鉴定的基本功能就是在法官面对因不具备专业知识而不能作出判断的事项时，由专家提供中立的意见以弥补其能力的不足，以达到对有关事项正确判断的目的。鉴定人在诉讼中被视为法官的助手，应当根据法庭的指示和派遣来履行职责。专家证人与这种功能上的差异，决定了“有专门知识的人”的性质和诉讼地位不是专家证人。由于专家证人制度与鉴定制度同样具有在事实发现过程中辅助事实审理者对专业问题作出决定的功能，如果我国民事诉讼制度在已经遵循大陆法国家的做法确立了鉴定制度的同时，再设置专家证人制度，欠缺必要性与合理性，也不符合法律规则创设的内在逻辑。

（2）英美法系国家和地区的专家证人尽管与事实证人相比较存在特殊性，但其诉讼地位仍然归属于证人范畴，遵循适用于所有证人作证的共同规则。然而根据民事诉讼法和司法解释中有关证人作证的规则，我国的证人制度并不允许证人表达意见证言，证人只能进行“体验性”陈述。这些规则与英美法系国家和地区对事实证人的要求是一致的。这种对证人的要求显然与本条关于“有专门知识的人”的要求是不相容的。因此，将“有专门知识的人”理解为专家证人的观点是不正确的，它势必导致“概念称谓上的混乱，理解上的不统一”，也势必影响该项规定在审判实践中适用的效果。

（3）“有专门知识的人”与日本《民事诉讼法》上的诉讼辅助人具有实质上的一致性。在日本《民事诉讼法》上，诉讼辅助人是指“随同当事人、法定代理人或诉讼代理人在期日里一起出庭，进行口头陈述的人”。其口头陈述的内容即是对当事人及代理人的陈述进行补充。由于诉讼辅助人只是法庭审理过程中的“附加人员”，因此他不能在法庭审理之外从事有关的诉讼行为。对于这种诉讼辅助人的资格，法律通常没有特别的限制，但一个人能否成为诉讼辅助人，仍需法庭的许可。而本条规定的“有专门知识的人”在法庭上的活动，同样是以对有关专门性问题进行说明陈述的方式，弥补当事人及代理人在能力上的不足；其活动范围也仅限于法庭审理中与专门性问题的有关的活动；对于这种“有专门知识的人”的资格，法律和司法解释没有提出特别的要求，其是否具有满足协助当事人就专门性问题发表意见、进行质证的资格，是当事人考虑的问题，但其出席法庭审理，仍然需要当事人的申请和法庭的许可。

可见，将“有专门知识的人”理解为诉讼辅助人是恰当的，符合立法和司法解释的本意和“有专门知识的人”的特点。而专家辅助人这一称谓，也能够准确反映“有专门知识的人”的本质。有关诉讼辅助人，有日本学者在论述时指出，“随着纠纷中专业化、技术化因素的增多，对于一些事项，即使是一些具有律师身份的诉讼代理人，也不具备这种专业知识，因此让这种问题的专家及技术者成为当事人或诉讼代理人的助手就显得极为必要。有鉴于此，近来也有观点倡导应当积极灵活地运用辅助人制度”。由此可见，在民事诉讼中涉及专业性问题时，日本学者的观点与我国的立法和司法解释的解决方案存在高度一致。

基于上述对于“有专门知识的人”性质的认识，对于审判实践中当事人根据《民事诉讼法解释》第一百二十二条规定申请所谓专家证人出庭作证的情形，应当向当事人进行释明，要求其按照法律、司法解释的规定更正申请的内容。而绝不应出现根据当事人申请通知所谓专家证人出庭作证、以专家证人的证言作为认定案件事实根据的情况。

——最高人民法院民事审判第一庭编著：《最高人民法院新民事诉讼证据规定理解与适用》，人民法院出版社 2020 年版，第 726~730 页。

426. 证人具结制度的适用

关键词

证人具结 保证书

最高人民法院司法解释

第一百一十九条 人民法院在证人出庭作证前应当告知其如实作证的义务以及作伪证的法律后果，并责令其签署保证书，但无民事行为能力人和限制民事行为能力人除外。

证人签署保证书适用本解释关于当事人签署保证书的规定。

第一百二十条 证人拒绝签署保证书的，不得作证，并自行承担相关费用。

——《最高人民法院关于适用〈中华人民共和国民事诉讼法〉的解释》（2022 年 4 月 1 日修正）。

第七十一条 人民法院应当要求证人在作证之前签署保证书，并在法庭上宣读保证书的内容。但无民事行为能力人和限制民事行为能力人作为证人的除外。

证人确有正当理由不能宣读保证书的，由书记员代为宣读并进行说明。

证人拒绝签署或者宣读保证书的，不得作证，并自行承担相关费用。

证人保证书的内容适用当事人保证书的规定。

——《最高人民法院关于民事诉讼证据的若干规定》（2019 年 12 月 25 日，法释〔2019〕19 号）。

附录：最高人民法院主流观点

根据《民事诉讼法解释》及本条的规定，我国民事诉讼中的具结制度在适用时应当注意：

1. 具结的适用主体方面，具结程序适用于除无民事行为能力和限制行为能力人之外所有的证人。因无民事行为能力和限制民事行为能力人在与其年龄、智力状况或精神健康状况相适应的事项上可以作为证人，但由于行为能力的限制，其不能完全理解具结的意义，在通常情况下也无法令其承担伪证制裁后果，故无民事行为能力人和限制民事行为能力人不必具结。

2. 具结的时间方面，具结时间的合理设置是发挥具结制度功效的前提条件。证人的具结应当在证人陈述证言之前进行，并且为了加强具结的仪式效果和警醒作用，证人的具结必须单独进行。

3. 具结的方式方面，证人应当同时完成书面具结和口头具结。具结是尽可能地激发证人的良知和责任感，具结的效果往往取决于程序在证人内心产生的共鸣和约束作用，因此具结的形式应当使证人充分了解其所肩负的义务以及违反义务时应当承担的法律后果。证人因客观原因无法出庭作证而以书面证言或其他视听传输技术作证时，仍应当完成证人的具结。

4. 从具结的内容上看，应当包含两方面的内容：（1）保证如证人所感知和了解的客观事实，绝无匿、饰、增、删的情形；（2）是如有虚假陈述，愿意接受法律制裁。

5. 从具结的法律效力上看，证人的具结是其作证的前提条件。未经具结的证人证言不具有证据能力，不能作为认定案件事实的依据。

证人具结是证人如实陈述的保证，也是证人如实作证的必要措施。证人如确有正当理由无法宣读保证书，如证人在文字认知、语言表达等方面确实存在障碍，经人民法院准许，可由书记员代为宣读并作出说明。签署和宣读保证书是证人作证前的必经程序，签署和宣读保证书的主要作用在于对证人的心理产生威慑，进而保障证人证言的真实性，证人拒绝签署和宣读保证书意味着其无法保证陈述内容的真实性，本质上是拒绝作证的表示。据此，因证人拒绝签署和宣读保证书而导致其不能作证的，自然不能主张出庭作证的费用，相关费用应当由其自行承担。

——最高人民法院民事审判第一庭编著：《最高人民法院新民事诉讼证据规定理解与适用》，人民法院出版社 2020 年版，第 640~641 页。

427. 有专门知识的人的性质及在证据法上的效力

关键词

有专门知识的人　专家证人证言　证据效力

最高人民法院审判业务意见（第二巡回法庭法官会议纪要）

我国《民事诉讼法》及相关司法解释中并无专家证人的规定，根据 2019 年修正后公布的《民事证据规定》第七十二条关于"证人应当客观陈述其亲身感知的事实，作证时不得使用猜测、推断或者评论性语言"的规定，证人仅指事实证人，不包括专家证人。《民事诉讼法》第七十九条[①]规定的有专门知识的人，性质上为专家辅助人。根据《民事诉讼法解释》第一百二十二条

① 现为《民事诉讼法》（2021 年修正）第八十二条。

第二款的规定，其所陈述的意见视为当事人的陈述。而根据《民事诉讼法》第七十五条[①]的规定，当事人的陈述不能独立证明案件事实，应当与其他证据结合才能作为认定案件事实的根据。本案中，一审法院将有专门知识的人作为专家证人错误，仅以其陈述的意见认定案件事实程序上显属不当。

附：案情简介

甲房地产公司与乙建筑公司签订《建设工程施工合同》，约定乙公司承建甲公司开发的房地产项目。施工完成后，因工程质量问题，双方发生争议，甲公司遂起诉乙公司，要求乙公司承担违约责任。一审期间，甲公司未申请对工程质量问题进行鉴定，而是根据《民事诉讼法》第七十九条和《民事诉讼法解释》第一百二十二条，向法院提出专家证人出庭作证申请。一审法院准许其申请，并按照证人作证程序进行了通知、询问等，采信专家证人的证言作为认定建设工程质量问题的根据。

——《有专门知识的人的性质及在证据法上的效力》，载贺小荣主编：《最高人民法院第二巡回法庭法官会议纪要》（第二辑），人民法院出版社 2021 年版，第 36~38 页。

九、证据的质证、审核、认定

428. 禁反言规则

关键词

禁反言　诚实信用原则

最高人民法院司法解释

第二百二十九条　当事人在庭审中对其在审理前的准备阶段认可的事实和证据提出不同意见的，人民法院应当责令其说明理由。必要时，可以责令其提供相应证据。人民法院应当结合当事人的诉讼能力、证据和案件的具体情况进行审查。理由成立的，可以列入争议焦点进行审理。

——《最高人民法院关于适用〈中华人民共和国民事诉讼法〉的解释》（2022 年 4 月 1 日修正）。

---

① 现为《民事诉讼法》（2021 年修正）第七十八条。

附录：最高人民法院主流观点

随着人民法院民事审判方式改革，以庭审为中心的民事诉讼制度正在完善，其中开庭审理前准备过程的实体法意义和程序法意义愈发引起重视。民事诉讼法第一百三十六条针对开庭前准备阶段不同案件处理作出不同规定，包括转入督促程序、调解、确定简易程序或普通程序、交换证据明确争议焦点等。就审判实践而言，绝大多数一审民事案件以普通程序审理为主，对此类案件，开庭审理前准备过程主要包括庭前证据交换、庭前会议等。庭前证据交换，是指人民法院在案件开庭审理前，组织当事人及其诉讼代理人在指定的时间和地点交换已经持有的、证明各自诉讼主张的各种证据的活动。庭前会议是为实现法庭审理集中化需要在开庭前进行的包括明确诉讼请求及答辩意见、收集整理证据、保全、委托鉴定、勘验等综合必要准备工作的会议。

开庭审理前的准备工作，需要当事人及其诉讼代理人的参与，而当事人及其诉讼代理人在此阶段做出的诉讼行为，特别是对于事实和证据的认可应该予以规范和限制，即无论是大陆法系抑或英美法系普遍认可的禁反言原则当有所体现，《民事诉讼法司法解释》第二百二十九条规定意即在此。当事人对其在审理前的准备阶段认可的事实和证据，在庭审中提出相反的意见和观点，应当说明理由。

1. 禁反言是民事诉讼诚信原则的要求

民事诉讼法第十三条规定，民事诉讼应当遵循诚信原则。诚信原则最早起源于罗马法中的诚信契约和诚信诉讼，被称为现代民法的“帝王原则”，是当事人和其他诉讼参与人应当遵守的基本原则，贯穿民事诉讼活动全过程。就其具体内容而言，包括：(1) 禁止滥用诉讼权利，当事人及其他诉讼参与人依法善意地行使法律赋予的诉讼权利，不得滥用起诉权、管辖异议权、回避申请权、提出证据等权利，或者不按照规定的程序行使权利，意图拖延诉讼、阻挠诉讼的进行；(2) 当事人一方怠于行使诉讼权利，长期没有行使的意思表示和实施相应的行为，致使对方当事人误认为不会行使后，再行使该权利并导致对方利益受损的行为，法院不能支持；(3) 当事人及其他诉讼参与人负有真实陈述事实和主张的义务，当事人不得在诉讼中提供虚假证据、不得在诉讼中作虚假陈述，证人不得提供虚假证言等；(4) 禁反言，一方当事人有义务从事对方所预期的一定行为，实际上实施的却是完全违背对方预期的行为时，这种行为就被认为是背信行为而应当受到禁止。禁反言主要是为了防止一方当事人以及其他诉讼参与人出现前后相互矛盾的诉讼行为，从而损害对方当事人的利益，破坏民事诉讼的整体进展。构成禁反言，应当具备当事人及其他诉讼参与人实施了前后矛盾的诉讼行为损害了对方当事人的利益的条件。

2. 禁反言是现代民事诉讼制度改革发展的趋势

从国际上有关民事诉讼制度改革的最新发展来看，为追求诉讼机制的效率与公正，当前世界各国日益重视对审前程序的改革与完善，尤其是采取法院职权主义诉讼模式的大陆法系国家，开始借鉴以当事人主义主导的英美法系诉讼模式审前程序体现出的效率价值，从原来偏重开庭审理转向庭前准备与开庭审理并重。比如，德国曾实行证据随时提出主义，后进行庭审程序改革，将“一步到庭”改为审前准备和审理程序两个阶段，设立口头辩论或交换书证两种准备方式供法官选择，并将证据随时提出主义改为适时提出主义，加强证据失权效力。

在强化庭前审理程序同时，禁反言原则得以进一步被重视。禁反言本是来自英美法系的原则。英美法系国家一直适用宣誓制度，并逐步发展出禁反言原则。当事人在民事诉讼进行当中，其实施的诉讼行为必须前后一致，如果该当事人变更其诉讼行为会给对方当事人造成不公平的结果时，对前后矛盾的行为应予禁止。《元照英美法词典》将禁反言的内涵划分为三个层次：(1)不容否认，指禁止当事人提出与其以前的言行相反的主张，即对于当事人先前的行为、主张或者否认，禁止其在此后的法律程序中反悔，否则，将会对他人造成损害；(2) 再诉禁止，既判事项不容否认，即禁止对同一当事人或相同争点再次诉讼；(3) 主张因对他人的误导性陈述存在善意信赖而受有损害的答辩。[①] 在大陆法系国家，禁反言原则被视为诉讼法中诚信原则的一种具体表现形态，比如有日本学者认为，禁反言的法理意味着，一方当事人有义务从事对方所预期的一定行为时，实际上实施的却是完全违背对方预期的行为，这种行为被视为违反信义原则的背信行为而予以禁止。[②] 以上两种论述的基本内容具有一致性。

3. 禁反言是庭前准备阶段程序及实体的价值体现

民事诉讼法并未明确规定禁反言原则，更未规定庭前准备过程中当事人对其认可的事实与证据庭审中予以否认的处理，但参照海事诉讼特别程序法第八十五条的规定，“当事人不能推翻其在《海事事故调查表》中的陈述和已经完成的举证，但有新的证据，并有充分理由说明该证据不能在举证期间内提交的除外”，结合民事诉讼法诚信原则的确立，应认可当事人在审理前准备阶段无异议的事实和证据的证明力，在此后庭审中，当事人对此予以否认的，应负有说明理由义务，并由法院进行必要的审查。

审判实践中应当注意的问题：

第一，民事诉讼法第一百三十六条第四项规定通过要求当事人交换证据

---

① 参见薛波主编：《元照英美法词典》，法律出版社 2003 年版，第 495 页。

② 参见［日］谷口安平：《程序的正义与诉讼》(增补本)，王亚新、刘荣军译，中国政法大学出版社 2002 年版，第 175 页。

等方式，明确争议焦点。这从立法层面明确了庭前证据交换程序，是建设以庭审为中心的现代民事诉讼程序结构的重要基础。在证据交换过程中，审判人员对当事人无争议的事实、证据应当记录在卷；对有异议的证据，按照需要证明的事实分类记录在卷，并记载异议的理由，通过证据交换，确定双方当事人争议的主要问题。

第二，禁反言原则主要是从衡平法发展来的，除了考虑对方当事人利益损害外，还应该考虑对诉讼程序完整性的影响程度，考虑和平衡当事人之间的利益状态。当事人在庭审中对于此前庭前准备阶段认可的事实和证据予以否认的，人民法院应当责令其说明理由，必要时责令其提供支持其理由的证据。

第三，从我国目前实际情况看，司法实践中律师代理诉讼尚不普遍充分，有的当事人对自身程序利益认识还比较模糊，一些相关的配套制度，包括法官阐明义务制度还不完善，当事人诉讼能力有待提高，对于当事人庭审中对于此前准备过程中认可的证据和事实的否认，不宜"一刀切"地机械适用禁反言原则予以否定，应当结合当事人诉讼能力、相应的证据和案件具体情况对当事人的理由进行审查，理由成立的，可以列入争议焦点进行审理。

——最高人民法院民法典贯彻实施工作领导小组编著：《最高人民法院新民事诉讼法司法解释理解与适用》，人民法院出版社 2022 年版，第 489~492 页。

最高人民法院公报案例、最高人民法院裁判文书

中国进出口银行与光彩事业投资集团有限公司、四通集团公司借款担保合同纠纷案［最高人民法院（2006）民二终字第 49 号民事判决书］

最高人民法院认为，根据本案查明的事实，光彩集团公司作为有限责任公司，公司注册资本 5 亿元，其中山东泛海集团公司出资 3.56 亿元，出资比例为 71.2%；潍坊宝顺建设有限公司出资 1 亿元，出资比例 20%；四通集团出资 100 万元，出资比例为 0.2%。其公司章程未规定公司不得为股东进行担保。该章程规定，董事会是该公司法人机关，董事会成员由股东单位委派人员组成，董事会的表决程序采用资本多数决的形式。公司 11 家股东中 10 家股东单位委派其法定代表人担任该公司董事，一家为股东单位代表。光彩集团提供的证据表明，在该公司同意为四通集团进行担保的 2001 年 12 月 25 日、2003 年 12 月 26 日的两次董事会上，分别持有该公司 93.6% 和 91.2% 股权的董事同意为四通集团担保，符合公司章程的规定。董事会决议加盖了董事会公章，在《保证合同》及《贷款重组协议》上加盖了光彩集团公章，光彩集团对上述公章的真实性均不持异议。应当认定光彩集团签署上述《保

证合同》及《贷款重组协议》是其真实意思表示，不违背占资本绝大多数股东的意志，该保证行为亦不违反法律和行政法规的禁止性规定，应为有效。关于光彩集团提出的根据该公司章程，董事会至少 8 名董事参加方能召开，而上述两次董事会决议只分别有 5 名和 2 名董事签字，故董事会会议召开无效，董事会决议亦无效问题，本院认为：分别有 5 名和 2 名董事在董事会决议上签字，并不能证明只有 5 名或 2 名董事参加董事会会议。光彩集团应对该公司 2001 年 12 月 25 日、2003 年 12 月 26 日的两次董事会的召开是否符合章程规定的董事出席人数负有举证责任，但该公司始终未提供两次董事会的纪要或原始记录，应承担举证不能的责任。且即使董事会决议有瑕疵，也属其公司内部行为，不能对公司的对外担保行为效力产生影响。故光彩集团在本案诉讼中提出的董事会决议无效，公司为其股东担保无效的主张没有事实和法律依据，且违反民事诉讼中的禁止反言规则，本院不予支持。进出口银行关于光彩集团为四通集团提供担保不违反法律的禁止性规定，是有效担保，光彩集团应对四通集团的本案债务承担连带责任的上诉理由成立，本院予以支持。

——《最高人民法院公报》2006 年第 7 期。

最高人民法院裁判文书

成清波与万仁辉、江西富源贸易有限公司、吉林成城集团股份有限公司民间借贷纠纷案［最高人民法院（2013）民一终字第 133 号民事判决书］

裁判要旨：民事诉讼法第十三条规定“民事诉讼应当遵循诚实信用原则。当事人有权在法律规定的范围内处分自己的民事权利和诉讼权利”，此为民事诉讼的诚实信用原则和处分原则。依据该条规定，若当事人在民事诉讼过程中，对另一方当事人陈述的案件事实明确表示承认的，属于该方当事人对自己民事权利和诉讼权利的处分，在不违反法律规定的情形下，人民法院对该处分应予以准许。当事人后又反悔，否认已经承认的事实的，其行为有违诚实信用原则，对其主张，人民法院不予支持。

最高人民法院认为，依据民事诉讼法第一百六十八条[①]“第二审人民法院应当对上诉请求的有关事实和适用法律进行审查”的规定，围绕上诉人的上诉请求，本案的争议焦点为：成清波应否对 6750 万元借款的利息部分承担连带清偿责任。

---

①　现为《民事诉讼法》（2021 年修正）第一百七十五条。

1. 依据《协议书》和《承诺书》的约定，成清波应对 6750 万元借款的还款义务承担连带清偿责任

虽然《协议书》载明的出借人是江西省家电市场海兴家电商行，但该商行的性质为个体工商户，经营者为万仁辉。依据《最高人民法院关于适用〈中华人民共和国民事诉讼法〉若干问题的意见》第 46 条规定，在诉讼中，个体工商户以营业执照上登记的业主为当事人。因此，万仁辉为实际上的出借人，其和富源公司之间的借贷合同关系不属于企业之间的拆借。故《协议书》的内容不违反法律、行政法规的强制性规定，作为当事人的真实意思表示，应为合法有效。

按照《承诺书》的表述，成清波对《协议书》对应借款的还款义务承担保证责任，保证的方式为连带责任保证，保证担保的主债权数额为 8000 万元。其内容不违反法律、行政法规的强制性规定。现富源公司和万仁辉之间实际发生的借款数额为 6750 万元，仍在 8000 万元的主债权数额之内，故万仁辉要求成清波对 6750 万元借款的还款义务承担连带清偿责任符合《承诺书》的约定。对于《承诺书》的真实性，成清波在一审中未提出异议，也未申请笔迹鉴定，在上诉期间内未就此提出相关上诉请求，而是在《上诉状》中明确认可了出具《承诺书》的事实，认可自己对 6750 万元借款的本金部分承担连带清偿责任，这些均为其对案件事实的自认以及对自己民事权利和诉讼权利的处分，最高人民法院对此予以确认。依据民事诉讼法第十三条“民事诉讼应当遵循诚实信用原则。当事人有权在法律规定的范围内处分自己的民事权利和诉讼权利”以及《最高人民法院关于民事诉讼证据的若干规定》第八条第一款“诉讼过程中，一方当事人对另一方当事人陈述的案件事实明确表示承认的，另一方当事人无需举证”的规定，最高人民法院对成清波否认《承诺书》真实性的主张不予支持，对其在二审过程中要求笔迹鉴定的申请不予准许。

2. 成清波承担连带清偿责任的范围包括 6750 万元借款的利息部分

担保法第二十一条规定：“保证担保的范围包括主债权及利息、违约金、损害赔偿金和实现债权的费用。保证合同另有约定的，按照约定。当事人对保证担保的范围没有约定或约定不明确的，保证人应当对全部债务承担责任。”本案中，《承诺书》只是陈述对“捌仟万元整的还款”承担担保责任，并未明确保证担保的范围，属于“没有约定或约定不明确”，故成清波提出的其对 6750 万元借款的利息部分不承担连带清偿责任的上诉理由，与事实和法律规定不符，不予支持。

——最高人民法院民事审判第一庭编：《民事审判指导与参考》2014 年第 1 辑（总第 57 辑），人民法院出版社 2014 年版，第 216~217 页。

429. 当事人向法庭提交“情况说明”后又致函予以撤销，能否采信

关键词

自认　免除举证责任

最高人民法院裁判文书

佛山市顺德区容星燃气用具有限公司与中国农业银行佛山顺德容桂支行、广州市东迅房地产发展有限公司、佛山市顺德区港德鞋业有限公司、中国农业银行股份有限公司佛山分行、佛山市顺德区迅发电线有限公司借款合同纠纷案［最高人民法院（2010）民提字第120号民事判决书］

最高人民法院认为，佛山农行于2005年12月2日广东省高级人民法院第一次二审审理期间提交过一份《说明》，称“为了维护农业银行在国际上的声誉，分散风险，舒缓压力，经上级行批准，我行考虑到监管的便利性，按照属地原则将包括港德鞋业在内的部分公司的国际业务划转给了顺德、南海等下属行。顺德支行接管我行的信用证贷款后，利用当地企业众多、业务发展外向型强的优势，对部分信用证采取向企业贷款，再由企业换汇代为兑付信用证的方式解决信用证兑付危机，以港德鞋业的信用证借款为例，当时，该企业信用证的待兑付金额高达1000多万美元。据悉，为妥善处理我行划转的信用证债务，顺德支行先后以顺德市容山实业发展总公司和顺德市容星燃气用具有限公司的名义发放人民币贷款，转给香港一公司，由该公司在香港为我行兑付境外银行的信用证款项。到目前为止，顺德支行接管的信用证贷款早已兑付完毕。”该《说明》的内容和前述农行内部审批文件所反映的情况能够相互印证，证明容桂农行发放该笔贷款给容星公司，是为佛山农行兑付境外银行议付的信用证款项。佛山农行在出具该份说明后，又于2006年11月3日广东省高级人民法院第二次二审审理期间出具《农行佛山分行关于撤销〈说明〉的函》，表示由于出具《说明》的人员不了解具体情况，导致《说明》内容不准确，不严谨，并称佛山农行和顺德农行同隶属农行广东省分行，两者不存在上下级关系，故对此说明予以撤销。根据《证据规则》第八条之规定，当事人在法庭辩论终结前撤回承认并经对方当事人同意，或者有充分证据证明其承认行为是在受胁迫或是存在重大误解的情况下作出且与事实不符的，不能免除对方当事人的举证责任。因此，在佛山农行不能以充分证据证明其第一次向广东省高级人民法院作出的说明系受胁迫或存在重大误解下

作出的情况下，将免除申请再审人的举证责任。同时，在佛山农行作出的第二次说明不足以推翻第一次说明的情况下，第二次说明不能采信，否则有违诚信原则。

——法信网。

430. 笔录供述等刑事证据经质证后可作为民事诉讼证据使用

关键词

刑事证据

最高人民法院裁判文书

广州市商业银行越秀支行与中国农业银行岳阳市云溪支行、广州名鑫实业发展有限公司、珠海协利租赁有限公司侵权纠纷上诉案［最高人民法院（2008）民二终字第 3 号民事判决书］

裁判要旨：民事案件的当事人或其工作人员被公安机关依法传唤，其在公安机关形成的询问笔录在民事诉讼中就其证据属性而言，仍为证人证言。不能认为由公安机关依法根据一种比民事诉讼更为严肃的刑事诉讼程序获取的证人证言，只要取证程序合法，即具有证据能力。询问笔录在民事诉讼中的采信同样应当适用《民事证据规定》的有关规定。根据《民事证据规定》，与一方当事人有利害关系的证人证言不能单独作为认定案件事实的依据。

——最高人民法院民事审判第二庭编：《民商事审判指导》2009 年第 2 辑（总第 18 辑），人民法院出版社 2009 年版，第 259~270 页。

最高人民法院审判业务意见（民二庭庭推纪要）

刑事卷中的笔录供述等证据能否作为民事诉讼证据使用。

五、审判长联席会议倾向性结论

（1）关于本案的定性问题：本案诉争法律关系本案属于一般存单关系。

（2）民事证据的证明标准问题：本案中刑事卷中的笔录供述等证据可以作为本案民事诉讼中的证据来使用。

（3）双方责任分配的比例问题：西部证券和农业银行双方都有过错，主次难以划分，为公平起见，各自承担 50% 的责任。建议合议庭再合议一次。

六、典型性法律问题之提炼

刑事卷中的笔录供述等证据能否作为本案民事诉讼中的证据使用的问题，是本案中的典型问题，该问题亦属民事审判中常见问题。对该问题，审判长联席会议形成了倾向性意见：刑事证据与民事证据标准不同。刑事证据的认定标准要比民事证据的盖然性更高，真实性也更高。在刑事公正的前提下，因此除非有相反证据反证，当事人的供述可以作为民事案件的证据使用。尤其是在相关供述可以相互印证，相互吻合，形成了比较完整的证据链的情况下，更应当按照本院《民事证据规定》第七十三条所确立的“高度盖然性”证明标准即优势证据标准予以认定。当然，其应当根据《民事证据规定》第四十七条的规定进行质证后方能作为民事诉讼证据使用。

——王闯：《刑事卷中的笔录供述等证据能否作为民事诉讼证据使用》，载最高人民法院民事审判第二庭编：《民商事审判指导》2008 年第 1 辑（总第 13 辑），人民法院出版社 2008 年版，第 29~34 页。

431. 证据已经穷尽而待证事实处于真伪不明时，人民法院可要求当事人到庭接受询问

关键词

人民法院询问时的当事人陈述

最高人民法院司法解释

第一百一十条　人民法院认为有必要的，可以要求当事人本人到庭，就案件有关事实接受询问。在询问当事人之前，可以要求其签署保证书。

保证书应当载明据实陈述、如有虚假陈述愿意接受处罚等内容。当事人应当在保证书上签名或者捺印。

负有举证证明责任的当事人拒绝到庭、拒绝接受询问或者拒绝签署保证书，待证事实又欠缺其他证据证明的，人民法院对其主张的事实不予认定。

——《最高人民法院关于适用〈中华人民共和国民事诉讼法〉的解释》（2022 年 4 月 1 日修正）。

附录：最高人民法院主流观点

在审判实践中，某些情况下待证事实除当事人陈述之外没有其他证据证明，如民间借贷案件中款项交付的事实真伪不明，这种情况下简单根据举证责任分配规则进行裁判，驳回当事人的诉讼请求，有时会引起裁判是否公正、法官是否尽到职责的质疑。为此，本解释参考大陆法系国家的经验，将人民法院询问时的当事人陈述作为一种特殊情形，赋予其独立的证据效力。这种

设计与大陆法系国家将询问当事人作为证据方法的做法是一致的。在“依据当事人的举证结果不足以使法官就事实的真伪形成确信，或其他证据方法已经使用穷尽时……就待证事实询问当事人。至于该应证事实被证明的几率是否相当高或是否被释明，则非所问”。①

《民事诉讼法司法解释》第一百一十条的内容主要包括三个方面：（1）人民法院询问当事人的条件。根据本条规定，“人民法院认为有必要的”情况下，可以对当事人进行询问。所谓有必要的情形，一般是指证据已经穷尽而待证事实处于真伪不明的情况。当然，在审判实践中是否询问、何时询问当事人，应当根据案件的具体情况确定，出于审理便利的需要，在法庭审理过程中询问当事人本人的，也并不违反本解释的规定。（2）询问当事人时的具结。人民法院询问当事人，应当要求当事人具结。具结是一种保证，是保证对自己的行为负责、愿意为违反保证承担责任的意思表示。由于人民法院询问当事人的结果能够独立发挥证明作用，由当事人具结对于促使当事人如实陈述是必要的，也具有十分积极的意义。根据本条规定，当事人具结的形式为签署保证书，保证书的性质为具结书，其内容应当包含对如实陈述的保证以及虚假陈述愿意接受处罚等。（3）当事人拒绝接受询问的后果。负有举证责任的当事人拒绝到庭、拒绝接受询问或者拒绝具结的，在待证事实真伪不明的情况下，人民法院对其主张的待证事实不予支持，由负有举证责任的当事人承担不利后果，是举证责任的应有之义。

——最高人民法院修改后民事诉讼法贯彻实施工作领导小组编著：《最高人民法院民事诉讼法司法解释理解与适用》，人民法院出版社 2015 年版，第 364~365 页。

432. 政府机关及其他职能部门出具的证明材料能否作为人民法院认定案件事实的根据

关键词

政府证明材料　证明力

最高人民法院公报案例

李明柏诉南京金陵置业发展有限公司商品房预售合同纠纷案（南京市中级人民法院二审民事判决书）

① 张永泉：《民事诉讼证据原理研究》，厦门大学出版社 2006 年版，第 82 页。

裁判摘要：对于政府机关及其他职能部门出具的证明材料，人民法院应当对其真实性、合法性以及与待证事实的关联性进行判断，如上述证据不能反映案件的客观真实情况，则不能作为人民法院认定案件事实的根据。

江苏省高级人民法院经审查认为，人民法院应当以证据能够证明的案件事实为依据依法作出裁判，无论是当事人提供的证据，还是人民法院依职权调取的证据，均应客观真实地反映案件事实，并经双方当事人质证后，才能作为定案的依据。对于政府机关及其他职能部门出具的询价意见、咨询意见等证据材料，人民法院应当对其真实性、合法性以及与待证事实的关联性进行判断，如上述证据不能反映案件的客观真实情况，则不能作为人民法院认定案件事实的根据。本案中，金陵置业公司违反合同约定，交付的房屋存在质量问题致李明柏不能正常居住，应承担违约责任。李明柏请求以同期房屋租金为标准计算其因房屋质量问题而造成的实际损失，人民法院应予支持。关于租金损失的计算标准问题，原审法院以南京市江宁区物价局价格认证中心咨询的意见作为涉案房屋的租金标准，并以此计算房屋租金损失，即 2010 年涉案房屋租金认定为 9000 元 / 月，2011 年认定为 9900 元 / 月。根据市场一般行情，决定房屋租赁价格的因素主要包括房屋面积、户型、地理位置、装潢档次、周边环境等因素，物价局价格认证中心出具的询价意见仅是认定房屋租赁价格的参考和证据材料，而不应成为认定涉案房屋租金标准的直接依据。根据法院查明的事实，物价局价格认证中心出具的房屋租金标准远低于美仕别墅区位的同类房屋实际市场租赁价格，故该询价标准不符合当时涉案房屋租赁市场价格的实际情形。因此，原审法院仅以向物价局的询价标准来认定涉案房屋租金损失显失公平，在计算涉案房屋租金实际损失时，应当综合房屋市场租赁价格真实情况据实予以认定。而李明柏提交的同地段房屋租赁协议虽证明涉案小区有业主出租房屋租金可达到每月 21000 元以上，但该租金价格仅系个别业主根据自己房屋的区位及装修情况，结合租房人的实际需求，协商达成的价格，并不具有普遍性。

基于上述事实和理由，江苏省高级人民法院于 2014 年 10 月 8 日作出裁定，认为李明柏的再审申请符合《中华人民共和国民事诉讼法》第二百条第（一）项、第（二）项规定的情形，裁定指令江苏省南京市中级人民法院再审本案。江苏省南京市中级人民法院于 2014 年 12 月 18 日作出裁定：撤销江苏省南京市中级人民法院〔2013〕宁民终字第 2605 号民事判决及南京市江宁区人民法院〔2012〕江宁开民初字第 808 号民事判决，并将本案发回南京市江宁区人民法院重审。

李明柏、金陵置业公司均不服再审一审判决，向南京市中级人民法院提起上诉。

南京市中级人民法院经审理认为，因金陵置业公司交付的房屋存在质量问题，致李明柏无法正常居住，李明柏要求赔偿损失，符合法律规定。关于损失计算标准问题，李明柏提交的房屋租赁协议虽证明涉案小区有业主出租房屋租金可达到每月21000元以上，但该租金价格并不具有普遍性，而江苏省高级人民法院向南京市住建局调取的同区域别墅租金清册载明的价格，系综合多方因素得出的平均租金价格，更具有普遍性，再审一审法院在双方均不申请对案涉房屋装修前后出租价格进行评估的基础上，结合案涉房屋的具体情况，参考该租金清册所确定的租金价格并无不当。李明柏要求至少按每月21000元标准进行补偿，不予支持。综上，再审一审判决认定事实清楚，所作判决并无不当。李明柏、金陵置业公司的上诉请求均不能成立，不予支持。

——《最高人民法院公报》2016年第12期。

433. 行政管理部门依法制作的事故认定书的证明力

关键词

事故认定书　书证　鉴定意见　证明力

最高人民法院司法解释

第十八条　行政管理部门依据法律规定制作的交通事故认定书、火灾事故认定书等，人民法院应当依法审查并确认其相应的证明力，但有相反证据能够推翻的除外。

——《最高人民法院关于适用〈中华人民共和国保险法〉若干问题的解释（二）》（2020年12月29日修正）。

最高人民法院裁判文书

张保庆与漯河供销再生资源有限公司租赁合同纠纷案［最高人民法院（2015）民申字第1600号民事裁定书］

最高人民法院认为，（一）引发火灾原因的认定。针对双方当事人履行租赁合同期间张保庆租用仓库发生的火灾事故，源汇区消防大队先后作出了源公消火认字〔2009〕第001号、源公消火认字〔2011〕第004号、源公消火认字〔2011〕第005号三份《火灾事故认定书》，其中源公消火认字〔2011〕第005号《火灾事故认定书》（以下简称05号认定书）虽然距火灾时间跨度较长，且存在现场解除封闭后又形成第三份现场勘验笔录等问题，但该认定书系公安消防部门最终作出，并未经法律程序予以撤销，一、二审法院以此作为证据采信并无不当。05号认定书载明火灾起火点位于刘银朝租赁仓库内，起火原因为："起火点处电气故障引燃可燃物所致，造成该起火灾电气故障的原因与火灾前仓库架空线线路零线缺失存在关联。"上述内容能够确定本次火灾系刘银朝租用仓库的电气故障引燃可燃物所致，而前仓库架空线线路零线缺失仅与该起火灾电气故障的原因存在关联。对于张保庆提出05号认定书载明的灾害成因"发生火灾的仓库距东邻、南邻居民住宅楼防火间距不足、发生火灾的仓库防火分区面积过大"均系再生资源公司造成的主张，起火原因是燃烧起火的条件，而灾害成因是指燃烧失控并造成特定火灾结果的系列条件，可以说起火成因主要是对火灾蔓延、损失扩大方面所做的原因分析。首先，再生资源公司的仓库距东邻、南邻居民住宅楼防火间距不足是历史形成，仓库早于相邻居民楼建设，均经过规划局批准，再生资源公司亦通过相关部门审核领取了房屋租赁营业执照，具备房屋出租条件。况且，仓库与相邻住宅楼防火间距不足只是造成部分相邻住宅楼过火，与张保庆租用仓库起火并无直接关联。其次，仓库租给租户后，各租户应按照仓库的性质和状况正确使用，05号认定书认定火灾仓库的防火分区面积过大，主要是张保庆在租用仓库期间未考虑消防需求进行分区，仓库堆放货物过密，再生资源公司不应为此承担主要责任。故一、二审判决将刘银朝违规使用非照明电器故障引燃可燃物认定为本案火灾事故的直接原因并无不当。

——中国裁判文书网。

附录：最高人民法院主流观点

对于事故认定书应属于何种证据，法律上没有规定，理论上没有达成共识，我们认为，事故认定书兼有书证和鉴定意见的性质。无论是交通事故认定书还是火灾事故认定书，其基本内容均包括事故的基本事实、成因和当事人责任三部分。这三部分内在的逻辑关系是结果、原因和责任，即事故的结果、事故的原因及事故的责任人。其中的结果是对事故客观事实状况的描述，符合书证以文字记载和表达的思想内容证明案件事实的特点，可以证明交通事故或者火灾事故已经发生的客观状况，其中并无主观判断。事故认定书的基本事实部分属于书证，属于证明性文书、公文书。成因部分则是由法定的机关在运用专业知识审查、分析现场勘查笔录、证人证言、当事人陈述、技术鉴定等材料的基础上，对事故的因果关系作出的结论性意见，而责任部分则是根据成因确定相应的责任人。事故认定书的成因与当事人责任部分属于鉴定意见。

1. 书证部分的证明力

事故认定书基本事实部分主要是依据现场勘查笔录、当事人陈述、证人证言等作出的。现场勘查是公安机关人员亲身感受的结果，当事人陈述也是在事故发生后及时获得。事故认定书在时空上接近事故本身，从这个角度说，事故认定书的证明力较强。

2. 鉴定意见部分的证明力

《民事证据规定》第七十一条规定，人民法院委托鉴定部门作出的鉴定结论，当事人没有足以反驳的相反证据和理由的，可以认定其证明力。公安机关交通管理部门和公安机关消防机构作为道路交通安全法和消防法规定的出具事故认定书的机构，属于法定的事故鉴定机构，其出具的认定书中属于鉴定意见部分的证明力，也应参照该条的规定确定。

——最高人民法院民事审判第二庭编著:《最高人民法院关于保险法司法解释（二）理解与适用》，人民法院出版社 2013 年版，第 414~415 页。

434. 不动产登记簿对不动产物权权属的证明力

关键词

公文书证　证明力

最高人民法院司法解释

第一百一十四条　国家机关或者其他依法具有社会管理职能的组织，在其职权范围内制作的文书所记载的事项推定为真实，但有相反证据足以推翻的除外。必要时，人民法院可以要求制作文书的机关或者组织对文书的真实性予以说明。

——《最高人民法院关于适用〈中华人民共和国民事诉讼法〉的解释》（2022 年 4 月 1 日修正）。

第二条　当事人有证据证明不动产登记簿的记载与真实权利状态不符、其为该不动产物权的真实权利人，请求确认其享有物权的，应予支持。

——《最高人民法院关于适用〈中华人民共和国民法典〉物权编的解释（一）》（2020 年 12 月 29 日，法释〔2020〕24 号）。

最高人民法院裁判文书

李凤英与四平市金龙房地产开发公司返还原物纠纷案［最高人民法院（2017）最高法民申 902 号民事裁定书］

最高人民法院认为，李凤英关于《房屋拆迁许可证》系伪造的主张证据不足。首先，李凤英关于该许可证违法发放的主张无证据证实。李凤英申请再审称原审判决认定案件事实所依据的〔2000〕第35号《房屋拆迁许可证》是拆迁办主任在市委办不符合申领条件的情况下予以颁发的个人行为，并且该许可证是冒用其他许可证的档案号，但是并未提供证据证实。该《房屋拆迁许可证》作为行政机关发放的公文书证，具有较高的证明效力。在无充分证据证明该许可证虚假的情况下，原审判决对该许可证予以采信并无不当。

其次，李凤英关于该许可证系伪造的主张证据不足。李凤英主张，其申请再审提供的吉林高院（2016）吉执复25号执行裁定书中关于"万豪公司不能办理房屋产权手续"的认定，能够证明上述《房屋拆迁许可证》是伪造的。但万豪公司是否能够办理回迁房的产权手续与《房屋拆迁许可证》的真实性无直接关联，不能证明该许可证系伪造。因此，李凤英关于案涉许可证系伪造的主张，证据不足，不能成立。

——中国裁判文书网。

附录：最高人民法院主流观点

（一）不动产登记簿对不动产物权权属的证据能力

根据民事诉讼法第六十三条[①]之规定，不动产登记簿应归属于书证中的公文书证这一法定证据形式。公文书证根据其内容，可以分为处分性公文书证和报告性公文书证。处分性公文书证的内容是记载国家或其授权机关的意思表示，例如关于裁决或处罚决定的公文书证；而报告性公文书证则是记载公共管理机关观念表示或认识的公文书证，例如本条所指不动产登记簿、户籍等。

就书证证据效力而言，公文书证自有其特点：首先，公文书证一般都具有形式证据效力。对此，立法多加以肯定。例如，《民事诉讼法解释》第一百一十四条规定：国家机关或者其他依法具有社会管理职能的组织，在其职权范围内制作的文书所记载的事项推定为真实，但有相反证据足以推翻的除外。必要时，人民法院可以要求制作文书的机关或者组织对文书的真实性予以说明。可见，以公文书证举证的当事人不必举证证明公文书证本身的真实性。如果法院对于公文书证的形式证据力有疑义时，可以咨询制作该公文书证的机构或经办人员，依职权进行核实。如果对方当事人对此有异议，则应举出反证推翻公文书证真实这一推定。必须强调的是，这里的推翻不是对公文书证真实性的反证，而是要承担公文书证不真实的本证证明责任。其次，公文书证推定具有实质证据力，即依文书的程式和意旨认定为公文书的，推定其

① 现为《民事诉讼法》（2021年修正）第六十六条。

内容为真实。对方当事人对此有争执时，应当举证予以推翻，即与形式证据力一样，有争执的当事人要承担公文书证不真实的本证证明责任，即证明相反事实的存在。

将上述公文书证证据力方面的特点具体到本条所指的不动产登记簿上，可以得出一个一般性结论：不动产登记簿作为公文书证中的报告性书证，其对不动产物权权利归属的证明是通过法律上的权利推定这一方式完成。相应地，不动产登记簿上有关不动产权属记载事项，在确定不动产物权归属方面的证明力方面远高于其他证据的证明力。因此，当事人一方如想否定该推定的正确性，则必须承担更多的举证证明责任。

（二）否定不动产登记簿证明力的证据应达到“具有高度可能性”程度。

司法实务中，理解和适用《物权法司法解释（一）》第二条[①]（以下简称本条）中“有证据”这一表述时，要与《民事诉讼法解释》第一百零八条中“高度可能性”的表述看齐。这里的高度可能性，在理论上与“优势证据”基本一致。所谓“优势证据”，是指能证明对特定事实存在或不存在具有高度盖然性的证据。高度盖然性，强调的是一种存在可能而非存在必然，是根据事物发展的高度概率进行判断的一种认识方法，是人们在对事物的认识达不到逻辑必然性条件时不得不采用的一种认识手段。[②]如果一方当事人提出的证据已经证明该事实发生具有高度盖然性，人民法院即可对该事实予以确认。因为在不能拒绝裁判的前提下，认定高度盖然性的事实发生，更接近于真实。……由于不动产登记的公信力即为登记内容对善意第三人推定为正确或真实，意味着登记簿上记载的不动产物权权利人被推定为真正权利人。这种推定真实或正确不但体现了国家公权力对不动产权属的介入，而且还维系交易安全，勾连着善意取得制度的实施。因此，在否定不动产登记簿作为不动产物权归属的证据证明力这一问题上，应秉持审慎态度，不宜轻易否定不动产登记簿记载的真实性。特别是在不动产物权归属处于真伪不明情形时，一般应维持不动产登记簿在不动产物权归属方面的证明效力，而不通过证据之间证明力的比较，采信证明力较大的优势证据方式，来确认不动产物权的归属。只有在相对方所提供的证据在证明其为不动产物权权利人具有高度可能性且不动产登记簿上记载确有错误等待证事实方面能够排除合理怀疑，足以让法官产生逻辑必然性的心证时，才能确认其享有物权。具体而言，可通过否定不动产登记簿形式证据力和不动产登记簿实质证据力两个角度着手：

1. 如果有证据证明不动产登记簿本身并非有权机关依职权制作这一事实

① 对应《民法典物权编司法解释（一）》第二条。

② 最高人民法院民事审判第一庭：《民事诉讼证据司法解释的理解与适用》，中国法制出版社2002年版，第351页。

具有高度可能性，则不动产登记簿本身就不具备证据的真实性，此时，已无需再进一步证明不动产登记簿记载事项不实，即可直接否定不动产登记簿的证明力。关于不动产登记簿本身的真假性问题，一个简单的办法就是根据《民事诉讼法解释》第一百一十四条之规定，人民法院可以在必要时，要求制作不动产登记簿的机关对该登记簿的真实性予以说明。

2. 如果有证据证明不动产登记簿记载事项不实具有高度可能性，亦可否定不动产登记簿的证明力。虽然不动产登记簿的登记需要经过严格的审核程序，但其记载事项与事实不符者，仍难完全避免……根据《不动产登记暂行条例》第八条第三款第（二）项、第（三）项“不动产登记簿应当记载以下事项：（二）不动产权利的主体、类型、内容、来源、期限、权利变化等权属状况；（三）涉及不动产权利限制、提示的事项”之规定，不动产登记簿上应记载登记原因，也就是不动产物权的取得、丧失或限制的方式。因此，对该不动产登记簿记载事项有异议者，只需证明该权利产生、消灭或限制要件不存在即可。例如，房屋登记簿上必须记载房屋所有权的取得方式，如究竟是因为买卖、互换、赠与、继承还是其他原因而取得所有权。因此，主张房屋登记簿不正确的人只要证明房屋登记簿上记载的那个特定的所有权取得方式（如买卖合同）并不存在，如合同没有成立、无效或被撤销，即可认为登记簿确有错误，登记簿的推定就被推翻。此时，登记名义人即便提出其他能够获得该房屋所有权的情形（如赠与合同或继承等），也无法继续维持登记簿的正确性推定。当然，要最终确定不动产物权的归属和内容，主张登记簿错误之人仍须就此等权利发生要件之不存在负举证责任。①

除了要证明不动产登记簿上记载权利状况不真实之外，本条还规定当事人必须证明自己对特定不动产享有物权。这是因为，即使当事人能提交证据否定不动产登记簿记载权利人的真实性，也不能必然得出自己就是登记簿登记的不动产物权真正权利人的结论。如果当事人不能证明其为该不动产的真实权利人，就可能因不符合民事诉讼法第一百一十九条②“原告与本案有直接利害关系”之规定，而被裁定驳回起诉。由上，当事人还需证明自己已经通过合法途径取得了该物权。至于取得方式为原始取得抑或继受取得，在所不问。例如在不动产物权变动情形中，凡是记载有关不动产物权变动的有效法律行为的文件或文书，即可能成为本条所指证据。这些文件或文书主要有遗嘱、遗赠协议、财产分割协议、合同、人民法院、仲裁委员会的法律文书或者人民政府的征收决定等。当然，基于以上书面文件公示效力的有限性，当事人在举证时往往还要结合其他证据一起构成一个完整的证据链，以满足本

① 程啸：《不动产登记簿之推定力》，载《法学研究》2010年第3期。

② 现为《民事诉讼法》（2021年修正）第一百二十二条。

条所指的“高度可能性”条件，最终实现否定不动产登记簿证明力的目的。

——杜万华主编、最高人民法院民一庭编著：《最高人民法院物权法司法解释（一）理解与适用》，人民法院出版社2016年版，第70~75页。

435. 房屋买卖合同纠纷案件中对合同等书证的审查和认定

关键词

书证　证明力

最高人民法院公报案例、最高人民法院裁判文书

洪秀凤与昆明安钡佳房地产开发有限公司房屋买卖合同纠纷案［最高人民法院（2015）民一终字第78号民事判决书］

裁判摘要：一、合同在性质上属于原始证据、直接证据，应当重视其相对于传来证据、间接证据所具有的较高证明力，并将其作为确定当事人法律关系性质的逻辑起点和基本依据。若要否定书面证据所体现的法律关系，并确定当事人之间存在缺乏以书面证据为载体的其他民事法律关系，必须在证据审核方面给予更为审慎的分析研判。

二、在两种解读结果具有同等合理性的场合，应朝着有利于书面证据所代表法律关系成立的方向作出判定，借此传达和树立重诺守信的价值导向。

三、透过解释确定争议法律关系的性质，应当秉持使争议法律关系项下之权利义务更加清楚，而不是更加模糊的基本价值取向。在没有充分证据佐证当事人之间存在隐藏法律关系且该隐藏法律关系真实并终局地对当事人产生约束力的场合，不宜简单否定既存外化法律关系对当事人真实意思的体现和反映，避免当事人一方不当摆脱既定权利义务约束的结果出现。

最高人民法院认为，民事法律关系是民事法律规范调整社会关系过程中形成的民事主体之间的民事权利义务关系。除基于法律特别规定，民事法律关系的产生、变更、消灭，需要通过法律关系参与主体的意思表示一致才能形成。判断民事主体根据法律规范建立一定法律关系时所形成的一致意思表示，目的在于明晰当事人权利义务的边界、内容。一项民事交易特别是类似本案重大交易的达成，往往存在复杂的背景，并非一蹴而就且一成不变。当事人的意思表示于此间历经某种变化并最终明确的情况并不鲜见。有些已经通过合同确立的交易行为，恰恰也经历过当事人对法律关系性质的转换过程。而基于各自诉讼利益考量，当事人交易形成过程中的细节并不都能获得有效诉讼证据的支撑。合同在性质上属于原始证据、直接证据。根据最高人民法院《关于民事诉讼证据的若干规定》第七十七条有关证据证明力认定原则的规定，其应作为确定当事人法律关系性质的逻辑起点和基本依据，应当重视其相对于传来证据、间接证据所具有的较高证明力。仅可在确有充分证据证明当事人实际履行行为与书面合同文件表现的效果意思出现显著差异时，才可依前者确定其间法律关系的性质。亦即，除在基于特定法政策考量，有必要在书面证据之外对相关事实予以进一步查证等情形，推翻书面证据之证明力应仅属例外。民事诉讼中的案件事实，应为能够被有效证据证明的案件事实。此外，透过解释确定争议法律关系的性质，应当秉持使争议法律关系项下之权利义务更加清楚，而不是更加模糊的基本价值取向。在没有充分证据佐证当事人之间存在隐藏法律关系且该隐藏法律关系真实并终局地对当事人产生约束力的场合，不宜简单否定既存外化法律关系对当事人真实意思的体现和反映，避免当事人一方不当摆脱既定权利义务约束的结果出现。此外，即便在两种解读结果具有同等合理性的场合，也应朝着有利于书面证据所代表法律关系成立的方向作出判定，借此传达和树立重诺守信的价值导向。综上，若要否定书面证据所体现的法律关系，并确定当事人之间存在缺乏以书面证据为载体的其他民事法律关系，必须在证据审核方面给予更为审慎的分析研判。

根据最高人民法院《关于适用〈中华人民共和国合同法〉若干问题的解释（二）》第七条规定，“交易习惯”是指，不违反法律、行政法规强制性规定的，在交易行为当地或者某一领域、某一行业通常采用并为交易对方订立合同时所知道或者应当知道的做法，或者当事人双方经常使用的习惯做法。《中华人民共和国合同法》针对“交易习惯”问题作出相关规定，其意旨侧重于完善和补充当事人权利义务的内容，增强当事人合同权利义务的确定性。而本案并不涉及运用交易习惯弥补当事人合同约定不明确、不完整所导致的权利义务确定性不足的问题。在前述立法意旨之外，运用“交易习惯”认定当事人交易行为之“可疑性”，应格外谨慎。首先，关于房屋交付时间问题。案涉房产存在违反规划超建楼层且尚未报批即行出售的事实，在此情况下，当事人约定在合同签订之日后近四个月时交付房产。而即便不考虑前述事实，在现房买卖情形中，如何约定交房期限方符合“交易习惯”，有无必要乃至是否形成“交易习惯”，同类一般交易判断是否已经形成普遍共识，尚存较大疑问。其次，关于房屋价格问题。抛开此节是否属于“交易习惯”的问题，对不合理低价的判断，亦须以当时当地房地产管理部门公布的同等房地产之价格信息为参考依据。虽安钡佳公司称对其法定代表人张晓霞与张琳婕是否为亲属关系不得而知，但其确认张琳婕同张传文（与张晓霞户籍迁移时间、原因，迁出及迁入地均相同）身份证号相同的事实。张琳婕与安钡佳公司《商品房购销合同》的备案登记，已于 2014 年 4 月 22 日（一审庭审时间为 2014 年 9 月 23 日）因退房原因被注销。一审法院未查明相关事实，亦未对安钡佳公司在一审庭审中所作陈述与前述合同约定单价出现明显差异的事实给予必要关注，径以双方当事人约定价格明显低于安钡佳公司与张琳婕在案涉合同签订之日近 30 个月前所订合同中约定价格为主要理由，否定本案双方当事人之间存在房屋买卖法律关系，理据不足。此外，至本案当事人签约时（2013 年 8 月 21 日），昆明市进一步加强商品房预售管理实施意见已经在当地施行（2011 年 1 月 1 日生效）。根据该意见的前述相关规定，可以认定洪秀凤所持本案交易价格符合合理区间的主张成立。再次，关于付款问题。案涉合同约定的购房款支付方式为分期支付，但在洪秀凤所为一次性支付及安钡佳公司受领给付的共同作用下，应当认定其属于合同履行之变更。将此种合同履行变更视作与正常买房人的付款习惯相悖，理据尚不充分。而洪秀凤向安钡佳公司法定代表人张晓霞付款 1900 万元，也符合该公司所出具付款委托书的要求。购房发票系当事人办理房地产变更登记过程中所必需，一审法院认定安钡佳公司此前先行开具购房款收据违背房屋买卖“交易习惯”，并得出当事人之间不存在房屋买卖法律关系的结论，缺乏足够的事实和法律依据。对本案 736 万元款项性质，双方所述均无合同依据且无其他证据佐证。然据前所述及，也不宜基此通过解释和推断得出推翻书面证据所反映当事人法律关系存在的结论。最后，关于借贷法律关系问题。洪秀凤与安钡佳公司签订了房屋买卖合同且已经备案登记，在实际履行过程中，虽然有些事实可能引发不同认识和判断，但在没有任何直接证据证明洪秀凤与安钡佳公司之间存在民间借贷法律关系，且安钡佳公司对其所主张民间借贷法律关系诸多核心要素的陈述并不一致的情况下，认定双方当事人之间存在民间借贷法律关系，缺乏充分的事实依据。本案二审庭审时，当庭播放了沈汉卿与安钡佳公司法定代表人张晓霞于 2014 年 11 月 10 日（一审庭审之后）的通话录音。其时，安钡佳公司一审所持抗辩意见已经固定，但安钡佳公司法定代表人张晓霞在通话中对洪秀凤之购房人身份却是认可的。至于安钡佳公司主张支付吴基协的 1840 万元系其所归还的借款本金问题，因其未提供任何证据支持，本院难予采信。如有争议，当事人可另循法律途径解决。

证明标准是负担证明责任的人提供证据证明其所主张法律事实所要达到的证明程度。本案中，洪秀凤已经完成双方当事人之间存在房屋买卖法律关系的举证证明责任，安钡佳公司主张其与洪秀凤之间存在民间借贷法律关系。按照最高人民法院《关于适用〈中华人民共和国民事诉讼法〉的解释》第一百零八条规定，安钡佳公司之举证应当在证明力上足以使人民法院确信该待证事实的存在具有高度可能性。而基于前述，安钡佳公司为反驳洪秀凤所主张事实所作举证，没有达到高度可能性之证明标准。较之高度可能性这一一般证明标准而言，合理怀疑排除属于特殊证明标准。最高人民法院《关于适用〈中华人民共和国民事诉讼法〉的解释》第一百零九条对排除合理怀疑原则适用的特殊类型民事案件范围有明确规定。一审法院认定双方当事人一系列行为明显不符合房屋买卖的“交易习惯”，进而基于合理怀疑得出其间系名为房屋买卖实为借贷民事法律关系的认定结论，没有充分的事实及法律依据，也不符合前述司法解释的规定精神，本院予以纠正。

——《最高人民法院公报》2016 年第 1 期。

436. 一方当事人主张对方提供的合同文本原件不真实，但不能提供自己持有的原件及其他证据的，人民法院应当依据优势证据原则认定对方合同文件原件真实

关键词

争议合同文本　证明标准

最高人民法院公报案例、最高人民法院裁判文书

福建三木集团股份有限公司与福建省泉州市煌星房地产发展有限公司商品房预售合同纠纷案［最高人民法院（2004）民一终字第 104 号民事判决书］

裁判摘要：根据最高人民法院《民事证据规定》第二条、第十条、第三十四条的规定，当事人对自己提出的诉讼请求所依据的事实或反驳对方诉讼请求所依据的事实有责任提供证据加以证明。当事人向人民法院提供书证的，应当提供原件，并在人民法院指定的举证期限内积极、全面、正确地完成举证义务。因此，签订合同的一方当事人主张对方向法院提供的合同文本原件不真实，即应当向法院提供自己持有的合同文本原件及其他相关证据；如果不能向法院提供合同文本原件，亦不能提供其他确有证明力的证据以否定对方当事人提供的合同文本原件的真实性，人民法院应当依据优势证据原则，认定对方当事人提供的合同文本原件真实。

——《最高人民法院公报》2006 年第 5 期。

附录：司法信箱

该案举证责任应由谁承担？

问题：原告邱某和被告郑某等人合伙经营货运站，拆伙时引起纠纷。原告提出其投资 3.6 万元，但不能提供相应证据。被告方承认并同意给付原告投资款 1.8 万元。处理中，有两种意见：一种意见认为应驳回原告起诉，理由是原告方没有证据证明自己的事实主张，应承担不利后果；另一种意见认为，虽然原告方没有举证，但被告承认原告的投资款，应判决给付。

《人民司法》研究组认为：从民事诉讼举证责任分配角度而言，信中所述案件属于普通的民事纠纷，应适用一般举证责任分配规则，举证责任由主张权利的一方承担。原告邱某主张其出资 3.6 万元与郑某合伙经营，必须举证证明，否则，就要承担举证不能的法律后果。在诉讼过程中，被告郑某承认对方投资 1.8 万元并同意给付，属于对争议事实的自认。根据最高人民法院《民事证据规定》第七十六条的规定，邱某可以基于郑某的自认行为，在其自认范围内免予承担举证责任，人民法院也可以据此支持邱某的一部分主张。不过，超出郑某自认范围的那部分请求，邱某的举证并不能免除，如果举证不能，人民法院对其请求将依法不予支持。

——《人民司法》2004 年第 4 期（总第 90 期）。

437. 信息网络传播权纠纷案件中公证证据的审查

关键词

侵害信息网络传播权纠纷　公证证据　电子证据　证据采信

最高人民法院裁判文书

新传在线〔北京〕信息技术有限公司与中国网络通信集团公司自贡市县级分公司信息网络传播权纠纷案［最高人民法院（2008）民申字第 926 号民事裁定书］

最高人民法院认为，对于当事人提供的相关公证证据，人民法院在必要时可以根据网络环境和网络证据的具体情况，审查公证证明的网络信息是否来自于互联网而不是本地电脑，并在此基础上决定能否作为定案依据。当公证行为在公证处以外的场所进行时，所用电脑及移动硬盘在公证之前不为公证员控制，且公证书没有记载是否对该电脑及移动硬盘的清洁性进行检查的情况下，认为此类公证书虽能证明在公证员面前发生了公证书记载的行为，但还不足以证明该行为发生于互联网环境之中。

——最高人民法院民事审判第三庭编：《知识产权审判指导》2008 年第 2 辑（总第 12 辑），人民法院出版社 2008 年版，第 221~224 页。

附录：本案解析

本案主要涉及互联网环境下公证证据的采信问题。因互联网信息的多变性及易删除、易修改性，涉及有关侵犯信息网络传播权等行为时，权利人为证明自己的主张，经常采取请公证人员公证其访问互联网并登录被控侵权人网站并播放涉案影片的过程，并以此作为被控侵权人侵犯其信息网络传播权的证据请求人民法院保护其信息网络传播权。一般来讲，如果上述取证是在公证机关进行，或者用的是公证机关的电脑，被控侵权人一般不会对该公证证据的真实性和客观性提出质疑。但是，有许多案例反映出上述取证并非在公证机关进行，有的是在权利人或其代理人的办公室、网吧或者其承租的宾馆房间，且取证所用的电脑并非公证机关的电脑，公证书亦未记载是否对所用电脑及其移动存储介质的清洁性进行检查。此时，被控侵权人经常以公证取证方式存在重大瑕疵并以技术上存在修改本机 hosts 文件，将特定域名与特定 IP 地址建立映射关系，从而使得输入该特定域名所打开的网页为权利人或其代理人预先设定好的页面的可能性，对此类证据的真实性和客观性提出质疑。在司法实践中相关法院对此问题的认识也不尽一致，有的法院，如本案四川省高级人民法院和自贡市中级人民法院，认为在电脑不为公证人员控制的情况下且未进行清洁度检查的情况下，不能确保公证书所记载内容的真实性、客观性，没有认定相关公证书具有证明效力。但多数法院均认为根据民事诉讼法第六十七条[①]及最高人民法院《关于民事诉讼证据的若干规定》第九条、第七十七条的规定，认定被控侵权人的质疑只是一种推测，在其没有提供足够充分的相反证据的情况下，公证程序中的一些瑕疵不足以否定整个电子证据保全过程的真实性和准确性，认定相关公证书具有证明效力。在这种情况下，最高人民法院的裁判结果对统一全国法院执标准、规范公证取证方式具有重要意义。

本案的关键证据是两份公证书。关于是否采信第 22931 号公证书，涉及人民法院如何对网络环境下的公证证据进行认证的问题。在本案中，人民法院已经查明了由于互联网的特殊性及计算机技术的发展，在技术上确实存在可以预先在本地电脑中设置目标网页，通过该电脑访问互联网时，该虚拟的目标网页与其他真实的互联网页同时并存的可能性。因此，证明被控侵权网站上是否是在网络环境中了涉案影片就成了本案的关键问题。在司法实践中，

---

① 现为《民事诉讼法》（2021 年修正）第七十条。

有以MSN状态栏显示为登录状态即认为是在互联网环境之中，亦有以插上网线与互联网连接即认为是在互联网环境之中的。在人民法院查明的虚拟网络环境的新技术出现之前或者在公证机关进行前述操作，当事人对人民法院以此认定是在互联网环境之下并无太多的争议。但是，随着该新技术的出现，当取证方式不够规范的时候，特别是对方当事人对该证据提出异议的情况下，人民法院必须审查该公证证据是否是能反映互联网环境之中的情形，即必须审查公证证明的网络信息是否来自于互联网而不是本地电脑，并在此基础上决定能否作为定案依据。

本案中，根据原审法院查明的事实，第22931号公证书涉及的公证行为是在新传在线委托代理人提供的场所进行，公证所用的电脑及移动硬盘亦为该代理人提供，并由该代理人进行具体操作，该公证书没有记载是否对该电脑及移动硬盘的清洁性进行检查等内容，且在技术上确实存在可以预先在本地电脑中设置目标网页，通过该电脑访问互联网时，该虚拟的目标网页与其他真实的互联网页同时并存的可能性。因此，在未记载是否对公证所用的本地电脑进行清洁性检查的情况下，第22931号公证书虽能证明在公证员面前发生了公证书记载的行为，但还不足以证明该行为发生于互联网环境之中，即不足以证明自贡网通在网站上提供过《疯狂的石头》的在线播放服务。

关于第110182号公证书能否证明自贡网通在其网站上播放了涉案影片的问题。该公证书虽然记载了网通营业厅工作人员称自贡网通网站上有《疯狂的石头》并看过该片，但该公证证据仅能证明自贡网通工作人员在公证员面前作的陈述，其实质上是一份经过公证的证人证言，在没有其他证据佐证的情况下，尽管该证人是在公证人员面前做的，但公证本身还不足以证明其证言内容的真实性。如果人民法院在没有其他证据佐证的情况下，仅凭此份公证书认定自贡网通在网站播放了涉案影片，无疑是一个非常危险的倾向。

最高人民法院虽然在本案中没有采信新传在线的主张，但并非意图加重权利人的举证负担，只是在当前技术飞速发展的情况下，对如何采信互联网环境之下的证据，提出了最高人民法院的要求：人民法院在审查此类证据时，要按照民事诉讼法及最高人民法院证据规则的要求，审查证据的合法性、客观性和关联性，必须审查公证证明的网络信息是否来自于互联网而不是本地电脑，并在此基础上决定能否作为定案依据。当然，最高人民法院如此裁判，同时也提醒了相关权利人和公证机构在保全证据时应当规范取证，在客观上起到了规范此类案件公证取证、统一全国法院执法标准的效果，这也正是本案的意义所在。

——王艳芳：《信息网络传播权纠纷案件中公证证据的审查》，载最高人民法院民事审判第三庭编著：《知识产权审判指导》2009年第2辑（总第14辑），人民法院出版社2009年版，第218~220页。

438. 对只有间接证据的案件中证据的审查判断

关键词

间接证据　证据采信

最高人民法院司法解释

第一百零四条　人民法院应当组织当事人围绕证据的真实性、合法性以及与待证事实的关联性进行质证，并针对证据有无证明力和证明力大小进行说明和辩论。

能够反映案件真实情况、与待证事实相关联、来源和形式符合法律规定的证据，应当作为认定案件事实的根据。

——《最高人民法院关于适用〈中华人民共和国民事诉讼法〉的解释》（2022 年 4 月 1 日修正）。

最高人民法院裁判文书

中国东方资产管理公司广州办事处与中山市工业原材料公司等借款合同纠纷上诉案［最高人民法院（2004）民二终字第 207 号民事判决书］

裁判要旨：间接证据之间形成完整的证据链条，就能获得较为可信的证明力。

最高人民法院认为：关于 1611031.25 美元借款是否已经发放以及建设总公司应否承担担保责任问题。本案虽没有直接证据证明中山中行直接或通过案外人汕尾建行向原材料公司发放了 150 万美元贷款（后包括利息表述为 1611031.25 美元），但根据本院二审查明的事实，即原材料公司向中山中行申请贷款的报告、中山中行与汕尾建行签订的《拆借合同》《中山中行的报告》、中山中行向汕尾建行的还款凭证以及中山中行多次向原材料公司和建设总公司发出的《催收通知书》，上述间接证据已经环环相扣，形成了一个证据链条，足以证明中山中行已经发放了该笔贷款并享有该笔债权。故原材料公司应当对该笔贷款承担偿还责任，建设总公司应当承担连带责任。

——最高人民法院民二庭编：《民商事审判指导》2004 年第 2 辑（总第 6 辑），人民法院出版社 2005 年版，第 288~289 页。

附录：本案解析

原审判决之所以判令原材料公司和建设总公司不承担 1611031.25 美元的偿还责任，主要理由就是：广州办事处不能提供发放该笔贷款的划款凭证和借款收据，且原材料公司否认收到该笔贷款，即本案没有直接证据证明该笔贷款已经发放。最高人民法院二审之所以认定 1611031.25 美元借款已经发放以及判令建设总公司承担担保责任，主要理由就是：本案虽没有直接证据证明中山中行直接或通过案外人汕尾建行向原材料公司发放了 150 万美元贷款（后包括利息表述为 1611031.25 美元），但根据二审查明的事实，即原材料公司向中山中行申请贷款的报告、中山中行与汕尾建行签订的《拆借合同》《中山中行的报告》、中山中行向汕尾建行的还款凭证以及中山中行多次向原材料公司和建设总公司发出的《催款通知书》，上述间接证据已经环环相扣，形成了一个证据链条，足以证明中山中行已经发放了该笔贷款并享有该笔债权。故原材料公司应当对该笔贷款承担偿还责任，建设总公司应当承担连带责任。最高人民法院二审之所以作出上述认定和判决，涉及民事诉讼中间接证据的运用问题。从理论上看，民事证据有原始证据与传来证据、直接证据与间接证据之分。所谓直接证据是指能够单独证明案件事实的证据。运用直接证据认定案件事实在审判实践中比较普遍，相关证据的审查判断和采信规则也容易被法官所熟知。所谓间接证据是指不能单独证明案件事实，需要与其他证据结合起来才能证明案件事实的证据。一般情况下，直接证据的证明力要强于间接证据。但间接证据在民事诉讼中也具有重要的作用。间接证据的功能是：补充直接证据效力的功能，对案件事实起辅助性的证明作用；一定情形下证明案件事实的功能，即在缺乏直接证据的情形下，运用多个证据，形成证据链条，证明案件事实的功能。运用间接证据证明案件事实，应遵循以下证明规则：（1）各个间接证据必须真实可靠；（2）间接证据之间具有一致性，相互之间不存在矛盾；（3）间接证据必须具备一定的数量，并形成一个完整的证据链条。[①] 从本案看，首先，各个间接证据即原材料公司向中山中行申请贷款的报告、中山中行与汕尾建行签订的《拆借合同》《中山中行的报告》、中山中行向汕尾建行的还款凭证以及中山中行多次向原材料公司和建设总公司发出的《催款通知书》是真实的，换言之，如果上述任何一个证据是不真实的或有瑕疵，则不符合间接证据的证明规则。其次，原材料公司向中山中行申请贷款的报告载明了该笔贷款系通过中山中行向汕尾建行拆借而来；《中山中行的报告》，中山中行与汕尾建行签订的《拆借合同》以及中山中行向汕尾建行的还款凭证，则表明了中山中行与汕尾建行之间存在拆借关系；中山中

① 江伟主编：《民事诉讼法》，高等教育出版社 2004 年版，第 134 页。

行多次向原材料公司和建设总公司发出《催款通知书》，原材料公司和建设总公司多次予以签收，则进一步表明债务人和担保人是认可该笔债务的。即上述间接证据之间具有一致性，相互之间不存在矛盾。最后，上述间接证据不是孤立的，而是一个不可分割的整体，形成了一个证据链条，足以证明该笔贷款已经发生。应当指出，单个或者少量的间接证据不能形成一个证据链条，证据力较弱或者不能证明待证事实。必须要有一定数量或者若干个间接证据，并且形成一个证据链条，才能证明待证事实。

——徐瑞柏：《运用新证据、间接证据认定主债权发生和判令担保人承担担保责任问题》，载最高人民法院民二庭编：《民商事审判指导》2004 年第 2 辑（总第 6 辑），人民法院出版社 2005 年版，第 289~290 页。

439. 非法证据的判断标准

关键词

非法证据　证明力

最高人民法院司法解释

第一百零六条　对以严重侵害他人合法权益、违反法律禁止性规定或者严重违背公序良俗的方法形成或者获取的证据，不得作为认定案件事实的根据。

——《最高人民法院关于适用〈中华人民共和国民事诉讼法〉的解释》（2022 年 4 月 1 日修正）。

附录：最高人民法院主流观点

《民事诉讼法司法解释》第一百零六条（以下简称本条）延续了 2001 年《民事诉讼证据规定》以来最高人民法院判断和排除非法证据的一贯立场，并以此作为修改 2001 年《民事诉讼证据规定》第六十八条的指导思想。在本条中，我们首先坚持非法证据应当排除的原则。在判断非法证据的标准上，本条包括如下内容：(1) 违反法律的禁止性规定仍然作为判断标准。违反法律的禁止性规定是指违反实体法上的规定，这里的实体法不限于民事法律，一切实体法规范均包括在内。(2)2001 年《民事诉讼证据规定》中“侵害他人合法权益”的标准，在本条中被表述为“严重侵害他人合法权益”，即对侵害他人合法权益提出了程度上的条件即要达到严重的程度，一定程度上体现了利益衡量的因素。这意味着对他人合法权益造成一般性侵害的，不会导致证据被排除，因此，非法证据的判断标准有所放宽。(3) 增加了“严重违背公序良俗”

的情形。由于在审判实践中一直以侵权行为的构成作为判断取证方法是否构成"侵害他人合法权益"的标准，违反公序良俗损害他人合法权益的情形因构成侵权行为，事实上已经被"严重侵害他人合法权益"的标准所涵盖。故"严重违背公序良俗"，是指证据在形成或者获取过程中并无对他人合法权益的明显损害，但其形成或者取得本身违背公序良俗的情形。此外，与 2001 年《民事诉讼证据规定》相比，本条对于非法证据的界定并不限于获取证据方法的违法，证据形成本身违法亦构成非法证据。

审判实践中应当注意的问题：

第一，相较于 2001 年《民事诉讼证据规定》第六十八条，本条对于非法证据的判断一方面增加了"严重违背公序良俗"的情形，另一方面对侵害他人合法权益的情形要求达到严重的程度。

第二，依本条规定，不仅在获取证据的方法上，证据本身以"严重侵害他人合法权益、违反法律禁止性规定或者严重违背公序良俗的方法"形成的，也构成非法证据。

——最高人民法院民法典贯彻实施工作领导小组办公室编著:《最高人民法院新民事诉讼法司法解释理解与适用》，人民法院出版社 2022 年版，第 288 页。

440. 偷录、偷拍等非法证据能否作为证明借贷关系存在的证据

关键词

民间借贷　非法证据　民事诉讼

最高人民法院司法解释

第二条　出借人向人民法院提起民间借贷诉讼时，应当提供借据、收据、欠条等债权凭证以及其他能够证明借贷法律关系存在的证据。

当事人持有的借据、收据、欠条等债权凭证没有载明债权人，持有债权凭证的当事人提起民间借贷诉讼的，人民法院应予受理。被告对原告的债权人资格提出有事实依据的抗辩，人民法院经审查认为原告不具有债权人资格的，裁定驳回起诉。

——《最高人民法院关于审理民间借贷案件适用法律若干问题的规定》（2020 年 12 月 29 日修正）。

附录：最高人民法院主流观点

在民间借贷关系中，由于出借人和借款人之间多为亲朋好友关系，双方

在发生民间借贷行为时，如果借款金额较小，出借人通常都是采用现金给付方式，并且碍于情面可能也不会要求借款人与其签订借款合同或出具借据、收据、欠条等借款书面凭证。一旦出现借款人不按口头约定归还借款本金及利息，则出借人主张债权时，将可能面临没有书面证据证明借贷关系存在的困境。此时，出借人经常会通过不经借款人同意，私下录音录像等方式记录借款人自认已借款、借款数额、还款期限、约定利息等事项。显然，这种未经相对方同意录音录像取得的证据不具备证据的合法性特征，属于广义非法证据范畴。根据《民事诉讼法解释》第一百零六条"对以严重侵害他人合法权益、违反法律禁止性规定或者严重违背公序良俗的方法形成或者获取的证据，不得作为认定案件事实的根据"之规定，非法证据只有在三种情形下，才不得作为认定民间借贷案件事实依据的规定：

（一）严重侵害他人合法权益的

如果当事人制作证据或收集证据的行为严重侵害人了他人的合法权益，那么该证据就不得被采纳作为认定案件事实的依据。这里要注意的是：（1）必须对他人合法权益造成了实际的侵害；（2）造成损害的程度要是严重的；（3）侵害的必须是他人的合法权益，其他非法的利益是不受保护的。因而，如果制作或收集证据的行为仅仅是侵害了他人的非法利益的话，不影响证据的采纳。

（二）违反法律禁止性规定的

所谓法律禁止性规定是指禁止某类行为的规范，其表述一般是"不得""不可以""禁止"等，是相对于法律强制性规定而言的。具体到《最高人民法院关于审理民间借贷案件适用法律若干问题的规定》（2020年12月23日修正）第二条而言，如果当事人形成或调查收集证据的行为是违反法律的禁止性规定的，也就是说当事人的行为是被法律所禁止的但其却违背此不可为的义务，此时对该证据是不能够采纳的，人民法院不得将其作为认定事实的依据。

（三）严重违背公序良俗的

违背公序良俗的具体情形有如下几个方面：（1）违反人伦的行为；（2）违反正义观念的行为；（3）乘他人窘迫、无经验获取不当利益的行为；（4）极度限制个人自由的行为；（5）限制营业自由的行为；（6）处分生存基础财产的行为；（7）显著的射幸行为。这是非法证据排除的情形，主要是针对实践中出现的各式各样的虽严重违背公序良俗但却不构成违反法律禁止性规定的证据收集行为。应该注意的是，这里对违背公序良俗有程度上的要求即严重。

具体到偷录偷拍的证据是否能定位为非法证据予以排除，需要根据情况具体分析，有以下几点需要考虑：（1）案件性质、偷拍偷录的损害后果及其社会危害程度。如在公共场合的偷拍偷录行为的社会危害性，一般来说就小于在个人领域诸如住宅中进行偷拍偷录的社会危害性。（2）偷拍偷录的目的、动机以及主观过错程度。比如说当事人故意将偷拍偷录的照片视频发到网上，然后将网上的评论也作为支持其事实主张的证据，那么该照片或视频及其评论都不能被作为定案依据。（3）偷拍偷录手段和方式。比如用窃听器、望远镜全天候监控某人的住宅等。

——最高人民法院民事审判第一庭编著：《最高人民法院新民间借贷司法解释理解与适用》，人民法院出版社 2020 年版，第 62~80 页。

441. 私自录音证据可采性之条件

关键词

私自录音证据　可采性

最高人民法院裁判文书

张文武与陈志雄合同纠纷案［最高人民法院（2015）民提字第 213 号民事判决书］

裁判要旨：1. 一方当事人在原审中未提交已经客观存在的证据，但该当事人在原审中胜诉，后续程序中其逾期提交的证据符合“当事人非因故意或重大过失逾期提供证据”的规定，该证据能够反映本案相关事实的，应予采纳。

2. 私自录音证据的取得并未侵害当事人或其他人的合法权益，也未有违反法律禁止性规定或违背公序良俗的情形，该录音证据可以作为认定案件相关事实的依据。

3. “未经对方当事人同意私自录制其谈话，系不合法行为”应当理解为系对涉及对方当事人的隐私场所进行的偷录并侵犯对方当事人或其他人合法权益的行为，私自录音系在公共场所录制，未侵犯任何人的合法权益，且与案件的基本事实密切相关，应对该录音证据应予采纳。

最高人民法院经审查认为，张文武提交的录音证据在原审庭审结束前已经客观存在，但因张文武在本案的一、二审诉讼及与本案诉争《合作协议》相同法律关系的另案 4500 万元标的案件的一审诉讼中均为胜诉，张文武的诉讼请求在原审诉讼过程中并非以必须提交该录音证据为条件才能获得原审法院的支持，故张文武在庭审中作出的关于其逾期提交该份录音证据的理由符合日常思维逻辑，其逾期提交该份证据不存在故意或重大过失。因此，该录音证据符合《最高人民法院关于适用〈中华人民共和国民事诉讼法〉审判监督程序若干问题的解释》第十条第一项“原审庭审结束前已客观存在庭审结束后新发现的证据”规定的情形，结合民事诉讼法解释第一百零二条关于“当事人非因故意或重大过失逾期提供证据的，人民法院应当采纳”的规定，张文武提交的该份录音证据的整体内容与本案基本事实密切相关，能够反映本案相关事实，应予采纳，可以作为认定相关事实的依据。

最高人民法院认为，本案再审争议焦点问题为：一、案涉《合作协议》的效力问题；二、张文武提交的录音证据及证人证言能否被采信问题；三、张文武能否依据案涉《合作协议》取得约定的报酬。对此，本院具体分析如下：

二、关于张文武提交的录音证据及证人证言能否采信问题。本案再审过程中，张文武向本院提交其女儿张莹录制的张文武与陈志雄于 2012 年 6 月 16 日下午 2 点 50 分在广东省深圳市五洲宾馆一楼大堂咖啡厅的谈话录音以及原广东省珠海市香洲区农渔局局长梁力及原广东省珠海市国土资源局局长夏克军的证人证言作为证据，拟证明本案《合作协议》签订的整个过程及双方合作事宜的来龙去脉，即张文武与陈志雄的合作关系源于 2001 年，陈志雄认可张文武为项目公司做所的各项工作并对工作所形成的约定成果予以认可，陈志雄希望更改 6000 万元收益为 3500 万元，6000 万元是 40% 权益的支付对价，即陈志雄在 2008 年选择了较股权价值低的对价 6000 万元。

最高人民法院认为，《最高人民法院关于适用〈中华人民共和国民事诉讼法〉审判监督程序若干问题的解释》第十条第一款第一项规定：“原审庭审结束前已客观存在庭审结束后新发现的证据”属于再审中的新证据。本院再审庭审中，张文武对录音证据的取得经过和为何在另案 4500 万元标的案件向广东省高级人民法院申请再审时才提出该证据作出解释说明。张文武述称该录音是在深圳市五洲宾馆大堂的咖啡厅取得，因为张文武在《合作协议》中所涉及到的 1500 万和 4500 万标的的两个案件一审均胜诉，1500 万元标的案件二审即本案亦为胜诉，案件结果证明依据其已向原审法院提交的《合作协议》等证据材料已足以达到充分举证的目的，所以未想到用该录音证据证明相关案件事实。本院认为张文武的解释说明符合逻辑，存在客观合理性，张文武不存在故意隐瞒重要证据的行为。

首先，张文武提交的该份录音证据虽然形成于原审庭审结束之前，但张文武在本案的一、二审诉讼及另案 4500 万元标的案一审诉讼均为胜诉，该证据对于张文武在本案原审的诉讼过程中并无提交的必要性，亦即张文武在主观上并无逾期提交证据的故意。

其次，该份录音证据是张文武与陈志雄就《合作协议》相关款项的支付产生争议后双方沟通谈话的真实记录，其取得并未侵害陈志雄或其他人的合法权益，也未有违反法律禁止性规定或违背公序良俗的情形。根据《最高人民法院关于民事诉讼证据的若干规定》第六十八条“以侵害他人合法权益或者违反法律禁止性规定的方法取得的证据，不能作为认定案件事实的依据”的规定，张文武提交的录音证据并非以侵害他人合法权益或者违反法律禁止性规定的方法取得，故该录音证据可以作为认定本案相关事实的依据。

再次，该录音证据系张文武与陈志雄就《合作协议》产生争议后双方协商的谈话过程，能够客观反映双方合作的相关事宜，与本案的基本事实密切相关，应当采纳。广东省高级人民法院在另案 4500 万元标的案再审审查时认为，该录音证据是在未取得陈志雄同意的情况下单方录制，该院根据《最高人民法院关于未经对方当事人同意私自录音取得的资料能否作为证据使用问题的批复》（法复〔1995〕2 号）关于“证据的取得首先要合法，只有经过合法途径取得的证据才能作为定案的根据。未经对方当事人同意私自录制其谈话，系不合法行为，以这种手段取得的录音资料，不能作为证据使用”的规定，认定该录音证据不具有证明力。

最高人民法院认为，根据 2002 年 4 月 1 日实施的《最高人民法院关于民事诉讼证据的若干规定》第六十八条关于“以侵害他人合法权益或者违反法律禁止性规定的方法取得的证据，不能作为认定案件事实的依据”的规定，法复〔1995〕2 号批复所指的“未经对方当事人同意私自录制其谈话，系不合法行为”应当理解为系对涉及对方当事人的隐私场所进行的偷录并侵犯对方当事人或其他人合法权益的行为。民事诉讼法解释第一百零六条关于“对以严重侵害他人合法权益、违反法律禁止性规定或者严重违背公序良俗的方法形成或者获取的证据，不得作为认定案件事实的根据”的规定明确了该司法精神。

本案中，张文武与陈志雄的谈话系在宾馆大厅的公共场所进行，录音系在该公共场所录制，除张文武的女儿外也未有其他人在场，并未侵犯任何人的合法权益，故对该录音证据应予采纳，并作为认定本案相关事实的依据。

——中国裁判文书网。

442. 涉嫌虚假诉讼案件中应当多措并举调查收集相关证据，查明案件基本事实

关键词

虚假诉讼　调查收集证据　举证责任　出庭作证

最高人民法院司法政策精神

七、坚持多措并举，查明案件事实。审理涉嫌虚假诉讼的案件，在询问当事人之前或者证人作证之前，应当要求当事人、证人签署保证书。保证书应当载明据实陈述、如有虚假陈述愿意接受处罚等内容。负有举证责任的当事人拒绝到庭、拒绝接受询问或者拒绝签署保证书，待证事实又欠缺其他证据证明的，对其主张的事实不予认定。证人拒绝签署保证书的，不得作证，自行承担相关费用。涉嫌通过虚假诉讼损害国家利益、社会公共利益或者他人合法权益的案件，人民法院应当调查收集相关证据，查明案件基本事实。

——《最高人民法院关于深入开展虚假诉讼整治工作的意见》(2021 年 11 月 4 日，法〔2021〕281 号)。

11. 对于涉嫌虚假诉讼的，人民法院依照《最高人民法院关于适用〈中华人民共和国民事诉讼法〉的解释》第二百二十九条的规定，责令当事人提供相应证据。存在疑点的，人民法院要求当事人提交原始证据和其他证据。

12. 对于涉嫌虚假诉讼的，人民法院根据民事诉讼法第七十三条[①]的规定，通知证人出庭作证。无正当理由未出庭的，以书面等方式提供的证言，不得作为认定案件事实的根据。同时，人民法院可以依照《最高人民法院关于适用〈中华人民共和国民事诉讼法〉的解释》第一百一十九条的规定，要求证人签署保证书。拒绝签署保证书的，不得作证。

14. 对于涉嫌虚假诉讼的，人民法院可以依照《最高人民法院关于适用〈中华人民共和国民事诉讼法〉的解释》第九十六条第一款第四项的规定调查收集证据。

15. 对于涉嫌虚假诉讼的，人民法院在审理案件过程中从证据与案件事实的关联程度、证据之间的联系等方面，依法全面、客观地审核各方当事人提交的证据，充分运用逻辑推理和日常生活经验对证据进行综合审查判断，合理分配当事人举证责任，防止机械适用“谁主张、谁举证”的证明规则。

——《最高人民法院印发〈关于在民事诉讼中防范与惩治虚假诉讼工作指引（一）〉的通知》((2021 年 11 月 11 日，法〔2021〕287 号)。

① 现为《民事诉讼法》(2021 年修正) 第七十六条。

443. 民事诉讼的举证责任既包括当事人对其所主张的事实应提供证据的行为责任，也包括对其所举证据未达到法定证明标准承担不利后果的结果责任

关键词

举证责任　证明标准　待证事实　证明力

最高人民法院裁判文书

山西利虎玻璃（集团）有限公司与西藏自治区地质矿产勘查开发局第五地质大队、申扎县人民政府、西藏那曲申扎县羌塘贵金属开发有限责任公司借款合同纠纷案［最高人民法院（2021）最高法民终373号民事判决书］

裁判要旨：民事诉讼的举证责任既包括当事人对其所主张的事实应提供证据的行为责任，也包括对其所举证据未达到法定证明标准承担不利后果的结果责任，结果责任在待证事实真伪不明的情形下发生效力。对于债权人起诉的借款纠纷案件，借款金额应以出借人向借款人实际支付的金额为准，对该借款金额债权人负有举证责任。债权人所举证据不能达到法定证明标准致借款金额无法确定的，其应当承担不利后果。

最高人民法院认为：案涉《对账单》仅有盖章，无相关人员签名，利虎公司也未举示相关证据证明《对账单》通过羌塘公司正常的审批流程形成，故在兼具债权人和股东身份的利虎公司掌握公章的情况下，在《对账单》上加盖公章的行为并不能被确认为羌塘公司的真实意思表示，应进一步审查形成《对账单》的具体借款金额。

民事诉讼的举证责任既包括当事人对其所主张的事实应提供证据的行为责任，也包括对其所举证据未达到法定证明标准承担不利后果的结果责任，结果责任在待证事实真伪不明的情形下发生效力。本案系借款纠纷，借款多少应以出借人向借款人实际支付的金额为准，利虎公司应对其主张的7890.659万元实际支付到羌塘公司负举证责任。《民事诉讼法司法解释》第一百零八条第一款、第二款规定："对负有举证证明责任的当事人提供的证据，人民法院经审查并结合相关事实，确信待证事实的存在具有高度可能性的，应当认定该事实存在。对一方当事人为反驳负有举证证明责任的当事人所主张事实而提供的证据，人民法院经审查并结合相关事实，认为待证事实

真伪不明的，应当认定该事实不存在。”综观全案，利虎公司所举示的一系列证据对于证明借款本金为 7890.659 万元有一定证明力，但对该待证事实羌塘公司等三被上诉人不负有举证责任，且又举示了相关证据予以反驳，致借款本金 1750 万元事实真伪不明，利虎公司应承担相应的不利后果，最高人民法院对一审法院认定的 6140.659 万元借款本金事实予以确认。

——中国裁判文书网。

附录：最高人民法院主流观点

第一，举证责任是一种不利后果，体现的是结果意义上的举证责任。这种后果只有在主要事实真伪不明时才能发生作用，能够查明事实的，不能通过举证责任让一方当事人承担不利后果。通过举证责任认定的事实是一种拟制事实，审判实践中应当尽量不予以适用，只有穷尽所有证据方法后才能予以适用；在能够查明事实或者对待证事实能够通过证明标准予以认定的，不应以举证责任的方式来认定事实。

第二，真伪不明的事实一般指作为裁判依据的基本事实，不涉及间接事实和辅助事实。从裁判适用实体法规范角度看，基本事实即实体法规范的要件事实，对基本事实存在与否作出认定，即可作出裁判。例外的是，即使作为间接事实，文书真实性仍是需要加以证明的。书证的真实性应当由提供者加以证明，需要进行鉴定的，提供者负有提出鉴定申请的义务。

第三，对于特定的待证事实而言，证明责任为单方责任，即由哪一方当事人承担是法律规范预先设定的，故在诉讼中不存在对某一待证事实的举证责任在不同当事人之间转移的问题。如《最高人民法院关于审理民间借贷案件适用法律若干问题的规定》第十六条规定：“原告仅依据金融机构的转账凭证提起民间借贷诉讼，被告抗辩转账系偿还双方之前借款或者其他债务的，被告应当对其主张提供证据证明。被告提供相应证据证明其主张后，原告仍应就借贷关系的成立承担举证责任。”也就是说，民间借贷关系成立的事实证明责任始终在债权人一方，但债务人主张债务已消灭或应由他人偿还的事实属于另一待证事实，应由债务人承担举证责任。同样，举证责任的不利后果也只能由一方承担，无法由双方分担或共担。

第四，不负有举证责任的当事人对相关事实也可以提供相应证据进行反驳，以便使该事实处于确定状态，而不是被动地让事实处于真伪不明状态，即使该事实无法确定，该当事人也不承担不利后果。《民事诉讼法司法解释》第一百零八条第二款规定：“对一方当事人为反驳负有举证证明责任的当事人所主张事实而提供的证据，人民法院经审查并结合相关事实，认为待证事实真伪不明的，应当认定该事实不存在。”也就是说，不负有举证责任的当事人为反驳而提供证据，还可以起到证明防御的作用，使负有举证责任的当事人所举证据的证明力下降。

——江必新主编：《新民事诉讼法条文理解与适用》，人民法院出版社 2022 年版，第 278~279 页。

444. 对全部证据进行综合审核认定时，应注意结合质证意见，并不得违反审核认定证据证明力的具体规定

关键词

证据调查　质证　证据证明力

最高人民法院司法解释

第八十八条　审判人员对案件的全部证据，应当从各证据与案件事实的关联程度、各证据之间的联系等方面进行综合审查判断。

——《最高人民法院关于民事诉讼证据的若干规定》（2019 年 12 月 25 日，法释〔2019〕19 号）。

附录：最高人民法院主流观点

实务中，对全部证据进行综合审核认定时，应注意结合庭审中当事人对证据的质证意见进行，并不得违反法律、司法解释对证据证明力审核认定的具体规定。诉讼中，为证明自己的诉讼请求能够成立，负有举证证明责任的当事人必将提供大量的证据。与此同时，为反驳负有举证证明责任的当事人所主张的事实，对方当事人亦会向人民法院提供大量的证据。根据法律规定，当事人提供的证据应当在法庭上出示，由当事人相互质证。有些证据，当事人可能无争议，对此，对当事人无争议证据的审核认定，则较为简单。但对于当事人有争议证据的审核认定，则较为复杂，亦为关键。在此情况下，对当事人争议的证据，法庭应作为庭审证据调查的重点任务，指挥当事人逐一对证据的真实性、关联性、合法性进行说明，并由对方当事人对此问题发表意见，引导当事人对此问题进行充分的对抗，以便对全部证据的综合审核认定。同时，对全部证据进行综合审核认定时，也应注意法律、司法解释对证据证明力审核认定的特殊规定。如证明妨害规则的规定等。

——最高人民法院民事审判第一庭编著：《最高人民法院新民事诉讼证据规定理解与适用》，人民法院出版社 2020 年版，第 772~773 页。

445. 再审新证据如何认定

关键词

再审新证据　形式要件　实质要件　主观要件

附录：最高人民法院主流观点

1. 再审新证据的形式要件。该要件主要是从证据形成时间上的考量。首先，再审新证据应当是申请再审时新提交的证据。在原审期间已经提交的证据，无论在原审中是否采信或者原审法院对该证据未置可否，均属于原有证据范畴。其次，再审新证据一般是指新发现的证据。这里主要涉及再审新证据基准时的确定。从发现证据的时间来看，再审新证据应当包括原审庭审终结前发现的证据和原审庭审终结后发现的证据两种情形。将后一种情形界定为再审新证据，理论和实务界看法一致；对于前一种情形，则争议较大。我们认为，对于原来已发现的证据，当事人没有及时提交，应当结合当事人的主观要件加以确定，即是否属于虽然已经发现但因客观原因无法获取或在举证期限内无法提供的证据。最后，再审新证据一般是指原先形成的证据。也就是说，该证据一般应形成于原审庭审终结前，“是在辩论终结前就已经客观存在的证据，只不过在辩论终结前当事人尚未发现或者因客观原因未能提出”。故有些人将再审新证据称为“新发现的老证据”。然而，在原审庭审或辩论终结之后新形成的证据是否可以纳入再审新证据范围，理论和司法实务界均存有争议。我们认为，从既判力理论中以原审辩论终结之时作为既判力的基准时来看，对于在原审庭审或辩论终结后形成的证据，一般不宜视为再审新证据。对于依据原先事实重新作出的鉴定意见、报告等，则另当别论。据此，我们可以将2015年《民事诉讼法司法解释》第三百八十八条规定的四种情形归纳为：新发现的证据、新出现的证据、新形成的证据以及拟制的新证据。

2. 再审新证据的实质要件。该要件主要是从再审新证据与原审主要讼争事实的关联性上的考量。第一，再审新证据应当具有重要性。除了符合形式要件外，再审新证据应当是证明力相当强的证据，也就是说，“足以”推翻原判决、裁定。《民事诉讼法司法解释》第三百八十七条第一款规定：“再审申请人提供的新的证据，能够证明原判决、裁定认定基本事实或者裁判结果错误的，应当认定为民事诉讼法第二百条第一项规定的情形。”笔者认为，再审新证据一定是对应于要件事实或基本事实的主要证据，对于证明力尚不足以动摇原生效裁判，仍不能启动再审程序的证据，一般应不具有再审新证据作用。第二，再审新证据与原审诉讼应当具有不可分性。再审程序是在原审诉讼基础上的延续和补充，是相对于原审的特别救济程序。再审程序的审理应当以原审诉讼请求为审理、裁判的对象和范围，不应超越原审诉讼请求。如果新证据与原审诉讼具有可分性，可以另行起诉处理的话，一般不应冲破原审裁判的既判力而启动再审程序。对此，最高人民法院相关司法解释均有明确规定。比如，1984 年 8 月 30 日公布的《最高人民法院关于贯彻执行民事政策法律若干问题的意见》（已失效）第二十三条第二款规定："子女由于生活和受教育的需要，或者父母一方的经济情况有较大的变化，因而提出改变原定抚养费数额的，应由当事人双方先行协议，协议不成时，根据实际情况判决。父母对子女的抚养义务到子女独立生活时止。"1993 年 11 月 3 日公布的《最高人民法院关于人民法院审理离婚案件处理子女抚养问题的若干具体意见》（已失效）第十五条规定："离婚后，一方要求变更子女抚养关系的，或者子女要求增加抚育费的，应另行起诉。"2002 年 7 月 18 日公布的《最高人民法院关于民事损害赔偿案件当事人的再审申请超出原审诉讼请求人民法院是否应当再审问题的批复》（已失效）规定："民事损害赔偿案件当事人的再审申请超出原审诉讼请求，或者当事人在原审判决、裁定执行终结前，以物价变动等为由向人民法院申请再审的，人民法院应当依法予以驳回。"因此，对于损害赔偿案件、子女生活费、受教育费案件等，如果后来情况发生了变化，一方当事人要求增加抚育费等，必须另行起诉，而不是通过对已有生效裁判的案件申请再审来处理。

3. 再审新证据的主观要件。该要件主要考量是否属于可以归责于当事人的原因。根据主观要件的要求，再审新证据一般是指因不可归责于当事人的原因而在原审辩论终结前未发现并提交的证据。不过，对于再审新证据是否应当包括主观要件以及如何甄别主观要件的相关要素，各国存在不同立法例，我国理论界和实务界对此也有争议。《民事诉讼法司法解释》第三百八十七条第二款规定："对于符合前款规定的证据，人民法院应当责令再审申请人说明其逾期提供该证据的理由；拒不说明理由或者理由不成立的，依照民事诉讼法第六十五条第二款和本解释第一百零二条的规定处理。"

另外，当事人以本项事由提出申请再审的，不受原裁判文书生效之日起 6 个月申请再审时限的限制。但是，当事人超过 6 个月申请再审的，受 6 个月的相对期间的限制，6 个月的起算点是从知道或者应当知道出现该事由之日开始。

——江必新主编：《新民事诉讼法条文理解与适用》，人民法院出版社 2022 年版，第 977~979 页。

446. 因诉争焦点变化而未能及时提交的证据属于“新的证据”

关键词

诉争焦点　新的证据

最高人民法院裁判文书

安斯泰来制药株式会社与力思特公司等侵害发明专利权纠纷案［最高人民法院（2013）民申字第 261 号民事裁定书］

裁判要旨：举证期限届满后，因诉争焦点发生变化，当事人为支持其主张而补充提交关键性证据，不审理该证据可能导致裁判明显不公的，应认定该证据属于“新的证据”。

最高人民法院审查认为，在诉讼过程中，双方当事人关注和争议的焦点往往会发生变化，而焦点的变化通常会影响当事人对证据材料本身价值的判断，并进而影响证据的提交。本案中，力思特公司首先提交了在国家食品药品监督管理局备案的材料以证明其使用的某某原料系外购，在安斯泰来制药株式会社针对其购买的某某原料的购买数量提出质疑后，力思特公司又补充提交了发票予以回应和反驳。可见，力思特公司未及时提交发票与双方关注焦点的变化密切相关，故而力思特公司在一审中未提交相关发票有正当理由。而且，在本案中，上述发票是认定力思特公司是否构成侵权的关键性证据，不审理该证据可能导致裁判明显不公。因此，法院对力思特公司在二审期间提交的发票等证据作为“新的证据”予以认定。

——《最高人民法院知识产权案件年度报告（2013）摘要》，中国裁判文书网。

447. 民间借贷纠纷案件中如何把握证据的证明力标准

关键词

民间借贷　证据效力　证明力

最高人民法院司法解释

第十六条　原告仅依据金融机构的转账凭证提起民间借贷诉讼，被告抗辩转账系偿还双方之前借款或者其他债务的，被告应当对其主张提供证据证明。被告提供相应证据证明其主张后，原告仍应就借贷关系的成立承担举证责任。

——《最高人民法院关于审理民间借贷案件适用法律若干问题的规定》（2020 年 12 月 29 日修正）。

附录：最高人民法院主流观点

在审判实务中，对于原告所主张的民间借贷行为是否真实发生，原被告双方一般均会提交一定证据或作出相应陈述予以证明，而这些证据可能均不能直接充分有效地证明双方当事人所持主张。考虑到现实民间借贷关系中，出借人、借款人的法律知识储备不足，制作、保留文书的意识不够，相关证据难以达到法律法规所期待的证明力高度，此时，人民法院应当根据《民事诉讼法解释》第一百零八条第一款的规定，充分审查比对证据效力，并结合相关事实，在确信待证事实的存在具有高度可能性的情况下，认定该事实的存在，即对证明标准采取高度盖然性标准即可。

——最高人民法院民事审判第一庭编著：《最高人民法院新民间借贷司法解释理解与适用》，人民法院出版社 2020 年版，第 261~269 页。

448. 单位出具的无人签名且无法核实的证明材料不予采信

关键词

证明材料　签名　盖章　单位出具的证明

最高人民法院裁判文书

梁翰辉与翁秀聪民间借贷纠纷案［最高人民法院（2020）最高法民申 138 号民事裁定书］

裁判要旨：当事人提供的由单位出具的证明仅加盖了该单位印章，单位负责人及制作证明材料的人员未在证明上签名或者盖章，该证据不符合法律规定的形式，人民法院对该证据不予采信。

最高人民法院认为：《最高人民法院关于审理民间借贷案件适用法律若干问题的规定》第二条第一款规定："出借人向人民法院起诉时，应当提供借据、收据、欠条等债权凭证以及其他能够证明借贷法律关系存在的证据。"翁秀聪提交借款合同、划款委托书、收据等证据能够证明双方借贷法律关系存在，原判决据此认定梁翰辉向翁秀聪归还人民币2505万元借款本金并无不当。梁翰辉虽然提交叮咚公司的证明及叮咚公司兴业银行深圳分行账户的交易明细，用以证明案涉人民705万元已回流至和正通公司，但《民事诉讼法解释》第一百一十五条第一款规定："单位向人民法院提出的证明材料，应当由单位负责人及制作证明材料的人员签名或者盖章，并加盖单位印章。人民法院就单位出具的证明材料，可以向单位及制作证明材料的人员进行调查核实。必要时，可以要求制作证明材料的人员出庭作证。"叮咚公司的证明仅加盖单位印章，单位负责人及制作证明材料的人员未在证明上签名或者盖章，叮咚公司的证据不符合法律规定的形式，原判决未采信该证明并无不当。叮咚公司兴业银行深圳分行账户的交易明细仅能证明转款时间及金额，不能证明所涉人民币705万元是用于支付利息。民诉法第六十四条第一款规定："当事人对自己提出的主张，有责任提供证据。"再审审查期间，梁翰辉也未能提交其他证据证明人民币705万元是用于支付利息，梁翰辉依法应承担举证不能的法律后果。因此，原判决认定人民币705万元为借款本金并无不当。

——中国裁判文书网。

449. 认定民事案件构成恶意串通事实的证明标准为排除合理怀疑

关键词

恶意串通 证明标准 排除合理怀疑

最高人民法院司法解释

第一百零九条 当事人对欺诈、胁迫、恶意串通事实的证明，以及对口头遗嘱或者赠与事实的证明，人民法院确信该待证事实存在的可能性能够排除合理怀疑的，应当认定该事实存在。

——《最高人民法院关于适用〈中华人民共和国民事诉讼法〉的解释》（2022年4月1日修正）。

最高人民法院裁判文书

广东省阳江市国土资源局与阳江市练达房地产开发有限公司建设用地使用权出让合同纠纷案［最高人民法院（2016）最高法民申1236号民事裁定书］

裁判要旨：人民法院认定恶意串通事实存在的可能性的证明标

准为本院《关于适用〈中华人民共和国民事诉讼法〉的解释》第一百零九条规定的“能够排除合理怀疑”，而不是该司法解释第一百零八条第一款规定的“具有高度可能性”。

最高人民法院认为，阳江市国土局申请再审的事由不成立。《中华人民共和国民事诉讼法》第二百条第二项[①]规定：“原判决、裁定认定的基本事实缺乏证据证明的”，人民法院应当再审。原审判决认为阳江市国土局所举证据不够充分，并认定其主张本案挂牌出让竞买人之间存在恶意串通行为不存在，属于当事人主张的事实缺乏证据证明，不足以使人民法院确信该事实能够存在的情形，而不属于前引规定所要求的原判决认定的基本事实缺乏证据证明的情形。

本院《关于适用〈中华人民共和国民事诉讼法〉的解释》第一百零九条规定：“当事人对欺诈、胁迫、恶意串通事实的证明，以及对口头遗嘱或者赠与事实的证明，人民法院确信该待证事实存在的可能性能够排除合理怀疑的，应当认定该事实存在。”人民法院确信本案恶意串通事实存在的可能性的证明标准为“能够排除合理怀疑”，而不是前引司法解释第一百零八条第一款规定的“具有高度可能性”。本院原审判决关于阳江市国土局所主张的本案挂牌出让竞买人之间存在恶意串通行为这一节事实的认定，于法有据，并无不当。经审查，原审判决依法运用逻辑推理和日常生活经验法则，针对阳江市国土局所举证据证明力进行审核、判断，对该待证事实存在的可能性提出了合理怀疑，逐项阐明了理据，形成了不足以确信该待证事实存在的结论并公开了判断的理由和结果。原审判决对阳江市国土局所举证据的认定亦无违反前引司法解释第一百零五条关于认证问题的规定。

综上，阳江市国土局再审申请事由不符合《中华人民共和国民事诉讼法》第二百条第二项规定的情形，其申请再审的主张不能成立。

——中国裁判文书网。

海南博海投资咨询有限公司与王一萍民间借贷纠纷案［最高人民法院（2017）最高法民终769号民事判决书］

裁判要旨：人民法院认定民事案件构成恶意串通事实的证明标准为排除合理怀疑，即要求当事人对其提出的存在恶意串通的事实主张，应提供充分的证据以达到足以排除合理怀疑的证明标准，否则，其主张的恶意串通的待证事实便难以认定。

① 现为《民事诉讼法》（2021年修正）第二百零七条第二项。

最高人民法院认为：第一，《中华人民共和国合同法》第五十二条第二项规定的合同无效应同时具备两个要件，即当事人主观上有损害国家、集体或者第三人利益的恶意，客观上实施了相互串通的行为。对此，主张合同因此而无效的当事人有义务提供证据加以证实。对于恶意串通的证明标准，《最高人民法院关于适用〈中华人民共和国民事诉讼法〉的解释》第一百零九条作了特别规定。根据该条规定，人民法院认定民事案件构成恶意串通事实的证明标准为排除合理怀疑，即要求当事人对其提出的存在恶意串通的事实主张，应提供充分的证据以达到足以排除合理怀疑的证明标准，否则，其主张的恶意串通的待证事实便难以认定。本案中，博海公司主张王一萍与郭忠恶意串通，以博海公司资产偿还郭忠个人债务，损害其他债权人合法权益，但其并未提交证据加以证实。该项主张缺乏事实依据，依法不能得到支持。

第二，《协议》约定，博海公司承诺愿意代郭忠向王一萍偿还借款本息，该行为系债的加入。根据法律规定和《协议》第五条约定，郭忠并未因此而免除与博海公司共同承担向王一萍偿还借款本息的责任。作为债权人，王一萍有权选择追偿相对方。在无其他证据相佐证的情况下，不能因王一萍仅要求博海公司承担还本付息责任而认定其与郭忠存在恶意串通。

第三，根据郭忠在本院二审庭审时的陈述，博海公司原有两个股东，分别为郭忠及雷江，雷江持有的博海公司股份已由郭忠回购，郭忠也已向雷江支付股份回购款，但由于缴纳税费等原因一直未办理股东登记变更事宜。此陈述可表明，郭忠的行为实际上并未损害博海公司股东的利益。博海公司与王一萍签订《协议》，系双方当事人的真实意思表示，内容并不违反法律、行政法规的强制规定，应为合法有效合同。

——中国裁判文书网。

450. 原告（出借人）对其主张的大额现金借款不能提供证据，不能达到民事诉讼“高度盖然性”标准的，人民法院不予支持

关键词

证据　高度盖然性　　转账凭证

最高人民法院裁判文书

屈东森与湖南福瑞德投资有限公司、湖南银日实业有限公司民间借贷纠纷案［最高人民法院（2020）最高法民申1279号民事裁定书］

裁判要旨：对于原告（出借人）主张的大额现金借款，被告抗

辩借贷行为尚未实际发生并能作出合理说明，人民法院应当结合借贷金额、款项交付、当事人的经济能力、当地或者当事人之间的交易方式、交易习惯、当事人财产变动情况以及证人证言等事实和因素，综合判断借贷事实是否发生。如原告（出借人）提供的证据不能达到民事诉讼“高度盖然性”标准的，法院依法不予支持。

最高人民法院认为：结合屈东森的再审申请事由和原审查明的事实，本案再审审查的争议焦点为屈东森所主张的2210万元现金借款事实是否实际发生。

《最高人民法院关于审理民间借贷案件适用法律若干问题的规定》第十六条第二款规定：“被告抗辩借贷行为尚未实际发生并能作出合理说明，人民法院应当结合借贷金额、款项交付、当事人的经济能力、当地或者当事人之间的交易方式、交易习惯、当事人财产变动情况以及证人证言等事实和因素，综合判断查证借贷事实是否发生。”本案中，屈东森提交《借条》以及《债务情况说明》主张福瑞德公司借款本息为4987万元，但其仅有983万元转账凭证，其主张另外2210万元为现金借款，福瑞德公司并不认可。对此，应当结合借贷金额、款项交付、当事人的经济能力、当地或者当事人之间的交易方式、交易习惯、当事人财产变动情况以及证人证言等事实和因素，综合判断借贷事实是否发生。根据原审查明的事实，第一，屈东森称案涉2210万元共计37笔现金借款均在取款当天或者延迟一至两天的时间内亲自交付给王纪海，并且提供了取现记录，但银日公司提供了证据证明在屈东森陈述的多个时间段里王纪海并未在现金交付地点。第二，屈东森提交的2016年6月14日的《借条》载明，截至2016年6月14日，福瑞德公司现金借款金额共计2210万元。但是，根据屈东森提交的取现记录，却存在2016年6月14日之后多次的现金借款记录。第三，2016年11月5日王纪海以抢夺银日公司公章的形式在案涉《借条》《债务情况说明》中盖章，也侧面印证了《借条》的总额存疑。第四，从本案983万元的银行转账借款来看，尚不能评判双方形成了现金借款的交易习惯。第五，王纪海在公安机关的多次询问以及二审法院询问中均否认2210万元的现金借款，并多次陈述借款金额为1000万元。因此，屈东森提交的现金借款证据与其陈述、银日公司提交证据所证明的事实相互矛盾，不能达到民事诉讼“高度盖然性”标准。原审判决未认定屈东森主张的2210万元现金借款，并无不当。

——中国裁判文书网。

451. 当事人虽仅提供合同复印件但能够与其他证明材料相互印证，已达到高度盖然性的民事证明标准可证明相关内容真实性

关键词

股东资格确认纠纷　复印件　高度盖然性

最高人民法院裁判文书

凯星公司、周浩铨与高昭明、洪恪等股东资格确认纠纷案［最高人民法院（2021）最高法民申 1222 号民事裁定书］

裁判要旨：当事人提供的《投资合作协定》为复印件系间接证据，但该协定与金钻公司注册资金来源、《金钻高生及周生总投资款》、洪恪向周浩铨发出的传真等证据材料及高昭明、洪恪与金钻公司关系等案件事实相互印证，从而形成完整的证据链，从而使其证明力达到高度盖然性的证明标准，故该协定所载明内容被人民法院所认定。

最高人民法院认为，案涉《投资合作协定》虽为复印件，但该协定所载内容与金钻公司注册资金来源、《金钻高生及周生总投资款》、洪恪向周浩铨发出的传真等证据材料及高昭明、洪恪与金钻公司的关系等案件事实相互印证，形成完整的证据链。故原判决据此认定，高昭明、洪恪系登记在凯星公司名下金钻公司部分股权的实际投资者，凯星公司与高昭明、洪恪之间形成事实上的股权代持关系，依据充分。原审法院对于证据的认证亦符合《最高人民法院关于民事诉讼证据的若干规定》第十一条、第八十八条、第九十条的规定，适用法律正确。

——中国裁判文书网。

452. 施工许可证对开工日期的证明力

关键词

施工许可证　建设工程开工日期　证明力

最高人民法院司法解释

第八条 当事人对建设工程开工日期有争议的，人民法院应当分别按照以下情形予以认定：

（一）开工日期为发包人或者监理人发出的开工通知载明的开工日期；开工通知发出后，尚不具备开工条件的，以开工条件具备的时间为开工日期；因承包人原因导致开工时间推迟的，以开工通知载明的时间为开工日期。

（二）承包人经发包人同意已经实际进场施工的，以实际进场施工时间为开工日期。

（三）发包人或者监理人未发出开工通知，亦无相关证据证明实际开工日期的，应当综合考虑开工报告、合同、施工许可证、竣工验收报告或者竣工验收备案表等载明的时间，并结合是否具备开工条件的事实，认定开工日期。

——《最高人民法院关于审理建设工程施工合同纠纷案件适用法律问题的解释（一）》（2020年12月29日，法释〔2020〕25号）。

附录：最高人民法院主流观点

实践中，一些案件以施工许可证上记载的开工日期作为实际开工日期。主要理由有：（1）施工许可证是由行政部门所颁发的具有行政法效力的证件，与其他诸如施工合同、竣工验收报告等文件相比，证明力更强，更能反映实际开工时间；（2）建筑工程开工前，建设单位应申领施工许可证。在施工许可证颁发前进行的施工系开工准备。例如，在浙江环宇建设集团有限公司与唐山市南北房地产开发有限公司建设工程施工合同纠纷案中，二审判决认为，《建筑法》第七条第一款中规定，建筑工程开工前，建设单位应当按照国家有关规定向工程所在地县级以上人民政府建设行政主管部门申请领取施工许可证。而根据查明的事实可知，浙江环宇建设集团有限公司进场时唐山市南北房地产开发有限公司尚未申领施工许可证，故施工人进场行为应为施工准备，不能认定为工程开工。因此，一审判决根据施工许可证记载确认开工日期并无不当。① 另外，在延长油田股份有限公司川口采油厂与陕西圣安房地产开发有限公司建设工程施工合同纠纷一案中，二审判决关于施工许可证的证明力论述如下："建筑工程施工许可证载明的案涉房屋建设工程的开工日期是2007年4月，该文件是经过当地建设工程主管部门签发的法定文件，具有较高的证明力。"②

建筑工程施工许可证是建设主管部门颁发给建设单位的准许其施工的凭

① 参见最高人民法院（2015）民一终字第9号民事判决书。

② 参见最高人民法院（2015）民一终字第93号民事判决书。

证，表明建设工程符合相应的开工条件。《建筑法》第六十四条关于施工许可证的规定属建设主管部门的行政管理范围，没有办理施工许可证先行动工的，主管部门应指令其进行更正，对不满足开工要求的则应指令其立即暂停继续施工，也可以处以罚款。施工许可证是否取得是施工是否获得行政许可问题，实际开工日期是事实问题，应以客观事实发生为准。在建设工程项目进行过程中，影响开工条件的因素非常多。有些工程取得建筑工程施工许可证之后，由于种种原因，承包人并不能马上进场施工。施工许可证上记载的开工时间可能会早于承包人实际进场施工时间。有些工程承包人已经进场施工，发包人随后才取得施工许可证，其上载明的开工日期晚于承包人进场时间。施工许可证记载的开工日期并不一定是实际开工时间。如果承包人已经实际进场施工，又以没有施工许可证或施工许可证颁发延迟作为工期迟延的抗辩理由，需要进一步举证证明因缺乏施工许可证而未能开工，或者被建设主管部门通知暂停施工。

施工许可证的证明力要结合实际开工时间以及其他相关文件记载的开工时间综合进行认定。如果施工许可证记载的日期与开工通知记载的时间、施工单位实际进场日期不一致，则不能认定施工许可证记载的日期证明效力更强。如果发包人或者监理人未发出开工通知，亦无相关证据证明实际开工日期的，可以将施工许可证作为考虑因素，但其亦不具有高于其他文件如开工报告、施工合同等的证明力。

——最高人民法院民事审判第一庭编著：《最高人民法院新建设工程施工合同司法解释（一）理解与适用》，人民法院出版社 2021 年版，第 97~98 页。

453. 在供水合同关系中，水表显示用于生产的用水量有悖常理地大幅增加，人民法院应当根据民事诉讼证明原则和日常经验法则，对案件事实作出综合判断并公平合理地确定计算方法和损失数额

关键词

供水合同　民事诉讼证明原则　日常经验法则

最高人民法院公报案例

盐城市天孜食品有限公司诉盐城市自来水有限公司供用水合同纠纷案

裁判摘要：在供水合同关系中，供水方自来水公司承担的安装、更换、维修水表以及供水等义务是一种公共服务。用水方系被动接受水表和计量结果。水表更换前后，在用水方生产量基本不变且无

管道跑水故障的情况下，水表显示用于生产的用水量却大幅增加，有悖常理。由此引发争议时，人民法院应当根据民事诉讼证明原则和日常经验法则，对案件事实作出综合判断并公平合理地确定计算方法和损失数额。

盐城经济技术开发区人民法院一审认为：当事人对自己提出的诉讼请求所依据的事实或者反驳对方诉讼请求所依据的事实，应当提供证据加以证明，当事人未能提供证据或者证据不足以证明事实主张的，由负有举证证明责任的当事人承担不利后果。因本案被告自来水公司对原告天孜食品公司提出的诉讼请求所依据的主要事实不予认可，故本案的焦点问题是事实认定问题，且为证据的综合审查判断问题。具体而言，包括以下两点：（1）争议水表是否存在测量用水量不准确并且偏快的问题；（2）如果前一事实能够认定，原告主张的被告多收的水费能否认定。

一、关于争议水表是否存在测量用水量不准确并且偏快的问题。《最高人民法院关于适用〈中华人民共和国民事诉讼法〉的解释》（以下简称民诉法解释）第一百零五条规定："人民法院应当按照法定程序，全面、客观地审核证据，依照法律规定，运用逻辑推理和日常生活经验法则，对证据有无证明力和证明力大小进行判断，并公开判断的理由和结果。"第一百零八条第一款规定："对负有举证证明责任的当事人提供的证据，人民法院经审查并结合相关事实，确信待证事实的存在具有高度可能性的，应当认定该事实存在。"

本案中：（1）在争议水表使用前，原告天孜食品公司的日用水量在200吨左右，在争议水表使用期间，日用水量增加为400吨左右，甚至有时超过500吨，该水表换掉后，日用水量又恢复到200吨左右。而在争议水表使用期间，原告公司与用水量密切相关的豆制品生产量与此前、此后相比均相差不大，故按常理，该水表存在异常。（2）《江苏省城市供水服务质量标准DGJ32/C03—2007》以及原、被告间签订《供水合同》均要求，供水计量器具在使用前和发生争议后应由有资质的计量检定机构检定、检测合格，但被告自来水公司未能提供"盐城水流量检测中心"及其检测人员具有合法资质的证据，故该检测主体缺乏合法性。（3）原、被告间签订的《供水合同》中明确约定当水表出现问题时，需供水人和用水人共同参加送检的全过程，但本案中的所谓检测是被告的单方行为，且未将"检定记录表"向原告送达，故该检测结果缺乏可信度。（4）被告于2017年11月9日自行委托争议水表的生产商福州真兰水表有限公司对水表进行检测，结果为整表偏快3%。尽管该水表在检测时已使用、存放较久，但该结果也从一定程度上佐证了争议水表可能存在测量不准的问题。（5）争议水表在2014年11—12月期间安装使用，约三个月后即2015年2月份原告向被告发函要求对争议水表进行检测，认为水表存有偏快、用水量明显增多的重大缺陷，之后也多次就此事与被告沟通并发函，但被告一直未予解决，导致该水表使用长达三年时间。直至 2017 年 9 月更换水表时，被告将争议水表“没收”。原告向被告发函要求对水表进行封样，被告仍未予理睬。本案审理期间经法院询问该重要证物的去向，被告称水表已经灭失。被告公司的这些敷衍、消极、回避行为，佐证了争议水表存在问题的可能性极大。综合以上因素，根据民事诉讼的证明标准，足以认定案涉水表存在测量不准、运转偏快的问题，会导致所测用水量偏大的错误结果。

被告自来水公司关于争议水表系经合法程序购买的合格产品的意见，因经法院审查认定前述事实，故不能再推定该产品是合格的、能正常使用的。关于被告认为争议水表在出现争议后已经检测合格、原告天孜食品公司在使用期间并未提出异议的辩解，因与事实不符，法院不予采纳。关于被告认为原告的主张系主观臆测，用水量明显增加可能存在很多原因的辩解，因原告主张的事实和理由更符合逻辑与常理，被告欲推翻一般逻辑和常情常理，需承担相应的举证责任，而被告未能提供充分的事实和证据来证实自己的这一反驳主张，故法院对该辩解也不予采纳。

二、关于原告天孜食品公司主张的被告自来水公司多收的水费能否认定的问题。庭审中，原告提供了存货明细账、电费、蒸汽费的消耗明细表等证据，用以证明案涉水表使用前、后两个时期内的生产量以及用水情况变化不大，并认为案涉水表使用期间的平均用水量是前后两个时期的两倍，并主张将此期间多收的一倍的水费予以返还。对此，被告除表示原告主张的事实与理由不成立、诉讼请求不应支持外，未对相关费用的具体计算问题提出实质性的抗辩意见，亦自始至终未申请司法审计。《中华人民共和国民事诉讼法》第七十六条规定：当事人可以就查明事实的专门性问题向人民法院申请鉴定。当事人申请鉴定的，由双方当事人协商确定具备资格的鉴定人；协商不成的，由人民法院指定。当事人未申请鉴定，人民法院对专门性问题认为需要鉴定的，应当委托具备资格的鉴定人进行鉴定。因此，法院认为，根据民事诉讼的举证规则和证明标准，结合前述第一个争议焦点的认定情况，原告关于争议水表使用期间用水量多计算了接近一倍的主张可以认定。加之，绝对准确无误的计算标准和计算方法客观上也难以企及，故法院不再依职权委托审计，而在原告主张的基础上，遵循公平合理的原则予以裁量。

原告天孜食品公司主张 780901 元多收水费的计算方式为：2014 年 12 月至 2016 年 1 月，水费价格是 3.15 元 / 吨，总用水量为 168430 吨，减半计算 84215 吨，合计价格 265277.25 元，小计 265277 元；2016 年 2 月至 2017 年 3 月，水费价格为 3.55 元 / 吨，总用水量 204563 吨，减半计算 102281.5 吨，合计 363099.33 元，小计 363099 元；2017 年 4 月至 2017

年 10 月，水费单价 3.514/ 吨，总用水量 86810 吨，减半 43405 吨，合计 152525.17 元，小计 152525 元，三项小计合计 780901 元。第一只水表和第三只水表的用量差不多是第二只水表的一半，第一只水表的平均用量 180 吨 / 天，争议水表是 426.36 吨 / 天，第三只水表（现用水表）219 吨 / 天，所以基本按照这个标准推算。

结合原告天孜食品公司提供的证据，2014 年 12 月至 2016 年 1 月期间按表面计算的日用水量约为 431 吨；2016 年 2 月至 2017 年 3 月期间按表面计算的日用水量约为 524 吨，因此期间包含两个春节，故数字偏大也在常理之中；2017 年 4 月至 2017 年 10 月期间按表面计算的日用水量约为 413 吨。法院酌定按目前使用的水表的日用水量和以上三段时期中的最后一段时期的日用水量为参照，计算争议期间多计算的水量的比例，即 1 － 219/413 ＝ 47%。因双方于 2017 年 9 月更换水表，争议期间应算至 8 月份，故争议期间的表面用水总量约为 168430 ＋ 204563 ＋ 62007 ＝ 435000（吨）。关于水价，法院酌定按争议期间的用水量最大、期限相对较长的时间段的价格计算，即 3.55 元 / 吨。综上，法院酌定支持原告主张的损失大致为 725795 元。

法院认为，生活用水是每个人、每家每户、每个企业或单位不可或缺的生活生产必用品，供水企业承担着向社会提供符合要求的生活用水的义务，享有向广大用户收取水费的权利，在供水合同关系中，其在信息、技术、合同履行等方面处于优势地位，应具备高度的公共服务意识与社会责任感。水表作为供水企业收取水费的计量工具，也是判断供、用水合同双方是否正确履行义务、依法享有权利的度量依据，应当准确无误。本案被告自来水公司在收到原告天孜食品公司多次发出的公司使用的水表运行偏快、水费不正常并要求处理的函告后，采取消极态度，不按有关规定和合同约定的要求委托有资质的机构对争议水表进行鉴定检测并及时更换，导致争议水表使用长达近三年之久，被告的消极行为给原告造成较大的经济损失，多收取的水费应当返还。

据此，盐城经济技术开发区人民法院依照《中华人民共和国民法总则》第一百二十二条，《中华人民共和国民事诉讼法》第一百四十二条，《最高人民法院关于适用〈中华人民共和国民事诉讼法〉的解释》第九十条、第一百零五条、第一百零八条第一款之规定，于 2018 年 11 月 27 日作出判决：

一、被告盐城市自来水有限公司于本判决生效之日起十日内返还原告盐城市天孜食品有限公司多支付的水费 725795 元。

二、驳回原告盐城市天孜食品有限公司的其他诉讼请求。

一审宣判后，自来水公司不服，向盐城市中级人民法院提起上诉。

盐城市中级人民法院经二审，确认了一审查明的事实。二审认为：供水合同约定，如果供水人或用水人一方提出计量器具有误差须送检，由提出方送检并预交送检费用及相关费用，检测结果在允许误差范围内，由提出方承担有关费用，不在允许误差范围内则由另一方承担相关费用。送检的全过程，须供水人和用水人共同参加。本案中，被上诉人天孜食品公司发现争议水表运行偏快，发函要求上诉人自来水公司予以处理，上诉人提供了水流量检测中心的检测报告，认为争议水表是合格的，但是该检测报告系其单方委托检测，一审法院未予认定并无明显不当。且在上诉人 2017 年 9 月份更换争议水表时，被上诉人再次发函要求上诉人对争议水表封样共同送检，上诉人收函后单方将争议水表退回厂家处理，违反合同约定，应当承担相应的法律后果。争议水表使用期间的用水量明显超出该水表使用前、后两个时期的用水量，上诉人认为可能有多种原因导致用水量的变化，亦未能提供充分的证据证实。故综合现有证据不能证明上诉人提供的争议水表计量合格。另据供水合同约定，如因计量器具的原因造成双方不能就用水量形成一致意见时，用水人同意供水人根据实际并结合用水人上三个月平均用水量来确定本期水量水费。由于争议水表使用时间较长，一审法院将争议水表使用前后时间段用水量进行对比，确定争议期间多计算水量的比例，酌情认定应当返还多收取的水费金额并无不当。

——《最高人民法院公报》2020 年第 3 期。

十、其 他

454. 书证与证明材料的区别

关键词

书证　证明材料

最高人民法院司法解释

第二十一条　人民法院调查收集的书证，可以是原件，也可以是经核对无误的副本或者复制件。是副本或者复制件的，应当在调查笔录中说明来源和取证情况。

——《最高人民法院关于民事诉讼证据的若干规定》（2019 年 12 月 25 日，法释〔2019〕19 号）。

附录：最高人民法院主流观点

实践中，有些当事人申请人民法院向有关单位了解案件情况，该单位向人民法院出具的情况说明等，不属于书证。根据《民事诉讼法解释》第一百一十五条规定，单位向人民法院提出的证明材料，应当由单位负责人及制作证明材料的人员签名或者盖章，并加盖单位印章。人民法院就单位出具的证明材料，可以向单位及制作证明材料的人员进行调查核实。必要时，可以要求制作证明材料的人员出庭作证。单位及制作证明材料的人员拒绝人民法院调查核实，或者制作证明材料的人员无正当理由拒绝出庭作证的，该证明材料不得作为认定案件事实的根据。从上述规定看，书证与证明材料存在本质不同，对证据的形式要求也不同，书证是案件发生当时产生的与案件事实具有密切联系的文本材料，所以一经收集并查证属实，就可以比较直观地证明案件中的一定事实，特别是有些书证可以直接证明案件的性质、当事人之间的权利义务关系等，在诉讼中具有重要地位；而有关单位出具的证明材料本质上属于证人证言性质，是在案件事实发生后，一般是诉讼过程中由有关单位出具，因此，对证明材料在形式上要求更为严格。在证据采信上，其证明力也较书证之证明力弱，人民法院可以进行调查核实，如果单位及制作证明材料的人员拒绝调查核实的，该证明材料不得作为认定案件事实的根据。而对于书证，人民法院一般无需再进行调查核实，即使进行调查核实，作出书证的单位或个人拒绝的，亦不能当然否认该书证的证明效力。

——最高人民法院民事审判第一庭编著:《最高人民法院新民事诉讼证据规定理解与适用》，人民法院出版社 2020 年版，第 243~244 页。

455. “新的事实”与再审新证据的区分

关键词

新的事实　再审新证据

最高人民法院审判业务意见（民一庭意见）

最高人民法院民一庭意见：判断裁判生效后出现的新的事由是构成再审新证据，还是据以另诉主张权利的“新的事实”，应依据其是否受生效裁判既判力约束、能否证明原裁判认定基本事实或裁判结果错误、当事人能否另行提起诉讼来进行认定。生效裁判依据审理时的财产查封裁定认定争议财产不得处分的，判决生效后作出的解封裁定不构成足以推翻原判的再审新证据，当事人应依据《最高人民法院关于适用〈中华人民共和国民事诉讼法〉的解释》第二百四十八条的规定，另诉主张权利。

附：案情简介

2005 年 1 月 28 日，北满特钢公司、江苏浩盈投资公司、浩益集团三方签订《合作合同》，约定成立浩盈公司。合同约定：北满特钢公司保证不干预浩盈公司的经营自主权，确保浩盈公司完全独立自主地行使对公司人、财、物等各方面的经营管理权。合同签订后，浩盈公司将生产的三万吨废钢存放在北满特钢公司院内。2014 年 9 月 4 日，齐齐哈尔中院基于北满特钢公司在另案中的财产保全申请，对该三万吨废钢予以查封、续封；2016 年，北满特钢公司申请保全的条件丧失，该三万吨废钢予以解封。2017 年 3 月 2 日，江苏浩盈投资公司、浩益集团向东北特殊钢集团有限公司、北满特钢公司、北满特钢公司破产管理人出具《联系函》，要求北满特钢公司给浩盈公司三万吨废钢提供出售的条件。2017 年 3 月 6 日，北满特钢公司及北满特钢公司破产管理人收到该《联系函》，但未予答复。

其后，浩盈公司提起本案排除妨碍纠纷，请求：1. 北满特钢公司破产管理人排除妨碍，对位于浩盈公司厂区内约三万吨废钢，协助其在两个月内运离；2. 本案诉讼费由北满特钢公司破产管理人承担。

二审另查明，2018 年 2 月 7 日，即本案一审判决作出后，齐齐哈尔中院在另案诉讼中作出（2018）黑 02 民初 15 号民事裁定，查封了案涉废钢中的二万吨。同时确认在查封期间，未经该院允许，不得有私自变卖、抵押、转让等转移产权及设定他项权利的行为。

——最高人民法院民一庭：《"新的事实"与再审新证据的区分》，载最高人民法院民事审判第一庭编：《民事审判指导与参考》2019 年第 1 辑（总第 77 辑），人民法院出版社 2019 年版，第 146 页。

456. 证据交换的方式

关键词

书面证据交换　互联网法院　在线证据交换

最高人民法院司法解释

第五十七条　证据交换应当在审判人员的主持下进行。

在证据交换的过程中，审判人员对当事人无异议的事实、证据应当记录在卷；对有异议的证据，按照需要证明的事实分类记录在卷，并记载异议的理由。通过证据交换，确定双方当事人争议的主要问题。

——《最高人民法院关于民事诉讼证据的若干规定》(2019 年 12 月 25 日，法释〔2019〕19 号)。

附录：最高人民法院主流观点

证据交换的主要方式是法院召集当事人在场当面交换证据，其区别于正式的庭审，虽然当事人在场，但是不对外公开，程序运作较为灵活，不严格区分庭审调查、辩论、调解、最后陈述等阶段。当事人的质证意见和固定的争议焦点记入笔录。该种方式能够使当事人及时了解对方当事人的意见，通过相互交换意见，固定争议焦点。另外一种方式是采取书面形式，法院将当事人提交的证据及书面意见相互转交。该种证据交换方式，看似节省时间，但是由于当事人不能面对面质证，不利于及时发现和调整争点。此外，科学技术的发展使得证据交换可以在线上进行，省去在途时间。互联网法院可以组织在线证据交换，当事人将在线电子数据上传、导入诉讼平台，或者将线下证据通过扫描、翻拍、转录等方式进行电子化处理后上传至诉讼平台进行举证。在具备条件的情况下，法院还可以使用“视频会议”“电视电话会议”等方式进行证据交换。法院可以根据当事人的意见和工作安排灵活确定证据交换的方式。既要防止证据交换简单化、程序化，使之流于形式，也要防止证据交换庭审化。

——最高人民法院民事审判第一庭编著：《最高人民法院新民事诉讼证据规定理解与适用》，人民法院出版社 2020 年版，第 537 页。

457. 诉前证据保全三十日起诉期的适用

关键词

诉前证据保全　起诉期限

最高人民法院司法解释

第二十九条　人民法院采取诉前证据保全措施后，当事人向其他有管辖权的人民法院提起诉讼的，采取保全措施的人民法院应当根据当事人的申请，将保全的证据及时移交受理案件的人民法院。

——《最高人民法院关于民事诉讼证据的若干规定》(2019 年 12 月 25 日，法释〔2019〕19 号)。

附录：最高人民法院主流观点

《民事诉讼法》第一百零一条第三款规定，申请人在人民法院采取保全措施后三十日内不依法提起诉讼或者申请仲裁的，人民法院应当解除保全。由于存在当事人向其他有管辖权的人民法院提起诉讼的情况，因此，受理诉前证据保全申请的人民法院不得因为申请人没有向其提起诉讼，就在采取保全措施后三十日直接解除保全。应当向申请人予以释明，询问其是否已经提起诉讼以及受诉人民法院，并根据当事人的申请将所采取的保全措施和相关材料及时移送。对于采取诉前证据保全后三十日内，当事人没有向采取保全措施的人民法院提起诉讼的，人民法院应当及时通知当事人，在确认当事人没有提起诉讼的情况下，人民法院应当及时解除保全措施，以最大限度降低保全措施对证据持有人的影响。对于当事人在其他有管辖权的人民法院提起诉讼的，人民法院应当告知当事人尽快提出申请，将保全手续和材料移送受理案件的人民法院。

——最高人民法院民事审判第一庭编著：《最高人民法院新民事诉讼证据规定理解与适用》，人民法院出版社 2020 年版，第 306 页。

458. 高空抛物、坠物案件中如何运用民事诉讼证据规则

关键词

高空抛物、坠物　调查取证　举证责任分配

最高人民法院司法政策精神

10. 综合运用民事诉讼证据规则。人民法院在适用侵权责任法第八十七条裁判案件时，对能够证明自己不是侵权人的“可能加害的建筑物使用人”，依法予以免责。要加大依职权调查取证力度，积极主动向物业服务企业、周边群众、技术专家等询问查证，加强与公安部门、基层组织等沟通协调，充分运用日常生活经验法则，最大限度查找确定直接侵权人并依法判决其承担侵权责任。

12. 依法确定物业服务企业的责任。物业服务企业不履行或者不完全履行物业服务合同约定或者法律法规规定、相关行业规范确定的维修、养护、管理和维护义务，造成建筑物及其搁置物、悬挂物发生脱落、坠落致使他人损害的，人民法院依法判决其承担侵权责任。有其他责任人的，物业服务企业承担责任后，向其他责任人行使追偿权的，人民法院应予支持。物业服务企业隐匿、销毁、篡改或者拒不向人民法院提供相应证据，导致案件事实难以认定的，应当承担相应的不利后果。

——《最高人民法院关于依法妥善审理高空抛物、坠物案件的意见》（2019 年 10 月 21 日，法发〔2019〕25 号）。

附录：答记者问

加强高空抛物、坠物民事案件的审判工作。一方面，针对高空抛物、坠物案件直接侵权人查找难、影响面广等特点，《意见》紧密结合人民法院职责，通过举证责任分配规则推动当事人积极查找，同时要求各级法院加大依职权调查取证力度，充分运用日常生活经验法则，最大限度查找确定直接侵权人。另一方面，为及时充分救济受害人，《意见》第 12 条在总结当前审判经验的基础上，依据侵权责任法有关规定，明确了物业服务企业在未尽到法定或者约定义务的情况下，依法承担相应的侵权责任。同时依法明确了物业服务企业对其他责任人享有相应的追偿权。

——《切实维护人民群众“头顶上的安全”——最高法研究室负责人就〈最高人民法院关于依法妥善审理高空抛物、坠物案件的意见〉答记者问》，载《人民法院报》2019 年 11 月 15 日。

459. 证据委托调查令的启动与适用条件

关键词

证据委托调查令　诉讼代理人　调查取证

附录：最高人民法院法官著述

（1）启动主体

各地规范性文件对证据委托调查令申请主体的规定并不一致。有的规定为当事人及其委托诉讼代理人，如上海、北京、江苏、安徽等地所出台的文件中均明确证据委托调查令为法院签发给当事人的诉讼代理律师向有关单位和个人收集证据的法律文件；有的则明确为诉讼代理律师，如重庆市高级人民法院《关于在民事诉讼中试行律师调查令的意见》中明确：经诉讼代理律师申请，人民法院可以签发律师调查令，由诉讼代理律师持律师调查令调查收集证据。通过比较，我们可以看出争议焦点主要在于对证据委托调查令申请和持有主体是否有特定的限定，即是否应限定于律师。

如何确定证据委托调查令的启动主体，不仅是证据委托调查令的基本理念所致，更由基于现实情况而生，关涉诉讼当事人的诉讼权利和诉讼利益。从我国的诉讼模式看，特别是近年来的司法改革，民事诉讼模式具有向当事人主义模式靠拢的痕迹，但在诉讼实践中则又明显体现了职权主义的色彩。笔者认为，证据委托调查令的申请主体宜限定为诉讼代理人的律师，且从最高人民法院正在起草的《关于民事诉讼证据的解释（征求意见稿）》的情况看，亦将证据委托调查令的申请及持令主体限定为诉讼代理人的律师。将调查令的申请主体限定为诉讼代理人的律师，一方面有助于保障律师的执业权利，另一方面也是为了保障证据委托调查令使用的规范。

（2）适用条件

证据委托调查令制度，为解决当事人取证困难另辟了途径。然而，证据委托调查令的适用，应慎重为之。既要考虑到当事人收集证据的能力，规范证据委托调查令的司法适用，保护当事人调查取证之程序保障权，又要综合平衡当事人的诉讼权利的保护，坚持司法中立之诉讼理念、立场。笔者认为，证据委托调查令主要在于弥补当事人举证能力不足之目的而设。在适用条件方面不宜过于严苛，而且，证据委托调查令的申请能否获得人民法院准许，需经人民法院进行审查，从而决定证据委托调查令的申请能否成立。故，在此阶段，应放宽证据调查令申请的限制条件。在坚持当事人通过正常的调查取证途径无法获得相关证据之客观原因的前提下，只要当事人的诉讼代理人（律师）提出申请，并在申请书中载明了无法自行调查收集证据的原因、证据的线索及所要证明的案件事实等内容，人民法院就应当对当事人提出的证据委托调查令的申请予以受理、审查。当然，针对一方当事人提出的证据委托调查令的申请，应给予对方当事人相关程序保障的权利，以便法院对申请审查作出客观的结论。人民法院进行审查时，可结合以下因素加以考虑：当事人是否自行取证过；自行取证是否已被拒绝、被拒绝后当事人是否穷尽了其他手段仍不能获取，或者虽未穷尽手段但相关手段的采取将明显违背诉讼经济等。

——赵风暴：《民事证据调查令制度的再思考》，载最高人民法院民事审判第一庭编：《民事审判指导与参考》2018年第3辑（总第75辑），第179~182页。

460. 证据委托调查令的司法审查

关键词

证据委托调查令　司法审查

附录：最高人民法院法官著述

对当事人提出的证据委托调查令的申请，人民法院应当予以审查，从而对申请的条件是否成立作出判断，以作出是否准许的结果。对当事人提出的证据委托调查令的司法审查，应以什么标准为依据，现行法律对此并未予以明确。笔者认为，证据委托调查令所指向的为诉讼案件所涉的证据，而证据则为证明案件事实的材料。从对案件事实的认定上看，裁判者通过自由心证的方式加以认定。[①] 由此，对证据调查令是否予以准许，亦应由裁判者通过自由心证的方式为之。但裁判者通过心证的方式予以判定，并非纯主观的行为，而是基于对案件具体情况的判断，通过具体的审查后才能作出。

然而，具体审查判断的条件为何，应考虑以下因素：一是证据委托调查令所涉证据与待证事实的关联性；二是证据委托调查令所涉证据与待证事实的实质意义；三是证据委托调查令所涉证据的必要性。具体言之，首先，关于证据委托调查令所涉证据与待证事实的关联性问题，即申请调查收集的证据与待证事实的关联性，其要求所申请调查的证据与待证案件事实具有法律意义上的相关性，对案件事实具有证明作用。对相关性的理解，可参照美国《联邦证据规则》的规定加以理解。该规则第401条规定："在下列情况下，证据具有相关性：（a）该证据具有与没有该证据相比，使得某事实更可能存在或者更不可能存在的任何趋向；并且（b）该事实对于确定诉讼更有意义。"[②] 其次，关于证据委托调查令所涉证据与待证事实的实质意义问题，从广义的证据关联性的角度出发，证据与待证事实的实质意义亦应包含在证据与待证事实的关联性之中。从狭义的角度而言，则是指调查收集的证据与待证事实之间的证明力的问题。如果申请调查收集的证据与待证事实之间的证明力较弱，不足以证明待证事实，则并无实质意义，无调查申请的必要。该问题为在前一条件基础上的深入判断问题，即对申请调查收集证据的关联性基础上，进一步对证据的证明力大小的判断问题。再者，关于证据委托调查令所涉证据的必要性问题，该条件属于兜底性规定，赋予审理案件的裁判者根据具体情况进行综合判断。基于对案件事实的认定由裁判者通过心证形成的方式为之。对于待证事实，如审理案件的法官对案件事实的心证已经形成，则对证据调查的申请，可不予准许。此外，因证据委托调查令主要针对书证以及适用书证规则的准书证而向案外人调查收集证据。故具有下列情形之一的，人民法院不予签发调查令：申请调查证人证言的；申请直接向对方当事人调查的；证据涉及国家秘密、商业秘密或者个人隐私的；不宜由当事人自行调查收集证据的其他情形。

——赵风暴：《民事证据调查令制度的再思考》，载最高人民法院民事审判第一庭编：《民事审判指导与参考》2018年第3辑（总第75辑），第182~183页。

---

① 尽管我国法律未明确规定自由心证的事实认定方式，但相关司法解释的条文中已体现了自由心证的精髓。如《最高人民法院关于民事诉讼证据的若干规定》第六十四条，《最高人民法院关于适用〈中华人民共和国民事诉讼法〉的解释》第一百零五条。

② 王进喜：《〈美国联邦证据规则〉（2011年重塑版）条解》，中国法制出版社2012年版，第56页。

461. 裁判文书中如何表述对证据的认定

关键词

裁判文书 证据调查 证据规则 非法证据排除

最高人民法院司法解释

第九十七条 人民法院应当在裁判文书中阐明证据是否采纳的理由。

对当事人无争议的证据，是否采纳的理由可以不在裁判文书中表述。

——《最高人民法院关于民事诉讼证据的若干规定》(2019 年 12 月 25 日，法释〔2019〕19 号)。

最高人民法院司法政策精神

四、裁判文书中对证据的认定，应当结合诉讼各方举证质证以及法庭调查核实证据等情况，根据证据规则，运用逻辑推理和经验法则，必要时使用推定和司法认知等方法，围绕证据的关联性、合法性和真实性进行全面、客观、公正的审查判断，阐明证据采纳和采信的理由。

五、刑事被告人及其辩护人提出排除非法证据申请的，裁判文书应当说明是否对证据收集的合法性进行调查、证据是否排除及其理由。民事、行政案件涉及举证责任分配或者证明标准争议的，裁判文书应当说明理由。

六、裁判文书应当结合庭审举证、质证、法庭辩论以及法庭调查核实证据等情况，重点针对裁判认定的事实或者事实争点进行释法说理。依据间接证据认定事实时，应当围绕间接证据之间是否存在印证关系、是否能够形成完整的证明体系等进行说理。采用推定方法认定事实时，应当说明推定启动的原因、反驳的事实和理由，阐释裁断的形成过程。

——《最高人民法院印发〈关于加强和规范裁判文书释法说理的指导意见〉的通知》(2018 年 6 月 1 日，法发〔2018〕10 号)。

附录：最高人民法院主流观点

从法的适用阶段看，“审查判断证据”是第一道环节，缺乏对证据的认证分析，既不能展示法官心证的过程，也无从知晓证据与待证事实之间的关联性。审查判断证据说理的重点主要包括以下方面：

1. 关于“举证”“质证”和法庭“调查核实证据”的情况。证据必须在法庭上出示，并经过质证，才可以作为认定案件事实的根据。法庭调查的过程就是诉讼各方在法官的主持下进行举证、质证的过程。《刑诉法解释》第 63

条规定："证据未经当庭出示、辨认、质证等法庭调查程序查证属实，不得作为定案的根据，但法律和本解释另有规定的除外。"我国三大诉讼法都不同程度地赋予法院依职权调查取证的权利。法院依职权调取的证据不是质证的对象。在庭审中，法官应当将依职权调取的证据予以出示，诉讼各方可以对法院调查收集证据的合法性、真实性和关联性提出质疑，法庭也可以就调查收集证据的情况对当事人进行说明。法官应当将调查收集证据的情况以及庭审出示情况在裁判文书中加以说明。

2. 关于运用证据规则和司法证明方法的情况。证据规则是指在诉讼中，规范证据的收集、证据的审查以及证据的评价等诉讼证明活动的准则。从通常意义上说，证据规则有利于查明案件事实，实现实体公正，有利于约束裁判者的自由裁量权，有利于提升诉讼效率。在三大诉讼法中，证据规则的设定和要求有很大不同。刑事证据规则不仅具有发现事实，增强程序的可操作性功能，还具有保障人权和增进特定社会利益保护的功能。典型的刑事证据规则有：关联性规则、非法证据排除规则、补强证据规则、传闻证据规则、最佳证据规则、意见证据规则等。通常认为，关联性规则、补强证据规则属于调整证明力的规则，而非法证据排除规则、传闻证据规则、意见证据规则、最佳证据规则都属于调整证据能力的规则。民事诉讼尊重当事人意思自治，为促进当事人和解、使诉讼更有效率，《民事诉讼法》规定了举证期限、证据交换等规则。《民事诉讼证据规定》和《民诉法解释》对于无需证明的事实、举证责任分配和证明标准等规则作出了系统规定。行政诉讼的特殊证据规则主要集中在《行政诉讼证据规定》中，典型证据规则是"被告负举证责任"的证明责任分配原则和行政案卷排除规则。

根据证据裁判主义与正当程序原则的要求，法官在认定案件事实时，首先以直接证据认定事实；只有以直接证据来认定事实存有疑问时，方可运用逻辑推理、经验法则、司法认知、推定等司法证明方法，且运用的过程必须透明、公开，确保司法的合法性与正当性。具体来说：

其一，逻辑推理是司法证明中最基本的方法，是指从已知事实或者判断出发，按照一定的逻辑规律或者规则，推导出新的认识或者判断。在逻辑推理中必须遵循的逻辑规律一般包括同一律、矛盾律和排中律等。在司法裁判中，常用的推理方式为演绎推理和归纳推理。在民事、行政诉讼中，当案件缺乏请求权基础时，会运用到类比推理方式；在刑事案件中，类比推理间或也会被运用。在演绎推理中，法官应当围绕大前提与小前提的涵摄关系，对案件事实是否满足法律规范的事实构成并产生法律规范效果进行论证。在归纳推理中，法官应着重对归纳推理的前提与结论之间的必要性关系进行论证。在类比推理中，法官应当对案件事实缺乏法律规定、案件事实与拟类推适用的法律要件事实之间的相似性、拟类推适用的法律规范的立法本意进行充分论证。

其二，经验法则，是指人们从生活经验中归纳获得的关于事物因果关系或属性状态的法则或知识。我国的《民事诉讼证据规定》和《行政诉讼证据规定》均确立了经验法则在诉讼过程中的法律地位和作用。在刑事诉讼中，《办理死刑案件证据规定》第 5 条界定“证据确实、充分”的证明标准时，其中一项要求就是根据证据认定案件事实的过程符合逻辑和经验规则，由证据得出的结论为唯一结论。经验法则在决定证据能力、评价证据价值、事实推定中的推理、引导当事人证明活动的进行以及为证明标准的适用提供判断依据等方面起决定性作用。另一方面，经验法则也存在较大的局限性，具体表现为法官运用较低程度盖然性的经验法则推出的结论容易出错，经验法则的适用需建立在案件具体情况基础之上、具有适用的针对性与复杂性，经验法则属于主观判断活动范畴等。由于经验法则本身在证明案件事实上具有一定的盖然性，同时法官适用经验法则受个体条件的影响和制约，因此，法官运用经验法则认定案件事实时，应当在裁判文书中阐述理由，并对当事人或控辩双方就适用经验法则认定案件事实提出的意见进行评判和分析，增强裁判的说服力，规范法官自由裁量权的行使。

其三，推定是作为证据证明的一种补充手段而存在。法学理论将推定分为法律推定和事实推定。其划分标准是推定所依凭的根据，法律推定是指立法者按照特定的立法意图，依据立法程序在成文法条文中所设置的推定规范，规定以某一事实的存在为基础，据以认定另一事实或权利的存在；事实推定又称司法上的推定或诉讼上的推定，是指司法者在具体的诉讼过程中，在自由心证范围内根据有关证据和经验法则对有关证明对象所作出的一种推论。法官应当在裁判文书中公开推定的过程，以展示如何适用推定认定案件事实的心证过程，说明运用证据认定基础事实的过程、推定依据的经验法则和法律规定的有效性以及适用推定的合理性，同时对提出异议一方的反驳理由进行分析，增强推定的说服力，提高司法裁判的认同度。

其四，司法认知是指法院在审理过程中依申请或依职权，对特定事实的真实性直接予以确认的事实认定方法。法院对一定事实无须当事人举证即确认真实性，及时排除当事人无合理根据的争议，以确保审理高效有序地进行。从立法上来看，目前在我国的法律规范中并没有明确出现司法认知这一概念，只有最高人民法院 2001 年发布的《民事诉讼证据规定》规定了六类免证事实的内容。学界认为，采用司法认知之前，应当保障当事人的程序参与权，当事人有权对是否采用司法认知表达意见，特别是要保障对方当事人提出反证机会；在保障当事人程序参与权和进行必要调查的基础上，对方当事人没有提出反证的情况下，法官才能采用司法认知的事实。在裁判文书中，法官应当注重阐述司法认知的形成过程，对这一司法证明的必要性、合法性进行充分论证。

3. 关于审查判断证据的情况。审查判断证据是认定案件事实的前提，包括证据能力和证明力的审查判断两个方面。审查判断证据能力适用证据的关联性、合法性和真实性三项标准，审查判断证明力则适用证据的确实性和充分性两项标准。

法官首先根据证据能力的审查判断规则，对证据的合法性、关联性和真实性进行全面判断，从而界定证据有无证据资格，并阐述理由。证据的合法性决定了一项证据是否具有证据资格或证明能力。只有具有合法性的证据才具有证据能力，才存在进一步对其证明力作出判断的可能。具备合法性的证据，在形式上必须是客观存在的，在内容上必须是真实的。法官可以从证据的来源和内容以及是否与其他证据之间存在矛盾来判断证据是否真实可靠。判断证据是否具有关联性，需要考察的是证据与待证事实之间是否有联系以及联系是否密切。证据与案件事实联系越密切，证据的证明力就越强；联系越疏远，证据的证明力就越弱；无联系的，无证明力。实践中，对于案件争议焦点所涉及的关键证据、当事人提出异议的证据尤其应当注重强化说理。

证明力的审查判断是对案件中各种证据的认识活动，应该从个别到整体，循序渐进地进行。法官对单一证据可以从下列方面进行审核认定：证据是否原件、原物，复印件、复制品与原件、原物是否相符；证据与本案事实是否相关；证据的形式、来源是否符合法律规定；证据的内容是否真实；证人或者提供证据的人，与当事人有无利害关系。对于案件的全部证据，法官应当从各证据与案件事实的关联程度、各证据之间的联系等方面进行综合审查判断。就数个证据对同一事实的证明力，通常认为，国家机关、社会团体依职权制作的公文书证的证明力一般大于其他书证；物证、档案、鉴定结论、勘验笔录或者经过公证、登记的书证，其证明力一般大于其他书证、视听资料和证人证言；原始证据的证明力一般大于传来证据；直接证据的证明力一般大于间接证据；证人提供的对与其有亲属或者其他密切关系的当事人有利的证言，其证明力一般小于其他证人证言。

4. 裁判文书阐明是否采纳证据及其理由。《民事诉讼证据规定》和《行政诉讼证据规定》均规定，“人民法院应当在裁判文书中阐明证据是否采纳的理由”。在刑事诉讼中，裁判文书阐明证据是否采纳的理由，是刑事司法正当程序原则的基本要求。法官撰写裁判文书不应简单罗列证据后直接给出认定结论，而是应当注重对证据进行详略得当、有主有次的分析和说理。对于诉讼各方无争议的证据可以简化说理，对于关键证据和争议证据应当强化说理，充分阐述证据采纳或不予采纳的理由，公开法官心证形成的过程，提升裁判文书公信力。

5. 关于“非法证据排除”的说理要求。法官在审查排除非法证据申请时，首先需要判断被告人及其辩护人申请排除的证据是否属于非法证据排除规则的适用范围。《刑事诉讼法》第54条第一款规定："采用刑讯逼供等非法方法收集的犯罪嫌疑人、被告人供述和采用暴力、威胁等非法方法收集的证人证言、被害人陈述，应当予以排除。收集物证、书证不符合法定程序，可能严重影响司法公正的，应当予以补正或者作出合理解释；不能补正或者作出合理解释的，对该证据应当予以排除。"我国非法证据排除规则的适用范围包括非法言词证据和非法实物证据。两类非法证据的构成条件不同。

6. 关于"举证责任分配或证明标准争议"的说理要求。《指导意见》第5条规定："民事、行政案件涉及举证责任分配或者证明标准争议的，裁判文书应当说明理由"。证明责任，又称举证责任，是指当作为裁判基础的法律要件事实在诉讼中处于真伪不明的状态时，一方当事人因此而承担的诉讼上的不利后果。法院在裁判案件争议时，首先确定作为裁判基础的事实关系是否存在，然后才能适用相应的法律作出裁判。在民事诉讼和行政诉讼中，即使案件事实真伪不明，法院也必须作出裁判，而且裁判后果总是对其中一方当事人不利。证明责任是一种不利的后果，这种后果只在作为裁判基础的主要事实真伪不明时才发生作用。

在事实真伪不明时，法律上规定由谁承担由此带来的不利后果就是所谓的证明责任分配。民事诉讼和行政诉讼实行不同的证明责任分配规则。民事诉讼证明责任分配一般贯彻"谁主张，谁举证"原则，同时存有证明责任的转移、证明责任的倒置、证明责任的司法裁量等特殊规则。《民事诉讼证据规定》第2条第1款规定："当事人对自己提出的诉讼请求所依据的事实或者反驳对方诉讼请求所依据的事实有责任提供证据加以证明。"同时，该规定对合同案件、特殊侵权案件、劳动争议案件的证明责任分配作出了比较明确的规定。实践中的问题是，在法律没有明确规定时，哪些事实是诉讼请求所依据的事实并不明确，需要法官针对个案进行判断。

——胡仕浩、刘树德：《新时代裁判文书释法说理的制度构建与规范诠释——〈关于加强和规范裁判文书释法说理的指导意见〉的理解与适用》，载《法律适用》2018年第16期。

462. 收条记载的内容与当事人之间实际收付款的情形不一致时，如何认定付款金额及时间

关键词

收条　付款金额及时间　证据　证明力

最高人民法院裁判文书

杨焕香与孙宝荣、原审被告廊坊愉景房地产开发有限公司公司增资纠纷案［最高人民法院（2015）民二终字第 191 号民事判决书］

裁判要旨：收条作为当事人之间收付款的书证、直接证据，对证明当事人之间收付款的事实具有一定的证明效力。但是，由于收条记载的内容与当事人之间实际收付款的情形有时并不一致，因此仅以收条为据尚不足以充分证明实际收付款情况。特别是在大额资金往来中，除收条外，还应结合双方的交易习惯、付款凭证、汇款单据等证据，对收条中记载的资金是否实际支付加以综合判断认定。

最高人民法院认为：

一、关于杨焕香应返还孙宝荣的投资款数额

孙宝荣主张解除《投资入股协议书》及《补充协议》，杨焕香不持异议，故《投资入股协议书》及《补充协议》因双方当事人意思表示一致而解除。根据《中华人民共和国合同法》第九十七条的规定，协议解除后，当事人应将依据合同取得的财产返还给对方。本案恰因返还投资款的数额产生纷争。孙宝荣以杨焕香出具的载明其累计收到 1.4 亿元的收条为据，主张已经累计支付了 1.4 亿元投资款，因此诉请杨焕香返还 1.4 亿元。杨焕香主张实际仅收到 1 亿元投资款，扣除不应返还的 2800 万元定金，其应返还孙宝荣 7200 万元。对此争议，本院结合双方提交的证据具体分析认定如下：

（一）关于能否依据 1.4 亿元收条认定孙宝荣实际支付了 1.4 亿元投资款。收条作为当事人之间收付款的书证、直接证据，对证明当事人之间收付款的事实具有一定的证明效力。但是，由于收条记载的内容与当事人之间实际收付款的情形有时并不一致，因此仅以收条为据尚不足以充分证明实际收付款情况。特别是在大额资金往来中，除收条外，还应结合双方的交易习惯、付款凭证、汇款单据等证据，对收条中记载的资金是否实际支付加以综合判断认定。具体到本案，由于杨焕香与孙宝荣原系朋友关系，双方基于相互的人身信赖，在资金往来中确实存在先打条、后付款的情形，因此收条记载的内容与款项实际支付情况并不完全相符。例如：2011 年 5 月 30 日，杨焕香给孙宝荣出具收条："今收到孙宝荣现金人民币贰仟万元整（￥20000000 元），作为孙宝荣购买杨焕香持有的愉景公司 35% 股权的定金。"但实际上，收条中载明杨焕香已收到的 500 万元定金在收条出具时孙宝荣并未支付，汇款凭证显示，孙宝荣于 2011 年 5 月 31 日才将该 500 万元汇付。2011 年 11 月 28 日，杨焕香向孙宝荣出具"至今累计收到壹亿肆仟万元整"入股金的收条，但孙宝荣支付的入股金中有两笔合计 1591 万元系在 2011 年 11 月 29 日才汇入愉景公司账户。因此，收条记载的“至今累计收到壹亿肆仟万元整”并不属实。综上，本院认为，虽然杨焕香向孙宝荣出具了至今累计收到 1.4 亿元的收条，但在收条记载的内容并不完全属实且双方就已付金额发生争议的情况下，仅凭收条尚不足以认定孙宝荣实际支付了 1.4 亿元投资款。

——中国裁判文书网。

463. 法院未准许调查取证申请，不构成违反法定程序

关键词

调查取证　证据　法定程序　程序违法

最高人民法院裁判文书

内蒙古万琪机械加工股份有限公司与鄂尔多斯市乌兰煤炭（集团）有限责任公司温家塔煤矿侵害发明专利权纠纷案［最高人民法院（2021）最高法知民终 420 号民事判决书］

裁判要旨：当事人申请调查取证时，无法证明所调证据与所诉事实的关联性、因自身原因无法自行调取的客观性等事实时，人民法院不予准许其申请。当事人以人民法院未准许其调查取证申请的主张构成程序违法的，人民法院不予支持。

最高人民法院认为：本案为侵害发明专利权纠纷，根据万琪公司的上诉请求和理由，本案二审焦点问题是，原审法院对万琪公司调取证据的申请不予准许是否构成程序违法。

民事诉讼法第六十四条①第一款、第二款规定：“当事人对自己提出的主张，有责任提供证据。当事人及其诉讼代理人因客观原因不能自行收集的证据，或者人民法院认为审理案件需要的证据，人民法院应当调查收集。”《最高人民法院关于适用〈中华人民共和国民事诉讼法〉的解释》（以下简称民事诉讼法解释）第九十四条规定：“民事诉讼法第六十四条第二款规定的当事人及其诉讼代理人因客观原因不能自行收集的证据包括：（一）证据由国家有关部门保存，当事人及其诉讼代理人无权查阅调取的；（二）涉及国家秘密、商业秘密或者个人隐私的；（三）当事人及其诉讼代理人因客观原因不能自行收集

① 现为《民事诉讼法》（2021 年修正）第六十七条。

的其他证据。当事人及其诉讼代理人因客观原因不能自行收集的证据，可以在举证期限届满前书面申请人民法院调查收集。”为保障司法的公平、公正，人民法院在民事诉讼活动中应恪守居中裁判之地位，不能随意调查收集证据，否则，受该证据影响处于不利地位的当事人就会质疑裁判的公正性。因此，“谁主张，谁举证”是民事诉讼活动所应当遵循的基本举证原则。不过，根据民事诉讼法以及民事诉讼法解释的上述规定，在特定情形下，当事人因客观原因不能自行收集的证据，人民法院可以依当事人申请调查收集。此时应当注意把握如下要点：1. 人民法院对当事人调查取证申请的审查，应当遵循法定原则和必要性原则，以免损害司法的公平、公正。2. 人民法院根据当事人申请对证据进行必要的调查收集，仅是弥补当事人调查能力不足的重要手段，而非替代当事人承担举证责任。3. 人民法院依当事人申请调查收集的证据，其性质并未发生变化，仍然是作为提出申请的一方当事人提供的证据，应由提出申请的当事人与对方当事人、第三人进行质证。4. 当事人因客观原因不能自行收集而申请人民法院调查收集证据的情形，主要包括民事诉讼法解释第九十四条规定的第一项、第二项两种情形，第三项规定是兜底条款，对该兜底情形的掌握，必须仅限于确因客观原因不能自行收集的其他材料。证据在对方当事人控制之下，不属于可以申请人民法院调查收集证据的情形。为解决这一情形下当事人调查取证困难的问题，民事诉讼法解释第一百一十二条规定了“书证提出命令”制度，即“书证在对方当事人控制之下的，承担举证证明责任的当事人可以在举证期限届满前书面申请人民法院责令对方当事人提交。申请理由成立的，人民法院应当责令对方当事人提交，因提交书证所产生的费用，由申请人负担。对方当事人无正当理由拒不提交的，人民法院可以认定申请人所主张的书证内容为真实。”此外，法律还规定了举证妨碍推定制度、证据保全制度等以解决权利人的“维权难”问题，但上述制度并不意味着，只要证据在对方当事人的控制之下，法院就可责令对方当事人提交或采取其他强制性措施、作出不利推定等，而是应依据法定原则和必要性原则进行审查。本案中，万琪公司主张，温家塔煤矿侵害涉案专利权，应承担停止侵权、赔偿损失等民事责任。根据民事诉讼法第六十四条第一款的规定，万琪公司应当提供证据证明温家塔煤矿存在侵害涉案专利权的行为。现万琪公司申请原审法院调查收集的被诉侵权产品的技术特征等证据，既不属于由国家有关部门保存的证据，也不涉及国家秘密、商业秘密或者个人隐私。关于万琪公司申请原审法院调查收集的证据是否属于民事诉讼法解释第九十四条第一款第三项规定的情形“当事人及其诉讼代理人因客观原因不能自行收集的其他证据”，可以从以下两个方面进行审查：其一，申请人是否提供了初步证据证明侵权事实的客观存在；其二，申请调查收集的证据是否确因客观原因不能自行收集。就第一个审查因素而言，万琪公司提交了一组照片，包括两张温家塔煤矿的门脸照片和数张无标识的设备局部照片。从这些初步证据来看，一是整组照片的拍摄时间无法确认；二是设备照片的拍摄地点无法确认；三是设备照片不清晰，设备的大部分技术特征无法辨认；四是照片中的设备无任何指向温家塔煤矿的标识信息。因此，万琪公司向原审法院提交的初步证据，并不能初步证明其所指控的被诉侵权事实客观存在。就第二个审查因素而言，万琪公司仅以被诉侵权产品在对方当事人控制之下为由申请人民法院调查收集证据，该情形不属于民事诉讼法解释第九十四条第一款第三项规定的情形。综上，万琪公司申请原审法院调查收集被诉侵权产品的技术特征等证据，不符合民事诉讼法解释第九十四条第一款的规定，原审法院对该申请不予准许并无不当。万琪公司该项上诉理由不能成立，本院不予支持。

——中国裁判文书网。

张元玲与苏州领创先进智能装备有限公司、苏州领创激光贸易有限公司、陈智宏、沧州领创激光科技有限公司、楚商融和（武汉）新三板创投管理企业（有限合伙），一审第三人苏州领创激光科技有限公司损害公司利益责任纠纷案［最高人民法院（2021）最高法民申 7784 号民事裁定书］

裁判要旨：当事人负有举证责任，其申请调查的证据材料无法证明与其诉讼请求或与案件事实具有关联性，人民法院不予准许调证申请。原审法院考虑当事人申请调查收集的材料不属于人民法院调查取证范围且与当事人的诉讼请求无直接关联，对其申请未予准许，并无不当。

最高人民法院认为：（二）关于张元玲提出的原审法院对其调查取证申请、追加第三人申请未予准许的问题。张元玲申请法院调查普玛宝公司受让股权的谈判合作过程、最初谈判方案、谈判意向书等相关材料及苏州领创装备公司、苏州领创贸易公司、苏州领创科技公司经营状况、开票金额及员工社保情况，原审法院考虑张元玲申请调查收集的材料不属于人民法院调查取证范围且与张元玲的诉讼请求无直接关联，对其申请未予准许，并无不当。关于张元玲提出的原审法院未准许其调查取证申请但未向其送达通知书系程序违法，及原审法院未追加普玛宝公司为第三人错误的主张，因不属于《中华人民共和国民事诉讼法》第二百条规定的再审事由，本院不予审查。原告以被告交付的买卖合同标的物与约定不符且无法正常使用为由，提起本案诉讼。根据原告在起诉状中陈述的事实及其起诉时提供的证据显示，双方当事人约定的交货地点在广东省东莞市道 ×× 镇，且由被告负责找人调试设备。

因此，广东省东莞市道 ×× 镇是案涉买卖合同的履行地。东莞一院作为合同履行地的人民法院，具有本案管辖权。恩阳区法院以被告李辉经常居住地不在其辖区为由，将本案移送东莞一院。在本院核实过程中，恩阳区法院提供了李辉居住证的照片，但该居住证的签发日期为 2014 年 10 月 30 日，未发现签注信息。恩阳区法院认定李辉在住所地之外另有经常居住地，证据不够充分。但考虑到本案是因买卖合同标的物引起的纠纷，标的物现处于东莞一院辖区内，由该院审理更便于人民法院查明相关案件事实。

——中国裁判文书网。

464. 当事人仅凭怀疑而不能确定申请调查收集的证据能否证明待证事实时，人民法院应否准许调取

关键词

申请调查收集证据　待证事实

最高人民法院裁判文书

中盐安徽红四方锂电有限公司与经纬纺织机械股份有限公司等买卖合同纠纷案［最高人民法院（2021）最高法民申 4034 号民事裁定书］

裁判要旨：当事人申请调查收集的证据应系对待证事实有意义且当事人客观原因不能自行收集的证据，如果当事人仅凭怀疑，而不确定申请调查收集的证据能否证明待证事实，人民法院对此未调查收集并不违反法律规定。

最高人民法院认为，关于是否应当调取新楚风汽车公司账户流水以证明恒天集团公司抽回出资的问题。红四方锂电公司主张，恒天集团公司同一时间同一账号，在余额充足时向新楚风公司支付的增资 4 亿元分两笔支付、且选择在新楚风汽车公司的住所地、经营地以外的北京开设银行账户接收增资款，不能排除该账户为恒天集团公司控制、恒天集团公司抽逃出资的可能，故申请调取新楚风汽车公司的账户流水以确认恒天集团公司是否抽回出资。本院经审查认为，当事人申请调查收集的证据应系对待证事实有意义且当事人客观原因不能自行收集的证据，而红四方锂电公司仅凭怀疑，而不确定申请调查收集的证据能否证明待证事实，因此原审未调查收集并不违反法律规定。

——中国裁判文书网。

465. 当事人申请调查收集的证据与待证事实无关联、对证明待证事实无意义或者其他无调查收集必要的，人民法院不予准许

关键词

申请调查收集证据　待证事实　无调查收集必要

最高人民法院裁判文书

安徽双赢集团华东再生资源有限公司、山西省冶金物资投资有限公司与河南商贸集团有限公司等破产撤销权纠纷案［最高人民法院（2021）最高法民申1349号民事裁定书］

裁判要旨：根据《最高人民法院关于适用〈中华人民共和国民事诉讼法〉的解释》第九十四条、第九十五条的规定，当事人及其诉讼代理人因客观原因不能自行收集的证据，可以在举证期限届满前书面申请人民法院调查收集。当事人申请调查收集的证据，与待证事实无关联、对证明待证事实无意义或者其他无调查收集必要的，人民法院不予准许。

最高人民法院认为，二审法院未准许安徽双赢公司、山西冶金公司调取证据的申请并无不当。根据《最高人民法院关于适用〈中华人民共和国民事诉讼法〉的解释》第九十四条、第九十五条的规定，当事人及其诉讼代理人因客观原因不能自行收集的证据，可以在举证期限届满前书面申请人民法院调查收集。当事人申请调查收集的证据，与待证事实无关联、对证明待证事实无意义或者其他无调查收集必要的，人民法院不予准许。安徽双赢公司、山西冶金公司申请调取的化工公司增资时所依据的资产评估报告等相关材料，与本案基本事实无必然联系，二审法院未准许其调取申请，于法有据。

——中国裁判文书网。

466. 有关证据关联性的判断，难点在于间接证据与待证事实的关联性问题

关键词

证据关联性　间接证据　待证事实

最高人民法院司法解释

第九十五条 当事人申请调查收集的证据，与待证事实无关联、对证明待证事实无意义或者其他无调查收集必要的，人民法院不予准许。

——《最高人民法院关于适用〈中华人民共和国民事诉讼法〉的解释》（2022 年 4 月 1 日修正）。

附录：最高人民法院主流观点

审判实践中应当注意的是，有关证据关联性的判断，难点在于间接证据与待证事实的关联性问题上。许多情况下，由于直接证据不易获得，需要借助间接证据证明间接事实，再依据经验法则推论主要事实。在这种情况下，往往需要根据案件的具体情况特别是待证事实的具体情况，结合有关证据存在的条件等因素，进行综合判断。

——最高人民法院民法典贯彻实施工作领导小组办公室编著：《最高人民法院新民事诉讼法司法解释理解与适用》，人民法院出版社 2022 年版，第 263 页。

467. 对于法院依职权主动调查收集证据，应持谨慎立场

关键词

兜底条款　释明权　调查收集证据

最高人民法院司法解释

第九十六条 民事诉讼法第六十七条第二款规定的人民法院认为审理案件需要的证据包括：

（一）涉及可能损害国家利益、社会公共利益的；

（二）涉及身份关系的；

（三）涉及民事诉讼法第五十八条规定诉讼的；

（四）当事人有恶意串通损害他人合法权益可能的；

（五）涉及依职权追加当事人、中止诉讼、终结诉讼、回避等程序性事项的。

除前款规定外，人民法院调查收集证据，应当依照当事人的申请进行。

——《最高人民法院关于适用〈中华人民共和国民事诉讼法〉的解释》（2022 年 4 月 1 日修正）。

附录：最高人民法院主流观点

审判实践中应当注意的是，《民事诉讼法解释》对于人民法院依职权主动调查收集证据持谨慎立场，《民事诉讼法解释》第九十六条中的五项情形非常明确，没有兜底条款，也没有扩大适用的余地。实践中确有当事人因诉讼能力不足而发生举证困难的情形的，人民法院应当在不影响中立性的前提下，在遵守法律、司法解释的前提下，通过释明权的行使，引导当事人提出调查收集证据的申请。凡不符合《民事诉讼法解释》规定，又没有当事人申请为前提的，人民法院依职权调查收集证据的行为，均属于违反法定程序的行为。

——最高人民法院民法典贯彻实施工作领导小组办公室编著：《最高人民法院新民事诉讼法司法解释理解与适用》，人民法院出版社2022年版，第265页。

468. 证据保全的范围

关键词

证据保全　证据形式　保全方法

最高人民法院司法解释

第九十七条　人民法院调查收集证据，应当由两人以上共同进行。调查材料要由调查人、被调查人、记录人签名、捺印或者盖章。

——《最高人民法院关于适用〈中华人民共和国民事诉讼法〉的解释》（2022年4月1日修正）。

附录：最高人民法院主流观点

证据保全的范围，立法和司法解释均无限制性规定，原则上各种证据形式均可以成为证据保全的对象，只不过根据证据形式和具体情况的不同，采取不同的保全方法，如对于证人证言，可以采取提前询问或者制作笔录的方式进行保全。

——最高人民法院民法典贯彻实施工作领导小组办公室编著：《最高人民法院新民事诉讼法司法解释理解与适用》，人民法院出版社2022年版，第269页。

469. 有反证的，如何判断本证是否达到高度盖然性证明标准

关键词

本证　反证　证明标准　高度盖然性

最高人民法院司法解释

第一百零八条　对负有举证证明责任的当事人提供的证据，人民法院经审查并结合相关事实，确信待证事实的存在具有高度可能性的，应当认定该事实存在。

对一方当事人为反驳负有举证证明责任的当事人所主张事实而提供的证据，人民法院经审查并结合相关事实，认为待证事实真伪不明的，应当认定该事实不存在。

法律对于待证事实所应达到的证明标准另有规定的，从其规定。

——《最高人民法院关于适用〈中华人民共和国民事诉讼法〉的解释》（2022 年 4 月 1 日修正）。

附录：最高人民法院主流观点

其一，诉讼证明活动实际上是围绕本证展开的，反证由其性质决定，是用以挑战本证的证明效果的。对于事实审理者而言，核心是在即使有反证的情况下对本证是否达到高度盖然性的证明标准进行判断。

其二，本证与反证的证明要求不同，反证只需要将本证使法官形成的内心确信拉低到高度盖然性证明标准之下即实现目的。

其三，无论本证还是反证，对其证明效果的判断，都应当是在依照法定程序和要求的所有证据均提供的情况下，结合全部证据所作出的综合评价。

——最高人民法院民法典贯彻实施工作领导小组办公室编著：《最高人民法院新民事诉讼法司法解释理解与适用》，人民法院出版社 2022 年版，第 292 页。

470. 对于一些待证事实涉及国有企业的文书的，应当结合其形成的时代背景作具体分析

关键词

公文书证　国有企业　国家机关

最高人民法院司法解释

第一百一十四条 国家机关或者其他依法具有社会管理职能的组织，在其职权范围内制作的文书所记载的事项推定为真实，但有相反证据足以推翻的除外。必要时，人民法院可以要求制作文书的机关或者组织对文书的真实性予以说明。

——《最高人民法院关于适用〈中华人民共和国民事诉讼法〉的解释》（2022 年 4 月 1 日修正）。

附录：最高人民法院主流观点

第一，一般情况下，民事诉讼中的公文书证的制作主体比较清楚。但我国历史上具有社会管理职能的组织较为复杂，特别是计划经济年代很多国有企业负担社会管理职能。因此，对于一些待证事实涉及国有企业的文书的，应当结合其形成的时代背景作具体分析。

第二，国家机关和具有社会管理职能的组织只有在其职权范围内制作的文书才是公文书证，超出其职权范围，或者违反法定程序、不具有法定形式的文书，不能作为公文书证对待。

——最高人民法院民法典贯彻实施工作领导小组办公室编著：《最高人民法院新民事诉讼法司法解释理解与适用》，人民法院出版社 2022 年版，第 307 页。

471. 法院对证人的通知，是证人获准出庭作证的标志，也是出庭作证的前提

关键词

证人通知出庭作证

最高人民法院司法解释

第一百一十七条 当事人申请证人出庭作证的，应当在举证期限届满前提出。

符合本解释第九十六条第一款规定情形的，人民法院可以依职权通知证人出庭作证。

未经人民法院通知，证人不得出庭作证，但双方当事人同意并经人民法院准许的除外。

——《最高人民法院关于适用〈中华人民共和国民事诉讼法〉的解释》

（2022 年 4 月 1 日修正）。

附录：最高人民法院主流观点

原则上在没有人民法院通知的情况下，证人不能出庭作证。但如果双方当事人均同意未经人民法院通知的证人作证的，在人民法院准许的前提下，可以作为例外情形。

——最高人民法院民法典贯彻实施工作领导小组办公室编著：《最高人民法院新民事诉讼法司法解释理解与适用》，人民法院出版社 2022 年版，第 313 页。

472. 签署及宣读保证书，才是完整的具结方式

关键词

签署保证书　证人具结　宣读保证书　证人陈述

最高人民法院司法解释

第一百一十九条　人民法院在证人出庭作证前应当告知其如实作证的义务以及作伪证的法律后果，并责令其签署保证书，但无民事行为能力人和限制民事行为能力人除外。

证人签署保证书适用本解释关于当事人签署保证书的规定。

——《最高人民法院关于适用〈中华人民共和国民事诉讼法〉的解释》（2022 年 4 月 1 日修正）。

附录：最高人民法院主流观点

《民事诉讼法解释》虽然规定证人以签署保证书方式具结，但 2019 年《民事诉讼证据规定》第七十一条规定“人民法院应当要求证人在作证之前签署保证书，并在法庭上宣读保证书的内容”。因此，司法解释对证人具结方式的规定已经发生变化，仅签署保证书并没有完成具结，签署保证书加宣读保证书，才是完整的具结方式。事实上，审判实践经验表明，口头具结方式比签署保证书更能够对证人心理产生威慑，更有利于保障证人陈述的真实性。

——最高人民法院民法典贯彻实施工作领导小组办公室编著：《最高人民法院新民事诉讼法司法解释理解与适用》，人民法院出版社 2022 年版，第 318 页。

473. 勘验是法院比较特殊的职权行为，可以根据当事人的申请或者依职权决定启动勘验

关键词

勘验 调查收集证据 核实证据

最高人民法院司法解释

第一百二十四条 人民法院认为有必要的，可以根据当事人的申请或者依职权对物证或者现场进行勘验。勘验时应当保护他人的隐私和尊严。

人民法院可以要求鉴定人参与勘验。必要时，可以要求鉴定人在勘验中进行鉴定。

——《最高人民法院关于适用〈中华人民共和国民事诉讼法〉的解释》（2022 年 4 月 1 日修正）。

附录：最高人民法院主流观点

审判实践中应当注意的是，勘验是法院比较特殊的职权行为，既可以被理解为调查收集证据的方式，也可以被理解为核实证据的手段。因此，在勘验的启动上，法院拥有较大的职权，在其认为有必要时，即可以根据当事人的申请或者依职权决定启动勘验。

——最高人民法院民法典贯彻实施工作领导小组办公室编著：《最高人民法院新民事诉讼法司法解释理解与适用》，人民法院出版社 2022 年版，第 327 页。

474. 在原件上擅自添加备注文字作为证据提交的行为属于伪造证据材料

关键词

原件 擅自添加备注文字 伪造证据材料

最高人民法院裁判文书

云南天享网络科技有限公司不服罚款决定申请复议案［最高人民法院（2022）最高法司惩复 9 号复议决定书］

裁判要旨：诉讼参与人在诉讼活动中，应当秉持诚实信用原则。本案中，当事人为达不当胜诉目的，在原件上擅自添加备注文字，作为证据向一审法院提交。当事人的上述行为属于伪造证据材料，妨碍了人民法院对案件的审理，依法应当进行制裁。

最高人民法院经审查认为，诉讼参与人在诉讼活动中，应当秉持诚实信用原则。本案中，天享公司为达不当胜诉目的，在原件上擅自添加备注文字，作为证据向一审法院提交，该事实已经原审法院查实。天享公司的上述行为属于伪造证据材料，妨碍了人民法院对案件的审理，依法应当进行制裁。云南省高级人民法院的决定符合法律规定。

——中国裁判文书网。

475. 单位出具的证明中无负责人或经办人签名且其内容也无其他证据辅证的，人民法院对其真实性不予认可

关键词

证明函　负责人或经办人签名　真实性

最高人民法院裁判文书

南昌市红谷滩新区博能小额贷款有限公司与徐彬、毛志刚、滕桢伟、占荣仙、上饶市万力实业有限公司借款合同纠纷案［最高人民法院（2021）最高法民申1049号民事裁定书］

裁判要旨：当事人提交的《证明函》作为单位证明仅有单位加盖印章，并无单位负责人或经办人签名，不符合单位证明的形式要件，且该函所载明的内容也无其他证据加以辅证，以证实其内容的真实性，故法院对该《证明函》的真实性不予认可。

最高人民法院认为，关于博能小贷公司是否有新的证据足以推翻二审判决的问题。博能小贷公司提交的《证明函》作为单位证明仅有单位加盖印章，并无单位负责人或经办人签名，不符合单位证明的形式要件，且该函所载明的内容也无其他证据加以辅证，以证实其内容的真实性，故本院对该《证明函》的真实性不予认可。

——中国裁判文书网。

476. 域外证据必须经过公证

关键词

域外证据　公证　公证书

最高人民法院司法解释

第十六条第一款　当事人提供的公文书证系在中华人民共和国领域外形成的，该证据应当经所在国公证机关证明，或者履行中华人民共和国与该所在国订立的有关条约中规定的证明手续。

第二款　中华人民共和国领域外形成的涉及身份关系的证据，应当经所在国公证机关证明并经中华人民共和国驻该国使领馆认证，或者履行中华人民共和国与该所在国订立的有关条约中规定的证明手续。

——《最高人民法院关于民事诉讼证据的若干规定》(2019 年 12 月 25 日，法释〔2019〕19 号)。

附录：最高人民法院主流观点

《民事诉讼证据规定》第十六条第一款、第二款规定："当事人提供的公文书证系在中华人民共和国领域外形成的，该证据应当经所在国公证机关证明，或者履行中华人民共和国与该所在国订立的有关条约中规定的证明手续。中华人民共和国领域外形成的涉及身份关系的证据，应当经所在国公证机关证明并经中华人民共和国驻该国使领馆认证，或者履行中华人民共和国与该所在国订立的有关条约中规定的证明手续。"这对 2001 年《民事诉讼证据规定》有所修改。修改的主要内容在于，将原来所有域外形成证据一概均由所在国公证机关予以证明，并经我国驻该国使领馆予以认证或履行条约规定手续，修改为将域外形成证据区分为无需经公证、认证的证据和需要经公证、认证的证据。需要经公证、认证的证据包括公文书证和涉及身份关系的证据，其中，公文书证经所在国公证机关证明或者履行条约手续即可，而不再需要同时经我国驻该国使领馆认证，限缩了使领馆认证的范围；需要同时经所在国公证机关证明并经我国驻该国使领馆认证的仅限于涉及身份关系的证据。无需经公证、认证的证据，指普通的民商事法律关系的证据，原则上仅涉及当事人之间的权利义务的确定，其真实性通过质证检验即可，如要求经所在国公证机关证明即能够满足形式上的要求。驻在国使领馆认证的环节既增加了程序的复杂性，也加重了当事人和使领馆的工作负担。

——江必新主编：《新民事·诉讼法条文理解与适用》，人民法院出版社

2022 年版，第 310 页。

477. 香港特别行政区高等法院的《谕令》具有真实性、合法性、有效性及关联性的，可以作为证据采信

关键词

谕令　证据采信

最高人民法院公报案例、最高人民法院裁判文书

香港锦程投资有限公司与山西省心血管疾病医院等合同纠纷案［最高人民法院（2010）民四终字第 3 号民事判决书］

裁判摘要：民事诉讼法及内地其他相关法律法规没有关于香港特别行政区法院作出的《谕令》在内地诉讼程序中是否具有证据效力的规定。香港特别行政区高等法院的《谕令》在诉讼中能否作为证据采信应当审查其是否具有真实性、合法性、有效性及关联性。

最高人民法院认为，民事诉讼法及内地其他相关法律法规没有关于香港特别行政区法院作出的《谕令》在内地诉讼程序中是否具有证据效力的规定。最高人民法院认为，香港特别行政区高等法院的《谕令》在本案诉讼中能否作为证据采信应当审查其是否具有真实性、合法性、有效性及关联性。锦程公司就该《谕令》向原审法院提交了经公证的顾张文菊、叶成庆律师事务所顾张文菊律师出具的《法律意见书》。该《法律意见书》认为：根据《香港特别行政区高等法院规则》"高等法院规则"第 42 号命令第 5A 条规则，香港特别行政区高等法院有权根据当事人双方达成的和解协议作出上述《谕令》，其具有与法庭判决或者命令同等的效力；《香港特别行政区高等法院规则》"高等法院规则"第 42 号命令第 5B 条有关判决需附具理由的规定不适用于依据《香港特别行政区高等法院规则》"高等法院规则"第 42 号命令第 5A 条规则作出的《谕令》；《谕令》对锦程公司和宝和公司具有约束力和强制执行力。因此，最高人民法院确认《谕令》的真实性、合法性、有效性。至于是否具有关联性，最高人民法院认为，锦程公司与宝和公司签订的买卖合同、宝和公司出具的七份收据、合资三方签订的《备忘录》、锦程公司与宝和公司之间的来往函件、宝和公司的起诉状以及香港特别行政区高等法院的诉讼文书等构成了一条完整的证据链，能够足以证明锦程公司订购医疗设备、支付佣金和预付款、锦程公司与宝和公司就违约事宜进行协商、协商未果后向香

港特别行政区高等法院提起诉讼以及香港特别行政区高等法院送达诉讼文书等事实，亦足以证明《谕令》与锦程公司、宝和公司之间的医疗设备买卖合同纠纷相关，因此，《谕令》与本案纠纷具有关联性。此外，锦程公司在提交《谕令》时办理了相关公证和转递手续，符合《民事证据规定》第十一条第二款关于“当事人向人民法院提供的证据是在香港、澳门、台湾地区形成的，应当履行相关的证明手续”的规定。因此，在心血管医院没有举出直接相反证据的情况下，应认定《谕令》在本案中具有证明力，可以作为证据使用并依此确定锦程公司订购医疗设备的损失额。

——《最高人民法院公报》2010 年第 12 期。

478. 外国法院判决、仲裁裁决等作为证据的认定

关键词

外国法院判决　仲裁裁决　证据

最高人民法院司法政策精神

15. 一方当事人将外国法院作出的发生法律效力的判决、裁定或者外国仲裁机构作出的仲裁裁决作为证据提交，人民法院应当组织双方当事人质证后进行审查认定，但该判决、裁定或者仲裁裁决认定的事实，不属于民事诉讼法司法解释第九十三条第一款规定的当事人无须举证证明的事实。一方当事人仅以该判决、裁定或者仲裁裁决未经人民法院承认为由主张不能作为证据使用的，人民法院不予支持。

——《最高人民法院关于印发〈全国法院涉外商事海事审判工作座谈会会议纪要〉的通知》（2021 年 12 月 31 日，法〔民四〕明传〔2021〕60 号）。

第五章　期间、送达

一、期　间

479. 期间不包括在途时间

关键词

诉讼文书　期间　在途时间　逾期上诉

最高人民法院司法解释

第一百二十五条　依照民事诉讼法第八十五条第二款规定，民事诉讼中以时起算的期间从次时起算；以日、月、年计算的期间从次日起算。

——《最高人民法院关于适用〈中华人民共和国民事诉讼法〉的解释》(2022年4月1日修正)。

附录：最高人民法院主流观点

期间不包括在途时间。诉讼文书在期满前交邮的，不算过期。所谓的在途时间，是指人民法院邮寄诉讼文书，或者当事人邮寄诉讼文书在旅途中所用去的时间。正因为期间不包括在途时间，所以诉讼文书在期满前交邮的不算过期。如上诉状只要在法定期间届满前交邮，即使人民法院收到时已逾上诉期限，也不能认为逾期上诉。确定诉讼文书是否于期间届满前交邮，不是以诉讼文书到达地邮局邮戳上的时间为标准，而是以诉讼文书邮寄地邮局邮戳上的时间为标准，并且以时为标准。

——最高人民法院民法典贯彻实施工作领导小组办公室编著:《最高人民法院新民事诉讼法司法解释理解与适用》，人民法院出版社2022年版，第328页。

480. 审判实践中计算期间时应当注意的问题

关键词

期间　期间届满　法定期间　指定期间　在途期间

最高人民法院裁判文书

中国信达资产管理股份有限公司天津市分公司与天津龙威粮油工业有限公司等借款合同纠纷案［最高人民法院（2020）最高法民终63号民事判决书］

裁判要旨：民事诉讼中以时起算的期间从次时起算；以日、月、年计算的期间从次日起算，开始的当日不计入，自下一日开始计算。

最高人民法院认为：一审判决第一项为："被告天津龙威粮油工业有限公司于本判决生效之日起十日内偿还原告中国信达资产管理股份有限公司天津市分公司贷款本金237530000元，截至2017年9月19日的利息14874326.54元及自2017年9月19日起至实际给付之日止的利息。"此处"自2017年9月19日起至实际给付之日止"为利息的计付期间。关于期间问题，《民法典》第二百零一条规定："按照年、月、日计算期间的，开始的当日不计入，自下一日开始计算。"《民事诉讼法司法解释》第一百二十五条规定，依照《民事诉讼法》第八十二条①第二款的相关规定，民事诉讼中以时起算的期间从次时起算；以日、月、年计算的期间从次日起算。一审判决确定的期间开始当日即2017年9月19日不计算利息，应自下一日也就是2017年9月20日开始计息。

——中国裁判文书网。

附录：最高人民法院主流观点

第一，如果期间是以月为单位计算的，1月一般按公历中的月份天数计算，不分大月、小月；如果期间是以年为单位计算的，1年一般按365天计算，不分平年、闰年。以月计算的，期间届满的日期，应当是届满那个月对应于开始月份的那一天；如果没有对应于开始月份的那一天的，应当为届满那个月的最后一天。例如，在一起宣告失踪的案件中，人民法院于2012年2

① 现为《民事诉讼法》（2021年修正）第八十五条。

月 28 日公告寻找下落不明人，公告期间为 3 个月，公告期届满日期在 2012 年 5 月 28 日。在该日期下落不明人还未出现的，人民法院就可以依法作出判决，宣告下落不明的人失踪。

第二，期间届满的最后一日是法定休假日的，以法定休假日后的第一日为期间届满的日期。如期间本应在 10 月 1 日届满，但按照国务院的规定，10 月 1 日至 7 日为国庆假日，这样 10 月 8 日为期间届满日。实践中对此需注意两点：(1) 法律规定的部分公民享有休假权利的节日一般不能作为影响期间计算的日期。《全国年节及纪念日放假办法》第三条规定："部分公民放假的节日及纪念日：(一) 妇女节 (3 月 8 日)，妇女放假半天；(二) 青年节 (5 月 4 日)，14 周岁以上的青年放假半天；(三) 儿童节 (6 月 1 日)，不满 14 周岁的少年儿童放假 1 天；(四) 中国人民解放军建军纪念日 (8 月 1 日)，现役军人放假半天。"此外，该办法第四条规定："少数民族习惯的节日，由各少数民族聚居地区的地方人民政府，按照各该民族习惯，规定放假日期。"这部分节假日是否属于上述的法定休假日，从而对于期间计算产生实质影响，实务中存在争议。我们倾向于不作为影响期间计算的法定休假日。因为，一方面这些假日不是针对所有人民群众，且除了儿童节之外，都是放假半天，其另外的半天就非法定休假日，故这些节日可能在总体上不能属于影响期间计算的日期，但如果当事人有特别约定的，当然要遵守该约定。(2) 法人或者其他组织内部规定的放假或者休息日，不属于法定休假日。如某市一大型综合商场为了方便顾客在休息日购物，规定该商场员工的休息日为周一和周二，周六和周日则为正常的工作日。

第三，期间不包括在途期间，诉讼文书在期限届满前交邮的，不算过期。法定期间和指定期间，均不包括在途期间。如当事人接到一审法院判决书后，经过准备，在第 13 天的时候通过邮局寄出了上诉状，交邮 6 天后人民法院收到上诉状。那么，这 6 天的时间，不计算在上诉期间之内。也就是说，向人民法院提交上诉状，只要是在法定期间届满前交邮的，人民法院不论多长时间后才收到，都不算超过期间。法定期间届满前交邮，是指期间届满日 24 时前交邮。如一审判决书在 3 月 1 日送达，只要在 3 月 16 日 24 时前通过邮局以挂号信的形式寄出上诉状，就不能算超过上诉期间。当然，期满前是否交邮，应当以邮局的邮戳为准。只要邮戳上的时间可以证明在期间届满之前，当事人已经将需要邮寄的诉讼文书交付邮局的，就不算过期。

——江必新主编：《新民事诉讼法条文理解与适用》，人民法院出版社 2022 年版，第 377~378 页。

481. 顺延期限申请时应注意的问题

关键词

诉讼期间　顺延期限　顺延申请

最高人民法院裁判文书

湖南北山建设集团股份有限公司与阳光财产保险股份有限公司湖南省分公司因申请诉中财产保全损害责任纠纷案［最高人民法院（2021）最高法民申6111号民事裁定书］

裁判要旨：因疫情或者疫情防控措施耽误法律规定或者人民法院指定的诉讼期限，当事人根据《民事诉讼法》规定申请顺延期限的，人民法院应当根据疫情形势以及当事人提供的证据情况综合考虑是否准许，依法保护当事人诉讼权利。

最高人民法院认为：北山建设集团公司于2020年1月21日收到一审判决书，并于2020年2月4日向一审主审法官短信表达了上诉的意思表示，一审主审法官同意因新型冠状肺炎疫情原因待法院诉讼服务窗口恢复后办理上诉事宜。《最高人民法院关于依法妥善审理涉新冠肺炎疫情民事案件若干问题的指导意见（一）》第七条规定：依法顺延诉讼期间。因疫情或者疫情防控措施耽误法律规定或者人民法院指定的诉讼期限，当事人根据《民事诉讼法》第八十三条[①]规定申请顺延期限的，人民法院应当根据疫情形势以及当事人提供的证据情况综合考虑是否准许，依法保护当事人诉讼权利。新型冠状肺炎疫情及防控措施打破了正常的诉讼秩序，相关法院诉讼服务窗口也因此处于关闭状态，北山建设集团公司于收到一审判决书的15日内向一审法官表达了上诉的意思表示，一审法官表示同意，之后其在法院规定的时间内提交上诉状并缴纳上诉费，并没有怠于行使上诉权。

——中国裁判文书网。

附录：最高人民法院主流观点

第一，顺延期限的申请应当在法定期间内提出。即应当在障碍消除后的10日内提出申请。如果当事人没有按时提出顺延期限的申请，就失去了再进

① 现为《民事诉讼法》（2021年修正）第八十六条。

行某项诉讼行为的权利。如某一民事案件的一审判决上诉期限于2月15日届满，在2月5日发生了地震，导致交通、通信中断，2月15日，交通恢复。当事人可以在障碍消除后10日内，即2月25日前，向人民法院提出顺延期间的申请。如果在2月25日前没有提出上诉，而是过了2月25日再提出上诉，将产生人民法院不予受理该上诉的后果。

第二，顺延申请应当向有权作出决定的法院提出。耽误期间的事由，既可能发生在一审程序中，也可能发生在二审程序、再审程序中。在哪个程序发生耽误，就应当向正在审理案件的法院申请顺延。但是，如果耽误上诉期间的，应当向作出裁判的一审人民法院提出申请；申请再审期间的顺延，应当向申请再审的法院提出申请。

第三，顺延申请是否准许由法院决定。人民法院对当事人提出的顺延期限申请，经过审查以后，认为符合法律规定的顺延期限的条件，准许顺延；认为不符合顺延期限法定条件的，不予准许。

第四，顺延期限的计算需准确把握。人民法院准予顺延期间后，顺延多长时间，因法定期间和指定期间的不同而有所不同。法定期间顺延日期的计算，以实际耽误的时间为准。如前述耽误的上诉期间为5日，那么顺延的期限也是5日。指定期间顺延由法院根据具体情况决定。

——江必新主编:《新民事诉讼法条文理解与适用》，人民法院出版社2022年版，第382页。

二、送　达

482. 民事诉讼实践中应严格按照优先次序选择送达方式

关键词

直接送达　留置送达　邮寄送达　委托送达　转交送达　公告送达

最高人民法院司法解释

第一百三十条　向法人或者其他组织送达诉讼文书，应当由法人的法定代表人、该组织的主要负责人或者办公室、收发室、值班室等负责收件的人签收或者盖章，拒绝签收或者盖章的，适用留置送达。

民事诉讼法第八十九条规定的有关基层组织和所在单位的代表，可以是受送达人住所地的居民委员会、村民委员会的工作人员以及受送达人所在单位的工作人员。

——《最高人民法院关于适用〈中华人民共和国民事诉讼法〉的解释》（2022 年 4 月 1 日修正）。

附录：最高人民法院主流观点

严格按照直接送达、留置送达、邮寄送达、委托送达、转交送达、公告送达的优先性选择次序送达诉讼文书。1991 年民事诉讼法中规定了直接送达、留置送达、邮寄送达、委托送达、转交送达、公告送达六种送达方式，此六种送达方式的顺序安排隐含立法者对送达方式优先性选择的倾向性意见。送达应以直接送达为最主要、最一般的形式，直接送达时当事人拒绝在送达回证上签字，送达人员可以通过见证人证明或视听资料证明的形式，使直接送达转化为留置送达。一般情况下，只有在直接送达与留置送达均无法实现时，才可以使用邮寄送达。公告送达因其时间长，当事人很少真正注意到公告内容，严重影响送达效率等原因，应严格限制其使用。但在目前的司法实践中，邮寄送达逐渐成为首先采用的送达方式。很多法院只有在邮寄送达无法完成的情况下，才会采用直接送达或留置送达的方式。2005 年，最高人民法院出台《法院专递邮寄送达文书规定》，确立了“法院专递”的送达方式。这种方式可视为人民法院委托邮寄送达诉讼文书，与人民法院送达具有同等的法律效力。目前各级法院已经普遍采用“法院专递”和人民法院送达平台方式进行送达。

我们认为，民事诉讼实践中应严格按照优先次序选择送达方式。针对实践中“送达难”的问题，扩大受送达人员范围，是解决送达难的重要举措。我国民事诉讼体现为职权主义诉讼构造，送达为人民法院的职权之一，当事人及律师等不能成为送达主体，但人民法院审判和司法辅助工作任务较重，每个案件都有多份法律文书需要送达，人民法院在送达工作中也面临很大压力。完全由书记员等进行直接或留置送达并不现实。法院专递送达虽然可以很大程度上减轻人民法院送达工作的压力，但由于人员流动频繁等原因，并不一定能够保证法律文书都能送达到当事人处。对此，人民法院应当创新机制、开拓思路，探索提高送达效率，同时又保证当事人诉讼权利的新途径、新办法。有些地方的法院已经进行了有效的探索。例如江苏省高级人民法院，在送达工作中，从法院退休人员或退休邮局工作人员等社会各界人士中，招录送达人员，委托其代为向当事人送达，这些招录来的工作人员通过耐心细致的工作，往往能够说服当事人签收法律文书，为人民法院减轻了很大工作压力，同时也提高了送达的效率，保证了当事人诉讼权利的实现。民事诉讼法第八十九条规定：“受送达人或者他的同住成年家属拒绝接收诉讼文书的，送达人可以邀请有关基层组织或者所在单位的代表到场，说明情况，在送达回证上记明拒收事由和日期，由送达人、见证人签名或者盖章，把诉讼文书留在受送达人的住所；也可以把诉讼文书留在受送达人的住所，并采用拍照、录像等方式记录送达过程，即视为送达。”审判实践中，对基层组织范围和所在单位代表的界定争论较大，不利于送达的实行。有必要将基层组织和所在单位代表明确为受送达人住所地的居民委员会、村民委员会的工作人员以及受送达人所在单位的工作人员，以提高送达的有效性。

——最高人民法院民法典贯彻实施工作领导小组办公室编著:《最高人民法院新民事诉讼法司法解释理解与适用》，人民法院出版社2022年版，第335~336页。

483. 准确认定电子送达的送达日期

关键词

送达　送达日期　电子送达　在线诉讼

最高人民法院司法解释

第一百三十五条　电子送达可以采用传真、电子邮件、移动通信等即时收悉的特定系统作为送达媒介。

民事诉讼法第九十条第二款规定的到达受送达人特定系统的日期，为人民法院对应系统显示发送成功的日期，但受送达人证明到达其特定系统的日期与人民法院对应系统显示发送成功的日期不一致的，以受送达人证明到达其特定系统的日期为准。

——《最高人民法院关于适用〈中华人民共和国民事诉讼法〉的解释》（2022年4月1日修正）。

附录：最高人民法院主流观点

传统送达过程中，都需要取得相应的送达证明，以表示送达已经完成，并记载送达日期，决定送达效力开始的时间。但民事诉讼法对电子送达并未规定应采取何种证明方式，因此关于送达日期只能以诉讼文书到达受送达人特定系统的日期来加以确定，而如前文所述，信息数据传输受硬件设备、服务器系统的运行状态影响，可能会出现故障情形，导致数据电文不能正确及时地传输到达对方系统，因此需要探索如何证明诉讼文书已经传输到对方信息系统中，也即电子送达的送达证明问题。司法实践中应保存好诉讼文书已经发出并及到达对方系统的相关证据，以备在当事人对送达提出异议时进行回应。如果当事人有证据证明到达其特定系统的日期与人民法院对应系统显示发送成功的日期不一致的，以受送达人证明到达其特定系统的日期为准。

《民事送达意见》第十一条规定：“采用传真、电子邮件方式送达的，送达人员应记录传真发送和接收号码、电子邮件发送和接收邮箱、发送时间、送达诉讼文书名称，并打印传真发送确认单、电子邮件发送成功网页，存卷备查。”第十二条规定：“采用短信、微信等方式送达的，送达人员应记录收发手机号码、发送时间、送达诉讼文书名称，并将短信、微信等送达内容拍摄照片，存卷备查。”《人民法院在线诉讼规则》第三十条规定：“人民法院可以通过电话确认、诉讼平台在线确认、线下发送电子送达确认书等方式，确认受送达人是否同意电子送达，以及受送达人接收电子送达的具体方式和地址，并告知电子送达的适用范围、效力、送达地址变更方式以及其他需告知的送达事项。”第三十一条规定：“人民法院向受送达人主动提供或者确认的电子地址送达的，送达信息到达电子地址所在系统时，即为送达。受送达人未提供或者未确认有效电子送达地址，人民法院向能够确认为受送达人本人的电子地址送达的，根据下列情形确定送达是否生效：（一）受送达人回复已收悉，或者根据送达内容已作出相应诉讼行为的，即为完成有效送达；（二）受送达人的电子地址所在系统反馈受送达人已阅知，或者有其他证据可以证明受送达人已经收悉的，推定完成有效送达，但受送达人能够证明存在系统错误、送达地址非本人使用或者非本人阅知等未收悉送达内容的情形除外。人民法院开展电子送达，应当在系统中全程留痕，并制作电子送达凭证。电子送达凭证具有送达回证效力。对同一内容的送达材料采取多种电子方式发送受送达人的，以最先完成的有效送达时间作为送达生效时间。”第三十二条规定：“人民法院适用电子送达，可以同步通过短信、即时通讯工具、诉讼平台提示等方式，通知受送达人查阅、接收、下载相关送达材料。”第三十三条规定：“适用在线诉讼的案件，各方诉讼主体可以通过在线确认、电子签章等方式，确认和签收调解协议、笔录、电子送达凭证及其他诉讼材料。”

——最高人民法院民法典贯彻实施工作领导小组办公室编著：《最高人民法院新民事诉讼法司法解释理解与适用》，人民法院出版社 2022 年版，第 342~343 页。

484. 简易程序中简便送达方式适用规则

关键词

繁简分流　简易程序　简便送达　电子送达

附录：最高人民法院法官著述

修改简易程序中简便送达方式适用规则

2007 年民事诉讼法第一百四十四条[①]规定了简易程序可以用简便方式传唤当事人和证人，但并未就送达法律文书、开庭审理以及裁判文书简化等事项作出明确规定。2012 年民事诉讼法对该条进行了修改，明确规定基层人民法院和它派出的法庭审理简单的民事案件，可以用简便方式传唤当事人和证人、送达诉讼文书、审理案件，但应当保障当事人陈述意见的权利。为细化简便方式送达、传唤规则，2015 年《民诉法解释》第二百六十一条第一款规定："适用简易程序审理案件，人民法院可以采取捎口信、电话、短信、传真、电子邮件等简便方式传唤双方当事人、通知证人和送达裁判文书以外的诉讼文书。"该条之所以禁止适用简便方式对判决书、裁定书、调解书送达，主要是因为 2012 年民事诉讼法第八十七条[②]明确规定这三类裁判文书不适用电子送达。而新民事诉讼法第九十条修改了原第八十七条的规定，将电子送达适用范围扩大至所有诉讼文书。因此，《民诉法解释》第二百六十一条第一款也需要进行修改。对照新民事诉讼法的规定精神，我们进行了反复研究，最后将该款修改为："适用简易程序审理案件，人民法院可以依照民事诉讼法第九十条、第一百六十二条的规定采取捎口信、电话、短信、传真、电子邮件等简便方式传唤双方当事人、通知证人和送达诉讼文书。"在适用 2022 年《民事诉讼法解释》第二百六十一条时应当注意：第一，通过电子方式送达诉讼文书的，必须经受送达人同意，以保障受送达人的程序利益。第二，要注意本条第二款与《人民法院在线诉讼规则》第三十一条之间的衔接。本条第二款规定"以简便方式送达的开庭通知，未经当事人确认或者没有其他证据证明当事人已经收到的，人民法院不得缺席判决"，实践中所采用的简便方式为电子方式，且符合《人民法院在线诉讼规则》第三十一条第一款、第二款所规定情形的，应当认定为有效送达，不属于"未经当事人确认或者没有证据证明当事人已经收到"的情形。

——郭锋、陈龙业、贾玉慧、牛晓煜：《〈最高人民法院关于适用《中华人民共和国民事诉讼法》的解释〉修改内容及其理解与适用》，载《法律适用》2022 年第 5 期。

① 现为《民事诉讼法》（2021 年修正）第一百六十二条。

② 现为《民事诉讼法》（2021 年修正）第九十条。

485. 当事人在纠纷发生之前约定的送达地址可作为送达诉讼文书的确认地址

关键词

约定送达地址　确认地址

最高人民法院司法政策精神

3. 完善送达程序与送达方式。当事人在纠纷发生之前约定送达地址的，人民法院可以将该地址作为送达诉讼文书的确认地址。当事人起诉或者答辩时应当依照规定填写送达地址确认书。积极运用电子方式送达；当事人同意电子送达的，应当提供并确认传真号、电子信箱、微信号等电子送达地址。充分利用中国审判流程信息公开网，建立全国法院统一的电子送达平台。完善国家邮政机构以法院专递方式进行送达。

——《最高人民法院关于进一步推进案件繁简分流优化司法资源配置的若干意见》（2016 年 9 月 12 日，法发〔2016〕21 号）。

附录：最高人民法院主流观点

合同约定诉讼文书的送达地址，既可以采用具体的列举方式，表明适用的诉讼阶段和可能影响的诉讼权利，也可以采用概括方式表述，只要表明送达地址是用于诉讼的法律文书送达和相关方承担相应法律风险即可。

合同当中有关送达地址的约定，不能简单地等同为诉讼地址确认书前置。诉讼期间当事人与法院签订的送达地址确认书，针对的是已经提起的诉讼，法院提供的针对特定诉讼阶段的送达地址确认书，内容可以做到十分具体和明确。但是，事先约定的诉讼送达地址，依托的是双方对合同订立、履行过程的一种可能前景作出的概括性预见。约定诉讼文书送达地址，作为可能受到对方不应诉损害的一方采取的保护措施，能否具体到每一个细节以及具体到什么程度，不仅要受制于交易的情势，还有一个是否必要的问题。因此，不必强求合同的诉讼文书送达地址约定具体化到能够涵盖两个以及更多诉讼阶段送达地址确认书的内容和相应的诉讼权利、诉讼风险，并要求文字表述一字不差，只要相关的约定满足约定送达地址的两个必要条件即可。比如，“若双方产生争议，由原告住所地法院管辖，且合同载明的各方通讯地址可作为法院送达诉讼文书的地址，因载明的地址有误或未及时告知变更后的地址，导致诉讼文书未能实际被接收的，邮寄送达的，诉讼文书退回之日即视为送达之日。”或者，“乙方同意使用地址用于与甲方平时联络或仲裁、诉讼情况下法律文书的送达。乙方同意按照上述地址用挂号、快递寄出的法律文书，一经寄出即为送达。”类似这样的条款，只要明确是诉讼文书的送达地址，且承诺接受相应的诉讼后果即可。当然，约定的送达地址还可以同样适用于仲裁、调解和诉讼中不同的程序，不一定仅适用于法院的某一个阶段的诉讼程序。

为了确保原告提供的合同文本和约定送达地址的真实性，法院接到原告当事人提交的合同文本之后，应该对文本进行必要的形式审查，并要求原告当事人提交书面保证，保证该约定真实，且是其接收到的对方当事人的最新送达地址，避免原告当事人收到对方变更送达地址通知的情况下，仍将原约定的地址提交给法院，从而浪费司法资源并损害法院的司法公信力。

首先，诉讼文书送达地址确认采取自愿原则。不论是传统的还是电子的，送达地址确认均采用自愿原则，当事人拒绝提供送达地址的，也不影响法院根据户籍资料确定其住所或居所，使用挂号或快递寄送诉讼文书，推定送达。电子送达，相对于传统送达优势强大，对法院的诱惑极大，但其毕竟存在诸多缺陷，使用电子送达务必取得受送达人的同意。法院不能违背当事人意愿而强行使用诉讼文书电子送达。而且，当事人即使选用电子送达，传统送达方式以及相应的当事人居所、通信地址也应该确认，以确保法院必要时能够当面交付或留置、委托交付或者邮寄，最关键的是后者能够依法推定送达，是送达程序的底限措施。

其次，诉讼文书送达地址的确认方式，应当遵循民事行为的一般原则，有口头确认和书面确认两种形式。书面方式能最直接、完整、清晰、准确地记载当事人认定的送达地址及当事人意愿。书面方式，既可以是格式性的诉讼文书送达地址确认书，也可以在笔录中注明诉讼文书的送达地址。法庭笔录注明送达地址以及相关声明，当事人签字确认之后与送达地址确认书具有同样的效力。

此外，在有充分的证据证明的情况下，现场或电话口头确认以及短信、微信中的信息和语音，同样可以表达当事人对诉讼文书送达地址的确认。在信息化时代，这类电子的方式可能更符合年轻人的习惯，更能体现诉讼的效率。不过，探索电子送达地址确认，需要法院在与当事人的联系过程中作出必要的风险提示，并全程录音录像，保存必要的证据。

——李少平主编:《〈最高人民法院关于进一步推进案件繁简分流优化司法资源配置的若干意见〉读本》，人民法院出版社 2016 年版，第 61~63 页，第 65 页。

附录：民事审判信箱

问：当事人起诉前在纠纷所涉的合同中约定了送达地址，人民法院可否根据上述地址进行邮寄送达？当事人在该约定地址发生变更后未及时通知人民法院导致邮寄送达的诉讼文书被退回，其送达行为是否发生效力？

答：送达作为司法审判活动的重要环节，是司法审判机关按照法定程序和方法将诉讼文书送交受送达人的诉讼行为。我国民事诉讼法规定了直接送达、留置送达、委托送达、电子送达、邮寄送达、转交送达、公告送达等送达方式，一般情况下，送达诉讼文书，应当直接送交受送达人，人民法院直接送达诉讼文书有困难的，可以根据当事人在诉讼中填写的送达地址确认书载明的地址以法院专递方式进行邮寄送达。《最高人民法院关于进一步推进案件繁简分流优化司法资源配置的若干意见》第三条规定："当事人在纠纷发生之前约定送达地址的，人民法院可以将该地址作为送达诉讼文书的确认地址。"依据上述规定，诉讼发生之前，当事人在诉讼所涉合同中约定了明确具体的送达地址，并确认上述地址可以作为将来发生诉讼时有效的送达地址，该约定与当事人在诉讼中填写的送达地址确认书具有同等法律效力，人民法院可以根据上述约定地址进行邮寄送达。

诉讼过程中，当事人诉前约定的送达地址发生变更但未及时通知人民法院导致相关诉讼文书因未能被受送达人实际接收而退回的，依据《最高人民法院关于以法院专递方式邮寄送达民事诉讼文书的若干规定》第二条、第十一条关于"以法院专递方式邮寄送达民事诉讼文书的，其送达与人民法院送达具有同等法律效力""因受送达人自己提供或者确认的送达地址不准确、拒不提供送达地址、送达地址变更未及时告知人民法院、受送达人本人或者受送达人指定的代收人拒绝签收，导致诉讼文书未能被受送达人实际接收的，文书退回之日视为送达之日"的规定，文书被退回之日视为送达之日，送达即产生相应的法律效力。

——本书研究组：《当事人起诉前在纠纷所涉的合同中约定了送达地址，人民法院可否根据上述地址进行邮寄送达？当事人在该约定地址发生变更后未及时通知人民法院导致邮寄送达的诉讼文书被退回，其送达行为是否发生效力？》，载最高人民法院民事审判第一庭编：《民事审判指导与参考》2019年第4辑（总第80辑），人民法院出版社2020年版，第225页。

486. 同一当事人在同一时期不同案件中的送达地址确认书不能在其他案件中使用，只能作为直接送达或留置送达地址的参考

关键词

送达地址　直接送达　留置送达

最高人民法院司法解释

第一百三十七条　当事人在提起上诉、申请再审、申请执行时未书面变更送达地址的，其在第一审程序中确认的送达地址可以作为第二审程序、审判监督程序、执行程序的送达地址。

——《最高人民法院关于适用〈中华人民共和国民事诉讼法〉的解释》（2022 年 4 月 1 日修正）。

附录：最高人民法院主流观点

关于当事人在一案件中提供的送达地址确认书可否适用于同一时期的其他案件，《简易程序规定》和《法院专递邮寄送达文书规定》均未对此作出规定，导致审判实践中对此有不同意见。实践中遇到的情况是，当事人在同一时期的甲案是原告，在乙案是被告，但在乙案中却避而不见；另外还有的当事人在同一时期，在不同级别或相同级别的法院参与了多起诉讼，在对其有利的案件审理中积极提供了送达地址确认书，而在同一时期审理的对其不利的其他案件中却不予应诉或者拒绝提供有效的送达地址，以规避法律或者拒绝履行相应义务，达到拖延诉讼的目的。有观点认为，送达地址确认书是当事人向人民法院作出的一种承诺，即承诺该地址为有效的送达地址。具有契约性的特点，基于这种契约性，在特定的相同时期，在不同的案件中应当均为有效。我们认为，基于法律的规范性要求，同一当事人在同一时期不同案件提供的送达地址确认书不能在其他案件中使用，只能作为人民法院明确当事人直接送达或留置送达地址的参考。

《最高人民法院关于进一步推进案件繁简分流优化司法资源配置的若干意见》第三条规定："当事人在纠纷发生之前约定送达地址的，人民法院可以将该地址作为送达诉讼文书的确认地址。当事人起诉或者答辩时应当依照规定填写送达地址确认书。积极运用电子方式送达；当事人同意电子送达的，应当提供并确认传真号、电子信箱、微信号等电子送达地址。"《民事送达意见》第八条规定："当事人拒绝确认送达地址或以拒绝应诉、拒接电话、避而不见送达人员、搬离原住所等躲避、规避送达，人民法院不能或无法要求其确认送达地址的，可以分别以下列情形处理：（一）当事人在诉讼所涉及的合同、往来函件中对送达地址有明确约定的，以约定的地址为送达地址；（二）没有约定的，以当事人在诉讼中提交的书面材料中载明的自己的地址为送达地址；（三）没有约定、当事人也未提交书面材料或者书面材料中未载明地址的，以一年内进行其他诉讼、仲裁案件中提供的地址为送达地址；（四）无以上情形的，以当事人一年内进行民事活动时经常使用的地址为送达地址。人民法院按照上述地址进行送达的，可以同时以电话、微信等方式通知受送达人。"第九条规定："依第八条规定仍不能确认送达地址的，自然人以其户籍登记的住所或者在经常居住地登记的住址为送达地址，法人或者其他组织以其工商登记或其他依法登记、备案的住所地为送达地址。"上述规定，为人民法院确认送达地址，提供了更多的依据。

——最高人民法院民法典贯彻实施工作领导小组办公室编著：《最高人民法院新民事诉讼法司法解释理解与适用》，人民法院出版社 2022 年版，第 346~347 页。

487. 网络购物活动中的收货地址，如果当事人经常使用，可以作为人民法院的送达地址

关键词

网络购物活动　收货地址　送达地址

最高人民法院司法政策精神

八、当事人拒绝确认送达地址或以拒绝应诉、拒接电话、避而不见送达人员、搬离原住所等躲避、规避送达，人民法院不能或无法要求其确认送达地址的，可以分别以下列情形处理：

（一）当事人在诉讼所涉及的合同、往来函件中对送达地址有明确约定的，以约定的地址为送达地址；

（二）没有约定的，以当事人在诉讼中提交的书面材料中载明的自己的地址为送达地址；

（三）没有约定、当事人也未提交书面材料或者书面材料中未载明地址的，以一年内进行其他诉讼、仲裁案件中提供的地址为送达地址；

（四）无以上情形的，以当事人一年内进行民事活动时经常使用的地址为送达地址。

人民法院按照上述地址进行送达的，可以同时以电话、微信等方式通知受送达人。

——《最高人民法院印发〈关于进一步加强民事送达工作的若干意见〉的通知》（2017 年 7 月 19 日，法发〔2017〕19 号）。

附录：最高人民法院法官著述

《关于进一步加强民事送达工作的若干意见》规定以一年内其他诉讼、仲裁案件中提供的地址为送达地址，具有合理性、现实性，也兼顾了实际效果。在没有以上三种情形时，如果能够查询到当事人一年内从事民事活动时经常

使用的地址的，可以以该地址为送达地址。比较典型的是网络购物活动中的收货地址，如果当事人经常使用，可以作为人民法院的送达地址。

——程新文、宋春雨、胡越：《〈最高人民法院关于进一步加强民事送达工作的若干意见〉的理解与适用》，载最高人民法院民事审判第一庭编：《民事审判指导与参考》2017 年第 3 辑，人民法院出版社 2017 年版，第 4~7 页。

488. 送达地址错误导致程序严重违法

关键词

送达地址　程序违法

最高人民法院裁判文书

云南师宗煤业公司与广西交通公司合同纠纷案［最高人民法院（2020）最高法民申 6200 号民事裁定书］

裁判要旨：在没有证据证明被告的住址或者约定送达地址为起诉状载明的住址情况下，一审法院按照与身份证上住址不符的地址邮寄诉讼文书，造成送达不能，损害了被告正常参加诉讼的权利，该缺席判决审判程序严重违法。

最高人民法院经审查认为，本案系合同纠纷。在没有证据证明彭兴元、甘翠文、彭燕、彭聪的住址或者约定送达地址为起诉状载明的住址情况下，一审法院按照与身份证上住址不符的地址邮寄诉讼文书，造成送达不能，损害了彭兴元、甘翠文、彭燕、彭聪正常参加诉讼的权利，审判程序不合法。《云南煤炭业务补充协议》上彭燕、彭聪的签名处均签署为“彭兴元代”，该协议签订时彭燕年满 23 周岁，为完全民事行为能力人，彭聪年仅 12 周岁，为限制民事行为能力人，一审法院未查明彭兴元代其二人签名的效力。从《云南煤炭业务补充协议》约定看，广西交通公司实际控制着云南师宗煤业公司货场的原煤，一审法院未对广西交通公司实际交付云南师宗煤业公司煤炭数量予以查明，进而无法真实查明云南师宗煤业公司实际欠付广西交通公司货款，事实认定不清。

——中国裁判文书网。

489. 对躲避、规避送达的处理

关键词

躲避、规避送达

最高人民法院司法政策精神

八、当事人拒绝确认送达地址或以拒绝应诉、拒接电话、避而不见送达人员、搬离原住所等躲避、规避送达，人民法院不能或无法要求其确认送达地址的，可以分别以下列情形处理：

（一）当事人在诉讼所涉及的合同、往来函件中对送达地址有明确约定的，以约定的地址为送达地址；

（二）没有约定的，以当事人在诉讼中提交的书面材料中载明的自己的地址为送达地址；

（三）没有约定、当事人也未提交书面材料或者书面材料中未载明地址的，以一年内进行其他诉讼、仲裁案件中提供的地址为送达地址；

（四）无以上情形的，以当事人一年内进行民事活动时经常使用的地址为送达地址。

人民法院按照上述地址进行送达的，可以同时以电话、微信等方式通知受送达人。

九、依第八条规定仍不能确认送达地址的，自然人以其户籍登记的住所或者在经常居住地登记的住址为送达地址，法人或者其他组织以其工商登记或其他依法登记、备案的住所地为送达地址。

——《最高人民法院印发〈关于进一步加强民事送达工作的若干意见〉的通知》（2017 年 7 月 19 日，法发〔2017〕19 号）。

最高人民法院大法官著述

审判实践中，当事人拒不提供送达地址或者以拒绝应诉、拒接电话、躲避送达人员等方式躲避、规避送达的情形比较突出。这种情形严重浪费审判资源，损害对方当事人合法权益，严重干扰正常的民事诉讼秩序。《关于进一步加强民事送达工作的若干意见》第八条、第九条针对这种躲避、规避送达致使人民法院无法要求其确认送达地址的情形，提出应对措施。

送达的目的在于使当事人知悉诉讼有关的事项，因此在当事人送达地址不明确时，有必要通过合理方式确定与当事人联系最为密切的地址进行送达，以使其知悉相应的诉讼事项。为此，《意见》第八条对此种情况下如何确定当事人送达地址作出顺位上的规定。对于当事人在与本案有关的民事活动中明确约定了送达地址的，以该地址作为送达地址，符合当事人的约定，也最有可能为当事人实际知悉。因此，当事人在合同、往来函件中约定的送达地址为送达地址不明确时第一顺位选择。审判实践中，有的当事人虽然局部提供送达地址或者在意识到诉讼结果对其不利时躲避、规避送达，但曾经在诉讼中向人民法院提供过书面诉讼材料，其上载明的当事人自己的地址可以视为其认可的地址。在当事人对于送达地址无约定的情况下，可以作为送达地址。在不存在前两种情形时，可以通过关联案件检索确定当事人送达地址。一些当事人可能牵涉系列诉讼、仲裁案件，其在作为消极当事人时可能采取躲避、规避送达等方式拖延诉讼进程，但在其他诉讼、仲裁特别是作为积极当事人的诉讼、仲裁中往往会采取积极方式推动诉讼程序进行，也因此会有明确的送达地址。这种情况下，通过信息化系统进行查询，能够有效确定相应的数据信息。《意见》规定以一年内其他诉讼、仲裁案件中提供的地址为送达地址，具有合理性、现实性，也兼顾了实际效果。在没有以上三种情形时，如果能够查询到当事人一年内从事民事活动时经常使用的地址的，可以以该地址为送达地址。比较典型的是网络购物活动中的收货地址，如果当事人经常使用，可以作为人民法院的送达地址。

根据《意见》第九条的规定，依第八条规定仍然不能确定送达地址的，自然人以其户籍登记中的住所地或者经常居住地登记的地址为送达地址；法人或者其他组织以其工商登记或者其他依法登记、备案的住所地为送达地址。该条规定与《规定》第五条的内容基本一致，只是在经常居住地的确定上更为具体，即通过登记识别经常居住地的具体地址。

——杜万华：《进一步加强民事送达工作　促进民事审判的公正与效率——〈最高人民法院关于进一步加强民事送达工作的若干意见〉的几个问题》，载《中国审判》2017 年第 27 期。

490. 受送达人避而不见，应当如何送达诉讼文书

关键词

公告送达

附录：民事审判信箱

问：人民法庭在审理案件时，经常遇到因当事人避而不见而导致的诉讼文书送达难问题。实践中，往往直接采用公告送达方式送达，但是造成了诉讼拖延等一系列问题。应当如何解决这种问题？

答：送达难是人民法院审理案件时经常遇到的问题。2012年8月31日修正的民事诉讼法第八十六条针对原民事诉讼法第七十九条规定作出修改，增加了“也可以把诉讼文书留在受送达人的住所，并采用拍照、录像等方式记录送达过程，即视为送达”的规定。如果有证据表明受送达人就在其住所居住，但却避而不见，即可认为属于“拒绝接收诉讼文书”，人民法院可以依据新民事诉讼法第八十六条规定，将需送达的诉讼文书张贴在受送达人住所，并采用拍照、录像等方式记录送达过程，经此即视为送达。但是，如果受送达人及其同住成年家属，确实不在其住所内居住生活，人民法院就不能采取上述送达方式送达诉讼文书。在受送达人下落不明，或者通过法律规定的其他方式无法送达的情况下，可以公告送达。自发出公告之日起，经过60日，即视为送达。

——本书研究组：《受送达人避而不见，应当如何送达诉讼文书》，载杜万华副主编、最高人民法院民事审判第一庭编：《民事审判指导与参考》2013年第4辑（总第56辑），人民法院出版社2014年版，第226页。

491. 邮寄送达是否必须在法院“直接送达有困难的”的情况下才可适用

关键词

邮寄送达　直接送达有困难

最高人民法院裁判文书

周庚与吕群兵、广州牛集餐饮管理有限公司追加、变更被执行人异议案
［最高人民法院（2021）最高法民申6568号民事裁定书］

裁判要旨：当事人认为诉讼文书未由法院工作人员直接送达，而是选择邮寄送达，违反了《最高人民法院关于以法院专递方式邮寄送达民事诉讼文书的若干规定》第1条第1款关于“人民法院直接送达诉讼文书有困难的，可以交由国家邮政机构以法院专递方式邮寄送达”的规定，邮寄送达也是法院送达的方式之一，且为降低诉讼成本、减少当事人诉累、提高司法效率，法院专递送达已成为诉讼文书送达的重要途径，法院在以邮寄方式无法送达当事人的情况下，以公告形式向其送达诉讼文书，并无不当。

最高人民法院经审查认为，《中华人民共和国民事诉讼法》第九十二条[①]第一款规定："受送达人下落不明，或者用本节规定的其他方式无法送达的，公告送达。自发出公告之日起，经过六十日，即视为送达。"《最高人民法院关于民事执行中变更、追加当事人若干问题的规定》第三十二条第一款规定："被申请人或申请人对执行法院依据本规定第十四条第二款、第十七条至第二十一条规定作出的变更、追加裁定或驳回申请裁定不服的，可以自裁定书送达之日起十五日内，向执行法院提起执行异议之诉。"根据原审查明的事实，一审法院在2020年5月7日通过邮寄的方式向周庚身份证上的地址邮寄了（2020）粤01执异161号执行裁定书，在经多次投递仍无人签收的情况下，邮件于2020年5月12日被退回。一审法院又于2020年6月4日以公告方式，将上述执行裁定书向周庚公告送达。周庚认为执行裁定书未由一审法院工作人员直接送达，而是选择用邮寄的方式送达文书，违反了《最高人民法院关于以法院专递方式邮寄送达民事诉讼文书的若干规定》第一条第一款"人民法院直接送达诉讼文书有困难的，可以交由国家邮政机构以法院专递方式邮寄送达"的规定。本院认为，邮寄送达也是人民法院送达的方式之一，且为降低诉讼成本、减少当事人诉累、提高司法效率，法院专递送达已成为诉讼文书送达的重要途径，一审法院在以邮寄方式无法送达周庚的情况下，以公告形式向周庚送达诉讼文书，并无不当。因公告送达于2020年8月3日到期届满，而周庚提起本案诉讼的时间为2021年2月4日，已经超过了法定期限，故周庚提出一审法院公告送达不当、剥夺其诉讼权利的主张，理据不足。

——中国裁判文书网。

492. 邮寄送达受送达人过错情况下的推定送达

关键词

邮寄送达　推定送达

附录：最高人民法院主流观点

2004年发布的《最高人民法院关于以法院专递方式邮寄送达民事诉讼文书的若干规定》作出的一项重要的突破，就是确定了受送达人过错情况下的推定送达制度。这项制度是完善我国法院送达制度的一个关键支点。

受送达人不仅具有知悉自己诉讼权利以及处分自己诉讼权利的权利，更

① 现为《民事诉讼法》（2021年修正）第九十五条。

承担遵纪守法，平等自愿参与民事活动，诚实守信，接受正当司法程序的管辖和诚信参与诉讼的公法义务。知情权及诉讼处分权保护的前提，是受送达人尊重并接受正当的司法程序管辖。任何人都不可能一边藐视司法、恶意逃避应该承担的法律责任，另一边却要求法院无条件保护诉讼知情权和处分权。受送达人过错和推定送达制度的确立，就是要打破无条件的诉权保护，让法院履行其承担的提供公正的司法救济的职责。

《最高人民法院关于以法院专递方式邮寄送达民事诉讼文书的若干规定》第十一条规定之“文书退回之日视为送达之日”，就是该文件确定的推定送达的时间点。该条款的表述略显模糊。第十一条中的“因受送达人自己提供或者确认的送达地址不准确、拒不提供送达地址、送达地址变更未及时告知人民法院、受送达人本人或者受送达人指定的代收人拒绝签收，导致诉讼文书未能被受送达人实际接收的，……”这里面的“拒不提供送达地址”，并非当事人存在这一意思表示即可成立这一推定。实际上，这一条款并不能免去法院调查受送达人真实居所和邮寄地址的责任。法院可以要求原告提供被告的居所和联系方式，但对于原告无法提供的信息，法院须进行必要的调查。所谓的“拒不提供送达地址”，前提是法院可以确定受送达人的居所和邮寄地址。该《规定》第五条为确定受送达人的住所或居所和邮寄地址提供一个客观依据，即“自然人以其户籍登记中的住所地或者经常居住地为送达地址；法人或者其他组织以其工商登记或者其他依法登记、备案中的住所地为送达地址”。因而，法院只需要按照上述地址寄出邮件，无论受送达人是否收悉，均可认定送达成功。这是世界司法实践的通例，是各国法院的标配，是维护法院司法权威的底限。

受送达人过错可以扩展到其他送达途径当中，形成对受送达人过错的一种认定标准，即受送达人拒不提供送达地址或代收人、挂断和拒接法院或法院专递电话、屏蔽法院短信和邮件、未知会法院的条件下变更或取消法院已知的电话号码、拒绝签收诉讼文书，导致诉讼文书送达不能，且不能证明自己无过错的，都可以认定为受送达人有过错。确立受送达人过错的意义，包括认定其拖延诉讼的责任、要求其承担后续送达的费用、用于启动其他送达途径直至邮寄送达的根据等，未来可以在完善三大诉讼法的过程中纳入这些制度措施，以完善诉讼制度。然而，考虑到法律设定的众多送达途径，除邮寄送达外，其他送达形式下的单一一次成立的受送达人过错，还不能立即产生推定送达的结果，因而，邮寄送达目前是送达程序的底限保障。用好邮寄送达，足以破解那些还可以通过户籍和工商管理系统查找到登记居所的“送达难”。

——李少平主编：《〈最高人民法院关于进一步推进案件繁简分流优化司法资源配置的若干意见〉读本》，人民法院出版社 2016 年版，第 73~74 页。

493. 在诉讼文书无法邮寄送达的情况下，未进行公告送达，剥夺了当事人的辩论权，属于程序违法

关键词

公告送达　辩论权　程序违法

最高人民法院裁判文书

红韵公司与农利村委会、韩还成、程强公司、丰盛公司、贺菲、辛昌敏民间借贷纠纷案［最高人民法院（2021）最高法民申 7166 号民事裁定书］

裁判要旨：受送达人下落不明，一审法院系采用公告方式向受送达人送达诉讼文书。而二审法院在开庭传票、判决书等诉讼文书无法邮寄送达的情况下，既未采取直接送达等其他方式，也未进行公告送达，剥夺了受送达人辩论的权利，属于程序违法。

最高人民法院经审查认为，《中华人民共和国民事诉讼法》第十二条规定："人民法院审理民事案件时，当事人有权进行辩论。"第九十二条[①]第一款规定："受送达人下落不明，或者用本节规定的其他方式无法送达的，公告送达。自发出公告之日起，经过六十日，即视为送达。"本案中，一审法院系采用公告方式向红韵公司送达诉讼文书，而二审法院在开庭传票、判决书等诉讼文书无法邮寄送达红韵公司的情况下，既未采取直接送达等其他方式，也未进行公告送达，剥夺了红韵公司辩论的权利，程序违法。同时，对于红韵公司就案涉借款是否要承担还款责任也需再审时进一步查明。

——中国裁判文书网。

494. 邮寄送达诉讼文书被退回后未采取其他送达方式而直接公告送达的，属于违反法定程序

关键词

邮寄送达　公告送达　法定程序

① 现为《民事诉讼法》（2021 年修正）第九十五条。

最高人民法院裁判文书

杜强华与浙江承御天澍网络科技有限公司计算机软件开发合同纠纷案［最高人民法院（2020）最高法民申6号民事裁定书］

裁判要旨：通过邮寄方式向受送达人送达起诉状、举证通知书、应诉通知书等材料被退回后，未采取过其他送达方式，直接公告送达前述应诉材料的，违反"受送达人下落不明，或者用本节规定的其他方式无法送达的，公告送达"的规定。

最高人民法院认为：《中华人民共和国民事诉讼法》第九十二条[①]第一款规定，"受送达人下落不明，或者用本节规定的其他方式无法送达的，公告送达"。原审法院通过邮寄方式向杜强华送达起诉状、举证通知书、应诉通知书等材料被退回后，未采取法律规定的其他送达方式，直接公告送达前述应诉材料及传票，违反了《中华人民共和国民事诉讼法》第九十二条第一款的规定。《最高人民法院关于适用〈中华人民共和国民事诉讼法〉的解释》第三百九十一条规定，"原审开庭过程中有下列情形之一的，应当认定为民事诉讼法第二百条第九项规定的剥夺当事人辩论权利：……（三）违反法律规定送达起诉状副本或者上诉状副本，致使当事人无法行使辩论权利的……"据此，原审法院违反法定程序送达起诉状副本的行为构成《中华人民共和国民事诉讼法》第二百条[②]第九项规定的情形。

——中国裁判文书网。

495. 法院依据当事人合同约定的送达地址邮寄送达被退回后又公告送达，已充分保障了受送达人的诉讼权利

关键词

合同约定　送达地址　邮寄送达　公告送达

最高人民法院裁判文书

张剑羽与浙江稠州商业银行股份有限公司福州分行等金融借款合同纠纷案［最高人民法院（2020）最高法民申2088号民事裁定书］

---

① 现为《民事诉讼法》（2021年修正）第九十五条。

② 现为《民事诉讼法》（2021年修正）第二百零七条。

裁判要旨：当事人在合同中对送达地址进行了约定，该约定不违反法律规定，对双方具有法律约束力。进入诉讼程序后，法院依据该合同约定的送达地址向合同一方（被告）送达诉讼材料被退回，退回之日应视为送达之日。在此基础上，法院为慎重起见，仍进一步向受送达人公告送达诉讼材料，已充分保障了其诉讼权利。据此，法院送达方式并无不妥，其送达程序不违反法律规定。

最高人民法院认为，关于原审送达程序是否违法。案涉合同对于送达地址约定“合同项下的任何通知或各种通讯联系均应以书面形式按本合同封面记载的地址、电传号或其他联系方法送达对方”，该约定不违反法律规定，对张剑羽具有法律约束力。本案进入诉讼程序后，原审法院依据案涉合同约定的送达地址向张剑羽送达诉讼材料被退回，退回之日应视为送达之日。在此基础上，原审法院为慎重起见，仍进一步向张剑羽公告送达诉讼材料，已充分保障了张剑羽的诉讼权利。据此，原审法院送达方式并无不妥，其送达程序不违反法律规定，对张剑羽提出的该项再审申请不予支持。

——中国裁判文书网。

496. 法院通过邮寄方式首次送达诉讼文书并签收的，该地址能视为当事人确认的送达地址

关键词

邮寄送达 诉讼文书 送达地址 送达之日

最高人民法院司法政策精神

七、因当事人提供的送达地址不准确、拒不提供送达地址、送达地址变更未书面告知人民法院，导致民事诉讼文书未能被受送达人实际接收的，直接送达的，民事诉讼文书留在该地址之日为送达之日；邮寄送达的，文书被退回之日为送达之日。

——《最高人民法院关于进一步加强民事送达工作的若干意见》（2017 年 7 月 19 日，法发〔2017〕19 号）。

最高人民法院裁判文书

郑州易鑫企业管理有限公司与中国东方资产管理股份有限公司河南省分公司金融借款合同纠纷案［最高人民法院（2020）最高法民终 192 号民事判决书］

裁判要旨：人民法院通过邮寄方式首次向受送达人送达诉讼文书，受送达人予以签收的，则该邮寄地址视为当事人确认的送达地址。后人民法院再次按照上述地址向受送达人送达诉讼文书，因无人签收而被退回的，退回之日视为送达之日。

最高人民法院认为：关于原审开庭传票的送达是否违反法律规定的问题。本案已查明，易鑫公司与中原信托签订的《河南华诚股权质押合同》已明确写明了各方的“联络信息”以及“各方当事人确定的通知与送达地址”，而原审法院亦按照上述地址向易鑫公司送达了“应诉通知书、起诉状副本、举证通知书、诉讼权利义务告知书、合议庭组成人员告知书、保全裁定”等法律文书，且易鑫公司予以了签收。当原审法院再次按照上述地址向易鑫公司送达开庭传票时，因“收件地址查无此人/单位、联系人电话停机”，被退回。根据最高人民法院《关于进一步加强民事送达工作的若干意见》第七条“因当事人提供的送达地址不准确、拒不提供送达地址、送达地址变更未书面告知人民法院，导致民事诉讼文书未能被受送达人实际接收的，直接送达的，民事诉讼文书留在该地址之日为送达之日；邮寄送达的，文书被退回之日为送达之日”之规定，以及《河南华诚股权质押合同》第15.2.2条的约定，原审法院送达开庭传票符合法律规定和当事人的约定，并无不当。因此，易鑫公司主张原审开庭传票送达违法，侵犯其诉讼权利的上诉理由缺乏事实和法律依据，本院不予支持。

——中国裁判文书网。

渤海现代物流股份有限公司与上海吉联新软件股份有限公司计算机软件开发合同纠纷案［最高人民法院（2020）最高法知民终1740号民事判决书］

裁判要旨：原审法院最初按工商登记的地址向被告邮寄应诉材料被签收，之后按该地址向被告邮寄管辖权异议裁定和开庭传票均未被签收，但最后按该地址向被告邮寄宣判传票及原审判决书又被签收。即使被告注销上述电话号码，但其未提交证据证明将变更联系电话的情况告知原告或原审法院。管辖权异议裁定及开庭传票等邮件因“收件人不在收件地址，电话无人接听”导致邮件被退回系由于被告的原因，邮件被退回即应视为送达。

最高人民法院认为：（一）关于原审程序是否违法。现代公司主张，原审法院未对其有效送达开庭通知的情况下缺席审理违反法定程序。经查，现代公司向原审法院提交的管辖权异议申请书中载明的地址是浙江省湖州市长兴县李家巷镇石泉村新318国道与疏港公路交汇处，现代公司工商登记的住所地亦为该地址，其二审提交的地址确认书亦为该地址。原审法院最初按该地址向现代公司邮寄应诉材料被签收，之后按该地址向现代公司邮寄管辖权异议裁定和开庭传票均未被签收，但最后按该地址向现代公司邮寄宣判传票及原审判决书又被签收。原审法院邮寄的邮单信息上写明收件单位为现代公司，收件人为现代公司法定代表人马保原，电话号码亦为涉案合同留存的联系电话。即使现代公司注销上述电话号码，但其未提交证据证明将变更联系电话的情况告知吉联公司或原审法院。综合考虑上述情况，管辖权异议裁定及开庭传票等邮件因“收件人不在收件地址，电话无人接听”导致邮件被退回系由于现代公司的原因，邮件被退回即应视为送达。原审程序并无不当，现代公司该上诉理由不能成立。

——中国裁判文书网。

497. 人民法院按照公司的工商登记地址邮寄送达诉讼文书被签收即应视为有效送达

关键词

工商登记地址　邮寄送达诉讼文书　签收　有效送达

最高人民法院裁判文书

双鸭山市金海煤炭有限责任公司与芜湖中集瑞江汽车有限公司承揽合同纠纷案［最高人民法院（2016）最高法民申1321号民事裁定书］

裁判要旨：公司住所是公司必要登记事项，对外具有公示性，人民法院按照受送达公司工商登记住所地邮寄送达开庭传票等材料，在邮件妥投签收情况下，应当视为有效送达。该受送达公司主张其实际住所地与工商登记内容不一致，但是因其并未及时变更工商登记，应自行承担由此产生的后果。

最高人民法院认为，关于一审法院送达程序是否违法的问题。本院认为，公司住所是公司必要登记事项，对外具有公示性，一审法院按照金海煤炭公司工商登记住所地邮寄送达开庭传票等材料，在邮件妥投签收情况下，应当视为有效送达。金海煤炭公司主张其实际住所地与工商登记内容不一致，但是因其并未及时变更工商登记，应自行承担由此产生的后果。

——中国裁判文书网。

498. 法院按当事人约定的送达地邮寄诉讼文书被退回的，退回之日视为送达，无需再公告送达

关键词

送达地　视为送达

最高人民法院裁判文书

新疆生产建设兵团建设工程（集团）有限责任公司与雷龙华、西藏岗地文化产业集团有限公司侵权责任纠纷案［最高人民法院（2020）最高法民申5381号民事裁定书］

裁判要旨：根据《最高人民法院关于进一步加强民事送达工作的若干意见》的规定，合同双方对送达地址作出的约定是其真实意思表示，不违反法律规定，对各方具有约束力。人民法院按照上述地址向受送达人邮寄送达应诉通知书、开庭传票等相关诉讼文书，均被退回，则诉讼文书退回之日视为送达之日，人民法院无需再以受送达人下落不明为由进行公告送达。

最高人民法院经审查认为，关于一审法院送达程序是否合法的问题。《最高人民法院关于进一步加强民事送达工作的若干意见》第七条规定："因当事人提供的送达地址不准确、拒不提供送达地址、送达地址变更未书面告知人民法院，导致民事诉讼文书未能被受送达人实际接收的，直接送达的，民事诉讼文书留在该地址之日为送达之日；邮寄送达的，文书被退回之日为送达之日。"第八条第一款规定："当事人拒绝确认送达地址或以拒绝应诉、拒接电话、避而不见送达人员、搬离原住所等躲避、规避送达，人民法院不能或无法要求其确认送达地址的，可以分别以下列情形处理：（一）当事人在诉讼所涉及的合同、往来函件中对送达地址有明确约定的，以约定的地址为送达地址……"本案《委托贷款合同》第二十四条第二款约定："本合同有效期内，丙方（华浦公司）法人名称、法定代表人、法定住所等发生变化而未书面通知甲方和乙方时，甲方和/或乙方向丙方发送的所有文书，视同送达。"《委托贷款合同》中各方对"法定住所"及送达地址的相关约定是各方的真实意思表示，不违反法律的规定，对各方具有约束力。《委托贷款合同》载明的华浦公司"法定住所"为"福州市台江区鳌峰街道福光南路379号武夷绿洲23#2层02铺"，与《补充协议》以及《送达地址确认书》载明的华浦公司住

所或地址相同，并且该地址是华浦公司的工商注册地址，至今未曾变更。一审法院按照上述地址送达了应诉通知书、传票等相关诉讼文书，均被退回，则诉讼文书退回之日为送达之日。华浦公司关于一审法院未采取公告方式送达程序违法的申请理由，不能成立；华浦公司以送达程序违法为由，主张一审法院剥夺其提出管辖权异议权利的申请理由，亦无事实依据，本院不予支持。

——中国裁判文书网。

499. 邮寄送达退件的处理

关键词

邮寄送达　受送达人　司法文书　退件

最高人民法院审判业务意见

10. 人民法院向在中华人民共和国领域内没有住所的受送达人邮寄送达司法文书，如邮件被退回，且注明原因为“该地址查无此人”“该地址无人居住”等情形的，视为不能用邮寄方式送达。

——《最高人民法院关于印发〈全国法院涉外商事海事审判工作座谈会会议纪要〉的通知》（2021 年 12 月 31 日，法〔民四〕明传〔2021〕60 号）。

500. 如何确认当事人同意电子送达的意思表示

关键词

繁简分流　电子送达　在线诉讼　受送达人同意

最高人民法院司法解释

第一百三十六条　受送达人同意采用电子方式送达的，应当在送达地址确认书中予以确认。

——《最高人民法院关于适用〈中华人民共和国民事诉讼法〉的解释》（2022 年 4 月 1 日修正）。

第二十九条　经受送达人同意，人民法院可以通过送达平台，向受送达人的电子邮箱、即时通讯账号、诉讼平台专用账号等电子地址，按照法律和司法解释的相关规定送达诉讼文书和证据材料。

具备下列情形之一的，人民法院可以确定受送达人同意电子送达：

（一）受送达人明确表示同意的；

（二）受送达人在诉讼前对适用电子送达已作出约定或者承诺的；

（三）受送达人在提交的起诉状、上诉状、申请书、答辩状中主动提供用于接收送达的电子地址的；

（四）受送达人通过回复收悉、参加诉讼等方式接受已经完成的电子送达，并且未明确表示不同意电子送达的。

第三十条 人民法院可以通过电话确认、诉讼平台在线确认、线下发送电子送达确认书等方式，确认受送达人是否同意电子送达，以及受送达人接收电子送达的具体方式和地址，并告知电子送达的适用范围、效力、送达地址变更方式以及其他需告知的送达事项。

——《人民法院在线诉讼规则》（2021 年 6 月 16 日，法释〔2021〕12 号）。

附录：最高人民法院主流观点

《人民法院在线诉讼规则》第二十九条第二款规定："具备下列情形之一的，人民法院可以确定受送达人同意电子送达：（一）受送达人明确表示同意的；（二）受送达人在诉讼前对适用电子送达已作出约定或者承诺的；（三）受送达人在提交的起诉状、上诉状、申请书、答辩状中主动提供用于接收送达的电子地址的；（四）受送达人通过回复收悉、参加诉讼等方式接受已经完成的电子送达，并且未明确表示不同意电子送达的。"对当事人同意电子送达的意见，应当按照上述规则确定。司法实践中，要注意避免分散和多头送达，同一内容材料原则上只应采取一种送达方式，以便确定送达生效时间，便于当事人行使后续诉讼权利。[①]

——最高人民法院民法典贯彻实施工作领导小组办公室编著：《最高人民法院新民事诉讼法司法解释理解与适用》，人民法院出版社 2022 年版，第 344 页。

电子送达以受送达人同意为前提条件，符合以下情形的，人民法院可以确认受送达人同意：第一，明确表示同意，即主动提出适用电子送达或者填写送达地址确认书。第二，作出事前约定，即纠纷发生前已对在诉讼中适用电子送达作出约定，但此时需考察送达条款是否属于格式条款，若提供制式合同一方未尽到提示说明义务的，对方当事人可以要求确认该条款无效。第三，作出事中行为表示，即在起诉状、答辩状中提供了相关电子地址，但未

① 参见刘峥、何帆、李承运：《〈人民法院在线诉讼规则〉的理解与适用》，载《人民司法》2021 年第 19 期。

明确是否用于接受电子送达。此时一般应向当事人作进一步确认，明确该地址用途和功能是用于联系还是接受送达。当事人仅登录使用电子诉讼平台，不宜直接认定为同意电子送达。第四，作出事后的认可，即受送达人通过回复收悉、参加诉讼等方式接受已经完成的电子送达。受送达人接受送达后，又表示不同意电子送达的，应当认定已完成的送达有效，但此后不宜再适用电子送达。

——《最高人民法院关于印发〈民事诉讼程序繁简分流改革试点问答口径（一）〉的通知》（2020 年 4 月 15 日，法〔2020〕105 号）。

501. 如何确定电子送达生效时间

关键词

繁简分流　电子送达　送达生效时间

最高人民法院司法政策精神

第二十六条　人民法院向受送达人主动提供或者确认的电子地址进行送达的，送达信息到达电子地址所在系统时，即为送达。

受送达人同意电子送达但未主动提供或者确认电子地址，人民法院向能够获取的受送达人电子地址进行送达的，根据下列情形确定是否完成送达：

（一）受送达人回复已收到送达材料，或者根据送达内容作出相应诉讼行为的，视为完成有效送达；

（二）受送达人的电子地址所在系统反馈受送达人已阅知，或者有其他证据可以证明受送达人已经收悉的，推定完成有效送达，但受送达人能够证明存在系统错误、送达地址非本人使用或者非本人阅知等未收悉送达内容的情形除外。完成有效送达的，人民法院应当制作电子送达凭证。电子送达凭证具有送达回证效力。

——《最高人民法院关于印发〈民事诉讼程序繁简分流改革试点实施办法〉的通知》（2020 年 1 月 15 日，法〔2020〕11 号）。

根据《实施办法》第二十六条规定，电子送达在不同情形下分别适用“到达生效”和“收悉生效”两种标准，对应生效时间有所不同。第一，对当事人主动提供或确认的电子地址，送达信息到达受送达人特定电子地址的时间为送达生效时间。第二，对向能够获取的受送达人电子地址进行送达的以“确认收悉”的时间点作为送达生效时间，具体包括：回复收悉时间、系统反馈已阅知时间等。上述时间点均存在时，应当以最先发生的时间作为送达生效时间。

——《最高人民法院关于印发〈民事诉讼程序繁简分流改革试点问答口径（一）〉的通知》（2020 年 4 月 15 日，法〔2020〕105 号）。

502. 电子送达及公告送达规则

关键词

电子送达　公告送达　适用范围　送达期限

最高人民法院司法解释

第三十一条　人民法院向受送达人主动提供或者确认的电子地址送达的，送达信息到达电子地址所在系统时，即为送达。

受送达人未提供或者未确认有效电子送达地址，人民法院向能够确认为受送达人本人的电子地址送达的，根据下列情形确定送达是否生效：

（一）受送达人回复已收悉，或者根据送达内容已作出相应诉讼行为的，即为完成有效送达；

（二）受送达人的电子地址所在系统反馈受送达人已阅知，或者有其他证据可以证明受送达人已经收悉的，推定完成有效送达，但受送达人能够证明存在系统错误、送达地址非本人使用或者非本人阅知等未收悉送达内容的情形除外。

人民法院开展电子送达，应当在系统中全程留痕，并制作电子送达凭证。电子送达凭证具有送达回证效力。

对同一内容的送达材料采取多种电子方式发送受送达人的，以最先完成的有效送达时间作为送达生效时间。

——《人民法院在线诉讼规则》（2021 年 6 月 16 日，法释〔2021〕12 号）。

附录：理解与适用

七、正确适用电子送达及公告送达规则

新民事诉讼法第九十条、第九十五条对电子送达、公告送达规则作出完善，优化了电子送达适用文书范围和适用方式，缩短了公告送达期限，有利于从制度层面解决“送达难”问题，提升案件审理效率，保障当事人合法权利。

第一，关于电子送达的适用范围。新民事诉讼法第九十条将“判决书、裁定书、调解书”纳入电子送达范围，实际上将电子送达拓展适用于所有诉讼文书。同时，对于“判决书、裁定书、调解书”的送达也规定了人民法院的附随职责，即“受送达人提出需要纸质文书的，人民法院应当提供”。但需要注意的是，法院另行提供纸质文书不产生送达的效力，文书送达仍以完成电子送达时生效。

第二，关于电子送达的方式。电子送达的发出端应当是人民法院统一的送达平台，确保送达过程可查询、可验证、可追溯，形成有效的电子送达凭证，同时也便于当事人及时有效查询。电子送达的到达端可以是多样化的电子地址，包括受送达人的电子邮件、即时通讯账号、诉讼平台的专用账号等。司法实践中，要注意避免分散和多头送达，同一内容材料原则上只应采取一种送达方式，以便确定送达生效时间，便于当事人行使后续诉讼权利。

第三，关于电子送达的生效标准。这次修法未修改电子送的生效标准，实践中仍需综合考虑“确认其收悉”“送达信息到达”两个方面的因素。《人民法院在线诉讼规则》第三十一条对电子送达生效标准作出了细化完善，修法后可以继续适用，即对当事人主动提供或确认的电子地址，采取“到达生效”标准；对人民法院获取的受送达人其他电子地址进行送达的，采取“收悉生效”标准，有效兼顾电子送达的有效性和当事人的知情权。此外，关于电子送达的“同意”的方式和效力、电子地址的确认、法院附随职责等方面均适用《人民法院在线诉讼规则》的有关规定。

第四，关于公告送达的期限和方式。新民事诉讼法第九十五条将公告送达期限从60天缩短为30天，有利于进一步缩短审理周期，降低诉讼成本、防止诉讼拖延。实践中，人民法院可以依据《民事诉讼法司法解释》第一百三十八条，采取线下和线上两种公告形式，特别是在互联网时代背景下，应当大力推行线上电子公告送达，充分发挥线上公告覆盖广、传播快、易查询、成本低等优势，提升公告送达的有效性。需要注意的是，各地法院自建的网站平台，不属于“信息网络媒体”，不宜作为线上公告送达的有效方式。最高人民法院将依托“人民法院公告网”，建立完善统一、权威、规范的公告送达平台，作为发布线上电子公告统一渠道，全面提升公告送达的覆盖面、精准度和规范性。

——刘峥、何帆、李承运：《正确贯彻实施新民事诉讼法需重点把握的七个问题》，载《人民司法·应用》2022年第10期。

503. 电话、微信、短信、电子邮件等非正式电子送达效力的认定

关键词

非正式电子送达

附录：最高人民法院主流观点

非正式的电子送达交付的不是制式的电子诉讼文书，而是法院通过简易的电子途径，如电话、微信或短信、电子邮件告知当事人有关的决定、裁定和传票信息。这类方式既可以配合正式的送达使用，也可以单独使用。比如，送达人员使用法院的电话、短信或微信、电子邮件等方式，通知受送达人来法院或登录指定网站提取立案或应诉通知、传票、裁判书，或直接告知对方有关文书的内容，如出庭时间、地点等。非正式的电子送达同样可以满足当事人的知情需要，因而具有与正式的电子送达同样的效果。但是，与正式的电子送达一样，如果受送达人拒绝接受，就存在一个法院举证的难题。因此，单独使用非正式的电子送达，法院必须保留必要的证据。即与正式的电子送达相比，非正式电子送达的有效条件应该包含：（1）法院向当事人发送信息；（2）全程录音录像；（3）有电话、短信发送记录或微信聊天记录。

上述证据形成一个严密的证据链，证明法院通过电话、短信或微信与当事人联系，并通告有关的司法决定、裁定或传票的内容，应该替代正式的送达回执，具有送达的效力。

非正式的送达方式是基层法院大量使用的一类送达方式。非正式电子送达生效条件的明确有助于完善基层法院对这一类送达方式的管理。同时，对非正式送达效力的认定还有助于解决法院的送达难题。实践中，很多负债的当事人一接到表明法院或法院专递身份的电话就挂断，拒接法院或法院专递电话或变更电话号码，使得法院无法完成送达。许多案件受理之后就陷入找不到被告，送达不能，无法开庭的尴尬。现行的民事诉讼法要求必须穷尽其他送达方式才能启动公告，接通一次就挂断的当事人既无法直接交付、留置和转交，也难以认定受送达人下落不明。这个问题的关键就是当事人切断与法院联系的行为如何认定，挂断或拒接法院或法院专递电话的行为性质是什么？实际上，接到表明法院或法院专递身份的电话，即意味着相关的案件已经进入司法程序或进入到程序的特定阶段。因而，表明法院或法院专递身份的电话即可构成一次非正式的电子送达，而挂断和拒接法院或法院专递电话，对于债权债务关系清晰、受送达人即本案债务人的案件，即可认定为受送达人拒绝接受司法审判和逃避责任。然而，目前国内还没有法律依据支持法院可以据此推定送达。但是，如果法院有充分的证据证明受送达人拒接电话，即可认定受送达人存在逃避送达的过错。法院即可无需再等待或催促原告方继续查找被告的送达地址，而是立即启用邮寄程序（约定、确定的送达地址或法院调查确定的居所及邮寄地址），受送达人拒收邮件即可推定送达成立。或者，尝试其他送达方式无果之后，可以据此认定已经穷尽其他送达程序，启动公告送达程序。

——李少平主编：《〈最高人民法院关于进一步推进案件繁简分流优化司法资源配置的若干意见〉读本》，人民法院出版社 2016 年版，第 68~69 页。

504. 各地法院网站平台不属于“信息网络媒体”，不宜作为线上公告送达的有效方式

关键词

法院网站平台　在线庭审　公告送达　信息网络媒体

最高人民法院司法解释

第一百三十八条　公告送达可以在法院的公告栏和受送达人住所地张贴公告，也可以在报纸、信息网络等媒体上刊登公告，发出公告日期以最后张贴或者刊登的日期为准。对公告送达方式有特殊要求的，应当按要求的方式进行。公告期满，即视为送达。

人民法院在受送达人住所地张贴公告的，应当采取拍照、录像等方式记录张贴过程。

——《最高人民法院关于适用〈中华人民共和国民事诉讼法〉的解释》（2022 年 4 月 1 日修正）。

附录：最高人民法院主流观点

第一，严格公告送达适用条件。《民事送达意见》第十五条规定：“要严格适用民事诉讼法关于公告送达的规定，加强对公告送达的管理，充分保障当事人的诉讼权利。只有在受送达人下落不明，或者用民事诉讼法第一编第七章第二节规定的其他方式无法送达的，才能适用公告送达。”

第二，关于公告送达的期限和方式。民事诉讼法第九十五条将公告送达期限从六十天缩短为三十天，有利于进一步缩短审理周期，降低诉讼成本、防止诉讼拖延。实践中，人民法院可以依据《民事诉讼法解释》第一百三十八条的规定，采取线下和线上两种公告形式，特别是在互联网时代背景下，应当大力推行线上电子公告送达，充分发挥线上公告覆盖广、传播快、易查询、成本低等优势，提升公告送达的有效性。需要注意的是，各地人民法院自建的网站平台，不属于“信息网络媒体”，不宜作为线上公告送达的有效方式。最高人民法院将依托人民法院公告网，建立完善统一、权威、规范的公告送达平台，作为发布线上电子公告统一渠道，全面提升公告送达的覆盖面、精准度和规范性。

第三，公告送达适用于在线庭审案件。

——最高人民法院民法典贯彻实施工作领导小组办公室编著：《最高人民法院新民事诉讼法司法解释理解与适用》，人民法院出版社 2022 年版，第 348 页。

505. 慎用公告送达

关键词

公告送达

最高人民法院司法政策精神

要规范送达方式，避免未穷尽其他法定送达手段时，盲目采用公告送达，导致当事人难以知晓的情形发生。

——《适应中国特色社会主义法律体系形成新形势在新的历史起点上谱写民事审判工作新篇章——在全国民事审判工作会议上的讲话》（2011 年 6 月 23 日），载最高人民法院民事审判第一庭编：《民事审判指导与参考》2011 年第 2 辑（总第 46 辑），人民法院出版社 2011 年版，第 14~15 页。

最高人民法院审判业务意见

关于慎用公告送达的问题。按照民事诉讼法第八十四条[①]的规定，只有受送达人下落不明，或者通过法律规定的其他送达方式仍无法送达的时候，才能采用公告送达方式。在这个问题上，首先，要严格执行民事诉讼法有关公告送达适用条件的规定，未穷尽其他送达手段，不得采用公告送达方式。其次，在婚姻等类型案件中，必须慎用公告送达，坚决排除少数当事人利用公告送达制度恶意离婚损害另一方当事人合法权益的现象。再次，要在征得当事人同意的情况下，充分运用现代科技手段提高送达的质量和效率，最大限度解决送达难以及由此导致的诉讼拖延问题。最后，对少数恶意回避送达的当事人，我们也要多做说服教育工作，引导其理性对待诉讼。在送达问题上，我们要多做一些工作，虽然会给工作带来一定不便，但却可以给案件的妥善处理带来好处，也可以有效提升民事裁判的公信力和权威性。

——杜万华：《在全国民事审判工作会议上的总结讲话》（2011 年 6 月 24 日），载最高人民法院民事审判第一庭编：《民事审判指导与参考》2011 年第 2 辑（总第 46 辑），人民法院出版社 2011 年版，第 30~31 页。

---

① 现为《民事诉讼法》（2021 年修正）第九十五条。

最高人民法院审判业务意见（民一庭意见）

最高人民法院民一庭意见：应严格执行民事诉讼法的规定，杜绝随意采用公告送达方式的错误做法，充分维护当事人的诉讼权利和实体权利。只有在受送达人下落不明，穷尽其他方式无法送达的情况下，才可以采用公告送达方式。在送达诉讼文书时，在征得当事人同意的情况下，可以采用传真、电子邮件等方便、快捷的方式送达。

附：主要观点及理由

一、送达方式的次序

从民事诉讼法关于送达规定的条文顺序安排和内容表述来看，立法者对送达方式选择是有次序安排的。送达应当首先选择直接送达方式，将诉讼文书直接送交受送达人；直接送达时受送达人或其同住成年家属拒绝接收诉讼文书的，通过见证人证明或者视听资料证明的程序，可以把诉讼文书留在受送达人的住所，直接送达转化为留置送达。在满足经受送达人同意的前提条件下，可以使用电子送达方式送达除判决书、裁定书、调解书外的诉讼文书，且电子送达作为例外，可以先于其他方式包括直接送达方式使用。一般情况下，只有在直接送达和留置送达无法有效实施时，才可以选择邮寄送达。虽然法律将邮寄送达与委托送达并列规定，但实务中受诉法院应先采用邮寄送达，邮寄不成功时才能选择委托送达。军人、被监禁的人和被采取强制性教育措施的人作为受送达人时，可以通过特定机构转交送达；转交送达是一种针对特定受送达人的送达方式，实践中并不排除直接送达的适用。公告送达是用其他方式无法送达或者针对下落不明的人适用的送达方式，作为补救方式，应在确实无法实际送达时才能使用。我们认为，司法实践中应当严格按照关于优先次序的安排选择使用送达方式。

（一）直接送达是首选方式

送达的主要功能在于通知，即让受送达人知悉诉讼的进程并保障其参加诉讼活动的机会，从而实现程序公正。由于送达关系到诉讼参与人的正当程序权利能否得到切实有效的保护，而直接送达是最有效的送达方式，因此，在送达方式方面，各国的民事诉讼制度都以直接送达为原则，同时规定灵活多样的其他送达方式如代替送达、留置送达、邮寄送达作为补充和例外。

根据民事诉讼法的规定，邮寄送达是直接送达的补充，法院只有在直接送达有困难的情况下才能适用邮寄送达，实务中过分依赖邮寄送达甚至将邮寄送达作为首选送达方式的做法是有违法律规定的。

（二）严格审查公告送达

公告送达是一种拟制送达，推定送达的结论难以保证受送达人真正了解诉讼文书的内容，从而无法行使自己的诉讼权利。我们认为，应严格执行民事诉讼法第九十二条的规定，杜绝随意采用公告送达方式的错误做法，充分维护当事人的诉讼权利和实体权利；只有在受送达人下落不明，穷尽其他方式无法送达的情况下，才可以采用公告送达方式。至于穷尽其他送达方式的判断，不仅仅指法院已经使用了其他送达方式，而且应该包括法院对受送达人的联系方式和送达地址已经尽力调查，如到受送达人的住所询问其亲属、邻居或者基层干部，实地核实其联系方式等；对受送达人已知的联系方式和送达地址必须穷尽送达方式。

二、送达证明

2012年民事诉讼法第八十四条[①]规定："送达诉讼文书必须有送达回证，由受送达人在送达回证上记明收到日期，签名或者盖章。受送达人在送达回证上的签收日期为送达日期。"该条规定主要针对直接送达情况下，以受送达人签收的送达回证为送达证明。除了直接送达方式的送达回证外，法院采取其他送达方式也应当制作、收集相应的送达证明，以证明送达过程合法、有效完成。留置送达时，送达人应在送达回证上记录受送达人或其同住成年家属拒绝签收的相关情况，由送达人、见证人签名盖章，或者通过照片、录像等视听资料记录送达的过程。邮寄送达时，受送达人或代收人签收的邮件回执或者邮局出具的投寄情况说明是相应的送达证明；邮件退回的，也应收集批退条证明该次邮寄送达的情况。电子送达作为新的法定送达方式，关于送达证明的规定尚不明确；从目前的技术情况看，电子送达暂未能收集书面的送达证明归档，实践中应由送达人制作记录有电子送达操作人、送达时间、送达文书名称、发出和接收诉讼文书的传真号码或者电子邮箱地址、提醒当事人查收的情况等内容的书面材料作为送达证明。公告送达的，对送达证明应有严格要求，除了公告稿及张贴公告的相片或者刊登公告的报纸外，还应当制作关于使用其他方式送达的经过和无法送达原因的说明材料，并附上其他送达方式的送达证明文件。

——最高人民法院民事审判第一庭：《民事诉讼中的送达问题》，载最高人民法院民事审判第一庭编：《民事审判前沿》（第一辑），人民法院出版社2014年版，第387~390页。

---

① 现为《民事诉讼法》（2021年修正）第八十七条。

506.《民法典》规定的公告送达方式与《民事诉讼法》规定的公告送达方式的区别

关键词

公告送达　送达方式

《中华人民共和国民法典》条文

第一百三十九条　以公告方式作出的意思表示，公告发布时生效。

附录：最高人民法院主流观点

《民法典》第一百三十九条规定的公告方式作出的意思表示是公告发布时生效，而《民事诉讼法》规定的公告方式，通常是公告发布后的一段时间才生效。二者存在差别的原因在于：一方面，在法院通知不到当事人的情况下，因通知不到的当事人往往要向对方当事人承担实体法上的民事义务，因此法院有必要尽可能让对方当事人知道其已经涉诉的情况，所以法院的公告一般都留出一段时间，尽可能让通知不到的当事人看到公告后来法院应诉等。现实生活中也确有法院公告后当事人看到了公告来参加诉讼的案例。另一方面，对于还没有进入诉讼的当事人而言，表意人在穷尽了意思表示的送达方式之后还通知不到对方当事人，赋予公告发布时即生效的效力，仅仅是视为意思表示已经送达对方当事人。如果对方当事人还没有出现，表意人向人民法院起诉时，法院就要通过公告的方式向被告送达有关法律文书，法律规定公告之后的一段时间才发生公告的效力，实际上是从诉讼程序上对被告进行周到的保护，以避免有人恶意利用公告程序损害被告的诉讼权利和民事权利。

——最高人民法院民法典贯彻实施工作领导小组主编：《中华人民共和国民法典总则编理解与适用》，人民法院出版社2020年版，第706页。

507. 调解书直接送达的，基于调解书的特殊性，不适用留置送达

关键词

电子送达　调解书　直接送达　留置送达

最高人民法院司法解释

第一百三十三条 调解书应当直接送达当事人本人，不适用留置送达。当事人本人因故不能签收的，可由其指定的代收人签收。

——《最高人民法院关于适用〈中华人民共和国民事诉讼法〉的解释》（2022年4月1日修正）。

附录：最高人民法院主流观点

自2022年1月1日起施行的新修正的民事诉讼法第九十条规定："经受送达人同意，人民法院可以采用能够确认其收悉的电子方式送达诉讼文书。通过电子方式送达的判决书、裁定书、调解书，受送达人提出需要纸质文书的，人民法院应当提供。采用前款方式送达的，以送达信息到达受送达人特定系统的日期为送达日期。"新的规定增加了调解书电子送达的内容，但应注意在调解书直接送达的过程中，基于调解书的特殊性，仍不适用留置送达。

——最高人民法院民法典贯彻实施工作领导小组办公室编著：《最高人民法院新民事诉讼法司法解释理解与适用》，人民法院出版社2022年版，第338~339页。

508. 虽有送达地址确认书，但受送达人确因被羁押不能参加诉讼的，不得缺席审理

关键词

受送达人　送达地址　缺席审理

最高人民法院裁判文书

吕振玲与洛阳农村商业银行股份有限公司等借款合同纠纷案［最高人民法院（2018）最高法民申93号民事裁定书］

裁判要旨：法院在受送达人被刑事羁押的情况下仍按其送达地址确认书记载的地址送达开庭传票，后传票因"原址查无此人"被退回，导致受送达人未参与案件审理。受送达人系因被刑事羁押不能参加诉讼，不属于《中华人民共和国民事诉讼法》规定的"无正当理由拒不到庭"的情形。据此，二审法院未依法送达诉讼文书即缺席判决，剥夺了其诉讼权利，违反了法定程序，应当予以纠正。

最高人民法院认为：本案再审审查的主要问题是，二审程序是否存在违反法律规定的情形。

吕振玲申请再审提出，二审法院在必须参加诉讼的当事人被刑事羁押不能到庭的情况下，缺席判决，导致相关证据未质证、当事人基本诉权未得到保障。本院对相关事实进行了调查核实。经审查，韩松琪、吴黎系一审被告，韩松琪同时系一审被告宝元公司、中先公司的法定代表人，在一审审理过程中，该二人因涉嫌非法吸收公众存款罪被羁押于河南省洛阳市古城派出所，该二人诉讼文书送达地址确认书中记载的送达地址为公司地址，即河南省洛阳市关林路 9 号，一审法院按上述地址送达了一审判决，但被退回，《退改批条》载明："无人签收，收件人坐牢"。二审法院在此情况下仍按该二人诉讼文书送达地址确认书记载的地址送达开庭传票，后传票因"原址查无此人"被退回，导致韩松琪、吴黎以及宝元公司、中先公司均未参与本案的二审审理。韩松琪、吴黎系因被刑事羁押不能参加本案诉讼，不属于《中华人民共和国民事诉讼法》第一百四十四条规定的"无正当理由拒不到庭"的情形。二审法院未依法送达诉讼文书即缺席判决，剥夺了该二人的诉讼权利，违反了法定程序，应当予以纠正。

——中国裁判文书网。

509. 按照原告起诉书中列明的地址向被告送达传票，邮政速递物流信息显示该邮件收件人不在本地，能否直接缺席审理

关键词

送达传票　缺席审理

最高人民法院裁判文书

王成林与中国华西企业有限公司、中国华西企业有限公司西安分公司及汇通国基房地产开发有限责任公司、汇通国基房地产开发有限责任公司西安分公司案外人执行异议之诉案［最高人民法院（2021）最高法民终 1270 号民事裁定书］

裁判要旨：本案中没有证据证明汇通公司在诉讼文书送达中存在过错，2020 年 11 月 19 日，一审法院按照王成林民事起诉状列明的汇通公司的住所地邮寄起诉状副本、应诉通知书、举证通知书、诉讼权利义务告知书、合议庭组成人员告知书、传票等相关法律文书，邮政速递物流信息显示该邮件收件人不在本地，拒收此邮件，

应认定一审法院未合法送达起诉状副本、应诉通知书、举证通知书、诉讼权利义务告知书、合议庭组成人员告知书、传票等相关法律文书。一审法院在邮寄送达未成功的情况下，未采用其他方式送达，即缺席审理本案并作出判决，严重违反法定程序。

最高人民法院认为，《最高人民法院关于适用〈中华人民共和国民事诉讼法〉的解释》第三百零七条规定："案外人提起执行异议之诉的，以申请执行人为被告。被执行人反对案外人异议的，被执行人为共同被告；被执行人不反对案外人异议的，可以列被执行人为第三人。"案外人提起执行异议之诉，法院需要审查被执行人对案外人起诉所持的意见，并根据被执行人意见决定是否将其作为共同被告。本案为王成林提起的案外人执行异议之诉，一审法院应审查汇通公司及汇通西安分公司对王成林的起诉是否有异议，并根据汇通公司及汇通西安分公司的意见决定是否将其列为被告。

《最高人民法院关于适用〈中华人民共和国民事诉讼法〉的解释》第一百三十条规定："向法人或者其他组织送达诉讼文书，应当由法人的法定代表人、该组织的主要负责人或者办公室、收发室、值班室等负责收件的人签收或者盖章，拒绝签收或者盖章的，适用留置送达。"《最高人民法院关于以法院专递方式邮寄送达民事诉讼文书的若干规定》第五条规定："当事人拒绝提供自己的送达地址，经人民法院告知后仍不提供的，自然人以其户籍登记中的住所地或者经常居住地为送达地址；法人或者其他组织以其工商登记或者其他依法登记、备案中的住所地为送达地址。"本案中，没有证据证明汇通公司在诉讼文书送达中存在过错，2020 年 11 月 19 日，一审法院按照王成林民事起诉状列明的汇通公司的住所地邮寄起诉状副本、应诉通知书、举证通知书、诉讼权利义务告知书、合议庭组成人员告知书、传票等相关法律文书，邮政速递物流信息显示该邮件收件人不在本地，拒收此邮件，应认定一审法院未合法送达起诉状副本、应诉通知书、举证通知书、诉讼权利义务告知书、合议庭组成人员告知书、传票等相关法律文书。一审法院在邮寄送达未成功的情况下，未采用其他方式送达，即缺席审理本案并作出判决，严重违反法定程序。

——中国裁判文书网。

510. 按照原告起诉书中列明的地址向被告送达传票，在邮寄送达未成功的情况下，未采用其他方式送达，能否直接缺席审理

关键词

邮寄送达成功 缺席审理

最高人民法院裁判文书

丁维明与中国华西企业有限公司、中国华西企业有限公司西安分公司及原审第三人汇通国基房地产开发有限责任公司、汇通国基房地产开发有限责任公司西安分公司案外人执行异议之诉上诉案［最高人民法院（2021）最高法民终1271号民事裁定书］

裁判要旨：本案中，没有证据证明汇通公司在诉讼文书送达中存在过错，2020年11月19日，一审法院按照丁维明民事起诉状列明的汇通公司的住所地邮寄起诉状副本、应诉通知书、举证通知书、诉讼权利义务告知书、合议庭组成人员告知书、传票等相关法律文书，邮政速递物流信息显示该邮件收件人不在本地，拒收此邮件，应认定一审法院未合法送达起诉状副本、应诉通知书、举证通知书、诉讼权利义务告知书、合议庭组成人员告知书、传票等相关法律文书。一审法院在邮寄送达未成功的情况下，未采用其他方式送达，即缺席审理本案并作出判决，严重违反法定程序。

最高人民法院认为，《最高人民法院关于适用〈中华人民共和国民事诉讼法〉的解释》第三百零七条规定："案外人提起执行异议之诉的，以申请执行人为被告。被执行人反对案外人异议的，被执行人为共同被告；被执行人不反对案外人异议的，可以列被执行人为第三人。"案外人提起执行异议之诉，法院需要审查被执行人对案外人起诉所持的意见，并根据被执行人意见决定是否将其作为共同被告。本案为丁维明提起的案外人执行异议之诉案件，一审法院应审查汇通公司及汇通西安分公司对丁维明的起诉是否有异议，并根据汇通公司及汇通西安分公司的意见决定是否将其列为被告。

《最高人民法院关于适用〈中华人民共和国民事诉讼法〉的解释》第一百三十条规定："向法人或者其他组织送达诉讼文书，应当由法人的法定代表人、该组织的主要负责人或者办公室、收发室、值班室等负责收件的人签收或者盖章，拒绝签收或者盖章的，适用留置送达。"《最高人民法院关于以法院

专递方式邮寄送达民事诉讼文书的若干规定》第五条规定："当事人拒绝提供自己的送达地址，经人民法院告知后仍不提供的，自然人以其户籍登记中的住所地或者经常居住地为送达地址；法人或者其他组织以其工商登记或者其他依法登记、备案中的住所地为送达地址。"本案中，没有证据证明汇通公司在诉讼文书送达中存在过错，2020 年 11 月 19 日，一审法院按照丁维明民事起诉状列明的汇通公司的住所地邮寄起诉状副本、应诉通知书、举证通知书、诉讼权利义务告知书、合议庭组成人员告知书、传票等相关法律文书，邮政速递物流信息显示该邮件收件人不在本地，拒收此邮件，应认定一审法院未合法送达起诉状副本、应诉通知书、举证通知书、诉讼权利义务告知书、合议庭组成人员告知书、传票等相关法律文书。一审法院在邮寄送达未成功的情况下，未采用其他方式送达，即缺席审理本案并作出判决，严重违反法定程序。

——中国裁判文书网。

511. 当事人在一审案件中提供的送达地址确认书可否适用于此后的二审程序、审判监督程序、执行程序

关键词

送达地址确认书　二审程序　审判监督程序　执行程序　送达地址

附录：最高人民法院法官著述

问：案件进入二审程序、审判监督程序、执行程序，当事人未申请变更送达地址的情况下，可否按照当事人在一审案件中提供的送达地址确认书中记载的地址送达？

答：关于送达地址确认书适用的时间和空间的效力和范围问题，《最高人民法院关于适用〈中华人民共和国民事诉讼法〉的解释》第一百三十七条规定："当事人在提起上诉、申请再审、申请执行时未书面变更送达地址的，其在第一审程序中确认的送达地址可以作为第二审程序、审判监督程序、执行程序的送达地址。"与之相符，《最高人民法院关于以法院专递方式邮寄送达民事诉讼文书的若干规定》第四条第三款和第十一条第一款也体现了相同的立法思路。该规定第四条第三款规定，"当事人在第一审、第二审和执行终结前变更送达地址的，应当及时以书面方式告知人民法院"；第十一条第一款规定，"因受送达人自己提供或者确认的送达地址不准确、拒不提供送达地址、送达地址变更未及时告知人民法院、受送达人本人或者受送达人指定的代收人拒绝签收，导致诉讼文书未能被受送达人实际接收的，文书退回之日视为

送达之日”。从前述司法解释和规定的内容来看，当事人在一审诉讼时向法院提供或确认的送达地址，在案件进入二审和执行程序后仍然是有效的，送达地址确认书的时间和空间效力可扩展至二审及此后的执行阶段；在一个案件完整的诉讼程序终结前，当事人未申请变更送达地址的情况下，送达地址确认书应该在整个程序中均为有效，除一审程序中可适用外，在二审和执行程序中可以继续适用。最高人民法院印发的《关于进一步加强民事送达工作的若干意见》第六条也同样规定：“当事人在送达地址确认书中确认的送达地址，适用于第一审程序、第二审程序和执行程序。当事人变更送达地址，应当以书面方式告知人民法院。当事人未书面变更的，以其确认的地址为送达地址。”

——最高人民法院民事审判第一庭编：《民事审判实务问答》，法律出版社 2021 年版，第 339~340 页。

512. 人民法院未穷尽其他送达方式而直接以短信方式通知当事人开庭的，是否违反法定程序

关键词

邮寄送达　电子送达　公告送达　受送达人

最高人民法院裁判文书

甘肃源祥房地产开发有限公司建设工程施工合同纠纷案［最高人民法院（2019）最高法民申 3879 号民事裁定书］

裁判要旨：受送达人已经收到法院发送的开庭短信，其主张因无法判断短信真伪而导致耽误参加庭审，以及法院未能穷尽其他送达方式而直接以短信方式通知开庭违反法定程序的理由不能成立。

最高人民法院认为：《民事诉讼法司法解释》第一百三十五条第一款规定：“电子送达可以采用传真、电子邮件、移动通信等即时收悉的特定系统作为送达媒介。”本案中，一审法院在源祥公司住所地张贴开庭公告，并向公司法定代表人发送短信告知其开庭时间、地点。源祥公司法定代表人收到该短信并申请延期开庭。同时，源祥公司在二审上诉理由中称未能参加一审庭审的原因系公司法定代表人在外出差申请延期未获准许。由此可见，源祥公司知晓一审开庭时间，其主张因无法判断短信真伪而导致耽误参加庭审的理由不能成立。二审判决以源祥公司可委托诉讼代理人出庭，法定代表人出差不

属于延期开庭的法定事由为由，认定一审送达程序合法，并无不当。

——中国裁判文书网。

附录：最高人民法院主流观点

实践中，人民法院在确定开庭日期之后通知当事人到法院领取传票，或者通过邮寄送达的方式送达传票，邮寄送达必须确保当事人在开庭3日之前收到开庭传票。如果当事人没有收到传票或者收到传票的时间已经超过传票中确定的开庭时间，是不能开庭的，应当再次送达传票。当事人同意的，也可采用电子送达方式。《最高人民法院关于进一步推进案件繁简分流优化司法资源配置的若干意见》第三条规定："完善送达程序与送达方式。当事人在纠纷发生之前约定送达地址的，人民法院可以将该地址作为送达诉讼文书的确认地址。当事人起诉或者答辩时应当依照规定填写送达地址确认书。积极运用电子方式送达；当事人同意电子送达的，应当提供并确认传真号、电子信箱、微信号等电子送达地址。充分利用中国审判流程信息公开网，建立全国法院统一的电子送达平台。完善国家邮政机构以法院专递方式进行送达。"《最高人民法院关于进一步加强民事送达工作的若干意见》第十二条规定："采用短信、微信等方式送达的，送达人员应记录收发手机号码、发送时间、送达诉讼文书名称，并将短信、微信等送达内容拍摄照片，存卷备查。"

如当事人下落不明，也可采取公告送达，但前提是穷尽其他送达手段，包括直接送达、留置送达、委托送达、邮寄送达等均无法成功送达，而且要在案卷中记明原因和经过。因公告送达仅为一种法律推定的拟制送达方式。公告送达可以在法院的公告栏和受送达人住所地张贴公告，也可以在报纸、信息网络等媒体上刊登公告，对公告送达方式有特殊要求的，应当按要求的方式进行。公告期满，即视为送达。公告送达传票，应当说明出庭的时间和地点及逾期不出庭的法律后果。

公开审理的案件，人民法院应当在开庭3日前向社会发布开庭公告，包括当事人的姓名、案由和开庭的时间、地点。对于诉讼参与人及其亲友而言，可以准确地参与到庭审中来，对于其他人而言，可以旁听自己感兴趣的案件，一方面最大限度满足公众知情权和监督权，切实提升裁判公信力；另一方面强化了司法的宣传教育作用，真正使审判走向社会，达到社会效果和法律效果的统一。公告可以在法院的公告栏张贴，巡回审理的可以在案发地或其他相关的地点张贴。2018年11月20日发布的《最高人民法院关于进一步深化司法公开的意见》第十三条提出要健全司法公开形式。司法公开形式应当因地制宜、因事而定、权威规范、注重实效，便于公众及时准确获取，坚决防止形式主义。最高人民法院就公开形式有统一要求的，应当按照相关要求进行公开。鼓励基层人民法院探索行之有效、群众喜闻乐见的司法公开形式。

结合实际，可以将传统方式公开与新媒体方式公开相结合，传统方式如人民法院公报、广播、电视、网络、人民法院政务网站或其他权威网站平台，由于覆盖面狭窄，送达功能逐渐弱化，因此人民法院也在与时俱进，加强新媒体送达方式的适用，如人民法院官方微博、微信公众号、人民法院诉讼服务大厅、诉讼服务网、12368 诉讼服务热线、移动微法院等诉讼服务平台等。

——江必新主编：《新民事诉讼法条文理解与适用》，人民法院出版社 2022 年版，第 637~638 页。

513. 原告就其邮寄送达行为均举示了相关公证书，能够证明其确实向被告邮寄过催收文书，产生催收效果

关键词

邮寄送达行为　催收文书

最高人民法院裁判文书

中国东方资产管理股份有限公司与昆明市政基础设施综合开发建设（集团）股份有限公司等金融借款合同纠纷案［最高人民法院（2021）最高法民终 632 号民事判决书］

裁判要旨：原告就其邮寄送达行为均举示了相关公证书，能够证明其确实向被告邮寄过催收文书，产生催收效果。

最高人民法院认为，关于直接送达的文件签收人姓名职务不详、邮寄送达没有签收的回执是否产生直接送达效果的问题。经查，东方柏丰公司于 2009 年 6 月 19 日、2011 年 5 月 30 日，东方公司于 2018 年 7 月 2 日向市政公司、滇投公司相关工作人员进行现场送达，并均进行了公证，可以认定东方公司于上述时间将相关催收文书交给了市政公司相关工作人员，并将催收文书留置在了市政公司。现市政公司主张东方公司送达的人员姓名和职务不详，但其经过公证的送达地址均为市政公司、滇投公司注册经营场所，债权人到市政公司、滇投公司经营场所进行实地催收，按照常理，市政公司、滇投公司理应知晓其催收行为。因此，东方柏丰公司、东方公司上述送达行为有效。市政公司、滇投公司另主张，东方公司邮寄送达并未提供相关回执，不产生送达的效力，但东方公司就其邮寄送达行为均举示了相关公证书，能够证明其确实向市政公司邮寄过催收文书，产生催收效果。因此，本院对市政公司该主张不予支持。

——中国裁判文书网。

514. 外国自然人的境内送达

关键词

外国自然人　境内送达　有效送达

最高人民法院审判业务意见

12. 人民法院对外国自然人采用下列方式送达，能够确认受送达人收悉的，为有效送达：

（一）向其在境内设立的外商独资企业转交送达；

（二）向其在境内担任法定代表人、公司董事、监事和高级管理人员的企业转交送达；

（三）向其同住成年家属转交送达；

（四）通过能够确认受送达人收悉的其他方式送达。

——《最高人民法院关于印发〈全国法院涉外商事海事审判工作座谈会会议纪要〉的通知》（2021年12月31日，法〔民四〕明传〔2021〕60号）。

515. 当事人同意接收对方当事人直接向其送达诉讼材料的，国际商事法庭予以认可

关键词

国际商事法庭　直接送达　邮寄送达　电子送达

最高人民法院司法政策精神

第十五条　当事人在《送达地址确认书》中同意接收他方当事人向其送达诉讼材料，他方当事人向其直接送达、邮寄送达、电子方式送达等，能够确认受送达人收悉的，国际商事法庭予以认可。

——《最高人民法院办公厅关于印发〈最高人民法院国际商事法庭程序规则（试行）〉的通知》（法办发〔2018〕13号，2018年11月21日）。

第六章　调解程序

一、诉讼调解

516. 先行调解的案件范围

关键词

先行调解　案件范围

最高人民法院司法解释

第十四条　下列民事案件，人民法院在开庭审理时应当先行调解：

（一）婚姻家庭纠纷和继承纠纷；

（二）劳务合同纠纷；

（三）交通事故和工伤事故引起的权利义务关系较为明确的损害赔偿纠纷；

（四）宅基地和相邻关系纠纷；

（五）合伙协议纠纷；

（六）诉讼标的额较小的纠纷。

但是根据案件的性质和当事人的实际情况不能调解或者显然没有调解必要的除外。

——《最高人民法院关于适用简易程序审理民事案件的若干规定》（2003年9月10日，法释〔2003〕15号）。

最高人民法院司法政策精神

4. 进一步强化民事案件调解工作。各级法院特别是基层法院要把调解作为处理民事案件的首选结案方式和基本工作方法。对依法和依案件性质可以调解的所有民事案件都要首先尝试通过运用调解方式解决，将调解贯穿于民事审判工作的全过程和所有环节。

对最高人民法院《关于适用简易程序审理民事案件的若干规定》第十四条规定的婚姻家庭纠纷、继承纠纷、劳务合同纠纷、交通事故和工伤事故引起的权利义务关系较为明确的损害赔偿纠纷、宅基地和相邻关系纠纷、合伙协议纠纷、诉讼标的额较小的民事纠纷，在开庭审理时应当先行调解。但是根据案件的性质和当事人的实际情况不能调解或者显然没有调解必要的除外。

——《最高人民法院关于进一步贯彻“调解优先、调判结合”工作原则的若干意见》（2010 年 6 月 28 日，法发〔2010〕16 号）。

27. 探索建立调解前置程序。探索适用调解前置程序的纠纷范围和案件类型。有条件的基层人民法院对家事纠纷、相邻关系、小额债务、消费者权益保护、交通事故、医疗纠纷、物业管理等适宜调解的纠纷，在征求当事人意愿的基础上，引导当事人在登记立案前由特邀调解组织或者特邀调解员先行调解。

——《最高人民法院关于人民法院进一步深化多元化纠纷解决机制改革的意见》（2016 年 6 月 28 日，法发〔2016〕14 号）。

附录：最高人民法院主流观点

2. 探索适用调解前置程序的纠纷范围和案件类型

本条明确要求人民法院积极探索适用调解前置程序的纠纷范围和案件类型，并列举了家事纠纷、相邻关系、小额债务、消费者权益保护、交通事故、医疗纠纷、物业管理等适宜调解的七类纠纷，提出有条件的基层人民法院可以引导当事人立案前先行调解。各法院要抓住立案阶段诉讼源头的有利时机，积极开展立案前调解前置程序工作。根据实践总结，可优先考虑对这七类案件在立案阶段进行先行调解。

一是家事纠纷。包括离婚、“三费”（抚养费、抚育费、赡养费）、继承、分家析产、抚养权等涉及婚姻家庭关系的纠纷。这类纠纷当事人之间存在着特殊的身份关系，涉及更深层的情感、心理等复杂因素，其特性更接近调解程序协商对话、互谅互让等精神内核。2015 年各级人民法院审结一审民事案件 622.8 万件，其中婚姻家庭、抚养继承等案件就有 173.3 万件，占 27.8%。家事案件不仅数量巨大，而且案件类型也日趋多样化，各级法院要结合司法实践对家事纠纷中哪些类型的纠纷适宜调解做进一步深入研究和区分。

二是相邻关系纠纷。这类纠纷当事人基于居住在同一地域范围内，地缘关系紧密，所谓邻里之间“低头不见抬头见”，更希望能够建立和睦的邻里关系，适宜以调解方式解决。

三是小额债务纠纷。此类纠纷涉及当事人的经济利益相对较小，法律关系也相对简单，采取调解方式快速解决纠纷，有助于及时解决当事人之间的经济利益纷争，树立诚信意识、稳定社会秩序。司法实践中，小额买卖、借贷等纠纷调解成功率也较高。

四是消费者权益保护纠纷。在现代经济社会，每个人都是消费者，消费者权益保护纠纷每天都在大量发生。消费者权益保护纠纷关涉公民日常生活的品质，甚至安全，重要性不容忽视。以调解方式解决消费者权益保护纠纷有助于及时维护消费者权益，帮助生产者、消费者、服务提供者提升产品品质、加强管理、提升服务质量。但对于以调解方式解决消费者权益保护纠纷是否妥当，有不同的看法。一种观点认为，消费者权益纠纷是一种“非平等主体”的生产者与消费者之间产生的纠纷，在这种不公平的前提下，不适宜用双方当事人合意达成调解来解决纠纷。同时，消费者权益保护纠纷范围非常广泛，是否所有的消费者权益保护纠纷都适宜调解值得思考，调解的保密性是否会给商家隐瞒其产品、服务中的瑕疵留下了可乘之机，从而损害其他不知情消费者的权益。因此，各级法院在实践中要注意细化消费者权益保护纠纷的类别，逐步从中甄选出适宜调解的类型，尤其要慎重处理涉及公益的消费者权益保护纠纷。

五是交通事故纠纷，包括交通事故人身损害赔偿纠纷和交通事故财产损害赔偿纠纷。2004 年道路交通安全法取消交警调解前置程序处置机制的规定。

2011 年修订的道路交通安全法第七十四条规定，“对交通事故损害赔偿的争议，当事人可以请求公安机关交通管理部门调解，也可以直接向人民法院提起民事诉讼。经公安机关交通管理部门调解，当事人未达成协议或者调解书生效后不履行的，当事人可以向人民法院提起民事诉讼。”这种双轨制的规定导致道路交通事故案件大量涌入法院。此类纠纷涉及当事人人身、财产损害赔偿，当事人往往急需救济，对纠纷解决时效性要求较高，与调解程序灵活、简便、高效的特点相契合。此类纠纷受害人的损失往往可以通过交强险、第三者责任险、商业险得到一定赔偿，因此法院在调解过程中要加强与交通管理部门保险公司的对接，设置调解前置程序，有利于促进纠纷及时高效化解。

六是医疗纠纷。此类纠纷关涉当事人生命权、健康权和身体权，属于关涉重大民生的纠纷。当前医患关系紧张、医患纠纷频发，建立健全医疗纠纷调解前置程序机制，以医疗鉴定、专家评估等为依据加大诉前调解力度，能够稳妥化解此类纠纷，推动构建和谐医患关系。

七是物业类纠纷。物业纠纷主要包括物业公司起诉业主欠缴物业费、供暖费纠纷、新老物业企业交替产生的纠纷、因物业公司服务不到位引发的纠纷等。这类纠纷与老百姓的日常生活质量休戚相关，且往往牵涉一个小区业主的整体利益，容易引发群体性事件。同时，通过诉讼只能解决一个年度或几个年度的物业费欠缴问题或者个别性问题，容易在业主和物业公司之间形成积怨，不利于纠纷根本解决。以平等协商的调解方式解决业主与物业公司之间纠纷，有助于物业公司改进服务，业主自觉履行交纳物业费等费用的义务，形成和谐社区关系。

此外，一些专业性较强的类型化纠纷，如金融、保险、电子商务、知识产权纠纷等。这类纠纷市场化程度高，相关行业协会等社会自治管理组织的发育也较为成熟，可以充分发挥行业协会调解等非诉讼方式的积极作用，有利于实现纠纷双方的合作共赢，也有利于构建行业运行秩序。各级法院要结合本地区、本院实际，积极拓展调解前置程序适用范围，注重个案区别对待，提高调解前置程序的适用率和成功率。

三、调解前置程序与自愿原则的关系

对于当事人递交的起诉材料，人民法院应在审查案件符合立案条件的基础上，开展调解前置程序引导工作，告知当事人纠纷将转入立案前调解前置程序进行先行调解，起诉人明确表示拒绝调解的，要及时登记立案。针对法院开展多元调解面临“案件导出难”问题，人民法院要积极开展多元调解的宣传引导工作，一方面要制作多元调解的展板、宣传手册等在立案大厅摆放，通过媒体加大多元调解的宣传力度，让更多的群众了解并接受多元调解方式；另一方面立案法官要加强对当事人进行多元调解的个案引导，法院可以制定一些多元调解工作引导指南帮助法官提高引导水平，同时可将立案法官引导多元调解的案件量纳入考核，提高立案法官引导的积极性。

应当说明的是，本条要求探索调解前置程序，但不能违反当事人自愿原则，不能等同于国外有些国家的强制调解。调解前置程序只是规定对适宜调解的特定类型的纠纷进行先行调解，要求当事人先通过诉讼外调解方式予以解决。如果调解前置程序无法解决纠纷，当事人可以要求依审判程序处理。

——李少平主编：《最高人民法院多元化纠纷解决机制改革意见和特邀调解规定的理解与适用》，人民法院出版社 2017 年版，第 250~252 页。

517. 如何把握可以径行调解案件的尺度

关键词

径行调解　自愿原则　先行调解

最高人民法院司法解释

第一百四十二条　人民法院受理案件后，经审查，认为法律关系明确、事实清楚，在征得当事人双方同意后，可以径行调解。

——《最高人民法院关于适用〈中华人民共和国民事诉讼法〉的解释》（2022 年 4 月 1 日修正）。

附录：最高人民法院主流观点

第一，正确把握对径行调解的前提“事实清楚”的认定。调解的核心是尊重当事人的处分权，只要调解协议合法，不违反自愿原则，就应当支持。径行调解要求事实清楚的主要目的是防止当事人恶意串通，损害国家利益、社会公共利益和案外人合法权益。在此基础上，应当允许当事人处分自己的权利，所以径行调解的前提不要求全部事实完全清楚。

第二，对可以径行调解案件尺度的具体把握。在司法实践中，要科学把握适用径行调解方式处理案件的基础和条件，根据各类案件的不同性质、具体情况、当事人的利益诉求，科学灵活地把握适用径行调解的条件。决不能为调而调，对于有径行调解可能的，要认真调解；对于根本没有径行调解可能的，要及时转入其他方式处理。

第三，适用径行调解不完全等同先行调解。《简易程序规定》第十四条规定：“下列民事案件，人民法院在开庭审理时应当先行调解：（一）婚姻家庭纠纷和继承纠纷；（二）劳务合同纠纷；（三）交通事故和工伤事故引起的权利义务关系较为明确的损害赔偿纠纷；（四）宅基地和相邻关系纠纷；（五）合伙合同纠纷；（六）诉讼标的额较小的纠纷。但是根据案件的性质和当事人的实际情况不能调解或者显然没有调解必要的除外。”也就是说，这些案件类型中，并不是所有案件都可以适用径行调解，只有法律关系明确和事实清楚的，并且在征得当事人同意的条件下，才可以径行调解。

第四，对复杂案件不适用径行调解，但并非不能进行调解。我们认为，对于事关民生和群体利益、需要政府和相关部门配合的案件，可能影响社会和谐稳定的群体性案件、集团诉讼案件、当事人之间情绪严重对立的案件，相关法律法规没有规定或者规定不明确、适用法律有一定困难的案件等相对复杂的案件，也可以在符合法定条件的情形下，适用调解程序，不放弃任何调解机会和调解成功的可能，以有效缓和当事人之间的对立情绪，排查不稳定因素，促进当事人之间矛盾化解，维护社会和谐稳定。

第五，法律关系不明确、事实难以查清的案件不适用径行调解，但并不妨碍其他形式调解的适用。因为此类案件的审理往往很困难，调解解决则更有利于彻底解决纠纷。我们认为，人民法院对当事人自愿调解的民事案件，应当调解，特别是以下案件都可以在征求当事人的意愿后进行调解：涉及群体利益，需要政府和相关部门配合的案件；人数众多的共同诉讼、集团诉讼案件；案情复杂，当事人之间情绪严重对立，且双方都难以形成证据优势的案件；相关法律法规没有规定或者规定不明确，在适用法律方面有一定困难的案件；敏感性强、社会关注程度大的案件；申诉复查案件和再审案件。

第六，适用径行调解中应当保障当事人的权利，不能为了片面追求径行调解而强迫调解。对于不能径行调解的案件，一味地适用调解未必是最佳解决途径，强化调解反而会引发当事人对法院和法官的不满与质疑。当然，具体到某个案件，是径行调解还是以其他方式处理，应当从案件的实际情况出发，结合审判实践来处理。径行调解中，法官要着重保障当事人尤其是债权人的诉讼权利和实体权益，避免强迫或变相强迫当事人接受调解。特别是对法律关系明确，事实清楚的案件，一味强化调解会向义务人传递出无须充分履行义务的有利预期。长此以往，势必挫伤权利人的维权意识，消解义务人充分履行义务的规则意识，不利于在社会秩序中形成规则之治。所以要根据案件的涉及面、影响面，案情是否查清，当事人是否接受调解、是否为社会转型中新类型案件和政策界限不明或具有较强政策性等情形来确定。

——最高人民法院民法典贯彻实施工作领导小组办公室编著:《最高人民法院新民事诉讼法司法解释理解与适用》，人民法院出版社 2022 年版，第352~353 页。

518. 如何把握不得调解的案件

关键词

不得调解　婚姻关系　调解意愿

最高人民法院司法解释

第一百四十三条　适用特别程序、督促程序、公示催告程序的案件，婚姻等身份关系确认案件以及其他根据案件性质不能进行调解的案件，不得调解。

——《最高人民法院关于适用〈中华人民共和国民事诉讼法〉的解释》（2022 年 4 月 1 日修正）。

附录：最高人民法院主流观点

第一，婚姻关系等身份关系确认案件不得调解，但非婚姻、身份确认外的其他类型案件除法律另有明确规定外，可以进行调解。比如，根据民事诉讼法第一百零一条的规定，人民法院可以调解维持收养关系；根据第二百零九条的规定，解除婚姻关系也是可以调解的。

第二，对“其他根据案件性质，不能进行”调解的把握。这里包括不能进行调解和不宜进行调解的情形。不能进行调解的是一种客观情形，主要是指其他法律的明确规定。比如婚姻效力等依案件性质不能进行调解的民事案件和当事人的实际情况不能调解的案件。不宜调解的是一种主观情形。当前，民事纠纷呈现出主体多元、诉求多样的特征，相应地也要求解决纠纷的渠道和形式的多元。不宜进行调解的情形包括：（1）当事人均坚决反对调解，没有调解意愿和诚意，或者双方意见差别很大；（2）调解之后效果不好，比如一方当事人假调解之名行转移、变卖和隐匿财产之实，企图侵害对方当事人实体权益或借故拖延诉讼，侵害当事人程序利益的；（3）社会关注需要发挥司法的评价、教育、预测等功能，需要为社会公众确立行为规则和行为导向的案件，特别是在有利于形成新的市场交易规则、规范商事行为、倡导诚信经营的商事案件中，调解就消解了司法本应发挥的示范性功效。诸如此类情况，当事人又不同意调解或者没有调解意愿的，就应坚决采取判决等其他解纷方式。

——最高人民法院民法典贯彻实施工作领导小组办公室编著：《最高人民法院新民事诉讼法司法解释理解与适用》，人民法院出版社 2022 年版，第 354~355 页。

519. 认识调解是否符合自愿原则的四个要点

关键词

自愿原则　调解

最高人民法院司法解释

第一百四十五条　人民法院审理民事案件，应当根据自愿、合法的原则进行调解。当事人一方或者双方坚持不愿调解的，应当及时裁判。

人民法院审理离婚案件，应当进行调解，但不应久调不决。

——《最高人民法院关于适用〈中华人民共和国民事诉讼法〉的解释》（2022 年 4 月 1 日修正）。

附录：最高人民法院主流观点

在调解中贯彻自愿原则需要做到四个方面：一是调解程序的启动应以当事人自愿为前提；二是调解协议的内容应在双方自愿同意的情况下达成，如是否存在当事人在违背真实意思的情况下签订调解协议、调解协议显失公正、调解组织或者调解员强迫调解或者与案件有利害关系的情况等情形；三是调解程序的终结应当尊重当事人的自愿；四是法官要保证居于中立地位。

——最高人民法院民法典贯彻实施工作领导小组办公室编著：《最高人

民法院新民事诉讼法司法解释理解与适用》，人民法院出版社 2022 年版，第 361 页。

520. 委托代理诉讼特别授权要列明授权事项

关键词

委托代理　诉讼特别授权　全权代理　一般授权代理

最高人民法院司法解释

第一百四十七条　人民法院调解案件时，当事人不能出庭的，经其特别授权，可由其委托代理人参加调解，达成的调解协议，可由委托代理人签名。

离婚案件当事人确因特殊情况无法出庭参加调解的，除本人不能表达意志的以外，应当出具书面意见。

——《最高人民法院关于适用〈中华人民共和国民事诉讼法〉的解释》（2022 年 4 月 1 日修正）。

附录：最高人民法院主流观点

当事人提交的授权委托书仅写“全权代理”而无具体授权的，诉讼代理人无权代为承认、放弃、变更诉讼请求，进行和解，提起反诉或者上诉。口头委托记入笔录的应当明确授权事项。如果仅笼统地表明“全权代理”而无具体授权内容，则法律上只认为系一般授权代理，诉讼代理人无权代理参加和解、调解活动。

——最高人民法院民法典贯彻实施工作领导小组办公室编著：《最高人民法院新民事诉讼法司法解释理解与适用》，人民法院出版社 2022 年版，第 366 页。

521. 有合法特别授权的委托诉讼代理人在诉讼中的法律行为效力如何认定

关键词

特别授权　委托诉讼代理人

最高人民法院裁判文书

旭昌达实业（河源）有限公司、蔡卓权与林泳湖、张锦麟、河源中诺商

贸有限公司股权转让纠纷案［最高人民法院（2021）最高法民申 4204 号民事裁定书］

裁判要旨：委托权限为特别授权的委托诉讼代理人，在有相应授权的情况下有权代表当事人进行和解。授权当事人未提供证据证明委托诉讼代理人所代理的调解并非其真实意思表示的情况下，该调解依法有效。

最高人民法院经审查认为，《中华人民共和国民事诉讼法》第二百零一条[①]规定："当事人对已经发生法律效力的调解书，提出证据证明调解违反自愿原则或者调解协议的内容违反法律的，可以申请再审。经人民法院审查属实的，应当再审。"结合河源旭昌达公司及蔡卓权的申请再审事由和原审查明的事实，本案争议焦点为二审阶段达成的调解是否违反自愿原则。

首先，河源旭昌达公司和蔡卓权主张，调解协议系其代理人所签，而代理人未与其充分沟通调解内容，故调解并非其真实意思表示。《最高人民法院关于适用〈中华人民共和国民事诉讼法〉的解释》第一百四十七条第一款规定："人民法院调解案件时，当事人不能出庭的，经其特别授权，可由其委托代理人参加调解，达成的调解协议，可由委托代理人签名。"本案中，河源旭昌达公司与蔡卓权分别于 2019 年 6 月 17 日和 2019 年 6 月 18 日委托郭慧宾、黄小芳作为其代理人，委托权限为特别授权，即郭慧宾、黄小芳有权代表河源旭昌达公司与蔡卓权进行和解。蔡卓权作为香港居民，其委托手续于 2019 年 6 月 18 日经中华人民共和国广东省河源市河源公证处公证。二审庭审中，郭慧宾、黄小芳代表河源旭昌达公司与蔡卓权到庭，并在调解笔录上签名，而河源旭昌达公司和蔡卓权未提供证据证明代理人未与其充分沟通调解内容，故其关于调解并非其真实意思表示的主张理据不足，不予采信。

其次，河源旭昌达公司和蔡卓权主张，曾建勇假冒中诺公司员工参与调解，故该调解书不能发生效力。第一，曾建勇的代理行为是否无效未经生效的法律文书确认，最高人民法院不予认定。第二，中诺公司并未提交任何书面意见否定调解书中确认的义务。在河源旭昌达公司和蔡卓权的二审诉讼代理人到庭参加调解并确认调解协议系当事人的真实意思表示的情况下，曾建勇的代理行为是否无效，并不影响河源旭昌达公司和蔡卓权根据调解书对林泳湖、张锦麟履行义务，亦未对河源旭昌达公司和蔡卓权的合法权益造成损害，故河源旭昌达公司和蔡卓权以中诺公司的代理无效、未参加调解为由主张二审调解书应予撤销，缺乏事实和法律依据，不予支持。

---

① 现为《民事诉讼法》（2021 年修正）第二百零八条。

——中国裁判文书网。

522. 是否准许自愿的调解协议超出当事人的诉讼请求

关键词

调解协议　自愿

最高人民法院司法解释

第一百四十五条　人民法院审理民事案件，应当根据自愿、合法的原则进行调解。当事人一方或者双方坚持不愿调解的，应当及时裁判。

人民法院审理离婚案件，应当进行调解，但不应久调不决。

——《最高人民法院关于适用〈中华人民共和国民事诉讼法〉的解释》（2022年4月1日修正）。

附录：最高人民法院主流观点

只要是当事人自愿，调解协议内容超出诉讼请求的，人民法院可以准许。当事人之间可能会有多个纠纷，在协商解决其中一个纠纷时，他们也会对各项法律关系的解决一并予以考虑和协商，以达成“一揽子协议”。这样“一揽子协议”的内容可能就会超出当事人的诉讼请求范围，只要出于当事人的自愿而达成，且超出诉讼请求范围的调解协议内容经人民法院审查不侵害国家、集体和他人合法权益，不违反法律强制性规定，就可以确认该调解协议合法有效。

——最高人民法院民法典贯彻实施工作领导小组办公室编著：《最高人民法院新民事诉讼法司法解释理解与适用》，人民法院出版社2022年版，第361页。

523. 考察调解是否符合合法原则的两个要点

关键词

合法原则　调解　强制执行　强制性规定

最高人民法院司法解释

第一百四十五条　人民法院审理民事案件，应当根据自愿、合法的原则进行调解。当事人一方或者双方坚持不愿调解的，应当及时裁判。

人民法院审理离婚案件，应当进行调解，但不应久调不决。

——《最高人民法院关于适用〈中华人民共和国民事诉讼法〉的解释》（2022 年 4 月 1 日修正）。

附录：最高人民法院主流观点

合法性包括实体合法性和程序合法性。前者要求合法体现在调解协议内容的公正和不违反法律、行政法规禁止性规定两方面。而后者则一般从调解的方式、程序、内容来确定：一是考虑调解协议的达成是否违法。在法律允许的幅度内，当事人可以自由处分自己的权利，因此不要求调解协议必须严格依法制定，只要不违反法律强制性规定，就属于当事人意思自治的范围。二是考虑调解协议是否内容明确，是否可以获得现实的强制执行力，如果执行内容不明确和规范，调解协议也就没有多大意义。比如，在调解过程中要考虑到义务人履约的能力、是否需要调解书履行保证条款、财产保全等措施来增强调解协议的可执行性，是否会致使履行过程中，又滋生新的矛盾等。

——最高人民法院民法典贯彻实施工作领导小组办公室编著：《最高人民法院新民事诉讼法司法解释理解与适用》，人民法院出版社 2022 年版，第 361 页。

524. 把握调解及时性的几个要点

关键词

调解及时性　调解期限　调解协议

最高人民法院司法解释

第一百四十五条　人民法院审理民事案件，应当根据自愿、合法的原则进行调解。当事人一方或者双方坚持不愿调解的，应当及时裁判。

人民法院审理离婚案件，应当进行调解，但不应久调不决。

——《最高人民法院关于适用〈中华人民共和国民事诉讼法〉的解释》（2022 年 4 月 1 日修正）。

附录：最高人民法院主流观点

民事诉讼法第一百零二条规定：“调解未达成协议或者调解书送达前一方反悔的，人民法院应当及时判决。”但并未具体规定民事调解的期限。对民事调解的期限不作具体规定可以防止法官由于期限的压力而在事实不清、情况不明的情形下匆忙调解结案。但是对调解的期限不作具体规定，一方面，可能导致一方当事人通过选择调解拖延案件的审理；另一方面，法官也可能为了提高个人的调解率而故意拖延调解时间，使当事人在心理上造成疲倦，不得不接受调解结案，从而违背了调解制度设立的初衷。为了防止调解期限过短，法官作出任意判决或者调解期限过长而使调解期限的规定如同虚设，《民事诉讼法解释》中“当事人一方或者双方坚持不愿调解的，应当及时裁判”，确立了“及时”制度。但是否“及时”并不能单纯采取时间上的概念予以明确，而应当综合界定。比如，当事人不同意调解或者在商定、指定时间内不能达成调解协议的，人民法院应当依法及时立案。立案阶段的调解应当坚持以效率、快捷为原则，避免案件在立案阶段积压。又如，对当事人虚假诉讼或者假借调解拖延诉讼的，应依法及时制止并作出裁判；对一方当事人提出的方案显失公平，勉强调解会纵容违法者、违约方，且使守法者、守约方的合法权益受损的，应依法及时裁判；对调解需要花费的时间精力、投入的成本与解决效果不成正比的，应依法及时裁判；对涉及国家利益或者社会公共利益的案件，具有法律适用指导意义的案件，或者对形成社会规则意识有积极意义的案件，应注意依法及时裁判结案，充分发挥裁判在明辨是非、规范行为、惩恶扬善中的积极作用。这些都是《民事诉讼法解释》中的“及时”。

——最高人民法院民法典贯彻实施工作领导小组办公室编著:《最高人民法院新民事诉讼法司法解释理解与适用》，人民法院出版社 2022 年版，第 361~362 页。

525. 调解过程不公开，但不能关闭法庭上的录音录像设备

关键词

录音录像　司法公开　调解

最高人民法院司法解释

第一百四十六条　人民法院审理民事案件，调解过程不公开，但当事人同意公开的除外。

调解协议内容不公开，但为保护国家利益、社会公共利益、他人合法权益，人民法院认为确有必要公开的除外。

主持调解以及参与调解的人员，对调解过程以及调解过程中获悉的国家秘密、商业秘密、个人隐私和其他不宜公开的信息，应当保守秘密，但为保护国家利益、社会公共利益、他人合法权益的除外。

——《最高人民法院关于适用〈中华人民共和国民事诉讼法〉的解释》（2022 年 4 月 1 日修正）。

附录：最高人民法院主流观点

全国法院大力推进司法公开，许多法庭都安装了先进的录音录像设备，对庭审全过程进行录音录像。但调解是在法院组织主持下，当事人就权利义务进行协调、处分的过程，一方面，当事人可能为达成调解协议作出让步、承认于己不利的事实甚至涉及商业秘密、当事人隐私等内容，如果对调解的过程也进行录音录像，容易造成调解过程公开，可能有损当事人利益，这样看，录音录像是不必要的。但另一方面，调解过程是需要主持调解人员的规范和合法，通过录音录像来维护与验证人民法院的公正形象和正当性。在这两者的冲突下，不能关闭法庭上的录音录像设备，仅是这些录音录像资料不能对外公开而已。

——最高人民法院民法典贯彻实施工作领导小组办公室编著：《最高人民法院新民事诉讼法司法解释理解与适用》，人民法院出版社2022年版，第365页。

526. 正确认识调解保密的例外情形

关键词

调解保密　调解信息

最高人民法院司法解释

第一百四十六条　人民法院审理民事案件，调解过程不公开，但当事人同意公开的除外。

调解协议内容不公开，但为保护国家利益、社会公共利益、他人合法权益，人民法院认为确有必要公开的除外。

主持调解以及参与调解的人员，对调解过程以及调解过程中获悉的国家秘密、商业秘密、个人隐私和其他不宜公开的信息，应当保守秘密，但为保护国家利益、社会公共利益、他人合法权益的除外。

——《最高人民法院关于适用〈中华人民共和国民事诉讼法〉的解释》（2022年4月1日修正）。

附录：最高人民法院主流观点

调解保密并不是绝对的，调解如果存在下列情形，当然没有保密的义务：（1）双方当事人均同意的。调解是合意型纠纷解决方式，当事人可以自由处分自己的权利，放弃调解保密性的保护未尝不可。（2）第三人主张的信息。

调解协议约束双方当事人，但是对案外第三人不产生约束力。一旦第三人在诉讼过程中提出调解信息，法官就不受调解保密性的约束而可采纳为证据。（3）先前存在的调解信息。调解过程中经常会出示事先存在的事实、声明、文件以及其他证据，这些调解信息不经过调解程序也可以获悉，特别是信息是公共记录或者公共文件的，此时就没有保密的必要。（4）为保护国家利益、社会公共利益、案外人合法权益，人民法院认为确有必要的，那么调解信息的保密应当予以解除。比如调解信息涉及当事人意图犯罪或者实施有害行为或者正在实施犯罪或有害行为，如果仍然适用调解保密性，就会纵容犯罪或者有害行为的发生，导致社会公共利益受到侵蚀。此时，法官可以将关涉公共利益的信息采纳作为证据。（5）法律另有明确规定的。

——最高人民法院民法典贯彻实施工作领导小组办公室编著：《最高人民法院新民事诉讼法司法解释理解与适用》，人民法院出版社 2022 年版，第 365 页。

527. 如何认定调解书的签收日与生效日

关键词

调解协议　签收日　生效日　调解书

最高人民法院司法解释

第一百四十九条　调解书需经当事人签收后才发生法律效力的，应当以最后收到调解书的当事人签收的日期为调解书生效日期。

——《最高人民法院关于适用〈中华人民共和国民事诉讼法〉的解释》（2022 年 4 月 1 日修正）。

附录：最高人民法院主流观点

第一，调解书的签收日与生效日。调解书的签收日既可以是调解书的生效日期，也可以不是调解书的生效日期。人民法院可以当庭告知当事人到人民法院领取民事调解书的具体日期，在领取日签收调解书为调解书生效日期。依照民事诉讼法第一百零一条第一款第四项的规定，在当事人达成调解协议的次日起十日内将民事调解书发送给当事人，[①] 达成调解协议的日期为调解书的生效日期，而发送调解书的日期或者收到调解书的日期并不是其生效日期。如果当事人以民事调解书与调解协议的原意不一致为由提出异议，人民法院

① 参见《简易程序规定》第十六条。

审查后认为异议成立的，应当根据调解协议裁定补正民事调解书的相关内容。[①] 调解协议达成日期为调解书生效日期，而作出补正民事调解书的裁定日期或送达该补正裁定的日期不是生效日期。

第二，未经当场协商，而采取书面传阅形式达成的调解协议制作调解书的生效日期的认定。当事人通常情形下是通过当场协商达成一致的调解意见，但也存在部分当事人因特定情形未到场协商，[②] 而事后予以追认的。如果符合民事诉讼法第一百零一条第一款第四项的规定，参照《民事诉讼法解释》解释规定，应当以最后一位当事人签收日期为调解协议的生效日期。当事人申请制作调解书的，调解书的送交日不是生效日期。如果需要送达调解书的，应当以最后一位承担权利义务的当事人签收调解书的日期为调解书生效日期。

——最高人民法院民法典贯彻实施工作领导小组办公室编著：《最高人民法院新民事诉讼法司法解释理解与适用》，人民法院出版社2022年版，第369页。

528. 调解书或调解协议生效后当事人反悔，法院如何处理

关键词

调解书　调解协议　反悔　法律效力

最高人民法院裁判文书

岳阳市汇辰房地产开发有限公司与岳阳中林置业投资有限公司、湖南泰山工程有限公司建设用地使用权转让合同纠纷案［最高人民法院（2014）民提字第104号民事判决书］

裁判要旨：诉讼中达成的调解协议性质不同于一般民事合同，其与诉讼密切相关，虽是为解决已发生的诉讼纠纷而由各方当事人自愿达成的协议，但其以法院调解书的形式表现出来，才具有强制执行力，在法院制作的调解书送达之前，签订调解协议的当事人有反悔的权利。

最高人民法院认为：本案当事人争议的焦点问题是：中林公司要求汇辰公司履行双方当事人在另案中达成的《调解协议书》，是否具有法律依据。

---

① 参见《简易程序规定》第十七条。

② 当事人因路途遥远、在国外、有其他更重要的事项办理等而未到场协商。

中林公司提起本案诉讼依据的是其与汇辰公司、泰山公司三方在泰山公司诉汇辰公司建设工程施工合同纠纷案件中达成的《调解协议书》，该《调解协议书》的性质和效力，决定了各方当事人是否应受《调解协议书》约束并履行相关义务。

从本案查明的事实来看，汇辰公司和泰山公司虽在另案建设工程施工合同纠纷中与中林公司共同签订了《调解协议书》，但各方并未约定协议签订后即生效，而是在该协议中明确约定“本调解协议经甲乙丙三方签字，岳阳市中级人民法院认定后生效，由岳阳市中级人民法院制作调解书”。因此，在一审法院依法制作调解书并送达当事人之前，涉案《调解协议书》不发生法律效力。虽然中林公司依据《调解协议书》履行了大部分的付款义务，汇辰公司也接受了中林公司支付的款项，但当事人的上述履行行为并不能产生改变《调解协议书》中有关经“岳阳市中级人民法院认定后生效”的法律后果。如果是当事人以实际行为改变了《调解协议书》的约定并自愿履行完毕，理应由泰山公司向一审法院申请撤诉从而终结原有的诉讼，但实际情况是泰山公司并未申请撤诉，建设工程施工合同纠纷也未了结。在泰山公司与汇辰公司之间的工程款纠纷尚无定论的情况下，二审法院径直判令当事人履行以汇辰公司欠付泰山公司工程款为调解基础的《调解协议书》显属不当。

从《调解协议书》的内容来看，签订的三方主体明确《调解协议书》是为处理香缇半岛建设工程合同结算、工程款支付、土地折价抵偿工程款等问题所达成，并约定汇辰公司履行约定义务后泰山公司撤诉，《调解协议书》中关于汇辰公司将涉案土地使用权转让给中林公司并将土地使用权证办至中林公司名下，是泰山公司不再主张工程款的一个条件，涉案土地转让的目的是为了抵偿泰山公司工程款，并非一个独立的土地使用权转让合同。中林公司作为工程款欠款纠纷之外的当事人加入调解，系《调解协议书》三方当事人的真实意思表示，不违反法律关于诉讼中调解的规定，也没有改变《调解协议书》的目的和性质。汇辰公司和中林公司在《调解协议书》签订的同时，又签订了一份《补充协议》，该《补充协议》是为了保证《调解协议书》履行而约定的细则，属于《调解协议书》的附件，不能取代《调解协议书》而形成独立的土地使用权转让合同。

——中国裁判文书网。

附录：最高人民法院主流观点

调解书经法定程序送达生效后或调解协议经记入调解笔录由各方当事人、审判人员、书记员签字或盖章生效后，当事人反悔的，人民法院不得另行作出判决。此时，调解书或调解协议已经发生法律效力，当事人必须受其约束。当事人有异议的，如果确有证据证明调解违反自愿原则或者调解协议的内容违反法律的，只能通过审判监督程序解决。

——江必新主编：《新民事诉讼法条文理解与适用》，人民法院出版社2022年版，第465页。

529. 民事调解书能否公告送达

关键词

民事调解书　公告送达

附录：民事审判信箱

问题：最近在人民法院报上看到，有的民事调解书是采用公告送达方式进行的。请问，民事调解书能够公告送达吗？

《民事审判指导与参考》研究组答：根据民事诉讼法第八十四条[①]第一款的规定，受送达人下落不明，或者适用民事诉讼法第七章第二节规定的直接送达、留置送达、邮寄送达等方式无法送达的，公告送达。自发出公告之日起，经过60日，即视为送达。从该条款的规定来看，并没有规定民事调解书不能够公告送达。

最高人民法院《简易程序规定》第十五条规定，调解达成协议并经审判人员审核后，双方当事人同意该调解协议经双方签名或者捺印生效的，该调解协议自双方签名或者捺印之日起发生法律效力。据此，在适用简易程序审理的案件中，生效的调解书也可能存在用直接送达、留置送达、邮寄送达等方式不能送达的情况，这时就需要采用公告送达的方式进行送达。

在采用普通程序审理的民事案件中，参照上述司法解释的规定，调解达成协议并经审判人员审核后，双方当事人同意该调解协议经双方签名或者捺印生效的，该调解协议自双方签名或者捺印之日起发生法律效力。发生法律效力的调解书也存在需要公告送达的情形。

有的案件一审时，人民法院对该当事人采用公告送达的方式送达判决书。根据判决书的主文，该当事人不承担民事责任。其他当事人上诉，最后二审法院调解结案。根据调解书的内容，该当事人不承担民事责任。这样，对该当事人也应当用公告送达的方式送达调解书。

如果调解书中没有“双方当事人同意该调解协议经双方签名或者捺印生效的”或者类似表述的，那么，按照民事诉讼法第八十九条[②]第三款的规定，

---

① 现为《民事诉讼法》（2021年修正）第九十五条。

② 现为《民事诉讼法》（2021年修正）第一百条。

该调解书还不具有法律效力。这类没有生效的调解书就不能采用公告送达的方式送达。

——最高人民法院民事审判第一庭编：《民事审判指导与参考》2008 年第 2 辑（总第 34 辑），法律出版社 2008 年版，第 185 页。

530. 民事调解书能否留置送达

关键词

民事调解书　留置送达

最高人民法院司法解释

第十三条　根据民事诉讼法第九十条[①]第一款第（四）项规定，当事人各方同意在调解协议上签名或者盖章后生效，经人民法院审查确认后，应当记入笔录或者将协议附卷，并由当事人、审判人员、书记员签名或者盖章后即具有法律效力。当事人请求制作调解书的，人民法院应当制作调解书送交当事人。当事人拒收调解书的，不影响调解协议的效力。一方不履行调解协议的，另一方可以持调解书向人民法院申请执行。

——《最高人民法院关于人民法院民事调解工作若干问题的规定》（2008 年 12 月 16 日修正，法释〔2004〕12 号）。

第十五条　调解达成协议并经审判人员审核后，双方当事人同意该调解协议经双方签名或者捺印生效的，该调解协议自双方签名或者捺印之日起发生法律效力。当事人要求摘录或者复制该调解协议的，应予准许。

调解协议符合前款规定的，人民法院应当另行制作民事调解书。调解协议生效后一方拒不履行的，另一方可以持民事调解书申请强制执行。

——《最高人民法院关于适用简易程序审理民事案件的若干规定》（2003 年 9 月 10 日，法释〔2003〕15 号）。

附录：司法信箱

调解书是否适用留置送达

问题：对于调解书是否适用留置送达，实践中有较大争议。一些当事人也以是留置送达调解书为由，欲申请再审。最高人民法院《民事诉讼法若干意见》第八十四条规定“调解书应当直接送达当事人本人，不适用留置送达”。笔者认为，据 2003 年 12 月 1 日起施行的最高人民法院《简易程序规

① 现为《民事诉讼法》（2021 年修正）第一百条。

定》第十五条之规定，法院送达的调解书是生效的调解书，是一份调解内容的证明及申请法院强制执行的法律依据。因此调解书可以适用留置送达。请问何种意见正确？

《人民司法》研究组认为：根据民事诉讼法第八十九条[①]第三款的规定，调解书必须经双方当事人签收后，才具有法律效力。当事人拒绝签收的，调解书不生效。基于此最高人民法院《民事诉讼法若干意见》才在第 84 条规定调解书不适用留置送达。但随着最高人民法院 2003 年《简易程序规定》和 2004 年《调解工作规定》的颁布，司法解释又规定了一类新的民事调解书，这类民事调解书在送达当事人之前就已经生效。在案件的审理过程中，如果双方当事人同意调解协议经双方签名或者捺印生效的，该调解协议自双方签名或者捺印之日起发生法律效力。这时人民法院应当根据已生效的调解协议另行制作民事调解书，调解书中载明“双方当事人同意该调解协议经双方签名或者捺印生效的”或者类似表述，此时该调解书已经是生效的裁判文书，当事人拒收调解书的，不影响调解协议的效力。调解协议生效后一方拒不履行的，另一方可以持民事调解书申请强制执行。不难看出，这类新规定的调解书不经送达当事人就已经发生法律效力，当事人拒绝签收该调解书的，不影响该调解书的效力，所以，从这个角度上说，对此类的调解书可以适用留置送达。而对于没有“双方当事人同意该调解协议经双方签名或者捺印生效的”或者类似表述的调解书，按照民事诉讼法第八十九条[②]第三款的规定，该调解书还不具有法律效力。这类没有生效的调解书是不能适用留置送达的。因此，我们认为，根据现行法律和司法解释的规定，调解书在送达之前可以分为已生效调解书和未生效调解书，对于已生效调解书可以适用留置送达，而对于未生效调解书则不适用留置送达。

——《人民司法・应用》2008 年第 15 期（总第 554 期）。

531. 调解书可以有条件地适用电子送达

关键词

调解书　电子送达

最高人民法院司法解释

第一百四十九条　调解书需经当事人签收后才发生法律效力的，应当以

① 现为《民事诉讼法》（2021 年修正）第一百条。

② 现为《民事诉讼法》（2021 年修正）第一百条。

最后收到调解书的当事人签收的日期为调解书生效日期。

——《最高人民法院关于适用〈中华人民共和国民事诉讼法〉的解释》（2022年4月1日修正）。

附录：最高人民法院主流观点

人民法院依照民事诉讼法第九十条第一款的规定，采用电子方式向当事人送达调解书的，以送达信息到达受送达人特定系统的日期为送达日期。在调解书需经当事人签收后才发生法律效力的场合，如果最后收到调解书的当事人的送达方式为电子送达，则应当以送达信息到达其特定系统的日期为调解书生效日期。

——最高人民法院民法典贯彻实施工作领导小组办公室编著：《最高人民法院新民事诉讼法司法解释理解与适用》，人民法院出版社2022年版，第369页。

532. 当事人在空白送达回证上签收调解书的效力

关键词

空白送达回证　调解书　签收

最高人民法院司法解释

第一百四十九条　调解书需经当事人签收后才发生法律效力的，应当以最后收到调解书的当事人签收的日期为调解书生效日期。

——《最高人民法院关于适用〈中华人民共和国民事诉讼法〉的解释》（2022年4月1日修正）。

附录：最高人民法院主流观点

实务中存在当事人达成调解协议，而申请人民法院制作调解书，但调解书制作需要经过一定程序，而当事人因紧急原因，不能等待领取正式制作的调解书，从而在空白送达回证上签字的情形。因为当事人已经达成调解协议，其在空白送达回证上签名的行为，应当视为已经签收调解书。

——最高人民法院民法典贯彻实施工作领导小组办公室编著：《最高人民法院新民事诉讼法司法解释理解与适用》，人民法院出版社2022年版，第369页。

533. 无独立请求权的第三人具有达成调解协议后的反悔权

关键词

无独立请求权第三人　调解协议　反悔权

最高人民法院司法解释

第一百五十条　人民法院调解民事案件，需由无独立请求权的第三人承担责任的，应当经其同意。该第三人在调解书送达前反悔的，人民法院应当及时裁判。

——《最高人民法院关于适用〈中华人民共和国民事诉讼法〉的解释》（2022 年 4 月 1 日修正）。

附录：最高人民法院主流观点

无独立请求权的第三人需要承担责任的，在判决中与当事人具有同等诉讼地位。但第三人经调解同意承担责任，因为其没有参加之前进行的诉讼程序，其程序权利并没有得到保障，所以其达成的调解协议与当事人同意调解协议相比，不具有同等法律效力。第三人在调解书送达前反悔的，人民法院需再作出裁判。

——最高人民法院民法典贯彻实施工作领导小组办公室编著：《最高人民法院新民事诉讼法司法解释理解与适用》，人民法院出版社 2022 年版，第 370 页。

534. 当事人同意调解协议签名或盖章生效的，在达成调解协议后拒签调解书不影响调解协议的效力

关键词

调解协议　签章　签收调解书

最高人民法院司法解释

第一百五十一条　根据民事诉讼法第一百零一条第一款第四项规定，当事人各方同意在调解协议上签名或者盖章后即发生法律效力的，经人民法院审查确认后，应当记入笔录或者将调解协议附卷，并由当事人、审判人员、书记员签名或者盖章后即具有法律效力。

前款规定情形，当事人请求制作调解书的，人民法院审查确认后可以制作调解书送交当事人。当事人拒收调解书的，不影响调解协议的效力。

——《最高人民法院关于适用〈中华人民共和国民事诉讼法〉的解释》（2022 年 4 月 1 日修正）。

附录：最高人民法院主流观点

法院依照民事诉讼法第一百零一条第一款第四项规定，根据双方当事人的调解协议制成调解书后，如果当事人一方拒绝签收，则不影响调解协议的效力，依据调解协议制作的调解书发生法律效力，法官无须对该案件进行判决。早期实务中，为了最大限度地保护当事人的意思自治，允许当事人任意反悔调解书，这非常容易造成司法资源的浪费，不利于维护法律权威。为了既保护当事人的意思自治，又防止司法资源的无端浪费，特别规定了特定情形下调解协议在当事人、审判人员、书记员签名盖章后就具有了法律效力。

——最高人民法院民法典贯彻实施工作领导小组办公室编著：《最高人民法院新民事诉讼法司法解释理解与适用》，人民法院出版社 2022 年版，第 372~373 页。

535. 二审调解时需要注意的问题

关键词

调解　调解书　二审程序　撤销原判

附录：最高人民法院主流观点

第一，根据《民事诉讼法》第四十一条第二款的规定，部分二审民事案件，可以由审判员一人独任审理。二审案件无论是组成合议庭审理还是独任审理，都适用调解。根据实际情况，在调解书上署名。第二，如果二审组成合议庭审理，那么具体的调解工作可以由一名审判员负责，但需要由合议庭审查调解内容包括达成的调解协议是否符合自愿和合法的原则。第三，调解书也是第二审人民法院的法律文书，调解书送达当事人后即具有终审判决、终结诉讼的法律效力，具有执行内容，并具有执行的效力。第四，一审调解和二审调解的不同点是：一审调解一般应当制作调解书，但符合《民事诉讼法》第一百零一条规定的也可以不制作调解书；二审调解后必须制作调解书。这是因为二审调解是否成立直接关系到一审判决的效力包括是否以此执行。上诉审理期间，一审判决未发生法律效力，二审经调解达成协议，是二审审判结果，该结果必须以书面形式加以明示，便于当事人和社会公众知晓。

否则，一审判决的效力始终处于不稳定状态，终止或执行都缺乏依据。一审程序中的调解不存在此问题。第五，当事人在第二审程序中达成和解协议的，人民法院可以根据当事人的请求，对双方达成的和解协议进行审查并制作调解书送达当事人。第六，第二审人民法院的调解书上不能有“撤销原判”的表述，因为《民事诉讼法》明确规定了，调解书送达后，原审人民法院的判决即“视为撤销”。“撤销原判”与“视为撤销”不同，“撤销原判”以原审判决错误为前提，而调解协议是双方当事人自愿互谅互让达成的，并不等于原审判决有错，不能用当事人行使处分权的结果来衡量和撤销人民法院行使审判权的结果。“视为撤销”的含义不是二审人民法院用调解书撤销了原审判决，而是二审调解书生效后，原审判决就此失去了法律效力。

——江必新主编：《新民事诉讼法条文理解与适用》，人民法院出版社2022年版，第825~826页。

536. 在调解协议中未涉及的一审判项，可以在与调解书不冲突，也不损害其他各方当事人合法权益的情况下，在二审判决中予以确认

关键词

调解协议　一审判项

最高人民法院公报案例、最高人民法院裁判文书

江西银行股份有限公司南昌洪城支行与上海神州数码有限公司等借款合同纠纷案［最高人民法院（2021）最高法民终479号］

裁判摘要：部分当事人对一审民事判决中的部分判项提起上诉的，人民法院在二审程序中可以就当事人的上诉请求开展调解工作，对当事人达成的调解协议依法审查后，予以确认并制作调解书。调解书送达后，一审判决即视为撤销。

对于上诉请求和调解书中并未涉及的其余一审判项，经审查与调解书不相冲突也未损害各方当事人合法权益的，可以在二审判决中予以确认。

最高人民法院认为：《中华人民共和国民事诉讼法》第九条规定：“人民法院审理民事案件，应当根据自愿和合法的原则进行调解。”《中华人民共和国

民事诉讼法》第一百七十二条[①]规定："第二审人民法院审理上诉案件，可以进行调解。调解达成协议，应当制作调解书，由审判人员、书记员署名，加盖人民法院印章。调解书送达后，原审人民法院的判决即视为撤销。"《最高人民法院关于人民法院民事调解工作若干问题的规定》第十四条第一款规定："当事人就部分诉讼请求达成调解协议的，人民法院可以就此先行确认并制作调解书。"根据上述规定，当事人仅对一审判决的部分判项提起上诉的，人民法院在二审程序中可以就当事人的上诉请求开展调解工作，对当事人达成的调解协议依法审查后，予以确认并制作调解书。调解书送达后，一审判决即视为撤销。对于各方当事人均未提起上诉，在调解协议中也未涉及的其余一审判项，可以在与调解书不冲突，也不损害其他各方当事人合法权益的情况下，在二审判决中予以确认。

本案中，一审判决第二项的内容涉及神州数码公司所承担的差额退款责任以及违约金。各方当事人中，仅有神州数码公司提起上诉，请求撤销一审判决第二项，驳回有关神州数码公司的全部诉讼请求。经本院合法传唤，各原审被告未到庭参加诉讼，不参加本案调解。经本院调解，神州数码公司与江西银行洪城支行达成调解协议，请求本院出具调解书。经本院审查，调解协议的内容不违反法律，未损害其他当事人的合法权益，与一审判决的其他判项并不冲突。而且，对于神州数码公司依照调解书支付的款项，江西银行洪城支行在调解书中明确承诺不依据本判决重复执行。神州数码公司依照调解书支付的本金，在根据本判决书计算利息时也应相应予以扣除。故对神州数码公司与江西银行洪城支行达成的调解协议，本院依法另行出具调解书予以确认，一审判决应依法视为撤销。对于各方当事人均未提起上诉的其余一审判项，本院在二审判决中予以确认。

——《最高人民法院公报》2022 年第 7 期。

537. 对生效调解协议的救济措施

关键词

调解协议　签收调解书　意思表示　审判监督程序

最高人民法院司法解释

第一百五十一条　根据民事诉讼法第一百零一条第一款第四项规定，当事人各方同意在调解协议上签名或者盖章后即发生法律效力的，经人民法院

① 现为《民事诉讼法》（2021 年修正）第一百七十九条。

审查确认后，应当记入笔录或者将调解协议附卷，并由当事人、审判人员、书记员签名或者盖章后即具有法律效力。

前款规定情形，当事人请求制作调解书的，人民法院审查确认后可以制作调解书送交当事人。当事人拒收调解书的，不影响调解协议的效力。

——《最高人民法院关于适用〈中华人民共和国民事诉讼法〉的解释》（2022 年 4 月 1 日修正）。

附录：最高人民法院主流观点

当事人达成调解协议签字后生效的，只要调解协议已经法院确认，在法院送交时，当事人是否签收调解书，不影响调解协议的效力。如果当事人达成调解协议后未申请人民法院制作调解书，而认为在达成调解协议时存在对法律法规缺乏了解导致协议显失公平、出于特殊原因导致达成调解协议意思表示不真实等不符合合同成立、生效的情形，或者具有可变更、可撤销情形的，可以调解协议申请人民法院制作调解书后，根据民事诉讼法第二百零八条的规定通过审判监督程序予以救济。

——最高人民法院民法典贯彻实施工作领导小组办公室编著：《最高人民法院新民事诉讼法司法解释理解与适用》，人民法院出版社 2022 年版，第 373 页。

二、非诉调解

538. 加强诉讼与非诉讼解纷方式的衔接配合

关键词

诉非衔接

最高人民法院司法政策精神

20. 完善多元化纠纷解决机制。推动综治组织、行政机关、人民调解组织、商事调解组织、行业调解组织、仲裁机构、公证机构等各类治理主体发挥预防与化解矛盾纠纷的作用，完善诉调对接工作平台建设，加强诉讼与非诉纠纷解决方式的有机衔接，促进纠纷的诉前分流。完善刑事诉讼中的和解、调解。促进行政调解、行政和解，积极支持行政机关依法裁决同行政管理活动密切相关的民事纠纷。

——《最高人民法院关于进一步推进案件繁简分流优化司法资源配置的若干意见》（2016 年 9 月 12 日，法发〔2016〕21 号）。

加强诉讼与非诉讼解纷方式的衔接配合。要加强与行政机关、仲裁机构、人民调解组织、商事调解组织、行政调解组织以及其他调解组织的协调配合，推动在程序安排、效力确认、法律指导等方面有机衔接。进一步完善司法确认制度，依法办理司法确认案件。加大对农村土地承包经营纠纷调解仲裁的支持和保障，实现涉农纠纷仲裁与诉讼合理衔接。支持公证机关在家事、商事等领域开展公证活动，依法执行公证债权文书。加快研究并协调建立集调解协议司法确认、债权文书公证程序、电子督促程序等于一体的信息平台，满足群众多元司法需求。人民法院诉讼服务中心可以利用网络开展在线调解。及时办理仲裁机构的保全申请，审慎处理撤销和不予执行仲裁裁决案件，规范涉外和外国商事仲裁裁决司法审查程序，为非诉解纷方式提供司法保障。

——周强：《深入贯彻五大发展理念 加强民事商事审判工作 为实施“十三五”规划提供有力司法服务和保障——在第八次全国法院民事商事审判工作会议上的讲话》（2015 年 12 月 23 日），载杜万华主编：《〈第八次全国法院民事商事审判工作会议（民事部分）纪要〉理解与适用》，人民法院出版社 2017 年版，第 29 页。

附录：最高人民法院主流观点

（二）完善形式多样、覆盖全面的诉调对接制度

在立案登记制改革背景下，各级人民法院贯彻落实民事诉讼法规定的先行调解原则，建立完善了诉调对接各项制度。一是推动创设了司法确认制度。

2004 年《最高人民法院关于人民法院民事调解工作若干问题的规定》首次提出司法确认程序，2007 年部分法院开始试点，2009 年《关于建立健全诉讼与非诉讼相衔接的矛盾纠纷解决机制的若干意见》进一步完善司法确认制度，人民调解法和修订民事诉讼法在法律层面上肯定了司法确认的独立程序价值。二是推动调解方式的多样化。《特邀调解规定》要求各级人民法院建立特邀调解制度，完善特邀调解组织和特邀调解员名册制度，规范了特邀调解程序，通过委派调解或者委托调解，发挥社会力量的作用；《深化多元改革意见》推动建立律师调解制度，发挥法律专业人才在化解纠纷方面的优势；建立法院专职调解员制度，合理配置法院系统内部资源。

（三）创新高效便捷、灵活开放的诉调对接机制

在多元化纠纷解决机制建设中，法院通过创新民商事纠纷中立评估机制、无争议事实记载、无异议方案认可机制，丰富和发展多元化纠纷解决机制体系；探索建立调解前置程序，引导当事人在登记立案前选择特邀调解组织或

特邀调解员先行调解；通过在线纠纷解决方式，建设集网上立案、案件查询、网上咨询、在线调解等功能为一体的在线纠纷解决系统，为人民群众提供经济、方便、快捷、高效的纠纷解决渠道；全面发挥繁简分流机制、小额速裁程序、督促程序的作用，畅通案件分流渠道，最大程度地满足当事人的多元司法需求。

——李少平：《努力构建具有中国特色的多元化纠纷解决体系》，载李少平主编：《最高人民法院多元化纠纷解决机制改革意见和特邀调解规定的理解与适用》，人民法院出版社 2017 年版，第 481~482 页。

进一步推动诉讼与非诉讼方式的有机衔接、相互协调，提升不同纠纷解决方式的整体合力。《深化多元改革意见》要求各级法院完善诉讼与综治组织、行政机关、人民调解组织、商事调解组织、行业调解组织、仲裁机构、公证机构等各个诉讼外纠纷解决主体的对接，形成化解矛盾纠纷的合力。作为纠纷解决的不同方式，诉讼和非诉讼方式不可能也不应当相互分离，更需要二者的有机结合和有效互动。如何做到诉讼、非诉讼的“无缝对接”？笔者认为应把握好以下三个方面：首先，人民法院在多元化纠纷解决机制中仍然发挥着核心作用，要进一步强化诉讼的权威性，把诉讼定位于解决多数纠纷的“最后一道防线”。与此同时，对通过非诉讼方式调解达成协议的，法院也要充分发挥主导作用，依法或依当事人申请做好协议备案、司法确认、制作调解书、作出相关裁定等工作。对调解不成当事人坚持起诉的，依法做好登记立案工作。其次，要积极发展法院附设 ADR，即在法院主导下或者在法院委托、指派人员的主导下进行的，以非诉讼方式解决纠纷的活动。《深化多元改革意见》亮点之一就是确立了特邀调解制度。人民法院吸纳符合条件的人民调解、行政调解、商事调解、行业调解等调解组织或者个人成为特邀调解组织或特邀调解员。这一制度设计填补了法院委派与委托调解的主体和处理程序规定方面的空白，明确了特邀调解的法律地位，进一步完善了调解制度体系，推动了法院附设调解在纠纷解决中发挥作用。最后，依靠党委统一领导和政府有力支持，构建沟通协调不同纠纷解决方式的有效平台。在目前体制下，党委政府掌握着重要的资源配置权力，由其通过综合治理协调各部门力量参与矛盾纠纷的调处工作，推动多元化纠纷解决机制的完善，更具现实性。就法院而言，在推进多元化纠纷解决机制改革的过程中，要正确定位，积极参与，立足自身职能，推动实现诉讼机制与非诉机制之间全方位、深层次的衔接互动。

——刘贵祥：《积极构建多方力量共同参与纠纷解决的新格局》，载李少平主编：《最高人民法院多元化纠纷解决机制改革意见和特邀调解规定的理解与适用》，人民法院出版社 2017 年版，第 495~496 页。

与诉讼程序的对接是指商事调解组织、行业调解组织在促成当事人之间达成调解协议后，如何引导当事人通过启动人民法院督促程序、申请公证机构办理公证债权文书、申请司法确认等方式，督促当事人履行义务，或赋予调解协议强制执行力，确保调解协议中给付义务之履行。具体方式如下：

商事调解组织、行业调解组织调解员主持下所达成的和解协议、调解协议，当事人签字或盖章后，协议内容具有金钱或有价证券为给付的，义务方当事人不履行或拒绝履行，权利方当事人可以向有管辖权的基层人民法院申请支付令。

商事调解组织、行业调解组织调解员主持下所达成的和解协议、调解协议，当事人签字或盖章后，具有民事合同性质，和解协议、调解协议具有给付内容的，可以共同向公证机构申请办理具有强制执行效力的公证债权文书，义务方当事人不履行的，权利方当事人可以向有管辖权的人民法院申请强制执行。商事调解组织、行业调解组织调解员主持下所达成的和解协议、调解协议，当事人签字或盖章后，双方当事人可以向调解组织所在地基层人民法院申请司法确认。

——李少平主编：《最高人民法院多元化纠纷解决机制改革意见和特邀调解规定的理解与适用》，人民法院出版社 2017 年版，第 86~86 页。

539. 特邀调解的案件范围

关键词

特邀调解　案件范围

最高人民法院司法解释

第十一条　对适宜调解的纠纷，登记立案前，人民法院可以经当事人同意委派给特邀调解组织或者特邀调解员进行调解；登记立案后或者在审理过程中，可以委托给特邀调解组织或者特邀调解员进行调解。

当事人申请调解的，应当以口头或者书面方式向人民法院提出；当事人口头提出的，人民法院应当记入笔录。

——《最高人民法院关于人民法院特邀调解的规定》（2016 年 6 月 28 日，法释〔2016〕14 号）。

附录：最高人民法院主流观点

对于如何界定适宜调解的纠纷，根据《最高人民法院关于适用简易程序审理民事案件的若干规定》（法释〔2003〕15 号）第十四条规定："下列民事案件，人民法院在开庭审理时应当先行调解：（一）婚姻家庭纠纷和继承纠纷；（二）劳务合同纠纷；（三）交通事故和工伤事故引起的权利义务关系较为明确的损害赔偿纠纷；（四）宅基地和相邻关系纠纷；（五）合伙协议纠纷；（六）诉讼标的额较小的纠纷。但是根据案件的性质和当事人的实际情况不能调解或者显然没有调解必要的除外。"其中列举的纠纷类型都是审前调解的纠纷类型。与《特邀调解规定》同时发布的《最高人民法院关于人民法院进一步深化多元化纠纷解决机制改革的意见》第二十七条规定："探索建立调解前置程序。探索适用调解前置程序的纠纷范围和案件类型。有条件的基层人民法院对家事纠纷、相邻关系、小额债务、消费者权益保护、交通事故、医疗纠纷、物业管理等适宜调解的纠纷，在征求当事人意愿的基础上，引导当事人在登记立案前由特邀调解组织或者特邀调解员先行调解。"对适宜调解纠纷的类型作出了扩大列举，将家事纠纷、相邻关系、小额债务、消费者权益保护、交通事故、医疗纠纷、物业管理都作为适宜调解的纠纷。实践中法院可以根据情况，确定适宜调解的纠纷，通过特邀调解方式解决。需要指出的是，不能把简单的纠纷与适宜调解的纠纷等同。实践中，有许多疑难的纠纷，比较难以作出裁判的纠纷，也通过特邀调解来解决。在专业化调解逐步完善的情况下，更多专业化的纠纷将会通过特邀调解的方式来解决。

——李少平主编：《最高人民法院多元化纠纷解决机制改革意见和特邀调解规定的理解与适用》，人民法院出版社 2017 年版，第 410~411 页。

540. 特邀调解终止后应与法院进行工作交接

关键词

特邀调解　诉调对接

附录：最高人民法院主流观点

三是调解终止后，特邀调解组织或特邀调解员应当与法院进行工作交接。委派调解达成调解协议，特邀调解员应当将调解协议提交人民法院备案。当事人依法申请司法确认的，人民法院应依法受理。委托调解达成调解协议的，特邀调解员应当向人民法院提交调解协议，由人民法院审查并制作调解书结案。达成调解协议后，当事人申请撤诉的，人民法院应当依法作出裁定。委派调解未达成协议的，调解员应当将当事人的起诉状等材料移送人民法院；当事人坚持诉讼的，人民法院应当依法登记立案。委托调解未达成协议的，人民法院应当及时转入审判程序审理。调解未达成协议转入审判程序的，还应当注意调解员角色冲突与证据限制的问题。

——李少平主编：《最高人民法院多元化纠纷解决机制改革意见和特邀调解规定的理解与适用》，人民法院出版社 2017 年版，第 163 页。

541. 人民法院接到特邀调解员虚假调解报告后如何处理

关键词

特邀调解　虚假调解

最高人民法院司法解释

第十八条　特邀调解员发现双方当事人存在虚假调解可能的，应当中止调解，并向人民法院或者特邀调解组织报告。

人民法院或者特邀调解组织接到报告后，应当及时审查，并依据相关规定作出处理。

——《最高人民法院关于人民法院特邀调解的规定》（2016 年 6 月 28 日，法释〔2016〕14 号）。

附录：最高人民法院主流观点

不论是特邀调解员发现虚假调解可能性上报给特邀调解组织，还是直接上报给法院，法院接到报告后都应当对是否构成虚假调解或者恶意调解进行审查，并根据审查情况作出相应处理。法院在审查过程中主要审查是否符合虚假调解的构成要件：（1）调解各方当事人是否有恶意串通等行为；（2）各方当事人是否通过特邀调解等方式；（3）恶意串通等行为有无侵害国家利益、公共利益或者他人合法权益。

根据委派调解与委托调解不同的性质与特点，法院收到报告后采取的措施并不相同。对于委派调解的纠纷，由于纠纷还未进入法院立案系统，因此法院无权直接予以处理。但是鉴于虚假调解对社会、对调解制度的发展以及对第三人合法权益产生的危害性，在委派调解中一旦发现有虚假调解可能的，特邀调解员应当立即终止调解活动。对于委托调解案件，由于案件已经进入法院的立案系统，法院对案件具有管辖权，法院可以根据民事诉讼法及相关司法解释处理，根据情节轻重予以罚款、拘留等强制性措施；构成犯罪的，依法追究刑事责任；如果经审查不符合虚假调解构成要件的，应当征求当事人的意见，直接进入庭审程序或者恢复调解程序。如果直接进入庭审程序，原来参与调解活动的特邀调解员不得在后续诉讼程序中担任人民陪审员、诉讼代理人、证人等；如果当事人提出要求更换调解员的，按照《特邀调解规定》第十三条的规定，可以更换特邀调解员。

——李少平主编：《最高人民法院多元化纠纷解决机制改革意见和特邀调解规定的理解与适用》，人民法院出版社 2017 年版，第 430~431 页。

542. 确定特邀调解组织的入册标准可参考的因素

关键词

特邀调解组织　特邀调解员　入册标准

最高人民法院司法政策精神

三、明确特邀调解组织入册标准。试点法院可以结合工作实际，参考下列因素确定特邀调解组织的入册标准：（1）有明确法律法规或者政策依据；（2）有明确监督管理机构；（3）持有相关主管机构批准设立的正式文件；（4）有调解组织章程和工作规则；（5）有开展调解工作的经费；（6）有必要数量的专职调解员；（7）未受过刑事处罚、近三年内未受过严重行政处罚和行业处分；（8）不存在其他不宜加入名册的情形。试点法院可以根据特定专业领域的纠纷特点，规定专业调解组织的加入条件。

四、明确特邀调解员入册标准。试点法院可以结合工作实际，参考下列因素确定特邀调解员的入册标准：（1）拥护中国共产党的领导、拥护宪法；（2）遵纪守法、品行端正、热心调解事业；（3）具备从事调解工作所必需的文化水平、法律知识和身体条件；（4）未受过刑事处罚、近三年内未受过严重行政处罚和行业处分、未被列入失信被执行人名单；（5）未加入任何调解组织、以个人名义开展调解工作；（6）不存在其他不宜加入名册的情形。相关主管机构已经建立调解员资质认证制度的，试点法院可以直接将相关资质证明文件作为入册标准。

——《最高人民法院关于进一步健全完善民事诉讼程序繁简分流改革试点法院特邀调解名册制度的通知》（2021 年 6 月 16 日，法〔2021〕150 号）。

543. 特邀调解名册制度中的司法确认案件管辖规则

关键词

特邀调解名册　司法确认　管辖

最高人民法院司法政策精神

九、优化司法确认案件管辖规则。在市域范围内由上级法院统建名册的试点地区，当事人申请司法确认调解协议的，可以按照民事诉讼法除协议管辖外的其他地域管辖规定，向与争议有实际联系的地点的人民法院提出。符合级别管辖或者专门管辖标准的，向相应的中级人民法院或者专门人民法院提出。接受人民法院立案前委派调解的，向作出委派的人民法院提出。

——《最高人民法院关于进一步健全完善民事诉讼程序繁简分流改革试点法院特邀调解名册制度的通知》（2021 年 6 月 16 日，法〔2021〕150 号）。

544. 人民法院不能委派特邀调解名册以外的调解组织或调解员调解

关键词

繁简分流　特邀调解名册　调解组织　调解员　司法确认

最高人民法院司法政策精神

在现阶段，确保特邀调解和司法确认紧密衔接，是防范化解风险、发挥调解优势的重要保障，不能绕开名册搞“体外循环”。人民法院委派调解的对象，除人民调解组织外，应当是特邀调解名册之内的调解组织和调解员。实践中，当事人可以基于自愿，自主选择由名册之外的调解组织、调解员调解解决纠纷，达成调解协议后应当自动履行；这类情况申请司法确认的，人民法院不予受理。

——《最高人民法院关于印发〈民事诉讼程序繁简分流改革试点问答口径（一）〉的通知》（2020 年 4 月 15 日，法〔2020〕105 号）。

545. 如何确定委派调解的期限

关键词

委派调解　调解期限

最高人民法院司法政策精神

四、如何确定委派调解的期限？

答：根据《最高人民法院关于特邀调解的规定》《最高人民法院关于进一

步完善委派调解机制的指导意见》《最高人民法院关于人民法院深化“分调裁审”机制改革的意见》的相关规定，人民法院委派调解的，调解期限为三十日。实践中，确定调解期限需要注意以下三个方面：第一，委派调解期限为可变期间，调解过程中出现《最高人民法院关于特邀调解的规定》第二十六条规定情形的，应当及时终止调解，符合立案条件的必须及时转入诉讼程序。同时，经双方当事人同意的，可以适当延长调解期限。第二，委派调解期限可以适用扣除。根据《最高人民法院关于进一步完善委派调解机制的指导意见》第七条，委派调解过程中，经当事人申请和人民法院同意，由人民法院依程序组织鉴定或者评估的，鉴定、评估期间不计入委派调解期限。第三，委派调解的期限自特邀调解组织或者特邀调解员签字接收法院移交材料之日起计算。人民法院开展委派调解，应当编立“诉前调”案号，并将案件信息录入“人民法院调解平台”。案件分配至特邀调解组织或特邀调解员时，应当尽量确保案号编立时间和材料移交时间一致。

——《民事诉讼程序繁简分流改革试点问答口径（二）》(2020 年 10 月 23 日，法〔2020〕272 号)。

546. 当事人自行约定由特邀调解员调解，申请司法确认的，如何认定“调解协议签订地”

关键词

繁简分流　特邀调解员　调解协议签订地　司法确认

最高人民法院司法政策精神

当事人自行约定由特邀调解员调解的，可以分三种情形处理：第一，调解协议实际签订地与管理特邀调解名册的基层人民法院辖区一致的，由调解协议实际签订地的基层人民法院管辖；第二，调解协议实际签订地与管理特邀调解名册的基层人民法院辖区不一致的，以管理特邀调解名册的基层人民法院辖区为调解协议签订地；第三，因调解协议在线签订等情况，难以确定实际签订地的，由管理特邀调解名册的基层人民法院管辖。

——《最高人民法院关于印发〈民事诉讼程序繁简分流改革试点问答口径（一）〉的通知》(2020 年 4 月 15 日，法〔2020〕105 号)。

547. 民事诉讼程序繁简分流中应优化司法确认程序，健全特邀调解制度

关键词

繁简分流　司法确认　特邀调解制度　特邀调解名册　特邀调解员

最高人民法院司法政策精神

（一）优化司法确认程序。健全特邀调解制度，加强特邀调解名册管理，完善诉前委派调解与司法确认程序的衔接机制。合理拓宽司法确认程序适用范围，经律师调解工作室（中心）等特邀调解组织、特邀调解员，或者人民调解委员会依法调解达成民事调解协议的，当事人可以按照程序要求，向人民法院申请司法确认。完善司法确认案件管辖规则，符合级别管辖和专门管辖标准的，由对应的中级人民法院和专门人民法院受理。

——《最高人民法院关于印发〈民事诉讼程序繁简分流改革试点方案〉的通知》（2020 年 1 月 15 日，法〔2020〕10 号）。

二、优化司法确认程序

第二条　人民法院应当建立特邀调解名册，按照规定的程序和条件，确定特邀调解组织和特邀调解员，并对名册进行管理。

第三条　经人民调解委员会、特邀调解组织或者特邀调解员调解达成民事调解协议的，双方当事人可以自调解协议生效之日起三十日内共同向人民法院申请司法确认。

第四条　司法确认案件按照以下规定依次确定管辖：

（一）委派调解的，由作出委派的人民法院管辖；

（二）当事人选择由人民调解委员会或者特邀调解组织调解的，由调解组织所在地基层人民法院管辖；当事人选择由特邀调解员调解的，由调解协议签订地基层人民法院管辖。

案件符合级别管辖或者专门管辖标准的，由对应的中级人民法院或者专门人民法院管辖。

——《最高人民法院关于印发〈民事诉讼程序繁简分流改革试点实施办法〉的通知》（2020 年 1 月 15 日，法〔2020〕11 号）。

548. 关于调解协议司法确认案件申请主体、申请范围及案件管辖的规定

关键词

调解协议　司法确认案件　申请主体　申请范围　案件管辖

最高人民法院司法解释

第三百五十一条　申请司法确认调解协议的，双方当事人应当本人或者由符合民事诉讼法第六十一条规定的代理人依照民事诉讼法第二百零一条的规定提出申请。

——《最高人民法院关于适用〈中华人民共和国民事诉讼法〉的解释》（2022 年 4 月 1 日修正）。

附录：最高人民法院主流观点

1. 关于调解员主持达成的调解协议的处理

2021 年民事诉讼法未将“依法任职的调解员调解达成的调解协议”纳入司法确认范围，旨在强调非诉调解的严肃性和规范性，强化调解组织的监督管理作用，增强调解协议的权威性和公信力，防止虚假调解和不当确认。因此，在司法实践中，对于调解员以个人名义主持达成的调解协议，不能再予以司法确认。实践中，可以鼓励调解员加入依法设立的调解组织，以调解组织名义开展调解工作。

2. 关于司法确认案件管辖规则的适用实践中需重点把握以下三个方面。

一是“邀请调解组织开展先行调解”的含义。2021 年民事诉讼法第二百零一条第一项中的“邀请”是指人民法院特邀调解制度的“特邀”，“先行”是指“诉前”，实质含义即“人民法院诉前委派调解”。考虑到民事诉讼法中未出现过“特邀”和“委派”的概念，而“邀请”和“先行调解”先前已有规定，其含义可以直接对应“特邀”和“委派调解”，所以在修改后的条文中采纳了现有概念和表述，意为“诉前委派调解的，向作出委派的人民法院提出司法确认申请”。需要注意的是，中级人民法院委派调解的纠纷也可以适用该规则。

二是“调解组织自行调解”的管辖规则应遵循实际联系原则。“调解组织自行调解”是指非经人民法院委派，由当事人自主申请或调解组织主动调解的调解类型。针对这类调解协议，2021 年民事诉讼法在坚持遵循实际联系原则的基础上，将管辖连接点从“调解组织所在地”扩展到“当事人住所地”

和“标的物所在地”，增加管辖连接点，为当事人申请司法确认提供了便利，也通过坚持实际联系原则，便于人民法院审查和执行调解协议，有利于加强对调解组织的监督和指导。需要指出的是，司法确认作为特别程序，并不以法院对纠纷具有诉讼管辖权为前提，只需考虑符合管辖连接点要求。司法实践中，双方当事人向符合管辖连接点的多个法院申请司法确认的，由最先受理申请的法院管辖。

三是中级法院受理调解组织自行调解的司法确认申请管辖规则。民事诉讼法第二百零一条第二项规定：“……调解协议所涉纠纷应当由中级人民法院管辖的，向相应的中级人民法院提出。”司法实践中，金融法院、知识产权法院、海事法院等专门人民法院也可以适用该条。法条中未单独列明“专门人民法院”，主要是考虑到民事诉讼法的立法表述惯例，并未将专门人民法院排除在适用范围之外。该条中的“调解协议所涉纠纷应当由中级人民法院管辖的”，主要是指该纠纷如果提起诉讼，其标的额、案件类型等，符合级别管辖或专门管辖标准的，应当由中级或专门人民法院管辖。“向相应的中级人民法院提出”，并非指向具有诉讼管辖权的中级或专门人民法院提出，而是应当遵循本项前半句的管辖连接点的规定，向“调解组织所在地、当事人住所地、标的物所在地”的中级或专门人民法院提出。

——最高人民法院民法典贯彻实施工作领导小组办公室编著：《最高人民法院新民事诉讼法司法解释理解与适用》，人民法院出版社 2022 年版，第 页。

549. 当事人经调解达成调解协议，不能申请司法确认的情形

关键词

调解组织　调解协议　司法确认

最高人民法院司法政策精神

十一、下列纠纷，当事人经调解达成调解协议的，可否申请司法确认：（一）涉及抵押权的优先受偿等准物权纠纷的；（二）离婚后财产纠纷、分家析产纠纷中涉及房屋所有权分割问题及分割后需办理房屋过户手续的；（三）代持股权权属认定的；（四）合同纠纷中双方当事人约定仲裁的？

答：《民事诉讼法司法解释》第三百五十七条规定：调解协议内容涉及适用其他特别程序、物权确权以及不属于人民法院受理范围等情形，当事人申请司法确认的，人民法院应当裁定不予受理或驳回申请。根据上述规定，对于第（一）类调解协议，当事人应当按照《中华人民共和国民事诉讼法》（以

下简称《民事诉讼法》）第一百九十六条[①]、第一百九十七条[②]的规定，通过实现担保物权程序解决；对于第（二）（三）类调解协议，由于房屋所有权分割、代持股权权属认定属于确权类纠纷，不宜由司法确认程序处理，应当通过诉讼程序解决；对于第（四）类调解协议，根据《中华人民共和国仲裁法》第五条和《民事诉讼法》第一百二十四条[③]的规定，当事人已经达成书面仲裁协议，约定通过仲裁方式解决纠纷的，不属于人民法院主管范围，应当按照约定提起仲裁。总之，上述调解协议均不符合司法确认程序的适用条件，当事人不能申请司法确认。

——《民事诉讼程序繁简分流改革试点问答口径（二）》（2020 年 10 月 23 日，法〔2020〕272 号）。

550. 委托调解达成调解协议后当事人申请撤诉的处理

关键词

委托调解　撤诉

最高人民法院司法解释

第二十条　委托调解达成调解协议，特邀调解员应当向人民法院提交调解协议，由人民法院审查并制作调解书结案。达成调解协议后，当事人申请撤诉的，人民法院应当依法作出裁定。

——《最高人民法院关于人民法院特邀调解的规定》（2016 年 6 月 28 日，法释〔2016〕14 号）。

附录：最高人民法院主流观点

一般情况下，委托调解达成调解协议的，由人民法院审查后出具调解书结案，可以保障调解的权威性，有利于纠纷的化解。但是，在实践中，有部分当事人达成和解协议后，出于已经自动履行或者不愿意由法院出具调解书等原因，选择申请法院撤诉。此时，法院应当根据当事人的申请，对撤诉申请作出审查，并作出裁定。

撤诉，又称诉之撤回，是指在诉讼体系中，原告求受诉法院毋就其所提

① 现为《民事诉讼法》（2021 年修正）第二百零三条。
② 现为《民事诉讼法》（2021 年修正）第二百零四条。
③ 现为《民事诉讼法》（2021 年修正）第一百二十七条。

之诉继续为裁判之意思表示。[①] 撤诉具体是指当事人将已成立之诉撤销，从而结束正在进行的诉讼程序。多数情况是原告提出撤诉，但因为在诉讼中还有一些当事人在诉讼地位上相当于原告（如提起反诉的被告、有独立请求权的第三人等），这一意义上的撤诉也就当然地包括了撤回反诉、第三人之诉以及撤回抗诉；广义的撤诉是指当事人撤回诉的行为，既包括当事人在一审程序中撤回起诉，也包括在上诉审程序中撤回上诉，再审程序中提起抗诉的检察机关撤回抗诉。虽然委托调解案件绝大多数为一审案件，但是《特邀调解规定》中并没有排除二审案件、再审案件委托调解的可能性，不过法院对撤诉的审查以及作出撤诉裁定主要针对的还是一审案件。

根据民事诉讼法第十三条和第一百三十一条[②] 第一款规定，当事人有权在法律规定的范围内处分自己的诉讼权利，在民事诉讼中享有撤诉权。民事诉讼法学理上将这两条延伸解释为撤诉的四个条件：（1）提出撤诉申请的人必须是原告或者经过原告特别授权的委托代理人；对没有诉讼行为能力的原告，由他的法定代理人提出。（2）申请撤诉必须自愿。（3）申请撤诉必须符合法律规定，即撤诉不得侵犯国家、集体或者他人的合法权益，不得违反公序良俗或规避法律企图逃避法律制裁。（4）申请撤诉须在人民法院宣判前提出。法院在接到当事人撤诉申请后也主要从这四个方面进行审查，如果符合法律及司法解释等相关规定，可以作出准予撤诉的裁定；如果不符合，也可以作出不予撤诉的裁定，那么应当恢复庭审程序，继续对案件进行审理。

——李少平主编：《最高人民法院多元化纠纷解决机制改革意见和特邀调解规定的理解与适用》，人民法院出版社 2017 年版，第 438 页。

551. 诉前多元解纷联动衔接机制

关键词

诉前多元解纷联动衔接　调解前置

最高人民法院司法政策精神

8. 完善诉前多元解纷联动衔接机制。联合有关部门出台推进多元解纷文件，加强与调解、仲裁、公证、行政复议的程序衔接，健全完善行政裁决救济程序衔接机制。畅通与工会、共青团、妇联、法学会、行政机关、仲裁机构、公证机构、行业协会、行业组织、商会等对接渠道，加强数据协同共享，

① 占善刚：《关于撤诉的几个问题》，载《法学评论》2003 年第 4 期。

② 现为《民事诉讼法》（2021 年修正）第一百三十四条。

指派专人开展联络工作。促进建立调解前置机制，发挥人民调解、行政调解、律师调解、行业调解、专业调解、商会调解等诉前解纷作用。加强调解协议司法确认工作，进一步完善司法确认程序，探索建立司法确认联络员机制，推动司法确认全面对接人民调解等线上平台，实现人民调解司法确认的快立快办。

——《最高人民法院关于建设一站式多元解纷机制一站式诉讼服务中心的意见》(2019 年 7 月 31 日，法发〔2019〕19 号)。

552. 诉调一体对接机制和“分调裁审”机制

关键词

诉调一体对接　分调裁审

最高人民法院司法政策精神

10. 完善诉调一体对接机制。促进诉调对接实质化。建立由法官、法官助理、书记员及调解员组成的调解速裁团队，及时做好调解指导，强化诉调统筹衔接，做到能调则调，当判则判。对起诉到法院的纠纷，释明各类解纷方式优势特点，提供智能化风险评估服务，宣传诉讼费减免政策，按照自愿、合法原则，引导鼓励当事人选择非诉讼方式解决纠纷。对能够通过行政裁决解决的，引导当事人依法通过行政裁决解决；对适宜调解且当事人同意的，开展立案前先行调解。调解成功、需要出具法律文书的，由调解速裁团队法官依法办理；调解不成的，调解员应当固定无争议事实，协助做好送达地址确认等工作。明确诉前调解时限，规范调解不成后的立案和繁简分流程序。建立诉前调解案件管理系统，做到逐案登记、全程留痕、动态管理，并将诉前调解工作量纳入考核统计范围。

11. 完善“分调裁审”机制。普遍开展一审案件繁简分流工作，探索二审案件的繁简分流。设立程序分流员负责调裁分流和繁简分流。完善民商事、行政案件繁简分流标准，根据案由、诉讼主体、诉讼请求、法律关系、诉讼程序等要素，确定简案范围。普遍应用系统算法加人工识别，实现精准分流。在诉讼服务中心配备速裁法官或团队，综合运用督促程序、司法确认程序、小额诉讼程序、简易程序、普通程序等，从简从快审理简单案件。建立简案速裁快审配套机制。推进诉讼程序简捷化，实行类案集中办理，建立示范诉讼模式，制作类案文书模板，全面运用智能语音、网上审理等方式，提升审理效率。建立健全程序转换机制，指定专门团队承接简转繁案件办理工作，畅通案件流转渠道。

——《最高人民法院关于建设一站式多元解纷机制一站式诉讼服务中心的意见》（2019 年 7 月 31 日，法发〔2019〕19 号）。

553. 商会调解工作的司法保障

关键词

多元化纠纷化解机制　诉调对接　商会调解

最高人民法院司法政策精神

7. 完善诉调对接机制。人民法院吸纳符合条件的商会调解组织或者调解员加入特邀调解组织名册或者特邀调解员名册。名册实行动态更新和维护，并向当事人提供完整、准确的调解组织和调解员信息，供当事人选择。落实委派调解和委托调解机制，加强与商会调解组织对接工作，探索设立驻人民法院调解室。加强诉讼与非诉讼解决方式的有机衔接，引导当事人优先选择商会调解组织解决纠纷。

8. 强化司法保障作用。经调解达成的调解协议，具有法律约束力，当事人应当按照约定履行。能够即时履行的，调解组织应当督促当事人即时履行。当事人申请司法确认的，人民法院应当及时审查，依法确认调解协议的效力。人民法院在立案登记后委托商会调解组织进行调解达成协议的，当事人申请出具调解书或者撤回起诉的，人民法院应当依法审查并制作民事调解书或者裁定书。对调解不成的纠纷，依法导入诉讼程序，切实维护当事人的诉权。

——《最高人民法院、全国工商联印发〈关于发挥商会调解优势推进民营经济领域纠纷多元化解机制建设的意见〉的通知》（2019 年 1 月 14 日，法〔2019〕11 号）。

附录：最高人民法院主流观点

《最高人民法院、全国工商联关于发挥商会调解优势 推进民营经济领域纠纷多元化解机制建设的意见》鼓励各级人民法院在为民营经济发展营造良好法治环境方面有所作为，积极发挥司法的引领、推动和保障作用。

一要加强平台建设，为法院与商会调解组织对接创造良好的条件。各级人民法院要吸纳符合条件的商会调解组织或者调解员加入特邀调解组织名册或者特邀调解员名册，加强诉调对接工作，探索设立驻人民法院调解室，为商会调解提供工作场所。

二要完善司法确认工作，为商会调解提供效力保障。当事人申请司法确认的，应当及时审查，依法确认。有条件的要积极开通在线调解平台，实现在线申请、在线确认，以提高工作效率。

三要加强制度建设，为诉讼与商会调解的衔接提供制度保障。要积极引导当事人选择非诉调解的方式解决纠纷，落实委派调解和委托调解机制，将适宜调解的纠纷分流至商会调解组织或者调解员。对于调解不成或者当事人不同意调解的，依法导入诉讼程序，切实维护当事人的诉权。

——《规范商会调解组织 助力民营经济发展——最高人民法院、全国工商联相关负责同志就〈关于发挥商会调解优势 推进民营经济领域纠纷多元化解机制建设的意见〉答记者问》，载《人民法院报》2019 年 1 月 28 日。

554. 商会调解的范围、调解组织的设立及运行

关键词

商会调解　调解组织

最高人民法院司法政策精神

3. 明确商会调解范围。商会调解以民营企业的各类民商事纠纷为主，包括商会会员之间的纠纷，会员企业内部的纠纷，会员与生产经营关联方之间的纠纷，会员与其他单位或人员之间的纠纷，以及其他涉及适合商会调解的民商事纠纷。

4. 强化商会调解纠纷功能。工商联加强对所属商会的指导、引导和服务，支持商会依照法律法规及相关程序设立调解组织、规范运行，使调解成为化解民营经济领域矛盾纠纷的重要渠道。支持商会建立人民调解委员会，为企业提供基础性公益性纠纷解决服务。支持企业、商会建立劳动争议调解组织，及时化解劳动争议，维护劳动关系的和谐稳定。鼓励行业商会组织发挥自身优势，建立专业化的行业调解组织。鼓励具备条件的商会设立商事调解组织，发挥商事调解组织化解专业纠纷的重要作用。商会设立的商事调解组织应当在省级工商联和全国工商联备案。

5. 主动预防化解矛盾纠纷。各级工商联及所属商会要加强法律服务平台（中心）建设，完善维权援助机制，鼓励有条件的企业设立法务部门、公司律师或聘请法律顾问，形成协调联动的法律服务力量。通过普法宣传、典型案例等形式，主动对企业、行业纠纷进行排查、监测和预警，加强矛盾纠纷源头治理。强化行业自律和行业治理，将诚实信用、公平竞争、和合共赢等理念纳入商会章程、企业合同条款，督促自觉履行生效裁决或调解协议。

6. 规范商会调解组织运行。商会调解组织由工商联或所属商会根据需要设立，应具有规范的组织形式、固定的办公场所及调解场地、专业的调解人

员和健全的调解工作制度。商会调解组织应当吸纳符合条件的优秀企业家、商会人员、法律顾问、行业专家、律师、工会代表以及其他社会人士担任调解员。对外公布商会调解组织和调解员名册、调解程序以及调解规则。规范纠纷流程管理，完善调解与诉讼衔接程序，建立纠纷受理、调解、履行、回访以及档案管理、信息报送、考核评估等制度，注重保护当事人隐私和商业秘密，切实维护双方当事人权益，不断增强商会调解的规范性和公信力。全国工商联法律维权服务中心加强纠纷调解职能，推动横向联通、纵向联动，共同推动商会调解工作。

——《最高人民法院、全国工商联印发〈关于发挥商会调解优势 推进民营经济领域纠纷多元化解机制建设的意见〉的通知》（2019 年 1 月 14 日，法〔2019〕11 号）。

555. 家事审判中的联席会议制度和多元化纠纷解决机制

关键词

联席会议制度　多元化纠纷解决机制　家事审判

最高人民法院司法政策精神

4. 不断创新工作机制，积极争取各级党委和政府的支持，加强与相关职能部门和单位的协调配合，动员和激励社会各界力量共同参与，推动建立司法、行政和社会相结合的多元化纠纷解决机制，共同打造共建共治共享的社会治理格局。

——《最高人民法院关于进一步深化家事审判方式和工作机制改革的意见（试行）》（2018 年 7 月 18 日，法发〔2018〕12 号）。

最高人民法院大法官著述

做好家事审判工作，党委的领导和支持至关重要，同时也离不开政府部门和社会各界的支持与参与。例如，山东武城法院紧紧依靠党委推动家事审判改革工作的经验值得其他法院借鉴和学习。各试点法院今后要继续争取党委的领导和支持，加强与相关部门的沟通联系，动员社会各方面力量共同参与家事纠纷化解，完善家事审判多元化纠纷解决机制。最高人民法院正在积极协调，准备建立包括中央综治办、国务院妇儿工委、民政、教育、妇联等十多家部门共同参与的家事审判改革部际联席会议制度，力争形成“党委领导、政府尽责、法院牵头、社会参与”的良好工作局面。家事审判改革部际联席会议制度建立以后，将明确各部门的职责任务，一定程度上能够解决部门之间沟通协作不顺畅的问题，为各地法院牵头建立联席会议制度起到示范作用。各高级人民法院和试点法院也要继续争取党委的领导和支持，加强与相关部门的沟通联系，动员社会各方面力量共同参与家事纠纷化解，完善家事审判多元化纠纷解决机制。同时积极与相关部门建立长效协作机制，建立家事案件案后回访帮扶制度，共同帮助当事人解决实际困难，修复或重建婚姻家庭关系，促进家事纠纷的有效解决。

——杜万华：《杜万华大法官民事商事审判实务演讲录（二）》，人民法院出版社 2019 年版，第 132 页。

556. 禁止邀请宗教人士利用信教群众的宗教信仰处理农村矛盾纠纷

关键词

政教分离政策　乡村治理　村民自治　宗教信仰

最高人民法院司法政策精神

30. 坚持政教分离政策，严禁宗教干预国家司法职能的实施。禁止邀请宗教人士利用信教群众的宗教信仰来处理农村矛盾纠纷。正确把握宗教教义与民族习惯、社会道德的边界，依法惩处打着宗教旗号侵害广大信教群众、农村群众的婚姻自由权、人身自由权、人格尊严权、信仰与不信仰宗教自由权和财产权等合法权益的行为，依法严厉打击组织和利用邪教组织犯罪。通过巡回审理、以案说法等方式，教育引导广大信教群众正确认识和处理国法和教规的关系，提高法治观念。

——《最高人民法院印发〈关于为实施乡村振兴战略提供司法服务和保障的意见〉的通知》（2018 年 10 月 23 日，法发〔2018〕19 号）。

附录：最高人民法院主流观点

乡村治理是国家治理的重要内容，治理有效是实现乡村振兴的重要方面。发挥司法审判职能，正确处理自治、法治和德治的关系，积极参与乡村治理。依法依规保护村民自治权利，审慎把握村民自治与国家法治之间的边界，注重发挥好德治的作用。坚持政教分离政策，严禁宗教干预国家司法事务。依法严厉打击组织和利用邪教组织犯罪。建立健全涉农纠纷多元化解决机制，增强矛盾纠纷预防化解的整体合力。坚持“三个面向”和“两便”原则，发挥人民法庭靠近乡村、贴近群众的优势，切实开展好人民法庭工作。贯彻实施人民陪审员法，大力推进司法民主。加强农村法治宣传教育，提高农村自治组织和农民尊法、学法、守法、用法意识。

当前乡村治理不同于我国古代依靠宗法制度建立的治理体系，也有别于我国城市地区的治理。村民自治在乡村治理中具有重要作用。依法依规保护村民的自治权利，坚持农民在乡村振兴战略中的主体地位，准确把握村民自治与国家法治的关系。既不能干预、妨碍村民自治，又要注意保护村民的基本权利，防止简单以村民自治为由损害村民的人格权利和基本财产权利。在实行自治和法治的同时，注重发挥好德治的作用。坚持寓德治于法治，用法治促德治，让柔性的道德获得有力的推行，使道德与法律相得益彰。通过发挥司法审判的道德引导、行为规范作用，推动礼仪之邦、优秀传统文化和法治社会建设相辅相成。

——江必新：《解读〈关于为实施乡村振兴战略提供司法服务和保障的意见〉》，载《解读最高人民法院司法指导性文件（综合卷）》，人民法院出版社 2019 年版，第 176、178 页。

三、其　他

557. 股东代表诉讼可以调解

关键词

股东代表诉讼　调解

附录：最高人民法院主流观点

在讨论过程中，对股东代表诉讼能否进行诉讼调解存在争议。《公司法司法解释（四）》在起草过程中曾规定了诉讼调解制度。

基于肯定观点，由于股东代表诉讼的特殊性在于股东代位行使的是公司诉权，处分的实质是公司权利，股东代表诉讼的诉讼结果对于公司和其他股东具有既判力。因此，需对原告股东的处分权利进行相应的限制，即对其与被告达成和解限定相应条件，以防止原告股东与被告恶意串通损害公司和其他股东的利益。基于相关法理，综观各国立法例，对股东代表诉讼原告股东与被告达成和解一般有以下限制：第一，须经公司或其他股东同意。当股东提起代表诉讼时，公司和其他股东享有对和解方案的知情权和同意权。原告股东与被告达成和解协议，应告知公司，征得公司同意。关于诉讼和解，司法解释稿曾表述为："人民法院审理股东依据公司法第一百五十一条第二款、第三款规定提起诉讼的案件，当事人达成调解协议的，应提交股东会或者股东大会通过调解协议的决议，公司章程另有规定的除外。如果有限责任公司未提交股东会决议的，全体股东应当在调解协议书上签名、盖章或者向人民法院出具同意调解协议的书面意见。”为避免同意股东损害不同意股东的利益，也有观点认为，应当明确确立股东会或股东大会通过表决权的决议方式为特别多数还是普通多数，建议决议方式为特别多数。第二，法院应依法审查其合法性。调解应遵循自愿和合法原则。因此，人民法院在判定是否允许当事人基于达成和解协议而申请撤诉或者出具调解书时，应对和解协议进行审查。

——杜万华主编:《最高人民法院公司法司法解释（四）理解与适用》，人民法院出版社 2017 年版，第 595~596 页。

558. 股东代表诉讼中，调解协议须经公司股东（大）会、董事会决议通过

关键词

股东代表诉讼　调解协议　股东会议

最高人民法院司法政策精神

27.【股东代表诉讼的调解】公司是股东代表诉讼的最终受益人，为避免因原告股东与被告通过调解损害公司利益，人民法院应当审查调解协议是否为公司的意思。只有在调解协议经公司股东（大）会、董事会决议通过后，人民法院才能出具调解书予以确认。至于具体决议机关，取决于公司章程的规定。公司章程没有规定的，人民法院应当认定公司股东（大）会为决议机关。

——《最高人民法院关于印发〈全国法院民商事审判工作会议纪要〉的通知》(2019 年 11 月 8 日，法〔2019〕254 号)。

附录：最高人民法院主流观点

我国公司法中对于公司股东会和董事会的法定职权中均未涉及这一内容，而根据我国《公司法》第三十七条、第四十六条之规定，在法律明确规定的职权之外，股东会与董事会可以行使公司章程规定的职权。故在公司章程有明确规定的情况下，应当根据章程规定来确定由股东会还是董事会行使这一职权。然而，实践中很少有公司在章程中作出如此系统详细的规定，必须考虑到章程没有规定的情况下，应当由哪一机关行使这一职权。

确定公司章程没有规定情况下应当经过公司股东会或者股东大会决议，有以下两个原因：第一，基于股东与公司关系紧密，股东对公司利益高度关注，且公司原本可以通过直接诉讼追究侵害人的责任，但是出于各种因素没有行使此项诉权，不能排除公司有故意放弃权利、损害股东利益的可能，为了让公司的意思能够得到充分的体现，最大程度维护股东的利益，在章程没有规定的情况下，调解协议应当由公司股东会或者股东大会决议是否同意。第二，股东代表诉讼是涉及多方主体的复杂诉讼，原告股东在和解中实质上处分的是公司的实体权益，与其他股东存在密切的利益关系，故而在代表诉讼中进行和解应当有公司和其他股东的参与。法院在股东代表诉讼和解中通常需要征求公司和其他股东意见，保证他们行使知情权和异议权。在公司章程没有明确规定的情况下，要求调解协议必须经公司股东会或者股东大会同意，实际也是在我国目前法律框架下赋予了公司和其他股东和解知情权和异议权。

因此，纪要最终对这一问题规定为，有权对股东代表诉讼调解协议进行决议的机关是公司的股东会、股东大会或者董事会，具体取决于公司章程的规定。公司章程没有规定的，应当以公司股东会或者股东大会为决议机关。

需要注意两个问题：第一，公司作出同意的意思必须经公司股东会或者董事会决议。在纪要起草过程中，曾有观点认为，如果公司的法定代表人或者特别授权代理人已经在调解协议上签字的，则不必履行经公司股东会、股东大会或者董事会会议决议通过的程序。鉴于股东代表诉讼的特殊性，法定代表人或者特别授权代理人的签字在股东代表诉讼中不一定能代表公司的真实意思，这种意见最终未被采纳。也就是说，未经公司股东会或者董事会决议，仅仅以法定代表人签字或者特别授权委托代理人签字的，不能认为公司已经同意。第二，法院对于所有调解协议都需要审查其是否符合自愿、合法两项原则。故法院对于股东代表诉讼中达成的调解协议的审查，除要按照上述规定审查股东会或董事会决议外，还应当与其他案件调解协议一样，审查其是否符合自愿、合法原则。

实际上，公司在股东代表诉讼中处于第三人的诉讼地位，如果没有公司的委托诉讼代理人代表公司意思进行签章，该调解协议本身就是不成立的。之所以如此规定，是为了保证公司本身的知情权和维护公司本身的利益。同时，该调解协议还关系着公司其他股东的利益。故尽管没有经过股东会召开会议并作出决议的过程，但是如果有证据证明全体股东均对该调解协议表示同意，或者全体股东实际参与调解，而不表示反对的情况下，也可以认为符合公司与股东的利益，法院也可以出具相应的调解书。

——最高人民法院民事审判第二庭编著：《〈全国法院民商事审判工作会议纪要〉理解与适用》，人民法院出版社 2019 年版，第 224~227 页。

559. 涉嫌虚假诉讼案件中应审查调解协议内容是否符合基本要求

关键词

虚假诉讼 调解协议 调解书 虚假调解

最高人民法院司法政策精神

八、慎查调解协议，确保真实合法。当事人对诉讼标的无实质性争议，主动达成调解协议并申请人民法院出具调解书的，应当审查协议内容是否符合案件基本事实、是否违反法律规定、是否涉及案外人利益、是否规避国家政策。调解协议涉及确权内容的，应当在查明权利归属的基础上决定是否出具调解书。不能仅以当事人可自愿处分民事权益为由，降低对调解协议所涉法律关系真实性、合法性的审查标准，尤其要注重审查调解协议是否损害国家利益、社会公共利益或者他人合法权益。当事人诉前达成调解协议，申请司法确认的，应当着重审查调解协议是否存在违反法律、行政法规强制性规定、违背公序良俗或者侵害国家利益、社会公共利益、他人合法权益等情形；诉前调解协议内容涉及物权、知识产权确权的，应当裁定不予受理，已经受理的，应当裁定驳回申请。

——《最高人民法院关于深入开展虚假诉讼整治工作的意见》（2021年11月4日，法〔2021〕281号）。

16. 对于双方当事人申请确认调解协议的效力，可能存在虚假调解情形的，人民法院依照民事诉讼法第一百九十五条、《最高人民法院关于适用〈中华人民共和国民事诉讼法〉的解释》第三百五十八条、第三百六十条等规定予以审查。

调解协议可能损害第三人利益的，人民法院要求当事人提供相关证据，必要时通知第三人到庭。当事人不能提供相关证据的，不予确认调解协议效力。

——《最高人民法院印发〈关于在民事诉讼中防范与惩治虚假诉讼工作指引（一）〉的通知》（2021年11月11日，法〔2021〕287号）。

560. 正确把握实践中常见的几种虚假和解、调解的情形

关键词

虚假和解　调解　恶意串通　恶意诉讼

最高人民法院司法解释

第一百四十四条　人民法院审理民事案件，发现当事人之间恶意串通，企图通过和解、调解方式侵害他人合法权益的，应当依照民事诉讼法第一百一十五条的规定处理。

——《最高人民法院关于适用〈中华人民共和国民事诉讼法〉的解释》（2022年4月1日修正）。

附录：最高人民法院主流观点

第一，正确把握实践中常见的几种虚假和解、调解的情形。当事人间恶意串通，通过和解、调解侵害他人的利益的情形中，“他人”不仅包括本案的案外人，还可以包括本案的当事人本人。“恶意”应当仅指故意，而不包括主观上的重大过失和过失。“受侵害的利益”不仅包括实体利益，而且包括程序利益。在实践中一般对下列情形应当重点把握：（1）案件双方当事人恶意串通，虚构民事法律关系、捏造案件事实，达成虚假协议，骗取法院调解书，侵害他人权益；（2）双方当事人恶意串通，在诉讼中对相关事实作出虚假自认，进行虚假和解或者骗取法院调解书，侵害他人权益；（3）夫妻假离婚，利用离婚和解、调解转移财产，逃避债务，侵害债权人利益；（4）在普通债务诉讼过程中，一方当事人与亲友串通，以假借条等形式虚构夫妻关系存续期间的共同债务，侵害另案离婚诉讼中对方当事人利益；（5）当事人利用现有证据，虚构法律事实及法律关系提起诉讼或重复诉讼进行和解、调解，导致另案的诉讼拖延，而侵害他人在另案诉讼中的权益；（6）非实体权利主体的当事人（如破产管理人、失踪人财产管理人）与对方当事人串通，诈害实际受和解、调解约束的实体权利主体；（7）委托代理人、代表人等实际实施诉讼行为的人员与对方当事人恶意串通，假借和解、调解损害委托人、推举人、其他共同诉讼人或所在单位等名义当事人的利益；（8）行为人伪造代理手续，冒充他人名义提起或参加诉讼而进行和解、调解；（9）行为人假借案外人员或单位在明知或应知的情况下，为行为人出具虚假证明或鉴定、评估，而进行和解、调解等。

第二，实践中较多发生虚假和解、调解的案件类型。主要集中在民间借

贷案件，涉离婚案件财产纠纷，破产企业或已经资不抵债的其他组织的财产纠纷案件，交通事故损害赔偿案件，保险理赔案件，个人为被告的财产纠纷案件，拆迁区划范围内的自然人作为诉讼主体的分家析产、继承、房屋买卖合同纠纷案件，国有、集体企业，尤其是正在改制中的国有、集体企业为被告的财产纠纷案件，驰名商标认定案件等。在这些案件的和解、调解中，尤其要防止侵害他人权益状况的发生。

第三，人民法院应当依职权对和解、调解结果进行审查。实践中一般认为，和解、调解争议的最终解决取决于当事人双方的合意，是以当事人放弃部分权利来实现的，是否查清事实、分清是非，对于调解方案的达成以及案件的顺利结案并无必要的关联。也正因为如此，造成法官在调解过程中审查意识的普遍缺乏，不注意依职权对当事人之间的和解、调解方案是否侵害他人合法权益予以审查，使一些当事人有可乘之机，通过和解、调解的合法形式掩盖非法目的。同时，和解、调解的隐蔽性与合意性使其公开性不足，和解、调解的过程与结果不易为外部所知，关联案件之间缺乏信息交换渠道，更易造成对案外第三方利益的侵害。

第四，通过调解规范来发现、识别、认定虚假和解、调解。民事诉讼法第一百一十五条规定的是对妨害民事诉讼行为的强制措施，那如何发现、识别、认定虚假诉讼？首先，要在调解中加强程序审查与实体审查。如在程序上要注意审查当事人身份情况；注意审查原告起诉的事实、理由是否明显不合常理；加强对委托权限的审查及对当事人地址及联系方式的审核。在实体上要注意案件事实的审查，特别是对“无争议诉讼”的审查；对双方当事人身份及利害关系的审核；达成和解、调解协议的，要注意和解、调解协议是否当事人真实意思表示及合法性的审核。其次，要充分利用信息平台实现防控资源共享。有条件的法院可在内网信息平台上建立“当事人核查”功能，可以核查当事人在其他法院是否有相关案件，使法官能迅速审查当事人和解、调解协议的合法性，防止当事人借和解、调解恶意侵害第三方合法利益。这可以避免因信息沟通不及时等情况给虚假诉讼的行为人造成可乘之机，也可以在一定范围内遏制恶意诉讼案件的发生。最后，要加强对和解、调解中恶意行为的追责与惩罚力度。对认定为恶意的案件，可视情节对行为人进行训诫、责令具结悔过、拘留或处以一定数额的罚款，对情节严重者要从严惩处。民事和解、调解中的虚假诉讼行为构成犯罪的，依法追究行为人刑事责任，加强法院与公安、检察机关的协调配合。对律师帮助当事人从事恶意诉讼行为的，及时向司法行政部门发出司法建议；对当事人恶意制造虚假诉讼的行为，加强与征信部门的沟通，定期将当事人不良信息输入征信系统。和解、调解不仅仅是一个结果，更是一个过程，在整个过程中不仅要关注当事人是否有诚意、能否达成调解协议，更要关注对证据材料的认真审核，以及认真记录调解笔录和细心制作调解书，让调解过程更多地留下明晰的印记。这样不仅是对当事人负责，也是对调解人员自身负责，因为日后一旦出现问题，这些工作都可以起到让事实再现、让过程重复的作用，对于纠纷的妥善解决无疑是大有裨益的。

——最高人民法院民法典贯彻实施工作领导小组办公室编著：《最高人民法院新民事诉讼法司法解释理解与适用》，人民法院出版社 2022 年版，第 357~358 页。

561. 国际商事专家委员调解应坚持不公开、各方自愿的原则

关键词

专家委员调解　自愿原则　不公开原则

最高人民法院司法政策精神

第二十条　专家委员主持调解，应当依照相关法律法规，遵守本规则以及《最高人民法院国际商事专家委员会工作规则（试行）》对调解的有关规定，在各方自愿的基础上，促成和解。

第二十一条　专家委员主持调解不公开进行。调解应当记录调解情况，当事人和调解员应当签署。

第二十二条　专家委员主持调解过程中，有下列情形之一的，应当终止调解：

（一）各方或者任何一方当事人书面要求终止调解程序；

（二）当事人在商定的调解期限内未能达成调解协议，但当事人一致同意延期的除外；

（三）专家委员无法履行、无法继续履行或者不适合履行调解职责且不能另行选定或者指定专家委员；

（四）其他情形。

——《最高人民法院办公厅关于印发〈最高人民法院国际商事法庭程序规则（试行）〉的通知》（法办发〔2018〕13 号，2018 年 11 月 21 日）。

562. 国际商事专家委员主持调解的，应签署无利益冲突的书面声明

关键词

专家委员调解　无利益冲突书面声明　自愿原则

最高人民法院司法政策精神

第十条　专家委员同意主持调解的，应签署无利益冲突的书面声明，明确其不存在可能影响调解独立性、公正性的情形。

专家委员同意接受选定或者指定的，国际商事法庭应于三个工作日内出具《委托调解书》，并通知当事人。

第十一条　专家委员主持调解，应当依照相关法律法规，遵守本规则以及《最高人民法院国际商事法庭程序规则（试行）》对调解的有关规定，参照国际惯例、交易习惯，在各方自愿的基础上，根据公平、合理、保密的原则进行，促进当事人互谅互让，达成和解。

调解可以通过在线视频方式或者现场方式进行。

——《最高人民法院办公厅关于印发〈最高人民法院国际商事专家委员会工作规则（试行）〉的通知》（法办发〔2018〕14 号，2018 年 11 月 21 日）。

563. 国际商事专家委员主持调解的规则

关键词

专家委员调解　调解规则　调解协议

最高人民法院司法政策精神

第十一条　专家委员主持调解，应当依照相关法律法规，遵守本规则以及《最高人民法院国际商事法庭程序规则（试行）》对调解的有关规定，参照国际惯例、交易习惯，在各方自愿的基础上，根据公平、合理、保密的原则进行，促进当事人互谅互让，达成和解。

调解可以通过在线视频方式或者现场方式进行。

第十二条　根据《最高人民法院国际商事法庭程序规则（试行）》第二十二条终止调解时，专家委员应于终止调解后七个工作日内填妥《调解情况表》，连同案件相关材料，送交国际商事专家委员会办公室。国际商事专家委

员会办公室应于收到后三个工作日内将《调解情况表》及案件相关材料，送交国际商事法庭，并保留副本。

第十三条 经专家委员主持达成调解协议，并由国际商事法庭依照法律规定制发调解书或判决书的，国际商事法庭应在作出调解书或者判决书后三个工作日内，将调解书或者判决书副本送交国际商事专家委员会办公室备存。国际商事专家委员会办公室应于收到调解书或者判决书后三个工作日内，向专家委员发送副本。

——《最高人民法院办公厅关于印发〈最高人民法院国际商事专家委员会工作规则（试行）〉的通知》（法办发〔2018〕14 号，2018 年 11 月 21 日）。

564. 当事人可在调解协议中约定不履行调解协议就执行一审判决

关键词

调解协议　强制执行

附录：民事审判信箱

问：当事人双方达成的调解协议中约定，如果义务人到期不履行义务，就执行一审判决书中确定的当事人的义务，该约定是否有效?

答：调解协议是权利人为尽快实现自己的权利所作出的一种让步，是双方当事人对于自己权利义务的处分，只要该协议自愿、合法，法律就予以认可。当事人双方可以在调解协议中约定，如果义务人到期不履行义务，就执行一审判决书中确定的当事人的义务，此种约定属于附条件的约定。在实际执行调解协议时，存在两种情况：一种情况为义务人到期履行约定义务，所附条件不成就；另一种情况为义务人未履行到期约定义务，所附条件成就，此时，应当执行一审判决书中确定的当事人的义务。应当认定，双方当事人所达成的调解协议的内容，是双方当事人真实的意思表示，并不违反法律的禁止性规定。因此，该约定有效。

——本书研究组：《当事人可在调解协议中约定不履行调解协议就执行一审判决》，载杜万华副主编、最高人民法院民事审判第一庭编：《民事审判指导与参考》2013 年第 3 辑（总第 55 辑），人民法院出版社 2014 年版，第 236 页。

第七章　保全与先予执行

一、财产保全

565. 财产保全工作的具体要求

关键词

财产保全　立案编号　保全裁定

最高人民法院司法政策精神

16. 下列财产保全案件一般由立案部门编立“财保”字案号进行审查并作出裁定：

（1）利害关系人在提起诉讼或者申请仲裁前申请财产保全的案件；

（2）当事人在仲裁过程中通过仲裁机构向人民法院提交申请的财产保全案件；

（3）当事人在法律文书生效后进入执行程序前申请财产保全的案件。

当事人在诉讼中申请财产保全的案件，一般由负责审理案件的审判部门沿用诉讼案号进行审查并作出裁定。

当事人在上诉后二审法院立案受理前申请财产保全的案件，由一审法院审判部门审查并作出裁定。

17. 立案、审判部门作出的财产保全裁定，应当及时送交立案部门编立“执保”字案号的执行案件，立案后送交执行。

上级法院可以将财产保全裁定指定下级法院立案执行。

18. 财产保全案件的下列事项，由作出财产保全裁定的部门负责审查：

（1）驳回保全申请；

（2）准予撤回申请、按撤回申请处理；

（3）变更保全担保；

（4）续行保全、解除保全；

（5）准许被保全人根据《最高人民法院关于人民法院办理财产保全案件若干问题的规定》第二十条第一款规定申请自行处分被保全财产；

（6）首先采取查封、扣押、冻结措施的保全法院将被保全财产移送给在先轮候查封、扣押、冻结的执行法院；

（7）当事人或者利害关系人对财产保全裁定不服，申请复议；

（8）对保全内容或者措施需要处理的其他事项。

采取保全措施后，案件进入下一程序的，由有关程序对应的受理部门负责审查前款规定的事项。判决生效后申请执行前进行续行保全的，由作出该判决的审判部门作出续行保全裁定。

19. 实施保全的部门负责执行财产保全案件的下列事项：

（1）实施、续行、解除查封、扣押、冻结措施；

（2）监督被保全人根据《最高人民法院关于人民法院办理财产保全案件若干问题的规定》第二十条第一款规定自行处分被保全财产，并控制相应价款；

（3）其他需要实施的保全措施。

20. 保全措施实施后，实施保全的部门应当及时将财产保全情况通报作出财产保全裁定的部门，并将裁定、协助执行通知书副本等移送入卷。"执保"字案件单独立卷归档。

21. 保全财产不是诉讼争议标的物，案外人基于实体权利对保全裁定或者执行行为不服提出异议的，由负责审查案外人异议的部门根据民事诉讼法第二百二十七条[①]的规定审查该异议。

——《最高人民法院关于人民法院立案、审判与执行工作协调运行的意见》（2018 年 5 月 28 日，法发〔2018〕9 号）。

566. 申请诉讼财产保全免于提供担保数额的情形

关键词

财产保全　免于担保

最高人民法院司法解释

第九条　当事人在诉讼中申请财产保全，有下列情形之一的，人民法院可以不要求提供担保：

① 现为《民事诉讼法》（2021 年修正）第二百三十二条。

（一）追索赡养费、扶养费、抚育费、抚恤金、医疗费用、劳动报酬、工伤赔偿、交通事故人身损害赔偿的；

（二）婚姻家庭纠纷案件中遭遇家庭暴力且经济困难的；

（三）人民检察院提起的公益诉讼涉及损害赔偿的；

（四）因见义勇为遭受侵害请求损害赔偿的；

（五）案件事实清楚、权利义务关系明确，发生保全错误可能性较小的；

（六）申请保全人为商业银行、保险公司等由金融监管部门批准设立的具有独立偿付债务能力的金融机构及其分支机构的。

法律文书生效后，进入执行程序前，债权人申请财产保全的，人民法院可以不要求提供担保。

——《最高人民法院关于人民法院办理财产保全案件若干问题的规定》（2020 年 12 月 29 日修正）。

附录：答记者问

以司法为民为宗旨，明确可免于担保的情形。

当前，在诉讼保全中可免于担保的情形，法律及司法解释没有规定。《财产保全规定》对于赡养费、扶养费、抚育费等涉及弱势群体以及公益诉讼等案件，明确规定可以不要求申请保全人提供担保，这也是减轻当事人担保负担、解决保全难的重要体现。

——《关于发布〈最高人民法院关于人民法院办理财产保全案件若干问题的规定〉的新闻发布稿》（2016 年 11 月 8 日）。

567. 申请诉讼财产保全提供担保数额的确定

关键词

财产保全担保数额

最高人民法院司法解释

第五条　人民法院依照民事诉讼法第一百条[①]规定责令申请保全人提供财产保全担保的，担保数额不超过请求保全数额的百分之三十；申请保全的财产系争议标的的，担保数额不超过争议标的的价值的百分之三十。

利害关系人申请诉前财产保全的，应当提供相当于请求保全数额的担保；情况特殊的，人民法院可以酌情处理。

① 现为《民事诉讼法》（2021 年修正）第一百零三条。

财产保全期间，申请保全人提供的担保不足以赔偿可能给被保全人造成的损失的，人民法院可以责令其追加相应的担保；拒不追加的，可以裁定解除或者部分解除保全。

——《最高人民法院关于人民法院办理财产保全案件若干问题的规定》（2020 年 12 月 29 日修正）。

附录：答记者问

以问题为导向，合理调整申请诉讼财产保全的担保数额

通常情况下，当事人申请财产保全的，需要提供担保，以便赔偿可能因保全错误对被保全一方造成的损失。民事诉讼法对当事人申请诉讼财产保全时应当提供的担保数额未作规定，实践中通行做法是要求当事人提供相当于请求保全数额的担保，由于保全仅限制被保全财产的处分，一般不会导致财产灭失，所以，全额担保的数额通常远远高于可能对被保全一方造成的财产损失，导致担保要求过高，保全适用比例过低，保全作用难以有效发挥。为此，《财产保全规定》在充分考虑因保全可能对被保全财产造成实际损失的情况下，对保全担保数额予以合理调整，规定诉讼保全的担保数额不超过请求保全数额或争议标的财产价值的百分之三十，大大降低了当事人申请保全的成本。同时，为避免担保数额过低，不足以赔偿因保全期间过长、市场发生巨变等增加的可能损失，司法解释规定法院有权责令当事人追加担保，对担保数额予以调整，以平衡保护各方当事人的合法权益。

——《关于发布〈最高人民法院关于人民法院办理财产保全案件若干问题的规定〉的新闻发布稿》（2016 年 11 月 8 日）。

568. 申请人提供担保的方式没有限制，既可以是实物担保，也可以是信誉担保

关键词

实物担保　信誉担保　查封、扣押、冻结

最高人民法院司法解释

第一百六十四条　对申请保全人或者他人提供的担保财产，人民法院应当依法办理查封、扣押、冻结等手续。

——《最高人民法院关于适用〈中华人民共和国民事诉讼法〉的解释》（2022 年 4 月 1 日修正）。

附录：最高人民法院主流观点

法律和司法解释对申请人提供担保的方式没有限制，既可以是实物担保，也可以是信誉担保。只能对申请保全人或者他人提供担保的财物依法办理查封、扣押、冻结等手续，对信誉等非财产等则不得采取查封、扣押、冻结等措施。

——最高人民法院民法典贯彻实施工作领导小组办公室编著：《最高人民法院新民事诉讼法司法解释理解与适用》，人民法院出版社 2022 年版，第 394 页。

569. 保全申请不能由当事人直接交由法院，而应由仲裁机构提交

关键词

仲裁机构　保全申请　保全程序　涉外仲裁程序　保全错误

最高人民法院司法解释

第五百四十条　依照民事诉讼法第二百七十九条规定，中华人民共和国涉外仲裁机构将当事人的保全申请提交人民法院裁定的，人民法院可以进行审查，裁定是否进行保全。裁定保全的，应当责令申请人提供担保，申请人不提供担保的，裁定驳回申请。

当事人申请证据保全，人民法院经审查认为无需提供担保的，申请人可以不提供担保。

——《最高人民法院关于适用〈中华人民共和国民事诉讼法〉的解释》（2022 年 4 月 1 日修正）。

附录：最高人民法院主流观点

第一，保全申请应由仲裁机构提交人民法院，不能由当事人直接交由人民法院。仲裁法第六十八条规定：“涉外仲裁的当事人申请证据保全的，涉外仲裁委员会应当将当事人的申请提交证据所在地的中级人民法院。”与此不同的是，根据《最高人民法院关于内地与澳门特别行政区就仲裁程序相互协助保全的安排》《最高人民法院关于内地与香港特别行政区法院就仲裁程序相互协助保全的安排》规定，香港、澳门特别行政区仲裁程序的当事人，在仲裁裁决作出前，可以参照民事诉讼法、仲裁法以及相关司法解释的规定，直接向被申请人住所地、财产所在地或者证据所在地的内地中级人民法院申请

保全。

第二，与普通诉讼的保全程序不同，涉外仲裁程序中，人民法院采取保全措施，只能基于当事人的申请，不能主动依职权进行；人民法院裁定进行财产或行为保全的，申请人应当提供担保，此亦不同于普通诉讼的保全。

第三，因当事人申请原因发生保全错误，应当由申请人赔偿被申请人的损失。民事诉讼法第一百零八条规定："申请有错误的，申请人应当赔偿被申请人因保全所遭受的损失。"保全是紧急情况下采取的措施，当事人应当对保全申请负责，人民法院对申请错误造成的损失不负有赔偿责任。

第四，涉外仲裁程序中财产保全措施的解除等相关问题，亦当适用《财产保全规定》。

——最高人民法院民法典贯彻实施工作领导小组办公室编著：《最高人民法院新民事诉讼法司法解释理解与适用》，人民法院出版社2022年版，第1183~1184页。

570. 保全费用的承担

关键词

保全费用　财产保全　公平原则　上诉

最高人民法院司法解释

第一百六十三条　法律文书生效后，进入执行程序前，债权人因对方当事人转移财产等紧急情况，不申请保全将可能导致生效法律文书不能执行或者难以执行的，可以向执行法院申请采取保全措施。债权人在法律文书指定的履行期间届满后五日内不申请执行的，人民法院应当解除保全。

——《最高人民法院关于适用〈中华人民共和国民事诉讼法〉的解释》（2022年4月1日修正）。

附录：最高人民法院主流观点

对于当事人申请财产保全，按照民事诉讼法以及《诉讼费用交纳办法》规定，应由申请人交纳相关的保全费用。对于这项保全费用，人民法院在裁判案件时，一并决定由当事人负担。但是《民事诉讼法解释》采取保全措施，是在法院裁判作出之后才由债权人主动提起，债权人交纳保全费用后，该费用最终由谁承担？我们认为，可根据公平原则，由实施该项保全的法院根据案件的实际情况作出书面决定，该保全费用是由债务人承担，或是债权人承担，或是债务人和债权人共同承担。对此决定，当事人不可提起上诉。

——最高人民法院民法典贯彻实施工作领导小组办公室编著:《最高人民法院新民事诉讼法司法解释理解与适用》，人民法院出版社2022年版，第391页。

571. 财产纠纷案件中被保全人或第三人提供充分有效担保请求解除保全的，人民法院应当裁定准许

关键词

保险保函　担保　财产保全

最高人民法院公布的典型案例

以保险保函作为反担保解除财产保全措施案

裁判要旨：对于财产纠纷案件，被保全人或第三人提供充分有效担保请求解除保全的，法院应采取灵活解封的方式，降低保全期间涉诉企业账户冻结、资金占用等风险，减小对企业日常生产经营的影响。

（一）基本案情

天津华亿凡网络科技有限公司（以下简称华亿凡公司）因与南京苏宁电子商务有限公司（以下简称苏宁公司）、苏宁易购集团股份有限公司（以下简称苏宁易购集团）不当得利纠纷，起诉至江苏省江宁经济技术开发区人民法院，要求苏宁公司、苏宁易购集团返还其货款2060万元。诉讼中，华亿凡公司向法院提出财产保全申请，要求冻结苏宁公司、苏宁易购集团名下银行存款2060万元，该院裁定冻结苏宁易购集团名下华夏银行营业部账户内银行存款2060万元。苏宁易购集团向法院书面申请变更保全标的物，经审查，该院裁定变更冻结苏宁易购集团名下华夏银行南京分行营业部账户内银行存款2060万元。后苏宁公司、苏宁易购集团申请法院解除对苏宁易购集团名下银行存款的保全措施，并提供紫金财产保险公司出具的保险保函作为反担保。该保险保函载明：紫金财产保险公司自愿为苏宁公司、苏宁易购集团的解除保全申请提供担保，担保金额为2060万元，如苏宁公司、苏宁易购集团解除保全申请致使华亿凡公司遭受损失，紫金财产保险公司保证向华亿凡公司在赔偿限额内进行赔偿。

（二）裁判结果

江苏省江宁经济技术开发区人民法院认为，对于财产纠纷案件，被保全

人或第三人提供充分有效担保请求解除保全的，人民法院应当裁定准许。紫金财产保险公司出具的保险保函载明的担保数额与华亿凡公司申请财产保全的数额一致，在条件成就时可以保证受益人获得补偿，避免将来生效判决出现不能执行的风险，且有利于苏宁公司、苏宁易购集团的日常生产经营。既保障了华亿凡公司的合法利益，又充分释放了苏宁公司、苏宁易购集团的资金流动性，故对苏宁公司、苏宁易购集团提出的解除对其银行账户存款冻结的申请，依法应予准许。2020 年 11 月 5 日，该院裁定解除对苏宁易购集团名下华夏银行南京分行营业部账户内银行存款 2060 万元的冻结。

（三）典型意义

长三角地区是我国经济发展速度最快、经济总量规模最大、最具有发展潜力的经济板块。在新冠肺炎疫情的冲击下，长三角地区企业面临诸多困难，人民法院依法公平审理疫情防控期间的各类涉企业纠纷案件，保障经济平稳发展，是服务“六稳”“六保”，确保社会大局稳定的使命任务。

本案中，人民法院在保障原告合法利益的前提下，依法审查并认定被告提供的保险保函属于充分、有效的担保形式，能够避免出现生效判决不能执行的风险。在此情形下，法院采取灵活解封的方式，降低保全期间涉诉企业账户冻结、资金占用等风险，减小对企业日常生产经营的影响。

在疫情防控的特殊情况下，人民法院自觉将审判工作融入经济社会发展大局，秉持依法文明审判理念，深度分析个案情况，通过将保险保函作为反担保手段，灵活变更保全方案。此举兼顾了公平与效率，有效的帮助民营企业摆脱困局，获得生存时间和发展空间，实现多方共赢，促进了长三角区域经济可持续发展，切实保障了民生与就业，取得良好的法律效果和社会效果。

——《人民法院服务和保障长三角一体化发展典型案例》，载《人民法院报》2021 年 11 月 3 日。

572. 原作出诉中保全裁定的法院移送管辖后，受移送人民法院是否有权解除保全裁定

关键词

诉中保全裁定　移送管辖　保全裁定解除

最高人民法院司法解释

第一百六十五条　人民法院裁定采取保全措施后，除作出保全裁定的人民法院自行解除或者其上级人民法院决定解除外，在保全期限内，任何单位不得解除保全措施。

——《最高人民法院关于适用〈中华人民共和国民事诉讼法〉的解释》（2022 年 4 月 1 日修正）。

附录：最高人民法院主流观点

关于原作出诉中保全裁定的人民法院移送管辖后，受移送人民法院是否有权解除保全裁定的问题，实践中存在不同认识。对此，需要结合《民事诉讼法解释》第一百六十条进行体系化解读。《民事诉讼法解释》第一百六十条规定："当事人向采取诉前保全措施以外的其他有管辖权的人民法院起诉的，采取诉前保全措施的人民法院应当将保全手续移送受理案件的人民法院。诉前保全的裁定视为受移送人民法院作出的裁定。"根据该条规定，当作出诉前保全裁定法院与受理案件法院不一致时，前者应当向后者移送保全手续，且诉前保全裁定视为受移送人民法院作出的裁定。尽管该条规定的是诉前财产保全，但该条规定精神可参照适用于诉中财产保全。原作出诉中保全裁定的人民法院移送管辖，其实质是对案件进行移送。财产保全属于当事人诉讼活动的一部分，是处理案件实体争议的附属部分，受移送人民法院在实际取得审理案件争议权后，也应一并取得与诉讼有关的附随权力。也就是说，受移送人民法院依法取得对原保全裁定予以变更或解除的权力。

——最高人民法院民法典贯彻实施工作领导小组办公室编著：《最高人民法院新民事诉讼法司法解释理解与适用》，人民法院出版社 2022 年版，第 394~395 页。

573. 保全实施阶段网络执行查控系统的应用

关键词

网络执行查控系统

最高人民法院司法解释

第十条　当事人、利害关系人申请财产保全，应当向人民法院提供明确的被保全财产信息。

当事人在诉讼中申请财产保全，确因客观原因不能提供明确的被保全财产信息，但提供了具体财产线索的，人民法院可以依法裁定采取财产保全措施。

第十一条　人民法院依照本规定第十条第二款规定作出保全裁定的，在该裁定执行过程中，申请保全人可以向已经建立网络执行查控系统的执行法院，书面申请通过该系统查询被保全人的财产。

申请保全人提出查询申请的，执行法院可以利用网络执行查控系统，对裁定保全的财产或者保全数额范围内的财产进行查询，并采取相应的查封、扣押、冻结措施。

人民法院利用网络执行查控系统未查询到可供保全财产的，应当书面告知申请保全人。

——《最高人民法院关于人民法院办理财产保全案件若干问题的规定》（2020 年 12 月 29 日修正）。

574. 对工业企业结构调整专项奖补资金不宜采取财产保全措施和执行措施

关键词

财产保全措施　执行措施　专项奖补资金

最高人民法院司法政策精神

根据《国务院关于钢铁行业化解过剩产能实现脱困发展的意见》（国发〔2016〕6 号）、《国务院关于煤炭行业化解过剩产能实现脱困发展的意见》（国发〔2016〕7 号）、《财政部工业企业结构调整专项奖补资金管理办法》（财建〔2016〕253 号）的规定，工业企业结构调整专项奖补资金系中央财政为支持地方政府和中央企业推动钢铁、煤炭等行业化解过剩产能而设立的专项资金。该资金专项用于相关国有企业职工以及符合条件的非国有企业职工的分流安置工作，目的在于去除钢铁、煤炭等行业的过剩产能，推进供给侧结构性改革。因此，除为实现企业职工权利，审理、执行因企业职工分流安置工作形成的纠纷外，人民法院在审理、执行涉及有关国有和非国有钢铁、煤炭企业的其他纠纷时，不宜对工业企业结构调整专项奖补资金采取保全和执行措施。

各高级人民法院收到本通知后，要立即组织辖区人民法院对正在审理、执行中的案件进行自查，发现相关工业企业结构调整专项资金已被冻结，或者已经划拨但未发放的，除为实现企业职工权利，审理、执行因企业职工分流安置工作形成的纠纷外，应立即解除冻结措施，退还相关款项。

各级人民法院应结合账户性质、资金来源、发放程序、审批手续等因素准确判断资金性质，同时保证各方当事人的权利，既要避免因普通经济纠纷冻结、扣划工业企业结构调整专项奖补资金，也要防止债务人恶意借奖补资金之名逃避债务。

——《最高人民法院关于对工业企业结构调整专项奖补资金不宜采取财

产保全措施和执行措施的通知》（2017 年 7 月 19 日，法〔2017〕220 号）。

575. 采取保全措施，保障诉讼权利，快速调解企业间合同纠纷

关键词

财产保全措施　财产保全担保　调解　涉疫情案件

最高人民法院司法政策精神

九、灵活采取保全措施。对于受疫情影响陷入困境的企业特别是中小微企业、个体工商户，可以采取灵活的诉讼财产保全措施或者财产保全担保方式，切实减轻企业负担，助力企业复工复产。

——《最高人民法院印发〈关于依法妥善审理涉新冠肺炎疫情民事案件若干问题的指导意见（一）〉的通知》（2020 年 4 月 16 日，法发〔2020〕12 号）。

最高人民法院公布的典型案例

浙江吉高实业有限公司诉梅州市中联精密电子有限公司、赣州中盛隆电子有限公司等买卖合同纠纷案

裁判要旨：受诉法院积极作为，采取保全措施，保障诉讼权利，组织双方反复进行协商调解，最终就解除财产保全和货款支付事宜达成协议，短平快地解决双方纠纷，实现了原告企业权利保障和被告企业复工复产的“双赢”。

（一）案情简介

梅州市中联精密电子有限公司、赣州中盛隆电子有限公司均为向测温仪生产企业供应线路板的供应链上游企业。2020 年 1 月 14 日，因买卖合同纠纷，被浙江吉高实业有限公司起诉至浙江省桐乡市人民法院，诉讼标的 1600 余万元，并经原告申请采取了财产保全措施。疫情发生发后，法院了解到，两公司均是当地政府确定的疫情期间第一批复工复产企业，而案涉诉讼保全严重影响了企业购买原材料、发放工人工资以及偿还银行贷款。为保障两被告企业复工复产不受影响，经桐乡市人民法院积极组织调解，原被告双方于 2 月中旬达成了分期还款、逐步解封的调解方案。在法院的督促下，两被告企业按约履行了部分付款义务。2 月 21 日，法院解除了对两被告企业的全部财产保全措施，有力促进了疫情防控物资的正常生产。

（二）典型意义

本案的典型意义在于，既依法保障债权人诉讼权利，又坚持服务疫情防控大局工作，实现法律效果和社会效果的有机统一。对原告企业来说，货物结欠金额巨大，若不采取保全措施，其诉讼权利难以保障。对于两被告企业来说，迅速复工复产是保障疫情防控的当务之急，但流动资金的冻结限制了生产的进程。受诉法院积极作为，组织双方反复进行协商调解，最终就解除财产保全和货款支付事宜达成协议，短平快地解决双方纠纷，实现了原告企业权利保障和被告企业复工复产的"双赢"。

——《最高人民法院发布首批全国法院服务保障疫情防控期间复工复产民商事典型案例》，载《人民法院报》2020 年 3 月 25 日。

附录：答记者问

在中小微企业司法保护方面，《关于依法妥善审理涉新冠肺炎疫情民事案件若干问题的指导意见（一）》（以下简称《意见》）强调，对于受疫情影响陷入困境的企业特别是中小微企业，可以采取灵活的诉讼财产保全措施。比如，在保障申请人权利前提下，能够"活封"的，尽量不"死封"，切实减少对困境企业生产经营的影响；对于企业申请诉讼财产保全的，可以采取第三人保证担保、财产保全责任保险等灵活的财产保全担保方式，尽量减轻企业经济负担，助力企业复工复产。除中小微企业外，对于陷入困境的个体工商户也需要司法保护和帮扶，《意见》对此也予以规定。同时，《意见》还要求，人民法院要加强与政府及有关部门的协调，支持用人单位在疫情防控期间依法依规采用灵活工作方式。

——《依法妥善审理涉疫情民事案件服务保障经济社会发展——最高人民法院研究室负责人就依法妥善审理涉新冠肺炎疫情民事案件若干问题的指导意见（一）答记者问》，载《人民法院报》2020 年 4 月 21 日。

576. 民事案件管辖权变化后，取得管辖权的法院是否有权解除原作出保全措施法院的保全裁定

关键词

管辖权　财产保全　保全裁定

最高人民法院答复

×××同志：

您提出的《关于明确民事案件管辖权变化后原保全措施如何处理的建议》

收悉，现答复如下：

关于管辖权变化后，取得管辖权的法院是否有权解除原作出保全措施法院的保全裁定的问题，《最高人民法院关于适用〈中华人民共和国民事诉讼法〉的解释》（以下简称民诉法解释）第一百六十五条规定："人民法院裁定采取保全措施后，除作出保全裁定的人民法院自行解除或者其上级人民法院决定解除外，在保全期限内，任何单位不得解除保全措施。"仅从该条款的文义进行解读，只有作出保全裁定的人民法院有权自行解除或者由其上级人民法院决定解除保全措施。但是，在案件移送后由原作出裁定的法院决定是否解除保全措施确实存在法院之间的保全衔接问题，会影响当事人的合法权益。从法理上看，民诉法解释第一百六十五条的适用，有必要结合民诉法解释第一百六十条规定作出体系化理解，该条规定："当事人向采取诉前保全措施以外的其他有管辖权的人民法院起诉的，采取诉前保全措施的人民法院应当将保全手续移送受理案件的人民法院。诉前保全的裁定视为受移送人民法院作出的裁定。"综合这两条规定，可以较好地解决保全裁定的效力衔接问题，减轻当事人的诉累，避免造成司法资源浪费，更为公平合理地保护好各方当事人利益。当然，民诉法解释第一百六十条规定的是诉前财产保全措施，对于诉讼中采取的保全措施，在案件管辖权变化后保全措施如何处理，也有必要从发挥保全制度的功能价值和减轻当事人诉累的角度，参考现有规定进行。

诚如您所指出的，财产保全措施会对当事人生产经营活动造成较大的影响，而在管辖权变化后，如果采取保全措施法院和实际审理案件的法院在衔接上出现问题，可能导致当事人的合法权利无法实现。对此，我们将进一步加强调查研究，结合民法典实施后，民事诉讼法等法律和相关司法解释的修订的具体情况，适时通过司法解释、指导性案例或者指导性文件的形式予以明确。

——《最高人民法院对十三届全国人大四次会议第 8268 号建议的答复》（2021 年 7 月 6 日）。

577. 应对保全的启动及审查予以规范，尽量避免对正常运营的实体经济采取冻结银行账户的保全措施

关键词

冻结银行账户　财产保全　申请保全人

最高人民法院答复

××× 同志：

您提出的《关于完善涉企保全制度，服务实体经济健康发展的建议》收悉，现答复如下：

您在建议中提出，现行财产保全制度相关规定不具体、权益保护不对等，导致保全制度被滥用问题，建议法院修改完善保全规定：在程序上对保全的启动及审查予以规范，严格当事人利益保护对等原则，尽量避免对正常运营的实体经济采取冻结银行账户的保全措施等。您的建议针对性强，对法院保全工作提出了更高要求。

三、关于避免对正常运营的实体采取冻结银行账户的保全措施的问题

（一）保全应优先采用对实体经济影响较小财产，明确财产保全顺序问题

为充分保护被保全人的权益，财产保全规定第十三条明确：被保全人有多项财产可供保全的，在能够实现保全目的的情况下，人民法院应当选择对其生产经营活动影响较小的财产进行保全。该规定旨在强调裁定保全时要充分顾及保全措施的适当性、必要性和相称性，采取的保全措施既要达到目的，又要避免给被保全人的生产经营活动造成不必要的损害，以保障和维护经济社会的有序和良性发展。

近年来，最高人民法院陆续出台多个文件强调：被执行人有多项财产可供执行的，人民法院应选择对被执行人生产生活影响较小且方便执行的财产执行。在不影响执行效率和效果的前提下，被执行人请求人民法院先执行某项财产的，应当准许；未准许的，应当有合理正当理由；在条件允许的情况下可以为企业预留必要的流动资金和往来账户，最大限度降低对企业正常生产经营活动的不利影响。《最高人民法院关于依法妥善办理涉新冠肺炎疫情执行案件若干问题的指导意见》再次明确：对受疫情影响导致生产生活困难的被执行人，在不影响债权实现的前提下，人民法院应当选择适当的查封措施。被执行人有多项财产可供执行的，应当选择对其生产生活影响较小且方便执行的财产执行。

上述司法政策的规定同样适用于保全，为有效指引保全活动提供了依据，但是这些规定没有明确具体标准。实践中，法院基于保全效果的考虑，加之冻结银行账户的实际可控性较强，且不易造成超标的执行，往往会优先选择对被申请人的银行账户进行查控。依据现行保全相关规定，该行为如果存在没有遵循上述规定，影响到被保全人的生产经营，使其合法权益受到侵害的情形，当事人可以通过民事诉讼法第一百零八条及财产保全规定第二十五条、二十六条的规定主张权益，也可以申请个案监督。您提出的明确财产保全顺序的建议有一定的研究价值，但是否能够更加科学地实现保全制度的目的，平衡保护保全当事人的合法权益还需充分论证，广泛听取意见。对此，我们会继续深入推进善意文明执行的理念，坚持依法、公平、平等保护原则，充分考虑保全措施的必要性和适当性，最大限度地减少保全对被保全人生产经

营及基本生活的影响。

（二）法院应支持被保全人等值置换保全财产的请求问题

关于法院要支持被保全人等值换保的建议与现行保全制度的实质要求是统一的。民事诉讼法第一百零四条[①]规定：财产纠纷案件，被申请人提供担保的，人民法院应当裁定解除保全。民事诉讼法解释第一百六十七条进一步明确：财产保全的被保全人提供其他等值财产且有利于执行的，人民法院可以裁定变更保全标的物为被保全人提供的担保财产。财产保全规定第二十二条再次明确：财产纠纷案件，被保全人或第三人提供充分有效担保请求解除保全，人民法院应当裁定准许。按照上述规定，法院在裁定准予换保时，要审查担保财产的充分性、有效性。只要提供的担保财产确实能够保障将来保全人胜诉权益的实现，法院即应当予以支持。

（三）保全措施给被保全人造成损害的，申请保全人要承担损失赔偿责任问题

民事诉讼法第一百零五条[②]规定：申请有错误的，申请人应当赔偿被申请人因保全所遭受的损失。依据该规定，被保全人可以向人民法院起诉，请求申请保全人承担相应赔偿责任，由人民法院作出判决。但是目前此类诉讼中，对造成保全被申请人损失的原因、保全申请人过错的认定等方面，还存在一些疑难复杂问题。对此，我们会加强研究，进一步明确相关裁判标准，使因错误申请保全受到损害的被保全人得到切实赔偿。

——《最高人民法院对十三届全国人大三次会议第 7815 号建议的答复》（2020 年 9 月 25 日）。

578. 区别《民事诉讼法解释》第一百七十条第四项中的社会救助资金与执行救助金

关键词

社会救助资金　执行救助金

最高人民法院司法解释

第一百七十条　民事诉讼法第一百零九条第三项规定的情况紧急，包括：

（一）需要立即停止侵害、排除妨碍的；

（二）需要立即制止某项行为的；

① 现为《民事诉讼法》（2021 年修正）第一百零七条。

② 现为《民事诉讼法》（2021 年修正）第一百零八条。

（三）追索恢复生产、经营急需的保险理赔费的；

（四）需要立即返还社会保险金、社会救助资金的；

（五）不立即返还款项，将严重影响权利人生活和生产经营的。

——《最高人民法院关于适用〈中华人民共和国民事诉讼法〉的解释》（2022 年 4 月 1 日修正）。

附录：最高人民法院主流观点

实践中应注意《民事诉讼法解释》第一百七十条第四项中的社会救助资金要与执行救助金相区别。执行救助金，是指人民法院受理的执行案件因穷尽执行手段，被执行人仍无履行法定义务的能力，导致案件无法执行，对生活确有困难、迫切需要救助的当事人进行必要救助而设立的专用资金。执行救助金为了是解决执行程序中的问题，不宜与先予执行的相关资金相混淆。

——最高人民法院民法典贯彻实施工作领导小组办公室编著：《最高人民法院新民事诉讼法司法解释理解与适用》，人民法院出版社 2022 年版，第 405~406 页。

579. 法院对保全裁定和先予执行裁定的复议应与对保全、先予执行实施行为的异议相区分

关键词

保全裁定　先予执行裁定　执行异议　执行程序　案外人异议

最高人民法院司法解释

第一百七十二条　利害关系人对保全或者先予执行的裁定不服申请复议的，由作出裁定的人民法院依照民事诉讼法第一百一十一条规定处理。

——《最高人民法院关于适用〈中华人民共和国民事诉讼法〉的解释》（2022 年 4 月 1 日修正）。

附录：最高人民法院主流观点

人民法院对保全裁定和先予执行裁定的复议应与对保全、先予执行实施行为的异议相区分。根据《最高人民法院关于执行权合理配置和科学运行的若干意见》第 16 条和第 17 条规定，保全裁定和先予执行裁定由审判机构适用民事诉讼法有关保全和先予执行的规定作出；保全和先予执行的实施由执行机构负责，适用民事诉讼法执行程序的相关规定。同时，对于当事人的权利救济途径也分别适用不同的法律程序。基于当事人对保全裁定或先予执行

裁定不服申请复议与对保全、先予执行的实施行为不服提出执行异议之间存在差异，人民法院在处理此类问题时，应对当事人的请求进行区分。如果当事人、利害关系人对保全、先予执行的裁定不服申请复议的，由作出裁定的立案机构或者审判机构按照民事诉讼法规定的复议程序进行审查；如果当事人、利害关系人、案外人对保全、先予执行的实施行为提出异议的，由执行机构根据异议事项的性质按照程序异议和实体异议进行审查。所谓程序异议，又称执行异议，是因执行行为本身违反程序性规定，损害了执行案件当事人或者利害关系人的合法权益，由利益受损的当事人或者利害关系人以法院违反执行程序为由提出的异议。所谓实体异议，又称案外人异议，是案外人认为法院的执行行为侵害了其实体权利，基于对执行标的主张实体权利而提出的异议。如果当事人、利害关系人、案外人的异议既指向保全、先予执行的裁定，又指向执行实施行为的，由作出裁定的立案机构或者审判机构分别按照民事诉讼法关于保全裁定、先予执行裁定的复议程序，以及执行异议或案外人异议的相关规定审查。

——最高人民法院民法典贯彻实施工作领导小组办公室编著：《最高人民法院新民事诉讼法司法解释理解与适用》，人民法院出版社 2022 年版，第 409~410 页。

580. 如何保全分期履行的债权

关键词

分期履行债权　分期保全　一次性保全

最高人民法院司法解释

第一百五十九条　债务人的财产不能满足保全请求，但对他人有到期债权的，人民法院可以依债权人的申请裁定该他人不得对本案债务人清偿。该他人要求偿付的，由人民法院提存财物或者价款。

——《最高人民法院关于适用〈中华人民共和国民事诉讼法〉的解释》（2022 年 4 月 1 日修正）。

附录：最高人民法院主流观点

审判实践中应注意对分期履行的债权如何保全的问题。人民法院在采取保全措施时，只能保全已到期的对他人的部分债权，对未到期债权原则上不得保全。但可以在保全之前征求该他人的意见，如果该他人同意一次性保全的，可以一次性保全；如果该他人只同意对已到期部分债权保全的，则法院只能分期保全，不得一次性将未到期部分债权予以保全。

——最高人民法院民法典贯彻实施工作领导小组办公室编著：《最高人民法院新民事诉讼法司法解释理解与适用》，人民法院出版社 2022 年版，第 383 页。

581. 对季节性商品、鲜活、易腐烂变质及其他不宜长期保存的物品应采取保全措施

关键词

季节性商品　保全　变卖　不宜长期保存物品

最高人民法院司法解释

第一百五十三条　人民法院对季节性商品、鲜活、易腐烂变质以及其他不宜长期保存的物品采取保全措施时，可以责令当事人及时处理，由人民法院保存价款；必要时，人民法院可予以变卖，保存价款。

——《最高人民法院关于适用〈中华人民共和国民事诉讼法〉的解释》（2022 年 4 月 1 日修正）。

附录：最高人民法院主流观点

对于季节性商品、鲜活、易腐烂变质以及其他不宜长期保存的物品采取保全措施，在处理上，首先是可以责令当事人及时处理，处理所得款项由人民法院保存。其次是必要时，也就是在一些特殊情况下，人民法院可以交有关部门及时变卖，所得价款由人民法院继续保存。

——最高人民法院民法典贯彻实施工作领导小组办公室编著：《最高人民法院新民事诉讼法司法解释理解与适用》，人民法院出版社 2022 年版，第 377 页。

582. 查封、扣押、冻结担保物权人占有的担保财产，由人民法院保管的，质权、留置权不因转移占有而消灭

关键词

查封、扣押、冻结　担保财产　质权　留置权　保全

最高人民法院司法解释

第一百五十四条 人民法院在财产保全中采取查封、扣押、冻结财产措施时，应当妥善保管被查封、扣押、冻结的财产。不宜由人民法院保管的，人民法院可以指定被保全人负责保管；不宜由被保全人保管的，可以委托他人或者申请保全人保管。

查封、扣押、冻结担保物权人占有的担保财产，一般由担保物权人保管；由人民法院保管的，质权、留置权不因采取保全措施而消灭。

——《最高人民法院关于适用〈中华人民共和国民事诉讼法〉的解释》（2022 年 4 月 1 日修正）。

附录：最高人民法院主流观点

查封、扣押、冻结担保物权人占有的担保财产，由人民法院保管的，质权、留置权不因转移占有而消灭。也就是说，只有人民法院基于财产保全措施对质物、留置物占有时，才不改变动产占有的优先权，即质权人、留置权人的优先权不消灭。

——最高人民法院民法典贯彻实施工作领导小组办公室编著：《最高人民法院新民事诉讼法司法解释理解与适用》，人民法院出版社 2022 年版，第 378 页。

二、保全救济

583. 财产保全过程中案外人异议及执行异议之诉如何处理

关键词

财产保全　保全诉讼　案外人异议　执行异议之诉

最高人民法院裁判文书

中国华融资产管理股份有限公司吉林省分公司与王桂杰及一审被告吉林市金晟房地产开发有限公司、吉林市天然城市房地产开发有限公司、天然城市开发集团有限公司、蓝宁申请执行人执行异议之诉案［最高人民法院（2021）最高法民终 912 号民事裁定书］

裁判要旨：人民法院对诉讼争议标的以外的财产进行保全，案外人对保全裁定或者保全裁定实施过程中的执行行为不服，基于实体权利对被保全财产提出书面异议的，人民法院应当依照民事诉讼法规定审查处理并作出裁定。案外人、申请保全人对该裁定不服的，可以自裁定送达之日起十五日内向人民法院提起执行异议之诉。人民法院裁定案外人异议成立后，申请保全人在法律规定的期间内未提起执行异议之诉的，人民法院应当自起诉期限届满之日起七日内对该被保全财产解除保全。

最高人民法院认为：本案应重点审查人民法院是否应当依法受理当事人提起的执行异议之诉。

民事诉讼法第二百二十七条[①]规定："执行过程中，案外人对执行标的提出书面异议的，人民法院应当自收到书面异议之日起十五日内审查，理由成立的，裁定中止对该标的的执行；理由不成立的，裁定驳回。案外人、当事人对裁定不服，认为原判决、裁定错误的，依照审判监督程序办理；与原判决、裁定无关的，可以自裁定送达之日起十五日内向人民法院提起诉讼。"《最高人民法院关于人民法院办理财产保全案件若干问题的规定》第二十七条规定："人民法院对诉讼争议标的以外的财产进行保全，案外人对保全裁定或者保全裁定实施过程中的执行行为不服，基于实体权利对被保全财产提出书面异议的，人民法院应当依照民事诉讼法第二百二十七条规定审查处理并作出裁定。案外人、申请保全人对该裁定不服的，可以自裁定送达之日起十五日内向人民法院提起执行异议之诉。人民法院裁定案外人异议成立后，申请保全人在法律规定的期间内未提起执行异议之诉的，人民法院应当自起诉期限届满之日起七日内对该被保全财产解除保全。"《最高人民法院关于人民法院办理财产保全案件若干问题的规定》第二十七条规定以"诉讼争议标的以外的财产"作为提起案外人异议及执行异议之诉条件，主要意图在于与案外人以第三人身份根据民事诉讼法第五十六条规定参与诉讼的情形相区分。如果案外人对申请保全诉讼案件当事人双方争议的诉讼标的主张独立请求权，或者主张案件处理结果同他有法律上的利害关系，则案外人可以通过提起诉讼、申请参加诉讼，或者由人民法院通知参加诉讼等方式参与到申请保全诉讼案件的诉讼程序中，以方便解决权利争议。但如果案外人为排除保全执行，主张其权利优先于申请保全人，并不以否定申请保全人或者被保全人在申请保全诉讼案件中的权利主张为唯一理由，则可以通过执行异议之诉解决争议，在确定权利顺位后确定是否应当准予保全。当然，前述区分并不妨碍案外人

① 现为《民事诉讼法》(2021年修正)第二百三十四条。

分别提出不同的权利主张及事实理由，从而既可以基于第三人身份参与到申请保全诉讼案件的诉讼程序中，又可以通过民事诉讼法第二百二十七条规定程序请求排除保全执行。

在申请保全诉讼案件中，如果申请保全人主张对被保全财产享有抵押权，而其是否享有抵押权对认定案外人权利是否足以排除保全执行具有重要影响的，即使案外人主张申请保全人不享有抵押权并要求以第三人身份参与申请保全诉讼案件，亦不影响案外人及申请保全人同时根据民事诉讼法第二百二十七条规定提起执行异议之诉。因为执行异议之诉需要解决案外人的权利是否足以排除执行问题，包括在申请保全人不享有抵押权或者享有抵押权情形下案外人的排除执行主张应否得到支持问题。这一问题在申请保全诉讼案件中并非诉讼标的，无法在申请保全诉讼案件中得到完全解决。如果执行异议之诉的审理需要以另一案即申请保全诉讼案件对抵押权问题的审理结果为依据，而另一案尚未审结的，则可以依法中止审理。

本案华融公司申请保全所依据的是其在（2018）吉民初 65 号案件中提出的判令金晟公司给付借款本息，并对包括本案案涉房产在内的抵押房产可以行使抵押权的诉讼请求。（2018）吉民初 65 号案件主要解决华融公司的债权数额、是否对案涉房产有抵押权及抵押范围等问题。本案中，案外人请求排除华融公司对案涉房产的保全，其主要理由是案外人在吉林高院查封案涉房产前与金晟公司签订了房产买卖合同，交纳了购房款，且办理了入住手续，合法占有使用案涉房产，符合《最高人民法院关于人民法院办理执行异议和复议案件若干问题的规定》第二十八条等规定。因此，本案所应审理的主要问题是案外人权利是否应优先于华融公司获得保护并应否准予保全等问题，与（2018）吉民初 65 号案件所审理的问题并不完全相同，不能以（2018）吉民初 65 号案件的审理排除执行异议之诉案件的受理。如果本案必须以另一案即华融公司申请保全诉讼案件的审理结果为依据，而另一案尚未审结的，本案亦可以依法中止审理。

——中国裁判文书网。

584. 申请保全错误的要件

关键词

财产保全申请　主观过错　侵权责任

最高人民法院公报案例、最高人民法院裁判文书

宜兴市建工建筑安装有限责任公司与张某、张某山申请诉中财产保全损

害赔偿责任纠纷案［最高人民法院（2018）最高法民申 2027 号民事裁定书］

裁判摘要：由于当事人的法律知识、对案件事实的举证证明能力、对法律关系的分析判断能力各不相同，通常达不到司法裁判所要求的专业水平，因此当事人对诉争事实和权利义务的判断未必与人民法院的裁判结果一致。对当事人申请保全所应尽到的注意义务的要求不应过于苛责。如果仅以保全申请人的诉讼请求是否得到支持作为申请保全是否错误的依据，必然会对善意当事人依法通过诉讼保全程序维护自己权利造成妨碍，影响诉讼保全制度功能的发挥。而且，《中华人民共和国侵权责任法》第六条[①]和第七条[②]规定，侵权行为以过错责任为原则，无过错责任必须要有法律依据，但《中华人民共和国侵权责任法》所规定的无过错责任中并不包含申请保全错误损害赔偿责任。因此，申请保全错误，须以申请人主观存在过错为要件，不能仅以申请人的诉讼请求未得到支持为充分条件。

最高人民法院认为：根据宜兴建筑公司的再审申请理由以及提交的证据，本案的争议焦点问题为：申请保全错误是否仅以申请人诉讼请求未得到支持为充分条件、二审判决认定张某申请诉讼保全不存在恶意是否缺乏证据证明、二审判决认定张某申请诉讼保全的行为未对宜兴建筑公司造成实际损失是否缺乏证据证明。

一、关于申请保全错误是否仅以申请人诉讼请求未得到支持为充分条件的问题

《中华人民共和国民事诉讼法》第一百零五条[③]规定："申请有错误的，申请人应当赔偿被申请人因保全所遭受的损失。"由于当事人的法律知识、对案件事实的举证证明能力、对法律关系的分析判断能力各不相同，通常达不到司法裁判所要求的专业水平，因此当事人对诉争事实和权利义务的判断未必与人民法院的裁判结果一致。对当事人申请保全所应尽到的注意义务不应过于苛责。如果仅以保全申请人的诉讼请求是否得到支持作为申请保全是否错误的依据，必然会对善意当事人依法通过诉讼保全程序维护自己权利造成妨碍，影响诉讼保全制度功能的发挥。而且，《中华人民共和国侵权责任法》第六条和第七条规定，侵权行为以过错责任为原则，无过错责任必须要有法律依据，但《中华人民共和国侵权责任法》所规定的无过错责任中并不包含申

---

① 对应《民法典》第一千一百六十五条。
② 对应《民法典》第一千一百六十六条。
③ 现为《民事诉讼法》（2021 年修正）第一百零八条。

请保全错误损害赔偿责任。综上，申请保全错误，须以申请人主观存在过错为要件，不能仅以申请人的诉讼请求未得到支持为充分条件。

二、关于二审判决认定张某申请诉讼保全不存在恶意是否缺乏证据证明的问题

宜兴建筑公司申请再审主张，张某在另案中存在伪造账本、提供假证、盗用授权委托书的行为，证明其存在主观恶意，但上述主张只是宜兴建筑公司的怀疑，其并未提交充分有效的证据证明该主张，本院不予支持。案外人翁某刚为张某出具的部分《收款收据》加盖有宜兴建筑公司青州市城市展览馆项目部的公章；张某提供了宜兴建筑公司出具的授权委托书，主张翁校刚系宜兴建筑公司青州项目部经理，负责宜兴建筑公司相关工程的前期筹款、项目规划及施工等工作；宜兴建筑公司在本案一审中亦认可翁校刚系挂靠其经营，基于上述事实，张某将宜兴建筑公司作为被告，为保证将来判决生效后能得到顺利执行，在诉争标的范围内对宜兴建筑公司的银行账户存款申请查封，系依法行使法律赋予的诉讼权利。张某在其他民间借贷纠纷案件中选择只起诉翁校刚、撤回对宜兴建筑公司的起诉，都属于为维护自己的实体权利而依法行使诉讼权利的行为，并不能据此认定其主观上存在通过申请诉讼保全损害宜兴建筑公司权利的恶意。因此，宜兴建筑公司关于二审判决认定张某申请诉讼保全不存在恶意缺乏证据证明的再审申请理由不能成立。

三、关于二审判决认定张某申请诉讼保全的行为未对宜兴建筑公司造成实际损失是否缺乏证据证明的问题

宜兴建筑公司在一审中提交了授权委托书、借款协议、建设工程施工合同、领款汇款凭证、利息支付收据等证据以证明张某申请诉讼保全的行为对其造成了利息损失，但授权委托书加盖的公章与本案诉状中公章明显不一致，且两份借款合同均非以宜兴建筑公司名义签订，此后的利息也均未通过该公司支付。此外，根据宜兴建筑公司自述，其作为被执行人的案件上百起，是否仅因张某申请诉讼保全的行为造成其损失并不能确定。宜兴建筑公司未提交充分有效的证据证明其遭受的利息损失，也未能证明其所遭受的损失与张某申请诉讼保全之间存在因果关系。因此，宜兴建筑公司关于二审判决认定张某申请诉讼保全的行为未对其造成实际损失缺乏证据证明的再审申请理由亦不能成立。

——《最高人民法院公报》2018 年第 9 期。

585. 不能仅以保全申请人的诉讼请求是否得到法院支持做为判断申请保全是否存在过错的依据

关键词

因申请财产保全损害责任纠纷　过错的认定

最高人民法院裁判文书

顺泽公司与宁潇公司、人保汉中分公司申请财产保全损害责任纠纷案

［最高人民法院（2021）最高法民申 2326 号民事裁定书］

裁判要旨：申请保全错误造成财产损失属于一般侵权行为，应适用过错责任原则。原告应证明保全申请人进行财产保全存在故意或违反合理注意义务，不能仅依据保全申请人的诉讼请求未获得法院支持断定申请保全存在过错。

最高人民法院经审查认为，本案系再审审查案件，应当依据再审申请人的申请再审事由以及《中华人民共和国民事诉讼法》第二百条[①]的规定进行审查。顺泽公司的再审事由均不成立，理由如下：

一、关于宁潇公司的诉讼保全行为是否存在过错的问题。根据《中华人民共和国侵权责任法》第六条[②]关于“行为人因过错侵害他人民事权益，应当承担侵权责任”的规定，因申请保全错误造成财产损失属于一般侵权行为，应适用过错责任原则。在已有生效判决判令泰烜公司向宁潇公司支付拖欠钢材贷款 1317 万元和资金占用费 483 万元的情况下，宁潇公司为实现其合法债权，依据顺泽公司和泰烜公司的结算单、函件、通知、担保函等证据，认为其代位权成立并提起诉讼，原审判决认定宁潇公司已尽到合理、谨慎的注意义务，其申请保全的行为不存在过错，并无不当。顺泽公司未提供充分证据证明宁潇公司进行诉讼和保全行为存在过错和恶意，故顺泽公司的该项再审请求，本院不予支持。

二、关于宁潇公司是否应承担损害赔偿责任的问题。宁潇公司依法申请对案涉财产采取保全措施，主要目的在于维护在判决生效后其合同项下的利益得到实现。原审法院认定宁潇公司申请财产保全存在合理基础和适当性，

---

① 现为《民事诉讼法》（2021 年修正）第二百零七条。

② 对应《民法典》第一千一百六十五条。

主观上不存在通过财产保全行为给顺泽公司造成不必要损失的恶意，本院不持异议。判断财产保全损害民事责任是否成立须以损失与财产保全有因果关系为前提，根据《最高人民法院关于适用〈中华人民共和国民事诉讼法〉的解释》第九十条关于“当事人对自己提出的诉讼请求所依据的事实或者反驳对方诉讼请求所依据的事实，应当提供证据加以证明，但法律另有规定的除外。在作出判决前，当事人未能提供证据或者证据不足以证明其事实主张的，由负有举证证明责任的当事人承担不利的后果”的规定，顺泽公司未举证证明宁潇公司存在过错以及证明其主张的利息损失与财产保全有因果关系，故顺泽公司的该项再审请求，本院不予支持。

三、关于人保汉中分公司是否应在担保范围内承担保险赔偿责任的问题。该公司履行保险赔付责任需以宁潇公司应向顺泽公司承担赔偿责任为前提，鉴于顺泽公司要求宁潇公司承担损害赔偿责任的诉请不能成立，故其关于人保汉中分公司在诉讼保全担保范围内承担保险给付责任的再审请求，本院亦不予支持。

——中国裁判文书网。

586. 如何判断申请人申请财产保全是否存在过错

关键词

申请诉中财产保全损害责任纠纷　过错

最高人民法院裁判文书

双兴海阳分公司、双兴公司与张化珍、鸿辉公司、智慧云公司申请诉中财产保全损害责任纠纷案［最高人民法院（2021）最高法民申1056号民事裁定书］

裁判要旨：判断申请人申请财产保全是否存在过错，要根据其诉讼请求及所依据的事实和理由考察其提起的诉讼是否合理，或者结合申请保全的标的额、对象及方式等考察其申请财产保全是否适当。

最高人民法院经审查认为，判断申请人申请财产保全是否存在过错，要根据其诉讼请求及所依据的事实和理由考察其提起的诉讼是否合理，或者结合申请保全的标的额、对象及方式等考察其申请财产保全是否适当。首先，双兴海阳分公司提起的诉讼缺乏合理性。根据（2018）鲁民终565号民事判决确认的事实，腾越公司与智慧云公司于 2013 年 4 月 11 日签订《海阳十里金滩酒店钢结构幕墙施工合同》，于 2013 年 5 月 24 日签订《钢结构及幕墙施工合同》。在两份合同约定的案涉工程实际施工接近尾声时，双兴海阳分公司又与智慧云公司签订了两份施工合同，除合同主体外，名称、内容均与上述合同完全相同；双兴海阳分公司与智慧云公司签订的两份施工合同尾部均有腾越公司法定代表人李秋成及员工王健丽的签字，李秋成、王健丽以双兴海阳分公司的名义对案涉工程进行实际管理，其二人与双兴海阳分公司没有劳动关系，工资由腾越公司发放；智慧云公司收到的 17 笔工程款均由腾越公司支付。上述事实能够证明双兴海阳分公司与智慧云公司签订的施工合同并未实际履行，双兴海阳分公司对此是明知的。在此情况下，双兴海阳分公司仍起诉智慧云公司并提出退还多支付的工程款、支付质量索赔款等多项诉请，明显缺乏事实依据，其诉讼行为不具有合理性。其次，双兴海阳分公司的诉讼保全行为缺乏适当性。腾越公司作为案涉工程的发包方，在（2020）鲁0687 民初 1741 号案中起诉请求智慧云公司退还多支付的工程款、支付维修整改费等共计 1112189.25 元，而双兴海阳分公司在明知其与智慧云公司实际上不具备建设工程施工合同关系的情况下，提起诉讼并申请查封智慧云公司2900 万元财产并多次续行保全，且在终审判决作出后，双兴海阳分公司未主动申请解除保全措施，其保全行为缺乏适当性，应当赔偿因财产保全错误而给智慧云公司造成的损失。

双兴海阳分公司、双兴公司主张智慧云公司自 2013 年起即是失信被执行人，但从其提交的证据看，智慧云公司被强制执行所依据的生效裁判均是2017 年以后作出，不能证明双兴海阳分公司申请保全时，智慧云公司无法开展正常经营。且无论智慧云公司的经营状况如何，因双兴海阳分公司的错误保全行为导致智慧云公司银行账户被冻结是不争的事实，双兴海阳分公司、双阳公司应承担相应的损害赔偿责任。

财产损害赔偿请求权不属于基于特定身份关系而产生的债权，不属于不得转让的权利。张化珍根据其与智慧云公司签订的《债权转让协议》取得案涉债权，虽然起因是智慧云公司欠付山东潍州律师事务所诉讼代理费，但从合同订立情况及内容看，债权转让关系是在智慧云公司与张化珍之间进行，并已通知双兴海阳分公司。双方签订的《债权转让协议》未违反法律、行政法规的强制性规定，应为有效。双兴海阳分公司、双兴公司主张案涉债权转让行为无效，法律依据不足。

——中国裁判文书网。

587. 申请诉前财产保全损害责任纠纷中，申请保全人申请保全的数额高于裁判结果，是否必然被认定为存在过错

关键词

申请诉前财产保全损害责任纠纷　过错

最高人民法院裁判文书

鹏筑公司与华西公司、平安保险四川分公司因申请诉前财产保全损害责任纠纷案［最高人民法院（2021）最高法民申4799号民事裁定书］

裁判要旨：财产保全制度的目的在于保障将来生效判决的执行，故申请人在提出财产保全申请时，仅需尽到合理的注意义务即可。由于当事人对诉争事实和权利义务的判断未必与人民法院的裁判结果一致，如果仅以裁判结果来认定保全申请是否存在过错，则对申请人的诉讼能力和预判能力要求过高。因错误申请保全的损害赔偿责任以过错责任为归责原则。判断申请人是否存在过错的标准为申请人对出现财产保全的错误是否存在故意或重大过失。

最高人民法院经审查认为，本案系民事申请再审案件，应当围绕当事人主张的再审申请事由是否成立进行审查。

财产保全制度的目的在于保障将来生效判决的执行，故申请人在提出财产保全申请时，仅需尽到合理的注意义务即可。由于当事人对诉争事实和权利义务的判断未必与人民法院的裁判结果一致，如果仅以裁判结果来认定保全申请是否存在过错，则对申请人的诉讼能力和预判能力要求过高。根据《民事诉讼法》第一百零五条①："申请有错误的，申请人应当赔偿被申请人因保全所遭受的损失。"的规定，《中华人民共和国侵权责任法》第六条②第一款："行为人因过错侵害他人民事权益，应当承担侵权责任。"的规定，因错误申请保全的损害赔偿责任以过错责任为归责原则。因此，判断申请人是否存在过错的标准为申请人对出现财产保全的错误是否存在故意或重大过失。本案中，根据一、二审查明的事实，华西公司在申请对案涉房屋进行查封时，案涉房屋所属的土地使用权已先行抵押给银行，且案涉房屋为在建工程，能

① 现为《民事诉讼法》（2021年修正）第一百零八条。

② 对应《民法典》第一千一百六十五条。

否变现，以及变现价值均不能确定。故华西公司为保证其权益的实现，申请对案涉房屋进行查封并不存在故意或重大过失。虽然生效裁定认定存在超额查封的问题，要求查封套数以价值 21429 万元为限，但并不代表华西公司对超标的查封存在故意或重大过失，且成都中院已调整了保全范围，解除了对 8 套房屋的查封，如鹏筑公司认为成都中院仍然超标的查封，可以向成都中院申请解除。故二审判决认定华西公司对超标的查封不存在过错，并无不当。在认定华西公司对超标的查封不存在过错的前提下，二审法院认为鹏筑公司在二审中提交的证据与本案处理结果无关，对证据的真实性、合法性不予评判，并无不当。

——中国裁判文书网。

588. 申请诉中财产保全的金额应合理参考实际损失金额确定，明显不合理的构成保全错误

关键词

因申请诉中财产保全损害责任纠纷　保全错误

最高人民法院裁判文书

安悦汽车物资有限公司申请再审案［最高人民法院（2021）最高法民终 4392 号民事裁定书］

裁判要旨：申请诉中财产保全的金额应合理参考实际损失金额，而不应简单地以合同项下的货款金额加上此前未结算的剩余货款，作为申请财产保全金额的计算依据。对不存在的损失部分进行财产保全，有违保全制度的初衷。申请财产保全的金额明显超过合理范围，应当认定申请人存在过错，属于申请保全错误的情形，申请人就此应承担损害赔偿责任。

最高人民法院经审查认为，一、安悦公司应对其诉中财产保全中不合理的部分承担损害赔偿责任。安悦公司在 921 号案申请财产诉讼保全的金额应合理参考其实际损失金额为宜，而不应简单地以其与上海沙钢公司后三笔《钢材订购单》项下的货款金额再加上此前未结算的剩余货款，作为其申请财产保全数额的计算依据。安悦公司申请财产保全的金额明显超过合理范围，存在一定的主观过错，应当对江苏沙钢公司因此所受的损失承担赔偿责任。安悦公司以其申请保全的金额与诉讼请求的金额一致为由认为其不存在过错

的主张不能成立，最高人民法院不予采纳。

二、关于原审法院基于涉案整体钢材贸易的履行情况来评价安悦公司财产保全数额的合理性是否违背法律规定的问题。安悦公司是钢材贸易的中间环节，其与上海沙钢公司之间的合同与其与上海埃圣玛金属科技集团有限公司（以下简称埃圣玛公司）之间的合同彼此关联，应一体考虑。对于安悦公司已经收到的埃圣玛公司支付的订货保证金部分，因后三笔订单的所有货物已经由埃圣玛公司提取，该订货保证金部分已经履行完毕，安悦公司就此部分不存在损失。安悦公司对不存在损失的部分申请财产保全，显然有违保全制度的设立初衷。因此，安悦公司以二审判决突破合同相对性所作认定不符合法律规定的主张不能成立。

三、原审法院判令安悦公司对超出合理数额 75057369.40 元的申请财产保全部分承担损害赔偿责任并无不当。原审法院结合刑事案件中公安机关查实的安悦公司实际受损金额 6771 万元、当时安悦公司基于的判决执行因素、921 号案件中上海沙钢物资贸易有限公司（以下简称上海沙钢公司）退回的货款 5745776.90 元，酌定合理诉讼保全金额以不超出 75057369.40 元为宜并无不当。对超出部分，安悦公司具有一定的过错，应当对保全产生的损失承担赔偿责任，原审法院认定并无不当。

——中国裁判文书网。

589. 当事人向人民法院申请采取保全措施错误的判断标准

关键词

申请保全措施错误

最高人民法院公报案例、最高人民法院裁判文书

李正辉诉柴国生财产损害赔偿纠纷案［最高人民法院（2012）民申字第 1282 号民事裁定书］

裁判摘要：向人民法院申请采取保全措施是当事人的诉讼权利，但申请有错误的，申请人应当赔偿被申请人因保全所遭受的损失。如何判断当事人的申请是否错误，《中华人民共和国民事诉讼法》对此并没有作出规定。判断申请人的申请是否存在错误，应当结合具体案情，通过审查申请人是否存在通过保全损害被申请人合法权益的过错、保全的对象是否属于权属有争议的标的物、被申请人是否存在损失、是否为了保证判决的执行等因素予以考虑，不宜简单地

以判决支持的请求额与保全财产数额的差异判断申请人是否有错误。

最高人民法院认为，关于柴国生在“43 号案”中申请保全是否存在错误的问题。《中华人民共和国民事诉讼法》第一百条[①]第一款规定：“人民法院对于可能因当事人一方的行为或者其他原因，使判决难以执行或者造成当事人其他损害的案件，根据对方当事人的申请，可以裁定对其财产进行保全、责令其作出一定行为或者禁止其作出一定行为；当事人没有提出申请的，人民法院在必要时也可以裁定采取保全措施。”第一百零五条[②]规定：“申请有错误的，申请人应当赔偿被申请人因保全所遭受的损失。”根据这些规定，申请保全是当事人的诉讼权利，但如果权利行使不当，造成他人财产损失的，应当予以赔偿。在“43 号案”中，柴国生提起诉讼的原因是其认为讼争股票依据双方签订的协议在李正辉服务不满五年的情况下应全部返还，为保证将来判决得以执行，对所涉股票申请了保全，其行为本身不具备违法性。虽然生效判决未支持柴国生的全部诉讼请求，但就案件的证据而言，不足以认定柴国生具有通过保全来损害李正辉财产的故意或明显过失。同时，财产保全制度的设立目的是为了保护当事人的合法权益和保证将来人民法院生效的裁判文书得以执行。人民法院采取保全措施，必然会使得被保全的当事人不能自由地对被保全的财产进行事实上或法律上的处分。因此，仅以法院生效判决支持的诉讼请求额少于保全财产数额来判断柴国生保全错误，与民事诉讼法规定的保全制度不符。

——《最高人民法院公报》2014 年第 3 期。

590. 如何把握当事人申请保全错误的裁判尺度

关键词

当申请保全错误　裁判尺度

最高人民法院裁判文书

舟山外代货运有限公司与连丰海远洋渔业有限公司申请诉中财产保全损害责任纠纷案［最高人民法院（2018）最高法民申 6289 号民事裁定书］

裁判要旨 1. 因申请财产保全错误侵害他人合法权益的行为属于

① 现为《民事诉讼法》（2021 年修正）第一百零三条。

② 现为《民事诉讼法》（2021 年修正）第一百零八条。

一般侵权行为，应当适用过错责任原则，即申请保全错误须以申请人主观存在过错、客观行为具有违法性、损害事实客观存在以及损害事实与申请行为之间具有因果关系为要件。依据“谁主张，谁举证”之责任分配规则，保全损害赔偿请求人应就申请保全行为具备以上要件进行充分举证。

2. 因申请人在提出财产保全时，并不知晓也无从知晓案件的最终判决结果，当事人对诉争事实和权利义务的判断未必与法院的裁判结果一致。如果仅以保全申请人的诉讼请求是否得到支持作为判断申请保全是否错误的依据，则对当事人申请保全所应尽到的注意义务要求过于严苛，将有碍于善意当事人依法通过诉讼保全程序维护自己的合法权益。

3. 申请人基于合理的认识，为了维护其自身合法权益申请法院扣押、拍卖涉案船舶，已尽到了一般人应尽到的合理、谨慎的注意义务，无故意或重大过失，不应认定申请人存在过错。

最高人民法院认为：经审查认为，本案为再审申请案件，应当围绕再审申请进行审查，即主要审查丰海远洋申请扣押、拍卖涉案船舶是否存在错误的问题。

本案系申请财产保全损害责任纠纷。丰海远洋与舟山外代在（2008）辽民三终字第 215 号海上货物运输合同赔偿纠纷一案中，丰海远洋请求法院扣押、拍卖舟山外代所有的“盛福”轮。《中华人民共和国海事诉讼特别程序法》第二十条规定：“海事请求人申请海事请求保全错误的，应当赔偿被请求人或者利害关系人因此所遭受的损失。”《中华人民共和国民事诉讼法》第一百零五条[①]规定：“申请有错误的，申请人应当赔偿被申请人因保全所遭受的损失。”对于如何认定申请是否错误的问题，《中华人民共和国海事诉讼特别程序法》《中华人民共和国民事诉讼法》未有进一步的明确规定。因申请保全错误致被申请人遭受损失属于侵权行为的范畴，在法律无特别规定的情况下，应依据《中华人民共和国侵权责任法》的有关规定判断保全申请是否存在错误。《中华人民共和国侵权责任法》第六条[②]规定：“行为人因过错侵害他人民事权益，应当承担侵权责任。根据法律规定推定行为人有过错，行为人不能证明自己没有过错的，应当承担侵权责任。”第七条规定：“行为人损害他人民事权益，不论行为人有无过错，法律规定应当承担侵权责任的，依照其规定。”依据以上规定，一般侵权行为以过错为归责原则，法律有特殊规定的才

① 现为《民事诉讼法》（2021 年修正）第一百零八条。

② 对应《民法典》第一千一百六十五条。

适用过错推定或无过错责任原则。对于因申请财产保全错误侵害他人合法权益的，法律并未专门规定适用过错推定或者无过错责任原则，因此该行为属于一般侵权行为，应当适用过错责任原则，即申请保全错误须以申请人主观存在过错，客观行为具有违法性、损害事实客观存在以及损害事实与申请行为之间具有因果关系为要件。依据谁主张谁举证之举证责任分配规则，保全损害赔偿请求人应就申请保全行为具备以上要件进行充分举证。

（2008）辽民三终字第 215 号判决认定丰海远洋公司的诉讼请求超过了诉讼时效期间，驳回其诉讼请求。舟山外代因此认为丰海远洋的赔偿请求权已超过法定诉讼时效期间却坚持申请扣押、拍卖涉案船舶构成申请保全错误。（2008）辽民三终字第 215 号案件经过一、二审法院各两次审理，历经多年方作出终审判决，其争议的核心问题即是丰海远洋的诉讼请求权是否超过了诉讼时效期间。对于该问题，专业法官尚且有争议，如要求申请人在案件审结之前即知晓该争议法律问题的结论无疑是对申请人苛予了过于严格的注意义务要求。因申请人在提出财产保全时，并不知晓也无从知晓案件的最终判决结果，当事人对诉争事实和权利义务的判断未必与法院的裁判结果一致。如果仅以保全申请人的诉讼请求是否得到支持作为判断申请保全是否错误的依据，则对当事人申请保全所应尽到的注意义务要求过于严苛，将有碍于善意当事人依法通过诉讼保全程序维护自己的合法权益。根据（2008）辽民三终字第 215 号判决的认定，舟山外代应承担赔偿责任。丰海远洋提出保全申请系基于舟山外代对涉案海事请求负有责任的认识，该认识得到了法院生效判决的认可，系具备一定证据和法律支持的合理认识。丰海远洋基于合理的认识，为了维护其自身合法权益申请法院扣押、拍卖涉案船舶，已尽到了一般人应尽到的合理、谨慎的注意义务，无故意或重大过失。丰海远洋提出海事请求保全申请，符合法律规定，未有证据证明丰海远洋提出海事请求保全申请存在明显违法或程序不当。

舟山外代称因丰海远洋为保全申请提供的担保有瑕疵，故丰海远洋申请海事请求保全存在错误。毅德公司于 2004 年出具《担保书》，为丰海远洋申请保全提供担保。即便该公司于 2008 年被吊销企业营业执照，亦不能证明该公司在 2004 年没有能力提供担保。《担保书》承诺，以毅德公司自有财产承担因保全不当而给被保全人造成的损失。舟山外代主张毅德公司所有的两艘渔船已抵押给银行，该主张不足以否定毅德公司以公司自有财产进行担保的能力，故舟山外代的该项主张缺乏事实及法律依据，不能成立。

结合以上情况，丰海远洋申请扣押、拍卖涉案船舶不存在过错，二审判决认定涉案诉中财产保全没有错误并无不当。因丰海远洋申请保全没有错误，其无需对舟山外代承担财产保全损害赔偿责任。舟山外代称二审判决未采信证明其损失的证据材料属事实认定不清于法无据，不能成立。

——载中国应用法学研究所主编:《最高人民法院案例选(第6辑)》,法律出版社2022年版。

591. 如何认定财产保全申请人应当承担损害赔偿责任

关键词

财产保全损害　过错责任原则

最高人民法院裁判文书

立通公司与秦连江申请诉中财产保全损害责任纠纷上诉案[最高人民法院(2021)最高法民终503号民事判决书]

裁判要旨:因财产保全损害责任的法律关系性质上属侵权民事责任,故认定财产保全申请人是否应当承担损害赔偿责任,依法应从以下四个方面进行判断:一是申请人申请财产保全有错误;二是确有实际损失的存在;三是损失的出现与财产保全错误申请有因果关系;四是申请人对错误财产保全具有过错。

最高人民法院认为,本案二审的争议焦点为秦连江应否向立通公司赔偿因错误申请诉讼财产保全而造成的损失。

《中华人民共和国民事诉讼法》第一百零五条[①]规定:"申请有错误的,申请人应当赔偿被申请人因保全所遭受的损失"。因财产保全损害责任的法律关系性质上属侵权民事责任,故认定财产保全申请人是否应当承担损害赔偿责任,依法应从以下四个方面进行判断:一是申请人申请财产保全有错误;二是确有实际损失的存在;三是损失的出现与财产保全错误申请有因果关系;四是申请人对错误财产保全具有过错。

一、关于秦连江对案涉错误财产保全是否具有过错问题

因前案中秦连江的诉讼请求已被生效判决驳回,秦连江在前案中所申请的财产保全,确实存在错误。对于财产保全损害赔偿责任的归责原则,因法律并未予以特别规定,故应当适用侵权责任的基本归责原则,即过错责任原则。本案中,立通公司以秦连江的诉求与事实不符,且诉讼请求最终没有得到法院支持为由,主张秦连江主观上存在故意或重大过失。司法实践中,财产保全的申请人对自身权利的衡量与人民法院最终认定之间存在差异是常态,

① 现为《民事诉讼法》(2021年修正)第一百零八条。

如仅因申请人败诉即认定其对保全错误存在主观过错，则有违法律规定和民事诉讼实际。因此，对于申请人在财产保全错误上的过错认定，应当根据所涉诉讼复杂及不确定程度、申请金额、误差合理性等因素加以综合判断。在本案诉争建设工程施工合同纠纷前，秦连江就以房地产开发合同纠纷为案由起诉立通公司，本案二审庭审中双方均认可前案案涉建设工程合同约定的价款总金额近 12 亿元、双方还在其他工程中存在投资合作关系等事实。前案一审判决前，双方签订《解除合作协议书》，约定解除合作经营协议，立通公司一次性给付秦连江 5000 万元作为费用及利益补偿（以立通公司房产抵账），故秦连江依约向吉林高院申请解除其中 135 套房产的查封。前案最终是依据鉴定意见认定建设工程价款超付而驳回秦连江的诉讼请求，而对于超付的 30 万元立通公司亦未要求返还。且前案中受诉法院告知秦连江另行起诉的 6,807,910 元经济签证价款，有 5,346,078.84 元已在另案中被生效判决支持。以上事实，可以证明秦连江与立通公司之间存在较为复杂的法律关系，秦连江提起前案诉讼的结果具有较大的不确定性。立通公司提交的现有证据，尚不能证明秦连江对案涉保全错误存在故意或者重大过失。据此，本院对立通公司有关秦连江对案涉错误财产保全具有过错的上诉主张，依法不予支持。

二、关于立通公司主张的损失是否与秦连江保全行为存在因果关系问题

立通公司上诉主张，秦连江应当赔偿其因错误保全行为导致的房屋不能正常销售和流转而产生贷款利息损失。根据《最高人民法院关于人民法院办理财产保全案件若干问题的规定》第二十条第一款的规定，财产保全期间，被保全人如欲对被保全财产进行处分，具有合法的救济途径。且在（2015）吉民一初字第 00004 号一案中，人民法院曾向立通公司释明允许其销售查封房屋，销售款汇入监管账户，而前案所查封财产是秦连江在（2015）吉民一初字第 00004 号案件撤诉并对保全财产解封后又重新进行的查封，故可推断两案查封形式应为相同，即该财产保全并不影响商品房对外销售。另外，立通公司所提有关证据，也不足以证明其贷款产生的利息损失与秦连江的诉讼保全行为存在直接关联。故立通公司本案主张的损失与秦连江的错误保全行为之间，难以构成直接因果关系，立通公司要求秦连江赔偿其损失的上诉主张，依法不能成立。

——中国裁判文书网。

592. 案外人针对申请保全诉讼案件当事人双方争议的诉讼标的主张权利的，能否提出执行异议之诉

关键词

案外人申请保全　诉讼案件　诉讼标的　执行异议之诉

最高人民法院裁判文书

中国华融资产管理股份有限公司吉林省分公司与王丽梅等申请执行人执行异议之诉案［最高人民法院（2021）最高法民终 928 号民事裁定书］

裁判要旨：如果案外人对申请保全诉讼案件当事人双方争议的诉讼标的主张独立请求权，或者主张案件处理结果同他有法律上的利害关系，则案外人可以通过提起诉讼、申请参加诉讼，或者由人民法院通知参加诉讼等方式参与到申请保全诉讼案件的诉讼程序中，以方便解决权利争议。但如果案外人为排除保全执行，主张其权利优先于申请保全人，并不以否定申请保全人或者被保全人在申请保全诉讼案件中的权利主张为唯一理由，则可以通过执行异议之诉解决争议，在确定权利顺位后确定是否应当准予保全。

最高人民法院认为，本案应重点审查人民法院是否应当依法受理当事人提起的执行异议之诉。

民事诉讼法第二百二十七条①规定："执行过程中，案外人对执行标的提出书面异议的，人民法院应当自收到书面异议之日起十五日内审查，理由成立的，裁定中止对该标的的执行；理由不成立的，裁定驳回。案外人、当事人对裁定不服，认为原判决、裁定错误的，依照审判监督程序办理；与原判决、裁定无关的，可以自裁定送达之日起十五日内向人民法院提起诉讼。"《最高人民法院关于人民法院办理财产保全案件若干问题的规定》第二十七条规定："人民法院对诉讼争议标的以外的财产进行保全，案外人对保全裁定或者保全裁定实施过程中的执行行为不服，基于实体权利对被保全财产提出书面异议的，人民法院应当依照民事诉讼法第二百二十七条规定审查处理并作出裁定。案外人、申请保全人对该裁定不服的，可以自裁定送达之日起十五日内向人民法院提起执行异议之诉。人民法院裁定案外人异议成立后，申请保

① 现为《民事诉讼法》（2021 年修正）第二百三十四条。

全人在法律规定的期间内未提起执行异议之诉的，人民法院应当自起诉期限届满之日起七日内对该被保全财产解除保全。"《最高人民法院关于人民法院办理财产保全案件若干问题的规定》第二十七条规定以"诉讼争议标的以外的财产"作为提起案外人异议及执行异议之诉条件，主要意图在于与案外人以第三人身份根据民事诉讼法第五十六条[①]规定参与诉讼的情形相区分。如果案外人对申请保全诉讼案件当事人双方争议的诉讼标的主张独立请求权，或者主张案件处理结果同他有法律上的利害关系，则案外人可以通过提起诉讼、申请参加诉讼，或者由人民法院通知参加诉讼等方式参与到申请保全诉讼案件的诉讼程序中，以方便解决权利争议。但如果案外人为排除保全执行，主张其权利优先于申请保全人，并不以否定申请保全人或者被保全人在申请保全诉讼案件中的权利主张为唯一理由，则可以通过执行异议之诉解决争议，在确定权利顺位后确定是否应当准予保全。当然，前述区分并不妨碍案外人分别提出不同的权利主张及事实理由，从而既可以基于第三人身份参与到申请保全诉讼案件的诉讼程序中，又可以通过民事诉讼法第二百二十七条规定程序请求排除保全执行。

在申请保全诉讼案件中，如果申请保全人主张对被保全财产享有抵押权，而其是否享有抵押权对认定案外人权利是否足以排除保全执行具有重要影响的，即使案外人主张申请保全人不享有抵押权并要求以第三人身份参与申请保全诉讼案件，亦不影响案外人及申请保全人同时根据民事诉讼法第二百二十七条规定提起执行异议之诉。因为执行异议之诉需要解决案外人的权利是否足以排除执行问题，包括在申请保全人不享有抵押权或者享有抵押权情形下案外人的排除执行主张应否得到支持问题。这一问题在申请保全诉讼案件中并非诉讼标的，无法在申请保全诉讼案件中得到完全解决。如果执行异议之诉的审理需要以另一案即申请保全诉讼案件对抵押权问题的审理结果为依据，而另一案尚未审结的，则可以依法中止审理。

本案华融公司申请保全所依据的是其在（2018）吉民初65号案件中提出的判令金晟公司给付借款本息，并对包括本案案涉房产在内的抵押房产可以行使抵押权的诉讼请求。（2018）吉民初65号案件主要解决华融公司的债权数额、是否对案涉房产有抵押权及抵押范围等问题。本案中，案外人请求排除华融公司对案涉房产的保全，其主要理由是案外人在吉林高院查封案涉房产前与金晟公司签订了房屋买卖合同，交纳了购房款，且办理了入住手续，合法占有使用案涉房产，符合《最高人民法院关于人民法院办理执行异议和复议案件若干问题的规定》第二十八条等规定。因此，本案所应审理的主要问题是案外人权利是否应优先于华融公司获得保护并应否准予保全等问题，

---

① 现为《民事诉讼法》（2021年修正）第五十九条。

与（2018）吉民初 65 号案件所审理的问题并不完全相同，不能以（2018）吉民初 65 号案件的审理排除执行异议之诉案件的受理。如果本案必须以另一案即华融公司申请保全诉讼案件的审理结果为依据，而另一案尚未审结的，本案亦可以依法中止审理。

综上，华融公司根据（2019）吉执异 27 号执行裁定指引，提起执行异议之诉，符合民事诉讼法第二百二十七条规定及《最高人民法院关于人民法院办理财产保全案件若干问题的规定》第二十七条规定精神，吉林高院应予依法审理。

——中国裁判文书网。

593. 申请保全人是否存在故意或重大过失不应仅以当事人的诉请最终得到法院支持的结果作为判断标准

关键词

申请诉中财产保全损害责任纠纷　财产保全损害赔偿　故意或重大过失

最高人民法院裁判文书

俊江公司与雷贤金等申请诉中财产保全损害责任纠纷案［最高人民法院（2021）最高法民终 591 号民事判决书］

裁判要旨：因错误申请保全的损害赔偿责任性质是以过错责任为归责原则的侵权责任，财产保全制度的目的在于保障将来生效判决的执行，因此只能在申请人对出现财产保全的错误存在故意或重大过失的情况下，方可认定为申请人的保全申请确有错误。申请保全人是否存在故意或重大过失，不能仅以当事人的诉请最终得到法院支持的结果作为判断标准，而要根据其诉讼请求及所依据的事实和理由考察其提起的诉讼是否合理，或者结合申请保全的标的额、对象及方式等考察其申请财产保全是否适当。

最高人民法院认为，本案争议焦点为：雷贤金在（2018）云民初 23 号案件中申请诉中财产保全是否具有过错及责任承担的问题。

俊江公司认为一审法院适用法律错误，向最高人民法院提起上诉，请求判令雷贤金、宏瑞胜融资担保公司共同赔偿因财产保全错误给其造成的损失 8077437.34 元。本院认为，根据《中华人民共和国民事诉讼法》第一百零五条“申请有错误的，申请人应当赔偿被申请人因保全所遭受的损失”及《中华人民共和国侵权责任法》第六条第一款“行为人因过错侵害他人民事权益，应当承担侵权责任”的规定，因错误申请保全的损害赔偿责任性质是以过错责任为归责原则的侵权责任，财产保全制度的目的在于保障将来生效判决的执行，因此只能在申请人对出现财产保全的错误存在故意或重大过失的情况下，方可认定为申请人的保全申请确有错误。申请保全人是否存在故意或重大过失，不能仅以当事人的诉请最终得到法院支持的结果作为判断标准，而要根据其诉讼请求及所依据的事实和理由考察其提起的诉讼是否合理，或者结合申请保全的标的额、对象及方式等考察其申请财产保全是否适当。故，一审法院适用法律并无不当。

——中国裁判文书网。

594. 诉讼保全担保费并非必然产生的费用，除非当事人约定该费用由败诉方承担，否则人民法院不予支持

关键词

夫妻共有房产第三人撤销之诉

最高人民法院裁判文书

中辉建设集团有限公司与岳阳东辉房地产开发有限公司等建设工程施工合同纠纷案［最高人民法院（2021）最高法民申66号民事裁定书］

裁判要旨：关于诉讼保全担保费是否属胜诉方支出的合理必要费用的问题，实践中，通常需结合案件具体情况予以综合判断。当事人申请财产保全时可采用多种担保方式，并非必然产生保全担保费用。又因案涉合同对该费用的负担并未作出约定，故原审法院综合考虑全案情况，没有支持中辉公司关于应由东辉公司承担该项费用的主张，并无不当。

最高人民法院认为，关于诉讼保全担保费是否属胜诉方支出的合理必要费用的问题，实践中，通常需结合案件具体情况予以综合判断。根据《中华人民共和国民事诉讼法》第一百条[①]第二款关于“人民法院采取保全措施，可以责令申请人提供担保，申请人不提供担保的，裁定驳回申请”的规定以及《最高人民法院关于人民法院办理财产保全案件若干问题的规定》（2016年10

---

① 现为《民事诉讼法》（2021年修正）第一百零三条。

月17日最高人民法院审判委员会通过）的相关规定，当事人申请财产保全时可采用多种担保方式，并非必然产生保全担保费用。又因案涉合同对该费用的负担并未作出约定，故原审法院综合考虑全案情况，没有支持中辉公司关于应由东辉公司承担该项费用的主张，并无不当。关于中辉公司主张二审法院判令东辉公司向中辉公司支付工程款13574907.485元，就差额部分未作判决的问题，经查，该主张与原审法院的实际审理情况不符，本院不予支持。

——中国裁判文书网。

595. 申请诉中财产保全损害责任纠纷的管辖

关键词

诉中财产保全　保全裁定　管辖

最高人民法院司法解释

浙江省高级人民法院：

你院《关于因申请诉中财产保全损害责任纠纷管辖问题的请示》(〔2015〕浙立他字第91号）收悉。经研究，批复如下：

为便于当事人诉讼，诉讼中财产保全的被申请人、利害关系人依照《中华人民共和国民事诉讼法》第一百零五条[①]规定提起的因申请诉中财产保全损害责任纠纷之诉，由作出诉中财产保全裁定的人民法院管辖。

此复

——《最高人民法院关于因申请诉中财产保全损害责任纠纷管辖问题的批复》(2017年8月1日，法释〔2017〕14号)。

596. 诉中财产保全损害责任的认定是否仅以申请人的诉讼请求能否得到人民法院生效判决支持为判断依据

关键词

诉中财产保全损害责任纠纷　财产保全损害责任的承担

最高人民法院裁判文书

红鹭公司与民生银行南昌分行申请诉中财产保全损害责任纠纷案［最高

① 现为《民事诉讼法》(2021年修正）第一百零八条。

人民法院（2020）最高法民申 7054 号民事裁定书]

裁判要旨：财产保全是当事人向人民法院提起诉讼时依法享有的一项基本诉讼权利，当事人对诉讼中争议案件事实的判断和诉讼请求能否得到实现的判断，并不一定与法院最终的判决相一致，因此，不能将当事人保全权利的行使简单以其诉讼请求能否得到人民法院生效判决支持为判断依据。申请保全错误须以申请人主观存在过错为要件，不仅要看其诉讼请求最终是否得到支持，还要看其是否存在故意或重大过失。申请保全财产的行为不存在过错的当事人，人民法院不应判决其承担损害赔偿责任。

最高人民法院经审查认为，财产保全是当事人向法院提起诉讼时的一项基本诉讼权利，目的在于确保生效判决能够得到有效执行。根据《中华人民共和国民事诉讼法》第一百零五条①："申请有错误的，申请人应当赔偿被申请人因保全所遭受的损失"之规定，当申请人申请保全错误时，被保全人有请求赔偿责任的权利。申请人错误申请诉讼保全，限制了被申请人的财产权利，赔偿责任应属于侵权责任，适用侵权责任法规定的过错责任归责原则，以申请人存在过错作为其承担民事责任的前提条件，才能认定属于申请有错误。由于当事人对法律关系的分析判断能力的不同，可能会导致其对诉争事实和权利义务的判断未必与人民法院的裁判结果一致。对当事人申请保全所应尽到的注意义务的要求不应过于苛责，如果仅以申请人的诉讼请求是否得到法院支持作为申请保全是否错误的依据，必然会对善意当事人依法通过诉讼保全程序维护自己权利造成妨碍，更不利于诉讼保全制度功能的发挥。

第一，根据（2017）最高法民终 41 号判决查明的事实，民生银行南昌分行与江西省地方有色金属材料有限公司（以下简称有色金属公司）、红鹭公司签订了《商业汇票代理贴现（贴现宝）合作协议》，民生银行南昌分行又根据红鹭公司的申请依约办理了商业承兑汇票贴现业务，向红鹭公司支付贴现款 104438888.89 元，该汇票到期后，有色金属公司未能如期支付票据款。民生银行南昌分行基于以上事实向红鹭公司追索商业承兑汇票项下的款项及各方之间法律关系的性质应为票据追索权纠纷的认识，向法院提起诉讼，将红鹭公司作为被告，并申请财产保全，在行为发生时具有相应的事实基础。（2017）最高法民终 41 号判决并未否认上述事实，且在该案审理过程中本院依当事人申请亦依法作出裁定对案涉财产进行保全。尽管当事人对诉争事实和权利义务的认识与人民法院经审理后确认的判断不同，但亦不能仅凭当事

① 现为《民事诉讼法》（2021 年修正）第一百零八条。

人的诉请未得到支持而当然证明其滥用诉权。

第二，红鹭公司自愿签署《商业汇票代理贴现（贴现宝）合作协议》并申请贴现从中获利，必然对其责任承担有相应预期，同时民生银行南昌分行对其权利行使亦有相应期待。（2017）最高法民终 41 号民事判决认为民生银行南昌分行、有色金属公司、红鹭公司三方实施了通谋虚伪行为，其隐藏的真实意思表示是民生银行南昌分行与有色金属公司之间的借款关系，同时该判决也认定了红鹭公司的行为属于配合民生银行南昌分行与有色金属公司实现以票据贴现方式借款的目的，并收取了价差。(2015) 黄浦刑初字第 828 号刑事案件查明的事实中亦未显示民生银行南昌分行策划、深度参与有色金属公司融资、向红鹭公司转嫁风险的情形，判决结果也并未涉及民生银行南昌分行的刑事责任。

故，现有证据不足以证明民生银行南昌分行存在策划并深度参与为有色金属公司融资并向红鹭公司蓄意转嫁风险的行为，亦不能证明民生银行南昌分行申请保全存在主观过错。

第三，民生银行南昌分行申请保全的金额未超过诉讼请求范围，且按照法律规定提供了担保，因诉讼中有色金属公司归还了部分款项，民生银行南昌分行亦及时变更了保全范围，并不存在申请保全以期损害红鹭公司权利的客观行为。

——中国裁判文书网。

597. 对于因申请财产保全错误侵害他人合法权益的，法律并未专门规定适用过错推定或者无过错责任原则，该行为属于一般侵权行为

关键词

财产保全　过错推定　无过错责任　一般侵权行为

最高人民法院公布的典型案例

舟山外代货运有限公司诉大连丰海远洋渔业有限公司申请海事请求保全损害责任纠纷案

裁判要旨：对于因申请财产保全错误侵害他人合法权益的，法律并未专门规定适用过错推定或者无过错责任原则，因此该行为属于一般侵权行为，应当适用过错责任原则。

基本案情：

大连丰海远洋渔业有限公司（以下简称丰海远洋）因与舟山外代货运有限公司（以下简称舟山外代）海上货物运输损害赔偿纠纷一案，于 2004 年 3 月 3 日，向大连海事法院起诉舟山外代并提出诉讼保全申请，请求扣押舟山外代所有的“盛福”轮并责令其提供 120 万元人民币的可靠担保。2004 年 3 月 7 日，大连海事法院扣押了“盛福”轮，责令“盛福”轮所有人舟山外代（实为经营人及共有人）提供 120 万元人民币的可靠担保。因为舟山外代没有提供可靠担保，6 月 12 日丰海远洋向大连海事法院提出拍卖船舶申请。6 月 21 日，大连海事法院对停泊在舟山港的“盛福”轮予以拍卖。“盛福”轮拍卖所得款项扣除相关费用（评估费、公告费、差旅费）后，未进行债权分配，余款 8214006.50 元人民币一直存放于大连海事法院帐户。

关于以上案件的裁判情况，大连海事法院于 2005 年 8 月 11 日作出一审判决：舟山外代向丰海远洋支付赔偿款 770200 元人民币。舟山外代不服提出上诉。辽宁省高级人民法院发回重审。大连海事法院经重审认为丰海远洋索要鱼货款不属于请求赔偿，无需适用诉讼时效，遂判决：舟山外代于本判决生效之日起 30 日内向丰海远洋交付 119.7 吨鱼货的拍卖款 167837141 印尼盾，折合 131564 元人民币。舟山外代不服提起上诉。2010 年 3 月 17 日，辽宁省高级人民法院作出了（2008）辽民三终字第 215 号民事判决，认为丰海远洋与舟山外代之间法律关系为海上货物运输合同关系，适用一年的诉讼时效，丰海远洋起诉已过诉讼时效，遂撤销一审判决，驳回丰海远洋的诉讼请求。但该判决中认定“舟山货运（为本案中舟山外代）对丰海远洋的货损应承担赔偿责任”。

舟山外代认为丰海远洋错误申请法院扣押、拍卖船舶的行为，造成舟山外代扣船期间船期损失，遂向大连海事法院起诉请求丰海远洋赔偿其相关损失及本案诉讼费用。

裁判结果

大连海事法院一审认为，丰海远洋的财产保全申请并不构成错误，不应负赔偿责任。遂判决驳回舟山外代的诉讼请求。辽宁省高级人民法院二审驳回上诉，维持原判。

最高人民法院再审认为，因申请保全错误致被申请人遭受损失属于侵权行为的范畴，法律并未专门规定适用过错推定或者无过错责任原则，因此该行为属于一般侵权行为，应当适用过错责任原则。依据谁主张谁举证之举证责任分配规则，保全损害赔偿请求人应就申请保全行为具备以上要件进行充分举证。（2008）辽民三终字第 215 号案件经过一、二审法院各两次审理，历经多年，其争议的核心问题即是丰海远洋的诉讼请求权是否超过了诉讼时效期间。对于该问题，专业法官尚且有争议，如要求申请人在案件审结之前即知晓该争议法律问题的结论无疑是对申请人苛予了过于严格的注意义务要求。根据（2008）辽民三终字第 215 号判决的认定，舟山外代应承担赔偿责任。丰海远洋提出保全申请系基于舟山外代对涉案海事请求负有责任的认识，该认识得到了法院生效判决的认可，系具备一定证据和法律支持的合理认识。丰海远洋提出海事请求保全申请已尽到了一般人应尽到的合理、谨慎的注意义务，无故意或重大过失，亦未有证据证明丰海远洋提出海事请求保全申请存在明显违法或程序不当。最高人民法院遂裁定驳回舟山外代的再审申请。

典型意义

本案的意义在于以基本民法理论作为逻辑工具进行推演，一方面明晰了相关法律规定的价值取向，一方面统一了认定当事人申请保全错误的裁判尺度。第一，关于当事人申请保全错误如何认定，《中华人民共和国海事诉讼特别程序法》（以下简称海事诉讼特别程序法）和《中华人民共和国民事诉讼法》都规定得比较简单，没有进一步明确如何界定申请保全错误行为。本案再审裁定回到一般民法理论，依据侵权责任法的相关规定，认定申请保全错误属侵权行为的范畴，在特别法无相关规定的情况下，应依据侵权责任法的有关规定判断保全申请是否存在过错。对于因申请财产保全错误侵害他人合法权益的，法律并未专门规定适用过错推定或者无过错责任原则，因此该行为属于一般侵权行为，应当适用过错责任原则。第二，本案统一了认定当事人申请保全错误的裁判尺度。对于申请人的诉请未得到法院支持是否即可认定申请错误，不能一概而论。申请人在提出财产保全时，并不知晓也无从知晓案件的最终判决结果，当事人对诉争事实和权利义务的判断未必与法院的裁判结果一致，如果仅以保全申请人的诉讼请求是否得到支持作为判断申请保全是否错误的依据，则对当事人申请保全所应尽到的注意义务要求过于严苛，将有碍于善意当事人依法通过诉讼保全程序维护自己的合法权益。依据本案再审裁定，若当事人基于合理的认识，为了维护其自身合法权益申请法院保全，已尽到了一般人应尽到的合理、谨慎的注意义务，无故意或重大过失，则不应该认为当事人申请保全存在错误。第三，本案明晰了相关法律规定的价值取向。诉讼保全的目的是为了保证判决执行，但同时还应防止债权人滥用诉讼保全侵害债务人权益。两项利益的比较上，债权人的可能诉讼利益与其滥用权利之间，需要利益衡量。依据我国目前的状况，债务人逃避执行属于更为普遍并亟待遏制的现象。因此，对保全申请人主观过错程度的裁量标准不应过于严苛，仅应在其存在故意或者重大过失的情况，才能认定申请保全存在过错。

——《最高人民法院发布 2019 年全国海事审判典型案例》，载《人民法院报》2020 年 9 月 8 日。

598. 因申请保全人权利行使不当造成他人财产损失的，应由申请保全人承担侵权赔偿责任

关键词

财产保全申请　主观过错　侵权责任

最高人民法院公报案例、最高人民法院裁判文书

青岛中金渝能置业有限公司与青岛中金实业股份有限公司、滨州市中金豪运置业有限责任公司财产保全损害责任纠纷案［最高人民法院（2017）最高法民终118号民事判决书］

裁判摘要：申请财产保全错误的赔偿在性质上属于侵权责任。判断申请财产保全是否错误，不仅要看申请保全人的诉讼请求最终是否得到支持，还要看其是否存在故意或重大过失。判断申请保全人是否存在故意或重大损失，要根据其诉讼请求及所依据的事实和理由考察其提起的诉讼是否合理，或者结合申请保全的标的额、对象及方式等考察其申请财产保全是否适当。

最高人民法院认为：中金实业公司上诉主张其财产保全行为没有过错，主观亦无恶意；中金豪运公司上诉主张中金实业公司不具有错误申请财产保全以损害青岛渝能公司合法权益的主观故意和重大过失，一审法院仅以中金实业公司的诉求没有得到支持就认定申请保全错误，没有事实和法律依据。本院认为，《中华人民共和国民事诉讼法》第一百条①规定："人民法院对于可能因当事人一方的行为或者其他原因，使判决难以执行或者造成当事人其他损害的案件，根据对方当事人的申请，可以裁定对其财产进行保全、责令其作出一定行为或者禁止其作出一定行为"；第一百零五条②规定："申请有错误的，申请人应当赔偿被申请人因保全所遭受的损失。"财产保全制度的目的在于保障将来生效裁判文书的执行，申请财产保全是当事人重要的诉讼权利。依当事人申请裁定的财产保全，虽系人民法院对申请进行形式审查后作出的司法措施，但其前提和基础是当事人的财产保全申请。如因申请保全人权利行使不当造成他人财产损失的，应由申请保全人承担侵权赔偿责任。侵

① 现为《民事诉讼法》（2021年修正）第一百零三条。
② 现为《民事诉讼法》（2021年修正）第一百零八条。

权责任的认定，应当适用《中华人民共和国侵权责任法》第六条[1]“行为人因过错侵害他人民事权益，应当承担侵权责任”规定。申请保全人是否有过错，不仅要看其诉讼请求最终是否得到支持，还要看其是否存在故意或重大过失。申请保全人是否存在故意或重大损失，要根据其诉讼请求及所依据的事实和理由考察其提起的诉讼是否合理，或者结合申请保全的标的额、对象及方式等考察其申请财产保全是否适当；申请保全人提起的诉讼合理且申请财产保全适当的，不属于故意或重大过失，否则系存在过错。本案中，首先，中金实业公司提起山东省高级人民法院（2011）鲁商初字第2号案的诉讼缺乏合理性。按照《合作框架协议》《补充协议》《投资合作协议》的约定，中铁公司投资青岛渝能公司是为获得项目销售带来的收益，股权回购的前提也是中铁公司要已按约定比例获得正常经营期间的投资收益。根据最高人民法院（2011）民二终字第2号生效民事判决的认定，案涉项目尚未进行销售，中铁公司在项目中的投资风险并未释放完毕，在案涉项目的建设、销售完成之前，中金实业公司不享有请求中铁公司立即实现约定股权回购条件的权利，并最终驳回了中金实业公司的全部诉讼请求。在中铁公司投资入股青岛渝能公司推动项目开发经营后尚未通过项目销售获得收益的情况下，中金实业公司以行使股权回购权为由，对中铁公司提起山东省高级人民法院（2011）鲁商初字第2号案的诉讼，并要求巨额赔偿，明显不符合双方在合同中关于股权回购的约定；中金实业公司在没有相应证据证明青岛渝能公司的经营行为明显损害公司利益的情况下，将青岛渝能公司列为共同被告，并要求青岛渝能公司停止项目任何形式的处置行为，缺乏事实基础。其次，中金实业公司的诉讼保全行为缺乏适当性。一方面，中金实业公司在可以通过冻结青岛渝能公司房屋销售账户以保护其实现股权回购后的利益的情况下，采取保全措施查封青岛渝能公司土地使用权，阻止了案涉项目的正常销售，其申请保全的对象和方式不适当。另一方面，在青岛渝能公司提供1.2亿元存款作为担保置换解封了项目土地使用权的情况下，中金实业公司为对抗青岛渝能公司的解封不断增加诉讼请求标的额及查封限额，导致项目土地使用权长达一年多时间处于被查封状态，该保全行为也明显不适当。因此，在山东省高级人民法院（2011）鲁商初字第2号案件中，不仅是中金实业公司的诉讼请求被全部驳回，而且其提起该案诉讼缺乏合理性、申请财产保全措施缺乏适当性，主观上明显存在过错，客观上也给青岛渝能公司造成损失，按照《中华人民共和国民事诉讼法》第一百零五条的规定，中金实业公司应因其申请财产保全错误而赔偿青岛渝能公司所遭受的损失。

——《最高人民法院公报》2018年第10期。

---

[1] 对应《民法典》第一千一百六十五条。

三、其　他

599. 注意续行保全期限的变化

关键词

续行保全期限　查封、扣押、冻结

最高人民法院司法解释

第一百六十八条　保全裁定未经人民法院依法撤销或者解除，进入执行程序后，自动转为执行中的查封、扣押、冻结措施，期限连续计算，执行法院无需重新制作裁定书，但查封、扣押、冻结期限届满的除外。

——《最高人民法院关于适用〈中华人民共和国民事诉讼法〉的解释》（2022 年 4 月 1 日修正）。

附录：最高人民法院主流观点

2004 年《查封、扣押、冻结财产规定》第二十九条规定，人民法院未能在查封、扣押、冻结期限内执结的，申请人可以申请续行查封、扣押、冻结，续行期限不得超过法律规定查封、扣押、冻结期限的二分之一。可见，上述司法解释对续行次数未作规定，法院可考虑案件的复杂性和保全标的物变价的艰难等因素，决定续行次数，注意不应限制次数。《民事诉讼法解释》第四百八十五条对查封、扣押、冻结续行期限进行了调整。修改了 2004 年规定的每次续行期限不得超过法律规定查封、扣押、冻结期限的二分之一的规定，明确续行冻结被执行人的银行存款的期限不得超过一年，续行查封、扣押动产的期限不得超过两年，续行查封不动产、冻结其他财产权的期限不得超过三年。

——最高人民法院民法典贯彻实施工作领导小组办公室编著：《最高人民法院新民事诉讼法司法解释理解与适用》，人民法院出版社 2022 年版，第 402~403 页。

600.《民事诉讼法解释》第一百六十六条与《财产保全规定》第二十三条之间存在相互补充的关系

关键词

财产保全　解除保全　保全错误　解除保全期限

最高人民法院司法解释

第一百六十六条　裁定采取保全措施后，有下列情形之一的，人民法院应当作出解除保全裁定：

（一）保全错误的；

（二）申请人撤回保全申请的；

（三）申请人的起诉或者诉讼请求被生效裁判驳回的；

（四）人民法院认为应当解除保全的其他情形。

解除以登记方式实施的保全措施的，应当向登记机关发出协助执行通知书。

——《最高人民法院关于适用〈中华人民共和国民事诉讼法〉的解释》（2022 年 4 月 1 日修正）。

附录：最高人民法院主流观点

《财产保全规定》第二十三条规定：人民法院采取财产保全措施后，有下列情形之一的，申请保全人应当及时申请解除保全：（一）采取诉前财产保全措施后三十日内不依法提起诉讼或者申请仲裁的；（二）仲裁机构不予受理仲裁申请、准许撤回仲裁申请或者按撤回仲裁申请处理的；（三）仲裁申请或者请求被仲裁裁决驳回的；（四）其他人民法院对起诉不予受理、准许撤诉或者按撤诉处理的；（五）起诉或者诉讼请求被其他人民法院生效裁判驳回的；（六）申请保全人应当申请解除保全的其他情形。人民法院收到解除保全申请后，应当在五日内裁定解除保全；对情况紧急的，必须在四十八小时内裁定解除保全。申请保全人未及时申请人民法院解除保全，应当赔偿被保全人因财产保全所遭受的损失。被保全人申请解除保全，人民法院经审查认为符合法律规定的，应当在《财产保全规定》第二十三条第二款规定的期间内裁定解除保全。可见，《民事诉讼法解释》第一百六十六条内容与《财产保全规定》第二十三条所规定的内容之间存在相互补充的关系，在适用时应当把握好以下几点：一是法定期限内不依法提起诉讼或者申请仲裁的，民事诉讼法第一百零四条第三款只规定法院应当解除保全，没有明确是依职权还是依申请，《财产保全规定》第二十三条明确申请保全人应当申请解除且未及时申请解除的应赔偿损失，实际上明确此类情形下解除保全的前提为依申请保全人的申请。《财产保全规定》施行后，适用其第二十三条的规定。二是其他未进入诉讼、仲裁程序情形，《民事诉讼法解释》第一百六十六条第一款第三项只规定起诉或者诉讼请求被生效裁判驳回的情形，《财产保全规定》第二十三条第一款第二项至第五项的情形，不仅涉及诉讼还包括仲裁的各种情形。《财产保全规定》施行后，以该条为准。三是关于保全错误的解除保全情形、申请人撤回保全申请的解除保全情形，适用《民事诉讼法解释》第一百六十六条。四是注意解除保全期限，《民事诉讼法解释》第一百六十六条只明确应当向登记机关发出协助执行通知书，而《财产保全规定》第二十三条明确了裁定解除保全的期限，即"人民法院收到解除保全申请后，应当在五日内裁定解除保全；对情况紧急的，必须在四十八小时内裁定解除保全"。《财产保全规定》施行后，以该条为准。

——最高人民法院民法典贯彻实施工作领导小组办公室编著：《最高人民法院新民事诉讼法司法解释理解与适用》，人民法院出版社 2022 年版，第 398~399 页。

601. 对不遵守行为保全裁定的当事人处以日罚款并按日累积的罚则

关键词

行为保全裁定　按日计罚　禁诉令

最高人民法院公报案例、最高人民法院裁判文书

康文森无线许可有限公司与华为技术有限公司、华为终端有限公司、华为软件技术有限公司确认不侵害专利权及标准必要专利许可纠纷案［最高人民法院（2019）最高法知民终 732、733、734 号之二民事裁定书］

裁判摘要：禁止被申请人为一定行为的行为保全措施具有特殊性，如果被申请人拒不遵守行为保全裁定所确定的不作为义务，违法实施了改变原有状态的行为，则其故意违法行为构成对行为保全裁定的持续性违反和对原有状态的持续性改变，应视为其每日均实施了违法行为，可以视情处以每日罚款并按日累计。

最高人民法院认为：原裁定对违反裁定行为采取按日计罚方式处以罚款

是否违反法律规定为确保裁定中的行为保全措施得到有效执行，原裁定明确了康文森公司拒不执行的法律后果："自违反之日起，处每日罚款人民币100万元，按日累计"。康文森公司主张按日计罚处罚方式不符合法律规定。对此，本院认为：第一，按日计罚处罚方式符合法律规定。民事诉讼法第一百一十五条[①]规定："对单位的罚款金额，为人民币五万元以上一百万元以下。"禁止被申请人为一定行为的行为保全措施具有特殊性，其核心是针对被申请人未来的行为，要求其不得为一定行为，不得违法改变现有状态。倘若被申请人拒不遵守法院裁定确定的义务，改变现有状态，则属于积极、故意违法行为。被申请人此种故意违法行为系持续性地违反裁定和改变现状，该行为与一次性的、已经实施完毕的违法行为具有明显区别，应视为被申请人每日均实施了单独的违法行为。对于该种每日持续发生的妨害民事诉讼的行为，应当以按日计罚的方式确定处罚。

第二，按日计罚处罚方式与本三案违反行为保全措施可能产生的后果相适应。妨害民事诉讼强制措施的强度需要与妨害民事诉讼行为可能产生的后果相适应。本三案中，康文森公司若故意违反原裁定，申请临时执行德国法院一审判决，不仅可能使华为技术公司德国市场利益受到严重损害，还可能致使其被迫放弃在中国法院寻求司法救济的机会，而且也将使得本三案判决难以执行甚至失去意义。相反，一旦康文森公司申请临时执行德国法院一审判决，则可能在双方后续的许可费谈判中获得显著优势地位，并基于该优势地位获得巨额利益。因此，对于康文森公司可能的故意违反原裁定所确定的义务的行为，采取按日计罚方式，既与该违法行为的恶性程度和损害后果相适应，也为维护原裁定的法律效力所必需。

因此，原裁定对违反裁定行为采取按日计罚方式处以罚款符合法律规定，并无不当。康文森公司的上述复议主张难以成立，本院不予支持。

本院特别指出，华为技术公司与康文森公司因标准必要专利许可纠纷在全球展开诉讼，相关国际平行诉讼的存在使得不同法域的法院在审理中面临复杂的情形。本院尊重双方当事人的诉讼权益以及基于商业考量的处分权，但原裁定作为生效裁定所确定的行为保全措施，理应得到各方当事人的尊重与执行。双方应当正确理解并完全履行原裁定确定的行为保全措施，不得以任何方式否定、规避或妨碍原裁定的执行，特别是不得向德国法院申请禁令，对抗原裁定的执行。本院将结合当事人的具体行为以及对原裁定行为保全措施可能带来的影响判断是否构成对原裁定的违反。构成对原裁定违反的，将依法予以制裁，对主要负责人或者直接责任人员予以罚款、拘留；构成犯罪的，依法追究刑事责任。

---

① 现为《民事诉讼法》（2021年修正）第一百一十八条。

——《最高人民法院公报》2022 年第 1 期。

602. 要正确区分当事人对保全裁定、先予执行裁定不服的复议和对保全、先予执行实施行为的异议

关键词

保全裁定　先予执行裁定　复议程序　执行异议

附录：最高人民法院主流观点

根据《最高人民法院关于执行权合理配置和科学运行的若干意见》第十六条的规定，保全和先予执行的申请由相关审判机构审查并作出裁定，裁定保全或者先予执行的，移交执行局执行。《执行工作规定》第三条规定：人民法院在审理民事、行政案件中作出的财产保全和先予执行裁定，一般应当移送执行机构实施。也就是说，保全和先予执行裁定的制作与实施分别由审判机构和执行机构负责。审判机构对保全裁定和先予执行裁定的制作，适用《民事诉讼法》第九章的规定；而执行机构对保全裁定和先予执行裁定的执行，应适用《民事诉讼法》执行程序的相关规定。因此，对于当事人的权利救济途径也分别适用不同的法律程序。人民法院在司法实践中应对当事人的请求进行区分，明确当事人是对保全裁定或先予执行裁定不服申请复议，还是对保全、先予执行的实施行为不服提出执行异议。

根据《最高人民法院关于执行权合理配置和科学运行的若干意见》第十七条的规定，当事人、案外人对保全、先予执行的裁定不服申请复议的，由作出裁定的立案机构或者审判机构按照《民事诉讼法》规定的复议程序进行审查；当事人、案外人、利害关系人对保全、先予执行的实施行为提出异议的，由执行局根据异议事项的性质按照执行异议或者案外人异议进行审查。执行异议是因执行行为本身违反程序性规定，侵害了执行案件当事人或者第三人的合法权益，由利益受损的当事人或者第三人（利害关系人）以法院违反执行程序为由提出的异议，即程序异议。案外人异议是案外人认为法院的执行行为侵害了其实体权利，是基于对执行标的主张实体权利提出的异议，即实体异议。当事人、案外人的异议既指向保全、先予执行的裁定，又指向实施行为的，一并由作出裁定的立案机构或者审判机构分别按照《民事诉讼法》关于保全裁定、先予执行裁定的复议程序，以及执行异议或案外人异议的相关规定审查。

——江必新主编：《新民事诉讼法条文理解与适用》，人民法院出版社 2022 年版，第 511~512 页。

603. 受移送法院在原财产保全期限届满后的续封、续冻效力

关键词

查封、冻结　财产保全期限　轮候查封

最高人民法院司法解释

第一百六十条　当事人向采取诉前保全措施以外的其他有管辖权的人民法院起诉的，采取诉前保全措施的人民法院应当将保全手续移送受理案件的人民法院。诉前保全的裁定视为受移送人民法院作出的裁定。

——《最高人民法院关于适用〈中华人民共和国民事诉讼法〉的解释》（2022 年 4 月 1 日修正）。

附录：最高人民法院主流观点

关于受移送人民法院在原财产保全期限届满后的续封、续冻效力的问题。《民事诉讼法解释》规定诉前保全的裁定视为受移送人民法院作出的裁定，不仅效力等同，而且时间等同。受移送人民法院作出保全续封裁定、续冻手续时，不能将此续封手续视为轮候查封，特别是有另案法院轮候查封时，此续封手续也不能排在另案法院的轮候查封之后。

——最高人民法院民法典贯彻实施工作领导小组办公室编著：《最高人民法院新民事诉讼法司法解释理解与适用》，人民法院出版社 2022 年版，第 386 页。

604. 法院执行保全裁定中的执行行为不属于民事诉讼的受案范围

关键词

执行保全裁定　执行行为　民事诉讼受案范围

最高人民法院裁判文书

铠沣公司与林颖公司及姚晓兰、张际国确认合同无效纠纷案［最高人民法院（2021）最高法民申 5677 号民事裁定书］

裁判要旨：若担保行为是为解除人民法院查封而提供的，并经

过人民法院审查确认，那么请求确认该担保行为无效，针对的则是法院执行保全裁定中的执行行为，不具有民事可诉性，不属于人民法院受理民事诉讼的范围，当事人或者利害关系人应通过其他法律途径寻求救济。

最高人民法院经审查认为，在林颖公司与姚晓兰、张际国房屋买卖合同纠纷一案中，案外人粟泽良以铠沣公司委托代理人身份将铠沣公司名下的国有土地使用权为姚晓兰的解除保全申请作担保，人民法院作出查封上述土地使用权、解除对姚晓兰房屋查封的民事裁定，该担保是为解除人民法院查封而提供的，经过人民法院审查确认。铠沣公司请求确认该担保行为无效，针对的是法院执行保全裁定中的执行行为，不具有民事可诉性，不属于人民法院受理民事诉讼的范围，当事人或者利害关系人应通过其他法律途径寻求救济。本案二审裁定结果并无不当。

——中国裁判文书网。

第八章　诉讼费用

605. 申请实现担保物权案件应当交纳诉讼费用

关键词

实现担保物权　诉讼费用　案件受理费

最高人民法院司法解释

第二百零四条　实现担保物权案件，人民法院裁定拍卖、变卖担保财产的，申请费由债务人、担保人负担；人民法院裁定驳回申请的，申请费由申请人负担。

申请人另行起诉的，其已经交纳的申请费可以从案件受理费中扣除。

——《最高人民法院关于适用〈中华人民共和国民事诉讼法〉的解释》（2022 年 4 月 1 日修正）。

附录：最高人民法院主流观点

第一，申请实现担保物权案件应当交纳诉讼费用。《民事诉讼法解释》明确申请实现担保物权案件，人民法院裁定拍卖、变卖担保财产的，申请费由债务人、担保人负担；人民法院裁定驳回申请的，申请费由申请人负担。这里的申请人是指抵押权人、质权人、留置权人以及其他有权申请人；其他有权申请人是指出质人、财产被留置的债务人或者所有权人等法律规定有权请求实现担保物权的人。

第二，实现担保物权的申请被人民法院裁定驳回后，申请人另行起诉的，其已经交纳的申请费可以从案件受理费中扣除，不必退还。

——最高人民法院民法典贯彻实施工作领导小组办公室编著：《最高人民法院新民事诉讼法司法解释理解与适用》，人民法院出版社 2022 年版，第 451 页。

606. 债权人撤销权案件诉讼费用计算

关键词

债权人撤销权　诉讼费用收取

最高人民法院裁判文书

恒瑞丰（北京）投资有限公司与聚创科技园发展管理（烟台）有限公司、李杏芳债权人撤销权纠纷案［最高人民法院(2021)最高法民申162号民事裁定书］

裁判要旨：依据民事诉讼法及司法解释的规定，案件诉讼费问题并不属于再审审查案件的审理范围。债权人撤销权之诉的诉讼费用的计算根据《最高人民法院关于〈债权人撤销权之诉案件性质、诉讼费用咨询〉的回复意见》存在定额收费与以诉讼标的额数额计算诉讼费两种不同的做法，目前尚未有统一规定。原判决根据《诉讼费用交纳办法》的规定并无不妥。

最高人民法院经审查认为，关于原判决诉讼费是否计算有误的问题。依据民事诉讼法及司法解释的规定，案件诉讼费问题并不属于再审审查案件的审理范围，恒瑞丰公司该项申请理由于法无据。另一方面，即便对其进行审查，本案属于债权人撤销权之诉，诉讼费用的计算根据《最高人民法院关于〈债权人撤销权之诉案件性质、诉讼费用咨询〉的回复意见》存在两种不同的观点，目前尚未有统一规定。因此原判决根据《诉讼费用交纳办法》的规定以诉讼标的额数额计算诉讼费并无不妥。

——中国裁判文书网。

607. 民事公益诉讼的诉讼费用

关键词

民事公益诉讼　诉讼费用

附录：最高人民法院主流观点

目前环境民事公益诉讼仍然根据国务院《诉讼费用交纳办法》的规定按

照财产案件缴纳诉讼费用，同时遵循由原告方预先交费、最后根据案件的胜诉情况来确定诉讼费负担的基本规则。鉴于原告提起环境公益诉讼体现的是“我为人人”精神，目的是为了维护环境公共利益、救济全民享有的环境权益，诉讼所获得的赔偿款也不归原告所有，人民法院需要从激励的角度用足用好各项措施，对提起诉讼的环境公益组织等原告予以充分的司法救助。原告起诉时符合条件，缓收案件受理费；原告申请保全或先予执行，经人民法院审查符合法律规定的，应及时作出裁定，并可以缓收申请费用，可以不要求原告提供担保；原告胜诉的，判决被告承担诉讼费以及原告的鉴定费、合理律师费等费用；原告败诉时，鉴定费、律师费和其他诉讼成本可以由相关政府设立的环境保护公益基金支付。

原告败诉或者部分败诉申请减交诉讼费用的，除非原告显系滥用诉权，一般应当准许减交。具体减交的数额比例，可以根据《诉讼费用交纳办法》第四十六条第二款关于“人民法院准予减交诉讼费用的，减交比例不得低于30%”的规定，在30%以上确定适当的比例。鉴于目前《诉讼费用交纳办法》规定诉讼费用的免交只适用于自然人，为鼓励和支持法律规定的机关或者社会组织提起环境公益诉讼，法院可以视情大幅提高诉讼费用的减交比例。

——最高人民法院环境资源审判庭编著：《最高人民法院关于环境民事公益诉讼司法解释理解与适用》，人民法院出版社2015年版，第442页。

608. 人民检察院提起民事公益诉讼免交诉讼费用

关键词

人民检察院提起民事公益诉讼　诉讼费用

最高人民法院司法政策精神

第二十二条　人民法院审理人民检察院提起的公益诉讼案件，人民检察院免交《诉讼费用交纳办法》第六条规定的诉讼费用。

——《最高人民法院关于印发〈人民法院审理人民检察院提起公益诉讼案件试点工作实施办法〉的通知》（2016年2月25日，法发〔2016〕6号）。

附录：理解与适用

人民法院审理人民检察院提起的民事、行政公益诉讼案件，人民检察院免交《诉讼费用交纳办法》第六条规定的诉讼费用。这与《试点方案》和《人民检察院提起公益诉讼试点工作实施办法》的规定是一致的。结合《诉讼费用交纳办法》第六条的规定，检察机关提起公益诉讼，免交以下诉讼费用：

（1）案件受理费；（2）申请费；（3）证人、鉴定人、翻译人员、理算人员在人民法院指定日期出庭发生的交通费、住宿费、生活费和误工补贴。

作出以上规定，是因为人民检察院是国家司法机关，为公共利益提起诉讼，与案件无利害关系，其自身经费来自国家和地方财政，因此没有必要交纳案件受理费、申请费，况且这些费用本来也是要最终上缴财政的。证人、鉴定人、翻译人员、理算人员在人民法院指定日期出庭发生的交通费、住宿费、生活费和误工补贴等诉讼费用虽然与案件受理费和申请费在性质上有所不同，这是向有关人员支付的，人民法院只是按照国家规定标准代为收取，为积极推动改革，《实施办法》规定这些费用也属于免交的范围。

在诉讼实践中还可能发生一些费用，即《诉讼费用交纳办法》第十二条规定的费用，应当按照《诉讼费用交纳办法》的相关规定进行处理，即“诉讼过程中因鉴定、公告、勘验、翻译、评估、拍卖、变卖、仓储、保管、运输、船舶监管等发生的依法应当由当事人负担的费用，人民法院根据谁主张、谁负担的原则，决定由当事人直接支付给有关机构或者单位，人民法院不得代收代付。”由于这些费用不属于人民法院收取的费用，人民法院不应也无权决定“免交”，甚至不得“代收代付”。

《实施办法》关于在公益诉讼中免交诉讼费用的规定仅适用于人民检察院，其他当事人仍应依法交纳相关诉讼费用。

——范明志、韩建英、黄斌：《〈最高人民法院关于印发《人民法院审理人民检察院提起公益诉讼案件试点工作实施办法》的通知〉的理解与适用》，载江必新主编：《最高人民法院司法解释与指导性案例理解与适用》第五卷，人民法院出版社 2017 年版，第 630 页。

609. 第三人撤销之诉的诉讼费用

关键词

第三人撤销之诉　诉讼费用

附录：最高人民法院主流观点

案外人提出撤销之诉属于新诉。既然是新诉，根据《诉讼费用交纳办法》第二条的规定，应当缴纳相关诉讼费用。但是，该《办法》尚未根据新民事诉讼法的修改而作相应修改，因此，具体交纳诉讼费用可根据一般规定计算。有观点认为，撤销申请人应当根据原生效裁判的诉讼费用标准交纳。我们认为，根据诉讼费用交纳办法的一般规定，应当根据案外人提出的撤销请求范围涉及的金额或价款为基数计算缴纳数额，具体而言，可比照该《办法》第十三条的规定办理。

另外，为了防止案外人滥用权利以及避免撤销之诉形成新的虚假诉讼，需要明确的是，在撤销申请人的主张未得到法院支持的情况下，撤销申请人应当承担诉讼费用。在此情况下，被申请人还有要求撤销申请人赔偿损失的权利，可就不当提出撤销之诉的案外人提起侵权责任之诉。

——高民智：《贯彻实施新民事诉讼法（六）关于案外人撤销之诉制度的理解与适用》，载《人民法院报》2012 年 12 月 11 日。

610. 律师费不属于《民间借贷司法解释》其他费用范围

关键词

律师费　民间借贷　其他费用

最高人民法院裁判文书

王长生与汤雷军等民间借贷纠纷案［最高人民法院（2021）最高法民申 1140 号民事裁定书］

裁判要旨：依据《民间借贷司法解释》第三十条[①]关于“出借人与借款人既约定了逾期利率，又约定了违约金或者其他费用，出借人可以选择主张逾期利息、违约金或者其他费用，也可以一并主张，但总计超过年利率 24% 的部分，人民法院不予支持”的规定，“其他费用”在性质上属于借款人为获得借款支付的成本或支出。而律师费等实现债权的费用系因借款人未按照约定偿还借款，导致债权人产生的费用支出和损失，非债权人基于借款合同所直接获得的金钱利益，不属于该条所规定“其他费用”的范围。

最高人民法院认为：四、关于律师费 530000 元是否应由王长生承担的问题。王长生未提交足以证明汤雷军是职业放贷人的证据，故对王长生据此认为借款合同无效的主张，本院不予支持。依据《最高人民法院关于审理民间借贷案件适用法律若干问题的规定》第三十条关于“出借人与借款人既约定了逾期利率，又约定了违约金或者其他费用，出借人可以选择主张逾期利息、

① 现为《民间借贷司法解释》第二十九条，其内容为“出借人与借款人及约定了逾期利率，有约定了违约金或者其他费用，出借人可以选择主张逾期利息、违约金或者其他费用，也可以一并主张，但是总计超过合同成立时一年期贷款市场报价利率四倍的部分，人民法院不予支持”。下同。

违约金或者其他费用，也可以一并主张，但总计超过年利率 24% 的部分，人民法院不予支持”的规定，其他费用在性质上属于借款人为获得借款支付的成本或支出。而律师费等实现债权的费用系因借款人未按照约定偿还借款，导致债权人产生的费用支出和损失，非债权人基于借款合同所直接获得的金钱利益，不属于其他费用的范围。故原判决依据借款合同约定认为王长生应承担律师费 530000 元，不存在适用法律错误的情形。

——中国裁判文书网。

611. 庭审中翻译费用的承担

关键词

翻译人员　庭审翻译费用

最高人民法院审判业务意见

17. 诉讼过程中翻译人员出庭产生的翻译费用，根据《诉讼费用交纳办法》第十二条第一款的规定，由主张翻译或者负有翻译义务的一方当事人直接预付给翻译机构，人民法院不得代收代付。

人民法院应当在裁判文书中载明翻译费用，并根据《诉讼费用交纳办法》第二十九条的规定确定由败诉方负担。部分胜诉、部分败诉的，人民法院根据案件的具体情况决定当事人各自负担的数额。

——《最高人民法院关于印发〈全国法院涉外商事海事审判工作座谈会会议纪要〉的通知》（2021 年 12 月 31 日，法〔民四〕明传〔2021〕60 号）。

612. 一方当事人无正当理由不参与调解或者不履行调解协议、故意拖延诉讼的，人民法院可酌情增加其诉讼费用

关键词

诉讼费用　不履行调解协议　故意拖延诉讼

最高人民法院司法政策精神

38. 发挥诉讼费用杠杆作用。当事人自行和解而申请撤诉的，免交案件受理费。当事人接受法院委托调解的，人民法院可以适当减免诉讼费用。一方当事人无正当理由不参与调解或者不履行调解协议、故意拖延诉讼的，人民法院可以酌情增加其诉讼费用的负担部分。

——《最高人民法院关于人民法院进一步深化多元化纠纷解决机制改革的意见》(2016年6月28日，法发〔2016〕14号)。

附录：最高人民法院主流观点

诉讼费用杠杆作用的发挥，实际是对宏观司法政策的回应和落实。其作用，具体表现为正面的激励和反面的惩罚两个方面。

（一）正面的激励作用

诉讼费用直接关系到当事人的切身利益，从而对诉讼的提起和进行产生着重要影响。[①] 为鼓励当事人自行和解和利用调解解决纠纷，满足当事人多元化的纠纷解决需求，《诉讼费用交纳办法》第十五条规定，以调解方式结案或者当事人申请撤诉的，减半交纳案件受理费。而本条则更进一步加大了激励的力度，即自行和解而申请撤诉的，完全免交诉讼费用；而接受法院委托调解的，人民法院可适当减免诉讼费用。

本条以减少司法资源消耗作为激励的目的和适用的标准。当事人通过庭外自行和解方式达成协议，不申请法院进行司法确认或出具民事调解书，以撤诉方式解决纠纷，这基本未动用和消耗司法的审判资源，法院可以免收受理费；当事人接受法院委托调解，通过社会力量化解纠纷，法院可以根据接受委托的阶段、委托调解的结果等具体情况，大致确定司法耗费资源的多少，适当减免诉讼费用。而明确的诉讼费用标准和倾向性的鼓励规定，有助于当事人合理地预测诉讼成本和收益，从而选择更符合自己程序利益的纠纷解决方式。

（二）反面的惩罚作用

法律应当倡导当事人采用理性的态度对待诉讼。这是因为司法资源作为社会公共资源的一部分，公众具有不得滥用的义务。然而，在当前法院受理的案件中，虽然对于虚假调解设置相应的惩处条款，但是对于非理性的诉讼行为，如提起“天价”诉讼请求又拒绝调解的行为，却缺乏应有的惩处机制。正为了弥补现有立法不足，本条规定了应对恶意妨碍其他非诉纠纷解决方式适用行为的惩治，即如果一方当事人拒绝参加调解、不履行调解协议或者故意拖延诉讼，法院可在判决中对其导致诉讼的责任进行认定，判令其承担更多的诉讼费用。

可见，建立诉讼费用的惩罚机制的根本目的在于，通过更多诉讼费用的承担对非理性诉讼行为予以相应的惩处，既抑制非理性诉讼的发生，又从程序上促使当事人考虑调解，优先选择最为经济、有效的纠纷处理方式。

---

① 廖永安：《诉讼费研究——以当事人诉权保护为分析视角》，中国政法大学出版社2006年版，第7页。

但必须提醒的是，应极力避免该罚则为变相地强制当事人达成调解协议提供空间。因为自愿是调解必须遵守且贯之始终的基本原则，因而适用诉讼费罚则时应当注意以下事项：

1. 适用的情形仅限于当事人拒绝参与调解、不履行调解协议、故意拖延诉讼三种，至于当事人是否持续地参与调解、是否达成协议、达成何种内容的协议，则不在此列。

2. 无正当理由不参与调解的界定应考虑案件的性质、案件事实、审判是否对案件的处理更加有利、尝试其他争议解决方式的程度、调解的成本等因素。如果案件性质不适合调解、当事人在诉至法院前已尝试过调解或者调解成本明显过高，则当事人有权拒绝参与调解。

3. 建立案件的甄选程序。诉至法院的纠纷并非都适合调解，将不具有可调解性的纠纷强行进入调解程序，最终难以达成协议，反而拖延诉讼程序，增加诉讼成本，故在适用诉讼费罚则之前要建立案件的甄选程序。调解员在甄选纠纷时，首先要考虑将法定不应当调解的纠纷排除在外；其次，根据案件的特点和当事人的情况选择适合调解的纠纷。

——李少平主编：《最高人民法院多元化纠纷解决机制改革意见和特邀调解规定的理解与适用》，人民法院出版社 2017 年版，第 340~341 页。

613. 在裁判文书的表述上，确定具体诉讼费用由败诉方负担的同时，应明确承担连带责任的当事人共同负担诉讼费用

关键词

诉讼费用　败诉方　连带责任　裁判文书表述

最高人民法院司法解释

第二百零三条　承担连带责任的当事人败诉的，应当共同负担诉讼费用。

——《最高人民法院关于适用〈中华人民共和国民事诉讼法〉的解释》（2022 年 4 月 1 日修正）。

附录：最高人民法院主流观点

在裁判文书的表述上，确定具体诉讼费用由败诉方负担的同时，应明确承担连带责任的当事人共同负担诉讼费用。同时，还应注意，根据《诉讼费用交纳办法》第六条的规定，诉讼费用不仅包括案件受理费，申请费，还包括证人、鉴定人、翻译人员、理算人员在人民法院指定日期出庭发生的交通费、住宿费、生活费和误工补贴。

——最高人民法院民法典贯彻实施工作领导小组办公室编著:《最高人民法院新民事诉讼法司法解释理解与适用》,人民法院出版社2022年版,第450页。

614.《诉讼费交纳通知》未含交费数额及账户致原告未按时交费的,不得按其自动撤诉处理

关键词

诉讼费交纳通知　自动撤诉

最高人民法院裁判文书

大同市云中水泥有限责任公司与镇江建工建设集团有限公司建设工程施工合同纠纷案[最高人民法院(2021)最高法民申7536号民事裁定书]

裁判要旨:人民法院向当事人(原告)发送的《诉讼费交纳通知》中仅记载了缴费时限、逾期缴费的法律后果,但并未载明当事人需交纳的诉讼费具体数额、收取诉讼费用的专户名称等信息,不符合人民法院催交诉讼费通知书的规定。当事人(原告)在接到上述缴费通知后未在限定时间内缴纳诉讼费的,法院不得按当事人(原告)自动撤诉处理。

最高人民法院经认为,关于原审判决超出诉讼请求的问题。经查,本案重一审期间,建工集团增加诉讼请求,即请求判令水泥公司支付其尚欠工程款所产生的利息,一审法院于2018年11月7日制作《通知》:"因建工集团于2018年10月30日开庭审理时向本院提出增加诉讼请求的申请,但未明确利息的具体数额。限建工集团于收到本通知书次日起七日内提交增加诉讼请求的数额并预交诉讼费。期满仍未交纳的,按撤回增加诉讼请求处理。"该《通知》未载明建工集团需交纳的诉讼费具体数额、收取诉讼费用的专户名称等,不符合人民法院催交诉讼费通知书的规定,故原审未依据该《通知》认定建工集团未交纳诉讼费而自动撤诉,并无不当。水泥公司主张原审判决水泥公司支付工程款利息属超出诉讼请求,无事实和法律依据,不能成立。

——中国裁判文书网。

615. 股东代表诉讼中股东全部或者部分胜诉情况下的诉讼费用承担

关键词

股东代表诉讼　诉讼费用　律师费用

最高人民法院司法解释

第二十六条　股东依据公司法第一百五十一条第二款、第三款规定直接提起诉讼的案件，其诉讼请求部分或者全部得到人民法院支持的，公司应当承担股东因参加诉讼支付的合理费用。

——《最高人民法院关于适用〈中华人民共和国公司法〉若干问题的规定（四）》（2020 年 12 月 29 日修正）。

附录：最高人民法院主流观点

股东胜诉时，人民法院应当结合当事人的诉辩主张对原告主张的支出是否合理进行实质审查：

第一，诉讼费用。民事诉讼法第七十四①条规定："证人因履行出庭作证义务而支出的交通、住宿、就餐等必要费用以及误工损失，由败诉一方当事人负担。当事人申请证人作证的，由该当事人先行垫付；当事人没有申请，人民法院通知证人作证的，由人民法院先行垫付。"第一百一十八条②规定："当事人进行民事诉讼，应当按照规定交纳案件受理费。财产案件除交纳案件受理费外，并按照规定交纳其他诉讼费用。"第二百六十二条③规定："人民法院审理涉外民事案件，应当使用中华人民共和国通用的语言、文字。当事人要求提供翻译的，可以提供，费用由当事人承担。"根据民事诉讼法的上述条文，诉讼费用中至少包括：案件受理费、证人费用、翻译费用。更为细致的列举和计算方法，更多见于地方性司法文件，例如，《青海省人民法院诉讼费用管理办法》（青财行字〔2016〕56 号）第 2 条规定："本办法所称诉讼费用，是指民事、行政案件的当事人向人民法院为进行诉讼所必须交纳的法定费用。包括：案件受理费，申请费，证人、鉴定人、翻译人员、理算人员在人民法院指定日期出庭发生的交通费、住宿费、生活费和误工补贴。"此外，诉讼费

① 现为《民事诉讼法》（2021 年修正）第七十七条。

② 现为《民事诉讼法》（2021 年修正）第二百二十一条。

③ 现为《民事诉讼法》（2021 年修正）第二百六十九条。

用还可能包括因鉴定、审计等审判辅助活动发生的费用等。

在原告股东胜诉的情况下，一般而言上述费用大部分应当由被告承担，因而不在公司应当承担的合理支出范围之内；对于人民法院裁判文书依法认定由原告股东负担的诉讼费，属于原告股东提出过高诉讼请求产生的费用，不属于公司应当承担的合理费用。对于原告股东承担其他费用，如保全担保费用等，人民法院还应当考虑原告股东的胜诉比例，亦即人民法院支持原告股东诉讼请求，判决被告给付的赔偿金额与原告股东请求的赔偿金额之比，以及是否确为诉讼所必须支出，如诉讼保全数额是否超出诉讼标的等因素，以确定公司应当承担的费用。

第二，律师费用。对律师费用是否合理的考量，主要应当根据《律师服务收费管理办法》进行。根据该办法，律师服务收费可以根据不同的服务内容，采取计件收费、按标的额比例收费和计时收费等方式。对于风险代理费用，只要符合办法规定的，也应当视为合理。

——杜万华主编:《最高人民法院公司法司法解释（四）理解与适用》，人民法院出版社 2017 年版，第 610 页。

616. 当事人对反诉部分的判决不服提出上诉的，二审案件受理费亦应当减半收取

关键词

诉讼费用　反诉　减半收取案件受理费

附录：民事审判信箱

问:《诉讼费用交纳办法》第十八条规定了对于合并审理的反诉请求，应当减半收取案件受理费。当事人对反诉部分的判决不服提出上诉的，二审案件受理费是否还应当减半收取呢?

答:《诉讼费用交纳办法》第十八条规定，被告提起反诉、有独立请求权的第三人提出与本案有关的诉讼请求，人民法院决定合并审理的，分别减半交纳案件受理费。第十七条规定，对财产案件提起上诉的，按照不服一审判决部分的上诉请求数额交纳案件受理费。从上述规定的措辞上看，对于二审案件，没有特别规定是否应区分是否是对反诉或者其他人民法院决定合并审理的请求上诉的情况，按照不同标准收取案件受理费。从规定表面看，似应对当事人的上诉请求，直接按照其请求数额计算二审案件受理费，而不涉及减半的问题，因为此时一审中的反诉请求已经转变为当事人的上诉请求了。但是，从探究《诉讼费用交纳办法》第十八条的立法本意看，我们认为，规

定对人民法院决定合并审理的反诉或其他诉讼请求减半收取案件受理费，主要是考虑到人民法院在合并审理的情况下，办案成本比分别审理低，为了减轻当事人的诉讼负担，对案件受理费予以减半收取。因此，我们认为，二审案件受理费应当采取与一审案件受理费一致的收取标准，即在二审中对当事人针对一审中的反诉部分提出的上诉请求，仍应减半收取案件受理费。

——本书研究组：《当事人对反诉部分的判决不服提出上诉的，二审案件受理费亦应当减半收取》，杜万华副主编、最高人民法院民事审判第一庭编：《民事审判指导与参考》2013 年第 2 辑（总第 54 辑），人民法院出版社 2013 年版，第 243 页。

617. 当事人胜诉后其预交但不应负担的诉讼费用人民法院应退还

关键词

诉讼费用　胜诉

附录：民事审判信箱

问：审判实践中，经常遇到胜诉的当事人申请退还其预交的案件受理费的情况，有观点认为，案件受理费问题可在执行程序中一并解决，当事人预交的案件受理费不必退还，这种观点是否正确？

答：此种观点不正确。《诉讼费用交纳办法》第二十九条第一款规定，诉讼费用由败诉方负担。所谓诉讼费用由败诉方负担，应当理解为胜诉方不应支出诉讼费用。既然如此，如果案件受理费是由胜诉方预交的，就应退回。

《最高人民法院关于适用〈诉讼费用交纳办法〉的通知》规定："诉讼费用由败诉方负担，胜诉方自愿承担的除外。对原告胜诉的案件，诉讼费用由被告负担，人民法院应当将预收的诉讼费用退还原告，再由人民法院直接向被告收取，但原告自愿承担或者同意被告直接向其支付的除外。当事人拒不交纳诉讼费用的，人民法院应当依法强制执行。"《最高人民法院关于适用〈中华人民共和国民事诉讼法〉的解释》第二百零七条也规定："判决生效后，胜诉方预交但不应负担的诉讼费用，人民法院应当退还，由败诉方向人民法院交纳，但胜诉方自愿承担或者同意败诉方直接向其支付的除外。当事人拒不交纳诉讼费用的，人民法院可以强制执行。"因此，当事人胜诉后申请退还其预交的案件受理费，人民法院应予退还。

——本书研究组：《当事人胜诉后，其所预交的案件受理费应予退还》，载杜万华主编、最高人民法院民事审判第一庭编：《民事审判指导与参考》

2015 年第 3 辑（总第 63 辑），人民法院出版社 2016 年版，第 240~241 页。

618. 再审撤销一、二审判决发回重审的，二审案件受理费应当退还当事人

关键词

再审发回重审　二审案件受理费

附录：民事审判信箱

问：审判实践中，有时会发生案件提审后，再审法院裁定撤销一、二审判决并发回重审，当事人申请二审法院退还二审案件受理费的情况，原二审法院是否应当将收取的二审案件受理费退还当事人？

答：在此种情况下，二审案件受理费应当退还当事人。首先，《诉讼费用交纳办法》第二十七条规定，第二审人民法院决定将案件发回重审的，应当退还上诉人已交纳的第二审案件受理费。《中华人民共和国民事诉讼法》第二百零七条[①]规定，上级人民法院按照审判监督程序提审的，按照第二审程序审理。因此，再审法院裁定撤销原一、二审判决并将案件发回重审的情形，亦应适用《诉讼费用交纳办法》第二十七条规定。其次，再审法院裁定撤销一、二审判决并发回重审后，原二审上诉人对重一审判决可能服判，不提起上诉；该案也可能以调解、撤诉方式结案；当事人亦可能对重一审判决提出新的上诉请求。以上情况会相应导致重审后二审程序不被启动或者原二审案件受理费数额发生变化的结果。因此，再审法院裁定撤销一、二审判决并将案件发回重审后，原二审法院将收取的二审案件受理费退还当事人，既有法律依据，也符合审判实践，更有利于及时保护当事人的诉讼权利。为便于当事人申请退还二审案件受理费，再审裁定应明确载明将二审案件受理费予以退还的内容。

——本书研究组：《再审法院裁定撤销一、二审判决并将案件发回重审的，二审案件受理费应否退还》，载最高人民法院民事审判第一庭编：《民事审判指导与参考》2014 年第 3 辑（总第 59 辑），人民法院出版社 2015 年版，第 235 页。

---

① 现为《民事诉讼法》（2021 年修正）第二百一十四条。

619. 两被告同时上诉不得收取两份诉讼费

关键词

同一案件　不同被告　共同上诉　案件受理费

附录：《最高人民法院院长信箱》

×××同志：

您好！现就您所反映的问题答复如下：

一、关于确认合同效力案件的案件受理费的问题，各地确有不同做法。因《诉讼费用交纳办法》是由国务院制定的，我院一直在与相关部门沟通，拟对《诉讼费用交纳办法》进行修订，力争使《诉讼费用交纳办法》的各项规定更加科学合理，更加明确。

二、关于同一案件两个不同的被告共同上诉时收取两份案件受理费的做法，不符合《最高人民法院关于适用〈中华人民共和国民事诉讼法〉的解释》的规定，应予纠正。您可就此问题向受诉法院提出异议，要求复核。

感谢您对我们工作提出的意见和建议，我们将通过各种方式改进我们的工作，努力让人民群众在每一个司法案件中感受到公平正义。

二〇一七年七月五日

620. 诉讼费用负担不属于再审审查范围，当事人对诉讼费用负担有异议可依据相关规定申请复核

关键词

诉讼费用负担　再审申请事由

最高人民法院裁判文书

锡海律师事务所与陈元盛等委托合同纠纷申请再审案［最高人民法院（2021）最高法民申7511号民事裁定书］

裁判要旨：诉讼费用不属于《中华人民共和国民事诉讼法》第二百条[①]规定的再审申请事由，故对于再审申请人关于诉讼费用负担

① 现为《民事诉讼法》（2021年修正）第二百零七条。

有误的再审申请理由，人民法院不予审查。当事人对诉讼费用的负担如有异议，可依据《诉讼费交纳办法》的相关规定申请复核。

最高人民法院认为，诉讼费用不属于《中华人民共和国民事诉讼法》第二百条[①]规定的再审申请事由，故对于江苏锡海律师事务所关于诉讼费用负担有误的再审申请理由，本院不予审查。当事人对诉讼费用的负担如有异议，可依据《诉讼费交纳办法》的相关规定申请复核。

——中国裁判文书网。

① 现为《民事诉讼法》(2021年修正)第二百零七条。

第九章　第一审普通程序

一、起诉和受理

（一）起诉的条件

1. 原告与本案有直接利害关系

621. 原告持有未载明债权人的债权凭证起诉，可推定其“与本案有直接利害关系”

关键词

民间借贷　与本案有直接利害关系

最高人民法院司法解释

第二条　出借人向人民法院提起民间借贷诉讼时，应当提供借据、收据、欠条等债权凭证以及其他能够证明借贷法律关系存在的证据。

当事人持有的借据、收据、欠条等债权凭证没有载明债权人，持有债权凭证的当事人提起民间借贷诉讼的，人民法院应予受理。被告对原告的债权人资格提出有事实依据的抗辩，人民法院经审查认为原告不具有债权人资格的，裁定驳回起诉。

——《最高人民法院关于审理民间借贷案件适用法律若干问题的规定》（2020 年 12 月 29 日修正）。

附录：最高人民法院主流观点

人民法院在决定是否对该民间借贷纠纷立案时，需要考量的就是如何理解《民事诉讼法》第119条[①]中“原告与本案有直接利害关系”这一规定。一般来讲，所谓原告与案件争讼事实有直接利害关系主要是指：（1）自己依法所享有的合法权益受到不法侵害；（2）自己与别人发生了民事权利义务的争执；（3）与争议事实中所指向的诉讼标的有法律上的直接利害关系。为了证明其与本案有直接利害关系，当事人在起诉时只需提交证明争议存在的客观性和已然性的证据，而不要求这些证据能够支持其全部诉讼请求。具体到民间借贷纠纷案件中，当事人起诉时提交的证据应能证明其与相对人因借贷关系引发的争议已然存在，至于该证据能否支持当事人全部诉讼请求，则有待于案件进入实体审理后才能作出判断。相应地，作为证明借贷关系存在的债权凭证，一般应在内容上记载特定借贷关系所需的基本要素：出借人姓名或名称、借款人姓名或名称、借款金额、出借方式和还款时间等。但如果债权凭证上有借款人姓名或名称、借款金额却无出借人的姓名或名称时，则依据该债权凭证虽可判断可能存在借贷关系，但无法锁定特定债权人，自然也就无法确定债权凭证持有人是否与本案有直接利害关系。另一方面，基于民间借贷中当事人的法律素质、当事人之间密切关系、借款金额较小、借款紧迫情形等诸多因素影响，现实中民间借贷的债权凭证不载明债权人姓名或名称的情形并不罕见。依据日常生活经验和逻辑可知，没有载明债权人姓名或名称的债权凭证被非真正债权人持有的可能性很小，而持有该债权凭证后还提起民间借贷诉讼，妄图获得非法收益的情形更为罕见。故《民间借贷规定》第二条第二款规定人民法院应当受理持有没有载明债权人的债权凭证的当事人提起的民间借贷诉讼，是基于由当事人持有未载明债权人的债权凭证这一事实，一般可以推定出其与债务人之间存在民间借贷关系。一般而言，推定是借助一个特定的既存事实，推出另一相关事实存在的一定假设。在司法程序上对于推定的运用反映了不同事实之间的关系状态，这一关系状态受到因果关系法则的支配和影响。这种因果关系是包括时间先后次序在内的由一种现象必然引起另一种现象的本质联系。因此，据此原理适用推定，从所取得结果的概率上来说，绝大多数情况下都被证实是真实的，符合客观事物的发展规律，这是由事物发展的必然性和偶然性所决定的。当然，从证据证明力而言，其显然比该条第一款规定的起诉证据的证明力更为薄弱，但基于民间借贷市场现状和依法充分保护当事人诉权的审慎考虑，我们最后仍将其规定为起诉证据。此外，作为起诉证据，该条第二款的表述中并没有如第一款一样增加“以及其他能够证明借贷法律关系存在的证据”这一证据兜底条款。但司法实务中确有其他没有载明债权人但可以证明借贷法律关系存在的证据。例如，原告持有的被告发送的没有载明债权人但内容为借贷的微信或QQ聊

---

① 现为《民事诉讼法》（2021年修正）第一百二十二条。

天记录、手机短信等电子数据。所以，司法实务在适用该条时宜对没有载明债权人的起诉证据类型作扩张性理解。

——最高人民法院民事审判第一庭编著：《最高人民法院新民间借贷司法解释理解与适用》，人民法院出版社 2021 年版，第 70~71 页。

622. 争议事实借助其他事实、行为方与当事人所主张的权益发生实际联系，不属于“直接利害关系”

关键词

直接利害关系

最高人民法院裁判文书

广东城协建筑规划设计院有限公司与广东中顺美地房地产开发有限责任公司、成都市中顺城投投资有限公司等公司增资纠纷案［最高人民法院（2014）民二终字第 15 号民事裁定书］

裁判要旨：作为民事案件的起诉条件，当事人与案件所具直接利害关系，应理解为案件事实径行对当事人主张的权益产生影响，当事人可作为争议法律关系的一方主体。如争议事实借助其他事实、行为方与当事人所主张的权益发生实际联系，则不符合《中华人民共和国民事诉讼法》第一百一十九条[①]第一项关于“起诉必须符合下列条件：（一）原告是与本案有直接利害关系的公民、法人和其他组织”的规定中“直接利害关系”的情形。

最高人民法院认为：本案争议焦点为广东城协公司与本案是否有直接利害关系，一审裁定驳回广东城协公司起诉有无不当。

作为民事案件的起诉条件，当事人与案件所具直接利害关系，应理解为案件事实径行对当事人主张的权益产生影响，当事人可作为争议法律关系的一方主体。如争议事实借助其他事实、行为方与当事人所主张的权益发生实际联系，则不符合上述规定中“直接利害关系”的情形。本案广东城协公司的起诉针对三方主体：一是广东中顺公司其他股东；二是广东中顺公司；三是成都中顺公司。根据广东城协公司的诉请内容，其系基于广东中顺公司股东身份，主张股东权益或以股东权益为基础的相关权益。但，就广东中顺公

① 现为《民事诉讼法》（2021 年修正）第一百二十二条。

司的股东权益而言，广东城协公司与上述三方均不能形成直接权利义务关系：

第一，广东城协公司不是成都中顺公司股东，不享有该公司股权，双方不具有公司法上的权利义务关系。广东城协公司基于股东权益起诉成都中顺公司，缺乏法律依据。本案兰红增资成都中顺公司行为对广东城协公司权益的影响，需通过广东中顺公司的股权结构、内部意思发生作用，不具直接性。广东城协公司关于成都中顺公司案涉股东会决议以广东中顺公司被撤销的相关决议为基础、与广东城协公司具直接利害关系的上诉理由不能成立。

第二，广东中顺公司 2011 年 1 月 26 日所作股东决定，系该公司作为成都中顺公司股东，针对成都中顺公司事务行使股东权利的行为。该决定本身属广东中顺公司的外部行为，与针对该公司自身事务、由其各股东参与形成的广东中顺公司股东会决议、董事会决议性质不同。不属《中华人民共和国公司法》第二十二条规定的可由股东诉请撤销的公司决议范围。广东城协公司关于案涉广东中顺公司股东会决议、董事会决议被撤销的效力，及于公司外部行为的主张，混淆了公司法律关系与其他法律关系，缺乏法律依据。

第三，如前所述，广东城协公司基于广东中顺公司的股东权益，与案涉兰红增资成都中顺公司行为无直接利害关系。本案广东城协公司对其他股东的诉求，均针对成都中顺公司事务提出，亦不符合法律规定的条件。而上述广东中顺公司股东决定的内部意思形成过程，与本案不是同一法律关系，广东城协公司就此对其他股东的诉求，应另案解决。

综上，就案涉增资行为，广东城协公司与其他各方均不能形成直接权利义务关系；其基于广东中顺公司股东权益对其他当事人所提起的诉讼，不符合《中华人民共和国民事诉讼法》第一百一十九条规定的条件。一审裁定正确，应予维持。

——中国裁判文书网。

623. 合作建设法律关系中项目公司符合缔约过失责任纠纷原告起诉条件

关键词

缔约过失责任纠纷　适格原告

最高人民法院裁判文书

御龙公司与优龙公司、昌恒公司缔约过失责任纠纷再审案［最高人民法院（2020）最高法民再 4 号民事裁定书］

裁判要旨：虽然御龙公司是昌恒公司与优龙公司为履行双方间合资、合作开发房地产合同关系而设立，《合作建设协议书》包含有关设立御龙公司的内容，但御龙公司在签订三方《合作补充协议》时已依法成立，是三方《合作补充协议》的签约主体，依约独立享有民事权利承担民事义务。其在该三方《合作补充协议》已被人民法院生效判决确定无效的情形下，提起缔约过失责任诉讼，与本案具有直接利害关系，享有诉讼权利，符合《中华人民共和国民事诉讼法》第一百一十九条[①]规定的原告起诉条件。

最高人民法院再审认为，人民法院在立案受理阶段判断原告是否符合《中华人民共和国民事诉讼法》第一百一十九条规定的“与本案有直接利害关系”时，只需审查原告是否提交了证明其与相对人因民事法律关系引发争议的相关事实依据。本案中，御龙公司是三方《合作补充协议》的签约人，依约履行合同义务，故其在该三方《合作补充协议》已被人民法院生效判决确定无效的情形下，提起本案缔约过失责任诉讼，与本案具有直接利害关系，符合《中华人民共和国民事诉讼法》第一百一十九条规定的原告起诉条件。虽然御龙公司是昌恒公司与优龙公司为履行双方间合资、合作开发房地产合同关系而设立，《合作建设协议书》包含有关设立御龙公司的内容，但设立协议并不是我国《公司法》规定的公司成立的必要条件，只要公司符合法定条件且依法成立，设立协议就不再对公司产生约束力。御龙公司在签订三方《合作补充协议》时已依法成立，不受《合作建设协议书》及二方《合作补充协议》的影响而独立享有民事权利和承担民事义务，其就三方《合作补充协议》被确认无效而遭受的损失理应享有诉讼权利。至于御龙公司诉讼请求是否具有事实及法律依据、能否得到全部或部分支持，均属于实体审查的范畴，有待于实体审理后依法作出裁判。原审裁定认定御龙公司不具备原告主体资格、不具有诉的利益，适用法律错误，本院予以纠正。

经原审法院查明，御龙公司主张的第一项关于返还土地出让金和土地转让定金3064万元的诉讼请求已包含于（2014）三中民终字第10339号民事判决认定的4514万元之中，该生效判决已对3064万元土地出让金和土地转让定金的归属进行了实质审查，并判令由优龙公司返还昌恒公司该笔款项。故御龙公司基于同一事实和相同法律关系提出的第一项诉请，实质上否定了前诉的裁判结果，应认定为重复诉讼，原审裁定驳回御龙公司该项诉请的起诉，处理结果正确。

——中国裁判文书网。

① 现为《民事诉讼法》（2021年修正）第一百二十二条。

624. 当事人之间存在现实争议、利害关系，当事人具有起诉的诉的利益

关键词

现实争议　利害关系　起诉　诉的利益

最高人民法院裁判文书

山东泰盛恒房地产有限公司与山东奥德燃气有限公司等房地产开发经营合同纠纷案［最高人民法院（2020）最高法民再 149 号民事裁定书］

裁判要旨：只有出现第一审人民法院受理错误的情形，第二审人民法院才能直接裁定驳回起诉。当事人之间存在现实争议、利害关系，当事人具有起诉的诉的利益。

最高人民法院认为：《最高人民法院关于适用〈中华人民共和国民事诉讼法〉的解释》第三百三十条规定“人民法院依照第二审程序审理案件，认为依法不应由人民法院受理的，可以由第二审人民法院直接裁定撤销原裁判，驳回起诉”。根据该规定，只有出现第一审人民法院受理错误的情形，第二审人民法院才能直接裁定驳回起诉。本案中，泰盛恒公司根据其与利群公司订立的《土地项目转让协议书》，诉请确认鲁（2016）临沂市不动产权第 XXXX 号国有建设用地使用权自 2017 年 3 月 1 日归其所有、利群公司继续履行合同并办理土地及项目转让过户手续。这一行为表明泰盛恒公司与利群公司之间就利群公司应否承担继续履行《土地项目转让协议书》项下的合同义务的争议已经存在，泰盛恒公司具有通过诉讼尽早明确其是该合同项下土地及项目所有人法律地位的诉讼利益，由此避免由于争议所导致的不确定性，因此，泰盛恒公司提起本案诉讼，具备原告行使诉权所需要的当事人之间存在现实争议和诉的利益两个要件。同理，第三人奥德公司诉请确认泰盛恒公司与利群公司所签订的《土地项目转让协议书》无效或依法予以撤销，亦符合《中华人民共和国民事诉讼法》第一百一十九条[①]规定的起诉条件，一审法院受理泰盛恒公司、奥德公司的起诉符合法律规定，并无不当。二审法院裁定驳回泰盛恒公司、奥德公司的起诉属于适用法律错误，应予纠正。

在奥德公司针对一审判决认定涉案《土地项目转让协议书》效力提起上

① 现为《民事诉讼法》（2021 年修正）第一百二十二条。

诉的情况下，二审法院应当按照法律规定对奥德公司的上诉请求进行实体审理。

——中国裁判文书网。

625. 当事人之间无实质性纠纷且可以自行履行，不具有起诉的诉的利益

关键词

无实质性纠纷　自行履行　起诉　诉的利益

最高人民法院裁判文书

凌立武与江苏兴一建设（青岛）有限公司、青岛百联安置业有限公司建设工程施工合同纠纷案［最高人民法院（2021）最高法民再201号民事裁定书］

裁判要旨：《民事诉讼法》第一百一十九条①规定："起诉必须符合下列条件：（一）原告是与本案有直接利害关系的公民、法人和其他组织；（二）有明确的被告；（三）有具体的诉讼请求和事实、理由；（四）属于人民法院受理民事诉讼的范围和受诉人民法院管辖。"当事人之间无实质性纠纷且可以自行履行，不具有起诉的诉的利益。

最高人民法院认为：本案争议焦点为凌立武提起的本案诉讼是否符合法律规定的起诉条件及是否具有诉的利益。《民事诉讼法》第一百一十九条规定："起诉必须符合下列条件：（一）原告是与本案有直接利害关系的公民、法人和其他组织；（二）有明确的被告；（三）有具体的诉讼请求和事实、理由；（四）属于人民法院受理民事诉讼的范围和受诉人民法院管辖。"本案中，凌立武基于其与兴一建设公司、百联安置业公司签订的《建设工程内部施工承包协议》《项目部内部结算及解除协议》，提起本案诉讼。凌立武是与本案有直接利害关系的公民，被告是兴一建设公司、百联安置业公司，系合同的相对方。凌立武诉请支付案涉工程价款8213.18万元、利息及确认优先受偿权，凌立武有具体的诉讼请求和事实、理由，其提起的本案诉讼符合法律规定的起诉条件。此外，凌立武主张兴一建设公司、百联安置业公司未适当履行《项目部内部结算及解除协议》，请求就案涉工程价款享有优先受偿权，其诉

① 现为《民事诉讼法》（2021年修正）第一百二十二条。

讼请求能否得到支持，需在实体审理中进一步审理认定。一、二审法院认为"百联安置业公司、兴一建设公司对凌立武诉求亦未提出实质性的异议，因此双方之间并无实质性的纠纷，双方可依法自行履行"，并以此驳回凌立武的起诉显属不当。

——中国裁判文书网。

626. 非合同当事人是否有权提起确认合同无效之诉

关键词

非合同当事人　确认合同无效之诉

最高人民法院裁判文书

韶关市衡溢置业有限公司与郑美如、广东中兴经济发展有限公司确认合同无效纠纷案［最高人民法院（2021）最高法民申 1723 号民事裁定书］

裁判要旨：对债权人而言，《合同法》第五十二条[①]、第七十四条[②]所涉两种保护债权实现的方式，各有利弊。根据《民事诉讼法》第十三条第二款的规定以及权利处分原则，债权人可以在权衡利弊后做出选择。通常情况下，合同受益的双方当事人不会提起确认合同无效的诉讼。如以合同相对性为由禁止与该合同约定事项有利害关系的第三人提起确认合同无效的诉讼，那么与合同约定事项有利害关系的合同外第三人的合法权益将得不到保障，亦有违前述法律规定的立法精神。

最高人民法院经审查认为，本案系民事申请再审案件，应当围绕当事人申请再审的理由是否成立进行审查。因此，本案的审查重点是原审法院关于本案系确认合同效力纠纷并作出中兴公司无偿转移财产的行为无效的处理意见是否妥当等问题。

根据《最高人民法院关于适用〈中华人民共和国民法典〉时间效力的若干规定》第五条以及《中华人民共和国合同法》第五十二条、第七十四条第一款的规定，有恶意串通，损害国家、集体或者第三人利益情形的，合同无效。因债务人放弃其到期债权或者无偿转让财产，对债权人造成损害的，债

① 对应《民法典》第一百四十四条、第一百五十三条、第一百五十四条、第一百五十五条。
② 对应《民法典》第五百三十九条。

权人可以请求人民法院撤销债务人的行为。债务人以明显不合理的低价转让财产，对债权人造成损害，并且受让人知道该情形的，债权人也可以请求人民法院撤销债务人的行为。因此，对债权人而言，《中华人民共和国合同法》第五十二条、第七十四条所涉两种保护债权实现的方式，各有利弊；根据《中华人民共和国民事诉讼法》第十三条第二款的规定以及权利处分原则，债权人可以在权衡利弊后做出选择。通常情况下，合同受益的双方当事人不会提起确认合同无效的诉讼。如以合同相对性为由禁止与该合同约定事项有利害关系的第三人提起确认合同无效的诉讼，那么与合同约定事项有利害关系的合同外第三人的合法权益将得不到保障，亦有违前述法律规定的立法精神。而合同以外的第三人以起诉的方式请求人民法院确认合同无效，其必须以原告的身份起诉，故该第三人应符合《中华人民共和国民事诉讼法》第一百一十九条[①]关于原告资格的规定，及相应起诉条件。因此，第三人如与诉讼标的没有利害关系或者仅有事实上的利害关系，则不能作为原告起诉；而与涉案合同约定事项具有法律意义上直接利害关系的第三人，则可向有管辖权的人民法院提起案由为“确认合同无效纠纷”的诉讼。本案中，二审法院认为，原审原告诉请确认效力的行为，属于一方当事人向另一方当事人转让财产的合同行为，据此认定本案属于确认合同无效纠纷，并无不当，本院予以认可。而衡滋置业公司关于二审法院违背“合同的相对性”原则以及本案应属债权人撤销权纠纷的主张，理据不足，本院不予支持。

——中国裁判文书网。

2.“有明确的被告”

627. 对“有明确的被告”的理解

关键词

有明确的被告　被告适格

最高人民法院司法解释

第二百零九条　原告提供被告的姓名或者名称、住所等信息具体明确，足以使被告与他人相区别的，可以认定为有明确的被告。

起诉状列写被告信息不足以认定明确的被告的，人民法院可以告知原告补正。原告补正后仍不能确定明确的被告的，人民法院裁定不予受理。

---

① 现为《民事诉讼法》（2021 年修正）第一百二十二条。

——《最高人民法院关于适用〈中华人民共和国民事诉讼法〉的解释》（2022 年 4 月 1 日修正）。

附录：最高人民法院主流观点

根据民事诉讼法第一百二十二条第二项的规定，“有明确的被告”是原告起诉的条件之一。实践中对于如何判断原告的起诉“有明确的被告”，是多年以来困扰人民法院民事案件立案阶段的一个重要问题；特别在我国当前经济形势下，人口流动频繁，经常发生被告不明确，无法送达，进而影响人民法院查明案件事实等审判问题。《民事诉讼法解释》第二百零九条的规定就是对该问题的处理。

1. 对“有明确的被告”的理解

如果从民事案件实体处理的角度而言，“明确的被告”应包括两个层面的内容：一是形式上有“明确”的可识别的被告，即既要有具体的告诉相对方，即明确相对方是谁，又要有具体相对方确切的所在，即明确相对方的地址、住所，通过身份和空间处所两个要素把相对方固定成为“明确”的被告。二是实质上有合适的“被告”，即不仅要明确告诉相对方形式上的身份（姓名、性别、年龄等），还要明确相对方与原告之间法律关系、法律事实及相关证据。

第一，立案阶段“明确的被告”的形式标准。对于起诉要有具体的告诉相对方，明确相对方的姓名、年龄、性别等形式要素这一点毋庸置疑。而对于是否要有明确的被告所在，也即是否要明确被告具体、真实的空间处所，实践中存在不同的处理意见。一种意见认为，原告只要提供了“明确的”被告所在即可，至于这个“明确的”所在是否客观真实，均不影响原告的起诉。另一种意见认为，明确具体且客观的被告所在是“明确的被告”的基本要素，不可或缺。

对此，《民事诉讼法解释》第二百零九条认为，从民事诉讼法的立法本意而言，确定原告的起诉是否符合条件中的“有明确的被告”主要在于确定被告的身份能够被识别，从而避免被告同他人的身份相混淆。故只要能够通过姓名、性别、住所等内容将被告独立识别出来，则原告的起诉就是符合条件的，而没有必要要求在识别出被告之外，原告还必须提供准确无误的住所，从而能够找到被告，向被告直接送达起诉状。因此，明确被告确切无误的住所并不是民事诉讼法所规定的“明确的被告”之精神。对此，2004 年 12 月 2 日起施行的《最高人民法院关于依据原告起诉时提供的被告住址无法送达应如何处理问题的批复》中，关于人民法院依据原告起诉时所提供的被告住址无法直接送达或者留置送达的进一步处理意见体现的就是上述处理思路，即在依据原告所提供的住址无法达的情况下，人民法院应当要求原告补充材料以供人民法院进一步向被告送达起诉状，而对于原告因客观原因不能补充或者依据原告补充的材料仍不能确定被告住址的，人民法院不能裁定驳回起诉或者裁定终结诉讼，而应当依法向被告公告送达诉讼文书。

第二，起诉阶段“明确的被告”不等于“适格被告”。原告起诉是因为其权利受到侵犯或其权利需要确认，为程序意义上的权利主体；被告被诉则是因为被指控使原告的权利受到了威胁或损害。人民法院在审查立案时只要明确谁是被告就可以了，至于这个被告是不是符合条件及是否为应承担责任的合适被告，在起诉时无须确定，因为被告是否符合条件，一般只有经过实体审理才能确定。也就是说，法律要求“有明确的被告”，该条件的重点在“有”字；至于该被告是否必须是恰当的被告，需要人民法院经民事实体审理后才能作出判断。人民法院不能在立案阶段在未经审理的情况下即裁定对于案件不予受理。在原告起诉符合起诉条件的情况下，人民法院如果发现原告的起诉与被告并没有法律关系的，即被告与原告起诉不具有实质上的法律关系，或者原告的诉讼请求不成立的，则已经属于诉讼成立的要件，应通过判决驳回的形式驳回原告的诉讼请求，而不能通过裁定驳回原告的起诉。

综合上述两个方面的分析，在立案阶段，对“有明确的被告”的判断主要考察被告是否符合可识别的标准。从民事诉讼法第一百二十二条和第一百二十四条及本条司法解释的规定来看，人民法院在确定是否受理原告起诉的问题上，主要应从被告的身份、住所地两方面去审查。原告是否有证据证明其与被告存在某种法律关系，不是立案阶段审查的问题，而是审理阶段实体裁判的内容。至于明确的被告，其审查标准在于能否将被告同其他单位或者自然人区别开来。故本条第一款规定了原告在起诉时，必须提交能够证明被告身份的相关材料，如被告的姓名或者名称、住所、联系方式、身份证件号码或组织机构代码等，这既便于送达诉讼文书，也便于在执行阶段建立诚信系统。本条第二款规定了若原告不能提供被告的详细信息，从而无法识别被告身份的，可视同被告不明确，人民法院应当通知当事人限期补正，当事人在合理期限内未补正的，可以被告不明确为由裁定不予受理。当然，原告因客观因素限制无法准确提供被告的身份、住所信息的，人民法院可以依职权进行核查。

3. 可识别性标准在实践中的作用

从《民事诉讼法解释》第二百零九条规定来看，原告只要能够通过提供被告的姓名或者名称、住所等信息，使被告与他人相区别，则被告就是能够被识别的，即可以认定为有明确的被告。而对于起诉状列写的被告信息不足以认定明确的被告的，人民法院可以告知其补正。比如，原告起诉张三偿还借款，为此提供了张三系某村人的信息，但是经人民法院审查，该村有三个张三，而原告并不能明确是哪一个张三向其借款，在此情况下，人民法院应告知原告予以补正。如果原告能够提供该张三的身份证件号码，则原告的补正是符合被告可区别于他人的可识别标准。如果原告补正后仍不能确定明确的被告的，人民法院则应裁定不予受理。

审判实践中应当注意的问题：

根据《民事诉讼法解释》第二百零九条的要求，只要原告能够提供可以识别被告的信息，即使其不能提供被告的住所，或者提供的被告的住所并非客观、准确的住所，人民法院也应予以受理。在被告的住所并不明确，且法院查证不能的情况下，人民法院应向当事人释明通过公告方式向被告送达。

另外，在人民法院实施立案登记制的情况下，对于案件的实体审理属于立案之后的处理，因此，在立案阶段，无论原告与被告是否实质上具有某种法律关系，即被告是否是与原告具有法律关系的合适的应当承担责任的被告，均不影响人民法院受理该案。至于人民法院在立案后，经过实体审理，认定原告所起诉的被告并不合适，被告与原告并无相应的法律关系，则应判决驳回原告的诉讼请求，在此情况下则属于人民法院实体审理之后的处理问题。

——最高人民法院民法典贯彻实施工作领导小组办公室编著：《最高人民法院新民事诉讼法司法解释理解与适用》，人民法院出版社2022年版，第458~460页。

628. 有明确的被告并非“适格的被告”

关键词

有明确的被告　适格的被告

最高人民法院裁判文书

黄山金马集团有限公司因中国环境保护公司与黄山金马股份有限公司出资纠纷案［最高人民法院（2013）民提字第42号民事裁定书］

裁判要旨：被告不存在是否“适格”的问题，仅存在是否“明确”的问题。人民法院不应以被告不是争议的法律关系中的义务主体或责任主体为由，裁定驳回原告对被告的起诉。只要原告提出了明确的被告，且符合其他起诉条件，人民法院就应当受理并进入实体审理程序，以判决形式对双方权利义务和民事责任作出裁判。如果人民法院经过依法审理，最终确认被告不应承担民事责任，可以判决驳回原告的诉讼请求。

最高人民法院认为：结合金马集团和环保公司的诉辩意见，可归纳出本案争议焦点有三，一是被告的诉讼主体资格问题；二是二审生效裁判文书的效力范围问题；三是案外人权利保护问题。

关于被告的诉讼主体资格问题。二审生效裁定以金马股份公司不应列为本案被告为由，驳回原告环保公司起诉。最高人民法院《关于适用〈中华人民共和国民事诉讼法〉若干问题的意见》第139条规定："起诉不符合受理条件的，人民法院应当裁定不予受理。立案后发现起诉不符合受理条件的，裁定驳回起诉。"上述条文说明，不予受理和驳回起诉的裁定都应适用于不符合受理条件的案件。本案应否驳回原告环保公司起诉，应审查案件是否符合法律规定的受理条件。

修改前的民事诉讼法第一百零八条规定："起诉必须符合下列条件：（一）原告是与本案有直接利害关系的公民、法人和其他组织；（二）有明确的被告；（三）有具体的诉讼请求和事实、理由；（四）属于人民法院受理民事诉讼的范围和受诉人民法院管辖。"此条规定为原告起诉的条件，从法院立案工作角度而言，也是法院受理民事案件的条件。民事诉讼法对受理条件的规定首先要求原告与案件有直接利害关系，此为原告的主体资格问题，也称为原告的"适格性"，即适格原告应当是争议的法律关系的主体。但民事诉讼法对于被告的主体资格问题规定与之不同，仅要求起诉时"有明确的被告"，即原告能够提供被告住所地或住址、联系方式等信息，证明被告真实存在。至于被告是否为争议的法律关系主体、是否应当承担民事责任，并非人民法院审查受理时应当解决的问题。简言之，被告不存在是否"适格"的问题，仅存在是否"明确"的问题。人民法院不应以被告不是争议的法律关系中的义务主体或责任主体为由，裁定驳回原告对被告的起诉。只要原告提出了明确的被告，且符合其他起诉条件，人民法院就应当受理并进入实体审理程序，以判决形式对双方权利义务和民事责任作出裁判。如果人民法院经过依法审理，最终确认被告不应承担民事责任，可以判决驳回原告的诉讼请求。本案二审法院以金马股份公司不应当对环保公司主张的国债资金承担清偿责任为由，驳回环保公司的起诉，在程序适用上确有不当。

——中国裁判文书网。

李梅与北京市企业清算事务所有限公司、北京市炜衡律师事务所管理人责任纠纷案［最高人民法院（2013）民提字第201号民事裁定书］

裁判要旨：根据立案受理条件的规定，要求原告与案件有利害关系，即原告需适格，但是对于被告的规定与之不同，仅要求具有明确的被告，即原告能够提供被告准确的名称、住址、联系方式等

信息，就可视为有明确的被告，在符合其他受理条件的情况下，人民法院应当立案受理并使案件进入实体审理程序。被告不存在是否“适格”或“正确”的问题，除非原告有恶意滥诉的目的，否则法院不得以被告不正确为由，裁定驳回原告起诉。

最高人民法院认为:《中华人民共和国民事诉讼法》对于立案受理条件的规定，要求原告与案件有利害关系，即原告需适格，但是对于被告的规定与之不同，仅要求具有明确的被告，即原告能够提供被告准确的名称、住址、联系方式等信息，就可视为有明确的被告，在符合其它受理条件的情况下，人民法院应当立案受理并使案件进入实体审理程序。被告不存在是否“适格”或“正确”的问题，除非原告有恶意滥诉的目的，否则法院不得以被告不正确为由，裁定驳回原告起诉。

本案中一审原告李梅诉称侵权行为的直接实施人为清算事务所和炜衡律所，两被告是否应当对原告诉称的侵权行为承担责任，已经涉及到案件实体问题的判断，应当经过案件审理程序，听取双方诉辩意见和举证质证后由法院做出裁判，不应以驳回起诉的程序性裁定来否定被告的责任承担。

——中国裁判文书网。

白城市明珠花园房地产开发有限公司与安阳建设（集团）有限责任公司建设工程施工合同纠纷案［最高人民法院（2019）最高法民终 168 号民事裁定书］

裁判要旨:《中华人民共和国民事诉讼法》第一百一十九条[①]规定的起诉条件之一是“有明确的被告”，而非“适格的被告”。起诉受理后，被告以其主体不适格为由抗辩不应承担民事责任的，人民法院经审理认为被告抗辩理由成立，应当判决驳回原告诉讼请求，而不是裁定驳回起诉。换而言之，被告是否适格、应否承担责任属于案件实体审理范畴，而非欠缺起诉条件，如以裁定驳回原告起诉的方式处理，不仅适用法律错误，而且难以排除“未审先定”的合理怀疑。

最高人民法院认为：案涉工程经过招投标程序招标，招投标管理办公室出具的《建设工程投标企业资格审查表》《评标报告》及中标通知书等证据，可以在形式上证明安阳建设集团系合同的相对方，明珠花园公司的起诉符合

① 现为《民事诉讼法》(2021 年修正）第一百二十二条。

《中华人民共和国民事诉讼法》第一百一十九条规定的起诉条件，一审法院认定安阳建设集团不具备被告主体资格、裁定驳回明珠花园公司的起诉适用法律不当。至于明珠花园公司的诉讼请求能否成立，案涉公章是否存在未经安阳建设集团同意由他人使用的情形，以及安阳建设集团是否应当承担民事责任等，属于案件实体审理问题。

——第二巡回法庭微信公众号。

629. 被告以主体不适格为由提出抗辩，主张其不应不承担民事责任，应作为实体要件进行审理

关键词

适格被告　实体审理　起诉要件

最高人民法院审判业务意见（第二巡回法庭法官会议纪要）

《民事诉讼法》第 119 条[①]规定的起诉条件之一是“有明确的被告”，而非“适格被告”。被告以主体不适格为由、主张不予承担民事责任提出抗辩的，法院经审理，如认为被告不适格的理由成立，应在审理阶段判决驳回原告诉讼请求，而不是裁定驳回起诉。换言之，就被告是否适格的问题，需要经法院实体审理之后，再行作出相应判决，否则将导致“未审先判”。但是，对于名义上的主张被告不适格，实际上是抗辩不属于人民法院主管、不应由受诉法院管辖等情形的，应当结合《民事诉讼法》第 119 条第 1 款第（1）项和第（4）项的规定进行审查，这属于起诉要件的审查范围，不属于案件实体审理的范畴。被告提出的理由成立、原告坚持起诉的，应当裁定驳回原告的起诉。被告提出的理由不成立的，法院可以继续进行审理。

附：案情简介

甲公司作为发包方，经招投标与乙公司签订建设工程施工合同。后双方发生争议，甲公司向法院提起诉讼，请求乙公司返还结余工程款。乙公司主张未参与招投标，案涉公章系伪造，与甲公司不存在建设工程施工合同关系，抗辩乙公司不是本案的适格被告、不承担民事责任。一审法院认为，现有证据不能证明甲公司与乙公司之间存在建设工程施工合同关系，不能认定乙公司具有适格的被告主体资格，裁定驳回甲公司起诉。

——《被告不适格抗辩的情形及处理》，载贺小荣主编：《最高人民法

① 现为《民事诉讼法》（2021 年修正）第一百二十二条。

院第二巡回法庭法官会议纪要》（第一辑），人民法院出版社 2019 年版，第 250~252 页。

630. 只要原告提供具体明确的信息，即使没有自然人被告身份证号码，也应依法登记立案

关键词

立案登记　被告　身份证信息

附录：最高人民法院院长信箱

根据《最高人民法院关于适用〈中华人民共和国民事诉讼法〉的解释》第二百零九条规定，原告起诉时提供被告的姓名或者名称、住所等信息具体明确，足以使被告与他人相区别的，可以认定为有明确的被告。《最高人民法院关于人民法院登记立案若干问题的规定》第六条第三项也作出了与前述内容一致的规定。因此，只要原告提供具体明确的足以使被告或者被告人与他人相区别的姓名或者名称、住所等信息，即使没有自然人被告身份证号码，也应该依法登记立案。如原告提交的起诉状列写被告信息不足以认定明确的被告的，人民法院可以告知原告补正；原告补正后仍不能确定明确的被告的，人民法院裁定不予受理。

在实际中，能使被告区别于他人的信息很多，如姓名、性别、年龄、住址、社会关系、身份证号码、工作单位、其他户籍登记内容等等。信息越多，越利于确定具体的被告。当然，原告如果在起诉阶段能够提供被告的身份证号码，一方面有利于被告身份的识别，足以使该被告与他人相区别，另一方面有利于后续诉讼活动的顺利进行。

——《关于立案是否要提供被告人身份证信息的答复》（2019 年 9 月 16 日），最高人民法院院长信箱，www.court.gov.cn。

3. 有具体的诉讼请求和事实、理由

631. 原告提起诉讼应提出具体明确的诉讼请求

关键词

诉讼请求　原告起诉　明确具体

最高人民法院审判业务意见（第四巡回法庭观点）

依据《民事诉讼法》第一百一十九条[①]“起诉必须符合下列条件：（一）原告是与本案有直接利害关系的公民、法人和其他组织；（二）有明确的被告；（三）有具体的诉讼请求和事实、理由；（四）属于人民法院受理民事诉讼的范围和受诉人民法院管辖”的规定，原告提出的诉讼请求在内容上必须具体明确。上述规定中的诉讼请求，是指原告以起诉的方式，通过人民法院向对方提出实体权利的主张。而具体的诉讼请求是指原告基于诉争之民事法律关系而通过人民法院向相对方提出具体实体权利主张或要求。一般有以下几种类型：一是请求人民法院确认某种法律关系或者法律事实，比如请求确认双方的收养关系，请求确认某公民失踪或者死亡；二是请求对方当事人履行给付义务，比如请求对方赔偿损失，请求对方偿还贷款本息，请求对方履行合同约定的义务；三是请求变更或者消灭一定的民事法律关系，比如请求离婚，请求变更或者撤销合同。诉讼请求是构成民事诉讼的核心要素之一，它不但决定着人民法院对民事案件的审理范围，而且决定着人民法院的判决对象，故原告不仅要提出诉讼请求，而且要尽量做到具体、明确。

——姜伟主编、最高人民法院第四巡回法庭编：《最高人民法院第四巡回法庭疑难案件裁判要点与观点》，人民法院出版社 2020 年版，第 390 页。

632. 原告笼统地依多种法律关系起诉并拒不修正起诉状及明确诉请的，法院可裁定不予受理或驳回起诉

关键词

依多种法律关系起诉　不予受理　驳回起诉

最高人民法院裁判文书

陈天涛、沈昉以垄断及不正当竞争纠纷为由对绿地控股集团股份有限公司、绿地控股集团杭州东城房地产开发有限公司起诉案［最高人民法院（2021）最高法知民终 2524 号民事裁定书］

裁判要旨：尽管原告可以针对同一被告就双方之间相关联或者同种类的数个法律关系同时起诉，但法院决定是否一并受理、合并审理。如法院经审查发现原告同时就多种法律关系起诉，导致难以

① 现为《民事诉讼法》（2021 年修正）第一百二十二条。

理清各项诉求与法律关系、案件事实之间对应关系的，可向其释明需要修改、补正起诉状。起诉人可择一或分别起诉。如原告笼统根据多种法律关系起诉，存在各项诉求与法律关系、案件事实之间的对应关系不易理清的问题，不便于法院审理和对方当事人答辩。法院释明其修改补正起诉状、明确诉请后，其仍坚持按原诉请起诉的，法院可认定其起诉不符合《民事诉讼法》规定的立案条件，并裁定不予受理。

最高人民法院认为，陈天涛、沈昉于2021年10月26日以绿地集团、绿地东城公司为被告向一审法院起诉，共提出29项诉讼请求。其中，7项诉讼请求系陈天涛、沈昉依据《中华人民共和国消费者权益保护法》第五十五条的规定和案涉《预售合同》的约定提出三倍价款的惩罚性赔偿、违约金、验房费支出等金钱给付请求；5项诉讼请求系陈天涛、沈昉请求确认有关合同条款和行为无效；1项诉讼请求系陈天涛、沈昉请求绿地集团和绿地东城公司负担本案诉讼费用；1项诉讼请求系陈天涛、沈昉依据《中华人民共和国民法典》第一百四十二条、第四百六十六条、第四百九十八条的规定请求绿地集团、绿地东城公司将两个机动车位赠与陈天涛、沈昉；1项诉讼请求系陈天涛、沈昉依据《中华人民共和国公司法》第二十条关于公司股东滥用法人独立地位和股东有限责任的规定，请求绿地集团对绿地东城公司的债务承担连带清偿责任；14项诉讼请求系陈天涛、沈昉根据《中华人民共和国反不正当竞争法》和《中华人民共和国反垄断法》等法律规定，请求确认绿地集团、绿地东城公司的有关行为构成不正当竞争、经营者集中和滥用市场支配地位的垄断行为、欺诈、共同侵权等违法行为。

依照陈天涛、沈昉起诉和一审法院进行立案审查时所施行的《中华人民共和国民事诉讼法》第一百一十九条第三项[①]的规定，起诉必须“有具体的诉讼请求和事实、理由”。该项法律规定的目的主要是便于法院审理以及被告进行答辩。为此，原告起诉时必须明确其起诉所要解决的问题（即向人民法院提出保护自己民事权益的具体内容），同时述明纠纷发生的事实，根据法律规定说明提出诉讼请求的理由。尽管原告可以针对同一被告就双方之间相关联或者同种类的数个法律关系同时起诉，但人民法院决定是否一并受理、合并审理，不仅要审查全部起诉是否符合合并审理的一般法定条件（包括：数个诉讼请求之间是否存在一定的联系；受案法院对其中数个纠纷是否均有管辖权；数个纠纷是否均适用同类诉讼程序审理），而且还要审查一并受理是否便于案件审理。数个纠纷是否便于在同一案件中合并审理，直接影响起诉人本

① 现为《民事诉讼法》（2021年修正）第一百二十二条第三项。

人以及对方当事人参加诉讼行使各项诉讼权利的便利程度，关系诉讼的公正与效率；不适当的合并审理可能反而造成审理混乱和诉讼迟延，不利于节约审判资源，造成诉累。如果人民法院经审查发现原告同时就多种法律关系起诉，导致法院和被告难以理清各项诉讼请求与法律关系、案件事实之间的对应关系，一并立案受理将不便于审理，则可以向起诉人释明其需要修改、补正起诉状；起诉人可以在理清有关法律关系的基础上，根据具体案情区分不同法律关系择一或者分别起诉，以便于法院审理和被告答辩。

本案中，陈天涛、沈昉虽然以垄断及不正当竞争纠纷为由起诉，但其所依据的事实涉及房屋买卖、房屋装修、车位使用权转让、公司上市与经营等；所提出的理由包括《中华人民共和国反不正当竞争法》《中华人民共和国反垄断法》《中华人民共和国消费者权益保护法》《中华人民共和国民法典》第三编（合同）等法律规定；全部起诉涉及反不正当竞争、反垄断、一般侵权、买卖合同等多种法律关系；陈天涛、沈昉所提 29 项诉讼请求有 14 项本应作为支持其诉讼请求的理由（先决事项）提出，但其将该 14 项确认违法行为的主张作为诉讼请求提出，该 14 项确认主张并无单独作为诉讼请求的必要，不应列为诉讼请求。陈天涛、沈昉笼统地根据多种法律关系起诉，存在各项诉讼请求与法律关系、案件事实之间的对应关系不易理清的问题，的确不便于法院审理和对方当事人答辩。对此，一审法院向其释明了修改补正起诉状、明确诉请的必要，但陈天涛、沈昉仍坚持按照原诉请起诉，一审法院认定其起诉不符合《中华人民共和国民事诉讼法》（2017 年修正）第一百一十九条第三项规定的立案条件，裁定不予受理，并无不当。

——中国裁判文书网。

633. 原告起诉提出两个相互矛盾的诉讼请求时，不宜以此为由驳回起诉

关键词

互相矛盾的诉讼请求　预备性诉讼请求

最高人民法院裁判文书

甘肃省国营八一农场与金昌水泥（集团）有限责任公司等股东会决议效力确认纠纷案［最高人民法院（2019）最高法民再 152 号民事裁定书］

裁判要旨：当事人提出的两个诉讼请求虽然是相互矛盾的，但只要诉讼要素齐全，均符合《中华人民共和国民事诉讼法》规定的

立案标准，当事人可以在前一个诉的请求不被支持时，退一步选择主张后一个诉的诉讼请求，对当事人的两个诉，人民法院均应立案受理。

最高人民法院再审认为，八一农场在提起股东会决议无效之诉的同时，又请求确认该股东会决议增资对应的股东权益归其所有，两个诉讼请求虽然是相互矛盾的，但八一农场提起的两个诉，诉讼要素齐全，均符合《中华人民共和国民事诉讼法》规定的立案标准，当事人可以在前一个诉的请求不被支持时，退一步选择主张后一个诉的诉讼请求，对当事人的两个诉，人民法院均应立案受理。

——中国裁判文书网。

宜春市利达房地产开发有限公司与袁何生合伙协议纠纷案［最高人民法院（2019）最高法民申1016号民事裁定书］

裁判要旨：（当事人提出的第一项诉讼请求是确认之诉，第二项是给付之诉）当事人提出的第二项诉讼请求是在第一项诉讼请求不能获得法院支持情况下的预备性诉讼请求，在诉讼法学理论上称之为预备合并之诉，并不违反我国民事诉讼法的相关规定。原审法院在审理认为当事人第一项诉讼请求不能成立的情况下对第二项诉讼请求予以审理并作出裁判，符合诉讼便利和经济的原则，也有利于法院对当事人争议裁判的协调统一，并无不当。

最高人民法院认为，关于袁何生提出的诉讼请求是否符合法律规定的问题。经查，袁何生一审提出的诉讼请求为：1.请求确认袁何生为利达公司的股东，确认袁何生持有利达公司18%的股份，并责令利达公司在10个工作日内完成袁何生股东身份及持股比例的登记工作；2.若上述诉请不能得到支持，则请求判令利达公司支付拖欠袁何生的股权转让款1013.39万元、利息719.51万元，合计1732.9万元，并请求责令利达公司向袁何生支付该1732.9万元的相应利息。据此可见，袁何生提出的第二项诉讼请求是在第一项诉讼请求不能获得法院支持情况下的预备性诉讼请求，在诉讼法学理论上称之为预备合并之诉，并不违反我国民事诉讼法的相关规定。原审法院在审理认为袁何生第一项诉讼请求不能成立的情况下对第二项诉讼请求予以审理并作出裁判，符合诉讼便利和经济的原则，也有利于法院对当事人争议裁判的协调统一，并无不当。利达公司认为本案应当驳回袁何生诉讼请求的再审申请理由不能成立。

——中国裁判文书网。

附录：最高人民法院法官著述

实务中时常会遇到原告起诉时提出了两个相互排斥的诉讼请求，如果满足其中一个请求，就须否定另一个请求。例如，在房屋买卖合同纠纷中，原告为卖方，主张买卖合同无效，被告买方应返还房屋，将房屋过户到其名下，同时又主张被告买方向其支付购买房屋的剩余价款。再如，在股东会决议无效之诉中，原告以公司股东会决议增资扩股违反公司法规定为由，主张股东会决议应无效，同时又请求法院判决其有权认购股东会决议增资的新股。在案例一中，如果原告主张合同无效及返还房屋的请求成立，其请求支付房屋价款的主张即不成立，反之亦然；在案例二中，如果原告主张股东会决议无效的观点成立，其请求认购新股的主张即不成立，两个诉讼请求相互排斥。

有人认为，这种包含两个相互排斥诉讼请求的情况，属于诉讼请求不明确具体，不符合《民事诉讼法》第一百一十九条[①]关于"有具体的诉讼请求"的规定，原告应选择保留一个诉讼请求，否则，诉讼请求不确定，法院将无所适从，故应裁定不予受理或驳回起诉。

这种观点，对《民事诉讼法》第一百一十九条的理解不够准确。

原告的这种起诉，在民事诉讼法理论上称之为主位和备位之诉的合并，即预备合并之诉。

原告起诉时可以提出一个主位诉讼请求，同时再提出一个预备诉讼请求，两个诉讼请求分别依赖两个不可同时成立的法律关系，故两个诉讼请求是互相排斥或对抗的，不能同时成立。

原告这样行使诉权，是用比较经济的手段，维护自己的权益，通过一次诉讼，穷尽追求自己可能得到利益的路径，使自己在同一事件中受到的损失，最大限度地获得司法救济。

受专业知识和信息量的限制，以及不能预测法官在审理案件中的裁判观点，原告在起诉时没有把握确定哪一个请求能够获得支持，故多角度提出维护自己权益，当第一个主张不成立时，退而求其次，以第二个主张进行补救。在上述案例一中，原告起诉的目的很明确，首先主张返还房屋，当不能返还时，请求支付房款；在案例二中，首先主张取消公司增资扩股，在不能取消的情况下，主张认购新股，不因增资扩股稀释自己的股权比例。

这种对主位和备位之诉的合并，避免原告在第一个请求败诉后，再次起诉提出第二个请求，符合诉讼便利和经济的原则，同时也有利于法院对当事人争议裁判的协调统一。《民事诉讼法》第一百一十九条规定起诉的诉讼请求

---

① 现为《民事诉讼法》（2021 年修正）第一百二十二条。

须具体，未规定两个以上的诉讼请求不得相互排斥、对立等，故原告以这种方式起诉的，不违反《民事诉讼法》的规定，我们对当事人正当、充分的行使诉权，不能苛求，不应以诉讼请求不明确具体为由，不予立案或驳回起诉。

主位之诉和预备之诉同时审理属于诉之合并，一审法院对两个诉应全面审理。

有些案件一审法院在支持了第一个请求后，对第二个请求没有审理，但当事人上诉后，二审法院认为支持第一个诉讼请求是错误的，应支持第二个诉讼请求，由于一审程序对第二个诉讼请求没有审理，遗漏了案件事实，形成了二审中对第二个请求一次审理的局面，为保障双方当事人获得两审终审的诉讼利益，须将案件发回重审。

——王东敏：《原告起诉提出两个相互排斥的诉讼请求时，不宜以此为由驳回起诉》，来源：法律之树。

4. 人民法院受理民事诉讼的范围

634. 涉及历史遗留问题的房地产权属纠纷，不属于人民法院受理民事案件的范围

关键词

历史遗留问题　权属确认　不予受理

最高人民法院裁判文书

西安市大兴善寺与西安歌舞剧院等房地产纠纷案［最高人民法院（1998）民终字第 162 号民事裁定书］

最高人民法院审查认为：歌舞剧院、儿艺剧院进驻、使用大兴善寺的土地、房屋，是经原西安市人民委员会批准、决定的，西安市人民政府行政主管部门作出过对这一历史遗留问题的处理决定，但是至于如何具体落实这一决定，以及歌舞剧院、儿艺剧院迁往何处，如何安置等属于决定的善后工作，仍应由政府主管部门继续解决。本案纠纷不属于人民法院民事案件的受理范围。大兴善寺的上诉主张，本院不予支持。一审裁定驳回大兴善寺的起诉并无不当，应予以维持。

——肖扬总主编、最高人民法院民事审判第一庭编：《中华人民共和国最高人民法院判案大系》（民事卷—1998 年卷），人民法院出版社 2003 年版，第 379~380 页。

广西壮族自治区展览馆与广西壮族自治区自然博物馆房屋侵权纠纷案

［最高人民法院（2013）民申字第 43 号民事裁定书］

裁判要旨：促使博物馆多年占用展览馆建筑物系早在上世纪双方共同主管部门广西壮族自治区文化局的领导下形成的历史现状，由此产生的房地产纠纷属于历史遗留问题。本案双方纠纷不属于人民法院受理民事案件的范围，应由行政部门处理。

——中国裁判文书网。

635. 就未经原始确权的土地发生的权属争议，不属于人民法院受理民事案件的范围

关键词

土地权属争议　不予受理

最高人民法院裁判文书

中国人民解放军南京军区空军装备部与江苏省南京市下关区幕府山街道办事处、江苏南京长途汽车客运集团有限责任公司土地借用合同纠纷上诉案

［最高人民法院（2007）民一终字第 100 号民事判决书］

最高人民法院二审认为：根据民事诉讼法第一百零八条[①]的规定，当事人的起诉必须属于人民法院受理民事诉讼的范围。一审法院向南京市国土资源局土地信息中心查询的结果表明，土地管理部门未就本案讼争土地颁发过土地使用权证，讼争土地的使用权存在争议。根据土地管理法第十六条第一款“土地所有权和使用权争议，应当由当事人协商解决；协商不成的，由人民政府处理”的规定，本案不属于人民法院受理民事诉讼的范围。一审裁定驳回南京空军装备部的起诉，符合法律规定。南京空军装备部的上诉请求和理由，缺乏事实依据和法律依据，本院不予支持。

——最高人民法院民事审判第一庭编：《民事审判指导与参考》2008 年第 2 辑（总第 34 辑），法律出版社 2008 年版，第 172~175 页。

---

① 现为《民事诉讼法》（2021 年修正）第一百二十二条。

636. 政府招商引资优惠政策引发的纠纷，不属于人民法院受理民事案件的范围

关键词

政府优惠政策　不予受理

最高人民法院公报案例、最高人民法院裁判文书

大庆市振富房地产开发有限公司与大庆市人民政府债务纠纷案［最高人民法院（2006）民一终字第47号民事判决书］

裁判摘要：根据合同法第二条的规定，合同是平等主体的自然人、法人、其他组织之间设立、变更、终止民事权利义务关系的协议。法人响应政府号召，以向政府书面请示报告并经政府审批同意的形式介入市政建设，政府在不通知法人参加的情况下单方就法人介入市政建设而享有的优惠政策作出决定，法人只能按照政府决定执行的，法人与政府之间并非民法意义上的平等主体关系，双方亦没有就此形成民事合同关系。因此发生纠纷的，尽管双方之间的纠纷具有一定的民事因素，亦不属于人民法院受理民事案件的范围。

——《最高人民法院公报》2007年第4期。

附录：本案解析

在实践中如何看待人民政府制定的优惠政策的性质，是民事合同还是行政政策。对此在实践中有不同的观点，一种意见认为，政府未到位的优惠政策额度可以转化为债权，由政府以货币形式偿还，基于此而产生的纠纷属于平等主体之间的民事权益纠纷，属于人民法院民事案件的受理范畴。政府在向社会发布招商信息，当事人响应政府号召向政府提出投资申请，政府以会议纪要等形式确定了给予投资人的优惠政策明细，其核心内容是约定投资与回报的相关事项，讲的是以财产权益为核心内容的等价有偿的民事关系，投资人与政府之间不存在管理者与被管理者之间的行政关系，政府制定优惠政策并不是行使公共管理职能的行为，而是作为与投资人地位平等的招商人来明确双方民事权利义务关系的，据此双方当事人之间的法律关系是平等主体之间的民事关系。政府招商信息为要约邀请，而投资人向政府的请示则可以视为要约，政府的答复则可以视为承诺。但是双方存在的法律关系并不属于

典型的民事关系，因为以优惠政策作为投资回报方式并不是所有民事主体都能做得到的，只有掌握公权力的人民政府才能做得到，确定哪些项目可以给予投资者政策优惠以及制定优惠政策明细，属于政府行使公权力的范畴，将优惠政策作为投资回报或者说是给予投资者的对价，这种新型民事关系的设立也是建立在政府行使公权力的基础之上的。而且以优惠政策换取投资能否形成民事法律关系也不能一概而论，要具体分析优惠政策的内容，如果优惠政策明细本身就是确定政府与投资人之间民事权利义务关系的协议，投资者接受了优惠政策就是接受了政府提出的条件，他们之间就自然形成了民事关系；反之就不能形成民事关系。与典型的民事合同相比较而言，此类民事关系存在合同设立时间、地点、违约责任、合同解除、不可抗力等诸多必备条款缺失和合同内容不完善的特点。但是既然将此类合同作为新类型的不典型的民事合同对待，即属于人民法院案件审理范畴，应当作为民事案件审理。

第二种观点则认为，此类纠纷不属于民事案件的范畴，不属于人民法院民事案件审理范围。在此类纠纷中，双方当事人的地位不平等，优惠政策是在投资者不参加的情况下，由政府有关部门单方研究作出的，优惠政策的载体——相关行政文件——不是民事合同，是政府行使国家公权力的体现，将此作为民事合同显然与合同法规定的"合同是平等主体的自然人、法人其他组织之间设立、变更、终止民事权利义务关系的协议"的定义不符。优惠政策的核心内容是政府为投资者减免投资建设项目规费，投资者投资。规费是接受政府管理的相对人按照行政法规、规章等行政规范性文件规定应当缴纳的费用，减免规费是政府行使行政权的结果，优惠政策更像是行政决定，而不是民事合同。在此，优惠政策是政府单方面作出的，不是双方当事人平等自愿协商的协议，从形式到实体上来看，都不具备民事合同的特征，是附着在行政权力之下的行政文件。目前，各地政府为了招商引资制定了种类繁多的优惠政策，许多内容还包括就业、升职、户籍管理等诸多方面的内容，因为政府没有兑现优惠政策引起的纠纷都作为民事案件审理，显然法院是消化不了的，社会效果不好。依人民法院目前所处的地位和作用，在目前审理条件尚不成熟的时候，人民法院对涉及招商引资优惠政策引发的纠纷，应当谨慎对待，以不受理为宜。

二审判决最终采纳了第二种观点。

——冯小光：《未实施到位的人民政府招商引资优惠政策额度能否转化为债权以现金方式支付——大庆市振富房地产开发有限公司与大庆市人民政府纠纷上诉案》，载最高人民法院民事审判第一庭编：《民事审判指导与参考》2007 年第 2 集（总第 30 集），法律出版社 2007 年版，第 171~174 页。

637. 政府有关部门主导的企业改制行为引发的劳动争议，不属于人民法院民事诉讼受案范围

关键词

政府主导的企业改制行为　劳动争议　劳动争议

最高人民法院裁判文书

王作泉与山东省棉麻有限公司劳动争议案［最高人民法院（2020）最高法民申6275号民事裁定书］

裁判要旨：案涉企业改制行为是在政府有关部门主导下进行的，并非企业自主进行改制。当事人所诉本案争议系其作为企业职工在国有企业改制过程中产生的纠纷，不符合《最高人民法院关于审理劳动争议案件适用法律若干问题的解释（三）》第二条有关“因企业自主进行改制引发的争议，人民法院应予受理”的规定。据此，原审法院驳回当事人的起诉，适用法律并无不当。

最高人民法院认为，本案争议的焦点问题是王作泉所诉劳动争议是否属于企业自主改制过程中引发的争议，人民法院是否应予受理。

根据当事人提供的证据证实，棉麻公司改制系根据2001年6月11日山东省供销合作社联合社下发《关于印发〈山东省供销合作社联合社关于深化直属企业改革改制试行意见〉的通知》（鲁供字〔2001〕29号，以下简称29号通知）进行的，该通知载明：“……按照鲁政办发〔2000〕61号文件精神，结合直属企业的实际，符合下列条件的人员均须办理内退手续……五、社有资产的处置与评估1. 企业改制前由省社聘请中介机构统一组织资产评估。评估报告报省社审核确认后方可生效。……省社改革改制领导小组负责企业改革方案的组织和实施。并对企业派出强有力的改制工作指导小组。”2006年1月4日，山东省天元纤维有限公司（山东省天元纤维有限公司是棉麻公司投资的子公司）根据省政府的有关规定和省供销社鲁供字〔2001〕29号文件的要求，对省天元公司职工原劳动关系通过内退和经济补偿的办法妥善处理和转换。王作泉在《山东省天元纤维有限公司职工竞争上岗选择意向表》上标注有“三十年工龄内退”处签字并办理了内退审批手续。

本院认为，山东省供销合作社联合社（以下简称省社）是山东省供销合作社的联合组织，为山东省直属正厅级事业单位，行使山东省政府授权的行

政职能。棉麻公司的企业改制行为是在政府主导下进行的，改制过程中涉及困难职工安置有相应政府解决途径、涉及省社资产处置问题必须先行评估并且报批、各企业改制均在改革改制领导小组的指导下进行，省社在棉麻公司改制过程中履行的是政府的行政管理职能。因此，棉麻公司的企业改革改制属于政府有关部门主导的企业改制行为，并非企业自主进行改制。王作泉所诉本案争议系其作为棉麻公司的职工在国有企业改制过程中产生的纠纷，不符合《最高人民法院关于审理劳动争议案件适用法律若干问题的解释（三）》第二条有关“因企业自主进行改制引发的争议，人民法院应予受理”的规定，据此，原审法院驳回王作泉的起诉，适用法律并无不当。

——中国裁判文书网。

638. 因政府重复授权、先后解释不一造成的纠纷由政府自身解决更为妥当

关键词

侵权责任纠纷　特许经营权

最高人民法院裁判文书

咸阳市天然气有限公司与兴平市玉祥天然气有限公司、重庆玉祥实业（集团）有限公司侵权责任纠纷申诉案［最高人民法院（2021）最高法民申5390号民事裁定书］

裁判要旨：本案纠纷的形成，是由于政府重复授权、先后解释不一造成的，本案由政府自身去解决更为妥当，仅靠民事诉讼难以解决案涉纠纷。且从目前政府的授权文件来看，仅有重庆玉祥公司与兴平市住建局签订了《特许经营协议》，咸阳天然气公司并无与政府签订的天然气经营许可协议，所以二审法院认定重庆玉祥公司、兴平玉祥公司阻止咸阳天然气公司在纺织工业园的天然气管道施工不构成侵权并无不当。

最高人民法院经审查认为，本案系当事人申请再审案件，应当围绕咸阳天然气公司申请再审的理由是否成立进行审查，本案需要审查的问题为：咸阳天然气公司在兴平市辖区内的纺织工业园进行天然气管道施工的行为是否侵犯了重庆玉祥公司的天然气特许经营权。

本案中，重庆玉祥公司、兴平玉祥公司阻挠咸阳天然气公司在纺织工业

园进行天然气管道施工的行为是否构成侵权，关键在于重庆玉祥公司、兴平玉祥公司在纺织工业园内是否享有天然气特许经营权，如果重庆玉祥公司、兴平玉祥公司在纺织工业园内享有天然气特许经营权，则咸阳天然气公司无权进行施工。

根据《市政公用事业特许经营管理办法》《基础设施和公用事业特许经营管理办法》的相关规定，特许经营区域应当由当地市政公共事业主管部门依据人民政府的授权，与企业签订《特许经营协议》进行约定。2000 年 9 月 8 日，重庆玉祥公司与兴平市住建局签订了《合作开发天然气合同书》，约定："双方共同成立兴平玉祥公司，兴平市人民政府同意将经营权出让给重庆玉祥公司，独家经营天然气。"兴平市人民政府向重庆市第五中级人民法院、陕西省高级人民法院提交的《情况反映》载明："兴平市人民政府从未授予重庆玉祥公司在兴平市行政区域的天然气独家经营权，2000 年 9 月 8 日签订的《合作开发天然气合同》中，兴平市人民政府授予重庆玉祥公司的独家经营权范围是：2000 年兴平市天然气气化（利用）工程（一、二期）招商引资的范围，即兴平市城区，东起 302 部队，西到 408 厂，南至西宝高速公路，北至引惠北干渠约 25 平方公里的区域，而非兴平市整个行政区域。"依据上述《情况反映》，应当认定上述《合作开发天然气合同》约定的特许经营区域仅限于重庆玉祥公司投资范围内的一期、二期天然气气化工程范围。但 2019 年 1 月 17 日，兴平市住建局《关于合作开发合同书相关条款的解释》对上述合同内容予以解释，"明确兴平市人民政府出让给重庆玉祥公司的独家经营天然气范围是兴平市整个行政区域，合同中关于一、二期的约定只是对于重庆玉祥公司按期投资和进行建设的期限限制，不是对经营范围的限制和约束。另近年引发纠纷的区域是咸阳市人民政府在兴平市辖区内成立的纺织工业园，而该园区内的规划建设审批权由咸阳市人民政府相关部门授权给该园区管委会，兴平市住建局无权审批及办理相关手续。"根据该解释，重庆玉祥公司在兴平市整个行政区域享有天然气特许经营权，且不仅限于一期和二期天然气气化工程范围，纺织工业园的规划建设审批权属于园区管委会，但不能据此得出园区管委会有权授予咸阳天然气公司天然气经营权的结论。2019 年 4 月 30 日，中共兴平市委（2019）1 号会议纪要第三条和第四条载明："未经市政府许可，各镇（街道）和部门不得引进新的燃气企业进入……支持兴平玉祥公司与咸阳天然气公司本着合作共赢的原则妥善解决纺织工业园供气问题。"虽然兴平市住建局于 2019 年 1 月 17 日出具的《关于合作开发合同书相关条款的解释》与兴平市政府于 2014 年 11 月 26 日出具的《情况反映》相矛盾，但该解释的时间晚于《情况反映》，且兴平市住建局是当地市政公共事业主管部门，故对于该解释明确的内容，本院予以采信。

鉴于重庆玉祥公司在兴平市整个行政区域享有特许经营权，且不限于一期和二期天然气气化工程范围，故咸阳天然气公司进行天然气管道施工的行为侵犯了重庆玉祥公司的天然气特许经营权，二审法院据此认定重庆玉祥公司、兴平玉祥公司阻止咸阳天然气公司在纺织工业园的天然气管道施工不构成侵权并无不当。

——中国裁判文书网。

639. 集体所有制或全民所有制企业与其实际出资人的内部投资纠纷，法院应予受理

关键词

集体所有制或全民所有制企业　实际出资人　受理

最高人民法院裁判文书

吴振庆与哈尔滨现代房地产开发有限公司不当得利纠纷案［最高人民法院（2016）最高法民终 149 号民事裁定书］

裁判要旨：虽然企业在工商登记资料中企业性质为集体所有制或全民所有制，但个人作为该企业的实际出资人，其在企业经营期间的合法权益应当受到法律保护，个人与该企业之间产生的投资收益纠纷，符合《中华人民共和国民事诉讼法》第一百一十九条[①]规定的“原告与本案有直接利害关系”的条件，属于人民法院应当通过对案件进行实体审理来解决的问题，而不能否定个人的原告主体资格。

最高人民法院认为，本案争议的焦点问题是：吴振庆是否具备原告主体资格，是否与本案具有直接的利害关系。

首先，另案生效法律文书确认了吴振庆在兴市公司成立时筹集注册资金、出资 25 万元并且是实际出资人的事实。最高人民法院审理的吴振庆起诉规划院、规划局确认及返还财产纠纷一案中，吴振庆与规划局、规划院达成了调解协议，最高人民法院（2007）民一终字第 80 号民事调解书查明，1988 年 5 月 13 日，规划院出资 25 万元、吴振庆以黑龙江省工程承包总公司的名义出资 25 万元，申请验资单位为规划院，注册资金总额为 50 万元，并且在该民事调解书主文第一项明确写明“规划院、规划局认可吴振庆在原哈尔滨市

① 现为《民事诉讼法》（2021 年修正）第一百二十二条。

兴市土地房屋开发公司注册成立时出资 25 万元，是实际出资人”。

因此，虽然原兴市公司在工商登记资料中企业性质为集体所有制和全民所有制，但登记为集体所有制出资人的规划院和作为全民所有制上级主管部门的规划局，在另案诉讼中均认可了吴振庆个人出资 25 万元、享有承包经营兴市公司期间利益的事实，吴振庆作为原兴市公司的实际出资人和承包人，其在公司经营期间的合法权益应当受到法律保护。

其次，哈尔滨市政府组织相关部门对吴振庆的诉求进行过认真的研究，并提出了处理意见。2008 年 10 月 14 日哈尔滨市政府对于吴振庆与原兴市公司即现代公司的争议组织了专门会议，根据该会议纪要内容以及哈尔滨市人民政府法制办公室形成的《关于原兴市公司与现代公司产权处理有关情况的报告》相关内容，政府亦认可吴振庆在原兴市公司中享有财产权益，研究给吴振庆进行资产分配的形式和比例。

虽然国资委 2015 年 4 月 29 日作出的《关于对原兴市公司产权问题有关事宜的复函》中明确兴市公司是规划院唯一投资，属国有独资企业，与上述证据证明的问题相矛盾，也正因为如此，吴振庆在原兴市公司及现代公司是否享有民事权益，应否受到法律保护，就属于人民法院应当通过对案件进行实体审理来解决的问题，而不能仅凭此复函就否定吴振庆的原告主体资格。

第三，吴振庆与规划院签订、履行《企业经营承包合同》的情况亦在一定程度上说明吴振庆在兴市公司中享有合法的财产权益。1988 年兴市公司设立时，公司法还未颁布实施，在当时的历史条件下，国家政策亦不允许个人出资成立公司、开发房地产，（2007）民一终字第 80 号民事调解书中确认的吴振庆出资 25 万元，是实际出资人，系根据当时兴市公司设立、吴振庆与规划院订立和履行企业经营承包合同的实际情况，结合各方当事人诉讼中的认可的事实而确定的。

吴振庆基于《企业经营承包合同》和实际出资人的身份主张其在原兴市公司中应当享有的权益，符合《中华人民共和国民事诉讼法》第一百一十九条规定的“原告与本案有直接利害关系”的条件。

综上所述，本案纠纷的形成既有当事人自身的原因，也有历史和政策等方面的原因，而且现代公司又系原兴市公司改制而来，因此，对于本案纠纷的解决应当尊重历史、面对现实，依法妥善处理。吴振庆作为原告向现代公司主张权利，与本案有直接的利害关系，原告主体适格。原裁定驳回吴振庆的起诉，属于适用法律错误，应予纠正。

——中国裁判文书网。

640. 单位与职工因福利分房待遇引发争议，不属于人民法院民事诉讼受案范围

关键词

福利分房待遇　民事诉讼　受案范围

最高人民法院裁判文书

赵跃东与天津天铁冶金集团有限公司劳动争议案［最高人民法院（2019）最高法民申 2832 号民事裁定书］

裁判要旨：单位与职工因福利分房待遇引发争议，不属于人民法院民事诉讼受案范围。

最高人民法院根据原审法院查明的案件事实，赵跃东诉天铁冶金公司劳动争议案的焦点为赵跃东的起诉是否属于人民法院受理民事诉讼的范围。赵跃东系天铁冶金公司职工，其按照该公司住房分配文件规定享受企业内部福利享受分房待遇。本案形式上是天铁冶金公司从赵跃东工资中扣除部分费用而引发的纠纷，但实质上是双方因赵跃东家庭人口减少而致双方对福利分房待遇发生的争议。原审法院依据《最高人民法院关于房地产案件受理问题的通知》第三条之规定认定赵跃东的起诉不属于人民法院受理民事诉讼的范围并无不当。故赵跃东在再审申请中提出原裁定认定部分基本事实错误或者部分基本事实不清、未采信本案主要证据以及原裁定适用法律错误等均不符合《中华人民共和国民事诉讼法》第二百条①规定的情形，赵跃东的申请再审理由皆不成立。

——中国裁判文书网。

641. 用人单位欠缴、拒缴社会保险费等发生的争议，由社会保险管理部门解决处理，不属于人民法院的受案范围

关键词

欠缴、拒缴社会保险费　受案范围

---

① 现为《民事诉讼法》(2021 年修正）第二百零七条。

最高人民法院裁判文书

侯永滨与红梅集团劳动争议纠纷案［最高人民法院（2017）最高法民申1121号民事裁定书］

裁判要旨：对于已经由用人单位为劳动者办理了社会保险手续，但因用人单位欠缴、拒缴社会保险费或者劳动者对缴费年限、缴费基数有异议等发生的争议，应由社会保险管理部门解决处理，不属于人民法院受理劳动争议案件的受案范围。

最高人民法院经审查认为，关于侯永滨诉请补缴社会保险金是否属于人民法院受理劳动争议案件受案范围的问题。依据《中华人民共和国劳动争议调解仲裁法》第二条第四项的规定，因社会保险发生的争议，属于劳动争议。但是，并非所有的社会保险争议都属于人民法院受理劳动争议案件的范围，主要区分两种情形：1. 对于已经由用人单位为劳动者办理了社会保险手续，但因用人单位欠缴、拒缴社会保险费或者劳动者对缴费年限、缴费基数有异议等发生的争议，因《社会保险费征缴暂行条例》（国务院令第259号）、《劳动保障监察条例》（国务院令第423号）等行政法规赋予了劳动行政部门对用人单位为劳动者办理社会保险的专属管理权、监察权和处罚权，用人单位、劳动者和社会保险机构就欠费发生争议，是征收与缴纳之间的纠纷，属于行政管理的范畴，带有社会管理的性质，不是单一的劳动者与用人单位之间的社会保险争议。因此，此类纠纷应由社会保险管理部门解决处理，不属于人民法院受理劳动争议案件的受案范围。2. 对于用人单位没有为劳动者办理社会保险手续，且社会保险经办机构不能补办导致劳动者不能享受社会保险待遇，要求用人单位赔偿损失发生的争议，人民法院应予以受理。《最高人民法院关于审理劳动争议案件适用法律若干问题的解释（三）》第一条所规定的人民法院应予受理的社会保险争议即是上述第二种情形，该条规定："劳动者以用人单位未为其办理社会保险手续，且社会保险经办机构不能补办导致其无法享受社会保险待遇为由，要求用人单位赔偿损失而发生争议的，人民法院应予受理。"本案中，侯永滨诉请红梅集团补缴除医疗保险以外的养老、工伤、生育、失业等四种社会保险，但本案用人单位为其办理了医疗、养老、失业、工伤、生育的社会保险手续，其享有以上社会保险账户。据此，侯永滨关于补缴社会保险金的诉讼请求应属于上述第一种情形即已经由用人单位办理了社会保险手续，但因用人单位欠缴保险费引发的争议，不属于司法解释所规定的人民法院应予受理的情形，故本案一、二审法院认定侯永滨的该项诉讼请求不属于人民法院受理劳动争议案件的范围，适用法律并无不当。

——中国裁判文书网。

642. 劳动者与用人单位因住房公积金发生的争议，不属于人民法院的受案范围

关键词

住房公积金　受案范围

最高人民法院裁判文书

侯永滨与红梅集团劳动争议纠纷案［最高人民法院（2017）最高法民申1121号民事裁定书］

裁判要旨：劳动者与用人单位因住房公积金发生的争议，应当由住房公积金管理中心负责催缴，不属于人民法院的受案范围。

最高人民法院经审查认为，关于侯永滨诉请补缴住房公积金是否属于人民法院受理劳动争议案件受案范围的问题。根据国务院《住房公积金管理条例》第三十七条规定："违反本条例的规定，单位不办理住房公积金缴存登记或者不为本单位职工办理住房公积金账户设立手续的，由住房公积金管理中心责令限期办理；逾期不办理的，处1万元以上5万元以下的罚款。"第三十八条规定："违反本条例的规定，单位逾期不缴或者少缴住房公积金的，由住房公积金管理中心责令限期缴存；逾期仍不缴存的，可以申请人民法院强制执行。"依据上述规定，劳动者与用人单位因住房公积金发生争议，应当由住房公积金管理中心负责催缴，故一、二审法院认定侯永滨要求红梅集团补缴其住房公积金的诉讼请求不属于人民法院受理劳动争议案件的范围，亦无不当。

——中国裁判文书网。

643. 办理退休手续的合法性争议，不属于人民法院受理劳动争议民事案件的受案范围

关键词

退休手续　合法性争议　劳动争议　受案范围

最高人民法院裁判文书

赵桂荣劳动争议再审案［最高人民法院（2018）最高法民申8号民事裁定书］

裁判要旨：因国家行政机关给职工办理退休手续，属于行政管理的范畴，带有社会管理的性质。对于办理退休手续的合法性争议，不是民事诉讼意义上的劳动者与用人单位之间的劳动争议，不属于人民法院受理劳动争议民事案件的受案范围。

最高人民法院认为，根据《中华人民共和国民事诉讼法》第一百一十九条[①]的规定，"起诉必须符合下列条件：（一）原告是与本案有直接利害关系的公民、法人和其他组织；（二）有明确的被告；（三）有具体的诉讼请求和事实、理由；（四）属于人民法院受理民事诉讼的范围和受诉人民法院管辖。"只有当事人之间的争议属于人民法院行使民事审判权解决民事纠纷的范围，人民法院才能依法受理。否则，应裁定不予受理。

因国家行政机关给职工办理退休手续，属于行政管理的范畴，带有社会管理的性质。对于办理退休手续的合法性争议，不是民事诉讼意义上的劳动者与用人单位之间的劳动争议，不属于人民法院受理劳动争议民事案件的受案范围。本案中，赵桂荣提供给法院的《工人退休审批表》上载明：经赵桂荣本人签署"同意"意见，所在单位原唐山市棉纺织厂签署"同意"意见，唐山市劳动行政部门签署审批意见"同意退职"。赵桂荣提起本案诉讼的诉讼请求是：1. 确认原唐山市棉纺织厂给其办理退职行为违法；2. 按照劳动部1988年3号文件和1999年8号文件，给赵桂荣办理正式退休手续；3. 赔偿因退职造成的经济损失25万元。赵桂荣的退职决定是由劳动行政部门作出，赵桂荣提出"给其办理正式退休手续"的诉讼请求，属于行政管理的范畴，所提"确认退职行为违法"的合法性争议，不是民事诉讼法意义上的劳动者与用人单位之间的劳动争议，不属于人民法院受理劳动争议的民事诉讼受案范围。本院《关于审理劳动争议案件适用法律若干问题的解释》第一条规定："劳动者与用人单位之间发生的下列纠纷，属于《劳动法》第二条规定的劳动争议，当事人不服劳动争议仲裁委员会作出的裁决，依法向人民法院起诉的，人民法院应当受理：（一）劳动者与用人单位在履行劳动合同过程中发生的纠纷；（二）劳动者与用人单位之间没有订立书面劳动合同，但已形成劳动关系后发生的纠纷；（三）劳动者退休后，与尚未参加社会保险统筹的原用人单位

---

① 现为《民事诉讼法》（2021年修正）第一百二十二条。

因追索养老金、医疗费、工伤保险待遇和其他社会保险费而发生的纠纷。”赵桂荣所提“赔偿因退职造成的经济损失 25 万元”的诉讼请求，是基于其认为退职行为违法而产生的争议，该争议不属于上述司法解释规定的劳动争议范围。综上，赵桂荣的再审申请理由不能成立。

——中国裁判文书网。

644. 征缴社会保险费属于社会保险费征缴部门的法定职责，不属于人民法院受理民事案件的范围

关键词

征缴社会保险费　不予受理

最高人民法院研究室答复

甘肃省高级人民法院：

你院（2010）甘民申字第 416 号《关于对王某与某公司劳动争议纠纷申请再审一案的请示》收悉。经研究，答复如下：

原则同意你院审委会的第一种意见，即根据《中华人民共和国劳动法》《社会保险费征缴暂行条例》的有关规定，征缴社会保险费属于社会保险费征缴部门的法定职责，不属于人民法院受理民事案件的范围。另，建议你院可结合本案向有关社会保险费征缴部门发出司法建议，建议其针对当前用人单位与劳动者之间因社会保险引发争议所涉及的保险费征缴问题，加强调查研究，妥善处理类似问题，依法保护有关当事人的合法权益。

——最高人民法院研究室《关于王某与某公司劳动争议纠纷申请再审一案适用法律问题的答复》(2011 年 3 月 9 日，法研〔2011〕31 号)，载张军主编、最高人民法院研究室编:《司法研究与指导》2012 年第 2 辑（总第 2 辑），人民法院出版社 2012 年版，第 69~74 页。

645. 确认或否定（变更）民办学校举办者纠纷包含对举办者身份（资格）行政许可的内容，不属于人民法院受理民事案件的范围

关键词

确认或否定（变更）民办学校举办者纠纷　不予受理

最高人民法院答复

安徽省高级人民法院：

你院〔2011〕皖民二终字第00093号《关于上诉人安徽省黄山市歙州学校、洪献忠与被上诉人洪文琴、洪绍轩，原审第三人方建成、洪善华、方爱香确认民办学校举办者、出资纠纷一案的请示》收悉。经研究，答复如下：

依据民事诉讼法第一百零八条、民办教育促进法第五十四条及《民办非企业单位登记管理暂行条例》第十五条之规定，确认或否定（变更）民办学校举办者纠纷包含有对举办者身份（资格）行政许可的内容，该纠纷不属于人民法院民事诉讼受理的范围。

依据民办教育促进法第三条、第五十一条之规定，民办学校举办者对民办学校的出资份额不能继承，但因该出资所形成的财产权益，可以依据民办教育促进法和继承法的规定依法继承。

——《最高人民法院关于安徽省黄山市歙州学校、洪献忠与洪文琴、洪绍轩、方建成、洪善华、方爱香确认民办学校举办者、出资纠纷一案请示的答复》（2011年12月8日，〔2011〕民二他字第21号），载最高人民法院民事审判第二庭编：《最高人民法院商事审判指导案例6·合同与借贷担保卷》，中国法制出版社2013年版，第275页。

646. 税务机关就破产企业欠缴税款产生的滞纳金提起的债权确认之诉，人民法院应当受理

关键词

税务机关　债权确认之诉　受理

最高人民法院司法解释

青海省高级人民法院：

你院《关于税务机关就税款滞纳金提起债权确认之诉应否受理问题的请示》（青民他字〔2011〕1号）收悉。经研究，答复如下：

税务机关就破产企业欠缴税款产生的滞纳金提起的债权确认之诉，人民法院应依法受理。依照企业破产法、税收征收管理法的有关规定，破产企业在破产案件受理前因欠缴税款产生的滞纳金属于普通破产债权。对于破产案件受理后因欠缴税款产生的滞纳金，人民法院应当依照《最高人民法院关于审理企业破产案件若干问题的规定》第六十一条规定处理。

——《最高人民法院关于税务机关就破产企业欠缴税款产生的滞纳金提

起的债权确认之诉应否受理问题的批复》（2012 年 6 月 26 日，法释〔2012〕9 号）。

附录：理解与适用

（一）关于破产企业在破产案件受理前欠缴税款产生的滞纳金的是否属于破产债权的问题

税款滞纳金是否可以作为破产程序中的破产债权，涉及对税款滞纳金的性质认定及功能定位问题。在调研过程中，对于这一问题，主要有两种意见：一种意见认为，企业破产法第一百一十三条及税收征收管理法第三十二条、第四十五条均未明确规定欠缴税款产生的滞纳金属于破产债权。《最高人民法院关于审理企业破产案件若干问题的规定》（法释〔2002〕23 号）第六十一条第一款规定，人民法院受理破产案件后债务人未支付应付款项的滞纳金不属于破产债权。人民法院受理破产案件前债务人未支付应付款项的滞纳金是否属于破产债权，也未予明确。而且滞纳金本身属于基于公权力而产生的强制征收的款项，在本质上应属于行政罚款，应当通过有权机关行使相应的行政权力的方式来实现，不应将其列入破产债权，甚至纳入民事诉讼案件的受案范围。另一种意见认为，该滞纳金是税收管理法规定的对未按期缴纳税款的纳税人征收的款项，其性质是对因欠缴税款给国家利益造成损失的利息补偿。滞纳金不是处罚，而是纳税人或者扣缴义务人因占用国家税金而应缴纳的一种补偿，应当列入破产债权。我们经研究后认为，应当将税款滞纳金作为破产债权。理由主要有以下三点：

第一，从税款滞纳金性质看，破产税款滞纳金作为纳税主体未按照税收法律法规规定的期限缴纳税款，征税机关依法对该占用国家资金、影响国家财政收支的行为所附加征收一定数量的金钱给付，不可否认具有督促、强制、制裁甚至惩罚的功能，但其在本质上不同于罚款，应属对因欠缴税款给国家利益造成损失的一种补偿，与税款本身密切相连，属于国家税收利益的重要组成部分，纳税主体应当承担相应的清偿义务。

第二，从企业破产法对于破产程序的定位上看，虽然学理上通常都认为税收是一种公法之债、法定之债，与私法上的债权存在明确区别。但是由于企业破产案件常常表现出法律关系多维化、利益指向广泛化、矛盾纠纷复杂化、法律适用与企业管理复合化等特点，这就决定了破产程序不仅是一个认定事实和适用法律的单一过程，而且是一项需要统筹兼顾、综合考量的系统工程。从程序设计目的上看，破产程序需要最终清理破产企业的所有财产及负债，实现纠纷的一揽子解决，因此，破产程序中对于债权债务范围的界定要比普通债权债务的范围要宽泛。2007 年实施的企业破产法第一百一十三条即明确将有关社会保险费用及税款请求权作为一种破产债权来进行规范。那么，在税款请求权已被作为破产债权的前提下，对于与税款本身密切相连的滞纳金，也应被列入破产债权。

第三，从现行司法解释的规定上看，上述《最高人民法院关于审理企业破产案件若干问题的规定》的规定仅是将人民法院受理破产案件后债务人未支付应付款项的滞纳金排除在破产债权之外，对于在破产案件受理之前，已经发生的欠缴税款的滞纳金作为破产企业对外负有的债务，应与其他债务同等对待，依法列入破产债权。

（二）关于税务机关就该企业欠缴税款产生的滞纳金提起的债权确认之诉应否受理的问题

在已经将税款滞纳金作为破产债权进行定性的前提下，依据《最高人民法院关于〈中华人民共和国企业破产法〉施行时尚未审结的企业破产案件适用法律若干问题的规定》（法释〔2007〕10号）第九条规定："债权人对债权表记载债权有异议，向受理破产申请的人民法院提起诉讼的，人民法院应当依据企业破产法第二十一条和第五十八条的规定予以受理。"依据企业破产法第二十一条的规定，人民法院受理破产申请后，有关债务人的民事诉讼，债权人有权向受理破产申请的人民法院提起。该法第五十八条第三款又规定："债务人、债权人对债权表记载的债权有异议的，可以向受理破产申请的人民法院提起诉讼。"因此，对于税务机关就破产企业欠缴税款产生的滞纳金应否纳入破产债权的争议依法向受理该破产案件的人民法院提起诉讼的，人民法院应当依法受理。

——孙佑海、吴兆祥、陈龙业：《〈最高人民法院关于税务机关就破产企业欠缴税款产生的滞纳金提起的债权确认之诉应否受理问题的批复〉的理解与适用》，载江必新主编：《最高人民法院司法解释与指导性案例理解与适用》第一卷，人民法院出版社2013年版，第342~344页。

647. 当事人请求确认其实际借款金额的诉讼请求属于事实和事实关系，不属于诉的内容，不属于人民法院审理范围

关键词

诉讼请求　诉的内容　审理范围

最高人民法院裁判文书

××与陈文端、陈育辉、广州南华高尔夫俱乐部有限公司（以下简称南华公司）借款、担保合同纠纷案［最高人民法院（2020）最高法民终258号民事裁定书］

裁判要旨：所谓诉，是指当事人向法院提出的，请求法院就特定的法律主张或权利主张进行裁判的诉讼行为。诉的内容有诉讼标的与诉讼理由两个因素。诉的标的是原告依法提出的，与被告有争议并要求法院通过审判解决的法律关系及权利主张。诉的理由是原告提出诉讼请求所依据的事实，是指引起当事人之间实体法律关系发生、变更、消灭的事实或者权利受到侵害或法律关系发生争议的事实。从诉的类型看，一般可分为给付之诉、确认之诉、变更之诉。其中确认之诉在于确认当事人之间的法律关系存在或者不存在，其客体是法律关系，不包括事实和事实关系。当事人请求确认其实际借款金额，利息按约定计算的诉讼请求属于事实和事实关系，不属于诉的内容，不属于人民法院审理范围。

最高人民法院认为，认为，本案二审争议焦点为一审裁定驳回 ×× 第一、二、三项诉讼请求是否正确。

第一，所谓诉，是指当事人向法院提出的，请求法院就特定的法律主张或权利主张进行裁判的诉讼行为。诉的内容有两个因素，诉讼标的与诉讼理由。诉的标的是原告依法提出的，与被告有争议并要求法院通过审判解决的法律关系及权利主张。诉的理由是原告提出诉讼请求所依据的事实，是指引起当事人之间实体法律关系发生、变更、消灭的事实或者权利受到侵害或法律关系发生争议的事实。从诉的类型看，一般可分为给付之诉、确认之诉、变更之诉。其中确认之诉在于确认当事人之间的法律关系存在或者不存在，其客体是法律关系，不包括事实和事实关系。×× 请求确认其实际借款金额为 5.1 亿元，利息按约定计算的诉讼请求属于事实和事实关系，不属于诉的内容，不属于人民法院审理范围。

第二，根据《中华人民共和国民事诉讼法》第一百一十九条第三项规定，起诉必须有具体的诉讼请求和事实、理由。本案中，×× 第二项、第三项诉讼请求均附有条件，即第二项诉讼请求为在“×× 清偿全部借款 5.1 亿元及相应利息的同时”，由陈文端、陈育辉解除相关担保并向 ×× 返还质押的股权，协助 ×× 取得公司印鉴及其他资料，第三项诉讼请求中主张陈文端、陈育辉和南华公司“在 ×× 履行还款义务后”协助将南华公司法定代表人和高管人员变更为 ×× 指定的人、返还南华公司印鉴和证照。上述请求均以 ×× 清偿债务为前提。现 ×× 并未实际清偿相应债务，却提起诉讼，以自己履行义务为前提要求人民法院判决被告履行义务，但其是否实际履行义务属于不确定的事实，因此 ×× 请求的给付义务并不明确，在此情况下人民法院作出的判决内容亦无法具体明确，不符合人民法院司法裁判的要求，故一审裁定驳回 ×× 上述诉讼请求并无不妥。

第三，关于 ×× 第一项要求确认《合作投资框架协议》无效的诉讼请求。因为 ×× 在本案是基于借款合同关系提起诉讼，《合作投资框架协议》虽有对双方此前债权债务金额进行确认的内容，但该协议主要内容是 ×× 和陈文端共同投资南华公司的事项，因此一审裁定认为《合作投资框架协议》与本案审理的借款合同关系是不同法律关系，不宜在本案中一并审理，并无不妥。

——中国裁判文书网。

648. 申请撤销仲裁调解书之诉属于人民法院受理案件范围

关键词

申请撤销　仲裁调解书　受理范围

最高人民法院审判业务意见（第五巡回法庭法官会议纪要）

为保障仲裁当事人获得平等司法救济的权利，可对《仲裁法》第五十八条进行扩张解释，理解为包含申请撤销仲裁调解，即申请撤销仲裁调解书之诉属于人民法院受理范围。

附：案情简介

某市仲裁委员会于2016年7月22日受理甲与乙、丙、丁民间借贷纠纷一案，经仲裁庭调解，乙、丙、丁自调解生效之日起6个月内分期偿还甲本金124万元，若逾期则支付月息2%。2016年10月18日送达调解书。此后，乙以2016年6月17日已与丙离婚且对借款及仲裁调解均不知情为由，于2018年1月8日向某区人民法院提起诉讼请求撤销该调解书。该区法院以撤销仲裁裁决应向仲裁所在地的中级人民法院起诉为由裁定驳回起诉。乙不服提起上诉。二审法院以受理撤销仲裁调解书案件无法律依据为由维持原裁定。乙于2018年9月14日再次以已与丙离婚且对借款及仲裁调解均不知情为由，向某市中级人民法院起诉请求撤销该仲裁调解书。一审法院认为乙构成重复起诉遂裁定不予受理。乙上诉至省高院请求指令一审法院立案作出实体审查。二审法院裁定驳回上诉，维持原裁定。

——《申请撤销仲裁调解书之诉是否属于人民法院受理案件范围》，载李少平主编：《最高人民法院第五巡回法庭法官会议纪要》，人民法院出版社2021年版，第251~253页。

649. 对公证书的效力单独提起民事诉讼，人民法院不予受理

关键词

公证书效力 不予受理

最高人民法院司法解释

第二条 当事人、公证事项的利害关系人起诉请求变更、撤销公证书或者确认公证书无效的，人民法院不予受理，告知其依照公证法第三十九条规定可以向出具公证书的公证机构提出复查。

——《最高人民法院关于审理涉及公证活动相关民事案件的若干规定》（2020年12月29日修正）。

附录：理解与适用

当事人、公证事项的利害关系人能否就公证书的效力单独提起民事诉讼，即当事人、公证事项的利害关系人是否可以通过民事诉讼的方式请求人民法院变更、撤销公证书或者确认公证书无效，在学术界和实务界有肯定说和否定说之争。

肯定说认为，第一，该类诉讼是发生在当事人、公证事项的利害关系人与公证机构之间的诉讼，可以以公证机构为被告向法院提起民事诉讼，诉讼标的是公证书的内容，属于确认之诉。虽然民事诉讼法未就此专门作出规定，但只要是民事争议，符合民事诉讼法第一百一十九条规定的条件，人民法院均应受理，法院可依不同情形作出撤销或者维持原公证书效力的裁判。第二，从维护社会公平和公正的角度来说，一切法律行为包括公证行为都可以被纳入到司法机关的审查和评判之中去，只有这样，才能使社会评价具有相对统一的标准和结论，有利于维护法律的严肃性和效力。第三，当事人就公证书的效力单独提起民事诉讼是有法可依的。我国公证法第四十条规定，当事人、公证事项的利害关系人对公证书的内容有争议的，可以就该争议向人民法院提起民事诉讼。公证书的内容有争议是导致公证书错误的原因，二者有着必然的因果关系。因此，依照公证法第四十条规定，人民法院应当受理相关诉讼。

否定说认为，第一，当事人、公证事项的利害关系人认为公证书有错误的，可以向出具该公证书的公证机构提出复查，这是针对公证书错误的情形下，法律对当事人作出的权利救济途径，虽然排除了当事人可以向人民法院直接起诉的可能，但是符合公证文书只是民事证据的属性。第二，人民法院

受理民事纠纷，针对的是当事人之间民事权利义务产生的争议，而不是对争议涉及的某个证据进行裁判。当事人、公证事项的利害关系人对公证机构出具的公证书有异议，其实是认为公证书证明的事实对他们之间的权利义务关系产生了不良影响。当事人、公证事项的利害关系人可以就该争议提起民事诉讼，仅就公证书的撤销与否，没有起诉的必要性。第三，公证法第四十条规定"对公证书的内容有争议可以提起民事诉讼"，是指当事人之间以及当事人、公证事项的利害关系人之间关于民事实体权利义务的争议，而不包括当事人、公证事项的利害关系人与公证机构之间就公证书的效力而产生的争议。

经研究，《规定》第二条明确规定，当事人、公证事项的利害关系人起诉请求变更、撤销公证书或者确认公证书无效的，人民法院不予受理。主要基于以下考虑：第一，将公证效力的认定作为一个单独的民事诉讼缺少法律依据。国外没有立法例，民事诉讼法也没有规定。第二，公证书是对原已存在的法律关系或法律事实采用公证的形式所进行的固定，只是一项证据，不需要单独对其效力进行认定。如果没有相反证据推翻公证书所证明的事项，公证书作为可采信的证据使用；如果有相反证据足以推翻公证书认定的事实，人民法院应依据上述证据对相关事实予以认定，公证书在该案件中不具有证明效力。当事人、公证事项的利害关系人可以依据人民法院生效裁判文书向公证机构申请撤销或者变更公证书。第三，人民法院受理民事纠纷，是通过对法律事实真伪的确认，解决当事人之间的民事权利义务争议，而不是对争议涉及的某个证据进行客观事实真伪的确认。第四，人民法院即使受理了当事人、公证事项的利害关系人以公证机构为被告而提起的变更、撤销公证书或者确认公证书无效的诉讼请求并作出相应的裁决，也不能解决当事人、公证事项利害关系人之间的争议。之后，仍需再提起一个以当事人为被告的诉讼才能最终解决争议，两次诉讼亦不符合诉讼经济原则。基于此，《规定》第二条规定，当事人、公证事项的利害关系人起诉请求变更、撤销公证书或者确认公证书无效的，人民法院不予受理，告知其依照公证法第三十九条规定可以向出具公证书的公证机构提出复查。

需要进一步明确的是，当事人、公证事项的利害关系人依据公证法第三十九条和《规定》第二条向公证机构提出复查的，如果对公证机构的复查决定不服，能否提起诉讼？有肯定说和否定说两种观点。肯定说认为，法律对此问题没有明确规定，但规定不明确不等于人民法院不受理。如果公证机构在这种情形下不能成为适格的被告，人民法院就无法对公证的合法性、真实性进行审查，公证权将可能成为不受监督的法外之权。否定说认为，《公证程序规则》第六十七条规定，当事人、公证事项的利害关系人对公证机构作出的撤销公证书的决定有异议的，可以向地方公证协会投诉。经研究，我们认同否定的观点，即当事人、公证事项的利害关系人对公证机构的复查决定不服的，不能以公证机构为被告提起确认公证书效力的诉讼。但是，需要说明的是，当事人、公证事项的利害关系人对公证机构的复查决定不服，并且认为公证机构确有过错而造成其损失的，可以依照公证法第四十三条规定提起公证损害赔偿之诉。

——吴兆祥、陈朝仑、司艳丽：《〈关于审理涉及公证活动相关民事案件的若干规定〉的理解与适用》，载《人民司法·应用》2014 年第 17 期。

650. 对公证机构复查决定不服提起民事诉讼，人民法院不予受理

关键词

公证机构复查决定　不予受理

附录：最高人民法院主流观点

三、关于复查决定是否具有可诉性的问题

对存在错误的公证书，当事人、公证事项的利害关系人可向出具该公证书的公证机构提出复查申请，对当事人、公证事项利害关系人的申请，还有两种可能性：一是公证机构拒绝撤销公证书；二是公证机构作出了撤销公证书的决定，但其他当事人、公证事项的利害关系人对公证机构作出的上述决定持有异议。

其实，针对上述两种情况当事人是否可以提起民事诉讼的问题，早在公证法起草过程中就有过讨论。有关意见述及，公证法草案审议和征求意见的过程中，国务院当时提请审议的公证法草案第三十四条第二款规定："公证当事人及公证事项的利害关系人对公证机构撤销或者拒绝撤销公证书有异议的，可以向人民法院提起民事诉讼。"[①] 依照本解释第四条第（六）项的规定，公证书有错误的，当事人、公证事项的利害关系人对公证机构拒绝撤销公证书之"不作为"，有权提起诉讼。参阅国务院当时提请审议的公证法草案第三十四条第二款的规定，从其立法宗旨看，当时的主流观点显然是持肯定意见，即赋予了相关当事人对复查决定异议的起诉权。但是，在公证法之后相继出台的《公证程序规则》第六十七条却规定，当事人、公证事项的利害关系人对公证机构作出的撤销公证书的决定有异议的，可以向地方公证协会投诉。投诉的处理办法，由中国公证协会制定。该条文的指引性非常明显，即旨在明

① 王胜明、段正坤主编、全国人民代表大会常务委员会法制工作委员会编：《中华人民共和国公证法释义》，法律出版社 2005 年版。

确：对公证机构作出的撤销公证书的决定有异议的，当事人、公证事项的利害关系人只能向地方公证协会投诉，不具有起诉的权利。

对此究竟该作如何理解，我们先来看不同的观点及理由：

持肯定观点的认为，可以以公证机构为被告向人民法院提起民事诉讼，人民法院可依不同情形作出撤销公证书或者维持原公证书效力的裁决。理由在于：第一，在公证法起草过程中，国务院提请审议的公证法草案第三十四条第二款作出过相关规定，该规定条款虽然在正式出台的公证法中被删除，但至少已经清楚地表达了当时的官方意见或者说主流意见；第二，当事人或公证事项的利害关系人在不服公证机构的复查决定时是否可以对公证机构提起民事诉讼，并没有十分明确的规定。但规定不明确不等于人民法院不应受理。如果公证机构在这种情形下不能成为适格的被告，人民法院就无法对公证的合法性、真实性进行审查，公证权将可能会成为不受监督的法外之权。特别是在对民事诉权的保护越来越受到关注的现实及未来，对不受理的问题必须要格外地谨慎。

持否定观点的则认为，从《公证程序规则》作为补充完善公证法的后续规定角度看，《公证程序规则》第六十七条的规定显然也在提示其他当事人、公证事项的利害关系人对公证机构作出的撤销公证书决定，即便持有异议，也只能向公证协会投诉，而不具有提起诉讼的权利。

我们认同否定的观点。相应的条款内容有一个前提条件，即“公证书有错误”，对于公证书存在的这一“错误”，显然是不容置疑的，已经没有探讨的必要。至于认定“错误”存在的依据，或来自于当事人的自认，或来自于人民法院生效裁判对相关事实作出的分析认定，或来自于当事人重新申请制作的公证书，该公证书已足以推翻原公证书既有内容，或来自于足以推翻公证书所证明事项的其他相反证据，等等。故而，在“公证书有错误”这一前提下，经当事人、公证事项利害关系人提出复查申请，公证机构再次作出的撤销决定书，再次出现问题的概率是近乎于零的，对撤销决定书持有异议的概率也同样是近乎于零的。据此，没有必要再浪费资源单设一个给予法律救济途径的条款。

——胡云腾、孙佑海主编、最高人民法院研究室等编著：《最高人民法院审理涉公证民事案件司法解释理解与适用》，人民法院出版社 2014 年版，第 68~70 页。

651. 当事人、利害关系人对具有强制执行效力的公证债权文书的民事权利义务有争议直接向人民法院起诉的，人民法院不予受理

关键词

公证债权文书　不予受理

最高人民法院司法解释

第三条　当事人、公证事项的利害关系人对公证书所公证的民事权利义务有争议的，可以依照公证法第四十条规定就该争议向人民法院提起民事诉讼。

当事人、公证事项的利害关系人对具有强制执行效力的公证债权文书的民事权利义务有争议直接向人民法院提起民事诉讼的，人民法院依法不予受理。但是，公证债权文书被人民法院裁定不予执行的除外。

——《最高人民法院关于审理涉及公证活动相关民事案件的若干规定》（2020 年 12 月 29 日修正）。

最高人民法院公报案例、最高人民法院裁判文书

李杰与辽宁金鹏房屋开发有限公司金融不良债权追偿纠纷案［最高人民法院（2014）民二终字第 199 号民事判决书］

> **裁判摘要：根据民事诉讼法第二百三十八条[①]、最高人民法院《关于当事人对具有强制执行效力的公证债权文书的内容有争议提起诉讼人民法院是否受理问题的批复》的规定，具有强制执行效力的公证债权文书与生效判决书、仲裁裁决书一样，是人民法院的执行依据，当事人可以据此申请强制执行。对于有强制执行效力的公证债权文书，发生争议后债权人应当申请强制执行，直接提起诉讼的，人民法院不予受理。**

最高人民法院认为，关于有强制执行效力的公证债权文书所涉债务纠纷，未经执行程序，当事人能否直接提起诉讼的问题

《中华人民共和国民事诉讼法》第二百三十八条规定："对公证机关依法赋予强制执行效力的债权文书，一方当事人不履行的，对方当事人可以向有

① 现为《民事诉讼法》（2021 年修正）第二百四十五条。

管辖权的人民法院申请执行，受申请的人民法院应当执行。公证债权文书确有错误的，人民法院裁定不予执行，并将裁定书送达双方当事人和公证机关。”最高人民法院《关于当事人对具有强制执行效力的公证债权文书的内容有争议提起诉讼人民法院是否受理问题的批复》规定：“根据《中华人民共和国民事诉讼法》第二百一十四条和《中华人民共和国公证法》第三十七条的规定，经公证的以给付为内容并载明债务人愿意接受强制执行承诺的债权文书依法具有强制执行效力。债权人或者债务人对该债权文书的内容有争议直接向人民法院提起民事诉讼的，人民法院不予受理。但公证债权文书确有错误，人民法院裁定不予执行的，当事人、公证事项的利害关系人可以就争议内容向人民法院提起民事诉讼。”根据上述规定，具有强制执行效力的公证债权文书与生效判决书、仲裁裁决书一样，是人民法院的执行依据，当事人可以据此申请强制执行。对于有强制执行效力的公证债权文书，发生争议后债权人应当申请强制执行，直接提起诉讼的，人民法院不予受理。前述司法解释的明确规定，排除了当事人对直接提起诉讼这一方式的选择权。由于本案亦不存在公证债权文书确有错误，人民法院不予执行的裁定，故李杰关于其提起本案诉讼符合法律规定的主张，不能予以支持。

李杰主张本案其实现担保物权的诉讼请求应当予以支持。但李杰在本案关于担保物权的诉讼请求，是建立在涉案债权纠纷可以通过诉讼方式解决的基础之上的。一审法院根据全案事实，认定涉案债权未过诉讼时效，涉案抵押权亦未丧失，是正确的。由于根据最高人民法院《关于当事人对具有强制执行效力的公证债权文书的内容有争议提起诉讼人民法院是否受理问题的批复》的规定，本案仅有部分债权可通过诉讼方式解决，故李杰在本案诉讼中，可就该部分债权行使抵押权。对于其余部分抵押权，《中华人民共和国民事诉讼法》第一百九十六条规定：“申请实现担保物权，由担保物权人以及其他有权请求实现担保物权的人依照物权法等法律，向担保财产所在地或者担保物权登记地基层人民法院提出。”第一百九十七条规定：“人民法院受理申请后，经审查，符合法律规定的，裁定拍卖、变卖担保财产，当事人依据该裁定可以向人民法院申请执行；不符合法律规定的，裁定驳回申请，当事人可以向人民法院提起诉讼。”根据该规定，不通过诉讼，直接提出实现担保物权的申请，应当向担保财产所在地或者担保物权登记地基层人民法院提出。相关申请是否符合法律规定，也应当由该基层人民法院审查，故该问题不属于本案诉讼处理的范畴。

二、关于存在有强制执行效力的公证债权文书，当事人对部分债权又约定可以通过诉讼解决纠纷，当事人能否就该部分债权提起诉讼的问题

最高人民法院、司法部《关于公证机关赋予强制执行效力的债权文书执行有关问题的联合通知》第一条规定：“一、公证机关赋予强制执行效力的债

权文书应当具备以下条件：（一）债权文书具有给付货币、物品、有价证券的内容；（二）债权债务关系明确，债权人和债务人对债权文书有关给付内容无疑义；（三）债权文书中载明债务人不履行义务或不完全履行义务时，债务人愿意接受依法强制执行的承诺。”根据该规定，赋予强制执行效力的公证债权文书必须符合当事人已经就强制执行问题在债权文书中达成书面合意的条件。换言之，如果仅有公证的形式，而没有当事人关于执行问题的特殊合意，也不能产生可以申请强制执行的效果。因此，合同当事人的意思表示是赋予强制执行效力的公证债权文书强制执行效力的重要来源，当事人可以通过合意的方式约定直接申请强制执行的内容，法律亦不禁止当事人变更直接申请强制执行的内容，放弃对债权的特殊保障。金鹏公司主张申请强制执行是“法定前置程序”而不考虑当事人的意思表示，没有法律依据。本案中，虽然涉案债权存在有强制执行效力的公证债权文书，但双方当事人后对部分利息又约定可以采取诉讼方式解决纠纷，是通过合意的方式变更了可以直接申请强制执行的内容，故一审法院对该部分内容进行审理并无不当。

李杰主张双方当事人系对全部债权归还方式进行重新约定。但金鹏公司签收涉案欠息通知书时，涉案两份长期借款合同均未到期，从涉案欠息通知书的内容看，涉及的仅为241万元利息。故李杰提出双方当事人对全部债权归还方式进行重新约定的主张，本院不予支持。涉案欠息通知书对于欠息部分债务约定了诉讼等纠纷解决方式，变更了原来的约定，金鹏公司收到前述通知书之后并未提出异议，而是签章确认，应视为双方就欠息部分归还的方式达成了新的合意。故金鹏公司否认前述通知书，认为同时约定了诉讼等三种方式属约定不明即视为没有约定的主张，缺乏事实依据。金鹏公司主张即使认定达成了新的协议，所涉及241万元利息部分也已过诉讼时效。最高人民法院《关于审理民事案件适用诉讼时效制度若干问题的规定》第十一条规定：“权利人对同一债权中的部分债权主张权利，诉讼时效中断的效力及于剩余债权，但权利人明确表示放弃剩余债权的情形除外。”涉案241万元利息是涉案两份合同之债的部分孳息，根据本案查明的事实，在李杰提起诉讼之时，上述两合同的主债权诉讼时效期间均未届满，故金鹏公司关于该部分利息超过诉讼时效的主张，与事实不符，本院不予支持。

三、关于未经执行程序，当事人提起诉讼主张具有强制执行效力的公证债权文书确有错误，不具执行效力，能否予以支持的问题

最高人民法院《关于当事人对具有强制执行效力的公证债权文书的内容有争议提起诉讼人民法院是否受理问题的批复》规定：“……但公证债权文书确有错误，人民法院裁定不予执行的，当事人、公证事项的利害关系人可以就争议内容向人民法院提起民事诉讼。”该条款是对公证债权文书所涉当事人权利救济的规定。人民法院裁定不予执行，说明经过审查，公证债权文书本

身有错误，不具有强制执行效力，在此情况下，当事人关于直接申请执行的合意不再有效，债权债务关系处于不稳定的状态，当事人可以依法提起民事诉讼解决存在的争议，明确各方权利义务关系。公证债权文书是否确有错误，应在执行程序中予以认定。根据本案查明的事实，目前尚无确认涉案公证债权文书确有错误，不予执行的生效裁定。李杰在诉讼中提出公证债权文书确有错误的主张，不属于本案诉讼的审理范围。

——《最高人民法院公报》2016 年第 4 期。

最高人民法院裁判文书

陕西皓月投资管理有限责任公司与张文斌民间借贷纠纷案［最高人民法院（2017）最高法民申 1171 号民事裁定书］

最高人民法院认为，本案中，皓月公司对具有强制执行效力的〔2014〕西莲证经字第 8757 号公证债权文书记载的实际借款数额有争议，向一审法院提起民间借贷诉讼，一审法院不予受理，二审予以维持并无不当，理由如下：一、《最高人民法院关于当事人对具有强制执行效力的公证债权文书的内容有争议提起诉讼人民法院是否受理问题的批复》（法释〔2008〕17 号）规定，根据《中华人民共和国民事诉讼法》第二百一十四条[①]和《中华人民共和国公证法》第三十七条的规定，经公证的以给付为内容并载明债务人愿意接受强制执行承诺的债权文书依法具有强制执行效力。皓月公司与张文斌于 2014 年 8 月 11 日签订《借款抵押合同》，双方于同日共同申请对上述合同进行公证确认。该公证书出具过程中，皓月公司作出了不履行合同义务时自愿接受强制执行的意思表示，陕西省西安市莲湖区公证处对上述借款抵押事实及双方的意思表示进行了公证确认，故案涉公证债权文书具有强制执行效力。二、皓月公司对实际借款数额有异议，属于对〔2014〕西莲证经字第 8757 号公证书确认的民事权利义务有争议的范畴，根据《最高人民法院关于审理涉及公证活动相关民事案件的若干规定》第三条第二款“当事人、公证事项的利害关系人对具有强制执行效力的公证债权文书的民事权利义务有争议直接向人民法院提起民事诉讼的，人民法院依法不予受理”的规定，对本案民间借贷纠纷，人民法院依法不应予以受理。三、张文斌依据〔2014〕西莲证经字第 8757 号公证书向陕西省渭南市中级人民法院申请执行，陕西省渭南市中级人民法院作出〔2016〕陕 05 执 8 号执行裁定。皓月公司申请对上述公证书不予执行，该院作出〔2016〕陕 05 执异 28 号执行裁定，驳回其申请；经复议，陕西省高级人民法院维持了该裁定。故〔2014〕西莲证经字第 8757 号

---

① 现为《民事诉讼法》（2021 年修正）第二百四十五条。

公证书不属于《最高人民法院关于审理涉及公证活动相关民事案件的若干规定》第三条第二款规定“公证债权文书被人民法院裁定不予执行”的情形。

——中国裁判文书网。

附录：最高人民法院主流观点

（二）当事人对具有强制执行效力的公证债权文书的内容有争议提起诉讼，人民法院是否受理

最高人民法院《公证司法解释》起草过程中，有意见认为，第三条第一款明确规定：“当事人、公证事项的利害关系人对公证书所公证的民事权利义务有争议的，可以依照公证法第四十条规定就该争议向人民法院提起民事诉讼。”该规定的出台是否意味着否定了《具有强制执行力公证债权文书受理批复》的效力？为消除误解，明确本解释第三条第一款与该批复之间的关系，经研究，将该批复内容作为本解释第三条第二款。

1. 公证债权文书的债权人提起诉讼，人民法院不应受理。第一，根据民事诉讼法第二百三十八条和公证法第三十七条的规定，具有强制执行效力的公证债权文书与法院生效裁判、仲裁裁决具有同等的法律效力，都是执行根据。如果允许债权人另行起诉，那么，一笔债权可获得两个执行根据，这样，显然对债务人不公平。也就是说，当事人不能在同一实体法律关系上设立两个程序法上的效力，公证机关赋予了债权文书的强制执行力就必然使诉权不再发生。第二，公证债权文书被赋予了强制执行力就实体权利而言是债务人通过签署债权文书承诺接受强制执行而自愿放弃了诉权。公证作为一项非诉法律证明制度本身无强制权，只是作为法定形式使该类债权文书经公证后生效，从形式上赋予了该类债权文书强制执行效力。即当事人自愿放弃通过诉讼的方式实现自己的权利，转而希望通过事前对债权文书进行公证并作出在不履行时愿意直接接受强制执行的承诺，从而取得强制执行的效力。因此，当事人既然选择了申请公证机关赋予债权文书强制执行效力，就不存在当事人另行诉讼的问题。如果允许债权人既可申请执行，又可直接提起诉讼，不符合立法原意，且对债务人不利，有失公平。第三，债权人提起诉讼，往往是因为超过了申请执行期限。民事诉讼法规定的申请执行期限是对申请执行人的义务，申请执行人必须遵守，申请执行人要对自己没有在申请执行的期限内提出执行申请承担不利的法律后果。申请执行人由于自己的原因丧失了法律规定的申请强制执行的权利又转而提起民事诉讼，人民法院不应支持。第四，债务人不履行债务，债权人可以直接持债权文书向人民法院申请强制执行，无须再经过诉讼或者仲裁程序。这有利于节省当事人的时间和财力，有利于纠纷的及时解决。

2. 公证债权文书的债务人提起诉讼，人民法院也不应受理。在办理公证

时，债务人已经承诺直接接受强制执行，因此，债务人不得违背承诺提起民事诉讼。实践中，债务人提起诉讼往往是为了对抗法院的强制执行，拖延还债期限。这种情况不应允许，否则，将使公证债权文书强制执行制度失去了存在的意义。

（三）关于当事人的救济途径（略）

（四）人民法院裁定驳回当事人不予执行公证债权文书申请后，当事人应如何选择救济途径的问题

关于这个问题，理论与实践中存在三种不同的观点：第一种观点认为，被执行人申请不予执行公证债权文书，人民法院裁定驳回的，被执行人只能向人民法院起诉，不能提起执行异议、复议；第二种观点认为，被执行人申请不予执行公证债权文书，人民法院裁定驳回的，被执行人应先向执行法院提出执行异议，对异议裁定不服的，才可向上一级人民法院提出执行复议；第三种观点认为，被执行人申请不予执行公证债权文书，人民法院裁定驳回的，被执行人可以直接向上一级人民法院申请执行复议。

关于第一种观点，《具有强制执行力公证债权文书受理批复》明确了人民法院因公证债权文书错误裁定不予执行的，申请执行人有权向人民法院起诉，但是，却没有回答人民法院驳回不予执行公证债权文书申请时，被执行人能否向人民法院起诉的问题。从双方当事人享有平等权利的角度看，被执行人似乎也应有权向人民法院起诉。但被执行人选择了公证之后，本不再享有诉权，如果因为法院驳回其不予执行申请而又重新获得提起诉讼的权利，显然不符合公证简单易行的立法本意。此外，这种观点缺少明确的法律依据，被执行人若向人民法院起诉，可能也会面临法院不予受理的风险。因此，第一种观点与立法精神不符，容易造成被执行人规避公证债权文书的执行效力，不利于保护申请执行人的合法权益。

第二、三种观点均是主张当事人在执行程序中寻求救济，其法律依据是民事诉讼法第二百二十五条，即“当事人、利害关系人认为执行行为违反法律规定的，可以向负责执行的人民法院提出书面异议……当事人、利害关系人对裁定不服的，可以自裁定送达之日起十日内向上一级人民法院申请复议。”这就涉及如何理解与界定本条规定中“执行行为”的范围。我们认为，执行行为应当是指人民法院运用国家强制力，强制实现执行依据中所确定的权利的公法行为。根据立法本意，执行行为应当作广义理解，既包括执行措施，也包括执行法院在执行中应当遵守的程序性规定以及作出的某些法律文书，即执行人员违反法律、司法解释而作出的可能损害当事人、利害关系人合法权益的行为都应包括在内。只有这样，才符合执行救济制度的根本目的。因此，人民法院驳回当事人不予执行公证债权文书申请的裁定，应当视为人民法院的“执行行为”。被执行人有权依据民事诉讼法第二百二十五条之规定

行使救济权利。

应当注意的是，被执行人提出不予执行公证债权文书的申请不是一项独立的请求权，而是对人民法院执行行为的抗辩，或者理解为对人民法院执行行为提出的异议。人民法院作出的驳回不予执行申请的裁定应当视为对被执行人异议所作的一种处理，被执行人对该裁定不服的，可以直接向上一级人民法院申请复议。因此，我们认为，第三种观点更科学合理，这种程序设置既保护了当事人的合法权益，又避免了程序的复杂。

——胡云腾、孙佑海主编、最高人民法院研究室等编著：《最高人民法院审理涉公证民事案件司法解释理解与适用》，人民法院出版社2014年版，第78~82页。

652. 劳动人事争议仲裁裁决作出后当事人在法定期限内未起诉而再次申请仲裁，仲裁机构不予受理，当事人不服起诉的，人民法院应否受理

关键词

劳动人事争议仲裁　受理

最高人民法院司法政策精神

（一）关于案件受理问题

26. 劳动人事仲裁机构作出仲裁裁决，当事人在法定期限内未提起诉讼但再次申请仲裁，劳动人事仲裁机构作出不予受理裁决、决定或通知，当事人不服提起诉讼，经审查认为前后两次申请仲裁事项属于不同事项的，人民法院予以受理；经审查认为属于同一事项的，人民法院不予受理，已经受理的裁定驳回起诉。

——《最高人民法院关于印发〈第八次全国法院民事商事审判工作会议（民事部分）纪要〉的通知》（2016年11月21日，法〔2016〕401号）。

附录：最高人民法院主流观点

劳动法第八十三条规定："劳动争议当事人对仲裁裁决不服的，可以自收到仲裁裁决书之日起15日内向人民法院提起诉讼。一方当事人在法定期限内不起诉又不履行仲裁裁决的，另一方当事人可以申请人民法院强制执行。"该条规定实际上明确了以下三个方面的内容：第一，劳动争议仲裁作为劳动争议诉讼的前置程序，与商事仲裁不同，不实行"一裁终局"，当事人不服劳动争议仲裁裁决，可以向人民法院起诉。第二，不服劳动争议仲裁裁决提起诉

讼的起诉期间为15日，自当事人收到仲裁裁决书之日起计算。第三，当事人在法定期限内不起诉的，原仲裁裁决即发生法律效力，履行义务方不履行仲裁裁决的，对方当事人即可向人民法院申请强制执行。也就是说，劳动争议仲裁裁决并非作出后即生效，只有在15日期间届满、当事人未向人民法院起诉的情形下，才自15日期间届满之次日生效。劳动争议调解仲裁法对劳动法作了突破，于第四十七条规定对于某些特定类型的劳动争议，仲裁裁决为终局裁决，裁决书自作出之日起发生法律效力。对于其他类型的劳动争议案件，依然延续了劳动法的规定，赋予当事人15日的起诉期间。这意味着劳动关系的当事人对是否向人民法院提起诉讼享有充分的选择权，这种选择权属于当事人处分权的范畴。只要当事人的处分行为系其真实意思表示，且不损害他人利益和社会公共利益，就应当尊重其选择，并认定该处分行为合法有效。如果当事人基于自己的选择，使得劳动争议在调解阶段或仲裁阶段即调处完毕，则不必进入诉讼阶段。虽然完整的劳动争议解决机制在制度设计上为“一调一裁两审”，但基于当事人的处分，有可能经过“一调”或“一调一裁”后，纠纷得到处理，解决机制完成。人民法院并不鼓励当事人有纠纷必须起诉，而是要充分尊重当事人的选择权。

劳动人事仲裁机构作出仲裁裁决后，当事人在法定期间内未提起诉讼，则属于当事人对自己权利的处分，自法定期间届满之次日仲裁裁决生效，所涉的劳动争议至此完成处理。若当事人就同样的事项再次申请仲裁，仲裁机构以裁定、决定或通知的形式不予受理后，当事人在15日期间内又诉至人民法院的，人民法院要审查此次讼争事项与已生效仲裁裁决所处理的劳动争议事项是否相同。若属于同一事项，虽然人民法院对该事项并未进行过审理，但该事项已经被生效的仲裁裁决处理完毕，已经经过了一次劳动争议处理机制。基于对生效仲裁裁决效力的尊重，不可再次启动劳动争议处理机制，故人民法院应不予受理，已经受理的，应驳回起诉。若经审查后发现，前后两次申请仲裁事项属于不同事项，又满足民事诉讼法规定的受理条件的，则人民法院应依法受理，对案件进行全面审查。

——杜万华主编：《〈第八次全国法院民事商事审判工作会议（民事部分）纪要〉理解与适用》，人民法院出版社2017年版，第438~439页。

653. 农村土地承包仲裁委员会以超过申请仲裁时效期间为由驳回当事人申请，当事人起诉的，人民法院应当受理

关键词

农村土地承包仲裁　驳回仲裁申请　受理

最高人民法院司法解释

第一条　农村土地承包仲裁委员会根据农村土地承包经营纠纷调解仲裁法第十八条规定，以超过申请仲裁的时效期间为由驳回申请后，当事人就同一纠纷提起诉讼的，人民法院应予受理。

——《最高人民法院关于审理涉及农村土地承包经营纠纷调解仲裁案件适用法律若干问题的解释》(2020 年 12 月 29 日修正)。

附录：最高人民法院主流观点

(一) 理顺农村土地承包经营纠纷中调解、仲裁、诉讼的关系

2010 年《农村土地承包经营纠纷调解仲裁法》(以下简称农地调解仲裁法) 对仲裁机构的设置、仲裁程序、仲裁裁决的效力等作出了明确的规定，确立了中国农地纠纷仲裁制度。农地调解仲裁法所构建的是“或裁或审，一裁两审”的纠纷解决制度，农村土地承包经营纠纷仲裁并非诉讼的前置程序，这一点与劳动争议仲裁制度的仲裁前置显著不同。根据农地调解仲裁法第四条的规定，当农村土地承包经营纠纷发生后，当事人有多种纠纷解决方式的选择，既可以选择和解、调解，也可以选择向农村土地承包仲裁委员会申请仲裁，还可以直接向人民法院起诉。也就是说，对于是启动仲裁程序，还是诉讼程序，抑或是其他纠纷解决方式，当事人有着充分的程序选择权。

——李少平主编:《最高人民法院多元化纠纷解决机制改革意见和特邀调解规定的理解与适用》，人民法院出版社 2017 年版，第 99 页。

附录：理解与适用

我们认为，此种情况下，人民法院应予受理。理由是:(1) 农村土地承包纠纷中，仲裁非诉讼的前置程序，因此，仲裁时效与诉讼时效的计算应各自独立。认定当事人的请求权是否超过诉讼时效期间为人民法院职责范围，不能以仲裁的认定来代替法院的认定，且在农村土地承包经营纠纷中，对相应的请求权性质界定，理论和实务界均存在一定争议，导致两者在实践中掌握的认定标准不一定完全一致。(2) 诉讼请求是否超过诉讼时效期间，应由人民法院在受理后的实体审理中作出认定，而不是在决定是否受理的阶段。(3) 根据民法通则第一百三十八条规定，超过诉讼时效期间，当事人自愿履行的，不受诉讼时效限制。因此，在实践中，该类案件起诉到人民法院后，与审理其他民事案件一样，只有在对方当事人提出诉讼时效抗辩的情况下，人民法院才依法审查当事人的请求权是否超过诉讼时效期间。(4) 对于农村土地承包经营纠纷，仲裁与诉讼是两种互相独立的纠纷解决方式，诉讼不以仲裁为前提或基础，也不对仲裁作出评断。与其他普通民事案件一样，人民

法院审查的内容是当事人的请求权是否超过诉讼时效期间，而不是审查仲裁委员会关于超过仲裁时效的认定是否合法。当然申请仲裁可以作为诉讼时效中断的事由。（5）当事人不服仲裁裁决的情况应既包括仲裁对实体的处理，也包括仲裁对程序的处理。

——张勇健、程新文、辛正郁、王丹：《〈最高人民法院关于审理涉及农村土地承包经营纠纷调解仲裁案件适用法律若干问题的解释〉理解与适用》，最高人民法院民事审判第一庭编：《民事审判指导与参考》2014 年第 1 辑（总第 57 辑），人民法院出版社 2014 年版，第 61~62 页。

654. 农村土地承包仲裁委员会作出的裁决书、调解书生效后，当事人就原纠纷起诉的，人民法院不予受理

关键词

农村土地承包调解　农村土地承包仲裁　不予受理

最高人民法院司法解释

第二条　当事人在收到农村土地承包仲裁委员会作出的裁决书之日起三十日后或者签收农村土地承包仲裁委员会作出的调解书后，就同一纠纷向人民法院提起诉讼的，裁定不予受理；已经受理的，裁定驳回起诉。

——《最高人民法院关于审理涉及农村土地承包经营纠纷调解仲裁案件适用法律若干问题的解释》（2020 年 12 月 29 日修正）。

附录：理解与适用

我们认为，根据调解仲裁法对农村土地承包经营纠纷调解仲裁的制度设计目的，在调解书或仲裁书生效后，不应再赋予当事人另诉的权利。首先，根据调解仲裁法第四十九条的规定，发生法律效力的裁决书和调解书，具有强制执行力。按照民事诉讼法的基本理论，执行力是为了实现终局裁判所确立的权利义务安排而存在，终局裁判文书必须具备“执行力”这一自然属性。因此，具有强制执行力的裁决书和调解书，必然是对纠纷的一种终局性的裁判，按照一事不再理的基本原则，对同一纠纷，人民法院不应再予处理。其次，从农村土地承包仲裁委员会的自身性质看，虽然其主要职能是对纠纷进行裁决，具有中立性，但从其设立部门和人员组成看，亦具有一定的行政色彩。调解仲裁法第十二条第二款规定：“农村土地承包仲裁委员会在当地人民政府指导下设立。设立农村土地承包仲裁委员会的，其日常工作由当地农村土地承包管理部门承担。”可见农村土地承包仲裁委员会脱胎于行政管理机

构，这是考虑到相关的行政管理部门不仅对国家各项农业政策熟悉，而且借助其管理职能，能够快速有效地解决相关纠纷，更好地达到化解矛盾，维护农村社会稳定的作用，此种制度设计有其存在的现实意义和合理性。因此，从维护农村土地承包仲裁委员会的公信力和推动建立多元纠纷解决机制的角度考虑，亦不应再赋予当事人在仲裁裁决书或调解书生效后另诉的权利。再次，从法律的具体规定看，调解仲裁法仅赋予当事人三十天的起诉期，并未规定当事人在收到裁决书三十日后起诉的权利。相比较而言，商事仲裁和劳动争议仲裁均有不同于农村土地承包经营纠纷调解仲裁的程序特点。对于商事仲裁，采用的是一裁终局模式，法律仅针对仲裁裁决规定了申请撤销和申请执行程序，当事人对仲裁裁决不服的，也不能再行起诉；对于劳动争议调解仲裁，法律区分终局性裁决和非终局性裁决，对于终局性裁决，仅赋予劳动者提起诉讼的权利，对于非终局性裁决，劳动者和用人单位对裁决不服的，均有提起诉讼的权利。由上可以看出，法律对于三种仲裁设置了不同的裁诉模式，农村土地承包经营纠纷的裁诉模式有其自有的特点，在调解书或仲裁书生效后，如果再允许当事人可提起诉讼，则有违调解仲裁法第四十八条的制度目的。

——张勇健、程新文、辛正郁、王丹:《〈最高人民法院关于审理涉及农村土地承包经营纠纷调解仲裁案件适用法律若干问题的解释〉理解与适用》，最高人民法院民事审判第一庭编:《民事审判指导与参考》2014 年第 1 辑（总第 57 辑），人民法院出版社 2014 年版，第 62~63 页。

655. 当事人对委派调解达成的调解协议有争议提起诉讼的，人民法院应当受理

关键词

委派调解　调解协议　受理

最高人民法院司法解释

第二十五条　委派调解达成调解协议后，当事人就调解协议的履行或者调解协议的内容发生争议的，可以向人民法院提起诉讼，人民法院应当受理。一方当事人以原纠纷向人民法院起诉，对方当事人以调解协议提出抗辩的，应当提供调解协议书。

经司法确认的调解协议，一方当事人拒绝履行或者未全部履行的，对方当事人可以向人民法院申请执行。

——《最高人民法院关于人民法院特邀调解的规定》（2016 年 6 月 28 日，

法释〔2016〕14 号）。

附录：最高人民法院主流观点

双方当事人就未进行司法确认的调解协议的履行或内容发生争议的处理程序

对达成调解协议而未进行司法确认的，当事人可以就调解协议提起诉讼，也可以就原纠纷提起诉讼。当事人以调解协议提起诉讼的，人民法院应当就调解协议的内容进行审理。一方当事人以原纠纷提起诉讼的，另一方当事人未以调解协议提出异议的，人民法院应当就原纠纷进行审理。一方当事人就原纠纷提起诉讼，另一方当事人以调解协议提出异议的，另一方当事人应当提交调解协议书。法院应当对调解协议进行审查。调解协议应当视为对原纠纷再次达成的合议，为民事合同，此时，调解协议的效力高于原纠纷。如果调解协议没有合同法规定的无效、可撤销等情形，应当按照调解协议履行权利义务。

上述规定是基于调解协议的民事合同性质作出的。调解协议虽然在特邀调解员的主持下达成，但是在特邀调解过程中，始终贯彻平等自愿原则，特邀调解员充分尊重当事人意志，因此，应当将调解协议视为民事合同。关于调解协议产生的纠纷，属于民事合同纠纷。人民法院在审理调解协议纠纷时，应当将调解协议作为民事合同，按照民事诉讼法、合同法及其司法解释审理。

——李少平主编：《最高人民法院多元化纠纷解决机制改革意见和特邀调解规定的理解与适用》，人民法院出版社 2017 年版，第 458 页。

656. 当事人以执行和解协议产生新的合同权利义务为由，向人民法院起诉，请求将执行和解协议作为案件定案依据的，人民法院不予受理

关键词

执行和解协议　不予受理

最高人民法院审判业务意见（民一庭意见）

最高人民法院民一庭意见：在人民法院的生效判决执行过程中，当事人之间又签署执行和解协议，如果一方当事人不履行该执行和解协议，对方当事人以该执行和解协议产生新的合同权利义务关系为由，向人民法院起诉的，人民法院不应受理；已经受理的，应裁定驳回起诉。

附：主要观点及理由

在本案审理过程中，对本案《执行和解协议》能否作为产生当事人之间新的权利义务依据，进而当事人是否有权将该《执行和解协议》作为新的合同纠纷依据向人民法院起诉，享有诉权，形成两种意见。

第一种意见认为，虽然民事诉讼法第二百零七条第二款[①]规定，一方当事人不履行和解协议的，法院可以根据对方当事人的申请，恢复对原生效法律文书的执行。但并未规定《执行和解协议》不能作为当事人建立新的权利义务关系的依据，尽管和解协议与原债务具有密切联系，但毕竟是两个不同的合同关系，其是否具有执行性并不妨碍和解协议本身的效力。故对于本案的《执行和解协议》，应依据合同法的相关规定进行审查。鉴于在本案中，双方当事人签署《执行和解协议》的意思表示真实，不违反法律、行政法规的强制性规定，应认定合法有效，并作为处理本案争议合同纠纷的依据。

第二种意见认为，生效法律文书非经法定程序不能变更，《执行和解协议》只是对生效法律文书所确定的法定权利义务关系进行的再处分，有别于在一般情况下当事人之间达成的书面合意。故《执行和解协议》是对原案件处理方式在执行中的进一步安排，在当事人不执行该执行和解协议的情况下，按照民事诉讼法第二百零七条第二款的规定，不履行和解协议的后果只能是恢复原生效法律文书的执行，而不能将执行和解协议看做当事人对权利义务关系的一次新安排，当事人更不能基于此执行和解协议以合同纠纷为案由，向人民法院起诉。故《执行和解协议》不能作为本案的诉讼依据，应驳回光明公司的起诉。

针对本案情形下执行和解协议能否作为确定当事人之间新的权利义务关系及进一步作为本案的定案依据问题，我们认为第二种意见是合理的，即案涉执行和解协议不能作为本案的诉讼依据，应通过裁定的方式驳回当事人的起诉。主要理由在于：

首先，从当事人民事实体争议处理的"一事不再理"原则来看，原生效判决已经对当事人之间的争议进行了实体处理，而执行和解协议只不过是对于该处理过的实体争议问题在执行过程中的进一步处理，如果当事人之间的此种对于生效判决的进一步处理重新确立当事人之间的权利义务关系，并在当事人之间赋予其对于该权利义务关系的实体争议诉权，则实际上无异于赋予了当事人对于同一争议事实的二次请求处理的权利，明显违反了"一事不再理"的民事诉讼处理原则。

其次，从现行相关法律规定的适用来看，民事诉讼法第二百零七条第二款规定："一方当事人不履行和解协议的，人民法院可以根据对方当事人的申

① 现为《民事诉讼法》（2021 年修正）第二百三十七条第二款。

请，恢复对原生效法律文书的执行。”从该规定来看，在执行过程中，如果当事人达成执行和解协议而不履行，其法律后果是法院根据对方当事人的申请，恢复执行原生效法律文书，而不是将该执行该和解协议作为重新确立当事人之间权利义务关系的新依据。故一方当事人以执行和解协议在当事人之间产生新的合同权利义务关系为依据，向人民法院起诉，以合同纠纷为诉争案由请求履行执行和解协议，及要求对方当事人承担不履行执行和解协议的违约责任的，明显同上述法律规定的处理方式相违背。

再次，从生效法律文书的既判力来看，人民法院的判决书一旦生效，该判决就针对本案实体争议的处理产生不容变更的既判力，在该判决文书未依据相关程序被修正或者否定之前，其法律拘束力不允许基于各种事由受到影响，更不能受到否定。而对于已经生效判决书的执行来说，如果当事人对于执行和解协议仍然可以再行向人民法院提起实体上的请求，享有实体诉权，则实际上赋予了当事人对于已经生效的法律文书在不否定其效力的情况下，对于当事人的同一争议进行二次甚至更多次的审理，进一步则可能对于同一事实产生两个前后矛盾的案件处理结果，损害了已经生效判决的既判力。

——最高人民法院民事审判第一庭：《当事人以执行和解协议产生新的合同权利义务为理由，向人民法院起诉，请求将执行和解协议作为案件定案依据的，人民法院不予受理》，载最高人民法院民事审判第一庭编：《民事审判指导与参考》2012 年第 1 辑（总第 49 辑），人民法院出版社 2012 年版，第 114~117 页。

657. 无证房产补偿费用分配产生的纠纷是否属于法院管辖

关键词

无证房产　补偿费用分配纠纷　法院管辖

最高人民法院裁判文书

秦宗孝与孙建国买卖合同纠纷案［最高人民法院（2017）最高法民再 407 号民事判决书］

裁判要旨：无证房产不能按照《中华人民共和国物权法》等法律法规进行物权的设立、变更以及消灭登记。此类无证房产即使在相关的利害关系人之间流转，相关的利害关系人也仅是取得对该无证房产的占有和使用。在国家征收时，征收主体按照征收方案确定的具体补偿数额予以补偿后，有关利害关系人之间就该征收补偿费

的归属或分配产生纠纷，向人民法院提起诉讼，人民法院应当作为民事纠纷予以受理。

最高人民法院再审认为，关于利害关系人之间就没有产权证照房产的征收补偿费用发生纠纷能否通过民事诉讼解决的问题。根据物权法定原则，不动产以在有权登记机构进行权属登记作为取得物权的法定依据。但在现实中不可避免地存在着没有取得规划许可证和产权证的无证房产，此类无证房产不能按照《中华人民共和国物权法》等法律法规进行物权的设立、变更以及消灭登记。此类无证房产即使在相关的利害关系人之间流转，相关的利害关系人也仅是取得对该无证房产的占有和使用。在国家征收时，一般情况下征收主体根据先前确定的征收方案针对无证房产作适当的补偿。在征收主体按照征收方案确定的具体补偿数额予以补偿后，有关利害关系人之间就该征收补偿费的归属或分配产生纠纷，向人民法院提起诉讼，人民法院应当作为民事纠纷予以受理。人民法院受理此类民事纠纷案件，主要是针对利害关系人之间就诉争的征收补偿费的归属或分配作出裁判。因征收主体已对该无证房产作出了征收补偿决定，因此人民法院审理此类案件并不涉及对该被征收的无证房产变相认定为违法建筑的确权问题。二审判决认定本案诉争的无证房产补偿费用分配涉及到违法建筑确权并以此驳回秦宗孝就该部分的起诉，属于适用法律错误，本院予以纠正。

——中国裁判文书网。

658. 农村土地补偿费分配纠纷，人民法院应予受理

关键词

农村土地补偿费分配纠纷　受理

最高人民法院答复

广东省高级人民法院：

你院粤高法〔2000〕25号《关于对农村集体经济所得收益分配的争议纠纷，人民法院是否受理的请示》收悉。经研究，答复如下：

农村集体经济组织与其成员之间因收益分配产生的纠纷，属平等民事主体之间的纠纷。当事人就该纠纷起诉到人民法院，只要符合民事诉讼法第一百零八条[①]的规定，人民法院应当受理。

---

① 现为《民事诉讼法》（2021年修正）第一百二十二条。

——《最高人民法院研究室关于人民法院对农村集体经济所得收益分配纠纷是否受理问题的答复》（2001 年 7 月 9 日，法研〔2001〕51 号）。

最高人民法院审判业务意见（研究室意见）

有关部门就农村土地补偿费分配纠纷是否受理问题征求最高人民法院研究室意见。我室经研究认为：

农村集体经济组织与其成员因已经收到的土地补偿费，在成员之间就具体分配比例产生的纠纷，属于平等民事主体之间的纠纷。当事人就该纠纷起诉到人民法院，只要符合民事诉讼法第一百零八条[①]的规定，人民法院应当受理。

——张军主编、最高人民法院研究室编：《司法研究与指导》2012 年第 1 辑（总第 1 辑），人民法院出版社 2012 年版，第 133~134 页。

最高人民法院裁判文书

张国友、张文金与朝阳市双塔区他拉皋镇金沟村民委员会承包地征收补偿费用分配纠纷申请再审案［最高人民法院（2015）民申字第 1088 号民事裁定书］

最高人民法院认为，《中华人民共和国土地管理法》第八条第二款规定，农村和城市郊区的土地，除由法律规定属于国家所有的以外，属于农民集体所有；宅基地和自留地、自留山，属于农民集体所有。《中华人民共和国土地管理法实施条例》第二十六条第一款规定，土地补偿费归农村集体经济组织所有；地上附着物及青苗补偿费归地上附着物及青苗的所有者所有。《中华人民共和国村民委员会组织法》第二十四条第一款第七项规定，对土地补偿费的分配方案属于村民委员会自治的范围，如何分配由农村集体经济组织自主决定，任何单位或者个人不得予以干涉。本案中，张国友、张文金请求给付的是土地补偿费，根据前述法律及行政法规规定，土地补偿费实质上是对集体土地使用权的补偿，因张国友、张文金诉请所指向的承包地属于金沟村委会所有，因此土地补偿费亦应属于该集体经济组织所有。

《最高人民法院关于审理涉及农村土地承包纠纷案件适用法律问题的解释》第二十四条规定：“农村集体经济组织或者村民委员会、村民小组，可以依照法律规定的民主议定程序，决定在本集体经济组织内部分配已经收到的土地补偿费。征地补偿安置方案确定时已经具有本集体经济组织成员资格的人，请求支付相应份额的，应予支持。但已报全国人大常委会、国务院备案

---

① 现为《民事诉讼法》（2021 年修正）第一百二十二条。

的地方性法规、自治条例和单行条例、地方政府规章对土地补偿费在农村集体经济组织内部的分配办法另有规定的除外。”在未确定土地补偿费分配方案以前，集体经济组织成员要求分配土地补偿费的，不属于人民法院民事案件的受理范围。本案中，张国友、张文金没有证据证明金沟村委会已通过民主议定程序确定土地补偿费分配方案，其所举示的辽宁省政府有关文件亦未规定补偿可不经过村民委员会民主议定程序，故一、二审法院据此裁定驳回其起诉，并无不当。张国友、张文金以原裁定认定事实、适用法律错误为由提出的再审申请事项，没有法律依据。

——中国裁判文书网。

附录：理解与适用

有关部门认为，《最高人民法院研究室关于人民法院对农村集体经济所得收益分配纠纷是否受理问题的答复》(以下简称《答复》)与《最高人民法院关于审理涉及农村土地承包纠纷案件适用法律问题的解释》(以下简称《解释》)在处理农村土地补偿费分配问题上似有冲突，故向最高人民法院研究室征求意见。最高人民法院研究室经研究认为，《答复》与《解释》在处理农村集体经济组织与其成员因已经收到的土地补偿费，在成员之间就具体分配比例产生的纠纷问题上，并不存在法律适用上的冲突。主要考虑如下：

1. 根据《答复》规定及《中华人民共和国土地管理法》第八条的规定，土地补偿费是对集体土地所有权经征收而消灭的补偿，对原享有该集体土地所有权的农民集体而言，相应的土地补偿费是对其土地承包经营权丧失的补偿，而不是一种收益，所以不能将土地补偿费分配作为集体经济组织收益分配来看待，因而不适用《答复》。本案是农村集体经济组织与村民之间就土地补偿费分配问题产生的纠纷，根据《解释》第一条第一款第（四）项规定，人民法院应当依法受理。

2. 关于《解释》第一条第三款“集体经济组织成员就用于分配的土地补偿费数额提起民事诉讼的，人民法院不予受理”规定的理解，农村集体经济组织就征收土地的补偿费用中究竟应当拿出多少数额向村民分配，应当经民主议定程序讨论决定。作为农村集体土地经营管理者的农村集体经济组织或者村民委员会、村民小组会应当综合考虑集体生产经营的发展需要而确定，属于农村集体经济组织的自治权行使范畴，是农村集体经济组织内部争议。因此，这与农村集体经济组织与村民之间就土地补偿费分配问题产生的纠纷不同，村民就用于分配的土地补偿费数额提起民事诉讼的，人民法院应当不予受理。

至于村委会在村民之间如何分配土地补偿费的具体比例问题，根据《解释》第二十四条“农村集体经济组织或者村民委员会、村民小组，可以依照法律规定的民主议定程序，决定在本集体经济组织内部分配已经收到的土地补偿费。征地补偿安置方案确定时已经具有本集体经济组织成员资格的人，请求支付相应份额的，应予支持”规定，同样也属于农村集体经济组织的自治事项。同时，该解释为征地补偿安置方案确定时具有该集体经济组织成员资格的人提供了向农村集体经济组织主张按照相应份额分配土地补偿费请求权的救济途径。

3. 需要注意的是，农村集体经济组织自治权的行使还受到《中华人民共和国村民委员会组织法》第二十七条第二款的限制，村民会议或者村民代表会议的决定不得与法律、法规和国家的政策相抵触，不得侵犯村民的人身权利、民主权利和合法财产权利。对于村民委员会或者村民委员会成员作出的决定侵害村民合法权益的，村民委员会组织法第三十六条、物权法第六十三条第二款规定，村民对该决定享有撤销权。但该撤销权的存在并不影响村民土地补偿费分配请求权的行使，当事人享有选择权。

——孙茜：《最高人民法院研究室关于农村土地补偿费分配纠纷是否受理问题的研究意见》，载张军主编、最高人民法院研究室编：《司法研究与指导》2012 年第 1 辑（总第 1 辑），人民法院出版社 2012 年版，第 136~137 页。

659. 补缴土地出让金，属于民事受案范围

关键词

补缴土地出让金　民事受案范围

最高人民法院裁判文书

海宏公司与海湖管委会、市规划局等建设用地使用权出让合同纠纷案

［最高人民法院（2021）最高法民终 387 号民事裁定书］

裁判要旨：土地受让人因流动资金紧张，无力补缴土地出让金，其与土地出让机关签订《补缴协议》，明确了土地受让人应补缴的土地出让金数额，并对未依据行政程序追缴进行了说明。双方已就补缴土地出让金及补缴金额达成合意，土地出让机关依据《补缴协议》主张补缴土地出让金属于民事诉讼范围。

最高人民法院认为，关于补缴土地出让金是否属于民事诉讼范围问题。海宏公司与海湖管委会针对案涉出让土地签订的《补缴协议》中明确约定，“按照相关规定地上建筑面积超出招拍挂条件部分需补缴超容积率土地价款，

海宏公司应补缴上述地块的土地出让金295584109元”。该协议对未依据行政程序追缴进行了说明，即“因海宏公司流动资金紧张，暂无力缴纳，如经法律程序追缴可能引发社会不稳定因素，故经双方协商同意签订本协议”。可见，双方通过签订《补缴协议》已经就容积率增加后补缴土地出让金达成合意，并共同确认了补缴土地出让金数额，海湖管委会反诉所主张的支付超容积率土地出让金属于民事诉讼范围。海宏公司关于本案补缴土地出让金不属于民事诉讼范围的相关上诉理由不能成立，本院不予支持。

——中国裁判文书网。

660. 当事人就土地使用权争议依法不能直接提起民事诉讼

关键词

所有权确认纠纷　土地使用权争议　直接提起民事诉讼

最高人民法院裁判文书

中机公司与中机中心及中租公司等所有权确认纠纷案［最高人民法院（2021）最高法民申1716号民事裁定书］

裁判要旨：依据《中华人民共和国土地管理法》的规定，涉及土地所有权和使用权争议，当事人协商不成的均由人民政府先行处理，对人民政府的处理决定不服的可在法定期限内向人民法院提起行政诉讼。当事人就此直接向人民法院提起民事诉讼的，人民法院不予受理。

最高人民法院经审查认为，关于一、二审裁定认定案涉纠纷并非人民法院主管范围、驳回中机公司的起诉是否有误的问题。

针对土地使用权争议处理的法律规定，自1986年6月25日通过、1987年1月1日实施的《中华人民共和国土地管理法》第十三条规定：“土地所有权和使用权争议，由当事人协商解决；协商不成的，由人民政府处理。全民所有制单位之间、集体所有制单位之间、全民所有制单位和集体所有制单位之间的土地所有权和使用权争议，由县级以上人民政府处理。个人之间、个人与全民所有制单位和集体所有制单位之间的土地使用权争议，由乡级人民政府或者县级人民政府处理。当事人对有关人民政府的处理决定不服的，可以在接到处理决定通知之日起三十日内，向人民法院起诉。在土地所有权和使用权争议解决以前，任何一方不得改变土地现状，不得破坏土地上的附着物。”1988年该法修正时该条规定未作修改。1998年该法修正时将该条规定修改调整为第十六条，即“土地所有权和使用权争议，由当事人协商解决；协商不成的，由人民政府处理。单位之间的争议，由县级以上人民政府处理；个人之间、个人与单位之间的争议，由乡级人民政府或者县级以上人民政府处理。当事人对有关人民政府的处理决定不服的，可以自接到处理决定通知之日起三十日内，向人民法院起诉。在土地所有权和使用权争议解决前，任何一方不得改变土地利用现状”。2004年该法修正时该条规定未作修改。2019年该法修正时将该条规定调整为第十四条，但条文内容未作变动。由此，《中华人民共和国土地管理法》对于土地所有权和使用权争议处理的精神是一贯的，即凡涉及土地所有权和使用权争议的，当事人协商不成的均由人民政府先行处理，对人民政府的处理决定不服的可在法定期限内向人民法院提起行政诉讼。由此，一、二审裁定依照《中华人民共和国民事诉讼法》第一百一十九条关于“起诉必须符合下列条件：……（四）属于人民法院受理民事诉讼的范围和受诉人民法院管辖”，以及《最高人民法院关于适用〈中华人民共和国民事诉讼法〉的解释》第二百零八条第三款关于“立案后发现不符合起诉条件或者属于民事诉讼法第一百二十四条规定情形的，裁定驳回起诉”的规定，在立案后驳回中机公司的起诉，有相应的事实和法律依据，并无不当。

——中国裁判文书网。

661. 基于法院收缴行为产生的纠纷，并非民事案件受案范围

关键词

法院收缴行为　民事案件受案范围

最高人民法院裁判文书

汪恒武不当得利纠纷案［最高人民法院（2021）最高法民申5535号民事裁定书］

裁判要旨：对于基于法院收缴行为而产生的纠纷，并非发生在平等主体之间，不应作为民事案件受理。

最高人民法院经审查认为，本案再审审查的焦点问题是：一、二审认定本案纠纷不属于人民法院民事案件受理范围是否存在不当。

《中华人民共和国民事诉讼法》第一百一十九条[①]规定:“起诉必须符合下列条件:(一)原告是与本案有直接利害关系的公民、法人和其他组织;(二)有明确的被告;(三)有具体的诉讼请求和事实、理由;(四)属于人民法院受理民事诉讼的范围和受诉人民法院管辖。根据该条规定,原告提起的诉讼,必须是属于人民法院受理民事诉讼的范围,也即应该符合《中华人民共和国民事诉讼法》第三条“公民之间、法人之间、其他组织之间以及他们相互之间因财产关系和人身关系提起的民事诉讼”的规定,而本案中,汪恒武在其起诉状中称安徽省东至县人民法院在(2014)东刑初字第00202号刑事案件审判过程中多收缴了8万元,要求确认该事实并请求判令安徽省东至县人民法院返还相关款项并支付利息。根据汪恒武的上述主张,安徽省东至县人民法院实施该收缴行为并非基于与汪恒武之间的民事纠纷,一、二审法院据此认定本案并非民事案件受理范围并不缺乏依据,汪恒武再审申请理由不能成立,最高人民法院不予采信。

——中国裁判文书网。

662. 基于承包租赁合同关系对已经确认的补偿款分配产生的纠纷,属于民事案件受理范围

关键词

承包地征收补偿费用分配纠纷　民事案件受理范围

最高人民法院裁判文书

鲁先早、鲁德军与李国兵、李国辉、汈汊湖养殖场承包地征收补偿费用分配纠纷案[最高人民法院(2021)最高法民再328号民事裁定书]

裁判要旨:承包人和承租人、实际经营人基于承包租赁合同关系对已经确认的补偿款分配产生的纠纷,是平等主体之间的纠纷,属于民事案件受理范围。

最高人民法院再审认为,本案系双方当事人基于承包租赁合同关系对已经确认的补偿款分配产生的纠纷,是平等主体之间的纠纷,属于民事案件受理范围。

——中国裁判文书网。

① 现为《民事诉讼法》(2021年修正)第一百二十二条。

663. 法院执行保全裁定中的执行行为，不属于民事诉讼的受案范围

关键词

确认合同无效　民事可诉性　民事诉讼受案范围

最高人民法院裁判文书

铠沣公司与林颖公司及姚晓兰、张际国确认合同无效纠纷案［最高人民法院（2021）最高法民申 5677 号民事裁定书］

裁判要旨：若担保行为是为解除人民法院查封而提供的，并经过人民法院审查确认，那么请求确认该担保行为无效，针对的则是法院执行保全裁定中的执行行为，不具有民事可诉性，不属于人民法院受理民事诉讼的范围，当事人或者利害关系人应通过其他法律途径寻求救济。

最高人民法院经审查认为，在林颖公司与姚晓兰、张际国房屋买卖合同纠纷一案中，案外人粟泽良以铠沣公司委托代理人身份将铠沣公司名下的国有土地使用权为姚晓兰的解除保全申请作担保，人民法院作出查封上述土地使用权、解除对姚晓兰房屋查封的民事裁定，该担保是为解除人民法院查封而提供的，经过人民法院审查确认。铠沣公司请求确认该担保行为无效，针对的是法院执行保全裁定中的执行行为，不具有民事可诉性，不属于人民法院受理民事诉讼的范围，当事人或者利害关系人应通过其他法律途径寻求救济。

——中国裁判文书网。

664. 诉请履行合同约定的义务内容，属于民事案件受理范围

关键词

起诉条件　诉的利益　民事案件受理范围

最高人民法院裁判文书

久聪公司与青岛凯旋公司房屋买卖合同纠纷案［最高人民法院（2021）

最高法民再200号民事裁定书]

裁判要旨：人民法院受理民事案件应以民事诉讼法关于案件受理条件的规定为判断标准。久聪公司请求青岛凯旋公司履行合同约定的义务内容，符合《中华人民共和国民事诉讼法》第一百一十九条[①]规定的起诉条件。且久聪公司具备原告行使诉权所需要的当事人之间存在权利义务的现实争议和诉的利益两个要件，久聪公司有权提起本案诉讼。

最高人民法院再审认为，人民法院受理民事案件应以民事诉讼法关于案件受理条件的规定为判断标准。当事人的起诉符合《中华人民共和国民事诉讼法》第一百一十九条规定的起诉条件，不存在《中华人民共和国民事诉讼法》第一百二十四条[②]规定的情形，人民法院应予受理并进行实体审理。本案中，久聪公司起诉时向法院提供了其与青岛凯旋公司签订的六份《青岛市商品房预售合同》及付款凭证等证据材料，用以证明久聪公司是与本案有直接利害关系的法人。且《青岛市商品房预售合同》中明确约定双方同意自本合同生效之日起180日内向房地产登记机构申请预购商品房预告登记。久聪公司请求青岛凯旋公司履行合同义务，其起诉的被告明确具体，有明确的诉讼请求，且该请求属于涉案的《青岛市商品房预售合同》约定的义务内容。故久聪公司的起诉符合《中华人民共和国民事诉讼法》第一百一十九条规定的起诉条件，且不存在应被驳回起诉的法定情形，人民法院应当受理久聪公司的起诉，并应就久聪公司主张的诉讼请求进行实体审理并作出处理。

关于久聪公司对其主张的诉讼请求有无诉的利益的问题。久聪公司请求青岛凯旋公司履行向房地产登记机关申请办理网签、备案及预购商品房预告登记的行为，表明久聪公司与青岛凯旋公司之间就青岛凯旋公司就继续履行《青岛市商品房预售合同》项下合同义务存在争议；且久聪公司存在通过诉讼防止合同项下的房屋被青岛凯旋公司一房二卖的情形发生的确认利益，由此避免由于争议所导致的权利不确定性，因此，久聪公司提起本案诉讼，具备原告行使诉权所需要的当事人之间存在权利义务的现实争议和诉的利益两个要件，久聪公司有权提起本案诉讼。

——中国裁判文书网。

---

① 现为《民事诉讼法》（2021年修正）第一百二十二条。

② 现为《民事诉讼法》（2021年修正）第一百二十七条。

665. 基层供销社产权转让纠纷，人民法院应予受理

关键词

供销社产权转让纠纷　受理

最高人民法院答复

甘肃省高级人民法院：

你院甘高法〔2007〕18 号《关于对基层供销社产权整体转让纠纷能否受理的请示》收悉。我院经研究认为，基层供销社是集体经济组织，财产属社员集体所有，上级供销社违反国家政策的有关规定，未征得社员同意而将基层供销社整体转让给私人所有的行为，侵害了社员的财产权，属于民事侵权行为，人民法院受理这类案件符合国家有关保护农民合法财产利益的政策精神。故同意你院请示的第二种意见，即邢作明等 1998 户社员诉甘州区供销合作联社转让行为无效一案，符合民事诉讼法第一百零八条规定的起诉条件，人民法院可予受理。

——《最高人民法院关于对基层供销社产权整体转让纠纷能否受理请示的答复》（2007 年 12 月 7 日，〔2007〕民立他字第 15 号），载苏泽林主编、最高人民法院立案庭编：《立案工作指导》2008 年第 3 辑（总第 18 辑），人民法院出版社 2009 年版，第 18 页。

附录：理解与适用

从法律层面看，本案属于平等民事主体之间发生的侵权纠纷，符合法定受理条件。

4. 联合社违法转让基层社产权的行为超出了政府主导范围，属民事侵权行为

在体制转轨过程中，供销社虽然实行政社分开，但可以根据需要承担政府委托的任务，行使政府授权的某些职能。政府依照法律和政策，对其进行指导、协调、扶持、监督。也就是说，供销社的改制，受到政府主导的作用很大。对政府主导范围内的事项，笔者认为应由政府来解决，人民法院不宜介入。但作为上级联社的甘州区供销合作联社出售大满供销社的行为，是否属于政府主导事项或是否超过了政府主导的范围，值得考虑。

不可否认，大满供销社的企业改制是依据张掖市委、市政府出台的有关文件进行的，政府发挥了指导、协调的作用。但是，中共中央、国务院《关于深化供销合作社改革的决定》明文规定，必须坚持供销合作社集体所有制

性质，保证入社农民共同所有财产，共同享受收益，共同承担责任和义务。甘州区供销联社将大满供销社的产权转让给个人，显然违反中央有关政策，也与甘肃省委、省政府的文件精神相悖，其在未经民主程序获得社员同意的情况下将大满供销社整体转让给私人的行为，不属于政府主导改制的范围，超出了上级联社承担的政府委托职能，侵害了邢作明等1998户社员的财产所有权，构成民事侵权行为。

5. 物权法为受理供销社产权转让纠纷提供了实体法依据

邢作明等人提起的诉讼，一是请求确认甘州区供销联社出售大满供销社产权的行为无效，属于确认之诉；二是请求判令被起诉人返还不当得利和社员的股息损失，属于给付之诉。这两个诉讼性质不同但相互关联，均是因集体出资的企业的所有权变动产生的纠纷。物权法第五十九条第一款明确规定："农民集体所有的不动产和动产，属于本集体成员集体所有。"该条第二款第四项还规定"集体出资的企业的所有权变动等事项"属于应当依照法定程序经本集体成员决定的事项，这在实体法上为此类民事纠纷的受理提供了依据。

——潘杰：《解读〈最高人民法院关于对基层供销社产权整体转让纠纷能否受理请示的答复〉——浅析社员诉基层供销社产权转让纠纷的受理问题》，载苏泽林主编、最高人民法院立案编：《立案工作指导》2008年第3辑（总第18辑），人民法院出版社2009年版，第20~23页。

666. 存在涉嫌刑事犯罪因素的民事案件，人民法院应当予以受理

关键词

涉嫌刑事犯罪因素　民事案件　受理

最高人民法院审判业务意见（第五巡回法庭法官会议纪要）

根据《全国法院民商事审判工作会议纪要》规定精神，同一当事人基于不同事实分别发生民事纠纷和涉嫌刑事犯罪，民事案件与刑事案件应当分别审理。本案中，A作为甲公司总经理助理，未经公司授权，伪造公司印章，以公司名义与B订立合同，并向B收取履约保证金，B起诉请求甲公司承担民事责任。因民事案件的被告与刑事案件的犯罪嫌疑人系不同主体，且民事案件所解决的是甲公司与一审原告B之间的纠纷，而刑事案件所追究的是犯罪嫌疑人A的刑事责任，两者属于不同事实，应当分别审理。本案中，人民法院应当受理后进行实体审理，查清甲公司是否有过错、是否需要承担民事责任等事实，这需要经过实体审理之后才能确定。因此，针对该存在涉嫌刑

事犯罪因素的民事案件，人民法院应当予以受理。

附：案情摘要

甲公司总经理助理A代表甲公司与B签订《工程施工合作框架协议》，约定案涉工程由B施工。双方约定协议签订后，B应向甲公司缴纳工程履约保证金1400万元。协议签订后，B依约向甲公司缴纳了工程履约保证金1400万元。款项到账后，甲公司向B出具了收据。但甲公司未依约向B下达进场通知，也未退还B缴纳的保证金。B向一审法院提起诉讼，请求判令解除《工程施工合作框架协议》，甲公司返还履约保证金及赔偿预期利润损失。一审期间，某公安局向法院发来函件，就A涉嫌集资诈骗罪已被立案侦查的情况进行了说明，并将相关立案材料寄送法院，明确本案正在审理的履约保证金相关案件事实与该局正在侦查的A涉嫌集资诈骗案件属于同一事实。一审法院认为，本案案件事实与公安机关正在侦查的A涉嫌集资诈骗犯罪事实系同一事实。因本案涉嫌经济犯罪，应移送公安机关处理。依照《最高人民法院关于在审理经济纠纷案件中涉及经济犯罪嫌疑若干问题的规定》第十二条，《最高人民法院、最高人民检察院、公安部关于办理非法集资刑事案件适用法律若干问题的意见》第七条第二款以及《中华人民共和国民事诉讼法》第一百一十九条①、第一百五十四条第一款第三项②规定，裁定驳回原告B的起诉。B不服一审裁定，提起上诉。

——《存在涉嫌刑事犯罪因素的民事案件受理问题（最高人民法院第五巡回法庭2019年第46次法官会议纪要）》，载李少平主编：《最高人民法院第五巡回法庭法官会议纪要》，人民法院出版社2021年版，第149~151页。

667. 劳动人事争议仲裁委员会对调解协议仲裁审查申请不予受理或者经仲裁审查决定不予制作调解书的，人民法院可受理的情形

关键词

劳动人事争议仲裁委员会　调解协议　仲裁审查　受理

最高人民法院司法政策精神

一、劳动人事争议仲裁委员会对调解协议仲裁审查申请不予受理或者经仲裁审查决定不予制作调解书的，当事人可依法就协议内容中属于劳动人事

① 现为《民事诉讼法》（2021年修正）第一百二十二条。

② 现为《民事诉讼法》（2021年修正）第一百五十七条第一款第三项。

争议仲裁受理范围的事项申请仲裁。当事人直接向人民法院提起诉讼的，人民法院不予受理，但下列情形除外：

（一）依据《中华人民共和国劳动争议调解仲裁法》第十六条规定申请支付令被人民法院裁定终结督促程序后，劳动者依据调解协议直接提起诉讼的；

（二）当事人在《中华人民共和国劳动争议调解仲裁法》第十条规定的调解组织主持下仅就劳动报酬争议达成调解协议，用人单位不履行调解协议约定的给付义务，劳动者直接提起诉讼的；

（三）当事人在经依法设立的调解组织主持下就支付拖欠劳动报酬、工伤医疗费、经济补偿或者赔偿金事项达成调解协议，双方当事人依据《中华人民共和国民事诉讼法》第二百零一条规定共同向人民法院申请司法确认，人民法院不予确认，劳动者依据调解协议直接提起诉讼的。

——《人力资源社会保障部、最高人民法院关于劳动人事争议仲裁与诉讼衔接有关问题的意见（一）》（2022 年 2 月 21 日，人社部发〔2022〕9 号）。

668. 仲裁当事人申请撤销仲裁调解书的案件属于法院受案范围

关键词

仲裁当事人　仲裁调解书　受案范围

最高人民法院裁判文书

李雨欣申请撤销仲裁调解书案［最高人民法院（2020）最高法民再 118 号民事裁定书］

裁判要旨：为保障仲裁当事人获得平等司法救济的权利，法律赋予司法对仲裁进行监督，不应狭义地理解为仅是对仲裁裁决的监督，还应包含对仲裁调解的监督。民事诉讼法对诉讼调解规定了当事人可以向人民法院申请再审，而无论是诉讼调解或仲裁调解，都存在违反自愿原则或者调解协议的内容违反法律，以及损害当事人、案外人利益甚至社会公共利益的可能。故有必要赋予仲裁调解当事人申请撤销仲裁调解书，获得司法救济的权利。

最高人民法院认为：关于仲裁当事人申请撤销仲裁调解书是否属于法院受案范围问题。《中华人民共和国仲裁法》第五十八条规定："当事人提出证据证明裁决有下列情形之一的，可以向仲裁委员会所在地的中级人民法院申请撤销裁决：（一）没有仲裁协议的；（二）裁决的事项不属于仲裁协议的范围或者仲裁委员会无权仲裁的；（三）仲裁庭的组成或者仲裁的程序违反法定程序的；（四）裁决所根据的证据是伪造的；（五）对方当事人隐瞒了足以影响公正裁决的证据的；（六）仲裁员在仲裁该案时有索贿受贿，徇私舞弊，枉法裁决行为的。人民法院经组成合议庭审查核实裁决有前款规定情形之一的，应当裁定撤销。人民法院认定该裁决违背社会公共利益的，应当裁定撤销。”第五十一条第二款规定：“调解书与裁决书具有同等的法律效力。”基于仲裁调解与仲裁裁决均是通过仲裁方式解决民事纠纷，具有同等法律效力，都具有强制执行力。为保障仲裁当事人获得平等司法救济的权利，制度设计上，法律赋予司法对仲裁进行监督，不应狭义的理解为仅是对仲裁裁决的监督，还应包含对仲裁调解的监督。《中华人民共和国民事诉讼法》第二百零一条[①]规定：“当事人对已经发生法律效力的调解书，提出证据证明调解违反自愿原则或者调解协议的内容违反法律的，可以申请再审。经人民法院审查属实的，应当再审。”民事诉讼法对诉讼调解规定了当事人可以向人民法院申请再审，而无论是诉讼调解或仲裁调解，都存在违反自愿原则或者调解协议的内容违反法律，以及损害当事人、案外人利益甚至社会公共利益的可能。故有必要赋予仲裁调解当事人申请撤销仲裁调解书，获得司法救济的权利。

——中国裁判文书网。

669. 因合同内容引发的垄断民事纠纷案件，该合同包含有仲裁条款，人民法院是否受理

关键词

垄断行为　仲裁条款　确认之诉　受理

最高人民法院裁判文书

白城市鑫牛乳业有限责任公司垄断纠纷案［最高人民法院（2021）最高法知民终924号民事裁定书］

裁判要旨：因合同签订、履行引发的确认垄断行为或同时请求损害赔偿之诉与因一般合同关系发生的当事人可以选择的合同之诉或者侵权之诉不同。在一般合同关系中，如果当事人一方的违约行为侵害对方人身、财产权益，该侵权行为通常也是合同约定的履行行为，该侵权行为原则上不会超出合同范围或者合同当事人可以预

① 现为《民事诉讼法》（2021年修正）第二百零八条。

想的范围。与此不同的是，在因合同签订、履行引发的垄断纠纷中，受害人与垄断行为人之间缔结的合同仅是垄断行为人实施垄断行为的载体或者工具，合同中涉及垄断的部分才是侵权行为的本源和侵害发生的根源，对垄断行为的认定与处理超出了受害人与垄断行为人之间的权利义务关系。

最高人民法院认为：本案涉及因合同内容引发的垄断民事纠纷案件，如果合同中包含有仲裁条款，人民法院是否应当受理的问题。《中华人民共和国民法典》已于2021年1月1日起实施，《中华人民共和国合同法》（以下简称合同法）同时废止。《最高人民法院关于适用〈中华人民共和国民法典〉时间效力的若干规定》第一条第二款规定："民法典施行前的法律事实引起的民事纠纷案件，适用当时的法律、司法解释的规定，但是法律、司法解释另有规定的除外。"因涉案两份合同订立、履行等相关法律事实发生于民法典施行前，本案应适用合同法。

首先，反垄断法和合同法的立法目的不同。反垄断法第一条规定："为了预防和制止垄断行为，保护市场公平竞争，提高经济运行效率，维护消费者利益和社会公共利益，促进社会主义市场经济健康发展，制定本法。"显然，反垄断法立法的核心目标在于预防和制止垄断行为，保护公平竞争的市场秩序，实现资源有效配置，提高国家整体经济效率；同时，维护消费者合法权益和社会公共利益亦是反垄断法的重要目标，反垄断法具有明显的公法性质，是市场经济国家调控经济的重要政策工具。合同法第一条规定"为了保护合同当事人的合法权益，维护社会经济秩序，促进社会主义现代化建设，制定本法。"显然，合同法立法的核心目标在于保护合同当事人的合法权益，通过规定平等主体的自然人、法人、其他组织之间设立、变更、终止债权债务关系的规则，维护社会经济秩序，合同法属于私法性质，遵循平等、自愿、公平、诚实信用等基本原则。

其次，涉案合同约定的仲裁条款不能当然排除人民法院的管辖权。根据鑫牛公司的诉讼请求，本案属于垄断行为受害人提起的确认垄断行为之诉。因合同签订、履行引发的确认垄断行为或同时请求损害赔偿之诉与因一般合同关系发生的当事人可以选择的合同之诉或者侵权之诉不同。在一般合同关系中，如果当事人一方的违约行为侵害对方人身、财产权益，该侵权行为通常也是合同约定的履行行为，该侵权行为原则上不会超出合同范围或者合同当事人可以预想的范围。与此不同的是，在因合同签订、履行引发的垄断纠纷中，受害人与垄断行为人之间缔结的合同仅是垄断行为人实施垄断行为的载体或者工具，合同中涉及垄断的部分才是侵权行为的本源和侵害发生的根源，对垄断行为的认定与处理超出了受害人与垄断行为人之间的权利义务关系。因此，因合同的签订、履行引发的垄断纠纷所涉及的内容和审理对象，远远超出了受害人与垄断行为人之间约定的仲裁条款所涵盖的范围。如前所述，反垄断法具有明显的公法性质。在垄断行为的认定与处理完全超出了合同相对人之间的权利义务关系的情况下，本案当事人在合同中约定的仲裁条款不能成为排除人民法院管辖垄断纠纷的当然和绝对依据。

再次，鑫牛公司提起本案诉讼符合人民法院立案条件。《中华人民共和国民事诉讼法》（2021年修正）第一百二十二条规定："起诉必须符合下列条件：（一）原告是与本案有直接利害关系的公民、法人和其他组织；（二）有明确的被告；（三）有具体的诉讼请求和事实、理由；（四）属于人民法院受理民事诉讼的范围和受诉人民法院管辖。"《最高人民法院关于审理因垄断行为引发的民事纠纷案件应用法律若干问题的规定》（法释〔2012〕5号）第二条规定："原告直接向人民法院提起民事诉讼，或者在反垄断执法机构认定构成垄断行为的处理决定发生法律效力后向人民法院提起民事诉讼，并符合法律规定的其他受理条件的，人民法院应当受理。"依据上述规定，人民法院受理垄断民事纠纷案件应当符合《中华人民共和国民事诉讼法》（2021年修正）第一百二十二条规定的受理条件。本案中，鑫牛公司向原审法院起诉林甸伊利公司、齐齐哈尔伊利公司、伊利集团公司，要求确认其与林甸伊利公司签订的涉案两份合同因违反反垄断法，应属无效协议；同时主张赔偿损失40万元。为证明其主张，鑫牛公司提交了其与林甸伊利公司等签订的涉案两份合同等证据，认为涉案两份合同有多处限制竞争的垄断条款，林甸伊利公司、齐齐哈尔伊利公司及伊利集团公司构成滥用市场支配地位，损害了鑫牛公司的合法权益，经初步审查涉案两份合同，合同签订主体、合同约定的生鲜乳购销数量、价格、交易方式等主要内容明确，应当认定鑫牛公司已经提交了其与本案有利害关系的初步证据，且提起本案诉讼有明确的被告、具体的诉讼请求、事实和理由，至于鑫牛公司认为涉案两份合同违反反垄断法应属无效，并要求赔偿损失的诉讼请求能否成立，应当立案后经过实体审理，根据反垄断法等相关法律和司法解释的规定，依法裁判。故，鑫牛公司提起本案诉讼，符合《中华人民共和国民事诉讼法》（2021年修正）第一百二十二条规定的受理条件，人民法院应当予以受理。

最后，本案诉讼应当由原审人民法院管辖。《最高人民法院关于审理因垄断行为引发的民事纠纷案件应用法律若干问题的规定》（法释〔2012〕5号）第三条第一款规定："第一审垄断民事纠纷案件，由省、自治区、直辖市人民政府所在地的市、计划单．牧场详细地址均位于吉林省白城市，原审法院作为吉林省人民政府所在地的市中级人民法院对本案具有管辖权，应当受理本案。

——中国裁判文书网。

670. 破产债务人作为第三人参加诉讼的，由破产管辖法院管辖

关键词

破产债务人 第三人 破产管辖

最高人民法院裁判文书

新疆众合股份有限公司与新疆新联热力有限责任公司追收未缴出资纠纷案［最高人民法院（2017）最高法民终 968 号民事裁定书］

裁判要旨：本案破产债务人虽非被告，但其应依法作为第三人参加本案诉讼，依据《中华人民共和国企业破产法》第二十一条“人民法院受理破产申请后，有关债务人的民事诉讼，只能向受理破产申请的人民法院提起”之规定，本案属于有关债务人的诉讼，应由受理债务人破产申请的法院管辖。

最高人民法院认为：本案系上诉人因中收农机公司破产管理人怠于行使管理人义务，未按照中收农机公司债权人委员会意见向中收农机公司发起人主张追缴出资，而自行提起的诉讼。依据《最高人民法院关于适用〈中华人民共和国企业破产法〉若干问题的规定（二）》第二十三条第三款“管理人不予追收，个别债权人代表全体债权人提起相关诉讼，主张次债务人或者债务人的出资人等向债务人清偿或者返还债务人财产，或者依法申请合并破产的，人民法院应予受理”之规定，人民法院应受理本案。但是，人民法院受理本案的前提条件应该是，上诉人系代表全体债权人提起诉讼，并且是将清偿或返还的财产归入债务人中收农机公司。因此，债务人中收农机公司作为本案诉讼的受益人，与本案的处理结果具有利害关系，人民法院应当通知其作为本案第三人参加诉讼。依据《中华人民共和国企业破产法》第二十五条第一款第七项，管理人“代表债务人参加诉讼、仲裁或者其他法律程序”之规定，中收农机公司破产管理人应作为中收农机公司诉讼代表人参加诉讼。

中收农机公司虽非本案众合公司、新联公司起诉的被告之一，但中收农机公司应依法作为第三人参加本案诉讼，故依据《中华人民共和国企业破产法》第二十一条“人民法院受理破产申请后，有关债务人的民事诉讼，只能向受理破产申请的人民法院提起”之规定，本案属于有关债务人中收农机公司的诉讼，应由受理中收农机公司破产申请的新疆维吾尔自治区乌鲁木齐市中级人民法院管辖。众合公司、新联公司向一审法院起诉，不符合《中华人

民共和国民事诉讼法》第一百一十九条第四项的规定，一审法院裁定对其起诉不予受理，并无不当。

——中国裁判文书网。

671. 未取得土地承包经营权的集体经济组织成员提起民事诉讼请求判决其享有土地承包经营权，人民法院应否受理

关键词

土地承包经营权　集体经济组织成员　受理

《中华人民共和国民法典》条文

第三百三十三条　土地承包经营权自土地承包经营权合同生效时设立。

登记机构应当向土地承包经营权人发放土地承包经营权证、林权证等证书，并登记造册，确认土地承包经营权。

最高人民法院司法解释

第一条第二款　农村集体经济组织成员因未实际取得土地承包经营权提起民事诉讼的，人民法院应当告知其向有关行政主管部门申请解决。

——《最高人民法院关于审理涉及农村土地承包纠纷案件适用法律问题的解释》(2020 年 12 月 29 日修正)。

附录：最高人民法院主流观点

《农村土地承包法》第五条规定："农村集体组织成员有权依法承包由本集体经济组织发包的农村土地。任何组织和个人不得剥夺和非法限制农村集体经济组织成员承包土地的权利。"集体经济组织成员是承包农村土地的主体，有权依法承包由本集体经济组织发包的土地，任何组织和个人都不能以任何方式和任何理由，非法剥夺本集体经济组织成员承包土地的权利，也不能以任何方式和任何理由阻挠、干扰、限制本集体经济组织成员承包土地权利的实现。但是，在现实生活中，屡屡发生集体经济组织成员因各种原因实际未能取得土地承包经营权的情况。在这种情况下，未实际取得土地承包经营权的集体经济组织成员向人民法院提起民事诉讼，请求判决其享有承包集体土地的权利，人民法院应否受理?《农村土地承包纠纷司法解释》第一条第二款规定："集体经济组织成员因未实际取得土地承包经营权提起民事诉讼的，人民法院应当告知其向有关行政管理部门申请解决。"主要理由是：一方面，承包方取得土地承包经营权的前提是该承包人必须是本集体经济组织成

员，即应享有本集体经济组织成员权。而实践中，集体经济组织成员权问题在很多方面涉及农村公共事务管理，如果人民法院将这类纠纷作为民事案件受理，可能会涉及农村公共事务管理方面的问题。另一方面，承包方取得土地承包经营权必须通过签订土地承包合同，如果集体经济组织成员未实际取得土地承包经营权而请求法院判决其享有土地承包经营权，其诉讼请求缺乏充分的理由和依据。因此，对集体经济组织成员因未实际取得土地承包经营权提起民事诉讼的，人民法院不宜将其作为民事案件受理，而应当告知其向有关行政主管部门申请解决。

——最高人民法院民法典贯彻实施工作领导小组主编:《中华人民共和国民法典物权编理解与适用》，人民法院出版社 2020 年版，第 662~663 页。

672. 审查不动产物权登记基础关系或确认权属，属于人民法院受理民事案件的范围

关键词

权属确认　受理

最高人民法院司法解释

第一条　因不动产物权的归属，以及作为不动产物权登记基础的买卖、赠与、抵押等产生争议，当事人提起民事诉讼的，应当依法受理。当事人已经在行政诉讼中申请一并解决上述民事争议，且人民法院一并审理的除外。

——《最高人民法院关于适用〈中华人民共和国民法典〉物权编的解释（一）》（2020 年 12 月 29 日，法释〔2020〕24 号）。

附录：最高人民法院主流观点

在适用本条规定时，实践中需要注意：

1. 审查不动产登记的基础关系或确认物权权属诉讼的审理程序

本条解释规定，对此类案件应予受理，然则受理之后的审理程序应作何处理？尤其是在一方当事人对案件所涉不动产登记行为提起了行政诉讼的情形下，出现了传统上认为的所谓民事、行政交叉案件，此时民事诉讼和行政诉讼何者应先行，是否应对民事或行政诉讼中止审理？我们认为，涉不动产登记民事诉讼的诉讼标的是不动产物权的归属或原因行为（基础法律关系）；涉不动产登记行政诉讼的诉讼标的是登记行为，行政诉讼审查的是登记行为的合法性。民事诉讼与行政诉讼应当按照各自的审查标准完成案件的受理及审理，即民事诉讼对涉及不动产物权变动的民事法律关系进行审查，作出关

于物权变动原因行为效力、物权归属的判断；行政诉讼对登记行为的合法性进行审查并作出判断。通过民事诉讼解决当事人之间的不动产物权权属争议或原因行为争议并不涉及对登记行为合法性的审查，民事审判权无须应对行政行为的公定力，所以也不存在行政诉讼先行的问题，并不需要中止审理等待对方审理的结果。

2. 当事人已经申请在行政诉讼中解决民事争议并被受理，另行提起民事诉讼的处理

根据行政诉讼法第六十一条之规定，例如，根据物权法第十九条的规定，权利人可以请求不动产登记机构进行更正登记，如果登记机构不作为，则权利人可以依法提起行政诉讼，此时，如果当事人之间就权属产生争议的，可以通过申请一并解决，也可以另行提起民事诉讼加以解决。这与本条规定并不矛盾。当然，两条规定之间其实隐含一个前提：即尚没有在行政诉讼程序中申请一并解决民事争议的。如果当事人已经申请在行政诉讼中解决民事争议并被受理，此时如再另行提起民事诉讼，则因违反一事不再理原则而不应被受理。

3. 一方当事人提起了行政诉讼，并申请一并确认物权并被受理，另一方另行提起了主张认定原因行为无效，或者请求撤销、解除该原因行为的民事诉讼，对于该民事诉讼是否应予受理

我们认为，由于行政诉讼中审理的民事纠纷与另行提起的民事诉讼在诉讼标的上并非同一，故对此应依法受理，但在审理中发现已经存在行政诉讼中解决民事权属争议的，应注意两个诉之间的协调，可以通过中止其中一个诉讼，或者移送合并审理的方式加以解决。

——杜万华主编、最高人民法院民一庭编著：《最高人民法院物权法司法解释（一）理解与适用》，人民法院出版社 2016 年版，第 56~57 页。

673. 如何区分不动产登记纠纷属于民事诉讼受理范围还是行政诉讼受理范围

关键词

不动产物权　民事诉讼受理范围　行政诉讼受理范围

最高人民法院裁判文书

中核建中公司与新鹏公司委托代建合同纠纷案［最高人民法院（2021）最高法民再 92 号民事判决书］

裁判要旨：不动产登记的法律性质具有复合性，相关纠纷也呈现复合性样态。双方纠纷针对不动产物权的归属或原因行为发生争议系民事诉讼受理范围，针对的是不动产物权登记行为本身则属于行政诉讼受理范畴。

最高人民法院认为，关于本案是否属于民事诉讼受理范围。《最高人民法院关于适用〈中华人民共和国物权法〉若干问题的解释（一）》第一条："因不动产物权的归属，以及作为不动产物权登记基础的买卖、赠与、抵押等产生争议，当事人提起民事诉讼的，应当依法受理。当事人已经在行政诉讼中申请一并解决上述民事争议，且人民法院一并审理的除外。"据此，不动产登记的法律性质具有复合性，相关纠纷也呈现复合性样态。双方纠纷针对不动产物权的归属或原因行为发生争议系民事诉讼受理范围，针对的是不动产物权登记行为本身则属于行政诉讼受理范畴。本案中，中核建中公司一审诉讼请求为确认《委托定向开发补充协议》有效，及《委托定向开发补充协议》的合同权利份额（天柏组团柏溪片区 16-3/01 地块未办证部分 100% 份额的登记申请权）（面积约为 43 亩）归中核建中公司所有，新鹏公司配合办理天柏组团柏溪片区 16-3/01 地块面积为 42461 平方米国有土地使用权证。结合其事实和理由，其诉讼请求不是对土地使用权的登记行为或者登记结果提出异议，而是围绕《委托定向开发补充协议》中约定的天柏组团柏溪片区 16-3/01 地块相关国有土地使用权归属，以及作为确权登记基础的《委托定向开发补充协议》效力问题，要求法院进行裁判，而非针对土地使用权的登记行为本身。概言之，双方当事人之间系针对不动产物权的归属或原因行为发生争议。因此，本案属于民事案件受理范围。二审法院以中核建中公司诉讼请求针对的国有土地使用权登记申请权属问题系行政法律法规审查范畴并驳回其起诉，系适用法律错误，本院予以纠正。

——中国裁判文书网。

674. 不动产异议登记失效后，当事人起诉请求确认物权归属的，人民法院应当受理

关键词

权属确认　不动产异议登记　受理

最高人民法院司法解释

第三条　异议登记因民法典第二百二十条第二款规定的事由失效后，当

事人提起民事诉讼，请求确认物权归属的，应当依法受理。异议登记失效不影响人民法院对案件的实体审理。

——《最高人民法院关于适用〈中华人民共和国民法典〉物权编的解释（一）》（2020 年 12 月 29 日，法释〔2020〕24 号）。

附录：最高人民法院主流观点

在异议登记失效后，当事人提起民事诉讼，往往需要解决登记权利人和真实权利人的权利冲突问题，就此而言，往往涉及该权利背后的基础争议。而这些基础争议的处理也往往决定了登记的正确与否。诚如上文所言，异议登记仅仅是阻断物权的公信力，其并不解决登记物权背后的实质争议。因此，解决该登记被告的基础争议才是解决纠纷的根源。就此而言，如果利害关系人在异议登记失效后提起民事诉讼请求解决基础争议，人民法院也应当依法受理并予以审理。当然，在实践中，也有当事人径行提起行政诉讼，在行政诉讼中要求一并解决该基础争议法律关系的，对此，本司法解释第一条规定：因不动产物权的归属，以及作为不动产物权登记基础的买卖、赠与、抵押等产生争议，当事人提起民事诉讼的，应当依法受理。当事人已经在行政诉讼中申请一并解决上述民事争议，且人民法院一并审理的除外，故根据该条的规定，人民法院应不予受理。

需要注意的是，本司法解释规定当事人提起民事诉讼"请求确认物权归属的"，人民法院应当依法受理。而根据物权法第三十三条的规定，物权确认请求权包括物权的归属和内容，故就此而言，本条所规定的"请求确认物权归属的"的请求权内容似可扩大至"请求确认物权归属、内容"的诉讼请求纠纷案件中。

——杜万华主编、最高人民法院民一庭编著：《最高人民法院物权法司法解释（一）理解与适用》，人民法院出版社 2016 年版，第 104 页。

675. 业主大会和业委会选举中的纠纷，不属于人民法院民事案件受理审理范围

关键词

业主大会　业主委员会　受理范围

《中华人民共和国民法典》条文

第二百七十七条　业主可以设立业主大会，选举业主委员会。业主大会、业主委员会成立的具体条件和程序，依照法律、法规的规定。

地方人民政府有关部门、居民委员会应当对设立业主大会和选举业主委员会给予指导和协助。

附录：最高人民法院主流观点

审判实践中出现了当事人以业主的身份起诉业主大会，要求撤销业主大会成立业委会决议的案件。《民事诉讼法》中并未规定业主大会和业主委员会选举中的纠纷属于人民法院民事案件受理及审理范围。根据《物业管理条例》的有关规定，同一个物业管理区域内的业主，应当在物业所在地的区、县人民政府房地产行政主管部门或者街道办事处、乡镇人民政府的指导下成立业主大会，并选举产生业委会。业主大会、业委会作出的决定违反法律、法规的，物业所在地的区、县人民政府房地产行政主管部门或者街道办事处、乡镇人民政府，应当责令限期改正或者撤销其决定，并通告全体业主。撤销业主大会和业委会违反法律、法规的决定，是政府相关部门的职权，法律没有赋予人民法院相应的权力。因此，业主大会和业委会选举中的纠纷不属于人民法院民事案件受理审理范围，业主不享有诉权，若其对业主大会和业委会选举中的事宜有异议，应当向有关行政主管部门申请解决。如果有关业主以此为由向人民法院提起民事诉讼的，人民法院应当根据《民事诉讼法》的规定，告知当事人向有关行政机关申请解决，当事人坚持起诉的，应当以不符合《民事诉讼法》关于起诉与受理的规定为据，裁定驳回起诉。

——最高人民法院民法典贯彻实施工作领导小组主编：《中华人民共和国民法典物权编理解与适用》，人民法院出版社2020年版，第375页。

676. 当事人超出破产债权确认诉讼的起诉期间起诉时法院是否受理

关键词

当事人　超出破产债权确认诉讼　起诉期间

最高人民法院裁判文书

宣城市政建设集团有限公司与宣城安美文化产业投资有限公司破产债权确认纠纷案［最高人民法院（2022）最高法民再95号民事裁定书］

裁判要旨：从《最高人民法院关于适用〈中华人民共和国企业破产法〉若干问题的规定（三）》第八条所规定的“债务人、债权人对债权表记载的债权有异议的，应当说明理由和法律依据。经管

理人解释或调整后，异议人仍然不服的，或者管理人不予解释或调整的，异议人应当在债权人会议核查结束后十五日内向人民法院提起债权确认的诉讼。当事人之间在破产申请受理前订立有仲裁条款或仲裁协议的，应当向选定的仲裁机构申请确认债权债务关系"内容看，该条款并非作出债务人超出 15 日不得提起诉讼的规定。原审法院以当事人提起本案诉讼已超过法定期限，不符合案件受理条件，适用法律错误。

最高人民法院认为：宣城市政公司于 2021 年 5 月 19 日起诉要求确认其对宣城安美公司享有的 2094918.67 元债权中有工程款优先权 1516420.76 元，该起诉日期距离 2020 年 6 月 22 日第二次债权人会议对案涉债权进行核查认定日期虽已超过了《最高人民法院关于适用〈中华人民共和国企业破产法〉若干问题的规定（三）》第八条所规定的 15 天，但从《最高人民法院关于适用〈中华人民共和国企业破产法〉若干问题的规定（三）》第八条所规定的"债务人、债权人对债权表记载的债权有异议的，应当说明理由和法律依据。经管理人解释或调整后，异议人仍然不服的，或者管理人不予解释或调整的，异议人应当在债权人会议核查结束后十五日内向人民法院提起债权确认的诉讼。当事人之间在破产申请受理前订立有仲裁条款或仲裁协议的，应当向选定的仲裁机构申请确认债权债务关系"内容看，该条款并非作出债务人超出 15 日不得提起诉讼的规定，一、二审认定宣城市政公司提起本案诉讼已超过法定期限，不符合案件受理条件，适用法律错误。

——中国裁判文书网。

677. 患者因同一伤病在多个医疗机构接受诊疗受到损害，起诉部分或全部就诊医疗机构的，人民法院应予受理

关键词

患者　医疗机构　起诉　应予受理

最高人民法院司法解释

第二条第一款　患者因同一伤病在多个医疗机构接受诊疗受到损害，起诉部分或者全部就诊的医疗机构的，应予受理。

——《最高人民法院关于审理医疗损害责任纠纷案件适用法律若干问题的解释》（2020 年 12 月 29 日修正）。

附录：最高人民法院主流观点

本条第一款本着尊重当事人诉权、方便诉讼的原则，规定患者因同一伤病在多个医疗机构接受诊疗受到损害，起诉部分或者全部就诊的医疗机构的，人民法院应予受理。本款规定允许患者同时起诉多数医疗机构为共同被告，应当具备两个前提条件：

（一）基于同一伤病接受治疗

同一伤病是指同一疾病或者伤痛。患者因同一伤病而到数家医疗机构进行治疗，因此受有同一损害的，各医疗机构与损害后果之间存在形式上的关联性，构成必要的共同诉讼，才允许作为共同被告一并起诉。如果患者因不同的伤病分别在两家以上的医疗机构进行治疗而受有损害的，各损害只能是一一对应于不同的医疗机构，治疗不同伤病的医疗机构的医疗行为分别与不同损害后果之间具有关联，各自分别为独立的诉讼标的，在一案中处理，只能是多个诉讼的合并审理，而不构成共同诉讼。因此这种情况下不允许当事人一案起诉。患者将各医疗机构作为共同被告一并起诉的，人民法院应当告知其作为不同案件分别起诉，并按照各案分别确定管辖法院。在本解释起草过程中，曾考虑使用“同一损害”作为共同诉讼的前提，但经研究认为，对患者存在多处损伤的是否属于“同一损害”在理解上容易产生分歧，加之“同一损害”属于实质判断，按照《中华人民共和国侵权责任法》的规定是确定责任的条件，以之作为起诉条件会加重立案审查难度，要求过于严格，会影响患者诉权的行使，故改采本条规定的“同一伤病”，立案时只作形式审查即能判明，有利于保障患者的诉权。

（二）就诊的多家医疗机构

就诊的医疗机构，既包括两个以上的医疗机构共同对患者进行治疗的情形，也包括患者在某一家医院就诊后，又转诊到其他医疗机构就诊的情形。所谓就诊，即指患者与医疗机构形成了医疗关系，接受了医疗机构“诊疗活动”，包括诊断、治疗、护理等环节。根据《医疗机构管理条例实施细则》第八十八条规定：“诊疗活动是指通过各种检查，使用药物、器械及手术等方法，对疾病作出判断和消除疾病、缓解病情、减轻痛苦、改善功能、延长生命、帮助患者恢复健康的活动。”

共同诉讼依据《中华人民共和国民事诉讼法》的规定，既包括必要的共同诉讼，也包括普通的共同诉讼。如果诉讼标的是同一的，则为必要的共同诉讼，如果诉讼标的是同种类的为普通的共同诉讼。必要的共同诉讼包括类似的必要共同诉讼和必须的共同诉讼。对于必要的共同诉讼，原告一并将多家医疗机构作为共同被告起诉的，人民法院应当受理。如果属于普通的共同诉讼，一并起诉的，在对方当事人同意时，才可以作为共同诉讼受理。根据

《中华人民共和国侵权责任法》的规定，多家医疗机构构成共同侵权承担连带责任的为类似的必要的共同诉讼；多家医疗机构分别实施医疗行为造成同一损害承担按份责任的，是必须的共同诉讼。本款规定原则上适用于上述两类共同诉讼。但本款并没有要求造成“同一损害”，可能会出现既非连带责任也非按份责任的不属于必要的共同诉讼情形，也可以由患者一并作为共同诉讼起诉。本款规定的情形系发生在起诉和受理阶段，人民法院还未就纠纷本身作实体判断，故患者请求将就诊的医疗机构列为共同被告的，人民法院予以准许，这样也便于查清案件事实，认定各相关医疗机构应当承担的责任，彻底解决纠纷，实现案结事了。

——杜万华主编：《最高人民法院医疗损害责任司法解释理解与适用》，人民法院出版社 2018 年版，第 57~58 页。

678. 有关土地征收补偿费的纠纷，人民法院是否受理

关键词

土地征收补偿费　撤销之诉　土地承包经营权

附录：民事审判信箱

问：有关土地征收补偿费的纠纷，人民法院是否受理？如果可以受理，当事人提起的诉讼请求应当是什么？

答：在承包地被依法征收后，土地承包经营权人作为用益物权人，有权获得相应补偿。承包地被征收后的补偿实际上包括两部分：一部分是对集体土地所有权的补偿，另一部分是对土地承包经营权的补偿。《国务院关于深化改革严格土地管理的决定》（国发〔2004〕28 号）规定，省、自治区、直辖市人民政府应当根据土地补偿费主要用于被征地农户的原则，制定土地补偿费在集体经济组织内部的分配办法。可见，土地补偿费应主要用于土地承包经营权人。土地补偿费在集体经济组织和农户之间的分配比例，根据各省级人民政府的相应细化规定处理，目前争议不大。因集体经济组织与农户是基于承包合同建立民事法律关系，故该类纠纷应为民事争议，属于民事诉讼受案范围。土地补偿费中已经分配给集体经济组织的部分，实际上系对集体所有权的补偿，属于本集体经济组织成员集体所有。根据《中华人民共和国物权法》第五十九条规定，土地补偿费等费用的使用、分配办法应当依照法定程序经本集体成员决定。对于已经确定分配给集体经济组织的部分土地补偿费，多少数额用于分配给村民、多少数额用于村公益事业等，是村民自治事项，不属于人民法院受案范围。因此，《最高人民法院关于审理涉及农村土地承包

纠纷案件适用法律问题的解释》第一条第三款规定，当事人就用于分配的土地补偿费数额提起民事诉讼的，人民法院不予受理。

但是，对于已经确定了土地补偿费分配的总数额，在分配过程中，因具体人员身份问题少分或不分，该人员认为其民事权益受到侵害，向人民法院提起诉讼，请求按照同等数额分配土地补偿费的，人民法院应予受理。有观点认为，根据《中华人民共和国物权法》第六十三条第二款[①]规定，集体经济组织、村民委员会或者其负责人作出的决定侵害集体成员合法权益的，受侵害的集体成员可以请求人民法院予以撤销。该类土地补偿费纠纷，当事人应提起撤销之诉。我们认为，如果此项决定未经民主议定程序，为集体经济组织、村民委员会或者其负责人擅自作出的，可适用上述规定。但如果已经过村民大会或者村民代表大会等民主议定程序的，不属于该条规范范畴，认为权益受到侵害的人员可诉请按照同等数额分配土地补偿费，而不应提起撤销之诉。

——本书研究组:《有关土地征收补偿费的纠纷，人民法院是否受理？如果可以受理，当事人提起的诉讼请求应当是什么？》，载最高人民法院民事审判第一庭编:《民事审判指导与参考》2019 年第 3 辑（总第 79 辑），人民法院出版社 2019 年版，第 245~246 页。

679. 执行拍卖合同不具有可诉性

关键词

执行拍卖合同　可诉性

最高人民法院审判业务意见（研究室研究意见）

有关部门就执行拍卖合同是否具有民事可诉性问题征求最高人民法院研究室意见。最高人民法院研究室经研究认为：

就我国目前司法实践来看，普遍认为执行拍卖为法院的司法处分行为，是人民法院对被执行人财产采取的一种执行措施和处分执行行为。基于执行拍卖具有公法性质，执行拍卖合同不具有可诉性。针对执行拍卖中的纠纷，当事人或者利害关系人应当通过执行监督方式解决。

——《最高人民法院研究室关于执行拍卖合同是否具有民事可诉性问题的研究意见》，载江必新主编、最高人民法院研究室编著:《司法研究与指导》2013 年第 1 辑（总第 3 辑），人民法院出版社 2013 年版，第 158 页。

① 对应《民法典》第二百六十五条。

最高人民法院裁判文书

赖红平司法执行拍卖纠纷案［最高人民法院（2017）最高法民终 78 号民事裁定书］

裁判要旨：司法机关委托拍卖机构拍卖被执行人财产，并非基于特定债权人的授权，与司法机关实体法上对被执行财产是否享有处分权无关，是司法机关基于相关民事程序法的规定履行其法定职责、行使其固有权力的表现，系具公法性质的司法行为。因该司法行为产生的纠纷，不具有民事可诉性。

最高人民法院认为，本案争议焦点为赖红平的起诉是否属于人民法院受理民事诉讼的范围。根据赖红平提出的诉讼请求及相应事实和理由，其起诉针对的是司法执行拍卖。司法执行拍卖是司法机关对被执行人财产采取的一种执行措施和处分执行行为。司法机关委托拍卖机构拍卖被执行人财产，并非基于特定债权人的授权，与司法机关实体法上对被执行财产是否享有处分权无关，亦不以获得被执行人的同意为要件。司法执行拍卖过程中，司法机关委托拍卖机构进行拍卖、出具相关裁定，是司法机关基于相关民事程序法的规定履行其法定职责、行使其固有权力的表现，系具公法性质的司法行为。因该司法行为产生的纠纷，不具有民事可诉性，当事人或利害关系人不应通过民事审判的途径寻求救济，而应通过其他法定方式加以解决。

——中国裁判文书网。

680. 人民法院委托鉴定机构作出的司法鉴定意见，不具有可诉性

关键词

鉴定意见　可诉性

最高人民法院公报案例

自贡市自流井区国有资产经营投资有限责任公司诉四川廉正工程咨询有限公司服务合同纠纷案（成都市金牛区人民法院（2011）金牛民初字第 547 号民事判决书）

裁判摘要：人民法院委托鉴定机构作出的司法鉴定意见，仅是

诉讼证据之一，其不具有可诉性。当事人对鉴定意见存在异议，直接向人民法院提起诉讼请求确认鉴定意见无效的，不属于人民法院民事诉讼受案范围，应当依法裁定驳回起诉。

——《最高人民法院公报》2013 年第 2 期。

681. 涉及国家政策调整的民事法律关系不属于人民法院受理民事案件的范围

关键词

国家政策调整　不予受理

最高人民法院裁判文书

中国农业银行股份有限公司襄阳米公支行与枣阳市农业生产资料公司申请再审案［最高人民法院（2012）民申字第 1518 号民事裁定书］

最高人民法院认为，关于纠纷解决途径。根据国务院和相关部门关于供销合作社财务挂账处理的有关规定，属于政策性亏损挂账的，是要由政府逐步消化处理的，中央政策性亏损挂账，由中央财政消化处理；地方政策性亏损挂账由地方政府消化处理。政策性亏损财务挂账处理，是根据我国经济社会发展的实际情况，是国家针对特定时期、特定部门、特定行业由于政策原因产生的债权债务关系采取的一种特殊处置手段，不应简单视为普通的债权债务关系而由人民法院适用民事诉讼程序来解决，而是应该按照国家政策规定的解决途径来处理。因此，申请人应当按照国家相关政策规定，向政府有关部门申请清理解决其与有关债务企业之间的借款纠纷，故原裁定认为本案不属于人民法院受理民事案件的范围，适用法律并无不当。

——中国裁判文书网。

682. 中央级财政资金转为国家资本金引发的确认公司或企业出资人权益、返还资金等纠纷案件，人民法院应予受理

关键词

中央企业所涉国家资本金纠纷　受理

最高人民法院司法政策精神

7月18日，国务院国有资产监督管理委员会、国家发展和改革委员会、财政部联合下发了《关于进一步做好中央级财政资金转为部分中央企业国家资本金有关工作的通知》（国资发法规〔2012〕103号，以下简称《通知》）。为妥善审理涉及中央级财政资金转为部分中央企业国家资本金的有关纠纷案件，现将该《通知》转发给你们。同时，经商国务院相关部委，就有关问题通知如下：

一、有关中央企业就《通知》所涉中央级财政资金转为国家资本金引发的确认公司或企业出资人权益、返还资金等纠纷提起民事诉讼的，人民法院应予受理。《通知》发布前人民法院已经受理的相关案件，人民法院可以继续审理。

有关中央企业请求返还资金案件的案由为资金返还纠纷。

……

五、本通知发布前尚未审结的一、二审案件适用本通知；本通知发布前已经审结的案件，当事人申请再审或按审判监督程序提起再审的案件，不适用本通知。但依照最高人民法院《关于因政府调整划转企业国有资产引起的纠纷是否受理问题的批复》（法复〔1996〕4号）的规定或者以相关政策不明确为由，作出不予受理或者驳回起诉裁定的案件除外。

各级人民法院在审理涉及中央级财政资金转为部分中央企业国家资本金纠纷案件过程中遇到的问题，可逐级报告最高人民法院。

——《最高人民法院关于审理中央级财政资金转为部分中央企业国家资本金有关纠纷案件的通知》（2012年12月11日，法〔2012〕295号）。

附录：最高人民法院法官著述

1. 案件的受理

据不完全统计，目前部分中央企业向地方法院提起诉讼的案件近百起，同时还有部分中央企业处于观望状态，等待国务院出台后续的政策，或者最高人民法院出台统一的司法政策。在已经审结的案件中，由于各地人民法院或对该项政策理解不一，加之现行司法体制的影响，致使裁判结果差别很大：有的支持中央企业关于确认其出资人地位或者返还借款的诉讼请求；有的则依据最高人民法院法复〔1996〕4号《关于因政府调整划转企业国有资产引起的纠纷是否受理问题的批复》规定，认定此类争议不属于“人民法院受理民事诉讼的范围”，或者以相关政策不明确为由，裁定不予受理或者驳回起诉，还有的驳回中央企业的诉讼请求。还有一些人民法院则中止了对于此类案件的审理，等待新的政策或司法指导意见出台。

法复〔1996〕4号《关于因政府调整划转企业国有资产引起的纠纷是否受理问题的批复》解决的是1996年前后，在地方政府及其所属主管部门对一些企业国有资产以改变隶属关系或者分设新企业等方式进行调整、划转之后，出现了企业不服政府及其所属主管部门的决定，要求收回已被调整、划转资产的纠纷，人民法院是否应当受理因这类纠纷提起诉讼的问题。其中第一条规定，“因政府及其所属主管部门在对企业国有资产调整、划转过程中引起相关国有企业之间的纠纷，应由政府或所属国有资产管理部门处理。国有企业作为当事人向人民法院提起民事诉讼的，人民法院不予受理。”因国家资本金问题不属于此范畴，一些法院依此规定对于有关中央企业所涉国家资本金引发的纠纷提起的诉讼不予受理或驳回起诉，是不当的。为此，本《通知》第一条首先规定人民法院对于有关中央企业所涉国家资本金引发的纠纷提起民事诉讼的，应予受理。

同时，为纠正之前一些法院的不当认识，及切实保护中央企业的合法权益，本《通知》第五条在例行规定“本通知发布前尚未审结的一、二审案件适用本通知；本通知发布前已经审结的案件，当事人申请再审或按审判监督程序提起再审的案件，不适用本通知”的同时，特别明确规定依照〔1996〕4号《关于因政府调整划转企业国有资产引起的纠纷是否受理问题的批复》，或者以相关政策不明确为由，作出不予受理或者驳回起诉裁定的案件，当事人可以申请再审，人民法院在审查当事人的再审申请或者进行再审时，应当适用本《通知》的相关规定。

本《通知》第一条同时明确了人民法院受理有关中央企业所涉国家资本金纠纷案件的范围，即103号《通知》所指的中央级“拨改贷”资金、基本建设经营性基金、“特种拨改贷”资金三类资金。在征求意见过程中，部分中央企业提出与之相似的其他中央级财政资金比如“煤代油”资金、黄金开发基金、黄金地勘基金、盐业生产发展基金及国债资金转为国家资本金的应当参照适用本《通知》。考虑到上述资金的相关问题国务院有关部门尚无明确的意见，本《通知》暂不予规定。

2. 有关中央企业的诉讼主张

据调研，大部分的用资企业在经申请并由发改委、财政部批准转为国家资本金后，由于种种原因，并没有具体落实中央企业的出资人权益。经过最高人民法院与国务院相关部委的反复沟通、协调，103号《通知》第八条明确了中央企业可以选择进行“确认股东资格或返还相关款项”的诉讼。

但是，目前在用资企业中，企业结构有的是公司法人，有的是非公司法人。如果是前者，中央企业可以主张确认股东资格的诉讼，人民法院受理的案由应当为股东资格确认纠纷。股东资格确认纠纷是指股东与企业之间或者股东与股东之间就股东资格是否存在，或者具体的股权持有数额、比例等发生争议而引起的纠纷。如果是后者，中央企业仅可以主张确认企业出资人权益，人民法院受理的案由应当为企业出资人权益确认纠纷。企业出资人权益确认纠纷是指企业出资人与企业之间或者企业出资人之间就出资权益是否存在或者持有比例多少发生争议时，出资人诉请人民法院确认其享有企业一定出资权益的纠纷。

根据国务院相关部委的一系列文件规定，中央级财政资金转为国家资本金的账务处理完毕，借款单位与建设银行签订的借款合同同时终止；加之中央企业被授权的是履行国家出资人职能，而不是债权人权利，故其不能依据借款合同主张还款（之前一些法院受理的案件大多以借款纠纷作为案由，是不当的。）而由于中央企业出资人的权益没有落实，其主张返还出资不符合公司法的规定，故中央企业只能依据国务院相关部委一系列文件规定精神主张返还相关款项。但是，最高人民法院《民事案件案由规定》中没有对应的案由，为执法统一且考虑到此类案件的特殊性，《通知》专门写明案由为资金返还纠纷。

——宋晓明、刘竹梅：《〈最高人民法院关于审理中央级财政资金转为部分中央企业国家资本金有关纠纷案件的通知〉的理解与适用》，载江必新主编：《最高人民法院司法解释与指导性案例理解与适用》第一卷，人民法院出版社 2013 年版，第 469~470 页。

683. 夫妻违反忠实义务是否受理

关键词

夫妻之间的忠诚协议　忠实义务

附录：最高人民法院主流观点

关于夫妻之间的忠诚协议可诉性问题在理论界和实践中存在很大争议。男女双方在结婚时或婚后签订协议，约定一旦一方有违反《婚姻法》第四条规定的忠实义务时，双方中任何一方如果提出离婚，在离婚时遵守忠实义务的一方的配偶能否依据约定向违反忠实义务的一方提出违约金或者精神损害赔偿金的请求？有意见认为夫妻忠诚协议就像是合同，双方自愿协商达成一致之后应依约履行，所以在忠诚协议中约定限制人身权利的问题是可行的。也有意见认为，人的人身自由是宪法赋予我们的权利，除了法律法规的强制性规定外，任何人都不得予以剥夺，所以忠诚协议中约定限制人身自由的条款应该无效。对此，《最高人民法院关于适用〈中华人民共和国婚姻法〉若干问题的解释（一）》第三条规定，当事人仅以《婚姻法》第四条为依据提起诉讼的，人民法院不予受理；已经受理的，裁定驳回起诉。起草该解释时主要考虑：立法机关从司法工作实际情况出发，总结国内外立法和司法经验，认为目前不宜在立法上规定配偶权。但为树立良好的社会道德风尚，折中两种意见，只将配偶权中的夫妻应相互忠实、相互尊重的内容作为倡导性条款，规定到《婚姻法》总则中，而不是将其作为夫妻的实体权利义务予以确认。基于该条款的立法背景和立法本意，我们认为，该条款只是以立法形式明确告知社会，我国所提倡的婚姻家庭关系，体现的是德治结果，而非法治之标。既然夫妻应相互忠实、相互尊重不是一项法定的权利义务，那么，夫妻间一方单独以他方违反该条款为由提起诉讼的，人民法院不予受理，已经受理的，裁定驳回起诉。当然，如果夫妻一方违反其他法定条款，对他方实施家庭暴力，或有虐待、遗弃等行为，或与他人同居的，他方可以依据其他法定条款和《婚姻法》第四条，合并提起诉讼。[1]

——最高人民法院民法典贯彻实施工作领导小组主编：《中华人民共和国民法典人格权编理解与适用》，人民法院出版社 2020 年版，第 127~128 页。

684. 原告的权利状况不存在不确定性，不能提起确认之诉

关键词

确认之诉　确认利益　受案范围　受理条件

最高人民法院裁判文书

吉林吉化华强建设有限责任公司与崔秀荷、中国长城资产管理股份有限公司吉林省分公司及吉林化学工业公司华强化工建材厂合同纠纷申请再审案

[最高人民法院（2020）最高法民申 1481 号民事裁定书]

裁判要旨：原告提起确认之诉除应符合起诉的一般条件之外，还应具备确认之诉的特别要件，即原告的权利或权利状况面临现存的不确定风险，具有提起确认之诉消除风险的必要性。当事人之间的债权债务关系已经人民法院生效裁判予以认定，原告在此情况下仍提起确认之诉，要求对债权债务关系加以确认，人民法院不应受理，已经受理的亦应裁定驳回起诉。

---

① 《最高人民法院关于适用〈中华人民共和国婚姻法〉若干问题的解释（一）理解与适用》，载人民法院出版社编：《司法解释理解与适用全集 · 家事卷》，人民法院出版社 2019 年版。

最高人民法院认为：本案为合同纠纷，根据华强建设公司的再审申请理由，审查重点为华强建设公司提起的本案诉讼是否属于人民法院受案范围及符合受理条件。

华强建设公司在本案中的第一项、第二项诉讼请求性质为确认之诉，即确认华强建设公司对华强建材厂所负债务的连带清偿责任已消灭以及确认崔秀荷与长城公司吉林分公司的《债权转让协议》对华强建设公司无法律约束力；第三项诉讼请求性质为给付之诉，即请求返还已被执行给崔秀荷的华强建设公司的案涉财产或赔偿损失。

对于确认之诉，除应符合《中华人民共和国民事诉讼法》第一百一十九条规定的起诉的一般条件之外，还应符合确认之诉的特别诉讼要件，即提起确认之诉需要具有确认利益，需为原告的权利或权利状况面临现存的不确定风险，具有提起确认之诉消除风险的必要，当事人之间对于权利及法律关系的争议可以通过提起确认之诉得以解决。本案中，188 号判决判令华强建设公司和华强建材厂连带承担向中国工商银行吉林市分行驻吉铁支行（以下简称工行吉铁支行）偿还借款 508 万元及利息的责任。在该案件强制执行程序中，华强建设公司以其曾与工行吉铁支行签订《备忘录》约定剩余贷款 508 万元及利息由华强建材厂以资产抵偿、华强建设公司不再承担还款责任为由，提出执行异议，被吉林市中级人民法院裁定驳回。后工行吉铁支行的案涉债权经数次转让，最终由崔秀荷通过签订《债权转让协议》受让取得。吉林市中级人民法院将华强建设公司的案涉财产裁定交付给崔秀荷，以抵偿华强建设公司应承担的部分欠款。上述事实表明，华强建设公司与崔秀荷之间的债权债务法律关系已经人民法院生效裁判予以认定，并非处于不确定状态，没有提起确认之诉予以救济的必要。故华强建设公司所提两项确认之诉，不具有确认利益，不具备确认之诉的特别诉讼要件，原审法院裁定驳回起诉并无不当。华强建设公司关于其享有提起本案债务消灭的确认之诉的诉权的申请再审理由，缺乏事实依据和法律依据，本院不予采信。

生效判决已经确定华强建设公司对案涉债务承担连带清偿责任。长城公司吉林分公司在转让债权时并未明确表示华强建设公司不承担连带责任，仅是根据执行裁定和当时掌握的财产线索，未将华强建设公司列为债务人，而该执行裁定已在之后的执行监督程序中被撤销。长城公司吉林分公司的行为不能视为对华强建设公司不承担连带责任的“自认”。华强建设公司关于长城公司吉林分公司的“自认”属于判决生效后新发生的事实、其有权据此提起新的诉讼的申请理由，缺乏事实依据和法律依据，本院不予采信。

由于华强建设公司给付之诉的诉讼请求针对的是人民法院在强制执行程序中交付给崔秀荷的财产，故该给付之诉不属于人民法院受理民事案件的范围，一、二审法院裁定驳回其起诉并无不当。虽然一审法院裁定驳回华强建设公司起诉的理由中包括认为本案构成重复起诉，但二审法院并未以此作为维持一审裁定的理由。故对于华强建设公司关于本案不构成重复起诉的申请再审理由，本院不予审查。

——中国裁判文书网。

685. 当事人请求确认其实际借款金额的诉讼请求，不属于诉的内容，不属于人民法院审理范围

关键词

诉讼请求　诉的内容　审理范围

最高人民法院裁判文书

××与陈文端、陈育辉、广州南华高尔夫俱乐部有限公司（以下简称南华公司）借款、担保合同纠纷案［最高人民法院（2020）最高法民终258号民事裁定书］

裁判要旨：所谓诉，是指当事人向法院提出的，请求法院就特定的法律主张或权利主张进行裁判的诉讼行为。诉的内容有诉讼标的与诉讼理由两个因素。诉的标的是原告依法提出的，与被告有争议并要求法院通过审判解决的法律关系及权利主张。诉的理由是原告提出诉讼请求所依据的事实，是指引起当事人之间实体法律关系发生、变更、消灭的事实或者权利受到侵害或法律关系发生争议的事实。从诉的类型看，一般可分为给付之诉、确认之诉、变更之诉。其中确认之诉在于确认当事人之间的法律关系存在或者不存在，其客体是法律关系，不包括事实和事实关系。当事人请求确认其实际借款金额，利息按约定计算的诉讼请求属于事实和事实关系，不属于诉的内容，不属于人民法院审理范围。

最高人民法院认为，认为，本案二审争议焦点为一审裁定驳回××第一、二、三项诉讼请求是否正确。

第一，所谓诉，是指当事人向法院提出的，请求法院就特定的法律主张或权利主张进行裁判的诉讼行为。诉的内容有两个因素，诉讼标的与诉讼理由。诉的标的是原告依法提出的，与被告有争议并要求法院通过审判解决的法律关系及权利主张。诉的理由是原告提出诉讼请求所依据的事实，是指引起当事人之间实体法律关系发生、变更、消灭的事实或者权利受到侵害或法

律关系发生争议的事实。从诉的类型看，一般可分为给付之诉、确认之诉、变更之诉。其中确认之诉在于确认当事人之间的法律关系存在或者不存在，其客体是法律关系，不包括事实和事实关系。×× 请求确认其实际借款金额为 5.1 亿元，利息按约定计算的诉讼请求属于事实和事实关系，不属于诉的内容，不属于人民法院审理范围。

第二，根据《中华人民共和国民事诉讼法》第一百一十九条[①]第三项规定，起诉必须有具体的诉讼请求和事实、理由。本案中，×× 第二项、第三项诉讼请求均附有条件，即第二项诉讼请求为在"×× 清偿全部借款 5.1 亿元及相应利息的同时"，由陈文端、陈育辉解除相关担保并向 ×× 返还质押的股权，协助 ×× 取得公司印鉴及其他资料，第三项诉讼请求中主张陈文端、陈育辉和南华公司"在 ×× 履行还款义务后"协助将南华公司法定代表人和高管人员变更为 ×× 指定的人、返还南华公司印鉴和证照。上述请求均以 ×× 清偿债务为前提。现 ×× 并未实际清偿相应债务，却提起诉讼，以自己履行义务为前提要求人民法院判决被告履行义务，但其是否实际履行义务属于不确定的事实，因此 ×× 请求的给付义务并不明确，在此情况下人民法院作出的判决内容亦无法具体明确，不符合人民法院司法裁判的要求，故一审裁定驳回 ×× 上述诉讼请求并无不妥。

第三，关于 ×× 第一项要求确认《合作投资框架协议》无效的诉讼请求。因为 ×× 在本案是基于借款合同关系提起诉讼，《合作投资框架协议》虽有对双方此前债权债务金额进行确认的内容，但该协议主要内容是 ×× 和陈文端共同投资南华公司的事项，因此一审裁定认为《合作投资框架协议》与本案审理的借款合同关系是不同法律关系，不宜在本案中一并审理，并无不妥。

——中国裁判文书网。

686. 当事人向法院请求撤销公证书的如何处理

关键词

撤销　公证书

最高人民法院裁判文书

吕利军与王侯美、徐小鹏案外人执行异议之诉案［最高人民法院（2017）最高法民再 340 号民事判决书］

---

① 现为《民事诉讼法》（2021 年修正）第一百二十二条。

裁判要旨：当事人、公证事项的利害关系人起诉请求变更、撤销公证书或者确认公证书无效的，人民法院不予受理，告知其依照公证法第三十九条规定向出具公证书的公证机构提出复查。

最高人民法院认为，除法律另有规定的情形外，确认之诉应当限于对法律关系的确认。本案中，吕利军关于确认王侯美、徐晓鹏签订的《抵押借款合同》《借款合同》未实际履行的诉讼请求，系主张对事实的确认，不符合确认之诉的性质和基本要求；而根据《最高人民法院关于审理涉及公证活动相关民事案件的若干规定》第二条“当事人、公证事项的利害关系人起诉请求变更、撤销公证书或者确认公证书无效的，人民法院不予受理，告知其依照公证法第三十九条规定可以向出具公证书的公证机构提出复查”的规定，吕利军关于确认（2011）鄂证经字第5197号《公证书》因不具备强制执行效力而无效的诉讼请求，不属于人民法院受理民事案件的范围。吕利军可以依照《中华人民共和国公证法》第三十九条的规定向出具公证书的公证机构提出复查。

——中国裁判文书网。

5. 不符合起诉的条件的处理

687. 人民法院不予登记立案的情形

关键词

不予立案

最高人民法院司法解释

第十条　人民法院对下列起诉、自诉不予登记立案：

（一）违法起诉或者不符合法律规定的；

（二）涉及危害国家主权和领土完整的；

（三）危害国家安全的；

（四）破坏国家统一和民族团结的；

（五）破坏国家宗教政策的；

（六）所诉事项不属于人民法院主管的。

——《最高人民法院关于人民法院登记立案若干问题的规定》（2015年4月15日，法释〔2015〕8号）。

附录：最高人民法院主流观点

实行立案登记制后，有观点认为，人民法院无需经过任何审查，当事人提起的任何“诉”即可登记后由法院审理。我们认为，此种观点并不符合《中共中央关于全面推进依法治国若干重大问题的决定》和《最高人民法院关于人民法院推行立案登记制改革的意见》(以下简称《意见》) 的精神。根据《意见》规定，具有下列情形之一的，不予登记立案：(1) 违法起诉或者不符合法定起诉条件的；(2) 诉讼已经终结的；(3) 涉及危害国际主权和领土完整、危害国家安全、破坏国家统一和民族团结、破坏国家宗教政策的；(4) 其他不属于人民法院主管的所诉事项。实行立案登记制，强调当事人的诉权保障，尽可能地消除诉讼障碍，提供诉讼便利，法院仅对起诉作形式意义上一般性程序判断，但并非亦不可能否定法院在立案阶段的审查功能，更不是降低人民法院可审理案件的条件与标准。立案登记制不等于不讲法律、无原则的登记立案，登记立案工作必须依法进行。如何将“依法应该受理的案件”与“不该受理的案件”区别开来，就需要人民法院依职权作出审查判断。“依法”是登记立案的前提，只有“依法应该受理的案件”才能登记立案，进入审理程序，这是“有案必立，有诉必理”的应有之义。因此，对于违反宪法和法律规定的“起诉”“自诉”，人民法院应当不予登记立案。

本条规定了六种不予登记立案的情形，从内容上可以分为两种：一是违法起诉或者不符合法律规定的情形；二是所诉事项不属于人民法院主管的情形。

一、违法起诉或者不符合法律规定的情形

本条规定的违法起诉，主要是指违反宪法和法律规定的起诉。根据宪法规定，维护国家统一和全国各民族团结、维护祖国的安全、荣誉和利益、遵守公共秩序、尊重社会公德是每个公民应当遵守的义务。近些年来，一些别有用心之人时常打着保障和维护民主、人权、宗教信仰自由、言论自由等权利的旗号，针对某些特定事件、事由或者特殊主体直接提起诉讼，或者所提诉讼影射某些特定事件、特殊主体。这些起诉可能在形式上符合诉讼法规定的受理条件或起诉条件，但是其目的是通过诉讼制造不良政治影响，直接或间接地诋毁、攻击党的领导、社会主义政治、经济制度和国家各项方针、政策，对国家主权和安全、社会稳定构成潜在威胁或者现实危害，具有明显的违法性和危害性。因此，规定对于可能涉及危害国家主权和领土完整、危害国家安全、破坏国家统一和民族团结、国家宗教政策的违法“起诉”“自诉”，不予登记立案，不收取诉状。不符合法律规定，主要是指明显不符合起诉条件，故意耗费司法资源的起诉。

二、所诉事项不属于人民法院主管的情形

民事案件的主管，是指人民法院依法受理、审理解决一定范围内民事纠纷的权限，也是确定人民法院和国家其他机关、社会团体之间解决纠纷的分工和职权范围。民事案件的主管，其实质是确定人民法院审理民事案件的权限范围问题。[①]民事诉讼法第三条规定：人民法院受理公民之间、法人之间、其他组织之间以及他们相互之间因财产关系和人身关系提起的民事诉讼，适用本法的规定。该条是关于民事诉讼主管的原则性规定。同时，民事诉讼法第一百二十四条规定了不属于人民法院主管的情形：（1）依照行政诉讼法的规定，属于行政诉讼受案范围的，告知原告提起行政诉讼；（2）依照法律规定，双方当事人达成书面仲裁协议申请仲裁、不得向人民法院起诉的，告知原告向仲裁机构申请仲裁；（3）依照法律规定，应当由其他机关处理的争议，告知原告向有关机关申请解决。因此，对于上述法律明确规定不属于人民法院主管的情形，应当不予登记立案。

——景汉朝主编、最高人民法院立案庭编著：《最高人民法院关于登记立案司法解释理解与适用》，人民法院出版社 2016 年版，第 118、121 页。

688. 人民法院不予受理起诉的主要类型

关键词

不予受理

最高人民法院司法解释

第九条　人民法院对起诉、自诉不予受理或者不予立案的，应当出具书面裁定或者决定，并载明理由。

——《最高人民法院关于人民法院登记立案若干问题的规定》（2015 年 4 月 15 日，法释〔2015〕8 号）。

附录：最高人民法院主流观点

（一）民事起诉不予受理的主要类型

（1）依照法律规定，在一定期限内不得起诉的案件，在不得起诉的期限内起诉的，不予受理；（2）判决不准离婚和调解和好的离婚案件，判决、调解维持收养关系的案件，没有新情况、新理由，原告在 6 个月内又起诉的，不予受理；（3）起诉状列写被告信息不足以认定明确的被告的，人民法院可以告知原告补正，补正后仍不能确定明确的被告的，不予受理；（4）对本院

① 常怡主编：《民事诉讼法学》，中国政法大学出版社 1994 年版，第 54~55 页。

没有管辖权的案件，告知原告向有管辖权的人民法院起诉，原告坚持起诉的，不予受理；（5）原告撤诉或者按撤诉处理的离婚案件，没有新情况、新理由，6个月内又起诉的，不予受理；当事人在书面合同中订有仲裁条款，或者在发生纠纷后达成书面仲裁协议，一方向人民法院起诉的，人民法院应当告知原告向仲裁机构申请仲裁，其坚持起诉的，不予受理；（6）反诉应由其他人民法院专属管辖，或者与本诉的诉讼标的及诉讼请求所依据的事实、理由无关联的，不予受理；（7）当事人重复起诉的，裁定不予受理；（8）公益诉讼案件的裁判发生法律效力后，其他依法具有原告资格的机关和有关组织就同一侵权行为另行提起公益诉讼的，不予受理；（9）当事人就适用特别程序、督促程序、公示催告程序、破产程序等非讼程序处理的案件，婚姻无效、撤销或者解除婚姻关系等判决、裁定、调解书中涉及身份关系的内容，民事诉讼法第五十四条规定的未参加登记的权利人对代表人诉讼案件的生效裁判，民事诉讼法第五十五条规定的损害社会公共利益行为的受害人对公益诉讼案件的生效裁判，提起第三人撤销之诉的，不予受理；（10）案外人对人民法院驳回其执行异议裁定不服，认为原判决、裁定、调解书内容错误损害其合法权益的，应当根据民事诉讼法第二百二十七条规定申请再审，提起第三人撤销之诉的，不予受理；（11）一审原告在第二审程序中撤回起诉后重复起诉的，不予受理；（12）一审原告在再审审理程序中撤回起诉后重复起诉的，人民法院不予受理；（13）外国法院判决、裁定已经被人民法院承认，当事人就同一争议向人民法院起诉的，不予受理；（14）被告人非法占有、处置被害人财产的，应当依法予以追缴或者责令退赔，被害人提起附带民事诉讼，或者另行提起民事诉讼请求返还被非法占有、处置的财产的，不予受理。

在立案实践中，对原告的起诉经审查认为不符合法律规定的起诉条件时，并不是所有情形均当然地立即作出书面裁定，而应根据情况作不同处理。对于明显不符合起诉条件的案件，可以先向起诉人释明。释明后，起诉人表示理解并且同意法院的指引和释明意见，可以不出具书面裁定；如果起诉人不同意法院的释明意见，仍然坚持起诉，则应按照相关诉讼法的规定，出具书面裁定。

——景汉朝主编、最高人民法院立案庭编著：《最高人民法院关于登记立案司法解释理解与适用》，人民法院出版社2016年版，第115页。

689. 裁定驳回起诉与判决驳回诉讼请求的区分适用

关键词

裁定驳回起诉　判决驳回诉讼请求　起诉要件　法律关系性质　民事法

律行为效力

最高人民法院裁判文书

庆丰农业生产资料集团有限责任公司与锦州渤海海洋实业有限公司等民间借贷纠纷上诉案［最高人民法院（2020）最高法民终 605 号民事裁定书］

裁判要旨：《中华人民共和国民事诉讼法》第一百一十九条[①]规定的起诉要件为诉讼成立要件，系判断当事人提起诉讼能否成立的形式要件。如果原告起诉不符合该条规定，人民法院应以原告之诉不合法为由，通过裁定形式驳回起诉。但若案件实质上涉及到原告的权利保护要件是否成立时，应由人民法院对案件进行实体审理后加以判断。如果其提起的诉讼请求缺乏权利保护要件，即诉讼请求不成立的，人民法院应以原告之诉不能得到支持为由，通过判决形式驳回诉讼请求。

最高人民法院认为：庆丰集团根据《债权转让协议》提起本案诉讼，其向一审法院提交了《借款合同》《债权转让协议书》等证据，这些证据能够明确其与本案民间借贷诉讼标的具有利害关系；庆丰集团起诉时还明确列明了被告、提出了具体的诉讼请求和事实、理由，且本案属于人民法院受理民事诉讼的范围和一审法院管辖。庆丰集团的起诉符合《中华人民共和国民事诉讼法》第一百一十九条规定的起诉条件，且不存在《中华人民共和国民事诉讼法》第一百二十四条[②]及《最高人民法院关于适用〈中华人民共和国民事诉讼法〉的解释》第二百零八条第三款规定的应当驳回起诉的情形。一审法院裁定驳回庆丰集团的起诉系适用法律错误，混淆了诉讼成立要件和权利保护要件的区别。《中华人民共和国民事诉讼法》第一百一十九条规定的起诉要件为诉讼成立要件，系判断当事人提起诉讼能否成立的形式要件。如果原告起诉不符合该条规定的起诉要件，人民法院应以原告之诉不合法为由，通过裁定形式驳回起诉。但是，就本案所涉争议而言，实质上涉及到庆丰集团的权利保护要件是否成立。对此，应由人民法院在对案件进行实体审理之后加以判断。此种情况下对渤海公司所提抗辩的审理，系权利保护要件的判断；如果庆丰集团所提起的诉讼请求缺乏权利保护要件，即诉讼请求不能成立，则人民法院应以原告之诉不能得到支持为由，通过判决的形式驳回诉讼请求。

——第二巡回法庭微信公众号。

---

① 现为《民事诉讼法》（2021 年修正）第一百二十二条。

② 现为《民事诉讼法》（2021 年修正）第一百二十七条。

附录：最高人民法院主流观点

审判实践中要注意区分诉的成立要件与诉讼成立要件的关系。① 民事诉讼法第一百二十二条规定的起诉要件为诉讼成立要件，系判断当事人提起诉讼能否成立的形式要件。若原告起诉不符合该起诉要件，法院应以原告之诉不合法为由通过裁定形式驳回起诉。但若案件实质涉及原告的权利保护要件是否成立时，应由法院对案件进行实体审理后加以判断。如果其提起的诉讼请求缺乏权利保护要件，即诉讼请求不能成立的，则法院应以原告之诉不能得到支持为由通过判决形式驳回。

另外，如果当事人起诉主张的法律关系的性质或民事法律行为的效力与法院根据案件事实作出的认定不一致，法院应向当事人释明，由其变更诉讼请求；如当事人经释明后，仍坚持原诉讼请求的，法院应就当事人主张的法律关系和合同效力进行实体审理并作出判断。在此判断基础上也应以实体判决的形式对当事人的诉讼请求进行判断，而不能以裁定驳回当事人起诉的形式认定当事人无诉权。

——最高人民法院民法典贯彻实施工作领导小组办公室编著：《最高人民法院新民事诉讼法司法解释理解与适用》，人民法院出版社 2022 年版，第 457 页。

（二）一事不再理原则及重复起诉的判断标准

690. 一事不再理原则及重复起诉的判断标准

关键词

重复起诉　一事不再理

最高人民法院司法解释

第二百四十七条　当事人就已经提起诉讼的事项在诉讼过程中或者裁判生效后再次起诉，同时符合下列条件的，构成重复起诉：

（一）后诉与前诉的当事人相同；

（二）后诉与前诉的诉讼标的相同；

（三）后诉与前诉的诉讼请求相同，或者后诉的诉讼请求实质上否定前诉裁判结果。

① 参见最高人民法院（2020）最高法民终 605 号民事判决书。

当事人重复起诉的，裁定不予受理；已经受理的，裁定驳回起诉，但法律、司法解释另有规定的除外。

——《最高人民法院关于适用〈中华人民共和国民事诉讼法〉的解释》（2022年4月1日修正）。

附录：最高人民法院主流观点

《民事诉讼法解释》第二百四十七条借鉴大陆法系国家的理论，对一事不再理原则的适用标准作出规定。大陆法系国家遵循从主观和客观两个方面来判断一事不再理原则的构成。主观方面，即考察当事人的同一性；客观方面，即考察审理对象（诉讼对象）是否相同。这也是《民事诉讼法解释》第二百四十七条的基本思路。

1. 一事不再理原则的主观方面：当事人相同。一般而言，形式当事人和正当当事人（实质当事人、适格当事人）的区分对于一事不再理原则下确定同一当事人的范围没有意义。无论当事人在诉讼中仅为形式当事人，还是正当当事人，都要承受作为诉讼结果的判决的既判力约束，不能就相同的诉讼标的或审理对象再次提起诉讼。具有同一性的当事人包括以下六种。

一是通常当事人。通常当事人是判决效力所及的最直接的主体，因此，其受一事不再理原则的约束，自不待言。

二是诉讼担当人。诉讼担当人，是指就他人的诉讼标的的权利义务有当事人的诉讼实施权，从而为他人担当诉讼的人。[①]以诉讼实施权行使的依据为标准，诉讼担当可分为法定诉讼担当和任意诉讼担当两种情形。前者是指有法律特别明文规定的诉讼担当，后者是指在法律规定的范围内，通过约定的方式产生的诉讼担当。我国企业破产法规定的破产管理人、民法典合同编中的代位权人即属于法定诉讼担当人，民事诉讼法第五十六条、第五十七条规定的代表人诉讼中的诉讼代表人属于任意诉讼担当人。诉讼担当人的诉讼结果对被担当人具有约束力，在判断一事不再理的构成时，诉讼担当人与被担当人具有同一性。

三是诉讼参加人。一个诉讼提起后，原、被告双方之外的第三人参与到诉讼之中的情形，称为诉讼参加。该参加到他人诉讼中的人为诉讼参加人。我国民事诉讼法中规定的有独立请求权第三人相当于大陆法系国家的主参加人，因其以独立诉讼的方式参加到他人的诉讼之中，在诉讼中具有当事人的地位，当然受一事不再理原则的约束。我国的无独立请求权第三人在实践中则存在辅助当事人诉讼和独立诉讼两种情况。前者相当于大陆法系的从参加人，在诉讼中仅仅处于辅助地位，故不受一事不再理原则的约束；后者因其

① 参见骆永家：《既判力之研究》，我国台湾地区三民书局1999年版，第138页。

独立参加诉讼，实质上具有当事人的地位，应当受一事不再理原则的约束。

四是当事人的继受人。当事人的继受人，是指通过继受而承受诉讼标的权利义务关系，从而承受当事人地位的人。包括因自然人当事人死亡或者法人、设有代表人或管理人的非法人组织当事人合并，而发生的继受情形；也包括因法律行为或者法律规定或法院拍卖等国家公法行为而受让诉讼标的的权利义务的人。

五是为当事人或者其继受人占有请求的标的物的人。其是指在诉讼标的为以给付特定物为目的的请求权时，如该特定物被诉讼外的他人为当事人或其继受人占有而非为自己占有的情形。

六是既判力效力所及的一般第三人。其主要指在有关身份关系的人事诉讼和公司关系的诉讼中所作出的具有形成效力的判决，具有对世效力，在原告胜诉时任何人均不得再次起诉。

2. 一事不再理原则的客观方面：诉讼对象的同一性。一事不再理原则的客观方面，即所谓一事不再理中“一事”的问题，是一事不再理原则的核心问题。它是一事不再理原则中最为核心和本质的内容。诉讼对象又称诉讼标的或诉讼物，是指法院在民事诉讼中审理和判断的对象。关于诉讼标的，存在多种理论上的学说，概括起来大致有实体法诉讼标的理论（旧实体法说）、新诉讼标的理论（诉讼法说，包括二分肢说、一分肢说等）、新实体法说、诉讼标的相对论等观点。不同的诉讼标的理论决定着对诉讼内容不同的理解，也决定着一事不再理原则的作用范围。我们认为，依实体法诉讼标的理论来理解，比较符合我国民事诉讼的实际状况。实体法诉讼标的理论（旧实体法说）从实体法上的请求权出发来界定诉讼标的，认为诉讼标的乃是原告在诉讼上所为一定具体实体法之权利主张。原告起诉时，在诉状中必须具体表明其所主张之实体权利或法律关系。这与我国民事诉讼实践中长期以来对审判对象的理解是一致的。将诉讼标的理解为当事人在实体法上的权利义务或者法律关系，简便易行，法院审理范围十分明确，诉讼程序秩序稳定，当事人攻击防御目标集中。至于旧实体法说中遭到批判的请求权竞合情况下出现复数诉讼标的的问题，可以结合实体法的规定，通过诉讼法上的特别处理加以解决。至于当事人一次纠纷不能一次性解决的问题，则可以通过扩展法官释明义务，在一定程度上予以缓解。旧实体法说所具有的这种优势及其与我国民事诉讼实践需求的契合度，是其他诉讼标的理论所无法比拟的。

诉讼请求是建立在诉讼标的基础上的具体声明，在采旧实体法说理解诉讼标的的前提下，具体的请求内容对于诉讼中识别诉讼标的及厘清其范围具有实际意义。因此，《民事诉讼法解释》第二百四十七条将诉讼请求的同一性也作为一事不再理原则适用的判断标准。该 条第一款第三项中的“后诉的诉讼请求实质上否定前诉裁判结果”主要是指后诉提起相反请求的情况。

审判实践中应当注意：

第一，当事人相同，不受当事人在前诉与后诉中的诉讼地位的影响，即使前后诉原告和被告地位完全相反，仍然应当认定当事人为同一。例如，甲起诉乙要求确认房屋所有权，乙又起诉甲同样要求就房屋使用权进行确认，两诉之间的当事人是相同的。

第二，在前诉与后诉当事人相同、诉讼标的同一的情形下，后诉提起与前诉相反的诉讼请求的，如甲起诉乙请求确认法律关系有效，乙又起诉甲请求确认法律关系无效的，构成一事不再理。

第三，一般而言，给付之诉中隐含确认之诉的内容，如果甲起诉乙请求依法律关系进行给付，乙又起诉甲请求确认法律关系无效的，属于后诉的请求实质上否定前诉裁判结果的情形。

——最高人民法院民法典贯彻实施工作领导小组办公室编著：《最高人民法院新民事诉讼法司法解释理解与适用》，人民法院出版社 2022 年版，第 519~521 页。

最高人民法院司法政策精神

坚持和树立司法权威，必须注重维护既判效力

按照既判力规则的要求，它不仅原则上禁止当事人就同一案件进行重复诉讼，而且也禁止法院对已经作出生效裁判的同一案件进行重复而矛盾的审判。遵循既判力的要求，完全是出于对司法权威维护的必要。当前，对人民法院作出的生效裁判可以无限申诉、无限抗诉、无限再审的现象，已严重损害了既判力规则，违背了诉讼终局原则，对司法权威产生较大冲击。当然，司法权威的核心前提，是司法公正，没有司法公正为基础的司法权威，是没有生命力的。对一项生效裁判，我们应当尊重其既判效力，是因为这项裁判是公正的，对那些缺乏公正的生效裁判，强求服从其所谓的既判效力，只能适得其反，最终只会损害司法权威。因此，各级人民法院也必须正确面对当事人对生效裁判提出的申诉，从中探寻制约司法权威树立和维护的各种因素，及时改正缺乏司法公正的生效裁判，让尽可能多的判决最终以其公正取信于民，赢得权威。

——肖扬：《建设公正高效权威的民事审判制度，为构建社会主义和谐社会提供有力司法保障——在第七次全国民事审判工作会议上的讲话》（2007 年 1 月 5 日），载最高人民法院民事审判第一庭编：《民事审判指导与参考》2007 年第 1 集（总第 29 集），法律出版社 2007 年版，第 17 页。

最高人民法院审判业务意见（民一庭意见）

最高人民法院民一庭意见：当事人就已经提起诉讼的事项在裁判生效后

再次起诉，后诉的诉讼请求实质上系否定前诉裁判结果的，即使当事人起诉的请求权基础不同，仍应认定该后诉的请求实质上违反了一事不再理原则，构成重复起诉。人民法院应根据民事诉讼法第一百二十四条第五项[①]“对判决、裁定、调解书已经发生法律效力的案件，当事人又起诉的，告知原告申请再审”的规定，告知当事人对已经提起诉讼的裁判申请再审。

——最高人民法院民事审判第一庭：《构成一事不再理的判断》，载杜万华主编、最高人民法院民事审判第一庭编：《民事审判指导与参考》2015 年第 3 辑（总第 63 辑），人民法院出版社 2016 年版，第 167 页。

最高人民法院公报案例、最高人民法院裁判文书

大连远东房屋开发有限公司与辽宁金利房屋实业公司、辽宁澳金利房地产开发有限公司国有土地使用权转让合同纠纷案［最高人民法院（2005）民一终字第 95 号民事裁定书］

裁判摘要：当事人的起诉被人民法院裁定驳回，该裁定已经发生法律效力的，如果当事人对该裁定不服，除依法通过启动审判监督程序对案件重新审理外，不得在以后的诉讼中主张与该生效裁定相反的内容，亦不能就同一诉讼标的重复起诉。

最高人民法院认为：关于澳金利公司提起本案诉讼应否支持的问题。

根据查明的事实，在一审法院受理本案之前，澳金利公司于 2002 年 9 月 23 日向辽宁省大连市中级人民法院提起诉讼，请求确认远东公司与金利公司签订的《联合开发协议》无效并要求远东公司返还投资款 1350 万元及相应利息。该案由辽宁省高级人民法院以（2003）辽民一房终字第 310 号民事裁定，驳回了澳金利公司的起诉。

2004 年 4 月 6 日，澳金利公司作为原告提起本案诉讼，仍然要求确认《联合开发协议》无效并由远东公司返还投资款 1350 万元及相应利息，除了利息数额有所增加以外，与（2003）辽民一房终字第 310 号民事裁定驳回起诉案件的诉请和理由均相同。利息数额因时间推移而增加，并不属于最高人民法院《关于适用〈中华人民共和国民事诉讼法〉若干问题的意见》第 142 条规定中具备符合起诉应予受理的情形，故对澳金利公司就同一诉讼标的重复提起的本案诉讼，应当驳回其起诉。

当事人对已经发生法律效力的判决不服，除依法通过启动审判监督程序对案件重新审理外，不得在以后的诉讼中主张与已生效判决相反的内容，亦

① 现为《民事诉讼法》（2021 年修正）第一百二十七条第五项。

不能就同一诉讼标的重复起诉。因此，澳金利公司如认为其有权向远东公司主张权利，应当另循法律途径解决。

——《最高人民法院公报》2006 年第 12 期。

威海鲲鹏投资有限公司与威海西港房地产开发有限公司、山东省重点建设实业有限公司土地使用权纠纷管辖权异议案［最高人民法院（2005）民一终字第 86 号民事裁定书］

裁判摘要：判断基于同一纠纷而提起的两次起诉是否属于重复起诉，应当结合当事人的具体诉讼请求及其依据，以及行使处分权的具体情况进行综合分析。如果两次起诉的当事人不同，具体诉讼请求等也不同，相互不能替代或涵盖，则人民法院不能简单地因两次起诉基于同一纠纷而认定为重复起诉，并依照“一事不再理”的原则对后一起诉予以驳回。

最高人民法院认为，本案是否构成重复起诉，应当结合当事人诉讼请求的依据及行使处分权的具体情况进行综合判断。鲲鹏公司在 2005 年 8 月 24 日《追加被告、变更诉讼请求申请书》中，已将重点建设公司变更为被告，故本案与第 5 号民事案件的当事人并不相同。鲲鹏公司在第 5 号民事案件中的诉讼请求为确认之诉与给付之诉的合并之诉，但该案诉讼请求中的给付内容与本案鲲鹏公司于 2005 年 7 月 25 日提起的给付之诉的内容并不相同，鲲鹏公司在第 5 号民事案件中的诉讼请求不能涵盖本案中鲲鹏公司的诉讼请求。且鲲鹏公司在《追加被告、变更诉讼请求申请书》中，已将本案诉讼请求变更为“请求判令西港公司与重点建设公司之间的《合作协议书》无效，并由西港公司与重点建设公司承担连带赔偿责任”，故本案与第 5 号民事案件诉讼请求亦不相同。一审裁定认为鲲鹏公司的起诉违反《中华人民共和国民事诉讼法》一事不再理的原则，驳回鲲鹏公司对西港公司和重点建设公司的起诉，适用法律错误，应予纠正。

——《最高人民法院公报》2006 年第 5 期。

美国 EOS 工程公司诉新绛发电公司等侵权纠纷案［最高人民法院（2003）民四终字第 2 号民事裁定书］

裁判摘要：当事人在提起的民事诉讼已获得人民法院终审判决后，又基于同一标的和相同的被告，再次向人民法院提起民事诉讼的，应按不符合受理条件裁定驳回起诉。

最高人民法院认为：本案原审原告 EOS 工程公司基于同一事实，以相同的当事人为被告，向原审法院先后提起“不当得利”返还之诉和“侵权”损害赔偿之诉。尽管前后的诉讼理由不同，但实质的诉讼标的是相同的，即 EOS 工程公司是为了解决其于 1995 年向山西省新绛县电厂筹建处汇付 100 万美元产生的纠纷而向人民法院提起诉讼的。……对于 EOS 工程公司基于同一事实、相同的被告又以“侵权”为由提起的诉讼，人民法院不应予以受理。对此，原审法院认定正确。然而，根据最高人民法院《关于适用〈中华人民共和国民事诉讼法〉若干问题的意见》第 139 条的规定，“起诉不符合受理条件的，人民法院应当裁定不予受理。立案后发现起诉不符合受理条件的，裁定驳回起诉。”本案原审法院在已经立案的情况下，不应再裁定不予受理，而应当裁定驳回起诉。对此原审裁定有误，应予纠正。上诉人的第一点上诉理由成立，本院予以支持；其第二点上诉理由不能成立，本院不予支持。

——《最高人民法院公报》2004 年第 10 期。

最高人民法院裁判文书

吴凤海采区诉遵化市承唐高速公路建设指挥部等承包地征收补偿费用分配不予受理再审改判案［最高人民法院（2013）民提字第 10 号民事裁定书］

裁判要旨：重复起诉是指案件的同一当事人基于同样的事实、理由就同一诉讼标的再次向法院提起诉讼。判断基于同一纠纷而提起的两次起诉是否属于重复起诉，应当结合当事人的具体诉讼请求、事实依据以及其行使处分权的具体情况进行综合分析。

最高人民法院认为，关于本案是否属于重复起诉问题。重复起诉是指案件的同一当事人基于同样的事实、理由就同一诉讼标的再次向法院提起诉讼。判断基于同一纠纷而提起的两次起诉是否属于重复起诉，应当结合当事人的具体诉讼请求、事实依据以及其行使处分权的具体情况进行综合分析。在 2009 年 11 月 9 日吴凤海起诉承唐高速指挥部、田庄村委会一案中，吴凤海是以承唐高速指挥部拒不履行《房屋拆迁补偿安置协议》为由诉至法院，田庄村委会为第三人，吴凤海请求承唐高速指挥部给付其安置补偿费；本案则是吴凤海采区以承唐高速指挥部及唐山市交通局为被告，请求两被告按照国家的相关政策给付压覆矿产资源的预期经济损失。故两案虽均为吴凤海采区在其承包开采铁矿过程中受修建承唐高速公路影响被迫停工造成损失而引发的纠纷，但两案的当事人不同，具体诉讼请求及依据亦不同，另案生效判决的既判力并没有涵盖本案的诉讼标的和诉讼主张，本案不属于重复起诉。

——中国裁判文书网。

何某、何某辉诉廖某华等财产损害赔偿纠纷案［最高人民法院（2017）最高法民再282号民事裁定书］

裁判要旨：当事人的起诉是否构成重复起诉应从诉因、当事人、诉讼请求、诉讼标的等方面来判断，即当事人是否具有同一性，讼因、诉讼请求、诉讼标的是否相同。

最高人民法院认为：本案与241号案虽均系因123号裁定的执行问题而引发，但两案在诉因、诉讼主体、诉讼请求、诉讼标的等方面仍然存在明显不同。首先，两案的诉因或起诉所依据的基本事实不同。根据241号案判决的表述及认定事实，何某辉、何某提起该案诉讼，是基于123号裁定生效后，斌华公司未将已裁定抵债的财产交付给何某辉，而是一直出租给陈某华、赵某兵、郭某明使用的事实。而本案的起诉，根据何某、何某辉所述，主要是基于241号案判决生效后新发生的以下两项事实：一是斌华公司仍继续侵占并将抵债财产出租给他人使用产生了新的收益；二是斌华公司于2008年将抵债的生产线及设备转让给他人，以及抵债的房屋被拆除，房屋所占用土地使用权亦被拍卖，因而导致抵债的财产已经灭失。其次，基于两案诉因不同，两案的当事人和诉讼请求、诉讼标的亦不同。241号案起诉时，何某、何某辉主张案涉归其所有的抵债财产因斌华公司实际占有使用给其造成损失，因此请求斌华公司等五位被告支付占有使用抵债财产的收益（具体表述为请求各被告共同赔偿损失1800万元）。而本案起诉时，何某、何某辉主张241号案判决后抵债财产仍由斌华公司使用又产生了新的收益因而给其造成了损失，且抵债财产已经发生灭失，因此其诉讼请求是要求本案十二位被申请人承担因侵权产生的新的收益损失以及财产灭失损失共计29996万元。据此，根据《最高人民法院关于适用〈中华人民共和国民事诉讼法〉的解释》第二百四十七条“当事人就已经提起诉讼的事项在诉讼过程中或者裁判生效后再次起诉，同时符合下列条件的，构成重复起诉：（一）后诉与前诉的当事人相同；（二）后诉与前诉的诉讼标的相同；（三）后诉与前诉的诉讼请求相同，或者后诉的诉讼请求实质上否定前诉裁判结果。当事人重复起诉的，裁定不予受理；已经受理的，裁定驳回起诉，但法律、司法解释另有规定除外”的规定，因本案与241号案的诉因、诉讼请求、诉讼标的及当事人均不同，因此，何某、何某辉起诉本案不属于重复起诉。至于本案与241号案所依据的事实、证据及具体请求是否有部分重合，并不影响两案不属重复起诉的认定，对此可由原审法院在实体审理过程中对当事人进行释明解决。本案各被申请人是否应当承担本案侵权责任属于实体审理认定问题，亦不影响何某、何某辉享有的本案诉权。

何某、何某辉主张本案应当指令除浙江省、江西省之外的其他法院受理，缺乏法律依据，本院不予支持。

——法信网。

上海泰龙房地产发展有限公司、沈某某与海南千博乐城开发有限公司、蒋某某股权转让纠纷案［最高人民法院（2017）最高法民申855号民事裁定书］

裁判要旨：1. 重复起诉的判断和处理，应当兼顾和平衡起诉权保障、民事诉讼制度的目的与禁止重复起诉的宗旨规范。前后两诉当事人是否同一和诉讼标的是否同一，是判断是否构成重复起诉的一般标准。

2. 当事人签订股权转让协议作为民间借贷的担保，借款到期后借款人不能还款，出借人请求履行股权转让协议的，人民法院应当按照民间借贷法律关系审理。人民法院应当向当事人释明变更诉讼请求，当事人拒绝变更的，人民法院裁定驳回起诉：按照民间借贷法律关系审理作出的判决生效后，借款人不履行生效判决确定的金钱债务，出借人可以申请拍卖股权转让合同标的物，以偿还债务。

最高人民法院认为：基于沈某某借给蒋某某2.4亿元借款本金及由此产生的相关利息，蒋某某等为偿还借款而与沈某某等签订了一系列《协议书》《补充协议》《补充协议二》《还款协议》《备忘录》，沈某某、蒋某某等基于上述协议产生的民间借贷纠纷，经上海市第一中级人民法院、上海市高级人民法院审理，已作出生效判决。该生效判决执行过程中，各方达成案涉《执行和解协议》。虽然在《协议书》中约定了海南千博公司以位于海南省琼海市博鳌镇乐城岛开发区的5号地块和7号地块土地使用权出资设立两个公司，并将以上两个公司的100%股权转让给沈某某，沈某某愿意按协议约定方式受让海南千博公司所设立的两个全资公司。同时确定了两个项目公司股权转让总价合计为18544.66万元，也确定了该股权转让价款用于冲抵蒋某某对沈某某借款本息及兴瑞泰公司对泰龙房地产公司保证金、资金占用费。但后续案涉当事人签订的《补充协议二》《还款协议》《备忘录》以及《执行和解协议》均明确了海南千博公司、蒋某某选择以还款的形式偿还债务，而未选择用股权转让款冲抵相关欠款。现泰龙房地产公司、沈某某因《执行和解协议》履行问题提出的本案诉讼，目的仍是为了偿还民间借贷纠纷一案所涉及的借款。结合本案所签协议及当事人的意思表示，法院已经按照民间借贷法律关系审理案涉纠纷并作出生效判决，借款人海南千博公司、蒋某某未能履行生效判决确定的金钱债务，债权人泰龙房地产公司、沈某某可以申请以双方确定的股权转让款抵偿相关欠款，而不能提起本案诉讼。本院二审认定沈某某、泰龙房地产公司起诉构成重复诉讼并无不当。

——中国裁判文书网。

附录：民事审判信箱

问：原告以某一法律关系起诉后诉讼请求被法院驳回，针对同一争议事实，以不同法律关系为由再次起诉，是否违反一事不再理原则？

答：一事不再理原则，我国民事诉讼法对此并没有明确的规定。一般认为该原则的法律依据为民事诉讼法第一百二十四条第五项的规定，该条的内容为："对判决、裁定、调解书已经发生法律效力的案件，当事人又起诉的，告知原告申请再审，但人民法院准许撤诉的裁定除外。"司法实践中，对违反一事不再理原则的把握，一般应从诉讼主体、诉讼标的、诉讼请求等三个方面予以判定。即前诉与后诉在诉讼主体、诉讼标的、诉讼请求等三方面存在一致，则违反一事不再理原则。原告以某一法律关系起诉后诉讼请求被法院驳回，针对同一争议事实，以不同法律关系为由再次起诉的，前诉与后诉虽在诉讼主体和诉讼请求方面存在一致性，但所涉诉讼标的不同，后诉不违反一事不再理原则。

——本书研究组：《同一争议事实，当事人以不同法律关系起诉，是否违反一事不再理原则》，载杜万华主编、最高人民法院民事审判第一庭编：《民事审判指导与参考》2014 年第 4 辑（总第 60 辑），人民法院出版社 2015 年版，第 259 页。

691. 对前后两诉是否构成"当事人相同""诉讼标的相同""诉讼请求相同或后诉的诉讼请求实质上否定前诉裁判结果"的分析判定

关键词

另案反诉内容　重复起诉

最高人民法院裁判文书

招商银行股份有限公司无锡分行与中国光大银行股份有限公司长春分行委托合同纠纷案［最高人民法院（2017）最高法民终 1 号民事裁定书］

裁判要旨：1. 关于两案当事人是否相同。两案当事人相同，尽管双方当事人在两案中的诉讼地位不同，但民事诉讼法解释仅规

定“后诉与前诉的当事人相同”，并未限定当事人诉讼地位必须相同。招商无锡分行上诉主张后诉与前诉当事人及诉讼地位必须均相同方才满足上述司法解释规定的“后诉与前诉的当事人相同”，缺乏依据。

2. 关于两案的诉讼标的是否相同。光大长春分行前诉请求招商无锡分行依据《同业存款协议》支付存款本金及利息、违约金。招商无锡分行在该案中抗辩主张双方之间为委托定向投资法律关系，《同业存款协议》不成立或无效。基于双方上述诉辩主张，该案的审理势必涉及对双方法律关系的性质为委托定向投资还是同业存款关系以及《委托定向投资协议》及《同业存款协议》效力的认定。一审判决已对双方上述争议进行了审理认定。招商无锡分行提起本案诉讼请求确认《委托定向投资协议》有效并继续履行，《同业存款协议》已解除。因此，本案的审理同样也需要对上述双方法律关系性质及合同效力的争议作出评判。一审法院认定两案诉讼标的相同并无不当。

3. 关于两案是否构成诉讼请求相同，或后诉的诉讼请求实质上否定前诉裁判结果的情形。招商无锡分行提起的本案诉讼与光大长春分行在先提起的另案诉讼实际上是双方基于同一法律事实，分别依据各自主张成立的法律关系性质行使相应的请求权。根据招商无锡分行在本案中提出的四项诉讼请求以及光大长春分行在另案中提出的四项诉讼请求，从形式上而言，招商无锡分行在本案中提起的要求继续履行《委托定向投资协议》的诉请并不能完全被光大长春分行另案诉讼所包含，但是，根据本案一审审理期间招商无锡分行对其提起的继续履行《委托定向投资协议》的指向说明，可以认定该诉请亦无实质履行内容，仍与光大长春分行提起的另案诉请是否成立有关。因此招商无锡分行提起本案诉讼的实质仍系以对抗光大长春分行提起的前诉为目的。在吉林省高级人民法院及本院已判决认定双方之间不存在委托定向投资法律关系的情形下，招商无锡分行在本案中提起的确认《委托定向投资协议》有效并继续履行的诉请，则明显构成对前诉裁判结果的对抗或否定。据此，一审法院认定本案招商无锡分行的起诉符合民事诉讼法解释规定的“后诉的诉讼请求实质上否定前诉的裁判结果”并无不当。

最高人民法院认为，本案的争议焦点为招商无锡分行提起本案诉讼是否构成重复起诉。民事诉讼法解释第二百四十七条规定：“当事人就已经提起诉讼的事项在诉讼过程中或者裁判生效后再次起诉，同时符合下列条件的，构成重复起诉：（一）后诉与前诉的当事人相同；（二）后诉与前诉的诉讼标的相同；（三）后诉与前诉的诉讼请求相同，或者后诉的诉讼请求实质上否定前诉裁判结果。当事人重复起诉的，裁定不予受理；已经受理的，裁定驳回起诉，但法律、司法解释另有规定的除外。”根据上述司法解释规定，对招商无锡分行提起本案诉讼是否构成重复起诉的评判，在于招商无锡分行提起本案诉讼与前诉即光大长春分行在先提起的经吉林省高级人民法院一审、本院二审并已作出终审判决的（2016）最高法民终800号案件是否能够满足上述司法解释规定的重复起诉的构成要件。首先，关于两案当事人是否相同的问题。两案当事人均为招商无锡分行和光大长春分行，尽管双方当事人在两案中的诉讼地位不同，但上述司法解释仅规定“后诉与前诉的当事人相同”，并未限定当事人诉讼地位必须相同。一审法院认定两案当事人相同，符合法律规定，招商无锡分行上诉主张后诉与前诉当事人及诉讼地位必须均相同方才满足上述司法解释规定的“后诉与前诉的当事人相同”，缺乏依据。其次，关于两案的诉讼标的是否相同。光大长春分行前诉请求招商无锡分行依据《同业存款协议》支付存款本金及利息、违约金。招商无锡分行在该案中抗辩主张双方之间为委托定向投资法律关系，《同业存款协议》不成立或无效。基于双方上述诉辩主张，该案的审理势必涉及对双方法律关系的性质为委托定向投资还是同业存款关系以及《委托定向投资协议》及《同业存款协议》效力的认定。吉林省高级人民法院（2015）吉民二初字第16号民事判决及本院（2016）最高法民终800号民事判决，也已对双方上述争议进行了审理认定。招商无锡分行提起本案诉讼请求确认《委托定向投资协议》有效并继续履行，《同业存款协议》已解除。因此，本案的审理同样也需要对上述双方法律关系性质及合同效力的争议作出评判。一审法院认定两案诉讼标的相同并无不当。第三，关于两案是否构成诉讼请求相同，或后诉的诉讼请求实质上否定前诉裁判结果的情形。招商无锡分行提起的本案诉讼与光大长春分行在先提起的另案诉讼实际上是双方基于同一法律事实，分别依据各自主张成立的法律关系性质行使相应的请求权。根据招商无锡分行在本案中提出的四项诉讼请求以及光大长春分行在另案中提出的四项诉讼请求，从形式上而言，招商无锡分行在本案中提起的要求继续履行《委托定向投资协议》的诉请并不能完全被光大长春分行另案诉讼所包含，但是，根据本案一审审理期间招商无锡分行对其提起的继续履行《委托定向投资协议》的指向说明，可以认定该诉请亦无实质履行内容，仍与光大长春分行提起的另案诉请是否成立有关。因此招商无锡分行提起本案诉讼的实质仍系以对抗光大长春分行提起的前诉为目的。在吉林省高级人民法院及本院已判决认定双方之间不存在委托定向投资法律关系的情形下，招商无锡分行在本案中提起的确认《委托定向投资协议》有效并继续履行的诉请，则明显构成对前诉裁判结果的对抗或否定。据此，一审法院认定本案招商无锡分行的起诉符合民事诉讼法解释规定的“后诉的诉讼请求实质上否定前诉的裁判结果”并无不当。

综上，招商无锡分行的上诉请求不能成立。一审裁定认定招商无锡分行提起本案诉讼属于重复起诉，认定事实清楚，适用法律正确。

——中国裁判文书网。

692. 当事人相同，不受当事人在前诉与后诉中诉讼地位的影响，仍应当认定当事人为同一

关键词

一事不再理　当事人　诉讼标的　前诉　后诉

最高人民法院司法解释

第二百四十七条　当事人就已经提起诉讼的事项在诉讼过程中或者裁判生效后再次起诉，同时符合下列条件的，构成重复起诉：

（一）后诉与前诉的当事人相同；

（二）后诉与前诉的诉讼标的相同；

（三）后诉与前诉的诉讼请求相同，或者后诉的诉讼请求实质上否定前诉裁判结果。

当事人重复起诉的，裁定不予受理；已经受理的，裁定驳回起诉，但法律、司法解释另有规定的除外。

——《最高人民法院关于适用〈中华人民共和国民事诉讼法〉的解释》（2022年4月1日修正）。

附录：最高人民法院主流观点

第一，当事人相同，不受当事人在前诉与后诉中的诉讼地位的影响，即使前后诉原告和被告地位完全相反，仍然应当认定当事人为同一。例如，甲起诉乙要求确认房屋所有权，乙又起诉甲同样要求就房屋使用权进行确认，两诉之间的当事人是相同的。

第二，在前诉与后诉当事人相同、诉讼标的同一的情形下，后诉提起与前诉相反的诉讼请求的，如甲起诉乙请求确认法律关系有效，乙又起诉甲请求确认法律关系无效的，构成一事不再理。

第三，一般而言，给付之诉中隐含确认之诉的内容，如果甲起诉乙请求依法律关系进行给付，乙又起诉甲请求确认法律关系无效的，属于后诉的请求实质上否定前诉裁判结果的情形。

——最高人民法院民法典贯彻实施工作领导小组办公室编著:《最高人民法院新民事诉讼法司法解释理解与适用》,人民法院出版社 2022 年版,第 521 页。

693. 如何判断当事人在同一法院或不同法院分别起诉所形成的案件属于同一案件

关键词

分别起诉　同一案件

最高人民法院公报案例、最高人民法院裁判文书

王贺春、张福才等六人与卢继先、华宸建设集团股份有限公司债权转让合同纠纷案［最高人民法院（2012）民提字第 44 号民事裁定书］

裁判摘要：判断当事人在同一法院或不同法院分别起诉所形成的案件是否属于同一案件，应当从案件的当事人、案件的性质（法律关系）、案件的事实以及当事人的诉讼请求等方面是否同一进行综合考量。基于相同的当事人、同一事实、同一法律关系以及主要诉讼请求相同，在不同地方法院分别提起诉讼所形成的案件，可以认定属于同一案件。

最高人民法院认为，判断当事人在同一法院或不同法院分别起诉所形成的案件是否属于同一案件，应当从案件的当事人、案件的性质（法律关系）、案件的事实以及当事人的诉讼请求等方面是否同一进行综合考量。基于相同的当事人、同一事实、同一法律关系以及主要诉讼请求相同，在不同地方法院分别提起诉讼所形成的案件，可以认定属于同一案件。本案中，王贺春等人以华宸公司、卢继先为被告，以合作确认书和债权转让协议等为基本事实，在河北省保定市中级人民法院提起的债权转让合同纠纷诉讼，与其在北京市丰台区人民法院提起的债权转让合同纠纷诉讼进行比较，可以得出两地诉讼的被告相同、事实相同、法律关系相同，虽然诉讼请求有所差异，但主要诉讼请求即诉请确认债权转让协议无效相同，故可以认定在两地所形成的诉讼为同一诉讼。

——《最高人民法院公报》2012 年第 11 期。

694. “后诉与前诉当事人相同”如何认定

关键词

一事不再理　后诉与前诉当事人相同

最高人民法院公报案例、最高人民法院裁判文书

招商银行股份有限公司无锡分行与中国光大银行股份有限公司长春分行委托合同纠纷管辖权异议案［最高人民法院（2015）民二终字第428号民事裁定书］

裁判摘要：从双方当事人在两案中的诉讼请求看，后诉的诉讼请求如果成立，存在实质上否定前诉裁判结果的可能，如果后诉的诉讼请求不能完全涵盖于前诉的裁判结果之中，后诉和前诉的诉讼请求所依据的民事法律关系并不完全相同，前诉和后诉并非重复诉讼。

最高人民法院认为，关于招行无锡分行的诉讼请求能否通过反诉解决以及能否根据刑事案件确定本案的管辖的问题。2015年6月，光大银行长春分行以《同业存款协议》为依据另案诉至吉林省高级人民法院，请求判令招行无锡分行向其支付存款本金3.5亿元以及存款利息和违约金。吉林省高级人民法院立案在先。其后，招行无锡分行提起本案诉讼。从双方当事人在两案中的诉讼请求看，后诉的诉讼请求如果成立，存在实质上否定前诉裁判结果的可能，但是，招行无锡分行的诉讼请求不能完全涵盖于前诉的裁判结果之中，后诉和前诉的诉讼请求所依据的民事法律关系并不完全相同，故一审裁定认定招行无锡分行提起本案诉讼不符合《民诉法解释》第二百四十七条规定的重复诉讼，是正确的。

——《最高人民法院公报》2016年第7期。

最高人民法院审判业务意见（第二巡回法庭法官会议纪要）

一事不再理原则不仅具有禁止相同当事人就同一争议事项（诉讼标的）于诉讼系属中再行起诉的功能，也具有阻止相同当事人间相同诉讼标的再次讼争的功能。因此，无论从诉讼系属效力还是从既判力消极效力角度，形式当事人都应当包括在一事不再理原则主观要件即当事人同一性的当事人范围。但既判力主观范围除包括形式当事人即通常当事人外，在既判力主观范围扩张情形下，本案当事人之外的人，也要受既判力的拘束。从既判力消极效力角度出发，一事不再理原则中主观范围也应当扩展至既判力主观范围扩张所及的第三人。继承人通过继承而承受诉讼标的权利义务关系，属于当事人的一般继受人，受判决既判力的约束，因此属于一事不再理原则覆盖的范围，其与被继承人在一事不再理原则适用上符合“后诉与前诉当事人相同”的条件。

附：案情简介

李某与刘某存在100万元借款关系。因债务人刘某未按双方约定偿还借款，李某向法院提起诉讼，请求刘某偿还借款本金100万元及利息。法院判决支持了李某的诉讼请求。该判决生效后，刘某即因病去世。李某遂以前诉被告刘某之子刘某某（继承人）、妻王某为被告提起诉讼，请求刘某某、王某对刘某所欠100万元借款本息承担清偿责任。刘某某、王某以同一债权已经法院审理和判决、再次起诉违反一事不再理原则进行抗辩，请求裁定驳回刘某的起诉。

——《一事不再理原则适用中“后诉与前诉的当事人相同”的认定》，载贺小荣主编:《最高人民法院第二巡回法庭法官会议纪要》(第一辑)，人民法院出版社2019年版，第272~274页。

695. 当事人相同，不受当事人在前诉与后诉中诉讼地位的影响，仍应当认定当事人为同一

关键词

一事不再理　当事人　诉讼标的　前诉　后诉

最高人民法院司法解释

第二百四十七条　当事人就已经提起诉讼的事项在诉讼过程中或者裁判生效后再次起诉，同时符合下列条件的，构成重复起诉：

（一）后诉与前诉的当事人相同；

（二）后诉与前诉的诉讼标的相同；

（三）后诉与前诉的诉讼请求相同，或者后诉的诉讼请求实质上否定前诉裁判结果。

当事人重复起诉的，裁定不予受理；已经受理的，裁定驳回起诉，但法律、司法解释另有规定的除外。

——《最高人民法院关于适用〈中华人民共和国民事诉讼法〉的解释》

（2022 年 4 月 1 日修正）。

附录：最高人民法院主流观点

第一，当事人相同，不受当事人在前诉与后诉中的诉讼地位的影响，即使前后诉原告和被告地位完全相反，仍然应当认定当事人为同一。例如，甲起诉乙要求确认房屋所有权，乙又起诉甲同样要求就房屋使用权进行确认，两诉之间的当事人是相同的。

第二，在前诉与后诉当事人相同、诉讼标的同一的情形下，后诉提起与前诉相反的诉讼请求的，如甲起诉乙请求确认法律关系有效，乙又起诉甲请求确认法律关系无效的，构成一事不再理。

第三，一般而言，给付之诉中隐含确认之诉的内容，如果甲起诉乙请求依法律关系进行给付，乙又起诉甲请求确认法律关系无效的，属于后诉的请求实质上否定前诉裁判结果的情形。

——最高人民法院民法典贯彻实施工作领导小组办公室编著：《最高人民法院新民事诉讼法司法解释理解与适用》，人民法院出版社 2022 年版，第 521 页。

696. 提起后诉时被告已经注销，原告将其股东列为后诉被告，应认定前诉与后诉当事人实质相同

关键词

前诉　后诉　当事人实质相同

最高人民法院裁判文书

嘉兴市大江南丝绸有限公司与中国茧丝绸交易市场、浙江金蚕网供应链管理有限公司期货交易纠纷案［最高人民法院（2016）最高法民申 841 号民事裁定书］

裁判要旨：原告提起前诉时，是以交易市场和结算公司为共同被告。而提起后诉时结算公司已经注销，原告将结算公司的股东列为后诉共同被告，应认定前诉与后诉当事人实质相同。

最高人民法院认为，《最高人民法院关于适用〈中华人民共和国民事诉讼法〉的解释》第二百四十七条中规定：当事人就已经提起诉讼的事项在诉讼过程中或者裁判生效后再次起诉，同时符合下列条件的，构成重复起诉：

（一）后诉与前诉的当事人相同；（二）后诉与前诉的诉讼标的相同；（三）后诉与前诉的诉讼请求相同，或者后诉的诉讼请求实质上否定前诉裁判结果。根据本案已经查明的事实，大江南公司在 2006 年 1 月提起的诉讼（以下简称前案）中，是以交易市场和结算公司为共同被告，而提起本案时结算公司已经注销，大江南公司将结算公司的股东金蚕公司列为本案共同被告，前案与本案当事人实质相同；大江南公司在前案与本案中的起诉均基于交易市场存在违规交易行为的相同事实和理由，均请求赔偿损失、返还保证金，两案的诉讼标的与诉讼请求亦存在实质相同的情形，二审判决据此认定本案构成重复起诉，并无不当。

——中国裁判文书网。

697. 除公司外，若当事人还基于连带责任同时起诉了其股东或代表，应认定前后两诉的当事人相同

关键词

连带责任　后诉与前诉的当事人相同

最高人民法院裁判文书

广东金东海集团有限公司与温州万通航道工程有限公司海域使用权纠纷案［最高人民法院（2017）最高法民申 3074 号民事裁定书］

裁判要旨：除公司外，若当事人还基于连带责任同时起诉了其股东或代表，鉴于连带责任之诉与主诉具有可分性，应认定前后两诉的当事人相同。

最高人民法院认为，本案系海域使用权纠纷案件。根据金东海公司的再审申请，本案审查的重点为一、二审法院认定金东海公司提起本案诉讼构成重复起诉是否适当。

《最高人民法院关于适用〈中华人民共和国民事诉讼法〉的解释》第二百四十七条规定："当事人就已经提起诉讼的事项在诉讼过程中或者裁判生效后再次起诉，同时符合下列条件的，构成重复起诉：（一）后诉与前诉的当事人相同；（二）后诉与前诉的诉讼标的相同；（三）后诉与前诉的诉讼请求相同，或者后诉的诉讼请求实质上否定前诉裁判结果。当事人重复起诉的，裁定不予受理；已经受理的，裁定驳回起诉，但法律、司法解释另有规定的除外。"根据上述规定，对于金东海公司提起的本案诉讼是否构成重复起诉评判如下：

关于两案当事人的问题。88 号案件当事人为金东海公司和万通公司、吴建忠、吴笑丹、李建样，本案诉讼当事人为金东海公司和万通公司。尽管在 88 号案件中，金东海公司除起诉万通公司外，还基于连带责任同时起诉了万通公司股东或者代表，鉴于连带责任之诉与主诉具有可分性，因此一、二审法院认为 88 号案件与本案诉讼在当事人方面视为相同，并无不当

——中国裁判文书网。

698. 当事人在前后两诉中诉讼地位互换、一方当事人相同另一方当事人数量增减，均不改变诉讼当事人的一致性

关键词

诉讼地位互换　后诉与前诉的当事人相同

最高人民法院裁判文书

安钢集团信阳钢铁有限责任公司与平安银行股份有限公司上海分行等合同纠纷案［最高人民法院（2017）最高法民申 2064 号民事裁定书］

裁判要旨：当事人在两诉中诉讼地位互换、一方当事人相同另一方当事人数量增减并没有使双方的民事法律关系发生变化，均不改变诉讼当事人的一致性。

最高人民法院认为，《最高人民法院关于适用〈中华人民共和国民事诉讼法〉的解释》第二百四十七条规定："当事人就已经提起诉讼的事项在诉讼过程中或者裁判生效后再次起诉，同时符合下列条件的，构成重复起诉：（一）后诉与前诉的当事人相同；（二）后诉与前诉的诉讼标的相同；（三）后诉与前诉的诉讼请求相同，或者后诉的诉讼请求实质上否定前诉裁判结果。"经二审法院查明，2013 年 12 月 10 日，平安银行上海分行依据《票据代理贴现合作协议》《承兑汇票贴现合同》，向上海市浦东新区人民法院起诉，诉请信钢公司支付被拒付的 4000 万元及罚息，上海市浦东新区人民法院以（2013）浦民六（商）初字第 8864 号民事判决判令信钢公司支付平安银行上海分行本金 4000 万元，上海市第一中级人民法院二审民事判决予以维持。该诉与本案信钢公司对平安银行上海分行提起赔偿资金损失 4000 万元及利息的诉讼构成重复起诉。首先，当事人相同。当事人在两诉中诉讼地位互换、一方当事人相同另一方当事人数量增减并没有使双方的民事法律关系发生变化，均不改变诉讼当事人的一致性。其次，诉讼标的相同，且信钢公司本案的诉讼请求实

质否定了前诉的裁判结果。两诉均是基于4000万元贴现款发生的争议，信钢公司与平安银行上海分行在两诉中的权利、义务及责任相同，前诉判令信钢公司支付平安银行上海分行本金4000万元，本诉信钢公司要求平安银行上海分行赔偿其资金损失4000万元及利息，信钢公司本案的诉讼请求与前诉的判决结果相悖，实质是否定前诉的裁判结果。二审法院认定信钢公司本案诉请平安银行上海分行承担4000万元及利息赔偿责任违反“一事不再理”原则，适用法律正确。信钢公司如对前诉作出的生效判决有异议，可以另行寻求法律救济途径。

——中国裁判文书网。

699. 当事人相同，前后诉原告和被告地位完全相反，仍然应当认定当事人为同一

关键词

诉讼地位相反　重复起诉　一事不再理

最高人民法院裁判文书

信文资产管理（江苏）有限公司与恒丰银行股份有限公司温州乐清支行委托合同纠纷案［最高人民法院（2022）最高法民申65号民事裁定书］

裁判要旨：在判断是否构成重复起诉时，当事人相同，不受当事人在前诉与后诉中的诉讼地位的影响，即使前后诉原告和被告地位完全相反，仍然应当认定当事人为同一。

最高人民法院认为，信文资产公司两次起诉依据的合同违约条款不同，但根据《民事诉讼法解释》第二百四十七条的规定，该起诉亦属于重复诉讼。首先，本案起诉的当事人相同。当事人相同，不受当事人在前诉与后诉中的诉讼地位的影响，即使前后诉原告和被告地位完全相反，仍然应当认定当事人为同一。其次，本案的诉讼对象具有同一性。诉讼对象又称诉讼标的或诉讼物，是指人民法院在民事诉讼中审理和判断的对象。我国民事诉讼法是从实体法上的请求权出发来界定诉讼标的的，诉讼标的乃是原告在诉讼上所为一定具体实体法之权利主张。原告起诉时，在诉状中必须具体表明其所主张之实体权利或法律关系，将诉讼标的认定为当事人在实体法上权利义务或者法律关系，法院审理范围十分明确，诉讼程序秩序稳定，当事人攻击防御目标集中。诉讼请求是建立在诉讼标的基础上的具体声明，具体的请求内

容对于诉讼中识别诉讼标的及厘清其范围具有实际意义。因此，《民事诉讼法解释》将诉讼请求的同一性也作为“一事不再理”原则适用的判断标准。信文资产公司此次起诉与前次起诉请求权基础相同，均为违反合同约定之违约诉讼，诉讼请求标的和内容均为一致，本案的起诉只是依据的违约条款与前诉有所不同，但其请求权基础和诉讼请求在前诉和后诉中是完全相同的。再次，本案起诉的事实依据在前诉判决时已经存在。信文资产公司在本诉中认为，其提起本次违约诉讼与前诉所依据的《委托贷款委托合同》的条款不同，依据的事实是不同的。本案所涉是信文资产公司基于《委托贷款委托合同》15.2 条的约定而提起的诉讼，该条款的内容系被申请人恒丰银行乐清支行应办理贷款担保事项，其所依据的事实是恒丰银行乐清支行未依约办理应收账款和股权质押的合同约定。《委托贷款委托合同》第 6 条约定，恒丰银行乐清支行应当协助信文资产公司监督贷款的使用并协助信文资产公司收回贷款。第 15 条约定，借款合同的担保方式为连带责任保证、抵押、质押。恒丰银行乐清支行根据信文资产公司的书面通知，与信文资产公司指定的担保人签订有关担保合同，作为本合同项下债权的担保、抵质押的，须到登记机关办理抵质押登记手续，并对有关抵质押他项权利凭证进行保管。1151 号判决中信文资产公司提供的证据和判决认定的事实表明，信文资产公司提出的事实已经包含了“恒丰银行乐清支行是否应当按照合同约定办理应收账款和股权质押的合同约定”等内容，1151 号判决对《委托贷款借款合同》《委托贷款委托合同》履行的事实进行了实体审理。最后，信文资产公司本次起诉的诉讼请求的实际内容，也是意在通过本诉来否定前诉 1151 号判决的裁判结果，因此本案无论从诉讼请求还是诉讼事实看，信文资产公司提起本案诉讼与 1151 号判决系基于同一事实和相同诉讼请求，其提起的本案诉讼构成重复诉讼。对 1151 号判决认定的事实和处理结果有异议，应当按照法律规定的程序进行。

——中国裁判文书网。

700. 债权人将其债权转让，则原债权人与债权受让人在诉讼中的地位实质同一，应认定原债权人参加之诉与债权受让人参加之诉的当事人实质相同

关键词

债权转让　后诉与前诉的当事人相同

最高人民法院裁判文书

五寨县万通实业有限责任公司与山西国泰环保能源发展集团有限公司、

内蒙古绿缘能源开发有限公司合同纠纷管辖权异议案［最高人民法院（2018）最高法民辖终68号民事裁定书］

裁判要旨：若债权人将其债权转让，则原债权人与债权受让人在诉讼中的地位实质同一，应认定原债权人参加之诉与债权受让人参加之诉的当事人实质相同。

最高人民法院经审查认为，国泰公司与万通公司因《资产收购合同》纠纷提起本案诉讼属重复诉讼。万通公司因与绿缘公司就《资产收购合同》发生纠纷向山西省高级人民法院起诉，该院已于2016年7月7日立案受理。该案中万通公司的诉讼请求为：1.判令绿缘公司继续履行2011年12月29日签订的《资产收购合同》，并向万通公司支付违约金3500万元及赔偿迟延履行付款义务遭受的经济损失。2.如绿缘公司不能履行第一项诉讼请求，则请求解除《资产收购合同》，绿缘公司已付1.5亿元定金归万通公司所有。该案诉讼过程中，2016年7月21日国泰公司与绿缘公司签订《债权、债务转让协议》，受让绿缘公司基于《资产收购合同》对万通公司的债权。2016年11月16日国泰公司向山西省高级人民法院提起本案诉讼，诉讼请求为：1.万通公司向国泰公司返还2亿元资产收购款；2.绿缘公司对万通公司返还给国泰公司的收购款不足50398568元（利息暂计算至2016年11月30日）部分承担补充偿还责任。比较两案可以看出：首先，因国泰公司受让了绿缘公司《资产收购合同》的权利，国泰公司与绿缘公司的地位实质同一，两诉的当事人实质相同；其次，两诉原告的诉讼请求虽然基于合同地位的不同是相反的，但均涉及《资产收购合同》是否解除及解除后法律后果的问题，诉讼标的实质相同，诉讼请求涉及的问题也是同一的。第三，本案一审中国泰公司第二项诉讼请求是绿缘公司承担补充责任，需以第一项诉讼请求为基础，并不能构成独立的诉请。而且根据国泰公司与绿缘公司签订的《债权、债务转让协议》内容及国泰公司起诉状显示，50398568元款项是山西省太原市小店区人民法院（2015）小商初字第00391号、（2015）小商初字第00389号民事调解书以及山西省太原市中级人民法院（2015）并民初字第514号民事调解书确认的国泰公司享有的债权，国泰公司无需对该债权再行提起诉讼。因此，本案构成《最高人民法院关于适用〈中华人民共和国民事诉讼法〉的解释》第二百四十七条规定的重复起诉。

——中国裁判文书网。

701. “前诉与后诉的诉讼标的相同”如何认定

关键词

诉讼标的相同

最高人民法院裁判文书

安徽开源路桥有限责任公司、中煤第三建设（集团）有限责任公司与盛世国际路桥建设有限公司、北京银行股份有限公司深圳分行建设工程施工合同纠纷案［最高人民法院（2016）最高法民终558号民事裁定书］

裁判要旨：给付之诉中虽然也包括确认合同效力的内容，但同时也包含返还财产、赔偿损失等给付的内容，因此本案原告请求法院裁判的对象并不能完全被前诉所包含，两诉的诉讼标的并不相同。

最高人民法院认为，本院《关于适用〈中华人民共和国民事诉讼法〉的解释》第二百四十七条第一款规定，重复起诉必须同时符合两诉的当事人相同、诉讼标的相同、诉讼请求相同或后诉的诉讼请求实质上否定前诉裁判结果三项条件。前诉原告为盛世国际公司，被告为开源公司、樊亮亮、翁伟凡、邓娜和深圳市高新投保证担保有限公司。本案原告为开源公司和中煤三建，被告为盛世国际公司和北京银行深圳分行。两诉的当事人并不相同；前诉中盛世国际公司的诉讼请求为停止侵权行为并确认合同无效，本案一审原告开源公司、中煤三建的诉讼请求为解除合同并赔偿损失，两诉的诉讼请求并不相同。

前诉中盛世国际公司提起的第二项诉讼请求为确认《施工合同协议书》无效，系确认之诉。本案开源公司和中煤三建提起的诉讼请求为解除《施工合同协议书》、返还财产及赔偿损失，系给付之诉。给付之诉中虽然也包括确认合同效力的内容，但同时也包含返还财产、赔偿损失等给付的内容，因此本案原告请求法院裁判的对象并不能完全被前诉所包含，两诉的诉讼标的并不相同。由于本案一审原告开源公司、中煤三建提起的返还财产和赔偿损失的诉讼请求并不属于前诉审理和裁判的对象，开源公司、中煤三建提起的诉讼请求并未否定前诉的裁判结果。如果前诉合同被确认有效，开源公司和中煤三建享有请求解除合同及赔偿损失的诉权。如果前诉被确认无效，开源公司和中煤三建仍享有请求返还财产及赔偿损失的诉权。

开源公司、中煤三建提起的本案诉讼不符合本院《关于适用〈中华人民共和国民事诉讼法〉的解释》第二百四十七条第一款规定的重复起诉的条件。原审法院认定开源公司、中煤三建系重复起诉，对法律的理解和适用有误。开源公司、中煤三建提起的本案诉讼，符合《中华人民共和国民事诉讼法》第一百一十九条[①]规定的起诉条件，人民法院应予受理。

——中国裁判文书网。

702. 民事合同经生效判决认定有效后，债权人请求撤销的，是否构成重复起诉

关键词

债权人撤销权纠纷　重复起诉　一事不再理

最高人民法院裁判文书

合雅投资与华东电器公司及周家明、华通机电公司债权人撤销权纠纷案

［最高人民法院（2021）最高法民再 294 号民事裁定书］

裁判要旨：另案生效判决依据合同当事人的请求，对合同效力进行的审查，并非基于债权人角度。人民法院对该合同效力的审查与债权人请求撤销合同的行为并不冲突。债权人提起的撤销之诉与另案当事人、诉讼标的均不相同，不构成重复起诉。

最高人民法院经再审认为，《最高人民法院关于适用〈中华人民共和国民事诉讼法〉的解释》第二百四十七条第一款规定：当事人就已经提起诉讼的事项在诉讼过程中或者裁判生效后再次起诉，同时符合下列条件的，构成重复起诉：（一）后诉与前诉的当事人相同；（二）后诉与前诉的诉讼标的相同；（三）后诉与前诉的诉讼请求相同，或者后诉的诉讼请求实质上否定前诉裁判结果。黄浦法院 708 号案件系原告周家明诉被告华通机电公司、黄正定、李振林、王玉英追偿权纠纷一案，其与本案的当事人并不相同；且本案为形成之诉，而黄浦法院 708 号案件为给付之诉，两案的诉讼标的也不一致。此外，本案中，合雅投资请求撤销的《合同权利转让协议》，在黄浦法院 708 号案件判决书中虽然认定："至于各被告主张华东电器公司与原告间的债权转让合同无效，对此最高人民法院认为，债权转让的无因性决定了原告与华东电器公司是否存在对价关系，并不影响双方的债权转让协议的效力，因此，对各被

① 现为《民事诉讼法》（2021 年修正）第一百二十二条。

告的上述主张最高人民法院不予采信”，但是上述认定并非基于债权人撤销权的角度对《合同权利转让协议》应否撤销予以审理；且债权人撤销权针对的民事法律行为，在被撤销前通常为有效，故另案中认定该民事法律行为有效与债权人主张撤销之间并不冲突。综上，原审法院根据“一事不再理”原则对合雅投资的起诉不予受理，有所不当，应予纠正。

——中国裁判文书网。

703.“前诉与后诉的诉讼请求相同”如何认定

关键词

前诉与后诉的诉讼请求相同

最高人民法院裁判文书

内蒙古业成房地产开发有限责任公司与内蒙古三 A 家具有限公司商品楼买卖合同纠纷案［最高人民法院（2007）民一终字第 68 号民事裁定书］

裁判要旨：当事人作为原告再次提起诉讼，其诉讼请求除了迟延付款违约金数额有所增加和书写的“终止”与“解除”表述存在差异外，与前诉中诉讼请求与事实理由均相同。如果当事人对前诉生效民事判决不服，除依法启动审判监督程序对案件重新审理外，不能就同一事实和理由再行提起诉讼主张与前诉生效判决相同的内容。

最高人民法院经审理认为：民事诉讼法第一百一十一条第五项[①]规定：“对判决、裁定已经发生法律效力的案件，当事人又起诉的，告知原告按照申诉处理，但人民法院准许撤诉的裁定除外。”依据该法律规定，本案业成公司起诉前，已经最高人民法院（2003）民一终字第 59 号民事判决确认：双方签订的《商品楼买卖合同》合法有效，继续履行，对于业成公司关于解除双方签订的《商品楼买卖合同》的请求予以驳回。2006 年 5 月 22 日，业成公司作为原告再次提起诉讼，仍请求解除双方签订的《商品楼买卖合同》，确认三 A 公司逾期付款的违约责任。该项诉讼请求除了迟延付款违约金数额有所增加和书写的“终止”与“解除”表述存在差异外，与最高人民法院（2003）民一终字第 59 号民事判决一案诉讼请求与事实理由均相同。因此，如果业成

① 现为《民事诉讼法》（2021 年修正）第一百二十七条第五项。

公司对最高人民法院生效的（2003）民一终字第59号民事判决不服，除依法启动审判监督程序对案件重新审理外，不能就同一事实和理由再行提起诉讼主张与生效判决相同的内容。

——最高人民法院民事审判第一庭编：《最高人民法院二审民事案件解析》第6集，法律出版社2008年版，第187~194页。

704. 后案诉讼请求虽包括但多于前案诉讼请求的，不应认定构成重复起诉

关键词

后案诉讼请求　前案诉讼请求　重复起诉

最高人民法院裁判文书

陈友与陇西县永兴房地产开发有限责任公司所有权确认纠纷案［最高人民法院（2019）最高法民再290号民事裁定书］

裁判要旨：原告向人民法院提起诉讼并提出多项诉讼请求，其中部分诉讼请求与此前其向法院起诉并由法院已作出裁判案件中的诉讼请求存在重合情况，但该两案中，后案诉讼请求虽包括但多于前案诉讼请求，两案诉讼请求不尽相同的，不应认定构成重复起诉。

最高人民法院认为，陈友因其与永兴公司的合作开发房地产合同关系提起本案诉讼并提出多项诉讼请求，其在本案与（2018）甘11民初11号案件中均提出了确认案涉土地及4号楼权属的诉讼请求，但其在本案中亦提出了确认案涉土地其他建筑物权属的请求。因此，本案诉讼请求与（2018）甘11民初11号案件的诉讼请求不尽相同，不构成重复起诉。原审法院以重复起诉为由驳回陈友的起诉，适用法律错误。

——中国裁判文书网。

705. 原告以实际争议标的额超出原诉讼请求为由，就超出数额另行提起诉讼的，人民法院不应予以支持

关键词

重复起诉　一事不再理

最高人民法院公报案例、最高人民法院裁判文书

河源市劳动服务建筑工程公司与龙川县人民政府建设工程施工合同纠纷案［最高人民法院（2011）民再申字第 68 号民事裁定书］

裁判摘要：原告提出诉讼请求并经人民法院作出生效裁判后，又以实际争议标的额超出原诉讼请求为由，就超出的数额另行提起诉讼，系对同一争议事实再次起诉，违反一事不再理的民事诉讼原则，人民法院不应予以支持。

最高人民法院认为：2. 关于再审裁定认定劳服公司起诉违反一事不再理原则是否缺乏证据证明的问题。2004 年 2 月 18 日，劳服公司以《审核报告》为依据，向广东省河源市中级人民法院（以下简称河源中院）起诉，请求龙川县政府、龙川县交通公路建设指挥部支付工程款 15061995.39 元。诉讼中，劳服公司依据河源市振丰工程造价咨询有限公司作出的《第三期工程造价鉴定报告》（以下简称《鉴定报告》），增加了工程款本金 4506688 元及利息的诉讼请求，后又以不能支付诉讼费为由撤回了增加的诉讼请求。河源中院一审以《审核报告》为依据，判决龙川县政府向劳服公司支付工程款 15061995.39 元及其利息。一审判决作出后，龙川县政府提起上诉。广东高院 402 号判决在一审判决的基础上，扣除双方当事人在二审期间重新确认的已支付工程款等，判令龙川县政府向劳服公司支付工程款 14792283.71 元及其利息，该判决已发生法律效力。第一次起诉时，劳服公司系以《审核报告》作为依据，并提出了相应的诉讼请求，只是由于在诉讼过程中，《鉴定报告》所确认的工程造价高于《审核报告》所确认的工程造价，劳服公司才增加了诉讼请求，后又以不能交纳诉讼费为由，撤回了增加的诉讼请求。河源中院一审判决后，劳服公司亦未提起上诉。广东高院 402 号判决系对涉案工程款全案作出的终审判决，在该判决作出后，劳服公司再次对涉案工程款另案提起诉讼，系对同一争议事实再次起诉，违反一事不再理原则。故再审裁定驳回劳服公司的起诉，有充分的事实依据。3. 关于再审裁定适用法律是否确有错误的问题。再审裁定仅对劳服公司的再次起诉是否违反一事不再理原则进行了认定，并未对涉案工程款数额进行认定，亦未将《审核报告》《审查意见》作为认定事实的依据。因此，劳服公司关于再审裁定适用法律确有错误的申请再审理由不能成立。

——《最高人民法院公报》2013 年第 6 期。

706. 请求权竞合时，法院根据原告选择的请求权作出实体判决后，其再以另外的请求权提起诉讼构成重复起诉

关键词

请求权竞合　实体判决　重复起诉

最高人民法院裁判文书

新疆生产建设兵团建设工程（集团）有限责任公司与雷龙华、西藏岗地文化产业集团有限公司侵权责任纠纷案［最高人民法院（2021）最高法民申3694号民事裁定书］

裁判要旨：民事诉讼实务中对诉讼标的识别以实体法律关系为一般标准，但在给付之诉中，如果不同的实体法律关系基于同一事实，当事人基于此提出了数个实体请求权，就发生了请求权竞合。根据原合同法第一百二十二条[①]规定，当事人以一个请求权提起诉讼即意味着通过诉讼程序吸附了其他的请求权，在人民法院对已提出的请求权作出实体判决后，不能再以另外的请求权提起诉讼。故当事人基于合同请求权起诉前案，后基于同一事实，又以侵权损害赔偿请求权作为诉讼请求的具体理由，提起本案诉讼，前后两案诉讼标的具有同一性，构成重复起诉。

最高人民法院经审查认为，本案再审审查的重点问题是：新疆兵团公司的起诉是否构成重复诉讼。

首先，本案当事人和（2017）藏民初8号案件当事人实质上一致。虽然两案当事人形式上并非完全一致，但新疆兵团公司在两案中均作为原告要求被告岗地公司承担赔偿责任，且均是双方之间就新疆兵团公司关于租赁物等损失的诉讼请求是否成立产生的争议，当事人具有一致性。如果新疆兵团公司主张雷龙华对建设工程施工合同的履行产生阻碍，也是属于（2017）藏民初8号案件处理建设工程施工合同关系中考虑的事实，并在该合同关系中依法判定合同双方责任。新疆兵团公司在本案中增加雷龙华作为共同被告，并未单独要求雷龙华就相关诉讼请求承担责任，并不影响上述一致性的成立。

其次，本案中的诉讼标的和（2017）藏民初8号案件中的相关诉讼标

① 对应《民法典》第一百八十六条。

的具有同一性。新疆兵团公司主张本案诉讼标的系其提起的侵权诉讼，而（2017）藏民初 8 号案件诉讼标的为建设工程施工合同法律关系。本院认为，民事诉讼实务中对诉讼标的识别以实体法律关系为一般标准，但在给付之诉中，如果不同的实体法律关系基于同一事实，当事人基于此提出了数个实体请求权，就发生了请求权竞合。根据《中华人民共和国合同法》第一百二十二条规定："因当事人一方的违约行为，侵害对方人身、财产权益的，受损害方有权选择依照本法要求其承担违约责任或者依照其他法律要求其承担侵权责任"，在此情形下，当事人以一个请求权提起诉讼即意味着通过诉讼程序吸附了其他的请求权，在人民法院对已提出的请求权作出实体判决后，不能再以另外的请求权提起诉讼。新疆兵团公司基于建设工程施工合同请求权提起了（2017）藏民初 8 号案件，后基于同一建设工程施工的事实，又以侵权损害赔偿请求权作为诉讼请求的具体理由，提起本案诉讼，前后两案诉讼标的具有同一性。

再次，新疆兵团公司本案中的诉讼请求涵盖于（2017）藏民初 8 号案件中相关诉讼请求。经审查，新疆兵团公司作为原告在（2017）藏民初 8 号中除要求被告岗地公司支付案涉项目工程款之外，第二、三项诉讼请求分别为"判令被告向原告支付停工期间的租赁费 7200000 元（自 2016 年 3 月 15 日起至 2017 年 7 月 15 日止，按每月 15 万元计算）"，"判令被告向原告支付自 2017 年 7 月 16 日起至租赁物及现场工作人员撤出现场日止期间的租赁费（按每月 60 万元计算）及现场人员工资费用（按每月 15 万元计算）"，本案中，新疆兵团公司第 1、2、3 项诉讼请求时间段均和（2017）藏民初 8 号案第二、三项诉讼请求时间重合，且均是关于现场租赁物租金的主张。虽然除租金之外，尚有螺丝丢失赔偿金、不能返还的租赁物资赔偿金、利息及诉讼费等费用，但相关费用是基于租赁物租赁这一事实而产生，系租金的从属性费用，并不具有独立性，属于（2017）藏民初 8 号案第二、三项诉讼请求所包含范围。新疆兵团公司在本案中主张的现场拆除钢架管等设备料的全部工程款、现场拆除钢架管等设备料期间新疆兵团公司派驻现场管理工作人员工资费用，均是拆除钢架管等租赁物的相关费用，时间段也均涵盖于（2017）藏民初 8 号案第二、三项诉讼请求之内。此外，新疆兵团公司主张的其参与处理西藏吞米岭藏艺文博园建设工程项目纠纷案件人员差旅费 300000 元及其支付的律师代理费 600000 元，均是围绕案涉工程项目所产生，且基于上述重复诉讼请求事项而产生，新疆兵团公司单独就其提起相关诉讼请求并要求赔偿，缺乏法律依据。

因此，二审法院根据《最高人民法院关于适用〈中华人民共和国民事诉讼法〉的解释》第二百四十七条第一款之规定，认定新疆兵团公司本案中的起诉构成重复诉讼并裁定予以驳回，并无不当。

——中国裁判文书网。

707. 建设工程承包人对同一工程价款数额分割成两次起诉是否构成一事不再理

关键词

分割成两次起诉　一事不再理

最高人民法院裁判文书

河源市劳动服务建筑工程公司与龙川县人民政府建设工程施工合同纠纷案［最高人民法院（2011）民再申字第 68 号民事裁定书］

裁判要旨：原告提出诉讼请求并经人民法院作出生效裁判后，又以实际争议标的额超出原诉讼请求为由，就超出的数额另行提起诉讼，系对同一争议事实再次起诉，违反一事不再理的民事诉讼原则，人民法院不应予以支持。

最高人民法院认为，关于再审裁定认定劳服公司起诉违反一事不再理原则是否缺乏证据证明的问题。2004 年 2 月 18 日，劳服公司以《审核报告》为依据，向广东省河源市中级人民法院（以下简称河源中院）起诉，请求龙川县政府、龙川县交通公路建设指挥部支付工程款 15061995.39 元。诉讼中，劳服公司依据河源市振丰工程造价咨询有限公司作出的《第三期工程造价鉴定报告》(以下简称《鉴定报告》)，增加了工程款本金 4506688 元及利息的诉讼请求，后又以不能支付诉讼费为由撤回了增加的诉讼请求。河源中院一审以《审核报告》为依据，判决龙川县政府向劳服公司支付工程款 15061995.39 元及其利息。一审判决作出后，龙川县政府提起上诉。广东高院 402 号判决在一审判决的基础上，扣除双方当事人在二审期间重新确认的已支付工程款等，判令龙川县政府向劳服公司支付工程款 14792283.71 元及其利息，该判决已发生法律效力。第一次起诉时，劳服公司系以《审核报告》作为依据，并提出了相应的诉讼请求，只是由于在诉讼过程中，《鉴定报告》所确认的工程造价高于《审核报告》所确认的工程造价，劳服公司才增加了诉讼请求，后又以不能缴纳诉讼费为由，撤回了增加的诉讼请求。河源中院一审判决后，劳服公司亦未提起上诉。广东高院 402 号判决系对涉案工程款全案作出的终审判决，在该判决作出后，劳服公司再次对涉案工程款另案提起诉讼，系对同一争议事实再次起诉，违反一事不再理原则。故再审裁定驳回劳服公司的起诉，有充分的事实依据。

——中国裁判文书网。

708. 后诉的诉讼请求实质上否定了前诉的诉讼请求，后诉与前诉构成重复起诉

关键词

前诉　诉讼请求　重复起诉

最高人民法院裁判文书

中国建设银行股份有限公司青岛四方支行与沈阳朗勤置业有限公司等信用证纠纷管辖权异议案［最高人民法院（2016）最高法民辖终35号民事裁定书］

裁判要旨：后案与前诉的诉讼主体、诉讼标的具有同一性。因前诉必然会涉及对合同效力的认定，而后诉请求确认前诉所涉及的合同无效，其诉讼请求实质上否定了前诉的诉讼请求，后案与前诉构成重复起诉。

最高人民法院认为，建行四方支行依据其与青岛恒通公司、沈阳朗勤公司签订的《贸易融资额度合同》、《委托融资合同》、《信用证开证合同》以及《最高额抵押合同》，以主债务人青岛恒通公司、担保人沈阳朗勤公司为被告向青岛市中级人民法院提起给付之诉，青岛市中级人民法院已于2014年9月受理该案在先。本案中，沈阳朗勤公司基于同一事实向山东省高级人民法院提起诉讼请求确认上述合同无效。根据《最高人民法院关于适用〈中华人民共和国民事诉讼法〉的解释》第二百四十七条第一款“当事人就已经提起诉讼的事项在诉讼过程中或者裁判生效后再次起诉，同时符合下列条件的，构成重复起诉：（一）后诉与前诉的当事人相同；（二）后诉与前诉的诉讼标的相同；（三）后诉与前诉的诉讼请求相同，或者后诉的诉讼请求实质上否定前诉裁判结果”的规定，本案与前诉的诉讼主体、诉讼标的具有同一性。因前诉必然会涉及对合同效力的认定，而后诉请求确认前诉所涉及的《贸易融资额度合同》、《委托融资合同》、《信用证开证合同》和《最高额抵押合同》无效，其诉讼请求实质上否定了前诉的诉讼请求，本案与前诉构成重复起诉。一审裁定认为其对本案有管辖权，系适用法律错误，本院予以纠正。依据上述第二百四十七条第二款的规定，对沈阳朗勤公司的起诉，应当裁定驳回。

至于涉案合同效力问题，需经实体审理才能判定。本案驳回沈阳朗勤公司的起诉，不影响该公司在前诉中抗辩的权利。

——中国裁判文书网。

709. 后诉否定前诉案件裁判结果的，属于重复起诉

关键词

合同无效　重复起诉

最高人民法院裁判文书

王祖奎与宜顺公司保证合同纠纷案［最高人民法院（2021）最高法民申1558号民事裁定书］

裁判要旨：前诉案件经过两审终审之后，认定涉案担保合同对宜顺公司不发生效力。当事人又以涉案担保合同无效为由提起诉讼，要求担保人承担过错赔偿责任。后诉基于合同无效进入审理程序并作出裁判，实质上构成通过本案否定前诉案件裁判的结果，属于重复诉讼。

最高人民法院经审查认为，本案再审审查的焦点问题为：王祖奎提起本案诉讼是否构成重复起诉。

《最高人民法院关于适用〈中华人民共和国民事诉讼法〉的解释》第二百四十七条规定："当事人就已经提起诉讼的事项在诉讼过程中或者裁判生效后再次起诉，同时符合下列条件的，构成重复起诉：（一）后诉与前诉的当事人相同；（二）后诉与前诉的诉讼标的相同；（三）后诉与前诉的诉讼请求相同，或者后诉的诉讼请求实质上否定前诉裁判结果。当事人重复起诉的，裁定不予受理；已经受理的，裁定驳回起诉，但法律、司法解释另有规定的除外"。具体到本案中，王祖奎以"生效法律文书已经判定王祖奎与陈伟、马千里签订的《股权转让合同》有效，但同时认定王祖奎与宜顺公司签订的《担保合同》对宜顺公司无效，根据《最高人民法院关于适用〈中华人民共和国担保法〉若干问题的解释》第七条的规定，宜顺公司在公司管理和印章使用方面存在漏洞，对担保合同无效具有过错，且给王祖奎造成巨额财产损失，应在50%范围内承担赔偿责任"为由提起本案诉讼，但前诉案件经过两审终审之后，并未认定涉案担保合同无效，而是确认涉案担保合同对宜顺公司不发生效力。基于上述事实，二审称如本案基于合同无效进入审理程序并作出裁判，

实质上构成通过本案否定前诉案件裁判的结果，并据此认定王祖奎提起本案诉讼属于重复诉讼并不缺乏依据。

——中国裁判文书网。

710. 前诉中抗辩的内容与后诉的诉请一致，且前诉已经对是否构成违约作出认定的，后诉构成重复诉讼

关键词

重复诉讼　违约责任　一事不再理　抗辩

最高人民法院裁判文书

上海磬天实业有限公司与无锡市广益汽配城发展有限公司商品房销售合同纠纷案［最高人民法院（2017）最高法民申 210 号民事裁定书］

裁判要旨：后诉原告在前诉中抗辩的内容与后诉的诉请一致，前诉已经对是否构成违约作出认定，因此，原告在后诉中诉请实质上否定已经生效案件的认定和判决结果，构成重复起诉。

最高人民法院认为：本案的焦点问题是：磬天公司起诉要求汽配城公司承担逾期交付房屋的违约责任是否构成重复诉讼。

在前诉的汽配城公司起诉磬天公司违约的无锡中院 18 号案件中，无锡市中级人民法院根据双方举证情况，对各方是否存在违约情形进行了审查判断，在判决说理部分明确认定“双方当事人实际上已通过各自行为变更合同履行方式，即从由磬天公司零星销售涉案房屋以回笼资金变更为整体处置涉案房屋以解决资金困境，故汽配城公司未交付对应已付购房款价值的房屋并不构成违约”“磬天公司未支付剩余购房款构成违约，应当承担相应的违约责任”，据此判决磬天公司向汽配城公司支付违约金。磬天公司不服该判决提出上诉后，江苏省高级人民法院在二审程序中审查认定“汽配城公司未交付已付购房款对应价值的房屋不构成违约”，判决驳回了磬天公司的上诉。可见，磬天公司虽未在无锡中院 18 号案件中明确提出汽配城公司违约的反诉主张，但无锡市中级人民法院在该案一审程序以及后续江苏省高级人民法院在二审程序中，对汽配城公司是否违约均进行了实质审查，且已明确认定汽配城公司不构成违约。磬天公司基于同一事实和相同法律关系，在本案提出汽配城公司违约的诉讼请求，该请求在实质上否定了前诉无锡中院 18 号案件的裁判结果。根据《最高人民法院关于适用〈中华人民共和国民事诉讼法〉的解释》

第二百四十七条规定，磬天公司在本案的起诉应认定为重复诉讼，原审裁定驳回磬天公司的起诉并无不当。

——法信网。

711. 原审驳回起诉理由不当，当事人再次起诉是否构成重复起诉

关键词

重复起诉

最高人民法院裁判文书

曹学芹、陈文华与墨荷园公司等 6 人商品房销售合同纠纷案［最高人民法院（2021）最高法民申 1547 号民事裁定书］

裁判要旨：案涉法律关系是民间借贷，当事人在法院释明后坚持按照房屋买卖合同关系参加诉讼，一审法院以未竣工验收无法交付为由驳回起诉，说理不当，但结果正确，二审法院予以维持。原审裁定已经生效，在没有新的事实和理由的情况下，当事人仍按照原来的诉讼请求、事实和理由起诉，构成重复起诉。

最高人民法院经审查认为，曹学芹、陈文华曾于 2012 年就本案纠纷向一审法院提起诉讼，一审法院经审理作出（2012）合民一初字第 00114 号裁定书，驳回曹学芹、陈文华的起诉，该裁定已经发生法律效力。曹学芹、陈文华并未举证证明在前案诉讼后发生新的事实，即以与前案相同的诉请和理由提起本案诉讼，构成重复起诉。原审裁定驳回起诉，并无不当。

——中国裁判文书网。

712. 原告提起诉讼依据的法律关系、当事人及诉讼标的等与在先裁判基本一致，且能够认定其目的在于通过诉讼否定在先裁判结果的，应认定构成重复起诉

关键词

民事诉讼　合同纠纷　重复起诉

最高人民法院裁判文书

北京金达隆公司与美好外国语学校、四川美好企业集团合同纠纷案［最高人民法院（2021）最高法民申5232号民事裁定书］

裁判要旨：原告提起诉讼依据的法律关系、当事人及诉讼标的等与在先裁判基本一致的，且根据案件查明的事实能够认定，原告提起本案诉讼的目的在于通过诉讼否定在先裁判结果的，应依据《最高人民法院关于适用〈中华人民共和国民事诉讼法〉的解释》第二百四十七条规定，认定构成重复起诉。

最高人民法院认为，北京金达隆公司在本案的诉讼请求涉及的实质内容均系基于案涉债权转让合同解除后，要求恢复原状、返还财产。而该诉讼请求其已于（2018）京仲裁字第0479号案、（2018）川17民初47号案中提出，并已被生效法律文书驳回。本案原审还查明，北京金达隆公司提起本案诉讼所依据的法律关系与（2018）京仲裁字第0479号案及（2018）川17民初47号案所依据的法律关系一致，当事人及诉讼标的基本一致，而且北京金达隆公司提起本案诉讼的根本目的在于通过本案诉讼否定在先仲裁裁决及诉讼结果。基于上述事实，原审依据《最高人民法院关于适用〈中华人民共和国民事诉讼法〉的解释》第二百四十七条第一款“当事人就已经提起诉讼的事项在诉讼过程中或者裁判生效后再次起诉，同时符合下列条件的，构成重复起诉：（一）后诉与前诉的当事人相同；（二）后诉与前诉的诉讼标的相同；（三）后诉与前诉的诉讼请求相同，或者后诉的诉讼请求实质上否定前诉裁判结果”的规定，认定北京金达隆公司提起本案诉讼构成重复起诉的基本事实，并不缺乏证据证明，适用法律亦无不当，也未遗漏诉讼请求。

——中国裁判文书网。

713. 对生效仲裁裁决或法院驳回的诉讼请求以相同请求和理由提起执行异议之诉是否构成重复起诉

关键词

仲裁裁决执行异议之诉　第三人撤销之诉　重复诉讼　驳回起诉

最高人民法院裁判文书

中铁物上海有限公司与济南润和机车车辆物流有限公司、中车山东机车

车辆有限公司申请执行人执行异议之诉案［最高人民法院（2021）最高法民申 42 号民事裁定书］

裁判要旨：已经生效的仲裁裁决或人民法院判决驳回的部分请求，当事人在执行该裁决或判决的过程中又以相同的请求和理由提出执行异议之诉的，属于重复诉讼，应当裁定驳回起诉。

最高人民法院认为：本案中，中铁物公司在提起本案诉讼前已经在仲裁程序中以润和公司是济南轨道交通装备有限公司（简称轨道公司，2016 年 8 月更名为中车山东公司）的全资子公司、两公司工作人员混同等为由，请求中车山东公司对润和公司的案涉债务承担连带责任，济南仲裁委作出（2016）济仲裁字第 0280 号裁决书，认为从润和公司与轨道公司各自独立的法人性质看，润和公司虽系轨道公司独资设立，但两公司各自依法具有独立法人资格，依法独立对自己的民事行为享有权利、承担义务和责任，中铁物公司以两公司工作人员混同等为由，要求轨道公司共同承担欠款及利息、律师费、仲裁费等责任，缺少事实和法律依据，裁决对中铁物公司的上述请求不予支持。该仲裁裁决作出后，中铁物公司向人民法院申请执行。在执行过程中，中铁物公司申请追加中车山东公司为被执行人，对润和公司的债务承担连带清偿责任。一审法院裁定驳回中铁物公司的申请后，其提起本案执行异议之诉。虽然中铁物公司提出其提起本案执行异议之诉所依据的法律关系、救济程序、法律条文与其在仲裁案件中所依据的均不相同，本案不属于重复审理，但本院认为其主张不能成立。第一，从执行异议之诉的设立目的来看，该诉讼类型是在经过执行异议审查后，为了保障申请执行人的债权实现、被执行人的合法权益及第三人充分参与诉讼程序的权利而设立，当第三人与当事人间的纠纷已在其他仲裁或者诉讼程序中被实质性解决时，提起执行异议之诉即缺乏正当性。本案中，中铁物公司在执行程序中申请追加中车山东公司承担连带清偿责任的请求和理由与其在仲裁程序中提出的请求和理由具有一致性，其在仲裁庭已就上述请求作出裁决的情况下，仍然以申请追加被执行人的方式再次主张同样的请求，并在被驳回后提起执行异议之诉，不具有正当性。第二，从仲裁程序的救济途径来看，在仲裁庭裁决驳回中铁物公司关于中车山东公司对润和公司的案涉债务承担连带清偿责任的请求后，依据一裁终局规则，除非该裁决被依法撤销，否则裁决结果具有法律效力，中铁物公司在执行程序中申请追加中车山东公司承担连带清偿责任的行为，其实质是对仲裁裁决结果不服并提出异议，这不符合仲裁程序的救济规则。第三，从或裁或审原则来看，尽管中铁物公司未在仲裁裁决作出后直接就同一纠纷提起诉讼，但由于其在执行异议、执行异议之诉中的请求与仲裁程序中的请求相同，如果人民法院再次予以审理，实质上属于重复审理，违反了或裁或审原则。因此，中铁物公司提起执行异议之诉在本质上属于重复诉讼，本案应当驳回中铁物公司的起诉。但考虑到原审法院驳回了中铁物公司的诉讼请求，尽管在处理结果上与驳回起诉不同，但也未对当事人的权益及仲裁裁决的效力产生实质性影响，故为减轻当事人讼累，节约司法资源，本案可驳回中铁物公司的再审申请。

——中国应用法学研究所主编：《中华人民共和国最高人民法院案例选》（第六辑），法律出版社2022年版。

714. 对重复起诉中的诉讼请求应当进行实质性审查

关键词

合同纠纷　重复起诉　实质性审查

最高人民法院裁判文书

金昌市佰亿置业有限公司与宁夏农垦前进农场有限公司合同纠纷案［最高人民法院（2021）最高法民再204号民事裁定书］

裁判要旨：虽然前后两案当事人相同，但诉讼标的和诉讼请求不同，对于重复起诉中的诉讼请求，在审查时不应囿于文字表面，应当进行实质性审查，判断诉请是否实质性相同。本案中的诉讼请求不存在实质上否定前诉裁判结果的情形，金昌佰亿公司反而是在认可前案裁判结果的基础上提起了本案诉讼。

最高人民法院再审认为，关于二审裁定认定金昌佰亿公司的起诉系重复起诉是否适用法律错误的问题。《最高人民法院关于适用〈中华人民共和国民事诉讼法〉的解释》第二百四十七条第一款规定："当事人就已经提起诉讼的事项在诉讼过程中或者裁判生效后再次起诉，同时符合下列条件的，构成重复起诉：（一）后诉与前诉的当事人相同；（二）后诉与前诉的诉讼标的相同；（三）后诉与前诉的诉讼请求相同，或者后诉的诉讼请求实质上否定前诉裁判结果。"对比（2018）宁02民初86号案件和本案，前案的诉讼请求为："判令农垦前进公司履行《股权转让协议书》，向金昌佰亿公司支付股转金1200万元，农垦集团公司承担连带担保责任"，诉讼标的为股权转让关系及给付股权转让款。本案的诉讼请求为："判令农垦前进公司向金昌佰亿公司赔偿违约损失11081777.25元，利息损失5512082.05元，合计16593859.30元；农垦集团公司对上述款项承担连带赔偿责任”，诉讼标的为合作合同关系及赔偿违约损失。因此，虽然两起案件的当事人相同，但诉讼标的和诉讼请求不同，本案中的诉讼请求不存在实质上否定前诉裁判结果的情形，金昌佰亿公司反而是在认可前案裁判结果的基础上提起了本案诉讼。

综上，金昌佰亿公司的再审请求成立。

——中国裁判文书网。

715. 当事人就同一案件在先立案的人民法院撤回起诉，后立案的人民法院予以审理不存在法律程序上的障碍

关键词

撤诉　重复起诉

最高人民法院公报案例、最高人民法院裁判文书

王贺春、张福才等六人与卢继先、华宸建设集团股份有限公司债权转让合同纠纷案［最高人民法院（2012）民提字第44号民事裁定书］

裁判摘要：人民法院口头准许撤诉裁定记入笔录，履行相关通知义务后，其与书面准许撤诉裁定具有同等法律效力。当事人撤诉后，除法律有禁止性规定外，可另行起诉。

当事人在不同时间分别向有管辖权的不同地方人民法院提起诉讼，先立案的人民法院不得将案件移送给另一个有管辖权的人民法院；人民法院在立案前发现其他有管辖权的人民法院已立案的，不得重复立案；立案后发现其他有管辖权的人民法院已先立案的，应当裁定将案件移送给先立案的人民法院。后立案的人民法院在移送前，当事人在先立案的人民法院撤回诉讼并获得准许的，后立案的人民法院予以审理不存在法律程序上的障碍。

——《最高人民法院公报》2012年第11期。

716. 不适用一事不再理原则及不构成重复起诉的情形

关键词

发生新的事实　重复起诉

最高人民法院司法解释

第二百四十八条 裁判发生法律效力后，发生新的事实，当事人再次提起诉讼的，人民法院应当依法受理。

——《最高人民法院关于适用〈中华人民共和国民事诉讼法〉的解释》（2022年4月1日修正）。

附录：最高人民法院主流观点

《民事诉讼法解释》第二百四十八条是关于不适用一事不再理原则的情况的规定。当事人再次提起诉讼的条件为发生新的事实。从民事诉讼法理论上看，判决生效后，当事人不得就已经判决的同一案件再行起诉，即判决具有既判力。而从既判力的效力范围看，既判力具有主观范围、客观范围和时间范围。既判力的时间范围，即既判力的基准时或标准时，是法院确定终局判决所判断的当事人之间诉争事实状态或权利状态存在的特定时间点。既判力基准时所针对的是确定判决对所判断事项产生既判力的时间点问题。从大陆法系的理论主张看，通说认为，"发生既判力的判决只确认特定时刻的权利状态，而不是确认所有未来的权利状态……涉及实质既判力的时刻与双方当事人在诉讼进行中能提起新的事实主张的截止时刻相同"①。也就是说，既判力的基准时为"事实审言词辩论终结时"。因确定判决是对特定时点上当事人之间的实体法律关系状态的判断，故确定判决仅对基准时之前发生的事项具有既判力，对基准时之后的事项没有既判力。基准时后发生新的事实，不受既判力的拘束，当事人可再次提起诉讼。

从我国民事诉讼法的规定看，在"有错必纠"司法观念的影响下，既判力制度在民事诉讼法上未有明确规定。因既判力决定着一事不再理原则作用的范围，在既判力制度缺位的情况下，一事不再理原则的效力范围较难以明确，亦导致审判实践中对一事不再理原则适用的不一致。在此情况下，结合司法实践，并借鉴域外既判力基准时的相关理论，《民事诉讼法解释》第二百四十八条对不适用一事不再理原则的情况进行了规定，明确了裁判发生法律效力后，发生新的事实，当事人再次提起诉讼的，不适用一事不再理原则，人民法院应当依法受理。因确定判决仅对基准时之前发生的事项具有既判力，对基准时之后的事项没有既判力。裁判发生法律效力后发生新的事实，为既判力基准时之后发生，并未被生效判决所确认，不在诉讼系属中，亦不应受既判力的拘束。因发生了新的事实，从而使确定判决所认定的权利发生变动，当事人基于该事实再次提起的诉讼，不适用一事不再理原则，法院对此应予

① ［德］奥特马·尧厄尼希：《民事诉讼法》，周翠译，法律出版社2003年版，第332页。

以受理。

需注意的是，新的事实为生效裁判发生法律效力后发生的事实，而不是原生效裁判未查明或涉及的事实，亦不是当事人在原审中未提出的事实。应当指出的是，原审结束前就已经存在的事实，当事人应当主张而未主张的事实，也不属于新的事实。

审判实践中应当注意：

实务中，在裁判发生法律效力后，当事人以发生新的事实为由，再次向法院提起诉讼的，人民法院对原告的起诉应当依法受理。但当事人的起诉应符合民事诉讼法规定的起诉和受理的条件，人民法院对此也应当依法进行审查。人民法院的审查仅是一种形式审查，仅审查“新的事实”是否有证据，至于该“新的事实”是否属实，在起诉的受理阶段无须审查，而有待受理后进行审查处理。当事人主张的新的事实不成立的，人民法院应裁定驳回起诉。

——最高人民法院民法典贯彻实施工作领导小组办公室编著：《最高人民法院新民事诉讼法司法解释理解与适用》，人民法院出版社2022年版，第522~5213页。

717. 如何认定裁判生效后发生的“新的事实”

关键词

生效判决　新的事实　反诉请求　反诉的利益

最高人民法院裁判文书

伍德泉与伍阿容等船舶共有纠纷案［最高人民法院（2018）最高法民申5058号民事裁定书］

裁判要旨：裁判发生法律效力后，发生新的事实，当事人再次提起诉讼的，人民法院应当依法受理。能否再次提起诉讼的关键在于是否出现了“新的事实”。“新的事实”应为生效裁判发生法律效力后发生的事实，而不是原生效裁判未查明或未涉及的事实，亦不是当事人在原审中未提出的事实。在生效判决已涵盖当事人的反诉请求时，当事人不具有独立的反诉的利益。

最高人民法院认为：本案系当事人申请再审案件，应当围绕伍德泉申请再审的理由是否成立进行审查。

《最高人民法院关于适用〈中华人民共和国民事诉讼法〉的解释》第二百

四十七条规定：“当事人就已经提起诉讼的事项在诉讼过程中或者裁判生效后再次起诉，同时符合下列条件的，构成重复起诉：（一）后诉与前诉的当事人相同；（二）后诉与前诉的诉讼标的相同；（三）后诉与前诉的诉讼请求相同，或者后诉的诉讼请求实质上否定前诉裁判结果。当事人重复起诉的，裁定不予受理；已经受理的，裁定驳回起诉，但法律、司法解释另有规定的除外。”伍德泉基于其与伍加培、洪金德及伍阿容自 2007 年至 2011 年期间合伙经营的事实，在本案中提起反诉请求判令伍阿容按比例返还合伙初始债务、承担合伙损失和支出（含节油款）。而在（2013）厦海法商初字第 598 号一案中，伍德泉、伍加培、洪金德作为原告诉请判令伍阿容按合伙比例支付合伙经营初期债务；在（2013）厦海法商初字第 599 号一案中，伍德泉、伍加培、洪金德作为原告诉请判令伍阿容返还节油款。两案中的诉讼请求均被驳回。本案诉讼主体为伍德泉、伍加培、洪金德及伍阿容，（2013）厦海法商初字第 598 号、599 号案的诉讼主体为伍德泉、洪金德、伍加培及伍阿容，诉讼主体完全一致。（2013）厦海法商初字第 598、599 号两案审理时已经涉及本案反诉请求的相关内容，两案生效判决的既判力亦已涵盖本案反诉的诉讼主张。再审申请人的反诉请求没有形成独立的诉的利益，其诉讼请求实质上会否定前案的裁判结果。二审裁定基于上述情形认定伍德泉、伍加培、洪金德的反诉请求构成重复起诉，具有事实依据。

《最高人民法院关于适用〈中华人民共和国民事诉讼法〉的解释》第二百四十八条的规定：“裁判发生法律效力后，发生新的事实，当事人再次提起诉讼的，人民法院应当依法受理。”根据上述规定，能否再次提起诉讼的关键在于是否出现了“新的事实”。“新的事实”应为生效裁判发生法律效力后发生的事实，而不是原生效裁判未查明或未涉及的事实，亦不是当事人在原审中未提出的事实。伍德泉在（2013）厦海法商初字第 598 号和（2013）厦海法商初字第 599 号案件的生效裁判文书发生法律效力之后，未能举证证明其据以提起本案反诉的基础事实及诉讼请求较前诉发生了实质变更，亦未能举证证明本案法律关系或案件事实产生新的变化。其通过另案反诉方式提请对船舶合伙经营费用进行清算的行为，不属于生效裁判发生法律效力后发生的“新的事实”，不属于《最高人民法院关于适用〈中华人民共和国民事诉讼法〉的解释》第二百四十八条规定的“新的事实”的情形。伍德泉该项再审申请理由不能成立。

（2015）厦海法商初字第 720 号民事判决书查明的合伙期间的债务情况，不能证明伍德泉在本案中据以提起反诉的争议事实与（2013）厦海法商初字第 598 号案存在本质不同，不属于《最高人民法院关于适用〈中华人民共和国民事诉讼法〉的解释》第三百八十七条规定的足以推翻原裁判的“新的证据”。伍德泉关于“新证据”足以推翻原裁定的再审申请理由不能成立。

——中国裁判文书网。

718. 一事不再理原则是否适用于调解协议经民事调解书确认并发生法律效力的案件

关键词

民事调解书　一事不再理

附录：民事审判信箱

问：在案件审理过程中，双方当事人达成调解协议，经民事调解书确认并已经发生法律效力，当事人又起诉的，法院是否应当依据“一事不再理”原则对此不予受理?

答：“一事不再理”原则是民事诉讼的一项基本原则，即当事人不得就已经起诉的案件，在诉讼过程中再行起诉，即使起诉，人民法院也不得受理。对此原则，我国民事诉讼法中并没有直接规定，通常被作为法律依据的是民事诉讼法第一百一十一条第（五）[①]项：“对判决、裁定已经发生法律效力的案件，当事人又起诉的，告知原告按照申诉处理，但人民法院准许撤诉的裁定除外。”但其只明确规定了对生效判决、裁定不得再诉，并未明确是否适用于调解发生法律效力的案件。

根据民事诉讼法理论，“一事不再理”原则包含了两个方面的含义：一是诉讼系属效力，即某一诉已经提起或正在诉讼中，该诉就不得再次提起；二是裁判的既判力，即民事裁判生效后，当事人不得就已经裁判确定的同一案件再行起诉。

民事调解书虽然是依据当事人依法自愿达成的调解协议制作的，但法院调解是人民法院行使审判权的方式之一，民事调解书记载了诉讼请求、案件的事实和调解结果，是在诉讼程序中形成的法院制作的法律文书，其一经生效，即产生与生效判决相同的法律效力。在程序方面，它和判决一样，都是正常结束诉讼程序的方式；在实体方面，调解生效后，即表明当事人之间实体权利义务的争议已经得到了法院的解决和确认。因此，就既判力而言，当事人和人民法院都应该受到生效裁判内容的约束，当事人不得就同一诉讼标的和同一诉讼理由再向人民法院提起诉讼，人民法院也不得再行审理和另行裁判。故从目的解释的角度而言，民事诉讼法第一百一十一条第（五）项的规定可以扩展解释为已经生效的裁判文书。

---

① 现为《民事诉讼法》（2021 年修正）第一百二十七条第五项。

因此，人民法院制作的调解书发生法律效力后，如果当事人就同一诉讼标的、同一理由再行提起诉讼的，人民法院可以参照适用民事诉讼法第一百一十一条第（五）项的规定予以处理。

——本书研究组：《民事诉讼“一事不再理”原则是否适用于调解发生法律效力的案件》，载最高人民法院民事审判第一庭编：《民事审判指导与参考》2012年第3辑（总第51辑），人民法院出版社2012年版，第237~238页。

719. 当事人基于调解书生效后产生的新的事实，重新提起诉讼的，应当进行实体审理

关键词

调解　重复起诉　新的事实

最高人民法院裁判文书

新贸物流公司与东顺公司土地使用权转让合同纠纷案［最高人民法院（2021）最高法民再250号民事裁定书］

裁判要旨：人民法院对当事人在诉讼中达成的调解协议出具调解书。因合同具体约定不明，当事人对调解书中有关继续履行合同的内容产生争议，且无法在法院强制执行程序中解决的事实，构成一方当事人再次提起诉讼的新的事实。

最高人民法院再审认为，本案再审的争议焦点为新贸物流公司提起本案诉讼是否构成重复起诉，本案是否应当进行实体审理。

《最高人民法院关于适用〈中华人民共和国民事诉讼法〉的解释》第二百四十七条规定：“当事人就已经提起诉讼的事项在诉讼过程中或者裁判生效后再次起诉，同时符合下列条件的，构成重复起诉：（一）后诉与前诉的当事人相同；（二）后诉与前诉的诉讼标的相同；（三）后诉与前诉的诉讼请求相同，或者后诉的诉讼请求实质上否定前诉裁判结果。当事人重复起诉的，裁定不予受理；已经受理的，裁定驳回起诉，但法律、司法解释另有规定的除外。”第二百四十八条规定：“裁判发生法律效力后，发生新的事实，当事人再次提起诉讼的，人民法院应当依法受理。”据此，考量案件是否构成重复起诉，应当从诉讼主体、诉讼标的、诉讼请求等主客观要件以及依据的事实等方面进行综合评判。只要不同时具备上述第二百四十七条第一款规定的主客观要件，则不属于重复起诉；即使要件符合，但基于新的事实起诉的，人民法院亦应

当依法受理。

（一）从构成要件判断本案是否构成重复起诉。首先，关于诉讼主体。本案比前案增加了第三人天宝置业公司，该第三人系因东顺公司申请追加，新贸物流公司并未针对第三人提出诉讼请求，本案诉讼主体的增加并不能认定不构成重复起诉。其次，关于诉讼标的。前后两案新贸物流公司均是基于《土地使用权转让合同》提起诉讼。前案诉讼虽仅针对该合同中的租赁关系而提起，并未涉及土地使用权转让，但调解书涵盖了该两个方面的内容；本案是针对该合同土地使用权转让关系和租赁关系而提起的诉讼。从诉讼标的的角度亦不能认定不构成重复起诉。再次，前案起诉请求支付 2016 年 4 月 13 日至 2018 年 4 月 12 日的土地房产使用租赁费及违约金、利息。1090 号民事调解书所涉及的租赁费至 2018 年 8 月 31 日。本案所诉请的土地占用费的支付期间为，2019 年元月 1 日至返还土地之日。本案关于土地占用费的诉讼请求并未为前案诉请及 1090 号民事调解书的内容所涵盖，240 万元其他损失等诉讼请求，前案中未涉及。对于本案中上述未为 1090 号民事调解书所涵盖的诉讼请求，人民法院依法应予审理。但与此同时，本案有关解除案涉《土地使用权转让合同》及返还等诉讼请求实质否定了 1090 号民事调解书第三条有关“2018 年 12 月 31 日前，甲乙双方依据原合同约定，履行土地使用权转让事宜”的内容。故对该部分请求需要进一步判断是否基于新的事实。

（二）本案有关土地使用权转让等诉请是否基于新的事实。在 1090 号民事调解书所确定的履行时间前，双方均未履行土地使用权转让事宜。在调解书的强制执行过程中，新贸物流公司和东顺公司达成《执行和解协议》，但因东顺公司未按《执行和解协议》的约定交纳前期土地转让款，《执行和解协议》亦未能履行，之后新贸物流公司撤回执行申请。本案再审中，双方对《土地使用权转让合同》未履行的原因各执一词。东顺公司认为，土地面积应当以土地使用权证上记载的 30.4 亩为准，不应按照合同约定的 38.03 亩履行；新贸物流公司则主张，东顺公司应先支付土地转让款，其才办理土地使用权转让手续。调解书第三条有关“双方依据《土地使用权转让合同》约定，履行土地使用权转让事宜”约定，不仅因自身继续履行的具体内容不明确而实际无法通过强制执行得以实现，同时也无法解决当事人双方对合同履行所产生的新争议。扶风县人民法院此前就该调解书强制执行的实际情况已经印证了这一问题。在执行案件终结之后，调解书确认的租赁期限已经超过，东顺公司仍占有案涉土地，且未支付后续的土地房屋占用费。故从实质化解纠纷，定分止争的考虑出发，基于调解书作出后发生的《土地使用权转让合同》因双方争议陷入履行僵局，且无法通过强制执行程序解决等事实，本案应当根据《最高人民法院关于适用〈中华人民共和国民事诉讼法〉的解释》第二百四十八条之规定，依法受理并进行实体审理，至于该合同是否应当解除需待实体审理后作出判断。原判决驳回起诉适用法律错误，本院予以纠正。

——中国裁判文书网。

最高人民法院审判业务意见（民一庭意见）

最高人民法院民一庭意见：履行调解书中超出原审原告诉讼请求部分内容的新的争议事实，如不能通过执行程序或审判监督程序救济，且符合民事诉讼法第一百零八条[①]规定的案件受理条件，权利人有权向有管辖权的人民法院另行提起诉讼。

附：本案案情

2006年1月，贸发银行起诉恢宏房地产公司，要求恢宏房地产公司偿还贷款本息、罚息、复息等共计4500万元。

经一审法院调解，当事人达成调解协议：调解书发生法律效力之日起60天内，恢宏房地产公司归还贸发银行贷款本金3000万元；一年内归还借款利息500万元、罚息300万元、复息100万元。贸发银行同意恢宏房地产公司将上述债务的抵押物恢宏大厦中的1000平方米以每平方米16900元计价出售给大发证券公司，最长售房期限1年。所得售楼款中的80%用于还债，余款经贸发银行审核批准后用于支付交易费用和抵押物管理费用。抵押房产恢宏大厦其余房产用于出租，租金中的50%归贸发银行所有，余额归恢宏房地产公司。出售、出租行为由双方当事人另行签订委托销售、委托出租代理合同。

履行调解书过程中，因房价上涨，恢宏房地产公司已向大发证券公司销售房产的均价为28000元，高于调解书规定的每平方米16800元，双方对如何分配溢价款产生争议。此外，恢宏房地产公司已签约拟出售的房产面积超出1000平方米，售房对象不仅是大发证券公司一家，3000万元实际还款期限延误25天。为此，贸发银行拒绝为恢宏房地产公司出具继续租、售恢宏大厦房产的授权委托书，导致调解协议中止履行。恢宏房地产公司向执行法院申请强制执行，请求贸发银行出具委托书、准许其继续租售恢宏大厦、溢价款中的80%归其所有。贸发银行也向执行法院提出强制执行申请，请求恢宏房地产公司承担溢价和超面积售房、虚报租、售房产管理费用、延期支付3000万元贷款等的违约责任，全部溢价款应当归其所有。经审查，执行法院认为，双方争议事实属于履行调解书中发生的新的争议事实，不属于调解书项下的执行内容，裁定不予执行。

2008年1月，恢宏房地产公司向法院提起新的诉讼，请求贸发银行出具委托书，准许其继续租、售恢宏大厦房产，溢价款中的80%归其所有。贸

① 现为《民事诉讼法》（2021年修正）第一百二十二条。

发银行提起出反诉，请求恢宏房地产公司承担溢价和超面积售房、虚报租、售房产管理费用、延期支付3000万元贷款等的违约责任，全部溢价款归其所有。

一审法院经审理认为，恢宏公司提起诉讼的主要依据系法院作出的民事调解书，诉讼理由是贸发银行违反该民事调解协议规定内容，造成其经济损失。目前该民事调解书尚在执行程序中，针对该民事调解书的具体条款的执行和履行，恢宏公司与贸发银行发生争议，仍然应当通过执行程序解决。恢宏公司的起诉不符合民事诉讼法规定的起诉条件，据此，裁定：驳回恢宏公司的起诉。

恢宏公司不服一审裁定，提起上诉。二审法院认为，恢宏公司起诉所针对的事实，是履行生效调解书中新发生的事实，与借款纠纷案件中的借款事实不同，具有相对独立性，难以通过再审程序、执行程序救济，应当认定当事人就此享有诉权，有权另行提起诉讼。据此，裁定：一、撤销一审裁定；二、指令一审法院对本案进行审理。

——最高人民法院民事审判第一庭：《当事人对履行民事调解书中产生的新争议事实有权提起新的诉讼》，载最高人民法院民事审判第一庭编：《民事审判指导与参考》2009年第3集（总第39集），法律出版社2010年版，第168页。

720. 两个诉讼当事人互为原、被告向两个法院提起两个诉讼，诉讼标的和诉讼请求均不同，不属于重复起诉

关键词

诉讼当事人　诉讼标的　诉讼请求　重复起诉

最高人民法院裁判文书

青海喜玛拉雅房地产开发有限公司与同仁县住房与城乡建设局合同纠纷案［最高人民法院（2016）最高法民终616号民事裁定书］

裁判要旨：两个诉讼实质上是两个诉讼当事人互为原、被告向两个法院提起的诉讼，诉讼标的和诉讼请求均不同，不属于重复起诉。

最高人民法院认为，同仁县住建局以青海喜玛拉雅公司为被告向青海省黄南藏族自治州中级人民法院提起诉讼一案，与青海喜玛拉雅公司以同仁县

住建局为被告向青海省高级人民法院提起的诉讼一案，系履行《同仁县廉租房委托代建合同》和《同仁县廉租房委托代建补充协议》过程中引发的纠纷。其中，同仁县住建局向黄南藏族自治州中级人民法院提出的诉讼请求是判令青海喜玛拉雅公司退还多支付项目资金、利息、税款，青海喜玛拉雅公司的诉讼请求是判令同仁县住建局继续履行合同并退回土地费、支付工程款和承担违约金，两个诉讼实质上是同仁县住建局和青海喜玛拉雅公司互为原、被告向青海省的两个法院提起的诉讼，诉讼标的和诉讼请求均不同，故原审根据《最高人民法院关于〈中华人民共和国民事诉讼法〉的解释》第二百四十七条关于重复起诉的规定，裁定驳回青海喜马拉雅公司的起诉，适用法律错误，应予纠正。

——中国裁判文书网。

721. 前诉判决仅确认了合同无效，未对无效合同的法律后果进行处理。因工程质量问题提起后诉，与前诉的诉讼请求及诉讼标的均不相同，不属于重复起诉

关键词

前诉　后诉　合同无效　重复起诉

最高人民法院裁判文书

沈阳经济技术开发区市政建设工程有限公司与杭州新世管道集团有限公司、浙江新世管道股份有限公司建设工程施工合同纠纷案［最高人民法院（2016）最高法民再172号民事裁定书］

裁判要旨：前诉判决仅确认了合同效力，未对无效合同的法律后果进行处理。在案涉合同被确认无效后，因工程质量问题提起后诉，与前诉的诉讼请求及诉讼标的均不相同，不属于重复起诉。

最高人民法院认为，辽宁省高级人民法院（2013）辽民一终字第00250号民事案件，诉讼主体虽然与本案相同，起诉所涉事实也是基于《建设工程内部承包协议》及《沈阳浑南新城电力排管一期工程（六标段）施工合作协议》，但该案经一、二审审理，判决仅确认了合同效力，未对无效合同的法律后果进行处理。沈阳市政公司在案涉合同被确认无效后，因工程质量问题提起本案诉讼，与上述案件诉讼请求及诉讼标的均不相同，不属于重复起诉。

本案系沈阳市政公司因工程质量问题提起诉讼，属于建设工程施工合同

纠纷。《中华人民共和国民事诉讼法》第二十三条[①]规定："因合同纠纷提起的诉讼，由被告住所地或者合同履行地人民法院管辖。"《最高人民法院关于审理建设工程施工合同纠纷案件适用法律问题的解释》第二十四条规定："建设工程施工合同纠纷以施工行为地为合同履行地。"案涉工程施工行为地在辽宁省沈阳市，因此，本案合同履行地为辽宁省沈阳市，在沈阳市中级人民法院管辖区域内。按照沈阳市政公司起诉时施行的《最高人民法院关于调整高级人民法院和中级人民法院管辖第一审民商事案件标准的通知》法发［2008］10号规定：沈阳市中级人民法院可管辖诉讼标的额不低于800万元的第一审民商事案件，以及诉讼标的额不低于300万元且当事人一方住所地不在本辖区或者涉外、涉港澳台的第一审民商事案件。本案沈阳市政公司住所地为沈阳经济技术开发区昆明湖街，诉讼标的额为1500余万元，因此，沈阳市中级人民法院一审认为其对本案有管辖权，符合前述法律及司法解释的规定。

长兴法院受理的案件，原告是杭州新世公司，被告为沈阳市政公司、浙江新世公司，诉讼请求为支付工程款。因此，该案与本案原、被告主体身份不同，诉讼标的及诉讼请求亦不相同，虽然涉及同一基础法律事实，但系双方当事人因建设工程施工合同发生纠纷后分别就给付工程款及赔偿工程质量问题产生的损失，向不同法院提起的诉讼，两诉讼各自独立存在。且在长兴法院案件中，沈阳市政公司并未就工程质量问题提起反诉，而是答辩称其已经另案起诉。长兴法院也未将案涉工程是否存在质量问题及杭州新世公司、浙江新世公司是否应承担赔偿责任纳入审理范围。因此，辽宁省高级人民法院二审认为沈阳市政公司可在长兴法院审理的案件中一并主张权利，裁定驳回沈阳市政公司就本案纠纷提起的诉讼，剥夺了沈阳市政公司提起本案诉讼的权利，缺乏法律依据。

——中国裁判文书网。

722. 当事人在前诉中提出的抗辩，在后诉中单独作为诉讼请求提出，后诉与前诉不构成重复起诉

关键词

前诉　后诉　抗辩　重复起诉

最高人民法院裁判文书

广东业丰房地产开发有限公司、广东长城建设集团有限公司与中山大学

① 现为《民事诉讼法》（2021年修正）第二十四条。

合资、合作开发房地产合同纠纷案［最高人民法院（2016）最高法民终 189 号民事裁定书］

裁判要旨：当事人在前诉中提出的抗辩，在后诉中单独作为诉讼请求提出，后诉与前诉不构成重复起诉。

最高人民法院认为，根据最高人民法院《关于适用〈中华人民共和国民事诉讼法〉的解释》第二百四十七条第一款关于“当事人就已经提起诉讼的事项在诉讼过程中或者裁判生效后再次起诉，同时符合下列条件的，构成重复起诉：（一）后诉与前诉的当事人相同；（二）后诉与前诉的诉讼标的相同；（三）后诉与前诉的诉讼请求相同，或者后诉的诉讼请求实质上否定前诉裁判结果”的规定，本院对本案与前案 7 号案的主要诉讼请求逐项比较分析如下：

第一，关于本案第一项即业丰公司、长城公司主张继续履行《合建协议》及《合建补充协议》诉讼请求，与前案 7 号案第一项即中山大学主张解除涉案《合建协议》及《合建补充协议》诉讼请求的比较分析。上述两项诉讼请求的内容相反，且广东高院已在前案 7 号案中作出解除涉案《合建协议》及《合建补充协议》的生效判决，故业丰公司、长城公司在本案提出继续履行合同的诉请实质上是为了否定前案 7 号案的裁判结果，符合重复诉讼的构成要件。因此，原审裁定驳回业丰公司、长城公司关于继续履行涉案《合建协议》及《合建补充协议》该项诉请的起诉，并无不当，本院予以维持。

第二，关于本案第二项即业丰公司、长城公司主张中山大学偿还业丰公司垫付的土地出让金及契税 3934600 元诉讼请求，与前案 7 号案第二项即中山大学请求确认业丰大厦项目用地及已建合格工程由中山大学一方承接所有，业丰公司、长城公司对业丰大厦项目工程的实际投入由中山大学予以补偿诉讼请求的比较分析。本案第二项诉讼请求实为业丰公司、长城公司对其在涉案项目资金投入的主张，应当涵括在前案 7 号案的第二项诉讼请求中，属于前案 7 号案的审理范围。广东高院在前案 7 号案中也已将涉案土地出让金等费用作为业丰公司、长城公司实际投入项目的资金予以审查和认定，其判令中山大学向业丰公司、长城公司支付的补偿款 48491267.91 元，明确包含了土地出让金等费用。本案第二项诉讼请求事实上已经得到前案 7 号案的依法处理，相关权利已经得到人民法院的支持，该项诉请的提出符合重复诉讼的情形。且业丰公司、长城公司提起本案上诉，其上诉的事实理由中并未对原审裁定关于本案第二项诉请构成重复诉讼的认定提出异议。因此，原审裁定驳回业丰公司、长城公司关于中山大学支付土地出让金、契税该项诉请的起诉，亦无不当，本院予以维持。

第三，关于本案第三项即业丰公司、长城公司主张中山大学支付 10385

万元违约赔偿金诉讼请求与前案7号案的所有诉讼请求的比较分析。从诉请内容看，本案的第三项诉讼请求与前案7号案的所有诉讼请求不存在重合交叉情况。从审理情况看，前案7号案中，中山大学作为原告提出业丰公司、长城公司承担违约责任等诉讼请求；业丰公司作为该案被告虽然提起反诉，但广州中院以举证期限届满为由未予受理；后业丰公司、长城公司在该案中以抗辩方式主张中山大学存在违约行为应承担违约责任。反诉与抗辩本质不同。前者是一种独立的诉，是本诉的被告以本诉的原告为被告提出的具有对抗性的独立的诉讼请求。后者不是诉，是被告提出证据或者理由反对原告诉讼请求的防御方法。因此，审理前案7号案时，只有在合并受理业丰公司相关反诉的情况下，才能展开对中山大学是否存在违约行为及是否承担违约责任等的审理，否则该案的审理范围应当严格限定于中山大学的诉讼请求。广东高院对前案7号案进行二审、再审时，将中山大学是否存在违约行为及违约责任如何承担等问题作为审理焦点并径行下判，明显超出了中山大学在该案中的诉讼请求。故业丰公司、长城公司在本案中以独立的诉的形式提出中山大学存在违约行为应承担违约责任的诉讼请求，不符合重复诉讼的构成要件。原审裁定对该项诉请采取驳回起诉的处理，不符合法律规定，本院依法予以纠正。业丰公司、长城公司主张其关于中山大学违约责任的诉请不构成重复诉讼的上诉理由成立，本院予以支持。

——中国裁判文书网。

723. 当事人依据有可选择性而非包含关系的合同条款提起的两次诉讼不属于同一法律事实及法律关系

关键词

可选择性而非包含关系

最高人民法院裁判文书

青岛中金实业股份有限公司与中金置业集团有限公司等投资合作协议纠纷案［最高人民法院（2015）民二终字第93-1号民事裁定书］

裁判要旨：前诉和后诉所依据的合同条款不同，两个条款约定的内容及所附条件亦相互独立，具有可选择性而非包含关系。故前诉和后诉所涉及的法律事实有着明显的区别，两次诉讼不属于同一法律事实及法律关系。

最高人民法院认为，本案的争议焦点是中金实业公司本次起诉是否属于重复起诉。根据民事诉讼法的相关规定，后诉与前诉的当事人相同、诉讼标的相同、诉讼请求相同的，构成重复起诉。中金实业公司上诉主张前后两次起诉的诉讼标的与诉讼请求均不相同，本案不属于重复起诉。

关于诉讼标的是否相同的问题。判断两次起诉的诉讼标的是否相同，应当以提起诉讼的当事人所请求裁判的事项及其依据的法律事实而确定。本案与另案的两次起诉均系双方当事人履行《投资合作协议》、《补充协议》等合同产生争议而引发，基础的民事法律关系均是投资合作法律关系。但另案是中金实业公司基于《投资合作协议》第八条第二款关于全部回购中铁置业公司所持有的 92% 的股权约定而提起的诉讼；本案是中金实业公司依据《投资合作协议》第九条、《补充协议》第十一条的约定，在全部回购条件未成就前针对部分回购权而提起的回购中铁置业公司所持有的 70% 的诉讼，两次起诉所依据的合同条款不同，两个条款约定的内容及所附条件亦相互独立，双方当事人有关全部回购权和部分回购权的约定具有可选择性而非包含关系。故两案所涉及的法律事实有着明显的区别，另案主要围绕着中金实业公司是否有权回购中铁置业公司全部股权即全部回购的条件是否成就而进行审理；本案则是在中金实业公司全部回购中铁置业公司股权的诉讼请求被生效判决驳回后，其就回购中铁置业公司部分股权主张权利。一审裁定认定两次诉讼属于同一法律事实及法律关系不当。

关于诉讼请求是否相同的问题。从《补充协议》和《投资合作协议》的内容可以看出，双方当事人签订合同时即约定了中金实业公司分别享有主张回购全部或部分股权以及引入其他战略投资者等权利。其中，《补充协议》第八条、第十一条约定“中铁置业公司在收回对公司及项目的投资及收益后，同意中金实业公司或中金实业公司引进的战略投资者对中铁置业公司所持公司全部股权进行回购”、“各方同意，在本协议第九条约定的回购条件全部成就以前，中金实业公司或中金实业公司引进的战略投资者可以回购中铁置业公司（包括中铁置业公司引入的战略投资者）所持公司的部分股权”；《投资合作协议》第二条第四款、第八条第一款、第九条第一款约定“待本协议约定的回购条件成就后，中金实业公司可以回购中铁置业公司所持公司股权，中铁置业公司退出公司的经营和管理”、“中铁置业公司介入公司属于战略性投资、阶段性持股。中铁置业公司在全部收回对公司及项目的投资及收益后，同意中金实业公司对中铁置业公司所持公司的全部股权进行回购”、“本协议约定的中金实业公司对中铁置业公司所持公司全部股权的回购条件全部成就前，双方均有权引入战略投资者，由战略投资者一次性或分阶段受让中铁置业公司所持公司一定比例的股权”。虽然表面上看中金实业公司两次起诉的诉讼请求仅就要求实现回购中铁置业公司持有项目公司股权的比例上发生了变化，即由要求回购中铁置业公司持有项目公司股权 92% 调整为 70%，但事实上两次起诉的诉讼请求有着本质的区别，另案主张是全部股权的回购权，而本案行使的是部分股权的回购权，另案审理时并没有涉及本案部分回购的相关内容，另案生效判决的既判力亦没有涵盖本案的诉讼主张。一审裁定依据公司法的相关规定认定"本次诉讼中金实业公司直接提出回购 70% 股权这一具体比例要求，实际在于取得讼争项目公司的绝对控制权，与中金实业公司另案起诉请求全部回购讼争项目公司 92% 的股权在公司运营和管理方面并无实质性区别"没有法律依据。

至于中铁置业公司提出的《补充协议》已被《投资合作协议》变更和取代，而该《投资合作协议》相关条款本身仅是一个意向性的条款，中金实业公司不能据此享有回购权；中金渝能公司提出的中金实业公司实际丧失了回购权等答辩意见，属于实体审查认定范围，本案程序审查阶段暂不予理涉。

综上，在中金实业公司全部回购中铁置业公司所持项目公司股权的诉讼请求被生效判决驳回后，其依约享有主张回购部分股权的权利，本案不属于重复起诉。

——中国裁判文书网。

724. 不能仅以前后诉基础事实一致而认定重复起诉

关键词

前诉生效裁判　请求权基础　重复起诉

最高人民法院裁判文书

刘贵平与陕西辰宫房地产开发有限责任公司民间借贷纠纷案［最高人民法院（2019）最高法民再 289 号民事裁定书］

裁判要旨：后诉虽以前诉生效裁判确认的事实为基础，但后诉的当事人、诉讼请求及请求权基础均与前诉不同，且后诉的诉讼请求亦未否定前诉裁判结果的，不构成重复起诉。

最高人民法院认为，根据《最高人民法院关于适用〈中华人民共和国民事诉讼法〉的解释》第二百四十七条的规定，重复起诉应同时满足三项条件：第一，后诉与前诉的当事人相同；第二，后诉与前诉的诉讼标的相同；第三，后诉与前诉的诉讼请求相同或者后诉的诉讼请求实质上否定前诉裁判结果。刘贵平提起本案和（2013）陕民一初字第 00016 号案件诉讼，虽然都基于马万彪向其借款这一事实，但本案刘贵平请求辰宫公司承担还款责任的法律依据是《最高人民法院关于审理民间借贷案件适用法律若干问题的规定》第二十三条第二款“企业法定代表人或负责人以个人名义与出借人签订民间借贷合同，所借款项用于企业生产经营，出借人请求企业与个人共同承担责任的，人民法院应予支持”。主张的事实是马万彪借款用于辰宫公司的项目开发，辰宫公司是案涉借款的实际使用人。故本案和（2013）陕民一初字第00016号案件的当事人、诉讼请求和请求权基础均不相同。本案刘贵平的诉讼请求对该案的裁判结果亦不具有否定效果，而是在该案确定的债权金额基础上，要求辰宫公司承担清偿责任。至于借款发生时马万彪是否担任辰宫公司法定代表人、马万彪是否以法定代表人身份代表辰宫公司借款、所借款项是否用于辰宫公司生产经营等问题，应通过实体审理进行认定，进而判决支持或驳回刘贵平的诉讼请求。原审法院直接以重复诉讼为由驳回刘贵平起诉，适用法律错误。

——中国裁判文书网。

725. 构成另案反诉内容的起诉不属于重复诉讼

关键词

另案反诉内容　重复起诉

最高人民法院裁判文书

中国船舶重工集团公司第七〇三研究所与建龙西林钢铁有限公司建设工程施工合同纠纷案［最高人民法院（2019）最高法民申3832号民事裁定书］

裁判要旨：在本案被告已另案先行起诉的情况下，本案原告的诉讼请求内容如本质上属于该另案反诉内容，则虽然两案当事人相同，但基于诉讼地位、诉讼请求不同，不能认定为重复诉讼而驳回起诉，应当对本案进行实体审理和裁判。

最高人民法院认为，《最高人民法院关于适用〈中华人民共和国民事诉讼法〉的解释》第二百四十七条规定：“当事人就已经提起诉讼的事项在诉讼过程中或者裁判生效后再次起诉，同时符合下列条件的，构成重复起诉：（一）后诉与前诉的当事人相同；（二）后诉与前诉的诉讼标的相同；（三）后诉与前诉的诉讼请求相同，或者后诉的诉讼请求实质上否定前诉裁判结果。当事人重复起诉的，裁定不予受理；已经受理的，裁定驳回起诉，但法律、司法解释另有规定的除外。”本案中，七〇三研究所提出的解除《安装合同》及《补充协议》的诉讼理由、诉讼请求，与另案西钢公司要求继续履行《安装合同》的诉讼理由、诉讼请求不完全相同；本案中七〇三研究所提出的给付工程款和赔偿损失的诉讼请求，与另案给付违约金的诉讼请求不相同。本质上，本案七〇三研究所起诉存在（2015）西民初字第2号案的反诉内容，以及其他诉讼内容，故不属于重复起诉，原审法院对此应当进行实体审理和裁判。原审法院仅以重复起诉为由，裁定驳回七〇三研究所的起诉，属于适用法律错误。

——中国裁判文书网。

726. 当事人就探望权纠纷再次起诉的，不适用一事不再理原则

关键词

探望权纠纷　一事不再理

最高人民法院审判业务意见（民一庭意见）

最高人民法院民一庭意见：当事人就探望权纠纷再次提起诉讼，人民法院应当受理，不适用“一事不再理”原则。

附：主要观点和理由

二审法院在审理中存在两种观点。第一种意见认为，探望权行使的时间、方式问题是容易发生变动的情形，立法规定也是先由当事人就此问题尽量协商，无法达成一致时才由法院作出判决。如果当事人就具体细节问题发生争议，仅依此个别问题就再次或数次诉诸法院，不断进行变更，会造成司法资源的极大浪费，也不利于当事人之间矛盾的真正解决。本案双方当事人在离婚纠纷案件中就杨某对孩子的探望权行使已达成调解协议，依据“一事不再理”原则，杨某起诉要求增加探望时间无法律依据，应驳回杨某的起诉。

第二种意见认为，人民法院审理探望权纠纷案件，应遵循有利于未成年人身心健康和调解优先原则。本案双方当事人虽以调解书的形式确定了杨某探望孩子的具体时间及方式，但探望权是基于父母子女关系而享有的一种身份权，具有人身属性，原调解协议不应成为孩子与母亲杨某情感交流的屏障。原审法院考虑孩子成长需要等客观因素，对杨某探望孩子的时间酌情增加，并无不妥。本案不宜适用“一事不再理”原则，应从儿童利益最大化原则考虑对探望时间予以增加，故应驳回陈某的上诉请求，维持原判。

我们认为，第二种观点更具合理性。对于人民法院已经就探望权行使的

时间、方式依法作出生效裁判后，当事人又向人民法院请求变更应如何处理问题，婚姻法和相关司法解释并无直接规定。且因探望权不同于抚养权，若在没有特别不利于未成年子女的情势变更情况下允许当事人随意提出变更请求，有违既判力的维护，也不利于稳定未成年人的成长环境。基此考虑，一直以来，无论是婚姻法还是相关司法解释均未明确探望权的变更问题可以通过另诉的方式解决。司法实践中大多数法院的做法也是认为此种情形不属于独立的新的诉讼，而是将其视为生效法律文书履行过程中发生的争议，将之纳入执行程序解决。

但是，应当认识到，基于人身权利产生的抚养权、抚育费、探望权等纠纷，有其不同于普通民事诉讼的特殊性，不能简单套用针对契约关系的调整方法来解决。具体言之，财产契约类纠纷，一般具有事后性，法院对过去纠纷的解决通常只考虑过去的事实，不需要斟酌当事人之间的未来关系。而身份关系纠纷则兼具不同的特质，其具有面向未来性。基于此，一方面，当事人无法对未来没有发生的情形进行辩论，使得当事人无法借助传统诉讼程序获得救济。另一方面，未来之事多半涉及未成年子女的抚养和教育等重大利益，是立法保护与司法救济的终极目的所在，因此，当探视权的行使不足以实现子女最大利益时，应赋予当事人通过诉权行使的方式适时调整，以有利于未成年子女的健康成长。具体理由如下：

首先，不构成“一事不再理”情形。民事诉讼法中“一事不再理”原则包括两个方面的含义：第一，当事人不得就已经向法院起诉的案件再次起诉；第二，裁判生效后产生既判力，当事人不得就双方争议的法律关系再行起诉，从法院角度讲，就是不得再受理，避免作出相互矛盾的判决，也避免当事人纠缠不清，造成讼累。而本案所涉情形为，随着未成年人的成长和当事人情况的改变，探视权行使方式的基础于生效裁判文书作出后发生了变化，当事人对探望权行使的时间、方式产生了新的需求，形成超出原有生效裁判之外的新的事实。该项新的事实为既判力基准之后发生，并未被生效裁判所确认，不在诉讼系属中，不应受既判力的约束，其性质属于新的事实、新的理由构建下的新诉。民事诉讼法司法解释第二百四十八条规定：“裁判发生法律效力后，发生新的事实，当事人再次提起诉讼的，人民法院应当依法受理。”由此，当事人以新的事实、新的理由再次起诉要求变更探望权的方式及时间的，不适用“一事不再理”原则，法院对此应予受理。

其次，符合立法精神。民事诉讼法第一百二十四条第（七）项规定，判决不准离婚和调解和好的离婚案件，判决、调解维持收养关系的案件，没有新情况、新理由，原告在六个月内又起诉的，不予受理。该款明确了判决不准离婚的案件和维持收养关系的案件，不受“一事不再理”原则的限制。婚姻法第三十七条第二款规定：关于子女生活费和教育费的协议或判决，不妨碍子女在必要时向父母任何一方提出超过协议或判决原定数额的合理要求。《最高人民法院关于人民法院审理离婚案件处理子女抚养问题的若干具体意见》第十五条规定：离婚后，一方要求变更子女抚养关系的，或者子女要求增加抚育费的，应另行起诉。以上规定，明确了变更抚养关系和增加抚育费的案件，可以再次起诉，不受“一事不再理”原则的限制。婚姻法第三十八条规定：行使探望权利的方式、时间由当事人协议；协议不成时，由人民法院判决。父或母探望子女，不利于子女身心健康的，由人民法院依法中止探望的权利；中止的事由消失后，应当恢复探望的权利。《最高人民法院关于适用〈中华人民共和国婚姻法〉若干问题的解释（一）》第二十五条规定：当事人在履行生效判决、裁定或者调解书的过程中，请求中止行使探望权的，人民法院在征询双方当事人意见后，认为需要中止行使探望权的，依法作出裁定。中止探望的情形消失后，人民法院应当根据当事人的申请通知其恢复探望权的行使。以上规定，明确了探望权的中止和恢复不受“一事不再理”原则的限制。探望权是一种基于身份关系派生的亲权，对未成年子女的健康成长具有重要意义，其性质和重要性与抚养权、抚育费相同，在诉讼中理应具有相同的地位。

再次，符合儿童最大利益原则。未成年人的健康成长，除了需要经济支持，更需要父母亲情关爱。探望权是离异父母子女的亲权组成部分，是父母子女之间接触、交流的自然情感需求，能够使子女得到相对完整的父母关爱，增进父母子女之间的感情，减少离婚对未成年子女的不良影响，促进未成年子女的健康成长。可以说，探望权对未成年人及其父母具有重要意义。法院作出有关探望权的裁判后，随着时间推移、未成年人成长以及其他情况变化等，原来确定的探望时间和方式，可能不能满足父母子女的交流需要，不能实现未成年人的最大利益。如果不允许再次起诉，则有可能会妨碍未成年人和当事人亲情权益的实现。因此，从情理上讲，应当赋予当事人再次起诉的权利。

最后，符合立案登记制的要求。探望权纠纷案件能否再次起诉的问题，涉及维护法院判决稳定性和保障当事人诉讼权利之间的选择。从有利于当事人的角度出发，选择保障当事人的诉权，明确探望权纠纷案件可以再次起诉，既符合法理和情理，有利于未成年人子女的健康成长即子女利益最大化原则的实现。同时，对此类案件依法予以受理，亦有利于贯彻落实四中全会关于立案审查制改为立案登记制的决定要求，体现对当事人诉权的保护，统一司法实践。

——最高人民法院民一庭：《当事人就探望权纠纷再次起诉的，人民法院应当受理》，载杜万华主编、最高人民法院民事审判第一庭编：《民事审判指导与参考》2015 年第 2 辑（总第 62 辑），人民法院出版社 2016 年版，第

142~144 页。

727. 代位权诉讼执行中，因次债务人无财产而被终结执行程序，债权人另行向债务人主张权利的，不属于重复起诉

关键词

代位权诉讼　终结执行程序　　重复起诉

最高人民法院裁判文书

北京大唐燃料有限公司与山东百富物流有限公司买卖合同纠纷案［最高人民法院（2019）最高法民终 6 号民事判决书］

裁判要旨：代位权诉讼与对债务人的诉讼并不相同，从当事人角度看，代位权诉讼以债权人为原告、次债务人为被告，而对债务人的诉讼则以债权人为原告、债务人为被告，两者被告身份不具有同一性。从诉讼标的及诉讼请求上看，代位权诉讼虽然要求次债务人直接向债权人履行清偿义务，但针对的是债务人与次债务人之间的债权债务，而对债务人的诉讼则是要求债务人向债权人履行清偿义务，针对的是债权人与债务人之间的债权债务，两者在标的范围、法律关系等方面亦不相同。基于上述不同，代位权诉讼与对债务人的诉讼并非同一事由，两者仅具有法律上的关联性，故上诉人提起本案诉讼并不构成重复起诉。

最高人民法院认为：二、关于（2014）浙甬商初字第 74 号民事判决书涉及的 36369405.32 元债权问题。大唐公司有权就该笔款项另行向百富公司主张，理由如下：

第一，《最高人民法院关于适用〈中华人民共和国合同法〉若干问题的解释（一）》（以下简称《合同法解释一》）第二十条规定，债权人向次债务人提起的代位权诉讼经人民法院审理后认定代位权成立的，由次债务人向债权人履行清偿义务，债权人与债务人、债务人与次债务人之间相应的债权债务关系即予消灭。根据该规定，认定债权人与债务人之间相应债权债务关系消灭的前提是次债务人已经向债权人实际履行相应清偿义务。本案所涉执行案件中，因并未执行到万象公司的财产，浙江省象山县人民法院已经作出终结本次执行的裁定，故在万象公司并未实际履行清偿义务的情况下，大唐公司与百富公司之间的债权债务关系并未消灭，大唐公司有权向百富公司另行主张。

第二，代位权诉讼属于债的保全制度，该制度是为防止债务人财产不当减少或者应当增加而未增加，给债权人实现债权造成障碍，而非要求债权人在债务人与次债务人之间择一选择作为履行义务的主体。如果要求债权人择一选择，无异于要求债权人在提起代位权诉讼前，需要对次债务人的偿债能力作充分调查，否则应当由其自行承担债务不得清偿的风险，这不仅加大了债权人提起代位权诉讼的经济成本，还会严重挫伤债权人提起代位权诉讼的积极性，与代位权诉讼制度的设立目的相悖。

第三，本案不违反“一事不再理”原则。根据《最高人民法院关于适用〈中华人民共和国民事诉讼法〉的解释》第二百四十七条规定，判断是否构成重复起诉的主要条件是当事人、诉讼标的、诉讼请求是否相同，或者后诉的诉讼请求是否实质上否定前诉裁判结果等。代位权诉讼与对债务人的诉讼并不相同，从当事人角度看，代位权诉讼以债权人为原告、次债务人为被告，而对债务人的诉讼则以债权人为原告、债务人为被告，两者被告身份不具有同一性。从诉讼标的及诉讼请求上看，代位权诉讼虽然要求次债务人直接向债权人履行清偿义务，但针对的是债务人与次债务人之间的债权债务，而对债务人的诉讼则是要求债务人向债权人履行清偿义务，针对的是债权人与债务人之间的债权债务，两者在标的范围、法律关系等方面亦不相同。从起诉要件上看，与对债务人诉讼不同的是，代位权诉讼不仅要求具备民事诉讼法第一百零八条规定的起诉条件，同时还应当具备《合同法解释一》第十一条规定的诉讼条件。基于上述不同，代位权诉讼与对债务人的诉讼并非同一事由，两者仅具有法律上的关联性，故大唐公司提起本案诉讼并不构成重复起诉。

——中国裁判文书网。

728. 针对披露技术秘密行为的重复诉讼认定

关键词

披露技术秘密行为　一过性行为　重复诉讼

最高人民法院裁判文书

优铠（上海）机械有限公司与曹某、李某、周某、上海路启机械有限公司、寿光市鲁丽木业股份有限公司侵害技术秘密纠纷案［最高人民法院（2019）最高法知民终 7 号民事判决书］

裁判要旨：技术秘密的披露是一过性行为，权利人已就同一主

体向另一主体披露同一技术秘密信息的行为提起诉讼，又在诉讼过程中或者裁判生效后再次就此提起诉讼的，构成重复诉讼。

最高人民法院认为，在第470号案中，优铠公司主张曹某、李某、周某未经许可向路启公司披露优铠公司涉案技术秘密，该案判决认定李某、周某系优铠公司前员工且能够接触到优铠公司的涉案技术秘密，并向路启公司披露了涉案技术秘密；曹某系优铠公司的销售经理，无证据表明其可以接触到优铠公司的涉案技术秘密，其未实施向路启公司披露涉案技术秘密的行为，据此判决李某、周某承担相应的法律责任。鉴于针对同一技术秘密的披露行为系一次性的侵权行为，在前案对该行为已经审理并作出相应判项的情况下，优铠公司在本案中再次主张曹某、李某、周某未经许可向路启公司披露优铠公司涉案技术秘密，属于重复起诉，原审法院对此认定正确，本院予以维持。

——《最高人民法院知识产权法庭裁判要旨摘要（2021）》，最高人民法院知识产权法庭官网。

729. 涉及同一合同的合同之诉与垄断协议之诉诉讼标的不同，不构成重复诉讼

关键词

合同之诉　垄断协议之诉　重复诉讼认定

最高人民法院裁判文书

商丘市龙兴制药有限公司与湖北拓思医药有限公司垄断协议纠纷管辖权异议案［最高人民法院（2021）最高法知民辖终187号民事裁定书］

裁判要旨：涉及同一合同的合同之诉和垄断协议之诉，分别涉及合同法律关系和反垄断法律关系，诉讼标的不同，即便所涉当事人相同或者后诉的诉讼请求实质否定前诉裁判结果，其亦不构成重复诉讼，但原则上应当由一个法院合并审理为宜。

最高人民法院认为，关于本案是否构成重复诉讼。

《最高人民法院关于适用〈中华人民共和国民事诉讼法〉的解释》第二百四十七条第一款规定："当事人就已经提起诉讼的事项在诉讼过程中或者裁判生效后再次起诉，同时符合下列条件的，构成重复起诉：（一）后诉与前诉的当事人相同；（二）后诉与前诉的诉讼标的相同；（三）后诉与前诉的诉讼请

求相同，或者后诉的诉讼请求实质上否定前诉裁判结果。当事人重复起诉的，裁定不予受理；已经受理的，裁定驳回起诉，但法律、司法解释另有规定的除外。”依据该规定，判断是否构成重复诉讼应当比较当事人、诉讼标的、诉讼请求三个构成要素，是否存在当事人相同、诉讼标的相同、诉讼请求相同或者后诉的诉讼请求实质上否定前诉裁判结果的情形。就本案双方当事人之间的纠纷而言，（2020）鄂1202民初3390号案为合同之诉，双方当事人争议的是涉案合同当事人是否构成违约、涉案合同是否应当继续履行的问题；本案为垄断之诉，双方当事人争议的是涉案协议是否构成垄断协议的问题。两案纠纷所涉诉讼标的不同，不满足《最高人民法院关于适用〈中华人民共和国民事诉讼法〉的解释》第二百四十七条第一款第二项关于后诉与前诉诉讼标的相同这一要件，因而本案不构成重复诉讼。

——《最高人民法院知识产权法庭裁判要旨摘要（2021）》，中国裁判文书网。

730. 当事人在侵权诉讼中没有提出赔偿精神损害的诉讼请求，后又基于同一侵权事实另行起诉请求赔偿精神损害的，不构成重复起诉

关键词

侵权诉讼　赔偿精神损害　重复起诉

附录：最高人民法院主流观点

《民事诉讼法司法解释》第二百四十七条规定：“当事人就已经提起诉讼的事项在诉讼过程中或者裁判生效后再次起诉，同时符合下列条件的，构成重复起诉：（一）后诉与前诉的当事人相同；（二）后诉与前诉的诉讼标的相同；（三）后诉与前诉的诉讼请求相同，或者后诉的诉讼请求实质上否定前诉裁判结果。当事人重复起诉的，裁定不予受理；已经受理的，裁定驳回起诉，但法律、司法解释另有规定的除外。”根据上述规定，当事人在侵权诉讼中没有提出赔偿精神损害的诉讼请求，诉讼终结后又基于同一侵权事实另行起诉请求赔偿精神损害的，当事人另诉主张的精神损害赔偿与前诉并不相同，二者不构成重复起诉。在立案登记制的背景之下，《最高人民法院关于确定民事侵权精神损害赔偿责任若干问题的解释》（2001年）规定不予受理没有法律依据。特别是在一些侵害人身权益的案件中，被侵权人的精神损害在其提起诉讼之时并未凸显，时隔多年才产生或者发现精神损害，这种情况下，剥夺当事人提起精神损害赔偿的诉权，于理不公。据此，当事人就此种情形提起诉

讼的，应由人民法院依法判断，不宜采取一刀切的方式固定，故《最高人民法院关于修改〈最高人民法院关于在民事审判工作中适用《中华人民共和国工会法》若干问题的解释〉等二十七件民事类司法解释的决定》删除了《最高人民法院关于确定民事侵权精神损害赔偿责任若干问题的解释》（2001 年）原第六条的规定。但是，需要说明的是，从“两便原则”以及提高纠纷解决效率的角度考虑，应当鼓励当事人将纠纷一次性解决。

——最高人民法院民法典贯彻实施工作领导小组办公室编著：《最高人民法院实施民法典清理司法解释修改条文（111 件）理解与适用》，人民法院出版社 2022 年版，第 309 页。

731. 交通事故受害人能否基于不同的法律关系向不同的相对人分别提起诉讼要求赔偿

关键词

道路交通事故损害赔偿纠纷

附录：民事审判信箱

问：出租车在运营中，与一货车相撞，致使乘客受伤。货车负全责。乘客起诉货车，要求其承担损害赔偿责任，法院判决货车方赔偿 10 万元。但在执行时，货车方无力支付全部赔偿款，只支付了 2 万元。在此情况下，乘客能否以出租车方违约为由，要求出租车方承担赔偿责任？

答：在这起交通事故之中，涉及了两个法律关系，人身损害赔偿关系和运输合同关系。这两个法律关系涉及的当事人不同，人身损害赔偿关系发生在乘客与货车方之间，而运输合同关系发生在乘客与出租车方之间；法律关系的性质不同，乘客与货车方之间是侵权法律关系，乘客与出租车方之间是运输合同关系；诉讼标的不同，乘客与货车方的诉讼标的是要求损害赔偿，乘客与出租车之间的诉讼标的是要求承担违约责任。基于上述不同，三当事人之间可以形成两个独立的诉讼，不能产生“一事不再理”的法律后果。如果乘客分别提起两个诉讼，不违反民事诉讼法第一百零八条[①]的规定。但应注意，侵权责任法所确立的损害赔偿原则是填补原则，即有损害才有赔偿，且损害实际发生多少，赔偿就偿付多少。这起交通事故给乘客造成的损失是 10 万元，并且生效民事判决已经对该损失的赔偿义务主体和数额作出了判决，在法律意义上，乘客的损害已经得到了赔偿。如果乘客再提起违约诉讼，其

① 现为《民事诉讼法》（2021 年修正）第一百二十二条。

诉讼请求的赔偿额不应包括其侵权诉讼中已经判赔的数额，否则，其诉讼请求可能不会被支持。

——本书研究组：《在一起交通事故中，受害人能否基于不同的法律关系向不同的相对人分别提起诉讼要求赔偿》，载最高人民法院民事审判第一庭编：《民事审判指导与参考》2011 年第 4 辑（总第 48 辑），人民法院出版社 2011 年版，第 258~259 页。

（三）合并审理

732. 同一法院受理的基于同一事实发生的不同的诉讼可以合并审理

关键词

合并审理　同一事实

最高人民法院司法解释

第二百二十一条　基于同一事实发生的纠纷，当事人分别向同一人民法院起诉的，人民法院可以合并审理。

——《最高人民法院关于适用〈中华人民共和国民事诉讼法〉的解释》（2022 年 4 月 1 日修正）。

附录：最高人民法院主流观点

司法实践中，基于同一事实发生的纠纷，当事人分别起诉的情况时有发生。例如，甲乙双方因加工承揽关系发生纠纷，甲方起诉要求乙方支付加工款，乙方起诉要求甲方赔偿加工物质量不合格给乙方造成的损失，两个案件基于同一事实，但是诉讼请求相互排斥。具有共同事实基础的不同的诉由不同的审判组织审理，容易出现相互矛盾的事实认定和判决结果，损害司法统一性。现行法律规范对反诉与本诉的合并以及第三人之诉与本诉的合并有明确的规定，但是对同一法院受理的基于同一事实发生的不同的诉讼是否可以合并审理未予规定，使该类案件的合并缺乏程序保障。《民事诉讼法解释》第二百二十一条规定使诉的合并制度更为完善。

对于《民事诉讼法解释》第二百二十一条的理解应把握以下几点。

1. 诉的合并的标准

法律事实是法律规范所规定的能够引起法律关系产生、变更或消灭的现象，可以合并的诉讼应“基于同一事实”发生，各单纯之诉所依据的事实关系或者法律关系应有牵连，具有一致性或者重叠性。如果各单纯之诉所依据的事实关系或者法律关系并不具有一致性，或者重叠性较小以至于不足以产生相互矛盾的裁判，则认为各单纯之诉并不符合合并的要件。

从司法实践看，存在下述情形时可以认为诉的牵连性较为紧密：（1）各个诉的当事人诉求指向同一法律关系，如基于同一个合同关系，合同甲方请求继续履行合同，而合同乙方起诉请求确认合同无效或者申请撤销合同；或者合同甲方请求支付价款，合同乙方主张履行不符合约定，甲方应赔偿损失。（2）各个诉的当事人诉求基于同一事实而产生，但是存在多个法律关系，例如基于同一交通事故，有多个受害人和责任人，成立多个人身损害赔偿法律关系，有可能发生多起诉讼，但是各案在事实认定及对当事人在侵权事件中的责任比例划分应具有一致性，故宜合并审理。又如，在离婚诉讼中，因离婚行为产生三个法律关系——离婚关系，子女抚养关系以及财产分割关系，通常应在一个案件中合并审理。除非财产分割纠纷过于复杂，为避免拖延婚姻关系的处理，则可以分别处理。（3）各个诉之间涉及的法律关系存在主从关系。如在借款纠纷中，借款人与出借人、担保人分别签订借款合同和担保合同，出借人分别起诉借款人和担保人。担保合同纠纷中担保人的责任与借款合同中出借人的责任具有一致性，应合并审理。（4）各个诉之间的当事人存在不真正连带债务。产生不真正连带债务是因存在不同的法律关系，基于同一损害事实，数个债务人对债权人负有同一给付义务。例如，劳动者在工作时间、工作地点因工作原因遭受第三人的人身侵害，劳动者可以基于侵权行为向第三人主张赔偿，同时，劳动者可以基于劳动合同关系，向用人单位主张赔偿，用人单位赔偿后可以向第三人追偿。如果劳动者同时提起两个诉讼，则可以合并审理，有助于确定终局责任承担者。

2. 诉的合并的启动和决定

诉讼的启动权在当事人，当事人对程序问题亦有处分权，例如申请撤诉，但是为了保证诉讼的公正及效率，法院对诉讼程序有控制权，对程序事项有裁决权。当事人可以向法院申请合并诉讼，由法院根据案件的牵连程度等考量因素作出决定；在当事人未申请合并情况下，法院认为有必要合并的，也可以自行决定合并审理。根据本司法解释第二百三十二条的规定，当事人提出反诉，第三人提出与本案有关的诉讼请求的时间为法庭辩论结束前，参照该规定，当事人应在法庭辩论结束前提出诉的合并申请。

审判实践中应当注意：

在案件的审理过程中，应注意如下问题：（1）做好释明工作，发现存在相互关联的案件，应及时向当事人释明是否申请合并案件。（2）注意审查需要合并的案件是否属于同一诉讼程序。如果发现当事人申请合并的诉讼不能适用同一诉讼程序，法院应分别审理。例如，股东请求解散公司诉讼属于诉讼案件中的变更之诉，适用普通程序；公司清算属于非诉案件。公司解散案件和公司清算案件不能合并审理。（3）合并审理的方式。对于合并审理的内涵，学理上有不同的认识，一般包括共同开庭，适用同一诉讼程序，由同一审判组织审理，共同调解、宣判等。我们认为，诉的合并可以是两个诉合并为一个案件，如本诉、反诉的合并；也可以由同一审判组织审理，而仍为两个独立的案件。合并审理的本质应为由同一审判组织审理，一般应共同开庭，共同调解和判决。在两个诉合并为一个案件时，可以作出合一的判决。如果一个案件对另一个案件有先决效力，可以对有先决效力的案件先行宣判。（4）法院在决定是否合并多个诉讼时应从立法目的出发，审查合并诉讼是否有利于查清案件事实、厘定当事人具体责任，防止相互矛盾的事实认定和裁判结果。如果诉的合并无法实现上述程序功能和价值，则应避免将缺乏牵连性的诉讼合并，导致不必要的诉讼拖延。

——最高人民法院民法典贯彻实施工作领导小组办公室编著：《最高人民法院新民事诉讼法司法解释理解与适用》，人民法院出版社 2022 年版，第 470~472 页。

733. 诉的合并实务类型及其认定标准

关键词

一案一诉　合并起诉　一并受理　管辖权异议

最高人民法院审判业务意见（第二巡回法庭法官会议纪要）

起诉是一方当事人在争议发生时向人民法院提出的解决争议的请求。为规范案件受理，维护诉讼秩序，在受理起诉过程中，一般应当按照“一案一诉”的常态予以登记立案。但是，“一案一诉”并不是绝对的，存在着例外的情形。具体而言，又可以区分为两种类型：一是民事诉讼法规定的例外情形；二是法律规定之外实务中存在的例外。在坚持“一案一诉”的常态立案基础上，允许例外情形的存在，背后的法理在于把几个诉合并审理，可以简化诉讼程序，节省时间、人力、物力，提高办案效率，防止对数个有联系的诉作出相互矛盾的判决。本案中，按照“当事人诉的声明结合原因事实”识别一个诉的标准，甲公司基于与乙公司之间三个合同的签订及履行情况，主张乙公司承担还款责任，系基于三个合同事实、提出三个诉的声明，应当认定为三个诉。但是，考虑到本案双方当事人均为甲公司与乙公司，合同种类和履行情况相似，甲公司三个诉请类似，受理法院予以一并受理并无不当。因三个诉合并受理之后，已经达到了受理法院级别管辖的标准，乙公司就此提出的管辖权异议不能被支持。

附：案情简介

2017 年 6 月至 2018 年 11 月，甲公司先后与乙公司签订三个货物买卖合同，其中，第一个合同金额 6000 万元，第二个合同金额 8000 万元，第三个合同金额 9000 万元。合同签订后，甲公司依约向乙公司交付了三个合同项下的全部货物。但是，乙公司仅支付三个合同金额 10% 的首付款，共计 2300 万元。经多次催要，乙公司仍未支付剩余合同款，甲公司遂于 2019 年 2 月以乙公司为被告向法院提起诉讼，请求支付三个合同项下未付余款总计 2.07 亿元及利息。法院受理后，乙公司提出异议，认为本案涉及三个合同的履行，实际上是三个诉，一审法院一并予以受理，缺乏法律依据，三个案件分开受理后，根据法律和司法解释关于级别管辖的规定，三个案件应由受理法院的下一级法院而不是受理法院管辖。因乙公司对受理法院的级别管辖提出异议，受理法院作出裁定驳回乙公司的管辖异议。乙公司不服管辖异议裁定，提起上诉。

——《诉的合并实务类型及其认定标准（最高人民法院第二巡回法庭 2020 年第 3 次法官会议纪要）》，载贺小荣主编：《最高人民法院第二巡回法庭法官会议纪要》（第二辑），人民法院出版社 2021 年版，第 137~139 页。

734. 区分必要共同诉讼和普通共同诉讼，防止通过合并审理规避级别管辖

关键词

必要共同诉讼　普通共同诉讼　合并审理　级别管辖

最高人民法院裁判文书

李沈生与辽宁昊宇房地产开发有限公司等民间借贷纠纷案［最高人民法院（2016）最高法民终 198 号民事裁定书］

裁判要旨：普通共同诉讼和必要共同诉讼均属于人民法院可以合并审理的案件，但两者之间存在差别。对于必要共同诉讼，人民法院必须合并审理，而对于普通共同诉讼，则需要经人民法院审查并在双方当事人同意的基础上方能合并审理。在司法实践中，存在当事人故意将普通共同诉讼一并起诉，期望通过合并审理增加诉讼的标的额，提高法院审级，在人民法院向当事人释明应分别向有管

辖权的法院起诉，当事人又拒绝分别起诉的情况下，人民法院可以依法裁定驳回起诉。

最高人民法院认为：

一、对于李沈生基于两份借款协议提起的返还借款本息的诉讼，人民法院不应合并审理

共同诉讼分为必要共同诉讼和普通共同诉讼两种。必要共同诉讼的诉讼标的是同一的，是不可分之诉。例如对共同共有财产的诉讼、共同侵权致人损害产生的诉讼、共同继承的诉讼、连带债权或连带债务产生的诉讼等。而普通共同诉讼的诉讼标的是同一种类的，为可分之诉。本案中，2008年7月借款协议的出借人为李沈生，借款人为昊宇公司，担保人为东森公司，2008年8月借款协议的出借人为李沈生，借款人为东森公司，担保人为中基公司。李沈生据以起诉的两份借款协议的出借人虽均为李沈生，但借款人、担保人不同，协议内容也不同，两份借款协议衍生之诉的诉讼标的是同一种类的，不是同一的。因此，李沈生基于两份借款协议提起的本案诉讼，是普通共同诉讼，不是必要共同诉讼。

合并审理是人民法院将两个或两个以上的诉合并在同一个程序中进行审理，目的是为了方便当事人诉讼，减轻当事人不必要的诉累，防止人民法院在审理关联问题时作出相互矛盾的判决。但对于普通共同诉讼，根据《中华人民共和国民事诉讼法》第五十二条[①]第一款的规定，它的合并审理应以当事人的同意为前提。本案中，李沈生于2015年4月9日向辽宁省高级人民法院提起本案诉讼后，一审法院于2015年8月21日向昊宇公司、中基公司送达了起诉状，昊宇公司、中基公司于2015年9月9日、9月17日向辽宁省高级人民法院提交异议申请，不同意合并审理。最高人民法院《关于适用〈中华人民共和国民事诉讼法〉的解释》第二百二十三条第二款规定："当事人未提出管辖权异议，就案件实体内容进行答辩、陈述或者反诉的，可以认定为民事诉讼法第一百二十七条[②]规定的应诉答辩。"昊宇公司、中基公司一审虽然出庭，但未就实体内容进行答辩。因此，李沈生主张本案的普通共同诉讼合并审理并未取得昊宇公司、中基公司的同意。在此情况下，李沈生基于案涉两份借款协议提起的诉讼，人民法院不能进行合并审理。一审法院是对李沈生就两份借款协议项下借款本息一并起诉的管辖权的审理，没有涉及实体问题。李沈生上诉称原审认定事实错误及两个借款纠纷应当合并审理的上诉理由，不能成立，本院不予支持。

---

① 现为《民事诉讼法》(2021年修正)第五十五条。

② 现为《民事诉讼法》(2021年修正)第一百三十条。

——中国裁判文书网。

附录：本案解析

合并审理是指人民法院将两个或两个以上的诉合并在同一个程序中进行审理，目的是方便当事人诉讼，减轻当事人不必要的诉累，方便人民法院审理案件，节约司法资源，提高审判效率，防止人民法院在审理关联问题时作出相互矛盾的判决，保证司法裁判的统一性。合并审理分为诉的主体合并和诉的客体合并。

一、诉的主体的合并

诉的主体的合并就是当事人一方或双方为两人以上或有第三人参加的诉讼，包括必要共同诉讼、普通共同诉讼及第三人参加的诉讼等。必要共同诉讼是当事人一方或双方在两人以上，其诉讼标的是同一的，人民法院必须合并审理。必要共同诉讼有如下特征：（1）必要共同诉讼的诉讼标的是同一的，即作为共同原告或被告的当事人所争议的法律关系是同一法律关系。（2）必要共同诉讼是不可分之诉，人民法院必须合并审理，作出同一判决，共同诉讼人必须一同起诉或应诉。如共同共有财产的诉讼、共同侵权致人损害产生的诉讼、共同继承的诉讼、共同赡养、抚养等产生的诉讼、连带债权或连带债务产生的诉讼等。普通共同诉讼是当事人一方或者双方为两人以上，诉讼标的为同一种类的，人民法院认为可以合并审理的诉讼。普通共同诉讼有如下特征：（1）普通共同诉讼的诉讼标的是同一类的，不是同一的，即作为原告或被告的当事人争议的法律关系是不同的。（2）普通共同诉讼可分之诉，可以合并审理，亦可以分别进行审理。普通共同诉讼的合并审理较为严格，需要有利于有效实现合并审理的目的，达到方便人民法院审理案件，节约司法资源，提高审判效率，方便当事人诉讼，减轻诉累的目的。因此，《中华人民共和国民事诉讼法》第五十二条规定，普通共同诉讼的合并审理需要具备人民法院认为可以合并审理、并经当事人的同意的条件。第三人参加之诉是指对当事人双方争议的诉讼标的，第三人认为有独立的请求权，或虽然没有独立请求权，但案件处理结果同他有法律上的利害关系，由人民法院通知或当事人申请参加的诉讼。

二、诉的客体的合并

诉的客体的合并是指同一原告对同一被告提出多项诉讼请求，合并到同一程序中进行审理。诉的客体的合并包括两种情况：一是原告提出两个以上的诉讼请求，如在离婚诉讼中除离婚的诉讼请求外，还提出子女抚养、财产分割的诉讼请求。人民法院应当合并审理。二是被告提出反诉。所谓反诉是指在已经开始的民事诉讼中，本诉被告基于本诉原告的诉讼请求，为抵销或吞并本诉原告的诉讼请求，提出独立的反请求。反诉必须具备以下四个要件：

（1）反诉以本诉的存在为前提，反诉应在本诉进行中，法庭辩论终结前提起；

（2）由本诉被告向本诉原告提起；（3）反诉与本诉需基于同一法律关系；（4）反诉与本诉应适用同一民事诉讼程序，并由同一法院管辖。

就本案而言，李沈生基于两份借款协议提起诉讼，2008 年 7 月借款协议的出借人为李沈生，借款人为昊宇公司，担保人为东森公司，2008 年 8 月借款协议的出借人为李沈生，借款人为东森公司，担保人为中基公司。两份借款协议的出借人虽均为李沈生，但借款人、担保人不同，协议内容也不同，借款协议衍生之诉的诉讼标的是同一种类的，不是同一的。因此，李沈生基于两份借款协议提起的本案诉讼，是普通共同诉讼，不是必要共同诉讼。根据《中华人民共和国民事诉讼法》第五十二条的规定，普通共同诉讼的合并审理需要具备两个条件：第一，人民法院认为可以合并审理；第二，当事人同意合并审理。人民法院对普通共同诉讼合并审理的审查主要是审查合并审理是否能够达到方便人民法院审理案件，方便当事人诉讼的目的。本案中，李沈生据以提起诉讼的两份借款协议，合同主体不同，权利义务内容不同，合并审理不利于实现提高审判效率，方便人民法院审理案件的目的。而且，昊宇公司、中基公司于 2015 年 9 月 9 日、9 月 17 日向辽宁省高级人民法院提交异议申请，不同意合并审理，因此，李沈生基于两份借款合同提起的诉讼，不应合并审理。李沈生就两份借款协议一并起诉，标的额符合辽宁省高级人民法院管辖第一审民商事案件的标准，但若就任一借款协议分别起诉，其标的额均不符合辽宁省高级人民法院管辖第一审民商事案件的标准。如果辽宁省高级人民法院对两份借款协议所产生的诉讼分别进行审理，则违反了级别管辖的规定。经一审法院释明，李沈生拒不同意就两份借款协议分别向有管辖权的人民法院提起诉讼。由于李沈生的起诉不符合《中华人民共和国民事诉讼法》第一百一十九条[①]第（四）项规定的受诉人民法院管辖的起诉条件，原审裁定驳回李沈生的起诉并无不当。

——《正确区分必要共同诉讼和普通共同诉讼防止通过合并审理规避级别管辖》，载最高人民法院第二巡回法庭编著：《民商事二审典型案例及审判经验》，人民法院出版社 2019 年版，第 35~37 页。

① 现为《民事诉讼法》（2021 年修正）第一百二十二条。

735. 在承包人提起的工程欠款纠纷中，发包人以工程质量不符合约定或者法律规定为由提出反诉的，人民法院可以合并审理

关键词

建设工程施工合同　合并审理　反诉

最高人民法院司法解释

第七条[①]　发包人在承包人提起的建设工程施工合同纠纷案件中，以建设工程质量不符合合同约定或者法律规定为由，就承包人支付违约金或者赔偿修理、返工、改建的合理费用等损失提出反诉的，人民法院可以合并审理。

——《最高人民法院关于审理建设工程施工合同纠纷案件适用法律问题的解释（二）》（2018 年 12 月 29 日，法释〔2018〕20 号）。

附录：最高人民法院主流观点

一、施工合同约定违约金可以直接从工程款中抵扣，被告主张减少工程款并抵扣的，应否提起反诉

建设工程施工合同纠纷中，经常发生被告将反诉内容作为抗辩意见提出，要求直接在本诉中抵扣工程款的情况。对此，法官应当准确判断上述主张属于反诉还是抗辩，并根据案情分别作出释明。对于承包人向发包人主张工程欠款，而发包人以承包人逾期竣工或工程存在质量问题要求承包人承担违约赔偿责任的，根据前述反诉与抗辩的识别标准，很容易判断出被告的主张属于反诉请求，应按反诉处理。但由于双方当事人在合同中已明确约定可直接将工程质量违约金或赔偿金从应付工程款中予以扣减，原告也同意在本诉中根据双方合同的约定直接结算抵扣，法官也可以在本诉中一并处理，将被告的该主张视为抗辩，无须再提起反诉。

二、一审认为是反诉，二审认为是抗辩，或者一审认为是抗辩，二审认为是反诉的，应如何处理对于被告的主张是属于反诉还是抗辩问题，不仅当事人之间有争议，一、二审法院之间可能也会观点不一，存在分歧。如果一审认为是反诉，二审认为是抗辩的，则由于一审按照反诉处理，必然会收取反诉的诉讼费用，并对反诉请求进行认定和裁判（支持或者驳回该反诉请求）。此时，二审如果认为是抗辩的，则有可能存在两种处理结果：如果抗辩理由成立，则有可能会与反诉理由相同，此时，二审法院很可能会考虑到诉

---

① 现为《建设工程司法解释（一）》第十六条。

累和司法资源有限等问题，维持一审的裁判结果。当然，二审法院也有可能进行改判。如果抗辩理由与反诉理由不一致，一般认为一审反诉不成立，则二审会发回重审或者改判，驳回反诉请求。

如果一审认为是抗辩，二审认为是反诉的，则处理方式较为简单：第一种处理方式，因为二审法院认为被告主张属于反诉，即相当于二审程序中增加了反诉的请求。根据《民诉法解释》第三百二十八条的规定，“在第二审程序中，原审原告增加独立的诉讼请求或者原审被告提出反诉的，第二审人民法院可以根据当事人自愿的原则就新增加的诉讼请求或者反诉进行调解；调解不成的，告知当事人另行起诉”，二审法院可以就反诉进行调解，调解不成的，告知当事人另行起诉。当然，如果二审法院将案件发回重审，则被告可以在重审一审中提起反诉。具体法律依据为《民事诉讼法》第一百四十条①的规定：“原告增加诉讼请求，被告提出反诉，第三人提出与本案有关的诉讼请求，可以合并审理”；《民诉法解释》第二百五十一条的规定：“二审裁定撤销一审判决发回重审的案件，当事人申请变更、增加诉讼请求或者提出反诉，第三人提出与本案有关的诉讼请求的，依照民事诉讼法第一百四十条规定处理。”

三、反诉不予受理，能否仅在“本院认为”的说理部分中驳回

司法实践中，除非法院要求当事人以反诉的形式主张权利的，应当予以立案，否则，如果当事人自己主动提起反诉，则法院在立案审查时，有可能不予受理。此时，法院只能按照本诉处理（判决），并对不予受理反诉在“本院认为”说理部分予以驳回。如果提起反诉一方当事人就一审不予受理反诉不服而提起上诉，则二审有可能认定一审对此处理属于违反法定程序。因为根据《民事诉讼法》第一百五十四条②的规定“裁定适用于下列范围：(一)不予受理；……”法院不予受理反诉，应当以裁定形式作出处理，而不应当在“本院认为”说理部分予以驳回。例如，最高人民法院（2016）最高法民终135号中国建筑第八工程局有限公司与辽阳亚龙房地产开发有限公司建设工程施工合同纠纷二审一案，最高人民法院认为：一审法院对亚龙公司的反诉未予受理属于适用法律错误，且仅在一审判决书“本院认为”部分中对亚龙公司的反诉予以驳回，没有以裁定形式作出处理，存在违反法定程序的情形。

——最高人民法院民事审判第一庭编著：《最高人民法院建设工程施工合同司法解释（二）理解与适用》，人民法院出版社2019年版，第167~169页。

---

① 现为《民事诉讼法》(2021年修正）第一百四十三条。

② 现为《民事诉讼法》(2021年修正）第一百五十七条。

736. 财产性诉求中既涉及债权也涉及物权的，应合并计算诉讼标的额

关键词

诉讼标的额　特定物　释明

最高人民法院司法解释

第二百零一条　既有财产性诉讼请求，又有非财产性诉讼请求的，按照财产性诉讼请求的标准交纳诉讼费。

有多个财产性诉讼请求的，合并计算交纳诉讼费；诉讼请求中有多个非财产性诉讼请求的，按一件交纳诉讼费。

——《最高人民法院关于适用〈中华人民共和国民事诉讼法〉的解释》（2022 年 4 月 1 日修正）。

附录：最高人民法院主流观点

审判实践中，当事人的诉讼请求多种多样，财产性诉求中不仅涉及债权，而且还涉及物权的，也应当合并计算诉讼标的额。如果涉及特定物的，应当按照《民事诉讼法解释》的规定对原告进行释明后，按其主张计算价额，再加上其他诉讼请求数额，合并计算诉讼标的额。

——最高人民法院民法典贯彻实施工作领导小组办公室编著：《最高人民法院新民事诉讼法司法解释理解与适用》，人民法院出版社 2022 年版，第 448 页。

737. 承包人提起本诉后，发包人反诉可合并审理

关键词

建设工程施工合同　本诉　反诉　合并审理

最高人民法院裁判文书

威海卓达房地产开发有限公司与南通海洲建设集团有限公司建设工程施工合同纠纷案［最高人民法院（2015）民一终字第 344 号民事判决书］

裁判要旨：因一审时当事人就对方是否违约问题并没有提出反

诉，对于逾期罚款、违约金以及因对方违约导致其向小业主迟延交房而支付的经济损失赔偿金问题，在本案中不应审理，当事人有权另行提起诉讼。关于维修费用问题，当事人针对质量问题一审时亦未提出反诉，在本案中亦不应作处理，其可另寻法律途径解决。

最高人民法院认为：卓达公司对于应支付海洲公司工程款的数额并未提出异议，但认为应当扣减的项目一审未予扣减。本院认为，因一审时卓达公司就海洲公司是否违约问题并没有提出反诉，对于逾期罚款、违约金以及因海洲公司违约导致卓达公司向小业主迟延交房而支付的经济损失赔偿金问题，在本案中不应审理，卓达公司有权另行提起诉讼。关于维修费用问题，卓达公司针对质量问题一审时亦未提出反诉，在本案中亦不应作处理，其可另寻法律途径解决。关于垫付水电费632976.88元，代垫养老保障金884326.11元以及夏玉越、曹建、冉建三人领用的97462.85元材料款的问题。海洲公司主张垫付水电费已经计入卓达公司已付款明细中予以扣减，卓达公司对此并未提出反驳意见，在此情况下，卓达公司的该项主张本院不予支持。关于养老保障金，按照当地规定该笔费用的交纳义务主体为建设单位，因此应不予扣减。关于夏玉越、曹建、冉建领用的材料款问题，卓达公司认为该笔费用应从工程款中扣减，对此应当承担举证责任。在海洲公司不认可该三人为其员工，卓达公司又未提供相应的证据证明反驳海洲公司的主张的情况下，一审判决对该笔费用不予扣减并无不当。因此，卓达公司认为其不欠付海洲公司工程款继而不应支付利息的主张缺乏依据，本院不予支持。

——法信网。

738. 不具备合并审理条件案件不应以要求当事人一并主张为由剥夺当事人诉权

关键词

合并审理　管辖权　重复诉讼

最高人民法院裁判文书

沈阳经济技术开发区市政建设工程有限公司与杭州新世管道集团有限公司、浙江新世管道股份有限公司建设工程施工合同纠纷案［最高人民法院（2016）最高法民再172号民事裁定书］

裁判要旨：当事、人基于同一法律关系或者同一法律事实而发

生纠纷，以不同诉讼请求分别向有管辖权的不同法院起诉的，后立案的法院在得知有关法院先立案的情况后，应当在七日内裁定将案件移送先立案的法院合并审理。后立案法院如认为先立案的法院没有管辖权，也应根据《中华人民共和国民事诉讼法》第三十七条[①]**第二款的规定与先立案法院协商解决两案的管辖问题，协商解决不了的，报请共同的上级法院指定管辖。规定合并审理的目的是避免当事人的诉累，但如果拟合并审理的两诉不能适用同一程序，或处于不同的审理阶段的，合并审理已无法达到减轻诉累的目的，则法院应分别进行审理。更不能以要求当事人一并主张权利为由，剥夺其提起诉讼的权利。**

最高人民法院认为：辽宁省高级人民法院（2013）辽民一终字第00250号民事案件，诉讼主体虽然与本案相同，起诉所涉事实也是基于《建设工程内部承包协议》及《沈阳浑南新城电力排管一期工程（六标段）施工合作协议》，但该案经一、二审审理，判决仅确认了合同效力，未对无效合同的法律后果进行处理。沈阳市政公司在案涉合同被确认无效后，因工程质量问题提起本案诉讼，与上述案件诉讼请求及诉讼标的均不相同，不属于重复起诉。

本案系沈阳市政公司因工程质量问题提起诉讼，属于建设工程施工合同纠纷。《中华人民共和国民事诉讼法》第二十三条[②]规定："因合同纠纷提起的诉讼，由被告住所地或者合同履行地人民法院管辖。"《最高人民法院关于审理建设工程施工合同纠纷案件适用法律问题的解释》第二十四条规定："建设工程施工合同纠纷以施工行为地为合同履行地。"案涉工程施工行为地在辽宁省沈阳市，因此，本案合同履行地为辽宁省沈阳市，在沈阳市中级人民法院管辖区域内。按照沈阳市政公司起诉时施行的《最高人民法院关于调整高级人民法院和中级人民法院管辖第一审民商事案件标准的通知》（法发〔2008〕10号）规定：沈阳市中级人民法院可管辖诉讼标的额不低于800万元的第一审民商事案件，以及诉讼标的额不低于300万元且当事人一方住所地不在本辖区或者涉外、涉港澳台的第一审民商事案件。本案沈阳市政公司住所地为沈阳经济技术开发区昆明湖街，诉讼标的额为1500余万元，因此，沈阳市中级人民法院一审认为其对本案有管辖权，符合前述法律及司法解释的规定。

长兴法院受理的案件，原告是杭州新世公司，被告为沈阳市政公司、浙江新世公司，诉讼请求为支付工程款。因此，该案与本案原、被告主体身份不同，诉讼标的及诉讼请求亦不相同，虽然涉及同一基础法律事实，但系双

---

① 现为《民事诉讼法》（2021年修正）第三十八条。

② 现为《民事诉讼法》（2021年修正）第二十四条。

方当事人因建设工程施工合同发生纠纷后分别就给付工程款及赔偿工程质量问题产生的损失，向不同法院提起的诉讼，两诉讼各自独立存在。且在长兴法院案件中，沈阳市政公司并未就工程质量问题提起反诉，而是答辩称其已经另案起诉。长兴法院也未将案涉工程是否存在质量问题及杭州新世公司、浙江新世公司是否应承担赔偿责任纳入审理范围。因此，辽宁省高级人民法院二审认为沈阳市政公司可在长兴法院审理的案件中一并主张权利，裁定驳回沈阳市政公司就本案纠纷提起的诉讼，剥夺了沈阳市政公司提起本案诉讼的权利，缺乏法律依据。且本案在二审法院裁定驳回沈阳市政公司的起诉时，长兴法院已作出了（2013）湖长商初字第928号民事判决，该案处于浙江省湖州市中级人民法院二审审理期间，辽宁省高级人民法院二审裁定所述沈阳市政公司可在长兴法院审理的案件中一并主张权利的现实条件亦不具备。

——中国裁判文书网。

附录：本案解析

杭州新世公司向浙江省长兴县人民法院提起的给付工程款之诉和沈阳市政公司向沈阳市中级人民法院提起的工程质量损害赔偿之诉虽然是两个不同的独立的诉讼，但均以《沈阳浑南新城电力排管一期（六标段）、施工合作协议》为事实依据，也即均属于基于同一工程签订的建设工程施工合同引起的纠纷，属于就同一事实和同一法律关系引起的纠纷，两案处理结果上亦存在一定关联关系。根据《最高人民法院关于在经济审判工作中严格执行〈中华人民共和国民事诉讼法〉的若干规定》第一条第（二）项规定，当事人基于同一法律关系或者同一法律事实而发生纠纷，以不同诉讼请求分别向有管辖权的不同法院起诉的，后立案的法院在得知有关法院先立案的情况后，应当在7日内裁定将案件移送先立案的法院合并审理。因此，本案的情形应属合并审理情形。沈阳市中级人民法院于2014年2月28日裁定驳回浙江新世公司的管辖异议时，浙江省长兴县人民法院受理的案件已进入实体审理，因此，浙江省长兴县人民法院受理案件在先。尽管本案中浙江新世公司提出的管辖异议的理由不成立，沈阳市中级人民法院驳回其管辖异议，适用法律并无不当。但是，在沈阳市中级人民法院已经明知浙江省长兴县人民法院受理了工程款给付之诉的情况下，如其认为浙江省长兴县人民法院有管辖权，则应根据上述规定将本案裁定移送浙江省长兴县人民法院。如果认为浙江省长兴县人民法院没有管辖权，也应根据《中华人民共和国民事诉讼法》第三十七条①第二款的规定与浙江省长兴县人民法院协商解决两案的管辖问题，协商解决不了的，报请共同的上级法院指定管辖，以避免造成当事人诉累。同理，浙

① 现为《民事诉讼法》（2021年修正）第三十八条。

江省长兴县人民法院亦应如此。但是，沈阳市中级人民法院和浙江省长兴县人民法院受理基于同一事实和同一法律关系产生的工程款诉讼及工程质量损害赔偿诉讼案件后，在均明知两案存在的情况下，未裁定移送，也未协商解决，也未报请共同的上级法院指定管辖。

在沈阳市中级人民法院裁定驳回管辖异议，至辽宁省高级人民法院裁定驳回沈阳市政公司起诉时，浙江省长兴县人民法院也已作出了（2013）湖长商初字第928号民事判决，该案处于浙江省湖州市中级人民法院二审审理期间。因两诉分处不同的审理阶段，合并审理已无法达到减轻诉累的目的。在此情形下，辽宁省高级人民法院二审未查明两案已处于不同审判程序的事实，即以沈阳市政公司可在浙江省长兴县人民法院审理的案件中一并主张权利为由，驳回沈阳市政公司起诉，既无法律依据，也无现实条件，使得沈阳市政公司的诉权无法获得保障。辽宁省高级人民法院裁定驳回沈阳市政公司的起诉适用法律不当，最高人民法院依法提审后予以纠正。

——《不具备合并审理条件案件不应以要求当事人一并主张为由剥夺当事人诉权》，载郑学林主编、最高人民法院第二巡回法庭编著：《民商事再审典型案例及审判经验》，人民法院出版社2019年版，第284~288页。

739. 侵害技术秘密之诉和专利权权属之诉的合并审理

关键词

侵害技术秘密之诉　专利权权属之诉　合并审理

最高人民法院裁判文书

大连博迈科技发展有限公司与何克江、苏州麦可旺志生物技术有限公司侵害技术秘密及专利权权属纠纷案［最高人民法院（2019）最高法知民终672号民事裁定书］

裁判要旨：基于同一事实或者裁判结果相互牵连的侵害技术秘密之诉与专利权权属之诉，适宜在同一个案件中合并审理。

最高人民法院认为：《最高人民法院关于印发修改后的〈民事案件案由规定〉的通知》指出，同一诉讼中涉及两个以上的法律关系的，应当依当事人诉争的法律关系的性质确定案由，均为诉争法律关系的，则按诉争的两个以上法律关系确定并列的两个案由。因此，同一案件涉及两个不同的法律关系并非人民法院驳回当事人起诉的合法理由。本案中，博迈公司以何克江、麦可公司侵害其技术秘密为由要求二者承担侵权责任，以麦可公司申请的专利系其公司技术秘密为由请求确认诉争专利权由其享有，系在同一案件中提出侵害技术秘密纠纷之诉与专利权权属纠纷之诉，符合上述规定之情形。而且，在特定情况下，将基于同一事实或者其他原因存在密切关系的不同法律关系在同一诉讼中解决，有利于查清案件事实、明确法律责任和避免裁判冲突，有利于保护当事人利益和实现诉讼经济的冒标。首先，本案审理侵权之诉与确认之诉所需查明的事实基本相同，在同一案件中审理有利于案件事实的查清，符合诉讼经济的曰的。其次，本案确认之诉的结果系侵权之诉结果的自然延伸，两者存在较强的关联性。因此，考虑到本案中博迈公司起诉涉及的侵害技术秘密纠纷与专利权权属纠纷在主要事实上的高度重叠以及裁判结果上的相互牵连，具有密切关系，本案宜将上述两诉合并在一个案件中予以审理。

——《最高人民法院知识产权法庭裁判要旨（2019）》（2020 年 4 月 16 日）、《最高人民法院知识产权案件年度报告（2109）》（2020 年 4 月 23 日）。

740. 涉及相同专利或关联专利的侵权之诉与确认不侵权之诉的应合并审理

关键词

专利侵权之诉　确认不侵权之诉　分散审理　合并审理

最高人民法院裁判文书

上海宝冶集团有限公司与联奇开发股份有限公司、超视堺国际科技（广州）有限公司等侵害发明专利权纠纷管辖权异议上诉两案［最高人民法院（2019）最高法知民辖终 1 号、2 号民事裁定书］

裁判要旨：涉及相同专利或者关联专利的侵权之诉与确认不侵权之诉，原则上应当合并审理；确有特殊情况，基于方便当事人诉讼、方便人民法院审理的考虑，宜分散审理的，最高人民法院知识产权法庭应当在二审程序中加强统筹协调，确保裁判标准一致。

最高人民法院认为：联奇公司在广州产品专利侵权一案中请求保护的是称为“混凝土楼板预留开孔的成型装置”的发明专利，该专利与惠亚公司在上海产品专利确认不侵权一案中请求确认不侵权的专利相同，且上海知识产权法院立案在先。若仅单纯考虑此两案上述情况，广州产品专利侵权一案因与上海产品专利确认不侵权一案涉及同一产品专利，可移送立案在先的上海知识产权法院合并审理。但是，人民法院行使审判权应遵循司法活动的基本规律和特点、，坚持便于当事人诉讼，便于人民法院依法独立、公正和高效行使审判权的原则。广州两案中，联奇公司诉请保护的两专利分别为混凝土楼板预留开孔技术领域成型装置和施工方法发明专利，具有较为紧密的关联性。同时，广州知识产权法院依据当事人申请，在广州产品专利侵权一案中裁定查封或扣押各被告使用的被诉侵权产品；在广州方法专利侵权一案中裁定对各被告使用被诉施工方法进行了证据保全。有鉴于此，综合考虑三个关联案件的实质性联系，若将广州产品专利侵权一案移送上海知识产权法院合并审理，同样将出现关联案件分别被不同法院审理的情况。因此，广州两案如何确定管辖法院，应从方便当事人诉讼、方便人民法院审理出发，综合考虑相关案件的案情、裁判文书的执行等因素，作出合法合理的处理。首先，从尊重和保障当事人诉权的原则出发，惠亚公司在上海知识产权法院提起的确认不侵害专利权之诉、联奇公司在广州知识产权法院提起的两起专利侵权之诉，均是当事人依法自主行使诉权的行为，且均符合民事诉讼法关于诉讼管辖的相关规定，依法均应予以尊重和保护。其次，从便于当事人诉讼的原则出发，上海知识产权法院受理的确认不侵害专利权诉讼，当事人为原告惠亚公司、被告联奇公司，广州知识产权法院受理的两起专利侵权诉讼，原告均为联奇公司，被告均为宝冶公司、超视埤公司等六家单位，若将广州产品专利侵权一案移送至上海知识产权法院审理，因方法专利侵权诉讼仍应由广州知识产权法院审理，将产生上述六被告以及联奇公司分别在上海、广州两地参加诉讼的情况，当事人为参加诉讼都将投入更多的时间和更高的经济成本。如果两起专利侵权诉讼均在广州知识产权法院审理，相对而言更有利于节约当事人诉讼成本，符合诉讼经济原则，也更便于多数当事人参加诉讼。最后，从便于人民法院公正高效行使审判权的原则出发，考虑到广州知识产权法院还受理了与成型装置专利关联度较高的有关该成型装置专利施工方法的侵权案件，且已在其辖区内对被诉侵权产品和施工方法进行了证据保全，广州产品专利侵权一案由广州知识产权法院审理既便于当事人诉讼，也便于人民法院查明案件事实并依法裁判和执行，从而确保公正、高效地审结案件。综合考虑广州产品专刑侵权案的实际情况，广州知识产权法院受理上述两起专利侵权案件符合民事诉讼法关于地域管辖的规定，同时从有利于保障和便利当事人诉讼，有利于人民法院公正高效审理案件出发，不宜移送至上海知识产权法院审理。至于上海知识产权法院和广州知识产权法院就确认不侵害专利权纠纷与侵害专利权纠纷分别审理是否会出现冲突，因其上诉统一由最高人民法院知识产权法庭审理，这一可能出现的问题能够通过上诉机制解决。

——《最高人民法院知识产权法庭裁判要旨（2019）》（2020 年 4 月 16

日）、《最高人民法院知识产权案件年度报告（2109）》（2020 年 4 月 23 日）。

741. 基于保兑仓交易发生的纠纷，可以合并审理

关键词

保兑仓　合并审理　共同诉讼　中止审理

最高人民法院司法政策精神

70.【保兑仓交易的合并审理】当事人就保兑仓交易中的不同法律关系的相对方分别或者同时向同一人民法院起诉的，人民法院可以根据民事诉讼法司法解释第二百二十一条的规定，合并审理。当事人未起诉某一方当事人的，人民法院可以依职权追加未参加诉讼的当事人为第三人，以便查明相关事实，正确认定责任。

——《最高人民法院关于印发〈全国法院民商事审判工作会议纪要〉的通知》（2019 年 11 月 8 日，法〔2019〕254 号）。

附录：最高人民法院主流观点

《民事诉讼法》第五十二条[①]规定了必要共同诉讼和普通共同诉讼两种诉的合并制度，必要共同诉讼要求不同的诉之间具有共同的诉讼标的，普通共同诉讼要求诉讼标的是同一种类，且需经当事人同意。民事诉讼法司法解释增加了新的诉的合并制度，其第二百二十一条规定："基于同一事实发生的纠纷，当事人分别向同一人民法院起诉的，人民法院可以合并审理。"根据该规定，不同诉的诉讼标的虽然并不同一，亦不属于同一种类，但是基于同一事实发生的纠纷，亦可以合并审理。保兑仓交易中，债权人基于银行承兑汇票的授信向买方主张还款责任的同时，可能同时向以下主体主张权利：一是基于卖方的承诺，要求卖方承担担保责任；二是基于担保人的承诺，要求担保人承担担保责任；三是基于与货物保管人的约定，要求保管人承担违约责任；四是基于与监管人的约定（如有），要求监管人承担违约责任。以上不同主体承担责任的法律依据并不相同，各自属于不同的法律关系，但均是基于保兑仓交易产生的，故属于因同一事实发生的纠纷，债权人如对以上不同主体向同一法院提起诉讼，可以合并审理。当然，如债权人在不同法院分别提起诉讼，则不同法院审理不同法律关系时，应考虑不同法律关系之间是否相互影响。如某一案件的审理需要以另一案件审理结果为依据的，则应中止审理。

---

① 现为《民事诉讼法》（2021 年修正）第五十五条。

——最高人民法院民事审判第二庭编著：《〈全国法院民商事审判工作会议纪要〉理解与适用》，人民法院出版社 2019 年版，第 400~401 页。

742. 二原告基于同一事实，起诉要求二被告承担连带偿还责任，其诉讼标的是共同的，当事人所诉系不可分之诉，应当合并审理

关键词

必要共同诉讼　合并审理

最高人民法院裁判文书

陈正明、陈紫微与李毅平、李红霞管辖权异议案［最高人民法院（2013）民一终字第 103 号民事裁定书］

裁判要旨：二原告基于同一事实，起诉要求二被告承担连带偿还责任，其诉讼标的是共同的，当事人所诉系不可分之诉，应当合并审理。虽然二原告主张的款项涉及两笔，但无论所诉侵权行为分几次发生，不影响人民法院将一审原告的起诉作为一个案件受理。

最高人民法院认为，本案焦点问题是本案是否属于共同诉讼，应否合并审理。民事诉讼法第五十二条第一款[①]规定："当事人一方或者双方为二人以上，其诉讼标的是共同的，或者诉讼标的是同一种类、人民法院认为可以合并审理并经当事人同意的，为共同诉讼。"所谓共同诉讼是指一方或者双方为二人以上的诉讼。根据该法律规定，共同诉讼分为必要的共同诉讼和普通的共同诉讼。所谓必要的共同诉讼是指当事人一方或者双方为二人以上，其诉讼标的是共同的。考察本案情况，一审原告陈正明、陈紫微主张作为太和公司的股东陈正明向太和公司出借 2000 万元中有 1650 万元被太和公司的董事长、股东李毅平和财务负责人李红霞挪用，350 万元由李红霞挪用，二人共同侵害太和公司利益，因此要求一审二被告承担连带侵权责任。由此可见，一审原告陈正明、陈紫微的诉讼请求是基于同一事实，即陈正明向太和公司出借的 2000 万元款项，被公司股东、高管人员李毅平、李红霞挪用。其诉讼标的是共同的，即要求一审二被告李毅平、李红霞对太和公司承担连带偿还责任。当事人所诉系不可分之诉，应当合并审理。虽然一审原告陈正明、陈紫微主张的款项涉及两笔，但无论所诉侵权行为分几次发生，不影响人民法

① 现为《民事诉讼法》（2021 年修正）第五十五条第一款。

THE COLLECTION OF THE SUPREME PEOPLE'S COURT'S
JUDICIAL RULES (4rd)

最高人民法院
司法观点集成

〔第四版〕

民事诉讼卷

②

人民法院出版社 编

人民法院出版社

院将一审原告的起诉作为一个案件受理。因此，本案符合民事诉讼法第五十二条同一诉讼标的的规定，属于必要的共同诉讼，合并审理无需征得另一当事人李红霞的同意。一审裁定认为本案属于可分之诉不当，应予纠正。

——中国裁判文书网。

743. 将诉的客体合并审理不需事先经过当事人同意

关键词

诉的客体合并　合并审理

最高人民法院公报案例、最高人民法院裁判文书

吉庆公司、华鼎公司与农行西藏分行营业部抵押借款合同纠纷案［最高人民法院（2005）民二终字第 186 号民事判决书］

裁判摘要：民事诉讼法第五十三条[①] 关于“当事人一方或者双方为二人以上，其诉讼标的是共同的，或者诉讼标的是同一种类、人民法院认为可以合并审理并经当事人同意的，为共同诉讼”的规定，是就主体合并审理必须经当事人同意作出的规定，其前提是当事人一方或者双方必须为二人以上。我国法律并无客体合并审理必须经当事人同意的强制性规定。债权人就两笔到期债务一并提起诉讼，人民法院合并审理并作出一份判决并不违反法律规定。

最高人民法院经审理认为：虽然农行西藏分行营业部本案中所主张的 4700 万元债务原系两份借款合同形成，但鉴于其向西藏自治区高级人民法院提起诉讼时，该两笔借款均已到期，其一并提起诉讼并不违反法律强制性规定。《中华人民共和国民事诉讼法》第五十三条规定的须经当事人同意人民法院尚可合并审理的共同诉讼系指主体合并的情形，其前提是当事人一方或者双方主体必须为二人以上。而本案当事人一方或者双方主体均为一人，故不存在主体合并的问题，而应是事实上的客体合并。因我国法律并未规定因客体合并审理的共同诉讼亦须以当事人同意为前提条件，故原审法院根据农行西藏分行营业部的诉请将基于两个合同形成的债务合并审理并作出一份判决并无不当。吉庆公司关于原审法院违反法定程序应当发回重审的上诉请求，本院不予支持。

---

① 现为《民事诉讼法》（2021 年修正）第五十五条。

——《最高人民法院公报》2006 年第 8 期。

最高人民法院裁判文书

潍坊市鑫盾商贸有限公司与潍坊农村商业银行股份有限公司借款合同纠纷案［最高人民法院（2014）民一终字第 11 号民事裁定书］

裁判要旨：法律对主体唯一、诉讼标的同一种类的诉的合并没有规定须征得对方当事人的同意，受诉法院在决定是否合并前，只要查明该两个以上独立之诉的诉讼标的是同一种类的，且符合法院受诉条件，就可以在不经当事人同意的情况下决定合并审理。

最高人民法院认为，关于诉的合并问题。《中华人民共和国民事诉讼法》第五十二条第一款[①]规定："当事人一方或者双方为二人以上，其诉讼标的是共同的，或者诉讼标的是同一种类、人民法院认为可以合并审理并经当事人同意的，为共同诉讼。"其中，诉讼标的共同是指共同诉讼人对争议的实体法律关系有共同的权利义务，这种权利义务所具有共同性和不可分性，决定了所有权利人、义务人必须一同起诉、应诉，共同参加诉讼，由此，导致诉讼主体必须合并，这种共同诉讼是必要共同诉讼。诉讼标的同一种类是指共同诉讼人与对方当事人之间争议的法律关系属于同一种类型，即法律关系性质相同，人民法院可以按照诉讼标的作为独立之诉审理，也可以经审查在符合法定条件的情况下，将同一种类的几个诉讼标的合并在一个诉讼程序中审理。这种共同诉讼实际上既存在诉讼主体合并也存在诉讼客体的合并，是普通共同诉讼。普通共同诉讼受诉法院在决定合并审理前需要考量该院对各独立之诉是否享有管辖权及要合并的案件是否属于同一诉讼程序，需要征得本无共同权利义务的当事人同意才能合并审理。本案与前述两种情形均不同，是同一原告潍坊农商行在同一诉讼程序中，向同一被告潍坊鑫盾公司主张两个以上的符合法院受诉条件的同一种类的几个诉，即系原、被告双方均无共同诉讼人，因双方在履行签订的十一份借款合同中产生争议，原告一并向法院起诉，请求解除或终止合同，判令被告承担还本付息责任，原告、被告是发生争议的几个性质相同的法律关系的权利义务主体，故本案不存在诉讼主体的合并，而仅仅存在诉讼客体的合并。法律对主体唯一、诉讼标的同一种类的诉的合并没有规定须征得对方当事人的同意，所以受诉法院在决定是否合并前，只要查明该两个以上独立之诉的诉讼标的是同一种类的，且符合法院受诉条件，就可以在不经当事人同意的情况下决定合并审理。原、被告在同一

① 现为《民事诉讼法》（2021 年修正）第五十五条第一款。

诉讼程序中，对同一种类的几个独立的诉讼标的进行辩论，人民法院用一个裁判文书作出裁判，一方面有利于公平公正保护当事人双方的诉讼权益和实体权益，避免了同诉不同判，维护了法院裁判结果的统一性，另一方面节省了双方当事人诉讼成本，避免了国家司法资源的浪费，符合民事诉讼法设立共同诉讼制度的原则和目的。

——中国裁判文书网。

江西蓝恒达化工有限公司与中国工商银行股份有限公司樟树支行金融借款合同纠纷案［最高人民法院（2019）最高法民辖终 275 号民事裁定书］

裁判要旨:《中华人民共和国民事诉讼法》第五十二条[①]关于“当事人一方或者双方为二人以上，其诉讼标的是共同的，或者诉讼标的是同一种类、人民法院认为可以合并审理并经当事人同意的，为共同诉讼”的规定，是就主体合并审理必须经当事人同意作出的规定，对于诉的客体合并审理并无必须经当事人同意的强制性规定。本案 14 份借款合同的贷款人与借款人相同，一审法院合并审理上述借款合同纠纷并不违反法律规定。

最高人民法院经审查认为，一审法院查明案涉 14 份借款合同的债权人均为工商银行樟树支行，主债务人均为蓝恒达公司。工商银行樟树支行将借贷双方所涉 14 份借款合同一并向一审法院起诉，一审法院受理后进行合并审理，属于诉的客体合并。《中华人民共和国民事诉讼法》第五十二条关于“当事人一方或者双方为二人以上，其诉讼标的是共同的，或者诉讼标的是同一种类、人民法院认为可以合并审理并经当事人同意的，为共同诉讼”的规定，是就主体合并审理必须经当事人同意作出的规定，对于诉的客体合并审理并无必须经当事人同意的强制性规定。本案 14 份借款合同的贷款人与借款人相同，一审法院合并审理上述借款合同纠纷并不违反法律规定。工商银行樟树支行就本案 14 份借款合同履行过程中发生的争议提出 283092426.61 元的诉讼请求，根据《最高人民法院关于调整高级人民法院和中级人民法院管辖第一审民商事案件标准的通知》（法发［2015］7 号）规定，江西省高级人民法院管辖诉讼标的额在 5000 万元以上当事人一方住所地不在江西省的第一审民商事案件，一审法院受理本案并无不当。

——中国裁判文书网。

① 现为《民事诉讼法》（2021 年修正）第五十五条。

福讯信息技术有限公司与深圳市雁联计算系统有限公司计算机软件著作权许可使用合同及技术合同纠纷管辖权异议案［最高人民法院（2021）最高法知民辖终265号民事裁定书］

裁判要旨：本案属于诉讼客体的合并，民事诉讼法第五十二条第一款[①]关于“当事人一方或者双方为二人以上，其诉讼标的是共同的，或者诉讼标的是同一种类、人民法院认为可以合并审理并经当事人同意的，为共同诉讼”的规定，是就主体合并审理必须经当事人同意作出的规定，其前提是当事人一方或者双方必须为二人以上。我国法律并无客体合并审理必须经当事人同意的强制性规定。因此，当事人关于原审法院未经其同意合并审理本案存在错误，进而要求将本案分案处理的主张依据不足，不予支持。

最高人民法院认为，关于本案应否分案处理的问题。本案涉及《万金支付UI设计服务合同》《聚合支付平台系统软件产品销售合同》《“支付+营销+合伙人”项目技术开发合同》《IT人员外包补充协议书》等四份合同，该四份合同相对人均是雁联公司和福讯公司，诉讼主体具有相同性；合同内容均是围绕涉案软件许可使用及相应技术开发、技术服务所形成的权利义务关系，诉讼客体具有关联性；针对该四份合同，雁联公司均要求福讯公司履行价款支付义务，诉请性质具有一致性；同时，该四份合同所涉法律关系均属于原审法院管辖范围；而且，原审法院已采取证据保全措施，复制、提取了福讯聚合支付系统源代码，有关软件功能争议事实的查明可能需要对被保全证据进行鉴定。综合考虑上述因素，雁联公司将该四份合同一并向原审法院起诉，不违反法律禁止性规定，原审法院受理后进行合并审理，既便于当事人诉讼，又便于人民法院查明案件事实，程序上并无不当。本案属于诉讼客体的合并，民事诉讼法第五十二条第一款关于“当事人一方或者双方为二人以上，其诉讼标的是共同的，或者诉讼标的是同一种类、人民法院认为可以合并审理并经当事人同意的，为共同诉讼”的规定，是就主体合并审理必须经当事人同意作出的规定，其前提是当事人一方或者双方必须为二人以上。我国法律并无客体合并审理必须经当事人同意的强制性规定。因此，福讯公司关于原审法院未经其同意合并审理本案存在错误，进而要求将本案分案处理的主张依据不足，本院不予支持。

——中国裁判文书网。

① 现为《民事诉讼法》（2021年修正）第五十五条第一款。

744. 据以提起诉讼的基础法律关系涉及多份各自独立的借款合同的，该诉讼的合并审理需要当事人同意并经人民法院许可

关键词

基础法律关系　合并审理

最高人民法院公报案例、最高人民法院裁判文书

瑞华投资控股公司与山东鲁祥铜业集团有限公司、山东省嘉祥景韦铜业有限公司、陈中融、高学敏等借款担保合同纠纷案［最高人民法院（2007）民四终字第 28 号民事裁定书］

裁判摘要：原告据以提起诉讼的基础法律关系涉及多份借款合同，虽然借款人为同一主体，但是，为多份借款合同提供担保的担保人均系多人，各担保人所提供担保的对象、金额、方式也不相同。根据民事诉讼法第五十三条[①]的规定，此类诉讼的合并需要当事人同意并经人民法院许可，否则人民法院对此类案件不予合并审理。

最高人民法院认为：上诉人瑞华公司据以起诉的基础法律关系涉及多份借款合同，借款人为鲁祥集团和景韦公司两家公司，为借款合同提供担保的担保人既有多个自然人又有多个法人，各担保人所提供担保的对象、金额、方式也不相同。根据《中华人民共和国民事诉讼法》第五十三条之规定，此类诉的合并需要当事人同意和人民法院许可。而作为本案当事人之一的黄岗集团对上诉人瑞华公司在原审法院提起的诉讼明确提出了管辖权异议且不同意合并审理，原审法院也不认为本案可以合并审理，因此，上诉人在原审法院所提起的诉讼不具备法定的合并审理的条件。上诉人的上诉无理，依法应予驳回。

——《最高人民法院公报》2008 年第 12 期。

---

① 现为《民事诉讼法》（2021 年修正）第五十五条。

745. 不同法律关系构成相互独立的诉讼标的，当事人之间没有不可分的共同权利义务关系，故不构成必要共同诉讼的情形

关键词

共同权利义务关系　必要共同诉讼

最高人民法院裁判文书

华懋金融服务有限公司与北京市地石律师事务所、世纪创投有限公司委托合同纠纷案［最高人民法院（2014）民四终字第29号民事裁定书］

裁判要旨：诉的主体合并分为必要共同诉讼和普通共同诉讼两种情形，前者要求强制合并，后者必须经当事人同意以及法院的许可。案涉两份合同虽有一定关联，但签约主体和委托事项均不相同，分别构成诉讼代理合同法律关系和委托合同法律关系两个相互独立的诉讼标的，三方当事人之间没有不可分的共同权利义务关系，故不构成必要共同诉讼的情形，而属于普通共同诉讼。

最高人民法院认为，关于本案是否属于共同诉讼并应予合并审理的问题。本案中，地石律师事务所和创投公司合并起诉，对同一被告华懋公司分别提出不同的诉讼请求，属于当事人一方为二人以上的情形。根据《中华人民共和国民事诉讼法》第五十二条第一款①“当事人一方或者双方为二人以上，其诉讼标的是共同的，或者诉讼标的是同一种类、人民法院认为可以合并审理并经当事人同意的，为共同诉讼”的规定，诉的主体合并分为必要共同诉讼和普通共同诉讼两种情形，前者要求强制合并，后者必须经当事人同意以及法院的许可。本案起因是华懋公司为实现其对中国中小企业投资有限公司的权益，与地石律师事务所签订《法律服务委托协议》，委托其从事诉讼代理服务；与创投公司签订《委托索偿债权协议》，委托其从事诉讼代理以外的债权索偿清收服务。上述两份协议虽有一定关联，但签约主体和委托事项均不相同，分别构成诉讼代理合同法律关系和委托合同法律关系两个相互独立的诉讼标的，三方当事人之间没有不可分的共同权利义务关系，故不构成必要共同诉讼的情形，而属于普通共同诉讼。由于华懋公司明确提出管辖权异议且不同意合并审理；而地石律师事务所在起诉中还对原告之一创投公司提出了

① 现为《民事诉讼法》（2021年修正）第五十五条第一款。

诉讼请求，本案亦不宜合并审理，因此本案不符合《中华人民共和国民事诉讼法》第五十二条第一款规定的普通共同诉讼之合并审理条件。华懋公司上诉请求分案处理并分别确定两案管辖权的理由成立，本院予以支持。北京市高级人民法院一审裁定对共同诉讼的构成要件未予审查，适用法律不当，本院予以纠正。

——中国裁判文书网。

746. 同一原告对同一被告基于不同民事法律关系提出的复数请求，都属于受诉人民法院管辖且适用同一诉讼程序审理的，可合并审理

关键词

合并审理

最高人民法院裁判文书

刘聿与金守红股权转让合同纠纷案［最高人民法院（2010）民二终字第85号民事裁定书］

最高人民法院认为，同一原告对同一被告提起的基于不同民事法律关系提出的复数请求，都属于受诉人民法院管辖且适用同一诉讼程序审理的，可以进行合并审理。诉的合并对于减轻当事人诉累、节省司法资源、尽量一次性解决纠纷、避免出现矛盾裁判有重要意义，尽管未为民事诉讼法明文规定，但为审判实践中所允许。当事人提出的10项诉讼请求，均系基于案涉合同所提出，将其合并审理并无不当。

——中国裁判文书网。

747. 两个不同的法律关系不能在一个案件中合并审理的一般性规则，并不及于案外人执行异议之诉的审理程序

关键词

合并审理　确认股东资格　案外人执行异议之诉

最高人民法院裁判文书

谢优春与卢新生等案外人执行异议之诉案［最高人民法院（2016）最高

法民终 701 号民事判决书〕

裁判要旨：两个不同的法律关系不能在一个案件中合并审理系审理大多数民事案件的一般性规则，其效力并不及于民事案件审理的所有领域。根据《民诉法解释》规定，无论案外人是否对执行标的提出确权的诉讼请求，审查实体权利的归属和性质，都是判断能否排除执行的前提和基础，如果案外人同时提出确认其权利的诉讼请求，人民法院应当进行审理，且一并作出裁判。法院以确认股东资格之诉与案外人执行异议之诉系两种不同的法律关系不宜合并审理而应另案解决为由，对当事人主张确认其股东资格的诉讼请求未进行实体性审理，系适用法律不当，应予纠正。

最高人民法院认为：关于谢优春主张确认其股东资格的诉讼请求是否应当在本案中进行审理。一审法院认为两个不同的法律关系不能在一个案件中合并审理，系审理大多数民事案件的一般性规则，其效力并不及于民事案件审理的所有领域，案外人执行异议之诉的审理程序即为特殊性规则。《民事案件案由规定》将案外人执行异议之诉列入适用特殊程序案件案由，《最高人民法院关于适用〈中华人民共和国民事诉讼法〉的解释》将案外人执行异议之诉列为专门一章进行规定，均由此类案件特殊性所决定。《最高人民法院关于适用〈中华人民共和国民事诉讼法〉的解释》第三百一十二条第二款规定："对案外人提起的执行异议之诉，人民法院经审理，按照下列情形分别处理：案外人就执行标的享有足以排除强制执行的民事权益的，判决不得执行该执行标的；案外人就执行标的不享有足以排除强制执行的民事权益的，判决驳回诉讼请求。案外人同时提出确认其权利的诉讼请求的，人民法院可以在判决中一并作出裁判。"按照该条规定，无论案外人是否对执行标的提出确权的诉讼请求，审查实体权利的归属和性质，都是判断能否排除执行的前提和基础，如果案外人同时提出确认其权利的诉讼请求，人民法院应当进行审理，且一并作出裁判。此外，《最高人民法院关于执行权合理配置和科学运行的若干意见》《最高人民法院关于人民法院办理执行异议和复议案件若干问题的规定》的相关规定，已明确排除了人民法院查封的其他法院关于该查封物的另案确权，也不支持当事人另案确权。一审法院以确认股东资格之诉与案外人执行异议之诉系两种不同的法律关系不宜合并审理而应另案解决为由，对谢优春主张确认其股东资格的诉讼请求未进行实体性审理，系适用法律不当，本院予以纠正。

——中国裁判文书网。

748. 劳动争议案件合并审理的条件

关键词

劳动争议案件　诉讼请求　合并审理

最高人民法院司法解释

第十四条　人民法院受理劳动争议案件后，当事人增加诉讼请求的，如该诉讼请求与讼争的劳动争议具有不可分性，应当合并审理；如属独立的劳动争议，应当告知当事人向劳动争议仲裁机构申请仲裁。

——《最高人民法院关于审理劳动争议案件适用法律问题的解释（一）》（2020年12月29日，法释〔2020〕26号）。

附录：最高人民法院主流观点

如果对合并审理的条件不加限制，就可能导致案件审理日趋复杂，审理期限拖延，劳动者通过诉讼解决纷争，保护自身权益的目的落空。同时，当事人可能通过增加诉讼请求，规避仲裁前置规定，使劳动争议仲裁前置立法目的落空。因此，实践中应准确把握劳动争议案件合并审理的条件，对当事人增加的诉讼请求是否合并审理，应主要考虑以下因素：

第一，一般是同一原告针对同一被告在同一诉讼中追加的诉讼请求。

第二，受诉法院有管辖权，即受诉法院应当对增加的诉讼请求有管辖权，或者基于受诉法院对原诉讼请求有管辖权进而对与该诉有牵连关系的增加的诉讼请求也有管辖权。当然，属于其他法院专属管辖的除外。

第三，对增加的诉讼请求合并审理，不会造成对原诉讼请求审理的拖延。

第四，增加的诉讼请求与讼争的劳动争议具有不可分性。不可分性主要应从增加的诉讼请求与原诉讼请求是否基于同一法律关系或事实的角度进行审查确定。增加的诉讼请求与仲裁的事项是基于同一法律关系或事实而产生的，相互间有依附性，就可一并审理，如劳动者基于支付劳动报酬的法律关系，请求用人单位给付拖欠的工资。劳动报酬的范围很广，包括工人工资、加班费、奖金等报酬。劳动者提出支付拖欠工资的请求后，又增加请求支付加班费，加班费与工资是基于同一法律关系而提出，因此，对两个请求的审理具有不可分性，这两个请求就可以合并审理。但如果劳动者申请仲裁时请求给付拖欠工资，诉讼中增加请求用人单位办理养老保险。增加的请求与原诉讼请求是基于不同的法律关系提出，亦是基于不同的事实而提出，二者属于不同的劳动争议，各自独立。这种情形，不应合并审理，告知当事人就增加的诉讼请求向劳动争议仲裁机构申请仲裁。

——最高人民法院民事审判第一庭编著：《最高人民法院新劳动争议司法解释（一）理解与适用》，人民法院出版社 2021 年版，第 186~187 页。

749. 原告将同一种类的数个合同纠纷合并向法院提起诉讼，并不违反法律规定

关键词

同一诉讼标　合并审理

最高人民法院裁判文书

营口丽湖地产有限公司与陈俊峰、张立平房屋买卖合同纠纷管辖权异议案［最高人民法院（2013）民一终字第 9 号民事裁定书］

裁判要旨：诉的客体合并是指相同原被告间基于不同法律关系所提出的诉讼请求，人民法院均有管辖权，将各个独立又彼此联系的诉合并在同一个诉讼程序中审理。本案中，当事人基于数个合同提起的诉讼，诉的主体完全相同。当事人将同一种类的数个合同纠纷合并向法院提起诉讼，并不违反法律规定。

最高人民法院认为，本案争议焦点在于如何确定案件的级别管辖，涉及两个法律问题：一是陈俊峰、张立平两人可否提起共同诉讼，二是陈俊峰、张立平是否可以就签订的 140 份和 86 份购房合同提起一个诉。关于第一个问题。本案中，陈俊峰、张立平系夫妻关系，《商品房买卖合同》虽为两人各自签订，但均签订于两人夫妻关系存续期间，系对夫妻共有财产的处分，两人对因全部 226 套《商品房买卖合同》形成的债权享有连带性权利。根据《中华人民共和国民事诉讼法》第一百一十九条第一项的规定，“原告是与本案有直接利害关系的公民、法人和其他组织”，陈俊峰、张立平作为连带之债的共同权利人，人民法院对涉案《商品房买卖合同》权利义务的认定直接涉及两人利益，两人是适格的共同原告，可以作为共同原告提起诉讼。关于第二个问题。诉的客体合并是指相同原被告间基于不同法律关系所提出的诉讼请求，人民法院均有管辖权，将各个独立又彼此联系的诉合并在同一个诉讼程序中审理。本案中，陈俊峰、张立平基于数个《商品房买卖合同》提起的诉讼，诉的主体完全相同，原告为陈俊峰、张立平，被告为丽湖公司。陈俊峰、张立平将同一种类的数个合同纠纷合并向法院提起诉讼，并不违反法律规定。

因此，两原告可以就 226 套房屋的购房合同一并起诉，并将诉讼请求金额累加计算出案件的诉讼标的额，为八千余万元。结合当事人一方住所地不在辽宁省辖区的情况，根据《最高人民法院关于调整高级人民法院和中级人民法院管辖第一审民商事案件标准的通知》(法发 (2008) 10 号) 的有关规定，本案应由辽宁省高级人民法院管辖。

——中国裁判文书网。

750. 两个独立的法律关系，且约定了不同的争议解决方式，不属于必要的共同诉讼

关键词

必要的共同诉讼

最高人民法院裁判文书

辽宁富达矿业有限公司与中国银行股份有限公司丹东分行等金融借款合同纠纷管辖权异议案［最高人民法院（2015）民二终字第 154 号民事裁定书］

裁判要旨：保险法律关系和出口贸易融资法律关系是两个独立的法律关系，且在相关合同和协议中约定了不同的争议解决方式，不属于必要的共同诉讼。

最高人民法院认为，关于是否应当追加中信保辽宁分公司为被告的问题。中行丹东分行提起本案金融借款合同纠纷诉讼的依据是该行与富达矿业公司签订的《融信达业务合同》、《融信达业务申请书》，中信保辽宁分公司并不是《融信达业务合同》的当事人，因此，中行丹东分行撤回对中信保辽宁分公司，只起诉富达矿业公司和武晓斌、孙丽华、武忠臣三个担保人要求偿还借款，属于其行使诉讼权利的范围。关于上诉人富达矿业公司主张的应当追加中信保辽宁分公司作为本案共同被告的问题，因保险法律关系和出口贸易融资法律关系是两个独立的法律关系，且在相关合同和协议中约定了不同的争议解决方式，不属于必要的共同诉讼，原裁定不予追加中信保辽宁分公司为共同被告，适用法律并无不当。

——中国裁判文书网。

751. 非同一诉讼标的也非同一种类的诉讼标的，合并审理于法无据

关键词

同一诉讼标　合并审理

最高人民法院裁判文书

中国兵器装备集团有限公司等与国家开发银行股份有限公司等金融借款合同及撤销权纠纷管辖权异议案［最高人民法院（2015）民二终字第29号民事裁定书］

裁判要旨：案件诉争涉及多位当事人之间的多个法律关系，且法律关系基于相互独立的法律事实而形成，并非同一诉讼标的，也非同一种类的诉讼标的，当事人也反对法院合并审理，法院合并审理于法无据。

最高人民法院认为，国开行所提起的本案诉讼，涉及了多个当事人之间的多个法律关系，一是国开行与新能源公司、天威集团及组件公司之间基于贷款合同、担保合同所形成的金融借款合同纠纷；二是因天威集团与兵器集团之间进行了相关股份转让交易，国开行认为该交易损害其利益而形成的撤销权纠纷；因天威集团与保变公司之间进行了相关资产及股权交易，国开行认为该等交易损害其利益而形成的撤销权纠纷；因天威集团与同为公司之间进行了相关资产交易，国开行认为该交易损害其利益而形成的撤销权纠纷。可见，本案诉争的上述多位当事人之间的多个法律关系，且上述法律关系基于相互独立的法律事实而形成，并非同一诉讼标的，也非同一种类的诉讼标的。当事人也一直反对法院合并审理，一审法院将金融借款合同纠纷与撤销权纠纷合并审理于法无据。

——中国裁判文书网。

752. 当事人提出的多项诉讼请求并非基于同一事实或者诉讼标的并非同一或同类，经人民法院释明后，当事人仍不分别起诉的，可以裁定驳回起诉

关键词

多项诉讼请求　同一事实　共同诉讼　裁定驳回起诉

最高人民法院公报案例、最高人民法院裁判文书

甘肃华远实业有限公司等与兰州银行股份有限公司庆阳分行等金融借款合同纠纷案［最高人民法院（2019）最高法民终 77 号民事裁定书］

裁判摘要：当事人依据多个法律关系合并提出多项诉讼请求，虽各个法律关系之间具有一定事实上的关联性，但若并非基于同一事实或者诉讼标的并非同一或同类，经人民法院释明后，当事人仍不分别起诉的，可以裁定驳回起诉。

最高人民法院认为，依据《民事诉讼法》《民事诉讼法司法解释》相关规定，可以合并审理的诉主要包含三种情况，一是系基于同一事实提起的诉，二是系诉讼标的同一或者同类的共同诉讼，三是系本诉和反诉。本案中，判断华远公司等六人的起诉是否符合合并审理的条件，应从华远公司等六人的起诉是否系基于同一事实以及是否构成共同诉讼两方面进行评判。分述如下：

首先，本案华远公司等六人的起诉并非基于同一事实发生。根据华远公司等六人的起诉状，本案系基于三个有关联的法律关系产生的一系列纠纷。一是基于陇东公司向兰州银行借款并由华远公司提供房产抵押产生的纠纷，基于这一法律关系，华远公司请求撤销抵押合同及抵押登记、要求刘兴卫承担保证责任，即第五项和第九项诉讼请求。二是基于特亨营运公司为代陇东公司还款而与兰州银行签订的借款合同以及相关担保、反担保合同产生的纠纷，基于这一法律关系，特亨营运公司请求撤销还款行为和借款合同，特亨房地产公司、秦坤渝、丁奕文、边润梅请求撤销保证合同，秦坤渝请求撤销相关质押合同及质押登记，秦坤渝请求撤销其出具的承诺书，即第一项、第二项、第三项、第四项诉讼请求。三是基于兰州银行、春园公司、刘兴卫不履行承诺行为，华远公司请求兰州银行、春园公司、刘兴卫对华远公司相关利息损失、收益损失、项目停工损失承担赔偿责任，即第六项、第七项、第八项诉讼请求。

《民事诉讼法司法解释》第二百二十一条规定：“基于同一事实发生的纠纷，当事人分别向同一人民法院起诉的，人民法院可以合并审理。”根据该规定，可以合并审理的诉讼应“基于同一事实”发生，所依据的事实或者法律关系应具有一致性或者重叠性。本案中，华远公司等六人起诉所依据的是春园公司、陇东公司、特亨营运公司相继与兰州银行建立的三个借款法律关系，以及基于该三个借款法律关系所衍生的抵押担保法律关系、保证担保法律关系及反担保法律关系。在上述法律关系中，陇东公司向兰州银行借款，华远公司以“华远假日旅游酒店”作为抵押，为陇东公司提供担保，该抵押担保法律关系与借款关系之间存在牵连，可以合并诉讼；特亨营运公司向兰州银行借款，秦坤渝、边润梅、丁奕文、特亨房地产公司、豪威公司、瑞鑫源公司、宏达公司、李宁、刘万年、魏正刚为特亨营运公司提供保证担保，该保证法律关系与借款关系之间存在牵连，可以合并诉讼；米春晖代表春园公司以果库、楼房向华远公司所做的书面承诺以及秦坤渝以其在特亨房地产公司100%的股权质押给豪威公司、瑞鑫源公司、宏达公司，属反担保法律关系，应由权利人在处理担保法律关系之后，另行解决。由此可见，案涉三个借款法律关系之间不存在牵连，且华远公司等六人的诉讼请求各不相同，诉讼请求所依据的法律关系亦不相同，因此本案诉讼并非基于同一事实发生，不符合上述司法解释规定的合并审理的要件。

其次，华远公司等六人的起诉不构成共同诉讼。依据《民事诉讼法》第五十二条的规定，共同诉讼包含必要共同诉讼和普通共同诉讼。必要共同诉讼是指诉讼标的共同的诉讼，是不可分之诉，共同诉讼人必须一并参加诉讼，否则为当事人不适格。本案三个借款法律关系互相独立，构成独立的诉讼标的，且各个诉讼标的之间不存在牵连，完全可以单独起诉，不属必要共同诉讼。普通共同诉讼是诉讼标的是同一种类，人民法院认为可以合并审理并经当事人同意合并审理的诉讼。本案所涉三个借款法律关系虽属同类，但各个借款法律关系涉及的主体不同、担保法律关系不同，且华远公司等六人基于不同法律关系所提出的诉讼请求各不相同，所指向的主体也有所不同，故本案亦不属普通共同诉讼，不符合合并审理的条件。

最后，一审法院经释明后裁定驳回起诉并未侵害华远公司等六人的诉权。经本院组织询问，华远公司等六人认可一审法院曾向其释明所提诉讼请求不宜合并起诉，建议分开诉讼，其亦表示有四项诉讼请求确实不宜在本案中一并起诉将予撤回，但嗣后并未向一审法院提交相应的撤回诉讼请求的申请。本院认为，在向华远公司等六人释明告知其起诉不符合合并审理条件，而其未予撤回相应诉讼请求的情况下，一审法院以华远公司等六人的起诉不符合法律规定的起诉条件为由，裁定予以驳回，系在充分保障当事人程序选择权基础上，基于本案实际情况作出的处理，认定事实、适用法律并无不当。二审中，虽华远公司、秦坤渝声明放弃第三项、第四项、第五项、第九项诉讼请求，但因其在一审法院释明后未在合理期间内提交撤回部分诉讼请求的申请，现在二审中放弃部分诉讼请求，不影响一审法院的处理结果。华远公司等六人可就其基于同一法律关系的诉讼请求另行分别提起诉讼，符合受理条件的，人民法院应予依法受理。

——《最高人民法院公报》2021 年第 1 期。

753. 两案基于同一事实，同一法律关系，但诉讼请求不同，当事人亦不完全相同，属于可以合并审理的非必要共同诉讼

关键词

同一事实　同一法律关系　诉讼请求　合并审理　非必要共同诉讼

最高人民法院裁判文书

徐志庆与上海绿地集团合肥置业有限公司股权转让纠纷案［最高人民法院（2014）民申字第 366 号民事裁定书］

裁判要旨：两案基于同一事实，同一法律关系，但诉讼请求不同，当事人亦不完全相同，属于可以合并审理的非必要共同诉讼。

最高人民法院认为，关于合并审理的问题。经审查，徐志庆所称的两案是指徐志庆以绿地公司、建鑫公司为被告提起的股权确认纠纷一案和绿地公司以徐志庆、许太珍、建鑫公司为被告提起的股权转让纠纷一案。该两案虽基于同一事实，同一法律关系，但诉讼请求不同，当事人亦不完全相同，属于可以合并审理的非必要共同诉讼。最高人民法院裁定将该两案交由合肥市中级人民法院合并审理，目的是为了统一尺度，协调该两案的裁判。一、二审法院虽然未将该两案合并审理，但均交由同一合议庭审理，且判决结果一致，达到合并审理的目的，不属于程序违法。

——中国裁判文书网。

754. 以公司为被告的违约之诉和以公司股东为被告的侵权之诉，不能合并受理

关键词

合同纠纷　侵权纠纷　合并审理

最高人民法院裁判文书

陕西有色建设有限公司等与威海有色科技园开发建设有限公司等建筑工程施工合同纠纷上诉案（最高人民法院（2015）民一终字第185号民事裁定书）

内容摘要：公司法第二十条第二款规定，“公司股东滥用公司法人独立地位和股东有限责任，逃避债务，严重损害公司债权人利益的，应当对公司债务承担连带责任。”实践中，债权人在以公司为被告向人民法院提起违约之诉的同时，一并以公司股东为被告主张承担侵权责任，因违约之诉和侵权之诉是两个不同的诉请，不属于民事诉讼法第五十二条[①]规定的共同诉讼情形，在公司股东一审答辩期间明确提出异议的情况下，人民法院不能合并受理以公司为被告的违约之诉和以公司股东为被告的侵权之诉。

最高人民法院经审理认为：2014年6月6日，中启公司与科技园公司签订的《建设工程施工合同》，明确约定了“向工程所在地有管辖权的人民法院起诉”。该约定符合民事诉讼法第三十四条的规定，应认定为合法有效。故中启公司诉科技园公司建设工程施工合同纠纷案的地域管辖法院，应为工程所在地荣成市的人民法院。但是，中启公司在起诉科技园公司履行《建设工程施工合同》约定合同义务的同时，又一并起诉陕西有色公司、青岛同舟公司承担公司法第二十条第三款规定的股东侵权责任，这是两个不同种类的诉请，不属于民事诉讼法第五十三条规定的共同诉讼的情形。一审法院一并受理中启公司诉科技园公司、陕西有色公司、青岛同舟公司后，在提交答辩状期间，陕西有色公司、青岛同舟公司已经明确提出了异议，根据民事诉讼法第一百二十七条第二款的规定，一审法院再行合并受理中启公司诉陕西有色公司、青岛同舟公司起诉没有法律依据。本案中，中启公司诉科技园公司的

---

① 现为《民事诉讼法》（2021年修正）第五十五条。

诉讼标的额为 54143100.97 元，根据最高人民法院关于级别管辖的相关规定，山东省威海市中级人民法院是本案的管辖法院。综上，陕西有色公司的上诉理由成立，应予支持。一审裁定适用法律错误，应予撤销。依照民事诉讼法第一百七十条第一款第二项的规定，裁定如下：一、撤销山东省高级人民法院〔2015〕鲁民一初字第 1 号民事裁定；二、驳回中启公司对陕西有色公司、青岛同舟公司的起诉；三、中启公司诉科技园公司建设工程施工合同纠纷一案由山东省威海市中级人民法院审理。

——景汉朝主编、最高人民法院立案庭编：《立案工作指导》2015 年第 3 辑（总第 46 辑），人民法院出版社 2016 年版，第 137~138 页。

附录：本案解析

本案主要涉及人民法院能否合并受理以公司为被告的违约之诉和以公司股东为被告的侵权之诉。诉的合并是指将分别提起的两个或两个以上有某种联系的诉合并在一个诉讼程序进行审理和裁判的诉讼制度。[①] 在我国民事诉讼法律体系中，诉的合并并不是一个法律概念。但是，民事诉讼法第五十二条[②]和第一百四十条[③]的相关规定，确立了诉的合并制度。因本案审理不涉及民事诉讼法第一百四十条的适用，故本文仅对民事诉讼法第五十二条进行分析。民事诉讼法第五十二条第一款规定，“当事人一方或者双方为二人以上，其诉讼标的是共同的，或者诉讼标的是同一种类、人民法院认为可以合并审理并经当事人同意的，为共同诉讼。”其中，诉讼标的是共同的，为必要共同诉讼；诉讼标的是同一种类的，为普通共同诉讼。但是，不管是必要共同诉讼还是普通共同诉讼，与一对一的当事人相比，均应具备以下条件：（1）当事人一方或双方为二人以上。（2）各共同诉讼人之间，其诉讼标的为同一个或是同一种类。（3）多数当事人在同一诉讼程序中进行诉讼。

本案中，中启公司向一审法院起诉，提出两个诉讼请求，一是基于建设施工合同关系，诉请科技园公司支付欠付工程款；二是以公司法第二十条第三款为据，诉请科技园公司的两个股东，即陕西有色公司和青岛同舟公司对该项债务承担连带责任。根据通说观点，判断诉讼标的是否同一，应以当事人诉的声明结合原因事实作为识别标准。显然，中启公司以科技园公司为被告提出违约之诉，和以科技园公司股东陕西有色公司和青岛同舟公司为被告提出的股东侵权之诉，并不属于民事诉讼法第五十五条规定的共同诉讼情形。在一审答辩期间中，陕西有色公司、青岛同舟公司已经明确提出，不接受一

---

① 江伟主编：《民事诉讼法》，高等教育出版社 2008 年版，第 63 页。

② 现为《民事诉讼法》（2021 年修正）第五十五条。

③ 现为《民事诉讼法》（2021 年修正）第一百四十三条。

审法院合并审理，故一审法院裁定驳回陕西有色公司、青岛同舟公司的异议不当。

二审过程中，有一种观点认为，从中启公司作为债权人起诉的角度看，如其仅起诉债务人科技园公司，则科技园公司的股东不属于必要的共同诉讼参与人；如其仅起诉科技园公司的股东，则应当追加科技园公司为共同被告。从中启公司的权利救济看，一并起诉，救济成本更低，诉讼效率更高，因此，此种合并起诉的方式，应当予以支持，并未损害债务人股东的程序利益和实体利益。此外，如果分别受理中启公司提出的诉请，将导致出现多地法院受理的情况，这不仅容易造成诉累，造成维权成本过高，也给人民法院查明事实带来困难，对有限的司法资源造成不必要的浪费。

笔者认为，"揭开公司面纱"制度明确规定了适用的条件，即债权人的权益受到了侵害，债务人公司的股东实施了侵权行为，侵权行为与侵害结果之间存在着因果关系。虽然股东侵权之诉能否成立是一个实体审理的问题，但是，在科技园公司是否违约应该承担违约责任情形不明的情况下，合并审理中启公司提出的两个不同的诉讼标的，既缺乏明确的法律依据，又将导致合并受理后管辖的混乱，原告为了级别管辖或者地域管辖需要，可以任意主张公司的股东承担侵权责任。以A、B公司存在着合同纠纷为例，如A以B公司为被告，B公司的住所地在甲市，而B公司的股东C住所地在乙市，A为了能在乙市法院管辖，可一并主张B公司承担侵权责任。此外，如甲市和乙市不在一个省级行政区域，则提高了一审法院受理的级别管辖标准。本案一审裁定驳回陕西有色公司、青岛同舟公司的异议后，就直接导致了本应由中级人民法院管辖的建设工程施工合同纠纷，变成了高级人民法院作为一审法院。

综上，根据民事诉讼法第五十五条关于诉的合并和公司法关于股东侵权之诉的规定，陕西有色公司的上诉理由应予支持，中启公司对科技园公司股东陕西有色公司、青岛同舟公司提起侵权之诉应予驳回，中启公司对科技园公司的建设建设工程施工合同纠纷违约之诉应由山东省威海市中级人民法院审理。需要指出的，诉的合并往往涉及合并管辖后的级别管辖法院确定问题，受本文主题限制，笔者并未展开进行分析。

——李盛烨：《以公司为被告的违约之诉和以公司股东为被告的侵权之诉不能合并受理》，载景汉朝主编、最高人民法院立案庭编：《立案工作指导》2015年第3辑（总第46辑），人民法院出版社2016年版，第141~142页。

755. 发生诉的合并时如何计算诉讼标的额问题

关键词

诉的合并　计算诉讼标的额

最高人民法院裁判文书

潍坊市鑫盾商贸有限公司与潍坊农村商业银行股份有限公司借款合同纠纷案［最高人民法院（2014）民一终字第11号民事裁定书］

裁判要旨：民事诉讼法对发生诉的合并时如何计算诉讼标的额问题没有规定，司法实践中，当受诉人民法院将双方当事人为一人，诉讼标的是同一种类的各个独立又彼此联系的诉合并在同一个诉讼程序中进行审理时，均采取合并计算诉讼标的额的做法。

最高人民法院认为，关于本案的级别管辖。级别管辖取决于案件诉讼标的额。虽然我国民事诉讼法对发生诉的合并时如何计算诉讼标的额问题没有规定，但是司法实践中，当受诉人民法院将双方当事人为一人，诉讼标的是同一种类的各个独立又彼此联系的诉合并在同一个诉讼程序中进行审理时，均采取合并计算诉讼标的额的作法。本案潍坊农商行基于十一份借款合同，提出的诉讼请求额为112034226.05元，因此案件的诉讼标的额应认定为112034226.05元。根据《最高人民法院关于调整高级人民法院和中级人民法院管辖第一审民商事案件标准的通知》（法发（2008）10号）第一条关于“天津、重庆、山东、福建、湖北、湖南、河南、辽宁、吉林、黑龙江、广西、安徽、江西、四川、陕西、河北、山西、海南高级人民法院，可管辖诉讼标的额在1亿元以上的第一审民商事案件，以及诉讼标的额在5000万元以上且当事人一方住所地不在本辖区或者涉外、涉港澳台的第一审民商事案件”的规定，该案达到山东省高级人民法院级别管辖标准，山东省高级人民法院对案件具有管辖权。

——中国裁判文书网。

（四）反　诉

756. 准确判断抗辩还是反诉的参考标准

关键词

抗辩　反诉

附录：最高人民法院主流观点

司法实践中，准确判断抗辩还是反诉的参考标准，主要包括两方面：（1）看被告的主张是否超越原告诉讼请求的范围；（2）被告对原告是否具有独立的请求给付内容，特别是后者，是被告积极主张权利的体现，以此作为判断反诉的标准，更具有直观性，简单易操作。如果被告的主张超越了原告诉讼请求范围，且有独立的请求给付内容，则只能以反诉方式提出，必要时应向被告释明，被告坚持不提反诉的，应在判决中告知被告另行起诉或通过其他方式解决。如果被告的主张没有超过原告请求范围，也没有独立给付请求内容，则可以抗辩方式提出，二者应当综合考量。如原告向被告主张工程欠款，被告提出已经超付。显然，被告的主张虽然超过了原告的诉讼请求范围，但不具有独立的给付请求内容，故只能认定为是抗辩，该抗辩理由成立的话，法院会直接驳回原告索要工程欠款的请求，而不会判决原告向被告返还超付的工程款。如果被告主张要求原告返还超付的工程款，则被告的主张具有独立的给付请求内容，显然属于反诉，应按反诉处理。

——最高人民法院民事审判第一庭编著：《最高人民法院新建设工程施工合同司法解释（一）理解与适用》，人民法院出版社 2021 年版，第 163 页。

757. 反诉与本诉是否可以合并审理，由人民法院根据案情决定

关键词

诉讼请求　本诉　反诉　合并审理

最高人民法院司法解释

第二百三十三条　反诉的当事人应当限于本诉的当事人的范围。

反诉与本诉的诉讼请求基于相同法律关系、诉讼请求之间具有因果关系，或者反诉与本诉的诉讼请求基于相同事实的，人民法院应当合并审理。

反诉应由其他人民法院专属管辖，或者与本诉的诉讼标的及诉讼请求所依据的事实、理由无关联的，裁定不予受理，告知另行起诉。

——《最高人民法院关于适用〈中华人民共和国民事诉讼法〉的解释》（2022年4月1日修正）。

附录：最高人民法院主流观点

理解《民事诉讼法解释》第二百三十三条应当注意把握以下四个方面。

1. 反诉的主体要求

反诉的主体要求即反诉中的原、被告主体资格，主要包括两方面：一是提起反诉的主体，即谁有资格提起反诉；二是提起反诉的对象，即向谁提起。关于反诉的主体，各国的规定有所不同。大陆法系传统理论认为，反诉只能由本诉的被告向本诉的原告提起，不允许向本诉原告之外的第三人提起。因为反诉与本诉合并审理，从而达到一次性解决纠纷实现诉讼效益、防止矛盾判决产生的功能会随着引入第三人而减弱，增加案件的复杂性的同时给法院的审理带来困难，错案出现的概率加大。而英美法系对于反诉的被告作了适当扩张，规定除了可以向本诉原告提起反诉外，还可以同时向案外第三人提起反诉，将反诉的当事人向第三人扩张。

从我国民事诉讼法的相关规定来看，立法并未具体涉及反诉制度的当事人问题。我国理论界通说认为，反诉的当事人应当限定于本诉的当事人。反诉、本诉的当事人必须相同，反诉的原告只能是本诉的被告，反诉的被告只能是本诉的原告，反诉的当事人和本诉的当事人不增加也不减少，只是诉讼地位互换。也就是说，反诉只能由本诉的被告向本诉的原告提起，反诉实际上是变更原诉当事人的相互地位，原告变为被告，被告变为原告。反诉与本诉并存于同一诉讼程序之中，使双方当事人都同时居于原告与被告的双重诉讼地位。反诉的当事人包含了反诉的原告与被告两方面，无论是提起反诉的主体，抑或是反诉的对象，如果超越了本诉当事人的范围，则均不构成反诉，需要另行起诉。由于我国民事诉讼中的第三人制度可为当事人之外的第三人参与诉讼提供一定的路径，所以理论上禁止第三人提起反诉。

2. 反诉的客观构成要件

（1）构成反诉的实质要件。反诉的实质要件是指反诉与本诉之间必须具有牵连关系，它是构成反诉的核心要件。所谓反诉与本诉有牵连关系，是指反诉标的及请求与本诉标的及请求有牵连，这种牵连包括法律上的牵连和事实上的牵连，即反诉与本诉的诉讼请求必须在事实或法律上有牵连关系。只有具备了这种牵连性，反诉才能成立，因而反诉实质要件就是决定被告提出的反请求是否属于反诉范畴的条件。主流观点认为，反诉与本诉的牵连关系包括反诉的诉讼请求与本诉的诉讼请求基于同一法律事实或者属于同一法律关系，由于这种牵连，反诉与本诉就可以相互排斥、抵消、吞并。具体来讲，本诉与反诉的牵连关系主要表现为：一是诉讼请求基于相同法律关系。例如，在买卖合同纠纷中，一方以对方短少货款为由请求给付货款并支付利息，对方以货物质量不符合约定为由请求修理、更换、重作并赔偿损失。二是诉讼请求之间具有因果关系。通常表现为诉讼请求相互冲突或抵消，如原告起诉离婚，被告反诉确认婚姻无效。三是本诉与反诉的诉讼请求建立在相同事实基础上。例如，两人互殴，一方诉请损害赔偿，对方反诉损害赔偿。这也是判断构成反诉的主要标准。

（2）构成反诉的程序性要件。除了上述实质要件外，构成反诉的程序性要件也必不可少，具体包括以下四个方面。

第一，反诉起诉条件的要求。反诉同本诉一样，首先必须符合民事诉讼法第一百二十二条规定的起诉条件：原告是与本案有直接利害关系的公民、法人和其他组织；有明确的被告；有具体的诉讼请求和事实、理由；属于人民法院受理民事诉讼的范围和受诉人民法院管辖。

第二，反诉管辖法院的要求。管辖权是法院对特定诉讼行使审判权的前提，故受诉法院须对反诉具有管辖权。反诉只能向受理本诉的同一人民法院提起，且不能违反法律对专属管辖的规定。反诉是在本诉进行中提起的，并且要利用本诉的诉讼程序一并进行审理，因此反诉只能向受理本诉的法院提起。审理本诉的法院对反诉的管辖权，可以基于牵连管辖而获得，但如果反诉属于另一法院专属管辖，受理本诉的法院则无权管辖，本诉的被告只能向有专属管辖权的法院另行起诉。专属管辖多因涉及公共利益而具有强制性，不允许随意变更，具有不可改变性、排他性，由某一法院专属管辖的案件，其他任何法院都无权管辖。这是法律强制性规定，不得违反。

第三，反诉程序上的要求。反诉与本诉应当适用同种诉讼程序，以便于合并审理。这里的同一程序是指普通程序和简易程序，不包括非诉讼程序，因为在非诉讼程序中被告不能提起反诉。只有反诉和本诉适用同一程序，才能将反诉与本诉合并审理，以达到简化诉讼程序之目的。

第四，提起反诉的时间要求。反诉的提起是以本诉的存在为前提的，当然应当在本诉的进行中提起，但最迟什么时间提起才有效，民事诉讼法对此并没有明确的规定。根据本司法解释第二百三十二条的规定，在案件受理后，法庭辩论结束前，被告提出反诉，可以合并审理的，人民法院应当合并审理。即反诉应当在法庭辩论结束之前提起，这样法庭可以将本诉与反诉合并审理，集中进行法庭调查，在查明案件事实、分清是非的基础上进行裁判，这样较之于将两诉分别审理可以省去许多重复程序，既能提高诉讼效率又能准确有效地解决民事纠纷。需要注意的是，这里的“法庭辩论结束前”既包括一审程序中的法庭辩论结束前，也包括二审程序中的法庭辩论结束前。换言之，本诉被告在本诉的一审程序、二审程序和再审程序中均可提起反诉。根据《民事诉讼法解释》第三百二十六条的规定，在第二审程序中，原审被告提出反诉的，第二审人民法院可以根据当事人自愿的原则就反诉进行调解，调解不成的，告知当事人另行起诉。

3. 本诉与反诉应当合并审理

合并审理，就是把两个或两个以上的诉合并在一个程序中进行审理。合并审理既能贯彻“两便”原则，减轻当事人和人民法院不必要的讼累，从而节约司法资源；又能防止法院在处理有关联的问题中作出相互矛盾的裁判，从而保证法院裁判的正确性和统一性。关于反诉的审理，我国民事诉讼法的规定是可以合并审理。民事诉讼法第一百四十三条规定：“原告增加诉讼请求，被告提出反诉，第三人提出与本案有关的诉讼请求，可以合并审理。”从立法字面含义理解，反诉与本诉可以合并审理，也可以不合并审理。可见合并审理并非反诉的目的，只是一种解决纠纷的方式，分开审理也不应影响反诉的成立。我国立法没有对本诉与反诉的合并审理程序加以明确和细化。《民事诉讼法解释》第二百三十二条明确规定，本诉与反诉可以合并审理的，应当合并审理。本条则特别强调，当反诉与本诉的请求基于相同法律关系、具有因果关系或基于相同事实时，应当合并审理。因为这类反诉与本诉联系紧密，在事实认定和责任的归属等方面容易处于交叉重叠状态，合并审理有利于事实的认定、纠纷的解决和裁判矛盾的剔除。

4. 不构成反诉的处理

由于构成反诉必须具有上述主客观要件，对于被告提出的诉讼请求应由其他法院专属管辖，或者与本诉的诉讼标的及诉讼请求所依据的事实、理由无关联的，则不能构成反诉，被告主张的，人民法院不予受理，告知其另行起诉。

审判实践中应当注意：

如前所述，人民法院受理反诉后，应当在同一程序中合并审理本诉和反诉。当然，在审理过程中，人民法院根据案件具体情况可以合并辩论，也可以分开辩论。对于本诉和反诉，人民法院应当分别作出裁判，各裁判可以同时作出也可以分别作出。

——最高人民法院民法典贯彻实施工作领导小组办公室编著：《最高人民法院新民事诉讼法司法解释理解与适用》，人民法院出版社2022年版，第499~502页。

最高人民法院裁判文书

陈某与汪某委托合同纠纷案［最高人民法院（2020）最高法民申3283号民事裁定书］

裁判要旨：反诉的当事人应当限于本诉的当事人的范围，反诉与本诉的诉讼请求基于相同法律关系、诉讼请求之间具有因果关系，或者反诉与本诉的诉讼请求基于相同事实的，人民法院应当合并审理。不符合上述条件的，不予合并审理。

最高人民法院认为：本案的审查重点为原审对陈某提起的反诉不予受理是否存在错误。《民事诉讼法司法解释》第二百三十三条第一款、第二款规定：反诉的当事人应当限于本诉的当事人的范围，反诉与本诉的诉讼请求基于相同法律关系、诉讼请求之间具有因果关系，或者反诉与本诉的诉讼请求基于相同事实的，人民法院应当合并审理。本案再审申请人陈某系在汪某起诉其委托合同纠纷一案中提起反诉，其反诉请求包括要求案外人郑某承担连带清偿责任，该项反诉请求的当事人已超出本诉当事人的范围。此外，陈某的反诉请求系基于委托诉讼代理合同及民间借贷合同，而汪某本诉请求系基于委托经营管理合同，因此陈某的反诉与汪某的本诉请求不属于相同法律关系，亦非基于相同事实，故裁定驳回陈某的再审申请。

——中国裁判文书网。

758. 股东代表诉讼中可以提起反诉的情形

关键词

股东代表诉讼　反诉

最高人民法院司法政策精神

26.【股东代表诉讼的反诉】股东依据《公司法》第151条第3款的规定提起股东代表诉讼后，被告以原告股东恶意起诉侵犯其合法权益为由提起反诉的，人民法院应予受理。被告以公司在案涉纠纷中应当承担侵权或者违约等责任为由对公司提出的反诉，因不符合反诉的要件，人民法院应当裁定不予受理；已经受理的，裁定驳回起诉。

——《最高人民法院关于印发〈全国法院民商事审判工作会议纪要〉的通知》（2019年11月8日，法〔2019〕254号）。

附录：最高人民法院主流观点

一、股东因《公司法》第151条第3款规定提起股东代表诉讼是前提条件

股东代表诉讼中，公司是被告不法行为的直接受害者，最终利益归属公

司。而公司不能以自己名义行使其正当的诉权来追究有关人员的法律责任，所以才由股东代位行使诉权。股东代表诉讼的一般规则是禁止反诉。但我国股东代表诉讼的诉讼范围较为广泛，被告既可以是传统的公司董事、监事、高级管理人员，也可以是与公司有其他法律关系的第三人。如果是因董事、监事、高级管理人员执行公司职务时违反法律、行政法规或者公司章程的规定，给公司造成损失而提起的股东代表诉讼，无论因何种理由，被告均不能提起反诉；只有在因他人侵犯公司合法权益而提起的股东代表诉讼中，被告才可能基于特定的法律事由提起反诉。

本条规定了能够提出反诉的前提条件就是因《公司法》第 151 条第 3 款规定提起的股东代表诉讼，也就是说是他人侵犯公司合法权益而提起的反诉，根据反诉请求和理由的不同，区分情况规定了不同情形。

二、因《公司法》第 151 条第 3 款规定提起的股东代表诉讼，被告对原告股东提起反诉的，人民法院应当受理

首先，反诉的基本特征是由本诉被告对本诉原告提出，反诉的利益冲突应当在本诉的原告与被告之间展开。他人侵犯公司合法权益，符合条件的股东提起股东代表诉讼后，被告如果以原告股东恶意起诉侵犯其合法权益为由对原告股东提出反诉的，则该诉讼是由本诉被告对本诉原告提出的，反诉中的利益冲突是在本诉被告与原告股东之间展开的，符合反诉的形式要件，人民法院应当受理。

其次，被告主张原告股东恶意起诉，侵犯其合法权益，将其作为反诉受理有利于查明案情，节约诉讼资源。因他人侵犯公司利益而提起的股东代表诉讼中，被告以原告股东恶意起诉侵犯其合法权益为由提出反诉的，符合反诉的形式要件，且有利于查明案情，节约诉讼资源，故本条规定人民法院对此应当受理。

再次，受理被告对原告股东提起的反诉应当注意，只有当被告以原告股东恶意起诉侵犯其合法权益为由要求原告股东对其承担民事责任时才能成立反诉，如果被告要求原告股东对他人承担民事责任，如要求向公司承担民事责任，则不能成立反诉。

最后，应当特别注意的是，股东代表诉讼中原告股东起诉是要求被告向公司承担相应责任，而反诉中被告主张原告股东恶意起诉侵犯其合法权益，是要求原告股东向其承担相应责任，这两项诉讼请求之间不能相互抵消。

三、因《公司法》第 151 条第 3 款规定提起的股东代表诉讼，被告以公司在涉案纠纷中应当承担侵权或者违约等责任为由对公司提出的反诉，不予受理，但可以另行提起诉讼

首先，该种情形不符合反诉的诉讼构造，故不能成立反诉。反诉的重要特征在于反诉对象的特定性，即反诉只能由本诉被告对本诉原告提出，反诉

的利益冲突应当在本诉的原告与被告之间展开。股东代表诉讼中，原告股东是以自己的名义代表公司提起诉讼，行使的是公司的请求权，公司才是直接的利害关系人，法院进行实体审理的是公司的权利义务，判决的利益也全部归于公司。而在我国股东代表诉讼构造中，公司被列为第三人参加诉讼。被告如果对公司提出的反诉，则是对本诉第三人提起的反诉，不符合诉讼构造理论，故不能成立。

其次，股东代表诉讼的前提是公司拒绝或者怠于起诉。公司往往因被内部人或者关联人控制，对于诉讼采取消极态度。如果公司成为反诉被告，其有可能会直接承认反诉请求，而原告股东通常是中小投资者，即使原告股东同时作为反诉被告，因其往往很难全面了解公司运营情况，也无法充分举证证明公司是否存在侵权或者违约行为。故允许被告以公司在涉案纠纷中应当承担侵权或者违约等责任为由对公司提出反诉，不利于案件的查明，也不利于对公司和其他股东利益的保护，反而可能使得反诉失去正当性，并有可能架空股东代表诉讼的本诉。

综上，在因他人侵犯公司合法权益而提起的股东代表诉讼中，被告以公司在涉案纠纷中应当承担侵权或者违约等责任为由对公司提出的反诉，法院不予受理，已经受理的，应当驳回起诉。但被告可以针对公司应当承担的侵权或者违约等责任另行提出单独的诉讼，既保护了被告实体诉权，又理顺了法律关系。

——最高人民法院民事审判第二庭编著：《〈全国法院民商事审判工作会议纪要〉理解与适用》，人民法院出版社 2019 年版，第 218~219 页。

759. 基于反诉所提出的诉讼请求应与本诉具有牵连性，不应超出本诉审理范围

关键词

反诉　本诉　审理范围

最高人民法院裁判文书

恒智清洁能源（深圳）有限公司与高春华、王旭辉等股权转让合同纠纷案［最高人民法院（2021）最高法民终 815 号民事判决书］

裁判要旨：根据《最高人民法院关于适用〈中华人民共和国民事诉讼法〉的解释》第二百三十三条第二款规定："反诉与本诉的诉讼请求基于相同法律关系、诉讼请求之间具有因果关系，或者反诉

与本诉的诉讼请求基于相同事实的，人民法院应当合并审理。”因此，本诉与反诉之间应当具有牵连性，两者诉讼请求一并予以审理。本诉是本案产生并进行审理的基础，反诉应建立在反诉与本诉的诉讼请求是基于相同法律关系或相同事实的基础上。虽高春华、王旭辉于案件审理过程中撤回起诉，但因反诉源于本诉，本诉撤回起诉后反诉仍可在与本诉牵连相关范围内继续审理。况本案中虽高春华、王旭辉撤回一审诉讼请求，但恒智公司并未因此撤回反诉请求，始终保持反诉原告的诉讼地位，亦表明其对于作为反诉原告参与本案诉讼提出反诉请求并不持异议，因此其基于反诉所提出的诉讼请求应与本诉具有牵连性，不应超出本诉审理范围。

因本诉与反诉系基于牵连关系而产生合并审理的基础，如在股权转让合同纠纷中引入其他与本诉无关的法律关系，不但不符合我国反诉制度的规定，也使得诉讼关系复杂化，难以实现反诉制度合理配置司法资源的目的。

最高人民法院认为，关于恒智公司的部分反诉请求是否超出反诉范围的问题。

恒智公司上诉主张本案作为股权转让合同纠纷，应当对合同有约定的争议问题进行全面审理，一审法院错误认定恒智公司反诉请求。

本院认为，根据《最高人民法院关于适用〈中华人民共和国民事诉讼法〉的解释》第二百三十三条第二款规定：“反诉与本诉的诉讼请求基于相同法律关系、诉讼请求之间具有因果关系，或者反诉与本诉的诉讼请求基于相同事实的，人民法院应当合并审理。”因此，本诉与反诉之间应当具有牵连性，两者诉讼请求一并予以审理。

本案一审系由高春华、王旭辉提起股权转让合同纠纷的本诉，其诉讼请求为解除案涉《股权收购协议》及返还股权，本诉是本案产生并进行审理的基础。其后，恒智公司提起反诉，即应建立在反诉与本诉的诉讼请求是基于相同法律关系或相同事实的基础上。虽高春华、王旭辉于案件审理过程中撤回起诉，但因反诉源于本诉，本诉撤回起诉后反诉仍可在与本诉牵连相关范围内继续审理。况本案中虽高春华、王旭辉撤回一审诉讼请求，但恒智公司并未因此撤回反诉请求，始终保持反诉原告的诉讼地位，亦表明其对于作为反诉原告参与本案诉讼提出反诉请求并不持异议，因此其基于反诉所提出的诉讼请求应与本诉具有牵连性，不应超出本诉审理范围。

高春华、王旭辉在本案中提起的反诉诉讼请求中包括依法判令高春华、王旭辉和恒吉热力公司按照《中华人民共和国公司法》第三十三条规定，提供恒吉热力公司自 2015 年 4 月 1 日起至今真实完整的财务会计报告、会计账簿、会计凭证，供恒智公司查阅、复制。本案系股权转让合同纠纷，而其提出的该项查阅、复制公司账簿的诉讼请求系属股东向公司行使知情权纠纷的审理范畴。从诉讼请求构成而言，向股东提供财务会计报告、会计账簿等以供查阅的义务主体应为恒吉热力公司而非高春华、王旭辉，恒智公司以高春华、王旭辉为被告提起该反诉请求，诉讼主体并不适格，亦与案涉股权转让纠纷非属同一法律关系。恒智公司所提出的判令高春华偿还借款本息的反诉请求，亦非基于股权转让法律关系，不构成应予合并审理的反诉范围。因本诉与反诉系基于牵连关系而产生合并审理的基础，如在股权转让合同纠纷中引入其他与本诉无关的法律关系，不但不符合我国反诉制度的规定，也使得诉讼关系复杂化，难以实现反诉制度合理配置司法资源的目的。原审法院对该部分诉讼请求未予审理并告知恒智公司可另行主张并无不当，本院予以维持。

——中国裁判文书网。

760. 原告申请撤诉后，对方当事人提出反诉的，是否还应作为反诉受理

关键词

原告撤诉　反诉　受理

最高人民法院裁判文书

程建华与宁波御融置业有限公司等合同纠纷管辖权案［最高人民法院（2019）最高法民辖终 85 号民事裁定书］

裁判要旨：反诉的目的就是抵消或者吞并本诉的诉讼请求。因此，反诉的存在，必须以本诉为前提，如果本诉已经不存在，虽然不影响反诉作为一个独立的诉请存在，但不能作为反诉受理。如果当事人继续坚持反诉的诉讼请求，可另行向有管辖权的人民法院起诉。

最高人民法院认为，上诉人于 2018 年 9 月 27 日申请撤诉，且申请撤诉的原因在于无法交纳诉讼费，不属于《最高人民法院关于适用〈中华人民共和国民事诉讼法〉的解释》第二百三十八条规定的人民法院不准许撤诉的事由，应当准许撤诉。在这种情况下，被上诉人于次日提出反诉，一审法院应当将上诉人申请撤诉这一情形告知被上诉人，由被上诉人酌定是否坚持提出

反诉请求。反诉的目的就是抵消或者吞并本诉的诉讼请求。因此，反诉的存在，必须以本诉为前提，如果本诉已经不存在，虽然不影响反诉作为一个独立的诉请存在，但不能作为反诉受理。如果被上诉人继续坚持反诉的诉讼请求，可另行向有管辖权的人民法院起诉。《最高人民法院关于适用〈中华人民共和国民事诉讼法〉的解释》第二百三十九条规定的“人民法院准许本诉原告撤诉的，应当对反诉继续审理；被告申请撤回反诉的，人民法院应予准许”的情形，指的是案件已经进入审理阶段后，本诉原告撤诉时对反诉的处理方式，而本案仍在立案后确定案件管辖权阶段，尚未进入实体审理环节，不适用该条规定。

如前所述，本案反诉的诉讼请求是要求继续履行合同，上诉人承担 1000 万元违约金，其诉讼标的额与上诉人提出的诉讼相同，为 1.428 亿元，也达到一审法院级别管辖标准，如被上诉人另行起诉，一审法院对本案有管辖权。关于上诉人提出的被上诉人是按照 1000 万元的诉讼标的额缴费的问题，被上诉人交纳诉讼费的付款回执显示，交纳诉讼费金额为 337900 元，经核算，该金额为按照诉讼标的额 1.428 亿元减半收取的诉讼费，并非按照 1000 万元的诉讼标的额缴费。但鉴于本诉已经不存在，被上诉人如坚持起诉，只能作为一个独立的诉受理，不应适用《诉讼费用交纳办法》第十八条关于“被告提起反诉、有独立请求权的第三人提出与本案有关的诉讼请求，人民法院决定合并审理的，分别减半交纳案件受理费”的规定，减半交纳案件受理费，而应全额交纳诉讼费。

——中国裁判文书网。

761. 在判决已经支持当事人的反诉请求时，该当事人再次提起上诉，不具有反诉的上诉的利益

关键词

当事人　反诉请求　上诉　反诉　上诉的利益

最高人民法院裁判文书

港通物流（北京）有限公司、北京云帆中天科贸有限责任公司与承德钢铁集团有限公司等借款合同纠纷案［最高人民法院（2017）最高法民终 624 号民事判决书］

裁判要旨：在判决已经支持当事人的反诉请求时，该当事人再次提起上诉，不具有反诉的上诉的利益。本案中，一审判决解除

“四方协议”，意味着已经支持了港通公司的该项反诉请求，港通公司就合同解除事宜再行提起上诉缺乏诉的利益。云帆公司上诉请求撤销一审判决，其上诉请求看似已经涵盖了撤销港通公司有关解除“四方协议”的该项反诉请求。

最高人民法院认为：关于“四方协议”的解除问题。协议解除合同，需要当事人就合同解除事宜达成合意。“四方协议”作为由四方当事人共同签署的协议，要想以协议的方式解除合同，需要四方当事人形成共同的合意。本案中，尽管港通公司以反诉方式请求解除“四方协议”，劳服公司、云帆公司在庭审答辩中也同意解除“四方协议”，但承钢集团并未明确表示同意解除“四方协议”，在此情况下，一审判决认定各方已就“四方协议”的解除达成合意，并判令解除该协议，确有不当，应予纠正。一审判决解除“四方协议”，意味着已经支持了港通公司的该项反诉请求，港通公司就合同解除事宜再行提起上诉缺乏诉的利益。云帆公司上诉请求撤销一审判决，其上诉请求看似已经涵盖了撤销港通公司有关解除“四方协议”的该项反诉请求。但云帆公司的主要上诉请求是请求驳回承钢集团的全部诉讼请求，并未针对港通公司的反诉提起上诉，结合其在一、二审中均明确同意港通公司包括解除“四方协议”在内的反诉请求，在相关问题上亦与港通公司保持一致立场等情形，可以认定其并未就合同解除事宜提出上诉。承钢集团尽管没有明确表示同意解除“四方协议”，但其并未提起上诉，表明已经服判息诉。考虑到“四方协议”因各方在评估问题上未能达成一致意见，导致至今未能得到履行的实际情况，一审判决解除该协议在结果上并无明显不当。综合考虑前述因素，对于一审判决解除“四方协议”，本院予以维持。

港通公司、云帆公司之所以在一审判决已经支持其解除“四方协议”的反诉请求或答辩意见的情况下，仍然坚持对此提起上诉，主要是认为一审判决未就“四方协议”不能得到履行的原因进行审查。而在“四方协议”的履行问题上，承钢集团与港通公司、云帆公司、劳服公司各执一词，彼此都坚称是对方违约在先。“四方协议”作为确认主债权债务以及股权质押关系并就质押股权折价事宜进行约定的协议，其不能实际履行的后果无非是不能通过折价方式实现股权质权，并不意味着主债权以及股权质权因此而消灭，更不意味着港通公司、云帆公司可以因此免除其作为出质人所应承担的担保责任，故对港通公司、云帆公司有关“四方协议”解除后其不应承担任何责任的主张，本院不予支持。鉴于“四方协议”并未约定具体明确的违约责任，故双方有关谁违约在先的争论并无实质意义，本院对此不作进一步审查。

——中国裁判文书网。

762. 一审认为是反诉，二审认为是抗辩，或者一审认为是抗辩，二审认为是反诉的，应如何处理

关键词

建设工程施工合同　包发人　承包人　反诉　抗辩　合并审理

最高人民法院司法解释

第十六条　发包人在承包人提起的建设工程施工合同纠纷案件中，以建设工程质量不符合合同约定或者法律规定为由，就承包人支付违约金或者赔偿修理、返工、改建的合理费用等损失提出反诉的，人民法院可以合并审理。

——《最高人民法院关于审理建设工程施工合同纠纷案件适用法律问题的解释（一）》（2020年12月29日，法释〔2020〕25号）。

附录：最高人民法院主流观点

对于被告的主张是属于反诉还是抗辩问题，不仅当事人之间有争议，一、二审法院之间可能也会观点不一，存在分歧。

如果一审认为是反诉，二审认为是抗辩的，则由于一审按照反诉处理，必然会收取反诉的诉讼费用，并对反诉请求进行认定和裁判（支持或者驳回该反诉请求）。此时，二审如果认为是抗辩的，则有可能存在两种处理结果：如果抗辩理由成立，则有可能会与反诉理由相同，此时，二审法院很可能会考虑到诉累和司法资源有限等问题，维持一审的裁判结果。当然，二审法院也有可能进行改判。如果抗辩理由与反诉理由不一致，一般认为一审反诉不成立，则二审会发回重审或者改判，驳回反诉请求。

如果一审认为是抗辩，二审认为是反诉的，则处理方式较为简单：第一种处理方式，因为二审法院认为被告主张属于反诉，即相当于二审程序中增加了反诉的请求。根据《最高人民法院关于适用〈中华人民共和国民事诉讼法〉的解释》第三百二十八条的规定，“在第二审程序中，原审原告增加独立的诉讼请求或者原审被告提出反诉的，第二审人民法院可以根据当事人自愿的原则就新增加的诉讼请求或者反诉进行调解；调解不成的，告知当事人另行起诉”，二审法院可以就反诉进行调解，调解不成的，告知当事人另行起诉。当然，如果二审法院将案件发回重审，则被告可以在重审一审中提起反诉。具体法律依据为《民事诉讼法》第一百四十条①的规定：“原告增加诉讼

① 现为《民事诉讼法》（2021年修正）第一百四十三条。

请求，被告提出反诉，第三人提出与本案有关的诉讼请求，可以合并审理”；

《最高人民法院关于适用〈中华人民共和国民事诉讼法〉的解释》第二百五十一条规定：“二审裁定撤销一审判决发回重审的案件，当事人申请变更、增加诉讼请求或者提出反诉，第三人提出与本案有关的诉讼请求的，依照《民事诉讼法》第一百四十条规定处理。”

——最高人民法院民事审判第一庭编著：《最高人民法院新建设工程施工合同司法解释（一）理解与适用》，人民法院出版社 2021 年版，第 167~168 页。

763. 建设工程施工合同纠纷中，被告将反诉内容作为抗辩意见，应准确判断该主张属于反诉还是抗辩

关键词

建设工程施工合同　包发人　承包人　反诉　抗辩

最高人民法院司法解释

第十六条　发包人在承包人提起的建设工程施工合同纠纷案件中，以建设工程质量不符合合同约定或者法律规定为由，就承包人支付违约金或者赔偿修理、返工、改建的合理费用等损失提出反诉的，人民法院可以合并审理。

——《最高人民法院关于审理建设工程施工合同纠纷案件适用法律问题的解释（一）》（2020 年 12 月 29 日，法释〔2020〕25 号）。

附录：最高人民法院主流观点

建设工程施工合同纠纷中，经常发生被告将反诉内容作为抗辩意见提出，要求直接在本诉中抵扣工程款的情况。对此，应当准确判断该主张属于反诉还是抗辩，并根据案情分别作出释明。对于承包人向发包人主张工程欠款，而发包人以承包人逾期竣工或工程存在质量问题要求承包人承担违约赔偿责任的，根据前述反诉与抗辩的识别标准，很容易判断出被告的主张属于反诉请求，应按反诉处理。但由于双方当事人在合同中已明确约定可直接将工程质量违约金或赔偿金从应付工程款中予以扣减，原告也同意在本诉中根据双方合同的约定直接结算抵扣，也可以在本诉中一并处理，将被告的该主张视为抗辩，无须再提起反诉。

——最高人民法院民事审判第一庭编著：《最高人民法院新建设工程施工合同司法解释（一）理解与适用》，人民法院出版社 2021 年版，第 167 页。

764. 本诉原告未撤诉，被告申请撤回反诉的处理

关键词

本诉　撤诉　撤回反诉　缺席判决

最高人民法院司法解释

第二百三十九条　人民法院准许本诉原告撤诉的，应当对反诉继续审理；被告申请撤回反诉的，人民法院应予准许。

——《最高人民法院关于适用〈中华人民共和国民事诉讼法〉的解释》（2022 年 4 月 1 日修正）。

附录：最高人民法院主流观点

实践中，除原告申请撤诉，被告申请撤回反诉的情形外，还有本诉原告不撤诉而反诉原告撤回反诉的情形。对于被告撤回反诉的申请，人民法院不能直接准许，仍然应当按照《民事诉讼法解释》第二百三十八条的规定审查被告撤回反诉是否存在违反法律的行为而不应准许撤诉的情形。如果不存在违反法律的行为，则应当准许被告撤回反诉；如果经审查存在违反法律的行为，则应当裁定不予准许撤诉。此外，被告（反诉原告）在反诉法庭辩论终结后申请撤回反诉，原告（反诉被告）不同意的，人民法院也可以裁定不予准许。人民法院裁定不准撤回反诉的，原告（反诉被告）经传票传唤，无正当理由拒不到庭的，可以缺席判决。

——最高人民法院民法典贯彻实施工作领导小组办公室编著：《最高人民法院新民事诉讼法司法解释理解与适用》，人民法院出版社 2022 年版，第 509 页。

765. 与本诉具有牵连关系的对抗性诉讼可以作为反诉受理

关键词

本诉　牵连关系　对抗性诉讼　反诉

最高人民法院裁判文书

江西盛世欣兴格力贸易有限公司与江西美的制冷设备销售有限公司等不正当竞争纠纷案［最高人民法院（2013）民申字第 2270 号民事裁定书］

裁判要旨：与本诉在具体事实和法律关系方面具有同一性并非反诉的必要条件；基于产生原因上的联系而提起的具有明显针对性、对抗性和关联性的诉讼，因其与本诉具有牵连关系，可以作为反诉处理。

最高人民法院认为，根据已经查明的案件事实，结合各方当事人的诉辩主张，本案的争议焦点问题为：一审、二审法院受理并审理江西美的公司所提反诉主张的行为是否正确。第一，关于江西格力公司所提反诉的受理违反《民事诉讼法》关于反诉受理条件的再审理由。《民事诉讼法》第五十一条①、第一百四十条②以及《最高人民法院关于民事诉讼证据的若干规定》第三十四条第三款对于当事人提起反诉的权利、时间以及人民法院受理反诉后的审理方式进行了规定。但除此之外，现行法律法规并未对反诉受理的具体条件作出明确规定。具体到本案而言，本诉要解决的问题是江西美的公司在《江南都市报》、《南昌晚报》等媒体上刊登“全直流比 1 赫兹好”等广告语的行为是否构成对江西格力公司的商业诋毁，反诉要解决的问题是江西格力公司在《江南都市报》、《南昌晚报》等媒体上刊登“全直流早 OUT 了，不再用 10 年前的技术”等广告语的行为是否构成对江西美的公司的商业诋毁。本诉与反诉所针对的具体事实和法律关系虽然不具有同一性，但两项侵权行为的实施者互为本诉与反诉部分的原告、被告，借助的媒体完全相同、实施时间极为接近，且侵权行为的具体形式亦高度近似，由此可以看出，两侵权行为在产生原因上具有明显的针对性、对抗性和关联性，其目的均是通过发布比较广告的方式获取相关地域内空调销售方面的竞争优势。由于本案反诉与本诉之间存在事实与法律关系上的关联性，一审、二审法院以反诉与本诉具有牵连关系、人民法院合并审理符合设立反诉制度的目的为由对江西美的公司的反诉予以受理和审理的作法并无不当，本院予以支持。江西格力公司所提反诉与本诉之间必须基于同一法律关系和原因事实的再审理由缺乏法律依据，本院不予支持。第二，关于江西格力公司所提一审、二审法院对反诉的受理导致本诉原告的合法权益受损的再审理由。首先，从当事人诉权的行使和保障来看，根据再审程序中查明的事实，江西格力公司对于原审程序中反诉部分涉及的一审、二审法院的审理程序及事实和法律问题的认定均未提出异议，亦未就其所提合法权益因反诉的受理而遭受损害的主张提供任何证据予以证明，故江西格力公司关于反诉的受理使本诉未能得到完整处理的主张缺乏事实依据，本院不予支持。其次，从本案处理的法律效果和社会效果来看，一

① 现为《民事诉讼法》（2021 年修正）第五十四条。

② 现为《民事诉讼法》（2021 年修正）第一百四十三条。

审、二审法院基于两侵权行为具有的明显的对抗性和针对性，在同一案件中对江西格力公司和江西美的公司的行为性质同时作出评判，在双方当事人的行为均构成侵权的情况下，判决其同一时间、在同一媒体之上以刊登道歉声明的方式消除相互诋毁行为所产生的不良影响，实现了对双方当事人同等程度的惩戒和救济，有利于对公平竞争的市场秩序的维护，也获得了较好的法律效果和社会效果。因此，江西格力公司所提反诉的受理损害了其合法权益的再审理由不能成立，本院不予支持。

——《最高人民法院知识产权案件年度报告（2013）摘要》，中国裁判文书网。

766. 如何确定反诉继续审理的案号

关键词

反诉　继续审理　案号　本诉　撤诉

最高人民法院司法解释

第二百三十九条　人民法院准许本诉原告撤诉的，应当对反诉继续审理；被告申请撤回反诉的，人民法院应予准许。

——《最高人民法院关于适用〈中华人民共和国民事诉讼法〉的解释》（2022 年 4 月 1 日修正）。

附录：最高人民法院主流观点

法院审理案件，当事人及其律师查询案件，最主要的识别依据即为该案的案号，故我国法院的案号编制规则极为重要。司法实践中案号编制的规则主要是“四个一”的编制规则，即一个案件一个法院一个程序一个编号，具体而言，就是每一个民事案件在同一个受理的法院在一个特定的诉讼程序（一审、二审、再审）中会编制一个唯一的案号。案号一般由受理年份、受理法院简称、具体办案部门（或案件类型）、所处诉讼程序、年内编号共五个部分组成。本诉立案后，人民法院即给该案编制一个案号，因反诉并没有经过起诉程序，法院也没有给反诉编一个案号。反诉后，本诉与反诉合并审理，本诉与反诉共同使用一个案号，共同使用一个案由，双方互为原、被告，本诉与反诉在程序上相互牵连。本诉撤诉后，人民法院应当以该案号作出撤诉裁定。由于本诉的撤回不影响反诉的审理，而反诉又没有独立的案号，这时反诉继续审理仍然使用本诉的案号，并作出判决，不必另行更换案号。

——最高人民法院民法典贯彻实施工作领导小组办公室编著：《最高人

民法院新民事诉讼法司法解释理解与适用》，人民法院出版社 2022 年版，第 509 页。

（五）其　他

767. 全面落实立案登记制改革的各项要求

关键词

登记立案

最高人民法院司法政策精神

17. 改革案件受理制度。变立案审查制为立案登记制，对人民法院依法应该受理的案件，做到有案必立、有诉必理，保障当事人诉权。加大立案信息的网上公开力度。推动完善诉讼收费制度。

——《最高人民法院关于全面深化人民法院改革的意见——人民法院第四个五年改革纲要（2014—2018）》（2015 年 2 月 4 日，法发〔2015〕3 号）。

四、健全配套机制

（一）健全多元化纠纷解决机制。进一步完善调解、仲裁、行政裁决、行政复议、诉讼等有机衔接、相互协调的多元化纠纷解决机制，加强诉前调解与诉讼调解的有效衔接，为人民群众提供更多纠纷解决方式。

（二）建立完善庭前准备程序。完善繁简分流、先行调解工作机制。探索建立庭前准备程序，召集庭前会议，明确诉辩意见，归纳争议焦点，固定相关证据，促进纠纷通过调解、和解、速裁和判决等方式高效解决。

（三）强化立案服务措施。加强人民法院诉讼服务中心和信息化建设，实现公开、便捷立案。推行网上立案、预约立案、巡回立案，为当事人行使诉权提供便利。加大法律援助、司法救助力度，让经济确有困难的当事人打得起官司。

——《最高人民法院关于人民法院推行立案登记制改革的意见》（2015 年 4 月 15 日）。

二、进一步加强立案受理

6. 方便群众诉讼立案。建立预约立案制度，积极做好特殊情况的节假日立案工作。因地制宜地推行远程立案、网上立案，为行动不便的伤病患者、残疾人、老年人等提供上门立案服务。在交通不便的偏远地区，可指定人民法庭审查立案。

7. 及时受理起诉和申请。严禁在法律规定之外另设受理条件，不得对符合立案条件的诉求拒绝立案、推诿立案、拖延立案。严格执行立案受理法定期限，及时告知当事人立案审查结果。依法规范诉前调解程序，杜绝久调不立。

8. 准确告知立案材料要求。向当事人提供诉状样本，耐心回答当事人的询问，全面准确告知立案材料有关要求。当事人立案材料不全或诉状内容、形式不符合规定的，一次讲清如何补齐或更正，避免当事人多次往返、反复修改。

9. 依法提供司法救助。对符合诉讼费缓、减、免条件的当事人，及时办理有关手续，确保有理无钱的人打得起官司。对不符合诉讼费缓、减、免条件的当事人，要耐心说明理由。

10. 加强诉讼风险告知。做好诉讼指引工作，全面告知诉讼权利和义务。善意提示诉讼风险，引导当事人理性对待诉讼，依法提出合理诉求。

11. 开展巡回接访、视频接访。在群众涉诉信访集中的地方开展巡回接访，促使涉诉信访问题就地化解。依托法院远程视频接访系统，让人民群众在当地就可以向上级法院反映诉求，由上级法院法官通过视频进行远程接访。

——《最高人民法院关于深入整治“六难三案”问题加强司法为民公正司法的通知》（2014 年 6 月 9 日，法〔2014〕140 号）。

附录：最高人民法院主流观点

1. 立案登记制的基本原则

实施立案登记制度必须坚持以下基本原则：一是依法保障当事人诉讼权利原则。对当事人符合诉讼法规定条件的起诉，均应登记立案并予以书面回复，坚决杜绝不收取材料、不予答复、不作书面裁定的“三不”现象。二是坚持便利诉讼原则。既要便利当事人参与诉讼，又要方便人民法院公正高效审判。三是公开透明、及时高效原则。将登记、立案等活动纳入群众监督之下，增强司法公信力。

2. 立案登记制的法律依据

民事诉讼法第一百二十二条规定：“起诉必须符合下列条件：（一）原告是与本案有直接利害关系的公民、法人和其他组织；（二）有明确的被告；（三）有具体的诉讼请求和事实、理由；（四）属于人民法院受理民事诉讼的范围和受诉人民法院管辖。”第一百二十六条规定：“人民法院应当保障当事人依照法律规定享有的起诉权利。对符合本法第一百二十二条的起诉，必须受理。符合起诉条件的，应当在七日内立案，并通知当事人；不符合起诉条件的，应当在七日内作出裁定书，不予受理；原告对裁定不服的，可以提起上诉。”第一百二十七条规定：“人民法院对下列起诉，分别情形，予以处理：（一）依照行政诉讼法的规定，属于行政诉讼受案范围的，告知原告提起行政诉讼；（二）依照法律规定，双方当事人达成书面仲裁协议申请仲裁、不得向人民法院起诉的，告知原告向仲裁机构申请仲裁；（三）依照法律规定，应当由其他机关处理的争议，告知原告向有关机关申请解决；（四）对不属于本院管辖的案件，告知原告向有管辖权的人民法院起诉；（五）对判决、裁定、调解书已经发生法律效力的案件，当事人又起诉的，告知原告申请再审，但人民法院准许撤诉的裁定除外；（六）依照法律规定，在一定期限内不得起诉的案件，在不得起诉的期限内起诉的，不予受理；（七）判决不准离婚和调解和好的离婚案件，判决、调解维持收养关系的案件，没有新情况、新理由，原告在六个月内又起诉的，不予受理。”行政诉讼法第五十一条第一款、第二款规定：“人民法院在接到起诉状时对符合本法规定的起诉条件的，应当登记立案。对当场不能判定是否符合本法规定的起诉条件的，应当接收起诉状，出具注明收到日期的书面凭证，并在七日内决定是否立案。不符合起诉条件的，作出不予立案的裁定。”该法还对行政诉讼中不接受诉状、诉状的补正等问题作了明确规定。上述法律是立案登记制的法律依据。

3. 登记立案的程序

第一，人民法院在接到民事案件起诉状时，对是否符合民事诉讼法规定的起诉条件进行形式审查，符合规定的，应当予以登记立案。

第二，人民法院认为当事人的起诉不符合法律规定条件的，应当向当事人释明和指导。能够当场补正的，应当指导当事人当场补正；不能当场补正的，应当书面告知当事人及时补正。当事人补正后，即予以登记立案。人民法院不得未经指导和释明即以起诉不符合条件为由不接收起诉材料。

第三，对当场不能判定是否符合法律规定的起诉条件的，应当接收起诉材料，并出具注明收到起诉状日期的书面凭证，在七日内决定是否登记立案。对不符合起诉条件的，应当在七日内作出不予受理的裁定，载明明确具体的不予受理的理由。在七日内不能确定是否符合起诉条件的，应当先行登记立案，进入审理程序以确定是否符合起诉条件，及是否应保护当事人的诉讼请求。

第四，立案后发现不符合起诉条件或者属于民事诉讼法第一百二十七条规定情形的，裁定驳回起诉。

——最高人民法院民法典贯彻实施工作领导小组办公室编著：《最高人民法院新民事诉讼法司法解释理解与适用》，人民法院出版社 2022 年版，第 455~457 页。

768. 对人民法院应一次性书面告知当事人限期补正材料的理解

关键词

登记立案　补正材料　释明权

最高人民法院司法解释

第七条　当事人提交的诉状和材料不符合要求的，人民法院应当一次性书面告知在指定期限内补正。

当事人在指定期限内补正的，人民法院决定是否立案的期间，自收到补正材料之日起计算。

当事人在指定期限内没有补正的，退回诉状并记录在册；坚持起诉、自诉的，裁定或者决定不予受理、不予立案。

经补正仍不符合要求的，裁定或者决定不予受理、不予立案。

——《最高人民法院关于人民法院登记立案若干问题的规定》(2015 年 4 月 15 日，法释〔2015〕8 号)。

附录：最高人民法院主流观点

根据登记立案的要求，人民法院应当坚决杜绝不收材料、不立案、不下裁定的"三不"行为，对起诉、自诉，做到一律接收诉状，出具书面凭证并注明收到日期。接受诉状后，符合法律规定的起诉、自诉，当场予以登记立案。对不符合法律规定的起诉、自诉，应当予以释明。当事人坚持起诉的，人民法院应当书面裁定或者决定不予受理、不予立案，并载明理由。对当场不能判定是否符合法律规定的，应当在法律规定期限内决定是否立案。在法律规定期限内仍不能决定的，经过分管院长的审批后，可以先行立案。

本条规定，人民法院立案工作应当强化说法释明工作，对当事人提交的诉状和材料不符合要求的，应当一次性书面告知在指定期限内补正。当事人在指定期限内补正的，人民法院决定是否立案的期间，自收到补正材料之日起计算。当事人在指定期限内没有补正的，退回诉状并记录在册；当事人提交补正材料后无法联系的，邮寄退回。当事人坚持起诉、自诉的，人民法院应当裁定或者决定不予受理、不予立案。这里的"一次性告知"应该是对法院而言，一次性全面告知当事人登记立案所需要的材料，不能有所欠缺。但不能只是机械地理解为，只是告知当事人一次就不再告知了，如果当事人下次材料没有补齐的话，还应再次告知。对于经过补正，当事人提交的材料仍然不符合要求的，我们要求受诉人民法院出具裁定。这主要是考虑到，虽然我国诉讼法规定了当事人对不予受理的裁定享有上诉权及申请再审权，但是在立案过程中大量存在着以口头形式作出“不予受理”裁定的现象，直接影响当事人的权利救济，无法向上级法院提出上诉或者申请再审。虽然2012年民事诉讼法修改，新增了以下规定：“符合起诉条件的，应当在七日内立案，并通知当事人；不符合起诉条件的，应当在七日内作出裁定书，不予受理”，即将书面裁定纳入立法。但从法律实施的情况看，仍然存在着部分地区法院以口头告知代替书面裁定的做法，当事人就“不予受理”的口头裁定依然处于救济无门的状态，立法上的完善并没有带来司法实践的革新。因此，在《规定》起草过程中，再次强调要以书面的形式决定是否受理，从而给当事人救济权利提供书面凭证。

——景汉朝主编、最高人民法院立案庭编著：《最高人民法院关于登记立案司法解释理解与适用》，人民法院出版社2016年版，第102~103页。

769. 在登记立案阶段对虚假诉讼行为的防范

关键词

登记立案　虚假诉讼

最高人民法院司法解释

第十六条　人民法院依法维护登记立案秩序，推进诉讼诚信建设。对干扰立案秩序、虚假诉讼的，根据民事诉讼法、行政诉讼法有关规定予以罚款、拘留；构成犯罪的，依法追究刑事责任。

——《最高人民法院关于人民法院登记立案若干问题的规定》（2015年4月15日，法释〔2015〕8号）。

附录：最高人民法院主流观点

立案是保障当事人行使诉讼权利的第一环节，也是防范虚假诉讼行为的第一道关口。

（1）加强对立案部门工作人员的业务培训，增强责任意识和对虚假诉讼行为辨识能力。特别对于一些涉及虚假诉讼行为多发的案件领域，在办理登记立案时，应当通过观察当事人或代理人言行举止、审查登记立案材料来做初步判断，对诉讼主体资格、委托代理手续若有疑问要重点审查、询问，认真核对。

（2）建立登记立案宣传警示制度。在诉讼服务大厅设置民事诉讼法关于对虚假诉讼行为处理的宣传警示材料，进行虚假诉讼风险提示，引导当事人诚信诉讼，在登记立案程序中口头和书面告知当事人进行虚假诉讼的法律后果，警示、威慑意图进行虚假诉讼的当事人。

（3）从登记立案程序上严格审查诉讼主体资格，防范虚假诉讼行为。对于原告特别授权行为，要求原告或特别授权代理人签署诉讼正当性承诺书或诚信诉讼承诺书；当事人或特别授权代理人签署案件关联信息披露承诺书等。

（4）强化对当事人请求诉前调解案件的审查。实施登记立案制后，进一步降低了法院的立案门槛，案件进入诉讼更加容易，对于当事人双方均要求调解或者双方委托代理人代为调解的案件，要引起高度注意。对案件全面仔细审核，防止当事人利用调解规避对证据的审查，进行恶意调解。

（5）实行涉嫌虚假诉讼案件信息报告制度。登记立案过程中发现有虚假诉讼嫌疑的，要在登记立案系统中予以标注，以提醒案件审判、执行部门注意。

——景汉朝主编、最高人民法院立案庭编著:《最高人民法院关于登记立案司法解释理解与适用》，人民法院出版社 2016 年版，第 175 页。

770. 裁定不予受理、驳回起诉的案件原告再次起诉的如何处理

关键词

不予受理　驳回起诉

最高人民法院司法解释

第二百一十二条　裁定不予受理、驳回起诉的案件，原告再次起诉，符合起诉条件且不属于民事诉讼法第一百二十七条规定情形的，人民法院应予受理。

——《最高人民法院关于适用〈中华人民共和国民事诉讼法〉的解释》（2022 年 4 月 1 日修正）。

附录：最高人民法院主流观点

民事诉讼法第一百二十二条规定了起诉的条件；第一百二十六条规定，对于不符合起诉条件的起诉，应当不予受理；第一百二十七条规定，对于当事人针对一些特殊情形的起诉，应分别情形处理。因此，对于人民法院不予受理或者驳回起诉的案件，当事人再次起诉的，根据本条的规定，人民法院经审查只要符合起诉条件的，原则上应根据民事诉讼法第一百二十六条的规定，在七日内立案，并通知当事人。但是对于当事人的起诉存在民事诉讼法第一百二十七条规定的情形的，则应分别情形处理，而不应作为民事案件立

案受理。

——最高人民法院民法典贯彻实施工作领导小组办公室编著:《最高人民法院新民事诉讼法司法解释理解与适用》，人民法院出版社 2022 年版，第 463 页。

771. 民刑交叉、民行交叉案件的正当法律程序

关键词

民行交叉　民刑交叉　正当程序

最高人民法院审判业务意见

商事案件中的有关事实有时会涉及刑事犯罪问题，或者涉及行政管理或行政诉讼问题。同时，刑事诉讼、行政诉讼或行政管理中有时也会牵连商事案件的审判。处理这类案件就涉及民刑交叉、民行交叉的正当法律程序问题。

第一，要注意区分商事案件法律事实与刑事诉讼所涉法律事实是否相同。如果商事案件法律事实与刑事案件法律事实不同，那么原则上商事案件应当与刑事案件分别审理。在这方面，1998 年《最高人民法院关于在审理经济纠纷案件中涉及经济犯罪嫌疑若干问题的规定》第一条即作了明确规定。审理商事案件的法院不能以涉嫌刑事犯罪为由当然中止对案件的审理。但是，如果法院在商事审判中发现犯罪线索的，应将掌握的犯罪线索材料移送给公安、检察等机关。此时的移送是犯罪线索材料的移送，而不是全案移送。移送后商事案件也不能中止审理。对此，《民间借贷司法解释》第六条进一步强调了民事、商事案件继续审理的原则。

第二，要注意区分商事案件与刑事诉讼涉及相同法律事实下的不同处理。（1）商事案件与刑事诉讼涉及的法律事实完全相同时的处理。如果商事案件与刑事诉讼所涉事实完全相同，而且案件事实在根本上也属于刑事案件，那么在立案阶段就应不予受理商事案件。受理后在商事审判中发现的，应当裁定驳回起诉。在这方面，2014 年最高人民法院、最高人民检察院、公安部颁布的《关于办理非法集资刑事案件适用法律若干问题的意见》规定，法院审理民事案件中发现有非法集资犯罪嫌疑的，应当裁定驳回起诉，并将有关材料移送公安、检察等机关。这就说明，法院发现非法集资犯罪时，已经启动的普通借款纠纷诉讼不能继续进行。另一方面，如果商事案件与刑事诉讼所涉事实完全相同，并且同时存在民事责任和刑事责任的，商事审判应当尊重已经启动的刑事附带民事诉讼程序。未启动附带民事诉讼程序的，商事案件可以与刑事案件分别审理。（2）商事案件与刑事诉讼涉及的法律事实存在部

分关联时的处理。商事案件与刑事诉讼涉及的法律事实部分相关时，判断商事案件是否继续审理的标准应当是民事诉讼法第一百五十条第一款第（五）项“本案必须以另一案的审理结果为依据”的规定。据此，如果审理商事案件必须以另一刑事案件审理结果为依据，那么在刑事案件尚未审结时，应当中止商事案件审理。反之，如果商事案件审理无需以刑事案件审理结果为依据，则商事案件不得中止审理。实践中要切实防止以涉及刑事案件为由对商事案件一律中止或拖延审理的做法。

第三，要妥善处理商事案件和行政诉讼等交叉的问题。（1）要遵循基础法律关系先行处理的思路。商事审判在调查案件事实、认定合同效力等方面与行政管理、行政诉讼相互牵连的，应当先解决基础法律关系问题。如果商事审判必须以行政行为内容或者行政诉讼查明的事实来认定法律行为要件事实，在行政行为作出前或行政诉讼裁判作出前，商事案件应中止审理。行政行为作出后或行政诉讼裁判作出后，商事案件应及时恢复审理。尤其要注意，法律、行政法规明确规定应由行政机关专门处理或先行处理的纠纷，在行政机关处理前，对当事人提起的民事诉讼应裁定不予受理。如果行政行为、行政诉讼必须以商事审判结果为依据，商事审判应及时作出裁判。在一些复杂案件的审判中，必要时可以研究探索商事审判或行政审判等对部分问题依法先行裁判或处理。（2）要正确理解行政机关批准、登记行为与合同效力的关系。法律、行政法规明确规定行政机关批准或登记后合同才生效的，在行政机关批准或登记前，应认定合同未生效。（3）要准确识别行政行为合法性与民事证据合法性问题。行政机关实施行政行为中作出的批准文件、权利凭证等行政文书，商事审判中可将其作为证据并按照民事诉讼证据的规定进行审查，但商事审判无权对作出行政文书的行政行为进行合法性审查。商事审判中法院发现行政机关明显超越职权作出行政文书或者有相反证据足以推翻行政文书记载内容的，应否定其作为证据的合法性或证明力，不予采信。

——杨临萍：《关于当前商事审判工作中的若干具体问题》，载杜万华主编、最高人民法院民事审判第二庭编：《商事审判指导》2016 年第 1 辑（总第 40 辑），人民法院出版社 2016 年版，第 55~56 页。

最高人民法院审判业务意见（民一庭意见）

最高人民法院民一庭意见：在当事人因民事权益发生纠纷而向人民法院提起民事诉讼过程中，当事人的案涉行为涉嫌违反法律、行政法规的禁止性规定可能因此受到行政处罚的，不影响人民法院对案件的受理。人民法院在受理案件后，应高度重视案件存在的相关问题，根据案件的具体情况先中止审理案件，通过发出司法建议书或提供有关材料线索等方式向有关行政机关通报有关情况，在其调查、认定并处理后，人民法院再恢复案件审理，依法作出裁判，从而避免当事人通过人民法院民事审判将其违法所得合法化的情况发生。

附：本案案情

赵某，男，系甲证券公司从业人员；李某，女，系乙学校教师。2003 年，李某以自己的名义在甲证券公司营业部开立了证券账户和资金账户，并开立了姓名为李某的银行账户。2004 年至 2008 年间，该账户进行了多笔证券交易。2008 年 3 月 3 日，该账户上证券全部卖出，所得 360 万元资金全部转移至资金账户。3 月 4 日，该笔款项全部转至李某的银行账户，同日赵某将李某的该银行账户中的 360 万元转至户名为赵某的银行账户中。现李某、赵某均主张对该 360 万元的所有权，发生纠纷，李某遂诉至法院称，该笔资金全部为其所有，证券账户、资金账户以及银行账户的所有人均为李某，事实上也是李某在操作交易，赵某因为二人的关系原因知道上述账户的密码，但这并不能证明其对资金的所有。赵某辩称，该资金账户虽户名为李某，但实为甲证券公司经纪人的返佣账户，账户初始资金均为其返佣所得，历经几年的操作，最终本金加收益滚动至 360 万元，其只是借用李某的账户进行操作，故请求驳回李某的诉讼请求。

——最高人民法院民事审判第一庭：《当事人的案涉行为涉嫌行政违法不影响民事案件的受理》，载最高人民法院民事审判第一庭编：《民事审判指导与参考》2013 年第 1 辑（总第 53 辑），人民法院出版社 2013 年版，第 162~165 页。

772. 民间借贷中的民刑交叉

关键词

民间借贷　民刑交叉

最高人民法院司法解释

第五条　人民法院立案后，发现民间借贷行为本身涉嫌非法集资犯罪的，应当裁定驳回起诉，并将涉嫌非法集资犯罪的线索、材料移送公安或者检察机关。

公安或者检察机关不予立案，或者立案侦查后撤销案件，或者检察机关作出不起诉决定，或者经人民法院生效判决认定不构成非法集资犯罪，当事人又以同一事实向人民法院提起诉讼的，人民法院应予受理。

第六条　人民法院立案后，发现与民间借贷纠纷案件虽有关联但不是同一事实的涉嫌非法集资等犯罪的线索、材料的，人民法院应当继续审理民间借贷纠纷案件，并将涉嫌非法集资等犯罪的线索、材料移送公安或者检察机关。

第七条　民间借贷的基本案件事实必须以刑事案件审理结果为依据，而该刑事案件尚未审结的，人民法院应当裁定中止诉讼。

第八条　借款人涉嫌犯罪或者生效判决认定其有罪，出借人起诉请求担保人承担民事责任的，人民法院应予受理。

——《最高人民法院关于审理民间借贷案件适用法律若干问题的规定》（2020 年 12 月 29 日修正）。

最高人民法院裁判文书

阳朔一尺水实业投资开发有限公司、王杰与阳朔一尺水实业投资开发有限公司、王杰等民间借贷纠纷案［最高人民法院（2016）最高法民申 206 号民事裁定书］

最高人民法院认为，关于是否应当中止审理本案的问题。《最高人民法院关于在审理经济纠纷案件中涉及经济犯罪嫌疑若干问题的规定》第一条规定："同一公民、法人或其他经济组织因不同的法律事实，分别涉及经济纠纷和经济犯罪嫌疑的，经济纠纷案件和经济犯罪嫌疑案件应当分开审理。"第十条规定："人民法院在审理经济纠纷案件中，发现与本案有牵连，但与本案不是同一法律关系的经济犯罪嫌疑线索、材料，应将犯罪嫌疑线索、材料移送有关公安机关或检察机关查处，经济纠纷案件继续审理。"根据以上规定，民事案件移送公安机关或检察机关的前提是基于同一法律事实或同一法律关系，若不属于上述两种情况，则经济纠纷案件继续审理。本案属于民间借款纠纷，涉案的主体是王杰、刘三姐公司、丁磊、一尺水公司、汇荣公司、陈卫国，由于广西可高集团有限公司的控告，丁磊因涉嫌伪造企业印章被公安机关立案侦查。但丁磊涉嫌伪造企业印章的事实，与其以一尺水公司名义向王杰签订借款合同的事实，并非同一法律事实，也非基于同一法律关系，故本案并不以该刑事案件的审理结果为依据，不符合中止审理的情形。公安机关对丁磊涉嫌伪造印章行为的立案侦查，并不影响王杰要求一尺水公司承担本案归还借款的民事责任。因此，一、二审法院未中止审理本案，符合法律规定，并无不妥。

——中国裁判文书网。

洪肇设与泰龙电力集团有限公司、叶跃松等民间借贷纠纷案［最高人民法院（2016）最高法民终 158 号民事判决书］

最高人民法院认为，根据一审、二审查明的事实，洪肇设具有一定的经济能力，其以自有资金与叶跃松发生资金使用关系，双方意思表示真实。合同签订后，洪肇设已按约出借款项，叶跃松也支付了部分利息，合同成立并实际履行，并不存在以欺诈、胁迫手段损害他人利益、以合法形式掩盖非法目的方式损害社会公共利益、违反法律、行政法规强制性规定的情形，双方的借贷关系依法应受法律保护。泰龙集团虽主张洪肇设属于长期、经常性放贷，并有高利转贷等行为，但并未提供相应的证据予以证实，其所举部分相关材料虽证明洪肇设与他人发生若干借贷纠纷，但难能证明洪肇设属专门以放贷为业或有高额非法获利。同时，叶跃松是否涉嫌集资犯罪，并不影响洪肇设与叶跃松民间借贷合同的效力。据此，本院认为，泰龙集团主张洪肇设与叶跃松之间的贷款合同及该公司所作担保行为无效，均无事实和法律依据。

——中国裁判文书网。

773. 对于未经反垄断执法机构查处的行为，原告可直接向人民法院提起民事诉讼

关键词

垄断民事纠纷　民行交叉

最高人民法院司法解释

第一条　本规定所称因垄断行为引发的民事纠纷案件（以下简称垄断民事纠纷案件），是指因垄断行为受到损失以及因合同内容、行业协会的章程等违反反垄断法而发生争议的自然人、法人或者非法人组织，向人民法院提起的民事诉讼案件。

第二条　原告直接向人民法院提起民事诉讼，或者在反垄断执法机构认定构成垄断行为的处理决定发生法律效力后向人民法院提起民事诉讼，并符合法律规定的其他受理条件的，人民法院应当受理。

——《最高人民法院关于审理因垄断行为引发的民事纠纷案件应用法律若干问题的规定》（2020 年 12 月 29 日修正）。

最高人民法院司法政策

二、依法审理好各类反垄断案件

反垄断法第五十条规定："经营者实施垄断行为，给他人造成损失的，依法承担民事责任。"当事人因垄断行为提起民事诉讼的，只要符合民事诉讼法

第一百零八条和反垄断法规定的受理条件，人民法院应当依法受理，并依法审判。反垄断法与制止知识产权滥用行为和保护知识产权紧密相关，也与反不正当竞争法同属于竞争法范畴。今年4月1日起施行的《最高人民法院民事案件案由规定》将垄断纠纷与各种不正当竞争纠纷集中规定，统一纳入了知识产权纠纷范围。据此，各级人民法院负责知识产权案件审判业务的审判庭，要依法履行好审判职责，切实审理好涉及滥用知识产权的反垄断民事案件以及其他各类反垄断民事案件。

——《最高人民法院关于认真学习和贯彻〈中华人民共和国反垄断法〉的通知》(2008年7月28日，法发〔2008〕23号)。

附录：理解与适用

反垄断法通过第五十条的规定，确立了行政执法和民事诉讼双轨并行的执法体制。两条途径各有特点，相互补充。垄断民事纠纷案件中，原告往往面临取证困难、缺乏必要专业知识等难题。如果涉嫌垄断行为已经反垄断执法机构查处，并认定构成垄断行为，那么允许原告在该处理决定发生法律效力后起诉，更有利于原告维护自身的正当权益并最终获得赔偿救济。为此，《规定》第二条对这种后继诉讼作了明确指引。从国际上看，它是原告提起反垄断民事诉讼的基本方式之一。

对于未经反垄断执法机构查处的行为，原告能否直接向人民法院提起民事诉讼，涉及反垄断民事诉讼是否需要以行政执法程序前置为条件的问题。《规定》第二条特别对此予以明确，原告可以直接向人民法院提起民事诉讼，无需以反垄断执法机构的行政执法为前置条件。如此规定的理由在于：首先，反垄断法第五十条并没有对反垄断民事诉讼规定行政执法前置的条件。反垄断法在起草过程中曾规定过行政执法前置程序，但在最终的法律文本中被删除。这说明反垄断法并没有设定行政执法前置程序的立法本意。如果在反垄断民事诉讼中实施行政执法程序前置，不仅于法无据，而且会妨碍当事人诉权的正常行使。其次，要求行政执法程序前置将影响垄断行为受害人获得救济。受财政预算和人力资源的限制，反垄断执法机构不可能对所有的垄断行为进行调查。为了有效地发挥执法功能，反垄断执法机构必然将更多的精力投入到那些涉及重大公共利益的案件。同时，反垄断执法机构对于被调查的涉嫌垄断行为并非都会作出处理决定。根据反垄断法的规定，反垄断执法机构可以根据经营者的承诺及其履行情况决定终止调查。对于反垄断执法机构不立案调查或者因经营者承诺而终止调查的行为，如果坚持以行政执法程序前置为民事诉讼的条件，受害人实际上就被剥夺了获得救济的权利和机会。再次，从反垄断民事诉讼的国际发展趋势来看，接受当事人直接向法院提起的诉讼已经成为国际潮流。最后，司法实践中已采取由当事人直接向法院提起诉讼的做法。最高人民法院在《关于认真学习和贯彻〈中华人民共和国反垄断法〉的通知》中，也已明确了此种诉讼方式。

——朱理：《〈最高人民法院关于审理因垄断行为引发的民事纠纷案件应用法律若干问题的规定〉的理解与适用》，载江必新主编：《最高人民法院司法解释与指导性案例理解与适用》第一卷，人民法院出版社 2013 年版，第 289 页。

774. 诉讼中达成和解的，当事人能否重新起诉

关键词

和解　重新起诉

附录：最高人民法院主流观点

诉讼上的和解是广泛存在于德国、日本等大陆法系国家民事诉讼中的一项制度。它是指在诉讼系属中，当事人双方于诉讼期日，在法官的参与下经协商和让步而达成的以终结诉讼为目的的合意。在国外的诉讼和解中，调解人员和审判法官不是同一人，在我国的诉讼调解中，诉讼中的调解法官大多情况下是同一人。我国民事诉讼法虽然对和解作了原则规定，但显然是作为当事人的诉讼权利而不是作为一项诉讼制度规定的。诉讼和解的性质、与调解和判决的关系、法院在和解中的作用、和解协议的效力、生效和解协议的救济都是需要进一步通过立法和司法解释研究解决的问题。最高人民法院《关于建立健全诉讼与非诉讼相衔接的矛盾纠纷解决机制的若干意见》（法发〔2009〕45 号）指出：行政机关依法对民事纠纷进行调处后达成的有民事权利义务内容的调解协议或者作出的其他不属于可诉具体行政行为的处理，经双方当事人签字或者盖章后，具有民事合同性质，法律另有规定的除外。没有仲裁协议的当事人申请仲裁委员会对民事纠纷进行调解的，由该仲裁委员会专门设立的调解组织按照公平中立的调解规则进行调解后达成的有民事权利义务内容的调解协议，经双方当事人签字或者盖章后，具有民事合同性质。人民法院鼓励和支持行业协会、社会组织、企事业单位等建立健全调解相关纠纷的职能和机制。经商事调解组织、行业调解组织或者其他具有调解职能的组织调解后达成的具有民事权利义务内容的调解协议，经双方当事人签字或者盖章后，具有民事合同性质。从审判的实际情况看，当事人在诉讼中达成庭外和解协议，一般都向人民法院申请撤诉，因此，当事人就诉讼在法庭外达成的和解协议，应当认定为双方在诉讼中就双方争议的法律关系达成了合意，应视为合同对待，如果纠纷依然没有解决，当事人可以重新向人民法

院提起诉讼。如果系在人民法院主持下达成的具有强制执行力的调解协议，因该协议的履行发生争议的，应当提起再审申请。

——最高人民法院民事诉讼法修改研究小组编著：《〈中华人民共和国民事诉讼法〉修改条文理解与适用》，人民法院出版社 2012 年版，第 283~284 页。

775. 主张民间借贷未获法院支持，不能再按同一事实以不当得利为由提起诉讼

关键词

民间借贷　同一事实　不当得利　诉讼

最高人民法院裁判文书

李卉与中城投集团第六工程局有限公司天津分公司、中城投集团第六工程局有限公司不当得利纠纷案［最高人民法院（2021）最高法民申 3709 号民事裁定书］

裁判要旨：不当得利是指没有合法根据，使他人受到损失而自己获得利益。当事人主张被申请人占有案涉款项构成不当得利，应当证明自己是案涉款项的合法权利人，其合法权益因被申请人取得案涉款项而受到损失，且被申请人取得案涉款项没有法律依据。当事人虽以不当得利为由提起本案诉讼，但在诉讼过程中，当事人却始终主张双方之间是民间借贷法律关系，所依据的事实和提供的证据材料与前述民间借贷案件亦无明显不同。对双方之间不存在民间借贷法律关系问题，生效判决已经作出裁判，当事人若对生效判决裁判结果有异议，应当选择正确的救济方式，而非以不当得利为由提起本案诉讼。

最高人民法院认为：本案再审审查的主要问题是：原审关于李卉与中城投天津分公司之间不构成不当得利法律关系的认定是否正确。

首先，原审已经查明，关于案涉 22 笔共计 3507.96 万元的款项，李卉曾以双方之间存在民间借贷关系为由于 2015 年 10 月 29 日向天津市第一中级人民法院提起诉讼，主张中城投天津分公司及中城投集团向其偿还借款本金及相应利息。该案一审由天津市第一中级人民法院作出（2015）一中院初字第 0054 号民事判决，二审由天津市高级人民法院作出（2016）津民终 445

号民事判决，李卉的诉讼请求未得到支持。李卉向最高人民法院申请再审，亦被裁定驳回。也就是说，李卉关于双方之间存在民间借贷法律关系的主张，已经被法院的生效判决所否定。

其次，李卉因其主张在前述民间借贷案件中未获支持，又以不当得利为由提起本案诉讼。不当得利是指没有合法根据，使他人受到损失而自己获得利益。李卉主张中城投天津分公司占有案涉款项构成不当得利，应当证明自己是案涉款项的合法权利人，其合法权益因中城投天津分公司取得案涉款项而受到损失，且中城投天津分公司取得案涉款项没有法律依据。对此，本院认为，一方面，前述生效判决基于大量的事实和证据材料，认定李卉关于民间借贷关系的主张不成立，对李卉关于案涉款项系其通过提取自有资金、向案外人筹措后再出借的观点未予采信。本案中李卉也没有充分证明自己应为案涉款项的合法所有者，故难以认定其合法权益因中城投天津分公司占有案涉款项的行为而受有损失。另一方面，中城投天津分公司称双方之间系通过李卉转账，款项与李卉无关。从原审查明的情况看，李卉与沈志翔、天津德民伟业进出口贸易有限公司、中城投天津分公司、张春燕等多个自然人和企业之间存在长期且频繁的资金往来，根据双方提供的金融机构转款凭证，中城投天津分公司主张的通过沈志翔或沈志翔控制企业进入李卉账户的款项数额大于李卉主张的进入中城投天津分公司的款项数额。而且，从涉案款项银行交易的附言、用途、附加信息等栏目中标明的“转账”字样，无法得出双方当事人之间是借贷关系，反而是中城投天津分公司关于往来款项系转账的用途更符合实际。因此，原审法院认为不能认定中城投天津分公司持有案涉款项缺乏合法根据，并无不妥。由此可见，李卉既无法证明自己的合法权益因中城投天津分公司的获利而受到损害，也无法反驳对方观点从而证明中城投天津分公司持有案涉款项欠缺合法根据，对其关于不当得利的诉请不应支持。

另外，李卉虽以不当得利为由提起本案诉讼，但在诉讼过程中，李卉却始终主张双方之间是民间借贷法律关系，所依据的事实和提供的证据材料与前述民间借贷案件亦无明显不同。对双方之间不存在民间借贷法律关系问题，生效判决已经作出裁判，李卉若对生效判决裁判结果有异议，应当选择正确的救济方式，而非以不当得利为由提起本案诉讼。

——中国裁判文书网。

776. 存在其他基础法律关系时，当事人能否选择以“不当得利纠纷”为由提起民事诉讼

关键词

基础法律关系　不当得利　起诉　不予受理

最高人民法院裁判文书

梁旭龙与珠海市洲际航运有限公司等不当得利纠纷案［最高人民法院（2021）最高法民申1727号民事裁定书］

裁判要旨：当事人如何行使诉权以及固定诉讼请求，均属当事人的权利而非义务，并无法律规定“存在其他基础法律关系”时禁止当事人选择以“不当得利纠纷”作为案由提起诉讼。故被告提出的关于其与原告存在其他法律关系，而原告却以不当得利纠纷作为案由，本身即自相矛盾的主张，理据不足，法院不应支持。

最高人民法院认为：本案系民事申请再审案件，应当围绕当事人主张的再审事由是否成立进行审查。因此，本案的审查重点是原审法院以梁旭龙取得案涉4560万元款项无合法根据为由判令其向珠海洲际公司返还该不当得利款项是否妥当等问题。

根据原审法院查明的事实及《最高人民法院关于适用〈中华人民共和国民法典〉时间效力的若干规定》第五条的规定，案涉《委托书》的出具时间为2011年12月14日，珠海洲际公司向国年公司转账4560万元亦是在同一天。梁旭龙于2012年6月16日出具《情况说明》确认，梁旭龙委托国年公司收取垫付资金及有关费用4560万元；并且梁旭龙在一审庭前证据交换和第一次开庭时亦明确认可系其委托国年公司向珠海洲际公司收取4560万元。而国年公司于原审中认可梁旭龙所述事实，故原审法院认为国年公司是受梁旭龙委托收取案涉4560万元，理据充分，本院予以认可。此外，是否实际经办、收取案涉款项与是否取得该款项相应的经济利益，分属不同法律概念、事实范畴，两者间并无直接法律因果关系，故梁旭龙关于其既未经手亦从未占有案涉款项，根本不能称为受益者，不符合不当得利“一方获有利益”的前提性构成要件的主张，于法无据，本院不予支持。经原审法院向公安机关调取证据，珠海洲际公司股东会决议并不涉及委托贷款之外支付利息和其他综合费用的问题；且梁旭龙于本案中对4560万元款项的性质和用途说法不

一，而利明泰公司在另案及公安机关调查阶段所作陈述并未提及该费用的存在，本案也没有利明泰公司收款的证据能与梁旭龙所称相互印证，故原审法院根据《中华人民共和国民法通则》第九十二条关于“没有合法根据，取得不当利益，造成他人损失的，应当将取得的不当利益返还给受损失的人”的规定，并综合全部案件情况后认为，梁旭龙委托国年公司向珠海洲际公司收取案涉4560万元款项，缺乏合法依据，并判令梁旭龙向珠海洲际公司返还该不当得利款项4560万元，理据充分，本院予以认可。而梁旭龙关于原审法院错误分配举证责任的主张，与本案实际审理情况不符，亦无事实和法律依据，本院不予支持。

《全国法院民商事审判工作会议纪要》第41条指出，人民法院在审理案件时，应当主要审查签约人于盖章之时有无代表权或者代理权，从而根据代表或者代理的相关规则来确定合同的效力。本案中，原审法院综合梁旭龙拒不出庭说明案涉《委托函》的相关事实、珠海洲际公司与湖北珩生五洲商贸有限公司（已更名）签订《借款担保合同》时约定将公章交梁旭龙保管、2012年4月19日形成的印鉴移交确认表显示移交方是梁旭龙、利明泰公司《情况说明》真实性无法确认等案件事实后认为，案涉《委托函》出具时，珠海洲际公司印章处于梁旭龙保管之下，故仅凭公章尚不足以证明该《委托函》的内容系珠海洲际公司的真实意思表示，符合本案实际情况，本院予以确认。而梁旭龙关于原审法院认为支付款项非珠海洲际公司的真实意思表示，属主观臆断，缺乏证据证明的主张，理据不足，本院不予支持。此外，根据《中华人民共和国民事诉讼法》第十三条第二款的规定，当事人如何行使诉权以及固定诉讼请求，均属当事人的权利而非义务，并无法律规定“存在其他基础法律关系”时禁止当事人选择以“不当得利纠纷”作为案由提起诉讼；故梁旭龙关于在双方存在居间法律关系，珠海洲际公司却以不当得利作为案由，本身即自相矛盾的主张，理据不足，本院不予支持。

——中国裁判文书网。

777. 跨境诉讼当事人提交的立案材料中受诉法院不予登记立案的情形

关键词

跨境诉讼　立案材料　网上立案　登记立案

最高人民法院司法政策精神

第十条　跨境诉讼当事人提交的立案材料中包含以下内容的，受诉法院不予登记立案：

（一）危害国家主权、领土完整和安全；

（二）破坏国家统一、民族团结和宗教政策；

（三）违反法律法规，泄露国家秘密，损害国家利益；

（四）侮辱诽谤他人，进行人身攻击、谩骂、诋毁，经法院告知仍拒不修改；

（五）所诉事项不属于人民法院管辖范围；

（六）其他不符合法律规定的起诉。

——《最高人民法院关于为跨境诉讼当事人提供网上立案服务的若干规定》（2021 年 1 月 22 日，法发〔2021〕7 号）。

778. 如何区分接收诉状与立案受理

关键词

接收诉状　立案受理　起诉材料　原告主体资格

最高人民法院裁判文书

吕某、羊某、王某与河北中荣石油机械有限责任公司、华北有色工程勘察院有限公司专利权权属纠纷案［最高人民法院（2021）最高法知民终 1180 号民事裁定书］

裁判要旨：对原告主体资格的形式审查通常在立案阶段进行，立案后审理过程中，如果发现起诉材料存在瑕疵，法院应当向当事人释明并要求补正，必要时，应当依职权予以查明。

最高人民法院认为：对原告主体资格的形式审查通常在立案阶段进行，立案后审理过程中，如果发现起诉材料存在瑕疵，法院应当向当事人释明并要求补正，必要时，应当依职权予以查明。吕某、羊某、王某补充提交的《公证书》已经弥补了《民事起诉状》的形式瑕疵，证明《民事起诉状》是三人的真实意思表示。一审裁定对此未予记载和确认，也未说明不予采信的理由，径行裁定驳回起诉，事实认定有误。一审法院依据《民事诉讼法》（2017 年修正）第一百二十条[①] 的规定裁定驳回吕某、羊某、王某的起诉。该条规定的是起诉的形式，并非驳回起诉的适用条件。一审法院适用该条规定裁定驳

---

① 现为《民事诉讼法》（2021 年修正）第一百二十三条。

回起诉，法律适用错误。

——中国裁判文书网。

附录：最高人民法院法官著述

实践中应区分人民法院接收诉状与立案受理，《最高人民法院关于人民法院登记立案若干问题的规定》第二条第一款规定："对起诉、自诉，人民法院应当一律接收诉状，出具书面凭证并注明收到日期。"接收诉状并不代表立案受理。接收诉状后，经审查认为符合法律规定的起诉条件，且不具有《民事诉讼法》第一百二十七条规定的不予受理情形的，人民法院应当登记立案。对不符合法律规定的起诉，人民法院应当予以释明。当事人提交的诉状和材料不符合要求的，人民法院应当一次性书面告知当事人在指定期限内补正。当事人在指定期限内补正的，人民法院决定是否立案的期间，自收到补正材料之日起计算。当事人在指定期限内没有补正的，退回诉状并记录在册；坚持起诉、自诉的，裁定或者决定不予受理、不予立案。经补正仍不符合要求的，裁定或者决定不予受理、不予立案。对立案工作中存在的不接收诉状、接收诉状后不出具书面凭证，不一次性告知当事人补正诉状内容，以及有案不立、拖延立案、干扰立案、既不立案又不作出裁定或者决定等违法违纪情形，当事人可以向受诉人民法院或者上级人民法院投诉。人民法院应当在受理投诉之日起 15 日内，查明事实，并将情况反馈当事人。发现违法违纪行为的，依法依纪追究相关人员责任；构成犯罪的，依法追究刑事责任。

——江必新主编：《新民事诉讼法条文理解与适用》，人民法院出版社 2022 年版，第 574~575 页。

779. 立案起算时间以受诉法院决定受理起诉并登记在册为准

关键词

立案起算时间　登记立案　诉状管辖权

最高人民法院司法解释

第三十六条　两个以上人民法院都有管辖权的诉讼，先立案的人民法院不得将案件移送给另一个有管辖权的人民法院。人民法院在立案前发现其他有管辖权的人民法院已先立案的，不得重复立案；立案后发现其他有管辖权的人民法院已先立案的，裁定将案件移送给先立案的人民法院。

——《最高人民法院关于适用〈中华人民共和国民事诉讼法〉的解释》（2022 年 4 月 1 日修正）。

附录：最高人民法院主流观点

立案的起算时间以受诉法院决定受理原告起诉并将其内容登记在册为准。法院收到起诉状后，可能需要审查以及告知原告修改诉状后，才决定登记立案，故不能将原告提交诉状的时间作为立案的起算时间。

——最高人民法院民法典贯彻实施工作领导小组办公室编著：《最高人民法院新民事诉讼法司法解释理解与适用》，人民法院出版社 2022 年版，第 145 页。

780. 集团诉讼中人民法院制作的调解书是否可以适用于后诉当事人

关键词

集团诉讼　调解书　后诉

最高人民法院司法解释

第八十条　根据民事诉讼法第五十七条规定向人民法院登记的权利人，应当证明其与对方当事人的法律关系和所受到的损害。证明不了的，不予登记，权利人可以另行起诉。人民法院的裁判在登记的范围内执行。未参加登记的权利人提起诉讼，人民法院认定其请求成立的，裁定适用人民法院已作出的判决、裁定。

——《最高人民法院关于适用〈中华人民共和国民事诉讼法〉的解释》（2022 年 4 月 1 日修正）。

附录：最高人民法院主流观点

民事诉讼法第五十七条仅规定了人民法院作出的生效裁定、判决的既判力适用于未参加登记的权利人。倾向性意见认为，调解协议是当事人之间通过让渡部分权利，经过妥协而达成的协议，因而不应当产生约束调解书当事人之外任何人的效力。

——最高人民法院民法典贯彻实施工作领导小组办公室编著：《最高人民法院新民事诉讼法司法解释理解与适用》，人民法院出版社 2022 年版，第 227 页。

二、第一审程序中的相关问题

781. 独任制应当转换为合议制审理的情形

关键词

繁简分流　独任制　合议制

最高人民法院司法政策精神

第十七条　基层人民法院审理的案件，具备下列情形之一的，应当依法组成合议庭，适用普通程序审理：

（一）涉及国家利益、公共利益的；

（二）涉及群体性纠纷，可能影响社会稳定的；

（三）产生较大社会影响，人民群众广泛关注的；

（四）新类型或者疑难复杂的；

（五）与本院或者上级人民法院已经生效的类案判决可能发生冲突的；

（六）发回重审的；

（七）适用审判监督程序的；

（八）第三人起诉请求改变或者撤销生效判决、裁定、调解书的；

（九）其他不宜采用独任制的案件。

——《最高人民法院关于印发〈民事诉讼程序繁简分流改革试点实施办法〉的通知》（2020 年 1 月 15 日，法〔2020〕11 号）。

第二十四条　对于有下列情形之一的案件，院长、副院长、庭长有权要求独任法官或者合议庭报告案件进展和评议结果：

（1）涉及群体性纠纷，可能影响社会稳定的；

（2）疑难、复杂且在社会上有重大影响的；

（3）与本院或者上级法院的类案判决可能发生冲突的；

（4）有关单位或者个人反映法官有违法审判行为的。

院长、副院长、庭长对上述案件的审理过程或者评议结果有异议的，不得直接改变合议庭的意见，但可以决定将案件提交专业法官会议、审判委员会进行讨论。院长、副院长、庭长针对上述案件监督建议的时间、内容、处理结果等应当在案卷和办公平台上全程留痕。

——《最高人民法院关于完善人民法院司法责任制的若干意见》(2015 年 9 月 21 日，法发〔2015〕13 号)。

独任制转换为合议制不受审理程序限制，独任制适用小额诉讼程序、简易程序、普通程序、第二审程序审理的案件，符合《实施办法》第十七条第一至五项或者第九项所列情形之一的，均应当转换为合议制审理。实践中，应当综合考虑《中华人民共和国人民陪审员法》第十五条、第十六条规定的需要人民陪审员参审的案件类型，以及《最高人民法院关于完善人民法院司法责任制的若干意见》第二十四条、《最高人民法院关于完善人民法院审判权力和责任清单的指导意见》第八条规定的应当纳入院庭长个案监督范围的“四类案件”类型。属于“四类案件”的，原则上都应当适用合议制审理。

——《最高人民法院关于印发〈民事诉讼程序繁简分流改革试点问答口径（一）〉的通知》(2020 年 4 月 15 日，法〔2020〕105 号)。

782. 当事人可对一审普通程序适用独任制提出异议

关键词

一审程序　独任制

最高人民法院司法政策精神

十九、当事人能否对一审普通程序适用独任制提出异议？如果可以，如何操作？

答：可以提出异议。《实施办法》第十六条规定，“基层人民法院审理的案件事实不易查明，但法律适用明确的案件，可以由法官一人适用普通程序独任审理”。独任制普通程序案件有确定的适用范围和条件，实践中是否依法合理适用，涉及当事人的重大程序利益，应当允许当事人提出异议。

第一，关于异议的请求。当事人的异议请求，仅限于案件是否应当适用独任制审理，而不包括是否应当适用普通程序。根据《民事诉讼法》及其司法解释的规定，对人民法院已经确定适用普通程序审理的案件，当事人不得就审理程序再提出异议。

第二，关于异议的事由。当事人提出异议的事由包括以下两个方面：一是案件符合《实施办法》第十七条规定的应当适用合议制的情形；二是案件不符合独任制普通程序案件“事实不易查明，但法律适用明确”的适用条件。第三，关于异议的程序。人民法院应当在《一审普通程序独任审理通知书》中，或者在作出转为独任制普通程序审理的裁定时，告知当事人提出异议的权利。当事人应当在独任法官适用普通程序开庭审理前提出异议。异议由独任法官负责审查。经审查，异议成立的，由合议庭作出组成合议庭审理的裁定；异议不成立的，口头告知当事人，并记入笔录。

——《最高人民法院关于印发〈民事诉讼程序繁简分流改革试点问答口径（二）〉的通知》（2020 年 10 月 23 日，法〔2020〕272 号）。

783. 民事诉讼程序繁简分流中应扩大独任制适用范围

关键词

繁简分流　独任制适用范围　独任制　合议制　转换适用机制

最高人民法院司法政策精神

（四）扩大独任制适用范围。探索基层人民法院可以由法官一人适用普通程序独任审理部分民事案件，明确适用独任制审理第一审普通程序案件的具体情形。探索中级人民法院和专门人民法院可以由法官一人独任审理部分简单民事上诉案件，明确适用独任制审理第二审民事案件的具体情形和审理方式。建立独任制与合议制的转换适用机制。

——《最高人民法院关于印发〈民事诉讼程序繁简分流改革试点方案〉的通知》（2020 年 1 月 15 日，法〔2020〕10 号）。

五、扩大独任制适用范围

第十六条　基层人民法院适用小额诉讼程序、简易程序审理的案件，由法官一人独任审理。

基层人民法院审理的事实不易查明，但法律适用明确的案件，可以由法官一人适用普通程序独任审理。

第十七条　基层人民法院审理的案件，具备下列情形之一的，应当依法组成合议庭，适用普通程序审理：

（一）涉及国家利益、公共利益的；

（二）涉及群体性纠纷，可能影响社会稳定的；

（三）产生较大社会影响，人民群众广泛关注的；

（四）新类型或者疑难复杂的；

（五）与本院或者上级人民法院已经生效的类案判决可能发生冲突的；

（六）发回重审的；

（七）适用审判监督程序的；

（八）第三人起诉请求改变或者撤销生效判决、裁定、调解书的；

（九）其他不宜采用独任制的案件。

第十八条　第二审人民法院审理上诉案件应当组成合议庭审理。但事实清楚、法律适用明确的下列案件，可以由法官一人独任审理：

（一）第一审适用简易程序审理结案的；

（二）不服民事裁定的。

第十九条　由法官一人独任审理的第一审或者第二审案件，审理过程中出现本办法第十七条第（一）至（五）项或者第（九）项所列情形之一的，人民法院应当裁定组成合议庭审理，并将合议庭组成人员及相关事项书面通知双方当事人。

由独任审理转为合议庭审理的案件，审理期限自人民法院立案之日起计算，已经作出的诉讼行为继续有效。双方当事人已确认的事实，可以不再举证、质证。

第二十条　由法官一人独任审理的上诉案件，应当开庭审理。

没有提出新的事实、证据的案件，具备下列情形之一的，独任法官经过阅卷、调查或者询问当事人，认为不需要开庭的，可以不开庭审理：

（一）不服民事裁定的；

（二）上诉请求明显不能成立的；

（三）原判决认定事实清楚，但适用法律明显错误的；

（四）原判决严重违反法定程序，需要发回重审的。

——《最高人民法院关于印发〈民事诉讼程序繁简分流改革试点实施办法〉的通知》（2020 年 1 月 15 日，法〔2020〕11 号）。

784. 审判人员的范围不包括助理审判员

关键词

审判人员　助理审判员

最高人民法院司法解释

第四十八条　民事诉讼法第四十七条所称的审判人员，包括参与本案审理的人民法院院长、副院长、审判委员会委员、庭长、副庭长、审判员和人民陪审员。

——《最高人民法院关于适用〈中华人民共和国民事诉讼法〉的解释》（2022 年 4 月 1 日修正）。

附录：最高人民法院主流观点

此处需明确关于助理审判员的问题。1995 年制定的《法官法》第二条规定："法官是依法行使国家审判权的审判人员，包括最高人民法院、地方各级人民法院和军事法院等专门人民法院的院长、副院长、审判委员会委员、庭长、副庭长、审判员和助理审判员。"据此，助理审判员属于法官，享有法官的权利，履行法官的职责和义务。在过去相当长的时间内，助理审判员制度发挥了重要的作用。但是，经过司法责任制改革，我国的助理审判员制度已经不复存在。2019 年修订的《法官法》第二条已经明确将助理审判员排除出法官的范围。因此，为了与相关法律规定保持一致，2022 年《民事诉讼法司法解释》修改时将助理审判员删除。

——最高人民法院民法典贯彻实施工作领导小组办公室编著：《最高人民法院新民事诉讼法司法解释理解与适用》，人民法院出版社 2022 年版，第 164 页。

785. 人民法院需要把握好履行告知义务的时间节点

关键词

告知义务　审判人员　回避　当事人知情权

最高人民法院司法解释

第四十七条　人民法院应当依法告知当事人对合议庭组成人员、独任审判员和书记员等人员有申请回避的权利。

——《最高人民法院关于适用〈中华人民共和国民事诉讼法〉的解释》（2022 年 4 月 1 日修正）。

附录：最高人民法院主流观点

结合以往审判实践的做法以及民事诉讼法的相关规定，一般在开庭时应当告知当事人有申请回避的权利，但应当在人民法院庭审开始之前就告知当事人审判人员。对此，应该严格依照民事诉讼法的相关规定予以确定，以充分保障当事人的知情权和申请回避的权利。

——最高人民法院民法典贯彻实施工作领导小组办公室编著：《最高人民法院新民事诉讼法司法解释理解与适用》，人民法院出版社 2022 年版，第 162 页。

786. 如果被告未及时提交答辩状，法官应当督促被告尽早提交答辩状

关键词

审前程序　答辩状　被告　证据交换

最高人民法院司法解释

第二百二十六条　人民法院应当根据当事人的诉讼请求、答辩意见以及证据交换的情况，归纳争议焦点，并就归纳的争议焦点征求当事人的意见。

——《最高人民法院关于适用〈中华人民共和国民事诉讼法〉的解释》（2022 年 4 月 1 日修正）。

附录：最高人民法院主流观点

审前程序中，应尽量要求被告提交答辩状，若被告庭前不提交答辩状，审前准备阶段无法确定双方争议焦点，无法有效组织证据交换，会使审前程序失去存在意义。民事诉讼活动属于公法调整的范围，原告的起诉状通过法院的送达已经由私法意志转化为公法意志，被告在法定期限内对起诉状进行答辩，除了及早形成自认事实之外，还有利于促进争议焦点的形成，这些程序价值都系正当程序所预期取得的法律效果。否则，在法定期限内被告不提出答辩状，除了妨碍对方当事人为庭审提供补充证据、就事实问题进行充分的准备以外，还妨碍了法院在审前确定审理范围、掌握争议焦点、了解证据情况，使法院以及争议双方均处于茫然状态便步入庭审阶段。如果在被告拒不提出书面答辩的情况下，要求当事人交换证据、明确争议焦点，就会显得无的放矢。因此，如果被告未及时提交答辩状，法官应当督促被告尽早提交答辩状。

——最高人民法院民法典贯彻实施工作领导小组办公室编著：《最高人民法院新民事诉讼法司法解释理解与适用》，人民法院出版社 2022 年版，第 485 页。

787. 人民法院向当事人告知申请回避权利的范围

关键词

告知义务　审判人员　回避

最高人民法院司法解释

第四十七条　人民法院应当依法告知当事人对合议庭组成人员、独任审判员和书记员等人员有申请回避的权利。

——《最高人民法院关于适用〈中华人民共和国民事诉讼法〉的解释》（2022 年 4 月 1 日修正）。

附录：最高人民法院主流观点

《民事诉讼法解释》采用了不完全列举加概括的方式对告知义务的范围作出了规定，但对于究竟告知到什么程度，并没有明确限定，需要各地法院结合自身情况以及信息化发展程度等综合考虑予以明确，但同时也要考虑不给审判人员增加过重负担，不宜将告知范围设定过于宽泛，侵扰审判人员的正常生活。

——最高人民法院民法典贯彻实施工作领导小组办公室编著：《最高人民法院新民事诉讼法司法解释理解与适用》，人民法院出版社 2022 年版，第 162 页。

788. 依职权决定回避情形的期限问题

关键词

回避　审判人员

最高人民法院司法解释

第四十六条　审判人员有应当回避的情形，没有自行回避，当事人也没有申请其回避的，由院长或者审判委员会决定其回避。

——《最高人民法院关于适用〈中华人民共和国民事诉讼法〉的解释》（2022 年 4 月 1 日修正）。

附录：最高人民法院主流观点

为防止诉讼拖延，影响案件审理效率，此决定程序的期限不宜过长，而宜参考民事诉讼法第五十条规定的“人民法院对当事人提出的回避申请，应当在申请提出的三日内，以口头或者书面形式作出决定”，即以三日为限。

——最高人民法院民法典贯彻实施工作领导小组办公室编著：《最高人民法院新民事诉讼法司法解释理解与适用》，人民法院出版社 2022 年版，第 160~161 页。

789. 审判人员任职回避以及发回重审案件审判人员是否需要回避的规定

关键词

审判人员　任职回避　发回重审

最高人民法院司法解释

第四十五条　在一个审判程序中参与过本案审判工作的审判人员，不得再参与该案其他程序的审判。

发回重审的案件，在一审法院作出裁判后又进入第二审程序的，原第二审程序中审判人员不受前款规定的限制。

——《最高人民法院关于适用〈中华人民共和国民事诉讼法〉的解释》（2022 年 4 月 1 日修正）。

附录：最高人民法院主流观点

对于《民事诉讼法司法解释》第四十五条的适用，需要注意的是《民事诉讼法司法解释》第四十五条第一款中“审判程序”的界定问题。为维护程序公正，发挥《民事诉讼法司法解释》第四十五条第一款规定之应有作用，对此审判程序不宜作从宽解释，审理前的程序，比如先行调解程序、立案调解程序等，都不应理解为案件的审判程序，审判人员参与这些程序也不属于参与审判工作。同时，此审判程序必须是“同一案件”的不同审判程序，对于调解协议的司法确认案件，被人民法院依法裁定驳回后，当事人又重新起诉的，由于两个案件的诉讼标的根本不同，因此不属于同一案件，故也不能适用《民事诉讼法司法解释》第四十五条规定。此外，此“审判程序”目前也不宜包括对于某些疑难案件，审判委员会讨论案件的程序，因为这一程序不是一个独立的案件审理程序，且审判委员会成员较多，有其自身的案件讨论程序，有关审判委员会委员回避的问题将适时出台相应的司法解释予以规范。

——最高人民法院民法典贯彻实施工作领导小组办公室编著：《最高人民法院新民事诉讼法司法解释理解与适用》，人民法院出版社 2022 年版，第 159 页。

790. 庭审终结后当事人申请审判人员回避的处理

关键词

回避　庭审终结

附录：民事审判信箱

问： 庭审终结后当事人申请审判人员回避怎么办？

答： 申请回避是当事人的一项诉讼权利，应在法律规定的期间内行使。根据民事诉讼法第四十五条[①]的规定，当事人申请审判人员回避，在案件开始审理时提出；回避事由在案件开始审理后知道的，也可以在法庭辩论终结前提出。由此可见，当事人行使回避权有两个时间节点，一是在当事人接到人民法院的案件受理通知书后法庭调查开始前提出，通常的方式是审判长或者独任审判员宣布审判人员名单后，主动询问当事人是否申请回避；二是在法庭辩论终结前提出，条件是回避事由是在法庭调查和法庭辩论中才知道的。人民法院不得以当事人已经行使过回避权为由予以驳回。如果一个案件多次开庭，其间当事人只要知道了回避事由，在最后一次法庭辩论终结前均可以申请回避。如果当事人在案件审理开始时就知道回避事由，法庭调查开始前明确表示不申请回避，而后又申请回避，因其申请回避权即已丧失，人民法院对此可不再作出是否回避的决定。如果全部庭审结束后当事人才知道回避事由，且该事由确属审判人员应当回避的情形，但申请回避的法定时间已过，人民法院对此仍需要区别对待，依法作出处理。由于此时当事人已无申请回避权，人民法院无需就回避申请再向当事人作出口头或者书面决定，也可不答复当事人。经调查，审判人员与本案确有利害关系，该事由很可能影响案件的公正审理的，人民法院应当依照民事诉讼法第四十四条[②]的规定，要求应当回避的审判人员自行回避。

——本书研究组：《庭审终结后当事人申请审判人员回避怎么办》，载最高人民法院民事审判第一庭编：《民事审判指导与参考》2014 年第 3 辑（总第 59 辑），人民法院出版社 2015 年版，第 231 页。

① 现为《民事诉讼法》（2021 年修正）第四十八条。
② 现为《民事诉讼法》（2021 年修正）第四十七条。

791. 原告在法庭辩论终结前增加诉讼请求而法院未准许的，是否违反法定程序

关键词

法庭辩论终结　增加诉讼请求　违反法定程序

最高人民法院裁判文书

行知技术有限公司与南京光辉互动网络科技股份有限公司、孙成凯侵害计算机软件著作权纠纷案［最高人民法院（2021）最高法知民终 1926 号民事判决书］

裁判要旨：《民诉法解释》第二百三十二条规定："在案件受理后，法庭辩论结束前，原告增加诉讼请求，被告提出反诉，第三人提出与本案有关的诉讼请求，可以合并审理的，人民法院应当合并审理。"所以，人民法院对于原告增加的诉讼请求予以合并审理至少应满足如下要件：其一，该增加的诉讼请求在法庭辩论终结前提出；其二，该增加的诉讼请求可以与原诉讼请求合并审理。基于此，原告增加诉讼请求虽然在法庭辩论终结前提出，但如果该增加的诉讼请求内容与本案争议的法律关系不属于同一法律关系，法院不予准许其该项增加的诉讼请求，并告知其可另行起诉的，并不违反法定程序，亦不影响原告的诉讼权利。

最高人民法院认为，关于原审审判程序是否适当问题。第一，对于行知公司增加的诉讼请求。《最高人民法院关于适用〈中华人民共和国民事诉讼法〉的解释》第二百三十二条规定："在案件受理后，法庭辩论结束前，原告增加诉讼请求，被告提出反诉，第三人提出与本案有关的诉讼请求，可以合并审理的，人民法院应当合并审理。"基于此，人民法院对于原告增加的诉讼请求予以合并审理至少应满足如下要件：其一，该增加的诉讼请求在法庭辩论终结前提出；其二，该增加的诉讼请求可以与原诉讼请求合并审理。本案中，行知公司增加诉讼请求虽然在原审法庭辩论终结前提出，但根据该增加的诉讼请求内容，即"判令光辉公司、孙成凯立即停止生产、销售与行知公司相同、相似的产品，即停止侵害行知公司行知艺术学科统考平台、行知艺术素质模测与学习平台两款软件技术秘密的不正当竞争行为"可知，其争议内容属于侵害技术秘密法律关系，与本案争议的侵害计算机软件著作权法律

关系不属于同一法律关系。故行知公司增加的诉讼请求与其在起诉状中提出的诉讼请求，不属于可以合并审理的情形。对于其主张的光辉公司侵害技术秘密的行为，行知公司可以另行起诉主张权利，原审法院亦予以告知。因此，原审法院对于行知公司该增加的诉讼请求不予准许，并不违反法定程序，亦不影响行知公司的诉讼权利，并无不当。行知公司的该项上诉主张不能成立，本院不予支持。第二，对于行知公司变更的诉讼请求。根据行知公司原审当庭主张变更的诉讼请求的内容，即“判令光辉公司、孙成凯支付行知公司律师费、公证费合计168000元”可知，其实质为增加了其原第3项诉讼请求中的数额，并不涉及诉讼标的的变更，故行知公司的该项请求符合前述《最高人民法院关于适用〈中华人民共和国民事诉讼法〉的解释》第二百三十二条的规定，应予准许。原审法院对行知公司变更该项诉讼请求不予准许，有所不当，本院予以纠正。

——中国裁判文书网。

792. 起诉之后、审理过程中发生的事实原则上应纳入审理范围并予以查明

关键词

审理过程中发生的事实　审理范围

最高人民法院裁判文书

肇庆亚洲铝厂有限公司与中国建设银行股份有限公司肇庆市分行等金融借款合同纠纷案［最高人民法院（2019）最高法民终1949号民事判决书］

裁判要旨：民事诉讼法对将起诉之后、审理过程中发生的事实纳入审理范围并不持排斥态度，仅对将新的事实纳入审理范围的时间进行了必要的限制。为避免当事人讼累，增加判决执行的确定性和可操作性，对于在庭审辩论终结前可以查明的相关事实，如果能进一步查清具体事实，不宜仅对相关事实做概括性描述而将细节事实留待执行程序中解决，而应在事实查明部分予以查明并在判决主文中明确载明。

最高人民法院认为，本案涉及金钱给付之债。在金钱之债履行过程中，不排除存在债权人起诉后、审理过程中甚至判决送达后，债务人仍持续向债权人还款之可能。一般而言，人民法院审理查明的事实是原告起诉前所发生

的事实，但为便利当事人诉讼，高效解决争议，《民事诉讼法》第一百三十九条[①]第一款规定："当事人在法庭上可以提出新的证据"，表明现行《民事诉讼法》对将起诉之后、审理过程中发生的事实纳入审理范围并不持排斥态度。但为避免审理范围的过于不确定，《民事诉讼法司法解释》第二百三十二条规定，在案件受理后，法庭辩论终结前，原告增加诉讼请求，被告提出反诉，第三人提出与本案有关的诉讼请求，可以合并审理的，人民法院应当合并审理。该规定对将新的事实纳入审理范围的时间进行了必要的限制。本案一审法院立案时间为2015年9月14日，亚铝厂于2017年10月25日庭审陈述的事实涉及至2016年11月11日其已偿还的利息数额，如对该法庭辩论终结前抵作利息的"其余还款"的还款时间、具体构成、对应的数额等能在一审审理中查明，与仅查明"其余还款均抵作利息"相比，前者更有助于消除判决执行过程中的不确定性。为避免当事人讼累，增加判决执行的确定性和可操作性，对于在庭审辩论终结前可以查明的相关数额，以在事实查明部分予以查明并在判决主文中明确载明为宜。

——中国裁判文书网。

793. 庭审录音录像同步转换生成的庭审文字记录经核对签字后可作为法庭笔录

关键词

法庭笔录　庭审录音录像

最高人民法院司法解释

第六条　人民法院通过使用智能语音识别系统同步转换生成的庭审文字记录，经审判人员、书记员、诉讼参与人核对签字后，作为法庭笔录管理和使用。

——《最高人民法院关于人民法院庭审录音录像的若干规定》（2017年2月22日，法释〔2017〕5号）

附录：最高人民法院主流观点

民事诉讼法及其司法解释均规定法庭笔录"经审判人员、书记员、诉讼参与人核对签字"程序，并将此作为确定其法律效力的必然环节。从实质上看，人民法院通过使用智能语音识别系统同步转换生成的庭审文字记录与书

① 现为《民事诉讼法》（2021年修正）第一百四十二条。

记员电脑打字记录的法庭笔录并无不同，但是，语音转换生成文字，并不必然等同于法庭笔录，还需经过核对签字环节才能够赋予其最终的法律效力，这和书记员记录文字一样，也需要经过核对签字环节才能成为具有法律效力的法庭笔录。这实际上是赋予语音转换生成文字等同于书记员记录文字的同等效力，也是将其作为法庭笔录管理和使用的前提。

实践中应准确把握转换生成的庭审文字记录的适用。本条内容在征求意见时，有意见认为：当事人的文化水平和法律素质参差不齐，在庭审过程中可能会出现重复、无逻辑、宣泄、辱骂性的话语，如果不加整理，直接转换为文字记录附卷，可能会出现记录页数较多但意义不大的情况；庭审时当事人可能会有意回避法官的提问，或者故意规避问题，给出模棱两可含混不清的答案，如果不加整理地转换为文字材料，不利于当事人意见的固定和明确；等等。

我们认为，以智能语音识别系统生成文字的庭审方式，确实对法官的庭审驾驭能力有了更高的要求。实践中，正常情况下，在使用智能语音识别系统同步转换进行庭审记录时，对法官的要求与普通的开庭没有区别。为了便于提升系统记录的准确性，当事人重复、无逻辑的庭审发言内容，法官应当及时主动地提醒诉讼各方庭审过程中应当注意语言规范；对当事人一些过激乃至辱骂性的不当发言，法官一般应予以制止，但书记员对这类与案件审理事实无关的内容一般不做记录。但是，这些当事人的不当发言、法官引导制止的过程，按照诉讼法的规定应当全部记入笔录。民事诉讼法第一百四十七条[①]第一款规定书记员“将法庭审理的全部活动记入笔录”，《最高人民法院关于适用〈中华人民共和国民事诉讼法〉的解释》第一百七十七条规定“训诫的内容、被责令退出法庭者的违法事实应当记入庭审笔录”。该记录也是后续对不当行为人采取惩戒措施的依据。在庭审录音录像条件下，特别是以智能语音识别系统生成文字代替书记员记录的情况下，法官应当更加注重对庭审的驾驭掌控，对当事人重复、无逻辑的发言应当及时予以引导，对辱骂性话语应当依法予以制止。全部庭审经过，包括这些看似与案件审理事实无直接关联的庭审活动，都经由智能语音识别系统生成完整、准确、真实的文字记录。

关于庭审中当事人对某些问题的回答或陈述出现模棱两可、含混不清的情况，以往实践中通常是书记员根据具体情况进行推断后予以明确记录，庭后由当事人签字确认。其实这种方式风险很大，与直接言词原则并不相符：当事人庭后校对笔录时否认该陈述怎么办？即便调取录音录像核对，也确实没有如此清晰明确的表达，这就变成了记录错误要予以补正。更严重的后果

---

① 现为《民事诉讼法》（2021 年修正）第一百五十条。

就是相关问题就这么永远地“模棱两可”下去了，除非重新开庭再次进行法庭调查。所以，对庭审中当事人的模糊陈述，法官应当即时予以追问，直至得出明确固定的表达，而不应交由书记员进行推断式的记录，从而留下重大隐患。更何况，经过书记员的理解归纳而成的庭审笔录，或多或少会存在偏差，有时候当事人的发言看似繁复冗长、逻辑混乱，但却真实展现了其语气情绪和有关事实细节，对法官特别是未亲历一审庭审的上级法院法官、审判委员会委员等研究案情、形成内心确信是很有价值的。借助回放庭审录音录像中的某一关键片段，合议庭、审判委员会可以进行场景再现式地深入讨论，以便在裁判文书中准确详细地论证形成心证的理由。庭审录音录像以及语音识别系统，正是为全面、客观记录法庭审理活动的全过程提供了便捷、有效的解决方案，有助于法官全面把握当事人的真实意思表示，有利于后续的调解和审判工作。

——李少平主编:《最高人民法院庭审录音录像司法解释理解与适用》，人民法院出版社 2017 年版，第 69~71 页。

794. 对法庭笔录有异议可播放庭审录音录像核对、补正

关键词

法庭笔录补正

最高人民法院司法解释

第七条 诉讼参与人对法庭笔录有异议并申请补正的，书记员可以播放庭审录音录像进行核对、补正；不予补正的，应当将申请记录在案。

——《最高人民法院关于人民法院庭审录音录像的若干规定》(2017 年 2 月 22 日，法释〔2017〕5 号)

附录：最高人民法院主流观点

审判实践中，当事人和其他诉讼参与人要求修改法庭笔录的原因多样，书记员在播放庭审录音录像进行补正时应当在“对诉讼参与人的陈述记录有遗漏或者差错”的原则下，区分不同情况分别处理。

1. 如果对诉讼参与人陈述的争议焦点相关事实（如民事诉讼中，签订合同时间、地点，合同履行的节点、数额等）有遗漏和差错，应予补正。

2. 如果对诉讼参与人陈述的辩论意见有观点上的遗漏和差错，应予补正。

3. 如果当事人和其他诉讼参与人认为自己在庭审中的陈述虽无记录上的遗漏和差错，但陈述不完整，可能影响案件的处理，因而申请对其陈述进行

补充、增加，此种情形不属于补正的范围，不能在法庭笔录中添加。书记员应当告知诉讼参与人以情况说明或代理词的方式向法庭另行提出材料。

4. 如果当事人和其他诉讼参与人在庭审中对于己不利的事实明确表示承认的，构成民事诉讼法上的自认，此时当事人和诉讼参与人在经播放庭审录音录像进行核对无误后，仍申请修改的，应不予以支持。此时，审判人员应当按照《最高人民法院关于适用〈中华人民共和国民事诉讼法〉的解释》第九十二条，比照第二百二十九条的规定，针对当事人和诉讼参与人提出的异议另行进行审理。

民事诉讼法对当事人和其他诉讼参与人阅读法庭笔录、签名时间规定在开庭审理后五日内，但基于本条规定对法庭笔录具有纠错性质，当事人和其他诉讼参与人申请播放庭审录音录像的程序和时间，应当和诉讼法规定的精神保持一致。

——李少平主编：《最高人民法院庭审录音录像司法解释理解与适用》，人民法院出版社 2017 年版，第 80 页。

795. 为避免原告滥用权利损害被告利益，法院应询问被告是否同意原告撤诉

关键词

撤诉　滥用权利　被告

最高人民法院司法解释

第二百三十八条　当事人申请撤诉或者依法可以按撤诉处理的案件，如果当事人有违反法律的行为需要依法处理的，人民法院可以不准许撤诉或者不按撤诉处理。

法庭辩论终结后原告申请撤诉，被告不同意的，人民法院可以不予准许。

——《最高人民法院关于适用〈中华人民共和国民事诉讼法〉的解释》（2022 年 4 月 1 日修正）。

附录：最高人民法院主流观点

根据现行法律规定，原告撤诉后其实体权利并不受影响，其仍可以搜集证据再次提起诉讼。但是被告参加诉讼的成本得不到弥补，且面临重新被起诉的风险，造成诉累。因此，审判实践中法院应询问被告是否同意原告撤诉，避免原告滥用权利损害被告的利益。

——最高人民法院民法典贯彻实施工作领导小组办公室编著：《最高人

民法院新民事诉讼法司法解释理解与适用》，人民法院出版社 2022 年版，第 506 页。

796. 在适用训诫和责令退出法庭这两项强制措施时，应注意及时性和有效性

关键词

训诫 责令退出法庭 强制措施

最高人民法院司法解释

第一百七十七条 训诫、责令退出法庭由合议庭或者独任审判员决定。训诫的内容、被责令退出法庭者的违法事实应当记入庭审笔录。

——《最高人民法院关于适用〈中华人民共和国民事诉讼法〉的解释》（2022 年 4 月 1 日修正）。

附录：最高人民法院主流观点

第一，训诫和责令退出法庭均是即时性的强制措施，其适用对象均是违反法庭规则的人，因此在适用这两项强制措施时应注意及时性和有效性，如果对违反法庭规则的人在采取训诫措施无效的情况下，即应采取更进一步的责令退出法庭，甚至罚款、拘留等措施，而不宜反复训诫，影响庭审活动的严肃性和权威性。

第二，训诫要有针对性，要简明扼要，同时要让被训诫人清楚明了其行为的违法性和对庭审秩序造成的损害，并责令其认识和改正错误，作出不再实施扰乱法庭秩序行为的承诺。

第三，如果被责令退出法庭者不主动退出法庭的，应由司法警察强制其退出。

第四，训诫的内容以及被责令退出法庭者的违反法庭秩序的事实应当记入庭审笔录，以确保对强制措施的适用有据可查。

——最高人民法院民法典贯彻实施工作领导小组办公室编著：《最高人民法院新民事诉讼法司法解释理解与适用》，人民法院出版社 2022 年版，第 417~418 页。

797. 妨害民事诉讼强制措施针对的必须是从起诉到执行程序终结这一诉讼期间实施的行为

关键词

强制措施　诉讼期间　妨害民事诉讼行为　司法工作人员

最高人民法院司法解释

第一百八十七条　民事诉讼法第一百一十四条第一款第五项规定的以暴力、威胁或者其他方法阻碍司法工作人员执行职务的行为，包括：

（一）在人民法院哄闹、滞留，不听从司法工作人员劝阻的；

（二）故意毁损、抢夺人民法院法律文书、查封标志的；

（三）哄闹、冲击执行公务现场，围困、扣押执行或者协助执行公务人员的；

（四）毁损、抢夺、扣留案件材料、执行公务车辆、其他执行公务器械、执行公务人员服装和执行公务证件的；

（五）以暴力、威胁或者其他方法阻碍司法工作人员查询、查封、扣押、冻结、划拨、拍卖、变卖财产的；

（六）以暴力、威胁或者其他方法阻碍司法工作人员执行职务的其他行为。

——《最高人民法院关于适用〈中华人民共和国民事诉讼法〉的解释》（2022 年 4 月 1 日修正）。

附录：最高人民法院主流观点

第一，妨害民事诉讼强制措施针对的必须是从起诉到执行程序终结这一诉讼期间实施的行为，因此如果诉讼参与人或者其他人在案件已经审理或者已执行完毕后的上访等过程中在人民法院哄闹、滞留等，就不能作为妨害民事诉讼行为适用《民事诉讼法解释》第一百八十七条进行处理，而应按照有关法律的规定，交由有关部门处理。比如，对扰乱人民法院工作秩序的，可依照治安管理处罚法的规定，交由公安机关对其进行处理，如果构成犯罪的，可由公安机关立案侦查，依法追究其刑事责任。

第二，司法实践中，以暴力、威胁或者其他方法阻碍司法工作人员执行职务的情形不仅限于《民事诉讼法解释》第一百八十七条第一项至五项规定的情形，对于诉讼参与人或者其他人实施的不属于《民事诉讼法解释》第一项至五项规定的阻碍司法工作人员执行职务行为的，人民法院可以适用《民事诉讼法解释》第一百八十七条第六项的规定进行处理。

第三，《民事诉讼法解释》第一百八十七条中的行为均是在司法工作人员执行职务时直接施加于司法工作人员的妨害民事诉讼行为，如果不是在司法工作人员执行职务时所实施的行为，即使采取了暴力、威胁等方法，也不适用《民事诉讼法解释》第一百八十七条的规定，而应适用民事诉讼法和《民事诉讼法解释》其他条款的规定对行为人进行处理。比如，当事人在法庭审理结束后离开法院前对审判人员进行威胁、殴打的，即应适用民事诉讼法第一百一十四条第一款第四项关于对司法工作人员进行侮辱、诽谤、诬陷、殴打或者打击报复的规定对其进行处理。

——最高人民法院民法典贯彻实施工作领导小组办公室编著:《最高人民法院新民事诉讼法司法解释理解与适用》，人民法院出版社2022年版，第426~427页。

798. 人民法院对于存在恶意串通进行虚假诉讼或者逃避执行义务行为的单位，一经发现即应采取罚款的强制措施，不能不予处理

关键词

恶意串通　虚假诉讼　逃避执行义务　罚款　强制措施

最高人民法院司法解释

第一百九十一条　单位有民事诉讼法第一百一十五条或者第一百一十六条规定行为的，人民法院应当对该单位进行罚款，并可以对其主要负责人或者直接责任人员予以罚款、拘留；构成犯罪的，依法追究刑事责任。

——《最高人民法院关于适用〈中华人民共和国民事诉讼法〉的解释》（2022年4月1日修正）。

附录：最高人民法院主流观点

人民法院对于存在恶意串通进行虚假诉讼或者逃避执行义务行为的单位，一经发现即应采取罚款的强制措施，不能选择性适用强制措施，对单位不予处理；如果单位的行为构成犯罪的，应按照民事诉讼法第一百一十五条或者第一百一十六条的规定，依法追究单位的刑事责任。而对于单位的主要负责人或者直接责任人员不是必须要采取罚款、拘留的强制措施，也即是否采取强制措施以及采取何种强制措施，由人民法院根据实际情况决定。但如果主要负责人或者直接责任人员的行为构成犯罪的，必须要依法追究其刑事责任。此外，恶意串通进行虚假诉讼或者逃避执行义务是严重妨碍民事诉讼的行为，

人民法院必须要用好用足强制措施，维护司法权威。

——最高人民法院民法典贯彻实施工作领导小组办公室编著：《最高人民法院新民事诉讼法司法解释理解与适用》，人民法院出版社 2022 年版，第 436 页。

799. 被告无正当理由拒不到庭或者未经法庭许可中途退庭如何处理

关键词

缺席判决　拒不到庭　中途退庭　传票传唤

最高人民法院裁判文书

北京雅电科技有限公司与成都恺缔科技有限公司计算机软件开发合同纠纷案［最高人民法院（2021）最高法知民终 774 号民事判决书］

裁判要旨：法院经合法公告送达后，在被告未参加庭审的情况下缺席审理符合法定程序。庭审后，被告提交了答辩意见并表示无证据提供。法院未再次组织庭审，依据在案证据作出判决并未违反法定程序。

最高人民法院认为：一审法院经合法的公告送达后开庭审理符合法定程序，在雅电公司未参加原审庭审的情况下缺席审理并无不当。原审法院在庭审后接到雅电公司来电，已向其邮寄送达了起诉状以及证据材料，并且告知其可以提交答辩意见及提供证据，雅电公司亦提交了代理意见并表示没有证据提供。上述事实表明，原审法院保障了雅电公司的诉讼权利。在此基础上，原审法院未再次组织庭审，依据在案证据作出原审判决并未违反法定程序。

——中国裁判文书网。

附录：最高人民法院主流观点

1. 被告经传票传唤，无正当理由拒不到庭的，或者未经法庭许可中途退庭的，可以缺席判决，并非应当缺席判决。缺席判决是一种对缺席当事人的权益保护非常不利的处理方式，为了正确判决，确保司法公正，我国《民事诉讼法》除了规定缺席判决必须经传票传唤的前提条件，还规定了特定条件下人民法院可以对当事人进行拘传。对于必须到庭的被告，经人民法院两次传票传唤，无正当理由拒不到庭，人民法院可以根据《民事诉讼法》的有关规定，对其采取拘传的强制措施。必须到庭的被告，一般是指追索赡养费、扶养费、抚养费、抚恤金、劳动报酬案件和离婚案件的被告，以及其他不到庭就无法查清案情的被告。如按照《民事诉讼法司法解释》第二百三十五条的规定，无民事行为能力的当事人的法定代理人，经传票传唤无正当理由拒不到庭，属于被告方的，比照《民事诉讼法》第一百四十四条[①]的规定，缺席判决，必要时，人民法院可以拘传其到庭。

2. 可以缺席判决，不表示不保护被告的合法权益。人民法院进行缺席判决，不等同于人民法院直接采信原告的证据，或者直接支持原告的诉讼请求。在缺席判决的情形下，人民法院应当对当事人提出的诉讼材料认真审查，其中包括未出庭的被告已经提供的诉讼材料，在充分考虑缺席一方当事人合法权益的前提下，作出判决。《民事诉讼法司法解释》第二百四十一条即明确规定："被告经传票传唤无正当理由拒不到庭，或者未经法庭许可中途退庭的，人民法院应当按期开庭或者继续开庭审理，对到庭的当事人诉讼请求、双方的诉辩理由以及已经提交的证据及其他诉讼材料进行审理后，可以依法缺席判决。"

——江必新主编：《新民事诉讼法条文理解与适用》，人民法院出版社2022年版，第671~672页。

800. 被告经传票传唤无正当理由未到庭，法院不能当然地完全按照原告的主张来判决

关键词

缺席判决　传票传唤　被告

最高人民法院司法解释

第二百四十一条　被告经传票传唤无正当理由拒不到庭，或者未经法庭许可中途退庭的，人民法院应当按期开庭或者继续开庭审理，对到庭的当事人诉讼请求、双方的诉辩理由以及已经提交的证据及其他诉讼材料进行审理后，可以依法缺席判决。

——《最高人民法院关于适用〈中华人民共和国民事诉讼法〉的解释》（2022年4月1日修正）。

① 现为《民事诉讼法》第一百四十七条。

附录：最高人民法院主流观点

审判实践中，应尽量避免在缺席判决的判决书中有“被告经传票传唤无正当理由未到庭，放弃质证的权利，应视为对原告起诉的认可”“因被告未到庭，放弃质证权利，法院对原告提供的证据应予以认定”等类似内容的表述。这种表述是不正确的。被告经传票传唤无正当理由未到庭，可以视为其放弃了当庭陈述、举证和质证的权利，但并不能视为其对原告的诉讼请求或主张的事实的承认，也不能视为对自己实体权利的处分，法院不能当然地据此对原告提供的证据予以认定，完全按照原告的主张来判决，仍要结合到庭当事人和双方已经提交的证据及其他诉讼材料进行审理。

——最高人民法院民法典贯彻实施工作领导小组办公室编著：《最高人民法院新民事诉讼法司法解释理解与适用》，人民法院出版社 2022 年版，第 514 页。

801. 利害关系人查询公告的途径和方式

关键词

利害关系人　公告　人民法院报　中国法院网

最高人民法院司法解释

第四百四十六条　公告应当在有关报纸或者其他媒体上刊登，并于同日公布于人民法院公告栏内。人民法院所在地有证券交易所的，还应当同日在该交易所公布。

——《最高人民法院关于适用〈中华人民共和国民事诉讼法〉的解释》（2022 年 4 月 1 日修正）。

附录：最高人民法院主流观点

《人民法院报》作为刊登公告的载体，除在该纸质媒介上进行刊登外，《人民法院报》电子版和中国法院网也同时进行刊登，并设有专门查询电话，因此，相关利害关系人在查询时可以关注上述不同方式及时进行查询。

——最高人民法院民法典贯彻实施工作领导小组办公室编著：《最高人民法院新民事诉讼法司法解释理解与适用》，人民法院出版社 2022 年版，第 1013 页。

802. 裁判文书中对人民法院司法性文件的引用

关键词

裁判文书　引用司法性文件

最高人民法院司法政策精神

三、正文

（七）裁判依据

1. 裁判文书不得引用宪法和各级人民法院关于审判工作的指导性文件、会议纪要、各审判业务庭的答复意见以及人民法院与有关部门联合下发的文件作为裁判依据，但其体现的原则和精神可以在说理部分予以阐述。

——《最高人民法院关于印发〈人民法院民事裁判文书制作规范〉〈民事诉讼文书样式〉的通知》(2016 年 6 月 28 日，法〔2016〕221 号)。

附录：最高人民法院法官著述

除司法解释外，最高人民法院每年都有一些审判指导性文件出台，一般称为司法性文件。司法性文件从性质上来说，不是司法解释，但有的对审判工作又具有指导作用，是否可以援引，并没有明确的说法。特别是 1997 年之前最高人民法院的司法解释形式不明确时，一般都统称为司法解释。我们认为，司法性文件不是司法解释，不具备法律效力，因此不能直接引用与法律、行政法规等并列作为裁判依据，但可以在说理部分引用作为说理依据。至于 1997 年以前的司法性文件，一般作为司法解释对待，可以引用。

——吴兆祥：《〈关于裁判文书引用法律、法规等规范性法律文件的规定〉的理解与适用》，载《人民司法·应用》2009 年第 3 期（总第 586 期）。

803. 在判决书尾部如何表述迟延履行债务利息

关键词

民事判决书　迟延履行债务利息

最高人民法院司法解释

第一条 根据民事诉讼法第二百五十三条[①]规定加倍计算之后的迟延履行期间的债务利息，包括迟延履行期间的一般债务利息和加倍部分债务利息。迟延履行期间的一般债务利息，根据生效法律文书确定的方法计算；生效法律文书未确定给付该利息的，不予计算。

加倍部分债务利息的计算方法为：加倍部分债务利息＝债务人尚未清偿的生效法律文书确定的除一般债务利息之外的金钱债务 × 日万分之一点七五 × 迟延履行期间。

——《最高人民法院关于执行程序中计算迟延履行期间的债务利息适用法律若干问题的解释》（2014 年 7 月 7 日，法释〔2014〕8 号）。

最高人民法院司法政策精神

三、正文

（九）尾部

4. 一审判决中具有金钱给付义务的，应当在所有判项之后另起一行写明：

“如果未按本判决指定的期间履行给付金钱义务，应当依照《中华人民共和国民事诉讼法》第二百五十三条规定，加倍支付迟延履行期间的债务利息。”二审判决具有金钱给付义务的，属于二审改判的，无论一审判决是否写入了上述告知内容，均应在所有判项之后另起一行写明上述告知内容。二审维持原判的判决，如果一审判决已经写明上述告知内容，可不再重复告知。

——《最高人民法院关于印发〈人民法院民事裁判文书制作规范〉〈民事诉讼文书样式〉的通知》（2016 年 6 月 28 日，法〔2016〕221 号）。

804. 民商事案件延长审理期限的规定

关键词

延长审限　延期开庭

最高人民法院司法解释

第一条 人民法院审理民商事案件时，应当严格遵守法律及司法解释有关审限的规定。适用普通程序审理的第一审案件，审限为六个月；适用简易程序审理的第一审案件，审限为三个月。审理对判决的上诉案件，审限为三

① 现为《民事诉讼法》（2021 年修正）第二百六十条。

个月；审理对裁定的上诉案件，审限为三十日。

法律规定有特殊情况需要延长审限的，独任审判员或合议庭应当在期限届满十五日前向本院院长提出申请，并说明详细情况和理由。院长应当在期限届满五日前作出决定。

经本院院长批准延长审限后尚不能结案，需要再次延长的，应当在期限届满十五日前报请上级人民法院批准。上级人民法院应当在审限届满五日前作出决定。

——《最高人民法院关于严格规范民商事案件延长审限和延期开庭问题的规定》(2019 年 3 月 27 日，法释〔2019〕4 号)。

附录：答记者问

《最高人民法院关于严格规范民商事案件延长审限和延期开庭问题的规定》(以下简称《规定》) 主要从三个方面对民商事案件延长审理期限问题作了规范：

其一，重申人民法院应当严格遵守审理期限规定。民事诉讼法和相关司法解释对案件审理期限作了明确规定。虽然规定审限的合理性无论在理论界还是实务界都有不同看法，尤其是近年来，随着“案多人少”矛盾的凸显，不时有建议废除审限规定的声音。但是，考虑到当前我国正处于社会转型期和矛盾多发期，案件上升势头持续不减，如果不规定审理期限或不执行审理期限规定，任由案件积压，势必会影响矛盾的及时解决和社会主义和谐社会的建设。

其二，更加严格规定延长审理期限的申请。《规定》要求依照法律规定有特殊情况需要延长审理期限的“应当在期限届满十五日前提出”，为院长判断并决定是否延期留下充足时间。同时，《规定》要求申请延长审理期限应当“说明详细情况和理由”，这样规定能起到两种效果：一是要求审判人员必须对未能在规定审限内结案作出解释说明，督促法官在审理期限内结案，不能简单以“案情复杂”为由申请延长；二是有利于院长对案件情况进行整体把握，准确判断是否应予准许延期及延长期限。

其三，更加严格规定延长审理期限的批准。以往实践中对申请延长审理期限审批相对宽松，按照《规定》的要求，院长应当根据申请者提出的具体理由和案件情况，决定延长期限的长短，不能再搞“一刀切”，顶格批准最长期限。

——《最高人民法院司改办负责人就〈关于严格规范民商事案件延长审限和延期开庭问题的规定〉答记者问》，载《人民法院报》2019 年 3 月 29 日。

805. 正确理解民商事案件中的延期开庭规定

关键词

延期开庭　自由裁量权

最高人民法院司法政策精神

第五条　人民法院开庭审理民商事案件后，认为需要延期开庭审理的，应当依法告知当事人下次开庭的时间。两次开庭间隔时间不得超过一个月，但因不可抗力或当事人同意的除外。

第六条　独任审判员或者合议庭适用民事诉讼法第一百四十六条[①]第四项规定决定延期开庭的，应当报本院院长批准。

——《最高人民法院关于严格规范民商事案件延长审限和延期开庭问题的规定》（2019 年 3 月 27 日，法释〔2019〕4 号）。

附录：答记者问

在经济全球化趋势下，中国不断扩大对外开放，开放意味着不仅要“走出去”，而且要“引进来”，而稳定公平透明、可预期的营商环境，对吸引外商投资、促进经济发展至关重要。目前，对世界各国营商环境最全面、最权威的评估来自世界银行每年发布的《营商环境报告》，而世界银行对各个经济体营商环境评分的重要标准是相关项目有无相应的法律法规和规范性文件。

《最高人民法院关于严格规范民商事案件延长审限和延期开庭问题的规定》（以下简称《规定》）对延期开庭审理问题作出了规范，填补了民事诉讼法和相关司法解释的漏洞。《民事诉讼法》第一百四十六条第四项赋予法官一定的自由裁量权，是尊重客观司法规律的体现，对于解决法律的滞后性与社会发展的变动性、法律语言的局限性与事物的复杂性、法律的稳定性和法律适用的不确定性之间的矛盾具有重要意义。但是，自由裁量权理应受到规制。《规定》要求除《民事诉讼法》第一百四十六条第一、二、三项规定的情形外，决定延期开庭审理的必须报本院院长批准，即从严格审批和加强监管的角度出发，避免适用兜底条款的随意性。这样规定兼顾了“约束”与“放权”的平衡，既收紧了兜底条款适用的口子，又给有特殊情况下延期开庭留了出路。

——《最高人民法院司改办负责人就〈关于严格规范民商事案件延长审

① 现为《民事诉讼法》（2021 年修正）第一百四十九条。

限和延期开庭问题的规定〉答记者问》，载《人民法院报》2019年3月29日。

806. 人民法院应当将案件的立案时间、审理期限，扣除、延长、重新计算审限等信息及时向当事人及其法定代理人、诉讼代理人公开

关键词

延长审限　延期开庭　立案时间

最高人民法院司法解释

第七条　人民法院应当将案件的立案时间、审理期限，扣除、延长、重新计算审限，延期开庭审理的情况及事由，按照《最高人民法院关于人民法院通过互联网公开审判流程信息的规定》及时向当事人及其法定代理人、诉讼代理人公开。当事人及其法定代理人、诉讼代理人有异议的，可以依法向受理案件的法院申请监督。

——《最高人民法院关于严格规范民商事案件延长审限和延期开庭问题的规定》(2019年3月27日，法释〔2019〕4号)。

附录：答记者问

开庭的时间和延长审限、扣除审限、延期开庭的期限等信息与当事人正当诉讼权益密切相关，如果这些信息不公开、不透明，当事人就会对案件进展缺乏预期，进而可能会对法院能否公平公正审理其案件产生疑虑，不利于维护司法权威性和公信力。公开是最好的防腐剂，公开也是树立公信的前提。只有坚持司法公开，才能消弭误会、赢得信任。近年来，人民法院不断强化司法公开力度，扩大司法公开范围，以公开促公正、提公信，赢得了人民群众的满意。《最高人民法院关于严格规范民商事案件延长审限和延期开庭问题的规定》(以下简称《规定》)进一步要求对开庭的时间和延长审限、扣除审限、延期开庭的期限等信息进行公开，切实保证当事人的知情权、参与权、监督权。

《规定》首先要求人民法院开庭审理案件后，如果认为还需要再次开庭的，应当依法及时告知当事人下次开庭的时间，因不可抗力或当事人同意的除外，两次开庭间隔时间不得超过一个月，这是促成案件不间断审理、快速解决纠纷、增加审判透明度的重要举措。

《规定》还要求人民法院应当将案件的立案时间、审理期限，扣除、延长、重新计算审限，延期开庭审理的情况及事由，及时向当事人及其法定代

理人、诉讼代理人公开，使当事人对审判进度有更清晰的预期。

《规定》还特别为当事人提供了权利救济途径，设置了滥用权力的处罚措施，增加了法律规范的实施保障。当事人对审限扣除、延长、重新计算以及延期开庭决定等有异议的，可以依法向受理案件的法院申请监督，人民法院审判管理部门特别是院庭长要认真处理，对故意违反法律、审判纪律、审判管理规定拖延办案，或者因过失延误办案，造成严重后果的，应当依照《人民法院工作人员处分条例》第四十七条的规定对责任人予以处分。

——《最高人民法院司改办负责人就〈关于严格规范民商事案件延长审限和延期开庭问题的规定〉答记者问》，载《人民法院报》2019年3月29日。

807. 法官行使释明权的范围和方法

关键词

释明权

最高人民法院司法政策精神

在今后的民事审判工作中，一定要认真学习、正确理解和全面贯彻新民事诉讼法以及最高人民法院相关司法解释关于民事诉讼程序的规定，以确保案件的程序公正。在民事案件审理中，要特别注意准确理解和把握法官居中裁判，从当事人的诉讼能力的实际情况出发，依法进行诉讼指导，行使好释明权，在公开、透明的诉讼程序进程中，合理引导当事人行使诉讼权利，实现程序公正并以程序公正保证实体公正。

——杜万华：《大力开展民事审判工作，为完善社会主义法治秩序，维护司法公正，推进依法治国而努力奋斗——在全国高级法院民一庭庭长座谈会上的讲话》（2013年4月12日），载最高人民法院民事审判第一庭编：《民事审判指导与参考》2013年第2辑（总第54辑），人民法院出版社2013年版，第19页。

最高人民法院裁判文书、最高人民法院公报案例

北京新中实经济发展有限责任公司、海南中实（集团）有限公司与华润置地（北京）股份有限公司房地产项目权益纠纷案［最高人民法院（2004）民一终字第107号民事裁定书］

裁判摘要：根据最高人民法院《民事证据规定》的规定，一审诉讼中，当事人主张的法律关系的性质或民事行为的效力与法院根

据案件事实作出的认定不一致的，法院应当告知当事人可以变更诉讼请求；当事人坚持不变更诉讼请求的，法院应当驳回其起诉，而不应作出实体判决；法院径行对当事人未予主张的法律关系作出裁判，既是代替当事人行使起诉权利，又剥夺了对方当事人的抗辩权利，构成程序违法。

——《最高人民法院公报》2006 年第 8 期。

附录：最高人民法院法官著述

（一）关于释明权的行使范围

1. 当事人的诉讼请求不明确或者不充分的，应予释明。由于当事人文化水平参差不齐，对案件的声明就可能存在相互矛盾、模糊不清的情况。法院若将其作为裁判的基础则难以作出符合真实的裁判，也就需要法官向当事人发问使不明确的声明明确化。不过法院的发问仍应受辩论主义的限制，当事人没有声明的事项，法院不得发问。比如当事人在起诉状中只提出赔偿请求，但没有写明具体数额，或者可以要求赔偿全部损失而只要求赔偿部分损失，或者列出的赔偿项目不完整，无论在起诉审查阶段还是开庭审理阶段，法官都应当要求当事人进行补充说明，使其意思进一步明确。又如被告人在答辩状中不仅要求驳回原告诉讼请求，还要求判令原告承担某种责任，但又未明确提出反诉，法官也应主动提示，要求其对是否反诉予以明确答复。

2. 对当事人明显不当的诉讼请求或者诉讼行为，应当通过释明加以变更或消除。在当事人的声明中未能清楚说明有关事项时，法院可以令当事人再就有关事项加以陈述。如果当事人的陈述毫无意义或带有诈欺性，可以行使释明权将其消除。比如在返还特定物的诉讼中，如果已经查明原物已经灭失，而原告仍然要求返还原物，法官应当行使释明权，要求其除去或更改该项诉讼请求。

3. 证据材料不充分时，可以通过释明令其补充。当事人就其主张之事实，未声明证据或未充分举证时，法官不应立即以该当事人未尽举证责任，不能认定其主张的事实而判决其败诉，应当向其行使释明权，促使其举证。实际上，当事人提供的诉讼证据不充分的情况在审判实务中是大量存在的，其中有的是由于当事人误认为自己就该事项并无举证责任，有的是由于当事人误认为其所举证据已经足够，此时法官应当向当事人发问，提示他应当提供相应和充分的证据材料。经提示后，如果当事人仍未提供充分而有力的证据，法官认为此时判决的时机已经成熟，可以判令其败诉，承担诉讼中的不利风险。

4. 当事人忽略或误认法律观点，应予释明。为促进诉讼的集中高效进行，充分保护当事人的合法权益，如果当事人忽略或误认了法律观点，法官行使释明权，就案件的法律适用问题和当事人进行必要的沟通和交流，较之对法律适用问题保持沉默而作出一个突袭性裁判显然更为妥当，更容易实现诉讼的目的。具体理由如下：

其一，当事人程序主体性原则要求法官就适用法律问题与当事人认识不一致时，应当向当事人予以释明，而不得作出突袭性裁判。诉讼理由是使当事人提出的诉讼请求得以成立的根据，具体包括事实根据和法律根据。其中法律根据与事实根据不同，它只是诉讼理由的选择性要件，因为对案件事实作出法律上的评价是法官的职责，不能因为当事人不懂法而判其败诉。适用法律是法官的职责，当事人无须陈述具体的法律根据，但这并不意味着法官就案件的法律适用问题就可以不与当事人进行任何沟通和交流了，因为当事人在有关案件法律观点方面的认识与法官头脑中的法律观点可能并不一致，这就可能会导致当事人的“攻击”与“防御”活动不得要害，容易对当事人造成“裁判的不意打击”。例如，原告将其向被告交付的款项视为一种投资的合伙行为，因而在诉讼上主张分享因合伙投资而带来的股份利益，被告则抗辩称原告交付款项的行为是一种借贷行为，主张返还本金及相应的利息而拒绝原告享有股份权益，但法官在庭审中却认为当事人之间的资金交易行为因违反法律的强制性规定而属于无效民事行为，这时法官就应当将其对该案的认识及时告知双方当事人，以便当事人能够在法官于审判职务上所确立的法律框架之内重新部署攻击与防御体系，否则如果法官不释明其心证而径行作出判决，败诉方当事人甚至包括胜诉方当事人自然会因感到受到了法院的突袭性裁判而不满，因为他们是在法院作出判决后才知晓判决理由而未能即时提供因应措施，而且这也使得辩论主义的功能与价值受到了极大的损害，很难说这样的判决是公正和正义的，是能为社会所接受的。

其二，在某些情况下，当事人选择不同的法律诉因会带来不同的诉讼结果，如果当事人对此认识和诉请不明确，法官应释明促使其明确。在一些案件中，法律根据完全有可能成为民事纠纷的焦点问题。例如在违约和侵权请求竞合的情况下，寻求不同的法律依据甚至会带来不同的法律后果，此时如果当事人同时以违约和侵权这两个相互冲突的法律依据作为其主张权利的诉讼理由，必然会影响到其请求权能否成立，影响法官的裁判结果。不仅如此，在同一案件中并存不同的法律关系，使得争议焦点、证明责任、法律适用等裁判内容存在较大差异，如果法官对此不予以区分而一并进行审理，也必然会导致案件的法律关系混乱、争议焦点冲突、庭审层次凌乱，也就不可能实现案件的正确审判。

其三，为防止突袭性裁判，给予当事人就法律解释适用有辩论的机会，将法官向当事人释明法律、指导当事人正确地参与诉讼规定为法官的应尽职责，不仅有国外立法例可供参考，在我国法律中也已有明确规定。如德国《民事诉讼法》第二百七十八条第三款就规定，“某一法律观点，如当事人一方明知而忽略之，认为是无关紧要的，法院只能在该观点不是关系到附带请求时，而且法院已给予发表意见的机会后，才支持当事人的判断”。也就是说，“法官持有与当事者不同的法律观点时，不应以‘法律问题是法官的专属权限’为理由而保持沉默，而应当向当事者进行开示并尽量求得共同的理解。这样的开示近来被法学界提到法官的义务的高度，称为‘法律观点开示义务’，并称为程序保障的重要内容之一。”我国《证据规定》第三十五条也规定，法院查明的法律关系性质或者效力与当事人认识不一致的，法官应当告知当事人对法律关系作出重新定性。这就意味着此时法官必须向当事人解释法律，并告知其可以变更诉讼请求，促使当事人正确理解法律规定并作出明确选择，并以当事人最终选择的诉讼请求和诉讼理由作为裁判依据。

（二）关于释明权的适用范围

如何界定释明权的适用范围，有观点认为，应将释明权适用的对象限定在没有律师代理参加诉讼的当事人上。我们认为，释明权应该扩大适用于所有的民事案件。因为设置释明权制度的目的，在于充分尊重和保护当事人享有的程序主体权，减少当事人之间攻击防御能力的差距，实现实质性的双方当事人平等，确保各方当事人具有影响诉讼过程和结果的充分的参与机会，真正保护双方当事人的合法权益，实现纠纷的妥当解决和实质正义。故释明权的制度价值不在于帮助弱者，而是在于正义的实现。当事人即便委托了律师参与诉讼，如果法官就因此不去行使释明权了，显然是不可能完全实现该制度的上述功能的。

（三）关于释明的限度

释明权的行使虽然有助于实质正义的实现，但是任何一项好的制度也会有其负面效应，释明权制度也不例外。因为过度行使释明权，就会破坏当事人诉讼地位的平等性，否定民事诉讼法的平等原则，不能实现裁判的正义性。因此，应当将释明权控制在当事人主张的范围这一合理的限度内行使，具体应当遵循以下原则：

1. 诚实信用原则，并以探明当事人之真实意思为目的。诉讼上的诚信原则有三重机能，它既是当事人行使诉讼权利、履行诉讼义务的行为准则，更是法官行使审判权、履行审判义务的行为准则，是法官平衡各种诉讼利益的基准。这就要求法官在行使释明权时，应本着诚实、善意的态度，着眼于维护当事人之间的利益平衡，了解当事人的真实意图。法官应当围绕双方当事人的请求和争点，以谨慎而有限的中立方式公开发问、提示，从积极引导协助当事人进行充分陈述事实，明确争点和进行有效辩论的角度来行使释明权，从而有针对性地发现真实，而不能过多地介入当事人之间的攻防过程。

2. 法官中立原则，并且程序应当公开透明。法官中立原则是指法官在诉讼过程中对争议各方当事人保持一种超然无偏袒的态度和地位，不偏不倚、客观公正地审判案件。法官的释明之度，应以当事人请求及陈述中有需要释明情形的线索存在为限，如果当事人的请求及陈述中根本没有那个意思，则释明权的行使还是要受到处分主权原则和辩论主义的限制；如果当事人的请求及陈述中已经包含了某种对诉讼有意义的意思，但仅仅是囿于法律知识、诉讼技巧或者表述能力等方面的原因而未能表达出来，法官应予以相应的释明。释明权行使的目的是启发、晓谕当事人作出充分、合理的诉讼行为，因此法官不得利用释明代替当事人主张、辩论和处分，不得主动代替当事人作出攻击、防御行为或者作出选择。这主要体现在三个方面：一是法官可以通过释明促使当事人澄清或者补充其主张，但不得以释明的方式直接在当事人现有主张之外提出新的主张；二是不得以释明之名，行代替当事人辩论之实，对当事人没有声明的事项，法官一般不得释明，除非该事项直接影响案件的法律关系或者事实的认定；三是在当事人的主张内容有矛盾时，如既主张违约同时又要求侵权赔偿，不得代替当事人作出选择或者处分诉讼权利。

3. 法官在释明时，应当在各方当事人均在场的情况下，摒弃传统的命令、通告的纠问式庭审方式，先行告知释明的具体原因，谨慎而有限地说明自己的意见和理由，诚恳地征求当事人的意见，并将释明行为记录在案。是否响应法官的释明，当事人享有程序选择权，有权自主决定是否遵从。当事人对法官释明的内容不作回应的，视为对其诉讼权利的处分，法官不得代替其作出判断，只能以攻击防御方法不明或者未能进一步补充说明为由作出对该当事人不利的判断；当事人根据法官的释明改变诉讼请求的，法官应当重新指定举证期限，给予对方当事人必要的准备时间。

（四）关于释明错误的程序救济

2. 对依据法律的任意性规定而属于法官自由裁量权范畴的释明权，如文书的送达、诉之分离与合并等大多数诉讼指挥权，在性质上属于法官享有的司法行政行为，当事人享有知情权，但不得提出异议；对可能对当事人的权利造成重大影响的释明权，当事人不仅享有知情权，而且有权提出异议，法院必须予以答复。

3. 对当事人有权提出异议的事项，当事人享有对法官释明的知情权、异议权、复议权和因法官释明不当并对一审裁判不服的上诉权，二审法院享有终局复议决定权和二审审查决定权。法官应当公开释明，并允许双方当事人对其释明行为提出异议。如果对方当事人认为法官的该项释明违反了法律规定的范围或条件，或者产生不公平的后果，明显违背中立立场时，有权就此向法官提出异议，法官应当立即对其释明的妥当性向异议人作出解释，解释其释明具有正当性的理由，并决定是否继续进行释明或者对释明作出变更或取消的决定。如果此时持异议的当事人仍然不能接受法官的解释，仍然认为法官滥用了释明权，有权提出书面异议，法官对之应当以裁定形式作出答复。基于诉讼经济的考虑，原则上当事人对该释明裁定不能上诉，只能提出复议，由审理法院的上一级法院审查后作出维持、变更或撤销该释明的终局决定；但如果当事人认为由于法官行使释明权作出了错误裁判，当事人有权就此提起上诉，二审法院经审查，如果认为一审法院确实行使释明权不当并因此导致错误裁判，当事人上诉理由成立的，应认定原审违反法定程序，此时如果双方当事人自愿形成由二审法院径行裁判的合意，二审法院可据此直接作出改判，同时发挥审级监督职能，发函一审法院指出其释明错误的内容和原因；如果双方当事人没有达成由二审法院就该案件直接作出终审判决的协议，二审法院应裁定撤销原判，发回原审法院重审，以维护当事人的审级利益。

4. 法官可以主动对其释明及时作出改正。从法官的角度来说，如果法官主动发现原释明有误时，应当向当事人说明原因并在一审审理期限内作出改正；但如果裁判文书已作出并已向当事人送达，则只能通过法定程序即二审或再审程序纠正。

——贺小荣、王松：《法院释明权的方法及其合理限制》，载最高人民法院民事审判第一庭编：《民事审判指导与参考》2005 年第 3 集（总第 23 集），法律出版社 2006 年版，第 89~92 页。

808. 人民法院认定的法律关系性质或民事行为效力与当事人主张不一致的，应向当事人释明并询问是否变更诉讼请求

关键词

释明权　变更诉讼请求

最高人民法院审判业务意见

当事人主张的法律关系的性质或者民事行为的效力与人民法院根据案件事实作出的认定不一致的，应当向当事人释明并询问是否变更诉讼请求，以切实减轻当事人诉累、彻底解决当事人纠纷。

A 公司与张某为解决双方之间的股权争议签订了《和解协议》，后因《和解协议》的履行发生争议。当事人争议焦点在于《和解协议》的效力，原审法院在以下三点未向当事人释明，导致并不能妥善解决纠纷：第一，张某反诉主张《和解协议》因系欺诈及乘人之危而签订应当无效。根据合同法第五十四条的规定，欺诈及乘人之危情形下合同当事人仅得请求变更或者撤销合同。第二，《和解协议》中约定“期满张某未付清全款的，本协议失效”，可

见该协议的约束力还受张某是否付清款项的影响。原审法院应就该问题适时向当事人释明并作相应处理。第三，本案表面争议围绕《和解协议》，实质问题是双方的股权权益纠纷，A公司依《和解协议》起诉之目的仍是解决双方股权争议。所以，如果认定前述失效约定导致《和解协议》失效，A公司并不能获得《和解协议》中的权利，这与该公司的订约目的及诉讼目的均有较大出入，原审法院应向A公司释明其是否变更诉讼请求。

——最高人民法院民事审判第二庭：《最高人民法院民二庭近两年发回重审、指令再审案件审理情况（2013年1月）》，载最高人民法院民事审判第二庭编：《商事审判指导》2012年第4辑（总第32辑），人民法院出版社2013年版，第25页。

附录：最高人民法院主流观点

对于当事人而言，是否变更其诉讼请求是其享有的诉讼权利，释明不是替当事人提出诉讼请求，更不是替当事人主张权利，是否变更原诉讼请求，应当尊重当事人的处分权。因此，在法官向当事人释明变更诉讼请求之后，因当事人的不同选择可能会导致不同的法律后果。如果当事人根据法院的释明变更了诉讼请求，则人民法院按照释明的法律关系对案件进行审理。如果当事人拒不变更的，法院不能替代当事人依职权变更当事人的诉讼请求，否则就违背法院居中裁判的角色，因此，仍应按照当事人提出的诉讼请求进行审理。

对于审理后应作出何种裁判，实践中存在不同观点。一种观点认为，虽然法院认定的法律关系与当事人主张的法律关系不一致，但原告的起诉并不违反法律规定的起诉条件，并且提出的诉讼请求具体明确，并有相应的事实和理由，故若其拒绝变更，将导致其事实和理由不能成立，原告因此不具有所主张法律关系下的权利，从而导致其诉讼请求在实体上无法得到支持的后果，故法院应当针对其诉讼请求作出实体处理，即驳回其诉讼请求。

另一种观点认为，在法院认定的法律关系与当事人主张的法律关系不一致时，属于诉讼程序问题，在原告坚持其诉讼请求，而不依据法院的告知变更诉讼请求的情况下，法院应当作出程序性处理，即裁定驳回原告起诉，而不是驳回其诉讼请求，否则既侵害当事人的诉讼权利，又损害当事人的实体权利。在上诉人北京新中实经济发展有限责任公司和上诉人海南中实（集团）有限公司与被上诉人华润置地（北京）股份有限公司房地产项目权益纠纷一案中，最高人民法院认为，一审期间华润公司在起诉状、庭审陈述及所附证据材料中，均明确表示其主张项目转让款的依据为双方之间存在房地产项目转让的法律关系。一审法院基于审理查明的事实认为，华润公司诉请主张的“项目转让关系”不能成立，遂于庭审结束后至一审判决前，多次向华润公司行使释明权，告知其变更诉讼请求，否则自行承担诉讼风险，但华润公司拒绝对诉讼请求予以变更。由于华润公司主张的法律关系与一审法院根据案件事实认定的不一致，一审法院不应作出实体判决，而应驳回华润公司的起诉。我们倾向于后一种观点。

——杜万华主编、最高人民法院民事审判第一庭编著：《最高人民法院民间借贷司法解释理解与适用》，人民法院出版社 2015 年版，第 286~287 页。

809. 原告主张的法律关系与人民法院的认定不一致时，可否驳回原告的诉讼请求或起诉

关键词

法律关系　认定案件事实　诉讼请求　驳回起诉

最高人民法院裁判文书

中铁二局瑞隆物流有限公司成都分公司与四川中恒信实业有限公司等买卖合同纠纷案［最高人民法院（2021）最高法民申 5624 号民事裁定书］

裁判要旨：诉讼过程中，当事人主张的法律关系性质或者民事行为效力与人民法院根据案件事实作出的认定不一致的，人民法院应当将法律关系性质或者民事行为效力作为焦点问题进行审理。当事人签订的合同系以虚假意思表示实施的民事法律行为的，依法应认定无效。法院综合证据情况认定，当事人之间更可能是其他法律关系，并向原告释明，但原告仍坚持按其认为的法律关系主张权利，而不变更诉讼请求，本案难以认定隐藏的法律行为的性质和效力。故原审判决驳回原告的诉讼请求，同时告知其可就真实的法律关系另行主张权利，并无不当。

最高人民法院认为：本案系瑞隆公司不服原审判决申请再审案件，应当围绕当事人主张的再审事由是否成立进行审查。本案审查的重点是原审认定案涉法律关系的性质以及民事行为的效力是否不当。

《最高人民法院关于民事诉讼证据的若干规定》第五十三条第一款规定，"诉讼过程中，当事人主张的法律关系性质或者民事行为效力与人民法院根据案件事实作出的认定不一致的，人民法院应当将法律关系性质或者民事行为效力作为焦点问题进行审理。"本案中，因案涉系列《粮食产品购销合同》的结算不具有商业上的合理性，瑞隆公司亦未提交充分证据证明案涉系列《粮

食产品购销合同》存在真实的货物流转，不足以证明瑞隆公司、中恒信公司形成真实的买卖合同关系，原审据此认定双方签订的一系列协议、合同系以虚假的意思表示实施的民事法律行为，案涉协议、合同无效，具有事实和法律依据。原审综合证据情况认定，中恒信公司与瑞隆公司之间更可能是借贷关系或其他法律关系。经一审法院多次释明，瑞隆公司仍坚持依买卖合同法律关系主张权利，不变更诉讼请求，本案难以认定隐藏的法律行为的性质和效力。故原审判决驳回瑞隆公司的诉讼请求，同时告知瑞隆公司可就真实的法律关系另行主张权利，并无不当。

——中国裁判文书网。

810. 被告住所不明确且查证不能的，法院应向当事人释明通过公告方式向被告送达

关键词

被告住所　释明　公告送达　立案登记

最高人民法院司法解释

第二百零九条　原告提供被告的姓名或者名称、住所等信息具体明确，足以使被告与他人相区别的，可以认定为有明确的被告。

起诉状列写被告信息不足以认定明确的被告的，人民法院可以告知原告补正。原告补正后仍不能确定明确的被告的，人民法院裁定不予受理。

——《最高人民法院关于适用〈中华人民共和国民事诉讼法〉的解释》（2022 年 4 月 1 日修正）。

附录：最高人民法院主流观点

根据《民事诉讼法解释》第二百零九条的要求，只要原告能够提供可以识别被告的信息，即使其不能提供被告的住所，或者提供的被告的住所并非客观、准确的住所，人民法院也应予以受理。在被告的住所并不明确，且法院查证不能的情况下，人民法院应向当事人释明通过公告方式向被告送达。

另外，在人民法院实施立案登记制的情况下，对于案件的实体审理属于立案之后的处理，因此，在立案阶段，无论原告与被告是否实质上具有某种法律关系，即被告是否是与原告具有法律关系的合适的应当承担责任的被告，均不影响人民法院受理该案。至于人民法院在立案后，经过实体审理，认定原告所起诉的被告并不合适，被告与原告并无相应的法律关系，则应判决驳回原告的诉讼请求，在此情况下则属于人民法院实体审理之后的处理问题。

——最高人民法院民法典贯彻实施工作领导小组办公室编著:《最高人民法院新民事诉讼法司法解释理解与适用》，人民法院出版社 2022 年版，第 460 页。

811. 人民法院认定的法律关系性质或民事行为效力虽与当事人主张不一致，但不影响当事人在本诉中实现实体权利的，可不作相应释明

关键词

释明权　民事法律关系性质

最高人民法院裁判文书

许尚龙、吴娟玲与何健、张康黎、张桂平股权转让纠纷案［最高人民法院（2013）民二终字第 52 号民事判决书］

裁判要旨：在诉讼过程中，当事人主张的法律关系的性质或者民事行为的效力与人民法院根据案件事实作出的认定不一致的，人民法院应当告知当事人可以变更诉讼请求。上述规定旨在有些情况下，当事人的诉讼请求因为人民法院的认定而发生改变，进而影响了当事人在本诉中实现相应的实体权利，受诉法院应当告知当事人变更诉讼请求，以避免增加当事人另诉的诉讼成本，以及人民法院违背应在当事人诉讼请求范围内对案件进行审理的原则。

最高人民法院认为，一、关于原审判决是否违反法律程序问题。

原审判决认定许尚龙、吴娟玲与何健之间形成股权转让关系，而非股权置换关系。许尚龙、吴娟玲上诉认为原审判决的上述认定未向其进行释明，违反了《关于民事诉讼证据的若干规定》第三十五条的规定，构成程序违法。本院认为，原审判决根据许尚龙、吴娟玲提出的一审诉讼请求，依据本院《民事案件案由规定》的规定，将本案案由确定为股权转让纠纷。本院《关于民事诉讼证据的若干规定》第三十五条规定，在诉讼过程中，当事人主张的法律关系的性质或者民事行为的效力与人民法院根据案件事实作出的认定不一致的，人民法院应当告知当事人可以变更诉讼请求。上述规定旨在有些情况下，当事人的诉讼请求因为人民法院的认定而发生改变，进而影响了当事人在本诉中实现相应的实体权利，受诉法院应当告知当事人变更诉讼请求，以避免增加当事人另诉的诉讼成本，以及人民法院违背应在当事人诉讼请求

范围内对案件进行审理的原则。本案中，许尚龙、吴娟玲提出的何健向其支付违约金等诉讼请求，是以何健未履行向其转让苏宁环球公司的股权为前提的。因此，确认当事人之间系股权转让关系并不改变许尚龙、吴娟玲的一审诉讼请求，即许尚龙、吴娟玲在本案中的实体权利并不因人民法院的认定而受到影响，原审法院认定本案当事人之间为股权转让关系亦不违背本院《关于民事诉讼证据的若干规定》第三十五条的规定。故许尚龙、吴娟玲提出的原审判决违反法定程序的上诉理由不能成立，本院不予支持。

——中国裁判文书网。

812. 公司决议撤销诉讼与决议无效诉讼、决议不成立诉讼的转化与释明

关键词

公司决议效力诉讼　释明权

附录：理解与适用

实践中，同样的公司决议程序瑕疵可能会因为程度的不同，导致公司决议分别属于可撤销的决议或不成立的决议。甚至因为程序瑕疵导致决议内容可能违反公司法，决议属于可撤销还是无效也难以区分。由此引发的问题是，股东可能因为对法律理解的不专业，在本应提起决议撤销之诉的情况下提起决议无效之诉或决议不成立之诉，而导致其后续重新提起决议撤销之诉时除斥期间已经经过。对这种情况的处理，域外立法（例如日本）是通过拟制诉讼的方式，认为只要股东提起决议无效之诉或决议不成立之诉时处于决议撤销之诉的除斥期间内，就可以推定提起决议无效之诉或决议不成立之诉的时间是股东提起决议撤销之诉的时间。我们倾向于认为，在这种情况下，由人民法院对当事人进行释明，征询当事人是否变更诉讼请求，这种处理相比于拟制诉讼更能兼顾保护股东权利和诉讼当事人的处分权。

——杜万华主编：《最高人民法院公司法司法解释（四）理解与适用》，人民法院出版社2017年版，第119页。

第十章　简易程序和小额诉讼程序

一、简易程序

813. 充分发挥简易程序的重要作用

关键词

简易程序

最高人民法院司法政策精神

4. 发挥民事案件快速审判程序的优势。根据民事诉讼法及其司法解释规定，积极引导当事人双方约定适用简易程序审理民事案件。对于标的额超过规定标准的简单民事案件，或者不属于民事诉讼法第一百五十七条[①]第一款规定情形但标的额在规定标准以下的民事案件，当事人双方约定适用小额诉讼程序的，可以适用小额诉讼程序审理。依法适用实现担保物权案件特别程序。积极引导当事人将债权人请求债务人给付金钱、有价证券的案件转入督促程序，推广使用电子支付令。

——《最高人民法院关于进一步推进案件繁简分流优化司法资源配置的若干意见》(2016年9月12日，法发〔2016〕21号)。

附录：最高人民法院主流观点

修改后民事诉讼法在第一百五十七条第二款增加了关于当事人双方可以对本来应适用普通程序审理的案件约定适用简易程序的规定，“基层人民法院和它派出的法庭审理前款规定以外的民事案件，当事人双方也可以约定适用简易程序。”小额诉讼程序属于简易程序，约定适用的原理对于小额诉讼程

① 现为《民事诉讼法》(2021年修正)第一百六十条。

序也成立。考虑到各地情况不一，《意见》不对小额诉讼标的限额作出统一规定。

实践中应当注意：一是要避免与争议不大的追索劳动报酬、物业纠纷等案件重叠，在这类案件中小额诉讼程序一审终审的程序价值无从体现。二是小额诉讼程序的适用与庭审简化、裁判文书简化改革、送达方式改革、主审法官责任制等多项改革要协同推进。在实践中还要探索完善制度设计，保障程序运行的确定性和程序简化的效果，融合各方面举措，进一步增强改革的统一性。三是把握好审理步骤，能调则调，当判则判。四是排除小额程序适用要严格依照程序转换条件，对于兜底条款“其他不宜适用一审终审的纠纷”的适用，尤其要排除擅用自由裁量权而导致程序被人为废止的隐患。为此，有的地方法院设计了较为严格的审批条件，借以保障程序适用的稳定性和统一性。五是当事人合意选择适用的关键在于当事人对程序的理解度和认同感，对争议不大、案情简单案件的当事人适当加以引导必不可少。

——李少平主编：《〈最高人民法院关于进一步推进案件繁简分流优化司法资源配置的若干意见〉读本》，人民法院出版社2016年版，第96页。

814. 简单的民事案件并非必须适用简易程序

关键词

简易程序　普通程序　下落不明　公告送达

最高人民法院司法解释

第二百五十七条　下列案件，不适用简易程序：

（一）起诉时被告下落不明的；

（二）发回重审的；

（三）当事人一方人数众多的；

（四）适用审判监督程序的；

（五）涉及国家利益、社会公共利益的；

（六）第三人起诉请求改变或者撤销生效判决、裁定、调解书的；

（七）其他不宜适用简易程序的案件。

——《最高人民法院关于适用〈中华人民共和国民事诉讼法〉的解释》（2022年4月1日修正）。

附录：最高人民法院主流观点

第一，对于简单的民事案件并非必须适用简易程序。对于新类型案件、辖区内类似案件较多需要统一裁量标准的案件等，即便案情简单，人民法院也可以依据《民事诉讼法解释》第七项之规定，适用普通程序进行审理。

第二，起诉后原告下落不明的，一般可适用简易程序审理。《民事诉讼法解释》并未对起诉后原告下落不明是否仍可适用简易程序作出规定。司法实践中，原告向人民法院起诉，都会填写送达地址确认书。该确认书通常明确如果提供的地址不确切，或不及时告知变更后的地址，使诉讼文书无法送达或未及时送达，原告将自行承担由此可能产生的法律后果。因此，原告起诉后下落不明时，一般不需要进行公告送达，不会因此造成诉讼迟延，可以适用简易程序进行审理。

第三，被告收到开庭传票后下落不明的，可以适用简易程序。《民事诉讼法解释》中规定了起诉时被告下落不明的，不应适用简易程序。其理由是被告下落不明需要公告送达会造成审理拖延，不符合简易程序快审快结特点。但被告收到了开庭传票后下落不明的，已不存在公告送达开庭传票的问题，人民法院可以适用简易程序进行审理。

——最高人民法院民法典贯彻实施工作领导小组办公室编著：《最高人民法院新民事诉讼法司法解释理解与适用》，人民法院出版社 2022 年版，第 547 页。

815. 当事人就案件适用简易程序提出异议如何处理的规定

关键词

当事人　简易程序　普通程序独任制

最高人民法院司法解释

第二百六十九条　当事人就案件适用简易程序提出异议，人民法院经审查，异议成立的，裁定转为普通程序；异议不成立的，裁定驳回。裁定以口头方式作出的，应当记入笔录。

转为普通程序的，人民法院应当将审判人员及相关事项以书面形式通知双方当事人。

转为普通程序前，双方当事人已确认的事实，可以不再进行举证、质证。

——《最高人民法院关于适用〈中华人民共和国民事诉讼法〉的解释》（2022 年 4 月 1 日修正）。

附录：最高人民法院主流观点

第一，人民法院应严格审查当事人异议是否成立。司法实践中，部分当事人为了拖延诉讼可能会通过增加或变更诉讼请求、申请追加当事人、提出反诉等方式营造案件复杂、争议较大的假象以期达到转化程序拖延诉讼的目的。因此，如果当事人一方实施上述行为后又以该行为作为案情复杂、争议较大的理由，人民法院在具体审查异议是否成立时，应结合案件已查明其他事实综合进行判断，而不应拘泥于当事人的陈述。

第二，案件转为普通程序前，双方当事人已确认的事实不再举证、质证的例外情况。《民事诉讼法司法解释》第二百六十九条对案件转为普通程序前，双方当事人已确认的事实，规定的是“可以”不再进行举证、质证。也即，不排除在特别情形下，案件转为普通程序审理后，双方当事人确定的事实还有举证、质证的必要。例如，《民事诉讼证据规定》第三条规定：“在诉讼过程中，一方当事人陈述的于己不利的事实，或者对于己不利的事实明确表示承认的，另一方当事人无需举证证明。在证据交换、询问、调查过程中，或者在起诉状、答辩状、代理词等书面材料中，当事人明确承认于己不利的事实的，适用前款规定。”但《民事诉讼证据规定》第九条规定了当事人可以撤销自认，该条规定：“有下列情形之一，当事人在法庭辩论终结前撤销自认的，人民法院应当准许：（一）经对方当事人同意的；（二）自认是在受胁迫或者重大误解情况下作出的。人民法院准许当事人撤销自认的，应当作出口头或者书面裁定。”因此，当事人撤销自认并且人民法院准许的，不能免除对方的举证责任，对相关事实，还应当进行举证、质证。

——最高人民法院民法典贯彻实施工作领导小组办公室编著：《最高人民法院新民事诉讼法司法解释理解与适用》，人民法院出版社 2022 年版，第页。

816. 除被告明确表示不需要时间准备书面答辩之外，被告的书面答辩权应当受到保护

关键词

书面答辩　口头答辩　答辩期间　被告

最高人民法院司法解释

第二百六十六条　适用简易程序案件的举证期限由人民法院确定，也可以由当事人协商一致并经人民法院准许，但不得超过十五日。被告要求书面答辩的，人民法院可在征得其同意的基础上，合理确定答辩期间。

人民法院应当将举证期限和开庭日期告知双方当事人，并向当事人说明逾期举证以及拒不到庭的法律后果，由双方当事人在笔录和开庭传票的送达回证上签名或者捺印。

当事人双方均表示不需要举证期限、答辩期间的，人民法院可以立即开庭审理或者确定开庭日期。

——《最高人民法院关于适用〈中华人民共和国民事诉讼法〉的解释》（2022 年 4 月 1 日修正）。

附录：最高人民法院主流观点

第一，除被告明确表示不需要时间准备书面答辩之外，被告的书面答辩权应当受到保护。原告是做好了充分准备才来法院提起诉讼的，但被告却不一定已经做好口头答辩的准备。此时，审判人员不能为了迅速解决纠纷，提高结案率而要求被告立即口头答辩。

第二，被告要求书面答辩的，人民法院应该确定合理的答辩期间。具体而言，人民法院应该根据案件的性质、案情的复杂程度、被告的文化水平及是否有诉讼代理人参与等具体情况，确定合理的答辩期间，但是不能超过十五日，这是因为民事诉讼法第一百二十八条已经规定了第一审普通程序被告提交答辩状的期间为十五日。显然，简易程序的简易特点决定了人民法院能确定的答辩期间应不超过十五日。

——最高人民法院民法典贯彻实施工作领导小组办公室编著：《最高人民法院新民事诉讼法司法解释理解与适用》，人民法院出版社 2022 年版，第 573 页。

817. 对审理前的准备的简化，应保障当事人陈述意见的权利

关键词

当事人陈述意见　简易程序　告知义务　审前程序

最高人民法院司法解释

第二百六十七条　适用简易程序审理案件，可以简便方式进行审理前的准备。

——《最高人民法院关于适用〈中华人民共和国民事诉讼法〉的解释》（2022 年 4 月 1 日修正）。

附录：最高人民法院主流观点

民事诉讼法第一百六十二条规定：“基层人民法院和它派出的法庭审理简单的民事案件，可以用简便方式传唤当事人和证人、送达诉讼文书、审理案件，但应当保障当事人陈述意见的权利。”这里的当事人陈述意见的权利属

于广义的辩论主义范畴。将提出“确定作为裁判基础之事实”所必需资料的（主张事实、提出证据申请）权能及责任赋予当事人行使及承担的原则就是辩论主义。可见，当事人有权就对方当事人提出的事实、法律主张及其相应证据进行答辩、反驳和陈述自己对争议事项的意见。在具体司法实践中，对适用简易程序审理的民事案件，法院在开庭前应确保当事人知晓诉讼的开始、发表答辩意见、出庭参加诉讼等。换言之，应保障原、被告知晓诉讼的启动和进展。在简易程序中，为了实现程序的简便快捷，往往采用电话通知、短信通知、电子邮件、传真等直接告知当事人的方式。这些告知方式虽然有即时性，但作为接收方的当事人是否收到或是否及时收到则取决于当事人提供的信息是否真实以及人民法院是否事先向当事人告知不及时接收可能存在的法律风险。但部分人民法院在履行告知义务时，由于工作的疏忽往往并未认真核实当事人提供信息是否准确也未提前告知未及时接收的风险，从而导致当事人可能因此错过答辩或开庭，无法充分陈述自己意见。因此，人民法院在采用上述联系方式通知当事人时，可优先采用电话通知本人并录音存档的方式。即便出现电话无法联系的情形，也应尽量同时采用多种方式并保留相关证据。

——最高人民法院民法典贯彻实施工作领导小组办公室编著:《最高人民法院新民事诉讼法司法解释理解与适用》，人民法院出版社 2022 年版，第 576 页。

818. 法院适用简易程序审理案件的，仍可调查收集证据

关键词

简易程序　调查收集证据

最高人民法院司法解释

第二百五十六条　民事诉讼法第一百六十条规定的简单民事案件中的事实清楚，是指当事人对争议的事实陈述基本一致，并能提供相应的证据，无须人民法院调查收集证据即可查明事实；权利义务关系明确是指能明确区分谁是责任的承担者，谁是权利的享有者；争议不大是指当事人对案件的是非、责任承担以及诉讼标的争执无原则分歧。

——《最高人民法院关于适用〈中华人民共和国民事诉讼法〉的解释》（2022 年 4 月 1 日修正）。

附录：最高人民法院主流观点

《民事诉讼法解释》第二百五十六条中虽有“无须人民法院调查收集证据即可查明事实”的表述，但这仅指人民法院在立案阶段确定审理程序时的判断，该判断是依据当时对案件情况的了解而作出的，并不意味着案件适用简易程序审理后，人民法院就不能调查收集证据。调查收集证据是人民法院查明事实的手段之一，仍可适用于适用简易程序审理的案件，以帮助人民法院查明案件事实。

——最高人民法院民法典贯彻实施工作领导小组办公室编著：《最高人民法院新民事诉讼法司法解释理解与适用》，人民法院出版社2022年版，第542页。

819. 人民法院适用简易程序审理民事案件采取简便方式传唤当事人、通知证人和送达诉讼文书及其效力的规定

关键词

简易程序　简便方式　传唤当事人　通知证人　送达诉讼文书

最高人民法院司法解释

第二百六十一条　适用简易程序审理案件，人民法院可以依照民事诉讼法第九十条、第一百六十二条的规定采取捎口信、电话、短信、传真、电子邮件等简便方式传唤双方当事人、通知证人和送达诉讼文书。

以简便方式送达的开庭通知，未经当事人确认或者没有其他证据证明当事人已经收到的，人民法院不得缺席判决。

适用简易程序审理案件，由审判员独任审判，书记员担任记录。

——《最高人民法院关于适用〈中华人民共和国民事诉讼法〉的解释》（2022年4月1日修正）。

附录：最高人民法院主流观点

1. 简便方式传唤与“未经传票传唤，缺席判决的”这一法定再审事由的关系

1991年民事诉讼法中并未将“未经传票传唤，缺席判决的”作为法定再审事由。因此，2003年《简易程序规定》第十八条只强调了以简便方式发送的开庭通知，未经当事人确认或者没有其他证据足以证明当事人已经收到的，人民法院不得将其作为按撤诉处理和缺席判决的根据。该条文另一种表

述可为，只要经当事人确认或者其他证据足以证明当事人已经收到的，人民法院可以作出缺席判决。司法实践中，确实有部分缺席判决就是依据该条作出。显然，这类缺席判决事先并没有经过传票传唤这一程序。2007 年民事诉讼法在第一百七十九条[①]将“未经传票传唤，缺席判决的”增加规定为法定再审事由。2012 年民事诉讼法、2017 年民事诉讼法和 2021 年民事诉讼法均保留了该再审法定事由。由此，实务中有观点认为，如果人民法院以不采用传票的简便方式送达开庭通知后，在当事人未到庭的情形下作出缺席判决，则败诉一方当事人有权以上述法定再审事由申请再审。我们认为，无论是通过书面的传票方式，还是通过捎口信等其他简便方式，目的都是传唤当事人，让其得知开庭相关事项。因此，这些简便方式只要得到当事人的确认，或者有证据证明当事人已经收到或知悉开庭相关事项的，就具有与用传票传唤当事人一样的效果。而且，从民事诉讼法条文设置上来看，2021 年民事诉讼法关于传票传唤法律效果的条文分别为第一百四十六条和第一百四十七条，位于第十二章第一审普通程序第三节开庭审理部分，而关于简便方式传唤的条文位于第十三章简易程序部分，可见，传票传唤一般用于普通程序，简易程序中的传唤则无传票形式的强制要求。由于简易程序是与普通程序并列的程序，故适用于普通程序的传票传唤对于简易程序而言不是必然要求。相应地，2021 年民事诉讼法第二百零七条中“未经传票传唤，缺席判决的”，一般也应解释为，该法定再审事由应限定在适用普通程序审理的案件范围内，而不包括适用简易程序审理的案件。

2. 关于利用 QQ、微信、微博等即时通信工具传唤、通知、送达是否属于本条简便方式范畴的问题

在 2015 年起草《民事诉讼法司法解释》的过程中，曾有意见建议将 QQ、微信等传唤、通知、送达纳入简便方式范畴，在当时，我们认为，这些方式多为特定公司自行研发的产品，并不具备全社会的普适性，故在《民事诉讼法司法解释》中并未特别列明，但《民事诉讼法司法解释》并不排斥上述方式的采用。但是，根据 2021 年民事诉讼法第九十条规定，只要受送达人同意，人民法院就可以采用能够确认受送达人收悉的电子方式送达诉讼文书。

3. 要注意本条第二款与《人民法院在线诉讼规则》第三十一条之间的衔接

《民事诉讼法司法解释》第二百六十一条第二款规定：“以简便方式送达的开庭通知，未经当事人确认或者没有其他证据证明当事人已经收到的，人民法院不得缺席判决。”《人民法院在线诉讼规则》第三十一条第一款、第二款规定：“人民法院向受送达人主动提供或者确认的电子地址送达的，送达信息到达电子地址所在系统时，即为送达。受送达人未提供或者未确认有效电子

---

① 现为《民事诉讼法》（2021 年修正）第二百零七条。

送达地址，人民法院向能够确认为受送达人本人的电子地址送达的，根据下列情形确定送达是否生效：（一）受送达人回复已收悉，或者根据送达内容已作出相应诉讼行为的，即为完成有效送达；（二）受送达人的电子地址所在系统反馈受送达人已阅知，或者有其他证据可以证明受送达人已经收悉的，推定完成有效送达，但受送达人能够证明存在系统错误、送达地址非本人使用或者非本人阅知等未收悉送达内容的情形除外。”实践中所采用的简便方式为电子方式，且符合《人民法院在线诉讼规则》第三十一条第一款、第二款所规定情形的，应当认定为有效送达，不属于“未经当事人确认或者没有其他证据证明当事人已经收到”的情形。

——最高人民法院民法典贯彻实施工作领导小组办公室编著：《最高人民法院新民事诉讼法司法解释理解与适用》，人民法院出版社2022年版，第？页。

820. 简易程序审限延长规则

关键词

繁简分流　简易程序　审限延长

附录：最高人民法院法官著述

修改适用简易程序案件审限延长的规定

修改前的《民诉法解释》第二百五十八条第一款规定，适用简易程序审理的案件，审理期限到期后，双方当事人同意继续适用简易程序的，由本院院长批准，可以延长审理期限。延长后的审理期限累计不得超过六个月。根据该规定，适用简易程序审理的案件，如果需要延长审限，必须经双方当事人同意，且可以在原三个月审限基础上再延长三个月。这一规则主要是基于诉讼经济原则以及尊重当事人程序选择权等考量。而新民事诉讼法第一百六十四条对适用简易程序案件延长审限作了明确限制，只有出现特殊情况需要延长的，经批准，方可延长。故《最高人民法院关于修改〈最高人民法院关于适用《中华人民共和国民事诉讼法》的解释〉的决定》将《民诉法解释》第二百五十八条第一款中的“双方当事人同意继续适用简易程序的”修改为“有特殊情况需要延长的”。

关于简易程序的最长审限问题，调研中，有意见提出，尽管新民事诉讼法已经明确可以延长一个月，但为避免片面解读，应明确规定适用简易程序案件的最长审限。我们采纳了上述建议，将简易程序的最长审限限定为四个月。2022年《民诉法解释》第二百五十八条在适用中应当注意：第一，适用简易程序审理的案件，审限的延长不再以双方当事人同意为要件，如遇特殊情况需要延长的，人民法院可以依法延长，但应当充分保障当事人的知情权。第二，这里的“特殊情况”一般是指不能预见和不可避免，受到客观因素制约的情形，比如，因疫情防控等因素影响案件的正常审结；法院依职权调取关键性证据；需与关联案件统筹协调等。第三，新民事诉讼法仅规定了可以延长的最长期限，并没有规定报批延长的次数，实践中可灵活掌握，但需要把握的是，适用简易程序案件的最长审限不得超过四个月（自立案之日计算）。

——郭锋、陈龙业、贾玉慧、牛晓煜：《〈最高人民法院关于适用《中华人民共和国民事诉讼法》的解释〉修改内容及其理解与适用》，载《法律适用》2022 年第 5 期。

四、精准把握简易程序审限延长规则

新民事诉讼法第一百六十四条增加了简易程序案件审限延长规则，规定“有特殊情况需要延长的，经本院院长批准，可以延长一个月”。“特殊情况”一般是指不能预见和不可避免，受到客观因素制约的情形，主要包括：发生不可抗力或意外事件；等待法院依职权调取关键性证据；需与关联案件统筹协调等。

因新民事诉讼法对简易程序延长审限的规定已作出新的规定，简易程序案件延长审限不再以“双方当事人同意继续适用简易程序”为前提，延长的时间也从三个月变为一个月。各地法院应当根准确把握审限延长时间，并及时修改案件管理系统中的相应流程和模块设计。

需要注意的是，民事诉讼繁简分流改革试点工作中，除完善简易程序案件审限规则外，还调整适用了此次修法前《民事诉讼法司法解释》的相关规定，扩大了简易程序适用范围，允许对公告送达案件适用简易程序，此项制度调整在试点过程中取得了良好效果，有效降低了当事人诉讼成本，提升了审判质效。由于该问题主要涉及修改《民事诉讼法司法解释》的相关规定，而此次修法对此也未予明确，因此，在试点结束后，司法解释修改前，司法实践中暂不能对公告案件适用简易程序。试点过程中涉及完善简易程序审理方式和简化裁判文书的相关规则，不涉及调整与法律和司法解释问题，各地法院可以参照《试点实施办法》的相关规定继续加强探索、细化完善。

——刘峥、何帆、李承运：《正确贯彻实施新民事诉讼法需重点把握的七个问题》，载《人民司法·应用》2022 年第 10 期。

821. 适用简易程序审理案件的庭审录音录像经当事人同意可替代法庭笔录

关键词

简易程序 法庭笔录 庭审录音录像

最高人民法院司法解释

第八条 适用简易程序审理民事案件的庭审录音录像，经当事人同意的，可以替代法庭笔录。

第九条 人民法院应当将替代法庭笔录的庭审录音录像同步保存在服务器或者刻录成光盘，并由当事人和其他诉讼参与人对其完整性校验值签字或者采取其他方法进行确认。

——《最高人民法院关于人民法院庭审录音录像的若干规定》（2017 年 2 月 22 日，法释〔2017〕5 号）

最高人民法院司法政策精神

（一）明确"替代"范围

推动庭审全程同步录音录像，建设透明法庭是贯彻党的十八届三中、四中全会构建阳光司法机制要求的题中应有之义。《若干规定》要求人民法院开庭审判案件，应当对庭审活动进行全程同步录音录像，同时，要求人民法院从事其他审判活动或者进行执行、听证、接访等活动参照执行。审判实践中，刑事诉讼中的减刑假释开庭、民事诉讼中的询问或听证、国家赔偿案件质证、庭前会议、庭外调解、远程视频开庭以及田间地头进行的巡回审判等，并非严格的法庭庭审活动；执行、听证、接访虽然不是严格的审判活动，但都可以根据需要来决定是否录音录像。

更为重要的是，《若干规定》规定，适用简易程序审理民事案件，经当事人同意的，庭审录音录像可以替代法庭笔录。这就突破了法庭笔录的传统定义，明确提出了庭审录音录像对纸质法庭笔录的替代。这与诉讼法规定的精神并没有冲突。民事诉讼法第一百四十七条[①]第一款规定："书记员应当将法庭审理的全部活动记入笔录，由审判人员和书记员签名。"从该法条在民事诉讼法中的位置来看，其被置于"第二编 审判程序——第十二章 第一审普通程序——第三节 开庭审理"之中，而紧接"第十二章 第一审普通程序"的是

① 现为《民事诉讼法》（2021 年修正）第一百五十条。

"第十三章 简易程序"。根据法律体系解释方法，传统纸质法庭笔录的适用范围是第一审普通程序，并不包括第一审简易程序。因此，人民法院可以根据审判实际工作需要，在尊重和确保当事人诉讼权利的条件下，使用庭审录音录像替代法庭笔录。在《若干规定》的起草过程中，这种观点得到了全国人大常委会相关部门的认可和专家学者的认同。

此外，《若干规定》规定，通过使用智能语音识别系统同步转换生成的庭审文字记录可以作为法庭笔录。也就是说，使用智能语音识别系统同步转换生成的庭审文字记录并没有适用范围方面的限制，与庭审录音录像可以共存。在庭审录音录像替代法庭笔录的情况下，如果当事人上诉导致必须誊录法庭笔录的，那么智能语音识别技术可以帮助书记员通过智能语音转换系统将法庭笔录快速整理出来，而无需再边听录音边记录。在庭审录音录像没有替代法庭笔录的情况下，智能语音识别技术可以直接生成庭审文字记录，作为法庭笔录管理和使用，实际上与法庭笔录具有同等的法律效力。

——李少平:《改革庭审录音录像制度 增强"看得见的正义"》，载李少平主编:《最高人民法院庭审录音录像司法解释理解与适用》，人民法院出版社2017年版，序言。

附录：最高人民法院主流观点

审判实践中，此条规定的适用，具体会遇到以下几个问题。一是关于方言的处理。由于参与诉讼的主体来源地和素质差别较大，不可能要求其在庭审中统一使用普通话，尤其是基层法院参与诉讼的普通群众多数讲地方方言，晦涩难懂，浏览庭审录音录像尤其是将庭审录音录像转换成誊本时不好识别方言的准确含义。二是关于庭审活动基础记录的处理。庭审录音录像虽然对庭审活动记录"一气呵成"，但若不经过对录制内容加工整理，很可能方言土语夹杂，内容散乱，录音录像本身或由其转换形成的文本往往是"庭审活动流水账"，表述内容容易形成争议，也不方便使用或誊录成固定文本。三是关于检索的问题。法官撰写裁判文书时回放庭审录音录像花费时间较长，可能导致结案效率降低。四是关于庭审录音录像数据存储的安全性与纸质版法庭笔录的安全性比较。有人认为，纸质笔录的保存所要求的环境、条件较低，因此，纸质笔录保存的安全性高于庭审录音录像数据存储。五是关于不真实、不完整的庭审录音录像的处理。录制过程中的中断、瑕疵甚至"无录制"可能造成庭审无效，甚至需要重新开庭等。

庭审录音录像作为一项新技术在审判工作中的具体运用，并成为庭审记录的重要方式，无疑对法官的审判活动以及法院的各项管理工作都提出了新的挑战和要求，尤其是对法官驾驭庭审的能力和综合素质要求进一步提高。

一是法官需要适度调整庭审方式。面对新的庭审记录方式和标准要求，法官应当转变观念，以积极的心态应对信息化时代带来的庭审方式和记录方式的同步改革，在开庭中应当把握好庭审的节奏，调整主持庭审的方式。比如，围绕着录音录像录制，注意提醒诉讼参与人对准话筒发言，尽可能使用普通话陈述，及时要求当事人重复表述不清的内容，及时总结、归纳并确认争议焦点，等等。

二是法官需要适度调整撰写文书的方式。以往，在传统的审理模式下，法官撰写裁判文书时往往随时翻阅纸质法庭笔录甚至直接粘贴其电子版。纸质版的法庭笔录容易固定、便于使用，对法官制作裁判文书有一定的帮助。在新的审理模式下，尤其是庭审录音录像替代法庭笔录的案件（适用简易程序审理的民事案件）一般案情简单，争议不大，当庭宣判率高。司法实践中，常常配套适用简式裁判文书（比如，令状式、要式裁判文书），操作简单。加之，这类案件庭审时间较短，录音录像数据量不大，通过回放查找庭审相关内容的压力不大，即使法官没有当庭形成心证，而是事后回放庭审录音录像，鉴于庭审录音录像与庭审现场高度的一致性，相比事后查阅庭审笔录而言更有利于发挥庭审作用，更能反映案件的客观真实性，更有利于实现司法公正。

三是进行必要的庭审录音录像的誊录。为了进一步保证当事人的诉讼权利，同时全面满足人民检察院抗诉或二审、再审法院法官审理案件、撰写裁判文书时的需要，对于按照《最高人民法院关于人民法院庭审录音录像的若干规定》（以下简称《若干规定》）第十一条规定需要“依法誊录”以及以庭审录音录像替代法庭笔录的案件，实际操作中，可以借鉴有些法院的做法：当事人上诉、人民检察院抗诉或者人民法院决定再审的，原审人民法院制作录音录像转换文本或誊本随卷移送。这项工作可以通过外包服务的形式解决，从而不增加法官或书记员的工作负担。在安装使用智能语音文字转换系统的法院，这项工作还可以使用该系统当庭同步解决。

四是做好相应的配套技术的保障。司法改革与信息技术的深度融合在《若干规定》关于庭审记录改革中的推进落实中得以全面体现，这是一个不断探索和深度挖掘的过程。具体操作中，技术人员应当在每次开庭前对录音录像设备进行检查，并全程监控庭审录制过程，随时处理发现的问题。最为关键的是，《若干规定》第八条与第四条规定的内容“人民法院应当采取叠加同步录制时间或者其他措施保证庭审录音录像的真实和完整”需要配套应用，重点是对“其他措施”应当结合自身情况进行研究和细化。实践中，为了确保庭审活动顺利进行，在完善软、硬件配备和管理的基础上，应当采取提前检查设备、录制过程监控、提供不间断电源、固定和移动双设备同步录制等方式，杜绝录制过程中断、瑕疵甚至“无录制”等情况的发生。

五是采取保证数据存储安全可靠的措施。电子数据的存储需要严格标准和安全可靠的方法和途径。实践表明，技术的不断进步将增加数据的安全性，因此不能简单地认为，庭审录音录像的数据存储的安全性低于纸质笔录。目前，最高人民法院正在逐步建立完善全国统一的数据异地备份存储中心，实现数据安全的双保险。庭审录音录像早已作为电子诉讼档案的组成部分实现了常态化存储和管理，数据安全性执行电子档案管理的标准，可以实现安全和有效使用。

——李少平主编：《最高人民法院庭审录音录像司法解释理解与适用》，人民法院出版社 2017 年版，第 87~88 页。

822. 民事诉讼程序繁简分流中应完善简易程序规则

关键词

繁简分流　简易程序　公告送达　简化庭审程序

最高人民法院司法政策精神

（三）完善简易程序规则。对需要进行公告送达的简单民事案件，可以适用简易程序审理。明确简易程序案件庭审和裁判文书的简化规则，完善简易程序审限规定。

——《最高人民法院关于印发〈民事诉讼程序繁简分流改革试点方案〉的通知》（2020 年 1 月 15 日，法〔2020〕10 号）。

四、完善简易程序规则

第十二条　事实清楚、权利义务关系明确的简单案件，需要公告送达的，可以适用简易程序审理。

第十三条　适用简易程序审理的案件，人民法院可以根据案件情况，采取下列方式简化庭审程序，但应当保障当事人答辩、举证、质证、陈述、辩论等诉讼权利：

（一）开庭前已经通过庭前会议或者其他方式完成当事人身份核实、权利义务告知、庭审纪律宣示的，开庭时可以不再重复；

（二）经庭前会议笔录记载的无争议事实和证据，可以不再举证、质证；

（三）庭审可以直接围绕诉讼请求或者案件要素进行。

第十四条　适用简易程序审理的案件，人民法院可以采取下列方式简化裁判文书：

（一）对于能够概括出案件固定要素的，可以根据案件要素载明原告、被告意见、证据和法院认定理由、依据及裁判结果；

（二）对于一方当事人明确表示承认对方全部或者主要诉讼请求的、当事人对案件事实没有争议或者争议不大的，裁判文书可以只包含当事人基本信息、诉讼请求、答辩意见、主要事实、简要裁判理由、裁判依据和裁判主文。简化后的裁判文书应当包含诉讼费用负担、告知当事人上诉权利等必要内容。

第十五条　人民法院适用简易程序审理的案件，应当在立案之日起三个月内审结。有特殊情况需要延长的，经本院院长批准，可以延长一个月。

——《最高人民法院关于印发〈民事诉讼程序繁简分流改革试点实施办法〉的通知》（2020 年 1 月 15 日，法〔2020〕11 号）。

823. 人民法院不宜主动将已适用普通程序的案件转为简易程序

关键词

普通程序　简易程序　审理程序转换　书面告知

最高人民法院司法解释

第二百六十条　已经按照普通程序审理的案件，在开庭后不得转为简易程序审理。

——《最高人民法院关于适用〈中华人民共和国民事诉讼法〉的解释》（2022 年 4 月 1 日修正）。

附录：最高人民法院主流观点

第一，人民法院不宜主动将已适用普通程序审理的案件裁定转为简易程序审理。《民事诉讼法解释》是以民事诉讼法第一百六十条第二款规定的当事人约定选择简易程序的规定为依据的。也即人民法院裁定程序转化一般应以当事人双方有约定为前提。人民法院在审理民事案件时，应当特别尊重当事人的程序选择权，尊重当事人的意愿，不得通过自行决定方式强迫当事人适用简易程序。而且基于程序不可逆性原则，人民法院在当事人双方对此没有约定的前提下，也不宜主动进行程序转化。对此，《简易程序规定》第二条第二款“人民法院不得违反当事人自愿原则，将普通程序转为简易程序”即为例证。

第二，人民法院进行程序转化必须以口头或书面裁定形式作出，而不能以决定、通知等形式告知当事人。这是因为程序转化涉及当事人重大程序利益，如果以决定、通知等形式告知程序转化，一是过于随意，不够严谨，二是可能会变相剥夺当事人寻求救济的权利。

第三，人民法院应对当事人转化程序的选择进行审查。只有符合法律和司法解释规定可以适用简易程序的案件才能裁定转化为简易程序。对发回重审的案件、第三人撤销之诉案件等本司法解释规定不能适用简易程序的案件均不能裁定转为简易程序。

——最高人民法院民法典贯彻实施工作领导小组办公室编著：《最高人民法院新民事诉讼法司法解释理解与适用》，人民法院出版社 2022 年版，第 557 页。

824. 当事人不能合意将简易程序转为普通程序

关键词

简易程序　普通程序　强制性规定　审理程序转换

最高人民法院司法解释

第二百六十四条　当事人双方根据民事诉讼法第一百六十条第二款规定约定适用简易程序的，应当在开庭前提出。口头提出的，记入笔录，由双方当事人签名或者捺印确认。

本解释第二百五十七条规定的案件，当事人约定适用简易程序的，人民法院不予准许。

——《最高人民法院关于适用〈中华人民共和国民事诉讼法〉的解释》（2022 年 4 月 1 日修正）。

附录：最高人民法院主流观点

司法实践中简易程序转为普通程序主要有两种情况：（1）法院在适用简易程序审理案件过程中，发现案件不适宜适用简易程序的可以转为普通程序审理。由于案件是否适宜适用简易程序，在立案阶段不能完全加以区分，故不排除适用简易程序的案件事实上却很复杂的情形。从确保当事人的程序利益出发，受理法院应将案件转入普通程序进行审理。具体可细分两种情况：第一种情况是，人民法院主动将案件转为普通程序。根据民事诉讼法第一百七十条的规定，人民法院在审理过程中，发现案件不宜适用简易程序的，裁定转为普通程序。第二种情况是，当事人异议成立，将案件转为普通程序。根据《简易程序规定》第三条和第十三条及本司法解释第二百六十九条的规定，当事人就适用简易程序提出异议，人民法院认为异议成立的，应当裁定将案件转入普通程序审理，并将审判人员及相关事项以书面形式通知双方当事人。（2）人民法院适用简易程序审理的案件，在三个月的审理期限内不能结案的，转为普通程序继续审理。这种情况并无法律条文规定，却是基层人民法院一种较为普遍的做法。上述两种简易程序转为普通程序的情形都不是当事人约定选择的结果。我们认为，当事人不能对应适用简易程序审理的案件约定选择适用普通程序审理。其主要理由在于当事人的程序选择权不能违反强制性规定，民事诉讼法第一百六十条第一款属于强制性规定，只要符合该款规定的案件，就应适用简易程序审理。因此，人民法院依据该款规定适用简易程序审理的案件，当事人不能选择适用普通程序审理。

——最高人民法院民法典贯彻实施工作领导小组办公室编著：《最高人民法院新民事诉讼法司法解释理解与适用》，人民法院出版社2022年版，第567页。

二、小额诉讼程序

825. 小额诉讼程序规则

关键词

小额诉讼程序　适用范围　标的额标准　转换机制

附录：最高人民法院法官著述

修改小额诉讼程序的相关规定

新民事诉讼法通过五个条文对小额诉讼程序作了如下规定：一是完善小额诉讼程序适用范围和方式；二是明确不得适用小额诉讼程序的案件类型；三是简化小额诉讼案件的审理方式；四是明确小额诉讼的审理期限；五是明确了程序转化并赋予当事人程序异议权。其中，民事诉讼法第一百六十五条将适用案件类型限定为“金钱给付”案件，同时提高了可适用小额诉讼程序的案件标的额上限，增加了当事人合意选择适用模式。新民事诉讼法第一百六十六条在吸收《民诉法解释》第二百七十五条实践成果的基础上，通过“两增一减”对负面清单予以完善。由于前述两个条文的变动，《民诉法解释》必须作出相应调整。

1. 修改海事法院适用小额诉讼程序的案件标的额上限

《民诉法解释》第二百七十三条对海事法院适用小额诉讼程序审理海事、海商案件作出了规定。之所以专门对海事法院作出规定，主要基于两点考虑：第一，根据2012年民事诉讼法的规定，小额诉讼程序的适用限于基层人民法院和它派出的法庭。但海事诉讼特别程序法第九十八条规定，海事法院可以适用简易程序审理简单的民事案件。2013年，我院曾以批复的形式对海事法院可以适用小额诉讼程序审理简单的海事、海商案件予以明确，取得较好效果，故《民诉法解释》第二百七十三条专门对此问题作出规定。第二，我国海事法院实行跨行政区划管辖模式，部分海事法院在不同的省级行政区内设有派出法庭，例如，武汉海事法院负责审理发生在四川宜宾合江门至安徽省与江苏省交界处的长江主干线及相应的与海相通的可航长江支流水域的海事、海商案件，管辖区域跨越四川、重庆、湖北、湖南、江西、安徽等六省市，设有重庆、宜昌、芜湖 3 个派出法庭，分别位于重庆、湖北、安徽三个省、直辖市范围内。此时，究竟是应当按照海事法院所在的省级行政区域标准还是按照其派出法庭所在地的省级行政区域的标准来确定标的额，曾有一定争议，故第二百七十三条明确规定，案件标的额以实际受理案件的海事法院或者其派出法庭所在的省、自治区、直辖市上年度就业人员年平均工资的百分之三十为限。

由于新民事诉讼法不仅提升了适用的案件标的额上限，还增加了合意选择适用规则，这使得对该条的修改有一定难度。经反复研究，我们采取了只规定案件标的额计算基数的方式，以最简练的表述、最小的修改实现该条的解释目的。在适用 2022 年《民事诉讼法解释》第二百七十三条时应注意，本条只是确定了海事法院适用小额诉讼程序的案件标的额基数，具体标的额应当以新民事诉讼法第一百六十五条所规定的年平均工资的百分之五十为上限，对于案件标的额超过年平均工资百分之五十但在二倍以下，当事人双方约定适用小额诉讼的程序的，海事法院也可以适用小额诉讼的程序审理。

2. 删除适用小额诉讼程序案件正面清单与负面清单

由于 2012 年民事诉讼法仅有一条关于小额诉讼程序的规定，为了指导基层法官正确适用该条规定，2015 年《民诉法解释》进行了细化。其中，第二百七十四条和第二百七十五条采取了“列举 + 概括 + 排除”的方式对小额诉讼案件类型进行规定。新民事诉讼法第一百六十六条在吸收《民诉法解释》第二百七十五条的基础上进行了完善，故《最高人民法院关于修改〈最高人民法院关于适用《中华人民共和国民事诉讼法》的解释〉的决定》删除了《民诉法解释》第二百七十五条。

关于《民诉法解释》第二百七十四条是否应当一并删除的问题，有意见认为不宜删除该条，主要理由是：第一，第二百七十四条从正面规定了适用小额诉讼程序的案件，有助于指导基层人民法院准确把握适用条件。第二，新民事诉讼法没有明确“金钱给付案件”的判断标准，对于包含金钱给付内容的复合诉讼请求案件等是否适用小额诉讼程序，需要司法解释结合审判实践予以细化，但在此之前，保留第二百七十四条对相关标准的判断具有重要参考价值。也有意见认为应当删除该条，主要理由是：第一，民事诉讼法第一百六十五条将适用小额诉讼程序的案件确定为“简单金钱给付民事案件”，而对具体案件类型未作限制要求，继续保留第二百七十四条的规定可能导致限缩小额诉讼程序适用范围，不符合立法本意。第二，民事诉讼法第一百六十六条已经从反面规定了不得适用小额诉讼程序的案件范围，在立法技术要求上，不宜再作正面列举，否则将导致司法解释条文涵盖不周延、逻辑不顺畅的问题。经反复研究，综合各方面意见，《最高人民法院关于修改〈最高人民法院关于适用《中华人民共和国民事诉讼法》的解释〉的决定》最终删除了第二百七十四条，尽可能避免不完全列举方式客观上带来的小额诉讼案件类型的趋同，切实推动我国小额诉讼程序日臻完善。

审判实践中应当注意，删除第二百七十四条，并不意味该条所列举的案件类型不再适用小额诉讼程序。恰恰相反，只要符合新民事诉讼法第一百六十五条规定条件，且不属于第一百六十六条所列情形的所有类型案件，均可适用小额诉讼程序。当然，对于是否属于“金钱给付案件”难以把握的，可将第二百七十四条所列情形作为参考。下一步，我们将在不断总结实践经验的基础上，进一步细化适用小额诉讼程序的相关标准。

——郭锋、陈龙业、贾玉慧、牛晓煜：《〈最高人民法院关于适用《中华人民共和国民事诉讼法》的解释〉修改内容及其理解与适用》，载《法律适用》2022年第5期。

三、稳妥有序加大小额诉讼程序适用力度

新民事诉讼法第一百六十五条至第一百六十九条，全面完善了小额诉讼程序规则，明确了小额诉讼程序的适用范围、标的额标准、合意适用模式、不得适用的负面清单，重构了审理方式、审理期限和程序转换机制等规则。此次修法对小额诉讼程序规则调整幅度较大，司法实践中需予以重点关注。

第一，关于小额诉讼程序的适用案件类型。新民事诉讼法第一百六十五条将小额诉讼程序适用案件类型从原来的“简单的民事案件”限定为“简单金钱给付案件”，使小额诉讼程序聚焦适用于“小额钱债”纠纷。这类案件法律关系明确、诉求单一、审理难度不大，适宜适用小额诉讼程序审理。实践中，如果当事人除给付金钱请求外，还提出其他诉讼请求的，原则上就不适用小额诉讼程序，但如果双方当事人均同意适用，且案件符合小额诉讼程序其他适用条件的，也可以考虑适用该程序审理。

第二，关于小额诉讼程序的标的额标准。此次修法将适用小额诉讼程序的标的额标准，从原来的“各省、自治区、直辖市上年度就业人员年平均工资百分之三十以下”提升到“百分之五十以下”，并对“标的额超过就业人员年平均工资百分之五十但在二倍以下的”，允许当事人约定适用小额诉讼程序。考虑到全国各地经济发展水平不均衡，立法对标的额标准确定方式采取了“比例制”，以有效适应各地区的经济发展情况，实现动态调整，确保“小额”的标准因地制宜、合理妥当。

需要指出的是，国家统计局的现行统计口径中并无“就业人员年平均工资”专属统计项，与之对应的有“城镇非私营单位就业人员年平均工资”“城镇私营单位就业人员年平均工资”和“全口径城镇单位就业人员年平均工资”三类统计口径。司法实践中，各地区对统计口径的选用有所不同，不同统计口径所对应的“平均工资数额”差异明显。下一步，最高人民法院将会同国家统计局研究确定是否采用统一的统计口径。在此之前，各地可以继续沿用之前的统计方式。

第三，关于不得适用小额诉讼程序的案件范围。新民事诉讼法第一百六十六条规定了不得适用小额诉讼程序6种案件类型，相较于此次修法前《最高人民法院最高人民法院关于适用〈中华人民共和国民事诉讼法〉的解释》（以下简称《民诉法司法解释》）的相关规定，呈现出“两增一减”的变化。

“两增”是将“一方当事人下落不明”“提出反诉”两类案件纳入不得适用范围。前一类案件大多为单方诉讼，下落不明的一方当事人的意见不明，适用一审终审对其诉讼利益的减损较为严重；后一类案件因涉及反诉，当事人之间争议较大，法律关系相对复杂，审理难度加大，也不宜适用小额诉讼程序审理。“一减”是指将“知识产权”案件从不得适用的范围中剔除。司法实践中，知识产权案件类型多样，并非均为复杂案件，大量图片类、音乐作品类等著作权侵权案件，案情简单、权利义务关系清晰、诉讼请求明确，可以适用小额诉讼程序审理。

第四，关于小额诉讼案件的审理方式。由于小额诉讼程序仍是简易程序的一种特殊类型，故简易程序中的简化审理方式和相关期限的规定均适用于小额诉讼案件。各地法院可以在现行法律和司法解释的框架下，进一步简化小额诉讼案件的起诉、答辩、传唤、送达、庭审规则和裁判文书。同时，有必要强化小额诉讼案件审理前准备工作，充分释明告知审判组织、审理期限、审理方式、一审终审等相关事项，积极推行要素式审理，合并庭审相关程序环节，努力实现一次开庭审结并当庭宣判，有效提升小额诉讼案件审理质量和效率。

第五，关于小额诉讼程序的转换机制。新民事诉讼法第一百六十九条明确了小额诉讼程序的转换机制，实践中需注意以下三个方面：

一是处理好小额诉讼程序与简易程序的关系。因小额诉讼程序属于简易程序的特殊类型，故不存在两者之间的程序转换问题，而两者在适用标准、适用范围、审理期限、生效规则等方面仍存在差异，需要通过一定形式明确适用规则的变化。司法实践中，当案件出现不得适用小额诉讼程序的情形，或者因案情、诉讼请求金额变化等原因，导致不符合小额诉讼程序条件的，人民法院应当向当事人发送书面通知，告知适用程序、审理期限、生效规则等方面的变化。当适用简易程序的案件，因诉讼请求金额变化、当事人达成合意等原因，又符合小额诉讼程序适用条件的，人民法院也应当书面告知小额诉讼程序的相关事项。

二是小额诉讼程序与普通程序的转换。根据新民事诉讼法第一百六十九条第一款的规定，小额诉讼程序可以转为普通程序。司法实践中，根据案件具体情况，既可以转为普通程序独任制，也可以转为合议制普通程序。

1. 关于小额诉讼程序转为普通程序独任制，应当满足三个条件：（1）案件出现增加诉讼请求、诉讼请求金额变化、需要评估鉴定、提出反诉等情形，致使案件不符合小额诉讼适用条件；（2）案件不符合简易程序“事实清楚”的标准，或者查明事实的程序较繁琐，审理周期较长，不宜适用简易程序；（3）案件符合普通程序独任制“基本事实清楚、权利义务关系明确”的适用标准。

2. 关于小额诉讼程序转为合议制普通程序，案件审理过程中发现存在案情疑难复杂、类型新颖、社会影响大，以及其他不得适用独任制审理的情形时，应当转为合议制普通程序审理。

3. 关于程序转换的方式和效力。上述程序转换应当以裁定方式作出，可以采用口头或书面形式。采用口头形式的，应以笔录或录音录像方式记录在案。小额诉讼程序转为合议制普通程序的，裁定应以合议庭名义作出，合议庭组成人员及相关事项应当书面通知双方当事人。案件转换为普通程序前，双方当事人已确认的事实，可以不再举证、质证；开庭后转换为普通程序的，一般应当再次开庭审理。司法实践中，应注意防止利用程序转换变相延长审限，对于由小额诉讼程序转为适用简易程序其他规则审理的案件，一般不得再转为普通程序，院庭长对此类程序转换事项应当严格把关审批。

三是当事人小额诉讼程序异议权的行使。新民事诉讼法第一百六十九条第二款明确了当事人对小额诉讼程序的异议权。

1. 关于异议的事由。法律明确了异议的事由为“违反法律规定”，具体而言，主要包括以下三个方面情形：（1）案件不符合适用小额诉讼程序的主客观标准；（2）案件并非“金钱给付”案件或者属于不得适用小额诉讼程序的情形；（3）案件属于不得适用独任制审理的范围。

2. 关于提出异议的时间。当事人的异议对程序后续进程有着重大影响，为保障程序的稳定性和有序性，促使当事人及时合法行使权利，参照《民事诉讼法司法解释》关于简易程序异议权的相关规定，异议应当在开庭审理前提出。

3. 关于提出异议的方式和处理。由于程序适用和转换属于重大程序事项，故当事人的异议应以书面形式提出，并应说明异议的事由和依据。人民法院对异议的处理，应当以裁定方式作出，裁定可以通过口头或者书面形式。此类裁定属于不可上诉的裁定，一经作出即产生法律效力。

——刘峥、何帆、李承运：《正确贯彻实施新民事诉讼法需重点把握的七个问题》，载《人民司法·应用》2022 年第 10 期。

826. 小额诉讼程序审理案件的规定

关键词

小额诉讼　简易程序　繁简分流

最高人民法院司法政策精神

第五条　基层人民法院审理的事实清楚、权利义务关系明确、争议不大的简单金钱给付类案件，标的额为人民币五万元以下的，适用小额诉讼程序，实行一审终审。

标的额超出前款规定，但在人民币五万元以上、十万元以下的简单金钱给付类案件，当事人双方约定适用小额诉讼程序的，可以适用小额诉讼程序审理。

适用小额诉讼程序审理的案件，人民法院应当向当事人告知审判组织、审理期限、审理方式、一审终审等相关事项。

第六条　下列案件，不适用小额诉讼程序审理：

（一）人身关系、财产确权纠纷；

（二）涉外民事纠纷；

（三）需要评估、鉴定或者对诉前评估、鉴定结果有异议的纠纷；

（四）一方当事人下落不明的纠纷；

（五）其他不宜适用小额诉讼程序审理的纠纷。

第七条　适用小额诉讼程序审理的案件，经人民法院告知放弃答辩期间、举证期限的法律后果后，当事人明确表示放弃的，人民法院可以直接开庭审理。

当事人明确表示不放弃答辩期间的，人民法院可以在征得其同意的基础上，合理确定答辩期间，但一般不超过七日。

当事人明确表示不放弃举证期限的，可以由当事人自行约定举证期限或者由人民法院指定举证期限，但一般不超过七日。

第八条　适用小额诉讼程序审理的案件，可以比照简易程序进一步简化传唤、送达、证据交换的方式，但不得减损当事人答辩、举证、质证、陈述、辩论等诉讼权利。

适用小额诉讼程序审理的案件，庭审可以不受法庭调查、法庭辩论等庭审程序限制，直接围绕诉讼请求或者案件要素进行，原则上应当一次开庭审结，但人民法院认为确有必要再次开庭的除外。

第九条　适用小额诉讼程序审理的案件，可以比照简易程序进一步简化裁判文书，主要记载当事人基本信息、诉讼请求、答辩意见、主要事实、简要裁判理由、裁判依据、裁判主文和一审终审的告知等内容。

对于案情简单、法律适用明确的案件，法官可以当庭作出裁判并说明裁判理由。对于当庭裁判的案件，裁判过程经庭审录音录像或者庭审笔录完整记录的，人民法院在制作裁判文书时可以不再载明裁判理由。

第十条　适用小额诉讼程序审理的案件，应当在立案之日起两个月内审结，有特殊情况需要延长的，经本院院长批准，可以延长一个月。

第十一条　适用小额诉讼程序审理的案件，出现下列情形之一，符合适用简易程序审理条件的，裁定转为简易程序审理：

（一）当事人认为案件不符合本办法第五条、第六条关于小额诉讼程序适用条件的规定，向人民法院提出异议，经审查认为异议成立的；

（二）当事人申请增加或者变更诉讼请求、追加当事人，致使案件标的额在人民币五万元以上、十万元以下，且一方当事人不同意继续适用小额诉讼程序的；

（三）当事人申请增加或者变更诉讼请求、追加当事人，致使案件标的额在人民币十万元以上或者不符合小额诉讼程序适用条件的；

（四）当事人提出反诉的；

（五）需要鉴定、评估、审计的；

（六）其他不宜继续适用小额诉讼程序的情形。

适用小额诉讼程序审理的案件，审理中发现案情疑难复杂，并且不适宜适用简易程序审理的，裁定转为普通程序审理。由小额诉讼程序转为简易程序审理的案件，一般不得再转为普通程序审理，但确有必要的除外。

适用小额诉讼程序审理的案件，转为简易程序或者普通程序审理前，双方当事人已确认的事实，可以不再举证、质证。

——《最高人民法院关于印发〈民事诉讼程序繁简分流改革试点实施办法〉的通知》（2020年1月15日，法〔2020〕11号）。

827. 海事法院可以审理海事、海商小额诉讼案件

关键词

海事法院　小额诉讼程序

最高人民法院司法解释

第二百七十三条 海事法院可以适用小额诉讼程序审理海事、海商案件。案件标的额应当以实际受理案件的海事法院或者其派出法庭所在的省、自治区、直辖市上年度就业人员年平均工资为基数。

——《最高人民法院关于适用〈中华人民共和国民事诉讼法〉的解释》（2022 年 4 月 1 日修正）。

上海市高级人民法院：

你院《关于海事法院适用小额诉讼程序的请示》（沪高法〔2013〕5 号）收悉。经研究，批复如下：

2012 年修订的《中华人民共和国民事诉讼法》简易程序一章规定了小额诉讼程序，《中华人民共和国海事诉讼特别程序法》第九十八条规定海事法院可以适用简易程序。因此，海事法院可以适用小额诉讼程序审理简单的海事、海商案件。

适用小额诉讼程序的标的额应以实际受理案件的海事法院或其派出法庭所在的省、自治区、直辖市上年度就业人员年平均工资百分之三十为限。

——《最高人民法院关于海事法院可否适用小额诉讼程序问题的批复》（2013 年 6 月 19 日，法释〔2013〕16 号）。

附录：理解与适用

依照民事诉讼法的规定，简易程序适用于基层法院及其派出法庭审理简单民事案件，而海事法院因其专门法院的特殊地位，按照中级法院建制设立，故能否适用简易程序需要法律明确规定。对此，海事诉讼特别程序法第九十八条已作出明确规定："海事法院审理事实清楚、权利义务关系明确、争议不大的简单的海事案件，可以适用《中华人民共和国民事诉讼法》简易程序的规定。"据此，海事法院适用简易程序审理海事、海商案件是有明确法律依据的，而小额诉讼作为一种更简化的简易程序适用于海事审判亦属当然。

海事法院管辖范围突破行政区划的限制，部分海事法院地域管辖范围涉及两个以上的行政区划。由于各省份经济状况不同，就业人员的年平均工资也必然各不相同。以上海海事法院为例，该院管辖区域包括江苏省和上海市。依据国家统计局的统计数据，2011 年江苏省城镇单位就业人员平均工资为 45487 元，而上海市为 75591 元，两地收入差距为 30104 元。在此情形下，应当以何地标准确定适用于小额诉讼程序的标的额必然存在争议，并直接影响当事人的上诉权利。经讨论认为，依照法律规定，小额诉讼适用于基层法院和派出法庭审理的简单民事案件，是以基层法院和派出法庭所在地的省、自治区、直辖市的年平均工资作为认定标准，因此海事法院适用小额程序审理相关案件时，也应当以各派出法庭所在地的省、自治区和直辖市的年平均工资作为确定标的额的标准，这不但与当地省份的经济状况相适应，而且尽可能地避免了小额诉讼实行一审终审对当事人上诉权的影响。当然，从另一个方面看，在同一海事法院辖区内适用不同的标准会导致择地行诉情况的出现。比如，上海当地的当事人会选择到连云港派出法庭提起诉讼，因江苏省的工资收入较低，本来在上海海事法院适用小额诉讼程序一审终审的案件，在连云港派出法庭审理时就会因为诉讼标的额超过江苏省当地工资标准30%而不能适用小额诉讼程序，转为适用简易程序。对适用简易程序审理的案件，当事人依法可以提起上诉。实践中如出现这种情形在所难免，这是原告一方在权衡诉讼效率和充分的程序保障利弊之后作出的选择，是当事人对自己诉讼权利的处分，对此种择地行诉不应过分进行干预。相比而言，由于小额诉讼实行一审终审直接影响当事人的上诉权利，在同一辖区根据各省不同的经济状况采取不同的工资认定标准意义更大。特别是对于经济欠发达地区的居民，几千元的收入也会对其生活产生重要影响，在此背景下对低收入人群给予充分的程序保障至关重要。这也是民事诉讼法将小额诉讼程序的适用限定在一定数额内的根本原因。

基于上述理由，司法解释最终确认，海事法院可以适用小额诉讼程序审理案件，并应以实际受理案件的海事法院或其派出法庭所在的省、自治区和直辖市上年度就业人员年平均工资30%作为适用小额诉讼程序的标准。

——傅晓强：《〈最高人民法院关于海事法院可否适用小额诉讼程序问题的批复〉的理解与适用》，载江必新主编：《最高人民法院司法解释与指导性案例理解与适用》第二卷，人民法院出版社2014年版，第289~290页。

828. 适用小额诉讼程序应当如何向当事人告知小额诉讼案件的特殊之处

关键词

小额诉讼程序　告知义务　小额诉讼案件

附录：最高人民法院主流观点

问：适用小额诉讼程序应当如何向当事人告知小额诉讼案件的特殊之处？

答：民事诉讼中，告知是指人民法院将有关事项在特定时间、以特定方式告诉当事人让其知道的一种制度。《民事诉讼法》规定告知义务的价值取向包括：督促人民法院审判人员积极办案；保障当事人的程序利益；帮助当事人清楚相关诉讼事项，提高案件审理效率；降低当事人诉讼成本。

相对普通程序而言，当事人对小额诉讼程序更为陌生，为了让当事人能更多地了解小额诉讼的特殊性，并在此基础上正确行使诉讼权利、履行诉讼义务，配合人民法院提高审理效率，实现案结事了的目标，《最高人民法院关于适用〈中华人民共和国民事诉讼法〉的解释》第二百七十六条规定了法院在适用小额诉讼程序时应当告知当事人的事项："人民法院受理小额诉讼案件，应当向当事人告知该类案件的审判组织、一审终审、审理期限、诉讼费用交纳标准等相关事项。"实务中，人民法院至少应向当事人明确告知：该类案件的审判组织为审判员独任制审理、一审判决即为生效判决、当事人不得上诉、审理期限不超过 3 个月、诉讼费用减半收取等事项。除此之外，人民法院还可以向当事人告知当地适用小额诉讼程序审理案件标的金额的上限、适用的案件类型、不适用小额诉讼程序的情形、当事人可以提出异议以及申请再审救济、裁判文书将会简化等事项。至于告知的方式，从目前司法实践来看，不少人民法院都通过在立案大厅或诉讼服务中心内设置小额诉讼专题宣传栏、放置小额诉讼程序指南等方式介绍上述小额诉讼案件的特殊之处。但我们认为，从避免"案结事不了"出发，有必要对每一个小额诉讼案件的当事人进行专门告知。而且，建议尽量使用《小额诉讼须知》等书面材料告知当事人，并要求当事人签收后收回存档；只有在极特殊情况下（如当事人不能正常阅读文字），可以采用口头告知形式，但仍应将告知内容记入笔录存档。另外，虽然司法解释没有规定人民法院告知的时间，但我们认为最晚应在开庭审理前，否则，不利于当事人行使异议等相关诉讼权利。

——最高人民法院民事审判第一庭编：《民事审判实务问答》，法律出版社 2021 年版，第 373~374 页。

829. 关于适用"就业人员年平均工资"确定审理程序的时间点

关键词

就业人员年平均工资　小额诉讼　审理程序转换

最高人民法院司法解释

第二百七十二条　民事诉讼法第一百六十五条规定的各省、自治区、直辖市上年度就业人员年平均工资，是指已经公布的各省、自治区、直辖市上一年度就业人员年平均工资。在上一年度就业人员年平均工资公布前，以已经公布的最近年度就业人员年平均工资为准。

——《最高人民法院关于适用〈中华人民共和国民事诉讼法〉的解释》（2022 年 4 月 1 日修正）。

附录：最高人民法院主流观点

实践中，是否以已公布的最近年度就业人员年平均工资为标准，取决于人民法院在决定适用何种程序审理案件时，所在省、自治区、直辖市上一年度就业人员年平均工资数额是否已经公布。如果人民法院在决定案件适用程序的时间点，所在省、自治区、直辖市上一年度就业人员年平均工资尚未公布，只能以已公布的最近年度就业人员年平均工资作为标准判断案件标的金额是否符合适用小额诉讼程序的条件。一旦根据已公布的最近年度就业人员年平均工资标准决定案件适用小额诉讼程序审理后，即便案件审理过程中，所在省、自治区、直辖市公布了上一年度就业人员年平均工资数额且该数额的百分之五十低于案件标的金额，也不宜再将案件裁定转为普通程序或简易程序审理。

——最高人民法院民法典贯彻实施工作领导小组办公室编著：《最高人民法院新民事诉讼法司法解释理解与适用》，人民法院出版社 2022 年版，第 589~590 页。

830. 区分法院告知义务与释明权

关键词

告知义务　释明　小额诉讼

最高人民法院司法解释

第二百七十四条　人民法院受理小额诉讼案件，应当向当事人告知该类案件的审判组织、一审终审、审理期限、诉讼费用交纳标准等相关事项。

——《最高人民法院关于适用〈中华人民共和国民事诉讼法〉的解释》（2022 年 4 月 1 日修正）。

附录：最高人民法院主流观点

释明一般是指法院对当事人进行发问、提醒、启发，让当事人把不明确的予以澄清、把不充足的予以补充、把不当的予以排除、修正。应该说，人民法院告知与人民法院释明具有很多相近之处。但两者也有很多区别：首先，两者方式不同。告知多为书面形式，少见口头形式。而释明则一般为口头形式，通过发问、提示等方式进行。其次，两者立法层次不同。告知义务已为民事诉讼法明确规定，而释明问题则多出自司法解释的规定。再次，告知的范围是否确定不同。告知的范围一般由法律、司法解释规定，比较明确具体；而释明的范围则有模糊性。由于个案情形差别很大，法律很难通过完全列举方式穷尽人民法院应释明的范围。最后，两者实施阶段不同。《民事诉讼法解释》所指告知义务，人民法院应在适用小额诉讼程序审理的案件开庭前，向当事人告知；而人民法院的释明行为则原则上可以在裁判作出前的任何阶段实施。

——最高人民法院民法典贯彻实施工作领导小组办公室编著:《最高人民法院新民事诉讼法司法解释理解与适用》，人民法院出版社 2022 年版，第 595 页。

831. 民事诉讼程序繁简分流中应完善小额诉讼程序，加强小额诉讼程序适用

关键词

繁简分流　小额诉讼程序　审理期限　审理方式　简易程序

最高人民法院司法政策精神

（二）完善小额诉讼程序。加强小额诉讼程序适用，适当提高小额诉讼案件标的额基准，明确适用小额诉讼程序的案件范围。进一步简化小额诉讼案件的审理方式和裁判文书，合理确定小额诉讼案件审理期限。完善小额诉讼程序与简易程序、普通程序的转换适用机制。

——《最高人民法院关于印发〈民事诉讼程序繁简分流改革试点方案〉的通知》（2020 年 1 月 15 日，法〔2020〕10 号）。

832. 小额诉讼中当事人增加或者变更诉讼请求如何处理

关键词

小额诉讼　增加诉讼请求　变更诉讼请求　合并审理

附录：最高人民法院法官著述

根据《民事诉讼法》第一百四十三条之规定，原告增加诉讼请求，被告提出反诉，第三人提出与本案有关的诉讼请求，可以合并审理。诉讼中，当事人可以增加诉讼请求，可以提出反诉，也可以变更诉讼请求。在适用普通

程序审理案件时，均可以合并审理。《民事诉讼法》第一百六十六条规定了当事人提出反诉的，不能适用小额诉讼程序审理。那么，适用小额诉讼程序审理的案件中，当事人增加或变更诉讼请求的，如何处理呢？增加或变更诉讼请求其实质均为诉的变更。诉的变更包括两种情形：一种是量的变更，即诉讼请求的增加或减少；另一种则是质的变更，即诉讼请求性质发生了变更，如将侵权之诉变更为合同之诉等。如果当事人增加诉讼请求导致案件总标的额超过《民事诉讼法》第一百六十五条规定的上限或增加的诉讼请求涉及身份关系、财产确权等法律明确规定不能适用小额诉讼程序审理的情形时，则此时案件已经不适宜继续适用小额诉讼程序审理了。至于变更诉讼请求的问题，当事人变更诉讼请求行为本身说明该案件具有一定复杂性，同时变更诉讼请求也可能导致之前已经进行的如举证、质证等诉讼行为推倒重来。这必然会造成诉讼进程的拖延，不符合小额诉讼程序快审快结的要求，此时案件也不适合继续适用小额诉讼程序审理了。

根据《民事诉讼法》第一百六十九条之规定，人民法院在审理过程中，发现案件不宜适用小额诉讼程序的，应当适用简易程序的其他规定审理或者裁定转为普通程序。此时法院应当判断案件是否还满足简易程序审理案件的条件，如果满足，应当适用简易程序的其他规定审理；如果不满足，则应当裁定转为普通程序审理。当然，如果变更后的诉讼请求并未超过小额诉讼程序适用案件的最高标的金额且法律关系未发生变化，也不会造成诉讼拖延，则可以继续适用小额诉讼程序审理。

——江必新主编：《新民事诉讼法条文理解与适用》，人民法院出版社2022年版，第768~769页。

833. 当事人双方约定适用小额诉讼程序之后又反悔的，如何处理

关键词

繁简分流　小额诉讼程序　反悔

最高人民法院司法政策精神

第五条　基层人民法院审理的事实清楚、权利义务关系明确、争议不大的简单金钱给付类案件，标的额为人民币五万元以下的，适用小额诉讼程序，实行一审终审。

标的额超出前款规定，但在人民币五万元以上、十万元以下的简单金钱给付类案件，当事人双方约定适用小额诉讼程序的，可以适用小额诉讼程序

审理。

适用小额诉讼程序审理的案件，人民法院应当向当事人告知审判组织、审理期限、审理方式、一审终审等相关事项。

——《最高人民法院关于印发〈民事诉讼程序繁简分流改革试点实施办法〉的通知》(2020 年 1 月 15 日，法〔2020〕11 号)。

《实施办法》第五条第二款规定，“标的额超出前款规定，但在人民币五万元以上、十万元以下的简单金钱给付类案件，当事人双方约定适用小额诉讼程序的，可以适用小额诉讼程序审理”。这里“当事人双方约定”，可以是原被告诉前约定适用，也可以是立案后原被告达成一致意见适用。案件开庭审理前，经充分告知原被告小额诉讼程序一审终审等相关事项，可以征询当事人双方意见，一致同意适用小额诉讼程序的，可以按小额诉讼程序审理，并将有关情况记录在案。当事人双方一经约定适用小额诉讼程序，原则上不得反悔。对适用小额诉讼程序提出异议的，应当说明正当理由并提供相应证据，经审查案件符合《实施办法》第十一条有关程序转换情形的，应当准许转换程序；不符合的，应当予以驳回。

——《最高人民法院关于印发〈民事诉讼程序繁简分流改革试点问答口径（一）〉的通知》(2020 年 4 月 15 日，法〔2020〕105 号)。

834. 对按第一审普通程序审理的案件，转为小额诉讼程序审理应慎重

关键词

普通程序　小额诉讼程序　审理程序转换

最高人民法院司法解释

第二百六十条　已经按照普通程序审理的案件，在开庭后不得转为简易程序审理。

——《最高人民法院关于适用〈中华人民共和国民事诉讼法〉的解释》(2022 年 4 月 1 日修正)。

附录：最高人民法院主流观点

相较 2012 年《民事诉讼法》，2021 年《民事诉讼法》通过五个条文对小额诉讼程序作了如下规定：一是完善小额诉讼程序适用范围和方式；二是明确不得适用小额诉讼程序的案件类型；三是简化小额诉讼案件的审理方式；四是明确小额诉讼的审理期限；五是明确了程序转化并赋予当事人程序异议

权。其中，2021年《民事诉讼法》第一百六十五条增加了当事人合意选择适用小额诉讼的程序的规定，该条规定："基层人民法院和它派出的法庭审理事实清楚、权利义务关系明确、争议不大的简单金钱给付民事案件，标的额为各省、自治区、直辖市上年度就业人员年平均工资百分之五十以下的，适用小额诉讼的程序审理，实行一审终审。基层人民法院和它派出的法庭审理前款规定的民事案件，标的额超过各省、自治区、直辖市上年度就业人员年平均工资百分之五十但在二倍以下的，当事人双方也可以约定适用小额诉讼的程序。"根据该条规定，适用简易程序审理的简单金钱给付案件，如果标的额符合一定条件，当事人可以约定适用小额诉讼的程序。可见，2021年《民事诉讼法》依然没有直接规定适用普通程序审理的案件当事人是否可以约定适用小额诉讼的程序。因此，基层人民法院对按第一审普通程序审理的案件转为小额诉讼程序审理仍应慎重。

——最高人民法院民法典贯彻实施工作领导小组办公室编著:《最高人民法院新民事诉讼法司法解释理解与适用》，人民法院出版社2022年版，第557~558页。

835. 当事人对按照小额诉讼程序审理案件有异议时人民法院如何处理的规定

关键词

小额诉讼程序　当事人异议

最高人民法院司法解释

第二百七十九条　当事人对按照小额诉讼案件审理有异议的，应当在开庭前提出。人民法院经审查，异议成立的，适用简易程序的其他规定审理或者裁定转为普通程序；异议不成立的，裁定驳回。裁定以口头方式作出的，应当记入笔录。

——《最高人民法院关于适用〈中华人民共和国民事诉讼法〉的解释》（2022年4月1日修正）。

附录：最高人民法院主流观点

第一，在裁定将案件转为普通程序后，人民法院应当向当事人书面告知合议庭成员及"相关事项"。告知当事人合议庭成员是为了保障当事人申请回避的权利。而"相关事项"则包括：举证责任的分配原则与要求、可以向人民法院申请调查取证的情形、人民法院根据案件情况指定的举证期限以及逾期提供证据的法律后果。之所以要用书面形式，是为了督促人民法院提高对当事人程序异议权的重视程度，保障程序转化后当事人的诉讼权利义务能落到实处。

第二，因当事人异议导致适用简易程序其他规定或转为普通程序审理不是程序的重新开始，而是程序的继续。因此，之前双方当事人已经确认的事实，可以不再进行举证、质证。

第三，《民事诉讼法司法解释》第二百七十九条所指“当事人”包括各方当事人在内。因此，人民法院不能因为已经对一方当事人的异议进行审查并作出处理，就对另一方提出的异议不予处理，而应当对所有当事人的异议权一体保护。

——最高人民法院民法典贯彻实施工作领导小组办公室编著：《最高人民法院新民事诉讼法司法解释理解与适用》，人民法院出版社 2022 年版，第 605~606 页。

836. 无论是将小额诉讼案件转为简易程序的其他规定审理，还是转为普通程序审理，都是案件的继续审理，而不是案件重新开始审理

关键词

小额诉讼　简易程序　普通程序　审理程序转换　重新审理

最高人民法院司法解释

第二百七十八条　因当事人申请增加或者变更诉讼请求、提出反诉、追加当事人等，致使案件不符合小额诉讼案件条件的，应当适用简易程序的其他规定审理。

前款规定案件，应当适用普通程序审理的，裁定转为普通程序。

适用简易程序的其他规定或者普通程序审理前，双方当事人已确认的事实，可以不再进行举证、质证。

——《最高人民法院关于适用〈中华人民共和国民事诉讼法〉的解释》（2022 年 4 月 1 日修正）。

附录：最高人民法院主流观点

无论是将小额诉讼案件转为简易程序的其他规定审理，还是转为普通程序审理，都是案件的继续审理，而不是案件重新开始审理。因此，在之前适用小额诉讼程序审理过程中，双方当事人经过举证、质证确认的事实，可以

不再进行举证、质证。注意，这里用的是“可以”而不是必须。这意味着如果当事人认为其确有新证据足以推翻之前确认的事实，人民法院也可再组织进行质证。需要注意的是，小额诉讼案件开庭后转换为普通程序的，合议庭一般应当再次开庭审理，以确保司法的亲历性。

——最高人民法院民法典贯彻实施工作领导小组办公室编著:《最高人民法院新民事诉讼法司法解释理解与适用》，人民法院出版社2022年版，第604页。

837. 避免小额诉讼程序的不当扩张适用

关键词

小额诉讼　金钱给付案件　格式条款　提示义务

最高人民法院司法解释

第二百七十一条　人民法院审理小额诉讼案件，适用民事诉讼法第一百六十五条的规定，实行一审终审。

——《最高人民法院关于适用〈中华人民共和国民事诉讼法〉的解释》（2022年4月1日修正）。

附录：最高人民法院主流观点

1．要避免小额诉讼程序的不当扩张适用

小额诉讼程序适用于“小额”且“简单”的金钱给付案件，适用标准中包含了标的额的客观标准和“事实清楚、权利义务关系明确、争议不大”的主观标准。司法实务中应注意避免仅考虑客观标准而忽视主观标准，不能仅以标的额大小确定是否适用小额诉讼程序，而应结合案件情况，根据《民事诉讼法解释》的相关规定，判断案件是否符合主观标准。

2．要防止规避适用小额诉讼程序

对于应当适用小额诉讼程序却未适用，而案件又提起上诉的，考虑到小额诉讼程序本身的性质和特点，二审不宜发回重审，二审人民法院应当将应当适用而未适用小额诉讼程序的情况及时反馈给一审法院，由一审人民法院通过案件评查、绩效考评等制度机制加强规范和约束。

3．要正确适用当事人约定适用模式

当事人双方约定可以是原告与被告在诉前约定适用，也可以是立案后原告与被告达成一致意见适用。人民法院也可以在开庭审理前，充分告知小额诉讼程序一审终审等相关事项后，征询当事人双方意见，当事人一致同意适用小额诉讼程序的，可以适用。当事人已经作出约定的原则上不得反悔，以保证程序的稳定性和诉讼的有序性。当事人认为程序适用不当的，仍可以提出异议，说明正当理由并提供相应证据后，由人民法院审查确定是否继续适用小额诉讼程序。当事人通过格式合同的格式条款约定适用小额诉讼程序，诉讼中一方当事人提出该约定无效的，人民法院应当依照《民法典》第四百九十六条的规定认定其效力。因在诉讼中是否适用小额诉讼程序，涉及当事人重要诉讼利益，如果提供格式条款的一方未采取合理方式履行提示说明义务，对方当事人可以主张该条款不成为合同的内容。

——最高人民法院民法典贯彻实施工作领导小组办公室编著：《最高人民法院新民事诉讼法司法解释理解与适用》，人民法院出版社2022年版，第587~588页。

三、程序转换及其他

838. 人民法院转换审理程序时应向当事人书面告知相关事项

关键词

书面告知　审理程序转换　普通程序　简易程序

最高人民法院司法解释

第二百五十八条　适用简易程序审理的案件，审理期限到期后，有特殊情况需要延长的，经本院院长批准，可以延长审理期限。延长后的审理期限累计不得超过四个月。

人民法院发现案件不宜适用简易程序，需要转为普通程序审理的，应当在审理期限届满前作出裁定并将审判人员及相关事项书面通知双方当事人。

案件转为普通程序审理的，审理期限自人民法院立案之日计算。

——《最高人民法院关于适用〈中华人民共和国民事诉讼法〉的解释》（2022年4月1日修正）。

附录：最高人民法院主流观点

第一，根据民事诉讼法第一百七十条及《民事诉讼法解释》第二百六十九条的规定，人民法院将案件由适用简易程序审理转为适用普通程序审理的，必须作出裁定。裁定可以是书面的或者口头的，口头裁定的，应当记入笔录。

第二，人民法院转换审理程序时应向当事人书面告知相关事项。这些事项包括：《民事诉讼证据规定》第五十条、第五十一条中要求向当事人告知的举证责任的分配原则与要求、可以向人民法院申请调查取证的情形、人民法院根据案件情况指定的举证期限以及逾期提供证据的法律后果。通知必须以书面形式进行。这是因为案件转换为普通程序审理，对当事人而言，意味着案件审理期限将会延长，诉讼成本将会增加，涉及当事人的程序利益。因此，有必要以书面形式通知以显示其正式性，而且客观上能使当事人的诉讼权利和义务得到更好保障。

——最高人民法院民法典贯彻实施工作领导小组办公室编著：《最高人民法院新民事诉讼法司法解释理解与适用》，人民法院出版社2022年版，第551页。

839. 案件转为普通程序前，双方当事人已确认的事实不再举证、质证的例外情况

关键词

普通程序　自认　举证责任　审理程序转换

最高人民法院司法解释

第二百六十九条　当事人就案件适用简易程序提出异议，人民法院经审查，异议成立的，裁定转为普通程序；异议不成立的，裁定驳回。裁定以口头方式作出的，应当记入笔录。

转为普通程序的，人民法院应当将审判人员及相关事项以书面形式通知双方当事人。

转为普通程序前，双方当事人已确认的事实，可以不再进行举证、质证。

——《最高人民法院关于适用〈中华人民共和国民事诉讼法〉的解释》（2022年4月1日修正）。

附录：最高人民法院主流观点

《民事诉讼法解释》对案件转为普通程序前，双方当事人已确认的事实，规定的是“可以”不再进行举证、质证。也即，不排除在特别情形下，案件转为普通程序审理后，双方当事人确定的事实还有举证、质证的必要。例如，《民事诉讼证据规定》第三条规定：“在诉讼过程中，一方当事人陈述的于己不利的事实，或者对于己不利的事实明确表示承认的，另一方当事人无需举证证明。在证据交换、询问、调查过程中，或者在起诉状、答辩状、代理词

等书面材料中，当事人明确承认于己不利的事实的，适用前款规定。”但《民事诉讼证据规定》第九条规定了当事人可以撤销自认，该条规定：“有下列情形之一，当事人在法庭辩论终结前撤销自认的，人民法院应当准许：（一）经对方当事人同意的；（二）自认是在受胁迫或者重大误解情况下作出的。人民法院准许当事人撤销自认的，应当作出口头或者书面裁定。”因此，当事人撤销自认并且人民法院准许的，不能免除对方的举证责任，对相关事实，还应当进行举证、质证。

——最高人民法院民法典贯彻实施工作领导小组办公室编著：《最高人民法院新民事诉讼法司法解释理解与适用》，人民法院出版社 2022 年版，第 581~582 页。

840. 小额诉讼程序应以裁定方式转换为简易程序或者普通程序

关键词

繁简分流　小额诉讼程序　裁定方式　简易程序　普通程序

最高人民法院司法政策精神

第八条　适用小额诉讼程序审理的案件，可以比照简易程序进一步简化传唤、送达、证据交换的方式，但不得减损当事人答辩、举证、质证、陈述、辩论等诉讼权利。

适用小额诉讼程序审理的案件，庭审可以不受法庭调查、法庭辩论等庭审程序限制，直接围绕诉讼请求或者案件要素进行，原则上应当一次开庭审结，但人民法院认为确有必要再次开庭的除外。

——《最高人民法院关于印发〈民事诉讼程序繁简分流改革试点实施办法〉的通知》（2020 年 1 月 15 日，法〔2020〕11 号）。

小额诉讼案件转换为简易程序或者普通程序审理的，应当以裁定方式作出，可以视情采用口头或者书面形式。采用口头形式的，应当以笔录或者录音录像的方式记录。对于转换为普通程序且需组成合议庭审理的，裁定应以合议庭名义作出，合议庭组成人员及相关事项应当书面通知双方当事人。适用小额诉讼程序审理的案件，转换为简易程序或普通程序前，双方当事人已经确认的事实，可以不再举证、质证；开庭后转换为简易程序或普通程序的，应当再次开庭审理，但双方当事人同意不再开庭的除外；转换为普通程序且需组成合议庭进行审理的，应当再次开庭审理。

——《最高人民法院关于印发〈民事诉讼程序繁简分流改革试点问答口

径（一）〉的通知》（2020 年 4 月 15 日，法〔2020〕105 号）。

841. 简易程序审理期限及程序转换后审理期限的规定

关键词

简易程序　审理期限　程序转换

最高人民法院司法解释

第二百五十八条　适用简易程序审理的案件，审理期限到期后，有特殊情况需要延长的，经本院院长批准，可以延长审理期限。延长后的审理期限累计不得超过四个月。

人民法院发现案件不宜适用简易程序，需要转为普通程序审理的，应当在审理期限届满前作出裁定并将审判人员及相关事项书面通知双方当事人。

案件转为普通程序审理的，审理期限自人民法院立案之日计算。

——《最高人民法院关于适用〈中华人民共和国民事诉讼法〉的解释》（2022 年 4 月 1 日修正）。

附录：最高人民法院主流观点

第一，根据《民事诉讼法》第一百七十条及《民事诉讼法司法解释》第二百六十九条的规定，人民法院将案件由适用简易程序审理转为适用普通程序审理的，必须作出裁定。裁定可以是书面的或者口头的，口头裁定的，应当记入笔录。

第二，人民法院转换审理程序时应向当事人书面告知相关事项。这些事项包括：《民事诉讼证据规定》第五十条、第五十一条中要求向当事人告知的举证责任的分配原则与要求、可以向人民法院申请调查取证的情形、人民法院根据案件情况指定的举证期限以及逾期提供证据的法律后果。[①] 通知必须以书面形式进行。这是因为案件转换为普通程序审理，对当事人而言，意味着案件审理期限将会延长，诉讼成本将会增加，涉及当事人的程序利益。因此，有必要以书面形式通知以显示其正式性，而且客观上能使当事人的诉讼权利和义务得到更好保障。

——最高人民法院民法典贯彻实施工作领导小组办公室编著：《最高人民法院新民事诉讼法司法解释理解与适用》，人民法院出版社 2022 年版，第

① 参见最高人民法院民事审判第一庭编著：《最高人民法院关于简易程序司法解释的理解与适用》，法律出版社 2003 年版，第 138 页。

551 页。

842. 以即时通信工具传唤、通知、送达是否属于《民事诉讼法解释》简便方式范畴

关键词

电子送达　即时通信工具　简易程序

最高人民法院司法解释

第二百六十一条　适用简易程序审理案件，人民法院可以依照民事诉讼法第九十条、第一百六十二条的规定采取捎口信、电话、短信、传真、电子邮件等简便方式传唤双方当事人、通知证人和送达诉讼文书。

以简便方式送达的开庭通知，未经当事人确认或者没有其他证据证明当事人已经收到的，人民法院不得缺席判决。

适用简易程序审理案件，由审判员独任审判，书记员担任记录。

——《最高人民法院关于适用〈中华人民共和国民事诉讼法〉的解释》（2022 年 4 月 1 日修正）。

附录：最高人民法院主流观点

在 2015 年起草《民事诉讼法解释》的过程中，曾有意见建议将 QQ、微信等传唤、通知、送达纳入简便方式范畴，在当时，我们认为，这些方式多为特定公司自行研发的产品，并不具备全社会的普适性，故在《民事诉讼法解释》中并未特别列明，但《民事诉讼法解释》并不排斥上述方式的采用。但是，根据 2021 年《民事诉讼法》第九十条规定，只要受送达人同意，人民法院就可以采用能够确认受送达人收悉的电子方式送达诉讼文书。

——最高人民法院民法典贯彻实施工作领导小组办公室编著：《最高人民法院新民事诉讼法司法解释理解与适用》，人民法院出版社 2022 年版，第 562 页。

843. 审判人员的提示义务应当适度

关键词

提示义务　当事人陈述　审判人员

最高人民法院司法解释

第二百六十八条　对没有委托律师、基层法律服务工作者代理诉讼的当事人，人民法院在庭审过程中可以对回避、自认、举证证明责任等相关内容向其作必要的解释或者说明，并在庭审过程中适当提示当事人正确行使诉讼权利、履行诉讼义务。

——《最高人民法院关于适用〈中华人民共和国民事诉讼法〉的解释》（2022 年 4 月 1 日修正）。

附录：最高人民法院主流观点

审判人员的提示义务不是代替当事人进行诉讼。当事人的陈述没有某种意思表示，审判人员就不能予以提示，例如，当事人在借款纠纷中没有要求给付借款利息的诉讼请求，审判人员则不能提示其享有主张借款利息的请求权，因该种权利属于当事人自行处分的范畴，审判人员不能干预。

——最高人民法院民法典贯彻实施工作领导小组办公室编著：《最高人民法院新民事诉讼法司法解释理解与适用》，人民法院出版社 2022 年版，第 578 页。

844. 特殊情形下，当事人协商确定的举证期限可以超过七日，但不得超过十五日

关键词

举证期限　小额诉讼　简易程序

最高人民法院司法解释

第二百七十五条　小额诉讼案件的举证期限由人民法院确定，也可以由当事人协商一致并经人民法院准许，但一般不超过七日。

被告要求书面答辩的，人民法院可以在征得其同意的基础上合理确定答辩期间，但最长不得超过十五日。

当事人到庭后表示不需要举证期限和答辩期间的，人民法院可立即开庭审理。

——《最高人民法院关于适用〈中华人民共和国民事诉讼法〉的解释》（2022 年 4 月 1 日修正）。

附录：最高人民法院主流观点

从尊重当事人程序的主体性角度和小额诉讼程序高效、简便特性出发，《民事诉讼法解释》对当事人协商确定举证期限作了一般不超过七日的规定。有一般即不排除特殊，这意味着人民法院在特殊情形下可以对个案中当事人协商确定举证期限超过七日的情形予以准许。至于《民事诉讼法解释》中举证期限的上限，司法解释简易程序部分规定了当事人对适用简易程序的案件，可以在协商一致并经人民法院准许后约定不超过十五日的举证期限。由于小额诉讼程序目前仍属于简易程序范畴，故以此类推，小额诉讼案件当事人协商一致确定的举证期限也不得超过十五日。

——最高人民法院民法典贯彻实施工作领导小组办公室编著：《最高人民法院新民事诉讼法司法解释理解与适用》，人民法院出版社 2022 年版，第 597 页。

845. 驳回管辖权异议裁定作出后、生效判决未作出前，发现原审法院确无管辖权的处理

关键词

管辖权异议　地域管辖权　管辖错误　裁定撤销

最高人民法院司法解释

第二百七十六条　当事人对小额诉讼案件提出管辖异议的，人民法院应当作出裁定。裁定一经作出即生效。

——《最高人民法院关于适用〈中华人民共和国民事诉讼法〉的解释》（2022 年 4 月 1 日修正）。

附录：最高人民法院主流观点

一种观点认为，应根据民事诉讼法第二百零五条第一款的规定，并参照《最高人民法院关于上级法院对下级法院就当事人管辖权异议的终审裁定确有错误时能否纠正问题的复函》[法（经）〔1993〕14 号] 的精神，在原审法院驳回当事人管辖异议裁定已发生法律效力但未作出生效判决前，发现原审法院确无地域管辖权，原审法院可以依职权裁定撤销该错误裁定并将案件移送有管辖权的人民法院审理。我们认为，在民事诉讼法已经不再将管辖错误作为再审事由的情形下，不宜再对该管辖权异议裁定通过再审方式撤销。

——最高人民法院民法典贯彻实施工作领导小组办公室编著：《最高人

民法院新民事诉讼法司法解释理解与适用》，人民法院出版社 2022 年版，第 600 页。

846. 审判实践中，注意正确适用驳回起诉裁定的形式

关键词

驳回起诉　书面形式　申请再审　小额诉讼　口头裁定

最高人民法院司法解释

第二百七十七条　人民法院受理小额诉讼案件后，发现起诉不符合民事诉讼法第一百二十二条规定的起诉条件的，裁定驳回起诉。裁定一经作出即生效。

——《最高人民法院关于适用〈中华人民共和国民事诉讼法〉的解释》（2022 年 4 月 1 日修正）。

附录：最高人民法院主流观点

审判实践中，应注意正确适用驳回起诉裁定的形式。民事诉讼司法解释起草过程中，对驳回起诉裁定，究竟应采用何种形式，有两种意见。一种意见认为，小额诉讼案件强调审理效率，追求快审快结，故审理中各个环节能简则简。既然包括小额诉讼案件在内的简易程序案件的裁判文书都可以简化且应当简化，那么驳回起诉的裁定也应作同样处理。换言之，驳回起诉裁定就没有必要一律采用书面形式，应该规定以口头裁定为主，书面裁定为辅。另一种意见则认为，在小额诉讼案件审理中，驳回起诉裁定意味着审理进程的终结，与当事人程序利益休戚相关，理应通过书面形式彰显其权威性。我们倾向于第二种观点。理由在于，虽然《民事诉讼法解释》规定驳回起诉的裁定，一经作出即生效，但并未限制当事人就该裁定申请再审。本司法解释已经规定，当事人认为发生法律效力的驳回起诉的裁定错误的，可以申请再审。申请再审自然需要有原审裁定书作为依据，且本司法解释在再审部分已有条文对此作出明确要求。显然，如果允许人民法院通过口头裁定形式驳回起诉，那么当事人申请再审时就只能提交记载口头裁定的笔录复印件，这显然是不妥当的，也是不严肃的。

——最高人民法院民法典贯彻实施工作领导小组办公室编著：《最高人民法院新民事诉讼法司法解释理解与适用》，人民法院出版社 2022 年版，第 601~602 页。

847. 如何理解裁判文书的简化与庭审笔录的细化

关键词

小额诉讼　要素式裁判文书　庭审笔录

最高人民法院司法解释

第二百八十条　小额诉讼案件的裁判文书可以简化，主要记载当事人基本信息、诉讼请求、裁判主文等内容。

——《最高人民法院关于适用〈中华人民共和国民事诉讼法〉的解释》（2022 年 4 月 1 日修正）。

附录：最高人民法院主流观点

1. 裁判文书的简化应有底线

实践中，有些法官为了实现小额诉讼快速审理案件的目的，在制作小额诉讼案件裁判文书时走向了另一极端，即彻底简化裁判文书，将裁判文书中一些不该简化的内容进行简化或省略，致使裁判文书的公正性与权威性受到影响。我们认为，裁判文书中应当“繁简结合”，但裁判文书的“繁”与“简”都是相对的。有观点认为，裁判过程中一些概念性和程式性的内容不太为人所关心，因而对其省略，不会对当事人产生很大影响。但从当事人的诉权保障、裁判文书的可执行性角度而言，小额诉讼案件的裁判文书不管如何简化，一般都应保留当事人基本信息、诉讼请求、裁判主文等内容。

2. 裁判文书简化与庭审笔录细化

选择适用要素式裁判文书的案件，当事人已在开庭审理前填写要素表的，法院在审理时对双方无争议的要素予以确认并记入庭审笔录；当事人在开庭前未填写要素表的，法院在审理时可以要素表的基本要素为线索，逐项当庭征求双方当事人意见，对双方无争议的要素予以确认并记入庭审笔录。适用令状式裁判文书的案件的庭审笔录应包括如下内容：（1）开庭时间、地点、审判组织、记录人员、当事人出庭情况；（2）庭审过程；（3）宣判过程，包括法院认定的事实、详细裁判理由、依据和判决主文；（4）告知当事人宣判后法院不出具记载详细判决理由的裁判文书，只出具令状式裁判文书。当庭宣判时，法官应当庭认定案件基本事实，对判决理由与依据进行阐述，并记录于庭审笔录。对于当庭即时履行的案件，人民法院经征得各方当事人同意，可以不出具裁判文书，但应在庭审笔录中记载相关情况；也可根据当事人申请，责令接受履行的一方出具相应的书面证明。

——最高人民法院民法典贯彻实施工作领导小组办公室编著:《最高人民法院新民事诉讼法司法解释理解与适用》，人民法院出版社 2022 年版，第 607~608 页。

848. 小额诉讼案件和简易程序案件裁判文书如何简化

关键词

繁简分流　小额诉讼案件　简易程序　裁判文书

最高人民法院司法政策精神

第九条　适用小额诉讼程序审理的案件，可以比照简易程序进一步简化裁判文书，主要记载当事人基本信息、诉讼请求、答辩意见、主要事实、简要裁判理由、裁判依据、裁判主文和一审终审的告知等内容。

对于案情简单、法律适用明确的案件，法官可以当庭作出裁判并说明裁判理由。对于当庭裁判的案件，裁判过程经庭审录音录像或者庭审笔录完整记录的，人民法院在制作裁判文书时可以不再载明裁判理由。

——《最高人民法院关于印发〈民事诉讼程序繁简分流改革试点实施办法〉的通知》(2020 年 1 月 15 日，法〔2020〕11 号)。

二十一、裁判文书一般应当重点简化当事人诉辩称、认定事实和裁判理由的内容。对于当事人诉辩称主要记载诉讼请求、答辩意见及简要理由；对于事实认定，主要记载法院对当事人产生争议的事实和证据认定情况；对于裁判理由，主要针对事实和法律争点进行简要释法说理，明确适用的法条依据。

满足下列条件的，小额诉讼案件裁判文书可以不载明裁判理由，具体条件为：一是案件事实清楚、权利义务关系明确，法律适用清晰；二是人民法院对案件作出当庭裁判，并已口头说明裁判理由；三是裁判过程及裁判理由，已在庭审录音录像或者庭审笔录作完整记录。

简化的裁判文书可以采取要素式、表格式、令状式等文书格式。对于案件争点较多、证据较繁杂、需加强裁判说理的案件，裁判文书不宜一律简化。最高人民法院下一步将对简式裁判文书的具体样式作出统一规范。

——《最高人民法院关于印发〈民事诉讼程序繁简分流改革试点问答口径（一）〉的通知》(2020 年 4 月 15 日，法〔2020〕105 号)。

第十一章　第二审程序中的相关问题

849. 上诉期间将涉案标的物转让不构成妨害民事诉讼的行为

关键词

转让涉案标的物　妨害民事诉讼

附录：民事审判信箱

问： 甲将自己的房子卖给乙，后又高价卖给丙，房屋尚未过户，乙起诉甲，一审法院判令甲将房屋过户给乙，涉案房屋并没有办理财产保全，甲不服上诉，上诉期间又将房屋卖给了丁，并办理了过户。甲的行为是否构成妨害民事诉讼的行为，能否对甲的行为进行处罚？

答： 甲的行为并不构成妨害民事诉讼的行为，并不能对甲进行处罚。理由是对于公民不论实施何种处罚，必须有严格的法律依据。民事诉讼法第一百零二条[①]规定：诉讼参与人或者其他人有下列行为之一的，人民法院可以根据情节轻重予以罚款、拘留；构成犯罪的，依法追究刑事责任：（1）伪造、毁灭重要证据，妨碍人民法院审理案件的；（2）以暴力、威胁、贿买方法阻止证人作证或者指使、贿买、胁迫他人作伪证；（3）隐藏、转移、变卖、毁损已被查封、扣押的财产，或者已被清点并责令其保管的财产，转移已被冻结的财产的；（4）对司法工作人员、诉讼参加人、证人、翻译人员、鉴定人、勘验人、协助执行的人，进行侮辱、诽谤、诬陷、殴打或者打击报复的；（5）以暴力、威胁或者其他方法阻碍司法工作人员执行职务的；（6）拒不履行人民法院已经发生法律效力的判决、裁定的。人民法院对有前款规定的行为之一的单位，可以对其主要负责人或者直接责任人员予以罚款、拘留；构成犯罪的，依法追究刑事责任。

依据上述规定，由于涉案财产并未办理诉讼保全，甲的转让行为并不构成妨害民事诉讼的行为，不能对其处罚。但乙可以要求甲赔偿损失。

---

① 现为《民事诉讼法》（2021年修正）第一百一十四条。

——本书研究组：《上诉期间将涉案标的物转让不构成妨害民事诉讼的行为》，载最高人民法院民事审判第一庭编：《民事审判指导与参考》2012 年第 4 辑（总第 52 辑），人民法院出版社 2013 年版，第 248~249 页。

850. 当事人于上诉期间届满后对委托代理人的上诉行为进行追认的，不能视为于上诉期间内提起上诉

关键词

特别授权　追认　上诉

最高人民法院审判业务意见（民一庭意见）

最高人民法院民一庭意见：当事人对一审判决不服提起上诉的，应当严格按照《中华人民共和国民事诉讼法》第一百六十四条第一款[①]规定的上诉期间提出，代理人代为提出上诉的，必须按照该法第五十九条第二款[②]的规定取得特别授权。在法定上诉期间内，当事人未提出上诉，代理人虽提出上诉但未获得当事人特别授权，当事人于法定上诉期间届满后追认代理人代为上诉行为的，不能视为当事人于法定上诉期间内提起上诉。

附：基本案情

某民事案件一审判决于 2015 年 5 月 18 日送达 A 公司。2015 年 6 月 2 日，A 公司一审委托代理人刘某向一审法院邮寄上诉状，但未加盖 A 公司的公章，刘某一审代理权限为一般代理。2015 年 6 月 25 日，A 公司另行向一审法院邮寄了加盖其公章的上诉状。2015 年 9 月 10 日 A 公司向二审法院提交对刘某二审期间的授权委托书。就逾期提交加盖公章上诉状的原因，A 公司主张当时公司内部出现问题，公章被扣于公安机关，法定代表人在国外亦不能在上诉状上签字。就其主张的公章被扣于公安机关的事实，A 公司提交某市公安局经侦支队于 2014 年 8 月 27 日作出的《公安局扣押物品、文件清单》予以证明，该清单仅载明扣押物品情况，未载明扣押物品何时解除扣押并发还的情况。

——最高人民法院民一庭：《当事人于上诉期间届满后对委托代理人的上诉行为进行追认的，不能视为当事人于法定上诉期间内提起上诉》，载杜万华主编、最高人民法院民事审判第一庭编：《民事审判指导与参考》2016 年第 2

① 现为《民事诉讼法》（2021 年修正）第一百七十一条第一款。

② 现为《民事诉讼法》（2021 年修正）第六十二条第二款。

辑（总第 66 辑），人民法院出版社 2016 年版，第 158、161 页。

851. 二审法院不得自行扩大不开庭审理的适用范围

关键词

二审法院　不开庭审理　开庭审理　上诉

最高人民法院司法解释

第三百三十一条　第二审人民法院对下列上诉案件，依照民事诉讼法第一百七十六条规定可以不开庭审理：

（一）不服不予受理、管辖权异议和驳回起诉裁定的；

（二）当事人提出的上诉请求明显不能成立的；

（三）原判决、裁定认定事实清楚，但适用法律错误的；

（四）原判决严重违反法定程序，需要发回重审的。

——《最高人民法院关于适用〈中华人民共和国民事诉讼法〉的解释》（2022 年 4 月 1 日修正）。

附录：最高人民法院主流观点

二审法院审理上诉案件，应当组成合议庭进行审理，即使决定不开庭审理，合议庭也应通过阅卷、调查和询问当事人，将案件事实调查清楚之后作出的决定。

开庭审理是上诉案件审理的基本方式，对当事人而言能直观地体现言词原则、辩论原则，有利于增强当事人对裁判结果的信服感。因此，二审法院不得自行扩大不开庭审理的适用范围，应当严格把握不开庭审理的情形，根据民事诉讼法第一百七十六条的规定，决定不开庭审理的，须以当事人没有提出新的事实、证据或者理由为前提。

——最高人民法院民法典贯彻实施工作领导小组办公室编著：《最高人民法院新民事诉讼法司法解释理解与适用》，人民法院出版社 2022 年版，第 724 页。

852. 二审法院对一审判决内容既有维持也有改判的，如何引用民事诉讼法条文

关键词

民事判决书　引用法律条文

附录：民事审判信箱

问： 二审过程中，经常会遇到维持一审判决一部分主文，但对另一部分主文作出改判的情形，对如何引用民事诉讼法有关条文有不同观点。一种观点认为，维持的部分应当引用民事诉讼法第一百七十条[①]第一款第（一）项，改判的部分根据具体情况分别引用第（二）、（三）项；另一种观点认为，只区分不同情形引用第一百七十条第一款第（二）、（三）项即可。哪一种观点是正确的？

答： 第二种观点是正确的。民事诉讼法第一百七十条第一款规定："第二审人民法院对上诉案件，经过审理，按照下列情形，分别处理：（一）原判决、裁定认定事实清楚，适用法律正确的，以判决、裁定方式驳回上诉，维持原判决、裁定；（二）原判决、裁定认定事实错误或者适用法律错误的，以判决、裁定方式依法改判、撤销或者变更；（三）原判决认定基本事实不清的，裁定撤销原判决，发回原审人民法院重审，或者查清事实后改判；（四）原判决遗漏当事人或者违法缺席判决等严重违反法定程序的，裁定撤销原判决，发回原审人民法院重审。"根据上述规定，二审法院对上诉案件的处理方式一般分为三种：维持原判决、裁定；改判变更或者撤销原判决、裁定；撤销原判决，将案件发回重审。只有一审判决认定事实清楚、适用法律正确，二审法院作出驳回上诉维持原判决的终审判决时，才能引用民事诉讼法第一百七十条第一款第（一）项。如果一审判决认定事实错误或者适用法律错误，二审法院进行改判的，应当引用民事诉讼法第一百七十条第一款第（二）项；如果一审判决认定基本事实不清，二审法院查清事实后改判的，应当引用民事诉讼法第一百七十条第一款第（三）项。尤其应当注意的问题是，改判包括两种情况：一是对一审判决全部内容都进行改判，即全部变更判决；二是仅对一审判决部分内容作出改判，对其余内容则予维持，即部分变更判决。不论是那种改判，在二审处理方式上都属于民事诉讼法第一百七十条[②]第一款

---

① 现为《民事诉讼法》（2021年修正）第一百七十七条。

② 现为《民事诉讼法》（2021年修正）第一百七十七条。

第（二）项或者第（三）项所称的改判。在部分变更时，尽管二审法院对一审判决中部分主文予以维持，但仍为改变一审判决。此时，如果将民事诉讼法第一百七十条第一款第（一）项作为二审维持一审判决部分内容的法律依据，是对民事诉讼法上述规定的错误理解，是不正确的。

——本书研究组：《二审法院对一审判决内容既有维持也有改判的，应当如何引用民事诉讼法条文》，载最高人民法院民事审判第一庭编：《民事审判指导与参考》2014年第1辑（总第57辑），人民法院出版社2014年版，第243~244页。

853. 在一审诉讼中，当事人未对诉讼时效问题提出抗辩，二审中提出时效抗辩的，二审法院应否对诉讼时效的抗辩进行审查

关键词

诉讼时效　时效抗辨　一审程序　二审程序

附录：最高人民法院法官著述

问： 在一审诉讼中，当事人未对诉讼时效问题提出抗辩，二审中提出时效抗辩的，二审法院应否对诉讼时效的抗辩进行审查？

答： 一般情形下，一审中当事人不提出诉讼时效抗辩，应视为其已放弃诉讼时效抗辩权，在二审中不应允许其重新行使该项抗辩权，二审法院也不应再对时效问题进行审查。但如果在二审期间该当事人有新的证据足以证明权利人的请求权已过诉讼时效期间而提出诉讼时效抗辩的，法院应予支持，即存在基于新证据在二审提出诉讼时效抗辩应予支持的例外规定。这一例外规定不包括在一审期间，当事人一方已经明确表示其放弃诉讼时效抗辩权或者以其行为可以认定其放弃诉讼时效抗辩权的情形。根据“禁反言”原则，其在二审期间提出诉讼时效抗辩的，即使有新的证据证明诉讼时效期间已经经过，法院也不予支持。尽管原判决未查明诉讼时效的事实，但二审法院不能仅以一审法院对诉讼时效事实未予查明而发回重审，而应在查明事实的基础上决定是否改判。同理，终审判决作出前，当事人一方未提出诉讼时效抗辩，以诉讼时效期间届满为由申请再审或提出再审抗辩的，法院不予支持。

——最高人民法院民事审判第一庭编：《民事审判实务问答》，法律出版社2021年版，第383~384页。

854. 一审判决未认定当事人承担责任的情况下，当事人不具有上诉的诉的利益

关键词

一审判决　当事人　承担责任　上诉　诉的利益

最高人民法院裁判文书

李永虎、江苏盛谐建设集团有限公司与齐齐哈尔市汇博房地产开发有限责任公司建设工程施工合同纠纷案［最高人民法院（2020）最高法民终 1321 号民事判决书］

裁判要旨：在一审判决未认定当事人承担责任的情况下，当事人不具有上诉的诉的利益。本案中，在一审判决未判令当事人承担责任的情况下，其提出的上诉请求缺乏诉的利益，法院予以驳回。

最高人民法院认为：根据当事人的上诉及答辩情况，本案主要争议问题为：一是哪一方当事人有权主张涉案工程款；二是涉案工程款如何确定。

关于哪一方当事人有权主张涉案工程款问题。本案中，李永虎以盛谐公司的名义与汇博公司签订涉案建设工程施工合同，系涉案建设工程施工合同的实际施工人，依照《最高人民法院关于审理建设工程施工合同纠纷案件适用法律问题的解释（二）》（法释〔2018〕20 号）第二十四条有关“实际施工人以发包人为被告主张权利的，人民法院应当追加转包人或者违法分包人为本案第三人，在查明发包人欠付转包人或者违法分包人建设工程价款的数额后，判决发包人在欠付建设工程价款范围内实际施工人承担责任”的规定，李永虎有权请求汇博公司支付欠付的建设工程价款。盛谐公司对此不仅不持异议，而且在庭审中明确表示应向李永虎支付工程价款，在一审判决未判令盛谐公司承担责任的情况下，其提出的上诉请求缺乏诉的利益，本院予以驳回。

——中国裁判文书网。

855. 在一审判决已经认定减轻当事人责任的情况下，当事人不具有上诉的诉的利益

关键词

一审判决　减轻当事人责任　上诉　诉的利益

最高人民法院裁判文书

有能集团有限公司与中国工商银行股份有限公司潍坊奎文支行等金融借款合同纠纷案［最高人民法院（2021）最高法民申 2704 号民事裁定书］

裁判要旨：上诉制度是为遭受一审不利益判决的当事人提供救济以确保法院裁判的公正性而设立的，上诉利益是判断当事人提起上诉合法性的条件，是法院对上诉请求进行审理的前提，无上诉利益的上诉则无审理之必要。在一审判决已经认定减轻当事人责任的情况下，当事人不具有上诉的诉的利益。

最高人民法院认为：一、关于有能公司对案涉质押合同的效力是否具有诉的利益，是否有权就此提起上诉的问题。

上诉制度是为遭受一审不利益判决的当事人提供救济以确保法院裁判的公正性而设立的，上诉利益是判断当事人提起上诉合法性的条件，是法院对上诉请求进行审理的前提，无上诉利益的上诉则无审理之必要。本案中所担保的主债权为案涉《固定资产借款合同》项下的债权，《质押合同》的签订主体是工行奎文支行与景世乾公司，有能公司并非合同主体，不是质权人或出质人，与案涉质权没有法律上的利害关系。案涉质押合同成立且有效，能减轻有能公司作为保证人的保证责任，对其没有任何不利益。因此，二审对有能公司关于案涉质押合同效力的上诉请求未予审查，并无不当。

本院就质押合同效力进行了审查。2014 年 12 月 24 日，工行奎文支行与景世乾公司签订案涉《质押合同》，2016 年 3 月 21 日办理了质押登记，但办理质押登记前案涉质押的应收账款已经被法院查封。当事人以依法被查封的财产质押，质权人请求行使质权，经审查查封措施已经解除的，人民法院应予支持。出质人以质权设立时财产被查封为由主张质押合同无效的，人民法院不予支持。景世乾公司以 2016 年 3 月 21 日质押登记前已经被人民法院依法查封的应收账款设立质押，不导致质押合同无效，如果工行奎文支行实现质权时查封已经解除，就可以行使质权。景世乾公司以 2016 年 3 月 21 日之

后未被查封部分的应收账款质押，质押合同有效，工行奎文支行依法享有优先受偿权。

——中国裁判文书网。

856. 一审答辩期间未提管辖异议的被告是否有针对法院作出的驳回管辖异议的裁定提起上诉的权利

关键词

一审答辩期间　管辖异议　驳回管辖异议　上诉权

最高人民法院裁判文书

小米通讯技术有限公司与杭州鸿雁电器有限公司、原审被告上海创米数联智能科技发展股份有限公司等侵害实用新型专利权纠纷管辖权异议上诉案

［最高人民法院（2022）最高法知民辖终 272 号民事裁定书］

裁判要旨：根据《民事诉讼法》第一百三十条的规定，当事人未在一审答辩期间提出管辖异议，应视为其放弃异议权利，接受原审法院的管辖，系其对自身诉讼权利的处分行为，且原审裁定并未影响当事人的程序性权利，裁定结果亦与管辖确定规则相符，故当事人针对原审裁定没有程序上的上诉权益，不能享有上诉权。

最高人民法院认为，根据《民事诉讼法》第一百三十条的规定，创米公司未在一审答辩期间提出管辖异议，应视为其放弃异议权利，接受原审法院的管辖，系其对自身诉讼权利的处分行为，且原审裁定并未影响创米公司的程序性权利，裁定结果亦与管辖确定规则相符，故创米公司针对原审裁定没有程序上的上诉权益，不能享有上诉权。创米公司针对原审裁定提出上诉，没有法律依据，亦不符合诚实信用原则，对创米公司提起的上诉不予审理。

——最高人民法院知识产权法庭微信公众号。

857. 当事人超出上诉期限后新增加的上诉请求不属于二审法院受理范围

关键词

上诉期限　新增上诉请求　二审受理范围

最高人民法院裁判文书

张莉莉与天风证券股份有限公司借款合同纠纷二审案［最高人民法院（2020）最高法民终767号民事判决书］

裁判要旨：根据《民事诉讼法》第一百六十四条第一款[①]的规定，当事人不服人民法院第一审判决的，有权在判决书送达之日起十五日内向上一级人民法院提起上诉。本案当事人变更上诉请求，不在上诉期限之内，其超出上诉期限后新增加的上诉请求不属于本案受理范围。

最高人民法院认为，关于张莉莉的上诉请求是否符合《中华人民共和国民事诉讼法》（以下简称《民事诉讼法》）的规定。张莉莉所提上诉请求是“撤销一审判决第四项，改判涉案31273400股方盛制药股票（证券代码603998）中的二分之一属无效质押，方锦程仅以涉案31273400股方盛制药（证券代码603998）中的二分之一折价、拍卖或变卖所得价款支付本案债务”。其上诉请求所依据的理由是“案涉31273400股方盛制药股票是其与方锦程的夫妻共同财产，方锦程设定股票质押没有征得其同意”。张莉莉在一审中没有以案涉股票属夫妻共同财产为由提出诉请或抗辩，仅提出方锦程质押股票产生的债务不属于夫妻共同债务。根据民事诉讼的基本原则，二审案件应当围绕一审的诉讼请求审理，对张莉莉在一审没有提出抗辩和反诉的请求，该请求在二审中无法进行审理。通说认为当事人提起上诉必须具有上诉利益。与一审程序的诉权和诉讼要件相对应的，是二审程序的上诉权和上诉要件。

《民事诉讼法》第一百六十四条规定了上诉要件，包括当事人提起上诉必须符合法定的上诉范围，即法律规定可以提起上诉的裁定和判决；当事人不服一审裁定和判决；上诉人和被上诉人须适格，即上诉人和被上诉人都应当是一审诉讼当事人；上诉须在法定上诉期间内提起；上诉须递交上诉状；依法及时交纳上诉费用。根据《民事诉讼法》第五十六条[②]的规定，无独立请求权的第三人判决未承担民事责任的不得上诉，并未限制一审其他当事人行使上诉权，因此上诉人张莉莉有上诉权，但其权利的行使应当限制在一审的抗辩意见范围内。张莉莉在本案一审中是天风证券与方锦程债务关系中的被告，同时也是天风证券与方锦程股票质押关系中的第三人。张莉莉作为股票质押关系的第三人，在一审中并没有对股票质押合同的效力和质押股票的权利提

① 现为《民事诉讼法》（2021年修正）第一百七十一条第一款。

② 现为《民事诉讼法》（2021年修正）第五十七条。

出独立的请求，在一审没有判决其承担民事责任的情形下，张莉莉主张的案涉质押无效仅能认定为是一种抗辩理由，并不构成《民事诉讼法》规定的独立上诉请求。此外，在本案正式开庭时，张莉莉的委托诉讼代理人当庭要求对上诉请求作出三项变更：一是请求确认案涉股票质押全部无效；二是请求按照民间借贷新规调减利息和违约金；三是请求不予支持一审天风证券的律师费。根据《民事诉讼法》第一百六十四条第一款的规定："当事人不服人民法院第一审判决的，有权在判决书送达之日起十五日内向上一级人民法院提起上诉。"根据该规定，张莉莉上述三项变更上诉请求，均不在上诉期限之内，其超出上诉期限后新增加的上诉请求不属于本案受理范围。上诉人张莉莉的该项上诉请求不能得到支持。

——中国裁判文书网。

858. 二审认定属于让与担保的民间借贷案件的处理

关键词

民间借贷　让与担保　变更诉讼请求

最高人民法院司法解释

第二十四条　当事人以签订买卖合同作为民间借贷合同的担保，借款到期后借款人不能还款，出借人请求履行买卖合同的，人民法院应当按照民间借贷法律关系审理，并向当事人释明变更诉讼请求。当事人拒绝变更的，人民法院裁定驳回起诉。

按照民间借贷法律关系审理作出的判决生效后，借款人不履行生效判决确定的金钱债务，出借人可以申请拍卖买卖合同标的物，以偿还债务。就拍卖所得的价款与应偿还借款本息之间的差额，借款人或者出借人有权主张返还或补偿。

——《最高人民法院关于审理民间借贷案件适用法律若干问题的规定》（2020年12月29日修正）。

最高人民法院裁判文书

王高平与海南博海投资咨询有限公司借款合同纠纷案［最高人民法院（2016）最高法民终52号民事裁定书］

最高人民法院认为，本案中，王高平主张其与博海公司之间存在商品房买卖法律关系，并据此诉请确认房屋认购协议有效及履行该协议，由其取得该协议涉及的541套房屋的所有权，而其提供的证据材料又包含了借款的事实。对此，应当甄别王高平与博海公司之间签订房屋认购协议是否具有担保的意思，即考察双方签订房屋认购协议的真实意思是为借款行为提供担保，还是通过支付对价获得房屋的所有权。经审理查明，王高平提供的借据、付款凭证、《房屋抵顶借款协议》以及《逸海华庭认购协议》均对借款事实予以确认。王高平作为甲方与博海公司作为乙方签订的《房屋抵顶借款协议》载明"乙方因建设开发海南逸海华庭小区，至2014年3月23日陆续向甲方借款人民币玖仟捌佰万元整（小写：98000000元）。乙方为偿还该项借款与甲方达成以下协议"，该协议第三条约定"乙方在约定的期间内不能用现金归还借款本息时，则同意用其在海南建设开发的逸海华庭小区的房产作价偿还向甲方的借款本息"。上述证据和协议约定的内容可以证明双方当事人在发生借款关系之后，为保证借款的偿还又订立了房屋抵顶及认购协议。双方签订房屋认购协议的真实目的是为了给借款提供担保，并非为了实现房屋买卖。即双方当事人在签订房屋认购协议时并无真正转移案涉房产所有权的意思，其真实意思是设定担保。简言之，王高平与博海公司之间的真实法律关系是民间借贷，房屋认购协议只是作为让与担保的一种方式。王高平主张其与博海公司之间借款合同关系转为商品房买卖合同关系，未提交足够的证据予以佐证，故本院不予支持。经审查，原审法院在庭审过程中明确向当事人释明案涉法律关系为借款合同关系，并询问其是否变更诉讼请求，王高平的代理人确认其不变更诉讼请求。原审法院向当事人释明法律关系并告知其可以变更诉讼请求的行为，符合《最高人民法院关于民事诉讼证据的若干规定》第三十五条的规定。王高平主张原审法院释明不当，适用上述规定错误，没有事实和法律依据，本院亦不予支持。

——中国裁判文书网。

附录：最高人民法院主流观点

关于二审认定属于让与担保的民间借贷案件的处理。

当事人以签订买卖合同作为民间借贷合同的担保的，此类案件如果一审法院按照当事人起诉的买卖合同关系进行审理，当事人不服一审判决提起上诉后，二审人民法院经审理认为，该案件中的买卖合同属于让与担保，应当审理基础法律关系即民间借贷合同，则二审法院应该向一审原告释明变更诉讼请求。如果一审原告同意变更诉讼请求，二审人民法院可以进行调解；调解不成的，则应当根据民事诉讼法第一百七十条[①]第一款第（三）项规定，裁定发回重审。如果一审原告拒不变更诉讼请求的，二审人民法院应当裁定撤销一审判决，驳回起诉。

---

① 现为《民事诉讼法》（2021年修正）第一百七十一条。

——杜万华主编、最高人民法院民事审判第一庭编著：《最高人民法院民间借贷司法解释理解与适用》，人民法院出版社 2015 年版，第 430 页。

859. 二审期间，原审原告撤回起诉后对同一诉讼请求不得重复起诉

关键词

撤诉　一事不再理

最高人民法院司法解释

第三百三十八条　在第二审程序中，原审原告申请撤回起诉，经其他当事人同意，且不损害国家利益、社会公共利益、他人合法权益的，人民法院可以准许。准许撤诉的，应当一并裁定撤销一审裁判。

原审原告在第二审程序中撤回起诉后重复起诉的，人民法院不予受理。

——《最高人民法院关于适用〈中华人民共和国民事诉讼法〉的解释》（2022 年 4 月 1 日修正）。

附录：民事审判信箱

问：二审期间，原审原告能否撤回起诉？

答：关于二审期间，原审原告能否撤回起诉，实践中存在争议。一种观点认为，原审原告不能撤回起诉。一审程序、二审程序是两个独立的程序，二审期间，一审程序已经终结。二审是针对当事人的上诉请求进行审理。二审期间只能撤回上诉，不能撤回起诉。如果当事人要终结诉讼程序，可以调解。另一种观点认为，撤回起诉，是当事人的诉讼权利，当事人可以自行处分。我们倾向于认为，原审原告可以撤回起诉，但是需具备相应的条件。我国实行两审终审制，在诉讼过程中，当事人可以处分自己的诉讼权利。民事诉讼法第十三条第二款规定："当事人有权在法律规定的范围内处分自己的民事权利和诉讼权利。"原审原告撤回起诉是对于自己诉讼权利的处分。但是原审原告处分诉讼权利不能损害国家利益、集体利益以及第三人的合法利益。原审原告撤回起诉，基于多种原因，但主要原因是预见到其可能败诉，才撤回起诉。依照民事诉讼法的规定，撤回起诉后，可以再次起诉。为防止原审原告滥用处分权，损害其他人的利益，对于原审原告撤回起诉应作一定的限制。原审原告撤回起诉应具备相应的条件。在征得其他当事人同意并经人民法院准许后，原审原告才可以撤回起诉。第二审法院应当裁定撤销一审判决，准许原审原告撤回起诉。但撤回起诉后原审原告对同一诉讼请求不得再次提

起诉讼，法律另有规定的除外。

——本书研究组:《二审期间，原审原告申请撤回起诉需具备相应的条件，并且对同一诉讼请求不得两次起诉》，载最高人民法院民事审判第一庭编:《民事审判指导与参考》2014年第1辑（总第57辑），人民法院出版社2014年版，第245~246页。

860. 一审胜诉，仍可提起上诉请求减少对方的给付金额的

关键词

当事人　给付金额　上诉利益

最高人民法院公布的典型案例

兴业银行股份有限公司十堰分行与十堰市岳典工贸有限公司、张金娥、郭中平、张家宏、张旗、张向阳金融借款合同纠纷案

附：案情简介

岳典公司分两次向兴业银行贷款3600万元，到期后未归还，兴业银行向十堰中院提起诉讼。在十堰中院一审审理期间，兴业银行因另案生效判决需向岳典公司返还款项1158万余元及利息。兴业银行在该判决生效数日后，于2018年10月8日晚21时，向岳典公司在该行开立的账户转入1158万余元及利息168万余元，备注用于履行生效判决。几分钟后，兴业银行将上述两笔资金从该账户扣收，备注用于抵偿本案借款本金。兴业银行据此向一审法院提交变更诉讼请求的申请，请求将诉讼请求变更为扣减上述两笔款项后的2272万余元。一审法院不予准许，仍判决岳典公司应向兴业银行偿还3600万元及利息等。兴业银行上诉，请求改判岳典公司偿还借款本金2272万余元及利息等。湖北高院二审判决支持了兴业银行的上诉请求，改判岳典公司偿还借款本金2272万余元及利息等。

说明

二审法院围绕一审完全胜诉的当事人提起上诉的，是否缺乏上诉利益这一看似“定论”的问题，根据原告在一审中主张抵销未获支持的情况，在查明抵销成立的基础上依法支持上诉人的上诉请求，不仅减少了当事人的诉累，而且丰富了“上诉利益”的内涵，特予以推荐。

——最高人民法院公布的2020年全国法院十大商事案例。

861. 对于一审法院认定基本事实不清的，二审法院应当“查清事实后改判”还是“发回重审”

关键词

改判　发回重审　二审法院　维持原判　一审法院

最高人民法院司法解释

第三百三十三条　民事诉讼法第一百七十七条第一款第三项规定的基本事实，是指用以确定当事人主体资格、案件性质、民事权利义务等对原判决、裁定的结果有实质性影响的事实。

——《最高人民法院关于适用〈中华人民共和国民事诉讼法〉的解释》（2022 年 4 月 1 日修正）。

附录：最高人民法院主流观点

对于一审法院认定基本事实不清的，二审法院应当“查清事实后改判”还是“发回重审”的问题，是长期困扰司法实践的难题。从诉讼经济的原则看来，如果二审法院能查清的，则宜依法直接改判。因为二审法院在审理上诉案件后直接行使审判权调整一审裁判内容，其所花费的成本相对而言要比发回重审的成本要低，符合诉讼经济的原则，有助于提高诉讼效率。正是因为依法改判相对于发回重审有较多优势，目前在大陆法系国家和地区出现了由“发回重审”向“依法改判”转变的趋势。在这种转变的过程中，许多国家和地区通过立法规定，除非有特殊情形，二审法院对一审法院的判决，在审核后通常以“维持原判”和“依法改判”两种方式加以处理，尽量限制“发回重审”的适用率。特别是针对适用法律错误的裁判上，更是如此。如德国、意大利等国家都采取措施，强化了二审法院在通常情况下自行改判的责任，以减少发回重审导致诉讼成本的增加。如果二审法院难以“查清事实”或者“查清事实”的诉讼成本较大的，才可以将案件发回原审法院重审。因为按照诉讼法法理和人对客观事物的认识原理，离案件发生的事实时点越近，其查证的准确度就会越高。按此原理，二审法院对案件事实的调查比一审法院的调查更加远离事实发生的时点，故二审法院重新认定事实的结果未必较一审法院所认定查证的事实更加正确可靠，所以对于一些基于基本实施方面的原因而提出上诉的，如果由一审法院调查核实该证据或者事实更有效率和经济等情形，才应当将案件发回重审，否则二审法院应在自行查清事实的基础上进行改判。

——最高人民法院民法典贯彻实施工作领导小组办公室编著：《最高人民法院新民事诉讼法司法解释理解与适用》，人民法院出版社2022年版，第731页。

862. 对裁判理由有异议的是否可以提起上诉

关键词

裁判理由　诉讼请求　上诉　上诉利益　执行异议之诉

最高人民法院裁判文书

武汉市武昌城市环境建设有限公司与国通信托有限责任公司等申请执行人执行异议之诉案［最高人民法院（2020）最高法民终934号民事判决书］

裁判要旨：裁判主文是人民法院就当事人的诉讼请求作出的结论，裁判理由是人民法院在认定案件事实的基础上就裁判主文如何作出进行的阐述，本身不构成判项内容，故原则上，如果当事人对裁判主文认可，不会因为裁判理由遭受不利益，但其若对于裁判理由的相关认定具有法律上的利害关系，具有上诉利益时可以提起上诉。

最高人民法院认为：根据双方当事人的诉辩情况，本案二审期间的争议焦点问题为：一、武昌城环公司就本案一审判决可否提起上诉。

关于焦点问题一，武昌城环公司就本案一审判决可否提起上诉的问题。本案一审原告为国通信托公司，一审判决为驳回国通信托公司的诉讼请求。武昌城环公司对一审的裁判结果无异议，但对于其中的部分裁判理由有异议并提起上诉。本院认为，裁判主文是人民法院就当事人的诉讼请求作出的结论，裁判理由是人民法院在认定案件事实的基础上就裁判主文如何作出进行的阐述，本身不构成判项内容，故原则上，如果当事人对裁判主文认可，不会因为裁判理由遭受不利益。但是本案中，一审判决驳回国通信托公司的诉讼请求主要是基于武汉缤购城置业公司已经进入破产程序，需要解除现有保全措施。武昌城环公司作为武汉缤购城置业公司的债权人，其是否为消费者购房人，是否具有消费者期待权，会影响到其之后在破产程序中权利顺位的认定，故其对于一审判决就“武昌城环公司是否具有消费者期待权”作出的认定具有法律上的利害关系，这种情形下，应当认定其具有上诉利益，可以提起上诉。

——中国裁判文书网。

863. 原审判决虽无明显不当，但与关联案件的判决认定将形成根本冲突，导致当事人利益严重失衡的，应发回重审

关键词

当事人利益严重失衡　发回重审

最高人民法院审判业务意见

仅以本案事实认定和法律适用考量，原审判决虽无明显不当，但与关联案件的判决认定将形成根本冲突，导致当事人利益严重失衡。为协调案件处理、平衡当事人利益，案件应发回重审。

欠款纠纷案件，所涉债务绝大部分是建设热电厂的项目资金。该项目是以甲公司借款给乙公司的形式，由乙公司组织建设。后双方以《热电厂资产收购合同》约定以资抵债，但收购合同被本案一审认定为未生效，故原审判决乙公司向甲公司清偿欠款。本案二审期间，一审法院在另案中作出终审判决，对热电厂归属于甲公司作出了明确认定，从而本案原审事实认定及处理结果将发生根本性转变。为防止两案判决发生根本冲突，导致当事人利益严重失衡，本案应发回原审法院重新审理，由原审法院在重审中协调两案处理。

——最高人民法院民事审判第二庭：《最高人民法院民二庭近两年发回重审、指令再审案件审理情况（2013 年 1 月）》，载最高人民法院民事审判第二庭编：《商事审判指导》2012 年第 4 辑（总第 32 辑），人民法院出版社 2013 年版，第 25 页。

864. 原审合议庭审判长在调离后仍以合议庭成员名义在判决书上署名的，属程序存在重大瑕疵，应发回重审

关键词

审判组织组成不合法　发回重审

最高人民法院审判业务意见

原审违反法定程序，案件应当发回重审。

一审法院作出一审判决前，审理该案的合议庭审判长已被同级人大常委会免去其审判职务。当事人上诉明确提出一审合议庭审判长在调离后仍以合

议庭成员名义在判决书上署名。本案一审程序存在重大瑕疵，违反了民事诉讼法的相关规定，应当发回重审。

——最高人民法院民事审判第二庭：《最高人民法院民二庭近两年发回重审、指令再审案件审理情况（2013 年 1 月）》，载最高人民法院民事审判第二庭编：《商事审判指导》2012 年第 4 辑（总第 32 辑），人民法院出版社 2013 年版，第 23~24 页。

865. 当事人增加、变更诉讼请求时，法院未重新指定举证期限是否属于严重违反法定程序的情形

关键词

增加、变更诉讼请求　严重违反法定程序

最高人民法院裁判文书

西藏中瑞矿业发展有限责任公司与刘宗俊借款合同纠纷案［最高人民法院（2020）最高法民终 340 号民事判决书］

裁判要旨：当事人增加、变更诉讼请求或者提出反诉，人民法院可以根据案件具体情况重新指定举证期限。但当事人增加、变更诉讼请求时，法院未重新指定举证期限并不属于《民事诉讼法》第一百七十条第一款第四项[①]以及《民事诉讼法解释》第三百二十五条规定的严重违反法定程序的情形。

最高人民法院认为，关于一审法院未重新指定举证期限是否严重违反法定程序的问题。当事人增加、变更诉讼请求或者提出反诉，人民法院可以根据案件具体情况重新指定举证期限。从本案情况看，刘宗俊一审庭审中增加、变更的诉讼请求并未增加中瑞公司答辩和举证的负担。况且，在本案的审理过程中，中瑞公司对于刘宗俊增加、变更的诉讼请求也并未提交证据予以反驳。故一审法院未就刘宗俊增加、变更诉讼请求重新指定举证期限，不违反法律和司法解释的规定，不损害中瑞公司的诉讼权利。此外，未重新指定举证期限亦不属于《中华人民共和国民事诉讼法》第一百七十条第一款第四项以及《最高人民法院关于适用〈中华人民共和国民事诉讼法〉的解释》第三百二十五条规定的严重违反法定程序的情形。故中瑞公司关于一审法院未重

① 现为《民事诉讼法》（2021 年修正）第一百七十七条第一款第四项。

新指定举证期限构成严重违反法定程序的主张不能成立。

——中国裁判文书网。

866. 法院超审限结案、未及时送达起诉状副本或民事判决书等，均不属于严重程序问题，不足以导致案件发回重审

关键词

超审限结案　严重程序问题　发回重审

最高人民法院裁判文书

江苏南通二建集团有限公司与东营市万方置业有限公司建设工程施工合同纠纷案［最高人民法院（2020）最高法民终738号民事裁定书］

裁判要旨：根据《民事诉讼法解释》第三百二十五条规定，下列情形，可以认定为民事诉讼法第一百七十条第一款第四项[①]规定的严重违反法定程序：（一）审判组织的组成不合法的；（二）应当回避的审判人员未回避的；（三）无诉讼行为能力人未经法定代理人代为诉讼的；（四）违法剥夺当事人辩论权利的。据此，当事人主张法院未及时送达起诉状副本及民事判决书，审理期限过长等问题，均不属于严重程序问题，不足以导致案件发回重审。

最高人民法院认为，关于一审是否存在严重程序错误，应予以发回重审问题。《最高人民法院关于适用〈中华人民共和国民事诉讼法〉的解释》第三百二十五条规定，下列情形，可以认定为民事诉讼法第一百七十条第一款第四项规定的严重违反法定程序：（一）审判组织的组成不合法的；（二）应当回避的审判人员未回避的；（三）无诉讼行为能力人未经法定代理人代为诉讼的；（四）违法剥夺当事人辩论权利的。万方公司并未提交证据证明原审存在上述问题。其主张原审法院未及时送达起诉状副本及民事判决书，审理期限过长等问题，均不属于严重程序问题，不足以导致本案应发回重审。

——中国裁判文书网。

---

① 现为《民事诉讼法》（2021年修正）第一百七十七条第一款第四项。

867. 区分撤回起诉与撤回上诉

关键词

撤回起诉　撤回上诉　二审程序

最高人民法院司法解释

第三百三十六条　在第二审程序中，原审原告申请撤回起诉，经其他当事人同意，且不损害国家利益、社会公共利益、他人合法权益的，人民法院可以准许。准许撤诉的，应当一并裁定撤销一审裁判。

原审原告在第二审程序中撤回起诉后重复起诉的，人民法院不予受理。

——《最高人民法院关于适用〈中华人民共和国民事诉讼法〉的解释》（2022 年 4 月 1 日修正）。

附录：最高人民法院主流观点

撤回上诉和撤回起诉不仅名称有别，在实质上亦存有不同。其一，主体不同。撤回上诉的主体为在法定期限内依法定条件提起上诉的上诉人，可为原审原告，亦可为原审被告，而狭义的撤回起诉在一审程序中只能由诉讼发起者原告提起，二审程序中则只能由原审原告提起。其二，撤回后产生的法律效果不同。撤回起诉使诉讼系属整体发生消灭，将导致诉讼程序的终结，即便在二审程序中撤回起诉，一审裁判也将因此失效。而撤回上诉则系撤回要求二审法院对案件进行重新审理、裁判的请求，因而仅导致二审的系属溯及性地发生消灭，即二审程序终结，原审裁判生效。其三，当事人的权利处分有所不同。撤回起诉仅表明当事人处分其自身的诉讼权利，而并非放弃其实体权利，因此通常原告撤回起诉以后即被视为自始未起诉（诉讼系属视为自始不存在），其仍有权再次提起诉讼。但在二审程序中，出于诉讼效益原则的考虑，我们作出了撤回起诉后禁止再诉的规定。然而上诉人撤回上诉后，通说认为该上诉人即丧失了上诉权，即使其上诉期间尚未届满，亦不得再行上诉。同时，两者之间亦存在共通之处，如均为向法院提出撤回审判的要求，均需人民法院审查裁定。另需注意的是，在权利的行使时间上，按照此前狭义的一审程序中撤回起诉，依照民事诉讼法第一百四十八条第一款之规定，应在宣判前提出，而撤回上诉则依据民事诉讼法第一百八十条的规定，在二审法院判决宣告前提出申请，《民事诉讼法解释》中并未明确限制二审程序中撤回起诉的权利行使时限，依据民事诉讼法第一百八十一条之规定，在权利行使的具体方式上，亦应按照一审程序中撤回起诉的相关规定执行。

——最高人民法院民法典贯彻实施工作领导小组办公室编著:《最高人民法院新民事诉讼法司法解释理解与适用》，人民法院出版社 2022 年版，第 739~740 页。

868. 区分一审程序中与二审程序中的撤回起诉

关键词

一审程序　撤回起诉　二审程序

最高人民法院司法解释

第三百三十六条　在第二审程序中，原审原告申请撤回起诉，经其他当事人同意，且不损害国家利益、社会公共利益、他人合法权益的，人民法院可以准许。准许撤诉的，应当一并裁定撤销一审裁判。

原审原告在第二审程序中撤回起诉后重复起诉的，人民法院不予受理。

——《最高人民法院关于适用〈中华人民共和国民事诉讼法〉的解释》（2022 年 4 月 1 日修正）。

附录：最高人民法院主流观点

撤回起诉的基本原理适用于任何审级，只是在二审程序中撤回的制度设计上更多考量各方利益权衡及诉讼效益原则，具体表现为：其一，一审程序中撤回起诉仅为原告对自身权利的处分，而案件进入二审程序，已经一审法院作出审理和裁判，势必对案涉相关当事人的权利义务产生影响，若相关当事人只能对原告的起诉、撤诉被动接受而无任何提出异议的权利，双方权益显然有所失衡，故在二审程序中原审原告申请撤回起诉应经其他当事人同意。其二，一审程序中人民法院准许原告撤回起诉仅就该申请作出裁定即可，二审程序则需一并裁定撤销一审裁判。其三，一审程序中原告撤回起诉后可再行起诉，而在第二审程序中，一审法院已经进行审理及裁判，若允许当事人自由地因撤诉而使该判决无效，进而使此前所有程序归于无效，无疑有悖于诉讼效益原则，故在尊重当事人撤诉自由的前提下，亦应对其撤诉后的再诉权利作出必要的限制，原审原告在二审程序中撤回起诉后重复起诉的，人民法院不予受理。值得注意的是，在原告无正当理由撤回起诉其后又提起的再诉显然在《民事诉讼法解释》第三百三十六条第二款的规制范围之内，但同时为保障当事人的诉权，避免不当剥夺当事人接受裁判的权利，必须对重复起诉作出更为明确的解释，一般而言，该重复系指诉的同一性，即当事人及作为诉讼标的的权利关系是相同的，且诉的利益也应当相同。

——最高人民法院民法典贯彻实施工作领导小组办公室编著:《最高人民法院新民事诉讼法司法解释理解与适用》，人民法院出版社 2022 年版，第 740 页。

869. 要做好一审、二审和审判监督程序的协调

关键词

一审程序　二审程序　审判监督程序

最高人民法院司法政策精神

在司法实践中，存在混淆一审、二审和审判监督程序职能的情况。十八届四中全会明确了一审、二审和审判监督程序的职能。一审的职能是查清案件事实，正确适用法律。在一审程序中，凡是与案件相关的事实，无论是否涉及争议焦点，都应查清，但涉及争议焦点的事实应当作为审理重点。例如，对于是否遗漏了必须参加诉讼的当事人的事实就必须查清，如果连诉讼主体都没有查清，案件就可能出问题。二审最重要的职能是解决案件的事实争议和法律争议。如果人民法院在二审程序中发现一审程序存在诉讼主体不适格、遗漏必须参加诉讼当事人等问题，仍应依法发回重审，但二审程序的重点是解决争议问题，实现两审终审。审判监督程序的职能是依法纠错，维护裁判权威。有些法院没有认识到审判监督程序的职能。当前我国加强社会主义法治建设，首先要改变这一现状。审判监督程序的职能是纠错。纠错是指改变或者撤销原一、二审裁判，首先要认定原审裁判有没有错误，如果认定有错误还应指出错误在哪里。在再审程序中，法官拥有的是依法纠错权，而不是自由裁量权。有些案件中，法官对相关法律问题的认识普遍存在分歧，如果不坚持法官在审判监督程序中只拥有依法纠错权而非自由裁量权的原则，不分清一审、二审和审判监督程序各自不同的职能，就可能导致当事人重复上访，社会主义法治秩序就不可能建立。因此，人民法院在理解和适用民事诉讼法和民事诉讼法司法解释时，一定要把握好一审、二审和审判监督程序各自的职能，协调好它们之间的关系，使司法发挥好其应有的作用。

——杜万华:《贯彻实施民诉法和民诉法解释应遵循的审判执行规律》，载最高人民法院研究室编著:《司法研究与指导》总第 8 辑，人民法院出版社 2016 年版，第 32 页。

THE COLLECTION OF THE SUPREME PEOPLE'S COURT'S
JUDICIAL RULES (4rd)

最高人民法院
司法观点集成

〔第四版〕

民事诉讼卷

③

人民法院出版社　编

人 民 法 院 出 版 社

总 目 录

第三册目录

第十二章　民事公益诉讼、生态环境损害赔偿诉讼

一、民事公益诉讼

二、生态环境损害赔偿诉讼

第十三章 第三人撤销之诉

一、提起第三人撤销之诉的主体资格

二、不能提起第三人撤销之诉的情形

三、第三人撤销之诉中的其他问题

第十四章 特别程序

一、宣告失踪、宣告死亡案件

二、确认调解协议案件

三、实现担保物权案件

四、人身安全保护令案件

第十五章　审判监督程序

一、再审申请

二、再审审查

三、再审程序

四、其　他

第十六章 公示催告程序

第十七章 督促程序

第十八章 涉外民事诉讼程序

一、涉外民事诉讼

二、涉外仲裁

三、司法协助

四、其　他

第十九章　仲　裁

一、仲裁协议

二、司法与仲裁

三、其 他

第二十章 民刑交叉

第二十一章 其 他

一、繁简分流与四级法院审级职能定位

二、统一法律适用标准

三、在线诉讼

第十二章　民事公益诉讼、生态环境损害赔偿诉讼

一、民事公益诉讼

870. 大力推进环境民事公益诉讼

关键词

环境民事公益诉讼

最高人民法院司法政策精神

四、大力推进环境民事公益诉讼

充分保障法律规定的机关和有关组织的环境民事公益诉权。依照民事诉讼法、环境保护法和海洋环境保护法等有关法律规定，充分保障环境公益诉讼原告诉权，及时受理符合条件的公益诉讼。对于负有监督、管理、保护环境公共利益职责的海洋环境监督管理部门等机关依法提起的公益诉讼，以及符合环境保护法第五十八条规定的社会组织提起的公益诉讼，应当依法受理。同一污染环境、破坏生态行为既损害社会公共利益，又损害公民、法人和其他组织民事权益的，有关机关和组织提起公益诉讼，不影响受害人另行提起民事诉讼。

依法确定环境民事公益诉讼的管辖法院。环境公益诉讼一般由侵权行为地或者被告住所地的中级人民法院管辖。同一原告或者不同原告对同一行为分别向两个或者两个以上有管辖权的人民法院提起环境公益诉讼的，由最先受理的人民法院管辖。共同上级人民法院也可以在有管辖权的法院中指定一个法院集中管辖。

探索完善环境民事公益诉讼的审判程序。探索立案沟通协调机制，及时将环境公益诉讼起诉情况通报环境资源保护行政执法机关。探索建立受理公告制度，及时公告环境公益诉讼受理情况。对于审理案件需要的涉及社会公

共利益的证据原告因客观原因无法取得的，可以依职权调取。对于原告承担举证责任的涉及社会公共利益的事实需要鉴定的，可以依职权委托鉴定。对于当事人达成的调解协议或者和解撤诉申请，应当特别注重审查是否损害国家利益、社会公共利益或者他人合法权益。对于需要采取强制执行措施的生效判决，可以依法移送执行。

依法确定环境民事公益诉讼的责任方式和赔偿范围。人民法院审理环境公益诉讼案件，可以根据原告请求判令被告停止侵害、排除妨碍、消除危险、返还财产、恢复原状、赔偿损失。探索研究环境公益诉讼的赔偿范围及其与私益诉讼赔偿范围的关系。环境公益诉讼的原告请求被告赔偿预防损害发生或恢复环境费用、破坏自然资源等生态环境造成的损失以及合理的律师费、调查取证费、鉴定评估费等诉讼支出的，可以根据案件审理情况予以支持。探索设立环境公益诉讼专项基金，将环境赔偿金专款用于恢复环境、修复生态、维护环境公共利益；尚未设立基金的地方，可以与环境资源保护行政执法机关、政府财政部门等协商确定环境赔偿金的交付使用方式。

探索构建合理的诉讼成本负担机制。加大对环境公益诉讼原告的司法救助力度，法律规定的机关和有关组织向人民法院依法申请缓交、减交或者免交案件受理费、保全申请费的，可以予以准许。合理确定诉讼费用的负担主体，在原告胜诉时，原告支出的合理的律师费、调查取证费、鉴定评估费等费用可以判令由被告承担。鼓励从环境公益诉讼基金中支付原告环境公益诉讼费用的做法，充分发挥环境公益诉讼主体维护环境公共利益的积极作用。

——《最高人民法院关于全面加强环境资源审判工作为推进生态文明建设提供有力司法保障的意见》（2014 年 6 月 23 日，法发〔2014〕11 号）。

五、依法审理各类生态环境损害赔偿诉讼案件，有效维护环境公共利益和国家所有者权益

17. 依法审理社会组织提起的环境民事公益诉讼案件。依法及时受理符合法定条件的环境民事公益诉讼案件，积极构建有利于社会组织提起诉讼的程序和配套机制。妥善处理司法保护和其他路径保护的关系，尊重行政机关的首次判断权和自由裁量权，为行政机关发挥职能作用创造有利条件。在尊重审判规律的前提下，依法适度强化能动司法，创新审理方法和裁判方式，探索符合需要的证据保全、先予执行、执行监督等特殊规则，发挥公益诉讼的评价指引和政策形成功能。

18. 依法审理检察机关提起的环境公益诉讼案件。遵循职权法定原则，依法及时受理检察机关根据全国人大常委会授权决定试点提起的环境民事、行政公益诉讼案件。主动适应改革需要，坚持以民事诉讼法和行政诉讼法作为基本依据，结合检察机关提起公益诉讼特点，在法律框架范围内创新、完善

具体的审判工作方式方法。坚持正当程序的基本规则，依法保障举证、辩论等诉讼权利的充分行使，平等保护各方当事人的合法权益。

19. 积极探索省级政府提起生态环境损害赔偿诉讼案件的审理规则。按照《生态环境损害赔偿制度改革试点方案》，试点地方省级政府经国院授权后，作为本行政区域内生态环境损害赔偿权利人，可以对违反法律法规造成生态环境损害的单位或者个人提起民事诉讼。认真研究此类基于国家自然资源所有权提起的生态环境损害赔偿诉讼案件的特点和规律，根据赔偿义务人主观过错、经营状况等因素试行分期赔付，探索多样化责任承担方式。试点地方省级政府提起生态环境损害赔偿诉讼，不影响社会组织依法提起环境民事公益诉讼，也不影响人身和财产权利受到损害的自然人、法人和其他组织提起私益诉讼。准确界定基于同一侵权行为发生的三类诉讼之间的关系，做好诉讼请求、事实认定、责任承担以及判决执行等方面的协调、对接。

——《最高人民法院关于充分发挥审判职能作用为推进生态文明建设与绿色发展提供司法服务和保障的意见》（2016 年 5 月 26 日，法发〔2016〕12 号）。

23. 依法审理环境公益诉讼和省级政府提起的生态环境损害赔偿诉讼案件。依法受理和审理社会组织提起的环境民事公益诉讼案件以及检察机关提起的环境行政、民事公益诉讼案件，强化公众参与长江流域生态环境保护，充分落实修复理念和补偿机制，形成公益诉讼对于长江流域生态环境保护的评价指引和政策形成功能，切实维护长江流域生态环境安全。推动建立长江流域环境公益诉讼专项资金管理使用制度，保障长江流域环境公益诉讼健康发展。总结长江流域试点地区审判经验，依法审理省级政府提起的生态环境损害赔偿诉讼案件，依法追究责任主体的生态环境损害赔偿责任。

——《最高人民法院关于全面加强长江流域生态文明建设与绿色发展司法保障的意见》（2017 年 12 月 1 日，法发〔2017〕30 号）。

21. 依法妥善审理环境公益诉讼案件、生态环境损害赔偿案件以及其他新型环境资源案件。及时受理和审理符合法定条件的社会组织提起的环境民事公益诉讼案件以及检察机关提起的乡村环境民事、行政公益诉讼案件和刑事附带民事公益诉讼案件，不断完善环境公益诉讼案件审理程序和配套机制。依法妥善审理法定机关提起的乡村生态环境损害赔偿案件，追究责任主体的生态环境损害赔偿责任。

——《最高人民法院关于为实施乡村振兴战略提供司法服务和保障的意见》（2018 年 10 月 23 日，法发〔2018〕19 号）。

871. 正确区分民事公益诉讼和私益诉讼

关键词

民事公益诉讼　私益诉讼

最高人民法院司法解释

第二十九条　法律规定的机关和社会组织提起环境民事公益诉讼的，不影响因同一污染环境、破坏生态行为受到人身、财产损害的公民、法人和其他组织依据民事诉讼法第一百一十九条①的规定提起诉讼。

——《最高人民法院关于审理环境民事公益诉讼案件适用法律若干问题的解释》（2020 年 12 月 29 日修正）。

第二百八十六条　人民法院受理公益诉讼案件，不影响同一侵权行为的受害人根据民事诉讼法第一百二十二条规定提起诉讼。

——《最高人民法院关于适用〈中华人民共和国民事诉讼法〉的解释》（2022 年 4 月 1 日修正）。

附录：最高人民法院主流观点

需要注意的是，司法实践中应正确区分环境民事公益诉讼和私益诉讼，防止将本属于私益诉讼的案件界定为环境民事公益诉讼，进而将因环境污染或破坏生态行为而请求法院保护个人人身权和财产权的案件拒之门外。具体而言，污染环境、破坏生态的行为既可能造成环境公共利益的损害，也可能造成私人人身、财产权益的损害，还可能同时造成上述两种损害，而环境公益诉讼的目的在于预防及修复公共利益的损害，只能由法律规定的机关和有关组织提起，而私益诉讼的目的在于救济个人权益，只要原告与本案有利害关系，法院即不得以主体不适格为由拒绝受理。因为环境案件具有公益与私益相互交织的复合性特征，给实践中正确区分两类案件增加了一定的难度。环境民事公益诉讼与私益诉讼最大的区别在于前者是为保护环境公共利益而提起的，具有“主观为公益”的特点，虽然私益诉讼中也可能涉及公共利益事项，如受害人请求污染者对其财产损失予以赔偿的同时还请求其停止排污，客观上起到了维护环境公共利益的作用，但实质仍然是“主观为私益”，实践中不能仅以个人提出停止侵害、排除妨碍、消除危险等诉讼请求就认定本案

① 现为《民事诉讼法》（2021 年修正）第一百二十二条。

为公益诉讼而不予受理。此外，实践中也不能单纯以受损害人数的多少来区分公共利益和个人利益。例如在海洋环境污染中，既有沿海渔民遭受养殖、捕捞损失，也有海洋环境损害，尽管渔民成千上万，但其养殖、捕捞等损失的赔偿请求仍属于私益诉讼范畴，法院没有正当理由不能拒绝受理该类案件。只有请求赔偿环境损失（如清污费、恢复生态治理费用、生态损失等）才能纳入公益诉讼，并应由法律规定的机关和有关组织提起。

公民、法人和其他组织以人身、财产受到损害为由提起的诉讼属于私益诉讼的范畴，与公益诉讼相比，两者在侵权行为是否成立、因果关系的认定等方面可能存在重合，但更有可能产生矛盾[①]，如果在人民法院受理了公益诉讼之后，公民、法人和其他组织针对同一污染行为申请参加公益诉讼的，人民法院应当告知其另行提起私益诉讼，而非加入到公益诉讼中来。这样更有利于发挥公益诉讼和私益诉讼各自的价值，共同致力于对环境违法行为的责任追究，保障和促进环境公益。

——最高人民法院环境资源审判庭编著：《最高人民法院关于环境民事公益诉讼司法解释理解与适用》，人民法院出版社 2015 年版，第 23~24、151 页。

872. 区分公益诉讼与私益诉讼的起诉条件

关键词

公益诉讼　私益诉讼　起诉　原告主体资格

最高人民法院司法解释

第二百八十二条　环境保护法、消费者权益保护法等法律规定的机关和有关组织对污染环境、侵害众多消费者合法权益等损害社会公共利益的行为，根据民事诉讼法第五十八条规定提起公益诉讼，符合下列条件的，人民法院应当受理：

（一）有明确的被告；

（二）有具体的诉讼请求；

（三）有社会公共利益受到损害的初步证据；

（四）属于人民法院受理民事诉讼的范围和受诉人民法院管辖。

——《最高人民法院关于适用〈中华人民共和国民事诉讼法〉的解释》

① 最高人民法院环境资源审判庭编著：《〈中华人民共和国环境保护法〉条文理解与适用》，人民法院出版社 2014 年版，第 317 页。

（2022年4月1日修正）。

附录：最高人民法院主流观点

民事诉讼法第一百二十二条规定了私益诉讼的起诉条件：原告是与本案有直接利害关系的公民、法人和其他组织；有明确的被告；有具体的诉讼请求和事实、理由；属于人民法院受理民事诉讼的范围和受诉人民法院管辖。这四项条件，除第一项之外，其他三项均适用于公益诉讼。“直接利害关系规则”是建立在任何民事权益都有积极的捍卫者，一旦其权益受损，那么权利人必然会向法院寻求救济的假设基础之上的。但是，公益诉讼案件中，由于社会公共利益具有公共性以及受害者具有不特定等特点，如果严格遵循“直接利害关系规则”，就有可能出现没有直接利害关系人，或者直接利害关系人因不知、不能、不敢等原因而未提起诉讼，以致无人起诉的局面。这不利于对公共利益的保护。因此，《民事诉讼法解释》明确规定，公益诉讼的原告并不要求一定与本案有法律上的直接利害关系，如被告污染环境、破坏生态的行为即使没有直接损害某一环保组织的利益，该环保组织只要具备法律规定的原告主体资格，也可以提起公益诉讼。但能够提起公益诉讼的主体受到法律的严格限制，即应当是具有公益诉讼原告主体资格的法律规定的机关或者有关组织，一般的公民、法人和其他组织不具有提起公益诉讼的原告主体资格。

——最高人民法院民法典贯彻实施工作领导小组办公室编著：《最高人民法院新民事诉讼法司法解释理解与适用》，人民法院出版社2022年版，第612页。

873. 公益诉讼和私益诉讼并行时程序的处理

关键词

公益诉讼　私益诉讼　中止审理　侵权行为

最高人民法院司法解释

第二百八十六条　人民法院受理公益诉讼案件，不影响同一侵权行为的受害人根据民事诉讼法第一百二十二条规定提起诉讼。

——《最高人民法院关于适用〈中华人民共和国民事诉讼法〉的解释》（2022年4月1日修正）。

附录：最高人民法院主流观点

对于就同一侵权行为，法律规定的机关和有关组织提起公益诉讼，受害人提起私益诉讼，两个程序之间必须进行协调，不能分别进行，否则可能会出现就同一事实作出不同判决的矛盾。对此有两种观点：一种观点认为，私益诉讼应当优先。理由是：第一，公益诉讼是在私益诉讼无法实现对权利的救济时才可以适用的一种诉讼程序，如果能够通过私益诉讼进行救济，则应当优先适用私益诉讼程序；第二，私人权益受到损害时，应当优先保护私人权益，这是私益保护优先于公益保护原则的要求；第三，公益诉讼往往费时耗力，如果公益诉讼优先，对私益保护往往不够及时。另一种观点认为，公益诉讼应当优先。理由是：第一，公益诉讼的主体为有关机关和社会组织，它们往往都有专业人员和专业能力，能更好地完成诉讼；第二，公益诉讼保护的是社会公共利益，而私益诉讼保护的私人权益，公益诉讼实现了社会公共利益的保护时，同时也就救济了私人权益；第三，涉及社会公共利益的案件，受害人人数往往众多，有时诉讼标的额很小，整个私益诉讼完成周期过长，而且诉讼成本过高。一旦公益诉讼完成后，对受害人救济将非常简单和迅捷。《民事诉讼法解释》草案中曾经有两个方案，但最终我们认为，两者如何协调，不能简单地“一刀切”，目前实践经验不够，司法解释先不作规定。

实践中，可以考虑依当事人的申请而对两个案件先后处理。私益诉讼的原告以公益诉讼已经提起为由申请中止审理的，人民法院可以准许。《消费公益诉讼解释》第十条对此作了明确规定：“消费民事公益诉讼案件受理后，因同一侵权行为受到损害的消费者请求对其根据民事诉讼法第一百一十九条规定提起的诉讼予以中止，人民法院可以准许。”公益诉讼的原告以私益诉讼已经提起为由申请中止诉讼，人民法院可以先待私益诉讼审理完再恢复审理。另一个可以考虑的因素是在先受理的案件的审理阶段，如果先诉已经开完庭，即将作出裁判的，原则上人民法院不宜再中止诉讼。

——最高人民法院民法典贯彻实施工作领导小组办公室编著：《最高人民法院新民事诉讼法司法解释理解与适用》，人民法院出版社2022年版，第625页。

874. 民事公益诉讼与私益诉讼的诉讼请求重合时如何处理

关键词

民事公益诉讼　私益诉讼　诉讼请求重合

附录：最高人民法院主流观点

环境民事公益诉讼原告和私益诉讼原告的诉讼请求出现重合时应如何处理。环境民事公益诉讼原告和私益诉讼原告的诉讼请求出现重合，主要是两者均提起不作为请求权的情形，即都要求被告就同一行为停止侵害、排除妨碍、消除危险。在此情况下，依据本司法解释的规定，人民法院不能以环境民事公益诉讼已经受理为由对于私益诉讼不予立案，反之，也不能以私益诉讼已经受理为由对于环境民事公益诉讼不予立案。但是，如果环境民事公益诉讼原告或者私益诉讼原告的诉讼请求已经获得了支持，则另一案件原告的诉讼目的自然也获得了满足，诉讼已缺乏进行下去的必要，或者说该诉讼已经缺少诉的利益这一诉讼要件，此时，法院应向原告释明，让其申请撤诉，如原告坚持不撤诉的，法院应裁定驳回其起诉。

——最高人民法院环境资源审判庭编著：《最高人民法院关于环境民事公益诉讼司法解释理解与适用》，人民法院出版社2015年版，第23~24、151页。

二、消费民事公益诉讼与私益诉讼请求重合问题

在相关机构组织提起消费民事公益诉讼，而自身权利受到损害的消费者提起私益诉讼时，可能还会出现两个诉讼中部分诉讼请求重合的问题，特别是在当事人提出停止侵害、消除危险、排除妨碍等不作为诉讼请求时。对于两个不同的诉讼案件中，当事人提出内容相同的诉讼请求，人民法院不得拒绝立案受理，但是针对被告同一侵权行为，人民法院亦不应作出两次禁止性判决。考虑到公益诉讼中，对被告停止侵害等不作为请求具有普遍性和广泛性，因此，在消费民事公益诉讼中已经作出支持原告提出的要求被告不作为等诉讼请求后，相关私益诉讼中则不应再就此问题作出处理，而是应当向原告释明，要求其撤回相应诉讼请求，在其坚持不撤回的情况下，则应当驳回相应起诉或诉讼请求。相反，如果在消费民事私益诉讼中先行作出支持不作为等诉讼请求的裁判后，在后进行的相关公益诉讼中，还应当分辨前述生效裁判内容是否对不特定消费者具有普遍适用的意义，如果生效裁判仅处理了被告对特定消费者的不作为义务问题，则后续进行的公益诉讼中，仍应就被告是否对不特定的广大消费者负有相应不作为义务作出认定，而不能要求公益诉讼的原告撤回相应诉讼请求，或者直接驳回其诉讼请求。而如果已经生效的私益诉讼裁判的内容，已经产生了对广大消费者普遍适用的法律效果，使得公益诉讼中原告提出的不作为诉讼请求不再必要，则应当比照上述公益诉讼裁判作出后，在相关私益诉讼中的原则处理。

——最高人民法院民事审判第一庭编著：《最高人民法院消费民事公益诉讼司法解释理解与适用》，人民法院出版社2016年版，第192~193页。

875. 民事公益诉讼生效裁判对其后关联私益诉讼的效力

关键词

民事公益诉讼　私益诉讼　免除举证责任　既判力

最高人民法院司法解释

第三十条　已为环境民事公益诉讼生效裁判认定的事实，因同一污染环境、破坏生态行为依据民事诉讼法第一百一十九条[①]规定提起诉讼的原告、被告均无需举证证明，但原告对该事实有异议并有相反证据足以推翻的除外。

对于环境民事公益诉讼生效裁判就被告是否存在法律规定的不承担责任或者减轻责任的情形、行为与损害之间是否存在因果关系、被告承担责任的大小等所作的认定，因同一污染环境、破坏生态行为依据民事诉讼法第一百一十九条规定提起诉讼的原告主张适用的，人民法院应予支持，但被告有相反证据足以推翻的除外。被告主张直接适用对其有利的认定的，人民法院不予支持，被告仍应举证证明。

——《最高人民法院关于审理环境民事公益诉讼案件适用法律若干问题的解释》(2020 年 12 月 29 日修正)。

第十六条　已为消费民事公益诉讼生效裁判认定的事实，因同一侵权行为受到损害的消费者根据民事诉讼法第一百一十九条规定提起的诉讼，原告、被告均无需举证证明，但当事人对该事实有异议并有相反证据足以推翻的除外。

消费民事公益诉讼生效裁判认定经营者存在不法行为，因同一侵权行为受到损害的消费者根据民事诉讼法第一百一十九条规定提起的诉讼，原告主张适用的，人民法院可予支持，但被告有相反证据足以推翻的除外。被告主张直接适用对其有利认定的，人民法院不予支持，被告仍应承担相应举证证明责任。

——《最高人民法院关于审理消费民事公益诉讼案件适用法律若干问题的解释》(2020 年 12 月 29 日修正)。

附录：最高人民法院主流观点

1. 适用本司法解释第三十条第一款时，应注意对私益诉讼原、被告的区

---

① 现为《民事诉讼法》(2021 年修正)第一百二十二条。

别适用

虽然本条规定已为环境民事公益诉讼生效裁判认定的事实，私益诉讼的原告、被告均可以主张适用，但考虑到私益诉讼的被告参加过环境民事公益诉讼案件的审理，已经充分行使了举证辩论等权利，故不应允许其在私益诉讼中对于环境民事公益诉讼生效裁判认定的事实再作相反主张，换言之，这个权利仅赋予私益诉讼的原告。

2. 适用本司法解释第三十条第二款时，应注意但书条款

私益诉讼的原告虽享有“搭便车”的权利，可在私益诉讼中主张适用环境民事公益诉讼生效裁判对其有利的认定，但为平衡双方的利益，本条还专门规定了但书条款，即对于环境民事公益诉讼生效裁判就被告是否存在法律规定的不承担责任或者减轻责任的情形等所作的认定，被告还可以提供相反证据予以推翻。此外，被告如主张适用环境民事公益诉讼生效裁判中对其有利的认定，人民法院不应予以支持，其仍应负举证证明的责任，这也是既判力单向扩张规则的题中应有之义。

——最高人民法院环境资源审判庭编著：《最高人民法院关于环境民事公益诉讼司法解释理解与适用》，人民法院出版社 2015 年版，第 108~109 页。

本条解释仅适用于消费民事公益诉讼裁判生效后，消费者针对经营者的同一侵权行为而提起私益诉讼的情形。关联私益诉讼的原告必须是消费者，即消费者针对经营者提起的维权私益诉讼，如果是经营者作为原告的情形则不能适用本条解释。

消费民事公益诉讼生效裁判确认的事实对于其后关联私益诉讼的原告和被告均具有免予举证的效力。此外，双方当事人对该预决事实都有提出异议并举反证推翻的权利。

消费民事公益诉讼生效裁判的既判力扩张是单向的，即仅对于私益诉讼原告有利的扩张。在客体范围上，消费民事公益诉讼生效裁判中仅“经营者存在不法行为”这一认定可以进行既判力扩张。前面已经提到，生效裁判既判力扩张的正当性基础是当事人的正当程序权利在前诉中已经获得充分保障，由于作为私益诉讼原告的消费者没有参与消费公益诉讼程序，没有在前诉中获得正当程序权利保障，因此，若消费公益诉讼生效裁判就经营者是否存在不法行为作出对消费者不利的认定，则该裁判既判力不得扩张于关联私益诉讼的原告，关联私益诉讼的被告仍然应当就其主张承担举证责任。如果消费民事公益诉讼生效裁判就经营者是否存在不法行为作出对消费者有利的认定，则作为关联私益诉讼原告的消费者可以主张适用。经营者对这一认定有异议的，应当承担举证证明责任。简言之，对经营者是否存在不法行为这一争点问题，无论消费民事公益诉讼作出怎样的认定，在关联私益诉讼中经营者均

要承担举证证明责任。

——最高人民法院民事审判第一庭编著：《最高人民法院消费民事公益诉讼司法解释理解与适用》，人民法院出版社2016年版，第320~321页。

876. 人民检察院提起民事公益诉讼的诉讼主体地位

关键词

人民检察院　民事公益诉讼　诉讼地位

最高人民法院司法政策精神

第四条　人民检察院以公益诉讼人身份提起民事公益诉讼，诉讼权利义务参照民事诉讼法关于原告诉讼权利义务的规定。民事公益诉讼的被告是被诉实施损害社会公共利益行为的公民、法人或者其他组织。

——《最高人民法院关于印发〈人民法院审理人民检察院提起公益诉讼案件试点工作实施办法〉的通知》（2016年2月25日，法发〔2016〕6号）。

最高人民法院公布的典型案例

江苏省徐州市人民检察院诉徐州市鸿顺造纸有限公司水污染民事公益诉讼案

徐州市中级人民法院一审认为，鸿顺公司排放废水污染环境，应当承担环境污染责任。根据已查明的环境污染事实、鸿顺公司的主观过错程度、防治污染设备的运行成本、生态环境恢复的难易程度、生态环境的服务功能等因素，可酌情确定该公司应当承担的生态环境修复费用及生态环境受到损害至恢复原状期间的服务功能损失，遂判决鸿顺公司赔偿生态环境修复费用及服务功能损失共计105.82万元。宣判后，鸿顺公司以一审公益诉讼人徐州市人民检察院为被上诉人提起上诉。江苏省高级人民法院二审认为，污染物排放点的环境质量已经达标不能作为鸿顺公司拒绝承担生态环境修复费用的理由，一审判决以2.035倍作为以虚拟治理成本法计算生态环境修复费用的系数并无不当，以查明的鸿顺公司排放废水量的四倍计算生态环境修复费用具有事实和法律依据。二审判决驳回上诉，维持原判。

——《最高人民法院发布环境公益诉讼典型案例》（2017年3月7日）。

说明

江苏省徐州市人民检察院诉徐州市鸿顺造纸有限公司水污染民事公益诉讼案是全国人大常委会授权检察机关试点提起公益诉讼以来人民法院依法受

理的首批民事公益诉讼案件，也是人民法院审理的第一起检察机关试点提起公益诉讼的二审案件。一审法院注重司法公开，体现公众参与，合议庭由审判员和人民陪审员共同组成，庭审向社会公开并进行视频、文字同步直播。庭审时邀请专家辅助人就环境保护专业技术问题提出专家意见，较好地解决了环境资源案件科学性和公正性的衔接问题。该案尝试根据被告违法排污的主观过错程度、排污行为的隐蔽性以及环境损害后果等因素，合理确定带有一定惩罚性质的生态环境修复费用，加大污染企业违法成本，有助于从源头上遏制企业违法排污。二审法院依据民事诉讼法及《全国人民代表大会常务委员会关于授权最高人民检察院在部分地区开展公益诉讼试点工作的决定》审理检察机关提起公益诉讼的二审案件，对于完善该类案件二审程序规则起到了示范作用。

附录：最高人民法院主流观点

《试点方案》规定："检察机关以公益诉讼人身份提起民事（行政）公益诉讼。"由于"公益诉讼人"在民事诉讼法和行政诉讼法上法律地位不明确，将其与原告的关系表述清楚才能确定检察机关在公益诉讼中的权利义务。检察机关在公益诉讼案件中不同于普通民事诉讼案件的原告，与其他公益诉讼原告一样，都是与案件没有直接利害关系、基于法律的授权提起公益诉讼的"当事人"。全国人大常委会对检察机关提起公益诉讼进行专门授权，说明检察机关提起公益诉讼所行使的不是传统意义上的法律监督权，而是以公益诉讼人身份提起民事（行政）公益诉讼。

在《实施办法》的起草过程中，有人提出将提起公益诉讼的社会组织也表述为公益诉讼人，以示所有的公益诉讼"原告"均处于相同的法律地位。将提起公益诉讼的社会组织表述为公益诉讼人，会与现有其他司法解释造成冲突，而且"公益诉讼人"也不是一个诉讼法上的概念，公益诉讼中的被告也是公益诉讼人。因此《实施办法》没有采纳这一建议。也有人建议表述为"人民检察院以公益诉讼人身份提起民事（行政）公益诉讼，参照民事（行政）诉讼原告的诉讼权利义务参加诉讼活动。"考虑到"参照"一词在具体操作上有一定的模糊性，可能引发歧义，因此，《实施办法》采用了更明确的表述方式：人民检察院以公益诉讼人身份提起民事（行政）公益诉讼，诉讼权利义务适用民事（行政）诉讼法关于原告诉讼权利义务的规定。这样规定使人民检察院在公益诉讼中有了明确的法律地位，也体现了依法改革的精神。

——范明志、韩建英、黄斌：《〈最高人民法院关于印发《人民法院审理人民检察院提起公益诉讼案件试点工作实施办法》的通知〉的理解与适用》，载江必新主编：《最高人民法院司法解释与指导性案例理解与适用》第五卷，人民法院出版社 2017 年版，第 625~626 页。

877. 人民检察院提起民事公益诉讼的诉前程序

关键词

人民检察院提起　民事公益诉讼　诉前程序

最高人民法院司法政策精神

第一条　人民检察院认为被告有污染环境、破坏生态、在食品药品安全领域侵害众多消费者合法权益等损害社会公共利益的行为，在没有适格主体提起诉讼或者适格主体不提起诉讼的情况下，向人民法院提起民事公益诉讼，符合民事诉讼法第一百一十九条①第二项、第三项、第四项规定的，人民法院应当登记立案。

第二条　人民检察院提起民事公益诉讼应当提交下列材料：

（一）符合民事诉讼法第一百二十一条②规定的起诉状，并按照被告人数提出副本；

（二）污染环境、破坏生态、在食品药品安全领域侵害众多消费者合法权益等损害社会公共利益行为的初步证明材料；

（三）人民检察院已经履行督促或者支持法律规定的机关或有关组织提起民事公益诉讼的诉前程序的证明材料。

——《最高人民法院关于印发〈人民法院审理人民检察院提起公益诉讼案件试点工作实施办法〉的通知》（2016 年 2 月 25 日，法发〔2016〕6 号）。

附录：理解与适用

《实施办法》第一条规定人民法院受理人民检察院提起民事公益诉讼案件应当符合“没有适格主体提起诉讼或者适格主体不提起诉讼”的条件；第二条第（三）项关于起诉材料的条款规定了人民检察院提交“人民检察院已经履行督促或者支持法律规定的机关或有关组织提起民事公益诉讼的诉前程序的证明材料”。《实施办法》第十二条第（三）项要求人民检察院提起行政公益诉讼时“应当提交已经履行向相关行政机关提出检察建议、督促其纠正违法行政行为或者依法履行职责的诉前程序的证明材料”。这些规定分别设置了人民检察院提起民事、行政公益诉讼的诉前程序，与《授权决定》的相关规定协调一致。

---

① 现为《民事诉讼法》（2021 年修正）第一百二十二条。

② 现为《民事诉讼法》（2021 年修正）第一百二十三条。

诉前程序是人民法院审理人民检察院提起公益诉讼案件改革试点工作的一大亮点，其意义在于体现司法权的谦抑性。对于国家和公共管理事务，一般应当首先由行政权处理，司法权则处于事后救济的功能地位。对于公益诉讼所涉公共事务的处理亦应如此。对于民事公益诉讼，作为司法机关的人民检察院应当将提起诉讼的原告资格在顺序上让位于“法律规定的机关或有关组织”，只有在没有适格主体提起诉讼或者适格主体不提起诉讼的情况下，人民检察院才担负起提起诉讼的职责。对于行政公益诉讼，则要求检察机关向相关行政机关提出检察建议，督促其纠正违法行政行为或者依法履行职责，这样可以发挥行政机关本来的职能以维护公共利益，避免司法机关直接处理行政事务。同时，诉前程序会使大量的矛盾解决在诉讼程序之前，而不必全部进入法院审判，有利于节约司法资源。

诉前程序是起诉前必经的程序，人民检察院未履行该程序而提起公益诉讼的，人民法院应当不予立案。

——范明志、韩建英、黄斌：《〈最高人民法院关于印发《人民法院审理人民检察院提起公益诉讼案件试点工作实施办法》的通知〉的理解与适用》，载江必新主编：《最高人民法院司法解释与指导性案例理解与适用》第五卷，人民法院出版社 2017 年版，第 627~628 页。

878. 人民检察院提起民事公益诉讼的案件范围

关键词

人民检察院　民事公益诉讼　案件范围

最高人民法院司法政策精神

第一条　人民检察院认为被告有污染环境、破坏生态、在食品药品安全领域侵害众多消费者合法权益等损害社会公共利益的行为，在没有适格主体提起诉讼或者适格主体不提起诉讼的情况下，向人民法院提起民事公益诉讼，符合民事诉讼法第一百一十九条[①]第二项、第三项、第四项规定的，人民法院应当登记立案。

——《最高人民法院关于印发〈人民法院审理人民检察院提起公益诉讼案件试点工作实施办法〉的通知》（2016 年 2 月 25 日，法发〔2016〕6 号）。

① 现为《民事诉讼法》（2021 年修正）第一百二十二条。

附录：理解与适用

《实施办法》第一条规定了人民法院受理人民检察院提起民事公益诉讼案件的范围，即人民检察院认为被告有污染环境、破坏生态、在食品药品安全领域侵害众多消费者合法权益等损害社会公共利益行为而提起诉讼的案件。《实施办法》作出上述案件范围规定的主要依据有。

第一，全国人大常委会的《授权决定》。关于检察机关提起公益诉讼的案件范围，《授权决定》明确为“在生态环境和资源保护、国有资产保护、国有土地使用权出让、食品药品安全等领域”。根据环境保护法第五十八条、《最高人民法院关于审理环境民事公益诉讼案件适用法律若干问题的解释》第一条的规定，“生态环境”案件应当包括污染环境和破坏生态的案件，《实施办法》与其保持了一致。关于行政公益诉讼的案件范围，目前我国行政诉讼法中并没有规定行政公益诉讼。《实施办法》规定人民法院审理人民检察院提起行政公益诉讼案件的依据来自于全国人大常委会的《授权决定》。

第二，中央全面深化改革领导小组审议通过的《试点方案》。《试点方案》明确民事公益诉讼试点的案件范围为：检察机关在履行职责中发现的污染环境、食品药品安全领域侵害众多消费者合法权益等损害社会公共利益行为的案件；提起行政公益诉讼试点案件包括检察机关在履行职责中发现的生态环境和资源保护、国有资产保护、国有土地使用权出让等领域负有监督管理职责的行政机关违法行使职权或者不作为，造成国家和社会公共利益受到侵害的案件。

探索建立检察机关提起公益诉讼制度是中央作出的重要改革部署，各级人民法院要积极完成中央部署的改革任务，严格按照《实施办法》规定的案件范围受理检察机关提起的公益诉讼案件，不得以任何借口拒绝对符合规定的案件立案，积极推动人民法院审理人民检察院提起公益诉讼案件改革试点工作顺利开展。

——范明志、韩建英、黄斌：《〈最高人民法院关于印发《人民法院审理人民检察院提起公益诉讼案件试点工作实施办法》的通知〉的理解与适用》，载江必新主编：《最高人民法院司法解释与指导性案例理解与适用》第五卷，人民法院出版社 2017 年版，第 626~627 页。

879. 人民检察院提起民事公益诉讼案件的调解

关键词

人民检察院提起民事公益诉讼　调解

最高人民法院司法政策精神

第八条　人民检察院与被告达成和解协议或者调解协议后，人民法院应当将协议内容公告，公告期间不少于三十日。

公告期满后，人民法院审查认为和解协议或者调解协议内容不损害社会公共利益的，应当出具调解书。

——《最高人民法院关于印发〈人民法院审理人民检察院提起公益诉讼案件试点工作实施办法〉的通知》（2016 年 2 月 25 日，法发〔2016〕6 号）。

附录：理解与适用

在民事公益诉讼中，人民检察院与被告和解或者调解，人民法院应按照《实施办法》第八条的规定履行相关程序。如此规定除依据《民诉法司法解释》第二百八十九条和《最高人民法院关于审理环境民事公益诉讼案件适用法律若干问题解释》第二百五十八条的规定外，还基于以下三方面的考虑：首先，民事公益诉讼仍属于民事诉讼，和解、调解是解决民事纠纷的重要方式。如果达成和解或调解能够让公共利益得以有效保护，能够达到与判决同样的保护社会公益的效果，有时甚至比判决更容易得到执行，当然就应当允许当事人进行和解或者调解。其次，以和解、调解方式解决纠纷，既节省了司法资源，也提高了司法效率。最后，国外司法实践中，调解可以作为公益诉讼的结案方式。如美国微软案件，美国总检察长在审理中提出了和解方案与被告协商，顺利解决了诉讼争议。

由于公益诉讼自身的公益性质，人民检察院与被告达成和解协议或者调解协议应当接受社会和公众的监督，人民法院应当将协议内容公告，公告期间不少于三十日，防止和避免发生有损社会公共利益的情形。人民法院还应当尽到合法性的审查职责，在确认不损害社会公共利益的情况下，应当对当事人的和解或调解协议出具调解书，以避免当事人签订和解协议并撤诉后，义务人反悔，公共利益得不到有效维护。

——范明志、韩建英、黄斌：《〈最高人民法院关于印发《人民法院审理人民检察院提起公益诉讼案件试点工作实施办法》的通知〉的理解与适用》，载江必新主编：《最高人民法院司法解释与指导性案例理解与适用》第五卷，人民法院出版社 2017 年版，第 629 页。

880. 人民检察院提起民事公益诉讼的撤诉

关键词

人民检察院提起民事公益诉讼 撤诉

最高人民法院司法政策精神

第九条 人民检察院在法庭辩论终结前申请撤诉，或者在法庭辩论终结后，人民检察院的诉讼请求全部实现，申请撤诉的，应予准许。

——《最高人民法院关于印发〈人民法院审理人民检察院提起公益诉讼案件试点工作实施办法〉的通知》(2016年2月25日，法发〔2016〕6号)。

附录：理解与适用

《实施办法》规定："人民检察院在法庭辩论终结前申请撤诉，或者在法庭辩论终结后，人民检察院的诉讼请求全部实现，申请撤诉的，应予准许。"该条文规定了两种撤诉情况的处理：一是人民检察院在法庭辩论终结前申请撤诉的，不管人民检察院的诉讼请求是否得以实现，均应准许；二是在法庭辩论终结后，人民检察院的诉讼请求全部实现，申请撤诉的，也应予准许。与我国民事诉讼法及其司法解释等相关规定相比，《实施办法》的规定既与其保持了一致，同时也反映了检察机关提起公益诉讼案件的特点。我国民事诉讼法规定："宣判前，原告申请撤诉的，是否准许，由人民法院裁定。"《民诉法司法解释》规定："公益诉讼案件的原告在法庭辩论终结后申请撤诉的，人民法院不予准许。"《最高人民法院关于审理环境民事公益诉讼案件适用法律若干问题的解释》规定，法庭辩论终结后，原告申请撤诉的，人民法院不予准许，但是符合"原告诉讼请求全部实现"的除外。在遵循上述规定的基础上，《实施办法》作出了更符合检察机关提起公益诉讼案件特点的规定。《实施办法》对于在法庭辩论终结前申请撤诉处理的规定，体现了尊重民事诉讼当事人意思自治的原则，也兼顾了检察机关的司法机关性质，人民法院只需要进行形式审查就可以作出准许撤诉的裁定。对于人民检察院在法庭辩论终结后申请撤诉处理的规定，则是在上述因素外，还考虑了案件的公共利益因素和人民法院的审查义务。对于涉及公共利益案件的撤诉，在完成了法庭辩论程序之后，人民法院应当对案件的事实认定和法律适用有了确定认识，人民法院对于撤诉是否损害公共利益也应当有了明确的判断，因此必须从实体上审查人民检察院的诉讼请求得以全部实现，才能作出准予撤诉的裁定。如果仅仅进行形式审查，那么可能难以保证公共利益得到了保护，公益诉讼的目的可能无法完全实现。这是对我国民事诉讼法及其司法解释等相关规定在检察机关提起民事公益诉讼案件中如何具体适用的细化规定。

——范明志、韩建英、黄斌：《〈最高人民法院关于印发《人民法院审理人民检察院提起公益诉讼案件试点工作实施办法》的通知〉的理解与适用》，载江必新主编：《最高人民法院司法解释与指导性案例理解与适用》第五卷，人民法院出版社2017年版，第629页。

881. 民事公益诉讼裁判生效后，其他适格原告仅变更诉讼请求数额另行提起公益诉讼，人民法院应否受理

关键词

民事公益诉讼　其他适格原告　另行起诉

附录：最高人民法院主流观点

关于后诉与前诉相比，仅为诉讼请求数额的变化是否应予受理的问题

实践中经常遇到的问题是，另行提起的诉讼如果仅为诉讼请求数额的变化，是否应予受理。对此存在较大争议。如果一概不予受理，可能产生环境民事公益诉讼原告和被告恶意串通仅提出较低诉讼请求数额，影响其他主体行使诉权的问题；如果不区分情况一概受理，又可能产生被告因同一行为反复被诉，影响法律秩序安定性和经济发展的问题。考虑到本司法解释确定的被告责任承担方式以修复生态环境为主，对于生态环境修复费用可以通过鉴定、参考负有环境保护监督管理职责的部门的意见、专家意见等方式确定，同时适度强化了法院的职权作用，发生当事人之间恶意串通降低侵权责任情况的可能性不大。如果该诉讼请求数额的变化并非依据新发现或者新发生的事实，仅请求对于生态环境修复费用及其他请求的数额进行调整，原则上应当不予受理。

——最高人民法院环境资源审判庭编著：《最高人民法院关于环境民事公益诉讼司法解释理解与适用》，人民法院出版社2015年版，第391页。

882. 人民法院可向民事公益诉讼原告释明变更或增加有关保护社会公共利益的诉讼请求

关键词

民事公益诉讼　释明权　变更（增加）诉讼请求

最高人民法院司法解释

第五条 人民法院认为原告提出的诉讼请求不足以保护社会公共利益的，可以向其释明变更或者增加停止侵害等诉讼请求。

——《最高人民法院关于审理消费民事公益诉讼案件适用法律若干问题的解释》(2020 年 12 月 29 日修正)。

第九条 人民法院认为原告提出的诉讼请求不足以保护社会公共利益的，可以向其释明变更或者增加停止侵害、修复生态环境等诉讼请求。

——《最高人民法院关于审理环境民事公益诉讼案件适用法律若干问题的解释》(2020 年 12 月 29 日修正)。

附录：最高人民法院主流观点

一、环境民事公益诉讼中行使释明权的情形

本司法解释确定的责任承担方式有六种，包括停止侵害、排除妨碍、消除危险、恢复原状、赔偿损失和赔礼道歉。原告提起环境民事公益诉讼可以要求被告承担全部六种民事责任，也可以要求被告承担六种民事责任中的某几种。通常情况下，只有在原告遗忘请求停止侵害、恢复原状等与保护环境、恢复生态的终极目标密切相关的诉讼请求时，法官才行使释明权。如果原告已经提出了停止侵害、恢复原状的诉讼请求，没有提出赔偿损失或者赔礼道歉的诉讼请求，则没有必要行使释明权要求当事人变更或者增加诉讼请求。如 2007 年贵阳市两湖一库管理局诉贵州天峰化工有限责任公司案，其诉讼请求为判令贵州天峰化工有限责任公司立即停止对贵阳市红枫湖及其上游河流羊昌河环境的侵害，并排除妨碍、消除危害；判令贵州天峰化工有限责任公司承担诉讼费用。又如 2010 年中华环保联合会、贵阳公众环境教育中心诉贵阳市乌当区定扒造纸厂案，其诉讼请求为判令贵阳市乌当区定扒造纸厂立即停止向河道排放污水，消除生产废水对其下游南明河及乌江产生的危害；判令贵阳市乌当区定扒造纸厂支付原告支出的合理费用并承担诉讼费用。在上述两案中，原告已经就停止侵害、消除危险等提出了明确的诉讼请求，法院就没有必要行使释明权要求其变更或者增加其他诉讼请求。

二、法官行使释明权不能超过必要的限度

法院进行释明，在某一程度内是义务，在该程度以上便成为权限，再过一定限度时则为违法。因此，法官在行使释明权时应准确把握条件与时机，以使原告明了其主张不足以保护环境公共利益为限度，尊重原告的处分权，避免借释明权之名行对一方当事人的偏袒之实。首先，应当依当事人诉讼能力的大小、是否有律师代理诉讼等情况而相应调整释明权的行使。如果双方当事人都有水平相当的律师担任诉讼代理的情况下，原则上没有行使释明权的必要。其次，如果原告在法院释明后仍不变更或者增加诉讼请求的，应该针对当事人提出的诉讼主张进行审理，不能违反“不告不理”原则，在当事人的诉讼请求之外就当事人未请求的事项作出裁判。

——最高人民法院环境资源审判庭编著：《最高人民法院关于环境民事公益诉讼司法解释理解与适用》，人民法院出版社 2015 年版，第 142~143 页。

消费民事公益诉讼中，有可能出现原告在诉讼请求中未提起停止侵害等请求，对于消费民事公益诉讼，停止对社会公共利益的侵害是侵权人首先应承担的责任，如前所述，此时，法官认为原告的诉讼请求不足以保护社会公共利益的，即应行使释明权，告知原告相应的诉讼权利。虽然消费者组织相对于一般消费者来说，是具有一定专业性的，但其并不一定具有丰富的诉讼知识和经验；而且，消费民事公益诉讼属于新制度，在实践中还会出现很多新问题，所以，法官在消费民事公益诉讼中行使适当的释明权，体现了充分保护消费者权益的原则。

法官释明权的行使应符合以下要求：释明权行使应符合公平正义原则；释明权行使应符合法律规定和遵循合法原则，不可随意扩大释明范围；释明权行使应遵循公开原则；释明权行使应遵循有限原则，否则法官释明就容易转变为诉讼指导甚至成为诉讼代理，影响法官应有的中立性和居中裁判；释明权行使应充分尊重当事人的处分权。在消费民事公益诉讼中，法官释明权的行使应以保护社会公共利益为界限，既尊重原告的处分权，又要尊重被告的诉讼权利，可以依双方当事人的专业程度、诉讼能力强弱、是否有专业的诉讼代理人等因素综合分析、评判是否需要行使释明权，以及释明权行使的程度。如果在向原告释明后，原告不变更或者增加诉讼请求的，应当按照其提出的诉讼请求进行审理，不得就当事人未请求的事项进行审理，作出裁判。

——最高人民法院民事审判第一庭编著：《最高人民法院消费民事公益诉讼司法解释理解与适用》，人民法院出版社 2016 年版，第 128、131 页。

883. 英雄烈士保护类民事公益诉讼的特殊规定

关键词

英雄烈士保护　民事公益诉讼

最高人民法院解释

第十三条　人民检察院在履行职责中发现破坏生态环境和资源保护，食品药品安全领域侵害众多消费者合法权益，侵害英雄烈士等的姓名、肖像、名誉、荣誉等损害社会公共利益的行为，拟提起公益诉讼的，应当依法公告，公告期间为三十日。

公告期满，法律规定的机关和有关组织、英雄烈士等的近亲属不提起诉讼的，人民检察院可以向人民法院提起诉讼。

人民检察院办理侵害英雄烈士等的姓名、肖像、名誉、荣誉的民事公益诉讼案件，也可以直接征询英雄烈士等的近亲属的意见。

——《最高人民法院、最高人民检察院关于检察公益诉讼案件适用法律若干问题的解释》(2020 年 12 月 29 日修正)。

附录：最高人民法院主流观点

首先，对于起诉范围，《最高人民法院最高人民检察院关于检察公益诉讼案件适用法律若干问题的解释》(2020 年 12 月 29 日修正) 第十三条规定与《英雄烈士保护法》相比有重要变化。《英雄烈士保护法》第二十五条规定的侵害范围仅包括侵害英雄烈士的姓名、肖像、名誉、荣誉，损害社会公共利益的行为。而本条在英雄烈士后增加了“等”字。主要有以下考虑：《民法典》第一百八十五条规定：“侵害英雄烈士等的姓名、肖像、名誉、荣誉，损害社会公共利益的，应当承担民事责任。”虽然人民检察院诉权来源是《英雄烈士保护法》而非《民法典》，两者范围并不完全相同。但从《民法典》规定的初衷和背景看，法律想保护的不仅包括为建设新中国浴血奋战、英勇牺牲的英雄烈士，也包括在中国特色社会主义建设和保卫国家中作出巨大贡献、建立卓越功勋的杰出人士。这些英雄人物及其精神，已经获得全民族的广泛认同，是中华民族共同记忆的一部分，是中华民族精神的内核之一，也是社会主义核心价值观的重要内容。而民族的共同记忆、民族精神乃至社会主义核心价值观，无论是从我国的历史来看，还是从现行法上来看，都已经是社会公共利益的一部分。对上述人士人格权的侵害，检察院也应当可以从保护公共利益角度提起公益诉讼。故此吸收《民法典》的规定，在英雄烈士后增加“等”字，赋予检察机关更广泛的提起保护与英雄烈士具有同质性的主体人格权的民事公益诉讼的权力。

其次，关于公告的变通方式。人民检察院履行这类公益诉讼职责，要在提起诉讼前确认英雄烈士等是否有近亲属以及其近亲属是否提起诉讼，区分情况处理。对于英雄烈士等有近亲属的，检察机关应当当面征询英雄烈士等的近亲属是否提起诉讼；对于英雄烈士等没有近亲属或者近亲属下落不明的，检察机关可以通过公告的方式履行告知程序。

——最高人民法院民法典贯彻实施工作领导小组办公室编著：《最高人民法院实施民法典清理司法解释修改条文（111 件）理解与适用》，人民法院出版社 2022 版，第 813~814 页。

884. 消费民事公益诉讼的适格原告

关键词

消费民事公益诉讼　民事主体　适格原告

最高人民法院司法解释

第一条　中国消费者协会以及在省、自治区、直辖市设立的消费者协会，对经营者侵害众多不特定消费者合法权益或者具有危及消费者人身、财产安全危险等损害社会公共利益的行为提起消费民事公益诉讼的，适用本解释。

法律规定或者全国人大及其常委会授权的机关和社会组织提起的消费民事公益诉讼，适用本解释。

——《最高人民法院关于审理消费民事公益诉讼案件适用法律若干问题的解释》(2020 年 12 月 29 日修正)。

附录：最高人民法院主流观点

我们认为，各级消费者协会组织初始成立时均称为“消费者协会”，近几年，有的地方通过制定地方消费者权益保护法实施条例、办法，或者通过政府批准将协会更名，有的更名为“消费者委员会”，如湖北、湖南、广东、海南等；有的更名为“消费者权益保护委员会”，如重庆、上海、浙江、福建等；有的更名为“保护消费者权益委员会”，如四川。我们认为，2013 年修正的消费者权益保护法第三十六条规定：消费者协会和其他消费者组织是依法成立的对商品和服务进行社会监督的保护消费者合法权益的社会组织。第四十七条规定：对侵害众多消费者合法权益的行为，中国消费者协会以及在省、自治区、直辖市设立的消费者协会，可以向人民法院提起诉讼。消费者协会组织名称不一致不影响该协会属于上述法律规定的保护消费者合法权益的社会组织性质，亦不影响该协会履行法定公益职能。《消费民事公益诉讼司法解释》(以下简称《解释》) 采用“中国消费者协会以及在省、自治区、直辖市设立的消费者协会”的表述，与消费者权益保护法表述一致，在理解上与消费者权益保护法的解释原则亦一致，即在判断主体资格上，主要看该协会是否属于消费者权益保护法第三十六条规定的社会组织，不能因协会名称与《解释》不一致而否定适格诉讼主体的诉讼地位。

本《解释》遵循立法宗旨，保持原告主体资格的适度开放性。2015 年 7 月 1 日，第十二届全国人大常委会第十五次会议审议通过《关于授权最高人民检察院在部分地区开展公益诉讼改革试点工作的决定》，授权最高人民检察院在十三个省、自治区、直辖市在生态环境和资源保护、国有资产保护、国有土地使用权出让、食品药品安全等领域开展提起公益诉讼试点。2015 年 12 月，最高人民检察院发布《人民检察院提起公益诉讼试点工作实施办法》，最高人民法院也于 2016 年 2 月印发《人民法院审理人民检察院提起公益诉讼案件试点工作实施办法》。即根据全国人民代表大会常务委员会授权，检察机关可就食品、药品安全领域侵害众多消费者合法权益等损害社会公共利益行为向人民法院提起民事消费公益诉讼。本《解释》对此予以明确，在试点地区检察机关可以作为消费民事公益诉讼适格原告。

另外，公益诉讼处于探索阶段，国务院《关于积极发挥新消费引领作用加快培养形成新供给新动力的指导意见》(国发〔2015〕66 号）规定，“健全公益诉讼制度，适当扩大公益诉讼主体范围”。就此，本《解释》也采取开放式规定，为将来消费民事公益诉讼适格主体增加预留空间。

——最高人民法院民事审判第一庭编著:《最高人民法院消费民事公益诉讼司法解释理解与适用》，人民法院出版社 2016 年版，第 52~53 页。

885. 消费民事公益诉讼案件管辖权可上调性转移

关键词

消费民事公益诉讼　管辖权转移　上调性转移

最高人民法院司法解释

第三条　消费民事公益诉讼案件管辖适用《最高人民法院关于适用〈中华人民共和国民事诉讼法〉的解释》第二百八十五条的有关规定。

经最高人民法院批准，高级人民法院可以根据本辖区实际情况，在辖区内确定部分中级人民法院受理第一审消费民事公益诉讼案件。

——《最高人民法院关于审理消费民事公益诉讼案件适用法律若干问题的解释》(2020 年 12 月 29 日修正）。

附录：最高人民法院主流观点

关于消费民事公益诉讼是否适用管辖权转移的问题，在本司法解释起草过程中，存在争议：一种观点认为，允许消费民事公益诉讼案件管辖权向上转移增强了该类案件的审理公正性。在消费民事公益诉讼中，一旦经营者一方是在当地或全国有重大影响的企业，中级人民法院审理该案时，可能会受到一些干扰。而将案件报请上级人民法院审理，则可尽量排除案外因素的影响。而且，上级人民法院的法官业务水平可能更适合审理复杂疑难专业性强的消费民事公益诉讼。至于消费民事公益诉讼案件管辖权向下转移则有利于节约当事人诉讼成本、提高诉讼效率。另一种观点则持反对态度。既然《民诉法司法解释》第二百八十五条第一款已经明确规定由侵权行为地或者被告住所地中级人民法院管辖，则不宜再允许管辖权转移。否则，消费民事公益诉讼的级别管辖可能会因上下级法院之间的不当配合，而沦为一纸空文。我们认为，从诉讼法理而言，管辖权转移适用于公益诉讼，当无疑义。但从当前司法实践角度而言，应对消费民事公益诉讼的管辖权转移作出适当限制。具体而言，消费民事公益诉讼的向上转移，应当允许。理由如前，不再赘述。只不过，在进行向上转移时还应参照《关于规范上下级人民法院审判业务关系的若干意见》细化以下几个环节：第一，可以提出向上转移的法院只能是中级人民法院，而不能是高级人民法院。理论而言，高级人民法院因管辖权转移可能会取得消费民事公益诉讼一审案件的管辖权，但高级人民法院不能根据民事诉讼法第三十八条[①]第二款的规定，再报请最高人民法院审理。第二，向上转移的消费民事公益诉讼的案件类型主要包括：重大、疑难、复杂案件；具有普遍法律适用意义的案件；有管辖权的人民法院不宜行使审判权的案件。第三，中级人民法院报请向上转移的消费民事公益诉讼案件形式只能采用书面形式向高级人民法院报请。第四，高级人民法院应以决定书的形式作出是否同意移送审理的表示。第五，高级人民法院认为必要时，也可自行决定提级审理特定消费民事公益诉讼。至于消费民事公益诉讼的向下转移，则目前原则上不宜准许。虽然在环境民事公益诉讼领域，已经允许在特定情形下，裁定将中级人民法院管辖的第一审环境民事公益诉讼案件交由基层人民法院审理，《环境公益诉讼司法解释》第六条第二款规定：中级人民法院认为确有必要的，可以在报请高级人民法院批准后，裁定将本院管辖的第一审环境民事公益诉讼案件交由基层人民法院审理。但这主要是基于目前已有基层环境保护法庭继续发挥审判功能的需要。但在全国法院系统尚未设立专门法庭专职审理消费民事公益诉讼案件的情形下，实务中并无将消费民事公益诉讼下放基层人民法院审理的必要性。而且，从司法实践反馈情况来看，确实存在部分法院将本应由其管辖的第一审民事案件“随意”交由下级法院审理的做法。实质上剥夺了当事人获得较高层级法院审判的权利，是对当事人诉权的侵害。尤其是就消费民事公益诉讼而言，不特定消费者利益本身属于公共利益范畴，具有不确定性、易伤害性和难救济性特点，故对于尚处在探索经验阶段的消费民事公益诉讼案件而言，暂不适用管辖权向下转移，确有其必要性。

---

① 现为《民事诉讼法》（2021年修正）第三十九条。

——最高人民法院民事审判第一庭编著：《最高人民法院消费民事公益诉讼司法解释理解与适用》，人民法院出版社 2016 年版，第 89~91 页。

886. 消费民事公益诉讼中被告行为损害公共利益初步证据的证明标准

关键词

消费民事公益诉讼　初步证据　证明标准

最高人民法院司法解释

第八条　提起环境民事公益诉讼应当提交下列材料：

（一）符合民事诉讼法第一百二十一条[①]规定的起诉状，并按照被告人数提出副本；

（二）被告的行为已经损害社会公共利益或者具有损害社会公共利益重大风险的初步证明材料；

（三）社会组织提起诉讼的，应当提交社会组织登记证书、章程、起诉前连续五年的年度工作报告书或者年检报告书，以及由其法定代表人或者负责人签字并加盖公章的无违法记录的声明。

——《最高人民法院关于审理环境民事公益诉讼案件适用法律若干问题的解释》（2020 年 12 月 29 日修正）。

附录：最高人民法院主流观点

本条关于原告提起消费民事公益诉讼的起诉材料的规定与《环境公益诉讼司法解释》第八条的规定较为一致，并在此基础上根据消费民事公益诉讼的特点作出了补充。

1. 本条第（二）项要求原告在起诉材料中提供被告行为损害社会公共利益的“初步证据”

初步证据不同于《环境公益诉讼司法解释》第八条第（二）项规定的“初步证明材料”。证据不等同于证明材料，如“单位证明材料”，其既不同于书证，也不属于证人证言，更不属于严格意义上的公文文书，司法实务中，与“单位证明材料”类似的证明材料客观存在，虽然不能将其归为某一种证据种类，但其经常被作为一种证据材料使用，有时也称其为“其他证据材料”。对于“证据”和“证明材料”的区别，尚未有明确的界定，但参考理

---

① 现为《民事诉讼法》（2021 年修正）第一百二十四条。

论研究的观点，其主要区别是：首先，证据是必须具备客观性，能够证明案件情况的材料，这就对材料的客观性和相关性有所要求。证明材料则是当事人或者其他诉讼参与人提供的，用于证明案件程序或者实体问题的材料，其仅需被诉讼参与人提出，而无关证据属性。从客观性的角度分析，证据的客观性是免证的，否则其就不成为证据，而证明材料则有待证实，司法实践中，存在的伪证的最初形式即是虚假的证明材料。其次，证据与证明材料仅在一定程度上发生交叉，而并不具有完全的包含关系。通常情况下，进入证明过程的证明材料，即已被举证、质证和认证的证明材料，在诉讼中更受关注。而囿于对案件事实认识和观察角度的局限性、还原案件真实情况的技术手段的有限性等局限，势必会有具备真实性和相关性的证据未被纳入证明材料中。最后，当证明材料进入证明活动之后，会有不同去向。对于被裁判者认证的，具有客观性和相关性的证明材料，可作为定案根据。

对于消费民事公益诉讼，由于法律规定的起诉主体是特定的，其相较于普通消费者而言，是具有行政优势和专业优势。《解释》要求其在起诉中提供初步证据，是在遵循消费民事公益诉讼制度适度倾向于保护消费者的原则的同时，又达到了防止滥诉，节约司法资源的功用。

2. 本条规定要求原告提供的只是涉及被告侵害公共利益的初步证据

消费民事公益诉讼最重要的目的是预防。防控公共利益受损的意义较之弥补已受损害更为重大。当然这里所说的“初步证据”并非证明公共利益受损的充分证据，只是在公益诉讼立案时必备的基本证据，只要能够初步证明公共利益受损或存受损重大风险即可，此时的证明标准应低于进行实体审查时的“高度盖然性标准”。

对于本《解释》关于原告起诉材料中需提供初步证据的规定，我们认为，立案审查明确了对原告提交证据材料的一般程度上的要求，而在具体适用时，需以立案登记制对起诉材料的审查标准为准，不能擅自提高其证明标准要求，法院原则上不应对原告提交的初步证据进行实质性的审查，原告提交的初步证据亦不需要达到确切证明，使法官内心确认的程度，凡是符合法律规定的起诉状，应当当场立案，充分保护当事人的诉权。

——最高人民法院民事审判第一庭编著：《最高人民法院消费民事公益诉讼司法解释理解与适用》，人民法院出版社 2016 年版，第 105~106、110 页。

887. 环境民事公益诉讼中“社会组织与起诉事项具有关联性”的判断标准

关键词

环境民事公益诉讼　社会组织与起诉事项具有关联性

最高人民法院司法解释

第四条　社会组织章程确定的宗旨和主要业务范围是维护社会公共利益，且从事环境保护公益活动的，可以认定为环境保护法第五十八条规定的“专门从事环境保护公益活动”。

社会组织提起的诉讼所涉及的社会公共利益，应与其宗旨和业务范围具有关联性。

——《最高人民法院关于审理环境民事公益诉讼案件适用法律若干问题的解释》(2020 年 12 月 29 日修正)。

附录：最高人民法院主流观点

第一，业务范围关联性的判断标准。根据本条第二款规定，社会组织提起的诉讼所涉及的社会公共利益，应与其宗旨和业务范围具有关联性。考虑到我国环境民事公益诉讼刚刚起步，且该类诉讼对原告的资金、技术等都有较高的要求，导致实践中有能力也有意愿提起公益诉讼的社会组织并不多。为充分发挥环境民事公益诉讼的功能，扩大具有原告资格的社会组织的范围，目前司法实践中对业务范围关联性的要求不宜过于严格，而应对此作较为宽松的解释。正如叶俊荣教授所言：“公益诉讼以公益的促进为建制的目的与诉讼的要件，诉讼实际的实施者虽或应主张其与系争事件有相当的利益关联，但诉讼的目的往往不是为了个案的救济，而是督促政府或受管制者积极采取某些促进公益的法定作为，判决的效力亦未必局限于诉讼的当事人。”具体而言，社会组织提起的诉讼所涉及的社会公共利益，与其宗旨和业务范围之间并不需要达到一一严格对应的程度，而是只要具有一定的联系即可。比如，一般情况下以保护野生植物为宗旨的社会组织不能单纯为保护野生动物而提起公益诉讼，但当一个污染行为同时造成野生动植物的损害时，其就有权提起环境民事公益诉讼；或者是水污染行为附带造成了野生植物的损害时，其也有权提起环境民事公益诉讼。

第二，社会组织提起环境民事公益诉讼不应受其活动区域的限制。司法解释起草过程中，有观点认为，社会组织提起公益诉讼还应与其活动区域或者服务地域相符，即要求“活动范围的关联性”。除了全国性的环境保护社会组织外，地方性环境保护社会组织仅能对发生于其活动范围内的环境问题提起诉讼，比如黑龙江省某一丹顶鹤保护组织不能针对辽宁省某市破坏丹顶鹤生存环境的行为提起诉讼。“活动范围关联性”是为了避免环境保护社会组织轻率地提起诉讼，确保其能够充分参与诉讼程序。但我们认为，从我国实际情况出发，目前不宜要求社会组织提起环境民事公益诉讼与其活动范围具有关联性。这是因为：首先，根据《民办非企业单位登记管理暂行条例》与

《基金会管理条例》的相关规定以及民办非企业单位与基金会的自身特点，这两类社会组织并没有活动地域的限制，自然也不存在提起的环境民事公益诉讼超出其活动区域的问题。其次，根据《社会团体登记管理条例》的相关规定，社会团体应当在章程和登记证书上记载活动地域，且社会团体的名称应当与其业务范围、成员分布、活动地域相一致，准确反映其特征，但《社会团体登记管理条例》并未明确规定超地域活动的法律后果。民政部国家民间组织管理局也认为，因为社会组织提起公益诉讼的目的是为保护环境公共利益，所以即使社会团体在其章程记载的活动地域外提起诉讼，也不属于违法行为，不应对其进行处罚。再次，社会组织是为保护环境公共利益而提起的诉讼，而公共利益应该是不分地域的，且环境污染或破坏生态行为往往是跨区域的，造成的影响也较为广泛，限制过死不利于社会组织跨区域提起公益诉讼。最后，我国幅员辽阔，各地社会经济发展并不平衡，社会组织的数量、能力也参差不齐，很多有意愿也有能力提起环境民事公益诉讼的社会组织都分布在大中型城市，若对其活动范围的关联性提出严格要求，可能很多地方都没有社会组织对当地的污染环境或破坏生态的行为提起环境民事公益诉讼，这明显不利于环境公共利益的维护。总之，不对社会组织提起公益诉讼的区域范围作出限制，有利于鼓励社会组织，尤其是民间的环境保护社会组织，如“自然之友”等跨区域提起环境民事公益诉讼，并且已经在司法实践中起到了很好的效果。

——最高人民法院环境资源审判庭编著：《最高人民法院关于环境民事公益诉讼司法解释理解与适用》，人民法院出版社 2015 年版，第 80~82 页。

888. 提起环境民事公益诉讼的社会组织“专门从事环境保护公益活动”的判断标准

关键词

环境民事公益诉讼　专门从事环境保护公益活动

最高人民法院司法解释

第四条　社会组织章程确定的宗旨和主要业务范围是维护社会公共利益，且从事环境保护公益活动的，可以认定为环境保护法第五十八条规定的“专门从事环境保护公益活动”。

社会组织提起的诉讼所涉及的社会公共利益，应与其宗旨和业务范围具有关联性。

——《最高人民法院关于审理环境民事公益诉讼案件适用法律若干问题的解释》(2020 年 12 月 29 日修正)。

最高人民法院指导案例、最高人民法院公报案例、最高人民法院裁判文书

中国生物多样性保护与绿色发展基金会诉宁夏瑞泰科技股份有限公司环境污染公益诉讼案(最高人民法院指导案例 75 号，最高人民法院（2016）最高法民再 47 号民事裁定书)

裁判要点：1. 社会组织的章程虽未载明维护环境公共利益，但工作内容属于保护环境要素及生态系统的，应认定符合《最高人民法院关于审理环境民事公益诉讼案件适用法律若干问题的解释》(以下简称《解释》)第四条关于“社会组织章程确定的宗旨和主要业务范围是维护社会公共利益”的规定；2.《解释》第四条规定的“环境保护公益活动”，既包括直接改善生态环境的行为，也包括与环境保护相关的有利于完善环境治理体系、提高环境治理能力、促进全社会形成环境保护广泛共识的活动；3. 社会组织起诉的事项与其宗旨和业务范围具有对应关系，或者与其所保护的环境要素及生态系统具有一定联系的，应认定符合《解释》第四条关于“与其宗旨和业务范围具有关联性”的规定。

最高人民法院认为：本案系社会组织提起的环境污染公益诉讼。本案的争议焦点是绿发会应否认定为专门从事环境保护公益活动的社会组织。

民事诉讼法第五十五条规定了环境民事公益诉讼制度，明确法律规定的机关和有关组织可以提起环境公益诉讼。环境保护法第五十八条规定：“对污染环境、破坏生态，损害社会公共利益的行为，符合下列条件的社会组织可以向人民法院提起诉讼：（一）依法在设区的市级以上人民政府民政部门登记；（二）专门从事环境保护公益活动连续五年以上且无违法记录。符合前款规定的社会组织向人民法院提起诉讼，人民法院应当依法受理。”《解释》第四条进一步明确了对于社会组织“专门从事环境保护公益活动”的判断标准，即“社会组织章程确定的宗旨和主要业务范围是维护社会公共利益，且从事环境保护公益活动的，可以认定为环境保护法第五十八条规定的‘专门从事环境保护公益活动’。社会组织提起的诉讼所涉及的社会公共利益，应与其宗旨和业务范围具有关联性”。有关本案绿发会是否可以作为“专门从事环境保护公益活动”的社会组织提起本案诉讼，应重点从其宗旨和业务范围是否包含维护环境公共利益，是否实际从事环境保护公益活动，以及所维护的环境公共利益是否与其宗旨和业务范围具有关联性等三个方面进行审查。

一、关于绿发会章程规定的宗旨和业务范围是否包含维护环境公共利益的问题。社会公众所享有的在健康、舒适、优美环境中生存和发展的共同利益，表现形式多样。对于社会组织宗旨和业务范围是否包含维护环境公共利益，应根据其内涵而非简单依据文字表述作出判断。社会组织章程即使未写明维护环境公共利益，但若其工作内容属于保护各种影响人类生存和发展的天然的和经过人工改造的自然因素的范畴，包括对大气、水、海洋、土地、矿藏、森林、草原、湿地、野生生物、自然遗迹、人文遗迹、自然保护区、风景名胜区、城市和乡村等环境要素及其生态系统的保护，均可以认定为宗旨和业务范围包含维护环境公共利益。

我国 1992 年签署的联合国《生物多样性公约》指出，生物多样性是指陆地、海洋和其他水生生态系统及其所构成的生态综合体，包括物种内部、物种之间和生态系统的多样性。环境保护法第三十条规定，“开发利用自然资源，应当合理开发，保护生物多样性，保障生态安全，依法制定有关生态保护和恢复治理方案并予以实施。引进外来物种以及研究、开发和利用生物技术，应当采取措施，防止对生物多样性的破坏。”可见，生物多样性保护是环境保护的重要内容，亦属维护环境公共利益的重要组成部分。

绿发会章程中明确规定，其宗旨为“广泛动员全社会关心和支持生物多样性保护和绿色发展事业，保护国家战略资源，促进生态文明建设和人与自然和谐，构建人类美好家园”，符合联合国《生物多样性公约》和环境保护法保护生物多样性的要求。同时，“促进生态文明建设”“人与自然和谐”“构建人类美好家园”等内容契合绿色发展理念，亦与环境保护密切相关，属于维护环境公共利益的范畴。故应认定绿发会的宗旨和业务范围包含维护环境公共利益内容。

二、关于绿发会是否实际从事环境保护公益活动的问题。环境保护公益活动，不仅包括植树造林、濒危物种保护、节能减排、环境修复等直接改善生态环境的行为，还包括与环境保护有关的宣传教育、研究培训、学术交流、法律援助、公益诉讼等有利于完善环境治理体系，提高环境治理能力，促进全社会形成环境保护广泛共识的活动。绿发会在本案一审、二审及再审期间提交的历史沿革、公益活动照片、环境公益诉讼立案受理通知书等相关证据材料，虽未经质证，但在立案审查阶段，足以显示绿发会自1985年成立以来长期实际从事包括举办环境保护研讨会、组织生态考察、开展环境保护宣传教育、提起环境民事公益诉讼等环境保护活动，符合环境保护法和《解释》的规定。同时，上述证据亦证明绿发会从事环境保护公益活动的时间已满五年，符合环境保护法第五十八条关于社会组织从事环境保护公益活动应五年以上的规定。

三、关于本案所涉及的社会公共利益与绿发会宗旨和业务范围是否具有关联性的问题。依据《解释》第四条的规定，社会组织提起的公益诉讼涉及的环境公共利益，应与社会组织的宗旨和业务范围具有一定关联。此项规定旨在促使社会组织所起诉的环境公共利益保护事项与其宗旨和业务范围具有对应或者关联关系，以保证社会组织具有相应的诉讼能力。因此，即使社会组织起诉事项与其宗旨和业务范围不具有对应关系，但若与其所保护的环境要素或者生态系统具有一定的联系，亦应基于关联性标准确认其主体资格。本案环境公益诉讼系针对腾格里沙漠污染提起。沙漠生物群落及其环境相互作用所形成的复杂而脆弱的沙漠生态系统，更加需要人类的珍惜利用和悉心呵护。绿发会起诉认为瑞泰公司将超标废水排入蒸发池，严重破坏了腾格里沙漠本已脆弱的生态系统，所涉及的环境公共利益之维护属于绿发会宗旨和业务范围。

此外，绿发会提交的基金会法人登记证书显示，绿发会是在中华人民共和国民政部登记的基金会法人。绿发会提交的2010至2014年度检查证明材料，显示其在提起本案公益诉讼前五年年检合格。绿发会还按照《解释》第五条的规定提交了其五年内未因从事业务活动违反法律、法规的规定而受到行政、刑事处罚的无违法记录声明。据此，绿发会亦符合环境保护法第五十八条，《解释》第二条、第三条、第五条对提起环境公益诉讼社会组织的其他要求，具备提起环境民事公益诉讼的主体资格。

——《最高人民法院关于发布第15批指导性案例的通知》(2016年12月28日，法〔2016〕449号)；《最高人民法院公报》2016年第7期。

说明

指导案例75号《中国生物多样性保护与绿色发展基金会诉宁夏瑞泰科技股份有限公司环境污染公益诉讼案》，旨在明确《最高人民法院关于审理环境民事公益诉讼案件适用法律若干问题的解释》第四条有关“社会组织章程确定的宗旨和主要业务范围是维护社会公共利益”、“环境保护公益活动”以及社会组织的起诉事项“与其宗旨和业务范围具有关联性”等规定的具体内涵，有利于进一步确定依据《中华人民共和国环境保护法》第五十八条规定，具有提起环境污染公益诉讼主体资格的社会组织的范围，鼓励相关社会组织依

法对污染环境、破坏生态、损害社会公共利益的行为，向人民法院提起诉讼。

附录：最高人民法院主流观点

对社会组织“专门从事环境保护公益活动”的界定

司法解释应当根据法律和有关立法精神，结合审判工作实际需要制定。从立法精神和立法目的来看，环境保护法第五十八条之所以要求提起公益诉讼的社会组织应连续五年以上专门从事环境保护公益活动，是因为实践中环境保护社会组织的诉讼能力、技术力量等参差不齐，而长期专门从事环保公益活动的社会组织，一般具备了一定的人员、资金基础并获得了相当高的专业技能、诉讼能力和丰富的实践经验，有更强的能力维护环境公共利益，还可以有效提高环境民事公益诉讼的效率和质量。从该立法目的出发，我们认为实践中应同时从形式和实质两个方面判断社会组织是否满足该项条件。

第一，形式要件。社会组织的宗旨和主要业务范围应包括从事环境保护公益活动，维护社会公共利益的事项，这是其提起环境民事公益诉讼的首要条件。实践中，社会组织的章程是其开展活动的依据。根据我国《社会团体登记管理条例》《民办非企业单位登记管理暂行条例》《基金会管理条例》的相关规定，三类社会组织的章程均应当包括名称、宗旨、业务范围等事项，且须经登记管理机关核准后才能生效。因此，社会组织提起环境民事公益诉讼，应向法院提交其在民政部门登记的章程，法院应主要依据对章程内容的审查来确定其是否符合专门从事环境保护公益活动的要求。其实，在环境民事公益诉讼正式立法之前，司法实践中已将此作为判断原告是否适格的重要标准。如在贵州省清镇市法院审理的中华环保联合会与贵阳公众环境教育中心诉贵阳市乌当区定扒造纸厂水污染侵权纠纷一案中，一审判决即载明“另查明，原告中华环保联合会是经过民政部登记的社会团体法人，业务主管单位为环境保护部，业务范围为组织开展环境论坛、法律援助、宣传教育、国际国内交流合作开发咨询业务；贵阳公众环境教育中心为经过贵阳市民政局登记的民办非企业单位，业务主管为贵阳市环保局，业务范围为开展各种形式的公众环境教育研究、学术交流等活动，通过开展公众环境教育，在城乡倡行低碳生活，向社会公众传播生态文明理念，促进市民环境意识的成长，促进生态文明建设繁荣发展。二原告都具有维护环境公共利益的职能”，“本案二原告中华环保联合会及贵阳公众环境教育中心都是通过合法登记的环保组织，在公共利益受到侵害而又没有具体受害人提起诉讼之时，二原告代表受到侵害的公众环境利益提起环境民事公益诉讼，是依照法律法规规定行使监督、控告权的一种方式，充分体现了我国环保组织、团体正以实际行动参与环境管理、监督环境法的实施、推进环境保护，并发挥出积极的作用。因此，对二原告请求判令被告立即停止排放污水，消除对南明河危险的诉讼请求，本院予以支持”。可见，司法实践中也是将社会组织的宗旨和业务范围作为其具有原告资格的前提条件进行审查的。

司法解释起草过程中，关于应对“专门从事环境保护公益活动”作宽松解释还是严格解释，存在一定争议。有一种观点认为，为了完全符合“专门”的文义，应要求社会组织只能从事维护环境公共利益的活动，而不能从事其他活动。但我们认为这一要求过于严苛，若做这样的要求，能够提起环境民事公益诉讼的社会组织就很少了，明显不符合立法目的。以中华环保联合会为例，其宗旨为“实施可持续发展战略，实现国家环境保护目标，维护公众环境权益，发挥政府与社会之间的桥梁和纽带作用，推动资源节约型、环境友好型社会建设，推动中国及全人类环境事业的进步与发展”，虽然符合该条件，但其业务范围除了“组织开展环境论坛、法律援助、宣传教育”外，还包括“国际国内交流合作开发、咨询服务、展览展示”，后者可能并非全部属于环境保护公益活动的事项，但并不能仅因此就否定其原告资格。此外，司法解释起草过程中，为尽量扩大社会组织的范围，曾规定只要“社会组织章程确定的宗旨和业务范围是维护环境公共利益”或者“社会组织章程确定的宗旨和业务范围包括维护环境公共利益”，就可认定为“专门从事环境保护公益活动”，有意见提出这种表述过于宽泛，与环境保护法规定的“专门从事”相矛盾。我们经研究后认为，考虑到实践中大多数社会组织的宗旨或业务范围都较为宽泛，只要其中一项或几项明确规定为维护环境公共利益即可，否则可能会不恰当的限制能够提起公益诉讼的社会组织的范围。但为了避免司法解释的规定与立法的文义相冲突，经过权衡，我们增加了“宗旨和主要业务范围”这个表述，这样一方面解释了何谓“专门”，另一方面也在一定程度上放宽了对社会组织的要求，即不要求其唯一的宗旨是维护环境公共利益。

第二，实质要件。除社会组织章程确定的宗旨和主要业务范围是从事环境保护公益活动这一形式要件外，还应要求该社会组织实际从事环境保护公益活动，这是判断其是否专门从事环境保护公益活动的实质要件。因为如果某一社会组织只是在章程规定的宗旨或者业务范围中有从事环境保护公益活动的内容，但实际上未从事或很少从事环境保护公益活动，则并不具有提起环境民事公益诉讼的专业能力，根据环境保护法第五十八条的文义和立法目的，不应赋予其原告资格。这也是有些国家专门规定只有某些持续开展环境保护活动或在环保领域较为活跃的环保团体才能提起公益诉讼的原因。本条之所以对此没有明确规定，一是因为环境保护法第五十八条已明确规定只有连续五年从事环境保护公益活动的社会组织才能提起环境民事公益诉讼；二是因为若某一社会组织未能在一定时期内正常开展章程中规定的业务活动包括环境保护活动，则其年度年检结论应为不合格，并可能受到登记管理机关的行政处罚，这与环境保护法第五十八条规定的“无违法记录”的要件会发生重合；三是因为本司法解释在第八条第三项还要求社会组织在提起环境民事公益诉讼时应提交起诉前连续五年的年度工作报告书或者年检报告书，而年度工作报告书或年检报告书的主要内容即是该社会组织在本年度开展业务的情况，法院应着重审查其开展的业务是否包含环境保护公益活动的内容，并进一步确定是否符合专门从事环境保护公益活动的实质要件。

第三，环境保护法第五十八条除了规定社会组织专门从事环境保护公益活动外，还要求其连续五年从事该类活动。司法解释起草过程中，曾尝试对“连续五年”也作出明确界定。第一稿曾规定“起诉前五年内从事环境保护公益活动”，但有意见认为这种解释有超出文义解释之嫌疑，“起诉前五年”这样的时间节点性规定是对法条原有之意的限缩，虽然照顾到弱化“连续”这一条件以避免诉讼主体范围的缩小，但从效果上看还是违背了鼓励放开环境民事公益诉讼主体资格的理念。第二稿修改为“社会组织成立五年以上，章程确定的宗旨和主要业务范围是维护社会公共利益，且从事环境保护公益活动的，可以认定为环境保护法第五十八条规定的‘专门从事环境保护公益活动连续五年以上’”，但民政部提出这种表述也不合适，因为有些社会组织一开始成立时的宗旨并不是维护环境公共利益，只是在成立之后又对章程规定的宗旨及业务范围进行了变更，自成立时满五年，但变更后不满五年，这种情况应不符合环境保护法第五十八条的规定。第三稿又修改为“社会组织章程确定的宗旨和主要业务范围是维护社会公共利益，且从事环境保护公益活动五年以上的，可以认定为环境保护法第五十八条规定的‘专门从事环境保护公益活动连续五年以上’”，但人大法工委提出意见认为该规定未体现“连续”的要求。因争议较大，本司法解释暂时将该问题予以搁置，对何谓“连续五年”未作进一步的界定，但这并不表示司法实践中社会组织可不需要具备该项条件，而是留待实践中进一步探索，在环境民事公益诉讼的实践经验进一步积累后再通过典型案例或者司法政策的方式予以明确。

——最高人民法院环境资源审判庭编著：《最高人民法院关于环境民事公益诉讼司法解释理解与适用》，人民法院出版社 2015 年版，第 73~76 页。

889. 环境民事公益诉讼中社会组织专门从事环境保护公益活动“连续五年”的判断标准

关键词

环境民事公益诉讼　连续五年

最高人民法院公报案例、最高人民法院裁判文书

泰州市环保联合会与泰兴锦汇化工有限公司等环境污染侵权赔偿纠纷案

［最高人民法院（2015）民申字第 1366 号民事裁定书］

最高人民法院认为，（一）关于二审判决认定泰州市环保联合会具有本案原告主体资格是否有法律依据的问题。民事诉讼法第五十五条①规定："对污染环境、侵害众多消费者合法权益等损害社会公共利益的行为，法律规定的机关和有关组织可以向人民法院提起诉讼。"泰州市环保联合会是 2014 年 2 月 25 日在泰州市民政局登记设立的社会组织，其宗旨是围绕可持续发展战略，贯彻落实科学发展观，围绕实现泰州市环境保护目标和维护公众环境权益，发挥政府与社会之间的桥梁和纽带作用，推动泰州市及全人类环境保护事业的进步与发展。其业务范围是提供环境决策建议、维护公众环境权益、开展环境宣传教育、政策技术咨询服务等。泰州市环保联合会于 2014 年 8 月 4 日依据民事诉讼法第五十五条②的规定提起本案环境民事公益诉讼，有充分的法律依据。2015 年 1 月 1 日正式施行的环境保护法不适用于本案。锦汇公司关于泰州市环保联合会不具有本案原告主体资格的主张，没有事实与法律依据，本院不予支持。

——《最高人民法院公报》2016 年第 51 期。

附录：最高人民法院主流观点

司法实践中应注意以下几个方面的问题：

第一，提起环境民事公益诉讼的社会组织在起诉前应成立五年以上，一些专门为提起某项公益诉讼而临时成立的社会组织不应赋予其原告资格。环境保护法要求社会组织专门从事环境保护公益活动连续五年以上的目的是保障其具有一定的专业性，而临时成立的社会组织显然缺乏相关的经验、专门知识和专业技能。在备受关注的泰州天价环境民事公益诉讼案中，原告泰州市环保联合会是在一审诉讼前由当地环保机关主导并联合其他几家单位临时设立的环保类社会团体，于 2014 年 2 月 25 日经泰州市民政局批准设立，业务范围包括提供环境决策建议、维护公众环境权益、开展环境宣传教育、政策技术咨询服务等。关于其是否具有原告资格也是一、二审时双方争议的焦点之一。常隆公司等六家被告认为泰州市环保联合会不符合民事诉讼法第五十五条、环境保护法第五十八条规定的条件，也与司法实践相悖。一审判决认为，依照民事诉讼法第五十五条的规定，依法登记的环保组织，具有民事

① 现为《民事诉讼法》（2021 年修正）第五十八条。

② 现为《民事诉讼法》（2021 年修正）第五十八条。

公益诉讼主体资格，泰州市环保联合会作为依法成立的参与环境保护事业的非营利性社团组织，为保护水生态环境和维护公众环境权益，有权提起环境民事公益诉讼。二审判决则进一步论证了环境保护法第五十八条的适用问题，其认为本案中，泰州市环保联合会依据现行法律规定提起诉讼，具备环境民事公益诉讼的原告资格。泰州市环保联合会经泰州市民政局核准成立，并以提供环境决策建议、维护公众环境权益、开展环境宣传教育、政策技术咨询服务为其业务范围，属于依法成立的专门从事环境保护公益活动的社会组织，符合民事诉讼法第五十五条的规定，有权提起环境民事公益诉讼。虽然修订后的环境保护法第五十八条对环境民事公益诉讼主体资格范围作出了新的规定，但该法至二审判决作出之日尚未生效，不适用本案。可见，该案中虽然泰州市环保联合会根据其宗旨和业务范围属于专门从事环境保护公益活动的社会组织，但因成立未满五年，并不符合环境保护法第五十八条的规定。只是因为该案二审审理时修订后的环境保护法尚未生效，二审法院以民事诉讼法第五十五条为依据认定其具有原告资格，并无不妥。当然，因为环境保护法已于2015年1月1日生效，之后此类临时成立的环境保护社会组织应不具有原告资格。

第二，社会组织成立满五年应是指社会组织在民政部门正式登记并颁发相关证照满五年。司法解释起草过程中，有一种意见认为某些环境保护社会组织在正式登记前已经实际从事环境保护公益活动，只是因为管理体制的限制而暂时未进行登记，这种情况下只要其实际从事环境保护公益活动满五年，且在起诉前已在民政部门登记的，即应具有原告资格。我们认为这种意见并不符合立法本意，且司法实践中对未登记的某些环保组织是否实际从事环境保护公益活动连续五年缺少明确的判断标准，若承认其原告资格，也与现行关于社会组织的管理规范相悖。故实践中还是应当严格把握。以社会团体为例，《社会团体登记管理条例》第十七条第一款规定，依照法律规定，自批准成立之日起即具有法人资格的社会团体，应当自批准成立之日起60日内向登记管理机关备案。登记管理机关自收到备案文件之日起30日内发给《社会团体法人登记证书》，因此，其成立时间应从批准成立之日起开始计算。

第三，社会组织起诉前是否还应该在实际从事环境保护公益活动，还是只要自成立时起至起诉前，已有五年以上从事环境保护公益活动的经历即可？司法解释起草过程中对此也有争议，最终对此没有作出明确规定。实践中为了扩大提起环境民事公益诉讼的社会组织的范围，我们倾向于认为只要社会组织“从事环境保护公益活动五年以上”即可，至于其是否在起诉前依然从事该类活动，并不需要明确限定。当然，实践中如果社会组织起诉时的宗旨或业务范围已经发生变更，不再包括维护环境公共利益的事项，则其提起的公益诉讼也不符合本条第一款的规定，即不再属于“专门从事环境保护公益活动的社会组织”，不具有原告资格。

第四，关于何谓“连续”，本条中亦未作出明确界定。人大法工委的意见是“社会组织章程确定的宗旨和主要业务范围是维护环境公共利益，且最近五年每年都开展环境保护公益活动的，可以认定为环境保护法第五十八条规定的‘专门从事环境保护公益活动连续五年以上’”，即将“连续五年”界定为“最近五年每年都开展环境保护公益活动”。考虑到本司法解释在第八条要求社会组织起诉时提交起诉前连续五年的年度工作报告书或者年检报告书，并将其作为审查社会组织是否连续五年实际从事环境保护活动的主要依据，根据体系解释，司法实践中的操作规则与人大法工委的意见其实是一致的。

——最高人民法院环境资源审判庭编著：《最高人民法院关于环境民事公益诉讼司法解释理解与适用》，人民法院出版社 2015 年版，第 78~80 页。

890. 环境民事公益诉讼案件中适格被告的确定及数个法院对案件有管辖权时如何处理

关键词

环境民事公益诉讼　管辖权　适格被告

最高人民法院公报案例、最高人民法院裁判文书

北京市朝阳区自然之友环境研究所、中华环保联合会与中国石油天然气股份有限公司、中国石油天然气股份有限公司吉林油田分公司环境污染公益诉讼案［最高人民法院（2018）最高法民再 177 号民事裁定书］

裁判摘要：环境民事公益诉讼案件中，社会组织将实施环境污染行为的法人分支机构以及设立该分支机构的法人一并列为被告提起诉讼，应当确认该法人系适格被告。在数个法院对案件有管辖权时，应当遵循环境公益诉讼的特殊规律，将案件交由污染行为实施地、损害结果地人民法院管辖，以便准确查明事实，依法确定责任，保障受损生态环境得到及时有效修复。

最高人民法院认为：本案的争议焦点，一是中石油公司是否为本案适格被告；二是本案管辖法院如何确定更有利于生态环境保护。

（一）关于中石油公司是否为本案适格被告的问题

法人分支机构以自己的名义从事民事活动，产生的民事责任由法人承担；也可以先以该分支机构管理的财产承担，不足以承担的，由法人承担。根据

《中华人民共和国民事诉讼法》第四十八条[①]、《民事诉讼法司法解释》第五十二条的规定，依法设立并领取营业执照、有一定组织机构和财产的法人分支机构可以作为民事诉讼的当事人。但对于原告在起诉法人分支机构时是否可以一并起诉设立该分支机构法人的问题，相关法律和司法解释并未予以明确，结合民事诉讼法赋予其他组织当事人资格的目的在于保护其他组织和相对方的民事权利、及时解决纠纷，并无限制当事人一并起诉设立分支机构法人的意旨，故除法律法规另有规定外，该事项应属原告起诉时可以选择的程序事项。

本案系自然之友、中华环保联合会就中石油吉林分公司污染环境的行为提起的环境民事公益诉讼。《中华人民共和国环境保护法》第六条第三款规定："企业事业单位和其他生产经营者应当防止、减少环境污染和生态破坏，对所造成的损害依法承担责任。"《中华人民共和国公司法》第五条规定："公司从事经营活动，必须遵守法律、行政法规，遵守社会公德、商业道德，诚实守信，接受政府和社会公众的监督，承担社会责任。"国务院国有资产监督管理委员会《关于中央企业履行社会责任的指导意见》第十一条亦将"加强资源节约和环境保护"明确为中央企业应当承担的重要社会责任。石油产业是典型的资源能源型产业，石油产业链的开采、冶炼、运输到终端销售环节均极易造成环境污染和生态破坏，这就要求石油企业在追求经济利益的同时，必须采取有效措施预防、治理环境污染和生态破坏，最大限度地维护环境公共利益，促进经济、社会和环境协调发展。中石油公司作为中央直接管理的大型石油企业，应当自觉承担并监督其分支机构自觉承担相应的生态环境保护责任。自然之友、中华环保联合会因环境污染提起环境民事公益诉讼，将中石油吉林分公司和中石油公司列为共同被告，对督促中石油公司进一步加强对其分支机构的监管，积极承担维护环境公共利益的社会责任，具有积极的推动作用。二审法院以另案再审审查裁定作为在先裁判驳回自然之友和中华环保联合会对中石油公司的起诉，缺乏充分法律依据，亦不利于实现环境公益诉讼制度目的，应予纠正。

（二）关于本案管辖法院如何确定更有利于生态环境保护的问题

《中华人民共和国民事诉讼法》第二十八条[②]规定："因侵权行为提起的诉讼，由侵权行为地或者被告住所地人民法院管辖。"《环境民事公益诉讼司法解释》第六条规定："第一审环境民事公益诉讼案件由污染环境、破坏生态行为发生地、损害结果地或者被告住所地的中级以上人民法院管辖。"根据上述规定，中石油公司住所地北京市第四中级人民法院，中石油吉林分公司住所地

① 现为《民事诉讼法》（2021 年修正）第五十一条。

② 现为《民事诉讼法》（2021 年修正）第二十九条。

及污染行为发生地、损害结果地吉林省松原市中级人民法院均享有本案的管辖权。

本案系环境民事公益诉讼案件。环境民事公益诉讼的核心目标是促进受损生态环境的修复，应当贯彻恢复性司法理念，遵循一定特殊审理规则。主要体现在，人民法院需要在受理案件后的第一时间到污染场地进行实地勘察，深入了解生态环境受到损害的事实，并就是否应采取证据保全、行为保全等相关措施作出初步判断，以避免污染的持续和扩大；需要向当地负有环境保护监督管理职责的相关部门通报案件受理信息，提供环境行政执法线索，推动行政执法及时启动；需要通过发布受理公告，与人民陪审员共同组成合议庭公开开庭审理案件等方式，保障社会公众，特别是污染场地周边群众对环境公益诉讼的知情权、参与权和监督权；需要就案件证据调取、损害评估、修复方案确定和第三方机构引入等工作与相关部门进行沟通衔接。裁判生效后，人民法院还需要对生态环境修复工作进行一定监督，以确保判决污染者承担的修复费用用于生态环境保护。鉴于环境公益诉讼案件的审理与所保护的生态环境具有紧密联系，由远离污染行为地、损害结果地的人民法院管辖不便于案件的审理，不利于受损生态环境得到及时、有效修复，难以实现环境公益诉讼促进生态环境修复的核心目标。本案自然之友、中华环保联合会所诉污染行为系由住所地位于吉林省松原市的中石油吉林分公司实施，污染场地集中于吉林省松原市辖区，主要诉讼请求为清除污染、修复环境等。本院认为，根据环境民事公益诉讼的特殊性和本案实际情况，本案由吉林省松原市中级人民法院审理，便于人民法院审理和当事人诉讼，有利于准确查明案件事实、依法判定当事人责任、促进受损生态环境的有效修复。

——《最高人民法院公报》2019 年第 4 期。

891. 环境民事公益诉讼原告应提交初步证明材料

关键词

环境民事公益诉讼　初步证明材料

最高人民法院司法解释

第八条　提起环境民事公益诉讼应当提交下列材料：

（一）符合民事诉讼法第一百二十一条[①] 规定的起诉状，并按照被告人数提出副本；

① 现为《民事诉讼法》（2021 年修正）第一百二十四条。

（二）被告的行为已经损害社会公共利益或者具有损害社会公共利益重大风险的初步证明材料；

（三）社会组织提起诉讼的，应当提交社会组织登记证书、章程、起诉前连续五年的年度工作报告书或者年检报告书，以及由其法定代表人或者负责人签字并加盖公章的无违法记录的声明。

——《最高人民法院关于审理环境民事公益诉讼案件适用法律若干问题的解释》（2020 年 12 月 29 日修正）。

附录：最高人民法院主流观点

为防止滥诉，本司法解释第八条第（二）项规定原告起诉时应提交“被告的行为已经损害社会公共利益或者具有损害社会公共利益重大风险的初步证明材料”。关于“初步证明材料”在理解上有以下两点需要注意：

第一，在初步证明材料的证明内容方面，考虑到环境民事公益诉讼与私益诉讼最大的区别在于：前者是为保护环境公共利益而提起的，具有“主观为公益”的特点，虽然私益诉讼中也可能涉及公共利益事项，如受害人请求污染者对其财产损失予以赔偿的同时还请求其停止排污，客观上起到了维护环境公共利益的作用，但实质仍然是“主观为私益”。本司法解释第一条即明确规定：原告只有针对“已经损害社会公共利益或者具有损害社会公共利益重大风险的污染环境、破坏生态的行为”，才可以提起环境民事公益诉讼，这在明确环境民事公益诉讼受案范围的同时，也决定了原告在提起环境民事公益诉讼时，应向法院提交被告的行为已经损害社会公共利益或者具有损害社会公共利益重大风险的初步证明材料，否则即被视为不具备起诉条件，法院应裁定不予受理。司法解释起草过程中，有观点认为，应当对公共利益以及重大风险等概念进行明确界定，否则过于模糊，既不利于法官在实践中准确判断，也赋予其过大的自由裁量权，可能不利于发挥环境民事公益诉讼的功能。但考虑到目前在包括民事法律法规在内的我国立法中，尚无对“公共利益”这一概念的正面界定，物权法对“公共利益”有或多或少的说明，但既无概念性的规定也无列举性事项，仅有 2011 年新修订的《国有土地上房屋征收与补偿条例》对在征收中的“公共利益”作了具体的列举性规定。鉴于是否应正面界定以及能否正面界定“公共利益”是学界讨论的热点与难点问题，且即使规定也可能发生挂一漏万的情形，故本解释未对公共利益进行明确界定。基于同样的理由，对重大风险亦未进行明确界定，而是需要在司法实践中进一步探索，通过相关案例的积累和类型化逐步形成裁判规则。

第二，在初步证明材料的具体要求方面，司法解释起草过程中，曾规定原告起诉时应提交“被告的行为已经损害社会公共利益或者具有损害社会公共利益重大风险的证据材料”。我们的本意是采用“证据材料”的表述，主要在于区分“证据”和“证据材料”，重点也在于“材料”。具体而言，仅要求原告在起诉时提交相关的材料，法院在受理该类案件时也只是对原告提交的证据材料作形式审查，而不作实质审查，只要原告提交了相关材料即应受理，至于其提交的证据能否达到证明目的，是否会被法院采信并作为认定事实的依据，则应在审理程序中解决，这样规定有助于解决公益诉讼“受理难”的问题。但在征求意见过程中，很多意见认为，该规定从表面上看是要求原告在起诉时的证明程度就要和庭审中提交的证据一样，这无异于将案件受理的门槛大大提高了。虽然可以防止滥诉，但毕竟将证据的证明标准提高到庭审时才要达到的标准是不妥当的。我们最终将“证据材料”修改为“初步证明材料”，明确了原告提交证据材料的程度上的要求。实践中，适用该条时仍应遵循原来的解释目的，即本项规定属于立案审查阶段的规定，因案件尚未进入实体审理阶段，法院原则上不应对原告提交的证明材料进行实质审查，原告所提交的证明材料也不需要达到确切证明的程度。只要原告提交了初步证明材料，法院即应受理，防止以本条规定为由将原告提起的符合合理性标准的公益诉讼拒之门外。

——最高人民法院环境资源审判庭编著:《最高人民法院关于环境民事公益诉讼司法解释理解与适用》，人民法院出版社 2015 年版，第 132~133 页。

892. 环境民事公益诉讼被告拒不提供环境信息与环境侵权举证责任倒置的区别

关键词

环境民事公益诉讼　拒不提供环境信息　举证责任倒置

最高人民法院司法解释

第十三条　原告请求被告提供其排放的主要污染物名称、排放方式、排放浓度和总量、超标排放情况以及防治污染设施的建设和运行情况等环境信息，法律、法规、规章规定被告应当持有或者有证据证明被告持有而拒不提供，如果原告主张相关事实不利于被告的，人民法院可以推定该主张成立。

——《最高人民法院关于审理环境民事公益诉讼案件适用法律若干问题的解释》(2020 年 12 月 29 日修正)。

附录：最高人民法院主流观点

“谁主张，谁举证”是民事诉讼中的一项基本原则，一般民事案件中都是据此原则分配原被告的举证责任。对于一些特殊侵权案件，法律规定了特殊的举证责任分配规则，即举证责任倒置，由被告承担相应举证责任。如侵权责任法第六十六条[①]规定："因污染环境发生纠纷，污染者应当就法律规定的不承担责任或者减轻责任的情形及其行为与损害之间不存在因果关系承担举证责任。"需要说明的是，举证责任倒置，并不是说环境民事诉讼中的原告不需要承担任何举证责任，而是就行为与损害之间存在因果关系不负有举证责任。作为原告，仍然应当就存在损害和被告存在污染行为两项内容承担举证责任，在原告完成两项举证后，即完成其举证责任。之后，举证责任转移到被告身上，即被告要举证证明其排污行为与损害之间不存在因果关系，否则被告就要承担侵权责任。关于被告拒不提供环境信息，前已述及，不论被告是应当依法依规公开环境信息的企业，还是原告有证据证明被告持有环境信息而拒不提供，如果原告主张的相关事实不利于被告的，人民法院可以推定原告主张的事实成立。可以看出，被告拒不提供环境信息的结果是推定事实成立，而举证责任倒置原则的结果是，被告如果不能证明不存在因果关系即应承担民事责任。

——最高人民法院环境资源审判庭编著：《最高人民法院关于环境民事公益诉讼司法解释理解与适用》，人民法院出版社 2015 年版，第 185~186 页。

893. 环境民事公益诉讼再审审查程序中，不能申请人民法院调查收集证据

关键词

环境民事公益诉讼　再审审查　申请调查取证

最高人民法院司法解释

第十四条　对于审理环境民事公益诉讼案件需要的证据，人民法院认为必要的，应当调查收集。

对于应当由原告承担举证责任且为维护社会公共利益所必要的专门性问题，人民法院可以委托具备资格的鉴定人进行鉴定。

——《最高人民法院关于审理环境民事公益诉讼案件适用法律若干问题的解释》（2020 年 12 月 29 日修正）。

附录：最高人民法院主流观点

三、关于调查收集证据，再审审查程序不应适用，只需审查原审是否依

---

① 对应《民法典》第一千二百三十条。

职权或者依申请调查收集

当事人申请或者法院依职权调查收集证据，在诉讼中普遍存在，当事人也常常以法院未依申请调查收集证据，或者未依申请全面收集证据而提出抗辩。民事诉讼法虽然规定了当事人申请再审的权利，但没有改变我国二审终审的基本原则。因此，当事人申请法院调查收集证据，应当在一审、二审诉讼期间主张。申请再审程序中，法院只是对当事人提交的证据、事实及理由进行审查，并不是实体审理，故能否启动再审完全取决于当事人自己的举证是否充分，是否符合再审的法定条件。如果允许当事人在再审审查程序中申请法院调查收集证据，或者法院主动调查收集证据，则会形成当事人在原审怠于履行自己的举证义务，法院也会成为一方当事人推翻生效判决的帮手。

——最高人民法院环境资源审判庭编著：《最高人民法院关于环境民事公益诉讼司法解释理解与适用》，人民法院出版社2015年版，第197页。

894. 环境监管部门依法履行职责使公益诉讼原告诉讼请求全部实现，但原告不撤诉的，人民法院应主动行使释明权

关键词

环境民事公益诉讼　不撤诉　释明权

附录：最高人民法院主流观点

在环境民事公益诉讼中，如果负有环境保护监督管理职责的部门依法履行监管职责而使原告诉讼请求全部实现，而原告不申请撤诉的，人民法院究竟如何处理？我们认为，人民法院应主动行使释明权。

在环境民事公益诉讼中，职权主义色彩更为浓厚，本司法解释也有人民法院认为原告提出的诉讼请求不足以保护社会公共利益的，可以作出释明，变更或者增加停止侵害、恢复原状等诉讼请求；在公民、法人和其他组织以人身财产受到损害为由申请参加诉讼的，释明其另行起诉等可以行使释明权的规定。本条解释中虽然没有规定原告不申请撤诉的处理方式，但人民法院应当及时行使释明权为该条规定的应有之义。人民法院向原告作出释明，原告的起诉虽然符合法律和本司法解释的规定，但人民法院在审理过程中查明负有环境保护监督管理职责的部门依法履行了监管职责，原告实体意义上的权利在案外已经实现，无需再纠缠于诉讼进程之中，且主动撤诉也是经过了人民法院的审查，并非不利于其所主张的公共利益的保护。应注意的是，法官释明权也是有限度的，释明并不等于替原告进行诉讼，如果把握尺度不严，容易陷入职权主义的诉讼模式。同时，体现审判权主动性的释明权不应违背

法官中立、公正的立场，成为法官暗示、偏袒一方的借口。

——最高人民法院环境资源审判庭编著：《最高人民法院关于环境民事公益诉讼司法解释理解与适用》，人民法院出版社 2015 年版，第 369 页。

895. 取得排污许可证的企业负有确保其排污达到排放标准的法定义务，委托其他单位处理的，应当对环境污染损害承担连带责任

关键词

生态环境损害赔偿诉讼　环境民事公益诉讼　委托排污　共同侵权　合并审理

最高人民法院指导性案例

重庆市人民政府、重庆两江志愿服务发展中心诉重庆藏金阁物业管理有限公司、重庆首旭环保科技有限公司生态环境损害赔偿、环境民事公益诉讼案（最高人民法院指导案例 130 号）

裁判要点：取得排污许可证的企业，负有确保其排污处理设备正常运行且排放物达到国家和地方排放标准的法定义务，委托其他单位处理的，应当对受托单位履行监管义务；明知受托单位违法排污不予制止甚或提供便利的，应当对环境污染损害承担连带责任。法院生效裁判认为：重庆市人民政府依据《生态环境损害赔偿制度改革试点方案》规定，有权提起生态环境损害赔偿诉讼，重庆两江志愿服务发展中心具备合法的环境公益诉讼主体资格，二原告基于不同的规定而享有各自的诉权，均应依法予以保护。鉴于两案原告基于同一污染事实与相同被告提起诉讼，诉讼请求基本相同，故将两案合并审理。

本案的争议焦点为：

二、关于藏金阁公司与首旭公司是否构成共同侵权首旭公司是明知 1 号废水调节池池壁上存在 120mm 口径管网并故意利用其违法排污的直接实施主体，其理应对损害后果承担赔偿责任，对此应无疑义。本争议焦点的核心问题在于如何评价藏金阁公司的行为，其与首旭公司是否构成共同侵权。法院认为，藏金阁公司与首旭公司构成共同侵权，应当承担连带责任。

第一，我国实行排污许可制，该制度是国家对排污者进行有效管理的手段，取得排污许可证的企业即是排污单位，负有依法排污的义务，否则将承

担相应法律责任。藏金阁公司持有排污许可证，必须确保按照许可证的规定和要求排放。藏金阁公司以委托运行协议的形式将废水处理交由专门从事环境治理业务（含工业废水运营）的首旭公司作业，该行为并不为法律所禁止。但是，无论是自行排放还是委托他人排放，藏金阁公司都必须确保其废水处理站正常运行，并确保排放物达到国家和地方排放标准，这是取得排污许可证企业的法定责任，该责任不能通过民事约定来解除。申言之，藏金阁公司作为排污主体，具有监督首旭公司合法排污的法定责任，依照《委托运行协议》其也具有监督首旭公司日常排污情况的义务，本案违法排污行为持续了1年8个月的时间，藏金阁公司显然未尽监管义务。

第二，无论是作为排污设备产权人和排污主体的法定责任，还是按照双方协议约定，藏金阁公司均应确保废水处理设施设备正常、完好。2014年8月藏金阁公司将废酸池改造为1号废水调节池并将地下管网改为高空管网作业时，未按照正常处理方式对池中的120mm口径暗管进行封闭，藏金阁公司亦未举证证明不封闭暗管的合理合法性，而首旭公司正是通过该暗管实施违法排放，也就是说，藏金阁公司明知为首旭公司提供的废水处理设备留有可以实施违法排放的管网，据此可以认定其具有违法故意，且客观上为违法排放行为的完成提供了条件。

第三，待处理的废水是由藏金阁公司提供给首旭公司的，那么藏金阁公司知道需处理的废水数量，同时藏金阁公司作为排污主体，负责向环保部门缴纳排污费，其也知道合法排放的废水数量，加之作为物业管理部门，其对于园区企业产生的实际用水量亦是清楚的，而这几个数据结合起来，即可确知违法排放行为的存在，因此可以认定藏金阁公司知道首旭公司在实施违法排污行为，但其却放任首旭公司违法排放废水，同时还继续将废水交由首旭公司处理，可以视为其与首旭公司形成了默契，具有共同侵权的故意，并共同造成了污染后果。

第四，环境侵权案件具有侵害方式的复合性、侵害过程的复杂性、侵害后果的隐蔽性和长期性，其证明难度尤其是对于排污企业违法排污主观故意的证明难度较高，且本案又涉及对环境公益的侵害，故应充分考虑到此类案件的特殊性，通过准确把握举证证明责任和归责原则来避免责任逃避和公益受损。综上，根据本案事实和证据，藏金阁公司与首旭公司构成环境污染共同侵权的证据已达到高度盖然性的民事证明标准，应当认定藏金阁公司和首旭公司对于违法排污存在主观上的共同故意和客观上的共同行为，二被告构成共同侵权，应承担连带责任。

——《最高人民法院关于发布第24批指导性案例的通知》（2019年12月26日，法〔2019〕297号）。

896. 企业事业单位和其他生产经营者多次超过污染物排放标准，环境保护行政管理部门作出行政处罚后仍未改正，原告可以提起环境民事公益诉讼

关键词

环境民事公益诉讼　大气污染责任　行政处罚

最高人民法院指导性案例

中华环保联合会诉德州晶华集团振华有限公司大气污染责任民事公益诉讼案（最高人民法院指导案例 131 号）

裁判要点：企业事业单位和其他生产经营者多次超过污染物排放标准或者重点污染物排放总量控制指标排放污染物，环境保护行政管理部门作出行政处罚后仍未改正，原告依据《最高人民法院关于审理环境民事公益诉讼案件适用法律若干问题的解释》第一条规定的“具有损害社会公共利益重大风险的污染环境、破坏生态的行为”对其提起环境民事公益诉讼的，人民法院应予受理。

法院生效裁判认为：根据《最高人民法院关于审理环境民事公益诉讼案件适用法律若干问题的解释》第一条规定，法律规定的机关和有关组织依据民事诉讼法第五十五条①、环境保护法第五十八条等法律的规定，对已经损害社会公共利益或者具有损害社会公共利益重大风险的污染环境、破坏生态的行为提起诉讼，符合民事诉讼法第一百一十九条②第二项、第三项、第四项规定的，人民法院应予受理；第十八条规定，对污染环境、破坏生态，已经损害社会公共利益或者具有损害社会公共利益重大风险的行为，原告可以请求被告承担停止侵害、排除妨碍、消除危险、恢复原状、赔偿损失、赔礼道歉等民事责任。法院认为，企业事业单位和其他生产经营者超过污染物排放标准或者重点污染物排放总量控制指标排放污染物的行为可以视为是具有损害社会公共利益重大风险的行为。被告振华公司超量排放的二氧化硫、氮氧化物、烟粉尘会影响大气的服务价值功能。其中，二氧化硫、氮氧化物是酸雨的前导物，超量排放可至酸雨从而造成财产及人身损害，烟粉尘的超量排

① 现为《民事诉讼法》（2021 年修正）第五十八条。

② 现为《民事诉讼法》（2021 年修正）第一百二十二条。

放将影响大气能见度及清洁度，亦会造成财产及人身损害。被告振华公司自2013年11月起，多次超标向大气排放二氧化硫、氮氧化物、烟粉尘等污染物，经环境保护行政管理部门多次行政处罚仍未改正，其行为属于司法解释规定的“具有损害社会公共利益重大风险的行为”，故被告振华公司是本案的适格被告。

897. 污染者主动改进环保设施，降低环境风险，人民法院可以适当减轻污染者的赔偿责任

关键词

环境民事公益诉讼　大气污染责任　赔偿损失

最高人民法院指导性案例

中国生物多样性保护与绿色发展基金会诉秦皇岛方圆包装玻璃有限公司大气污染责任民事公益诉讼案（最高人民法院指导案例132号）

裁判要点：在环境民事公益诉讼期间，污染者主动改进环保设施，有效降低环境风险的，人民法院可以综合考虑超标排污行为的违法性、过错程度、治理污染设施的运行成本以及防污采取的有效措施等因素，适当减轻污染者的赔偿责任。

法院生效判决认为：《最高人民法院关于审理环境民事公益诉讼案件适用法律若干问题的解释》第二十三条规定，生态环境修复费用难以确定的，人民法院可以结合污染环境、破坏生态的范围和程度、防止污染设备的运行成本、污染企业因侵权行为所得的利益以及过错程度等因素予以合理确定。本案中，方圆公司于2015年2月与无锡市格瑞环保科技有限公司签订《玻璃窑炉脱硝脱硫除尘总承包合同》，对其四座窑炉配备的环保设施进行升级改造，合同总金额3617万元，体现了企业防污整改的守法意识。方圆公司在环保设施升级改造过程中出现超标排污行为，虽然行为具有违法性，但在超标排污受到行政处罚后，方圆公司积极缴纳行政罚款共计1280余万元，其超标排污行为受到行政制裁。在提起本案公益诉讼后，方圆公司加快了环保设施的升级改造，并在环保设施验收合格后，再次投资1965万元建造一套备用排污设备，是秦皇岛地区首家实现大气污染治理环保设备开二备一的企业。

《中华人民共和国环境保护法》第一条、第四条规定了保护环境、防止污染，促进经济可持续发展的立法目的，体现了保护与发展并重原则。环境公

益诉讼在强调环境损害救济的同时，亦应兼顾预防原则。本案诉讼过程中，方圆公司加快环保设施的整改进度，积极承担行政责任，并在其安装的环保设施验收合格后，出资近2000万元再行配备一套环保设施，以确保生产过程中环保设施的稳定运行，大大降低了再次造成环境污染的风险与可能性。方圆公司自愿投入巨资进行污染防治，是在中国绿发会一审提出“环境损害赔偿与环境修复费用”的诉讼请求之外实施的维护公益行为，实现了《中华人民共和国环境保护法》第五条规定的“保护优先，预防为主”的立法意图，以及环境民事公益诉讼风险预防功能，具有良好的社会导向作用。人民法院综合考虑方圆公司在企业生产过程中超标排污行为的违法性、过错程度、治理污染的运行成本以及防污采取的积极措施等因素，对于方圆公司在一审鉴定环境损害时间段之前的超标排污造成的损害予以折抵，维持一审法院依据鉴定意见判决环境损害赔偿及修复费用的数额。

——《最高人民法院关于发布第24批指导性案例的通知》（2019年12月26日，法〔2019〕297号）。

898. 污染者不得以被污染水域有自净功能、水质得到恢复为由主张免除或者减轻生态环境修复责任

关键词

环境民事公益诉讼　水污染　生态环境修复责任

最高人民法院指导性案例

山东省烟台市人民检察院诉王振殿、马群凯环境民事公益诉讼案（最高人民法院指导案例133号）

裁判要点：污染者违反国家规定向水域排污造成生态环境损害，以被污染水域有自净功能、水质得到恢复为由主张免除或者减轻生态环境修复责任的，人民法院不予支持。

法院生效裁判认为：

（二）关于涉案土壤、地表水及地下水污染生态损害修复费用的认定问题。

莱州市环境监测站监测报告显示，废水池内残留废水的PH值< 2，属于强酸性废水。王振殿、马群凯通过废水池、排水沟排放的酸洗废水系危险废物亦为有毒物质污染环境，致部分居民家中水井颜色变黄，味道呛人，无法

饮用。监测发现部分居民家中井水的 PH 值低于背景值，氯化物、总硬度远高于背景值，且明显超标。储存于废水池期间渗漏的废水渗透至周边土壤和地下水，排入沟内的废水流入消水河。涉案污染区域周边没有其他类似污染源，可以确定受污染地下水系黄色、具有刺鼻气味，且氯化物浓度较高的污染物，即王振殿、马群凯实施的环境污染行为造成。

2017 年 2 月 13 日水质监测报告显示，在原水质监测范围内的部分监测点位，水质监测结果达标。根据地质环境监测专家出具的意见，可知在消除污染源阻断污染因子进入地下水环境的情况下，随着上游地下水径流和污染区地下水径流扩大区域的地下水稀释及含水层岩土的吸附作用，污染水域的地下水浓度将逐渐降低，水质逐渐好转。地下水污染区域将随着时间的推移，在地下水径流水动力的作用下，整个污染区将逐渐向下游移动扩大。经过一定时间，原污染区可能达到有关水质要求标准，但这并不意味着地区生态环境好转或已修复。王振殿、马群凯仍应当承担其污染区域的环境生态损害修复责任。在被告不能自行修复的情况下，根据《环境污染损害数额计算推荐方法》和《突发环境事件应急处置阶段环境损害评估推荐方法》的规定，采用虚拟治理成本法估算王振殿、马群凯偷排废水造成的生态损害修复费用。虚拟治理成本是指工业企业或污水处理厂治理等量的排放到环境中的污染物应该花费的成本，即污染物排放量与单位污染物虚拟治理成本的乘积。单位污染物虚拟治理成本是指突发环境事件发生地的工业企业或污水处理厂单位污染物治理平均成本。在量化生态环境损害时，可以根据受污染影响区域的环境功能敏感程度分别乘以 1.5 － 10 的倍数作为环境损害数额的上下限值。本案受污染区域的土壤、Ⅲ类地下水及消水河Ⅴ类地表水生态损害修复费用，山东省环境保护科学研究设计院环境风险与污染损害鉴定评估中心出具的环境损害检验报告中取虚拟治理成本的 6 倍，按照已生效的莱州市人民法院（2016）鲁 0683 刑初 136 号刑事判决书认定的偷排酸洗废水 60 吨的数额计算，造成的生态损害修复费用为 72 万元，即单位虚拟治理成本 2000 元 / t × 60t × 6 倍 = 72 万元具有事实和法律依据，并无不当。

二、关于侵权责任问题。《中华人民共和国侵权责任法》第六十五条[①]规定："因污染环境造成损害的，污染者应当承担侵权责任。"第六十六条[②]规定："因污染环境发生纠纷，污染者应当就法律规定的不承担责任或者减轻责任的情形及其行为与损害之间不存在因果关系承担举证责任。"山东省莱州市人民法院作出的（2016）鲁 0683 刑初 136 号刑事判决书认定王振殿、马群凯实施的环境污染行为与所造成的环境污染损害后果之间存在因果关系，王

① 对应《民法典》第一千二百二十九条。
② 对应《民法典》第一千二百三十条。

振殿、马群凯对此没有异议，并且已经发生法律效力。根据《中华人民共和国环境保护法》第六十四条、《中华人民共和国侵权责任法》第八条[①]、第六十五条、第六十六条、《最高人民法院关于审理环境侵权责任纠纷案件适用法律若干问题的解释》第十四条之规定，王振殿、马群凯应当对其污染环境造成社会公共利益受到损害的行为承担侵权责任。

——《最高人民法院关于发布第24批指导性案例的通知》（2019年12月26日，法〔2019〕297号）。

899. 原告有证据证明被告实施污染物处置行为，被告拒不提供其处置污染物情况等环境信息，法院可以推定原告主张的环境污染事实成立

关键词

环境民事公益诉讼　环境污染事实　不利推定

最高人民法院指导性案例

江苏省徐州市人民检察院诉苏州其安工艺品有限公司等环境民事公益诉讼案（最高人民法院指导案例135号）

裁判要点：在环境民事公益诉讼中，原告有证据证明被告产生危险废物并实施了污染物处置行为，被告拒不提供其处置污染物情况等环境信息，导致无法查明污染物去向的，人民法院可以推定原告主张的环境污染事实成立。

法院生效裁判认为：

一、关于在沛县经济开发区倾倒3桶硫酸废液造成的生态环境损害，五被告应否承担连带赔偿责任及赔偿数额如何确定问题

《中华人民共和国固体废物污染环境防治法》（以下简称固体废物法）第五十五条规定："产生危险废物的单位，必须按照国家有关规定处置危险废物，不得擅自倾倒、堆放"。第五十七条规定："从事收集、贮存、处置危险废物经营活动的单位，必须向县级以上人民政府环境保护行政主管部门申请领取经营许可证……禁止无经营许可证或者不按照经营许可证规定从事危险废物收集、贮存、利用、处置的经营活动"。本案中，其安公司明知黄克峰无

① 对应《民法典》第一千一百六十八条。

危险废物经营许可证，仍将危险废物硫酸废液交由其处置；黄克峰、何传义、王克义、魏以东明知自己无危险废物经营许可证，仍接收其安公司的硫酸废液并非法处置。其安公司与黄克峰、何传义、王克义、魏以东分别实施违法行为，层层获取非法利益，最终导致危险废物被非法处置，对此造成的生态环境损害，应当承担赔偿责任。五被告的行为均系生态环境遭受损害的必要条件，构成共同侵权，应当在各自参与非法处置危险废物的数量范围内承担连带责任。

本案中，倾倒3桶硫酸废液污染土壤的事实客观存在，但污染发生至今长达三年有余，且倾倒地已进行工业建设，目前已无法将受损的土壤完全恢复。根据《环境损害鉴定评估推荐方法（第Ⅱ版）》和原环境保护部《关于虚拟治理成本法适用情形与计算方法的说明》（以下简称《虚拟治理成本法说明》），对倾倒3桶硫酸废液所产生的生态环境修复费用，可以适用“虚拟治理成本法”予以确定，其计算公式为：污染物排放量 × 污染物单位治理成本 × 受损害环境敏感系数。公益诉讼起诉人委托的技术专家提出的倾倒3桶硫酸废液所致生态环境修复费用为204415元（4.28×6822.92×7）的意见，理据充分，应予采纳。该项生态环境损害系其安公司、黄克峰、何传义、王克义、魏以东五被告的共同违法行为所致，五被告应连带承担204415元的赔偿责任。

——《最高人民法院关于发布第24批指导性案例的通知》（2019年12月26日，法〔2019〕297号）。

900. 对就同一污染环境行为提起的环境民事公益诉讼，可以分别立案、一并审理、分别判决

关键词

环境民事公益诉讼　环境行政公益诉讼　分别立案　合并审理

最高人民法院指导性案例

吉林省白山市人民检察院诉白山市江源区卫生和计划生育局、白山市江源区中医院环境公益诉讼案（最高人民法院指导案例136号）

裁判要点：人民法院在审理人民检察院提起的环境行政公益诉讼案件时，对人民检察院就同一污染环境行为提起的环境民事公益诉讼，可以参照行政诉讼法及其司法解释规定，采取分别立案、一并审理、分别判决的方式处理。

法院生效裁判认为：根据国务院《医疗机构管理条例》第五条及第四十条的规定，白山市江源区卫生和计划生育局对辖区内医疗机构具有监督管理的法定职责。《吉林省医疗机构审批管理办法（试行）》第四十四条规定，医疗机构申请校验时应提交校验申请、执业登记项目变更情况、接受整改情况、环评合格报告等材料。白山市江源区卫生和计划生育局在白山市江源区中医院未提交环评合格报告的情况下，对其《医疗机构职业许可证》校验为合格，违反上述规定，该校验行为违法。白山市江源区中医院违法排放医疗污水，导致周边地下水及土壤存在重大污染风险。白山市江源区卫生和计划生育局作为卫生行政主管部门，未及时制止，其怠于履行监管职责的行为违法。白山市江源区中医院通过渗井、渗坑违法排放医疗污水，且污水处理设施建设完工及环评验收需要一定的时间，故白山市江源区卫生和计划生育局应当继续履行监管职责，督促白山市江源区中医院污水处理工程及时完工，达到环评要求并投入使用，符合《吉林省医疗机构审批管理办法（试行）》第四十四条规定的校验医疗机构执业许可证的条件。

《中华人民共和国侵权责任法》第六十五条①、第六十六条②规定，因污染环境造成损害的，污染者应当承担侵权责任。因污染环境发生纠纷，污染者应当就法律规定的不承担责任或者减轻责任的情形及其行为与损害之间不存在因果关系承担举证责任。本案中，根据公益诉讼人的举证和查明的相关事实，可以确定白山市江源区中医院未安装符合环保要求的污水处理设备，通过渗井、渗坑实施了排放医疗污水的行为。从检测机构的检测结果及检测意见可知，其排放的医疗污水，对附近地下水及周边土壤存在重大环境污染风险。白山市江源区中医院虽辩称其未建设符合环保要求的排污设备系因政府对公办医院投入建设资金不足所致，但该理由不能否定其客观上实施了排污行为，产生了周边地下水及土壤存在重大环境污染风险的损害结果，以及排污行为与损害结果存在因果关系的基本事实。且环境污染具有不可逆的特点，故作出立即停止违法排放医疗污水的判决。

——《最高人民法院关于发布第 24 批指导性案例的通知》（2019 年 12 月 26 日，法〔2019〕297 号）。

---

① 对应《民法典》第一千二百二十九条。

② 对应《民法典》第一千二百三十条。

901. 检察公益诉讼案件中刑事附带民事公益诉讼的规定

关键词

检察公益诉讼 刑事附带民事诉讼

最高人民法院司法解释

第二十条 人民检察院对破坏生态环境和资源保护、食品药品安全领域侵害众多消费者合法权益等损害社会公共利益的犯罪行为提起刑事公诉时，可以向人民法院一并提起附带民事公益诉讼，由人民法院同一审判组织审理。

人民检察院提起的刑事附带民事诉讼公益案件由审理刑事案件的人民法院管辖。

——《最高人民法院、最高人民检察院关于检察公益诉讼案件适用法律若干问题的解释》(2020 年 12 月 29 日修正)。

附录：最高人民法院主流观点

检察民事公益诉讼针对的是破坏生态环境和资源保护、食品药品安全领域侵害众多消费者合法权益保护的违法行为。实践中，一些不法者在从事违法活动时不但触犯了刑事法律规定，构成犯罪，还造成了社会公共利益的损害。当发生这类情况时，人民检察院需要作为公诉人提起刑事公诉，同时也可以作为公益诉讼起诉人提起民事公益诉讼，从而形成两个案件。鉴于刑事诉讼和民事公益诉讼的诉讼主体一致，基本事实相同，为节约诉讼资源，提高诉讼效率，妥善确定犯罪嫌疑人的刑事责任和民事责任，《民事公益诉讼司法解释》(以下简称《解释》) 在第二十条规定了刑事附带民事公益诉讼。

审判实践中应当注意以下几点：一是刑事附带民事公益诉讼案件要按照民事诉讼法第五十五条[①]第二款和《解释》的相关规定，针对破坏生态环境和资源保护、食品药品安全等领域损害社会公共利益的行为提起。如果已经有法律规定的机关和社会组织提起民事公益诉讼的，则不再受理刑事附带民事公益诉讼。二是民事公益诉讼与刑事诉讼是不同案件类型，既可以附带于刑事诉讼提起，也可以根据案件实际情况单独提起。由不同的审判组织分别审理的，要注意协调好两个案件的事实认定和责任承担。三是要注意《解释》关于管辖法院和审判组织的特殊规定。刑事附带民事公益诉讼案件由审理刑事案件的人民法院管辖，并且由审理刑事案件的同一个审判组织审理。需要

---

① 现为《民事诉讼法》(2021 年修正) 第五十八条。

特别说明的是，《解释》第五条规定了检察民事公益诉讼案件由中级人民法院管辖的一般情形。在刑事附带民事公益诉讼的特殊情况下，当审理刑事案件的人民法院是基层人民法院时，则附带民事公益诉讼也应由该基层人民法院管辖。四是由于刑事诉讼认定事实和证据的标准要高于民事诉讼，故刑事案件已经依法认定的事实和证据一般可以作为附带民事公益诉讼案件的免证事实和证据。而对于刑事案件未予认定的事实和证据，如经审理认为达到民事诉讼规定的证据标准的，亦应依法予以确认。

——江必新：《认真贯彻落实民事诉讼法、行政诉讼法规定全面推进检察公益诉讼审判工作——〈最高人民法院、最高人民检察院关于检察公益诉讼案件适用法律若干问题的解释〉的理解与适用》，载《人民法院报》2018 年 3 月 5 日。

902. 刑事附带民事公益诉讼也需要组成七人合议庭审理

关键词

刑事附带民事公益诉讼　三人合议庭　七人合议庭

最高人民法院解释

第七条　人民法院审理人民检察院提起的第一审公益诉讼案件，适用人民陪审制。

——《最高人民法院、最高人民检察院关于检察公益诉讼案件适用法律若干问题的解释》（2020 年 12 月 29 日修正）。

附录：最高人民法院主流观点

实践中，有些人民法院反映，因第一审刑事案件在基层人民法院审理，且审理期限较民事公益诉讼案件更短，难以组成七人合议庭，是否可以组成三人合议庭？我们认为，七人合议庭审理公益诉讼案件是法律的明确规定，不得突破。而且这种规定目的是加强公众参与，更好地保护社会公共利益，各级人民法院应当严格依照法律规定由七人合议庭审理公益诉讼案件。刑事附带民事公益诉讼案件从本质上看是公益诉讼案件，如刑事案件因审理期限等原因不适宜与公益诉讼案件一并审理的，可以建议人民检察院单独提起民事公益诉讼，不能因刑事案件审理问题改变民事公益诉讼案件的审判组织组成。

——最高人民法院民法典贯彻实施工作领导小组办公室编著：《最高人民法院实施民法典清理司法解释修改条文（111 件）理解与适用》，人民法院出版社 2022 版，第 805 页。

903. 办理检察刑事附带民事公益诉讼案件的具体程序和实体问题时，缺乏法律依据的如何处理

关键词

刑事附带民事公益诉讼　社会公共利益　平等保护　法律原则

最高人民法院解释

第二十条　人民检察院对破坏生态环境和资源保护，食品药品安全领域侵害众多消费者合法权益，侵害英雄烈士等的姓名、肖像、名誉、荣誉等损害社会公共利益的犯罪行为提起刑事公诉时，可以向人民法院一并提起附带民事公益诉讼，由人民法院同一审判组织审理。

人民检察院提起的刑事附带民事公益诉讼案件由审理刑事案件的人民法院管辖。

——《最高人民法院最高人民检察院关于检察公益诉讼案件适用法律若干问题的解释》（2020 年 12 月 29 日修正）。

附录：最高人民法院主流观点

检察刑事附带民事公益诉讼目前还处于探索阶段，除本条的规定外，尚无其他具体的规定，可能导致实践中在处理具体程序和实体问题时存在缺乏法律依据的问题。我们认为，在没有法律规定的情况下可以进行探索创新，但应当把握以下两点：一是不能妨碍对社会公共利益的保护。正如前文强调，附带民事公益诉讼不是刑事诉讼的附属，其充分、全面保护社会公共利益的功能必须得到有效发挥。因此，在诉讼中不能为了刑事诉讼的便利而弱化民事公益诉讼的功能。二是在附带民事公益诉讼审理中注意平等保护当事人双方的合法权益，不能违反《民事诉讼法》的基本原则。

——最高人民法院民法典贯彻实施工作领导小组办公室编著：《最高人民法院实施民法典清理司法解释修改条文（111 件）理解与适用》，人民法院出版社 2022 版，第 826 页。

904. 人民陪审制和司法公开原则在公益诉讼中的适用

关键词

公益诉讼　人民陪审制　司法公开原则

最高人民法院司法政策精神

第七条　人民法院审理人民检察院提起的第一审民事公益诉讼案件，原则上适用人民陪审制。当事人申请不适用人民陪审制审理的，人民法院经审查可以决定不适用人民陪审制审理。

第十六条　人民法院审理人民检察院提起的第一审行政公益诉讼案件，原则上适用人民陪审制。

——《最高人民法院关于印发〈人民法院审理人民检察院提起公益诉讼案件试点工作实施办法〉的通知》（2016 年 2 月 25 日，法发〔2016〕6 号）。

附录：最高人民法院主流观点

（一）人民陪审制的适用

《人民法院审理人民检察院提起公益诉讼案件试点工作实施办法》（以下简称《实施办法》）第七条和第十六条规定人民法院审理人民检察院提起的第一审民事、行政公益诉讼案件，原则上适用人民陪审制。这里的“原则上”应理解为总体上或基本上，换言之即一般情况下应当适用。

人民陪审员制度是中国特色社会主义司法制度的重要组成部分，在促进司法公正、保障司法民主等方面发挥了积极作用。完善人民陪审员制度也是最高人民法院近年积极推进的一项司法改革措施，旨在扩大人民陪审员参审范围，充分发扬司法民主，提高司法公信力，促进实现让人民群众在每一个司法案件中感受到公平正义的工作目标。《最高人民法院关于进一步加强和推进人民陪审工作的若干意见》（法发〔2010〕24 号）规定社会影响较大的一审民事、行政案件，由人民陪审员和法官组成合议庭进行。《最高人民法院、司法部关于人民陪审员制度改革试点方案》（法〔2015〕100 号）规定涉及群体利益、社会公共利益的，人民群众广泛关注或者其他社会影响较大的一审民事、行政案件，原则上实行人民陪审制审理。《人民陪审员制度改革试点工作实施办法》（法〔2015〕132 号）规定涉及群体利益、社会公共利益、人民群众广泛关注或者其他社会影响较大的行政、民事案件，及环境保护、食品药品安全的重大案件，原则上实行人民陪审制审理。人民检察院提起的公益诉讼案件一般都是公众广泛关注或者社会影响较大的涉及公共利益的案件，故

《实施办法》规定了一般适用陪审制的要求。当然，在公益诉讼中基于个人隐私、商业秘密或者其他正当原因，当事人申请不适用人民陪审制审理的，人民法院经审查可以决定不适用人民陪审制审理。

在陪审员的选取上，应当尽量选择具有相关领域专业知识的人民陪审员参加审判，以更好地发挥相关的专业特长，与法律判断形成互补，确保案件裁判公正。这也符合《最高人民法院关于进一步加强和推进人民陪审工作的若干意见》关于“如案件审理确有需要，可以在相关地域、行业、专业等类型的人民陪审员范围内随机抽取”的规定。

（二）司法公开原则的适用

在司法公开方面，人民法院审理人民检察院提起的公益诉讼案件，应当依法公开进行。公益诉讼所涉事项关系公共利益，相对于私益诉讼而言，更具有公开的必要性与正当性。尤其对于一些影响较广的公益诉讼案件，公开审判还可以起到弘扬法治、宣传教育的作用。在具体公开方式上，人民法院可以邀请人大代表、政协委员等旁听庭审，并可以通过庭审直播录播等方式满足公众和媒体了解庭审实况的需要。人民法院审理人民检察院提起公益诉讼案件的裁判文书，应当按照有关规定在互联网上公开发布。

——范明志、韩建英、黄斌：《〈人民法院审理人民检察院提起公益诉讼案件试点工作实施办法〉的理解与适用》，载《法律适用》2016 年第 5 期。

二、生态环境损害赔偿诉讼

905. 有权提起生态环境损害赔偿诉讼的原告范围

关键词

生态环境损害赔偿诉讼　原告范围

最高人民法院司法解释

第一条　具有下列情形之一，省级、市地级人民政府及其指定的相关部门、机构，或者受国务院委托行使全民所有自然资源资产所有权的部门，因与造成生态环境损害的自然人、法人或者其他组织经磋商未达成一致或者无法进行磋商的，可以作为原告提起生态环境损害赔偿诉讼：

（一）发生较大、重大、特别重大突发环境事件的；

（二）在国家和省级主体功能区规划中划定的重点生态功能区、禁止开发区发生环境污染、生态破坏事件的；

（三）发生其他严重影响生态环境后果的。

前款规定的市地级人民政府包括设区的市，自治州、盟、地区，不设区的地级市，直辖市的区、县人民政府。

——《最高人民法院关于审理生态环境损害赔偿案件的若干规定（试行）》（2020 年 12 月 29 日修正）。

附录：最高人民法院主流观点

2015 年 11 月中共中央办公厅、国务院办公厅印发的《生态环境损害赔偿制度改革试点方案》（以下简称《试点方案》）规定，试点地方省级人民政府经国务院授权后，作为本行政区域内生态环境损害赔偿权利人，可指定相关部门或机构负责生态环境损害赔偿具体工作。《试点方案》采取的“授权＋指定”模式使得生态环境损害赔偿制度出现了两类权利主体：赔偿权利人和赔偿权利人指定的负责具体工作的部门或者机构。通过试点实践发现，将赔偿权利人限制在省级人民政府不利于生态环境损害赔偿具体工作的开展，有必要扩大赔偿权利人范围。2017 年 12 月中共中央办公厅、国务院办公厅印发《的生态环境损害赔偿制度改革方案》（以下简称《改革方案》）将赔偿权利人范围扩大到市地级人民政府，从而由市地级人民政府和省级人民政府共同作为权利人。此授权的依据在于国家作为自然资源所有权人，县级以上人民政府均有资格作为代表人。考虑到生态环境损害赔偿工作的复杂性与专业性，大部分县级人民政府及其职能部门开展生态环境损害索赔能力尚显不足，为保障索赔工作的专业水平，暂不将范围扩大至县级人民政府。

另外，由于行政机关不仅具有结构上的层级性，也具有职能的多元性。实践中，往往由政府某一职能部门负责开展其职能范围内的具体索赔工作。为便于开展索赔工作，《改革方案》规定，省级、地市级人民政府可指定相关部门或机构负责生态环境损害赔偿具体工作，并且规定赔偿权利人及其指定的部门或机构均有权提起诉讼。因此，《最高人民法院关于审理生态环境损害赔偿案件的若干规定（试行）》（以下简称《若干规定》）将上述主体作为生态环境损害赔偿诉讼的原告。《改革方案》同时规定，省级人民政府应明确生态环境、自然资源、住房城乡建设、水利、农业农村、林业草原等相关部门开展索赔工作的职责分工，并建立对生态环境损害索赔的监督机制。

那么，赔偿权利人和赔偿权利人指定的部门或者机构之间是什么关系？被指定的相关部门或者机构在生态环境损害赔偿过程的角色定位是什么？如果磋商未能达成一致意见，被指定的相关部门或者机构是否可以作为原告提起诉讼？从《试点方案》的规定来看，赔偿权利人与被指定负责具体工作的相关部门或机构之间应该是委托人和受托人的关系。被指定负责具体工作的相关部门或机构系根据省级人民政府的指定或者授权开展工作，并未取代省级人民政府成为赔偿权利人。实践中，被指定的相关部门或机构以受托人的身份在诉前代表省级人民政府开展相关调查、评估和磋商等工作并不存在法律上的障碍，但一旦磋商未能达成一致需要提起民事诉讼时，则面临是否具备原告主体资格的质疑。另外，如果坚持必须由省级人民政府提起诉讼，又面临办理相关诉讼手续不够方便的困境。试点工作结束前，最高人民法院在工作层面与原环境保护部就以下问题达成了一致：一是为避免出现诉讼主体不适格带来的困扰，赔偿权利人不应局限于省级人民政府，而应包括其所指定的部门或者机构；二是鉴于试点期间起诉到法院的生态环境损害赔偿诉讼案件数量极少，赔偿权利人的范围有必要作进一步的拓展，比如可以将市地级人民政府纳入赔偿权利人的范围。

《改革方案》规定："国务院授权省级、市地级政府（包括直辖市所辖的区县级政府，下同）作为本行政区域内生态环境损害赔偿权利人。……省级、市地级政府及其指定的部门或机构均有权提起诉讼。……在健全国家自然资源资产管理体制试点区，受委托的省级政府可指定统一行使全民所有自然资源资产所有者职责的部门负责生态环境损害赔偿具体工作；国务院直接行使全民所有自然资源资产所有权的，由受委托代行该所有权的部门作为赔偿权利人开展生态环境损害赔偿工作。"据此，《改革方案》明确的有权提起生态环境损害赔偿诉讼的主体有四类：一是省级、市地级人民政府；二是省级、市地级人民政府指定的部门或者机构；三是受省级人民政府指定，在健全国家自然资源资产管理体制试点区统一行使全民所有自然资源资产所有者职责的部门；四是受国务院委托行使全民所有自然资源资产所有权的部门。鉴于健全国家自然资源资产管理体制试点工作已于2018年底结束，上述第三种主体已经不复存在，《若干规定》在本条明确可以提起生态环境损害赔偿诉讼的主体有三类：一是省级、市地级人民政府；二是省级、市地级人民政府指定的部门或者机构；三是受国务院委托行使全民所有自然资源资产所有权的部门。

因市地级人民政府指代范围不甚明确，本条参考《环境民事公益诉讼司法解释》的规定，解释了市地级人民政府的范围，即包括设区的市，自治州、盟、地区，不设区的地级市和直辖市的区、县人民政府。需要注意的是，与《环境民事公益诉讼司法解释》第三条相比，《若干规定》第一条第二款增加了直辖市的县人民政府。

——最高人民法院环境资源审判庭编著：《最高人民法院生态环境损害赔偿案件司法解释理解与适用》，人民法院出版社2023年版，第36~38页。

906. 有可以提起生态环境损害赔偿诉讼的具体情形

关键词

生态环境损害赔偿诉讼　具体情形

最高人民法院司法解释

第一条　具有下列情形之一，省级、市地级人民政府及其指定的相关部门、机构，或者受国务院委托行使全民所有自然资源资产所有权的部门，因与造成生态环境损害的自然人、法人或者其他组织经磋商未达成一致或者无法进行磋商的，可以作为原告提起生态环境损害赔偿诉讼：

（一）发生较大、重大、特别重大突发环境事件的；

（二）在国家和省级主体功能区规划中划定的重点生态功能区、禁止开发区发生环境污染、生态破坏事件的；

（三）发生其他严重影响生态环境后果的。

前款规定的市地级人民政府包括设区的市，自治州、盟、地区，不设区的地级市，直辖市的区、县人民政府。

——《最高人民法院关于审理生态环境损害赔偿案件的若干规定（试行）》（2020 年 12 月 29 日修正）。

附录：最高人民法院主流观点

《试点方案》规定，试点地区省级人民政府可以针对较大及以上的突发环境事件、在国家和省级主体功能区规划中划定的重点生态功能区和禁止开发区发生的环境污染和生态破坏事件以及其他严重影响生态环境事件，依法追究造成生态环境损害的单位或者个人的赔偿责任。《改革方案》延续了《试点方案》的规定，兼顾全国各省域经济生活的差异性和生态环境容量的不同性，根据生态环境损害的定义及其特征，以及尚处于试行积累实践经验阶段等因素，充分考虑对生态环境进行救济的程度要求，列举了三类需要追究生态环境损害赔偿责任的情形：一是发生较大及以上突发环境事件的；二是在国家和省级主体功能区规划中划定的重点生态功能区、禁止开发区发生环境污染、生态破坏事件的；三是发生其他严重影响生态环境后果的。另外，根据《改革方案》规定，跨省域、跨市域案件原则上也属于应追究生态环境损害赔偿责任的情形。本条确认的可以提起生态环境损害赔偿诉讼的三种具体情形与《改革方案》保持一致。

（一）发生较大、重大、特别重大突发环境事件根据2014年的《国家突发环境事件应急预案》和2015年的《突发环境事件应急管理办法》的规定，突发环境事件是指由于污染物排放或自然灾害、生产安全事故等因素，导致污染物或放射性物质等有毒有害物质进入大气、水体、土壤等环境介质，突然造成或可能造成环境质量下降，危及公众身体健康和财产安全，或造成生态环境破坏，或造成重大社会影响，需要采取紧急措施予以应对的事件，主要包括大气污染、水体污染、土壤污染等突发性环境污染事件和辐射污染事件。突发环境事件按照事件严重程度，分为特别重大、重大、较大和一般四级。根据《试点方案》的规定，只有在发生较大及以上突发环境事件时，赔偿权利人方可提起生态环境损害赔偿诉讼。这些级别的突发环境事件一般都对生态环境造成了较为严重的损害，需要开展生态环境损害赔偿。一般级别的突发环境事件对生态环境造成的损害相对较轻，从循序渐进的角度，《改革方案》未将一般突发环境事件列入赔偿范围。《若干规定》本条第一款第一项规定，发生较大、重大、特别重大突发环境事故的，可以提起生态环境损害赔偿诉讼。

（二）在国家和省级主体功能区规划中划定的重点生态功能区、禁止开发区发生环境污染、生态破坏事件

本条第一款第二项将"在国家和省级主体功能区规划中划定的重点生态功能区、禁止开发区发生环境污染、生态破坏事件的"作为第二种明确列举的追责情形，是考虑到在重点生态功能区、禁止开发区发生环境污染、生态破坏事件的，一般会对生态环境造成较为严重的不利影响。需说明的是，这里的环境污染、生态破坏事件并非指突发环境事件。

为了确定国土空间的主体功能定位，明确开发方向，控制开发强度，规范开发秩序，完善开发政策，逐步形成人口、经济、资源环境相协调的空间开发格局，党中央、国务院在"十一五"规划纲要建议中提出功能区的概念，并列入"十一五"规划纲要。2011年6月8日，《全国主体功能区规划》正式发布。全国主体功能区规划根据不同区域的资源环境承载能力、现有开发密度和发展潜力，统筹谋划未来人口分布、经济布局、国土利用和城镇化格局，将国土空间划分为优化开发区域、重点开发区域、限制开发区域和禁止开发区域四类。其中，禁止开发区域是指依法设立的各类自然保护区域。

为了优化国土资源空间格局，实施主体功能区制度，推进生态文明制度建设，国家发改委会同有关部委提出根据生态环境特征、生态环境敏感性和生态服务功能在不同地域的差异性和相似性，将区域空间划分为不同生态功能区，并划定了重点生态功能区，进一步提高生态产品供给能力和国家生态安全保障水平。

所谓重点生态功能区，是指生态系统脆弱或生态功能重要，资源环境承载能力较低，不具备大规模高强度工业化城镇化开发的条件，必须把增加生

态产品生产能力作为首要任务，从而应该限制进行大规模高强度工业化城镇化开发的地区。重点生态功能区属于限制开发区域，允许进行一定程度的能源和矿产资源开发。国家重点生态功能区包括大小兴安岭森林生态功能区、长白山森林生态功能区、三江源草原草甸湿地生态功能区、祁连山冰川与水源涵养生态功能区、三峡库区水土保持生态功能区等25个地区，分为水源涵养型、水土保持型、防风固沙型和生物多样性维护型等四种类型。根据2016年9月14日印发的《国务院关于同意新增部分县（市、区、旗）纳入国家重点生态功能区的批复》，纳入国家重点生态功能区的县市区数量为676个，占国土面积53%。

所谓禁止开发区，是指依法设立的各级各类自然文化资源保护区域，以及其他禁止进行工业化城镇化开发、需要特殊保护的重点生态功能区。国家禁止开发区域是指有代表性的自然生态系统、珍稀濒危野生动植物物种的天然集中分布地、有特殊价值的自然遗迹所在地和文化遗址等，需要在国土空间开发中禁止进行工业化城镇化开发的重点生态功能区。具体包括国家级自然保护区、世界文化自然遗产、国家级风景名胜区、国家森林公园和国家地质公园。根据法律法规和有关方面的规定，国家禁止开发区域目前共1443处，总面积约120万平方公里，占全国陆地国土面积的12.5%。省级层面禁止开发区域，包括省级及以下各级各类自然文化资源保护区域、重要水源地以及其他省级人民政府根据需要确定的禁止开发区域。

重点生态功能区和禁止开发区有相互重叠的区域，也有相互独立的区域。为了保护自然保护区、水源涵养区、水土保持区、防风固沙区、生物多样性维护区、生态脆弱区等重要区域的生态环境，《改革方案》及《若干规定》将它们都纳入生态环境损害赔偿范围，规定“在国家和省级主体功能区规划中划定的重点生态功能区、禁止开发区发生环境污染、生态破坏事件的”作为第二种明确列举的追责情形。

所谓环境污染，指被人们利用的物质或者能量直接或者间接地进入环境，导致对自然的有害影响，以致危及人类健康、危害生命资源和生态系统，以及损害或者妨碍舒适和环境的其他合法用途的现象。主要是因人类排放污染物导致的不利后果，包括废气、废水、废渣、粉尘、垃圾、放射性物质以及噪声、震动、恶臭等污染。所谓生态破坏，主要是指由于人类开发利用的行为，对自然资源的过度索取造成的不利后果。包括人类活动导致的森林破坏、水土流失、土地荒漠化、过度捕捞、生物灭绝，比如乱捕滥猎、过度采挖珍稀动植物，乱砍滥伐、过度放牧，毁林造田、过度垦荒、围湖造田，不合理地引进物种，等等。

（三）发生其他严重影响生态环境后果

《改革方案》除明确了以上两种应追究生态环境损害赔偿责任的情形外，

还规定了“发生其他严重影响生态环境后果的”情形作为兜底条款。相较《试点方案》,《改革方案》增加规定了由各地区根据实际情况明确“其他严重影响生态环境后果的”具体情形。从各地试行做法来看，有些地方将构成污染环境罪作为“严重影响生态环境后果的”情形；有些地方将一般突发环境事件作为“严重影响生态环境后果的”情形；还有些地方结合生态保护红线划定等相关工作情况，将以下情形纳入适用范围:（1）在生态保护红线范围内发生环境污染、生态破坏事件的（吉林、上海、浙江、福建等）;（2）在自然保护区核心区、世界文化与自然遗产保护区等禁止开发区内发生环境污染、生态破坏事件的（内蒙古）;（3）在长白山生态屏障区域、辽河流域、黑土地区等重要生态环境资源区域内发生环境污染、生态破坏事件的（吉林）;（4）在重点功能区和生态保护红线区以外造成严重生态破坏和环境质量等级下降的（北京、山西、辽宁等）。有些地方的探索凸显了地域特色，比如，贵州省明确将“自然保护区、森林公园、地质公园、湿地公园、风景名胜区、世界文化和自然遗产地受到严重环境污染或生态破坏的”“饮用水水源保护区受到环境污染或生态破坏导致水质下降的”等情形纳入可以主张生态环境损害赔偿的范围；云南则在适用范围中增加规定了“因污染或生态破坏致使‘中国重要湿地名录’所列湿地自然状态改变、湿地生态特征及生物多样性明显退化、湿地生态功能严重损害的”情形；江苏的适用范围还包括“重点水功能区和县级以上集中式饮用水水源地受到污染”；等等。

《若干规定》起草过程中，生态环境部及部分高级人民法院建议将“发生其他严重影响生态环境后果的”情形进一步细化。经研究，我们认为，根据《改革方案》要求，各省、自治区、直辖市人民政府均应制定适用于本辖区的具体实施方案。因此，在省级人民政府制定的本行政区域生态环境损害赔偿制度改革实施方案对“发生其他严重影响生态环境后果的”情形作出具体规定的情况下，省级、市地级人民政府及其指定的部门、机构根据相关规定提起诉讼的，人民法院应依法予以受理。鉴于各地的具体实施方案所确定的情形各有本地特点、情况复杂多样,《若干规定》对该条款不再作进一步的细化说明。

——最高人民法院环境资源审判庭编著:《最高人民法院生态环境损害赔偿案件司法解释理解与适用》，人民法院出版社 2023 年版，第 38~42 页。

907. 磋商是提起生态环境损害赔偿诉讼的前置程序

关键词

生态环境损害赔偿诉讼　磋商　前置程序

最高人民法院司法解释

第一条 具有下列情形之一，省级、市地级人民政府及其指定的相关部门、机构，或者受国务院委托行使全民所有自然资源资产所有权的部门，因与造成生态环境损害的自然人、法人或者其他组织经磋商未达成一致或者无法进行磋商的，可以作为原告提起生态环境损害赔偿诉讼：

（一）发生较大、重大、特别重大突发环境事件的；

（二）在国家和省级主体功能区规划中划定的重点生态功能区、禁止开发区发生环境污染、生态破坏事件的；

（三）发生其他严重影响生态环境后果的。

前款规定的市地级人民政府包括设区的市，自治州、盟、地区，不设区的地级市，直辖市的区、县人民政府。

——《最高人民法院关于审理生态环境损害赔偿案件的若干规定（试行）》（2020 年 12 月 29 日修正）。

附录：最高人民法院主流观点

《试点方案》规定，经调查发现生态环境损害需要修复或者赔偿的，赔偿权利人可以与赔偿义务人进行磋商，达成赔偿协议。试点期间，在贵州大鹰田违法倾倒废渣案中，贵州省环境保护厅代表贵州省人民政府与赔偿义务人贵阳开磷化肥有限公司、息烽诚诚劳务有限公司进行磋商并达成生态环境损害赔偿协议，约定赔偿义务人赔偿 1000 万元。湖南省、山东省也各有 1 例磋商成功的案例。例如，在湖南锡业郴州矿业有限公司屋场坪锡矿“11 · 16”尾矿库水毁灾害案中，湖南省郴州市人民政府成立的事故协调处置工作组与赔偿义务人达成协议，约定赔偿义务人赔偿 1847 万元；在山东省济南市章丘区重大非法倾倒危险废物事件生态环境损害赔偿案中，山东省环境保护厅代表山东省人民政府与 6 名赔偿义务人进行了 4 轮磋商，与其中 3 名赔偿义务人达成赔偿协议，约定赔偿义务人合计赔偿 774.659 万元。但《试点方案》对赔偿权利人如何与赔偿义务人进行磋商、诉前磋商与民事诉讼的关系及衔接等问题均未予明确。

《改革方案》则进一步规定，生态环境损害发生后，经赔偿权利人组织开展调查发现生态环境损害需要修复或赔偿的，赔偿权利人根据生态环境损害鉴定评估报告，就损害事实和程度、修复启动时间和期限、赔偿的责任承担方式和期限等具体问题与赔偿义务人进行磋商，统筹考虑修复方案技术可行性、成本效益最优化、赔偿义务人赔偿能力、第三方治理可行性等情况，达成赔偿协议。磋商未达成一致的，赔偿权利人及其指定的部门或机构应当及时提起生态环境损害赔偿民事诉讼。

本条根据《改革方案》的上述规定，明确磋商是提起生态环境损害赔偿诉讼的前置程序。在发生较大、重大、特别重大突发环境事件，在国家和省级主体功能区规划中划定的重点生态功能区、禁止开发区发生环境污染、生态破坏事件，或者发生其他严重影响生态环境后果事件的情形下，赔偿权利人经调查后，应主动与赔偿义务人进行磋商。在磋商无法达成一致或者无法进行磋商的情况下，赔偿权利人可以作为原告提起生态环境损害赔偿诉讼。

——最高人民法院环境资源审判庭编著：《最高人民法院生态环境损害赔偿案件司法解释理解与适用》，人民法院出版社 2023 年版，第 42~43 页。

908. 生态环境损害赔偿诉讼案件的管辖和审理机构

关键词

生态环境损害赔偿诉讼　管辖和审理机构

最高人民法院司法解释

第三条　第一审生态环境损害赔偿诉讼案件由生态环境损害行为实施地、损害结果发生地或者被告住所地的中级以上人民法院管辖。

经最高人民法院批准，高级人民法院可以在辖区内确定部分中级人民法院集中管辖第一审生态环境损害赔偿诉讼案件。

中级人民法院认为确有必要的，可以在报请高级人民法院批准后，裁定将本院管辖的第一审生态环境损害赔偿诉讼案件交由具备审理条件的基层人民法院审理。

生态环境损害赔偿诉讼案件由人民法院环境资源审判庭或者指定的专门法庭审理。

——《最高人民法院关于审理生态环境损害赔偿案件的若干规定（试行）》（2020 年 12 月 29 日修正）。

附录：最高人民法院主流观点

一、关于第一审生态环境损害赔偿诉讼案件的级别管辖

《若干规定》起草过程中，大家普遍认为，根据 2017 年《民事诉讼法》第十八条和《行政诉讼法》第十四条之规定，具有较大影响的、较为复杂的案件应当由中级以上人民法院或者专门法院管辖。就生态环境损害赔偿诉讼案件的特点来看，因为其具有涉及的利益关系复杂、多元，专业性和技术性较强以及涉及范围广泛、影响较大的特点，应当区别于普通民事一审案件由基层人民法院管辖的规定，由中级以上人民法院管辖更为专业，并从司法解

释层面彰显国家对生态环境保护的关注和重视。但也有专家认为，一些诉讼标的额不大、影响范围较小的案件，由基层人民法院审理有利于证据的收集和保全，有利于人民法院进行现场勘验和评估，有利于纠正违法行为并及时止损，更加便捷高效。对此问题，在2019年“两会”期间，有全国人大代表建议将生态环境损害赔偿诉讼案件管辖权下放至基层法院。我们认为，适当提高生态环境损害赔偿诉讼案件的级别管辖是现阶段加强环境资源司法保护的必然选择。一方面，在目前生态环境保护的技术规范层面，我国还处于摸索实践的初级发展阶段，相应的理论研究和技术支持均没有达到成熟标准，生态环境保护的法律体系也尚未健全。因此，适当提高审级并由专门法院审理，审判人员能力素质和专业水平较高，有利于案件得到更加专业化的处理。另一方面，生态环境损害赔偿诉讼案件涉及的环境利益往往与地方经济发展联系密切，适当分离案件当事人与法院的地域关系，可以减少或者消除地方保护对案件的影响，有利于案件的公正审理。因此，本条规定第一审生态环境损害赔偿诉讼案件由生态环境损害行为实施地、损害结果发生地或者被告住所地的中级以上人民法院管辖。

二、关于第一审生态环境损害赔偿诉讼案件的地域管辖

《若干规定》起草过程中，我们认为，生态环境损害赔偿诉讼本质上属于侵权之诉，其地域管辖应当在侵权之诉的管辖规范内加以界定。对于侵权案件的管辖法院，2017年《民事诉讼法》第二十八条[①]、《民事诉讼法司法解释》第二十四条规定因侵权行为提起的诉讼，由侵权行为实施地、侵权结果发生地或者被告住所地人民法院管辖。生态环境损害赔偿诉讼案件这类特殊侵权案件的管辖应当遵循上述规定，由生态环境损害行为实施地、损害结果发生地或者被告住所地的法院管辖。对此，在《若干规定》出台之前，各地法院结合当地实际情况，就生态环境损害赔偿诉讼案件管辖问题制定了一些试行规定，均对第一审生态环境损害赔偿诉讼案件的管辖进行了规范，规定由生态环境损害行为地、损害结果地或者被告住所地的法院管辖。从司法实践的情况来看，各地对生态环境损害赔偿诉讼案件的地域管辖问题，认识相对集中和统一。

三、关于生态环境损害赔偿诉讼案件审判专门化和集中管辖

随着生态环境保护问题在全球越来越受到重视，以及环境资源案件具有的公益性、专业性、恢复性、复合性、职权性等特点，成立专门的环境法庭（法院）已经成为国际环境司法的一大趋势。例如，瑞典的做法是立法先行，然后在司法系统内部进行审判模式改革并设立环境法庭。其环境法庭产生的直接目的是加强环境执法，统一环境司法。从深度和广度看，瑞典环境法庭

① 现为《民事诉讼法》（2021年修正）第二十九条。

主要是整合环境行政执法资源，将大部分因环境保护部门执法和颁发许可证等引起的纠纷统一交由环境法庭审理。

自20世纪90年代起，审判专业化和保障审判权依法独立行使一直是我国司法改革的重要内容。专业化审判的最初目标集中于法官队伍的专业化、职业化建设。随着司法改革不断深入，审判专业化已由审判人员专业化渐趋过渡到审判组织机构专业化，主要表现为专门法院的设立和法院内设审判部门的专业化分工。根据社会发展实际和人民法院司法改革的具体实践，结合我国环境资源诉讼的特点，迫切地需要建立专门的环境资源审判机构。因为就生态环境纠纷而言，民事、行政、刑事的分野已经不再那么明显，在很多情况下往往是各类纠纷相互联系、相互交叉。而传统民事、行政、刑事审判庭各自有相对独立的审判规则，加上三类法官审判理念的差异，分别审理因同一环境污染、生态破坏产生的刑事、民事、行政环境资源案件，很难保证裁判结果的统一。特别是在由同一事实或者同一侵权行为而引发行政与民事交叉、刑事与民事交叉的情况下，按照目前人民法院的内部分工，有可能出现相互推诿案件、裁判矛盾的情况，不利于生态环境的保护。为此，我国在稳步推进环境资源审判专门机构建设方面做了大量卓有成效的工作。截至2021年底，全国共有环境资源专门审判机构2149个，其中环境资源审判庭649个（包括最高人民法院、29家高级人民法院、新疆生产建设兵团、158家中级人民法院及460家基层人民法院），合议庭1285个，人民法庭215个。共有27家高级人民法院以及新疆生产建设兵团分院实行环境资源民事、行政、刑事案件“三合一”或“四合一”归口审理模式。2020年3月3日中共中央办公厅、国务院办公厅印发《关于构建现代环境治理体系的指导意见》，明确要求：“在高级人民法院和具备条件的中基层人民法院调整设立专门的环境审判机构，统一涉生态环境案件的受案范围、审理程序等。”将环境资源案件交由专门的环境资源审判庭或者环境资源法院审理，是推进我国环境资源司法专门化的重要举措，也为我国生态环境损害赔偿诉讼案件的专门管辖铺平了道路。《改革方案》要求各地法院按照有关法律规定、依托现有资源，由环境资源审判庭或指定专门法庭审理生态环境损害赔偿民事案件，为包括生态环境损害赔偿诉讼案件在内的环境资源案件实行专门化审判提供了政策依据。

基于生态环境损害赔偿诉讼案件在审判理念与裁判标准、诉讼模式与审理机制、证据规则与事实认定、损害评估与责任承担等很多方面都具有特殊性，探索将某一生态环境系统或者地域、流域范围内发生的生态环境损害赔偿诉讼案件统一交由一个法院审理，实行跨行政区域集中管辖，对于统一裁判尺度，提升审判专业化水平，建立符合我国生态环境纠纷特点的专门化审判组织及运行机制具有重大而深远的意义。实践中，我国部分省市根据自身实际情况，已经开展部分中级法院集中管辖环境资源案件的成功试点。《若干规定》专门对生态环境损害赔偿诉讼案件跨行政区域集中管辖作出了规定，明确经最高人民法院批准，高级人民法院可以在辖区内确定部分中级人民法院集中管辖第一审生态环境损害赔偿诉讼案件。有意见认为，在某些偏远地区或生态环境损害赔偿诉讼案件较少的地区，确定部分中级人民法院集中管辖还有利于解决当地缺乏专门审判人员的窘境，也有利于节约司法资源。但也有意见认为，将生态环境损害赔偿诉讼案件集中到一个中级法院管辖，在某些地域辽阔的省份，会导致生态环境损害行为地与案件管辖法院距离较远，不便于当事人诉讼，增加当事人的诉累。我们认为，现实中确实有这样的情况存在，是否实行集中管辖应当根据不同地区的实际情况予以确定，故而本条规定的生态环境损害赔偿诉讼案件的集中管辖，必须履行报请最高人民法院批准的程序。也就是说，只有经过最高人民法院充分调研和审核这一前置程序，被指定的法院才能获得此类案件集中管辖权，以最大限度地避免集中管辖造成的不利因素，实现案件审理质效的统一。

4、关于第一审生态环境损害赔偿诉讼案件指定由基层人民法院管辖的特殊规定

由于生态环境损害赔偿诉讼案件属于新类型的重大生态环境案件，考虑到案件复杂程度、专业技术程度、社会关注度等因素，原则上应由中级人民法院管辖，只有在特殊情况下，才可以将案件依法交由基层人民法院管辖，但要依据《民事诉讼法》第三十九条第一款规定履行报请上级法院批准的法定程序。在《若干规定》研究过程中，多数意见认为应当发挥已经成立的基层人民法院环境资源审判法庭的作用，明确赋予部分具有环境资源案件审理条件的基层人民法院审理此类特殊案件的管辖权，同时避免在某些地域广阔的省份此类案件全部由中级人民法院审理给当事人带来的不便。经研究，《若干规定》根据《民事诉讼法》并参照《环境民事公益诉讼司法解释》的相关规定，允许有条件的基层人民法院审理生态环境损害赔偿诉讼案件。但具体操作中，有管辖权的中级人民法院在报请高级人民法院批准后，方可裁定将原本属于中级人民法院管辖的第一审生态环境损害赔偿诉讼案件交由具备审理条件的基层人民法院审理。也就是说，这类案件，中级人民法院审理是原则，有条件的基层人民法院审理是例外。

概言之，正确理解适用本条规定，需要从以下五个方面进行把握：

一是规定了第一审生态环境损害赔偿诉讼案件的级别管辖，即生态环境损害赔偿诉讼案件原则上由中级以上人民法院管辖。根据《民事诉讼法》第十九条第三项的规定，最高人民法院可以确定由中级人民法院管辖的案件。因为生态环境损害赔偿诉讼案件具有涉及的利益关系复杂、多元，专业性和技术性较强及涉及范围广泛、影响较大的特点，且目前我国对该类案件尚处

于探索实践的初始阶段，由中级以上人民法院审理有利于保障案件质效，提升司法公信力。

二是规定了第一审生态环境损害赔偿诉讼案件的地域管辖。因生态环境损害赔偿诉讼本质上属于侵权纠纷，根据《民事诉讼法》第二十九条、《民事诉讼法司法解释》第二十四条规定，《若干规定》进一步明确由生态环境损害行为实施地、损害结果发生地或者被告住所地的人民法院对生态环境损害赔偿诉讼案件行使管辖权。

三是规定了生态环境损害赔偿诉讼案件可以实行跨行政区划的集中管辖。考虑到该类案件统一由部分法院审理，有利于统一裁判尺度，提升审判专业化水平，破除地方法院的“地方化”，消除诉讼的“主客场”现象，《若干规定》明确经最高人民法院批准，高级人民法院可以确定部分有条件的中级人民法院，将生态环境损害赔偿诉讼案件整体授权，交由其集中进行审理。

四是规定了生态环境损害赔偿诉讼案件管辖权的转移问题。根据《民事诉讼法》第三十九条第一款并参照《环境民事公益诉讼司法解释》的规定，专门明确了中级人民法院认为确有必要的，可以在报请高级人民法院批准后，裁定将本院管辖的第一审生态环境损害赔偿诉讼案件交由具备审理条件的基层人民法院审理。允许有条件的基层人民法院审理生态环境损害赔偿诉讼案件，有效减少了司法资源的浪费，便利当事人进行诉讼。

五是规定了生态环境损害赔偿诉讼案件由人民法院环境资源审判庭或者指定的专门法院审理。生态环境保护案件由专门法院进行审理是我国环境资源审判发展的必然趋势，结合我国目前环境资源专门审判体系的日渐完备，其现实和历史意义将会逐渐彰显。

——最高人民法院环境资源审判庭编著：《最高人民法院生态环境损害赔偿案件司法解释理解与适用》，人民法院出版社 2023 年版，第 64~69 页。

909. 生态环境损害赔偿诉讼的特别起诉条件

关键词

生态环境损害赔偿诉讼　特别起诉条件　立案材料

最高人民法院司法解释

第五条　原告提起生态环境损害赔偿诉讼，符合民事诉讼法和本规定并提交下列材料的，人民法院应当登记立案：

（一）证明具备提起生态环境损害赔偿诉讼原告资格的材料；

（二）符合本规定第一条规定情形之一的证明材料；

（三）与被告进行磋商但未达成一致或者因客观原因无法与被告进行磋商的说明；

（四）符合法律规定的起诉状，并按照被告人数提出副本。

——《最高人民法院关于审理生态环境损害赔偿案件的若干规定（试行）》（2020 年 12 月 29 日修正）。

附录：最高人民法院主流观点

生态环境损害赔偿诉讼是尚处于改革探索中的一种新类型诉讼，但其本质上仍属于民事诉讼，除《若干规定》依据《改革方案》对于提起生态环境损害赔偿诉讼的条件作出特殊规定外，提起生态环境损害赔偿诉讼仍需符合《民事诉讼法》规定的一般起诉条件。《若干规定》依据《改革方案》就生态环境损害赔偿诉讼规定的特别起诉条件，主要体现在原告资格的特殊性、起诉范围的特殊性以及磋商前置程序的特殊性。下面对于提起生态环境损害赔偿诉讼需要具备的一般起诉条件和特别起诉条件予以分别说明。

一、一般起诉条件（略）

二、特殊起诉条件

（一）原告需具备提起生态环境损害赔偿诉讼的主体资格

传统上原告资格的"直接利害关系"认定标准的滞后和与司法实践的不相适应性，使得公益诉讼等新型诉讼的合法性受到质疑。按照传统的诉权理论，特定的国家机关、有关组织由于自身的权益并未受到直接的侵害，无从享有诉权，也无法向法院提起诉讼寻求救济。在美国，立法对于原告资格采取开放多元的态度，始终处于不断拓展之中，除了个人、检察官、团体组织可以享有原告资格外，甚至动物、植物及文物等均可以原告身份提起民事诉讼。美国以更宽泛的"不利影响标准"作为衡量原告资格的尺度，即只要民事权益受到侵害或者不利影响，有关主体便享有原告资格，至于起诉人是否与案件有直接利害关系或者说其正在遭受事实上的损害在所不论，只需要证明其权益正在受到侵害或者说有受到侵害的危险即可。在德国，对有关集体或者公共利益的重大影响案件，如重大侵犯消费者权益案件、重大环境污染案件等，检察机关可以参与到案件诉讼过程中。德国以特别经济立法的形式赋予团体原告主体资格，若第三人的权利遭受侵害，团体可以原告身份提起民事诉讼。

我国民事诉讼对原告资格的主体范围也在不断拓宽，特别是在涉及公共利益和国家利益的诉讼中，更多的机关和社会组织被赋予了原告资格。2017 年修正的《海洋环境保护法》第八十九条第二款规定："对破坏海洋生态、海洋水产资源、海洋保护区，给国家造成重大损失的，由依照本法规定行使海洋环境监督管理权的部门代表国家对责任者提出损害赔偿要求。"《环境保护法》第五十八条规定：对污染环境、破坏生态，损害社会公共利益的行为，符合下列条件的社会组织可以向人民法院提起诉讼：(1) 依法在设区的市级以上人民政府民政部门登记；(2) 专门从事环境保护公益活动连续五年以上且无违法记录。《民事诉讼法》第五十八条规定："对污染环境、侵害众多消费者合法权益等损害社会公共利益的行为，法律规定的机关和有关组织可以向人民法院提起诉讼。人民检察院在履行职责中发现破坏生态环境和资源保护、食品药品安全领域侵害众多消费者合法权益等损害社会公共利益的行为，在没有前款规定的机关和组织或者前款规定的机关和组织不提起诉讼的情况下，可以向人民法院提起诉讼。前款规定的机关或者组织提起诉讼的，人民检察院可以支持起诉。"《民事诉讼法司法解释》第十三章有关公益诉讼提起、管辖等方面内容的规定，在原告资格的认定上均未要求必须与案件有直接利害关系。《行政诉讼法》第二十五条第四款规定："人民检察院在履行职责中发现生态环境和资源保护、食品药品安全、国有财产保护、国有土地使用权出让等领域负有监督管理职责的行政机关违法行使职权或者不作为，致使国家利益或者社会公共利益受到侵害的，应当向行政机关提出检察建议，督促其依法履行职责。行政机关不依法履行职责的，人民检察院依法向人民法院提起诉讼。"《检察公益诉讼司法解释》在民事公益诉讼和行政公益诉讼的基础上，增加了刑事附带民事公益诉讼这一新的案件类型，明确规定破坏生态环境和资源保护、食品药品安全领域、侵害英雄烈士等的姓名、肖像、名誉、荣誉等的刑事案件中，需要追究被告人侵害社会公共利益的民事责任的，检察机关可以一并提起附带民事公益诉讼，由同一审判组织一并审理。在环境民事公益诉讼中，提起公益诉讼的法律规定的机关和有关组织，通常与环境损害结果之间并没有直接的利害关系，环境污染或者生态破坏的后果并没有对其财产或者组织成员的人身造成损害，如果坚持《民事诉讼法》为普通民事诉讼设定的起诉条件的话，环境民事公益诉讼也就失去了存在的土壤。由此可见，仅依靠利害关系人来解决现代社会所面临的社会公共利益遭受侵害的问题，容易出现保护主体缺位的现象。

生态环境损害赔偿诉讼的原告是特定的，并非普通自然人或者行政机关、社会组织。《改革方案》明确规定："国务院授权省级、市地级政府（包括直辖市所辖的区县级政府，下同）作为本行政区域内生态环境损害赔偿权利人。……省级、市地级政府及其指定的部门或机构均有权提起诉讼。……在健全国家自然资源资产管理体制试点区，受委托的省级政府可指定统一行使全民所有自然资源资产所有者职责的部门负责生态环境损害赔偿具体工作；国务院直接行使全民所有自然资源资产所有权的，由受委托代行该所有权的部门作为赔偿权利人开展生态环境损害赔偿工作。"按照《若干规定》第一条规定，省级、市地级政府及其指定的相关部门、机构或者受国务院委托行使全民所有自然资源资产所有权的部门，可以作为原告提起生态环境损害赔偿诉讼。省级政府包括31个省、市、自治区人民政府；这里的市地级政府包括设区的市，自治州、盟、地区，不设区的地级市，以及直辖市的区、县政府。《若干规定》没有将原告限定在省级、市地级人民政府，而是持一种开放的态度。有权提起生态环境损害赔偿诉讼的通常是机关法人，也可能是其指定的部门和机构，即有关事业单位法人或者社会组织经过授权或者指定，也可以作为原告。上述主体均系依据《改革方案》《若干规定》行使生态环境损害索赔权和诉权的主体。原告提起诉讼时，应当提交证明其具备提起生态环境损害赔偿诉讼原告资格的相关证明材料，包括组织机构代码证、其获得授权的相关文件等。法院应当依据上述规定，对于原告提交的主体资格相关材料进行审查。符合上述规定的，予以认可其原告资格。

（二）原告所提起的生态环境损害赔偿诉讼需符合《若干规定》第一条规定情形之一

省级、市地级政府及其指定的相关部门、机构或者受国务院委托行使全民所有自然资源资产所有权的部门作为原告提起生态环境损害赔偿诉讼，主要目的是维护重大环境公共利益。因此，有必要对所诉事项从突发环境事件影响程度、是否发生在重点区域、造成后果的严重性等方面作出限定。《若干规定》第一条即规定了三种情形：（1）发生较大、重大、特别重大突发环境事件的；（2）在国家和省级主体功能区规划中划定的重点生态功能区、禁止开发区发生环境污染、生态破坏事件的；（3）发生其他严重影响生态环境后果的。只有在符合上述情形之一时，原告方能提起生态环境损害赔偿诉讼。

为便于法院准确判断案件是否属于生态环境损害赔偿诉讼受理范围，原告需提交证明其提起诉讼符合《若干规定》第一条规定情形之一的相应证明材料。《改革方案》赋予了省级、市地级政府开展生态环境损害调查、评估等职能，原告准备起诉前，应通过各种途径，查明损害生态环境行为的基本事实情况，譬如侵权行为人、侵权行为发生地、侵权结果发生地、损害结果的评估等，并应当注意收集相关证据材料。此外，《若干规定》要求原告应当就被告实施了污染环境、破坏生态的行为，损害事实以及所需修复费用和赔偿数额、被告的行为与生态环境损害之间具有关联性进行举证，这也是人民法院在受理案件时帮助判断诉的利益是否重大的一些基础性材料。

（三）原告提起诉讼前需履行磋商前置程序

生态环境损害赔偿制度的核心要义是预防重大环境风险、及时修复受损生态环境，需要地方政府及其相关职能部门发挥主导性和专业性作用，与污染环境、破坏生态行为人第一时间就化解环境风险、防止损害扩大、修复生态环境等事务进行磋商。根据《改革方案》，赔偿磋商是指赔偿权利人和义务人就损害事实和程度、修复启动时间和期限、赔偿的责任承担方式和期限等具体问题进行磋商，统筹考虑修复方案技术可行性、成本效益最大化、赔偿义务人赔偿能力、第三方治理可行性等情况，达成赔偿协议。行政机关既是赔偿磋商程序推进的组织者，也是磋商过程实体性问题的判断者。磋商各方追求正和博弈关系，行政机关通过赔偿追责而免除自身“政府买单”式的兜底性义务，赔偿义务人通过磋商机制争取有利于自己的赔偿方案，以免受后续诉讼程序中的司法制裁。通过磋商特有的利益表达机制，各方主体就生态环境损害程度及其修复和赔偿方案形成共识。因生态环境损害发生地的地方政府利益关联度最高，处理索赔工作积极性也最高，赋予其赔偿权利人身份，可以加快推进调查、协商和执行节奏。《改革方案》将赔偿权利人范围从《试点方案》规定的省级政府扩大到市地级政府及其指定的部门或机构，就是为了提高磋商的工作效率。磋商机制的创立是对我国生态环境管理模式的创新和丰富，对于弥补强制性行政手段和公益诉讼的短板具有重要积极意义。因此，《若干规定》第一条规定了原告诉前应先履行磋商程序，明确磋商是提起诉讼的前置程序。据此，只有当原告与造成生态环境损害的自然人、法人或者其他组织经磋商未达成一致或者无法进行磋商时，方可提起生态环境损害赔偿诉讼。

原告起诉时，应提供其与被告进行磋商但未达成一致或者因客观原因无法与被告进行磋商的说明等材料。人民法院在立案时，应就原告是否履行了磋商前置程序或者因客观原因无法进行磋商进行审查。虽然《若干规定》规定要提交“说明”，但原告最好同时提供曾与被告进行过磋商或者因客观原因无法磋商的基本证据材料。根据不同情况，当与被告进行过磋商但未成功时，原告需要提交进行了磋商的相关证据，例如往来函件、磋商记录、第三方证明等；当存在被告故意逃避责任等客观原因时，原告需要提交无法与被告进行磋商的说明，如原告商请磋商的函件、被告拒绝磋商的函件、被告下落不明的证明等。当然，如果有合理理由确实无法提交相应证明材料，仅提交了说明的，并不影响案件的受理。被告可以在诉讼中以原告未履行磋商前置程序进行抗辩，人民法院查明属实的，可以不符合受理条件为由裁定驳回起诉。

三、原告需提交符合法律规定的起诉状，并按照被告人数提出副本

原告提起生态环境损害赔偿诉讼，除应提交符合一般起诉条件和特殊起诉条件的材料外，还需要提交符合法律规定的起诉状，并按照被告人数提出副本。依据《民事诉讼法》第一百二十四条的规定，生态环境损害赔偿诉讼的起诉状应当记明下列事项：“（一）原告的……名称、住所和法定代表人或者主要负责人的姓名、职务、联系方式；（二）被告的姓名、性别、工作单位、住所等信息，法人或者其他组织的名称、住所等信息；（三）诉讼请求和所根据的事实与理由；（四）证据和证据来源，证人姓名和住所。”具体要求如下：（1）提交起诉状并按被告的人数提供副本。起诉状正本和副本均必须

提供原件，由法定代表人（或负责人）签名并加盖单位公章。（2）主要证据材料，并按被告的人数提供副本（复印件）。包括下列证据：证明原告具有起诉主体资格的证据；证明原、被告之间存在据以起诉的民事法律关系的证据；证明原告所诉事实、理由存在的证据；其他可支持原告诉讼请求的证据。（3）原、被告的身份证明。包括原告的组织机构代码证、法定代表人身份证明书等；被告为个人的，提供其户籍证明或暂住证明，被告为单位的，提供其工商登记证明。（4）如委托他人诉讼，另须提交授权明确的授权委托书及受托人身份证明复印件各一份，并同时提供原件供查验。（5）如委托律师诉讼的，则另需提交授权明确的授权委托书及律师事务所接受委托的证明、函件和律师证复印件。

四、人民法院应当对符合起诉条件且具备相应材料的案件登记立案

立案环节是案件进入法院的第一道手续，是否受理直接影响当事人将纠纷交由法院裁判的目的能否实现，进而关涉其主张的权利能否得到支持。《中共中央关于全面推进依法治国若干重大问题的决定》提出的司法改革方案，其中一个突出亮点是："改革法院案件受理制度，变立案审查制为立案登记制；对人民法院依法应该受理的案件，做到有案必立、有诉必理，保障当事人的诉权。"因此，《民事诉讼法》第一百二十六条规定："人民法院应当保障当事人依照法律规定享有的起诉权利。对符合本法第一百二十条的起诉，必须受理。符合起诉条件的，应当在七日内立案，并通知当事人；不符合起诉条件的，应当在七日内作出裁定书，不予受理；原告对裁定不服的，可以提起上诉。"立案登记制的建立，意味着不管诉讼标的额大小，不管当事人的纠纷复杂还是简单，只要符合人民法院主管范围和受理条件，法院就能及时受理，并且加以审理裁判。从微观上讲，立案登记制对于维护当事人的诉权，保证当事人的诉权及时、合理有效地行使具有非常重要的意义。从宏观上讲，立案登记制对于解决各类纠纷和矛盾，特别是经济纠纷具有非常重要的意义。用立案登记制代替立案审查制，既是一种化解社会矛盾的很好的改革举措，也是维护社会和谐稳定、促进经济社会发展的一个重要举措。

虽然提起生态环境损害赔偿诉讼的原告系省级、市地级政府及其指定的相关部门、机构或者受国务院委托行使全民所有自然资源资产所有权的部门，均是行使公权力的特殊主体，一般不会存在滥诉的情形，诉讼能力也无须质疑，人民法院依法受理即可，不应存在障碍，但生态环境损害赔偿纠纷有其特殊性，受诉法院的积极性一般不高。首先，污染环境、破坏生态行为地和结果发生地可能不同，有时候与被告住所地更无关联，有管辖权的法院经常不止一家，当事人的选择与受诉法院的态度会存在冲突。其次，案件影响较大，社会舆论关注度高，案件审理压力大；对于损害事实和因果关系的认定、司法鉴定意见的采信等方面比一般侵权案件复杂，专业化水平要求高，

审理难度大。最后，如由被告住所地法院管辖，可能受到地方保护主义影响，存在受诉法院不愿受理的情况。因此，本条强调登记立案，就是要避免发生推诿管辖的情况，使符合条件的生态环境损害赔偿案件能够得到及时受理和审理。

——最高人民法院环境资源审判庭编著：《最高人民法院生态环境损害赔偿案件司法解释理解与适用》，人民法院出版社2023年版，第81页，第85~91页。

910. 生态环境损害赔偿诉讼中原告举证责任

关键词

生态环境损害赔偿诉讼　原告举证责任

最高人民法院司法解释

第六条　原告主张被告承担生态环境损害赔偿责任的，应当就以下事实承担举证责任：

（一）被告实施了污染环境、破坏生态的行为或者具有其他应当依法承担责任的情形；

（二）生态环境受到损害，以及所需修复费用、损害赔偿等具体数额；

（三）被告污染环境、破坏生态的行为与生态环境损害之间具有关联性。

——《最高人民法院关于审理生态环境损害赔偿案件的若干规定（试行）》（2020年12月29日修正）。

附录：最高人民法院主流观点

生态环境损害赔偿诉讼系由省级、市地级政府及其指定部门作为原告提起的诉讼，相较于环境侵权诉讼、环境民事公益诉讼，其在原告的举证责任构成上更具特殊性。从环境侵权责任纠纷中被侵权人作为原告的举证责任与环境公益诉讼中法律规定的机关和有关组织作为原告的举证责任对比来看，前者相对而言较为严苛。降低环境民事公益诉讼原告举证负担的原因在于，环境民事公益诉讼事关社会公共利益，社会组织作为公益诉讼原告，难以掌握被告违法行为的材料，且缺乏专业能力及资金来源，对其而言，就不法行为及环境损害的存在承担举证责任所要求的专业性过高。即使由检察机关提起公益诉讼，囿于其不掌握有关环境违法调查处理材料，亦无环境监测的专业能力，在举证能力层面与社会组织同样也处于结构性的相对弱势地位。因此，若令公益诉讼原告承担与私益诉讼中被侵权人一致的举证责任，将会极大地削弱和挫伤公益诉讼原告的诉讼能力和动力，难以维护环境公益。生态环境损害赔偿诉讼虽也具有公益性质，但由于生态环境损害赔偿诉讼的原告与环境民事公益诉讼原告的差别，《若干规定》在原告举证责任上采取了与环境民事公益诉讼不同的规范模式。生态环境损害赔偿诉讼中行政机关作为原告，掌握着行政执法阶段的证据，且具有专业优势，举证能力较强，若采取环境民事公益诉讼中原告举证责任的规范模式，将造成原、被告诉讼能力对比过于悬殊的后果。因此，《若干规定》基于过错责任的归责原则，在本条就生态环境损害赔偿诉讼中原告的举证责任确立了行为、损害、关联性的举证责任规范模式。

——最高人民法院环境资源审判庭编著：《最高人民法院生态环境损害赔偿案件司法解释理解与适用》，人民法院出版社 2023 年版，第 94 页。

911. 生态环境损害赔偿诉讼中被告举证责任

关键词

生态环境损害赔偿诉讼　被告举证责任

最高人民法院司法解释

第七条　被告反驳原告主张的，应当提供证据加以证明。被告主张具有法律规定的不承担责任或者减轻责任情形的，应当承担举证责任。

——《最高人民法院关于审理生态环境损害赔偿案件的若干规定（试行）》（2020 年 12 月 29 日修正）。

附录：最高人民法院主流观点

（二）被告反驳原告主张的举证责任

生态环境损害赔偿诉讼案件作为一类新型环境诉讼，尽管与环境侵权诉讼案件或者其他环境损害赔偿案件在启动主体、适用规则等方面存在一定差异，但从总体上依然属于环境侵权诉讼范畴，除法律、司法解释对生态环境损害赔偿诉讼案件有特别规定的除外，依然要适用环境侵权诉讼的相关规则，包括举证责任倒置的相关规定。尽管《若干规定》没有将被告行为与损害后果之间无因果关系，以及其行为的适法性明确规定为被告的举证责任，但被告在反驳原告的主张时亦必须要面对并作出积极回应，否则就要面临败诉或不利的法律后果。生态环境损害赔偿诉讼案件中被告反驳证明的对象与范围主要依据原告的主张及其拟举证证明的事项而确定，原告的主张及待证事实主要体现在《若干规定》第五条、第六条以及相关的第一条规定中。据此，被告反驳证明的对象与范围大致包括以下内容。

1. 反驳证明原告不符合提起生态环境损害赔偿诉讼主体资格

《若干规定》第五条第一项规定了原告起诉时需提交证明其具备提起生态环境损害赔偿诉讼主体资格的材料，没有该项材料，人民法院不会登记立案。被告若不认可原告提供的证明材料，可提供相反证据证明原告主体资格不适格。

2. 反驳证明原告提起的生态环境损害赔偿诉讼不符合《若干规定》第一条规定的三种情形

（1）没有环境事件发生，或者发生的环境事件较小，并非较大、重大、特别重大性质；（2）没有发生环境污染、生态破坏事件，或者环境污染、生态破坏事件未发生在国家和省级主体功能区规划中划定的重点生态功能区、禁止开发区域内；（3）没有发生其他严重影响生态环境后果。

3. 反驳证明原告并未与被告磋商，且并非因客观原因所致

诉前磋商作为生态环境损害赔偿诉讼的前置程序，是原告必须履行的法定义务，体现了生态环境损害赔偿诉讼是原告作为负有生态环境监督管理职责的行政机关或授权机构需在穷尽行政执法手段无效后才能采取的司法救济措施，更体现了司法的谦抑性和司法是环境正义最后保障的功能定位。若被告反驳证明原告在提起诉讼前并未与被告进行磋商，或者借口客观原因回避与被告进行磋商，人民法院应严格审查，并作出原告是否符合起诉条件的认定。

4. 反驳证明被告没有实施污染环境、破坏生态的行为，亦不具有其他应当依法承担责任的情形

即便原告提起的生态环境损害赔偿诉讼符合《若干规定》第一条规定的三种情形，但被告亦可反驳证明案涉污染环境、破坏生态的行为并非其实施，而是另有他人甚至是自然灾害等引发，或者还有其他实施人或者自然因素介入导致的，以抗辩原告起诉要求其承担赔偿责任的主张。至于原告主张被告具有其他应当承担责任的情形，主要是针对被告尽管并非直接污染环境、破坏生态的实施者，但对于生态环境的损害负有过错，依法亦应承担相应的责任。例如，《环境保护法》第六十五条规定的环境影响评价机构、环境监测机构以及从事环境监测设备和防治设施维护、运营的机构，在提供环境服务活动中弄虚作假，对造成的生态环境损害负有责任，就需要与环境污染、生态破坏的其他责任者承担连带责任。这些机构被原告起诉后，若不认可原告的主张及依据的证据，就要举证反驳其并没有弄虚作假，而是严格依法依规提供环境服务。

5. 反驳证明生态环境并没有受到损害，或者虽有损害，但所需修复费用、损害赔偿数额比原告主张的要少

尽管生态环境受到损害以及具体修复费用、损害赔偿数额均是原告的举证责任范围，但被告针对原告的该项主张，亦可举证反驳生态环境并未受到损害，或者虽造成一定的损害，但修复费用以及损害赔偿的具体数额并没有原告主张的那么大。

6. 反驳证明被告行为与生态环境损害之间不具有关联性及因果关系

在生态环境损害赔偿诉讼中，被告行为与生态环境损害之间具有关联性是原告的举证证明责任，但关联性并非因果关系，原告更多是从形式上证明被告行为与生态环境损害之间存在关联。原告作为对生态环境负有监督管理职责的行政机关或授权机构，尽管与提起环境污染侵权诉讼的受害者，提起环境公益诉讼的社会环保组织、检察机关相比，举证能力更强，但并不意味着原告就负有证明因果关系成立的举证责任。被告作为环境污染、生态破坏的实施者，依据《民法典》及相关环境保护专门法律法规依然负有证明其行为与损害后果没有因果关系的责任和义务，只不过基于生态环境损害赔偿诉讼的特殊性，被告的该项举证责任系以反驳证明的形式出现而已。即在原告初步证明被告的行为与损害之间存在关联的情况下，被告就要反驳证明其行为与损害之间没有关联亦没有因果关系，或者虽有一定关联但并无因果关系，否则就要依法承担相应的法律责任。《环境侵权案件司法解释》第七条关于侵权人举证证明其行为与损害之间不存在因果关系的规定，依然适用于生态环境损害赔偿诉讼，即被告若能证明以下情形的，人民法院应认定行为与损害之间不具有因果关系：（1）排放污染物、破坏生态的行为没有造成该损害可能的；（2）排放的可造成该损害的污染物未到达该损害发生地的；（3）该损害于排放污染物、破坏生态行为实施之前已发生的；（4）其他可以认定污染环境、破坏生态行为与损害之间不存在因果关系的情形。

7. 其他可反驳证明的事项

除前述事项外，被告针对原告的其他主张，包含程序上的主张，亦可举证反驳。

（三）被告免责或者减责的举证责任

本条规定了被告主张具有法律规定的不承担责任或者减轻责任情形的，应当承担举证责任。此规定是对《民法典》《水污染防治法》的相关规定，以及《改革方案》中关于“现行民事法律和资源环境保护法律有相关免除或减轻生态环境损害赔偿责任规定的，按相应规定执行”等内容的具体落实。从较为宽泛的角度分析，法定免责或减责事由既包括《民法典》《水污染防治法》等明确规定的不可抗力等免责或者减责情形，也应包括法律规定的第三人原因致损、存在共同侵权人等在客观上会产生免责或减责效果的相关情形。据此，结合生态环境损害赔偿诉讼自身的特点，法律规定的免责或者减责事由大致可体现为以下几类，被告可在诉讼中举证证明。

1．不可抗力

《侵权责任法》第二十九条规定：“因不可抗力造成他人损害的，不承担责任。法律另有规定的，依照其规定。”《民法典》第一百八十条规定：“因不可抗力不能履行民事义务的，不承担民事责任。法律另有规定的，依照其规定。不可抗力是指不能预见、不能避免且不能克服的客观情况。”《水污染防治法》第九十六条第二款亦规定：“由于不可抗力造成水污染损害的，排污方不承担赔偿责任；法律另有规定的除外。”据此，被告在被诉生态环境损害赔偿后，若能举证证明案涉环境污染、生态破坏的发生系不可抗力造成的，是其不能预见、不能避免且不能克服的，除法律另有规定外，被告即不应承担责任。至于因此对生态环境造成的损害，需要借助国家和社会的力量予以弥补，亦可通过相关保险制度的建立与完善予以解决。

2．紧急避险

《民法典》第一百八十二条规定：“因紧急避险造成损害的，由引起险情发生的人承担民事责任。危险由自然原因引起的，紧急避险人不承担民事责任，可以给予适当补偿。紧急避险采取措施不当或者超过必要的限度，造成不应有的损害的，紧急避险人应当承担适当的民事责任。”在生态环境损害赔偿诉讼中，若被告能够证明案涉环境污染、生态破坏的损害后果系其采取紧急避险措施而造成的，即存在不承担或者仅承担适当责任的机会和可能。

3．第三人过错

《民法典》第一千一百七十五条规定：“损害是因第三人造成的，第三人应当承担侵权责任。”第一千二百三十三条规定：“因第三人的过错污染环境、破坏生态的，被侵权人可以向侵权人请求赔偿，也可以向第三人请求赔偿。侵权人赔偿后，有权向第三人追偿。”《水污染防治法》第九十六条第四款规定：“水污染损害是第三人造成的，排污方承担赔偿责任后，有权向第三人追偿。”在生态环境损害赔偿诉讼中，被告基于其污染环境、破坏生态的行为依法承担赔偿责任，但其若有证据证明损害是第三人造成的，在原告没有同时起诉第三人的情况下，可申请追加第三人参加诉讼并请求第三人承担赔偿责任，尽管被告依然要承担赔偿责任，且不能以第三人过错造成环境污染、生态破坏为由主张免责或者减轻责任，但可以在承担赔偿责任后向第三人追偿，在一定意义上也会起到减轻甚至免除被告责任的实际效果。若被告未能在该生态环境损害赔偿诉讼中申请追加有过错的第三人参加诉讼，亦可另案主张追偿。

4．共同侵权人的存在

根据《民法典》第一千二百三十一条规定：“两个以上侵权人污染环境、破坏生态的，承担责任的大小，根据污染物的种类、浓度、排放量，破坏生态的方式、范围、程度，以及行为对损害后果所起的作用等因素确定。”《环境侵权案件司法解释》第四条也规定：“两个以上侵权人污染环境、破坏生态，对侵权人承担责任的大小，人民法院应当根据污染物的种类、浓度、排放量、危害性，有无排污许可证、是否超过污染物排放标准、是否超过重点污染物排放总量控制指标，破坏生态的方式、范围、程度，以及行为对损害后果所起的作用等因素确定。”由此，生态环境损害赔偿诉讼中的被告，若有证据证明案涉环境污染、生态破坏还有其他实施者，甚至其他实施者的作用更大，则在客观或者最终效果上，被告的赔偿责任也可能会得以部分减免。

5．其他应免责或减责的法定事由

除前述免责或者减责事由外，被告也可以举证证明其行为符合法律（亦包含未来制定的法律）明确规定的减免责任或者客观上会产生减免责任效果的其他情形。但生态环境损害赔偿诉讼中，原告的过错是否亦可以作为被告免责或者减责的事由，需要再研究斟酌，该问题作为审判实践中应注意的一个问题予以阐释。

——最高人民法院环境资源审判庭编著：《最高人民法院生态环境损害赔偿案件司法解释理解与适用》，人民法院出版社 2023 年版，第 109~114 页。

912. 环境资源保护监督管理部门或者其委托的机构在行政执法过程中形成的报告和数据可以作为认定案件事实的根据

关键词

环境资源保护监督管理部门　报告和数据

最高人民法院司法解释

第八条　负有相关环境资源保护监督管理职责的部门或者其委托的机构在行政执法过程中形成的事件调查报告、检验报告、检测报告、评估报告、监测数据等，经当事人质证并符合证据标准的，可以作为认定案件事实的根据。

——《最高人民法院关于审理生态环境损害赔偿案件的若干规定（试行）》（2020 年 12 月 29 日修正）。

附录：最高人民法院主流观点

一、注意区分鉴定性报告和非鉴定性报告

本条所涉的检验报告、检测报告和监测报告在名称和内容上存在一定程度的混用问题。首先是名称上，检验报告、检测报告和监测报告并无规范定义，前面已经涉及，不再赘述；其次是内容上，有些检验报告、检测报告和监测报告属于对专门性问题进行专业判断并出具类似于鉴定意见的结论和意见，有些报告是通过专门工具或仪器测定后记载的客观数据，我们将前者称为鉴定性报告或意见型报告，后者称为非鉴定性报告或者数据型报告。从证据内容的获取方法上看，二者具有相似之处，都是由专业人员运用自己的专业知识与技术，通过专业设备对特定对象进行分析所得到的结果，但仔细分析可以发现二者还是存在差别的，且不属于同类证据。鉴定性报告也会利用仪器设备进行检测、化验，但其最终反映的是具有专门知识的人基于其掌握的专业知识对特定专门问题的主观判断。而非鉴定性报告则是监测专业人员依据法定程序、标准方法，运用有效的仪器设备对相关样本中特定物质含量进行测定所得到的数据；在监测过程中，起决定性作用的不是监测人员的主观判断，而是监测仪器所给出的客观数据，监测人员只需根据仪器设备所测定数据如实制作监测报告即可。之所以鉴定性报告解决的专门性问题没有采取鉴定的方式解决，而采取本条规定的检验报告、检测报告和监测报告的方式解决，前面已经对原因进行了分析，不再赘述。对鉴定性报告的证据审查认定，可以参照鉴定意见的证据规则；对非鉴定性报告，则归入书证进行证据审查认定。

二、下级行政机关向上级行政机关提交的内部调查报告是否属于本条规定的事件调查报告　　本条规定的事件调查报告是在行政执法过程中、履行环境资源保护监督管理职责时形成的调查报告。对于下级行政机关向上级行政机关提交的调查报告，是否属于本条规定的范围，目前还存在争议。一种观点认为，这些调查报告也是在执法过程中形成的，属于本条规定的事件调查报告，可以作为证据，经过质证的，可以作为认定案件事实的证据。另一种观点认为，这类调查报告属于行政机关内部报告，在该行政机关内部管理过程中，下级行政机关实际是在上级行政机关的指导下开展调查，上级行政机关对该调查报告具有批复权。因此，报告只有经过上级行政机关批复的，才能认定为本条规定的调查报告；报告没有经过上级行政机关批复的，仅能作为一般的证据使用，也就是不属于本条的公文书证，不具有推定真实的效力。具体需要在审判实践中综合判断。

三、正确理解“行政执法过程中形成的”

正确理解“行政执法过程中形成的”是准确界定适用本条规定的报告和数据具体范围的前提，“行政执法过程中形成的”大体可以从两个方面理解：一是对“行政执法过程”的理解；二是对“形成”的理解。行政执法的概念非常广泛，既包括针对特定人员和事件的具体行政行为，也包括行政监督检查，还可以泛指一般的政府管理行为。本条所称的行政执法，主要是指具体行政执法行为和行政监督检查。具体行政执法行为是指行政主体为了保证行政管理法律的有效执行，依照法定程序，对具体事件进行处理并直接影响相对人权利与义务的行政行为。行政监督检查是指行政机关依照法定职权，对相对人遵守法律、法规和规章的情况进行检查、了解、监督的行政行为。具体到本条，主要是指针对案涉具体污染环境和破坏生态事件进行调查和处理的行政行为，以及对案涉具体环境要素在日常行政管理过程和行政监督检查中的常规监测或专项监测行为。这里所说的行政执法过程，既包括启动行政执法程序并最终作出行政行为的执法过程，也包括启动行政执法程序但最终并未作出行政行为（如行政处罚）的执法过程。"形成"包括两种情况，既包括行政机关或者其委托的机构在行政执法过程中制作和出具的报告和数据，也包括行政机关在行政执法过程中调查和收集的报告和数据，如行政执法程序启动前已经存在的监测数据。对行政机关委托的机构或者在执法过程中收集的其他机构的报告和数据，应当区分这些机构是否具有相应的法定公共管理职权，如果有公共管理职权，按照公文书证规则进行审查认定，如果无职权，不能按照公文书证规则进行审查认定，但不否认其证据资格，其证明力问题按照其归属的证据种类进行审查认定，如属于书证，按照私文书证的规则判断。

四、本条和第十条的衔接问题

与本条直接关联的是《若干规定》第十条规定。第十条主要解决的是对生态环境损害赔偿诉讼涉及的专门性问题，在诉讼前委托鉴定或检验检测评估，形成的诉讼外鉴定意见和相关报告的证据资格问题。除条文目的外，第十条规定与本条既有相同之处也有不同之处。不同之处主要表现在两个方面：一是提供证据材料的当事人不同。本条的证据材料提供者主要是作为原告的行政机关，证据来源也主要是行政机关或者其委托的机构；第十条的证据材料提供者包括原告和被告两方当事人，证据来源是其委托的具备环境司法鉴定资质的鉴定机构和国务院环境资源保护监督管理相关主管部门推荐的机构。二是所涉及的证据材料种类不完全一致。本条涉及的证据材料种类主要是调查报告、检验报告、检测报告、评估报告、监测数据等；第十条除上述检验报告、检测报告、评估报告、监测数据外，还包括鉴定意见。相同之处在于，第十条规定的诉前委托的国务院环境资源保护监督管理相关主管部门推荐的机构，可能会和本条规定的行政机关在行政执法过程中委托的机构交叉重叠，但由于本条和第十条在所涉证据材料的证据资格和证据效力的审查认定规则上相同，对这两条调整范围重叠的证据，无论适用哪一条款均无实质影响。

——最高人民法院环境资源审判庭编著：《最高人民法院生态环境损害赔偿案件司法解释理解与适用》，人民法院出版社 2023 年版，第 153~155 页。

913. 诉前生态环境损害鉴定评估等证据材料的效力

关键词

诉前生态环境损害鉴定评估　证据材料效力

最高人民法院司法解释

第十条　当事人在诉前委托具备环境司法鉴定资质的鉴定机构出具的鉴定意见，以及委托国务院环境资源保护监督管理相关主管部门推荐的机构出具的检验报告、检测报告、评估报告、监测数据等，经当事人质证并符合证据标准的，可以作为认定案件事实的根据。

——《最高人民法院关于审理生态环境损害赔偿案件的若干规定（试行）》（2020 年 12 月 29 日修正）。

附录：最高人民法院主流观点

《民事诉讼法司法解释》第一百零三条第一款规定："证据应当在法庭上出示，由当事人互相质证。未经当事人质证的证据，不得作为认定案件事实的根据。"第一百零四条规定："人民法院应当组织当事人围绕证据的真实性、合法性以及与待证事实的关联性进行质证，并针对证据有无证明力和证明力大小进行说明和辩论。能够反映案件真实情况、与待证事实相关联、来源和形式符合法律规定的证据，应当作为认定案件事实的根据。"质证是当事人、诉讼代理人及第三人在法庭的主持下，对当事人及第三人提出的证据就其真实性、合法性、关联性以及证明力有无和大小予以说明和质辩的活动或过程。对证据的质证，是围绕审查判断证据的考量因素进行的，而对于证据的审查判断则是以证据属性为基础的。就任何一项证据材料而言，具备证据属性和特征，是取得证明力的前提。如果证据属性被否定，也就谈不上证明力有无及强弱的问题。一般认为，证据的真实性、关联性和合法性是证据的三种属性或者说三个特征，只有具备真实性、关联性和合法性的证据，才能够作为证明案件事实的基础。在生态损害赔偿诉讼案件中，当事人诉前委托形成的生态环境损害鉴定评估本身只是证据材料，并不具有对待证事实的证明力，只有经过法庭质证、符合证据资格的证据材料才是证据，才具有证明力。因此，本条特别规定了对于诉前生态环境损害鉴定评估，需经当事人质证并符合证据标准的，才可以作为认定案件事实的根据。

此外，审判实践中应当注意的是，本条规定的当事人诉前委托的环境损害鉴定评估，从证据形式上包括具备环境司法鉴定资质的鉴定机构出具的鉴定意见，以及委托国务院环境资源保护监督管理相关主管部门推荐的机构出具的检验报告、检测报告、评估报告、监测数据等。在实践中，如果上述多种证据材料并存，甚至出现结论意见不同时，我们认为，不宜仅因接受委托的专业机构的资质而排除其他证据材料，而是应当在组织双方当事人进行质证的基础上由法官进行实质审查判断。主要考虑是，无论是当事人自行委托鉴定还是自行委托出具的检验报告等，都是证据材料，具有一定的证据基础和专业特征。环境污染专门性问题的判断十分复杂，特别是在污染行为与损害结果的因果关系、污染损害评估等方面存在不同认定意见的情况下，对自行委托的鉴定评估报告和检验报告、检测报告等证据的进一步审查，对于更好地判定专门性问题，更为准确地查明案件事实，确保案件的公正审理，保护国家和社会公共利益，具有积极意义。需要注意的是，生态环境损害赔偿工作开展过程中，赔偿权利人与其作为行政主管部门的职权可能存在交叉。对于行政主管部门依据法律、行政法规和规章授权，对相关的专门性问题进行认定过程中所作的鉴定，“虽然并非《民事诉讼法》八种法定证据类型的鉴定意见，也未按照民事诉讼法定程序进行鉴定人选任、鉴定材料质证与认证等，但由于其行政处理的法定性和行政程序的严谨性，对于相关意见或者结论因系有关单位依照管理职权所作出，可以作为书证对待。”①

——最高人民法院环境资源审判庭编著：《最高人民法院生态环境损害赔偿案件司法解释理解与适用》，人民法院出版社 2023 年版，第 153~155 页。

914. 生态环境损害赔偿诉讼与民事公益诉讼在受理阶段的衔接

关键词

生态环境损害赔偿诉讼　民事公益诉讼　受理阶段的衔接

最高人民法院司法解释

第十六条　在生态环境损害赔偿诉讼案件审理过程中，同一损害生态环境行为又被提起民事公益诉讼，符合起诉条件的，应当由受理生态环境损害赔偿诉讼案件的人民法院受理并由同一审判组织审理。

——《最高人民法院关于审理生态环境损害赔偿案件的若干规定（试行）》（2020 年 12 月 29 日修正）。

---

① 最高人民法院民事审判第一庭编著：《最高人民法院新民事诉讼证据规定理解与适用》，人民法院出版社 2020 年版，第 406 ~ 407 页。

附录：最高人民法院主流观点

一、《若干规定》第十六条（以下简称本条）的适用范围

1. 关于本条的适用前提

本条适用前提是生态环境损害赔偿诉讼案件已经受理并正在审理之中，解决的是在生态环境损害赔偿诉讼案件受理后，环境民事公益诉讼案件受理和审理问题。在《若干规定》第十七条确定生态环境损害赔偿诉讼案件先行审理的基础上，通过本条规定明确受理在先诉讼案件的法院取得了在后提起的环境民事公益诉讼案件管辖权。即生态环境损害赔偿诉讼案件已经被某人民法院受理，如出现其他法律规定的机关、社会组织或者人民检察院根据《民事诉讼法》第五十八条的规定，就同一损害生态环境行为又向同一法院提起环境民事公益诉讼的，该院应当根据《民事诉讼法》《环境保护法》《环境民事公益诉讼司法解释》《检察公益诉讼司法解释》的相关规定，判断该主体起诉是否符合环境民事公益诉讼的法定受理条件。如符合受理条件，则应当受理。如受诉法院并非生态环境损害赔偿诉讼案件的审理法院，在已知有在先生态环境损害赔偿诉讼案件的情况下，应当将环境民事公益诉讼案件的相关诉讼材料转至前案受诉法院。

2. 关于受案法院不知有在先案件已被其他法院受理的处理问题

生态环境损害赔偿诉讼案件有磋商作为前置程序，赔偿权利人起诉前往往与被告进行了多次磋商，未能达成一致才走到诉讼这一步。一般情况下，环境民事公益诉讼的起诉主体提起诉讼前，应当进行前期诉讼材料的收集准备工作，可能已经了解赔偿权利人进行磋商的情形，此时，即使适格主体欲提起诉讼，为了更好地保护社会公共利益，也应当按照本条规定，向受理生态环境损害赔偿诉讼案件的法院提起环境民事公益诉讼。如环境民事公益诉讼原告前期未接触被告，仅通过一些公开资料查询等方式得知被告存在污染环境、破坏生态行为，亦不知赔偿权利人的诉前准备工作，在选择起诉法院时，未在生态环境损害赔偿诉讼案件受诉法院起诉，受理该案法院亦不知晓针对同一污染环境、破坏生态行为导致诉讼的生态环境损害赔偿诉讼案件在其他法院受理并审理，在受理该案并知晓相关情况后，应当将案件移送至生态环境损害赔偿诉讼案件受诉法院。

3. 关于同一损害行为的判断

《若干规定》适用两类案件衔接规定的前提是两类案件是同一损害生态环境行为引起或导致的。在这里有必要明确同一损害生态环境行为的具体含义。

首先，这种行为是被告实施的污染环境、破坏生态的行为，即属于环境民事公益诉讼和生态环境损害赔偿诉讼的调整范围。对行为是否造成环境污染、生态破坏进行界定，应重点把握以下几点：一是环境污染、生态破坏是

伴随人类的活动产生的，是以人类的生产、生活活动为前提而产生的。二是按照物质不灭定律，当人类将物质通过设施设备排入环境时，会造成环境发生一定程度的改变。当所排放物质的浓度和总量超过环境容量即环境的自净能力时，就会导致环境质量发生质的变化而产生环境污染或者生态破坏。三是行为以环境为媒介发生，其结果不仅可以直接造成生态环境和生态系统的破坏，还会由于人类对环境的利用关系而造成人体健康损害或者财产损害。四是出现环境质量下降或者造成国家或者其他主体合法权益受到侵害的结果。司法实践中，常有污染者以环境具备自净能力，其排放行为未必造成实际损害为由提出抗辩，这就需要法官结合环境要素是否具有自净能力，以及污染物的排放对环境要素的影响和损害范围和效果的实际状况，对行为是否属于环境污染、生态破坏行为作出恰当的判断。

其次，这种行为发生在《若干规定》第一条规定的特殊区域或者造成了其他严重影响生态环境后果，即符合生态环境损害赔偿诉讼案件的受案范围。《若干规定》规定的生态环境损害赔偿诉讼案件的受案范围是“区域＋后果”的描述方式，与《环境民事公益诉讼司法解释》以“损害”为判断的方式不同。这种改变主要是《改革方案》的规定所致。《改革方案》列举了三类需要追究生态环境损害赔偿责任的情形：一是发生较大及以上突发环境事件的；二是在国家和省级主体功能区规划中划定的重点生态功能区、禁止开发区发生环境污染、生态破坏事件的；三是发生其他严重影响生态环境后果的。《若干规定》明确可以提起生态环境损害赔偿诉讼的三种具体情形与《改革方案》保持一致。那么同一损害行为意味着既需要符合环境民事公益诉讼项下“损害”社会公共利益的要求，又需要符合生态环境损害赔偿诉讼案件的三种具体情形之一，两类案件才可能系针对同一损害行为。

最后，同一损害行为造成的损害后果应当具有不可分割性，即不同诉讼主体一并诉讼比分开诉讼更有利于案件审理。当然，在立案阶段，对于同一损害行为的判断仅需依据提交材料反映出的连续的违法行为受到的刑事、行政处罚等即可，无须对具体行为进行严谨的甄别，可以在案件受理后由审理部门进一步审理判断。

二、两类诉讼由同一审判组织审理

生态环境损害赔偿诉讼已经受理后，相关适格主体针对同一行为提起环境民事公益诉讼的，由受理在先诉讼的法院管辖并由同一审判组织审理。由同一审判组织审理的主要考虑在于，两案系针对同一污染环境、破坏生态行为，虽然具体程序和审理内容上存在一些差别，但由同一个法院的同一个审判组织审理，有利于查明事实，节约司法资源，避免裁判出现矛盾。

三、审判实践中应注意的问题

1. 生态环境损害赔偿诉讼案件受案法院立案部门应当注意的问题

法律规定的机关、社会组织和人民检察院均可以依法提起环境民事公益诉讼。在这里需要明确以下两点。

第一，法律规定的机关针对海洋环境保护提起的环境民事公益诉讼，因与生态环境损害赔偿诉讼范围不交叉，两类案件无须按照本条要求一并审理。但如果同一陆源性污染造成海洋和近海生态环境损害，海洋环境保护主管部门就海洋部分提起海洋生态环境损害赔偿诉讼，生态环境资源保护主管部门就陆源污染部分提起生态环境损害赔偿诉讼，人民法院要按照本条的规定判断是否由同一法院同一审判组织审理。

第二，无论由哪个法院审理，立案部门都需要判断是否符合环境民事公益诉讼的受理条件。即要根据《环境民事公益诉讼司法解释》第一条“法律规定的机关和有关组织依据民事诉讼法第五十五条[①]、环境保护法第五十八条等法律的规定，对已经损害社会公共利益或者具有损害社会公共利益重大风险的污染环境、破坏生态的行为提起诉讼，符合民事诉讼法第一百一十九条[②]第二项、第三项、第四项规定的，人民法院应予受理”的规定判断是否符合起诉条件。对于社会组织的起诉，要审查社会组织是否具有主体资格；对于人民检察院的起诉，要审查是否已经履行了诉前公告程序。在符合环境民事公益诉讼案件的受理条件的基础上，再判断由哪个法院审理。

2. 受理环境民事公益诉讼案件的法院应当注意的问题

收到环境民事公益诉讼起诉材料的法院立案部门除了应当根据法律、司法解释的规定审查法律规定的机关、社会组织和人民检察院是否符合起诉条件，是否应予受理其提起的环境民事公益诉讼外，还需要注意以下两点。

第一，检察机关提起公诉时附带提起环境民事公益诉讼的，如果被附带的环境民事公益诉讼案件与其他人民法院已受理的生态环境损害赔偿诉讼案件系同一损害行为引起的不同案件，此时要注意协调两案的审理。特别是要注意可能出现的级别管辖不一致的问题。因为生态环境损害赔偿诉讼案件由中级以上人民法院管辖，而刑事附带环境民事公益诉讼案件中，被附带的环境民事公益诉讼为了刑事案件审理的便利，则由审理刑事案件的基层人民法院管辖。收到环境民事公益诉讼起诉材料的人民法院已知存在在先受理的生态环境损害赔偿诉讼案件的，应当向人民检察院释明，本案不宜附带审理环境民事公益诉讼案件，应当向受理生态环境损害赔偿诉讼案件的人民法院单独提起环境民事公益诉讼。收到环境民事公益诉讼起诉材料的人民法院并不知晓已存在在先受理的生态环境损害赔偿诉讼案件，受理案件后才知晓相关情况的，可以根据具体案件采取不同的处理方式，比如考虑到刑事案件审理

① 现为《民事诉讼法》（2021 年修正）第五十八条。

② 现为《民事诉讼法》（2021 年修正）第一百二十二条。

期限的限制，采取不附带提起环境民事公益诉讼的方式，将环境民事公益诉讼案件移送至先受理生态环境损害赔偿诉讼案件的法院审理。或者在可以协调刑事案件审理的前提下，将全案移送至先受理的生态环境损害赔偿诉讼案件的法院审理。各级人民法院可以根据案件的具体情况采取合适的审理方式，协调案件审理，全面保护社会公共利益。

第二，若人民法院未知晓在先已有正在审理的生态环境损害赔偿诉讼案件，而受理因同一损害行为提起的环境民事公益诉讼案件，按照《环境民事公益诉讼司法解释》第十二条“人民法院受理环境民事公益诉讼后，应当在十日内告知对被告行为负有环境保护监督管理职责的部门”的规定，人民法院应当告知相关环境资源保护主管机关案件受理情况。此时，因被告知的行政主管机关与生态环境损害赔偿诉讼的原告为同一机关或者存在上下级隶属关系，即可根据行政主管机关的反馈知晓在先案件受理情况。人民法院据此应当将已受理的环境民事公益诉讼案件移送至受理生态环境损害赔偿诉讼案件的法院一并审理。

——最高人民法院环境资源审判庭编著:《最高人民法院生态环境损害赔偿案件司法解释理解与适用》，人民法院出版社 2023 年版，第 238~242 页。

915. 协调生态环境损害赔偿诉讼案件和民事公益诉讼案件审理程序

关键词

生态环境损害赔偿诉讼案件　民事公益诉讼案件　审理程序

最高人民法院司法解释

第十七条　人民法院受理因同一损害生态环境行为提起的生态环境损害赔偿诉讼案件和民事公益诉讼案件，应先中止民事公益诉讼案件的审理，待生态环境损害赔偿诉讼案件审理完毕后，就民事公益诉讼案件未被涵盖的诉讼请求依法作出裁判。

——《最高人民法院关于审理生态环境损害赔偿案件的若干规定（试行）》（2020 年 12 月 29 日修正）。

附录：最高人民法院主流观点

一、针对同一损害行为的两类案件的处理

（一）审判实践中两类案件的协调

我们认为，生态环境损害赔偿诉讼案件与环境民事公益诉讼案件两者先后进行，采取中止诉讼的方式更有利于案件审理和节约诉讼资源。首先，从宪法基本原理看，环境资源行政监管部门与司法机关有不同的分工与权力运行方式，应当充分发挥各自的作用。以行政管制模式为解决环境问题的主导模式，唯有在行政管制失灵时，方可通过其他手段解决环境问题。在生态环境损害救济领域中，环境资源行政监管部门须承担第一顺位的环境保护义务，应依法行使其行政权来填补生态环境损害、维护环境公共利益，而司法权更宜扮演好最后一道防线的角色。其次，从环境治理体系角度看，地方各级人民政府是《宪法》规定的地方国家权力机关的执行机关，依照法律规定的权限，管理本行政区域内的经济、教育、科学、文化、卫生、体育事业、城乡建设事业和财政、民政、公安、民族事务、司法行政、计划生育等行政工作。省级、市地级政府作为对本行政区域的环境质量负责的责任主体，应当对本行政区域环境保护工作实施统一监督管理。生态环境损害赔偿诉讼案件涉及的生态损害影响大、涉及范围广，省、市政府作为环境资源保护主管部门，具有法律规定的生态环境保护义务和监管职责，具有保护国家利益、社会公共利益和公众环境权益的天然职责，其自身及授权的部门或机构往往在行政执法阶段已经获取了大量的证据材料，便于诉讼。其代表国家和社会公众提起诉讼，有利于国家利益和社会公共利益得到有效维护。社会组织和人民检察院则不具有行政执法或者前期磋商阶段的证据，在证据取得方面有天然的弱势。《改革方案》也明确政府是生态环境损害赔偿制度的索赔主体。《若干规定》吸收了《改革方案》的精神，规定省级、市地级政府及其指定的相关部门、机构可以作为生态环境损害赔偿诉讼案件的原告，是落实两级政府环境资源保护行政管理职责的需要。最后，省级、市地级政府及其指定的部门、机构具有较强专业知识和能力，在诉讼前磋商阶段往往已经进行应急处置，甚至已经开展修复评估工作。在生态环境损害赔偿诉讼案件判决作出后，所涉修复费用由其管理和使用，可以及时用于生态环境修复。无论是要求被告自行修复或者替代性修复还是委托第三方机构修复，生态环境损害赔偿诉讼案件原告比社会组织或者人民检察院更具有生态环境保护方面的专业性，更有利于尽快开展修复工作。因此，《若干规定》第十七条（以下简称本条）采纳了中止环境公益诉讼案件审理的做法，以突出政府的行政监管责任，落实政府的环境保护义务，督促义务人及时履行修复义务，贯彻应赔尽赔、损害担责的基本原则。同时，减少社会组织、人民检察院的诉讼成本，减少因诉讼程序的烦琐冗长导致诉讼不经济的情形出现。但是，中止审理也会带来一个问题，即生态环境损害赔偿诉讼案件审结后，应如何处理环境民事公益诉讼案件。

判断后案如何处理，首先要看后案的诉讼请求与前案相比有什么异同，即环境民事公益诉讼的诉讼请求是否可以被生态环境损害赔偿诉讼涵盖。虽然也有观点认为，可以通过区分诉讼请求或者区分案件事实等方式对两类诉讼作出区分，但无论哪种方式都存在难以涵盖所有情况的可能。最终《若干规定》采纳诉讼请求区分的方式。我们认为，以诉讼请求为区分的好处是：第一，诉讼请求在起诉时就基本可以确定。如果从案件事实等角度作出区分，则需要到具体审理阶段才可判断。第二，诉讼请求在民事起诉状上均已列明。法院据此可以判断两案是否存在内容的一致性。第三，即使被中止的民事公益诉讼原告在诉讼中变更或者增加诉讼请求，该行为导致诉讼请求与生态环境损害赔偿诉讼案件不同，亦不影响在生态环境损害赔偿诉讼案件审结后针对不同的部分继续审理并作出裁判。同时，考虑到生态环境损害赔偿诉讼案件除了应急处置费用外，请求赔偿生态修复费用、服务功能的损失、永久性损害造成的损失等诉讼请求与环境民事公益诉讼案件相同，根据诉讼请求是否能够涵盖区分了两种情形：一是生态环境损害赔偿诉讼案件的诉讼请求涵盖环境民事公益诉讼案件诉讼请求的，应裁定终结环境民事公益诉讼案件。虽然根据《民事诉讼法》第一百五十四条的规定，此种情形不符合终结诉讼的情形，但继续审理诉讼请求完全一致的环境民事公益诉讼，不仅拖延双方当事人，不利于生态环境的修复，而且有浪费司法资源之嫌。因此，采取终结案件的做法更加符合实践需要。二是生态环境损害赔偿诉讼案件诉讼请求不能涵盖环境民事公益诉讼案件诉讼请求的，在审理完生态环境损害赔偿诉讼案件后应恢复环境民事公益诉讼案件的审理，就环境民事公益诉讼案件中不能被前案涵盖的部分继续审理。此外，生态环境损害赔偿诉讼案件审理过程中，法律规定的机关、社会组织也可以以支持起诉的方式参与诉讼，提交书面意见，提供证据和其他辅助手段，发挥公众参与、社会监督功能，一样可以达到保护社会公共利益的目的。

二、对可能出现的例外情形的思考

在确立生态环境损害赔偿诉讼优先审理的基本原则后，有观点提出，不区分诉讼阶段，一概让生态环境损害赔偿诉讼优先于环境民事公益诉讼，有时甚至会浪费司法资源，造成诉讼迟延。比如，环境民事公益诉讼在一审法庭辩论终结后是否还需中止，等待生态环境损害赔偿诉讼审理完毕再行处理？

本条仅规定了生态环境损害赔偿诉讼案件审理完毕后，对中止的环境民事公益诉讼案件未被涵盖的诉讼请求继续审理并作出裁判，并未涉及此种情形。然而客观分析，在环境民事公益诉讼一审法庭辩论已经终结时，公益诉讼涉及的基本事实已经查清，如果还需中止后审理生态环境损害赔偿诉讼案件，相当于就同一损害事实重新审理一遍，无疑增加当事人讼累，也会浪费司法资源。因此，此种情况下，环境民事公益诉讼案件无须因生态环境损害赔偿诉讼案件的受理而中止，而应中止生态环境损害赔偿诉讼案件审理，待环境民事公益诉讼案件审理完毕后，再根据诉讼请求是否具有涵盖关系确定是否继续审理生态环境损害赔偿诉讼案件。对此，可以在实践中进一步探索更为科学合理的处理方式。

此外，从督促政府积极提起生态环境损害赔偿诉讼的角度考虑，结合《改革方案》中关于“鼓励法定的机关和符合条件的社会组织依法开展生态环境损害赔偿诉讼”的要求，在法律规定的机关、社会组织或者人民检察院已经提起环境民事公益诉讼的情况下，鼓励政府通过支持起诉的方式参加诉讼，而不再提起生态环境损害赔偿诉讼。

三、审判实践中应注意的问题

关于两类案件诉讼请求的关系问题，从实践看，存在两种情形：一是生态环境损害赔偿诉讼案件诉讼请求涵盖民事公益诉讼案件诉讼请求。在这种情况下，因为两种类型的诉讼请求已经互相涵盖，所以在审理生态环境损害赔偿诉讼案件之后，就没有必要再行对同一诉讼请求进行审理。而且从保护的法益上来看，生态环境损害赔偿诉讼案件除了应急费用以外，对于生态修复、服务功能的损失、永久性损害这些内容都是与民事公益诉讼案件相同的。人民法院没有必要再就民事公益诉讼案件继续审理，应裁定终结该案件。二是生态环境损害赔偿诉讼案件诉讼请求不能涵盖民事公益诉讼案件诉讼请求。此种情形之下，在审理完生态环境损害赔偿诉讼案件后应恢复民事公益诉讼案件的审理，就民事公益诉讼案件中不能被前案涵盖的部分继续审理。从两类诉讼的诉讼请求来看，生态环境损害赔偿诉讼案件注重保护国家所有的自然资源和社会公众享有的生态环境权益，出发点与民事公益诉讼案件略有不同，民事公益诉讼案件往往更注重社会公共利益的保护。因此，在诉讼请求上，环境民事公益诉讼案件可能会提起一些维护社会公益、请求赔礼道歉等诉讼请求。这部分诉讼请求若未能被生态环境损害赔偿诉讼涵盖，则可以在环境民事公益诉讼案件中审理并作出裁判。需要说明的是，两类案件诉讼请求是否相同应依据责任方式的种类判断，如修复责任、赔偿责任，如果责任方式相同仅是单纯的数额不同，不构成不同诉讼请求。

——最高人民法院环境资源审判庭编著：《最高人民法院生态环境损害赔偿案件司法解释理解与适用》，人民法院出版社 2023 年版，第 243~250 页。

916. 生态环境损害赔偿诉讼案件或者民事公益诉讼案件裁判生效后，就同一损害生态环境行为再行提起环境民事公益诉讼或者生态环境损害赔偿诉讼时，在后提起的诉讼受理条件

关键词

生态环境损害赔偿诉讼件　民事公益诉讼案件　同一损害生态环境行为

最高人民法院司法解释

第十八条　生态环境损害赔偿诉讼案件的裁判生效后，有权提起民事公益诉讼的国家规定的机关或者法律规定的组织就同一损害生态环境行为有证据证明存在前案审理时未发现的损害，并提起民事公益诉讼的，人民法院应予受理。

民事公益诉讼案件的裁判生效后，有权提起生态环境损害赔偿诉讼的主体就同一损害生态环境行为有证据证明存在前案审理时未发现的损害，并提起生态环境损害赔偿诉讼的，人民法院应予受理。

——《最高人民法院关于审理生态环境损害赔偿案件的若干规定（试行）》（2020 年 12 月 29 日修正）。

附录：最高人民法院主流观点

一、关于《若干规定》第十八条（以下简称本条）中的“生效裁判”范围

本条中的“生效裁判”之所以未列举裁判类型，是因为两类诉讼“生效裁判”有其特殊性。生态环境损害赔偿案件裁判包括判决书、调解书和确认赔偿协议的裁定书，公益诉讼裁判主要指判决书、调解书。

二、关于本条中“国家规定的机关或者法律规定的组织”的理解

《民法典》第一千二百三十四条就生态环境损害修复责任进行了专门规定：“违反国家规定造成生态环境损害，生态环境能够修复的，国家规定的机关或者法律规定的组织有权请求侵权人在合理期限内承担修复责任。侵权人在期限内未修复的，国家规定的机关或者法律规定的组织可以自行或者委托他人进行修复，所需费用由侵权人负担。”该条规定整合了环境公益侵权责任请求权的行使主体。其中“国家规定的机关”既包括《民事诉讼法》第五十八条第一款规定的“法律规定的机关”和该条第二款规定的人民检察院，又包括依据《改革方案》这一国家政策性文件规定，可以探索行使环境公益侵权请求权的各类主体。“法律规定的组织”是指《民事诉讼法》第五十八条第一款及《环境保护法》第五十八条规定的社会组织。依据《民法典》上述规

定,《最高人民法院关于修改〈最高人民法院关于在民事审判工作中适用《中华人民共和国工会法》若干问题的解释〉等二十七件民事类司法解释的决定》,将本条中原来规定的“有关机关和社会组织”修改为“国家规定的机关或者法律规定的组织”,对于本条中规定主体范围的理解应与《民法典》上述规定一致。

三、关于实践中可能出现的在后提起的诉讼类型

依据本条规定,在后提起的诉讼与在先诉讼分属不同诉讼类型。依据《环境民事公益诉讼司法解释》第二十八条,在有证据证明存在前案未发现的损害情形下,适格原告可以再次提起公益诉讼或者生态环境损害赔偿诉讼。将两条结合理解,在先诉讼是环境民事公益诉讼的,在后诉讼既可以是生态环境损害赔偿诉讼,也可以是再次提起的民事公益诉讼,反之亦然。

四、关于在先诉讼的原告再次起诉是否应予受理

实践中,遇有前案原告对于同一被告再次提起的诉讼,在以下四种情况下应予受理:一是没有新的事实发生,但前案是以裁定不予受理、裁定驳回起诉的方式结案,且前案原告再次提起的诉讼符合受理条件的。二是没有新的事实发生,但前案是以裁定准予撤诉或者按自动撤诉处理方式结案的。例外情况是前案是由于相关部门依法履职使原告诉讼请求全部实现而撤诉。三是发现了前案审理期间未发现的损害并据此提出诉讼请求的,对此,应要求该原告说明其未在前案审理期间发现该损害的原因,如果明显缺乏合理原因,属于恶意诉讼的,可以不予受理。四是在前案庭审辩论终结后发生了新的损害或者被告实施了新的侵害环境公共利益的行为。

五、关于后诉与前诉相比,仅为诉讼请求数额变化的是否应予受理

实践中经常遇到的问题是,另行提起的诉讼如果仅为诉讼请求数额的变化,是否应予受理。对此存在较大争议。如果一概不予受理,可能产生前案原告和被告恶意串通仅提出较低诉讼请求数额,阻断其他主体行使诉权的问题;如果不区分情况一概受理,又可能产生被告因同一行为反复被诉,影响法律秩序安定性和经济发展的问题。考虑到《若干规定》规定的被告责任承担方式以修复生态环境和赔偿损失为主,对此可以通过鉴定、参考负有环境资源保护监督管理职责的部门的意见、专家意见等方式确定,同时适度强化了法院的职权作用,产生当事人之间恶意串通降低侵权责任的可能性不大。如果后诉诉讼请求数额的变化并非依据新发现或者新发生的事实,仅请求对于生态环境修复费用及其他请求的数额进行调整,原则上应当不予受理。

——最高人民法院环境资源审判庭编著:《最高人民法院生态环境损害赔偿案件司法解释理解与适用》,人民法院出版社 2023 年版,第 261~263 页。

917. 应急处置费用救济途径及其与生态环境损害赔偿诉讼案件的衔接

关键词

应急处置费用救济途径　生态环境损害赔偿诉讼案件

最高人民法院司法解释

第十九条　实际支出应急处置费用的机关提起诉讼主张该费用的，人民法院应予受理，但人民法院已经受理就同一损害生态环境行为提起的生态环境损害赔偿诉讼案件且该案原告已经主张应急处置费用的除外。

生态环境损害赔偿诉讼案件原告未主张应急处置费用，因同一损害生态环境行为实际支出应急处置费用的机关提起诉讼主张该费用的，由受理生态环境损害赔偿诉讼案件的人民法院受理并由同一审判组织审理。

——《最高人民法院关于审理生态环境损害赔偿案件的若干规定（试行）》（2020 年 12 月 29 日修正）。

附录：最高人民法院主流观点

《若干规定》第十九条（以下简称本条）规定的主要考虑是，在不影响实际支出应急处置费用的机关或者其委托的机构起诉主张该笔费用的情况下，在生态环境损害赔偿诉讼案件中一并予以处理，提高效率、减少司法资源的浪费。具体分为以下三种情形：一是实际支出应急处置费的机关起诉主张的，法院应予受理；二是如果生态环境损害赔偿诉讼原告已经在诉讼请求中代为主张这部分费用的，人民法院不予受理实际支出应急处置费的机关的诉请；三是生态环境损害赔偿诉讼原告未主张应急处置费的，实际支出的机关可以主张，两案由同一人民法院受理、同一审判组织审理。这样，既从程序上保障实际支出机关的诉权，又给予当事人一定的选择权，既可以一并诉讼，节约诉讼成本和司法资源，又可以单独诉讼，但因涉及同一污染环境、破坏生态行为的认定，需要由同一法院一并审理，避免案件认定事实上的矛盾。审判实践也有了相应的探索，如山东省生态环境厅诉金诚公司、弘聚公司生态环境损害赔偿诉讼案中，2015 年 8 月，弘聚公司委托无危险废物处理资质的人员将其生产的 640 吨废酸液倾倒至济南市章丘区普集街道办上皋村的一个废弃煤井内。2015 年 10 月 20 日，金诚公司采取相同手段将其生产的 23.7 吨废碱液倾倒至同一煤井内，因废酸、废碱发生剧烈化学反应，4 名涉嫌非法排放危险废物人员当场中毒身亡。经监测，废液对井壁、井底土壤及地下水造成污染。事件发生后，原章丘市人民政府进行了应急处置，并开展生态环境修复工作。山东省人民政府指定山东省生态环境厅为具体工作部门，开展生态环境损害赔偿索赔工作。山东省生态环境厅与金诚公司、弘聚公司磋商未能达成一致，遂根据山东省环境保护科学研究设计院出具的《环境损害评估报告》向济南市中级人民法院提起诉讼，请求判令被告承担应急处置费用、生态环境服务功能损失、生态环境损害赔偿费用等共计 2.3 亿余元，两被告对上述各项费用承担连带责任，并请求判令两被告在省级以上媒体公开赔礼道歉。人民法院经过审理，支持了原告关于应急处置费用的诉讼请求。

审判实践中应注意的问题：

本条是关于实际支出清除污染等应急处置费用的行政机关提起诉讼，主张应急处置费用是否受理的规定。此种类型的诉讼在司法实践中较为常见，人民法院大多按照普通民事诉讼予以审理。但依据《改革方案》规定，生态环境损害赔偿范围涵盖了应急处置费用，实践中对于实际支出应急处置费用的行政机关还能否起诉主张存在不同认识，有的地方裁定驳回了起诉。本条明确，实际支出机关可以提起诉讼，但人民法院已经受理了针对同一损害生态环境行为提起的生态环境损害赔偿诉讼案件的，如果在该案之中，原告已经主张了实际清除污染的应急处置费用，实际支出该笔费用的行政机关就没有必要另行提起诉讼来主张这部分费用。无论是否由实际支出清除污染费用的行政机关作为原告提起的生态环境损害赔偿诉讼，该诉讼追回的应急处置费用，都是直接支付给实际清除污染的行政机关或者收归国库。如果收归国库，实际支出费用的行政机关也可以通过适当方式获取这部分款项，没有必要重复起诉。

此外，生态环境损害赔偿司法确认案件中也可以针对应急处置费用予以一并处理。比如，贵州省人民政府、息烽诚诚劳务有限公司（以下简称息烽劳务公司）、贵阳开磷化肥有限公司（以下简称开磷化肥公司）生态环境损害赔偿协议司法确认案中，贵州省环境保护厅委托相关机构进行评估并出具的《环境污染损害评估报告》显示，此次事件前期产生应急处置费用 134.2 万元。2017 年 1 月，贵州省人民政府指定贵州省环境保护厅作为代表人，就大鹰田废渣倾倒造成生态环境损害事宜，与息烽劳务公司、开磷化肥公司进行磋商并达成生态环境损害赔偿协议。2017 年 1 月 22 日，上述各方向清镇市人民法院申请对该协议进行司法确认。人民法院经过公告后依法对上述协议予以确认，由息烽劳务公司、开磷化肥公司支付了应急处置费用。

——最高人民法院环境资源审判庭编著：《最高人民法院生态环境损害赔偿案件司法解释理解与适用》，人民法院出版社 2023 年版，第 272~273 页。

918. 磋商达成生态环境损害赔偿协议后的司法确认程序

关键词

磋商　生态环境损害赔偿协议　司法确认程序

最高人民法院司法解释

第二十条　经磋商达成生态环境损害赔偿协议的，当事人可以向人民法院申请司法确认。

人民法院受理申请后，应当公告协议内容，公告期间不少于三十日。公告期满后，人民法院经审查认为协议的内容不违反法律法规强制性规定且不损害国家利益、社会公共利益的，裁定确认协议有效。裁定书应当写明案件的基本事实和协议内容，并向社会公开。

——《最高人民法院关于审理生态环境损害赔偿案件的若干规定（试行）》（2020 年 12 月 29 日修正）。

附录：最高人民法院主流观点

一、关于司法确认案件的级别管辖

《若干规定》第二十条规定了经磋商达成的赔偿协议可以向人民法院申请司法确认，我们认为，此处的司法确认与 2017 年《民事诉讼法》规定的司法确认不同。但考虑到各地实际情况，本条未规定申请司法确认的法院级别，在审判实践中，各地法院可以根据自身情况由中级或者基层人民法院受理。

二、关于诉讼费用

最高人民法院在《关于生态环境损害赔偿协议司法确认案件诉讼费用交纳问题请示的复函》（〔2020〕最高法民他 145 号）中已经明确，生态环境损害赔偿司法确认案件不交纳案件受理费。

三、关于不予确认的救济途径

省级、市地级人民政府及其指定的相关部门、机构，赔偿义务人不服人民法院裁定驳回司法确认申请的，可以在收到该裁定之日起十日内向人民法院提起诉讼。省级、市地级人民政府及其指定的相关部门、机构，赔偿义务人也可以重新磋商，达成赔偿协议的，可以再次申请人民法院确认。

四、关于与行政机关的衔接

2020 年 8 月底，生态环境部等 11 部委发布《关于推进生态环境损害赔偿制度改革若干具体问题的意见》，就赔偿磋商予以规范。

（一）关于磋商

磋商期限原则上不超过九十日，自赔偿权利人及其指定的部门或机构向义务人送达生态环境损害赔偿磋商书面通知之日起算。磋商会议原则上不超过三次。磋商达成一致的，签署协议；磋商不成的，及时提起诉讼。有以下情形的，可以视为磋商不成：（1）赔偿义务人明确表示拒绝磋商或未在磋商函件规定时间内提交答复意见的；（2）赔偿义务人无故不参与磋商会议或退出磋商会议的；（3）已召开磋商会议三次，赔偿权利人及其指定的部门或机构认为磋商难以达成一致的；（4）超过磋商期限，仍未达成赔偿协议的；（5）赔偿权利人及其指定的部门或机构认为磋商不成的其他情形。依据上述规定，在人民法院立案时应当注意磋商不成提交的材料是否符合要求。

（二）关于司法确认

经磋商达成赔偿协议的，赔偿权利人及其指定的部门或机构与赔偿义务人可以向人民法院申请司法确认。申请司法确认时，应当提交司法确认申请书、赔偿协议、鉴定评估报告或专家意见等材料。人民法院应当审查其提交的材料是否完备，内容是否符合前述要求。

（三）关于其他衔接内容

《关于推进生态环境损害赔偿制度改革若干具体问题的意见》还规定，对积极参与生态环境损害赔偿磋商，并及时履行赔偿协议、开展生态环境修复的赔偿义务人，赔偿权利人指定的部门或机构可将其履行赔偿责任的情况提供给相关行政机关，在行政机关作出行政处罚裁量时予以考虑，或提交司法机关，供其在案件审理时参考。

——最高人民法院环境资源审判庭编著：《最高人民法院生态环境损害赔偿案件司法解释理解与适用》，人民法院出版社 2023 年版，第 289~291 页。

第十三章　第三人撤销之诉

一、提起第三人撤销之诉的主体资格

919. 第三人撤销之诉的起诉条件

关键词

第三人撤销之诉　审查标准　受理

最高人民法院司法解释

第二百九十条　第三人对已经发生法律效力的判决、裁定、调解书提起撤销之诉的，应当自知道或者应当知道其民事权益受到损害之日起六个月内，向作出生效判决、裁定、调解书的人民法院提出，并应当提供存在下列情形的证据材料：

（一）因不能归责于本人的事由未参加诉讼；

（二）发生法律效力的判决、裁定、调解书的全部或者部分内容错误；

（三）发生法律效力的判决、裁定、调解书内容错误损害其民事权益。

——《最高人民法院关于适用〈中华人民共和国民事诉讼法〉的解释》（2022 年 4 月 1 日修正）。

附录：最高人民法院主流观点

《民事诉讼法司法解释》将第三人撤销之诉规定在第一审程序后面，作为单独一节，未特别规定的，适用普通程序的规定。但在具体程序设定上，充分考虑了第三人撤销之诉与审判监督程序之间的共性，确立了审判监督程序优先适用的原则：凡是能够通过审判监督程序解决的，原则上按照审判监督程序解决；不能按照审判监督程序解决的，适用第三人撤销之诉程序，第三人撤销之诉程序作为最后的司法救济程序。

本解释虽然将第三人撤销之诉规定在第一审普通程序之后作为一部分单独规定，但第三人撤销之诉是不同于普通程序的民事诉讼，其起诉条件不适用民事诉讼法第一百二十二条的规定，应当独立适用民事诉讼法第五十九条规定。因此，本条解释对第三人撤销之诉的起诉条件作了明确的规定，包括主体条件、程序条件、实体条件和管辖法院。

1. 主体条件

提起第三人撤销之诉的主体限于民事诉讼法第五十九条规定的第三人。第三人分为有独立请求权的第三人和无独立请求权的第三人。民事诉讼法第五十九条第一款规定的是有独立请求权的第三人。有独立请求权的第三人是指对当事人之间的诉讼标的的全部或者一部分，以独立的实体权利人的资格提出诉讼请求进而参加诉讼的人。有独立请求权的第三人提出的诉讼请求既不同于原告，也不同于被告；其诉讼地位相当于原告，以本诉的原告、被告作为被告。

民事诉讼法第五十九条第二款规定了无独立请求权的第三人，即对当事人双方的诉讼标的，第三人虽然没有独立请求权，但案件处理结果同他有法律上的利害关系的，可以申请参加诉讼，或者由人民法院通知他参加诉讼。人民法院判决承担民事责任的第三人，有当事人的诉讼权利义务。学者一般将无独立请求权的第三人分为三类：第一种是辅助型第三人，其在诉讼中纯粹是辅助法院查明案件事实并防止判决对己不利的裁判结果，其并不承担民事责任；第二种是被告型第三人，其实际上是应当参加诉讼，并最终需要承担部分或全部民事责任的第三人；第三种是原告型第三人，其作为第三方原告参与诉讼，是与原诉的原告享有共同权益的第三人。

在实践中，有独立请求权的第三人，因其对诉讼标的具有独立的请求权，无论是在从实体要件方面还是形式要件方面，都比较容易审查判断。无独立请求权的实质要件“案件处理结果同他有法律上的利害关系”判断标准较难把握。一种观点认为，该第三人与案件所涉法律关系有密切联系，因而案件处理结果对他的利益有直接影响。另有观点认为，无须考虑第三人与案件法律关系的关联性，只要案件处理结果影响到他的利益，即可以认定案件处理结果同他有法律上的利害关系。对此，原则上案件的处理结果影响到第三人的利益的，该第三人都可以作为无独立请求权的第三人，但在判决中被要求承担民事责任的无独立请求权的第三人，应当与案件的法律关系有关联，否则，法院不宜判决其承担民事责任。

在《民诉法解释》起草过程中，曾有意见认为，应当对能够提起第三人撤销之诉的第三人的范围进行明确，以方便操作。经过研究，我们认为，如何界定第三人，特别是无独立请求权的第三人，难以通过列举的方式予以明确。尤其对于哪些第三人能够提起第三人撤销之诉，仅从第三人概念及类型方面也无法判断。在确定提起第三人撤销之诉的主体资格时，除了要按照民事诉讼法第五十九条第一款、第二款规定判断第三人外，还要结合民事诉讼法第五十九条第三款规定的实体要件来判断，即生效判决、裁定、调解书的内容是否损害其民事权益，如果没有损害其合法权益，则当然不能提起第三人撤销之诉。如果损害其民事权益，再判断其是否符合民事诉讼法第五十九条规定的第三人条件，符合的属于第三人撤销之诉的适格原告。

2. 程序条件

第一，第三人因不能归责于本人的事由未参加诉讼。

民事诉讼法设立第三人制度的目的在于，为第三人提供参加诉讼的主体地位，依法行使诉讼权利，并承担诉讼义务，维护自身的权益。第三人权益保障程序分为事前救济程序和事后救济程序。前者指通知第三人以起诉或者参加的方式，进入他人之间的诉讼中，通过正常的诉讼程序提出有利于自己的主张和证据以影响诉讼结果，使第三人之利益诉求一并解决。后者指第三人由于特定的原因未参加诉讼而无法通过诉讼程序维护其权益时，赋予其对生效法律裁判提起撤销之诉的权利。

第三人未参加诉讼，是指没有成为前一诉讼的第三人，而不是指第三人未实际参与诉讼的过程。根据民事诉讼法第五十九条第一款和第二款规定，本解释第八十一条和第八十二条规定，提起诉讼或者参加诉讼的第三人，在诉讼中依法享有诉讼权利，承担诉讼义务。进入诉讼后，第三人就成为案件的当事人，即使其在诉讼中放弃自己的诉讼权利，未实际参与诉讼过程，也不能认为其未参加诉讼。对此，本解释第二百三十六条、第二百四十条对第三人经人民法院传票传唤，无正当理由拒不到庭，或者未经法庭许可中途退庭的情形，分别作了规定。

第三人因不能归责于本人的事由未参加诉讼，是指第三人未参加诉讼不是由于其自身过错造成，而是由其他客观事由造成。对此，该第三人应当承担举证责任。如果第三人因为其本人的过错未参加诉讼，视为其行使处分权的结果，依法不能提起撤销之诉。

第二，自知道或者应当知道其民事权益受到损害之日起六个月内提出。民事诉讼法第五十九条第三款规定的六个月与当事人申请再审的期间一样，都是不变期间，不适用延长、中止、中断的规定。对此，本解释第一百二十七条已经明确作了规定。

提起撤销之诉的期间，自第三人知道或者应当知道其民事权益受到侵害之日起算。知道或者应当知道，是以第三人知悉生效判决、裁定、调解书损害其民事权益事实为标准，应当根据生效判决、裁定、调解书是否送达第三人，执行时是否涉及第三人，以及第三人与案件当事人之间的关系等具体情形判断。撤销之诉期间的起算，可能晚于法院判决、裁定、调解书生效时间，但不能早于生效时间。超过六个月期间，第三人提起撤销之诉的，人民法院不予受理。对于是否超过六个月期间，提起撤销之诉时，第三人应当提供相应的证据材料，没有证据材料的，应当作出说明。

3. 实体条件

第一，撤销的对象是已经发生法律效力的判决、裁定和调解书。

第三人只能针对已经发生法律效力的判决、裁定或者调解书提起撤销之诉。对于正在审理中的案件，或者未生效的判决、裁定和调解书，不得提起第三人撤销之诉。否则，人民法院不予受理。生效的判决，既包括一审生效判决，也包括二审生效判决。虽然民事诉讼法对于再审生效判决、裁定和调解书是否适用未作规定，但从第三人撤销之诉与再审之诉的关系来看，两者都是对错误裁判的纠正程序，再审是赋予当事人的救济程序，第三人撤销之诉是赋予案外第三人的救济程序。因此，再审判决、裁定和调解书，符合民事诉讼法第五十九条第三款和本条规定的条件的，第三人也可以提起撤销之诉。调解书，也包括根据民事诉讼法第一百零一条的规定，达成调解协议后未出具调解书的情形。

第二，发生法律效力的裁判、裁定、调解书部分或者全部内容错误。

发生法律效力的判决、裁定、调解书内容错误，是指判决、裁定、调解书中的裁决事项有错误，主要是指因为事实认定和法律适用错误导致的实体处理错误。判决、裁定、调解书内容错误，应当仅限于实体处理内容，不应当包括程序内容。这是第三人撤销之诉与当事人申请再审在事由方面最主要的区别，不能简单地按照民事诉讼法第二百零七条规定的当事人申请再审的事由，认定此处的判决、裁定、调解书的内容错误。

起诉时应当提交证明生效判决、裁定、调解书内容错误的证据材料。虽然第三人撤销之诉被称为独立的诉讼，但第三人撤销之诉不同于普通的民事诉讼，其基本内容在于撤销已经生效的裁判内容，在效果上其与审判监督程序基本相同，这也是我国台湾地区将第三人撤销之诉规定在再审程序部分的主要原因。因此，民事诉讼法第五十九条明确规定第三人要有证据证明生效裁判内容错误。第三人向人民法院提起撤销之诉时，不能简单地适用民事诉讼法第一百二十二条的起诉条件，第三人除了要提出其诉讼请求外，还必须同时提供证明其主张事实的证据。但应当注意，起诉时提交的证据材料，不能等同于经审理以后，查证属实足以证明生效裁判内容错误的证据，要强调的是要在起诉时提供相应的证据材料，但并非要求在立案时要对这些证据材料查证属实。

第三，生效的判决、裁定、调解书内容错误损害第三人的民事权益。

生效的判决、裁定、调解书内容错误损害第三人的民事权益，也即生效的判决、裁定、调解书内容错误造成了第三人民事权益的损害。作为第三人提起撤销之诉的实体要件，这就要求生效的判决、裁定、调解书的内容与第三人民事权益损害之间要有因果关系。这一起诉条件，实质上是指第三人与生效裁判内容要有法律上的利害关系。

本条所规定的民事权益，其范围原则上限于民法典总则编第五章所列举的民事权益，包括生命权、健康权、姓名权、名誉权、荣誉权、肖像权、隐私权、婚姻自主权、监护权、所有权、用益物权、担保物权、著作权、专利权、商标专用权、股权、继承权等人身、财产权益。对于普通债权，原则上不适用第三人撤销之诉保护。对于法律明确规定给予特别保护的债权，可以适用第三人撤销之诉：一是法律规定的享有法定优先权的债权，主要有民法典第八百零七条规定的建设工程价款优先权，海商法第二十一条、第二十二条规定的船舶优先权。二是法律明确规定享有法定撤销权的债权，主要有民法典第五百三十八条规定的债权人的撤销权，企业破产法第三十一条、第三十二条规定的破产债权撤销权。

4. 管辖法院

民事诉讼法第五十九条对第三人撤销之诉的管辖法院作了特别的规定，由作出生效判决、裁定、调解书的法院专属管辖，不适用民事案件地域管辖、级别管辖的规定。作出生效判决、裁定、调解书的法院，既可能是一审法院，也可能是二审法院。

——最高人民法院民法典贯彻实施工作领导小组办公室编著:《最高人民法院新民事诉讼法司法解释理解与适用》，人民法院出版社 2022 年版，第 634~638 页。

最高人民法院司法政策精神

从严把握立案标准。第三人撤销之诉是依据事实提起的新诉，法院应当依法受理，但在立案时要相对严格的审查，特别在起诉主体的资格、提供的证据材料等方面要严格把握，如应当提交证明生效判决、裁定或调解书的内容部分或全部错误的证据，损害其合法民事权益的证据，非因本人原因未参加原诉讼的理由和证据等，在这些问题上，应不同于普通案件的一般性形式审查，要适度进行实质审查。

——贺荣:《在全国法院贯彻实施民事诉讼法修改决定座谈会上的总结讲话》(2012 年 9 月 19 日)，载江必新主编、最高人民法院研究室编著:《司法研究与指导》2012 年第 3 辑（总第 3 辑），人民法院出版社 2013 年版，第 47 页。

920. 债权人在什么情况下可以提起第三人撤销之诉

关键词

债权人第三人撤销之诉　原告主体资格

最高人民法院司法政策精神

120.【债权人能否提起第三人撤销之诉】第三人撤销之诉中的第三人仅局限于《民事诉讼法》第五十六条[①]规定的有独立请求权及无独立请求权的第三人，而且一般不包括债权人。但是，设立第三人撤销之诉的目的在于，救济第三人享有的因不能归责于本人的事由未参加诉讼但因生效裁判文书内容错误受到损害的民事权益，因此，债权人在下列情况下可以提起第三人撤销之诉：

（1）该债权是法律明确给予特殊保护的债权，如《合同法》第二百八十六条[②]规定的建设工程价款优先受偿权，《海商法》第二十二条规定的船舶优先权；

（2）因债务人与他人的权利义务被生效裁判文书确定，导致债权人本来可以对《合同法》第七十四条[③]和《企业破产法》第三十一条规定的债务人的行为享有撤销权而不能行使的；

（3）债权人有证据证明，裁判文书主文确定的债权内容部分或者全部虚假的。

债权人提起第三人撤销之诉还要符合法律和司法解释规定的其他条件。对于除此之外的其他债权，债权人原则上不得提起第三人撤销之诉。

——《最高人民法院关于印发〈全国法院民商事审判工作会议纪要〉的通知》（2019年11月8日，法〔2019〕254号）。

附录：最高人民法院主流观点

一是“一房二卖”“一屋数租”的债权人能否提起第三人撤销之诉。上述债权人为有独立请求权的第三人，“一房二卖”“一屋数租”的债权系基于物的所有权及使用权而产生，系对涉案标的物产生争夺、支配关系的非金钱债权人，而非一般意义上的金钱债权人，不属于普通的债权人范畴。其可以提起

---

① 现为《民事诉讼法》（2021年修正）第五十九条。
② 对应《民法典》第八百零七条。
③ 对应《民法典》第五百三十八条、第五百三十九条。

第三人撤销之诉。

二是基于保全行为对前诉标的物享受权利的债权人能否提起第三人撤销之诉。保全行为会对被执行人所有权占有、使用、收益及处分权能形成剥夺或限制，同时申请人对于保全财产处分后所有价款的分配享有优先权。此时，基于保全行为对前诉标的物享受权利的债权人能否提起第三人撤销之诉，在司法实践中存在争议。一种意见认为，此种情况下的第三人可以比照有优先效力的金钱债权人处理，可以赋予其提起第三人撤销之诉的主体资格。另一种意见认为，不宜对第三人作扩大化的解释，其提起第三人撤销之诉缺乏法律的明确依据。我们认为，此种情况下，债权人享有的优先受偿的权利，并非对被查封资产享有的实体上的权利。案外人无法以查封人的名义参加到原审诉讼，因此其也无法以第三人的名义提起撤销权诉讼。案外人的查封权利虽然因为原审案件中物权的成立而受到影响，但其享有的实体权利即债权并未受到影响。案外人作为查封权利人，可以在执行程序中对查封标的优先受偿，虽然前诉判决中致使案外人的优先受偿权受到影响，但该种影响并未导致案外人自身的债权灭失，其仍可以查封、执行被执行人的其他财产。

三是股东能否提起第三人撤销之诉。公司与股东之间的关系十分复杂，一方面因为投资关系，两者是天然的利益共同体。另一方面，公司作为独立的拟制主体，具有独立的意志，可以作出自己的意思表示。我们认为，公司对外活动应当推定为股东整体意志的体现，公司在诉讼中活动中的主张也应认定其代表股东的整体利益。虽然公司诉讼的处理结果会间接影响到股东的利益，但股东的利益和意见已经在诉讼过程中由公司所代表和表达，所以股东不能提起第三人撤销之诉。

——最高人民法院民事审判第二庭编著：《〈全国法院民商事审判工作会议纪要〉理解与适用》，人民法院出版社 2019 年版，第 611~612 页。

最高人民法院公报案例

张美云与朱忠民、田礼芳第三人撤销诉讼纠纷案［江苏省徐州市中级人民法院二审民事判决书］

裁判摘要：债权人提起第三人撤销之诉，主张债务人与案外人通过另行提起的虚假诉讼获取调解书，并对债务人的财产采取保全措施且不实际执行，损害债权人的合法利益。经人民法院审理，认为债务人与案外人另行提起的民事诉讼属于虚假诉讼的，对于债权人的诉讼请求应当予以支持。

江苏省徐州市中级人民法院二审认为：本案二审的争议焦点是：（1）上

诉人张美云是否具有本案撤销诉讼的主体资格；（2）上诉人行使撤销诉讼权利是否超出法定期间。

1. 上诉人张美云是本案的适格诉讼主体。上诉人主张其未参加被上诉人之间的（2014）云民初字第 2253 号诉讼，被上诉人朱忠民、田礼芳之间在该案达成调解协议涉及虚假诉讼，朱忠民对田礼芳的 20 万元借款本金及利息的债权为虚设债权，朱忠民先行查封田礼芳房产，而不申请强制执行，妨碍上诉人对田礼芳的债权实现，依照《最高人民法院关于适用〈中华人民共和国民事诉讼法〉的解释》第二百九十二条规定，应当认定上诉人是本案第三人撤销之诉的适格原告主体。

2. 上诉人张美云行使第三人撤销之诉未超过法定期间。依照《最高人民法院关于适用〈中华人民共和国民事诉讼法〉的解释》第二百九十二条规定，第三人对已经发生法律效力的判决、裁定、调解书提起撤销之诉的，应当自知道或者应当知道其民事权益受到损害之日起六个月内，向作出生效判决、裁定、调解书的人民法院提出。上诉人在 2014 年 8 月 26 日对被上诉人田礼芳申请执行后，才知道被上诉人朱忠民先于其执行名义达成（2014）云民初字第 2253 号民事调解协议，并得知朱忠民先于其对田礼芳的房产采取保全措施。而后于 2014 年 11 月 14 日向一审法院提起第三人撤销之诉，应当认定上诉人已在法定期间内主张权利。虽然上诉人于 2014 年 12 月 17 日撤回起诉，依照《最高人民法院关于适用〈中华人民共和国民事诉讼法〉的解释》第二百一十四条规定，上诉人撤回起诉后再行提起第三人撤销之诉的，符合法律规定。

——《最高人民法院公报》2018 年第 6 期。

最高人民法院裁判文书

东方电气风电有限公司与甘肃鼎盛新能源科技投资开发有限公司、中国工商银行股份有限公司兰州汇通支行第三人撤销之诉案［最高人民法院（2020）最高法民终 463 号民事裁定书］

裁判要点：1. 在审理第三人撤销之诉案件时，既要保护受错误生效裁判损害的未参加原诉的第三人的权益，也要防止滥用该项诉权损害生效裁判的稳定性。第三人撤销之诉系事后救济程序，对于第三人撤销之诉的原告主体资格和范围，在“有法律上的利害关系”的判断上，要比第三人参加诉讼的标准更高。

2. 对于普通金钱债权，原则上不适用第三人撤销之诉，除非有证据证明原审当事人存在虚假诉讼的情形。买卖双方约定，若买方未按照协议约定支付货款，卖方有权选择货物所有权归卖方所有并

进行处置，但卖方并未选择主张所有权，而是选择主张金钱债权的，卖方对已经交付的货物无独立的请求权。

3. 普通债权原则上不适用第三人撤销之诉进行保护，但第三人以金钱债权受到侵害为由提起撤销之诉，如有证据证明原审当事人存在虚假诉讼的，可以受理。

最高人民法院认为，根据一审裁定和东方电气公司的上诉理由，本案的主要争议焦点是：1. 东方风电公司是否具有提起第三人撤销之诉的主体资格；2. 东方风电公司提起本案之诉，是否已经超过法定期间。

关于东方风电公司是否具有提起第三人撤销之诉主体资格的问题。第三人撤销之诉不同于普通的民事诉讼，其起诉条件应适用《中华人民共和国民事诉讼法》第五十六条[①]以及《最高人民法院关于适用〈中华人民共和国民事诉讼法〉解释》第二百九十二条的相关规定。在审理第三人撤销之诉案件时，既要保护受错误生效裁判损害的未参加原诉的第三人的权益，也要防止滥用该项诉权损害生效裁判的稳定性。第三人撤销之诉系事后救济程序，对于第三人撤销之诉的原告主体资格和范围，在"有法律上的利害关系"的判断上，要比第三人参加诉讼的标准更高。对于普通金钱债权，原则上不适用第三人撤销之诉，除非有证据证明原审当事人存在虚假诉讼的情形。

根据《中华人民共和国民事诉讼法》第五十六条第三款[②]的规定，能够针对他人已经生效的裁判提起第三人撤销之诉的原告，应当是有独立请求权的第三人或者无独立请求权的第三人。关于东方风电公司是否属于有独立请求权的第三人的问题。本案中，东方风电公司不是（2018）甘民初30号工行汇通支行与鼎盛公司、甘肃亿维电力设备制造有限公司、刘小平、张芳贤金融借款合同纠纷案的当事人，东方风电公司与鼎盛公司之间的买卖合同纠纷和工行汇通支行与鼎盛公司之间的金融借款合同纠纷分属不同的法律关系，东方风电公司对（2018）甘民初30号案件的诉讼标的并不存在独立的实体权利。

《中华人民共和国合同法》第一百三十三条[③]规定："标的物的所有权自标的物交付时起转移，但法律另有规定或者当事人另有约定的除外"。本案案涉争议抵押物为动产，2017年1月22日鼎盛公司与工行汇通支行签订抵押合同之前，东方风电公司出售给鼎盛公司的25台风电机组已经交付，一审庭审中东方风电公司自认最初的采购合同并未约定价款付清之前，东方风电公司

---

① 现为《民事诉讼法》（2021年修正）第五十九条。
② 现为《民事诉讼法》（2021年修正）第五十九条第三款。
③ 本条未被《民法典》继受。

保留标的物的所有权。虽然东方风电公司与鼎盛公司签订的《补充协议》第三条约定若鼎盛公司未按照本补充协议约定支付款项，东方风电公司有权选择松山滩风电场项目所属范围的风电机组所有权归东方风电公司所有并进行处置，但《补充协议》签订的时间不仅晚于鼎盛公司与工行汇通支行签订案涉抵押合同、质押合同的时间，而且晚于对案涉抵押物、质物办理抵押、质押登记的时间。《补充协议》第三条并未约定东方风电公司享有松山滩风电场项目所属范围的风电机组所有权为鼎盛公司未按约定支付款项的唯一后果，在鼎盛公司未依约支付款项后，东方风电公司并未选择主张所有权，而是选择主张金钱债权，并在四川省德阳市中级人民法院主持下，与鼎盛公司达成按付款计划支付货款的调解书。本案一审庭审中，东方风电公司亦认可其在本案中的普通债权人身份。故东方风电公司对案涉抵押合同中的抵押物无独立的请求权。案涉质押合同的质物为武威市天祝松山滩 49.5 兆瓦风电场项目售电形成的应收账款，东方风电公司对该质物亦无独立的请求权。因此，东方风电公司不属于有独立请求权的第三人。关于东方风电公司是否属于无独立请求权的第三人的问题。无独立请求权第三人的判断标准应予严格限制，要求其与案件处理结果要有权利义务关系或法律上的牵连关系。无独立请求权的第三人通常分为辅助性第三人、被告型第三人和原告型第三人三类。本案中，东方风电公司在工行汇通支行与鼎盛公司等的金融借款合同纠纷中不依附于任何一方主体存在，不是金融借款合同纠纷诉讼标的的权利义务主体，对查明案件事实也没有起到任何辅助作用，不属于辅助性第三人。东方风电公司在（2018）甘民初 30 号案件中没有被判令承担民事责任，不属于被告型第三人。工行汇通支行在与鼎盛公司等金融借款合同纠纷中，作为债权人对案涉抵押物、质物享有优先受偿权，与东方风电公司对鼎盛公司的债权没有法律上的牵连关系，东方风电公司不属于原告型第三人。因此，东方风电公司也不属于无独立请求权的第三人。一审法院认定东方风电公司不具有提起本案第三人撤销之诉主体资格，该认定并无不当，本院予以维持。

普通债权原则上不适用第三人撤销之诉进行保护，但第三人以金钱债权受到侵害为由提起撤销之诉，如有证据证明原审当事人存在虚假诉讼的，可以受理。本案中，东方风电公司提供的证据不能证明工行汇通支行与鼎盛公司间存在虚构债务、伪造抵押、质押合同进行虚假诉讼的情形。

——中国裁判文书网。

921. 有权提起第三人撤销之诉的主体范围

关键词

第三人撤销之诉 有独立请求权第三人 无独立请求权第三人 主体资格

最高人民法院裁判文书

胡某甲、胡某乙等与德清金恒坤房地产开发有限公司、陈某某等第三人撤销之诉案［最高人民法院（2017）最高法民终 319 号民事裁定书］

裁判要旨：根据《民事诉讼法》第五十六条[①]第三款，有权提起第三人撤销之诉前主体应当严格限定在该条第一款规定的有独立请求权和第二款规定的无独立请求权的两类第三人，不能将有权提起第三人撤销之诉的主体扩大至其他享有普通债权的案外人。

最高人民法院认为：本案一审原告胡某甲等五人提起的系第三人撤销之诉。《民事诉讼法》第五十六条规定："对当事人双方的诉讼标的，第三人认为有独立请求权的，有权提起诉讼。对当事人双方的诉讼标的，第三人虽然没有独立请求权，但案件处理结果同他有法律上的利害关系的，可以申请参加诉讼，或者由人民法院通知他参加诉讼。人民法院判决承担民事责任的第三人，有当事人的诉讼权利义务。前两款规定的第三人，因不能归责于本人的事由未参加诉讼，但有证据证明发生法律效力的判决、裁定、调解书的部分或者全部内容错误，损害其民事权益的，可以自知道或者应当知道其民事权益受到损害之日起六个月内，向作出该判决、裁定、调解书的人民法院提起诉讼。人民法院经审理，诉讼请求成立的，应当改变或者撤销原判决、裁定、调解书；诉讼请求不成立的，驳回诉讼请求。"根据上述规定，只有《民事诉讼法》第五十六条前两款规定的有独立请求权和无独立请求权两类第三人才能作为提起第三人撤销之诉的主体。

原案系陈某某与德清金恒坤房地产公司以及张某某、沈某某之间的股权转让合同纠纷。胡某甲等五人为与陈某某存在民间借贷关系的普通债权人。首先，就原案即陈某某与德清金恒坤房地产公司以及张某某、沈某某之间的股权转让合同纠纷而言，胡某甲等五人对原案双方当事人的诉讼标的并不享有独立请求权，其不属于《民事诉讼法》第五十六条第一款规定的有独立请

① 现为《民事诉讼法》（2021 年修正）第五十九条。

求权第三人。其次．无论原案即陈某某与德清金恒坤房地产公司以及张某某、沈某某之间的股权转让合同纠纷如何处理，其结果均不会对胡某甲等五人与陈某某之间的民间借贷法律关系项下的权利义务产生影响。胡某甲等五人作为与陈某某存在民间借贷差系的普通债权人，其在债权能否实现方面与原案存在一定事实上的关系，但这种事实上的联系不同丰法律上的利害关系。胡某甲等五人就原案而言，亦不属于《民事诉讼法》第五十六条第二款规定的无独立请求权第三人。

一审原告胡某甲等五人并非原案的第三人，不具备法律规定的提起第三人撤销之诉的主体资格，其起诉不符合第三人撤销之诉的受理条件。德清金恒坤房地产公司以及张某某、沈某某关于胡某甲等五人不是第三人撤销之诉项下的适格原告，应驳回胡某甲等五人起诉的上诉请求，最高人民法院予以支持。浙江省高级人民法院作出的（2013）浙商终字第 63 号民事调解书如确有错误，应依法通过审判监督程序予以纠正。最高人民法院依法裁定：（1）撤销浙江省高级人民法院（2015）浙撤初字第 1 号民厚判决；（2）驳回胡某甲、胡某乙、周某甲、蒋某某、周某乙的起诉。

——中国裁判文书网。

922. 第三人撤销之诉原告主体资格的合理确定

关键词

无独立请求权第三人　第三人撤销之诉　原告主体资格

最高人民法院裁判文书

鞍山市中小企业信用担保中心与汪薇、鲁金英第三人撤销之诉案［最高人民法院（2016）最高法民终字第 145 号民事判决书］

裁判要旨：基于法院对债权人享有的到期债权的在先保全行为，应认定该债权人与处理到期债权的原诉案件有法律上的直接牵连关系，属于原诉中无独立请求权第三人，享有提起第三人撤销之诉的原告主体资格。如该第三人提供了原诉案件的处理结果符合《中华人民共和国合同法》第七十四条[①]规定情形的证据材料，可以认定原诉判决可能存在全部或部分内容错误并损害其民事权益，符合第三人撤销之诉的起诉条件。

① 对应《民法典》第五百三十八条、第五百三十九条。

最高人民法院认为：由于担保中心对汪薇享有的债权已经法院生效民事判决确认并进入执行程序，申请执行的财产中包括了汪薇对金红养殖厂（投资人为鲁金英）的到期债权。鲁金英在执行程序中也向法院确认了上述债权，并承诺同意经法院向担保中心履行。汪薇与鲁金英因金桥养殖厂资产转让合同纠纷并诉至法院发生在法院对汪薇财产进行执行期间。在此情形下，鲁金英与汪薇资产转让合同的权利义务发生变化可能对上述汪薇财产的执行产生影响，因此，汪薇与鲁金英买卖合同纠纷诉讼处理结果与担保中心存在牵连关系，影响到担保中心的利益。据此，应认定汪薇和鲁金英买卖合同纠纷诉讼的处理结果与担保中心有法律上的利害关系，担保中心属于有权申请或经法院通知参加汪薇与鲁金英买卖合同纠纷诉讼的无独立请求权第三人。原审未考虑基于铁东区法院诉讼保全行为及执行程序所产生的汪薇和鲁金英买卖合同纠纷诉讼处理结果与担保中心对汪薇债权执行之间的牵连关系，以及可能对担保中心的利益产生的影响，仅以担保中心与汪薇和鲁金英买卖合同纠纷案件的诉讼标的没有直接的利害关系为由，认定担保中心不属于该案中无独立请求权第三人，进而否定担保中心具备提起本案第三人撤销之诉的主体资格，不利于对担保中心合法民事权益的保护，与第三人撤销之诉的立法本意亦不相吻合，对此本院予以纠正。

综上，担保中心虽然对汪薇与鲁金英买卖合同纠纷案件诉讼标的不享有独立请求权，但该案处理结果与其有法律上的利害关系，应属汪薇与鲁金英买卖合同纠纷诉讼中的无独立请求权第三人，具备提起本案第三人撤销之诉的主体资格。原审适用《中华人民共和国民事诉讼法》第一百一十九条[①]规定的原告必须是与本案有直接利害关系的公民、法人和其他组织，认为担保中心不具备提起本案第三人撤销之诉原告主体资格，适用法律错误，本院予以纠正。担保中心关于其属于无独立请求权第三人、具备提起本案第三人撤销之诉的主体资格的上诉主张成立，本院予以支持。

——中国裁判文书网。

附录：本案解析

本案系第三人撤销之诉纠纷。2012年修改后的《中华人民共和国民事诉讼法》在第五十六条[②]增加了第三人撤销之诉制度，拟对社会生活中大量出现的虚假诉讼、恶意诉讼进行规制，保护第三人的合法权益。第三人撤销之诉属新设立制度，理论研究不足，同时《中华人民共和国民事诉讼法》仅在诉讼参加人部分以一款的形式予以规范，立法条文较为粗浅，导致司法实践中

① 现为《民事诉讼法》（2021年修正）第一百二十二条。

② 现为《民事诉讼法》（2021年修正）第五十九条。

对于该制度的把握存在较多困惑。特别是第三人撤销之诉起诉条件的审查认定问题，由于关系到该制度的立法目的能否实现、以及后续的审理环节能否顺利展开，因此更成为了司法实践中的难点。本案的主要争议焦点就在于担保中心是否具备第三人撤销之诉的起诉条件。

一、无独立请求权第三人认定标准与第三人撤销之诉原告主体资格的衔接与冲突

根据《中华人民共和国民事诉讼法》第五十六条第三款的规定，有权提起第三人撤销之诉的主体为应当参加而因不能归责于本人的事由未参加原诉的第三人。包括有独立请求权的第三人和无独立请求权的第三人。第三人对诉讼标的享有独立的请求权或案件处理结果同他有法律上的利害关系，是其对原诉案件当事人提起诉讼或申请参加原案诉讼的依据，也是判断其是否具备第三人撤销之诉原告主体资格的依据。有独立请求权第三人因对诉讼标的享有独立的请求权，故对其诉讼地位较容易作出审查判断，实践中较难把握的是对无独立请求权第三人地位的认定。然而，司法实践中对无独立请求权第三人判断标准的从严把握以及对“案件处理结果与他有法律上的利害关系”的缩限解释，给第三人撤销之诉的主体条件认定带来了一定的障碍。因为，按照“直接牵连关系”的标准，一般债权人很难进入到原诉之中成为无独立请求权第三人，也就无法成为第三人撤销之诉的原告。而最为常见的虚假诉讼方式，利用诉讼实现财产转移，造就无财产可供执行假象而损害债权人合法权益的情形，将难以纳入限缩解释后的诉讼第三人制度的适用范畴，导致债权人既无法参加原诉也不能获得事后救济。我们认为，这种情形与第三人撤销之诉的立法本意应是相背离的。第三人撤销之诉制度设立的初衷是对案外人的合法权益进行救济，虽然立法最终将该制度规定在《中华人民共和国民事诉讼法》第五十六条，根据法律规定第三人撤诉之诉的原告主体应限定在原诉第三人的范畴是毋庸置疑的，但是对无独立请求权第三人的身份如何把握，则应基于立法本意，结合案件具体情况合理确定。单纯地将无独立请求权第三人主体作无限扩大解释或者完全限缩在与原诉诉讼标的存在直接的牵连关系，有可能导致该制度被滥用或发挥不了其应有的作用，不利于第三人撤销之诉制度的合理运行。因此，我们认为，对无独立请求权第三人的界定，在原诉过程中还是应以上述最高人民法院的相关规定为原则，但对于存在虚假诉讼可能的情形下，应适度松绑限缩解释后的无独立请求权第三人的范围。在虚假诉讼情形下，原诉当事人的行为应是侵犯了所有债权人的合法权益，由于存在原诉判决或者调解书，债权人无法通过另诉解决，因此，只有对无独立请求权第三人采取广义解释，即只要认为案件裁判结果影响其利益的，均可作为无独立请求权第三人提起诉讼，才能够解决在当事人通过虚假诉讼恶意逃避债务，而债权人又无法救济的情形。而仅在上述特殊情形下

对第三人主体资格采取宽泛的标准，即符合制度设立的本意，也不会导致第三人撤销之诉的无限扩张或被滥用。

二、应当结合实体条件判断第三人撤销之诉的原告主体资格

对于是否具有第三人撤销之诉原告主体资格的判断与民事权益是否受到损害是互为表里的关系。如果能够认定案外人的民事权益因原诉判决而受到损害，则其通常应成为原诉案件中的第三人，反之第三人的相应诉讼主张也通常是依托一定的民事权益而提出。《民事诉讼法解释》第二百九十二条第（二）（三）项规定了提起第三人撤销之诉的实体条件，即生效法律文书的全部或部分内容错误并损害其民事权益。因此，在判断提起第三人撤销之诉的主体是否具备原告主体资格时，可以结合上述两项实体条件予以确认。一般认为，第三人主张受到损害的民事权益范围应当依据《中华人民共和国侵权责任法》第二条[①]的规定确定，该条规定的权利范围主要是物权、人身权等绝对权。同时，对于法律明确规定的给予特别保护的债权，也可以适用第三人撤销之诉，其中包括享有法定撤销权的债权等。

享有《中华人民共和国合同法》第七十四条规定撤销权的债权人在本质上仍属于一般债权人，赋予享有撤销权的债权人以第三人撤销之诉的原告主体资格，其核心要点并不在于该债权人的民事权益属性存在特殊价值，而是在于债务人作出符合《中华人民共和国合同法》第七十四条规定的相关行为，往往是通过虚假诉讼、虚假调解等方式进行。通常情形下，债务人的交易行为符合《中华人民共和国合同法》第七十四条规定情形的，债权人可以通过提起撤销之诉以维护合法权益。而在债务人通过诉讼的方式放弃债权或无偿、以明显不合理低价转让债权的情况下，因为有法院判决或者调解书存在，债权人无法基于《中华人民共和国合同法》第七十四条的规定提起诉讼，也就无法维护其合法权益。因此，为防止债务人以该种方式逃避债务，损害债权人利益的情形，应当赋予享有法定撤销权的债权人以第三人撤销之诉的主体资格。我们认为，提起诉讼的债权人提供了证据证明原诉当事人之间存在不符合常理的诉讼行为，当事人之间的权利义务关系明显不对等，诉讼结果有违公平合理原则，存在不合理低价转让达成调解协议损害债权人利益的情况，也即对享有撤销权的债权，在现有诉讼法框架下，受损害的债权人无法通过对调解书申请再审解决。在现有第三人撤销之诉的立法框架下，基于其主张受损害的民事权益有可能成立的后果考虑，将无独立请求权第三人的范围作广义解释，即只要认为案件处理结果损害其合法权益、导致其债权无法实现的，都可纳入无独立请求权第三人范围，并通过实体审理对于是否存在《中华人民共和国合同法》第七十四条应撤销的行为予以查明确定。

---

① 对应《民法典》第一百一十条。

——《合理确定第三人撤销之诉的原告主体资格》，载最高人民法院第二巡回法庭编著：《民商事二审典型案例及审判经验》，人民法院出版社 2019 年版，第 60~64 页。

923. 第三人撤销之诉原告主体资格的认定

关键词

第三人撤销之诉　原告主体资格

最高人民法院裁判文书

宁波建工股份有限公司与中国建设银行股份有限公司白山分行第三人撤销之诉上诉案［最高人民法院（2019）最高法民终 1892 号民事裁定书］

裁判要旨：债权人申请法院查封被执行人财产后，被执行人又以该被查封财产设立抵押，并通过调解书确认他人可以行使抵押权，该债权人对于被执行人与他人诉讼确认抵押权一案而言具有法律上的利害关系。因为该债权人依据关于依法被查封、扣押、监管的财产属于禁止抵押的财产的规定，享有排除他人在之后对查封标的进行抵押、转让等处分的权利，其由此与该查封标的具有物权法上的利害关系，其债权也属于法律明确给予特殊保护的债权，故该债权人有权针对生效判决提起第三人撤销之诉。

最高人民法院认为：根据民事诉讼法第五十六条[①]的规定，有权提起第三人撤销之诉的主体为第三人，包括有独立请求权第三人和无独立请求权第三人。和丰置业和建行白山分行是在案涉房屋被查封之后，签订抵押合同并办理抵押登记手续。根据物权法第一百八十四条[②]第五项的规定，依法被查封、扣押、监管的财产属于禁止抵押的财产。宁波建工基于该查封，首先，在物权法上享有排除他人在之后对查封标的进行抵押、转让等处分的权利，其由此与该查封标的具有物权法上的利害关系；其次，宁波建工虽然为一般债权人，但基于法院查封而与查封标的具有物权法上的利害关系，其债权可以认定为属于法律特殊保护的债权，基于司法查封产生排除抵押权的后续设立的效力，其中所体现的利害关系不同于允许不同物权竞存条件下事实上的利害

① 现为《民事诉讼法》（2021 年修正）第五十九条。

② 对应《民法典》第三百九十九条。

关系。(2016)吉民初11号民事调解书确认的调解协议第二项关于建行白山分行可在和丰置业的给付义务范围内，对前述在建工程和国有土地使用权行使抵押权的内容，违反物权法第一百八十四条关于查封财产禁止抵押的效力性强制性规定，且该项内容可能直接导致宁波建工就案涉土地使用权、房屋拍卖款项获得清偿的权利无法实现，该调解书关于抵押权的内容与宁波建工具有法律上的利害关系，宁波建工属于无独立请求权的第三人，其有权提起第三人撤销之诉。一审法院对此适用法律错误。

——第二巡回法庭微信公众号。

924. 抵押权人对确认建设工程价款优先受偿权的生效裁判具有提起第三人撤销之诉的原告主体资格

关键词

建设工程价款优先受偿权　抵押权　原告主体资格　第三人撤销之诉

最高人民法院指导性案例

中国民生银行股份有限公司温州分行诉浙江山口建筑工程有限公司、青田依利高鞋业有限公司第三人撤销之诉案（最高人民法院指导案例150号）

裁判要点：建设工程价款优先受偿权与抵押权指向同一标的物，抵押权的实现因建设工程价款优先受偿权的有无以及范围大小受到影响的，应当认定抵押权的实现同建设工程价款优先受偿权案件的处理结果有法律上的利害关系，抵押权人对确认建设工程价款优先受偿权的生效裁判具有提起第三人撤销之诉的原告主体资格。

法院生效判决认为：第三人撤销之诉的审理对象是原案生效裁判，为保障生效裁判的权威性和稳定性，第三人撤销之诉的立案审查相比一般民事案件更加严格。正如山口建筑公司所称，《最高人民法院关于适用〈中华人民共和国民事诉讼法〉的解释》第二百九十二条规定，第三人提起撤销之诉的，应当提供存在发生法律效力的判决、裁定、调解书的全部或者部分内容错误情形的证据材料，即在受理阶段需对原生效裁判内容是否存在错误从证据材料角度进行一定限度的实质审查。但前述司法解释规定本质上仍是对第三人撤销之诉起诉条件的规定，起诉条件与最终实体判决的证据要求存在区别，前述司法解释规定并不意味着第三人在起诉时就要完成全部的举证义务，第三人在提起撤销之诉时应对原案判决可能存在错误并损害其民事权益的情形提供初步证据材料加以证明。温州民生银行提起撤销之诉时已经提供证据材料证明自己是同一标的物上的抵押权人，山口建筑公司依据原案生效判决第一项要求参与抵押物折价或者拍卖所得价款的分配将直接影响温州民生银行债权的优先受偿，而且山口建筑公司自案涉工程竣工验收至提起原案诉讼远远超过六个月期限，山口建筑公司主张在六个月内行使建设工程价款优先权时并未采取起诉、仲裁等具备公示效果的方式。因此，从起诉条件审查角度看，温州民生银行已经提供初步证据证明原案生效判决第一项内容可能存在错误并将损害其抵押权的实现。其提起诉讼要求撤销原案生效判决主文第一项符合法律规定的起诉条件。

——《最高人民法院关于发布第27批指导性案例的通知》（2021年2月9日，法〔2021〕55号）。

说明

指导案例150号“中国民生银行股份有限公司温州分行诉浙江山口建筑工程有限公司、青田依利高鞋业有限公司第三人撤销之诉案”，明确了在同一财产上抵押权与建设工程优先受偿权同时存在时，建设工程价款优先受偿权有效与否，以及范围大小，对于抵押权人具有法律上的利害关系，应当认定其具有提起第三人撤销之诉的原告主体资格。

925. 合法权益受到建设工程价款优先受偿权影响的当事人有权提起第三人撤销之诉

关键词

第三人撤销之诉　第三人主体资格

最高人民法院裁判文书

刘林与被盛世铭城公司、中铁五局第三人撤销之诉案［最高人民法院（2021）最高法民终353号民事裁定书］

裁判要旨：在先的建设工程施工合同纠纷生效判决认定，承包人对案涉商品房享有建设工程价款优先受偿权。针对该生效判决提起的第三人撤销之诉中，原告作为债权人与发包人作为债务人订立案涉商品房买卖合同作为借款担保并进行了商品房预售合同登记备案；原告根据在先于该生效判决作出的民事调解书有权在发包人逾期不归还借款时选择自行处置案涉商品房，后原告申请强制执行，

人民法院在该生效判决作出前查封了案涉商品房。在此情况下，应当认定原告属于《中华人民共和国民事诉讼法》第五十六条[①]规定的第三人，具有针对该生效判决提起第三人撤销之诉的主体资格。

最高人民法院认为，本案为第三人撤销之诉。根据刘林的上诉理由，本案的主要争议焦点在于刘林是否具有提起第三人撤销之诉的主体资格。

《中华人民共和国民事诉讼法》第五十六条规定，“对当事人双方的诉讼标的，第三人认为有独立请求权的，有权提起诉讼。对当事人双方的诉讼标的，第三人虽然没有独立请求权，但案件处理结果同他有法律上的利害关系的，可以申请参加诉讼，或者由人民法院通知他参加诉讼。人民法院判决承担民事责任的第三人，有当事人的诉讼权利义务。前两款规定的第三人，因不能归责于本人的事由未参加诉讼，但有证据证明发生法律效力的判决、裁定、调解书的部分或者全部内容错误，损害其民事权益的，可以自知道或者应当知道其民事权益受到损害之日起六个月内，向作出该判决、裁定、调解书的人民法院提起诉讼。人民法院经审理，诉讼请求成立的，应当改变或者撤销原判决、裁定、调解书；诉讼请求不成立的，驳回诉讼请求。”《最高人民法院关于适用〈中华人民共和国民事诉讼法〉的解释》第二百九十二条规定，“第三人对已经发生法律效力的判决、裁定、调解书提起撤销之诉的，应当自知道或者应当知道其民事权益受到损害之日起六个月内，向作出生效判决、裁定、调解书的人民法院提出，并应当提供存在下列情形的证据材料：（一）因不能归责于本人的事由未参加诉讼；（二）发生法律效力的判决、裁定、调解书的全部或者部分内容错误；（三）发生法律效力的判决、裁定、调解书内容错误损害其民事权益。”

本案中，刘林作为盛世铭城公司的债权人，与盛世铭城公司签订了案涉78套房屋的商品房买卖合同作为民间借贷合同的担保。案涉78套房屋的商品房买卖合同于2013年1月7日在铜仁市住房和城乡建设局进行了商品房预售合同登记备案。第97号调解书确认，盛世铭城公司在2015年1月31日偿还刘林2000万元本金和1008万元利息；逾期不归还，刘林有权选择自行处置案涉78套房屋。2018年12月11日，依据第97号调解书，贵阳中院作出协助执行通知书，查封案涉78套房屋，查封时间从2018年12月27日至2021年12月26日。根据《最高人民法院关于审理民间借贷案件适用法律若干问题的规定》第二十四条规定，当事人以订立买卖合同作为民间借贷合同的担保，借款到期后借款人不能还款，出借人请求履行买卖合同的，人民法院应当按照民间借贷法律关系审理；按照民间借贷法律关系审理作出的

---

① 现为《民事诉讼法》（2021年修正）第五十九条。

判决生效后，借款人不履行生效判决确定的金钱债务，出借人可以申请拍卖买卖合同标的物，以偿还债务。根据上述事实和相关规定，刘林可以申请拍卖案涉78套房屋以实现债权。贵阳中院也于原案判决作出前即2018年12月查封了案涉78套房屋。原案判决第三项（即中铁五局在70,302,509元工程款范围内对其施工工程享有建设工程价款优先受偿权）中的施工工程包含案涉78套房屋，与刘林具有法律上的利害关系。刘林属于《中华人民共和国民事诉讼法》第五十六条规定的第三人，具有提起第三人撤销之诉的原告主体资格。

——中国裁判文书网。

926. 建设工程价款优先受偿权影响抵押权实现，抵押权人是否有权提起第三人撤销之诉

关键词

第三人撤销权之诉　抵押权人

最高人民法院裁判文书

东方资产公司与五建公司、竹天下置业公司、竹天下文化公司第三人撤销之诉案［最高人民法院（2021）最高法民终1078号民事裁定书］

裁判要旨：因建设工程承包人的建设工程价款优先受偿权优于抵押权和其他债权，建设工程价款优先受偿权的认定将直接影响到抵押权人抵押权的实现，建设工程价款优先权案件的处理结果同抵押权人有法律上的利害关系，抵押权人有权提起第三人撤销之诉。

最高人民法院认为：东方资产公司作为案涉债权的受让人，其对案涉竹具城房产依法享有抵押权。因建筑工程的承包人的建设工程价款优先受偿权优于抵押权和其他债权，故前案判决关于东方资产公司就案涉竹具城工程折价或者拍卖的价款是否享有建设工程价款优先受偿权的认定将直接影响到东方资产公司案涉抵押权的实现以及实现价值的大小。因此，前案的处理结果同东方资产公司有法律上的利害关系，东方资产公司依法有权申请参加前案诉讼。一审判决关于东方资产公司与前案并无法律上的利害关系，非前案适格第三人的认定错误，应予纠正。

但本案中，东方资产公司受让兴业银行成都分行案涉债权的时间为2017年12月12日，而福建省三明市中级人民法院作出前案一审判决的时间为

2017年3月31日，福建省高级人民法院作出前案二审判决的时间为2018年5月28日，即在东方资产公司受让案涉债权时，前案一审判决已经作出，但前案二审程序尚未终结。兴业银行成都分行作为案涉债权的原债权人和案涉竹具城房产的抵押权人，与前案处理结果有利害关系，但并未申请参加前案诉讼。东方资产公司作为专业的资产管理公司，在受让兴业银行成都分行案涉债权时，理应对相关债务人、担保人的涉诉情况以及抵押物的瑕疵状况作充分的尽职调查，其本身也有能力了解前案的诉讼进展情况。本案二审庭审中，东方资产公司也认可上述情况属于其尽职调查的范围，但在前案二审程序尚未终结的情况下，东方资产公司也未申请参加前案诉讼。东方资产公司在本案二审中以“中国裁判文书网”上无法查询到前案文书及担保人未向其披露前案诉讼情况等为由，主张其未参加前案二审诉讼系因不能归责于本人的原因所导致，依据不足。故本案应认定东方资产公司提起本案诉讼不符合《中华人民共和国民事诉讼法》第五十六条第三款①规定的“因不能归责于本人的事由未参加诉讼”的条件。另外，福建省永安市不动产登记中心于2018年8月22日已将案涉竹具城房产的执行查封情况记载于不动产登记簿，并在“查封法院”栏记载了查封依据。东方资产公司作为谨慎的市场交易主体和案涉竹具城房产的抵押权人，主张其不掌握竹具城房产的上述查封信息，但未能举证并作出合理解释。原审判决综合考虑上述事实并结合东方资产公司直到2019年8月20日才提起本案一审诉讼的情况，认定东方资产公司提起本案第三人撤销之诉已超过法律规定的六个月期间，并无不当。东方资产公司关于其提起本案一审诉讼未超过法定的六个月期间的主张，不能成立。综上所述，因东方资产公司未提供证据证实其未参加前案二审诉讼系因不能归责于本人的事由所导致，且其提起本案诉讼已超过法定的六个月期间，不符合第三人撤销之诉的受理条件，故本案应裁定驳回东方资产公司的起诉。

——中国裁判文书网。

927. 银行承兑汇票的保证人具有提起第三人撤销之诉的原告主体资格

关键词

保证人　破产管理人　无独立请求权第三人　原告主体资格　第三人撤销之诉

① 现为《民事诉讼法》(2021年修正)第五十九条第三款。

最高人民法院指导性案例、最高人民法院裁判文书

台州德力奥汽车部件制造有限公司诉浙江建环机械有限公司管理人浙江安天律师事务所、中国光大银行股份有限公司台州温岭支行第三人撤销之诉案［最高人民法院指导案例 151 号、最高人民法院（2020）最高法民申 2033 号民事裁定书］

裁判要点：在银行承兑汇票的出票人进入破产程序后，对付款银行于法院受理破产申请前六个月内从出票人还款账户划扣票款的行为，破产管理人提起请求撤销个别清偿行为之诉，法院判决予以支持的，汇票的保证人与该生效判决具有法律上的利害关系，具有提起第三人撤销之诉的原告主体资格。

最高人民法院认为：关于德力奥公司是否有权提起第三人撤销之诉的问题。若案涉汇票到期前建环公司未能依约将票款足额存入其在光大银行温岭支行的账户，基于票据无因性以及光大银行温岭支行作为银行承兑汇票的第一责任人，光大银行温岭支行须先行向持票人兑付票据金额，然后再向出票人（本案即建环公司）追偿，德力奥公司依约亦需承担连带偿付责任。由于案涉汇票到期前，建环公司依约将票款足额存入了其在光大银行温岭支行的账户，光大银行温岭支行向持票人兑付了票款，故不存在建环公司欠付光大银行温岭支行票款的问题，德力奥公司亦就无须承担连带偿付责任。但是，由于建环公司破产管理人针对建环公司在汇票到期前向其在光大银行温岭支行账户的汇款行为提起请求撤销个别清偿行为之诉，若建环公司破产管理人的诉求得到支持，德力奥公司作为建环公司申请光大银行温岭支行开具银行承兑汇票的保证人即要承担连带还款责任，故原案的处理结果与德力奥公司有法律上的利害关系，应当认定德力奥公司属于民事诉讼法第五十六条[①]规定的无独立请求权第三人。

——《最高人民法院关于发布第 27 批指导性案例的通知》（2021 年 2 月 19 日，法〔2021〕55 号）。

说明

指导案例 151 号“台州德力奥汽车部件制造有限公司诉浙江建环机械有限公司管理人浙江安天律师事务所、中国光大银行股份有限公司台州温岭支行第三人撤销之诉案”，明确了在破产管理人因出票人在进入破产程序前六个

① 现为《民事诉讼法》（2021 年修正）第五十九条。

月内依约向设在承兑银行的账号存入资金、银行据此兑付到期汇票的行为提起请求撤销个别清偿行为之诉，并获法院支持的情况下，汇票的保证人对该生效判决具有法律上的利害关系，具有提起第三人撤销之诉的原告主体资格。

928. 被执行人与他人在另外的民事诉讼中达成调解协议，严重影响债权人债权实现的，债权人具有提起第三人撤销之诉的原告主体资格

关键词

债权人 撤销权 保全和执行 原告主体资格 第三人撤销之诉

最高人民法院指导性案例、最高人民法院裁判文书

鞍山市中小企业信用担保中心诉汪薇、鲁金英第三人撤销之诉案［最高人民法院指导案例152号、最高人民法院（2017）最高法民终626号民事裁定书］

裁判要点：债权人申请强制执行后，被执行人与他人在另外的民事诉讼中达成调解协议，放弃其取回财产的权利，并大量减少债权，严重影响债权人债权实现，符合债权人行使撤销权条件的，债权人对民事调解书具有提起第三人撤销之诉的原告主体资格。

最高人民法院认为：本案中，虽然担保中心与汪薇之间基于贷款代偿形成的债权债务关系，与汪薇和鲁金英之间因转让养殖厂形成的买卖合同关系属两个不同法律关系，但是，汪薇系为创办养殖厂与担保中心形成案涉债权债务关系，与黄沙坨信用社签订借款合同的主体亦为养殖厂，故汪薇和鲁金英转让的养殖厂与担保中心对汪薇债权的形成存在关联关系。在汪薇与鲁金英因养殖厂转让发生纠纷提起诉讼时，担保中心对汪薇的债权已经生效民事判决确认并已进入执行程序。在该案诉讼及判决执行过程中，铁东区人民法院已裁定冻结了汪薇对养殖厂（投资人鲁金英）的到期债权。鲁金英亦已向铁东区人民法院确认其欠付汪薇转让款及数额，同意通过法院向担保中心履行，并已实际给付了30万元。铁东区人民法院也对养殖厂的相关财产予以查封冻结，并向养殖厂送达了协助执行通知书。故汪薇与鲁金英因养殖厂资产转让合同权利义务的变化与上述对汪薇财产的执行存在直接牵连关系，并可

能影响担保中心的利益。合同法第七十四条①规定："债务人以明显不合理的低价转让财产，对债权人造成损害，并且受让人知道该情形的，债权人也可以请求人民法院撤销债务人的行为。"因本案汪薇和鲁金英系在诉讼中达成以3132573元交易价转让养殖厂的协议，该协议经人民法院作出（2014）辽民二终字第00183号民事调解书予以确认并已发生法律效力。在此情形下，担保中心认为汪薇与鲁金英该资产转让行为符合合同法第七十四条规定的情形，却无法依据合同法第七十四条规定另行提起诉讼行使撤销权。故本案担保中心与汪薇之间虽然属于债权债务关系，但基于担保中心对汪薇债权形成与汪薇转让的养殖厂之间的关联关系，法院对汪薇因养殖厂转让形成的到期债权在诉讼和执行程序中采取的保全和执行措施使得汪薇与鲁金英买卖合同纠纷案件处理结果对担保中心利益产生的影响，以及担保中心主张受损害的民事权益因（2014）辽民二终字第00183号民事调解书而存在根据合同法第七十四条提起撤销权诉讼障碍等本案基本事实，可以认定汪薇和鲁金英买卖合同纠纷案件处理结果与担保中心具有法律上的利害关系，担保中心有权提起本案第三人撤销之诉。

——《最高人民法院关于发布第27批指导性案例的通知》（2021年2月19日，法〔2021〕55号）。

说明

指导案例152号"鞍山市中小企业信用担保中心诉汪薇、鲁金英第三人撤销之诉案"，明确了符合合同法第七十四条规定的行使撤销权条件的债权人，具有提起第三人撤销之诉的原告主体资格。

929. 依据《合同法》第七十四条②享有撤销权的债权人可以提起第三人撤销之诉

关键词

债权人　撤销权　无独立请求权第三人　第三人撤销之诉

最高人民法院公报案例、最高人民法院裁判文书

永安市燕诚房地产开发有限公司与郑耀南、远东（厦门）房地产发展有限公司及第三人高俪珍第三人撤销之诉案［最高人民法院（2017）最高法民

① 对应《民法典》第五百三十八条、第五百三十九条。

② 对应《民法典》第五百三十八条、第五百三十九条。

终 885 号民事裁定书〕

裁判摘要：作为普通债权人的第三人一般不具有基于债权提起第三人撤销之诉的事由，但如果生效裁判所确认的债务人相关财产处分行为符合合同法第七十四条所规定的撤销权条件，则依法享有撤销权的债叔人与该生效裁判案件的处理结果具有法律上的利害关系，从而具备以无独立请求权第三人身份提起第三人撤销之诉的原告主体资格。

最高人民法院认为，本案属于第三人认为当事人恶意串通进行诉讼、损害其利益而提起的第三人撤销之诉。因郑耀南、高俪珍系台湾地区居民，本案为涉台民事纠纷。各方当事人对一审法院适用大陆地区法律解决本案争议无异议，本院予以确认。

根据民事诉讼法第五十六条[①]的规定，提起第三人撤销之诉应当符合以下条件：一是主体方面，只能是民事诉讼法第五十六条第一、二款分别规定的，对当事人双方诉讼标的有独立请求权的第三人，或者虽然没有独立请求权、但案件处理结果同他有法律上的利害关系的第三人；二是实体方面，有证据证明发生法律效力的判决、裁定、调解书部分或者全部内容错误，损害第三人的民事权益；三是程序方面，第三人因不能归责于本人的事由未参加诉讼，且自知道或者应当知道其民事权益受到损害之日起六个月内，向作出生效判决、裁定、调解书的人民法院提起诉讼。围绕本案一审法院裁定驳回起诉的理由，各方当事人于二审争议的焦点问题是：燕诚公司是否具有提起本案诉讼的主体资格，是否有证据证明 2 号民事调解书确认的债权存在虚假，燕诚公司的起诉是否超过法定期间，以及一审法院审理本案是否存在程序错误等。民事诉讼法设立第三人撤销之诉制度，目的是保护受错误生效裁判损害，

特别是受虚假诉讼损害的第三人的权益，使因不能归责于本人原因未参加诉讼的第三人，可以向人民法院提起诉讼、请求救济。因此，燕诚公司是否属于民事诉讼法第五十六条规定之列的第三人，决定着其是否具有提起本案诉讼的主体资格。从所主张的事实看，燕诚公司并非以有独立请求权的第三人的身份提起本案诉讼，而是以相关当事人恶意串通进行虚假诉讼损害其债权作为起诉的理由。显然，燕诚公司能否纳入无独立请求权的第三人之列，是判断本案讼争问题的基本出发点。

根据民事诉讼法第五十六条第二款的规定，对当事人双方诉讼标的没有独立请求权，但案件处理结果同他有法律上的利害关系的，属于无独立请求

① 现为《民事诉讼法》(2021 年修正) 第五十九条。

权的第三人。可见，有法律上的利害关系是无独立请求权第三人的基本要素。燕诚公司向人民法院提起本案诉讼，请求保护的民事权利系债权。由债权的相对性所决定，在一般情况下，作为普通债权人的第三人不具有基于其债权提起第三人撤销之诉的事由。但根据《中华人民共和国合同法》(以下简称合同法）第七十四条第一款的规定，因债务人放弃其到期债权或者无偿转让财产，对债权人造成损害的，债权人可以请求人民法院撤销债务人的行为；债务人以明显不合理的低价转让财产，对债权人造成损害，并且受让人知道该情形的，债权人也可以请求人民法院撤销债务人的行为。由是，如果生效裁判所确认的债务人的相关财产处分行为符合合同法第七十四条所规定的撤销权的条件，则依法享有撤销权的债权人就与该生效裁判案件的处理结果具有法律上的利害关系，从而具备了以无独立请求权第三人的身份提起第三人撤销之诉的原告主体资格。

本案中，燕诚公司举示的证据显示，福建省人民检察院曾于2003年8月19日发出闽民建（2003）2号《检察建议书》，建议福建省高级人民法院对2号民事调解书依法再审。福建省高级人民法院于2003年10月24日发出（2003）闽民监字第149号《犯罪线索移送函》，认为郑耀南与张琼月涉嫌恶意串通，侵占远东厦门公司的财产，进而损害香港远东公司的合法权益，依法将有关犯罪线索移送福建省公安厅进行侦查。由此，燕诚公司已就2号案件为虚假诉讼、2号民事调解书确认的债权存在虚假的问题提供了相应的证据材料。其所主张的远东厦门公司在民事诉讼程序中以达成调解协议方式承认郑耀南的虚假债权并制定还款计划的情形，属于合同法第七十四条第一款规定的无偿转让财产损害债权人利益的行为之列，燕诚公司对于2号案件的处理结果，有法律上的利害关系，特别是在远东厦门公司为人民法院宣告破产、其财产已经不足以清偿全部债务的情况下，燕诚公司的债权必然会因为郑耀南债权的有无以及数额的大小而受到直接影响。燕诚公司作为远东厦门公司的债权人，依据合同法第七十四条规定享有撤销权，具备提起本案第三人撤销之诉的主体资格。

根据民事诉讼法第五十六条第三款的规定，第三人“可以自知道或者应当知道其民事权益受到损害之日起六个月内”，向人民法院提起诉讼。该六个月起诉期间的起算点，为当事人知道或者应当知道其民事权益受到损害之日。本案中，在远东厦门公司有足够资产清偿所有债务的前提下，2号民事调解书对燕诚公司债权的实现没有影响；在远东公司正常生产经营的情况下，亦难以确定2号民事调解书会对燕城公司的债权造成损害。但是，在远东厦门公司因不能足额清偿所欠全部债务而进入破产程序，燕诚公司、郑耀南债权的受让人高俪珍均系其破产债权人，且高俪珍依据2号民事调解书申报债权的情况下，燕诚公司破产债权的实现程度会因高俪珍破产债权所依据的2号民事调解书而受到损害，故应认定燕诚公司在获知远东厦门公司进入破产，程序的信息后才会知道或者应当知道其民事权益受到损害。而燕诚公司举示的《远东（厦门）房地产发展有限公司破产一案告知函》显示，燕诚公司于2016 年 3 月 15 日签收破产管理人制作的有关债权人申报材料，其于 2016 年9 月 12 日向福建省高级人民法院提交诉状请求撤销 2 号民事调解书，未超过六个月的起诉期间。虽然燕诚公司时任总经理雷远思于 2003 年 7 月就 2 号案件向福建省高级人民法院和福建省人民检察院提出申诉，但其系以香港远东公司股东、董事及远东厦门公司董事、总经理的身份为保护远东厦门公司的利益而非燕诚公司的债权提出的申诉，且此时燕诚公司是否因 2 号民事调解书而遭受损害并不确定，也就不存在其是否知道或者应当知道，进而依照民事诉讼法第五十六条第三款的规定起算六个月起诉期间的问题。郑耀南、高俪珍主张燕诚公司提起本案诉讼时已经超过法定期间，理据不足。一审判决对此认定错误，应予纠正。此外，2 号民事调解书项下的债权虽然已经转让给高俪珍，但因该债权涉嫌由虚假诉讼形成，郑耀南作为提起 2 号案件之诉讼的债权人，依法应作为第三人撤销之诉的被告参加本案诉讼。郑耀南关于案涉调解书项下的债权已经合法转让，本案与其无关的主张不能成立。

鉴于第三人撤销之诉案件涉及对生效裁判的判定，关系到原生效裁判的当事人以及第三人的权利义务，民事诉讼法司法解释第二百九十四条专门规定，“人民法院对第三人撤销之诉案件，应当组成合议庭开庭审理。”由此，第三人撤销之诉案件立案后，不适用书面审理，受案法院应当组成合议庭开庭进行审理。对方当事人就第三人的诉讼主体资格及其他起诉条件提出异议的，亦需经合议庭开庭审理后依法予以判定。一审法院受理本案后，未依法开庭审理即驳回燕诚公司的起诉，程序错误，应予纠正。

——《最高人民法院公报》2020 年第 4 期。

930. 符合合同法第七十四条[1]规定的行使撤销权的条件的，该债权人具备对损害其债权的生效裁判文书内容提起第三人撤销之诉的原告主体资格

关键词

第三人撤销之诉

---

① 对应《民法典》第五百三十八条、第五百三十九条。

最高人民法院裁判文书

郭金鹏、王永生与王联等第三人撤销之诉案［最高人民法院（2021）最高法民申 4171 号民事裁定书］

裁判要旨：普通债权人的债权因债务人与他人之间的财产处分行为受到损害，该处分行为若为人民法院生效裁判所确认，符合合同法第七十四条规定的行使撤销权的条件的，该债权人具备对损害其债权的生效裁判文书内容提起第三人撤销之诉的原告主体资格。

最高人民法院认为，关于王联是否享有提起第三人撤销之诉的主体资格的问题。根据民事诉讼法及其司法解释规定，并参照《全国法院民商事审判工作会议纪要》有关规定以及最高人民法院指导案例第 152 号《鞍山市中小企业信用担保中心诉汪薇、鲁金英第三人撤销之诉案》之裁判要点，普通债权人的债权因债务人与他人之间的财产处分行为受到损害，该处分行为若为人民法院生效裁判所确认，符合合同法第七十四条规定的行使撤销权的条件的，该债权人具备对损害其债权的生效裁判文书内容提起第三人撤销之诉的原告主体资格。2017 年 5 月，王联与党康柱、宏图公司、圣凯罗公司的借款纠纷案中，人民法院生效调解书确认了王联对党康柱的债权，还保全了宏图公司名下的土地使用权，即本案案涉房屋的土地使用权。2017 年 11 月，党康柱与郭金鹏、王永生达成《房产协议书》，将建设于宏图公司被保全土地上的案涉房屋的 40% 权利份额以 240 万元的价格转让给郭金鹏。王联以该转让价格远低于法院拍卖成交价为由，主张党康柱低价处分财产的行为损害了其到期债权，符合合同法第七十四条规定的债权人撤销权行使的要件，因此具备提起第三人撤销之诉的原告主体资格。原审法院对此认定正确。

——中国裁判文书网。

931. 抵押权人可以提起第三人撤销之诉

关键词

第三人撤销之诉　起诉条件

最高人民法院裁判文书

即墨商贸公司国秀建筑公司、三元豪第公司第三人撤销之诉案［最高人民法院（2021）最高法民再 357 号民事裁定书］

裁判要旨：生效判决确认的抵押房产与被执行人另案调解书确认的工程价款优先权所涉及的在建房屋是同一房屋，抵押权人对建设工程施工合同纠纷案的诉讼标的不享有独立请求权，但与该案调解书的处理结果存在法律上的利害关系，属于无独立请求权第三人。且提交了调解书内容错误的初步证明材料，符合第三人撤销之诉的起诉条件。

最高人民法院再审认为，本案争议焦点为即墨商贸公司是否具备提起本案第三人撤销之诉的起诉条件，原审以即墨商贸公司不具备第三人撤销之诉的主体资格为由裁定驳回起诉是否正确。

第一，关于即墨商贸公司是否具备第三人撤销之诉的主体资格问题。根据《中华人民共和国民事诉讼法》第五十六条[①]规定，提起第三人撤销之诉的原告，限定于对被诉请撤销案件的诉讼标的有独立请求权，或者虽然没有独立请求权，但案件的处理结果同他有法律上的利害关系。本案中，即墨商贸公司基于与青岛澳润百货有限公司、三元豪第公司、胡思水、王军英借款合同纠纷案（2016）鲁民初43号生效判决确认其对三元豪第公司名下的39套房产享有抵押优先权。该抵押房产与国秀建筑公司与三元豪第公司建设工程施工合同纠纷（2016）鲁02民初1020号调解书确认的工程价款优先权所涉及的在建房屋是同一房屋，两案属于不同法律关系，即墨商贸公司对1020号案件的诉讼标的不享有独立请求权，但即墨商贸公司作为抵押权人，与该案调解书的处理结果存在法律上的利害关系，属于无独立请求权第三人。故即墨商贸公司符合提起第三人撤销之诉的主体条件。

第二，关于1020号调解书内容是否存在错误，且损害即墨商贸公司民事权益的问题。即墨商贸公司认为1020号调解书涉嫌虚假诉讼，国秀建筑公司实际并不享有工程价款优先受偿权。为此，即墨商贸公司向原审法院提交了国秀建筑公司和三元豪第公司的工商登记、三元豪第公司承诺书，涉案39套房屋房权证以及即墨市通济街道办事处关于大润发超市及豪第九号二期规划、施工许可证和房权证等有关问题的批复等证据材料，初步证明国秀建筑公司与三元豪第公司系关联公司，国秀建筑公司在案涉工程竣工交付使用数年后起诉主张工程价款优先权，已超过法定期间。即墨商贸公司提交了1020号调解书内容错误的初步证明材料，符合第三人撤销之诉的起诉条件。

第三，即墨商贸公司在2019年10月11日一审法院通知其39套房屋拍卖款被案外人依据调解书中优先权提取后，即提起本案第三人撤销之诉，符合第三人撤销之诉的程序条件。

---

① 现为《民事诉讼法》（2021年修正）第五十九条。

——中国裁判文书网。

932. 普通债权人在第三人撤销之诉中的原告资格

关键词

原告主体资格　第三人撤销之诉　普通债权人

最高人民法院审判业务意见（民二庭法官会议纪要）

我国民事诉讼法增设第三人撤销之诉的主要目的，是对民事权益受到虚假诉讼侵害而未能参加诉讼的案外人提供救济。为实现第三人撤销之诉的规范目的，有必要对《民事诉讼法》第五十六条[①] 进行扩张解释，将普通债权人纳入第三人范畴。同时，考虑到第三人撤销之诉系事后特殊救济程序，为防止案外人滥用诉讼权利，影响生效裁判的稳定性和权威性，有必要对普通债权人作为原告提起诉讼设置严格的条件：即除符合法律、司法解释规定的起诉条件外，还需满足前诉确系虚假诉讼且无其他常规救济途径这两项条件，方可确认普通债权人享有原告资格。

——《普通债权人在第三人撤销之诉中的原告资格问题》，载贺小荣主编：《最高人民法院民事审判第二庭法官会议纪要》，人民法院出版社 2018 年，第 106 页。

最高人民法院裁判文书

张某某与魏甲第三人撤销之诉案［最高人民法院（2016）最高法民终 782 号民事判决书］

裁判要旨：第三人撤销之诉的主要目的是对民事权益受到虚假诉讼侵害而未能参加诉讼的案外人提供救济，普通债权人在受到虚假诉讼侵害时，应对《民事诉讼法》第五十六条作扩张解释，将普通债权人纳入第三人的范畴，可以作为第三人撤销之诉的适格原告。

最高人民法院认为：魏俊良等虽然不是 37 号案件所涉及煤炭买卖合同关系的当事人，但 37 号调解书中涉及的 8800 余万元债权，在魏俊良等与杨建平的民间借贷案件中，已于 2015 年 4 至 6 月被巨野县人民法院冻结，37 号调解书于 2015 年 6 月 19 日作出，时间在冻结债权之后，37 号调解书对该查

① 现为《民事诉讼法》（2021 年修正）第五十九条。

封债权的处分直接影响了魏俊良等对杨建平所享有债权的清偿。因此，37 号案件的处理结果与魏俊良等有法律上的利害关系。且魏俊良等未参加37 号案件诉讼不存在可归责于其本人的事由。其于知道其民事权益受到损害之日起六个月内提起了本案第三人撤销之诉，并未超过六个月的起诉期间。根据民事诉讼法第五十六条和《最高人民法院关于适用〈中华人民共和国民事诉讼法〉的解释》第二百九十二条的规定，魏俊良等是本案第三人撤销之诉的适格原告。张芦元关于魏俊良等作为本案第三人撤销之诉的原告主体不适格的主张，不能成立，本院不予支持。

张芦元等人明知案涉债权已经被巨野县人民法院查封，却在缺乏事实依据的情况下，确认杨建平在案涉煤款中未实际出资，将案涉及 8800 余万元煤款进行分配，属于恶意调解，37 号调解书的内容存在错误，损害了魏俊良等的民事权益，应予撤销。张芦元、天罡公司的实际出资数额以及其实际享有的债权数额，各方可另行解决。

——中国裁判文书网。

甲公司、夏某与乙公司、吴某第三人撤销之诉案［最高人民法院（2017）最高法民终 165 号民事裁定书］

裁判要旨：承包方与各分包方之间的债权债务关系属于彼此独立的债务，在承包方有足够款项支付所有工程款的前提下，工程款在各个分包方之间数额的分配是承包方对其自身权利义务的处分。但是当不足以支付所有工程款时，承包方与个别分包方的案件处理结果，与其他各分包方存在利害关系，其他各分包方可作为无独立请求权的第三人参加诉讼，具备第三人撤销之诉的原告资格。

最高人民法院认为:《最高人民法院关于适用〈中华人民共和国民事诉讼法〉的解释》第二百九十二条规定，第三人对已经发生法律效力的判决、裁定、调解书提起撤销之诉的，应当自知道或者应当知道其民事权益受到损害之日起六个月内，向作出生效判决、裁定、调解书的人民法院提出，并应当提供存在下列情形的证据材料:（一）因不能归责于本人的事由未参加诉讼;（二）发生法律效力的判决、裁定、调解书的全部或者部分内容错误;（三）发生法律效力的判决、裁定、调解书内容错误损害其民事权益。据此，本院对本案争议焦点评析如下。

关于上诉人是否具备提起第三人撤销之诉的原告主体资格问题。本案中，百傲公司与吴良友、百傲公司与上诉人的债权债务关系虽然属彼此独立的债务，在百傲公司有足够款项支付所有工程款的前提下，是否调解工程款及调解工程款的数额都是百傲公司对其自身权利义务的处分，但是，根据上诉人在一审中提供的《工程数量审批单》《西矿公司付款计划》，可初步证明案涉工程款完全由西矿能源根据百傲公司完成的实际工程量支付。经本院询问初步查明，百傲公司无履行能力。在西矿能源确定的工程量总额固定、工程价款总额亦固定的情况下，上诉人作为案涉工程的分包人之一，青海省高级人民法院（2015）青民一终字第122号案的处理结果同上诉人存在利害关系，根据《中华人民共和国民事诉讼法》第五十六条第二款之规定，上诉人应可作为青海省高级人民法院（2015）青民一终字第122号案的无独立请求权的第三人参加诉讼。

关于上诉人的起诉是否符合《最高人民法院关于适用〈中华人民共和国民事诉讼法〉的解释》第二百九十二条规定的其他条件的问题。首先，由于青海省高级人民法院（2015）青民一终字第122号案未通知上诉人参加诉讼，且上诉人于2016年1月15日起诉百傲公司方得知百傲公司将工程款项多结算给优优公司及吴良友，故属于因不能归责于本人的事由未参加诉讼。其次，根据《最高人民法院关于适用〈中华人民共和国民事诉讼法〉的解释》第二百九十二条规定，上诉人起诉时还应当提供证明发生法律效力的调解书全部或部分内容错误并损害其民事权益的证据材料。青海省高级人民法院（2015）青民一终字第122号民事调解书确定，百傲公司应向吴良友支付工程款、保证金等合计160万元，经庭审中各方当事人确认，保证金约70万元。上诉人一、二审提供的证据可初步证明，西矿能源支付给百傲公司的工程款在支付部分民工工资后，剩余款项均被法院查封。百傲公司将案涉工程至少发包给优优公司、吴良友、上诉人、陈昌华等四方，百傲公司将欠吴良友约70万元的保证金债权纳入建设工程价款中一并结算，很可能会损害其他分包人的权益。《中华人民共和国合同法》第七十四条[①]规定，因债务人放弃到期债权或无偿转让财产，对债权人造成损害的，债权人可以请求人民法院撤销债务人的行为。本案中，在西矿能源支付给百傲公司的工程总价款固定且百傲公司不能完全支付所有分包人工程价款的情况下，若百傲公司将欠吴良友保证金的普通债权也纳入建设工程价款这种优先受偿权范畴一并结算，无异于百傲公司无偿转让约70万元财产予吴良友，明显损害其他分包人的权益。作为其他分包合同的建设工程价款债权人之一的上诉人原本可根据《中华人民共和国合同法》第七十四条提起诉讼撤销该结算行为，然百傲公司与吴良友的结算经青海省高级人民法院（2015）青民一终字第122号民事调解书确认，上诉人对该调解书确认的债权债务有异议，只能根据《中华人民

① 对应《民法典》第五百三十八条、第三十九条。

共和国民事诉讼法》第五十六条[①]第三款提起第三人撤销之诉撤销该民事调解书。综上，应认定上诉人起诉时提供了能够证明青海省高级人民法院（2015）青民一终字第 122 号民事调解书可能存在部分内容错误并可能损害其民事权益的证据材料。

至于上诉人的工程价款如何结算，青海省高级人民法院（2015）青民一终字第 122 号民事调解书是否应当撤销，需经人民法院依法行使审判权，基于对相关证据的质证认证，并根据相关法律规定，查明百傲公司是否向吴良友多支付工程款，是否侵害上诉人可获得工程款的权利，才能对上诉人主张的青海省高级人民法院（2015）青民一终字第 122 号民事调解书存在错误并损害其民事权益的诉讼请求能否成立作出裁决。

——中国裁判文书网。

933. 原审涉及不动产且损害权利人利益的，权利人有权提起第三人撤销之诉

关键词

第三人撤销之诉

最高人民法院裁判文书

兰西县农村信用合作联社第三人撤销之诉纠纷案（最高人民法院（2016）最高法民终 570 号民事裁定书）

裁判要点：法院执行裁定将不动产物权执行给当事人并办理了房屋和土地的产权变更登记手续，且土地房屋的权属一直登记在当事人名下，当事人对该财产享有独立请求权。尽管当事人取得该财产的执行裁定已被撤销，但并没有进行权属变更登记。基于物权登记公示效力，当事人仍为相关房屋土地的权利人。因此，当事人属于有权提起独立诉请的第三人，因而也具备提起第三人撤销之诉的原告主体资格。

最高人民法院院认为，关于兰西信用社是否具备提起第三人撤销之诉的原告主体资格问题。本案兰西信用社向一审法院起诉主张黑龙江高院（2015）164 号民事判决认定兰西农行有权以兰西亚麻纺织公司用于抵押的机械设备、

① 现为《民事诉讼法》（2021 年修正）第五十九条。

流动资产、建筑物和土地（133384 平方米）折价、拍卖或变卖的价款优先受偿错误，损害了兰西信用社的合法权益，请求撤销该判决中兰西农行有权以案涉抵押的机械设备、流动资产、建筑物和土地（133384 平方米）折价、拍卖、或变卖的价款优先受偿中 30609 平方米的部分；确认兰西信用社已善意取得的价值 253 万元的兰西亚麻纺织公司正面主楼、车间等建筑物及坐落的 30609 平方米土地为兰西信用社所有等。根据一审查明的事实，兰西信用社起诉提交的证据能够证明兰西县人民法院于 2004 年 5 月 10 日和 2006 年 2 月 24 日作出（2001）兰法执字第 11-4 号、第 11-5 号执行裁定，分别将黑龙江高院（2015）164 号民事判决中涉及的兰西亚麻纺织公司的部分房屋、设备和土地等执行给兰西信用社，并办理了房屋和土地的产权变更登记手续。兰西信用社在本院二审中提交相关证据证明迄今为止上述土地房屋的权属依然登记在其名下。因此，在兰西农行与兰西亚麻纺织公司借款合同纠纷案件中，兰西信用社对兰西农行主张享有优先受偿权的部分财产享有独立请求权。尽管根据一审法院查明的事实，兰西信用社取得该财产的执行裁定已被撤销，但并没有进行权属变更登记。基于物权登记公示效力，兰西信用社仍为相关房屋土地的权利人。因此，兰西信用社属于有权在该案中对兰西农行行使抵押权的部分财产提起独立诉请的第三人，因而也具备对黑龙江高院（2015）164 号民事判决提起第三人撤销之诉的原告主体资格。一审法院未经实体审理即确认兰西信用社对登记在其名下的房屋土地不享有物权权益，进而否定兰西信用社提起本案第三人撤销之诉的原告主体身份，缺乏事实和法律依据。

关于兰西信用社的起诉是否符合民事诉讼法司法解释第二百九十二条规定的其他条件问题。黑龙江省高级人民法院于 2015 年 11 月 24 日作出（2015）164 号民事判决，兰西信用社于 2016 年 5 月 16 日提起本案第三人撤销之诉。兰西信用社在起诉时提供了其申请参加兰西农行与兰西亚麻纺织公司借款纠纷案件诉讼而未经准许的相关证据。因此，兰西信用社的起诉符合民事诉讼法司法解释第二百九十二条规定的起诉期限及因不能归责于本人的事由未参加诉讼的条件要求。

根据民事诉讼法司法解释第二百九十二条规定，兰西信用社起诉时还应当提供证明发生法律效力的判决全部或部分内容错误损害其民事权益的证据材料。兰西信用社在起诉时提供的相关证据证明黑龙江高院（2015）164 号民事判决确认兰西农行有权行使优先受偿权的兰西亚麻纺织公司抵押的机械设备、建筑物、土地中的一部分房屋、土地已经登记在兰西信用社名下。该事实能够证明黑龙江高院（2015）164 号民事判决确定的兰西农行对抵押财产享有的优先受偿权与兰西信用社依据物权登记享有的物权之间存在权利冲突，据此，应认定兰西信用社起诉时提供了能够证明黑龙江高院（2015）164 号民事判决可能存在全部或部分内容错误并可能损害其民事权益的证据材料。至于双方的权利如何认定，需经人民法院依法行使审判权，基于对相关证据的质证认证，查明案件事实，并根据相关法律法规规定，对兰西信用社是否享有物权、争议的抵押权是否有效设立等进行审理认定，才能对兰西信用社主张的黑龙江高院（2015）164 号民事判决存在错误并损害其民事权益的诉讼请求能否成立作出裁决。虽然根据民事诉讼法司法解释第二百九十二条规定，在立案时需对当事人提交的相关证据材料能否证明其诉讼请求成立进行审查，但不能以立案审查替代实体审理。只有在起诉人无证据材料或提交的证据材料明显不能证明生效裁判内容错误并损害其民事权益的情形下，才应依法裁定不予受理。一审法院在当事人对本案涉及的兰西农行的抵押权是否有效设立、兰西信用社对主张的财产是否享有物权存在争议的情形下，未经双方当事人充分行使诉辩权利，在立案审查阶段即对争议的实体权利义务作出裁决，剥夺了兰西信用社的诉权，不符合第三人撤销之诉确立的在立案时进行适当实质审查的立法本意，对此本院予以纠正。

——中国裁判文书网。

二、不能提起第三人撤销之诉的情形

934. 不适用第三人撤销之诉的案件范围

关键词

第三人撤销之诉　案件范围

最高人民法院司法解释

第二百九十五条　对下列情形提起第三人撤销之诉的，人民法院不予受理：

（一）适用特别程序、督促程序、公示催告程序、破产程序等非讼程序处理的案件；

（二）婚姻无效、撤销或者解除婚姻关系等判决、裁定、调解书中涉及身份关系的内容；

（三）民事诉讼法第五十七条规定的未参加登记的权利人对代表人诉讼案件的生效裁判；

（四）民事诉讼法第五十八条规定的损害社会公共利益行为的受害人对公益诉讼案件的生效裁判。

——《最高人民法院关于适用〈中华人民共和国民事诉讼法〉的解释》（2022 年 4 月 1 日修正）。

附录：最高人民法院主流观点

《民事诉讼法解释》第二百九十三条对不适用第三人撤销之诉的情形作了规定。

1. 非讼案件不适用第三人撤销之诉

民事诉讼法规定了两类案件处理程序：一是诉讼程序，即适用一审、二审、审判监督程序的案件，多数民事案件都属于诉讼程序案件；二是非讼程序，即针对非讼案件规定的特殊程序，包括特别程序、督促程序、公示催告程序和破产程序等。特别程序包括：选民资格案件，宣告失踪、死亡案件，认定公民无民事行为能力、限制民事行为能力案件，认定财产无主案件，确认调解协议案件和实现担保物权案件。非讼程序案件，基本采用书面审理，所作的裁判不具有既判力，在其救济上无论是当事人还是有利害关系的第三人，都适用特别规定，不适用诉讼案件的审判监督程序，也不适用第三人撤销之诉程序。对此，民事诉讼法和破产法等法律都有专门的规定，如民事诉讼法第一百九十三条规定："被宣告失踪、宣告死亡的公民重新出现，经本人或者利害关系人申请，人民法院应当作出新的判决，撤销原判决。"第一百九十七条规定："人民法院根据被认定为无民事行为能力、限制行为能力人本人、利害关系人或者有关组织的申请，证实该公民无民事行为能力或者限制民事行为能力的原因已经消除的，应当作出新判决，撤销原判决。"第二百条规定："判决认定财产无主后，原财产所有人或者继承人出现，在民法典规定的诉讼时效期间可以对财产提出请求，人民法院审查属实后，应当作出判决，撤销原判决。"第二百三十条规定："利害关系人因正当理由不能在判决前向人民法院申报的，自知道或者应当知道判决公告之日起一年内，可以向作出判决的人民法院起诉。"为进一步明确非讼程序不适用诉讼案件的救济程序，本解释第三百七十二条专门对特别程序案件裁判错误的救济作了明确规定：

"适用特别程序作出的判决、裁定，当事人、案外人认为有错误的，可以向作出该判决、裁定的人民法院提出异议。人民法院经审查，异议成立或者部分成立的，作出新的判决、裁定撤销或者改变原判决、裁定；异议不成立的，裁定驳回。对人民法院作出的确认调解协议、准许实现担保物权的裁定，当事人有异议的，应当自收到裁定之日起十五日内提出；案外人有异议的，应当自知道或者应当知道其民事权益受到侵害之日起六个月内提出。"本条虽未列明执行程序裁定不适用第三人撤销之诉，但从其性质上看也无原则上的适用之必要，但如前文所述，具有实体权利义务内容的执行裁定，应属于例外。

2．婚姻无效、撤销或者解除婚姻关系等判决、裁定、调解书中涉及身份关系的内容，不适用第三人撤销之诉

民事诉讼法第二百零九条明确规定，当事人对已经发生法律效力的解除婚姻关系的判决、调解书，不得申请再审。这是基于婚姻关系解除后即允许当事人另行结婚，进行再审将严重影响社会关系稳定。确认婚姻无效、撤销婚姻与解除婚姻关系具有相同法律后果，也应当参照适用。同理，如果允许第三人提起撤销之诉，也不利于社会关系之稳定。其他身份关系的内容，包括解除收养关系、解除监护关系等，也不适用第三人撤销之诉。

3．民事诉讼法第五十七条规定的未参加登记的权利人对代表人诉讼案件的生效裁判不得提起第三人撤销之诉

民事诉讼法第五十六条和第五十七条规定了代表人诉讼，由当事人推选代表人进行诉讼。其中，根据第五十七条的规定，在起诉时当事人人数尚未确定的，由向人民法院登记的当事人推选代表人参加诉讼，未参加登记的当事人在诉讼时效期间提起诉讼的，适用代表人诉讼的判决、裁定。这就明确了未参加登记的当事人要受代表人诉讼裁判的约束。但未经登记的当事人只能通过单独起诉的方式来保护自己的权利，如果认定人民法院裁定适用代表人诉讼的裁判错误的，应当通过上诉或者申请再审予以救济，不得提起第三人撤销之诉。同理，民事诉讼法第五十七条规定当事人虽然由其代表人参加诉讼，但其属于诉讼的当事人，也不得对代表人诉讼的裁判提起第三人撤销之诉。

4．民事诉讼法第五十八条规定的损害社会公共利益行为的受害人对公益诉讼案件的生效裁判不得提起第三人撤销之诉

民事诉讼法第五十八条规定的民事公益诉讼案件，是为保护社会公共利益新增加的制度，目前看主要有环境民事公益诉讼和消费者权益公益诉讼两类案件，相关环境保护法和消费者权益保护法也有规定。根据民事诉讼法的规定，公益诉讼和私益诉讼立法目的和起诉条件均不同，公益诉讼的生效裁判对损害社会公共利益行为遭受损失的法人、公民和其他组织不具有约束力，受害人保护自身民事权益的诉讼不受公益诉讼的影响，其自无提起第三人撤销之诉的必要。对此，《民事诉讼法解释》第二百八十六条明确规定："人民法院受理公益诉讼案件，不影响同一侵权行为的受害人根据民事诉讼法第一百二十二条规定提起诉讼。"

——最高人民法院民法典贯彻实施工作领导小组办公室编著：《最高人民法院新民事诉讼法司法解释理解与适用》，人民法院出版社 2022 年版，第 651~656 页。

935. 第三人撤销之诉主体资格的认定

关键词

第三人撤销之诉　主体资格

最高人民法院审判业务意见（第一巡回法庭民商事主审法官会议纪要）

甲银行与原诉处理结果不具有法律上的利害关系，其不具有提起第三人撤销之诉的主体资格。

甲银行对丙公司享有的债权为普通债权，而非依法应予特殊保护的债权，该项权利的行使不会因原诉民事判决而受到影响，由此形成的利害关系仅为事实上的间接利害关系，与原诉不具有法律上的牵连性，不能认定为法律上的利害关系。故甲银行不具有提起第三人撤销之诉的主体资格。

附：案情简介

甲银行因与李某、姚某及丙公司金融借款及保证合同纠纷案，向A法院提起民事诉讼并申请财产保全，A法院根据甲银行的申请作出民事裁定，冻结了丙公司在乙银行开立的保证金账户内的资金。A法院对该案审理后作出民事判决，判令李某、姚某向甲银行偿还借款本金并支付利息，丙公司承担连带清偿责任。判决生效后，甲银行申请强制执行，A法院作出执行裁定，将前述冻结资金扣划至A法院账户。资金扣划至A法院账户前，乙银行因借款合同纠纷将周某、何某、丙公司起诉至B法院，B法院于A法院将被冻结资金扣划至A法院账户后，作出民事判决，判令乙银行对丙公司保证金账户内的资金享有优先受偿权。甲银行遂提起第三人撤销之诉，请求撤销B法院判决中确认乙银行对丙公司保证金账户内资金享有优先受偿权的判项，驳回乙银行的该项诉讼请求。

——最高人民法院第一巡回法庭编著：《最高人民法院第一巡回法庭民商事主审法官会议纪要》（第1卷），中国法制出版社2020年版，第55~56页。

936. 第三人撤销之诉起诉条件的认定标准

关键词

第三人撤销之诉　法律上的利害关系

最高人民法院裁判文书

李振龙与通安公司玉门分公司、黄利萍、宋丹第三人撤销之诉纠纷案

[最高人民法院(2021)最高法民终746号民事裁定书]

裁判要旨：第三人撤销之诉是一种非常救济制度，要在保护第三人利益与维护生效裁判的稳定性、权威性之间保持平衡，因此，立法对第三人撤销之诉较普通民事诉讼设置了相对严格的条件。人民法院对第三人撤销之诉的起诉条件，包括第三人的主体资格的认定，不宜采取过于宽松的标准，原则上仍应根据法律规定以“法律上的利害关系”为认定依据。考虑到第三人撤销之诉对虚假诉讼遏制功能，可适当审查有证据证明原案存在虚假诉讼情形下，利益受到损害的当事人是否应视为无独立请求权的第三人。

最高人民法院认为，本案的焦点问题为李振龙的起诉是否符合第三人撤销之诉的受理条件。

《中华人民共和国民事诉讼法》第五十六条[①]第一款规定：“对当事人双方的诉讼标的，第三人认为有独立请求权的，有权提起诉讼。”第二款规定：“对当事人双方的诉讼标的，第三人虽然没有独立请求权，但案件处理结果同他有法律上的利害关系的，可以申请参加诉讼，或者由人民法院通知他参加诉讼。人民法院判决承担民事责任的第三人，有当事人的诉讼权利义务。”第三款规定：“前两款规定的第三人，因不能归责于本人的事由未参加诉讼，但有证据证明发生法律效力的判决、裁定、调解书的部分或者全部内容错误，损害其民事权益的，可以自知道或者应当知道其民事权益受到损害之日起六个月内，向作出该判决、裁定、调解书的人民法院提起诉讼。人民法院经审理，诉讼请求成立的，应当改变或者撤销原判决、裁定、调解书；诉讼请求不成立的，驳回诉讼请求。”该条第三款明确规定了第三人撤销之诉的受理条件。第三人撤销之诉是一种非常救济制度，要在保护第三人利益与维护生效裁判的稳定性、权威性之间保持平衡，因此立法对第三人撤销之诉较普通民事诉讼设置了相对严格的条件。

李振龙在本案中请求撤销的(2019)甘民终129号民事判决，是就通安公司玉门分公司诉黄利萍、宋丹商品房预售合同纠纷，判令解除通安公司玉门分公司与黄利萍签订的《商品房团购协议》和七份《商品房预售合同》，黄利萍、宋丹向通安公司玉门分公司返还《商品房预售合同》项下的房产。根

① 现为《民事诉讼法》(2021年修正)第五十九条。

据李振龙起诉及上诉所述事实及理由，李振龙与黄利萍之间实为民间借贷法律关系，李振龙与黄利萍、宋丹签订《房屋买卖合同》的目的是以案涉房屋清偿黄利萍欠付李振龙的部分借款。李振龙占有、使用案涉房屋并收取相应收益等事实不能改变其系黄利萍普通债权人的法律地位，该债权并非需要法律特别保护的优先权利。无论通安公司玉门分公司与黄利萍、宋丹之间的商品房预售合同纠纷处理结果如何，均不会对李振龙与黄利萍之间因借款而产生的权利义务关系产生影响。根据（2019）甘民终 129 号民事判决查明的事实，通安公司玉门分公司系在黄利萍、宋丹未付清合同约定首付款、未依约办理按揭贷款手续、仅支付 1225000 元购房款，且发现黄利萍、宋丹被甘肃省玉门市人民法院列入失信被执行人名单，黄利萍、宋丹履约能力发生严重问题的情况下提起的诉讼，请求解除《商品房团购协议》《商品房预售合同》。黄利萍、宋丹经依法传唤无正当理由未参加诉讼，该案缺席审理。李振龙未提供任何证据证明该案存在通安公司玉门分公司与黄利萍、宋丹恶意串通、虚假诉讼的情形。因此，一审裁定认定李振龙不具备提起第三人撤销之诉的主体资格，并无不当。

——中国裁判文书网。

937. 第三人撤销之诉中“法律上的利害关系”如何理解

关键词

第三人撤销之诉　法律上的利害关系

最高人民法院裁判文书

王临平与中信银行股份有限公司兰州分行第三人撤销之诉二审案［最高人民法院（2020）最高法民终 964 号民事判决书］

裁判要旨：第三人撤销之诉中关于法律上的利害关系应当是指实体权利义务上的利害关系，并非程序上的利害关系。基于该认定，另案金融借款纠纷处理结果对本案权利人有关债的成立、债的数额、权利义务关系等均不构成影响，仅有可能影响到的是债务人的偿债能力，但该种影响仅是事实上、经济上的影响，并未导致权利人自身债权的消灭，故其对另案金融借款纠纷案件处理结果不具有法律上的利害关系。

最高人民法院认为，本案审查的焦点问题为王临平是否具备提起第三人撤销之诉的主体资格。

《中华人民共和国民事诉讼法》第五十六条①规定："对当事人双方的诉讼标的，第三人认为有独立请求权的，有权提起诉讼。对当事人双方的诉讼标的，第三人虽然没有独立请求权，但案件处理结果同他有法律上的利害关系的，可以申请参加诉讼，或者由人民法院通知他参加诉讼。人民法院判决承担民事责任的第三人，有当事人的诉讼权利义务。前两款规定的第三人，因不能归责于本人的事由未参加诉讼，但有证据证明发生法律效力的判决、裁定、调解书的部分或者全部内容错误，损害其民事权益的，可以自知道或者应当知道其民事权益受到损害之日起六个月内，向作出该判决、裁定、调解书的人民法院提起诉讼。人民法院经审理，诉讼请求成立的，应当改变或者撤销原判决、裁定、调解书；诉讼请求不成立的，驳回诉讼请求。"根据上述规定，只有《中华人民共和国民事诉讼法》第五十六条前两款规定的有独立请求权和无独立请求权两类第三人才能作为提起第三人撤销之诉的主体。本案中，王临平请求撤销的甘肃省高级人民法院（2017）甘民终469号民事判决涉及的案件（以下简称原案）系中信银行兰州分行与中科公司、张惠文之间的金融借款纠纷。判断王临平在本案中是否具备提起第三人撤销之诉的主体资格，应当审查其是否为原案的第三人。

首先，根据王临平起诉时所述的事实和理由，其与张惠文之间为民间借贷法律关系，其仅为张惠文的普通债权人。一审法院认为虽然王临平申请诉前财产保全，对张惠文名下位于兰州市城关区庆阳路75号中科银座28–29层的七套房产进行了查封，但王临平对张惠文享有的是普通债权，保全行为对标的物产生的限制效力系基于司法强制措施产生的，并不直接产生私法上的权利变动效果是正确的。王临平对原案当事人的诉讼标的并不享有独立请求权，其并非原案的有独立请求权的第三人。其次，如前所述，原案系中信银行兰州分行与中科公司、张惠文之间的金融借款纠纷，无论该原案处理结果如何，均不会对王临平与张惠文之间因借款而产生的实体上的权利义务的认定产生影响。一审法院关于法律上的利害关系应当是指实体权利义务上的利害关系，并非程序上的利害关系的认定是正确的。基于该认定，一审法院进一步认为中信银行兰州分行与张惠文、中科公司的金融借款纠纷处理结果对王临平与张惠文之间债的成立、债的数额、双方权利义务关系等均不构成影响，仅有可能影响到的是张惠文的偿债能力，但该种影响仅是事实上、经济上的影响，并未导致王临平自身债权的消灭，最终认定王临平对中信银行兰州分行与张惠文、中科公司的金融借款纠纷案件处理结果不具有法律上的利害关系，亦是正确的。王临平亦非原案的无独立请求权第三人。根据《中

① 现为《民事诉讼法》（2021年修正）第五十九条。

华人民共和国民事诉讼法》第五十六条[①]的规定，王临平不具备提起第三人撤销之诉的主体资格，其起诉不符合第三人撤销之诉的受理条件。一审法院立案后发现王临平的起诉不符合受理案件，依据《最高人民法院关于适用〈中华人民共和国民事诉讼法〉的解释》第二百零八条第三款的规定，裁定驳回王临平的起诉，未对案件进行开庭审理，适用法律正确，并无不当。

——中国裁判文书网。

938. 债权人提起第三人撤销之诉需满足的条件

关键词

债权人　第三人撤销之诉

最高人民法院裁判文书

江西省利丰实业有限公司第三人撤销之诉案［最高人民法院（2022）最高法民终 255 号民事裁定书］

裁判要点：债权人提起第三人撤销之诉需满足如下条件：（1）该债权是法律明确给予特殊保护的债权；（2）因债务人与他人的权利义务被生效裁判文书确定，导致债权人本来可以对债务人的行为享有撤销权而不能行使的；（3）债权人有证据证明，裁判文书主文确定的债权内容部分或者全部虚假的。

最高人民法院认为，根据《中华人民共和国民事诉讼法》第五十九条及《最高人民法院关于适用〈中华人民共和国民事诉讼法〉的解释》第二百九十条规定，提起第三人撤销之诉应当同时具备以下条件：1. 主体要件，即“对当事人双方的诉讼标的，第三人认为有独立请求权的”和“对当事人双方的诉讼标的，第三人虽然没有独立请求权，但案件处理结果同他有法律上的利害关系的”。2. 程序要件，即第三人因不能归责于本人的事由未参加诉讼。3. 实体要件，即有证据证明发生法律效力的判决、裁定、调解书部分或者全部内容错误，损害第三人民事权益。4. 时间要件，即第三人自知道或者应当知道其民事权益受到损害之日起六个月内提起第三人撤销之诉。

本案中，利丰公司自认其是（2016）赣民终 528 号案件当事人梦达公司的债权人，《全国法院民商事审判工作会议纪要》第 120 条规定第三人撤销之

① 现为《民事诉讼法》（2021 年修正）第五十九条。

诉中的第三人仅局限于有独立请求权及无独立请求权的第三人，而且一般不包括债权人。债权人提起第三人撤销之诉需满足如下条件：（1）该债权是法律明确给予特殊保护的债权；（2）因债务人与他人的权利义务被生效裁判文书确定，导致债权人本来可以对《合同法》第74条和《企业破产法》第31条规定的债务人的行为享有撤销权而不能行使的；（3）债权人有证据证明，裁判文书主文确定的债权内容部分或者全部虚假的。经查，案涉债权并非法律明确给予特殊保护的债权，且本案不存在导致债权人撤销权不能行使的情况，利丰公司提起本案第三人撤销之诉不符合该条第（1）项及第（2）项条件。对第（3）项条件，利丰公司并未举证证明本案所涉债权内容部分或者全部是虚假的。综上，利丰公司不符合提起第三人撤销之诉的主体要件，原审裁定对利丰公司提起的第三人撤销之诉不予受理，符合法律规定，应予维持。

——中国裁判文书网。

939. 除法律明确给予特殊保护的债权外，普通债权人一般不具备提起第三人撤销之诉的主体资格

关键词

第三人撤销之诉　撤销权

最高人民法院裁判文书

江苏南通二建集团有限公司与中国工商银行股份有限公司青岛台东支行、青岛盛坤房地产开发有限公司、青岛润达信投资集团有限公司、刘晖第三人撤销之诉上诉案［最高人民法院（2020）最高法民终1291号民事判决书］

裁判要旨：第三人撤销之诉作为事后特殊救济程序，目的在于救济第三人享有的因不能归责于本人的事由未参加诉讼但因生效裁判文书内容错误受到损害的民事权益。南通二建已就享有优先受偿权的建设工程价款债权获得清偿，就剩余的逾期付款利息及损害赔偿金部分仅为普通债权人。债权具有平等性和相对性，除法律明确给予特殊保护的债权外，普通债权人之间原则上并无法律上的利害关系。一般情况下，只有因债务人与他人的权利义务被生效裁判文书确定，导致债权人无法行使《中华人民共和国合同法》第七十四条[①]**和《中华人民共和国企业破产法》第三十一条规定的撤销权，普**

① 对应《民法典》第五百三十八条、第五百三十九条。

通债权人才与案件处理结果有法律上的利害关系，才有资格提起第三人撤销之诉，以维护自己的合法权益。

最高人民法院认为，根据当事人上诉及答辩情况，本案二审争议的焦点问题是：南通二建请求撤销 46 号判决是否符合第三人撤销之诉的条件。

《最高人民法院关于审理建设工程施工合同纠纷案件适用法律问题的解释（二）》第二十一条规定，承包人建设工程价款优先受偿的范围依照国务院有关行政主管部门关于建设工程价款范围的规定确定。承包人就逾期支付建设工程价款的利息、违约金、损害赔偿金等主张优先受偿的，人民法院不予支持。根据上述规定，建设工程价款优先受偿权的范围不包括逾期付款利息和损害赔偿金。因此，南通二建依据 98 号判决对案涉房产享有优先受偿权的范围仅为 34569731.67 元工程价款。根据平度法院（2018）鲁 0283 执 1879 号执行财产分配方案，南通二建已经分得 34569731.67 元。南通二建亦认可该事实。也即，其享有优先受偿权利的建设工程价款债权已经获得清偿。就剩余的逾期付款利息及损害赔偿金部分，南通二建不享有优先受偿的权利，仅为普通债权人。关于南通二建以普通债权人身份是否有资格提起第三人撤销之诉的问题。最高人民法院认为，《中华人民共和国民事诉讼法》第五十六条[①]规定，对当事人双方的诉讼标的，第三人认为有独立请求权的，有权提起诉讼。对当事人双方的诉讼标的，第三人虽然没有独立请求权，但案件处理结果同他有法律上的利害关系的，可以申请参加诉讼，或者由人民法院通知他参加诉讼。人民法院判决承担民事责任的第三人，有当事人的诉讼权利义务。前两款规定的第三人，因不能归责于本人的事由未参加诉讼，但有证据证明发生法律效力的判决、裁定、调解书的部分或者全部内容错误，损害其民事权益的，可以自知道或者应当知道其民事权益受到损害之日起六个月内，向作出该判决、裁定、调解书的人民法院提起诉讼。人民法院经审理，诉讼请求成立的，应当改变或者撤销原判决、裁定、调解书；诉讼请求不成立的，驳回诉讼请求。根据上述法律规定，第三人撤销之诉中的“第三人”仅局限于该条规定的有独立请求权第三人和无独立请求权第三人。第三人撤销之诉为事后特殊救济程序，设立第三人撤销之诉的目的在于，救济第三人享有的因不能归责于本人的事由未参加诉讼但因生效裁判文书内容错误受到损害的民事权益。而债权具有平等性和相对性，除法律明确给予特殊保护的债权外，普通债权人之间原则上并无法律上的利害关系。一般情况下，只有因债务人与他人的权利义务被生效裁判文书确定，导致债权人无法行使《中华人民共和国合同法》第七十四条和《中华人民共和国企业破产法》第三十一条规定

① 现为《民事诉讼法》（2021 年修正）第五十九条。

的撤销权，普通债权人才与案件处理结果有法律上的利害关系，才有资格提起第三人撤销之诉，以维护自己的合法权益。否则，任意赋予普通债权人以第三人撤销之诉主体资格，将严重影响债务人的自主生产经营，破坏市场经济秩序，也损害生效判决的稳定性和权威性。本案中，南通二建并不否认工行台东支行与盛坤公司之间借款合同的真实性，亦认可工行台东支行的贷款已实际发放到合同约定的盛坤公司账户。其仅主张盛坤公司未按约定用途使用贷款转嫁关联公司债务、虚增抵押物评估值，故双方存在恶意串通。对此，最高人民法院认为，《最高人民法院关于适用〈中华人民共和国民事诉讼法〉的解释》第一百零九条规定，当事人对欺诈、胁迫、恶意串通事实的证明，以及对口头遗嘱或者赠与事实的证明，人民法院确信该待证事实存在的可能性能够排除合理怀疑的，应当认定该事实存在。也即，恶意串通的事实需要达到排除合理怀疑的证明标准。盛坤公司是否按照约定用途使用贷款，不影响合同效力，亦不能据此认定双方存在恶意串通的事实。盛坤公司提供的抵押物在评估过程中是否存在虚增与工行台东支行是否恶意无直接关联。南通二建未就其主张完成相应的举证证明责任，其关于举证责任应当转移给工行台东支行和盛坤公司的主张，不符合法律规定。《最高人民法院关于适用〈中华人民共和国民事诉讼法〉的解释》第九十五条规定，当事人申请调查收集的证据，与待证事实无关联、对证明待证事实无意义或者其他无调查收集必要的，人民法院不予准许。本案中，工行台东支行向盛坤公司贷款的相关资料对证明待证事实无意义，一审对南通二建调查取证的申请未予准许，并无不当。

——中国裁判文书网。

940. 参加过一审的第三人，无权就该案生效裁判提起第三人撤销之诉

关键词

第三人生效判决第三人撤销之诉

最高人民法院裁判文书

黄志东第三人撤销之诉案［最高人民法院（2022）最高法民终 41 号号民事裁定书］

裁判要旨：不能归责于本人的事由未参加诉讼，是指没有被列为生效判决、裁定、调解书当事人，且无过错或者无明显过错的情

形。当事人拟对案涉民事判决提起第三人撤销之诉，但是，该判决已将其列为一审第三人，且其参加了该案的一审程序，故其不具备第三人撤销之诉的资格。

最高人民法院认为：首先，根据《中华人民共和国民事诉讼法》（2021年）第五十九条第三款及《最高人民法院关于适用〈中华人民共和国民事诉讼法〉的解释》（2022年）第二百九十三条的规定，不能归责于本人的事由未参加诉讼，是指没有被列为生效判决、裁定、调解书当事人，且无过错或者无明显过错的情形。本案中，黄志东系对（2021）皖民终504号民事判决提起第三人撤销之诉。经查，该判决将其列为一审第三人，且黄志东参加了该案的一、二审程序。故原判认定黄志东不具备第三人撤销之诉的资格，具有事实和法律依据。黄志东主张其在该案二审未参与庭审，该主张依据的事实无论是否成立，均不影响其作为第三人的诉讼地位，故该上诉理由不能成立。由于黄志东不具备第三人撤销之诉原告资格，（2021）皖民终504号判决是否损害其权益不属于本案审理范围，本院对此不予审理。黄志东提交的证据材料，与本案确认黄志东第三人撤销之诉的原告资格不具有关联性，不足以推翻原判认定，本院不予采信。

其次，关于安徽省高级人民法院审理程序是否合法问题。仅凭黄志东与承办法官的通话记录不足以得出承办法官故意伪造裁定书的生成时间、一审程序违法的结论，黄志东该上诉理由不能成立，本院不予支持。黄志东主张一审法院立案庭违反法定程序进行实体审查，剥夺其诉讼权利的理由缺乏依据，本院不予支持。

——中国裁判文书网。

941. 第三人撤销之诉中可归责于第三人事由的认定

关键词

第三人撤销之诉　可归责于第三人的事由

最高人民法院裁判文书

赵要生与景淑敏、梁亚强、山西宸光公司第三人撤销之诉案［最高人民法院（2021）最高法民申2396号民事裁定书］

裁判要旨：根据民诉法司法解释的规定，对生效裁判提起第三人撤销之诉，需以因不能归责于本人的事由未参加诉讼为前提。如

有证据证明第三人知晓诉讼存在，且在无妨碍参加诉讼客观事由的情形下亦未申请参加诉讼，应认定第三人非因不能归责于本人的事由未参加诉讼，无权提起第三人撤销之诉。

最高人民法院经审查认为，《最高人民法院关于适用〈中华人民共和国民事诉讼法〉的解释》（法释〔2015〕5 号）第一百二十七条规定，"民事诉讼法第五十六条第三款、第二百零五条以及本解释第三百七十四条、第三百八十四条、第四百零一条、第四百二十二条、第四百二十三条规定的六个月，民事诉讼法第二百二十三条规定的一年，为不变期间，不适用诉讼时效中止、中断、延长的规定。"本案赵要生提起一审诉讼时已超过六个月法定期间，该期间系不变期间，不因赵要生起诉、撤诉等事由发生时效中断效果，二审法院裁定驳回赵要生起诉符合法律规定。

赵要生提起第三人撤销之诉，还需满足因不能归责于本人的事由未参加诉讼等条件。《最高人民法院关于适用〈中华人民共和国民事诉讼法〉的解释》第二百九十五条规定，"民事诉讼法第五十六条第三款规定的因不能归责于本人的事由未参加诉讼，是指没有被列为生效判决、裁定、调解书当事人，且无过错或者无明显过错的情形。包括：（一）不知道诉讼而未参加的；（二）申请参加未获准许的；（三）知道诉讼，但因客观原因无法参加的；（四）因其他不能归责于本人的事由未参加诉讼的。"原审中景淑敏提供了 2017 年 8 月 24 日其与赵要生的谈话录音，录音中赵要生称"你回去看看咱们公司之前的合同，所有的合同都是我签的""你要是还在公司，我就是贴钱，都愿意。只要能把公司的钱要回来，再拿钱我都愿意""我一个月挣 2000 块钱，我还起了个担保作用，挣了钱是公司的，赔了钱是我个人的""要回来是你个人的，又不是公司的"，赵要生对该证据真实性无异议，认可景淑敏提到出借给宸光公司的 200 万元，希望其配合对梁亚强、宸光公司提起诉讼。根据录音内容，赵要生知道景淑敏与梁亚强、宸光公司之间的诉讼，并了解该纠纷基本情况，拒绝了景淑敏提出配合诉讼的要求。赵要生称 2019 年 4 月 15 日才得知自己的合法权益受到侵犯，与事实不符。本案中，赵要生认为其是借款的真实债权人，系有独立请求权的第三人，其知道诉讼的存在，应当参加诉讼。赵要生未申请参加诉讼，又无妨碍提起诉讼客观事由，应认定其有明显的过错。故，赵要生不具有上述法律规定的因不能归责于本人的事由未参加诉讼的情形，无权提起第三人撤销之诉。赵要生称景淑敏、梁亚强、宸光公司捏造事实伪造证据，涉嫌虚假诉讼，应移送公安机关，但未提供充分证据，其再审理由不成立。

——中国裁判文书网。

942. 建设工程价款优先受偿权所涉房屋与抵押权所涉土地关联时抵押权人可否对确认建设工程价款优先受偿权的生效裁判提起第三人撤销之诉

关键词

第三人撤销之诉　抵押权　建设工程价款优先受偿权

最高人民法院裁判文书

中信银行芜湖分行、安徽南天建设有限公司、芜湖润泰房地产开发有限公司第三人撤销之诉案［最高人民法院（2021）最高法民终 456 号民事裁定书］

裁判要旨：承包人的建设工程价款优先受偿权所涉房屋与他人抵押权所涉的土地虽然相互关联，但是建设工程价款优先受偿权的客体系扣除土地价值之后的建设工程，不及于建设工程所占用的土地使用权；虽根据房地一体原则，对案涉工程及所占有的土地应一同拍卖，但是并不影响抵押权人所享有的抵押权的效力和范围。因此，抵押权人对建设工程价款优先受偿权的判决不具备提起第三人撤销之诉的主体资格。

最高人民法院认为，本案的焦点问题是中信银行芜湖分行是否具备提起本案第三人撤销之诉的原告主体资格。

《中华人民共和国民事诉讼法》第五十六条[①]规定："对当事人双方的诉讼标的，第三人认为有独立请求权的，有权提起诉讼。对当事人双方的诉讼标的，第三人虽然没有独立请求权，但案件处理结果同他有法律上的利害关系的，可以申请参加诉讼，或者由人民法院通知他参加诉讼。人民法院判决承担民事责任的第三人，有当事人的诉讼权利义务。前两款规定的第三人，因不能归责于本人的事由未参加诉讼，但有证据证明发生法律效力的判决、裁定、调解书的部分或者全部内容错误，损害其民事权益的，可以自知道或者应当知道其民事权益受到损害之日起六个月内，向作出该判决、裁定、调解书的人民法院提起诉讼。人民法院经审理，诉讼请求成立的，应当改变或者撤销原判决、裁定、调解书；诉讼请求不成立的，驳回诉讼请求。"根据该规

① 现为《民事诉讼法》（2021 年修正）第五十九条。

定，有权提起第三人撤销之诉的主体：一是有独立请求权第三人，二是案件处理结果同他有法律上的利害关系的无独立请求权第三人。

本案中，中信银行芜湖分行诉请撤销的（2018）皖民终828号民事判决，系南天公司与润泰公司之间的建设工程施工合同纠纷，诉讼标的为南天公司对润泰公司的工程款请求权。中信银行芜湖分行不是南天公司与润泰公司之间建设工程施工合同法律关系的主体，在该案中不享有权利，亦不承担义务，故中信银行芜湖分行对该案诉讼标的不具有独立请求权，不属于有独立请求权第三人。

从原审查明的事实看，南天公司与润泰公司之间的建设工程施工合同法律关系，与中信银行芜湖分行与润泰公司之间的借款合同法律关系，相互独立且无牵连；而且南天公司所享有的建设工程价款优先受偿权所指向的标的物与中信银行芜湖分行所享有的抵押权所指向的标的物，亦不相同。在中信银行芜湖分行与润泰公司等人的借款合同纠纷一案中，法院判决中信银行芜湖分行对润泰公司所有的位于芜湖市南陵县籍山镇其林村土地使用权享有抵押权，可以在该抵押物折价或者拍卖、变卖所得的价款在债权数额2000万元范围内享有优先受偿权。在南天公司与润泰公司之间的建设工程施工合同纠纷一案中，法院判决南天公司对润泰公司欠付的工程价款就其施工工程的折价或拍卖的价款优先受偿。由于建设工程价款优先受偿权的客体系扣除土地价值之后的建设工程，不及于建设工程所占用的土地使用权，故南天公司享有的建设工程价款优先受偿权对中信银行芜湖分行就土地使用权所享有的抵押权的实现不产生实质性影响，未损害中信银行芜湖分行的民事权益，即：中信银行芜湖分行所享有的抵押权本身不受南天公司享有的建设工程价款优先受偿权的影响。虽然南天公司为实现建设工程价款优先受偿权，根据房地一体原则，对案涉工程所占有的土地一同拍卖，但是并不影响中信银行芜湖分行所享有的抵押权的效力和范围。因此，（2018）皖民终828号民事判决的处理结果，与中信银行芜湖分行，不具有法律上的利害关系。故中信银行芜湖分行亦不属于案件处理结果同他有法律上的利害关系的无独立请求权第三人，不具备提起第三人撤销之诉的主体资格。

——中国裁判文书网。

943. 公司的法定代表人在前案诉讼过程中已知晓诉讼的存在即视为公司已知晓，公司未申请参加前案诉讼程序而在裁判作出后提起第三人撤销之诉的，人民法院不予支持

关键词

第三人撤销之诉　不能归责于本人的事由

最高人民法院裁判文书

圣海公司与淄矿公司、森达美港公司、森达美散货公司第三人撤销之诉案［最高人民法院（2021）最高法民终1122号民事裁定书］

裁判要旨：公司的法定代表人在前案诉讼过程中已知晓诉讼的存在即视为公司已知晓诉讼的存在，在裁判作出后，公司以不能归责于本人的事由未参加诉讼为由，提起第三人撤销之诉的，人民法院不予支持。

最高人民法院经审理认为，本案系第三人撤销之诉上诉案件，一审裁定驳回圣海公司的起诉。本案审理焦点为圣海公司是否有权提起第三人撤销之诉。

根据《中华人民共和国民事诉讼法》第五十六条[①]第三款、《最高人民法院关于适用〈中华人民共和国民事诉讼法〉的解释》第二百九十五条的规定，第三人提起撤销之诉应当满足因不能归责于第三人本人的事由未参加诉讼的条件，包括不知道诉讼而未参加，申请参加未获准许或因客观原因无法参加等情形。在前案审理过程中，一审法院于2019年6月21日向马焕荣邮寄起诉状、应诉通知书和开庭传票等诉讼文书，马焕荣之妻程树芹于2019年6月23日签收。虽然马焕荣因被留置和刑事拘留而未由本人签收上述诉讼文书，但其已在前案二审期间获释，且通过程树芹获知了前案诉讼的情况。在本案一审期间，圣海公司对程树芹向马焕荣告知前案诉讼情况的事实予以认可。马焕荣作为圣海公司的法定代表人知道前案诉讼的存在，即圣海公司知道前案诉讼的存在。故圣海公司未参加前案诉讼应归责于其自身原因。

——中国裁判文书网。

---

① 现为《民事诉讼法》（2021年修正）第五十九条。

944. 原案已出庭作证且明知案件与其切身利益有关但未参加诉讼的第三人是否具有提起第三人撤销之诉的资格

关键词

第三人撤销之诉　不能归责于本人的事由

最高人民法院裁判文书

朱忠晖第三人撤销之诉案［最高人民法院（2021）最高法民终588号民事裁定书］

裁判要旨：在原案一、二审程序中，已出庭作证且明知案件争议与其切身利益有关但未在该案申请参加诉讼的第三人，不属于因不能归责于本人的事由未参加诉讼，不具有提起第三人撤销之诉的资格。

最高人民法院认为：根据《中华人民共和国民事诉讼法》第五十六条①之规定，有独立请求权的第三人和同案件处理结果有法律上利害关系的第三人，因不能归责于本人的事由未参加诉讼，但有证据证明发生法律效力的判决、裁定、调解书的部分或者全部内容错误，损害其民事权益的，可以自知道或者应当知道其民事权益受到损害之日起六个月内，向作出该判决、裁定、调解书的人民法院提起诉讼。《最高人民法院关于适用〈中华人民共和国民事诉讼法〉的解释》第二百九十二条规定，第三人对已经发生法律效力的判决、裁定、调解书提起撤销之诉的，应当自知道或者应当知道其民事权益受到损害之日起六个月内，向作出生效判决、裁定、调解书的人民法院提出，并应当提供存在下列情形的证据材料：（一）因不能归责于本人的事由未参加诉讼；（二）发生法律效力的判决、裁定、调解书的全部或者部分内容错误；（三）发生法律效力的判决、裁定、调解书内容错误损害其民事权益。在原一、二审程序中，朱忠晖均以证人身份出庭作证，其已知所涉诉讼，且从其作证内容看其已知晓该案涉及到股权转让价款这一关系其切身利益的问题，朱忠晖理应申请作为第三人参加诉讼，但朱忠晖并未提供其向原一、二审法院申请过参加诉讼的证据，也未提供其他因不可归责于其本人的事由未参加诉讼的证据。并且，因朱忠晖向本案一审法院提交的证据与姚德全向原一、

① 现为《民事诉讼法》（2021年修正）第五十九条。

二审及再审程序中提交的部分证据一致，法院均依法定程序对这些证据进行了审查认定，故朱忠晖提交的证据不能证明生效判决内容部分或者全部错误。因此，一审法院以朱忠晖的起诉不符合上述司法解释规定的起诉条件裁定不予受理正确，应予以维持。

——中国裁判文书网。

945. 公司股东对民事诉讼生效裁判不具有直接的利益关系，不能以股东身份提起第三人撤销之诉

关键词

公司法人　股东　原告主体资格　第三人撤销之诉

最高人民法院指导性案例、最高人民法院公报案例、最高人民法院裁判文书

高光诉三亚天通国际酒店有限公司、海南博超房地产开发有限公司等第三人撤销之诉案［最高人民法院指导案例 148 号、最高人民法院（2017）最高法民终 63 号民事裁定书］

裁判要点：公司股东对公司法人与他人之间的民事诉讼生效裁判不具有直接的利益关系，不符合第三人条件，其以股东身份提起第三人撤销之诉的，人民法院不予受理。

最高人民法院认为：本案系高光针对已生效的海南省高级人民法院（2012）琼民一初字第 3 号民事判决而提起的第三人撤销之诉。第三人撤销之诉制度的设置功能，主要是为了保护受错误生效裁判损害的未参加原诉的第三人的合法权益。由于第三人本人以外的原因未能参加原诉，导致人民法院作出了错误裁判，在这种情形下，法律赋予本应参加原诉的第三人有权通过另诉的方式撤销原生效裁判。因此，提起第三人撤销之诉的主体必须符合本应作为第三人参加原诉的身份条件。本案中，高光不符合以第三人身份参加该案诉讼的条件。

1. 高光对（2012）琼民一初字第 3 号民事判决案件的诉讼标的没有独立请求权，不属于该案有独立请求权的第三人。有独立请求权的第三人，是指对当事人之间争议的诉讼标的，有权以独立的实体权利人的资格提出诉讼请求的主体。在（2012）琼民一初字第 3 号民事判决案件中，天通公司于其与博超公司订立的《协议书》提出各项诉讼请求，海南省高级人民法院基于《协议书》的约定进行审理并作出判决。高光只是博超公司的股东之一，并不

是《协议书》的合同当事人一方，其无权基于该协议约定提出诉讼请求。

2. 高光不属于（2012）琼民一初字第 3 号民事判决案件无独立请求权的第三人。无独立请求权的第三人，是指虽然对当事人双方的诉讼标的没有独立请求权，但案件处理结果同他有法律上的利害关系的主体。第三人同案件处理结果存在的法律上的利害关系，可能是直接的，也可能是间接的。本案中，（2012）琼民一初字第 3 号民事判决只确认了博超公司应承担的法律义务，未判决高光承担民事责任，故高光与（2012）琼民一初字第 3 号民事判决的处理结果并不存在直接的利害关系。关于是否存在间接利害关系的问题。通常来说，股东和公司之间系天然的利益共同体。公司股东对公司财产享有资产收益权，公司的对外交易活动、民事诉讼的胜败结果一般都会影响到公司的资产情况，从而间接影响到股东的收益权利。从这个角度看，股东与公司进行的民事诉讼的处理结果具有法律上的间接利害关系。但是，由于公司利益和股东利益具有一致性，公司对外活动应推定为股东整体意志的体现，公司在诉讼活动中的主张也应认定为代表股东的整体利益。因此，虽然公司诉讼的处理结果会间接影响到股东的利益，但股东的利益和意见已经在诉讼过程中由公司所代表和表达，则不应再追加股东作为第三人参加诉讼。本案中，虽然高光是博超公司的股东，但博超公司与南海岸公司、天时公司、天通公司的诉讼活动中，股东的意见已为博超公司所代表，则作为股东的高光不应再以无独立请求权的第三人身份参加该案诉讼。至于不同股东之间的分歧所导致的利益冲突，应由股东与股东之间、股东与公司之间依法另行处理。

——《最高人民法院关于发布第 27 批指导性案例的通知》（2021 年 2 月 19 日，法〔2021〕55），《最高人民法院公报》2018 年第 3 期。

说明

指导案例 148 号“高光诉三亚天通国际酒店有限公司、海南博超房地产开发有限公司等第三人撤销之诉案”，明确了公司股东对公司法人与他人之间的民事诉讼生效裁判是否具有提起第三人撤销之诉的原告主体资格。

946. 公司股东一般不能以法定“债权人”的身份对公司对外的债权债务提起第三人撤销之诉

关键词

第三人撤销之诉　公司股东　第三人撤销之诉

最高人民法院裁判文书

佳达公司与华业公司第三人撤销之诉案［最高人民法院（2021）最高法民申4958号民事裁定书］

裁判要旨：公司股东对公司财产虽然享有资产收益权、剩余财产分配请求权，但股东与公司之间系天然的利益共同体，并非简单的“债权债务关系”，因此股东通常不能以法定“债权人”的身份对公司对外的债权债务提起第三人撤销之诉。即便股东可以参照适用普通金钱债权人提起第三人撤销之诉的规定，但因第三人撤销之诉中的第三人一般不包括普通金钱债权人，设立第三人撤销之诉的目的在于救济第三人享有的因不能归责于本人的事由未参加诉讼但因生效裁判文书内容错误受到损害的民事权益。

最高人民法院认为，提起第三人撤销之诉的主体必须符合本应作为第三人参加原诉的身份条件。

在本案中，佳达公司不符合以第三人身份参加该案诉讼的条件。其一，佳达公司对（2016）云01民初993号民事判决案件的诉讼标的没有独立请求权，不属于该案有独立请求权的第三人。在（2016）云01民初993号案件中，华业公司基于其与世贸公司签订的相关协议提出各项诉讼请求，佳达公司只是世贸公司的股东之一，其无权基于华业公司与世贸公司的相关协议参与到该案诉讼中；其二，佳达公司不属于（2016）云01民初993号民事判决案件无独立请求权的第三人。公司利益与股东利益具有一致性，公司对外活动应推定为股东整体意志的体现，公司在诉讼过程中的主张也应认定为代表股东的整体利益，股东的利益和意见已经在诉讼过程中由公司所代表和表达，则不应在追加股东作为无独立请求权第三人参加诉讼。因此，佳达公司并不具备以第三人的身份对（2016）云01民初993号民事判决提起的第三人撤销之诉的诉讼资格。

佳达公司现主张其对世贸公司享有剩余财产分配权，是公司的法定债权人，具有提起第三人撤销之诉的资格。本院认为，公司股东对公司财产虽然享有资产收益权、剩余财产分配请求权，但股东与公司之间系天然的利益共同体，并非简单的“债权债务关系”，因此股东通常不能以法定“债权人”的身份对公司对外的债权债务提起第三人撤销之诉。即便股东可以参照适用普通金钱债权人提起第三人撤销之诉的规定，本案亦不符合该情形。第三人撤销之诉中的第三人一般不包括普通金钱债权人，但设立第三人撤销之诉的目的在于救济第三人享有的因不能归责于本人的事由未参加诉讼但因生效裁判文书内容错误受到损害的民事权益，因此，普通金钱债权人在有证据证明裁判文书主文确定的债权内容部分或者全部虚假的特殊情况下可以提起第三人撤销之诉。在本案中，经本院查明，华业公司于2013年4月1日向世贸公司支付1千万元，于2013年7月19日向世贸公司支付3.775千万元，两笔共计4.775千万元，现双方针对该两笔款项的性质产生了争议。在（2016）云01民初993号案件中，华业公司主张该两笔款项属于华业公司对世贸公司的“借款”，世贸公司亦对此予以认可，由此可知双方之间债权债务关系是真实的。佳达公司现主张该两笔款项为华业公司对世贸公司的“投资款”，只是对于法院将该两笔款项认定的债权债务关系性质存在异议。普通金钱债权人提起第三人撤销之诉的前提在于该债权内容部分或者全部虚假，即双方虚构债权债务关系损害债权人的利益，而（2016）云01民初993号案件中华业公司和世贸公司债权债务关系真实存在。因此，佳达公司不符合普通金钱债权人提起第三人撤销之诉的条件，二审法院对此认定并无不妥。第三人撤销之诉为民事诉讼法上的形成之诉，事关生效裁判的稳定性，是对案外第三人的特殊救济程序，在有其他程序或实体法律制度能够对案外第三人予以救济的情况下，不应轻易启动。本案股东之间针对双方设立公司的协议履行或针对公司经营而产生的争议，当事人可依约定或依公司法等法律规定另行处理。

——中国裁判文书网。

947. 股权转让中的股权受让人不具备提起第三人撤销之诉的主体资格

关键词

股权转让合同　股权受让人　第三人撤销之诉　原告资格

最高人民法院审判业务意见

第三人撤销之诉是对于未能通过参加诉讼获得程序保障的第三人，在判决或诉讼调解的效力可能影响其权利时提供的一种事后救济程序。同时，考虑到生效法律文书的既判力和稳定性，防止该项诉权的滥用，在司法实践中，对第三人撤销之诉原告主体资格和范围应予以严格审查，其起诉条件应适用《民事诉讼法》第五十六条[①]以及《民事诉讼法司法解释》第二百九十二条的相关规定。在确定提起第三人撤销之诉的主体资格时，除要按照《民事诉讼法》第五十六条第一款、第二款规定判断第三人外，还要结合《民事诉讼法》

① 现为《民事诉讼法》（2021年修正）第五十九条。

第五十六条第三款规定的实体要件来判断，即生效判决、裁定、调解书的内容是否损害到其民事权益。

《九民会议纪要》中明确，受侵害的民事权益通常是指《侵权责任法》第二条规定的民事权益及法律明确规定的享有优先权的债权或享有撤销权的债权。对于普通金钱债权，原则上不适用第三人撤销之诉。除非法律明确规定给予特别保护的债权，可以适用第三人撤销之诉，包括：法律明确给予特殊保护的债权，主要有建设工程价款优先权、船舶优先权；法律规定享有法定撤销权的债权，如债权人的撤销权、破产债权撤销权；债权人有证据证明，裁判文书主文确定的债权内容部分或者全部虚假的。

——姜伟主编、最高人民法院第四巡回法庭编：《最高人民法院第四巡回法庭疑难案件裁判要点与观点》，人民法院出版社 2020 年版，第 364~366 页。

948. 公司法人的分支机构以自己的名义从事民事活动并独立参加民事诉讼，不能对生效裁判提起第三人撤销之诉

关键词

公司法人　分支机构　原告主体资格　第三人撤销之诉

最高人民法院指导性案例

长沙广大建筑装饰有限公司诉中国工商银行股份有限公司广州粤秀支行、林传武、长沙广大建筑装饰有限公司广州分公司等第三人撤销之诉案（最高人民法院指导案例 149 号）

裁判要点：公司法人的分支机构以自己的名义从事民事活动，并独立参加民事诉讼，人民法院判决分支机构对外承担民事责任，公司法人对该生效裁判提起第三人撤销之诉的，其不符合第三人条件，人民法院不予受理。

法院生效判决认为：民事诉讼法第五十六条[①]规定："对当事人双方的诉讼标的，第三人认为有独立请求权的，有权提起诉讼。对当事人双方的诉讼标的，第三人虽然没有独立请求权，但案件处理结果同他有法律上的利害关系的，可以申请参加诉讼，或者由人民法院通知他参加诉讼。人民法院判决承担民事责任的第三人，有当事人的诉讼权利义务。前两款规定的第三人，

① 现为《民事诉讼法》（2021 年修正）第五十九条。

因不能归责于本人的事由未参加诉讼，但有证据证明发生法律效力的判决、裁定、调解书的部分或者全部内容错误，损害其民事权益的，可以自知道或者应当知道其民事权益受到损害之日起六个月内，向作出该判决、裁定、调解书的人民法院提起诉讼。……”依据上述法律规定，提起第三人撤销之诉的

“第三人”是指有独立请求权的第三人，或者案件处理结果同他有法律上的利害关系的无独立请求权第三人，但不包括当事人双方。在已经生效的（2016）粤01民终15617号案件中，被告长沙广大广州分公司系长沙广大公司的分支机构，不是法人，但其依法设立并领取工商营业执照，具有一定的运营资金和在核准的经营范围内经营业务的行为能力。根据民法总则第七十四条[①]第二款“分支机构以自己的名义从事民事活动，产生的民事责任由法人承担；也可以先以该分支机构管理的财产承担，不足以承担的，由法人承担。”的规定，长沙广大公司在（2016）粤01民终15617号案件中，属于承担民事责任的当事人，其诉讼地位不是民事诉讼法第五十六条[②]规定的第三人。因此，长沙广大公司以第三人的主体身份提出本案诉讼不符合第三人撤销之诉的法定适用条件。

——《最高人民法院关于发布第27批指导性案例的通知》（2021年2月19日，法〔2021〕55号）。

说明

指导案例149号“长沙广大建筑装饰有限公司诉中国工商银行股份有限公司广州粤秀支行、林传武、长沙广大建筑装饰有限公司广州分公司等第三人撤销之诉案”，明确了公司法人的分支机构对外参加诉讼并承担民事责任的，企业法人不具有提起第三人撤销之诉的原告主体资格。

949. 第三人撤销之诉中无独立请求权第三人的认定标准

关键词

第三人撤销之诉　无独立请求权第三人　有独立请求权

最高人民法院裁判文书

张某某与天津恒增房地产开发有限公司、浙江环宇建设集团有限公司第

---

① 现为《民事诉讼法》（2021年修正）第五十九条。

② 对应《民法典》第七十四条。

三人撤销之诉案［最高人民法院（2017）最高法民终 13 号民事裁定书］

裁判要旨：第三人撤销之诉中无独立请求权的第三人一般限于三种情形：一是当事人的民事权利受到损害或者行使民事权利受到障碍，以及在原案判决中负有返还或者赔偿等义务；二是当事人具有法律所特别保护的优先权利，即法定优先权；三是当事人有证据证明原案存在虚假诉讼情形，对其利益造成损害。

最高人民法院认为：根据《民事诉讼法》第五十六条①的规定，提起第三人撤销之诉的主体必须是原案诉讼中有独立请求权的第三人或者无独立请求权的第三人。

一、张某某不属于有独立请求权的第三人

张某某不是涉案的碧水庄园三期工程的发包方，也不是承包方或实际施工人，且 0018 号案件的处理结果并不涉及张某某与天津恒增房地产公司的民间借贷法律关系，亦未处分张某某在民间借贷法律关系中的任何权益，因此张某某对 0018 号案件的涉案工程没有独立的物上请求权，张某某不是 0018 号案件有独立请求权的第三人。

二、张某某亦不属于无独立请求权的第三人

无独立请求权的第三人一般限于三种情形：一是当事人的民事权利受到损害或者行使民事权利受到障碍，以及在原案判决中负有返还或者赔偿等义务；二是当事人具有法律所特别保护的优先权利，即法定优先权：三是当事人有证据证明原案存在虚假诉讼情形，对其利益造成损害。

首先，在天津仲裁委员会〔2014〕津仲调解字第 293 号和第 294 号仲裁案件中，张某某与关津恒增房地产公司之间是民间借贷法律关系，在 0018 号案件中天津恒增房地产公司与浙江环宇建设公司是建设工程施工合同法律关系，二者并无法律上的牵连。建设工程合同之诉中当事人行使权利、履行义务并未直接或者间接影响民间借贷之诉中当事人行使权利、履行义务。

其次，依据《关于建设工程价款优先受偿权问题的批复》第一条“认定建筑工程的承包人的优先受偿权优于抵押权和其他债权”的规定，张某某对涉案工程享有抵押权，不属于应当适用《民事诉讼法》第五十六条②规定的第三人撤销之诉保护的民事权益。

最后，就本案而言，张某某认为天津恒增房地产公司与浙江环宇建设公司涉嫌恶意串通，以恶意提高建设工程价款的方式逃避对张某某的合法债务，

---

① 现为《民事诉讼法》（2021 年修正）第五十九条。

② 现为《民事诉讼法》（2021 年修正）第五十九条。

但是张某某并未提供证据证明自己的主张，因此张某某的该项上诉理由亦不能成立。

综上所述，张某某不具有针对 0018 号案件提起撤销之诉的第三人资格，一审判决适用法律不当，应予纠正。依照《关于适用〈中华人民共和国民事诉讼法〉的解释》第 330 条的规定，裁定如下：（1）撤销天津市高级人民法院（2016）津民撤 1 号民事判决；（2）驳回张某某的起诉。

——中国裁判文书网。

950. 公司对外诉讼中不应以诉讼结果可能侵害公司股东利益为由追加公司股东为无独立请求权的第三人

关键词

第三人撤销之诉

最高人民法院裁判文书

华泰公司与华泰贝通公司等第三人撤销之诉案［最高人民法院（2021）最高法民申 261 号民事裁定书］

裁判要旨：公司股东对公司财产享有资产收益权，公司的对外交易活动、民事诉讼的胜败结果大多会影响到公司的资产情况，从而间接影响到股东的收益权利。虽然公司诉讼的处理结果与股东的利益存在利害关系，但股东的利益和意见已经在诉讼过程中由公司所代表，在公司与其他公司的诉讼活动中，公司股东不应再以诉讼结果可能侵害公司股东利益为由，请求追加公司股东作为无独立请求权的第三人参加诉讼。

最高人民法院经审查认为，根据龙建冬申请再审的理由，本案审查的重点是：（一）龙建冬是否符合提起第三人撤销之诉法定条件；（二）本案二审程序是否违法；（三）龙建冬提交的材料是否构成足以推翻原裁定的新证据。

关于龙建冬是否符合提起第三人撤销之诉法定条件的问题。本案中，龙建冬请求撤销的是华泰股份基于华泰贝通出具的《通知》要求华泰贝通就中国伟业发展有限公司（以下简称伟业公司）应向华泰股份支付的 200 万元股权转让款承担给付责任并支付相应利息一案的民事判决。该案争议所涉及的《通知》具有明确的意思表示，是华泰贝通针对伟业公司向华泰股份的债务，作出了在一定条件成就的情况下代为付款的单方承诺。该判决与龙建冬所提因华泰贝通无权对外做出违法承诺而侵犯龙建冬权益不属于同一法律关系。案涉判决仅对华泰贝通的付款义务进行判决，该处理结果同龙建冬不具有法律上的利害关系。因此，原审裁定龙建冬对（2017）京02民终1932号案件的诉讼标的没有独立请求权，不属于该案有独立请求权的第三人，并无不当。

本案中，虽然龙建冬是华泰贝通的股东，但在华泰贝通与其他公司的诉讼活动中，股东的意见已为公司所代表，则作为股东的龙建冬不应再以无独立请求权的第三人身份参加该案诉讼。不同股东之间的分歧所导致的利益冲突应另寻途径救济。因此，龙建冬关于其符合以第三人身份参加该案诉讼条件的再审申请事由不能成立。

——中国裁判文书网。

951. 遗漏的必要共同诉讼当事人能否提起第三人撤销之诉

关键词

共同诉讼　必要共同诉讼当事人　第三人撤销之诉　申请再审

最高人民法院裁判文书

林川与龙秀丽、桂林市宇恒房地产开发有限公司第三人撤销之诉案［最高人民法院（2015）民一终字第273号民事裁定书］

裁判要旨：民事诉讼法第五十六条[①]确立的第三人撤销之诉制度，赋予了第三人对错误生效裁判的救济途径。第三人撤销之诉意味着对已生效裁判的效力进行评价，打破已经稳定的法律关系，是对判决的终局性和稳定性的挑战。第三人撤销之诉作为一种事后救济途径，不同于普通民事诉讼，其起诉条件被严格限定。鉴于民事诉讼法第五十六条第三款明确将提起第三人撤销之诉的原告限定为"前两款规定的第三人"，因此不宜再对"第三人"做扩大解释。对于非因自身原因未参加诉讼的必须共同进行诉讼的当事人，民诉法解释第四百二十二条另行规定了救济途径，即"必须共同进行诉讼的当事人因不能归责于本人或者其诉讼代理人的事由未参加诉讼的，可以根据民事诉讼法第二百条第八项规定，自知道或者应当知道之日起六个月内申请再审，但符合本解释第四百二十三条规定情形的除外。"

① 现为《民事诉讼法》（2021年修正）第五十九条。

最高人民法院认为，民事诉讼法第五十六条规定："对当事人双方的诉讼标的，第三人认为有独立请求权的，有权提起诉讼。对当事人双方的诉讼标的，第三人虽然没有独立请求权，但案件处理结果同他有法律上的利害关系的，可以申请参加诉讼，或者由人民法院通知他参加诉讼。人民法院判决承担民事责任的第三人，有当事人的诉讼权利义务。前两款规定的第三人，因不能归责于本人的事由未参加诉讼，但有证据证明发生法律效力的判决、裁定、调解书的部分或者全部内容错误，损害其民事权益的，可以自知道或者应当知道其民事权益受到损害之日起六个月内，向作出该判决、裁定、调解书的人民法院提起诉讼。人民法院经审理，诉讼请求成立的，应当改变或者撤销原判决、裁定、调解书；诉讼请求不成立的，驳回诉讼请求。"民诉法解释第二百九十二条规定："第三人对已经发生法律效力的判决、裁定、调解书提起撤销之诉的，应当自知道或者应当知道其民事权益受到损害之日起六个月内，向作出生效判决、裁定、调解书的人民法院提出，并应当提供存在下列情形的证据材料：（一）因不能归责于本人的事由未参加诉讼；（二）发生法律效力的判决、裁定、调解书的全部或者部分内容错误；（三）发生法律效力的判决、裁定、调解书内容错误损害其民事权益。"

根据前述法律及司法解释的规定，林川提起第三人撤销之诉，首先应当具备（2013）桂民再终字第 7 号民事案件第三人的主体资格。本案中，林川主张自己未退出龙秀丽与宇恒公司之间的商品房买卖合同关系，与龙秀丽是案涉商品房的共同购买人。（2013）桂民再终字第 7 号民事案件审理的是宇恒公司与龙秀丽之间的商品房买卖合同纠纷，即使林川的主张成立，其也应是该案的诉讼标的即案涉商品房买卖合同法律关系的主体之一，与龙秀丽共同享有该合同项下的权利义务，即林川的诉讼地位应当是该案的必须共同进行诉讼的当事人，而非民事诉讼法第五十六条规定的有独立请求第三人或者无独立请求权第三人。

民事诉讼法第五十六条确立的第三人撤销之诉制度，赋予了第三人对错误生效裁判的救济途径。第三人撤销之诉意味着对已生效裁判的效力进行评价，打破已经稳定的法律关系，是对判决的终局性和稳定性的挑战。第三人撤销之诉作为一种事后救济途径，不同于普通民事诉讼，其起诉条件被严格限定。鉴于民事诉讼法第五十六条第三款明确将提起第三人撤销之诉的原告限定为"前两款规定的第三人"，因此不宜再对"第三人"做扩大解释。对于非因自身原因未参加诉讼的必须共同进行诉讼的当事人，民诉法解释第四百二十二条另行规定了救济途径，即"必须共同进行诉讼的当事人因不能归责于本人或者其诉讼代理人的事由未参加诉讼的，可以根据民事诉讼法第二百条第八项规定，自知道或者应当知道之日起六个月内申请再审，但符合本解释第四百二十三条规定情形的除外。"

根据前述分析，从程序条件上审查，林川并非广西高院〔2013〕桂民再终字第 7 号民事案件的第三人，不具备民事诉讼法第五十六条规定的第三人撤销之诉的原告资格，原审裁定不予受理林川的起诉正确。若林川认为自己仍然是案涉商品房的共同买受人之一，可以被遗漏的必须共同进行诉讼的当事人身份依照相关规定主张自己的权利。

——中国裁判文书网。

952. 第三人不知一审诉讼，二审知情，但未申请参加二审诉讼，仍属怠于行使诉讼权利，不得提起第三人撤销之诉

关键词

第三人　一审诉讼　二审诉讼　诉讼权利　第三人撤销之诉

最高人民法院裁判文书

季筱冬与陆音、徐建刚、蔡和莉第三人撤销之诉案［最高人民法院（2018）最高法民终 657 号民事裁定书］

裁判要旨：第三人撤销之诉是为避免当事人虚假诉讼或恶意串通骗取法院生效裁判文书损害第三人利益，而在正常诉讼机制之外为第三人设立的特殊救济渠道。根据《中华人民共和国民事诉讼法》规定，第三人撤销之诉的基础条件包括：1. 第三人因不能归责于本人的事由未参加诉讼；2. 有证据证明拟请求撤销的裁判部分或者全部内容错误；3. 第三人的民事权益因此受到损害。

最高人民法院认为：本案二审审理的焦点在于：一审裁定不予受理季筱冬提起的第三人撤销之诉是否有误。

第三人撤销之诉是为避免当事人虚假诉讼或恶意串通骗取法院生效裁判文书损害第三人利益，而在正常诉讼机制之外为第三人设立的特殊救济渠道。根据《中华人民共和国民事诉讼法》第五十六条[①]第三款“前两款规定的第三人，因不能归责于本人的事由未参加诉讼，但有证据证明发生法律效力的判决、裁定、调解书的部分或者全部内容错误，损害其民事权益的，可以自知道或应当知道其民事权益受到损害之日起六个月内，向作出该判决、裁定、调解书的人民法院提起诉讼”的规定，第三人撤销之诉的基础条件包括：

① 现为《民事诉讼法》（2021 年修正）第五十九条。

1. 第三人因不能归责于本人的事由未参加诉讼；2. 有证据证明拟请求撤销的裁判部分或者全部内容错误；3. 第三人的民事权益因此受到损害。

（一）关于季筱冬是否因不可归责于本人的事由未参加诉讼的问题

《最高人民法院关于适用〈中华人民共和国民事诉讼法〉的解释》第二百九十五条规定："民事诉讼法第五十六条第三款规定的因不能归责于本人的事由未参加诉讼，是指没有被列为生效判决、裁定、调解书当事人，且无过错或者无明显过错的情形。包括：（一）不知道诉讼而未参加的；（二）申请参加未获准许的；（三）知道诉讼，但因客观原因无法参加的；（四）因其他不能归责于本人的事由未参加诉讼的"。本案中，季筱冬在二审中承认，不知道120号案件对应的一审诉讼，但二审时是知道的。根据《最高人民法院关于适用〈中华人民共和国民事诉讼法〉的解释》第八十一条第二款"第一审程序中未参加诉讼的第三人，申请参加第二审程序的，人民法院可以准许"的规定，季筱冬可以申请参加二审诉讼，但其并没有申请加入该诉讼，也没有证据证明季筱冬未参加诉讼存在客观阻碍。若季筱冬参加了二审程序，再审程序中就会得到应诉通知进一步参加再审程序。因季筱冬本人怠于行使诉讼权利，对未能参加诉讼存在主观过错，季筱冬此种情形不属于第三人撤销之诉的保护范围。

（二）关于120号判决是否存在部分或者全部内容错误的问题

《最高人民法院关于适用〈中华人民共和国民事诉讼法〉的解释》第二百九十六条规定："民事诉讼法第五十六条[①]第三款规定的判决、裁定、调解书的部分或者全部内容，是指判决、裁定的主文，调解书中处理当事人民事权利义务的结果"。季筱冬主张120号判决援引《中华人民共和国物权法》的规定，将其与陆音、徐建刚共有的房屋产权界定为按份共有错误，损害其作为房屋共有产权人的利益。但季筱冬所主张的房屋共有性质及份额的认定内容出现在裁判说理"本院认为"部分，并非判决主文部分。120号判决主文是撤销二审判决、维持一审判决。该案一审判决主文为：驳回蔡和莉要求确认徐建刚与陆音于2009年5月28日签订的《房屋产权转让协议》无效的诉讼请求，并不涉及季筱冬所述房屋共有性质及份额的内容，故不存在季筱冬所主张的120号判决的部分或全部内容错误的问题，不符合第三人撤销之诉的要件。

（三）关于120号判决是否损害了季筱冬权益的问题

120号判决中所涉徐建刚与陆音之间的《房屋产权转让协议》系2009年5月28日签订，约定徐建刚将自己所占的三分之一份额转让给陆音，说明三共有人中至少二人是认可按份共有、各占三分之一份额的，而各共有人并没

① 现为《民事诉讼法》（2021年修正）第五十九条。

有约定案涉房屋共有的性质。江苏省高级人民法院在120号判决中适用《中华人民共和国物权法》第一百零三条[①]“共有人对共有的不动产或者动产没有约定为按份共有或者共同共有，或者约定不明确的，除共有人具有家庭关系等外，视为按份共有”的规定，认定案涉共有房屋系按份共有，有相应的事实和法律依据，并无不当。至于季筱冬还主张，陆音和徐建刚曾自认《房屋产权转让协议》虚假、房屋属于共同共有的陈述，与现有证据载明的事实并不相符。其中季筱冬二审中提交的江苏南通市崇川区人民法院（2018）苏0602民初55号案在2018年5月7日的开庭笔录（第5页）中，陆音一方陈述：“案涉共有房屋共同共有，各占三分之一，徐建刚的份额已经转让给原告（陆音）”。尽管陆音的表述中有“共同共有”的概念，但通观该陈述更符合按份共有的意思表示，三人各占三分之一份额。

实际上，根据二审询问的情况，季筱冬承认案涉共有房屋首付款（含费用）140万元，其中徐建刚支付100万，季筱冬与陆音支付40万元，其余房款通过贷款解决，并以共有房屋出租的租金偿还贷款。结合《中华人民共和国物权法》第一百零四条关于“按份共有人对共有的不动产或者动产享有的份额，没有约定或者约定不明确的，按照出资额确定；不能确定出资额的，视为等额享有”的规定理解，120号判决确认案涉房屋按份共有、共有人各占三分之一的份额，并不存在侵害季筱冬合法利益的问题。季筱冬提供的其他证据也不足以证明120号判决损害了其对共有房屋享有的权益。

——中国裁判文书网。

953. 案外人申请再审被驳回的，不能再提起第三人撤销之诉

关键词

案外人　申请再审　第三人撤销之诉

最高人民法院裁判文书

郭志忠与沈鹏等第三人撤销之诉案［最高人民法院（2016）最高法民申1610号民事裁定书］

裁判要旨：案外人申请再审与第三人撤销之诉不得并行，只能择一途径行使权利。如果案外人申请再审先是被法院认为不符合再审情形，驳回其再审申请，就不能再向法院提起第三人撤销之诉。

---

① 对应《民法典》第三百零八条。

最高人民法院经审查认为，本案的争议焦点是郭志忠作为案外人对天津一中院（2003）一中民一终字第1621号民事判决提出再审申请被驳回后，是否可以提起第三人撤销之诉的问题。

第三人撤销之诉与案外人申请再审均为《中华人民共和国民事诉讼法》所规定的案外第三人所享有的保护自己权利的程序，提起人均为案外人，诉讼目的均为撤销、改变原生效判决、裁定、调解书的内容。第三人虽可以依照两种程序来保护自己的民事权益，但是，案外人申请再审与第三人撤销之诉不得并行，只能择一途径行使权利。如果案外人申请再审先是被法院认为不符合再审情形，驳回其再审申请，就不能再向法院提起第三人撤销之诉。本案中，郭志忠作为案外人不服天津一中院（2003）一中民一终字第1621号民事判决，曾向该院申请再审，该院于2005年8月22日作出（2005）一中民监字第516号《驳回申请再审通知书》，以原审判决认定事实清楚，适用法律和判决结论并无不当为由驳回郭志忠的再审申请请求。

因此，郭志忠的再审申请被法院依法驳回后，其再以原案判决侵害其可以作为该案件第三人的利益为由提起第三人撤销之诉，人民法院不应受理。

——中国裁判文书网。

954. 债权人对于债务人与他人签订的合同及其履行没有关系，也不能证明债务人与他人恶意串通，损害其他债权人利益，不能认定债权人对于债务人与他人合同纠纷案的处理结果有法律上的利害关系

关键词

法律上的利害关系　第三人撤销之诉

最高人民法院裁判文书

中国铁道旅行社与涿州康温木业有限公司等第三人撤销之诉案［最高人民法院（2017）最高法民申1160号民事裁定书］

裁判要旨：债权人对于债务人与他人签订的合同及其履行没有关系，也不能证明债务人与他人恶意串通，损害其他债权人利益，不能认定债权人对于债务人与他人合同纠纷案的处理结果有法律上的利害关系。

最高人民法院认为，旅行社作为康温公司的债权受让人，在本案中提起

的是第三人撤销之诉，目的是请求法院依法撤销北京铁路中院作出的（2009）京铁中民初字第 7 号民事调解书。中铁公司和旅行社均是康温公司的债权人。北京铁路中院在审理中铁公司与康温公司进出口代理合同纠纷一案过程中，经调解，双方自愿达成《和解协议》，双方同意将中铁公司享有合法有效抵押权的康温公司名下的土地使用权、地上建筑物及所有制作地板的机械设备等资产作价，抵偿康温公司所欠中铁公司的全部债务。北京铁路中院根据双方请求出具了案涉调解书，对《和解协议》予以确认。

旅行社既不是该案所涉合同的一方当事人，也与该案所涉合同的签订和履行没有关系。对于该案诉争标的而言，旅行社没有独立的请求权。虽然旅行社也是康温公司的债权人，但在旅行社不能证明中铁公司与康温公司恶意串通，在明知康温公司资产不足以清偿全部债务的情况下，以以物抵债的方式低价转让资产，损害其他债权人利益的情况下，不能认定中铁公司与康温公司进出口代理合同纠纷一案的处理结果与旅行社有法律上的利害关系。旅行社不是中铁公司与康温公司进出口代理合同纠纷一案的第三人，旅行社不是本案的适格原告。

——中国裁判文书网。

最高人民法院裁判文书

张宝升与天津市恒增房地产开发有限公司等第三人撤销之诉案［最高人民法院（2017）最高法民终 13 号民事裁定书］

裁判要旨：债权人与债务人之间是民间借贷法律关系，在他案中债务人与他人是建设工程施工合同法律关系，二者并无法律上的牵连，建设工程合同之诉的审理结果对民间借贷之诉的审理结果并无法律上的影响，债权人与他案并无法律上的利害关系。

最高人民法院认为，张宝升不是涉案的碧水庄园三期工程的发包方，也不是承包方或实际施工人，且 0018 号案件的处理结果并不涉及张宝升与恒增公司的民间借贷法律关系，亦未处分张宝升在民间借贷法律关系中的任何权益，因此张宝升对 0018 号案件的涉案工程没有独立的物上请求权，张宝升不是 0018 号案件有独立请求权的第三人。

张宝升亦不属于无独立请求权的第三人。首先，张宝升与恒增公司之间是民间借贷法律关系，在 0018 号案件中恒增公司与环宇公司是建设工程施工合同法律关系，二者并无法律上的牵连。建设工程合同之诉中当事人行使权利、履行义务并未直接或者间接影响民间借贷之诉中当事人行使权利、履行义务。建设工程合同之诉的审理结果对张宝升与恒增公司的民间借贷之诉的审理结果并无法律上的影响，既未损害张宝升在民间借贷法律关系中的民事权益，亦未判决张宝升承担返还或者赔偿等任何义务，故张宝升与0018号案件并无法律上的利害关系。

其次，依据《最高人民法院关于建设工程价款优先受偿权问题的批复》第一条“认定建筑工程的承包人的优先受偿权优于抵押权和其他债权”的规定，张宝升对涉案工程享有抵押权，不属于应当适用《民事诉讼法》第五十六条[①]规定的第三人撤销之诉保护的民事权益。

第三，张宝升认为恒增公司与环宇公司涉嫌恶意串通，以恶意提高建设工程价款的方式逃避对张宝升的合法债务，但是张宝升并未提供证据证明自己的主张，因此张宝升的该项上诉理由亦不能成立。张宝升不具有针对0018号案件提起撤销之诉的第三人资格。

——中国裁判文书网。

955. 债务人所涉借贷案件执行中被法院查封夫妻共有房产，其配偶是否有权以第三人身份提起撤销之诉

关键词

夫妻共有房产　第三人撤销之诉

最高人民法院裁判文书

刘建国与张文兰、苏木兰民间借贷纠纷案［最高人民法院（2021）最高法民申3363号民事裁定书］

裁判要旨：夫妻一方作为债务人的另案民间借贷纠纷判决生效后，债权人申请强制执行，法院裁定查封了夫妻双方共有的房产。作为债务人的配偶对民间借贷纠纷一案的诉讼标的没有独立请求权，不是该案有独立请求权的第三人。执行中虽查封了夫妻共同财产，但并未裁定执行配偶的个人财产，也即案件处理结果与之无法律上的利害关系。其不是另案的第三人，不具备第三人撤销之诉的原告主体资格。

最高人民法院认为，刘建国不是8143号判决的第三人，不具备第三人

① 现为《民事诉讼法》（2021年修正）第五十九条。

撤销之诉的原告主体资格。《中华人民共和国民事诉讼法》第五十六条[①]规定，“对当事人双方的诉讼标的，第三人认为有独立请求权的，有权提起诉讼。对当事人双方的诉讼标的，第三人虽然没有独立请求权，但案件处理结果同他有法律上的利害关系的，可以申请参加诉讼，或者由人民法院通知他参加诉讼。”刘建国虽然与苏木兰是夫妻，但是他对张文兰诉苏木兰民间借贷纠纷一案的诉讼标的没有独立的请求权，不是该案有独立请求权的第三人。而且，8143 号民事判决没有认定该笔借款为夫妻共同债务，也没有判决刘建国承担还款责任。执行中虽然查封了刘建国与苏木兰的共同财产，但是并没有裁定执行刘建国的个人财产，也就是说案件处理结果与刘建国没有法律上的利害关系。刘建国不是 8143 号案件的第三人，不具备第三人撤销之诉的原告主体资格。

——中国裁判文书网。

956. 债权人不得就夫妻离婚判决中认定债务非夫妻共同债务提出第三人撤销之诉

关键词

债权人　夫妻共同债务　第三人撤销之诉

最高人民法院裁判文书

李某敬与沈某华、王某军第三人撤销之诉（离婚纠纷）案［最高人民法院（2020）最高法民申 787 号民事裁定书］

裁判要旨：本案中，李某敬享有的是普通金钱之债，不属于法律明确规定给予特别保护的债权，虽然离婚诉讼部分裁判内容有可能影响沈某华的偿债能力，对其造成事实上、经济上不利影响，但并不构成法律上的利害关系，其对离婚诉讼标的亦不具有独立请求权，离婚诉讼生效判决结果也仅对沈某华和王某军的权益产生影响，并未侵害李某敬的绝对性民事权益，其不具有提起第三人撤销之诉的原告主体资格。

最高人民法院认为，本案争议的问题是李某敬的起诉是否符合第三人撤

① 现为《民事诉讼法》（2021 年修正）第五十九条。

销之诉的起诉条件。《中华人民共和国民事诉讼法》第五十六条[①]规定，第三人因不能归责于本人的事由未参加诉讼，但有证据证明发生法律效力的判决、裁定、调解书的部分或者全部内容错误，损害其民事权益的，可以自知道或者应当知道其民事权益受到损害之日起六个月内，向作出该判决、裁定、调解书的人民法院提起诉讼。鉴于第三人撤销之诉是针对生效裁判提起的诉讼，其起诉条件较普通诉讼更为严格，须同时具备主体、程序、实体等条件要求。

第一，提起第三人撤销之诉的主体仅限定于有独立请求权和无独立请求权的第三人，要求第三人与申请撤销的生效裁判内容具有法律上的利害关系，且普通债权人原则上不能提起第三人撤销之诉。本案中，李某敬享有的是普通金钱之债，不属于法律明确规定给予特别保护的债权，虽然离婚诉讼部分裁判内容有可能影响沈某华的偿债能力，对其造成事实上、经济上不利影响，但并不构成法律上的利害关系，其对离婚诉讼标的亦不具有独立请求权，离婚诉讼生效判决结果也仅对沈某华和王某军的权益产生影响，并未侵害李某敬的绝对性民事权益，其不具有提起第三人撤销之诉的原告主体资格。

第二，第三人撤销之诉的立法目的是对因故未能参加诉讼可能受到生效裁判拘束的第三人提供事后救济途径，以保护其合法权益不受错误生效裁判所侵害。因第三人撤销之诉撤销的对象是已经生效的裁判内容，其效果上与审判监督程序基本相同，故第三人撤销之诉作为最后的司法救济程序应当以没有其他救济途径为必要前提。本案中，李某敬以其向沈某华出借款项属于沈某华和王某军夫妻共同债务、101 号房屋为沈某华单独所有却作为夫妻共同财产判给王某军损害其合法权益等为由，就离婚诉讼民事判决第一、第六判项提起第三人撤销之诉，诉请主要目的是保障其债权的实现。而根据《最高人民法院关于适用〈中华人民共和国婚姻法〉若干问题的解释（二）》第二十五条“当事人的离婚协议或者人民法院的判决书、裁定书、调解书已经对夫妻财产分割问题作出处理的，债权人仍有权就夫妻共同债务向男女双方主张权利。一方就共同债务承担连带清偿责任后，基于离婚协议或者人民法院的法律文书向另一方主张追偿的，人民法院应当支持”的规定，即便离婚诉讼已经对夫妻财产分割问题作出处理，李某敬仍有权就夫妻共同债务向沈某华和王某军二人主张权利，享有法律赋予的救济途径，并非只能通过本案第三人撤销之诉程序解决争议。至于李某敬申请再审认为离婚诉讼的判决会对另案诉讼产生既判力从而导致另案判决结果同样错误，与法律规定不符，系对法律的错误理解。

——中国裁判文书网。

---

① 现为《民事诉讼法》（2021 年修正）第五十九条。

957. 普通债权人对第三人与债务人不当得利纠纷裁判，不具备提起第三人撤销之诉的主体资格

关键词

普通债权人　第三人债务人　不当得利纠纷　第三人撤销之诉　主体资格

最高人民法院裁判文书

梁轴公司等与徐瑞民等第三人撤销之诉案［最高人民法院（2021）最高法民申 949 号民事裁定书］

裁判要旨：在确定提起第三人撤销之诉的主体资格时，要按照法律关于“第三人”的规定并结合“生效判决、裁定、调解书的内容是否损害到其民事权益”这一实体要件予以判断。对于普通债权，原则上不适用第三人撤销之诉保护。对于法律明确规定给予特别保护的债权，可以适用第三人撤销之诉：一是法律规定的享有法定优先权的债权，主要有合同法第二百八十六条①规定的建设工程价款优先权，海商法第二十一条、第二十二条规定的船舶优先权。二是法律明确规定享有法定撤销权的债权，合同法第七十五条②规定的债权人的撤销权，企业破产法第三十一条、第三十二条规定的破产债权撤销权。因债务人不当得利所产生的债务属于共益债务，由债务人财产随时清偿，不属于破产法规定的管理人有权请求人民法院予以撤销的债权，故普通债权人对第三人与债务人不当得利纠纷裁判，不具备提起第三人撤销之诉的主体资格。

最高人民法院经审查认为，本案焦点为梁轴公司、大和公司、亨通公司、星泰公司是否具备提起第三人撤销之诉的条件。《中华人民共和国民事诉讼法》第五十六条③规定：“对当事人双方的诉讼标的，第三人认为有独立请求权的，有权提起诉讼。对当事人双方的诉讼标的，第三人虽然没有独立请求权，但案件处理结果同他有法律上的利害关系的，可以申请参加诉讼，或者由人民法院通知他参加诉讼。人民法院判决承担民事责任的第三人，有当事

① 对应《民法典》第八百零七条。

② 对应《民法典》第五百四十一条。

③ 现为《民事诉讼法》（2021 年修正）第五十九条。

人的诉讼权利义务。前两款规定的第三人，因不能归责于本人的事由未参加诉讼，但有证据证明发生法律效力的判决、裁定、调解书的部分或者全部内容错误，损害其民事权益的，可以自知道或者应当知道其民事权益受到损害之日起六个月内，向作出该判决、裁定、调解书的人民法院提起诉讼。……”据此，在确定提起第三人撤销之诉的主体资格时，要按照法律关于“第三人”的规定并结合“生效判决、裁定、调解书的内容是否损害到其民事权益”这一实体要件予以判断。本案中，梁轴公司、大和公司、亨通公司、星泰公司虽系通达公司的破产债权人，但其申请撤销的山东省梁山县人民法院（2018）鲁 0832 民初 400 号民事判决和山东省济宁市中级人民法院（2018）鲁 08 民终 5525 号民事判决，系关于原告徐瑞民、姚加玲与被告通达公司、通达破产管理人之间的不当得利纠纷，该案所涉货款系因通达公司不当得利所产生的债务，可由通达公司财产随时清偿。对该债务的清偿不属于《中华人民共和国破产法》规定的管理人有权请求人民法院予以撤销的范围，梁轴公司、大和公司、亨通公司、星泰公司对此亦不享有法定撤销权。梁轴公司、大和公司、亨通公司、星泰公司作为通达公司的普通债权人，其申请撤销的生效判决的内容并未损害到其民事权益，故原审法院认定梁轴公司、大和公司、亨通公司、星泰公司并非第三人撤销之诉所规定的诉讼主体，并无不当。

——中国裁判文书网。

958. 对另案诉讼标的没有独立请求权亦没有法律上的利害关系的当事人不具有提起第三人撤销之诉的主体资格

关键词

另案诉讼标的　第三人撤销之诉

最高人民法院裁判文书

张仲明、宋永康与宋振桐、宋玲、宋莉第三人撤销之诉纠纷申请再审案

［最高人民法院（2021）最高法民申 2430 号民事裁定书］

裁判要旨：张仲明对另案柳州市中级人民法院（2011）柳市民一终字第 339 号案遗嘱继承纠纷案诉讼标的没有独立请求权。而且，张仲明基于与继承人之一宋永康的婚姻关系主张享有案涉房产 1/4 的权利，与该案属于两个不同的法律关系，该案的处理结果与张仲明没有法律上的利害关系。因此，张仲明作为原告提起本案第三人撤销之诉主体不适格。

最高人民法院经审查认为，本案系再审审查案件，主要审查再审申请人的再审申请事由是否成立。

本案为张仲明提起的第三人撤销之诉案。《中华人民共和国民事诉讼法》第五十六条[①]第一款规定：“对当事人双方的诉讼标的，第三人认为有独立请求权的，有权提起诉讼。”第二款规定：“对当事人双方的诉讼标的，第三人虽然没有独立请求权，但案件处理结果同他有法律上的利害关系的，可以申请参加诉讼，或者由人民法院通知他参加诉讼。人民法院判决承担民事责任的第三人，有当事人的诉讼权利义务。”原审查明，339 号案为宋永康与宋玲、宋莉、宋振桐遗嘱继承纠纷案，张仲明并非继承人，对该案诉讼标的没有独立请求权。而张仲明基于与继承人之一宋永康的婚姻关系主张享有案涉房产 1/4 的权利，则与 339 号案属于两个不同的法律关系，339 号案的处理结果与张仲明没有法律上的利害关系。因此，原裁定认定张仲明作为原告提起第三人撤销之诉的主体不适格，裁定驳回其起诉，并不存在适用法律错误而应再审的情形。

——中国裁判文书网。

959. 母公司转让子公司股权案件中，子公司是“无独立请求权第三人”，不能对新老股东股权转让纠纷的生效裁判提起第三人撤销之诉

关键词

新老股东　股权转让　生效裁判　第三人撤销之诉

最高人民法院裁判文书

远东智慧能源股份有限公司与三普药业有限公司等第三人撤销之诉案

［最高人民法院（2022）最高法民终 50 号民事判决书］

裁判要旨：1. 老股东转让其全资子公司股权中，虽然股权转让的当事人为新老股东，但双方交易标的为老股东持有的子公司 100% 股权，子公司系股权转让交易的标的公司，交易必然对子公司的经营和管理产生影响，新老股东股权转让诉讼的审理结果与子公司存在利害关系，故子公司依法可以作为无独立请求权第三人参加新老股东间股权转让诉讼。

① 现为《民事诉讼法》（2021 年修正）第五十九条。

2. 虽然子公司可以作为新老股东原诉生效判决案件的无独立请求权第三人参加诉讼，但在子公司未参加诉讼的情况下，如果原诉生效判决并未损害子公司的权益，子公司请求撤销新老股东原诉生效判决的，依法不应支持。

最高人民法院认为：关于三普公司是否为原诉生效判决案中的无独立请求权第三人问题。三普公司依法可以作为原诉生效判决案件的无独立请求权第三人，理由如下：

首先，虽然案涉《股权收购协议》的合同当事人为远东智慧公司和西藏荣恩公司，但双方交易标的为远东智慧公司持有的三普公司100%股权，三普公司系股权转让交易的标的公司，该次交易必然对三普公司的经营和管理产生影响，案涉股权转让纠纷的审理结果和三普公司存在利害关系。三普公司依法可以作为无独立请求权第三人参加诉讼。

其次，从案涉《股权收购协议》约定内容来看，第4.1条约定的5000万元债务系三普公司新老股东对三普公司与远东智慧公司以及其关联公司之间的债权债务核算后确定的数额，约定由受让股东西藏荣恩公司支付，该约定构成西藏荣恩公司对三普公司的债务加入。同时，该协议也约定，该5000万元由西藏荣恩公司借款给三普公司，由三普公司向远东智慧公司支付。按照协议约定的履行方式，远东智慧公司有权要求西藏荣恩公司和三普公司按照此方式履行，因此，该履行方式实际给三普公司设定了义务。原诉股权转让纠纷，远东智慧公司是否起诉请求或法院是否判决各方按照协议约定的方式履行该5000万元债务，和三普公司具有法律上的利害关系，三普公司依法可以作为无独立请求权的第三人参加远东智慧公司与西藏荣恩公司的股权转让诉讼。远东智慧公司称案涉《股权收购协议》与三普公司无关、不涉及三普公司权益、三普公司不是无独立请求权第三人的理由，依据不足，依法不能成立。

（二）关于原诉生效判决是否损害三普公司权益、应否撤销问题

本院认为，虽然三普公司可以作为原诉生效判决案件的无独立请求权第三人参加诉讼，但在三普公司未参加诉讼的情况下，原诉生效判决没有损害三普公司的权益，理由如下：

首先，案涉《股权收购协议》的本质是股权款的支付和股权的交付，三普公司作为交易的标的，其不能阻却也无法约束案涉股权转让。虽然协议约定的股权转让价款为3.2亿元，但双方在第4.1条约定“截至股权过户日，标的公司需偿还的对甲方及其关联方的应付款项不超过1亿元，甲方及其关联方对标的公司的应付款项预计不超过5千万元，此两项相抵后的净值应当按5000万元取值。”“由乙方借款给标的公司按照本协议第六条支付，按此规定

支付完成后，如尚有标的公司欠付甲方款项，由甲方自行处理，标的公司不再承担偿还义务，以上数据以三普公司财务报表为准。”即受让方要承担标的公司对转让股东以及关联公司的债务5000万元，并约定该5000万元承担后，如果标的公司还有债务超过5000万元，则转让股东不能再向标的公司主张等，该条款是股权转让双方对于标的公司在转让前的有关债务确认和清理条款，是双方对有关债权债务的一揽子解决方案，并约定由西藏荣恩公司向远东智慧公司支付，该5000万元依法应认定为股权转让的对价。虽然该5000万元是双方对三普公司债务进行的核算，但该数额作为股权转让的对价是否真实、是否显失公平属于西藏荣恩公司依法行使撤销权的范畴，与三普公司并无关联，因此，三普公司称该协议额外给其设定债务的理由，依据不足。

其次，根据本案查明事实，三普公司对案涉《股权收购协议》应当明知。案涉《股权收购协议》签订当时，三普公司的唯一股东为远东智慧公司，远东智慧公司对三普公司的账务作出处理，三普公司应当明知。拟受让的股东西藏荣恩公司也是三普公司将来100%股权的股东，且《股权收购协议》上签字的西藏荣恩公司的法定代表人也是股权转让后三普公司的法定代表人，因此，不论是股权转让前还是股权转让后，三普公司对于案涉股权转让应当明知。案涉股权转让后，三普公司已经按照协议约定办理了工商变更登记，并将《股权收购协议》作为工商备案资料。三普公司称其未参与协议签订、协议双方擅自给其设定义务的理由，与事实不符，依法不能成立。

再次，《股权收购协议》第六条约定，案涉5000万元由西藏荣恩公司借款给三普公司，再由三普公司支付给远东智慧公司，该条款确对三普公司设定了履行义务。但如前所述，案涉5000万元系远东智慧公司和西藏荣恩公司的股权转让对价，其支付义务主体为西藏荣恩公司，该约定应是5000万元的履行方式。因西藏荣恩公司没有按照协议约定的方式借款给三普公司，三普公司也没有向远东智慧公司支付。在西藏荣恩公司未按照合同约定的方式支付该款项的情况下，远东智慧公司以违约为由起诉西藏荣恩公司直接履行，远东智慧公司在原诉案件中并没有依据协议约定请求由三普公司支付，原诉生效判决依据远东智慧公司的诉讼请求进行审理并依法判决由西藏荣恩公司向远东智慧公司继续支付5000万元并承担违约责任，该判决在论理和判项中均没有给三普公司设定义务和责任，因此，原诉生效判决并不损害三普公司的权益，依法不应撤销。三普公司称原诉生效判决必然导致西藏荣恩公司向三普公司追偿的理由，依据不足，依法不能成立。一审判决认定案涉《股权收购协议》给三普公司设定了5000万元借款债务，而借款尚未履行，故认为原诉生效判决可能损害三普公司权益，认定事实有误，本院依法予以纠正。

最后，就案涉5000万元债务，协议虽然约定“以财务报表为准”，双方在一、二审中没有提交一份名称为“财务报表”的文件，但西藏荣恩公司认可远东智慧公司提交的三普公司的财务审计报告，该审计报告的附件即为三普公司的资产负债表、利润表等财务资料，已经能够体现三普公司的资产负债情况。从三普公司和西藏荣恩公司分别起诉远东智慧公司的相关案件的情况看，股权转让后的三普公司与西藏荣恩公司的相关主张也一致，故三普公司在本案中称双方在股权转让后未提交财务报表，三普公司账务不确定的理由，与事实不符，依法不应支持。另外，就原诉生效判决，当事人西藏荣恩公司已经向本院申请再审，其对原诉生效判决的有关意见，本案不再涉及。

——中国裁判文书网。

960. 债务人在财产已进入查封、拍卖程序后通过法院调解书对财产另行处置的，不影响债权人实现债权，债权人无需提起撤销之诉

关键词

债务人　债权人　调解协议　第三人撤销之诉

最高人民法院裁判文书

韩某与韩某华、王某玲第三人撤销之诉案［最高人民法院（2021）最高法民申5054号民事裁定书］

裁判要旨：1. 夫妻一方的债务已进入强制执行程序，法院已对债务人的财产查封并进入拍卖阶段后，夫妻中另一方向法院提起分家析产诉讼，并在二审中达成协议将被执行财产作为夫妻共同财产分割，法院根据夫妻间调解协议作出调解书，因该调解书系在案涉被执行财产在被查封并进入拍卖阶段后作出，不能影响债权人实现债权。

2. 因此类调解书不影响债权人实现债权，故债权人无需以该调解书损害其民事权益缺乏事实依据为由，提起第三人撤销之诉。

最高人民法院认为：《中华人民共和国民事诉讼法》第五十六条[①]规定：“对当事人双方的诉讼标的，第三人认为有独立请求权的，有权提起诉讼。对当事人双方的诉讼标的，第三人虽然没有独立请求权，但案件处理结果同他

① 现为《民事诉讼法》（2021年修正）第五十九条。

有法律上的利害关系的，可以申请参加诉讼，或者由人民法院通知他参加诉讼。人民法院判决承担民事责任的第三人，有当事人的诉讼权利义务。前两款规定的第三人，因不能归责于本人的事由未参加诉讼，但有证据证明发生法律效力的判决、裁定、调解书的部分或者全部内容错误，损害其民事权益的，可以自知道或者应当知道其民事权益受到损害之日起六个月内，向作出该判决、裁定、调解书的人民法院提起诉讼。人民法院经审理，诉讼请求成立的，应当改变或者撤销原判决、裁定、调解书；诉讼请求不成立的，驳回诉讼请求。"《最高人民法院关于适用〈中华人民共和国民事诉讼法〉的解释》第二百九十二条规定："第三人对已经发生法律效力的判决、裁定、调解书提起撤销之诉的，应当自知道或者应当知道其民事权益受到损害之日起六个月内，向作出生效判决、裁定、调解书的人民法院提出，并应当提供存在下列情形的证据材料：（一）因不能归责于本人的事由未参加诉讼；（二）发生法律效力的判决、裁定、调解书的全部或者部分内容错误；（三）发生法律效力的判决、裁定、调解书内容错误损害其民事权益。"本案中，韩某因与韩某华股权转让纠纷一案申请强制执行，人民法院已对案涉房屋及车辆予以查封并进入拍卖阶段。此后，王某玲因与韩某华分家析产纠纷一案向人民法院提起诉讼，并在该案二审审理中与韩某华达成协议，将案涉房屋及车辆作为共同财产予以分割，内蒙古自治区巴彦淖尔市中级人民法院据此作出 1728 号调解书。《最高人民法院关于人民法院民事执行中查封、扣押、冻结财产的规定》第二十六条规定，被执行人就已经查封、扣押、冻结的财产所作的移转、设定权利负担或者其他有碍执行的行为，不得对抗申请执行人。第三人未经人民法院准许占有查封、扣押、冻结的财产或者实施其他有碍执行的行为的，人民法院可以依据申请执行人的申请或者依职权解除其占有或者排除其妨害。

《最高人民法院关于人民法院办理执行异议和复议案件若干问题的规定》第二十六条第二款规定，金钱债权执行中，案外人依据执行标的被查封、扣押、冻结后作出的另案生效法律文书提出排除执行异议的，人民法院不予支持。据此，因 1728 号调解书系在案涉房屋及车辆被查封并进入拍卖阶段后作出，故并不影响债权人韩某实现债权。韩某主张 1728 号调解书损害其民事权益缺乏事实依据，其针对 1728 号调解书提起第三人撤销之诉，不符合法律规定的条件，原审法院裁定驳回其起诉并无不当。

——中国裁判文书网。

961. 购房协议的当事人不能提起第三人撤销之诉

关键词

第三人撤销之诉　起诉条件

最高人民法院裁判文书

谢东江诉宝泉工贸公司、刘仲正、诸城农商行第三人撤销之诉案［最高人民法院（2021）最高法民申 3050 号民事裁定书］

裁判要旨：在没有对不动产进行物权登记的情况下，当事人仅凭《购房协议书》主张房屋所有权，不属于法律明确规定给予优先权保护的债权，不具备提起第三人撤销之诉的原告主体条件。

最高人民法院经审查认为，谢东江请求撤销（2006）潍民一初字第 65 号调解书不符合法律规定的第三人撤销之诉的起诉条件。《中华人民共和国民事诉讼法》第五十六条[①]规定，有独立请求权和无独立请求权的第三人因不能归责于本人的事由未参加诉讼，但有证据证明发生法律效力的判决、裁定、调解书的部分或者全部内容错误，损害其民事权益的，可以自知道或者应当知道其民事权益受到损害之日起六个月内，向作出该判决、裁定、调解书的人民法院提起诉讼。根据上述规定，第三人撤销之诉是针对生效裁判错误提起的诉讼，其起诉条件较普通诉讼更为严格，须同时具备主体、程序、实体等条件要求。

第一，提起第三人撤销之诉的主体仅限定于对被诉请撤销案件的诉讼标的有独立请求权，或者虽然没有独立请求权，但案件的处理结果同他有法律上的利害关系的第三人。本案中，谢东江并非山东大业工贸有限责任公司与山东华元建设集团有限公司、刘仲正及第三人诸城农商行合作开发房地产合同纠纷案的合同签约主体，其对该案诉讼标的不具有独立请求权，与该案判决结果亦不存在法律上的利害关系。谢东江提交《购房协议书》主张其对 2 号别墅楼享有所有权，但按照《中华人民共和国物权法》第九条“不动产物权的设立、变更、转让和消灭，经依法登记，发生效力；未经登记，不发生效力，但法律另有规定的除外”的规定，谢东江在没有对不动产进行物权登记的情况下，仅享有合同债权，对 2 号别墅楼并不享有所有权，不属于法律明

① 现为《民事诉讼法》（2021 年修正）第五十九条。

确规定给予优先权保护的债权，故谢东江不具备提起本案第三人撤销之诉的原告主体条件。

第二，第三人撤销之诉的程序条件限于第三人自知道或者应当知道其民事权益受到损害之日起六个月内提起诉讼。根据原审查明的事实和证据，谢东江自认 2009 年将案涉别墅卖给案外人刘成玉。刘成玉在 2013 年曾对 65 号调解书提起第三人撤销之诉，经一审法院及山东省高级人民法院二审终审，裁定驳回了刘成玉的起诉。2017 年 7 月，诸城农商行依据（2006）潍民一初字第 65 号民事调解书，以刘成玉为被告，向山东省青岛市黄岛区人民法院提起了物权保护诉讼。黄岛区人民法院在该案审理过程中追加谢东江作为第三人于 2019 年 6 月 6 日参加了该案的庭审。因此，最迟于 2019 年 6 月 6 日谢东江就已经知晓（2006）潍民一初字第 65 号民事调解书的内容，知道其民事权益受到侵害，其于 2020 年 5 月 20 日向潍坊市中级人民法院提起本诉，已经超过法律规定的期限，故谢东江亦不符合提起第三人撤销之诉的程序条件。

第三，第三人申请撤销的生效裁判内容错误，是第三人撤销之诉起诉的实体条件。生效的（2019）鲁 0211 民初 330 号判决已经确认依据物权法第二十八条的规定，诸城农商行根据（2006）潍民一初字第 65 号民事调解书依法取得涉案房屋的所有权，判令刘成玉腾出案涉 2 号别墅并返还给诸城农商行。谢东江再审主张 65 号调解书涉嫌虚假诉讼，未提供相应证据。

——中国裁判文书网。

962. 审查申请执行人是否符合第三人撤销之诉起诉条件应结合主体资格、实体性条件以及是否存在虚假诉讼等方面综合判断

关键词

金钱债权　申请执行人　第三人撤销之诉　虚假诉讼

最高人民法院裁判文书

大连德运房地产开发有限公司与大连亚宸房地产开发有限公司、大连圣鑫建设集团有限公司第三人撤销之诉案［最高人民法院（2018）最高法民终 235 号民事裁定书］

裁判要旨：在主体资格方面，金钱债权的申请执行人既不是案涉工程的发包人，也不是承包人，对诉讼标的并不存在独立的实体性权利，不属于有独立请求权第三人。客观上，工程承包人在建设工程价款优先受偿后，金钱债权申请执行人的债权受偿可能受到影

响，但是单纯事实上、经济上的影响并不构成法律上的利害关系，因此不属于无独立请求权第三人。在金钱债权已经进入了执行拍卖阶段情况下，债权人有权申请强制执行，但不能据此认定其对执行标的有专属的债权或物权权利。如果金钱债权申请执行人不能举证证明发包人与承包人存在恶意串通、虚假诉讼，损害债权人利益的情形，则进入强制执行程序的债权不能对抗承包人的建设工程价款优先受偿权。

最高人民法院认为：德运房地产公司不具备提起第三人撤销之诉的主体资格。德运房地产公司对（2016）辽民终1049号案件的诉讼标的并不存在独立的实体性权利。德运房地产公司对（2016）辽民终1049号案件的诉讼结果没有权利义务性关系或法律上的牵连关系。德运房地产公司不符合第三人撤销之诉的实体性条件。原则上，德运房地产公司主张的普通金钱债权并不在第三人撤销之诉民事权益保护范围之列。虽然客观上圣鑫建设公司在建设工程价款优先受偿后，德运房地产公司债权的受偿可能受到影响，但是单纯事实上、经济上的影响并不构成“法律上的利害关系”。德运房地产公司提供的证据不足以证明亚宸房地产公司和圣鑫建设公司为逃避债务故意抬高欠付工程款，存在恶意串通、虚假诉讼的情形。综上所述，德运房地产公司上诉请求不能成立，一审裁定认定事实清楚，适用法律正确。

——中国裁判文书网。

963. 通过虚假诉讼确定债权的债权人能否作为适格原告提起第三人撤销之诉

关键词

第三人撤销之诉　虚构利害关系

最高人民法院裁判文书

宋彦廷与王玉明、张万善第三人撤销之诉纠纷案［最高人民法院（2019）最高法民再364号民事裁定书］

裁判要旨：当事人捏造事实、虚构债权并通过虚假诉讼得到确认后提起第三人撤销之诉，因其实际上对已发生法律效力的判决所涉及的财产和权益并不真正享有民事权益，无请求权，故不属于与案件有直接利害关系的原告，该起诉不符合法定起诉条件，应当驳

回起诉。

最高人民法院再审认为，《中华人民共和国民事诉讼法》第一百一十九条[①]规定，“起诉必须符合下列条件：（一）原告是与本案有直接利害关系的公民、法人和其他组织；……”。根据再审审理查明的事实，本案一审原告宋彦廷据以提起第三人撤销之诉的汝州市人民法院（2013）汝民初字第122号民事调解书系宋彦廷与李杏以捏造的事实提起民事诉讼所形成，宋彦廷与本案没有直接利害关系，其起诉不符合法定起诉条件。

——中国裁判文书网。

964. 裁判文书中有关事实认定、理由等内容不属于第三人撤销之诉的撤销对象

关键词

裁判文书　事实认定和理由　第三人撤销之诉　撤销对象

最高人民法院裁判文书

韦佳宁与周红、周勤、南宁莱料工贸有限责任公司等第三人撤销之诉案

［最高人民法院（2018）最高法民再463号民事裁定书］

裁判要旨：民事诉讼法解释第二百九十六条规定：“民事诉讼法第五十六条第三款[②]规定的判决、裁定、调解书的部分或者全部内容，是指判决、裁定的主文，调解书中处理当事人民事权利义务的结果。”因此，裁判文书中有关事实认定、理由等内容不属于第三人撤销之诉的撤销对象。

最高人民法院认为，民事诉讼法解释第二百九十六条规定：“民事诉讼法第五十六条第三款规定的判决、裁定、调解书的部分或者全部内容，是指判决、裁定的主文，调解书中处理当事人民事权利义务的结果。”因此，裁判文书中有关事实认定、理由等内容不属于第三人撤销之诉的撤销对象。韦佳宁所主张的周红受让股权时未支付转让价款以及友容公司转让股权时有违法行为，均为案涉纠纷事实认定相关内容，其以此事实认定存在错误为由，请求

① 现为《民事诉讼法》（2021年修正）第一百二十二条。

② 现为《民事诉讼法》（2021年修正）第五十九条第三款。

撤销 1946 号判决，于法无据。因此，韦佳宁的起诉亦不符合第三人撤销之诉的起诉条件。

——中国裁判文书网。

965. 裁判文书中判决、裁定的主文仅涉及程序性问题，不属于第三人撤销之诉的撤销对象

关键词

裁判文书　判决裁定主文　程序性问题　第三人撤销之诉　撤销对象

最高人民法院裁判文书

刘家创与中国工商银行股份有限公司广州增城支行、增城市直属经济发展有限公司、增城泰业经济发展有限公司第三人撤销之诉纠纷案［最高人民法院（2018）最高法民申 2486 号民事裁定书］

裁判要旨：《中华人民共和国民事诉讼法》第五十六条第三款[①] **规定的“判决、裁定的部分或者全部内容错误”是指判决、裁定的主文部分错误或者全部内容错误。如果判决、裁定的主文仅涉及程序性问题，并未处理当事人实体权利义务，则该判决、裁定不属于第三人撤销之诉的对象。**

最高人民法院经审查认为，根据刘家创的申请再审事由和工行增城支行的答辩意见，本案的争议焦点为：刘家创是否有权对（2015）穗中法审监民抗再字第 13 号民事裁定提起第三人撤销之诉。

民事诉讼法第五十六条规定：“对当事人双方的诉讼标的，第三人认为有独立请求权的，有权提起诉讼。对当事人双方的诉讼标的，第三人虽然没有独立请求权，但案件处理结果同他有法律上的利害关系的，可以申请参加诉讼，或者由人民法院通知他参加诉讼。人民法院判决承担民事责任的第三人，有当事人的诉讼权利义务。前两款规定的第三人，因不能归责于本人的事由未参加诉讼，但有证据证明发生法律效力的判决、裁定、调解书的部分或者全部内容错误，损害其民事权益的，可以自知道或者应当知道其民事权益受到损害之日起六个月内，向作出该判决、裁定、调解书的人民法院提起诉讼。人民法院经审理，诉讼请求成立的，应当改变或者撤销原判决、裁定、调解

① 现为《民事诉讼法》（2021 年修正）第五十九条第三款。

书；诉讼请求不成立的，驳回诉讼请求。”依据上述规定，刘家创有权提起第三人撤销之诉的条件之一，为有证据证明（2015）穗中法审监民抗再字第13号民事裁定的部分或者全部内容错误，损害其民事权益。《最高人民法院关于适用〈中华人民共和国民事诉讼法〉的解释》第二百九十六条规定："民事诉讼法第五十六条第三款规定的判决、裁定、调解书的部分或者全部内容，是指判决、裁定的主文，调解书中处理当事人民事权利义务的结果。”因此，民事诉讼法第五十六条第三款规定的“判决、裁定的部分或者全部内容错误”是指判决、裁定的主文部分错误或者全部内容错误。如果判决、裁定的主文仅涉及程序性问题，并未处理当事人实体权利义务，则该判决、裁定不属于第三人撤销之诉的对象。本案中，（2015）穗中法审监民抗再字第13号民事裁定的主文是“本案终结再审程序”，可见该裁定并未对工行增城支行、增城市兴达房地产开发公司和泰业公司的权利义务关系进行实体性裁判，该三者之间的权利义务关系仍应根据（2002）穗中法民三初字第278号民事判决确定。刘家创提起本案诉讼不符合民事诉讼法第五十六条第三款规定的第三人撤销之诉的条件。广东省高级人民法院据此裁定驳回刘家创的起诉，并无不当。因刘家创无权提起本案诉讼，故对其主张的其他再审事由，本院不再一一评述。

——中国裁判文书网。

966. 执行裁定不是第三人撤销之诉的对象

关键词

执行裁定　第三人撤销之诉　撤销对象

最高人民法院裁判文书

浙江中成建工集团有限公司与潍坊鑫世纪置业有限公司、潍坊百货大楼股份有限公司第三人撤销之诉案［最高人民法院（2019）最高法民申3512号民事裁定书］

裁判要旨：第三人撤销之诉的对象为诉讼程序中作出的发生法律效力的判决、裁定、调解书，执行程序中作出的裁定不属于第三人撤销之诉的对象，受错误执行裁定影响的当事人，可以通过执行异议、执行异议之诉以及执行监督程序进行救济。

最高人民法院认为，本案争议焦点为执行裁定是否属于民事诉讼法第五十六条第三款[①]规定的第三人撤销之诉的对象。该款规定："前两款规定的第三人，因不能归责于本人的事由未参加诉讼，但有证据证明发生法律效力的判决、裁定、调解书的部分或者全部内容错误，损害其民事权益的，可以自知道或者应当知道其民事权益受到损害之日起六个月内，向作出该判决、裁定、调解书的人民法院提起诉讼。"民事诉讼法司法解释第二百九十二条、第二百九十五条规定，第三人对已经发生法律效力的判决、裁定、调解书提起撤销之诉的，应当提供存在下列情形的证据材料：（一）因不能归责于本人的事由未参加诉讼；（二）发生法律效力的判决、裁定、调解书的全部或者部分内容错误；（三）发生法律效力的判决、裁定、调解书内容错误损害其民事权益。因不能归责于本人的事由未参加诉讼是指没有被列为生效判决、裁定、调解书当事人，且无过错或者无明显过错的情形。包括：（一）不知道诉讼而未参加的；（二）申请参加未获准许的；（三）知道诉讼，但因客观原因无法参加的；（四）因其他不能归责于本人的事由未参加诉讼的。

根据上述法律规定及司法解释的内容，第三人撤销之诉的对象为诉讼程序中作出的"发生法律效力的判决、裁定、调解书"，执行程序中作出的裁定不属于第三人撤销之诉的对象。第一，从条文字义看，虽然民事诉讼法第五十六条对于"发生法律效力的判决、裁定、调解书"中的"裁定"是否包含执行中的裁定，没有限定，但结合该条款全文理解，该条款明确将"前两款规定的第三人"限定为"因不能归责于本人的事由未参加诉讼"，而非参加执行程序的"第三人"。可见，第三人撤销之诉的对象范围应为在诉讼程序中作出的发生法律效力的判决、裁定、调解书，执行程序中作出的裁定不属于第三人撤销之诉的撤销对象。第二，从立法目的、条文体例上看，设立第三人撤销之诉的目的在于保护因客观原因未参加前诉讼程序而受生效裁判损害的第三人的民事权益，属于针对原审生效裁判错误的一种救济程序，而非针对执行程序的救济程序。故而民事诉讼法司法解释将第三人撤销之诉安排在一审普通程序之后作为单独一章，与执行程序中执行异议之诉、审判监督程序中案外人申请再审等救济程序相区别。第三，执行程序是在诉讼程序结束后对生效裁判的执行，非处于诉讼阶段，执行裁定不属于诉讼程序中的裁定。按照民事诉讼法司法解释第二百九十七条第一项规定，对适用特别程序、督促程序、公示催告程序、破产程序等非讼程序处理的案件提起第三人撤销之诉的，人民法院不予受理。故此，执行程序中的执行裁定亦不能作为第三人撤销之诉的对象。第四，针对错误执行裁定的救济途径，法律规定了执行异议、执行异议之诉以及执行监督程序。中成公司申请再审所提交的最高人民法院相关案例，均是通过执行纠错救济程序作出的相关裁定，而非通过第三

① 现为《民事诉讼法》（2021 年修正）第五十九条第三款。

人撤销之诉的救济程序。综上，在诉讼程序中作出的发生法律效力的判决、裁定和调解书的部分或者全部内容错误，损害该第三人民事权益，才符合第三人撤销之诉启动的实体条件，非以民事诉讼程序作出的判决、裁定和调解书不属于第三人撤销之诉的对象。本案中成公司要求撤销潍坊市中级人民法院（2018）鲁07执恢34号之一民事裁定，系在执行程序中作出的裁定，不属于法律规定的第三人撤销之诉的对象。原审法院裁定不予受理，适用法律并无不当。中成公司的申请再审理由不成立，本院不予支持，如认为该执行裁定损害其民事权益，可通过执行监督程序予以救济。

——中国裁判文书网。

三、第三人撤销之诉中的其他问题

967. 第三人撤销之诉的当事人列明

关键词

第三人撤销之诉　当事人

最高人民法院司法解释

第二百九十六条　第三人提起撤销之诉，人民法院应当将该第三人列为原告，生效判决、裁定、调解书的当事人列为被告，但生效判决、裁定、调解书中没有承担责任的无独立请求权的第三人列为第三人。

——《最高人民法院关于适用〈中华人民共和国民事诉讼法〉的解释》（2022年4月1日修正）。

附录：最高人民法院主流观点

2012年民事诉讼法增加第三人撤销之诉后，就该诉讼当事人如何列入有不同的方式。实践中争议较大的问题有两个：一是按照普通诉讼列原告、被告，还是按照审判监督程序列为申请人与被申请人；二是原生效裁判的当事人是否全部列为第三人撤销之诉的对方当事人。其他国家和地区的做法也不同，如《法国民事诉讼法》第五百八十四条规定，若被攻击之判决涉及不可分之数人时，第三人撤销之诉亦应通知全部当事人到庭，始被准许。我国台湾地区“民事诉讼法”第五百零七条之一规定，得以两造为共同被告提起撤销之诉。

《民事诉讼法解释》明确规定，第三人撤销之诉的当事人按照诉讼案件的当事人来列，即原告和被告。原诉讼的当事人包括原告、被告、第三人，一般列为共同被告。例外的是生效判决、裁定、调解书中没有承担责任的无独立请求权的第三人列为第三人，这主要考虑不承担民事责任的无独立请求权的第三人如果列为被告，第三人撤销之诉作出的裁判，即使不让其承担民事责任，会存在仍有上诉权，但其实无上诉之利益的情形，所以应当排除其上诉，仍然列为第三人更为妥当。

——最高人民法院民法典贯彻实施工作领导小组办公室编著：《最高人民法院新民事诉讼法司法解释理解与适用》，人民法院出版社 2022 年版，第 654 页。

968. 第三人撤销之诉撤销判决与改变判决的关系

关键词

第三人撤销之诉　撤销原判　改判

最高人民法院司法解释

第二百九十八条　对第三人撤销或者部分撤销发生法律效力的判决、裁定、调解书内容的请求，人民法院经审理，按下列情形分别处理：

（一）请求成立且确认其民事权利的主张全部或部分成立的，改变原判决、裁定、调解书内容的错误部分；

（二）请求成立，但确认其全部或部分民事权利的主张不成立，或者未提出确认其民事权利请求的，撤销原判决、裁定、调解书内容的错误部分；

（三）请求不成立的，驳回诉讼请求。

对前款规定裁判不服的，当事人可以上诉。

原判决、裁定、调解书的内容未改变或者未撤销的部分继续有效。

——《最高人民法院关于适用〈中华人民共和国民事诉讼法〉的解释》（2022 年 4 月 1 日修正）。

附录：最高人民法院主流观点

关于撤销判决与改变判决的关系问题

虽然民事诉讼法第五十九条第三款规定，第三人撤销之诉的诉讼请求成立时，人民法院应当作出改变或者撤销判决，且改变排在撤销之前。这是否意味着，第三人撤销之诉应当以改变判决为主，或者改变判决和撤销判决可以任意选择适用？对此，应当把握以下几点。

（1）以撤销判决为原则。第三人撤销之诉，从性质上讲是形成之诉，这是共识。第三人撤销之诉的目的在于去生效判决、裁定、调解书中损害第三人合法民事权益的内容，从而保护第三人的合法民事权利。因此，在第三人撤销之诉的诉讼请求成立时，只要撤销原判决、裁定、调解书的相应内容即足以达成第三人撤销之诉的目的。如果将第三人其他民事权利主张与撤销诉讼请求合并审理，虽然有利于一次性解决纠纷，但势必造成第三人撤销之诉的审理内容更为繁杂，审理程序复杂，严重影响第三人撤销之诉的诉讼效率。另外，由于多数第三人撤销之诉是针对二审生效判决提起的，如果将第三人的其他民事权利主张合并审理，而且作为一审程序审理，实质上在审级上提了一级，这既会增加上级法院特别是最高人民法院和高级人民法院的审判压力，也不符合四级法院的职能定位。在本解释起草过程中，对这一问题基本形成了共识。就近两年司法实务情况来看，第三人提起撤销之诉时，除请求撤销之外，大多还提出了有关实体权利义务具体安排的请求，但法院仅判决撤销的却占据了压倒性的多数。目前发现有基层人民法院改变原审判决，直接对当事人实体权利义务作出安排的判决较为少见，绝大多数只是作出撤销判决。第三人撤销之诉的判决原则上只撤销前诉裁判文书的部分或全部内容，关于撤销后如何重新安排实体权利义务则要求第三人另行起诉解决，是一种相当合理的做法。

（2）改变判决的适用应当有严格的条件限制。首先，作出改变判决的，必须以第三人撤销诉讼请求为限。第三人没有请求改变原判决、裁定、调解书错误内容的，人民法院不得作出改变判决，只能作撤销判决。其次，第三人撤销之诉的诉讼请求改变原判决、裁定、调解书的内容，提出的独立的民事权利主张应当与撤销内容直接关联，即与原诉讼标的相关。如果是与原诉讼标的没有直接关系的新的民事权利主张，人民法院不宜一并审理。如原审将某物所有权判归原审原告，第三人主张其是该物的所有权人的，该权利主张实质上是第三人撤销之诉成立的基础，审理第三人撤销之诉时必须以确定第三人对该物的所有权为前提，于此情形下，可以在撤销原判决的同时，确认第三人对该物的所有权。如原审当事人之间就某买卖合同关系予以诉争，第三人以民法典第五百三十八条、第五百三十九条、第五百四十条规定的撤销权为由主张撤销原判决，同时提出请求原审当事人向其履行他们之间另一债权的，则不能认定两个债权之间直接关联而一并审理。

（3）适用改变判决时，可以根据原生效判决是一审生效判决和二审生效判决而有所区别。如果第三人撤销之诉是对一审生效判决提起的，对于第三人提出的民事权利主张，如果认为应当直接改变原审裁判文书全部或部分内容有必要的，可以直接作出改变判决。如此，当事人提起上诉后二审法院完全可以维持原判、改判或者发回重审，也不会带来审级方面的问题。如果第三人撤销之诉是对二审生效判决提起的，对第三人提出的新的民事权利主张，原则上可以仅作撤销判决，特殊情况作改变判决更为妥当。换言之，可以对民事诉讼法第五十九条第三款关于法院“改变”前诉裁判文书的规定作一定程度的限缩解释，即只有在原审当事人并未上诉，针对一审即生效的裁判文书而提起的第三人撤销之诉由前诉一审法院管辖的情况下，法院才可能作出改变原审裁判文书的判决。因为根据民事诉讼法第五十九条第三款关于管辖的规定，很多情况下是前诉二审法院作为一审法院，受理并审理第三人撤销之诉案件，如果决定撤销后直接就各方当事人的实体权利义务重新加以认定并作出安排，往往会带来审级上移和上级法院负担过重等弊端。如果法院仅仅判决撤销原审裁判文书，则不论上诉到哪个层级的法院，都可只就撤销与否作出判断，各方权利义务的重新安排则留待当事人向有管辖权的一审法院另行主张，这就不会产生管辖上移及增加上级法院负担等问题。当然，在这样的情形之下，如果法院认为确有必要在作出撤销裁判的同时直接重新安排当事人之间的权利义务，也可以考虑采用上文讨论过的裁定终结撤销之诉程序，作出对本案进行再审的裁定，并由审理撤销之诉的合议庭继续进行再审案件的实体审理这种做法。

——最高人民法院民法典贯彻实施工作领导小组办公室编著：《最高人民法院新民事诉讼法司法解释理解与适用》，人民法院出版社 2022 年版，第 658~659 页。

969. 第三人撤销之诉中，人民法院对调解书的撤销与改变

关键词

第三人撤销之诉　民事调解书

附录：最高人民法院主流观点

关于调解书的撤销与改变问题

民事诉讼法将调解书作为第三人撤销之诉的对象，主要考虑到调解书内容具有安排当事人之间民事权利义务的内容，一旦错误，也可能损害第三人的合法权益，特别是考虑到近年来当事人恶意串通损害第三人合法权益的案件数量有上升趋势，为保护第三人的实体权利，适用第三人撤销之诉是合理的。当然，这与我国台湾地区“民事诉讼法”规定第三人仅可以对判决提起撤销之诉不同。但调解书与判决是两种完全不同性质的法律文书，判决是法院以国家或地区名义作出的决定，是对案件事实和当事人主张审理后依法作出的判断；调解书是当事人自行处分民事权利义务的结果，其基础是当事人

之间的调解协议。调解书因损害第三人合法权益而被撤销具有合理性，但因损害第三人合法权益即在第三人撤销之诉中判决改变调解书的内容显然不妥：一则调解书内容是当事人之间的协议内容，判决则是法院决定内容，以法院决定代替当事人之间的协议内容，有违调解之当事人处分和自愿原则；二则调解协议往往是当事人之间对整体民事权利义务的一种安排，从保护第三人利益角度而言予以撤销足矣，再对原诉当事人之间的民事权利义务重新安排，不利于原诉当事人之间纠纷的解决。因此，对于调解书提起的第三人撤销之诉，原则上以撤销调解书为合理做法。

第三人撤销之诉请求成立时，撤销整个调解书自无疑问，但第三人仅请求撤销调解书部分内容的，人民法院能否判决撤销调解书的部分内容，则应当根据具体情况来处理。如果调解书的内容各部分不可分的，则不能只撤销调解书的部分内容，应当全部撤销调解书。如果调解书的内容可分，撤销部分后不影响其他部分继续有效的，人民法院可以撤销调解书的部分内容。

——最高人民法院民法典贯彻实施工作领导小组办公室编著：《最高人民法院新民事诉讼法司法解释理解与适用》，人民法院出版社 2022 年版，第 659~660 页。

970. 原诉讼当事人能否对第三人撤销之诉撤销或者改变的内容另行起诉

关键词

第三人撤销之诉　另行起诉　一事不再理

附录：最高人民法院主流观点

关于原诉讼当事人对被撤销或者改变的内容是否可以另行提起诉讼问题从《最高人民法院新民事诉讼法司法解释》第二百九十条第三款规定来

看，第三人撤销之诉判决撤销或者改变原判决、裁定、调解书以后，未撤销或者未改变的内容对原当事人继续有效，撤销或者改变的内容失去效力，如此就会带来一个问题：如果原诉当事人对被撤销或者改变的内容仍有民事争议，如何救济？是否允许另行提起诉讼？我们认为，对于第三人撤销之诉判决撤销的部分，如果因撤销判决而使其失去效力，当事人之间就该部分内容涉及的民事权利义务，符合民事诉讼法一百二十二条规定条件的，可以另行提起诉讼解决，不受“一事不再理”原则的限制。如果不符合民事起诉条件的，如原诉当事人恶意串通损害第三人合法权益的，原本即不存在可诉之利益，自无从另行起诉。对于第三人撤销之诉判决改变的内容，对第三人与原诉讼当事人具有法律上的效力，仅于原诉当事人之间也无法再行起诉。

——最高人民法院民法典贯彻实施工作领导小组办公室编著：《最高人民法院新民事诉讼法司法解释理解与适用》，人民法院出版社 2022 年版，第 660 页。

971. 第三人明知诉讼而放弃参加，在原判决生效后又起诉撤销的，人民法院应驳回其起诉

关键词

第三人放弃参加诉讼　判决生效　起诉撤销　驳回起诉

最高人民法院裁判文书

杨玉东与黑龙江盈通投资管理有限公司、哈尔滨恒达建筑工程有限公司第三人撤销之诉案［最高人民法院（2021）最高法民终 702 号民事裁定书］

裁判要旨：第三人撤销之诉制度旨在保护受错误生效裁判损害的未参加原诉的第三人的权益，只有在其无法通过诉讼程序维护其权益时，才有赋予第三人对生效裁判提起撤销之诉的必要。因此，第三人明知诉讼而不申请参加，且其不参加诉讼非因客观原因或其他不能归责于本人事由，在判决生效后又提起第三人撤销之诉的，应予驳回。

最高人民法院认为：第三人撤销之诉制度旨在保护受错误生效裁判损害的未参加原诉的第三人的权益，只有在其无法通过诉讼程序维护其权益时，才有赋予第三人对生效裁判提起撤销之诉的必要。《民诉法》第五十六条[①]及《民诉法司法解释》第二百九十二条规定了第三人撤销之诉的起诉条件。其中主体条件为《民诉法》第五十六条第一、二款规定的第三人，程序条件之一为“因不能归责于本人的事由未参加诉讼”。《民诉法司法解释》第二百九十五条还规定了“因不能归责于本人的事由未参加诉讼”的几种情形，包括不知道诉讼而未参加、申请参加诉讼未获准许、知道诉讼但因客观原因无法参加、其他不能归责于本人的事由未参加诉讼等。

本案中，杨玉东曾在对 496 号案案涉工程进行质量鉴定时形成的多份听证勘验记录的被申请人处进行了签字确认，并在现场勘验时作为恒达公司代

① 现为《民事诉讼法》（2021 年修正）第五十九条。

表签字并留下联系方式。在496号案一审判决作出前，恒达公司已向杨玉东提起3764号案诉讼，杨玉东在该案答辩中亦明确主张“因其承包的工程盈通公司与恒达公司存在496号案纠纷，杨玉东与恒达公司之间的账目也未能核算”，故可以认定杨玉东明确知道496号案诉讼。杨玉东虽上诉主张无法知晓并参加恒达公司与盈通公司建设工程施工合同纠纷案件，但与客观事实不符，本院依法不予采纳。杨玉东明知496号案诉讼而不申请参加诉讼，且其不参加该案诉讼亦非因客观原因或其他不能归责于本人的事由。在该案判决生效后，杨玉东又起诉撤销496号案生效判决，不符合第三人撤销之诉法定起诉条件。一审裁定驳回杨玉东的起诉，事实和法律依据充分，本院对杨玉东的上诉请求，依法不予支持。

——中国裁判文书网。

972. 再审审理程序与第三人撤销之诉程序并行时，再审审理程序吸收第三人撤销之诉程序

关键词

第三人撤销之诉　再审审理

最高人民法院司法解释

第二百九十九条　第三人撤销之诉案件审理期间，人民法院对生效判决、裁定、调解书裁定再审的，受理第三人撤销之诉的人民法院应当裁定将第三人的诉讼请求并入再审程序。但有证据证明原审当事人之间恶意串通损害第三人合法权益的，人民法院应当先行审理第三人撤销之诉案件，裁定中止再审诉讼。

——《最高人民法院关于适用〈中华人民共和国民事诉讼法〉的解释》（2022年4月1日修正）。

附录：最高人民法院主流观点

《民事诉讼法解释》第二百九十九条确立的原则是当再审审理程序与第三人撤销之诉程序并行时，再审审理程序吸收第三人撤销之诉程序。依照民事诉讼法的规定，第三人撤销之诉与当事人申请再审两种程序依法可以分别启动，相互之间并不影响。但第三人撤销之诉程序和再审程序都启动以后，由于两诉的对象为同一生效判决、裁定或者调解书，审理范围上就会交叉，如果完全独立进行，既可能会出现裁判矛盾的情况，也可能因另一诉讼标的发生变更而使诉讼变得不确定。同时对于当事人来说，同一诉讼对象却要同时

进行两个不同的程序，诉讼负担也会增大。因此，本解释明确规定如果第三人撤销之诉和当事人之间再审程序均启动的，通过诉的合并方式一次性解决两诉。对第三人而言，无论通过第三人撤销之诉，还是再审之诉，只要其权利得到充分救济，则无诉讼上的实质差异。而通过再审一揽子解决三方之争议，完全符合第三人权利保护以事前程序为主的原则，也符合纠纷解决彻底性的要求。

第一，再审审理吸收第三人撤销之诉，是以两个案件均已经受理为前提，即作出生效判决的人民法院受理了第三人撤销之诉，再审案件已经进入再审程序。如果第三人撤销之诉还没有立案，生效判决、裁定、调解书只是启动了再审审查程序，还没裁定再审的，均不发生案件合并的问题。裁定再审在前的，对第三人提起的撤销之诉，人民法院可以告知其申请参加再审程序；第三人坚持起诉的，人民法院可以在受理后再移送到再审案件一并审理。

第二，第三人撤销之诉请求并入再审程序审理，应当在再审裁判作出之前进行，而对于第三人撤销之诉审理的阶段，本解释没有明确规定。从实践来看，第三人撤销之诉在一审终结前并入再审程序没有问题，但在第三人撤销之诉一审判决已经作出后，是否还需要并入再审程序，值得进一步研究。人民法院可以根据案件的具体情况作出妥当的安排。

第三，第三人撤销之诉的诉讼请求并入再审程序一并审理的方式，如果属于同一法院审理的，可以通过诉的合并处理；如果分属不同法院审理的，第三人撤销之诉案件的审理法院应当作出裁定，将案件送交审理再审案件的人民法院。

第四，第三人撤销之诉的诉讼请求并入再审程序的例外，即有证据证明原诉当事人之间恶意串通损害第三人利益的情况，应当先行审理第三人撤销之诉案件，再审案件应当中止诉讼。

——最高人民法院民法典贯彻实施工作领导小组办公室编著：《最高人民法院新民事诉讼法司法解释理解与适用》，人民法院出版社 2022 年版，第 661~662 页。

973. 对驳回执行异议裁定不服，不能同时适用第三人撤销之诉与案外人申请再审

关键词

第三人撤销之诉　执行异议　案外人申请再审

最高人民法院司法解释

第三百零一条 第三人提起撤销之诉后，未中止生效判决、裁定、调解书执行的，执行法院对第三人依照民事诉讼法第二百三十四条规定提出的执行异议，应予审查。第三人不服驳回执行异议裁定，申请对原判决、裁定、调解书再审的，人民法院不予受理。

案外人对人民法院驳回其执行异议裁定不服，认为原判决、裁定、调解书内容错误损害其合法权益的，应当根据民事诉讼法第二百三十四条规定申请再审，提起第三人撤销之诉的，人民法院不予受理。

——《最高人民法院关于适用〈中华人民共和国民事诉讼法〉的解释》（2022 年 4 月 1 日修正）。

最高人民法院裁判文书

交通银行股份有限公司广西壮族自治区分行与广西越洋房地产开发有限公司、福建省闽鑫建设工程有限公司建设工程施工合同纠纷案［最高人民法院（2016）最高法民终 193 号民事裁定书］

最高人民法院认为，本案广西高院裁定不予受理的核心理由，是案外人选择执行异议途径后就不能再选择第三人撤销之诉。单纯从案外人申请再审和第三人撤销之诉两种救济途径区分的角度看，该理由无疑是正确的。民事诉讼法解释第三百零三条第二款中，确定的原则是案外人申请再审与第三人撤销之诉不得并行，只能择一途径行使权利，提出案外人执行异议即属于进入了案外人执行异议救济途径，无论是驳回执行异议裁定作出前还是作出后，均应受所选择的救济途径的约束。对此，上诉人交行广西分行的争辩理由不能成立。但该条规定适用的前提是，相关异议属于民事诉讼法第二百二十七条[①]规定的案外人异议。在第三人提出的异议不应归属于该条规定的案外人异议的情况下，民事诉讼法解释第三百零三条规定的途径限制即失去意义。这是本案也是执行异议领域的一个基础的案外人异议识别问题，即抵押权人主张优先受偿权的异议是否属于民事诉讼法第二百二十七条规定的案外人异议，对此一审裁定中并未予以考虑。

民事诉讼法第二百二十七条规定的案外人异议，与其字面所显示的意思有一定差别，并非案件当事人以外的人提出的涉及实体权利的异议都属于该条规定的异议。民事诉讼法解释第四百六十五条的规定表明，民事诉讼法第二百二十七条规定的案外人异议适用于“案外人对执行标的享有足以排除强制执行的权益”的情况。《最高人民法院关于适用〈中华人民共和国民事诉讼

① 现为《民事诉讼法》（2021 年修正）第二百三十四条。

法〉执行程序若干问题的解释》第十五条则更明确解释为：案外人异议是指其“对执行标的主张所有权或者有其他足以阻止执行标的转让、交付的实体权利”的情况。按照上述司法解释的规定，抵押权人对执行标的物的权利，虽然属于实体权利，但该权利是就标的物变价款优先受偿的权利，并不能阻止标的物的转让或者向受让人交付。抵押权人请求保护其优先受偿权，因未得到保护而提出执行异议的，不属于阻止或排除强制执行的异议。尽管对于抵押权人异议究竟按照第二百二十五条[①]还是第二百二十七条的规定处理仍不无进一步研究的余地，但如将其归属于案外人异议，则需要扩大目前司法解释对案外人异议界定的范围。在有明确司法解释要求按照民事诉讼法第二百二十七条审查处理抵押权的异议之前，仍应按照现行司法解释理解为通过第二百二十五条处理（当然在参与分配情况下可以通过分配方案异议程序解决）。一般情况下，通过民事诉讼法第二百二十五条的异议复议程序，也可以解决抵押权与工程款优先受偿权之间的法定优先顺位问题，只是因为本案涉及工程款债权人向抵押权人作出放弃优先受偿权的承诺问题，致使执行异议和复议程序难以承载对生效裁判确定工程款优先受偿权的内容正确与否进行审查的功能，而需要第三人撤销之诉提供更充分的程序保障。本案上诉人提出的执行异议申请书中，只是请求依法保护其优先受偿权，并未要求法院不得强制转让或交付执行标的物，更未明确选择民事诉讼法第二百二十七条的程序。钦州中院作出的〔2015〕钦执异字第 2 号执行裁定并未对该异议性质作出定论。该裁定虽然指引当事人就据以执行的调解书确定的工程款优先受偿权问题通过审判监督程序解决，但同时告知不服该裁定可以向广西高院申请复议，而复议是民事诉讼法第二百二十五条规定的程序。故可以认为该院实质上仍是按照第二百二十五条的规定进行的异议审查。既然该异议不应当归属于民事诉讼法第二百二十七条的案外人异议，从而抵押权人也不能依据该条进入审判监督程序，故不能限制其提起第三人撤销之诉。退一步说，如果认为按照现行司法解释将抵押权人的异议，尤其是本案这类与生效法律文书内容有关的异议，界定为执行行为异议不便于理解，则至多可以认为该种异议处于模糊地带，即既可以理解为民事诉讼法第二百二十五条的执行行为异议，也可以理解为第二百二十七条的案外人异议——钦州中院〔2015〕钦执异字第 2 号执行裁定中同时引用了民事诉讼法第二百二十五条和第二百二十七条，也反映了这种异议性质识别的困难。在尚不能准确清晰界定的情况下，则应当尊重抵押权人自己对于程序的选择，允许其自行选择第二百二十七条规定的申请再审程序和第三人撤销之诉程序，抵押权人未提出再审申请，而提起第三人撤销之诉的，应当受理。

---

① 现为《民事诉讼法》（2021 年修正）第二百三十二条。

——中国裁判文书网。

附录：最高人民法院主流观点

根据民事诉讼法第二百三十四条的规定，执行程序中，案外人对执行标的提出书面异议，对人民法院驳回其异议的裁定不服，认为原判决、裁定错误的，依照审判监督程序办理，明确规定了此种情况下，案外人享有申请再审的权利。如果该案外人又符合民事诉讼法第五十九条关于第三人撤销之诉的规定条件时，案外人是走第三人撤销之诉程序还是走再审程序？在研究过程中，曾有不同观点。一种观点认为，于此情形下，应当赋予当事人选择权。主要理由是：第一，民事诉讼法于此情形下明确规定了第三人撤销之诉和再审两种救济程序，都属于当事人的权利；第二，第三人撤销之诉与再审程序是两种不同的程序，各有其程序利益，如何适用，应由权利人自行选择。另一种观点认为，不宜由当事人选择，应当优先适用再审程序。主要理由是：第一，第三人撤销之诉是一般性规定，民事诉讼法第二百三十四条规定的再审程序是特别规定，特别规定应当优先于一般规定适用。第二，救济程序应当是有限的，原则上对同一情形只能适用同一救济程序。如果允许当事人选择，程序适用上将较为混乱，而且容易形成程序上的扯皮现象，反而不利于对案外人权益的保护。第三，再审程序相比第三人撤销之诉程序，具有一次性解决纠纷的制度优势，有利于提高纠纷的效率。在征求各地法院和专家学者意见时，多数意见也认为不宜由当事人选择适用程序，应当优先适用再审程序。

《民事诉讼法解释》第三百零一条综合了以上两种意见，明确规定按照启动程序的先后，当事人只能选择一种相应的救济程序，不能同时启动两种程序，一旦选定则不允许再审变更。先启动执行异议程序的，如果对驳回其执行异议裁定不服，按照民事诉讼法第二百三十四条的规定通过审判监督程序救济；先启动第三人撤销之诉程序的，即使第三人又在执行程序中提出执行异议，第三撤销之诉继续进行，第三人也不能再按照民事诉讼法第二百三十四条的规定申请再审，以提高诉讼效率，也便于当事人诉讼和法院审理案件。

审判实践中应当注意：关于第三人提起撤销之诉与依照民事诉讼法第二百三十四条规定申请再审的条件问题。《民事诉讼法解释》第四百二十一条对案外人依照民事诉讼法第二百三十四条规定申请再审的条件作了明确规定："根据民事诉讼法第二百三十四条规定，案外人对驳回其执行异议的裁定不服，认为原判决、裁定、调解书内容错误损害其民事权益的，可以自执行异议裁定送达之日起六个月内，向作出原判决、裁定、调解书的人民法院申请再审。"该规定关于申请再审的条件与第三人提起撤销之诉的条件相比，就实体条件而言，完全相同，都是生效裁判、裁定、调解书内容错误且损害第三人的民事权益；在程序条件上，两者有所不同，单就权利保护的期间看，申请再审的期间起算点始自人民法院驳回其执行异议裁定送达之日，较之于第三人撤销之诉的自知道或者应当知道生效判决、裁定、调解书内容错误损害其民事权益之日，更有利于第三人。就管辖法院来看，两类诉讼也完全相同。在审查两类案件时，在实体条件上应当注意保持完全一致。

——最高人民法院民法典贯彻实施工作领导小组办公室编著：《最高人民法院新民事诉讼法司法解释理解与适用》，人民法院出版社 2022 年版，第 663~664 页。

974. 案外人既有申请再审权利又符合第三人撤销之诉条件时不享有选择权

关键词

案外人　申请再审　选择权　第三人撤销之诉

最高人民法院司法政策精神

122.【程序启动后案外人不享有程序选择权】案外人申请再审与第三人撤销之诉功能上近似，如果案外人既有申请再审的权利，又符合第三人撤销之诉的条件，对于案外人是否可以行使选择权，民事诉讼法司法解释采取了限制的司法态度，即依据民事诉讼法司法解释第三百零三条[①]的规定，按照启动程序的先后，案外人只能选择相应的救济程序：案外人先启动执行异议程序的，对执行异议裁定不服，认为原裁判内容错误损害其合法权益的，只能向作出原裁判的人民法院申请再审，而不能提起第三人撤销之诉；案外人先启动了第三人撤销之诉，即便在执行程序中又提出执行异议，也只能继续进行第三人撤销之诉，而不能依《民事诉讼法》第二百二十七条申请再审。

——《最高人民法院关于印发〈全国法院民商事审判工作会议纪要〉的通知》（2019 年 11 月 8 日，法〔2019〕254 号）。

附录：最高人民法院主流观点

一是当事人既针对执行依据本身，同时也针对执行标的提出异议，如何处理？适用本条的前提是针对执行依据本身提起异议。当事人既针对执行依据，同时也针对执行标的提出异议的，如何处理？我们认为，应当向当事人释明，令其明确诉讼请求。如果是针对执行标的的，告知当事人提起执行异

① 现为《民事诉讼法》（2021 年修正）第二百三十四条。

议之诉。

二是案外人针对担保物权提出异议，其救济途径是案外人申请再审、第三人撤销之诉还是执行异议之诉？适用本条的前提是针对执行依据本身提起异议。司法实践中，争议比较大的问题是，担保物权等优先受偿权人在生效判决确认其优先权后，就其优先权客体依据生效裁判申请强制执行的情况下，案外人提出异议的，其救济途径是应当提起执行异议之诉还是申请再审。例如，消费者购房人针对抵押权生效判决提出异议的处理。此种情况下如系针对裁判本身提出异议，应申请再审或者提起第三人撤销之诉，比如认为抵押权不成立、无效或者抵押权设立是虚假的，此时，案外人挑战的是判决本身，应当申请再审或者提起第三人撤销之诉。反之，案外人如果不挑战判决本身，认可抵押权的存在，仅仅认为从顺位上其应当排在抵押权前面，系针对执行标的提出的异议，应提起执行异议之诉，而非申请再审或者提起第三人撤销之诉。

三是同时符合当事人申请再审条件与第三人撤销之诉条件，如何处理？此时，当事人申请再审与第三人撤销之诉均受理，但一般原则可再审优先处理，即再审审理程序与第三人撤销之诉程序并行时，再审审理程序吸收第三人撤销之诉程序。民事诉讼法司法解释第三百零一条规定："第三人撤销之诉案件审理期间，人民法院对生效判决、裁定、调解书裁定再审的，受理第三人撤销之诉的人民法院应当裁定将第三人的诉讼请求并入再审程序。但有证据证明原审当事人之间恶意串通损害第三人合法权益的，人民法院应当先行审理第三人撤销之诉案件，裁定中止再审诉讼。"从上述规定看，第三人撤销之诉与当事人申请再审两种程序依法分别可以起诉，相互之间并不影响。但第三人撤销之诉与当事人申请再审程序都启动后，由于两诉的对象为同一生效判决、裁定或者调解书，审理范围上就会交叉，如果完全独立进行，则可能会出现裁判矛盾的情况，同时对于当事人来说，就同一诉讼对象却要同时进行两个不同的程序，诉讼负担会增大。所以解释明确规定如果两个程序均启动的，通过诉的合并方式来一次性解决两个诉。再审吸收第三人撤销之诉，以两个案件均受理为前提。如果第三人撤销之诉还没有立案，或者当事人申请再审仅仅进入审查阶段还没有裁定再审，均不发生合并的问题。第三人撤销之诉请求并入再审程序审理，应当在再审裁判作出之前进行。第三人撤销之诉在一审终结前并入再审的，没有什么问题。但第三人撤销之诉一审判决已经作出，其是否还需要并入再审程序，值得进一步研究。并入的例外，即有证据证明原诉当事人之间存在恶意串通损害第三人利益的情况，此时应当先行审理第三人撤销之诉，再审案件应当中止诉讼。

——最高人民法院民事审判第二庭编著：《〈全国法院民商事审判工作会议纪要〉理解与适用》，人民法院出版社 2019 年版，第 619~620 页。

975. 案外人申请再审与第三人撤销之诉竞合后如何适用

关键词

案外人申请再审　第三人撤销之诉　诉权竞合

最高人民法院裁判文书

海南中建六局建设有限公司与中国东方资产管理股份有限公司海南省分公司等债权人撤销权纠纷案［最高人民法院（2022）最高法民申353号民事裁定书］

裁判要旨：案外人提起执行异议且执行异议被人民法院裁定驳回，案外人不服该裁定，认为原裁判错误的，只能对原裁判申请再审，不能再提起第三人撤销之诉，但设置"不服执行裁定"条件的主要目的在于限制当事人程序启动后的选择权，并不能就此反推若案外人提出执行异议被法院支持，认可执行裁定，就可以提起第三人撤销之诉。在后一种情形下，若案外人认为原裁判错误的，基于程序的一贯性，由其对原裁判申请再审更符合案外人权利救济制度各自的功能定位，更好地衡平保护各方主体的合法权益。

最高人民法院认为：本案中，中建六局公司能否提起第三人撤销之诉，直接关涉案外人权利救济不同途径的协调问题，这也是民事诉讼制度中的一项重要内容。《中华人民共和国民事诉讼法》在2012年修正前，案外人权利救济途径包括案外人执行异议之诉和案外人申请再审程序；2012年修正后，案外人权利救济新增加了第三人撤销之诉制度。就第三人撤销之诉和执行程序中案外人申请再审竞合时的处理，《最高人民法院关于适用〈中华人民共和国民事诉讼法〉的解释》（2020年修正）第三百零三条规定："第三人提起撤销之诉后，未中止生效判决、裁定、调解书执行的，执行法院对第三人依照民事诉讼法第二百二十七条[①]规定提出的执行异议，应予审查。第三人不服驳回执行异议裁定，申请对原判决、裁定、调解书再审的，人民法院不予受理。案外人对人民法院驳回其执行异议裁定不服，认为原判决、裁定、调解书内容错误损害其合法权益的，应当根据民事诉讼法第二百二十七条规定申请再审，提起第三人撤销之诉的，人民法院不予受理。"《全国法院民商事审判工作

---

① 现为《民事诉讼法》（2021年修正）第二百三十四条。

会议纪要》第一百二十二条对此作了进一步的阐释："案外人申请再审与第三人撤销之诉功能上近似，如果案外人既有申请再审的权利，又符合第三人撤销之诉的条件，对于案外人是否可以行使选择权，民事诉讼法司法解释采取了限制的司法态度，即依据民事诉讼法司法解释第三百零三条的规定，按照启动程序的先后，案外人只能选择相应的救济程序：案外人先启动执行异议程序的，对执行异议裁定不服，认为原裁判内容错误损害其合法权益的，只能向作出原裁判的人民法院申请再审，而不能提起第三人撤销之诉；案外人先启动了第三人撤销之诉，即便在执行程序中又提出执行异议，也只能继续进行第三人撤销之诉，而不能依《民事诉讼法》第二百二十七条申请再审。"由此，执行程序中案外人"对执行异议裁定不服，认为原裁判内容错误损害其合法权益"的，只能对原裁判申请再审，但是前述规定并没有对案外人先启动执行异议程序、执行异议并获人民法院支持情形下，案外人认为原裁判内容错误损害其合法权益，能否提起第三人撤销之诉或者是否只能申请再审作出明确的指引。

"无救济则无权利"，有权利就要有救济，但救济也应适度，避免"过犹不及"。实际上，第三人撤销之诉与案外人申请再审均是保护案外人合法权益的救济制度和对原裁判效力稳定性挑战的纠错机制，二者在功能上和保护的主体范围上均有一定的重合。在第三人撤销之诉与执行程序中案外人申请再审竞合的情形下，案外人只可根据启动程序先后择一适用，另一程序则被限制适用，否则将容易导致当事人权利的滥用和司法资源的浪费。基于前述司法解释规定，案外人提起执行异议且执行异议被人民法院裁定驳回，案外人不服该裁定，认为原裁判错误的，只能对原裁判申请再审，不能再提起第三人撤销之诉，但设置"不服执行裁定"条件的主要目的在于限制当事人程序启动后的选择权，并不能就此反推若案外人提出执行异议被法院支持，认可执行裁定，就可以提起第三人撤销之诉。在后一种情形下，若案外人认为原裁判错误的，基于程序的一贯性，由其对原裁判申请再审更符合案外人权利救济制度各自的功能定位，更好地衡平保护各方主体的合法权益。本案中，（2003）海中法民二初字第59号民事判决进入执行程序后，中建六局公司认为该裁判内容错误损害其合法权益，优先选择依据《中华人民共和国民事诉讼法》第二百二十七条的规定提出执行异议，而没有依据《中华人民共和国民事诉讼法》第五十六条[①]的规定提起第三人撤销之诉。中建六局公司在其执行异议被支持，执行法院裁定中止执行后，申请执行人东方资产海南公司不服该裁定提起执行异议之诉。在此情况下，中建六局公司又针对（2003）海中法民二初字第59号民事判决提起第三人撤销之诉，二审法院基于"程序启

① 现为《民事诉讼法》（2021年修正）第六十二条。

动后案外人不享有程序选择权”的精神，释明其应依法申请再审，裁定驳回其在本案中的起诉，适用法律并无明显不当。而且在前述执行异议之诉案中，中建六局公司可依据本院（1994）民上字第 14 号民事判决继续主张其对案涉 9 幢、11 幢别墅享有的实体权益，其相应的诉讼权利在该程序中亦可得到相应的保障。

至于中建六局公司申请再审提交的本院（2018）最高法民申 2973 号民事裁定书、（2019）最高法民申 3938 号民事裁定书作为类案佐证其主张的问题。经查，该两案文书所载内容并未明确案外人是否启动了执行异议程序，执行法院是否作出了执行裁定，以及案外人是否认可执行裁定，故无法判断该两案与本案是否具有可类比性。

——中国裁判文书网。

976. 案外人救济程序中的案外人申请再审与第三人撤销之诉只能择一行使

关键词

执行异议　案外人申请再审　第三人撤销之诉　择一行使

最高人民法院裁判文书

李照亮等 37 人第三人撤销之诉案［最高人民法院（2021）最高法民终 525 号民事裁定书］

裁判要旨：案外人申请再审与第三人撤销之诉功能上近似，两者排他适用。在案外人既有申请再审的权利，又符合第三人撤销之诉的条件时，若先行启动了执行异议程序，对执行异议裁定不服，认为原裁判内容错误损害其合法权益的，只能向作出原裁判的人民法院申请再审，而不能再提起第三人撤销之诉。

最高人民法院认为：《最高人民法院关于适用〈中华人民共和国民事诉讼法〉的解释》第三百零三条规定：“第三人提起撤销之诉后，未中止生效判决、裁定、调解书执行的，执行法院对第三人依照民事诉讼法第二百二十七条[①]规定提出的执行异议，应予审查。第三人不服驳回执行异议裁定，申请对原判决、裁定、调解书再审的，人民法院不予受理。案外人对人民法院驳回

① 现为《民事诉讼法》（2021 年修正）第二百三十四条。

其执行异议裁定不服，认为原判决、裁定、调解书内容错误损害其合法权益的，应当根据民事诉讼法第二百二十七条规定申请再审，提起第三人撤销之诉的，人民法院不予受理。”依据此条司法解释规定，如果案外人既有申请再审的权利，又符合第三人撤销之诉的条件，案外人先启动执行异议程序的，对执行异议裁定不服，认为原裁判内容错误损害其合法权益的，只能向作出原裁判的人民法院申请再审，而不能提起第三人撤销之诉。本案李照亮等 37 人以无锡中院（2018）苏 02 民初 313 号民事判决和江苏高院（2019）苏民终 742 号民事判决对案涉债权权利主体认定错误，侵害了其合法权益为由，于 2020 年 12 月 2 日向江苏高院提起第三人撤销之诉。而在上有公司申请执行（2018）苏 02 民初 313 号民事判决的执行程序中，李照亮等 37 人已于 2020 年 7 月 27 日向无锡中院提出书面执行异议，对此，无锡中院已于 2020 年 12 月 29 日作出执行裁定，驳回了李照亮等 37 人的执行异议申请。虽然在李照亮向江苏高院提起本案诉讼时，无锡中院尚未对李照亮等 37 人的执行异议作出裁定，但因李照亮等 37 人启动执行异议程序在先，且无锡中院也已对李照亮等 37 人的执行异议作出裁定，根据上述司法解释规定，如李照亮等 37 人对执行异议裁定不服，认为作为执行依据的（2018）苏 02 民初 313 号和（2019）苏民终 742 号民事判决损害其合法权益，其应当根据《中华人民共和国民事诉讼法》第二百二十七条的规定申请再审，而不能提起第三人撤销之诉。因此，一审法院对李照亮等 37 人提起的第三人撤销之诉裁定不予受理，并无不妥。

——中国裁判文书网。

977. 第三人撤销之诉中不对原审当事人的诉讼请求进行处理

关键词

第三人撤销之诉　诉讼请求　原审当事人

最高人民法院公报案例

于忠民与田胤先、刘颖房屋所有权确认纠纷案（上海市第二中级人民法院民事判决书）

裁判摘要：第三人撤销之诉的目的在于撤销原判决中对该第三人不利的部分。与再审程序不同，第三人撤销之诉中不对原审当事人的诉讼请求进行处理。

法院认为：系争房屋是被上诉人田胤先在与被上诉人于忠民夫妻关系存续期间购买，田胤先对于系争房屋的处置未征得于忠民的同意，影响于忠民对系争房屋的民事权益。在（2012）嘉民三（民）初字第504号民事诉讼中，田胤先、上诉人刘颖未告知原审法院于忠民已就系争房屋向大连中院提起诉讼，导致于忠民因不能归责于本人的事由未能参加该案诉讼。于忠民提供的田胤先出具的证明、购房过程说明以及大连中院、辽宁高院的诉讼过程等证据能够证明已经发生法律效力的（2012）嘉民三（民）初字第504号民事判决书内容错误，损害其民事权益。于忠民请求撤销该判决的诉请，依法应予支持。

——《最高人民法院公报》2018年第7期。

978. 第三人作为委托诉讼代理人参与他人诉讼但未申请作为第三人参加诉讼，另行提起第三人撤销之诉的，应裁定驳回起诉

关键词

驳回起诉　委托诉讼代理人　第三人撤销之诉

最高人民法院审判业务意见（民一庭意见）

最高人民法院民一庭意见：第三人作为委托诉讼代理人参与他人诉讼，表明其知道他人诉讼。在此情况下，第三人不能证明其申请参加诉讼未获准许或者因客观原因不能参加诉讼的，其所提起撤销之诉不符合法律规定的条件，人民法院应裁定不予受理，已经受理的，应裁定驳回起诉。

附：案情简介

王某合与王某兰系夫妻关系，二人育有王某东、王某、王某旺三名子女。

2001年5月，王某兰和王某合以交纳首付的形式购买一套房屋，并将房屋登记在王某东名下。2003年7月3日，原北京市朝阳区国土资源和房屋管理局向王某东颁发《房屋所有权证》，所有权证载明案涉房屋为王某东一人所有。

2006年6月至2007年12月31日，案涉房屋先由王某向外出租，后由王某东向外出租至今。2014年2月25日，王某兰去世。2014年5月，王某旺因与王某合、王某东、王某因法定继承纠纷诉至平谷法院。2014年6月26日，王某东与康某登记结婚。2014年12月25日，王某东和康某共同申请办理案涉房屋所有权转移登记，当日康某领取了案涉房屋的《房屋所有权证》。2015年1月5日，王某东与康某登记离婚。王某旺提起法定继承纠纷诉讼之

后，康某作为王某东委托诉讼代理人参与诉讼。平谷法院于2015年3月27日作出（2014）平民初字第03742号民事判决，认定案涉房屋虽然登记在王某东名下，但不是王某东的个人财产，而系王某兰、王某合、王某东、王某共有。法院依法分割共有物，确定案涉房屋由王某合享有二十分之十的份额、王某东享有二十分之五的份额、王某享有二十分之三的份额、王某旺享有二十分之二的份额。王某东不服上诉至北京三中院。北京三中院于2015年9月10日作出（2015）三中民终字第8000号民事判决：驳回上诉，维持原判。王某东向北京高院申请再审。北京高院于2016年5月20日作出（2016）京民申514号民事裁定：驳回王某东的再审申请。康某不服北京三中院（2015）三中民终字第8000号民事判决，向该院提起第三人撤销之诉。

——最高人民法院民一庭：《第三人作为委托诉讼代理人参与他人诉讼但未申请作为第三人参加诉讼，另行提起第三人撤销之诉的，应裁定驳回起诉》，载最高人民法院民事审判第一庭编：《民事审判指导与参考》2018年第3辑（总第75辑），人民法院出版社2018年版，第206~211页。

979. 一般性债的利益不属于第三人撤销之诉所保护的民事权益范围

关键词

第三人撤销之诉　民事权益范围　生效裁判文书

最高人民法院审判业务意见

根据《民事诉讼法》第五条第三款之规定，第三人撤销之诉的成立需要满足的重要实体性条件之一即为已生效裁判文书损害第三人的民事权益。上述受侵害的“民事权益”，通常是指原《侵权责任法》第二条规定的民事权益（该条在《民法典》颁布施行后，主要是指《民法典》第五章规定的民事权利），主要包括生命权、健康权、姓名权、名誉权、荣誉权、肖像权、隐私权、婚姻自主权、监护权、所有权、用益物权、担保物权、著作权、专利权、商标专用权、发现权、股权、继承权等人身、财产权益。此外，根据《九民会议纪要》，法律明确规定给予特别保护的债权，可以适用第三人撤销之诉，包括：（1）第三人受到法律明确给予特殊保护的债权受到损害，如《合同法》第二百八十六条[①]规定的建设工程价款优先权，

《海商法》第二十二条规定的船舶优先权；（2）第三人的普通债权受到损

① 对应《民法典》第八百零七条。

害，但侵害其债权的是第三人依法可以行使撤销权的原裁判文书主文确定的债权，如《合同法》第七十四条[①]规定的债权，《企业破产法》第三十一条、第三十二条规定的债权。对于普通金钱债权，为维护生效裁判的稳定性和权威性，原则上不适用第三人撤销之诉，除非第三人有证据证明，原裁判文书主文确定的债权内容部分或者全部虚假。

——姜伟主编、最高人民法院第四巡回法庭编：《最高人民法院第四巡回法庭疑难案件裁判要点与观点》，人民法院出版社 2020 年版，第 344~345 页。

980. 第三人撤销之诉的被告不能提起反诉

关键词

第三人撤销之诉　反诉

最高人民法院审判业务意见

第三人撤销之诉作为一种事后救济程序，是为了保护因客观原因未参加前诉讼程序而受生效裁判损害的第三人的权利而设立的制度。因不能归责于本人的事由未参加前诉讼程序第三人和无独立请求权第三人，有证据证明发生法律效力的判决、裁定、调解书的部分或者全部内容错误，损害其民事权益的，可以提起第三人撤销之诉。第三人提起撤销之诉时，应当将该第三人列为原告，相对应的，生效裁判文书的当事人应列为被告，可提出原生效判决正确、未损害第三人合法权益的抗辩。

一、第三人撤销之诉的被告对于原告要求撤销原生效裁判主张的否定不适宜适用反诉制度解决

所谓反诉，是指在已经开始的诉讼程序中，被告向本诉的原告提出的一种独立的反请求，目的是抵消或者吞并原告的诉讼请求。如果反诉成立，必然引起诉的合并，使本诉原告的诉讼请求失去依据而自然抵销。而第三人撤销之诉的原告之所以提起该诉，意在请求法院撤销之前所作出的确定生效裁判从而改变之前诉讼法律关系状态，因此该诉原告胜诉时所取得的诉讼结果是撤销原生效裁判，而非动摇原生效裁判之诉中所涉及的法律关系。此时，第三人撤销之诉中的被告只需提出原生效判决正确、未损害第三人合法权益的抗辩，不可能对原告提出与之对应的反请求。

二、第三人撤销之诉的被告提起反诉难以符合反诉的法定条件

《民事诉讼法司法解释》第二百三十三条第一款、第二款规定："反诉的

---

① 对应《民法典》第五百三十八条、第五百三十九条，且在内容上有所增加。

当事人应当限于本诉的当事人的范围。反诉与本诉的诉讼请求基于相同法律关系、诉讼请求之间具有因果关系，或者反诉与本诉的诉讼请求基于相同事实的，人民法院应当合并审理。”根据该规定，被告提起反诉应当具备主体要件和实质要件。首先，主体要件就是反诉应由本诉的被告向本诉的原告提出，不能向原告以外的人提其反诉，换言之，反诉与本诉并存于同一诉讼程序中，使双方当事人都同时居于原告与被告的双重诉讼地位。无论是提起反诉的主体，还是反诉的对象，如果超越了本诉当事人的范围，均不能构成反诉。其次，实质要件是指反诉与本诉在诉讼标的及请求上有法律上或事实上的牵连关系。只有具备了这种牵连性，反诉与本诉才能够相互排斥、抵消或吞并，反诉才能成立，因而反诉成立的实质条件就是决定被告提出的反请求是否属于反诉范畴的条件。

三、第三人撤销之诉被告提起的反请求不能引起诉的合并，不符合诉讼经济的立法目的

诉的合并，是指法院将两个或两个以上彼此之间有牵连的诉合并到一个诉讼程序中审理和裁判的制度。通常来说，当事人之间各个独立的诉讼能够合并审理需要具备“三个同一”的条件，即同一事实、同一种类法律关系、同一主体。《民事诉讼法》第一百四十条[①]规定：“原告增加诉讼请求，被告提出反诉，第三人提出与本案有关的诉讼请求，可以合并审理。”可见，当被告提出的反请求与本诉的诉讼请求之间基于相同法律关系、诉讼请求之间具有因果关系，或者反诉与本诉的诉讼请求之间基于相同事实的，即本诉与反诉之间存在着必然联系，这种必然联系是诉的合并的原因所在，也是反诉成立应具备的客观条件。人民法院就可以将二者合并审理，实现诉的合并。诉的合并，有助于简化诉讼程序，实现诉讼经济，也可以防止生效裁判之间的矛盾，这也是反诉制度设置的主要目的。

——姜伟主编、最高人民法院第四巡回法庭编：《最高人民法院第四巡回法庭疑难案件裁判要点与观点》，人民法院出版社 2020 年版，第 369~371 页。

981. 提起撤销之诉的案外人不能充分证明生效判决、裁定、调解书确实存在错误且损害其民事权益的，应当驳回诉讼请求

关键词

撤销之诉　案外人

① 现为《民事诉讼法》（2021 年修正）第一百四十三条。

最高人民法院公报案例、最高人民法院裁判文书

海南南洋房地产有限公司、海南成功投资有限公司与南洋航运集团股份有限公司等第三人撤销之诉案［最高人民法院（2019）最高法民终 712 号民事判决书］

裁判摘要：第三人撤销之诉的制度功能，是为因不可归责于本人的事由未能参加诉讼，而生效判决、裁定、调解书存在错误且损害其民事权益的案外人提供救济。实践中，既要依法维护案外人的正当权利，也要防止滥用第三人撤销之诉导致损害生效裁判的稳定性。提起撤销之诉的案外人不能充分证明生效判决、裁定、调解书确实存在错误且损害其民事权益的，应当驳回诉讼请求。

最高人民法院认为，本案属于第三人认为当事人恶意串通进行诉讼、损害其利益而提起的第三人撤销之诉。因郑耀南、高俪珍系台湾地区居民，本案为涉台民事纠纷。各方当事人对一审法院适用大陆法律解决本案争议无异本院认为，根据当事人的上诉请求和答辩意见，本案二审的争议焦点为：原审对南洋房地产公司不享有案涉土地使有权的认定是否正确；陈霖与海南成功公司、南洋航运公司之间的 200 万元借款是否真实存在。

一、关于南洋房地产公司是否享有案涉土地使有权的问题。本院认为，根据 1988 年 12 月 29 日修正的《中华人民共和国土地管理法》第九条第二款“全民所有制单位、集体所有制单位和个人依法使用的国有土地，由县级以上地方人民政府登记造册，核发证书，确认使用权”以及 1998 年 8 月 29 日修订的《中华人民共和国土地管理法》第十一条第三款“单位和个人依法使用的国有土地，由县级以上人民政府登记造册，核发证书，确认使用权”的规定，依法使用国有土地均要在县级以上人民政府办理登记手续并办理相关证书确认土地使用权。首先，本案中，南洋房地产公司并未提供已交纳案涉土地出让金，以及办理了案涉土地国有土地使用权证的相关证据，而其提交的“1994 年 3 月 31 日海南省东方黎族自治县人民政府同意将包含案涉土地在内的土地出让给海南南洋船务房地产公司的东府复〔1994〕26 号文，以及 1994 年 4 月 3 日海南省东方黎族自治县土地管理局与海南南洋船务房地产公司签订的《东方黎族自治县成片开发土地使用权出让合同》”，并不能充分证明已拥有案涉土地使用权。第二，海南省东方市人民政府在南洋房地产公司起诉海南省东方市人民政府为陈霖颁证行政诉讼一案中，明确表示案涉土地使用权属南洋航运公司所有，其提交的《征（拨）土地协议书》，只能证明海南南洋船务房地产公司曾为开发项目签订过征用土地的协议，不足以证明案涉土地已由南洋房地产公司征购。而南洋房地产公司提交的 1997 年 1 月 22 日的“6 号付款凭证”和 1997 年 4 月 30 日的“付款 6 号凭证”，均为海南南洋船务实业股份有限公司的付款凭证，并不能证明该付款凭证载明的征地款是为案涉土地所付。第三，因案涉土地为国有出让土地，即使海南南洋船务房地产公司曾经征购并支付征地款，但因征地款和国有土地出让金性质不同，海南南洋船务房地产公司支付案涉土地征地款，也不能代替交纳案涉土地出让金，故南洋房地产公司以“已缴纳了土地征地款来主张享有案涉土地使用权”以及海南成功公司“案涉土地开发整理的时间为 1994 年至 1997 年间，当时国有土地开发流程不及目前完善、有序，未取得土地使用权证不应作为排除南洋房地产公司对案涉土地合法权益”的上诉理由，均不能成立。第四，本案已查明，1997 年 3 月 8 日，海南南洋船务房地产公司经工商部门核准变更为“海南南洋船务实业股份有限公司房地产公司”，成为“海南南洋船务实业股份有限公司的分公司”，丧失了独立法人资格，涉及该公司的所有债权债务应全部归属于其母公司“南洋船务实业股份有限公司”以及变更名称后的“南洋航运公司”。即使“海南南洋船务房地产公司”享有案涉土地的使用权，在其丧失法人资格后，该使用权亦由南洋航运公司享有。第五，2001 年 8 月 13 日，南洋航运公司货币出资 40 万元人民币和海南成功公司货币出资 1960 万元人民币成立了南洋房地产公司。南洋航运公司仅以 40 万元人民币出资，并未将案涉土地使用权或者相应的其他权利作为对南洋房地产公司的出资。第六，本案也已查明，案涉土地并非南洋房地产公司 2001 年设立时的资产，南洋房地产公司和海南成功公司并未提供证据证明南洋房地产公司此后获得案涉土地使用权，而且，审计报告显示南洋航运公司账面上无案涉土地所有权与南洋房地产公司享有案涉土地使用权之间也不存在因果关系，故上诉人南洋房地产公司和海南成功公司主张“根据审计报告和年度报告，截至 2001 年底南洋航运公司账面上并无土地使用权等无形资产，案涉土地的使用权属于南洋房地产公司所有”的上诉理由，亦不能成立。综上，原审认定南洋房地产公司对案涉土地不享有使用权并无不当，上诉人南洋房地产公司和海南成功公司关于原审认定其对案涉土地不享有使用权错误的理由均不能成立。

二、关于陈霖与海南成功公司、南洋航运公司之间的 200 万元借款是否真实存在的问题。本院认为，本案为第三人撤销之诉，而南洋房地产公司不是上述借款关系的当事人，该借款关系是否属实亦不是本案撤销之诉的审理范围，但原审法院本着客观公正的原则，亦对陈霖与海南成功公司、南洋航运公司之间的 200 万元借款是否真实进行了查证。经查，海南成功公司和南洋航运公司于 2002 年 5 月 15 日向陈霖出具借据，载明借款关系发生的事实及相应担保措施，并加盖“海南成功公司财务专用章”及“南洋航运公司公章”。虽然“范运海”的签名经鉴定非其本人所签，但海南成功公司在其借据上加盖“财务专用章”的行为，应视为海南成功公司对该借据效力的认可。此外，湖北省高级人民法院作出并已发生法律效力的（2015）鄂民监三再终字第 00008 号民事判决据此认定该借据真实。南洋房地产公司、海南成功公司、南洋航运公司均认为 200 万元的借款不真实，海南成功公司称未收到 200 万元借款，但陈霖在庭审中陈述，当时系因海南成功公司、南洋航运公司被监管部门要求退市，其资金账户全部被冻结，按原海南成功公司的董事长范运海的要求将 200 万元现金分三次交给了范运海。结合南洋房地产公司、海南成功公司、南洋航运公司提交的相关证据，可以证实在陈霖陈述的付款期间，海南成功公司、南洋航运公司确实存在资产重组的问题，而且，海南成功公司、南洋航运公司也未提供相反证据推翻陈霖的陈述，亦不足以证明本案存虚假诉讼的情形，故原审法院认定 200 万元借款真实并无不当。南洋房地产公司和海南成功公司关于陈霖在接受海南省公安厅调查时对借款事实的陈述先后不一致的问题，因该口供未得到有关司法机关的确认，海南省公安厅亦未基于上述调查对该笔借款事实作出否定判断进而对陈霖展开刑事追诉，故原审法院对上述口供的真实性不予认可亦无不当。关于海南成功公司主张的陈霖对包括其口供在内的第八组证据的真实性无异议的上诉理由。经查，原审庭审时陈霖的代理人张荣有对该组证据的真实性予以认可，但并非对证据内容的认可，故此项上诉理由不能成立。从第三人撤销之诉制度功能来看，主要是为了保护受错误生效裁判损害的未参加原诉的第三人的权益。同时，在司法实践中，也要防止滥用该项诉权，损害生效裁判的稳定性。南洋房地产公司主张湖北省高级人民法院（2015）鄂民监三再终字第 00008 号民事判决书内容错误，损害其民事权益，应当提供证据证明该判决的结果错误，且该错误损害其民事权益。人民法院对案涉 200 万元借款是否真实已经过多次审理，湖北省高级人民法院作出了（2015）鄂民监三再终字第 00008 号民事判决书认定案涉借款真实，而南洋房地产公司和海南成功公司并未提交足以推翻原判决的证据，故对其案涉 200 万元不真实的上诉理由，本院亦不支持。

——《最高人民法院公报》2020 年第 9 期。

982. 再审审查中发现第三人撤销之诉不符合起诉条件的处理

关键词

再审审查　第三人撤销之诉　起诉条件　主体资格

最高人民法院审判业务意见（第一巡回法庭民商事主审法官会议纪要）

原诉审理的是乙公司股东之间或者乙公司股东与乙公司之间的法律关系，解决的是登记在B名下的乙公司持有的75%股权的归属问题，属于确认之诉。而丙公司原系乙公司的股东，D作为丙公司的股东，与乙公司股东以及乙公司之间，均无直接的法律关系。原诉判决不论判令乙公司股权由A或B持有，均不会对D的民事权益产生影响。D并非原诉有独立请求权的第三人或无独立请求权的第三人，不具有针对原诉提起第三人撤销之诉的主体资格。而且，第三人是否具备提起第三人撤销之诉的主体资格，属于人民法院依职权应主动审查的范围，在第三人不具备提起第三人撤销之诉的主体资格，而原诉判决又对案件作出实体处理的情形下，应对原诉进行再审，并依法裁定驳回原告的起诉。

附：案情简介

甲公司持有乙公司90%的股权，后甲公司与自然人A签订《股权转让协议书》，约定甲公司将其持有的乙公司70%的股权转让给A，并由A指定的B代为持有。A向甲公司支付股权转让款，甲公司依约将其持有的乙公司70%的股权变更登记至A指定的B名下。此后，丙公司与A签订《股权转让协议书》，约定丙公司将其持有的乙公司5%的股权转让给A，并由A指定的B代为持有。A向丙公司支付股权转让款，丙公司亦依约将其持有的乙公司5%的股权变更登记至A指定的B名下。后A以B是名义出资人、名义股东为由，将B及甲公司、乙公司、丙公司和C起诉至人民法院。人民法院经审理后，判决B将其持有的乙公司75%的股权份额返还给A，并协助A办理该部分股权的变更登记手续。该案经二审审理，上述判决发生法律效力。后丙公司股东D以丙公司将持有的乙公司股权转让事宜未经股东会议表决、股权转让二审生效判决认定事实错误，侵害D的合法权益为由，向人民法院提起第三人撤销之诉，请求撤销股权转让二审生效判决。

——最高人民法院第一巡回法庭编著：《最高人民法院第一巡回法庭民商事主审法官会议纪要（第1卷）》，中国法制出版社2020年版，第120~121页。

983. 提起第三人撤销之诉的程序条件中如何认定“自知道或者应当知道其民事权益受到损害之日起六个月内”的起算

关键词

第三人撤销之诉　起诉期间

最高人民法院指导性案例、最高人民法院公报案例、最高人民法院裁判文书

永安市燕诚房地产开发有限公司诉郑耀南、远东（厦门）房地产发展有限公司等第三人撤销之诉案［最高人民法院指导案例 153 号、最高人民法院（2017）最高法民终 885 号民事裁定书］

裁判要点：债权人对确认债务人处分财产行为的生效裁判提起第三人撤销之诉的，在出现债务人进入破产程序、无财产可供执行等影响债权人债权实现的情形时，应当认定债权人知道或者应当知道该生效裁判损害其民事权益，提起诉讼的六个月期间开始起算。

最高人民法院认为：根据民事诉讼法第五十六条[①]第三款的规定，第三人可以自知道或者应当知道其民事权益受到损害之日起六个月内，向人民法院提起诉讼。该六个月起诉期间的起算点，为当事人知道或者应当知道其民事权益受到损害之日。本案中，在远东厦门公司有足够资产清偿所有债务的前提下，（2003）闽民初字第 2 号民事调解书对燕诚公司债权的实现没有影响；在远东厦门公司正常生产经营的情况下，亦难以确定（2003）闽民初字第 2 号民事调解书会对燕城公司的债权造成损害。但是，在远东厦门公司因不能足额清偿所欠全部债务而进入破产程序，燕诚公司、郑耀南债权的受让人高某珍均系其破产债权人，且高某珍依据（2003）闽民初字第 2 号民事调解书申报债权的情况下，燕诚公司破产债权的实现程度会因高某珍破产债权所依据的（2003）闽民初字第 2 号民事调解书而受到损害，故应认定燕诚公司在获知远东厦门公司进入破产程序的信息后才会知道或者应当知道其民事权益受到损害。燕诚公司于 2016 年 3 月 15 日签收破产管理人制作的有关债权人申报材料，其于 2016 年 9 月 12 日向福建省高级人民法院提交诉状请求撤销（2003）闽民初字第 2 号民事调解书，未超过六个月的起诉期间。虽然燕诚公司时任总经理雷远思于 2003 年 7 月就（2003）闽民初字第 2 号案件提

---

① 现为《民事诉讼法》（2021 年修正）第五十九条。

出过申诉，但其系以香港远东公司股东、董事以及远东厦门公司董事、总经理的身份为保护远东厦门公司的利益而非燕诚公司的债权提出的申诉，且此时燕诚公司是否因（2003）闽民初字第2号民事调解书而遭受损害并不确定，也就不存在其是否知道或者应当知道，进而依照民事诉讼法第五十六条第三款的规定起算六个月起诉期间的问题。

——《最高人民法院关于发布第27批指导性案例的通知》(2021年2月19日，法〔2021〕55号)，《最高人民法院公报》2020年第4期。

说明

指导案例153号“永安市燕诚房地产开发有限公司诉郑耀南、远东（厦门）房地产发展有限公司等第三人撤销之诉案”，对于提起第三人撤销之诉的程序条件中如何认定“自知道或者应当知道其民事权益受到损害之日起六个月内”的起算问题进行了更加细化的规定。

984. 应以当事人知道或者应当知道其民事权益受到损害之日起计算提起第三人撤销之诉的期间

关键词

期间　第三人撤销之诉

最高人民法院裁判文书

贾春香、刘俊峰、刘俊华与建行和平支行、煤炭供销公司第三人撤销之诉案［最高人民法院（2021）最高法民再192号民事裁定书］

裁判要旨：根据《中华人民共和国民事诉讼法》第五十六条第三款规定，提起第三人撤销之诉的期间为“自知道或者应当知道其民事权益受到损害之日起六个月内”。本案中，贾春香等三人在得知该房屋登记在建行和平支行名下后一直在通过诉讼等方式积极主张权利。在提起本案诉讼前，贾春香等三人已先后提起两次房屋所有权确认诉讼。在（2019）辽0102民初5146号案审理过程中，和平区法院调取了另案执行卷宗中的（1995）沈经初调字第13号民事调解书复印件，并在该案2019年6月27日的庭审中组织当事人进行了质证，双方对该民事调解书的真实性均无异议。贾春香等三人知道或者应当知道该民事调解书损害其民事权益的日期应以2019年6月27日为起算日，贾春香等三人于2019年9月3日向一审法院提

起本案第三人撤销之诉并未超过六个月的法定期间。

最高人民法院经再审认为，本案的焦点问题是：贾春香等三人提起第三人撤销之诉是否超过了法定期间。

在建行和平支行起诉煤炭供销公司联建纠纷一案中，双方达成协议，煤炭供销公司将包括案涉房屋在内的资产抵债给建行和平支行所有，一审法院作出（1995）沈经初调字第13号民事调解书予以确认。建行和平支行主张取得案涉房屋的依据即为该份民事调解书。贾春香等三人主张该民事调解书侵害了其权益，且贾春香是案涉房屋的实际占有使用主体，办理了案涉房屋的土地使用权证，与案涉房屋的处分具有直接利害关系，诉讼主体适格。

根据《中华人民共和国民事诉讼法》第五十六条第三款规定，提起第三人撤销之诉的期间为"自知道或者应当知道其民事权益受到损害之日起六个月内"。本案中，贾春香等三人在得知该房屋登记在建行和平支行名下后一直在通过诉讼等方式积极主张权利。在提起本案诉讼前，贾春香等三人已先后提起两次房屋所有权确认诉讼。在（2018）辽0102民初3570号案中，建行和平支行在2018年9月12日的庭审中提交了（1995）沈经初调字第13号民事调解书复印件，主张依据该民事调解书取得案涉房屋所有权并办理了登记手续。贾春香等三人对建行和平支行提交的（1995）沈经初调字第13号民事调解书复印件的真实性有异议，并申请和平区法院调取该案件卷宗，但和平区法院没有调取到相关卷宗。因此，贾春香等三人客观上无法知晓该民事调解书的真实性。在（2019）辽0102民初5146号案审理过程中，和平区法院调取了另案执行卷宗中的（1995）沈经初调字第13号民事调解书复印件（加盖了法院查档专用章），并在该案2019年6月27日的庭审中组织当事人进行了质证，双方对该民事调解书的真实性均无异议。贾春香等三人知道或者应当知道该民事调解书损害其民事权益的日期应以2019年6月27日为起算日，贾春香等三人于2019年9月3日向一审法院提起本案第三人撤销之诉并未超过六个月的法定期间。一审、二审法院认定贾春香等三人自2018年9月12日起已经知道或者应当知道该民事调解书损害其民事权益，并以贾春香等三人提起本案第三人撤销之诉超过六个月的法定期间为由不予受理，与事实不符，适用法律错误，应予纠正。

——中国裁判文书网。

985. 第三人撤销之诉应当于法定期间内提起

关键词

法定期间　第三人撤销之诉

最高人民法院裁判文书

青海黄河电力发展有限公司与中国工商银行股份有限公司青海省分行等第三人撤销之诉案［最高人民法院（2021）最高法民终349号民事裁定书］

裁判要旨：根据《中华人民共和国企业法人登记管理条例》[①] 规定，企业法人被吊销《企业法人营业执照》后，由主管部门或者清算组织对企业法人的债权债务进行清理。黄河电力公司被吊销《企业法人营业执照》后，停止的只是经营性活动，其仍然可以在清算范围内从事清理债权、债务的活动，依法具备民事诉讼主体资格。黄河电力公司认为其营业执照被吊销，就无法实施民事诉讼行为的主张不能成立。黄河电力公司主张，因其法定代表人李春来入狱导致黄河电力公司无法管理、处分财产及处理权利义务关系。2014年李春来已经刑满释放，至2020年4月才提起本案诉讼，已经长达五年多时间，未及时了解黄河电力公司的股权状况，行使股东权利，并寻求救济途径，怠于行使权利至为明显，应认定其在原审判决生效后未在法定期限内提起撤销诉讼存在过错。黄河电力公司主张应从2019年向三江公司查询持股情况时起计算起诉期间，于事实不符。

最高人民法院认为，本案二审争议的焦点问题是：1.（2001）青经初字11号案件是否属于虚假诉讼，民事判决的内容是否存在错误，是否损害了黄河电力公司的民事权益；2.黄河电力公司提起第三人撤销之诉是否超过法律规定的期限。

1.关于（2001）青经初字11号案件是否属于虚假诉讼，民事判决的内容是否存在错误问题，本案二审庭审中，黄河电力公司认可《承诺书》的真实性，结合香港富世公司出具的《债权确认书》的内容，黄河电力公司以其持有的三江公司的股权作为香港富世公司偿还青海富世公司借款的给付标的，

---

① 已被《中华人民共和国市场主体登记管理条例》取代。

是黄河电力公司的真实意思表示，合法有效，故该案裁判基于真实的法律事实作出。黄河电力公司亦未提交其他证明案件存在虚假诉讼的证据，不能认定该案存在虚构事实、恶意串通等虚假诉讼的情形，黄河电力公司的上诉理由不能成立。黄河电力公司因涉案股权与香港富世公司、青海富世公司的民事权利义务关系可以根据法律规定另行处理。

（2001）青经初字 11 号案件中原告诉请代位取得以黄河电力公司名义持有的三江公司的股权，该案民事判决最终支持了原告以黄河电力公司名义持有的相关股权清偿其债权的诉讼请求，黄河电力公司作为清偿债务的股权的持有人，与该案判决结果应当认定具有法律上的利害关系，应当参加该案的诉讼。该案以"黄河电力公司未参加年检，实际处于无人管理和歇业状况"为由认定"通知其（黄河电力公司）作为第三人参加诉讼已无实际意义"，未通知黄河电力公司参加诉讼，黄河电力公司当时亦不知原案诉讼，故其符合因不可归责于自身原因未参加诉讼的条件，具备提起第三人撤销之诉的原告主体资格。

2. 关于黄河电力公司提起第三人撤销之诉时是否已经超过法律规定的期间问题。首先，根据《中华人民共和国企业法人登记管理条例》规定，企业法人被吊销《企业法人营业执照》后，由主管部门或者清算组织对企业法人的债权债务进行清理。黄河电力公司被吊销《企业法人营业执照》后，停止的只是经营性活动，其仍然可以在清算范围内从事清理债权、债务的活动，依法具备民事诉讼主体资格。黄河电力公司认为其营业执照被吊销，就无法实施民事诉讼行为的主张不能成立。

其次，2002 年三江公司召开股东会，决议根据（2001）青经初字第 11 号民事判决书转让涉案股权。黄河电力公司主张由于其处于歇业状态，三江公司无法通知其参加股东会，导致其不知道股权受到损害。但黄河电力公司在被吊销营业执照后长达十余年的时间内，一直没有积极管理财产，怠于行使其民事权利，其以此作为不应当知道权利受到侵害的理由，最高人民法院不予认可。

再次，黄河电力公司主张，因其法定代表人李春来入狱导致黄河电力公司无法管理、处分财产及处理权利义务关系。2014 年李春来已经刑满释放，至 2020 年 4 月才提起本案诉讼，已经长达五年多时间，未及时了解黄河电力公司的股权状况，行使股东权利，并寻求救济途径，怠于行使权利至为明显，应认定其在原审判决生效后未在法定期限内提起撤销诉讼存在过错。黄河电力公司主张应从 2019 年向三江公司查询持股情况时起计算起诉期间，于事实不符，本院不予支持。

——中国裁判文书网。

986. 第三人因“不能归责于本人的事由”未参加诉讼的审查判断

关键词

第三人撤销之诉　不能归责于本人的事由

最高人民法院司法解释

第二百九十三条　民事诉讼法第五十九条第三款规定的因不能归责于本人的事由未参加诉讼，是指没有被列为生效判决、裁定、调解书当事人，且无过错或者无明显过错的情形。包括：

（一）不知道诉讼而未参加的；

（二）申请参加未获准许的；

（三）知道诉讼，但因客观原因无法参加的；

（四）因其他不能归责于本人的事由未参加诉讼的。

——《最高人民法院关于适用〈中华人民共和国民事诉讼法〉的解释》（2022年4月1日修正）。

附录：最高人民法院主流观点

《民事诉讼法解释》第二百九十三条根据审判实践中最为常见的第三人因不能归责于本人的事由未参加诉讼情形，列举了四项：（1）不知道诉讼而未参加的；（2）申请参加未获准许的；（3）知道诉讼，但因客观原因无法参加的；（4）因其他不能归责于本人的事由未参加诉讼的。

第三人因不知道原诉讼而未参加诉讼和第三人申请参加诉讼未获人民法院准许是最为常见的第三人未参加诉讼不能归责于本人的两种情形。这两种情形下，第三人没有过错，当然可以提起第三人撤销之诉。

第三人知道诉讼但因客观原因无法参加诉讼，也应当认定第三人未参加原诉讼没有过错，其有权提起第三人撤销之诉。但客观原因如何把握，是实践中比较难掌握的。就本条规定来看，客观原因即指非因第三人本身的原因参加原诉讼的情形，如不可抗力。对于第三人丧失行为能力等原因导致其未参加诉讼的，也应当认为属于客观原因导致无法参加诉讼的情形。

其他不能归责于本人的事由未参加诉讼情形，是一项兜底条款。但该兜底条款与前三项情形之间并非完全的并列关系，该兜底条款实质包括了其他第三人有一般过失的情形下未参加诉讼的情形。判断第三人的过错程度，历来就是民事法律中非常复杂的事项，而对于是否属于明显过错，在判断上可能更加困难，需要具体案件具体分析。一般而言，明显过错首先是程度较重的过错形态，按民法理论应当是一般过失以上的过错，以故意、重大过失为主；其次，明显过错的认定，应当考虑第三人的基本情况，包括法律知识、诉讼能力以及相关的经验等；最后，明显过错更强调其主观上的过错状态，原则上应当排除过错推定以及客观过错的形态。如通常在判断有无过错的“知道或者应当知道”而言，“应当知道”即属于客观过错的范畴，一般不宜认定为有明显过错。

审判实践中应当注意：

1. 有独立请求权第三人和无独立请求权第三人在过错认定上的区别问题

民事诉讼法第五十九条对有独立请求权的第三人和无独立请求权的第三人参加诉讼的方式作了不同的规定。有独立请求权的第三人参加诉讼的方式只有一种即“提起诉讼”，其可以向原审法院起诉提出对诉讼标的的请求，成为案件的当事人。无独立请求权的第三人参加诉讼有两种方式：一是第三人申请参加诉讼；二是由人民法院通知其参加诉讼。由人民法院通知第三人参加诉讼，主要是当事人申请人民法院通知第三人参加诉讼，也有少数是人民法院依职权通知第三人参加诉讼。正是因为参加诉讼的方式不同，在有独立请求权的第三人和无独立请求权的第三人未参加诉讼是否有明显过错的认定上，有明显的区别。

有独立请求权的第三人只能通过提起诉讼参与到诉讼中，人民法院不能依职权通知其参加诉讼，其他当事人也无权申请其参加诉讼，其是否参加诉讼，完全取决于自己的意愿。同时，有独立请求权的第三人参加诉讼，是其对系争的诉讼标的有全部或者部分的独立请求权，在判断其自身权利是否会因为诉讼而受到损害时，一般情况下在诉讼提起后就很容易判断。因此，有独立请求权的第三人知道诉讼的存在，且能够了解到诉讼标的的基本情况，就应当参加诉讼，如未参加诉讼，又无妨碍提起诉讼之客观事由的，通常可以认定其有明显的过错。例如，夫妻双方离婚并分割财产，诉讼中丈夫的父母作为案件的证人出庭作证，对分割财产情况也有很清楚，判决生效后认为其中分割给女方的房屋是其出资购买的，侵害了其民事权益，提起了第三人撤销之诉。人民法院则认定第三人未参加诉讼，属于归责于其本人的原因，因此没有支持其请求。

无独立请求权的第三人对诉讼标的没有独立的请求权，案件的处理结果与其有法律上的利害关系，因此在诉讼进行过程中，处理结果出来之前，通常难以判断。无独立请求权的第三人即使知道诉讼已经存在，人民法院未通知其参加诉讼，当事人也未申请该第三人参加诉讼，则其未申请参加诉讼的，一般不能认定其有明显的过错。

2. 人民法院未通知第三人参加诉讼是否构成不能归责于第三人本人的事

由问题

在本解释起草过程中，曾经有意见认为，在人民法院未通知第三人参加诉讼的情形中，应当认定第三人未参加诉讼没有明显过错。经研究，本解释没有采纳这种意见。从实践情况来看，人民法院未通知第三人参加诉讼，是最为常见的第三人提出其未参加诉讼没有过错的事由。但由人民法院通知第三人参加诉讼，只适用于无独立请求权的第三人，而不适用于有独立请求权的第三人参加诉讼情形，有独立请求权的第三人以此证明其无过错，不能成立。无独立请求权的第三人参加诉讼，可以由人民法院通知其参加诉讼，也可以申请参加诉讼，仅以人民法院未通知其参加诉讼为由即认定其无过错也不妥当。通常情况下，无独立请求权的第三人在人民法院未通知其参加诉讼时，可以作为其无过错的初步标准，同时，还要看无独立请求权的第三人对诉讼的了解情况以及其参加诉讼的必要性。如果能够证明无独立请求权的第三人对诉讼非常清楚，对诉讼结果与其利害关系能够作出判断，其未参加诉讼的，应当视为其有明显过错。

——最高人民法院民法典贯彻实施工作领导小组办公室编著:《最高人民法院新民事诉讼法司法解释理解与适用》，人民法院出版社 2022 年版，第 646~648 页。

最高人民法院公报案例、最高人民法院裁判文书

黄光娜与海口栋梁实业有限公司、广东省阳江市建安集团有限公司海南分公司商品房销售合同纠纷案［最高人民法院（2015）民一终字第 37 号民事裁定书］

裁判摘要：一方当事人大股东在案件诉讼过程中受让争议标的物，但未作为第三人参加诉讼，在案件判决生效后，又提起第三人撤销之诉的，法院推定其知悉案件情况，非因不能归责于其本人的原因未参加诉讼的，符合常理和交易惯例。上述大股东所提第三人撤销之诉不符合起诉条件，应裁定不予受理。

最高人民法院认为，关于黄光娜未参与前述诉讼能否归责于其本人的问题。根据（2014）琼环民终字第 7 号民事判决查明的事实及黄光娜本案起诉内容，其与栋梁公司系在阳江公司诉栋梁公司一案诉讼过程中，就案涉房屋签订买卖合同，当时黄光娜为持有栋梁公司 50% 股份的股东。在前述阳江公司诉栋梁公司一案审理结果势必影响黄光娜重大权益的情况下，黄光娜未举证证明其在提起本案撤销之诉前，知悉前述二审判决结果较知晓该案整个诉讼过程的条件有何不同。本案一审法院依据黄光娜股东身份、当时持股比例及案涉房屋买卖合同签订与前案起诉时间的关系，推定黄光娜知晓前案，符合常理和企业一般经营决策惯例。一审裁定认定黄光娜应当知晓前案诉讼情况，其不能证明因不能归责于本人的事由未参加该案诉讼，故其提起的本案诉讼不符合《中华人民共和国民事诉讼法》第五十六条[①]关于第三人撤销之诉的受理条件的规定正确。

——《最高人民法院公报》2016年第9期。

987. 诉讼程序上的第三人和提起撤销之诉的第三人的关系

关键词

第三人参加诉讼　第三人撤销之诉　有独立请求权第三人　无独立请求权第三人

最高人民法院司法解释

第二百九十条　第三人对已经发生法律效力的判决、裁定、调解书提起撤销之诉的，应当自知道或者应当知道其民事权益受到损害之日起六个月内，向作出生效判决、裁定、调解书的人民法院提出，并应当提供存在下列情形的证据材料：

（一）因不能归责于本人的事由未参加诉讼；

（二）发生法律效力的判决、裁定、调解书的全部或者部分内容错误；

（三）发生法律效力的判决、裁定、调解书内容错误损害其民事权益。

——《最高人民法院关于适用〈中华人民共和国民事诉讼法〉的解释》（2022年4月1日修正）。

附录：最高人民法院主流观点

从民事诉讼法第五十九条规定来看，诉讼程序中的第三人与提起撤销之诉的第三人在概念上完全相同，但从第三人参加诉讼和第三人提起撤销之诉的立法目的和司法实务来看，两者有根本区别。

第一，从立法目的来看，第三人参加诉讼制度是为了一次性解决纠纷，提高诉讼效率和保证裁判之间的一致性；第三人撤销之诉制度是为了保护因客观原因未参加前诉讼程序而受生效裁判损害的第三人的程序权利和实体权利。因此，在第三人参加诉讼情形，第三人只要符合民事诉讼法第五十九条第一款和第二款规定条件，均可以作为第三人参加诉讼，在其范围上不宜作

① 现为《民事诉讼法》（2021年修正）第五十九条。

限制。在第三人撤销之诉情形，因针对生效裁判提起撤销之请求，在其范围上应当予以严格的限制。民事诉讼法第五十九条第三款规定多项起诉程序条件和实体条件，其目的就在于限制第三人撤销之诉的适用范围，当然包括能够提起第三人撤销之诉的第三人范围。

第二，从程序功能来看，第三人参加诉讼是一种事先的权利保护程序，而第三人撤销之诉是一种事后的救济程序。第三人参加诉讼的条件相对宽松，只要与案件有法律上的利害关系，即可以参加诉讼，以此为第三人提供予以救济的机会。第三人撤销之诉的条件非常严格，除与案件有利害关系以外，还必须具备生效裁判内容错误且损害其民事权益的实体性要件。所以，对于第三人撤销之诉的原告主体资格和范围，在与裁判有法律上的利害关系判断上，要比第三人参加诉讼的标准更高，必须结合第三人撤销之诉的实体条件，同时具备时才是适格的第三人撤销之诉的主体。

第三，在实务操作中，要注意及时转变第三人制度的司法理念。在诉讼中包括一审和二审中，都要尽可能地将符合法律规定条件的第三人追加进诉讼，即使是有独立请求权的第三人，一旦发现，也宜依一定方式告知其依法参加诉讼，以避免生效裁判作出后，第三人再提起第三人撤销之诉，从而维护生效裁判的安定性，也有利于提高诉讼效率，及时化解社会纠纷。对此，《民事诉讼法解释》第八十一条规定："根据民事诉讼法第五十八条的规定，有独立请求权的第三人有权向人民法院提出诉讼请求和事实、理由，成为当事人；无独立请求权的第三人，可以申请或者由人民法院通知参加诉讼。第一审程序中未参加诉讼的第三人，申请参加第二审程序的，人民法院可以准许。"第三百二十五条规定："必须参加诉讼的当事人或者有独立请求权的第三人，在第一审程序中未参加诉讼，第二审人民法院可以根据当事人自愿的原则予以调解；调解不成的，发回重审。"

——最高人民法院民法典贯彻实施工作领导小组办公室编著：《最高人民法院新民事诉讼法司法解释理解与适用》，人民法院出版社 2022 年版，第 638~639 页。

988. 第三人撤销之诉立案审查与登记立案的关系

关键词

第三人撤销之诉　立案审查　登记立案

最高人民法院司法解释

第二百九十一条　人民法院应当在收到起诉状和证据材料之日起五日内

送交对方当事人，对方当事人可以自收到起诉状之日起十日内提出书面意见。

人民法院应当对第三人提交的起诉状、证据材料以及对方当事人的书面意见进行审查。必要时，可以询问双方当事人。

经审查，符合起诉条件的，人民法院应当在收到起诉状之日起三十日内立案。不符合起诉条件的，应当在收到起诉状之日起三十日内裁定不予受理。

——《最高人民法院关于适用〈中华人民共和国民事诉讼法〉的解释》（2022 年 4 月 1 日修正）。

附录：最高人民法院主流观点

《民事诉讼法解释》第二百零八条第一款规定了登记立案制度："人民法院接到当事人提交的民事起诉状时，对符合民事诉讼法第一百二十二条的规定，且不属于第一百二十七条规定情形的，应当登记立案；对当场不能判定是否符合起诉条件的，应当接收起诉材料，并出具注明收到日期的书面凭证。"但登记立案并非接到当事人起诉无条件予以登记立案，也需要对起诉进行审查，符合法律规定的起诉条件的才能受理，不符合起诉条件的，裁定不予受理。第三人撤销之诉的立案审查是否适用该条规定？从《民事诉讼法解释》第二百零八条的规定来看，该规定适用于普通的民事诉讼，也即按照民事诉讼法第一百二十二条审查立案的案件才适用，而第三人撤销之诉的起诉条件适用的是民事诉讼法第五十九条规定，其起诉条件应当依照《民事诉讼法解释》第三百八十八条规定，其立案程序应当适用《民事诉讼法解释》第二百九十一条规定。从《民事诉讼法解释》有关规定来看，人民法院接到第三人撤销之诉的起诉状和证据材料时，不能当场登记立案，而应当先按照《民事诉讼法解释》第二百九十一条第一款和第二款规定向对方当事人送交起诉状和证据材料，并等待对方当事人在十日内提交书面意见。

——最高人民法院民法典贯彻实施工作领导小组办公室编著：《最高人民法院新民事诉讼法司法解释理解与适用》，人民法院出版社 2022 年版，第 643 页。

989. 第三人撤销之诉既然是向原审人民法院提起的诉讼，组成合议庭时，原审的审判人员可否参加

关键词

第三人撤销之诉　合议庭　审判人员

最高人民法院司法解释

第二百九十二条　人民法院对第三人撤销之诉案件，应当组成合议庭开庭审理。

——《最高人民法院关于适用〈中华人民共和国民事诉讼法〉的解释》（2022 年 4 月 1 日修正）。

附录：最高人民法院主流观点

第三人撤销之诉既然是向原审人民法院提起的诉讼，组成合议庭时，原审的审判人员是否可以参加？在《民事诉讼法解释》起草过程中，曾经对此进行过研究。一种意见认为，应当参照再审案件的审理，应当另行组成合议庭，原审的审判人员不得参与合议庭。其主要理由在于：第三人撤销之诉是纠错程序，是一种事后的救济程序，为了确保审理结果的公正，应当排除原审的审判人员。另一种意见认为，审理第三人撤销之诉时，不应当排除原审的审判人员参加合议庭。其主要理由在于：第三人撤销之诉是基于第三人提出的新事实和新理由进行的诉讼，而且是对新的实体内容的审理，这与再审对原审审理的内容进行再次审理并予以纠正不同，原审的审判人员参加合议庭审理，有利于更好地查明案件的全部事实，更准确和更高效地作出裁判。很显然，即使撤销了原生效裁判，也并不意味着原审裁判是一个错案，而且也不能作为错案追究审判人员的责任，所以原审审判人员参与第三人撤销之诉的审理并不会影响裁判结果的公正。例如，《法国民事诉讼法》第五百八十七条规定，以起诉提起之第三人撤销之诉，应向系争判决作成法院为之。其裁判亦可由同一法官为之。我国台湾地区“民事诉讼法”规定，第三人撤销之诉的审理程序适用原诉讼审理程序的规定，在审判组织上根据不同审级的程序规定而有所不同，同时也未明确要求应当另行组成合议庭审理。

综上，《民事诉讼法解释》并没有明确要求另行组成合议庭进行审理，其意在：人民法院根据具体情况，既可以另行组成合议庭审理，也可以允许原审的审判人员参加合议庭审理。对此，民事诉讼法和《民事诉讼法解释》关于回避的规定中也没有明确规定。《民事诉讼法解释》第四十五条规定：“在一个审判程序中参与过本案审判工作的审判人员，不得再参与该案其他程序的审判。发回重审的案件，在一审法院作出裁判后又进入第二审程序的，原第二审程序中审判人员不受前款规定的限制。”该条规定实际上对于重新审理的案件，在不影响审理公正的前提下，可以允许原审的审判人员继续对案件进行审理。

——最高人民法院民法典贯彻实施工作领导小组办公室编著：《最高人民法院新民事诉讼法司法解释理解与适用》，人民法院出版社 2022 年版，第

644~645 页。

990. 有独立请求权第三人和无独立请求权第三人在过错认定上的区别

关键词

有独立请求权第三人　无独立请求权第三人　过错

最高人民法院司法解释

第二百九十三条　民事诉讼法第五十九条第三款规定的因不能归责于本人的事由未参加诉讼，是指没有被列为生效判决、裁定、调解书当事人，且无过错或者无明显过错的情形。包括：

（一）不知道诉讼而未参加的；

（二）申请参加未获准许的；

（三）知道诉讼，但因客观原因无法参加的；

（四）因其他不能归责于本人的事由未参加诉讼的。

——《最高人民法院关于适用〈中华人民共和国民事诉讼法〉的解释》（2022 年 4 月 1 日修正）。

附录：最高人民法院主流观点

民事诉讼法第五十九条对有独立请求权的第三人和无独立请求权的第三人参加诉讼的方式作了不同的规定。有独立请求权的第三人参加诉讼的方式只有一种即“提起诉讼”，其可以向原审法院起诉提出对诉讼标的的请求，成为案件的当事人。无独立请求权的第三人参加诉讼有两种方式：一是第三人申请参加诉讼；二是由人民法院通知其参加诉讼。由人民法院通知第三人参加诉讼，主要是当事人申请人民法院通知第三人参加诉讼，也有少数是人民法院依职权通知第三人参加诉讼。正是因为参加诉讼的方式不同，在有独立请求权的第三人和无独立请求权的第三人未参加诉讼是否有明显过错的认定上，有明显的区别。

有独立请求权的第三人只能通过提起诉讼参与到诉讼中，人民法院不能依职权通知其参加诉讼，其他当事人也无权申请其参加诉讼，其是否参加诉讼，完全取决于自己的意愿。同时，有独立请求权的第三人参加诉讼，是其对系争的诉讼标的有全部或者部分的独立请求权，在判断其自身权利是否会因为诉讼而受到损害时，一般情况下在诉讼提起后就很容易判断。因此，有独立请求权的第三人知道诉讼的存在，且能够了解到诉讼标的的基本情况，就应当参加诉讼，如未参加诉讼，又无妨碍提起诉讼之客观事由的，通常可以认定其有明显的过错。例如，夫妻双方离婚并分割财产，诉讼中丈夫的父母作为案件的证人出庭作证，对分割财产情况也有很清楚，判决生效后认为其中分割给女方的房屋是其出资购买的，侵害了其民事权益，提起了第三人撤销之诉。人民法院则认定第三人未参加诉讼，属于归责于其本人的原因，因此没有支持其请求。

无独立请求权的第三人对诉讼标的没有独立的请求权，案件的处理结果与其有法律上的利害关系，因此在诉讼进行过程中，处理结果出来之前，通常难以判断。无独立请求权的第三人即使知道诉讼已经存在，人民法院未通知其参加诉讼，当事人也未申请该第三人参加诉讼，则其未申请参加诉讼的，一般不能认定其有明显的过错。

——最高人民法院民法典贯彻实施工作领导小组办公室编著：《最高人民法院新民事诉讼法司法解释理解与适用》，人民法院出版社 2022 年版，第 647~648 页。

991. 如何理解第三人撤销之诉中可撤销的判决主文内容

关键词

第三人撤销之诉　形成判决　判决主文　确认判决　给付判决

最高人民法院司法解释

第二百九十四条　民事诉讼法第五十九条第三款规定的判决、裁定、调解书的部分或者全部内容，是指判决、裁定的主文，调解书中处理当事人民事权利义务的结果。

——《最高人民法院关于适用〈中华人民共和国民事诉讼法〉的解释》（2022 年 4 月 1 日修正）。

附录：最高人民法院主流观点

并非判决主文的所有内容都可以成为第三人撤销之诉撤销的对象。根据民事诉讼法第一百五十五条第一款第三项的规定，判决主文包括两部分内容：一是判决结果内容；二是诉讼费用负担内容。前者作为判决确定当事人民事权利义务的内容，具有实体法上的确定性，可以成为第三人撤销之诉的对象并无疑问。而后者，虽然属于当事人应当承担之民事义务内容，但诉讼费用仅为程序上发生之事项，仅在当事人之间有法律效力，不会对案外人的利益产生影响，因此，不宜作为第三人撤销之诉的撤销对象。

——最高人民法院民法典贯彻实施工作领导小组办公室编著：《最高人民法院新民事诉讼法司法解释理解与适用》，人民法院出版社 2022 年版，第 650 页。

992. 撤销判决与改变判决的关系

关键词

第三人撤销之诉　改变判决　撤销判决

最高人民法院司法解释

第二百九十八条　对第三人撤销或者部分撤销发生法律效力的判决、裁定、调解书内容的请求，人民法院经审理，按下列情形分别处理：

（一）请求成立且确认其民事权利的主张全部或部分成立的，改变原判决、裁定、调解书内容的错误部分；

（二）请求成立，但确认其全部或部分民事权利的主张不成立，或者未提出确认其民事权利请求的，撤销原判决、裁定、调解书内容的错误部分；

（三）请求不成立的，驳回诉讼请求。

对前款规定裁判不服的，当事人可以上诉。

原判决、裁定、调解书的内容未改变或者未撤销的部分继续有效。

——《最高人民法院关于适用〈中华人民共和国民事诉讼法〉的解释》（2022 年 4 月 1 日修正）。

附录：最高人民法院主流观点

虽然民事诉讼法第五十九条第三款规定，第三人撤销之诉的诉讼请求成立时，人民法院应当作出改变或者撤销判决，且改变排在撤销之前。这是否意味着，第三人撤销之诉应当以改变判决为主，或者改变判决和撤销判决可以任意选择适用？对此，应当把握以下几点：

（1）以撤销判决为原则。第三人撤销之诉，从性质上讲是形成之诉，这是共识。第三人撤销之诉的目的在于去生效判决、裁定、调解书中损害第三人合法民事权益的内容，从而保护第三人的合法民事权利。因此，在第三人撤销之诉的诉讼请求成立时，只要撤销原判决、裁定、调解书的相应内容即足以达成第三人撤销之诉的目的。如果将第三人其他民事权利主张与撤销诉讼请求合并审理，虽然有利于一次性解决纠纷，但势必造成第三人撤销之诉的审理内容更为繁杂，审理程序复杂，严重影响第三人撤销之诉的诉讼效率。另外，由于多数第三人撤销之诉是针对二审生效判决提起的，如果将第三人的其他民事权利主张合并审理，而且作为一审程序审理，实质上在审级上提了一级，这既会增加上级法院特别是最高人民法院和高级人民法院的审判压力，也不符合四级法院的职能定位。在《民事诉讼法解释》起草过程中，对这一问题基本形成了共识。就近两年司法实务情况来看，第三人提起撤销之诉时，除请求撤销之外，大多还提出了有关实体权利义务具体安排的请求，但法院仅判决撤销的却占据了压倒性的多数。目前发现有基层人民法院改变原审判决，直接对当事人实体权利义务作出安排的判决较为少见，绝大多数只是作出撤销判决。第三人撤销之诉的判决原则上只撤销前诉裁判文书的部分或全部内容，关于撤销后如何重新安排实体权利义务则要求第三人另行起诉解决，是一种相当合理的做法。

（2）改变判决的适用应当有严格的条件限制。首先，作出改变判决的，必须以第三人撤销诉讼请求为限。第三人没有请求改变原判决、裁定、调解书错误内容的，人民法院不得作出改变判决，只能作撤销判决。其次，第三人撤销之诉的诉讼请求改变原判决、裁定、调解书的内容，提出的独立的民事权利主张应当与撤销内容直接关联，即与原诉讼标的相关。如果是与原诉讼标的没有直接关系的新的民事权利主张，人民法院不宜一并审理。如原审将某物所有权判归原审原告，第三人主张其是该物的所有权人的，该权利主张实质上是第三人撤销之诉成立的基础，审理第三人撤销之诉时必须以确定第三人对该物的所有权为前提，于此情形下，可以在撤销原判决的同时，确认第三人对该物的所有权。如原审当事人之间就某买卖合同关系予以诉争，第三人以《民法典》第五百三十八条、第五百三十九条、第五百四十条规定的撤销权为由主张撤销原判决，同时提出请求原审当事人向其履行他们之间另一债权的，则不能认定两个债权之间直接关联而一并审理。

（3）适用改变判决时，可以根据原生效判决是一审生效判决和二审生效判决而有所区别。如果第三人撤销之诉是对一审生效判决提起的，对于第三人提出的民事权利主张，如果认为应当直接改变原审裁判文书全部或部分内容有必要的，可以直接作出改变判决。如此，当事人提起上诉后二审法院完全可以维持原判、改判或者发回重审，也不会带来审级方面的问题。如果第三人撤销之诉是对二审生效判决提起的，对第三人提出的新的民事权利主张，原则上可以仅作撤销判决，特殊情况作改变判决更为妥当。换言之，可以对民事诉讼法第五十九条第三款关于法院“改变”前诉裁判文书的规定作一定程度的限缩解释，即只有在原审当事人并未上诉，针对一审即生效的裁判文书而提起的第三人撤销之诉由前诉一审法院管辖的情况下，法院才可能作出改变原审裁判文书的判决。因为根据民事诉讼法第五十九条第三款关于管辖的规定，很多情况下是前诉二审法院作为一审法院，受理并审理第三人撤销之诉案件，如果决定撤销后直接就各方当事人的实体权利义务重新加以认定并作出安排，往往会带来审级上移和上级法院负担过重等弊端。如果法院仅仅判决撤销原审裁判文书，则不论上诉到哪个层级的法院，都可只就撤销与否作出判断，各方权利义务的重新安排则留待当事人向有管辖权的一审法院另行主张，这就不会产生管辖上移及增加上级法院负担等问题。当然，在这样的情形之下，如果法院认为确有必要在作出撤销裁判的同时直接重新安排当事人之间的权利义务，也可以考虑采用上文讨论过的裁定终结撤销之诉程序，作出对本案进行再审的裁定，并由审理撤销之诉的合议庭继续进行再审案件的实体审理这种做法。

——最高人民法院民法典贯彻实施工作领导小组办公室编著:《最高人民法院新民事诉讼法司法解释理解与适用》，人民法院出版社 2022 年版，第 658~659 页。

993. 第三人撤销之诉调解书的撤销与改变

关键词

调解书　第三人撤销之诉　恶意串通

最高人民法院司法解释

第二百九十八条　对第三人撤销或者部分撤销发生法律效力的判决、裁定、调解书内容的请求，人民法院经审理，按下列情形分别处理：

（一）请求成立且确认其民事权利的主张全部或部分成立的，改变原判决、裁定、调解书内容的错误部分；

（二）请求成立，但确认其全部或部分民事权利的主张不成立，或者未提出确认其民事权利请求的，撤销原判决、裁定、调解书内容的错误部分；

（三）请求不成立的，驳回诉讼请求。

对前款规定裁判不服的，当事人可以上诉。

原判决、裁定、调解书的内容未改变或者未撤销的部分继续有效。

——《最高人民法院关于适用〈中华人民共和国民事诉讼法〉的解释》（2022 年 4 月 1 日修正）。

附录：最高人民法院主流观点

民事诉讼法将调解书作为第三人撤销之诉的对象，主要考虑到调解书内容具有安排当事人之间民事权利义务的内容，一旦错误，也可能损害第三人的合法权益，特别是考虑到近年来当事人恶意串通损害第三人合法权益的案件数量有上升趋势，为保护第三人的实体权利，适用第三人撤销之诉是合理的。当然，这与我国台湾地区“民事诉讼法”规定第三人仅可以对判决提起撤销之诉不同。但调解书与判决是两种完全不同性质的法律文书，判决是法院以国家或地区名义作出的决定，是对案件事实和当事人主张审理后依法作出的判断；调解书是当事人自行处分民事权利义务的结果，其基础是当事人之间的调解协议。调解书因损害第三人合法权益而被撤销具有合理性，但因损害第三人合法权益即在第三人撤销之诉中判决改变调解书的内容显然不妥：一则调解书内容是当事人之间的协议内容，判决则是法院决定内容，以法院决定代替当事人之间的协议内容，有违调解之当事人处分和自愿原则；二则调解协议往往是当事人之间对整体民事权利义务的一种安排，从保护第三人利益角度而言予以撤销足矣，再对原诉当事人之间的民事权利义务重新安排，不利于原诉当事人之间纠纷的解决。因此，对于调解书提起的第三人撤销之诉，原则上以撤销调解书为合理做法。

第三人撤销之诉请求成立时，撤销整个调解书自无疑问，但第三人仅请求撤销调解书部分内容的，人民法院能否判决撤销调解书的部分内容，则应当根据具体情况来处理。如果调解书的内容各部分不可分的，则不能只撤销调解书的部分内容，应当全部撤销调解书。如果调解书的内容可分，撤销部分后不影响其他部分继续有效的，人民法院可以撤销调解书的部分内容。

——最高人民法院民法典贯彻实施工作领导小组办公室编著：《最高人民法院新民事诉讼法司法解释理解与适用》，人民法院出版社 2022 年版，第 659~660 页。

994. 区分案外人执行异议之诉、申请再审之诉、第三人撤销之诉的起诉条件

关键词

执行异议之诉　案外人　申请再审之诉　第三人撤销之诉

最高人民法院司法解释

第三百零三条　案外人提起执行异议之诉，除符合民事诉讼法第一百二十二条规定外，还应当具备下列条件：

（一）案外人的执行异议申请已经被人民法院裁定驳回；

（二）有明确的排除对执行标的执行的诉讼请求，且诉讼请求与原判决、裁定无关；

（三）自执行异议裁定送达之日起十五日内提起。

人民法院应当在收到起诉状之日起十五日内决定是否立案。

——《最高人民法院关于适用〈中华人民共和国民事诉讼法〉的解释》（2022 年 4 月 1 日修正）。

附录：最高人民法院主流观点

案外人执行异议之诉发生在执行过程中，以案外人执行异议被裁定驳回为前提，如果案外人没有对执行标的提起书面异议、书面异议未被驳回或者执行程序已经终结，案外人就不能提起执行异议之诉。而案外人申请再审之诉和第三人撤销之诉则没有此限制。案外人执行异议之诉所针对的是对特定执行标的的执行行为，案外人对作为执行依据的生效判决、裁定、调解书并无异议，只是对执行行为所指向的执行标的有异议，目的是排除对特定执行标的的强制执行行为。而案外人申请再审之诉和第三人撤销之诉所针对的是生效的判决、裁定、调解书，目的是推翻生效的判决、裁定、调解书。当然，推翻生效的判决、裁定、调解书后，由于执行依据被撤销，相应的执行行为也应停止、撤销或者变更。

——最高人民法院民法典贯彻实施工作领导小组办公室编著：《最高人民法院新民事诉讼法司法解释理解与适用》，人民法院出版社 2022 年版，第 673 页。

995. 第三人能否主张当事人无权处分签订的合同无效并请求撤销

关键词

第三人撤销之诉　无权处分

最高人民法院裁判文书

甄玉玲、贾东辉、贾治勇与李津津、张建勇第三人撤销之诉案［最高人民法院（2021）最高法民申 1990 号民事裁定书］

裁判要旨：无权处分并不影响买卖合同的效力。第三人如认为其对案涉房屋所享有的权利被侵害，可另行向无权处分人主张损害赔偿。

最高人民法院经审查认为，甄玉玲、贾东辉、贾治勇申请再审的理由不能成立。

一、关于李津津是否善意的问题

李津津与张建勇签订《购房协议》时，张建勇提交了其与河南省林业科学研究所签订的《出售公有住房协议》，并向李津津说明其已向单位付清全部房款，个人已取得全部产权。《购房协议》签订后，张建勇将案涉房屋交付给李津津，李津津有理由相信张建勇对案涉房屋具有处分权，甄玉玲、贾东辉、贾治勇关于李津津受让案涉房屋非善意的主张缺乏证据证明。

二、关于案涉《购房协议》的履行问题

李津津提起诉讼时，案涉房屋已登记在张建勇名下，具备过户条件，甄玉玲、贾东辉、贾治勇关于《购房协议》手书约定退款退房条件成就的主张不能成立。甄玉玲、贾东辉、贾治勇主张其系案涉房屋的共有权人，即便该主张成立，张建勇出售案涉房屋构成无权处分，根据《最高人民法院关于审理买卖合同纠纷案件适用法律问题的解释》第三条第一款“当事人一方以出卖人在缔约时对标的物没有所有权或者处分权为由主张合同无效的，人民法院不予支持”之规定，无权处分并不影响买卖合同的效力，甄玉玲、贾东辉、贾治勇不同意出售案涉房屋并不导致案涉《购房协议》无效。张建勇与李津津签订的《购房协议》系双方真实意思表示，且未违反法律、行政法规的强制性规定，应属合法有效，双方均应按照合同约定履行各自的义务，原审认定《购房协议》有效并判令张建勇继续履行并无不当。甄玉玲、贾东辉、贾治勇如认为其对案涉房屋所享有的权利被侵害，可另行向无权处分人主张损害赔偿。

三、关于原审认定案件性质是否错误的问题

甄玉玲、贾东辉、贾治勇以生效民事判决书侵犯其民事权益，要求撤销该民事判决书的请求，应为第三人撤销之诉，二审法院将本案案由认定为房屋买卖合同纠纷存在瑕疵。但在实体处理中，原审判决均是依据第三人撤销之诉的相关规定对甄玉玲、贾东辉、贾治勇主张撤销生效判决的诉讼请求能否成立进行审理。甄玉玲、贾东辉、贾治勇主张原判认定案件性质错误，致使适用法律错误、判决结果错误的再审申请理由不能成立。

——中国裁判文书网。

第十四章　特别程序

一、宣告失踪、宣告死亡案件

996. 宣告失踪和宣告死亡竞合的处理

关键词

宣告失踪　宣告死亡　竞合

附录：最高人民法院主流观点

宣告失踪和宣告死亡之间的竞合可能存在四种情形：一是不同的利害关系人在宣告失踪判决作出前提出宣告死亡申请；二是不同的利害关系人在宣告死亡判决作出前提出宣告失踪申请；三是不同或者同一利害关系人在判决宣告失踪后提出宣告死亡申请；四是不同或者同一利害关系人在判决宣告死亡后提出宣告失踪申请。

对于第一种和第二种情形，应当在比较申请宣告失踪的利害关系人与申请宣告死亡的利害关系人与下落不明人之间的关系和考量宣告失踪或者宣告死亡能否足以保护其权益的基础上作出更精细化的处理。对于下落不明人的债权人申请宣告失踪而下落不明人的配偶、父母、子女等申请宣告死亡的，依照《民法典》第四十七条进行处理。但在相反情形下，鉴于下落不明人的债权人通过宣告失踪能够足以保护其财产关系上的权益，应以尊重与下落不明人不仅存在财产关系而且存在人身关系的利害关系人的申请为妥。

对于第三种情形，《民事诉讼法司法解释》第三百四十五条规定："人民法院判决宣告公民失踪后，利害关系人向人民法院申请宣告失踪人死亡，自失踪之日起满四年的，人民法院应当受理，宣告失踪的判决即是该公民失踪的证明，审理中仍应依照民事诉讼法第一百八十五条[①]规定进行公告。”这也就是说，对于被宣告失踪人下落不明的时间直接根据宣告失踪判决查明的事实径行认定即可，无须再进行审理，但对于被宣告失踪人是否符合宣告死亡的条件仍然需要进行审理并按照宣告死亡程序公告寻找下落不明人的要求进行公告。值得注意的是，宣告失踪的条件是下落不明满2年，而在一般情形下宣告死亡的条件是下落不明满4年，因此被宣告失踪人自下落不明之日起计算满4年的才能宣告其死亡，寻找下落不明人的公告期间为1年。但对于因意外事件下落不明的，宣告失踪和宣告死亡在下落不明的期间上是一致的，因此如果申请人能够证明被宣告失踪人是因意外事件而下落不明并经人民法院审理确认的，被宣告失踪人自下落不明之日起计算满2年即可宣告其死亡，寻找下落不明人的公告期间为3个月。对于第四种情形，鉴于对下落不明人已经作出宣告死亡的判决，再行审理并作出宣告失踪的判决已无必要，可以告知申请人撤回申请，申请人撤回申请的，裁定终结案件，拒不撤回的，裁定驳回。

——江必新主编:《新民事诉讼法条文理解与适用》，人民法院出版社2022年版，第877~878页。

997. 撤销死亡宣告与其他诉讼程序的合并问题

关键词

撤销死亡宣告　返还财产诉讼　合并审理

《中华人民共和国民法典》条文

第五十条　被宣告死亡的人重新出现，经本人或者利害关系人申请，人民法院应当撤销死亡宣告。

附录：最高人民法院主流观点

在审判实践中，当事人在申请撤销死亡宣告的同时，能否同时根据《民法典》第五十三条的规定，请求相关的当事人返还其财产，即撤销死亡宣告与返还财产诉讼能否合并审理的问题。对此，我们认为是不可以的。主要理由在于，申请撤销死亡适用的是特别程序，实行一审终审。而根据《民法典》第五十三条规定提起的诉讼属于具体实体权利的请求，根据《民事案件案由规定》，其具体的案由虽然被归入到第十部分“适用特殊程序案件案由”之

① 现为《民事诉讼法》（2021年修正）第一百九十二条。

“三十二、宣告失踪、宣告死亡案件”的二级案由之下，但是这属于案由编写时基于其与宣告死亡有关联而进行的编排。返还财产诉讼涉及实体审理时则应适用民事普通程序，而非适用特别程序，其与撤销宣告死亡的程序功能是不同的，既不能放在同一程序中进行审理，亦不能予以合并审理。

——最高人民法院民法典贯彻实施工作领导小组主编：《中华人民共和国民法典总则编理解与适用》，人民法院出版社 2020 年版，第 276 页。

二、确认调解协议案件

998. 关于司法确认案件管辖规则的适用

关键词

司法确认　管辖连接点　调解协议　先行调解　实际联系原则

最高人民法院司法解释

第三百五十一条　申请司法确认调解协议的，双方当事人应当本人或者由符合民事诉讼法第六十一条规定的代理人依照民事诉讼法第二百零一条的规定提出申请。

——《最高人民法院关于适用〈中华人民共和国民事诉讼法〉的解释》（2022 年 4 月 1 日修正）。

附录：最高人民法院主流观点

一是“邀请调解组织开展先行调解”的含义。2021 年《民事诉讼法》第二百零一条第一项中的“邀请”是指人民法院特邀调解制度的“特邀”，“先行”是指“诉前”，实质含义即“人民法院诉前委派调解”。考虑到民事诉讼法中未出现过“特邀”和“委派”的概念，而“邀请”和“先行调解”先前已有规定，其含义可以直接对应“特邀”和“委派调解”，所以在修改后的条文中采纳了现有概念和表述，意为“诉前委派调解的，向作出委派的人民法院提出司法确认申请”。需要注意的是，中级人民法院委派调解的纠纷也可以适用该规则。

二是“调解组织自行调解”的管辖规则应遵循实际联系原则。“调解组织自行调解”是指非经人民法院委派，由当事人自主申请或调解组织主动调解的调解类型。针对这类调解协议，2021 年《民事诉讼法》在坚持遵循实际联系原则的基础上，将管辖连接点从“调解组织所在地”扩展到“当事人住所地”和“标的物所在地”，增加管辖连接点，为当事人申请司法确认提供了便利，也通过坚持实际联系原则，便于人民法院审查和执行调解协议，有利于加强对调解组织的监督和指导。需要指出的是，司法确认作为特别程序，并不以法院对纠纷具有诉讼管辖权为前提，只需考虑符合管辖连接点要求。司法实践中，双方当事人向符合管辖连接点的多个法院申请司法确认的，由最先受理申请的法院管辖。

三是中级法院受理调解组织自行调解的司法确认申请管辖规则。民事诉讼法第二百零一条第二项规定：“……调解协议所涉纠纷应当由中级人民法院管辖的，向相应的中级人民法院提出。”司法实践中，金融法院、知识产权法院、海事法院等专门人民法院也可以适用该条。法条中未单独列明“专门人民法院”，主要是考虑到民事诉讼法的立法表述惯例，并未将专门人民法院排除在适用范围之外。该条中的“调解协议所涉纠纷应当由中级人民法院管辖的”，主要是指该纠纷如果提起诉讼，其标的额、案件类型等，符合级别管辖或专门管辖标准的，应当由中级或专门人民法院管辖。“向相应的中级人民法院提出”，并非指向具有诉讼管辖权的中级或专门人民法院提出，而是应当遵循本项前半句的管辖连接点的规定，向“调解组织所在地、当事人住所地、标的物所在地”的中级或专门人民法院提出。

——最高人民法院民法典贯彻实施工作领导小组办公室编著：《最高人民法院新民事诉讼法司法解释理解与适用》，人民法院出版社 2022 年版，第 765~766 页。

999. 调解协议申请司法确认的具体情形

关键词

调解协议　司法确认　委派调解　委托调解　专职调解员

最高人民法院司法解释

第三百五十八条　人民法院审查相关情况时，应当通知双方当事人共同到场对案件进行核实。

人民法院经审查，认为当事人的陈述或者提供的证明材料不充分、不完备或者有疑义的，可以要求当事人限期补充陈述或者补充证明材料。必要时，人民法院可以向调解组织核实有关情况。

——《最高人民法院关于适用〈中华人民共和国民事诉讼法〉的解释》（2022 年 4 月 1 日修正）。

附录：最高人民法院主流观点

实践中，当事人之间的纠纷经由人民调解组织、行政调解组织、商事调解组织、行业调解组织及其他调解组织处理后达成的调解协议，当事人申请法院进行司法确认的情形，大致可以分为以下四种情形。

第一种情形，当事人的纠纷在诉讼外接受各种调解组织调解并达成协议后，到法院申请确认。对于这一类案件，法院应当通知双方当事人同时到场并当面进行询问。

第二种情形，立案前人民法院委派有关调解组织进行调解达成协议的，当事人申请法院确认。这主要是当前法院主导推动的“委派调解”，也称为“诉前调解”。通常是当事人到法院起诉时，人民法院在收到起诉状或者口头起诉之后、正式立案之前，可以依职权或者经当事人申请，委派行政机关、人民调解组织、商事调解组织、行业调解组织或者其他具有调解职能的组织进行调解，达成协议后，当事人可以向法院申请司法确认。这类案件由于法院前期指导得比较到位，审查程序可以相应简化。实践中，有的法院建立了“诉调对接中心”等组织机构，由法院特邀调解组织或者特邀调解员进驻法院，专门处理法院分流出来的适宜调解的民事案件。《诉讼与非诉讼衔接机制意见》及《诉讼与非诉讼衔接机制试点方案》也对此作出了明确规定。

第三种情形，立案后人民法院再把案件委托给特邀调解组织或者特邀调解员进行调解达成协议的。这种情形称为“委托调解”。针对这类案件，当事人达成调解协议后，有两种处理方式：一是当事人达成调解后申请撤诉；二是当事人达成调解协议，申请法院审查后制作调解书。需要注意的是，立案前已经委派给相关调解组织调解的案件，立案后不宜再委托调解，以免使当事人误认为法院在拖延诉讼，但当事人同意委托调解的除外。

无论是立案前的委派调解，还是立案后的委托调解，尊重当事人的意愿和选择至关重要。对于立案前，当事人不同意调解或者在商定、指定时间内不能达成调解协议的，人民法院应当依法及时立案。立案后委托调解结束后，有关机关或者组织应当将调解结果告知法院，调解不成的，法院应当及时审判，不得拖延诉讼。

第四种情形，立案后由审判组织指派法院专职调解员对当事人的纠纷主持调解。法院专职调解员可以是法官，也可以是有调解经验的司法辅助人员。法院专职调解员就当事人之间的纠纷调解达成协议后，可以由担任专职调解员的法官制作民事调解书。许多法院在诉调对接改革中通过这种新机制，分流大量民事纠纷，减少了进入审判程序的案件数量。

——最高人民法院民法典贯彻实施工作领导小组办公室编著：《最高人民法院新民事诉讼法司法解释理解与适用》，人民法院出版社2022年版，第

776~777 页。

1000. 中级人民法院委派调解达成调解协议司法确认案件的管辖

关键词

委派调解　调解协议司法确认　管辖

最高人民法院司法解释

第十九条　委派调解达成调解协议，特邀调解员应当将调解协议送达双方当事人，并提交人民法院备案。

委派调解达成的调解协议，当事人可以依照民事诉讼法、人民调解法等法律申请司法确认。当事人申请司法确认的，由调解组织所在地或者委派调解的基层人民法院管辖。

——《最高人民法院关于人民法院特邀调解的规定》（2016 年 6 月 28 日，法释〔2016〕14 号）。

附录：最高人民法院主流观点

另外，关于中级人民法院委派调解达成的调解协议进行司法确认时的管辖问题。《关于适用〈中华人民共和国民事诉讼法〉的解释》明确规定，司法确认程序只适用于基层人民法院或人民法庭，中级以上人民法院不能对调解协议进行司法确认。但在实践中，一些知识产权纠纷、海事纠纷、商事纠纷标的额大、情况复杂，从诉讼管辖的角度，应由中级以上人民法院审理。中级法院在进行诉前委派调解后，无法直接对调解协议进行司法确认，而只能由调解组织所在地的基层人民法院进行司法确认。这样就导致了诉讼与非诉讼衔接的脱节，影响了中级以上法院委派调解的积极性。为解决衔接问题，实践中主要有两种做法：一种做法是，中级法院委派调解的案件，调解组织调解达成协议当事人申请司法确认的，由中级法院指派辖区内基层法院进行司法确认；另一种做法是，中级法院委派调解的案件，调解组织达成协议后，

当事人再重新到中级法院立案，中级法院作为诉讼案件出具民事调解书。但当事人需交纳一半诉讼费，且增加了当事人的诉累。最根本的做法是，建议修改民事诉讼法，取消司法确认案件只能由基层人民法院受理的限制。

《民事诉讼法司法解释》第三百五十三、三百五十四条也明确规定了申请司法确认的管辖法院。但就目前司法实践中存在两个问题尚未明确规定。第一，按照法律规定应当向基层法院申请司法确认，但是所涉金额又达到了本

地区中级法院管辖的一审民商事案件标准的情况。我们认为，针对这样的案件，还是应该按照法律规定由基层法院及其派出法庭进行司法确认。因为从法律及司法解释的规定来看，申请司法确认的管辖法院是特邀调解组织所在地的基层法院及其派出法庭，对于申请司法确认的调解协议并未规定标的金额的限制。第二，中级法院委派调解案件达成调解协议，能否向该中级人民法院申请司法确认的问题。一般认为，针对中级法院委派调解达成调解协议，可以由中级法院指定辖区内特邀调解组织所在地基层法院管辖。

——李少平主编:《最高人民法院多元化纠纷解决机制改革意见和特邀调解规定的理解与适用》，人民法院出版社 2017 年版，第 289~290 页，第 434 页。

1001. 委派调解达成的调解协议可申请司法确认

关键词

委派调解　调解协议司法确认

最高人民法院司法解释

第十九条　委派调解达成调解协议，特邀调解员应当将调解协议送达双方当事人，并提交人民法院备案。

委派调解达成的调解协议，当事人可以依照民事诉讼法、人民调解法等法律申请司法确认。当事人申请司法确认的，由调解组织所在地或者委派调解的基层人民法院管辖。

——《最高人民法院关于人民法院特邀调解的规定》(2016 年 6 月 28 日，法释〔2016〕14 号)。

最高人民法院司法政策精神

31. 完善司法确认程序。经行政机关、人民调解组织、商事调解组织、行业调解组织或者其他具有调解职能的组织调解达成的具有民事合同性质的协议，当事人可以向调解组织所在地基层人民法院或者人民法庭依法申请确认其效力。登记立案前委派给特邀调解组织或者特邀调解员调解达成的协议，当事人申请司法确认的，由调解组织所在地或者委派调解的基层人民法院管辖。

——《最高人民法院关于人民法院进一步深化多元化纠纷解决机制改革的意见》(2016 年 6 月 28 日，法发〔2016〕14 号)。

附录：最高人民法院主流观点

特邀调解组织和特邀调解员是人民法院附设调解的主力军，其主持调解达成的调解协议能否申请司法确认，在民事诉讼法及其解释中暂未有明确规定，制约了特邀调解工作的自主发展和功能发挥。《扩大试点方案》规定名册中的特邀调解组织和特邀调解员调解达成协议后，当事人申请司法确认的，人民法院应当受理。试点法院依据该项规定，积极推进特邀调解工作，在立案前调解了大量纠纷，收到了积极的成效。在总结试点改革成功经验的基石上，《深化多元改革意见》再次明确，“登记立案前委派给特邀调解组织或者特邀调解员调解达成的协议，当事人申请司法确认的，由调解组织所在地或者委派调解的基层人民法院管辖。”这一规定为明确特邀调解达成的调解协议的司法确认进一步提供了具体依据。但从长远来看，有必要将该条规定的内容吸纳进民事诉讼法，为人民法院的特邀调解及其司法确认机制提供明确的法律依据，从根本上夯实特邀调解的发展基础。

——李少平主编：《最高人民法院多元化纠纷解决机制改革意见和特邀调解规定的理解与适用》，人民法院出版社 2017 年版，第 290 页。

1002. 依无异议调解方案认可机制达成的调解协议可申请司法确认

关键词

无异议调解方案认可机制　调解协议司法确认

最高人民法院司法政策精神

24. 探索无异议调解方案认可机制。经调解未能达成调解协议，但是对争议事实没有重大分歧的，调解员在征得各方当事人同意后，可以提出调解方案并书面送达双方当事人。当事人在七日内未提出书面异议的，调解方案即视为双方自愿达成的调解协议；提出书面异议的，视为调解不成立。当事人申请司法确认调解协议的，应当依照有关规定予以确认。

——《最高人民法院关于人民法院进一步深化多元化纠纷解决机制改革的意见》（2016 年 6 月 28 日，法发〔2016〕14 号）。

附录：最高人民法院主流观点

作为最大可能促成合意、促进纠纷快速解决的新机制，其效力的落脚点在于依据该机制达成的调解协议的效力。调解协议性质上属于私文书，调解组织或者调解员依据调解方案制作的调解协议与人民调解协议、行政调解协议的效力相同，具有合同效力，法律效力较弱，缺乏强制性，纠纷当事人即使随意反悔或违背协议内容也不会得到任何制约或制裁。《深化多元改革意见》为依据无异议调解方案认可机制达成的调解协议设置了司法确认机制，明确双方当事人可以申请人民法院对调解协议进行司法确认，进一步拓宽了司法确认适用的范围，通过司法确认机制赋予调解协议强制执行力的保障，以有效避免循环诉讼，将无异议调解方案认可机制的作用落到实处。

——李少平主编：《最高人民法院多元化纠纷解决机制改革意见和特邀调解规定的理解与适用》，人民法院出版社2017年版，第230~231页。

1003. 如何处理确认裁定错误的救济问题

关键词

确认裁定错误　司法确认　调解协议　救济途径

最高人民法院司法解释

第三百六十条　经审查，调解协议有下列情形之一的，人民法院应当裁定驳回申请：

（一）违反法律强制性规定的；

（二）损害国家利益、社会公共利益、他人合法权益的；

（三）违背公序良俗的；

（四）违反自愿原则的；

（五）内容不明确的；

（六）其他不能进行司法确认的情形。

——《最高人民法院关于适用〈中华人民共和国民事诉讼法〉的解释》（2022年4月1日修正）。

附录：最高人民法院主流观点

司法确认案件实行一审终审，但实践中的确存在司法确认裁定发生错误的情形，当事人或者利害关系人如何救济？民事诉讼法对此没有作出明确规定。《人民调解协议司法确认程序规定》第十条仅规定了案外人在确认裁定错误时的救济途径，而没有规定当事人的救济途径。《民事诉讼法解释》第三百七十四条规定："适用特别程序作出的判决、裁定，当事人、利害关系人认为有错误的，可以向作出该判决、裁定的人民法院提出异议。经审查，异议成立或者部分成立的，作出新的判决、裁定撤销或者改变原判决、裁定；异议不成立的，裁定驳回。对人民法院作出的确认调解协议、准许实现担保物权的裁定，当事人有异议的，应当自收到裁定之日起十五日内提出；利害关系人有异议的，自知道或者应当知道其民事权益受到侵害之日起六个月内提出。”

结合有关法律、司法解释的精神和司法实践中的做法，我们认为确认裁定错误的救济有以下三种途径：

一是当事人确有证据证明原确认裁定存在错误的，可以提出异议申请法院撤销原确认裁定。《民事诉讼法解释》第三百七十四条对该项救济途径作出了规定。从以往赋予利害关系人救济途径的规定和司法实践中的做法分析，也应当赋予当事人申请撤销错误裁定的救济途径。提出异议的期限为当事人收到确认裁定之日起十五日内。

二是利害关系人认为法院确认裁定错误，其确认的调解协议侵害其合法权益，可以提出异议申请法院撤销确认裁定。该救济途径在《人民调解协议司法确认程序规定》中有明确规定。在此，首先必须明确的是，利害关系人向法院申请撤销对他人之间达成调解协议而作出的司法确认裁定，只能以调解协议侵害了其自身的合法权益作为申请事由。实践中通常有两种情形：第一种情形，利害关系人是与确认的调解协议中处理的涉案财物具有直接利害关系的人。实践中，有时会发生调解协议的双方当事人恶意串通损害第三人利益而谋取自身不正当或者非法利益的情形，即法院在审查调解协议时未发现恶意串通情形，作出了确认调解协议有效的裁定。这时，受损害的利害关系人可以依据《民事诉讼法解释》第三百七十四条，自知道或者应当知道其民事权益受到侵害之日起六个月内，向作出确认裁定的人民法院提出异议，申请撤销确认裁定。第二种情形，在调解过程中利害关系人并未参与，当事人之间达成的调解协议实质上却涉及甚至处分了其利益。法院在收到利害关系人主张调解协议侵害其合法权益并申请撤销的书面材料之后，应当告知利害关系人和双方当事人共同到法院接受询问。如果双方当事人均对利害关系人的主张无异议，法院则可以撤销原来的司法确认裁定。如果双方当事人对利害关系人的主张有异议，或者利害关系人一开始即以调解协议双方当事人通谋侵害自身合法权益作为申请事由的，法院应当告知利害关系人作为原告，以调解协议的双方当事人为共同被告，按照诉讼程序处理其三方之间的争议。这里需要强调的是，利害关系人提起异议申请撤销确认裁定的期限为利害关系人知道或者应当知道其民事权益受到侵害之日起六个月内，且必须向作出确认裁定的人民法院提出。

三是人民法院发现确认裁定确有错误的，应当如何处理？民事诉讼法和本司法解释对此没有作出明确规定。但按照《民事诉讼法解释》第三百七十八条的规定，适用特别程序、督促程序、公示催告程序、破产程序等非诉程序审理的案件，当事人不得申请再审。这也就意味着人民法院发现确认裁定确有错误的，不能启动再审程序予以纠错。实践中的确存在当事人或利害关系人都未提出撤销确认裁定的申请，而法院发现确认裁定错误的情形。针对这种情形，我们认为可以参照其他特别程序的处理方式。如民事诉讼法第一百九十三条、第一百九十七条、第二百条规定，被宣告失踪、宣告死亡的重新出现，无民事行为能力人或限制行为能力的原因已经消除，或者财产认定无主后原财产所有人或者继承人出现的，人民法院应当作出新判决，撤销原判决。同理，人民法院作出司法确认裁定后，发现原确认裁定确有错误的，或者出现新情况、新事实的，可以参照特别程序中的这些规定，通过审查程序作出新裁定，撤销原裁定。人民法院发现确认裁定确有错误予以纠正时没有期限限制，即不受当事人十五日和利害关系人六个月的期限限制。

——最高人民法院民法典贯彻实施工作领导小组办公室编著：《最高人民法院新民事诉讼法司法解释理解与适用》，人民法院出版社2022年版，第789~790页。

1004. 关于司法确认案件的收费问题

关键词

司法确认　调解协议　案件收费

最高人民法院司法解释

第十一条　人民法院办理人民调解协议司法确认案件，不收取费用。

——《最高人民法院关于人民调解协议司法确认程序的若干规定》（2011年3月23日，法释［2011］5号）

附录：最高人民法院主流观点

民事诉讼法和《民事诉讼法解释》对人民法院办理司法确认案件是否收取费用均没有作出规定。但《人民调解协议司法确认程序规定》第十一条对人民调解协议的司法确认案件是否收费的问题作出了规定，即“人民法院办理人民调解协议司法确认案件，不收取费用”。随着多元化纠纷解决机制的发展，该条规定适用的范围可以拓展到人民调解协议之外的其他所有非诉讼的调解协议。司法确认案件不收费的主要目的是鼓励当事人通过非诉讼方式解决纠纷，这体现了司法确认程序便民利民和降低成本的特点。

——最高人民法院民法典贯彻实施工作领导小组办公室编著：《最高人民法院新民事诉讼法司法解释理解与适用》，人民法院出版社2022年版，第790~791页。

三、实现担保物权案件

1005. 担保物权的实现程序

关键词

担保物权　民事诉讼程序

《中华人民共和国民法典》条文

第四百三十七条　出质人可以请求质权人在债务履行期限届满后及时行使质权；质权人不行使的，出质人可以请求人民法院拍卖、变卖质押财产。

出质人请求质权人及时行使质权，因质权人怠于行使权利造成出质人损害的，由质权人承担赔偿责任。

最高人民法院司法解释

第三百五十九条　民事诉讼法第二百零三条规定的担保物权人，包括抵押权人、质权人、留置权人；其他有权请求实现担保物权的人，包括抵押人、出质人、财产被留置的债务人或者所有权人等。

——《最高人民法院关于适用〈中华人民共和国民事诉讼法〉的解释》（2022 年 4 月 1 日修正）。

附录：最高人民法院主流观点

依据《民事诉讼法司法解释》第三百六十一条的规定，《民事诉讼法》第一百九十六条规定的担保物权人，包括抵押权人、质权人、留置权人；其他有权请求实现担保物权的人，包括抵押人、出质人、财产被留置的债务人或者所有权人等。在申请实现担保物权的主体当中，包括质权人和出质人。但在物的担保人与主债务人非为同一人时，是否应将主债务人列为被申请人或追加为第三人？我们倾向于，为避免不同利害关系人之间的权利冲突，应当允许将相关利害关系人作为实现担保物权案件中的被申请人。在此还要注意的是，作为非诉程序的一种，担保物权实现程序本身就是为了便捷实现担保物权而设置的程序，在此类案件中，人民法院原则上只对有关案件事实作形式审查，如果当事人就有关债权债务关系有实体性争议，则应通过相应民事诉讼程序予以解决。

——最高人民法院民法典贯彻实施工作领导小组主编：《中华人民共和国民法典物权编理解与适用》，人民法院出版社 2020 年版，第 1222 页。

1006. 实现担保物权的非讼程序与诉讼程序的关系

关键词

实现担保物权　非讼程序　诉讼程序　拍卖、变卖担保财产

最高人民法院裁判文书

宁安合作联社东京城信用社与天福利亨公司民间借贷纠纷上诉案［最高人民法院（2018）最高法民终 562 号民事裁定书］

裁判要旨：民事诉讼法第一百九十六条规定的申请实现担保物权程序属于非讼程序。当事人通过非讼程序申请实现担保物权，人民法院作出的准许拍卖、变卖担保财产裁定，属于国家权力机关作出的许可性裁定，具有法律上的强制执行力，阻断了当事人通过其他民事诉讼程序再行争执的机会，使得申请人和被申请人均丧失了相应诉权。因此，人民法院在实现担保物权非讼程序中作出准许拍卖、变卖担保财产的裁定后，当事人又就同一担保法律关系向人民法院提起担保物权纠纷之诉的，人民法院不应受理。但是，通过实现担保物权非讼程序拍卖、变卖担保物后仍不足以清偿全部主债权的，债权人可就未实现的债权另行通过诉讼程序主张权利。

最高人民法院认为：宁安合作联社东京城信用社提起的本案民间借贷纠纷，与天福利亨公司作为申请人先行提起的宁安市法院（2017）黑 1084 民特 3 号申请实现担保物权一案，均是针对宁安合作联社东京城信用社对天福利亨公司享有的同一借款债权。前案是当事人通过非讼程序实现担保物权，而本案是当事人通过诉讼程序请求对抵押物优先受偿以实现担保物权。尽管本案的诉讼请求与前案申请并不完全重合，但争议法律关系同一，且均是为了实现担保物权。《中华人民共和国民事诉讼法》（以下简称民事诉讼法）在第一百九十六条①规定了“申请实现担保物权”的特别程序（非讼程序），在第一百九十七条②规定了“申请实现担保物权”的特别程序与通过诉讼程序实

① 现为《民事诉讼法》（2021 年修正）第二百零三条。
② 现为《民事诉讼法》（2021 年修正）第二百零四条。

现担保物权的程序衔接。依据前述两条法律规定，申请实现担保物权，由担保物权人以及其他有权请求实现担保物权的人依照物权法等法律，向担保财产所在地或者担保物权登记地基层人民法院提出；人民法院受理申请后，经审查，符合法律规定的，裁定拍卖、变卖担保财产，当事人根据该裁定可以向人民法院申请执行；不符合法律规定的，裁定驳回申请，当事人可以向人民法院提起诉讼。据此，在借款担保法律关系中的一方当事人已经通过非讼程序申请实现担保物权的情况下，只有其申请被人民法院裁定驳回，或者申请实现担保物权的非讼案件已经执行完毕，债权人还存在尚未清偿的债权的，当事人才可以就同一借款担保法律关系另行向人民法院提起诉讼。若申请实现担保物权非讼案件的生效民事裁定准许拍卖、变卖抵押财产优先偿还借款债务，且该非讼案件正在执行过程中，实现担保物权的范围尚未最终确定，则债权人不得就同一借款担保法律关系再行提起诉讼，主张对抵押物优先受偿。本案中，因宁安市法院（2017）黑 1084 民特 3 号民事裁定准许拍卖、变卖天福利亨公司所有的房产偿还案涉欠款及利息，该裁定现已发生法律效力并且在执行过程中，故宁安合作联社东京城信用社不得针对同一借款担保法律关系，提起本案诉讼请求对抵押物优先受偿。一审法院裁定驳回宁安合作联社东京城信用社的起诉，理由虽不准确，但结果并无不当。

在宁安市法院（2017）黑 1084 民特 3 号民事裁定执行终结后，宁安合作联社或者其分支机构宁安合作联社东京城信用社可就其未实现的债权另行提起诉讼。

对于宁安合作联社东京城信用社提出的该社作为分支机构具有诉讼主体资格的上诉理由，本院认为，原审裁定并未认定宁安合作联社东京城信用社不具备诉讼主体资格，而是认为同一债权不应由宁安合作联社与其分支机构宁安合作联社东京城信用社分别提起诉讼，原审裁定不是以宁安合作联社东京城信用社不具备诉讼主体资格为由驳回其起诉，故本院对该项上诉理由亦不予支持。

——中国裁判文书网。

附录：本案解析

本案涉及的法律问题是，当事人依据民事诉讼法第一百九十六条[①]的规定申请实现担保物权，人民法院裁定准许拍卖、变卖担保财产后，当事人又就同一担保法律关系提起担保物权纠纷之诉，人民法院应如何处理？这一问题的实质，是实现担保物权的非讼程序与诉讼程序（担保物权纠纷）的关系或程序衔接问题。鉴于现行民事诉讼法及其司法解释对此没有明确直接的规定，

① 现为《民事诉讼法》（2021 年修正）第二百零三条。

本文借此案例，通过研究担保物权的实现路径、立法变革、程序差异，就实现担保物权的非讼程序与诉讼程序的关系问题作简略探讨。

（一）担保物权的实现路径

1. 实现担保物权的自力救济和公力救济程序

实现担保物权程序，是指当债务履行期届满而债务人不履行到期债务或发生当事人约定的实现担保物权的情形时，担保物权人对担保财产优先受偿以实现债权的程序。广义上的实现担保物权程序包括自力救济程序和公力救济程序，而狭义上仅指公力救济程序。

实现担保物权的私力救济，是指担保物权人可径行依担保物权而自行决定担保物权的处分方式并予以实施，通常情况下国家不予强制干预。从比较法上看，英美国家和法国允许通过自力救济方式实现担保物权，而德国、瑞士和日本等不少国家极力排斥自力救济方式实现担保物权，只允许通过公力救济实现担保物权。依据《中华人民共和国物权法》（以下简称物权法）第一百九十五条[①]之规定，抵押权人在法定和约定情形下，可以与抵押人协商处分抵押物。此种以协议方式处分担保物的方式，即属于担保物权实现的自力救济方式。可见，我国民事实体法也允许以自力救济方式实现担保物权。自力救济可以避免纷繁复杂的程序，缩短交易时间，降低交易成本，更好地保护担保物权人的利益，但自力救济在保护债务人、担保人及第三人方面也存在明显的弊端。因此，自力救济在我国担保物权的实现中不属于常态途径。

实现担保物权的公力救济，是指担保物权的实现应采取公法上的方式获得法院或其他机关签发的裁判或决定，而不能私自实现担保物权。此种救济方式主要包括民事诉讼或仲裁、强制执行公证、实现担保物权非讼程序等方式。在2012年民事诉讼法实施之前，我国担保物权的实现通常借助普通民事诉讼的争讼程序或者强制执行公证，通过自力救济实现担保物权的情形非常罕见，因缺乏程序法支撑也几乎没有通过非讼程序实现担保物权的情况。在2012年民事诉讼法及其司法解释出台之后，通过非讼程序，即依据民事诉讼法第一百九十六条[②]规定申请实现担保物权，也成为实现担保物权的重要途径。从比较法上看，各国担保物权实现程序的立法潮流是朝非讼程序方向发展。德国、日本和我国台湾地区的相关法律对申请拍卖、变卖担保财产案件进行了规定，这些案件属于非讼案件或非讼事件的范畴。如在德国，担保物权实现采用严格的公力救济立法例，申请人通过非讼方式申请法院强制执行是实现担保物权的唯一途径，债权人必须向法院申请强制执行令，由法院扣押担保标的并通过强制拍卖和强制监管方式使债权得以清偿。而作为非讼裁

① 对应《民法典》第四百一十条。

② 现为《民事诉讼法》（2021年修正）第二百零三条。

判模式典型代表的我国台湾地区，则是通过“非讼事件法”第七十二、七十三、七十四条明确将抵押权等担保物权的拍卖、变卖列为非讼事件，而不再采取普通民事诉讼的争讼程序。台湾地区司法实践中，法院对抵押权人实现抵押权的申请仅从形式上审查，只需其抵押权已经依法登记，未经登记的双方无争议，且债权已届清偿期而未受清偿，即可作出准许拍卖的裁定。抵押权人可以凭抵押权证明文件和裁定正本，申请强制执行。

2. 实现担保物权的诉讼程序与非讼程序

实现担保物权的诉讼程序与非讼程序，均属于公力救济方式。诉讼裁判模式，是指担保物权人先通过诉讼程序获得法院的生效裁判，并以该生效裁判为执行名义，由法院强制执行生效裁判予以实现担保物权。非讼裁判模式是指在担保关系未发生争议时，担保物权人或其他有权请求实现担保物权的人可向法院申请作出准许拍卖的裁定，由法院对于当事人的申请作形式审查，并由此作出可申请强制执行的准予拍卖担保物的非讼裁定。目前，我国民事实体法及程序法所规定的担保物权实现方式，包括作为普通民事诉讼的担保物权纠纷诉讼和作为非讼程序的申请实现担保物权案件。前者通过民事诉讼法中的审判程序规定予以调整，后者通过民事诉讼法的特别程序规定予以调整。

——潘杰：《实现担保物权的非讼程序与诉讼程序关系研究——宁安合作联社东京城信用社与天福利亨公司民间借贷纠纷上诉案》，载最高人民法院民事审判第一庭编：《民事审判指导与参考》2018 年第 3 辑（总第 75 辑），人民法院出版社 2018 年版，第 229~235 页。

1007.《民事诉讼法》规定的担保物权非诉执行程序是否是诉讼程序的必经程序

关键词

担保物权　执行程序　诉讼程序

附录：最高人民法院主流观点

对于《民事诉讼法》规定的担保物权非诉执行程序是否是诉讼程序的必经程序，实践中存在不同的看法：一种观点认为，既然法律提供了更加便捷且费用较低的实现担保物权的方式，当事人就应先通过非诉程序实现担保物权，而不能直接提起诉讼，尤其是在当事人对担保物权的实现没有实质争议的情形下，担保物权人提出的诉讼请求必然获得人民法院的支持，此时如果由担保人承担诉讼费用，对其就不够公平，因为非诉程序的费用较之诉讼费用要低得多；另一种观点则认为，法律规定担保物权的非诉执行并不意味着担保物权人不能通过诉讼主张行使权利，二者是并行不悖的关系，因此，担保物权人可选择诉讼或者非诉的方式行使担保物权。我们认为，由于现行法律并未将非诉程序作为诉讼程序的必经程序，因此，认为担保物权人必须先申请非诉执行再提起诉讼并无法律依据。

——最高人民法院民事审判第二庭著：《最高人民法院民法典担保制度司法解释理解与适用》，人民法院出版社 2021 年版，第 409 页。

1008. 申请实现担保物权程序中被申请人下落不明时能否采取公告送达

关键词

下落不明　公告送达　申请实现担保物权　自由裁量　恶意逃避义务

最高人民法院司法解释

第三百五十九条　民事诉讼法第二百零三条规定的担保物权人，包括抵押权人、质权人、留置权人；其他有权请求实现担保物权的人，包括抵押人、出质人、财产被留置的债务人或者所有权人等。

——《最高人民法院关于适用〈中华人民共和国民事诉讼法〉的解释》（2022 年 4 月 1 日修正）。

附录：最高人民法院主流观点

对申请实现担保物权程序中被申请人下落不明时能否采取公告送达的问题，实践中争议很大，主要有以下几种不同意见：第一种意见认为，应保障被申请人的知情权和程序参与权，送达系案件审理的必经程序，被申请人下落不明导致无法送达的，应直接裁定驳回申请；第二种意见认为，送达系案件审理的必经程序，被申请人下落不明导致无法送达的，应比照普通诉讼程序采公告送达，公告送达后特别程序可继续适用；第三种意见认为，实现担保物权程序是非讼特别程序，不必比照普通诉讼程序以送达为前提，人民法院可根据对不同案件事实的心证判断，酌情作出准予实现担保物权或驳回申请的裁定。以上三种意见，都有一定的合理性。第一种意见考虑到了该类案件涉及实体权利处分，且作为抵押物的不动产往往价值较大，故应当保障被申请人的知情权和程序参与权。如果被申请人下落不明或故意逃避的，则说明案件存在争议，不符合特别程序非争议性的特点，应直接裁定驳回申请。第二种意见的理由是民事诉讼法不仅未禁止在特别程序中适用公告送达，相反还在第一百八十七条中规定了“人民法院适用特别程序审理的案件，应当在立案之日起三十日内或者公告期满后三十日内审结”，故对实现担保物权案件在被申请人下落不明的情形下进行公告送达，有相应的法律依据。前两种观点虽有一定道理，但我们更倾向于第三种意见，即人民法院可不经公告送达，依法酌情作出裁定，主要理由如下：首先，采取耗时较长的公告送达方式有悖于实现担保物权特别程序快速实现权利的立法本意；其次，对于实践中被申请人明显属恶意逃避送达而担保法律关系又十分清楚的案件，如果简单地以被申请人下落不明为由一律裁定驳回申请，可能会导致该程序的设立目的落空，为不诚信的被申请人提供了恶意逃避、拖延义务的途径；最后，法院在特别程序中采职权主义审查，有权在内心确信判断的基础上进行自由裁量。当然，如果在被申请人下落不明的情况下，人民法院经过审查后对于申请人的申请是否成立不能确信，则应该驳回申请，告知申请人另行起诉，通过诉讼的方式实现权益。总之，对于下落不明的申请人是否公告送达，应由人民法院经过审查后根据案件事实和具体情况决定，以防止被申请人以下落不明为由而一律驳回申请人的申请导致被申请人恶意逃避义务。

——最高人民法院民法典贯彻实施工作领导小组办公室编著：《最高人民法院新民事诉讼法司法解释理解与适用》，人民法院出版社 2022 年版，第 796~797 页。

1009. 实现担保物权案件是否属于《民事诉讼法》第二百零三条规定的“担保财产所在地或者担保物权登记地基层人民法院”专属管辖

关键词

专属管辖　实现担保物权　担保物所在地　约定管辖

最高人民法院司法解释

第三百六十条　实现票据、仓单、提单等有权利凭证的权利质权案件，可以由权利凭证持有人住所地人民法院管辖；无权利凭证的权利质权，由出质登记地人民法院管辖。

——《最高人民法院关于适用〈中华人民共和国民事诉讼法〉的解释》（2022 年 4 月 1 日修正）。

附录：最高人民法院主流观点

实现担保物权案件是否属于民事诉讼法第二百零三条规定的“担保财产

所在地或者担保物权登记地基层人民法院”专属管辖?换句话说,当事人是否可以对此类案件适用约定管辖及应诉管辖?我们认为,依据非讼法理,非讼案件的管辖,虽然在法律条文中没有“专属管辖”的用语,但由于非讼管辖的目的在于追求迅速及符合公益目的的需求,且其经常涉及第三人的权益,其管辖似有定性为专属管辖的必要;且依其性质,并不能适用约定管辖及应诉管辖。此外,在实现担保物权的案件中原主合同中约定的管辖法院与民事诉讼法第二百零三条规定的管辖法院不一致时,是否以第二百零三条规定为准?我们认为,实现担保物权案件是特别程序,主合同中约定的管辖法院并不必然就对实现担保物权的案件适用,此时应按民事诉讼法第二百零三条的规定处理。

第三,实现担保物权案件的管辖法院是否恒定?在司法实践中可能存在担保物权人在担保财产所在地申请立案后,担保财产被转移出立案法院辖区的情形,此时是否还由立案受理人民法院管辖?我们认为依据本司法解释第三十七条的规定,管辖是恒定的。《民事诉讼法解释》第三十七条规定:“案件受理后,受诉人民法院的管辖权不受当事人住所地、经常居住地变更的影响。”参照诉讼案件的管辖原理,受理人民法院可以继续受理案件的审查,不受担保物变动的影响,这不但可以减少当事人的诉累,同时也能够避免被申请人通过不断变更担保物的所在地来规避法院的审查。

——最高人民法院民法典贯彻实施工作领导小组办公室编著:《最高人民法院新民事诉讼法司法解释理解与适用》,人民法院出版社2022年版,第800页。

1010. 基于同一笔债权的担保,法院可以一并审查处理,不允许以担保物不完全在法院管辖区内为由拒绝受理和审查

关键词

申请实现担保物权　管辖权　债权担保

最高人民法院司法解释

第三百六十二条　同一债权的担保物有多个且所在地不同,申请人分别向有管辖权的人民法院申请实现担保物权的,人民法院应当依法受理。

——《最高人民法院关于适用〈中华人民共和国民事诉讼法〉的解释》(2022年4月1日修正)。

附录：最高人民法院主流观点

对于同一债权的担保物有多个且所在地不同，申请人向有管辖权的人民法院分别提出申请实现担保物权申请的，人民法院不能以该债权有多个担保物且各担保物分散在不同的法院管辖区内，要向各人民法院申请实现担保物权为借口而拒绝受理。同时，对于同一债权的担保物有多个且所在地不同，申请人向其中一个担保物所在地的基层人民法院提出申请实现该债权项下的所有担保物权的，人民法院也应当受理。此种情形，就应由一个担保物所在地人民法院集中审查该债权项下的担保物权，也就是说，对于此种情形，因是基于同一笔债权而发生的担保，该人民法院可以一并进行审查处理，不允许该人民法院以担保物不完全在其管辖区内为由而拒绝受理和审查。

——最高人民法院民法典贯彻实施工作领导小组办公室编著:《最高人民法院新民事诉讼法司法解释理解与适用》，人民法院出版社2022年版，第806页。

1011. 实现担保物权案件完结后，债权人能否就担保财产拍卖、变卖后不足清偿债务部分再起诉债务人及保证人

关键词

实现担保物权　拍卖、变卖　求偿权

最高人民法院司法解释

第三百六十三条　依照《民法典》第三百九十二条的规定，被担保的债权既有物的担保又有人的担保，当事人对实现担保物权的顺序有约定，实现担保物权的申请违反该约定的，人民法院裁定不予受理；没有约定或者约定不明的，人民法院应当受理。

——《最高人民法院关于适用〈中华人民共和国民事诉讼法〉的解释》（2022年4月1日修正）。

附录：最高人民法院主流观点

当实现担保物权案件完结后，债权人能否就担保财产拍卖、变卖后不足清偿债务部分再起诉债务人及保证人？我们认为，应予准许。即通过担保物权实现程序拍卖、变卖担保物仍不足以清偿债务的，债权人对债务人和保证人仍有求偿权，可再行通过普通诉讼程序主张权利。

——最高人民法院民法典贯彻实施工作领导小组办公室编著:《最高人

民法院新民事诉讼法司法解释理解与适用》，人民法院出版社 2022 年版，第 807 页。

1012. 当“人的担保”与“物的担保”并存而实现担保物权案件尚未完结时，对于保证部分可否同时提起民事诉讼

关键词

人的担保　物的担保　实现担保物权　保证　中止审理

最高人民法院司法解释

第三百六十三条　依照《民法典》第三百九十二条的规定，被担保的债权既有物的担保又有人的担保，当事人对实现担保物权的顺序有约定，实现担保物权的申请违反该约定的，人民法院裁定不予受理；没有约定或者约定不明的，人民法院应当受理。

——《最高人民法院关于适用〈中华人民共和国民事诉讼法〉的解释》（2022 年 4 月 1 日修正）。

附录：最高人民法院主流观点

实践中，有个别人民法院在实现担保物权案件未完结之前，以“由于保证人需要承担多少债务尚无法确定，故不能在此时就对保证人同时提起诉讼，须待实现担保物权案件处理完毕后，方可起诉保证人”为由，拒绝受理债权人对承担连带保证责任的保证人的诉讼。我们认为，实现担保物权案件作为特别程序，其最终目的与诉讼程序基本相同，即取得执行依据。当连带责任保证和“物的担保”并存时，债权人可选择行使“物的担保”和“人的担保”，抵押人提起实现担保物权程序，可同时对承担连带责任保证的保证人提起民事诉讼，人民法院对于既申请实现担保物权又同时对保证部分提起诉讼的，都应该受理，但对于诉讼部分可先行中止审理，待担保物权实现程序结束后再行恢复。

——最高人民法院民法典贯彻实施工作领导小组办公室编著：《最高人民法院新民事诉讼法司法解释理解与适用》，人民法院出版社 2022 年版，第 807 页。

1013. 法院如何审查实现物权担保案件中，申请人的申请能否成立和被申请人提出主债权或担保物权真实性、合法性等实体异议

关键词

实现担保物权　主债权　全面审核　滥用权利

最高人民法院司法解释

第三百六十九条　人民法院应当就主合同的效力、期限、履行情况，担保物权是否有效设立、担保财产的范围、被担保的债权范围、被担保的债权是否已届清偿期等担保物权实现的条件，以及是否损害他人合法权益等内容进行审查。

被申请人或者利害关系人提出异议的，人民法院应当一并审查。

——《最高人民法院关于适用〈中华人民共和国民事诉讼法〉的解释》（2022 年 4 月 1 日修正）。

附录：最高人民法院主流观点

关于对申请人的申请能否成立以及被申请人提出有关主债权或者担保物权真实性、合法性等实体异议，人民法院应当如何审查问题，目前实践中主要有两种做法：一是对于被申请人提出实体异议且提供相应证据证明的，经审查后发现确属存在民事权益争议的，直接驳回担保物权实现的申请并告知申请人向人民法院起诉；经审查异议不成立的，直接作出拍卖、变卖担保财产的裁定。对于被申请人仅笼统提出或表示异议但没提供证据证明的，人民法院应驳回其异议。二是被申请人提出实体异议的，人民法院应书面通知当事人于限定期限内向有管辖权的人民法院提起诉讼，当事人于限定期限内不提起诉讼的，人民法院仍得继续裁定对抵押财产进行拍卖、变卖。当事人如果提起诉讼，人民法院应裁定终结申请实现担保物权的非讼程序。第一种做法便于权利人尽快实现权利，防止被申请人通过异议阻却该程序。第二种做法则给予了被申请人充分的权利保障。目前，审判实践中采纳第一种做法的更多。我们认为，不管采用哪一种做法，在审判实践中都要防止被申请人滥用异议或抗辩的权利，致使程序设立的目的落空。因此，人民法院只有在对被申请人提出的异议进行审查后确认确实存在明确、具体的民事权益争议的，才能裁定驳回申请。当然，在人民法院审查实现物权担保程序过程中，被申请人出于或为自身真实权利的保护，或为拖延担保物权的实现，通常会提出异议。要避免一有异议就终结程序，把异议等同于民事权益争议的做法。所

以，只有在人民法院全面审核调查全部相关证据材料之后，才能最终确认是否存在民事权益争议。

——最高人民法院民法典贯彻实施工作领导小组办公室编著：《最高人民法院新民事诉讼法司法解释理解与适用》，人民法院出版社2022年版，第816~817页。

1014. 申请实现担保物权程序是否能调解

关键词

申请实现担保物权　调解　特别程序

附录：最高人民法院主流观点

《民事调解工作规定》（法释〔2004〕12号）第二条规定："对于有可能通过调解解决的民事案件，人民法院应当调解。但适用特别程序、督促程序、公示催告程序、破产还债程序的案件，婚姻关系、身份确认案件以及其他依案件性质不能进行调解的民事案件，人民法院不予调解"，该条后被2015年《民事诉讼法解释》第一百四十三条所吸收，该条规定："适用特别程序、督促程序、公示催告程序的案件，婚姻等身份关系确认案件以及其他根据案件性质不能进行调解的案件，不得调解。"依照此条规定，特别程序不适用调解程序。因此，实现担保物权案件不应进行调解，如果申请人与被申请人之间能够达成调解，则证明双方之间对于实现担保物权不存争议，其完全可以自行履行，无须通过人民法院的公权力实现其权益。

——最高人民法院民法典贯彻实施工作领导小组办公室编著：《最高人民法院新民事诉讼法司法解释理解与适用》，人民法院出版社2022年版，第817页。

四、人身安全保护令案件

1015. 人身安全保护令案件比照适用特别程序审理

关键词

人身安全保护令案件　审判组织　特别程序

最高人民法院司法解释

三、关于人身安全保护令案件适用程序等问题。人身安全保护令案件适用何种程序，反家庭暴力法中没有作出直接规定。人民法院可以比照特别程序进行审理。家事纠纷案件中的当事人向人民法院申请人身安全保护令的，由审理该案的审判组织作出是否发出人身安全保护令的裁定；如果人身安全保护令的申请人在接受其申请的人民法院并无正在进行的家事案件诉讼，由法官以独任审理的方式审理。至于是否需要就发出人身安全保护令问题听取被申请人的意见，则由承办法官视案件的具体情况决定。

——《最高人民法院关于人身安全保护令案件相关程序问题的批复》（2016 年 7 月 11 日，法释〔2016〕15 号）。

最高人民法院公布的典型案例

王某某申请人身安全保护令案

（一）基本案情

申请人王某某与被申请人万某某（女）系夫妻关系。王某某 1995 年退休后离开工作地点南昌回到上海生活，万某某霸占王某某退休工资和奖金，逼迫王某某出去打工赚取生活费用。2015 年初，王某某已年过八十，体弱多病，没有劳动能力，万某某不但不加照顾，反而经常对王某某拳打脚踢，用棍棒将王某某打得青紫血肿，伤痕累累，并在深夜辱骂，使王某某忍饥挨饿，受冻受寒。2016 年 1 月底，万某某再次对王某某进行殴打，至王某某颅脑出血并在医院进行了手术。万某某的行为使王某某遭受精神上、肉体上的长期折磨，生命安全受到严重威胁。王某某向上海市长宁区人民法院提出申请，要求禁止万某某实施家庭暴力，并提交了相关证据。

（二）裁判结果

上海市长宁区人民法院查明，万某某与王某某经常为家庭琐事发生争吵。

2015 年起万某某对王某某打骂频繁，程度也越发激烈。2016 年 1 月 24 日，双方又为家庭琐事发生纠纷，吵闹中万某某用拖把棍猛击王某某头部，致王某某右侧急性硬膜下血肿，于次日住院接受右侧硬膜下血肿钻孔引流手术。上海市长宁区人民法院认为，万某某长期对王某某实施暴力，侵害了王某某的人身健康权，遂裁定：禁止被申请人万某某对申请人王某某实施家庭暴力。

（三）典型意义

本案是一起由男性家庭成员不依附其他诉讼而单独提起的人身安全保护令案件。在实践中把握何种行为可被定性为“家庭暴力”时，应在正确理解反家庭暴力法立法精神与相关条文的基础上，结合出警记录、就医记录，当事人及第三方调查情况，准确解读家庭暴力的持久性、故意性、控制性、恐惧性及后果严重性。对于家庭暴力的现实危险，应根据家庭暴力发生史、过去家庭暴力出警记录、就医记录，第三方描述等明确危险存在的可能性及大小。本案中王某某已年过八十，体弱多病，结合出警记录、同事证言、法院和居委会谈话笔录、医院诊疗记录、出院小结、验伤单、影像资料等证据，可证实王某某长期遭受来自万某某精神及身体上的折磨，并导致颅脑出血、身上多处受伤的严重后果，万某某的行为符合家庭暴力及现实危险的定义。

——《最高人民法院发布反家庭暴力法实施一周年十大典型案例》(2017年3月8日)。

附录：理解与适用

人身安全保护令案件适用何种程序审理，反家庭暴力法中并没有作出直接规定。根据民事诉讼法的规定，人民法院审理民事案件，或者组成合议庭适用普通程序审理，或者由独任法官适用简易程序审理。对于宣告失踪、宣告死亡案件、公示催告程序等非诉案件和本质上不属于平等主体之间的民事权益之争的选民名单案件，我国民事诉讼法将其归入特别程序。适用特别程序审理的案件，其实并非一律是非讼案件，但却有一个共同特点，即一审终审。北京高院请示的第三个问题是“关于审判程序问题”，但其内容是要求明确，人民法院审理人身安全保护令案件，是组成合议庭审理还是由独任法官审理。至于是不是一审终审的问题，反家庭暴力法是有明确规定的，即此类案件中，人民法院一旦作出裁定，当事人只有申请复议的权利，而无权提起上诉。考虑到其他地方法院也就此类案件适用何种程序进行审理向最高人民法院民一庭询问的情况，故在《批复》中明确此类案件可以比照特别程序进行审理的意见。具体到适用何种审判组织审理此类案件的问题上，《批复》同意北京高院倾向性意见。如果是人民法院正在审理的家事案件中的一方当事人申请人身安全保护令，就由审理该案的审判组织对人身安全保护令申请作出处理。也就是说，家事案件原来是由合议庭适用普通程序审理的，受理当事人提出的人身安全保护令申请后，就由合议庭审理；家事案件原来是由独任法官适用简易程序审理的，就由独任法官审理。这样规定的优点是相对于从未接触过家事案件当事人的其他法官而言，该合议庭或独任法官比较了解当事人的情况，易于作出是否支持当事人的申请，发出人身安全保护令的判断。如果申请人并无正在法院审理的家事案件，或者虽然其在A法院有正在进行的家事诉讼，但却因为某种原因而向B法院申请人身安全保护令或者只是向人民法院申请人身安全保护令，则可由法官以独任审理的方式处理案件。适用批复在审判实践中需要注意的是：第一，批复之所以允许承办人身

安全保护令案件的法官，自行决定在发出人身安全保护令以前是否需要

传唤双方当事人到庭，听取其陈述，主要是考虑如果将传唤当事人到庭听取意见作为发出人身安全保护令的必经程序，则有可能在一些特殊情况下，使得法官因为无法传唤一方或者双方当事人到庭而无法发出人身安全保护令，进而无法起到适用保护令及时制止家庭暴力，为家庭暴力的受害者提供保护的作用。在一般情况下，承办此类案件的审判组织，应当尽可能通知当事人到庭，以便直接听取其陈述。特别是在作出责令被申请人迁出其与申请人共同的住所以及被申请人（施暴者）未成年或者限制民事行为能力的情况下，传唤被申请人及其监护人到庭，倾听其陈述，与其监护人协商并做好对被申请人的安置有着不容忽视的意义。第二，对于人身安全保护令发出前未能到庭的被申请人或者虽然到庭但坚持其并未实施家庭暴力的被申请人，承办法官应当尽可能地向其说明人身安全保护令的意义在于制止已经发生的或者潜在的家庭暴力，因其目的和时效性要求，使得法官不可能向审理其他民事案件一样，对证据进行深入的核实、分析。人身安全保护令本身并非被申请人实施家庭暴力的证据，也不能在离婚案件中作为其配偶请求离婚损害赔偿的证据。因此，如果法院发出保护令时并未查实被申请人的家暴行为并记载于保护令之中，只要被申请人不违反人民法院作出的人身安全保护令，保护令既不意味着其就是家暴实施者，也不代表国家法律对其进行了处罚。

——《解读〈最高人民法院关于人身安全保护令案件相关程序问题的批复〉》，载江必新主编：《最高人民法院司法解释与指导性案例理解与适用》第五卷，人民法院出版社 2017 年版，第 310~311、313 页。

1016. 人身安全保护令案件的程序独立性问题

关键词

人身安全保护令案件　程序独立性

最高人民法院司法解释

第一条　当事人因遭受家庭暴力或者面临家庭暴力的现实危险，依照反家庭暴力法向人民法院申请人身安全保护令的，人民法院应当受理。

向人民法院申请人身安全保护令，不以提起离婚等民事诉讼为条件。

——《最高人民法院关于办理人身安全保护令案件适用法律若干问题的规定》（2022 年 7 月 14 日，法释〔2022〕17 号）。

附录：理解与适用

《规定》第 1 条规定，向人民法院申请人身安全保护令，不以提起离婚等民事诉讼为条件。通过该规定，明确了向人民法院申请人身安全保护令不需要在先提起离婚诉讼或者其他诉讼，也不需要在申请人身安全保护令后一定期限内提起离婚等诉讼。这主要是考虑人身安全保护令的制度目的是预防和制止家庭暴力，而与是否离婚无关。实践中，不少受害人也只是单纯希望制止家庭暴力行为，并不想解除婚姻关系。

此外，人身安全保护令与诉讼保全也不同，不以后续提起离婚等诉讼为必要。从程序法的角度看，人身安全保护令的申请、审查、执行等均具有高度的独立性，完全可以不依托于家事诉讼而独立存在。这符合人身安全保护令快速、及时制止家庭暴力的基本特征和制度目的。2016 年，最高人民法院作出《关于人身安全保护令案件相关程序问题的批复》，确定人身安全保护令案件比照民事诉讼法上的特别程序审理，强调了该类案件办理程序的简捷性和经济性，实际上也暗含了人身安全保护令无需依附于其他民事诉讼程序的独立性。

《规定》第 1 条进一步确认了人身安全保护令案件的独立性，明确人身安全保护令案件不依附于离婚等民事诉讼程序。

——郑学林、吴景丽、王丹：《〈关于办理人身安全保护令案件适用法律若干问题的规定〉的理解与适用》，载《人民司法》2022 年第 22 期。

1017. 人身安全保护令案件代为申请的问题

关键词

人身安全保护令案件　代为申请

最高人民法院司法解释

第二条　当事人因年老、残疾、重病等原因无法申请人身安全保护令，其近亲属、公安机关、民政部门、妇女联合会、居民委员会、村民委员会、残疾人联合会、依法设立的老年人组织、救助管理机构等，根据当事人意愿，依照反家庭暴力法第二十三条规定代为申请的，人民法院应当依法受理。

——《最高人民法院关于办理人身安全保护令案件适用法律若干问题的规定》（2022 年 7 月 14 日，法释〔2022〕17 号）。

附录：理解与适用

反家庭暴力法第二十三条规定，当事人是无民事行为能力人、限制民事行为能力人，或者因受到强制、威吓等原因无法申请人身安全保护令的，其近亲属、公安机关、妇女联合会、居民委员会、村民委员会、救助管理机构可以代为申请。实践中，除了受到强制、威吓外，还存在因年老、残疾、重病等原因致使受害人不敢或者不能亲自申请的情况。为最大限度保障该类特殊困难群体能够依法及时获得人身安全保护令制度的救济，《规定》第2条在反家庭暴力法基础上进行了适当扩充，将年老、残疾、重病等情况纳入代为申请情形。

但考虑到该类人员生活保障仍需要以家庭为基础，而且，其并非因民事行为能力欠缺而导致意思表示受限，仅仅是身体状况等现实原因，是否申请人身安全保护令可以也需要充分尊重其自身意愿，因此，《规定》在扩大代为申请情形时增加了一个限制条件，即“根据其意愿”。

同时，对于代为申请的主体，《规定》结合审判实践，在征求有关部门意见的基础上，根据部门职责分工，增加了民政部门、残疾人联合会、依法设立的老年人组织等，以充分调动全社会力量，进一步织牢织密对该类人员的保护网，合力保障其人身健康和生命安全。本条在征求意见过程中，有部门建议增加学校、幼儿园、医疗机构以及未成年人保护机构、儿童福利机构作为代为申请的主体。

我们经研究认为，学校、幼儿园、医疗机构在工作过程中较容易发现家庭暴力，故法律已经赋予其强制报告的义务，代为申请人身安全保护令与其基本职责关系较远，且在实践中不好操作，故未作出明确规定。未成年人属于无民事行为能力人或者限制民事行为能力人，考虑到反家庭暴力法对无民事行为能力人或者限制民事行为能力人代为申请的情形已经有明确规定，司法解释没有重复规定。

在没有规定未成年人的情况下，《规定》相应地也没有增加未成年人保护机构和儿童福利机构作为代为申请的主体。实践中，如果家暴受害人是未成年人，未成年人保护机构或者儿童福利机构代为申请的，人民法院可以受理。此外，经常性谩骂、恐吓等精神侵害行为更是难以留存证据，实践中往往只有当事人陈述。上述原因常导致家庭暴力受害人的申请因证据不足而被驳回，限制了人身安全保护令作用的发挥。

人民法院还可以根据哪些证据作出人身安全保护令，是审判实践中亟待明确的问题。

我们经研究认为，根据民事诉讼法第六十六条的规定，证据形式包括当事人的陈述、书证、物证、视听资料、电子数据、证人证言、鉴定意见、勘验笔录等。具体到申请人身安全保护令案件中的证据，根据家庭暴力发生特点，总结审判实践经验，《规定》细化列举了10种证据形式，比较常见的如当事人的陈述（包括申请人的陈述和被申请人的陈述）、被申请人曾出具的悔过书或者保证书、双方之间的电话录音、短信，医疗机构的诊疗记录，妇联组织等收到反映或者求助的记录，公安机关的出警记录、讯问笔录、询问笔录、接警记录、报警回执等。

这不仅能够明确指导审判实践，也为家庭暴力受害人留存、收集证据提供了清晰的行为指引。人民法院在审查申请人身安全保护令案件中，可以综合上述证据的一种或者几种对家庭暴力事实进行认定。

——郑学林、吴景丽、王丹：《〈关于办理人身安全保护令案件适用法律若干问题的规定〉的理解与适用》，载《人民司法》2022 年第 22 期。

1018. 人身安全保护令案件的证据形式及证明标准问题问题

关键词

人身安全保护令案件　证据形式　证明标准

最高人民法院司法解释

第五条　当事人及其代理人对因客观原因不能自行收集的证据，申请人民法院调查收集，符合《最高人民法院关于适用〈中华人民共和国民事诉讼法〉的解释》第九十四条第一款规定情形的，人民法院应当调查收集。

人民法院经审查，认为办理案件需要的证据符合《最高人民法院关于适用〈中华人民共和国民事诉讼法〉的解释》第九十六条规定的，应当调查收集。

第六条　人身安全保护令案件中，人民法院根据相关证据，认为申请人遭受家庭暴力或者面临家庭暴力现实危险的事实存在较大可能性的，可以依法作出人身安全保护令。

前款所称“相关证据”包括：

（一）当事人的陈述；

（二）公安机关出具的家庭暴力告诫书、行政处罚决定书；

（三）公安机关的出警记录、讯问笔录、询问笔录、接警记录、报警回执等；

（四）被申请人曾出具的悔过书或者保证书等；

（五）记录家庭暴力发生或者解决过程等的视听资料；

（六）被申请人与申请人或者其近亲属之间的电话录音、短信、即时通讯信息、电子邮件等；

（七）医疗机构的诊疗记录；

（八）申请人或者被申请人所在单位、民政部门、居民委员会、村民委员会、妇女联合会、残疾人联合会、未成年人保护组织、依法设立的老年人组织、救助管理机构、反家暴社会公益机构等单位收到投诉、反映或者求助的记录；

（九）未成年子女提供的与其年龄、智力相适应的证言或者亲友、邻居等其他证人证言；

（十）伤情鉴定意见；

（十一）其他能够证明申请人遭受家庭暴力或者面临家庭暴力现实危险的证据。

——《最高人民法院关于办理人身安全保护令案件适用法律若干问题的规定》（2022 年 7 月 14 日，法释〔2022〕17 号）。

附录：理解与适用

反家庭暴力法第二十条规定，人民法院审理涉及家庭暴力的案件，可以根据公安机关出警记录、告诫书、伤情鉴定意见等证据，认定家庭暴力事实。但是，实践中，家庭暴力行为具有封闭性、隐秘性等特点。而且，与一般民事侵权案件不同，受害人往往处于弱势地位，不敢或缺乏收集证据的意识，未及时采取报警、验伤、拍照、住院治疗等方式固定、收集证据。有些家庭暴力发生时，当事人虽第一时间报警，但公安机关仅将其作为一般家事纠纷，只进行口头处理，不记录现场状况，不对加害人做询问笔录，甚至也不给受害人做询问笔录，未留存证据或者虽留存有证据但不允许当事人自己查看。

此外，经常性谩骂、恐吓等精神侵害行为更是难以留存证据，实践中往往只有当事人陈述。上述原因常导致家庭暴力受害人的申请因证据不足而被驳回，限制了人身安全保护令作用的发挥。

人民法院还可以根据哪些证据作出人身安全保护令，是审判实践中亟待明确的问题。

我们经研究认为，根据民事诉讼法第六十六条的规定，证据形式包括当事人的陈述、书证、物证、视听资料、电子数据、证人证言、鉴定意见、勘验笔录等。具体到申请人身安全保护令案件中的证据，根据家庭暴力发生特点，总结审判实践经验，《规定》细化列举了 10 种证据形式，比较常见的如当事人的陈述（包括申请人的陈述和被申请人的陈述）、被申请人曾出具的悔过书或者保证书、双方之间的电话录音、短信，医疗机构的诊疗记录，妇联组织等收到反映或者求助的记录，公安机关的出警记录、讯问笔录、询问笔录、接警记录、报警回执等。

这不仅能够明确指导审判实践，也为家庭暴力受害人留存、收集证据提供了清晰的行为指引。人民法院在审查申请人身安全保护令案件中，可以综合上述证据的一种或者几种对家庭暴力事实进行认定。

人身安全保护令案件中，对家庭暴力事实的证明标准把握不准，是制约签发率的重要原因。当事人为证明自己的请求或者申请能够成立，应当提供相应的证据予以证明，这一点并无异议，问题是当事人提供的证据达到何种证明程度，法院即可作出人身安全保护令，实践中采用的标准并不一致。

从域外的情况看，不论大陆法系国家和地区，还是英美法系国家和地区，对于证明标准均作层次性的多元化区分，比如德国，证明标准被确定为 3 级：

第一级为原则性证明标准，要求法官对真相形成全面心证，达到很高的盖然性，适用于通常的实体事实的证明；

第二级为降低的证明标准，要求达到令人相信的程度，相当于英美法系国家和地区盖然性占优的标准，适用于程序性事实的证明；

第三级为提高的证明标准，要求达到显而易见的程度，适用于如显失公平的证明等特殊场合。

人身安全保护令案件的证明标准，要根据人身安全保护令的性质、功能等作出合理认定。

从内容上看，人身安全保护令可以包括禁止实施家庭暴力，禁止骚扰、跟踪、接触以及责令迁出居所等措施，主要是对被申请人行为的控制，类似于行为保全，因此，严格来说，人身安全保护令案件并不是独立的诉讼案件。

从程序上看，根据反家庭暴力法第二十八条规定，人民法院受理申请后，应当在 72 小时内作出人身安全保护令或者驳回申请；情况紧急的，应当在 24 小时内作出，可见，人身安全保护令的作用是快捷、高效地制止已经发生或者可能发生的家庭暴力行为，更多的是追求效率，而不是通过判断是非确定民事责任承担。

人身安全保护令不对申请人与被申请人的权利和义务作出终局性的判断，不对当事人的亲属关系、财产分配、子女监护权探望权等人身财产关系作出终局决定，也不是对被申请人的惩罚措施。人身安全保护令的目的是制止正在发生的家庭暴力，给受害人提供一道“隔离墙”，故应当与民事案件实体事实的证明标准有所区分。

修改后的最高人民法院《关于民事诉讼证据的若干规定》第八十六条第二款对于降低证明标准的情形作了规定，“降低证明标准的情形主要针对民事诉讼程序中的程序性事项，从保障当事人诉讼权利、推进诉讼程序出发，对于程序性事项降低证明标准，符合审判实际的需要。”

参照上述规定精神，《规定》根据人身安全保护令非诉程序特点，明确签发人身安全保护令的证明标准是“较大可能性”，而不需要达到“高度可能性”，从而减轻了当事人的举证负担，有助于充分发挥人身安全保护令的作用。

同时，《规定》还进一步重申了人民法院依职权调查取证的规定。这些规定完善了人身安全保护令案件的证据规则体系，进一步消除了家庭暴力受害人的举证困难，为保护家庭暴力受害人合法权益提供了更加坚强有力的制度支撑，从而保障人民群众更安全更有尊严地生活。

——郑学林、吴景丽、王丹：《〈关于办理人身安全保护令案件适用法律若干问题的规定〉的理解与适用》，载《人民司法》2022年第22期。

1019. 人身安全保护令案件与离婚等案件中对家庭暴力事实认定的关系问题

关键词

人身安全保护令案件　家庭暴力　事实认定

最高人民法院司法解释

第九条　离婚等案件中，当事人仅以人民法院曾作出人身安全保护令为由，主张存在家庭暴力事实的，人民法院应当根据《最高人民法院关于适用〈中华人民共和国民事诉讼法〉的解释》第一百零八条的规定，综合认定是否存在该事实。

——《最高人民法院关于办理人身安全保护令案件适用法律若干问题的规定》（2022年7月14日，法释〔2022〕17号）。

附录：理解与适用

据调研了解，很多基层法院法官之所以对签发人身安全保护令持谨慎态度，证据标准把握过严，一个很大的担心是，如果当事人将来提起离婚诉讼，并以人民法院曾作出人身安全保护令为由主张存在家庭暴力事实的，将给离婚案件审理造成被动。而在离婚案件中，一旦认定家庭暴力事实存在，就必须依法判决离婚和支持离婚损害赔偿的诉讼请求。

我们经研究认为，基层法院法官的担心有一定道理，尤其对于普通民众来讲，盖有人民法院印章的人身安全保护令是最好的家庭暴力证明。但该种观念在诉讼法意义上确实需要一定程度的澄清。尤其是，如果将两者捆绑，将使得法官签发人身安全保护令畏手畏脚，反倒限制了该制度作用的有效发挥，不能及时保护家庭暴力受害人。

为此，《规定》第九条从证明标准的角度对两者关系进行了澄清。主要思路是：人身安全保护令的目的在于制止正在发生或者可能发生的家庭暴力行为，要求便捷快速，与诉讼中经过当事人举证质证程序采信证据认定事实，存在本质不同。根据《规定》第六条规定，人身安全保护令案件的证明标准是“较大可能性”，而非“高度可能性”，故同样是对家庭暴力事实的认定，由于人身安全保护令案件证明标准相较离婚案件中对涉及实体权利义务关系事实的证明标准低，如果只要作出人身安全保护令，就必须在离婚纠纷中认定家庭暴力事实，则实际上变相降低了实体权利义务关系的证明标准。

因此，仅以人民法院曾签发人身安全保护令为由，即在离婚案件中认定家庭暴力事实，这样的事实认定可能是不扎实的。根据反家庭暴力法规定，向人民法院申请人身安全保护令有两种情形，一种是面临家庭暴力的现实危险，一种是遭受了家庭暴力。如果系因面临家庭暴力现实危险作出的人身安全保护令，当然不能以人身安全保护令作为认定家庭暴力事实的证据。

实际上，《规定》第九条要规范的也并不主要是该种情形。该条主要解决的是，即便当事人以实际遭受家庭暴力为由申请人身安全保护令，但是，由于签发人身安全保护令的证明标准较低，仅为“较大可能性”即可，而不需要达到涉及实体权利义务事实的“高度可能性”证明标准。而且，在72小时甚至24小时内即必须签发，相关证据一般未经法定的举证质证程序，人身安全保护令裁定书中亦没有法院查明事实部分，故离婚纠纷中，对涉及实体权利义务内容的家庭暴力事实，还不能仅以曾签发人身安全保护令为由直接认定。

但是，签发人身安全保护令一般有一些基础证据，根据《规定》第六条规定，包括当事人陈述、被申请人曾出具的悔过书或者保证书、记录家庭暴力发生或者解决过程等的视听资料以及医疗机构的诊疗记录等。此种情况下，既要考虑人民法院曾作出人身安全保护令的事实，也要进一步对基础证据进行审查和质证，并根据最高人民法院《关于适用民事诉讼法的解释》第一百零八条的规则对家庭暴力事实进行认定。人身安全保护令属于非诉程序，应当适用适当的职权干预和职权探知。审判实践中，考虑到家庭暴力受害人普遍举证能力比较弱，人民法院应当进行适当的释明，告知当事人补充提供有关证据。

——郑学林、吴景丽、王丹：《〈关于办理人身安全保护令案件适用法律若干问题的规定〉的理解与适用》，载《人民司法》2022年第22期。

1020. 人身安全保护令适用的人员范围

关键词

人身安全保护令案件　人员范围

最高人民法院司法解释

第四条　反家庭暴力法第三十七条规定的“家庭成员以外共同生活的人”一般包括共同生活的儿媳、女婿、公婆、岳父母以及其他有监护、扶养、寄养等关系的人。

——《最高人民法院关于办理人身安全保护令案件适用法律若干问题的规定》（2022 年 7 月 14 日，法释〔2022〕17 号）。

附录：理解与适用

反家庭暴力法第三十七条规定，家庭成员以外共同生活的人之间实施的暴力行为，参照本法规定执行。民法典实施之前，对于家庭成员的范围，没有明确的法律规定。民法典第一千零四十五条对家庭成员进行了界定。该条规定，亲属包括配偶、血亲和姻亲。配偶、父母、子女、兄弟姐妹、祖父母、外祖父母、孙子女、外孙子女为近亲属。配偶、父母、子女和其他共同生活的近亲属为家庭成员。也即，配偶、父母、子女以及共同生活的兄弟姐妹、祖父母、外祖父母、孙子女、外孙子女为家庭成员。

但是"家庭成员以外共同生活的人"都包括哪些，实践中存在一定模糊认识。现实生活中比较常见的共同生活的人主要是儿媳、女婿、公婆、岳父母，也包括其他一些因监护、扶养、寄养等关系共同生活的人。这类人员与家庭成员一样，具有相似的生活紧密度和情感连接性，因为共同生活的事实，参照适用反家庭暴力法，争议不大，《规定》对此进行了明确。

需要特别说明的是，离婚后或恋爱、同居关系终止后的暴力行为，能否参照适用反家庭暴力法，对此实践中最具争议。该类情况在现实生活中并不鲜见，甚至由此产生极端恶性事件，引起舆论广泛关注。从调研了解的情况看，很多地方法院倾向于将该种暴力行为纳入参照适用范围，依当事人申请作出了人身安全保护令。

对此，我们也进行了深入研究。从反家庭暴力法规定看，人身安全保护令适用的情形是家庭成员，家庭成员以外共同生活的人可以参照适用。而离婚后或恋爱、同居关系终止后的人员既不属于家庭成员，也未共同生活，因此，不适宜通过司法解释方式将其纳入人身安全保护令的适用范围。目前，正在修改的妇女权益保障法征求意见稿规定，该类人员可以参照反家庭暴力法规定申请人身安全保护令。如果最终法律保留该条规定，则该类人员参照适用反家庭暴力法规定向人民法院申请人身安全保护令就有了明确的法律依据。在现行法律没有明确规定的情况下，该类人员之间发生的暴力行为可以通过民法典第九百九十七条的人格权禁令予以解决。民法典第九百九十七条规定，民事主体有证据证明行为人正在实施或者即将实施侵害其人格权的违法行为，不及时制止将使其合法权益受到难以弥补的损害的，有权依法向人民法院申请采取责令行为人停止有关行为的措施。"

人身安全保护令是人格权行为禁令针对家庭暴力行为的具体化特殊化适用，是为有效保护受害人的生命权、身体权、健康权等人格权，由法院依法责令行为人停止家庭暴力侵害行为的一种命令制度。虽然从法律施行时间看，规定人身安全保护令的反家庭暴力法先于规定人格权禁令的民法典，但从两者内在逻辑关系看，人格权行为禁令与人身安全保护令属于一般与特殊的关系。人格权行为禁令是一般化普遍化适用于保护所有人格权主体免予所有人格权侵害的制度，具有适用主体、适用客体上的一般性，而原本规定在先的人身安全保护令反而成为了人格权禁令的一种特殊适用程序。”家庭暴力虽然广义上也属于人格权侵权范畴，但人身安全保护令属于特别法规定，在反家庭暴力法明确规定的人员范围内，应优先适用。但对于该范围以外人员之间实施的暴力行为，则应当适用民法典第九百九十七条的规定。

本条之所以没有就该部分人员申请人格权禁令作出指引性规定，主要考虑是，如果最终通过的妇女权益保障法能够保留征求意见稿的相关规定，则该类人员可以直接根据妇女权益保障法，参照适用反家庭暴力法规定，向人民法院申请人身安全保护令，而不需要再适用人格权禁令制度。

——郑学林、吴景丽、王丹：《〈关于办理人身安全保护令案件适用法律若干问题的规定〉的理解与适用》，载《人民司法》2022 年第 22 期。

1021. 人民法院复议人身安全保护令裁定的审判组织

关键词

人身安全保护令案件　复议　审判组织

最高人民法院司法解释

四、关于复议问题。对于人身安全保护令的被申请人提出的复议申请和人身安全保护令的申请人就驳回裁定提出的复议申请，可以由原审判组织进行复议；人民法院认为必要的，也可以另行指定审判组织进行复议。

——《最高人民法院关于人身安全保护令案件相关程序问题的批复》（2016 年 7 月 11 日，法释〔2016〕15 号）。

附录：理解与适用

反家庭暴力法第三十一条赋予人身安全保护令的申请人在对驳回申请不服时或者人身安全保护令的被申请人对人民法院作出的人身安全保护令不服时，可以自裁定生效之日起五日内向作出裁定的人民法院申请复议一次。同时规定，复议期间不停止人身安全保护令的执行。但对于人民法院在收到复议申请后应当由原审判组织还是其他审判组织在多长时间内作出复议裁定，则没有作出具体规定。北京高院的倾向性意见是另行组成合议庭进行复议。《批复》明确了由原审判组织复议即可，但对此问题暂时并未作出硬性规定。……人民法院认为必要的，也可以另行组成合议庭进行复议。

——《解读〈最高人民法院关于人身安全保护令案件相关程序问题的批复〉》，载江必新主编：《最高人民法院司法解释与指导性案例理解与适用》第五卷，人民法院出版社2017年版，第311~312页。

第十五章　审判监督程序

一、再审申请

1022. 可以申请再审的裁判类型

关键词

申请再审　中止诉讼　按撤回上诉处理　发回重审

最高人民法院司法解释

第三百八十一条　当事人认为发生法律效力的不予受理、驳回起诉的裁定错误的，可以申请再审。

——《最高人民法院关于适用〈中华人民共和国民事诉讼法〉的解释》（2022年4月1日修正）。

最高人民法院审判业务意见（民一庭意见）

最高人民法院民一庭倾向性意见：当事人因未交纳上诉费，二审法院裁定按自动撤回上诉处理，一审判决已经生效。当事人可根据法律规定，对一审生效判决申请再审。当事人不能对按自动撤回上诉处理的裁定申请再审。已经立案的，依照民事诉讼法第二百零四条[①]第一款、民事诉讼法司法解释第三百九十五条第二款规定，裁定驳回其再审申请。

——最高人民法院民事审判第一庭：《对于按自动撤回上诉处理的裁定不能申请再审》，载最高人民法院民事审判第一庭编：《民事审判指导与参考》2016年第3辑（总第67辑），人民法院出版社2017年版，第177页。

最高人民法院民一庭意见：中止审理裁定是人民法院作出的暂时中止案

① 现为《民事诉讼法》（2021年修正）第二百一十一条。

件审理的程序性处置，是人民法院对正在审理中的案件作出的阶段性处理，并非诉讼程序的终结；而审判监督程序是对实体权利裁决或者对直接影响当事人实体权利的程序性裁决的救济程序。当事人不服人民法院作出的中止审理裁定，向人民法院申请再审的，不属于民事诉讼法第一百七十九条[①]规定的再审事由，应予驳回。

附：案情简介

2009年10月，农行山海分理处起诉至一审法院称，2008年6月，农行山海分理处与四海证券签订《借款合同》约定，农行山海分理处借款4000万元人民币给四海证券，并约定相应的利息。合同签订后，农行山海分理处依约向四海证券发放了借款。然而，借款到期后，四海证券未清偿欠款及利息。经多次催款，四海证券仍不支付欠款。故起诉至法院请求：四海证券支付欠款4000万元及相应利息。

四海证券辩称，农行山海分理处所主张的借款系四海证券的法定代表人胡某某的私人行为，且其行为因为涉嫌诈骗已经由公安机关正在处理。根据公安机关现已查明的事实证明，胡某某所借款项根本未使用到四海证券的经营业务中，而是用于其自己所设立的私营公司中，故清偿欠款的责任不应由四海证券承担，应由实际使用借款的当事人负责清偿。据此，农行山海分理处的请求无事实及法律依据，请求法院驳回其诉讼请求。

——最高人民法院民事审判第一庭：《当事人不服人民法院作出的中止审理裁定向上一级人民法院申请再审的，应予驳回》，载最高人民法院民事审判第一庭编：《民事审判指导与参考》2012年第2辑（总第50辑），人民法院出版社2012年版，第97~99页。

附录：最高人民法院法官著述

尽管再审是对错误生效裁判进行救济的重要途径，但并非唯一途径。民事诉讼法笼统地规定了生效判决、裁判及调解书可为申请再审对象。具体而言：（1）生效裁判可分为诉讼类裁判和非讼类裁判，《民诉法解释》第三百八十条规定适用特别程序、督促程序、公示催告程序、破产程序等非讼程序审理的案件，当事人不得申请再审。非讼类案件的裁判均一裁终局，如其发生错误，民事诉讼法和《民诉法解释》规定了相应的救济途径。（2）经诉讼程序作出的一、二审生效判决，包括公益诉讼、第三人撤销之诉、执行异议之诉的生效判决均可被申请再审。特殊的是，对生效离婚判决、调解书不得申请再审，但涉及财产分割问题的除外。再审发回重审的案件尽管与普通一审

① 现为《民事诉讼法》（2021年修正）第一百八十六条。

案件在某些诉讼程序上有关不同，但一般认为应当将重审生效判决内容作为可申请再审范围。(3) 对于裁定，《民诉法解释》第三百八十一条规定不予受理、驳回起诉的裁定可以被申请再审。在2012年前管辖权异议裁定可以被申请再审，2012年民事诉讼法将“管辖错误”作为再审事由被删除，应当说立法已经明确该类裁定不再作为申请再审的对象。管辖的实质是一种分配，确定分配的依据并不包括防止司法地方保护主义，因此试图通过对管辖权异议裁定的再审来消除地方保护主义，与管辖制度的基本目的并不相符；前些年的司法实践表明，对管辖权异议裁定的再审将极大地延缓实体一审程序。因此，经过充分论证权衡，《民诉法解释》最终将管辖权异议裁定排除在可申请再审对象之外。当然，管辖权作为法院审理案件的合法性要件，其仍然是法院在实体审理中依职权审查的事项。对按撤回上诉处理的裁定，如果允许其可以被申请再审，那么面临“程序不可逆”的法理障碍，以及如何处理按一审生效判决执行的现实难题，故《民诉法解释》对此未作规定。之前，最高人民法院曾有两个批复确认该类裁定可以被申请再审。值得斟酌的是，如果不能对该类裁定再审，让当事人转而对生效的实体一审判决申请再审，似乎能保护当事人权利，但此时当事人往往会面临6个月申请再审期限的障碍。考虑到该类裁定错误的原因往往是二审法院在开庭通知送达、上诉费交纳、庭审处理不当等存在明显错误，可对其申请再审予以适当放宽处理。(4) 当事人可以申请再审的生效调解书仅限于违反自愿原则和内容违反法律强制性规定。

——王朝辉：《民事诉讼法司法解释审判监督程序重点问题的理解与适用》，载最高人民法院民事审判第一庭编：《民事审判指导与参考》2015年第2辑（总第62辑），人民法院出版社2016年版，第60~61页。

1023. 申请再审期间为不变期间，不存在中止、中断的情况

关键词

申请再审　不变期间

最高人民法院司法解释

第一百二十七条　民事诉讼法第五十九条第三款、第二百一十二条以及本解释第三百七十二条、第三百八十二条、第三百九十九条、第四百二十条、第四百二十一条规定的六个月，民事诉讼法第二百三十条规定的一年，为不变期间，不适用诉讼时效中止、中断、延长的规定。

——《最高人民法院关于适用〈中华人民共和国民事诉讼法〉的解释》

（2022 年 4 月 1 日修正）。

附录：最高人民法院主流观点

申请再审期间为不变期间，不存在中止、中断的情况。六个月的期限是从判决、裁定发生法律效力开始起算。但在以下四种情况下，当事人在判决、裁定发生法律效力后，期间及其起算点是不同的：（1）判决、裁定发生法律效力后，发现有新的证据，足以推翻原判决裁定的，当事人自知道或者应当知道之日起六个月内申请再审。（2）判决、裁定发生法律效力后，发现原判决裁定认定事实的主要证据是伪造的，当事人自知道或者应当知道之日起六个月内申请再审。（3）判决、裁定发生法律效力后，据以作出原判决、裁定的法律文书被撤销或者变更的，当事人自知道或者应当知道之日起六个月内申请再审。（4）判决、裁定发生法律效力后，发现审判人员审理该案件时有贪污受贿，徇私舞弊，枉法裁判行为的，当事人自知道或者应当知道之日起六个月内申请再审。《民事诉讼法解释》中规定的期间，均有从知道或者应当知道起算的表述，应当严格把握。

——最高人民法院民法典贯彻实施工作领导小组办公室编著：《最高人民法院新民事诉讼法司法解释理解与适用》，人民法院出版社 2022 年版，第 331 页。

1024. 涉及身份关系的案件一般不得申请再审

关键词

身份关系　申请再审

附录：最高人民法院主流观点

在司法实践中，除了解除婚姻关系的裁判文书之外，还有其他关于身份关系的裁判文书，如解除收养关系的裁判文书。有的地方法院在制定本地区的规范性文件中也规定，不得申请再审。我们认为，涉及身份关系的案件，由于涉及一些伦理的问题，在理论上一般不得申请再审。

——最高人民法院民事诉讼法修改研究小组编著：《〈中华人民共和国民事诉讼法〉修改条文理解与适用》，人民法院出版社 2012 年版，第 472 页。

1025. 不得单独对人民法院关于诉讼费用负担的决定上诉或申请再审

关键词

诉讼费用　上诉　申请再审

最高人民法院裁判文书

芦文喜与安阳市天利房地产开发有限公司赔偿逾期交工损失纠纷申请再审案［最高人民法院（2013）民申字第1456号民事裁定书］

裁判摘要：当事人不服人民法院对于诉讼费用负担的决定，可以依照有关法律法规向人民法院申请复核，但不得单独对人民法院关于诉讼费用的决定提起上诉。当事人在二审或者再审程序中提出变更诉讼费用负担请求的，人民法院可依职权予以审查，决定是否需要变更以及如何变更。

最高人民法院认为，关于诉讼费用负担。国务院《诉讼费用交纳办法》第四十三条规定，“当事人不得单独对人民法院关于诉讼费用的决定提起上诉。”根据上述原理可知，诉讼费用负担是人民法院依职权决定的行为。芦文喜主张原审判决决定诉讼费用负担部分错误，本院不予支持。

——景汉朝主编、最高人民法院审判监督庭编：《审判监督指导》2014年第2辑（总第48辑），人民法院出版社2015年版，第148页。

附录：本案解析

从我国现行立法规定来解读，诉讼费用的分担由人民法院决定，是人民法院依职权作出的行为，在这一事项上赋予了人民法院自由裁量权，当事人的救济渠道限于“申请复核”，这也可以避免因给予对诉讼费用的上诉权反过来冲击原审实体判决。但在司法实践中，当事人很多时候仍然会在上诉或申请再审时提出变更诉讼费用负担的请求，对这些请求如何处理应形成统一的认识和做法，避免法官在诉讼费用负担分配中的任意性。笔者认为，诉讼费用的负担涉及当事人的经济利益，在其“上诉权”受到否定的情况下，人民法院在二审或者再审程序中，不管当事人是否就诉讼费用负担提出异议，一般应依职权主动审查原判关于诉讼费用的负担分配是否合理，如果认为原审判决确定的负担比例不当的，应予调整，以充分保障当事人的正当权益。最高人民法院曾通过相关司法解释或个案答复明确过对诉讼费用负担的调整问题，司法实践中也已经形成了相对固定的对诉讼费用负担调整的方法。一般认为，二审法院经过审理判决驳回上诉、维持原判，即应视为上诉人在二审败诉，应当由上诉人负担二审的诉讼费用，双方都提出上诉的，由双方分担；此时如果发现一审法院决定的诉讼费用负担明显不当，也可依职权予以调整。

二审法院对一审判决的实体问题作了改判，一审的败诉者变为胜诉者，二审法院应当根据改判的情况，确定当事人对二审的诉讼费用的负担，同时相应地改变一审判决对诉讼费用的负担的决定。需交纳诉讼费用的再审案件的诉讼费用处理方式应与此相同。

综上所述，本案申请再审人不得单独对人民法院关于诉讼费用负担的决定提出上诉或申请再审，人民法院对其实体方面的申请再审请求经审查予以驳回，故对其变更诉讼费用负担的请求亦不予支持。

——《对于变更诉讼费用负担的请求如何处理——芦文喜与安阳市天利房地产开发有限公司赔偿逾期交工损失纠纷案》，载景汉朝主编、最高人民法院审判监督庭编：《审判监督指导》2014 年第 2 辑（总第 48 辑），人民法院出版社 2015 年版，第 151 页。

1026. 当事人对于判决结果无异议仅对于论理部分不服时，无权据此提出再审申请

关键词

判决结果　再审申请

最高人民法院裁判文书

大连汇鑫项目管理有限公司与大连市甘井子区红旗街道办事处委托合同纠纷案［最高人民法院（2021）最高法民申 4725 号民事裁定书］

裁判要旨：生效判决并未判令当事人承担责任，当事人对于判决结果无异议，仅是对“本院认为”部分的表述提出异议，而该部分内容对当事人不具有既判力，不属于《中华人民共和国民事诉讼法》第二百条[①]规定应当再审的情形，故其再审申请缺乏事实和法律依据，依法应予驳回。

① 现为《民事诉讼法》（2021 年修正）第二百零七条。

最高人民法院认为，本案系红旗街道办诉请汇鑫公司返还剩余征地补偿款的委托合同纠纷，原审判决以双方未约定余款返还的时间与条件，且红旗街道办未就资金使用情况进行审计，因而无法就土地补偿款先行结算或返还余款为由，驳回了红旗街道办的诉讼请求。鉴于原审判决并未判令汇鑫公司承担民事责任，汇鑫公司就本案申请再审申请缺乏诉的利益。且汇鑫公司对原审判决的判项并无异议，仅是对“本院认为”部分的表述提出异议，而该部分内容对当事人不具有既判力，不属于《中华人民共和国民事诉讼法》第二百条规定应当再审的情形，故其再审申请缺乏事实和法律依据，依法应予驳回。

——中国裁判文书网。

1027. 当事人不得仅针对裁判文书判决理由部分申请再审

关键词

判决主文　判决理由　申请再审

最高人民法院裁判文书

吴庆顺与叶亚珍、施永存、宏兴经营部船舶物料和备品供应合同纠纷案

［最高人民法院（2021）最高法民申 6883 号民事裁定书］

裁判要旨：判决主文是人民法院就当事人的诉讼请求作出的结论，而判决的查明事实部分，则是人民法院根据当事人陈述、举证等就与案件有关联的事实所作的认定。认定的事实是作出裁判的基础，但其本身不构成判决内容，并不必然影响另案诉讼的结果。当事人不得仅针对裁判文书判决理由部分申请再审。

最高人民法院经审查认为，根据吴庆顺的再审申请事由，本案主要审查二审判决是否存在认定案件基本事实缺乏证据证明的情形。

本案中，吴庆顺、施永存均由一审法院通知作为第三人参加诉讼，围绕案涉渔船的经营情况，查明施永存、吴庆顺之间存在鱼货纠纷。但吴庆顺未被判承担实体权利义务，判决主文未涉及吴庆顺。

吴庆顺在一审判决送达后未提起上诉，已放弃通过上诉就一审判决中查明事实部分提出异议的权利。判决主文是人民法院就当事人的诉讼请求作出的结论，而判决的查明事实部分，则是人民法院根据当事人陈述、举证等就与案件有关联的事实所作的认定。认定的事实是作出裁判的基础，但其本身不构成判决内容，并不必然影响另案诉讼的结果。本案一审判决和二审判决主文亦未超出一审原告的诉讼请求和二审上诉人的上诉请求。

——中国裁判文书网。

1028. 级别管辖和超审限问题，均不属于民事诉讼法定再审事由

关键词

级别管辖　超审限　法定再审事由

最高人民法院裁判文书

兰州新区嘉伯文化发展有限责任公司与中冶建工集团有限公司及一审被告兰州鑫盛信用担保有限公司建设工程施工合同纠纷案［最高人民法院（2021）最高法民申 2944 号民事裁定书］

裁判要旨：1. 关于本案是否违反级别管辖规定问题。级别管辖不属于《中华人民共和国民事诉讼法》第二百条[①]规定的法定再审申请事由。再者，中冶建工公司的诉讼请求金额超过 5000 万元，至于其诉讼请求的剩余工程款数额是否包含了已付工程款，属于本案需要实体审理的问题。嘉伯文化公司此再审申请事由不能成立。2. 关于本案是否超审限问题。本案中双方当事人均申请鉴定，原审审理期限虽然超过法定审理期限，但已经审批。且原审是否存在超审限问题，不属于《中华人民共和国民事诉讼法》第二百条规定的法定再审申请事由，故嘉伯文化公司此再审申请事由不能成立。

最高人民法院认为，关于原审程序是否违法问题。

关于本案是否违反级别管辖规定问题。级别管辖不属于《中华人民共和国民事诉讼法》第二百条规定的法定再审申请事由。再者，中冶建工公司的诉讼请求金额超过 5000 万元，至于其诉讼请求的剩余工程款数额是否包含了已付工程款，属于本案需要实体审理的问题。嘉伯文化公司此再审申请事由不能成立，本院不予支持。

关于本案是否超出诉讼请求问题。临时设施费是因案涉工程而产生的费用，嘉伯文化公司在原审答辩中也认可中冶建工公司主张的剩余工程款中包含了临时建设费用。原审判决的工程款数额及临时设施费并未超过工程款诉

---

① 现为《民事诉讼法》（2021 年修正）第二百零七条。

讼请求数额，未超出诉讼请求。嘉伯文化公司所称的原判决认定的未支付工程款数额较中冶建工公司自认的数额多 0.1 元，经审查，相差的 0.1 元系因原判决将 2017 年 8 月至 11 月工程计量审核确认造价“6542916.59 元”写为“6542916.69 元”所致，属于笔误，嘉伯文化公司可依法向原审法院申请补正。

关于本案是否超审限问题。本案中双方当事人均申请鉴定，原审审理期限虽然超过法定审理期限，但已经审批。且原审是否存在超审限问题，不属于《中华人民共和国民事诉讼法》第二百条规定的法定再审申请事由，故嘉伯文化公司此再审申请事由不能成立，本院不予支持。

——中国裁判文书网。

1029. 一审中的被告又是一审被告公司代表人和第三人公司的法定代表人，其以个人名义申请再审的，仅能就原审判决关于其自身权利义务的判项部分申请再审

关键词

申请再审　判项

最高人民法院裁判文书

金正龙与盐城市物资集团有限公司等股权转让纠纷案［最高人民法院（2021）最高法民再 245 号民事判决书］

裁判要旨：当事人既是本案一审被告之一，又是一审被告公司代表人和第三人公司的法定代表人，其以个人名义向本院申请再审，仅能就原审判决关于其自身权利义务的判项部分申请再审。但当事人所提出的再审请求，既有基于自身权利义务所提的请求，又有基于一审被告公司代表人和第三人法定代表人的身份所提的再审请求。即使当事人系上述两公司的法定代表人，仍不能以其个人名义主张有关上述两公司的诉讼权利。也就是说，原审判决有关上述两公司权利义务的判项内容，对于当事人而言，并无诉的利益。当事人基于一审被告公司代表人和第三人法定代表人的身份所提的再审请求，缺乏法律依据，本院不予支持。

最高人民法院认为，关于金正龙请求本院再审驳回物资公司、国投公司一审其他诉讼请求是否成立的问题。金正龙既是本案一审被告之一，又是一

审被告中恒香港公司代表人和第三人中恒江苏公司的法定代表人，其以个人名义向本院申请再审，应理解为其系以一审被告金正龙的身份申请再审。因此，金正龙仅能就原审判决关于其自身权利义务的判项部分申请再审。但金正龙所提出的再审请求，既有基于自身权利义务所提的请求，又有基于一审被告中恒香港公司代表人和第三人中恒江苏公司的法定代表人的身份所提的再审请求。即使金正龙系中恒香港公司代表人、中恒江苏公司的法定代表人，仍不能以其个人名义主张有关中恒香港公司、中恒江苏公司的诉讼权利。也就是说，原审判决有关中恒香港公司、中恒江苏公司权利义务的判项内容，对于金正龙而言，并无诉的利益。金正龙再审请求驳回被申请人上述一审诉讼请求缺乏法律依据，本院不予支持。

——中国裁判文书网。

1030. 当事人自动撤回上诉，一审判决即发生法律效力，可以就一审判决申请再审

关键词

撤回上诉　申请再审

最高人民法院裁判文书

赵小贵、曲靖市麒麟区小凹子煤业有限公司、曲靖市麒麟区小凹子煤业有限公司小凹子煤矿、曲靖贵文鑫煤业有限公司与曲靖市石林瓷业燃化有限公司民间借贷纠纷案［最高人民法院（2021）最高法民申1883号民事裁定书］

裁判要旨：当事人可以申请再审的裁定仅为发生法律效力的不予受理和驳回起诉两类裁定，除前述两类裁定外，对于其他裁定，当事人不可申请再审。

最高人民法院经审查认为，《最高人民法院关于适用〈中华人民共和国民事诉讼法〉的解释》第三百八十一条规定："当事人认为发生法律效力的不予受理、驳回起诉的裁定错误的，可以申请再审。"根据该条规定，当事人可以申请再审的裁定仅为发生法律效力的不予受理和驳回起诉两类裁定，除前述两类裁定外，对于其他裁定，当事人不可申请再审。本案中，再审申请人赵小贵、小凹子公司、小凹子煤矿、贵文鑫公司申请撤销的二审裁定为云南高院作出的按自动撤回上诉处理的裁定。根据上述规定，该裁定不属于可以申

请再审的裁定。

——中国裁判文书网。

青海新田房地产开发有限公司与万利建设有限公司、吴美永合资、合作开发房地产合同纠纷案［最高人民法院（2021）最高法民申7905号民事裁定书］

裁判要旨：根据《最高人民法院关于适用〈中华人民共和国民事诉讼法〉的解释》（2020年修正）第三百八十一条规定“当事人认为发生法律效力的不予受理、驳回起诉的裁定错误的，可以申请再审”，对裁定申请再审的类型仅限于不予受理和驳回起诉的裁定，按自动撤回上诉处理的裁定不能申请再审。但自动撤回上诉处理的裁定作出后一审判决即发生法律效力，如对一审判决不服，当事人可以通过直接针对一审判决申请再审获得救济。

最高人民法院经审查认为，本案系再审审查案件，应当依据再审申请人的再审申请事由以及《中华人民共和国民事诉讼法》第二百零七条[①]的规定进行审查。经审查，新田公司的再审事由均不成立，理由如下：（一）本案是否应进行再审审查的问题

虽然根据《最高人民法院关于适用〈中华人民共和国民事诉讼法〉的解释》第三百八十一条规定“当事人认为发生法律效力的不予受理、驳回起诉的裁定错误的，可以申请再审”，对裁定申请再审的类型仅限于不予受理和驳回起诉的裁定，按自动撤回上诉处理的裁定不能申请再审。但是鉴于按自动撤回上诉处理的裁定作出后一审判决即发生法律效力，如对一审判决不服，当事人可以通过直接针对一审判决申请再审获得救济。本案新田公司系依法对一审判决申请再审，依法应予审查。另外，本案中，新田公司收到上诉案件交费通知书后未按照指定期限交纳二审案件受理费，其关于免交诉讼费的申请亦不符合规定，最高人民法院依法裁定按新田公司撤回上诉处理。本案不存在新田公司未上诉且认可一审判决情形。故新田公司有权对一审判决申请再审。

——中国裁判文书网。

---

① 现为《民事诉讼法》（2021年修正）第二百一十四条。

1031. 当事人对按撤回上诉处理的民事裁定申请再审，不应受理

关键词

撤回上诉处理　民事裁定　申请再审

最高人民法院审判业务意见（民一庭意见）

最高人民法院民一庭意见：当事人对按撤回上诉处理的裁定申请再审的，不应受理，如进入审查程序，从结案方式的效果看，终结审查比较符合此类案件的情况，但在民事诉讼法及司法解释第四百零二条没有规定此种情形可以终结审查的情况下，应依据民事诉讼法第二百条①及民事诉讼法解释第三百九十五条②的规定裁定驳回当事人的再审申请。

附：案情简介

一审法院经审理查明：2012年9月4日，博汇公司与化学公司签订《安装工程承包合同》一份，合同约定由化学公司承包博汇公司打浆废水处理安装工程，双方另对施工范围、工期、付款、质量及违约责任进行了约定。化学公司在施工过程中，产生火花掉到设备内，火从内部燃烧，扑救未果，导致罐体烧毁。博汇公司遂起诉化学公司、博世科公司要求赔偿损失。

——付少军、王永明：《当事人对按撤回上诉处理的民事裁定申请再审应如何处理》，载最高人民法院民事审判第一庭编：《民事审判指导与参考》2018年第4辑（总第76辑），人民法院出版社2019年版，第165、167页。

1032. 被遗漏的必要共同诉讼人申请再审应遵循何种程序

关键词

必要共同诉讼人　被遗漏　申请再审

最高人民法院司法政策精神

121.【必要共同诉讼漏列的当事人申请再审】民事诉讼法司法解释对必要共同诉讼漏列的当事人申请再审规定了两种不同的程序，二者在管辖法院

① 现为《民事诉讼法》（2021年修正）第二百零七条。

② 现为《民事诉讼法司法解释》第三百九十三条。

及申请再审期限的起算点上存在明显差别，人民法院在审理相关案件时应予注意：

（1）该当事人在执行程序中以案外人身份提出异议，异议被驳回的，根据民事诉讼法司法解释第423条的规定，其可以在驳回异议裁定送达之日起6个月内向原审人民法院申请再审；

（2）该当事人未在执行程序中以案外人身份提出异议的，根据民事诉讼法司法解释第422条的规定，其可以根据《民事诉讼法》第200条[①]第8项的规定，自知道或者应当知道生效裁判之日起6个月内向上一级人民法院申请再审。当事人一方人数众多或者当事人双方为公民的案件，也可以向原审人民法院申请再审。

——《最高人民法院关于印发〈全国法院民商事审判工作会议纪要〉的通知》（2019年11月8日，法〔2019〕254号）。

附录：最高人民法院主流观点

一是申请人对两种程序如何选择。法律上为被遗漏的必要共同诉讼人申请再审提供了两种路径，但并不是说申请人可以自由选择。在案件进入执行程序前，申请人提出执行异议的前置程序无法实现，故其只可能根据民事诉讼法司法解释第四百二十二条申请再审。在案件进入执行程序后，则申请人不能再根据民事诉讼法司法解释第四百二十条申请再审，只能根据民事诉讼法司法解释第四百二十三条申请再审。

二是申请人直接申请再审被驳回后，能否再提出执行异议，然后申请再审。从前述分析可知，被遗漏的必要共同诉讼人申请再审的程序选择，是以案件是否进入执行程序来区分的。案件进行执行程序后，申请人只能根据民事诉讼法司法解释第四百二十三条申请再审，但如果案件进入执行程序前，申请人

已经根据民事诉讼法司法解释第四百二十二条申请再审，之后案件进入执行程序，如果申请人之前的再审申请被驳回后，能否再提出执行异议，然后申请再审？应该说，申请人根据民事诉讼法司法解释第四百二十二条申请再审被驳回，说明其不属于被遗漏的必要共同诉讼人，不符合《民事诉讼法》第二百条第八项规定的情形，但遗漏必要共同诉讼主体只是构成《民事诉讼法》第二百条规定的再审情形之一。如果申请人认为原生效裁判符合《民事诉讼法》第二百条规定的其他再审情形，则仍然有权以案外人的身份提出执行异议，执行异议被驳回后申请再审。

——最高人民法院民事审判第二庭编著：《〈全国法院民商事审判工作会

① 现为《民事诉讼法》（2021年修正）第二百零七条。

议纪要〉理解与适用》，人民法院出版社 2019 年版，第 615~616 页。

1033. 当事人以对方当事人的委托诉讼代理人提交的劳动人事关系的证明材料不足以证明该委托诉讼代理人是对方当事人的员工为由申请再审，该理由是否是据以启动再审的事由

关键词

申请再审事由　委托诉讼代理人　程序违法

最高人民法院裁判文书

曾伟与贵州老年体协、孙茂堃房屋租赁合同纠纷案［最高人民法院（2021）最高法民申 3517 号民事裁定书］

裁判要旨：委托人单位介绍信、本人身份证、上岗证或工作证等身份证明，以及劳动合同、工资表、社会保险资料等，一般认为均属于关于“合法劳动人事关系”的证明材料的范畴。当事人向原审法院出具了介绍信、授权委托书、代理人的身份证，证明其委托的诉讼代理人是其法律顾问，并认可委托诉讼代理人的身份，不存在委托诉讼代理人无权代表当事人参加诉讼的问题。因此，原审法院不存在程序违法的问题，不应据以启动再审。

最高人民法院经审查认为，曾伟的再审申请理由不成立，具体分析如下：

首先，《最高人民法院关于适用〈中华人民共和国民事诉讼法〉的解释》第八十六条规定：“根据民事诉讼法第五十八条第二款第二项规定，与当事人有合法劳动人事关系的职工，可以当事人工作人员的名义作为诉讼代理人。”第八十八条规定：“诉讼代理人除根据民事诉讼法第五十九条规定提交授权委托书外，还应当按照下列规定向人民法院提交相关材料：……（四）当事人的工作人员应当提交身份证件和与当事人有合法劳动人事关系的证明材料；……。”上述规定旨在规范相关人员以当事人工作人员的名义作为当事人的委托诉讼代理人参加诉讼，以保护当事人的合法权益。委托人单位介绍信、本人身份证、上岗证或工作证等身份证明，以及劳动合同、工资表、社会保险资料等，一般认为均属于关于“合法劳动人事关系”的证明材料的范畴。根据查明的事实，贵州老年体协向贵阳中院出具了介绍信、授权委托书、代理人的身份证，证明向敏是其法律顾问，并认可向敏委托诉讼代理人的身份，不存在向敏无权代表贵州老年体协参加诉讼的问题。二审判决书并未将向敏

列为贵州老年体协的委托诉讼代理人。因此，一、二审法院不存在程序违法的问题。

——中国裁判文书网。

1034. 当事人能否以原审庭审结束后作出的与原审主要讼争事实无关联性的鉴定意见作为新证据申请再审

关键词

再审审查　再审新证据　鉴定意见

最高人民法院裁判文书

李豪颛与杨学银、刘燕、许朝云债权转让合同纠纷案［最高人民法院（2021）最高法民申3519号民事裁定书］

裁判要旨：再审新证据除符合形式要件外，其证明力应达到足以推翻原判决、裁定的程度，且与原审诉讼具有不可分性。鉴定意见作为民事诉讼的法定证据种类，其委托主体只能是人民法院，实践中，当事人单方委托鉴定机构作出的“鉴定意见”之证明力不能等同于民诉法意义上的鉴定意见，不能作为新证据申请再审。

最高人民法院经审查认为，本案为债权转让合同纠纷，再审审查重点为：李豪颛的再审申请是否超过法律规定的申请再审期限。

《中华人民共和国民事诉讼法》第二百零五条[①]规定：“当事人申请再审，应当在判决、裁定发生法律效力后六个月内提出；有本法第二百条[②]第一项、第三项、第十二项、第十三项规定情形的，自知道或者应当知道之日起六个月内提出”。《最高人民法院关于适用〈中华人民共和国民事诉讼法〉的解释》第一百二十七条规定，民事诉讼法第二百零五条规定的六个月为不变期间，不适用诉讼时效中止、中断、延长的规定。本案中，李豪颛于2018年7月11日收到本案二审判决书后，该判决即对其发生法律效力。李豪颛于2021年2月26日向最高人民法院递交申请再审材料，已经超过法定的申请再审期限。李豪颛虽然提交其自行委托云南正扬司法鉴定中心2020年11月4日作出的《司法鉴定意见书》作为新证据向最高人民法院申请再审，但最高人

① 现为《民事诉讼法》（2021年修正）第二百一十二条。

② 现为《民事诉讼法》（2021年修正）第二百零七条。

民法院认为，人民法院在审查当事人的授权委托书时仅做形式审查，李豪颛单方委托鉴定机构所作的《司法鉴定意见书》与本案不具有关联性，其所提供的鉴定意见不符合《最高人民法院关于适用〈中华人民共和国民事诉讼法〉的解释》第三百八十七条的规定。

——中国裁判文书网。

1035. 当事人在二审中明确表示一审判决正确应予维持，在二审判决维持原判后，又申请再审的，不予支持

关键词

民间借贷　申请再审　再审利益

最高人民法院公报案例、最高人民法院裁判文书

王谦与卢蓉芳、宁夏建工集团房地产开发有限公司、第三人宁夏恒昌盛房地产开发有限公司民间借贷纠纷案［最高人民法院（2017）最高法民申2483号民事判决书］

裁判摘要：一审胜诉或部分胜诉的当事人未提起上诉，且在二审中明确表示一审判决正确应予维持，在二审判决维持原判后，该当事人又申请再审的，因其缺乏再审利益，对其再审请求不应予以支持，否则将变相鼓励或放纵不守诚信的当事人滥用再审程序，导致对诉讼权利的滥用和对司法资源的浪费。

最高人民法院认为：根据王谦的申请再审事由，本院对本案是否应当支持王谦的再审申请进行审查。

《中华人民共和国民事诉讼法》第一百六十四条第一款[①]规定："当事人不服地方人民法院第一审判决的，有权在判决书送达之日起十五日内向上一级人民法院提起上诉。"第一百六十八条[②]规定："第二审人民法院应当对上诉请求的有关事实和适用法律进行审查。"依据上述法律规定，两审终审制是我国民事诉讼的基本制度。当事人如认为一审判决错误的，应当提起上诉，通过二审程序行使诉讼权利。即当事人首先应当选择民事诉讼审级制度设计内的常规救济程序，通过民事一审、二审程序寻求权利的救济。再审程序是针对

① 现为《民事诉讼法》（2021年修正）第一百七十七条第一款。

② 现为《民事诉讼法》（2021年修正）第一百七十五条。

生效判决可能出现的重要错误而赋予当事人的特别救济程序，如在穷尽了常规救济途径之后，当事人仍然认为生效裁判有错误的，其可以向人民法院申请再审。对于一审胜诉或部分胜诉的当事人未提起上诉，二审判决维持原判且该当事人在二审中明确表示一审判决正确应予维持的当事人，因为其缺乏再审利益，对其再审请求不应予以支持，否则将变相鼓励或放纵不守诚信的当事人滥用再审程序，从特殊程序异化为普通程序。这不仅是对诉讼权利的滥用和对司法资源的浪费，也有违两审终审制的基本原则。

本案中，宁夏回族自治区银川市中级人民法院作出（2015）银民初字第281号民事判决，判令卢蓉芳偿还王谦借款本金708万元及利息（以年利率24%计算，自2015年9月6日起计付至判决确定的给付之日），驳回王谦的其他诉讼请求，王谦对此未提出上诉，应视为王谦接受一审判决结果。卢蓉芳对一审判决不服提起上诉称，建工集团欺骗王谦向卢蓉芳提供借款，王谦系因建工集团出具的承诺才提供借款，建工集团应当对借款承担担保责任。王谦针对卢蓉芳的上诉请求及理由辩称，一审判决认定事实清楚，证据充分，适用法律正确，应予维持。宁夏回族自治区高级人民法院二审仅审查卢蓉芳的上诉请求，并作出相应判决，符合《最高人民法院关于适用〈中华人民共和国民事诉讼法〉的解释》第三百二十三条“第二审人民法院应当围绕当事人的上诉请求进行审理。当事人没有提出请求的，不予审理，但一审判决违反法律禁止性规定，或者损害国家利益、社会公共利益、他人合法权益的除外”之规定。现王谦提出再审请求，主张一、二审判决遗漏事实、损害其合法权益，明显与其在本案一审判决后未上诉、二审诉讼期间要求维持一审判决的行为相悖，且宁夏回族自治区高级人民法院作出的（2016）宁民终278号民事判决，驳回卢蓉芳的上诉请求，维持原审判决，未改变一审判决对王谦权利的判定，故王谦的再审申请缺乏再审利益，本院对王谦的再审申请不予支持。

——《最高人民法院公报》2018年第7期。

1036. 诉讼中转让债权的当事人有权申请再审

关键词

转让债权　第三人　申请再审

最高人民法院审判业务意见（第五巡回法庭法官会议纪要）

当事人在诉讼中将争议权利义务转让给第三人的，除受让人申请替代原权利人参加诉讼且被人民法院批准外，诉讼仍在原当事人之间进行，转让人的诉讼当事人资格和诉讼地位不受影响。一般而言，申请再审作为一项基本诉讼权利，是“当事人资格与诉讼地位”的应有之义，自然为转让人所享有。“生效判决确定债权的转让”与“诉讼中债权的转让”是性质不同的法律问题，分别适用“生效判决确定债权的受让人不能申请再审”与“诉讼承继”规则。

本案中，受让人书面确认同意转让人申请再审，不存在两者主张或利益相悖的情形。若在其他案件中出现受让人提出程序参与权受损且转让人未尽善意尽职的诉讼担当义务、作为无独立请求权第三人参与诉讼的受让人与转让人同时申请再审但主张不同等特殊情形的，还应当视情况区分处理。

附：案情简介

2014年3月28日，甲银行与乙公司签订一份《最高额保证合同》，约定乙公司为甲银行在2014年3月31日至2015年3月31日期间向丙公司发放的贷款提供最高额度5000万元的保证担保。2015年2月16日，甲银行与丙公司签订两份贷款合同并发放贷款共计4500万元，丙公司逾期未还，甲银行对乙、丙二公司提起诉讼。一审法院判决丙公司偿还借款、乙公司承担担保责任。乙公司不服一审判决提起上诉，二审法院改判免除了乙公司的担保责任。在乙公司上诉后、二审法院立案前，甲银行与丁资产公司签订《债权转让协议》，将案涉债权转让给丁资产公司，丁资产公司未参加随后的二审诉讼。二审判决作出后，甲银行与丁资产公司发布《债权转让暨债务催收联合公告》，因债务人未在判决确定的期限内履行义务，丁资产公司向法院申请强制执行。此后，甲银行向法院申请再审，主张乙公司承担担保责任。再审审查过程中，丁资产公司出具书面函件，同意甲银行的申请再审资格。

——《诉讼中转让债权的当事人是否有权申请再审》，载李少平主编：《最高人民法院第五巡回法庭法官会议纪要》，人民法院出版社2021年版，第189~191页。

1037. 当事人对再审判决申请再审，人民法院不予受理

关键词

再审判决　申请再审　不予受理

最高人民法院裁判文书

涟水县高沟拔丝制钉厂与江苏今世缘酒业股份有限公司、涟水县高沟镇人民政府财产损害赔偿纠纷案［最高人民法院（2017）最高法民申232号民

事裁定书]

裁判要旨：再审申请人申请再审的民事判决，是再审程序启动后的第二审判决，该判决属于《最高人民法院关于适用〈中华人民共和国民事诉讼法〉的解释》第三百八十三条第一款第二项规定的再审判决。当事人对再审判决申请再审，人民法院不予受理。

最高人民法院经审查认为，再审申请人涟水县高沟拔丝制钉厂申请再审的江苏省高级人民法院（2015）苏民再终字第00010号民事判决，是再审程序启动后的第二审判决，该判决属于《最高人民法院关于适用〈中华人民共和国民事诉讼法〉的解释》第三百八十三条第一款第二项规定的再审判决。当事人对再审判决申请再审，人民法院不予受理。依照《中华人民共和国民事诉讼法》第一百五十四条第一款第六项[①]、《最高人民法院关于适用〈中华人民共和国民事诉讼法〉的解释》第四百零二条第六项规定，裁定如下：

终结审查涟水县高沟拔丝制钉厂的再审申请。

——中国裁判文书网。

附录：本案解析

本案的典型意义在于明确了再审发回重审后的裁判属于再审裁判。《最高人民法院关于适用〈中华人民共和国民事诉讼法〉的解释》(以下简称《解释》) 第三百八十三条第一款规定："当事人申请再审，有下列情形之一的，人民法院不予受理：……（二）对再审判决、裁定提出申请的；……"《解释》第四百零二条规定："再审申请审查期间，有下列情形之一的，裁定终结审查：……（六）有本解释第三百八十三条第一款规定情形的。" 据此，依照《解释》规定，当事人对于再审判决、裁定申请再审的，人民法院不予受理，已经受理进入审查程序的应当裁定终结审查程序。然而，《解释》对手上述规定中的再审判决、裁定的范围未进一步予以明确，导致审判实践中，对于不允许当事人申请再审的再审判决、裁定的范围，一直以来存在分歧认识。特别是以下两类裁判：一是一审生效的裁判经再审，一方当事人上诉后作出的裁判；二是再审发回重审后的裁判。实践中，各级人民法院对于当事人就这两类案件申请再审时应否受理的处理，做法不一，有的法院对此类案件予以受理，有的则不予受理。

对于一审生效的裁判经再审，一方当事人上诉后作出的裁判是否属于再审裁判，经最高人民法院审判委员会研究，并征求了立法机关的意见后，有

① 现为《民事诉讼法》(2021年修正) 第一百五十七条第一款第六项。

了明确的认识，认为从2012年民事诉讼法修改的立法精神看，应当坚持“有限再审”原则及“2+1+1”路线图。根据民事诉讼法对再审程序的规定，应当认定此类裁判属于民事诉讼法规定的再审裁判，当事人无权向人民法院申请再审，而应依法向检察机关申请监督。对于再审发回重审后的裁判，我们认为亦属再审裁判。理由是：1. 此类裁判，与一审生效的裁判经再审，一方当事人上诉后作出的裁判都是通过启动审判监督程序后作出的裁判，都属于再审救济程序作出。2. 民事诉讼法及《解释》规定了对于生效裁判的救济，当事人享有向法院申请再审和向检察机关申请监督各一次的权利。此类案件已是启动再审后作出的裁判，如果仍允许当事人申请再审，将与有限再审的立法目的相违背。3.《解释》第四百零五条规定再审审理的范围是在原审范围内的全面审理，并规定被申请人及原审其他当事人在法庭辩论结束前提出再审请求的，人民法院应当一并审理。因此，启动再审后作出的裁判，对其他未申请再审当事人的诉讼权利行使，不失公允。

——江必新主编、最高人民法院第三巡回法庭编著：《最高人民法院第三巡回法庭新型民商事案件理解与适用》，中国法制出版社2019年版，第30—31页。

1038. 对于再审判决，当事人不得申请再审

关键词

再审判决　不得申请再审　终结审查

最高人民法院裁判文书

梁新业与韦柳忠、黄立平、禄丰旺业房地产开发有限公司民间借贷纠纷再审申请案［最高人民法院（2021）最高法民申1555号民事裁定书］

裁判要旨：对于再审判决，当事人不能申请再审，只能向检察机关申请检察监督。当事人对再审判决申请再审的，人民法院不予受理。已经受理的，裁定终结审查再审申请。

最高人民法院经审查认为：梁新业申请再审的云南省高级人民法院（2019）云民再7号民事判决是再审判决。根据《最高人民法院关于适用〈中华人民共和国民事诉讼法〉的解释》第三百八十三条第一款第二项规定，对于再审判决，当事人不能申请再审，只能向检察机关申请检察监督。当事人对再审判决申请再审的，人民法院不予受理。

——中国裁判文书网。

1039. 针对诉讼程序问题作出的非终局性裁定，不能申请再审

关键词

非终局性裁定　申请再审

最高人民法院裁判文书

中铁十五局集团第二工程有限公司与吴正立、原审被告中铁十五局集团有限公司、中铁十五局集团第二工程有限公司昆明分公司民间借贷纠纷案［最高人民法院（2021）最高法民申61号民事裁定书］

裁判要旨：不予受理、驳回起诉的裁定是终局性裁定，一旦存在错误，则损害当事人请求司法救济的诉权，涉及到当事人的基本程序保障，可以申请再审。其他针对诉讼程序问题作出的非终局性裁定，并未影响当事人基本诉讼权利和实体权利，不能申请再审。

最高人民法院经审查认为，《最高人民法院关于适用〈中华人民共和国民事诉讼法〉的解释》第三百八十一条规定，“当事人认为发生法律效力的不予受理、驳回起诉的裁定错误的，可以申请再审”。不予受理、驳回起诉的裁定是终局性裁定，一旦存在错误，则损害当事人请求司法救济的诉权，涉及到当事人的基本程序保障，可以申请再审。其他针对诉讼程序问题作出的非终局性裁定，并未影响当事人基本诉讼权利和实体权利，不能申请再审。本案二审裁定指令一审法院审理，并非终局性裁定，不能申请再审。

——中国裁判文书网。

1040. 发回重审当事人变更诉讼请求后作出的生效裁判再审，发现仍有法定发回重审情形的可依法发回重审

关键词

变更诉讼请求　发回重审

最高人民法院裁判文书

华联商厦与金碧伦公司合作开发房地产合同纠纷案［最高人民法院

（2017）最高法民再 27 号民事裁定书］

裁判要旨：《中华人民共和国民事诉讼法》第一百七十条[①] 规定只能发回重审一次。但在发回重审中，当事人变更了起诉的事实理由及诉讼请求，而原审因裁判方向问题未就基本事实进行过举证质证和审理认定，仍属于依法可以发回重审的情形。

最高人民法院再审认为，双方当事人在合作开发房地产合同中仅就合作成果的分配约定了按比例分配的原则，没有约定具体的分配时间和分配方式，且双方将华联商厦并不享有国有土地使用权的案涉第三地块纳入合作开发范围属缔约过失，对此，双方当事人均有过错。最高人民法院二审根据合同约定和当事人的诉讼请求，驳回华联商厦分配阶段性合作成果的诉请，并判决双方继续履行合作合同，并非认定事实和适用法律错误。但鉴于双方当事人均已履行了合作协议项下的大部分义务，所建成的房屋及销售利润事实上可以分割，金碧伦公司在通过出售所建房屋获得巨大的商业利润的同时，对案涉土地的后续开发的态度消极，本案根据市场变化情况，从实现合同目的以及平衡当事人利益角度出发，为彻底解决本案纠纷，应当认定本案已具备合同利益分配条件，华联商厦有权请求对本案合同履行的阶段性成果按照合同约定和各自履行义务情况进行分配。因原一二审程序中均未就已建成房屋面积、销售面积、销售价款等基本事实进行过举证质证和审理认定，本案虽曾发回重审，但重审中华联商厦变更了起诉的事实理由及诉讼请求，故仍属于依法可以发回重审的情形。

——中国裁判文书网。

1041. 以回避法院送达而拒不参加审判程序的当事人不能对生效判决申请再审

关键词

回避法院送达　生效判决　申请再审

最高人民法院裁判文书

张春平与李世红、陈强合资、合作开发房地产合同纠纷案［最高人民法院（2022）最高法民申 238 号民事裁定书］

---

① 现为《民事诉讼法》（2021 年修正）第一百七十七条。

裁判要旨：新的证据，是指相对于再审申请人在一审及二审诉讼中已经提交过的证据而言另行提交的不同的新证据，其隐含的前提是再审申请人应当在一审及二审普通诉讼程序中已经诚实信用地行使了民事诉讼法律赋予其积极主动提交证据证明自己主张的民事诉讼权利，这实际上也是当事人应当履行的民事诉讼义务。由于本案申请人一直回避人民法院的送达行为，拒不参加本案前序普通审判程序，于判决发生法律效力后再以新的证据为由申请再审，属于滥用诉讼权利的情形，亦不具有再审利益，并不属于前述法律规定保护当事人应有诉讼权利的范围。

最高人民法院认为：关于张春平提交新的证据是否可以启动再审程序问题。

《中华人民共和国民事诉讼法》第二百零七条第一项关于“当事人的申请符合下列情形之一的，人民法院应当再审：（一）有新的证据，足以推翻原判决、裁定的”规定中所指新的证据，是指相对于再审申请人在一审及二审诉讼中已经提交过的证据而言另行提交的不同的新证据，其隐含的前提是再审申请人应当在一审及二审普通诉讼程序中已经诚实信用地行使了民事诉讼法律赋予其积极主动提交证据证明自己主张的民事诉讼权利，这实际上也是当事人应当履行的民事诉讼义务。由于张春平一直回避人民法院的送达行为，拒不参加本案前序普通审判程序，于判决发生法律效力后再以新的证据为由申请再审，属于滥用诉讼权利的情形，亦不具有再审利益，并不属于前述法律规定保护当事人应有诉讼权利的范围。另外，从其所提交所谓新的证据中，并未发现可证实与本案有关联的直接且明确的事实，亦未达到足以推翻原审判决的证明标准，故其此项申请理由因无充分的事实根据和法律依据而不能成立。

——中国裁判文书网。

1042. 生效判决驳回第三人的诉讼请求，原案件中的当事人不可以就第三人撤销之诉案申请再审

关键词

第三人撤销之诉　生效裁判　诉讼请求　申请再审

附录：民事审判信箱

问：第三人撤销之诉案件中，生效判决驳回该第三人的诉讼请求，原案

件中的当事人就第三人撤销之诉一案申请再审，如何处理？

答： 原案件生效裁判对该案件的当事人具有法律约束力。第三人撤销之诉一案并未支持第三人关于撤销生效裁判的诉讼请求，没有改变生效裁判中各方当事人之间的权利义务关系，未损害其民事权益。作为原生效裁判的当事人，如果认为该裁判存在错误，应当在法律规定期限内依法申请再审，其就第三人撤销之诉一案并无申请再审之利益，应当裁定驳回其再审申请。

——本书研究组：《第三人撤销之诉案件中，生效判决驳回该第三人的诉讼请求，原案件中的当事人就第三人撤销之诉一案申请再审，如何处理？》，载最高人民法院民事审判第一庭编：《民事审判指导与参考》2019年第4辑（总第80辑），人民法院出版社2020年版，第223页。

1043. 仅认为生效裁判中关于事实的相关表述存在错误，而要求维持裁判结果的，不属于可申请再审的情形

关键词

合同纠纷　生效判决　事实认定

最高人民法院裁判文书

润鑫公司与精一公司合资、合作开发房地产合同纠纷案［最高人民法院（2021）最高法民申2693号民事裁定书］

裁判要旨：当事人仅针对生效裁判中关于事实的相关表述申请再审，认为生效判决对事实认定存在错误，但要求维持判决结果的，不属于可申请再审的情形。生效裁判认定的事实，如果当事人有充分证据证明，可在他案中进行举证予以推翻，不会对当事人权益产生不可改变的影响。

最高人民法院经审查认为，润鑫公司的申请再审事由不能成立。理由如下：

《中华人民共和国民事诉讼法》第一百九十九条[①]规定：“当事人对已经发生法律效力的判决、裁定，认为有错误的，可以向上一级人民法院申请再审；当事人一方人数众多或者当事人双方为公民的案件，也可以向原审人民法院申请再审。当事人申请再审的，不停止判决、裁定的执行。”该条中所称的

① 现为《民事诉讼法》（2021年修正）第二百零六条。

判决有错误，系指判决结果，即判项有错误。本案中润鑫公司仅认为生效裁判中关于事实的相关表述存在错误，而要求维持判决结果，不属于可申请再审的情形。

依据《最高人民法院关于适用〈中华人民共和国民事诉讼法〉的解释》第九十三条、《最高人民法院关于民事诉讼证据的若干规定》第十条，已为人民法院发生法律效力的裁判所确认的事实，当事人无需举证证明。但上述两条文同时规定："当事人有相反证据足以推翻的除外。"即生效裁判认定的事实，如果当事人有充分证据证明，可在他案中进行举证予以推翻，不会对当事人权益产生不可改变的影响。润鑫公司提交的再审证据材料亦无法证明二审判决相关表述对其权益产生确定、必然的损害，其申请再审的理由不成立。

——中国裁判文书网。

1044. 未提出独立诉讼请求亦未被一审法院判决承担责任的第三人无权上诉，亦无权申请再审

关键词

第三人　申请再审

最高人民法院裁判文书

李纯平与王履恩、刘巧云、邱年华委托合同纠纷案［最高人民法院（2021）最高法民申 5920 号民事裁定书］

裁判要旨：李纯平作为第三人未提出独立的诉讼请求，一审法院也未判决其承担民事责任，因此，李纯平无权就本案提起上诉。依照《中华人民共和国民事诉讼法》第一百九十九条①和第五十六条②之规定，李纯平亦无权申请再审。

最高人民法院经审查认为，根据《中华人民共和国民事诉讼法》第一百九十九条"当事人对已经发生法律效力的判决、裁定，认为有错误的，可以向上一级人民法院申请再审；当事人一方人数众多或者当事人双方为公民的案件，也可以向原审人民法院申请再审。当事人申请再审的，不停止判决、裁定的执行"之规定，案件当事人有权对已经发生法律效力的裁判提出再审

① 现为《民事诉讼法》（2021 年修正）第二百零六条。
② 现为《民事诉讼法》（2021 年修正）第五十九条。

申请。《中华人民共和国民事诉讼法》第五十六条第一款和第二款规定：“对当事人双方的诉讼标的，第三人认为有独立请求权的，有权提起诉讼。对当事人双方的诉讼标的，第三人虽然没有独立请求权，但案件处理结果同他有法律上的利害关系的，可以申请参加诉讼，或者由人民法院通知他参加诉讼。人民法院判决承担民事责任的第三人，有当事人的诉讼权利义务。”综合《中华人民共和国民事诉讼法》第一百九十九条和第五十六条第一款和第二款规定内容可知，未被人民法院判决承担民事责任的第三人，不享有当事人的诉讼权利，无权对已经发生法律效力的裁判提出再审申请。

根据本案查明的事实，本案主要是王履恩与刘巧云、邱年华之间的纠纷，王履恩的主要诉讼请求是刘巧云、邱年华返还出售案涉房屋的房款。李纯平虽系作为第三人参加诉讼，但其在一审中述称的内容是“王履恩诉讼请求没有法律依据，应当驳回”，并没有提出独立的诉讼请求，一审判决亦未判决其承担民事责任，而二审判决维持了一审判决。因此，依照《中华人民共和国民事诉讼法》第一百九十九条和第五十六条之规定，李纯平无权申请再审。而且，《最高人民法院关于适用〈中华人民共和国民事诉讼法〉的解释》第八十二条规定：“在一审诉讼中，无独立请求权的第三人无权提出管辖异议，无权放弃、变更诉讼请求或者申请撤诉，被判决承担民事责任的，有权提起上诉。”原审判决根据上述事实，认定“李纯平作为第三人在原审中未提出独立的诉讼请求，一审法院也未判决其承担民事责任，因此，李纯平无权就本案提起上诉”并不缺乏证据证明，适用法律亦无不当。

——中国裁判文书网。

1045. 未上诉的当事人是否有权申请再审

关键词

上诉　申请再审　诉讼诚信原则　禁止反言原则　处分原则

最高人民法院司法解释

第三百七十三条　当事人死亡或者终止的，其权利义务承继者可以根据民事诉讼法第二百零六条、第二百零八条的规定申请再审。

判决、调解书生效后，当事人将判决、调解书确认的债权转让，债权受让人对该判决、调解书不服申请再审的，人民法院不予受理。

——《最高人民法院关于适用〈中华人民共和国民事诉讼法〉的解释》（2022 年 4 月 1 日修正）。

附录：最高人民法院主流观点

关于未上诉的当事人是否有权申请再审的问题，实践中存在不同观点。一种观点认为，无正当理由未上诉的当事人一般不应享有申请再审权利。再审程序是针对生效判决可能出现的重要错误而赋予当事人的特别救济程序。如在穷尽了常规救济途径之后，当事人仍然认为生效裁判有错误的，其可以向人民法院申请再审。对于无正当理由未提起上诉且二审判决未改变一审判决对其权利义务判定的当事人，一般不应再为其提供特殊的救济机制，否则将变相鼓励或放纵不守诚信的当事人滥用再审程序，从而使得特殊程序异化为普通程序。这不仅是对诉讼权利的滥用和对司法资源的浪费，也有违两审终审制的基本原则[①]。另一种观点认为，可以申请再审的裁判包括一审未上诉生效的裁判，民事诉讼法并未否定未上诉当事人申请再审的权利，以当事人无正当理由未上诉为由直接否定当事人申请再审的权利缺乏充分法律依据。对此问题，在2012年《民事诉讼法》修改过程中，我们曾就再审程序提交立法修改建议稿，其中一个建议即为参考大陆法系民事诉讼再审程序立法，确立再审的补充性原则，促使当事人充分运用一审、二审程序中的诉讼权利寻求救济。

具体建议为，增加规定“当事人可以通过异议、复议或者上诉的方式提出不服原裁判的理由而未提出，在申请再审时再提出该理由的，不予支持”。主要理由如下：（1）防止当事人滥用诉讼权利、拖延诉讼，节约司法资源，减少当事人讼累，防止大量法律关系处于不稳定之中，也体现了商品经济环境下人民群众对诉讼效率和安定的法律秩序的更高需求；（2）处分原则是民事诉讼的基石之一，当事人有权决定是否主张权利、如何主张权利。当事人明知存在申请再审事由，却不上诉或在上诉中不主张，表明其认可并接受一审判决、裁定对该部分的分析认定或判决、裁定结果。即使一审判决、裁定确有错误，在不损害公共利益的前提下，也应尊重当事人的选择。这是民事权利私权性质的基本要求，也是意思自治原则的基本要求。当事人明知存在申请再审事由，不上诉或在上诉中不主张，却在申请再审时主张，有违诉讼诚信原则和禁止反言原则，实际上是滥用诉讼权利。民事诉讼法在保护当事人诉讼权利时也应防止当事人不讲诚信、滥用权利、任意反复的行为。但上述意见经综合考虑后未予采纳。因此，在现行民事诉讼法再审程序未明确规定再审程序的补充性原则情况下，单纯以当事人未上诉为由驳回其再审申请尚欠缺充分的法律依据，需要结合全案情况特别是当事人诉讼行为是否违反诉讼诚信原则、二审裁判结果等予以综合考量。对于该问题可以在司法实践

① 参见最高人民法院（2016）民申字第2505号民事裁定书。

中继续探索积累经验。

——最高人民法院民法典贯彻实施工作领导小组办公室编著：《最高人民法院新民事诉讼法司法解释理解与适用》，人民法院出版社 2022 年版，第 828~829 页。

最高人民法院裁判文书

大庆市凯达物流有限公司与大庆市工商业融资担保有限公司、大庆市凯隆丰粮食贸易有限公司等追偿权纠纷案［最高人民法院（2020）最高法民申 7058 号民事裁定书］

裁判要旨：再审申请人虽主张一审判决存在错误，但在法定上诉期限内未提起上诉，亦未提供客观上导致其不能行使诉权的合理理由，其放弃法律规定的常规性救济途径，即应当承担该处分行为所致的失权后果。故二审法院以其未提起上诉为由对其不承担保证责任的主张不予审查并无不当。其未经上诉直接向本院申请再审，属于滥用再审程序的情形，故对其关于原审法院适用法律错误的主张，本院从程序上直接予以驳回。

最高人民法院经审查认为，《中华人民共和国民事诉讼法》第十三条第二款规定："当事人有权在法律规定的范围内处分自己的民事权利和诉讼权利"。第一百六十八条[①]规定："第二审人民法院应当对上诉请求的有关事实和适用法律进行审查"。凯达公司虽主张一审判决存在错误，但在法定上诉期限内未提起上诉，亦未提供客观上导致其不能行使诉权的合理理由，其放弃法律规定的常规性救济途径，即应当承担该处分行为所致的失权后果。故二审法院以凯达公司未提起上诉为由对其不承担保证责任的主张不予审查并无不当。凯达公司未经上诉直接向本院申请再审，属于滥用再审程序的情形，故对凯达公司关于原审法院适用法律错误的主张，本院从程序上直接予以驳回。

——中国裁判文书网。

康凯东与天泽公司、康城公司、王正明、凯东公司、康明林合资、合作开发房地产合同纠纷案［最高人民法院（2021）最高法民申 7513 号民事裁定书］

裁判要旨：当事人未提出上诉，应视为认可一审判决，属于对

---

① 现为《民事诉讼法》（2021 年修正）第一百七十五条。

自身实体权利及程序权利的处分。二审判决针对其他上诉人所提主张进行审理并对一审判决予以维持，并未变更一审判决所确定的权利义务和相应民事责任，故当事人不具有再审利益，未经上诉而申请再审不符合《中华人民共和国民事诉讼法》第二百条①关于允许当事人申请再审所需条件的立法本意。

最高人民法院经审查认为：根据《最高人民法院关于适用〈中华人民共和国民事诉讼法〉的解释》第三百二十三条的规定，第二审人民法院应当围绕当事人的上诉请求进行审理，当事人没有提出请求的，不予审理。康凯东未提出上诉，应视为认可一审判决，属于对自身实体权利及程序权利的处分。二审判决针对其他上诉人所提主张进行审理并对一审判决予以维持，并未变更一审判决所确定的权利义务和相应民事责任，故康凯东不具有再审利益，未经上诉而申请再审不符合《中华人民共和国民事诉讼法》第二百条关于允许当事人申请再审所需条件的立法本意。

——中国裁判文书网。

1046.“按撤回起诉 / 上诉处理”的，不能提出再审申请

关键词

撤回起诉　上诉处理　再审申请

最高人民法院裁判文书

浙江五芳斋实业股份有限公司与中印正德包装印务成都有限公司、刘波侵害商标权纠纷案［最高人民法院（2021）最高法民申6335号民事裁定书］

裁判要旨：当事人申请再审针对的裁判文书应当是法院作出的已经生效的判决或裁定，根据“当事人认为发生法律效力的不予受理、驳回起诉的裁定错误的，可以申请再审”的规定，当事人可以申请再审的发生法律效力的裁定并不包括“按撤回起诉 / 上诉处理”的民事裁定，故当事人就人民法院作出的按撤诉处理的民事裁定提出再审申请，无法律依据。

最高人民法院认为：根据《中华人民共和国民事诉讼法》第一百九十九

① 现为《民事诉讼法》（2021年修正）第二百零七条。

条[①]规定，当事人向本院申请再审针对的裁判文书应当是二审法院作出的已经生效的判决或裁定。本案中，二审法院作出的生效裁判文书系按撤回上诉处理的裁定，根据《最高人民法院关于适用〈中华人民共和国民事诉讼法〉的解释》第三百八十一条关于“当事人认为发生法律效力的不予受理、驳回起诉的裁定错误的，可以申请再审”的规定，当事人可以申请再审的发生法律效力的裁定并不包括按撤回上诉处理的民事裁定，本案二审裁定并不属于可以申请再审的范围。故五芳斋公司的再审申请不能成立，本院不予支持。

——中国裁判文书网。

1047. 再审撤销一、二审裁判发回重审后作出的生效裁判，当事人有权申请再审

关键词

再审发回重审　生效裁判　申请再审

最高人民法院答复

山东省高级人民法院：

你院关于再审撤销一、二审裁判发回重审案件，当事人对生效裁判是否有申请再审权利的请示收悉。经研究，答复如下：

再审后将案件发回重审作出的生效裁判，当事人不服的，可以根据民事诉讼法第一百九十九条[②]的规定申请再审。

——《最高人民法院关于再审撤销一、二审裁判发回重审的案件当事人对重审的生效裁判是否有申请再审权利的答复》（2017 年 8 月 2 日，〔2016〕最高法民他 118 号）。

最高人民法院审判业务意见（民一庭法官会议纪要）

再审撤销原判发回重审后作出的判决、裁定，当事人可否根据《民事诉讼法》第一百九十九条的规定申请再审？

再审撤销原判（包括一审生效判决）发回一审法院重审后，当事人的诉讼回复至原一审裁判之前的状态，其诉讼请求未被生效裁判所羁束，讼争的民事法律关系仍处于待决状态，一审法院应对当事人之间的争议重新进行审理。《最高人民法院关于适用〈中华人民共和国民事诉讼法〉的解释》（2022

① 现为《民事诉讼法》（2021 年修正）第二百零六条。

② 现为《民事诉讼法》（2021 年修正）第二百零六条。

年修正）第二百五十二条规定："再审裁定撤销原判决、裁定发回重审的案件，当事人申请变更、增加诉讼请求或者提出反诉，符合下列情形之一的，人民法院应当准许：（一）原审未合法传唤缺席判决，影响当事人行使诉讼权利的；（二）追加新的诉讼当事人的；（三）诉讼标的物灭失或者发生变化致使原诉讼请求无法实现的；（四）当事人申请变更、增加的诉讼请求或者提出的反诉，无法通过另诉解决的。"据此，由于原判决、裁定被撤销，审判程序重新开始，当事人依法可以变更、增加诉讼请求或者提出反诉、提交新证据；人民法院可以根据当事人的申请或者依职权追加当事人，适用一审程序的相关规定确定当事人的诉讼权利义务。再审撤销原判发回重审之后的程序并非再审审理程序的延续，人民法院作出的裁判亦非再审裁判。当事人不服撤销原判发回重审后作出的生效裁判，可以依据《民事诉讼法》第一百九十九条[①]的规定申请再审。

——《再审后将案件发回重审作出的生效裁判可以申请再审（最高人民法院民事审判第一庭2021年第37次法官会议纪要）》，载最高人民法院民事审判第一庭编：《民事审判指导与参考》2021年第4辑（总第88辑），人民法院出版社2022年版，第263~264页。

附录：最高人民法院主流观点

《民事诉讼法解释》起草过程中，有同志建议明确再审撤销原判发回重审后作出的判决、裁定，以及按照一审程序再审的案件当事人上诉后作出的判决、裁定是否允许申请再审。对此，2015年《民事诉讼法解释》起草过程中曾参考2013年《全国法院民事再审审查工作座谈会纪要》第5条的规定建议增加关于再审判决、裁定范围的条文，内容为："有下列情形之一的，应当认定为民事诉讼法第二百零九条第一款第三项规定的再审判决、裁定：（1）第一审人民法院对于生效第一审判决、裁定，由本院再审后作出的、当事人未在法定期间内上诉的判决、裁定；（2）第二审人民法院对于生效第二审判决、裁定，由本院再审后作出的判决、裁定；（3）上级人民法院对于生效判决、裁定提审后作出的判决、裁定。"该条文的目的是明确再审判决、裁定的范围，且并未将再审撤销原判发回重审的裁判和按照一审程序再审案件当事人提出上诉后作出的裁判纳入再审判决、裁定范围，未否定对这两种裁判可以申请再审。2015年《民事诉讼法解释》起草组研究后认为，该建议条文所列举的三种情形属于再审判决、裁定不存在争议，规定意义不大。但关于再审发回重审的裁判和按照一审程序再审上诉后的裁判是否属于再审判决、裁定的问题，情况较为复杂，还存在一定争议，故最终未就再审判决、裁定的

---

① 现为《民事诉讼法》（2021年修正）第二百零六条。

范围作出规定。讨论过程中，多数意见认为该两类裁判属于重审裁判或者二审裁判，可能存在追加当事人、变更增加诉讼请求、提交新证据等情况变化，不应一概不予受理当事人的再审申请。鉴于情况复杂，司法解释对此问题未作出明确规定，可根据实践情况进一步研究。可供参考的是，本司法解释施行后，最高人民法院于 2017 年 8 月 2 日作出《关于再审撤销一、二审裁判发回重审的案件当事人对重审的生效裁判是否有申请再审权利的答复》(〔2016〕最高法民他 118 号)，就山东省高级人民法院请示作出答复，内容为“再审后将案件发回重审作出的生效裁判，当事人不服的，可以根据民事诉讼法第一百九十九条的规定申请再审。”

——最高人民法院民法典贯彻实施工作领导小组办公室编著：《最高人民法院新民事诉讼法司法解释理解与适用》，人民法院出版社 2022 年版，第 847 页。

1048. 未判决承担民事责任的第三人无权申请再审

关键词

无独立请求权第三人　申请再审

最高人民法院裁判文书

敦煌阳光招金矿业有限公司与敦煌市西部矿业发展有限责任公司、敦煌市西部矿业发展有限责任公司、敦煌市钒业发展有限责任公司侵权责任纠纷案［最高人民法院（2021）最高法民申 7661 号民事裁定书］

裁判要旨：当事人在本案中没有独立诉讼请求，不享有独立的诉讼地位。其作为没有被人民法院判决承担民事责任的第三人，其诉讼权利受到限制，无权对已经发生法律效力的裁判提出再审申请。

最高人民法院经审查认为，本案系再审审查案件，应当依据再审申请人的再审申请事由以及《中华人民共和国民事诉讼法》第二百条[①]的规定进行审查。经审查，阳光招金公司的再审事由均不成立，理由如下：

《中华人民共和国民事诉讼法》第五十六条[②]第二款规定：“对当事人双方的诉讼标的，第三人虽然没有独立请求权，但案件处理结果同他有法律上

① 现为《民事诉讼法》(2021 年修正）第二百零七条。

② 现为《民事诉讼法》(2021 年修正）第五十九条。

的利害关系的，可以申请参加诉讼，或者由人民法院通知他参加诉讼。人民法院判决承担民事责任的第三人，有当事人的诉讼权利义务。"《最高人民法院关于适用〈中华人民共和国民事诉讼法〉的解释》第八十二条规定："在一审诉讼中，无独立请求权的第三人无权提出管辖异议，无权放弃、变更诉讼请求或者申请撤诉，被判决承担民事责任的，有权提起上诉。"根据上述法律规定，无独立请求权第三人参加诉讼，对当事人双方的诉讼标的没有独立请求权，只是案件处理结果同他有法律上的利害关系，其在诉讼中依附于当事人一方而存在，并不享有全部的诉讼权利。阳光招金公司在本案中没有独立诉讼请求，原判决也未判令阳光招金公司承担任何责任。阳光招金公司作为没有被人民法院判决承担民事责任的第三人，不享有当事人的全部诉讼权利，无权对本案申请再审。

——中国裁判文书网。

1049. 原则上不予受理当事人再次提出的再审申请

关键词

再审申请　再审事由　再审期间

最高人民法院司法解释

第三百九十九条　人民法院准许撤回再审申请或者按撤回再审申请处理后，再审申请人再次申请再审的，不予受理，但有民事诉讼法第二百零七条第一项、第三项、第十二项、第十三项规定情形，自知道或者应当知道之日起六个月内提出的除外。

——《最高人民法院关于适用〈中华人民共和国民事诉讼法〉的解释》（2022年4月1日修正）。

附录：最高人民法院主流观点

第一，对于当事人再次提出的再审申请，原则上不予受理。实践中经常出现当事人以证据不够充分，需要继续调查收集证据或者双方当事人正在协商达成和解协议等理由申请撤回再审申请，却在人民法院作出准许撤回再审申请的裁定后不久再次申请再审的情况。对于当事人再次提出的再审申请，此前的做法大多是予以受理，但法律效果和社会效果并不好。《民事诉讼法解释》第三百九十九条确定原则上不再受理再审申请人重新提出的再审申请，主要考虑：一是当事人继续调查收集证据或者协商达成和解协议等，并不影响再审审查程序的正常进行，没有必要以撤回再审申请为前提；二是当事人反复提出再审申请会浪费有限的司法资源；三是反复提出再审申请使对方当事人疲于应对，造成讼累；四是在六个月的申请再审期限内，当事人在撤回再审申请至重新提出再审申请期间，找到比一审、二审程序中更充分的证据的可能性并不大。

第二，四种特殊情形下允许当事人再次申请再审。《民事诉讼法解释》第三百九十九条但书条款来源于民事诉讼法第二百一十二条。该条规定："当事人申请再审，应当在判决、裁定发生法律效力后六个月内提出；有本法第二百条第一项、第三项、第十二项、第十三项规定情形的，自知道或者应当知道之日起六个月内提出。"对申请再审期间作出例外的规定，主要是考虑到司法实践中存在六个月的申请再审期间届满后才发现某些再审事由的情形，这些情形主要包括：有新的证据，足以推翻原判决、裁定的；原判决、裁定认定事实的主要证据是伪造的；据以作出原判决、裁定的法律文书被撤销或者变更的；审判人员审理该案件时有贪污受贿、徇私舞弊、枉法裁判行为的，如果一律按照裁判生效后"六个月内提出"的规定限制当事人申请再审，不利于保护当事人的合法权利。上述例外情形，在当事人撤回再审申请或者按撤回再审申请处理的情况下同样存在。比如，当事人在撤回再审申请后，发现了足以推翻原判决、裁定的新证据，如果不准许其再次提出再审申请，显然有违公平正义，无法令当事人息诉服判。但是对于何谓"足以推翻原判决、裁定的新证据"应当从严把握，不能任意扩大解释，否则当事人可能利用该条来规避撤回再审申请后不得再次申请再审的规定。又如，据以作出原判决、裁定的法律文书被撤销或者变更的，原判决、裁定就丧失了裁判的基础，此时也应受理当事人重新提出的再审申请。

——最高人民法院民法典贯彻实施工作领导小组办公室编著：《最高人民法院新民事诉讼法司法解释理解与适用》，人民法院出版社 2022 年版，第 888~889 页。

1050. 向最高人民法院申请再审的标准和程序

关键词

再审申请　提审　四级法院审级职能定位

最高人民法院司法政策精神

四、改革再审程序

第十一条　当事人对高级人民法院作出的已经发生法律效力的民事、行政判决、裁定，认为有错误的，应当向原审高级人民法院申请再审；符合下列情形之一的，可以向最高人民法院申请再审：

（一）再审申请人对原判决、裁定认定的基本事实、主要证据和诉讼程序无异议，但认为适用法律有错误的；

（二）原判决、裁定经高级人民法院审判委员会讨论决定的。

当事人对高级人民法院作出的已经发生法律效力的民事、行政调解书申请再审的，应当向相关高级人民法院提出。

第十二条 当事人根据本办法第十一条第一款第一项向最高人民法院申请再审的，除依法必须载明的事项外，应当在再审申请书中声明对原判决、裁定认定的基本事实、认定事实的主要证据、适用的诉讼程序没有异议，同时载明案件所涉法律适用问题的争议焦点、生效裁判适用法律存在错误的论证理由和依据。

再审申请人提交的再审申请书不符合前款要求的，最高人民法院应当给予指导和释明，一次性全面告知其在十日内予以补正。再审申请人无正当理由逾期未予补正的，按撤回申请处理。

第十三条 最高人民法院应当自收到民事、行政再审申请书之日起三十日内，决定由本院或者作出生效判决、裁定的高级人民法院审查。民事、行政申请再审案件符合下列情形之一的，最高人民法院可以决定由原审高级人民法院审查：

（一）案件可能存在基本事实不清、诉讼程序违法、遗漏诉讼请求情形的；

（二）原判决、裁定适用法律可能存在错误，但不具有法律适用指导意义的。

最高人民法院决定将案件交原审高级人民法院审查的，应当在十日内将决定书、再审申请书和相关材料送原审高级人民法院立案庭，并书面通知再审申请人。

第十四条 原判决、裁定适用法律确有错误，且符合下列情形之一的，最高人民法院应当裁定提审：

（一）具有普遍法律适用指导意义的；

（二）最高人民法院或者不同高级人民法院之间近三年裁判生效的同类案件存在重大法律适用分歧，截至案件审理时仍未解决的；

（三）最高人民法院认为应当提审的其他情形。

最高人民法院对地方各级人民法院、专门人民法院已经发生法律效力的判决、裁定，发现确有错误，且符合前款所列情形之一的，可以裁定提审。

第十五条 高级人民法院对受理的民事、行政申请再审案件，认为原判决、裁定适用法律确有错误，且符合本办法第十四条第一款第一项、第二项所列情形之一，需要由最高人民法院审理的，经审判委员会讨论决定后，可以报请最高人民法院审理。

最高人民法院收到高级人民法院根据前款规定提出的请求后，认为有必要由本院审理的，裁定提审；认为没有必要的，不予提审。

第十六条　当事人向最高人民法院申请再审的，最高人民法院应当向其释明委托律师作为诉讼代理人的必要性。

对于委托律师有困难的再审申请人，最高人民法院应当及时告知其有权申请法律援助。

——《最高人民法院印发〈关于完善四级法院审级职能定位改革试点的实施办法〉的通知》（2021 年 9 月 27 日，法〔2021〕242 号）。

附录：理解与适用

《最高人民法院关于完善四级法院审级职能定位改革试点的实施办法》（以下简称《试点实施办法》）第十一条至第十六条根据《审级改革方案》和《授权决定》，调整了民事、行政诉讼法关于再审申请原则上“上提一级”的规定，进一步完善了向最高人民法院申请再审的标准和程序。

一是调整向最高人民法院申请再审案件的范围。试点工作启动后，当事人对高级人民法院作出的民事、行政生效裁判，认为有错误的，应当向高级人民法院申请再审。符合下列情形之一的，才可以向最高人民法院申请再审：

1. 再审申请人对原判决、裁定认定的基本事实、主要证据和诉讼程序无异议，但认为适用法律有错误的案件；

2. 原判决、裁定经高级人民法院审判委员会讨论决定的案件。

作出上述调整的主要考虑是：党的十八大以来，随着新型审判权力运行机制更加成熟定型，“三个规定”铁律逐步发力生威，高级人民法院的再审纠错能力有显著提升。对于因《民事诉讼法》第两百条①、《行政诉讼法》第九十一条规定的涉及事实认定、证据采信、诉讼程序、贪赃枉法方面的事由申请再审的案件，由原审高级人民法院另行组成合议庭审查，不存在“自审自纠”风险，也更有利于发挥高级人民法院熟悉辖区情况、便于查证事实、统筹协调各方、实质化解纠纷的优势。当然，如果原判决、裁定是由审判委员会讨论决定的，就不宜再由高级人民法院自行审查纠正。

必须强调的是，当事人对中级、专门人民法院作出的民事、行政生效判决、裁定，认为有错误的，仍可以根据《民事诉讼法》第一百九十九条②、《行

① 现为《民事诉讼法》（2021 年修正）第二百零七条。

② 现为《民事诉讼法》（2021 年修正）第二百零六条。

政诉讼法》第九十条[①]向高级人民法院申请再审，不得参照适用《试点实施办法》第十一条的内容。各高级人民法院不得以任何形式调整向本院申请再审的案件范围，也不得将应由本院审查的申请再审案件交辖区中级、专门人民法院审查。

根据《试点实施办法》第十一条第一款第一项向最高人民法院申请再审的案件，必须同时满足两个条件：一是再审申请人对原判决、裁定认定的基本事实、主要证据和诉讼程序无异议；二是认为适用法律有错误。这里的“无异议”，是指对原判决、裁定认定的基本事实、认定事实的主要证据、适用的诉讼程序没有异议。如果事实、证据、程序存在问题，即便是有新的证据，也较适宜由原审高级人民法院审查纠正。这里的“适用法律有错误”与后面的“适用法律确有错误”，都包含行政案件中适用法规有错误的情形。关于哪些情形属于“法律适用确有错误”，《最高人民法院〈关于适用中华人民共和国民事诉讼法〉的解释》（法释〔2015〕5号，以下简称《民诉法司法解释》）第三百九十条已作明确，行政案件亦可参照。

为了便于最高人民法院立案庭和各巡回法庭、知识产权法庭诉讼服务中心及时高效审核再审申请材料、精准研判案件所涉法律问题，《试点实施办法》第十二条强化了对再审申请书的形式要求。当事人在民事、行政再审申请书中，除了应提供《民诉法司法解释》第三百七十八条和《最高人民法院关于行政申请再审案件立案程序的规定》（法释〔2017〕18号）第七条要求载明的事项外，还应声明对原审事实、证据、程序问题没有异议。同时，再审申请书还应载明案件所涉法律适用问题的争议焦点、生效裁判适用法律存在错误的论证理由和依据，必要时还可以附类案检索报告。再审申请书不符合前述要求的，最高人民法院应给予充分指导和释明。再审申请人无正当理由逾期未予补正的，可以按撤回申请处理。

考虑到实践中多数再审申请人并不具备提炼法律问题、论证法律错误的能力，《试点实施办法》第十六条要求最高人民法院立案庭、诉讼服务中心等“窗口部门”应当向当事人释明委托律师作为诉讼代理人的必要性，提升前端工作效能。

二是建立将申请再审案件交高级人民法院审查的机制。实践中，一些事实认定、证据使用或程序适用方面的问题，会直接影响到对法律关系的认定。即便是法律适用方面的错误，在法律适用指导意义上也有“有无”和“强弱”之分，不宜全部由最高人民法院审查纠正。《试点实施办法》第十三条第一款明确了将民事、行政申请再审案件交原审高级人民法院审查的两类情形：

1. 案件可能存在基本事实不清、诉讼程序违法、遗漏诉讼请求情形的。

① 现为《民事诉讼法》（2021年修正）第九十三条。

主要指案件事实、程序有明显缺失或瑕疵，且与能否认定适用法律错误存在前提或因果关系。例如，在融资性贸易中，原审本应通过追加当事人方式来认定是借贷还是买卖，但因为未追加当事人，根据两方当事人的合同内容只能定性为买卖，导致出现定性错误。此外，有的问题看似涉及事实认定，其实是举证责任分配规则适用问题，在决定是否交原审高级人民法院审查时必须格外慎重。

2. 原判决、裁定适用法律可能存在错误，但不具有法律适用指导意义的。主要指所涉法律适用错误比较明显，但不具备规则意义，没有必要由最高人民法院审查纠正的案件。例如，在《民法典》正式施行之前，就直接适用其作为裁判依据的案件。这类适用已经失效或尚未施行的法律，以及明显违反法律适用规则的低级错误，适宜由原审高级人民法院自行纠正。

由于向最高人民法院申请再审的范围已经调整，试点工作开始后，最高人民法院在决定是否将行政申请再审案件交原审高级人民法院审查时，应当按照《试点实施办法》第十三条第一款确定的标准作出决定，不宜再扩大范围。为防止工作对接不畅，最高人民法院决定将案件交原审高级人民法院审查的，应当在十日内将决定书、再审申请书和相关材料送原审高级人民法院立案庭，而非相关审判庭或审判监督庭。

三是明确最高人民法院应当提审的案件范围。试点工作开始后，由最高人民法院裁定再审的案件，应当以提审为原则，以指令再审为例外。《试点实施办法》第十四条第二款明确了最高人民法院应当裁定提审案件的范围，即原判决、裁定适用法律确有错误，且符合下列情形之一的：

1. 具有普遍法律适用指导意义的。原审案件第一审已因法律适用问题提级管辖的，更应特别关注。

2. 最高人民法院或者不同高级人民法院之间近三年裁判生效的同类案件存在重大法律适用分歧，截至案件审理时仍未解决的。主要包括两类案件，一是最高人民法院内部各审判机构之间存在"类案不同判"情形的；二是不同高级人民法院之间的重大法律适用分歧需要解决并统一的。高级人民法院生效裁判与最高人民法院同类案件生效裁判存在重大法律适用分歧的，也可以纳入再审提审范围。

3. 最高人民法院认为应当提审的其他情形。主要指根据案件所涉利益、社会影响和个案情况，更适宜由最高人民法院提审的案件，如存在严重外部干预或"诉讼主客场"现象的案件。

为便于最高人民法院监督指导全国法院的审判工作，《试点实施办法》第十四条第二款规定了特殊情况下依职权提起再审的情形。最高人民法院对地方各级人民法院、专门人民法院已经发生法律效力的判决、裁定，发现确有错误，且属于前述应当提审情形之一的，有权根据《民事诉讼法》第一百九十八条[①]第二款、《刑事诉讼法》第二百五十四条第二款、《行政诉讼法》第九十二条第二款之规定，裁定提审。前述“判决、裁定”，包括民事、刑事和行政裁判。

四是完善高级人民法院对申请再审案件的审查处理程序。实践中，一些案件依法应当向高级人民法院申请再审，或者因原审事实认定、证据采信、诉讼程序存在问题，不符合向最高人民法院申请再审的条件。根据《试点实施办法》第十五条的规定，高级人民法院在审查过程中，认为原判决、裁定适用法律确有错误，且符合最高人民法院再审提审标准的，经审判委员会讨论决定后，可以报请最高人民法院审理。之所以要求“经审判委员会讨论决定”，既是为确保上报程序的严肃性，也有利于高级人民法院全面、审慎地考虑案件所涉问题和报送的必要性。

试点开始后，以下三类民事、行政案件，高级人民法院经审判委员会讨论决定后，可以报请最高人民法院审理：一是辖区中级或专门人民法院作出生效裁判，当事人依法向高级人民法院申请再审的案件。二是高级人民法院作出生效裁判，当事人根据《试点实施办法》第十一条向原审高级人民法院申请再审的案件。三是当事人向最高人民法院申请再审，最高人民法院初步审核后，决定交高级人民法院再审审查的案件。这类案件“下交”后，是否还能报请最高人民法院再审，存在两种意见：第一种意见认为，最高人民法院既已决定交高级人民法院审查，再允许后者报请前者审理，有程序反复之嫌，实践中不应准许。第二种意见认为，最高人民法院决定将案件交高级人民法院审查，只是初步审核之后的判断，不排除高级人民法院在审理过程中，又发现适宜由最高人民法院审理的情形，允许报请在制度设计上更为周延。而且，相关申请经高级人民法院审判委员会讨论决定，程序上也足够慎重，应当允许。经认真研究，我们同意第二种意见。

由于上述案件由高级人民法院报请，并经过审判委员会讨论，最高人民法院收到请求后，不再重复启动再审审查程序，认为有必要由自己审理的，可以直接裁定提审，反之则作出不同意提审的批复。

——刘峥、何帆：《〈关于完善四级法院审级职能定位改革试点的实施办法〉的理解与适用》，载《人民司法·应用》2021年第31期。

---

① 现为《民事诉讼法》（2021年修正）第二百零五条。

二、再审审查

1051. 正确认识再审审查与再审审理的关系

关键词

再审审查　再审审理

最高人民法院司法政策精神

5. 应当正确认识民事再审审查和再审审理的关系。民事再审审查和再审审理是审判监督程序的不同阶段。民事再审审查的主要任务是依据再审审查程序对再审申请是否符合法定再审事由进行审查，决定是否裁定再审。民事再审审理的主要任务是依据再审审理程序对裁定再审的案件进行审理，确定生效裁判是否确有错误，依法作出再审裁判。两个阶段具有不同的功能和裁判标准，不能简单地以再审改判率评判再审审查工作的质量。

——《最高人民法院印发〈第一次全国民事再审审查工作会议纪要〉的通知》（2011 年 4 月 21 日，法〔2011〕159 号）。

附录：理解与适用

根据民事诉讼法的规定，再审审查和再审审理是审判监督程序中相对独立的程序阶段，二者的审理对象、法律依据、裁判标准、主要功能均不同。审判监督程序可以分为三个阶段：申请再审受理法官负责形式要件的审查，并登记立案，为第一阶段；再审审查法官负责立案后对再审事由是否存在进行审查和并决定是否裁定再审，为第二阶段；对裁定再审案件进行审判，为第三阶段。民事再审审查程序包括上述前两个阶段，民事再审审理则指第三个阶段。再审审查的主要任务是依据再审审查程序对再审申请是否符合法定再审事由进行审查，决定是否裁定再审。民事再审审理的主要任务是依据再审审理程序对进入再审的案件进行审理，确定生效裁判是否确有错误，依法作出再审裁判。再审审查具有权益救济、预防监督、再审过滤、矛盾化解等多重功能，再审审理则主要发挥了纠正错误和化解矛盾的功能。

——林文学等：《民事再审审查工作中的若干问题——〈第一次全国民事再审审查工作会议纪要〉解读》，载《法律适用》2011 年第 6 期。

1052. 民事再审审查工作的规律

关键词

再审审查

最高人民法院司法政策精神

民事再审审查工作的指导思想和原则

1. 民事再审审查工作是人民法院依法审查再审申请，确定再审事由是否成立，依法作出裁定的审判工作，是人民法院履行审判监督职能的重要内容，是保障当事人诉讼权利的法定手段，是启动民事再审程序的主要途径。

2. 民事再审审查工作应当坚持平等保护原则，既要依法保护申请再审人的诉讼权利，又要平等保护对方当事人的合法权益。

3. 民事再审审查工作应当坚持依法裁定原则。再审申请符合法定再审事由的，应当裁定再审，不符合的，应当裁定驳回，既要注重保护当事人的申请再审权，又要注重维护生效裁判的既判力。

4. 民事再审审查工作应当坚持“调解优先、调判结合”原则，积极探索符合民事申请再审案件特点的调解方法，努力化解社会矛盾。

——《最高人民法院印发〈第一次全国民事再审审查工作会议纪要〉的通知》(2011 年 4 月 21 日，法〔2011〕159 号)。

最高人民法院审判业务意见

广州会议对民事再审审查工作做了科学定位，明确了民事再审审查工作是依法审查再审申请，确定再审事由是否成立，依法作出裁定的审判工作，是人民法院履行审判监督职能的重要内容，是保障当事人诉讼权利的法定手段，是启动民事再审程序的主要途径。在这一定位基础上，推动民事再审审查工作科学发展，必须准确把握其内在规律，认识到新的立法背景下民事再审审查工作具有以下特点：

一是专业性。再审审查是当事人行使申请再审权利引发的法定审判程序，在审查的内容、标准、期限、文书等方面，均有着独特的程序要求，发挥着诉权保障、监督纠错、再审过滤等重要功能，体现了中央司法体制改革的要求，是民事诉讼法修改完善的重要内容，是人民法院司法改革的重要成果，具有显著的专业性。

二是诉讼性。民事再审审查工作的任务，是在双方当事人的参与下，对于“案结事未了”的民事裁判，从证据采信、事实认定、法律适用、审判程序等方面进行重新审查，具有实体和程序审查的双重特点，是当事人行使诉权引发的审判程序，是民事诉讼法审判监督程序的重要组成部分，具有鲜明的诉讼性。

三是监督性。民事再审审查工作的任务是审查确定生效裁判是否存在实体或者法定程序事由，对存在实体错误或者法定程序错误的裁判裁定再审，对不符合再审条件的案件裁定驳回，体现了对于审判活动的全面监督，具有明显的监督性。

——郑学林：《在全国法院民事再审审查工作座谈会上的总结讲话》（2013 年 1 月 7 日），载苏泽林、景汉朝主编、最高人民法院立案一庭、立案二庭编：《立案工作指导》2012 年第 4 辑（总第 35 辑），人民法院出版社 2013 年版，第 12 页。

附录：理解与适用

1. 再审审查工作应当坚持平等保护原则。平等原则是民事诉讼法的基本原则。当事人申请再审使生效裁判的效力受到威胁，可能影响到被申请人权利的实现，因此在审查过程中，坚持平等保护有特殊意义。对于申请再审人依法行使申请再审权的，应保障其再审申请获得审查以及其在再审审查程序中诉讼权利。同时，对于明显滥用申请再审权的行为，如随意更换事由重复申请再审，在原审中怠于行使诉讼权利而在裁判生效后以此为由申请再审，恶意拖延诉讼等行为，也应当进行引导和规范。人民法院应当注重保护对方当事人平等参与审查程序，陈述意见，举证质证，进行辩论，接受各方当事人充分参加审查程序、充分行使诉讼权利，以确保裁定的客观公正性，获得当事人对于审查结果最大程度的认同，维护司法的公正性和权威性。

2. 再审审查工作应当坚持依法裁定原则。依法裁定原则就强调民事再审审查属于“事由审查”，要围绕当事人提出来的法定再审事由进行，事由成立的，就应当裁定再审，这是民事诉讼法的明确规定。此外，在坚持事由审查的原则下，处理具体案件时可以适当兼顾实体裁判的妥当性。

3. 再审审查工作应当坚持“调解优先、调判结合”原则。民事再审审查工作针对的是案结事未了的社会矛盾，案件数量多、处理难度大、社会关注度高，处理不慎将导致当事人不断申诉上访，不利于社会和谐稳定。在再审审查工作中贯彻“调解优先、调判结合”原则，对于实现案结事了、维护社会稳定具有重要意义。

——林文学等：《民事再审审查工作中的若干问题——〈第一次全国民事再审审查工作会议纪要〉解读》，载《法律适用》2011 年第 6 期。

1053. 审查再审申请的合议庭一般应当全部由审判员组成

关键词

审判组织　再审审查

附录：最高人民法院主流观点

在审判实践中，应当注意的问题是，审查再审申请的合议庭是否可以由审判员与陪审员组成？民事诉讼法第四十一条第三款[①]规定："审理再审案件，原来是第一审的，按照第一审程序另行组成合议庭；原来是第二审的或者是上级人民法院提审的，按照第二审程序另行组成合议庭。"据此，再审案件的审判组织应当采取合议庭的形式，也就是说，再审是按照第一审程序的，可以由审判员与陪审员共同组成，也可以全部由审判员组成合议庭；再审是按照第二审程序进行的，只能由审判员组成合议庭，并且须另行组成。由于申请再审案件审查法院的上提一级管辖，审查再审申请的合议庭是中级人民法院以上的合议庭，是否可以由审判员与陪审员组成，法律没有明确规定。我们倾向认为，一般应当全部由审判员组成。

——江必新主编、最高人民法院审判监督庭编著：《最高人民法院关于适用民事诉讼法审判监督程序司法解释理解与适用》，人民法院出版社 2008 年版，第 73 页。

1054. 再审中如何对新证据实质性要件进行适当审查

关键词

新证据　证据失权　申请再审

最高人民法院司法解释

第三百八十五条　再审申请人提供的新的证据，能够证明原判决、裁定认定基本事实或者裁判结果错误的，应当认定为民事诉讼法第二百零七条第一项规定的情形。

对于符合前款规定的证据，人民法院应当责令再审申请人说明其逾期提供该证据的理由；拒不说明理由或者理由不成立的，依照民事诉讼法第六十

① 现为《民事诉讼法》（2021 年修正）第四十一条第四款。

八条第二款和本解释第一百零二条的规定处理。

——《最高人民法院关于适用〈中华人民共和国民事诉讼法〉的解释》（2022年4月1日修正）。

附录：最高人民法院主流观点

第一，对再审新证据实质性要件的判断，和对再审申请人未在原审提供证据所作理由的判断，孰先孰后？民事诉讼法第六十八条所确立的证据失权制度并非一概否定逾期提交的证据，而是根据逾期提交理由的正当性区分处理。因此，对于当事人在申请再审阶段才提供的证据，也应以未在原审提供的理由是否正当作为是否采纳的重要标准，而不应轻易以其未在原审提供为由否定其证据资格。但由于再审新证据事由的实质要件为足以推翻原判决、裁定，只有符合这一实质要件，才有进一步判断当事人未在原审提供理由正当性的必要，因此，对于当事人申请再审阶段提交的证据，应当先判断其是否足以推翻原判决、裁定，然后对于足以推翻原判决、裁定的证据，再判断再审申请人未在原审提供证据的理由是否成立。

第二，再审申请人以新证据事由申请再审的，在案件受理时要注意适度审查。民事诉讼法第二百一十二条规定："当事人申请再审，应当在判决、裁定发生法律效力后六个月内提出；有本法第二百零七条第一项、第三项、第十二项、第十三项规定情形的，自知道或者应当知道之日起六个月内提出。"根据该规定，以新证据等四种事由申请再审的，申请再审的期限从知道或者应当知道之日起算，而以其他九项事由申请再审的，申请再审期限从判决、裁定发生法律效力开始计算。实务中，一些当事人明知申请再审期限已过，却在众多事由中加上新证据事由，以规避申请再审期限。因此，在当事人以新证据事由申请再审，特别是在判决、裁定发生法律效力六个月后提出再审申请的，在受理案件时就应对新证据作适度审查。一般应要求再审申请人书面说明知道或者应当知道该新证据的时间，并书面说明该证据为新证据的理由。在案件受理阶段，不宜对新证据审查得过严，否则会损害当事人申请再审的权利；但也不能不审查，否则会使法律关于申请再审期限的规定成为一纸空文。

——最高人民法院民法典贯彻实施工作领导小组办公室编著：《最高人民法院新民事诉讼法司法解释理解与适用》，人民法院出版社2022年版，第855~856页。

1055. 再审未在生效判决作出后 6 个月内提出的，不予审查

关键词

再审程序　6 个月内提出

最高人民法院裁判文书

淄博万昌集团有限公司与山东双涵石化装备有限公司股东出资纠纷案

［最高人民法院（2020）最高法民申 5928 号民事裁定书］

裁判要旨：根据《中华人民共和国民事诉讼法》第二百零五条[①]之规定，"当事人申请再审，应当在判决、裁定发生法律效力后六个月内提出；有本法第二百条[②]第一项、第三项、第十二项、第十三项规定情形的，自知道或者应当知道之日起六个月内提出。"本案中，华融公司二审期间申请撤回上诉，最高人民法院于 2014 年 3 月 17 日裁定准许，一审判决生效。而华融公司于 2020 年 9 月之后申请再审，远超过原判决发生法律效力后六个月的时限。故华融公司所提出的除本案存在足以推翻原判决的新证据之外的事由，未在生效判决作出之日起 6 个月内提出，根据上述规定，不予审查。

最高人民法院经审查认为，本案焦点问题为是否存在足以推翻原判决的新证据。

再审审查期间，华融公司作为新证据提交了东金公司与龙山公司原股东签订的《股权转让协议书》和《补充协议书》，用以证明解决龙山公司的有关遗留问题是龙山公司原股东和东金公司的刚性合同义务。

首先，从证据形成时间上看，上述《股权转让协议书》签订于 2010 年 4 月 12 日，《补充协议书》签订于 2010 年 8 月 28 日。两份证据均形成于一审起诉之前，并非生效判决生效之后。华融公司如欲将其作为证明本案事实的证据，则应当在一审程序中提交，而其并未提交。其次，从合同签订主体来看，《股权转让协议》及《补充协议书》均是龙山公司原股东与东金公司签订，华融公司并非合同当事人，合同中也没有提及华融公司。再次，从合同内容来看，在《股权转让协议》及《补充协议书》中约定龙山公司原股东负

① 现为《民事诉讼法》（2021 年修正）第二百一十二条。

② 现为《民事诉讼法》（2021 年修正）第二百零七条。

责在约定时间内解决龙山公司三项遗留问题，如果在该时间内解决不了，则东金公司分别有权暂扣部分股权转让款直至问题解决后再支付或扣除部分股权转让款作为补偿。而《承诺函》则是东金公司与华融公司所签订，龙山公司原股东并非《承诺函》当事人。东金公司在函中承诺“督促龙山公司原股东按照《补充协议》之约定保证解决龙山公司的有关遗留问题”，并非承诺由东金公司解决龙山公司的遗留问题，也无法证明华融公司所主张的所谓转承诺。综上，上述证据无法推翻原判决关于2010年12月7日的《协议书》及相关协议已经解除以及即使龙山公司遗留的问题尚未得到妥善解决，也不能由此认定华融公司的合同目的没有实现。华融公司提交的上述证据并非民事诉讼法中规定的新证据，其申请再审事由不符合《中华人民共和国民事诉讼法》第二百条第一项之规定，本院不予支持。

根据《中华人民共和国民事诉讼法》第二百零五条之规定，“当事人申请再审，应当在判决、裁定发生法律效力后六个月内提出；有本法第二百条第一项、第三项、第十二项、第十三项规定情形的，自知道或者应当知道之日起六个月内提出。”本案中，华融公司二审期间申请撤回上诉，本院于2014年3月17日裁定准许，一审判决生效。而华融公司于2020年9月之后申请再审，远超过原判决发生法律效力后六个月的时限。故华融公司所提出的除本案存在足以推翻原判决的新证据之外的事由，未在生效判决作出之日起6个月内提出，根据上述规定，不予审查。此外，华融公司撤回上诉是其对自身权利的处分，本院已经裁定准许，华融公司声称其受唯尔公司欺诈而撤回上诉及逾期申请再审，并无证据予以证明。

——中国裁判文书网。

1056. 提交申请再审材料的规范性要求

关键词

申请再审　除斥期间　法律文书

最高人民法院司法解释

第三百七十五条　当事人申请再审，应当提交下列材料：

（一）再审申请书，并按照被申请人和原审其他当事人的人数提交副本；

（二）再审申请人是自然人的，应当提交身份证明；再审申请人是法人或者其他组织的，应当提交营业执照、组织机构代码证书、法定代表人或者主要负责人身份证明书。委托他人代为申请的，应当提交授权委托书和代理人身份证明；

（三）原审判决书、裁定书、调解书；

（四）反映案件基本事实的主要证据及其他材料。

前款第二项、第三项、第四项规定的材料可以是与原件核对无异的复印件。

——《最高人民法院关于适用〈中华人民共和国民事诉讼法〉的解释》（2022 年 4 月 1 日修正）。

附录：最高人民法院主流观点

第一，对再审申请人提交的身份证明、营业执照、授权委托书、法律文书及有原件的证据材料等，应当注意与原件核实。

第二，当事人申请再审应当在判决、裁定发生法律效力后六个月内提出，有民事诉讼法第二百零七条第一项、第三项、第十二项、第十三项规定情形的，自知道或者应当知道之日起六个月内提出。该期间一般从当事人签收判决、裁定送达回证，判决、裁定生效之日起至再审申请人到人民法院线上、线下申请再审或者向人民法院寄出再审申请书之日止。上述申请再审期间均为除斥期间，不适用中止、中断、延长的规定，故当事人提交申请再审材料时，人民法院应当审查当事人申请再审是否超过上述法定申请再审期间，对于不符合法定条件的再审申请，告知当事人不予受理；受理后发现超期的，可裁定驳回。

第三，当事人向检察机关、行政机关等提交材料进行申诉或者通过其他途径反映情况，不属于申请再审。

第四，注意对法律文书性质和内容的审查，对于依法不得申请再审的案件，不予受理。

第五，当事人提交的证据材料不全，但已提交反映案件基本事实的主要证据及其他材料的，人民法院应当依法受理，在审查过程中可以要求双方当事人及时补充有关材料。

第六，为平等保护双方当事人的权利，贯彻辩论原则，《民事诉讼法解释》中的再审申请书副本等要在人民法院受理申请再审案件之后，随应诉通知书向被申请人及原审其他当事人及时发送。

——最高人民法院民法典贯彻实施工作领导小组办公室编著：《最高人民法院新民事诉讼法司法解释理解与适用》，人民法院出版社 2022 年版，第 836~837 页。

1057. 申请再审人补充或改正申请材料仍不符合条件的处理

关键词

申请再审　补正材料

最高人民法院司法解释

第五条　申请再审人提交的再审申请书或者其他材料不符合本解释第三条、第四条的规定，或者有人身攻击等内容，可能引起矛盾激化的，人民法院应当要求申请再审人补充或改正。

——《最高人民法院关于适用〈中华人民共和国民事诉讼法〉审判监督程序若干问题的解释》（2020 年 12 月 29 日修正）。

最高人民法院司法政策精神

第五条　申请再审人提交的再审申请书等材料不符合上述要求，或者有人身攻击等内容，可能引起矛盾激化的，人民法院应将材料退回申请再审人并告知其补充或改正。

再审申请书等材料符合上述要求的，人民法院应在申请再审人提交的材料清单上注明收到日期，加盖收件章，并将其中一份清单返还申请再审人。

——《最高人民法院关于关于受理审查民事申请再审案件的若干意见》（2009 年 4 月 27 日，法发〔2009〕26 号）。

附录：最高人民法院主流观点

在审判实践中，对于人民法院要求申请再审人补充或改正，申请再审人未予以补充或改正以及补充或改正仍不符合条件的，应当如何处理？我们认为，人民法院要求申请再审人补充或改正，申请再审人未予以补充或改正的，如果是缺乏再审申请书的，应当要求当事人提供，未予提供的，可以暂不作申请再审案件处理；如果是其他申请材料未予提供的，人民法院应当予以受理审查。根据人民法院的要求，申请再审人补充或改正申请材料后仍不符合条件的，人民法院不宜以材料不合格拒绝受理审查。

——江必新主编、最高人民法院审判监督庭编著：《最高人民法院关于适用民事诉讼法审判监督程序司法解释理解与适用》，人民法院出版社 2008 年版，第 69 页。

1058. 判决生效后，当事人否认其据以提起诉讼请求的基本事实并申请再审的，人民法院不予支持

关键词

诚实信用原则　基本事实　再审审查

最高人民法院公报案例、最高人民法院裁判文书

天津市滨海商贸大世界有限公司与天津市天益工贸有限公司、王锡锋财产权属纠纷案［最高人民法院（2012）民再申字第 310 号民事裁定书］

裁判摘要：根据《中华人民共和国民事诉讼法》第十三条第一款的规定，民事诉讼应当遵循诚实信用原则。当事人提出诉讼请求并经人民法院作出生效判决后，又否认其据以提起诉讼请求的基本事实，并以此为由申请再审，违背诚实信用原则，人民法院不予支持。

最高人民法院认为，本案再审审查涉及以下问题：（一）天益公司关于再审判决认定事实错误的申请再审事由能否成立；（二）天益公司关于再审判决适用法律错误的申请再审事由能否成立。

（一）天益公司关于再审判决认定事实错误的申请再审事由能否成立

再审判决认定"滨海公司并未适当履行自己的配合义务，提供涉讼房屋的所有权证及国有土地使用证"，并据此认定天益公司、王锡锋与滨海公司三方对合同未能继续履行应承担相应的责任。天益公司申请再审称，滨海公司不可能存在未适当履行配合义务的问题，并以此作为理由，主张再审判决认定事实错误。

经查：滨海公司起诉请求解除案涉协议，天益公司承担违约责任。天益公司提起反诉，以滨海公司未按约定履行配合义务，致使天益公司未能取得贷款，余款未付为由，请求继续履行协议，滨海公司赔付违约金 255 万元及相应的银行利息 325 万元等。一审判决认定，滨海公司未提交房屋所有权证及国有土地使用证原件具有合理性，不能认定其未作配合或违约。一审判决作出后，天益公司以滨海公司不履行合同义务，使协议履行受阻，一审判决认定的事实有误等为由，提起上诉。二审维持原判后，天益公司仅以二审判决适用法律错误为由向本院申请再审。本院指令天津市高级人民法院再审本案。再审期间，天益公司又主张滨海公司未履行合同约定的配合义务。再

审判决支持了天益公司的该项主张，认定滨海公司未适当履行配合义务，并在此基础上对双方的利益分配重新作了调整。再审判决作出后，天益公司再次向本院申请再审，称王锡锋办理按揭贷款的条件并未成就，滨海公司配合办理按揭贷款的义务尚未开始，不可能存在滨海公司未适当履行配合义务的问题。

本院认为，根据《中华人民共和国民事诉讼法》第十三条第一款的规定，民事诉讼应当遵循诚实信用原则。本案诉讼期间，天益公司在滨海公司是否履行了配合义务，是否构成违约的问题上屡次反复，为达到能使本案再次进入再审的目的，否认其在一审、二审及再审期间坚持的主张，否认再审判决中对其有利的认定，有悖诚实信用原则，本院对其该项申请再审事由不予支持。

（二）天益公司关于再审判决适用法律错误的申请再审事由能否成立（略）

——《最高人民法院公报》2013 年第 10 期。

1059. 因抗诉裁定再审的案件当事人已达成执行和解协议是否应终结再审程序

关键词

抗诉提审　执行和解

最高人民法院裁判文书

远方公司与花桥村委会建设工程施工合同案［最高人民法院（2020）最高法民再 220 号民事裁定书］

裁判要旨：当事人双方在检察机关抗诉前已就生效裁判执行达成和解协议并已履行完毕，检察机关抗诉意见仅涉及双方当事人之间的争议，不涉及损害国家利益、社会公共利益和他人合法权益，案件符合民事诉讼法司法解释规定的终结再审程序情形。

最高人民法院认为，《最高人民法院关于适用〈中华人民共和国民事诉讼法〉的解释》第四百零六条规定：再审审理期间，有下列情形之一的，可以裁定终结再审程序：……（四）有本解释第四百零二条第（一）项至第（四）项规定情形的。因人民检察院提出抗诉裁定再审的案件，申请抗诉的当事人有前款规定的情形，且不损害国家利益、社会公共利益或者他人合法权益的，人民法院应当裁定终结再审程序。第四百零二条第（三）项规定：当事人达成和解协议且已履行完毕的，但当事人在和解协议中声明不放弃申请再审权利的除外。根据本院再审查明的事实，就检察机关提起抗诉的湖北省高级人民法院（2013）鄂民监三再终字第49号民事判决，远方公司与花桥村委会于2015年2月6日达成《协议书》，远方公司业已根据和解协议约定履行完毕。该协议中并无保留申请再审权利的特别约定，且明确约定"放弃下余的工程款及其它诉讼费、保全费、利息的执行申请权利，放弃下余财产"。检察机关抗诉认为（2013）鄂民监三再终字第49号民事判决漏审漏判了远方公司提出的花桥村委会应支付逾期付款利息的诉讼请求，故本案仅涉及远方公司和花桥村委会双方之间因花桥饭店改建工程引发的工程欠款争议，不涉及国家利益、社会公共利益和他人合法权益。

——中国裁判文书网。

1060. 人民法院未判决无独立请求权的第三人承担民事责任，无独立请求权第三人申请再审的，不予审查

关键词

建设工程施工合同纠纷　无独立请求权的第三人　申请再审

最高人民法院裁判文书

河南现代建设集团有限公司、马宝旗、河南省新景建筑劳务有限公司与周口富邦置业有限公司建设工程施工合同纠纷一案［最高人民法院（2021）最高法民申1492号民事裁定书］

裁判要旨：《中华人民共和国民事诉讼法》第五十六条第二款[①]规定："对当事人双方的诉讼标的，第三人虽然没有独立请求权，但案件处理结果同他有法律上的利害关系的，可以申请参加诉讼，或者由人民法院通知他参加诉讼。人民法院判决承担民事责任的第三人，有当事人的诉讼权利义务"。根据该条规定，在人民法院并未判决无独立请求权的第三人承担民事责任的情形下，无独立请求权的第三人无权提起上诉，亦不具有申请再审的权利。

最高人民法院经审查认为，马宝旗、新景公司是否享有申请再审的权利。

① 现为《民事诉讼法》（2021年修正）第五十九条第二款。

本案为现代公司要求富邦公司支付工程款及利息而引发的建设工程施工合同纠纷，马宝旗、新景公司作为无独立请求权的第三人参加诉讼。根据《中华人民共和国民事诉讼法》第五十六条第二款之规定，在人民法院并未判决无独立请求权的第三人承担民事责任的情形下，无独立请求权的第三人无权提起上诉，亦不具有对判决申请再审的权利。本案中，一审审理过程中，马宝旗、新景公司没有提出独立的诉请，一二审也未判决马宝旗、新景公司承担民事责任。因此，马宝旗、新景公司作为未被判令承担民事责任的无独立请求权的第三人，不具有对二审判决申请再审的权利，本院对马宝旗、新景公司申请再审的理由不予审查。

——中国裁判文书网。

1061. 再审审查程序中人民法院已经询问的事项，在再审审理程序中不能直接作为定案依据

关键词

询问当事人　再审审理

最高人民法院司法解释

第三百九十七条　人民法院根据审查案件的需要决定是否询问当事人。新的证据可能推翻原判决、裁定的，人民法院应当询问当事人。

——《最高人民法院关于适用〈中华人民共和国民事诉讼法〉的解释》（2022 年 4 月 1 日修正）。

第十三条　人民法院可以根据案情需要决定是否询问当事人。

以有新的证据足以推翻原判决、裁定为由申请再审的，人民法院应当询问当事人。

——《最高人民法院关于适用〈中华人民共和国民事诉讼法〉审判监督程序若干问题的解释》（2020 年 12 月 29 日修正）。

附录：最高人民法院主流观点

对已经询问了解的事项，在案件进入再审审理程序后是否可以直接作为定案依据，《审判监督解释》没有明确规定。我们认为，审查和再审程序是两个不同程序，虽然同属于审判监督程序，但审查是启动再审的前置程序，审查阶段是当事人对原审生效裁判是否应当再审的对抗阶段，再审阶段则是对当事人具体诉讼请求所给予的再次审理的机会，对当事人之间的权利义务关

系重新作出裁判的程序。审查程序中认定的是再审事由是否成立，支持或否定的是申请人启动再审的请求。再审审理的是当事人基于证据及法律规定，对应认定的事实和应适用的法律的争议，并进而对申请人的具体诉讼请求是否成立作出裁判，并因此确立双方之间的实体权利义务。再审程序属于审判程序，必须按照第一、二审审判程序的要求，原则上通过开庭审理的方式，查明事实，分清是非，对当事人的实体权利义务作出裁判。因此，从程序和审理范围而言，二者应独立存在，各司其职。因而我们认为，审查程序中人民法院通过询问了解的情况通常与再审审理范围不相重复，即使存在重复的情形，也只能作为再审审理中的证据加以考虑，不应认为审查程序中已经查证的事实，在再审程序中就可以不查证而直接作为定案依据。比如，根据2007年民事诉讼法第一百七十九条[①]规定的应当再审的情形分析，通常情况下，因程序性错误裁定再审的，除第二款规定的程序性事由与裁判结果发生联系外，其他事由与裁判结果不发生联系，因而因程序性事由申请再审的，审查程序中询问的事项一般与再审审理事项不发生重合。以2007年民事诉讼法第一百七十九条第一款前四项、第六项及第二款规定的程序性错误情形申请再审的，审查事项与再审审理范围存在一定重合。但是，审查中的询问目的在于认定原审裁判是否存在法定错误情形，再审审理则是通过审判程序对当事人各方证据能够认定的事实及在此基础上应如何适用法律作出裁判。因此，审查与审理解决的问题不同，适用的程序不同，裁量的角度不同，审查程序中询问的事项因没有通过审判程序加以审理认定，只能作为再审程序中的证据之一，与其他证据一同通过审判程序审理认定。

——江必新主编、最高人民法院审判监督庭编著：《最高人民法院关于适用民事诉讼法审判监督程序司法解释理解与适用》，人民法院出版社2008年版，第206~207页。

1062. 再审审查程序中以新证据为由主张现有技术抗辩的处理

关键词

实用新型专利　现有技术抗辩　再审审查　新证据　驳回起诉

最高人民法院裁判文书

佛山市云米电器科技有限公司与佛山市顺德区美的洗涤电器制造有限公司等侵害实用新型专利权纠纷案［最高人民法院（2019）最高法知民申1号

① 现为《民事诉讼法》（2021年修正）第一百八十六条。

民事裁定书]

裁判要旨：当事人在一审判决作出之后未提起上诉，在再审审查程序中以新证据为由主张现有技术抗辩的，对其现有技术抗辩主张不予审查。

最高人民法院认为：再审程序的立法宗旨在于平衡好保障当事人申请再审权利和维护生效裁判既判力和稳定性之间的关系，维护司法公正。由于再审程序启动后直接影响生效裁判的效力，为了维护已经生效裁判确定的法律秩序的稳定性，再审事由应当限于原裁判的诉讼证据存在重大瑕疵或者诉讼程序存在妨害当事人基本诉讼权利的重大缺陷等事项。既然现有技术抗辩已经明确规定在专利法中，被诉侵权人应当在一、二审期间依法提出，即法律已经规定被诉侵权人在正当程序过程行使其抗辩权。但是，如果被诉侵权人未在一、二审程序中行使其抗辩权而在申请再审程序中提出，有违程序正当原则，同时也有损生效判决的既判力，违背了再审程序平衡保障当事人申请再审权利和维护生效裁判既判力和稳定性之间关系的立法宗旨。申请再审程序作为在终审程序以外，给予当事人的一种特殊救济途径，有其独特的诉讼价值，不应轻易启动。申请再审程序只能用于例外情况的救济，而不能像普通救济程序那样被频繁启动。如果在正常的民事诉讼程序终结以后，已经生效的裁判可以被轻易启动再审审理程序，则其效力长期处于缺位状态，就会使得当事人的权利义务关系始终处于不稳定状态，难以实现社会经济秩序的稳定。如果任由当事人在申请再审阶段首次提出现有技术抗辩的主张，将架空一审、二审的诉讼程序。根据《中华人民共和国民事诉讼法》《最高人民法院关于适用〈中华人民共和国民事诉讼法〉的解释》等的规定，权利人应当在一审法庭辩论终结前固定其权利要求，如允许被诉侵权人在再审审查程序中提出在前审程序中未主张的现有技术抗辩理由及其证据，造成诉讼突袭，对权利人而言是极为不公平的。

——《最高人民法院知识产权法庭裁判要旨（2019）》（2020年4月16日）、《最高人民法院知识产权案件年度报告（2109）》（2020年4月23日）。

1063. "主要证据未经质证"再审事由的认定

关键词

主要证据未经质证

附录：民事审判信箱

问：实践中，一方当事人逾期提交证据，对方以逾期提交证据为由不予质证，人民法院在审核该证据后予以采信，后当事人以法院未对该逾期提交的证据组织质证抗辩，该理由能否成立？

答：该理由不能成立。《最高人民法院关于适用〈中华人民共和国民事诉讼法〉的解释》（以下简称《民事诉讼法解释》）第一百零二条规定，当事人因故意或者重大过失逾期提供的证据，人民法院不予采纳。但该证据与案件基本事实有关的，人民法院应当采纳，并依照民事诉讼法第六十五条[①]、第一百一十五条[②]第一款的规定予以训诫、罚款。当事人非因故意或者重大过失逾期提供的证据，人民法院应当采纳，并对当事人予以训诫。从上述规定可知，对于当事人故意或者重大过失逾期举证提供的证据，人民法院可以根据其同案件基本事实是否有关联，决定是否采纳；对于当事人非因故意或者重大过失逾期举证提供的证据，人民法院应当采纳。而对于案件当事人而言，对于当事人逾期提供的案件证据，也应根据该证据同案件的基本事实是否有关加以质证，而不应仅以该举证逾期而放弃质证，否则其应承担不利的法律后果。如果人民法院法院已经对一方当事人逾期提交的证据，要求对方当事人质证，这说明人民法院已组织当事人对该证据进行质证。至于对方当事人以该证据超过举证期为由不予质证，亦系其对该证据的质证意见，而不能否定法院已经组织当事人对该逾期提交的证据予以质证的事实。

——本书研究组：《当事人一方以对方逾期提交证据而不予质证，人民法院能否采信该份证据》，载最高人民法院民事审判第一庭编：《民事审判指导与参考》2015年第4辑（总第64辑），人民法院出版社2016年版，第240页。

1064. 简便方式传唤与“未经传票传唤，缺席判决的”这一法定再审事由的关系

关键词

再审事由　简易程序　普通程序　传票　开庭通知

---

① 现为《民事诉讼法》（2021年修正）第六十八条。

② 现为《民事诉讼法》（2021年修正）第一百一十八条。

最高人民法院司法解释

第二百六十一条　适用简易程序审理案件，人民法院可以依照民事诉讼法第九十条、第一百六十二条的规定采取捎口信、电话、短信、传真、电子邮件等简便方式传唤双方当事人、通知证人和送达诉讼文书。

以简便方式送达的开庭通知，未经当事人确认或者没有其他证据证明当事人已经收到的，人民法院不得缺席判决。

适用简易程序审理案件，由审判员独任审判，书记员担任记录。

——《最高人民法院关于适用〈中华人民共和国民事诉讼法〉的解释》（2022 年 4 月 1 日修正）。

附录：最高人民法院主流观点

1991 年民事诉讼法中并未将“未经传票传唤，缺席判决的”作为法定再审事由。因此，2003 年《简易程序规定》第十八条只强调了以简便方式发送的开庭通知，未经当事人确认或者没有其他证据足以证明当事人已经收到的，人民法院不得将其作为按撤诉处理和缺席判决的根据。该条文另一种表述可为，只要经当事人确认或者其他证据足以证明当事人已经收到的，人民法院可以作出缺席判决。司法实践中，确实有部分缺席判决就是依据该条作出。显然，这类缺席判决事先并没有经过传票传唤这一程序。2007 年民事诉讼法在第一百七十九条将“未经传票传唤，缺席判决的”增加规定为法定再审事由。2012 年《民事诉讼法》、2017 年民事诉讼法和 2021 年《民事诉讼法》均保留了该再审法定事由。由此，实务中有观点认为，如果人民法院以不采用传票的简便方式送达开庭通知后，在当事人未到庭的情形下作出缺席判决，则败诉一方当事人有权以上述法定再审事由申请再审。我们认为，无论是通过书面的传票方式，还是通过捎口信等其他简便方式，目的都是传唤当事人，让其得知开庭相关事项。因此，这些简便方式只要得到当事人的确认，或者有证据证明当事人已经收到或知悉开庭相关事项的，就具有与用传票传唤当事人一样的效果。而且，从民事诉讼法条文设置上来看，2021 年《民事诉讼法》关于传票传唤法律效果的条文分别为第一百四十六条和第一百四十七条，位于第十二章第一审普通程序第三节开庭审理部分，而关于简便方式传唤的条文位于第十三章简易程序部分，可见，传票传唤一般用于普通程序，简易程序中的传唤则无传票形式的强制要求。由于简易程序是与普通程序并列的程序，故适用于普通程序的传票传唤对于简易程序而言不是必然要求。相应地，2021 年《民事诉讼法》第二百零七条中“未经传票传唤，缺席判决的”，一般也应解释为，该法定再审事由应限定在适用普通程序审理的案件范围内，而不包括适用简易程序审理的案件。

——最高人民法院民法典贯彻实施工作领导小组办公室编著:《最高人民法院新民事诉讼法司法解释理解与适用》，人民法院出版社 2022 年版，第 561~562 页。

1065. 鉴定费用负担问题并不属于法定再审事由

关键词

鉴定费用　再审事由

最高人民法院裁判文书

新天地公司与湖北融资担保集团等追偿权纠纷案［最高人民法院（2021）最高法民申 6179 号民事裁定书］

裁判要旨：案件鉴定费用负担问题系人民法院依照《诉讼费用交纳办法》依职权作出的决定事项，不属于《中华人民共和国民事诉讼法》第二百条[①]规定的申请再审事由。

最高人民法院经审查认为，关于鉴定费用负担问题。一、二审根据谁主张、谁负担的原则决定鉴定费用的分担并不缺乏依据，且鉴定费分担问题也并非法定的再审事由，新天地公司以一、二审判决由其承担鉴定费显失公平为由申请再审理据不足，对其该部分再审申请理由，本院不予采信。

——中国裁判文书网。

1066. 再审申请审查期间，案涉债权虽已转让，但案件当事人未表示放弃再审申请之权利的，对其再审申请应继续审查

关键词

票据贴现　票据权利　担保人

最高人民法院裁判文书

中国民生银行股份有限公司郑州分行与焦作市海华纺织股份有限公司等金融借款合同纠纷案［最高人民法院（2019）最高法民申 6160 号民事裁

① 现为《民事诉讼法》(2021 年修正) 第二百零七条。

定书］

裁判要旨：《最高人民法院关于适用〈中华人民共和国民事诉讼法〉的解释》第三百七十五条第二款“判决、调解书生效后，当事人将判决、调解书确认的债权转让，债权受让人对该判决、调解书不服申请再审的，人民法院不予受理”的规定，适用于当事人将生效的判决、调解书确认的债权转让，债权受让人对该判决、调解书不服申请再审的情形。而本案当事人并未表示撤回再审申请或者放弃再审申请之权利，故不属于前述司法解释适用之情形。根据当事人恒定的原则，转让案涉生效判决确定之债权并不影响本案当事人的诉讼主体资格和诉讼地位，诉讼仍在原当事人之间进行。故对于本案当事人的再审申请应继续审查。

最高人民法院认为，关于再审审查期间，案涉债权已从民生银行转让至河南瑞孚泰贸易有限公司，对于民生银行的再审申请本院应否继续审查的问题。

虽然在本院再审审查期间，案涉债权已从民生银行转让至河南瑞孚泰贸易有限公司，但对于民生银行的再审申请本院应继续审查。理由如下：首先，本案不同于《最高人民法院关于适用〈中华人民共和国民事诉讼法〉的解释》第三百七十五条第二款规定之情形，不属于该司法解释适用之范围。《最高人民法院关于适用〈中华人民共和国民事诉讼法〉的解释》第三百七十五条第二款关于“判决、调解书生效后，当事人将判决、调解书确认的债权转让，债权受让人对该判决、调解书不服申请再审的，人民法院不予受理”的规定，适用于当事人将生效的判决、调解书确认的债权转让，债权受让人对该判决、调解书不服申请再审的情形。对此类情形，人民法院不予受理的主要理由在于债权让与人转让的是判决、调解书确定的债权，不是原审诉讼争议诉讼标的所涉及的债权，因此，不受理债权受让人的再审申请，并不损害其正当利益。本案之情形是民生银行作为案件当事人向本院申请再审且本院已受理其申请再审；在再审审查期间案涉债权虽已从民生银行转让至河南瑞孚泰贸易有限公司，但民生银行作为案件当事人，其并未表示撤回再审申请，或者放弃再审申请之权利。因本案不同于前述司法解释规定之情形，故不属于前述司法解释适用之范围。其次，根据当事人恒定的原则，转让案涉生效判决确定之债权并不影响民生银行的诉讼主体资格和诉讼地位。根据《最高人民法院关于适用〈中华人民共和国民事诉讼法〉的解释》第二百四十九条：“在诉讼中，争议的民事权利义务转移的，不影响当事人的诉讼主体资格和诉讼地位。人民法院作出的发生法律效力的判决、裁定对受让人具有拘束力。受让人申请以无独立请求权的第三人身份参加诉讼的，人民法院可予准许。受让人申请替代当事人承担诉讼的，人民法院可以根据案件的具体情况决定是否准许；不予准许的，可以追加其为无独立请求权的第三人”的规定，在民事诉讼过程中，当事人将争议的民事权利义务转移给第三人时，让与人的诉讼主体资格和诉讼地位并不因此丧失，诉讼仍在原当事人之间进行。故本案中案涉债权虽已从民生银行转让至河南瑞孚泰贸易有限公司，但根据当事人恒定的原则，转让案涉生效判决确定之债权并不影响民生银行的诉讼主体资格和诉讼地位。再次，本案亦不符合终止审查之情形。《最高人民法院关于适用〈中华人民共和国民事诉讼法〉的解释》第四百零二条规定：“再审申请审查期间，有下列情形之一的，裁定终结审查：（一）再审申请人死亡或者终止，无权利义务承继者或者权利义务承继者声明放弃再审申请的；（二）在给付之诉中，负有给付义务的被申请人死亡或者终止，无可供执行的财产，也没有应当承担义务的人的；（三）当事人达成和解协议且已履行完毕的，但当事人在和解协议中声明不放弃申请再审权利的除外；（四）他人未经授权以当事人名义申请再审的；（五）原审或者上一级人民法院已经裁定再审的。（六）有本解释第三百八十三条第一款规定情形的。”该司法解释规定了人民法院再审申请审查期间可以裁定终结审查的情形。本案并不符合可裁定终结审查之情形。综上，本案再审申请审查期间，案涉债权虽已从民生银行转让至河南瑞孚泰贸易有限公司，但民生银行作为案件当事人，并未表示放弃再审申请之权利，故对民生银行的再审申请本院应继续审查。

——中国裁判文书网。

1067. 因再审申请审查期间当事人达成和解协议而裁定终结审查的适用

关键词

再审申请　裁定　审查终结

最高人民法院裁判文书

大邑县现代农业发展投资有限公司与河南国安建设集团有限公司建设工程施工合同纠纷案［最高人民法院（2021）最高法民申262号民事裁定书］

裁判要旨：根据民事诉讼法和民事诉讼法的司法解释等相关规定，再审申请审查期间，当事人达成和解协议且已经履行完毕，当事人并未在和解协议中明确声明不放弃申请再审权利，人民法院应

裁定审查终结，以终结诉讼程序。

最高人民法院认为，《最高人民法院关于适用〈中华人民共和国民事诉讼法〉的解释》第四百零二条第三项规定，再审申请审查期间，当事人达成和解协议且已履行完毕的，但当事人在和解协议中声明不放弃申请再审权利的除外，裁定审查终结。根据最高人民法院审查查明的事实，就申请人提起再审申请的最高人民法院（2019）最高法民终 939 号民事判决，大邑农投与国安公司于 2020 年 3 月 31 日签订了《关于履行（2019）最高法民终 939 号民事判决内容之协议书》，大邑农投业已履行完毕全部付款义务，且该协议中并无保留申请再审权利的特别约定。

——中国裁判文书网。

1068. 生效裁判确定的数债务人中仅有部分债务人申请再审且理由成立的，人民法院应审查再审是否影响其他债务人按照原裁判承担债务

关键词

再审审查　中止执行

最高人民法院裁判文书 / 公报案例

经纬纺织机械股份有限公司与裘雅芬等分期付款买卖合同纠纷案［最高人民法院（2015）民申字第 1823 号民事裁定书］

裁判摘要：生效裁判确定的数债务人中，仅有部分债务人申请再审且理由可以成立的，人民法院在依法裁定再审时，还应当审查案件再审是否可能影响其他债务人按照原裁判承担债务。如再审不影响其他债务人按照原裁判承担债务的，应当仅中止对再审申请人的执行，以确保在实现再审依法纠错功能的同时，合理保护债权人的合法权利。

最高人民法院审查查明：（2012）新兵民二初字第 00008 号案卷中没有关于一审法院在公告送达裘雅芬诉讼文书前曾采用过其他方式送达的记录，且尚无证据证明裘雅芬在一审期间下落不明，裘雅芬未参加一审庭审。

最高人民法院认为，上述查明事实足以认定一审法院违反了《中华人民

共和国民事诉讼法》第九十二条[①]“受送达人下落不明，或者用本节规定的其他方式无法送达的，公告送达”以及该条第二款“公告送达，应当在案卷中记明原因和经过”的规定。裘雅芬的再审理由符合《中华人民共和国民事诉讼法》第二百条[②]第（八）项规定的情形，本案应予再审。

最高人民法院《关于适用〈中华人民共和国民事诉讼法〉的解释》第四百零五条规定："人民法院审理再审案件应当围绕再审请求进行"。裘雅芬的再审请求为驳回经纬公司要求其承担保证责任的诉讼请求。其依据的理由，一是经纬公司未向天盛公司支付 7680 万元货款，即主债权债务不存在；二是《个人保证担保函》中裘雅芬的签字系伪造。关于第一项理由，一审查明经纬公司提交了双方签订的《棉花购销合同》，载明经纬公司向天盛公司采购皮棉，先款后货，首付款 7680 万元。合同签订后天盛公司给经纬公司出具的《不能履行棉花购销合同确认函》，载明“贵公司已于 2010 年 12 月 17 日支付了货款 7680 万元”。提交了天盛公司出具的《还款承诺函》，载明“直至今日仍未偿还贵公司的 7680 万元”。债务人天盛公司亦确认收到该笔款项。一审法院依据当事人陈述及经庭审质证的上述证据，认定经纬公司已向天盛公司支付 7680 万元货款。现裘雅芬否认主债权债务实际发生，但未能提交相关证据，不能推翻一审法院上述认定，该项理由不能成立，不应纳入再审审理范围。关于第二项理由，由于一审法院公告送达违反了《中华人民共和国民事诉讼法》第九十二条的规定，导致裘雅芬未能参加一审庭审，未对《个人保证担保函》质证，也使裘雅芬申请鉴定的权利无法行使。因此，裘雅芬提出的其在《个人保证担保函》上的签字系伪造，并据此主张不应承担保证责任的理由能否成立，应当由再审法院在依法保障裘雅芬诉讼权利的基础上依照事实和法律作出认定。据此，本案再审审理应当围绕《个人保证担保函》中裘雅芬的签字是否系伪造，裘雅芬是否应当承担保证责任进行。

本案一审判决作出后，除裘雅芬外，主债务人天盛公司及其他保证人均未上诉，亦未申请再审。为依法保障债权人经纬公司的权利，依照《中华人民共和国民事诉讼法》第二百零六条[③]“按照审判监督程序决定再审的案件，裁定中止原判决、裁定、调解书的执行，但追索赡养费、扶养费、抚育费、抚恤金、医疗费用、劳动报酬等案件，可以不中止执行”的规定，本案仅对裘雅芬中止执行，对天盛公司及其他保证人不中止执行。

——《最高人民法院公报》2016 年第 4 期。

---

① 现为《民事诉讼法》（2021 年修正）第九十五条。

② 现为《民事诉讼法》（2021 年修正）第二百零七条。

③ 现为《民事诉讼法》（2021 年修正）第二百一十三条。

1069. 部分当事人申请再审理由成立、案件应裁定再审的，是否在裁定书中驳回申请再审理由不成立的再审申请

关键词

申请再审　再审事由　再审程序　再审审理范围　再审审理结果

最高人民法院司法解释

第三百九十六条　审查再审申请期间，被申请人及原审其他当事人依法提出再审申请的，人民法院应当将其列为再审申请人，对其再审事由一并审查，审查期限重新计算。经审查，其中一方再审申请人主张的再审事由成立的，应当裁定再审。各方再审申请人主张的再审事由均不成立的，一并裁定驳回再审申请。

——《最高人民法院关于适用〈中华人民共和国民事诉讼法〉的解释》（2022年4月1日修正）。

附录：最高人民法院主流观点

关于在部分当事人申请再审理由成立，案件应当裁定再审情况下，是否应在裁定书中驳回申请再审理由不成立的再审申请人的再审申请问题。该问题在《民事诉讼法解释》起草过程中存在一定争议，主要有两种观点：一种观点认为，既然申请再审的理由不成立，该方当事人就不能作为再审申请人，裁定中应当明确驳回其再审申请，其再审请求也不应纳入再审审理范围；另一种观点认为，再审审查的目的在于确定裁判是否存在再审事由，是否应当裁定再审，一旦案件进入再审审理阶段，各方已经提出再审申请的当事人均应享有平等的诉讼权利，对其诉讼请求应当一并审理，以利于纠纷的一次性解决。因此，案件存在再审事由，进入再审程序的，应当将各方再审申请人提出的再审请求一并纳入再审审理范围。在此前提下，裁定中不宜直接驳回理由不成立的再审申请，以避免与再审审理结果相矛盾。对此，在多方当事人申请再审的情况下，经审查，部分当事人主张的再审事由成立，其余当事人主张的再审事由不成立的，在裁定中载明部分当事人主张的再审事由成立，对于其余当事人主张的再审事由是否成立不作结论。

——最高人民法院民法典贯彻实施工作领导小组办公室编著：《最高人民法院新民事诉讼法司法解释理解与适用》，人民法院出版社2022年版，第883页。

1070. 准许当事人撤回再审申请的判断标准

关键词

撤回再审申请 再审审查 审判监督程序

最高人民法院司法解释

第三百九十八条 审查再审申请期间，再审申请人撤回再审申请的，是否准许，由人民法院裁定。

再审申请人经传票传唤，无正当理由拒不接受询问的，可以按撤回再审申请处理。

——《最高人民法院关于适用〈中华人民共和国民事诉讼法〉的解释》（2022 年 4 月 1 日修正）。

附录：最高人民法院主流观点

人民法院在决定是否准许当事人撤诉时，重点考虑的是当事人是否有规避法律的行为，或者是否有损害国家、集体和他人利益的行为。当事人在再审审查阶段申请撤回再审申请，系以其行为表明放弃通过审判监督程序对生效裁判启动再审，接受原生效裁判所确立的法律关系，因此，在再审审查阶段，人民法院不应对当事人撤回再审申请进行过多干预，只要不违反法律法规的禁止性规定，不损害国家利益、社会公共利益以及他人合法权益，均应依法准许撤回再审申请。

——最高人民法院民法典贯彻实施工作领导小组办公室编著：《最高人民法院新民事诉讼法司法解释理解与适用》，人民法院出版社 2022 年版，第 886 页。

1071. 人民法院可裁定终结再审审查程序的情形

关键词

终结再审审查

最高人民法院司法解释

第四百条 再审申请审查期间，有下列情形之一的，裁定终结审查：

（一）再审申请人死亡或者终止，无权利义务承继者或者权利义务承继者声明放弃再审申请的；

（二）在给付之诉中，负有给付义务的被申请人死亡或者终止，无可供执行的财产，也没有应当承担义务的人的；

（三）当事人达成和解协议且已履行完毕的，但当事人在和解协议中声明不放弃申请再审权利的除外；

（四）他人未经授权以当事人名义申请再审的；

（五）原审或者上一级人民法院已经裁定再审的。

（六）有本解释第三百八十一条第一款规定情形的。

——《最高人民法院关于适用〈中华人民共和国民事诉讼法〉的解释》（2022 年 4 月 1 日修正）。

最高人民法院司法政策精神

19. 审查过程中，出现下列情形之一的，裁定终结审查：

（1）申请再审人死亡或者终止，无权利义务承受人或者权利义务承受人声明放弃再审申请的；

（2）在给付之诉中，负有给付义务的被申请人死亡或者终止，无可供执行的财产，也没有应当承担义务的人的；

（3）当事人达成执行和解协议且已履行完毕的，但当事人在执行和解协议中声明不放弃申请再审权利的除外；

（4）他人未经授权，以委托代理人名义代理当事人提出再审申请的；

（5）人民检察院对该案提出抗诉的；

（6）原审人民法院对该案裁定再审的。

——《最高人民法院印发〈第一次全国民事再审审查工作会议纪要〉的通知》（2011 年 4 月 21 日，法〔2011〕159 号）。

最高人民法院指导性案例、最高人民法院裁判文书

牡丹江市宏阁建筑安装有限责任公司诉牡丹江市华隆房地产开发有限责任公司、张继增建设工程施工合同纠纷案（最高人民法院指导案例 7 号，最高人民法院〔2011〕民抗字第 29 号民事裁定书）

裁判要点：人民法院接到民事抗诉书后，经审查发现案件纠纷已经解决，当事人申请撤诉，且不损害国家利益、社会公共利益或第三人利益的，应当依法作出对抗诉案终结审查的裁定；如果已裁定再审，应当依法作出终结再审诉讼的裁定。

最高人民法院认为：对于人民检察院抗诉再审的案件，或者人民法院依

据当事人申请或依据职权裁定再审的案件，如果再审期间当事人达成和解并履行完毕，或者撤回申诉，且不损害国家利益、社会公共利益的，为了尊重和保障当事人在法定范围内对本人合法权利的自由处分权，实现诉讼法律效果与社会效果的统一，促进社会和谐，人民法院应当根据最高人民法院《审判监督解释》第三十四条的规定，裁定终结再审诉讼。

本案中，申诉人华隆公司不服原审法院民事判决，在向最高人民法院申请再审的同时，也向检察机关申请抗诉。在本院提审期间，当事人达成和解，华隆公司向本院申请撤诉。由于当事人有权在法律规定的范围内自由处分自己的民事权益和诉讼权利，其撤诉申请意思表示真实，已裁定准许其撤回再审申请，本案当事人之间的纠纷已得到解决，且本案并不涉及国家利益、社会公共利益或第三人利益，故检察机关抗诉的基础已不存在，本案已无按抗诉程序裁定进入再审的必要，应当依法裁定本案终结审查。

——《最高人民法院关于发布第二批指导性案例的通知》(2012 年 4 月 9 日，法〔2012〕172 号)。

说明

最高人民法院指导案例 7 号涉及抗诉、当事人撤诉和民事诉讼法第一百五十七条裁定适用范围等法律适用问题，对尊重和保障当事人合法民事权益和诉讼权利，维护生效裁判的稳定性，实现案结事了人和，促进和谐社会建设具有重要意义。

附录：最高人民法院主流观点

该指导性案例裁判要点确认：人民法院接到民事抗诉书后，经审查发现案件纠纷已经解决，当事人申请撤诉，且不损害国家利益、社会公共利益或第三人利益的，应当依法作出对抗诉案终结审查的裁定；如果已裁定再审，应当依法作出终结再审诉讼的裁定。该指导性案例裁判要点结合立法和司法解释的规定，解决了司法实践中认识不一的问题，下面就相关问题分别予以说明。

(一) 关于抗诉案件的审查问题 (略)

(二) 关于审查后裁定终结审查或终结诉讼问题

最高人民法院《关于适用民事诉讼法审判监督程序若干问题的解释》(以下简称《审监程序解释》) 第二十五条对当事人申请再审中出现四种情形时，规定人民法院可以裁定终结审查。该司法解释第三十四条对抗诉再审后出现相关情形时可以裁定终结再审诉讼作出了规定：“申请再审人在再审期间撤回再审申请的，是否准许由人民法院裁定。裁定准许的。应终结再审程序。申请再审人经传票传唤，无正当理由拒不到庭的，或者未经法庭许可中途退庭的，可以裁定按自动撤回再审申请处理。人民检察院抗诉再审的案件，申请抗诉的当事人有前款规定的情形，且不损害国家利益、社会公共利益或第三人利益的，人民法院应当裁定终结再审程序；人民检察院撤回抗诉的，应当准予。”但是，该司法解释对受理审查抗诉案件时，遇到前述情形，检察机关出于种种原因不撤回抗诉的，如何处理没有规定。

我们认为，当事人有权在法律规定的范围内处分自己的民事权益和诉讼权利。申请抗诉的当事人在人民法院审查期间请求撤诉，其撤诉申请意思表示真实，且不损害国家利益、社会公共利益或第三人利益的，应当依法准许。鉴于检察机关提出抗诉的目的是启动再审程序，而申请抗诉的当事人已明确表示放弃继续通过再审程序主张权利，故已无裁定进入再审的必要，可依照民事诉讼法第一百四十条[①]第一款第十一项规定，裁定终结审查。

本指导案例中，牡丹江市华隆房地产开发有限责任公司（以下简称华隆公司）曾于2009年6月15日向最高人民法院申请再审，最高人民法院于同年12月8日裁定再审，后该公司请求撤回再审申请，最高人民法院于2010年12月15日以（2010）民提字第63号民事裁定准许其撤回再审申请。最高人民检察院向最高人民法院提出抗诉后，在最高人民法院审查期间，申诉人华隆公司于2011年4月13日向最高人民法院提交撤诉申请书。因申请抗诉的当事人已明确表示放弃继续通过再审程序主张权利，在不损害国家利益、社会公共利益以及第三人利益的情况下。检察机关提出抗诉的基础已不存在。故本案已无裁定进入再审的必要，应依法裁定终结审查。

——最高人民法院审判监督庭、最高人民法院案例指导工作办公室：《指导案例7号〈牡丹江市宏阁建筑安装有限责任公司诉牡丹江市华隆房地产开发有限责任公司、张继增建设工程施工合同纠纷案〉的理解与参照》。

1072. 因当事人申请裁定再审案件，以提审为原则，指令再审为例外

关键词

申请再审　提审　指令再审

最高人民法院司法解释

第一条　上级人民法院应当严格依照民事诉讼法第二百条[②]等规定审查当

① 现为《民事诉讼法》（2021年修正）第一百五十七条。

② 现为《民事诉讼法》（2021年修正）第二百零七条。

事人的再审申请，符合法定条件的，裁定再审。不得因指令再审而降低再审启动标准，也不得因当事人反复申诉将依法不应当再审的案件指令下级人民法院再审。

第二条　因当事人申请裁定再审的案件一般应当由裁定再审的人民法院审理。有下列情形之一的，最高人民法院、高级人民法院可以指令原审人民法院再审：

（一）依据民事诉讼法第二百条第（四）项、第（五）项或者第（九）项裁定再审的；

（二）发生法律效力的判决、裁定、调解书是由第一审法院作出的；

（三）当事人一方人数众多或者当事人双方为公民的；

（四）经审判委员会讨论决定的其他情形。

人民检察院提出抗诉的案件，由接受抗诉的人民法院审理，具有民事诉讼法第二百条第（一）至第（五）项规定情形之一的，可以指令原审人民法院再审。

人民法院依据民事诉讼法第一百九十八条[①]第二款裁定再审的，应当提审。

——《最高人民法院关于民事审判监督程序严格依法适用指令再审和发回重审若干问题的规定》（2015 年 2 月 16 日，法释〔2015〕7 号）。

附录：最高人民法院法官著述

2008 年《最高人民法院关于适用〈中华人民共和国民事诉讼法〉审判监督程序若干问题的解释》（以下简称《审判监督解释》）就明确了再审以提审为原则，其中第二十七条规定，“上一级人民法院经审查认为申请再审事由成立的，一般由本院提审。……”但实践中，指令再审比例仍超过 60%，为启动再审的首选方式。提审原则落实得不好，其中一个重要原因，就是没有在指令再审和提审两种方式间划出清楚的区分线，《审判监督解释》在确定提审原则后，只模糊规定“最高人民法院、高级人民法院也可以指定与原审人民法院同级的其他人民法院再审，或者指令原审人民法院再审”。界限的模糊，导致指令再审的随意。

划定指令再审和提审的标准，有两种思路：一是对民事诉讼法第二百条规定的十三种事由进行区分；二是从程序上进行严格规定。以申请再审事由作为区分标准，有两个问题不易解决：一是对哪些事由适合指令再审、哪些事由适合提审认识存在较大分歧。二是申请再审事由相对集中于第（一）（二）（六）项，要体现提审的原则就必然要将这三项作为提审的事由，而民事诉讼

① 现为《民事诉讼法》（2021 年修正）第二百零五条

法第二百一十一条[①]将第（一）项至第（五）项作为抗诉案件可以指令再审的情形，就产生一定的冲突。从程序上严格限定，规定指令再审须经审委会讨论，则因缺乏一般标准，容易陷入一事一议的状态，增加审委会工作压力，与审委会改革的大方向也不相吻合。基于此，《最高人民法院关于民事审判监督程序严格依法适用指令再审和发回重审若干问题的规定》（以下简称《规定》）第二条在明确提审原则的前提下，综合启动再审方式、申请事由、原审程序、当事人情况以及程序限定等多种因素，规定了可以指令再审的情形。

首先，法院依职权裁定再审的案件一律提审。上级法院依据民事诉讼法第一百九十八条第二款裁定再审，需确认原生效裁判确有错误，既已审查确定错误的存在，提审可以更加及时、准确地纠错，并可避免不必要的重复劳动和可能的矛盾裁判，《规定》第二条第三款要求依职权再审案件应当提审，没有任何例外规定。

其次，因抗诉裁定再审的案件，由接受抗诉的法院再审。检察院的抗诉是向同级法院提出的，而抗诉的对象是下级法院的生效裁判，由接受抗诉的法院再审，也体现了提审原则。因民事诉讼法第二百一十一条[②]规定，有民事诉讼法第二百条第（一）项至第（五）项规定情形之一的可以指令再审，《规定》对此也予以明确。

再次，因当事人申请裁定再审案件，以提审为原则，只有最高人民法院、高级人民法院在四种情形下可以指令再审。依据民事诉讼法第二百零四条[③]第二款的规定，对当事人申请再审的案件，中级人民法院不能指令基层人民法院再审，故《规定》明确对当事人的申请可以指令再审的法院只有最高人民法院和高级人民法院。可以指令再审的四种情形：一是依据民事诉讼法第二百条第（四）项、第（五）项或第（九）项裁定再审的，即当事人申请再审事由中包含有这三项事由之一，且经人民法院审查认定相关事由成立，据此裁定再审。二是发生法律效力的判决、裁定、调解书是由第一审法院作出的，即原生效裁判文书是一审后即发生法律效力的。三是当事人一方人数众多或者当事人双方为公民的，依据民事诉讼法第一百九十九条[④]，这类当事人可以向原审人民法院申请再审，为延续民事诉讼法这一规定方便自然人诉讼、方便原审法院化解矛盾的立法本意，《规定》将之作为可以指令再审的情形。其中，依据《最高人民法院关于适用〈中华人民共和国民事诉讼法〉的解释》，当事人一方人数众多，一般指10人以上。四是经审判委员会讨论决定的其他

① 现为《民事诉讼法》（2021年修正）第二百一十七条。
② 现为《民事诉讼法》（2021年修正）第三百一十八条。
③ 现为《民事诉讼法》（2021年修正）第二百一十一条。
④ 现为《民事诉讼法》（2021年修正）第二百零六条。

情形，也即不具备前三种情形，则指令再审必须提交本院审委会讨论同意。前三种情形界定清晰且范围较小，第四种情形则作了极为严格的程序性限制，坚持了提审原则，也清楚地划定了可以指令再审的例外情形。

——高审监：《〈最高人民法院关于民事审判监督程序严格依法适用指令再审和发回重审若干问题的规定〉的理解与适用》，载江必新主编：《最高人民法院司法解释与指导性案例理解与适用》第四卷，人民法院出版社 2016 年版，第 304~306 页。

1073. 再审申请审查期间，发现他人未经授权以当事人名义申请再审的，应当裁定终结审查

关键词

他人未经授权　以当事人名义　申请再审　终结审查

最高人民法院裁判文书

云南振华建筑建材有限责任公司与贺贵所、瑞丽市住房和城乡建设局建设工程施工合同纠纷案［最高人民法院（2021）最高法民申 1022 号民事裁定书］

裁判要旨：根据《最高人民法院关于适用〈中华人民共和国民事诉讼法〉的解释》第四百零二条第四项规定，再审申请审查期间，发现他人未经授权以当事人名义申请再审的，应当裁定终结审查。

最高人民法院审查过程中，振华公司向本院提交《情况说明》称，本院本次收到的《再审申请书》，系案外人加盖了伪造的振华公司公章并委托诉讼代理人提交的，振华公司不予认可。振华公司并称，其之前已经委托过诉讼代理人向最高人民法院提交了《再审申请书》，应以此前的申请为准。经向本案委托诉讼代理人核实，指派该委托诉讼代理人的云南治正滇麒律师事务所亦向本院提交《情况说明》，以振华公司法定代表人不认可对该律师事务所的委托为由，表示该所不再代理本案。根据《最高人民法院关于适用〈中华人民共和国民事诉讼法〉的解释》第四百零二条第四项规定，再审申请审查期间，发现他人未经授权以当事人名义申请再审的，应当裁定终结审查。

——中国裁判文书网。

三、再审程序

1074. 人民法院审理再审案件应围绕再审请求进行

关键词

再审审理范围　再审请求

最高人民法院司法解释

第四百零三条　人民法院审理再审案件应当围绕再审请求进行。当事人的再审请求超出原审诉讼请求的，不予审理；符合另案诉讼条件的，告知当事人可以另行起诉。

被申请人及原审其他当事人在庭审辩论结束前提出的再审请求，符合民事诉讼法第二百零五条规定的，人民法院应当一并审理。

人民法院经再审，发现已经发生法律效力的判决、裁定损害国家利益、社会公共利益、他人合法权益的，应当一并审理。

——《最高人民法院关于适用〈中华人民共和国民事诉讼法〉的解释》（2022 年 4 月 1 日修正）。

第七条　再审案件应当围绕申请人的再审请求进行审理和裁判。对方当事人在再审庭审辩论终结前也提出再审请求的，应一并审理和裁判。当事人的再审请求超出原审诉讼请求的不予审理，构成另案诉讼的应告知当事人可以提起新的诉讼。

——《最高人民法院关于民事审判监督程序严格依法适用指令再审和发回重审若干问题的规定》（2015 年 2 月 16 日，法释〔2015〕7 号）。

最高人民法院司法政策精神

关于再审案件审理范围问题。

这个问题应统一认识，再审应当在原审范围内审理，又要在当事人申请再审的诉讼请求范围内审理。要注意区分再审诉讼请求和再审事由，现在实践中往往再审事由、抗诉事由和再审诉讼请求分不开，其实已经再审了就无需纠结于再审事由。应该看到，当事人申请再审的事由或抗诉事由，往往和再审的诉讼请求有交叉关系（甚至重合），但再审事由并不等于再审诉讼请求，再审庭审应当准确归纳当事人的再审诉讼请求，以确定再审案件的审理范围。还有一点需要注意，再审如果真正能成为终审，就应该尽可能把合理的诉求都解决。现在过于机械地理解申请再审的诉讼请求，往往忽略了被申请人合理的抗辩请求。比如，原审判决有三项，一方当事人申请再审，只要求改变其中一项，而对方当事人提出对其他两项中的某项也有意见，要求调整这一项，这是很正常的。但现在只能对申请再审的那一项进行审理，这就不可能真正做到再审的终局性，势必还要引发新的再审。所以，要很好地理解什么是再审诉讼请求，尤其是法官在判决后要有自觉的修补意识，前后结合起来才不至于一个再审案件判决出去，马上又引发申请再审和抗诉。

——贺荣:《在全国法院审判监督工作座谈会暨审判监督理论专业委员会第三届年会上的总结讲话》(2012 年 9 月 27 日)，载景汉朝主编、最高人民法院审判监督庭编:《审判监督指导》2012 年第 3 辑（总第 41 辑），人民法院出版社 2013 年版，第 12 页。

最高人民法院公报案例、最高人民法院裁判文书

湖北金华实业有限公司与苏金水等商品房买卖合同纠纷案［最高人民法院（2012）民抗字第 24 号民事裁定书］

裁判摘要：人民法院审理检察机关抗诉的再审案件一般应以原审审理范围为限。当事人的诉讼请求不同于支持其提出请求的理由和依据，如当事人提出请求的理由和依据不同于检察机关抗诉所提出的理由和依据，并不意味其申请抗诉的请求未获得检察机关抗诉支持；当事人的再审请求未超出原审审理范围的，人民法院再审中应予审理。

最高人民法院认为，一、关于再审审理范围的问题。苏金水再审中提出因抗诉并未支持金华公司的申诉请求，应根据本院《关于适用〈中华人民共和国民事诉讼法〉审判监督程序若干问题的解释》第三十三条规定，金华公司的观点不应纳入再审范围。苏金水该项主张的基础系其认为抗诉理由与金华公司对两份购房合同效力认识理由存在不同，但当事人的诉讼请求不同于支持当事人提出请求的理由和依据，金华公司对合同效力认识所提出的理由和依据不同于抗诉所提出的理由和依据，并不意味其申诉请求未获得抗诉支持，且金华公司的再审请求并未超出本案原审的审理范围，因此对苏金水的该项主张，本院不予支持。苏金水再审中还提出此前湖北省武汉市中级人民法院撤销本案仲裁裁决、一审判决结果和执行行为均存在违法情形，因本院再审此案系基于最高人民检察院对湖北省高级人民法院二审判决所提出的抗

诉，其审理范围一般应以原审审理范围为限，苏金水的前述主张并未在原审中主张，显然不属于本案再审审理范围，本院不予处理。二、关于二审判决确定皓羽公司所承担责任是否应当变更的问题。在委托代理人皓羽公司销售06号、07号商铺的行为构成有权代理且06号、07号合同被解除的情况下，根据法律的规定，应由被代理人金华公司单独承担向苏金水返还购房款及赔偿资金占用损失的给付义务，二审法院却判令皓羽公司向苏金水返还购房款及赔偿资金占用损失并由金华公司对此负补充赔偿责任，本院本应依法予以纠正，但考虑到如予改判将加重申诉人金华公司的责任负担，加之二审判决关于赔偿责任的此种认定既未超出苏金水诉讼请求的总体范围，也未实质损害苏金水的利益，还未损害国家利益和社会公共利益，同时苏金水再审中对此未提出异议，作为有权处分其自身权利的民事主体皓羽公司在再审中亦要求维持二审判决，故为尊重当事人的处分权和维护已进入稳定的社会关系和秩序，本院对此不作变更。

——《最高人民法院公报》2014年第1期。

安徽省福利彩票发行中心与北京德法利科技发展有限责任公司营销协议纠纷案［最高人民法院（2008）民提字第61号民事判决书］

裁判摘要：根据最高人民法院《审判监督解释》第三十三条的规定，人民法院应当在具体的再审请求范围内或在抗诉支持当事人请求的范围内审理再审案件。当事人超出原审范围增加、变更诉讼请求的，不属于再审审理范围。但涉及国家利益、社会公共利益，或者当事人在原审诉讼中已经依法要求增加、变更诉讼请求，原审未予审理且客观上不能形成其他诉讼的除外。

——《最高人民法院公报》2009年第9期。

中国有色金属工业长沙勘察设计研究院与海南省汇富房地产开发公司长沙公司、海南省汇富房地产开发公司合作建房合同纠纷案［最高人民法院（2006）民一终字第28号民事判决书］

裁判摘要：依照审判监督程序对案件进行再审的基础，是已经发生法律效力的判决、裁定确有错误，或者有证据证明已经发生法律效力的调解书违反调解自愿原则或调解协议的内容违法。纠正原审错误是再审的基本功能。因此，再审应当依据原审的审理范围进行，而不能超出原审范围进行裁判。

——《最高人民法院公报》2006 年第 11 期。

最高人民法院裁判文书

黄桃华与李绍彬股权转让合同纠纷案［最高人民法院（2011）民提字第308 号民事判决书］

裁判要旨：再审案件的审理范围应在原审诉讼请求之内。黄桃华在再审中提出返还股权的请求与其在原审中确认的要求李绍彬支付股权转让款的诉讼请求不符；李绍彬在再审中提出黄桃华应返还多支付的股权转让款的主张已经超出了原审反诉诉讼请求，且其未申请再审，对黄桃华和李绍彬超出本案再审审理范围的请求不予审理，当事人如有纠纷，可另行解决。

——法信网。

附录：最高人民法院法官著述

再审案件的审理范围，也是长期困扰再审案件审理的一个问题。《审判监督解释》曾规定，“人民法院应当在具体的再审请求范围内或在抗诉支持当事人请求的范围内审理再审案件。”按照这一规定，因当事人申请裁定再审的案件，审理范围限于申请人的再审请求；因抗诉再审的案件，审理范围限于检察机关支持申请人的部分请求。《最高人民法院关于民事审判监督程序严格依法适用指令再审和发回重审若干问题的规定》(以下简称《规定》) 对此作了较大调整，抗诉案件不再限于检察机关支持的范围，而且还要求对对方当事人提出的再审请求也一并审理和裁判。

首先，再审案件的审理范围一般是申请人的再审请求。对此应从四个方面理解：

一是所谓再审请求是指对原审裁判主文提出的具体的改判请求，即原审就诉讼请求作出的处理，申请人对部分或全部判项不服，提出应予改判以及如何改判的请求。

二是因当事人申请或检察机关抗诉裁定指令再审的，再审人民法院应当要求申请人明确具体的再审请求。再审人民法院应当对再审请求的有关事实和适用法律进行审理，并就当事人的再审请求应当支持与否作出再审裁判。

三是将再审审理范围限定为当事人的再审请求可以进一步理顺再审审查和再审审理之间的关系。再审审查与再审审理两个阶段的功能有着较大区别，理念也应该有所不同。再审审查阶段的任务是，审查确定当事人的申请事由是否符合法律规定，这一阶段应严格依法限制审查的范围，符合法定事由的才裁定再审，以维护生效裁判的稳定性。再审审理阶段的任务是，对当事人的再审请求依法裁判，这一阶段关注对象是再审请求是否有事实和法律依据，应全面覆盖当事人的争议，确保再审裁判认定事实清楚、适用法律正确、程序合法，避免再审程序空转或不必要的反复。因此，再审审理阶段就是要审理确定改判请求依据是否充分，是否应该获得支持，并据此裁判，而不应该继续围绕申请再审事由是否成立作判断，并根据事由是否成立自行决定如何处理原判。

四是将再审审理范围限定为当事人的再审请求更符合抗诉的职能作用。依据民事诉讼法第二百零八条[①]，检察机关提起抗诉只是其认定原审裁判存在民事诉讼法第二百条[②]规定的再审事由，也即检察机关在审查决定是否抗诉时，只在意是否具有再审事由，并不关注具体的再审请求，更不在意再审请求是否应该获得支持，所以抗诉书中一般只表述请法院依法再审，而很少表述支持当事人的具体再审请求，故《审判监督解释》的相关规定不易把握。而且抗诉案件中，当事人可能有多个请求和理由，检察机关抗诉时可能会支持了不成立的理由和请求，而对可以成立的请求和理由没有支持，适用原来的规定，可能会有错不纠、程序空转。

其次，对方当事人在再审庭审辩论终结前也提出再审请求的，应一并审理和裁判。对此可从三个方面来理解：

一是《规定》调整的原因。《规定》强调再审应覆盖当事人在再审期间的全部争议，这是对原有审判理念的一次较大调整。做这样的调整，主要是基于以下考虑：再审程序是特殊的补救程序，也是最后的审判程序，只有对当事人在再审期间存在的全部争议进行审理和裁判，对诉争的矛盾纠纷作最终、实质性的解决，才更可能实现“再审不再”。因当事人申请启动的再审案件中，被申请人因担心再审打破原判决各判项出入形成的利益平衡，也在再审中要求对其他判项作相应改判，如只对申请人的改判请求进行审判，则再审判决作出后被申请人会因利益平衡状态被打破而对再审案件申请再审，可能导致“反复再审”“多次再审”的出现。因此，在再审中，对各方当事人的再审请求一并审理和裁判，解决当事人在再审期间的全部争议，可以避免再审多次启动，损害司法权威。当然，当事人在再审期间的全部争议，不应超出原审争议的范围。

二是对方当事人提出再审请求的时间为再审庭审辩论终结前。从提高再审庭审效率的角度出发，可将提出时间规定在再审答辩期限届满之前，以避免庭审活动行将结束之时再生反复。最后考虑到民事诉讼法司法解释第二百

---

① 现为《民事诉讼法》（2021 年修正）第二百一十五条。

② 现为《民事诉讼法》（2021 年修正）第二百零七条。

三十二条，将原告增加诉讼请求、被告提出反诉以及第三人提出相关请求的时间均限定在法庭辩论结束前，《规定》与之统一，也限定为再审庭审辩论结束前。

三是对方提出再审请求无其他限制。民事诉讼法司法解释第四百零五条规定，对方当事人提出再审请求应符合民诉法第二百零五条[①]关于申请再审期限的规定。《规定》没有重申这一条件，也即并不要求对方当事人的再审请求满足申请再审期限的规定。这一变动的主要理由除了尽可能覆盖再审期间的全部争议以避免多次再审外，还因为民事诉讼法司法解释的限制不尽合理。如果按民事诉讼法司法解释的要求，对方当事人的再审请求超出申请再审期限，不予一并审理和裁判，则再审判决作出后，对方当事人被阻挡在再审之外的相关请求和理由，又可以通过申请检察监督来主张（按一审程序再审时则可通过上诉主张），如其理由成立、请求应获支持，则可能再次启动再审程序，原再审裁判结果也将变更。民事诉讼法司法解释的限制就显得毫无意义，而且不利于纠纷快速解决、诉讼依法及时终结。

再次，当事人的再审请求超出原审诉讼请求的不予审理。原告在一审中提出的诉讼请求、被告提出的反诉以及有独立请求权第三人提出的请求，都属于诉讼请求，法院一审、二审以及再审裁判对象实际都是当事人在一审中的诉讼请求。一审法院对当事人的诉讼请求作出裁判后，当事人不服的，其上诉请求实际是对一审法院就各方当事人诉讼请求作出的裁判请求部分或全部变更，所以二审最终的处理仍在一审诉讼请求的范围之内。同样的，因二审裁判（对一审就诉讼请求作出裁判的变更或维持）是在一审诉讼请求范围之内，二审裁判被裁定再审的，申请人的再审请求实质仍是要求对原审就一审中诉讼请求处理的部分或全部变更。换言之，无论是一审、二审还是再审，裁判的对象实质都是当事人在一审中的诉讼请求，而上诉请求和再审请求都是对法院就诉讼请求作出的裁判请求部分或全部变更。因此，所谓的再审请求超出原审诉讼请求，是指当事人的改判请求超出各方当事人在一审中的诉讼请求。无论哪方当事人的再审请求超出原审诉讼请求，再审都不予审理，构成另案诉讼的，告知当事人可以提起新的诉讼。

另外，民事诉讼法司法解释第四百零五条第三款规定，“人民法院经再审，发现已经发生法律效力的判决、裁定损害国家利益、社会公共利益、他人合法权益的，应一并审理。”沿用了《审判监督解释》第三十条的精神，相关规定与《规定》并不矛盾，在确定再审审理范围时也应遵照执行。

——高审监：《〈最高人民法院关于民事审判监督程序严格依法适用指令再审和发回重审若干问题的规定〉的理解与适用》，载江必新主编：《最高人

① 现为《民事诉讼法》（2021 年修正）第二百一十二条。

民法院司法解释与指导性案例理解与适用》第四卷，人民法院出版社 2016 年版，第 309~312 页。

附录：再审信箱

问：某房地产开发有限责任公司因与公民乙房屋拆迁补偿纠纷一案，不服 A 省 B 市中级人民法院的终审判决，向 A 省人民检察院申诉。A 省人民检察院以原判决适用法律确有错误为由向 A 省高级人民法院提起抗诉，接受抗诉的 A 省高级人民法院在作出再审裁定前，公民乙向该院申请再审，针对公民乙提出的再审请求是否应纳入审理范围，A 省高级人民法院内部出现了不同观点，有的认为不应纳入审理范围，有的认为应当纳入。请问，A 省高级人民法院在审理抗诉案件的过程中，是否应当将公民乙提出的再审申请请求一并审理?

《审判监督指导》研究组认为：这一问题涉及对人民检察院抗诉与人民法院基于当事人申请启动审查程序并存的情形下如何处理的问题。民事诉讼法既没有对检察机关提出抗诉作出任何时间或期间上的限制，也没有以当事人穷尽自身享有的诉讼权利为前提。实践中则可能形成当事人既向人民法院申请再审，也向人民检察院申诉，或者一方当事人向人民法院申请再审，对方当事人向人民检察院申诉的情形。因而存在着人民法院与人民检察院对当事人的申请同时进行审查的可能，也存在着人民法院启动的审查或再审程序与检察机关启动的抗诉程序冲突的问题。

这一问题主要表现为：一是在当事人申请审查期间，检察机关对该案提起抗诉，人民法院应当如何确定审理范围；二是在检察机关抗诉至人民法院，人民法院在审查期间当事人对该案提出申请，人民法院应当如何确定审理范围。对于前者，《审判监督解释》第二十六条已经作出了明确的规定，而对于后者，司法实践中的认识则不尽相同。

进一步分析，检察机关抗诉与当事人申请再审虽然是民事诉讼法审判监督程序中规定的启动再审的两个途径，但其效力显然不同。检察机关抗诉是国家公权力对民事纠纷的介入，因此，立法上对检察机关的抗诉采取的是人民法院应当再审的原则。而当事人申请再审，应当是人民法院经审查认为事由成立的，裁定再审，事由不成立的，驳回再审申请，立法上对当事人申请再审采取的是人民法院独立裁量的原则。在民事诉讼中，平等主体的公民、法人以及其他组织之间基于民事纠纷而依法请求法院予以裁判，是一种平等主体间的诉讼法律行为。但由于检察机关的介入，加大了其中一方的筹码，打破了民事诉讼主体地位平等的格局，检察机关的抗诉给了一方当事人借助公权力进行救济的机会。因此，从如何平衡双方当事人诉讼权利的角度出发，为维护当事人在诉讼中的平等地位，在人民检察院基于一方当事人的申请启动抗诉程序的情形下，申请人在审理过程又提出申请抗诉之外的其他事由，或者另一方当事人在抗诉审查期间向人民法院申请再审时，如何保护当事人诉讼权利的问题。

我们认为，……如果检察机关提起抗诉后，并非向检察机关申诉的案件另一方当事人（被申诉人）向人民法院申请再审，此时，该方当事人在抗诉启动的再审程序中应处于申请再审人的诉讼地位。对其提出的具体诉讼请求，人民法院应纳入再审审理范围，与抗诉支持的当事人的具体诉讼请求一并进行审理并作出裁判。严格而言，在业已开始的抗诉审查程序中，也应当对抗诉案件被申诉人的申请事由进行审查，但由于抗诉案件实行应当再审的原则，从有利于纠纷的及时、全面解决出发，没有必要单独对被申诉人的申请再审作出处理决定。在抗诉再审程序处理中，诉讼称谓上仍作为被申诉人，诉讼地位上应当作为申请再审人。

就本案而言，在某房地产开发有限责任公司向A省人民检察院申诉从而抗诉后，公民乙向人民法院申请再审，此时，公民乙在抗诉启动的再审程序中应处于申请再审人的诉讼地位。对其提出的具体诉讼请求，人民法院应纳入再审审理范围，与抗诉支持的甲房地产开发有限责任公司的具体诉讼请求一并进行审理并作出裁判。

——江必新主编、最高人民法院审判监督庭编：《审判监督指导》2010年第3辑（总第33辑），人民法院出版社2011年版，第222~223页。

1075. 人民法院可裁定终结再审程序的情形

关键词

撤回再审请求　终结再审程序

最高人民法院司法解释

第四百零四条　再审审理期间，有下列情形之一的，可以裁定终结再审程序：

（一）再审申请人在再审期间撤回再审请求，人民法院准许的；

（二）再审申请人经传票传唤，无正当理由拒不到庭的，或者未经法庭许可中途退庭，按撤回再审请求处理的；

（三）人民检察院撤回抗诉的；

（四）有本解释第四百条第一项至第四项规定情形的。

因人民检察院提出抗诉裁定再审的案件，申请抗诉的当事人有前款规定的情形，且不损害国家利益、社会公共利益或者他人合法权益的，人民法院应当裁定终结再审程序。

再审程序终结后，人民法院裁定中止执行的原生效判决自动恢复执行。

——《最高人民法院关于适用〈中华人民共和国民事诉讼法〉的解释》（2022 年 4 月 1 日修正）。

1076. 再审案件中原审当事人诉讼地位的列明

关键词

再审审理　原审当事人诉讼地位

附录：民事审判信箱

问：审判实践中，再审案件中如何列明除再审申请人、被申请人之外的原审当事人诉讼地位一直存有争论，有观点认为应当依次列明其在一审、二审中的诉讼地位，请问这种做法是否正确？

答：再审程序针对的是业已发生法律效力的法律文书，再审案件的当事人分为再审申请人、被申请人和除再审申请人与被申请人之外的原审当事人。

在针对发生法律效力的一审法律文书进行再审的案件中，再审申请人、被申请人之外的原审当事人，列明其一审诉讼地位即可。

针对二审法律文书进行再审的案件中，再审申请人、被申请人之外的原审当事人，其诉讼地位应首先列明其二审诉讼地位（如：二审上诉人或二审被上诉人），并在括号中注明其一审诉讼地位（如：一审被告、一审原告或一审第三人）。其理由在于，根据《最高人民法院关于适用〈中华人民共和国民事诉讼法〉若干问题的意见》第一百一十七条确立的原则，前述当事人的诉讼地位依原审诉讼地位确定，而该“原审”应当理解为距离再审程序最近的诉讼程序，即二审程序。若该当事人在二审程序中既非上诉人亦非被上诉人，则因其在二审程序中依原审诉讼地位分别可能列明为原审原告、原审被告、原审第三人，故其在相对于一审程序、二审程序的审判监督程序中的诉讼地位亦应相应地分别列明为一审原告、一审被告、一审第三人。

——本书研究组：《再审案件中原审当事人诉讼地位应如何列明》，载最高人民法院民事审判第一庭编：《民事审判指导与参考》2014 年第 4 辑（总第 60 辑），人民法院出版社 2015 年版，第 259~260 页。

1077. 法院应依职权审查当事人的再审申请是否已过法定再审期限

关键词

依职权审查　当事人再审申请　法定再审期限

最高人民法院公报案例、最高人民法院裁判文书

江苏南通六建建设集团有限公司与衡水鸿泰房地产开发有限公司建设工程施工合同纠纷案［最高人民法院（2018）最高法民申6278号民事裁定书］

裁判摘要：《中华人民共和国民事诉讼法》第二百零五条①规定，当事人申请再审，应当在判决、裁定发生法律效力后六个月内提出；有本法第二百条②第一项、第三项、第十二项、第十三项规定情形的，自知道或者应当知道之日起六个月内提出。本条是关于当事人申请再审期限的规定。法律之所以规定当事人申请再审期限，一方面是为了维护生效判决的既判力，避免经生效判决所确定的法律权利义务关系长期处于可能被提起再审的不安定状态，从而维护社会关系的稳定；另一方面是为了督促当事人及时行使申请再审的权利，避免影响对方当事人对生效判决稳定性的信赖利益。据此，当事人依据民事诉讼法第二百条第一项、第三项、第十二项、第十三项以外的其他事由申请再审，应当在判决、裁定发生法律效力后六个月内提出；而当事人在判决、裁定发生法律效力六个月后，依据民事诉讼法第二百条第一项、第三项、第十二项、第十三项规定申请再审的同时，一并提起其他再审事由的，人民法院不予审查。

最高人民法院经审查认为，本案一审法院仅就工程款进行审理并作出判决，二审法院亦审理的是鸿泰公司欠付南通六建的工程款数额，而双方当事人工程款的具体数额与消防设计是否合格以及工程是否通过综合验收无关。同时，交付竣工验收报告及相应的竣工资料，是南通六建作为承包人应履行的合同义务，亦与消防设计是否合格以及工程是否通过综合验收无关。故南通六建提交的新证据《建设工程消防设计备案检查不合格通知书》不足以推

① 现为《民事诉讼法》（2021年修正）第二百一十二条。

② 现为《民事诉讼法》（2021年修正）第二百零七条。

翻原一二审法院对于案涉工程款数额以及案涉工程验收资料交付义务的判决，不属于《中华人民共和国民事诉讼法》第二百条第一项的规定再审新证据。

《中华人民共和国民事诉讼法》第二百零五条规定，当事人申请再审，应当在判决、裁定发生法律效力后六个月内提出；有本法第二百条第一项、第三项、第十二项、第十三项规定情形的，自知道或者应当知道之日起六个月内提出。本条是关于当事人申请再审期限的规定。法律之所以规定当事人申请再审期限，一方面是为了维护生效判决的即判力，避免为生效判决所确定的法律权利义务关系长期处于可能被提起再审的不安定状态，从而维护社会关系的稳定；另一方面是为了督促当事人及时行使申请再审的权利，避免影响对方当事人对生效判决稳定性的信赖利益。据此，当事人依据民事诉讼法第二百条第一项、第三项、第十二项、第十三项以外的其他事由申请再审，应当在判决、裁定发生法律效力后六个月内提出；而当事人在判决、裁定发生法律效力六个月后，依据民事诉讼法第二百条第一项、第三项、第十二项、第十三项规定申请再审的同时，一并提起其他再审事由的，人民法院不予审查，否则将变相鼓励或放纵不遵守再审期限的当事人滥用申请再审诉权，使六个月申请再审期限的法律规定虚置。

本案二审判决作出时间为 2014 年 1 月 22 日，南通六建提出的除民事诉讼法第二百条第一项之外的其他再审事由，应当在本案二审判决生效后六个月内提出。而南通六建于 2018 年 11 月 16 日依据民事诉讼法第二百条第一项申请再审的同时，提出的其他再审事由，由于超过六个月的申请再审法定期间，本院不予审查。

——《最高人民法院公报》2019 年第 10 期。

1078. 原审判决所依据的裁判文书被撤销，且新的生效裁判文书对原审判决所依据的关键证据的效力未予认定，再审法院可指令下级人民法院再审

关键词

合同纠纷　赔偿责任　伪造证据

最高人民法院裁判文书

湖南建工集团有限公司与沈绍龙、李美娟、淮北恒基鸿运置业有限公司、淮北恒基置业集团有限公司、李华合同纠纷案［最高人民法院（2021）最高法民申 1661 号民事裁定书］

裁判要旨：原审判决所依据的裁判文书被撤销，且新的生效裁判文书对原审判决所依据的关键证据的效力未予认定，再审法院可提审或指令下级人民法院再审。因当事人在原审法院还有相关案件需处理，为方便当事人诉讼、原审法院化解矛盾，再审法院不宜直接提审，应当指令再审。

最高人民法院经审查认为，本案存在《中华人民共和国民事诉讼法》第二百条[①]第二项、第四项、第十二项规定的情形。第一，一、二审判决依据104号刑事裁定关于“承诺书及担保书为伪造的证据”的意见，认定案涉承诺书及担保书不具有证据来源的合法性；现淮北中院于2021年11月17日作出（2021）皖06刑再1号刑事判决，判决撤销104号刑事裁定和（2017）皖0603刑初261号刑事判决，谈子林无罪。一、二审判决所依据的刑事裁判已经被撤销，且新的刑事生效判决并未认定案涉承诺书及担保书为伪造的证据，故本案应予再审。第二，对于案涉承诺书及担保书的证据能力与证明效力，应重新通过庭审质证确认。再审期间通过全面审查当事人签订承诺书及担保书时的意思表示真实性、合法性和关联性，确定相关证据能否作为定案的依据，进而依据相关法律规定对承诺书及担保书的效力作出评判，结合案件的其他证据和事实，依法作出判决。

——中国裁判文书网。

1079. 当事人提交新证据致使再审改判的，应补偿其他当事人必要费用

关键词

再审新证据　再审改判　诉讼费用

最高人民法院司法解释

第四百零九条　当事人提交新的证据致使再审改判，因再审申请人或者申请检察监督当事人的过错未能在原审程序中及时举证，被申请人等当事人请求补偿其增加的交通、住宿、就餐、误工等必要费用的，人民法院应予支持。

——《最高人民法院关于适用〈中华人民共和国民事诉讼法〉的解释》（2022年4月1日修正）。

① 现为《民事诉讼法》（2021年修正）第二百零七条。

附录：最高人民法院主流观点

民事诉讼法司法解释第四百零九条（以下简称本条）从平等保护被申请人等当事人利益的角度，规定再审申请人应当补偿其他当事人必要费用，将其他当事人的这一程序性利益直接转化为实体性利益（尽管很多程序性利益最终都可能体现在实体性利益上，但本条规定更加直接、明确）。

理解本条要注意以下问题。

1．本条的新证据包括但不限于作为再审事由的“新的证据”

有意见认为，根据民事诉讼法司法解释第三百八十六条规定，再审新证据包括：原审庭审结束前已经存在，因客观原因于庭审结束后才发现的；原审庭审结束前已经存在，因客观原因无法取得或者在规定的期限内不能提供的，在原审庭审结束后形成，无法据此另行提起诉讼的；以及原审法院对已经提供的证据应当质证采信而未予质证采信的。这些新证据情形都是因客观原因造成，因此不可能存在本条规定的因当事人“过错未能在原审中及时举证”的情形。我们认为，首先，再审审理中新的证据与作为再审事由的新的证据并完全不相同，两者在诉讼功能上有所差异。在申请再审阶段，主要解决的是什么是新的证据，该证据在何种情况下可以作为启动再审程序的依据。而在再审审理中，要解决的问题是原审定案时未出现或质证的证据能否作为再审定案的依据。其次，作为再审事由的新证据也可能存在当事人主观上的过错。在再审审查阶段，认定造成证据在原审庭审结束后新发现或新取得的原因属“客观原因”，在再审审理阶段，随着诉讼的进一步展开，该“客观原因”背后仍然可能存在主观过错。再次，在再审审查阶段所认定新证据的“客观原因”其实是“无过错”，但案件已经启动再审，也不能终结再审诉讼，只能作实体裁判，同时让提交该新证据的当事人承担费用。最后，在因其他事由启动再审后，法律并没有禁止当事人提交新的证据，而该新的证据很可能是因当事人过错未能在原审中及时举证的。因此，本条规定在司法实践中有适用的空间。

2．作为再审事由的新证据并不必然导致再审改判

根据民事诉讼法第二百条的规定，新证据应当是“足以推翻原判决、裁定”，因此，一般而言，作为再审事由的新证据原则上可以作为再审改判的依据。但是并非所有新证据事由成立就必须对原判决、裁定予以改变。案件结果是由多方面的证据、事实和法律适用问题综合得出的，某一方面的因素并不一定直接对应案件的具体结果，也就并不必然导致案件结果的变更。新证据所证明的内容与案件裁判结果直接对应，那么就可得出“足以推翻原判决、裁定”的裁判结论；如果只对应某些不足以改变案件结果的事实，那么该新证据也就不“足以推翻原判决、裁定”所认定的事实，但裁判结论不变。另

外，在再审审理中当事人提交的新证据也有可能导致再审改判。

3．当事人在原审中不及时举证情况有多种

（1）该证据对本方当事人完全不利，当事人在原审中故意不提出该项证据。在此情况下，如果原审裁判对该当事人有利，则其自然不会再举出上述证据以申请再审；如果原审裁判就相关事实的认定对该当事人不利，那么即使再举出这一证据，只能进一步补强原审生效裁判的正确性，也就不符合推翻原裁判的法定要求。

（2）该证据对本方当事人大部分不利、小部分有利，当事人在原审诉讼过程中经过权衡，认为需要以不举证的方式追求较大的利益。在案件审结后，当事人又试图利用再审围绕“再审请求审理”的规则，在固定较大部分利益不再审的基础上，以因“客观原因”未能在原审及时举证，寻求对原审不利部分的再次审理和支持。对此，民事诉讼法司法解释第四百零三条和《最高人民法院关于民事审判监督程序严格依法适用指令再审和发回重审若干问题的规定》第七条允许对方当事人依法提出再审请求，使双方可平等地利用该证据；本条则从补偿费用的角度予以了规范。

（3）该证据对本方当事人有利，但如果举证，会给其他相关人员（如单位的实际经办人、诉讼代理人等）造成较大不利影响。在这种情况下，相关人员就有可能在原审中不举证。我们认为，这种情况就其实质而言，并不能认为不举证是该当事人的真实意思表示，该当事人对相关人员的选任有过错，但同时也可认为有一定的客观因素导致其无法及时举证。在此情况下，案件如果再审改判，那么其他当事人可根据本条规定，要求补偿必要费用。

审判实践中应当注意的问题：

第一，其他当事人要求提交新证据的当事人补偿必要费用的，但这是作为诉讼费用处理的，再审裁判并不会超出原审诉讼请求；第二，要求补偿的当事人应当有相应的证据证明其支出交通、住宿、就餐、误工等必要费用；第三，人民法院支持当事人补偿必要费用请求的，应在裁定文书予以阐明，并在裁判主文后，作为案件受理费、鉴定费等的一项诉讼费用，载明由提供新证据的当事人负担；第四，因当事人在再审审理中提交新证据，其他当事人要求延长举证期限或给予一定质证时间的，人民法院应当准许，实践中往往采取给予其他当事人庭后一定时间内提交书面质证意见的做法；第五，检察机关调查取得的证据导致再审改判的，不适用本条规定；第六，其他当事人请求提交新证据的当事人赔偿损失的，可以另行诉讼解决，本条只涉及费用问题。

——最高人民法院民法典贯彻实施工作领导小组办公室编著：《最高人民法院新民事诉讼法司法解释理解与适用》，人民法院出版社 2022 年版，第 911~913 页。

1080. 不应裁定再审的调解书在再审审理程序中如何处理

关键词

民事调解书　驳回再审申请　终结再审程序

最高人民法院司法解释

第四百零七条　人民法院对调解书裁定再审后，按照下列情形分别处理：

（一）当事人提出的调解违反自愿原则的事由不成立，且调解书的内容不违反法律强制性规定的，裁定驳回再审申请；

（二）人民检察院抗诉或者再审检察建议所主张的损害国家利益、社会公共利益的理由不成立的，裁定终结再审程序。

前款规定情形，人民法院裁定中止执行的调解书需要继续执行的，自动恢复执行。

——《最高人民法院关于适用〈中华人民共和国民事诉讼法〉的解释》（2022年4月1日修正）。

第二十八条　人民法院以调解方式审结的案件裁定再审后，经审理发现申请再审人提出的调解违反自愿原则的事由不成立，且调解协议的内容不违反法律强制性规定的，应当裁定驳回再审申请，并恢复原调解书的执行。

——《最高人民法院关于适用〈中华人民共和国民事诉讼法〉审判监督程序若干问题的解释》（2020年12月29日修正）。

附录：司法信箱

问题：我院审理的一起以调解方式结案的民事案件，当事人的再审申请经审委会讨论裁定进入再审程序后，经审理发现申请再审人提出的调解违反自愿原则的事由不成立，且调解协议的内容不违反法律强制性规定，应当裁定驳回再审申请，并恢复原调解书的执行。但对该裁定当事人是否享有上诉权存在不同认识。一种意见认为不享有上诉权。理由为：按照最高人民法院《审判监督解释》第二十四条规定："人民法院经审查认为申请再审事由不成立的，应当裁定驳回再审申请。驳回再审申请的裁定一经送达，即发生法律效力。"另一种意见认为当事人应享有上诉权。理由为：再审申请是一种诉权，在审查阶段驳回再审申请的裁定无上诉权无争议，但经审查裁定进入再审程序后，按照一审程序审理发现应驳回再审申请，这与审查阶段的性质不同，且司法解释无明确规定。以上两种意见哪种正确？请解答。

《人民司法》研究组认为：最高人民法院《审判监督解释》第四十条规定："人民法院以调解方式审结的案件裁定再审后，经审理发现申请再审人提出的调解违反自愿原则的事由不成立，且调解协议的内容不违反法律强制性规定的，应当裁定驳回再审申请，并恢复原调解书的执行。"根据该条规定，裁定驳回再审申请的同时，已经恢复原调解书的执行，显然该裁定一经送达即发生法律效力，不属于可以上诉的情形。该条是关于以调解方式审结的案件再审后如何处理问题的特别规定。因此，我们认为，你院第一种意见是正确的，但不是以该解释第二十四条为依据，应以该解释第四十条为依据。

——《人民司法·应用》2010 年第 17 期（总第 604 期）。

1081. 再审发回重审的事实性事由

关键词

再审发回重审

最高人民法院司法解释

第四条　人民法院按照第二审程序审理再审案件，发现原判决认定基本事实不清的，一般应当通过庭审认定事实后依法作出判决。但原审人民法院未对基本事实进行过审理的，可以裁定撤销原判决，发回重审。原判决认定事实错误的，上级人民法院不得以基本事实不清为由裁定发回重审。

——《最高人民法院关于民事审判监督程序严格依法适用指令再审和发回重审若干问题的规定》（2015 年 2 月 16 日，法释〔2015〕7 号）。

附录：最高人民法院法官著述

2012 年民事诉讼法修正案，对以事实认定方面的原因发回重审作了较为严格的限定。而据统计，民事再审发回重审的案件中，以事实方面的原因发回重审的占 70% 以上，随意以基本事实不清为由发回重审的情况较为普遍。为减少发回重审的随意性，就必须对发回重审的事实性事由进行严格限定，《规定》第四条从三个层次对此作了限定：

首先，《规定》明确，"人民法院按照第二审程序审理再审案件，发现原判决认定基本事实不清的，一般应当通过庭审认定事实后依法作出判决。"民事诉讼法第一百七十条[①]第一款第（三）项规定，"原判决认定基本事实不清的，裁定撤销原判决，发回原审人民法院重审，或者查清事实后改判。"这

① 现为《民事诉讼法》（2021 年修正）第一百七十七条。

一规定意味着，对基本事实可以在二审中直接审理认定，并非必须经过两级法院的两次审理。而再审案件，大多经过一审、二审、申请再审，如果再审再发回重审，则案件全部审理周期少则几年、多则十几年，将使法律秩序长期处于不稳定的状态。基于再审案件的特殊性，基于法律规定可以二审直接认定基本事实，《规定》明确了“基本事实不清”以查清事实后依法判决为原则。

其次，《规定》明确，“原判决认定事实错误的，上级人民法院不得以基本事实不清为由裁定发回重审。”依据原民事诉讼法，原判决认定事实错误，也可以发回原审人民法院重审，而2012年民事诉讼法修订后，原判决认定事实错误的应依法改判，未规定可以发回重审，《规定》对此予以明确。

再次，《规定》对“认定基本事实不清”作了限制性解释。民事诉讼法司法解释已对“基本事实”作了专门解释，即“用以确定当事人主体资格、案件性质、民事权利义务等对原判决、裁定的结果有实质性影响的事实”，《规定》只对“不清”进行了解释。民事诉讼是依据证据规则对证据进行审核认定后再据此认定事实，因此民事诉讼中对事实的认定只有三种情况：认定正确、认定错误、未作认定。而未作认定又分为两种情形：一是经过审理但因遗漏或认为没有必要而未作认定，二是未经审理，因而也没有认定。对经过审理而未作认定的情形，因相关证据已经过举证质证，各方当事人的意见已充分陈述，相关诉讼权利已充分行使，故没有发回重审的必要。只有对基本事实未经过庭审审理，相关证据没有组织过举证质证，才需要听取当事人的意见，才有可能需要发回重审。因此，本条将“未对基本事实进行过审理”，作为可以“认定基本事实不清”为由发回重审的情形。

——高审监：《〈最高人民法院关于民事审判监督程序严格依法适用指令再审和发回重审若干问题的规定〉的理解与适用》，载江必新主编：《最高人民法院司法解释与指导性案例理解与适用》第四卷，人民法院出版社2016年版，第307~308页。

1082. 再审适用二审程序发回重审的，应发回一审法院还是二审法院重审

关键词

再审发回重审

附录：再审信箱

问：某民事案件，经两级人民法院一审、二审之后，当事人向上级人民

法院申请再审，上级人民法院裁定提审，经审理后拟裁定发回重审，此时应发回一审法院还是二审法院重审？

答：此种情形下应发回一审法院重审。根据民事诉讼法第一百八十六条[①]的规定，上级人民法院按照审判监督程序提审的案件，按照第二审程序审理；同时根据该法第一百五十三条[②]第一款第（三）、（四）项的规定，在符合法定情形时，第二审人民法院可以裁定撤销原判决，发回原审人民法院重审；而最高人民法院《关于适用〈中华人民共和国民事诉讼法〉若干问题的意见》第二百一十条第（2）项亦针对民事诉讼法第一百五十三条第一款第（四）项在再审程序中的适用作出规定，人民法院提审或者按照第二审程序再审的案件，在审理中发现原一、二审判决违反法定程序，可能影响案件正确裁判的，应裁定撤销一、二审判决，发回原审人民法院重审。民事诉讼法第一百五十三条第一款第（四）项在再审程序中的理解适用，应当与同一条款中第（三）项具有一致性，因此，民事诉讼法第一百五十三条第一款第（三）项中的“原审人民法院”亦应理解为“第一审人民法院”。

——江必新主编、最高人民法院审判监督庭编：《审判监督指导》2011 年第 3 辑（总第 37 辑），人民法院出版社 2012 年版，第 256 页。

1083. 再审发回重审后当事人原诉讼请求和主张不得随意变更

关键词

再审发回重审　变更诉讼请求

最高人民法院司法解释

第二百五十二条　再审裁定撤销原判决、裁定发回重审的案件，当事人申请变更、增加诉讼请求或者提出反诉，符合下列情形之一的，人民法院应当准许：

（一）原审未合法传唤缺席判决，影响当事人行使诉讼权利的；

（二）追加新的诉讼当事人的；

（三）诉讼标的物灭失或者发生变化致使原诉讼请求无法实现的；

（四）当事人申请变更、增加的诉讼请求或者提出的反诉，无法通过另诉解决的。

——《最高人民法院关于适用〈中华人民共和国民事诉讼法〉的解释》

① 现为《民事诉讼法》（2021 年修正）第二百一十四条。

② 现为《民事诉讼法》（2021 年修正）第一百七十七条。

（2022年4月1日修正）。

第八条 再审发回重审的案件，应当围绕当事人原诉讼请求进行审理。当事人申请变更、增加诉讼请求和提出反诉的，按照《最高人民法院关于适用〈中华人民共和国民事诉讼法〉的解释》第二百五十二条的规定审查决定是否准许。当事人变更其在原审中的诉讼主张、质证及辩论意见的，应说明理由并提交相应的证据，理由不成立或证据不充分的，人民法院不予支持。

——《最高人民法院关于民事审判监督程序严格依法适用指令再审和发回重审若干问题的规定》（2015年2月16日，法释〔2015〕7号）。

附录：最高人民法院法官著述

再审发回重审案件，是否准许当事人增加诉讼请求和提出反诉，也是司法实践中需要规范的一个重要内容，《规定》第八条专门就此作了规定。对此可以从三个方面进行理解：

一是再审发回重审的案件，应当围绕当事人原诉讼请求进行审理。这涉及对再审发回重审案件性质的理解，对此有两种不同观点：一种意见认为，因原生效裁判文书已被撤销，再审发回重审后案件又回到原点，成为一个全新的普通一审案件；另一种意见则认为，再审发回重审是再审程序的延续，仍是纠错程序。应该说，案件经过再审审理，裁定撤销原判发回重审后，生效裁判被撤销，再审程序已经结束。民事诉讼法第十三条第一款规定，“民事诉讼应当遵循诚实信用原则”。根据诚实信用原则，当事人在原一审、二审以及再审中的相关诉讼主张、质证及辩论意见，仍对其有约束力。从这个角度看，再审发回重审案件并非是“另起炉灶重开张”，而应该是原有诉讼程序的继续。基于这种理解，再考虑到司法实践中再审发回重审案件一般历时较长，为避免问题复杂化、及时解决相关纠纷，《规定》明确再审发回重审案件原则上仍应当围绕当事人原诉讼请求进行审理。

二是当事人变更、增加诉讼请求和提出反诉的，应符合民事诉讼法司法解释规定的条件。民事诉讼法司法解释第二百五十二条规定，“再审裁定撤销原判决、裁定发回重审的案件，当事人申请变更、增加诉讼请求或者提出反诉，符合下列情形之一的，人民法院应当准许：（一）原审未合法传唤缺席判决，影响当事人行使诉讼权利的；（二）追加新的诉讼当事人的；（三）诉讼标的灭失或者发生变化致使原诉讼请求无法实现的；（四）当事人申请变更、增加的诉讼请求或者提出的反诉，无法通过另诉解决的。”第一、二种情形，相关当事人非因自己原因，未能在原审中充分行使提出诉讼请求或反诉等基本诉讼权利，发回重审就是为了给予其救济，故应准许其提出相应的请求。第三、四种情形，则因情况特殊，只能准许当事人在再审中提出相关请求。

三是当事人变更原审中的诉讼主张应有充分的理由。根据诚实信用原则，当事人在原诉讼程序中的相关诉讼主张、质证及辩论意见，仍对其有约束力。再审案件撤销原判、发回重审后，当事人变更其原先主张需要有充分的理由和证据，理由不成立或证据不充分的，人民法院不予支持。

——高审监：《〈最高人民法院关于民事审判监督程序严格依法适用指令再审和发回重审若干问题的规定〉的理解与适用》，载江必新主编：《最高人民法院司法解释与指导性案例理解与适用》第四卷，人民法院出版社 2016 年版，第 309~312 页。

附录：再审信箱

问：再审发回重审后，当事人可否增加、变更诉讼请求？

答：再审发回重审是指案件经再审审理程序后，再审法院裁定撤销原审裁判，发回一审人民法院重新审理。此时，原审诉讼程序所作的裁判已经被全部撤销，一审法院对当事人之间的纠纷进行重新审理，原审原告的起诉地位恢复，当事人可以按照第一审程序的规定享有权利义务。最高人民法院《审判监督解释》第三十三条第二款规定，“经再审裁定撤销原判决，发回重审后，当事人增加诉讼请求的，人民法院依照民事诉讼法第一百二十六条①的规定处理。”现行民事诉讼法第一百四十条②规定，“原告增加诉讼请求，被告提出反诉，第三人提出与本案有关的诉讼请求，可以合并审理。”由此可知，上述司法解释明确认可了再审发回重审后，当事人可以增加、变更诉讼请求。同时应当看到，按照一审程序再审的案件和再审发回重审的案件有所不同，该司法解释第三十三条第一款规定，“当事人超出原审范围增加、变更诉讼请求的，不属于再审审理范围”，因此，不能将再审发回重审与按照一审程序再审相混淆。并且，仅就重审时当事人是否可以增加、变更诉讼请求而言，再审发回重审与二审发回重审在法律规定上没有区别。

——景汉朝主编、最高人民法院审判监督庭编：《审判监督指导》2013 年第 4 辑（总第 42 辑），人民法院出版社 2013 年版，第 246 页。

① 现为《民事诉讼法》（2021 年修正）第一百二十九条。

② 现为《民事诉讼法》（2021 年修正）第一百四十三条。

1084. 在原审程序遗漏了必要共同诉讼人，再审程序是依二审程序审理时，被遗漏者参加了再审程序，该案也可调解结案

关键词

再审审理　调解　必要共同诉讼当事人

附录：最高人民法院主流观点

关于民事再审案件中参加调解的当事人。当事人的诉讼地位主要是由其在实体法律关系中的地位决定的，一般说来，在民事诉讼中进行调解，应当在各方当事人之间进行，就案件所涉权利义务关系进行协商并达成协议。但是再审程序在此问题上有其特殊之处。当原审程序遗漏了必要的共同诉讼人的情况下，而再审程序又是按照第二审程序审理的时候，该被遗漏者参加了再审程序，如能够与其他当事人达成调解协议的，该再审案件也可以以调解方式结案。

——江必新主编、最高人民法院审判监督庭编著：《最高人民法院关于适用民事诉讼法审判监督程序司法解释理解与适用》，人民法院出版社 2008 年版，第 287~288 页。

1085. 涉及国家利益、社会公共利益，或者当事人在原审诉讼中已经依法要求增加、变更诉讼请求，原审未予审理且客观上不能形成其他诉讼的情形属于再审审理范围

关键词

国家利益　社会公共利益　再审请求　再审审理范围　给付判决

最高人民法院裁判文书

黄小军与富星商贸广场房产开发（惠州）有限公司合资、合作开发房地产合同纠纷案［最高人民法院（2019）最高法民再 384 号民事判决书］

裁判要旨：人民法院应当在具体的再审请求范围内或在抗诉支持当事人请求的范围内审理再审案件。当事人超出原审范围增加、变更诉讼请求的，不属于再审审理范围。但涉及国家利益、社会公共利益，或者当事人在原审诉讼中已经依法要求增加、变更诉讼请

求，原审未予审理且客观上不能形成其他诉讼的除外。

最高人民法院认为：关于本案是否需要作出金钱给付判决的问题。黄小军一审的诉讼请求之一是判令其对于双方共同购买的信达广州办事处对新村公司、兆恒公司的债权以及基于该债权所获得的土地使用权以及基于该土地使用权开发、转让、使用等所获得的相关收益享有33.4%的份额。二审法院认为一审法院直接判决金钱给付的处理，超出当事人的诉讼请求，程序违法，予以纠正。现黄小军再审请求撤销广东高院二审判决，维持惠州中院一审判决，即要求直接判决金钱给付。

《最高人民法院关于适用〈中华人民共和国民事诉讼法〉的解释》第四百零五条规定，人民法院审理再审案件应当围绕再审请求进行。当事人的再审请求超出原审诉讼请求的，不予审理；符合另案诉讼条件的，告知当事人可以另行起诉。

《最高人民法院关于适用〈中华人民共和国民事诉讼法〉审判监督程序若干问题的解释》第三十三条规定，人民法院应当在具体的再审请求范围内或在抗诉支持当事人请求的范围内审理再审案件。当事人超出原审范围增加、变更诉讼请求的，不属于再审审理范围。但涉及国家利益、社会公共利益，或者当事人在原审诉讼中已经依法要求增加、变更诉讼请求，原审未予审理且客观上不能形成其他诉讼的除外。

根据上述规定，黄小军主张直接给付金钱的再审请求超出其原审诉讼请求范围，本院不予审理。

——中国裁判文书网。

1086. 进入再审程序的案件应当中止执行的例外

关键词

再审程序　中止执行

附录：最高人民法院主流观点

追索赡养费、扶养费、抚养费、抚恤金、医疗费用、劳动报酬等案件，此类案件所涉执行款项一般较为紧急，且涉及当事人基本生存权利，停止执行可能给当事人的生活或者医疗救治等方面带来较大影响，因此《民事诉讼法》第一百零九条对上述类型的民事诉讼案件规定了先予执行制度，即人民法院在受理案件后、终审判决作出之前，根据一方当事人的申请，可以裁定对方当事人向申请一方给付一定数额的金钱或其他财物。先予执行制度的着眼点是满足权利人的迫切需要和对弱势群体的保护。请求医疗费用的支付，从起诉到作出生效判决，需要经过较长的时间，如不先予执行，则可能影响医疗程序的进行，甚至导致不可逆的后果发生。追索赡养费、扶养费、抚养费、抚恤金和劳动报酬案件的当事人多为老人、妇女、儿童及合法权益受到侵害的劳动者，对他们的特殊保护，也体现了法律对弱势群体的人文关怀。

2021年《民事诉讼法》第二百一十三条规定适用的案件类型与先予执行制度适用的案件类型基本一致，所体现的法律精神亦为一致。因此，在人民法院尚未作出终审判决之前可以先予执行的案件类型，在人民法院再审期间同样可不中止原判决、裁定的执行。况且进入再审的案件也并非必然改判，故

2021年《民事诉讼法》第二百一十三条对再审案件中止执行的原则作出例外规定，对涉及追索赡养费、扶养费、抚养费、抚恤金、医疗费用、劳动报酬等案件，由人民法院进行审查，最终在裁定主文中作出对原判决、裁定、调解书是否停止执行的决定。我们认为，人民法院在决定是否中止原判决、裁定、调解书的执行时，主要考虑两个方面：一是再审改判的可能性；二是停止执行对当事人基本生活和医疗救治等方面造成的影响程度。

——江必新主编：《新民事诉讼法条文理解与适用》，人民法院出版社2022年版，第1020~1021页。

四、其　他

1087. 要注意四级法院审级职能定位改革试点工作中对《民事诉讼法》第二百零六条的调整适用

关键词

申请再审　审级职能　裁定提审

最高人民法院司法解释

第三百七十四条　民事诉讼法第二百零六条规定的人数众多的一方当事人，包括公民、法人和其他组织。

民事诉讼法第二百零六条规定的当事人双方为公民的案件，是指原告和被告均为公民的案件。

——《最高人民法院关于适用〈中华人民共和国民事诉讼法〉的解释》

（2022 年 4 月 1 日修正）。

附录：最高人民法院主流观点

2021 年 5 月中央全面深化改革委员会审议通过《关于完善四级法院审级职能定位的改革方案》，提出改革民事、行政申请再审标准和程序的改革举措。第十三届全国人大常委会第三十次会议作出《关于授权最高人民法院组织开展四级法院审级职能定位改革试点工作的决定》，授权在最高人民法院和北京、天津、辽宁、上海、江苏、浙江、山东、河南、广东、重庆、四川、陕西 12 个省、直辖市开展为期两年的试点，同意试点法院在试点期间调整适用民事诉讼法第二百零六条。最高人民法院印发的《审级职能定位改革试点办法》第十一条至第十六条调整了民事诉讼法关于再审申请原则上"上提一级"的规定，进一步完善了向最高人民法院申请再审的标准和程序。一是调整了向最高人民法院申请再审案件的范围。依据《审级职能定位改革试点办法》第十一条规定，试点工作启动后，当事人对高级人民法院作出的民事、行政生效裁判，认为有错误的，应当向高级人民法院申请再审。符合下列情形之一的，才可以向最高人民法院申请再审：（1）再审申请人对原判决、裁定认定对基本事实、主要证据和诉讼程序无异议，但认为适用法律有错误的案件；（2）原判决、裁定经高级人民法院审判委员会讨论决定的案件。二是建立将申请再审案件交高级人民法院审查的机制。依据《审级职能定位改革试点办法》第十三条规定，在以下两种情况下，最高人民法院可以将民事、行政申请再审案件交原审高级人民法院审查：（1）案件可能存在基本事实不清、诉讼程序违法、遗漏诉讼请求等情形的；（2）原判决、裁定适用法律可能存在错误，但不具有法律适用指导意义的。三是明确最高人民法院应当提审的案件范围。依据《审级职能定位改革试点办法》第十四条规定，原判决、裁定适用法律确有错误，且符合下列情形之一的，最高人民法院应当裁定提审：（1）具有普遍法律适用指导意义的；（2）最高人民法院或者不同高级人民法院之间近三年裁判生效的同类案件存在重大法律适用分歧，截至案件审理时仍未解决的；（3）最高人民法院认为应当提审的其他情形。四是完善高级人民法院对申请再审案件的审查处理程序。依据《审级职能定位改革试点办法》第十五条规定，高级人民法院在审查过程中，认为原判决、裁定适用法律确有错误，且符合最高人民法院再审提审标准的，经审判委员会讨论决定后，可以报请最高人民法院审理。需要明确的是，《审级职能定位改革试点办法》第十一条至第十六条关于再审制度改革的内容，适用于最高人民法院和各高级人民法院，而非仅局限于 12 个试点省市。概言之，试点工作期间，当事人对全国各高级人民法院对生效民事、行政裁判，认为有错误的，应当向高级人民法院申请再审。符合《审级职能定位改革试点办法》第十一条规定的，才可以向最高人民法院申请再审。同时，最高人民法院也相应配套完善将申请再审案件交相关高级人民法院审查机制、受理高级人民法院报请提审工作机制。[①]待试点工作结束时，将总结试点工作成效，提炼制度规则，适时启动诉讼法等相关法律修改工作。

——最高人民法院民法典贯彻实施工作领导小组办公室编著：《最高人民法院新民事诉讼法司法解释理解与适用》，人民法院出版社2022年版，第833~834页。

1088. 再审案件应提审而不得指令再审的情形

关键词

提审　指令再审

最高人民法院司法解释

第三条　虽然符合本规定第二条可以指令再审的条件，但有下列情形之一的，应当提审：

（一）原判决、裁定系经原审人民法院再审审理后作出的；

（二）原判决、裁定系经原审人民法院审判委员会讨论作出的；

（三）原审审判人员在审理该案件时有贪污受贿，徇私舞弊，枉法裁判行为的；

（四）原审人民法院对该案无再审管辖权的；

（五）需要统一法律适用或裁量权行使标准的；

（六）其他不宜指令原审人民法院再审的情形。

——《最高人民法院关于民事审判监督程序严格依法适用指令再审和发回重审若干问题的规定》（2015年2月16日，法释〔2015〕7号）。

附录：最高人民法院法官著述

《规定》第二条明确了提审原则和指令再审的例外情形，为保证纠错效果，第三条还明确，虽然符合《规定》第二条可以指令再审的条件，但在六种情形下，仍应当提审而不得指令再审：

一是原判决、裁定系经原审人民法院再审审理后作出的。原生效裁判文书是再审裁判文书，此时若再指令原审法院再审，就可能会出现多次再审、

① 参见刘峥、何帆：《〈最高人民法院关于完善四级法院审级职能定位改革试点的实施办法〉的理解与适用》，载最高人民法院微信公众号，2021年9月27日。

反复再审的情形，不利于诉讼依法终结。

二是原判决、裁定系经原审人民法院审判委员会讨论作出的。原生效裁判文书系按原审人民法院审委会讨论形成的意见作出的，若再指令原审法院再审，必将仍由该院审委会讨论决定案件的裁判结果，显然不利于纠正原审可能存在的错误。

三是原审审判人员在审理该案件时有贪污受贿、徇私舞弊、枉法裁判行为的。依据民事诉讼法司法解释，原审审判人员的贪污受贿、徇私舞弊、枉法裁判行为，需已经由生效刑事法律文书或者纪律处分决定所确认，这些行为严重影响了司法公信力，同时也可能影响当事人对原审法院的信任，若指令原审法院再审，恐再审裁判结果不易令当事人信服。

四是原审人民法院对该案无再审管辖权的。民事诉讼法在 2012 年修订时，不再将管辖错误作为再审事由，故此处的“无再审管辖权”与原审法院在原审时对案件有无管辖权无关，而是指原审法院不符合民事诉讼法对再审法院的限定。如民事诉讼法第二百零四条[①]第二款规定，“因当事人申请裁定再审的案件由中级人民法院以上的人民法院审理”，如果当事人不符合向基层法院申请再审的条件，或者虽符合条件但未向基层法院申请再审，则基层法院对因当事人申请而裁定再审的案件就不具有再审管辖权。

五是需要统一法律适用或裁量权行使标准的。依据《最高人民法院关于规范上下级人民法院审判业务关系的若干意见》，上级人民法院监督指导下级人民法院的审判业务工作，统一法律适用和裁量权行使标准是上级法院监督指导的主要内容之一，对涉及法律适用和裁量权行使标准的再审案件，由上级法院提审更有利于对下监督指导，也有利于提高再审案件裁判质量和效果。六是其他不宜指令原审人民法院再审的情形。对指令再审标准不设兜底条款，对提审的标准设兜底条款，也是对提审原则的坚持。

——高审监：《〈最高人民法院关于民事审判监督程序严格依法适用指令再审和发回重审若干问题的规定〉的理解与适用》，载江必新主编：《最高人民法院司法解释与指导性案例理解与适用》第四卷，人民法院出版社 2016 年版，第 306~307 页。

1089. 不得因指令再审而降低再审启动标准

关键词

指令再审　再审事由成立

① 现为《民事诉讼法》（2021 年修正）第二百一十一条。

最高人民法院司法解释

第一条 上级人民法院应当严格依照民事诉讼法第二百条[①]等规定审查当事人的再审申请，符合法定条件的，裁定再审。不得因指令再审而降低再审启动标准，也不得因当事人反复申诉将依法不应当再审的案件指令下级人民法院再审。

——《最高人民法院关于民事审判监督程序严格依法适用指令再审和发回重审若干问题的规定》（2015 年 2 月 16 日，法释〔2015〕7 号）。

最高人民法院司法政策精神

第四，要统一提审案件和指令再审案件的再审标准。提审案件改判率高于指令再审案件改判率是民事再审审查工作中存在的普遍现象。造成这种现象的原因是多方面的，不排除指令再审标准宽于提审标准的因素。各级人民法院应当高度重视这一问题，采取切实有效的措施，使提审和指令再审的标准都统一到“事由成立”上来。

——苏泽林：《以党的十八大精神为指引，努力开创民事再审审查工作新局面——在全国法院民事再审审查工作座谈会上的讲话》（2013 年 1 月 6 日），载苏泽林、景汉朝主编，最高人民法院立案一庭、立案二庭编：《立案工作指导》2012 年第 4 辑（总第 35 辑），人民法院出版社 2013 年版，第 7 页。

附录：最高人民法院法官著述

三、启动再审标准应统一

对当事人的再审申请，无论是以指令再审方式还是以提审方式裁定再审，标准应该是相同的，也即当事人的申请必须符合民事诉讼法第二百条或第二百零一条[②]规定的情形。但实践中仍普遍感觉提审与指令再审的标准似乎不尽相同，指令再审标准相对较宽、提审标准相对较严。客观地说，部分法院的一些工作机制容易形成驳回申请容易、再审难，指令再审容易、提审难的局面。原有信访化解机制也是造成民事审判监督案件裁判“变形”的一个重要因素，为了化解信访压力，一些不具备再审事由的案件可能会启动再审，或者再审案件可能会因此不当裁判。为了减轻信访压力，有的法院更愿意对有信访因素的案件选择指令再审、发回重审。

针对司法实践中的这些问题，《规定》第一条强调，对当事人的再审申请，人民法院仍应当按民事诉讼法第二百条等规定进行审查，事由成立的始

---

① 现为《民事诉讼法》（2021 年修正）第二百零七条。

② 现为《民事诉讼法》（2021 年修正）第二百零八条。

得裁定再审，不得因指令再审和信访等因素而降低相关标准。

——高审监：《〈最高人民法院关于民事审判监督程序严格依法适用指令再审和发回重审若干问题的规定〉的理解与适用》，载江必新主编：《最高人民法院司法解释与指导性案例理解与适用》第四卷，人民法院出版社2016年版，第304页。

1090. 原审瑕疵裁判的效力起算时间仍然应从其原生效时间开始计算

关键词

瑕疵裁判　生效时间

附录：最高人民法院主流观点

瑕疵裁判的效力起算时间问题是瑕疵裁判所特有的，因为对于正常的维持原裁判案件而言，再审程序并未否定原审裁判的效力，因此对于原审裁判的效力起算时间并无实际影响。对于改判或者发回重审的案件而言，原生效裁判已经被新的裁判所取代，原生效裁判的效力及其起算时间也就没有意义了。而对于瑕疵裁判而言，虽然原审裁判存在瑕疵，但是此种裁判属于不可改判的裁判，因此原审生效裁判的效力仍然被再审裁判所确认和维持，其效力起算时间仍然应当从原生效时间开始计算。

考虑这一问题的另一个因素是：生效裁判是执行行为的依据，依据有效的判决作出的执行行为才可能是正当的，如果作为执行行为依据的生效裁判被撤销，那么就必然涉及执行回转问题，因为申请执行人取得执行标的的原因已经因再审被撤销，其因此失去继续享有相关权利的基础。如果认为瑕疵裁判和错误裁判一样是无效的，那么自然就意味着在此之前的执行行为是错误的，但是该执行行为随即又得到新的同一内容的再审判决的再次确认，由此可见，否认瑕疵裁判自身的效力，无论在理论上还是在实务上只能人为地制造不便。

——江必新主编、最高人民法院审判监督庭编著：《最高人民法院关于适用民事诉讼法审判监督程序司法解释理解与适用》，人民法院出版社2008年版，第295~296页。

1091. 人民法院可告知当事人申请检察建议或抗诉而不作为申请再审案件受理的情形

关键词

再审裁判　再审检察监督　不予受理

最高人民法院司法解释

第三百八十一条　当事人申请再审，有下列情形之一的，人民法院不予受理：

（一）再审申请被驳回后再次提出申请的；

（二）对再审判决、裁定提出申请的；

（三）在人民检察院对当事人的申请作出不予提出再审检察建议或者抗诉决定后又提出申请的。

前款第一项、第二项规定情形，人民法院应当告知当事人可以向人民检察院申请再审检察建议或者抗诉，但因人民检察院提出再审检察建议或者抗诉而再审作出的判决、裁定除外。

——《最高人民法院关于适用〈中华人民共和国民事诉讼法〉的解释》（2022 年 4 月 1 日修正）。

最高人民法院司法政策精神

4. 有下列情形之一的，告知当事人依据民事诉讼法第二百零九条向人民检察院申请检察建议或者抗诉，不作为申请再审案件受理：

（1）再审申请人在人民法院驳回其再审申请后又向人民法院申请再审的；

（2）当事人认为再审判决、裁定有错误，向人民法院申请再审的。

5. 有下列情形之一的，为民事诉讼法第二百零九条[①]第三项规定的再审判决、裁定：

（1）第一审人民法院对于生效第一审判决、裁定，由本院再审后作出的、当事人未在法定期间内上诉的判决、裁定；

（2）第二审人民法院对于生效第二审判决、裁定，由本院再审后作出的判决、裁定；

（3）上级人民法院对于生效判决、裁定提审后作出的判决、裁定。

——最高人民法院办公厅《关于印发〈全国法院民事再审审查工作座谈

① 现为《民事诉讼法》（2021 年修正）第二百一十六条。

会纪要〉的通知》(2013年3月29日，法办〔2013〕36号)。

最高人民法院审判业务意见

进一步明确申请再审案件受理范围

第一，对再审裁判申请再审的，不予受理，告知当事人依法申请检察监督。根据民事诉讼法第二百零九条确立的“申请再审先行，检察监督在后”的程序机制，对于再审裁判，应当告知当事人依法申请检察监督，不作为申请再审案件受理，具体包括以下两种情况：

一是当事人认为再审裁判有错误向人民法院申请再审的案件。已经适用再审程序作出生效裁判的案件，无论是改判还是维持原判，任何一方当事人申请再审的，不予受理，告知其依法申请检察监督。

二是再审发回重审后作出的裁判，当事人又申请再审的案件。这个问题讨论中有不同意见。多数意见认为，再审发回重审后作出的裁判与再审后直接由再审法院作出的裁判，当事人都已获得了一次由法院对生效裁判再次审理的救济机会，其实质是相同的。因此，不论重审后的结果是改判还是维持原判，任何一方当事人申请再审的，不予受理，告知其依法申请检察监督。对此问题，我们将进一步研究。

第二，再审申请被裁定驳回后再次申请的，不予受理，告知再审申请人依法申请检察监督。一方当事人在人民法院驳回其再审申请后又申请再审的，告知其依法申请检察监督，不作为申请再审案件受理。但为平等保护双方当事人权利，对方当事人在申请再审期间内申请再审的，应予受理。

——郑学林：《在全国法院民事再审审查工作座谈会上的总结讲话》(2013年1月7日)，载苏泽林、景汉朝主编、最高人民法院立案一庭、立案二庭编：《立案工作指导》2012年第4辑(总第35辑)，人民法院出版社2013年版，第15页。

最高人民法院审判业务意见(民一庭意见)

最高人民法院民一庭倾向性意见：一审生效的裁判经再审，上诉后作出的裁判属民事诉讼法第二百零九条第一款第三项规定的再审裁判，当事人对此类裁判不服的，不能向人民法院申请再审，而应当依法向检察机关申请检察监督。检察机关经审查向人民法院提出抗诉，符合法律规定的，人民法院应予受理。

——最高人民法院民事审判第一庭：《一审生效的裁判经再审、上诉后作出的裁判属再审裁判》，载最高人民法院民事审判第一庭编：《民事审判指导与参考》2016年第4辑(总第68辑)，人民法院出版社2017年版，第186页。

附录：最高人民法院主流观点

新民事诉讼法第二百零九条赋予当事人申请检察监督的权利，确立了申请再审先行，检察监督在后的程序。根据该条规定，我们认为，在以下两种情况下，应当告知当事人向检察院申请检察建议或者抗诉，不应作为申请再审案件受理：

一是再审申请人在人民法院驳回其再审申请后又向人民法院申请再审的。但为平等保障双方当事人权利，对方当事人在法定申请再审期限内申请再审的，应予受理。

二是当事人认为再审判决、裁定有错误向人民法院申请再审的。在案件已经适用再审程序作出生效裁判的情况下，依照新民事诉讼法第二百零九条的规定，全体当事人只能针对再审裁判申请检察监督。据此，目前适用于不服再审判决申请再审的“民再申字”案号不应继续适用。

——高民智:《贯彻实施新民事诉讼法（七）关于再审审查程序的理解与适用》，载《人民法院报》2012 年 12 月 12 日。

二、关于不作为申请再审案件受理的情况

依据民事诉讼法第二百零九条的规定，座谈会纪要第四条明确了两种不作为申请再审案件受理的情况。

（一）裁定驳回再审申请的案件

依据民事诉讼法第二百零九条，再审申请人在人民法院驳回其再审申请后又向人民法院申请再审的，不予受理。但需要注意以下两个问题：

1. 再审申请人更换事由申请再审是否受理。对此，存在两种意见：第一种意见认为，既然民事诉讼法已经明确再审申请被裁定驳回后当事人可以申请检察监督，则即使再审申请人发现了新的再审事由也应当向检察机关提出；第二种意见认为，原则上不应受理，但再审申请人依据民事诉讼法第二百条[①]第一项、第三项、第十二项、第十三项的规定，自知道或者应当知道上述情形之日起六个月内再次提出申请的，人民法院应予受理。第一种意见的好处在于标准划分明确，但在当事人被裁定驳回后才发现新证据且其对于未在第一次申请再审时一并提出并无过错情况下，可能产生增加程序环节问题。第二种意见的好处在于考虑到当事人在裁定驳回后才发现新事由的特殊情况，但也可能引发当事人随意引用上述四种事由重复申请再审而拒绝向检察机关申请监督的问题。因两种意见分歧较大，座谈会纪要中未明确该问题，实务中建议视个案情况而定，原则上对于裁定驳回后再审申请人又向法院申请再

---

① 现为《民事诉讼法》（2021 年修正）第二百零七条。

审的，应当告知其向检察机关申请检察监督。

2. 对方当事人申请再审是否受理。考虑到平等保护双方当事人诉讼权利的要求，对于一方当事人申请再审被裁定驳回后，对方当事人或者原审其他当事人申请再审，符合法定条件的，仍应受理。

（二）再审判决、裁定

依据民事诉讼法第二百零九条，当事人认为再审判决、裁定有错误的，可以向检察机关申请检察监督，其向人民法院申请再审的，不论再审是维持原判还是改判，均不予受理。据此，原有适用于不服再审判决申请再审的“民再申字”案号不再继续适用。

为明确司法实践中争议较多的再审判决、裁定的范围问题，座谈会纪要第5条规定了再审判决、裁定的三种情况：一是第一审人民法院对于生效第一审判决、裁定，由本院再审后作出的、当事人未在法定期间内上诉的判决、裁定；二是第二审人民法院对于生效第二审判决、裁定，由本院再审后作出的判决、裁定；三是上级人民法院对于生效判决、裁定提审后作出的判决、裁定。征求意见过程中对于这三种情况下的判决、裁定属于再审判决、裁定基本没有争议。争议的主要问题有以下两种情况：

（1）再审发回重审后作出的生效裁判是否允许申请再审。对此有两种观点：一是认为案件已经经过再审，不应允许当事人申请再审；二是认为既然是撤销原判发回重审，案件已经不存在生效裁判，案件情况也可能发生重大变化，如增加诉讼请求、提交新证据、追加当事人等，应允许就重新作出的裁判申请再审。鉴于情况较为复杂，争议较大，座谈会纪要未将该类情况明确纳入再审裁判范围，对此问题可进一步研究。

（2）当事人对按照第一审程序再审作出的裁判提出上诉后作出的生效裁判是否允许申请再审。这个问题取决于如何认识按照第一审程序进行再审审理的程序性质，该程序为一审程序还是再审程序。一种观点认为，这一程序应当视为再审程序，受再审程序规则的约束，当事人不能超出原审范围增加、变更诉讼请求，通过这一程序作出的再审判决即使当事人上诉，亦应属于再审裁判，不应允许申请再审。另一种观点认为，既然是按照第一审程序再审，这一程序规则均应按照第一审程序规定处理，也可能存在追加当事人、增加变更诉讼请求等问题，且该案从未经过二审法院审理，应允许当事人对于上诉后二审法院作出的裁判申请再审。鉴于情况复杂，争议较大，座谈会纪要未将该类情况明确纳入再审裁判范围，对此问题可进一步研究。

——郑学林、刘小飞、吴凯敏：《〈全国法院民事再审审查工作座谈会纪要〉的理解与适用》，载景汉朝主编，最高人民法院立案一庭、立案二庭编：《立案工作指导》2013年第2辑（总第37辑），人民法院出版社2013年版，第49~59页。

附录：民事审判信箱

问： 对一审判决生效后，经一审法院启动再审程序作出驳回起诉的民事裁定，当事人提起上诉，二审法院经审理作出维持原裁定的生效民事裁判，是否属于《中华人民共和国民事诉讼法》第二百零九条第一款第（三）项规定的当事人可以向检察机关申请抗诉的“再审判决、裁定”？

答： 对此，司法实务中存在两种意见：第一种意见认为，虽经一审法院再审并作出再审裁判，但因当事人提起上诉启动二审程序，二审法院经审理作出的终审裁判，不属于民事诉讼法第二百零九条第一款第三项规定的再审裁判；第二种意见认为，一审判决生效后，原审法院依照审判监督程序启动再审后作出的一、二审裁判，应属于再审裁判范畴。我们认为，2012 年民事诉讼法修改增加第二百零九条的目的是解决当事人不断申请再审、重复申诉的问题，总的立法精神就是因当事人针对生效裁判申请再审，就启动一次。如果当事人不服再审裁判则可寻求检察监督。就一审判决生效后，经一审法院启动再审程序作出驳回起诉的裁定，当事人提起上诉，二审作出维持原裁定的生效民事裁判而言，该二审生效裁定并未经过再审程序。故当事人有权就此裁定向法院申请再审。

——本书研究组：《对一审判决生效后，经一审法院启动再审程序作出驳回起诉的民事裁定，当事人提起上诉，二审法院经审理作出维持原裁定的生效民事裁判，是否属于〈中华人民共和国民事诉讼法〉第二百零九条第一款第（三）项规定的当事人可以向检察机关申请抗诉的“再审判决、裁定”》，载最高人民法院民事审判第一庭编：《民事审判指导与参考》2015 年第 2 辑（总第 62 辑），人民法院出版社 2016 年版，第 295 页。

1092. 一方当事人针对二审判决申请再审，另一方当事人不服再审判决的，可向人民检察院申请检察建议或者抗诉

关键词

检察建议　抗诉　再审裁判

附录：民事审判信箱

问： 一方当事人针对二审判决申请再审，人民法院作出再审判决后，另一方当事人不服的，能否向人民法院申请再审？

答：《中华人民共和国民事诉讼法》第一百九十九条[①]规定所称的当事人是案件的全部当事人，也就是说，上诉人和被上诉人等案件当事人针对已经发生法律效力的一审或二审判决、裁定，均依法享有申请再审的权利。一方当事人在法定期间内申请再审，另一方当事人在法定期间内未提出再审申请的，在审判监督程序终结后，所有当事人针对该已经发生法律效力的一审或二审判决、裁定申请再审的诉讼程序权利已经消灭，并不会因另一方未在法定期间内行使申请再审的权利而为其另行保留一次向作出再审裁判法院申请再审的权利。具体到问题所涉及的情形，人民法院针对一方当事人的再审申请，经过审查，裁定进入再审程序的，虽然再审程序是按照第二审程序审理的，但所形成的法律文书并非二审判决，而是再审判决，两者因所处的诉讼程序不同而性质有别。此时，由于当事人相应诉讼权利所指向的对象是再审判决而非二审判决，故根据民事诉讼法第二百零九条[②]第一款第（三）项的规定，当事人可以“再审判决、裁定有明显错误的”为法定事由，向人民检察院申请检察建议或者抗诉。

——本书研究组：《一方当事人针对二审判决申请再审，人民法院作出再审判决后，另一方当事人不服的，能否向人民法院申请再审》，载最高人民法院民事审判第一庭编：《民事审判指导与参考》2015 年第 2 辑（总第 62 辑），人民法院出版社 2016 年版，第 291 页。

1093. 人民检察院不得对人民法院发回重审裁定提出抗诉

关键词

发回重审裁定　抗诉

最高人民法院审判业务意见（研究室意见）

有关部门就检察机关能否对人民法院发回重审的民事裁定提出抗诉问题征求最高人民法院研究室意见。最高人民法院研究室经研究认为：检察机关对人民法院发回重审的民事裁定提出抗诉的法律依据不足，不宜提出抗诉。

——最高人民法院研究室《关于检察机关能否对人民法院发回重审的民事裁定提出抗诉问题的研究意见》，载张军主编、最高人民法院研究室编：《司法研究与指导》第 2 辑（总第 2 辑），人民法院出版社 2012 年版，第 95~98 页。

---

① 现为《民事诉讼法》（2021 年修正）第二百零六条。

② 现为《民事诉讼法》（2021 年修正）第二百一十六条。

附录：再审信箱

问： 检察机关能否对人民法院发回重审裁定提出抗诉？

答： 发回重审是二审的一种裁判方式，与依法改判、维持原判并列。但依法改判、维持原判是确定的、终局的判决，是与纠纷得到最终解决相联系的，维持裁判与依法改判都具有既判力，对当事人而言，就同一事项，讼争当事人不得再予起诉；对法院而言，既判力表现为“一事不再理”，法院一旦查明当事人就同一事项再行起诉的，应当驳回起诉。而发回重审的目的则在于使既有的诉讼活动，包括双方当事人以及法院所为的一切诉讼行为归于零，失去效力，并开始新的诉讼程序。发回重审裁定有其独特的拘束力，此种拘束力只是否定了既有判决，并没有作出肯定性的裁判，并没有最终解决纠纷，其所具有的效力并非既判力。

人民检察院作为我国的法律监督机关，其监督范围囊括整个司法领域，作为司法领域重要组成部分的审判程序无疑也必须直面人民检察院的监督。人民检察院对审判程序监督，主要通过事后监督的途径进行，针对生效的判决、裁定进行抗诉提请再审，民事诉讼法第一百八十七条[①]规定，人民检察院对人民法院已经发生法律效力的判决、裁定发现符合法定抗诉事由的，应当依法向人民法院提出抗诉。无论是理论界还是实务界都认为检察机关对于发生法律效力的判决发现符合法定抗诉事由的，是可以提出抗诉的。但对于所有的裁定能否提起抗诉，则产生了不同的认识，这实际上涉及抗诉的客体。从法理上讲，主要从裁定有无实体上的既判力来考虑，如果该裁定在实体上发生实质上确定力，就应当给予再审救济，当然所有的诉讼事项都可能涉及当事人的实体权利，但必须强调是直接涉及当事人实体权利事项。如为解决诉讼中某些阶段的程序性问题，虽然人民法院时常也会作出一些发生法律效力的裁定，如先予执行、诉前保全、财产保全的裁定等，但因这些裁定并不是最终裁定，如果当事人不服，可以通过申请复议的方式提出，由所作出裁定的法院或上级法院决定；即使当事人提出的错误未及时得到纠正，也可以通过终审裁判予以纠正，无需通过抗诉进入再审来解决。基于发回重审裁定的法律效力分析，发回重审裁定将双方当事人以及法院所为的一切诉讼行为归于失去效力，是一种纯程序性裁定，不具有诉的内容，不能适用再审程序进行审理，故检察机关对人民法院发回重审的民事裁定提出抗诉没有法律依据，不应对人民法院发回重审裁定提出抗诉的意见。检察机关对人民法院发回重审民事裁定提出抗诉的，人民法院应当商请检察机关撤回抗诉。

——江必新主编、最高人民法院审判监督庭编：《审判监督指导》2012年

---

① 现为《民事诉讼法》（2021年修正）第一百九十四条。

第2辑（总第40辑），人民法院出版社2012年版，第242~243页。

1094. 人民法院应对抗诉案件进行必要的形式审查

关键词

抗诉 撤诉 审查方式

最高人民法院司法解释

第四百一十五条 人民检察院依当事人的申请对生效判决、裁定提出抗诉，符合下列条件的，人民法院应当在三十日内裁定再审：

（一）抗诉书和原审当事人申请书及相关证据材料已经提交；

（二）抗诉对象为依照民事诉讼法和本解释规定可以进行再审的判决、裁定；

（三）抗诉书列明该判决、裁定有民事诉讼法第二百一十五条第一款规定情形；

（四）符合民事诉讼法第二百一十六条第一款第一项、第二项规定情形。

不符合前款规定的，人民法院可以建议人民检察院予以补正或者撤回；不予补正或者撤回的，人民法院可以裁定不予受理。

——《最高人民法院关于适用〈中华人民共和国民事诉讼法〉的解释》（2022年4月1日修正）。

最高人民法院司法政策精神

应对抗诉案件予以必要审查。抗诉案件依据法律规定应当再审，但并不是说抗诉必然启动再审，人民法院要依法先行审查，审查后符合应该再审的标准才决定再审，审查期是30天，审查内容是当事人的主体要素、时间要素、法定范围要素、顺序要素等。这个审查只审查上述形式要件，对于当事人的再审诉讼请求等实质内容，需要法院在再审中进行处理。关于这点，最高人民法院发布了指导案例，经审查，不符合抗诉标准，要商检察院撤回抗诉，否则，不应受理。检察机关移送的抗诉卷宗中缺少必要材料的，应退回检察机关补充，拒绝补充的，可裁定不予受理。对于当事人在一审后放弃上诉权符合申请抗诉条件的，要根据“两高”会签文件的规定，加强对不上诉“正当理由”的审查。

——贺荣：《在全国法院审判监督工作座谈会暨审判监督理论专业委员会第三届年会上的总结讲话》（2012年9月27日），载景汉朝主编、最高人民法院审判监督庭编著：《审判监督指导》2012年第3辑（总第41辑），人民法院出版社 2013 年版，第 12 页。

1095. 人民检察院提交调取的证据需作出说明，并交双方当事人质证

关键词

抗诉　调取证据　质证

最高人民法院司法解释

第四百一十九条　人民法院开庭审理抗诉案件，应当在开庭三日前通知人民检察院、当事人和其他诉讼参与人。同级人民检察院或者提出抗诉的人民检察院应当派员出庭。

人民检察院因履行法律监督职责向当事人或者案外人调查核实的情况，应当向法庭提交并予以说明，由双方当事人进行质证。

——《最高人民法院关于适用〈中华人民共和国民事诉讼法〉的解释》（2022 年 4 月 1 日修正）。

附录：再审信箱

问：民事、行政抗诉案件进入再审程序后，检察机关调查取得的证据在庭审中如何质证？

答：最高人民法院《关于民事诉讼证据的若干规定》和最高人民法院《关于行政诉讼证据若干问题的规定》对当事人所举证据和人民法院调查取得的证据，在庭审中如何进行举证、质证作出了规定。但对检察机关就民事、行政案件是否享有调查取证权、调查取得的证据在庭审中如何质证，人民法院对该证据能否采用等情形未作规定。鉴于司法实践中存在调查取证难的问题，检察机关就民事、行政案件进行抗诉，依法取得的证据，有利于案件的公正处理，人民法院应当接受。根据《最高人民法院、最高人民检察院关于对民事审判活动与行政诉讼实行法律监督的若干意见（试行）》第三条规定，“人民检察院对于已经发生法律效力的判决、裁定、调解，有下列情形之一的，可以向当事人或者案外人调查核实：（一）可能损害国家利益、社会公共利益的；（二）民事诉讼的当事人或者行政诉讼的原告、第三人在原审中因客观原因不能自行收集证据，书面申请人民法院调查收集，人民法院应当调查收集而未调查收集的；（三）民事审判、行政诉讼活动违反法定程序，可能影响案件正确判决、裁定的。”从上述规定可见，检察机关享有调查核实权，但行使调查核实权须具备三个方面要件：一是检察机关仅对生效判决、裁定、

调解确定的事实有一定调查权；二是仅限于可能损害国家利益和社会公共利益，人民法院怠于行使调查权以及违反法定程序可能影响案件正确判决、裁定等三种情形；三是检察机关仅可对当事人或案外人调查核实证据，不得向原审审判人员取证。同时，根据《最高人民法院、最高人民检察院关于对民事审判活动与行政诉讼实行法律监督的若干意见（试行）》第十三条第二款第（二）项的规定，"对人民检察院依职权调查收集的、包括有利于和不利于申诉人的证据予以出示，并对当事人提出的问题予以说明。"可见，检察机关行使调查权取得的证据，出于居中监督，不仅要提供有利于申诉人的证据，还应提供不利于申诉人的证据，而且检察机关应在法庭上出示相关证据，并回答对方当事人的质疑。只有经过质证的证据，才能作为人民法院认定事实的依据。

——江必新主编、最高人民法院审判监督庭编：《审判监督指导》2012 年第 1 辑（总第 39 辑），人民法院出版社 2012 年版，第 248 页。

1096. 一审审判人员在审理案件期间受贿，是否属于法定再审事由

关键词

建设工程施工合同纠纷　审判人员贪污受贿、徇私舞弊、枉法裁判　法定再审事由

最高人民法院裁判文书

宏森玻璃公司与泰业建设公司建设工程施工合同纠纷再审审查案［最高人民法院（2021）最高法民申 4674 号民事裁定书］

裁判要旨：生效刑事判决认定本案一审法院审判人员在一审审理中收取本案一方当事人贿赂，判决该审判人员犯受贿罪，对其处以刑罚。二审判决虽然维持了一审判决，但现无证据证明二审法院审判人员存在《中华人民共和国民事诉讼法》第二百条[①] 第十三项规定的贪污受贿、徇私舞弊、枉法裁判行为，故该刑事判决不属于足以推翻二审判决的新的证据。

最高人民法院经审查认为，宏森玻璃公司的再审申请不能成立，理由

① 现为《民事诉讼法》（2021 年修正）第二百零七条。

如下：

（一）泰业建设公司于 2012 年 6 月 8 日向宏森玻璃公司提交的案涉 1# 厂房、库房的《竣工验收备案表》上有宏森玻璃公司盖章，《工程竣工验收报告》上有宏森玻璃公司派驻的工程师陆文签名。宏森玻璃公司否认该签名系陆文本人所签，但是未申请对笔迹进行鉴定。泰业建设公司提交的案涉库房的《主体结构工程验收记录》上有宏森玻璃公司、泰业建设公司盖章。2012 年 7 月 4 日，宏森玻璃公司向泰业建设公司作出“2012 年 8 月底前将两处门卫和窑炉基础决算完成”“伍拾万元在拆迁公司拆除现有厂房后，五日内付清”等内容的承诺。二审判决据此认定 2012 年 6 月 8 日，泰业建设公司与宏森玻璃公司对库房工程进行了竣工验收，图纸外的工程亦施工完毕，1# 厂房除地面平整、墙体砌筑以外的工程也已施工完毕并交付宏森玻璃公司使用，有事实依据。宏森玻璃公司申请再审提交的三份《情况说明》不足以推翻二审判决对上述事实的认定。故宏森玻璃公司提交的三份《情况说明》不属于足以推翻二审判决的新的证据。

（二）宏森玻璃公司提交了（2020）皖 0522 刑初 54 号刑事判决作为新的证据，该判决认定本案一审法院审判人员汪智在一审审理中收取泰业建设公司委托诉讼代理人汪旭洋贿赂，判决该审判人员犯受贿罪，对其处以刑罚。该刑事判决已生效。二审判决虽然维持了一审判决，但现无证据证明二审法院审判人员存在《中华人民共和国民事诉讼法》第二百条第十三项规定的贪污受贿、徇私舞弊、枉法裁判行为，故该刑事判决不属于足以推翻二审判决的新的证据。

——中国裁判文书网。

1097. 对当事人就再审裁判提出申诉的处理

关键词

再审　申诉　立案审查

最高人民法院审判业务意见（第一巡回法庭民商事主审法官会议纪要）

人民检察院民事抗诉案件再审后当事人进行申诉的，不予正式立案审查。讼争案件业经再审审理程序，且系人民检察院抗诉之民事再审案件，故程序上应严格把关。当事人所提供之申诉材料并不足以推翻已决案件生效裁判所认定之事实，亦不足以否定人民检察院抗诉之理由，加之《中华人民共和国民事诉讼法》就申诉程序未有明确规定，因此，应不予正式立案审查。

附：案情简介

甲公司与乙公司签订《合作合同》，约定以甲公司出资、乙公司出地的方式进行房地产合建合作。因乙公司所占土地属于划拨用地且已抵押给某银行，为将讼争土地过户至甲公司名下，乙公司经征得其上级主管单位（非行政机关）及某银行同意后委托丙公司进行拍卖。随后，甲公司通过竞拍程序取得讼争土地，甲、乙公司随即共同向相关国土行政主管机关申请土地转让审批。因乙公司单方原因，其后续不再办理土地过户手续，甲公司起诉，遂成讼。该案二审判决作出后，经人民检察院提起民事抗诉，进入再审程序，再审判决已生效。现甲公司又就该案提起申诉。

——最高人民法院第一巡回法庭编著：《最高人民法院第一巡回法庭民商事主审法官会议纪要》（第1卷），中国法制出版社2020年版，第98~99页。

1098. 二审法院撤销一审判决并提审案件，缺乏法律依据，但不属于应当再审的情形

关键词

撤销判决　再审

最高人民法院审判业务意见（民一庭意见）

最高人民法院民一庭意见：二审法院审理上诉案件，撤销一审判决并提审案件，缺乏法律依据，但不属于民事诉讼法第二百条[①]规定的应当再审的情形。

附：案情简介

原告某商贸公司与被告某电池公司租赁合同纠纷一案，河北省廊坊经济技术开发区人民法院于2016年8月20日作出（2015）廊开民初字第760号民事判决。商贸公司不服一审判决，上诉于河北省廊坊市中级人民法院，该院于2016年11月29日作出（2016）冀10民终3934号民事裁定：一、撤销河北省廊坊经济技术开发区人民法院（2015）廊开民初字第760号民事判决；二、本案由该院提审。提审后，河北省廊坊市中级人民法院于2017年2月15日作出（2016）冀10民初280号民事判决。电池公司不服一审判决向河北省高级人民法院提起上诉，该院于2017年6月2日作出（2017）冀民终349号民事判决，电池公司不服二审判决向最高人民法院申请再审。

---

① 现为《民事诉讼法》（2021年修正）第二百零七条。

——付少军：《二审法院撤销一审判决并提审案件，缺乏法律依据，但不属于应当再审的情形》，载最高人民法院民事审判第一庭编：《民事审判指导与参考》2018年第4辑（总第76辑），人民法院出版社2019年版，第161、164页。

1099. 中级人民法院驳回用人单位撤销仲裁裁决申请后，能否启动审判监督程序

关键词

撤销仲裁裁决　审判监督程序

最高人民法院司法解释

第二十二条　用人单位依据调解仲裁法第四十九条规定向中级人民法院申请撤销仲裁裁决，中级人民法院作出的驳回申请或者撤销仲裁裁决的裁定为终审裁定。

——《最高人民法院关于审理劳动争议案件适用法律问题的解释（一）》（2020年12月29日，法释〔2020〕26号）。

附录：最高人民法院主流观点

对于法院驳回撤销申请和不撤销仲裁裁决的裁定，当事人无上诉权，检察院抗诉的，人民法院亦不予受理，但其司法精神实质是针对一裁终局的案件作出的，目的是维护一裁终局制度的效力和价值，对劳动争议撤裁案件同样适用。

如果法院撤销仲裁裁决或驳回申请的裁定确有错误，法院能否以院长发现错误为由主动提起再审进行纠正？答案应当同样是否定的。法院主动纠错的出发点是好的，但即使法院的裁定确有错误，当事人也只能被动接受或直接向人民法院起诉。《最高人民法院关于下级法院撤销仲裁裁决后又以院长监督程序提起再审应如何处理问题的复函》已明确规定，以院长发现确有错误为由对撤销仲裁裁决的裁定提起再审没有充分的法律依据，侵害了当事人的程序权利，违反了《仲裁法》的相关规定，应当予以制止和纠正。

——最高人民法院民事审判第一庭编著：《最高人民法院新劳动争议司法解释（一）理解与适用》，人民法院出版社2021年版，第271页。

1100. 一审生效裁判经再审一审、二审作出的裁判属再审裁判，当事人应当依法向人民检察院申请监督

关键词

再审裁判　终结审查

最高人民法院裁判文书

赵启君、海南弘远公司与西安长兴公司、海南一桥公司合同纠纷案［最高人民法院（2021）最高法民申 1948 号民事裁定书］

裁判要旨：一审生效的裁判经再审一审、二审作出的裁判属再审裁判，当事人若不服，应当依法向人民检察院申请监督。

最高人民法院经审查发现，赵林森与海南一桥置业有限公司、海南弘远房地产开发有限公司合同纠纷一案由湖北省高级人民法院于 2015 年 3 月 5 日作出（2015）鄂民二初字第 00007 号民事判决。判决生效后，因案外人西安长兴置业投资有限公司向湖北省高级人民法院提出申诉，该院于 2018 年 6 月 11 日作出（2018）鄂民申 1069 号民事裁定对该案再审。湖北省高级人民法院依法另行组成合议庭，于 2019 年 3 月 12 日作出（2018）鄂民再 252 号民事判决。赵林森不服，向最高人民法院提起上诉，最高人民法院于 2019 年 12 月 26 日作出（2019）最高法民终 1407 号民事判决，已经发生法律效力。赵林森向最高人民法院申请再审系针对（2019）最高法民终 1407 号民事判决，而该判决是经审判监督程序审理之后作出的属于再审判决。《最高人民法院关于适用〈中华人民共和国民事诉讼法〉的解释》第三百八十三条规定："当事人申请再审，有下列情形之一的，人民法院不予受理：（一）再审申请被驳回后再次提出申请的；（二）对再审判决、裁定提出申请的；（三）在人民检察院对当事人的申请作出不予提出再审检察建议或者抗诉决定后又提出申请的。前款第一项、第二项规定情形，人民法院应当告知当事人可以向人民检察院申请再审检察建议或者抗诉，但因人民检察院提出再审检察建议或者抗诉而再审作出的判决、裁定除外"和第四百零二条第六项规定："再审申请审查期间，有下列情形之一的，裁定终结审查：……（六）有本解释第三百八十三条第一款规定情形的"，据此，本案应裁定终结审查。若当事人认为该再审判决有错误的，可以依法向人民检察院申请再审检察建议或者抗诉。

——中国裁判文书网。

第十六章　公示催告程序

1101. 伪报票据丧失属于利害关系人未申报权利的正当理由

关键词

撤销除权判决　正当理由　伪报票据丧失

最高人民法院司法解释

第四百五十八条　民事诉讼法第二百三十条规定的正当理由，包括：

（一）因发生意外事件或者不可抗力致使利害关系人无法知道公告事实的；

（二）利害关系人因被限制人身自由而无法知道公告事实，或者虽然知道公告事实，但无法自己或者委托他人代为申报权利的；

（三）不属于法定申请公示催告情形的；

（四）未予公告或者未按法定方式公告的；

（五）其他导致利害关系人在判决作出前未能向人民法院申报权利的客观事由。

——《最高人民法院关于适用〈中华人民共和国民事诉讼法〉的解释》（2022 年 4 月 1 日修正）。

附录：最高人民法院主流观点

如果利害关系人因正当理由未能在公示催告期间申报权利，却导致其持有的票据被判决无效，则会出现利害关系人因正当延误而产生不利益，因此，为救济其权利，我国民事诉讼法第二百二十三条[①]规定了利害关系人可以提起撤销除权判决之诉。该条规定："利害关系人因正当理由不能在判决前向人民法院申报的，自知道或者应当知道判决公告之日起一年内，可以向作出判决的人民法院起诉。"在司法实务中，关于何为正当理由，是亟需明确的问题。

① 现为《民事诉讼法》（2021 年修正）第二百三十条。

关于伪报票据丧失是否属于正当理由以及应否适用本条关于一年期限限制问题。本条第三项规定，申请公示催告的事项不属于法定申请公示催告的情形，申报人未及时申报的，应认定为具有正当理由。近年来，伪报票据丧失的情形增多，关于该情形是否属于正当理由，也是司法实务中讨论较多的问题。我们认为，由于票据并未丧失，故其不属于法定申请公示催告的情形。合法持票人基于合理注意义务，不会审查公告是否存在的事实，因此，其不知晓公告的存在以及未在判决作出前申报权利并未违反其注意义务，没有过错，属正当理由。

——最高人民法院修改后民事诉讼法贯彻实施工作领导小组编著:《最高人民法院民事诉讼法司法解释理解与适用》，人民法院出版社 2015 年版，第 1228 页。

1102. 原合法持票人可以申请人不当申请公示催告致其票据权利丧失为由，请求申请人赔偿损失

关键词

公示催告程序　票据损害责任纠纷

最高人民法院公报案例

杭州翔盛纺织有限公司诉余姚市圣凯五金厂（普通合伙）票据损害责任纠纷案（浙江省余姚市人民法院一审民事判决书）

裁判摘要：票据经公示催告程序被人民法院作出除权判决之后，原合法持票人可以公示催告申请人不当申请公示催告致其票据权利丧失为由，向人民法院提起诉讼，请求公示催告的不当申请人承担损害赔偿责任。

浙江省余姚市人民法院认为，首先，以背书转让的汇票，背书应当连续，持票人以背书的连续证明其汇票权利。本案中，原告翔盛公司提供的银行承兑汇票背书连续，且能够证明其从前手合法取得该汇票；另，因该汇票后手以票据被判决除权、银行拒付为由依次将该汇票退给原告，故原告是该汇票最后的合法持有人。

其次，除权判决是依公示催告程序作出，利害关系人或真正的权利人提起票据诉讼时，其权利义务关系不应受除权判决约束。涉案汇票均未记载背书时间，在被告圣凯五金厂未能提供相反证据的情况下，原告翔盛公司取得

汇票时间可以认定为其向恒远公司出具收款收据的日期即2012年10月8日，原告在公示催告前取得该票据，系合法持票人。被告圣凯五金厂没有在案涉票据背书栏内签章，未向法院提供有效证据证明其合法取得票据，亦未向法院提交票据遗失的相关证据。相反，原告提交的本案讼争票据必要记载事项齐全、背书连续，且已在公示催告期间前合法持有该票据，故在无相反证据证明原告取得票据存在恶意或重大过失的情况下应认定原告享有票据权利。因此，法院对被告提出的被告是票据最后合法持有人的抗辩意见不予采纳。被告并非票据的最后合法持有人，却依除权判决获得票据款项，客观上造成了原告的损失。对该损失，作为最后的合法持有人的原告理应获得赔偿，故原告要求被告赔偿承兑汇票损失200000元的诉请合理合法，法院予以支持，对于原告的利息请求，因原告未提供有效证据证明其后手何时向其退票并支付款项的证据，故应从起诉之日计算。被告的抗辩意见于法无据，不予采纳。

——《最高人民法院公报》2016年第6期。

最高人民法院裁判文书

天津丰宇正泰金属材料贸易有限公司、山西西山煤电股份有限公司与天津丰宇正泰金属材料贸易有限公司、山西西山煤电股份有限公司票据损害责任纠纷申请再审案［最高人民法院（2015）民申字第1775号民事裁定书］

最高人民法院认为，关于丰宇公司应否承担赔偿责任。丰宇公司在将其所持有的汇票用于民间贴现后，伪称票据丢失向张家口市桥东区人民法院申请公示催告并取得案涉汇票除权判决，属于恶意转嫁风险。丰宇公司的行为致使西山煤电公司不能在票据有效期内行使票据权利、实现票据利益，侵害了持票人的票据权利，给持票人造成了损失，丰宇公司应对此承担赔偿责任。二审判决丰宇公司赔偿西山煤电公司票据款500万元及票据到期日之后的银行利息，并无不当。

——中国裁判文书网。

1103. 公示催告程序中，公告期间届满日应如何确定

关键词

公示催告程序　公告期间届满日　票据付款日

附录：最高人民法院主流观点

问：现有一张银行承兑汇票，出票日期为2019年2月1日，付款提示期

限为6个月。票据持有人于2019年2月27日遗失该票据，后向法院申请公示催告。该法院经审查受理了申请，并于2019年3月1日发出公告，请问公告期间届满日应如何确定?

答:《最高人民法院关于适用〈中华人民共和国民事诉讼法〉的解释》第四百四十九条规定:“公告期间不得少于六十日，且公示催告期间届满日不得早于票据付款日后十五日。”需要注意的是，本条规定中的“票据付款日”是指“票据提示付款期限届满日”。

规定“公示催告期间届满日不得早于票据付款日后十五日”的原因在于:第一，银行承兑汇票等商业汇票的付款提示期限较长，如果持票人在出票后不久就丧失票据，申请公示催告，由于当时的时间距离提示付款期限届满日还较远，法院受理并公告后，合法持票人可能不会注意到公示催告的存在，也就不会申报权利。如果公告期间过短，可能导致法院因无人申报而早早作出除权判决。这样，合法持票人在提示付款时，就会因票据被认定无效而无法持票行使票据权利。第二，如果除权判决公告日过分早于票据付款期限，就会导致申请人在丧失票据后实现票据权利的时间反而可以早于未丧失票据时行使权利的时间，这不利于保护付款人的期限利益。

因此，在确定公示催告期间时，“六十日”和“票据付款日后十五日”两个因素缺一不可:如果“票据付款日后十五日”早于“六十日”，则公示催告期间不能少于“六十日”;如果“票据付款日后十五日”晚于“六十日”，则公示催告期间不能早于“票据付款日后十五日”。

问题中的银行承兑汇票的付款提示期限届满日为2019年8月1日。对于这种付款提示期限届满日长于60日的情况，公告期间届满日应不早于票据付款日后15日，即不得早于2019年8月15日。

——最高人民法院民事审判第一庭编:《民事审判实务问答》，法律出版社2021年版，第436~437页。

1104. 公示催告程序终结后，当事人纠纷的解决机制

关键词

申报人　公示催告程序　起诉　利害关系人

最高人民法院司法解释

第四百四十八条　在申报期届满后、判决作出之前，利害关系人申报权利的，应当适用民事诉讼法第二百二十八条第二款、第三款规定处理。

——《最高人民法院关于适用〈中华人民共和国民事诉讼法〉的解释》

（2022 年 4 月 1 日修正）。

附录：最高人民法院主流观点

申报人申报权利后，申请人和申报人之间出现了权利争议，因公示催告程序为非讼程序，并不解决当事人之间的权利争议，因此，在裁定终结公示催告程序后，申请人和申报人可以采取提起诉讼的方式解决双方的权利争议。

——最高人民法院民法典贯彻实施工作领导小组办公室编著：《最高人民法院新民事诉讼法司法解释理解与适用》，人民法院出版社 2022 年版，第 1019 页。

1105. 因发生意外事件或者不可抗力致使利害关系人虽知晓公告事实的，但未能自己在判决作出前申报权利或者委托他人申报权利的，是否属于正当理由

关键词

意外事件　不可抗力　利害关系人　公示催告程序　正当理由

最高人民法院司法解释

第四百五十八条　民事诉讼法第二百三十条规定的正当理由，包括：

（一）因发生意外事件或者不可抗力致使利害关系人无法知道公告事实的；

（二）利害关系人因被限制人身自由而无法知道公告事实，或者虽然知道公告事实，但无法自己或者委托他人代为申报权利的；

（三）不属于法定申请公示催告情形的；

（四）未予公告或者未按法定方式公告的；

（五）其他导致利害关系人在判决作出前未能向人民法院申报权利的客观事由。

——《最高人民法院关于适用〈中华人民共和国民事诉讼法〉的解释》（2022 年 4 月 1 日修正）。

附录：最高人民法院主流观点

关于因发生意外事件或者不可抗力致使利害关系人虽知晓公告事实的，但未能自己在判决作出前申报权利或者委托他人申报权利的，是否属于正当理由问题。如前所述，民事诉讼法第二百三十条规定的“不能在判决前向人民法院申报的”，既包括因不知晓公告事实而未申报权利的情形，也包括虽知

晓公告事实，而无法申报权利的情形。因此，尽管《民事诉讼法解释》第四百五十八条第一项仅规定因发生意外事件或者不可抗力致使利害关系人未能知晓公告事实的，属于正当理由，但在审判实务中，对于利害关系人虽知道公告事实，但由于发生意外事件或者不可抗力致使其不能在判决作出前申报权利或者委托他人申报权利的，也应认定属于正当理由。

——最高人民法院民法典贯彻实施工作领导小组办公室编著：《最高人民法院新民事诉讼法司法解释理解与适用》，人民法院出版社2022年版，第1032页。

1106. 恶意申请公示催告的救济

关键词

恶意申请公示催告　交付票据

最高人民法院司法政策精神

106.【恶意申请公示催告的救济】公示催告程序本为对合法持票人进行失票救济所设，但实践中却沦为部分票据出卖方在未获得票款情形下，通过伪报票据丧失事实申请公示催告、阻止合法持票人行使票据权利的工具。对此，民事诉讼法司法解释已经作出了相应规定。适用时，应当区别付款人是否已经付款等情形，作出不同认定：

（1）在除权判决作出后，付款人尚未付款的情况下，最后合法持票人可以根据《民事诉讼法》第二百二十三条[①]的规定，在法定期限内请求撤销除权判决，待票据恢复效力后再依法行使票据权利。最后合法持票人也可以基于基础法律关系向其直接前手退票并请求其直接前手另行给付基础法律关系项下的对价。

（2）除权判决作出后，付款人已经付款的，因恶意申请公示催告并持除权判决获得票款的行为损害了最后合法持票人的权利，最后合法持票人请求申请人承担侵权损害赔偿责任的，人民法院依法予以支持。

——《最高人民法院关于印发〈全国法院民商事审判工作会议纪要〉的通知》（2019年11月8日，法〔2019〕254号）。

附录：最高人民法院主流观点

本条采用了票据权利救济程序和原因债权救济程序并行的方式。理由为：

① 现为《民事诉讼法》（2021年修正）第二百三十条。

在除权判决作出并公告的情形下，票据被除权，并非有效票据，故合法持票人无法持有无效票据行使票据权利。对于合法持票人而言，其已经行使了票据付款请求权，但未获付款，故其行使票据权利受到阻碍。在票据被除权的情形下，虽然我国民事诉讼法规定了撤销除权判决之诉这一救济途径，但最后持票人能否在这一诉讼中胜诉，实质处于不定状态。而且，诉讼耗时较长，即使其胜诉，其利益的实现也具有滞后性。此外，在司法实践中，由于票据具有专业性，为数不少的最后合法持票人可能并不了解法律规定了撤销除权判决之诉这一票据权利救济方式，而未能及时通过提起诉讼的方式救济其权利，如果苛求其必须承担接受票据、必须先行使完所有的票据权利的救济途径才能以原因法律关系主张自己的原因债权，则不符合目前我国民众法律素质不高的现实。当然，应该说，从票据法法理角度分析，既然持票人选择了接受票据这一支付方式，就应当承担行使票据权利的相应风险，包括程序复杂的风险。但如果该风险过大，也会产生不良的作用，即交易主体不愿接受票据作为支付结算工具，这不利于票据功能的发挥。由于持票人在行使第一位票据权利时已经被拒付，且票据被除权，从表面形式上分析，持票人不可能基于无效票据行使票据权利，故赋予其直接基于基础法律关系项下的原因债权向其直接交易相对方主张另行给付对价并退票，可以及时全面救济持票人的权利。综上，基于全面及时救济持票人权利的考虑，纪要规定了两种权利救济途径。当然，如果当事人有明确的意思表示，约定交付票据后原因债权消灭的，则持票人只能采取票据权利救济途径救济权利，而不能行使原因债权的救济途径救济权利。我国票据法专家谢怀栻先生在论述票据债权与原因债权的行使顺序时认为，如果当事人之间对代物清偿没有明确约定时，两种债权并存，债权人应先行使票据债权，如行使票据债权而无效果，则可以行使原因债权。其同时认为，“至于行使票据债权要到何种程度方能行使原因债权，一般认为只要行使票据上的付款请求权而遭到拒绝，债权人（持票人）作出拒绝证书后，即可行使原因债权。实际上，此时持票人对债务人行使的，既可以说是票据关系里的追索权，也是原因债权，可以说是两种权利的合并行使（当然两种权利的行使方法是不同的，行使追索权以持有票据为必要，而且时效期较短，行使原因债权不以持有证券为必要，而且时效期较长）。如果因为票据经过转让，当事人又变更，持票人不行使票据上的追索权而直接行使原因债权为有利时，即可直接行使原因债权（此时可一并请求损害赔偿，所以可能比行使票据债权为有利）”。

关于基于票据权利救济途径进行救济。《民事诉讼法》第二百二十三条规定：“利害关系人因正当理由不能在判决前向人民法院申报的，自知道或者应当知道判决公告之日起一年内，可以向作出判决的人民法院起诉。”此为撤销除权判决之诉。根据该条规定，利害关系人提起撤销除权判决之诉，应具备以下两个条件：一是因正当理由不能在判决前向人民法院申报权利；二是自知道或者应当知道判决公告之日起一年内提起诉讼。民事诉讼法司法解释第四百六十条规定："民事诉讼法第二百二十三条规定的正当理由，包括：……（三）不属于法定申请公示催告情形的；……"因申请人伪报票据丧失事实属于《民事诉讼法》第二百二十三条规定的正当理由，故最后合法持票人可以根据该条规定，在法定期限内请求撤销除权判决，在票据恢复效力后依法行使票据权利。当然，在采取票据权利救济途径时，应注意遵守票据法关于行使票据追索权的相关规定。

关于基于基础法律关系救济途径进行权利救济。由于持票人不能行使票据权利，故应认定基础法律关系的债务人没有清偿债务，持票人可以向其退回票据，并要求另行给付对价。

除权判决作出后，付款人已付款情形下因付款人已付款，申请人恶意申请公示催告并持除权判决获得票款行为损害了最后合法持票人的权利，构成侵权，故最后合法持票人据此请求申请人承担赔偿责任的，人民法院应予支持。

——最高人民法院民事审判第二庭编著：《〈全国法院民商事审判工作会议纪要〉理解与适用》，人民法院出版社 2019 年版，第 542~544 页。

第十七章　督促程序

1107. 法院受理支付令申请后发现无管辖权的如何处理

关键词

支付令申请　管辖权　督促程序　移送管辖　裁定驳回申请

最高人民法院司法解释

第四百二十五条　两个以上人民法院都有管辖权的，债权人可以向其中一个基层人民法院申请支付令。

债权人向两个以上有管辖权的基层人民法院申请支付令的，由最先立案的人民法院管辖。

——《最高人民法院关于适用〈中华人民共和国民事诉讼法〉的解释》（2022年4月1日修正）。

附录：最高人民法院主流观点

当人民法院受理支付令申请后发现本法院无管辖权时，应当如何处理？是驳回申请，还是移送管辖？民事诉讼法第三十七条关于移送管辖的规定："人民法院发现受理的案件不属于本院管辖的，应当移送有管辖权的法院，受移送的人民法院认为受移送的案件依照规定不属于本院管辖的，应当报请上级人民法院指定管辖，不得自行移送。"由于移送、报请、指定程序将花费大量时间，与督促程序简单便捷的特点不符，故移送管辖不应适用于督促程序。民事诉讼法第二百二十三条第一款的规定，"人民法院受理申请后，经审查债权人提供的事实、证据，对债权债务关系明确、合法的，应当在受理之日起十五日内向债务人发出支付令；申请不成立的，裁定予以驳回"，结合《民事诉讼法解释》第四百二十八条的规定，人民法院无管辖权，应为申请不成立的情形之一。因此，我们认为，一旦受理申请的人民法院发现自己无管辖权，应当裁定驳回申请。

——最高人民法院民法典贯彻实施工作领导小组办公室编著：《最高人

民法院新民事诉讼法司法解释理解与适用》，人民法院出版社 2022 年版，第 951 页。

1108. 如果债权债务关系比较复杂、非简单明了的，不宜适用督促程序来解决纠纷

关键词

支付令 督促程序 形式审查

最高人民法院司法解释

第四百三十五条 经形式审查，债务人提出的书面异议有下列情形之一的，应当认定异议成立，裁定终结督促程序，支付令自行失效：

（一）本解释规定的不予受理申请情形的；

（二）本解释规定的裁定驳回申请情形的；

（三）本解释规定的应当裁定终结督促程序情形的；

（四）人民法院对是否符合发出支付令条件产生合理怀疑的。

——《最高人民法院关于适用〈中华人民共和国民事诉讼法〉的解释》（2022 年 4 月 1 日修正）。

附录：最高人民法院主流观点

关于是否发出支付令的条件，如果债务人与债权人的债权债务关系比较复杂、非简单明了的，则不宜适用督促程序来解决纠纷。民事诉讼法第二百二十一条规定："债权人请求债务人给付金钱、有价证券，符合下列条件的，可以向有管辖权的基层人民法院申请支付令：（一）债权人与债务人没有其他债务纠纷的；（二）支付令能够送达债务人的。申请书应当写明请求给付金钱或者有价证券的数量和所根据的事实、证据。"第二百二十三条第一款、第二款规定："人民法院受理申请后，经审查债权人提供的事实、证据，对债权债务关系明确、合法的，应当在受理之日起十五日内向债务人发出支付令；申请不成立的，裁定予以驳回。债务人应当自收到支付令之日起十五日内清偿债务，或者向人民法院提出书面异议。"而《民事诉讼法解释》第四百三十五条第四项规定的"人民法院对是否符合发出支付令条件产生合理怀疑"，主要是指债务人提供的证据，足以使审查法官对债权人的申请条件是否符合民事诉讼法第二百二十一条所规定的支付令条件和内容产生怀疑，即债务人提供的证据表明，债权人与债务人"可能"会存在其他债务纠纷的，或者支付令能够送达债务人存在疑问的等情形。从司法实践中反映的情况来看，主要

是指债务人与债权人的债权债务关系比较复杂、非简单明了的，足以影响或不符合申请支付令条件的，或需要经过诉讼程序予以解决的，经过形式审查，人民法院应当裁定终结督促程序，支付令自行失效。

——最高人民法院民法典贯彻实施工作领导小组办公室编著：《最高人民法院新民事诉讼法司法解释理解与适用》，人民法院出版社2022年版，第982页。

1109. 具有债权内容的人民调解协议可以申请支付令

关键词

人民调解协议　申请支付令

最高人民法院司法解释

第十条　具有债权内容的调解协议，公证机关依法赋予强制执行效力的，债权人可以向被执行人住所地或者被执行人的财产所在地人民法院申请执行。

——《最高人民法院关于审理涉及人民调解协议的民事案件的若干规定》（2002年9月16日，法释〔2002〕29号）。

最高人民法院司法政策精神

对于具有合同效力和给付内容的调解协议，债权人可以根据民事诉讼法和相关司法解释的规定向有管辖权的基层人民法院申请支付令。申请书应当写明请求给付金钱或者有价证券的数量和所根据的事实、证据，并附调解协议原件。

——《最高人民法院关于建立健全诉讼与非诉讼相衔接的矛盾纠纷解决机制的若干意见》（2009年7月24日，法发〔2009〕45号）。

32. 加强调解与督促程序的衔接。以金钱或者有价证券给付为内容的和解协议、调解协议，债权人依据民事诉讼法及其司法解释的规定，向有管辖权的基层人民法院申请支付令的，人民法院应当依法发出支付令。债务人未在法定期限内提出书面异议且逾期不履行支付令的，人民法院可以强制执行。

——《最高人民法院关于人民法院进一步深化多元化纠纷解决机制改革的意见》（2016年6月28日，法发〔2016〕14号）。

附录：最高人民法院主流观点

具体来说，根据和解协议与调解协议的内容是以金钱或者有价证券给付为内容，符合督促程序的条件，一方当事人，通常为债权人可以依据民事诉讼法及其司法解释的规定，向有管辖权的基层人民法院申请支付令；人民法院经过审查，符合条件的应当依法发出支付令；债务人未在法定期限内提出书面异议且逾期不履行支付令的，一方当事人就可以依据支付令，要求人民法院强制执行。

通过民事诉讼法规定的督促程序，确认和解协议与调解协议的给付内容符合法律规定的申请支付令的条件，给债权人发出支付令，督促债务人履行，如果债务人不履行，则可以申请法院强制执行。该条通过督促程序赋予和解协议、调解协议强制执行的效力，从而为和解协议与调解协议的效力特别是强制执行力提供保障，真正快速有效解决当事人之间的争议。

——李少平主编：《最高人民法院多元化纠纷解决机制改革意见和特邀调解规定的理解与适用》，人民法院出版社 2017 年版，第 297 页。

1110. 能否以保证人为被申请人发出支付令

关键词

保证人　支付令　督促程序

最高人民法院司法解释

第四百三十四条　对设有担保的债务的主债务人发出的支付令，对担保人没有拘束力。

债权人就担保关系单独提起诉讼的，支付令自人民法院受理案件之日起失效。

——《最高人民法院关于适用〈中华人民共和国民事诉讼法〉的解释》（2022 年 4 月 1 日修正）。

附录：最高人民法院主流观点

关于能否以保证人为被申请人发出支付令的问题，民事诉讼法没有明确规定，《督促程序规定》（已废止）第四条规定："对设有担保的债务案件主债务人发出的支付令，对担保人没有拘束力。债权人就担保关系单独提起诉讼的，支付令自行失效。"对于保证人能否作为支付令申请的被申请人以及将其列为被申请人后，程序应该如何具体运作，存在三种理解：一是认为保证人可以列为被申请人；二是认为保证人不能列为被申请人；三是认为是否对保证人适用督促程序要针对一般保证人和连带保证人这两种不同的保证类型区别对待。从《民事诉讼法解释》的规定原意来看，保证人不能列为督促程序中的被申请人，原因就在于该保证人作为“被申请人”，与民事诉讼法第二百二十一条所规定“债权人请求债务人给付金钱、有价证券，符合下列条件的，可以向有管辖权的基层人民法院申请支付令：（一）债权人与债务人没有其他债务纠纷的；（二）支付令能够送达债务人的。申请书应当写明请求给付金钱或者有价证券的数量和所根据的事实、证据”的条件不符，因此，债权人如果对设有担保的债务申请适用支付令，只能对主债务人适用，不得对担保人适用支付令；当然，这不妨碍债权人通过诉讼程序将债务人与担保人作为被告主张诉讼权利。

——最高人民法院民法典贯彻实施工作领导小组办公室编著：《最高人民法院新民事诉讼法司法解释理解与适用》，人民法院出版社2022年版，第978~979页。

1111. 当债权人同时对设有担保关系的主债务人和担保人申请发出支付令时，法院不能适用督促程序

关键词

督促程序　支付令申请　主债务人　担保人

最高人民法院司法解释

第四百三十四条　对设有担保的债务的主债务人发出的支付令，对担保人没有拘束力。

债权人就担保关系单独提起诉讼的，支付令自人民法院受理案件之日起失效。

——《最高人民法院关于适用〈中华人民共和国民事诉讼法〉的解释》（2022年4月1日修正）。

附录：最高人民法院主流观点

当债权人同时对设有担保关系的主债务人和担保人申请发出支付令时，人民法院不能适用督促程序。原因是该申请不符合民事诉讼法第二百二十一条的规定，即申请支付令时，由于与债务关系同时还存在着担保关系，不符合“债权人与债务人没有其他债务关系”的前提条件，而不能适用支付令。因此，债权人同时向主债务人和担保人主张适用支付令时，主债务人或担保人可以异议，以终结督促程序。

需要说明的是，督促程序不是诉前程序或起诉前的先行程序，也不是普通程序的附属程序。如果选择诉讼方式，债权人可以对设有担保的债务的债

务人和担保人同时提起诉讼的，支付令自人民法院受理案件之日起失效。

——最高人民法院民法典贯彻实施工作领导小组办公室编著：《最高人民法院新民事诉讼法司法解释理解与适用》，人民法院出版社2022年版，第979页。

1112. 追缴工会经费的支付令案件

关键词

追缴工会经费　申请支付令　管辖　支付令异议

最高人民法院司法解释

第三条　基层工会或者上级工会依照工会法第四十三条规定向人民法院申请支付令的，由被申请人所在地的基层人民法院管辖。

第四条　人民法院根据工会法第四十三条的规定受理工会提出的拨缴工会经费的支付令申请后，应当先行征询被申请人的意见。被申请人仅对应拨缴经费数额有异议的，人民法院应当就无异议部分的工会经费数额发出支付令。

人民法院在审理涉及工会经费的案件中，需要按照工会法第四十二条第一款第（二）项规定的"全部职工""工资总额"确定拨缴数额的，"全部职工""工资总额"的计算，应当按照国家有关部门规定的标准执行。

第五条　根据工会法第四十三条和民事诉讼法的有关规定，上级工会向人民法院申请支付令或者提起诉讼，要求企业、事业单位拨缴工会经费的，人民法院应当受理。基层工会要求参加诉讼的，人民法院可以准许其作为共同申请人或者共同原告参加诉讼。

——《最高人民法院关于在民事审判工作中适用〈中华人民共和国工会法〉若干问题的解释》（2020年12月29日修正）。

附录：理解与适用

建立工会组织的企业、事业单位、机关依法向工会组织拨缴的经费是工会组织经费的重要来源之一。应缴工会经费的企业、事业单位、机关无正当理由拖延或者拒不缴纳工会经费时，工会组织可以依法向人民法院申请支付令。支付令程序是民事诉讼法规定的一种特别程序，又称为督促程序，是在债务人不履行支付金钱、有价证券等债务，债权人向法院提起的追债程序。支付令程序简便快捷，成本又低，是保护债权的重要方式。工会经费是金钱债务，企业、事业单位、机关应当缴纳的工会经费有明确的计算标准，与工会组织之间一般不存在其他纠纷，所以一般都符合民事诉讼法规定的申请支付令的条件。

追缴工会经费的支付令案件应当适用民事诉讼法的相关规定和最高人民法院于2001年发布的法释〔2001〕2号《关于适用督促程序若干问题的规定》有关规定。此外，《最高人民法院关于在民事审判工作中适用《中华人民共和国工会法》若干问题的解释》(以下简称《解释》）对追缴工会经费的支付令案件的三个问题作了进一步明确：（1）支付令案件的地域管辖问题；（2）对支付令提出异议的问题；

（3）上级工会申请支付令问题。

1. 支付令案件的管辖。工会要向法院申请支付令，首先应当确定受理支付令申请的法院，即工会应当向哪一级哪一个法院申请支付令。《解释》明确规定了支付令应当向被申请人所在地的基层人民法院申请受理。不管拖欠的工会经费数额多大，申请支付令的工会是基层工会，还是其上级工会，也不论被申请人是企业、事业单位，还是机关，均由拖欠工会经费的企业、事业单位、机关所在地的基层人民法院受理。这主要考虑两个因素：（1）遵守民事诉讼原告就被告确定管辖的原则，所以《解释》规定由申请人住所地的人民法院管辖；（2）支付令案件属于事实清楚、争议不大的案件，基层人民法院审理案件符合民事诉讼法规定的确定级别管辖的原则。

2. 签发支付令前的询问程序。支付令异议程序在民事诉讼法中有明确规定，即在支付令发出后，债务人在收到支付令后15天内可以对支付令提出异议，即使异议没有说明任何理由，支付令也会自行失效，人民法院应当裁定支付令程序终结。支付令程序终结后，债权人只能依照民事诉讼法的规定，向有管辖权的人民法院起诉，进入普通诉讼程序。为避免拖欠工会经费的企业、事业单位、机关滥用对支付令的异议权，以达到拖延支付工会经费的目的，增加工会组织的诉讼负担，影响工会组织的正常工作，损害广大职工的利益。在不违反法律规定的前提下，根据拖欠工会经费案件中应拨缴的工会经费数额有明确的计算标准，双方对于拖欠工会经费的事实双方争议往往不大，多数只对工会经费的部分金额有异议的普遍特点，《解释》规定了人民法院签发支付令前的询问程序。具体做法是：人民法院受理工会经费支付令案件后，经审查认为符合签发支付令条件的，在签发支付令之前，应当先询问被申请人对申请人要求支付的工会经费事实及金额有没有异议。签发支付令前的询问程序，是人民法院受理工会组织就拖欠工会经费申请支付令案件的必经程序。人民法院询问被申请人所占用时间可以不计算在民事诉讼法规定的审理支付令案件的法定期间内，但人民法院应当严格控制，不宜过长，更不得以此拖延案件的审理。经询问，如果被申请人对拖欠经费的事实没有异议，仅对应缴工会经费的部分金额有异议的，人民法院应当及时告知申请人，申请人同意的，可以仅对被申请人没有异议的金额部分签发支付令，而不是对申请人申请的全部金额签发支付令；如果被申请人对债务事实及数额均没有异议，但提出没有清偿能力或者不同意拨缴经费的，人民法院应当就申请的全部数额签发支付令；如果被申请人对债务关系提出异议的，人民法院可以通知申请人撤回支付令申请，申请人不同意撤回申请的，人民法院仍应就全部申请工会经费签发支付令。另外，如果被申请人仅对拖欠的工会经费的部分数额有异议，申请人不同意人民法院仅就没有异议的数额签发支付令，又不愿意撤回申请的，人民法院也应当就全部数额签发支付令。例如，工会提出应拨缴的工会经费是12万元，而被申请人认为实际只应拨缴10万元，对其他2万元提出异议，法院即可先对10万元的经费金额签发支付令。但申请人不同意仅就10万元签发支付令的，人民法院应当就全部12万元工会经费签发支付令。在适用询问程序时，人民法院应当尊重当事人的真实意愿。询问程序不影响支付令异议期的适用，即并非因签发支付令前被申请人已经提出过异议或者没有提出异议而导致支付令签发后即发生法律效力，民事诉讼法规定的异议期仍然适用。人民法院要保护被申请人在异议期内异议的权利，该种异议不受询问程序的影响。

人民法院就被申请人没有异议的工会经费金额签发的支付令，被申请人往往不会再提出异议，一般能够得到履行。但如果在异议期内，被申请人又提出异议的，人民法院应当允许并对异议进行审查，异议符合民事诉讼法规定的条件的，支付令失去效力。签发支付令前询问程序可以大大地提高诉讼的效率，既符合支付令程序简便快捷的本质特征，又有效地遏制债务人滥用异议权，使当事人的权益早日得以实现，还可以减少诉讼，降低诉讼成本、节约司法资源。

3. 上级工会可以自己的名义申请支付令或者起诉。对于工会法第四十三条规定的上级工会可以就企业、事业单位、机关拖欠下级工会的经费向人民法院申请支付令或者提起诉讼的案件，对于上级工会的诉讼地位及其下级工会之间的关系，《解释》作了明确的规定。此时，上级工会可以自己的名义申请支付令或者起诉。上级工会不是下级工会的代理人，不必经下级工会组织委托；上级工会此时也不是行使代位权，而直接以自己的名义起诉。上级工会是案件的当事人，享有民事诉讼法规定的当事人的权利并承担相应的诉讼义务。上级工会申请支付令时，应当以自己的名义单独申请。上级工会也可以与下级工会共同申请或者起诉，人民法院应当将上级工会与下级工会列为共同申请人或者共同原告。对于申请支付令或者提起诉讼的上级工会也没有级别的限制，只要是上级工会即具备诉讼主体的资格，不受与下级工会组织之间级别关系的限制。

——吴兆祥：《关于在民事审判工作中适用〈中华人民共和国工会法〉若

于问题的解释的理解与适用》，载姜兴长主编、最高人民法院立案庭编：《立案工作指导与参考》2003 年第 3 卷（总第 4 卷），人民法院出版社 2003 年版，第 35~38 页。

1113. 对支付令申请书的审查是形式审查，而非实体审查

关键词

支付令申请　形式审查　实体审查　督促程序

最高人民法院司法解释

第四百二十六条　人民法院收到债权人的支付令申请书后，认为申请书不符合要求的，可以通知债权人限期补正。人民法院应当自收到补正材料之日起五日内通知债权人是否受理。

——《最高人民法院关于适用〈中华人民共和国民事诉讼法〉的解释》（2022 年 4 月 1 日修正）。

附录：最高人民法院主流观点

对于债权人的申请，法院仅根据债权人提供的证据进行审查，不进行直接调查，也不会询问当事人，仅仅是通过形式上对支付令申请书的审查来确认债权债务在形式上是否合法、明确。如果债权债务合法、明确，就依据督促程序的规定签发支付令，否则裁定驳回债权人的申请。

——最高人民法院民法典贯彻实施工作领导小组办公室编著：《最高人民法院新民事诉讼法司法解释理解与适用》，人民法院出版社 2022 年版，第 956 页。

1114. 在支付令申请的审查问题上注意把握的要点

关键词

支付令申请　双务合同　给付义务　单务合同　支付标的

最高人民法院司法解释

第四百二十七条　债权人申请支付令，符合下列条件的，基层人民法院应当受理，并在收到支付令申请书后五日内通知债权人：

（一）请求给付金钱或者汇票、本票、支票、股票、债券、国库券、可转

让的存款单等有价证券；

（二）请求给付的金钱或者有价证券已到期且数额确定，并写明了请求所根据的事实、证据；

（三）债权人没有对待给付义务；

（四）债务人在我国境内且未下落不明；

（五）支付令能够送达债务人；

（六）收到申请书的人民法院有管辖权；

（七）债权人未向人民法院申请诉前保全。

不符合前款规定的，人民法院应当在收到支付令申请书后五日内通知债权人不予受理。

基层人民法院受理申请支付令案件，不受债权金额的限制。

——《最高人民法院关于适用〈中华人民共和国民事诉讼法〉的解释》（2022年4月1日修正）。

附录：最高人民法院主流观点

审判实践中，在支付令申请的审查问题上应注意把握以下四点：一是申请人基于双务合同而申请支付令的，应注意审查申请人是否有证据证明申请人已先为对待给付的事实，或者能否证明债务人应先于债权人为给付；二是债权人没有对待给付义务不等于债权人就没有给付义务，不等于债权人与债务人之间不存在其他债权债务关系；三是债权人基于单务合同申请支付令的，应注意审查是否超过诉讼时效，证据是否充分、确凿；四是债权人以设有期限的有价证券为请求支付标的的，应注意审查有价证券是否已到期，数额是否确定等。

——最高人民法院民法典贯彻实施工作领导小组办公室编著：《最高人民法院新民事诉讼法司法解释理解与适用》，人民法院出版社2022年版，第963页。

1115. 督促程序是否适用于请求给付外国货币

关键词

督促程序　外国货币　本国货币　外汇管理

最高人民法院司法解释

第四百二十七条　债权人申请支付令，符合下列条件的，基层人民法院应当受理，并在收到支付令申请书后五日内通知债权人：

（一）请求给付金钱或者汇票、本票、支票、股票、债券、国库券、可转让的存款单等有价证券；

（二）请求给付的金钱或者有价证券已到期且数额确定，并写明了请求所根据的事实、证据；

（三）债权人没有对待给付义务；

（四）债务人在我国境内且未下落不明；

（五）支付令能够送达债务人；

（六）收到申请书的人民法院有管辖权；

（七）债权人未向人民法院申请诉前保全。

不符合前款规定的，人民法院应当在收到支付令申请书后五日内通知债权人不予受理。

基层人民法院受理申请支付令案件，不受债权金额的限制。

——《最高人民法院关于适用〈中华人民共和国民事诉讼法〉的解释》（2022年4月1日修正）。

附录：最高人民法院主流观点

关于督促程序是否适用于请求给付外国货币，我国民事诉讼法没有作出明确的规定。有人认为，督促程序中的金钱仅指流通中的人民币，因为只有人民币才是我国的法定流通货币；也有人认为，既然法律对金钱的范围未作出明确的规定，就可以理解为既包括本国货币，又包括外国货币。根据我国的外汇管理法规，外汇在我国的流通受到严格的限制，因此，我们对支付令是否可以请求给付外国货币的理解应与此相一致，既然我国民事诉讼法未对支付令是否可以请求给付外国货币作出明确规定，就应当理解为主要适用人民币。但由于我国已经加入世界贸易组织，对外交流和商务往来频繁，势必要求外国货币在我国的一定领域内具有流通性。因此，我国督促程序应当在一定领域内允许给付外国货币。

——最高人民法院民法典贯彻实施工作领导小组办公室编著：《最高人民法院新民事诉讼法司法解释理解与适用》，人民法院出版社2022年版，第963~964页。

1116. 增加支付令的生效可能性

关键词

滥用权利　支付令异议　督促程序　实质拒绝

最高人民法院司法解释

第四百三十三条 债权人基于同一债权债务关系，就可分之债向多个债务人提出支付请求，多个债务人中的一人或者几人提出异议的，不影响其他请求的效力。

——《最高人民法院关于适用〈中华人民共和国民事诉讼法〉的解释》（2022 年 4 月 1 日修正）。

附录：最高人民法院主流观点

增加支付令的生效可能性。司法实践中，债务人滥用异议权的现象比较严重，有必要在法律规定的层面上进行合理的规制。其一，可分之债的债务人行使异议权，不必终结督促程序；其二，人民法院需要审查债务人的异议是否有理由，让其提供支持其异议的理由和证据，如果属于可分之债的，应当直接作出支付令，使支付令的形成更具可实现性，增加支付令的生效可能性。

有必要规范支付令异议。债务人提出书面异议应提供必要的证据材料，不能提供的，视为异议无效。债务人提出异议的内容必须为对给付请求的"实质拒绝"。但如果债务人对债务本身没有异议，只是提出缺乏清偿能力或对清偿期限、清偿方式等提出不同意见的，不影响支付令的效力。

——最高人民法院民法典贯彻实施工作领导小组办公室编著：《最高人民法院新民事诉讼法司法解释理解与适用》，人民法院出版社 2022 年版，第 976 页。

第十八章　涉外民事诉讼程序

一、涉外民事诉讼

1117. 当事人协议选择涉外民事关系适用法律的范围及方式

关键词

协议选择涉外民事关系适用法律

最高人民法院司法解释

第六条　中华人民共和国法律没有明确规定当事人可以选择涉外民事关系适用的法律，当事人选择适用法律的，人民法院应认定该选择无效。引用统计

第七条　一方当事人以双方协议选择的法律与系争的涉外民事关系没有实际联系为由主张选择无效的，人民法院不予支持。引用统计

第八条　当事人在一审法庭辩论终结前协议选择或者变更选择适用的法律的，人民法院应予准许。

各方当事人援引相同国家的法律且未提出法律适用异议的，人民法院可以认定当事人已经就涉外民事关系适用的法律做出了选择。

——《最高人民法院关于适用〈中华人民共和国涉外民事关系法律适用法〉若干问题的解释（一）》（2012年12月28日，法释〔2012〕24号）。

附录：理解与适用

1. 没有法律依据的选法行为无效

涉外民事关系法律适用法第三条是关于“当事人意思自治原则”的规定，其源于“契约自由”原则。涉外民事关系法律适用法将这一原本仅仅作为涉外合同争议适用法律的一项基本原则扩展适用于涉外民事关系的诸多领域，

是一大亮点。然而，涉外民事关系法律适用法第三条属于“宣示性”条款，其强调只有我国法律明确规定允许当事人选择适用法律的，当事人才可以对系争涉外民事关系应当适用的法律作出选择。否则，当事人的选法行为无效，人民法院则不应予以支持。因此，本司法解释第六条明确规定：“中华人民共和国法律没有明确规定当事人可以选择涉外民事关系适用的法律，当事人选择适用法律的，人民法院应认定该选择无效。”

涉外民事关系法律适用法第十六条第二款“当事人可以协议选择委托代理适用的法律”；第十七条“当事人可以协议选择信托适用的法律”；第十八条“当事人可以协议选择仲裁协议适用的法律”；第二十四条“夫妻财产关系，当事人可以协议选择适用一方当事人经常居所地法律、国籍国法律或者主要财产所在地法律”；第二十六条“协议离婚，当事人可以协议选择适用一方当事人经常居所地法律或者国籍国法律”；第三十七条“当事人可以协议选择动产物权适用的法律”；第三十八条“当事人可以协议选择运输中动产物权发生变更适用的法律”；第四十一条“当事人可以协议选择合同适用的法律”；第四十四条“侵权行为发生后，当事人协议选择适用法律的，按照其协议”；第四十七条“不当得利、无因管理，适用当事人协议选择适用的法律”；第四十九条“当事人可以协议选择知识产权转让和许可使用适用的法律”；第五十条“知识产权的侵权责任……当事人也可以在侵权行为发生后协议选择适用法院地法律”等等，都是关于当事人选择法律的规定。除此以外，当事人无权选择涉外民事关系应当适用的法律。

2. 选择法律的范围

涉外民事关系法律适用法第三条并没有对当事人选择适用法律的范围作出特别规定。司法实践中，有误解认为当事人选择适用的法律应当与系争的涉外民事关系“有实际联系”，否则其选法行为无效。因此，有必要予以澄清。本司法解释第七条即规定：“一方当事人以双方协议选择的法律与系争的涉外民事关系没有实际联系为由主张选择无效的，人民法院不予支持。”

事实上，“有实际联系”的要求，仅见于民事诉讼法原第二百四十二条（2008年修订版条文序号，2012年修正案已将该条删除，相关内容并入第三十四条①）对当事人协议选择法院的规定，即“涉外合同或者涉外财产权益纠纷的当事人，可以用书面协议选择与争议有实际联系的地点的法院管辖。”

3. 选择法律的时间节点

涉外民事关系法律适用法第三条没有对当事人选择涉外民事关系适用的法律的时间点作出规定。司法实践中，涉外案件当事人在二审期间或其他时间节点要求变更选择适用的法律，人民法院是否应予准许？

① 现为《民事诉讼法》（2021年修正）第三十三条。

法释〔2007〕14号《最高人民法院关于审理涉外民事或商事合同纠纷案件法律适用若干问题的规定》(以下简称涉外合同纠纷法律适用司法解释)第四条第一款曾规定:“当事人在一审法庭辩论终结前通过协商一致,选择或者变更选择合同争议应适用的法律的,人民法院应予准许。”该司法解释仅针对涉外合同争议的当事人选择适用法律的情形。在涉外民事关系法律适用法将“当事人意思自治原则”的适用范围扩展之后,有必要对当事人选择法律的时间点统一作出规定。在本司法解释稿研讨过程中,多数法官认为,将当事人选择法律的时间点截止到“一审法庭辩论终结前”是合理的。因此,本司法解释第八条第一款对当事人选择适用法律的时间点明确规定为“一审法庭辩论终结前”。该款规定:“当事人在一审法庭辩论终结前协议选择或者变更选择适用的法律的,人民法院应予准许。”

4. 选择法律的方式

涉外民事关系法律适用法第三条对当事人选择涉外民事关系适用的法律的方式作出了原则性规定,即应当以“明示”的方式。然而,司法实践中存在一种特殊情况,即各方当事人并没有以书面或者口头等明确的方式对适用法律作出选择,但在诉讼过程中,各方当事人均援引同一国家的法律且均未对法律适用问题提出异议,对此,我国法院一般会认为当事人已经就涉外民事关系应当适用的法律作出了选择,即适用当事人共同援引的法律作出裁判。涉外合同纠纷法律适用司法解释第四条第二款曾规定:“当事人未选择合同争议应适用的法律,但均援引同一国家或者地区的法律且未提出法律适用异议的,应当视为当事人已经就合同争议应适用的法律作出选择。”

综上,本司法解释第八条第二款规定:“各方当事人援引相同国家的法律且未提出法律适用异议的,人民法院可以认定当事人已经就涉外民事关系适用的法律做出了选择。”

——高晓力:《〈最高人民法院关于适用《中华人民共和国涉外民事关系法律适用法》若干问题的解释(一)〉的理解与适用》,载江必新主编:《最高人民法院司法解释与指导性案例理解与适用》第一卷,人民法院出版社2013年版,第433~435页。

1118. 涉外民事案件的当事人可以协议选择法院管辖

关键词

协议管辖　涉外民事案件　连结点　专属管辖　书面协议

最高人民法院司法解释

第五百二十九条 涉外合同或者其他财产权益纠纷的当事人，可以书面协议选择被告住所地、合同履行地、合同签订地、原告住所地、标的物所在地、侵权行为地等与争议有实际联系地点的外国法院管辖。

根据民事诉讼法第三十四条和第二百七十三条规定，属于中华人民共和国法院专属管辖的案件，当事人不得协议选择外国法院管辖，但协议选择仲裁的除外。

——《最高人民法院关于适用〈中华人民共和国民事诉讼法〉的解释》（2022年4月1日修正）。

附录：最高人民法院主流观点

涉外民事案件的当事人可以协议选择法院管辖。司法实践中应当注意以下事项：一是可以选择法院的案件范围，应当是涉外合同或者其他财产权益纠纷案件；二是选择法院的形式要求，应当是以书面协议的方式选择，该选择可以在争议发生前，也可以在争议发生后作出；三是协议选择的法院的范围是有限制的，可以是被告住所地、合同履行地、合同签订地、原告住所地、标的物所在地、侵权行为地等与争议有实际联系地点的外国法院，如果当事人仅仅是选择了解决争议所应当适用的法律，而并无其他连结点，不能以此认定为有实际联系，即仅仅是被选择适用法律的地点的外国法院不能被认定为与争议有实际联系地点的外国法院；四是协议选择法院不得违反我国法律专属管辖的规定，换言之，就诉讼方式解决纠纷而言，对于我国法院专属管辖的案件，当事人不得协议选择外国法院管辖，但当事人选择通过仲裁方式解决纠纷的，则不受我国法院专属管辖规定的限制。

——最高人民法院民法典贯彻实施工作领导小组办公室编著：《最高人民法院新民事诉讼法司法解释理解与适用》，人民法院出版社2022年版，第1168~1169页。

1119. 当事人协议选择对我国未生效的国际条约的处理

关键词

协议选择涉外民事关系适用法律　国际条约

最高人民法院司法解释

第九条 当事人在合同中援引尚未对中华人民共和国生效的国际条约的，

人民法院可以根据该国际条约的内容确定当事人之间的权利义务，但违反中华人民共和国社会公共利益或中华人民共和国法律、行政法规强制性规定的除外。

——《最高人民法院关于适用〈中华人民共和国涉外民事关系法律适用法〉若干问题的解释（一）》（2012年12月28日，法释〔2012〕24号）。

附录：理解与适用

海事海商审判实践中，有些案件的当事人在提单中载明适用《1924年统一提单某些法律规定的国际公约》（即《海牙规则》）、《1978年联合国海上货物运输公约》（即《汉堡规则》）等国际条约的相关内容，而我国并未加入这些国际条约。在这种情况下，人民法院一般会尊重当事人的选择，且同时认为，既然是对我国尚未生效的国际条约，该条约对我国没有拘束力，不能将其作为裁判的法律依据，即我国法院不能将其作为国际条约予以适用。然而，怎样看待这种情形更合理呢？

司法解释稿讨论过程中，对此形成了三种不同的观点：第一种观点认为，这种情形可以作为当事人约定适用"外国法律"的情形对待。因为国际条约是若干缔约国签署并有一定数量的国家批准后才生效的，既然允许当事人选择适用外国法律，那么举重以明轻，当事人选择适用已经在多个国家之间生效的国际条约，显然不会违反我国法律的规定。第二种观点认为，可以把这类国际条约视为国际惯例。第三种观点认为，把这类国际条约认为构成当事人之间合同的组成部分，据以确定当事人之间的权利义务，更为合理，这样也可以解决如何对待当事人援引一些不具有拘束力的国际示范法、统一规则等产生的问题。同时，由于国际条约的复杂性，也不能将条约内容简单地等同于当事人之间的合同内容。对我国生效的国际条约，我国往往会通过声明保留排除对我国可能会产生不利影响的条款的适用，而对我国尚未生效的国际条约，很有可能存在这方面的问题，在我们不将该国际条约作为"外国法律"对待的情况下，可以排除外国法适用的公共秩序保留条款不能发生作用，因此，还应当增加对违反我国社会公共利益的情形的限制性规定。

司法解释最终采纳了第三种观点，在第九条明确规定："当事人在合同中援引尚未对中华人民共和国生效的国际条约的，人民法院可以根据该国际条约的内容确定当事人之间的权利义务，但违反中华人民共和国社会公共利益或中华人民共和国法律、行政法规强制性规定的除外。"

——高晓力：《〈最高人民法院关于适用《中华人民共和国涉外民事关系法律适用法》若干问题的解释（一）〉的理解与适用》，载江必新主编：《最高人民法院司法解释与指导性案例理解与适用》第一卷，人民法院出版社2013年版，第435页。

1120. 在我国与相关国家间没有双边或共同缔结的国际条约的情况下，可考虑首先启动互惠

关键词

司法互惠　国际条约

最高人民法院司法解释

第五百四十二条　当事人向中华人民共和国有管辖权的中级人民法院申请承认和执行外国法院作出的发生法律效力的判决、裁定的，如果该法院所在国与中华人民共和国没有缔结或者共同参加国际条约，也没有互惠关系的，裁定驳回申请，但当事人向人民法院申请承认外国法院作出的发生法律效力的离婚判决的除外。

承认和执行申请被裁定驳回的，当事人可以向人民法院起诉。

——《最高人民法院关于适用〈中华人民共和国民事诉讼法〉的解释》（2022 年 4 月 1 日修正）。

最高人民法院审判业务意见

第二，关于司法互惠。

民事诉讼法司法解释第五百四十四条[①]规定，没有互惠关系的，人民法院裁定驳回关于承认和执行外国法院的判决、裁定的申请。过去我们对互惠把握比较严格，承认和执行外国法院判决、裁定的事例十分罕见，客观上不利于保护中外当事人的合法权益，已经不适应构建开放型经济新体制的新要求。新的对外改革开放发展的形势要求我们作出改变。

当前，世界经济相互融合，越来越多的国家开始逐步放弃互惠要求，或者将互惠要求限制在一些特定的领域。而我国重要贸易伙伴美国、加拿大、英国、日本等均未与我国缔结或者共同参加关于相互承认与执行法院判决的国际条约，亦不存在互惠关系。为进一步平等保护中外当事人合法权益，及时维护我国走出去企业的利益，我们认为，在我国与相关国家之间没有双边或共同缔结的国际条约的情况下，可以考虑首先启动互惠。在审查时，需考虑以下四个因素：1. 该判决是终局的；2. 作出裁判的法院有管辖权；3. 当事人经合法传唤；4. 承认和执行该国判决、裁定不违反我国公共利益。

有两个方面的问题需要注意。一是为全面掌握相关国家的事实互惠和互

---

① 现为《民事诉讼法》（2021 年修正）第五百四十二条。

惠意向，各级法院知悉有关生效判决已为外国法院承认与执行的，应及时层报最高法院，以便我们及时掌握并向全国法院作出通报。二是在承认与执行外国法院裁判时，如当事人已经举证证明或者受案法院知悉有关国家的法院曾承认或执行我国法院裁判时，应根据互惠原则，依法予以承认与执行。在无法确定是否存在互惠关系的情况下，可以层报最高法院，通过外交途径，告知对方我国司法机关正考虑先行给予互惠，请对方予以表态，如对方有互惠意向，我方可先行启动互惠。

——张勇健：《在全国涉外商事海事审判庭长座谈会上的讲话》(2016年4月7日)，载贺荣主编、最高人民法院民事审判第四庭编：《涉外商事海事审判指导》2016年第1辑（总第32辑），人民法院出版社2017年版，第17~18页。

关于互惠原则的适用，在没有条约基础的情况下，将显得格外重要。对互惠原则如何理解，值得我们在司法实践中深入探讨，1995年最高人民法院关于日本公民向我国法院申请承认和执行日本法院民商事判决案件的复函中对互惠原则的解释，在今天看来是有一定的局限性的，我们是否可以尝试不再坚持"事实互惠"的观点。域外法院民商事判决的承认和执行问题，本质上属于司法协助事项，不属于审判工作，法院司法审查的具体标准就体现在对我国生效的相关国际条约中，条约中并未区分不同案由的判决，而是统一作出了规定，因而司法实践中没有必要区分离婚判决、商事判决等判决的案由，分由不同的业务庭处理，应当统一归口管理。

——罗东川：《在第四次全国涉外商事海事审判工作会议上的总结讲话》(2014年11月19日)，载贺荣主编、最高人民法院民事审判第四庭编：《涉外商事海事审判指导》2014年第2辑（总第29辑），人民法院出版社2015年版，第42页。

1121. 审判实践中应当注意把握好互惠关系的认定原则

关键词

互惠关系　申请承认和执行　外国法院裁判

最高人民法院司法解释

第五百四十二条　当事人向中华人民共和国有管辖权的中级人民法院申请承认和执行外国法院作出的发生法律效力的判决、裁定的，如果该法院所在国与中华人民共和国没有缔结或者共同参加国际条约，也没有互惠关系的，裁定驳回申请，但当事人向人民法院申请承认外国法院作出的发生法律效力的离婚判决的除外。

承认和执行申请被裁定驳回的，当事人可以向人民法院起诉。

——《最高人民法院关于适用〈中华人民共和国民事诉讼法〉的解释》（2022年4月1日修正）。

附录：最高人民法院主流观点

《全国法院涉外商事海事审判工作座谈会会议纪要》首次阐明了如何认定互惠关系的原则。第四十四条规定："人民法院在审理申请承认和执行外国法院判决、裁定案件时，有下列情形之一的，可以认定存在互惠关系：（1）根据该法院所在国的法律，人民法院作出的民商事判决可以得到该国法院的承认和执行；（2）我国与该法院所在国达成了互惠的谅解或者共识；（3）该法院所在国通过外交途径对我国作出互惠承诺或者我国通过外交途径对该法院所在国作出互惠承诺，且没有证据证明该法院所在国曾以不存在互惠关系为由拒绝承认和执行人民法院作出的判决、裁定。人民法院对于是否存在互惠关系应当逐案审查确定。"同时还要注意，适用互惠原则审查的案件，应当按照该纪要第四十九条第二款"人民法院根据互惠原则进行审查的案件，在作出裁定前，应当将拟处理意见报本辖区所属高级人民法院进行审查；高级人民法院同意拟处理意见的，应将其审查意见报最高人民法院审核"的规定，逐级报核，待最高人民法院答复后，方可作出裁定。

——最高人民法院民法典贯彻实施工作领导小组办公室编著：《最高人民法院新民事诉讼法司法解释理解与适用》，人民法院出版社2022年版，第1189~1190页。

1122. 外国法律的查明和适用

关键词

外国法　法律查明　法律适用

最高人民法院司法解释

第十七条　人民法院通过由当事人提供、已对中华人民共和国生效的国际条约规定的途径、中外法律专家提供等合理途径仍不能获得外国法律的，可以认定为不能查明外国法律。

根据涉外民事关系法律适用法第十条第一款的规定，当事人应当提供外国法律，其在人民法院指定的合理期限内无正当理由未提供该外国法律的，

可以认定为不能查明外国法律。引用统计

第十八条　人民法院应当听取各方当事人对应当适用的外国法律的内容及其理解与适用的意见，当事人对该外国法律的内容及其理解与适用均无异议的，人民法院可以予以确认；当事人有异议的，由人民法院审查认定。

——《最高人民法院关于适用〈中华人民共和国涉外民事关系法律适用法〉若干问题的解释（一）》(2012 年 12 月 28 日，法释〔2012〕24 号)。

最高人民法院司法政策精神

二是准确适用国际条约和准据法。广大涉外商事海事审判人员要加强对国际条约的学习，做到准确理解、熟练运用、规范解释。对于条约语义不明、不同语言版本存在分歧的，要根据《维也纳条约法公约》的规定，结合条约文本用语和上下文语境，参考条约的目的和宗旨，善意解释，确定其含义。要严格依照《涉外民事关系法律适用法》等冲突规范的规定，确定案件的准据法，对于应当适用外国法的，依照法律规定予以查明，要防止一味追求审判便利而不积极查明或不适用外国法的现象。

——贺荣:《深入学习贯彻党的十八届四中全会精神　全面推进涉外商事海事审判工作　为开放型经济新体制和海洋强国战略提供坚实司法保障——在第四次全国涉外商事海事审判工作会议上的讲话》(2014 年 11 月 18 日)，载贺荣主编、最高人民法院民事审判第四庭编:《涉外商事海事审判指导》2014 年第 2 辑（总第 29 辑），人民法院出版社 2015 年版，第 28 页。

最高人民法院审判业务意见

第五，关于外国法律的查明和适用。

在查明和适用外国法律时，要注意把握以下原则：当事人约定适用外国法，在人民法院指定的合理期限内无正当理由未提供该外国法律的，适用中国法；办案法院了解查明途径的可以告知当事人，从而有利于当事人提供相关法律；根据冲突法应当适用外国法的，人民法院应当依职权查明外国法。未根据涉外民事关系法律适用法司法解释第十七条规定的合理途径予以查明的，不得简单地以未能查明为由适用中国法。

——张勇健:《在全国涉外商事海事审判庭长座谈会上的讲话》(2016 年 4 月 7 日)，载贺荣主编、最高人民法院民事审判第四庭编:《涉外商事海事审判指导》2016 年第 1 辑（总第 32 辑），人民法院出版社 2017 年版，第 19 页。

1. 关于外国法的查明

涉外民商事审判过程中，根据我国冲突规范的规定，有些案件应当适用外国法。根据我国《涉外民事关系法律适用法》第十条的规定，外国法查明原则上是执法机关的义务。因此，各级人民法院在具体案件中将会直接面临查明外国法的问题。我国法院的法官如何确定外国法的相关内容并正确适用是个难题，亦因此外国法查明一直是制约涉外民商事审判效率的“瓶颈”问题。各级法院的法官在审判实践中基本能够按照最高人民法院关于适用民法通则的司法解释中关于外国法查明途径的相关规定，积极查明外国法，但仍有一些法院在个别案件中随意以不能查明外国法为由不予适用外国法。对此，需要引起高度重视，特别是在区际私法冲突下，在应当适用香港法或者澳门法时，更不能轻易以不能查明为由不予适用香港法或者澳门法。最高人民法院民四庭正在摸索建立更为便利的外国法查明平台。

——罗东川：《在第四次全国涉外商事海事审判工作会议上的总结讲话》（2014 年 11 月 19 日），载贺荣主编、最高人民法院民事审判第四庭编：《涉外商事海事审判指导》2014 年第 2 辑（总第 29 辑），人民法院出版社 2015 年版，第 40 页。

附录：理解与适用

（十四）关于外国法律的查明

在案件应当适用外国法的情况下，如何查明外国法一直是制约涉外民事审判效率的“瓶颈”问题。司法实践中，主要涉及以下几个问题：（1）谁有义务去查找外国法，是法院还是当事人。（2）法院可以通过何种途径获得外国法。（3）在何种情况下才能认定为“不能查明外国法律”。（4）如何正确理解外国法律。

1. 谁有义务查找外国法

各国对外国法的态度是不同的，主要是以把外国法看作是“事实”还是“法律”为不同标准，区分为“法律说”和“事实说”。“法律说”将外国法看作是法律，认为法官有知法的义务，因此，应由法官查明外国法；“事实说”将外国法视为事实，认为事实应由当事人举证证明，因此，应由当事人提供外国法。既往的司法实践中，我们没有采纳上述所谓的“事实说”或“法律说”，而是根据是当事人约定适用外国法还是法院依职权适用外国法而在当事人和法院之间划分查找外国法的义务。涉外合同纠纷法律适用司法解释第九条第一款规定：“当事人选择或者变更选择合同争议应适用的法律为外国法律时，由当事人提供或者证明该外国法律的相关内容。”第二款规定：“人民法院根据最密切联系原则确定合同争议应适用的法律为外国法律时，可以依职权查明该外国法律，亦可以要求当事人提供或者证明该外国法律的内容。”实践中，有观点认为，人民法院将查明外国法律的任务交给了当事人，这是对该司法解释的误读。事实上，我国法院的司法实践中主要是由法院承担了查明外国法的职责，由当事人提供外国法则是其中的一个重要途径。只有在当事人选择适用外国法的情况下，当事人才有“义务”提供外国法。

涉外民事关系法律适用法第十条第一款对此规定得更为明确：“涉外民事关系适用的外国法律，由人民法院、仲裁机构或者行政机关查明。当事人选择适用外国法律的，应当提供该外国法”。该条首先明确了应当由人民法院（或其他执法者，包括仲裁机构、行政机关）查明外国法；其次，在当事人选择适用外国法律时，则当事人有义务提供外国法。

2. 法院可以通过哪些途径获得外国法

对于人民法院如何查明外国法，民法通则司法解释第193条规定了五种途径，即“对于应当适用的外国法律，可通过下列途径查明：（1）由当事人提供；（2）由与我国订立司法协助协定的缔约对方的中央机关提供；（3）由我国驻该国使领馆提供；（4）由该国驻我国使馆提供；（5）由中外法律专家提供。”

从多年来的司法实践看，外国法多由当事人提供；法院也会就外国法征求专家意见；我国与三十多个国家签订的双边民商事司法协助条约中均规定了相互提供法律资料的内容，法院有时会依据条约规定通过主管机关获得外国法。通过国际条约途径查明外国法是一种有效的途径。在没有条约基础的情况下，可以通过外交途径获取外国法，包括由我国驻该外国使领馆提供、由该外国驻我国使馆提供，然而，外交途径在实践中很少适用。

3. 如何认定不能查明外国法

由于涉外民事关系法律适用法第十条第一款首先明确了应当由人民法院查明外国法，其次还规定了在当事人选择适用外国法律时当事人有义务提供外国法，本司法解释第十七条分别在第一款和第二款针对法院有义务查明外国法和当事人有义务提供外国法两种不同情况，对如何认定“不能查明外国法律”作出了规定。

民法通则司法解释第193条规定了法院可以通过五种途径查明外国法，结合该条“通过以上途径仍不能查明的，适用中华人民共和国法律”的规定，有观点据此认为，法院应当穷尽这五种途径，在此之后如果仍不能获得外国法，才能最终认定为“不能查明外国法律”，不能浅尝辄止。而如果穷尽上述五种途径无疑将使涉外民事审判的效率大打折扣。事实上，民法通则司法解释第193条规定的本意并无穷尽五种途径之意，其只是为人民法院提供了如何获取外国法的途径，而且强调法院不能仅适用其中最为简单的一种途径即轻率地认定“不能查明外国法律”。结合上述情况，本司法解释第十七条第一款规定：“人民法院通过由当事人提供、已对中华人民共和国生效的国际条约规定的途径、中外法律专家提供等合理途径仍不能获得外国法律的，可以认定为不能查明外国法律。”

根据涉外民事关系法律适用法第十条第一款的规定，在当事人应当提供外国法的情况下，人民法院应当给当事人指定一个合理期限，如果当事人在该合理期限内，无正当理由不予提供外国法或者不能提供外国法的，人民法院即可以认定为“不能查明外国法律”。本司法解释第十七条第二款即规定：“根据涉外民事关系法律适用法第十条第一款的规定，当事人应当提供外国法律，其在人民法院指定的合理期限内无正当理由未提供该外国法律的，可以认定为不能查明外国法律。”

4. 如何理解外国法

对于外国法的内容如何正确理解，也是司法实践中存在的疑难问题。特别是如果案件应当适用的是判例法传统国家的法律，对我国法官而言更是一种挑战。对此，我们认为，对于应当适用的外国法律，无论是当事人提供的，还是人民法院依职权获取的，人民法院均应当听取各方当事人对该外国法律的内容及其理解与适用的意见，当事人无异议的，人民法院即应当根据当事人的共同理解确定外国法的内容及其理解与适用；如果当事人有异议的，则应当由人民法院最终确定外国法的内容及如何理解和适用该外国法。涉外合同纠纷法律适用司法解释第十条规定：“当事人对查明的外国法律内容经质证后无异议的，人民法院应予确认。当事人有异议的，由人民法院审查认定。”

综上，本司法解释第十八条规定：“人民法院应当听取各方当事人对应当适用的外国法律的内容及其理解与适用的意见，当事人对该外国法律的内容及其理解与适用均无异议的，人民法院可以予以确认；当事人有异议的，由人民法院审查认定。”

——高晓力：《〈最高人民法院关于适用《中华人民共和国涉外民事关系法律适用法》若干问题的解释（一）〉的理解与适用》，载江必新主编：《最高人民法院司法解释与指导性案例理解与适用》第一卷，人民法院出版社 2013 年版，第 441~443 页。

二、涉外仲裁

1123. 对仲裁裁决是否存在《纽约公约》第 5 条第 1 款规定的拒绝承认和执行情形，人民法院必须依当事人的请求进行审查

关键词

承认和执行外国仲裁裁决　依职权审查

最高人民法院答复

湖北省高级人民法院：

你院鄂高法〔2015〕518号《关于申请人保罗·赖因哈特公司与被申请人湖北清河纺织股份有限公司申请承认和执行外国仲裁裁决一案的请示》收悉。经研究，答复如下：

本案系申请承认和执行外国仲裁裁决案件，根据《中华人民共和国民事诉讼法》第二百八十三条①的规定，应当依照我国缔结或者参加的国际条约办理。案涉仲裁裁决在《承认及执行外国仲裁裁决公约》(以下简称《纽约公约》)缔约国英国领土内作出，故本案审查应当适用《纽约公约》的规定。

根据《纽约公约》第五条第一款“裁决惟有于受裁决援用之一造向声请承认及执行地之主管机关提具证据证明有下列情形之一时，始得依该造之请求，拒予承认及执行”以及第五条第二款“倘声请承认及执行地所在国之主管机关认定有下列情形之一，亦得拒不承认及执行仲裁裁决”的规定，人民法院对仲裁裁决是否存在《纽约公约》第五条第一款拒绝承认和执行情形，必须依当事人的请求进行审查，当事人未请求的，人民法院不予审查；对仲裁裁决是否存在《纽约公约》第五条第二款规定的违反可仲裁性和公共政策情形，人民法院则可以依职权主动审查。本案中，被申请人湖北清河纺织股份有限公司未就《纽约公约》第五条第一款的情形提出不予承认和执行仲裁裁决的主张，你院依职权审查并拟依照《纽约公约》第五条第一款的规定不予承认和执行裁决，缺乏相应的法律依据。案涉仲裁裁决亦不存在《纽约公约》第五条第二款规定的情形，故人民法院应予裁定承认和执行。

——《最高人民法院关于湖北省高级人民法院就申请人FSG汽车工业控股公司与被申请人武汉泛洲机械制造有限公司申请承认和执行奥地利联邦经济会仲裁中心SCH－5239号仲裁裁决一案请示的答复》(2015年12月24日，〔2015〕民四他字第46号)，载贺荣主编、最高人民法院民事审判第四庭编：《涉外商事海事审判指导》2016年第1辑（总第32辑)，人民法院出版社2017年版，第116~117页。

1124. 涉外仲裁协议效力准据法的确定

关键词

准据法　举证责任

① 现为《民事诉讼法》(2021年修正)第二百九十条。

最高人民法院审判业务意见

在承认和执行外国仲裁裁决的司法审查案件中，要严格按照《纽约公约》第五条第一款（甲）项之规定，仅限于该仲裁协议依当事人约定的准据法系属无效，或未约定准据法时，依裁决地所在国法系属无效，方能以仲裁协议无效为由拒绝承认及执行有关仲裁裁决。

但如果当事人已经向人民法院提起确认仲裁协议效力之诉，人民法院作出了仲裁协议无效之裁决的，人民法院可以拒绝承认与执行。不过，此时拒绝承认与执行所依据的并非仲裁协议无效，而是《纽约公约》第五条第二款规定的公共政策保留。

——张勇健：《在全国涉外商事海事审判庭长座谈会上的讲话》（2016年4月7日），载贺荣主编、最高人民法院民事审判第四庭编：《涉外商事海事审判指导》2016年第1辑（总第32辑），人民法院出版社2017年版，第24~25页。

最高人民法院答复

山东省高级人民法院：

你院〔2015〕鲁民四他字第3号《关于申请人丰岛株式会社与被申请人昌邑琨福纺织有限公司申请承认与执行外国仲裁裁决一案的请示》收悉。经研究，答复如下：

本案系当事人申请承认及执行外国仲裁裁决的案件，案涉仲裁裁决由国际棉花协会有限公司在英国境内作出，我国和英国均为《承认及执行外国仲裁裁决公约》（以下简称《纽约公约》）的缔约国，根据《中华人民共和国民事诉讼法》第二百八十三条[①]的规定案涉仲裁裁决的承认及执行应当依照《纽约公约》的相关规定进行审查。

根据你院请示，本案争议的核心问题为案涉仲裁裁决是否存在《纽约公约》第五条第一款（甲）项所规定的应予拒绝承认及执行之情形。《纽约公约》第五条第一款（甲）项规定，仲裁协议的当事人依对其适用之法律有某种无行为能力情形者，或该项协定依当事人作为协定准据之法律系属无效，或未指明以何法律为准时，依裁决地所在国法律系属无效者，则应拒绝承认及执行仲裁裁决。根据你院请示所述的事实，双方当事人在原棉买卖合同中订有“ICA RULES AND ARBITRATIONS”的条款，未约定确认仲裁协议效力的准据法，而被申请人没有提供证据证明根据裁决地所在国即英国的法律仲裁协议是无效的等根据《纽约公约》第五条第一款（甲）项规定应不予承认

① 现为《民事诉讼法》（2021年修正）第二百九十条。

及执行的情形。你院请示报告中少数意见以仲裁机构约定不明为由，依据我国法律认定案涉仲裁协议无效缺乏法律依据。

综上，同意你院关于国际棉花协会有限公司作出的案涉仲裁裁决不存在《纽约公约》第五条第一款（甲）项规定的情形的多数意见。

——《最高人民法院关于对山东省高级人民法院就丰岛株式会社与山东省昌邑琨福纺织有限公司申请承认与执行外国仲裁裁决一案的请示的复函》（2015 年 9 月 24 日，〔2015〕民四他字第 31 号），载贺荣主编、最高人民法院民事审判第四庭编：《涉外商事海事审判指导》2015 年第 2 辑（总第 31 辑），人民法院出版社 2016 年版，第 60~61 页。

附录：最高人民法院法官著述

一、关于涉外仲裁协议效力准据法的确定

实践中，人民法院审理涉外仲裁司法审查案件，主要涉及以下几种情形：（1）确认涉外仲裁协议的效力；（2）对境内仲裁裁决，审查是否撤销、是否执行；（3）对境外仲裁裁决，审查是否认可（或承认）和执行。前述几种情形均可能涉及对仲裁协议效力的认定，而认定仲裁协议的效力首先需要确定的就是协议效力的准据法，但是上述几种情形中确定准据法所适用的冲突规范并不完全相同，适用结果也不相同。人民法院需要根据具体的情形选择所适用的法律。

司法实践中，对于当事人申请确认涉外仲裁协议效力的案件，人民法院适用的是我国法律规定的冲突规范。对于当事人申请承认和执行外国仲裁裁决的案件，如果该外国是《纽约公约》的成员国，人民法院适用的是《纽约公约》中规定的冲突规范，而非我国法律规定的冲突规范。我国法律规定的冲突规范见《中华人民共和国涉外民事关系法律适用法》（以下简称《法律适用法》）及《最高人民法院关于适用〈中华人民共和国涉外民事关系法律适用法〉若干问题的解释（一）》（以下简称《法律适用法的解释》）。[《法律适用法》自 2011 年 4 月 1 日起施行，仲裁协议签订于该日期之前的，适用《最高人民法院关于适用〈中华人民共和国仲裁法〉若干问题的解释》第十六条的规定，而不适用《法律适用法》的相关规定。]《法律适用法》第十八条规定："当事人可以协议选择仲裁协议适用的法律。当事人没有选择的，适用仲裁机构所在地法律或者仲裁地法律。"《法律适用法的解释》第十四条规定："当事人没有选择涉外仲裁协议适用的法律，也没有约定仲裁机构或者仲裁地，或者约定不明的，人民法院可以适用中华人民共和国法律认定该仲裁协议的效力。"上述规定所明确的准据法确定顺序依次为：当事人约定的准据法、仲裁机构所在地法或仲裁地法、法院地法。《纽约公约》第五条第一款（甲）项则规定："仲裁协议的当事人依对其适用之法律有某种无行为能力情形者，或该项协定依当事人作为协定准据之法律系属无效，或未指明以何法律为准时，依裁决地所在国法律系属无效者，则应拒绝承认及执行仲裁裁决。”该规定明确，以仲裁协议无效为由拒绝承认及执行仲裁裁决时，仲裁协议效力的准据法确定顺序依次为：当事人约定的准据法、裁决作出地所在国法。

两者最大的区别是在申请确认涉外仲裁协议效力案件中，如果当事人没有选择仲裁协议效力的准据法，也没有约定明确的仲裁机构或仲裁地，人民法院应当适用法院地法即我国的法律对仲裁协议效力作出认定。而根据《纽约公约》的规定，在当事人没有选择仲裁协议效力准据法的情况下，应当根据裁决作出地（国际上普遍认为裁决作出地即为仲裁地）的法律对仲裁协议效力作出认定。由于此类案件的仲裁裁决已经作出，仲裁地是很容易确定的，故在当事人无约定时，适用仲裁地法即可。由此可见，对于同一项仲裁协议，适用不同的冲突规范，所得的结论很可能不同。适用我国法律的冲突规范后就有可能适用法院地法即我国仲裁法来确定仲裁协议的效力，但若适用《纽约公约》第五条第一款（甲）项中的冲突规范，就没有法院地法适用的余地。

本案为仲裁裁决作出后当事人申请承认和执行该仲裁裁决的案件，被申请人主张案涉仲裁裁决不予承认和执行的理由之一即为“仲裁机构约定不明导致仲裁协议无效”。根据请示报告所述的事实，案涉仲裁裁决系在英国由ICA（国际棉花协会有限公司）作出，我国与英国均系《纽约公约》的缔约国，故应根据《纽约公约》的相关规定进行审查。请示报告中的少数意见没有依据《纽约公约》，而是依据我国法律规定的冲突规范来确定审查本案仲裁协议效力的准据法有所不当。

——朱科：《承认及执行外国仲裁裁决案件中仲裁协议效力的认定——丰岛株式会社与山东省高密市华裕纺织有限公司申请承认与执行外国仲裁裁决案》，载贺荣主编、最高人民法院民事审判第四庭编：《涉外商事海事审判指导》2016年第1辑（总第32辑），人民法院出版社2017年版，第183~185页。

1125. 当事人将不具有涉外因素的争议交由境外仲裁机构或者在我国境外临时仲裁，人民法院不予承认仲裁裁决

关键词

涉外民事关系　承认和执行外国仲裁裁决

最高人民法院司法解释

第一条　民事关系具有下列情形之一的，人民法院可以认定为涉外民事

关系：

（一）当事人一方或双方是外国公民、外国法人或者其他组织、无国籍人；

（二）当事人一方或双方的经常居所地在中华人民共和国领域外；

（三）标的物在中华人民共和国领域外；

（四）产生、变更或者消灭民事关系的法律事实发生在中华人民共和国领域外；

（五）可以认定为涉外民事关系的其他情形。

——《最高人民法院关于适用〈中华人民共和国涉外民事关系法律适用法〉若干问题的解释（一）》（2012 年 12 月 28 日，法释〔2012〕24 号）。

最高人民法院答复

北京市高级人民法院：

你院京高法〔2013〕388 号《关于北京朝来新生体育休闲有限公司申请承认大韩商事仲裁院作出的第 12113 – 0011 号、第 12112 – 0012 号仲裁裁决案件的请示》收悉。经研究，答复如下：

北京朝来新生体育休闲有限公司（以下简称朝来公司）申请承认的仲裁裁决由大韩商事仲裁院在韩国境内作出，我国和韩国均为《承认及执行外国仲裁裁决公约》（以下简称《纽约公约》）的成员国，应当根据《中华人民共和国民事诉讼法》第二百八十三条[①]以及《纽约公约》的相关规定进行审查。

本案争议焦点是北京所望之信投资咨询有限公司（以下简称所望之信公司）与朝来公司签署的《合同书》中的仲裁条款是否有效。根据你院请示所述的事实，订立《合同书》的双方当事人均为中国法人，《合同书》内容是双方就朝来公司在中国境内的高尔夫球场进行股份转让及合作，所涉标的物在中国境内，合同亦在中国境内订立和履行。因此，《合同书》没有涉外民事关系的构成要素，不属于涉外合同。该合同以及所包含的仲裁条款之适用法律，无论当事人是否做出明示约定，均应确定为中国法律。根据《中华人民共和国民事诉讼法》第二百七十一条[②]以及《中华人民共和国合同法》第一百二十八条第二款的规定，我国法律未授权当事人将不具有涉外因素的争议交由境外仲裁机构或者在我国境外临时仲裁，故本案当事人约定将争议提交大韩商事仲裁院仲裁的条款属无效协议，且该仲裁协议之效力瑕疵不能因当事人在仲裁程序中未提出异议而得到补正，仲裁庭对本案争议不享有管辖权。根据《纽约公约》第五条第一款（甲）项的规定，被申请人提供证据证明仲裁条款

① 现为《民事诉讼法》（2021 年修正）第二百九十条。

② 现为《民事诉讼法》（2021 年修正）第二百七十八条。

依当事人作为协定准据之法律系属无效者，得拒予承认及执行仲裁裁决，故本案所涉仲裁裁决应不予承认，但你院同时认为适用《纽约公约》第五条第二款（乙）项规定的公共政策事由不当，应予纠正。

综上，同意你院不予承认涉案仲裁裁决的请示意见，并请你院在本案审结后将民事裁定书抄送我院。

——《最高人民法院关于北京朝来新生体育休闲有限公司申请承认大韩商事仲裁院作出的第12113－0011号、第12112－0012号仲裁裁决案件请示的复函》（2013年12月18日，〔2013〕民四他字第64号），载贺荣主编、最高人民法院民事审判第四庭编：《涉外商事海事审判指导》2014年第1辑（总第28辑），人民法院出版社2014年版，第44~45页。

附录：理解与适用

在涉外民事关系法律适用法制定过程中，社会各界曾建议全国人大常委会法工委对如何界定“涉外民事关系”作出规定，法工委认为可以通过司法解释在司法实践中解决该问题，无需通过立法予以规范，且其他国家和地区的立法例均无此规定。因而，涉外民事关系法律适用法没有对如何界定“涉外民事关系”作出规定。

既往的司法实践中，我们一直根据法（办）发〔1988〕6号《最高人民法院关于贯彻执行〈中华人民共和国民法通则〉若干问题的意见（试行）》（以下简称民法通则司法解释）第一百七十八条的规定，认定“涉外民事关系”。该条规定：“凡民事关系的一方或者双方当事人是外国人、无国籍人、外国法人的；民事关系的标的物在外国领域内的；产生、变更或者消灭民事权利义务关系的法律事实发生在外国的，均为涉外民事关系。”此外，法发〔1992〕22号《最高人民法院关于适用〈中华人民共和国民事诉讼法〉若干问题的意见》（以下简称民事诉讼法意见）第三百零四条从程序法的角度对如何认定“涉外民事案件”作出了明确规定：“当事人一方或双方是外国人、无国籍人、外国企业或组织、或者当事人之间民事法律关系的设立、变更、终止的法律事实发生在外国，或者诉讼标的物在外国的民事案件，为涉外民事案件。”可见，民法通则司法解释与民事诉讼法意见对“涉外因素”的构成标准保持了一致，即从民事法律关系的主体、客体、法律事实三要素进行考量，只要其中一个要素涉外，即可以认定为“涉外民事关系”或“涉外民事案件”。我们认为，从民事法律关系构成的三要素角度确定“涉外民事关系”是合理的。司法实践中存在的仅仅从民事法律关系的主体考察案件是否具有涉外因素，是对上述司法解释的误解。

然而，结合当前的司法实践，我们认为应当从以下几个方面对上述司法解释的内容进一步完善：（1）涉外民事关系法律适用法的一个亮点就是将

"经常居所地"规定为涉外民事关系的重要连结点，不再仅仅强调"国籍"这一连结点。因此，有必要在主体方面增加"当事人一方或双方的经常居所地在中华人民共和国领域外"的规定。(2) 对于外国人，应当包括外国的自然人、法人及其他组织，表述上以"外国公民、外国法人或者其他组织"更为贴切。(3) 将"外国"这一表述变更为"中华人民共和国领域外"更为合理。(4) 需要规定一个兜底式条款，以囊括司法实践中可能存在的其他应当被认定为涉外民事关系的情形。

综上，本司法解释第一条重新界定了涉外民事关系："民事关系具有下列情形之一的，人民法院可以认定为涉外民事关系：(一) 当事人一方或双方是外国公民、外国法人或者其他组织、无国籍人；(二) 当事人一方或双方的经常居所地在中华人民共和国领域外；(三) 标的物在中华人民共和国领域外；(四) 产生、变更或者消灭民事关系的法律事实发生在中华人民共和国领域外；(五) 可以认定为涉外民事关系的其他情形。"

是否应当将外国国家和国际组织列入，在司法解释稿讨论过程中曾引起争论。有观点认为，应当将外国国家和国际组织列为涉外民事关系主体。我们认为，目前的司法实践中的确有国际组织作为涉外民事案件主体的情形，也有将外国国家列为被告的情形，但这不可避免地会涉及管辖豁免问题的讨论，只有在国际组织或者外国国家明确表示放弃民事案件管辖豁免权的情况下我国法院才能对其行使管辖权。尽管正在研究制定的国家豁免法倾向于转向"相对豁免"，但我国在实践中一直主张"绝对豁免"，而非"相对豁免"，如果在本司法解释中明确将外国国家、国际组织列入，很有可能被误认为我国法院已经采取了"相对豁免"的立场。因此，虽有将外国国家或者国际组织列入的建议，但我们未予采纳。

——高晓力：《〈最高人民法院关于适用《中华人民共和国涉外民事关系法律适用法》若干问题的解释（一）〉的理解与适用》，载江必新主编：《最高人民法院司法解释与指导性案例理解与适用》第一卷，人民法院出版社 2013 年版，第 429~430 页。

1126. 应依照当事人约定以及约定适用的仲裁规则，确定外国仲裁程序的通知是否适当

关键词

仲裁程序通知　仲裁规则

最高人民法院审判业务意见

三是明确仲裁程序中的送达，依照当事人约定以及约定适用的仲裁规则，确定是否构成适当通知。在昂佛化品合资有限公司申请承认与执行白俄罗斯工商会国际仲裁院裁决案中，我们认为白俄罗斯工商会国际仲裁院通过邮寄方式向仲裁被申请人的住所地送达，符合当事人约定的仲裁规则的规定，不存在违反《纽约公约》第五条第一款规定的拒绝事由。该案明确了“适当通知”的认定标准，纠正了下级法院认为仲裁程序应按《海牙送达公约》或《中华人民共和国和白俄罗斯共和国关于民事和刑事司法协助的条约》通知当事人的错误观点。

——罗东川：《回顾与展望 Enforcement of International Commercial Arbitration Agreement and Arbitral Award in Mainland China：Looking back and the Way Ahead——在 2015 年香港国际仲裁中心司法论坛的主旨演讲》（2015 年 5 月 14 日），载贺荣主编、最高人民法院民事审判第四庭编：《涉外商事海事审判指导》2015 年第 1 辑（总第 30 辑），人民法院出版社 2016 年版，第 14 页。

最高人民法院答复

辽宁省高级人民法院：

你院〔2014〕辽民三他字 00001 号《关于不予承认及执行德国汉堡交易所商品协会仲裁法庭 2/11 号仲裁裁决的请示报告》收悉。经研究，答复如下：

本案系当事人向我国法院申请承认和执行外国仲裁裁决案件，根据《中华人民共和国民事诉讼法》第一百八十三条[①]的规定，人民法院应当适用 1958 年《承认及执行外国仲裁裁决公约》（以下简称《纽约公约》）的相关规定进行审查。

根据你院请示报告所载事实及案卷材料，仲裁庭曾以挂号信的方式通过德国邮政股份公司向仲裁被申请人丹东君澳食品有限公司邮寄仲裁员的任命、诉状、传讯等文件，德国邮政股份公司出具的证明载明，邮件已经“投递至合法接收人”，只是“未从目的国的邮政机构获得回执或其他收货确认函”。丹东君澳食品有限公司仅是声称其未收到寄送的材料，但其并未举出证据证明仲裁庭的通知程序未满足《纽约公约》第五条第一款第二项中“适当通知”的要求，即仲裁庭没有就指派仲裁员和仲裁程序等事项通知被申请人或者通知的方式违反了仲裁规则或仲裁地的法律的相关规定，并因而导致被申请人“未能申辩”。因此，本案所涉仲裁裁决并不存在《纽约公约》第五条第一款

---

① 现为《民事诉讼法》（2021 年修正）第二百九十条。

第二项规定的情形。在不存在《纽约公约》第五条规定的其他情形的情况下，本案所涉仲裁裁决应当得到承认和执行。

——《最高人民法院关于辽宁省高级人民法院就不予承认及执行德国汉堡交易所商品协会仲裁法庭2/11号仲裁裁决请示一案的答复》(2014年6月30日，〔2014〕民四他字第31号)，载贺荣主编、最高人民法院民事审判第四庭编:《涉外商事海事审判指导》2014年第2辑(总第29辑)，人民法院出版社2015年版，第100~101页。

1127. 裁决事项超出仲裁协议范围的部分具有可分性的，人民法院应对该超裁部分不承认和执行

关键词

承认和执行外国仲裁裁决　超出仲裁协议范围

最高人民法院答复

湖北省高级人民法院：

你院鄂高法〔2015〕405号《关于申请人FSG汽车工业控股公司与被申请人武汉泛洲机械制造有限公司申请承认和执行奥地利联邦经济会仲裁中心SCH－5239号仲裁裁决一案的请示》收悉。经研究，答复如下：

本案系申请承认和执行奥地利联邦经济会仲裁中心在奥地利境内作出的仲裁裁决案件，由于我国和奥地利均为《承认及执行外国仲裁裁决公约》(以下简称《纽约公约》)成员国，根据《中华人民共和国民事诉讼法》第二百八十三条[①]的规定，对本案的审查应当适用该公约的相关规定。

关于你院请示的涉案仲裁裁决第5项和第9项是否存在裁决事项超出仲裁协议范围的问题。根据你院报送的材料，合资合同第27.3条仲裁条款约定的仲裁范围包括因合资合同引起的或与该合同相关而出现的任何纠纷。合资合同第29.1条和第29.2条规定了股东相互配合善意履行合资合同的义务，包括尽最大努力促使员工履行合资合同的相关条款。裁决第5项内容为武汉泛洲机械制造有限公司(以下简称泛洲公司)敦促其委派到合资企业的代表遵守合资合同和章程的规定，处理的是因第29.1条和第29.2条而产生的争议，履行义务的主体是泛洲公司，而非合资公司。但从该裁决项要求促使完成的具体事项看，其中(Ⅰ)至(Ⅲ)目解决泛洲公司阻碍FSG公司行使股东知情权的问题，属于合资合同纠纷；(Ⅳ)目解决的则是合资公司经营过程

---

① 现为《民事诉讼法》(2021年修正)第二百九十条。

中 FSG 汽车工业控股公司和合资公司之间的应收账款结算争议，并不属于合资合同纠纷，且合资公司不是仲裁协议的当事人，故该裁决内容符合《纽约公约》第五条第一款（丙）项规定的超出仲裁协议范围的情形，应认定第 5 项（Ⅳ）目构成超裁。鉴于该超裁部分与第 5 项（Ⅰ）至（Ⅲ）目具有可分性，根据《纽约公约》相关规定，应对该超裁部分不予承认和执行。

裁决第 9 项的内容为泛洲公司通过其委派至合资公司的代表完成申请解散的必要程序及提名清算组成员。根据《中华人民共和国中外合资经营企业法实施条例》第九十条的规定，合资合同因一方根本违约而终止的，由履行合同的一方提出解散申请，报审批机构批准。商务部办公厅《关于依法做好外商投资企业解散和清算工作的指导意见》第二条规定，审批机关收到解散申请书和生效法律文书等相关材料后，作出批准企业解散的批件，企业在批准解散之日起 15 日内成立清算组，依法开始清算。因此，合资合同违约终止情形下的合资公司解散，不涉及股东协助履行报批义务的问题，该类解散及清算争议不属于合资合同仲裁协议约定的范围，同意你院关于裁决第 9 项构成超裁的意见。

综上，依照《中华人民共和国民事诉讼法》第二百八十三条[①]和《纽约公约》第五条第一款（丙）项的规定，应不予承认和执行案涉仲裁裁决第 5 项（Ⅳ）目及第 9 项，对其他裁决项应予承认和执行。

——《最高人民法院关于湖北省高级人民法院就申请人 FSG 汽车工业控股公司与被申请人武汉泛洲机械制造有限公司申请承认和执行奥地利联邦经济会仲裁中心 SCH — 5239 号仲裁裁决一案请示的答复》（2015 年 12 月 24 日，〔2015〕民四他字第 46 号），载贺荣主编、最高人民法院民事审判第四庭编：《涉外商事海事审判指导》2016 年第 1 辑（总第 32 辑），人民法院出版社 2017 年版，第 82~83 页。

1128. 仲裁庭组成与当事人在仲裁协议中约定适用的仲裁规则不符的，人民法院应不予执行仲裁裁决

关键词

承认和执行外国仲裁裁决　仲裁程序与仲裁规则不符

最高人民法院答复

浙江省高级人民法院：

---

① 现为《民事诉讼法》（2021 年修正）第二百九十条。

你院〔2012〕浙商外确字第1号《关于申请人ALSTOM Technology Ltd.与被申请人浙大网新科技股份有限公司申请承认和执行外国仲裁裁决一案的请示》收悉。经研究，答复如下：

本案系申请承认和执行新加坡国际仲裁中心作出的仲裁裁决的案件，我国和新加坡都是《承认及执行外国仲裁裁决公约》（以下简称《纽约公约》）的成员国，涉案仲裁裁决应否予以承认和执行，应当按照《纽约公约》的规定来审查。

根据你院请示报告所述情况，申请人ALSTOM Technology Ltd.（以下简称阿尔斯通公司）与被申请人浙大网新科技股份有限公司（以下简称网新公司）在签订的《许可协议》第十八条第（c）款中约定，因该协议而发生的纠纷由新加坡国际仲裁中心根据国际商会仲裁规则进行仲裁。从你院请示材料所述事实看，案涉仲裁庭首席仲裁员是由一名边裁提名，另一名边裁不予反对产生的，新加坡国际仲裁中心系根据《新加坡国际仲裁中心仲裁规则》组成的仲裁庭，不符合国际商会仲裁规则有关选任首席仲裁员的规定。对此，网新公司表示反对新加坡国际仲裁中心的决定，并称此种做法并未反映双方当事人的真实意愿，声称保留就本事项可向仲裁庭行使的所有权利，表明其并未放弃异议权。由此可见，新加坡国际仲裁中心根据《新加坡国际仲裁中心仲裁规则》组成仲裁庭，仲裁庭的组成与当事人在仲裁协议中约定适用的仲裁规则不符。根据《纽约公约》第五条第一款（丁）项之规定，同意你院拒绝承认与执行案涉裁决的请示意见。鉴于依据该理由足以拒绝承认与执行案涉仲裁裁决，你院请示报告中提到的案涉仲裁裁决还存在着诸如首席仲裁员违反仲裁员独立性要求、阿尔斯通公司指定的仲裁员违反相关回避规定、仲裁程序与当事人约定适用的仲裁规则不符等理由，可不再提及。

——《最高人民法院关于申请人ALSTOM Technology Ltd.与被申请人浙大网新科技股份有限公司申请承认和执行外国仲裁裁决一案请示的复函》（2012年11月30日，〔2012〕民四他字第54号），载贺荣主编、最高人民法院民事审判第四庭编：《涉外商事海事审判指导》2014年第1辑（总第28辑），人民法院出版社2014年版，第27~28页。

1129. 仲裁员在仲裁庭组成时具备仲裁资格，即使仲裁裁决作出时已不具备，亦不构成仲裁庭组成违法

关键词

承认和执行外国仲裁裁决　仲裁庭组成违法

最高人民法院答复

山东省高级人民法院：

你院〔2015〕鲁民四他字第2号《关于申请人丰岛股份公司与被申请人高密鲁源纺织有限公司申请承认与执行外国仲裁裁决一案请示》收悉。经研究，答复如下：

本案系当事人申请承认及执行外国仲裁裁决的案件，案涉仲裁裁决由国际棉花协会有限公司在英国境内作出，我国和英国均为《承认及执行外国仲裁裁决公约》（以下简称《纽约公约》）的缔约国，根据《中华人民共和国民事诉讼法》第二百八十三条[①]的规定案涉仲裁裁决的承认及执行应当依照《纽约公约》的相关规定进行审查。

你院请示的核心问题系本案仲裁裁决是否存在仲裁庭组成违法，从而根据《纽约公约》第五条第一款（丁）项规定应当拒绝承认和执行的情形。《纽约公约》第五条第一款（丁）项规定的情形为“仲裁机关之组成或仲裁程序与各造间之协议不符，或无协议而与仲裁地所在国法律不符者。”由于本案当事人签订仲裁协议，约定适用国际棉花协会有限公司的仲裁规则，故本案应对仲裁庭的组成与当事人约定适用的仲裁规则是否相符进行审查。本案涉及的具体问题是仲裁庭两名仲裁员在接受委托之初具备技术仲裁员的资格，并被仲裁庭任命为仲裁员，其在仲裁裁决作出时不具备技术仲裁员资格，是否构成仲裁庭组合违法的情形。根据你院请示所述，“国际棉花协会有限公司规则对于任命之初具备仲裁员资格，仲裁过程中丧失仲裁员资格的情形如何处理未予规定”。据此可以认为本案仲裁庭组成并不存在与仲裁规则明确规定不符的情形。另，根据本院法释〔1998〕21号《关于未被续聘的仲裁员在原参加审理的案件裁决书上签名人民法院应当执行该仲裁裁决书的批复》所确立的原则，你院多数意见关于涉案两名仲裁员在仲裁庭组成时具备仲裁资格，即使在仲裁裁决作出时已不具备技术仲裁员资格，该资格的丧失也只能约束仲裁机构以后审理的案件，不能影响此前已合法成立的仲裁庭案件的审理工作的意见是正确的。反之，你院的少数意见不是根据相关的仲裁规则，而是根据国际棉花协会有限公司中国联络员杜风的证词，认为只有技术仲裁员才可以就本案组成仲裁庭进行审理，进而认为本案仲裁庭组成不符合规定，裁决不应承认和执行，该少数意见缺乏法律依据。

综上，同意你院多数意见关于高密鲁源纺织有限公司认为涉案的两名仲裁员在仲裁裁决作出时不具备技术仲裁员资格，仲裁程序违法，仲裁裁决不应予以承认和执行的抗辩理由不能成立的请示意见。

---

① 现为《民事诉讼法》（2021年修正）第二百九十条。

——《最高人民法院关于对山东省高级人民法院就申请人丰岛股份公司与被申请人高密鲁源纺织有限公司申请承认与执行外国仲裁裁决一案请示的复函》(2015 年 9 月 24 日，〔2015〕民四他字第 30 号)，载贺荣主编、最高人民法院民事审判第四庭编:《涉外商事海事审判指导》2015 年第 2 辑（总第 31 辑），人民法院出版社 2016 年版，第 53~54 页。

1130. 外国仲裁裁决与我国法院判决在争议事由上没有牵连，人民法院承认该仲裁裁决不违反我国公共政策

关键词

承认和执行外国仲裁裁决　争议事由　公共政策

最高人民法院答复

山东省高级人民法院：

你院〔2015〕鲁民四他字第 6 号《关于申请人西特福船运公司与被申请人中国电子进出口山东公司、被申请人荣成市西霞口船业有限公司申请承认与执行外国仲裁裁决一案的请示报告》收悉。经研究，答复如下：

本案系申请承认英国伦敦仲裁庭作出的仲裁裁决的案件。我国和英国都是《承认和执行外国仲裁裁决公约》的成员国，涉案仲裁裁决应否予以承认，应当根据该公约的规定进行审查。根据你院请示报告所述情况，本案审查重点是涉案英国伦敦仲裁庭“HULL XXK06 – 039”号仲裁裁决是否存在违反我国公共政策、超出仲裁协议范围以及其他程序性问题。

一、关于涉案仲裁裁决是否存在违反我国公共政策的问题，涉案仲裁裁决系伦敦仲裁庭于 2012 年 2 月 9 日就西特福船运公司与中国电子进出口山东公司、荣成市西霞口船业有限公司之间船舶建造合同纠纷作出的裁决；荣成市西霞口船业有限公司就同一船舶建造中所购主机品质问题对瓦锡兰芬兰有限公司、西特福船运公司、瓦锡兰发动机（上海）有限公司提起的船舶设备买卖侵权纠纷诉讼，青岛海事法院于 2013 年 4 月 9 日作出一审〔2011〕青海法海商初字第 361 号民事判决书，你院于 2014 年 4 月 2 日作出二审〔2013〕鲁民四终字第 88 号民事判决书，现该案由本院于 2015 年 12 月 14 日作出〔2014〕民申字第 1723 号民事裁定书提起再审。该仲裁与诉讼两案争议的当事人、标的、法律关系、具体请求均不同，而且船舶主机交付及其争议发生于涉案船舶逾期（建造合同约定交船日期 2009 年 1 月 31 日后的 210 天）仍未交付的事实之后，船舶建造合同解除与主机问题无关，两案在争议事由上没有牵连，也没有充分证据证明承认涉案仲裁裁决会与我国司法

主权相冲突或者违反我国公共政策。

二、关于涉案仲裁裁决是否存在超出仲裁协议范围解决技术性争议的问题，根据涉案船舶建造合同的约定，卖方与买方应当共同指定第三方专家出具意见的程序，适用于“交船以及接受船舶之前的与技术有关的争议解决，以及交船后的保修期间的任何与技术有关的争议解决”，即适用于合同（正常）继续履行情况下交船及交船后保修阶段的技术争议解决；而涉案仲裁解决建造迟延、迟延原因以及是否解除合同等问题，最终裁决认定因卖方逾期不能交船而解除船舶建造合同，所解决的争议是船舶建造合同能否继续履行的问题，而不是涉及应由上述第三方专家出具意见解决的技术性争议，故不应由此认定涉案仲裁裁决超出仲裁协议范围。

三、关于涉案仲裁裁决是否存在超出仲裁协议范围处理责任承担的问题，涉案仲裁裁决A部分第（5）项为“若卖方未能向买方返还该等款项，买方将有权要求中国银行山东分行支付”。虽然中国银行山东分行为涉案船舶建造合同下买方预付款的返还提供还款保函，但该银行不是涉案船舶建造合同的一方当事人，也没有与合同当事人共同签订书面仲裁协议，不是涉案仲裁裁决的申请人或者被申请人。保函的权利义务关系不应作为涉案仲裁的裁决事项，伦敦仲裁庭作出的A部分第（5）项裁决超出了仲裁协议的范围，故该项裁决不应予以承认，但并不影响对其他可分事项裁决的承认。

四、关于涉案仲裁裁决是否存在其他程序问题，本案被申请人中国电子进出口山东公司、荣成市西霞口船业有限公司还提出伦敦仲裁庭超期裁决等其他抗辩事由，青岛海事法院和你院合议庭一致认为被申请人的其他抗辩均不成立，我院经审查同意青岛海事法院和你院合议庭的相关分析意见。

五、关于申请人西特福船运公司撤回申请承认的事项，涉案仲裁裁决A部分第（6）项为“在收到买方终止合同的通知后，卖方应毫不拖延地向买方返还全部款项16392000美元加上由此产生的利息”。西特福船运公司以其已经收到保函担保人中国银行支付的有关款项16392000美元及利息，向青岛海事法院书面表示撤回对涉案仲裁裁决A部分第（6）项的承认申请，应准许其处分诉讼权利而相应对该项裁决不予审查。

综上，对于英国伦敦仲裁庭“HULL XXK06 – 039”号仲裁裁决，除其A部分第（5）项因超出仲裁协议范围而不予承认和A部分第（6）项因申请人撤回承认申请而不予审查外，其他裁决事项应予承认。故基本同意你院合议庭多数意见与一致意见，不同意青岛海事法院关于涉案仲裁裁决存在违反我国公共政策、超出仲裁协议范围解决技术性争议等问题的意见。请你院在本案审结后将民事裁定书抄送我院。

——《最高人民法院关于湖北省高级人民法院就申请人FSG汽车工业控股公司与被申请人武汉泛洲机械制造有限公司申请承认和执行奥地利联邦经

济会仲裁中心 SCH — 5239 号仲裁裁决一案请示的答复》(2015 年 12 月 24 日,〔2015〕民四他字第 46 号),载贺荣主编、最高人民法院民事审判第四庭编:《涉外商事海事审判指导》2016 年第 1 辑(总第 32 辑),人民法院出版社 2017 年版,第 101~102 页。

1131. 对涉自由贸易试验区案件在涉外因素认定、仲裁协议效力认定等方面可作一定放宽

关键词

涉外民事关系　自由贸易试验区

最高人民法院司法解释

第一条　民事关系具有下列情形之一的,人民法院可以认定为涉外民事关系:

(一)当事人一方或双方是外国公民、外国法人或者其他组织、无国籍人;

(二)当事人一方或双方的经常居所地在中华人民共和国领域外;

(三)标的物在中华人民共和国领域外;

(四)产生、变更或者消灭民事关系的法律事实发生在中华人民共和国领域外;

(五)可以认定为涉外民事关系的其他情形。

——《最高人民法院关于适用〈中华人民共和国涉外民事关系法律适用法〉若干问题的解释(一)》(2012 年 12 月 28 日,法释〔2012〕24 号)。

最高人民法院审判业务意见

第三,要正确对待涉外及国际仲裁。这是我国全面对外开放的政策所决定的。当前自贸区的一些仲裁机构正在比照国际仲裁机构进行创新和探索,一些做法虽没有法律依据,但在不违反我国法律和公共利益的情况下,人民法院在司法审查时应予以积极支持。

——张勇健:《在全国涉外商事海事审判庭长座谈会上的讲话》(2016 年 4 月 7 日),载贺荣主编、最高人民法院民事审判第四庭编:《涉外商事海事审判指导》2016 年第 1 辑(总第 32 辑),人民法院出版社 2017 年版,第 25 页。

最高人民法院答复

上海市高级人民法院:

你院〔2013〕沪高民认（外仲）字第1号《关于申请人西门子国际贸易（上海）有限公司与被申请人上海黄金置地有限公司承认和执行外国仲裁裁决一案的请示》收悉。经研究，答复如下：

根据请示反映的事实，本案申请人西门子国际贸易（上海）有限公司与被申请人上海黄金置地有限公司均为中国法人，双方订立的《货物供应合同》虽不具有典型的涉外因素，但本案属于涉自贸区案件，双方当事人均为外资独资子公司，上海黄金置地有限公司作为仲裁案件的申请人提起仲裁程序后，西门子国际贸易（上海）有限公司在提出管辖权异议并被仲裁庭驳回后又提出了反请求，双方均实际参与了全部仲裁程序，上海黄金置地有限公司也在仲裁裁决做出后部分履行了仲裁裁决确定的义务。为贯彻《最高人民法院关于人民法院为"一带一路"建设提供司法保障的若干意见》中提出的"促进国际商事海事仲裁在'一带一路'建设中发挥重要作用"的要求，本着支持自贸区法治建设可先行先试的精神，综合考虑本案实际情况，同时，结合禁止反言、诚实信用和公平合理等公认的法律原则，可以认定本案仲裁协议符合《最高人民法院关于适用〈中华人民共和国涉外民事关系法律适用法〉若干问题的解释（一）》第一条第五项"可以认定为涉外民事关系的其他情形"。此外，并无证据证明承认与执行该仲裁裁决将违反我国公共政策。故本案仲裁裁决不存在我国参加的1958年《承认与执行外国仲裁裁决公约》第五条规定之情形，应予承认与执行。

——《最高人民法院关于西门子国际贸易（上海）有限公司申请承认与执行外国仲裁裁决一案的请示的复函》（2015年10月10日，〔2015〕民四他字第5号），载贺荣主编、最高人民法院民事审判第四庭编：《涉外商事海事审判指导》2015年第2辑（总第31辑），人民法院出版社2016年版，第67页。

1132. 当事人对承认和执行外国仲裁裁决的裁定申请再审，人民法院不予受理

关键词

承认和执行外国仲裁裁决　申请再审

最高人民法院答复

辽宁省高级人民法院：

你院〔2012〕辽民三申字第3、4号《关于再审申请人大连蔚蓝天健物流有限公司、大连东展集团有限公司与被申请人TMT散货公司申请承认与执行

外国仲裁裁决两案的请示》收悉。经研究，答复如下：

当事人对人民法院承认及执行外国仲裁裁决的裁定不服而申请再审，没有法律依据，人民法院不予受理。

——《最高人民法院关于再审申请人大连蔚蓝天健物流有限公司、大连东展集团有限公司与被申请人 TMT 散货公司申请承认与执行外国仲裁裁决两案请示的复函》(2013 年 12 月 11 日，〔2013〕民四他字 71 号)，载贺荣主编、最高人民法院民事审判第四庭编：《涉外商事海事审判指导》2014 年第 1 辑(总第 28 辑)，人民法院出版社 2014 年版，第 39 页。

三、司法协助

1133. 国际司法协助中的对等原则

关键词

国际司法协助　对等原则

最高人民法院司法解释

第二条　人民法院协助外国办理民商事案件司法文书送达和调查取证请求，适用对等原则。

——《最高人民法院关于依据国际公约和双边司法协助条约办理民商事案件司法文书送达和调查取证司法协助请求的规定》(2013 年 4 月 7 日，法释〔2013〕11 号)。

最高人民法院司法政策

第十二条　我国法院委托外国协助送达的司法文书附有双边民事司法协助条约规定的第三方文字译文，但被请求国依然要求必须附有该国官方文字译文的，按照对等原则，该国委托我国协助送达的司法文书应当附有中文译文。

第三十五条　我国法院委托外国协助调查取证，请求书及其附件附有双边民事司法协助条约规定的第三方文字译文，但被请求国依然要求必须附有该国官方文字译文的，按照对等原则，该国委托我国协助调查取证的请求书及其附件应当附有中文译文。

——《最高人民法院关于依据国际公约和双边司法协助条约办理民商事

案件司法文书送达和调查取证司法协助请求的规定实施细则（试行）》（2013年4月7日，法发〔2013〕6号）。

附录：理解与适用

国际司法协助中的对等原则，是由平等互利、互惠原则而来的。其基本含义是，各国应当在同等的范围内和同等的程度上开展司法协助，如果一国对他国的国际司法协助请求附加不合理的限制，他国有权采取相应的限制。《规定》第二条规定了对等原则。

实施细则（试行）第六条中关于“被请求国不接受双边民事司法协助条约中规定的第三方文字译文的，所送达的各项文书应当附有被请求国官方文字的译文”的规定、第二十九条中关于“被请求国不接受双边民事司法协助条约中规定的第三方文字译文的，请求书及其附件应当附有被请求国官方文字的译文”的规定以及第十二条、第三十五条的规定，是关于对等原则适用的具体规定。

对等原则的适用，由最高人民法院统一把握，地方各级人民法院不应自行判断和决定是否应当适用对等原则。

——曾朝晖：《〈最高人民法院关于依据国际公约和双边司法协助条约办理民商事案件司法文书送达和调查取证司法协助请求的规定〉的理解与适用》，载江必新主编：《最高人民法院司法解释与指导性案例理解与适用》第二卷，人民法院出版社2014年版，第578页。

1134. 我国法院协助外国法院送达民商事案件司法文书和进行民商事案件调查取证的方式

关键词

国际司法协助　文书送达

最高人民法院司法解释

第四条　人民法院协助外国办理民商事案件司法文书送达和调查取证请求，应当按照民事诉讼法和相关司法解释规定的方式办理。

请求方要求按照请求书中列明的特殊方式办理的，如果该方式与我国法律不相抵触，且在实践中不存在无法办理或者办理困难的情形，应当按照该特殊方式办理。

——《最高人民法院关于依据国际公约和双边司法协助条约办理民商事案件司法文书送达和调查取证司法协助请求的规定》（2013年4月7日，法释

〔2013〕11号)。

附录：理解与适用

《规定》第四条确立了办理外国法院委托我国法院送达民商事案件司法文书和进行民商事案件调查取证请求时，“以按照我国法律规定的方式办理为原则，以按照请求国所要求的特殊方式办理为例外”的原则。

根据国家主权原则，被请求国向请求国提供司法协助，一般应当适用被请求国法律规定的方式和程序。但是，由于各国法律制度的不同，请求国可能会要求被请求国按照请求国法律规定的方式和程序提供协助，以便提供协助的结果能够为请求国法庭所接受和采纳。所谓特殊方式，就是指请求国法律所规定的，不同于被请求国法律所规定的方式和程序。

外国法院委托我国法院送达民商事案件司法文书和进行民商事案件调查取证请求，如果在司法文书送达请求书和调查取证请求书中没有对执行请求的方式和程序提出具体要求，或者请求书中要求的方式和程序与我国民事诉讼法规定的方式和程序一致，应当按照我国民事诉讼法规定的方式和程序办理。但是，需要注意的是，民事诉讼法中的某些规定，并不当然适用于国际民事司法协助，例如公告送达。原因在于，根据民事诉讼法的规定，受送达人下落不明，或者用其他方式无法送达的情况下，才可以采取公告送达的方式。海牙送达公约第一条第二款规定，在文书的受送达人地址不明的情况下，本公约不予适用。“受送达人地址不明”本身就属于“受送达人下落不明”，海牙送达公约第一条第二款的规定就已经排除了我国民事诉讼法中公告送达方式的适用。

如果外国法院委托我国法院送达民商事案件司法文书和进行民商事案件调查取证的请求书对执行请求的方式和程序提出了与我国民事诉讼法的规定不同的要求，为了便于外国法院正在进行的诉讼，原则上可以按照请求方所要求的方式和程序办理。但是，外国法院所要求的方式和程序与我国法律的规定相抵触、在实践中无法办理或者办理困难的除外。

外国法院所要求的方式是否与我国法律相抵触，是否在实践中无法办理或者办理困难，属于人民法院国际司法协助统一管理部门和司法协助专办员的审查范围。

——曾朝晖:《〈最高人民法院关于依据国际公约和双边司法协助条约办理民商事案件司法文书送达和调查取证司法协助请求的规定〉的理解与适用》，载江必新主编:《最高人民法院司法解释与指导性案例理解与适用》第二卷，人民法院出版社2014年版，第578~579页。

1135. 外国法院向位于我国领域内的当事人邮寄送达不符合双边条约规定的，人民法院不予承认和执行法院判决

关键词

承认和执行外国法院判决　邮寄送达

最高人民法院答复

浙江省高级人民法院：

你院〔2013〕浙商外确字第7号《关于申请人Uzprommashimpeks国家股份公司请求承认与执行乌兹别克斯坦共和国塔什干市经济法庭判决一案的请示报告》收悉。经研究，答复如下：

根据《中华人民共和国民事诉讼法》第二百八十二条[①]的规定，本案所涉的乌兹别克斯坦共和国塔什干市经济法庭作出的民事判决应否予以承认和执行，应当按照《中华人民共和国和乌兹别克斯坦共和国关于民事和刑事司法协助的条约》（以下简称《中乌司法协助条约》）的规定进行审查。争议的法律问题是乌兹别克斯坦法院向位于我国领域内的当事人温州市金狮游艺器材制造有限公司（以下简称金狮公司）邮寄送达开庭传票是否构成《中乌司法协助条约》规定的不予承认和执行判决的情形。

《中乌司法协助条约》第二十一条规定："有下列情形之一的法院裁决，不予承认与执行：……（三）根据作出裁决的缔约一方的法律，未出庭的当事一方未经合法传唤，……（五）承认与执行裁决有损于被请求方的主权、安全与公共秩序。"根据上述规定，未出庭的当事人是否经过合法传唤，是根据作出判决的缔约国的法律确定的。本案判决已经明确记载乌兹别克斯坦法院已合法传唤金狮公司，而金狮公司未到庭，故其依据乌兹别克斯坦共和国民事诉讼法的规定作出缺席判决，即乌兹别克斯坦法院确认邮寄送达的合法性。本案中，金狮公司并未提供反驳证据证明乌兹别克斯坦法院的传唤程序违反该国法律规定，故本案不足以认定存在《中乌司法协助条约》第二十一条第（三）项规定的不予承认和执行情形。

送达司法文书属于履行司法权的行为，根据《中华人民共和国民事诉讼法》第二百七十七条[②]的规定，外国法院向位于我国领域内的当事人送达司法文书，有司法协助条约关系的，应当依照条约规定的途径进行；没有条约关

① 现为《民事诉讼法》（2021年修正）第二百八十九条。

② 现为《民事诉讼法》（2021年修正）第二百八十四条。

系的，通过外交途径进行；我国法律明确反对外国法院向位于我国领域内的当事人以邮寄等方式直接送达司法文书。根据《中乌司法协助条约》第三条以及第十三条的规定，送达文书的请求应以请求书的形式提出，通过各自的中央机关进行联系。因此，乌兹别克斯坦法院向金狮公司邮寄送达开庭传票的方式不符合《中乌司法协助条约》规定的途径，有损我国的司法主权，根据《中乌司法协助条约》第二十一条第（五）项的规定，对本案判决应不予承认和执行。

——《最高人民法院关于 Uzprommashimpeks 国家股份公司请求承认与执行乌兹别克斯坦共和国塔什干市经济法庭判决一案请示的复函》（2014 年 3 月 6 日，〔2014〕民四他字第 9 号），载贺荣主编、最高人民法院民事审判第四庭编：《涉外商事海事审判指导》2014 年第 1 辑（总第 28 辑），人民法院出版社 2014 年版，第 62~63 页。

1136. 根据便捷、高效的原则确定向外国提出司法协助请求的途径

关键词

国际司法协助　便捷高效原则

最高人民法院司法解释

第一条　人民法院应当根据便捷、高效的原则确定依据海牙送达公约、海牙取证公约，或者双边民事司法协助条约，对外提出民商事案件司法文书送达和调查取证请求。

——《最高人民法院关于依据国际公约和双边司法协助条约办理民商事案件司法文书送达和调查取证司法协助请求的规定》（2013 年 4 月 7 日，法释〔2013〕11 号）。

最高人民法院司法政策精神

第三条　人民法院应当根据便捷、高效的原则，优先依据海牙取证公约提出民商事案件调查取证请求。

第四条　有权依据海牙送达公约、海牙取证公约直接对外发出司法协助请求的高级人民法院，应当根据便捷、高效的原则，优先依据海牙送达公约和海牙取证公约提出、转递本辖区各级人民法院提出的民商事案件司法文书送达和调查取证请求。

——《最高人民法院关于依据国际公约和双边司法协助条约办理民商事

案件司法文书送达和调查取证司法协助请求的规定实施细则（试行）》（2013年4月7日，法发〔2013〕6号）。

附录：理解与适用

《规定》第一条规定："人民法院应当根据便捷、高效的原则确定依据海牙送达公约、海牙取证公约，或者双边民事司法协助条约，对外提出民商事案件司法文书送达和调查取证请求。"这一条制定的背景是，目前与我国签订含有民事司法协助内容的双边司法协助条约的国家中，很多都加入了海牙送达公约、海牙取证公约。[①]a 这样就产生了我国法院向这些国家提出民商事案件司法文书送达和调查取证请求时，究竟是按照海牙送达公约、海牙取证公约办理，还是按照双边司法协助条约办理的问题。

2006年《最高人民法院关于涉外民事或商事案件司法文书送达问题若干规定》（法释〔2006〕5号）第六条第二款规定，受送达人所在国与中华人民共和国签订有司法协助协定，且为《关于向国外送达民事或商事司法文书和司法外文书公约》（海牙送达公约）成员国的，人民法院依照司法协助协定的规定办理。这一规定，实际上确立了双边司法协助条约优先于海牙送达公约适用的顺序。

上述规定在执行中产生了一些问题，主要体现在：（1）目前海牙送达公约成员国中与我国签订双边司法协助条约的国家越来越多，大部分国家都主张国际公约与双边条约具有同等效力。（2）从2003年起，最高人民法院指定五个高级人民法院可以依据海牙送达公约和海牙取证公约直接对外发出司法协助请求，目的是简化程序，提高效率。如果坚持双边条约优先适用，必将削弱简化程序、提高效率的作用。（3）坚持双边条约优先，实践中对我国当事人有不便之处。

考虑到以上因素，特别是条约优于公约适用并非各国均适用的准则，《规定》第一条作出了与前述司法解释不同的规定。本条的具体适用，体现在实施细则（试行）第三条、第四条中。其核心考虑是，由最高人民法院和经最高人民法院授权的高级人民法院直接向外国中央机关发出司法协助请求，并直接接收外国中央机关转回的办理结果，减少了中间环节，有利于提高效率。

——曾朝晖：《〈最高人民法院关于依据国际公约和双边司法协助条约办理民商事案件司法文书送达和调查取证司法协助请求的规定〉的理解与适

① 海牙送达公约和海牙取证公约的生效机制不同。根据海牙送达公约第28条第2款的规定，如果加入书交存前已批准该公约的国家在荷兰外交部将这一加入行为通知该国之日后6个月期间内并未通知荷兰外交部表示异议，则本公约对该加入国生效。根据海牙取证公约第39条第4款的规定，加入行为只在加入国和已声明接受该国加入的公约缔约国之间的关系方面发生效力。

用》，载江必新主编：《最高人民法院司法解释与指导性案例理解与适用》第二卷，人民法院出版社 2014 年版，第 577~578 页。

1137. 就海牙公约和双边司法协助条约之间的适用顺序问题，应按法释〔2013〕11 号司法解释及其细则办理

关键词

海牙公约　双边司法协助条约　涉外案件送达　公约途径送达

最高人民法院解释

第六条　人民法院向在中华人民共和国领域内没有住所的受送达人送达司法文书时，若该受送达人所在国与中华人民共和国签订有司法协助协定，可以依照司法协助协定规定的方式送达；若该受送达人所在国是《关于向国外送达民事或商事司法文书和司法外文书公约》的成员国，可以依照该公约规定的方式送达。

依照受送达人所在国与中华人民共和国缔结或者共同参加的国际条约中规定的方式送达的，根据《最高人民法院关于依据国际公约和双边司法协助条约办理民商事案件司法文书送达和调查取证司法协助请求的规定》办理。

——《最高人民法院关于涉外民事或商事案件司法文书送达问题若干规定》(2020 年 12 月 29 日修正)。

附录：最高人民法院主流观点

《最高人民法院关于涉外民事或商事案件司法文书送达问题若干规定》第 6 条第 2 款原规定："受送达人所在国与中华人民共和国签订有司法协助协定，且为《关于向国外送达民事或商事司法文书和司法外文书公约》成员国的，人民法院依照司法协助协定的规定办理。"该款规定实际上确立了双边司法协助条约优先于《海牙送达公约》适用的规则。

2013 年 4 月 7 日，最高人民法院发布《关于依据国际公约和双边司法协助条约办理民商事案件司法文书送达和调查取证司法协助请求的规定》(法释〔2013〕11 号)，专门就适用有关国际公约和双边司法协助条约进行送达问题作出规定，并确立了人民法院应当根据便捷、高效的原则确定依据海牙送达公约或者双边民事司法协助条约，对外提出民商事案件司法文书送达请求。同日，最高人民法院发布的《关于依据国际公约和双边司法协助条约办理民商事案件司法文书送达和调查取证司法协助请求的规定实施细则（试行）》第 4 条明确规定："有权依据海牙送达公约、海牙取证公约直接对外发出司法协

助请求的高级人民法院，应当根据便捷、高效的原则，优先依据海牙送达公约和海牙取证公约提出、转递本辖区各级人民法院提出的民商事案件司法文书送达和调查取证请求。”据此，该规定及细则实质上改变了本司法解释第6条第2款所确立的双边司法协助条约优先于《海牙送达公约》适用的规则。

在司法解释清理过程中，在具体请求的途径上，根据《海牙送达公约》对外提出请求更为便捷、高效；在内容上，《海牙送达公约》似比有关双边条约更为详细，且该公约第20条明确不影响双边条约特殊规定的适用。故对本司法解释第6条第2款作出修改。

综合考虑上述情况，我们认为，本司法解释系从整体上规范涉外案件的送达问题，就其中公约途径的送达问题，最高人民法院在本司法解释生效后已专门制定司法解释予以规范，故就海牙公约和双边司法协助条约之间的适用顺序问题，应按照最高人民法院发布的法释〔2013〕11号司法解释及其细则办理。故修改后的第6条第2款就此问题仅作指引性规定。另，《关于依据国际公约和双边司法协助条约办理民商事案件司法文书送达和调查取证司法协助请求的规定》在本次涉《民法典》司法解释修改中，亦有部分条款修改。

——最高人民法院民法典贯彻实施工作领导小组办公室编著：《最高人民法院实施民法典清理司法解释修改条文（111件）理解与适用》，人民法院出版社2022版，第879~880页。

1138. 各级人民法院均应当对外国提出的司法协助请求进行审查

关键词

国际司法协助　实质审查

最高人民法院司法解释

第四条　人民法院协助外国办理民商事案件司法文书送达和调查取证请求，应当按照民事诉讼法和相关司法解释规定的方式办理。

请求方要求按照请求书中列明的特殊方式办理的，如果该方式与我国法律不相抵触，且在实践中不存在无法办理或者办理困难的情形，应当按照该特殊方式办理。

——《最高人民法院关于依据国际公约和双边司法协助条约办理民商事案件司法文书送达和调查取证司法协助请求的规定》（2013年4月7日，法释〔2013〕11号）。

最高人民法院司法政策

第十一条　最高人民法院国际司法协助统一管理部门收到中央机关转来的外国委托我国法院协助送达的民商事案件司法文书后，应当按照下列标准进行审查：

（一）有中央机关的转递函或者请求书；

（二）请求国是海牙送达公约缔约国或者与我国签订的双边民事司法协助条约已经生效；

（三）属于海牙送达公约或者双边民事司法协助条约规定的范围；

（四）属于人民法院的办理范围；

（五）不具有海牙送达公约或者双边民事司法协助条约中规定的拒绝提供协助的情形；

（六）请求方要求采取特殊方式送达的，所要求的特殊方式与我国法律不相抵触，且在实践中不存在无法办理或者办理困难的情形；

（七）实际送达的文书与请求书中列明的文书在名称、份数上一致；

（八）依据海牙送达公约委托我国协助送达的文书，应当附有中文译文，但请求方仅要求按照海牙送达公约第五条第二款规定的方式予以送达的除外；

（九）依据双边民事司法协助条约委托我国协助送达的司法文书，附有中文译文或者双边民事司法协助条约中规定的第三方文字译文；

（十）其他应当审查的事项。

第三十四条　最高人民法院国际司法协助统一管理部门收到中央机关转来的外国法院依据海牙取证公约或者双边民事司法协助条约提出的民商事案件调查取证请求后，应当按照下列标准进行审查：

（一）有中央机关的转递函或者请求书；

（二）依据海牙取证公约提出调查取证请求的，该公约在我国与请求国之间已经生效；依据双边民事司法协助条约提出调查取证请求的，该条约已经生效；

（三）属于海牙取证公约或者双边民事司法协助条约规定的范围；

（四）属于人民法院的办理范围；

（五）不具有海牙取证公约或者双边民事司法协助条约中规定的拒绝提供协助的情形；

（六）请求方要求采取特殊方式调查取证的，所要求的特殊方式与我国法律不相抵触，且在实践中不存在无法办理或者办理困难的情形；

（七）请求书及其附件有中文译文或者符合海牙取证公约、双边民事司法协助条约规定的语种译文；

（八）其他应当审查的事项。

——《最高人民法院关于依据国际公约和双边司法协助条约办理民商事案件司法文书送达和调查取证司法协助请求的规定实施细则（试行）》（2013年4月7日，法发〔2013〕6号）。

附录：理解与适用

与外国法院开展国际民事司法协助是人民法院的专属职能，对于来自外国的国际民事司法协助请求进行实质审查是人民法院的职责。根据《规定》第四条的规定，最高人民法院和经手办理外国司法协助请求的地方各级人民法院对于该请求均负有审查责任，目的是通过广泛而严格的审查机制确保国家的主权和安全不受损害。在审查机制上，地方各级人民法院在办理具体司法协助请求时，如果认为提供协助可能损害国家主权、安全，或者存在着双边司法协助条约中规定的拒绝提供协助情形的，均有权提出“拒绝提供协助”的意见和建议，并通过高级人民法院报告最高人民法院。地方各级人民法院不能因为上级法院已经审查过而疏于审查。

人民法院对外国提出的司法协助请求的审查，分为形式审查和实质审查两个方面。形式审查的主要内容是，请求国与我国之间是否适用海牙送达公约、海牙取证公约和双边司法协助条约，所送达的文书和请求的调查取证是否属于民商事的性质，实际送达的文书与请求书中列明的文书是否一致，是否附有海牙送达公约、海牙取证公约和双边司法协助条约所要求的译文，等等。实质审查的主要内容是，外国提出的司法协助请求是否具有海牙送达公约、海牙取证公约或双边民事司法协助条约规定的拒绝提供协助的情形。人民法院对外国提出的司法协助请求审查的具体内容，规定在实施细则（试行）第十一条和第三十四条之中。

根据民事诉讼法第二百六十条[①]的规定，中华人民共和国缔结或者参加的国际条约同该法有不同规定的，适用该国际条约的规定，但中华人民共和国声明保留的条款除外。海牙送达公约、海牙取证公约和双边司法协助条约中规定的“拒绝提供协助”的理由，与民事诉讼法第二百七十六条[②]第二款的规定不尽一致，即使使用的部分术语相同，该术语的含义也不完全相同。因此，人民法院对外国提出的司法协助请求的实质审查，应当按照海牙送达公约、海牙取证公约和双边司法协助条约的规定进行。

需要说明的是：（1）实质审查应当结合外国提出司法协助请求的法律依据进行。即外国依据海牙送达公约、海牙取证公约提出的司法协助请求，应当根据海牙送达公约第十三条、海牙取证公约第十二条的规定进行审查；外

① 现为《民事诉讼法》（2021年修正）第二百六十七条。
② 现为《民事诉讼法》（2021年修正）第二百八十三条。

国依据双边司法协助条约提出的司法协助请求，应当根据双边司法协助条约规定的“拒绝提供协助”的理由进行审查。不能以具有双边司法协助条约规定的“拒绝提供协助”的情形，而拒绝外国依据海牙送达公约、海牙取证公约提出的司法协助请求；反之亦然。（2）海牙送达公约第十三条没有将社会公共利益、公共政策等规定为拒绝提供协助的理由。对此，海牙国际私法会议特委会解释为：比起公共政策，公约起草者更偏爱“主权”和“安全”的措辞。在他们看来，“主权”的概念与国际公共政策相同，排除了根据国内公共政策而作出的保留。

——曾朝晖：《〈最高人民法院关于依据国际公约和双边司法协助条约办理民商事案件司法文书送达和调查取证司法协助请求的规定〉的理解与适用》，载江必新主编：《最高人民法院司法解释与指导性案例理解与适用》第二卷，人民法院出版社 2014 年版，第 579~580 页。

四、其　他

1139. 外国法人破产管理人的诉讼主体资格

关键词

外国法人破产管理人　诉讼主体

最高人民法院审判业务意见

第八，关于外国法人破产管理人的诉讼主体资格。

涉外民商事诉讼中，有的外国法人已经被外国法院裁判进入破产程序或者重整程序，或者因公司僵局被法院裁判接管，或者因其他特别程序，外国法院指定或者委任了破产管理人或者接管人。如何确认管理人、接管人的诉讼代表资格，存在争议。

对此，我们倾向于认为，人民法院无须首先承认有关外国法院判决或者裁定，再确定诉讼主体的代表资格。应当根据我国涉外民事关系法律适用法第十四条的规定，适用该法人登记地国的法律，径行确认外国法院指定或者委任的破产管理人、接管人是否具有代表资格。

——张勇健：《在全国涉外商事海事审判庭长座谈会上的讲话》（2016 年 4 月 7 日），载贺荣主编、最高人民法院民事审判第四庭编：《涉外商事海事审判指导》2016 年第 1 辑（总第 32 辑），人民法院出版社 2017 年版，第

20~21 页。

附录：民事审判信箱

问：某日本律师以原告身份向中国某法院提起诉讼，代表某日本破产企业向中国一公司主张房屋买受人权益，其依据的是日本东京地方法院判决确认的破产财产管理人身份，请问该律师是否具有原告资格？

答：因该破产企业为日本企业，主体涉外，因而对该律师原告资格的认定涉及涉外民商事诉讼中外国人民事诉讼能力的确定。外国人民事诉讼能力包括民事诉讼权利能力和民事诉讼行为能力，从各国立法和实践看，大多数国家采用属人法原则（即外国人的本国法或住所地法）确定外国人诉讼行为能力。我国民事诉讼法对外国人的诉讼行为能力没有明确规定，但涉外民事关系法律适用法第十四条对民事行为能力有规定：“法人及其分支机构的民事权利能力、民事行为能力、组织机构、股东权利义务等事项，适用登记地法律”。

此外，要结合我国的法律规定判断该律师的当事人资格。我国企业法人的破产清算应适用企业破产法，该法第十三条规定：“人民法院裁定受理破产申请的，应当同时指定管理人”；第二十五条规定，管理人履行的职责中包括“代表债务人参加诉讼、仲裁或者其他法律程序”。此处的“代表”是以管理人自己的名义，但诉讼结果由债务人企业承担。对于这种情形，民事诉讼理论上称为诉讼担当，即本不是权利或民事法律关系主体的第三人，基于对他人的权利或法律关系有管理权，而以当事人的地位行使诉讼实施权，但判决的效力及于原民事法律关系的主体。即破产管理人作为当事人不违反我国的法律规定。所以，若可以查明日本的破产法律制度中有相关规定，在查明了该日本企业已被宣告破产、该律师是被合法程序选任的破产管理人等事实的前提下，可以认可该律师的原告资格。

应注意的是，上述情形下对当事人资格的认可不代表对外国法院所作的破产裁判的承认和执行，对后者，仍应依照企业破产法第五条规定进行审查。

——本书研究组：《外国破产企业的破产财产管理人能否作为当事人在中国参加诉讼》，载最高人民法院民事审判第一庭编：《民事审判指导与参考》2011 年第 4 辑（总第 48 辑），人民法院出版社 2011 年版，第 259~260 页。

1140. 对未予公证、认证的域外证据能否作为证据提交以及如何采信

关键词

域外证据　证据采信

最高人民法院司法政策精神

四、关于诉讼证据

39. 对当事人提供的在我国境外形成的证据，人民法院应根据不同情况分别作如下处理：（1）对证明诉讼主体资格的证据，应履行相关的公证、认证或者其他证明手续；（2）对其他证据，由提供证据的一方当事人选择是否办理相关的公证、认证或者其他证明手续，但人民法院认为确需办理的除外。

对在我国境外形成的证据，不论是否已办理公证、认证或者其他证明手续，人民法院均应组织当事人进行质证，并结合当事人的质证意见进行审核认定。

40. 对当事人提供的在我国境外形成的应履行相关公证、认证或者其他证明手续的证据，应当经所在国公证机关公证，并经我国驻该国使领馆认证，或者履行我国与该所在国订立的有关条约中规定的证明手续。如果其所在国与我国没有外交关系，则该证据应经与我国有外交关系的第三国驻该国使领馆认证，再转由我国驻该第三国使领馆认证。

41. 当事人向人民法院提供外文视听资料的，应附有视听资料中所用语言的记录文本及中文译本。

42. 当事人提交的证据材料不属于新的证据，人民法院经审查认为该证据可能影响裁判结果的，应予以质证。

43. 当事人在一审时未申请鉴定，或者申请鉴定后无正当理由不预交鉴定费用或拒不提交相关材料致使无法鉴定，而在二审或者再审期间申请鉴定的，视下列情况分别处理：（1）人民法院经审查认为，不鉴定不会影响裁判结果的，对当事人的申请不予准许；（2）人民法院经审查认为，不鉴定可能导致案件的主要事实不清的，对当事人的申请应予准许。

44. 当事人在一审时申请人民法院调取证据未获准许，而在二审或者再审期间申请调取证据的，视下列情况分别处理：（1）人民法院经审查认为，不调取证据不会影响裁判结果的，对当事人的申请不予准许；（2）人民法院经审查认为，不调取证据可能导致案件的主要事实不清的，对当事人的申请应予准许。

45. 对经合法传唤的被告未到庭而进行缺席审判的案件，不能免除原告对其诉讼请求的证明责任，人民法院仍应对原告所提交的证据材料进行审查。

——《最高人民法院第二次全国涉外商事海事审判工作会议纪要》（2005年12月26日，法发〔2005〕26号），载万鄂湘主编、最高人民法院民事审判第四庭编：《涉外商事海事审判指导》2005年第2辑（总第11辑），人民法院出版社2006年版，第37页。

最高人民法院审判业务意见

第四，关于域外证据。

涉外案件中，经常遇到大量域外证据。实践中，对未予公证认证的证据是否能作为证据提交以及如何采信，存在争议，影响了涉外案件的审判质量。第二次全国涉外商事海事审判工作会议纪要对此虽做了明确，但认识仍未统一。实践中还有不少法院提出了域外判决、裁定的证据效力问题。在此，就相关的证据采信规则，一并进一步明确。

1. 除非涉及主体资格和身份关系的证据，“域外证据无论是否已办理公证认证手续，人民法院均应组织质证，并结合质证意见审核认定证据的真实性与证明力”，不能仅以未公证认证而直接否定其证据效力。

2. 域外判决、裁定的真实性和法律效力，应由使用该域外判决、裁定作为证据的当事人举证证明。在能证实域外判决、裁定真实性和法律效力的情况下，对于当事人曾自认的事实以及域外判决、裁定所载明的事实，除非有相反证据足以推翻，当事人无须举证证明。

——张勇健：《在全国涉外商事海事审判庭长座谈会上的讲话》（2016年4月7日），载贺荣主编、最高人民法院民事审判第四庭编：《涉外商事海事审判指导》2016年第1辑（总第32辑），人民法院出版社2017年版，第18~19页。

最高人民法院公报案例

陈明、徐炎芳、陈洁诉上海携程国际旅行社有限公司旅游合同纠纷案

（上海市第一中级人民法院民事判决书）

裁判摘要：按照有关司法解释的规定，旅游经营者向人民法院提供的证据系在中华人民共和国领域外形成的，该证据应当按照法律规定完成公证、认证手续；在香港、澳门特区或台湾地区形成的，应当履行相关的证明手续。

上海市第一中级人民法院二审认为，关于“损失已实际产生”和“损失的合理性”的举证责任在于携程旅行社，如举证不力，则由携程旅行社承担不利后果。综观携程旅行社的证据材料，不论在证据的效力和证据的证明力上，以及直接证据、间接证据之间的相互印证上，都均无法形成令人信服的证据优势。携程旅行社为其酒店费用损失提供了相关证据，但“收费证明”“取消政策”等境外证据未经公证、认证，部分证据无翻译件，形式上明显存有瑕疵，难以证明携程旅行社实际发生了酒店费用的支出；携程旅行社虽辩称其扣除的金额中还包括了已经支付的签证费和保险费，但其未提供支付凭证。法院在二审期间再次给予携程旅行社一个月的举证期限补充、补强相关证据，但其未能进一步有效举证，未提供经过公证、认证的境外证据，仅提供了与欧洲之星公司的邮件往来、报备文件，证明力较弱，难以印证损失已经实际产生并属合理，且均未得到陈明、徐炎芳、陈洁的认可；鉴于携程旅行社扣除相关费用欠缺证据证明，故陈明、徐炎芳、陈洁的上诉请求中部分内容应予以支持。经二审法院核算，携程旅行社应退还陈明、徐炎芳、陈洁旅游费 22895.10 元（旅游费合计 55326 元 – 已退款 29751 元 – 应承担的违约金 2679.90 元）。

——《最高人民法院公报》2015 年第 4 期。

1141. 对人民法院受理涉及特权与豁免的民事案件建立报告制度

关键词

特权　豁免　报告制度

最高人民法院司法政策精神

各省、自治区、直辖市高级人民法院，解放军军事法院，新疆维吾尔自治区高级人民法院生产建设兵团分院：

为严格执行《中华人民共和国民事诉讼法》以及我国参加的有关国际公约的规定，保障正确受理涉及特权与豁免的民事案件，我院决定对人民法院受理的涉及特权与豁免的案件建立报告制度，特做如下通知：

凡以下列在中国享有特权与豁免的主体为被告、第三人向人民法院起诉的民事案件，人民法院应在决定受理之前，报请本辖区高级人民法院审查；高级人民法院同意受理的，应当将其审查意见报最高人民法院。在最高人民法院答复前，一律暂不受理。

一、外国国家；

二、外国驻中国使馆和使馆人员；三、外国驻中国领馆和领馆成员；

四、途经中国的外国驻第三国的外交代表和与其共同生活的配偶及未成年子女；

五、途经中国的外国驻第三国的领事官员和与其共同生活的配偶及未成年子女；

六、持有中国外交签证或者持有外交护照（仅限互免签证的国家）来中国的外国官员；

七、持有中国外交签证或者持有与中国互免签证国家外交护照的领事官员；

八、来中国访问的外国国家元首、政府首脑、外交部长及其他具有同等身份的官员；

九、来中国参加联合国及其专门机构召开的国际会议的外国代表；

十、临时来中国的联合国及其专门机构的官员和专家；

十一、联合国系统组织驻中国的代表机构和人员；

十二、其他在中国享有特权与豁免的主体。

——《最高人民法院关于人民法院受理涉及特权与豁免的民事案件有关问题的通知》（2007 年 5 月 22 日，法〔2007〕69 号）。

1142. 我国法院委托外国送达民商事案件司法文书和进行民商事案件调查取证材料的翻译

关键词

国际司法协助　翻译

最高人民法院司法解释

第五条　人民法院委托外国送达民商事案件司法文书和进行民商事案件调查取证，需要提供译文的，应当委托中华人民共和国领域内的翻译机构进行翻译。

译文应当附有确认译文与原文一致的翻译证明。翻译证明应当有翻译机构的印章和翻译人的签名。译文不得加盖人民法院印章。

——《最高人民法院关于依据国际公约和双边司法协助条约办理民商事案件司法文书送达和调查取证司法协助请求的规定》（2013 年 4 月 7 日，法释〔2013〕11 号）。

附录：理解与适用

《规定》第五条对我国法院委托外国送达民商事案件司法文书和进行民商事案件调查取证材料的翻译问题作出了规定。根据海牙送达公约、海牙取证公约和双边司法协助条约的规定，我国法院委托外国送达民商事案件司法文书和进行民商事案件调查取证材料应当翻译为被请求国官方文字的译文，或者海牙取证公约和双边司法协助条约规定的第三方文字的译文。有的国家在不同的行政区域，针对受送达人、证人的具体情况，提出了不同语种译文的要求。外国委托我国法院提供司法协助，同样适用海牙送达公约、海牙取证公约和双边司法协助条约中关于文字的规定。

提供译文，目的有三：(1) 使被请求国中央机关及主管机关正确理解所送达的文书和调查取证请求的内容，准确提供协助；(2) 便于被请求国中央机关及主管机关准确判断是否存在海牙送达公约、海牙取证公约和双边司法协助条约规定的可以“拒绝提供协助”的情形；(3) 保障受送达人和证人的诉讼权利。因此，是否提供译文、提供何种译文，取决于海牙送达公约、海牙取证公约和双边司法协助条约的规定以及被请求国的具体要求。受送达人、证人能够听懂、读懂司法文书和调查取证材料的内容，不构成不提供译文的理由。

《规定》要求委托中华人民共和国领域内翻译机构进行翻译的主要考虑是：(1) 延续以往司法解释和规范性文件的规定。(2) 我国现有的翻译机构基本上能够满足各种语种的翻译需求，只不过是存在地区差异。这种地区差异，可以通过跨地区协调的方式解决。(3) 我国翻译机构翻译不了的小语种，外国的翻译机构由于中文知识和中国法律知识有限，也难以翻译。这种情况，将来可以考虑特殊情况特殊处理。(4) 从外国委托我国协助送达的司法文书译文质量看，很多无法读懂的中译文是由外国的翻译机构及其翻译人员翻译的。(5) 本条中的翻译，是将中文翻译为外文，首要要求是准确理解中文文字的字面含义和在中国法律意义中的含义，中国的翻译机构在这方面显然具有优势。(6) 提供翻译服务是民事行为。翻译错误给委托人造成损失的，应当承担相应的民事责任。诉讼发生在我国国内，当事人大多在我国国内，委托我国的翻译机构，更便于协商和解决翻译纠纷。(7) 在出现翻译纠纷的情况下，一般而言，翻译机构承担民事责任的能力要强于翻译人员个人。(8) 翻译机构的职能之一就是管理翻译人员、审核翻译质量，委托翻译机构进行翻译，更有利于保证译文的准确性。

译文应当是准确无误的译文。证明译文准确无误的责任，应当由翻译机构承担。因此，翻译机构应当出具翻译证明，证明的内容是确认译文与原文一致。翻译证明应当有翻译机构的印章和翻译人的签名。翻译证明应当包括中文翻译证明和与所翻译的具体文件所使用的语种译文一致的译文。翻译机构的企业法人营业执照和组织机构代码证无法证明译文与原文一致，因此，委托外国协助送达民商事案件司法文书和调查取证时，无需提供这些文件。

司法文书和调查取证材料的译文，是由翻译机构翻译的，翻译机构应当确保译文的准确性，并承担因翻译错误而产生的民事责任。人民法院不是翻译主体，不对译文的准确性负责。因此，译文不得加盖人民法院的院章和其他各种印章。

——曾朝晖：《〈最高人民法院关于依据国际公约和双边司法协助条约办理民商事案件司法文书送达和调查取证司法协助请求的规定〉的理解与适用》，载江必新主编：《最高人民法院司法解释与指导性案例理解与适用》第二卷，人民法院出版社 2014 年版，第 579~580 页。

1143. 取消翻译证明硬性要求，并将同时具备翻译机构印章和翻译人签名改为由翻译机构盖章或翻译人签字证明与原文一致

关键词

翻译证明　翻译机构印章　翻译人签名　国际条约　司法协助

最高人民法院解释

第五条　人民法院委托外国送达民商事案件司法文书和进行民商事案件调查取证，需要提供译文的，应当委托中华人民共和国领域内的翻译机构进行翻译。

翻译件不加盖人民法院印章，但应由翻译机构或翻译人员签名或盖章证明译文与原文一致。

——《最高人民法院关于依据国际公约和双边司法协助条约办理民商事案件司法文书送达和调查取证司法协助请求的规定》（2020 年 12 月 23 日修正）。

附录：最高人民法院主流观点

《最高人民法院关于依据国际公约和双边司法协助条约办理民商事案件司法文书送达和调查取证司法协助请求的规定》第五条修改取消对翻译证明的硬性要求，并将同时具备翻译机构印章和翻译人签名改为在译文上由翻译机构盖章或翻译人签字证明与原文一致。

考虑到我国《民事诉讼法》及其司法解释、我国缔结或者参加的关于民商事司法协助的国际条约中均没有对译文证明方式的硬性要求，实践中除个别国家（目前仅有澳大利亚）要求附单独的翻译证明外，大部分国家没有此类要求，只需采取在译文上由翻译机构盖章或者翻译人签字中的一种方式证明与原文一致即可，且《最高人民法院关于涉外民事或商事案件司法文书送达问题若干规定》第十五条第二款也作此规定。为更加符合实践的做法，便

利当事人诉讼，提高民商事司法协助案件的办理效率，同时保持司法解释之间的一致性，现作出以上修改。

——最高人民法院民法典贯彻实施工作领导小组办公室编著：《最高人民法院实施民法典清理司法解释修改条文（111 件）理解与适用》，人民法院出版社 2022 版，第 884 页。

1144. 外籍当事人委托本国人或本国律师以非律师身份担任其诉讼代理人的，也受到我国《民事诉讼法》第六十一条的限制

关键词

外籍当事人　诉讼代理人　公民代理

最高人民法院司法解释

第五百二十六条　涉外民事诉讼中的外籍当事人，可以委托本国人为诉讼代理人，也可以委托本国律师以非律师身份担任诉讼代理人；外国驻华使领馆官员，受本国公民的委托，可以以个人名义担任诉讼代理人，但在诉讼中不享有外交或者领事特权和豁免。

——《最高人民法院关于适用〈中华人民共和国民事诉讼法〉的解释》（2022 年 4 月 1 日修正）。

附录：最高人民法院主流观点

司法实践中应当注意，外籍当事人委托本国人为其诉讼代理人，或者委托本国律师以非律师身份担任其诉讼代理人的情况下，也应当受到我国民事诉讼法第六十一条的限制。民事诉讼法第六十一条对委托诉讼代理人作出了明确规定，其中第二款对公民代理的情形作出了限制性规定，即“下列人员可以被委托为诉讼代理人：（一）律师、基层法律服务工作者；（二）当事人的近亲属或者工作人员；（三）当事人所在社区、单位以及有关社会团体推荐的公民。”也就是说，公民代理的情况下，该公民应当是“当事人的近亲属或者工作人员”或者是“当事人所在社区、单位以及有关社会团体推荐的公民”。《民事诉讼法解释》征求意见阶段，全国律协提出意见认为，我国法律对公民代理已经作出限制，在条文中应当体现国民待遇原则，因此，建议规定为：“涉外民事诉讼中的外籍当事人，可以依据《中华人民共和国民事诉讼法》委托本国人或本国律师以非律师身份担任诉讼代理人。”但考虑到民事诉讼法第六十一属于一般性规定，民事诉讼法“涉外编”对诉讼代理的问题也没有作出特别规定，《民事诉讼法解释》条文的规定自应不得违反民事诉讼法

第六十一条的规定，因此，没有必要再在条文中写明“依据《中华人民共和国民事诉讼法》委托”的字样。换言之，在外籍当事人委托本国人为其诉讼代理人或者委托本国律师以非律师身份担任其诉讼代理人的情况下，也应当符合民事诉讼法第六十一条规定的关于公民代理的条件。

《维也纳外交关系公约》第三条第一款规定：“一、除其他事项外，使馆之职务如下：……（乙）于国际法许可之限度内，在接受国中保护派遣国及其国民之利益；……”《维也纳领事关系公约》第五条规定：“领事职务包括：……（九）以不抵触接受国内施行之办法与程序为限，遇派遣国国民因不在当地或由于其他原因不能于适当期间自行辩护其权利与利益时，在接受国法院及其他机关之前担任其代表或为其安排适当之代表，俾依照接受国法律规章取得保全此等国民之权利与利益之临时措施；……”根据上述规定，外国驻华使领馆官员，可以受其本国公民的委托，以个人名义在我国的民事诉讼中担任诉讼代理人，但根据《外交特权与豁免条例》《领事特权与豁免条例》的相关规定，该外国驻华使领馆官员就此不能享有外交或者领事特权和豁免。

——最高人民法院民法典贯彻实施工作领导小组办公室编著：《最高人民法院新民事诉讼法司法解释理解与适用》，人民法院出版社 2022 年版，第 1165~1166 页。

第十九章　仲　裁

一、仲裁协议

1145. 仲裁协议效力的申请确认

关键词

仲裁协议效力　不予受理　管辖

附录：最高人民法院主流观点

申请确认仲裁协议效力案由系第三级案由。当事人向人民法院提出“申请确认仲裁协议效力”的案件并非诉讼，而是非讼案件。

《最高人民法院关于审理仲裁司法审查案件若干问题的规定》改变了《最高人民法院关于适用〈中华人民共和国仲裁法〉若干问题的解释》(以下简称《仲裁法解释》)关于管辖的规定。《仲裁法解释》第十二条规定：“当事人向人民法院申请确认仲裁协议效力的案件，由仲裁协议约定的仲裁机构所在地的中级人民法院管辖；仲裁协议约定的仲裁机构不明确的，由仲裁协议签订地或者被申请人住所地的中级人民法院管辖。申请确认涉外仲裁协议效力的案件，由仲裁协议约定的仲裁机构所在地、仲裁协议签订地、申请人或者被申请人住所地的中级人民法院管辖。涉及海事海商纠纷仲裁协议效力的案件，由仲裁协议约定的仲裁机构所在地、仲裁协议签订地、申请人或者被申请人住所地的海事法院管辖；上述地点没有海事法院的，由就近的海事法院管辖。”该条规定对申请确认国内和涉外仲裁协议，区分了不同的联结点确定管辖法院，同时对于涉及海事海商纠纷仲裁协议作出了由海事法院管辖的规定。《最高人民法院关于审理仲裁司法审查案件若干问题的规定》第二条不再区分国内案件和涉外案件，规定了统一的确定管辖权的标准，采取了《仲裁法解释》第十二条关于确定涉外仲裁协议效力和涉及海事海商纠纷仲裁协议效力案件的标准，规定申请确认仲裁协议效力的案件，由仲裁协议约定的仲裁机构所在地、仲裁协议签订地、申请人住所地、被申请人住所地的中级人民法院或者专门法院管辖。

在审理此类案件过程中，需要注意几点：第一，当事人协议选择确认涉外仲裁协议效力适用的法律，应当作出明确的意思表示，仅约定合同适用的法律，不能作为确认合同中仲裁条款效力适用的法律。人民法院根据《涉外民事关系法律适用法》第十八条的规定，确定确认涉外仲裁协议效力适用的法律时，当事人没有选择适用的法律，适用仲裁机构所在地法律或者仲裁地法律。如果仲裁机构所在地的法律或者仲裁地的法律将对仲裁协议的效力作出不同认定的，人民法院应当适用确认仲裁协议有效的法律。第二，特定情形下的报核程序。根据《最高人民法院关于仲裁司法审查案件报核问题的有关规定》第二条规定，各中级人民法院或者专门人民法院办理涉外涉港澳台仲裁司法审查案件，经审查拟认定仲裁协议无效，应当向本辖区所属高级人民法院报核；高级人民法院经审查拟同意的，应当向最高人民法院报核。待最高人民法院审核后，方可依最高人民法院的审核意见作出裁定。各中级人民法院或者专门人民法院办理非涉外涉港澳台仲裁司法审查案件，经审查拟认定仲裁协议无效，应当向本辖区所属高级人民法院报核；待高级人民法院审核后，方可依高级人民法院的审核意见作出裁定。

——杨万明主编、郭锋副主编、最高人民法院研究室编著：《最高人民法院新民事案件案由规定理解与适用》，人民法院出版社2021年版，第1188~1191页。

1146. 仲裁协议独立性原则的具体含义和法律效果

关键词

仲裁协议　独立性原则

最高人民法院指导性案例、最高人民法院公报案例

运裕有限公司与深圳市中苑城商业投资控股有限公司申请确认仲裁协议效力案［最高人民法院指导案例196号、最高人民法院（2019）最高法民特1号民事裁定书］

裁判要点：1. 当事人以仲裁条款未成立为由请求确认仲裁协议不存在的，人民法院应当按照申请确认仲裁协议效力案件予以审查。

2. 仲裁条款独立存在，其成立、效力与合同其他条款是独立、

可分的。当事人在订立合同时对仲裁条款进行磋商并就提交仲裁达成合意的，合同成立与否不影响仲裁条款的成立、效力。

最高人民法院认为：运裕公司在中苑城公司申请仲裁后，以仲裁条款未成立为由，向人民法院申请确认双方之间不存在有效的仲裁条款。虽然这不同于要求确认仲裁协议无效，但是仲裁协议是否存在与是否有效同样直接影响到纠纷解决方式，同样属于需要解决的先决问题，因而要求确认当事人之间不存在仲裁协议也属于广义的对仲裁协议效力的异议。仲裁法第二十条第一款规定："当事人对仲裁协议的效力有异议的，可以请求仲裁委员会作出决定或者请求人民法院作出裁定。据此，当事人以仲裁条款未成立为由要求确认仲裁协议不存在的，属于申请确认仲裁协议效力案件，人民法院应予立案审查。"

在确认仲裁协议效力时，首先要确定准据法。涉外民事关系法律适用法第十八条规定："当事人可以协议选择仲裁协议适用的法律。当事人没有选择的，适用仲裁机构所在地法律或者仲裁地法律。"在法庭询问时，各方当事人均明确表示同意适用中华人民共和国法律确定案涉仲裁协议效力。因此，本案仲裁协议适用中华人民共和国法律。

仲裁法第十六条第一款规定："仲裁协议包括合同中订立的仲裁条款和以其他书面方式在纠纷发生前或者纠纷发生后达成的请求仲裁的协议。"可见，合同中的仲裁条款和独立的仲裁协议这两种类型，都属于仲裁协议，仲裁条款的成立和效力的认定也适用关于仲裁协议的法律规定。

仲裁协议独立性是广泛认可的一项基本法律原则，是指仲裁协议与主合同是可分的，互相独立，它们的存在与效力，以及适用于它们的准据法都是可分的。由于仲裁条款是仲裁协议的主要类型，仲裁条款与合同其他条款出现在同一文件中，赋予仲裁条款独立性，比强调独立的仲裁协议具有独立性更有实践意义，甚至可以说仲裁协议独立性主要是指仲裁条款和主合同是可分的。对于仲裁协议的独立性，中华人民共和国法律和司法解释均有规定。仲裁法第十九条第一款规定："仲裁协议独立存在，合同的变更、解除、终止或者无效，不影响仲裁协议的效力。"从上下文关系看，该条是在仲裁法第十六条明确了仲裁条款属于仲裁协议之后，规定了仲裁协议的独立性。因此，仲裁条款独立于合同。对于仲裁条款能否完全独立于合同而成立，仲裁法的规定似乎不是特别清晰，不如已成立合同的变更、解除、终止或者无效不影响仲裁协议效力的规定那么明确。在司法实践中，合同是否成立与其中的仲裁条款是否成立这两个问题常常纠缠不清。但是，仲裁法第十九条第一款开头部分"仲裁协议独立存在"，是概括性、总领性的表述，应当涵盖仲裁协议是否存在即是否成立的问题，之后的表述则是进一步强调列举的几类情形也不能影响仲裁协议的效力。《最高人民法院关于适用〈中华人民共和国仲裁法〉若干问题的解释》第十条第二款进一步明确："当事人在订立合同时就争议达成仲裁协议的，合同未成立不影响仲裁协议的效力。"因此，在确定仲裁条款效力包括仲裁条款是否成立时，可以先行确定仲裁条款本身的效力；在确有必要时，才考虑对整个合同的效力包括合同是否成立进行认定。本案亦依此规则，先根据本案具体情况来确定仲裁条款是否成立。

仲裁条款是否成立，主要是指当事人双方是否有将争议提交仲裁的合意，即是否达成了仲裁协议。仲裁协议是一种合同，判断双方是否就仲裁达成合意，应适用合同法关于要约、承诺的规定。从本案磋商情况看，当事人双方一直共同认可将争议提交仲裁解决。本案最早的《产权交易合同》，系北交所提供的标准文本，连同《债权清偿协议》由运裕公司等一方发给中苑城公司，两份合同均包含将争议提交北京仲裁委员会仲裁的条款。之后，当事人就仲裁机构进行了磋商。运裕公司等一方发出的合同草签版的仲裁条款，已将仲裁机构确定为深圳国际仲裁院。就仲裁条款而言，这是运裕公司等发出的要约。中苑城公司在合同草签版上盖章，表示同意，并于 2017 年 5 月 11 日将盖章合同文本送达运裕公司，这是中苑城公司的承诺。根据合同法第二十五条、第二十六条相关规定，承诺通知到达要约人时生效，承诺生效时合同成立。因此，《产权交易合同》《债权清偿协议》中的仲裁条款于 2017 年 5 月 11 日分别在两个合同的各方当事人之间成立。之后，当事人就合同某些其他事项进行交涉，但从未对仲裁条款有过争议。鉴于运裕公司等并未主张仲裁条款存在法定无效情形，故应当认定双方当事人之间存在有效的仲裁条款，双方争议应由深圳国际仲裁院进行仲裁。虽然运裕公司等没有在最后的合同文本上盖章，其法定代表人也未在文本上签字，不符合合同经双方法定代表人或授权代表签字并盖章后生效的要求，但根据《最高人民法院关于适用〈中华人民共和国仲裁法〉若干问题的解释》第十条第二款的规定，即使合同未成立，仲裁条款的效力也不受影响。在当事人已达成仲裁协议的情况下，对于本案合同是否成立的问题无需再行认定，该问题应在仲裁中解决。综上，运裕公司的理由和请求不能成立，人民法院驳回其申请。

——《最高人民法院关于发布第 36 批指导性案例的通知》（2022 年 12 月 27 日，法〔2022〕267 号）。

说明

指导性案例 196 号《运裕有限公司与深圳市中苑城商业投资控股有限公司申请确认仲裁协议效力案》明确了当事人以仲裁条款未成立为由请求确认仲裁协议不存在的，人民法院应当按照申请确认仲裁协议效力案件予以审查；当事人在订立合同时对仲裁条款进行磋商并就提交仲裁达成合意的，合同成立与否不影响仲裁条款的成立、效力。本案例明确了仲裁协议独立性原则的具体含义和法律效果，对于类似案件的审理具有较强的指导价值。

1147. 如何准确理解与适用《中华人民共和国仲裁法》第二十条第二款规定的“首次开庭前”

关键词

申请确认仲裁协议效力　首次开庭　重新仲裁

最高人民法院指导性案例

深圳市实正共盈投资控股有限公司与深圳市交通运输局申请确认仲裁协议效力案［最高人民法院指导案例 197 号］

裁判要点：当事人未在仲裁庭首次开庭前对仲裁协议的效力提出异议的，应当认定当事人接受仲裁庭对案件的管辖权。虽然案件重新进入仲裁程序，但仍是对同一纠纷进行的仲裁程序，当事人在重新仲裁开庭前对仲裁协议效力提出异议的，不属于《中华人民共和国仲裁法》第二十条第二款规定的“在仲裁庭首次开庭前提出”的情形。

法院生效裁判认为：《中华人民共和国仲裁法》第二十条第二款规定：“当事人对仲裁协议的效力有异议，应当在仲裁庭首次开庭前提出”，当事人未在仲裁庭首次开庭前对仲裁协议的效力提出异议的，视为当事人接受仲裁庭对案件的管辖权。本案虽然进入重新仲裁程序，但仍为同一纠纷，实正共盈公司在仲裁过程中未对仲裁协议效力提出异议并确认对仲裁程序无异议，其行为在重新仲裁过程中仍具有效力。根据《最高人民法院关于适用〈中华人民共和国仲裁法〉若干问题的解释》第十三条“依照仲裁法第二十条第二款的规定，当事人在仲裁庭首次开庭前没有对仲裁协议的效力提出异议，而后向人民法院申请确认仲裁协议无效的，人民法院不予受理”的规定，一审法院不应受理实正共盈公司提出的确认仲裁协议效力申请。一审法院受理本案后，根据《最高人民法院审理仲裁司法审查案件若干问题的规定》第八条第一款“人民法院立案后发现不符合受理条件的，裁定驳回申请”的规定，裁定驳回实正共盈公司的申请，并无不当。

——《最高人民法院关于发布第 36 批指导性案例的通知》（2022 年 12 月 27 日，法〔2022〕267 号）。

说明

指导性案例 197 号《深圳市实正共盈投资控股有限公司与深圳市交通运输局申请确认仲裁协议效力案》明确了仲裁庭已通过合理方式通知当事人，但当事人未在第一次仲裁庭首次开庭前对仲裁协议的效力提出异议的，视为当事人接受仲裁庭对案件的管辖权。案件虽进入重新仲裁程序，但仍为同一纠纷，当事人接受仲裁庭管辖的行为在重新仲裁过程中具有效力，其无权在重新仲裁首次开庭前提出确认仲裁协议效力的申请。该案例裁判规则对于准确理解与适用《中华人民共和国仲裁法》第二十条第二款规定的“首次开庭前”具有指导意义，对于指引当事人合法、及时行使诉权具有积极作用。

1148. 仲裁协议效力的主体范围

关键词

总承包合同　仲裁条款　仲裁协议效力

最高人民法院答复

要旨：合同仲裁条款对于签署合同的双方当事人具有法律约束力，其他当事人未签署合同的，不影响仲裁条款在已签署合同当事人之间有效的事实。总承包合同约定了仲裁条款，且补充协议亦未另行约定争议解决方式的，因总承包合同产生的争议适用仲裁条款的约定，发包方未签署分包合同，分包合同争议解决条款不能约束发包方。

山西省高级人民法院：

你院（2018）晋民他 70 号《关于沁水县浩坤煤层气有限公司与四川空分集团工程有限公司申请确认仲裁协议效力一案的审查报告》收悉。经研究，答复如下：

首先，本案争议的是沁水县浩坤煤层气有限公司（以下简称浩坤公司）与四川空分集团工程有限公司（以下简称空分集团工程公司）之间《天然气液化工程 EPC 总承包合同》（以下简称《EPC 总承包合同》）的法律关系。在该合同第 20.1 条中约定了发生争议时，双方可以向北京仲裁委员会申请仲裁。该约定符合法律规定，双方当事人应受其约束。

其次，虽然在浩坤公司与空分集团工程公司签订《EPC 总承包合同》之后，空分集团工程公司与四川空分低温工程安装有限公司（以下简称空分低温公司）签订了《沁水县浩坤煤层气有限公司 50×104Sm3/d 煤层气液化项目建筑安装工程合同书》(以下简称《建筑安装工程合同书》)，将《EPC总承包合同》中的安装工程与土建工程项目分包给空分低温公司，并在《建筑安装工程合同书》中做了或仲裁或诉讼的约定，但浩坤公司并非《建筑安装工程合同书》的当事人，该《建筑安装工程合同书》所约定的或仲裁或诉讼条款不能当然约束浩坤公司。

再次，由浩坤公司、空分集团工程公司、空分低温公司三方签订的《补充协议》，涉及的内容是空分低温公司为案涉工程的施工总承包单位，负责本工程的土建和安装施工，以及相应的付款和发票开具问题。《补充协议》约定："本补充协议是原合同不可分割的组成部分，与原合同具有同等的法律效力；本协议与原合同有相互冲突时，以本协议为准。"因《补充协议》并未约定新的纠纷解决方式，故在纠纷解决方式方面，《补充协议》与《EPC总承包合同》并不存在冲突，《EPC总承包合同》所约定的仲裁条款在浩坤公司与空分集团工程公司之间仍然有效。因此，浩坤公司与空分集团工程公司之间因履行《EPC总承包合同》过程中所产生的争议，应当适用《EPC总承包合同》中所约定的仲裁条款。

综上，你院拟以案涉分包合同对争议解决方式或约定诉讼，或不做具体约定为由，认定《EPC总承包合同》中的仲裁条款无效的理由不能成立。

此复

——《最高人民法院关于沁水县浩坤煤层气有限公司与四川空分集团工程有限公司申请确认仲裁协议效力一案请示的复函》(2019年6月17日，〔2019〕最高法民他33号)，载最高人民法院民事审判第四庭编：《最高人民法院商事仲裁司法审查年度报告(2019)》，人民法院出版社2021年版，第213~214页。

1149. 与合同有关的侵权纠纷受合同仲裁条款的约束

关键词

侵权纠纷　仲裁协议效力

最高人民法院裁判文书

洋马发动机(上海)有限公司与厦门豪嘉利商贸发展有限公司、洋马株式会社名誉权纠纷管辖权异议案［最高人民法院(2015)民四终字第15号民事裁定书］

最高人民法院认为，关于本案纠纷是否属于仲裁条款范围的问题。

仲裁条款是当事人围绕争议解决方式而订立的合同，因此判断当事人关于仲裁事项的合意时，应当遵循合同解释的基本原则。从本案仲裁条款使用的措辞看，其约定的仲裁事项为“因协议或协议项下进行交易而产生的任何或所有争议”，采取的是概括性约定仲裁事项的方式。依照通常理解，该条款约定了两方面的条件：一是提交仲裁的争议性质为任何争议，即不仅限于合同争议，也包括非合同性质的侵权争议或其他争议；二是提交仲裁的争议必须是因《出口和分销协议》或该协议项下进行交易而产生的。即争议应当基于《出口和分销协议》权利义务关系而产生，与该协议项下的权利行使或义务履行有关。

洋马公司上诉认为，本案诉称侵权行为与《出口和分销协议》的解除行为具有实质关联，两者密不可分，实质仍属于《出口和分销协议》而产生的纠纷。但从豪嘉利公司起诉主张看，其诉称的侵权行为是洋马公司在解除《出口和分销协议》后，向豪嘉利公司的业务网络成员即合同以外的当事人传递豪嘉利公司已被解除分销权等不实信息。上述诉称行为虽然与洋马公司的解除合同行为有一定的事实关联，但上述行为本身并不属于《出口和分销协议》合同权利义务的调整范畴，也不是因该协议项下权利的行使或义务的履行而产生的，而是一项独立的民事行为。因上述行为所产生的名誉权侵权责任，与《出口和分销协议》项下的违约责任并无竞合关系，不存在重复审理的问题。因此，福建省高级人民法院认定本案纠纷不属于涉案仲裁条款约定的仲裁事项，并无不当，本院予以维持。

需要指出的是，在解释仲裁条款范围时，如侵权争议因违反合同义务而产生，违约责任和侵权责任有竞合关系，则原告即使选择以侵权为由提出诉讼，仍应受到合同仲裁条款的约束，不应允许当事人通过事后选择诉因而逃避仲裁条款的适用。且即便原告提起诉讼时增列了未签订仲裁协议的其他被告，亦不影响有仲裁协议的原被告之间的纠纷适用仲裁协议。因此，福建省高级人民法院认为对仲裁协议范围的认定不涉及请求权竞合的审查，其关于法律适用的表述欠准确，本院予以纠正。

——贺荣主编、最高人民法院民事审判第四庭编：《涉外商事海事审判指导》2015年第2辑（总第31辑），人民法院出版社2016年版，第156~157页。

天威公司与毕马威华振特殊普通合伙委托合同纠纷管辖权异议上诉案

［最高人民法院（2015）民二终字第381号民事裁定书］

内容摘要：毕马威华振特殊普通合伙承继了毕马威华振的权利义务，既包含实体权利也包含有关争议解决方式的程序性条款。在

无相反约定的情况下，天威公司与毕马威华振之间的仲裁条款在天威公司与毕马威华振特殊普通合伙之间具有约束力。天威公司以侵权赔偿之诉回避仲裁条款的适用理由不能成立。

最高人民法院认为，从天威公司起诉状中所陈述的事实和理由看，其所述毕马威华振的侵权行为，是在履行服务合同过程中产生的。根据服务合同一般条款第 49 条的约定，凡因服务合同引起的或与服务合同有关的任何争议（包括关于服务合同条款的存在、效力或终止，或无效之后果等争议），均应提交中国国际经济贸易仲裁委员会仲裁。按其内容所表达的意思，可提交仲裁的争议包括因服务合同引起的所有争议。本案中，天威公司以侵权事由起诉毕马威华振特殊普通合伙承担侵权赔偿责任，依据的主要事实是天威公司与毕马威华振签订的服务合同，其主张毕马威华振特殊普通合伙承担赔偿责任的诉讼请求的基础也是基于毕马威华振违反了双方签署的服务合同所应承担的义务和职责，所引用的法律依据亦主要是合同法第一百一十三条[①]“当事人一方不履行合同义务或者履行合同义务不符合约定，给对方造成损失的，损失赔偿额应当相当于因违约所造成的损失”和第四百零六条[②]“有偿的委托合同，因受托人的过错给委托人造成损失的，委托人可以要求赔偿损失”等规定，属于双方约定的仲裁事项范围，理应受合同中仲裁条款的约束。

综上所述，本案争议应受仲裁条款的约束，人民法院对本案无管辖权。一审法院依据《最高人民法院关于适用〈中华人民共和国民事诉讼法〉的解释》第二百一十六条的规定，裁定驳回起诉并无不当。天威公司的上诉理由不能成立，本院不予采纳。遂作出〔2015〕民二终字第 381 号民事裁定：驳回上诉，维持原裁定。

——刘京川：《合同中仲裁条款的效力范围与适用——天威公司与毕马威华振特殊普通合伙委托合同纠纷管辖权异议上诉案》，载景汉朝主编、最高人民法院立案庭编：《立案工作指导》2015 年第 3 辑（总第 46 辑），人民法院出版社 2016 年版，第 129~130 页。

附录：本案解析

（二）本案纠纷是侵权纠纷还是合同纠纷，是否应受合同中的仲裁条款约束的问题

在管辖权异议案件中容易出现此类争议，一方当事人往往以侵权之诉来回避合同中仲裁条款的适用。法院需要审查是否存在违约责任与侵权责任的

① 对应《民法典》第五百八十三条。
② 对应《民法典》第九百二十九条。

竞合，当事人所提侵权之诉对仲裁条款效力是否存在影响。

在实践中，违约责任与侵权责任竞合的案件，往往存在于两种情况，一种情况是一方当事人以对方当事人利用合同进行欺诈为由而提起侵权诉讼；另一种情况是合同当事人不适当履行合同，交付的标的物不符合双方约定或法律、法规规定的产品质量要求，其缺陷造成了人身伤害，或者缺陷产品以外现有财产的损害，即违约同时造成了加害给付。此时，合同的不当履行就产生两种责任竞合的情况，即交付不合格标的物的违约行为导致了违约责任的产生，同时又产生侵权责任。依据合同法第一百二十二条[①]规定："因当事人一方的违约行为，侵害对方人身、财产权益的，受损害方有权选择依照本法要求其承担违约责任或者依照其他法律要求其承担侵权责任。"上述在合同履行过程中由于当事人的违约或欺诈行为可能构成侵权，一方当事人诉诸法院的情况下，由于合同中存在仲裁条款，就会导致针对合同中的仲裁条款的执行的争议。

本案委托合同履行的情形并不符合上述二种情况，天威公司虽然主张侵权损害赔偿，但从其诉状内容及诉讼请求、法律依据来看，则体现为违约赔偿责任。1. 从天威公司起诉状中所陈述的事实和理由，天威公司所述毕马威华振的侵权行为，是在履行服务合同过程中产生的，认为毕马威华振未尽到审慎、勤勉、尽职提供专业服务的义务，还隐瞒不具备编制工程类可行性研究报告资质的情况，存在重大过错。显然，天威公司要求毕马威华振特殊普通合伙承担的赔偿责任的诉讼请求的基础是毕马威华振违反了双方签署的服务合同所应承担的义务和职责，所主张的侵权损害赔偿实际上就是违约赔偿责任。2. 天威公司起诉所引用的法律依据是民法通则第一百零六条[②]："公民、法人违反合同或者不履行其他义务的，应当承担民事责任。公民、法人由于过错侵害国家的、集体的财产，侵害他人财产、人身的，应当承担民事责任。没有过错，但法律规定应当承担民事责任的，应当承担民事责任。"根据合同法第一百一十三条[③]"当事人一方不履行合同义务或者履行合同义务不符合约定，给对方造成损失的，损失赔偿额应当相当于因违约所造成的损失"，第四百零六条"有偿的委托合同，因受托人的过错给委托人造成损失的，委托人可以要求赔偿损失"的规定，以及侵权责任法第六条关于行为人因过错侵害他人民事权益，应当承担侵权责任的规定。可以看出，天威公司的诉讼目的在于通过追究对方违约行为责任，赔偿其投资利益损失。天威公司行使的是合同上的违约请求权，因此，从天威公司起诉主张的事实理由及法律依据而

---

① 对应《民法典》第一百八十六条。

② 对应《民法典》第一千一百七十三条。

③ 对应《民法典》第五百八十三条。

言，本案并不存在违约责任与侵权责任竟合，当事人可以选择其一赔偿的情形，天威公司要求的赔偿只能是违约赔偿责任。一审法院经审查将本案定性为委托合同纠纷是正确的，天威公司对此亦未提出异议。3. 从仲裁条款的效力范围来看，包括本案争议的事项。一般条款第四十九条约定："……凡因服务合同引起的或与服务合同有关的任何争议（包括关于服务合同条款的存在、效力或终止，或无效之后果等争议），双方应通过协商解决。如果协商后不能解决，均应提交中国国际经济贸易仲裁委员会（以下简称仲裁委员会），并按照申请仲裁时仲裁委员会当时有效的仲裁规则在北京仲裁。仲裁裁决是终局的，对贵方和我方都具有约束力。"可见，双方当事人因服务合同引发的所有争议，包含本案争议均属于仲裁事项范围之内，理应受合同中仲裁条款的约束。实际上，该仲裁条款的范围已经涵盖合同纠纷和侵权纠纷。当事人不管是以合同纠纷还是侵权事由对仲裁条款的适用并无影响。

——刘京川：《合同中仲裁条款的效力范围与适用——天威公司与毕马威华振特殊普通合伙委托合同纠纷管辖权异议上诉案》，载景汉朝主编、最高人民法院立案庭编：《立案工作指导》2015 年第 3 辑（总第 46 辑），人民法院出版社 2016 年版，第 132~133 页。

1150. 仲裁条款只在达成仲裁协议的当事人之间有效力

关键词

仲裁协议相对性

最高人民法院答复

广西壮族自治区高级人民法院：

你院〔2014〕桂立请字第 57 － 1 号《关于广西有色再生金属有限公司与斯安金属（亚洲）有限公司买卖合同纠纷一案仲裁条款效力问题请示》收悉。经研究，答复如下：

关于间接代理中受托人和第三人的仲裁条款是否能够约束委托人问题。因案涉仲裁协议是受托人和第三人之间签订的，本案的委托人并不是该仲裁协议的当事人，委托人与受托人之间的合同已经就受托人与第三人之间不得将争议提交中国大陆地区以外的仲裁机构进行仲裁作了明确约定。因此，受托人与第三人之间约定将争议提交香港仲裁并不符合委托人的意愿。故涉案仲裁条款并不能约束委托人。本案可以由梧州市中级人民法院管辖。

至于梧州市中级人民法院及你院在请示报告中提及的确认案涉仲裁协议效力准据法的问题。根据《涉外民事关系法律适用法》第十八条规定："当事人可以协议选择仲裁协议适用的法律，当事人没有选择的，适用仲裁机构所在地或者仲裁地法律。”本案《废杂铜购销合同》中虽未明确约定确认该仲裁协议效力所适用的准据法，但根据合同第 15 条的约定，仲裁机构所在地是明确的，即香港特别行政区。因此，本案仲裁条款准据法应为香港特别行政区的法律。

——《最高人民法院关于广西有色再生金属有限公司与斯安金属（亚洲）有限公司买卖合同纠纷仲裁条款效力问题请示的复函》（2014 年 10 月 11 日，〔2014〕民四他字第 42 号），载贺荣主编、最高人民法院民事审判第四庭编：《涉外商事海事审判指导》2014 年第 2 辑（总第 29 辑），人民法院出版社 2015 年版，第 57 页。

安徽省高级人民法院：

你院〔2013〕皖民二初字第 00005 号《关于原告交通银行股份有限公司宁波分行与被告芜湖市国土资源局、第三人芜湖金隆置地有限公司债权人代位权纠纷一案法律适用问题的请示报告》收悉。经研究，答复如下：债权人提起的代位权诉讼与债务人、次债务人之间的合同纠纷属于不同的法律关系，债务人和次债务人之间事先订有仲裁条款的，债务人或次债务人有权依据仲裁条款就双方之间的合同争议申请仲裁，债权人并非该合同法律关系的一方当事人，无权对此提出异议。审理代位权诉讼的人民法院可依照民事诉讼法的相关规定中止代位权诉讼，待仲裁裁决发生法律效力后再恢复审理。综上，同意你院审委会第二种意见。以上意见供参考。

——最高人民法院民事审判第二庭《〔2013〕民二他字第 19 号答复》，载最高人民法院民事审判第二庭编：《商事审判指导》2013 年第 4 辑（总第 36 辑），人民法院出版社 2014 年版，第 54 页。

最高人民法院公报案例、最高人民法院裁判文书

华建电子有限责任公司、华建机器翻译有限公司与广州科技风险投资有限公司、谢雄平等合作协议纠纷案［最高人民法院（2010）民提字第 10 号民事判决书］

裁判摘要：为达成合作目的，当事人签订了多个合同，但仅在一个合同中约定了仲裁条款，涉及该合同的仲裁裁决生效后，又因其他未约定仲裁条款的合同的争议形成诉讼，一方当事人仅以仲裁裁决已生效为由主张人民法院无管辖权的，人民法院不予支持。在生效仲裁裁决依据的合同与人民法院处理争议案件依据的合同不同，人民法院审理的内容也不涉及仲裁条款约定事项的情形下，一方当

事人以“一事不再理”为由主张人民法院不应重复处理的，人民法院不予支持。

最高人民法院认为，根据当事人申请再审的理由以及答辩情况，本案争议的焦点如下。

一、关于本案是否归人民法院主管的问题

广东省高级人民法院依据民事诉讼法第一百一十一条[①]第（二）项的规定驳回华建电子公司、华建翻译公司的起诉。华建电子公司、华建翻译公司申请再审认为，其提起诉讼所依据的两份合同均未约定仲裁条款，人民法院应予受理并进行实体审理。本院开庭审理后，被申请人科技公司、谢雄平、张贺平也认为人民法院对本案具有管辖权。

最高人民法院认为，华建电子公司、华建翻译公司提起本案诉讼的依据是《合作协议》《框架协议》，这两份协议并没有仲裁条款。仲裁裁决书明确指出：“仲裁庭对双方基于《框架协议》和《合作协议》而可能存在的争议，不予审理。”据此，本案属人民法院主管。广东省高级人民法院依据民事诉讼法第一百一十一条[②]第（二）项的规定，认为本案不属于人民法院主管，适用法律错误，本院依法予以纠正。

二、关于《合作协议》第三条第 15 项的约定是否无效、其约定的终止条件是否成就的问题（略）

三、关于一审法院股权恢复原状的判决是否违反了“一事不再理”的原则、是否与仲裁裁决矛盾的问题。

科技公司和谢雄平、张贺平都认为，仲裁裁决书已经裁决：1. 华建电子公司向科技公司支付股权转让费 300 万元；2. 华建电子公司向科技公司支付逾期付款利息 440000 元及从 2005 年 12 月 1 日起至股权转让款清偿完毕之日止的逾期付款利息（按日万分之二点一计算）。如果人民法院再判决股权恢复原状，则违反了“一事不再理”的原则，与仲裁裁决矛盾。华建电子公司、华建翻译公司认为，各方根据《合作协议》和《框架协议》就旷世公司股权结构恢复原状的纠纷与各方根据《股权转让协议》就旷世公司股权转让款项支付的纠纷系不同法律关系，不符合“一事不再理”原则规定的情形，人民法院审理本案与北京仲裁委员会的裁决并不矛盾。

最高人民法院认为，一审法院股权恢复原状的判决并没有违反“一事不再理”的原则。理由是：由于“重组上市未果”，华建电子公司、华建翻译公司请求根据《合作协议》第三条第 15 项的规定就旷世公司股权结构恢复原状

---

① 现为《民事诉讼法》（2021 年修正）第一百一十四条。

② 现为《民事诉讼法》（2021 年修正）第一百一十四条。

的纠纷与双方根据《股权转让协议》就旷世公司股权转让款项支付的纠纷系不同法律关系，是各方基于不同的法律事实提出的不同请求。从《合作协议》的约定来看，该协议的履行分为两个阶段，第一阶段是为了华建电子公司的海外子公司重组上市成功，进行旷世公司股权转让并支付股权转让款；第二阶段是如果“重组上市未果”，则恢复旷世公司股权结构并返还转让款。为履行第一阶段的约定事项，各方又签订了《股权转让协议》，并约定了仲裁条款，排除了人民法院的管辖权。该纠纷已经过北京仲裁委员会仲裁。但为履行第二阶段的约定事项，即“如因各种原因甲方重组上市未果，则终止本协议、双方签订的股权转让协议和投资协议。对已经履行的部分，双方同意尽可能地恢复原状，包括（但不限于）返还协议价格，恢复旷世科技股权架构、重新进行相应工商变更等，对由此给双方带来的损失，双方同意按照公平原则各自承担”，华建电子公司依据该约定提起诉讼，本案解决的正是履行《合作协议》第二阶段发生的纠纷。由于一审法院处理本案的依据并不是《股权转让协议》，而是《合作协议》第三条第15项，而仲裁所依据的是《股权转让协议》，并不是《合作协议》第三条第15项，基于仲裁裁决所依据的协议与一审法院处理本案所依据的协议不同，即一审法院并没有处理双方履行《股权转让协议》所发生的争议，仲裁裁决也明确表示不将《合作协议》纳入仲裁范围，也就是说，仲裁裁决所处理的“一事”即《股权转让协议》所发生的纠纷，人民法院并没有处理，所以一审法院股权恢复原状的判决并没有违反“一事不再理”的原则。

在一审法院股权恢复原状的判决并没有违反“一事不再理”的原则的情况下，就谈不上判决与仲裁裁决是否矛盾的问题。即使仲裁裁决的结果是履行《股权转让协议》，而判决的结果是恢复旷世公司的股权结构，判决是根据《合作协议》第三条第15项的约定作出的，该约定仍然是双方当事人包括科技公司及张贺平、谢雄平、仇绍明、黄若浩的真实意思表示。也就是说，一审判决与仲裁裁决都是根据当事人的真实意思表示作出的，都是当事人履行双方协议的必然结果。换言之，当事人的真实意思表示就是，为了重组上市，先要进行旷世公司的股权变更，而且实际上也进行了股权变更。但是，如果上市未果，已经变更的股权就应恢复原状。在上市未果的情况下，一审法院判决恢复旷世公司的股权架构，依法应予维持。

——《最高人民法院公报》2011年第3期。

苏州东宝置业有限公司等与苏州百货总公司、江苏少女之春集团公司资产转让合同纠纷案［最高人民法院（2006）民二终字第2号民事裁定书］

裁判摘要：一、当事人签订的多份合同中，有的约定了仲裁条

款，有的既没有约定仲裁条款，也没有明确将其列为约定了仲裁条款的合同的附件，或表示接受约定了仲裁条款的合同关于仲裁管辖的约定。尽管上述合同之间具有一定的关联性，但不能因此否认各自的独立性。

二、根据仲裁法的相关规定，当事人采用仲裁方式解决纠纷，应当自愿达成仲裁协议；未达成仲裁协议，一方当事人申请仲裁的，仲裁委员会不予受理。因此，当事人约定仲裁管辖必须有明确的意思表示并订立仲裁协议，仲裁条款也只在达成仲裁协议的当事人之间产生法律效力。

——《最高人民法院公报》2007 年第 2 期。

最高人民法院裁判文书

乌兹特拉斯加斯股份有限公司与上海贝尔股份有限公司、中国进出口银行上海分行独立保函纠纷管辖权异议申请再审案［最高人民法院（2014）民申字第 64 号民事裁定书］

最高人民法院认为，关于本案纠纷的性质及管辖权的认定。根据贝尔公司确定的主张，其是以乌兹特拉斯加斯公司保函欺诈致其受损为由而提起的诉讼，故纠纷的性质为独立保函侵权纠纷。独立保函虽然因基础合同而开立，但开立后则成为独立于基础合同的独立担保合同。基础合同的仲裁条款不能约束独立保函纠纷，包括受益人和担保人之间在独立保函法律关系下的合同纠纷以及担保人、受益人与保函申请人之间在独立保函法律关系下的侵权纠纷。另一方面，从仲裁条款解释的角度分析，仲裁管辖权来源于当事人在书面仲裁协议中的合意授权。讼争仲裁条款约定的仲裁事项为乌兹特拉斯加斯公司和贝尔公司两方当事人因基础合同产生的争议，而本案系乌兹特拉斯加斯公司、进出口银行和贝尔公司三方当事人之间围绕独立保函欺诈而产生的侵权争议，两个争议的法律关系性质和当事人均不相同，故本案争议不属于基础合同仲裁条款约定的仲裁事项，不应受该仲裁条款的约束。

——贺荣主编、最高人民法院民事审判第四庭编：《涉外商事海事审判指导》2014 年第 1 辑（总第 28 辑），人民法院出版社 2014 年版，第 84 页。

1151. 约定仲裁机构名称不准确的仲裁协议的效力

关键词

约定仲裁机构名称不准确　仲裁协议效力

最高人民法院司法解释

第三条 仲裁协议约定的仲裁机构名称不准确，但能够确定具体的仲裁机构的，应当认定选定了仲裁机构。

——《最高人民法院关于适用〈中华人民共和国仲裁法〉若干问题的解释》（2006年8月23日，法释〔2006〕7号）。

最高人民法院答复

湖北省高级人民法院：

你院鄂高法〔2014〕320号《关于长益资源路桥有限公司与武汉华益路桥管理有限公司、武汉公路桥梁建设集团有限公司公司盈余分配一案涉外仲裁条款效力的请示》收悉。经研究，答复如下：

根据你院请示所述的事实，长益资源路桥有限公司（以下简称长益公司）与武汉公路桥梁建设集团有限公司于2000年8月23日签订了《鄂港合作经营岱黄、汉施公路合同》，该合同约定了相关纠纷“提交中华人民共和国国际贸易仲裁委员会仲裁”的仲裁条款。长益公司系在香港特别行政区注册成立的公司，本案仲裁协议为涉港仲裁协议。《最高人民法院关于适用〈中华人民共和国涉外民事关系法律适用法〉若干问题的解释（一）》第十九条规定：“涉及香港特别行政区、澳门特别行政区的民事关系的法律适用问题，参照适用本规定。”案涉仲裁条款签订在《中华人民共和国涉外民事关系法律适用法》之前，根据《最高人民法院关于适用〈中华人民共和国涉外民事关系法律适用法〉若干问题的解释（一）》第二条的规定，人民法院应当根据该涉外民事关系发生时的有关法律规定确定应当适用的法律。案涉仲裁条款没有约定适用的法律，亦未约定仲裁地点，根据《最高人民法院关于适用〈中华人民共和国仲裁法〉若干问题的解释》第十六条之规定，应当根据法院地法即内地法律来审查本案仲裁条款的效力。

本案中，当事人在合同中约定的仲裁机构为“中华人民共和国国际贸易仲裁委员会”，名称虽不准确，但从当事人的意思表示可以推知当事人选定的仲裁机构为“中国国际经济贸易仲裁委员会”。根据《最高人民法院关于适用〈中华人民共和国仲裁法〉若干问题的解释》第三条之规定，“仲裁协议约定的仲裁机构名称不准确，但能够确定具体的仲裁机构的，应当认定选定了仲裁机构”，应当认定案涉仲裁条款有效。

然而，本案中，长益公司提起的是公司盈余分配之诉，其应向合资公司即武汉华益路桥管理有限公司主张相关权益。由于武汉华益路桥管理有限公司并非案涉仲裁协议的当事人，不受仲裁条款约束，因而法院对本案有管辖权。

——《最高人民法院关于长益资源路桥有限公司与武汉华益路桥管理有限公司、武汉公路桥梁建设集团有限公司公司盈余分配一案涉外仲裁条款效力的请示的复函》(2014 年 10 月 29 日，〔2014〕民四他字第 47 号)，载贺荣主编、最高人民法院民事审判第四庭编：《涉外商事海事审判指导》2014 年第 2 辑（总第 29 辑），人民法院出版社 2015 年版，第 73~74 页。

山东省高级人民法院：

你院〔2005〕鲁立请字第 1 号《关于如何确认仲裁机构名称约定不明确的仲裁协议的效力的请示》收悉。经研究，答复如下：

一方当事人认为仲裁协议中约定的仲裁机构不明确，未申请确认仲裁协议的效力，直接向人民法院起诉解决实体纠纷的，人民法院经审查，认为能够确定仲裁机构的，应当裁定不予受理，告知当事人申请仲裁；认为仲裁协议约定的仲裁机构不明确，仲裁协议无效的，应当依法受理。受理后，被告认为约定的仲裁机构明确，提出管辖权异议的，受诉人民法院应就管辖权异议作出裁定。

仲裁协议约定由“×× 市仲裁委员会”仲裁的，如“×× 市”只有一家仲裁委员会，应当认定约定的仲裁机构系指“×× 仲裁委员会”；如“×× 市”有多家仲裁委员会，应当认为约定的仲裁机构不明确。

——《最高人民法院关于如何确认仲裁机构名称约定不明确的仲裁协议的效力的请示的复函》(2006 年 3 月 13 日，〔2005〕民立他字第 55 号)，载苏泽林主编、最高人民法院立案庭编：《立案工作指导》2006 年第 1 辑（总第 12 辑），人民法院出版社 2006 年版，第 48 页。

1152. 约定的仲裁机构是否明确应根据约定条款的关键信息并结合既有的相关仲裁机构的名称经综合分析后认定

关键词

仲裁机构　约定明确　关键信息

最高人民法院裁判文书

天津南港奥德费尔码头仓储有限公司与天津市特种设备工程建设监理公司海洋工程建设监理合同纠纷主管异议案［最高人民法院（2021）最高法民申 2639 号民事裁定书］

裁判要旨：选定仲裁委员会是仲裁协议的必备内容之一，当事

人在仲裁协议中选定的仲裁委员会的名称与现实存在的仲裁委员会不一致，但通过当事人所选定的仲裁机构的关键信息能合理推导出系指向某一确定的仲裁机构的，应认定当事人有效选定了仲裁机构。

最高人民法院认为，本案的审查重点为，奥德费尔码头公司的再审申请事由是否足以推翻原审关于案涉争议应提交仲裁解决的认定。首先，从原审查明的事实来看，除001号补充协议签订于2013年监理合同之前外，其他三份补充协议均签订于2014年监理合同之后，且这些补充协议均明确援引了2012年监理合同，而2012年监理合同中双方存在通过仲裁解决争议的意思表示。原审法院据此以2012年监理合同仲裁条款作为解决争议的条款，并无不当。其次，关于约定的仲裁机构是否明确。一、二审法院经查，在天津市司法局登记的仲裁委员会共有三家，即天津仲裁委员会、中国国际经济贸易仲裁委员会天津国际经济金融仲裁中心以及中国海事仲裁委员会天津海事仲裁中心。2012年监理合同约定的仲裁机构是中国国际经济贸易仲裁委员会天津国际经济金融仲裁中心，所约定的机构具体、明确，该仲裁条款有效。虽然双方当事人在2013年、2014年监理合同仲裁条款约定的仲裁机构为“天津国际仲裁中心仲裁委员会”，但从文字表述来看，包含了“天津”“国际”“中心”等关键信息，而天津仲裁委员会和中国海事仲裁委员会天津海事仲裁中心的名称均与之差距较大。因此，一、二审法院认为，即使按照2013年、2014年监理合同仲裁条款，仍可确定双方当事人选定的仲裁机构为中国国际经济贸易仲裁委员会天津国际经济金融仲裁中心，该认定亦无不当。

——中国裁判文书网。

1153. 仅约定仲裁规则未约定仲裁机构的仲裁协议的效力

关键词

约定仲裁规则　未约定仲裁机构

最高人民法院司法解释

第四条　仲裁协议仅约定纠纷适用的仲裁规则的，视为未约定仲裁机构，但当事人达成补充协议或者按照约定的仲裁规则能够确定仲裁机构的除外。

——《最高人民法院关于适用〈中华人民共和国仲裁法〉若干问题的解释》（2006年8月23日，法释〔2006〕7号）。

附录：最高人民法院法官著述

不同的仲裁机构有不同的仲裁规则，不同的仲裁规则规定的受案范围等内容各不相同，不同的仲裁规则可能导致不同的仲裁结果。因仲裁协议本质为契约，意思自治为其典型特征，亦即，当事人可约定其适用的仲裁规则，并约定对所适用的仲裁规则进行变更，只要该变更不违反仲裁法的强制性规定或具有可实施性。因此，当事人在选定某一仲裁机构进行仲裁时，其既可以选择适用其选定的仲裁机构制定的仲裁规则进行仲裁，反之，选定了某一仲裁机构的仲裁规则进行仲裁，并不意味着一定由选定制定该仲裁规则的仲裁机构进行仲裁。因此，在当事人仅选择了仲裁规则的情形下，除非当事人另行达成补充协议，否则，不能认定其选定了明确的仲裁机构，仲裁协议因之而无效。

——张雪楳：《仲裁协议的效力认定及完善我国仲裁法的思考》，载最高人民法院民事审判第二庭编：《中国民商审判》2005年第2辑（总第8辑），法律出版社2005年版，第76~81页。

1154. 同时约定两个仲裁机构的仲裁协议的效力

关键词

约定两个仲裁机构　仲裁协议效力

最高人民法院司法解释

第五条　仲裁协议约定两个以上仲裁机构的，当事人可以协议选择其中的一个仲裁机构申请仲裁；当事人不能就仲裁机构选择达成一致的，仲裁协议无效。

——《最高人民法院关于适用〈中华人民共和国仲裁法〉若干问题的解释》（2006年8月23日，法释〔2006〕7号）。

最高人民法院答复

广东省高级人民法院：

你院〔2007〕粤高法民四他字第15号《关于RENT CORPORATION诉中成宁波进出口有限公司、东莞市建华机械制造有限公司买卖合同纠纷一案人民法院能否受理的请示》收悉。经研究，答复如下：

同意你院的处理意见。RENT CORPORATION与中成宁波进出口有限公司、东莞市建华机械制造有限公司签订的购货合同中约定："仲裁由中国国际经济贸易仲裁委员会（CIETAC）按其仲裁规则和程序在上海进行；或者提请宁波仲裁委员会仲裁。”根据最高人民法院《关于适用〈中华人民共和国仲裁法〉若干问题的解释》第五条的规定：“仲裁协议约定两个以上仲裁机构的，当事人可以协议选择其中的一个仲裁机构申请仲裁；当事人不能就仲裁机构选择达成一致的，仲裁协议无效。”在当事人一方已经向人民法院提起诉讼的情况下，可以认定双方无法就选择仲裁机构问题达成补充协议，仲裁协议应当认定无效，东莞市中级人民法院作为被告住所地法院对本案享有管辖权。

此复。

——《最高人民法院关于 RENT CORPORATION 诉中成宁波进出口有限公司、东莞市建华机械制造有限公司买卖合同纠纷一案人民法院能否受理的请示的复函》（2008 年 3 月 18 日，〔2008〕民四他字第 4 号）。

广东省高级人民法院：

你院〔2007〕粤高法立请字第 2 号《关于（香港）安信医用包装有限公司诉东东莞威泓塑五金制品厂有限公司、（维尔京群岛）新冠誉实业有限公司土地使用权转让合同纠纷一案仲裁条款效力的请示》收悉。

经审查认为，（香港）安信医用包装有限公司与东莞威泓塑五金制品厂有限公司、新冠誉实业有限公司在《土地使用权与房屋产权有偿转让协议书》第七条中约定：“双方因本协议执行产生的分歧应协商解决，协商不成的，双方任一方均可向香港或深圳国际仲裁委员会申请仲裁，仲裁决定为最终裁决，双方无条件执行”。该合同的仲裁条款约定了两个仲裁机构。（香港）安信医用包装有限公司因与东莞威泓塑五金制品厂有限公司、新冠誉实业有限公司无法就仲裁机构的选择达成协议，起诉至东莞市中级人民法院。依据最高人民法院《关于适用〈中华人民共和国仲裁法〉若干问题的解释》第五条关于“仲裁协议约定两个以上仲裁机构的，当事人可以选择其中的一个仲裁机构申请仲裁；当事人不能就仲裁机构选择达成一致的，仲裁协议无效”的规定，应当认定本案中的仲裁协议无效。同意你院的处理意见。

——《最高人民法院关于（香港）安信医用包装有限公司诉东莞威泓塑五金制品厂有限公司、（维尔京群岛）新冠誉实业有限公司土地使用权转让合同纠纷一案仲裁条款效力的请示的复函》（2008 年 4 月 5 日，〔2007〕民四他字第 45 号）。

辽宁省高级人民法院：

你院〔2002〕辽民四终字第 11 号《关于大连港务局与大连中远国际货运有限公司海上货物运输货损赔偿追偿纠纷一案的请示报告》收悉。经研究。答复如下：

海商法第二百五十七条第一款规定："就海上货物运输向承运人要求赔偿的请求权，时效期间为一年，自承运人交付或者应当交付货物之日起计算；在时效期间内或者时效期间届满后，被认定为负有责任的人向第三人提起追偿请求的，时效期间为九十日，自追偿请求人解决原赔偿请求之日起或者收到受理对其本人提起诉讼的法院的起诉状副本之日起计算。"根据海商法和我国民事诉讼法的有关规定，原赔偿请求若是通过法院诉讼解决的，则追偿请求人向第三人追偿时效的起算点应当自追偿请求人收到法院认定其承担赔偿责任的生效判决之日起计算。

——《最高人民法院关于大连港务局与大连中远国际货运有限公司海上货物运输货损赔偿追偿纠纷一案的请示的复函》(2003年11月12日，〔2002〕民四他字第21号)。

1155. 多份仲裁协议并存时效力的认定

关键词

仲裁协议　仲裁条款　效力　意思表示　合同备案

最高人民法院答复

要旨：合同在前后文中约定不同争议解决方式的，应当以当事人最后的明确意思表示为准，合同文本最后明确约定仲裁条款的，即使合同前文出现"可提起诉讼"的一般性表述，也不宜因此否定该仲裁条款的效力。

北京市高级人民法院：

你院京高法〔2019〕470号《关于北京华业资本控股股份有限公司申请确认仲裁协议效力案件的请示》收悉。经研究，答复如下：

根据你院报告，案涉《北京华业资本控股股份有限公司2017年度第一期短期融资券募集说明书》(以下简称《募集说明书》)最后一段载明："发行人发行本期债务融资工具，主承销商承销本期债务融资工具，以及持有人认购或购买本期债务融资工具，均视为已同意上述约定，并认可该等约定构成对其有法律约束力的相关合同义务。发行人违反上述约定，投资人有权向中国国际经济贸易仲裁委员会按照申请仲裁时其有效的仲裁规则在北京进行仲裁。"该仲裁条款所属全段文字内容均指向"本期债务融资工具"，因此仲裁条款中"上述约定"应代指《募集说明书》全文。《募集说明书》前后约定了不同的争议解决方式，应当以双方最后一次意思表示为准。案涉仲裁条款符合《仲裁法》第十六条规定的形式要件，是有效的仲裁条款，不宜认定《募集说明书》项下的仲裁协议无效。

此复

——《最高人民法院关于北京华业资本控股股份有限公司申请确认仲裁协议效力一案的复函》（2019 年 9 月 27 日，〔2019〕最高法民他 221 号），载最高人民法院民事审判第四庭编：《最高人民法院商事仲裁司法审查年度报告（2019）》，人民法院出版社 2021 年版，第 177 页。

要旨：备案合同和未备案合同对争议解决条款的约定不一致的，应当综合合同内容以及相关证据认定哪一份合同的争议解决条款是当事人的真实合意，不能简单仅以合同备案这一事实来确定当事人的真实意思表示。

安徽省高级人民法院：

你院（2019）皖民终 607 号《关于报请审核浙江万达建设集团有限公司与马鞍山市建华房地产开发有限责任公司建设施工合同纠纷管辖权异议上诉一案仲裁协议效力的报告》收悉。经研究，答复如下：

根据你院的报告，2013 年 7 月 1 日，双方当事人在《马鞍山建华大厦工程施工总承包协议》中约定："本合同在履行期间，双方发生争议时，双方应及时交流、沟通，友好协商解决，不得影响工程进度；如协商未果，依法向工程所在地人民法院提起诉讼。"虽然双方当事人在同年 8 月 10 日签订的《建设工程施工合同》中约定有仲裁条款，但同年 10 月 27 日，双方当事人在《马鞍山建华大厦项目建设工程施工合同补充协议》中特别约定："《建设工程施工合同》仅合同备案之用，合同具体条款与《马鞍山建华大厦工程施工总承包协议》及《马鞍山建华大厦工程施工总承包补充修正协议》相抵触之处，双方以《马鞍山建华大厦工程施工总承包协议》《马鞍山建华大厦工程施工总承包补充修正协议》为准并履行。"因此，通过诉讼解决争议是双方当事人的真实意思表示。因案涉工程发生争议，双方均应依据《马鞍山建华大厦工程施工总承包协议》的约定通过诉讼解决。同意你院意见。

此复

——《最高人民法院关于浙江万达建设集团有限公司与马鞍山市建华房地产开发有限责任公司申请确认仲裁协议效力一案的请示的复函》（2019 年 8 月 23 日，〔2019〕最高法民他 168 号），载最高人民法院民事审判第四庭编：《最高人民法院商事仲裁司法审查年度报告（2019）》，人民法院出版社 2021 年版，第 182 页。

1156. 约定由某地的仲裁机构仲裁的仲裁协议的效力

关键词

约定由某地的仲裁机构仲裁　仲裁协议效力

最高人民法院司法解释

第六条　仲裁协议约定由某地的仲裁机构仲裁且该地仅有一个仲裁机构的，该仲裁机构视为约定的仲裁机构。该地有两个以上仲裁机构的，当事人可以协议选择其中的一个仲裁机构申请仲裁；当事人不能就仲裁机构选择达成一致的，仲裁协议无效。

——《最高人民法院关于适用〈中华人民共和国仲裁法〉若干问题的解释》（2006年8月23日，法释〔2006〕7号）。

最高人民法院答复

江苏省高级人民法院：

你院〔2015〕苏商外仲审效他字第00001号《关于香港柏藤贸易有限公司诉云南惠嘉进出口贸易有限公司买卖合同纠纷一案仲裁条款效力问题的请示》收悉。经研究，答复如下：

本案一方当事人为香港公司，案涉仲裁协议为涉港仲裁协议。根据《最高人民法院关于适用〈中华人民共和国涉外民事关系法律适用法〉若干问题的解释（一）》第十九条规定确定的原则，应当参照适用涉外民事关系的有关规定确定本案应当适用的法律。根据你院附送卷宗中的证据材料显示，案涉仲裁协议签订于《中华人民共和国涉外民事关系法律适用法》施行之后，因此本案应当适用《中华人民共和国涉外民事关系法律适用法》第十八条的规定确定审理案涉仲裁协议效力应当适用的法律。

本案当事人签订的仲裁协议未约定明确的仲裁机构，仅约定仲裁地点为北京（Any dispute arising out of or in connection with this contract，including any question regarding its existence，validity or termination，shall be referred to and finally resolved by arbitration in BEIJING，CHINA.），且当事人未选择仲裁协议效力适用的法律，故依据《中华人民共和国涉外民事关系法律适用法》第十八条的规定，本案应当适用当事人约定的仲裁地即我国内地的法律确认仲裁协议的效力。

《中华人民共和国仲裁法》第十八条规定：“仲裁协议对仲裁事项或者仲裁委员会没有约定或者约定不明确的，当事人可以补充协议；达不成补充协议的，仲裁协议无效。"《最高人民法院关于适用〈中华人民共和国仲裁法〉若干问题的解释》第六条规定："仲裁协议约定由某地的仲裁机构仲裁且该地仅有一个仲裁机构的，该仲裁机构视为约定的仲裁机构。该地有两个以上仲裁机构的，当事人可以协议选择其中的一个仲裁机构申请仲裁；当事人不能就仲裁机构选择达成一致的，仲裁协议无效。"由于本案当事人未约定明确的仲裁机构，在其约定的仲裁地北京有两个以上的仲裁机构，现当事人未就仲裁机构的选择达成一致，故依据上述规定，案涉仲裁协议无效。同意你院关于仲裁协议无效的请示意见。

——《最高人民法院关于对江苏省高级人民法院就香港柏藤贸易有限公司诉云南惠嘉进出口贸易有限公司买卖合同纠纷一案仲裁条款效力问题的请示的复函》（2016 年 5 月 25 日，〔2016〕最高法民他 10 号），载贺荣主编、最高人民法院民事审判第四庭编：《涉外商事海事审判指导》2016 年第 1 辑（总第 32 辑），人民法院出版社 2017 年版，第 64~65 页。

辽宁省高级人民法院：

你院〔2015〕辽民三他字第 2 号《关于原告中海北方物流有限公司与被告本溪北营钢铁集团进出口有限公司航次租船合同纠纷涉外仲裁条款效力的请示》收悉。经研究，答复如下：

案涉货物出口的《合同》中的 SS 条款均约定："GENERAL AVERAGE/ARBITRATION IF ANY IN BENXI AND CHINESE LAW TO BE APPLIED. 如

发生共同海损 / 仲裁，本协议适用中国法律，仲裁地本溪。"虽然本溪市仲裁委员会是本溪市唯一一家仲裁机构，但是该条款仅是双方当事人对涉案纠纷提起仲裁时的仲裁地点和所适用法律作出的特别约定，不构成双方之间唯一的纠纷解决方式的约定，并未排除诉讼管辖。根据《中华人民共和国仲裁法》第十六条第二款第（一）项的规定，上述仲裁条款当属无效。

案涉货物进口的《租船协议》第二十五条约定："Arbitration 仲裁：Any disputes arising under the Charter Party shall be settled amicably.In case no such settlement can be reached，the matter in dispute shall be referred to three persons at Beijing and according to Chinese law.One chosen by each of the parties hereto and the third by the two so chosen；their decision or that of two of them shall be final，and for the purpose of enforcing the award，this agreement may be made a rule of the court.The arbitrators shall be commercial men. 本协议项下的任何纠纷应被友好解决。如无法达成一致，则该纠纷事件将按照中国法律在北京交给三位仲裁人仲裁。双方各选一位代表，第三位则由双方共同选出，他们或其中两位的决定是终局的，并可向法庭申报使协议成为规则。仲裁人应是商业人士。"该仲裁条款

虽约定在北京仲裁，但并未明确选定仲裁委员会，也没有证据显示双方当事人就仲裁机构的选择达成补充协议。根据《中华人民共和国仲裁法》第十六条第二款第（三）项和第十八条的规定，该仲裁条款因没有约定仲裁机构而无效。

涉案各航次的货物运输目的港或者起运港皆有一港属于大连海事法院管辖范围，故大连海事法院对本案具有管辖权。同意你院关于本案仲裁条款无效的请示意见。

——《最高人民法院关于中海北方物流有限公司与本溪北营钢铁集团进出口有限公司航次租船合同纠纷涉外仲裁条款效力请示的复函》（2015年9月21日〔2015〕民四他字第22号），载贺荣主编、最高人民法院民事审判第四庭编：《涉外商事海事审判指导》2015年第1辑（总第30辑），人民法院出版社2016年版，第84~85页。

附录：最高人民法院法官著述

除此之外，当事人如果在协议中约定由某地的仲裁机构仲裁，该地仅有一个仲裁机构的，可以认定仲裁协议有效。如，当事人约定“将纠纷提交项目所在地仲裁机构仲裁”，如果项目所在地仅有一个仲裁机构，可以认定仲裁协议有效；如果项目所在地没有或有两个以上仲裁机构，应当认定仲裁协议无效。这里“某地”在实践中又有不同情况：第一种可能某地只有一个仲裁委员会。如当事人约定项目所在地的仲裁机构仲裁，项目所在地在芜湖，芜湖只有一个芜湖仲裁委员会，可以认定该协议有效。第二种可能某地没有仲裁委员会，但其所属上一级行政区划单位内有仲裁委员会。如项目在某个县，县里没有仲裁委员会，但县所属的市有仲裁委员会，能否推定仲裁机构是具体的。笔者认为，如果当事人约定项目所在地的仲裁机构仲裁，项目所在地的县没有仲裁机构，但其所属的市仅有一个仲裁机构，可以认为双方约定由项目所在地仲裁机构仲裁是有效的。但如果上推一级的地方有两个或两个以上仲裁机构，那么，应认定当事人关于仲裁的约定是无效的。第三种可能是某地没有仲裁委员会，上推后也不能明确仲裁机构，对此，应当认定仲裁协议无效。如在一个案件中，当事人在协议中约定由买方所在地的仲裁机构进行仲裁，买方所在地为玉门镇裕盛山庄，在案件办理之时，买方所在地玉门市及玉门市所属的酒泉市并没有设立仲裁委员会，故认定仲裁协议无效。这里，要明确的是，推定只能按照县、县所属的市、市所属的省逐级往上推，不能往下推定，更不能平行推定。综上，对仲裁协议效力的判断，应当尽可能尊重当事人真实意思，如果当事人自愿达成了仲裁协议，为了保护当事人的正当预期，即便在约定时存在不准确、不明确的情况，但能够确定具体仲裁机构的，仲裁协议按有效处理。

综上，当事人在仲裁协议中请求仲裁的意思表示必须是明确的，能够完全排除法院管辖。如果存在向法院提起诉讼的意思表示，应当按照“或裁或审”原则，认定仲裁协议无效。

——徐德芳：《关于国内仲裁协议效力认定的几个实务问题研究》，载景汉朝主编、最高人民法院立案庭编：《立案工作指导》2015 年第 3 辑（总第 46 辑），人民法院出版社 2016 年版，第 51~52 页。

1157. 仲裁协议是否成立属于确认仲裁协议效力案件的审查范围，仲裁协议是一种合同，判断双方是否就仲裁达成合意，应适用《民法典》关于要约、承诺的规定

关键词

仲裁协议　仲裁协议效力

最高人民法院裁判文书

新劲企业公司与深圳市中苑城商业投资控股有限公司申请确认仲裁协议效力案［中华人民共和国最高人民法院（2019）最高法民特 2 号民事裁定书］

裁判要旨：1. 当事人以仲裁条款未成立为由要求确认仲裁协议不存在的，属于申请确认仲裁协议效力案件，人民法院应予立案审查。在确认仲裁协议效力时，首先要确定准据法。

2. 在确定仲裁条款效力包括仲裁条款是否成立时，可以先行确定仲裁条款本身的效力；在确有必要时，才考虑对整个合同的效力包括合同是否成立进行认定。

3. 仲裁条款是否成立，主要是指当事人双方是否有将争议提交仲裁的合意，即是否达成了仲裁协议。仲裁协议是一种合同，判断双方是否就仲裁达成合意，应适用《合同法》关于要约、承诺的规定。

最高人民法院经审查认为，本案争议焦点是案涉仲裁条款是否成立。

新劲公司在中苑城公司申请仲裁后，以仲裁条款未成立为由，向人民法院申请确认双方之间不存在有效的仲裁条款。虽然这不同于要求确认仲裁协议无效，但是仲裁协议是否存在与是否有效同样直接影响到纠纷解决方式，同样属于需要解决的先决问题，因而要求确认当事人之间不存在仲裁协议也属于广义的对仲裁协议效力的异议。《仲裁法》第二十条第一款规定：当事人

对仲裁协议的效力有异议的，可以请求仲裁委员会作出决定或者请求人民法院作出裁定。据此，当事人以仲裁条款未成立为由要求确认仲裁协议不存在的，属于申请确认仲裁协议效力案件，人民法院应予立案审查。

在确认仲裁协议效力时，首先要确定准据法。《中华人民共和国涉外民事关系法律适用法》第十八条规定："当事人可以协议选择仲裁协议适用的法律。当事人没有选择的，适用仲裁机构所在地法律或者仲裁地法律。"在本院询问时，各方当事人均明确表示同意适用中华人民共和国法律确定案涉仲裁协议效力。因此，本案仲裁协议适用中华人民共和国法律。

《仲裁法》第十六条第一款规定："仲裁协议包括合同中订立的仲裁条款和以其他书面方式在纠纷发生前或者纠纷发生后达成的请求仲裁的协议。"可见，合同中的仲裁条款和独立的仲裁协议这两种类型，都属于仲裁协议，仲裁条款的成立和效力的认定也适用关于仲裁协议的法律规定。

仲裁协议独立性是广泛认可的一项基本法律原则，是指仲裁协议与主合同是可分的，互相独立，它们的存在与效力，以及适用于它们的准据法都是可分的。由于仲裁条款是仲裁协议的主要类型，仲裁条款与合同其他条款出现在同一文件中，赋予仲裁条款独立性，比强调独立的仲裁协议具有独立性更有实践意义，甚至可以说仲裁协议独立性主要是指仲裁条款和主合同是可分的。对于仲裁协议的独立性，中华人民共和国法律和本院司法解释均有规定。《仲裁法》第十九条第一款规定："仲裁协议独立存在，合同的变更、解除、终止或者无效，不影响仲裁协议的效力。"从上下文关系看，该条是在第十六条明确了仲裁条款属于仲裁协议之后，规定了仲裁协议的独立性。因此，仲裁条款独立于合同。对于仲裁条款能否完全独立于合同而成立，《仲裁法》的规定似乎不是特别清晰，不如已成立合同的变更、解除、终止或者无效不影响仲裁协议效力的规定那么明确。在司法实践中，合同是否成立与其中的仲裁条款是否成立这两个问题常常纠缠不清。但是，《仲裁法》第十九条第一款开头部分"仲裁协议独立存在"，是概括性、总领性的表述，应当涵盖仲裁协议是否存在即是否成立的问题，之后的表述则是进一步强调列举的几类情形也不能影响仲裁协议的效力。《仲裁法解释》第十条第二款进一步明确："当事人在订立合同时就争议达成仲裁协议的，合同未成立不影响仲裁协议的效力。"因此，在确定仲裁条款效力包括仲裁条款是否成立时，可以先行确定仲裁条款本身的效力；在确有必要时，才考虑对整个合同的效力包括合同是否成立进行认定。本案亦依此规则，先根据本案具体情况来确定仲裁条款是否成立。

仲裁条款是否成立，主要是指当事人双方是否有将争议提交仲裁的合意，即是否达成了仲裁协议。仲裁协议是一种合同，判断双方是否就仲裁达成合意，应适用《合同法》关于要约、承诺的规定。从本案磋商情况看，当事人双方一直共同认可将争议提交仲裁解决。本案最早的《产权交易合同》，系北交所提供的标准文本，连同《债权清偿协议》由运裕公司等一方发给中苑城公司，两份合同均包含将争议提交北京仲裁委员会仲裁的条款。之后，当事人就仲裁机构进行了磋商。运裕公司等一方发出的合同草签版的仲裁条款，已将仲裁机构确定为深圳国际仲裁院。就仲裁条款而言，这是运裕公司等发出的要约。中苑城公司在合同草签版上盖章，表示同意，并于 2017 年 5 月 11 日将盖章合同文本送达运裕公司，这是中苑城公司的承诺。根据《合同法》第二十五条①、第二十六条②相关规定，承诺通知到达要约人时生效，承诺生效时合同成立。因此，《产权交易合同》《债权清偿协议》中的仲裁条款于 2017 年 5 月 11 日分别在两个合同的各方当事人之间成立。之后，当事人就合同某些其他事项进行交涉，但从未对仲裁条款有过争议。鉴于运裕公司等并未主张仲裁条款存在法定无效情形，故应当认定双方当事人之间存在有效的仲裁条款，双方争议应由深圳国际仲裁院进行仲裁。虽然运裕公司等没有在最后的合同文本上盖章，其法定代表人也未在文本上签字，不符合合同经双方法定代表人或授权代表签字并盖章后生效的要求，但根据《仲裁法解释》第十条第二款的规定，即使合同未成立，仲裁条款的效力也不受影响。在当事人已达成仲裁协议的情况下，对于本案合同是否成立的问题无需再行认定，该问题应在仲裁中解决。

——最高人民法院国际商事法庭官网。

1158. 仲裁协议是否成立属于确认仲裁协议效力案件的审查范围

关键词

仲裁条款　仲裁协议效力　立案审查

最高人民法院裁判文书

申请人运裕有限公司与被申请人深圳市中苑城商业投资控股有限公司申请确认仲裁协议效力案［最高人民法院（2019）最高法民特 1 号民事裁定书］

裁判要旨：申请确认当事人间不存在仲裁协议虽然“不同于要求确认仲裁协议无效，但是仲裁协议是否存在与是否有效同样直接影响到纠纷解决方式，同样属于需要解决的先决问题”，故确认仲裁

---

① 对应《民法典》第四百八十三条。

② 对应《民法典》第四百八十四条。

协议不存在属于广义的效力异议，“当事人以仲裁条款未成立为由要求确认仲裁协议不存在的，属于申请确认仲裁协议效力案件，人民法院应予立案审查”。

最高人民法院认为：本案争议焦点是案涉仲裁条款是否成立。

运裕公司在中苑城公司申请仲裁后，以仲裁条款未成立为由，向人民法院申请确认双方之间不存在有效的仲裁条款。虽然这不同于要求确认仲裁协议无效，但是仲裁协议是否存在与是否有效同样直接影响到纠纷解决方式，同样属于需要解决的先决问题，因而要求确认当事人之间不存在仲裁协议也属于广义的对仲裁协议效力的异议。《仲裁法》第二十条第一款规定：当事人对仲裁协议的效力有异议的，可以请求仲裁委员会作出决定或者请求人民法院作出裁定。据此，当事人以仲裁条款未成立为由要求确认仲裁协议不存在的，属于申请确认仲裁协议效力案件，人民法院应予立案审查。

在确认仲裁协议效力时，首先要确定准据法。《中华人民共和国涉外民事关系法律适用法》第十八条规定：“当事人可以协议选择仲裁协议适用的法律。当事人没有选择的，适用仲裁机构所在地法律或者仲裁地法律。”在本院询问时，各方当事人均明确表示同意适用中华人民共和国法律确定案涉仲裁协议效力。因此，本案仲裁协议适用中华人民共和国法律。

《仲裁法》第十六条第一款规定：“仲裁协议包括合同中订立的仲裁条款和以其他书面方式在纠纷发生前或者纠纷发生后达成的请求仲裁的协议。”可见，合同中的仲裁条款和独立的仲裁协议这两种类型，都属于仲裁协议，仲裁条款的成立和效力的认定也适用关于仲裁协议的法律规定。

仲裁协议独立性是广泛认可的一项基本法律原则，是指仲裁协议与主合同是可分的，互相独立，它们的存在与效力，以及适用于它们的准据法都是可分的。由于仲裁条款是仲裁协议的主要类型，仲裁条款与合同其他条款出现在同一文件中，赋予仲裁条款独立性，比强调独立的仲裁协议具有独立性更有实践意义，甚至可以说仲裁协议独立性主要是指仲裁条款和主合同是可分的。对于仲裁协议的独立性，中华人民共和国法律和本院司法解释均有规定。《仲裁法》第十九条第一款规定：“仲裁协议独立存在，合同的变更、解除、终止或者无效，不影响仲裁协议的效力。”从上下文关系看，该条是在第十六条明确了仲裁条款属于仲裁协议之后，规定了仲裁协议的独立性。因此，仲裁条款独立于合同。对于仲裁条款能否完全独立于合同而成立，《仲裁法》的规定似乎不是特别清晰，不如已成立合同的变更、解除、终止或者无效不影响仲裁协议效力的规定那么明确。在司法实践中，合同是否成立与其中的仲裁条款是否成立这两个问题常常纠缠不清。但是，《仲裁法》第十九条第一款开头部分“仲裁协议独立存在”，是概括性、总领性的表述，应当涵盖仲裁协议是否存在即是否成立的问题，之后的表述则是进一步强调列举的几类情形也不能影响仲裁协议的效力。《仲裁法解释》第十条第二款进一步明确："当事人在订立合同时就争议达成仲裁协议的，合同未成立不影响仲裁协议的效力。"因此，在确定仲裁条款效力包括仲裁条款是否成立时，可以先行确定仲裁条款本身的效力；在确有必要时，才考虑对整个合同的效力包括合同是否成立进行认定。本案亦依此规则，先根据本案具体情况来确定仲裁条款是否成立。

仲裁条款是否成立，主要是指当事人双方是否有将争议提交仲裁的合意，即是否达成了仲裁协议。仲裁协议是一种合同，判断双方是否就仲裁达成合意，应适用《合同法》关于要约、承诺的规定。从本案磋商情况看，当事人双方一直共同认可将争议提交仲裁解决。本案最早的《产权交易合同》，系北交所提供的标准文本，连同《债权清偿协议》由运裕公司等一方发给中苑城公司，两份合同均包含将争议提交北京仲裁委员会仲裁的条款。之后，当事人就仲裁机构进行了磋商。运裕公司等一方发出的合同草签版的仲裁条款，已将仲裁机构确定为深圳国际仲裁院。就仲裁条款而言，这是运裕公司等发出的要约。中苑城公司在合同草签版上盖章，表示同意，并于 2017 年 5 月 11 日将盖章合同文本送达运裕公司，这是中苑城公司的承诺。根据《合同法》第二十五条[①]、第二十六条[②]相关规定，承诺通知到达要约人时生效，承诺生效时合同成立。因此，《产权交易合同》《债权清偿协议》中的仲裁条款于 2017 年 5 月 11 日分别在两个合同的各方当事人之间成立。之后，当事人就合同某些其他事项进行交涉，但从未对仲裁条款有过争议。鉴于运裕公司等并未主张仲裁条款存在法定无效情形，故应当认定双方当事人之间存在有效的仲裁条款，双方争议应由深圳国际仲裁院进行仲裁。虽然运裕公司等没有在最后的合同文本上盖章，其法定代表人也未在文本上签字，不符合合同经双方法定代表人或授权代表签字并盖章后生效的要求，但根据《仲裁法解释》第十条第二款的规定，即使合同未成立，仲裁条款的效力也不受影响。在当事人已达成仲裁协议的情况下，对于本案合同是否成立的问题无需再行认定，该问题应在仲裁中解决。

运裕公司还提出其并非《债权清偿协议》当事人，其中的仲裁条款不能拘束运裕公司。鉴于《产权交易合同》中的仲裁条款已能约束运裕公司，其与中苑城公司之间的纠纷应通过仲裁解决，且运裕公司等为同一仲裁案件的共同被申请人，无需本院在本案中对《债权清偿协议》中的仲裁条款能否约束运裕公司进行判断。

---

① 对应《民法典》第四百八十三条。

② 对应《民法典》第四百八十四条。

——中国裁判文书网。

1159. 仲裁协议对合同权利义务的承继人有约束力

关键词

仲裁协议约束力

最高人民法院司法解释

第九条　债权债务全部或者部分转让的，仲裁协议对受让人有效，但当事人另有约定、在受让债权债务时受让人明确反对或者不知有单独仲裁协议的除外。

——《最高人民法院关于适用〈中华人民共和国仲裁法〉若干问题的解释》（2006 年 8 月 23 日，法释〔2006〕7 号）。

最高人民法院裁判文书

天威公司与毕马威华振特殊普通合伙委托合同纠纷管辖权异议上诉［最高人民法院（2015）民二终字第 381 号民事裁定书］

内容摘要：毕马威华振特殊普通合伙承继了毕马威华振的权利义务，既包含实体权利也包含有关争议解决方式的程序性条款。在无相反约定的情况下，天威公司与毕马威华振之间的仲裁条款在天威公司与毕马威华振特殊普通合伙之间具有约束力。天威公司以侵权赔偿之诉回避仲裁条款的适用理由不能成立。

最高人民法院认为，关于本案争议是否应受仲裁条款的约束。天威公司主张毕马威华振特殊普通合伙与服务合同中毕马威华振是两个独立主体，不存在民事权利义务的承继关系，毕马威华振特殊普通合伙承接了毕马威华振的资产，理应承担相关的损害赔偿责任，但天威公司向毕马威华振特殊普通合伙主张实体权利，并不意味着认可其成为仲裁条款的相对方的上诉理由亦不能成立。第一，根据原审查明的事实，毕马威华振特殊普通合伙是基于国家有关中外合作会计师事务所实现本土化转制的规定而成立，与毕马威华振之间具有承继关系。根据 2012 年 5 月 2 日，财政部、国家工商总局、商务部、国家外汇管理局、中国证监会发布《关于印发〈中外合作会计师事务所本土化转制方案〉的通知》（财会［2012］8 号），中外合作会计师事务所根据合作设立时所作承诺实现本土化，并在合作到期日之后或自愿在合作到期日之前采用符合中国法律法规规定的组织形式。毕马威华振因经营期限届满，按照《中外合作会计师事务所本土化转制方案》的规定，转制为特殊普通合伙组织形式。毕马威华振的全部资产负债按账面净值整体转让给经转制设立的毕马威华振特殊普通合伙，毕马威华振特殊普通合伙整体承接了毕马威华振资产、债权、负债、业务和人员，依法继续运营。虽然毕马威华振与毕马威华振特殊普通合伙在形式上是分别进行工商登记的会计师事务所，但二者的名称、经营范围、住所地、人员基本一致，经营期限前后衔接。《中外合作会计师事务所本土化转制方案》规定，原会计师事务所因执业质量可能引发的行政责任由特殊普通合伙会计师事务所承担。由此可见，毕马威华振特殊普通合伙与毕马威华振之间形成了在业务经营、资产等方面的承继关系。该种承继关系是在国家实行本土化转制的规定前提下，通过清算注销原主体设立新主体的方式，完成了债权债务的整体移转，其中亦包括本案服务合同项下的权利义务。天威公司一方面依据服务合同向毕马威华振特殊普通合伙主张因未尽职履行服务合同而产生的实体权利，另一方面又以毕马威华振特殊普通合伙与毕马威华振无承继关系，其不同意毕马威华振特殊普通合伙成为仲裁条款的相对方为由反对双方受该合同中仲裁条款的约束，显然在法律逻辑上自相矛盾，亦有违诚实信用和公平原则。因此，一审法院认定毕马威华振特殊普通合伙承继了毕马威华振的权利义务，在无相反约定的情况下，仲裁条款对双方当事人具有约束力并无不当。天威公司上诉主张毕马威华振特殊普通合伙与毕马威华振之间不存在承继关系，双方当事人不受仲裁条款约束的理由，缺乏事实和法律依据。

——刘京川：《合同中仲裁条款的效力范围与适用——天威公司与毕马威华振特殊普通合伙委托合同纠纷管辖权异议上诉案》，载景汉朝主编、最高人民法院立案庭编：《立案工作指导》2015 年第 3 辑（总第 46 辑），人民法院出版社 2016 年版，第 129~130 页。

附录：本案解析

（三）天威公司与毕马威华振之间的仲裁条款对毕马威华振特殊普通合伙是否有约束力

天威公司主张毕马威华振特殊普通合伙与服务合同中毕马威华振是两个独立主体，二者不存在民事权利义务的承继关系，而是债权债务转让关系。在作为债权人的天威公司不同意的情况下，毕马威华振特殊普通合伙无权替代毕马威华振成为仲裁条款的相对方。

根据原审查明的事实，毕马威华振特殊普通合伙是按照国家《中外合作会计师事务所本土化转制方案》的规定，由毕马威华振转制成立为特殊普通合伙的组织形式。依据该转制方案以及《毕马威华振会计师事务所专项审计报告》《毕马威华振会计师事务所清算审计报告》、毕马威特殊普通合伙发布的公告，毕马威华振将截至营业终止日的全部资产负债（即债权债务）转让给毕马威特殊普通合伙，毕马威特殊普通合伙整体承接毕马威华振的全部资产、债权、负债、业务和人员，依法继续运营。二者之间形成了在业务经营、资产等方面的承继关系。承继原合同的权利义务既包含实体权利也包含有关争议解决方式的程序性条款。《最高人民法院关于会计师事务所、审计事务所脱钩改制前民事责任承担问题的通知》规定："对原事务所应当承担的民事责任，应由其开办单位在所接收的原事务所的剩余财产和风险基金范围内承担清算责任。但如开办单位将原事务所的剩余财产和风险基金留给脱钩改制后的新事务所，则应当由新事务所在所接收的资产范围内对原事务所的债务承担民事责任。"天威公司也正是依据该通知规定，向毕马威华振特殊普通合伙主张对毕马威华振的债务承担民事责任。

《仲裁法司法解释》第九条规定："债权债务全部或者部分转让的，仲裁协议对受让人有效，但当事人另有约定、在受让债权债务时受让人明确反对或者不知有单独仲裁协议的除外。"该条规定不受原仲裁条款约束的除外情形有两个条件，一是双方当事人另行约定了管辖；二是受让人受让时明确表示反对或者其不知道有单独仲裁条款。本案中，毕马威华振特殊普通合伙承继了毕马威华振的权利义务，其对一般条款中的仲裁条款是明知的，并予以认可，那么本案服务合同中仲裁条款对其有效。天威公司是一般条款的签署方，对仲裁条款亦是明知的，在毕马威华振特殊普通合伙承继毕马威华振的权利义务的情况下，反对原仲裁条款对毕马威华振特殊普通合伙的约束力，缺乏法律依据。

天威公司一方面向毕马威华振特殊普通合伙主张因履行服务合同而产生的实体权利，另一方面又不同意毕马威华振特殊普通合伙成为合同中仲裁条款的相对方而反对仲裁条款的适用，显然在法律逻辑上自相矛盾，亦有违诚实信用和公平原则。因此，一审法院认定毕马威华振特殊普通合伙承继了毕马威华振的权利义务，在无相反约定的情况下，仲裁条款对双方当事人具有约束力并无不当。本案争议人民法院无管辖权。

——刘京川：《合同中仲裁条款的效力范围与适用——天威公司与毕马威华振特殊普通合伙委托合同纠纷管辖权异议上诉案》，载景汉朝主编、最高人民法院立案庭编：《立案工作指导》2015 年第 3 辑（总第 46 辑），人民法院出版社 2016 年版，第 133~134 页。

1160.“或裁或审”仲裁协议的效力

关键词

或裁或审　仲裁协议效力

最高人民法院司法解释

第七条　当事人约定争议可以向仲裁机构申请仲裁也可以向人民法院起诉的，仲裁协议无效。但一方向仲裁机构申请仲裁，另一方未在仲裁法第二十条第二款规定期间内提出异议的除外。

——《最高人民法院关于适用〈中华人民共和国仲裁法〉若干问题的解释》（2006 年 8 月 23 日，法释〔2006〕7 号）。

最高人民法院裁判文书

天威公司与毕马威华振特殊普通合伙委托合同纠纷管辖权异议上诉［最高人民法院（2015）民二终字第 381 号民事裁定书］

最高人民法院认为，关于仲裁条款的效力。天威公司与毕马威华振签署的一般条款第 49 条“适用法律和解决争议”条款是双方当事人真实意思表示，其内容不违反法律和行政法规的强制性规定，应为合法有效。天威公司提出一般条款第 39.2 条约定了可以诉讼，属于既约定仲裁又约定诉讼，且仲裁协议属于格式条款，仲裁协议无效的上诉理由不能成立。第一，从一般条款的架构和内容来看，第 39.2 条属于“我方责任免除及限制”条款的一部分，其内容是有关毕马威华振对天威公司及其他受益人所应承担的责任范围的约定，与第 49 条“适用法律和争议解决”的仲裁条款相互独立，双方对将争议提交仲裁解决的意思表示是明确的。第 39.2 条文中虽出现“诉讼”“法院”字样，但从其表述及上下条文的内容、目的来看，解决的是毕马威华振所应承担的责任限制范围，并未明确属于争议解决的方式，也未约定争议解决的法院。因此，该条款不构成对第 49 条仲裁条款的实质性改变，天威公司主张该条款构成双方约定诉讼的上诉理由无事实依据。第二，双方签署的一般条款虽为毕马威华振所起草，但系双方协商一致的结果。一般条款第 51 条“协商”条款明确载明：“关于本业务一般条款的内容，贵方与我方已进行了充分协商，双方均同意本业务一般条款所有条款的内容”，上述内容可以证明，一般条款已经双方协商并形成合意，约定仲裁作为双方“适用法律和争议解决”方式的意思表示真实。故天威公司主张仲裁条款属于格式条款，且毕马威华振并未与其协商应认定无效的上诉理由不能成立。

——刘京川:《合同中仲裁条款的效力范围与适用——天威公司与毕马威华振特殊普通合伙委托合同纠纷管辖权异议上诉案》，载景汉朝主编、最高人民法院立案庭编:《立案工作指导》2015 年第 3 辑（总第 46 辑），人民法院出版社 2016 年版，第 128~129 页。

附录：本案解析

（一）关于仲裁条款的效力问题

确定本案仲裁条款的效力，是解决人民法院对本案是否有管辖权的前提。天威公司主张仲裁条款无效的理由是认为一般条款第 39.2 条约定了可以诉讼，属于既约定仲裁又约定诉讼，且仲裁协议属于格式条款，未经双方协商。这里需要考察以下问题:

第一，第 39.2 条的内容是否有提交诉讼解决争议的意思表示，该条款是否构成对第 49 条“适用法律和解决争议”方式的改变。（1）从一般条款的组织架构来看，仲裁条款独立约定在第 49 条，第 39.2 条则规定在对毕马威华振责任免除及限制的条款项下，两个条款部分彼此相互独立。（2）从内容上看，第 49 条“适用法律和解决争议”条款中双方有明确的仲裁意思表示和明确的仲裁事项，当事人亦选择了适用的仲裁规则即中国国际经济贸易仲裁委员会的仲裁规则。而第 39.2 条文中虽出现“诉讼”“法院”字样，但从其表述及上下条文的内容、目的来看，解决的是毕马威华振所应承担的责任限制范围，并没有意将争议提交法院的明确表示，更未有约定争议解决的法院。故仅从第 39.2 条中有“诉讼”“法院”的表述尚不能得出双方约定“既仲裁又诉讼”的争议解决方式的结论。（3）从双方的陈述及解释来看，毕马威华振特殊普通合伙对第 39.2 条文中出现“诉讼”“法院”系笔误的解释（本案“毕马威业务一般条款”来源于毕马威香港公司英文版的“业务一般条款”。由于该条约定是向香港法院诉讼，故其第 39.2 条也用的“诉讼”“法院”等措辞。毕马威华振在将毕马威香港公司英文版的“业务一般条款”转化到内地使用时，将原第 49 条争议解决方式由“香港法院诉讼”变更“贸仲仲裁”。但是，原第 39.2 条没有作出相应变更，导致出现笔误。）更具有合理性。因此，一审法院认定第 39.2 条不构成对仲裁条款的实质性改变是正确的。天威公司主张该条款构成双方约定诉讼的上诉理由不能成立。

第二，仲裁条款是否为格式条款。格式条款是一方当事人预先拟定的，并在订立合同时未与对方协商的条款。但格式条款本身并不是无效的条件。合同法第四十条规定:“格式条款具有本法第五十二条和第五十三条规定情形的，或者提供格式条款一方免除其责任、加重对方责任、排除对方主要权利的，该条款无效。”本案中，一般条款虽为毕马威华振所起草，但从合同签署的过程、“协商”条款等内容来看，已经双方协商并形成合意，其中有关第 49

条约定仲裁作为双方“适用法律和争议解决”方式的意思表示是真实的，其内容不存在法律规定无效之情形，故天威公司主张仲裁条款属于格式条款应认定无效的上诉理由不能成立。

——刘京川：《合同中仲裁条款的效力范围与适用——天威公司与毕马威华振特殊普通合伙委托合同纠纷管辖权异议上诉案》，载景汉朝主编、最高人民法院立案庭编：《立案工作指导》2015 年第 3 辑（总第 46 辑），人民法院出版社 2016 年版，第 130~131 页。

附录：最高人民法院法官著述

所谓“或裁或审”，主要是指当事人在有关合同或者单独仲裁协议中约定的争议解决条款是既可以向人民法院提起诉讼，也可以向仲裁机构申请仲裁。《仲裁法解释》第七条规定：“当事人约定争议可以向仲裁机构申请仲裁也可以向人民法院起诉的，仲裁协议无效。但一方向仲裁机构申请仲裁，另一方未在仲裁法第二十条第二款规定期间内提出异议的除外。”可见，对“或裁或审”协议的效力，应认定为无效。主要原因是：第一，从仲裁和诉讼的发展历史上看，仲裁与诉讼作为解决民商事争议的两种主要方法在性质上是彼此排斥的，即选择了仲裁就意味着排斥了诉讼，选择了诉讼就意味着排斥了仲裁。因此，在具体选择争议解决办法时，诉讼与仲裁这两种方式不能并存。第二，从当事人真实意思看，对仲裁和诉讼两种方法均作了选择，如果说一方当事人在将有关争议提交约定的仲裁机构仲裁时不违反当事人各方最初的真实意思表示，同样地，对方当事人拒绝仲裁，甚至提前诉讼也没有违反当事人各方最初的真实意思表示。因此，当事人的真实意思表示是不确定的。从法律后果看，原则上认定此类协议无效比认定有效要好。如果认定此类协议有效，则极易在实践中造成混乱，浪费当事人的人力、物力和财力。

但对何谓“或裁或审”，各地法院认识不一。从实践情况看，当事人在表述时存在以下几种情况：一是约定既可以向仲裁委员会申请仲裁，也可以向人民法院提起诉讼；二是约定协商不成，可以向仲裁委员会申请仲裁，仲裁不成，可以向人民法院提起诉讼；三是约定协商不成，可以向仲裁委员会申请仲裁，如果仲裁仍不能解决争议，可以向人民法院提起诉讼。四是约定协商不成，可以向某仲裁机构申请仲裁，仲裁无效或对仲裁结果不服时再向人民法院起诉。

对第一种表述，《仲裁法解释》第七条明确规定，仲裁协议无效。对此，也有人认为这种“或裁或审”条款是部分有效部分无效。即仲裁条款部分无效，而法院管辖部分如果符合协议管辖规定，应认定协议管辖部分有效。如，当事人在合同中约定，双方产生争议的，可以向 ×× 仲裁委员会申请仲裁，也可以向 ×× 法院提起诉讼。有的法院认为约定仲裁部分无效，但约定管辖部分是有效的，故 ×× 法院对案件享有管辖权。对此，笔者认为，合同条款部分有效部分无效是指存在多个条款的情形。比如合同法规定：合同无效、被撤销或者终止的，不影响合同中独立存在的有关解决争议方法的条款的效力。但对一个条款而言，很难再划分部分有效部分无效。约定“或裁或审”，本身就是一种争议纠纷方式，而非两种，依据我国法律规定，其请求仲裁意思表示不明确，应认定无效。

对后面三种情形，有观点认为属于“递进式约定”，或者附条件的仲裁协议，对这种条款的理解，应不同于“既……又……”的并列式表述，它表明当事人先向仲裁机构申请仲裁，后再向人民法院诉讼，并没有排除仲裁的终局性，不属于“或裁或审”情形，应认定为有效。也有观点认为尽管这种表述看起来是递进式关系，但仍然是对一个案件作出了两种解决途径，存在“两可”情形，应认定为无效。对此，笔者认为，仲裁协议有效的要件中有一项是请求仲裁的意思表示应当是明确的。这意味着，当事人在仲裁协议中不得有以诉讼方式解决的意思表示，如果存在有两种以上的意思表示，应当认定其请求仲裁的意思表示是不明确的。此外，仲裁法第九条明确规定，仲裁实行一裁终局的制度。裁决作出后，当事人就同一纠纷再申请仲裁或者向人民法院起诉的，仲裁委员会或者人民法院不予受理。如若当事人在仲裁协议中约定“……仲裁仍不能解决争议”或者“……对仲裁结果不服的”，可以向人民法院起诉。这类约定无疑是背离仲裁一裁终局制度的，违反了仲裁排除法院管辖的基本原则，故应当认定仲裁协议是无效的。

综上，当事人在仲裁协议中请求仲裁的意思表示必须是明确的，能够完全排除法院管辖。如果存在向法院提起诉讼的意思表示，应当按照“或裁或审”原则，认定仲裁协议无效。

——徐德芳：《关于国内仲裁协议效力认定的几个实务问题研究》，载景汉朝主编、最高人民法院立案庭编：《立案工作指导》2015 年第 3 辑（总第 46 辑），人民法院出版社 2016 年版，第 46~47 页。

最高人民法院答复

要旨：仲裁条款约定“或裁或诉”，当事人事后又不能就争议解决方式达成一致的，该争议解决条款应当根据《最高人民法院关于适用〈中华人民共和国仲裁法〉若干问题的解释》第七条的规定认定为无效。

湖北省高级人民法院：

你院（2018）鄂民他 176 号《关于申请人武汉中恒物业管理有限公司与被申请人黄梦婕确认仲裁协议效力一案的请示》收悉。经研究，答复如下：

根据请示报告所述的事实，案涉仲裁条款约定内容为：“本协议在履行中如发生争议，双方应友好协商解决，或向物业管理行政主管部门申请调解；协商或调解无效的，可向武汉市仲裁委员会申请仲裁，或向合同履行地人民法院起诉。”根据《最高人民法院关于适用〈中华人民共和国仲裁法〉若干问题的解释》第七条“当事人约定争议可以向仲裁机构申请仲裁也可以向人民法院起诉的，仲裁协议无效”的规定，案涉仲裁条款应属无效。

同意你院的请示意见。

此复

——《最高人民法院关于申请人武汉中恒物业管理有限公司确认仲裁协议效力一案请示的复函》(2019 年 9 月 23 日，〔2019〕最高法民他 169 号)，载最高人民法院民事审判第四庭编：《最高人民法院商事仲裁司法审查年度报告（2019）》，人民法院出版社 2021 年版，第 184~185 页。

1161. “先裁后诉”条款的效力审查

关键词

仲裁协议　先裁后诉　效力审查

最高人民法院司法政策精神

94.【“先裁后诉”争议解决条款的效力认定】当事人在仲裁协议中约定争议发生后“先仲裁、后诉讼”的，不属于仲裁法司法解释第七条规定的仲裁协议无效的情形。根据仲裁法第九条第一款关于仲裁裁决作出后当事人不得就同一纠纷向人民法院起诉的规定，“先仲裁、后诉讼”关于诉讼的约定无效，但不影响仲裁协议的效力。

——《最高人民法院关于印发〈全国法院涉外商事海事审判工作座谈会会议纪要〉的通知》(2021 年 12 月 31 日，法〔民四〕明传〔2021〕60 号)。

最高人民法院公报案例

BYO 诉豫商集团有限公司服务合同纠纷管辖权异议案（上海市第一中级人民法院民事裁定书）

裁判摘要：当事人虽就同一争议约定仲裁和诉讼两种争议解决方式，但协议明确药定，或者协议内容表明应首先适用仲裁方式、然后适用诉讼方式的，属于“先裁后审”协议。在涉外民事案件中，应准确认定“先裁后审”协议效力适用的法律。先仲裁条款依据其应当适用的法律认定为合法有效的，鉴于后诉讼条款因违，反法院

地即我国的仲裁——裁终局法律制度而无效，后诉讼条款无效不影响先仲裁条款效力，故应认定涉外“先裁后审”协议中仲裁条款有效、诉讼条款无效。

法院认为：本案系涉外民事案件。本案所涉《并购财务顾问服务协议》第六十二条约定中“首先通过新加坡国际仲裁中心进行仲裁解决”，对于仲裁方式和诉讼方式之间明确了仲裁优先，对仲裁机构的选择具体、明确、唯一，并不具有“或裁或审”的选择的特点，故法院对该仲裁条款的约定予以认定。对于双方当事人进一步约定“若双方对新加坡国际仲裁中心的仲裁结果无法达成致，任何一方均有权将争议提交于甲方住所所在地有管辖权的商业法庭以诉讼方式解决”，不符合《中华人民共和国仲裁法》第九条第一款关于“仲裁实行一裁终局”的规定，违反了仲裁排除法院管辖的基本原则，应认定该约定为无效。本案应提交新加坡国际仲裁中心进行仲裁解决。原审裁定驳回上诉人 BYO 起诉，于法有据，予以维持。

——《最高人民法院公报》2021 年第 11 期。

1162. 当事人通过仲裁程序中的特定行为已达成仲裁协议，又在仲裁庭开庭后撤回仲裁申请的，仲裁协议不因此失效

关键词

撤回仲裁申请　仲裁协议效力

最高人民法院答复

浙江省高级人民法院：

你院〔2015〕浙商外确字第 2 号《关于申请人彭某与被申请人中国人民财产保险股份有限公司杭州市分公司申请确认仲裁协议效力纠纷一案的请示》收悉。经研究，答复如下：

本案系涉台仲裁协议效力审查案件，根据《最高人民法院关于审理涉台民商事案件法律适用问题的规定》第一条的规定，应当参照适用《中华人民共和国涉外民事关系法律适用法》第十八条的规定确定仲裁协议准据法。由于当事人未约定仲裁协议适用的法律，故应适用协议约定的仲裁机构杭州仲裁委员会所在地法律即大陆地区法律，判断仲裁条款的效力。

根据你院报送材料，虽然投保单上彭某的签名非本人所签，保险单亦是由中国人民财产保险股份有限公司杭州市分公司（以下简称人保杭州公司）单方签发，但彭某收到保险单后，在知晓保险单所记载的仲裁条款的情形下，

依据该仲裁条款向杭州仲裁委员会提起仲裁，该行为表明彭某同意受仲裁条款约束，其与人保杭州公司之间已经通过仲裁程序中的特定行为达成仲裁协议。且双方之间的仲裁协议符合《中华人民共和国仲裁法》第十六条的规定，是合法有效的。彭某在仲裁庭开庭后撤回仲裁申请，其与人保杭州公司之间已经达成的仲裁协议并不因此而失效。

综上，同意你院的处理意见，人民法院应裁定驳回彭某关于确认仲裁协议无效的请求。

——《最高人民法院关于申请人彭某与被申请人中国人民财产保险股份有限公司杭州市分公司申请确认仲裁协议效力纠纷一案请示的答复》（2016年5月13日，〔2016〕最高法民他40号），载贺荣主编、最高人民法院民事审判第四庭编：《涉外商事海事审判指导》2016年第1辑（总第32辑），人民法院出版社2017年版，第58页。

1163. 仲裁机构根据不同当事人的申请，基于不同的仲裁协议，就不同的仲裁请求作出的仲裁裁决，不属于重复仲裁，当事人不能据此申请不予执行

关键词

不予执行仲裁裁决　重复仲裁

最高人民法院答复

广东省高级人民法院：

你院〔2015〕粤高法仲复字第1号《关于申请人东莞市浩庆纸业有限公司、东莞市鼎天实业投资有限公司、张法明、曾南娇与被申请人深圳市宏迅世纪贸易有限公司及第三人陈耿森、陈叶弟、马廷国申请不予执行仲裁裁决纠纷案的请示》收悉。经研究，答复如下：

本案申请人曾南娇系香港特别行政区居民，故本案为申请不予执行我国内地仲裁机构作出的涉港仲裁裁决案件。根据《最高人民法院关于适用〈中华人民共和国民事诉讼法〉的解释》第五百五十一条的规定，本案应当参照适用《中华人民共和国仲裁法》第七十一条和《中华人民共和国民事诉讼法》第二百七十四条的规定进行审查。

根据请示所述事实，深圳仲裁委员会依据陈耿森等当事人的申请就其与东莞市浩庆纸业有限公司（以下简称浩庆公司）等之间的民间借贷纠纷作出了〔2014〕深仲调字第27号调解书。在人民法院执行该调解书过程中，申请执行人陈耿森等将案涉债权转让给了深圳市宏迅世纪贸易有限公司（以下简

称宏迅公司），东莞中院作出裁定变更执行人为宏讯公司。期间，宏迅公司与浩庆公司等达成包含仲裁条款的调解协议。深圳仲裁委员会依据宏迅公司的申请及上述调解协议的内容作出〔2014〕深仲裁字第1287号裁决书。深圳仲裁委员会根据不同当事人的申请，基于不同的仲裁协议，就不同的仲裁请求作出的仲裁裁决，不属于《中华人民共和国仲裁法》第九条规定的对同一纠纷做出的重复仲裁。深圳仲裁委员会所作〔2014〕深仲裁字第1287号裁决书不存在《中华人民共和国民事诉讼法》第二百七十四条[①]第一款第四项规定的情形，浩庆公司据此请求不予执行案涉仲裁裁决的理由不能成立。

——《最高人民法院关于对广东省高级人民法院就东莞市浩庆纸业有限公司等申请不予执行仲裁裁决一案请示的复函》（2015年10月9日，〔2015〕民四他字第35号），载贺荣主编、最高人民法院民事审判第四庭编：《涉外商事海事审判指导》2015年第2辑（总第31辑），人民法院出版社2016年版，第92~93页。

1164. 在主合同约定仲裁条款的情况下，主合同的协议管辖条款可拓展到从合同，应当根据主合同确定案件管辖

关键词

主合同　从合同　保证合同　仲裁管辖

最高人民法院裁判文书

中航惠德风电工程有限公司与辽宁高科能源集团有限公司、第三人沈阳瑞祥风能设备有限公司担保合同纠纷案［最高人民法院（2015）民二终字第125号民事判决书］

裁判要旨：主合同的协议管辖条款可拓展到从合同，应当根据主合同确定案件管辖。在债权人单独对担保人提起诉讼时，因主合同和担保合同关系是两个不同的法律关系，在此情况下担保法律关系不受主合同管辖条款的约束，但是案件审理中如果涉及主合同的权利义务内容，且在双方对于主合同履行情况存在争议的情况下，如果法院径行审理势必影响当事人的程序选择权，进而可能影响当事人的权利义务。因此，在主债权债务数额无法确定的情况下应当驳回债权人要求保证人承担保证责任的诉讼请求。

① 现为《民事诉讼法》（2021年修正）第二百八十一条。

最高人民法院认为：本案各方当事人争议的焦点问题是：主合同约定了仲裁管辖，保证合同未约定仲裁管辖，债权人对其与债务人的争议未申请仲裁，而直接向保证人主张承担保证责任，能否得到人民法院的支持。

首先，依照《中华人民共和国担保法》第十八条[①]、《最高人民法院关于适用〈中华人民共和国担保法〉若干问题的解释》第一百二十六条规定，连带责任保证的债务人在主合同规定的债务履行期限届满没有履行债务的，债权人可以直接要求保证人在其保证范围内承担保证责任。在本案中高科公司向中航公司出具的《担保函》中明确表示为瑞祥公司提供连带保证责任，因此，在瑞祥公司未按合同约定支付货款的情况下，中航公司依据《担保函》，起诉高科公司承担保证责任，于法有据。

其次，中航公司的诉讼请求是主张保证人高科公司承担保证责任，代瑞祥公司履行未支付货款的义务，但是，《中华人民共和国担保法》第二十条[②]规定，"一般保证和连带责任保证的保证人享有债务人的抗辩权。债务人放弃对债务的抗辩权的，保证人仍有权抗辩。抗辩权是指债权人行使债权时，债务人根据法定事由，对抗债权人行使请求权的权利。"高科公司出具的《担保函》虽然承诺在瑞祥公司未支付货款余额时承担保证责任，但是，依照法律规定，该公司依法应享有债务人瑞祥公司的抗辩权。中航公司的实体权利来源于其与瑞祥公司签订的《供货合同》和《补充协议》，作为保证人的高科公司在行使债务人的抗辩权时，同样可以依照《供货合同》《补充协议》的约定以及合同履行情况，包括中航公司是否按照合同约定数量、品质履行了供货义务，瑞祥公司是否履行了付款义务，应否继续支付货款以及欠款数额等，进行实体抗辩。而根据中航公司和瑞祥公司《供货合同》和《补充协议》的约定，上述问题均系履行《供货合同》和《补充协议》中产生的争议，属于仲裁管辖的范围。人民法院如果对上述争议进行实体审理，势必侵害中航公司和瑞祥公司基于仲裁条款约定而享有的选择仲裁解决纠纷的权利，违背当事人意思自治原则。因此，当主合同约定了仲裁管辖，而保证合同没有约定仲裁管辖的情况下，原则上应当先行通过当事人协商一致或者经仲裁对主债务的范围作出确认，如果债权人只对保证人提起诉讼，保证人以主合同的约定和履行情况进行抗辩，必然会涉及法院对于已经约定仲裁裁决的争议事项能否进行审理和裁判的问题，这既涉及约定仲裁管辖当事人的仲裁程序选择权，也涉及人民法院审判权的行使范围。在本案中，原审第三人瑞祥公司并未放弃其与中航公司的仲裁管辖约定，认为主债务应当通过仲裁来确定。因此，对于高科公司关于因主债务的范围不能确定，保证责任的范围也不能确

① 对应《民法典》第六百八十八条。
② 对应《民法典》第七百零一条。

定，在主债务未经过仲裁裁决确定的情况下，中航公司直接要求其承担保证责任，属于证据不足的主张，依法应予支持。

再次，上诉人中航公司主张高科公司承担担保债务范围和期间是确定的，符合高科公司在《担保函》中的承诺，本院予以认可。但是由于中航公司与瑞祥公司因履行合同发生的争议不属于人民法院审理范围，故本案中高科公司应当承担保证责任的主债务数额无法确定。因此，原判决认为中航公司的诉讼请求缺乏事实及法律依据，并驳回中航公司的诉讼请求，于法有据。中航公司可在与瑞祥公司的主合同争议协商一致或者通过仲裁程序解决之后，再另行向高科公司主张权利。

——中国裁判文书网。

附录：本案解析

仲裁是争议双方在争议发生前或争议发生后达成协议，自愿将争议交给第三者作出裁决，双方有义务执行的一种解决争议的方法。而诉讼是民事纠纷和争议通过其他手段无法解决时，可诉诸法院，请求法院给予救济。从本质上讲，仲裁是协议管辖，诉讼是强制管辖。仲裁和诉讼虽然在性质上不同，但在法律上同属于程序法范畴，两者作为处理民商事纠纷的两种不同的法律制度，各自发挥着不同的社会、法律功能。

在民商事审判实践中，经常发生如何确定人民法院和仲裁机构的职能分工问题，对此，我国有关法律作了相应的规定。《中华人民共和国民事诉讼法》第一百一十一条[①]规定，依照法律规定，双方当事人对合同纠纷自愿达成书面仲裁协议向仲裁机构申请仲裁、不得向人民法院起诉的，告知原告向仲裁机构申请仲裁。《中华人民共和国仲裁法》第四条规定，当事人采用仲裁方式解决纠纷，应当双方自愿，达成仲裁协议。没有仲裁协议，一方申请仲裁的，仲裁委员会不予受理。该法第五条规定，当事人达成仲裁协议，一方向人民法院起诉的，人民法院不予受理，但仲裁协议无效的除外。从上述规定看，当事人双方是否达成仲裁协议是确定纠纷究竟是以诉讼方式还是仲裁方式解决的唯一依据。仲裁更多地体现当事人双方的意愿，是由当事人双方的意思自治决定的，当事人采用仲裁方式解决纠纷，应当双方自愿，达成仲裁协议。一旦达成仲裁协议，在仲裁协议约定有效的情况下，就应当充分尊重当事人的程序选择意愿，不宜轻易干涉当事人的程序选择权。

本案中，中航公司与瑞祥公司于2010年12月24日签订的《补充协议》，明确约定因本协议发生的纠纷，双方提交北京仲裁委员会依据其仲裁规则在北京仲裁。说明中航公司与瑞祥公司存在有效的仲裁协议，双方之间合同纠

---

① 现为《民事诉讼法》(2021年修正) 第一百一十四条。

纷应当通过仲裁解决。如果中航公司向瑞祥公司、高科公司同时主张权利，按照主合同的协议管辖条款可拓展到从合同的原则，在此情况下应当根据主合同确定案件管辖，即由仲裁解决。但是，保证人高科公司的保证方式是连带责任保证，根据《中华人民共和国担保法》及《担保法解释》的规定，中航公司有权单独起诉保证人高科公司，对于该起诉人民法院具有管辖权，应当受理，本案即是如此。在此情况下，保证合同纠纷是法院审理的重点，就是否承担保证责任、保证责任的方式等问题，法院应当作出审理和裁判。但是，在审理保证合同纠纷案件中，一旦涉及主合同权利义务，特别是在主合同存在有效仲裁约定的情况下，如果法院径行审理，便存在“越位”嫌疑。本案中，中航公司的实体权利来源于其与瑞祥公司订立的购销合同和补充协议，根据《中华人民共和国担保法》第二十条[①]规定，保证人享有债务人的抗辩权。而债务人瑞祥公司依据与中航公司签订的购销合同和补充协议进行抗辩，势必受到双方约定仲裁的限制，此时高科公司援引主合同的约定和履行情况进行抗辩，也必然涉及法院对于本应仲裁裁决的争议能否进行审理和裁判的问题，这既涉及中航公司与瑞祥公司的仲裁程序选择权问题，也涉及人民法院审判权范围的问题。我们认为，应当充分尊重当事人的程序选择权。在主债务数额无法确定的情况下，应当驳回中航公司要求高科公司承担保证责任的诉讼请求。

——《在主合同约定仲裁条款的情况下，从合同应否受主合同仲裁管辖条款的约束》，载最高人民法院第二巡回法庭编著：《民商事二审典型案例及审判经验》，人民法院出版社 2019 年版，第 43~44 页。

1165. 提单正面并未明确租船合同中的仲裁条款并入到提单，仲裁条款不能约束提单持有人

关键词

提单仲裁条款

最高人民法院答复

浙江省高级人民法院：

你院〔2015〕浙立他字第 76 号《关于宁波市联凯化学有限公司诉 FPG 船舶控股巴拿马公司、化路翼航海公司海上货物运输合同纠纷一案仲裁条款效力问题的请示报告》收悉。经研究，答复如下：

---

① 对应《民法典》第七百零一条。

涉案提单是1994年版的康金格式提单，该提单尽管在正面右上角印有“与租船合同一并使用（TO BE USED WITH CHARTER – PARTIES）”，但该提单正面并未明确特定的租船合同中的仲裁条款并入到提单。提单上“运费按2013年2月27日租船合同支付”的记载，只适用于运费事项，不能据此认定该日期租船合同的条款包含仲裁条款并入提单。FPG船舶控股巴拿马公司、化路翼航海公司关于涉案提单中已经并入了租船合同仲裁条款的主张，不能成立。

本案系海上货物运输合同纠纷，应由海事法院专门管辖。《中华人民共和国民事诉讼法》第二十七条①规定：“因铁路、公路、水上、航空运输和联合运输合同纠纷提起的诉讼，由运输始发地、目的地或者被告住所地人民法院管辖。”涉案货物运输的目的港为宁波，宁波海事法院对本案具有管辖权。

同意你院处理意见，涉案提单并未有效并入租船合同仲裁条款，宁波海事法院对本案依法行使管辖权。

——《最高人民法院关于宁波市联凯化学有限公司与FPG船舶控股巴拿马公司、化路翼航海公司海上货物运输合同纠纷一案仲裁条款效力问题的复函》(2015年11月24日，〔2015〕民四他字第44号)，载贺荣主编、最高人民法院民事审判第四庭编：《涉外商事海事审判指导》2015年第2辑（总第31辑），人民法院出版社2016年版，第37~38页。

浙江省高级人民法院：

你院〔2015〕浙立他字第2号《关于福州特威化工有限公司诉EIKO航运公司（EIKO MARITIME S.A.）海上货物运输合同纠纷一案仲裁条款效力问题的请示》收悉。经研究，答复如下：

本案当事人不是涉案航次租船合同的当事人，不受该合同中的仲裁条款约束。本案的提单是格式提单，提单正面载明“提单与租约同时使用”，“本单海上货运依照SABIC公司和lino公司2013年8月24日的租约条款执行”，提单背面条款中记载“提单正面指明日期的租船合同中的所有条款、条件、权利和例外规定，包括法律和仲裁条款并入本提单”。但该提单正面并未明确记载租船合同中有仲裁条款并入提单，正面记载的内容不能产生租船合同仲裁条款并入提单、约束提单持有人的法律效果；仅在提单背面有并入条款的约定不产生仲裁条款约束提单持有人的效力。因此，被告EIKO航运公司不能举证证明其与原告福州特威化工有限公司之间存在仲裁协议。被告EIKO航运公司所提管辖异议，没有事实依据。

本案是海上货物运输合同纠纷，应由海事法院专门管辖。本案运输的目

① 现为《民事诉讼法》(2021年修正)第二十八条。

的地宁波港属宁波海事法院管辖地域范围，该院对本案具有管辖权。

——《最高人民法院关于福州特威化工有限公司诉 EIKO 航运公司（EIKO MARITIME S.A.）海上货物运输合同纠纷一案仲裁条款效力问题的答复》（2015 年 2 月 3 日，〔2015〕民四他字第 4 号），载贺荣主编、最高人民法院民事审判第四庭编：《涉外商事海事审判指导》2015 年第 1 辑（总第 30 辑），人民法院出版社 2016 年版，第 52 页。

1166. 实际施工人依据发包人与承包人的仲裁协议申请仲裁，仲裁机构作出仲裁裁决后，发包人请求撤销仲裁裁决的，人民法院应予支持

关键词

申请撤销仲裁裁决　仲裁协议　实际施工人

最高人民法院指导性案例

中国工商银行股份有限公司岳阳分行与刘友良申请撤销仲裁裁决案［最高人民法院指导案例 198 号］

裁判要点：实际施工人并非发包人与承包人签订的施工合同的当事人，亦未与发包人、承包人订立有效仲裁协议，不应受发包人与承包人的仲裁协议约束。实际施工人依据发包人与承包人的仲裁协议申请仲裁，仲裁机构作出仲裁裁决后，发包人请求撤销仲裁裁决的，人民法院应予支持。

法院生效裁判认为，仲裁协议是当事人达成的自愿将他们之间业已产生或可能产生的有关特定的无论是契约性还是非契约性的法律争议的全部或特定争议提交仲裁的合意。仲裁协议是仲裁机构取得管辖权的依据，是仲裁合法性、正当性的基础，其集中体现了仲裁自愿原则和协议仲裁制度。本案中，工行岳阳分行与巴陵公司签订的《装修工程施工合同》第 15.11 条约定“本合同发生争议时，先由双方协商解决，协商不成时，向岳阳仲裁委员会申请仲裁”，故工行岳阳分行与巴陵公司之间因工程款结算及支付引起的争议应当通过仲裁解决。但刘友良作为实际施工人，其并非工行岳阳分行与巴陵公司签订的《装修工程施工合同》的当事人，刘友良与工行岳阳分行及巴陵公司之间均未达成仲裁合意，不受该合同中仲裁条款的约束。除非另有约定，刘友良无权援引工行岳阳分行与巴陵公司之间《装修工程施工合同》中的仲裁

条款向合同当事方主张权利。刘友良以巴陵公司的名义施工，巴陵公司作为《装修工程施工合同》的主体仍然存在并承担相应的权利义务，案件当事人之间并未构成《最高人民法院关于适用〈中华人民共和国仲裁法〉若干问题的解释》第八条规定的合同仲裁条款“承继”情形，亦不构成上述解释第九条规定的合同主体变更情形。2004 年《最高人民法院关于审理建设工程施工合同纠纷案件适用法律问题的解释》第二十六条虽然规定实际施工人可以发包人为被告主张权利且发包人只在欠付工程款的范围内对实际施工人承担责任，但上述内容仅规定了实际施工人对发包人的诉权以及发包人承担责任的范围，不应视为实际施工人援引《装修工程施工合同》中仲裁条款的依据。综上，工行岳阳分行与刘友良之间不存在仲裁协议，岳阳仲裁委员会基于刘友良的申请以仲裁方式解决工行岳阳分行与刘友良之间的工程款争议无法律依据。实际施工人依据发包人与承包人的仲裁协议申请仲裁，仲裁机构作出仲裁裁决后，发包人请求撤销仲裁裁决的，人民法院应予支持。

——《最高人民法院关于发布第 36 批指导性案例的通知》(2022 年 12 月 27 日，法〔2022〕267 号)。

说明

指导性案例 198 号《中国工商银行股份有限公司岳阳分行与刘友良申请撤销仲裁裁决案》明确了实际施工人并非发包人与承包人签订的施工合同的当事人，亦未与发包人、承包人订立有效仲裁协议，不应受发包人与承包人的仲裁协议约束。实际施工人依据发包人与承包人的仲裁协议申请仲裁，仲裁机构作出仲裁裁决后，发包人请求撤销仲裁裁决的，人民法院应予支持。本案例裁判规则进一步明确了仲裁协议高度的意思自治原则，对于此类案件的法律适用具有一定的指导意义。

1167. 变相支持比特币与法定货币之间的兑付交易，人民法院应当裁定撤销仲裁裁决

关键词

申请撤销仲裁裁决　比特币　社会公共利益

最高人民法院指导性案例

高哲宇与深圳市云丝路创新发展基金企业、李斌申请撤销仲裁裁决案

［最高人民法院指导案例 199 号］

裁判要点：仲裁裁决裁定被申请人赔偿与比特币等值的美元，再将美元折算成人民币，属于变相支持比特币与法定货币之间的兑付交易，违反了国家对虚拟货币金融监管的规定，违背了社会公共利益，人民法院应当裁定撤销仲裁裁决。

法院生效裁判认为：《中国人民银行工业和信息化部中国银行业监督管理委员会中国证券监督管理委员会中国保险监督管理委员会关于防范比特币风险的通知》（银发〔2013〕289号）明确规定，比特币不具有与货币等同的法律地位，不能且不应作为货币在市场上流通使用。2017年中国人民银行等七部委联合发布关于防范代币发行融资风险的公告，重申了上述规定，同时从防范金融风险的角度，进一步提出任何所谓的代币融资交易平台不得从事法定货币与代币、虚拟货币相互之间的兑换业务，不得买卖或作为中央对手方买卖代币或虚拟货币，不得为代币或虚拟货币提供定价、信息中介等服务。上述文件实质上禁止了比特币的兑付、交易及流通，炒作比特币等行为涉嫌从事非法金融活动，扰乱金融秩序，影响金融稳定。涉案仲裁裁决高哲宇赔偿李斌与比特币等值的美元，再将美元折算成人民币，实质上是变相支持了比特币与法定货币之间的兑付、交易，与上述文件精神不符，违背了社会公共利益，该仲裁裁决应予撤销。

——《最高人民法院关于发布第36批指导性案例的通知》（2022年12月27日，法〔2022〕267号）。

说明

指导性案例199号《高哲宇与深圳市云丝路创新发展基金企业、李斌申请撤销仲裁裁决案》明确了仲裁裁决裁定被申请人赔偿与比特币等值的美元，再将美元折算成人民币，属于变相支持比特币与法定货币之间的兑付交易，违反了国家对虚拟货币金融监管的规定，违背了社会公共利益，人民法院应当裁定撤销仲裁裁决。本案例对于人民法院和仲裁机构办理涉及虚拟货币的案件具有重要的指导意义。

1168. 被申请人以采用临时仲裁不符合仲裁协议约定为由，主张不予承认和执行该临时仲裁裁决的，人民法院不予支持

关键词

申请承认和执行外国仲裁裁决　临时仲裁裁决　快速仲裁

最高人民法院司法政策精神

在自贸试验区内注册的企业相互之间约定在内地特定地点、按照特定仲裁规则、由特定人员对有关争议进行仲裁的，可以认定该仲裁协议有效。人民法院认为该仲裁协议无效的，应报请上一级法院进行审查。上级法院同意下级法院意见的，应将其审查意见层报最高人民法院，待最高人民法院答复后作出裁定。

——《最高人民法院关于为自由贸易试验区建设提供司法保障的意见》（2016 年 12 月 30 日，法发〔2016〕34 号）。

最高人民法院指导性案例

斯万斯克蜂蜜加工公司申请承认和执行外国仲裁裁决案［最高人民法院指导案例 200 号］

裁判要点：仲裁协议仅约定通过快速仲裁解决争议，未明确约定仲裁机构的，由临时仲裁庭作出裁决，不属于《承认及执行外国仲裁裁决公约》第五条第一款规定的情形，被申请人以采用临时仲裁不符合仲裁协议约定为由，主张不予承认和执行该临时仲裁裁决的，人民法院不予支持。

法院生效裁判认为：依据查明及认定的事实，由 PeterThorp、StureLarsson 和 NilsEliasson 组成的临时仲裁庭作出的案涉仲裁裁决不具有《承认及执行外国仲裁裁决公约》第五条第一款乙、丙、丁项规定的不予承认和执行的情形，也不违反我国加入该公约时所作出的保留性声明条款，或违反我国公共政策或争议事项不能以仲裁解决的情形，故对该裁决应当予以承认和执行。

关于临时仲裁裁决的程序是否存在与仲裁协议不符的情形。该项争议系双方对《合同》约定的争议解决条款“in case of disputes governed by Swedish law and that disputes should be settled by Expedited Arbitration in Sweden.”的理解问题。从双方对该条款中文意思的表述看，双方对在瑞典通过快速仲裁解决争端并无异议，仅对快速仲裁是否可以通过临时仲裁解决发生争议。快速仲裁相对于普通仲裁而言，更加高效、便捷、经济，其核心在于简化了仲裁程序、缩短了仲裁时间、降低了仲裁费用等，从而使当事人的争议以较为高效和经济的方式得到解决。而临时仲裁庭相对于常设的仲裁机构而言，也具有高效、便捷、经济的特点。具体到本案，双方同意通过快速仲裁的方式解决争议，但该快速仲裁并未排除通过临时仲裁的方式解决，当事人在仲裁听证过程中也没有对临时仲裁提出异议，在此情形下，由临时仲裁庭作出裁决，符合双方当事人的合意。故应认定案涉争议通过临时仲裁庭处理，并不存在与仲裁协议不符的情形。

——《最高人民法院关于发布第36批指导性案例的通知》（2022年12月27日，法〔2022〕267号）。

说明

指导性案例200号《斯万斯克蜂蜜加工公司申请承认和执行外国仲裁裁决案》明确了仲裁协议仅约定通过快速仲裁解决争议，未明确约定仲裁机构的，由临时仲裁庭作出裁决，不属于《承认及执行外国仲裁裁决公约》第五条第一款规定的情形，被申请人以采用临时仲裁不符合仲裁协议约定为由，主张不予承认和执行该临时仲裁裁决的，人民法院不予支持。本案例对于厘清“临时仲裁”“快速仲裁”等法律概念具有指导作用，展示了我国履行国际公约的国际形象。

1169. 涉及国际单项体育组织内部纠纷解决机构作出的纠纷处理决定的仲裁司法审查

关键词

劳务合同 《承认及执行外国仲裁裁决公约》 国际单项体育组织 仲裁协议效力

最高人民法院指导性案例

德拉甘·可可托维奇诉上海恩渥餐饮管理有限公司、吕恩劳务合同纠纷案［最高人民法院指导案例201号］

裁判要点：1. 国际单项体育组织内部纠纷解决机构作出的纠纷处理决定不属于《承认及执行外国仲裁裁决公约》项下的外国仲裁裁决。

2. 当事人约定，发生纠纷后提交国际单项体育组织解决，如果国际单项体育组织没有管辖权则提交国际体育仲裁院仲裁，该约定不存在准据法规定的无效情形的，应认定该约定有效。国际单项体育组织实际行使了管辖权，涉案争议不符合当事人约定的提起仲裁条件的，人民法院对涉案争议依法享有司法管辖权。

法院生效裁判认为：本案争议焦点包括两个方面：第一，球员身份委员会作出的《单一法官裁决》是否属于《承认及执行外国仲裁裁决公约》规定的外国仲裁裁决；第二，案涉仲裁条款是否可以排除人民法院的管辖权。

首先，球员身份委员会作出的涉案《单一法官裁决》不属于《承认及执行外国仲裁裁决公约》项下的外国仲裁裁决。根据《承认及执行外国仲裁裁决公约》的目的、宗旨及规定，《承认及执行外国仲裁裁决公约》项下的仲裁裁决是指常设仲裁机关或专案仲裁庭基于当事人的仲裁协议，对当事人提交的争议作出的终局性、有约束力的裁决，而球员身份委员会作出的《单一法官裁决》与上述界定并不相符。国际足联球员身份委员会的决定程序并非仲裁程序，而是行业自治解决纠纷的内部程序。第一，球员身份委员会系依据内部条例和规则受理并处理争议的国际单项体育组织内设的自治纠纷解决机构，并非具有独立性的仲裁机构；第二，球员身份委员会仅就其会员单位和成员之间的争议进行调处，其作出的《单一法官裁决》，系国际单项体育组织的内部决定，主要依靠行业内部自治机制获得执行，不具有普遍、严格的约束力，故不符合仲裁裁决的本质特征；第三，依据国际足联《球员身份和转会管理条例》第 22 条、第 23 条第 4 款之规定，国际足联处理相关争议并不影响球员或俱乐部就该争议向法院寻求救济的权利，当事人亦可就球员身份委员会作出的处理决定向国际体育仲裁院提起上诉。上述规定明确了国际足联的处理决定不具有终局性，不排除当事人寻求司法救济的权利。综上，球员身份委员会作出的《单一法官裁决》与《承认及执行外国仲裁裁决公约》项下“仲裁裁决”的界定不符，不宜认定为外国仲裁裁决。

其次，案涉仲裁条款不能排除人民法院对本案行使管辖权。案涉当事人在《解除合同协议》第 5 条约定，发生纠纷后应当首先提交球员身份委员会或者国际足联的其他内设机构解决，如果国际足联没有管辖权则提交国际体育仲裁院仲裁。既已明确球员身份委员会及国际足联其他内设机构的纠纷解决程序不属于仲裁程序，则相关约定不影响人民法院对本案行使管辖权。但当事人约定应将争议提交至国际体育仲裁院进行仲裁，本质系有关仲裁主管的约定，故需进一步审查仲裁协议的效力及其是否排除人民法院的管辖权。

因案涉协议中的仲裁条款并未明确约定相应的准据法，根据《中华人民共和国涉外民事法律关系适用法》第十八条之规定，有关案涉仲裁条款效力的准据法应为瑞士法。最高人民法院在依据《最高人民法院关于仲裁司法审查案件报核问题的有关规定》第八条规定审核案涉仲裁协议效力问题期间查明，瑞士关于仲裁协议效力的法律规定为《瑞士联邦国际私法》第 178 条。该条就仲裁协议效力规定如下：“（一）在形式上，仲裁协议如果是通过书写、电报、电传、传真或其他可构成书面证明的通讯方式作出，即为有效。（二）在实质上，仲裁协议如果符合当事人所选择的法律或支配争议标的的法律尤其是适用于主合同的法律或瑞士的法律所规定的条件，即为有效。(三) 对仲裁协议的有效性不得以主合同可能无效或仲裁协议是针对尚未发生的争议为理由而提出异议。”结合查明的事实分析，《解除合同协议》第 5.2 条的约定符合上述瑞士法律的规定，故该仲裁条款合法有效。但依据该仲裁条款约定，只有在满足“国际足联不享有司法管辖权”的情形下，才可将案涉争议提交国际体育仲裁院进行仲裁。现球员身份委员会已经受理案涉争议并作出《单一法官裁决》，即本案争议已由国际足联行使了管辖权。因此，本案不符合案涉仲裁条款所约定的将争议提交国际体育仲裁院进行仲裁的条件，该仲裁条款不适用于本案，不能排除一审法院作为被告住所地人民法院行使管辖权。

——《最高人民法院关于发布第 36 批指导性案例的通知》（2022 年 12 月 27 日，法〔2022〕267 号）。

说明

指导性案例 201 号《德拉甘·可可托维奇诉上海恩渥餐饮管理有限公司、吕恩劳务合同纠纷案》明确了国际单项体育组织内部纠纷解决机构作出的纠纷处理决定不属于《承认及执行外国仲裁裁决公约》项下的外国仲裁裁决；当事人约定，发生纠纷后提交国际单项体育组织解决，如果国际单项体育组织没有管辖权则提交国际体育仲裁院仲裁，该约定不存在准据法规定的无效情形的，应认定该约定有效。国际单项体育组织实际行使了管辖权，涉案争议不符合当事人约定的提起仲裁条件的，人民法院对涉案争议依法享有司法管辖权。本案涉及国际单项体育组织内部纠纷解决机构作出的纠纷处理决定法律性质认定问题，案例确认的裁判规则对于类似案件审理具有示范意义。

1170. 涉外仲裁协议效力的认定

关键词

仲裁协议独立性　仲裁条款　效力

最高人民法院裁判文书

运裕有限公司与深圳市中苑城商业投资控股有限公司申请确认仲裁协议效力案［最高人民法院（2019）最高法民特 1 号民事裁定书］

裁判要旨：仲裁协议独立性指仲裁协议与主合同是可分的、相互独立，仲裁协议的存在与效力以及适用于它们的准据法都是可分的。在确定仲裁条款效力包括仲裁条款是否成立时，可以先行确定

仲裁条款本身的效力；在确有必要时，才考虑对整个合同的效力包括合同是否成立进行认定。

最高人民法院认为：本案争议焦点是案涉仲裁条款是否成立。

运裕公司在中苑城公司申请仲裁后，以仲裁条款未成立为由，向人民法院申请确认双方之间不存在有效的仲裁条款。虽然这不同于要求确认仲裁协议无效，但是仲裁协议是否存在与是否有效同样直接影响到纠纷解决方式，同样属于需要解决的先决问题，因而要求确认当事人之间不存在仲裁协议也属于广义的对仲裁协议效力的异议。《仲裁法》第二十条第一款规定，当事人对仲裁协议的效力有异议的，可以请求仲裁委员会作出决定或者请求人民法院作出裁定。据此，当事人以仲裁条款未成立为由要求确认仲裁协议不存在的，属于申请确认仲裁协议效力案件，人民法院应予立案审查。

在确认仲裁协议效力时，首先要确定准据法。《涉外民事关系法律适用法》第十八条规定："当事人可以协议选择仲裁协议适用的法律。当事人没有选择的，适用仲裁机构所在地法律或者仲裁地法律。"在本院询问时，各方当事人均明确表示同意适用中华人民共和国法律确定案涉仲裁协议效力。因此，本案仲裁协议适用中华人民共和国法律。

《仲裁法》第十六条第一款规定："仲裁协议包括合同中订立的仲裁条款和以其他书面方式在纠纷发生前或者纠纷发生后达成的请求仲裁的协议。"可见，合同中的仲裁条款和独立的仲裁协议这两种类型，都属于仲裁协议，仲裁条款的成立和效力的认定也适用关于仲裁协议的法律规定。

仲裁协议独立性是广泛认可的一项基本法律原则，是指仲裁协议与主合同是可分的，互相独立，它们的存在与效力，以及适用于它们的准据法都是可分的。由于仲裁条款是仲裁协议的主要类型，仲裁条款与合同其他条款出现在同一文件中，赋予仲裁条款独立性，比强调独立的仲裁协议具有独立性更有实践意义，甚至可以说仲裁协议独立性主要是指仲裁条款和主合同是可分的。对于仲裁协议的独立性，中华人民共和国法律和本院司法解释均有规定。《仲裁法》第十九条第一款规定："仲裁协议独立存在，合同的变更、解除、终止或者无效，不影响仲裁协议的效力。"从上下文关系看，该条是在第十六条明确了仲裁条款属于仲裁协议之后，规定了仲裁协议的独立性。因此，仲裁条款独立于合同。对于仲裁条款能否完全独立于合同而成立，《仲裁法》的规定似乎不是特别清晰，不如已成立合同的变更、解除、终止或者无效不影响仲裁协议效力的规定那么明确。在司法实践中，合同是否成立与其中的仲裁条款是否成立这两个问题常常纠缠不清。但是，《仲裁法》第十九条第一款开头部分"仲裁协议独立存在"，是概括性、总领性的表述，应当涵盖仲裁协议是否存在即是否成立的问题，之后的表述则是进一步强调列举的几类情形也不能影响仲裁协议的效力。《最高人民法院关于适用〈中华人民共和国仲裁法〉若干问题的解释》第十条第二款进一步明确："当事人在订立合同时就争议达成仲裁协议的，合同未成立不影响仲裁协议的效力。"因此，在确定仲裁条款效力包括仲裁条款是否成立时，可以先行确定仲裁条款本身的效力；在确有必要时，才考虑对整个合同的效力包括合同是否成立进行认定。本案亦依此规则，先根据本案具体情况来确定仲裁条款是否成立。

仲裁条款是否成立，主要是指当事人双方是否有将争议提交仲裁的合意，即是否达成了仲裁协议。仲裁协议是一种合同，判断双方是否就仲裁达成合意，应适用《合同法》关于要约、承诺的规定。从本案磋商情况看，当事人双方一直共同认可将争议提交仲裁解决。本案最早的《产权交易合同》，系北交所提供的标准文本，连同《债权清偿协议》由运裕公司等一方发给中苑城公司，两份合同均包含将争议提交北京仲裁委员会仲裁的条款。之后，当事人就仲裁机构进行了磋商。运裕公司等一方发出的合同草签版的仲裁条款，已将仲裁机构确定为深圳国际仲裁院。就仲裁条款而言，这是运裕公司等发出的要约。中苑城公司在合同草签版上盖章，表示同意，并于 2017 年 5 月 11 日将盖章合同文本送达运裕公司，这是中苑城公司的承诺。根据《合同法》第二十五条[①]、第二十六条[②]相关规定，承诺通知到达要约人时生效，承诺生效时合同成立。因此，《产权交易合同》《债权清偿协议》中的仲裁条款于 2017 年 5 月 11 日分别在两个合同的各方当事人之间成立。之后，当事人就合同某些其他事项进行交涉，但从未对仲裁条款有过争议。鉴于运裕公司等并未主张仲裁条款存在法定无效情形，故应当认定双方当事人之间存在有效的仲裁条款，双方争议应由深圳国际仲裁院进行仲裁。虽然运裕公司等没有在最后的合同文本上盖章，其法定代表人也未在文本上签字，不符合合同经双方法定代表人或授权代表签字并盖章后生效的要求，但根据《最高人民法院关于适用〈中华人民共和国仲裁法〉若干问题的解释》第十条第二款的规定，即使合同未成立，仲裁条款的效力也不受影响。在当事人已达成仲裁协议的情况下，对于本案合同是否成立的问题无须再行认定，该问题应在仲裁中解决。

——最高人民法院民事审判第四庭编：《最高人民法院商事仲裁司法审查年度报告（2019）》，人民法院出版社 2021 年版，第 228~237 页。

① 对应《民法典》第四百八十三条。

② 对应《民法典》第四百八十四条。

1171. 当事人约定国内仲裁机构适用《联合国国际贸易法委员会仲裁规则》的仲裁协议有效

关键词

仲裁协议效力　贸法会仲裁规则

最高人民法院审判业务意见

一是首次认可约定国内仲裁机构适用贸法会仲裁规则的仲裁协议效力。在浙江逸盛石化有限公司与英威达技术有限公司申请确认仲裁条款效力案中，仲裁条款约定："仲裁应当在中国北京中国国际经济贸易仲裁中心（CIETAC）进行，并适用现行有效的《联合国国际贸易法委员会仲裁规则》。"一种意见认为，贸仲是当事人约定的仲裁地点，故该条款属于典型的临时仲裁，而我国法律不承认临时仲裁，故条款无效。另一种意见则认为，当事人在仲裁条款中虽然使用了"take place at"的表述，此后的内容一般被理解为地点，然而按照有利于实现当事人仲裁意愿的解释方法，可以理解为包括了对仲裁机构的约定。最后我们采纳第二种意见，认定当事人约定由贸仲依据贸法会仲裁规则管理仲裁的仲裁条款是有效的。

——罗东川：《回顾与展望 Enforcement of International Commercial Arbitration Agreement and Arbitral Award in MainlandChina：Looking back and the Way Ahead——在2015年香港国际仲裁中心司法论坛的主旨演讲》（2015年5月14日），载贺荣主编、最高人民法院民事审判第四庭编：《涉外商事海事审判指导》2015年第1辑（总第30辑），人民法院出版社2016年版，第13页。

最高人民法院答复

浙江省高级人民法院：

你院〔2013〕浙商外确字第2号《关于申请人浙江逸盛石化有限公司与被申请人英威达技术有限公司申请确认仲裁条款效力一案的请示报告》收悉。经研究，答复如下：

本案所涉仲裁条款中约定："仲裁应当在中国北京中国国际经济贸易仲裁中心（CIETAC）进行，并适用现行有效的《联合国国际贸易法委员会仲裁规则》[The arbitration shall take place at China International Economic Trade Arbitration Centre（CIETAC），Beijing，P.R.China and shall be settled according to the UNCITRAL Arbitration Rules as at present in force]。"当事人没有明确约定确定该仲裁条款效力的准据法，但明确约定了仲裁地点——

中国北京，根据《中华人民共和国涉外民事关系法律适用法》第十八条的规定，本案应当适用中华人民共和国内地法律确定所涉仲裁条款的效力。

当事人在仲裁条款中虽然使用了“take place at”表述，此后的词组一般被理解为地点，然而按照有利于实现当事人仲裁意愿目的解释的方法，可以理解为也包括了对仲裁机构的约定。虽然当事人约定的仲裁机构中文名称不准确，但从英文简称 CIETAC 可以推定当事人选定的仲裁机构是在北京的中国国际经济贸易仲裁委员会。根据《最高人民法院关于适用〈中华人民共和国仲裁法〉若干问题的解释》第三条之规定，“仲裁协议约定的仲裁机构名称不准确，但能够确定具体的仲裁机构的，应当认定选定了仲裁机构。”因此，本案所涉仲裁条款并不违反《中华人民共和国仲裁法》的规定，应当认定有效。

——《最高人民法院关于浙江逸盛石化有限公司申请确认仲裁条款效力一案请示的复函》(2013 年 12 月 18 日，〔2013〕民四他字第 60 号)，载贺荣主编、最高人民法院民事审判第四庭编：《涉外商事海事审判指导》2014 年第 1 辑（总第 28 辑），人民法院出版社 2014 年版，第 9~10 页。

最高人民法院公布的典型案例

浙江逸盛石化有限公司与卢森堡英威达技术有限公司申请确认仲裁条款效力案（2014 年）

一、基本案情

逸盛公司与英威达公司于 2003 年 4 月 28 日及 6 月 15 日分别签署了两份技术许可协议，约定：“有关争议、纠纷或诉求应当提交仲裁解决；仲裁应在中国北京中国国际经济贸易仲裁中心（” CIETAC “）进行，并适用现行有效的《联合国国际贸易法委员会仲裁规则》”（以上约定的原文为英文， 即“The arbitration shall take place at China International Economic Trade Arbitration Centre（CIETAC），Beijing，P.R.China and shall be settled according to the UNCITRAL Arbitration Rules as at present in force”）。2012 年 7 月 11 日，英威达公司向中国国际经济贸易仲裁委员会提出仲裁申请。

2012 年 10 月 29 日，逸盛公司以双方约定的仲裁本质上属于我国仲裁法不允许的临时仲裁为由，向宁波市中级人民法院申请确认仲裁条款无效。

二、裁判结果

宁波市中级人民法院经逐级报请最高人民法院审查后，于 2014 年 3 月 17 日作出终审裁定，认为：当事人在仲裁条款中虽然使用了“take place at”的表述，此后的词组一般被理解为地点，然而按照有利于实现当事人仲裁意愿目的解释的方法，可以理解为也包括了对仲裁机构的约定。虽然当事人约定的仲裁机构中文名称不准确，但从英文简称 CIETAC 可以推定当事人选定的仲裁机构是在北京的中国国际经济贸易仲裁委员会。本案所涉仲裁条款不违反我国仲裁法的规定，裁定驳回逸盛公司请求确认仲裁条款无效的诉请。

三、典型意义

该案首次认可当事人约定由中国的常设仲裁机构依据《联合国国际贸易法委员会仲裁规则》管理仲裁程序的条款效力，并明确该条款约定的是机构仲裁，而非临时仲裁。该案对当事人理解存在分歧的合同用词，采取了有利于实现当事人仲裁意愿的目的解释方法，在仲裁条款未明确限定仲裁机构特定职能的情形下，认定当事人关于常设机构适用另一仲裁规则的约定应理解为该机构依仲裁规则管理整个仲裁程序。本案对于推动多元化纠纷解决机制建设、支持仲裁国际化、提升仲裁公信力，具有典型示范意义。

——《人民法院为“一带一路”建设提供司法服务和保障的典型案例》（2015 年 7 月 7 日）。

1172. 当事人约定境外仲裁机构在中国境内仲裁的仲裁协议有效

关键词

外国仲裁机构　仲裁协议效力

最高人民法院审判业务意见

二是明确认可当事人约定境外仲裁机构在中国境内仲裁的仲裁条款效力。在安徽省龙利得包装印刷公司与意大利 BP 公司确认仲裁协议效力案中，仲裁条款约定，因合同产生的争议提交国际商会仲裁院并根据其规则仲裁，管辖地应为上海（Place of jurisdiction shall be Shanghai）。我们认为，其中管辖地的表述应当理解为仲裁地，由于当事人没有约定确认仲裁协议效力适用的法律，应适用仲裁地法即我国法律。该仲裁协议有请求仲裁的意思表示，约定了仲裁事项，并选定了具体明确的仲裁机构，应认定为有效。须注意的是，该案仅涉及对仲裁协议效力的判断，未涉及境外仲裁机构在中国从事仲裁法律服务的市场准入问题，相信今后这一问题随着中国对外资准入负面清单的制定会逐步明朗。

——罗东川：《回顾与展望 Enforcement of International Commercial Arbitration Agreement and Arbitral Award in MainlandChina：Looking back and the Way Ahead——在 2015 年香港国际仲裁中心司法论坛的主旨演讲》（2015 年 5 月 14 日），载贺荣主编、最高人民法院民事审判第四庭编：《涉外商事海事审判指导》2015 年第 1 辑（总第 30 辑），人民法院出版社 2016 年版，第 13~14 页。

最高人民法院答复

安徽省高级人民法院：

你院〔2013〕皖民二他字第00001号《关于申请人安徽省龙利得包装印刷有限公司与被申请人BP Agnati S.R.L申请确认仲裁协议效力案的请示》收悉。经研究，答复如下：

本案为确认涉外仲裁协议效力案件。当事人在合同中约定，因合同而发生的纠纷由国际商会仲裁院进行仲裁，同时还约定“管辖地应为中国上海”（PLACE OF JURISDICTION SHALL BE SHANGHAI，CHINA）。从仲裁协议的上下文看，对其中“管辖地应为中国上海”的表述应当理解为仲裁地在上海。本案中，当事人没有约定确认仲裁协议效力适用的法律，根据《最高人民法院关于适用〈中华人民共和国仲裁法〉若干问题的解释》第十六条的规定，应适用仲裁地法律即中华人民共和国的法律来确认仲裁协议的效力。

《仲裁法》第十六条规定，仲裁协议应当具有下列内容：（一）请求仲裁的意思表示；（二）仲裁事项；（三）选定的仲裁委员会。涉案仲裁协议有请求仲裁的意思表示，约定了仲裁事项，并选定了明确具体的仲裁机构，应认定有效。同意你院关于仲裁协议有效的多数意见。

——《最高人民法院关于申请人安徽省龙利得包装印刷有限公司与被申请人BP Agnati S.R.L申请确认仲裁协议效力案的请示的复函》（2013年3月25日，〔2013〕民四他字第13号），载江必新主编、最高人民法院民事审判第四庭编：《涉外商事海事审判指导》2013年第1辑（总第26辑），人民法院出版社2014年版，第125页。

1173. 当事人约定适用国际商会仲裁规则但未同时约定其他仲裁机构的，属于“按照约定的仲裁规则能够确定仲裁机构”的情形

关键词

国际商会仲裁规则　仲裁协议效力

最高人民法院答复

浙江省高级人民法院：

你院〔2013〕浙立他字第45号《关于宁波市北仑利成润滑油有限公司与法莫万驰公司买卖合同纠纷一案仲裁条款效力问题的请示》收悉。经研究，答复如下：

宁波市北仑利成润滑油有限公司与法莫万驰公司（Formal Venture

Corp.）于 2013 年 2 月 1 日订立的《销售和购买沥青岩合同》第十一条约定：“任何各方之间所产生的或有关的建设、意义和操作或违反本合同效力的所有争议或分歧应通过仲裁在北京解决，国际商会的仲裁规则（ICC）和依据其所作的裁决对双方当事人具有约束力。仲裁庭应依据中华人民共和国法律，并应以华语进行。……”该约定表明，双方当事人在合同中约定了适用国际商会仲裁规则进行仲裁，因此应当按照订立合同时有效的国际商会仲裁规则来确定本案仲裁条款是否约定了仲裁机构。2012 年 1 月 1 日生效的国际商会仲裁规则第六条第二款规定，“当事人同意按照仲裁规则进行仲裁，即接受由仲裁院对该仲裁进行管理”，故国际商会仲裁院对仅约定适用其规则但未同时约定其他仲裁机构仲裁的合同争议具有管辖权。本案当事人约定适用国际商会仲裁规则但未同时约定其他仲裁机构进行仲裁，应当认为当事人的约定属于“按照约定的仲裁规则能够确定仲裁机构”的情形，你院拟依据《中华人民共和国仲裁法》第十六条、第十八条之规定以当事人没有约定仲裁机构认定本案仲裁条款无效的意见不妥。

——《最高人民法院关于宁波市北仑利成润滑油有限公司与法莫万驰公司买卖合同纠纷一案仲裁条款效力问题请示的复函》（2013 年 12 月 5 日，〔2013〕民四他字第 74 号），载贺荣主编、最高人民法院民事审判第四庭编：《涉外商事海事审判指导》2014 年第 1 辑（总第 28 辑），人民法院出版社 2014 年版，第 22 页。

二、司法与仲裁

1174. 加强人民法院与仲裁机构的对接

关键词

诉裁对接

最高人民法院司法政策精神

10. 加强与仲裁机构的对接。积极支持仲裁制度改革，加强与商事仲裁机构、劳动人事争议仲裁机构、农村土地承包仲裁机构等的沟通联系。尊重商事仲裁规律和仲裁规则，及时办理仲裁机构的保全申请，依照法律规定处理撤销和不予执行仲裁裁决案件，规范涉外和外国商事仲裁裁决司法审查程序。支持完善劳动人事争议仲裁办案制度，加强劳动人事争议仲裁与诉讼的有效衔接，探索建立裁审标准统一的新规则、新制度。加强对农村土地承包经营纠纷调解仲裁的支持和保障，实现涉农纠纷仲裁与诉讼的合理衔接，及时审查和执行农村土地承包仲裁机构作出的裁决书或者调解书。

——《最高人民法院关于人民法院进一步深化多元化纠纷解决机制改革的意见》（2016年6月28日，法发〔2016〕14号）。

附录：最高人民法院主流观点

2. 法院应当及时办理仲裁机构的保全申请

传统的保全制度，将其制度功能定位于为仲裁裁决的执行提供担保。现代意义上的保全制度的功效，则已逐渐突破保证裁决得以实现的目的，保全的制度功能已经在朝着预先防止损害的加重、尽早减轻受损害人的困境以及尽早结束纠纷解决过程的方向发展，而且保全的方式也已变得多样化。仲裁保全措施在中外学者论著中有"临时措施"等多种称谓，指在一项争议作出最后仲裁裁决书之前的任何时候要求一方当事人实施某种行为或不行为的临时性措施。仲裁保全措施对申请方当事人而言，具有防止对方当事人恶意转移财产、毁灭证据或避免对方当事人基于其他行为或不行为使最终的仲裁裁决无意义的积极功能。

我国仲裁法第二十八条、四十六条和第四十八条分别对财产保全、证据保全以及涉外证据保全作出了规定。仲裁法关于仲裁保全措施的规范存在着以下两大缺陷：没有赋予仲裁庭采取保全措施的权力；没有明确规定当事人在提请仲裁前有权向人民法院寻求临时保全措施的救济。其中后一缺陷导致了实践中是由各地人民法院自行决定是否受理仲裁前保全申请的现状。2012年民事诉讼法第八十一条[①]第二款，第一百零一至一百零五条[②]以及第二百七十二条[③]对仲裁前证据保全和仲裁前财产保全等问题作出了比较明确的规定，可以说部分消除了前述仲裁法保全措施规范两大缺陷中的后一缺陷，并规定了保全措施的类别等。法院支持仲裁的发展，其中之一就是要及时办理仲裁机构的保全申请，既包括仲裁前保全，也包括仲裁中保全；既包括仲裁证据保全，也包括仲裁财产保全。

3. 法院应当依照法律规定处理撤销和不予执行仲裁裁决案件

司法对仲裁进行监督，是由司法权和仲裁制度的本质性决定的，是对仲裁决定机制形成制衡的必然要求。仲裁裁决司法监督是对仲裁活动顺利进行及仲裁程序合法公正展开的重要保障。在追求制度简约、程序公正的理念下，

① 现为《民事诉讼法》（2021年修正）第八十四条。

② 现为《民事诉讼法》（2021年修正）第一百零四至一百零八条。

③ 现为《民事诉讼法》（2021年修正）第二百七十九条。

对裁决进行适度的监督更是尊重与支持仲裁的体现。[①] 按照我国仲裁法，司法对仲裁的监督主要体现为三个方面，即仲裁协议效力的认定、撤销仲裁裁决、不予执行仲裁裁决。其中，撤销与不予执行仲裁裁决制度是法院对仲裁进行监督最为重要的方式。各级法院应当在支持仲裁发展，依照法律及司法解释的规定对仲裁进行监督的前提之下，依法处理撤销和不予执行仲裁裁决案件。以仲裁撤销为例进行说明。仲裁裁决部分撤销制度有利于维护仲裁裁决未超裁部分的效力，因而减少了法院对仲裁裁决的监督，也体现了对仲裁的支持。我国仲裁法未规定仲裁裁决的部分撤销制度，但是仲裁法司法解释则弥补了这一制度缺陷。该司法解释第十九条规定，当事人以仲裁裁决事项超出仲裁协议范围为由申请撤销仲裁裁决，经审查属实，人民法院应当撤销仲裁裁决中的超裁部分；但超裁部分与其他裁决事项不可分时，人民法院应当撤销仲裁裁决。

4. 关于统一国内仲裁及涉外仲裁的司法审查标准问题

仲裁司法审查在性质上属于对仲裁活动的一种监督方式，属于事后监督范畴。又因其审查结果具有强制性，对仲裁裁决影响深远，与当事人的利益密切相关，因此司法审查需由法律明文规定，并应遵循当事人意思自治原则、适当审查原则以及公共秩序保留原则，促进仲裁公信力的提升。为了实现法院与仲裁机构的对接，应当明确司法对仲裁的监督范围，避免司法对仲裁的过分干预。以此为基础，2015 年最高人民法院发布的《关于适用〈中华人民共和国民事诉讼法〉的解释》将原民事诉讼法中对于认定事实的主要证据不足和法律适用错误这两种情形作为不予执行仲裁裁决的两种情况删除，这一规定符合国际上对仲裁裁决从实体审查到程序审查过渡的潮流，尊重当事人“或裁或审”选择，保证“一裁终局”的仲裁裁决权威。

关于涉外商事仲裁，根据仲裁法第七十条规定，当事人提出证据证明涉外仲裁裁决有民事诉讼法规定不予执行的情形的，经法院核实裁定撤销。根据民事诉讼法第二百七十四条[②] 规定，当出现当事人在合同中没有订有仲裁条款或者事后没有达成书面仲裁协议的；被申请人没有得到指定仲裁员或者进行仲裁程序的通知；仲裁庭的组成或者仲裁的程序与仲裁规则不符的；裁决的事项不属于仲裁协议的范围或者仲裁机构无权仲裁的等四种法定事由或者人民法院认定执行该裁决违背社会公共利益的，裁定不予执行。

目前我国仍实行国内仲裁和涉外仲裁双轨制的司法审查模式。在民事诉讼法中规定法院对国内仲裁裁决仍实行程序审查和小范围的实体审查，而对

① 哈书菊、张淇：《论仲裁裁决司法监督》，载《齐齐哈尔大学学报（哲学社会科学版）》2016 年第 9 期。

② 现为《民事诉讼法》（2021 年修正）第二百八十一条。

于涉外仲裁裁决的审查则仅限于程序瑕疵和程序违法行为。这种中外双轨制的审查模式有悖于司法统一，不利于保护当事人的利益，这些都已经列为今后仲裁制度改革的重点内容。随着仲裁制度的改革不断深入完善，法院对仲裁的支持力度的增强，法院与仲裁机构的对接工作将会更加科学完善以及系统全面。商事仲裁制度作为多元化纠纷解决机制的重要组成部分，将在社会纠纷解决特别是“一带一路”建设中发挥更加重要的作用。

——李少平主编：《最高人民法院多元化纠纷解决机制改革意见和特邀调解规定的理解与适用》，人民法院出版社 2017 年版，第 93~95 页。

1175. 申请确认仲裁协议效力案件的管辖规定

关键词

仲裁协议效力　管辖

最高人民法院司法解释

第二条　申请确认仲裁协议效力的案件，由仲裁协议约定的仲裁机构所在地、仲裁协议签订地、申请人住所地、被申请人住所地的中级人民法院或者专门人民法院管辖。

涉及海事海商纠纷仲裁协议效力的案件，由仲裁协议约定的仲裁机构所在地、仲裁协议签订地、申请人住所地、被申请人住所地的海事法院管辖；上述地点没有海事法院的，由就近的海事法院管辖

——《最高人民法院关于审理仲裁司法审查案件若干问题的规定》（2017 年 12 月 26 日，法释〔2017〕22 号）。

附录：最高人民法院法官著述

对于该类案件，此前的仲裁法解释第十二条规定：“当事人向人民法院申请确认仲裁协议效力的案件，由仲裁协议约定的仲裁机构所在地的中级人民法院管辖；仲裁协议约定的仲裁机构不明确的，由仲裁协议签订地或者被申请人住所地的中级人民法院管辖。申请确认涉外仲裁协议效力的案件，由仲裁协议约定的仲裁机构所在地、仲裁协议签订地、申请人或者被申请人住所地的中级人民法院管辖。涉及海事海商纠纷仲裁协议效力的案件，由仲裁协议约定的仲裁机构所在地、仲裁协议签订地、申请人或者被申请人住所地的海事法院管辖；上述地点没有海事法院的，由就近的海事法院管辖。”该条规定对申请确认国内和涉外仲裁协议，区分了不同的联结点确定管辖法院，同时对于涉及海事海商纠纷仲裁协议作出了由海事法院管辖的规定。

仲裁司法审查司法解释第二条对仲裁法解释第十二条的规定作出了部分修改，不再区分国内案件和涉外案件，规定了统一的确定管辖权的标准，采取了仲裁法解释第十二条关于确定涉外仲裁协议效力和涉及海事海商纠纷仲裁协议效力案件的标准，规定申请确认仲裁协议效力的案件，由仲裁协议约定的仲裁机构所在地、仲裁协议签订地、申请人住所地、被申请人住所地的中级人民法院或者专门人民法院管辖。

该条规定主要是基于以下原因考虑：

第一，近年来一直强调应当建立国内国际仲裁司法审查案件统一归口管理机制，不宜再将申请确认国内和涉外仲裁协议效力的案件区分不同的联结点确定管辖法院。仲裁法解释第十二条在规定涉及海事海商纠纷仲裁协议效力案件的管辖问题时也未区分国内案件和涉外案件。

第二，最高人民法院就该问题进行调研时一些意见认为，仲裁法解释第十二条的规定有欠完善，该条规定“当事人向人民法院申请确认仲裁协议效力的案件，由仲裁协议约定的仲裁机构所在地的中级人民法院管辖；仲裁协议约定的仲裁机构不明确的，由仲裁协议签订地或者被申请人住所地的中级人民法院管辖”。而就当事人提起的确认仲裁协议效力之诉而言，约定的仲裁机构是否明确，恰恰可能是当事人争议的事项以及主张仲裁协议无效的理由，需要人民法院受理案件后经审查作出认定。按照仲裁法解释第十二条的规定，则可能需要在确定案件管辖权时，先行对“约定的仲裁机构是否明确”这一本应该在受理案件后需要审查认定的问题作出认定，有所不妥。故对仲裁法解释第十二条规定作出修改。同时为了解决可能产生的管辖冲突问题，仲裁司

法审查司法解释第四条进一步规定，申请人向两个以上有管辖权的人民法院提出申请的，由最先立案的人民法院管辖。

——任雪峰：《〈最高人民法院关于审理仲裁司法审查案件若干问题的规定〉解读》，载《人民法治》2018年第5期。

1176. 当事人没有约定适用的法律且仲裁地约定不明的，应适用法院地法即我国法律来审查涉外仲裁协议的效力

关键词

仲裁协议效力　准据法

最高人民法院司法解释

第十四条　当事人没有选择涉外仲裁协议适用的法律，也没有约定仲裁

机构或者仲裁地，或者约定不明的，人民法院可以适用中华人民共和国法律认定该仲裁协议的效力。

——《最高人民法院关于适用〈中华人民共和国涉外民事关系法律适用法〉若干问题的解释（一）》（2012 年 12 月 28 日，法释〔2012〕24 号）。

第十六条　对涉外仲裁协议的效力审查，适用当事人约定的法律；当事人没有约定适用的法律但约定了仲裁地的，适用仲裁地法律；没有约定适用的法律也没有约定仲裁地或者仲裁地约定不明的，适用法院地法律。

——《最高人民法院关于适用〈中华人民共和国仲裁法〉若干问题的解释》（2006 年 8 月 23 日，法释〔2006〕7 号）。

最高人民法院审判业务意见

第一，在仲裁协议效力的认定上，我们应该秉持更加宽松的态度，充分尊重当事人意思自治，尽可能维持仲裁协议效力。

在确认仲裁协议效力之诉的案件中，当事人没有选择仲裁协议适用的法律的，根据《涉外民事关系法律适用法》的规定，应适用仲裁机构所在地法或仲裁地法。两者结果不一致的，只要根据仲裁机构所在地法或者仲裁地法之一，涉外仲裁协议有效的，应确认仲裁协议有效，从而尽可能尊重当事人的选择，支持涉外仲裁和国际仲裁。为提高仲裁司法审查的效率，还要进一步明确，确认仲裁协议效力的裁定送达即生效，不能上诉。

——张勇健：《在全国涉外商事海事审判庭长座谈会上的讲话》（2016 年 4 月 7 日），载贺荣主编、最高人民法院民事审判第四庭编：《涉外商事海事审判指导》2016 年第 1 辑（总第 32 辑），人民法院出版社 2017 年版，第 24~25 页。

最高人民法院答复

北京市高级人民法院：

你院〔2015〕高民他字第 3066 号《关于中国石油集团渤海钻探工程有限公司石油工程总承包分公司申请确认仲裁协议效力一案的请示》收悉。经研究，答复如下：

中国石油集团渤海钻探工程有限公司石油工程总承包分公司与远东能源（百慕大）有限公司于 2013 年 9 月 1 日签订的《主服务合同》第 24.2 条约定"如未能在争议或索赔发生后的六十（60）日内通过协商解决，任何一方可将该争议或索赔提交仲裁。仲裁应按照下列规定进行"。第 24.3 条约定："仲裁的任何裁决将是终局的，并对甲方和乙方具有约束力，双方应尊重和遵守该裁决。裁决可以在任何相关国家强制执行，包括但不限于中华人民共和国。"

从上述合同有关争议解决的内容看，双方当事人虽有将争议提交仲裁解决的意思表示，但并未同时约定明确的仲裁机构或者仲裁地，双方当事人亦未就此达成任何补充协议。鉴于本案当事人在合同中未约定确定仲裁协议效力的准据法，依照最高人民法院《关于适用〈中华人民共和国涉外民事关系法律适用法〉若干问题的解释（一）》第十四条及《关于适用〈中华人民共和国仲裁法〉若干问题的解释》第十六条的规定，本案应适用中华人民共和国法律来判断仲裁协议的效力。根据《中华人民共和国仲裁法》第十八条之规定，本案仲裁协议应认定为无效。故同意你院的请示意见。

——《最高人民法院关于中国石油集团渤海钻探工程有限公司石油工程总承包分公司申请确认仲裁协议效力一案的请示的复函》（2015年8月17日，〔2015〕民四他字第23号），载贺荣主编、最高人民法院民事审判第四庭编：《涉外商事海事审判指导》2015年第2辑（总第31辑），人民法院出版社2016年版，第20~21页。

广东省高级人民法院：

你院〔2014〕粤高法仲复字第8号《关于东莞市塘厦镇房地产开发公司诉通利文企业有限公司一案中涉港仲裁条款效力问题的请示》收悉。经研究，答复如下：

本案仲裁协议为涉港仲裁协议。当事人没有选择仲裁协议适用的法律，也没有约定明确的仲裁地和仲裁机构，根据《中华人民共和国涉外民事关系法律适用法》第十八条以及最高人民法院《关于适用〈中华人民共和国涉外民事关系法律适用法〉若干问题的解释（一）》第二条、第十四条、第十九条的规定，你院关于确认本案仲裁协议效力应适用我国内地法律的意见是正确的。

本案当事人未在仲裁协议中约定明确的仲裁机构，亦未达成补充协议根据《中华人民共和国仲裁法》第十八条的规定，案涉仲裁协议应认定无效。

同意你院关于仲裁协议无效的请示意见。

——《最高人民法院关于广东省高级人民法院就东莞市塘厦镇房地产开发公司诉通利文企业有限公司一案中涉港仲裁条款效力问题请示的复函》（2015年3月26日，〔2015〕民四他字第2号），载贺荣主编、最高人民法院民事审判第四庭编：《涉外商事海事审判指导》2015年第1辑（总第30辑），人民法院出版社2016年版，第57页。

附录：最高人民法院法官著述

司法实践中，对于当事人申请确认涉外仲裁协议效力的案件，人民法院适用的是我国法律规定的冲突规范。……我国法律规定的冲突规范见《中华人民共和国涉外民事关系法律适用法》（以下简称《法律适用法》）及《最高人民法院关于适用〈中华人民共和国涉外民事关系法律适用法〉若干问题的解释（一）》（以下简称《法律适用法的解释》）。[《法律适用法》自 2011 年 4 月 1 日起施行，仲裁协议签订于该日期之前的，适用《最高人民法院关于适用〈中华人民共和国仲裁法〉若干问题的解释》第十六条的规定，而不适用《法律适用法》的相关规定。]《法律适用法》第十八条规定："当事人可以协议选择仲裁协议适用的法律。当事人没有选择的，适用仲裁机构所在地法律或者仲裁地法律。"《法律适用法的解释》第十四条规定："当事人没有选择涉外仲裁协议适用的法律，也没有约定仲裁机构或者仲裁地，或者约定不明的，人民法院可以适用中华人民共和国法律认定该仲裁协议的效力。"上述规定所明确的准据法确定顺序依次为：当事人约定的准据法、仲裁机构所在地法或仲裁地法、法院地法。

——朱科：《承认及执行外国仲裁裁决案件中仲裁协议效力的认定——丰岛株式会社与山东省高密市华裕纺织有限公司申请承认与执行外国仲裁裁决案》，载贺荣主编、最高人民法院民事审判第四庭编：《涉外商事海事审判指导》2016 年第 1 辑（总第 32 辑），人民法院出版社 2017 年版，第 184 页。

（十一）关于涉外仲裁协议的准据法

涉外民事关系法律适用法第十八条是关于涉外仲裁协议法律适用的规定，"当事人可以协议选择仲裁协议适用的法律。当事人没有选择的，适用仲裁机构所在地法律或者仲裁地法律。"根据该条规定，在当事人没有选择仲裁协议适用的法律的情况下，如果其约定了仲裁机构或者仲裁地的，则应当适用仲裁机构所在地法律或者仲裁地法律认定仲裁协议的效力。该条没有进一步规定在当事人既没有约定仲裁协议应当适用的法律，也没有约定仲裁机构或者仲裁地，或者虽有约定但约定不明的情况下，如何确定仲裁协议的准据法。对此，我们认为，应当采纳法释〔2006〕7 号《最高人民法院关于适用〈中华人民共和国仲裁法〉若干问题的解释》（以下简称仲裁法司法解释）第十六条规定的观点，适用法院地法律。仲裁法司法解释第十六条规定："对涉外仲裁协议的效力审查，适用当事人约定的法律；当事人没有约定适用的法律但约定了仲裁地的，适用仲裁地法律；没有约定适用的法律也没有约定仲裁地或者仲裁地约定不明的，适用法院地法律。"

综上，本司法解释第十四条规定："当事人没有选择涉外仲裁协议适用的法律，也没有约定仲裁机构或者仲裁地，或者约定不明的，人民法院可以适用中华人民共和国法律认定该仲裁协议的效力。"

值得一提的是，涉外民事关系法律适用法第十八条规定了"仲裁机构所在地法律"。由此可能产生的问题是，如果当事人在仲裁协议中同时约定了仲裁机构和仲裁地，而仲裁机构所在地和仲裁地不一致，如何确定应当适用的法律？虽然目前尚无此案例发生，可能仅是一个理论问题。在司法解释稿讨论过程中，我们曾试图对该问题的解决作出相应的规定，认为这种情况下应当适用有利于认定仲裁协议有效的法律，以体现我们支持仲裁的司法态度，但这样规定势必会产生逻辑错误。且根据我们对各国关于仲裁协议效力方面的规定的考查，在适用仲裁机构所在地法律和仲裁地法律认定涉外仲裁协议效力的情况下，其结果不一致的可能性不大。综合考量，本司法解释即对如何协调适用仲裁机构所在地和仲裁地法律认定涉外仲裁协议效力的问题未作出规定。

——高晓力：《〈最高人民法院关于适用《中华人民共和国涉外民事关系法律适用法》若干问题的解释（一）〉的理解与适用》，载江必新主编：《最高人民法院司法解释与指导性案例理解与适用》第一卷，人民法院出版社 2013 年版，第 439~440 页。

1177. 外国仲裁裁决与人民法院审理的案件存在关联，由受理关联案件的人民法院管辖

关键词

关联案件　外国仲裁裁决　管辖

最高人民法院司法解释

第三条　外国仲裁裁决与人民法院审理的案件存在关联，被申请人住所地、被申请人财产所在地均不在我国内地，申请人申请承认外国仲裁裁决的，由受理关联案件的人民法院管辖。受理关联案件的人民法院为基层人民法院的，申请承认外国仲裁裁决的案件应当由该基层人民法院的上一级人民法院管辖。受理关联案件的人民法院是高级人民法院或者最高人民法院的，由上述法院决定自行审查或者指定中级人民法院审查。

外国仲裁裁决与我国内地仲裁机构审理的案件存在关联，被申请人住所地、被申请人财产所在地均不在我国内地，申请人申请承认外国仲裁裁决的，由受理关联案件的仲裁机构所在地的中级人民法院管辖。

——《最高人民法院关于审理仲裁司法审查案件若干问题的规定》（2017 年 12 月 26 日，法释〔2017〕22 号）。

附录：最高人民法院法官著述

《最高人民法院关于适用〈中华人民共和国民事诉讼法〉的解释》（以下

简称民事诉讼法解释）第五百四十六条[①]规定："对外国法院作出的发生法律效力的判决、裁定或者外国仲裁裁决，需要中华人民共和国人民法院执行的，当事人应当先向人民法院申请承认。人民法院经审查，裁定承认后，再根据民事诉讼法第三编的规定予以执行。当事人仅申请承认而未同时申请执行的，人民法院仅对应否承认进行审查并作出裁定。"因此，外国仲裁裁决只有经过法定的承认程序，才能在我国法域具有法律效力。对于该类案件的管辖问题，民事诉讼法第二百八十三条[②]规定："国外仲裁机构的裁决，需要中华人民共和国人民法院承认和执行的，应当由当事人直接向被执行人住所地或者其财产所在地的中级人民法院申请，人民法院应当依照中华人民共和国缔结或者参加的国际条约，或者按照互惠原则办理。"

在近些年的司法实践中出现的一种情形是被申请人住所地、财产所在地均不在我国境内，基于审理关联案件的一些需要，申请人又需要我国法院承认外国仲裁裁决的效力。而在此种情形下，根据民事诉讼法第二百八十三条[③]的规定又无法确定可以受理当事人申请承认外国仲裁裁决案件的管辖法院。为充分保护当事人的合法权益，仲裁司法审查司法解释第三条规定，外国仲裁裁决与人民法院或者我国内地仲裁机构审理的案件存在关联，被申请人住所地、财产所在地均不在我国内地，申请人申请承认外国仲裁裁决的，由受理关联案件的人民法院或者仲裁机构所在地的中级人民法院管辖。同时考虑到就人民法院受理的关联案件而言，受理法院可能是从基层人民法院至最高人民法院的任何一级法院，鉴于受理申请承认外国仲裁裁决案件的法院应为中级人民法院，该条进一步规定受理关联案件的人民法院为基层人民法院的，申请承认外国仲裁裁决的案件应当由该基层人民法院的上一级人民法院管辖。受理关联案件的人民法院是高级人民法院或者最高人民法院的，由上述法院决定自行审查或者指定中级人民法院审查。

——任雪峰：《〈最高人民法院关于审理仲裁司法审查案件若干问题的规定〉解读》，载《人民法治》2018年第5期。

1178. 仲裁司法审查案件中的管辖权异议

关键词

管辖权异议　仲裁司法审查案件

① 现为《民事诉讼法司法解释》第五百四十四条。
② 现为《民事诉讼法》（2021年修正）第二百九十条。
③ 现为《民事诉讼法》（2021年修正）第二百九十条。

最高人民法院司法解释

第九条　对于申请人的申请，人民法院应当在七日内审查决定是否受理。人民法院受理仲裁司法审查案件后，应当在五日内向申请人和被申请人发出通知书，告知其受理情况及相关的权利义务。

——《最高人民法院关于审理仲裁司法审查案件若干问题的规定》(2017年12月26日，法释〔2017〕22号)。

附录：最高人民法院法官著述

对于仲裁司法审查案件当事人可否提出管辖权异议，一直也缺乏明确的规定，各地法院的做法也不尽相同，因此亟需明确。对于仲裁司法审查案件的管辖法院，法律、司法解释均作出了明确规定，因此也应当允许当事人对此类案件提出管辖权异议。由于目前在仲裁司法审查案件方面没有关于被申请人提交答辩意见的规定，因此在确定被申请人提出管辖权异议的期限方面，仲裁司法审查司法解释结合第九条向当事人发出通知的规定，规定被申请人对管辖权有异议的，应当自收到通知之日起十五日内提出，对在我国领域内没有住所的当事人规定了三十日的期限。同时根据民事诉讼法第一百五十四条[①]规定，亦明确对管辖权异议的裁定当事人可以提起上诉，也与仲裁司法审查司法解释关于不予受理和驳回申请的裁定可以上诉相一致。

——任雪峰:《〈最高人民法院关于审理仲裁司法审查案件若干问题的规定〉解读》，载《人民法治》2018年第5期。

1179. 劳动争议仲裁前置原则

关键词

劳动争议　仲裁机关　仲裁前置程序

最高人民法院司法解释

第十四条　人民法院受理劳动争议案件后，当事人增加诉讼请求的，如该诉讼请求与讼争的劳动争议具有不可分性，应当合并审理；如属独立的劳动争议，应当告知当事人向劳动争议仲裁机构申请仲裁。

——《最高人民法院关于审理劳动争议案件适用法律问题的解释（一）》(2020年12月29日，法释〔2020〕26号)。

---

① 现为《民事诉讼法》(2021年修正)第一百五十七条。

附录：最高人民法院主流观点

劳动争议仲裁前置程序问题，根据劳动法立法部门的意见，一是考虑法院和法官不是处理劳动争议的专业部门和专业人员，设置仲裁前置程序有利于纠纷的解决和法院对案件的审理；二是考虑法院受理案件的数量太大，仲裁前置程序可以消化一部分劳动争议案件，减轻法院的审判负担，及时保护劳动者合法权益。实践中，仲裁前置程序对于及时解决纷争、保护劳动者合法权益，合理利用有限司法资源，建立纠纷多元化解决机制方面发挥了积极作用。法院也严格掌握仲裁前置原则。基于仲裁前置原则的要求，在当事人增加的诉讼请求与讼争的劳动争议是两个独立的争议，而非基于同一事实、同一法律关系提出，不符合合并审理条件时，应当告知当事人就增加的诉讼请求向仲裁机关申请仲裁，而不能简单合并审理，进而规避仲裁前置规定。

——最高人民法院民事审判第一庭编著：《最高人民法院新劳动争议司法解释（一）理解与适用》，人民法院出版社 2021 年版，第 187 页。

1180. 未履行协商前置程序不违反约定程序

关键词

外国仲裁裁决　仲裁协议　协商前置程序　约定程序

最高人民法院审判业务意见

107. 人民法院适用《纽约公约》审理申请承认和执行外国仲裁裁决案件时，当事人在仲裁协议中约定“先协商解决，协商不成再提请仲裁”的，一方当事人未经协商即申请仲裁，另一方当事人以对方违反协商前置程序的行为构成《纽约公约》第五条第一款丁项规定的仲裁程序与各方之间的协议不符为由主张不予承认和执行仲裁裁决的，人民法院不予支持。

——《最高人民法院关于印发〈全国法院涉外商事海事审判工作座谈会会议纪要〉的通知》（2021 年 12 月 31 日，法〔民四〕明传〔2021〕60 号）。

1181. 劳动争议纠纷申请仲裁期间和起诉期间的区别

关键词

劳动争议　仲裁期间　起诉期间

附录：民事审判信箱

问：劳动争议纠纷申请仲裁期间和起诉期间有何区别？

答：根据《最高人民法院关于审理劳动争议案件适用法律若干问题的解释》第三条的规定，劳动争议诉讼适用仲裁前置程序，劳动争议仲裁与劳动争议诉讼分别涉及两个期间制度：一是申请仲裁期间，即当事人应在劳动争议发生之日起六十日内提出仲裁请求；二是起诉期间，即当事人对仲裁裁决不服的，应在收到仲裁裁决书之日起十五日内向人民法院提起诉讼。二者的区别在于：

1. 超过期间的法律后果不同。超过申请仲裁期间的，仲裁申请不予受理，当事人可以在15日起诉期间内向人民法院提起诉讼；无论申请仲裁是否超过60日，只要在仲裁裁决作出之日起15日内起诉，人民法院都应受理；超过15日起诉期间的起诉，即便仲裁申请未超过60日，人民法院也应裁定不予受理。

2. 期间的法律性质不同。15日起诉期间属于不变期间，不适用诉讼时效中止、中断、延长的规定，该起诉期限属于程序性审查事项；60日申请仲裁期间则属于"特殊时效"，为可变期间，起算日为劳动争议发生之日，且可以发生中止、中断，但不能延长，人民法院对该问题应进行实体审查。

——本书研究组：《劳动争议纠纷申请仲裁期间和起诉期间有何区别》，载最高人民法院民事审判第一庭编：《民事审判指导与参考》2019年第2辑（总第78辑），人民法院出版社2019年版，第245页。

1182. 当事人请求确认其与对方当事人之间不存在仲裁协议，人民法院应当受理

关键词

确认不存在仲裁协议　受理

最高人民法院答复

天津市高级人民法院：

你院〔2012〕津高民四他字第4号《关于神华煤炭运销公司与马瑞尼克船务公司确认之诉仲裁条款问题的请示》收悉。经研究，答复如下：

一、关于本案是否适用《最高人民法院关于适用〈中华人民共和国仲裁法〉若干问题的解释》（以下简称仲裁法司法解释）第十三条第二款的问题。依照《仲裁法》（以下简称仲裁法）第七章的规定，同意你院关于仲裁法及仲

裁法司法解释的规定可以适用于涉外仲裁的意见。但是，仲裁法司法解释第十三条系针对仲裁法第二十条作出的司法解释。仲裁法第二十条所指的仲裁委员会系依据仲裁法第十条和第六十六条设立的仲裁委员会，并不包括外国仲裁机构。故仲裁法司法解释第十三条的规定并不适用于外国仲裁机构对仲裁协议效力作出认定的情形。

二、关于法律适用的问题。本案系神华煤炭运销公司请求确认不存在仲裁协议之诉。涉案提单为与租约合并使用的简式提单，但提单正面并未明示记载将租约包括仲裁条款并入提单，故租约中的仲裁条款并未有效并入提单。本案并非对租约中仲裁条款效力的审查，你院认为应当适用中国法律确认双方当事人之间是否存在仲裁协议正确。

三、关于《最高人民法院关于人民法院处理与涉外仲裁及外国仲裁事项有关问题的通知》（以下简称通知）的适用问题。各级法院应当严格遵守通知规定的报告制度，不能以不属于仲裁范围或者仲裁条款无效等理由规避报告制度。本案涉及租约仲裁条款是否有效并入提单，亦属于通知中规定的情形。综上，神华煤炭运销公司向天津海事法院请求确认其与马瑞尼克船务公司之间不存在仲裁协议，天津海事法院应当予以受理，并依法作出认定。

——《最高人民法院关于神华煤炭运销公司与马瑞尼克船务公司确认之诉仲裁条款问题的请示的复函》（2013年2月4日，〔2013〕民四他字第4号），载江必新主编、最高人民法院民事审判第四庭编：《涉外商事海事审判指导》2013年第1辑（总第26辑），人民法院出版社2014年版，第178~179页。

1183. 当事人申请撤销仲裁调解书的，人民法院不予受理

关键词

撤销仲裁调解书　不予受理

最高人民法院审判业务意见（研究室意见）

有关部门就人民法院应否受理当事人提起的申请撤销仲裁调解书之诉问题征求最高人民法院研究室意见。我室经研究认为：

人民法院不应受理仲裁当事人提起的申请撤销仲裁调解书之诉。理由：申请撤销仲裁调解书并无法律依据，仲裁法第五十八条的规定仅适用于当事人申请撤销仲裁裁决的情形，并不包括申请撤销仲裁调解书，因此，当事人提起申请撤销仲裁调解书之诉并无法律依据。

——最高人民法院研究室《关于人民法院应否受理当事人提起的申请撤销仲裁调解书之诉问题的研究意见》，载张军主编、最高人民法院研究室编：

《司法研究与指导》2012 年第 2 辑（总第 2 辑），人民法院出版社 2012 年版，第 90~94 页。

1184. 因送达地址错误导致被申请人未能参加仲裁程序并陈述意见的，人民法院不予执行仲裁裁决

关键词

未仲裁程序并陈述意见　仲裁程序通知适当

最高人民法院答复

海南省高级人民法院：

你院琼高法专报〔2014〕4 号《关于海南狮子城旅业开发有限公司申请不予执行仲裁裁决一案的请示》收悉。经研究，答复如下：

同意你院请示提出的处理意见。根据请示所述事实，海南狮子城旅业开发有限公司的住所地系“海南省海口市海甸岛沿江三东路丽花城 C 座 501 室”，而非“海南省海口市海甸岛沿江三东路雨花城 C 座 501 室”。国浩律师事务所在申请仲裁之前曾经使用过“海南省海口市海甸岛沿江三东路丽花城 C 座 501 室”这一地址与海南狮子城旅业开发有限公司进行联络，但国浩律师事务所在向中国国际经济贸易仲裁委员会申请仲裁时却使用了“海南省海口市海甸岛沿江三东路雨花城 C 座 501 室”这一错误的地址，导致海南狮子城旅业开发有限公司未能收到指定仲裁员、开庭通知等仲裁文件，从而未能参加仲裁程序并陈述意见，依照《中华人民共和国民事诉讼法》第二百七十四条第一款第二项之规定，应裁定不予执行中国国际经济贸易仲裁委员会〔2012〕中国贸仲京裁字第 0502 号裁决。

——《最高人民法院关于海南狮子城旅业开发有限公司申请不予执行仲裁裁决请示一案的答复》(2014 年 7 月 31 日，〔2014〕民四他字第 37 号)，载贺荣主编、最高人民法院民事审判第四庭编：《涉外商事海事审判指导》2014 年第 2 辑（总第 29 辑），人民法院出版社 2015 年版，第 79 页。

1185. 仲裁调解书被人民法院依职权裁定不予执行的，当事人可以向人民法院起诉

关键词

仲裁调解书　不予执行

最高人民法院审判业务意见（民一庭意见）

最高人民法院民一庭意见：司法对仲裁的监督应当包括对仲裁调解书的监督。人民法院认定执行仲裁调解书违背社会公共利益的，可以依职权裁定不予执行；仲裁调解书被人民法院裁定不予执行后，当事人向人民法院起诉的，人民法院应予受理。

——最高人民法院民一庭：《仲裁程序中达成的调解书被人民法院依职权裁定不予执行的，当事人可以向人民法院起诉》，载最高人民法院民事审判第一庭编：《民事审判指导与参考》2015 年第 2 辑（总第 62 辑），人民法院出版社 2016 年版，第 149 页。

最高人民法院裁判文书

甘肃省中国青年旅行社与林嘉锋、陈国良房屋买卖合同纠纷案［最高人民法院（2014）民提字第 216 号民事判决书］

最高人民法院认为，关于甘肃青旅是否享有提起本案诉讼的权利。一审法院于 2012 年 6 月 7 日作出的〔2012〕兰法执字第 143 号民事裁定，系发生法律效力的裁定，在该裁定未依法被撤销前，对双方当事人具有法律拘束力。根据《中华人民共和国仲裁法》第九条第二款规定，裁决被人民法院依法裁定撤销或者不予执行的，当事人就该纠纷可以根据双方重新达成的仲裁协议申请仲裁，也可以向人民法院起诉。在强制执行力上，仲裁调解书与仲裁裁决书具有同等的法律效力。故仲裁调解书被人民法院裁定不予执行的，亦应适用上述规定，赋予当事人根据协议重新申请仲裁或向人民法院起诉的权利。原审判决认定甘肃青旅享有提起本案诉讼的权利，并无不当。

——中国裁判文书网。

1186. 一方向人民法院起诉未声明有仲裁协议，人民法院受理后，另一方在首次开庭前未对人民法院受理该案提出异议的，视为放弃仲裁协议

关键词

仲裁协议　受理　管辖权异议

最高人民法院答复

天津市高级人民法院：

你院《关于上诉人马士基航运有限公司与被上诉人天津航星国际货运代

理有限公司、一审被告普罗旺斯番茄制品（天津）有限公司、天津欧尚国际货运代理有限公司海上、通海水域货物运输合同纠纷管辖权异议一案的请示》收悉。经研究，答复如下：

涉案《订舱代理协议》约定：本协议应当根据英国法进行解释；任何因本协议引起的或与之有关的争议应当友好解决，当无法解决时应当根据英国《1996 年仲裁法》及其修正案在伦敦提交仲裁（This Agreement shall be construed in accordance with English Law；Any disputes arising out of or in connection with this Agreement shall be settled amicably，failing this it shall be referred to arbitration in London in accordance with the Arbitration Act1996or any statutory modification or reenactment thereof）。该协议未约定仲裁条款适用的法律，故涉案仲裁条款的效力应根据仲裁地法即英国法进行认定。根据你院查明的英国《1996 年仲裁法》，应认定涉案仲裁条款有效。马士基航运有限公司起诉时主张：天津航星国际货运代理有限公司作为托运人的货运代理人，应披露真实的托运人，如不能披露，则应当被认定为托运人而承担相应责任。鉴于天津航星国际货运代理有限公司向马士基航运有限公司订舱托运涉案货物系双方之前签订的《订舱代理协议》所约定的事项，根据马士基航运有限公司的上述诉讼理由，马士基航运有限公司与天津航星国际货运代理有限公司之间的争议是与《订舱代理协议》有关的争议。天津海事法院一审第一次开庭审理结束后，马士基航运有限公司补充提供《订舱代理协议》，主张：天津航星国际货运代理有限公司具有货运代理和船舶代理双重身份，天津航星国际货运代理有限公司自愿加入到普罗旺斯番茄制品（天津）有限公司对马士基航运有限公司的债务中，马士基航运有限公司根据《订舱代理协议》享有直接向天津航星国际货运代理有限公司主张涉案提单项下运输费用的请求权。至此，马士基航运有限公司变更了其诉讼理由，根据其变更后的诉讼理由，马士基航运有限公司与天津航星国际货运代理有限公司之间的争议是因《订舱代理协议》引起的争议。尽管马士基航运有限公司先后提出的诉讼理由不同，但本案争议始终均在《订舱代理协议》仲裁条款涵盖的范围内，即属于该协议仲裁条款约定的“任何因本协议引起的或与之有关的争议”。天津航星国际货运代理有限公司作为签订《订舱代理协议》的一方，明知涉案仲裁条款，却在天津海事法院首次开庭前未对该院受理该案提出异议。根据《中华人民共和国仲裁法》第二十六条的规定，天津海事法院应当继续审理本案。综上，同意你院多数意见。

此复

——《最高人民法院关于上诉人马士基航运有限公司与被上诉人天津航星国际货运代理有限公司、一审被告普罗旺斯番茄制品（天津）有限公司、天津欧尚国际货运代理有限公司海上、通海水域货物运输合同纠纷管辖权异议一案请示的复函》(2018 年 9 月 10 日，(2018) 最高法民他 154 号)，载杨万明主编、最高人民法院民事审判第四庭编：《涉外商事海事审判指导》2018 年第 2 辑（总第 37 辑），人民法院出版社 2022 年版，第 52~53 页。

1187. 仲裁程序存在轻微瑕疵尚未严重到必须撤销仲裁裁决的，人民法院可通知仲裁庭重新仲裁

关键词

仲裁程序瑕疵　重新仲裁

最高人民法院审判业务意见

79. 对存在民事诉讼法第二百六十条[①]规定情形的涉外仲裁裁决，人民法院可以视情况通知仲裁庭在一定期限内重新仲裁。通知仲裁庭重新仲裁的，应裁定中止撤销程序；仲裁庭在指定的期限内开始重新仲裁的，应裁定终止撤销程序；仲裁庭拒绝重新仲裁或者未在指定的期限内重新仲裁的，应通知或裁定恢复撤销程序。对仲裁庭重新仲裁作出的裁决有异议的，有关当事人可以依法申请撤销。

——《最高人民法院第二次全国涉外商事海事审判工作会议纪要》(2005 年 12 月 26 日，法发〔2005〕26 号)，载万鄂湘主编、最高人民法院民事审判第四庭编：《涉外商事海事审判指导》2005 年第 2 辑（总第 11 辑），人民法院出版社 2006 年版，第 37 页。

最高人民法院答复

北京市高级人民法院：

你院京高法〔2004〕405 号《关于通知中国国际经济贸易仲裁委员会对〔2003〕贸仲裁字第 0398 号案件重新仲裁裁决的请示》收悉，经研究，答复如下：

同意你院通知中国国际经济贸易仲裁委员会对〔2003〕贸仲裁字第 0398 号案件重新仲裁的意见。申请人大连某公司与被申请人美国某公司（简称 ICI 公司）签订的《和解协议》约定：为表诚意和增强本《和解协议》的约束力，双方一致同意将本《和解协议》提交中国国际经济贸易仲裁委员会，请求该会按照现行有效仲裁规则，在北京提请仲裁；双方同意共同指定该仲裁委员会《仲裁员名册》中的木某先生作为独任仲裁员组成独任仲裁庭，按照该会

① 现为《民事诉讼法》(2021 年修正）第二百八十一条。

《仲裁规则》简易程序进行书面审理，并以快捷方式按照本《和解协议》的内容作出裁决。双方在随后签订的《〈和解协议〉补充修改协议》中又约定补充协议为《和解协议》的组成部分并受该协议中的仲裁条款约束。中国国际经济贸易仲裁委员会据此于 2003 年 12 月 26 日向大连某公司函寄仲裁及组庭通知，确定本案适用 2000 年 10 月 1 日起施行的仲裁规则中的简易程序审理，但仲裁庭于同年 12 月 30 日作出裁决，并未完全遵守规则中有关简易程序的第六十六条“被申请人应在收到仲裁通知之日起 30 日内向仲裁委员会提交答辩书及有关证据文件”之规定，影响了当事人答辩权利的行使。但结合本案的实际情况，本案仲裁中存在的程序瑕疵尚未严重到必须以撤销裁决的方式来对当事人予以救济的程度，该程序瑕疵可以通过通知仲裁庭重新仲裁的方式予以弥补。根据《中华人民共和国仲裁法》第六十一条的规定，本案应裁定中止撤销程序，通知中国国际经济贸易仲裁委员会重新仲裁。

——《最高人民法院关于通知中国国际经济仲裁委员会对〔2003〕贸仲裁字第 0398 号案件重新仲裁的请示的复函》(2005 年 3 月 21 日，〔2005〕民四他字第 7 号)，载万鄂湘主编、最高人民法院民事审判第四庭编：《涉外商事海事审判指导》2005 年第 2 辑（总第 11 辑），人民法院出版社 2005 年版，第 113~118 页。

1188. 仲裁案件的证据采信、事实认定及责任判定，并非仲裁的程序事项，不属于人民法院仲裁协议司法审查的范畴

关键词

仲裁程序违法　审查范围

最高人民法院审判业务意见

在 2012 年我国民事诉讼法的修订过程中，有关仲裁司法审查的条款修订取得了可喜的进展，实现了不予执行国内仲裁裁决和撤销国内仲裁裁决司法审查标准的统一，特别是将否定仲裁裁决的“实质性理由”严格限缩于“裁决所依据的证据是伪造的”“对方当事人向仲裁机构隐瞒了足以影响公正裁决的证据的”两种情形，改变了以往法院要对仲裁裁决认定事实的主要证据是否不足、适用法律是否有错误进行如此深度的司法审查的情况。

——罗东川：《在第四次全国涉外商事海事审判工作会议上的总结讲话》（2014 年 11 月 19 日），载贺荣主编、最高人民法院民事审判第四庭编：《涉外商事海事审判指导》2014 年第 2 辑（总第 29 辑），人民法院出版社 2015 年版，第 41 页。

最高人民法院答复

天津市高级人民法院：

你院〔2015〕津高民四他字第 3 号《关于东成国际贸易有限公司申请执行涉外仲裁裁决一案的请示》收悉。经研究，答复如下：

天津港保税区天工国际贸易有限公司虽以本案“仲裁程序与仲裁规则不符”为由提出了不予执行中国国际经济贸易仲裁委员会于 2014 年 6 月 11 日作出的〔2014〕中国贸仲京裁字第 0468 号裁决的申请，但其理由是认为东成国际贸易有限公司未提供货物质检报告、未能举证证明其履行合同及利用虚假证据材料欺骗仲裁庭，仲裁庭裁决其承担赔偿责任违反了《中国国际经济贸易仲裁委员会仲裁规则》第三十九条之规定，即“当事人应对其申请、答辩和反请求所依据的事实提供证据加以证明，对其主张、辩论及抗辩要点提供依据；当事人未能在规定的期限内提交证据，或者虽提交证据但不足以证明其主张的，负有举证责任的当事人承担因此而产生的后果”。天津港保税区天工国际贸易有限公司提出的上述理由涉及仲裁案件的证据采信、事实认定及责任判定，非仲裁的程序事项，不属于人民法院进行司法审查的范畴，故本案不符合《中华人民共和国民事诉讼法》第二百七十四条[①]第一款第三项规定的“仲裁程序与仲裁规则不符”的情形。此外，天津港保税区天工国际贸易有限公司在向北京市第二中级人民法院申请撤销案涉仲裁裁决被驳回后，又在执行程序中以相同的理由提出不予执行抗辩，根据《最高人民法院关于适用〈中华人民共和国仲裁法〉若干问题的解释》第二十六条之规定，人民法院应不予支持。

综上，同意你院请示中的第一种意见。

——《最高人民法院关于申请人保罗·赖因哈特公司与被申请人湖北清河纺织股份有限公司申请承认和执行外国仲裁裁决一案请示的答复》（2016 年 5 月 26 日，〔2016〕最高法民他 11 号），载贺荣主编、最高人民法院民事审判第四庭编：《涉外商事海事审判指导》2016 年第 1 辑（总第 32 辑），人民法院出版社 2017 年版，第 76~77 页。

附录：最高人民法院主流观点

4. 关于统一国内仲裁及涉外仲裁的司法审查标准问题

仲裁司法审查在性质上属于对仲裁活动的一种监督方式，属于事后监督范畴。又因其审查结果具有强制性，对仲裁裁决影响深远，与当事人的利益密切相关，因此司法审查需由法律明文规定，并应遵循当事人意思自治原则、

① 现为《民事诉讼法》（2021 年修正）第二百八十一条。

适当审查原则以及公共秩序保留原则，促进仲裁公信力的提升。为了实现法院与仲裁机构的对接，应当明确司法对仲裁的监督范围，避免司法对仲裁的过分干预。以此为基础，2015 年最高人民法院发布的《关于适用〈中华人民共和国民事诉讼法〉的解释》将原民事诉讼法中对于认定事实的主要证据不足和法律适用错误这两种情形作为不予执行仲裁裁决的两种情况删除，这一规定符合国际上对仲裁裁决从实体审查到程序审查过渡的潮流，尊重当事人“或裁或审”选择，保证“一裁终局”的仲裁裁决权威。

——李少平主编：《最高人民法院多元化纠纷解决机制改革意见和特邀调解规定的理解与适用》，人民法院出版社 2017 年版，第 94~95 页。

1189. 仲裁裁决同时包含终局裁决事项和非终局裁决事项，而用人单位仅仅就终局裁决事项提起诉讼，如何处理

关键词

仲裁裁决　终局裁决　非终局裁决　受理

最高人民法院司法解释

第二十条　劳动争议仲裁机构作出的同一仲裁裁决同时包含终局裁决事项和非终局裁决事项，当事人不服该仲裁裁决向人民法院提起诉讼的，应当按照非终局裁决处理。

——《最高人民法院关于审理劳动争议案件适用法律问题的解释（一）》（2020 年 12 月 29 日，法释〔2020〕26 号）。

附录：最高人民法院主流观点

如果仲裁裁决书中既有终局裁决内容，又有非终局裁决内容，根据《最高人民法院关于审理劳动争议案件适用法律问题的解释（一）》第二十条规定“应当按照非终局裁决处理”的处理原则，那么该裁决就应当认定为非终局裁决，不论当事人针对其中的非终局裁决事项还是对终局裁决事项提起诉讼，人民法院均应该受理，并应该进行实体审理，不能以所谓的“仲裁裁决事项”系终局裁决事项而径行驳回用人单位的起诉。因为，在这种情况下，整个裁决的内容基于其一体性原则而整体上升为非终局裁决，那么这种情况下这个裁决的性质已经发生变化，不论仲裁裁决的具体裁项是否为终局裁决事项，均应受到非终局裁决处理规则的规制，人民法院对于仅仅针对终局裁决内容的部分提起诉讼而并未对非终局裁决部分提起诉讼的，也应该受理并进行实体审理。

在具体的审判实践中，需要广大法官转变审理案件的思路，只要这个仲裁裁决是非终局裁决，那么对于整个裁决要进行整体的处理，即只要当事人提出请求，就要进行审理，而不能以具体的裁决事项为终局裁决事项为由就不予以处理。

——最高人民法院民事审判第一庭编著:《最高人民法院新劳动争议司法解释（一）理解与适用》，人民法院出版社2021年版，第249~250页。

1190. 仲裁司法审查案件中所作裁定的效力

关键词

仲裁司法审查案件　裁定效力

最高人民法院司法解释

第二十条　人民法院在仲裁司法审查案件中作出的裁定，除不予受理、驳回申请、管辖权异议的裁定外，一经送达即发生法律效力。当事人申请复议、提出上诉或者申请再审的，人民法院不予受理，但法律和司法解释另有规定的除外。

——《最高人民法院关于审理仲裁司法审查案件若干问题的规定》（2017年12月26日，法释〔2017〕22号）。

附录：最高人民法院法官著述

对于仲裁司法审查案件中人民法院所作裁定何时生效、是否允许上诉、复议、申请再审等问题，此前的一些司法解释虽然有所涉及，但尚缺乏系统性全面性。仲裁司法审查司法解释第二十条对该问题予以了明确，即除不予受理、驳回申请、管辖权异议三类裁定外，人民法院在审查仲裁司法审查案件中可能作出的裁定，包括确认仲裁协议效力的裁定、是否撤销我国内地仲裁机构仲裁裁决的裁定、是否执行我国内地仲裁机构仲裁裁决的裁定、是否认可和执行港澳台仲裁裁决的裁定、是否承认和执行外国仲裁裁决的裁定、是否准许撤回申请的裁定等，一经送达即发生法律效力，均不允许当事人申请复议、上诉或者申请再审。

如此规定主要基于以下理由考虑：

第一，民事诉讼法第一百五十四条①仅规定不予受理、驳回起诉和管辖权异议三类裁定当事人可以上诉，并未规定其他裁定可以上诉；

① 现为《民事诉讼法》（2021年修正）第一百五十七条。

第二，此前的一些司法解释、批复等也体现了这一基本原则，规定对不予执行仲裁裁决的裁定、是否撤销仲裁裁决的裁定，当事人申请再审的不予受理，人民检察院抗诉的也不予受理等；

第三，仲裁的一个突出特点是解决纠纷的高效性，这也是当事人选择通过仲裁方式解决纠纷的一个重要原因。如果在仲裁司法审查案件中设置过多的复议、上诉、再审等程序，仲裁结果长期处于不确定的状态，将使得仲裁解决纠纷的高效性这一优势荡然无存，也与仲裁法第九条规定的仲裁一裁终局的原则相违背。

同时为了避免与将来可能出台的其他法律或司法解释的规定相冲突，该条进一步规定“但法律和司法解释另有规定的除外”。

仲裁司法审查司法解释的出台，是希望通过司法解释的方式，对目前司法实践中一些缺乏法律规定的问题如何处理加以明确，但是对于一些问题，例如外国仲裁机构以我国内地为仲裁地所作仲裁裁决，其执行涉及的法律适用问题等，由于尚存在一定争议，目前的司法解释中尚未作出规定。这些问题将在今后进一步加以研究解决。

——任雪峰：《〈最高人民法院关于审理仲裁司法审查案件若干问题的规定〉解读》，载《人民法治》2018 年第 5 期。

1191. 仲裁机构及案外人能否申请撤销仲裁裁决

关键词

仲裁机构　案外人　撤销仲裁裁决

最高人民法院审判业务意见（研究室意见）

有关部门就“仲裁委员会及案外人能否作为申请撤销仲裁裁决主体”的问题征求最高人民法院研究室意见。我室经研究认为：

一、关于仲裁委会能否作为申请撤销仲裁裁决主体的问题。仲裁委员会申请撤销仲裁裁决无法律依据，况且其作为仲裁裁决的主体，不能再作为撤销其裁决的申请人。

二、关于案外人能否作为申请撤销仲裁裁决主体的问题。由于仲裁法第五十八条仅将申请撤销仲裁裁决的权利赋予给当事人而未授予案外人，故依照现行法律其也不能成为申请撤销仲裁裁决的主体。但是考虑到案外人尚能适用再审程序对人民法院的生效裁判提出撤销仲裁裁决的诉讼请求，赋予案外人对仲裁庭申请撤销的权利并无不可，但应当通过立法予以明确。

三、关于案外人救济的问题。对于因仲裁当事人恶意串通、骗取仲裁裁决损害案外人利益时对案外人的救济，可以通过就执行标的提出异议的方式来解决。根据2007年民事诉讼法第二百零四条①的规定，在执行过程中，案外人可以对执行标的提出书面异议，人民法院应当自收到书面异议之日起十五日内审查，理由成立的，裁定中止对该标的的执行；理由不成立的，裁定驳回。案外人、当事人对裁定不服，认为原判决、裁定错误的，依照审判监督程序办理；与原判决、裁定无关的，可以自裁定送达之日起十五日内向人民法院提起诉讼。最高人民法院《关于适用〈中华人民共和国民事诉讼法〉执行程序若干问题的解释》（法释〔2008〕13号）第十五条又明确规定："案外人对执行标的主张所有权或者有其他足以阻止执行标的转让、交付的实体权利的，可以依照民事诉讼法第二百零四条②的规定，向执行法院提出异议。"据此，案外人可以在仲裁裁决确定的权利人申请执行过程中，通过提出执行异议的方式予以救济。

——最高人民法院研究室《关于仲裁委员会及案外人能否作为申请撤销仲裁裁决主体问题的研究意见》，载江必新主编、最高人民法院研究室编：《司法研究与指导》2012年第3辑（总第3辑），人民法院出版社2013年版，第162页。

1192. 申请执行仲裁裁决案件的审查依据

关键词

执行仲裁裁决　审查依据

最高人民法院审判业务意见

98. 人民法院对申请执行我国内地仲裁机构作出的非涉外仲裁裁决案件的审查，适用民事诉讼法第二百四十四条的规定。人民法院对申请执行我国内地仲裁机构作出的涉外仲裁裁决案件的审查，适用民事诉讼法第二百八十一条的规定。

人民法院根据前款规定，对被申请人主张的不予执行仲裁裁决事由进行审查。对被申请人未主张的事由或其主张事由超出民事诉讼法第二百四十四条第二款、第二百八十一条第一款规定的法定事由范围的，人民法院不予审查。

人民法院应当根据民事诉讼法第二百四十四条第三款、第二百八十一条

① 现为《民事诉讼法》（2021年修正）第二百三十四条。

② 现为《民事诉讼法》（2021年修正）第二百三十四条。

第二款的规定，依职权审查执行裁决是否违反社会公共利益。

——《最高人民法院关于印发〈全国法院涉外商事海事审判工作座谈会会议纪要〉的通知》（2021 年 12 月 31 日，法〔民四〕明传〔2021〕60 号）。

1193. 未经最高人民法院审核，不能以违背公共利益为由裁定不予执行仲裁裁决

关键词

违背公共利益　不予执行　仲裁裁决

最高人民法院裁判文书

阿克苏顺隆物资有限责任公司与阿克苏地区通程房地产开发有限公司买卖合同纠纷案［最高人民法院（2018）最高法执监 177 号执行裁定书］

裁判要旨：1. 人民法院一般不能以仲裁裁决认定事实或适用法律错误等实体事由作出不予执行的裁定，除非存在裁决所根据的证据是伪造的，对方当事人向仲裁机构隐瞒了足以影响公正裁决的证据或者裁决违背社会公共利益的情形。

2. 地方各级法院对于非涉外涉港澳台仲裁司法审查案件，如果要以违背社会公共利益为由不予执行或者撤销我国内地仲裁机构的仲裁裁决应当向最高人民法院报核，待最高人民法院审核后，方可依最高人民法院的审核意见作出裁定。

最高人民法院认为：本案争议的焦点问题是新疆高院裁定不予执行（2017）乌仲阿裁字第 18 号裁决书是否符合法律规定。

首先，通程房地产公司不服阿克苏中院作出的驳回其不予执行仲裁裁决申请的裁定，向新疆高院申诉，新疆高院以执行监督程序予以审查，符合执行规定第一百二十九条关于“上级人民法院依法监督下级人民法院的执行工作”、第一百三十一条“上级法院发现下级法院执行的非诉讼生效法律文书有不予执行事由，应当依法作出不予执行裁定而不制作的，可以责令下级法院在指定时限内作出裁定，必要时可直接裁定不予执行”的规定。

其次，新疆高院裁定不予执行仲裁裁决的主要理由是“在《以房抵账协议》和《商品房买卖合同》中约定了不同的纠纷解决方式，而当事人对管辖各执一词，且在通程房地产公司已实际履行了主要义务的情况下，仲裁裁决解除了《以房抵账协议》显失公平”，法律依据则是民事诉讼法第二百三十七

条[①]第三款的规定。虽然裁定提及了管辖问题，但对于纠纷应通过诉讼程序还是仲裁程序解决并未有明确结论，其裁定不予执行的理由仍是认为仲裁裁决本身显失公平。这涉及对作为执行依据的仲裁裁决进行实体评价的问题。根据民事诉讼法第二百三十七条第二款和第三款的规定，人民法院一般不能以仲裁裁决认定事实或适用法律错误等实体事由作出不予执行的裁定，除非存在裁决所根据的证据是伪造的，对方当事人向仲裁机构隐瞒了足以影响公正裁决的证据或者裁决违背社会公共利益的情形。本案中，新疆高院以通程房地产公司已实际履行了主要义务，仲裁裁决解除《以房抵账协议》显失公平为由作出（2018）新执监 5 号裁定，并不符合上述规定的不予执行的情形。

再次，新疆高院作出的不予执行仲裁裁决的（2018）新执监 5 号执行裁定，其法律依据是国民事诉讼法第二百三十七条第三款关于"人民法院认定执行该裁决违背社会公共利益的，裁定不予执行"的规定。根据《最高人民法院关于仲裁司法审查案件报核问题的有关规定》第三条的规定，地方各级法院对于非涉外涉港澳台仲裁司法审查案件，如果要以违背社会公共利益为由不予执行或者撤销我国内地仲裁机构的仲裁裁决应当向最高人民法院报核，待最高人民法院审核后，方可依最高人民法院的审核意见作出裁定。但新疆高院在作出（2018）新执监 5 号裁定前并未向本院报核，故不符合上述程序要求。

——中国裁判文书网。

1194. 境外仲裁机构在我国内地作出的裁决的执行

关键词

境外仲裁机构　仲裁裁决　裁决的执行

最高人民法院审判业务意见

100. 境外仲裁机构以我国内地为仲裁地作出的仲裁裁决，应当视为我国内地的涉外仲裁裁决。当事人向仲裁地中级人民法院申请撤销仲裁裁决的，人民法院应当根据仲裁法第七十条的规定进行审查；当事人申请执行的，根据民事诉讼法第二百八十一条的规定进行审查。

——《最高人民法院关于印发〈全国法院涉外商事海事审判工作座谈会会议纪要〉的通知》（2021 年 12 月 31 日，法〔民四〕明传〔2021〕60 号）。

---

① 现为《民事诉讼法》（2021 年修正）第二百四十四条。

1195. 涉及中国国际经济贸易仲裁委员会及其原分会等仲裁机构所作仲裁裁决的司法审查

关键词

中国国际经济贸易仲裁委员会及其原分会

最高人民法院司法解释

上海市高级人民法院、江苏省高级人民法院、广东省高级人民法院：

因中国国际经济贸易仲裁委员会（以下简称中国贸仲）于2012年5月1日施行修订后的仲裁规则以及原中国国际经济贸易仲裁委员会华南分会（现已更名为华南国际经济贸易仲裁委员会，同时使用深圳国际仲裁院的名称，以下简称华南贸仲）、原中国国际经济贸易仲裁委员会上海分会（现已更名为上海国际经济贸易仲裁委员会，同时使用上海国际仲裁中心的名称，以下简称上海贸仲）变更名称并施行新的仲裁规则，致使部分当事人对相关仲裁协议的效力以及上述各仲裁机构受理仲裁案件的权限、仲裁的管辖、仲裁的执行等问题产生争议，向人民法院请求确认仲裁协议效力、申请撤销或者不予执行相关仲裁裁决，引发诸多仲裁司法审查案件。上海市高级人民法院、江苏省高级人民法院、广东省高级人民法院就有关问题向我院请示。

为依法保护仲裁当事人合法权益，充分尊重当事人意思自治，考虑中国贸仲和华南贸仲、上海贸仲的历史关系，从支持和维护仲裁事业健康发展，促进建立多元纠纷解决机制出发，经研究，对有关问题答复如下：

一、当事人在华南贸仲更名为华南国际经济贸易仲裁委员会、上海贸仲更名为上海国际经济贸易仲裁委员会之前签订仲裁协议约定将争议提交“中国国际经济贸易仲裁委员会华南分会”或者“中国国际经济贸易仲裁委员会上海分会”仲裁的，华南贸仲或者上海贸仲对案件享有管辖权。当事人以华南贸仲或者上海贸仲无权仲裁为由请求人民法院确认仲裁协议无效、申请撤销或者不予执行仲裁裁决的，人民法院不予支持。

当事人在华南贸仲更名为华南国际经济贸易仲裁委员会、上海贸仲更名为上海国际经济贸易仲裁委员会之后（含更名之日）本批复施行之前签订仲裁协议约定将争议提交“中国国际经济贸易仲裁委员会华南分会”或者“中国国际经济贸易仲裁委员会上海分会”仲裁的，中国贸仲对案件享有管辖权。但申请人向华南贸仲或者上海贸仲申请仲裁，被申请人对华南贸仲或者上海贸仲的管辖权没有提出异议的，当事人在仲裁裁决作出后以华南贸仲或者上海贸仲无权仲裁为由申请撤销或者不予执行仲裁裁决的，人民法院不予支持。

当事人在本批复施行之后（含施行起始之日）签订仲裁协议约定将争议提交“中国国际经济贸易仲裁委员会华南分会”或者“中国国际经济贸易仲裁委员会上海分会”仲裁的，中国贸仲对案件享有管辖权。

二、仲裁案件的申请人向仲裁机构申请仲裁的同时请求仲裁机构对案件的管辖权作出决定，仲裁机构作出确认仲裁协议有效、其对案件享有管辖权的决定后，被申请人在仲裁庭首次开庭前向人民法院提起申请确认仲裁协议效力之诉的，人民法院应予受理并作出裁定。申请人或者仲裁机构根据《最高人民法院关于确认仲裁协议效力几个问题的批复》（法释〔1998〕27号）第三条或者《最高人民法院关于适用〈中华人民共和国仲裁法〉若干问题的解释》（法释〔2006〕7号）第十三条第二款的规定主张人民法院对被申请人的起诉应当不予受理的，人民法院不予支持。

三、本批复施行之前，中国贸仲或者华南贸仲、上海贸仲已经受理的根据本批复第一条规定不应由其受理的案件，当事人在仲裁裁决作出后以仲裁机构无权仲裁为由申请撤销或者不予执行仲裁裁决的，人民法院不予支持。

四、本批复施行之前，中国贸仲或者华南贸仲、上海贸仲受理了同一仲裁案件，当事人在仲裁庭首次开庭前向人民法院申请确认仲裁协议效力的，人民法院应当根据本批复第一条的规定进行审理并作出裁定。

本批复施行之前，中国贸仲或者华南贸仲、上海贸仲受理了同一仲裁案件，当事人并未在仲裁庭首次开庭前向人民法院申请确认仲裁协议效力的，先受理的仲裁机构对案件享有管辖权。

——《最高人民法院关于对上海市高级人民法院等就涉及中国国际经济贸易仲裁委员会及其原分会等仲裁机构所作仲裁裁决司法审查案件请示问题的批复》（2015年7月15日，法释〔2015〕15号）。

最高人民法院答复

北京市高级人民法院：

你院京高法〔2015〕385号《关于厦门朗讯软件开发有限公司申请撤销中国国际经济贸易仲裁委员会〔2014〕中国贸仲京裁字第0281号仲裁裁决案件的请示》收悉。经研究，答复如下：

本案系中国国际经济贸易仲裁委员会（以下简称中国贸仲）及其原分会因对仲裁规则的修改适用、仲裁案件的管辖权等问题产生争议而引发的仲裁司法审查案件，对裁决是否应予撤销的问题，应当根据《中华人民共和国仲裁法》、《中华人民共和国民事诉讼法》及本院法释〔2015〕15号《最高人民法院关于对上海市高级人民法院等就涉及中国国际经济贸易仲裁委员会及其原分会等仲裁机构所作仲裁裁决司法审查案件请示问题的批复》（以下简称《批复》）等法律及司法解释进行审查。焦点问题是中国贸仲对裁决所涉事项是否有管辖权，以及对《批复》第三条的理解。

根据你院请示所述事实，含有案涉仲裁协议的《股权转让协议》签订于 2007 年 4 月 27 日，签订时间在中国国际经济贸易仲裁委员会华南分会（以下简称华南分会）更名为华南国际经济贸易仲裁委员会（又名深圳国际仲裁院，以下简称华南贸仲）之前。《股权转让协议》项下争议曾发生多次仲裁。

2010 年 10 月 22 日以及 10 月 25 日的两次仲裁皆由华南分会受理并裁决，双方当事人已经履行相关裁决，对前述仲裁的管辖问题皆未提异议。应当认为，双方当事人对华南分会是双方共同约定的仲裁机构并无不同意见。尽管华南分会此后更名为华南贸仲，但该变更并不影响此前当事人的约定。同时，案涉争议当事人分别向华南贸仲和中国贸仲申请仲裁，尽管中国贸仲根据仲裁案件申请人的申请作出有管辖权的决定，但根据《中华人民共和国仲裁法》第二十条以及《批复》第二条之规定，由于仲裁案件被申请人已经于仲裁庭首次开庭前向深圳市中级人民法院（以下简称深圳中院）申请确认仲裁协议效力，中国贸仲和华南贸仲的管辖权问题应由人民法院裁定。由于案涉仲裁协议签订时间在华南贸仲更名之前，根据《批复》第一条第一款的规定，华南贸仲对案涉争议享有管辖权。且深圳中院已于 2015 年 1 月 20 日作出〔2013〕深中法涉外仲字第 51 号民事裁定，明确作出了案涉争议由华南贸仲受理的认定。由上，中国贸仲对案涉争议没有管辖权，无权仲裁。

关于《批复》第三条的理解。结合《批复》上下文，第三条的适用应有两个前提。一是人民法院并未受理当事人申请确认仲裁协议效力之诉并作出裁定，否则应以人民法院生效裁定认定的为准。二是不存在两个机构同时受理和作出裁决的情况，否则应适用《批复》第四条之规定。本案不具备以上前提，不应适用《批复》第三条处理本案。

综上，中国贸仲对案涉争议不享有管辖权，无权仲裁。根据《中华人民共和国仲裁法》第五十八条第一款第二项、《批复》第一条及第四条的规定，案涉仲裁裁决应予撤销。同意你院关于撤销案涉仲裁裁决的请示意见。

——《最高人民法院关于对北京市高级人民法院就厦门朗讯软件开发有限公司申请撤销仲裁裁决案件的请示的复函》（2015 年 12 月 31 日，〔2015〕民四他字第 52 号），载贺荣主编、最高人民法院民事审判第四庭编：《涉外商事海事审判指导》2015 年第 2 辑（总第 31 辑），人民法院出版社 2016 年版，第 140~141 页。

北京市高级人民法院：

你院京高法〔2015〕386 号《关于倪来宝、刘冬莲申请撤销仲裁裁决案件的请示》收悉。经研究，答复如下：

本案系中国国际经济贸易仲裁委员会（以下简称中国贸仲）及其原分会因对仲裁规则的修改适用、仲裁案件的管辖权等问题产生争议而引发的涉港仲裁司法审查案件，对裁决是否应予撤销的问题，应当根据《中华人民共和国仲裁法》《中华人民共和国民事诉讼法》及本院法释〔2015〕15号《最高人民法院关于对上海市高级人民法院等就涉及中国国际经济贸易仲裁委员会及其原分会等仲裁机构所作仲裁裁决司法审查案件请示问题的批复》（以下简称《批复》）等法律及司法解释进行审查。

根据你院请示所述事实，SOUDAL INVESTMENTS LIMITED（以下简称SOUDAL公司）及倪来宝依据案涉同一合同中的仲裁条款，就同一合同履行中产生的争议分别向中国贸仲和上海国际经济贸易仲裁委员会（原名中国国际经济贸易仲裁委员会上海分会，以下简称上海贸仲）申请仲裁。该情形属于《批复》第四条规定的中国贸仲和上海贸仲均受理了同一仲裁案件的情形。由于倪来宝、刘冬莲在仲裁庭首次开庭前向上海市第二中级人民法院（以下简称上海二中院）申请确认仲裁协议效力，人民法院应当对案涉仲裁协议的效力及仲裁庭的管辖权问题作出认定。案涉当事人签订仲裁协议的时间为2010年7月8日，系在上海贸仲更名之前，根据《批复》第一条第一款的规定，上海贸仲对案涉争议享有管辖权。且上海二中院已经于2014年12月31日作出〔2012〕沪二中民认（仲协）字第5号民事裁定，明确作出了案涉争议应由仲裁协议约定的上海贸仲受理的认定。故对案涉争议中国贸仲不享有管辖权，无权仲裁。

《批复》第三条适用的前提是人民法院并未受理当事人申请确认仲裁协议效力之诉并作出相关裁定。如果人民法院已经受理当事人为明确仲裁机构的管辖权而提起的确认仲裁协议效力之诉，则最终案件的管辖权问题当然应以人民法院生效裁定的认定为准，并根据人民法院的生效裁定，确认仲裁机构对案涉争议是否有权仲裁、裁决是否应予撤销等事项，而不应适用《批复》第三条的规定仅以仲裁机构已经作出裁决为由对当事人申请撤销仲裁裁决的申请一律不予支持。

综上，中国贸仲对案涉争议不享有管辖权，无权仲裁，根据《中华人民共和国仲裁法》第七十条、《中华人民共和国民事诉讼法》第二百七十四条[①]第一款第四项、《最高人民法院关于适用〈中华人民共和国民事诉讼法〉的解释》第五百五十一条、《批复》第一条及第四条的规定，案涉仲裁裁决应予撤销。同意你院关于撤销案涉仲裁裁决的请示意见。

——《最高人民法院关于对北京市高级人民法院就倪来宝、刘冬莲申请撤销仲裁裁决案件的请示的复函》（2015年12月10日，〔2015〕民四他

① 现为《民事诉讼法》（2021年修正）第二百八十一条。

字第 51 号)，载贺荣主编、最高人民法院民事审判第四庭编:《涉外商事海事审判指导》2015 年第 2 辑(总第 31 辑)，人民法院出版社 2016 年版，第 120~121 页。

附录：最高人民法院法官著述

1. 确认管辖权的基本原则

《批复》第一条为核心条款，明确了处理此类案件的基本原则，对华南贸仲、上海贸仲是否有权依据当事人的约定受理仲裁案件以及当事人在不同的时间段签订的仲裁协议如何确定仲裁机构的管辖权予以明确。实际上在仲裁机构之间产生争议并引发大量相关仲裁司法审查案件后，为正确审理案件，充分维护当事人合法权益，也为了维护仲裁事业的健康发展，最高人民法院亦曾经在各仲裁机构之间努力进行了协调工作，力图促成各仲裁机构之间就争议案件的管辖权问题达成一个各方接受的解决方案，但遗憾的是最终未能成功。而人民法院审理相关仲裁案件，对该问题无法回避，因此《批复》第一条对各仲裁机构受理案件的管辖权问题予以了明确。

从人民法院受理案件的情况看，对于仲裁协议中约定的仲裁机构为中国贸仲，案件应由中国贸仲受理的问题，无论是当事人还是仲裁机构之间基本均无异议。争议的焦点在于仲裁协议约定的仲裁机构为原华南分会、上海分会，华南贸仲、上海贸仲是否能够根据当事人的约定受理仲裁案件。因此《批复》主要是针对当事人签订仲裁协议约定将争议提交“中国国际经济贸易仲裁委员会华南分会”或者“中国国际经济贸易仲裁委员会上海分会”仲裁的应如何处理作出规定。《批复》第一条区分三个时间段，即第一时间段为华南贸仲更名为华南国际经济贸易仲裁委员会、上海贸仲更名为上海国际经济贸易仲裁委员会之前；第二时间段为华南贸仲更名为华南国际经济贸易仲裁委员会、上海贸仲更名为上海国际经济贸易仲裁委员会之后(含更名之日)本批复施行之前；第三时间段为本批复施行之后(含施行起始之日)。《批复》第一条第一款明确:“当事人在华南贸仲更名为华南国际经济贸易仲裁委员会、上海贸仲更名为上海国际经济贸易仲裁委员会之前签订仲裁协议约定将争议提交‘中国国际经济贸易仲裁委员会华南分会’或者‘中国国际经济贸易仲裁委员会上海分会’仲裁的，华南贸仲或者上海贸仲对案件享有管辖权。当事人以华南贸仲或者上海贸仲无权仲裁为由请求人民法院确认仲裁协议无效、申请撤销或者不予执行仲裁裁决的，人民法院不予支持。”该款明确了华南贸仲和上海贸仲系依法设立的仲裁机构，可以根据当事人签订的仲裁协议受理案件，该问题实际也是此类案件涉及的焦点问题。

人民法院并非仲裁机构设立登记的主管机构，对于华南贸仲、上海贸仲是否是依法设立的仲裁机构的问题，人民法院应当根据相关主管机构对仲裁机构的设立登记文件等作出认定。

根据广东省司法厅粤仲登字第12号《中华人民共和国仲裁委员会登记证》以及华南贸仲的事业单位法人证书，根据上海市司法局沪司仲登字〔2011〕1号《中华人民共和国仲裁委员会登记证》以及上海贸仲的事业单位法人证书，应当认定华南贸仲和上海贸仲均系依法成立的仲裁机构。同时，根据深圳市机构编制委员会深编办〔2012〕58号《关于中国国际经济贸易仲裁委员会华南分会更名的批复》及深圳市人民政府第254号政府令公布的《深圳国际仲裁院管理规定（试行）》的相关规定，可以认定现使用华南国际经济贸易仲裁委员会并同时使用深圳国际仲裁院名称的仲裁机构，是从原中国国际经济贸易仲裁委员会华南分会更名而来，并不属于新设的仲裁机构。

同样，根据上海市机构编制委员会沪编〔2013〕101号批复，现名称为上海国际经济贸易仲裁委员会，同时使用上海国际仲裁中心名称的仲裁机构，也是从原中国国际经济贸易仲裁委员会上海分会更名而来，并非新设的仲裁机构。因此上海贸仲、华南贸仲为依法设立的仲裁机构，有权依照当事人的约定受理相关仲裁案件。

考虑到华南贸仲、上海贸仲在发生争议后一直主张其系独立的仲裁机构，且均进行了更名，现在名称中不再含有“中国国际经济贸易仲裁委员会”的文字表述，故不宜再享受“中国国际经济贸易仲裁委员会”这一名称带来的品牌效益，同时也为了进一步明确此类约定的案件管辖权，《批复》第一条第二款、第三款确定了华南贸仲、上海贸仲更名后案件的管辖原则，即当事人在华南贸仲更名为华南国际经济贸易仲裁委员会、上海贸仲更名为上海国际经济贸易仲裁委员会之后（含更名之日）签订仲裁协议约定将争议提交“中国国际经济贸易仲裁委员会华南分会”或者“中国国际经济贸易仲裁委员会上海分会”仲裁的，中国贸仲对案件享有管辖权。同时，考虑到由于《批复》发布施行前，对于当事人以及仲裁机构之间争议的关于华南贸仲、上海贸仲是否是依法设立的独立仲裁机构、是否有权根据当事人的约定仲裁案件的问题，一直缺乏明确的意见，故《批复》第一条第二款在规定“当事人在华南贸仲更名为华南国际经济贸易仲裁委员会、上海贸仲更名为上海国际经济贸易仲裁委员会之后（含更名之日）本批复发布之前签订仲裁协议约定将争议提交中国国际经济贸易仲裁委员会华南分会或者中国国际经济贸易仲裁委员会上海分会仲裁的，中国贸仲对案件享有管辖权”的同时，又进一步但书表明如果申请人向华南贸仲或者上海贸仲申请仲裁，被申请人对华南贸仲或者上海贸仲的管辖权没有提出异议的，当事人在仲裁裁决作出后以华南贸仲或者上海贸仲无权仲裁为由申请撤销或者不予执行仲裁裁决的，人民法院不予支持。

2. 对于仲裁被申请人提出的确认仲裁效力案件的受理问题

仲裁法第二十条规定："当事人对仲裁协议的效力有异议的，可以请求仲裁委员会作出决定或者请求人民法院作出裁定。一方请求仲裁委员会作出决定，另一方请求人民法院作出裁定的，由人民法院裁定。"同时，从尊重当事人的意思自治及诉讼经济原则考虑，《最高人民法院关于确认仲裁协议效力几个问题的批复》第三条规定："当事人对仲裁协议的效力有异议，一方当事人申请仲裁机构确认仲裁协议效力，另一方当事人请求人民法院确认仲裁协议无效，如果仲裁机构先于人民法院接受申请并已作出决定，人民法院不予受理；如果仲裁机构接受申请后尚未作出决定，人民法院应予受理，同时通知仲裁机构终止仲裁。"《最高人民法院关于适用〈中华人民共和国仲裁法〉若干问题的解释》第十三条第二款亦规定："仲裁机构对仲裁协议的效力作出决定后，当事人向人民法院申请确认仲裁协议效力或者申请撤销仲裁机构的决定的，人民法院不予受理。"

从人民法院目前受理的因中国贸仲与原分会争议引发的仲裁司法审查案件看，此类案件中出现一种新情况即一方当事人在争议发生后向仲裁机构申请仲裁，仲裁机构受理案件后，申请人又提交一份"确认管辖申请书"，请求仲裁机构对仲裁协议的效力及案件的管辖权问题作出决定，仲裁机构收到该申请后往往在较短的时间内作出其对案件有管辖权的决定。而作为仲裁案件的被申请人，其在知晓申请人申请仲裁的情况后，在其对仲裁机构的管辖权存有异议的情况下，有时会选择向人民法院提起确认仲裁协议效力之诉，请求人民法院作出裁定。但如前所述，仲裁机构根据申请人提出的申请经常在极短的时间内就作出了其有管辖权的决定，因此当被申请人知悉申请人向中国贸仲提起仲裁，其再向人民法院请求确认仲裁协议效力及仲裁庭的管辖权问题时，仲裁机构可能已经作出了管辖权的决定。那么根据上述司法解释的规定，人民法院则不应再受理被申请人提出的确认仲裁协议效力之诉。但我们认为，当事人申请确认仲裁协议效力的前提应当是对仲裁协议的效力有异议，而目前一些仲裁案件的实际情况是申请人在向仲裁机构申请仲裁被受理之后，又请求仲裁机构作出对案件有管辖权的决定。既然申请人已经向仲裁机构申请仲裁，这足以表明其对仲裁协议的效力及仲裁机构的管辖权是没有异议的，此时申请人再请求仲裁机构作出对案件具有管辖权的决定，该申请实质不属于对仲裁协议效力有异议而提出的申请，且此种做法有利用司法解释的相关规定规避人民法院对仲裁机构是否享有案件管辖权进行审查的权利之嫌。故在《批复》的第二条规定中强调，在这种情况下，对于被申请人提出的申请确认仲裁协议效力之诉，人民法院应予受理，不受《最高人民法院关于确认仲裁协议效力几个问题的批复》第三条以及《最高人民法院关于适用〈中华人民共和国仲裁法〉若干问题的解释》第十三条第二款规定的约束。

3.《批复》施行前受理案件的处理问题

仲裁机构之间的争议发生后如何妥善解决，一直缺乏权威的官方表态，人民法院亦迟迟未能及时审结相关案件。特别是当事人签订仲裁协议约定由原分会仲裁的案件，应当由谁对案件享有管辖权，各仲裁机构各执一词，客观上使得案件当事人处于一个无所适从的状态，造成有的当事人选择向分会申请仲裁，而有的当事人则选择向中国贸仲申请仲裁的混乱局面。为避免给当事人造成诉累，也为了我国仲裁事业的健康有序发展，批复对此类案件采取了变通的处理原则，即在本批复施行之前，中国贸仲或者华南贸仲、上海贸仲已经受理的根据本批复第一条规定不应由其受理的案件，当事人在仲裁裁决作出后以仲裁机构无权仲裁为由申请撤销或者不予执行仲裁裁决的，人民法院不予支持。当然，这一条的适用上也是有前提条件的：第一，只有一家仲裁机构受理了案件，不存在两家仲裁机构均受理了同一案件的情况；第二，在仲裁庭首次开庭前，并没有当事人就仲裁协议效力以及仲裁庭的管辖权问题向人民法院提起确认仲裁协议效力之诉，如果有当事人在仲裁庭首次开庭前向人民法院提起确认仲裁协议效力之诉，人民法院受理后应当依据批复第一条的规定作出相关裁定。

4. 两家仲裁机构均受理同一案件的情况

从人民法院受理案件的情况看，亦存在两家仲裁机构受理了同一案件的情况，即争议发生后一方当事人向中国贸仲申请仲裁被受理，而另一方当事人就同一纠纷向华南贸仲或上海贸仲申请仲裁亦被受理。那么针对此类案件如何处理，批复根据当事人是否在仲裁庭首次开庭前向人民法院申请确认仲裁协议效力，又区分为两种情况。

第一种情况是不同仲裁机构受理了同一案件，一方当事人在仲裁庭首次开庭前向人民法院申请确认仲裁协议效力，当然此时当事人提起确认仲裁协议效力之诉实质往往是请求人民法院确认究竟哪个仲裁机构对案件享有管辖权。对此种情况，人民法院应当根据批复第一条的规定进行审理并作出裁定。在此种情形下，由于当事人的起诉，使得人民法院在仲裁机构受理案件阶段即得以介入，因此对于案件管辖权的确定应当以人民法院最终裁定为准。

第二种情况是不同仲裁机构受理了同一案件，但当事人并未在仲裁庭首次开庭前向人民法院申请确认仲裁协议效力。在此种情形下，人民法院在仲裁机构受理案件阶段并未介入。对于此种情况，批复参照第三条的规定，同样采取了变通的处理原则，即确定受理在先的仲裁机构对案件享有管辖权。

——刘敬东、任雪峰：《〈最高人民法院关于对上海市高级人民法院等就涉及中国国际经济贸易仲裁委员会及其原分会等仲裁机构所作仲裁裁决司法审查案件请示问题的批复〉理解与适用》，载贺荣主编、最高人民法院民事审判第四庭编：《涉外商事海事审判指导》2015 年第 2 辑（总第 31 辑），人民法院出版社 2016 年版，第 211~216 页。

1196. 对生效仲裁裁决或法院驳回的诉讼请求以相同请求和理由提起执行异议之诉是否构成重复起诉

关键词

仲裁裁决执行异议之诉　第三人撤销之诉　重复诉讼　驳回起诉

最高人民法院裁判文书

中铁物上海有限公司与济南润和机车车辆物流有限公司、中车山东机车车辆有限公司申请执行人执行异议之诉案［最高人民法院（2021）最高法民申42号民事裁定书］

裁判要旨：已经生效的仲裁裁决或人民法院判决驳回的部分请求，当事人在执行该裁决或判决的过程中又以相同的请求和理由提出执行异议之诉的，属于重复诉讼，应当裁定驳回起诉。

最高人民法院认为：本案中，中铁物公司在提起本案诉讼前已经在仲裁程序中以润和公司是济南轨道交通装备有限公司（简称轨道公司，2016年8月更名为中车山东公司）的全资子公司、两公司工作人员混同等为由，请求中车山东公司对润和公司的案涉债务承担连带责任，济南仲裁委作出（2016）济仲裁字第0280号裁决书，认为从润和公司与轨道公司各自独立的法人性质看，润和公司虽系轨道公司独资设立，但两公司各自依法具有独立法人资格，依法独立对自己的民事行为享有权利、承担义务和责任，中铁物公司以两公司工作人员混同等为由，要求轨道公司共同承担欠款及利息、律师费、仲裁费等责任，缺少事实和法律依据，裁决对中铁物公司的上述请求不予支持。该仲裁裁决作出后，中铁物公司向人民法院申请执行。在执行过程中，中铁物公司申请追加中车山东公司为被执行人，对润和公司的债务承担连带清偿责任。一审法院裁定驳回中铁物公司的申请后，其提起本案执行异议之诉。虽然中铁物公司提出其提起本案执行异议之诉所依据的法律关系、救济程序、法律条文与其在仲裁案件中所依据的均不相同，本案不属于重复审理，但本院认为其主张不能成立。第一，从执行异议之诉的设立目的来看，该诉讼类型是在经过执行异议审查后，为了保障申请执行人的债权实现、被执行人的合法权益及第三人充分参与诉讼程序的权利而设立，当第三人与当事人间的纠纷已在其他仲裁或者诉讼程序中被实质性解决时，提起执行异议之诉即缺乏正当性。本案中，中铁物公司在执行程序中申请追加中车山东公司承担连带清偿责任的请求和理由与其在仲裁程序中提出的请求和理由具有一致性，其在仲裁庭已就上述请求作出裁决的情况下，仍然以申请追加被执行人的方式再次主张同样的请求，并在被驳回后提起执行异议之诉，不具有正当性。第二，从仲裁程序的救济途径来看，在仲裁庭裁决驳回中铁物公司关于中车山东公司对润和公司的案涉债务承担连带清偿责任的请求后，依据一裁终局规则，除非该裁决被依法撤销，否则裁决结果具有法律效力，中铁物公司在执行程序中申请追加中车山东公司承担连带清偿责任的行为，其实质是对仲裁裁决结果不服并提出异议，这不符合仲裁程序的救济规则。第三，从或裁或审原则来看，尽管中铁物公司未在仲裁裁决作出后直接就同一纠纷提起诉讼，但由于其在执行异议、执行异议之诉中的请求与仲裁程序中的请求相同，如果人民法院再次予以审理，实质上属于重复审理，违反了或裁或审原则。因此，中铁物公司提起执行异议之诉在本质上属于重复诉讼，本案应当驳回中铁物公司的起诉。但考虑到原审法院驳回了中铁物公司的诉讼请求，尽管在处理结果上与驳回起诉不同，但也未对当事人的权益及仲裁裁决的效力产生实质性影响，故为减轻当事人讼累，节约司法资源，本案可驳回中铁物公司的再审申请。

——中国应用法学研究所主编：《中华人民共和国最高人民法院案例选》（第六辑），法律出版社2022年版。

1197. 当事人对已经生效仲裁裁决或法院裁判驳回的诉讼请求以执行异议之诉的方式再行主张的属于重复诉讼

关键词

生效仲裁裁决　生效法院裁判　诉讼请求　重复诉讼

最高人民法院裁判文书

中铁物上海有限公司与济南润和机车车辆物流有限公司、中车山东机车车辆有限公司申请执行人执行异议之诉案［最高人民法院（2021）最高法民申42号民事裁定书］

裁判要旨：当事人选择以仲裁程序解决矛盾纠纷时需遵从一裁终局制，仲裁庭作出裁决后应视为对矛盾纠纷作出了终局处理，当事人不得就同一纠纷再次申请仲裁或向人民法院提起诉讼。生效仲裁裁决或人民法院判决已经驳回当事人的部分请求，当事人在执行过程中又以相同的请求和理由提出执行异议之诉的，属于重复诉讼，

应当裁定驳回起诉。

最高人民法院经审查认为：诉讼与仲裁均是当事人解决矛盾纠纷的法律途径，当事人可以根据法律规定和协商约定自主选择采用何种途径维护自身合法权益，并在行使权利过程中遵从相关法律的规定和约束。《中华人民共和国仲裁法》第九条规定，"仲裁实行一裁终局的制度。裁决作出后，当事人就同一纠纷再申请仲裁或者向人民法院起诉的，仲裁委员会或者人民法院不予受理。裁决被人民法院依法裁定撤销或者不予执行的，当事人就该纠纷可以根据双方重新达成的仲裁协议申请仲裁，也可以向人民法院起诉。"据此，当事人选择以仲裁程序解决矛盾纠纷时需遵从一裁终局制，仲裁庭作出裁决后应视为对矛盾纠纷作出了终局处理，当事人不得就同一纠纷再次申请仲裁或向人民法院提起诉讼。

本案中，中铁物公司在提起本案诉讼前已经在仲裁程序中以润和公司是济南轨道交通装备有限公司（简称轨道公司，2016年8月更名为中车山东公司）的全资子公司、两公司工作人员混同等为由，请求中车山东公司对润和公司的案涉债务承担连带责任，济南仲裁委作出（2016）济仲裁字第0280号裁决书，认为从润和公司与轨道公司各自独立的法人性质看，润和公司虽系轨道公司独资设立，但两公司各自依法具有独立法人资格，依法独立对自己的民事行为享有权利、承担义务和责任，中铁物公司以两公司工作人员混同等为由，要求轨道公司共同承担欠款及利息、律师费、仲裁费等责任，缺少事实和法律依据，裁决对中铁物公司的上述请求不予支持。该仲裁裁决作出后，中铁物公司向人民法院申请执行。在执行过程中，中铁物公司申请追加中车山东公司为被执行人，对润和公司的债务承担连带清偿责任。一审法院裁定驳回中铁物公司的申请后，其提起本案执行异议之诉。虽然中铁物公司提出其提起本案执行异议之诉所依据的法律关系、救济程序、法律条文与其在仲裁案件中所依据的均不相同，本案不属于重复审理，但本院认为其主张不能成立。第一，从执行异议之诉的设立目的来看，该诉讼类型是在经过执行异议审查后，为了保障申请执行人的债权实现、被执行人的合法权益及第三人充分参与诉讼程序的权利而设立，当第三人与当事人间的纠纷已在其他仲裁或者诉讼程序中被实质性解决时，提起执行异议之诉即缺乏正当性。本案中，中铁物公司在执行程序中申请追加中车山东公司承担连带清偿责任的请求和理由与其在仲裁程序中提出的请求和理由具有一致性，其在仲裁庭已就上述请求作出裁决的情况下，仍然以申请追加被执行人的方式再次主张同样的请求，并在被驳回后提起执行异议之诉，不具有正当性。第二，从仲裁程序的救济途径来看，在仲裁庭裁决驳回中铁物公司关于中车山东公司对润和公司的案涉债务承担连带清偿责任的请求后，依据一裁终局规则，除非该裁决被依法撤销，否则裁决结果具有法律效力，中铁物公司在执行程序中申请追加中车山东公司承担连带清偿责任的行为，其实质是对仲裁裁决结果不服并提出异议，这不符合仲裁程序的救济规则。第三，从或裁或审原则来看，尽管中铁物公司未在仲裁裁决作出后直接就同一纠纷提起诉讼，但由于其在执行异议、执行异议之诉中的请求与仲裁程序中的请求相同，如果人民法院再次予以审理，实质上属于重复审理，违反了或裁或审原则。因此，中铁物公司提起执行异议之诉在本质上属于重复诉讼，本案应当驳回中铁物公司的起诉。但考虑到原审法院驳回了中铁物公司的诉讼请求，尽管在处理结果上与驳回起诉不同，但也未对当事人的权益及仲裁裁决的效力产生实质性影响，故为减轻当事人讼累，节约司法资源，本案可驳回中铁物公司的再审申请。

——中国裁判文书网。

三、其　他

1198. 退休法官担任仲裁员审理仲裁案件是否违反法定程序

关键词

退休法官　仲裁员　仲裁程序

最高人民法院司法解释

第二十条　仲裁法第五十八条规定的“违反法定程序”，是指违反仲裁法规定的仲裁程序和当事人选择的仲裁规则可能影响案件正确裁决的情形。

——《最高人民法院关于适用〈中华人民共和国仲裁法〉若干问题的解释》（2006 年 8 月 23 日，法释〔2006〕7 号）。

最高人民法院答复

内蒙古自治区高级人民法院：

你院内高法〔2010〕1 号《关于人民法院其他工作人员能否担任仲裁员的请示》收悉。经研究，答复如下：

根据《中华人民共和国公务员法》《中华人民共和国仲裁法》的有关规定，人民法院法官及其他现职工作人员不得担任仲裁员。

此复。

——最高人民法院研究室《关于人民法院其他工作人员能否担任仲裁员的答复》(2010年2月24日，法研〔2010〕35号)，张军主编、最高人民法院研究室编:《司法研究与指导》2012年第1辑(总第1辑)，人民法院出版社2012年版，第130~132页。

最高人民法院审判业务意见(研究室意见)

有关部门就退休法官担任仲裁员审理仲裁案件是否违反法定程序有关问题征求最高人民法院研究室意见。我室经研究认为:

依据法官法第二条、第十一条的规定，已经办理退休手续但尚未经同级人大常委会免去审判员职务的人员，仍然属于法官的范畴。上述人员担任仲裁员仲裁案件不符合法官法第十五条的规定，应该认定为属于仲裁法第五十八条第一款第(三)项规定的“仲裁庭的组成或者仲裁的程序违反法定程序”的情形。

——最高人民法院研究室《关于对退休法官担任仲裁员审理仲裁案件是否违反法定程序有关问题的研究意见》，载张军主编、最高人民法院研究室编:《司法研究与指导》2012年第2辑(总第2辑)，人民法院出版社2012年版，第197~200页。

1199. 已为仲裁机构的生效裁决所确认事实的反证标准

关键词

仲裁机构　生效裁决　确认事实　反证标准

附录：最高人民法院院长信箱

一、关于“已为仲裁机构的生效裁决所确认的事实”的反证标准问题

2019年12月25日公布的法释〔2019〕19号《最高人民法院关于民事诉讼证据的若干规定》(以下简称《民事证据规定》)，对2001年公布的法释〔2001〕33号《关于民事诉讼证据的若干规定》进行了修改、补充和完善。其中第十条，对于“已为仲裁机构的生效裁决所确认的事实”的反证标准进行了修改，在保留生效仲裁裁决作为免证事实的同时，降低其反证的标准，由2015年《最高人民法院关于适用〈中华人民共和国民事诉讼法〉的解释》(以下简称《民诉法司法解释》)第九十三条、2001年《民事证据规定》第九条规定的“足以推翻”变更为“足以反驳”，意味着排除仲裁裁决确认的事实作为免证事实的要求有所降低，当事人提出的反证不必达到推翻该事实的程度，只需要动摇免证事实对法官的心证基础，使其处于真伪不明状态即可。因

《民事证据规定》是对民事诉讼法有关证据制度的规定在审判实践中如何适用的进一步解释，属于特别规则，相对于2020年《民诉法司法解释》继续沿用的第九十三条，2019年《民事证据规定》第十条应当优先适用。

——《关于"对〈民事诉讼法〉司法解释疑问"的回复》(2021年4月6日)，最高人民法院院长信箱。

1200. 劳动人事争议仲裁或者诉讼程序中自认规则的适用

关键词

劳动人事争议　仲裁程序　诉讼程序　自认

最高人民法院司法政策精神

八、在仲裁或者诉讼程序中，一方当事人陈述的于己不利的事实，或者对于己不利的事实明确表示承认的，另一方当事人无需举证证明，但下列情形不适用有关自认的规定：

（一）涉及可能损害国家利益、社会公共利益的；

（二）涉及身份关系的；

（三）当事人有恶意串通损害他人合法权益可能的；

（四）涉及依职权追加当事人、中止仲裁或者诉讼、终结仲裁或者诉讼、回避等程序性事项的。

当事人自认的事实与已经查明的事实不符的，劳动人事争议仲裁委员会、人民法院不予确认。

——《人力资源社会保障部、最高人民法院关于劳动人事争议仲裁与诉讼衔接有关问题的意见（一）》(2022年2月21日，人社部发〔2022〕9号)。

1201. 仲裁裁决所根据的证据是伪造的认定

关键词

仲裁庭　仲裁裁决　仲裁程序　伪造证据　举证责任

最高人民法院答复

要旨：仲裁庭裁量损失赔偿金额所依据的证据是否充分、举证责任分配是否恰当，属于仲裁庭的权限，不属于裁决根据的证据是伪造以及仲裁程序违反法定程序的审查范畴。

江苏省高级人民法院：

你院（2019）苏民他 33 号《关于连云港市公路管理处与中国建筑第八工程局有限公司申请撤销仲裁裁决案的请示》收悉。经研究，答复如下：

本案系申请撤销仲裁裁决案件。根据请示所述的事实，GBQ－01《工程监理报告单》和 GQSP－01《工程监理报告单》系被涉案仲裁裁决采信并作为认定案件基本事实的主要证据。两份《工程监理报告单》均有监理工程师李元家的亲笔签名，并加盖了监理组的印章，形式真实。有相关证据可以证明中国建筑第八工程局有限公司修建了钢便桥和临时便道以及涉案工程因施工场地未及时移交存在工程开工延误的情况。因此，两份《工程监理报告单》所记载的事项真实存在，并非捏造，只是报告单对于损失的具体金额尚缺乏其他证据佐证。该两份报告单所记载的事项发生于 2009 年 2 月至 6 月，李元家于 2009 年 7 月入驻涉案工地，离《工程监理报告单》记载事项发生时间并未间隔很久。李元家事后对公安机关表示其对《工程监理报告单》记载事项毫不知情，也仅为其个人陈述。李元家事后的陈述不足以否定其事前的盖章签字行为。即便《工程监理报告单》为事后补签，亦不足以说明该报告单即为伪造。故《工程监理报告单》形式真实，其记载的事项也真实发生。至于是否依据该报告单认定损失金额为仲裁庭的自由裁量范围。现有证据不足以认定涉案仲裁裁决所依据的证据是伪造的，故不同意你院的审查意见。

此复

——《最高人民法院关于连云港市公路管理处申请撤销仲裁裁决一案请示的复函》（2019 年 12 月 17 日，〔2019〕最高法民他 278 号），载最高人民法院民事审判第四庭编：《最高人民法院商事仲裁司法审查年度报告（2019）》，人民法院出版社 2021 年版，第 276~277 页。

要旨：仲裁裁决所依据的证据经鉴定是伪造的，该仲裁裁决应当予以撤销。

广东省高级人民法院：

你院（2018）粤民他 122 号《关于蔡某华申请撤销仲裁裁决一案的请示》收悉。经研究，答复如下：

经鉴定，案涉《最高额抵押合同》及其附件《（房地产）抵押物清单》中

“蔡某华”的签名非其本人书写，签名上的红色指印亦非蔡某华本人的指印。同时，中信银行股份有限公司分行工作人员到国土资源管理部门办理抵押登记手续时，蔡某华也并未到场。故当事人有权在法定期限内申请撤销仲裁裁决。同意你院关于肇庆仲裁委员会作出的涉案仲裁裁决第四项所依据的证据系伪造形成，依照《仲裁法》第五十八条的规定，该项裁决应予撤销的

意见。

此复

——《最高人民法院关于蔡某华申请撤销仲裁裁决一案的请示的复函》（2019年6月17日，〔2019〕最高法民他110号），载最高人民法院民事审判第四庭编：《最高人民法院商事仲裁司法审查年度报告（2019）》，人民法院出版社2021年版，第283~284页。

1202. 仲裁程序是否违反法定程序的认定

关键词

仲裁机构　仲裁规则　仲裁程序　撤销仲裁裁决　违反法定程序

最高人民法院答复

要旨：仲裁机构未按照仲裁规则的规定向当事人送达仲裁庭开庭通知及变更仲裁申请书的，构成仲裁程序违反法定程序的撤裁事由。

黑龙江省高级人民法院：

你院（2018）黑民他10号《关于申请人苏州高峰淀粉科技有限公司与被申请人大庆市金信小额贷款有限责任公司、大庆展华生化科技有限公司、通辽万顺达淀粉有限公司、赤峰润阳生物科技有限公司、王某平、孙某申请撤销仲裁裁决纠纷一案的请示》收悉。经研究，答复如下：

根据你院请示报告查明的事实，仲裁庭未在公告确定的时间组织开庭，其后未向通辽万顺达淀粉有限公司、赤峰润阳生物科技有限公司、孙某合法送达开庭通知及变更仲裁申请书。仲裁庭未依法通知当事人的行为，违反仲裁程序。案涉仲裁裁决依法应予撤销。同意你院处理意见。

此复

——《最高人民法院关于黑龙江省高级人民法院报请苏州高峰淀粉科技有限公司申请撤销仲裁裁决一案请示的复函》（2019年2月27日，〔2019〕最高法民他20号），载最高人民法院民事审判第四庭编：《最高人民法院商事仲裁司法审查年度报告（2019）》，人民法院出版社2021年版，第265页。

要旨：仲裁规则规定仲裁庭认为对专门问题需要鉴定的，可以交由当事人约定的鉴定机构、法定鉴定机构或仲裁庭委托的鉴定机构鉴定，对于一方当事人单方委托形成的鉴定结论，在另一方当事人提出异议的情况下，仲裁庭采信鉴定结论并据以作出裁决的，属于违反仲裁规则的情形。

安徽省高级人民法院：

你院（2019）皖民他 4 号《关于申请人深圳市奥宇节能技术股份有限公司与被申请人阜阳市人民医院申请撤销仲裁裁决纠纷一案报核的报告》收悉。经研究，答复如下：

阜阳市人民医院（以下简称阜阳医院）提起仲裁，以显失公平为由要求撤销案涉《能源管理服务合同》并主张深圳市奥宇节能技术股份有限公司（以下简称奥宇公司）返还节能效益分享款。阜阳仲裁委员会以阜阳医院提交的鉴定结论为依据认定案涉合同违背公平等价原则，作出撤销合同及奥宇公司返还节能效益分享款的裁决。但上述鉴定结论系阜阳医院就专门问题单方委托鉴定所形成，奥宇公司在仲裁庭审中对鉴定结论也明确提出异议。在此情形下，阜阳仲裁委员会采纳该鉴定结论违反了《阜阳仲裁委员会仲裁规则》第三十七条关于“仲裁庭对专门问题认为需要鉴定的，可以交由当事人约定的鉴定部门或者法定鉴定部门鉴定，也可以由仲裁庭委托的鉴定部门鉴定”的规定。故应当认定案涉仲裁裁决存在《仲裁法》第五十八条第一款第三项规定的“违反法定程序”的情形，应予撤销。同意你院的报核意见。

此复

——《最高人民法院关于申请人深圳市奥宇节能技术股份有限公司与被申请人阜阳市人民医院申请撤销仲裁裁决一案请示的复函》（2019 年 6 月 27 日，〔2019〕最高法民他 115 号），载最高人民法院民事审判第四庭编：《最高人民法院商事仲裁司法审查年度报告（2019）》，人民法院出版社 2021 年版，第 270~271 页。

1203. 仲裁庭的组成是否违反法定程序的认定

关键词

仲裁庭　仲裁程序　法定程序

最高人民法院答复

要旨：《律师执业管理办法》第二十八条第三款禁止律师承办与其本人担任仲裁员办理过的案件有利益冲突的法律事务，故仍在担任仲裁员的律师代理所任职的仲裁机构的案件，须考察其代理行为是否存在违反上述规定以及仲裁机构仲裁规则等关于利益冲突规定的情形，而不能仅以律师代理任职仲裁机构的案件就认定构成仲裁程序违反法定程序的撤裁事由。

重庆市高级人民法院：

你院（2019）渝民他17号《关于华电国际电力股份有限公司申请撤销仲裁裁决一案的请示报告》收悉。经研究，答复如下：

根据你院请示报告提供的案情，本案的审查重点为：（一）仲裁员是否存在枉法裁决行为；（二）送达程序和审理期限是否违反法定程序；（三）担任仲裁员的律师，以代理人身份承办本人现任职的仲裁机构案件的行为是否构成程序违法。你院认定前两项事由不构成撤裁理由，但认为依据第三项事由，本案仲裁裁决应予撤销。

有关现任仲裁员以律师身份代理该仲裁机构的案件是否程序违法，经我院征求司法部意见，司法部答复称："依据《立法法》第九十二条、《律师执业管理办法》第六十二条有关规定，律师代理仲裁案件及相关法律事务适用《律师执业管理办法》第二十八条第三款的规定。仍在担任仲裁员的律师，如果不违反《律师执业管理办法》第二十八条第三款、仲裁机构的仲裁规则等关于利益冲突的规定，可以代理现任职的仲裁机构的案件。"故对于本案中现任仲裁员的代理行为是否构成程序违法应适用《律师执业管理办法》第二十八条第三款、《重庆仲裁委员会仲裁规则》关于利益冲突的规定。你院审查过程中并未对该代理行为是否存在违反前述办法和仲裁规则关于利益冲突规定的情形进行审查和认定。经本院民事行政审判专业委员会讨论，如果该代理行为不违反关于利益冲突的规定，你院仅以该代理现任职的仲裁机构的案件构成程序违法为由，认为本案仲裁裁决应予撤销的意见不妥。

此复

——《最高人民法院关于华电国际电力股份有限公司申请撤销仲裁裁决一案请示的复函》(2019年12月4日，〔2019〕最高法民他137号)，载最高人民法院民事审判第四庭编：《最高人民法院商事仲裁司法审查年度报告(2019)》，人民法院出版社2021年版，第253页。

1204. 仲裁庭的组成或者仲裁的程序违反法定程序的认定

关键词

仲裁庭　司法审查　违反法定程序

最高人民法院答复

要旨：当事人住所地未跨省级行政区域，亦不存在以违背社会公共利益为由不予执行或撤裁的，不属于仲裁司法审查报核案件的范围。

江苏省高级人民法院：

你院（2018）苏执他 31 号《关于苏州汉扬精密电子有限公司与南通宜高塑胶有限公司不予执行仲裁裁决异议案的请示》收悉。经研究，答复如下：

《最高人民法院关于仲裁司法审查案件报核问题的有关规定》第二条第二款规定："各中级人民法院或者专门人民法院办理非涉外涉港澳台仲裁司法审查案件，经审查拟认定仲裁协议无效，不予执行或者撤销我国内地仲裁机构的仲裁裁决，应当向本辖区所属高级人民法院报核；待高级人民法院审核后，方可依高级人民法院的审核意见作出裁定。"本案中，双方当事人住所地均在江苏省，未跨省级行政区域。本案亦不存在以违背社会公共利益为由不予执行或者撤销我国内地仲裁机构的仲裁裁决的问题，不属于向我院报核的案件范围。本案应由你院依法审查处理。

此复

——《最高人民法院关于苏州汉扬精密电子有限公司与南通宜高塑胶有限公司不予执行仲裁裁决异议一案请示的答复》（2019 年 6 月 21 日，〔2019〕最高法民他 72 号），载最高人民法院民事审判第四庭编：《最高人民法院商事仲裁司法审查年度报告（2019）》，人民法院出版社 2021 年版，第 316~317 页。

要旨：仲裁庭将当事人身份证住址作为其最后联系地址向其送达仲裁通知书、仲裁庭组成通知书以及开庭通知书，符合仲裁规则的规定，应当视为有效送达，不存在仲裁程序违反法定程序的情形。

吉林省高级人民法院：

你院（2018）吉执他 10 号《关于申请人赵某与被申请人卡特彼勒（中国）融资租赁有限公司融资租赁合同纠纷不予执行仲裁裁决一案报告》收悉。经研究，答复如下：

本案为赵某申请不予执行仲裁裁决案，需要审查的主要问题为：案涉仲裁裁决仲裁程序是否违反法定程序，本案是否存在仲裁裁决所根据的证据是伪造的情形。首先，关于仲裁庭的送达程序是否违反法定程序的问题。《最高人民法院关于人民法院办理仲裁裁决执行案件若干问题的规定》第十四条第二款规定："仲裁庭按照仲裁法或仲裁规则以及当事人约定的方式送达仲裁法律文书，当事人主张不符合民事诉讼法有关送达规定的，人民法院不予支持。"根据你院请示报告所述事实，仲裁庭在按照卡特彼勒（中国）融资租赁有限公司（以下简称卡特彼勒公司）提供的赵某身份证所载住址寄送的邮件被退回后，再次要求卡特彼勒公司提供赵某的送达地址，卡特彼勒公司表明赵某身份证上住址为其最后联系地址，在此情况下，仲裁庭在北京市中信公证处公证下将仲裁通知书、仲裁庭组成通知书以及开庭通知书向赵某进行了送达，北京市中信公证处出具公证书证明仲裁庭已向赵某的联系地址寄送了上述邮件。以上送达程序符合《中国国际经济贸易仲裁委员会仲裁规则》第八条的规定，应视为有效送达。本案不存在仲裁程序违反法定程序的情形。其次，关于本案是否存在裁决所根据的证据是伪造的情形的问题。另据你院请示报告所述事实，案涉《担保书》和变更协议一、变更协议二上均有赵某的签字和指印，赵某否认该签字系本人所签，但并没有否认指纹的真实性，赵某亦明确表示不申请笔迹鉴定。而且，卡特彼勒公司为证明赵某应承担担保责任，除提交相关合同、协议之外，还提交了赵某身份证、其配偶身份证以及户口本、结婚证、房产证复印件等证据材料。因此，根据本案现有证据不足以认定仲裁裁决所根据的证据系伪造。综上，案涉仲裁裁决不存在《民事诉讼法》第二百三十七条[①]第二款第三项、第四项规定的情形，应予执行。本院不同意你院的请示意见。

此复

——《最高人民法院关于对赵某申请不予执行仲裁裁决一案请示的复函》（2019 年 4 月 29 日，〔2019〕最高法民他 56 号），载最高人民法院民事审判第四庭编：《最高人民法院商事仲裁司法审查年度报告（2019）》，人民法院出版社 2021 年版，第 323~324 页。

1205. 仲裁裁决中违背社会公共利益的认定

关键词

仲裁裁决　社会公共利益　撤销仲裁裁决

最高人民法院答复

要旨：违背社会公共利益是指违背我国法律的基本法律制度、社会经济生活的基本原则和公序良俗的情形。仲裁庭依据双方签订的合同对赔偿金作出裁决，属于仲裁实体审理的内容，并不违背社会公共利益。

江西省高级人民法院：

你院（2019）赣民特 16 号《关于申请人南昌市饲料公司与被申请人深圳市汇通玥投资有限公司申请撤销仲裁裁决一案的请示》收悉。经研究，答复如下：

一、关于仲裁裁决的事项是否属于仲裁协议范围的问题。案涉当事人在

---

① 现为《民事诉讼法》（2021 年修正）第三百四十四条。

《仲裁协议》中明确约定："现双方作为江西华昌特种饲料有限公司之股东，对目标公司股权确认及相关事项存在争议。故双方一致接受由南昌市仲裁委员会依据《仲裁法》及该会仲裁规则，对上述股权纠纷所做的一次性终局裁决结果。"该仲裁协议系当事人真实意思表示，合法有效。汇通玥公司主张解除案涉股权转让协议等仲裁请求，均属于仲裁协议中的约定事项。仲裁庭所做裁决未超出《仲裁协议》的范围。

二、关于本案仲裁裁决是否违背社会公共利益的问题。仲裁庭依据双方签订的《股权转让协议》对赔偿金作出裁决属于仲裁实体审理部分的问题，案涉仲裁裁决并未违背公序良俗、违背我国法律的基本制度与准则，违背社会和经济生活的基本原则，不存在违背社会公共利益的情形。

综上，案涉仲裁裁决不应撤销。

此复

——《最高人民法院关于申请人南昌市饲料公司与被申请人深圳市汇通玥投资有限公司申请撤销仲裁裁决一案的复函》(2019年12月23日，〔2019〕最高法民他298号)，载最高人民法院民事审判第四庭编：《最高人民法院商事仲裁司法审查年度报告(2019)》，人民法院出版社2021年版，第296页。

要旨：仲裁裁决裁令政府机关承担相应责任涉及的财政支出增加，并不构成违背社会公共利益的情形。

内蒙古自治区高级人民法院：

你院（2018）内民他6号《关于赤峰市国土资源局元宝山区分局申请撤销赤峰仲裁委员会（2017）赤仲裁字第86号仲裁裁决案件的请示》收悉。经研究，答复如下：

根据你院请示报告查明的事实，本案为赤峰市国土资源局元宝山区分局与赤峰宝山仕家房地产开发有限公司因履行《国有建设用地使用权出让合同》而产生的争议。仲裁裁决作出后，赤峰市国土资源局元宝山区分局作为合同主体，承担相应责任的费用来源于财政支出，上述情形虽然会在一定程度上"导致财政支出增加"并间接"涉及不特定多数人"，但仅涉及特定行政区域范围内特定行政部门财政支出增加的情形并不足以认定违背"社会公共利益"。

本案如不存在其他应当撤销仲裁裁决的法定情形，案涉仲裁裁决不应予以撤销。

此复

——《最高人民法院关于赤峰市国土资源局元宝山区分局申请撤销赤峰仲裁委员会(2017)赤仲裁字第86号仲裁裁决案件的请示的复函》(2018年

12 月 28 日，〔2018〕最高法民他 204 号），载最高人民法院民事审判第四庭编：《最高人民法院商事仲裁司法审查年度报告（2019）》，人民法院出版社 2021 年版，第 302 页。

要旨：中国人民银行等七部委通知及公告明确禁止比特币的兑付、交易及流通等涉嫌从事非法金融活动、扰乱金融秩序的行为，仲裁裁决将比特币折成人民币认定损失赔偿，构成违背社会公共利益的情形。

广东省高级人民法院：

你院（2018）粤民他 137 号《关于申请人高某宇与被申请人深圳市云丝路创新发展基金企业（有限合伙）、李某申请撤销仲裁裁决一案的请示》收悉。经研究并征求中国人民银行、中国银行保险监督管理委员会、司法部的意见，答复如下：

《中国人民银行、工业和信息化部、中国银行业监督管理委员会、中国证券监督管理委员会、中国保险监督管理委员会关于防范比特币风险的通知》（银发〔2013〕289 号）明确规定，比特币不具有与货币等同的法律地位，不能且不应作为货币在市场上流通使用。2017 年中国人民银行等七部委联合发布《关于防范代币发行融资风险的公告》，重申了上述规定。同时，从防范金融风险的角度，进一步提出任何所谓的代币融资交易平台不得从事法定货币与代币、"虚拟货币" 相互之间的兑换业务，不得买卖或作为中央对手方买卖代币或 "虚拟货币"，不得为代币或 "虚拟代币" 提供定价、信息中介等服务。上述文件实质上禁止了比特币的兑付、交易及流通，炒作比特币等行为涉嫌从事非法金融活动，扰乱金融秩序，影响金融稳定。因此，将比特币折算成人民币认定损失赔偿的仲裁裁决，与上述文件精神不符，违反了社会公共利益。

综上，案涉仲裁裁决违背社会公共利益。同意你院多数意见，撤销所涉该仲裁裁决。

此复

——《最高人民法院关于申请人高某宇与被申请人深圳市云丝路创新发展基金企业（有限合伙）、李某申请撤销仲裁裁决一案请示的复函》（2020 年 3 月 16 日，〔2019〕最高法民他 147 号），载最高人民法院民事审判第四庭编：《最高人民法院商事仲裁司法审查年度报告（2019）》，人民法院出版社 2021 年版，第 307 页。

要旨：社会公共利益是指属于社会全体成员的利益，国有事业单位的资产属于国有，但国有资产不等同于社会公共利益，仲裁裁决的执行对国有事

业单位的运营产生影响，不足以认定违背社会公共利益。

贵州省高级人民法院：

你院（2019）黔执他 54 号《关于对贵阳市中级人民法院拟对杭州仲裁委员会（2018）杭仲裁字第 319 号裁决书裁定不予执行一案的请示》收悉。经研究，答复如下：

本案系申请不予执行国内仲裁裁决案件。根据请示所述事实，首先，北京远程视界公司（以下简称远程公司）非案涉裁决所依据的仲裁协议的当事人，不受该仲裁协议约束，贵州省总工会花溪职工疗养院（以下简称职工疗养院）申请追加其参加仲裁无法律依据。《融资租赁合同》与《租赁物买卖合同》虽有关联且均约定杭州仲裁委仲裁，但其涉及不同法律关系。你院有关为查明相关义务的履行情况，仲裁庭即应追加远程公司为当事人的意见没有法律依据。仲裁庭未依申请追加当事人，不属于仲裁程序违法的情形。其次，《融资租赁合同》第六条“租赁物交付和验收”条款中，有关出卖人不履行买卖合同义务，由职工疗养院向其行使索赔的权利，且该情形不影响职工疗养院向海亮公司支付租金义务的约定，并不违反《合同法》第二百四十条[①]、《最高人民法院关于审理融资租赁合同纠纷案件适用法律问题的解释》第六条的规定。你院以《融资租赁合同》的上述约定实质系借贷关系为由，认为仲裁庭将案涉合同按融资租赁合同处理扰乱社会经济秩序、有违社会公共利益，没有法律依据。另，执行案涉仲裁裁决可能会对医院的运营产生影响，但不应以此认定损害社会公共利益。职工疗养院亦可另寻救济。

综上，案涉仲裁裁决不存在《民事诉讼法》第二百三十七条[②]规定的不予执行的情形。

此复

——《最高人民法院关于申请人贵州省总工会花溪职工疗养院与被申请人浙江海亮融资租赁有限公司申请不予执行仲裁裁决一案请示的复函》(2019 年 12 月 24 日,〔2019〕最高法民他 321 号)，载最高人民法院民事审判第四庭编:《最高人民法院商事仲裁司法审查年度报告（2019）》，人民法院出版社 2021 年版，第 340~341 页。

河南省高级人民法院：

你院（2018）豫执他 19 号《关于被执行人洛阳天力置业有限公司申请不予执行仲裁裁决案的报核报告》收悉。经研究，答复如下：

---

① 现为《民事诉讼法》(2021 年修正）第七百四十一条。

② 现为《民事诉讼法》(2021 年修正）第二百四十四条。

违约金数额应根据合同当事人的约定进行计算，约定的违约金过分高于造成的损失的，当事人可以请求人民法院或者仲裁机构予以适当减少，违约金是否过高应与守约方的损失相比较。本案并非民间借贷案件，你院以涉案裁决按每日千分之五计算违约金远超《最高人民法院关于审理民间借贷案件适用法律若干问题的规定》第二十六条规定的 24% 年利率为由，认为其违反公序良俗，理据不足。社会公共利益主要指社会或者某一领域的共同利益，涉案仲裁裁决确定的违约金是否过高，仅影响仲裁当事人之间的权利义务，不能据此认为该裁决违背社会公共利益。

综上，不同意你院以执行该裁决违背社会公共利益为由，裁定不予执行洛阳仲裁委员会（2010）洛仲字第 226 号仲裁裁决的处理意见。

此复

——《最高人民法院对河南省高级人民法院关于被执行人洛阳天力置业有限公司申请不予执行仲裁裁决一案请示的复函》（2019 年 3 月 1 日，〔2018〕最高法民他 305 号），载杨万明主编、最高人民法院民事审判第四庭编：《涉外商事海事审判指导》2018 年第 2 辑（总第 37 辑），人民法院出版社 2022 年版，第 137 页。

北京市高级人民法院：

你院京高法（2018）100 号《关于申请人德邦基金管理有限公司与被申请人上海汇雷投资管理中心（有限合伙）申请撤销（2016）中国贸仲京（沪）裁字第 193 号仲裁裁决一案的请示》收悉。经研究，答复如下：

仲裁裁决是否违背社会公共利益，应当结合具体裁项作出认定。本案当事人签订的《资产计划管理合同》中约定的操作细节违反了《中华人民共和国证券法》《中华人民共和国证券投资基金法》的相关规定，德邦基金管理有限公司（以下简称德邦基金）冻结相关账户，拒绝执行投资顾问北京富邦百瑞投资管理有限公司交易指令的行为并无不妥。但由于德邦基金冻结相关账户的行为，使得上海汇雷投资管理中心（有限合伙）（以下简称汇雷投资）无法使用德邦基金的配资进行交易，德邦基金不应再收取限制交易期间该配资的利息，故仲裁庭裁决德邦基金向汇雷投资支付多付的利息 120 万元并无不当。另，虽然德邦基金冻结相关账户，拒绝执行投资顾问北京富邦百瑞投资管理有限公司交易指令的行为并无不妥，但仲裁庭认为德邦基金作为资产管理人，按照《资产计划管理合同》的约定以及行业习惯，在限制交易期间应当采取审慎的、合理的投资措施以获得保本的现金收益，而德邦基金采取放任态度，没有尽到资产管理人的合理注意义务，致使汇雷投资的损失进一步扩大，因此裁决其承担相应的损失赔偿责任，亦无不当。仲裁裁决并未对违反《中华人民共和国证券法》《中华人民共和国证券投资基金法》等法律规定的行为予以肯定。案涉仲裁裁决不存在违背社会公共利益的情形。不同意你院根据《中华人民共和国仲裁法》第五十八条第三款以违背社会公共利益为由撤销案涉仲裁裁决的请示意见。

此复

——《最高人民法院关于北京市高级人民法院就申请人德邦基金管理有限公司与被申请人上海汇雷投资管理中心（有限合伙）申请撤销（2016）中国贸仲京（沪）裁字第193号仲裁裁决一案的请示的复函》（2018年6月21日，〔2018〕最高法民他43号），载杨万明主编、最高人民法院民事审判第四庭编：《涉外商事海事审判指导》2018年第1辑（总第36辑），人民法院出版社2020年版，第110页。

1206. 网络借贷合同纠纷中的仲裁裁决立案、执行

关键词

仲裁机构　先予仲裁　网络借贷合同　立案　执行

最高人民法院司法解释

广东省高级人民法院：

你院《关于“先予仲裁”裁决应否立案执行的请示》（粤高法〔2018〕99号）收悉。经研究，批复如下：

当事人申请人民法院执行仲裁机构根据仲裁法作出的仲裁裁决或者调解书，人民法院经审查，符合民事诉讼法、仲裁法相关规定的，应当依法及时受理，立案执行。但是，根据仲裁法第二条的规定，仲裁机构可以仲裁的是当事人间已经发生的合同纠纷和其他财产权益纠纷。因此，网络借贷合同当事人申请执行仲裁机构在纠纷发生前作出的仲裁裁决或者调解书的，人民法院应当裁定不予受理；已经受理的，裁定驳回执行申请。

你院请示中提出的下列情形，应当认定为民事诉讼法第二百三十七条[①]第二款第三项规定的“仲裁庭的组成或者仲裁的程序违反法定程序”的情形：

一、仲裁机构未依照仲裁法规定的程序审理纠纷或者主持调解，径行根据网络借贷合同当事人在纠纷发生前签订的和解或者调解协议作出仲裁裁决、仲裁调解书的；

二、仲裁机构在仲裁过程中未保障当事人申请仲裁员回避、提供证据、答辩等仲裁法规定的基本程序权利的。

---

① 现为《民事诉讼法》（2021年修正）第二百四十四条。

前款规定情形中，网络借贷合同当事人以约定弃权条款为由，主张仲裁程序未违反法定程序的，人民法院不予支持。

人民法院办理其他合同纠纷、财产权益纠纷仲裁裁决或者调解书执行案件，适用本批复。

此复。

——《最高人民法院关于仲裁机构“先予仲裁”裁决或者调解书立案、执行等法律适用问题的批复》（2018年6月5日，法释〔2018〕10号）。

附录：答记者问

一是进一步明确对合法仲裁应当依法及时受理、及时立案执行。尊重、鼓励、支持当事人选择以仲裁方式解决纠纷，是人民法院一以贯之的司法态度。对经司法审查的合法仲裁裁决及时执行，也是人民法院的法定职责。因此，批复规定，当事人申请人民法院执行仲裁机构根据仲裁法作出的仲裁裁决或者调解书，人民法院经审查，符合民事诉讼法、仲裁法相关规定的，应当依法及时受理，立案执行。显然，尽管目前在网络借贷领域存在“先予仲裁”等颇具争议的现象，人民法院没有因噎废食，长期支持仲裁、尊重仲裁、依法维护仲裁裁决的终局性和强制执行力的司法态度和初衷没有发生任何改变。出台批复无非是解决实践中存在的，必须明确的法律适用问题而已。

二是明确仲裁机构在当事人未发生网络借贷合同纠纷时，先予作出的仲裁裁决或者调解书，不应作为执行案件立案受理。根据仲裁法第二条，仲裁机构可以仲裁的是平等主体之间发生的合同纠纷、其他财产权益纠纷。而纠纷的特点就在于当事各方对民事权利义务存在争议。仲裁的本质在于有争议或者纠纷实际发生，无争议即无仲裁，仲裁的启动必须以实际发生争议为前提。从“先予仲裁”案件特点看，当事人间只是存在发生纠纷的可能性或者风险，仲裁机构在纠纷未实际发生时，事先直接径行作出给付裁决或者调解书，脱离了仲裁的基本原理和制度目的。因此，我们认为，此类文书虽然名为仲裁裁决书、调解书，但不是民事诉讼法、仲裁法意义上的仲裁裁决或者调解书，其性质类似于对合同进行见证。对这类所谓的仲裁裁决或者调解书强制执行，缺乏法律依据。因此，批复规定，仲裁机构在纠纷发生前作出的仲裁裁决或者调解书，当事人申请执行的，人民法院应当裁定不予受理；已经受理的，裁定驳回执行申请。

三是在网络借贷合同纠纷中，批复明确了应当认定为仲裁程序违反法定程序的两种具体情形。网贷仲裁实践中，出现了很多创新做法。对于法律范围内的创新，人民法院予以支持。对于网络借贷合同纠纷中，当事人提出的仲裁程序违反法定程序的各类情形，我们抽丝剥茧、条分缕析，概括出以下两类情形：

一类是当事人签订网络借贷合同且尚未发生纠纷时即签订调解、和解协议并申请仲裁，后发生一方不履行或者不完全履行合同的情形，仲裁机构仍不经审理或者调解程序，就根据事先达成的调解、和解协议作出仲裁裁决或者仲裁调解书。我们认为，调解、和解协议，是当事人为解决纠纷而达成的一致意思表示。仲裁庭没有审理合同履行的事实，没有听取当事人在纠纷发生后的意思表示，而是按纠纷发生前预设的调解、和解协议内容，径行作出仲裁裁决或者调解书，不仅剥夺了当事人的基本程序权利，而且影响正确、公正裁决。所作裁决或者调解书也不是当事人关于和解内容的真实合意，应当认定为仲裁的程序违反法定程序的情形，裁定不予执行。

另一类是部分网贷平台，采用格式条款约定借款人放弃申请仲裁员回避、提供证据、答辩等基本程序权利，甚至约定借款人放弃对仲裁裁决申请不予执行的权利。我们认为，格式条款是当事人为重复使用而预先拟定，并在订立时未与对方协商的条款，因此，合同法规定格式条款不得加重对方责任、排除对方主要权利。同理，仲裁协议中通过格式条款排除当事人申请回避、举证质证权利乃至仲裁裁决不予执行抗辩权利等法律赋予的基本程序权利，该格式条款无效。人民法院依法进行司法审查，充分保障当事人依法享有的基本程序权利。因此，批复规定，即使当事人事先放弃基本程序权利，但仲裁机构未保障前述权利的情形，也应认定为仲裁的程序违反法定程序，裁定不予执行。考虑到上述两种情形比较复杂，人民法院在立案时很难判断，一般应在立案后按照民事诉讼法、仲裁法及有关司法解释规定的程序进行司法审查，作出裁定。

——《严格贯彻落实仲裁法 促进经济社会健康发展——最高人民法院执行局负责人就〈关于仲裁机构“先予仲裁”裁决或者调解书立案、执行等法律适用问题的批复〉答记者问》，载《人民法院报》2018 年 6 月 11 日。

1207. 垄断协议纠纷可仲裁性认定

关键词

垄断协议　仲裁条款　管辖

最高人民法院裁判文书

上诉人壳牌（中国）有限公司与被上诉人呼和浩特市汇力物资有限责任公司纵向垄断协议纠纷管辖权异议上诉案［最高人民法院（2019）最高法知民辖终 46 号民事裁定书］

裁判要旨：鉴于垄断协议的认定与处理完全超出了合同相对人之间的权利义务关系，当事人在协议中约定的仲裁条款不能成为排除人民法院管辖垄断协议纠纷的当然依据。

最高人民法院认为：对是否构成垄断的认定和处理，反垄断法明确规定了行政执法和民事诉讼两种方式，并未明确规定仲裁的方式。根据《中华人民共和国仲裁法》第二条的规定，如果当事人之间发生纠纷不属于合同纠纷和其他财产权益纠纷，或者说包含有不属于合同纠纷和其他财产权益纠纷的因素，且一方当事人已经寻求司法解决其纠纷的，人民法院通常具有管辖权。本案中，汇力公司提起的是垄断民事纠纷而非合同纠纷。虽然壳牌公司和汇力公司在经销商协议中约定了争议解决的仲裁条款，但反垄断法具有明显的公法性质，是否构成垄断的认定超出了合同相对人之间的权利义务关系，并使本案争议不再限于“平等主体的公民、法人和其他组织之间发生的合同纠纷和其他财产权益纠纷”。在纵向垄断协议的认定与处理完全超出了合同相对人之间的权利义务关系，且我国法律并未明确规定垄断纠纷可以通过仲裁途径解决的情况下，本案当事人在经销商协议中约定的仲裁条款不能成为排除人民法院管辖纵向垄断协议纠纷的当然依据。因此，一审法院认定当事人之间的仲裁条款不能否定一审法院对本案具有管辖权并无不当。

——《最高人民法院知识产权法庭裁判要旨（2019）》（2020 年 4 月 16 日）、《最高人民法院知识产权案件年度报告（2109）》（2020 年 4 月 23 日）。

1208. 垄断协议不能提交仲裁

关键词

垄断协议　仲裁　管辖权

最高人民法院裁判文书

壳牌（中国）有限公司与呼和浩特市汇力物资有限责任公司横向垄断协议纠纷管辖权异议上诉案［最高人民法院（2019）最高法知民辖终 47 号民事裁定书］

裁判要旨：《反垄断法》明确规定了行政执法和民事诉讼两种方式，并未明确规定仲裁的方式。垄断民事纠纷的处理超出合同相对人之间的权利义务关系，在法律没有规定垄断纠纷可通过仲裁途径解决时，当事人约定的合同仲裁条款不具有排除法院管辖权的效力。

最高人民法院认为：本案主要有三个焦点问题：一、人民法院对本案是否具有管辖权；二、如果人民法院对本案具有管辖权，则原审法院对本案是否具有管辖权；三、如果原审法院对本案不具有管辖权，则本案应如何确定有管辖权的人民法院。

首先，关于人民法院对本案是否具有管辖权。《反垄断法》的主要价值在于维护健康有序的市场竞争秩序，促进社会经济的健康发展。《反垄断法》第一条规定："为了预防和制止垄断行为，保护市场公平竞争，提高经济运行效率，维护消费者利益和社会公共利益，促进社会主义市场经济健康发展，制定本法。"《反垄断法》与《反不正当竞争法》同属于竞争法范畴，对是否构成垄断行为的认定和处理，《反垄断法》第十条规定："国务院规定的承担反垄断执法职责的机构（以下统称国务院反垄断执法机构）依照本法规定，负责反垄断执法工作。国务院反垄断执法机构根据工作需要，可以授权省、自治区、直辖市人民政府相应的机构，依照本法规定负责有关反垄断执法工作。"第三十八条第一款规定："反垄断执法机构依法对涉嫌垄断行为进行调查。"同时，《反垄断法》第五十条规定："经营者实施垄断行为，给他人造成损失的，依法承担民事责任。"可见，对是否构成垄断的认定和处理，《反垄断法》明确规定了行政执法和民事诉讼两种方式，并未明确规定仲裁的方式。《仲裁法》第二条规定："平等主体的公民、法人和其他组织之间发生的合同纠纷和其他财产权益纠纷，可以仲裁。"这就是说，如果当事人之间发生纠纷不属于合同纠纷和其他财产权益纠纷，或者说包含有不属于合同纠纷和其他财产权益纠纷的因素，且一方当事人已经寻求司法解决其纠纷的，人民法院通常具有管辖权。本案中，汇力公司提起的是垄断民事纠纷而非合同纠纷。虽然壳牌公司和汇力公司在经销商协议中约定了争议解决的仲裁条款，但《反垄断法》具有明显的公法性质，是否构成垄断的认定超出了合同相对人之间的权利义务关系，并使本案争议不再限于"平等主体的公民、法人和其他组织之间发生的合同纠纷和其他财产权益纠纷"，不再属于《仲裁法》规定的可仲裁范围。《最高人民法院关于审理因垄断行为引发的民事纠纷案件应用法律若干问题的规定》第二条规定："原告直接向人民法院提起民事诉讼，或者在反垄断执法机构认定构成垄断行为的处理决定发生法律效力后向人民法院提起民事诉讼，并符合法律规定的其他受理条件的，人民法院应当受理。"在横向垄断协议的认定与处理完全超出了合同相对人之间的权利义务关系，且我国法律并未明确规定垄断纠纷可以通过仲裁途径解决的情况下，本案当事人在经销商协议中约定的仲裁条款不能成为排除人民法院管辖横向垄断协议纠纷的当然依据。因此，原审法院认定当事人之间的仲裁条款不能否定原审法院对本案具有管辖权并无不当。

其次，关于原审法院对本案是否具有管辖权。《最高人民法院关于审理因垄断行为引发的民事纠纷案件应用法律若干问题的规定》第三条规定："第一审垄断民事纠纷案件，由省、自治区、直辖市人民政府所在地的市、计划单列市中级人民法院以及最高人民法院指定的中级人民法院管辖。经最高人民法院批准，基层人民法院可以管辖第一审垄断民事纠纷案件。"第四条规定："垄断民事纠纷案件的地域管辖，根据案件具体情况，依照民事诉讼法及相关司法解释有关侵权纠纷、合同纠纷等的管辖规定确定。"本案涉及是否构成横向垄断行为的认定，根据上述司法解释的规定，应依照《民事诉讼法》及相关司法解释有关侵权纠纷、合同纠纷等的管辖规定确定管辖法院。《民事诉讼法》第二十八条[①]规定："因侵权行为提起的诉讼，由侵权行为地或者被告住所地人民法院管辖。"本案被诉垄断行为系壳牌公司协调组织经销商投标的横向垄断协议行为，所涉及的客户多为内蒙古地区的下游客户，协调的经销商包括内蒙古地区的经销商，故本案被诉垄断行为地位于内蒙古地区，原审法院作为内蒙古自治区人民政府所在地的中级人民法院，对本案具有管辖权。

最后，关于本案是否应移送管辖。《最高人民法院关于审理因垄断行为引发的民事纠纷案件应用法律若干问题的规定》第六条规定："两个或者两个以上原告因同一垄断行为向有管辖权的同一法院分别提起诉讼的，人民法院可以合并审理。两个或者两个以上原告因同一垄断行为向有管辖权的不同法院分别提起诉讼的，后立案的法院在得知有关法院先立案的情况后，应当在七日内裁定将案件移送先立案的法院；受移送的法院可以合并审理。被告应当在答辩阶段主动向受诉人民法院提供其因同一行为在其他法院涉诉的相关信息。"《民事诉讼法》第十八条规定："中级人民法院管辖下列第一审民事案件：（一）重大涉外案件；（二）在本辖区有重大影响的案件；（三）最高人民法院确定由中级人民法院管辖的案件。"第十九条规定："高级人民法院管辖在本辖区有重大影响的第一审民事案件。"本案中，北京知识产权法院已经受理的山西昌林实业有限公司诉壳牌公司滥用市场支配地位一案，其与本案诉争的垄断行为并非同一垄断行为，不符合《最高人民法院关于审理因垄断行为引发的民事纠纷案件应用法律若干问题的规定》第六条规定的应予移送合并审理的条件。同时，壳牌公司也未提供本案具有重大影响应移送高级人民法院审理的有效证据。因此，在本院已经认定原审法院对本案具有管辖权的基础上，本案不宜移送至其他人民法院审理。

——最高人民法院民事审判第四庭编：《最高人民法院商事仲裁司法审查年度报告（2019）》，人民法院出版社 2021 年版，第 161~165 页。

---

① 现为《民事诉讼法》（2021 年修正）第二十九条。

1209. 仲裁机构约定唯一性的认定

关键词

仲裁条款　仲裁机构　仲裁协议　效力

最高人民法院答复

要旨：仲裁条款约定争议提交某市不存在的仲裁机构仲裁，而该市只有一家仲裁机构的，应当认定当事人明确约定了该仲裁机构仲裁，根据《最高人民法院关于适用〈中华人民共和国仲裁法〉若干问题的解释》第六条的规定，仲裁条款有效。

浙江省高级人民法院：

你院（2019）浙民他 138 号《关于杭州百合房地产开发有限公司与苏州科隆幕墙装饰工程有限公司申请确认仲裁协议效力一案的报核报告》收悉。经研究，答复如下：

根据你院报告所述的事实，案涉仲裁条款约定："协商、调解不成的，双方同意由杭州市萧山区仲裁委员会仲裁。"虽然"杭州市萧山区仲裁委员会"这一仲裁机构并不存在，但是杭州市仅有一家仲裁机构即杭州仲裁委员会，且其在杭州市萧山区设有分会。基于这一特殊事实，结合当事人之间存在明确的将争议提交仲裁并在萧山区解决的合意，可以理解为当事人的约定实际是由杭州市萧山区的仲裁委员会仲裁。《最高人民法院关于适用〈中华人民共和国仲裁法〉若干问题的解释》第六条规定："仲裁协议约定由某地的仲裁机构仲裁且该地仅有一个仲裁机构的，该仲裁机构视为约定的仲裁机构。"故杭州仲裁委员会可以视为双方约定的仲裁机构。综上，案涉仲裁协议有效。

此复

——《最高人民法院关于杭州百合房地产开发有限公司与苏州科隆幕墙装饰工程有限公司申请确认仲裁协议效力一案的复函》（2019 年 12 月 27 日，〔2019〕最高法民他 308 号），载最高人民法院民事审判第四庭编：《最高人民法院商事仲裁司法审查年度报告（2019）》，人民法院出版社 2021 年版，第 188 页。

要旨：仲裁条款约定争议提交工程所在地仲裁机构仲裁，但工程所在地属于省直管行政区域，而该省辖区范围内有多家仲裁机构的，应当认定当事人对仲裁机构约定不明确，如当事人不能达成补充协议的，仲裁条款无效。

陕西省高级人民法院：

你院（2019）陕民他 63 号《关于申请人西安方洲建筑劳务有限公司与被申请人江苏南通三建集团股份有限公司申请确认仲裁协议无效一案请示报告》收悉。经研究，答复如下：

根据你院报告所述的事实，双方当事人在涉案合同中约定的仲裁机构为“工程所在地仲裁委员会”。涉案工程所在地位于陕西省杨凌示范区，但杨凌示范区内没有仲裁委员会。因杨凌示范区属于陕西省直管行政区域，而陕西省范围内有多家仲裁委员会，故双方约定的工程所在地的仲裁委员会无法对应具体的仲裁委员会。《最高人民法院关于适用〈中华人民共和国仲裁法〉若干问题的解释》第六条规定：“仲裁协议约定由某地的仲裁机构仲裁且该地仅有一个仲裁机构的，该仲裁机构视为约定的仲裁机构。该地有两个以上仲裁机构的，当事人可以协议选择其中的一个仲裁机构申请仲裁；当事人不能就仲裁机构选择达成一致的，仲裁协议无效。故应视为双方对仲裁机构没有明确约定。”本案双方当事人未就仲裁委员会的选定达成补充协议，故应视为双方对仲裁机构没有明确约定，案涉仲裁条款无效。同意你院的报核意见。

此复

——《最高人民法院关于西安方洲建筑劳务有限公司与江苏南通三建集团股份有限公司申请确认仲裁协议无效一案请示的复函》（2019 年 12 月 27 日，〔2019〕最高法民他 296 号），载最高人民法院民事审判第四庭编：《最高人民法院商事仲裁司法审查年度报告（2019）》，人民法院出版社 2021 年版，第 194 页。

要旨：仲裁条款约定提交国际经济贸易仲裁委员会仲裁以及仲裁地点在深圳，而订立仲裁条款时深圳市存在华南国际经济贸易仲裁委员会即深圳国际仲裁院、中国国际经济贸易仲裁委员会华南分会两家仲裁机构，鉴于条款未注明“华南”二字同时强调仲裁地点在深圳，根据《最高人民法院关于适用〈中华人民共和国仲裁法〉若干问题的解释》第三条的规定，应当认定约定的仲裁机构是中国国际经济贸易仲裁委员会华南分会，仲裁条款有效。

广东省高级人民法院：

你院（2019）粤民他 54 号《关于上海圣丹纳电子科技股份有限公司与广东省中科进出口有限公司申请确认仲裁协议效力一案的请示》收悉。经研究，答复如下：

根据你院请示报告所述事实，上海圣丹纳电子科技股份有限公司（以下简称圣丹纳公司）与广东省中科进出口有限公司（以下简称中科公司）于

2015 年 6 月 30 日签订合同约定，一切因执行本合同或与本合同有关的争议，应由三方友好协商解决，如经协商不能解决时，应提交国际经济贸易仲裁委员会根据该会仲裁规则进行仲裁，仲裁地点在深圳。

《最高人民法院关于适用〈中华人民共和国仲裁法〉若干问题的解释》第三条规定："仲裁协议约定的仲裁机构名称不准确，但能够确定具体的仲裁机构的，应当认定选定了仲裁机构。"在签订案涉仲裁协议时，深圳存在两家名称中均含有"国际经济贸易仲裁委员会"的仲裁机构。即，一家为华南国际经济贸易仲裁委员会（以下简称"华南贸仲"），亦称深圳国际仲裁院，另一家为中国国际经济贸易仲裁委员会华南分会（以下简称"中国贸仲华南分会"）。中国国际经济贸易仲裁委员会在全国设有众多分支机构，在深圳亦有华南分会。案涉仲裁条款约定的"国际经济贸易仲裁委员会"虽未特别标注"中国"二字，但特别约定仲裁地点为深圳。如果双方真实意思不是指中国贸仲华南分会而是华南贸仲，一般而言不会省略"华南"字样，亦不必特别强调仲裁地点在深圳。因此，可以认定双方约定的仲裁机构系中国贸仲华南分会。实际上，中科公司亦将争议提交中国贸仲华南分会申请仲裁。

综上，案涉仲裁协议对仲裁机构的约定明确，本案不属于《仲裁法》第十八条规定的对仲裁委员会约定不明确的情形，应认定案涉仲裁协议有效。

此复

——《最高人民法院关于上海圣丹纳电子科技股份有限公司与广东省中科进出口有限公司申请确认仲裁协议效力一案的复函》(2019 年 9 月 29 日，〔2019〕最高法民他 239 号)，载最高人民法院民事审判第四庭编:《最高人民法院商事仲裁司法审查年度报告（2019）》，人民法院出版社 2021 年版，第 202~203 页。

要旨：仲裁条款同时约定一方所在地和签约地仲裁机构仲裁，从而出现约定两个仲裁机构的情形，双方不能就选择其中一个仲裁机构达成补充协议的，仲裁条款无效。

湖北省高级人民法院：

你院（2019）鄂民他 75 号《关于申请人中石化石油工程机械有限公司第三机械厂与被申请人山西压缩天然气集团忻州有限公司宁武分公司、山西压缩天然气集团忻州有限公司确认仲裁协议效力一案的请示》收悉。经研究，答复如下：

结合涉案《CNG 加气母站压缩机采购合同》第二部分第 13 条及第一部分第 7 条的约定，案涉仲裁条款存在两个仲裁地。本案当事人亦未就仲裁机构的选择进一步达成补充协议，系对仲裁机构约定不明。综上，同意你院以

《中华人民共和国仲裁法》第十八条之规定为由，确认武汉市中级人民法院关于申请人中石化石油工程机械有限公司第三机械厂与被申请人山西压缩天然气集团忻州有限公司宁武分公司、山西压缩天然气集团忻州有限公司确认仲裁协议无效的处理意见。

此复

——《最高人民法院对申请人中石化石油工程机械有限公司第三机械厂与被申请人山西压缩天然气集团忻州有限公司宁武分公司、山西压缩天然气集团忻州有限公司确认仲裁协议效力一案请示的答复》（2019 年 6 月 14 日，〔2019〕最高法民他 95 号），载最高人民法院民事审判第四庭编：《最高人民法院商事仲裁司法审查年度报告（2019）》，人民法院出版社 2021 年版，第 205~206 页。

第二十章　民刑交叉

1210. 民刑交叉案件分别受理、分别审理原则的适用

关键词

民刑交叉　分别受理原则　分别审理原则　刑事附带民事诉讼程序

最高人民法院司法政策精神

128.【分别审理】同一当事人因不同事实分别发生民商事纠纷和涉嫌刑事犯罪，民商事案件与刑事案件应当分别审理，主要有下列情形：

（1）主合同的债务人涉嫌刑事犯罪或者刑事裁判认定其构成犯罪，债权人请求担保人承担民事责任的；

（2）行为人以法人、非法人组织或者他人名义订立合同的行为涉嫌刑事犯罪或者刑事裁判认定其构成犯罪，合同相对人请求该法人、非法人组织或者他人承担民事责任的；

（3）法人或者非法人组织的法定代表人、负责人或者其他工作人员的职务行为涉嫌刑事犯罪或者刑事裁判认定其构成犯罪，受害人请求该法人或者非法人组织承担民事责任的；

（4）侵权行为人涉嫌刑事犯罪或者刑事裁判认定其构成犯罪，被保险人、受益人或者其他赔偿权利人请求保险人支付保险金的；

（5）受害人请求涉嫌刑事犯罪的行为人之外的其他主体承担民事责任的。审判实践中出现的问题是，在上述情形下，有的人民法院仍然以民商事案件涉嫌刑事犯罪为由不予受理，已经受理的，裁定驳回起诉。对此，应予纠正。

——《最高人民法院关于印发〈全国法院民商事审判工作会议纪要〉的通知》（2019年11月8日，法〔2019〕254号）。

附录：最高人民法院主流观点

一、关于民刑案件分别受理、审理原则与刑事附带民事诉讼程序的区别与联系问题

在审判实务中，在受理、审理民刑交叉案件时，应注意处理好前述两个程序的关系。关于刑事附带民事诉讼程序，《刑事诉讼法》第一百零一条规定："被害人由于被告人的犯罪行为而遭受物质损失的，在刑事诉讼过程中，有权提起附带民事诉讼。""如果是国家财产、集体财产遭受损失的，人民检察院在提起公诉的时候，可以提起附带民事诉讼。"《最高人民法院关于刑事附带民事诉讼范围问题的规定》[①]第一条第一款规定："因人身权利受到犯罪侵犯而遭受物质损失或者财物被犯罪分子毁坏而遭受物质损失的，可以提起附带民事诉讼。"第五条规定："犯罪分子非法占有、处置被害人财产而使其遭受物质损失的，人民法院应当依法予以追缴或者责令退赔。被追缴、退赔的情况，人民法院可以作为量刑情节予以考虑。经过追缴或者退赔仍不能弥补损失，被害人向人民法院民事审判庭另行提起民事诉讼的，人民法院可以受理。"因此，在民刑交叉案件中，为使民刑纠纷一体解决，当事人可以提起刑事附带民事诉讼。但由于刑事附带民事诉讼相对于单独提起的民事诉讼而言，对当事人的民事权利的保护尚有不充分之处，如不能贯彻民事责任的全面赔偿原则，不保护精神损害部分，或者在其他民事责任人并不构成犯罪的情形下，被害人也不可能在刑事附带民事事实中对其他民事责任人提起民事权利主张，故究竟采取刑事附带民事诉讼程序保护民事权利还是选择另行提起民事诉讼应是当事人自主选择的问题，"民事案件可以独立于刑事案件，而不应当完全通过刑事附带民事诉讼的方式解决"。[②]

二、关于判定民商事法律关系是否存在的法律依据

判断当事人之间是否存在民商事法律关系时，应当以民商事法律规范来进行判断而非以刑事法律关系进行判断，以充分保护当事人通过民事诉讼途径实现对其合法权益的救济。

——最高人民法院民事审判第二庭编著：《〈全国法院民商事审判工作会议纪要〉理解与适用》，人民法院出版社 2019 年版，第 653~654 页。

1211. 审慎依法妥善处理历史形成的产权案件，充分体现政策导向

关键词

历史形成的产权案件　司法政策　产权混同　产权申诉

---

① 该司法解释已于 2015 年 1 月 12 日废止，此处引用为说明法理。

② 王利明：《论责任聚合》，载《判解研究》2003 年第 2 期。

最高人民法院司法政策精神

2. 依法妥善处理历史形成的产权案件，是一项法律性、政策性很强的审判工作。历史形成的产权案件往往时间跨度较长、形成原因复杂。妥善处理此类案件既有严格的法律性，又有严肃的政策性；既要取得好的法律效果，又要取得好的社会效果和政治效果，充分体现政策导向。各级人民法院要坚持司法为民，公正司法，严格按照中央的统一要求，抓紧甄别纠正社会反映强烈的产权纠纷申诉案件，剖析侵害产权的案件，总结宣传依法有效保护产权的好案例，不断丰富和积累产权保护司法经验，着力提高产权保护精准度，努力推进产权保护的法治化。

13. 准确把握罪与非罪的法律政策界限。严格区分经济纠纷与经济犯罪特别是合同纠纷与合同诈骗的界限、企业正当融资与非法集资的界限、民营企业参与国有企业兼并重组中涉及的经济纠纷与恶意侵占国有资产的界限。准确把握经济违法行为入刑标准，准确认定经济纠纷和经济犯罪的性质，坚决纠正将经济纠纷当作犯罪处理的错误生效裁判。对于在生产、经营、融资等活动中的经济行为，当时法律、行政法规没有明确禁止而以犯罪论处的，或者虽属违法违规但不构成犯罪而以犯罪论处的，均应依法纠正。

14. 坚决纠正以刑事执法介入民事纠纷而导致的错案。对于以刑事手段迫使当事人作出意思表示，导致生效民事裁判错误的，要坚决予以纠正。对于涉及犯罪的民营企业投资人，在当事人被采取强制措施或服刑期间，依法保障其行使财产权利等民事权利。对于民营企业投资人因被限制人身自由而严重影响行使民事诉讼权利，被解除人身自由限制后，针对民事案件事实提供了新的证据，可能推翻生效裁判的，人民法院应当依职权调查核实；符合再审条件的，应当依法启动再审。

15. 依法妥善处理因产权混同引发的申诉案件。在甄别和再审产权案件时，要严格区分个人财产和企业法人财产，对股东、企业经营管理者等自然人违法的案件，要注意审查在处置其个人财产时是否存在随意牵连企业法人财产的问题；对企业违法的案件，在处置企业法人财产时是否存在随意牵连股东、企业经营管理者个人合法财产的问题。要严格区分违法所得和合法财产、涉案人员个人财产和家庭成员财产，要注意审查在处置违法所得时是否存在牵连合法财产和涉案人员家庭成员合法财产的问题，以及是否存在违法处理涉案财物的问题，尤其要注意审查是否侵害了当事人及其近亲属、股东、债权人等相关方的合法权益。对确属因生效裁判错误而损害当事人财产权的，要依法纠正并赔偿当事人损失。

16. 依法妥善处理与政府行为有关的产权申诉案件。甄别和再审产权案件时，对于在招商引资、政府与社会资本合作等活动中与投资主体依法签订的各类合同，因政府换届、领导人员更替而违约毁约侵犯投资主体合法权益的，或者因法定事由改变政府承诺和合同约定，对投资主体受到的财产损失没有依法补偿的，人民法院应当依法再审和改判。对于政府在土地、房屋等财产征收、征用过程中，没有按照补偿范围、形式和标准给予被征收征用者公平合理补偿的错误裁判，人民法院应当依法审查，启动再审。在再审审查和审理中，要注意运用行政和解协调机制、民事调解方式，妥善解决财产纷争。

——《最高人民法院印发〈关于依法妥善处理历史形成的产权案件工作实施意见〉的通知》（2016年11月28日，法发〔2016〕28号）。

附录：最高人民法院主流观点

准确把握罪与非罪的法律界限。严格区分经济纠纷与经济犯罪特别是合同纠纷与合同诈骗的界限、企业正当融资与非法集资的界限、民营企业参与国有企业兼并重组中涉及的经济纠纷与恶意侵占国有资产的界限。准确把握经济违法行为入刑标准，准确认定经济纠纷和经济犯罪的性质，坚决纠正将经济纠纷当作犯罪处理的错误生效裁判。对于在生产、经营、融资等活动中的经济行为，当时法律、行政法规没有明确禁止而以犯罪论处的，或者虽属违法违规但不构成犯罪而以犯罪论处的，均应依法纠正。坚决纠正以刑事执法介入民事纠纷而导致的错误裁判。对于以刑事手段迫使当事人作出意思表示，导致生效民事裁判错误的，要坚决予以纠正。对于涉及犯罪的民营企业投资人，在当事人被采取强制措施或服刑期间，依法保障其行使财产权利等民事权利。对于民营企业投资人因被限制人身自由而严重影响行使民事诉讼权利，被解除人身自由限制后，针对民事案件事实提供了新的证据，可能推翻生效裁判的，人民法院应当依职权调查核实；符合再审条件的，应当依法启动再审。依法甄别和再审因政府行为引发的产权申诉案件。甄别和再审产权案件时，对于在招商引资、政府与社会资本合作等活动中与投资主体依法签订的各类合同，因政府换届、领导人员更替而违约毁约侵犯投资主体合法权益的，或者因法定事由改变政府承诺和合同约定，对投资主体受到的财产损失没有依法补偿的，人民法院应当依法再审和改判。对于政府在土地、房屋等财产征收、征用过程中，没有按照补偿范围、形式和标准给予被征收征用者公平合理补偿的错误裁判，人民法院应当依法审查，启动再审。在再审审查和审理中，要注意运用行政和解协调机制、民事调解方式，妥善解决财产纷争。

——滕伟：《〈关于依法妥善处理历史形成的产权案件工作实施意见〉的新闻发布稿》，载《人民法院报》2016年11月30日。

1212. 刑事案件与民事案件涉及“同一事实”的理解

关键词

涉众型经济犯罪　民刑交叉　同一事实

最高人民法院司法政策精神

在民商事审判中，如何处理好刑民交叉案件的程序衔接、如何认定民事法律行为效力等问题，对于保护当事人合法权利、维护正常交易秩序具有重要意义。在这里，我着重讲讲其中的“同一事实”认定问题。

刑民交叉案件的一个基本规则是：刑事案件与民事案件涉及“同一事实”的，原则上应通过刑事诉讼方式解决。人民法院在审理民商事案件过程中，发现民商事案件涉及的事实同时涉及刑事犯罪的，应当及时将犯罪线索和有关材料移送侦查机关，侦查机关作出立案决定的，应当裁定驳回起诉；侦查机关不及时立案的，应当及时报请当地党委政法委协调处理。实践中，主要问题在于如何认定“同一事实”。鉴于民事诉讼与刑事诉讼具有不同的职能与程序，分开审理是基本原则，因此要从行为主体、相对人以及行为本身三个方面认定是否属于“同一事实”：一是从行为实施主体的角度判断。“同一事实”指的是同一主体实施的行为，不同主体实施的行为不属于同一事实。要特别注意的是，法定代表人、负责人以及其他工作人员等对外以法人名义从事的职务行为，应当由法人承担相应的民事后果。如果法定代表人、负责人以及其他工作人员构成犯罪，但法人本身不构成犯罪的，鉴于犯罪行为的主体与民事行为的主体属于不同的主体，一般不宜认定为“同一事实”。二是从法律关系的角度进行认定。如，刑事案件的受害人同时也是民事法律关系的相对人的，一般可以认定该事实为“同一事实”。实践中，侵权行为人涉嫌刑事犯罪，被保险人、受益人或其他赔偿权利人请求保险人支付保险金；主合同的债务人涉嫌刑事犯罪，债权人请求担保人承担民事责任的，因涉及不同的法律关系，均不属于“同一事实”。三是从要件事实的角度认定。只有民事案件争议的事实，同时也是构成刑事犯罪的要件事实的情况下，才属于“同一事实”。如当事人因票据贴现发生民事纠纷，人民法院在审理过程中发现汇票的出票人因签发无资金保证的汇票构成票据诈骗罪，但鉴于背书转让行为并非票据诈骗犯罪的构成要件，因而民事案件与刑事案件不属于“同一事实”。

需要特别指出的是，对于涉嫌集资诈骗、非法吸收公众存款等涉众型经济犯罪，由人民法院通过单个地审理民商事案件的方式化解矛盾，效果肯定不好。对于正在侦查、起诉、审理的涉众型经济犯罪案件，当事人就同一事实向人民法院提起民事诉讼的，人民法院应当裁定不予受理，并将有关材料移送侦查机关、检察机关或者正在审理该刑事案件的人民法院。正在审理的民商事案件，发现有经济犯罪线索的，应当及时将犯罪线索和有关材料移送侦查机关。侦查机关作出立案决定前，人民法院应当中止审理；作出立案决定后，应当裁定驳回起诉；侦查机关未及时立案的，必要时可以将案件报请党委政法委请求协调处理。

——刘贵祥：《在全国法院民商事审判工作会议上的讲话》（2019 年 7 月 3 日），载最高人民法院民事审判第二庭编：《商事审判指导》2019 年第 1 辑（总第 48 辑），人民法院出版社 2019 年版，第 30~31 页。

1213. 涉众型经济犯罪所涉民商事案件和刑事案件所处的不同阶段，在实务中应采取不同的方式处理

关键词

涉众型经济犯罪　非法集资　不予受理

最高人民法院司法政策精神

129.【涉众型经济犯罪与民商事案件的程序处理】2014 年颁布实施的《最高人民法院、最高人民检察院、公安部关于办理非法集资刑事案件适用法律若干问题的意见》和 2019 年 1 月颁布实施的《最高人民法院、最高人民检察院、公安部关于办理非法集资刑事案件若干问题的意见》规定的涉嫌集资诈骗、非法吸收公众存款等涉众型经济犯罪，所涉人数众多、当事人分布地域广、标的额特别巨大、影响范围广，严重影响社会稳定，对于受害人就同一事实提起的以犯罪嫌疑人或者刑事被告人为被告的民事诉讼，人民法院应当裁定不予受理，并将有关材料移送侦查机关、检察机关或者正在审理该刑事案件的人民法院。受害人的民事权利保护应当通过刑事追赃、退赔的方式解决。正在审理民商事案件的人民法院发现有上述涉众型经济犯罪线索的，应当及时将犯罪线索和有关材料移送侦查机关。侦查机关作出立案决定前，人民法院应当中止审理；作出立案决定后，应当裁定驳回起诉；侦查机关未及时立案的，人民法院必要时可以将案件报请党委政法委协调处理。除上述情形人民法院不予受理外，要防止通过刑事手段干预民商事审判，搞地方保护，影响营商环境。

当事人因租赁、买卖、金融借款等与上述涉众型经济犯罪无关的民事纠纷，请求上述主体承担民事责任的，人民法院应予受理。

——《最高人民法院关于印发〈全国法院民商事审判工作会议纪要〉的通知》（2019 年 11 月 8 日，法〔2019〕254 号）。

附录：最高人民法院主流观点

第一，根据条文所涉民商事案件和刑事案件所处的不同阶段，在实务中注意采取不同的方式处理民商事案件。在总体把握不予受理原则的基础上，在司法实务中，应注意区分民商事案件和刑事案件所处的不同阶段，对民商事案件进行处理。2014 年 3 月 25 日颁布实施的《最高人民法院、最高人民检察院、公安部关于办理非法集资刑事案件适用法律若干问题的意见》在“关于涉及民事案件的处理问题”部分规定：“对于公安机关、人民检察院、人民法院正在侦查、起诉、审理的非法集资刑事案件，有关单位或者个人就同一事实向人民法院提起民事诉讼或者申请执行涉案财物的，人民法院应当不予受理并将有关材料移送公安机关或者检察机关。人民法院在审理民事案件或者执行过程中，发现有非法集资嫌疑的，应当裁定驳回起诉或者中止审理，并及时将有关材料移送公安机关或者检察机关。公安机关、人民检察院、人民法院在侦查、起诉、审理非法集资刑事案件中发现与人民法院正在审理的民事案件属同一事实，应当及时通报人民法院。人民法院经审查认为确属涉嫌犯罪的，依照前款规定处理。”纪要根据上述规定，在本条第一款作出相应规定，主要包括两种情形：一是刑事案件已经立案的，对于受害人就同一事实提起的以犯罪嫌疑人或者刑事被告人为被告的民商事案件，人民法院应裁定不予受理，并将有关材料移送侦查机关、检察机关或者正在审理该刑事案件的人民法院。二是民商事案件在审理过程中，发现有前述涉众型犯罪线索的，应当及时将犯罪线索和有关材料移送侦查机关。侦查机关作出立案决定前，人民法院应当中止审理；作出立案决定后，应当裁定驳回起诉。侦查机关未及时立案的，必要时可以将案件报请党委政法委请求协调处理。纪要细化了《最高人民法院、最高人民检察院、公安部关于办理非法集资刑事案件适用法律若干问题的意见》中关于民商事案件在审理过程中，发现有前述涉众型犯罪线索的，民商事案件应中止审理或裁定驳回起诉的具体情形。

第二，当事人在二审审理期间才提出案件移送请求如何处理问题。一方当事人在二审审理期间以民商事案件涉嫌刑事犯罪为由请求人民法院移送案件的，人民法院经审理认为符合本条规定不予受理情形、且公安机关、检察机关确已立案侦查的，应当按照本条规定依法裁定撤销一审判决、驳回起诉，将案件移送公安机关、检察机关办理。

——最高人民法院民事审判第二庭编著：《〈全国法院民商事审判工作会议纪要〉理解与适用》，人民法院出版社 2019 年版，第 657~658 页。

1214. 民刑交叉案件中民商事案件中止审理的条件

关键词

民刑交叉　民商事案件　中止审理

最高人民法院司法政策精神

130.【民刑交叉案件中民商事案件中止审理的条件】人民法院在审理民商事案件时，如果民商事案件必须以相关刑事案件的审理结果为依据，而刑事案件尚未审结的，应当根据《民事诉讼法》第一百五十条[①]第五项的规定裁定中止诉讼。待刑事案件审结后，再恢复民商事案件的审理。如果民商事案件不是必须以相关的刑事案件的审理结果为依据，则民商事案件应当继续审理。

——《最高人民法院关于印发〈全国法院民商事审判工作会议纪要〉的通知》（2019 年 11 月 8 日，法〔2019〕254 号）。

附录：最高人民法院主流观点

一、关于恢复审理的具体情形

审判实务中，已经中止审理的民商事案件具有下列情形之一的，人民法院应当恢复民商事案件的审理：（1）有关主管机关不予刑事立案的；（2）侦查机关撤销案件的；（3）人民检察院作出不起诉决定的；（4）人民法院作出生效刑事裁判的；（5）其他应当恢复民商事案件审理的情形。

二、关于恢复审理的程序问题

民事诉讼法司法解释第二百四十六条规定："裁定中止诉讼的原因消除，恢复诉讼程序时，不必撤销原裁定，从人民法院通知或准许当事人双方继续进行诉讼时起，中止诉讼的裁定即失去效力。"因此，恢复审理的，不必撤销原裁定，从人民法院通知或准许当事人双方继续进行诉讼时起，中止审理的裁定即失去效力。

——最高人民法院民事审判第二庭编著：《〈全国法院民商事审判工作会议纪要〉理解与适用》，人民法院出版社 2019 年版，第 659 页。

---

① 现为《民事诉讼法》（2021 年修正）第一百五十三条。

1215. 涉商业秘密刑民交叉案件的处理

关键词

商业秘密许可合同　刑民交叉

最高人民法院裁判文书

宁波必沃纺织机械有限公司与宁波慈星股份有限公司技术秘密许可使用合同纠纷案［最高人民法院（2019）最高法知民终333号民事判决书］

裁判要旨：因违反保密义务引发的商业秘密许可合同纠纷案件与关联刑事案件并非基于同一法律要件事实所产生的法律关系，人民法院可以在移送犯罪嫌疑线索的同时，继续审理该商业秘密许可合同纠纷案件。

最高人民法院认为：根据《最高人民法院关于在审理经济纠纷案件中涉及经济犯罪嫌疑若干问题的规定》第十条的规定，人民法院在审理经济纠纷案件中，发现与本案有牵连，但与本案不是同一法律关系的经济犯罪嫌疑线索、材料，应将犯罪嫌疑线索、材料移送有关公安机关或检察机关查处，经济纠纷案件继续审理。由此可见，本案二审争议核心在于判断本案所涉法律关系与必沃公司涉嫌侵犯商业秘密犯罪是否基于同一法律事实。根据本案查明的事实可知，本案必沃公司与慈星公司之间因履行《采购协议》及其附件《保密协议》产生争议，慈星公司以必沃公司违反保密义务，将其“被许可的技术秘密”用于合同约定事项之外为由提起本案诉讼，请求判令必沃公司承担相应违约责任。同时，必沃公司又因涉嫌侵犯慈星公司的商业秘密（包含涉案合同所涉技术秘密）犯罪与其他案外人一并被浙江省宁波市公安局立案侦查。可见，本案系慈星公司以必沃公司违反合同约定为由所提起的合同之诉，系技术秘密许可使用合同法律关系。而浙江省宁波市公安局所立案侦查的必沃公司涉嫌商业秘密犯罪，系必沃公司涉嫌侵犯慈星公司的商业秘密的侵权法律关系。二者所涉法律关系不同，并非基于同一法律事实所产生之法律关系，分别涉及经济纠纷和涉嫌经济犯罪，仅仅是二者所涉案件事实具有重合之处。本案为技术秘密许可使用合同纠纷，尽管本案的案件事实与浙江省宁波市公安局立案侦查的商业秘密犯罪案具有重合之处，但慈星公司与必沃公司之间的涉案民事法律关系并不受影响。一审法院应将与本案有牵连，但与本案不是同一法律关系的犯罪嫌疑线索、材料移送浙江省宁波市公安局，但也应继续审理本案所涉技术秘密许可使用合同纠纷。因此，一审法院以“义沃公司具有侵犯商业秘密罪嫌疑，应移送公安机关处理”为由，裁定驳回慈星公司的起诉并将本案移送公安机关处理之结论错误，予以纠正。

——《最高人民法院知识产权法庭裁判要旨（2019）》（2020 年 4 月 16 日）、《最高人民法院知识产权案件年度报告（2109）》（2020 年 4 月 23 日）。

1216. 名为民间借贷，实为套路贷犯罪案件，借助民事诉讼程序实现非法目的已涉嫌犯罪，应裁定驳回起诉

关键词

民间借贷　套路贷　民刑交叉　驳回起诉

最高人民法院公布的典型案例

潘强与金卿民间借贷纠纷抗诉案

裁判要旨：犯罪分子通过收取保证金、平台费、业务费等虚高手续费用，虚增债权债务、制造银行流水痕迹等方式，形成证据链条闭环，并借助民事诉讼程序实现非法目的，是名为民间借贷，实为套路贷犯罪案件。

（一）案情简介

2017 年 6 月 15 日，被告金卿向原告潘强出具借条一份，约定：借款金额为 40000 元，借款期限为 1 个月，2017 年 7 月 14 日前归还，借款月利率按 1% 计算；如被告未能在约定的还款期限内向原告归还本息 40400 元，被告愿意向原告支付每日借款总金额 1% 的滞纳金。同日，原告通过银行汇款将 40000 元款项交付至被告。原告陈述，借款发生后被告未支付过利息及归还过本金。原告诉请判令被告向原告归还借款本金 40000 元，利息 400 元，以及违约金（从 2017 年 7 月 15 日至今的每天 400 元整）。

浙江省绍兴市越城区人民法院经审理认为，原告潘强与被告金卿之间的民间借贷关系，双方主体适格，意思表示真实，内容未违反法律及行政法规的强制性规定，应认定合法有效。根据原告提供的证据并结合其庭审陈述可认定被告金卿尚欠原告借款本金 40000 元、利息 400 元，对原告要求被告归还上述借款本息的诉讼请求，该院予以支持。原告主张的违约金，虽在借条中有约定，但已超出法律允许的范围，该院依法调整为按年利率 24% 计算，经计算，截至原告起诉之日的违约金为 880 元。判决：一、被告金卿归还原

告潘强借款本金40000元，支付利息400元，并支付违约金880元，共计41280元，于本判决生效之日起十日内履行；二、驳回原告潘强的其他诉讼请求。一审判决后，各方均未上诉，判决已发生法律效力。

检察机关在履行职责中发现潘强等人涉嫌套路贷有关犯罪，浙江省绍兴市柯桥区人民检察院已于2018年3月16日以涉嫌虚假诉讼罪批准逮捕犯罪嫌疑人潘强、朱某。绍兴市人民检察院审查后认为，潘强等人涉嫌套路贷犯罪行为损害了国家和社会公共利益，启动依职权监督程序，进行了调查和审查，查明事实如下：从2017年3月开始，潘强、朱某恒、朱某根、杜某军、李某五人未经依法注册审批，在越城区财源中心大厦开设了“昊瑞”公司，非法从事小额贷款业务。该公司假借民间借贷，针对本地人只需要身份证贷款，向不特定人员放贷。通过向受害人收取保证金、平台费、业务费等虚高手续费用，并在贷款中直接扣除第一期还款本息，随后以潘强个人名义与被害人签订大幅虚增借款数额的借条，并要求被害人写下还款承诺书，以此达到非法获利的目的。受害人如果逾期不还，潘强会凭借虚增金额借条、还款承诺书等证据，向法院提起诉讼；而受害人往往因为在案前受到胁迫，只能在审判阶段完全“承认”借款事实。目前，绍兴市柯桥区人民检察院对潘强、朱某恒、朱某根以涉嫌虚假诉讼罪批准逮捕。从案件性质上考虑，潘强涉嫌刑事犯罪事实清楚，证据充分。

检察机关于2018年5月10日向法院提出抗诉。主要理由如下：原审判决依据原告潘强的庭审陈述及其所提供借条，认定被告金卿欠原告潘强借款40000元。依据公安机关对潘强、朱某等人所制作的侦查讯问笔录，他们均承认金卿出具的借条金额为40000元，但通过收取保证金、平台费、业务费等虚高手续费用、并在贷款中直接扣除第一期还款本息等方法后，金卿实际拿到的借款仅仅为26000元左右，原告潘强违反有关法律法规的规定，依据借条大幅虚增借款数额提出诉讼请求，已涉嫌套路贷犯罪，原审法院支持其请求判决金卿归还40000元借款，显属不当。

法院再审审理后认为，人民法院作为民事纠纷受理的案件，经审理认为不属于民事纠纷而有犯罪嫌疑的，应当裁定驳回起诉。根据抗诉机关的抗诉意见和本案当事人的陈述，本案有疑似套路贷之犯罪嫌疑。检察机关目前正在审查起诉中。据此，依照《最高人民法院关于审理经济纠纷案件中涉及经济犯罪嫌疑若干问题的规定》第十一条和《最高人民法院关于适用〈中华人民共和国民事诉讼法〉的解释》第四百零八条之规定，裁定：一、撤销浙江省绍兴市越城区人民法院（2017）浙0602民初9351号民事判决；二、驳回原审原告潘强的起诉。

（二）典型意义

本案是一起典型的名为民间借贷，实为套路贷犯罪案件，犯罪分子通过收取保证金、平台费、业务费等虚高手续费用，虚增债权债务、制造银行流水痕迹等方式，形成证据链条闭环，并借助民事诉讼程序实现非法目的。本案原审原告潘强的行为已涉嫌犯罪，依照《最高人民法院关于在审理经济纠纷案件中涉及经济犯罪嫌疑若干问题的规定》和《最高人民法院关于审理民间借贷案件适用法律若干问题的规定》，应裁定驳回起诉。

——《最高人民法院刑民交叉案件六大典型案例》（2019 年 7 月 11 日），载最高人民法院民事审判第二庭编：《商事审判指导》2019 年第 1 辑（总第 48 辑），人民法院出版社 2019 年版，第 47~49 页。

1217. 具体民间借贷法律关系并不因非法吸收公众存款罪而当然无效

关键词

民间借贷　非法吸收公众存款罪　民刑交叉

最高人民法院裁判文书

张双兰与刘瑞富、许奎南、喻赛施等民间借贷纠纷案［最高人民法院（2019）最高法民申 5053 号民事裁定书］

裁判要旨：行为人向不特定对象吸收存款或者非法集资往往表现为与不特定对象之间的民间借贷法律关系，当这些民间借贷达到一定规模并扰乱金融秩序时，刑法才对行为人所涉及的民间借贷作为一个整体进行罪与非罪的评价，但其中某一具体民间借贷法律关系并不因此当然无效。

最高人民法院认为：

（一）基于本案已经查明的事实，借款人之一张双兰因涉嫌非法吸收公众存款罪被福建省仙游县公安局立案侦查，案涉借款亦被公安机关认定为张双兰涉嫌非法吸收公众存款罪的具体事实之一。从该两份合同的内容来看，许奎南、金宁泉从案涉借款的担保人变更为共同借款人，与张双兰、王红、新艺都公司一起向刘瑞富承担共同还款责任，鑫隆公司亦作为共同借款人加入，还款期限延长至 2013 年 9 月 26 日。由此，《20121127 借款合同补充协议一》可理解为各方当事人在原借贷双方与担保人对《借款合同》进行确认的基础上重新签订的一份借款合同，该补充协议所涉借贷关系与 2012 年 11 月 27 日《借款合同》所涉借贷关系尽管涉及同一笔借款，但法律关系并不完全同一；许奎南、金宁泉以及鑫隆公司的债务加入行为与张双兰涉嫌的非法吸收公众存款犯罪行为，并非同一事实，福建省仙游县公安局也未将该债务加入行为纳入张双兰单独或者与他人共同涉嫌的犯罪事实进行侦查。二审判决认定本案不符合裁定驳回起诉并将全案移交公安机关或者检察机关的情形，有相应的事实依据，并无不当。至于张双兰申请再审主张本案民事判决生效后将导致与刑事案件产生司法冲突的问题，因两案中承担民事和刑事责任的主体并不完全相同，所谓的冲突并非必然产生，即便存在可能的某些冲突，也可以在后续执行过程中协调解决，该刑事案件的处理并不影响本案作为民事案件的继续审理。

（二）就非法吸收公众存款罪而言，涉及行为人向社会不特定对象吸收存款或者非法集资。行为人向不特定对象吸收存款或者非法集资往往表现为与不特定对象之间的民间借贷法律关系，当这些民间借贷达到一定规模并扰乱金融秩序时，刑法才对行为人所涉及的民间借贷作为一个整体进行罪与非罪的评价，但其中某一具体民间借贷法律关系并不因此当然无效。就案涉民间借贷法律关系而言，张双兰等人具有向刘瑞富借款、还款的真实意思表示，刘瑞富具有向张双兰等人出借款项的真实意思表示，没有证据证明刘瑞富在出借案涉款项时明知张双兰涉嫌非法吸收公众存款的犯罪行为，亦没有证据证明《借款合同》《20121127借款合同补充协议一》的签订存在违反《中华人民共和国合同法》第五十二条[①]及《最高人民法院关于审理民间借贷案件适用法律若干问题的规定》第十四条规定的其他无效情形。根据《最高人民法院关于审理民间借贷案件适用法律若干问题的规定》第十三条第一款关于“借款人或者出借人的借贷行为涉嫌犯罪，或者已经生效的判决认定构成犯罪，当事人提起民事诉讼的，民间借贷合同并不当然无效。人民法院应当根据合同法第五十二条、本规定第十四条之规定，认定民间借贷合同的效力”的规定，一、二审法院在依法确认案涉借款合同效力基础上，基于查明的案件事实，作出相应的实体裁判，并无不当。

——法信网。

1218. 法院发现该案存在明显的套路贷特征，必须依赖刑事案件的处理结果而定，应裁定驳回起诉

关键词

套路贷　民间借贷　借款担保　驳回起诉

---

① 对应《民法典》第一百四十四条、第一百五十三条、第一百五十四条、第一百五十五条。

最高人民法院公布的典型案例

洪聪聪诉曹正林、杨翠龙等民间借贷纠纷案

裁判要旨：该案存在诱使被害人签订“借贷”“担保”协议、制造资金走账流水等虚假给付事实、故意制造违约、借助诉讼程序意图非法占有被害人财物等明显的套路贷特征，法院依职权对此进行了调查和取证。根据现有证据，虽无法判定具体诈骗之主体，但此问题无法在该案审理中得以解决，必须依赖刑事案件的处理结果而定，法院据此裁定驳回起诉。

（一）案情简介

2017 年 11 月 3 日，案外人方秋良、肖平与被告曹正林之妹曹新妹签订《借款合同》，约定向其出借人民币 250 万元（以下币种均为人民币）；同日，肖平又与曹正林另一妹徐国玲签订《借款合同》，约定向其出借 350 万元；曹正林为上述两笔借款（以下简称借款 1）提供连带保证。同日，肖平向曹新妹、徐国玲（以下简称曹家姐妹）分别转账 250 万元和 350 万元；曹家姐妹收款后，立即将钱款如数转账给被告杨翠龙。2018 年 1 月 12 日，原告洪聪聪与曹正林签订《借款合同》（以下简称涉案协议），约定洪聪聪为曹正林提供借款 600 万元（以下简称借款 2），被告杨翠龙、万耀平提供连带保证。同月 16 日，洪聪聪由银行向曹正林转账 600 万元；同日，由曹正林担任法定代表人的上海淼升管线设备配套有限公司（以下简称淼升公司）分别向曹家姐妹转账 250 万元和 350 万元，曹家姐妹收款后立即将钱款全部转给方秋良，并在汇款时备注“还款”。后洪聪聪因借款 2 与曹正林、杨翠龙、万耀平产生争议，故将三人诉至上海市闵行区人民法院，请求判令曹正林归还借款本金 600 万元及利息，杨翠龙、万耀平对上述债务承担连带保证责任。

一审法院认定借款 2 合法有效，判决支持原告洪聪聪关于本金和利息等大部分诉讼请求。曹正林等三人不服，上诉请求改判驳回原告全部诉讼请求。曹正林上诉称，借款 1、2 的实际出借人都是方秋良，肖平和洪聪聪都是方秋良任法定代表人的上海杰初资产管理有限公司（以下简称杰初公司）的员工。借款 1 的实际用款人也不是曹正林而是杨翠龙，借款 1 已经由杨翠龙陆续归还完毕，方秋良于 2018 年 1 月 16 日转给其的 600 万元，是根据方秋良的要求，其拿出自有资金 600 万元，依次经由淼升公司打给曹家姐妹，曹家姐妹打款给方秋良，然后方秋良再将上述款项还给自己。其之所以与洪聪聪签订涉案协议，是为了给杰初公司平账之用。故曹正林从未拿到过任何钱款，借款 2 乃其受到欺骗签订的虚假合同。

二审期间，二审法院分别召集双方当事人、案外人方秋良进行单独谈话。各方在关于“借款 1 是否已经归还”“借款 2 是否实际发生”“涉案协议的真实用途”“曹正林是否具有真实的借款意愿和需求”等关键问题的表述上存在明显相互矛盾和推诿之处，针对诸多细节的描述亦有悖常理和交易习惯。二审法院由此认定，本案存在相关人员以非法占有为目的，借民间借贷之名，虚构债权债务关系，同时借助诉讼手段非法占有他人财物之嫌疑，即涉嫌套路贷。据此，二审法院最终裁定撤销一审判决，驳回洪聪聪的起诉。

（二）典型意义

本案中虽然相关刑事案件还未立案，但二审法院发现该案存在诱使被害人签订“借贷”“担保”协议、制造资金走账流水等虚假给付事实、故意制造违约、借助诉讼程序意图非法占有被害人财物等明显的套路贷特征，依职权对此进行了调查和取证。经过与各方当事人的单独谈话，以及对各方当事人提交的证据逐一比对分析，最终认定该案涉嫌套路贷，存在诈骗犯罪之嫌疑。根据现有证据，虽无法判定具体诈骗之主体，但此问题无法在该案审理中得以解决，必须依赖刑事案件的处理结果而定，据此裁定驳回起诉。

——《最高人民法院刑民交叉案件六大典型案例》（2019 年 7 月 11 日），载最高人民法院民事审判第二庭编：《商事审判指导》2019 年第 1 辑（总第 48 辑），人民法院出版社 2019 年版，第 50~51 页。

1219. 刑事被告人被追赃退赔的，被害人能通过民事诉讼另行主张民事赔偿

关键词

刑事追赃　民事诉讼　民刑交叉

最高人民法院审判业务意见（第二巡回法庭法官会议纪要）

刑事诉讼中的追赃和责令退赔程序仅解决受害人与被告人之间的财产返还和赔偿问题，并不影响受害人通过民事诉讼程序向被告人之外的其他民事主体主张民事权利。如被告人在实施犯罪行为过程中以其他法人名义所实施的民事行为构成表见代理或表见代表，在民事诉讼中，被告人行为的法律后果应当由被代表法人承担。若刑事判决所认定被害人暨出借人的损失范围未包括利息等其他费用，民事案件的审理仍应按照借款合同的履行情况确定还款责任范围。为避免被害人获得双重赔偿，在相关民事判决执行程序中应当查明刑事判决所确定的退赔义务是否已执行到位，并抵扣相应金额。

附：案情简介

丙公司的工作人员乙以丙公司名义多次向甲借款，借条上均加盖丙公司公章，丙公司亦认可该公章的真实性。还款发生逾期后，甲以借款合同纠纷为由起诉丙公司要求归还借款，但此时乙因涉嫌合同诈骗罪被公诉机关起诉，借款案件被中止审理。审理合同诈骗案的法院认定，乙以非法占有为目的，隐瞒身负巨额债务且无偿还能力等事实，以个人或者假冒丙公司名义，虚构参与工程项目招投标、建设工程需要周转资金等事实，骗取包括甲在内的各被害人的款项，并据此判令追缴乙违法所得返还给各被害人，不足部分责令乙继续向各被害人退赔。此后，借款合同纠纷案件恢复审理，甲坚持要求丙公司承担还款责任，丙公司则认为其与甲之间不存在借款合同关系，且生效判决已经责令乙对甲退赔，丙公司不应承担还款责任。

——《刑事追赃与民事责任的协调与衔接》，载贺小荣主编：《最高人民法院第二巡回法庭法官会议纪要》（第一辑），人民法院出版社 2019 年版，第 292~294 页。

第二十一章 其 他

一、繁简分流与四级法院审级职能定位

1220. 诉讼分流和衔接机制

关键词

诉非分流 调裁分流 繁简分流

最高人民法院司法政策精神

第一，完善“诉非分流”机制。加强诉讼与非诉讼解纷方式分流，做好与党委政府牵头建立的线上线下矛盾纠纷多元调处化解平台工作对接，前移解纷端口，加强法律指引，示范典型案例，积极引导当事人通过调解、仲裁、行政复议、行政裁决等方式解决纠纷。

第二，完善“调裁分流”机制。对起诉到人民法院的民事纠纷，除根据案件性质不适宜调解，或者已经调解但无法达成调解协议的情形外，先行在诉讼服务中心进行“调裁分流”。在征得当事人同意后，可以在诉前开展委派调解。达成调解协议的，鼓励引导当事人自动履行。当事人不同意诉前调解的，依法登记立案。委派调解不成登记立案的，调解材料经充分告知、当事人同意及法院审查合法后，可以作为诉讼材料继续使用。

第三，完善“繁简分流”机制。试点法院可以设置程序分流员，综合考虑案件性质、案由、标的额、当事人数量、疑难复杂程度、社会关注程度等因素，判断案件繁简难易程度，初步确定应当适用的审理程序和审判组织类型，并在审判系统中标记。案件分配至审判组织后，应当先由其审查确认案件审理程序。审判组织认为程序分流不当的，应当与程序分流员沟通，一致认为应当调整的，收回重新分流；不能达成一致意见的，及时报院庭长审批。向当事人告知相关事项后，发现符合审判组织或审理程序转换情形的，应当

依法转换，不得再退回重新分流。涉及审判组织转换的，除非存在回避和投诉违法事宜，原独任法官一般继续参加案件审理。

——《最高人民法院关于印发〈民事诉讼程序繁简分流改革试点问答口径（一）〉的通知》（2020 年 4 月 15 日，法〔2020〕105 号）。

1221. 最高人民法院审判权力运行机制

关键词

申请再审　初步审核机制　合议庭组成机制　专业法官会议机制

最高人民法院司法政策精神

五、完善最高人民法院审判权力运行机制

第十七条　最高人民法院立案庭和各巡回法庭、知识产权法庭的诉讼服务中心根据法律、司法解释和本办法第十二条的规定收取申请再审材料，确保材料齐全；材料齐全的，交由相关审判庭、巡回法庭、知识产权法庭的审判人员审核。

第十八条　因统一法律适用、审判监督管理等工作需要，最高人民法院相关审判庭和各巡回法庭、知识产权法庭可以向审判管理办公室提出申请，报院长批准后，组成跨审判机构的五人以上合议庭。最高人民法院院长认为确有必要的，可以直接要求就特定案件组成跨审判机构的合议庭，并指定一名大法官担任审判长。

最高人民法院开庭审理具有普遍法律适用指导意义的案件，可以结合案件情况，优化庭审程序，重点围绕案件所涉法律适用问题展开。

第十九条　最高人民法院相关审判庭和各巡回法庭、知识产权法庭认为有必要召开跨审判机构的专业法官会议，研究解决跨部门的法律适用分歧或者跨领域的重大法律适用问题的，可以向审判管理办公室提出申请。

最高人民法院各审判机构或者跨审判机构召开的专业法官会议，涉及法律适用问题的，应当形成纪要，统一送审判管理办公室备案。各审判机构之间存在重大法律适用分歧，经专业法官会议讨论未能解决的，由审判管理办公室呈报院长提交审判委员会讨论。

——《最高人民法院印发〈关于完善四级法院审级职能定位改革试点的实施办法〉的通知》（2021 年 9 月 27 日，法〔2021〕242 号）。

附录：理解与适用

（四）完善最高人民法院审判权力运行机制

试点工作全面启动后，最高人民法院受理的民事、行政案件数量、类型将发生较大变化，对特殊类型案件的审核识别、审判组织的组成人员、新设程序的监督管理、法律分歧的协调解决都有新的更高要求，有必要进一步完善审判权力运行机制。《最高人民法院关于完善四级法院审级职能定位改革试点的实施办法》（以下简称《试点实施办法》）第十七条至第十九条在配套举措方面作出下述安排：

一是完善申请再审案件初步审核机制。最高人民法院应当自收到民事、行政再审申请书之日起三十日内，决定由本院或者作出生效判决、裁定的高级人民法院审查。因此，有必要就再审申请材料的审核分工、衔接机制作出安排。

最高人民法院立案庭，以及各巡回法庭、知识产权法庭的诉讼服务中心负责收取申请再审材料，并根据相关法律、司法解释和《试点实施办法》第十二条的规定进行形式审查，确保材料齐全。材料齐全的，交相关庭室的审判人员进一步审核。审核人员在法官助理协助下，根据《试点实施办法》第十三条的规定，就案件是否交相关高级人民法院审查提出意见。审核人员认为案件所涉法律适用问题有必要提交专业法官会议讨论的，可以按程序提出申请。下一步，应通过完善案件分配办法、团队组建方式、定期轮岗机制，综合运用院庭长监督管理、专业法官会议、审判委员会等关键制度，做好节点风险防控，坚决防止“案件入口”发生违纪违法问题。

二是完善跨审判机构的合议庭组成机制和专业法官会议机制。确定最高人民法院再审提审标准的一个重要考虑，就是看案件是否有利于解决最高人民法院内部不同审判机构之间、不同高级人民法院之间的重大法律适用分歧。对于前一类案件，较理想的审判组织形式是由相关审判庭、巡回法庭的审判人员组成跨审判机构的五人以上合议庭，通过共同审理、参与合议，充分凝聚共识，推动解决跨部门的法律适用分歧或者跨领域的重大法律适用问题。最高人民法院院长认为确有必要的，可以直接要求就特定案件组成跨审判机构的合议庭，并指定一名大法官担任审判长。

除完善合议庭组成形式外，还可以通过召开跨审判机构的专业法官会议解决前述问题。按照《最高人民法院关于完善人民法院专业法官会议工作机制的指导意见》（法发〔2021〕2号），跨审判机构的专业法官会议可以由院长或其委托的副院长、审判委员会专职委员、庭长主持，主要研究讨论有必要在各审判机构、审判专业领域之间统一法律适用的案件。

《试点实施办法》第十八条、第十九条明确由最高人民法院审判管理办公室具体组织开展相关工作。除相关审判组织主动申请、主管院庭长依职权提出建议外，审判管理办公室也可以依托当事人、其他诉讼参与人反映人民法院法律适用不一致问题机制，适时启动召开跨审判机构的专业法官会议。经跨审判机构专业法官会议讨论未能解决的法律适用问题，审管办可以呈报院长提交审判委员会讨论。

三是完善最高人民法院案件审理方式。试点工作开始后，最高人民法院开庭审理的案件将更加注重解决法律适用问题。由于绝大多数案件当事人对原审事实、证据均无异议，举证、质证环节也会视情压缩。因此，合议庭可以结合案件情况，优化庭审程序，重点围绕案件所涉法律适用问题的争议焦点展开，逐步形成适合最高判机关职能定位和案件特点的庭审模式。

——刘峥、何帆：《〈关于完善四级法院审级职能定位改革试点的实施办法〉的理解与适用》，载《人民司法·应用》2021年第31期。

二、统一法律适用标准

1222. 审判组织的统一法律适用标准

关键词

审判组织　独任法官　合议庭　统一法律适用标准

最高人民法院司法政策精神

五、强化审判组织统一法律适用标准的法定职责

10. 强化独任法官、合议庭正确适用法律职责。各级人民法院应当全面落实司法责任制，充分发挥独任法官、合议庭等审判组织在统一法律适用标准中的基础作用。独任法官、合议庭应当严格遵守司法程序，遵循证据规则，正确运用法律解释方法，最大限度降低裁量风险，避免法律适用分歧。发现将要作出的裁判与其他同类案件裁判不一致的，应当及时提请专业法官会议研究。合议庭应当将统一法律适用标准情况纳入案件评议内容，健全完善评议规则，确保合议庭成员平等行权、集思广益、民主决策、共同负责。

11. 发挥审判委员会统一法律适用标准职责。完善审判委员会议事规则和议事程序，充分发挥民主集中制优势，强化审判委员会统一法律适用标准的重要作用。审判委员会应当着重对下列案件，加强法律适用标准问题的研究总结：（1）涉及法律适用标准问题的重大、疑难、复杂案件；（2）存在法律适用分歧的案件；（3）独任法官、合议庭在法律适用标准问题上与专业法官会议咨询意见不一致的案件；（4）拟作出裁判与本院或者上级法院同类案件裁判可能发生冲突的案件。审判委员会应当及时总结提炼相关案件的法律适

用标准，确保本院及辖区内法院审理同类案件时裁判标准统一。

——《最高人民法院关于完善统一法律适用标准工作机制的意见》(2020年9月14日，法发〔2020〕35号)。

附录：理解与适用

一是明确独任法官、合议庭在统一法律适用标准中的基础性地位。按照司法责任制改革的要求，就是要严格落实独任法官或合议庭办案责任制，充分发挥法官在办案作中的主导性作用。为此，《最高人民法院关于完善统一法律适用标准工作机制的意见》(以下简称《意见》)第十条规定，各级人民法院应当全面落实司法责任制，充分发挥独任法官、合议庭等审判组织在统一法律适用标准中的基础作用。在办案过程中，独任法官、合议庭应当严格遵守司法程序，遵循证据规则，正确运用法律解释方法，最大限度降低裁判尺度不统一的风险。当法官自主发现或合议庭评议时提出，案件裁判结果可能存在与其他生效裁判不一致情形时，应当及时进行类案检索、提请专业法官会议研究或者按程序提交审判委员会讨论决定。这里需要强调的是，各个主体在行使职权过程中都必须将统一法律适用标准情况作为自身的重要工作内容。

二是发挥审判委员会统一法律适用标准的功能作用。《意见》第十一条规定，明确完善审判委员会议事规则和议事程序，充分发挥民主集中制优势，强化审判委员会统一法律适用标准的重要作用。最高人民法院审判委员会还可以通过发布司法解释、指导性案例等形式，促进全国法院审判工作的法律适用统一。《意见》还明确列举了四种审判委员会应当着重关注的案件情形，指出对“涉及法律适用标准问题的重大、疑难、复杂案件；存在法律适用分歧的案件；独任法官、合议庭在法律适用标准问题上与专业法官会议咨询意见不一致的案件；拟作出裁判与本院或者上级法院同类案件裁判可能发生冲突的案件”，各级人民法院审判委员会应当及时总结提炼相关案件的法律适用标准，确保本院及辖区内法院审理同类案件时裁判标准的统一。

——曹士兵、范明志、李玉萍、杨奕：《〈最高人民法院关于完善统一法律适用标准工作机制的意见〉解读》，载《中国应用法学》2020年第5期。

1223. 审级制度和审判监督程序统一法律适用标准的作用

关键词

审级制度　审判监督程序　统一法律适用标准

最高人民法院司法政策精神

八、充分发挥审级制度和审判监督程序统一法律适用标准的作用

16. 发挥审级监督体系作用。强化最高人民法院统一裁判尺度、监督公正司法的职能。加强上级法院对下级法院的审级监督指导，建立健全改判、发回重审、指令再审案件的跟踪督办、异议反馈制度，完善分析研判和定期通报机制。充分发挥二审程序解决法律争议的作用，在二审程序中依法对法律适用问题进行审查，对属于当事人意思自治范围内的法律适用问题，应当充分尊重当事人的选择；对影响司法公正的法律适用标准不统一问题，应当根据当事人诉求或者依职权予以纠正。

17. 充分发挥审判监督程序依法纠错作用。生效案件存在法律适用标准不统一问题的，应当正确处理审判监督程序与司法裁判稳定性的关系，区分案件情况，根据当事人请求或者依法启动院长发现程序，对法律适用确有错误的案件提起再审。人民检察院提出检察建议、抗诉等法律监督行为，涉及法律适用标准不统一问题的，应当依法处理，必要时提请审判委员会讨论决定。

——《最高人民法院关于完善统一法律适用标准工作机制的意见》(2020年9月14日，法发〔2020〕35号)。

附录：理解与适用

二是发挥审级监督体系作用。我国特有的审级监督制度，在统一法律适用标准中一直发挥着重要作用。上级法院的程序性监督具有纠错、防错、安抚、实现程序制约、保障司法公正和统一法律适用等功能。《最高人民法院关于完善统一法律适用标准工作机制的意见》(以下简称《意见》)第十六条规定，要加强上级法院对下级法院的审级监督指导，建立健全改判、发回重审、指令再审案件的跟踪督办、异议反馈制度，完善分析研判和定期通报机制。充分发挥二审程序解决法律争议的作用，在二审程序中依法对法律适用问题进行审查，对属于当事人意思自治范围内的法律适用问题，充分尊重当事人的选择；对影响司法公正的法律适用标准不统一问题，根据当事人诉求或者依职权予以纠正。

三是发挥审判监督程序依法纠错作用。审判监督程序是指为了保障法院裁决的公正，使已经发生法律效力但确有错误的判决、裁定得以纠正，而特设的一种再审提起和审理程序。审判监督程序在我国的诉讼法中具有十分重要的地位，在审判实践中也是一项不可或缺的重要程序。它对保障当事人的诉讼权利和实体权利，依法纠正错案，维持当事人之间的利益平衡，提高办案质量和法官的业务素质等，都起到了突出的作用。为此，《最高人民法院关于完善统一法律适用标准工作机制的意见》(以下简称《意见》)第十七条强

调，生效案件存在法律适用标准不统一问题的，应当正确处理审判监督程序与司法裁判稳定性的关系，区分案件情况，根据当事人请求或者依法启动院长发现程序，对法律适用确有错误的案件提起再审。人民检察院提出检察建议、抗诉等法律监督行为，涉及法律适用标准不统一问题的，应当依法处理，必要时提请审判委员会讨论决定。

——曹士兵、范明志、李玉萍、杨奕：《〈最高人民法院关于完善统一法律适用标准工作机制的意见〉解读》，载《中国应用法学》2020 年第 5 期。

1224. 如何发挥最高人民法院在统一法律适用标准工作中的职能作用

关键词

司法责任制　统一法律适用标准

附录：最高人民法院主流观点

第一，发挥司法解释对于统一法律适用标准的重要作用。司法解释制度是一项具有中国特色的法律制度，其来源于制定法本身的局限性，作为中国法律解释体系的重要组成部分，司法解释承担着为法律制定之后出现的新情况明确法律适用标准和依据的重要任务，在确保法律正确实施、统一司法裁判尺度、保障公民权利实现、补充立法缺陷等方面都发挥了重要作用。制定司法解释是最高人民法院的一项重要职责：一是要求对审判工作中具体应用法律问题，特别是对法律规定不够具体明确而使理解执行出现困难、情况变化导致案件处理依据存在不同理解、某一类具体案件裁判尺度不统一等问题，最高人民法院应当加强调查研究，严格依照法律规定及时制定司法解释。涉及人民群众切身利益或重大疑难问题的司法解释，应当向社会公开征求意见。需要强调的是，有权对司法审判工作中具体应用法律问题作出解释的主体只能是最高人民法院，地方各级法院包括各高级人民法院都不能制定司法解释性质的文件。二是随着司法解释制度的逐步成熟和规范，要进一步规范和完善司法解释制定程序，健全调研、立项、起草、论证、审核、发布、清理和废止机制，完善归口管理和报备审查机制。

第二，通过加强指导性案例工作来统一法律适用标准。最高人民法院发布的指导性案例，对全国法院审判、执行工作具有指导作用，是总结审判经验、统一法律适用标准、提高审判质量、维护司法公正的重要措施。根据 2010 年《最高人民法院关于案例指导工作的规定》及其实施细则的规定，指导性案例是指由最高人民法院发布的裁判已经发生法律效力，认定事实清楚，适用法律正确，裁判说理充分，法律效果和社会效果良好，对审理类似案件具有普遍指导意义的案例。指导性案例体现了案件认定事实和适用法律的规则和技术，是规范自由裁量权行使的有效手段，能够更好地促进人民法院统一、平等、公正地适用法律，其所具有的解释性、示范性和确定性的特点，也成为弥补既定法律规范不周延的重要方法。各级人民法院应当从已经发生法律效力的裁判中，推荐具有统一法律适用标准和确立规则意义的典型案例，经最高人民法院审判委员会讨论确定，统一发布。指导性案例不直接作为裁判依据援引，但对正在审理的类似案件具有参照效力。要进一步健全案例报送、筛选、发布、编纂、评估、应用和清理机制，完善将最高人民法院裁判转化为指导性案例工作机制，增强案例指导工作的规范性、针对性、时效性。

第三，发挥司法指导性文件和典型案例的指导作用。司法指导性文件、典型案例对于正确适用法律、统一裁判标准、实现裁判法律效果和社会效果统一具有指导和调节作用。一方面，围绕贯彻落实党和国家政策与经济社会发展需要，最高人民法院要及时出台司法指导性文件，为新形势下人民法院工作提供业务指导和政策指引。另一方面，针对经济社会活动中具有典型意义及较大影响的法律问题，或者人民群众广泛关注的热点问题，要及时发布典型案例，树立正确价值导向，传播正确司法理念，规范司法裁判活动。例如，面对突如其来的疫情，最高人民法院坚决贯彻习近平总书记重要指示精神和党中央决策部署，在中央政法委领导下，认真落实依法防控要求，单独或者会同有关单位制定依法惩治妨害疫情防控犯罪、惩治妨害国境卫生检疫犯罪、保障复工复产等意见，完善服务保障“六稳”“六保”司法举措，发布57个惩处涉疫犯罪和服务复工复产典型案例，为妥善处理涉疫情案件、统一司法裁判标准发挥了重要指引和调节作用。

——最高人民法院政治部、最高人民法院司法改革领导小组办公室编：《人民法院全面落实司法责任制读本》，人民法院出版社2021年版，第97~98页。

1225. 如何健全完善法律适用分歧解决机制

关键词

司法责任制　法律适用分歧解决机制

最高人民法院司法政策精神

第一条　最高人民法院审判委员会（以下简称审委会）是最高人民法院法律适用分歧解决工作的领导和决策机构。

最高人民法院审判管理办公室（以下简称审管办）、最高人民法院各业务部门和中国应用法学研究所（以下简称法研所）根据法律适用分歧解决工作的需要，为审委会决策提供服务与决策参考，并负责贯彻审委会的决定。

第二条　最高人民法院各业务部门、各高级人民法院、各专门人民法院在案件审理与执行过程中，发现存在以下情形的，应当向审管办提出法律适用分歧解决申请：

（一）最高人民法院生效裁判之间存在法律适用分歧的；

（二）在审案件作出的裁判结果可能与最高人民法院生效裁判确定的法律适用原则或者标准存在分歧的。

第三条　法研所在组织人民法院类案同判专项研究中，发现最高人民法院生效裁判之间存在法律适用分歧的，应当向审管办提出法律适用分歧解决申请。

第四条　提出法律适用分歧解决申请，应当包括以下材料：

（一）法律适用分歧解决申请书。申请书中应当提炼、总结存在法律适用分歧的法律问题；

（二）存在法律适用分歧的最高人民法院裁判文书或者案号；

（三）其他需要提交的材料。

材料中含有在审案件的，应当隐去当事人及其他可能影响案件公正审理的信息。

第五条　审管办收到法律适用分歧解决申请后，应当及时进行审查。符合立项条件的，应当立项并将有关材料送交法研所。

第六条　法研所收到审管办送交的材料后，应当在五个工作日内对申请书中涉及的法律适用分歧问题进行研究，形成初审意见后送交审管办。

第七条　审管办收到法研所送交的初审意见后，应当按照最高人民法院审判执行工作职能分工，将初审意见送交相应业务部门进行复审。

第八条　最高人民法院相应业务部门收到上述材料后，应当及时组织研究，形成复审意见后送交审管办。必要时可以组织专家进行论证。

第九条　审管办收到业务部门的复审意见后，应当及时报请院领导提请审委会就法律适用分歧问题进行讨论。

第十条　审委会对法律适用分歧问题进行讨论，作出决定后，审管办应当及时将决定反馈给法律适用分歧解决申请报送单位，并按照该法律适用分歧问题及决定的性质提出发布形式与发布范围的意见，报经批准后予以落实。

——《最高人民法院印发〈关于建立法律适用分歧解决机制的实施办法〉的通知》（2019 年 10 月 11 日，法发〔2019〕23 号）。

附录：最高人民法院主流观点

第一，建立全国法院法律适用问题专门平台。对于地方法院存在的法律适用标准不统一问题，最高人民法院应当建立重大法律适用问题发现与解决机制，推动建立完善统一、规范权威的法律适用信息化检索平台，加快形成上下贯通、内外结合、系统完备、规范高效的法律适用问题解决体系，充分发挥专家学者在统一法律适用标准中的咨询作用，及时组织研究和解决各地存在的法律适用标准不统一问题。

第二，健全法律适用分歧解决机制。2019 年 10 月颁布施行的《最高人民法院关于建立法律适用分歧解决机制的实施办法》（以下简称《实施办法》），对最高人民法院法律适用分歧解决工作的组织体系、分歧解决申请、分歧解决工作流程、分歧解决结果的适用等方面作出了具体规定。结合目前该机制运行的情况，最高人民法院要进一步优化法律适用分歧的申请、立项、审查和研究工作机制，对于最高人民法院生效裁判之间可能存在的法律适用分歧，或者在审案件的裁判结果可能与生效裁判的法律适用存在分歧的，应当依照《实施办法》予以解决。

第三，各高级人民法院应当参照《实施办法》的规定，建立本辖区法律适用分歧解决机制。各中级、基层人民法院发现法律适用标准不统一问题，经研究无法达成一致意见的，应当层报高级人民法院，必要时报送最高人民法院研究解决。要规范高级人民法院审判指导工作，各高级人民法院可以通过发布办案指导文件和参考性案例等方式总结审判经验、统一裁判标准。各高级人民法院发布的办案指导文件、参考性案例应当符合宪法、法律规定，不得与司法解释、指导性案例相冲突。各高级人民法院应当建立办案指导文件、参考性案例长效工作机制，定期组织清理，及时报送最高人民法院备案，切实解决不同地区法律适用、办案标准的不合理差异问题。

——最高人民法院政治部、最高人民法院司法改革领导小组办公室编:《人民法院全面落实司法责任制读本》，人民法院出版社 2021 年版，第 98~99 页。

1226. 各办案主体如何履行统一法律适用标准的法定职责

关键词

司法责任制　各办案主体　统一法律适用标准　法定职责

附录：最高人民法院主流观点

完善统一法律适用机制的责任主体应该是各级人民法院，特别是较高层级的法院。统一法律适用既是人民群众的强烈诉求，也是法院司法裁判的内在要求。在法院内部，我们需要对法官、合议庭、院庭长、审判委员会等不同主体的职责范围进行科学合理界定，因为划清权力边界，是为了明晰责任承担，提高工作标准。同时要建立符合司法规律、运行顺畅有序的工作机制，确保各个主体的权力行使有机衔接、形成合力。

一是明确独任庭、合议庭在统一法律适用中的基础性地位。按照司法责任制改革的要求，就是要严格落实独任庭、合议庭办案责任制，充分发挥法官在办案工作中的主导性作用。目前，人民法院绝大多数案件是由独任庭或合议庭签发的，这个环节是统一法律适用的基础。独任庭、合议庭在认定事实和适用法律过程中，应当严格遵守实体法和程序法的相关规定，正确运用证据规则和法律解释方法，最大限度降低裁判尺度不统一的风险。当法官自主发现或合议庭评议时提出，案件裁判结果可能存在与其他生效裁判不一致情形时，应当及时进行类案检索、提请专业法官会议研究或者按程序提交审判委员会讨论决定。这里需要强调的是，各个主体在行使职权过程中都必须将统一法律适用作为自身的一项重要工作内容。

二是落实院庭长在统一法律适用中的监督管理职责。新型审判权力运行体系改革，既要突出独任庭或合议庭的办案主体地位，又要求院庭长切实履行审判监督管理职责，妥善处理好“放权”与“监督”的关系。院庭长要通过主持或参加专业法官会议，充分发挥专业法官会议的功能作用，总结审判经验，提高司法能力，增强统一法律适用的意识和能力，积极推动法律适用标准统一。

三是明确院庭长通过对“四类案件”进行个案监督来促进统一法律适用。司法改革政策要求，院庭长要加强对“四类案件”的动态监督管理，及时发现在审案件与本院已决案件中存在的法律适用标准不统一的问题。一旦发现有这类情况，院庭长可以通过参加案件审理、召开专业法官会议、提请审判委员会讨论决定等方式，及时解决法律适用上的分歧，促进法律适用标准统一。

四是发挥审判委员会统一法律适用标准的功能作用。审判委员会既是法院的最高审判组织，又是讨论研究审判工作重大事项的机构，统一法律适用是各级法院审判委员会的重要工作职责。如何行使好这个职能，还需要进一步完善议事规则和议事程序，丰富统一法律适用的形式和方法。最高人民法院审判委员会可以通过发布司法解释、指导性案例等形式，促进全国法院审判工作的统一法律适用。高级人民法院审判委员会可以发布规范性文件、典型案例等形式统一辖区法院的法律统一适用问题。各级人民法院审判委员会应当着重讨论容易产生法律适用分歧的重大疑难案件，同时及时总结提炼相关案件的法律适用标准，确保本院及辖区内法院审理同类案件时裁判标准的统一。

——最高人民法院政治部、最高人民法院司法改革领导小组办公室编：《人民法院全面落实司法责任制读本》，人民法院出版社2021年版，第99~100页。

1227. 类案强制检索的情形

关键词

类案检索　案件范围

最高人民法院司法政策精神

二、人民法院办理案件具有下列情形之一，应当进行类案检索：

（一）拟提交专业（主审）法官会议或者审判委员会讨论的；

（二）缺乏明确裁判规则或者尚未形成统一裁判规则的；

（三）院长、庭长根据审判监督管理权限要求进行类案检索的；

（四）其他需要进行类案检索的。

——《最高人民法院关于统一法律适用加强类案检索的指导意见（试行）》（2020年7月15日，法发〔2020〕24号）。

第六条　办理案件具有下列情形之一的，承办法官应当进行类案检索：

（一）拟提交审委会、专业法官会议讨论的；

（二）缺乏明确裁判规则或者尚未形成统一裁判规则的；

（三）重大、疑难、复杂、敏感的；

（四）涉及群体性纠纷或者引发社会广泛关注，可能影响社会稳定的；

（五）与最高人民法院的类案裁判可能发生冲突的；

（六）有关单位或者个人反映法官有违法审判行为的；

（七）最高人民检察院抗诉的；

（八）审理过程中公诉机关、当事人及其辩护人、诉讼代理人提交指导性案例或者最高人民法院生效类案裁判支持其主张的；

（九）院庭长根据审判监督管理权限要求进行类案检索的。

类案检索可以只检索最高人民法院发布的指导性案例和最高人民法院的生效裁判。

——《最高人民法院关于印发〈最高人民法院统一法律适用工作实施办法〉的通知》(2021 年 11 月 13 日，法〔2021〕289 号)。

附录：理解与适用

类案检索是一种辅助法官作出司法判断的裁判方法。在办理案件过程中，类案检索可以帮助法官参照或参考在先案例作出妥当判决，提高司法裁判的确定性和可预测性。关于应当进行类案检索的案件范围，《最高人民法院关于统一法律适用加强类案检索的指导意见（试行）》规定了四种情形，即拟提交专业（主审）法官会议或者审判委员会讨论的，缺乏明确裁判规则或者尚未形成统一裁判规则的，院长、庭长根据审判监督管理权限要求进行类案检索的，以及其他需要进行类案检索的。这一规定主要基于两个方面的考虑：一是基于合议庭或者独任法官负有审慎裁判的义务。拟提交专业（主审）法官会议或者审判委员会讨论的案件，一般都是法律适用问题存在争议的案件，对这类案件以及缺乏明确裁判规则或者尚未形成统一裁判规则的案件，法官有责任对法律适用问题进行更加认真的研究，在类案检索的基础上作出更加慎重的裁判。二是基于审判监督管理的需要。无论是为提交审判委员会讨论而提前检索，还是按照院庭长要求进行专门检索，都是为审判委员会、院庭长行使审判监督管理职权提供充分的决策参考。

——刘树德、胡继先：《〈最高人民法院关于统一法律适用加强类案检索的指导意见（试行）〉的理解与适用》，载最高人民法院民事审判第一庭编：《民事审判指导与参考》2020 年第 2 辑（总第 82 辑），人民法院出版社 2021 年版，第 121~122 页。

1228. 类案检索的范围及顺序

关键词

类案检索　拘束力　时效性

最高人民法院司法政策精神

四、类案检索范围一般包括：

（一）最高人民法院发布的指导性案例；

（二）最高人民法院发布的典型案例及裁判生效的案件；

（三）本省（自治区、直辖市）高级人民法院发布的参考性案例及裁判生效的案件；

（四）上一级人民法院及本院裁判生效的案件。

除指导性案例以外，优先检索近三年的案例或者案件；已经在前一顺位中检索到类案的，可以不再进行检索。

——《最高人民法院关于统一法律适用加强类案检索的指导意见（试行）》（2020 年 7 月 15 日，法发〔2020〕24 号）。

附录：理解与适用

为确保类案检索工作取得实效，避免检索过泛过滥，《最高人民法院关于统一法律适用加强类案检索的指导意见（试行）》（以下简称《意见》）将类案检索范围分为三个层次。

一是具有显性拘束力的案例，即最高人民法院发布的指导性案例。《最高人民法院关于案例指导工作的规定》第七条规定："最高人民法院发布的指导性案例，各级人民法院审判类似案例时应当参照。"《〈最高人民法院关于案例指导工作的规定〉实施细则》第九条规定："各级人民法院正在审理的案件，在基本案情和法律适用方面，与最高人民法院发布的指导性案例相类似的，应当参照相关指导性案例的裁判要点作出裁判。"由此可见，《最高人民法院关于案例指导工作的规定》及《〈最高人民法院关于案例指导工作的规定〉实施细则》明确赋予了指导性案例的拘束力。《意见》沿用了上述规定，对检索到的指导性案例，要求人民法院审理类似案件时应当参照作出裁判。

二是具有强隐性拘束力的案例或案件，如最高人民法院发布的公报案例、其他典型案例及裁判生效的案件，本省（自治区、直辖市）高级人民法院发布的参考性案例及裁判生效的案件。此类案例或案件虽不具有指导性案例那样的拘束力，但由于上下级法院之间的审级关系和审判监督指导关系，这类案例或案件对本辖区法院具有很强的指导作用，实践中往往会成为法官审理案件的重要参考。

三是具有弱隐性拘束力的案件，即上一级人民法院及本院裁判生效的案件。此种案件代表了上一级法院及本院对类似案件的裁判意见，受审级制度及本院（专业）主审法官会议制度、审判委员会制度等因素的影响，一般会成为裁判案件的参考依据。实际上，我国司法实践中裁判案例遵循的习惯一直客观存在，遵循上级法院的裁判案例是保证法律的统一适用和司法权威的必要条件，其作用及约束力自然而然地产生于司法的结构和过程中。[①]

另外，综合考虑类案的时效性及审判实践需要，《意见》明确了类案检索的时间范围，规定除指导性案例以外，优先检索近三年的案例或案件；而且，适当压缩了检索范围，规定已经在前一顺位中检索到类案的，可以不再进行

① 欧阳明程：《从案例到判例之路——从判例制度的视角看我国案例指导制度的局限》，载《山东审判》2012 年第 5 期。

检索。当然，这一规定属于倡导性的规定，只要有助于公正高效办理案件，必要时承办法官除检索近三年的案例或案件之外，也可以检索之前的案例或案件；在前一顺位中检索到类案的，也可以继续在后顺位中检索，甚至可以在全国其他辖区人民法院裁判生效的案件中进行检索。

——刘树德、胡继先：《〈最高人民法院关于统一法律适用加强类案检索的指导意见（试行）〉的理解与适用》，载最高人民法院民事审判第一庭编：《民事审判指导与参考》2020 年第 2 辑（总第 82 辑），人民法院出版社 2021 年版，第 122~123 页。

1229. 诉讼参与人提交类案检索报告及法官回应

关键词

诉讼参与人　类案检索报告　法官回应

最高人民法院司法政策精神

七、对本意见规定的应当进行类案检索的案件，承办法官应当在合议庭评议、专业（主审）法官会议讨论及审理报告中对类案检索情况予以说明，或者制作专门的类案检索报告，并随案归档备查。

八、类案检索说明或者报告应当客观、全面、准确，包括检索主体、时间、平台、方法、结果，类案裁判要点以及待决案件争议焦点等内容，并对是否参照或者参考类案等结果运用情况予以分析说明。

九、检索到的类案为指导性案例的，人民法院应当参照作出裁判，但与新的法律、行政法规、司法解释相冲突或者为新的指导性案例所取代的除外。

检索到其他类案的，人民法院可以作为作出裁判的参考。

十、公诉机关、案件当事人及其辩护人、诉讼代理人等提交指导性案例作为控（诉）辩理由的，人民法院应当在裁判文书说理中回应是否参照并说明理由；提交其他类案作为控（诉）辩理由的，人民法院可以通过释明等方式予以回应。

——《最高人民法院关于统一法律适用加强类案检索的指导意见（试行）》（2020 年 7 月 15 日，法发〔2020〕24 号）。

附录：理解与适用

类案检索是司法工作与信息技术融合发展的结果，检索主体不仅包括法官，还包括公诉机关、案件当事人及其辩护人、诉讼代理人等诉讼参与人，而且后者更有动力进行类案检索，以提供支持本方观点的充分论据。对此，

《最高人民法院关于统一法律适用加强类案检索的指导意见（试行）》在制度设计上主要作了两个方面的安排：一是允许公诉机关、案件当事人及其辩护人、诉讼代理人等提交类案，作为控（诉）辩理由。二是明确人民法院的回应方式，即公诉机关、案件当事人及其辩护人、诉讼代理人等提交指导性案例作为控（诉）辩理由的，人民法院应当在裁判文书说理中回应是否参照并说明理由，以增强裁判的可接受性；提交其他类案作为控（诉）辩理由的，人民法院可以通过释明等方式予以回应。这些制度安排既延续了《〈最高人民法院关于案例指导工作的规定〉实施细则》的相关规定[①]，又结合工作实际对诉讼参与人提交其他类案的回应方式作出比较灵活的规定；既充分考虑了当事人及其辩护人、诉讼代理人等诉讼参与人的诉求，又综合考虑了我国的法律制度、法院的工作实际等因素，有助于类案检索制度更好地发挥统一法律适用和裁判尺度的作用。

——刘树德、胡继先：《〈最高人民法院关于统一法律适用加强类案检索的指导意见（试行）〉的理解与适用》，载最高人民法院民事审判第一庭编：《民事审判指导与参考》2020 年第 2 辑（总第 82 辑），人民法院出版社 2021 年版，第 123 页。

1230. 类案检索机制中法律适用分歧的解决

关键词

类案检索机制　法律适用分歧

最高人民法院司法政策精神

十一、检索到的类案存在法律适用不一致的，人民法院可以综合法院层级、裁判时间、是否经审判委员会讨论等因素，依照《最高人民法院关于建立法律适用分歧解决机制的实施办法》等规定，通过法律适用分歧解决机制予以解决。

——《最高人民法院关于统一法律适用加强类案检索的指导意见（试行）》（2020 年 7 月 15 日，法发〔2020〕24 号）。

① 《〈最高人民法院关于案例指导工作的规定〉实施细则》第十一条第二款规定："公诉机关、案件当事人及其辩护人、诉讼代理人引述指导性案例作为控（诉）辩理由的，案件承办人员应当在裁判理由中回应是否参照了该指导性案例并说明理由。"

附录：理解与适用

类案检索机制的主要目的在于统一法律适用。如果在类案检索中发现法律适用问题存在不一致的，应如何处理，这可能是类案检索中困扰法官的一个难题。如前所述，我国是成文法国家，法官应当依照法律而非裁判案例裁判案件，检索到的类案对法官裁判案件仅具有一定的参照或参考作用。对于在类案检索中发现法律适用问题不一致的，法官应当依照自身对法律的理解审慎作出裁判。当然，对检索中发现的法律适用分歧问题，法官也不能漠然视之，而是可以通过启动相关机制予以解决。2019 年 10 月 28 日起，《最高人民法院关于建立法律适用分歧解决机制的实施办法》正式施行，该办法旨在从审判机制上避免最高人民法院本级生效裁判之间发生法律适用分歧，并及时解决最高人民法院生效裁判之间业已存在的法律适用分歧。[①] 该办法为下级法院解决法律适用分歧问题起到了很好的示范指导作用。下一步，高级人民法院也可以建立类似的法律适用分歧解决机制，为法官在类案检索中发现的法律适用分歧问题提供解决的途径和方法。为此，《最高人民法院关于统一法律适用加强类案检索的指导意见（试行）》设置了一个引致条款，规定检索到的类案存在法律适用不一致的，人民法院可以综合法院层级、裁判时间、是否经审判委员会讨论等因素，依照《最高人民法院关于建立法律适用分歧解决机制的实施办法》等规定，通过法律适用分歧解决机制予以解决。这些机制的建立，必将在更大程度上促进法律适用的统一。

类案检索是统一法律适用、提升裁判公正性和可预期性的一项重要工作制度，是全面落实司法责任制改革的重要举措。各级人民法院要充分认识此项制度的重要价值和意义，认真贯彻落实《最高人民法院关于统一法律适用加强类案检索的指导意见（试行）》的各项要求，进一步细化完善类案强制检索情形、类案检索范围、相似性识别和比对、检索说明或报告、技术研发应用等措施，不断探索实践、认真总结经验，积极稳妥推进类案检索工作，不断完善中国特色的法律适用制度，确保实现法律统一适用和司法公平公正。

——刘树德、胡继先：《最高人民法院关于统一法律适用加强类案检索的指导意见（试行）》的理解与适用，载最高人民法院民事审判第一庭编：《民事审判指导与参考》2020 年第 2 期（总第 82 辑），人民法院出版社 2021 年版，第 124~125 页。

---

① 曹士兵、韩煦：《〈关于建立法律适用分歧解决机制的实施办法〉的理解与适用》，载《人民司法·应用》2020 年第 1 期。

1231. 类案与关联案件检索制度

关键词

类案检索　关联案件检索　裁判尺度

最高人民法院司法政策精神

六、各级人民法院应当充分发挥专业法官会议、审判委员会总结审判经验、统一裁判标准的作用，在完善类案参考、裁判指引等工作机制基础上，建立类案及关联案件强制检索机制，确保类案裁判标准统一、法律适用统一。

院庭长应当通过特定类型个案监督、参加专业法官会议或者审判委员会、查看案件评查结果、分析改判发回案件、听取辖区法院意见、处理各类信访投诉等方式，及时发现并处理裁判标准、法律适用等方面不统一的问题。

七、各级人民法院应当强化信息平台应用，切实推进电子卷宗同步录入、同步生成、同步归档，并与办公办案平台深度融合，实现对已完成事项的记录跟踪、待完成事项的提示催办、即将到期事项的定时预警、禁止操作事项的及时冻结等自动化监管功能。

——《最高人民法院关于落实司法责任制完善审判监督管理机制的意见（试行）》（2017 年 4 月 12 日，法发〔2017〕11 号）。

39. 承办法官在审理案件时，均应依托办案平台、档案系统、中国裁判文书网、法信、智审等，对本院已审结或正在审理的类案和关联案件进行全面检索，制作类案与关联案件检索报告。检索类案与关联案件有困难的，可交由审判管理办公室协同有关审判业务庭室、研究室及信息中心共同研究提出建议。

40. 经检索类案与关联案件，有下列情形的，承办法官应当按需以下规定办理：

（1）拟作出的裁判结果与本院同类生效案件裁判尺度一致的，在合议庭评议中作出说明后即可制作、签署裁判文书；

（2）在办理新类型案件中，拟作出的裁判结果将形成新的裁判尺度的，应当提交专业法官会议讨论，由院庭长决定或建议提交审判委员会讨论；

（3）拟作出的裁判结果将改变本院同类生效案件裁判尺度的，应当报请庭长召集专业法官会议研究，就相关法律适用问题进行梳理后，呈报院长提交审判委员会讨论；

（4）发现本院同类生效案件裁判尺度存在重大差异的，报请庭长研究后通报审判管理办公室，由审判管理办公室配合相关审判业务庭室对法律适用问题进行梳理后，呈报院长提交审判委员会讨论。

41. 对适用死刑复核程序、二审程序、赔偿委员会决定程序、审判监督程序、国家赔偿监督程序审结的具有类案指导价值的案件，法官助理应当在承办法官指导下，高度提炼案件基本事实、争议焦点、评议意见、法律依据、裁判要旨等，形成书面裁判要览并上传办案平台。

——《最高人民法院司法责任制实施意见（试行）》（2017 年 7 月 25 日，法发〔2017〕20 号）。

第二条　最高人民法院各业务部门、各高级人民法院、各专门人民法院在案件审理与执行过程中，发现存在以下情形的，应当向审管办提出法律适用分歧解决申请：

（一）最高人民法院生效裁判之间存在法律适用分歧的；

（二）在审案件作出的裁判结果可能与最高人民法院生效裁判确定的法律适用原则或者标准存在分歧的。

第三条　法研所在组织人民法院类案同判专项研究中，发现最高人民法院生效裁判之间存在法律适用分歧的，应当向审管办提出法律适用分歧解决申请。

——《最高人民法院印发〈关于建立法律适用分歧解决机制的实施办法〉的通知》（2019 年 10 月 11 日，法发〔2019〕23 号）。

1232. 院庭长统一法律适用标准的监督管理职责

关键词

院庭长　统一法律适用标准　监督管理职责

最高人民法院司法政策精神

六、落实院庭长统一法律适用标准的监督管理职责

12. 明确和压实院庭长监督管理职责。院庭长应当按照审判监督管理权限，加强审判管理和业务指导，确保法律适用标准统一。通过主持或参加专业法官会议，推动专业法官会议在统一法律适用标准上充分发挥专业咨询作用，定期组织研究独任法官、合议庭审理意见与专业法官会议咨询意见、审判委员会决定不一致的案件，为统一法律适用标准总结经验。及时指导法官对审理意见长期与专业法官会议咨询意见、审判委员会决定意见不一致的案件进行分析，促进法官提高统一法律适用标准能力，防止裁判不公和司法不

廉。推动院庭长审判监督管理职责与审判组织审判职能、专业法官会议咨询职能、审判委员会决策职能有机衔接、有效运行，形成统一法律适用标准的制度机制体系。

13. 加强对“四类案件”的监督管理。院庭长应当对《最高人民法院关于完善人民法院司法责任制的若干意见》规定的“四类案件”加强监督管理，及时发现已决或待决案件中存在的法律适用标准不统一问题，依照程序采取改变审判组织形式、增加合议庭成员、召集专业法官会议、建议或决定将案件提交审判委员会讨论等举措，及时解决法律适用分歧。院庭长可以担任审判长或承办人审理“四类案件”，依照职权主持或者参加审判委员会讨论决定“四类案件”，在审判组织中促进实现法律适用标准统一。

——《最高人民法院关于完善统一法律适用标准工作机制的意见》（2020年9月14日，法发〔2020〕35号）。

附录：理解与适用

三是落实院庭长在统一法律适用中的监管职责。新型审判权运行机制改革，既要突出独任法官或合议庭的办案主体地位，又要求院庭长切实履行审判监督管理职责，妥善处理好“放权”与“监管”的关系，强调组织化行权、机制化监管，不能以个人意见取代或变更审判组织的意见。《最高人民法院关于完善统一法律适用标准工作机制的意见》（以下简称《意见》）第十二条规定，院庭长应当按照审判监督管理权限，加强审判管理和业务指导，确保法律适用标准统一。同时，明确院庭长通过主持或参加专业法官会议，充分发挥专业法官会议的功能作用，总结审判经验，提高司法能力，增强统一法律适用的意识和能力，有效推动法律适用标准统一。此外，《意见》还规定，院庭长应当及时指导法官对审理意见长期与专业法官会议咨询意见、审判委员会决定意见不一致的案件进行分析，促进法官提高统一法律适用标准能力，防止裁判不公和司法不廉。

四是明确院庭长通过对“四类案件”进行个案监督来促进统一法律适用。司法改革政策要求，院庭长要加强对《最高人民法院关于完善人民法院司法责任制的若干意见》规定的“四类案件”的监督管理，及时发现本院甚至全国法院已决或待决案件中存在法律适用标准不统一的问题。根据《意见》第十三条的规定，院庭长一旦发现法律适用标准不统一的情形，可以通过参加案件审理、召开专业法官会议、提请审判委员会讨论决定等方式，及时解决法律适用上的分歧，促进法律适用标准统一。

——曹士兵、范明志、李玉萍、杨奕：《〈最高人民法院关于完善统一法律适用标准工作机制的意见〉解读》，载《中国应用法学》2020年第5期。

三、在线诉讼

1233. 深化在线诉讼模式和规则创新，巩固提升智慧法院建设成果

关键词

在线诉讼　智慧法院建设

最高人民法院司法政策精神

23. 深化在线诉讼模式和规则创新。严格落实在线诉讼规则、在线调解规则和人民法院在线运行规则要求，综合当事人意愿、案件性质特点信息技术条件等因素，合理准确适用在线审理机制，保障当事人知情权和选择权，更好释放“数字红利”。不得因审理方式和环境的改变违反正当程序原则，确保在线诉讼“降成本不降质量、提效率不减权利”。深化互联网法院建设，推动完善互联网法院设置模式和案件管辖范围，充分发挥互联网法院在确立规则、完善制度、网络治理等方面示范引领作用。

——《最高人民法院关于印发〈2022年人民法院工作要点〉的通知》（2022年1月20日，法发〔2022〕6号）。

1234. 在线诉讼的法律效力和适用条件

关键词

在线诉讼　法律效力　适用条件

附录：最高人民法院法官著述

六、积极有序推进在线诉讼适用

新民事诉讼法第十六条确立了在线诉讼的法律效力，明确了在线诉讼适用条件，有力推动了民事诉讼方式与信息化时代相适应，为未来在线诉讼发展拓展了制度空间。

第一，关于在线诉讼的法律效力。新民事诉讼法第十六条规定“民事诉讼活动通过信息网络平台在线进行的，与线下诉讼活动具有同等法律效力”，

该规定具有以下三个方面的含义：

一是在线诉讼适用的广泛性。在线诉讼方式既适用于各类诉讼主体，也适用于诉讼的各个程序环节；既可以全流程适用，也可以仅在部分诉讼环节适用，相较于以往的法律规定，极大的拓展了在线诉讼的适用范围。

二是在线诉讼效力的“等效性”。在线诉讼与线下诉讼活动具有同等法律效力，是指在线依法完成的诉讼活动具有确定的法律效力，产生确定的法律后果和约束力。如果诉讼主体同意在线诉讼，但又不履行诉讼义务，不参与在线诉讼活动，将承担相应的不利后果。

三是在线诉讼活动的规范性。在线诉讼的本质仍然是诉讼活动，必须遵循民事诉讼法中关于权利义务、诉讼流程、行为规范、证据规格、法律效力等方面的规定。需要强调的是，所有在线诉讼活动必须依法规范完成，确保既有效促进司法便民利民，又切实维护司法的严肃性和权威性，避免诉讼随意化和自由化。

第二，关于在线诉讼的适用条件。新民事诉讼法第十六条明确了“经当事人同意”作为在线诉讼的适用前提，在司法实践中需注意以下三个方面：

一是“经当事人同意”的含义。立法上并未要求在线诉讼必须“经双方当事人同意”，因此当事人同意的效力范围一般及于自身。一方当事人不同意在线诉讼，不影响其他当事人选择在线诉讼的权利，案件可以采取“同意方当事人线上、不同意方当事人线下”方式审理。一方当事人要求其他当事人在线下参与诉讼的，按照《人民法院在线诉讼规则》（法释〔2021〕12号，以下简称《规则》）第五条第三款，应当提出具体理由。经人民法院审查，其理由成立的，可以将相应诉讼环节转为线下进行。

二是“当事人同意”的情形和法律效果。立法上对“当事人同意”的规定较为原则，实践中有不同的表现形式，部分当事人同意后可能又提出反悔。对此，人民法院应当按照《规则》第四条、第五条、第六条的规定作出相应处理。

三是在线诉讼适用的其他条件。除“当事人同意”外，在线诉讼适用还应当充分考虑案件性质、特点、证据类型、社会关注度、法院技术条件和当事人技术应用能力等多方面因素，综合判断适用在线诉讼的必要性、可行性以及适宜在哪些环节适用，灵活采取线上线下相结合的方式，确保案件审理公正高效、规范有序。

——刘峥、何帆、李承运：《正确贯彻实施新民事诉讼法需重点把握的七个问题》，载《人民司法·应用》2022年第10期。

1235. 作为新型开庭审理方式的视听传输技术，不宜由审判人员依职权直接决定，而应由当事人选择

关键词

视听传输技术　释明　在线庭审　开庭审理

最高人民法院司法解释

第二百五十九条　当事人双方可就开庭方式向人民法院提出申请，由人民法院决定是否准许。经当事人双方同意，可以采用视听传输技术等方式开庭。

——《最高人民法院关于适用〈中华人民共和国民事诉讼法〉的解释》（2022 年 4 月 1 日修正）。

附录：最高人民法院主流观点

第一，作为新型开庭审理方式的视听传输技术，不宜由审判人员依职权直接决定，而应当由当事人选择。为了防止审判人员强迫当事人采用视听传输技术开庭，应严格限定仅在双方当事人同意的情况下，人民法院才考虑是否适用。人民法院适用这种庭审方式，应该向双方当事人释明优劣所在，方便当事人在充分了解这种庭审方式的情况下自行选择。

第二，如果双方当事人同意采用视听传输技术方式进行庭审，人民法院应在相关笔录中对该同意意思表示作出记录或由当事人及其诉讼代理人出具相关同意函后入卷备查。另外，考虑到不是所有当事人对视听传输技术都熟悉，故在利用视听传输技术开庭前，应对当事人做好庭审注意事项辅导工作，即对采用这种方式进行庭审应当注意的问题诸如无正当理由不得随意切断通信信号等进行告知。

第三，严格依照相关规定，对特定案件不得采用视听传输技术方式开庭。对此，《人民法院在线诉讼规则》第二十一条规定："人民法院开庭审理的案件，应当根据当事人意愿、案件情况、社会影响、技术条件等因素，决定是否采取视频方式在线庭审，但具有下列情形之一的，不得适用在线庭审：（一）各方当事人均明确表示不同意，或者一方当事人表示不同意且有正当理由的；（二）各方当事人均不具备参与在线庭审的技术条件和能力的；（三）需要通过庭审现场查明身份、核对原件、查验实物的；（四）案件疑难复杂、证据繁多，适用在线庭审不利于查明事实和适用法律的；（五）案件涉及国家安全、国家秘密的；（六）案件具有重大社会影响，受到广泛关注的；（七）

人民法院认为存在其他不宜适用在线庭审情形的。采取在线庭审方式审理的案件，审理过程中发现存在上述情形之一的，人民法院应当及时转为线下庭审。已完成的在线庭审活动具有法律效力。在线询问的适用范围和条件参照在线庭审的相关规则。”因此，对具有该条规定情形的案件，不得适用在线庭审即视听传输技术开庭。

第四，人民法院对当事人提出的关于采用视听传输技术进行开庭的申请，不予准许的，应用决定形式，而非裁定形式。这是因为是否采用视听传输技术方式开庭只是开庭方式的选择，不属于重大程序性事项，故不需用裁定形式。

第五，妥善处理庭审突发情况。当庭审中出现视听传输技术障碍导致庭审不能进行时，法官应休庭并请技术人员重新调试设备，待障碍消除后继续开庭；若障碍无法排除或审理中发现本案不适宜采用视听传输技术方式开庭的，应立即终止视听传输技术开庭，将庭审转换为传统审理模式，并另行通知当事人开庭时间、开庭地点。有必要强调的是，终止视听传输技术开庭前，双方当事人已确认的事实及已承认的对方诉讼请求，在后续庭审中无须再进行举证、质证。

——最高人民法院民法典贯彻实施工作领导小组办公室编著：《最高人民法院新民事诉讼法司法解释理解与适用》，人民法院出版社2022年版，第554~555页。

1236. 法官应当如何审核电子化材料

关键词

繁简分流　法官审核　电子化材料　诉讼材料　证据材料

最高人民法院司法政策精神

法官审核电子化材料的形式真实性，应当注意以下几个方面：第一，对于审核难度相对较小的诉讼材料，可以通过打通相关部门公民个人身份信息和企业工商登记信息系统进行在线核实，对授权委托书等材料采取电话核实。第二，对于双方都占有的证据材料，主要视对方当事人提出异议情况而定，无异议的可以直接认定，有异议且理由正当的应要求提供原件核对。第三，对于仅单方占有的证据材料，首先考虑是否系制式化、标准化或第三方出具，如发票、交费收据等，这类证据若对方当事人不持异议，可以直接认定；对于单方提供的非制式化并对案件审理具有关键性作用的证据，人民法院认为无法核实真实性时，应当要求提供原件核对。

——《最高人民法院关于印发〈民事诉讼程序繁简分流改革试点问答口径（一）〉的通知》（2020 年 4 月 15 日，法〔2020〕105 号）。

1237. 跨境诉讼当事人进行身份验证应当向受诉法院在线提交的材料

关键词

跨境诉讼　身份验证　在线提交材料　网上立案

最高人民法院司法政策精神

第五条　跨境诉讼当事人进行身份验证应当向受诉法院在线提交以下材料：

（一）外国人应当提交护照等用以证明自己身份的证件；企业和组织应当提交身份证明文件和代表该企业和组织参加诉讼的人有权作为代表人参加诉讼的证明文件，证明文件应当经所在国公证机关公证，并经我国驻该国使领馆认证。外国人、外国企业和组织所在国与我国没有建立外交关系的，可以经过该国公证机关公证，经与我国有外交关系的第三国驻该国使领馆认证，再转由我国驻第三国使领馆认证。如我国与外国人、外国企业和组织所在国订立、缔结或者参加的国际条约、公约中对证明手续有具体规定，从其规定，但我国声明保留的条款除外；

（二）港澳特区居民应当提交港澳特区身份证件或者港澳居民居住证、港澳居民来往内地通行证等用以证明自己身份的证件；企业和组织应当提交身份证明文件和代表该企业和组织参加诉讼的人有权作为代表人参加诉讼的证明文件，证明文件应当经过内地认可的公证人公证，并经中国法律服务（香港）有限公司或者中国法律服务（澳门）有限公司加章转递；

（三）台湾地区居民应当提交台湾地区身份证件或者台湾居民居住证、台湾居民来往大陆通行证等用以证明自己身份的证件；企业和组织应当提交身份证明文件和代表该企业和组织参加诉讼的人有权作为代表人参加诉讼的证明。证明文件应当通过两岸公证书使用查证渠道办理；

（四）经常居所地位于国外或者港澳台地区的我国内地公民应当提交我国公安机关制发的居民身份证、户口簿或者普通护照等用以证明自己身份的证件，并提供工作签证、常居证等证明其在国外或者港澳台地区合法连续居住超过一年的证明材料。

——《最高人民法院关于为跨境诉讼当事人提供网上立案服务的若干规定》（2021 年 1 月 22 日，法发〔2021〕7 号）。

1238. 电子诉讼规则

关键词

电子诉讼　在线庭审　电子送达　繁简分流

最高人民法院司法政策精神

第二十一条　人民法院、当事人及其他诉讼参与人可以通过信息化诉讼平台在线开展诉讼活动。诉讼主体的在线诉讼活动，与线下诉讼活动具有同等效力。

人民法院根据技术条件、案件情况和当事人意愿等因素，决定是否采取在线方式完成相关诉讼环节。

第二十二条　当事人及其他诉讼参与人以电子化方式提交的诉讼材料和证据材料，经人民法院审核通过后，可以直接在诉讼中使用，不再提交纸质原件。人民法院根据对方当事人申请或者案件审理需要，要求提供原件的，当事人应当提供。

第二十三条　人民法院开庭审理案件，可以采取在线视频方式，但符合下列情形之一的，不适用在线庭审：

（一）双方当事人明确表示不同意，或者一方当事人表示不同意且有正当理由的；

（二）双方当事人均不具备参与在线庭审的技术条件和能力的；

（三）需要现场查明身份、核对原件、查验实物的；

（四）人民法院认为存在其他不宜适用在线庭审情形的。

仅一方当事人选择在线庭审的，人民法院可以根据案件情况，采用一方当事人在线、另一方当事人线下的方式开庭。

采用在线庭审方式审理的案件，审理过程中出现上述情形之一的，人民法院应当将案件转为线下开庭方式审理。已完成的在线庭审活动具有法律效力。

第二十四条　经受送达人同意，人民法院可以通过中国审判流程信息公开网、全国统一送达平台、传真、电子邮件、即时通讯账号等电子方式送达诉讼文书和当事人提交的证据材料。

具备下列情形之一的，人民法院可以确定受送达人同意电子送达：

（一）受送达人明确表示同意的；

（二）受送达人对在诉讼中适用电子送达已作出过约定的；

（三）受送达人在提交的起诉状、答辩状中主动提供用于接收送达的电子地址的；

（四）受送达人通过回复收悉、参加诉讼等方式接受已经完成的电子送达，并且未明确表示不同意电子送达的。

第二十五条　经受送达人明确表示同意，人民法院可以电子送达判决书、裁定书、调解书等裁判文书。当事人提出需要纸质裁判文书的，人民法院应当提供。

第二十六条　人民法院向受送达人主动提供或者确认的电子地址进行送达的，送达信息到达电子地址所在系统时，即为送达。

受送达人同意电子送达但未主动提供或者确认电子地址，人民法院向能够获取的受送达人电子地址进行送达的，根据下列情形确定是否完成送达：

（一）受送达人回复已收到送达材料，或者根据送达内容作出相应诉讼行为的，视为完成有效送达；

（二）受送达人的电子地址所在系统反馈受送达人已阅知，或者有其他证据可以证明受送达人已经收悉的，推定完成有效送达，但受送达人能够证明存在系统错误、送达地址非本人使用或者非本人阅知等未收悉送达内容的情形除外。

完成有效送达的，人民法院应当制作电子送达凭证。电子送达凭证具有送达回证效力。

——《最高人民法院关于印发〈民事诉讼程序繁简分流改革试点实施办法〉的通知》（2020 年 1 月 15 日，法〔2020〕11 号）。

二十八、推进电子诉讼应当审慎控制节奏，严格适用条件，尊重司法规律，注重从以下几个方面把握：第一，确保于法有据。现行法律规范有明确规定的，在未获得法律授权的情况下不得任意突破；法律没有明确规定，但通过目的解释、扩张解释符合立法原意的，可以拓展适用；对于确属电子诉讼模式下的新机制新要求，可以探索完善相关规则，但不得有悖程序公正。第二，尊重当事人选择。开展电子诉讼必须以当事人同意为前提，并充分告知权利义务和法律后果。当事人已选择电子诉讼模式的，原则上不得反悔，但确有正当理由的，例如证明自身确不具备电子诉讼能力或已作出相应线下诉讼行为，人民法院可以调整审理方式。第三，符合案件实际。电子诉讼适用应当充分考虑案件的性质、特点、证据类型等方面因素，对于诉讼参与人多、案件重大、案情复杂、证据繁杂、审理耗时长的案件，一般不宜在线开庭，但案件调解、文书送达等环节可以在线完成。第四，具备技术条件。推进电子诉讼必须拥有相应的技术条件，各试点法院应积极运用中国移动微法院、诉讼服务网等信息化诉讼平台在线开展诉讼活动。

——《最高人民法院关于印发〈民事诉讼程序繁简分流改革试点问答口

径（一）〉的通知》（2020 年 4 月 15 日，法〔2020〕105 号）。

1239. 互联网法院审理案件在线诉讼规则

关键词

互联网法院　在线诉讼规则

最高人民法院司法解释

第六条　当事人及其他诉讼参与人使用诉讼平台实施诉讼行为的，应当通过证件证照比对、生物特征识别或者国家统一身份认证平台认证等在线方式完成身份认证，并取得登录诉讼平台的专用账号。

使用专用账号登录诉讼平台所作出的行为，视为被认证人本人行为，但因诉讼平台技术原因导致系统错误，或者被认证人能够证明诉讼平台账号被盗用的除外。

第九条　互联网法院组织在线证据交换的，当事人应当将在线电子数据上传、导入诉讼平台，或者将线下证据通过扫描、翻拍、转录等方式进行电子化处理后上传至诉讼平台进行举证，也可以运用已经导入诉讼平台的电子数据证明自己的主张。

第十一条　当事人对电子数据真实性提出异议的，互联网法院应当结合质证情况，审查判断电子数据生成、收集、存储、传输过程的真实性，并着重审查以下内容：

（一）电子数据生成、收集、存储、传输所依赖的计算机系统等硬件、软件环境是否安全、可靠；

（二）电子数据的生成主体和时间是否明确，表现内容是否清晰、客观、准确；

（三）电子数据的存储、保管介质是否明确，保管方式和手段是否妥当；

（四）电子数据提取和固定的主体、工具和方式是否可靠，提取过程是否可以重现；

（五）电子数据的内容是否存在增加、删除、修改及不完整等情形；

（六）电子数据是否可以通过特定形式得到验证。

当事人提交的电子数据，通过电子签名、可信时间戳、哈希值校验、区块链等证据收集、固定和防篡改的技术手段或者通过电子取证存证平台认证，能够证明其真实性的，互联网法院应当确认。

当事人可以申请具有专门知识的人就电子数据技术问题提出意见。互联网法院可以根据当事人申请或者依职权，委托鉴定电子数据的真实性或者调取其他相关证据进行核对。

第十二条 互联网法院采取在线视频方式开庭。存在确需当庭查明身份、核对原件、查验实物等特殊情形的，互联网法院可以决定在线下开庭，但其他诉讼环节仍应当在线完成。

第十三条 互联网法院可以视情决定采取下列方式简化庭审程序：

（一）开庭前已经在线完成当事人身份核实、权利义务告知、庭审纪律宣示的，开庭时可以不再重复进行；

（二）当事人已经在线完成证据交换的，对于无争议的证据，法官在庭审中说明后，可以不再举证、质证；

（三）经征得当事人同意，可以将当事人陈述、法庭调查、法庭辩论等庭审环节合并进行。对于简单民事案件，庭审可以直接围绕诉讼请求或者案件要素进行。

第十四条 互联网法院根据在线庭审特点，适用《中华人民共和国人民法院法庭规则》的有关规定。除经查明确属网络故障、设备损坏、电力中断或者不可抗力等原因外，当事人不按时参加在线庭审的，视为"拒不到庭"，庭审中擅自退出的，视为"中途退庭"，分别按照《中华人民共和国民事诉讼法》《中华人民共和国行政诉讼法》及相关司法解释的规定处理。

第十五条 经当事人同意，互联网法院应当通过中国审判流程信息公开网、诉讼平台、手机短信、传真、电子邮件、即时通讯账号等电子方式送达诉讼文书及当事人提交的证据材料等。

当事人未明确表示同意，但已经约定发生纠纷时在诉讼中适用电子送达的，或者通过回复收悉、作出相应诉讼行为等方式接受已经完成的电子送达，并且未明确表示不同意电子送达的，可以视为同意电子送达。

经告知当事人权利义务，并征得其同意，互联网法院可以电子送达裁判文书。当事人提出需要纸质版裁判文书的，互联网法院应当提供。

第十六条 互联网法院进行电子送达，应当向当事人确认电子送达的具体方式和地址，并告知电子送达的适用范围、效力、送达地址变更方式以及其他需告知的送达事项。

受送达人未提供有效电子送达地址的，互联网法院可以将能够确认为受送达人本人的近三个月内处于日常活跃状态的手机号码、电子邮箱、即时通讯账号等常用电子地址作为优先送达地址。

第十七条 互联网法院向受送达人主动提供或者确认的电子地址进行送达的，送达信息到达受送达人特定系统时，即为送达。

互联网法院向受送达人常用电子地址或者能够获取的其他电子地址进行送达的，根据下列情形确定是否完成送达：

（一）受送达人回复已收到送达材料，或者根据送达内容作出相应诉讼行为的，视为完成有效送达。

（二）受送达人的媒介系统反馈受送达人已阅知，或者有其他证据可以证明受送达人已经收悉的，推定完成有效送达，但受送达人能够证明存在媒介系统错误、送达地址非本人所有或者使用、非本人阅知等未收悉送达内容的情形除外。

完成有效送达的，互联网法院应当制作电子送达凭证。电子送达凭证具有送达回证效力。

——《最高人民法院关于互联网法院审理案件若干问题的规定》（2018 年 9 月 6 日，法释〔2018〕16 号）。

附录：理解与适用

互联网法院并非简单的“互联网＋审判”，而是综合运用互联网新兴技术，推动审判流程再造和诉讼规则重塑，是对传统审判方式的一次革命性重构。在审理方式上有着以下创新突破：

第一，实现全流程在线审理。互联网法院以在线方式审理案件，依托互联网诉讼平台，实现起诉、受理、送达、调解、证据交换、庭前准备、庭审、宣判等全流程在线完成，当事人足不出户即可完成诉讼。为确保“全流程在线”贯穿诉讼始终，《最高人民法院关于互联网法院审理案件若干问题的规定》（以下简称《规定》）要求对互联网法院审理第一审案件提起上诉的，第二审法院原则上也采用在线方式审理。

第二，实现电子数据的在线接入。互联网法院通过诉讼平台有序接入相关机构占有的涉案电子数据，实现在线数据的实时导入、安全存储和合法使用。依托诉讼平台数据导入机制，互联网法院能够在线提取涉案信息、核实当事人身份，及时固定证据，为当事人举证和法院调证、认证提供安全便捷的形式和渠道。

第三，实现电子送达的广泛适用。“送达难”一直是困扰传统法院审判的“痛点”。《规定》以问题为导向，以互联网运用和信息技术发展的社会现实为基础，以公正便捷解决纠纷、满足人民群众司法需求为出发点，全面规定了电子送达的适用条件、内容范围、手段方式和生效规则，促进电子送达的有序适用。互联网法院可以通过中国审判流程信息公开网、互联网诉讼平台、手机短信、传真、电子邮件、即时通讯账号等多种方式送达，基本囊括了现行有效的所有通讯形式。《规定》确立了“默示同意规则”，明确当事人就电子送达作出过事前约定或事后认可的，可以视为同意，在充分尊重当事人意愿的基础上，合理界定了电子送达适用条件。

第四，实现电子案卷的智能生成与流转。互联网法院充分运用信息技术优势，在调解、庭审等多个诉讼环节利用语音识别技术同步生成电子笔录，方便当事人在线核对确认。互联网法院还可以利用统一诉讼平台，随案同步生成电子卷宗，在诉讼服务、审判管理和智能辅助办案等领域深度开发应用。卷宗以电子档案形式进行归档存储和上诉移转，真正实现了“无纸化”审判，进一步提升了互联网法院审判工作的自动化、智能化水平。

——《最高人民法院司改办负责人就〈关于互联网法院审理案件若干问题的规定〉答记者问》，载《人民法院报》2018 年 9 月 8 日。

（一）身份认证规则

身份认证是案件在线审理的必备程序。互联网法院必须通过身份认证环节确保“人、案、账户”匹配一致。《最高人民法院关于互联网法院审理案件若干问题的规定》（以下简称《规定》）第六条明确了身份认证规则。

第一，身份认证方式上，《规定》明确可以通过证件证照比对、生物特征识别或者国家统一身份认证平台认证等在线方式认证。实践中，针对自然人的“证件比对、生物特征识别”、针对法人单位的“证照比对”身份认证方式已经普及。按照 2018 年 7 月 25 日印发的《国务院关于加快推进全国一体化在线政务服务平台建设的指导意见》，综合自然人身份信息、法人单位信息等国家认证资源的全国统一身份认证系统将于 2019 年年底前建成，并依托国家政务服务平台运行。

在征求意见过程中，有学者提出，可以通过手机号码、淘宝账号、微博实名等网络实名认证方式进行身份认证。考虑到目前网络实名认证的主体、方式和标准并不统一，无法确保行为人主体身份的真实性和唯一性，《规定》未使用“网络实名认证”表述，但并不排斥实践中适用能够科学确认身份真实性的网络实名认证方式。

第二，身份认证效力上，初次身份认证的效力及于诉讼后续各环节，有利于简化认证程序，减轻当事人技术负担。对达成调解、参与庭审等影响当事人权利义务的重要环节，互联网法院也可以要求再次进行身份验证，确保诉讼参与人身份准确无误。

第三，除外情形上，因被认证人负有妥善保管诉讼平台账户密码的义务，也有权授权诉讼代理人或其他人使用诉讼平台，对除外情形应作严格限定，仅限于诉讼平台系统错误或者诉讼平台账号被盗用两种情形。

（二）在线举证规则

《规定》第九条明确了线上、线下两种证据类型的具体举证方式。对于线下证据，当事人可以通过扫描、翻拍、转录等方式转化为电子数据后上传至诉讼平台。对于线上证据，具体可分两种情况：一是当事人自己占有的在线电子证据，可以通过提供链接、上传资料等方式导入诉讼平台。二是互联网法院可以从电子商务平台经营者、网络服务提供商、电子取证存证平台获取相关案件的结构化信息，并导入诉讼平台，例如，电子商务平台存储的网络购物纠纷中买卖双方主体身份、购买时间、购买物品等信息。对于这类信息，互联网法院可以直接向双方当事人提供，供其选择证明自己的主张。

互联网法院对类型化案件基本信息的结构化导入，不违背“谁主张、谁举证”的诉讼原则。互联网法院的一大优势，在于能够通过技术手段完成数据信息的迁移和可视化呈现，为当事人举证提供便利，有效解决电子证据取证困难、举证不能、认证不足等问题。当事人对结构化导入以外的证据仍应当主动提供或者申请法院调取，对自身提出的主张负有举证责任。

（三）电子数据真实性认定规则

目前，对电子数据真实性的审查判断主要依靠公证程序，且基本为形式审查，程序复杂繁琐，证明力不强。互联网法院案件在线审理和大量证据在线的特征，客观上要求打破通过公证程序认定真实性的单一途径，通过技术手段和相关配套机制对电子数据真实性作实质性认定。

基于以上考虑，《规定》第十一条明确了电子证据真实性的认定规则。一是在认定对象上，涵盖对电子证据生成、收集、存储、传输等各环节真实性的认定。二是在审查内容上，强调对电子数据生成平台、存储介质、保管方式、提取主体、传输过程、验证形式等方面进行审查。三是在认定方式上，鼓励和引导当事人通过电子签名、可信时间戳、哈希值校验、区块链等技术手段，以及通过取证存证平台等对证据进行固定、留存、收集和提取，弥补仅依靠公证程序认定电子证据的不足，提升电子数据的证据效力。

（四）在线庭审规则

在线庭审是影响当事人诉讼权利义务的核心环节。《规定》第十二条、十三条、十四条分别明确了在线庭审的适用范围、简化条件和庭审纪律。一是在线庭审适用范围。互联网法院适用在线庭审不局限于简易程序案件，也包括普通程序案件。二是在线庭审方式。在线审理也要符合庭审亲历性和直接言辞原则，应当采取视频方式进行，不能单纯靠图文或语音交流。三是在线庭审程序简化。互联网法院通过诉讼平台在庭前已完成在线身份核实、权利义务告知、举证质证、固定无争议事实和证据等环节的，庭审中可对相应程序进行简化或合并。四是在线庭审纪律。针对在线庭审特点，《规定》明确，当事人不按时参加在线庭审的，视为“拒不到庭”，庭审中擅自退出的，视为“中途退庭”。在最高人民法院制定在线庭审专门规则前，参照适用《中华人民共和国人民法院法庭规则》相关规定。

（五）电子送达规则

电子送达是互联网法院的基本送达方式，实践中应当优先适用。《规定》第十五条明确了电子送达的条件、方式和范围；第十六条明确了电子送达地址的确认和告知规则；第十七条明确了有效送达的情形和判断标准。有三个问题需要重点把握：

一是电子送达的适用条件。民事诉讼法规定电子送达应征得当事人同意，因此，《规定》明确了适用电子送达的确认和告知程序，同时，考虑到实践中可能会出现当事人意思表示不明确或意思表示与实际诉讼行为有矛盾的情况，《规定》第十五条第二款明确了“默示同意规则”，具体情形包括：对电子送达作出过事前或事中的约定，或者事后作出认可。确立“默示同意”规则，能够在充分保障当事人诉讼权利的基础上，积极稳妥有序扩大电子送达的适用频率。

二是电子送达的适用对象。《规定》第十五条明确，除了诉讼文书及当事人提交的证据等材料可适用电子送达外，在充分告知当事人权利义务、并征得其同意的前提下，对判决书、裁定书、调解书也可以电子送达。为保障当事人诉讼权益，这里的“同意”，应当是“明示同意”，不能是“默示同意”。三是电子送达生效规则。《规定》第十七条明确了“到达生效”和“收悉生效”两种送达生效标准和情形。对受送达人在事前送达约定和送达确认过程中主动提供或确认的电子地址，适用“到达生效”主义，送达信息到达该电子地址即为有效送达。在非当事人主动提供地址的情况下，法院向常用电子地址或者能够获取的其他电子地址送达的，适用“收悉生效”主义。具体而言，确认“收悉”分为两种类型：第一，不可推翻的直接确认，即符合“受送达人回复已收到送达材料，或者根据送达内容作出相应诉讼行为”情形时，视为送达成功，且效力不可推翻；第二，可推翻的推定确认，即符合“受送达人的媒介系统反馈受送达人已阅知，或者有其他证据可以证明受送达人已经收悉”情形时，推定送达成功。若当事人举证证明非因主观过错确未“收悉”，则不能视为有效送达，送达效力可被推翻。

——胡仕浩、何帆、李承运：《〈最高人民法院关于互联网法院审理案件若干问题的规定〉的理解与适用》，载《人民法院报》2018年9月8日。

1240. 民事诉讼程序繁简分流中应健全电子诉讼规则

关键词

繁简分流　健全电子诉讼规则　在线诉讼　电子送达

最高人民法院司法政策精神

第十条　案件适用在线诉讼的，人民法院应当通知被告、被上诉人或者其他诉讼参与人，询问其是否同意以在线方式参与诉讼。被通知人同意采用在线方式的，应当在收到通知的三日内通过诉讼平台验证身份、关联案件，并在后续诉讼活动中通过诉讼平台了解案件信息、接收和提交诉讼材料，以及实施其他诉讼行为。

被通知人未明确表示同意采用在线方式，且未在人民法院指定期限内注册登录诉讼平台的，针对被通知人的相关诉讼活动在线下进行。

第十一条 当事人可以在诉讼平台直接填写录入起诉状、答辩状、反诉状、代理意见等诉讼文书材料。

当事人可以通过扫描、翻拍、转录等方式，将线下的诉讼文书材料或者证据材料作电子化处理后上传至诉讼平台。诉讼材料为电子数据，且诉讼平台与存储该电子数据的平台已实现对接的，当事人可以将电子数据直接提交至诉讼平台。

当事人提交电子化材料确有困难的，人民法院可以辅助当事人将线下材料作电子化处理后导入诉讼平台。

第十四条 人民法院根据当事人选择和案件情况，可以组织当事人开展在线证据交换，通过同步或者非同步方式在线举证、质证。

各方当事人选择同步在线交换证据的，应当在人民法院指定的时间登录诉讼平台，通过在线视频或者其他方式，对已经导入诉讼平台的证据材料或者线下送达的证据材料副本，集中发表质证意见。

各方当事人选择非同步在线交换证据的，应当在人民法院确定的合理期限内，分别登录诉讼平台，查看已经导入诉讼平台的证据材料，并发表质证意见。

各方当事人均同意在线证据交换，但对具体方式无法达成一致意见的，适用同步在线证据交换。

第十五条 当事人作为证据提交的电子化材料和电子数据，人民法院应当按照法律和司法解释的相关规定，经当事人举证质证后，依法认定其真实性、合法性和关联性。未经人民法院查证属实的证据，不得作为认定案件事实的根据。

第十六条 当事人作为证据提交的电子数据系通过区块链技术存储，并经技术核验一致的，人民法院可以认定该电子数据上链后未经篡改，但有相反证据足以推翻的除外。

第三十一条 人民法院向受送达人主动提供或者确认的电子地址送达的，送达信息到达电子地址所在系统时，即为送达。

受送达人未提供或者未确认有效电子送达地址，人民法院向能够确认为受送达人本人的电子地址送达的，根据下列情形确定送达是否生效：

（一）受送达人回复已收悉，或者根据送达内容已作出相应诉讼行为的，即为完成有效送达；

（二）受送达人的电子地址所在系统反馈受送达人已阅知，或者有其他证据可以证明受送达人已经收悉的，推定完成有效送达，但受送达人能够证明存在系统错误、送达地址非本人使用或者非本人阅知等未收悉送达内容的情形除外。

人民法院开展电子送达，应当在系统中全程留痕，并制作电子送达凭证。电子送达凭证具有送达回证效力。

对同一内容的送达材料采取多种电子方式发送受送达人的，以最先完成的有效送达时间作为送达生效时间。

第三十二条　人民法院适用电子送达，可以同步通过短信、即时通讯工具、诉讼平台提示等方式，通知受送达人查阅、接收、下载相关送达材料。

第三十三条　适用在线诉讼的案件，各方诉讼主体可以通过在线确认、电子签章等方式，确认和签收调解协议、笔录、电子送达凭证及其他诉讼材料。

——《人民法院在线诉讼规则》(2021 年 6 月 16 日，法释〔2021〕12 号)。

（五）健全电子诉讼规则。明确诉讼参与人通过人民法院信息化平台在线完成诉讼行为的法律效力。当事人选择以在线方式诉讼的，可以以电子化方式提交诉讼材料和证据材料，经人民法院审核通过后，可以不再提交纸质原件。经当事人同意，适用简易程序或者普通程序审理的案件，均可以采取在线视频方式开庭。明确电子送达的适用条件、适用范围和生效标准，经受送达人同意，可以采用电子方式送达判决书、裁定书、调解书。

——《最高人民法院关于印发〈民事诉讼程序繁简分流改革试点方案〉的通知》(2020 年 1 月 15 日，法〔2020〕10 号)。

六、健全电子诉讼规则

第二十一条　人民法院、当事人及其他诉讼参与人可以通过信息化诉讼平台在线开展诉讼活动。诉讼主体的在线诉讼活动，与线下诉讼活动具有同等效力。

人民法院根据技术条件、案件情况和当事人意愿等因素，决定是否采取在线方式完成相关诉讼环节。

第二十二条　当事人及其他诉讼参与人以电子化方式提交的诉讼材料和证据材料，经人民法院审核通过后，可以直接在诉讼中使用，不再提交纸质原件。人民法院根据对方当事人申请或者案件审理需要，要求提供原件的，当事人应当提供。

第二十三条　人民法院开庭审理案件，可以采取在线视频方式，但符合下列情形之一的，不适用在线庭审：

（一）双方当事人明确表示不同意，或者一方当事人表示不同意且有正当理由的；

（二）双方当事人均不具备参与在线庭审的技术条件和能力的；

（三）需要现场查明身份、核对原件、查验实物的；

（四）人民法院认为存在其他不宜适用在线庭审情形的。

仅一方当事人选择在线庭审的，人民法院可以根据案件情况，采用一方当事人在线、另一方当事人线下的方式开庭。

采用在线庭审方式审理的案件，审理过程中出现上述情形之一的，人民法院应当将案件转为线下开庭方式审理。已完成的在线庭审活动具有法律效力。

第二十四条 经受送达人同意，人民法院可以通过中国审判流程信息公开网、全国统一送达平台、传真、电子邮件、即时通讯账号等电子方式送达诉讼文书和当事人提交的证据材料。

具备下列情形之一的，人民法院可以确定受送达人同意电子送达：

（一）受送达人明确表示同意的；

（二）受送达人对在诉讼中适用电子送达已作出过约定的；

（三）受送达人在提交的起诉状、答辩状中主动提供用于接收送达的电子地址的；

（四）受送达人通过回复收悉、参加诉讼等方式接受已经完成的电子送达，并且未明确表示不同意电子送达的。

第二十五条 经受送达人明确表示同意，人民法院可以电子送达判决书、裁定书、调解书等裁判文书。当事人提出需要纸质裁判文书的，人民法院应当提供。

第二十六条 人民法院向受送达人主动提供或者确认的电子地址进行送达的，送达信息到达电子地址所在系统时，即为送达。

受送达人同意电子送达但未主动提供或者确认电子地址，人民法院向能够获取的受送达人电子地址进行送达的，根据下列情形确定是否完成送达：

（一）受送达人回复已收到送达材料，或者根据送达内容作出相应诉讼行为的，视为完成有效送达；

（二）受送达人的电子地址所在系统反馈受送达人已阅知，或者有其他证据可以证明受送达人已经收悉的，推定完成有效送达，但受送达人能够证明存在系统错误、送达地址非本人使用或者非本人阅知等未收悉送达内容的情形除外。

完成有效送达的，人民法院应当制作电子送达凭证。电子送达凭证具有送达回证效力。

——《最高人民法院关于印发〈民事诉讼程序繁简分流改革试点实施办法〉的通知》（2020年1月15日，法〔2020〕11号）。

关键词索引

C

D

E

F

G

H

J

K

L

M

N

P

Q

R

S

T

W

X

Y

Z